循化区域经济史料汇编

主　编：马维胜

副主编：马成俊　黄军成　张　明

成　员：杨有柏　张迎春　韩学俊　马　涵
马　伟　张　科　姚　鹏　刘子平

本书由青海民族学院民族学文库（2009）
青海民族大学民族学博士点建设文库（2013）
青海民族大学青藏高原民族与社会研究丛书（2018）经费资助

循化区域经济史料汇编

XUNHUAQUYU JINGJI SHILIAO HUIBIAN

马维胜　主编

民族出版社

前　言

郡县治则天下安，县域兴则国家强。中国人历来重视从历史中汲取经验和教训，县域发展历史及其研究的重要性，也为史学界所共认。近年来，习近平总书记反复强调县域的地位和作用，多次讲到古人关于县治的论述，强调要树立大历史观，要从历史长河、时代大潮、全球风云中分析演变肌理，探究历史规律。

昨天是今天的历史，今天是昨天的延续。中国共产党人历来十分重视“以史为镜”“以志为鉴”，并重视对地方志资料的收集整理和编纂工作。早在1941年，中共中央作出了《关于调查研究的决定》，指出要“收集国内外政治、军事、经济、文化及社会关系多方面材料，加以研究，以为中央工作的直接助手”，其中包括要“收集县志、府志、省志、家谱加以研究”的具体要求。①1960年10月，毛泽东问时任湖北省委副秘书长兼荆门县委书记的梅白怎么当好这个县委书记，当他了解到梅白没有多少做县级领导的工作经验后说：“领导者要尊重历史。不懂历史的人，就不能理解现实。你去荆门当县委书记，至少先要知道《荆门县志》。”毛主席在读了两本清代的《荆门县志》后再次约见梅白并说：“乾隆年间修的《荆门县志》是最好的一本。这说明中央政府的好坏，可以影响到地方政府的好坏。乾隆最基本的任务是团结汉人，反映中央政权有一定的开明性，比光绪年间编的县志好。‘官不修衙而修志’，我们党现在有的地方修大楼，讲阔气。中央最积极主张修志的是董必武。你到荆门以后，要修县志。”②周恩来总理也曾于1959年4月在全国政协委员的茶话会上强调，“现在当然首先要研究现实问题，反映新的情况，但对过去的东西也需要研究，新的东西总是从旧的基础上发展起来的。过去编的府志、县志，保存了许多有用的史料。”③习近平总书记高度重视从历史中总结经验、汲取智慧，在自觉把握历史潮流中开辟事业成功之路，提出

① 毛泽东：《毛泽东文集》第二卷，362页，北京，人民出版社，1993。

② 杨希杰：《毛泽东关于〈荆门州志〉的一席谈话》，载《荆门日报》，2001-09-30。

③ 周恩来：《周恩来选集》下卷，297页，北京，人民出版社，1997。

“历史是一面镜子，从历史中得到启迪、得到定力”[①]，指出“历史、现实、未来是相通的。历史是过去的现实，现实是未来的历史”[②]。2015 年 7 月 7 日在参观“伟大胜利 历史贡献”主题展览时强调，“历史记述了前人积累的各种科学文化知识，记述了他们治理国家和社会的思想与智慧，记述了他们经历的成功和失败的经验与教训。”[③] 2015 年 8 月 23 日，在致第二十二届国际历史科学大会的贺信中说：“重视历史、研究历史、借鉴历史，可以给人类带来很多了解昨天、把握今天、开创明天的智慧。中国人民正在为实现中华民族伟大复兴的中国梦而奋斗，需要从历史中汲取智慧，需要博采各国文明之长。”[④]

循化撒拉族自治县位于青海省东部，气候温和、夏无酷暑、冬无严寒，植物繁茂、草木苍翠、瓜果飘香，是青海海拔最低、最适宜人类生存的区域之一。然而，正如清代龚景瀚在《循化志》所说：“白石峙于东南，黄河环其西北，前则漓水如带，后则积石为屏。蔽障河、兰，牵制鄯、廓，诚西陲之要地也”[⑤]，四面环山、境内又山谷相间的地理状况，使循化在历史上长期处于与外界交流不畅的状况。北部的积石山将循化与湟水谷地相隔，东部的达里加山成为通往甘肃临夏市和积石山县等地的屏障，南部的周毛卡山形成通往黄南藏族自治州同仁等地的巨大屏障，西南部的郭毛喀山阻止了通往尖扎等地通道，东部的积石峡和西部的拱北峡（又称古什群峡）又因绝壁千仞、水流湍急而成为无法逾越的天堑。域内黄河分割南北，孟达山、唐赛山、乌土斯山等山岭塑造了循化地区多山多沟的自然风貌。特殊的自然地理环境，使循化成为局部自然环境优越，但对外相对隔绝的“河谷洼地”。封闭的自然环境造就了封闭的社会环境与产业模式。历史上，循化撒拉人有“天下八工”[⑥]之说，认为“八工即天下”或“天下即八工”，思想之封闭可见一斑。与封闭的环境相适应，形成了相对封闭的发展模式。农业领域，种粮为了吃面、种果为了吃果、种菜为了炒菜的自然经济特征依然突出。现代工业成长缓慢，改革开放后逐步发展起来的一些企业在成长到一定阶段后，逐步将发展中心迁出县域。当地撒拉族回族人民有亦农亦商的经济传统，但商业模式

① 习近平：《论中国共产党历史》，9 页，北京，中央文献出版社，2021。
② 习近平：《习近平谈治国理政》第一卷，67 页，北京，外文出版社，2014。
③ 王伟光：《构建思想史研究的中国学派》，载《中国社会科学报》，2015（832）。
④ 任青：《在学习历史中更好走向未来—深入学习贯彻习近平同志关于学习历史的重要论述》，载《人民日报》，2017-03-26（05 版）。
⑤ （清）龚景瀚编，李本源校：《循化志》卷一《疆域》，35—41 页，西宁，青海人民出版社，1981。
⑥ “工”是撒拉族的社会组织形式之一，撒拉族地区共有八个工，每个“工”由若干个村组成。

还基本停留在行商方式，涉及领域以农畜产品、长途运输、拉面经济等为主，经营空间以异地为主，笔者曾用“春夏秋三季出门挣钱，一个冬季回家花光，来年出门又缺路费”来形容20世纪八九十年代撒拉人的生存方式。这一方面体现了循化人吃苦耐劳、敢闯敢拼、自强不息的精神，走出了一条发展的道路和模式。另一方面，这种模式对域内资源的重视和开发不足，县域内形成的投资有限，不仅制约了县域产业结构的优化升级和基础设施的建设完善，也导致农牧民收入来源单一、难以形成资产性收益、财富积累缓慢、生计模式过于艰辛等问题。历史上的循化相对比较封闭，但其方志和档案资料相对比较丰富。清代乾隆年间龚景瀚编纂《循化志》，此外在《河州志》《甘宁青史略》《西宁府续志》《甘肃通志稿》《甘肃通志》《甘肃新通志》《陕西通志》《碾伯所志》《贵德县志》《清史稿》等地方志和明清实录，以及《新青海》《农业周报》《西北屯垦研究》等报刊和书籍中都有零星记述。此外，清代和民国时期循化档案资料也较丰富，且保存良好。这些都为县域研究提供了史料基础。然而，除《循化志》专门记述循化外，其他资料零散分布于各类资料中，查阅难度如大海捞针，实为困难。新中国成立后的各类资料尽管相对丰富，但还是很分散，不便使用。

新中国成立以来，政府和学术界对循化史料的整理研究未曾中断。20世纪60年代，在50年代初开展少数民族社会历史调查基础上形成了《撒拉族史料摘抄》（青海人民出版社，1963年）和《撒拉族简史简志合编（内部资料）》（1963年9月）。70年代后，在以青海民族学院（现青海民族大学）专家教授为主的团队努力下，收集整理《撒拉族档案史料》与《撒拉族史料辑录》两本史料。新世纪以来，韩建业先生的《撒拉族史料集》（青海人民出版社，2005年）和马成俊教授的《撒拉族史料汇编》（民族出版社，2018年）先后出版面世。从上不难看出，循化地区史料整理研究成果丰硕。这些成果主要呈现两个特点，一是主要收集整理新中国成立前的综合史料，二是基本围绕撒拉族历史和史料来开展整理研究。

20世纪80年代以来，青海民族学院进一步拓展民族研究和区域研究的传统优势，对县域研究给予了更多的关注和投入。县域研究涉及内容广泛，经济研究是其重要领域之一。县域经济研究之所以重要，不仅由于经济是一切社会事业发展的基础，也由于在经济领域中蕴含着自然、地理、政治、人口、民族、文化、教育、科技等各方面的信息。80年代以来，学校相关研究力量逐步增强，围绕农业、地方工业、特色产业、乡镇企业、财政金融、民族经济、扶贫开发等方面，对循化县域经济开展了多领域的研究。研究过程面临的最大问题是资料收集困难，特别是循化区域经济史料不足，且分布十分分散，成为进一步提高研究质量和水平的主要瓶颈。基于循化县域经济研究的现实需要，特别是在区域经济学和民族经济学博士培养方向建设需要的带动下，我们从2020年起，组织长期从事循化县域经济研究的专家，开始收集整理《循化区域经济史料汇编》。2021年，“循化区域经济史料收集整理”课题被列为青海民族大学校级重点科研项目。

关于书名，我们之所以用“循化”而非“循化县”或“循化县域”，主要是因为历史上的“循化”在行政隶属和空间范围上与今日之“循化县”有很大的差异。循化古为羌地，汉时为河关县辖地，隋隶达化县，唐隶米川县，元宋为积石军、镇西军地，金升积石军为州，金、夏至元代隶积石州，明废州为所，循化为河州边外地。清初沿袭明制，雍正八年（1730年）“始立循化营，保安堡属焉”[①]，属河州镇辖。清乾隆二十七年（1762年），移河州同知于循化营，并称循化厅，隶属兰州府。道光三年（1823年），循化厅改属西宁府。民国以后西宁府改为道，循化厅也于1912年改为循化县，属甘肃西宁道辖。1929年青海正式建省，循化县便归青海省管辖。1954年成立循化撒拉族自治县。新中国成立后，循化的行政归属也几经变动。新中国成立初至1958年由青海省直辖，1959—1961年归黄南藏族自治州代管，1962—1980年归青海省直辖，1981—2013年归海东行署管辖，2013年撤销海东地区设立地级海东市，循化县归海东市管辖。在空间范围上，历史上的循化也有过一个不断调整的过程。据《循化志》记载，乾隆五十七年（1792年），循化厅“境域东南至老鸦关120里河州界；东至积石关60里河北碾伯县界，河南河州界，积石关内亦有厅属鸿化、灵藏2族，在河之北，中隔河州、碾伯县地；南至下则盖寨、多儿替寨350里洮洲厅界，西南至贺尔寨320里蒙古界；西至清水河190里西宁府贵德厅界；西北至掌教坊（今积石镇乙麻目村）河口15里，过河西宁府巴燕戎格厅界；北至黄河不及里，过河小积石山巴燕戎格厅界，河北有厅属加如、阿麻岔、砖塘藏族3庄。厅境东西相距300里，南北相距350里”[②]。当时循化厅所辖涉及今青海省海东市循化县、化隆县、乐都区、民和县，黄南藏族自治州尖扎县、同仁县、河南等，海南藏族自治州贵德县，甘肃河州、积石山、合作、夏河等地，所辖面积2万多平方千米。民国时期辖境缩小。民国十五年（1926年），划南区拉卜楞、黑错（今甘肃合作）等地设立拉卜楞设治局。民国十九年（1930

① （清）龚景瀚编，李本源校：《循化志》卷一《建置沿革》，22页，西宁，青海人民出版社，1981。

② （清）龚景瀚编，李本源校：《循化志》卷一《疆域》，35—41页，西宁，青海人民出版社，1981。

年），划北区马营六大社即鸿化头社、二社、三社、四社，灵藏头社、二社组建民和县；8月划西区保安、隆务等地设同仁县。民国二十一年（1932年）12月，划县属九族及牙党、川撒两族地方归甘肃和政县。民国三十年（1941年）7月，划属地韩家山归甘肃永靖县。1949年8月，将民国三十二年（1943年）设为循化第一区的甘肃临夏麻尼寺沟一带地区归临夏县。因此，如果用“循化县”或“循化县域”等术语，很难适应“循化”在历史上不同阶段的不同含义，直接用“循化”而不加“县”或“县域”来表述，更利于按不同历史时期的行政隶属和空间范围来理解“循化”，并按此收集整理相关经济史料。因此，《循化区域经济史料汇编》中的“循化”在行政隶属关系和所包括的空间范围上是一个历史的、动态的概念。新中国成立前的经济史料收集整理在行政隶属和空间范围选择上坚持“尊重历史、符合历史”的原则，在所收集整理经济史料范围上坚持“宁大勿小、应收尽收”的原则。而新中国成立后的经济史料，则基本按今日之循化县的空间范围和发展进程来收集整理。

《循化区域经济史料汇编》分为上编和下编。上编包括元、明、清至民国时期循化地区相关的经济史料，主要选取正史、实录、档案、地方史志等第一手具有权威性的材料，具有很高的史料价值。下编时间范围从新中国成立至2010年，主要以档案、报纸、统计年鉴、党政部门文件及其他文献为主，以史料形式呈现新中国成立以来循化地区经济发展的历程、阶段特征和取得成就。

整理过程中，我们既坚持尽量对原史料不做加工的原则，同时对有些内容做了必要的删减或矫正。例如，对有些文件内容在政治上明显不合时代要求的适当做了删减；对部分因文字选取导致内容不连贯等现象的，我们做了极为简洁的补充，加括弧并注“编者注”字样，以与原资料分别；对一些明显错误的数据做了合理的修正，如“1987年循化县分乡民族人口统计表”中，街子乡男、女性人口数分别为6452人和6548人，而原表总人口合计为1300人，合计数明显有误，我们调整为13000人。有些原始表格数据中存在误差，如单项数据之和大于或小于合计数等，但又无法确定是哪个数据有误，对此类现象，我们还是尊重原表，未做修改。还有一种情况，即同一地名在不同资料中有不同写法，如“岗察”和“刚察”，“乙麻目”和“伊麻木”等，对此，我们还是尊重原表述，未做统一。

周恩来总理在1958年《关于整理善本的指示》中指出：“我国是一个文化悠久的大国，各县都编有县志，县志中就保存了不少关于各地经济建设的有关资料，我们除了编印全国所藏方志目录外，还要有系统地整理县志中及其他书籍中的有关科学技术资料，做到古为今用。”[1]研究历史的目的，不只是作为知识去记忆那些历史事件，而是要借鉴前人成功的经验或失败的教训，借以改进和优化我们今天的决策和行为。我们编写《循化区域经济史料汇编》旨在为循化地区经济发展实践和县域经济研究提供比较系统、全面、便捷的资料支撑，以期更好地服务区域发展。

收集整理史料的确是件很艰苦、很熬人的工作，而收集整理经济类专业史料更是难上加难。课题组要掌握大量可能藏有循化史料的文献典籍等，并在其中逐页逐字搜寻有价值的史料，在此基础上再甄别筛选有价值的经济史料；要用大量人力和时间泡在档案馆、图书馆和专业资料室，阅档案、翻报刊、查年鉴。史料整理的一大特点在于越是年代久远的资料其史料价值往往越大，但这类资料又往往是手写字迹模糊难辨，有时为了一个资料甚至为了几个字可能要花费很长时间、很大精力来辨别。而当代经济史料的一大特点则是数据和表格多，20世纪80年代前的表格又多数是手写手绘，整理难度比普通资料要更加劳神劳力。好在团队成员热爱这个研究领域，在大家的努力下，最终完成了这部浩瀚史料的汇编工作。在此，由衷感谢历代编纂方志县志及通过各种方式留存循化经济史料的先辈们，衷心感谢青海省档案馆、循化县档案馆、循化县统计局、青海民族大学图书馆和民族学与社会学学院资料室等单位的鼎力帮助，特别要感谢民族出版社的大力支持。作为课题负责人，我还要特别感谢我的团队成员，没有大家的坚持和努力便没有这个成果。

尽管我们尽了最大努力，想把《循化区域经济史料汇编》编成一部高质量的成果，想把相关史料“一网打尽”，尽量做到不留遗憾，但由于缺乏经验，本书难免存在诸多不足，期待大家批评指正。

马维胜

2022年9月6日

① 魏桥：《毛泽东和地方志》，载《浙江社会科学》，1993（5）。

目　录

上编　元、明、清及中华民国时期

上编　元、明、清及中华民国时期

第一章　元及以前

一、建置沿革

循化厅在《禹贡》为雍州地。

……

雍州南界自西倾又西，历吐谷浑南，至大积石。自积石又西，历吐谷浑南党项、白兰之北，至于黑水。积石在吐谷浑西南，南枕析支河曲。禹导河自此始，则湟水之南、积石之北、西倾之西，其为雍州之域无疑矣。

禹导山水，所行无外国地，河自积石入雍域，为中国河。禹导河自此始，沿流而下，直至于龙门，则金城、朔方之河必不在戎翟界中可知也。杜氏误以龙支之积石为《禹贡》之积石，遂谓河湟之间自古为羌戎……雍两南境亏地广二千里，轮千余里矣。《禹贡锥指》

按：今循化城北面过河不及一里有石山，连岩耸峙，即《水经注》之唐述山，唐人谓之小积石山，杜佑《通典》误以为《禹贡》之积石者。……

在殷、周为羌戎地。

……

在秦为塞外地。

按：《史记》，始皇使蒙恬筑长城，起自临洮。秦之临洮，今岷州也。今二十四关，正起岷州之界，由东而西而北，关内为河州，关外为循化，皆随大山联络之势，相其崖谷为之，疑即其遗迹，后人踵而为者。

在汉为金城郡河关县地。

……

后汉，金城郡废，河关改属陇西，白石县省。

按：县属陇西，故《水经注》称为陇西河关县。白石之省，当并入枹罕。

在晋亦为河关县地。

阎百诗曰：汉河关县，宣帝神爵二年置，后凉吕光龙飞二年克河关，凡四百五十七年为郡县。后没入吐谷浑，遂不复。《禹贡锥指》

……

隋废州复郡，名浇河，改洮河县为河津。

……

唐废河津县，置米川县。州旋废，属河州。

……

永徽六年，移县于河北，改属廓州。

……

此地为积石军地。

……

又为镇西军地。

……

又为振威军地。

振威军在天成军西百余里。天宝十三年，哥舒翰攻吐番雕窠城置。《元和郡县志》

按：天成军在河州西八十里，而振威军又在天成军西百余里，是振威军东距河州二百余里，正今循化界内也。

又为曜武军地。

曜武军在廓州南二百里黑硖川。　《元和郡县志》

按：唐之廓州治化隆县，《元和志》：“东至河州三百九十里。”为今西宁县东南境，其南二百里，亦正今循化界也。

宋亦为积石军。

积石军，本溪哥城，元符间为吐蕃溪巴温所据。大观二年，臧正朴哥以城降，即其地建军。东至廓州界八十里，西至青海一百余里，南至盖龙垝（峗）八十里，北至西宁州界八十里。　《宋史·地理志》

按：唐之廓州与宋之廓州一地也。《元和志》：“积石军，在（廓）州西南一百五十里。”今云“东至廓州界八十里”，则至州尚有数十里，可知是宋之积石军，即唐积石军故地，以中间陷于吐番（蕃），故《宋史》未详。

又为循化城地。

旧一公城，崇宁二年收复，改今名。东至怀羌城四十五里，西至积石军界一百余里，南至下桥〔乔〕家族地分一百余里，北至同来〔来同〕堡八〔六〕十五里。　《宋史·地理志》

河州西南至一公城一百六十里。　《元丰九域志》

在河州西，今为循化营。　《一统志》

按：循化营，今循化厅治所，立营之初，世宗宪皇帝御赐嘉名，以生番归化之故，偶合于宋耳，非复旧名也。《一统志》谓即今之循化营，似误。以《九域志》考之，宋之循化城，当在今土门关外，厅治之南，南番二十一寨之间。今捏工川内有骟马城、八角城，或其遗址也。宋元符二年，洮西安抚司收复河南讲朱、一公、错凿、当标、彤撤、东迎六城，寻弃之。崇宁二年，再收复。《宋志》谓俱在河州之南。今按其形势，似俱在二十四关之外，为厅境内当标城改为安疆砦。《宋志》谓“南至循化城一百一十里，北至黄河二十里。”是循化城在安疆砦之南，北去黄河一百三十里。今循化营北距河不及一里，安得谓之一地乎？

又为安疆砦地。

……

又为怀羌城地。

……

金升积石军为州，怀羌为县。

……

元因之，州隶吐番等处宣慰司都元帅府。

按：《元史》缺积石州，故怀羌县之废否，不得详。

贵德州隶宣慰司，知积石亦隶之也。

至贵德州，地名必赤里，始有州治官府。州隶吐番等处宣慰司，司治河州。又四五日至积石州，即《禹贡》积石。五日至河州安乡关。　潘昂霄《河源志》

河水过西宁州、贵德州、马岭凡八百余里，与恳水合。又东北流过土桥站、古积石州来羌城、廓州构米站界都城，凡五百余里，过河州与野庞河合。　朱思本《河源说》

按：土桥站，当在今厅治左右。自积石关至循化六十里，循化至贵德二百九十里，凡三百五十里，故四五日始至也。安乡关，宋时所立，即今河州城北之莲花渡口，距积石关不及百余里，乃自积石州五日方至。而朱氏所云野庞河，即漓水，今误呼大夏河者也。其入河处亦在莲花渡口，乃亦云五百余里，里数于今不合。

其保安以西为贵德州境。

按：明初保安属贵德所，疑沿元之旧，则保安以西为贵德州境，保安以东为积石州境也。

——（清）龚景瀚编，李本源校：《循化志》卷一《建置沿革》，青海人民出版社，1981 年版，第 1—22 页。

二、官职

马合谋·亦思八，撒剌儿监榷官。

——柯劭忞：《新元史》卷二十九《氏族表》（下），中国书店，1988 年版，第 136 页。

戊午，诏：“被兵郡县免杂役，禁酿酒，弛山场河泺之禁；私相假贷者，俟秋成责偿。蒙古、色目人愿丁父母忧者，听如旧制。”御史台言：“囊加台拒命西南，罪不可宥，所授制敕，宜从追夺。”中书省臣言：“令方许囊加台等自新，则御史言宜勿行。”从之。教坊司达鲁花赤撒剌儿，在武宗时遥授参知政事，阶中奉大夫，诏落遥授之职，而仍其旧阶。

——（明）宋濂：《元史》卷三二《文宗一》，中华书局，1976年版，第723页。

辛巳，起复中书左丞史惟良为御史中丞。上都官吏，惟初入仕及骤升者黜之，余听叙复。以御史台赃罚钞三百锭赐教坊司撒剌儿。壬午，以陕西行台御史大夫阿不海牙为中书平章政事。皇兄遣常侍孛罗及铁住讫先至京师，赏以金、币、居宅，仍遣内侍秃教化如皇兄行在所。

——（明）宋濂：《元史》卷三三《文宗二》，中华书局，1976年版，第729页。

积石州元帅府，达鲁花赤一员，元帅一员，同知一员，知事一员，脱脱禾孙一员。

——（明）宋濂：《元史》卷八七《百官志三》，中华书局，1976年版，第2195页。

宣徽院，秩正三品。掌供玉食。凡稻粱牲牢酒醴蔬果庶品之物，燕享宗戚宾客之事，及诸王宿卫、怯怜口粮食，蒙古万户、千户合纳差发，系官抽分，牧养孳畜，岁支刍草粟菽，羊马价直，收受阑遗等事，与尚食、尚药、尚醞三局，皆隶焉。所辖内外司属，用人则自为选。至元十五年置院使一员，同知、同佥各二员，主事二员，照磨一员。二十年，升从二品，增院使一员，置经历二员、典簿三员。二十三年，升正二品，置院判二员，省典簿，置都事三员。三十一年，院使四员。大德二年，增同知二员。三年，升从一品。四年，置副使二员。皇庆元年，增院使三员，始定怯薛丹一万人，本院掌其给授。后定置院使六员，从一品；同知二员，正二品；副使二员，从二品；佥院二员，正三品；同佥二员，正四品；院判二员，正五品；经历二员，从五品；都事三员，从七品；照磨一员，承发架阁库一员，并正八品；掾史二十人，蒙古必阇赤六人，回回掾史二人，怯里马赤二人，知印二人，典吏六人，蒙古书写二人。

其属附见：

光禄寺，秩正三品。掌起运米曲诸事，领尚饮、尚醞局，沿路酒坊，各路布种事。至元十五年，罢都提点，置寺。设卿一员、少卿三员、主事一员、照磨一员、管勾一员。二十年，改尚醞监，正四品。二十三年，复为光禄寺，卿二员，少卿、丞各一员。

二十四年，增少卿一员。二十五年，拨隶省部。三十一年，复隶宣徽。延祐七年，降从三品。后复正三品。定置卿四员，正三品；少卿二员，从四品；丞二员，从五品；主事二员，从七品；令史八人，译史、知印各二人，通事一人，奏差二十四人，典吏三人，蒙古书写一人。

——（明）宋濂：《元史》卷八七《百官志三》，中华书局，1976年版，第2200—2201页。

撒剌田地里管民官一员。

——（明）宋濂：《元史》卷八七《百官志三》，中华书局，1976年版，第2199页。

乌思藏、纳里迷、古鲁孙等三路宣慰使司都元帅府。

乌思藏管蒙古军都元帅府。

纳里迷古鲁孙元帅府。

担里管军招讨使司。

沙鲁思管民万户。

搽里八管民万户。

速儿麻加瓦管民官。

撒剌管民官。

出密万户府。

着笼荅剌万户府。

思荅笼剌万户府。

伯木古鲁万户府。

汤卜赤八千户所。

加麻瓦万户府。

札由瓦万户府。

牙里不藏思八万户府。

迷儿万户府。

以上属乌思藏宣慰司。

——柯劭忞：《新元史》卷四十八《地理志三·府》，中国书店，1988年版，第245—246页。

三、农业

1980年，在循化阿哈特拉山卡约文化墓地出土的小口瓮里多装有粮食、兽骨，“随葬陶器中盛有粮食作物，主要有麦类、粟类等品种”。

——许新国:《卡约文化阿哈特拉类型初探》,《青海考古学会会刊》，1981年第3期。

四、道路

……乘胜伏俟城。帝复令权过曼头、赤水、置河源郡、积石镇，大开屯田，留镇西境。在边五载，诸羌怀服，贡赋岁入，吐谷浑余烬远遁，道路无壅。

——（唐）魏徵、令狐德棻撰:《隋书》卷六三《刘权》，中华书局，1973年版，第1504页。

五、马政

马政　西北马多天下，秦、汉而下，载籍盖可考已。元起朔方，俗善骑射，因以弓马之利取天下，古或未之有。盖其沙漠万里，牧养蕃息，太仆之马，殆不可以数计，亦一代之盛哉。世祖中统四年，设群牧所，隶太府监。寻升尚牧监，又升太仆院，改卫尉院。院废，立太仆寺，属之宣徽院。后隶中书省，典掌御位下、大斡耳朵马。其牧地，东越耽罗，北逾火里秃麻，西至甘肃，南暨云南等地，凡一十四处，自上都、大都以至玉你伯牙、折连怯呆兒，周回万里，无非牧地。马之群，或千百，或三五十，左股烙以官印，号大印子马。其印有兵古、贬古、阔卜川、月思古、斡栾等名。牧人曰哈赤、哈剌赤；有千户、百户，父子相承任事。自夏及冬，随地之宜，行逐水草，十月各至本地。朝廷岁以九月、十月遣寺官驰驿阅视，较其多寡，有所产驹，即烙印取勘，收除见在数目，造蒙古、回回、汉字文册以闻，其总数盖不可知也。凡病死者三，则令牧人偿大牝马一，二则偿二岁马一，一则偿牝羊一，其无马者以羊、驼、牛折纳。

太庙祀事暨诸寺影堂用乳酪，则供牝马；驾仗及宫人出入，则供尚乘马。车驾行幸上都，太仆卿以下皆从，先驱马出健德门外，取其肥可取乳者以行，汰其羸瘦不堪者还于群。自天子以及诸王百官，各以脱罗氈置撒帐，为取乳室。车驾还京师，太仆卿先期遣使征马五十醞都来京师。醞都者，承乳车之名也。既至，俾哈赤、哈剌赤之在朝为卿大夫者，亲秣饲之，日酿黑马乳以奉玉食，谓之细乳。每醞都，牝马四十。每牝马一，官给刍一束、菽八升。驹一，给刍一束、菽五升。菽贵，则其半以小稻充。自诸王百官而下，亦有马乳之供，醞都如前之数，而马减四之一，谓之细乳。刍粟要旬取给于度支，寺官亦以旬诣闲阅肥瘠。又自世祖而下山陵，各有醞都，取马乳以供祀事，号金陵挤马，越五年，尽以与守山陵使者。

凡御位下、正宫位下、随朝诸色目人员，甘肃、土番、耽罗、云南、占城、芦州、河西、亦奚卜薛、和林、斡难、怯鲁连、阿剌忽马乞、哈剌木连、亦乞里思、亦思浑察、成海、阿察脱不罕、折连怯呆儿等处草地，内及江南、腹里诸处，应有系官孳生马、牛、驼、驴、羊点数之处，一十四道牧地，各千户、百户等名目如左：东路折连怯呆儿处，玉你伯牙、上都周围，哈剌木连等处，阿剌忽马乞等处，斡斤川等处，阿察脱不罕，甘州等处，左手永平等处，右手固安州等处，云南亦奚卜薛，芦州，益都，火里秃麻，高丽耽众国。

——（明）宋濂：《元史》卷一百《兵三》，中华书局，1976年版，第2553—2555页。

六、河治

其治河之法，凡物料工程轮运，以至叠埽修堤之事，皆沿袭宋金旧法，承用百年，著为条格者也。

河防之令九：

一、每岁进旧部官一员，沿河上下。兼行户、工部事，督令分治都水监及京府州县守涨，从实规措，修固堤岸。如所行事务，有可久为例者，即关移本部，仍候安流，就便检覆。次年春，工物料讫，即行还职。

一、分治都水监及勾当河防事务，并驰驿。

一、州县提举管勾河防官，每六月一日至八月终，各轮一员守涨，九月一日还职。

一、沿河兼带河防知县官，虽非涨月，亦轮上提控。一应沿河州县。若规措有方，能御大患，及守护不谨，以致堤岸疏虞者，具以奏闻。

一、河桥埽兵，遇天寿圣节及元日、清明、冬至、立春俱给假一日。祖父母、父母吉凶二事，并自身婚娶，俱给假三日。妻子吉凶二事，给假二日。其河水平安月分，每月朔给假一日。若水势危险，不用此令。

一、沿河州府遇河防危险之际，若兵力不足，劝率水手人户协济救护至，有干济或难迭办须当进暂差夫役者，州府提控官与都水监及巡河官同为计度，移下司县，以远近量数差遣。

一、河防军疾疫须医治者，都水监移文近京州县，约取所须药物并从官给。

一、河埽堤岸遇霖雨水涨变时，分都水司与都巡河官往来提控，官兵多方用心固护，无致为害，仍每月具河埽平安申覆尚书省工部呈阅。

一、除滹沱、漳、沁等河有埽兵守护外，其余大川巨浸如有卧著冲刷危险等事，并仰所管官事约置差夫作急救护，其卢沟河行流去处，每遇泛涨，当该县官与崇福埽官司一同协济防护，差官一员系监勾之职或提控巡检。

每岁守涨河防之制六：

一、开河。宜于上流相视地形，审度水性，测望斜高，于冬月记料，至次年春兴役开挑，须涨月前终毕。待涨水发随势去隔堰水入新河。又须审势疏导。假如河势丁字正撞堤岸，剪滩截嘴，撩浅开挑费功不便，但可解目前之急，亦有久而成河者，如相地形，取直开挑，先须钤（口 / 下）谓上下平岸口也分水势，以解堤岸之危。若欲全夺大势，更于对岸抛下木石修刺，于刺影水势渐以木石钤固河口，因复填实，损而复修，至坚固不摧塌，则新河迤逦畅流，旧河自然淤实。

一、闭河。先行检视旧河岸口，两岸植立表杆，次系影水浮桥，使役夫得于两岸通过。于上口下撒星桩，抛下木石镇压狂澜，然后两岸各进草纴三道、土纴两道，又于中心拖下席袋土包。若两岸进纴。至近合龙门时，得用手持土袋土包抛下，兼鸣锣鼓以敌河势。既闭后，于纴前卷拦头压埽于纴上，修压口堤。若纴眼水出。再以胶土填塞牢固，仍设边检以防渗漏。

一、定平。先正四方位置，于四角各立一表，当心安置水平。其制长二尺四寸，广二寸五分，高二寸。先立桩于下，高四尺，纂在内，桩上横坐水平。两头各开小池，方一寸七分，深一寸三分，注水于中，以取平。或中心又开池者，方深同，身内开槽子，广深各五分，令水通过两头池子内，各用水浮子一枚，方一寸五分，高一寸二分，刻上头，例薄只厚一分，浮于池内，望两头水浮之首，参直遥对立表处，于表身画记，即知地形高下。

一、修砌石岸。先开掘槛子嵌坑，若用阔二尺，深二丈，开与地平。顺河先铺线道板一，次立签桩八，各长二丈，内打钉五尺入地，外有一丈五尺。于签桩上，安跨塌木板六，每留三板，每板凿二孔中间。撒子木六，于撒子木上匀铺秆草束。先用整石修砌，修及一丈。后用荒石再砌一丈。一例高五尺。第二层，除就签柱外，依前铺塌木板、撒子木、秆草，再用石段修砌，高五尺。第三层，亦如之，高一丈。功就，通高二丈。

一、捲埽。其制亦昉于竹楗石菑，今则布薪刍以卷之，环竹絙以固之，绊木以系之，挂石以坠之，举其一二以称之，则日㹆音混。（大/束）既下，又填以薪刍，谓之盘簟。两（大/束）之交，或不相接，则包以网子索，塞以秆草，谓之孔塞盘簟。孔塞之费，有过于埽稍者。盖随水去者太半故也。其（大/束）最下者，谓之扑崖草，又谓之入水埽。（大/束）之最上者，谓之争高埽。河势向着，恐难固护，先于堤下掘坑卷埽以备之，谓之卷埽。叠二三四五而卷者，以沙壤疏恶，近水即溃，必借埽力以捍之也。下（大/束）既朽，则水刷而去，上（大/束）压之，谓之实垫。

又卷新埽以压于上，俟定而后止。凡埽去水近者，谓之向着。去水远者，谓之退背。水入埽下者，谓之紧刷。若暴水涨溢，下埽既去，上埽动摇，谓之埽喘。

一、筑城。此非河事，以水圮近河，州县亦或用之。城高四十尺则加厚二十尺。其上斜收，减高之半。若高增一尺，则其下亦加厚一尺，上收亦减其半。若高减，则亦减之。开地深五尺，其广视城之厚。每身一十五步，栽永定柱一，长视城之高，径一尺至一尺二寸。夜乂柱各二。每筑高二尺，横用经木一。瓮城至马面之类，准此。他如工程之限，输运之直，与夫合用物料之多寡，皆综核详密，品式粲然，为都水司奉行之条例云。

——柯劭忞：《新元史》卷四十五《河渠一·河防》，中国书店，1988 年版，第 266—267 页。

第二章　明　朝

一、官职（建置）

明废州改所。

积石州，元属吐蕃宣慰司，洪武四年正月，改置积石州十（千户）所。贵德州，元属吐番宣慰司，洪武八年正月，改置贵德守御千户所。《明史·地理志》

按：明初虽置积石于三（州千户）所，未久遂废，故《河州志》不载。

其地位河州边外地，立保安、起台二堡。

保安堡在河州西三百五十里，明置保安站及保安操守所。起台堡，在河州西二百四十里，明万历中设守备驻防。

按：明立河州卫，以右所调贵德守御，共十屯，而保安有其四。保安盖属于贵德所，设守备专司操守，不兼屯政，与起台同。起台守备，明末寄居双城堡，其初固驻起台，与保安东西相倚，盖分今厅治而两属之，以弹压番回。观循化未立营之先，起台汛界直至边都，知明时亦若此也，番族环居焉。

按：今撒喇十二工回民为撒喇族，南番二十一寨为向化族，皆在招中茶马十九族之内，为河州厅所辖，自明时已然。考明初设通判，辖三十六族，二十四关土司。《河州志》亦载古族三十六，名如今之起台、边都、隆布、合儿各番，环处起台、保安二堡之外，未必当时皆不负王化。疑先本内属，即在三十六族之内，久而不通番语，改易其名，乃不可考。观边都沟百户犹藏永乐时敕，而古族亦有起台族之名，余可概见矣。

——（清）龚景瀚编，李本源校：《循化志》卷一《建置沿革》，青海人民出版社，1981年版，第22—23页。

镇守河州卫都指挥刘昭言：河州归德千户所，去卫七百余里，东距川下（卜）千户所，西距必里卫番族，南距朵土川藏，北距黄河罕东卫界，旧于河州卫七所拨军二百守御，浮食寓居不敷，调遣宜全调一所，选精锐二百、守城八百屯种及运入番买马茶。从之。

——《明太宗实录》，卷一二〇，永乐九年冬十月辛卯。

西番马儿藏等族头目阿速等劫掠沙剌族。事闻，命都指挥李达遣人谕之，令悉还所掠，各守疆界，如执迷不悛，发兵征之。

——《明太宗实录》，卷一二一，永乐十九年九月壬申。

革陕西甘肃茶马司。初设茶马司收茶，召商纳马给边，以茶偿。其后商贩私盐自足获利，不复以马来易官茶，由此官茶积久浥烂。右佥都御史程富以为言，事下户部，会官议，请革去官员，印信送部。茶课令其见（现）任官吏收支仍令布政司管粮官提督。从之。

——《明英宗实录》，卷八八，正统七年春正月己巳。

茶马司。大使一人，正九品副使一人，从九品掌市马之事。洪武中，置洮州、秦州、河州三茶马司，设司令、司丞。十五年改设大使、副使各一人，寻罢洮州茶马司，以河州茶马司兼领之。三十年，改秦州茶马司为西宁茶马司。又洪武中，置四川永宁茶马司，后革，复置雅州碉门茶马司。又于广西置庆远裕民司，洪武七年置，设大使一人，从八品，副使一人，正九品。市八番溪洞之马，后亦革。

——（清）张廷玉等撰:《明史》卷七十五《职官四》，中华书局，1974 年版，第 1849 页。

以何琐南普为河州卫指挥同知，朵儿只、汪家奴为佥事。置所属千户所八：曰铁城、曰岷州、曰十八族、曰常阳、曰积石州、曰蒙古军、曰灭乞军、曰招藏军；军民千户所一：曰洮州；百户所七：曰上宅、曰李家五族、曰七族、曰番客、曰花州等处，曰常家族、曰爪黎族；汉番军民百户所二：曰阶文扶州、曰阳呃等处。仍令何琐南普子孙世袭其职。

——《明太祖实录》，卷六〇，洪武四年春正月辛卯。

茶马司在州南四百步，洪武七年建。大使、副使二员。收放茶斤，招易番马，以给边操。

——（清）王全臣纂修：《河州志》卷二《官政志·公署》，据民族文化宫图书馆藏清抄本复制本。

总督甘肃等处军务左都御史彭泽陈言边务十二事……山丹、永昌守备官，宜属协守副总兵，镇番守备，宜属分守凉州副总兵，西宁、红城子守备，宜属分守庄浪左参将提调。……甘肃军伍既缺，而逃徙者日益众，无稽察故也。宜于古浪、西宁、河州及甘州经营之处，各添设巡检司。

——《明武宗实录》，卷一二四，正德十年四月辛酉。

兵部覆巡按陕西御史刘仑言：国初，散处降夷授以官秩、金牌，令其如期纳马而酬之以茶，名为差发，顷自金牌停格诸番原奉给者，亦多散亡，无从稽额。今按近年纳马诸番，惟洮州卫列币等三族为旧所，宜补给余如河州卫子刚巴等七族、西宁卫昝币等四族，近皆族众马蕃可奉差发，各请增给金牌，量加官秩以系其心，其他小族仍给勘合，以摄其众。往者例以三年一市马多而滥，今宜岁一行之务精阅相当无取充数。得旨，令总镇抚按诸臣议闻。

——《明世宗实录》，卷三五四，嘉靖二十八年十一月乙未。

铸给陕西兰州河州监收钱粮关防。

——《明穆宗实录》，卷六七，隆庆六年闰二月己亥。

巡按陕西御史杨有仁上言："……丙兔克臭连结海上诸虏，托言抢番，犯我内地。……臣查得洮、河地方，旧无虏患，止是防番，故当时原额兵额亦不加多。自俺酋迎佛建寺，招结众住持莽剌寺川，一以恋水草之丰，一以图诸番之利，久假不归，遂成巢穴。且又招引西海诸酋往来住牧，而洮、河门屏之间，遂为腥膻屯聚之所矣。……

今日之所议者有七事焉。……一、议重番站。归（贵）德去河州八百余里，山中只是番站六处、马八匹、军八人，若虏变，难于传报内援，当添头目举军也。一、议设守备。党家、大通、弘化寺、千观台堡，其地并与近垣可恃堵截逆虏，以操守官卑，应改设守备一员也。一、议抚番族。洮、河诸番，岁以茶马招之，使勿与虏合，虏强番弱，以番附虏难制也。”命下所司。

——《明神宗实录》，卷一八五，万历十五年四月乙丑。

明洪武三年，御史大夫邓愈领兵平定河州，锁南率众归附。是年，设河州卫。

——（清）王全臣纂修：《河州志》卷一《建置志・沿革》，据民族文化宫图书馆藏清抄本复制本。

河州至归德，明初设站者六，曰……清水。每站设番官一员，如内地驿丞例，各给印信，站马，应付往来公使。

右各族惟撒喇族住居积石关外，余尽杂处二十四关之内……仍俱听河（州）协辖制。

——（清）王全臣纂修：《河州志》卷二《官政志・公署》，据民族文化宫图书馆藏清抄本复制本。

二、人口

河州番……撒剌族，男妇一万名口，纳马。

——（明）张雨撰：《边政考》卷九《西羌族口》，（中国台湾）华文书局印行，据明嘉庆刻本影印，第639—642页。

三、农业

镇守河州右军都督佥事刘昭言，奉敕选平凉、临洮、巩昌、洮岷、河州等卫府土军土民如法训练，以备用。缘土民素事耕稼，不习武艺且敢勇者少，未见可用，请散遣归农，止以土军训练备用。上曰：古人寓兵于农，训练有时，但今边圉无事。姑从之。

——《明宣宗实录》，卷十八，宣德元年六月戊寅。

扣留河州起运西宁、固原二仓及兰州广济仓粮银一千四百两有奇，补给参将营军士月粮，以镇原县起运一条城堡粮银拨补，前三处仓库之数永为定额，从抚臣郜光先议也。

——《明神宗实录》，卷十五，万历元年七月甲寅。

四、茶马

遣内使赵成往河州市马。初，上以西番素产马……自更钱币，马之至者益少，至是乃命（赵）成以罗绮绫帛并巴茶往市之。仍河州守将善加抚循以通互市，马稍来集，率厚其直偿之。成又宣谕德意，自是番酋感悦，相率诣阙谢恩，而山后归德等州西番诸部落，皆以马来售矣。

——《明太祖实录》，卷一〇〇，洪武八年五月戊辰。

兵部奏市马之数，秦州、河州茶马司市马一百七十一匹。……

——《明太祖实录》，卷一一〇，洪武九年十二月己卯。

兵部奏市马之数，秦、河二州茶马司以茶市马一千六百九十一匹。……

——《明太祖实录》，卷一二八，洪武十二年十二月乙未。

兵部奏，河州茶马司市马，用茶五万八千八百九十二斤、牛九十八头，得马二千五十匹。……

——《明太祖实录》，卷一三三，洪武十三年九月戊戌。

兵部奏茶、盐、银、布易马之数，秦、河二州以茶易马一百八十一匹。……

——《明太祖实录》，卷一四〇，洪武十四年十二月庚辰。

兵部奏定永宁茶马司以茶易马之价，宜如河州茶马司例：凡上马每匹给茶四十斤，中马三十斤，下马二十斤。从之。

——《明太祖实录》，卷一五六，洪武十六年八月壬午。

遣虎贲左卫指挥佥事姜观……以钞三十九万三千六百九十锭，往陕西河州等处市马，给骑士操练。

——《明太祖实录》，卷一七九，洪武十九年十二月甲申。

陕西河州……四卫土著铁甲马军二千九百余人，至京听操，人赐钞八锭。

——《明太祖实录》，卷一八〇，洪武二十年正月乙卯。

命庄浪、河州、洮州、岷州、西宁、凉州、宁夏、临洮八卫官吏月俸，每石折钞二贯五百文，马军兼支米钞，步军则全给之。旧例，边储皆收盐粮，及趱运供给凉州卫，商人运米二斗至仓，官给盐一引。而每卫月粮给万余石，屯军土民又种粟麦，军民所用皆米而已，米价日减，每石至五百文，故以钞兼给之。

——《明太祖实录》，卷一九五，洪武二十二年春正月丁亥。

尚膳太监而聂等至河州，召必理诸番族，以救谕之。族皆感恩意，争出马以献。于是得马三百四十余匹，以茶三十余万斤给之，诸族大悦。

——《明太祖实录》，卷二一七，洪武二十五年五月闰辰。

镇守河州卫陕西都指挥同知刘昭奏："陆续收到河州卫各番簇马七千七百一十四匹，上马每匹茶六十斤，中马四十斤，下马递减之。"……

——《明太宗实录》，卷七三，永乐八年十一月己丑。

定陕西西安府纳米赎罪例，初隆平侯张信等奏，近因岷州、洮州、河州、临洮四卫军储不足，行在户部奏准，以陕西都司、布政司、按察司并所属军卫有司，杂犯死罪及徒流以下罪囚，自备粮米，运赴岷洮等卫，输纳赎罪，比陕西三司问发囚人五百一十四名，通运米三千一百五十九石五斗，已经三月无一人至者，究其所自陕西去岷洮等卫路远崎岖，车牛艰难，又况无官监督，以致囚徒延缓。乞敕法司比旧加增米，数令原问衙门监收追征，于西安府永丰仓纳足照例发遣。上命法司议至是，行在刑部尚书金纯等请如所言，加米之例，死罪十六石，流罪十三石，徒罪十石，杖罪八石，笞罪五石。从之。

——《明宣宗实录》，卷四十，宣德三年三月甲午。

行在户部奏："比者陕西洮州思囊日簇番人屡窃……沙剌簇牛羊等物。已有旨命陕西三司及守洮州都指挥李达体审是实，就谕以祸福，令还所窃。今三司言，都督刘昭尝入番买马，番人信服，乞敕昭率兵与三司遣官偕往。"（上）从之。

——《明宣宗实录》，卷一八，宣德元年六月丁亥。

四川参政李衡奏：户部勘合，令民运河州茶马司茶六十万斤，赴陕西，比因松潘等处番寇作乱，发兵剿捕，其旁近州县民皆惊溃，而发成都等府民六十余万往运军粮，民力不足，乞暂停运。上谓：尚书夏原吉曰：蜀地险民贫，今方用兵供给实难，安可复以不急之务扰之？民扰则不安，不安则怨，怨则为非，宜从卫所言，止勿运。凡诸司有买办于彼者，悉令停止。

——《明宣宗实录》，卷四一，宣德三年夏四月癸亥。

镇守河州都督刘昭奏：今乌思藏等处使臣往来者，多用脚力、犏牛，缺茶买办，乞令四川运茶三十万斤，分贮河州三茶马司以备支用。上谕：行在户部臣曰：闻四川民贫，近时茶课多不足。今欲运茶三十万斤，民不堪命，但令近河州军卫有司，官库所贮物货，从昭，用以易牛，庶几少甦蜀民。

——《明宣宗实录》，卷七六，宣德六年二月庚子。

镇守河州西宁都督同知刘昭言，所征河州卫各番族茶马七千七百余匹，已征六千五百余匹，给与陕西官军操练，其未到者乃必里卫诸族，缘今年畜牧多疫死，且西番苦寒，请俟来年征之，就给各卫。又奏：西宁等卫所属番族茶马三千二百九十六匹，已征二千三百余匹，给军安定、罕东二卫路远未纳，亦请候明年征之。上悉从之。

——《明宣宗实录》，卷九七，宣德七年十二月丁亥。

行在户部奏："陕西西宁、河州、洮州蕃簇输马一万三千余匹，当给价茶一百九万七千余斤，欲移文四川布政司，起夫輂运。今闻其处旱潦相仍，人民艰食，乞暂停止。"上从之。且命有司善加收贮，俟丰年运给之。

——《明英宗实录》，卷一，宣德十年春正月甲午。

镇守河州陕西都指挥佥事刘永奏：本处所选土军土民缺马骑操，今停止下番，官买犏牛一千六百余只，欲令每牛增茶七十斤，易马一匹给之。奏下行在户部，复奏：以牛易马，足相抵直，不必增茶。上命每匹听增茶三十斤易之。

——《明英宗实录》，卷八，宣德十年八月丁未。

行在兵部尚书王骥奏：凉州操备，洮、岷等卫官军土民缺马，乞将兰州卫收贮官银及河州卫收贮官茶、布绢买马备用，奏至。上谕行在户部、礼部、兵部臣曰：操备用马为急，尔等其速议行之，勿误边事，于是三部议宜听收买，请敕镇守三司等官估直运赴各卫，令其军民自访，堪中马匹，当官给价买用从之。

——《明英宗实录》，卷四二，正统三年五月庚戌。

巡按陕西监察御史冯靖奏：征收西宁、罕东、安定、阿端、曲先五卫番民马二千九百四十六匹，给茶一十二万五千四百三十斤。

——《明英宗实录》，卷一五二，正统十二年夏四月丙午。

太子太保户部尚书金濂言："昨者都察院检校何英奉敕往河州等卫取土军赴京策应，许令军民之家纳马中盐，给军骑操。英定价每上马一匹与淮盐五十引，中马四十引，共收马一千四十匹，官司给符，令马主不拘资次支盐。臣以为河州本产马地方，今给价如此，亏官太甚，本部宜差官看验前马到官者，果上马给盐二十五引，中等给二十引。"从之。

——《明景泰实录》，卷一九〇，景泰元年三月乙卯。

命礼部移文西宁、洮、河镇守备等官，凡番夷进贡，务将年貌簇分及所贡物，一一审核开报，勿令冒名作弊。从监察御史胡深奏也。

——《明宪宗实录》，卷四四，成化三年秋七月辛巳。

户部会官议：巡抚陕西右副都御史项忠所奏事宜，一、西宁、洮州、河州俱有茶课司，市易番马，以给甘肃、宁夏、延绥三边征戍之用，旧制每岁再遣行人巡视，今势家及射利之徒，往往交通，守备官私贩入番，于是茶马之政遂坏，行人职卑言轻，难以禁制，乞依巡盐事例，暂遣风力御史一员，往督其事。俟茶马既通之日，仍准旧制行之。

——《明宪宗实录》，卷四四，成化三年八月己亥。

西宁地方番夷食茶如中国人民之于五谷，不可一日无者。本朝旧有茶马之例，后暂停止，近有举行，然民间绝无兴贩，而官府又无督办之令，以致茶马司见茶不满千斤。乞敕所司通查出茶州县山场，定其则例，听民采取，俱运赴西宁官库收贮，换易番马，给军骑操，并与苑马寺作种孳牧。买民间所采茶，除税官外，余皆许给文凭，于陕西腹里货卖，有私越黄河及河、洮、岷边境通番易马者，究问如律。

——《明宪宗实录》，卷七八，成化六年夏四月甲寅。

礼科给事中黄麟等奏：甘肃洮、岷、河州诸卫所粮、料、布、匹粃烂者多，欲各照分数加给稀纰布，以匹计折三为二；短小破坏者，各计丈尺足之。且言前此巡抚都御史娄良、朱英、马文升并司府管粮官俱合坐罪。户部覆奏：得旨，粮、料、布、匹皆如所拟马文升免问，朱英、宋有文罚俸三月，余问如律。

——《明宪宗实录》，卷一七六，成化十四年三月癸未。

巡抚陕右副都御史阮勤奏陕西救荒事宜："……陕西官民所趋利者，莫过于茶，乞暂宽其禁。于巩昌、西安二府，各许中茶四十万斤，临洮、平凉、凤翔三府，各许中茶二十万斤，其临、巩二府至西宁卖者，每斤纳粮八升，至河州者，每斤六升。西安、平凉、凤翔三府，赴西宁卖者，每斤杂粮一斗，赴河州者，每斤八升。各府给与文凭，赴巡茶御史挂号，听于产茶处收买，至十月终止。"事下户部议，"陕西荒甚，不可为常例，俱如所奏"。从之。

——《明宪宗实录》，卷二二五，成化十八年三月乙亥。

巡按陕西监察御史李鸾言："西宁等三茶马司为贮茶以易番马而设，比年以赈饥故，开茶易粟，其为民则便矣。而茶马司所积渐少。今各边马耗而诸郡岁稔，无事于易粟以赈。请于西宁、河西（州）二茶马司各开报茶四十万斤，洮州茶马司二十四万斤，召商中纳，每引不过百斤，每商不过三千斤，官收其十之四，余者听货卖。总之，可得茶四十万斤，约易马可得四千匹，数足即止。"户部议复，从之。

——《明孝宗实录》，卷四，弘治三年七月戊寅。

督理陕西马政都御史杨一清奏："旧例西宁、洮、河等处，以茶易马，每岁轮给甘肃、延绥、宁夏三镇。但甘肃密迩西宁，而延绥、宁夏去洮、河不远，况马有多寡，风土异宜。今欲将西宁之马每年一半给甘肃，其一半洮、河之马，轮年给延绥、宁夏，此外若有余马，仍令陕西各卫所关领，其分派防禁事宜，亦听臣斟酌以行。"兵部复奏，谓延绥方奏缺马，请以（今）年洮、河马尽给延绥，自明年以后，乃悉从所拟。

上从之，命派发马匹并防禁事宜，俱从一清酌量处置，务俾适中。

——《明孝宗实录》，卷二一五，弘治十七年八月癸未。

陕西苑马寺卿车霆奏：“先时创建本寺，原设有熙春监康乐等苑在临洮府河州地方，后马政废弛，日渐荒闲，肃府遂以为巳（己）有。迩者修举马政，洮、河、西宁三处茶马渐增，必得近西之地庶使畜牧。乞敕兵部移文都御史杨一清，委官履亩清查属之安定苑，专以牧洮、河、西宁茶马，庶草场得复原设额，而马亦得顺水土之性。”兵部复奏，命一清勘处以闻。

——《明孝宗实录》，卷二二〇，弘治十八年正月丙午。

升陕西总制兼督理马政都御史杨一清奏……“西宁、洮、河三卫茶马旧规废弛年久，官茶无积，私贩盛行，西番畜牧尽为私贩所得，边兵缺马乃累行伍赔偿。臣严禁私贩，广积官茶，申明旧制，招调远近番人，共易儿骟骒马一万九千七十七匹。计今三茶马司处，见蓄茶四十五万余斤，足充二年易马之用，是于三边岁给战马不为无补”。

——《明武宗实录》，卷二五，正德二年夏四月丁酉。

给事中张润等清查甘肃洮岷马价，还奏河州卫右所百户韩杰领换马三匹，久不还，官指挥王锦妄报已还。又先巡抚都御史毕亨以买马借用陕西行都司库贮赃罚银，误作备荒盐粮银支用。虽明而奏则未寔，于是杰锦逮问亨罚米百石，时刘瑾擅权好摭人细过坐以重法，若亨类无能脱者。

——《明武宗实录》，卷四十九，正德四年夏四月壬午。

陕西巡抚按御史郭圻言，西宁、洮、河三茶马司积茶至二十九万一千五百一十五篦，散块私茶亦十余万斤，徽、阶二州，西安等卫积贮尤多，宜令兵备、边备等官，不拘年例之数，设法多易马匹以备征战。事下兵部议复，延绥用兵需马为急，宜趣如御史言行。报可。

——《明世宗实录》，卷一三七，嘉靖十一年四月丁亥。

巡茶御史刘良卿言：陕西设立三茶马司收茶易马，虽以供边军征战之用，实以系番夷归向之心。考之律例，私茶出境与关隘失察者，并凌迟论死，一何重也。盖西边蕃离莫切诸番，番人持茶以为生，故严法以禁之，易马以酬之。禁之使有所畏，酬之使有所慕……断匈奴之右臂，非可以常法概视也。洪武初例，民间蓄茶不得过一月之用。弘治中召商中茶，或以备赈，或以储边，然未尝禁内地之民使不得食茶也。今减通番之罪，止于充军，禁内郡之茶使不得食。又使商私课茶，悉聚于三茶马司。夫茶司与番为邻，私贩易通，而禁复严于内郡，是殴民为贩而授之资也，以故大奸阑出而漏纲，小民负升斗而罹法，岂当人情乎。今计三茶司所贮每岁易马之茶，洮、河可足三年，西宁可足二年，而商私课茶又日益增，积久腐烂而无所用，茶法之弊如此。番地多马而无所市，吾茶有禁而不得通，其势必相求，而制之之机在我。今茶司居民窃易番马，以待商贩，岁无虚日。及官易时，而马反耗矣。岁所易马，领军未至，率寄各卫军余养之，彼贫且不能自给，何有于马，况损失复责其赔偿哉。监苑牧马，所以供军，军养数多不能收拾，放之山野遂不可羁靮，马既不可用及操军倒死，例有桩棚、地亩银买补，银数不足复累各军赔办。且槽下倒死赔办可也，若追贼倒死而亦使之，赔办乎。甘肃一镇岁须马千九百，榆林、宁夏各千，洮州卫二百。各镇卫所不论倒死有无多寡，岁概给马四千余匹，漫无稽考，冒领之弊岂谓尽无，马政之弊如此。臣谨条上六事：一、量积边境之茶以防私通。三茶马司止留二年之用，每年易马计该若干，正茶之外，分毫毋得夹带，令茶价涌贵，番人受制，良马将不可胜用。二、通行内郡之茶以息私贩。多开固茶通行郡，内除盘验解司外，其余量派各府，而官榷其半，以时定直。商茶给商自卖，不得出所属州县境。官茶及所获私茶分散铺行卖之。其价银计除养马解茶费外，余问抚院以备军储，而河、兰、阶、岷诸近番地，禁卖如故。三、重通番之刑以杜轻玩。河、岷、洮责之边备道，临洮、兰州赏陇右分巡，西宁责兵备，各选官防守，悬法如律例，失察参劾以罢软论。四、严贩马之禁以便招易。分责各道察捕私贩马者，论如通番。五、公养茶马以苏贫困。三茶马司各择闲空地，立厂畜草料，委官督同医兽牧养，毋累贫军。六、番处牧马以便操牧苑，马司所牧马岁一清查，籍其齿力堪用者，俟操军倒死给领，系征战者全给抵补，系槽下者给马一匹，仍追偿都指挥七两，指挥六两，千百户镇抚五两，旗军四两。走失被盗各加一两，四免征桩银。仍岁籍所倒死马以备稽考。下户兵二部复可独立牧厂，变桩银二事似涉分，更诏如部议。

——《明世宗实录》，卷一八八，嘉靖十五年六月乙未。

陕西巡按御史张涣言：臣顷按逃、河、西宁各茶马司验得，凡系地亩课茶俱各细美，其招商者率粗恶，不可不严为之禁。臣请造伪茶者计数多寡，比挟带私茶律并以匿私盐律坐其所主，不然茶法日坏，为马政害不细。事下都察院，会同户、兵二部议核。自今犯伪茶五百斤以上者，本商与为卖之人俱谪戍近卫，原系近卫者调边远。主家匿伪茶至千斤以上者，亦依前例编发，其不及数者，比私盐律。请著为令。从之。

——《明世宗实录》，卷二七三，嘉靖二十二年四月乙酉。

诏给西番诸族堪合，先是二十八年御史刘仑请复金牌勘合以便各番纳马给茶，其洮州卫列市等，河州卫子刚巴等，西宁卫昝市等诸族族大马蕃，给以金牌，冲卜鸾单等一十七族，族小马少者，给以勘合，未授职事者与之职名，原授未袭者类奏承袭。嗣后有亲抚之番亦许附入，如例请给。至是总督尚书王以旂等亦以为言。下兵部议，部复：国初制金牌信符每副二面，颁降西番诸族，令钤制其党，纳差发马匹，给以茶引。其后西海为北虏所据，套虏又岁加侵掠，诸番所领金牌散失，渐覆迁徙内地，密迩三卫，遂不复有赍符比号之事。今番族变诈不常，北虏抄掠无已时，脱给而再失，失而又给，而又失之，如国体何。夫金牌给番，本为纳马，番人纳马，意在得茶耳。各番以茶为命，不得茶病且死矣。诚严私贩之禁，则不抚自顺，虽不给金牌，马可集也。若私贩盛行，则在我无以系其心而制其命，虽给金牌，马亦不主。今称各番告给，宁以勘合与之，每岁以是为验，使彼番属无统者易于号召，而于文移则革去交易之名，使各效差发之诚，以正体统。至于授职承袭，必勘明类奏而后许之，则恩威兼济，诸夷向风矣。诏如拟行。

——《明世宗实录》，卷三六九，嘉靖三十年正月乙丑。

巡按陕西御史杨相议茶马四事：一、议兑领。欲将四川茶课折色银两，扣该买马二百八十五匹，听苑马寺就近市养，而以西宁司应解寺者径输甘肃给军，余存二百四十五匹仍旧起解。一、议改骟。请复监苑课兑旧规。所积儿马积二百匹外，始许改骟以图孳息。一、议招中。谓洮、河、西宁三茶司，岁例马匹固有定额，而额外增鬻者，宜尽各番调来壮马与茶司见存茶篦通融招易，不得拘泥常数，以拂夷情。一、议清丈。谓牧地久为军民之易（互占），豪强侵占，欲会同陕西督、抚、巡按等官，履亩查勘，公断收籍，以杜争端。兵部复奏。相所言俱有裨马政，宜即施行。至于清丈一事，已经总督王崇古建白，稍有异同。盖屯民占牧地每诉之抚按，牧军占民屯每诉之茶马，及其行勘，则守、巡、苑寺官人每以私心逆料批词者之意各自偏护，以故军民两不能平。今相欲会督抚诸臣，虚心查勘，诚得理棼息争之道。宜即以崇古及相所议下诸臣，务实举行。

——《明穆宗实录》，卷四五，隆庆四年五月己丑。

户部复原任陕西三边总督王崇古条陈陕西善后事宜：……又河州参将居番虏之冲，军无见粮，而西固阶文四守备士马刍饷颇有奇羡，宜裒多益寡以均岁支之数报可。

——《明穆宗实录》，卷四五，隆庆四年五月壬辰。

巡按陕西御史萧廪陈四镇兵粮事宜：……一、议改拨，河州地处极边，月支粮仅三四斗，乃征戍之苦，视兰洮一石之，军反为倍之，又且多至乏绝，宜将兰岷临洮等处粮价若干派拨，河州有马出哨者，月八斗余六斗。户部覆行。

——《明神宗实录》，卷六，隆庆六年十月甲寅。

差……浙江道御史漆彬禁陕西河州、西宁处茶马。

——《明神宗实录》，卷一六，万历元年八月庚戌。

差御史赵耀巡禁陕西洮、河、西宁茶马。

——《明神宗实录》，卷一七，万历元年九月癸卯。

巡按陕西御史傅元顺条陈茶马事宜：一、抚番族以安地方，谓洮西熟番古陆阿尔答等，国初受敕中纳茶马与西脑生番下沙麻儿等原不同谋，不淂一概大征。有妨招中。一、留茶篦以戒不虞，谓番人以茶为命，每岁中马六千有奇……近议与西海丙兔开市，即以招番余茶用易虏马，将使番人仰给于虏，彼此势合，贻患匪细宜炤，原议虏市，惟易缎绢布粮等物，茶篦仍留招番。一、定期限，以信遵守，谓每招番中马日期，洮州茶司定以五月，河州、甘州二茶司定以六月，西宁茶司定以七月，番市告竣，而后虏酋赴市庶经过中马番族，可保无虞，不然恐致骚扰俱于贡市有裨。从之。

——《明神宗实录》，卷四七，万历四年二月乙丑。

西宁、河州、洮州等处，每岁以茶易马，各监督兵备道多视为鄙事，概委通判、经历等官，听具徇私交易，所市番马，多不堪用，即用一二齿壮膘满者，漫无稽考。

——《明神宗实录》，卷一二〇，万历十年正月乙酉。

巡视陕西茶马御史徐彦登奏："仆苑之官守日轻，马价之侵渔日甚，远番慕上义当安口，孳牧之厩苑当复四事"。部复："原设番厂久坏，番人无栖，宜于河州及西宁、洮州修筑添补，厩牧无房，亦令修治增设"。从之。

——《明神宗实录》，卷二六二，万历三十一年七月辛未。

甘肃巡按方彦奏请……将西宁、洮、河三处增发淮浙盐引数万接济兵饷。部复：盐引原有定额……已极壅滞，今若再添，恐盐法有碍……。

——《明神宗实录》，卷二七五，万历二十二年七月庚子。

兵部复茶马御史毕三才疏：一、定马额，以便中茶司之，设招商中茶，易换夷马，原有定额。陕西四镇给军骑，征各监孳牧作种，皆仰给于茶司，此诚实边之常策也。迩年马数日增，茶苦于禁严，几致绝迹，甚至借商茶易番马，希复旧规，滥牧驽劣，随牧随倒，茶司几于虚设。以后每年茶司易马，西宁额三千二百疋，河州三千四十匹，洮州一千八百匹，岷州一百六十匹，甘州一千匹，庄浪八百匹，共一万匹。至庄浪初议四百，后添至一千三百五十四匹。盖庄浪南山之番无几，初议四百匹，已后年年增多者。缘松山有虏，将南山一带番抢入松山，为彼假名种马，名为番马，其实悉处马数十年来，有马之名无马之实。今各虏业剿逐远去，松山之番，俱还南山，不能多加之马必以不堪者应之，仍照前数，上中四等百连前共九千六百，若茶有余而马得良，即临时多众亦不为过，著为定额。悉听茶马御史分发，陕西四镇骑征仍令各道仆寺严行点闸。一、严责成以厘夙弊，以各镇营伍将领，惟知克料肥家苑马监官。一、任需用为事马之倒死骨立视若罔闻，宜申饬参治一处，余驹以苏民力苑马，群内驹马三年取二驹，此定例也。至于群外驹马若有孳生，此系余驹若不听其别卖，又不容其顶补则徒费牧餋无益于官，而有害于军，宜申明拨补借补之例，命依拟行。

——《明神宗实录》，卷三五六，万历二十九年二月庚午。

巡按陕西御史侯执蒲言："捣巢之事有可行有不可行者，捣巢之功利于将官不利于边疆。……唯河州去归（贵）德七百余里，归德去虏巢又远，中间住牧皆番族，邻河之番迫于虏而胁从者遂亦为虏，我兵一出，玉石俱焚。捣者既非深入之人，而捣者又多无辜之辈。如是者不可行。然明知不可行而卒行之者，大阶武功非此不叙录耳，而将领希觊尤甚，故诈冒尤多。间遇师出，纵家丁刁抢军功，因以为利坐名，止云家丁得升便是子弟。虽总驳正，总属虚冒。且有三十五年已罢官，三十七年仍领赏功银二千四百两者，彼随任家丁不过三十名，此非夺之军丁而何？更有割乞儿头携带出边归云贼级。则捣巢之弊可知。况以捣而挑衅速祸也，利归于将，害贻于边、于国，万万不可。”又言：“河西之西宁，河东之河州，密迩虏寇，当增兵饷。今西宁款而河州利为甚。查得西宁、归得两地例应互援则相为犄角，固以壮我之势，亦以分彼之力也。傥虏受赏于西肆掠于东，我顾自为町畦而秦越视之，河、归之势孤矣。为西宁者不得以款而缓应援。章下所司。”

——《明神宗实录》，卷四七二，万历三十八年六月丁亥。

番人嗜乳酪，不得茶，则困以病。故唐、宋以来，行以茶易马法，用制羌、戎，而明制尤密。有官茶，有商茶，皆贮边易马。官茶间征课钞，商茶输课略如盐制。

初，太祖令商人于产茶地买茶，纳钱请引。引茶百斤，输钱二百，不及引曰畸零，别置由帖给之。无由、引及茶引相离者，人得告捕。置茶局批验所，称较茶引不相当，即为私茶。凡犯私茶者，与私盐同罪。私茶出境，与关隘不讥者，并论死。后又定茶引一道，输钱千，照茶百斤；茶由一道，输钱六百，照茶六十斤。既，又令纳钞，每引由一道，纳钞一贯。

……

初制，长河西等番商以马入雅州易茶，由四川严州卫入黎州始达。茶马司定价，马一匹，茶千八百斤，于碉门茶课司给之。番商往复迂远，而给茶太多。严州卫以为言，请置茶马司于严州，而改贮碉门茶于其地，且验马高下以为茶数。诏茶马司仍旧，而定上马一匹，给茶百二十斤，中七十斤，驹五十斤。

三十年改设秦州茶马司于西宁，敕右军都督曰：“近者私茶出境，互市者少，马日贵而茶日贱，启番人玩侮之心。檄秦、蜀二府，发都司官军于松潘、碉门、黎、雅、河州、临洮及入西番关口外，巡禁私茶之出境者。”又遣驸马都尉谢达谕蜀王椿曰：“国家榷茶，本资易马。边吏失讥，私贩出境，惟易红缨杂物。使番人坐收其利，而马入中国者少，岂所以制戎狄哉！尔其谕布政司、都司，严为防禁，毋致失利。”

——（清）张廷玉等撰：《明史》卷八十《食货四》，中华书局，1974年版，第1947—1949页。

五、贡赋

洪武中，太祖欲通西域，屡遣使招谕，而遐方君长未有至者。二十年九月，帖木儿首遣回回满剌哈非思等来朝，贡马十五，驼二。诏宴其使，赐白金十有八锭。自是频岁贡马驼。二十五年兼贡绒六匹，青梭幅九匹，红绿撒哈剌各二匹及镔铁刀剑、甲胄诸物。而其国中回回又自驱马抵凉州互市。帝不许，令赴京鬻之。元时回回遍天下，及是居甘肃者尚多，诏守臣悉遣之，于是归撒马儿罕者千二百余人。

二十七年八月，帖木儿贡马二百。其表曰："恭惟大明大皇帝受天明命，统一四海，仁德洪布，恩养庶类，万国欣仰。咸知上天欲平治天下，特命皇帝出膺运数，为亿兆之主。光明广大，昭若天镜，无有远近，咸照临之。臣帖木儿僻在万里之外，恭闻圣德宽大，超越万古。自古所无之福，皇帝皆有之。所未服之国，皇帝皆服之。远方绝域，昏昧之地，皆清明之。老者无不安乐，少者无不长遂，善者无不蒙福，恶者无不知惧。今又特蒙施恩远国……使观览都邑、城池，富贵雄壮，如出昏暗之中，忽睹天日，何幸如之！又承敕书恩抚劳问，使站驿相通，道路无壅，远国之人咸得其济。钦仰圣心，如照世之杯，使臣心中豁然光明。臣国中部落，闻兹德音，欢舞感戴。臣无以报恩，惟仰天祝颂圣寿福禄，如天地永永无极。"照世杯者，其国旧传有杯光明洞彻，照之可知世事，故云。帝得表，嘉其有文。明年命给事中傅安等赍玺书、币帛报之。其贡马，一岁再至，以千计，并赐宾钞偿之。

——（清）张廷玉等撰:《明史》卷三百三十二《西域四》，中华书局，1974年版，第8598页。

敕镇守河州都指挥刘昭及河州必里洮州、西宁、罕东、凉州诸卫，比岁边人勤劳艰苦，朕夙夜在念，图存恤之。其洪熙二年，各番簇该纳差发马俱且停止。俟洪熙六年，如旧征收。尔等其加意抚绥，毋或扰害，以副朕忧闵边人之心，钦哉！

——《明仁宗实录》，卷八，洪熙元年三月己丑。

赐撒蓝回回失里散答等彩币绢布有差。

——《明仁宗实录》，卷八，洪熙元年八月庚寅。

赐云南元谋县故土官舍人吴政乌思藏番僧，著竹哈密卫头目哈剌苦出河州卫头目兀鲁思等钞彩、币、表里、袭衣，有差。

——《明宣宗实录》，卷十五，宣德元年三月丙辰。

湖、广前盘顺安抚司土官安抚剌惹送子向钟谨，云南马龙他郎甸长官司通事马寺，陕西河州卫番僧监藏领占等贡马。

——《明宣宗实录》，卷十六，宣德元年四月壬辰。

赐湖、广前盘顺安抚司土官安抚剌惹送子向钟谨，云南马龙他郎甸长官司通事马寺，陕西河州卫番僧监藏领占等钞、彩币、表里有差。

——《明宣宗实录》，卷十七，宣德元年五月庚戌。

赐安定王桑儿加失夹等三人白金、彩币、表里、绫绢等物，仍命陕西河州茶马司赐之食茶。

——《明宣宗实录》，卷十三，宣德元年春正月丙辰。

通政司奏：河州军民指挥司言：永乐中官买乳牛造酥油，上进后奉诏书罢造所买牛，犹存请送京师。上谓行在户部臣曰：停进酥油，此皇考仁恩不欲劳人也。河州地远，多屯军且土寒人贫，其悉以牛给之。

——《明宣宗实录》，卷十，洪熙元年冬十月癸酉。

西卫国师马尔藏，临洮卫都纲已失坚藏，河州卫都纲剌麻亦失藏卜，宁夏卫番僧勺思吉巴僧会张耳力，辽东东宁卫故指挥同知薛令哥妻康氏等来朝贡马。

——《明宣宗实录》，卷二二，宣德元年十月丁丑。

陕西河州卫番僧剌麻加瓦藏卜等来朝贡马。

——《明宣宗实录》，卷二二，宣德元年十月戊子。

赐哈密忠顺王所遣奏事：回回失纳伯赛的等钞及彩币、表里、袭衣等物，弗提等卫指挥同知张秃等六十四人、福余卫千户脱脱木儿等、巩昌卫土官指挥使汪寿、洮州卫剌麻失罗竹、河州卫番僧剌麻加瓦藏卜等钞、币、袭衣、靴袜各有差。

——《明宣宗实录》，卷二二，宣德元年十月戊戌。

赐西宁卫国师马尔藏……等一百四十五人……钞、彩币、表里、袭衣、靴袜有差。

——《明宣宗实录》，卷二二，宣德元年冬十月己丑。

陕西河州卫千户长吉帖木等来朝贡马。

——《明宣宗实录》，卷二三，宣德元年十二月乙亥。

赐陕西巴哇等族指挥佥事锁南儿监藏、河州卫千户长吉帖木、岷州卫等处剌麻班丹领占等二百五人，及乌思藏番僧章结等钞彩币表里有差。

——《明宣宗实录》，卷二四，宣德二年春正月戊申。

行在刑部都察院奏：定岷州、洮州、河州、临洮纳米赎罪，例岷州、洮州二卫死罪十石、流八石、徒六石、杖三石、笞一石五斗。河州、临洮二卫，死罪十三石、流十石、徒八石、杖五石、笞三石，纳毕依在京运砖，罚钞。例军官应徒流者、调卫杂犯死罪者，降用文职官吏，应徒流及杂犯死罪，俱放原籍为民。军民人等，着役宁家官吏，受赃犯死罪及闲吏犯徒流罪者，仍发北京为民。杖罪者军官，还职文官。应降罢者，依律降罢吏，改拨笞罪，各还职役闲吏起送，行在吏部，照例发遣。

上从之，曰："兹以歉岁，暂纾民力。俟年丰，仍如旧例。"

——《明宣宗实录》，卷二九，宣德二年七月戊申。

命陕西三司及军卫有司罪囚纳米赎罪时，行在户部奏：陕西岷州、河州、洮州、临洮各卫粮饷皆西安等府税粮供给，迩来岁歉民贫，多致逋负，仓无储偫，欲将陕西三司及诸军卫有司罪囚除真犯死罪，依律其余杂犯死罪并徒流以下，皆赴岷州等卫纳米赎罪。上从之。仍命行在刑部都察院斟酌轻重多寡之数以闻。

——《明宣宗实录》，卷二九，宣德二年秋七月戊戌。

陕西河州卫国师端竹领占遣其徒锁南领占，乌思藏禅师罗兀剌遣剌麻远丹等贡马及方物。

——《明宣宗实录》，卷三四，宣德二年十二月丙子。

赐陕西河州卫剌麻锁南领占、曲先卫都指挥同知散即思所遣指挥佥事失剌罕等及乌思藏剌麻远丹等钞、彩币、表里、纻丝、袭衣、靴袜有差。

——《明宣宗实录》，卷三五，宣德三年正月庚子。

又奏：河州所属地方多是土鞑番人，比年天旱薄收，所欠洪熙元年至宣德二年粮一万六千八百四十一石，乞赐蠲免。上谕行在户部臣曰：边卫粮储为急，其速遣官往陕西经理，别运粮给之，边民素贫岁又不熟，所欠粮俱免征。

——《明宣宗实录》，卷三七，宣德三年二月辛未。

陕西河州卫故土官都指挥佥事康寿孙济等来朝贡马。

——《明宣宗实录》，卷四一，宣德三年四月癸亥。

赐云南镇康州土官头目刀门渊、陕西河州卫舍人康济等钞彩币表里有差。

——《明宣宗实录》，卷四二，宣德三年闰四月癸未。

陕西河州卫舍藏等族剌麻赏木藏卜来朝贡马。

——《明宣宗实录》，卷五九，宣德四年十一月乙巳。

赐陕西河州卫舍藏等族剌麻赏木藏卜等钞彩币绢有差。

——《明宣宗实录》，卷五九，宣德四年十一月戊午。

陕西河州卫剌麻劄思巴失捻亦马剌卫指挥完者秃等来朝贡马。

——《明宣宗实录》，卷六一，宣德五年正月丙辰。

赐陕西河州卫剌麻劄思巴失捻亦马剌卫指挥完者秃、呕罕河等卫野人头目兀冬加等钞彩币表里等物有差。

——《明宣宗实录》，卷六二，宣德五年正月己巳。

圣朝建都北京，凡四方朝贡军民，转输远夷，使客多由江淮入会通河，以达北京。官船预供应者发近河，军民助送，若无军卫则民夫尽出有司。一州一县，岁发民丁凡二三千人，昼夜以俟。设朝廷别有所役上司，又不分别一体征科，如他州县致使田地荒芜、家无积蓄，稍遇歉岁，老幼扶携，缘河行丐过者悯之。乞敕大臣集议：自仪真以北，抵通州缘河州县无军卫处，蠲其民杂泛征科，使得务农专充夫役从之。

——《明宣宗实录》，卷一百，宣德八年三月己未。

镇守河州西宁都督刘昭奏：比乌思藏阐化王所遣贡使乩藏等以朝廷赐物易茶至临洮，临洮卫疑为私茶，拘留乩藏等，收茶于库，请释乩藏等还其茶。上命行在户部悉如昭所奏，庶不失远人之心。

——《明宣宗实录》，卷一一五，宣德九年十二月辛亥。

行在户部奏陕西西宁、河州、洮州蕃簇输马一万三千余匹，当给赏茶一百九万七千余斤，欲移文四川，布政司起夫辇运。今闻其处旱潦相仍人民艰食，乞暂停止。

上从之，且命有司善加收贮，俟丰年运给之。

——《明英宗实录》，卷一，宣德十年正月甲午。

敕镇守陕西都督同知郑铭、右副都御史陈镒等曰：得奏，言河州番民领占等，先因避罪逃居结河里招集人众立他力管族占耕田地，不报籍纳粮。又藏匿逃亡，累劫军民及往来商旅，岷州卫指挥叶青等往彼体实受赂而还，尔等欲调官军擒捕领占之众，并治叶青等罪。朕念番性生拗，所犯亦在革前，若遽加之以兵，不免累及无辜，尔等宜从长计议，遣人抚谕，令其改过自新，将聚集之众各遣回本业，所劫军民牛羊等物，如番人事例，追给还主，如彼冥顽不服，即斟酌事情，调军擒捕，务出万全，其叶青等体覆得实执问如律。

——《明英宗实录》，卷六六，正统五年四月甲戌。

西宁卫净宁寺僧领占乩，河州卫军民指挥使司白塔寺剌麻结列领占等……来朝贡马及方物、佛像、舍利子，赐钞币等物有差。

——《明英宗实录》，卷六七，正统五年五月己酉。

往支禅师领占剌麻三丹等口粮，先是领占等二十三人，三丹等四十四人，俱在陕西河州卫看守坟茔，月支口粮，岁该五百五十余石，劳民供运亏损，边储提督粮储右参政年富以为言，故命住支。

——《明英宗实录》，卷八八，正统七年正月癸未。

敕谕河州、西宁等处官员军民人等曰：朕惟佛氏之道，以空寂为以以普度，为以西土之人，久事崇信。今以黑城子厂房地赐大慈法王释迦也失盖造佛寺，赐名弘化，颁敕护特本寺田地山场园林财产孳畜之类，所在官军人等，不许侵占骚扰侮慢，若非本寺原有田地山场等项，亦不许因而侵占扰害。军民敢有不遵命者，必论之以法。

——《明英宗实录》，卷九五，正统七年八月辛亥。

察剌秃山卫头目阿松加，哈儿分卫女直头目女厮忽，渚冬河卫女直头目恺郎加，临洮府安积寺剌麻领占巴，河州卫白塔寺剌麻锁南藏卜等、景云寺剌麻绰吉汪速等来朝贡马及方物，赐彩币等物有差。

——《明英宗实录》，卷九九，正统七年十二月癸巳。

陕西河州卫普冈寺禅师劄失巴，宁夏卫报恩等寺剌麻舍剌星吉等贡佛像舍利子，赐彩币等物。

——《明英宗实录》，卷一一一，正统八年十二月丁酉。

福余卫都指挥安出遣指挥款哥儿兀剌忽卫野人女直舍人苦女戎地面速鲁擅扯列必王遣使臣沙力免力，陕西河州等卫普冈等寺剌麻锁南尔监藏等各贡马驼玉石及貂鼠皮佛像舍利子，赐宴并赐彩币袭衣等物有差。

——《明英宗实录》，卷一一一，正统八年十二月庚戌。

镇守河州陕西都指挥同知刘永奏："河州、洮州、西宁三卫番民多有往来潜住者，乞敕各卫镇守等官，勘实移文通知，取册当差纳马"。从之。

——《明英宗实录》，卷一二六，正统十年二月庚申。

西宁卫剌麻僧徒络绎等来朝贡及方物，赐宴并彩币、表里等物有差。

——《明英宗实录》，卷一三八，正统十一年二月丙辰。

陕西河州卫剌麻锁南班丹、乩藏簇头目先吉奔、班藏等簇番僧领占藏卜、四川思囊儿安抚司安抚阿思贡遣子陆儿者等、安定王索占斡些儿、罕东卫故指挥绰班儿加子他儿巴等来朝贡马及方物，赐宴并钞、彩币、表里有差。

——《明英宗实录》，卷一七五，正统十四年二月庚申。

遣通政司右通政汤鼎、光禄寺寺丞张如宗往陕西、四川运茶买马陛辞，赐敕谕之曰："今陕西西宁等卫所属番簇番民该纳马，特命尔等往四川与都、布、按三司、巡按监察御史公同计议，就于保宁等府酌量运茶八十四万三千六十斤至陕西界，官司收贮。仍往陕西会同镇守、三司官及巡按监察御史公同计议，起倩军夫运至各茶马司交收。内西宁茶马司收一十九万七千七百六十斤，河州茶马司收四十六万二千三百斤，洮州茶马司收一十八万三千斤，待收完日随即具奏，差官前去收马。尔等务要公廉详慎，同心协力，酌量人情，抚恤趱运。或有不便之事，奏闻区处，仍严禁管运茶课官吏差使人等，不许假公营私，生事剥削，致军民不安，自取罪愆"。

——《明英宗实录》，卷一七九，正统十四年六月庚戌。

太子太保户部尚书金濂言："昨者都察院检校何英奉敕往河州等卫取土军赴京策应，许令军民之家纳马中盐，给军骑操。英定价每上马一匹与淮盐五十引，中马四十引，共收马一千四百匹，官司给符，令马主不拘资次支盐。臣以为河州本产马地方，今给价如此，亏官太甚，本部宜差官看验前马到官者，果上马给盐二十五引，中等给二十引。"从之。

——《明英宗实录》，卷一九〇，景泰元年三月乙卯。

陕西河州卫普纲寺禅师劄失巴等，西宁慈利寺剌麻锁南等，西宁弘觉寺剌麻领真藏卜来朝贡马及佛像舍利，赐宴及彩币表里等物有差。

——《明英宗实录》，卷三〇〇，天顺三年二月丁丑。

兵部言：陕西河州卫奏，前调本卫马军二千从征，括马止得五百六十余匹，余不能办，乞将本卫庆安库所贮下番赏赐缎匹绢布绵等物，市马给军。尝移文户部区处，户部拒以禁例，今边警甚急，乞遣户部官一人会陕西三司同河州卫官查盘易马。上从其议，遣中官李广往议行之。

——《明英宗实录》，卷三二七，天顺五年五月丁卯。

乌思藏番僧三竹藏卜等、陕西河州弘化寺番僧工哥端竹等、洮州藏撒寺下番僧板著等、岷州添郭等族、族头番人撒剌等各来朝贡马及氆氇佛像明甲等物，赐彩缎钞锭等物有差。

——《明宪宗实录》，卷五三，成化四年夏四月乙未。

陕西河州卫纾藏仰思多等处理仁寺番僧速剳思巴坚藏等各来朝贡马及氆氇等物，赐衣服彩缎食茶等物有差。

——《明宪宗实录》，卷一七五，成化十四年二月辛丑。

巡抚陕西右副都御史阮勤奏陕西救荒事宜："……陕西官民所趋利者，莫过于茶，乞暂宽其禁。于巩昌、西安二府，各许中茶四十万斤，临洮、平凉、凤翔三府各许中茶二十万斤，其临、巩二府至西宁卖者，每斤纳杂粮八升，至河州者，每斤六升。西安、平凉、凤翔三府，赴西宁卖者，每斤杂粮一斗，赴河州者，每斤八升。各府给与文凭，赴巡茶御史挂号，听于产茶处收买，至十月终止。"事下户部议："陕西荒甚，可不为常例，俱如所奏。"从之。

——《明宪宗实录》，卷二二五，成化十八年三月乙亥。

命陕西开中两淮，弘治四年常股盐二十万引，弘治六年存积盐十五万引，河东捞捕盐十万引。四川弘治三年见在盐五万引及开中洮州、河州、西宁卫茶四十万斤。又令吏典知印承差纳银，减役冠带，农民纳银，免考补役。以巡抚等官奏边储缺乏故也。

——《明孝宗实录》，卷一〇二，弘治八年七月戊申。

巡按陕西监察御史王宪言：国家于河州等处设茶马司，收茶以易番马。大得制御之道比来抚臣建议从权开中粮茶，逐令私茶难禁而易马不利，今关辅岁稍稔而粮茶未见其益，秖见其弊，请自今停粮茶之例，异时或有兵荒当更图之。户部议覆。上曰：粮茶既有误，易马其停之。

——《明孝宗实录》，卷一五七，弘治十二年十二月乙卯。

以旱雹灾免陕西河州洮州二卫屯田子粒有差。

——《明孝宗实录》，卷一八一，弘治十四年十一月庚寅。

以旱灾免陕西靖虏等四卫，兰州河州陇西等九县税粮有差。

——《明武宗实录》，卷一七九，正德十四年冬十月癸酉。

诏给西番诸族堪合。先是二十八年御史刘仑请复金牌勘合以便各番纳马给茶。其洮州卫列市等，河州卫子刚巴等，西宁卫昝咂等诸族族大马蕃，给以金牌，冲卜鸾车等一十七族，族小马少者，给以勘合，未授职事者与之职名，原授未袭者类奏承袭。嗣后有亲抚之番亦许附入，如例请给。至是，总督尚书王以旗等亦以为言。下兵部议，部复：国初制金牌信符每副二面，颁降西番诸族，令钤制其党，纳差拨马匹，给以茶引。其后，西海为北虏所据，套虏又岁加侵掠，诸番所领金牌散失，渐复迁徙内地，密迩三卫，遂不复有赍符比号之事。今番族变诈不常，北虏抄掠无已时，脱给而再失，失而又给，而又失之，如国体何。夫金牌给番，本为纳马，番人纳马，意在得茶耳。各番以茶为命，不得茶病且死矣。诚严私贩之禁，则不抚自顺，虽不给金牌，马可集也。若私贩盛行，则在我无以系其心而制其命，虽给金牌，马亦不至。今称各番告给，宁以勘合与之，每岁以是为验，使彼番属无统者易于号召，而于文移则革去交易之名，使各效差拨之诚，以正体统。至于授职承袭，必勘明类奏而后许之，则恩威兼济，诸夷向风矣。诏如拟行。

——《明世宗实录》，卷三六九，嘉靖三十年正月丁未。

陕西河州卫弘化寺番僧占羊管管著等五名、岷州卫大崇教等七寺剌麻番僧劄挂那节等三十五名各备方物，进贡赏银币如例。

——《明神宗实录》，卷四七，万历四年二月甲戌。

第三章 清 朝

一、官职（建置）

添设陕西河州协游击一员、千总一员、把总二员、兵八百名，驻剳萨拉地方；把总一员、兵八十名，与原设之守备同驻保安堡地方；俱属西宁镇统辖。从川陕总督岳钟琪请也。

——《清世宗实录》，卷八二，雍正七年六月壬寅。

谕内阁：陕、甘、晋、豫四省……至康熙四十五年，停止招中。

——《清世宗实录》，卷八三，雍正七年秋七月壬戌。

查保安营远处口外，向隶附近之循化营管辖，嗣因改守设都。与游击衔次不远，是以属于镇辖。但保安距河镇遥远，凡有文报，必须经过循化，而后达河州，纡回数百余里。

——《清高宗实录》，卷四四六，乾隆十八年九月甲子。

兵部议准：大学士管川陕总督事查朗阿奏称：……甘都堂建土堡一座，设千总一员，马兵五十名，步兵一百名。……又河州城南西口外一带，自老鸦关出口，至奇台堡、循化营、保安堡等处，俱系塞外岩疆，旧设墩台十余处，路长墩少，请各路分添墩台八座。又奇台堡之土门关外桥沟寺，接连火儿藏地方，请于要处添设墩台二座，每座安马兵二十名，步兵三十名，共兵五十名，即于循化、保安、奇台等营内，就近派拨。但保安、奇台两处，孤悬口外，额兵本属单微，请于循化营拨马兵十五名，步兵三十五名，添入保安，连原安兵共足二百五十名之数。再拨马兵十五名，步兵三十五名，添入奇台堡，连原设兵共足一百五十名之数。其寄居双城地方之奇台堡守备，令其驻扎奇台。所有双城汛地，相距甚远，未便分管，请以河州二十四关为界，关口以内，归镇标之左右两营管辖，关口以外，分派循化、奇台、保安等营，各按远近，分汛管辖……均应如所请。从之。

——《清高宗实录》，卷七四，乾隆三年戊午八月己丑。

积石关，在河州西北一百二十里，西距厅治六十里，东去积石山五十里。明初于州置茶马司，此为市易之处，有官军戍守。

河州关二十四座，洪武年间设，每关官一员，军五十名把守，一年一换。

河州茶马司额设大使一员，监收官一员……每岁中马原额年例一千五百四十匹。

——（清）顾炎武撰：《天下郡国利病书》第十九《陕西下·临洮》。

撒拉，自元时入居河州之循化。

——慕寿祺辑著，赵元贞、李炳校：《甘宁青史略》（四）卷十三，兰州俊华印书馆。

惟循化、通津、来同为今厅境，在厅治南，其余俱河州地。元因之，州隶吐番等处宣慰司都元帅府。

——（清）龚景瀚编，李本源校：《循化志》卷一《建置沿革》，青海人民出版社，1981 年版，第 21 页。

积石州，元属吐番宣慰司，洪武四年正月，改置积石州十（千户）所。贵德州，元属吐番宣慰司，洪武八年正月，改置贵德守御千户所。

——（清）龚景瀚编，李本源校：《循化志》卷一《建置沿革》，青海人民出版社，1981 年版，第 22 页。

“工”，突厥语音译，指村镇、城堡等基层行政单位。乾隆四十六年（1781）……将雍正时（1723—1735）的十二工合并为“八工”，县城以西四工称上“四工”，城东四工称“下四工”。与外五工合称为“十三工”。

——高文德主编：《中国少数民族史大辞典》，吉林教育出版社，1995 年版，第 2495 页。

河州撒喇地方亦在口外，俱系回民居住，约有六千余户，与西宁所属巴暖营汛界相连，系土司韩炳韩大用所辖，地处边徼，人皆强悍。

——（清）龚景瀚编，李本源校：《循化志》卷一《建置沿革》，青海人民出版社，1981 年版，第 27 页。

宣统元年，西宁、碾伯、大通三县，循、贵、丹、巴四厅，俱流通兰州官银钱局纸币（民国成立后，闻兰州官银钱局将行停办，纸币汇兰兑现，西宁七属均未受损失）。

钱铺，清光绪时尚有钱商七八家，各出五百文钱票若干，人咸称便。未几相继倒闭，收回时每票一张，仅给月饼一斤。

父老相传：道光间城乡当商共有三十余家，经同治兵燹，城关及威远堡尚剩八九家。所有书院、文社、文学基金及慈善事业与桥梁、庙宇公款，俱由当行承领生息，月利一分，或年满一分不等。一家倒闭，全行负责，办法十分稳固。至制钱改铜元以来，民国十五、十六两年银价日昂，各家私人资本化为乌有，不能支持。因将各项公款全数归还，前后相继歇业。从此，有燃眉之急者，以无典库，均感不便云。

——（清）邓承伟修，张价卿、来维礼等纂，（民国）基生兰续纂：《西宁府续志》卷十《志余·贡赋志·钱法》，青海人民出版社，1985 年版，第 514—515 页。

（循化厅）番族：上隆布西番十六寨，南番二十一寨，阿巴那西番八寨，多奈错勿日二寨，素呼思记二寨，边都沟西番十寨，东乡西番五寨。回民撒拉族所居，曰上八工、下八工。

——（清）赵尔巽等撰：《清史稿》卷六十四《地理十一·西宁府》，中华书局，1976 年版，第 2118—2119 页。

循化厅土千户辖西乡上四工韩姓撒拉。保安堡土千户辖东乡下四工马姓撒拉。（撒拉不同番回，似羌而奉回教，旧十三工，今隶循化八工，余隶巴燕戎格）。乩藏土百户辖五族。

——（清）赵尔巽等撰：《清史稿》卷一百三十四《兵五·土兵》，中华书局，1976 年版，第 3965 页。

国朝洪武三年，总兵邓愈统大兵至，宣慰司何锁南普率众归附，是年设河州卫。

——（清）王全臣纂修：《河州志》卷一《建置志·沿革》，据民族文化宫图书馆藏清抄本复制本。

撒剌川，州西积石关外二百里，夷回五族，土官百户督率，昔听守备节制，今设参将分守。

——（清）王全臣纂修：《河州志》卷一《建置志·沿革》，据民族文化宫图书馆藏清抄本复制本。

兵部等部议覆：陕甘总督勒保疏称：陕甘各营。应添库房、药局、马棚等项，经前督臣福康安通饬筹办。兹查明实在情形，除旧有修补外，计应添督标……河州镇标左右二营、循化营、保安营、奇台堡、兰州城守营、洮岷协、巩昌营、秦州营、西固营，库房十九间，药局四十间。马棚一百二十九间，土房及兵丁上宿房五间……。西宁镇属贵德营、喇课营、南川营、巴燕戎格营、西宁城守营、威远营，库房及料草房四十一间，药局十七间，马棚二十八间。请动项建盖。从之。

——《清高宗实录》，卷一三四八，乾隆五十五年二月乙丑。

又奏：军机大臣议，将蒙古边界番众、归并西宁办事大臣兼管，应于生番内，设立千户百户头目管束，令臣酌议。查循化、贵德生番，居住深山，各就水草游牧，打牲插帐，搬移无定……

——《清高宗实录》，卷一三九三，乾隆五十六年十二月庚午。

司茶之官，初沿明制。陕西设巡视茶马御史五：西宁司驻西宁，洮州司驻岷州，河州司驻河州，庄浪司驻平番，甘州司驻兰州。寻改差部员，又令甘肃巡抚兼辖，后归陕甘总督管理。

——（清）赵尔巽等撰：《清史稿》卷一百二十四《食货五·茶法》，中华书局，1976年版，第3651页。

军机大臣议覆，陕甘总督勒保、青海办事大臣奎舒等奏：请将循化、贵德两处生熟各番，统归西宁办事大臣兼管。嗣后番地应纳番粮，及与汉民交涉命盗案件，仍归循化、贵德文员，照例办理，由该管上司核转，会同题咨完结。其番子抢掠蒙古之案，径由西宁办事大臣，就近缉拏，应如所请。但熟番内，向设有千户、百户、乡约管辖，而生番并无头目。其应如何设立之处，仍令该督等再行悉心筹酌，会议具奏。至千户百户等头目内，果有奋勉缉贼之人，应令奎舒奏明，赏戴篮翎，以示鼓励。此后蒙古等不能自行拏获赃贼，事后指为外来番贼。呈报缉拏者，概不与之办理。

——《清高宗实录》，卷一三八六，乾隆五十六年九月癸未。

谕军机大臣等，左宗棠、豫师奏，收复循化厅城。筹办善后事宜。左宗棠奏，围攻肃城踞逆获胜，并金顺全军未能迅速出关情形各摺。循化厅城既经收复，惟收辑难民甚多。一切善后事宜，亟应次第兴办。著左宗棠、豫师饬令该地方官认真经理。妥为抚绥以期一劳永逸……至关外用兵，粮石车驼，自应豫为筹画，方可师行无阻……兹据左宗棠奏称，现在新谷未收，军粮缺乏，骆驼亦值歇厂怯热之时，不能负重。若展迟两月，于八月间拔队西行，局势似较稳慎等语。所筹亦系实情，惟白彦虎贼股，现又窜扰关外。安敦玉等处情形紧急，盼兵尤切。金顺仍当赶紧部署统军出关，相机剿办。如一时实因粮运车驼未能应用，或派拨数营先行进发以资接应之处。著金顺酌度情形，妥筹办理。金顺需用粮石车驼等项。仍著左宗棠饬令该地方官速为豫备，毋稍延误。将此由五百里各谕令知之。

——《清穆宗实录》，卷三五三，同治十二年六月丁卯。

厅署总役率众散役包揽词讼，抵庄任竟酷虐受贿卖法……并有本方歇家酷虐胜役，每至收粮之时不肯依昔之旧例，私造大斗，任意收取但原昔番民七族之众共纳粮数六石，目今直上十石之数，尚不足恶等之意，是以民等俱受其陷，因而贫民流离他方者。

——《青海大臣为边都寺他乙佛僧的禀札循化厅》，青海省档案馆，档号：7-永久-2723。

撒剌族番人文作中马一匹，茶九篦

撒剌族番人文作中马一匹，茶九篦半

撒剌族番人文作中马一匹，茶八篦

撒剌族番人文作中马一匹，茶九篦半

撒剌族番人文作中马一匹，茶九篦

撒剌族番人文作中马一匹，茶十篦半

撒剌族番人文作中马一匹，茶八

撒剌族番人文作中马一匹，茶九。

——陕西茶马御史编：《陕西土官番人姓马匹茶篦数目文册》，康熙朝黄册档。

二、疆域

白石峙于东南，黄河环其西北前则漓水如带，后则积石为屏。蔽障河、兰，牵制鄯、廓，诚西陲之要地也。然而三营孤立于口外，众番环处于域中，控驭为难，抚绥不易。化殊俗而固边境，非徒以地利胜也，其要又在于得人乎？

——（清）龚景瀚编，李本源校：《循化志》卷一《形胜》，青海人民出版社，1981 年版，第 35 页。

东南至老鸦关一百二十里河州界。

按：老鸦关尚有老鸦、珍珠等族为厅属，然地与河州参错，其民皆两属，故以关为界。

东至积石关六十里，河北碾伯县界，河南河州界。

按：积石关内亦有厅属之鸿化、灵藏二族在河之北，中隔河州、碾伯县地。

南至下则盖寨三百五十里洮州厅界。

乾隆九年，洮州杨土司牧厂在则盖地方，为则盖、黑错[①]二寺番人抢窃羊只，经河州镇会同洮岷道讯断追还，饬杨土司在本营地方牧放牲口，不许仍在则盖。仍令洮、河会立界石，以绝争端。洮州协、循化营、起台营同差员弁，于哈嘛哼哈沿岭分水为界，水流南面洮州地，水流北面河州地。　营卷

按：卷中番人诸供黑错寨，盖与杨土司所管土桥番人接壤，则盖寨与洮州属番鹅贺接壤，二寨皆厅属。而称河州地者，厅未移驻之先，虽主诸番而仍为河州边外地，盖犹不以地方官自居云。

南至多儿暂寨三百五十里洮州厅界。

西南至贺尔寨[②]三百二十里蒙古界。

① 黑错：地名，即今甘肃省甘南藏族自治州州府所在地合作。

② 贺尔寨：地名，即今青海省泽库县和日乡。

西至清水河一百九十里西宁府贵德厅界。

乾隆三年，川陕总督查奏："归德所守御千总因在黄河以南，归临洮府管辖，又贵德营都司亦隶河州镇。查归德距临洮千有余里，往返二十余日，距河州亦八百余里，不特文报稽迟，地方事宜不能依期办理，而营汛要务亦不能呼应即灵。该所虽在河南，而与河北西宁接壤，相距二百余里，渡河两日可达。请以归德守御千总改归西宁府统辖，归德营都司改归西宁镇管辖，声势既联，巡查亦易。其分隶之处，以归德南面清水河为界。清水河北属归德，统隶西宁；清水河南属保安，仍隶河州。"八月，议政王大臣覆准，奉旨"依议"。　厅卷

西北至掌教坊河口十五里，过河西宁府巴燕戎格厅界。

按：过河为甘都堂汛界，属于巴燕戎格营。巴燕戎其先曰摆羊戎，与甘都堂皆乾隆初年新设者。邻封密迩，不可不知其原委也。附录原奏：

乾隆三年，川陕总督查奏：西宁府属碾伯县，壤接生番，山径丛杂，南山一带周围七八百里，番民二十八族，其间倾心向化者固不乏人，而顽梗不驯者亦复不少。往往以雀角细故，纠众行凶，每致伤人劫物。况沿山村堡，农民以耕牧为生，而番、回习为盗贼，出没无常，率领多人公然劫夺，虽经缉捕，未能穷搜窝窟。雍正十三年，前署督臣刘于义请于山后迤东之札什巴地方建立土城，令西宁镇派游击一员，马、步兵二百名驻城弹压；至附近之王沟硖等处，令该游击设汛稽查；山前之乩思观林地方，令西宁镇派把总一员，兵四十名移驻巡查；至下郭密，接连青海，令西宁镇派守备一员，马、步兵一百名，亦杂石庄屯札；其迤东之千户庄，令西宁镇派把总一员，兵四十名防守；再西宁之磨石沟地方，该管守备驻札徐家庄，难以照料，移驻中申巡防；河州归德堡守备所辖生番，势难兼顾，令河协派出千总一员，兵六十名，驻康家寨等因，经部议覆，奉旨依议钦遵在案。今查札什巴地方，并非众番要隘，且地窄小，难以建堡驻兵。惟碾伯县所属之摆羊戎，在札什巴之东，相距七十余里，西至西宁城一百七十余里，东至循化营一百五十余里，东至巴暖营一百八十余里，至碾伯县一百二十余里。其东有碾伯所属番民十二族，其西有西宁所属番民十六族，既为各营适中扼要之区，又为四面番民杂处之地，而地土宽平，水草便易，应请于此处建筑土城，设游击一员、千总一员、把总二员、马兵二百名、步兵二百名。札什巴相距不远，应设千总一员、马兵三十名、步兵七十名，以备巡防。至巴暖营相距一百八十里，所有原设游击，应移至摆羊戎，巴暖改设守备；原设千总亦移驻摆羊戎，巴暖改设把总；原设兵三百名，裁一百名归摆羊戎，留二百名以备稽查。至札什巴以西，西连青海，

南通归德，贼番出没不常。仍照原议亦杂石庄设守备一员、兵一百名驻札。乩思观林、千户庄二处，各设把总一员、兵四十名分巡。徐家庄守备，亦照原议移驻申中。康家寨亦照原议，设千总一员、兵六十名以相联络。至摆羊戎之南地名甘都堂，为阿哈旦、唐思刚、列不加等番之咽喉，俱属生番，素多不法，必须专员弹压。甘都堂地势宽平，请筑土堡一座，设千总一员、兵一百五十名。以上各营统归摆羊戎游击兼辖。

八月，议政王大臣覆准，奉旨“依议”。　厅卷

按：巴燕戎格营始此。其后复设通判，乃分碾伯之地界之，则未详何年也，汤思刚庄于乾隆二十七年与厅属之古什郡庄番民为争草山，查汗大寺工助古什郡庄，叠相仇杀。经兰州、西宁二府会勘，讯明二厅虽以河为界，而古什郡无山，准其于河北牧放，而汤思刚庄亦准于河南砍取木植，案始结。故详书原奏，俾后之人知其形势。至循化距巴燕戎仅九十里，而云一百五十余里，盖当时未详考云。

北至黄河不及里，过河小积石山巴燕戎格厅界。

乾隆三年川陕总督查奏：阿哈旦、苏胡加、阿路等三庄俱系新附番民，为河州厅所属。今查三庄俱在黄河以北，距河厅三百余里，中隔大河，番民输粮既虑跋涉，又复顽野未除，素多命盗，界壤交错，盘诘为难。今甘都堂既设营汛，三庄俱附近环绕，应责甘都堂千总稽查汛地，即令巡防。其番民纳粮，就近归碾伯县交纳，一切事件俱归碾伯县管理。

八月，议政王大臣覆准，奉旨“依议”。　厅卷

四月，撒喇千户韩文广开造苏只工之苏胡家庄、阿路庄二庄，共二十七户，种水地九十五段，纳粮一石二斗七升二合。别列掌教工之阿黑旦庄二十三户，种水地七十五段，纳粮九斗四升八合。三庄共五十户，共种水地一百七十段，共纳粮二石二斗二升。

四月造册，饬碾伯县收管。　厅卷

按：当时河厅尚驻河州，故云三百余里，然其实不过二百余里也。巴燕戎尚未设通判，故改归碾伯县，今则巴燕戎格厅地矣。

又按：三庄虽改归西宁，而其实河北尚有厅属之庄，皆在下游。加如庄番民随街子工当差，在城正北；阿麻岔庄番民随清水工当差，在城东北；砖塘庄番民随孟打工当差，在城东北。是厅属河北尚有三庄，然厅既移驻，仅隔一河，番民用木洼径渡，顷刻可至，使必以拘河为界，改归西宁，反非便民也。

厅境东西相距三百里，南北相距三百五十里。

按：此当用晋裴氏准望之法，测虚空鸟道以定数，今其学既不传，惟据人迹所由之里数耳。然使高下、方斜、迂直之形著，犹可以勾股之法测其远近也。而番地辽旷，经行者罕，即有至者，亦约略言之耳，其足迹所由里数，且未必核也，况欲知其高下、方斜、迂直之形以测勾股乎？故此书其大概，未可据以为实也。

在京师正西少南，在兰州西南，在河州正西，在碾伯县正南，在巴燕戎格厅正南少东，在西宁府东南，在贵德厅正东少北，在洮州厅正北，在岷州西北。

按：自某至某若干里者，道路之里数也。某在某东若干里，某在某西若干里者，准望之里数也。今既不得准望之法，故但言其方向而不详其里数云。

厅治四十里白庄，三十五里起台堡，十五里打儿架山，三十里老鸦关，三十里韩家集，十里双城堡，四十里河州城。

河州由洪集桥小路至兰州二百里，由定羌驿大路至兰州三百三十里。

兰州至西安一千三百八十里，西安出潼关由河南至京师二千五百一十九里，由山西至京师二千四百八十七里。

自厅至河州共二百里，至兰州共五百三十里，至西安共一千九百一十里，至京师共四千三百九十七里。　山西

按：由河州、狄道至巩昌，以达西安，其路较近，今俱以兰州计里。

厅治六十里积石关，七十里银川铺，五十里河州城。

按：此为宋元以来旧路，明于积石关设长宁驿，银川铺设银川驿，且有察院及布、按二司行署。国初亦然，其后驿废，而此路遂荒。今之入积石关者，皆赴河北之鸿化、灵藏二族；若赴河州，则皆由老鸦关，少由此路者，以关外六十里山陡难行也。

厅治四十里边都，四十里红土坡，四十里保安堡，六十里木竜河，六十里巴撒川，七十里蓝角，七十里贵德厅城。

按：此由保安赴贵德之路，凡三百八十里。

厅治四十里查汗大寺工，四十里下龙布，六十里思囊剌，三十里五迭锭寺，四十里占咱，三十里捏家庄，十里上揽脚，四十里贵德厅城。

按：此由查汗大寺赴贵德之路，凡三百一十里。

保安堡由双朋八十里阿巴喇寺，八十里班只他寺，八十里巴咱滩，七十里土门关，六十里河州城。

按：此保安由土门关至河州之路，凡三百七十里。明时大路由此设番站六站，以通贵德，但地名变易不可考耳。

厅治十五里掌教坊渡口，过河十五里甘都堂汛，二十里拉咱山根，四十里巴燕戎格厅城，六十里扎什巴，六十里乩思观，九十里西宁府城。

按：此由巴燕戎至西宁府之路，凡三百里。

厅治七十里积石关，七十里马营集，六十里巴州，八十里老鸦，五十里碾伯县城，凡三百三十里。

按：此由积石关鸿化、灵藏二族至碾伯县之路，凡三百三十里。厅之北面有小路，可通碾伯，不过二百里。以经生番界，无敢行者，故不详。马营集即灵藏族也。

厅治五十里夕厂工，八十里甘家小寺，七十里观音沟，九十里下哈家寨，八十里洮州鹅贺番界，六十里洮州关门，十五里洮州厅城，凡四百四十五里。

按：此由草地至洮州厅之路，凡四百四十五里路。平坦，然所经皆番寨，少人行者。文檄经由，商旅往来，皆由内地河州、狄道以至洮州云。

——（清）龚景瀚编，李本源校：《循化志》卷一《疆域》，青海人民出版社，1981 年版，第 35—45 页。

三、人口

纳马番族……撒刺族……

——（清）顾炎武撰：《天下郡国利病书》卷五九《陕西五 · 临洮》。

咸丰三年编审民屯丁口数目（大者为丁，小者为口）。

……

新设循化厅。口内十二族，二千六百九十一户。撒喇回民八工，二千七百八十户。口外西番四十九寨，南番二十一寨，八千五百四十九户，共男女大小一十七万七千七百二十九丁口，内男六万五千五百九十九丁，三万三千九百四十二口；女五万六百七十一丁，二万七千五百一十七口。

——（清）邓承伟修，张价卿、来维礼等纂，（民国）基生兰续纂：《西宁府续志》卷四《田赋志 · 户口》，青海人民出版社，1985 年版，第 159—161 页。

番族（户口、田赋）

道光三年，西宁办事大臣那彦成安插河南、刚咱族、汪什代亥族、千布录族、安拉族、都受族、完受族、加洋冲族、公洼他尔代族于黄河南。咸丰八年，西宁办事大臣福济奏请仍移驻河北戈壁户一千七百四十七口，一万八千四百二十有奇。

珍珠族：城东一百五十里，即韩家集也。东至河州西乡南川沟，南至漠泥沟岭，西至大山岭，相连老鸦族，北相连乩藏。古、迭二族有庐舍户六百一十四，口四千有奇。种地一千三百五十二段，纳粮二十七石一斗四合。

老鸦族：城东一百三十里，俗呼谓笆篱寺也。有庐舍户八十五，口三百有奇。种地一百九十五段，纳粮一石六斗。

乩藏族：城东一百四十里。有庐舍户四百五十八，口二千一百有奇。种地三百一十五段，纳粮一石五斗五升五合。

红崖族：城东一百五十里。有庐舍户三百七十，口八百有奇。种地四百六十段，纳粮三石五斗一升六合。

端言族：城东一百五十里。有庐舍户五十四，口二百有奇。种地五百六十一段，纳粮四石五斗。

回回族：城东一百五十里。其地却无回民，命名之端不可考。有庐舍户十八，口六十有奇。种地二十五段，纳粮四斗四升。

仰化族：城东一百五十里。有庐舍户十三，口六十有奇。种地七段，纳粮一斗五升。

古迭族：城东一百五十里。有庐舍，畜牧为业，无田亩粮额。户十五，口一百有奇。

川撒族：城南二百六十里。有庐舍户一百九十七，口六百有奇。种地六百七十五段，纳粮一十一石四斗一升六合。

牙党族：一名牙塘族，城南二百六十里界达岷州。有庐舍，间有厮账。户四十九，口二百有奇。种地一百四十二段，纳粮一石五斗六升。

鸿化族：城北一百四十里。所辖民庄寺院六十六处，有庐舍户五百四十三，口三千六百有奇。种地四千四百三十九段，纳粮五十八石八斗二升六合八勺。

灵藏族：城北一百四十里。所辖民庄寺院五十处，有庐舍户二百八十四，口九百有奇。种地一千五百一十二段，纳粮一十八石三斗二升。

——（清）邓承伟修，张价卿、来维礼等纂，（民国）基生兰续纂：《西宁府续志》卷五《武备志·番族》，青海人民出版社，1985年版，第202—205页。

八工撒拉番回：西乡谓上四工，东乡谓下四工。总管土司汉（韩）光祖。

内：

街子工：城西十里。户九百三十六，口四千一百有奇。种地一千九百二段，纳粮一十六石三斗。

查家工：城西南二十里。户五百三十四，口二千有奇。种地一千七百九十段，纳粮八石一斗五升。

苏子（只）工：城西二十里。户二百七十五，口一千二百有奇。种地一千一百段，纳粮一十四石八升二合。

查汉大寺工：城西三十里。户一百九十九，口二千有奇。种地一千二百八十段，纳粮八石一斗五升。

清水工：城东十里。户四百七十，口一千九百有奇。种地七百七十八段，纳粮一十二石六斗三升。

孟打工：城东七十里。户二百二十四，口七百有奇。种地一千二百八段，纳粮二石七升。

张哈工：城东四十里。户五百五十六，口二千一百有奇。种地八百五十八段，纳粮八石一斗。

崖慢工：城东四十五里。户三百零四，口一千二百有奇。种地七百九十五段，纳粮八石一升。

夕厂工：即薛厂沟，旧附番寨，不在撒拉数内。在循化城东五十里。户二百一十，口七百有奇。种地九百九十段，纳粮八石一斗五升。

撒拉回族，不知所自。考其种类，即今新疆之缠头也。《河州志》载：撒拉州在州西积石关外二百里。今循化厅城在八工之中，距河州正二百里。是地本名撒拉川，其先为番人所居。考明洪武时，韩宝归附，自陈功绩。一云收集撒拉尔；一云撒拉地方抚番有功。或前明赐其地，或彼据而有之，居之既久，遂以其地为名，故曰“撒拉”。然撒拉川之名反隐。今谓撒拉，本其部落之名，又谓系其先所居口外之地者，皆非也。自明及国朝属于河州领茶中马，为番族十九之一。其人梗顽不驯，素称难治。

同治十二年，收抚循化厅城，清查户口，查明各工虽户有四千一百余，大小口仅有一万六千之数。除稚、妇女外，精强者不过四五千，向之桀骜，非由守斯土者镇治失宜乎？

——（清）邓承伟修，张价卿、来维礼等纂，（民国）基生兰续纂：《西宁府续志》卷五《武备志·番族》，青海人民出版社，1985 年版，第 205—207 页。

口外西番四五九寨：

起台五寨：城东六十里至七十里不等，有庐舍。总管昂锁洛不臧。内：都纲寺寨，户二十一，种地一百二十段，纳粮二石一斗；迭思慢加仓寨，户四十一，种地二百五十八段，纳粮四石一斗；宁巴寨，户四十，种地二百一十段，纳粮四石一斗；火龙布寨，户四十一，种地一百五十二段，纳粮四石一斗；锁力盖寨，户四十一，种地二百五十段，纳粮四石一斗。

边都沟七寨：城西四十里，有庐舍。总管百户锁南。内多瓦寨，户一百零四，种地三百七十六段，纳粮一十石四斗；勒门瓦寨，户一百零四，种地四百八十段，纳粮一十石四斗；熊为寨，户一百零三，种地四百四十九段，纳粮一十石三斗；为刺于灭寨，户一百，种地三百七十九段，纳粮一十石；为刺功灭寨，户一百，种地二百九十九段，纳粮一十石；刺迭族，户一百零四，种地二百六十八段，纳粮一十石四斗；青棵儿寨，户一百八十一，种地五百二十九段，纳粮一十石一斗。

下龙布六寨：城西南三十、四十、五十里不等，有庐舍。总管昂锁夕力登。内：下龙布，户五十一，种地二百六段，纳粮五石一斗；卑堂寨，户一百，种地二百六十七段，纳粮十石；哈塄寨，户一百五十一，种地五百八十四段，纳粮一十五石一斗；许路寨，户六十五，种地一百二十九段，纳粮六石五斗；坡蓝寨，户六十一，种地一百六十一段，纳粮六石一斗；曲桑寨，户八十，种地二百七十六段，纳粮八石。

上龙布一十八寨：城西南一百六十里、一百八十里不等，即家恩、沾木二寨。近保安，距城南一百一十里，少庐舍，多罽帐。总管昂锁干冬坚错。内：加卧寨，户二百一，种地一千一百九十一段，纳粮二十石一斗；多奈寨，户二百，种地八百八段，纳粮二百石；思记寨，户一百一，种地五百九十八段，纳粮一十石一斗；郎家寨，户二百一，种地九百七十八段，纳粮二十石一斗；麦受寨，户四十五，畜牧为业，纳粮四石五斗；素胡寨，户二十六，种地一百五十五段，纳粮二石六斗；札木寨，户一十三，种地七十八段，纳粮一石三斗；铁布寨，户一十九，种地一百一十四段，纳粮一石九斗；火力加寨，户三十，种地一百八十段，纳粮三石；错勿日寨，户四十，种地二百四十段，纳粮四石；塞黑吉寨，户二十八，种地一百六十八段，纳粮二石八斗；姜什加寨，户一十六，种地九十六段，纳粮一石六斗；古儿迭寨，户二百二，种地一千一百四十七段，纳粮二十石二斗；务细寨，户二百，种地九百五十六段，纳粮二十石；初密寨，户二百一，种地七百六十段，纳粮二十石一斗；沙卜浪寨，户一百一，种地三百六十三段，纳粮一十石一斗；和洛那寨，户一百，种地三百七十七段，纳粮一十石；恩沾木寨，户二百三，种地八百五十三段，纳粮二十石三斗。

——（清）邓承伟修，张价卿、来维礼等纂，（民国）基生兰续纂：《西宁府续志》卷五《武备志・番族》，青海人民出版社，1985年版，第209—212页。

钦差大学士公阿桂、署理陕甘总督李侍尧奏："撒拉尔回人，分居十二工，除查汉大寺、孟达、夕厂三工系旧教外，苏四十三住查家工，韩二个住清水工，及张尕、别列、草滩、崖慢、苏只、街子、打苏古等七工，皆属新旧二教错居。现在新教勦尽，各工共遗存籽种地二百三十四亩零，臣等查随同打仗之回人士兵，颇为出力，共伤亡三百三十余名，请即将此项地亩，赏给伊等家属，交土司均匀派拨。"从之。

——《清高宗实录》，卷一一三九，乾隆四十六年辛丑八月戊子。

清光绪三十四年……循化厅户一万六千二百五十九，口五万八千五百七十二。

宣统元年……循化厅户一万六千二百五十九，口五万八千五百二十七。

民国十七年……循化县户一万六千四百一十九，口七万九千一百三十八。

——（民国）刘郁芬修，张价卿、杨思等纂：《甘肃通志稿・民族五户口》，甘肃图书馆据民国二十年原稿本油印本，第25页。

四、农业

甘肃农桑多缺不讲，而循化尤甚。番民以畜牧为生，耕种者不及半，惟撒喇族回民及起台、边都二沟番民颇有水田，得灌溉之利，然皆卤莽特甚。至于蚕事，不独目所未见，亦复耳所未闻矣。旧卷中有凉州举人张希孔禀福阁部种桑及区田事宜，当时通行各属，同知达桑阿回禀："循地土脉沙碱，不宜种植桑棉，民间素用羊毛绩线、织褐，并无惰民。至区田之法，循化多系山田，水地不及十分之一，渠水亦甚微细，俱难办理。"虽相时势以言，要亦未必实力奉行也。今姑录之，以俟后之有心人。

张希孔呈：窃经国大务，无过农桑。古云"一女不织或授（受）之寒"，而况通省不织乎？蚕桑，甘省本有之业，因往代兵燹之后，树木砍伐殆尽，物易人迁，树桑养蚕之法尽失其传。习而不察，遂为"风土不宜"之说，因而弃之不讲。五谷之外，一无所生，人人衣被冠履皆取给于外省，而赍谷以易之。因衣之废（费）而谷减其半；若衣有所出，自不轻粜粟麦，余一余三，何虑饥馑？故为边民谋积贮之道，农之外无过于桑。因地之利，尽民之力，无论墙下、路旁、陇畔、田边悉为植桑地，岁能取丝三五觔，即完赋税有余。且水丝一觔货银一两四五钱，可买木棉二十觔，足一家一岁之衣。若取丝数十觔，即中人之富矣。况桑无风虫水旱之灾，五谷歉收，可养蚕取丝以补岁计。而桑子熟于青黄不接之日，亦可数旬充饥。其利最溥，功与农配，故曰“农桑。”《禹贡》“桑土既蚕”，良以木各有所宜之土，惟桑无不宜。诚能殷殷开导，不过数年，蚕事大兴，农人添一倍之利，谷无所费，积贮尽在民间，岂不美哉？抑又有进者，民可使劳，不可使逸；劳则善心生，逸则淫心生。边民于农忙之外，冬、春二季毫无所事。男逸于外，女逸于内，往往相聚嬉戏，流入游惰，渐成邪僻。若蚕桑一举，正月理蚕室，二月织箔曲制什物，三月养蚕，四月巢丝，七、八月积丝织绢，九、十月栽桑，冬寒修树。身有所事，则心有所向，勤日长而惰日消，不惟厚民生，兼有以善民俗也。举人游学关中，遇兴平处士杨屾所著《豳风广义》一卷，于树桑养蚕之法，织工巢丝之具，无不备具，确有成效。愿以此檄行州县，并附区田法式一则。前任陕西藩宪帅公所著《区田要录》，其法不论田之美恶，不计地之多寡，不须牛力，不消工费，竭一家妇子之力即可收功，而于贫难无田之民尤便。每区一尺五寸之地，收谷三四升，即大旱减收，亦得二三升。每亩六百五十区，可得谷二十余石，减收亦得十余石，已足养活一家。

按：区田之法创自伊尹，汤有七年之旱而不为灾，详见《农政全书》。后世行此而效者，兖州刺史刘仁之昔在洛阳，于宅内十七步之地，画为区田，收粟二十余石；太原同知朱龙耀于署中后圃为区田，每区田谷三升。是前人历有成效。凡有田家，听其自种旱谷，外量种一二亩区田，丰年可以两全，设遇大旱，区田所收亦足免于饥馑。至无田之民，司牧者查弃地，每户拨给一亩为区田，一家五口可种一亩，已可足食。家口多者随数加增。此御旱之良策、警惰之妙用也。

谨列条件于左：田一亩，阔一十五步，每步五尺，计七丈五尺，每行阔一尺五寸，该分五十行；长一十六步，计八丈，每行宽一尺五寸，该分五十三行。长、阔共二千六百五十区。空一行，种一行；隔一区，种一区，可种六百五十区。不种旁地，以尽地力。每区挖松，深一尺，四方如一尺五寸。区田既就，起出松土约一寸，用熟粪一升与区土和匀，将籽种匀撒在土，以手在粪土上按实，使土与籽种相粘，然后将起出松土覆上铺平。行与区各隔一，既缓地力，又可在空处浇水。苗出之时看疏密，初种不可太密，相去一寸半，留一株，区之边上多留一株。每区又分十行，每行十一株，每区得一百一十株。以粗壮好苗约估拣留，亦不必逐株细数也，不可贪多。区有四边，边上多留一株，靠一边留，空三边也。禾苗留足之后，俟当锄时，制小锄一把，宽一寸、长四寸，锄去野草。如锄过八遍，草尽土松，结子饱满，禾隧（穗）长大，所结颗粒必重下坠，遇风一倒便伤。须于苗出尺许长时，即用土壅根，渐长渐壅，纵大风不摇。浇灌之法无定，视土之干湿，干则量浇使其润；湿则停浇，不致徒长苗梗而不结实。以近水为主，而不能处处近水。取水之法因地制宜，或引泉流或置池塘，或凿井，或负担。大约旱天亦不过浇五六次。凡高原、平陂、邱坡及宅旁空场隙地，无论成亩不成亩，但一尺五寸为区，地虽畸零斜尖，无不可做。其区当于闲时，因地之大小为区多寡。器具止用小铁锄及锹镢垦斸，贫难之人最为便宜。

福阁部批：西土不蚕久矣。然蚕桑载在《邠风》，至今邠州植桑尚繁，兰城亦间有此树，特俗不知蚕，是以栽处尚少；即有桑，亦多弃置，非地土不宜也。本部堂去年出口，所过哈密迤西各回城，争以桑葚来献，可见回疆栽桑较盛内地。如喀什噶尔一带多种棉花，而甘省竟无之。方谓播种棉花当及早图之，俟有明验再议蚕桑。兹阅该举人所禀，似非迂阔之谈。仰兰州布政司转饬所属，各就风土情形，详悉讲求。可否试办，妥为禀闻。

按：乾隆八年甘肃巡抚黄牌饬各道转行所属种植树木，修浚水渠，教民纺绩，修理桥梁、道路凡四条。勤勤恳恳，委曲详尽，非徒托之空文者。而一时奉行者，亦略有成效。当时大吏其留心吏治如此。以泛言通省，非循化一厅之事，故不具录。时同知庄某惟覆栽种树木一条，称“口外各族寨地方，均重山叠岭，地气寒燥，无水浇灌，种植实难成活”。其余概不置议。然今自起台、边都近城一带，山上无树木，其平川之地，均可种植，且近黄河，又有渠水。庄丞之言，毋乃近诬，则其余亦未必不可行也。

——（清）龚景瀚编，李本源校：《循化志》卷七《农桑》，青海人民出版社，1981 年版，第 279—284 页。

循化厅驻扎厅城及起台堡的官军，月需粮十余万斤，而计秋成之时尚需一两月，兼之雨泽愆期，秋成未必全行丰稔。

——《为严禁粮食出关贩卖事》，青海省档案馆，档号：6- 永久 -81。

循化厅夏禾既无收成，秋苗又被雨打，本地有囤聚粮石者尽被皋兰一带任行贩运，旧榖既没，民生无路。

——《为严禁运粮出境贩卖事饬鸿化灵藏二族绅约老民张世英等》，青海省档案馆，档号：7- 永久 -1917。

循化厅四乡收成虽谓丰稔，仅足供本地军民之需。

——《为严禁将粮石高抬市价贩运处境事》，青海省档案馆，档号：7- 永久 -1902。

粮食出境必计算来年粮食籽种若干，并酌算本境贫户今冬及来岁新陈不接时粮买。

——《为饬发严禁私粜粮食出境告示张贴事致循化厅安》，青海省档案馆，档号：7- 永久 -1915。

今年我们地方上庄稼莫我成，人多者食粮不够。求大老爷将往我隆务哩贩粮的买卖人，万莫挡一个，若挡者不教来，是我们地方上穷人，多都做贼哩。

——《隆务沙力昂锁请求不要阻挡贩卖粮食人等的禀》，青海省档案馆，档号：7- 永久 -4721。

循化厅所属口内十二族，口外撒喇、回民八工，西番四十九寨，南番二十一寨，保安四屯，族、工、寨、屯共九十四处。

雍正四年，钦命西宁都统达、西宁镇总兵周，出口安插降番，清理田土。并令旧管各族将所种中马番田田地，造册定赋。其起科之则，不论顷亩，每下籽一石，水地纳粮一斗五升，上旱地纳粮一斗，下旱地纳粮五升。其新附之番，不论种地多寡，每户年纳粮一仓斗，亦有八升、五升者；其不种地之番，畜牧为生，亦每户纳粮一斗，免其贡马。皆于雍正四年起科，至七年册籍始定。今厅卷中十二年行取《赋役全书》清册，即七年所定也。其后略有更易。今以乾隆五十六年册为主，而附录雍正十二年之不同者以备考。至户口之数，厅属各番例不编查保甲，故西、南两番按户纳粮，数十年从无增减，而撒喇即口内诸族，每岁造册具文而已，皆据其自开者录之，亦不足为据也。

——（清）龚景瀚编，李本源校：《循化志》卷四《族寨工屯》，青海人民出版社，1981 年版，第 135 页。

口内十二族

循化旧为河州厅专司茶马，所管中马番族十九族，考《河州志》，云珍珠族、鸿化族、灵藏族、乩藏族、沙马族、葱滩族、老鸦族、撒喇族、牙塘族、川撒族、打喇族、向化族、古都族、巴咱族、红崖族、端言族、回回族、迭古族、仰化族。《河州志》

修于州牧王公全臣，皆康熙四十年，当时中马之制犹未停也。

撒喇族即今之撒喇八工，向化族即今之南番二十一寨，皆在关外。其余十七族，杂处二十四关之内，然皆不纳粮。而珍珠等族土司、国师，且有籍纳马田地为词，引诱汉民霸丁占地。经王公全臣极力厘革，遍行清丈，而田赋始均。然其地之在各处者，究无粮也。王公请饬行各地方官，将土司、国师现在耕种之地土，清其疆界；现在管辖之部落，查其户口，造具清册存案，而事未行。其后中马久停，而番族仍属厅辖，羁縻而已。

雍正四年，清理各族田土，始令将中马番田田地造册定赋。以下籽为率，分别水旱、上下之地，具载七年册籍。其十九族惟存十一族，以沙马、葱滩、牙塘、古都、巴咱五族，虽在河厅中马，而人、地俱在岷州，归岷州厅清造。河厅本无地，故去之。打喇族盖已并于珍珠族，向化一族归于新附之番迭古族，则但有人当差，而地在河州之景古里入册上粮。此八族不数，故余十一族也。然牙塘族实不在岷州，其地在狄道州上粮，而纳马山地则在厅属壁土山。雍正七年，族民郭奉忠等具报开垦，官给印帖，纳粮一石六斗有零。而漏未造报，至十三年，同知李铭盘始查出，同各族续报田地，于乾隆四年另造清册达部，于是厅属又有牙塘一族。撒喇在关外，口内共十二族。迭古无粮，故或称口内十一族云。

康熙四十五年，临洮府河州知州王全臣详：职全牧河四载，深悉土司、国师病国害民之弊，何敢壅不上闻？查河州沿边有土司、国师共十九族，其中如鸿化族鸿化寺国师张老卜藏坚错，灵藏族马营寺禅师赵罗锁南，珍珠族永昌寺国师韩且令札什，俱奉旨颁有勅劄印信。他如沙马族土司苏成威，乩藏族土司王镇海，虽无印信，俱有部札号纸，世相承袭。其余并无号纸，止因隶河司中马，遂各自分为族类，自立为头目者也。伊等各有衙门，各设刑具，虎踞一方，其地与汉民犬牙交错。附近居民有畏其欺凌窜入者，有被其引诱窜入者，有犯法俱罪窜入者，有避荒抗贼窜入者，有佃种番地遂成部落者，有卖产土司遂成番地者。种种弊端，难以枚举。如撒喇族头目韩大用、韩炳，巢穴在积石关外最为豪强，近关居民屡受侵害，田房尽被霸占，甚且擅准汉民词讼，窥伺一人稍可聊生，即商同地棍捏词诬控，差役锁拿被告之家，不至破产不止。

职全亲至其地，但见关口大禹王庙墙垣无存，尽为禾黍。询之土人，称系韩大用、韩炳部落回民所耕种。禹庙如此，其他可知。职全当将占地逐一清查，有主者取赎，无主者即将种地回民注册，与汉民一例纳粮当差。并严禁土官，不得擅受民词。禹庙捐贤修葺，又严立保甲协力擒拿偷盗，奸回稍惧。更可异者，河州喇嘛最多，寺庙最盛。族大之家必有佛寺，寺中喇嘛尽属鸿化、马营二寺管辖，名为下院，派中马匹。此犹曰以类聚也。乃河俗生有二子，必将一子披剃为喇嘛。其父置田产一概均分。以自来纳粮之民产与为僧之子带入寺内，名为香田，止供鸿化、马营二寺之差，而正供钱粮不纳分粒。甚之，为僧之子，苦二寺之苛派，力不能支，求济宗族，怜而义助之，谓之帮中。此不过乡民亲亲之谊也，年复一年，遂为定例矣，竟岁岁派令帮中。各寺岁作佛事，本族及附近居民布施银钱、谷麦，谓之香钱，此不过乡民好善之举也，年复一年，又为定例，竟岁岁派纳香钱。

夫寺内中马，自领有官茶易买，并不宜派之番族。乃里民之帮中、香钱，派之既久，遂勒令中马，因以所种之地为纳马地，起而争夺之；不应，即捆之寺内拷打，其刑百倍于官法。控告到官，彼则侈然自以为寺内之派中茶马，原名帮中，原名香钱，若所种非纳马田地，何以岁岁供给？无情之词，令人百喙莫辩。乡民苦于拖累，只得归附该寺，而一切丁徭里粮，遂尽遗累于里民矣。

职全自去春至今秋极力清查，凡喇嘛带入寺内民产，尽行注册纳粮，饬令诸寺中喇嘛，仍隶鸿化、马营二寺管辖，存彼下院之名。其宗族禁勿帮中，香钱禁勿布施，使后此不得藉端隐占。然而地丁之汨没寺内，年久者已多不可问也。即如四十五年六月，马营寺禅师使都纲赵札矢本控黑水里民董启佑，以香田作民田。职全查实，系董启佑卖与马营寺之民地。该禅师自知虚妄，竟用印文呈州，称其地实民地，但卖与寺内多年，久不纳粮，求施为香田，免其注册。职全阅之，不胜发指，当即饬令注册在案。又如景古里民洛札兹力，窜入洮州卫土司昝继祖族内，其丁徭遗累里民。车万库等控官，该土司竟用印文力争，于四十五年四月蒙岷厅审，详洮岷道批允，洛札兹力仍居番地，承丁河州以完正赋等因。是土司、国师霸丁占地，其来已久，其术甚巧。总缘以土司、国师为护符，自恃从无处分定例，而有司又不能加以刑法。与里民争地，则称伊等纳马田地；与里民争丁，则称伊等守隘部落。动以“欺君”“抗中悖旨”“违误军需”等语挟制官司，审官亦以招中为重，不敢深究。不知朝廷招番中马，每马一匹给茶二十四封，以部价合算，共银七两二钱。以产马之区给价如此，不为不多。而所中马匹，多以瘦小塞责。是彼方借招中以射利，与纳赋献贡者悬殊。伊等纳马田地既不纳粮，即不应冒领库茶；既领库茶，其地土即应一例纳粮当差。乃地不纳粮，而马必给价，反复争夺民产。至关隘皆汛兵防守，不闻土司、国师擒一盗贼，而鼠窃狗偷多系番族。乃自谓守隘，以朝廷赤子，争为伊等部落，欺君悖旨，莫此为甚。

查各土司、国师，俱系随元、明征剿立功，锡以世职，于兴朝曾无丝毫报效。相应详请饬行各该管地方官，将土司、国师现在耕种之地土，清其疆界；现在管辖之部落，查其户口，造具清册，赍投藩宪存案，使不得混争，并严定处分。如有霸占地丁，即立置之法。俟其承袭之时，令诸子剖其地，分其部落，降职承袭。国师、禅师必以亲兄弟之子承袭，亦以此为例。不数十年，而土司国师田土、丁口皆入版籍。此诚国家万全之至计也。

按：王公因当日科臣陈允恭条奏，密陈潜除土司之法事，因有此详。陈给事盖仿汉贾谊、主父偃之策，以潜除广西、贵州、云南三省土司地大兵强之害。若河州十九族，与汉民错居，固不必如此也。王特因其霸占地丁，故有此请耳。自中马久停，番族无可籍口，而雍正四年各族俱纳粮、当差，与汉民无异。国师、禅师名号亦革，且收其勅印，但主香火而已。所管之民，斌斌文雅，渐非昔日之旧，亦不必受其约束矣。土司但拥虚名而无实权。惟撒喇族回民刁悍犹昔。则土司不能约束之、故不及百年，情形已异，录此以见今昔异势，亦征王公之留心民瘼也。

雍正四年，河州卫永昌寺世袭国师韩且令札矢，鸿化、显庆二寺世袭国师张洛住坚错，世袭禅师赵札矢刺旦公呈：窃惟陕西沿边土司历代世职，僧俗出身不同，其隶河州者，若札矢之永昌寺，现名珍珠族。明初，祖先从寨外归附，防边有功，兼奉佛法，给以世职并所居荒山峻岭。历代汉佃人等，捍边御寇，即所住之地，遂为中马之族，分作腹里之外番。若鸿化寺即鸿化族及马营之灵藏族，名虽有二，其实一寺。明永乐十二年，差太监候（侯）显诣乌思藏，请大慈法王路由河州，其徒张星吉藏卜跟随入京。正统四年，法王圆寂，勅建渗金铜塔，藏其佛骨。七年奉敕河州建寺，赐名鸿化，随给附近之高山穷谷，永作香火之需。该管僧五十五名，诵经祝圣，其星吉藏卜之徒裔，世给国师、禅师之职，世给山场以中茶马而供僧食。及盛朝统御中外，世祖、圣祖朝蒙恩赐赦，今奉上行安插办理口外新附番族，因及沿边内地寺院僧俗所辖番族人口、田地，谨将不便辄更者有八，详呈宪鉴：

一、历来招中茶马在于沿边，上年虽暂行停止，究未奉有终不中马之文。今若改牧养之地，一例起科，倘蒙用马，必派养于旧地。边地赤贫，既纳粮，又养马，势必误公。

一、中马暂停，积茶变价，今以散茶之地，一例上粮，将来库茶再散，边民知上粮同于里甲，不言领茶为旧制，必从其一，不从其二。

一、沿边寺僧诵经祝寿，今若将香火之地改易，每日僧食无出，诵经无人，大典有碍。

一、边关土司、寺院数百年，所管之人，籍其牧养资生，守墩防隘为内地悍卫。今改征粮，边民诚不肯再应苦役，转拨内地，又互推不前，此关于封疆之大计也。

一、土兵出自边土，前因西海逆夷跳梁，沿边土司、寺院，俱调土兵军前。今同里民上粮，佃民既改里民，必不再应兵役。

一、历年散茶征价，边民赤贫，拖欠历年茶价千万。今借名上粮，官仓茶价必致虚悬。

一、寺院在边末，山多地少，处处峻岭深谷，非同腹里肥田，所以自古迄今并无额粮。边民常言“下籽重、打籽轻”。今改征粮，征收难完，逃亡追捕，将责成有司、抑委寺院之土司乎。

一、寺院前当军兴之时，骡马、牛车、人夫等项，虽有官价，不能缓待，那（挪）彼办此，皆是剜肉医疮。如鸿化马营一隶河州，又分隶西宁之浪塘族。一寺兼应两族，所累各项千头百绪。若土民另行上粮，已往之军需负欠，万难清楚，身家莫保，此又寺院现在实可怜悯者也。备实公呈，仰恳宪恩转详钦差大人，仍依旧制，免其更张，边方僧俗，蒙慈靡既。

署河州协张、署河厅顾详：“查珍珠等族，当年赐有香田，惟所管之地向为马厂，近始开耕。地土硗薄，不惟薄收，且不能常种，而租地者又皆州卫无产穷民。下籽一斗，止纳香粮五六合不等。该国师得此租粮，养僧中马，办理军需。又变卖茶封，协同办理。前河厅董丞、郭丞任内拖欠茶价，催追无完。该国师所呈实属真情。”

钦差都统达、总兵周批：“细阅所呈情节，因历年久远，思循旧制，但种地上粮，普天同例。国家因时制宜，倘于理未合，不得谓行之于昔者，不可行之于今也。况新抚各番尚按地输粮，岂若辈久沐皇恩，反不急公输赋乎？且此番系奉旨遵行之案，不能纷更。若云边地硗瘠，本都统、本镇自当体恤民隐，业已从轻定课矣。仰即饬知各番遵照。”

——（清）龚景瀚编，李本源校：《循化志》卷四《族寨工屯》，青海人民出版社，1981 年版，第 135—145 页。

东乡八族

珍珠族种地一千三百五十二段（旧册八百九十四段），下籽仓斗四百一十三石四斗八升，纳粮二十七石一斗四合（旧册每下籽一石纳粮五升，共纳仓斗粮二十石六斗七升四合），六百一十四户（旧册民庄寺院共一十五庄，共计一百八十三户。乾隆二十九年册七百三十八户，大口二千二百八十六口，小口一千八百四十四口），距厅治一百五十里至二百六十里，土司韩成璋。

按：珍珠族即韩家集也。在河州则谓之韩家集。盖各族皆有民地，民地属州，族地属厅，两处当差。

又按：五十二年，土司韩成璋所开番汉土民居址清册，凡一十八处四百五十三户，而雍正七年旧册庄村只十五处，今俱录之备考。

旧册珍珠族七户；韩家集庄二十六户；矢巴庄九户；禄水池庄六户；那古庄九户；珍珠沟庄六户；官撒庄二户；思巴庄三十五户；思巴新庄十一户；南公麻庄十五户；扎麻庄六户；麻新庄四户；阿思观庄二十户；境外铁哈隆丹麻庄二十三户；普纲寺僧二名。共民庄寺院一十五庄，番汉僧民一百八十三户。

韩土司册口：思巴佃土户一百五十户、麻隆佃土户二十八户、江哈佃土户十一户、四十里铺土户八户、起台沟番户五十八户、营滩佃番户二十六户、韩家集二十户、他班的土户六户、回民七户、那古佃土户十七户、矢巴佃土户二十三户、达厦佃番户十三户、马圈岭回民八户、甲干佃土户二十三户、扎麻佃回民十三户、马墙佃土户十五户、上堡子土户十四户、南岔难土户八户、柴场佃土户十三户，共一十八处、四百五十三户。

珍珠族集场、那古、矢巴、达厦、南岔上保子、柴场、马墻、扎麻、马圈岭、他班的各佃，东至河州西乡南川沟会，会立石为界，南至漠泥沟岭，西至大山岭及老鸦会，北至乩藏会及迭古族。营滩佃东至西儿关，南至太子寺，西至、北至俱槐树关会。思巴佃东至陡石关，南至思巴关，西至沙麻关，北至宁河里。麻隆、江哈佃东北至河州牌路湾会，西南至银川木也沟。起台沟即铁哈隆，系循化界内，东至、西至、北至俱老山，南至起台堡。以上俱分岭河为界。

按：土司之先，以归付（附）有功，赐以安插之地。明初开创，旷土本多，招慕番回开垦，遂据为己有。汉人无田者，亦从之佃种，所称土户，不尽其部落也。故不曰庄而曰佃，言皆土司佃户也。承平日久，借中马香田为名，既不纳粮，又无差徭。有本非其田，而内地民人或卖产，或窜入，以正供之田变为番地，如王公全臣所云者矣。实征册虽有花名，仅二十余名，大抵皆土司包收，其上纳者未必十分之一也。考四十六年，思巴佃土民史福禄控土司韩成璘供称："每下籽一斗，纳租三市升，此为常例，而苛取者不计焉。"较之下籽一石纳粮五升者，不啻十倍矣。若其户口之数，据史福禄供：思巴一佃，已有六百余家。佃种土司之田则不特四百余户非实，即五十六年之册亦不足信矣。

老鸦族种地一百九十五段（旧册旱地十七段，下籽仓斗六石），纳粮一石六斗（旧册每下籽一石，纳粮一斗，共纳粮六斗），八十五户（旧册一户，僧一名。二十九年册八十四户，大口二百五十口，小口一百一十一口）。距厅治一百三十里，有乡约，有委役。

按：乾隆二年，老鸭族土司马辅国续报耕熟荒地一百三十段，下籽三十石，应纳粮一石。其旧六斗之粮则在吉祥大乐寺僧名下，今俗谓之笆篱寺是也。是本族纳粮惟此两户，其余族民所种之地皆在河州银川里入册输纳，只当厅差而已。故旧册一户，以粮而言，非当时族民止有此数。而今之八十五户，则又以户而言，其纳粮者实有两户，皆土司、僧人径纳，乡老、委役不司其事。此族以老鸦关得名，而所居零星，非皆近关。芭篱寺为自州至厅孔道，附寺喇嘛六七十家，番、汉皆充之，不皆族民也。土司未知何职，今马铺国子孙尚沿土司之名，而行查造册皆不及之，不过头目之类，族民亦不服其管束也。

乩藏族种地三百一十五段（旧册旱地三百六十一段，下籽仓斗三十一石九斗），纳粮一石五斗五升五合（旧册每下籽一石纳粮五升，共纳粮一石五斗五升四合五勺），四百五十八户（旧册三百二十八户，二十九年册五百九户，大口一千二百五十四口，小口九百七十六口）。距厅治一百四十里，土司王斌，有委役，有乡约。

按：土司徒拥虚名，催办粮赋皆委役乡老，至新册之地反少于旧册，恐误。

红崖族种地四百六十段（旧册旱地二百四十七段，下籽仓七十石二斗五升），纳粮三石五斗一升六合（旧册每下籽一仓石纳粮五升，共纳粮三石五斗一升二合五勺），三百七十户（旧册一百二十六户，二十九年册二百一十七户，大口五百三十六口，小口二百九七口）。距厅治一百五十里，有头目，有乡老。

按：是族多乔姓。旧册无庄村，而今实征册分上红崖、下红崖、那莫村、田家岭、山庄河，共五庄。

端言族种地五百六十一段（旧册旱地五百六十二段，下籽仓斗八十九石），纳粮四石五斗（旧册每下籽一石，纳粮五升，共纳粮四石四斗五升），五十四户（旧册同二十九年册，六十八户，大口一百六十五口，小口四十九口）。距厅治一百五十里，有头目昂锁。

按：端言亦曰端严。乾隆二年，昂锁段王休坚错续报香火地二段，下籽一石，应纳粮五升。故多旧册五升，其新册地段反少，误也。当作五百六十四段。

回回族种地二十五段（旧册旱地同），纳粮四斗四升（旧册下籽仓斗八石八斗，每下籽一石，纳粮五升，共纳粮四斗四升，十八户旧册一十三户，二十九年册一十八户，大口四十三口，小口二十三口）。距厅治一百五十里，有乡老。

按：是族并无回民，其命名不可考。

仰化族种地七段（旧册旱地五段，下籽仓斗三石），纳粮一斗五升（照旧册内，每下籽一石纳粮五升，共计应纳粮一斗五升），十三户（旧册僧五名，二十九年册十五户，大口四十四口，小口二十五口）。距厅治一百五十里，有昂锁。

按：今实征册五户，与旧册五僧名同。所称十三户，或以当差族民计之，然恐不止此数也。

古迭（迭古）族无地无粮（旧册无此族名），一十五户（二十九年册三十四户，大口九十二口，小口六十二口）。距厅治一百五十里，有乡老。

按：古迭（迭古）在中马十九族之内，而其地皆在河州景古城入册输粮，族民但当厅差而已，故旧册无之。而今称口内十一族，亦不数之也。盖各族地皆茶马田地或寺中香田，清查之时即编为厅地，迭古皆无之，故无厅根（粮）。

——（清）龚景瀚编，李本源校：《循化志》卷四《族寨工屯》，青海人民出版社，1981 年版，第 145—150 页。

南乡二族

川撒族种地六百七十五段（旧册旱地五百八十段，下籽仓斗八十九石四斗一升），纳粮一十一石四斗一升六合（旧册每下籽一石纳粮一斗，共纳粮八石九斗四升一合），一百九十七户（旧册僧俗九十九户，二十九年册一百六十七户，大口三百二十三口，小口三百一十八口）。距厅治二百六十里，有乡约。

按：雍正七年册，川撒旧营庄一百五十户，又僧俗十二名，共僧俗一百六十二户。而十二年册云九十九户，误也。雍正十三年，乾隆二年，土司龙兴海、乡老苏五十九等两次续报田地，今粮多旧册一石四斗零，即续报之粮也。土司龙兴海不知何职。雍正四年清查，卷内亦有其名，而今不著，亦不闻其子孙承袭者，盖已夷为编户矣。

牙党族（旧册无），种地一百四十二段，纳粮一石五斗六升，四十九户。距厅治二百六十里，有乡约。

按："牙党"，当从《河州志》作"牙塘"。此族在中马十九族之内，有地有粮，而旧册无者，缘雍正四年钦差清查时，以沙马一族与岷州厅互相推诿，经年不结。其牙塘、葱滩、古都、巴咱四族，亦谓田地、人民俱在岷州。今岷州厅造册，河厅遂除五族之名。至雍正七年，族民郭奉忠等具呈，请开垦本族从前茶马草地，地名壁土山。经代理河厅河州牧顾尔昌于八月中给帖册造（造册）郭奉忠等四户共种山地八十段，下籽仓斗二十九石二斗，每年纳粮一石六斗六升。而清查定造清册在七年之闰七月，彼时自未造入。十二年行取《赋役全书》，但照七年底册，遂漏未开报。至十三年，同知李铭盘回任，始同续报田地一并开造。查当时清查本未详细，据郭奉忠所呈，其民俱在狄道县纳粮，今之狄道州也，与岷州何涉？沙马一族，经土司苏成威讦告后，遂改土为流，其田地、人民终未能查出底里也。其余葱滩等族亦不知作何归结，但以牙塘有开垦一节，河厅所属复有此名，其余四族竟归乌有矣。

——（清）龚景瀚编，李本源校：《循化志》卷四《族寨工屯》，青海人民出版社，1981 年版，第 150—152 页。

北乡二族

鸿化族种地四千四百三十九段（旧册四千四百二十三段），纳粮五十八石八斗二升六合八勺（旧册下籽仓斗八百七十八石九斗四升，每下籽一仓石纳粮五升，共纳粮四十三石九斗四升七合），五百四十三户（旧册民庄、寺院六十六庄，四百三十八户，二十九年册七百五十三户，大口二千二百一十口，小口三千四百六十四口）。距厅治一百四十里，有乡约。

旧册鸿化族十四户、代家庄六户、上凹庄六户、姜稞庄三户、李家庄三户、张铁庄十七户、厨子庄五户、如穆庄四户、赵家庄十一户、祁家庄三户、王家湾庄十五户、营盘湾付家庄五户、沙塄保庄十八户、卢家山庄十二户、冬麦沟哈庄三户、家人坪庄十户、下马地沟庄五户、撒打庄四户、橐驼庄三户、小马营庄六户、黑城堡庄七户、湖洞庄六户、孟家堡庄十一户、菜园上庄四户、中庄二十三户、白家庄十六户、岳家庄三户、酒房沟庄三户、王家庄三户、马家庄五户、陈家庄二户、夕定庄六户、张家庄四户、河滩庄八户、插牌庄三户、苏家庄十四户、孟家岭庄八户、王家湾庄七户、大湾王家庄十一户、小坪庄三户、阳凹庄三户、塔儿庄四户、曾家岭庄三户、马鞍桥庄三户、下沟陈家庄八户、大阴凹庄八户、水沟庄二户、马家崖根庄一户、小凹庄二户、唐家庄五户、韩家庄三户、高家庄五户、盖牌庄三户、安家沟庄十二户、冬麦沟庄九户、白土坡庄六户、新城湾庄二十五户、罗家庄九户、马家沟散庄十一户、果尕贺纳沟庄三户，普音寺、净慈寺、广慧寺、龙觉寺、祁善寺，共民庄、寺院六十六处，户四百三十三户，僧五名。

今实征册：普音寺一社之大湾、前后坪、陈高家、转道湾、何家湾、阿家湾、二社、上三社、新城湾，大三社之沙塄堡、沙塄沟、小三社，四社之菜园庄、白家台，小四社之胡洞庄、毛沿沟、上五社、下五社、孔家寺，凡二十处。

雍正十三年、乾隆二年，两次俱续报田地，此新册所以多十余石也。

灵藏族种地一千五百一十二段（旧册旱地一千五百一十九段），纳粮一十八石三斗二合（旧册下籽仓石二百七十石八斗八升，每下籽一仓石纳粮五升，共纳仓斗粮一十三石五斗四升四合），二百八十四户（旧册民庄、寺院二十五庄，一百八十二户。二十九年册二百六十五户，大口六百八十七口，小口二百七十四口）。距厅治一百四十里，有乡约。

旧册：马营寺新庄四十户、厨子庄四户、上阳凹庄一户、窑庄一户、胡家庄三户、代家庄二户、酒房庄三户、哈麻庄四户、李家河庄二户、李家嘴头庄二户、刺济沟庄十三户、家人坪庄十二户、麻池沟庄四户、撒打庄十八户、寺儿沟庄十一户、宗家庄七户、王家庄八户、牙撒庄二户、瓦匠庄八户、李家嘴庄四户、赵家庄五户、哈工庄六户、曲六布沟庄九户、张灌沟庄八户、甘沟岭庄五户；共二十五庄、一百八十二户。

今实征册一社、二社、上三社、下三社、马营寺，共五十处。

按：雍正十三年、乾隆二年，两次俱续报田地，故粮多。旧册四石零，然地段反少，误也。

——（清）龚景瀚编，李本源校：《循化志》卷四《族寨工屯》，青海人民出版社，1981 年版，第 152—154 页。

口外撒喇回子八工

撒喇回子不知所自，考其种，即今新疆之缠头回也。《河州志》：撒喇川在州西积石关外二百里，今厅循化城在撒喇八工适中之地，距河州正二百里。是此地本名撒喇川，其先盖已番人所居。明初韩宝等于洪武时归附，其所自言功绩，一云收集撒喇尔，一云撒喇地方抚番有功。或前明赐一（以）此地，或彼据而有之。居之既久，遂以其地为名，故曰撒喇回子，然撒喇川之名反隐。今人有谓撒喇本其部落之名，又谓系其先所居口外地名者，皆非也。

自明及国朝，属于河州厅领茶中马为番族十九族之一。其人顽梗不驯，素称难治。如王公全臣所云，大概可见矣。

雍正二年招降，投诚生番，天威远震，回民慑服。四年，青海都统达、西宁总兵周安插降番，清查地土至河州。其时中马久停，乃调土官韩大用、韩炳至州，饬令查明户口、地段、下籽数目造册。每年应纳粮七十四石五斗二升八合三勺。内水地六千六百三十四段，下籽仓斗四百九十二石六斗一升，每下籽一石纳粮一斗五升；旱地一百三十六段，下籽仓斗六石三斗六升八合，每下籽一石纳粮一斗。盖较鸿化各族为重，然水田甚多，地亦肥美，且所报地段俱系自开，但有各工总数，并无花户细名。每岁头人催纳，足额而已，隐漏亦不少矣。

八年，川陕总督兵（岳）题请设官安汛，乃立循化营，设游击一员，其地名草滩坝工也，适居十二工之中。据其腹心以制其手足，固亦虑其犷悍，以为扼要之图也。乾隆二十七年，又移河州厅治于此。考四十六年厅卷，土司韩昱等禀称，土司前辈韩炳、韩大用因番性强悍，不服约束，禀请河州协毛转呈督宪岳设营弹压，因立循化营。其后查汗大寺庄与汤思刚庄番民争夺草山，杀伤多命。经文武大员至循会审结案，奏请河州厅移驻循化。其事虽不可考，然自设官立营，土司之威权日减，不复如前王公全臣所云。而事寄渐轻，不能约束其众，回民亦自此多事矣。雍正以前并无工名，故雍正七年册但称草滩坝等十一庄。据韩光祖云，雍正八年征棹子山，调兵三千协剿，始分十二工名目。其取名不知何义，岂立功之义，而后仍讹功为工耶？然其中有大可疑者，十二工之夕厂工即薛厂沟也。考厅卷，薛厂沟番寨乃雍正三年境外新附之番，与起台、边都等寨一例四年安插。达都统、周总兵令举头目郭娃宁哈加，给以委百户委牌，令其约束番民，催纳粮赋。而撒喇自明初内附，领茶中马已在十九族之内，是薛厂之与撒喇了无干涉，而今亦名之为工，系土司管辖。若系七年以后归并，亦当有案可据。询之老吏及土司，皆不悉其原委。考撒喇各工皆有番庄，查汉大寺有二庄，崖慢工有六庄，孟打工有一庄，余工亦有之。且有一庄之中与回子杂居者。缘此地本番地，明初韩宝二人始收集撒喇尔得世职，据有此土，役属诸番，遂为所辖，固理势之常。韩光祀（祖）云，撒喇分地，祖传亦有分界，南界与哈千户所管相接，夕厂在界内数十里之地，自古至今服属，并非新附之番。即雍正八年征剿棹子山，夕厂亦派兵随营。使其另系番寨，岂有肯随撒喇土司立功？且所种之地，俱系撒喇田土，年纳租粮。郭娃宁哈加之孙现充总练，使非旧属，彼有钦差委牌，乃甘心为其管辖耶？是薛厂之属撒喇，的然无疑。而厅卷乃以为生番新附者，推寻其故，当日抚怀番夷，边臣以招附为功，未免以多为贵。撒喇各工番回各半，惟夕厂全系番庄。因冒为生番，另编名目，取悦上宪，而实为撒喇旧属。故雍正七年撒喇册削去薛厂，但造十一庄，而编薛厂沟于新附番寨之后。至雍正十三年，土司韩文广等造册领单呈称：

“撒喇一区共十二工，额粮八十八石五斗零。”考十一庄但七十二石余，而今云八十八石余，是兼薛厂沟言之矣。当时不闻驳饬更换，以其实不可掩也。正如南番二十一寨，本向化族在中马十九族之内，久为河厅所属，而亦云投诚新番，不称其族名而改云南番二十一寨，亦此类也。至乾隆四十六年，苏四十三作乱，俱就诛夷，村庄半毁，乃并十二工为八工。草滩坝工入于街子工，别列工入于苏只工，崖慢工入于张哈工，打速古工入于清水工。然实征册仍十二工之名，盖地未尝减也。共纳粮八十六石二斗七升二合，较十二年土司所呈少粮二石零者，乾隆四年奉文，苏只工之苏胡子、阿黑旦二庄，别列工之阿路一庄在河北者，归碾伯县管理。除粮二石有奇，数适合也。至户口之数，乾隆二十九年册，撒喇族共二千七百九户，大口三千四百九十七口，小口三千五百八十八口。四十六年新教诛夷者将及千户，而今册八工之数，核之亦不少差，知保甲册之非实矣。

按：雍正九年十二月，回民韩哈即、马火者互控，营卷内韩哈即诉状称“我们是从哈密来的，住了三百六十一年，我们的教门是一个”等语。是回族居此自属明初，雍正时彼族犹能知其来历，今土司无有知之者矣。

雍正五年十月，西宁镇呈：窃照河州口外撒喇地方有回民一族，约一千六百余家。西离保安一百五十里，东离河州二百三十里，系久经归诚回民。康熙四十四年四月，前镇殷牌委韩大用、韩炳二人为外委土官，令管束部落。但回性刁顽，恃在口外，素为不法，分门立户，土官不能钤束。所种田地，并未纳粮，原系招中茶马族分。自招中停止，所有民人亦未应差。偶派土兵随征，毫无纪律，不堪驱使。去岁本镇同都统达出口安番，路经彼地，因思新番尚未粮赋，今久归诚之回民，田地既不上粮，土兵又不堪使，若循旧习，任其自便，愈难控制。因调土官至公所，谕令严束部落，并令纳粮。籍此羁縻其心，使知有该管文武衙门，或可化刁悍之风。但此项册籍或与番族统为一册，或另造一册，统祈宪夺。

——（清）龚景瀚编，李本源校：《循化志》卷四《族寨工屯》，青海人民出版社，1981年版，第155—159页。

西乡四工

街子工、查家工、苏只工，土司韩显（昱）管；查汉大寺工，土司韩光祖管。谓之上四工。

街子工（旧册撒喇街子庄）、草滩坝工（旧册草滩巴沟庄），共种地一千九百二段

（旧册街子庄水地六百三十一段，巴西沟庄水地五百一十六段），纳粮一十六石三斗。内草滩巴工八石一斗五升，街子工八石一斗五升（旧册街子庄下籽仓斗三十五石七斗八升，纳粮五石三斗六升；巴西沟庄下籽仓斗三十四石五斗五升，纳粮五石一斗八升二合五勺），五百四十二户（旧册街子庄一百六十一户，巴西沟庄一百六十四户）。距厅治十里。

查家工（旧册查家沟）种地一千七百九十段（旧册水地七百四十三段），纳粮八石一斗五升（旧册下籽仓斗六十八石五斗八升，纳粮一十石二斗八升七合），四百七十一户（旧册一百六十三户）。距厅治二十里。

苏只工（旧册苏只庄）、别列庄（旧册别列掌教庄）共种地一千一百段（旧册苏只庄水地三百九十四段，别列掌教庄水地五百八十三段），纳粮十四石八升二合，内苏只工六石八斗八升，别工七石二斗二合（旧册苏只庄下籽仓斗三十二石五斗九升，纳粮四石八斗八升八合五勺；别列掌教庄下籽仓斗五十一石六斗，纳粮七石七斗四升），二百九十九户（旧册苏只庄一百二十二户，别列掌教庄一百五十七户）。距厅治三十里。

查汉大寺工（旧册查汉大寺庄），种地一千二百八十段（旧册水地七百八十段），纳粮八石一斗五升（旧册下籽仓斗三十八石三斗五升，纳粮五石七斗五升二合五勺），三百一十一户（旧册一百五十九户）。距厅治四十里。

——（清）龚景瀚编，李本源校：《循化志》卷四《族寨工屯》，青海人民出版社，1981年版，第159—160页。

东乡四工

清水工，土司韩昱管，孟打工、张哈工、夕厂工，土司韩光祖管，谓之下四工。

清水工（旧册清水庄）、打速古工（旧册达思古庄），共种地七百七十八段（旧册清水庄水地八百三十九段，达思古庄水地三百六十四段），纳粮十二石六斗三升，内清水工八石一斗五升，打速古工四石四斗八升（旧册清水庄下籽仓斗六十一石六斗八升，纳粮九石二斗五升六合。达思古庄下籽仓斗二十五石六斗九升，纳粮三石八斗五升三合五勺），一百九十七户（旧册清水庄一百六十二户，达思古庄八十二户）。距厅治十里。

孟打工（旧册孟达踏撒坡庄），种地一千二百八段（旧册缺），纳粮二石七斗（旧册缺），三百一十户（旧册缺）。距厅治七十里。

张哈工（旧册里长张尕庄）、崖慢工（旧册阿巴崖满庄），共种地一千五百九十九段（旧册里长张哈庄水地八百五十八段，阿巴崖满庄水地七百九十五段），纳粮十六石一斗一升，内张哈工八石一斗，崖慢工八石一升（旧册里长张尕庄下籽仓斗六十六石四斗四升，纳粮九石九斗六升九合，阿巴崖满庄下籽仓斗六十六石五斗六升，纳粮九石九斗八升四合），四百四十户（旧册里长张尕庄一百六十八户，阿巴崖满庄一百五十八户）。距厅治四十里。

夕厂工（旧册薛厂沟，入新附番寨，不在撒喇数内），种地九百九十三段（旧册缺），纳粮八石一斗五升（旧册缺），二百一十户（旧册一百四十户，外委百户郭娃宁哈加所管）。距厅治五十里。

按：薛厂沟，雍正七年清册已缺，十二年之册内开番民一百四十户，水地三百一十二段，下籽仓斗三十八石六斗九升；旱地四百五十四段，下籽仓斗四十六石九斗二升。每年每户纳粮一斗，共纳粮一十四石。合之撒喇族十一庄纳粮七十四石五斗二升八合三勺，适符雍正十三年土司韩文广所呈“撒喇十二工，纳粮八十八石五斗二升八合三勺”之数。乾隆四年，三庄归并碾伯县，除粮二石二斗二升，亦适符今实征册“八十六石零”之数，是夕厂为撒喇所属无疑。然昔十四石，而今八石一斗五升者，额数既定，薛厂以户纳粮，其数反多于以地纳粮者，夕厂一工自不甘心。当十三年土司造册时，必又将额数一匀，故各工亦多有昔多今少、昔少今多者，然大数固不错也。

——（清）龚景瀚编，李本源校：《循化志》卷四《族寨工屯》，青海人民出版社，1981 年版，第 160—162 页。

李侍尧正当委其领兵进，至贼人屯聚马家堡，亦不过与苏四十三之困守华林山，情势相同。而贼巢中并无鸟枪火器，尤非撒拉尔之以打牲为业者可比。

——《清高宗实录》，卷一二零七，康熙五十五年五月甲辰。

……孟达工之贠同庄、他撒坡庄、木厂庄田地甚少，以背柴炭赴积石关内之韩、何家集平定铺变卖米面糊口。新例不准入关……

三庄造册共一百九十七户，二百八十五名。

——（清）龚景瀚编，李本源校：《循化志》卷八《回变》，青海人民出版社，1981 年版，第 318—319 页。

循化厅同知署　在大街参将署之东。乾隆二十七年七月，同知孙世俨奉文建。

大门一座，三间；东西班房二座，各三间；二门一座，三间；大堂一座，五间；东西书办房二座，各八间；宅门一座，一间；二堂一座，五间；东西厢房二座，各三间；住房一座，五间；东西厢房二座，各三间；马神庙一座，一间；土地祠一座，一间。共五十四间，详估工料银四千六百七十三两零。监狱一所，共十间，详估工料银三百三十四两零，共银五千八两零。二十八年三月二十八日兴工，七月二十一日工竣，十一月造册，实销银四千九百九十二两零。二十九年七月，工部奏减银四百五十八两零。

五十四年二月，同知台裴英阿详请补修，借领工料银一千两，按年养廉扣还。河州勘估六十六间，十二月工竣。

按：建署后，历任有自行增建者，如东书房之上下六间等是也。故六十六间多于原建之数。台之补修，粉饰而已，实未尝动工也。内有东书房院之向西小书房三间、二堂西小院之小书房三间，连后群房十间，皆达任建之也。

……

又按：行署与河州厅仓紧连，在仓之西。仓即河州同知旧署也。考厅卷，大门一座，三间；二门一座，三间；土地祠一座，三间；东西班房共六间；东西书办房共十间；大堂一座，三间；东侧库房一间；宅门一座，一间；二堂一座，五间；东西厢房共六间；三堂楼一座，上下共十间；东西厢房共六间；厨房三间；东书房二座，共六间；西书房一座，三间；马神祠一间；马棚三间；前仓一座，五间；中仓一座，五间；后仓一座，六间。共八十六间。又考州卷，乾隆二十七年，奉文归州估变，原估银五百一十二两零，历奉驳饬，至三十二年，凡增估四次，为银五百六十三两零，其卷不全。乾隆三十三年，河州田锡莘改仓，盖无人承买，故河州捐改为仓。

又按：行署，前同知郭朝佐生祠也。郭司茶务，有德政，众商感之，修祠以祀。嗣茶务并归兰司，同知移驻循化衙署，估变祠堂，无人经理，历任借为行署。乾隆四十五年，署任吴廷芳，添设行署匾额，立鹿角牌坊，竟称为行署矣。正署任递为传舍。嘉庆五年，署任佘景奎，变价与太子寺州判为衙署，然其中房屋坍塌者六年矣。附录之。

——（清）龚景瀚编，李本源校：《循化志》卷三《官署》，青海人民出版社，1981 年版，第 115—117 页。

雍正十年，循化营游击胡详："窃照撒喇地方，孤悬口外，四面环山，地土极窄。

又久为番、回恒业。今立循化新营，兵丁八百名。凡日食用，度此处并无颗粒余资，亦无尺寸闲土为兵丁开垦之所。一切麦、豆、油、盐悉从内地驮运而至。查循化至河州三百余里，中隔重山。若遇晴明，驮运尚可继至，一逢雨雪急不能到，以致兵丁嗷嗷待哺，甚属掣肘。窃查河州输纳兵粮，有相近循化左右一带挽运河城，途程甚远；若于循化设仓，委员经收支放，以专责成，似属兵民两便。再查巴暖营于本营建有仓廒，相应援例详请。”河州详：“循化一营，孤悬塞外，所有兵丁使用俱取资内地。每值春秋二季，驮运尚易，入冬以来冰雪载途，又有大山，一历崎曲险阻，即与极塞之雪打版无异，贩卖裹足，兵丁不无艰苦。该营请将相近循化之民应输粮石，赴循化交纳。立仓，委员建修，俾边民便于输纳，新兵免于贩运，筹划甚为妥协。但查卑州所管地亩，民人俱在口内，并无散出口外与循化接壤者，惟老鸦、积石二关最近循化，犹相隔一百里、八九十里。其间又大山阻隔且有内外之分，似不便驱令内地民人远赴塞外输纳。该营所请，应无庸议，查河征收番粮尚有散出口外与循化营相近，应否就近改归之处，呈明河厅，查议裁覆。”

河州厅详：“查厅仓每年额征番粮一千三十一石零，除每年给喇嘛口粮五百四十石零外，余粮四百九十石零，俱附近循化拨充兵粮，原属妥便。但新附番民，催科非易，实难十分全完，且为数无多，又止青稞一色，于兵马粮料不敷应用。署厅再四思维，州属之民，环处内地，既不便出塞输粮，厅仓之粮余剩无多，又无以饱腾士马。惟有照半本半折之例，将该营夏秋二季粮料全支折色，春冬二季全支本色。即于州仓存贮粮石拨运供支，甚于边营有益。至需脚价银两，应照口外新设安西等处镇营动用正项钱粮，运送所需脚价，照现在军需之例，河东每百里每石给银一钱六分，已属足用。惟该营远隔大山，春冬二季冰坚路滑，应令该州于夏秋二季农隙之时，先期运送，即于该营存贮，按时支放，庶民力不致辛艰而缓急以为有备。既有运贮之粮，自宜建廒；即（既）有收放之事，自宜添设文员司其出纳。请酌建仓廒二十间，每间可贮五百石。查河州州判一员向司税务，今已归州，再无职掌，似应移驻循化。该处回民正须化导，且奸宄易于潜匿，捕务贵有专司。请将河州州判裁汰，添设粮捕州同，给以钤记，分驻循化，实于地方有益。其建造衙署，仓廒需用工料银两，查循化城垣、衙署、兵房系张缙效力赎罪，应仍令张缙捐修。查张缙名下尚有搬移兵丁家口银三千两，内剩银一千七百余两解贮司库。似应将所建仓廒、衙署确估工料，令张缙于余项下领银建造，实属妥便。”临洮道牌：“查该营兵不满千，即以半本计算，需粮不过三千石。又请设州同一员，建署造仓，且请动支正项，将仓粮运贮。种种縻费，殊未妥协。”布政司详：“查河厅所属番民，上下龙布、起台沟一（以）及撒喇一族，为地距厅较远，距营较近。该道请令就近输粮，拨供兵食，似乎兵民两便。但查番粮每年额征止一千三十一石，除支给喇嘛外，止余五百余石。以五百余石之粮而建贮仓廒，已滋糜费。且因输粮无多，难以改驻文员。今该营选干弁经管，究竟与例不符。至余粮并系青稞，岁内亦不全完，是以该镇有为数无几，不敷收放。'且禾粮难供兵食，实属不便'之语，兵丁既不愿，势又难行。莫若仍循日例，以免更张，似为妥便。"总督批："如详饬遵"。

按：河厅前详，原运送河州之粮，官给脚价。其后布政司详，则因道驳更易，遂请拨喇嘛余粮。道据咨司，而司又不准，遂仍循旧例至今云。

又按：河厅所给喇嘛口粮凡十九寺。至二十七年移驻循化，仅给口外河源庙两寺，其口内十九（七））寺，皆于河州支给，番粮所余不止四百余石矣。然自四十六年添兵之后，三营岁支粮料共一万二百七石八斗，仍不敷支给，故仍于河州估支。

乾隆四十六年，署保安都司乌尔登额呈："查本营马、步、守兵每年纳粮俱照四本八折支领，每年春季系支折价，其余三季均系本色，在河州仓并循化厅仓按年估支。每马兵一名，若在河州领，一季粮二石，所需脚价银两，相距三百二十里，需驴三头，每头脚价银七八钱，共脚价银二两三四钱不等；若在循化仓，相距一百二十里，每头脚价银二三钱不等，共脚价银八九钱不等。每步兵一名，一季粮一石五斗，在河州支领，应需脚价银一两七八钱不等；在循化营，应需脚价银六七钱不等。守兵一名，一季粮一石，在河州支领，应需脚价银一两一二钱不等。在循化仓，应需脚价银四五钱不等。其营俱在本兵应关季饷银内所出。查本营兵丁，每季除关领本色粮石外，马兵每名该两个月饷银四两，三个月米折银九钱，共银四两九钱。内除司扣借过年底预借，借领接济银两并驮粮脚价外，所余无几。又查保安地方，四面环番，虽有番民耕种田地，不足自食，历无市粜粮食，现在兵丁全以估支本色养赡家口。今新添三百三十八名，宜早呈明估支本色，以免日后饥寒之虑。"

河州镇咨："查镇属各营兵马粮料，例系四本八折，估拨到日，各就该地方官仓贮粮内就近支领。今据循、保、起三营禀称：'三营均处极边，气候早寒，多不出产粮石，贩卖亦稀。起台一营，向估河州仓粮，每一仓石需脚驴一头半，计程一百二十里，每头脚价钱二百五六十不等。每石到堡即需钱三百八九十文，合银四钱有零。循化距河州计程二百里，每粮一仓石，驮运到营，即需脚价银六七钱不等。保安距河州三百二十里，距循化一百二十里；每粮一仓石，遇估循化厅仓者，驮运需脚价银三钱有零；遇估河州仓者，驮运需脚价银九钱及一两不等。营中无项垫办，随时在各兵季饷内摊扣，等因。伏思兵丁觅雇牲畜，自行驮运，不惟远离本营，往返需时，有旷汛守。而运脚银两在季饷摊扣，较之内地各营未免向隅不均。况三营新添兵丁，脚价较前倍多，兵丁日益拮据，且难保不肖营员浮冒克扣之虞，殊未允协。应请照固原之例，按季令各文员运送，以资支放，庶边营穷卒永资利赖，亦免不肖营员籍端克扣之弊。'”

布政司详：“查循、保、起三营于河州，循化两处仓储供支各营，兵丁自行运回，遵行已久。今请照运兵粮之例，令文员办运，开销脚价。查固原提督运粮脚价，系随粮带征今仿照办理，费无所出，请动帑项，经费有常，碍难议准。惟是路途穹远，兵力自宜体恤，嗣后司中总以较近之处，酌量估拨，俾免縻费。再循化厅应存粮一万四千六百余石，现在存贮厅仓止三千四百余石，其余概贮河州。虽详明有案，然于估拨有碍。应令该厅即将存贮河州粮石勒限运回循化，以便将来估拨。”

按：雍正八年，河州厅所管仅有放喇嘛口粮余剩之番粮四百余石，而请设官建仓，自属縻费，宜司中之不准也。乾隆二十七年，河州厅移驻循化，有官有仓矣。且有捐监之粮，通融办理。至四十六年，监粮停而兵额增，厅仓每岁所入不过一千石之番粮，不敷者十之九，遂不得不专于河州。估支路途遥远，既需时日，又费脚钱，兵丁不胜其苦。若在河州粜卖，携钱回营，则兵丁皆有父母、妻子，待此糊口。春夏二季，青黄不接，河州易于变卖，而本地难于得粮；秋冬二季，粮广价贱，本地易于得粮，河州难于出脱。乌都司之呈，河州镇之咨，诚为切当事情。文员既不宜赔垫脚价，自当另筹经久之计，乃司中以费无所出，颟顸了事，议以就近之处，酌量估拨。不知河州之外，更有何处较近之州县乎？又令循化厅将存贮河州粮石，勒限运回，然亦不过一万四千余石耳，年余估拨，即可立尽。其后又何以继之？因循至今，遂贻无穷之累，其尤可忧者，三营孤悬口外，番回杂处，国家设兵防守，岁縻银饷数万有奇。养兵千日，用在一朝也。今城内略无备贮，一旦有事，虽有精兵良将，高城深池何以为守？前功不几尽弃乎？故今日最急之务，莫如积贮，通水利，广屯垦。如捏贡川等地，尽辟为良田，岁可得粮十数万石，兵食足矣。积其余以备缓急，此上策也。然事体重大，非旦夕所能办，且工本亦无所出。其次，莫如乘时采买。查河州每间岁辄采买数万石，以备估拨，两处每岁所报时估不甚悬殊，采买于循化，何异采买于河州？而必令兵丁岁费脚价以搬运乎？说者必谓边外产粮不广，难于购买，然亦视岁之丰欠何如耳。即如今岁四五月间，循化本城粮价，每小麦一市斗，大钱三百三十文；青稞一市斗，大钱三百文。每一市斗合仓斗二斗八升，市斗三斗五升七合零即得一仓石。是小麦一仓石，共价一串一百七十文有零；青稞一仓石，价一串七十文有零。钱价每银一两，换钱一千八九十文至一百文不等。是小麦一仓石不过价银一两有零，青稞一仓石价银不过一两。自七八月陆续收买，至年终止，可得四五千石。循化过河以北为西宁巴燕戎厅地方，粮食极广，价与循化相仿，距循化城九十里至三十里不等。循化东北为积石关，内为河州地方，俱平川产粮，价亦相仿，距循化城七十里。两处陆续收买，即一二万石亦属易事。起台堡东之韩家集为循化所属珍珠族地方，距起台八十里，亦有粮食，陆续收买，亦可得四五千石。惟保安营四面番寨，无可采买，距循化城一百二十里。今当以循化本城所买之粮运贮保安，以巴燕戎、积石关两处所买之粮运贮循化，以韩家集所买之粮运贮起台。各处程途自一百二十里至三四十里不等。所需脚价通融筹算，每仓石不过二钱有余，合之买价，每仓石不出一两四钱以外。以循化所报时估较之，有盈无绌，即加以部费奏销，亦属可办。保安、起台二营虽无仓廒，而闲旷兵房不难存贮。兵丁乐于就近支放，无不愿腾房贮粮者。既有益于穷边，而三营各积粮数千石，即有意外，亦可恃以无恐，利莫大焉。惟极边僻地，商贾稀少，换钱买粮俱当为之以渐，先期多给银两，令自夏末以至冬终，陆续换钱，陆续买粮，而以营员监之，则无亏短、捏报之弊。行之数年，仓廪充实，万世之长策也。

——（清）龚景瀚编，李本源校：《循化志》卷三《兵粮》，青海人民出版社，1981 年版，第 106—115 页。

广济仓　在城内大街，参将署之西，东西廒二座，共二十间。乾隆二十八年，同知孙世俨奉文建。

二月详估，本城仓二十间，工料银一千七百七十八两零；韩家集乡仓二十间，需银一千六百六十六两零。共银三千四百四十五两零。五月初三日兴工，八月二十六日工竣。二十九年，工部核减银二百四十八两零。

韩家集乡仓　在珍珠族，乾隆二十八年同知孙世俨奉文建。

二十七年十月，同知孙世俨详：“卑厅所管七十一寨并向化、撒喇二族俱在口外，民遇缓急，就近在于循仓接济。惟所管河州关内鸿化、灵藏、老鸦、珍珠、癿藏、迭古、仰化、红崖、回回、端言等十族，离循化一百二十里至一百七八十里不等；更有牙党、川撒、古都三族，距循城二百五六十里至三百余里不等。遇丰欠不齐之年，今（令）赴循仓支领，崇山叠嶂，跋涉维艰，且长途盘费需用繁多，似非仰冰皇仁宪德，抚恤穷黎至意。卑厅再四思维，似应籍此建盖仓廒之际，以一半仓廒建在循化，收贮额捐番贡粮石，以备七十一寨向化、撒喇二族民人缓急，并循、保二营兵粮之需；以一半仿照州县建立乡仓之例，建在循化一百五十里珍珠族属韩家集地方，分收监粮。与十三族民人相距三四十里至五十里，以至八九十里不等，最称适中。遇有赈借，就近领食，免长途跋涉之苦，更省輓运之费。小民就便输赋，亦免往返之艰。离起台七十里，拨支兵食，较赴循化关领更觉捷便。如此稍为变通，实与兵民大有裨益。”

按：番寨惟七十寨，无七十一寨，盖误数薛厂工也。向化族，即南番二十一寨，已在七十寨之内，重数亦误。口内十二族，无古都之名，古都族虽在旧管一十九族之内，当雍正初年清查土地，以其人地俱在岷州，归岷州厅清造，非厅属也。鸿化、灵藏二族，在河州之北，韩家集在河州西南，相去二百余里，不止八九十里也。起台堡距循化城七十五里，距韩家集亦七十五里，而自起台至韩家集，中隔打儿架大山，不如赴循化路平坦，不得谓之捷便也。

河州仓　在河州城中文明阁东街，旧河州厅茶库也。乾隆四十一年同知张春芳捐改。

四十年二月，同知张春芳禀：“卑厅衙门原议额捐仓斗监粮四万石，需廒八十间。前孙丞详明先建四十间，以二十间建于循化本城，以二十间建于韩家集。今现在贮仓斗粮二万五千八百九十余石，仓廒亦属不敷，若详请添建，不无縻费。今查河州厅旧有商建茶库一处，内有房屋数十间，自河司奉裁，檄交河州变解充公，因递年无售主，类多塌损。伏思此项茶库，既非动项建盖，又无茶封可贮，与其日久塌坏，莫若仍归厅用。卑职量加修葺，即可贮粮。”

司批：“河州查议。”河州详：“查乾隆二十七年八月，前韩牧任内，接管河州厅旧存茶院大小库房共八十间，檄饬俟贮库官茶发变搭饷完日，照例据实估发。至乾隆三十一年，始将前项茶封支发通完。而茶库系商民建盖，年远砖瓦、木料间有烂损，官库规模不便民居，至今并无售主。兹奉宪饬，卑职详细筹划，仍归循化厅量加修葺，改为官仓贮粮，不致弃为无用。而厅属鸿化、马营等族，距循三百四五十里至四百里不等，小民输纳，长途惟艰。茶库在州城，虽距循二百里，而距鸿化等族止一百四五十里至一百七八十里不等，若改为官仓，就近输纳，与民有大益。”四月，张春芳详请自行捐办拆修。

按：茶库建于明季，山陕商民所公捐也。乾隆二十七年，河州同知移驻循化，河司裁汰茶库，交河州估变，而多年无售主。张同知于四十年请改仓贮粮，捐修不动官帑。经总督批准咨部，遂详报“四十一年三月二十五日鸠工，六月二十日工竣”。然实未尝动一瓦一木也。张旋迁去，藩司檄取间数销册，咨部存案。署同知谢桓不得已，为造修仓四十间，捐添工料银五百九十一两零，清册咨部，朦胧了事。历任俱列入交代，其时完好者尚有六十余间，虽无气楼廒底，固亦可贮粮也。至五十年，河州设城守营都司，新建衙署，藩司冯亲勘，即以此地改修。总督福遂于补修工料银两统案入奏，方委员勘估，而州牧德慧关阅厅卷，始知前改仓廒，已咨部存案。亟行检举，另请择地，固已无及矣。乃以改建厅仓之后，贮粮无多，应将空闲厅仓改建都司衙署，声登于题估册内，以为两全之计。遂分茶库为二，大堂以前完好及坍塌者，共二十九间，修都司衙署十七间，抵除厅仓十七间；其大堂以后二十九间，修厅仓二十三间，以符四十间之数。时同知达桑阿以朦胧接收，发令赔修，遂于五十一年四月具报工竣。然亦粉饰塞责，终无气楼廒底也。其门改从都司衙署之东。

——（清）龚景瀚编，李本源校：《循化志》卷三《仓廒》，青海人民出版社，1981年版，第119—124页。

（雍正）七年，陕西总督岳（钟琪）奏……今保安、撒喇地方，凡有成熟之地，久为番回恒产，此外既无闲田可垦，粮价自不能平，一经照例给饷，势难递减。经费所关，未便率给。查各省兵丁有于额支银粮之外每月加米三斗，每斗折银一钱，共折银三钱之例。现今陕、甘二属，独延绥、兴汉二镇有之。今保安、撒喇二处应募兵丁所需粮饷，仰恳圣恩，准照每月加米折银三钱之例支给，庶边兵口食充足，而钱粮亦不致糜费矣。

——（清）龚景瀚编，李本源校：《循化志》卷一《建置沿革》，青海人民出版社，1981年版，第26—29页。

厅境多山田，惟起台、边都二沟有水泉之利，番回引以为渠，溉田转磨。然泉力微，夏月常苦旱，黄河行境内而人不知用，皆云岸高水下势不可引，顾自其上流开之，亦自可行，工大费巨，盖虑始之难也。予初下车，即饬所属绘图贴说，详着形势，以为经理之本。方议复开草滩坝新渠，垦城东荒田，而徐及引河之策，不旋踵去任，事遂中止。图说未及上两沟，支渠数十，旧卷俱未详，且多舛错。今书其所知者，而阙其余，以俟考。

起台堡渠　四道：曰宁巴渠、曰三寨水渠、曰磨渠、曰迭思曼渠。皆引起台沟之水。

夕厂工渠　道，未详其数与名，引夕厂沟之水。

张哈工渠　道，引起台沟之水。

清水工渠，道，引起台沟之水。

按：起台沟与夕厂沟二水，会于张哈工之白庄，本一水也，而旧册云：夕厂沟山河渠一道，自夕厂沟脑起，至清水庄流入黄河止，共浇地一千五百四十五段；起台沟山沟一道，自哈家寺山脑起至木厂塘止，流入黄河，共浇地二千九百三十一段。则似两水分流，各入河者，误。起台沟之水亦非木厂入河，盖当时书胥随意填写者。其所开地段亦不足据。

边都寨渠　十三道：曰多哇庄渠、曰腊木车渠，皆引边都沟之水。曰纯义渠、曰三存腊卡渠、曰腊木车渠、曰腊黑顺渠，皆引纯义沟之水；曰泥夕渠、曰日茂渠、曰张家渠、曰牙顺渠、曰熊哇渠、曰西黑藏渠、曰腊宁哇渠，皆引中库沟之水。

按：三沟之水合于查家工，统曰边都沟。

查家工渠　道，引边都沟之水。

街子工渠　七道：东岸曰马家渠、尕浪渠、巴杂渠、官渠、别列渠；西岸曰说力渠、掌教坊渠。皆引边都沟之水。

草滩坝渠二道：曰旧渠、曰新渠。引边都沟之水。新渠今废。

按：草滩坝有上滩、下滩田地，旧渠从街子工渠取水，自上而下，上庄浇毕，方浇本滩，水常不足，下滩则久为荒地也。乾隆三十四年，同知张春芳始议开新渠，于街子工东岸开新口，在五渠之下，五渠余水尽入新渠，水常足用。下滩亦开垦，分一百四十股，书役亦按股受田。渠自街子工至土门山入黄河，长三十余里，浇草滩坝田一千五百六亩，下滩地八百三十亩。至四十六年逆回之变，无人修理，渠口淤塞，不能疏通，前所买开渠田地皆为原主占种，草滩坝田半荒废，而下滩无论矣。渠穿别列渠而行，别列工在上游，法当置木槽，上度别列渠之水而下行渠水。别列工人意不欲，多方阻挠。余方查勘间，令复旧迹，而已去任矣。

——（清）龚景瀚编，李本源校：《循化志》卷七《水利》，青海人民出版社，1981 年版，第 269—271 页。

同知张春芳《草滩坝工水渠记》：循城之东有草滩数十顷，平坦旷野，属于撒喇之草滩坝工，盖由是得名也。戊子春，余甫莅兹土，睹斯地之荒芜。窃谓山岭之区，鲜得此既溥且长者，乃委弃与石田等，何惰农之自安也！既思循化雨泽素鲜，每借渠水之利，独是河水难通，又无溪涧，何以资其灌溉？爰谋之乡老，思浚一渠。据称曩者亦曾开沟，限于水低不到。若何余亦旋权巩篆，不及为计。己丑春复来，度形势之高下，聚百姓而亲历指示。由西之街子工上游开浚，历锭匠至石头坡，盘旋山麓，越旧渠而至西沟，转折于沙坡岭脚，至乙先哈喇庄，及城之南，转东之达土门山下大路，计二十里，而屈曲一通渠，长倍之。择吉季春七日兴工，斯民咸踊跃，争先从事，越五日而成。丈得地约二十万弓，计亩则三十余顷。按股受地，四时之水不竭，不特向之荒芜者顿成沃壤，即渠下所历田亩亦无旱干之虞。至渠口所伤水磨及开损处，量偿其直。余虽疲心力，而视民之乐于从事，因为之记，俾后时之民知所修浚，则享其利也溥矣。乾隆三十四年岁次己丑孟夏立（碑在厅署二门内）。

——（清）龚景瀚编，李本源校：《循化志》卷七《水利》，青海人民出版社，1981 年版，第 271—172 页。

雍正七年闰七月，河州知州顾详：七月二十六日，同兰州营张自河州出老鸦关，勘得离老鸦关一百六十里有草滩坝一处，其西南一百五十里则为上龙布，正西八十里则为下龙布，其东八十里俱系撒喇地方，接连起台堡，实为番回适中之处，其地周围二十余里，南面大山，北临黄河。河北亦有大山，系西宁所属。其间地势平衍，山水环抱，风和气聚，土脉又甚坚厚，开渠引水亦属便利，可以建筑城垣。职等悉心相度，城垣周围三里一分零，坐艮向坤，开设东西二门，足容官兵驻扎。需用木植，在上龙布白佛僧番子地方有大林木，离建城处约二百余里，从河扎筏顺流而下，可至工所。砖瓦、石灰、石条、石柱等项，雇募匠役前赴彼地，俱可就近烧运。其建筑城垣，修造官署、兵房、木植、人工、匠役需用器具，各照实估，计约需银四万二千三百余两，另绘图造册申报。

——（清）龚景瀚编，李本源校：《循化志》卷二《城池》，青海人民出版社，1981 年版，第 85—86 页。

（乾隆）三年四月，撒喇千户韩文广开造：苏只工之苏胡家庄、阿路庄二庄共二十七户，种水地九十五段，纳粮一石二斗七升二合。别列掌教工之阿黑且庄二十三户，种水地七十五段，纳粮九斗四升八合。三庄共五十户，共种水地一百七十段，共纳粮二石二斗二升。四月造册，饬碾伯县收管……

——（清）龚景瀚编，李本源校：《循化志》卷一《疆域》，青海人民出版社，1981 年版，第 40—41 页。

又按：三庄虽改归西宁，而其实河北尚有厅属之庄，皆在下游。加如庄番民随街子工当差，在城正北；阿麻岔庄番民随清水工当差，在城东北；砖塘庄番民随孟达打工当差，在城东北。是厅属河北尚有三庄，然厅既移驻，仅隔一河，番民用木洼径渡，顷刻可至，使必以拘河为界，改归西宁，反非便民也。

——（清）龚景瀚编，李本源校：《循化志》卷一《疆域》，青海人民出版社，1981年版，第41页。

中库沟　其源曰恰布欠泉，西北流合撒茂泉，至查家工入边都沟，长七十里。

撒茂泉　入中库沟，长十里。

起台沟　其源曰沙东隆哇泉，流经起台堡西南章哈工，西合夕厂沟水，至清水工西入黄河，长九十里。亦多引为渠溉田、转磨。

宁巴沟　乱泉，入起台沟，长八里。

夕厂沟　乱泉，经夕厂工，至章哈工入起台沟，长五十里。

——（清）龚景瀚编，李本源校：《循化志》卷二《山川》，青海人民出版社，1981年版，第58页。

起台堡渠、四宁巴渠、三寨水渠、磨渠、迭思慢渠，自哈家寺山脑起，至白庄塘止，共灌地二千九百三十一段，余水流入清水工。

夕厂沟渠　自沟脑起至崖慢工，由崖慢工至清水工止，灌地二千五百六十六段。

边都寨渠　十三多娃庄渠、腊木车渠，皆引边都沟水。纯义渠、三存腊卡渠、腊木车渠、腊黑顺渠，皆引顺义沟水。泥夕渠、日茂渠、张家渠、牙顺渠、熊哇渠、西黑庄渠、腊宁哇渠，皆引中库沟水。

按：三沟之水，灌边都七庄地一千五百五十五段，合查家工，统名边都沟。

查家工渠　引边都沟水，灌地七百四十三段。

街子工渠　凡分数股。东岸马家寨尔浪渠、巴杂渠、官渠、别列渠，西岸说力渠、掌教坊渠，皆引边都沟水。附庄托把，在尕浪渠引水；瓦匠庄，在官沟头引水；草滩坝，在官沟磨河滩引水，灌地六百三十一段。

街子工巴西沟庄渠　在西沟脑引水，昼灌街子工地五百一十六段，夜灌草滩坝、瓦匠庄等处之地。曾经兴讼，厅断有案，迄今遵之。

张哈工渠　引起台沟水，灌地八百五十八段。

孟达公渠　引起台沟水，灌地一千二百有八段。

苏只工渠　引尕楞沟水，灌地一千一百段。

查家工渠　引边都沟水，灌地一千七百九十段。

查汉大寺工渠　引卑塘沟水，灌地一千二百八十段。

——（清）邓承伟修，张价卿、来维礼等纂，（民国）基生兰续纂：《西宁府续志》卷一《地理志·水利》，青海人民出版社，1985 年版，第 51—53 页。

草滩坝渠　二道，曰旧渠，曰新渠。引边都沟水，旧渠今废。

——（清）升允等修，安维峻等纂：《甘肃新通志》卷十，清宣统元年刻本，第 58 页。

起台堡渠　引起台沟水，为渠四：曰宁巴渠，曰三寨水渠，曰磨渠，曰迭思慢渠。

又张哈工渠、清水工渠亦引起台沟水溉田。

——（民国）刘郁芬修，张价卿、杨思等纂：《甘肃通志稿·民政四水利二》，甘肃图书馆据民国二十年原稿本油印本，第 11 页。

清水工渠　引起台沟之水。

按：起台沟与夕厂沟二水，会于张哈工之白庄。夕厂沟山河渠一道，自夕厂沟脑起，至清水庄流入黄河，共浇地一千五百四十五段；起台沟山沟一道，自哈家寺山脑起，至木厂塘止流入黄河，共浇地一千九百三十六段。

——（清）升允等修，安维峻等纂：《甘肃新通志》卷十，清宣统元年刻本，第 57 页。

循化尕楞、卑塘、保安等处林区十余处，面积二三百里或数十里不等，多松柏（番民公有）。

——（民国）刘郁芬修，张价卿、杨思等纂：《甘肃通志稿·民族八实业》，甘肃图书馆据民国二十年原稿本油印本，第 63 页。

五、田赋

谕户部：……今岁山、陕二省虽年岁丰收，喜登大有，但边民效力转输，在所宜恤。兹将……陕西属……归德……西宁……河州、兰州、洮州等州县卫所堡，康熙五十六年额征银八万六千一百两零，粮米豆穀三十一万七千七百二十五石零，草二百七十六万五千九百束零，通行蠲免；并将从前积年逋欠，亦悉与蠲除。

——《清圣祖实录》，卷二七〇，康熙五十五年十月癸巳。

谕户部：年来甘肃地方办理军需，虽一切动支公帑，丝毫不取于民，而輓运转输，不无资于民力。朕心轸念，特将雍正八年额征钱粮悉予蠲免，以示恩恤。……

——《清世宗实录》，卷九四，雍正八年五月壬午。

谕户部：……朕念新归内地番民，向风慕义，愿附版图。其地亩额征本色粮草，与河西等处赋税相同，亦应一体蠲除，俾令同沾恩泽。著将雍正八年河东之河州厅、洮州卫、归德所，河西之西宁、凉州府属应征番粮，共一万二千（石）有奇，俱加恩蠲免。

——《清世宗实录》，卷九五，雍正八年六月己未。

免甘肃河州平凉等三州县，雍正六年分雹灾额赋有差。

——《清世宗实录》，卷七七，雍正七年四月庚寅。

川陕总督岳钟琪疏言：河州营兵，出口巡缉，时值隆冬，借给备办衣装银，共五千二百两。今巡查事竣，应于各兵应领饷内扣还，得旨兵丁借支出口银两，著即作为恩赏，免其扣还。

——《清世宗实录》，卷七八，雍正七年三月乙丑。

谕户部。甘肃地方，雍正八年地丁钱粮。前已降旨蠲免，其河西四府州县暨各卫所，额征粮料草束，又经一体免征。朕念新归内地番民，向风慕义，愿附版图，其地亩额征本色粮草，与河西等处赋税相同，亦应一体蠲除。俾令同沾恩泽，著将雍正八年河东之河州厅、洮州卫、归德所，河西之西宁、凉州府属应征番粮，共一万二千有奇，俱加恩蠲免。该督抚即督率所属有司，敬谨奉行，俾番民均沾实惠。

——《清世宗实录》，卷九五，雍正八年六月己未。

为议奏采马匹事。窃臣于雍正九年十一月初二日接奉领侍卫内大臣英诚公丰胜额等议奏：德成、达鼐等收买青海蒙古口外番子马匹并查甘肃原有以茶中马之例，每年于洮岷、河州、庄浪、西宁四司所管番土人民以茶易马，上马给茶十二篦，中马九篦，下马七篦，系喇嘛寺族等领茶交马，以有易无，彼此两便。令臣等查照定例，行中马之法，招谕番土头目人等，交马易茶……查从前国师、禅师分管番族地土，名为茶马田地，惟知中马当差，并不承纳赋税，以故牧畜蕃息。领茶交马，惟国师禅师是问。今地土不归寺族，户粮输纳官仓，番民耕田凿井，同游熙皞，相忘于中马之事几三十年矣……再从前喇嘛寺族交中马匹，往往不为收喂，仍交番人牧养，例有倒毙，勒令赔补……

——《甘肃巡抚许容奏折》，雍正十年正月二十五日。

谕军机大臣等：据明山奏：甘省得雨情形一折，内称惟皋兰、金县、安定、会宁、古浪、平番等县，俱系连年积歉之区。今春缺雨，所种夏禾无几。兹皋兰等处，虽经得雨，只可补种秋禾。而古浪、平番尚未据报得雨。现饬将拨运仓粮，酌量借粜，以资接济等语。前以甘省得雨未优。令明山奏明酌拨仓粮，以备借粜。曾令善为经理。今皋兰等处，仅能赶种秋田。而古浪、平番二县，曾否得雨，尚难豫定，所关尤为紧要，均须实力确查，妥协办理，俾穷民不致失所。现在明山已降旨解任，令文绶前往署理督篆。著传谕文绶、即董率所属，将各该县应办借粜事宜，核实确查，悉心筹办，务期闾阎均沾实惠，口食有资。副朕轸念边氓至意。又明山另折奏，请将藩司杨景素，暂留甘肃，俟尹嘉铨到任交代，再令起程等语，直隶藩司印务。现有王显绪署理，杨景素到任，不妨略迟。且尹嘉铨于四月初六日，自山东起程，计其到甘，亦已不远。该督可转谕杨景素，俟与尹嘉铨交代清楚，再行前赴新任，将此传谕文绶知之。寻文绶奏，春间少雨，所种夏禾无几。四五月得雨后奏，赶种秋禾，现已长发。除各属夏秋田禾可望收者不计外，夏禾被灾。如泾州、固原、静宁、盐茶厅、隆德、红水县丞、循化厅、安定、会宁、金县、皋兰、平凉、平番、古浪、狄道州、沙泥州判、崇信、华亭、环县、抚彝厅、张掖、山丹、东乐县丞、武威、镇番、花马池州同、河州、宁远、漳县、岷县、宁夏、宁朔、平罗、清水三十四州县厅，所拨甘粮二十万石，陕粮十万石。现在次第起运，按被灾轻重之处，分别运往，以备接济。先将陕钱三万串，泾州仓存粮五万七十余石，运灾重要区。得旨，览奏俱悉，亦屡有恩旨矣。其督饬属员，悉心妥办，以救灾黎。

——《清高宗实录》，卷八八四，乾隆三十六年五月癸卯。

户部议覆，陕甘总督勒尔谨奏称：甘省皋兰、金县、狄道、靖远、河州、华亭、安定、会宁、漳县、洮州厅、文县、西宁、武威、平番、山丹、泾州、肃州等厅州县，夏田被旱成灾。陇西县，被雹成灾，应分别赈恤，缓征新旧正借钱粮。其循化厅、红水县丞、盐茶厅、固原、静宁、隆德、张掖、永昌等厅州县，虽勘不成灾，收成未免歉薄，亦一体缓征，应如所请。得旨，依议速行。

——《清高宗实录》，卷一一一三，乾隆四十五年八月戊辰。

赈恤甘肃……循化……等二十厅州县，本年旱灾贫民并予缓征。

——《清高宗实录》，卷八九一，乾隆三十六年八月癸巳。

补蠲甘肃……循化厅……等，二十五厅州县，乾隆三十六年分旱灾正耗银一万六千七百七十两，粮二万六千九百四十石有奇。

——《清高宗实录》，卷九一〇，乾隆三十七年六月丁丑。

赈恤甘肃……循化厅……西宁、碾伯、大通、巴燕戎格厅……等三十一厅州县，本年旱灾雹灾饥民，并予缓征。

——《清高宗实录》，卷九八九，乾隆四十年八月丁酉。

赈恤甘肃循化……巴燕戎格、西宁、碾伯、大通……三十一厅、州、县，乾隆四十年旱雹灾饥民。

——《清高宗实录》，卷一〇三一，乾隆四十二年四月庚申。

赈恤甘肃……循化……等三十七厅州县，本年雹虫旱灾贫民，并蠲缓额赋有差。

——《清高宗实录》，卷一〇七三，乾隆四十三年十二月甲戌。

赈恤甘肃……缓征……循化……大通……等十三厅、州、县，乾隆三十八年以后，未完额赋，暨各年民欠籽种口粮。

——《清高宗实录》，卷一〇九五，乾隆四十四年十一月癸卯。

礼部等部议覆，陕甘总督福康安疏称：循化厅设立学校，请建文庙一所。祭器舞器，动项制造，每年额设祭祀银四十五两，于公项内动拨，应贮书籍，由部颁发。新设训导，定为调缺。条记，由部铸给。衙署，将裁汰河州训导署移建。岁科考，各取进文童四名。岁考，取进武童四名，应设廪增。于河州州学廪增内，各拨二名，作为额缺。六年一贡，均应如所请。从之。

——《清高宗实录》，卷一三四一，乾隆五十年十月己亥。

查循化厅学，春秋额设祭祀银四十五两，请照例支领办销。

——《清高宗实录》，卷一四九一，乾隆六十年十一月甲戌。

军机大臣等议准，钦差侍郎贡楚克扎布奏：定青海蒙古野番诸制。一、定界设卡，以资防守。立鄂博，使不得私越。一、设头目，给翎顶，使野番有所约束。一、循化、贵德两厅营令每年会哨，使知震慑。一、民番交易，示定市期，以便稽察。一、劫夺杀伤，以交踪相验为据，使不得捏报。一、明示劝惩，以靖盗源。一、不容蒙古、野番人户混处，以绝串通。一、两厅营定为三年更替，衡其功过，以专责成。

——《清仁宗实录》，卷一二二，嘉庆八年十月丁亥。

展缓甘肃供应兵差之狄道、伏羌、通渭、岷、西和、会宁、宁远、洮州、固原、静宁、华亭、安化、合水、环、宁、山丹、永昌、古浪、平番、西宁、碾伯、大通、循化、秦、秦安、清水、礼、徽、泾、崇信、肃、高台、安西、敦煌、隆德、盐茶、张掖、抚彝、巴燕戎格三十九厅州县暨沙泥州判、红水、庄浪、东乐县丞、西固州同所属节年未完额赋。

——《清宣宗实录》，卷一一〇，道光六年十一月辛丑。

贷甘肃洮州、循化、静宁、宁、靖远、陇西、西和、漳、隆德、环、永昌、古浪、平番、清水、两当、灵台、礼十七厅州县及庄浪县丞所属，上年灾歉贫民口粮有差。

——《清宣宗实录》，卷八〇，道光五年三月庚戌。

又谕，杨遇春等奏：筹议西宁口外防河巡哨经费章程一折。西宁口外地方辽阔，路径纷歧。前因野番甫经回巢，尚须稽察防范。每年六七八九等月，酌派防所官兵三四十员名，在青海东南一带，小游巡数次。夏冬二季，于新设察罕托洛亥驻防兵内，挑派三百余员名，在青海南北一带，大游巡二次。嗣将夏季游巡裁撤，其冬季仍复派巡。巡毕之后，把守冰桥渡口。仍于西宁河州两镇，派拨官兵四百余员名，分布河干防守，俟冰桥融化撤回。又每年四七十月，派令循化、贵德二厅营，出口前往河南番地，编查保甲门牌，会哨稽巡。所有一切官兵口食驮脚等项，将原设会哨经费银五千两，留存支销。兹据该署督奏明，历年支销，每形短绌。河南各族野番，近来颇知敛迹，河北地方亦就肃清，筹议裁减章程，著照所请，将冬季大游巡一次，即行停止；小游巡照旧按月派防外，其余八个月，仍令防所弁兵，每月游巡一次。前定驮载银两，无庸删减。至冬令防河官兵，西宁河州二镇，著少派兵二百名，即在防所兵内，多派二百名，以符定数。循化贵德二厅出口稽巡，前定每年各给银五百两，著减为四百两，统自道光六年为始。按照现定章程，每年以五千两为率，不准逾额，以示限制。其节年不敷之项，除筹捐外，惟道光三年分，动支李世修货物变价报部充公银，三百四十六两零，著准其开销。

——《清宣宗实录》，卷九九，道光六年六月乙卯。

缓征甘肃皋兰、安定、会宁、贵德、碾伯、中卫、金、固原、宁夏、宁朔、灵、清水、泾、崇信十四厅州县被雹被水被霜灾民本年额赋，并供办兵差之河、狄道、渭源、靖远、陇西、宁远、伏羌、通渭、岷、西和、洮州、平凉、静宁、隆德、华亭、盐茶、安化、宁、正宁、合水、环、抚彝、张掖、山丹、庄浪、武威、永昌、镇番、古浪、平番、平罗、循化、丹噶尔、巴燕戎格、西宁、大通、秦、秦安、礼、徽、两当、阶、文、成、灵台、镇原、肃、高台、安西、敦煌、玉门五十二厅州县及东乐红水、陇西、庄浪、毛目县丞、花马池、西固、王子庄州同、沙泥、三岔州判所属九处积欠银粮。

——《清宣宗实录》，卷一七九，道光十年十月甲寅。

署陕甘总督沈兆霖奏：遵议西宁办事大臣多慧奏：严禁越卡私贩章程七条。一、蒙番进口办买粮茶。应令官歇家登记循环号簿，报官察核，查有不符，即将官歇家及出卖铺户，照私贩例从重治罪。一、新安番族。由青海衙门请票易买粮茶，应饬丹噶尔厅镇海协。令各族千百户，于票尾钤戳，缮写人名货物，呈送地方官核验放行。一、番子进口。应令西宁、大通各处官歇店户，另立循环簿二本，详细登记，于文武衙门一律呈递，并按月报明。青海衙门存查。一、粮茶应酌中配搭，每粮一石配茶六封，蒙番一律办理。其单买茶叶者，大票准填十封；小票准填五封。至新安番族止准在丹噶尔办买，以杜窜越。一、私贩黄茶。应饬循化、贵德地方官，暨隆福寺番僧，一体拏办，起出货物，分赏出力兵弁。一、蒙番出口，由守卡兵弁掺验放行。如有需索贿纵等弊，从严究办。一、内地民人出口谋生，应责成公正铺商承保，由地方官转详青海衙门给票放行，至入口会营点认。令该厅营县出具的系原人印结，将票缴销，每票止准一次，不准复用。下部议从之。

——《清穆宗实录》，卷二一，同治元年三月庚寅。

蠲免甘肃河、狄道、沙泥、西宁、大通、碾伯、巴燕戎格、循化、洮九厅州县被雹地方新旧额赋，并杂课有差。

——《清德宗实录》，卷三九七，光绪二十二年十一月己酉。

蠲免甘肃狄道、巴燕戎格、河、循化、碾伯、大通、西宁、平番、贵德、平远、庄浪十一厅州县正赋杂税。

——《清德宗实录》，卷四一三，光绪二十三年十二月戊寅。

九月辛丑朔，资政院举行开院礼，监国摄政王莅会颁训辞……癸卯，免甘肃河、金、渭源、伏羌、安定、会宁、宁灵、循化、秦九厅州县上年被灾地亩钱粮草束。

——（清）赵尔巽等撰:《清史稿》卷二十五《宣统皇帝本纪》，中华书局，1976年版，第985页。

蠲免甘肃河、金、渭源、伏羌、安定、会宁、宁灵、循化、秦九厅州县上年被灾地亩钱粮草束。

——《大清宣统政纪》，卷四二，宣统二年九月癸卯。

循化厅所属撒拉尔番回，前经调往甘肃协剿川匪，颇为出力，及撤回循化时，沿途亦甚安静，业已屡加赏赉。所有该回民未完赏借折色口粮银三千余两，著再加恩全行豁免，以示格外体恤。钦此。

——《清仁宗实录》，卷五六，嘉庆四年十二月初二日。

免甘肃循化厅撒拉尔番回未完赏借折色口粮银。

——《清仁宗实录》，卷五六，嘉庆四年己未十二月乙酉。

蠲缓甘肃循化、河、狄道、海城、平远、西宁、大通、巴燕戎格、固原、渭源、金、皋兰、岷、洮、永昌、平番、碾伯、古浪、贵德、丹噶尔，二十厅州县被贼扰害地亩新旧钱粮草束，并各项杂课有差。

——《清德宗实录》，卷三八一，光绪二十一年十二月甲戌。

甘肃循化、河、狄等处被兵，准令陶模于库存十九二十两年待支兵饷各提银五万两，制钱五万串，截留新海防捐银一年，俾作赈务之需。

——《清德宗实录》，卷三九六，光绪二十二年十月甲子。

豁免甘肃循化、河、狄道、海城、平远、皋兰、金、安定、隆德、平凉、固原、镇原、陇西、渭源、伏羌、宁远、中卫、西宁、大通、碾伯、巴燕戎格、平番二十二厅州县。本年䅳粟地税。

——《清德宗实录》，卷三七七，光绪二十一年十月庚午。

甘肃循化等厅县被兵，准杨昌浚所请截拨银米。妥筹抚恤。

——《清德宗实录》，卷三七七，光绪二十一年十月庚午。

河州茶马司……每岁中马原额年例一千五百四十匹。

——（清）顾炎武撰：《天下郡国利病书》，卷五。

……惟撒喇、向化二族中马如故，至康熙末乃停。

——（清）龚景瀚编，李本源校：《循化志》卷一《建置沿革》，青海人民出版社，1981年版，第24页。

契税无额，征银八两一钱四分八厘。

——（清）邓承伟修，张价卿、来维礼等纂，（民国）基生兰续纂：《西宁府续志》卷四《田赋志·岁榷》，青海人民出版社，1985年版，第165页。

（新隶循化厅）原额接管保安四屯番民九百九十户，每户原议纳粮一仓斗，实共征仓斗屯粮九十九石。

番粮　原报垦地四万六千九百四十六段（每段大小不等，共征仓斗粮一千六十石三斗二升一合八勺，内除同治十三年拨归洮州厅买吾八寨内果莽寨粮五石一斗，高达寨粮一十石，群托科寨粮二十三石一斗，波拉寨粮二十五石一斗，波合拭寨粮一十三石九斗，咱又寨粮二十五石八斗，哈恰寨粮六石，下则盖寨，并沙卜拉幸盘寨、麻郎寨、蓝本寨粮三十九石，共粮一百四十八石），实征仓斗粮九百一十二石三斗二升一合八勺（内支哈家寺喇嘛一十六名，每名岁支口粮一石六斗；河源庙僧人二十名，首僧一名，岁支口粮八石，众僧十九名，每名岁支口粮六石。共支粮一百四十七石六斗）。

——（清）邓承伟修，张价卿、来维礼等纂，（民国）基生兰续纂：《西宁府续志》卷四《田赋志·贡赋》，青海人民出版社，1985年版，第157—158页。

循化厅原额新归番民报垦地四万六千九百四十六段，内除拨归洮州厅买吾八族地五千八百二十段外，实熟地四万一千一百二十六段。原额番贡粮一千六十石三斗二升一合八勺，内除拨归洮州厅粮一百四十八石外，实征粮九百一十二石三斗二升一合八勺。

——（清）升允等修，安维峻等纂：《甘肃新通志》卷十七，清宣统元年刻本，第30页。

烦照来文事理，希将所辖田土迅速清查，现在已垦成熟何项，地亩若干，每亩何等科则，应征银粮草束各若干，并将遗失印据及承种叛绝田房各户民，分晰造具花名段落四至弓口亩数清册，一并移送过府。

——《为清厘田赋刊发执照事致循化分府安》，青海省档案馆，档号：7-永久-1619。

案查保安地方前有叛产、绝业房屋地基田地等项，至今尚未清查。现闻完善者被人占住，废荒者无人承领，实属不成政体。除委派张把总前来保安会同该都阃府沈派弁清查外，合行出示晓谕。为此示仰阖邑军民人等知悉，所有从前承领叛产地基、修造房屋并耕种者，即须报明，由本府酌中定价，发给执照以昭世守。若从前领有印据而未曾输价者，亦须据实呈禀，照章输价，由本府换给照帖，永远为业；其已经输价，领有印谕者，不在此例。

——《为晓谕阁邑军民人等清查前领叛产绝业房屋地基田地事》，青海省档案馆，档号：7-永久-2509。

六月二十日，循化厅又移保安营都司：逐一确查前项叛产房屋地基田地共若干，处所是何人承领，有无约据，何处荒废，现在有无军民认领，备细开单呈报。

——《为清查四方马家回民判产处置事致保安部司张》，青海省档案馆，档号：7-永久-3353。

欲安其人，必先予以地方，令以粮载丁。

——《为妥议详覆安置从逆投诚之徒事致循化厅》，青海省档案馆，档号：7-永久-2349。

光绪三年，西宁府致循化厅拟议善后章程：已荒之地，无论土著、客民及安插之兵勇，到境力能垦地若干，即由官发给执照。初年免征，次年征半，三年全征。如已开荒成熟承粮而原业主新归，查明实有印契可凭，或证据确凿，原业主应照时值补给开荒工价。仍由官照数另拨相当荒地与开荒之人，只换给执照，不取地价；如原业主不愿出给工价赎回原地，应由官验明原有地亩若干，照数另据相当荒地，将原契换给执照，亦不取地价，只责其开垦承粮。无如（如无）力开垦，不愿领取，另据荒地亦不愿出给工价赎归原业，即厅（听）其便。客民垦地已经三年，承纳全粮，而原业主复出言赎，即有契据可凭，亦不准理。

——《为开垦荒地发给执照事致循化分府安》，青海省档案馆，档号：7-永久-1616。

光绪六年又补充规定："若是有主而无力开垦者，则业主自应预谋或与有力者合移共开禾熟，两家均分地亩，不致荒芜，正供亦可有着"；对无主荒地则"令乡约分别田地段落是川、是山、是坪、是坡，开造四至清册。由本府酌议地价，募民开垦，照例升科。总期家给人足，正供无缺尔"。

——《为清查地亩契据投税保甲户口分析造册事》，青海省档案馆，档号：7-永久-1638。

循化厅“原无设置地丁银两草束杂课等项，仅止番贡下色粮一款”，虽“经各前任节次招垦，额赋渐增，然尚有荒芜无着之粮四石六斗七升四合。实因其地山高土瘠，苦寒异常，人实不愿承垦者。卑厅现在设法招垦以期复旧”。

——《为应造光绪十年地丁考成奏销册籍事呈甘肃布政使谭》，青海省档案馆，档号：7－永久－1851。

按年造册比较上年征收银粮多寡数目核议功过。

——《为遵批移知造银粮草束征信册事致循化厅长》，青海省档案馆，档号：7－永久－1651。

各属征收银粮照额通完者，记大功三次；多征银五百两、粮五百石以上者，记大功二次；多征银一百两、粮一百石以上者，记大功一次；多征百两、百石以下毋庸置议。

——《为移知奏为各属征收银粮比较上年数目分别功过事致循化厅欧阳》，青海省档案馆，档号：7－永久－1683。

收抚后经各前任陆续招垦，贡粮渐次递加，至九、十两年征收将及千石有零，其缺额之数为数无几。实系久荒无着，并非民欠。卑职到任后，检查前署厅易丞所征十一年番贡粮，已报九百八十余石，当即□□□□令将所欠不多之粮，扫数完清，归入册内报明，并由易丞于册报文内自行声明在案。至光绪十二年一岁番贡粮，已由卑职竭力征收齐全，无复颗粒尾欠。

——《为报应征钱粮税数目及免造征信册式事呈藩宪谭》，青海省档案馆，档号：7－永久－1855。

厅城自同治三年失陷，其额粮逮今历有九年未曾经征。现在兴绝举废无事，自应次第举行，本年额粮一项，尤系民间正供。但查八工撒回及西南番各寨族田地，当未荒芜，人民亦无离散。惟沿关十二族之东南北三乡，汉回杂居，与河、沈、碾伯各州县接壤，其东乡八族旱地二千九百十五段，南乡二族旱地八百十七段，北乡二族旱地五千九百五十一段，合共旱地九千六百八十余段，自乱后汉民地段多荒废不治，回民间有耕种，而客回属回紊乱，占业买业不清。自收抚至今，合回汉所种之地，查之旧种新垦，能收夏籽者，仅四分有奇。余尚有秋后开荒而未收获，亦有全荒尚待招垦。

于前项额征内，该十二族每年应征地粮一百二十五石九斗零，今地地段种未及半，固难如前额征收。现□番撒地段皆耕，而今年春夏之交，雨泽想期，收□□口□□厅开征秋粮，向在八月，今届开征之期，可否将番撒□□口□族已种有成之户照例开征本年秋粮，以观番区之诚伪而举从前之废旷，一示维新？抑或边地新复，今年收成不重，仍免征粮，使知感化，俟来年再行开征。

——《为本年汉番撒回秋粮可否开征事》，青海省档案馆，档号：6- 永久 -135。

查循属地粮已九年未征，现仅开征本年秋粮，乃维之正供，凡民食毛践土、具有天良，自应遵照完纳。其曾逃离外出之汉民及以前曾随回教之汉民，本籍、客籍各回民，所有田业均未荒旷，本年地粮自应一体完纳。

——《开征秋粮》，青海省档案馆，档号：6- 永久 -125。

专差与歇家协同头人即将后开各寨，催令各庄番民人等各照本年应纳粮数迅速交纳。

——《为厅属各寨番民应纳贡粮石事》，青海省档案馆，档号：6- 永久 -135。

隆务昂锁：我所管的古迭江、央加、贺尔那藏等三处的今年应上一年的粮都收清楚了。

攒都庄红布称：今年一年的粮，如今收这哩。

——《为征收本年粮石事》，青海省档案馆，档号：6- 永久 -99。

川撒族、牙党族称：小的等同粮差马应桢详细确查，开垦熟地稀少，荒地俱多，长成草坡。汉民俱系难民，牛支无有，无力开垦，口粮维艰。其族民耕种熟地，应纳本年粮石，小的等收获来循完纳仓斗粮三石零。其余应完粮石无从完纳。

——《为无从完纳粮石数目事》，青海省档案馆，档号：6- 永久 -136。

鸿化、灵藏二族乡约禀：北乡一带，田土大半荒芜，人民率多逃亡，汉业为回霸占以及勒买、勒典、捏造文契者，不肯奉示退交。本年租粮亦未奉示价给……加以今年荒旱雨涝，虽值秋收，无异夏月困苦。况乱后粮单俱失，绝户甚多，实难照例催办。

——《为奉谕催办钱粮事》，青海省档案馆，档号：6- 永久 -125。

契约粮单失散未存，田地并未清顺。又今年荒甚大，粮科姑从宽免。倘若地土自业自清，小的等赶紧上纳，升合不缺。

——《为请免征粮事》，青海省档案馆，档号：6–永久–125。

马营一处绝业荒地共有数万余地，屡经委员查办，均被绅民侵占，抗不开报，亦不纳粮，一味信口支吾，希图隐瞒。若稍经严究，辄敢聚众抗拒，以致玩延，至今竟成莫办之势。而旱竣之处，亦不汇造出案。

——《为造保鸿灵两族绅民霸占绝业粮田事》，青海省档案馆，档号：7–永久–1624。

甘省各属兵燹之后，地亩荒芜，银粮多未复额，地方官不肯认真清查，以致年复一年征收毫无起色。

——《为移知各厅州县清查未垦荒地设法招耕照章造册事致循化厅》，青海省档案馆，档号：7–永久–1698。

同治十一年至光绪五年未完民欠钱粮，均因历年灾欠缓征及各年尾欠积成次数。

——《为移知查办豁免民欠钱粮事致循化厅易》，青海省档案馆，档号：7–永久–1655。

光绪元年循化厅呈报西宁府：敝厅向无地丁草束，无凭造报，惟有应征同治十三年额征番贡仓斗一千一百五十九石三斗二升一合八勺，内除南番买吾八族番民纳粮一百四十八石改隶洮州厅征收外，尚有应征仓斗青稞一千零一十一石三斗二升一合八勺。

——《为照向例征过屯户粮石考成奏销清册并印结事致循化厅》，青海省档案馆，档号：7–永久–1608。

卑厅原额每年应征番贡仓斗青稞一千一十一石三斗二升一合八勺，自同治十二年收抚后，四乡因乱，均有荒芜田地，贡粮缺额。经各前任内谕令，渐次开垦。及至卑厅光绪十二年莅任，仅止关内鸿化、灵藏等族尚有荒芜田地。卑厅业已设法谕导，一律开垦成熟，所有额征番贡稞粮，亦自十二年照额数完清，历年并无尾欠。

——《为查报所属无荒地贡粮照额完清事呈藩宪》，青海省档案馆，档号：7–永久–1701。

卑职遵查卑属每年应征番贡仓斗下色青稞一千一十一石三斗二升一合八勺，比之内地州县所征只不过十分之一二。

——《为报应征钱粮税数目及免造征信册式事呈藩宪谭》，青海省档案馆，档号：7-永久-1855。

循化既不征收丁银，仅止番贡粮石一款，每亩承纳数目又比他属不止轻减数倍，原系皇上深恩厚泽，体恤边民之至意。

——《为清查地亩契据投税保甲户口分析造册事》，青海省档案馆，档号：7-永久-1638。

甘省河湟各属被贼扰害，本年新旧应征正杂钱粮草束等项，恳请分别蠲缓，以纾民困。

——《为甘肃河湟逆回滋事请将应征钱粮草束分别蠲缓开事饬循化厅》，青海省档案馆，档号：7-永久-1692。

所有循化、河州、狄道、沙泥州判、海城、丰远、西宁、大通、巴燕戎格等九厅州县州判应征本年正杂钱粮草束及各项税课，并历年旧欠，均著一体蠲免。

——中国第一历史档案馆编：《光绪朝上谕档》（第21册），广西师范大学出版社，1996年版，第491页。

所有甘肃省带征光绪八、九、十、十一等年民欠地丁正耗银粮草束暨各项杂赋，加恩着概予豁免，以纾民困。

——中国第一历史档案馆编：《光绪朝上谕档》（第13册），广西师范大学出版社，1996年版，第255页。

甘肃省上年被匪蹂躏，地方百姓流离颠沛，耕种失时。本年复有冰雹，被伤之处疮痍满目，深堪悯恻……加恩着照所请所有河州、狄道州、沙泥州判、西宁县、大通县、碾伯县米拉沟、巴燕戎格厅、循化厅八属应征二十二年额征及碾伯县二十一年未完正杂钱粮草束及各项税课均着一概蠲免。

——中国第一历史档案馆编：《光绪朝上谕档》（第22册），广西师范大学出版社，1996年版，第314—315页。

所有甘肃省光绪七年以前民欠地丁正耗钱粮草束以及番粮番草，并向随地丁额征地丁课税等项杂赋，加恩着全行豁免，以纾民困。

——中国第一历史档案馆编：《光绪朝上谕档》（第9册），广西师范大学出版社，1996年版，第122页。

额征粮石，上关正供，必须年清年款，不容颗粒悬欠。循化地方既无地丁又无别项摊派，仅止贡粮一款。原日摊粮并未照内地章程升科，实为体恤边民起见，该族以内地百姓种内地之田而纳边民之粮，复与河州地亩连畔，同一百姓同一田地，试问河属百姓纳粮多少……皇上体恤尔百姓之至意。

——《为韩土司清查地亩承纳贡粮事》，青海省档案馆，档号：7-永久-1638。

国计出于民生，公家必籍私田，有一丁即有一丁之赋重，一亩即有一亩之供。

——《为清查地亩契据投税保甲户口分析造册事》，青海省档案馆，档号：7-永久-1638。

同治十二年八月二十六日，循化厅会拟《善后章程十条》：清查地亩。厅境内西南番地完善，无须清查，以免纠纷。其东、南、北三乡与河州、碾伯接壤俱多，无论属回、邻回霸占田地，已经耕种，实无契约或勒买、勒典、假造文契，串通作代笔中证，并无兑价与霸占者，现在夏粮已登限八九十三个月内，全退原主。又勒典、勒买，或逼其亲书文约，或系回民代笔写价多交价少，或前时斗价昂贵以粮食抵作地价，将今日粮价合之，即不足价，汉回各持一说，中证丧亡，级到案各有袒护者，即以平分为定章，以加价及四六、三七分为变通，酌其情节结断。仍着霸占、勒买、勒典及典卖价未交足者，每垧每段地，察其肥饶，分别与原主纳租七升、五升、三升不等。

——《拟善后章程十条》，青海省档案馆，档号：6-永久-28。

先届春耕在即，举办善后，以清田赋、理占产为急务……乞核准于厅东乡之韩家集设立善后分局一处，兼办南乡；又于北乡之马营集设立分局一处……就近清查分办，以期迅速而免弊端。

——《为设立善后分局并派员分办善后事宜》，青海省档案馆，档号：6-永久-28。

六、商贸

查口外沿途设立粮台，原有专员管理其运米，人夫亦随同居住，此外贸易客民即于粮台临近处所贸易生理。但目今附近军营各站由撒拉至喇穆喇穆丫口等处客民辐辏在站搭盖棚厂，贸易居住者以千百。

——《清高宗实录》，卷二七〇，乾隆三十九年八月甲午。

钦差大学士公阿桂，署理陕甘总督李侍尧奏称，办理兰州军务善后各事宜，炮位宜添制分贮也，甘省炮位，锈炸者多，应派妥员，赴各营堡勘验，将堪用者。分贮督抚提镇驻札各城，余悉销毁，添制大神威劈山等炮，按照兵丁二百名给炮一尊之数酌制。一、回民新教，宜严禁除也。新教之礼拜寺，毁后不许复建，并不得妄称阿浑名目，及收留外来回人。复选老成回民，充当乡约，劝诫稽查。年终，将实无新教之处。联名具结咨部。一、撒拉尔回人，宜严稽察也。该土司回人，散处十二工。其贸易城镇者，令循化厅同知给票稽核。并严饬充当兵役之禁，如有滥准承充者，参处本官，仍禁内地游匪潜往煽惑。回犯发遣，宜定章程也。内地回民，向有番地习经之禁。若将新疆缘事者，发至内地，恐致诱惑生事，应即于各城互相安插。地方繁简，宜酌改也。兰州道地居省会，番回杂处，查察非易，应改部选中缺。为冲繁难兼三要缺，请旨简放。循化厅同知，抚绥控驭，最为紧要。应改部选中缺，为疲繁难兼三要缺，在外题补。河州太子寺地方，向设州判，旋经裁汰，该处习俗黠悍，距州治又远，应复旧制。设立州判分防，均应如所请。至私贩硝磺，该省关系最重。其内地偷售者，应比照附近苗疆五百里从重科罪。

——《清高宗实录》，卷二百七十，乾隆四十六年九月辛丑。

内偷售例，计斤数分别军流。与外地番回交易者，应比照商船夹带出洋论斩例，西宁之丹噶尔、哈拉库图、及贵德、循化、巴燕戎格，各属回汉民人，并熟番私贩茶叶火药口粮潜往贸易者，悉属汉奸。至各属蒙古番子歇家，择山僻处所，私开小店，销变赃物，亦所不免。

——《清宣宗实录》，卷四十二，道光二年十月己酉。

又河南安分生野番族，易买粮茶。即着各寺喇嘛，并各族晓事番子，报明户口计买，均照蒙古之票办理。就近在贵德循化厅营呈请，如番族中有作贼者，即不准代请。现在占据河北野番，俟归回河南方准请票易买粮茶，仍着该督等速筹章程，赶紧办理，所有西宁办事大臣额设通事，日久滋弊，着即全行裁革。遇有案件，由各衙门传唤应差，傥查有舞弊者，即从严治罪。

——《清宣宗实录》，卷四十四，道光二年十一月丁丑。

青海衙门存查，粮茶应酌中配搭，每粮一石配茶六封，番一律办理。其单买茶叶者，大票准填十封，小票准填五封。至新安番族止准在丹噶尔办买，以杜窜越。私贩黄茶，应饬循化贵德地方官，暨隆福寺番僧，一体拏办，起出货物，分赏出力兵弁，一番出口。由守卡兵弁搜验放行，如有需索贿纵等弊，从严究办，一内地民人出口谋生，应责成公正铺商承保，由地方官转详青海衙门给票放行，至入口会营点认，令该厅营县出具的系原人印结，将票缴销，每票止准一次，不准复用，下部议从之。

——《清穆宗实录》，卷二十一，同治元年三月庚寅。

石则距城（指循化厅城——编者）十里街子工馒头山出。白者，精莹如白玛瑙，为器玩，亦可现，但质软耳。又有白石，天然大小如假山。又有青石，出河岸，质坚，扣之声清越，磬材也。

——（清）龚景瀚编，李本源校:《循化志》卷七《物产》，青海人民出版社，1981 年版，第 295 页。

甘肃各府州县当税收数表

［录旧通志光绪三十二年（1906 年）收数］

地名	银数
西宁府	1320
循化厅	50

——（民国）刘郁芬修，张价卿、杨思等纂:《甘肃通志稿·财赋二税捐》，甘肃图书馆据民国二十年原稿本油印本，第 24 页。

循化所食之盐有二种：一为土盐，即在黄河以北诸山下沿河一带硷土，回民取土以水泡之，经夜去土，将水入锅，熬煮成盐，为方块；一为青盐，出于青海，蒙古人驼（驮）西宁，由西宁转贩入境。青盐味佳，而自西宁至此，路远脚价重，故来者少。民间多食土盐。自厅员移驻至今，无课无税。考《河州志》，土盐税银十三两。以河州之广而税仅如斯，以边地番夷杂处，听民之便也。循化前属河州，今在口外，环而居者惟番与回，宜其无税矣。

——（清）龚景瀚编，李本源校：《循化志》卷七《盐法茶法》，青海人民出版社，1981 年版，第 284—285 页。

河州厅自明以来专司茶马，其制考《河州志》载："每岁奉部颁引目，给散商人，赴湖、广产茶地方采买。每引茶十篦，重一百斤，每引外给附茶十四斤，为本商脚费。茶运到日，一半入库易马，一半给商货卖。今一篦改为二封，中马多寡不一，临时拨派。每中马一匹，给茶二十四封。每马一匹，日支草二束，料三升。其中马番族凡十九族。"前同知郭朝佐重修监督府署碑记云："予居是任三载以来，中马三千余匹。而茶封不至于壅滞。"郭莅任在康熙四十二年，是其时中马之制尚未停也。四十五年，甘肃巡抚秦，令商人改折每篦纳银四钱。其陈茶仍给番族，每马一匹折银七两二钱，收银解司，其制已变，然尚有中马之时。雍正四年，诸族按地纳粮清查案内云中马久停，是其停止当在康熙末年时也。然则州之茶司尚存，盖茶封虽不易马，或变卖、或搭饷、或折收，必官茶销通而后可。故中马虽停，而私茶之禁甚严。乾隆十八年，始归驿传道管理，今之兰州道也。二十五年，裁河州茶司。二十七年，厅员移驻循化，而茶马之事遂全无干涉矣。今录其大略于此，以志旧制云。新疆既辟，官茶运于口外，而商茶仍销于口内。官茶九成折色，本色有限；商茶改折则本色愈多。私贩盛而商茶壅，国课难完，故缉禁之文，岁岁不绝，而终不能禁。近年以来，无地无私茶。循化、河州所食散茶，皆大叶而黄色者，较之官茶，其价甚廉，闻皆出于四川。由松潘一路来者，至此不过十余站。虽官茶销于新疆，不至壅滞，而商力既困，则课本必累，是宜加之意矣。

——（清）龚景瀚编，李本源校：《循化志》卷七《盐法茶法》，青海人民出版社，1981 年版，第 284—285 页。

今厅治河岸皆出盐，回民以为生业。

——（清）邓承伟修，张价卿、来维礼等纂，（民国）基生兰续纂：《西宁府续志》卷一《地理志・古迹》，青海人民出版社，1985 年版，第 61 页。

自卖之后两家再无反悔之理，如有房亲户内以及远近人等反言争论者，一并卖主承管，不与买主相干。此系两家情愿，其中并无勒吝强为、准折私债情弊。

——《马品为卖祖遗蟾沟门平旱地于刘朝斌父子名下红契》，青海省档案馆，档号：5- 永久 -7。

自典之后大小修补皆酌于典主。

——《温永和为典卖铺面于马正魁名下白契》，青海省档案馆，档号：5- 永久 -41。

自典之后日限不等，有钱赎回，无钱照旧。

——《刘生泰典卖平旱地于陈得刚名下白契》，青海省档案信，档号：5- 永久 -85。

如有反悔者，干罚小麦一石赴大仓以供军需。

——《许照汉为卖祖遗东乱中平旱地于本堡罗名下红契》，青海省档案馆，档号：5- 永久 -8。

两家反悔者，干罚小麦一石，人官公用，以济军饷。

——《张国权为卖祖遗中渠庙后水地于马天珍名下红契》，青海省档案馆，档号：5- 永久 -16。

厅属之拉卜楞地方通四川松潘及前、后藏，为商贾往来总汇。每年所有到黄茶尤多。

——《为饬知主簿赴拉布埚地方查明黄茶来源等事》，青海省档案馆，档号：7- 永久 -3271。

光绪三十一年，再据甘肃布政使何福堃、按察使黄云、兰州道荣霈会详，现因筹款维艰，据各茶商呈称情，原于旧额茶票八百三十五张之外请发茶票，试办以裕课厘。

——《为地方官各局卡严缉私茶加发查票试办情形致循化厅》，青海省档案馆，档号：7- 永久 -201。

查循化厅属之拉卜楞地方，既然系蒙番交易商货流通之会，自系有厘可收。

——《为派罗从九会同雷主簿赴拉布埚地方没局抽收税厘事》，青海省档案馆，档号：7- 永久 -3271。

敝厅前准督销茶局移来官茶一百封，当即传集回番头目照依茶封定价，饬即领发销售。比据该目等禀称，循城边番之区民多穷寒，官茶实艰尽销，又兼民间茶价每封现银一两三钱之谱等语。敝厅覆查属实，是亦碍难销售。兹准茶局移催前来，理和具文呈请堂台鉴核所有发来官茶应否减价售销。

——《为报发来官茶应否减价销售》，青海省档案馆，档号：7–永久–3269。

派歇役持谕帖一纸随同宪台衙门张通丁先往隆务寺传知务须遵照宪台示谕。

——《循化厅为隆务寺欲攻打河南蒙古上的青海大臣的禀》，青海省档案馆，档号：7–永久–2727。

歇家、原差番目人等，邀集两造，仍照番规在下开导理处。

——《拟议起台番众杀毙立加八乙案的处理方案》（光绪二十七年四月一日），青海省档案馆，档号：7–永久–4752。

若有两家异言争论，干罚市斗小麦二石入官，以需兵饷。

——《唐有彦为卖水地于邓发源名下红契》，青海省档案馆，档号：7–永久–1972。

倘有反悔争论者，有卖主准罚小麦三石。

——《邓创牲为卖祖遗水地与邓发源名下红契》，青海省档案馆，档号：7–永久–1974。

自央中人韦存孝、邓彩邦，先问房亲地邻不愿受买，空手不能敬孝。又该中人韦存孝、邓彩邦往来说合，问到卖与本族祖父邓发源名下为业。

——《邓创牲为卖祖遗水地与邓发源名下红契》，青海省档案馆，档号：7–永久–1974。

小的祖先原籍河州人，充当本州厅主案下歇家，催办番粮，业已历有年所。后至雍正八年，建设循化城池，小的祖先奉拨来循，始入街子籍贯，以收边都七族番粮。

——《歇家马来迟等为被诬告上的禀》（光绪九年十二月十八日），青海省档案馆，档号：7–永久–2724。

光绪九年，西南二番歇家亦有五六十人。

——《街子工老人为边都诬告歇家上的禀》（光绪九年十一月十七日），青海省档案馆，档号：7– 永久 –2724。

西番歇家王成、沈六十、马瑞、马成禄、马兴、马源、马成、沈七一；南番歇家马正延、马自新、马兴旺、马顺喜、马元贤、马正源、铁三五、马麻二力、马外加、马尕三、马五个、马仲良、马信个、马万林、马顺、丁尕仓、丁福禄。

——《循化厅为催粮传各歇家事》（光绪七年闰七月二十五日），青海省档案馆，档号：7 – 永久 –1634。

有南番黑错等寨歇役陕福禄去年因病亡故，其子均非安分之人，不便接充，查有该处为商回民马三益为人谨慎，堪以承充此差，小的等通知黑错寺庄各喇嘛头人均情愿作保……恳请祈□□□俯准验充，赏谕。

——《为恳请马三益验充黑错歇役事》（光绪二十五年三月十七日），青海省档案馆，档号：7– 永久 –177。

催纳粮石，稽查奸尻等情，务须小心办理。

——《循化厅为勤心用事给鸿化族等乡约的谕》（光绪六年五月九日），青海省档案馆，档号：7– 永久 –253。

西南各番贡粮向来均由歇家粮差名下承揽包纳，档房并无花名粮册。……

小的承催上拉不拉额粮内有哇的帐房二十余家，该庄粮户你卡加父子等帐房三家，于光绪十三年被拉布塄他哇十三庄番民一百余人前来，搬往桑禾和住坐。前有应纳三年贡粮无差，以致小的赔垫承纳，为此具禀。

——《奉查南番粮赋案》，青海省档案馆，档号：7– 永久 –2531。

为差传事，照得西、南番歇家承催各族、寨番民应纳本年番贡粮石，本府定于八月初一日开仓征收，合行差传，为此仰役前去，即照后开各歇家姓名限口日内逐一传案，以便给发粮票。

——《循化厅为催粮传各歇家事》，青海省档案馆，档号：7– 永久 –1634。

今有南番火力臧仓佛之捏力哇罗臧尖错呈其豪势，将甘家川三寨番民威逼服从……一同越界，移居甘家川地方……似此越界强霸草山……必致粮户溃散而且所纳额粮无从征服。

——《南番甘家川歇役马元顺等为强番互串越界占牧上循化厅的禀》，青海省档案馆，档号：7- 永久 -1634。

歇家俱系与本城及附近四屯十庄熟番、屯民坐卖生理零星货物。

——《循化厅为勤心用事给鸿化族等乡约的请》，青海省档案馆，档号：7- 永久 -253。

差役马美，歇家马良伏等前往该处晓谕加杂族番目什噶洛，带领本族番众在于噶布古渡口防堵，以防河南番子偷渡河北，并阻河南番子、汉奸私贩粮、茶叶、违禁等物。

——《为发售官茶获银交来差持回事饬拉卜楞寺贸易行约等》，青海省档案馆，档号：7- 永久 -3069。

情缘保安地方设在极边，向有斗行，每逢商贩，杂货、青盐、青油、碎小等物公卖公买，自世乱以后，未有斗行，每来各物，时抬时压，价值不定，以致行市大有不利。是以小的等同商将民人安其俊为人勤慎小心，堪以公举，以当斗行，因而公议，恳祈恩宪大老爷怜念下情，恩准赏发执照，著伊小心专责以利行市。

——《保安城乡约王正全等为公举安其俊以当斗行恳发执照事》（光绪六年十二月十八日），青海省档案馆，循化厅档案，档号：7-3315-9。

乃查陕甘等省自同治初年以后始因军兴，继以旱荒，历年粮价迄未据造册报部。该省历次军需奏销案内所开采买面斤价值经臣部行查，仅据复称照依逐月具报市价合银等因。而该省各州县每月粮价实在情形均未据按月造报，不惟诸事漫无稽察，民食所关尤难远计。该省军务早平，比年岁收丰稔，自应将各州县粮价按月报部，以照核实。相应请旨饬下陕甘总督陕西巡抚转饬藩司，自光绪九年正月起，务当查照定例，将该省各处粮价照例按月详细造册报部，以凭查核，倘再延不造报，除将该藩司照例参处外，以后凡军需奏销案内采买面斤价值各款，臣部概不准销，以杜虚开含混之弊。

——《西宁府孔为催陕甘二省月报粮价事致循化分府的关》（光绪九年四月十一日），青海省档案馆，循化厅档案，档号：7-3369-2。

签循化厅知悉：案查各属每月申报米粮时估雨水报折应于下月初旬一律开折报司，司中于下月中旬将上月粮价雨水汇开清折详院请奏，历办有案。近来该厅并不按月分旬开报，又不将上月下旬报折于下月初旬造赉到司，以致司中无凭汇报，案关通省每月具奏要件，岂容任意玩延。本应记过，姑从宽。合亟严签飞催，签到该厅遵照刻将每月应报米粮时估并雨水报折按月分旬造赉至上月下旬，务于下月初旬一律开折报司，以凭汇详请奏，毋再玩延致于未便，凛遵速速，此签即口。光绪十三年四月初八日。

——《甘肃布政使为催报米粮时估雨水请折事》（光绪十三年四月初八日），青海省档案馆，循化厅档案，档号：7–3377–6。

光绪十六年闰二月十七日蒙署藩宪裕札开：案查各属米粮银价时估阴晴日期均系按旬折报到司，由司按月汇详请奏，历经办理在案。今该府所属各厅县每月按旬应报米粮银钱时估阴晴日期折报，并不按旬造报，甚至有每月上旬折报迟至下旬者，亦有迟至下月上旬始行造报者，如大通县二月分上中下三旬折报至今尚未造赉前来。似此漫不经心，将每月入奏要件视为泛常，实属不合，合亟由四百里严札饬催。为此札仰该府遵照，刻即饬属一体遵照，将前项报折务须按旬造报，以凭汇办。倘该厅县仍前玩延，定即照例详参不货，凛遵速速等因，蒙此拟合移知，为此令关，责厅烦照来文事理，希将前项报折务按旬造报藩宪汇办，并报各宪暨敝府查考，幸勿仍前迟延，有干未便，切速施行。

——《西宁府倭为按旬造报米粮银价时估阴晴日期事致循化分府长》（光绪十六年闰二月二十一日），青海省档案馆，循化厅档案，档号：7–3372–13。

呈报市估须将市石多少价折合仓石多少价一并呈明。

——《斗行吴学智等为报五月下半月时估价事》（光绪六年五月十七日），青海省档案馆藏，循化厅档案，档号：7–3386–12。

银子市估向经何人口，应令其呈报。

——《斗行吴学智等为报七月上半月米粮时估价事》（光绪六年七月初二日），青海省档案馆，循化厅档案，档号：7–3386–13。

甘省辖境去岁雨旸时若，年岁丰稔，近来粮价平减，远近咸知，乃核各州县具报粮价，往往一府所属此县与彼县悬殊，难保无任意高抬情事。本司酌议所有各属米粮时估折报，亦仿照雨水阴晴折报，由该管道府州就近查核明确，如果价值核实并无欺饰，即汇折报司核办。若各属敢有捏报者，查出即行详参。仍将上月时估于下月二十以前汇报到司，以凭详办。幸勿任其延缓混填，切切施行。

——《西宁府徐为按旬通报米粮时估价事致循化分府沈》（光绪六年四月初十日），青海省档案馆藏，循化厅档案，档号：7–3368–9。

督宪札饬案照，该司详赍甘省各属本年正月分米粮时估清折，本督部堂详加察核，并将兰州、巩昌、宁夏各属所开粮价互相比较，有贵至二三倍不等者，有贵至四倍有余者，市价低昂虽无一定，然必无一府之中数县所报高下之数倍之理。且巩昌府粮价前据巩秦阶道所禀，采买之价甚贱，何以该府月折口开悬殊至此？合行札饬，为此礼仰该司即饬各属以后务宜查明实在价值分晰声叙，以凭察核具奏，毋稍迟延。

——《西宁府定为查明粮价事致循化分府张》（光绪八年四月二十四日），青海省档案馆藏，循化厅档案，档号：7–3367–12。

光绪二十四年八月初六日，蒙藩宪曾札饬，案奉陕甘总督部堂陶札饬，案据该司详赍甘省各属本年五月分雨水及粮石市估清折到院，查阅一府所属价值高下悬殊，即如夏间旱象以省城为最重，粮价因之昂贵，然所载兰州府属小麦每京石价银九钱一分至五两二钱五分九厘，同在三四百里内，何至相悬如此之甚？且青稞一项又报每京石一两四钱至四两二钱七分三厘，是小麦竟较青稞为尤贱，亦属不确。宁夏、经〔泾〕州所属糜子每京石报三钱二三分，果尔则贫民易于糊口，亦属可喜，第不知所报各价是否可靠，抑任令书吏意为轻重。即如省城四月内仅得雨一次，此外偶有微雨，见风即止，官民忧旱甚切，而皋兰县竟报得雨九次，并未声明微雨字样。地方官吏漫不经心，一至于此，实属非是。

——《西宁府燕为据实开报雨水粮价毋疏漏事致循化分府黄》（光绪二十四年八月十三日），青海省档案馆藏，循化厅档案，档号：7–3404–19。

查雨泽粮价攸关奏报，前因各属未能按限报司，当即札饬上月下旬雨水时估务于下月初三日开折具报，以凭汇报在案。兹查古浪县应报前项旬折仍敢日久未务，其余各属亦多玩延，并有任听书役信手填注某日雨泽若何、粮价若何，竟不过问。一到青黄不接，托词平粜，从中渔利。究其所以，毫无惠及贫民，亟应切实整顿，以挽积习。除将古浪县王令先记大过一次以示薄惩，并将该县户房书吏杨清由司斥革另充，并报院查考外，合再由四百里移知，为此合移。请烦查照转饬所属，将上月下旬雨泽粮价务于下月初三日开折，由三百里发递，倘逾限三日记大过一次，依次递加，至三大过止，一月以上请详撤参以儆玩泄。如有不恤民隐，任听书役信笔填报，致不肖市侩高抬价值者，一并严惩。本司言出法随，决不姑宽，勿贻后悔，望切施行等因。准此。

——《西宁府张为限期具报雨泽粮价事致循化分府付》（光绪二十八年八月初二日），青海省档案馆藏，循化厅档案，档号：7–3395–24。

小的边都六头、中库一头，共七头，共上贡粮七十一石六斗，每年交给歇家自行完纳。

——《边都千户为拉乙仓诬告斤役、歇家上的禀青海》，青海省档案馆，档号：7–永久 –2724。

查青海各旗族蒙番原以粮茶为生活，而办粮买茶各有定地。惟查八族番众经前任大臣福收抚，投住青海，明定善后章程：日需粮茶计口授食，必须按季由府管衙门请领印票，执持进口，方准放行；若无印票，概不准入卡办买。嗣因守卡弁兵并不实力奉行，经前任大臣多酌议，严禁越卡私贩以靖边防，案内当即会商前督部堂乐奏议七条。内载：八族番众只准在丹噶尔一处贸易买办粮茶，不准窜越别处；责成官设歇家照料，应办粮茶数目，注明循环簿内，呈由地方文武官口卡官弁，随时验票稽查放行。立定限制，以重边防在案。迨至同治年间，回乱既久，旧章漫弛，蒙番并不请票，私入内地，乘便到处办粮，无所节制。加以四川民人私贩黄茶，潜入青海地界售卖，不但甘商官茶难销，番族恃有黄茶养命，以致行宗靡定，无所挟制。每遇番案，应行追究，诸多棘手。

——《为严禁汉蒙番民私行贸易粮茶事致循化厅》，青海省档案馆，档号：7– 永久 –202。

令所属各地方官及各局卡认真严缉私茶，以畅官引。

——《为饬属认真严缉私茶事致循化厅》，青海省档案馆，档号：7– 永久 –3281。

光绪三年，查住牧青海蒙番各旗族易买粮茶章程奏定由本大臣衙门给发照票，一律计口授食，每票只准用一次，不用第二次，每次准买三个月粮茶。所请用粮茶若干，几人畜驮载，货物数目，行走口卡，均于禀内注明。

——《陕甘总督左为蒙番采买粮茶札循化厅》，青海省档案馆，档号：7-永久-4164。

西宁府饬循化厅，除青海各族、蒙古应准照旧进口置办外，其余驻牧八族番众如无本衙门印票者，不准进口易换粮茶，倘有奸民、歇家人等暗地偷运、暗济，一经发觉，定为该营地方官是问。

——《为限日稽查各族番众日需粮茶事致循化厅》，青海省档案馆，档号：7-永久-3272。

嗣后凡有各蒙番驮载各货物进口贸易，办买粮茶，务须验明执有本大臣衙门印票，及驮载货物粮茶与票内所注数目相符者，方准交易出入放行。若验无本衙门印票，由该口卡弁兵截留禀报以凭，按以故违定章，从重惩办。

——《陕甘总督左为蒙番采买粮茶札循化厅》，青海省档案馆，档号：7-永久-4164。

循化厅乙麻木庄水手撒回韩五个私渡贩卖私茶六驮，韩三个私渡贩卖私茶八驮。

——《为差提韩五个等偷渡私茶到案讯办事致循化厅》，青海省档案馆，档号：7-永久-3273。

大老爷案下，缘于正月二十四日马营厘金局书巡来通小的说，由敝社沙塄沟捉获奸商马金有自造私茶四担之语，小的查得果有私茶八封，理宜如数交案。

——《为查获马金有全部私茶事》，青海省档案馆，档号：7-永久-3285。

严饬做茶店户，凡新票运茶至店时，必先请卡员盘验，然后循序成封。如系草叶，即不准其成封，将下轮之茶做成，运甘接收。

——《续定试办陕甘茶务》，青海省档案馆，档号：7-永久-3280。

循化厅茶叶、粮食等贸易运送往来贸易货物并不由大陆路行走，辙敢偷绕小道，显系规避税厘。

——《为晓谕查拿惩办往来贸易偷绕小道商贾脚户事饬循化厅》，青海省档案馆，档号：7–永久–1744。

日需粮茶计口授食，必须按季由府管衙门请领印票，执持进口，方准放行；若无印票，概不准入卡办买。

——《为严禁汉蒙番民私行贸易粮茶事致循化厅》，青海省档案馆，档号：7–永久–202。

从前我们八族原定章程，大小人口，计口授食，所需粮茶皆由各千户查明呈恳大人衙门发给照票，只准丹噶尔一处置办交易，不准绕越别处。

……

内地汉回各民亦无大人印票私运粮茶等物出口交易，各口卡官兵并不稽查有无印票，盖准私行出入，所以野番易于混迹、勾引、滋抢。

……

实力严查，嗣后无本衙门印票，勿论汉回蒙番贸易者一概不准出入，各处商户、歇家均不准私相交易。

——《为守卡官兵认真盘查无印票粮茶贸易者事致循化厅》，青海省档案馆，档号：7–永久–3272。

宣统元年，西宁、碾伯、大通三县，循、贵、丹、巴四厅，俱流通兰州官银钱局纸币（民国成立后，闻兰州官银钱局将行停办，纸币汇兰兑现，西宁七属均为受损失）。

——（清）邓承伟修，张价卿、来维礼等纂，（民国）基生兰续纂：《西宁府续志》卷十《余志·田赋志·钱法》，青海人民出版社，1985 年版，第 514 页。

七、交通

乙麻木庄官渡 亦谓之掌教坊河口渡，在厅治西北十五里，赴甘都堂堡及巴燕戎格、西宁府有官船，亦有木洼。

初立营时，胡游击琏造船一只，挪用银三十八两六钱，其后追赔。

乾隆四十六年，撒拉军需，旧船破损不堪用，同知洪彬造船一只，以通文报。运面觔军器用银一百两零，未准提销。夫头七名、水夫六十三名，责水夫等随时修补。

草滩坝庄渡　在厅治北里许，赴河北加如庄。

清水工渡　在厅治东十里，赴河北阿麻岔庄。

孟打工渡　在厅治东四十里，赴河北砖塘庄。

木厂庄渡　在厅治东六十里，积石关西二里，赴河北碾伯县地方并鸿化、灵藏二族。

古什郡庄渡　在厅治西五十里。

查汗大寺工渡　在厅西四十里。

苏只工渡　在厅治西三十里。

三处俱赴巴燕戎。

别列渡庄（庄渡）、定匠庄渡　俱在厅西十里。

石头坡庄渡　在厅治西六里。

三处俱赴河北牧牲取柴。

按：以上十处渡口俱无船，用木洼。以整木大一围有余者为之，长可八尺，其上挖槽，人坐其中，深广约俱二尺。水溜急处滚转，波浪中颇危险。然头尾各有孔，以椽木贯之，或两或三联为一，如筏亦安稳也。行水以木锨划之，甚速。

隆窝桥　在土门塘，厅治东五里，下跨山水，未详何年建，现在重修。

广济桥　在清水工，厅治东十五里，下跨起台沟水，未详何年建，今毁。倚山修小木桥一座。

——（清）龚景瀚编，李本源校：《循化志》卷二《关津》，青海人民出版社，1981年版，第83—84页。

乙麻木庄渡：在城西北十五里，亦名掌教坊河口渡。有官船二只，间用木洼。

木厂庄渡：在城东六十里。

草滩坝庄渡：在城北里许。

清水工渡：在城东十里。

孟打工渡：在城东四十里。

古什郡庄渡：在城西五十里。

查汗大寺工渡：在城西四十里。

苏只工渡：在城西二十里。

定匠别列庄渡：在城西十里。

石头坡庄渡：在城西六里。

以上九渡俱无船只，用木洼。

——（清）邓承伟修，张价卿、来维礼等纂，（民国）基生兰续纂：《西宁府续志》卷二《建置志·津梁》，青海人民出版社，1985 年版，第 113—114 页。

黄河上渡　在积石关，通西宁道路。官船二只，水夫二十名。（明末船废）

——（清）王全臣纂修：《河州志》卷一《建置志·津梁》，据民族文化宫图书馆藏清抄本复制本，第 52 页。

别列庄渡　在厅西四十里。

定匠庄渡　在厅西四十里。

——（清）升允等修，安维峻等纂：《甘肃新通志》卷九，清宣统元年刻本，第 79—80 页。

广济仓：在本城大街，计二十间。韩家集仓：在珍珠族，计十间。乾隆二十八年，同知孙世俨建。同治三年废。

——（清）邓承伟修，张价卿、来维礼等纂，（民国）基生兰续纂：《西宁府续志》卷二《建置志·仓廪·社仓附》，青海人民出版社，1985 年版，第 104 页。

社仓　在本城。道光五年，代理同知郭学泗筹储仓斗青稞四百一十三石一斗，续添未报仓斗青稞一百二十九石九斗，共青稞五百四十三石。年久粮色霉变，二十七年，同知吴龙光详请每石变价银七钱七分，共变价银四百一十八两四钱，发当长年一分行息。如遇荒歉，接济贫民。咸丰三年，署同知崔国锦奉文提解藩库银二百九两二钱。其余银两，同治三年城陷，当铺被抢，遂废。

——（清）邓承伟修，张价卿、来维礼等纂，（民国）基生兰续纂：《西宁府续志》卷二《建置志·仓廪》，青海人民出版社，1985 年版，第 109—110 页。

厅治四十里白庄，三十五里起台堡，十五里打儿架山，三十里老鸦关，三十里韩家集，十里双城堡，四十里河州城。

河州由洪集桥小路至兰州二百里，由定羌驿大路至兰州三百三十里。

兰州至西安一千三百八十里，西安出潼关由河南至京师二千五百一十九里，由山西至京师二千四百八十七里。

自厅至河州共二百里，至兰州共五百三十里，至西安共一千九百一十里，至京师共四千三百九十七里。

按：由河州、狄道至巩昌，以达西安，其路较近，今俱以兰州计里。

厅治六十里积石关，七十里银川铺，五十里河州城。

按：此为宋元以来旧路，明于积石关设长宁驿，银川铺设银川驿，且有察院及布、按二司行署。国初亦然，其后驿废，而此路遂荒。今之入积石关者，皆赴河北之鸿化、灵藏二族；若赴河州，则皆由老鸦关，少由此路者，以关外六十里山陡难行也。

厅治四十里边都，四十里红土坡，四十里保安堡，六十里木竜河，六十里巴撒川，七十里蓝角，七十里贵德厅城。

按：此由保安赴贵德之路，凡三百八十里。

厅治四十里查汗大寺工，四十里下龙布，六十里思囊剌，三十里五迭锭寺，四十里占咱，三十里捏家庄，三十里上揽脚，四十里贵德厅城。

按：此由查汗大寺赴贵德之路，凡三百一十里。

保安堡由双朋八十里阿巴喇寺，八十里班只他寺，八十里巴咱滩，七十里土门关，六十里河州城。

按：此保安由土门关至河州之路，凡三百七十里。明时大路由此设番站六站，以通贵德，但地名变易不可考耳。

厅治十五里掌教坊渡口，过河十五里甘都堂汛，二十里拉咱山根，四十里巴燕戎格厅城，六十里扎什巴，六十里乩思观，九十里西宁府城。

按：此由巴燕戎至西宁府之路，凡三百里。

厅治七十里积石关，七十里马营集，六十里巴州，八十里老鸦，五十里碾伯县城，凡三百三十里。

按：此由积石关鸿化、灵藏二族至碾伯县之路，凡三百三十里。厅之北面有小路，可通碾伯，不过二百里。以经生番界，无敢行者，故不详。马营集即灵藏族也。

厅治五十里夕厂工，八十里甘家小寺，七十里观音沟，九十里下哈家寨，八十里洮州鹅贺番界，六十里洮州关门，十五里洮州厅城，凡四百四十五里。

按：此由草地至洮州厅之路，凡四百四十五里路。平坦，然所经皆番寨，少人行者。文檄经由，商旅往来，皆由内地河州、狄道以至洮州云。

——（清）龚景瀚编，李本源校：《循化志》卷一《疆域》，青海人民出版社，1981年版，第43—45页。

临夏西北行一百二十里积石关，八十里循化县城；又临夏西南五十里韩家集，西北三十里老鸦关，四十里起台堡，八十里循化县城。（骑路）

循化西北行十五里河沿塘，渡黄河西行十五里甘都堂，北六十里巴燕县，西北六十里札什巴铺，东北六十里平戎驿。（骑路）循湟水至西宁县城（车路）。

循化东南行三十里张尕工，西南七十里甘家川，五十里夏河县。（骑路）

循化西南四十里边都沟，十里边都塘，二十里尕棱沟，三十里上隆务，二十里保安营，二十里吴屯，十里隆务寺，寺东一百一十里有阿巴那西番八寨，又东南一百十里入夏河县。（骑路）

循化正西四十里查汉大寺，二十里过清水河，西北四十里革初塘，十里康家寨，三十里李家峡，二十里双布塘，四十里汪佐塘，折西二十里札麻山，十里白石崖，三十里下河墩，十里贵德县。

——（民国）刘郁芬修，张价卿、杨思等纂：《甘肃通志稿·交通·道路》，甘肃图书馆据民国二十年原稿本油印本，第3—4页。

循化厅在城、立轮、盘坡根、韩家集驿　原额马八匹，夫八名。道光三年，奉文在循化城西路与巴燕戎格适中之拉扎山根设驿一处。在狄道州渭远县抽拨马八匹，夫六名。又在城驿添马二匹，夫二名。共马一十八匹。岁支银三百二十四两，遇闰加银二十七两，共夫一十六名。每名岁支银一十两八钱，共银一百七十二两八钱，遇闰加银一十四两四钱。外备站价银四十八两四钱六分。

——（清）邓承伟修，张价卿、来维礼等纂，（民国）基生兰续纂：《西宁府续志》卷二《建置志·驿传》，青海人民出版社，1985年版，第82页。

东乡八族　珍珠族：距城一百五十里（所属：官撒庄、韩家集庄、矢巴庄、禄水池庄、那古庄、珍珠沟庄、思巴庄、思巴新庄、南公麻庄、扎麻庄、麻新庄、阿思观庄、铁哈隆丹麻庄)。老鸦族：距城一百三十里。乩藏族：距城一百四十里。端言族：距城一百五十里。回回族：距城一百五十里。仰化族：距城一百五十里。古迭族：距城一百五十里。红崖族：距城一百六十里。

……

北乡二族　鸿化族：距城一百四十里（所属：代家庄、上凹庄、姜科庄、李家庄、张铁庄、厨子庄、加穆庄、赵家庄、祁家庄、王家庄、营盘湾付家庄、沙塄堡、卢家山庄、各麦沟哈庄、家人坪庄、下马池沟庄、撒打庄、窠驼庄、小马营庄、黑城堡庄、湖洞庄、孟家堡庄、菜园上庄、中庄、白家庄、岳家庄、酒房沟庄、王家庄、马家庄、陈家庄、夕定庄、张家庄、河滩、插牌庄、苏家庄、孟家岭庄、王家湾庄、大湾王家庄、小坪庄、杨凹庄、塔儿庄、曾家岭庄、马鞍桥庄、下沟陈家庄、大阴凹庄、水沟庄、马家崖根庄、小凹庄、唐家庄、韩家庄、高家庄、盖牌庄、安家沟庄、冬麦沟庄、白土坡庄、新城湾庄、罗家庄、马家沟散庄、果尔贺纳沟庄）。灵藏族：距城一百四十里（所属：马营寺新庄、厨子庄、上阳凹庄、窑庄、胡家庄、代家庄、酒房庄、哈麻庄、李家河庄、李家嘴头庄、刺济沟庄、家人坪庄、麻池沟庄、撒打庄、寺儿沟庄、宗家庄、王家庄、牙撒庄、瓦匠庄、李家嘴庄、赵家庄、合工庄、典六、布沟庄、张灌沟庄、甘沟岭庄）。

西乡四工　街子工：距城十里（所属：锭匠庄、草滩坝庄、巴西沟庄、孟打山庄、石头坡庄、古节列庄、托戎都庄）。查家工：距城二十里（所属掌教坊庄）。苏只工：距城三十里（所属别列庄）。查汉大寺工：距城四十里。

东乡四工　清水工：距城十里（所属：打速古庄、瓦匠庄）。孟打工：距城七十里（所属：踏撒坡庄、木厂庄）。张哈工：距城四十里（所属莪家庄）。崖慢工：距城四十里。临城托巴庄（城西五里）。瓦家庄（城西四里）。线尕拉庄（城西五里）。夕厂庄，距城五十里。

……

起台沟都纲寨（距城七十里）、迭思慢加仓寨（距城六十里）、宁巴寨（距城六十里）、火龙布寨（距城七十里）、索力盖寨（距城六十里）。

边都沟多瓦寨（距城四十里）、勒门瓦寨（距城四十里）、熊为寨（距城四十里）、为刺功灭寨（距城四十里）、为刺千灭寨（距城四十里）、刺迭寨（距城四十里）、青科儿寨（距城四十里）。

下龙布寨（距城六十里）、卑堂寨（距城六十里）、哈楞寨（距城四十里）、许路寨（距城五十里）、坡蓝寨（距城四十里）、曲桑寨（距城四十里）。

——（清）邓承伟修，张价卿、来维礼等纂，（民国）基生兰续纂：《西宁府续志》卷二《建置志·堡寨》，青海人民出版社，1985年版，第96—99页。

循化厅所管各驿　共安马一十八匹，夫九名。统计连闰一岁共支工料、外备站价等银六百六十八两七钱。

——（清）升允等修，安维峻等纂：《甘肃新通志》卷十九，清宣统元年刻本，第31页。

查汗大寺工渡　在县西四十里。又有别列庄渡、定匠庄渡。

——（民国）刘郁芬修，张价卿、杨思等纂：《甘肃通志稿·建置五关梁》，甘肃图书馆据民国二十年原稿本油印本，第50页。

循化厅五驿　设马十八匹，夫九名。夫马工料共银六百二十一两八钱。

——（民国）刘郁芬修，张价卿、杨思等纂：《甘肃通志稿·交通二驿传》，甘肃图书馆据民国二十年原稿本油印本，第24页。

八、捐赠

贵厅烦照旨内事理，希即劝办，延集公正绅士倡晓大义，均各激发天良，竭力捐助，务期多多益善，有裨军饷。

——《西宁府倭为抄奏筹饷捐助事关循化厅欧阳》，青海省档案馆，档号：7－永久－2021。

贵厅烦照来文内事理，希即出示晓谕，广为劝捐，务期集腋成裘，有裨军饷，切速施行。

——《西宁府倭为抄奏变通收捐银数并应升人员准捐道府事关循化厅欧阳》，青海省档案馆，档号：7－永久－2018。

贵厅烦照来文事理，希即出示晓谕，俾众周知，务期踊跃输捐，有裨军饷，切切施行。

——《西宁府倭为抄奏减成收捐事致循化厅欧阳的关》，青海省档案馆，档号：7－永久－405。

贵厅烦照来文内事理，希即一体，广为劝捐施行。

——《宁府张为抄奏推广筹饷请照顺直赈捐章程办理事关循化厅欧阳》，青海省档案馆，档号：7－永久－2019。

五贡及廪增附生员出身报捐军需，银贰万两，准给举人一体会试。

——《西宁府倭为抄秦捐输银两事关循化厅长》，青海省档案馆，档号：7－永久－404。

推广捐输条款并加增免试俸历俸银数，以济饷需。

——《西宁府为抄奏推广捐输条款并增加免试俸历俸银数致循化厅欧阳的关》，青海省档案馆，档号：7－永久－405。

工锯灾重，筹款维艰，奏请援照山东赈捐成案，开办常例，免补本班等七项，由甘收捐一年。并附奏，请将赈捐项下之衔封、贡监、领枝等项，饬下户部国子监发给空白执照，俾得派员广为劝募，以备赈需。

……

甘省夙称边瘠，其捐输一项早成弩末，此次被灾工锯灾重，筹款维艰。

——《西宁府庆为甘肃黄河下游灾情较重派员劝幕以备赈需事关循化厅王》，青海省档案馆，档号：7－永久－2049。

户部、国子监颁发执照到司，迄今未据该捐生将实收来司换领，札仰该厅遵照，刻即传谕该捐生将原领实收执持赴司换领执照。

——《甘肃布政使曾为催捐生张监泉换领执照事札循化厅》，青海省档案馆，档号：7－永久－430。

希即拣选乡望素孚为人公正绅耆二三名，向境内巨商大户劝令，首先倡率。一面在于绅民中，务须择其殷商富室，晓以救灾恤邻之谊，善为开导，俾其咸兴恻隐之怀，量力倾助，共成义举。庶期亿兆生灵免作饿殍，谅亦好善慕义者无不乐从也……贵厅绅董等具有天良，务当秉公善为劝办，共济时艰。

——《西宁府邓为劝令境内殷商富户量力捐助事致循化厅》，青海省档案馆，档号：7- 永久 –2067。

朝承平日久，凡属士民，食毛践土，莫不共享无事之福。现在军务紧急，需饷孔殷……国用孔亟，谅无不各怀感激，力图报效。除遴选公正绅耆分赴四乡劝办外，合行剀切示谕，为此示仰绅商、士庶、番撒人等知悉，务宜竭力输将，多多益善。

——《循化厅叶为劝捐军饷事晓谕本城四乡》，青海省档案馆，档号：7- 永久 –2023。

本城绅士马殿魁等驰往厅属八工及拉卜楞寺分头劝捐。并谕拉卜楞寺香措协同绅士劝募，务期多多益善，一俟捐有成数，交由该绅士，即将银两同前发捐册一并具文赍司，以凭汇解。

——《循化厅王为劝捐事谕东城绅士马殿魁等》，青海省档案馆，档号：7- 永久 –2037；《循化厅王为江苏南北水灾劝捐谕本城绅士马殿魁等》，青海省档案馆，档号：7- 永久 –2038。

移会通省文武官员及各统领营官一体量力捐助以恤灾黎。

——《西宁府为各文武官员量力捐助事关循化厅沈》，青海省档案馆，档号：7- 永久 –2067。

倡捐鹤俸并于僚属及巨商富户广为劝募。

——《西宁府为甘肃皋兰县属黄河泛涨灾情严重亟筹赈抚事关循化厅王》，青海省档案馆，档号：7- 永久 –2048。

劝令境内有力殷商富户量力捐助粮石以资接济。

——《西宁府邓为劝令境内殷商富户量力捐助事致循化厅》，青海省档案馆，档号：7- 永久 –2067。

合属绅商士庶人等一体知悉，务各遵照，速即来局报捐。

——《甘肃总局兰州道彭为灾区指事的示闳》，青海省档案馆，档号：7–永久–483。

亟应设法劝捐……甘省地方系属瘠苦之区，集捐本非易事，然该厅州县倘各于所属地方认真劝谕，每处即仅劝捐生十数名或数名而汇并计算，于赈款已大有裨益。

——《甘肃布政使沈为劝所属绅商士庶广为捐输事札循化厅》，青海省档案馆，档号：7–永久–221。

卑厅业已量力愿捐银二十四两，请即在卑厅养廉内划扣，兹奉西宁道宪谕知此项赈捐，循化厅应摊捐三十两……伏查卑缺瘠苦，势难重捐。

——《循化厅为捐助山东赈济银两事申藩宪谭》，青海省档案馆，档号：7–永久–2062。

……查乾隆四十九年，甘肃循化等三营，从边内募往新兵，每名给房一间。……照甘肃循化等三营例，每兵给房一间。

——《清高宗实录》，卷一三三九，乾隆五十四年秋九月辛丑。

九、俸禄

循化厅经费　同知每岁俸银二十七两八钱六分，养廉银八百两。额设民壮八名，每名每岁银六两，人共银四十八两。快役六名，每名每岁银六两，共银三十六两。皂隶六名，每名每岁银六两，共银三十六两。门子二名，每名每岁银六两，共银一十二两。斗级二名，每名每岁银六两，共银一十二两。乾隆三十四年，兰州府议于狄、河二州壮丁内拨补各一名，每岁工食由狄道州移取。

按：循化诸事草创，额设未备。有监狱而无禁卒，亦无仵作。圆每有事，于河州调取，往返辄需旬日。其民壮、皂班亦复寥寥。盖应役者河州人，四十六年以前，同知多驻河州，附名者众。至四十六年以后，长驻循化，彼既远离父母妻子，又自糊其口，势不能赡，以渐散去。故至今六房书办仅八名，三班之役，亦止三十余人，有事则不敷用。至设仓三处，而斗级仅两名，韩家集今虽不贮粮，而循、河两地，亦岂立人所能照料乎？此皆宜照口外之例增给工食，广为募（设）〔役〕者也。至同知有养廉而无公费，每岁除公帮、公摊、司扣外，所得不过三百余金，一切杂费皆出其中。如墩台则每年三十余金，考棚则三年一百七十余金之类是也。官此者谋衣食之不暇，而能尽心于地方之事哉？使之则必报之，虽国家经费有常，在当事者之善为调剂矣。

罪囚口粮十石，灯油、盐菜钱五串文。乾隆三十八年，奉文（设）在河州额设囚粮、灯油、盐菜内分支。监犯每名日给粮一仓升，灯油、盐菜银五厘。棉衣每件价银四钱七分，先行捐之，另文请领。

儒学训导每岁俸银四十两。门斗二名，每名每岁银六两，共银一十二两。

参将每岁俸银三十九两三钱四分，薪银一百二十两，蔬菜、烛炭银四十八两，心红纸张银三十六两，养廉银五百两。例马八匹，春、冬每匹每月支料豆九斗，草六十束，每束折价银一分；夏、秋每匹每月支小干银九钱。

都司每岁俸银二十七两三钱九分四厘，薪银七十二两，蔬菜、烛炭银二十四两，心红纸张银二十四两，养廉银二百六十两，例马四匹。

守备每岁俸银一十八两七钱六厘，薪银四十八两，蔬菜、烛炭银一十二两，心红纸张银一十二两，养廉银二百两，例马四匹。

千总每岁俸薪银四十八两，养廉银一百二十两，例马二匹。

把总每岁俸薪银三十六两，养廉银九十两，例马二匹。

经制外委每岁养廉银一十八两，外支马粮一分。

——（清）龚景瀚编，李本源校：《循化志》卷七《经费》，青海人民出版社，1981年版，第286—288页。

十、风俗、教育等

（番民）婚礼 男家令媒求女家，女家允之，媒复命。复持男家酒一瓶赴女家，饮女之父母及其亲房伯叔兄弟，则婚定矣。不立婚书，女家杀羊待媒酒饭。遂议财礼，俱以牡口或马或牦牛、或犏牛、或羊，量男家之贫富，或百、或五十支，或数支俱可。择吉日先送其半。俗无时宪书，于番经选择。若富家婿亦于是日同往，财礼之外，别备羊支或百或五十送其妻父。其妻父回送马一匹、氆氇拌袄一件、狐皮帽一顶、牛皮靴一双、拴腰小红梭布一疋及花布手巾。贫家则但媒人送财礼而已。

娶皆以八九月，以禾稼收也。至期，男家女眷迎于路，新妇服青氆氇一裹，圆布则桃红或绿色，戴狐皮帽或尖毡帽，穿牛皮靴。其发结小辫几十缕，分三道垂于后至腰，外用褐、内用布，将发平排，以毛线缝之褐上。顶红玛瑙圆而长者，每道二三十枚不等。又顶海巴壳，每道一二十枚不等，谓之石墩。白而大者每枚银一两，以多为贵，表其富也。头上戴以大毡套。新妇骑马，惟母不送，女眷及其父亲房兄弟皆送至婿家，不行礼。

帐房中以口袋数只，羊毛堆高为关隔，外以白褐单盖之。送亲女眷同婿家女眷坐其左，翁及婿及男家男人、送亲之男眷皆坐于右。新妇见姑及长亲亦起立，但不去头上盖，不见礼，其翁及婿并不见。男家供酒饭三日，送亲之男女仍拥新妇以去，不成亲也。乃送前所留财礼之半，交送亲之人。去一月或两月仍择吉日，女家一二人送新妇来，衣服如前。至婿家乃去毡盖，仍不行礼，是日乃成亲。夫妇不同宿，各伏一方，至人静，婿乃私就妇交，仍归原处。自是遂以为常，盖番俗无被褥也。次日领赴各帐房谢，亦不行礼。嫁女衣服惟布与氆氇，红、绿、青三色，以褡连盛之，于初次送来。并石墩多少、红玛瑙多少，俱记其数，仍携回。至二次复来，乃送奶牛二支，骡马二匹，面、青稞、酒等物数驮，为其女食用，而衣服石墩等仍留于家。一半年后，夫妇和悦无间言，或生子女，乃全给之。此帐房之番也。若土房之番，或杂用表礼。

——（清）龚景瀚编，李本源校：《循化志》卷七《风俗》，青海人民出版社，1981年版，第288—290页。

（回民）婚礼　亦有媒人至女家，女之父母允之，又请其亲房叔伯父俱至，皆允之，乃以面用油和成熟散，以盘盛之，遍食之，谓之油交团，食此则永无异说矣。媒人裹其余复命，以示男家，即如汉俗之婚书也。其财礼亦当日定议，马二匹或马一、骡一，贫者则以四小牛，择日令送。贫者先送其半，临娶又送红梭布一对、绿梭布一对、蓝布裤料布一匹、蓝布裙料布一匹、桃红布主腰料一匹。富者被面料布二匹、被里料白大布二丈。

——（清）龚景瀚编，李本源校：《循化志》卷七《风俗》，青海人民出版社，1981年版，第291页。

陕甘总督福康安疏称，循化厅设立学校，请建文庙一所，祭器舞器，动项制造。每年额设祭祀银四十五两，于公项内动拨，应贮书籍，由部颁发。新设训导，定为调缺。条记，由部铸给，衙署，将裁汰河州训导署移建岁考，取进武童如所请。从之。

——《清高宗实录》，卷一二四一，乾隆五十年十月庚子。

查循化厅学，春秋额设祭祀银四十五两，请照例支领办销。一、训导应在外拣调，贵德在万山之中，民情犷猂，请定为边缺，于现任内拣员调补。照循化厅学例，五年俸满，咨报升用，并设攒典一名，役满考职。一、条记应由部颁发。请给贵德厅儒学条记。其西宁府所裁训导原用西宁府儒学印记，仍留教授管理，毋庸缴销，学额应酌定。循化厅岁考取进文武童各四名，科考文童四名。请照例额设，即由该厅考送府试，从前已进文武生员有籍隶贵德者，拨归该学管理，即由文理弓马较逊通省之泾州、灵台、清水、成县四学额内，各抽拨文童一名，武童一名，廪增应额设，西宁府学，设廪增各三十八名。

——《清高宗实录》，卷一四九一，乾隆六十年十一月甲戌。

十一、物产

五谷　附城左右多种青稞、小麦、大麦，而大麦尤多。豆则小莞豆、小扁豆、白莞豆、蚕豆、绿豆，园中间有种刀豆者。秋田种大糜子、谷子。其荞麦则青稞割后方种，惟此为两收。起台堡近大山，地气较冷，惟种青稞、小麦，而青稞为多，亦有小莞豆，不种秋田。西番上隆务、下隆务等寨亦种青稞、小麦、小莞豆、白莞豆，秋田亦种小谷子。阿巴拉、合儿等寨及南番多以牧放为生，种地者少，间有种者惟种青稞。

菜蔬　则本城保安、起台、边都皆有。葫麻、芥子，隆务寨亦间有之。白菜多而佳。惟红庄撒喇种之花椒与川椒稍逊，别工之花椒则不及也，良。番人多种萝卜，红、白二色。其附城左右，则菠菜、瓠子、芹菜、茄子、黄瓜、菜瓜、葫芦、西瓜、葱、韭、蒜、苜蓿、山药，园中皆有之。

树　则白杨、沙柳、榆树为多，杨、柳、槐亦有之。隆务、毕堂诸山有松树、柏树、桦树、青刚木。隆务以西有宗务山，极高大，去河二十里，树木甚多。今循城所烧薪木，皆自山运至河，编筏，顺流而下。木极坚实，围四五寸，长丈余，价不过四五文钱也。有大工营建，木料亦取资于彼。

果　则桃、杏、苹果、樱桃、林檎、枣子，葡萄佳，核桃尤佳，出积石关者皮薄。梨，名为长把梨者，味酸。有一种形尖者，名油交团，颇甘。其至冬熟者，名冬果，形圆，味尤佳。番地出延寿果。

花卉　则牡丹、芍药、桃、杏、梨、菊、石竹、罂粟皆间有，而葵花尤多。

打儿架山上野花极繁，多不知名，惟牡丹、芍药可指数，其余五色灿烂如锦。

保安上李屯独产黄牡丹。

石　则距城十里街子工馒头山出，白者精莹如白玛脑，为器玩，亦可观，但质软耳。又有白石，天然大小如假山，又有青石出河岸，质坚，扣之声清越，磬材也。

鱼　河中甚多，回民不知渔，无取之者。营中时钓数尾，其数（类）有鲇鱼、白鱼、鲤鱼、垢鱼（口大而唇反，无鳞，以其不净，故呼为“垢”）。

兽　则虎、狼、人熊、鹿熊，山中皆有，鹿獐尤多。亦有麝香、山羊、黄羊、野鸡、兔子、野牛，无骡而有角。

畜　则牦牛，牦牛同家牛生者为犏牛，犏牛同牦牛生者为哈力巴，家牛同犏牛生者亦为哈力巴，哈力巴同各牛生者为犏键子（牛）。羊则绵羊而尾小。马、猪、狗、鸡俱与内地同，惟无鹅、鸭。白庄、街子工二处近年抱鸭渐多。

货　则黑褐、白褐、白毡、沙毡、撒喇绒虽有名，此地实不出，出于狄道。

药　则大黄、党参、防风、甘草，惟打儿架山之南五善池灵湫山下产鸡爪黄连。盖此山以南如保安营堡，明季以前皆属川省云。

——（清）龚景瀚编，李本源校：《循化志》卷七《物产》，青海人民出版社，1981 年版，第 293—296 页。

产梨、枣、桃、榛、苹果、黄果（如梨，味甜）、鸡爪、黄连、花椒。

——（清）邓承伟修，张价卿、来维礼等纂，（民国）基生兰续纂：《西宁府续志》卷一《地理志·物产》，青海人民出版社，1985 年版，第 69 页。

循化　冬梨、壶条、柳花菜及辣角、花椒，色味虽佳，惜销路不远。

——（清）邓承伟修，张价卿、来维礼等纂，（民国）基生兰续纂：《西宁府续志》卷十《建置志·津梁》，青海人民出版社，1985 年版，第 39 页。

十二、茶马互市（含茶法、茶税）

（一）历代马政[①]

茶马（茶不产于宁郡，而边垂赖茶以易马，故并叙其始末焉。）唐肃宗时，回纥

① 编者注：此处按史料所属朝代编排。

有功于唐，许其入贡，以马易茶。德宗纳户部侍郎赵赞议，税天下茶、漆、竹、木，十取其一，以为常平本钱。后悼悔，下诏亟罢之。茶之有税始此。贞元九年，从盐铁使张滂奏，令出茶州、县若山及商人要路，以三等定估，十税其一。自是，岁得钱四十万缗。穆宗从王播奏，增天下茶税，率百钱增五十。其后王涯判三使置榷茶，徙民茶树于官场，焚其旧植者，天下大怨。令孤楚代为盐钱使后，令纳榷加价而已。李石为相，以茶税皆归盐铁，以贞元之制。武宗增茶税，时诸道置邸以安税。大初，盐铁转运使裴休著条约，其法益峻，同于私盐、私商，给自首之帖，天下税茶增备。

宋置榷茶务，官自为场，置吏总之，曰“山场”。凡园户岁课，作茶输其租，余则官悉市之。先受钱而后入茶，曰“本钱”。又民岁输茶折税赋者，曰“折税”。此收茶之法。于民鬻茶者，皆受于官，官给其日用，曰“受茶”。商贾之欲贸易者，入钱若金帛于京师榷货务，以射六务、十三场茶，给券随所射予之，谓之“交引”。此鬻茶之法。雍熙后，用兵乏饷，令商入刍粟塞下，酌地远近，增其虚估给券，以茶偿之。天圣初，行见钱法。商人入刍粟塞下者，度地里远近，使茶与边籴各以实钱，禁纳色虚估之弊。豪商大贾不能为重轻，而烦费顿省。嘉祐中，弛旧禁，通商茶法弊，园户困于征取。何鬲、王（应）〔嘉〕麟俱言其不便。时韩琦、富弼主行之。岁收租三十三万八千有奇，与诸路本钱悉储以给边。神宗熙宁七年，干当公事李杞入蜀经画买茶，于秦凤、熙河博马。王韶又言，西人颇以善马至边，所嗜惟茶。置提举熙河路买马，命知熙州王韶为之，而以提点刊狱为同提举。八年，提举茶场李杞言，卖茶买马，固为一事，乞同提举买马，诏如其请。十年，又置群牧行词，以往来督市马者，此茶马所由始也。元丰三年，复罢为提举买马盐收司。四年，群牧判官郭茂恂言：“承诏专以茶市马，以物帛市谷，而并茶马为一司。臣闻顷时以茶易马，兼用金帛，以听其便。近岁司局既分，专用银绢钱钞，非羌部所欲。且茶马二者，事实相须，请如诏便。”奏可。六年，买马司复罢兼茶事者。七年，更诏以买马隶经制熙河财用司，经制司罢，乃复。故自李杞建议，始于提举茶事兼买马，其后二职分合不一。元丰八年，陕西卖茶为场百三十立，金州为场六。元祐二年，熙河、秦、凤三路茶仍官为计置，永兴、鄜延、环庆许通商。崇宁四年，诏令茶马司总运茶博马之职，复元丰成法。自是，职任始一。

元世祖至元五年，用运使白赓言，榷成都茶，于京兆、巩昌置局发卖。私自采卖者，其罪（于），（与）私盐法同。

明洪武九年，始于秦州开设茶司，收四川巴茶，易买西宁、洮、岷等处番马。后因安定等卫隔远不便置茶马司四：西宁、河州、洮州、甘州。各府并赴徽州茶引所批验，令商人于产茶地买茶，纳钱请引。不及引者，畸零别置，由帖给之。上引五千斤，中引四千斤，下引三千斤。每七斤蒸晒一篦，运至茶司，官商对分。官茶易马，间征课钞。商茶给卖，每止引仍给附茶七百斤，中引五百六十斤，下引四百二十斤，名曰酬劳。经过地方，责令掌印官盘验，佐贰官催运。凡中茶有引由，出茶地方有税，伫放有茶仓，巡茶有御史，分理有茶马司、茶课司，验茶有批验所。岁遣行人赍榜文于行茶所在悬示，禁约私茶出境，拨官军把守巡视，但有私茶，即拿解治罪。茶课初二方六千八百六十二斤零，至洪治十八年（《甘肃新通志》作“八年”——编者），新增二万四千一百六十四斤，并旧五万一千二十大斤，又增至茶课五万一千三百八十四斤零。系汉中府属西乡、石泉、汉阴及兴安、紫阳五州县岁办，分解各茶马司。又设陕西行太仆寺，寺有卿，有少卿及寺丞、主簿各一人。甘肃行太仆寺亦如之。又设陕西苑马寺，卿、少卿、主簿各一人。后裁少卿。寺丞领监二；长乐、灵武，监有正。登苑七：广宁、开城、黑水、安定、清平、万安、武安。苑有圉长，二监易七苑为七监，圉长为监正。甘肃苑马司设官如陕西，领监六，苑二十四。

洪武初，令西宁、河州、洮州各设茶马司。每三年一次，差在京官选调边军，赍捧金牌四十一面，降此三卫附近羌族，令纳马万有三千八百五匹。上号藏内府，下号降各番族，比验收马给茶，名内差发，西宁共金牌一十六面，易安定四卫，并申中十三族番马。先期于四川征茶一百万斤，官军转运各茶司，分贮给用。二十三年，定易马茶数：上等每匹一百二十斤，中等七十斤，下驹五十斤。洪武四年，奏准陕西汉中府金州、石泉、汉阴、平利、西乡县，民茶十株，官取一分；民所收茶，官给价买。无主者令官军薅培，及时采取，官取八分，军收二分。每五十斤为一包，二包为一引，令有司收贮，与西番易马。

永乐初，遣御史巡督西宁、洮、河等处茶马，停止金牌信符。宣德时，复给金牌。未几，番人为北狄所侵掠，金牌散失，听其以马入贡而已。正统八年，奏准金州芽茶一斤，收叶茶二斤，运西宁易马。罢运茶支盐例，令官运如故。先是，洪武初年，置成都等处茶仓四所，令商人运茶赴西宁、甘州，而支盐于淮、浙以偿费，因都御史罗亨信言其弊，乃罢。十四年，每岁或遣行人员，或间差御史巡察潼关以西至甘肃等处私贩。景泰二年，令陕西布政司委官巡视，罢遣行人。四年，复遣行人。

成化三年，以岁饥待赈，复令商纳粟中茶：又定粗茶每百斤收银五钱，芽茶三十五斤亦量收五钱。无银，收丝绢等项，俱解本省有司买茶支用，商课折色自此始。十四年，都御史项忠题照巡盐例，乃专差御史领敕专理茶马，每岁一代，遂为定例。定制：易马自四岁至六岁，高大中度者方准收买；牡骟马给各边兵，牝马送苑马寺孳牧。十五年，令巡茶御史招羌易马，不拘年例。洪治三年，令陕西布政司招商给引，赴产茶地方买茶，运赴茶马司。六分听其货卖，四分验收入官。十二年，御史玉宪言："自中茶禁开，私茶莫遏，请停粮茶之例。"从之。仅因永乐以后番马悉由陕西道，川茶多浥烂，乃令以三分为率，一分收本色，一分折银粮。十六年，取回巡茶御史，凡茶法听马政都御史兼理。十七年，令陕西每年拣宪臣驻扎临洮府，巡禁私茶，一年满日交待。

正德元年，马政都御史杨一清及巡按李玑言国初金牌佥发之功，请复其制。以查检不出，事寝。一清建议商人不愿领价者，对分，官茶贮库，商茶令自卖，遂为例永行焉。二年，仍差巡查御史一员，请敕兼理马政茶法二事。十年（《甘肃新通志》作十五年——编者），巡茶御史王汝舟以每年羌人市马，不辨秤衡，止订篦中马。篦大则官亏，小则商病。酌为中制，每一千斤三百三十篦，以六斤四两为准，作正茶三斤，篦绳三斤。嘉靖三年，御史陈讲以商茶低伪，悉征黑茶。地产有限，乃第茶为上、中二品，印烙篦止，书商名。十五年，题准西宁三茶马司，积茶止留二年之用，每年易马，计该正茶外，分毫不许夹带，茶法稍饬矣。四十三年，题准以后每年开茶仍止五六十万斤，商人以一百五十名为止，勒限买茶报中。又定买茶中马事宜，各商自备资本，执引前去收买。真细好茶，正附一例蒸晒，每篦重七斤。巩昌府查验篦数，稽考夹带，每正茶一千斤，许照散茶一千五百斤，数外若有多余，方准抽税。各照格填注，印钤截角，依限运赴茶司，照例对分贮库，取实收赴院销缴。如有夹带数多，伪造低假，正附篦斤不同，即从重问罪。夹带与斤重者入官，低假者砍焚，引过五年不销者究问。三十年，以年例马完，羌有余马，司有余茶，许其增中解牧。西宁增至二千五百三十匹。隆庆三年，以四川课茶改征折色，解苑马寺，易买中马。万历十九年，西宁收番僧所中马九百二匹。二十年，参将祁德增中马六百二十五匹，连前旧额共马四千五十七匹，内儿、骒马五百匹，苑马寺拨军领赴该厂，牧养孳种，其余俱听巡抚酌拨西宁各营及甘州等营军士骑操。其中马旧规，每年巡茶御史坐委西宁参将招中茶马，大约上马茶三十篦，中马二十余篦，下马十五六篦。黑茶止三、四篦，余俱黄茶。事完，候御史按临，验马赏番。二十一年，因庄浪中马不堪，巡抚暨巡茶御史会题各道，中马府佐给茶，将官调番，以为定规。是年，巡茶御史禁中湖茶，以多假造。既而御史徐侨言："汉中茶少而直高，湖南茶多而直下。湖茶之行，无防汉中。汉茶味甘而薄，湖茶味苦，于酥酪为宜，亦利番也。"部议以汉茶为主，湖茶助之。

按：羌戎俱嗜乳酪，不得茶则困以病。故唐宋以来，以茶博马法制御羌戎，而明初制度尤密。久而奸弊日生，不遵前令。洎乎末造，商人多给赏由票于正引之外，故得私行。于是茶司所市者，乃番人中下之马，而上驷尽入商人之厩以获重利；而将吏又以私马窜易番马，冒支上茶。是番易得茶而叛服自由，兵无良骑而弛驱多怯。茶法、马政、军伍、边防俱不可问矣。

皇清陕西差茶马御史一员，辖西宁、洮岷、河州、庄浪、甘州五茶马司各厅员。苑马司卿一员，领监七。每岁御史招商领引，纳课报部。所中马牡若给各边兵，牝者发苑马寺喂养孳息。岁额茶课折色银六千三百六十六两三钱三分六厘；本色茶十三万六千四百八十篦。旧额新增共茶引二万八千七百六十六道。内甘省五司旧额新增共引二万七千二百九十六道。茶商领引赴产茶地方办运，每引征茶五篦，每篦二封五斤，共征茶一十三万六千四百八十篦。今商人所领引张，每年无定，西司只在五千上下。

顺治年易马例：每茶一篦重一十斤，上马给茶一十二篦，中马给茶九篦，下马给茶六篦。凡通接西番关隘处所，拨官军巡守，遇有夹带私茶出境者，拿解治罪。其番僧夹带奸人并私茶，许沿途官司盘验，茶货入官，伴送夹带人送官治罪。若番僧所到处，该衙门官纵容私买茶货，及私受馈送、增改关文者，听巡按查究。又进贡番僧，应赏食茶，须给勘合，付四川布政司拨发，有茶仓所照数支放，不许于湖广等处买私茶。甘镇以茶易马，各番许于开市处所互市，不容滥入边内。四年差满汉巡察御史、笔帖式、通事各一员。五年，议准茶篦止供中马，不许开销赏番。比年，题谁旧例，大引茶篦，官商均分。大引采茶九千三百斤，为九百三十篦。商领部引输价买茶，交茶马司，一半入官易马，一半给商发卖，例不抽税。小引包茶税分差等，每五斤为一包，每二百包为一引。发卖民用，每引汉中税银九两四钱，西安、凤翔税银一十四两。今定大小引一例平分。十年，复准茶商旧例，大引附茶六十篦，小引附茶六十七斤零。今定每荥茶一千斤，概准附茶一百四十斤。如有夹带私茶，严查治罪。茶篦先山潼关、汉中二处盘查，运至巩昌，再经通判察验，然后分赴各司交纳，官茶贮库，商茶听商人在本司贸易。凡于中院番族中获之马，拨解京营、西安八旗督标以及提镇各营。延、宁二处商税，每引百斤量入官茶三十斤，折银一钱三分，交库汇报。凡镇将发银市马，查核的确，准令购买。若有载茶易马者，概行禁止。各番交易茶马，量给烟酒，以示抚绥。十三年，覆准新茶中马既足，陈茶变价充饷。如新茶不足，陈茶两篦折一中马。十四年，覆准私茶、私马变价及赎罪银，原留中马支用，今七监马匹蕃庶，改解充饷。

康熙四年，裁陕西苑马各监。七年，裁茶马御史归甘肃巡抚兼理。十四年，题推茶马事宜，每年八月攒造汇报。三十二年，题准西宁五司收贮茶篦年久，难免浥烂，每篦十斤，变价银六钱。三十六年，仍差部员管理茶马事务。四十二年，题准陕西茶引，共额二万七百九十六道。发西、庄、洮、河四司，通番中马。内有小引八百余道，售西、凤、汉中三府民人供食。今止留小引一百道，三府地方人民不足食用，以致私贩横行。今于小引原额内颁茶引五百道，给商行茶，每引征茶五篦，每管折银四钱，共征银一千两。四十三年，覆准嗣后陕境交接处盘查茶斤。行人携带十斤以下者，停其搜捕。如有驴驮车载，无官引者，即系私茶，照私盐律治罪。失察官员，俱照私盐例议处。四十四年，茶马事务停止差官，仍归甘肃巡抚兼管料理。西宁等处所征茶篦，停止易马，将茶变价折银，每新茶一篦折银四钱，陈茶一篦折银六钱充饷。巡察私茶十斤以下，停其搜捕。恐沿途行人分带零运，仍照旧例缉拿处分。五十七年，议准陕西西宁地方为通番大路，原额茶引不敷民番食用，今加增茶引二千道。每引照例征茶五篦，折银四钱，共征银四千两。六十一年，议准西宁、庄浪、岷州、河州界连口外，增茶引四千道，交与总将办理。一年定例之后，仍照旧交与巡抚办理。又议准西宁等处行茶，原照例易换马驮牛羊，并易粟谷。今将旧茶悉行变卖以作兵饷。又于兰州设立茶司，令兰厅管理，名曰甘司。

雍正三年，河西厅改为卫，所改为州、县案内，西宁厅改为西宁府，西司茶务归西宁府管理。又覆准西宁四司茶篦，自康熙六十一年为始，五年之内总收本色。五年之后，即将五年以前之茶发出变价，挨次出陈易新，将变价银两按年题报，嗣后总以五年为率。义覆准陕省茶改令产茶地方官给发船票，照依该商引目茶数一一开明，不得另给印票。其应行盘查之处，照依引目及正茶、附茶斤两，盘查验收，不得勒措留难。如于部引之外有搭行印票及附茶不依所定斤数，多带私茶者，查拿照私盐律治罪。如查验官故纵失察者，照依失察私盐例处分。如有地僻引多，茶斤壅滞，不能行销者，该商具呈该司，该司详报甘抚，行令往别司分，通融发卖办课。自是，别司政发西宁者居多。雍正八年，题准五司茶价：西司每封九钱五分，庄司七钱五分，洮司七钱五分，河司九钱四分，甘司七钱二分。各司总在前议价值以上发卖，按季具结报部。因价昂，西司是年并未发变。九年，奏准令五司复行中马之法：每上马一匹，给茶十二篦，中马一匹，给茶九篦；下马一匹，给茶七篦。十年，奏准中马之法，应见马给茶。并于收喂之第一个月支料二京升、草一束，第二个月再加料一京升、草半束，至第三个月支料四京升、草二束，仍于五月初一日出厂，九月初一日收槽。其檀铡、喂夫、棚厂、灯油等项，俱职例开销。又咨证茶商船票仍由甘肃巡抚衙门给发。雍正十三年，军需告竣，番民以中马为累，详请奉文停止。又奏准五司积贮茶二百六十余万之多，价昂难以速销，恐致霉变。令将五司库茶以次年为始，减价出售。西司每封原定价银九钱五分，减银二钱，以七钱五分销变。令商人停交官茶，每封改折银二钱五分。乾隆三年，又奉文每封改折增银五分，以三钱征收。又奏准以五司库茶，虽经减价，然销变无几，分别年分远近，递相减价。西司茶封，康熙六十一年至雍正五年止，每封定价银三钱；雍正六年至十年，每封定价银四钱五分；雍正十一年起至十三年止，每封定价银五钱五分，按年销变。乾隆七年，奏准令商人于是年为始，停交改折，仍交本色官茶。八年，奏准令将五司库茶发给各州、县、卫、所，易换粮石，以裕边仓积贮。自八年起至十一年止，西司共发茶四万六千封，宁郡各属共易贮各色仓石粮二万七千一百八十二石七斗一升八合零。乾隆十一年，奉准部文，令将乾隆七年以后征贮新茶，照依雍正八年奏准之例，西司每封定价九钱五分。

——（清）杨应琚纂修：《西宁府新志》卷十七《田赋志·茶马》，青海人民出版社，1988年版，第419—436页。

茶法　甘肃茶务原设五司管理，后裁洮、河二司，归并庄、甘、西三司。额设茶引二万八千九百九十六道：庄司额引九千三百二道，甘司额引九千九百八十二道，西司额引九千七百一十二道。茶均由湖南采运。咸丰二年，金田事起，湖南、湖北兵燹遍地，道路中梗，茶商时被劫掠，采运顿稀。三年以后，引滞课悬。同治元年，陕甘总督恩麟奏请将庄、甘、西司所欠咸丰八年课项，分三年带征。其九年、十年、十一年茶引，仍令照旧行销完课。同治元年以后之茶引，暂缓发商。是年，陕变陡起，湖茶入陕者囤积泾阳，听候盘验，城陷，尽被焚掠。自此以后，用兵累年，官茶片引不行。复经陕甘总督杨岳斌以设官茶总分各店，归并古城茶税及免厘税、缉私贩具奏，均经议准。然官商无赞同者，遂隔不行。同治十三年，陕甘总督左宗棠议奏以督印官茶票代引，不分何省商贩，均准领票。遂招集东西柜汉回旧商，并添设南柜，招来湖南、北新商。印发引票三万余道。每引五十道，合给票一张，一引茶十六封，计重八十斤，折纳正课银三两。其外征养廉银四钱三分六厘，捐助银七钱三分二厘，官礼银二钱四分，一概停止，并归厘税项下征收。其行销内地者，照纳正课银三两外，于行销地面，仿厘金章程，在陕甘境内行销，均各一起一验，完纳厘税。大率每引以收一两数钱为度，至多不得过二两，由陕、甘二蕃司按照章程酌议增减。议定每茶百斤，纳厘税银一两六钱。其出口之茶，于所过边境各局卡，加完厘税一次并以示区别。茶封委员督销。此茶法废变之大略也。

——（清）邓承伟修，张价卿、来维礼等纂，（民国）基生兰续纂：《西宁府续志》卷四《田赋志·茶法》，青海人民出版社，1985年版，第166—167页。

茶马　洪武初令陕西、河州、洮州、西宁各设茶马司。每三年一次，差在京官选调边军，赍捧金牌四十一面，降此三卫附近羌族，令纳马万有三千八百五匹，收马给茶，名曰"差发"。先期于四川征茶一百万斤，官军转运各茶司，分贮给用。二十二年，定易马茶数：上等每匹一百二十斤，中等七十斤，下等五十斤。永乐十四年，停止茶马金牌。成化十四年，定制易马：自四岁至六岁，高大中度者，方准收买，牡骟马给各边兵，牝马送苑马寺孳牧。十五年，令巡茶御史招羌易马，不拘年例。正德十五年，以每年招易，羌人不辨秤衡，止订篦中马，篦大则官亏，小则商病。令酌为中制，每一千斤定三百三十篦，以六斤四两为准，作正茶三斤，篦绳三斤。嘉靖十五年，定私贩冒纳及官舍冒中、医兽通事、士民人等作弊者，罪各有差。三十年，改造勘合，分给诸羌，每岁依期赍执前来，比号纳马，酬以茶斤。如有背违，调军征剿。又以年例马完，羌有余马，司有余茶，许其州中解牧。洮州一千二百五十匹，河州一千七百四十匹，西宁二千四百三十匹。隆庆三年，以四川课茶改征折色，解苑马寺易买种马。五年，令甘州茶司比照洮、河、西宁三茶司例，定以六月该道会同将领，抚调羌族马堪骑征者，方许中纳，每年约以八百匹为止。

——（清）贾汉复修，李楷纂：《陕西通志》卷十五，清康熙六年刻五十年补刻本，第7页。

番民肉食为生，非茶即病。唐宋以来，许番开市，以茶易马，委官专司，招商领引。茶多产自西蜀，官征其赋。国初定制，商领部引，输价买茶，以一半入官易马，一半给商发卖，例不抽税。每茶一篦，计重十斤。上马给茶十二篦，中马给茶九篦，下马给茶六篦。易来之马，牡者发边兵作战守之具，牝者发苑马寺限养孳息。商民运茶，每茶千斤准附茶一百四十斤。如有夹带私茶，或私易番马，查出严惩，其私茶、私马归官变卖。

——（清）李天祥纂，梁景岱鉴定：《碾伯所志》卷十三，1956年北京师范大学图书馆据抄打印本补刻本，第14页。

茶法　在昔回纥入贡于唐，以茶易马。而税茶亦始于唐之德宗。宋熙宁中，诏如提举茶场李杞言，于熙河路卖茶买马。明洪武初，差发金牌，令羌族纳马，给以茶，隐为制番计。我朝初，沿明制，易马如故，既而停罢，今惟茶政存焉。欲官茶畅销，计惟严禁私贩；承办之员，果公而忘私，庶手课额有盈无绌云。甘肃向分西宁、庄浪、甘州、河州、洮岷为五司，每年榷茶中马，各厅员实学其事，甘司驻兰州。康熙三十六年，茶院某以兰城无马可中，奏裁之。酮后茶马惟四司括之。每年茶院按临，传集各官商，将部颁茶引，按四司令其分掣。计部引旧额新增共二万七千二百余道，每司约分掣六千余道。商人掣签之后，即领引赴楚中产茶处所，办运茶斤。每引一道，办官茶五篦，商茶五篦，每篦二封，每封五斤。康熙四年，裁茶院，茶马事务归甘肃巡抚兼摄。巡抚某以商人穷困，每引加商附茶五封。至四十年，巡抚某又加一封。其茶篦先由潼关、汉中二处厅员盘查，运至巩昌，再经巩粮厅查验，然后分赴各司交纳。官茶存库以供中马给番，商茶听令本商在本司贸易。其有本司销不完者，许告改别司发变。自是，别司改发西司者居多。按：定例每引一道，办茶十篦，商人运至，当官以其半充公家之用，仍称量以防轻短，煎熬以辨真伪，然后将存剩之茶，退回本商贸易，制至普，法至公也。自商人巧为规避，分立官茶、商茶名色，当遂有以草茎、树叶滥交同库者。茶法之弊，即马政所由坏矣，又按：曩时茶贵马贱，一岁之茶仅足供一岁之用。迨招中停止，库数充盈，先于康熙八年及三十三年，发变二次。又于三十一年巡抚布哈，于通行严查等事案内，奏请将各司陈茶发变，每司变茶一十万篦，何管价银六钱，每司该变银六万两。但是时商茶充塞，各土司自开中之后，各有马茶可领，义无指乎陈茶。是以数年之久，而各司之所变无几，虽迭撄参罚，莫可如何。况陈茶无计变完，新茶又复接踵。每岁除中马报销之外，正多赢余，陈陈相因，靡所底止。遂议令买马之人，无论官民，每马一匹，搭茶一篦，交银六钱。更将各商办运官茶暂停交纳，每引酌纳银若干，赴各司完解充饷，俟现在库茶招中将完，仍交本色。此疏通壅滞之法，亦因时权变之计矣。四十五年，甘肃巡抚某令商人改折，每篦纳银四钱，其陈茶仍给番族。每马一匹折银七两二钱，收银解司。其制已变，然尚有中马之时。雍正四年，诸族按地纳粮，中马遂停。旧存之茶，或变卖，或搭饷，或折收不等。又按：定例，招中每上马一匹，给茶一十二篦，中马九篦，下马七篦。往日每茶一篦值银一两以上，马一匹值银五六两以下，是以远番图利，乐于趋事，厥后茶贱马贵，口外番人，裹足不前。遇有营驿捧领，但就内地熟番，按额取盈，若需用无多，尚不难于应中。自复设巡茶以来，每岁中马多至五六千匹不等。以洮岷一司而论，每岁多至千余匹，少亦不下六七百匹。腹里之马群已空，外番之规避如故，司马者之掣肘难图，非一日矣。雍正十三年，军需告竣，番民以中马为累，详请，奉文停止。又奏准，各司积储茶二百六十余万之多，价昂难以速销，恐致霉变，令将各司库茶以次年为始，减价出售。西司每封原定价银九钱五分，减银二钱，以七钱五分销变。令商人停交官茶，每封改折银二钱五分。又按：河州厅自明以来，专司茶马，考《河州志》载，每岁奉部领引目，散给商人，赴湖广产茶地方采买，每引茶十篦，重一百斤，每引外给附茶十四斤，为本商脚费。茶运到日，一半入库易马，一半给商货买。今一篦改为二封，中马多寡不一，临时拨派，每中马一匹，给茶二十四封。乾隆三年，又奉文每封改折增银五分，以三钱征收。又奏准，以各司库茶虽经减价，然销变无几，分别年分远近，递相减价。西司茶封，康熙六十一年至雍正五年止，每封定价银三钱；雍正六年至十年，每封定价银四钱五分；雍正十一年起至十三年止，每封定价银五钱五分，批年销变。乾隆七年，奏准令商人于是年为始，停交改折，仍交本色官茶，八年，奏准令将各司库茶，发给各州、县、卫、所，易换粮石，以裕边仓积储。自八年起至十一年止，西司共发茶四万六千封，共易储各色仓石粮二万七千一百八十二石七斗一升八合零。乾隆十一年，奏准部文，令将乾隆七年以后征储新茶，照依雍正八年奏准之例，西司每封定价九钱五分。乾隆十八年，茶务归驿传道管理，即今之兰州道也。二十五年，裁河州茶司。二十七年，河司厅员移驻循化，而茶之一排，遂无涉云。乾隆中叶，因番族向化，边圉无事，罢中马之制。令商纳税银，以兰州道理其事。每引一税茶十封，以一封交茶，九封折银，每封三钱，九封共改折银二两七钱。是时，商人所领引张，每年无定。嘉道间，茶斤多伪，茶篦复轻。猾民骗引，为逋逃之薮，而原额绌。奸商假茶抵官税之半，而番族疑茶引不效。茶法半废，即从此始。咸丰初，粤逆披猖湖南、北两省，贼踪肆窜，道路中梗。茶商时被劫掠，采运顿稀。以后引滞课悬，茶法愈坏。同治初，陕回构变，湖茶入陕者屯集泾阳，听候批验，城陷，尽被焚掠。自是，由关而陇，贼氛充斥，官茶片引不行矣。嗣于同治十一年，关陇军务渐平，经陕甘总督左宗棠，奏请豁免茶商历年积欠课银，变通招商试办，而茶务始渐有起色。

窃查甘肃茶商，承办西、甘、庄三司茶引二万八千九百九十六道，岁纳课银一十二万八千九百余两，内改折正供银八万六千九百余两，养廉、捐助、充公、官礼四项杂课银四万一千九百余两。军兴以来，引茶被焚，道梗商逃，茶务因以废弛。同治五年，前督臣杨岳斌据前兰州道华祝之议，设官茶总分各店，归并古城、茶税以及免厘税、缉私贩计四条，奏蒙交部议复照准。数年以来，因回逆滋扰，久未试行。兹军务渐平，而逃商不敢复充，新商亦无应募者。推原其故，实因停办已久，积课过多，商情咸畏代偿前欠额引，故皆裹足不前。若不于成例稍示变通，茶务终难整顿。前据署兰州道、升任山西臬司蒋凝学酌议清欠、清引、清课、清商四条，尚称详晰。臣复饬司道，悉心研究利弊源委，择其可行者，妥议详覆去后，兹据藩司崇保、臬司杨重雅、罗兰州道琫武公同筹议，查茶商积欠带征课银及已领茶引欠课不下四十余万两。各商委因匪扰，无力呈交。至每年额领茶引二万八千余道，引地多被蹂躏，诚难足额。每引一道，改折银三两，又征杂课银一两四钱零，试办之初，断难照数完纳。必须豁免积欠课银，停止应征杂课。仍分咨陕西、山西两省转饬各商原籍，查传力能承引之商，饬令到甘，量力由臣给票，以票代引，赴湖采茶。自同治十二年为始，能行一引之茶，即纳一引之课。从前积引，饬令一律呈缴，不复代为行销，以杜弊端。俟试办二年，察看实能行销茶引若干道，再行饬令领引，以昭核实。庶茶课可冀日有起色等情，详请具奏前来。臣覆核无异，合无仰恳天恩，俯念该商等积欠银两，因频年贼扰，销路梗滞，实与寻常商欠不同，概予豁免。俾试办商人得以划清界限，承完新课，以免赔累。并请俯允暂照所议章程，先行试办。其同治元年奉办茶引，缓至办有成效，再饬承领。此外如有增减，未尽各事宜，容臣随时陈明，以期周密。附变通试办茶务四条：一、招商应先行清欠也。查商人欠课甚巨，又有积欠各案官本生息银两。以此，众皆视茶务为畏途，非畏茶务，畏积课也。即如商欠带征咸丰元年分课银五万四千二百余两，并欠带征咸丰八年分课银二万八千九百余两，均在乏商名下著追，刻因追无可追。又有已领咸丰九、十、十一等年茶引，因同治元年泾阳城陷，商人引茶资产、房屋、眷口，均遭焚掠。加以甘省兵燹连年，谋生无计，商人逃亡殆尽。核计数年欠课，又在三十八万六千九百余两。上项自咸丰五年至今，皆虚悬无著，未能征获分厘。若不通融办理，亦谁敢充商，以滋巨累？是以无著之课，致阻将来有著之课。应将积欠各课，奏请豁免。并将众商拖欠原领各案官本生息，饬由该总商查明数目，分行司道府县，暂行停缓，随后试办有效，陆续弥补。庶积欠既清，后累可免，商累既蠲，商情自期踊跃。一、招商应先行清引也。查东西二柜各商，每年额领茶引二万八千九百九十六道。其初原因茶引畅销定额。兹茶务停废已经十载，复议招商试行，事同创始，势难如额行销。应候陕、晋二省新商募到，由该总商查明，共承引数若干，饬令众商量力领票，措资前赴湖南采办。自同治十二年为始，行一引之茶，即纳一引之课。从前积引，不准代销，庶免移新掩旧之弊。俟试办二年，各商实力行销茶引若干道，再饬承领额引。一、招商应先行清课也。查甘省茶务，向章以捐助、养廉、充公、官礼四项陋规作为杂课，每引一道，每年征银一两四钱零。积弊相沿，由来已久。本行商人及外行商贾，所以视茶务为畏途者，亦因杂课繁重之故。今被灾十载、正课百余万两，且归无著，更何可征收杂课以累新商？与其徒留杂课之名，致妨正课，曷若蠲除陈课之累，以救新课。应将每引一道，每年杂课银一两四钱零停止征收，以祛宿弊而重正课。一、招商应先行清商也。向来甘省茶务，本地商民，资本微薄，不能承引。其力能承引之大商，均籍隶山西。现拟试办新引，应俟部复准行，再行知山西曲沃、稷山、襄陵、太平，陕西泾阳各县，查传力能承引之商，令于陕西先开官茶总店，一面试办新引，商情既无疑虑，庶期踊跃争趋。

窃维甘肃自军兴以来，茶务废弛，同治四年，前护督臣恩麟奏称，频年贼扰，引滞课悬，请将咸丰八年欠课分三年带征；其咸丰九年、十年、十一年茶引，仍令照旧行销完课；其同治元年后茶引，暂绥发商。同治五年，前督臣杨岳斌议设官茶总分各店，归并古城、茶税及免厘税、组私贩具奏，均经户部议准，而皆未及遵行。谨案陕甘官茶，均由湖南采运而来。咸丰二年以后，粤逆披猖，湖南、北两省，贼纵肆窜，道路中梗，茶商时被劫掠，采运顿稀。恩麟所奏欠课，自咸丰八年起，实则咸丰三年以后引滞课悬，已历五年。此五年中，陕、甘湖茶引课，多系官商从前滞销之引，及私贩偷运之茶也。咸丰八年以后，楚境渐次肃清，茶运稍畅。而九年、十年、十一年，洋商续在各口岸收买红茶。湖南、北所产之茶，多由楚境水路就近装赴各岸分销，而陕、甘官商办运甚少。恩麟虽有仍令照旧领引完课之奏，官商迄无应者。同治元年，陕回构变，湖茶入陕者囤集泾阳，听候盘验、城陷尽被焚掠。自是，由关而陇，贼氛充斥，官茶片引不行矣。溯甘省茶商，旧设东西两柜。东柜之商，均籍山、陕，西柜则皆回民充商，而陕籍尤众。乱作，回商多被迫胁，死亡相继，存者寥廖。山陕各商逃散避匿，焚掠之后，资本荡然。引无人承，课从何出？恩麟所请分年带征，及仍令商人照旧行销，本是纸上空谈，初未见诸行事。杨岳斌接任总督，距恩麟前奏仅止数月，见旧商无人复充，新商畏累裹足，而陕境私贩充斥，日甚一日。故请在陕设立官茶总分各店，欲以化私为官，卒以经始费用无措，遂止。所请撤各省局卡厘税，议分古城估抽课厘，亦无应者。是甘省茶务，从前徒有变通之名，并无试办之事也。臣上年奏请豁免积欠课银，以票代引，招商试办，盖拟于官引无着时，先筹变通之策，冀行之成效，渐可仍复旧章。而户部仍据恩麟、杨岳斌原奏，以旧引责之原领商人，新引责新商承领。杂课暂虽展缓，未准遽停。并应仿五年杨岳斌奏案，令商人于陕西先开官茶店，试办新引。臣接准部咨，计即饬兰州道瑃武遵办，招商领引纳课。自上年二月至年底，据瑃武禀，旧商无力领引，新商无人承充，勉强招致，仅只陆续引二千数百道，按之原额，不过十分之一，茶务难望转机。臣体察情形，甘省频年贼扰，汉回户口死丧流离，失业者众，不独茶商为然。欲招集旧商，从新开办，势固不能。新商以欠课未免，惟恐一经充商，其获利与否尚未可知，而前课未清，势将代人受累。虽多方譬晓，依然观望不前，非官所能强。若仿照杨岳斌奏，在陕开设茶店，无论地远人众，稽察难周，一疏检校，便致亏折。且官民交易，既非政体所宜，又距产茶之地数千里，商贩以销路归官，利息顿减，茶之来源难期畅旺。是禁私茶转碍得官引，尤非所宜。至请撤各省局卡茶厘，意在绥厘急课。然各省局卡厘税，向章茶与百货同征，专免茶厘，易启夹带、偷漏之弊；且隔省局卡，自有督抚主持，无由陕甘裁撤之理。古城漏课之茶，系由山西出口，应咨由山西抚臣委藩司道府设局卡查缉，以清其源，始免偷漏。一至古城，则形势散漫，难期周密。兹值关、陇安谧，局势与恩麟、杨岳斌在任时不同，亟宜通筹并计，以规永久。比按照部议，就陕、甘现在情形，斟酌损益。因时因地，筹拟变通试办章程，谨缮列清单，伏候圣明裁察。因茶市届期，一面分咨产茶地方及茶运经由各省；一面行知陕甘藩司及各道府等，妥为料理，以期划一。务期商累祛而招徕自广，私销化而课额可充，以仰副我皇上便民利用，抚绥远人至意。

——（清）升允等修，安维峻等纂：《甘肃新通志》卷二十二《建置·茶法》，清宣统元年刻本。

一、山陕旧商无可招致，回商存者，更属寥寥。整饬甘肃茶务，所苦先在无商承引，固法穷必变之时也。窃思国家按引收课，东南惟盐，西北惟茶。茶务虽课额甚微，不足与盐务比例，然以引课有无，为官私之别，与盐务固无异也。道光年间，两江盐务废弛。先臣陶澍力排众议，于淮北奏改票盐，鹾纲顿起，且有溢额。曾国藩克复金陵，犹赖票盐为入款一大宗，其明验也。盐可改票，茶何不可？按茶引之设，向系总商承领，领某司引，销某司茶若干斤，纳正课若干，杂课若干，均有定数。其资本不足者，一商名下，数家朋充，或领引转卖与人。正商但雇伙营运，领引分销，坐享其利，与盐商略同。试办之初，人皆以充商承引为畏途者，一经充商承引，则定为永额，将来须责赔旧欠，一也。或行销不旺，致有亏折，不能辞商缴引，亏累无穷，二也。今拟仿淮盐之例，以票代引，官商既形裹足，应改拟商贩并招，一俟销路疏通，商贩有利可图，资本渐裕，别届时或议仍复旧章。或行票尚无流弊，额引更多溢销。届时再当据实陈明，听候部议。一、正课照定例征收，杂课归厘税完缴。方期简明核实，易知易从，蹊径清而弊窦塞，课额自可不致虚悬。按茶务正课每引征银三两，外征养廉银四钱三分六厘，捐助银七钱三分二厘八毫。西、庄、甘各司征收九成，改折银二两七钱，官礼银二钱四分。内如捐助一条，本系雍正初征准噶尔时，茶商捐银十二万两，六年分缴之款，事平仍接续征收，遂成课额。其它各款多应外销，名目既繁，易滋流弊。承平时，商力已苦难支，试办之初，不大加厘剔，正课势必虚悬。且陕甘厘税茶斤，已与百货同征，若于正课外加入杂课，又加入厘税，是一物三征。杂课、厘税所定，翻多于正课，于事体非宜。故勿论成本过昂，商累已甚也。兹拟将杂课并归厘税项下征收。其行销内地者，照纳正课银三两外，于行销地面仿厘局章程，在陕、甘境内行销，均各一起一验完纳厘税。大率每引一，收银一两数钱为度，至多不得过二两。由陕西藩司、甘肃藩司按照各厘局现行章程，分别酌议增减，以归划一，而免重征。其出口之茶，则另于边境所设局卡，加完厘一次，以示区分，而昭平允。杂课既归厘局征收，所有各项名色，概予删除，以清款目而杜影射。是杂课虽蠲，仍于厘税项下完缴，课额不致虚悬，而茶务得归简易。中饱之弊，庶可免矣。一、试办之初，以督印官茶票代引，不分何省商贩，均准领票运销，不复责成总商。惟恐收而无稽，遇有零星欠课，无凭追缴，不得不预防其弊。兹拟陕、甘两省，凡商贩领票，均令先纳正课，始准领票。或一时不能措齐，准觅的实保户或本地殷商的保取具，届期欠课不缴，惟保户著斯，切结备案，亦推一仆领票。一、甘肃行省口外之茶，以湖南所产为大宗，湖北次之，四川、江西又次之。近时陕西石泉亦产茶，然味苦性寒，品劣价减，蒙、回、番、撒不之尚也。茶字不见六经，《西贡》“三邦底贡，厥名隶于荆州”。先儒以“名”即古“茗”字，后人加草于“名”，故为茗。是西湖产茶，由来旧矣。兹既因东西两柜茶商无人承充，应即添设南柜，招来南茶商贩，为异时充商张本。一、官茶行销口外，西讫回番海藏，北达蒙古。各旗按引征课，本有定章。即内地行销茶斤，如陕西西安、同州、凤翔、汉中各府皆有额引。其湖茶私入陕境，本干例禁。乾隆、嘉庆年间，先后将陕西茶引一千零三十二道，悉数拨归甘商，带销完课。于是陕西各府所行，皆无引私茶。湖贩日益充斥，浸假溢占，甘引甘商受困，实积于此。杨岳斌所以有在陕开设总分茶店，化私为官之请也。而所拟三等协济茶课既不及正课三分之一，所称弥补欠课，已属空谈。而溢占甘引之弊，仍难杜绝。兹拟于湖茶、川茶入陕首站，湖茶、川茶入甘首站及各通行间道，饬陕西、甘肃两藩司遴委妥员设卡盘验，以清来源。遇有无票私茶，即行截留，令其补领官票，赴行销地方纳课，经过厘局验票完厘。其有票官茶过卡，卡员验明茶票斤重相符，即予放行，毋准需索留难，违者撤参科罪。较之开设总分各店，防范易周，课额易足。一、向例官茶，由商领引赴湖南产茶地方，采办运销口外，经过湖南、湖北、河南入陕达甘。各省既无厘局，并无茶厘。自海口通商以来，洋商雇人分赴产茶各省地方收买红茶，行销各国，议价颇昂。茶之出海者，不可胜计。而由产茶地方出海口，均一水可通，脚价减省，商贩争趋。各省始设局卡，兼抽茶厘，以佐军用。而陕甘官茶，经由湖北襄阳入陕，取道潼关，必须舍舟而车；问途荆子关，必须舍舟而驮。出口行销，又动辄数千里，茶本既因洋人趸买，而高脚价，又因陆程迢递而耗。于是，山、陕茶商渐多亏折。值粤逆披猖，道路多挺，茶利更微，迨关陇回逆蜂起，片引不行。蒙族、回部、番众不能无茶，均仰给于私贩；而私贩遂伺隙偷运行销，以牟厚利。国家利权下移，徒资中饱，良可惜也！兹拟挽回课额，渐复旧章。应咨两湖督抚臣，凡水路运售各省海口茶斤，本系无课之茶，照旧抽厘，应无异议。其领陕、甘官茶票行销口外，茶马有专司，正杂课有定额，本行销海口者可比。又湖茶运销口外，多系陆程，脚费繁巨，成本畸重，必得行销。若照行销海口章程抽厘，商贩必形裹足，于事体亦属非宜。凡遇陕、甘商贩，运茶经过沿途地方，应完厘税，概按照行销海口茶厘，减纳十成之八只抽两成。所有减纳凡成厘银，各省划抵积欠甘饷作解，甘肃以划抵欠饷作收。年终由陕、甘督臣咨部，以清款自。如此，则两湖茶厘虽只抽两成，而所余八成，仍划抵次饷，于款项并无出入。伙甘茶务成本稍轻，销路易畅。即可就此本有利源，稍供挹注，两利之策也。一、口外官茶，向由陕、甘茶商领引，行销北口、西口。行北口者，陕西由榆林府定边、靖边、神木等县，甘肃由宁夏府中卫、平罗等县；其销西口者，由肃州、西宁等府州。各属承引纳课，均责之官商。道光初年，奸商请领理藩院印票，贩茶至新疆等处销售，甘肃甘司引地，被其侵（估）〔占〕，当时伊犁将军庆祥、陕甘总督那彦成奏准，在古城设局收税，每年估抽银八千两，拨归甘肃茶商。年终汇报，以补课额，而课额终悬。所领理藩院茶票，原止运销白毫、武彝、香片、珠兰、大叶、普洱六色杂茶，皆产自闽滇，并非湖南所产，亦非藩服所尚。该商因茶少价贵，难于销收，潜用湖茶，改名千两、百两、红分、蓝分、帽盒、桶子、大小砖茶出售，以欺藩服而取厚利，实则皆用湖茶编名诡混也。杨岳斌原奏，请照甘商课额，每茶八十斤，以四两四钱四分为率，一体纳税，未将何处纳税指明，本系空言。又请将古城每年所纳茶税，悉归兰州道，入于额征茶课，汇报奏销。古城设局收税，从前即未举行，此时又何从商办。窃维榷茶一事，不（谨）〔仅〕国家本有之利，亦抚驭藩服一端。如果理藩院照陕、甘茶课，一律征收每引四两四钱四分，先课后票，则商贩采运闽滇之茶，前往销售，亦无不可。即潜贩湖茶，侵占甘司引地，而按引纳课，与甘商并无不同。是正课失之甘肃，犹于理藩院补之，于国计无所损，亦可任其行销。惟查该商等所纳税银，每百斤多者仅一两，少者六钱及三钱，较之甘商课额，彼此相形，多少悬绝。而所销湖茶，又系甘商例销之引，甘商被其侵占，得以有词，且茶价一贵一贱，无以取信远人，于政体实亦不协。兹拟咨请理藩院，照甘省现拟通行先课后引章程，一律缴纳正课，经过地方，照章完厘两次，于票内明晰晓示，由山西归绥道设卡，稽察验票放行，所缴正课即归理藩院验收。其归绥道所收茶厘罚款，解由绥远城将军验收，各于年终汇案分别咨奏，以杜弊混。遇有夹带走私情弊，由归绥道随时核明惩办，均无庸由甘肃汇报。庶国课无亏，商情亦协，奸猾之徒，无所施其伎俩矣。一、茶务办公经费，向均在杂课项下支销。兹拟变通试办，自应力求撙节，惟局卡扼要，分设员弁，薪水、夫、马及向章各简门书吏、工役、纸张、饭食等项均办公所需，必须酌量开支，以资应用。试办之初，引课盈绌，未能预计，杂课既拟归并厘税，所有办公各项经费，均应于厘税项下开支，俟试办有效，再当酌中定拟，分别奏咨备案。

按以票代引，每票计五十引。该征课银一百五十两，厘银七十二两。又于茶厘议增案内，甘省各司，每票加增银二十一两六钱，统于三年领票之期，先缴课银，俟运茶到甘盘验时，厘亦全数清缴。光绪八年，总督谭钟麟，因续办甘肃第二案茶票，查前总督左宗棠试办之初，计发出引四万二千余道，行销十年之久，尚有未经办茶之剩引，共五千八百数十道，似此滞引悬课，茶法安望复额？于是重定茶务新章十五条，并察现时情形，从□（疑为“减”字——编者）发票四百二十张。

——左宗棠：《甘肃茶物久废请变通办理折》（《变通茶务章程八条》，同治十三年二月十六日），见《左宗棠全集》（第6册），岳麓书社，2009年版，第7—14页。

一、旧票宜限期清结也。查同治十三年，前爵阁督宪左，因茶务废弛，奏明以票代引，招商试办。东南两柜茶商，共领四万二千余引，除陆续运甘销售外，其领票未经办茶者，南柜尚有引商五十六名，行引五千三百一十道。东柜引商五名，行引五百道。两柜共计五千八百一十引，迄今未见做运来甘，不知是否有意取巧？此次既准领新票，则旧票自应限期被止，以便清结奏销。拟凡前次领票未办之茶，统限于八年五月内，先将起程日期，报由总商等呈明，其茶限八月内到兰，期即将票名注销。倘不先报起程，茶即八月赶到，亦不准接收，原票均照章注销，以示限制。

一、甘票宜酌定数目也。查前次招商试办时，只虑承领之乏人，未计行销之不旺。计发出八百余票，行引四万二千余道，以致时历八载，尚剩数千引未能销竣。此票多引滞，商人所以赔累不堪也。现查甘省销路虽渐有通机，而每年三司地面，亦仅销五千引之谱。若商人急欲图利，多领票引，必致壅滞如前，殊非因时制宜之道。兹拟将每岁销引五千之数，定以三年为一轮，即于前次旧商名下所领票引，按四成给发，应共准领甘引新票三百张，行引一万五千道，以三年销竣为期，如有增减，随时变通办理。所领新票，除俟八月前运到兰省之旧票茶封销竣后，按章分档论销。每领一票，定以五十引为率，不得稍有参差。三司引地先行分匀摊定，以免纷争。计甘引三年三百票内，应分甘司票二百一十张，西司票六十张，庄司票三十张。如西、庄两司不能全销，准其仿照旧章通隐告改。此次所拟引数章程，仍系试办，俟三年后，察看情形，再行奏定。

一、陕票宜照旧酌发也，查乾隆年间陕西之西安、凤翔、汉中、榆林四府，每岁尚行引一千一百三十二道，由陕抚主政。后因引滞课悬，嘉庆初年，将榆林府引一千道，奏拨九百道归甘商带销。道光初年，又将西、凤、汉三府引一百三十二道，全数类归甘商带销。从此西、凤、汉、榆四属可指变为甘商引地矣。所以前督宪杨奏请在陕设立官茶店，欲以前拨之陕引坐销陕境。未及举办，至前督宪左始改发陕引三千九百余道，并准甘商以散茶改陕行销四千余引，无非欲收复引地也。此次若不发票行销，徒失引地，殊为可惜。拟比较前次销过引数，每年暂拨头省十二票引六有道，计五中引为一票，三年应共发票三十六张，行引一千八百道，并由兰州道详请发给。仍令以散茶行销，不必将空白执照寄陕，以免转折。俟将来察看滞压情形，方定额数。所发之票，仍即在前次旧商名下承领，照架签章程分销。

一、新票宜发按旧商也。在从前办茶客商，因票多引滞，亏本者盈千累万，此次若另招新商试办，不足示体恤而明平充，拟将此次甘、陕两省准领二万六千八百引，共票三百三十六张，严拨给南柜三百一十六票，拨给东柜二十票。其票即在从前所领四万余引之旧商名下，按其原领数以西成排发，约计前发十票者，此次只发四票，如有不愿及无力续办者，听其自便。所遗票引，再招新商承允。惟从前领票只有字号，并无姓名，以致漫无稽查，此次应令领票各商，先将真实姓名报道，再饬总商等查确，方准呈领，倘果减票后无力办茶，准其将票转让别人，仍以真姓名报明更易，字号可不必换。如商人有愿永远承充者，应于三年后奏定时承办。

一、行引宜掣签分定也。查从前发票太多，票各商不知销竣何时，往往跌价抢售，败坏轮规，弊端百出。此次既耐定岁额，自可无雍塞之虞，然不定以次序，限以司地，则纷纷争竞，必致复蹈前辙，是轮销之法宜行也。查轮销莫公于抽签，拟将章程议定后，既由南柜值年，东柜总而速行知会从前旧商，除未经办茶来兰及将票转售者，不准承领外，如愿领票者，准于八年二月内，先赴道挂号，限于三月十五前，将一万六千八百引票，全数认领。课银则限三月内缴清，然后分别详情发票。票发下后，由道预备竹签，每一票配签一支，传众商将先后次序当堂掣定，榜示辕门，并注明各商票上，俾得一目了然。盖票有轮档，则商人可预算销茶之期，不必抢先采办来兰，而成本亦不至拖累也。所有商名轮档，并应行知各处厘卡，一体查照。

一、茶价宜官为核定也。查茶为民间日用所需，而蒙、番边民需用尤亟。此次既定轮销，原可无虑跌价争售。但人心不一，或复借此居奇，于轮档章程仍有窒碍。拟俟新票引茶行销时，除陕销之散茶，听商自便，毋庸官为定价外，所有行销甘省引茶，到兰先由两柜总商等，于盘验时，酌秤数封，查明引数斤两是否符合，始存库内，一俟轮销到档，即由总商值年，核计其自湖采茶起，至运到兰省止，茶价、运脚、税厘共需成本若干，按照时市斟酌公平，议就价值，禀道悬牌明示。其在省坐销者，即照议价发售。若运入司分者，再按路之远近，将其运脚工价递加在内，不得轻率，不得偏私。所定价值并由道行知所往地方厘卡，委员督令商人遵照。若行市偶有起落，仍准总商等，随时议请增减，但不得私自任意低昂，违者禀明，将茶充公。俟三年一轮销竣，方推另办。

一、课银宜照旧先纳也。查从前老章，原准东西两柜商人，将茶销竣，始完课银。至同治十三年，兼招南商，因道远无人认保，遂改为先课后票。此章虽于各商稍有未便，然此次新票，仍归前次南商承领，则旧章未宜遵易。拟凡承领新票各商，仍令先将应纳课银清缴，然后由道详请发票，以俟三年试办期满，再行酌定。

一、厘税宜量予裁减也。商人自湖采茶，运至三司地面，连正课以及厘税脚价成封统计，每引约需成本银六两有奇。从前领票后，由商随意出售，尚可望本利早还。此次新章凡三百三十余票，皆抽签按档轮销，不许搀越。甘引又复官为定价，无所低昂，其轮销在先者，成本尚少，倘轮销在二百票之后，费用纳息未免太重。兹拟于新票引茶厘税，量为裁减，以示体恤。除官茶所经湖南、湖北、河南三省，纳厘无多，仍照旧不议外；其向纳新疆落地税，每两三分一款，当时原为筹饷而设，现在军务肃清，饷需可节，应请咨明刘爵大臣，准其豁免。倘尚有指拨之项，未便全裁，即将肃州每引应抽出关厘银四钱，移至新疆行销地面，平照数抽收，肃州即毋庸再纳。至陕甘两省之厘，上次章程，本连杂课一两四钱四分在内，每引酌抽银一两六钱。十值此商力疲乏，似宜再加体恤。兹拟照上章减去一钱六分，每引实抽银一两四钱四分。如此则商人既资挹注于杂课，向章亦符旧额，而商人成本稍轻，议价自得平正。

一、经费宜免其呈缴也。试办之初，设立督销局，岁需经费不赀。此次既定价轮销，则督销局自可毋庸复设。惟从前局费，本议在茶厘项下开报，奏咨有案。后乃改在茶厘项下借支。向各商每引加收经费银三钱，陆续归款，以致茶厘项作为商欠经费银数千两。不知旧案既奏明经费，准在茶厘项下支用。则欠款自可在茶厘内开报，无须再抽。兹拟除旧票所办之茶，仍照章按引抽收，厅有新票茶封，既无庸再抽经费银两。其借欠之数，统在茶厘项下开报。以符原奏，而恤商艰。

一、茶色宜饬归划一也。闻从前轮规之散，多由守轮者，因后档之不能提前，搀和杂草，以图厚利，致开私相授受之端。此次议复轮规，必先禁绝假茶，杜绝劣茶，方能议定官价。拟行文泾阳分卡，严饬做茶店户，凡新票运茶至店时，必先请卡员批验，然后作序成封。如系草叶，即不成封；将下轮之茶封做成，运甘接收。倘有以假茶蒙混成封，起运到兰后，由总商值年盘验禀明，立将假茶焚毁，本商附在轮未另办。真茶出卖，非应由两柜总商等，实先告各商：凡采茶时，必须拣选一色，毋得参差；斤两亦须秤足，毋得短少。因兰城所定官价，只论公平，不分等第，倘敢恃有官价，以劣茶成封，或斤两不足，至轮销时，民间不肯照价承买，既得轮档，应将后档轮销之茶接销。该劣茶并不准其减价出售。此乃最要关键。法立必行，各商切勿希冀蒙混，自贻伊戚，是为至要。

一、私茶宜认真严禁也。查甘省额引二万八千余道，现仅岁销五千引内外，非设法充茶务，仍无大起色。然官引之滞钝，多由私茶之充斥。应请督究通饬关内外各厘卡委员，并地方官，一体严缉，定以功过：每获私茶一案，除将茶封一半充公，一半充赏外，并将卡员记大功一次，记功至三次者，酌予调剂；倘有通同徇隐，查禁不力者，亦照一案记大过一次，记过三次，即行撤委。其由北路运出口外之百两、千两等茶，严行拒绝，不准一封入境。其行销散茶之平凉、甘南、宁夏各处，一时未能禁绝，或加重抽厘，俾其成本与官茶相等，亦于茶政不无裨益。俟随时酌议举行。至新疆为官茶引地，深恐俄人侵占，亦请督宪咨明总署，照会该国商人不得妄生觊觎。

一、总商值年宜按轮公举也。查现在章程，缴课方准领票，完厘方准收茶。虽与从前销茶完课须总商督催者不同，但一切盘茶、议价以及查报事件，必得承办之人，始有专责。应于东柜，仍设代理总商一人，南柜设立值年二人，均由众商公同选举。

所有一切稽查应办之事，统归该总商值年经管。俟三年轮满，再由众商于换票时公举更换；倘果勤慎公正，能洽商情，仍准轮满时公同禀留，如有情弊，随时禀明换。

一、茶务宜设员襄理也。查茶务原归兰州道专管，但创办伊始，头绪纷烦，而道署兼办各局事务，实有应接不暇之势。且各商时有因钱债争讼等案，尤为烦琐，非设员襄理，难期妥协。兹拟酌添委员一员，专办茶务及审案事件。每月在茶厘项下，开支薪水银十两或十二两。每年所费无多，而各事可期妥速。

一、茶店宜分别裁撤也。查从前西、凉、庄三府，均设茶店。商人之茶须由店户代售，有协办收课之责。是以必取的保，承领印示，方准开设。乃近来该店户等，任意需索，具控有案。现在商课，既系预缴厘金，亦于起运时清完，自可毋须店户协办。兹拟除省城茶店，甫经酌撤七家，只留五家，一切看库盘验，尚须供役，应仍准其承开外，其西、凉、庄各府之店，悉听商人自行开设，不必官给印示；所有前曾领示之店，概予裁撤，以杜扰累。

一、公费宜分定数目也。查现办茶务之各署房书人等，应需饭食、纸张经费，虽经前督臣左奏明，在茶厘项下开支，并未议定确数，以致该书吏等，每届年终，晓渎不休。拟嗣后查照六、七两年酌发之数，定为常额。以后督署茶马房，每年发给饭食银二百三十三两；藩署课程科，每年发给饭食银七十三两；道署茶课房，每年发给饭食银一百一十九两；茶库大使，每年发给盘茶费银三十四两；道署盘茶印红银四十二两。共银五百两，均仍于茶厘项下照发，由各房书吏人等，分季具领，不待年终始给，以示体恤。

——谭钟麟：《谭文勤公（钟麟）奏稿》(《重定茶务新章十五条》)，见沈云龙主编：《近代中国史料丛刊》(第三十三辑)，文海出版社，1966年版。

十二年，谭钟麟奏发甘肃第三案茶票共四百九张。

窃照陕、甘茶务，经前督臣左宗棠招商试办，以票代引，计五十引为一票，每引纳课银三两，销竣缴票完厘，已经奏明，奉准在案。自同治十二年起，共发官票八百三十五张，计引四万一千九百一十六道。行销十年，未能尽售。茶商坐耗成本，苦累不堪。臣到甘后，体察情形：一由初次发票甚多，日久滞销，商本多至亏折；一由销无定轮，彼此争售，后先搀越，遂致苦乐不均；一由茶无定价，任意低昂，跌价抢售，在所不免。而晋商以贩运普洱、武彝、龙井、六安等茶为名，于理藩院衙门领票，诡称贩货运销蒙古地方。其实，私贩低色湖茶侵销新疆南北两路，既不纳课，又不完厘，成本甚轻，贱价出售。私茶畅而官茶愈滞，此一定之理也。臣于八年定议，旧商领票不得过五成，设档轮销，签掣次第，不准搀越，茶价，以兰州为定。其运往北路伊、塔等城，南路喀什、和阗销售者，按道里远近，加脚价于茶价内，各有定数。出示晓谕，不得私加，试办三年再行定案。其销茶后，原议每票完厘八十两，因新疆省抽收茶厘，将肃州茶厘改由新疆经收，兰州道每票只缴七十二两，以恤商艰。计八年共发票四百零二张，每岁酌销一百余票。此时尚未销罄，而商人本年领票，明春入山采茶，运到泾阳成封，已在秋间，运赴关外，计在十四年春夏矣。兹据各商请领第三案茶票，仍照前章办理，计添发宁夏两票，陕西五票，共发票四百零九张，缴到课银六万一千三百五十两。由兰州道批解藩库收存，详请具奏立案前来。臣查陕甘茶引，骤难复额，目前只能如此办理。试行数年，销路略畅，再筹推广之法。惟晋商在理藩院领票，运货夹带私茶，到处洒卖，一票数年回环转运，漫无限制，逃厘漏税，取巧营私。应请由户部咨商理藩院，以后晋商领票，应注明不准贩运私茶字样。如欲办官茶，即赴甘省领票缴课完厘，与甘商一律办理，以昭平允。倘复诡立千两、百两等名目，运销私茶，在出将货充公。庶官私不至混淆，而引额可图徐复。

——陕甘总督谭钟麟：《奏为甘省续办第三次查票因业已缴清请饬部立案事》（光绪十二年十月二十八日）（《第三案茶票课银疏》），录副奏折，中国第一历史档案馆藏，档号：03-6496-074。

十七年，总督杨昌濬奏发甘肃第四案茶票共四百三十三张。

窃照陕、甘茶务，经前督臣左宗棠招商试办，以票代引，计五十引为一票，每引纳课银三两，销竣缴票完厘，已经奏明，奉准在案。光绪十二年，经前督臣谭钟麟续发第三案，茶票共计四百九张。并声明八年所发之票，每岁酌销一百余票。此时虽未销罄，而商人是年领票，明春入山采茶，运到泾阳成封，已在秋间，运在关外，约在十四年春夏。计自十四年至十六年，岁已三周，系应领票之年，特以私茶充斥，官引滞销，至今尚未销售完竣。茶商坐耗成本，苦累不堪，虽屡经出示严禁，无如陕、甘、新疆地方辽阔，稽查难周，求其净绝根株，实觉匪易。前据各商以连年亏累，力益不支，恳将应纳课银，仿照准盐章程，先酌缴课银。向章每票应缴课银一百五十两，此次拟分三分，先缴二分课银一百两，其余一分五十两，俟运茶到兰盘验时，同厘并缴。臣查恤商乃可裕课。该各商既以成本坐耗，亏累兹甚，不得不稍予变通，以示体恤。且下余课银，俟盘茶时同厘并缴，于公家尚无妨碍，而该商等，实受益不浅，当经批准照办。兹据兰州道转，据各该商请领第四案茶票前来，仍照三案发票数目，分别填给，照章掣档轮销，俾杜弊混。并因接奉部咨，整顿茶务，在于各商原存六成票根内，加发悬票十张，以冀渐图复旧。又添发宁夏茶引一百七十道，填票四张，共发票四百二十三张，计引二万一千一百二十道。先缴课银四万二千二百四十两，由兰州道批解藩库收存，详请奏咨前来。臣查陕、甘地广人稀，茶务骤难复额，目前只能如此办理，仍俟试办数年，再筹推广之法，俾期渐复旧制。除咨户部查照外，所有甘省续办第四案茶票情形，谨恭折具陈。

——陕甘总督杨昌濬：《奏报甘省续办第四案茶票情形事》(《第四案茶票课银疏》)（光绪十七年正月二十八日），朱批奏折，中国第一历史档案馆藏，档号：04-01-35-0568-017。

十九年，杨昌濬奏发甘肃第五案茶票共四百二十三张。

窃照陕、甘茶务，经前督臣左宗棠招商试办，以票代引，计五十引为一票，每引纳课银三两，销竣缴票完厘，已经奏明，奉准在案。光绪十四年，续发第三案茶票，共计四百九张，每岁酌销一百余票。计自十四年至十六年，岁已三周，系应发新票之年，特以私茶充斥，官引滞销，茶商坐耗成本，苦累不堪。前据各商以连年亏累，恳将应纳课银，仿照淮盐章程办理，商领官票，每五十引应预缴正课银一百五十两，此次分作三分，先缴二分课银一百两，其余一分五十两，俟运茶到兰盘茶时，同厘并缴。臣查恤商乃可裕课。该各商既以成本坐耗，亏累兹甚，不得不稍予变通，以示体恤。且下余课银，盘茶时同厘并缴，于公家尚无妨碍，而该商等，实受益不浅，当经批准照办。前据兰州道转，据各该商请领第四案茶票，仍照第三案发票数目，分别填给。因屡准部咨，整顿茶务，在于各商原存六成票根内，加发悬票十张。又填发宁夏茶引一百七十道，填票四张，共发茶票四百二十三张，经臣于光绪十六年，续发第四案新票案内，奏蒙谕旨允准亦在案。本年八月十三日，接准户部来咨："陕、甘行销茶数，每年皆有定额。军兴后以票代引，领票并无的期，遂至年复一年，并未大有起色。兹就十六年所发新票数目，定以三年为期，届期再领新票，分年核计。虽每年仅销百余票，亏额尚多，惟较从前稍有限制，自应宽予期限，再令试办三年。计自十六年续发第四案茶票起，扣至光绪十八年，三年限满，即应饬令自十九年起，承领新票。只准较第四案加多，不得借词减少，并不准任意延玩"等因。札饬遵办去后，兹据兰州道黄云详称："据东西南三柜各商，请领第五案新票，仍照第四案所发，甘、陕、宁同前加票，共计四百二十三张。照章掣档轮销，俾杜弊混。仍遵部章试办三年，自光绪十九年正月初一日起，扣至二十一年止，共发甘、陕、宁茶票四百二十三张，计引二万一千一百二十道。先缴到课银四万二千二百四十两，由道批解藩库收存。至每票欠缴茶课银五十两，随厘并缴。”详请奏咨前来。臣查陕、甘、新疆地广人稀，销茶固少；且各处私茶，虽屡经严禁，卒难尽绝，而晋私为尤甚。以致茶务滞销，未能复额。从前所定一案三年，前后牵搭即逾限制。现在饬发第五案新票，业饬兰州道转谕各该茶商，仍遵部章，扣至光绪二十一年止，试办三年，应俟二十一年续发第六案。新票只可加多，不准减少，酌为定额。目前只能如此办理，除咨陕西、新疆各抚臣暨通饬各局，一体严禁私茶，以畅官引，并咨部查照外，所有陕、甘续发第五案茶票情形，谨恭折具陈。

——陕甘总督杨昌濬：《奏报陕甘续办第五案茶票情形事》(《第五案茶票课银疏》)(光绪十八年十二月二十一日)，朱批奏折，中国第一历史档案馆藏，档号：04-01-035-000569-0056-0000。

二十二年，总督陶模奏发甘肃第六案〔茶〕票四百二十七张。

窃照甘省试办茶务，自光绪十九年起至二十一年止，计第五案，共发陕、宁等处茶票四百二十三张，计引二万一千一百二十道：业经前陕、甘总督杨昌濬，将办理情形专折差明，并奏准部覆，遵行在案。兹查接管卷内，据兰州道黄云详，据东西南各阁请例第六案新票，自光绪二十二年正月起，扣至二十四年十二月止，仍遵照向章掣档轮销，试办三年，共请发甘、陕、宁茶票四百二十七张，较上次多增四票，计引二万一千三百二十道。预缴课银四万二千六百四十两。本应照上届办理，惟据称各商以回匪滋扰，各处引地蹂躏不堪，数月以来，茶无销售，账不能收。且道路时虞梗塞，拨汇维艰，资本悬搁，受累殊甚。恳将每票预缴课银一百两，限于今岁分作四季呈缴，其余欠缴课银五十两，仍随厘并缴等情，当经前督臣照数填发，并先行咨部查照在案。旋因御事在即，未及具奏，移交到臣。查陕、甘、新疆三省地广人稀，销茶固少，加以各处私茶，虽经屡次严禁，卒难尽绝，新疆尤有晋私偷漏，俄私倒灌，种种侵销，以致官茶未能畅旺，茶务急难复额。从前所定，一案三年，前后牵搭，虽逾限制，惟行销尚能接续，引数有增无减。现在发过第六案新票，仍饬兰州道，转谕各商遵照定算，再行试办三年，至光绪二十四年发票之期，容臣察看情形，能否酌为定额，随时举办。除咨陕西、新疆各抚臣暨通饬所属，一体严禁私茶，以畅官引，并咨部查照外，所有陕甘续发第六案茶票情形，理合恭折具陈。

——陕甘总督陶模:《奏报陕甘续发第六案茶票情形事》(《第六案茶票课银疏》)(光绪二十二年三月二十七日)，录副奏折，中国第一历史档案馆藏，档号：03-6507-027。

再查光绪二十二年，轮发第六案茶票，经前督臣杨昌濬宪发过甘、陕、宁茶票四百二十七张，计引二万一千三百二十道，移由臣具折奏明在案。旋据兰州道转，据各茶商呈恳加发前来。臣查茶务，屡准部咨，有以后承领新票，只准加多，不准减少等语。当即核准，在于各商原存六成票根内，加发票三十张，记引一千五百道。并饬照预缴二分课三千两，由道解存藩库，其余欠缴一分茶课随厘并缴，仍请作为第六案官茶掣档轮销，俾归划一，借裕饷需。

——《酌加各柜商茶票片》。

二十四年，陶模奏发甘肃第七案茶票共五百四十九张。

窃照甘省试办茶务，以票代引，前于光绪二十二年，先后发过陕、甘、宁第六案茶票四百五十七张，计引二万二千八百二十道，经臣将办理情形，先后奏明在案。兹据兰州道黄云详，转据东南西各商禀称。“商等前领第六案茶票，此时虽未运齐销罄，若不预先续领，诚恐难于接售。缘领票赴湖入山采茶，装到泾阳成封，然后至陕、甘、新疆，程途既远，为日颇多。恳请将第七案新票，先期给领。并以各处引地，前遭回匪滋扰，现虽平定，销售仍不甚畅。兼以从前赊欠茶（帐）〔账〕之人，逃亡殆尽，无以追讨，资本亏折，受累已甚。仍恳援照俯准变通，将每票预缴课银一百两，限于今岁，分作四季呈缴，以纾商力。其余照章随厘并缴各等情。臣覆加察核，尚系实在情形，当经批准照办。并饬遵照部咨，每案承领新票，只准加多，不准减少去后，旋据呈请加发前来。经酌量核准，在于各商原存六成悬票根内，加发二成，计七案共发过陕、甘、宁票五百四十九张，较上案增发票九十二张，计引二万七千四百二十道。预缴二分课银五万四千八百四十两，限令今岁分作四季呈缴，由道解存藩库。其余欠缴一分茶课银五十两，随厘并缴。仍饬遵照向章掣档轮销，以免搀越。据兰州道详请具奏前来。臣查陕、甘、新疆地广人稀，河湟适当兵燹之后，引地虽宽，销茶本少；加以私茶屡经严禁，迄未尽绝，新疆尤有晋私偷漏，俄私倒灌，种种侵销，以致官茶未能十分畅旺，茶务仍难复额。惟此次较上案加领新票九十二张，试办略有起色。除饬兰州道转谕各商，遵照定章，仍再试办三年，俟届二十七年发票之期，容臣察看情形，能否酌为定额，随时举办，并咨陕西、新疆各抚臣暨通饬所属，一体严禁私茶，以畅官引，仍咨部查照外，所有陕、甘续发第七案茶票各情形，理合恭折具陈。

——陕甘总督陶模:《奏报陕甘续发第七案茶票情形事》(《第七案茶票课银疏》)(光绪二十四年三月二十三日)，录副奏折，中国第一历史档案馆藏，档号03-7130-060。

二十六年，总督魏光焘奏发甘肃第八案茶票共六百二十八张。

窃照甘省试办茶务，以票代引，前于光绪二十四年，先后发过陕、甘、宁茶票五百四十九张，计引二万七千四百二十道，业经前督臣陶模，将办理情形，专折奏明在案。兹查接管卷内，据兰州道黄云详，转据东、西、南各商等禀称："商等前领第七案茶票，此时虽未运齐销罄，若不预先续领，诚恐难于接售。缘领票赴湖入山采茶，装到泾阳成封，然后运至陕、甘、新疆，程途既远，为日颇多。恳请将八案新票，先期给领。并以各处自遭回乱后，(帐)〔账〕银亏累过甚，债主半多逃亡，无以追讨。近年钱价过昂，山价、脚费贵至数倍，资本亏折，受累已深。仍恳援照上届章程，俯准变通，将每票预缴课银一百两，限于今岁，分作四季呈缴，以纾商力。其余照章随厘并缴"各等情。当经前督臣陶模批准照办。并饬遵照部咨，每案承领新票，只准加多，不准减少。酌量在于各商原存悬票内，加发七十九票，共发过甘、陕、宁票六百二十八张，计引三万三千三百七十道。先缴二分课银六万二千七百四十两，取票存案，俟届期由道收齐，解存藩库。其余欠缴一分茶课银五十两，随厘并缴，填发票张在案。旋因交卸，未及核办，现据兰州道详请，具奏前来。臣查陕、甘、新疆地广人稀，河湟适当兵燹之余，引地虽宽，销茶较少；加以新疆晋私偷漏，俄私倒灌，种种侵销，以致官茶未能十分畅旺，茶务仍难复额。现在发过第八案茶票，较上案加领新票七十九张，试办渐有起色。除饬兰州道转谕各商，遵照定章，再行试办三年，俟届二十八年发票之期，容臣察看情形，能否酌复旧额，随时举办，并咨陕西、新疆各抚臣暨通饬所属，一体严禁私茶，以畅官引，而裕课赋，除咨部查照外，所有陕、甘续发第八案茶票情形，理合恭折具陈。

——陕甘总督魏光焘:《奏报陕甘续发第八案茶票情形事》(《第八案茶票课银疏》)，光绪二十六年三月十五日，录副奏折，中国第一历史档案馆藏，档号：03-6512-024。

二十八年，总督崧蕃奏发甘肃第九案茶票共七百六十八张。

窃照甘肃督办茶务，以票代引，于光绪二十六年，将发过陕、甘、宁茶票六百二十八张，计引三万一千三百七十道，业经前督臣魏光焘奏明在案。兹据兰州道黄云详称，各茶商前领第八案茶票，渐次销罄，若不先期续领，诚恐难于接售。缘领票远赴湖南入山采茶，运至陕西泾阳县，作成茶砖包封，运至陕、甘、新疆各处发售，程途既远，辗转需时。请将第九案新票，先期给领。并恳援照上届成案，每票预缴课银一百两，限今年分作四季呈缴，以纾商力，其余照章随厘并缴各等情。据此，当经奴才批饬，遵照部咨，每案承领新票只准加多，不得减少。酌量在于各商原存悬票内，发一百四十票，共发过甘肃、陕西、宁夏茶票七百六十八张，计引三万八千三百七十道。先缴二分课银七万六千七百四十两，取票存案，俟届期由道收齐，解存藩库。其余欠缴一分茶课银五十两，随厘并缴。已饬填发茶票，由兰州道转给各商分领，详请具奏前来。奴才查陕、甘、新疆地广人稀，销茶固少；加以内地各处私贩及俄商私茶，减价侵销，以致官茶未能十分畅旺。现在发过第九案茶票，较八案加领新票一百四十张，俟至第十案领票届期，能否酌复旧额，再行察看情形办理。除咨陕西、新疆各抚臣会同饬属，严禁私茶，以畅官引而裕课厘，并咨部查照外，所有陕、甘续发第九案茶票情形，理合恭折具陈。

——陕甘总督崧蕃:《奏报陕甘续发第九案茶票情形事》(《第九案茶票课银疏》)(光绪二十八年三月十二日)，录副奏折，中国第一历史档案馆藏，档号：03-6513-080。

三十一年，崧蕃奏发甘肃第十案复额茶票共八百三十五张。

窃查甘肃茶务，乱后废弛，经前督臣左宗棠为奏准，招集南商试办，以票代引。初案定发茶票八百三十五张，因私茶充斥，官引滞销，多年不能换票。后又酌发四成茶票三百余张，其余六成五百余张，作为悬额。三年换票一次，酌量递加，均经随时类咨在案。奴才到任后，设法严禁私销，保护官引。数年以来，渐有起色。二十七年换过茶票一次，至三十年年底，又届三年换票之期，各商情愿加领，以复初案之额。遂将原定茶票八百三十五张，一律发清。仍照上届成案，先缴二分课银八万三千五百两，其余每票欠缴一分课银五十两，茶运到甘，随厘并缴。由兰州道荣霈将茶票转发各商承领，赴湖南采茶运销，详请具奏前来。除由奴才咨会陕西、新疆各抚臣饬属，严禁私茶，以畅官引而裕课厘；并咨部查照外，所有续发第十案茶票情形，理合恭折具陈。

——陕甘总督崧蕃:《奏报甘肃省续发第十案茶票复额情形事》(《第十案复额茶票课银疏》)(光绪三十一年四月初四日)，录副奏折，中国第一历史档案馆藏，档号：03-6515-042。

再据甘肃布政使何福堃、按茶使黄云、兰州道荣霈会详，现因筹款维难，据各茶商呈称，情愿于旧额茶票八百三十五张之外，请加发茶票试办，以裕课厘等情，转请加发前来。奴才查茶务屡准部咨，有“以后承领新票，只准加多，不准减少”之文，当即核准，酌加甘票一百五十张，宁票二张，计引七千六百道。并饬照章预缴二分课银一万五千二百两，取票存案，届期由道收齐，解存藩库。其余欠缴一分茶课，随厘并缴，仍请附入第十案官茶轮销，俾归划一。俟试办三年，如果销路畅旺，或加或减，再行酌核办理。除咨明户部及湖南巡抚查照外，谨附片陈明。

——陕甘总督崧蕃：《奏为甘肃省加发茶票事》(《又酌加各商茶票片》)(光绪三十一年四月三十日)，录副奏片，中国第一历史档案馆藏，档号：03-6515-043。

再新疆伊、塔一带，本系南商官茶引地，近因晋商私茶充斥，官运滞销。曾经伊犁将军马亮奏请，试办官运，将晋商茶砖，化私为官，原系因时变通，借筹饷稍起见，准马亮咨商到甘，当即转饬遵办去后。旋据兰州道荣霈详称，南商因全案成本过重，课厘关系巨款，伊、塔引地一失，新疆引地，亦将渐归乌有，无论如何，不甘抛弃引地。并据查明，晋商私茶，系由湖北蒲圻县羊楼峝所办，色味式样与湖南安化茶迥殊。马亮原奏谓边民惯食晋私，不喜官茶，确系实情。南商遂请仿照晋商茶样，另请新票，赴湖北羊楼峝，采办茶砖，运至关外伊犁各处行销，以顾引地而保课厘等情。由兰州道核明，详请发给茶票一百五十张，每票抵引五十道，每引照例配茶一百斤，附茶一十四斤。应缴课厘银五万一千五百四十两，照章完纳，推其暂行试办。照湖茶成案，以三年为期，如果销路畅旺，每年实能销茶若干，届期再行酌定票额，奏明办理，亦于筹款稍有裨益。与伊犁将军臣马亮、新疆巡抚臣藩效苏往返电商，意见相同，除咨部在照外，谨附片具陈。

——陕甘总督崧蕃：《奏为试办湖北羊楼岗茶砖运至伊犁各处行销请发茶票事》(《南商试办伊犁晋茶票片》)(光绪三十一年四月三十日)，录副奏片，中国第一历史档案馆藏，档号：03-0515-044。

再前据兰州道王树枏详，据茶商合作公等呈称：“情愿于旧票外，请加发茶票试办，以裕课厘”等情，转请核示前来。奴才查甘肃茶务，屡准部咨，有“以后承领新票，只准加多，不准减少”之语。当即核准，酌加南商合作公晋票三百三十张，东商天泰甘票三十张，附入第十案官茶轮销，俾归划一。并饬照章预缴二分课银三万六千两，取票存案，届期由道收齐，解存蕃库。其余欠缴一分茶课，随厘并缴。容俟试办三年，察看销路是否畅旺，或加或减，再行酌核办理。据兰州道彭英甲详请奏咨前来。除咨户部及湖广总督、湖南巡抚查照外，谨附片陈明。

——陕甘总督升允：《奏为甘肃茶商请加发茶票事》（《茶商请加发茶票片》）（光绪三十二年六月十八日），录副奏片，中国第一历史档案馆藏，档号：03-6516-074。

三十三年，总督升允奏发甘肃第十一条，畅引茶票共一千八百五十五张。

窃照甘肃茶务，自改办以票代引后，每届三年换领一次。前于光绪三十年年底起，先后发过甘、宁、晋茶票一千四百九十七张，计引七万四千八百五十道，均经随时奏咨在案。兹届三十三年换票之期，据兰州道彭英甲详称，近来严禁私枭，保护官引，以故较前渐有起色，各茶商情愿于旧额外，请加新票试办，以裕课厘。又阿拉善王，因蒙人喜食川字黄黑晋茶，不食湖茶，咨商改办前来。伏查屡准部咨，有“以后承领茶票，只准加多，不准减少”之语。且蒙古向为甘（私）（司）引地，既不愿食湖茶，亦拟援照南商运销伊、塔晋茶章程，责成宁商改办川字黄黑二茶，俾顺蒙情而保引额。当即核准，酌加甘商新票三百五十张，并加宁商新票三张及晋票五张，专为运销蒙地。合之旧额新加，共票一千八百五十五张，计引九万二千七百五十道。按照成案，先缴二分课银一（千）（十）八万五千五百两。其余每票所欠课银五十两，应俟运到甘，随厘并缴，并将茶票转发各商，领赴湖南、湖北采运等情，详请具奏前来。奴才复核无异，除咨明陕西、新疆各抚臣饬属，一体严禁私茶，以畅官引而裕课厘，并咨部查照外，所有甘肃续发第十一案茶票情形，理合恭折具陈。

——陕甘总督升允：《奏报甘省续发第十一案茶票情形事》（《第十一案畅引茶票课银疏》）（光绪三十三年十一月二十日），朱批奏折，中国第一历史档案馆藏，档号：04-01-35-0585-056。

再据兰州道彭英甲详，据东南柜各茶商呈称：情愿于旧外，续加茶票试办，以裕课厘等情，转请核示前来。奴才查甘肃茶务，屡准部咨，有“以后承领新票，只准加多，不准减少”之语，当即核准，酌加茶票三百六十张，附入第十一案官茶轮销，俾归划一。并饬照章预缴二分课银三万六千两，下欠一分课银，俟茶运到时，随厘并缴。除咨度支部及湖南抚臣查照外，谨附片陈明。

——陕甘总督升允：《奏报甘肃试办续加茶票等情形事》（《续加各柜商茶票片》）（光绪三十四年四月二十八日），奏折附片，中国第一历史档案馆藏，档号：04-01-35-0586-010。

国朝茶马旧额　国朝茶法，陕西差茶马御史一员，辖洮岷、河州、西宁、庄浪、甘州五茶司。各厅员内，甘州一司，隶兰州同知。苑马寺卿一员，领监七。每岁御史招商领引纳课报部，所中马，牡者给各边兵，牝者发苑马寺，喂养孳息。

岁额茶课折色银六千二百六十六两二钱三分六厘。本色茶十三万六千四百八十篦。旧额新增，共茶引三万八千七百六十六道，内甘省五司，旧额新增，共引二万七千二百九十六道。茶商领赴产茶地方办运，每引征茶五篦，每篦二封，每封五斤，共征茶一十三万六千四百八十篦。又宁夏道额引二百七十道，纳茶价银一千五十三两，余均系西安所属。顺治初易马例：每茶一篦重一十斤，上马给茶一十二篦，中马给茶九篦，下马给茶七篦。凡通接西番门隘处所，拨官军巡守，遇有夹带私茶出境者，拿解治罪。其番僧夹带奸人并私茶，许沿途官司盘检，茶货入官，伴送夹带人，送官治罪。若番僧所到处，该衙门官纵容私买茶货及私受馈送，增改关文者，听巡按察究。又进贡番僧应赏食茶。须给勘合，付四川布政司拨发，有茶仓所照数支放，不许于湖广等处买私茶。甘镇以茶易马，各番许于开市处所互市，不容滥入边内。四年差满汉巡茶御史、笔帖式、通事各一员。五年，议准茶篦止供中马，不许开销赏番。七年，题准旧例，大引篦茶官商均分。大引，采茶九千三百斤，为九百三十篦。商领部引，输价买茶，交茶马司，一半入官易马，一半给商发卖，例不抽税。小引包茶税分差等，每五斤为一包，每二百包为一引，发卖民用。每引汉中税银九两四钱，西安、凤翔税银一十四两。今定大小引一例平分。十年复准，茶商旧例，大引附茶六十篦，小引附茶六十七斤零。今定每茶一千斤，概准附茶一百四十斤。如有夹带私茶，严查治罪。茶篦先由潼关、汉中二处盘查，至巩昌再经通判查验，然后分赴各司，交纳官茶贮库。商茶听商人在本司贸易。延、宁二处商税，每引百斤，量入官茶三十斤，折银一钱三分，交库汇报。凡镇将发银市马，查核的确，准令购买。若有载茶易马者，概行禁止。各番交易茶马，量赉烟酒以示抚绥。十三年复准，新茶中马既足，陈茶变价充饷。如新茶不足，陈茶两篦折一中马。十四年复准，私茶马变价及赎罪银，原留中马支用，今七监马匹藩庶，改解充饷。康熙二年题准，茶九万篦，作十分考核：欠不及半分者，罚俸六个月；欠半分以上，罚俸一年；一分以上，降一级；二分以上，降三级；三分以上，四级调用；四分以上，革职溢额。每分以上，纪录一次，至四分以上，加一级，五分以上，加一级，纪录一次。茶引不完者，虽多得茶斤，不准议叙。四年，裁陕西苑马各监。七年，裁茶马御史，归甘肃巡抚兼理。十四年，题准茶马事宜，每年八月攒造汇报。三十二年，题准西宁五司收贮茶篦，年久难免浥烂，每篦十斤，变价银六钱。三十六年，仍差部员管理茶马事务。又陕西黄甫堡原额茶引一百三十四道，今口外蒙古，在杀虎口就近易盐，以致黄甫堡茶引不行。事后将额引停其颁发。又以兰城无马可中，将甘州司积贮茶篦，在五镇俸饷之内，银七茶三，每银一两，搭放值三钱茶一封。四十二年，题准陕西茶引共额二万七百九十六道，发西、庄、洮、河四司，通番中马。内有小引八百余道，售西、凤、汉中三府人民供食。自康熙二十三年后，被大引渐次侵更，现今止留小引一百道。西、凤、汉中三府地方人民，不足食用，以致私贩横行。今于小引原额内，颁茶引五百道，给商行茶，每引征茶五篦，每笔折银四钱，共征银一千两。四十三年，覆准嗣后陕境交界处，盘查茶斤，行人携带十斤以下者，停其搜捕。如有驴驮车载，无官引者，即系私茶，照私盐律治罪。失察官员，俱照私盐例议处。四十四年，茶马事务停止，差官仍归甘肃巡抚兼管料理，西宁等处所征茶篦，停止易马，将茶变价折银，每新茶一篦，折银四钱，陈茶一篦，折六钱充饷。巡察私茶十斤以下，停其搜捕。恐沿途行人，分带零运，仍照旧例，缉拿处分。五十七年，议准陕西西宁地方，为通番大路，原额茶引九千二百四十八道，不敷民番食用，今加增茶引二千道。每引照例征茶五篦，每篦折银四钱，共征银四千两。六十一年，覆准陕西、西宁、庄浪、岷州、河州界连口外，增茶引四千道，交与总督办理。一年定例之后，仍照旧交与巡抚办理。又议准西宁等处，行茶原照例易换马、驼、牛、羊，并买粟谷。今将旧茶悉出变卖，以作兵饷。雍正三年，河西厅改为府案内，西宁厅改为西宁府，西司茶务，归西宁府管理。又覆准甘肃四司茶篦，自康熙六十一年为始，五年之内，总收本色，五年之后，即将五年以前之茶，发出变价，挨次出陈易新。将变价银两，按年题报。嗣后，总以五年为率。又覆准，陕省茶改令产茶地方官给发船票照，依该商引目茶数，一一开明，不得另给印票。其应行盘查之处，照引目及正茶、附茶斤两，盘查验放，不得勒措留难。如于部引之外，有搭行印票，及附茶不依所定斤数，多带私茶者，查拿照私盐律治罪。如查验官故纵失察者，照失察私盐例处分。如有地僻引多，茶斤壅滞，不能行销者，该商具呈该司，该司详报甘抚，行令往别司分，通融发卖办课。雍正八年，题准改岷厅为州，洮岷司茶务，归洮岷道管理。又题准五司茶价：西司每封九钱五分，庄司七钱五分，洮司七钱五分，河司九钱四分，甘司七钱二分。各司总在前议价值以上发卖，按季具结报部。九年，奏准令五司复行中马之法：每上马一匹，给茶十二篦；中马一匹，给茶九篦；下马一匹，给茶七篦。俟一年之后，计收马之数，如所得一二千匹，即留甘省军营之用，或马数甚多，分拨于河南、山西相近之各营汛喂养。十年，奏准中马之法；应见马给茶，并于收喂之第一个月，支料二京升，草一束；第二个月，再加料一京升，草半束；至第三个月，支料四京升，草二束。仍于五月初一日出厂，九月初一日收槽。其槽铡、喂夫、棚厂、灯油等项，俱照例开销。又咨准茶商船票，仍由甘肃巡抚衙门给发。

——（明）张世则·序文，徐彦登：《历朝茶马奏议》，南京大学馆藏明刻本。

（二）历代茶法[1]

唐德宗纳户部侍郎赵赞议，税天下茶、漆、竹、木，十取其一，以为常平本钱，后罢之。旧志谓茶之有税始此。贞元九年，从盐铁使张滂奏，令出茶州县，若山及商人要路，以三等定估，十税其一。自是岁得钱四十万缗。穆宗从王播奏，增天下茶务税率，百钱增五十。其后王涯判二使，置榷茶，徙民茶树于官场，焚其旧植者，誉天下大怨。令狐楚代为盐铁使后，令纳榷加价而已。李石为相，以茶税皆归盐铁，复贞元之制。武宗增茶税，时诸道置邸以收税。大中初，盐铁转运使裴休著条约，其法益峻，同于私盐。私商给自首之帖，天下税茶增倍。

宋置榷茶务，官自为场，置吏总之，曰山场。凡园户岁课，作茶输其租，余则官悉市之，先受钱而后入茶，曰“本钱”。又民岁输茶，折税赋者曰“折税”，此收茶之法。凡民鬻茶者，皆售于官，官给其日用饮食茶。商贾之欲贸易者，入钱若金帛于京师榷货务，以射六务、十三场茶，给券，随所射予之，谓之“交引”。此鬻茶之法。雍熙后，用兵之饷，令商入刍粟塞下，酌地远近增其虚估给券，以茶偿之。天圣初，行见钱法，商人入刍粟塞下者，度地里远近，使茶与边粜各以实钱，禁纳色虚估之弊。豪商大贾不能为重轻，而烦费顿省。嘉祐中弛旧禁，通商茶，法敝，园户困于征取。何鬲，王（应）（嘉）麟，俱言其不便。时韩琦、富弼主行之，岁收租三十三万八千有奇，与诸路本钱，悉储以给边。神宗熙宁中，置提举熙河路买马，令知熙州王韶为之，而以提点刑狱为同提举。八年，提举茶场李杞言，卖茶买马，固为一事，乞同提举买马，诏如其请。后又置群牧行司，以往来督市马者。此茶马所由始也。元丰三年，复罢为提举买马监牧司。四年，群牧判官郭茂恂言：“承诏专以茶市马，以物帛市谷，而并茶马为一司。臣闻顷时以茶易马，兼用金帛，以听其便。近岁司局既分，专用银捐钱钞，非羌部所欲。且茶马二者，事实相须，请如诏便。”奏可。六年，买马司复罢兼

[1] 编者注：此处按史料所属朝代编排。

茶事者。七年，更诏以买马隶经制熙河财用司；经制司罢，乃复故。自李杞建议，始于提举茶事兼买马，其后二职分合不一。八年，陕西卖茶为场，共三百三十二，金州为场六。元祐二年，熙河、秦凤〔泾原〕三路茶仍官为计置，永兴、鄜延、环庆许通商。崇宁四年，诏令茶马司，总运茶博马之职，复元丰成法，自是职任始一。

元世祖至元五年，用运使白赓言，榷成都茶，于京兆、巩昌置局发卖，私自采卖者，其罪与私盐法同。

明，陕西置茶马司四：河州、洮州、西宁、甘州。各府并赴徽州茶引所批验。洪武初，上引五千斤，中引四千斤，下引三千斤。每七斤茶晒一篦，运至茶司，官商对分。官茶易马，商茶给卖。每上引仍给附茶七百斤，中引五百六十斤，下引四百二十斤，名曰酬劳。经过地方，责令掌印官盘验，佐贰官催运。凡中茶有引由，出茶地方有税，贮放有茶仓，巡茶有御史，分理有茶马司、茶课司，验茶有批验所。岁遣行人赍榜文于行茶所在悬示，禁约私茶出境，拨官军把守巡视。但有私茶，即拿解治罪。茶课初二万六千八百六十二斤零。宏治八年，新增二万四千一百六十四斤，并旧五万一千二十六斤零，见今茶课五万一千三百八十四斤零，系汉中府属西乡、石泉、汉阴及兴安、紫阳五州县岁办，分解各茶马司。各设陕、甘行太仆寺，寺有卿，有少卿及寺丞、主簿各一人。后裁少卿，寺丞领监二：长乐、灵武，监有正，置苑七：广宁、开城、黑水、安定、清平、万安、武安。苑有圉长。二监易七苑为七监，圉长为监正。甘肃苑马司设官如陕西，领监六，苑司十四。洪武初，令陕西、河州、洮州、西宁各设茶马司。每三年一次，差在京官选调边军，赍捧金牌四十一面，降此三卫附近羌族，令纳马万有三千八百五十匹，收马给茶，名曰差发。先期于四川征茶一百万斤，官军转运，(用)〔由〕各茶司分贮给用。二十三年，定易马茶数：上等每匹一百二十斤，中等七十斤，下等五十斤。洪武四年，奏准陕西汉中府金州、石泉、汉阴、平利、西乡县，民茶十株，官取一分，民所收茶，官给价买。无主者，令官军薅培，及时采取，官取八分，军收二分。每五十斤为中包，二包为一引，令有司收贮，与西番易马。

永乐初，遣御史巡督洮河等处茶马。正统八年，奏准金州芽茶一斤，收叶茶二斤，运西宁易马。十四年，停止金牌，每岁遣行人一员，巡察潼关以西至甘州等处私贩。景泰二年，令陕西布政司，委官巡视，罢遣行人。四年，复遣行人。

成化三年，定粗茶每百斤收银五钱，芽茶三十五斤，亦量收五钱，无银收丝绢等项，俱解本省有司，买茶支用。十四年，差御史一员，领敕专理茶马。每岁一代，遂为定例。定制：易马自四岁至六岁，高大中度者方准收买，牡骟马给各边兵，牝马送苑马寺孳牧。十五年，令巡茶御史招羌易马，不拘年例。十八年，令贩私茶五百斤者，照私盐例充军。宏治三年，令陕西布政司招商给引，赴产茶地方买茶，运赴茶马司。六分听其货卖，四分验收入官。十六年，取回巡茶御史，凡茶法，听马政都御史兼理。十七年，令陕西每年拣宪臣驻扎临洮府，巡禁私茶，一年满日交代。又招商收买茶五六十万斤，依原提拟给银，定限听其自买、自运至各该茶司，仍委官于西宁、河州二卫发卖，价银官库收候给商。十八年，题准各处行茶地方，但有兴贩私茶，在边境交易，及在腹里卖与进贡远人者，不拘斤数，事发，并歇家、牙保俱发往烟瘴卫所，永远充军；其在西宁、甘肃、河州、洮州贩卖者，一百斤以上者，分别附近边卫充军；不及数者，俱依律枷号，摆站守哨，若军官纵容子弟，伴当兴贩，及守备把关巡捕，知情故纵者，发参问；若官自出资本贩私茶通番者，发边卫充军；在西宁、洮、河、甘、肃地方发卖者，三百斤以上，近卫充军。十八年，都御史杨一清及巡按李玑言国初金牌佥发之功，请复其制。以查检不出，事寝。

——（清）查朗阿、刘于义修，许容纂：《甘肃通志》卷一九《茶马》，清乾隆元年刻本影印本。

臣于茶马事例，知圣祖神宗睿谋英略，度越前代也。自唐世回纥入贡，以马易茶，至宋熙宁间，乃有以茶易蕃马之制，所谓以摘山之利而易充厩之良，戎人得茶不能为我害，中国得马足以为我利，计之得者无越于此。至我朝纳马，谓之差发，如田之有赋，身之有庸，必不可少。彼既纳，而酬以茶斤，我体既尊，彼欲亦遂，较之前代曰互市，曰交易，得失轻重，较然可知。且金城之西，绵亘数千里，北有狄，南有番。狄终不敢越番而南，以番人为之世仇，恐议其后。此天所以限别区域，绝内外者也。国初，散处降夷，各分部落，随所指拨地方，安置驻扎，授之官秩，联络相承。以马为科差，以茶（马）为酬价，使知虽远外于夷，皆王官王民，志向中国，不敢背叛。且知一背中国，则不得茶；无茶，则病且死。以是羁縻之，贤于数万甲兵矣！此制西番以控北边之上策，前代略之，而我朝独得之者也。顷自金牌制废，私贩盛行，虽有抚谕巡查之官，莫之能禁，坐失茶马之利，垂百六年，岂徒边方缺马？将意外之虑，或从此生。乞敕该衙门将金牌旧额查出，仍遣廷臣赍捧前来，会同臣等，昭示番族，使知朝庭修复旧制，各当本等差发，不许违背。附近番族调取原降金牌，前来纳马，给茶赏劳，有不受约束招调者，其官兵诛剿，以警其余。庶几恩威并施，番人怀畏，永为藩篙之固。

——（清）查朗阿、刘于义修，许容纂：《甘肃通志》卷四四《艺文·奏疏》（杨一清《请复茶马旧例疏》），清乾隆元年刻本影印本。

正德元年，旧额茶课二万六千八百余斤，新收茶课二万四千一百六十四斤，俱照岁办，永为定例。商人不愿领价者，对分，官茶贮库，商茶径自货卖，遂为常例。二年，仍差巡茶御史一员，请敕兼理马政、茶法二事。十五年，以每年招易，羌人不（办）（辨）秤衡，止订篦中马，篦大则官亏，小则商病。令酌为中制，每一千斤定三百三十篦，以六斤四两为准，作正茶三斤，篦绳三斤。嘉靖十五年，题准陕西三茶马司，积茶止留二年之用，每年易马。计该正茶外，分毫不许夹带。四十三年，题准以后每年开茶，仍止五六十万斤，商人以一百五十名为止，勒限买茶报中。又定买茶中马事宜，各商自备资本，执引前去收买真细好茶，正附一例蒸晒，每篦重七斤。巩昌府查验篦数，稽考夹带，每正茶一千斤，许照散茶一千五百斤，数外若有多余，方准抽税。各照格填注，印钤截角，依限运赴洮岷参将，转洮岷茶司，照例对分贮库，取实收赴院销缴。如有夹带数多，伪造低假，正附篦斤不同，即从重问罪。夹带与斤重者入官，低假者（歇）〔砍〕焚，引过五年不销者究问。三十年，以年例马完，羌有余马，司有余茶，许其增中解牧。洮州增至一千二百五十匹，河州增至一千七百四十匹，西宁二千四百三十匹。隆庆三年，以四川课茶改征折色，解苑马寺，易买种马。五年冬，令甘州茶马司比照洮、河、西宁三茶司例，定以六月该道会同将领，抚调羌马，堪骑征者，方许中纳。每年约以八百匹为止。万历二年，陕西苑马寺缺少种马，将该寺贮库茶课等银，岁解固原镇二千两，给军自买。于年例应解该镇马二千匹内，扣留二百匹，在苑作种。

——（清）升允等修，安维峻等纂：《甘肃新通志》卷二二，清宣统元年刻本，第25页。

明设茶马金牌一十六面，以其上号藏内府，下号给曲先等四卫及申藏等十三族。其文左曰“皇帝圣旨”，右曰“不信者斩”。每三年，一遣京官赍奉合符，凡征马三千五百匹，上马酬茶一百二十斤，中马七十斤，下马五十斤。岁给甘镇马千九百匹，以供征操。

——（清）升允等修，安维峻等纂：《甘肃新通志》卷九七，清宣统元年刻本，第17—18页。

茶，不产于青海各郡县，而边陲赖以易马，故并叙其始末，以备查考。

尝考茶马之政，所来尚矣。自唐肃宗时，回纥有功于唐，许其入贡，以马易茶。

德宗时，纳户部侍郎赵赞议，税天下茶竹，十取其一，以为常平本钱。后悼悔，下诏即罢之。茶之有税，自此始。贞元九年，从盐铁使张滂奏，令出茶州县茶山及商人要路，以三等定（占）（估），十税其一。自是岁得四十万缗。

迨唐、宋、元、明，或增或罢，或沿或革，其年沿代远，曷可胜述。惟自前清雍正八年，题准五司茶价，西司每封定价九钱五分，庄司七钱五分，洮司七钱五分，河司七钱四分，甘司七钱二分。各司总在前议价值以上发卖，按季具结报部。因价昂，西司是年并未发卖。九年，奏准令五司复行中马之法，每上马一匹，给茶十二篦；中马一匹，给茶九篦；下马一匹，给茶七篦。十年，奏准中马之法：应见马给茶，并于收喂之第一个月，支料二京升，草一束；第二个月，再加料一京升，草半束；第三个月，支料四京升，草二束。仍于五月初一出厂，九月初一收槽。其槽铡、喂夫、棚厂、灯油等项，俱照例开销。雍正十三年，军需告竣，番民以中马为累，详请奉文停止。又奏准，五司积储茶二百六十余万之多；价昂难以速销，恐致霉变。令将五司库茶为始年，减价出售，西司每封原定价银九钱五分，减银二钱，以七钱五分销变。令商人停交官茶，每封改折银二钱五分。乾隆三年，又奉文每封改折增银五分，以三钱征收。又奉准，以五司库茶，虽经减价，然销变无几，分别年分远近，递相减价。西司茶封，康熙六十一年至雍正五年止，每（分）〔封〕门定价银三钱；雍正六年至十年，每封定价银四钱五分，雍正十一年起至十三年止，每封定价银五钱五分。按年销变。乾隆七年，奏准令商人于是年为始，停交改折，仍交本色官茶。八年奉准，令将五司茶库茶发给各州、县、卫、所，易换粮石，以裕边仓积储。自八年起至十一年止，共发西司茶四万六千封，宁郡各属共易储各色仓石粮二万七千一百八十二石七斗一升八合零。乾隆十一年，奉准部文，令将乾隆七年以后征储新茶，照依雍正八年题奏之例，西司定价银九钱五分。贵德向不产茶，民间所用之茶，均由茶商售运，照时作价。番族用茶较多，皆用川茶黄茶，近年亦多用湖茶者。

——（清）姚钧纂修：《贵德县志》卷七三，青海省档案馆（油印本），第73—75页。

第四章　中华民国

一、人口

青海人口从未有详确调查，究为若干，殊不易知。民国二十年，本厅令各县调查户口，统计所得，西宁、大通、乐都、互助、民和、湟源、共和、贵德、化隆、循化、门源等十一县共为五十五万五千四百六十四人。循化县：户数，五七七七。人口，二四七三四。循化县人口密度：面积约数，一三一九〇。人口，二四七三四。以十方里计密度，十九。

——青海省政府民政厅编：《最近之青海》，新亚细亚学会出版科印行，1934 年，第 254—257 页。

循化县现住户数及人口调查表（1932 年）

区别	户数	口数
东区	二千一百四十三户	八千八百一十三丁口
南区	三千四百一十四户	一万一千三百四十三丁口
西区	二千六百八十一户	一万零九百八十八丁口
北区	一千九百五十四户	八千八百六十一丁口
中区	四千零五十一户	一万五千一百六十四丁口
合计	一万四千二百四十三户	五万五千一百六十九丁口

——《县现住户数及人口调查表》，青海省档案馆，档号：0067- 永久 -00093-011。

青海各县户口之调查（1933 年）。男女 1013584 人，共计 205711 户。青海各县户口数目，兹据最近调查所得，列志予下：

循化县：5777 户，男 13135 丁，女 11599 口，共 24734 人。

——《最近青海各县社会调查 · 青海各县户口之调查》，《新青海》，1933 年，第 1 卷第 8 期，第 73—74 页。

（1933 年）农耕区汉回土撒四族户口数，据青海民政厅最近调查数目，列表如下：

青海省农耕区各县户口调查表

县别	户数	人数	备注
西宁县	二五八七二	一六三五九九	
大通县	一二七五六	七九〇〇八	
乐都县	九六八九	六六四一八	
民和县	一〇三九三	五二五四五	
互助县	一三九五七	九四九〇一	
湟源县	四三七六	一三七一五	蒙民未列
贵德县	四五一〇	一七六二一	藏族居多数未列入
化隆县	四五四八	一七八四七	藏民未列
循化县	五七七七	二四七三四	
门源县	一八一六	一〇九六六	蒙族未列
共和县	一〇二五	四一一〇	藏族居多数未列入
合计	九四七一九	五五五四六四	

——陆亭林：《青海省帐幕经济与农村经济之研究》，台北成文出版社有限公司（美国）中文资料中心合作，1977 年版，第 20497—20498 页。

（1933 年）回教，不惟一部分回族信仰，青海撒族，亦同崇信，一切仪式，大致无异，惟人种族不同，似与新疆缠回相近。在循化县境者，有一万二千八百余人，在化隆县境者，有二千四百余人，为数已属不多。

——陆亭林：《青海省帐幕经济与农村经济之研究》，台北成文出版社有限公司（美国）中文资料中心合作，1977 年，第 20576 页。

农耕区内各族之分布（1933 年）。各县农民，种族至为复杂。兹列表如下，以资说明。

青海省农耕区各县民族分布一览表[①]（1933 年）

县别	族别	分布区域	占全县人口百分数	每方里人口密度	备注
西宁县	汉	分住各区土著客籍各半	七〇	一一	相传明初由南京移来
	回	城关上五庄各区后子河	二六	五	清康熙后由导河循化移来
	藏	散居三四各区	四	不及一	本系土著多被汉人同化

① 编者注：原表头即如此。

续表

县别	族别	分布区域	占全县人口百分数	每方里人口密度	备注
乐都县	汉	分布各区	九三	一一	
	回	散居湟水北岸大道上	二	一一	兼营运粮及饭馆生意
	藏	住居南北各地	二.五	八	近日久改习农
	土	插居一三区各浅山	二.五	一〇	完全务农
民和县	汉	分布各区	六〇	四七	人口较他县为密
	回	米拉三沟	三〇	四七	即米拉沟、松树沟、巴周沟
	藏	南山各寺院附近	一.八	一五	
	土	二三四各区	八.二	一八	
互助县	汉	布居各区	八五	一〇	
	回	一三区	三.七	二	
	藏	三四区及巴哇族	一.一	〇.五	
	土	各区均有	一〇.二	三.五	
大通县	汉	分布各区居住	七六	八	一区、二区、上四堡及三、四两区
	回	城关及一二三区	一〇	六	一区下三堡、二区下四堡
	藏	散居第四区一小部分	一.五	二	
	土	住居二四两区	一二.五	三	
门源县	汉	集居第一区	二五	一	
	回	集居第二区	二五	一	
	蒙	分布三四两区	五〇	〇.二	五方里平均一人习农者百分之五
湟源县	汉	散居一二两区	七二	六	
	回	城关	三.三	七	兼营小本生意
	蒙	第二区	八.二	五	业农者较少
	藏	三四两区	一六.五	三	业农者甚少
贵德县	汉	分居县城三屯三乡三沟及下山一带	一五	一二	
	回	仝	一五	一〇	
	藏	上山鲁仓完受都秀等处	七〇	七	多游牧
化隆县	汉	集居县城附近	二〇	二	
	回	仝	五〇	二	
	藏	分居上什族下六族	二〇	一	多业畜牧
	撒	卡尔冈水地川甘都堂	一〇	二	
循化县	汉	散居县城马营镇	一五	一.九	
	回	仁化义化韩集乩藏	一五	一.九	
	藏	边都起台等乡	二〇	一.六	
	撒	集居县城附近四十里内	五〇	一.九	居地名撒拉八工即八村

续表

县别	族别	分布区域	占全县人口百分数	每方里人口密度	备注
共和县	汉	杂居一三两区	一一	六	
	回	仝	二	五	
	土	加滩李尔加等	一	三	
	蒙	日月山倒淌河大和坝	一三	二	土房、帐房各半
	藏	大和坝切吉等地	七三	九	多为帐房牧户

上表所列各族，均系居住于农耕区十一县之人民，其余大多数之蒙藏，均居住于游牧区内五县。近来汉回两族，亦有移住都兰一带，从事垦殖者，并在玉树经商者，约有十数家。至土、撒二族，聚集原地，尚无移动状态。

——陆亭林：《青海省帐幕经济与农村经济之研究》，台北成文出版社有限公司（美国）中文资料中心合作，1977 年版，第 20725—20730 页。

青海循化县农村之概况（1933 年）

人口：共计有 5652 户，24749 人，以种族论，汉族为 3858 人，回族 3781 人，撒族（回族之另一族）12882 人，番族 4228 人。以职业论，则农民为 22791 人，商民 961 人，政界 70 人，兵 1240 人，教育 54 人，其他 556 人。游民共约 408 人，以静宁、安乐、街子、查加、马营等地为最多，乞丐共 148 人，均憧憧往来，行踪靡定。喇嘛 1783 人，道士 13 人，尼姑 3 人，每年生者 1536 人，死者 564 人，计生率为死率三倍。贫民因避重税而移居他方者，一年之内，约为四百余人。

本县各民族，番民占地最广，如边都乡、尕塄乡、卑塘乡等，均接近大山，其密度约每十七人占十方里。撒族位于临城街子、查家、苏只、清水等八乡，较为仄狭，约每十九人占十方里。汉民除县城及马营镇、起台堡、川牙、思巴思各处外，其他各乡，绝无踪迹，平均每十九人占十方里。回民住丰乐红花、义化、礼化、智化等处，密度与汉民相同。

——顾执中：《青海——化隆、贵德、循化——三县农村之概况》，《农业周报》，1934 年，第 3 卷第 2 期，第 15—21 页。

青海全省户口调查（循化县）（1935 年）：户数 5777 户，人数 24734 口，男性 13135 口，女性 11599 口。

——《青海全省户口调查》，《新青海》，1935 年，第 3 卷第 10 期，第 39—42 页。

1936年，青海人口数向无确实之调查，据估计全省人口有二百余万，而青海民政厅于二十年调查全省人口仅一四九五八五二口，此项数字是否可靠，固属疑问，但是总有一个明确的数字，最近尚无详调查。按本团调查数县情形观察，近三年之增加数目不在少数，若加精确之调查，全省人口必在二百万以上。兹把本团所调查各县三年来户口变异列表如下：

循化县：现在之户口，60582人。三年前之户口，77832。增减之原因，生育发达。

由上表则知青海近三年来除因特殊情形之一二县外，人口均见增加，然增加既是增加，死亡亦不在少数，兹再举其生殖死亡百分比和死亡原因病症表如此，以证青海卫生设施之重要。

循化县人口变动之比较与死亡原因：出生率6%，死亡率2.2%。死亡之原因：1.不讲卫生易于致病；2.缺少医药设备，时有束手待毙之状；3.迷信太深，不信医治；4.传染病多，不知预防和隔离。流行病症：成年人多花柳、伤寒、霍乱、痢疾、白喉、杂疮、胃病、肺病亦不少；小儿天花、白喉、痢疾为最多。

人口密度与人民职业：全省面积据调查有二百零一万余方里，人口仅一百四十余万（据民厅报告），故平均每方里不及一人，惟东部为农业区，人口多集中该部，如西宁、互助、乐都等县每方里可有七八人之多，至于西部十余方里尚不及一人，兹举本团调查各县人口密度如下：

循化县人口密度：面积16800方里，人口数25635人，每十方里人数16人。

青海居民除蒙藏族多业畜牧，以求生活外，大部人民均赖农田度生，全省农民在百分之八十以上，工商业因交通不便及社会供求之简单，经营者甚少，而农民之中尤多为自耕农，雇农、佃农绝少仅有，兹将数县人民职业百分表列于后。

循化县：政0.4%，军1%，学3.3%，农79%，工0.4%，商3.5%，牧1.7%，医0，僧7%，游1.6%，其他2.1%。

——周觉生：《青海》，青海省图书馆馆藏本，1936年，第8—12页。

吾国各省人口，向无确实之统计，而青海以民族复杂，交通不便，并建省未久之故，其人口更无确实之数字。据估计，全省人口有二百余万，而青海民政厅于二十年调查全省人口，仅约一百四十九万五千八百五十，恐难可靠。兹据民国二十四年边疆教育实业考察团之报告书，有关于人口之数表，分录如下：

各县人口密度表（1935 年）

县别	面积方里	人口数	每十方里人数
西宁	16000	163599	102.3
乐都	1350	68495	50.7
民和	12000	52005	44.6
互助	13000	94601	73.0
大通	23200	79008	34.0
湟源	11000	23700	22.0
共和	20240	20240	8.0
贵德	37800	18042	4.8
循化	16800	26635	16.0
化隆	12600	13485	18.0

按（1936 年）：据青海民政厅所调查，全省面积约二百零一万方里，人口约一百五十万，平均每方里不足一人，惟东北部为农业区，人口多集中该部，如西宁、乐都、互助等县，每方里约七人至十人，西南部十余方里，不及一人。

——马鹤天：《甘青藏边区考察记》，商务印书馆，1947 年版，第 167—168 页。

青海省循化县兵要地志调查报告表（1946 年）（中华民国三十五年十一月二十九日调查）。

人口：总数 34082 口。生活习惯：半农半商。

——《青海省循化县兵要地志调查报告表》，青海省档案馆，档号：0041- 永久 -00034-010。

青海省循化县兵要地志调查表（调查者马精若，1946 年）。

沿革：原为禹贡雍州之地，羌戎翟所据小积石在焉，明洪武初年口外撒马干撒拉懋迁至此遂成，番撒杂居之处隶甘肃临夏，迨清雍正八年始建城垣设厅治之，名为循化厅。民国成立遂改为循化县。

人口：全县住民约五千二百零七户，计男女二万零四百一十四丁口，除老弱妇孺外概有壮丁七百三十四人。

重要村镇概况

城镇	道路情形	人口及住所	宿营兵力	方向	距离
县城		约五百余人土房二百余	无		
素只村	临宁公路由此经过可通汽车	约四百余人土房二百余	无	在县城西	三十里
石巷村	同上	约有五六十人土房约有二十余	无	在县城东	十里
贺隆堡村	同上	约有八十余人土房三十余	无	在县城东	八十里

——《青海省循化县兵要地志调查表》，青海省档案馆，档号：0041- 永久 -00035-009。

二、农业

（一）土地

关于移明欠交民国十七年分各族额粮数目等事的称文（1929 年 5 月 23 日）。卸任循化县县长年为移明事案查，敝任内欠缴十七年分各族额粮数目计：西番十二族欠仓斗稞粮三百八十七石九斗，每石照章以二元二角征收，马营六社欠本折仓斗稞粮六十一石六斗七升七合，韩家集珍珠族欠本折仓斗稞粮二十九石四斗八升一合，川撒牙党族欠本折仓斗稞粮一十三石一斗二升一合，乩藏各族欠本折仓斗稞粮一十石五斗七升五合，相应备文移明。新任循化县县长林开甲。

——《关于移明欠交民国十七年分各族额粮数目等事的称文》，青海省档案馆，档号：0067- 永久 -00048-003。

青海省循化县地方情形政务工作报告表（1930 年 10 月）。

农业：时至冬，今天气已寒，农民灌放冬水。

——《县地方情形政务工作报告表》，青海省档案馆，档号：0067- 永久 -00096-002。

青海省循化县地方情形政务工作报告表（自十一月十六日起至三十日）（1930 年）。

农业：时节冬令农民大半运输粪土以备明春播种。

——《该县十一月十六日至卅日地方情形工作报告表》，青海省档案馆，档号：0067- 永久 -00095-022。

呈循化县县长吴正纲呈覆无从填报垦务状况调查表由（1931 年）。

呈为呈覆事案奉钧厅第四二九号训令转奉实业部第一一二号指令，节开仰即转饬各县，赶速填报垦务状况调查表一案尾，开合行讯令仰该县长遵照务须照依前发表式赶速填造来厅，立待汇转事关垦务要政，慎勿玩娱为要，此令等因奉此遵查。职县山多川狭田少地稀，因无荒地可资开垦，而居民尽后番撒多事游牧，无务耕耘。虽自民国十八年间职县奉令设立垦务分局，现又改组为清垦分处后，迄今计时已逾数年，而呈请领开荒地者实无一马，所有分发表式无从填报，兹奉前因理合具文呈覆。钧厅鉴核谨呈青海省建设厅厅长马。

代理循化县县长吴正纲

中华民国二十年五月二十日

——《关于无从填报垦务状况调查表给省建设厅的呈》，青海省档案馆，档号：0021- 永久 -00421-011。

青海循化县农村之概况（1933 年）。循化处丛山环抱之中，冈陵起伏，陡峻异常。可耕之地，仅限于横贯东西之黄河南岸。统计能耕种之地，约 65880 亩。其中红色土壤约占 23707 亩，黄白壤 30476 亩，黑土壤 11705 亩。以水、旱、脑三种地论，水田约占 40338 亩，旱田约 24639 亩，脑田约 911 亩。本县虽地近黄河，以河岸高耸，无法引水，全县人民所赖灌溉之边都、起台、尕塄、卑塘、夕厂等沟之水，亦以雨量稀少，源流枯涸，故水田亦缺乏灌溉。其中上等地约占百之四三，中等百之三六，下等百之二一。旱田亦因土壤膏沃硗薄之不同，可分三等。上等约占百之四五，中等百之五一，下等百之四。脑田中之上等者，约占百之七三，中等百之二一，下等百之六。

全县现有荒地面积约 9902 亩。地价则因人口增多，田亩稀少，加以不毛之地，所在皆有，以之非常暴涨。现水田上等者，每亩最高价约三十元，最低二十元，普通二十五元。中等者最高二十五元，最低十五元，普通二十元。下等者最高二十元，最低十元，普通十五元。

旱田上等者，每亩最高价约二十五元，最低十五元，普通二十元。中等者最高二十元，最低十元，普通十五元。下等者最高十五元，最低六元，普通十元。

脑田上等者，最高价约二十元，最低十五元，普通十八元。中等者最高十八元，最低十元，普通十五元。下等者最高十元，最低五元，普通七元。

水田之上等者每年可收获二次，产额四斗。中等二次，产额三斗。下等一次，产额二斗。旱田上等者每年收获一次，产额三斗。中等每年一次，产额二斗。下等隔年一次，产额平均可得一斗。脑田上等者年收一次，产额三斗。中等三年二次，产额平均三斗。下等隔年一次，产额八升。

公地抵教育局所辖之学田五十八石五斗。积石关外，毗连甘肃临夏、和政两县之川撒九族等处，约有一千二百七十亩之荒地。县城东门外一里许，有空旷平坦之地，约四百五十余亩，因地处高原，无水灌溉，遂致荒弃。又县城西查汗大寺等处，约有土地二百四十余亩，因尕塄河之水，不能普遍灌溉，亦成荒土。

汉民衣料，多用什布，撒民用毛蓝布、麻布、褐布，间有用羊皮者；番民纯用羊皮及羊毡等。食则汉民以小麦为主体，番、撒人民以青稞、豆子及牛羊肉、酥油、炒面等为日常食品。汉、撒人民，均构筑土屋，番族则携帐房逐水草而居。家庭则汉、撒二族取大家庭制，番民以男多剃发为僧，女则留养家中，赘贫家子弟为婿。普通每年每人必需之生活费，约为九十七元左右。农忙时之雇农工资，每日二角半，每月六元，平时则仅每日一角半，每月四元而已。

——顾执中：《青海——化隆、贵德、循化——三县农村之概况》，《农业周报》，1934 年，第 3 卷第 2 期，第 15—21 页。

青海省农耕区各县面积耕地荒地一览表（1934 年）

县别	全县面积（方里）	耕地面积（亩）	荒地面积（亩）	备考
西宁	一六〇〇〇	四一八六〇〇	一〇〇〇〇〇	湟水沿岸
互助	一三〇〇〇	二五一〇四〇	六〇〇〇〇	
大通	二三二〇〇	三二五六一二	一五〇〇〇〇	
门源	二四七五〇	八七三二	四〇〇〇〇〇	门水上源
循化	一六八〇〇	九〇〇〇	九〇〇〇	黄河沿岸
贵德	三七八〇〇	二六七五〇	二〇〇〇〇〇	同上
化隆	一二六〇〇	二六八五〇	一〇〇〇〇〇	同上
乐都	一三五〇〇	三二二七五六	八〇〇〇〇	湟水沿岸
民和	一二〇〇〇	三五五六九九	八〇〇〇〇	湟水下游
湟源	一一〇〇〇	一一四四三三	一五〇〇〇〇	湟水上游
共和	二四〇〇〇	四五六〇〇	二〇〇〇〇〇	黄河沿岸
合计	二〇四六五〇	一八九五〇七二	一五二九〇〇〇	

——陆亭林：《青海省帐幕经济与农村经济之研究》，台北成文出版社有限公司（美国）中文资料中心合作，1977 年版，第 20718—20719 页。

青海省各县荒地数目估计表（1933 年）

县别	荒地面积（亩）	所在区域	所有权者
西宁县	100000	北川南川西川及各寺院附近	官荒民荒寺院
乐都县	80000	山川净觉寺双塔归化等乡	官荒寺院
循化县	9000	积石关外川撒九族等地以及县域东北	官荒最多民荒次之
贵德县	200000	野力哇完受鲁仓等处	官荒寺院千百户
民和县	80000	上下川口马营官厅等处	官荒民荒
互助县	60000	沙棠川威远堡巴扎堡五峰寺等处	官荒为多民荒次之
化隆县	100000	黑城的札寺等处	官荒民荒
湟源县	150000	东科寺札藏寺三角城等处	官荒民荒寺院
大通县	150000	却藏寺广惠寺等处	官荒寺院
门源县	1000000	八宝俄博阿力克	官荒
共和县	2000000	香哈恰卜恰沙珠玉等处	王公千百户
都兰县	5000000	希里沟香日德哈拉哈图等处	王公
玉树县	4000000	囊谦苏尔莽札武称多等处	千百户（包括囊谦县）
同仁县	3000000	保安隆务寺拉加寺果洛等处	各藏族（包括同德县）
合计	15929000		

——陆亭林：《青海省帐幕经济与农村经济之研究》，台北成文出版社有限公司（美国）中文资料中心合作，1977 年版，第 20871—20872 页。

青海全省面积及田地调查（1934 年）。全省十五总辖境，面积共为二百零一万一千零五十方里，田地共为一百七十八万七千四百三十九亩。

循化：辖境面积一万六千八百方里，田地九千亩。

——《青海全省面积及田地调查》，《新青海》，1934 年，第 2 卷第 4 期，第 79—80 页。

青海循化县之社会概况（1934 年）。循化地当黄河流域，气候较为温暖，田地分水田、旱田、脑田三等，各种谷类，多能成熟。至河南一带，平畴旷野，人烟稠密，为全县菁华之区，其余则山岭重叠，地多瘠苦。全境人口众多，故每年粮食，不敷应用。主要农产，如青稞、小麦、大麦、豆类、荞麦、燕麦、芥子等，副产如山芋、小米、胡麻、玉麦、辣子等均甚产之，计每年田亩生产价值，水田平均一十五元，旱田平均十元，脑田平均四元有奇，现青稞每斗值洋一元六角，大麦每斗值洋一元七角，小麦每斗三元左右，燕麦每斗一元一角，辣子每百斤一十四元。

地主与佃农：佃农与地主约租土地时，先请中证一二人，讲明承租情形后，则不书契约。至承租额数，多则三十亩，少则十亩，普通二十亩，春耕时如缺乏种子，地主乃借与之，待秋收后即如数归还，耕地之副产物，全归佃农。至纳租办法，计分二种，（一）纳租金，按当时粮价高低，以为纳租金之标准；（二）纳租谷，最高额每亩纳租麦一斗，最低五升，普通七升余，每年自秋收后，佃农先行通知地主，或由地主往收，如无力缴纳或歉收时，则由地主宽限及酌予豁免。普通纳租数量，无论水旱田，约占农产五分之二。

农民总数占全县人口十分之五，工、商、学各界共占十分之五。而农民方面，自耕农最多，占总数百分之七十强；地户次之，占总数百分之一四；半自耕又次之，占总数百分之四，佃农占总数百分之三，雇农占总数百分之三。

——《青海循化县之社会概况》，《新青海》，1934 年，第 2 卷第 8 期，第 54—56 页。

青海各县面积调查表（1934 年）。青海民政厅于最近将全省面积人口调查甚详，兹将统计数字分别录之于次：

循化县，境 16800 方里，地 9000 亩。

——《青海各县面积调查表》，《新青海》，1934 年，第 3 卷第 10 期，第 39 页。

1934 年，现时行政区域及面积：青海位于全国西部，东北与甘肃接壤，东南界四川，南界西康，西南毗西藏，西北连新疆，东西距二千余里，南北距一千六百余里，全省面积据估计有二百五十六万余方里，但据最近民厅调查有二百零一万余方里，此项统计亦难确实，辖有十六县三设治局、蒙古二十九旗、玉树二十五族、环海八族、果洛五族、及保安十三族等蒙藏人民游牧区划归附近各县管辖，惟旧有王公千百户等封爵仍存，故行政系统尚难划清，兹将各县名称面积及县治所在地表列于后。

行政区别	自治区数	辖境纵长（里）	辖境横宽（里）	辖境面积（里方）	县治所在地	备考
循化县	三	一〇〇	二八〇	一六八〇〇	循化	
附注	纵横辖境长宽里数，系以各族县最长宽处计算，非无凹凸也 新设县或设治局辖境尚无调查					

耕地和地价：全省面积已如上述，有二百五十余万方里，然全省已耕面积究有多少，尚无确实调查，据民政厅最近统计，全省有耕地一七二一八七二亩，尚不及全省

面积百分之十，余均荒芜或游牧，如与苏浙每方里平均占七八十人者比之，实有天壤之别，兹把各县耕地面积与地价，以及城乡房价等分别列于次。

县别	耕地面积（亩）	备考
循化	九〇〇〇	

城乡地价房价租比较表

县别	类别	租价比较（元）								
		地皮（每亩）			房屋（每间）			房租（每月）		
		最高	最低	平均	最高	最低	平均	最高	最低	平均
循化	城	三〇〇	一五〇	二二五	五〇	一六.五	三二	〇.五	〇.一五	〇.二二
	乡	三〇	五	一八	五	一.七	三.二	一	〇.五	〇.七

——周觉生：《青海》，青海省图书馆馆藏书本，1936年，第4—8页。

案奉钧府本年八月三日已建二字第九四九号训令节开令为各县所开荒地，自明年起招租耕种为租种办法，该县按照该地租种情形详拟来府以凭核夺等因奉此遵查（1940年）。

职县租种田地，上等地每斗年纳租粮三斗，中等地每斗纳租二斗，下等地每斗纳租一斗，租种时先由佃户画立租约，注明租地块数，下籽数目，年纳租粮数及色样容，俟秋收后当场按给租粮，如有拖欠其地阻挡另给别人耕种，兹奉前因理合将租种情形具文呈覆。

钧府电鉴核夺实为公便，谨呈青海省政府主席马。

代理循化县县长马义良

中华民国二十九年八月二十二日

——《呈租种办法省府的报告》，青海省档案馆，档号：0021-永久-00462-010。

循化县共耕地二十六万二千二百二十九亩八分七厘。

水地五万零六百二十亩双零五厘。

旱地二十一万一千六百零九亩八分二厘。

——《同仁县－循化县耕地面积》，青海省档案馆，档号：0021-永久-00699-014。

关于耕地人口粮食产消盈亏数量调查表悉由给循化县政府的代电（1948 年）。事由：造赉职县耕地人口及粮食产消盈亏数量调查表。

受文者：青海田赋粮食管理处

本年七月六日田粮一字第零零零零五一六号代电尾间："查关于各县市耕地人口暨粮食产销盈亏数量调查表，本处于本年辰东田粮一字第三六三号代电饬遵办在案，迄今逾期尚未查填赉处，殊有未合。兹特再电催仰该县依式从速赶办赉处，勿再缓延为要。"等因奉此职，遵即依照规定表式及表例说明翔实，查填耕地人口及粮食产消盈亏数量调查表四份，理合具文一并呈赉。

钧处电鉴汇转实为公便谨呈青海田赋粮食管理处处长冶。

代理循化县县长王敬伯

中华民国三十七年八月三十日

青海省循化县耕地人口暨粮食产消盈亏数量调查表

青海省循化县耕地人口调查表				
第一表				第一页
县市别	土地面积（市亩）	耕地面积（市亩）	人口数	备注
循化县	106875.00 市亩	262242.00 市亩	32140 人	
总计	106875.00 市亩	262242.00 市亩	32140 人	

——《关于耕地人口粮食产消盈亏数量调查表悉由给循化县政府的代电》，青海省档案馆，档号：0035- 永久 -00012-008。

1937 年，青海各县现有熟地，西宁 418600 亩，互助 251040 亩，大通 325612 亩，乐都 312756 亩，民和 355699 亩，湟源 114433 亩，贵德 26750 亩，化隆 26850 亩，循化 9000 亩，共和 45600 亩，门源 8732 亩，同仁 1800 亩，都兰 1500 亩，玉树 3500 亩。上等地约 20 万亩，中等及下等地，各约 100 万亩。又已放荒地，上等约 29700 亩，中等约 38250 亩，下等 90446 亩。未放荒地，约 16276150 亩。但青海各县多未测量，亩数调查，亦难确切，上列数字，据各方所得，不过估计之数，略近似而已。

——马鹤天：《甘青藏边区考察记》，商务印书馆，1947 年版，第 155 页。

民国八年，甘省当局设青海屯垦使署于兰州，旋归并政厅办理，毫无成效。十三年设立甘边宁海垦务总局于西宁，由镇守使兼办，内分三科，举办放荒事宜，分垦区为十处，各县并设分局。如第一区西宁垦务分局，辖上下郭密等处。第二区湟源垦务分局，辖恰卜哈（恰）。第三区大通垦务分局，辖大通西北方面。第四区循化垦务分局，辖保安、甘家滩等处。第五区贵德垦务分局，辖昂拉鲁仓等处。第六区都兰垦务分局，辖香日德等处。第七区玉树垦务分局，辖结古一带。第八区囊谦垦务分局，辖杂曲、苏莽等处。第九区大河坝垦务分局，辖切吉一带。第十区拉加寺垦务分局，辖果洛各族。此次较有进步，但因经费人才所限，效益仍未大著。十六年归西宁道兼办，名为西宁道属垦务总局，各县仍设分局，由县长兼任，积极进行，略有成绩。计查丈荒地及清出无粮之地三万七千一百余亩，收获地价二万一千二百四十余元，升科正粮一百五十余担。当时所定规则，仍属征收地价，其等则为上等地上则二元，中则一元五角，下则一元。中等地上则八角，中则七角，下则六角。下等地上则五角，中则四角，下则三角。此外另纳执照费及印花等费。民国十八年青海建省，改为青海省垦务总局，直隶省府，大加扩充，另订章则，其征收地价之规定，较前特别增加，中下等地更大。即上等地上则二元六角，中则二元四角，下则二元二角。中等地上则二元，中则一元八角，下则一元六角。下等地上则一元四角，中则一元二角，下则一元。但适遇是年甘肃大旱，军民食粮，均仰给于青海，因之粮价大涨，经济充裕，地价虽规定较高，农民领垦者仍多，未及一载，丈荒地及无粮之地，竟达二十万七千七百五十余亩，其收得地价，为十五万四千五百余元，到期升科地为二万五千七百六十余亩，均发给执照。至十九年十月领垦者日少，于是将地价每级减轻四角，如上等上则二元六角，改为二元四角，余类推，并合并财政厅清赋处，改名为青海省财政清赋总处，由财厅兼办，内部缩小，青海垦务，遂转入消沉时代。两年以来，共丈放荒地九千八百五十余亩。二十二年四月，奉中央令，设立土地局，统一地政机关，然因经济无着，仍附设省府，局长由科长兼，未能独立，成效亦少。二十三年三月，又奉中央令限期成立地政机关，乃正式成立青海省土地局，委第一百师副官长某兼局长，分四大垦区，并平均田赋，整地籍，但仍不免种种困难。因青海蒙、藏人民向以游牧为生，不愿农垦，移民开垦，亦易起争端，故今日各县荒地，依然甚多。据调查各县可耕之荒地约计如下表：

循化，荒地面积 9000 亩。所在区域：积石关外川撒九族等地及县东北。所有权者：官荒最多民荒次之。

——马鹤天：《甘青藏边区考察记》，商务印书馆，1947 年版，第 218—220 页。

1923年在西宁设甘边宁海垦务总局，分垦地为十区，计西宁、湟源、大通、循化、贵德、都兰、玉树、囊谦、大河坝、拉加寺十区。

——舒联莹编著:《垦殖学》，中国文化服务社，1948年版，第311—312页。

（二）种植业

民国十九年十月马县长（1930年）。农业：今岁各地种秋天现出穗期，向惟因天道久旱，将来收成大约稍欠。

——《县府10月20地方情形政务工作报告表》，青海省档案馆，档号：0067-永久-00096-010。

青海循化县农村之概况（1933年）

全县每年农业之出产品约如下表：

名称	每年产量	价值（每斗）
青稞	5108石	一元七角八分
小麦	3666石	三元五角六分
小米	18石	三元二角五分
胡麻	44石	二元八角
荞麦	547石	一元六角五分
芥子	468石	三元四角
大麦	406石	一元八角
山芋	337石	一元五角
豆类	498石	三元一角
芋麦	168石	一元七角
燕麦	379石	一元二角
辣子	19200斤	每百斤十五元

一年中每亩生产之价值约如下表：

种类	上等	中等	下等
水田	20元	15元	10元
旱田	15元	10元	5元
脑田	6元	5元	3元

循化当黄河流域，温暖之气候，谷类种子，多能成熟。农产物之输出，以辣椒为大宗，次为蒜及瓜果之类，运往西宁及化隆、临夏等处。作物播种，在立春后惊蛰前

即可完毕，小暑节前后即能成熟。水田于夏间收获后，尚可种荞麦，其余中等水田、旱田、脑田等一年均收获一次。

一般农民的组织，以极少数之汉族在城镇与回族合居外，余均为番、撒二族。故一旦有事，每村三百户至八百户之撒族，即于清真寺内集议应付。番族散居偏远之乡间，附近有喇嘛寺，所有行政及一切设施，多由喇嘛主持之。去年始由县府分全县为三区，第一区十乡，第二区六乡，第三区十乡，设区长及乡镇长等。

农民以自耕为多，约三千六百八十二户，地户约六百九十二户，半自耕农一百九十三户，佃农一百六十三户，雇农一百三十八户。纳租方法，亦有二种：一为纳租谷法，每亩纳租自小麦五升至一斗不等。一为纳租金，则按当时粮价之高低以为纳租金之标准。（本县不用分租法。）

——顾执中：《青海——化隆、贵德、循化——三县农村之概况》，《农业周报》，1934 年，第 3 卷第 2 期，第 15—21 页。

1933 年青海省各县之农产调查：循化——小麦，青稞，莞豆，甜瓜，菜蔬等，近几年来，人民多种辣子。

——《青海省各县之农产调查》，《新青海》，1933 年，第 1 卷第 10 期，第 152 页。

循化县栽培作物统计表（1943 年）

作物名称	栽培面积所占百分率总额与每亩产量	栽培亩数占耕地百分率	产额	每亩产量（斗）
小麦	70 □ 351	69.06	45939.2	6.53
大麦	71	0.07	38.1	—
稞麦（1）	19 □ 141	18.79	15159.7	7.92
莜麦（2）	31	0.03	23.3	7.52
燕麦	183	0.18	219.6	—
荞麦	326	0.32	130.4	—
粟（3）	51	0.05	30.6	—
糜子（4）	10	0.01	6.4	—
豌豆	8 □ 445	8.33	6882.1	—
扁豆	—	—	—	—
蚕豆	112	0.11	89.6	—
大麻（斤）	—	—	—	—

续表

作物名称	栽培面积所占百分率总额与每亩产量	栽培亩数占耕地百分率	产额	每亩产量（斗）
亚麻（5）	285	0.28	128.3	4.50
芸苔	23	0.23	210.6	—
马铃薯	1 □ 131	1.11	2748.3	24.30
烟草（斤）	—	—	—	—
其他	334	1.31		
总计	101 □ 746	99.88		

说明：各表资料来源于青海省林业报告。

——施忠允：《西北屯垦研究》，台北成文出版社有限公司（美国）中文资料中心合作，1977 年，第 37023—37027 页。

青海省循化县兵要地志调查表（1946 年）。农产：本县农产虽有小麦、青禾（稞）、豌豆，惟产额甚少，不敷全县食用，全赖临近各县接济，近年来民多试种辣子，年可约产二万余斤，输销外县其他菜蔬瓜果等额可供当地食用。

——《青海省循化县兵要地志调查表》，青海省档案馆，档号：0041- 永久 -00035-009。

青海省循化县兵要地志调查报告表（1946 年 11 月 29 日）。出产物资：种类，豆、麦、稞。区域：新芳河关等乡。产量价格：豆一万二千公石，每公石二万三千元。麦三万公石，每公石二万三千元。稞一万三千公石，每公石一万七千元。能否自给：否。多余或不足：不足由化隆等邻区觅购。（中华民国三十五年十一月二十九日调查）

——《青海省循化县兵要地志调查报告表》，青海省档案馆，档号：0041- 永久 -00034-010。

关于耕地人口粮食产消盈亏数量调查表悉由给循化县政府的代电（1948 年）。事由：造赍职县耕地人口及粮食产消盈亏数量调查表。受文者：青海田赋粮食管理处。

本年七月六日田粮一字第零零零零五一六号代电尾间："查关于各县市耕地人口暨粮食产销盈亏数量调查表，本处于本年辰东田粮一字第三六三号代电饬遵办在案，迄今逾期尚未查填赍处，殊有未合。兹特再电催仰该县依式从速赶办赍处，勿再缓延为要。”等因奉此职，遵即依照规定表式及表例说明翔实，查填耕地人口及粮食产消盈亏数量调查表四份，理合具文一并呈赉。

钧处电鉴汇转实为公便谨呈青海田赋粮食管理处处长冶。

代理循化县县长王敬伯

中华民国三十七年八月三十日

青海省循化县平时各种粮食产消盈亏数量调查表

单位　面积：市亩；产量：市石

第二表　　第二页

县市别	项目	稻谷	小麦	玉麦	高粱	小米	糜子	燕麦	大豆	蚕豆	豌豆	甘薯	其他	大麦	调剂及运销情形
循化县	面积		69200					42000	30900	11200	57942			51000	查本县小麦大麦燕麦等不足自给，由化隆及临夏输入弥补，运输情形均由牲畜驮运，特此呈明
	产量		39590					29300	21200	8200	23210			38500	
	消费量		40000					30100	22100	8300	24290			39800	
	盈（+）亏（－）		（－）					（－）	（－）	（－）	（－）			（－）	

青海省循化县本年收获前各种粮食供需状况调查表

单位　面积：市亩；产量：市石

第三表　　第三页

县市别	项目	稻谷	小麦	高粱	小米	糜子	大麦	燕麦	大豆	蚕豆	豌豆	甘薯	其他	玉米	调剂及运销情形
循化县	上年面积		69000				57800	52000	29200	28652	25590				查本县小麦大麦燕麦等不足自给，由化隆及临夏输来弥补，运输方法由牲畜驮运，特此呈明
	上年产量		39510				38990	35100	25400	29190	33901				
	目前存量														
	盈（+）亏（－）		（－）					（－）	（－）	（－）	（－）			（－）	

青海省循化县本年收获至明年收获前各种粮食供需状况预测表

单位　面积：市亩；产量：市石

第四表　　　　第四页

县市别	项目	稻谷	小麦	玉麦	高粱	小米	糜子	大麦	燕麦	大豆	蚕豆	豌豆	甘薯	其他	调剂及运销情形
循化县	本年面积		45150					45200	39500	39000	25590	45930			查本县小麦大麦燕麦等不足自给，由化隆及临夏运入弥补，运输方法由牲畜驮运
	本年产量		39150					39450	25120	19900	33901	13222			
	消费量		40010					40021	26400	14000		14000			
	盈（+）亏（-）		(-)					(-)	(-)	(-)	(-)	(-)			

——《关于耕地人口粮食产消盈亏数量调查表悉由给循化县政府的代电》，青海省档案馆，档号：0035- 永久 -00012-008。

关于循化县乩藏乡亩粮食表代电　循化县政府呈（1948.10.16）。案据职县乩藏乡乡长张福旺本年十月二十六日戌乩总字第五一号呈称："案奉钧座发下省田粮处三十七年已田粮字一六号征实征借配征表一份，征粮通知单二十一张，遵即以征一借四规定与职乡地亩详核不符，窃查职乡民地与公学产共有征实粮六十五石三百九六合，内公学产四石一百一十合，本年由省田粮处配发粮配征表内将公学产粮总在民有粮内，另外又有公学产通知单，只有征实无征借，如此公学产要纳两次征实粮一次征借粮，敬附上各保地亩粮石详查表一份，理合并文呈上。"

代理循化县县长王敬伯

循化县乩藏乡各保地亩粮石统计表（升、亩）

保别	共征实	民地征实	公学产征实	本年征实	全保地亩	公学产地亩	民有地亩
1	459	446	12	1786	9180	248	8932
2	320	313	7	1254	6418	148	6270
3	307	246	61		6150	1732	4908
4	404	390	13	1561	8081	272	7809
5	282	280	5	1699	8606	110	8496
6	282	280	1	1120	5639	38	5600
7	1673	1630	69	6415	33471	1395	32076

续表

保别	共征实	民地征实	公学产征实	本年征实	全保地亩	公学产地亩	民有地亩
8	512	512		2650	10252		10252
9	1216	1017	199	4068	24330	3988	20341
10	358	333	25	1332	7176	517	6658
11	574	560	13	2242	11482	268	11214
合计	6539	6128	411	24514	130791	8219	122571
本年度奉令依规定粮赋以征一借四计算 公学产无征借							

——《关于循化县乩藏乡亩粮食表代电》，青海省档案馆，档号：0035-永久-00094-011。

（三）水利

呈赍磨户花各调查表一纸给循化县县长的呈文（1929年12月18日）。呈为呈报会查事窃职奉，钧令节开就近会同乐都、永靖二县约期集合会查磨税以重国课等因奉此遵即，约于本月十八日集合马营以资会查乐都、永靖二县委员及期前来，查得该处水磨全在职县境内流输转行者十九盘，损失倒塌者五盘，而人籍职县磨籍永靖一盘以上磨户，自民国四年迄今未曾领帖之说理合，将会查情形具文呈报伏祈。

县长鉴核备查是否换发磨照以清权限而重国税只候指令遵行谨呈。

循化县县长钟

民国十八年十二月

西马营六大社磨户花名调查表

姓名	籍贯	流转磨数	倒塌磨数	合计磨数
马牙亥	洪化四社	磨一座		
马守福	洪化三社	磨一座		
马勤	洪化三社	磨一座		
王廷贤	灵藏二社	磨一座		
韩英庆	灵藏二社	磨一座		
华永靖	洪化二社	磨一座		
张马保	洪化二社	磨一座		
王忠孝	洪化二社	磨一座		

续表

姓名	籍贯	流转磨数	倒塌磨数	合计磨数
萧中魁	洪化二社	磨二座		
周哈三	洪化二社		磨一座	
马好学	洪化二社		磨一座	
张祖世存	洪化二社	磨一座		
马六十七	洪化二社		磨一座	
马二不都	洪化二社	磨一座		
张正伦	灵藏二社	磨一座		
李继武	洪化二社		磨一座	
马文蔚	洪化头社	磨一座		
马林英	洪化头社	磨一座		
马存仁	洪化头社	磨二座		
马者马李	洪化头社	磨一座		
马登义	洪化头社	磨一座		
甘善积	洪化头社		磨一座	
马积德	洪化头社	磨一座		共总磨 25 盘
说明	谅马积德人籍循化磨在永靖地界			

——《呈赍磨户花各调查表一纸给循化县县长的呈文》，青海省档案馆，档号：0067- 永久 -00391-027。

县府 4 月 20 日至 5 月 10 日地方情形工作报告表（1930 年 5 月）。循化民众素不讲究水利，若天道抗旱即成荒年，县长拟欲黄河沿岸创修水车以资灌溉，节前已呈报在案，现因地势不善，尤值兴时局未便暇举办，惟事关水利，已会同组织部长在于城东五里许河道先修牛拉水车，其规模虽小而灌田亦便，将来劝令各区民众均皆仿效，举办获益实厚。

……

中华民国十九年五月县长马（1930 年）。会同县党部组建部在城东五里许，创修牛拉水车一架，其规模虽小而灌田亦便，将来劝各地民家均皆仿效举办获益实厚。

——《县府 4 月 20 日至 5 月 10 日地方情形工作报告表》，青海省档案馆，档号：0067- 永久 -00096-006。

青海省循化县地方情形政务工作报告表（自十一月十六日起至三十日）（1930年）。其他建设：县长提倡在于临城瓦匠庄修理水车，以资倡率而具水利。

——《该县十一月十六日至卅日地方情形工作报告表》，青海省档案馆，档号：0067-永久-00095-022。

中华民国二十年二月二十五日（1931年）

青海省建设厅厅长马　代理循化县县长吴正纲

第三一三号训令开为令行事查河渠之利益不一而足，是以疏通水道开渠筑堤为当令建设之要政，该县境内所有河流及已开新渠、旧渠共有若干，名称如何其灌溉之广狭，计若干里一一详绘图说迅速呈来。

——《本县长吴正纲呈赍境内河流暨水渠图说由》，青海省档案馆，档号：0021-永久-00307-003。

报告元月一日起至十日循化县政府（1931年1月）。县长甫经到任接准马前任英甲移交各项交代，现正分别清理容矣，清接完竣后即行分别造册销报核以清手续而结交案。

案查马前任英甲在于附近沿河瓦匠庄地方堪以修理水车，遂提倡会同该庄头人等提倡兴修一案，县长到任后即亲履该处以便积极进行，复委城内绅士马楚卿、尹廷祥二人为监工员以专责成。俾便早观阙成，以兴水利。

——《县府元月一日起至十日工作报告的呈文》，青海省档案馆，档号：0067-永久-00095-014。

呈民厅呈覆估计兴修水车工程并绘具图说由（1932年4月21日）。钧厅第四九一号指令，县呈报劝导人民修水车、造船、磨一案内开成及附件均悉，入原令等因计抄发原函一件奉此遵查。县所属各地除各番区及下四工等处尚称水足外，惟上四工等处虽濒临黄河，而灌田之水来自百里外，倘雨露足尚少争持，若逢天旱即发争水械斗情。县长到任后查悉此情，遂即布告劝令广修水车并亲赴黄河沿岸查勘地势、水势，勘能兴修水车之处共计八处，惟因工程浩大需款巨繁徒嗟望洋兴叹。兹奉前因遵即招集绅耆等会议，每架水车约共需洋二千五百元，合计共需洋二万元。县长田。

——《给民政厅呈报估计兴修水车工程并绘图》，青海省档案馆，档号：0067-永久-00477-010。

1932 年 6 月 7 日，主座钧鉴，敬肃者街子查加两工暨临城四庄灌田之水源皆出自边都三沟，若遇天旱，动辄滋事，光绪二十四年因水惨杀人命，上宪派员屡次查勘该工各庄田地多寡，规定水分立石碑，永远遵行在案。本年抗旱不雨，沟水干涸，仅有一二坝口之水，古四月二十一日轮着下游草滩坝庄水分之期，被上游街子工之汗坝庄、查加工之五提白乃亥庄、羊苦浪庄、塘房庄、果什滩庄、果哈拉庄混乱水章，竟敢截堵偷灌坝水分，据该庄报告到府，派员屡次详查各庄偷灌水分各请均属实。

——《为街子查加两工暨临城 4 庄遇天旱滋事杀人的公函》，青海省档案馆，档号：0021- 永久 -00328-003。

青海循化县农村之概况（1933 年）。灌溉用具，多为引水入田之长大凿槽，此外尚有水渠等。综计全县灌溉田亩之河流，西有曲卜藏沟水渠，长廿五里，尕塄清水渠长三十里，西南有边都沟水渠长四十五里，南有夕厂清水渠长四十里，东南有起台沟水渠长一百二十余里。去年四月，城西石头坡民众，在黄河内设水车一架，借以取水。

——顾执中：《青海——化隆、贵德、循化——三县农村之概况》，《农业周报》，1934 年，第 3 卷第 2 期，第 15—21 页。

1943 年，化隆、共和、循化、大通亦有小块灌溉面积，多数均在两万亩以下，同仁地势高寒，水利不甚讲求。

——施忠允：《西北屯垦研究》，台北成文出版社有限公司（美国）中文资料中心合作，1977 年版，第 36996 页。

青海十三县渠道数及灌溉面积表（1943 年）

县属	渠道数	渠长（公里）	灌溉面积（亩）	备注
西宁	21	269	145250	
互助	8	195	150900	
乐都	35	341	71984	
民和	31	103	20226	
湟源	20	69	39980	
大通	4	—	61200	
都兰	8	38	12000	
门源	—	—	12000	

续表

县属	渠道数	渠长（公里）	灌溉面积（亩）	备注
化隆	7	49	11700	
贵德	12	1109	81720	
循化	12	89	—	
共和	16	28	19800	
同仁	游牧地	—	—	
总计	174	2290	634760	

资料来源：青海省人文地理志青海省林业调查。

——施忠允：《西北屯垦研究》，台北成文出版社有限公司（美国）中文资料中心合作，1977 年，第 36997。

循化县政府呈青海省政府事由：会报判处街子查加两工与瓦匠庄草滩坝庄互争水份一案情形并赍规定水利章程及此次公议以后违犯罚则章程请核备由（1938 年）

案查街子、查加两工各庄浇灌田地之渠水发源于距城四十里之边都沟所属柴沟、顺义、中库三沟，合流于下游查加、街子两工浇灌各庄田地，然街子工渠头在查加工河滩界内每值灌田吃紧之际，此挖彼塞，动辄滋事，光绪十二年，查加工截堵偷灌托坝庄水分，该工不服开导，掷石伤官呈奉。上宪派员履亩查勘，会同八公（工）头目议水章四条，自草滩坝庄起至查加工止，以三十昼夜为一轮，周而复始挨次浇灌并刊立石碑，永远遵行在案，惟本年夏间草滩坝水分被查加工截堵浇田，瓦匠庄水分被街子工截堵灌田，实属有违定章，当即将两工肇事人韩成文等分别提县管押以凭严惩，并电呈钧座核示旋蒙委派参议，驰抵循化会商，县长详为调查此次查加工偷灌草滩坝水分，出头者为该工乡长韩乙奴，谨将查得事实为我钧座陈之。

1. 乾隆年间及光绪七年、九年、十二年，民国二十年违乱水章，掷石伤官各案内，查加工为闯祸之首。光绪十二年该工红面大哥及该韩乙奴之父韩木洒押解晋省，将红面大哥等四名正法，韩木洒等四名陪场以惩刁恶在案。

2. 四月二十二日为草滩坝水分，该乡长于二十一、二十二两日召集众人在河滩商议推翻成案，是日下午果然截水灌田紊乱水章。

3. 该工勿提白乃亥、羊苦浪两庄偷灌水分之人韩才仁等二人提县管押，该韩乙奴以乡长资格将韩才仁等领去秉公处息，去后不但不调处反而将该勿提白乃亥等男女众人唆使赴省上控，实属藐法已极。

4. 此次街子工截灌瓦匠庄水分，该乡长暗行主谋以期达到推翻铁案之目的，据以上四项事实，该工勿提白乃亥庄、羊苦浪庄、塘房庄共偷灌田地三十一块，每块罚洋一十五元，共罚洋四百六十五元，并将该韩乙奴判处监禁一年以示炯戒，而儆效尤，该民等尚不服从，是否有当伏祈。

鉴核施行至于街子工与瓦匠庄一案，参议同街子工马掌教及本城绅士马维善等邀集两造和平调处，将街子工酌罚洋一百五十元拨归促进会学校，两造服悦秉公处息，惟前定水章系规定轮流水分日期并未严定，违犯处罚条例以致人人效尤不知戒惧，兹会同八公（工）六沟乡长及老人等共同商议，除将光绪七年及光绪十二年所规定各项水利章程仍照旧例旧规施行外，并拟定以后违犯水章罚则五条，一致通过。当场各工沟头人签名画押，日后永远遵行，除分令八工六沟乡长头目等互相劝勉共成善良外，理合照抄原定水利章程四条及此次新定违犯水章罚则五条具文呈赍。钧座鉴核备案，谨呈青海省政府主席马。

计呈赍新旧水利章程一份，青海省政府参议马如云。

代理循化县县长马精若

中华民国二十七年七月

——《会报街子四庄争水分情形及规定水利章程违反者罚给省政府的呈》，青海省档案馆，档号：0021-永久-00325-005。

循化县，在汉为金城郡辖治之地，当时亦有引取黄河之水灌溉田亩之事。至唐咸亨之后，失陷于吐蕃，沟渠遂废。嗣后地方忽复忽失，亦无一定渠道之开修。至前清初年，西平蒙古对官设治之后，人民得安其业，沟渠复浚。八工地方以及保安等处水渠颇多，干支渠道密如蛛网，灌溉颇称便利。

民国十八年，新省成立，本厅代办杨希尧于四月间奉省政府令，拟订青海省各县兴修水利办法八条，呈复施行。五月王厅长到任，仍继续办理。以经费无着，有碍进行，遂于同年九月拟由各县额粮百五经费项下提取五分之一，以资兴办。当即核具各县应提经费数目表，并拟各县水利暂行办法十五条，呈请省府照准施行。至十九年，即从事调查，令各县召开水利会议，将各县境内能否兴办水利情形，详加讨论，绘图具说，呈报察核。一面派专员分往考查。方欲举办，而各处灾情过重，所拟提取之百五经费，抽取殊感困难，进行无形停止。于是为撙节经费俾利进行计，又复缩小范围，呈请于本厅设置水利专员二人，督办各县水利。并以本年灾情极重，用以工代赈法，可以兴办水利，建议于省赈务会，经议决给赈洋一万元为补助，现此款业按各县水利工程之繁简，分派就绪。

青海省各县兴修水利办法

一、各县兴修水道，应依本办法之规定。

二、各县乡区水道之兴修，其办法如下：

1. 各县设立水利局，办理水利事宜，其局长由各县县长暂兼之。

2. 各县县长应令沿河镇村，自行疏浚，务使河基巩固，水流畅达。如彼此有关联时，更须由数镇或数村联合设立水利分局，公推董事三人，督率办理。前款工作应于每年农隙之时，派夫修理。如不能出夫之户，得出资代雇。

3. 原有沟渠，每年须重新修浚，力求稳固，务使灌溉普及。其沿河可利用河流之处，并须另辟新渠，积极兴办。

4. 近山或远水地方，须通泉通沟，或凿井灌田。如近河地方限于地势，不能引流开渠时，宜仿古桔槔法，或置备水车行之。

5. 各县沟渠之尺度，得由各该村村正等规定，呈报县政府备案。

三、各乡举办前项规定事项，合于国民政府新颁兴办水利防御水灾奖惩条例第四条各款之规定者，得由各该县县长查照呈请奖励之。

其在事实人员如有劳绩及捐资，或募集巨款补助工事者，得由各该县县长查照该条例第七条二三两项之规定，呈请奖励之。

四、各县联合兴办水利时，其经费由各县分筹，或数县协筹。但雇用工力及工匠，均须酌给口食。

五、沟渠所占土地均应给价，并呈请豁免钱粮，以昭公允。

六、沟渠经此次修筑，每年秋后必须修补一次。并由督修人员不时查勘，有无损坏之处，随时呈明县长核办。

七、本办法之规定，本省各理事准用之。

八、本办法自公布之日施行。

青海各县每年应征额粮百五经费内提取五分之一经费数目表：循化全年额粮数目：1011 石，3318 勺。按百分之五所提粮数：50 石，5661 勺。由百五数内提取五分之一粮数：10 石，1132 勺；折合市石 2 石，5283 勺。价值 126 元，415 厘。备考，价值栏内系所提一分粮数之价值。

青海各县应开水渠及应修水车一览表：循化县黄河沿岸应创修水车一架。查报者为该县前县长马英甲。呈报年月为十九年（1930 年）十一月。估计工程及经费：约略估计需工二三千，需洋三千余元。

各县水渠估计报告：循化县属查已于黄河沿瓦匠村修成水车一架，兹又拟于沿河一带复修水车八架，每架需洋二千五百元。

——青海省政府民政厅编：《最近之青海》，新亚细亚学会出版科印行，1934 年版，第 210—224 页。

青海省循化县三月份政务工作报告（1935 年 4 月）。水利类。注重水利：县虽临黄河，惟因河身低而河岸高，故无利益之可言，而赖以引灌田地，全赖山水，现值东作方兴。

——《青海省循化县三月份政务工作报告》，青海省档案馆，档号：0067- 永久 -00098-019。

民国二十五年六月二十一日代理循化县县长杨焕（1936 年）

所属各地除第二第三各区尚称水足外，惟第一区之上四工等处虽濒临黄河而灌田之水来自百里以外，甘雨时降尚事争持，尚遇天旱即一生争水械斗，请示县长到任后查悉此情，遂即重令广修水车并亲赴黄河沿岸查勘地势水势，勘能兴修水车之处共计八处，惟因工程浩大需款甚巨，徒舆望洋之叹，兹奉前因遵即召集绅耆等会曦，每架车切实估计约需洋二千五百元，合计共需两万元，除绘具图说附赍外理合具文呈请。

——《呈赍计划兴修水车图说请汇转给省政府建设厅的呈》，青海省档案馆，档号：0021- 永久 -00387-002。

黄河上游之水车轮灌溉：自河源以下，蜿蜒千余公里，两岸俱为高山，海拔四千八百公尺以上。河流其间，积沙浅濑，灌草丛生，向为游牧之民所居，故无灌溉农田之可言。及入贵德、循化为汉金城郡地。当时扩地屯田，分取黄河之水以资灌溉。后游牧民族屡侵入其地，农利久废。清初奠定疆域，农民安居，沟渠渐辟，惟河岸高陡，引水不易。民国以来始有仿用水车轮者，计贵德二轮（拉果塘及古采寺）、循化二轮（城北及城西）、共和一轮，然灌溉无多，合计不过二百余亩。

此种水车轮系以木为大轮，具大辐十八耦，集辏于毂。大辐之间列小轮三，联以撑框。轮周布以辋二道，附以刮水板，缀以水斗，其数倍于大辐耦数。水斗斜倚以迎水。轮径小者三丈（十公尺），大者至六或七丈（二〇公尺）。全轮倚于木轴，轴径三尺，长六尺。轴端裹之以铁，支于轴筒及档头，二者固定于夹岛柱上，其高过轮之半。柱嵌于石砌龙礅，龙礅之间为水槽，河水由迎水坝迎入水槽，击水板而掀动大轮。轮转则水斗各盛水如其量而上升，计至顶则挨次倾注其水于掌盘内，通木槽而入渠，以达田塍。

查循化县城北及城西二水车，共费二千九百余元，溉田六七十亩，每亩摊费至四十元。

黄河支流及其流域以外诸水之灌溉：循化县所引卑塘沟渠一，尕塄沟渠一，边都沟渠五，夕厂沟渠一，起台沟渠四，溉田亩数未详。渠线长共约百余里，每亩灌溉以百亩计，共约万余亩。共计一十一万六千一百六十亩。

——李书田：《中国水利问题》（下册），商务印书馆，1937 年版，第 183—196 页。

循化县建修水车工程计划（1942 年 8 月 10 日）。查循化地虽濒临黄河，因沙岸过高水利毫无其所赖，以灌田之水纯系涧沟溪流雨水，丰广之年尚可敷用，一遇天旱则源涸流竭即成荒歉，殊非抗建时期增加生产之道。兹按诸本县实际情形，应修水车工程计划如下。

一、本县拟在循阳乡、查汗大寺黄河南岸建修水车两架灌溉田园，裨益民生，诚非浅鲜。

二、本料。每架水车应需立木直径二尺长六丈，木料二十四根，又需辐条乘子用直径七八寸长四丈，木料二百根，又水槽水桶用直径二尺长二丈，木料一十根，又车轴一根，直径四尺长一丈三尺，又做水板用直径一尺三寸长，七尺榆、柳树一十五根。

三、铁器。每架水车用铁袖筒一对（附带铁乘墩一对），共重九百斤。又熟铁钉子二百斤、铁锤一个，计重十斤。

四、木工。每架水车应需木工一千五百工。

五、劳工。每架水车应需劳工一千工。

六、经费。每架水车共需经费洋七万八千四百九十元，计修两架共需洋一十五万六千九百八十元，另造预算附呈请。

省府转呈中央核拨以资建修。

——《循化县修建水车工程计划》，青海省档案馆，档号：0016- 永久 -00025-006。

呈赍职县三十四年度办理小型农田水利工程成果简表一份请鉴核汇转由（1945年）。

循化县政府呈案奉钧府三十四年十一月十五日亨建二农字第二六二号训令节开："令该县境内举办之小型农田水利工程依式造报以资凭转为要此令"等因，附省县办理小型农田水利工程成果简报表一份，奉此职即令饬各乡确实调查，呈报去后旋据循阳乡境内草滩坝瓦匠庄两处于三十四年度建修水车两座，遂按照所发表式确实填造农田水利工程成果简报表一份，奉令前因理合具文一并呈赍，钧府鉴核汇转实为公便，谨呈青海省政府主席马。

附呈赍三十四年度办理小型农田水利工程成果简报表一份。

代理循化县县长罗平

工程所在地	工程类别	收益亩数	支用工款数额	工款来源	开工及完工日期	备考
循阳乡瓦匠庄	水车	壹佰亩	弍拾五万元	自筹	三十四年元月起至四月底完工	
循阳瓦匠庄	水车	壹佰贰拾亩	贰拾捌万元	自筹	三十四年元月起至四月底完工	

——《给省政府关于三十四年办理农田水利成果事的呈》，青海省档案馆，档号：0021-永久-00384-015。

呈报职县在各林区内灌浇冬水情形祈（1948年）。

案奉钧府本年元月三十一日（37）建二字第零零三七号训令内开："仰将该县三十六年冬灌浇公林冬水情形详细具报来府以凭核备为要"等因，奉此职于三十六年度十一月内令饬护林班及当地保甲长在各林区内灌浇冬水一次，以期成活，兹将灌浇情形具文呈报，钧府电鉴核备实为公便，谨呈青海省政府主席马。

理循化县县长王敬伯

民国三十七年五月七日

呈具呈人循化县孟大工属下半工木厂塔沙坡两庄全体民众，因世居孟大工采樵为生，饥寒穷迫，人所共知，贫民等出于此地，地狭民穷，向无田产，全为樵夫之众，以资立足过活，贫民为公纳兵纳款是国民应尽之义务，因我香公主座鉴我撒民出地不宜，知识浅薄，只认樵夫主业，若常此以外环境生活，更行穷迫。本省主座以念贫民解轻难困而更改生活情形起见，特派员专来此地共售公员，贫民实为铭感肺腑，饮水思源已过了三四年，然今几年朱公令未买木料，禁止他方出卖以成死路，贫民无法维持家务而多数人家迁走他方，过活遗留之贫民守清真寺过那岁月，因民地跑一天吃一日，日日奔山养活蚁命，何等维持供家呢！贫民细思再三困难莫及恳祈主座，电鉴苦情，施恩做主，将彼地未有大松只有花林勉之，公全禁止将木料自由出卖，以解贫民安定生活而救难困哀哀，上恳谨呈主席马。

具呈人循化县孟大下半工属木厂塔沙坡民：韩大五、马主麻、马六十一。

——《关于给青海省政府呈报职县在各林区内灌溉冬水情形的呈文》，青海省档案馆，档号：0021-永久-00226-007。

应开水渠应修水车一览表（1948年）

青海各县应开水渠应修水车一览表					
县别	应开水渠	应修水车	引水及经过	估计工程及经费	备考
西宁	省会附近新大计划渠				
	临城南渠				
	平戎等堡大河南渠				
	平戎等堡大河北渠				
	省城西彭家寨渠				
大通	多浴堡渠				
	通让堡渠				
	想渔堡渠				
	元墩堡渠				
	李家堡渠				
互助县	曹家堡渠				
乐都县	水磨渠				
	深沟渠				
门源县	城北渠				
循化县		黄河沿岸创修水车一架	引黄河水约灌田十余石	约需工三千，需洋三千元	
共和县	苏呼拉渠				
湟源县	立达庄渠				
民和县	马厂塬及官厅两处可修水车二架				
贵德县	东河滩渠				
	西河滩渠				
	临城塔尔渠				
附记	上列各县水渠水车急待兴修，惟所需工程费为数甚巨，本省财政极窘无法修筑，前曾函请赈济委员会酌拨款项，以工代赈旋准，赈委会来电请由就地筹款，如有不敷再行报请中央主管水利机关酌核办理等，因终以本省无法筹款迄未举料				

——《应开水渠应修水车一览表》，青海省档案馆，档号：0021-永久-00330-006。

青海省农田水利调查表（1948.9.23）。

循化县，旱田 22609 千市亩，水田 50620 千市亩，已灌溉面积 50620 千市亩。

——《关于送农田水利调查表给水利部的电》，青海省档案馆，档号：0021- 永久 -00334-004。

青海利用黄河水源者：计贵德、共和、同仁、循化、化隆五县，灌地三五〇〇亩。

——舒联莹编著：《垦殖学》，中国文化服务社，1948 年版，第 311—312 页。

（四）农业组织

给循化县关于人民团体组织及状况调查表指令（1932 年 9 月 3 日）

人民团体组织及状况调查表					
某省市	青海省	青海省	青海省	青海省	
某县市	循化县	循化县	循化县	循化县	
团体组织	名称	教育会	农会	工会	商会
	性质	提倡教育研究学术	改良乡村经济生活研究农业生产发展之方略	改良旧时手工业生产而谋机器工业之发达以期生产之增加	改良商人生活并以提倡国货抵制日货为原则
	会员人数	52	56	50	50
	经费来源	经费无在改组期间由县府每月筹拨大洋一十五元	经费无在改组期间由县府每月筹拨大洋一十五元	经费无在改组期间由县府每月筹拨大洋一十五元	经费无在改组期间由县府每月筹拨大洋一十五元
成立年月		1930 年 12 月 6 日	1930 年 12 月 6 日	1930 年 12 月 6 日	1930 年 12 月 6 日
曾否领得当地党部许可证		无	无	无	无
曾否在主管官署立案或备案	在当地党部政府均分别立案	在当地党部政府均分别立案	在当地党部政府均分别立案	在当地党部政府均分别立案	
现在进行状况	本会前虽成立，然内部组织诸多不合本年四月间奉令改组，现正积极办理登记会员事宜	本会前虽成立，然内部组织诸多不合本年四月间奉令改组，现正积极办理登记会员事宜	本会前虽成立，然内部组织诸多不合本年四月间奉令改组，现正积极办理登记会员事宜	本会前虽成立，然内部组织诸多不合本年四月间奉令改组，现正积极办理登记会员事宜	
备考	此次登记者 29 人	此次登记者 50 人	此次登记者 30 人	此次登记者 30 人	

——《给循化县关于人民团体组织及状况调查表指令》，青海省档案馆，档号：0021- 永久 -00101-001。

青海省农业团体组织调查表。

循化县农业团体成立于 1938 年 7 月，备案于 1941 年 8 月。

——《青海省农业团体组织调查表》，青海省档案馆，档号：0012- 永久 -00062-001。

青海省各县乡镇农会组织调查表（1941 年）

循化县乡农会组织调查表				
名称	负责人职务及姓名	会员人数	成立年月	备案年月
街子乡农会		105	1938 年 7 月	1941 年 8 月
查加乡农会		54	同上	同上
素只乡农会		65	同上	同上
查汗大寺乡农会		52	同上	同上
清水乡农会		87	同上	同上
孟达乡农会		47	同上	同上
崖幔乡农会		64	同上	同上
张尕乡农会		102	同上	同上

——《青海省各县乡镇农会组织调查表》，青海省档案馆，档号：0012- 永久 -00062-002。

青海省循化县农会调查表（1941 年）

青海省循化县农会调查表					
名称	成立日期	备案日期	会员人数	改选次数	改选日期
循化县农会	1938 年 7 月 23 日			一次	1941 年 8 月 8 日
街子乡乡农会	1938 年 7 月 14 日		105		
查加乡乡农会	1938 年 7 月 15 日		54		
素只乡乡农会	1938 年 7 月 16 日		65		
查汗大寺乡乡农会	1938 年 7 月 19 日		52		
清水乡乡农会	1938 年 7 月 20 日		87		
孟达乡乡农会	1938 年 7 月 21 日		47		
崖幔乡乡农会	1938 年 7 月 20 日		64		
张尕乡乡农会	1938 年 7 月 20 日		102		
中华民国三十年十二月二十一日循化县县政府填报					

——《省循化县农会调查表》，青海省档案馆，档号：0021- 永久 -00099-015。

三、畜产业

中华民国二十三年（1934 年）六月十四日。县农民所饲之牛纯系黄牛，间有一二畜养菜牛以作食品者，至全县耕牛不敷应用，均以骡马之力代之，因无向他处采购补充，请事兹奉前因理合将。

——《本县耕牛供求情形的呈件》，青海省档案馆，档号：0021- 永久 -00569-002。

中华民国二十七年五月代理循化县县长马义良（1938 年 4—12 月）

屠场数	牛			羊			猪			鸡			日期
	个数	肉量（斤）	平均价格（元）	个数	肉量（斤）	平均价格（元）	个数	肉量（斤）	平均价格（元）	只数	肉量（斤）	平均价格（元）	
	6	720	30	28	700	7	8	560	23	50	50	0.5	民国二十七年四月
	7	698	30	35	900	7.5	9	630	23	45	45	0.5	民国二十七年五月
	5	500	28	63	1890	7	7	490	22	56	56	4.5 分	民国二十七年六月
	6	630	25	82	2500	6.5	5	350	22	60	60	4.5 分	民国二十七年七月
	4	480	24	100	3300	6.7	5	350	21	48	48	4.5 分	民国二十七年八月
	6	780	22	120	4400	6.2	4	280	21	40	40	4.3 角	民国二十七年九月
	20	2800	21	142	5680	5.4	3	210	20	20	20	4 角	民国二十七年十月
	35	5250	20	180	7200	5	2	140	18	31	31	4 角	民国二十七年十一月
	12	1500	23	110	4000	5.2	25	1750	15	95	95	4 角	民国二十七年十二月

——《关于给青海省政府呈赍二十七年 4—12 月份牲畜宰量月报表的呈文》，青海省档案馆，档号：0021- 永久 -00590-003。

各省市牲畜屠宰量月报表（1939 年 6 月）

调查地点青海省循化县							调查时期民国二十八年六月份											
屠宰牲畜种类																		
屠场数	牛			羊			猪			鸡			鸭			鹅		
	头数	肉量	每头平均价格	头数	肉量	每头平均价格	头数	肉量	每头平均价格	只数	肉量	每只平均价格	只数	肉量	每只平均价格	只数	肉量	每只平均价格
4	8	共920斤	30 元	30	共900斤	8 元	8	共560斤	23 元	60	共 60斤	0.8元						

各省市牲畜屠宰量月报表（1939年7月）

调查地点青海省循化县										调查时期民国二十八年七月份								
屠宰牲畜种类																		
屠场数	牛			羊			猪			鸡			鸭			鹅		
	头数	肉量	每头平均价格	头数	肉量	每头平均价格	头数	肉量	每头平均价格	只数	肉量	每只平均价格	只数	肉量	每只平均价格	只数	肉量	每只平均价格
4	10	共880斤	30元	35	共1100斤	8元	5	共350斤	23元	70	共70斤	0.8元						

——《呈建设厅牲畜屠宰月报表》，青海省档案馆，档号：0021-永久-00603-004。

各省市牲畜屠宰量月报表（1939年8—10月）

屠场数	牛			羊			猪			鸡			日期
	个数	肉量（斤）	平均价格（元）	个数	肉量（斤）	平均价格（元）	个数	肉量（斤）	平均价格（元）	只数	肉量（斤）	平均价格（元）	
8	9	850	25	75	2500	7	5	400	25	45	45	0.7	民国二十八年十月
6	15	1380	28	60	1900	7	9	720	21	50	60	0.7	民国二十八年九月
4	11	1000	28	45	1350	8	7	490	20	50	65	0.8	民国二十八年八月

——《呈建设厅牲畜屠宰统计表》，青海省档案馆，档号：0021-永久-00603-005。

各省市牲畜屠宰量月报表（1939年11月）

调查地点青海省循化县										调查时期民国二十八年十一月份								
屠宰牲畜种类																		
屠场数	牛			羊			猪			鸡			鸭			鹅		
	头数	肉量	每头平均价格	头数	肉量	每头平均价格	头数	肉量	每头平均价格	只数	肉量	每只平均价格	只数	肉量	每只平均价格	只数	肉量	每只平均价格
8	24	共2350斤	24元	90	共2900斤	6元	4	共320斤	20元	20	共20斤	0.73元						

——《关于给青海省政府本年1—3月份牲畜屠宰量数月报表的呈文》，青海省档案馆，档号：0021-永久-00585-004。

各省市牲畜屠宰量月报表（1939 年 12 月）

<table>
<tr><td colspan="10">调查地点青海省循化县</td><td colspan="9">调查时期民国二十八年十二月份</td></tr>
<tr><td colspan="19">屠宰牲畜种类</td></tr>
<tr><td rowspan="2">屠场数</td><td colspan="3">牛</td><td colspan="3">羊</td><td colspan="3">猪</td><td colspan="3">鸡</td><td colspan="3">鸭</td><td colspan="3">鹅</td></tr>
<tr><td>头数</td><td>肉量</td><td>每头平均价格</td><td>头数</td><td>肉量</td><td>每头平均价格</td><td>头数</td><td>肉量</td><td>每头平均价格</td><td>只数</td><td>肉量</td><td>每只平均价格</td><td>只数</td><td>肉量</td><td>每只平均价格</td><td>只数</td><td>肉量</td><td>每只平均价格</td></tr>
<tr><td>10</td><td>38</td><td>共350斤</td><td>20元</td><td>140</td><td>共5600斤</td><td>6元</td><td>15</td><td>共1200斤</td><td>20元</td><td>105</td><td>共115斤</td><td>0.7元</td><td></td><td></td><td></td><td></td><td></td><td></td></tr>
</table>

——《呈建设厅牲畜屠宰月报表》，青海省档案馆，档号：0021- 永久 -00603-006。

各省市牲畜屠宰量月报表 – 青海省循化县（1940 年 1—10 月）

<table>
<tr><td rowspan="2">屠场数</td><td colspan="3">牛</td><td colspan="3">羊</td><td colspan="3">猪</td><td colspan="3">鸡</td><td rowspan="2">日期</td></tr>
<tr><td>个数</td><td>肉量（斤）</td><td>平均价格（元）</td><td>个数</td><td>肉量（斤）</td><td>平均价格（元）</td><td>个数</td><td>肉量（斤）</td><td>平均价格（元）</td><td>只数</td><td>肉量（斤）</td><td>平均价格（元）</td></tr>
<tr><td>11</td><td>42</td><td>4400</td><td>20</td><td>200</td><td>7800</td><td>6</td><td>60</td><td>4500</td><td>19</td><td>108</td><td>120</td><td>0.9</td><td>民国二十九年元月</td></tr>
<tr><td>8</td><td>13</td><td>1200</td><td>2.5</td><td>55</td><td>2200</td><td>6.3</td><td>3</td><td>240</td><td>20</td><td>25</td><td>25</td><td>0.8</td><td>民国二十九年二月</td></tr>
<tr><td>3</td><td>8</td><td>850</td><td>40</td><td>20</td><td>600</td><td>14</td><td>9</td><td>630</td><td>30</td><td>70</td><td>100</td><td>1</td><td>民国二十九年三月</td></tr>
<tr><td>3</td><td>10</td><td>1200</td><td>45</td><td>25</td><td>750</td><td>14</td><td>8</td><td>560</td><td>32</td><td>80</td><td>95</td><td>1</td><td>民国二十九年四月</td></tr>
<tr><td>5</td><td>9</td><td>1300</td><td>50</td><td>30</td><td>850</td><td>20</td><td>7</td><td>490</td><td>35</td><td>65</td><td>70</td><td>1.1</td><td>民国二十九年五月</td></tr>
<tr><td>5</td><td>12</td><td>1900</td><td>48</td><td>30</td><td>900</td><td>25</td><td>7</td><td>460</td><td>40</td><td>70</td><td>90</td><td>1.2</td><td>民国二十九年六月</td></tr>
<tr><td>5</td><td>11</td><td>1600</td><td>50</td><td>41</td><td>1300</td><td>25</td><td>10</td><td>900</td><td>45</td><td>55</td><td>65</td><td>1.2</td><td>民国二十九年七月</td></tr>
<tr><td>5</td><td>7</td><td>750</td><td>60</td><td>35</td><td>1100</td><td>32</td><td>8</td><td>560</td><td>50</td><td>52</td><td>60</td><td>1.5</td><td>民国二十九年八月</td></tr>
<tr><td>9</td><td>10</td><td>1100</td><td>70</td><td>45</td><td>1400</td><td>35</td><td>9</td><td>630</td><td>56</td><td>30</td><td>40</td><td>1.5</td><td>民国二十九年九月</td></tr>
<tr><td>9</td><td>10</td><td>1200</td><td>80</td><td>86</td><td>3200</td><td>30</td><td>7</td><td>490</td><td>60</td><td>22</td><td>30</td><td>1.5</td><td>民国二十九年十月</td></tr>
</table>

——《造报 28 年至 29 年署屠宰量月报表给省政府的呈》，青海省档案馆，档号：0021- 永久 -00562-005。

呈赍本年十一月份屠宰量月报表请核转由循化厅政府呈（1940 年 11—12 月）。案查职县本年十一月份屠宰情形依式查填月报表各二份，理合随文呈赍钧府电鉴汇转实为公便。谨呈青海省政府主席马。

计呈赉屠宰月报表二份。

代理循化县县长马福林

各省市牲畜屠宰量月报表（1940 年 11 月）

调查地点青海省循化县								调查时期民国二十九年十一月份										
屠宰牲畜种类																		
屠场数	牛			羊			猪			鸡			鸭			鹅		
	头数	肉量	每头平均价格	头数	肉量	每头平均价格	头数	肉量	每头平均价格	只数	肉量	每只平均价格	只数	肉量	每只平均价格	只数	肉量	每只平均价格
9	15	共1600斤	85 元	120	共4800斤	32 元	5	共350斤	68 元	20	共 28 斤	2 元						

各省市牲畜屠宰量月报表（1940 年 12 月）

调查地点青海省循化县								调查时期民国二十九年十二月份										
屠宰牲畜种类																		
屠场数	牛			羊			猪			鸡			鸭			鹅		
	头数	肉量	每头平均价格	头数	肉量	每头平均价格	头数	肉量	每头平均价格	只数	肉量	每只平均价格	只数	肉量	每只平均价格	只数	肉量	每只平均价格
9	20	共2200斤	90 元	200	共8000斤	30 元	5	共280斤	75 元	10	共 15 斤	2 元						

——《为赍本年 11 月份屠宰月报表事给省政府的呈》，青海省档案馆，档号：0021- 永久 -00562-006。

各省市牲畜屠宰量月报表

中华民国三十年二月八日调查地点青海省循化县（1941 年 2—8 月）

屠场数	牛			羊			猪			鸡			日期
	个数	肉量	平均价格	个数	肉量	平均价格	个数	肉量	平均价格	只数	肉量	平均价格	
8	12	150 斤	120 元	60	180 斤	35 元	7	560 斤	150 元	70	85 斤	2.5 元	中华民国三十年二月八日
8	9	1000 斤	140 元	45	1100 斤	40 元	3	180 斤	140 元	50	60 斤	3 元	民国三十年二月
6	5	550 斤	130 元	30	800 斤	40 元	4	280 斤	160 元	30	40 斤	3.5 元	民国三十年三月份
6	12	2000 斤	200 元	25	500 斤	50 元	8	500 斤	140 元	40	45 斤	3 元	民国三十年四月
8	15	3000 斤	240 元	60	1200 斤	45 元	10	700 斤	150 元	50	60 斤	3 元	民国三十年五月

续表

屠场数	牛			羊			猪			鸡			日期
	个数	肉量	平均价格	个数	肉量	平均价格	个数	肉量	平均价格	只数	肉量	平均价格	
10	8	1600斤	160元	70	2100斤	42元	8	560斤	140元	50	65斤	3元	民国三十年六月份
12	10	2000斤	180元	95	3000斤	45元	6	400斤	130元	60	70斤	3元	民国三十年七月
12	8	1600斤	200元	130	3900斤	50元	5	350斤	150元	50	60斤	3.5元	民国三十年八月

——《关于给省政府呈赍职县30年度1—8月份各月屠宰量月报表的呈文》，青海省档案馆，档号：0021-永久-00560-001。

呈赍三十年九月屠宰量月报表请核转由循化厅政府呈（1941年9月）。

案查职县本年九月份屠宰情形依式查填月报表各二份，理合随文呈赍，钧府电鉴汇转实为公便，谨呈青海省政府主席马。

计呈赍屠宰月报表二份。

代理循化县县长马福林

各省市牲畜屠宰量月报表

调查地点青海省循化县							调查时期民国三十年九月份											
屠宰牲畜种类																		
屠场数	牛			羊			猪			鸡			鸭			鹅		
	头数	肉量	每头平均价格	头数	肉量	每头平均价格	头数	肉量	每头平均价格	只数	肉量	每只平均价格	只数	肉量	每只平均价格	只数	肉量	每只平均价格
12	10	共2000斤	200元	150	共600斤	55元	3	共200斤	180元	50	共70斤	4元						

呈赍本年十月份屠宰量月报表请核转由循化厅政府呈（1941年10月）

案查职县本年十月份屠宰情形依式查填月报表各二份，理合随文呈赍钧府电鉴汇转实为公便。谨呈青海省政府主席马。

计呈赍屠宰月报表四份。

代理循化县县长马福林

各省市牲畜屠宰量月报表

调查地点青海省循化县									调查时期民国三十年十月份									
屠宰牲畜种类																		
屠场数	牛			羊			猪			鸡			鸭			鹅		
	头数	肉量	每头平均价格	头数	肉量	每头平均价格	头数	肉量	每头平均价格	只数	肉量	每只平均价格	只数	肉量	每只平均价格	只数	肉量	每只平均价格
12				200	共8000斤	60元	3	共200斤	220元	200	共230斤	5元						

各省市牲畜屠宰量月报表

调查地点青海省循化县									调查时期民国三十年十一月份									
屠宰牲畜种类																		
屠场数	牛			羊			猪			鸡			鸭			鹅		
	头数	肉量	每头平均价格	头数	肉量	每头平均价格	头数	肉量	每头平均价格	只数	肉量	每只平均价格	只数	肉量	每只平均价格	只数	肉量	每只平均价格
12	6	共1200斤	150元	250	共4000斤	60元	5	共350斤	270元	150	共18斤	6元						

——《关于省政府呈赍知县30年9—10月份两月牲畜屠宰量月报表的呈文》，青海省档案馆，档号：0021-永久-00561-001。

呈赍本年二三月份屠宰量月报表请核转由循化县政府呈案查（1942年）。职县本年二三月份屠宰情形依式查填月报表各二份，理合随文呈赍钧府电鉴汇转，谨呈青海省政府主席马。

计呈赍屠宰月报表四份。

代理循化县县长王祝三

各省市牲畜屠宰量月报表

调查地点青海省循化县									调查时期民国三十一年二月份									
屠宰牲畜种类																		
屠场数	牛			羊			猪			鸡			鸭			鹅		
	头数	肉量	每头平均价格	头数	肉量	每头平均价格	头数	肉量	每头平均价格	只数	肉量	每只平均价格	只数	肉量	每只平均价格	只数	肉量	每只平均价格
8	5	共550斤	280元	45	共1100斤	70元	5	共350斤	290元	40	共60斤	4.5元						

各省市牲畜屠宰量月报表

<table>
<tr><td colspan="7">调查地点青海省循化县</td><td colspan="12">调查时期民国三十一年三月份</td></tr>
<tr><td colspan="19">屠宰牲畜种类</td></tr>
<tr><td rowspan="2">屠场数</td><td colspan="3">牛</td><td colspan="3">羊</td><td colspan="3">猪</td><td colspan="3">鸡</td><td colspan="3">鸭</td><td colspan="3">鹅</td></tr>
<tr><td>头数</td><td>肉量</td><td>每头平均价格</td><td>头数</td><td>肉量</td><td>每头平均价格</td><td>头数</td><td>肉量</td><td>每头平均价格</td><td>只数</td><td>肉量</td><td>每只平均价格</td><td>只数</td><td>肉量</td><td>每只平均价格</td><td>只数</td><td>肉量</td><td>每只平均价格</td></tr>
<tr><td>8</td><td>4</td><td>共500斤</td><td>300元</td><td>45</td><td>共1200斤</td><td>75元</td><td>6</td><td>共400斤</td><td>310元</td><td>60</td><td>共70斤</td><td>5元</td><td></td><td></td><td></td><td></td><td></td><td></td></tr>
</table>

——《关于本县2、3月份屠宰量月报表给省政府的呈》，青海省档案馆，档号：0021-永久-00551-004。

青海省循化县兵要地志调查表（1946年）。牲畜：境内番撒人民多畜羊豕，产量不甚繁盛，每年供当地食用外，所产羊皮羊毛制为皮衣毡毯，供给当地需用，其他马、骡、驴、牛等，虽然各乡皆有，总计数量约有一千余头，专施耕田驮运乘骑之用，亦有驾车者。

——《青海省循化县兵要地志调查表》，青海省档案馆，档号：0041-永久-00035-009。

四、手工业与商业

（一）手工业

民国十九年十月马县长（1930年）。

工业：循化人民多以耕牧为业，故工业惟撒民以毛而织褐暨毛毡为类亦属适用。

——《县府10月20日地方情形政务工作报告表》，青海省档案馆，档号：0067-永久-00096-010。

青海省循化县地方情形政务工作报告表（1930年10月）。

工业：县居民尽系番撒，多以耕牧为业，故无工业之可言。

——《县地方情形政务工作报告表》，青海省档案馆，档号：0067-永久-00096-002。

青海循化县之社会概况。

1934年，工业则有手工业多种，如裁缝、铁器、木器、毡毯毛织物等项，营业尚未发达，毛织物虽设工厂制造，只是民办机器，无有进步，且产量亦不多。

——《青海循化县之社会概况》,《新青海》, 1934年，第2卷第8期，第54—56页。

青海省循化县兵要地志调查表（1946年）。

矿产：古什郡番地蕴藏煤矿，虽经本地绅商采办，因被番民以风水关系阻止未开，更限于人力财力故无成效。

工业：轻工业：境内民系番撒，多以耕牧为生，对于工业毫不注重，故无工业之可言。

重工业：无。

——《青海省循化县兵要地志调查表》，青海省档案馆，档号：0041-永久-00035-009。

（二）商业

中华民国十九年五月县长马（1930年）。

地方不靖，商业停闭，而一切负担未能减少。

——《县府4月20日至5月10日地方情形工作报告表》，青海省档案馆，档号：0067-永久-00096-006。

青海省循化县地方情形政务工作报告表（1930年10月）。

商业：自贵德囊拉发生事端后，影响县西区发生匪人抢劫行李，商务稍停。

——《县地方情形政务工作报告表》，青海省档案馆，档号：0067-永久-00096-002。

青海省循化县地方情形工作报告表（自十一月十六日起至三十日）（1930年）。

商业：附近各番区地方不靖，多有发生堵路抢劫之事，商务仍形萧条，现令各番区各保各界以继行，以期发展。

——《该县十一月十六日至卅日地方情形工作报告表》，青海省档案馆，档号：0067-永久-00095-022。

中华民国二十年一月县长吴（1931年）。

居民均系番撒，多以耕牧业，对于商业多不注重，故城内仅有小商八九户，现设法提倡。

——《20年1月16日至2月底政务工作报告表》，青海省档案馆，档号：0067-永久-00096-019。

青海循化县之社会概况。

1934年，循化商业，十八年前，尚称繁盛。自国民军入青后，横征暴敛，以致各商店资本大亏，负债累累，相率闭门歇业，自后虽经当局努力恢复，又因近年皮毛价跌，道途不靖，故元气迄今尚未恢复，现计已履行登记之商摊小店共二三十家。因此商会尚未成立，至各商销售方面，如以洋布、官茶、纸张为大宗，资本额数，自一万至五万者仅一二家，余则多至数百元，少则七八十元为度。

——《青海循化县之社会概况》，《新青海》，1934年，第2卷第8期，第54—56页。

青海各县民众之职业调查。

1935年，循化：民众多数业农，山路崎岖，交通不便，故商业甚形萧条，全境商贾，仅有三十余户，对于工业，毫不注意。

——《青海各县民众之职业调查》，《新青海》，1935年，第3卷第3期，第46—47页。

青海省循化县兵要地志调查报告表（1946年11月29日）。

较大市镇：名称，白庄集。位置：张尕工。户口：二百一十三户。贸易：每旬三六九日商业茂盛。

工商矿业：种类，布及杂货商。地点：本城白庄、街子。经营情形：上午繁华下午寂寞。

（中华民国三十五年十一月二十九日调查）

——《青海省循化县兵要地志调查报告表》，青海省档案馆，档号：0041-永久-00034-010。

五、交通与邮政

宁和路，自西宁经化隆、循化抵临夏（河州），全程二百六十五公里，民国十九年完工。

——施忠允：《西北屯垦研究》，台北成文出版社有限公司（美国）中文资料中心合作，1977年版，第37003页。

青海循化县之社会概况。

1934年，有赴省（西宁）公路，长凡五十里，宽约一丈，民国二十一年（1932年）又于该路经过之古什群峡（在县城西五十里）黄河上建筑握桥一座，长十一丈，宽一丈二尺，历时八阅月，始克完成，工程巨大，行旅咸称便焉。又自县城东至甘省临夏县界，公路长约一百二十里，均可通汽车。

——《青海循化县之社会概况》，《新青海》，1934年，第2卷第8期，第54—56页。

（1934年）交通：（一）陆路。公路：1. 宁循路——由县城向西行经古什郡峡黄河桥北行通西宁；2. 循临路——由县城东行至甘肃临夏县。

邮政：县城内设三等邮局一所，间日或三日通邮一次。

电话：县府内有电话，可通西宁及各县，惟管理不善，通话时有不能之虞。

（二）水路。皮（木）筏：有皮筏数十座，顺黄河而通兰州，每座可载一万五百斤至二万斤之多。木船：在县城北之乙麻木庄，有木船两只，可以南北过渡黄河，而达化隆县。

——周觉生：《青海》，青海省图书馆馆藏本，1936年，第24页。

中华民国三十一年元月十二日（1942年）。三十年度该县奉谕补修公路，报告计上四工自古什群起至县城西门止。下四工，自大力硖山起至县城东门止，此两路皆经过勘查普通行为车尚可以，若行汽车，除大部分可行外，尚有桥梁不稳、坡度太陡、砂石无路之处尚多仍需铺修；需工作器具以及粮食、帐篷、炊具等项均由民家自借；省政府派员会同循化、同仁两县县长查看原有公路，损坏部分及应改善部分并应修桥堤以及应新建桥梁呈报省政府后再行实施；工作人数应视工作大小配借，采用换工作制，以十日为限，粮秣、炊具、帐篷及工作器具一律自借，如遇坚硬石方工程由省政府雇匠开凿之。

——《关于修建公路、造林方面的现况》，青海省档案馆，档号：0021-永久-00029-010。

青海省渡口调查表

中华民国三十一年八月二十六日代理循化县县长王祝三（1942年）														
渡口河流及地名	河流情况													
	最高洪水位					常水位					低水位			
	水位高（公尺）	水面宽（公尺）	流速每秒（公尺）	涨水时期（季节月份）	经过时间（日）	水位高（公尺）	水面宽（公尺）	流速每秒（公尺）	常水时期（季节月份）	经过时期（日）	水位高（公尺）	水面宽（公尺）	流速每秒（公尺）	枯水时期（季节月份）
黄河乙麻木渡口	20	130	1	夏至至立秋	五十日	15	90	6	立春至夏至 立秋至立冬	二百二十日	10	50	3	立冬至立春

——《为赍填渡口调查表的呈》，青海省档案馆，档号：0021-永久-00616-009。

中华民国三十一年十二月十九日（1942 年）。为令只知事案查前捞局长拟具协修通济桥河堤办法，并请令饬西宁县派民夫车辆以便开工等情一案，当即检同原拟办法转呈。

——《造赍民欠磨稞年税交代清册》，青海省档案馆，档号：0026– 永久 –00331–009。

青海省循化县兵要地志调查报告表（1946 年 11 月 29 日）。

河流：黄河。经过地点及距离：本城七十里。两岸状况及河质性：树地沙占三分之一，性质甚紧。季节变化：夏秋二季水色青红不一。渡河地点及徒涉场：乙麻木。架桥地点：古什群同化桥。船只数目：二只。船载力：能载两千余斤。

公路：名称，临循公路。起迄地点：自同化桥起至大力架山止。经过市镇及距离：经过县城，共计一百二十里，并无车站。路宽：一丈五尺。路面：平宽。桥梁位置及抗力：清水及通便桥，一千五百斤。

道路：名称，同循路。起迄地点：自县城起至毛玉沟止。里数：七十里。宽度：一丈二尺。路基种类：土沙。道旁情形：平阔。能通何种运输工具：可通骡马大车。

地方输力：种类，马、骡、驴、大车。数目：马三百匹，骡六百一十二匹，驴六百六十八只，大车五辆。

卫生设备：名称，卫生院。地点：积石镇。医药情形：医药简单。医生人数：6 人。

邮政电报电话：区分，循化县。总局地点及等级：三等邮局。代办所分设地点：起台堡。

（中华民国三十五年十一月二十九日调查）

——《青海省循化县兵要地志调查报告表》，青海省档案馆，档号：0041– 永久 –00034–010。

青海省循化县兵要地志调查表（1946 年）。

交通：道路　1. 汽车路：循化公路由化隆县所属甘都村过黄河入境，经过本县东区各乡，过大力架山入甘肃临夏县境，路宽一丈五尺，路西最大倾斜为大力架山，约有二十余里能通车辆。

2. 省县道：由县城向西经过黄河桥至化隆县甘都村直赴青海省，路宽二丈，路面全系红土，平坦并无倾斜之处，可通车两辆。

3. 乡村道：各乡村间交通除查汗大寺至起台沟一道系公路可通车马外，其他皆为羊肠马道，仅可通行单独人马。

河流：1. 黄河：发源于青海，经过贵德县境入本县，东流临夏县境，河幅约宽二十余丈，前年在古什群峡建修木桥一座，工程浩大。惟至夏秋水涨被水冲坏，虽补遂损，只能通行人马，现拟觅适宜地点建修浮桥以利交通，且在乙麻木庄有渡口并有民船二只，每只可坐五六十人。

2. 清水河：县城东南有起台、夕厂二乡，沟水经张尕、清水二乡地流入黄河，河面宽二丈余，在清水有木桥一座，时经二十年甚为坚固。

邮电：

1. 邮政：线路：（一）由县城东至起台堡村转临夏县。

（二）由县城西至甘都村转化隆县。

（三）由县城西南至同仁县。

2. 电话：（甲）电话线路：由县城经邻化隆县所属之甘都村至化隆县直达青海省。

（乙）本县并无电报局。

——《青海省循化县兵要地志调查表》，青海省档案馆，档号：0041- 永久 -00035-009。

循化县政府造赍交代桥梁数目清册（建）（1948 年）。

卸任循化县县长罗平，新任循化县县长王敬伯，谨将职罗平任内经管桥梁数目会同监交委员逐一移交，职王敬伯接收清楚理合会造清册恭请鉴核。计开：

一、自县城东至麻尼寺沟止，计大小木质桥梁十五座。

一、自县城两至同化桥止，计大小木质桥梁八座。

一、通便桥一座，长二丈五尺宽一丈。

一、同化桥（即古什群）一座，长十五丈四尺，宽二丈。

一、清河桥一座，长六丈五尺，宽一丈三尺。

以上共计桥梁二十六座。

中华民国三十七年元月二十九日

——《造赍交代桥梁数目清册》，青海省档案馆，档号：0021- 永久 -00069-001。

循化县政府造赍交代公路段数清册（建）（1948年）。

卸任循化县县长罗平，新任循化县县长王敬伯，谨将职罗平任内经管公路段会同监交委员逐一移交，职王敬伯接收清楚理合会造清册恭请鉴核。计开：

一、自县城东起至大力加山根止，公路一段，计长七十五华里，宽一市丈五市尺。

一、自大力加山根起至麻尼寺沟止，公路一段，计长五十五华里，宽一市丈五市尺。

一、自县城而起至乙麻目庄止，公路一段，计长十华里，宽一市丈五市尺。

一、自乙麻目庄起至同化桥止，公路一段，计长三十华里，宽一市丈五市尺。

以上共计公路四段，计长一百七十华里，宽一市丈五市尺。

中华民国三十七年元月二十九日

——《造赍交代公路段数清册》，青海省档案馆，档号：0021-永久-00069-003。

1937年，邮政：青海邮局等级地点如下：

一、一等乙级邮局，仅西宁一处。

二、二等甲级邮局，有湟源与贵德二处。

三、三等乙级邮局五处，计大通、乐都、民和、都兰、循化各一处。

四、邮政代办所十五处，计互助、鲁沙尔、札什巴、上五庄、化隆、保安镇、同仁、同德、门源、高庙子、共和、玉树、西马营、西宁东关、西宁西大街各一处。

五、村镇信柜十一处，计巴州镇、官堂镇、甘都、起隆台、平戎驿、后子河、张七宅、新城、镇海堡、恰不恰、多巴各一处。

六、村镇邮差经过地十二处，广慧寺、大河坝、东坝、哈拉库图、察汉城、茶卡、总家、巴隆、香日得、竹节寺、称多、拉卜寺等处（查村镇邮差经过时，摇铃为号，该地居民，即将信交付邮差收集后，再分别转送）。

——马鹤天：《甘青藏边区考察记》，商务印书馆，1947年版，第135页。

六、财赋

循化厅由贵德改隶保安堡番民实熟地一百二十八顷一十六亩，该征粮八百一十五石。嗣照新抚番民例，每户纳粮一仓斗，共番民九十九户，实征粮九石九斗。额外杂赋实征银七十七两。又实征番粮九百一十二石三斗二升二合八勺。

按：贵德、循化两处屯地不征耗粮，其起源既无案可稽。至由贵德改隶循化之屯地应征粮八百余石，乃照番例仅征九石余。旧《通志》载系奉旨办理，而无年月，今姑采入以存旧闻。

——（民国）刘郁芬修，张价卿、杨思等纂：《甘肃通志稿·财赋一贡赋》，甘肃图书馆据民国二十年原稿本油印本，第 36 页。

循化县原额并新垦水旱地四万九千二十九段，该征粮折洋一千四百三十三元一角九分三厘，本色粮一百七十石三斗六升三合六勺。

——（民国）刘郁芬修，张价卿、杨思等纂：《甘肃通志稿·财赋一贡赋》，甘肃图书馆据民国二十年原稿本油印本，第 52 页。

甘肃各县征收粮折数目表（1926—1928 年）

	1926 年	1927 年	1928 年
西宁县	二万一千二百四十九石二斗二升二合二勺本五折五	二万一千二百四十九石二斗二升二合二勺本五折五	二万一千二百四十九石二斗二升二合二勺本五折五
循化县	屯粮三百五十二石七斗四升一合八勺	屯粮三百五十二石七斗四升一合八勺	屯粮三百五十二石七斗四升一合八勺
	番粮六百五十八石五斗八升	番粮六百五十八石五斗八升	番粮六百五十八石五斗八升
	屯粮本三折七 番粮全征折色	屯粮本三折七 番粮全征折色	屯粮本三折七 番粮全征折色
贵德县	一千一百一十三石三斗四升四合四勺本六折四	一千一百一十三石三斗四升四合四勺本六折四	一千一百一十三石三斗四升四合四勺本六折四
湟源县	四百八十七石五斗三合五勺本六折四	四百八十七石五斗三合五勺本六折四	四百八十七石五斗三合五勺本六折四
巴戎县	五百四十二石二斗二合三勺本六折四	五百四十二石二斗二合三勺本六折四	五百四十二石二斗二合三勺本六折四
碾伯县	八千一百九十八石三斗一合七勺本五折五	八千一百九十八石三斗一合七勺本五折五	八千一百九十八石三斗一合七勺本五折五
大通县	六千二百一十一石四斗二合七勺本五折五	六千二百一十一石四斗二合七勺本五折五	六千二百一十一石四斗二合七勺本五折五

——（民国）刘郁芬修，张价卿、杨思等纂：《甘肃通志稿·财赋三仓储》，甘肃图书馆据民国二十年原稿本油印本，第 18 页。

磨课　甘肃渠沟河道通流之处，就地势相宜者建置水磨，领帖纳税，列入民赋奏销，向有编审之例，久已不行。其磨分平轮、立轮。税率分等，以水力之大小定课额之轻重。每磨多者岁征银五六钱，少者一二钱，亦有仅征银数分者。查《赋役全书》

内载有磨课之县，凡三十四处，岁征银二千数十两。至宣统二年，增至四千余两，然匿漏者尚多。入民国后，乃增至五六万元。兹附宣统二年（1910 年）以前岁征课银及民国四年（1915 年）至十七年（1928 年）征课两表，用资比较。

甘肃各县额征磨课油梁表（1910 年以前）

<table>
<tr><th rowspan="2">地别</th><th colspan="6">类别</th></tr>
<tr><th>磨别、座数</th><th>税则两</th><th>征课两</th><th>油梁</th><th>税则</th><th>征课</th></tr>
<tr><td>西宁</td><td>山水磨 406 座
旱水磨 880 座</td><td>0.600
0.300</td><td>243.600
266.400</td><td>山油梁 90 条
旱油梁 239 条</td><td>0.600
0.300</td><td>54.000
71.700</td></tr>
<tr><td>碾伯</td><td>全水磨 186 座
旱水磨 700 座</td><td>0.400
0.200</td><td>74.400
140.000</td><td>大油梁 22 条
小油梁 199 条</td><td>0.400
0.200</td><td>8.800
39.800</td></tr>
<tr><td>丹噶尔</td><td>旱水磨 170 座</td><td>0.300</td><td>38.100</td><td></td><td></td><td></td></tr>
<tr><td>循化</td><td>水磨 81 座
25 座</td><td>0.400
0.300</td><td>32.400
7.500</td><td></td><td></td><td></td></tr>
</table>

民国甘肃省磨课历年收入数目表（1915—1928 年）

年别（年）	数目（元）
1915	24169.623
1916	17121.149
1917	8126.487
1918	9193.362
1919	4871.514
1920	7549.147
1921	20302.766
1922	8835.589
1923	5597.021
1924	13320.155
1925	16911.425
1926	22608.136
1927	51592.526
1928	63654.953

——（民国）刘郁芬修，张价卿、杨思等纂：《甘肃通志稿·财赋二税编》，甘肃图书馆据民国二十年原稿本油印本，第 30—32 页。

甘肃省全年文职各官支款总表

（以陕甘总督署总计表及清理《财政说明书》各表合编）（单位：元）

职别	款别							
	养廉	俸	工费	津贴	薪水	工食	杂支	合计
西宁府	二〇〇〇	一〇五				四三八		二五四三
西宁县	六〇〇	四五	三六〇			六二六		一六三一
循化厅	八〇〇	二一		三六〇		一三五		一三一六
贵德厅	八〇〇	八〇				一七四		一四一四
丹噶尔厅	八〇〇	八〇	三六〇	三六〇		一七四		一八九四
巴燕戎格厅	六〇〇	六〇	三六〇	四八〇		一八六		一八〇六
碾伯县	六〇〇	四五	三六〇	六〇〇		五六六		一五七一
大通县	六〇〇	四五	一六〇			四四〇		一二四五

——（民国）刘郁芬修，张价卿、杨思等纂：《甘肃通志稿·财赋六会计》，甘肃图书馆据民国二十年原稿本油印本，第13—16页。

甘肃省经募内国及本省各公债数目表

县别	发行数及收回数别	1914年内国公债	1915年内国公债	1916年内国公债	1919年内国公债	1919年本省公债	1927年内国公债
西宁县	发行 收回		九〇〇〇 一五一三六五	二〇〇〇 一一一		十八九四五 一五七六〇	
大通县	发行 收回		五〇〇〇	二五〇〇		九〇〇〇 七三三〇	
碾伯县	发行 收回		五〇〇〇	二五〇〇		九〇〇〇 六八二九	
循化县	发行 收回	一〇八〇 一〇	一三二〇 一六三二	五〇〇		一一五五 四一〇	
贵德县	发行 收回		一〇〇〇 二一三五	七〇〇	五一〇	一〇〇〇 一〇〇〇	
巴戎县	发行 收回		一〇〇 六一二	五〇〇		一〇〇〇 一〇〇〇	
湟源县	发行 收回		一〇〇〇	八〇〇		一〇〇〇	

——（民国）刘郁芬修，张价卿、杨思等纂：《甘肃通志稿·财赋四市籴》，甘肃图书馆据民国二十年原稿本油印本，第6—8页。

循化厅常平等仓，共储各项京斗粮八千二百四十三石五斗八合二勺。

——（清）升允等修，安维峻等纂：《甘肃新通志》卷十八，清宣统元年刻本，第6页。

甘肃省各县实储粮石表（1910年《甘肃财政说明书》）

地名	各项粮			
	征存正耗上下色	常平	义社仓	采买备荒籽种羊本
循化	七四四四五〇八		三七一	
贵德	一六六七一二二		一二三五	
丹噶尔	一六〇六七四六		六四六七	
巴燕戎	一二一八三三			
西宁	二三五八七七二三		七四五四	籽种粮一百四十七石
碾伯	七五五〇八七五		四八八	籽种粮二千九百七十二石
大通	七六一七九二五		三三三三	采买粮一千二百五十六石

——（民国）刘郁芬修，张价卿、杨思等纂：《甘肃通志稿·财赋三仓储》，甘肃图书馆据民国二十年原稿本油印本，第12页。

甘肃省各县实储粮石表（1908年陕甘总督衙门统计）

地名	各项粮数			
	征存正耗	采买	备荒	总计
巴燕戎格	京斗七六九二九四			
循化	京斗一四四四七四五			
贵德	京斗一二二九〇〇九			
丹噶尔	京斗六六六四三三			
西宁	京斗三八六六三〇二六		京斗二九〇三二〇	三八九五三三四六
碾伯	京斗一三一八七九〇三		京斗三四一七一	一三二二二〇七四
大通	京斗一一〇六一九四七			

——（民国）刘郁芬修，张价卿、杨思等纂：《甘肃通志稿·财赋三仓储》，甘肃图书馆据民国二十年原稿本油印本，第18页。

循化县之科彦沟，青海之麻涩雪山，沙金甚旺，正黄色，碎如麸者，颗如豆者，岁由镇守使征收课金。

——（民国）刘郁芬修，张价卿、杨思等纂：《甘肃通志稿·民族八实业》，甘肃图书馆据民国二十年原稿本油印本，第44页。

狐皮以西宁、湟源、贵德、循化、临潭、岷县、西固、武威、张掖、酒泉为最多。年产五十余万张，价四十余万两。

——（民国）刘郁芬修，张价卿、杨思等纂:《甘肃通志稿·民族八实业》，甘肃图书馆据民国二十年原稿本油印本，第 11 页。

明洪武四年正月，诏陕西汉中府产茶地方，每十株官取一株，无主者，令守城军士薅种采取，每十分官取八分，然后以百斤作为二包，为引以解有司收贮，候西番易马。是年帝以西番产马，与之互市，马至渐多，而其所用之货与中国异。自更钞法后，马至者少，朝廷患之。

八年五月，命中官赵成赍罗、绮、绫、绢并巴茶往河州市之，马稍集，率厚其值以偿。成又宣谕德意，番人感悦，相率诣阙谢恩。山后归德等州西番诸部弦皆以马来市。初，太祖以西番地皆食肉，倚中国茶为命，故设茶课司于天全，亦令以马市。

九年，始于秦州开设茶司，收四川巴茶易买西宁、洮、岷等处番马。后因安定等卫隔远不便，乃置茶马司四于西宁、河州、洮州、甘州，并赴徽州茶引所分，批验运至茶司，官商对分，而官茶以之易马。商茶经过地方，责令掌印官盘验，佐贰官催运。凡出茶地方有税，贮存有茶仓，巡茶有御史，分理有茶马司、茶课司，验茶有批验所，私茶出境，拨官兵把守巡视。每三年差在京官选调边军，资金牌四十一面，颁给附近番族，令纳马一万三千八百有五匹。上号金牌藏之内库，下号金牌发给各番比验以牧马给茶，名纳差发（凡西番茶易，洪武中立茶马司于陕西、四川等处，听西番纳马易茶，降金牌、信符赐番族，以防诈伪。洮、河、西宁三卫番族，金牌四十一面，该纳差发马一万四千五十一匹，上号在内府收贮，易时齐验。每三年一遣廷臣，召各番合一，应纳差发马交纳易茶。有以私茶出境者斩，关隘不觉察者处极刑。民间蓄茶不得过一月。支用茶户私鬻者，籍其园入官）。

洪武间，建灵州盐课司萌城批验所，韦州批验，所凡遇客商贩卖盐货，每盐二百斤为一引。

洮州火把藏、思囊日等族，给金牌四面，纳马二千五百匹。

河州必里卫西番二十六族，给金牌二十一面，纳马七千七百有五匹。

西宁曲先、阿端、罕东、安定四卫，巴哇、申中、申藏等族，给金牌十六面，纳马三千五十匹。先期于四川征茶一百万斤，官军转运各茶司，分处给用，以市番马。

十六年，岷州设卫，番人岁以马易茶，马日蕃息。

二十三年，定以茶易马数：上等马，每匹茶一百二十斤；中等马，每匹茶七十斤；下等马，每匹茶五十斤。以私茶出境者死。

二十四年，哈梅里兀纳失里遣使请于延安、绥德、平凉、宁夏以马互市。帝曰："番人黠而多诈，互市之求，安知非觇我中国？利其马而不虞其害，所丧必多，宜勿听。"

二十五年，又命中官而聂至河州，召必里诸番族以敕谕之，争出马以献，得万三百余匹，给茶三十余万斤。命以马界河南、山东、陕西骑士。帝以诸卫将士有擅索番人马者，遣官赍金铜信符，敕谕往赐凉州、甘州、肃州、永昌、山丹、临洮、巩昌、西宁、洮州、河州、岷州诸番族，谕之曰：往者朝廷有所需，必酬以茶货，未许私征。近闻边将无状，多假朝命扰害，俾尔等不获宁居。今特制金铜信符颁给，遇有征发，必比对相符始行，否则伪，枷至京罪之。自是需求遂绝。

永乐初，遣御史巡督西宁、河、洮等处茶马，停止金牌符信二年。安定卫指挥朵儿只束来朝，愿纳差发马五百匹，命河州卫指挥康寿往受之。寿言："罕东、必里诸卫纳马，其直皆河州军民运茶与之。今安定辽远，运茶甚难，乞给以布帛。"帝曰："诸番市马用茶，已著为例，今姑从所请，后仍给茶。"于是定制，上马给布帛各二匹，以下递减。

宣德时复给金牌，未几，番族被亦不剌侵扰，金牌散失，听其以马入贡。于是茶政不修，番族日肆。识者谓西番为患，皆茶禁弛废为之。

弘治三年，令布政司招商给引，赴产茶地方买茶，运赴茶马司，六分听其自卖，四分验收入官。

弘治末，都御史杨一清疏言：唐时回纥入贡，即以茶易马。宋熙宁间行之，所谓摘山之产，易厩之良，无害而有利者也。我朝纳马，谓之差发，如田之有赋，身之有庸，非虐使于番。因纳马而酬以茶，体尊名顺，非互市交易之比。且西番为中国藩篱，其人本非孝子顺孙，徒以资茶于我，绝之则死，故伏首臣服，此制番之上策，前代略之，而我朝独得者也。顷至金牌制（发）〔废〕，私贩盛行，失利垂六十年。岂徒边方乏骑乘之用，番族无资于我，将来跳梁自肆，必生意外之忧，撤藩篱之固，甚非计也。请申明旧制，使番族各贡差发。又李东阳亦疏言：金牌制废，私茶盛行，有司以敝茶给番族，番族即以羸马应之。宜复金牌之制，严守良茶，酌增马值，则良茶既给，良马自来。暨杨一清督理苑马，旧制既申，四年之间，易马九千余匹，尚积茶四十余万斤，马政乃以修整。

按：明太祖起兵江左，急需莫要于马，屡遣专使市马四方。各边土司番部，以时贡马，招携怀远者备矣。其后嗣狃于承平，驾驭失权，马无外增，惟恃滋生岁课；重以官吏侵渔，牧政荒废，而军民交困。盖自宣德以后，祖制渐废，军旅特甚，茶马其一端耳。

正统三年，陕西总兵官题准灵州盐课招商纳马，每上马一匹，盐一百引，中马八十引，给军骑征。四年都御史金廉奏准，灵州盐课照例收马；候马勾用，照依马价折粮。十五年，总制秦宏题准，庆阳府添注通判一员，监理盐课，每引收银四钱五分，分发庆阳、固原官库，分送各边买马，不许别项支用。十八年，苑马寺卿车鋋奏增灵州盐课，纳银给边买马，户部题奉钦依：陕西茶、盐易马备边，系是旧制，今后再不许别项奏讨。

八年奏准，金川芽茶一斤，收叶茶二斤，运往西宁易马，令官运如故。先是，洪武四年，置成都等处茶仓四所，令商人运茶赴西宁、甘州，以资易马。十四年后，每岁遣行人或御史巡查西宁、甘州等处私贩，又停止茶马金牌。

成化十四年，专差御史领敕专理茶马，每岁一代，以为定例，其制：以茶易马，自四岁至六岁为度，高大中度者，方准收买。十五年，令巡茶御史招羌易马，不拘年限。

十二年，御史王宪疏言：自中茶禁开，私茶莫遏，请停粮茶例。从之。

十七年，令每年拣宪臣驻扎临洮，巡禁私茶，一年满日交代。

正德元年，都御史杨一清题准灵州大盐池增课万五千引，小盐池增三万引，新旧五万九千九百三十有七引，每引纳银二钱五分及收卧引银一钱，共银二万七百六十余两，送固原、庆阳收贮，买马支用。及于凤、议二府相兼河东盐课司货卖。三年，户部题准灵州盐课解送太仓，以备紧急支用；各边缺马，奏请定夺。然奏讨纷纷，盐马之政亦废。七年兵部题准，委官清查灵州盐课，价银给边买马。十年巡抚侍郎冯清奏，将正德七年至元年停止引盐与新引兼放，所收银两，轮年解发延绥、宁夏、甘肃买马籴粮。十二年，督理甘肃军饷右侍郎杨旦奏准，将十二年、十三年盐课俱听甘肃招商报中粮草备用，事宁，照旧买马。是年巡按御史师存智题准，将十四年分盐除供边外，重留一半补给禄粮，十六年御史王杲奏，灵州盐法大坏，欲行设法招中收价买马，均给三边。户部题奏钦依“这地方盐课，着提督兵备官招商收价，以备买马支用”。

二年，巡茶御史王汝舟，以每年羌人市马，不辨秤衡，止订篦数中马，篦大则官亏，篦小则商病。酌定中制，每一千斤定为三百三十篦，以大斤四两为准，作正茶三斤，篦绳三斤四两。

嘉靖二年，户部议得，灵州盐课停革买马，专一招商报纳粮草。三年，御史陈讲奏，取灵州西率盐课三分之一籴买刍料，以备茶马寄养支用。其牧马则自永乐间，裁革监苑后，草场地凡十三万三千七百七十七顷六十亩，后为附近军民占据。弘治十二年，清出六万六千八百八十顷八亩。十七年，都御史杨一清清出荒熟地凡十二万八千四百七十三顷一十一亩有余。种马则平凉、庆阳、固原、秦州、礼店前千户所各儿马一、骒马四。骑操地亩朋合则西安、固原、榆林、宁夏等三十二卫，甘州、平虏、镇戌等十三所，庆阳、巩昌、凤翔、平凉、秦州马数地亩朋合钱各多寡不一。备御马则延绥东路、西路、中路及宁夏东路各背堡，多者以千计，少者不下数百。牧军则原额恩军三百三十四名，队军八百七十一名，改编四百四十名，充发九十七名，召募千三百八十六名，余丁军一百九十八名。

三年，御史陈讲以商茶低伪，悉征黑茶，地产有限，乃第茶为上、中二品，印烙篦上，书商名以备考核。

十一年议准，西宁、洮、河三茶马司，贮库商课茶斤及西安等卫，并徽、阶等州收贮私茶，俱送三茶马司。不拘常例，粗细配搭，招易膘壮马匹，开送总制衙门，给军骑操。事完造册奏缴，仍造清册送部查考。又题准年例马完，番有余马，司有余茶，计其增中解收。洮州增至一千二百五十匹，河州增至一千七百四十匹，西宁增至二千四百三十匹。四十一年议准，甘州建置茶马司一所，照例招商中茶，招番易马。仍将西宁旧额茶马，甘州新（闻）〔开〕茶马，俱照中酌量地方远近，通融给军骑操。仍将四川折色课茶改征本色运用。

十五年，准西宁三茶马司，积茶只留二年之用，每年易马，计合正茶外，分毫不准夹带，茶法乃得稍饬。

三十年，诏给西番诸族纳马勘合。明代马政，自洪武金牌之制废，私茶盛行，良马不至。及杨一清督马政，兼理盐茶，禁私贩，重官茶，四年间，易马九千余匹，而茶尚积四十余万斤。灵州盐池增课五万九千，贮庆阳、固原库以买马给边。又请专官听其提调，后又废弛。至是，诏给勘合以整顿之，然初制论不能复也。三十年，以年例马完，羌有余马，司有余茶，许其增中监牧，西宁增至干（千）五百三十匹。

四十三年准，以后每年开茶，仍止五六十万斤，商人以一百五十名为止，勒限买茶报中。又定买茶中马事宜，各商自备资本，执引前去，收买真细好茶，正副一例蒸晒。每篦重七十斤，巩昌府查验篦数，稽考夹带。每正茶一斤，准照散茶一斤，五门斤数外，若有多余，方准抽税。各照格填注，印钤截角，依限运赴茶（司）〔马〕司，例对封贮，库取实收，赴院缴销。如有夹带数多，伪造低假，正副篦斤不同，即从重问罪。夹带与斤重入官，低假者砍焚，引过五年不销者究问。又题准禁约洮、岷私马，临、巩马暂许通卖。

隆庆中，青海丙兔近胁番人，使通道松潘以迎活佛。四川守臣惧逼，乞令顺义王俺答约束其子，毋扰邻境。俺答言，丙兔止因甘肃不许开市，宁夏又道远艰难，虽有禁令，不能尽制。宜大总督方逢时，亦言开市为便。帝以责陕西督抚，督抚不敢违。

（隆庆三年题准，将四川课茶，改征折色，解苑马寺，易买种马。于兰州招商中茶，运赴甘州茶马司。招陕西各茶马司，中纳官茶。又题准四川巴州、通江、南江、广元四州县茶课，节年拖欠及未征者，以后照例改折，无分芽茶，每斤通征银一分八厘，类解陕西巩昌府贮库，听甘肃巡抚衙门＜差门＞支取，买马骑操。二十年议准，陕西三边重地，所产马匹，宜备本处防虏，以后发银买马，不许分派该省。）

五年题准，于清水营、中卫互市。

万历二年冬，许丙兔市于甘肃，宾兔市于庄浪，岁一次。后俺答请开茶市，部议不许，但稍给以茶。后御史钟化民出视陕西茶马，言："曩宁夏乏饷，岁发万金易米二万七千石，后所司干没，滥征之民，请以垦田粟补之，永停征派。"俱报可。复巡按山东，坐宁夏时取官银交际，为尚宝丞周弘瀹所劾，调行人司。巡按郝瀛言：西宁、河州、洮州等处，以茶易马，各监督兵备道，多视为鄙事，概委属员，听其徇私交易，马多不堪。又派贫军押解平凉，比至二寺交割，倒损居半，寺官隐忍收受。及其给散，又多弊端，所以亏损数多。至是茶马御史毕三才，亦以市马之数日增，滥收驽劣，随收随倒。请定额数，西宁收三千二百匹，河州三千四百匹，洮州一千八百匹，岷州一百六十匹，甘州一千匹，庄浪八百匹。从之。

三年题准，西海丙兔在肃州之南，去宁夏中卫太远，令于甘镇边外，置立夷厂，选委监官，省令丙兔同臭克银定、着力兔大成随带部落，每年赴彼互市一次。松山宾兔一枝，亦许岁在庄浪小市一次。务与延、宁同时，三市并开，以杜影射。四年题准，与宾兔易马，止许用缎绢，不许市茶。十年题准，于平虏所添市三市场，每年进马一百匹。十二年题准，炒哭儿台吉、克太阿不害并喇叭三枝互市，在宁镇为难，甘镇为便，以后准予甘肃扁都口开市，一切宴赏如例处给。

十九年，西宁收番僧所中马九百匹。二十年，中马六百二十五匹，连前旧额共马四千五十七匹。旧规，每年巡茶御史坐委专员招中茶马，大约上马茶三十篦，中马二十余篦，下马十五六篦。黑茶只三四匹，余俱黄茶。事完候御史按临，验马赏番。

二十一年，因庄浪中马不堪，令各道中马府佐给茶，以为定规。是年巡茶御史禁中湖茶。以后渐多假造。御史徐侨言：汉中茶少而直高，湖南茶多而值下。湖茶之行，无防于汉茶，汉茶味甘而薄，湖茶味苦，于酪酥相宜，亦利番用也。部议以汉茶为主，湖茶附之。

按：番地寒苦，不生五谷，既鲜粒食之养，均赖酪酥以生，无茶为饮，势将病死。故自唐宋以来，以茶博马法制御羌戎。明初茶马制度尤善，久之而百病丛生，茶务日弛。洎乎末造，商人多给赏由票，于正引之外，仍得私行。于是茶司所市者，仅番族中、下之马，而上驷尽入商人之厩，以获重利；而将吏又以私马，窜易番马，冒支上茶。是故番易得茶，而叛服自由；兵无良马，而边防日懈。茶法马政，军务边防，俱不可复问矣！

《续通考》曰：初招商中茶，上引五十斤，中引四十斤，下引三十斤。每十斤熬晒一篦，运至茶司，官商对分。官茶易马，商茶给卖。每上引仍给附茶一百篦，中引八十篦，下引六十篦，又曰酬劳。经过地方，责令掌印官盘验，佐贰官催运。

清顺治元年，定与西番易马例：每茶一篦重十斤；上马给茶篦十二，中马给九，下马给七。二年，定以马易茶之例：陕西差茶马御史一员，辖西宁、洮（岷）〔州〕、岷州、河州、庄浪、甘州五茶马司，每岁招商领引，纳课报部。所中马，牡者给各边兵，牝者发苑马寺，喂养孳息。岁茶课折色银六千二百六十六两二钱二分六厘，本色茶十三万六千四百八十篦，旧额新增，共茶引二万八千七百六十六道，内陕西五司，旧额新增，共茶引二万七千二百九十六道。茶商领引，赴采茶地方办运，每引征茶五篦，每篦二封，每封五斤，共征茶一十三万六千四百八十篦。户部言：陕西地方，招商以茶易番马，向有照给金牌、勘合之制备查。前明召谕，通接西番关隘所，拨官军巡守，不许私茶出境。凡进贡番僧，应赏食茶，颁给勘合，行令四川布政司，拨发有茶之仓，照数支放，不许于湖、广等处收买私茶，违者尽数入官，仍将伴送人员等依律问罪。此旧例所当遵行者。若金牌一项，系明初事例，至永乐十四年已经停止。我朝定鼎，各番慕义驰贡，金牌可以不用，但以茶易马，只准在开市处所互市，不得滥入边内。

五年，准茶篦止供中马，不许开销赏番。

七年，定陕西茶引从部颁发例。巡视茶马御史吴达疏言，陕西茶引，明季系茶马御史自行印发，故引有大小之分，又有大引官商平分，小引纳税，三分入官，七分给商之例。今引从部发，俱应照大引例，官商平分，以为中马之用。报可。遂照旧例，大引茶篦官商均分，大引采茶九千三百斤，为九百三十篦。商领部引，输价买茶，交茶马司，一半入官易马，一半给商发卖，例不抽税。小引包茶，税分差等，每五斤为一包，每二百包为一引，发卖民用。

十年，复准茶商旧例，大引附茶六十篦，小引附茶六十七斤，定每茶一千斤，概准附茶一百四十斤。如有夹带私茶，严查治罪。茶篦先由潼关、汉中二处盘查，运至巩昌，再经通判查验，然后分赴各司交纳；官茶贮库，商茶听商人在本司贸易。各番交易茶马，量给烟酒以示抚绥。

十三年，复准新茶中马既足，陈茶变价充饷。如新茶不足，陈茶两篦折一中马。复令私马私茶，变价赎罪，银两留中马支用。

十四年，以七监马匹番庶，凡茶马变价银两，改解充饷。

康熙七年，裁茶马御史，归甘肃巡抚兼理茶马，而茶马事宜，每年八月攒报。

二十四年，定山西、河南、湖北、湖南、〔陕〕西（安）、四川等省营马缺额，开数报部，移咨甘肃巡抚，将招中茶马拨给，毋庸动支朋扣银。初，招中茶马，旧于甘肃设洮岷、河州、西宁、庄浪、甘州五茶马司及开城、安定、广宁、黑水、清平、万安、武安七监，岁遣御史一人经理，盖沿明制之旧也。明时设御史一人，专理马政、茶法二事。

二十八年，暂开宁夏等处互市，喀尔喀达尔汉亲王诺内等言，扎萨克信顺额尔克戴青善巴、扎萨克丹津额尔德尼台吉等，请于宁夏横城、平罗等处，准其贸易。理藩院议，此等地方，向来并不令蒙古贸易，请行文总督、提督详议。

三十二年，以兰城无马可中，将甘州司积贮茶篦，银七茶三，用充俸饷。

三十四年，敕遣专官管理茶马专务。户部议覆刑科给事中裘元佩条奏："马政事关紧要，洮、岷诸处，额茶三十余万篦，可中马一万匹，陈茶每年滞销，又可中马数万匹。查茶斤中马，甚有裨益，应将额茶中得之马，给呰驿外，其余马每年交秋，将数千匹送至红城口等处牧放。"得旨，"茶马事关紧要，着遣专官管理"。

三十六年，又以甘司驻兰州，无马可中，裁去甘司。先是，明初设洮州、河州、西宁三茶司，后添设庄浪茶马司，是为四司。嘉靖间巡茶御史鲍，以甘州番族颇多，比照西宁、洮、河、〔庄浪〕四司成例，于甘州建设茶司，因商人苦于运输，驻节兰州，令洮、河各司茶商，各给甘州茶一引，运至兰州税局代收。五司榷茶易马，各厅员掌之。嗣后西边茶马，惟四司括之，每岁茶院按临，传集各司官商，以部颁茶引二万二千余道，令四司掣签分之，商人领引后，即赴产茶地方办运。茶斤每引一道，办运官茶五篦，商茶五篦，每篦二封，每封五斤。又以商人困穷，每引加商附茶五封。

四十年，巡抚刘又加商附茶一封，其茶篦先由潼关、汉中二处厅员盘查，运至巩昌经粮厅查验，然后分赴各司，交纳官茶贮库，供中马之需，以给番族。商茶在本司贸易，洮州地方偏僻，本司商茶，多改告西宁。

按：从前茶贵马贱，一岁之茶，仅供一岁之用。迨招中停止，库藏充盈，屡次将陈茶发变，每司变茶十万篦，每篦价银六钱，每司共变银六万两。但以商茶充塞，各土司自开中以后，所领茶马，亦不减少，故数年之后，各司之所变无多。陈茶既无法变售，新〔茶〕又接踵而来，陈陈相因，靡所底止。遂令买马之人，无论官民，每马一匹，搭茶一篦，交银六钱。又令各商办运官茶，暂停交纳，每引酌纳银两，赴各司完解充饷，俟库招中将完，仍交本色。此疏通壅滞之法，亦因时变通之计也。

四十四年，茶马司事务停止，差官仍归甘肃巡抚兼管，料理西宁等处。所征茶篦，停止易马，将茶变价折银，每新茶一篦，折银四钱，陈茶一篦，折银六钱充饷。巡查私茶在十斤以下者，免其搜捕。

五十五年，议给甘肃地方出口印票，听其贸易。议政大臣等议覆尚书富宁安疏言："甘肃地方今年田禾茂盛，秋收可期，各处民人俱具呈欲往口外，并哈密地方及驻兵之处贸易者，一百四十余起，请令地方官给与出口印票，以便前往。"从之。

是年，准鄂尔多斯于定边、花马池、平罗城贸易。鄂尔多斯贝勒松阿喇布言："向准臣等于横城贸易，今乞于定边、花马池、平罗城三处，令诸蒙古就近贸易。"上命大学士、户部、兵部及理藩院会同议奏，寻议：应俱如所请，令贝勒松阿喇布等及地方官，各自约束其人，勿致争斗。从之。

五十七年，以陕西西宁地方为通番大路，原额茶引，不敷民番食用，因增加茶引二千道，每引征茶五篦，折银四（银）〔钱〕，共征银四千两。

六十一年，议准西宁、庄浪、岷州、河州界连口外，增茶引四千道，其行茶照例易马、驼、牛、羊并易粟谷。将旧茶全行变卖，以充兵饷。又于兰州设立茶司，令兰厅（茶库厅）管理，名曰甘司。雍正三年四月，川陕总督岳钟琪疏言：河州、松潘向为青海蒙古互市所，年羹尧奏移那喇萨喇地方，每年四季交易。查青海王察罕丹津等部落，居黄河东，距河州、松潘近，请仍于二处互市。河州定于土门关之双城，松潘定于黄胜关之西河口。郡王额尔德尼额尔克托克托鼐等部落，居黄河西，距西宁近，请移互市于西宁口外丹噶尔寺。再蒙古生业，全资牧畜，请六月后，听不时交易。上允之。是年覆准西宁四司茶篦，限五年内总收本色，五年以后，即将五年以前之茶发出变价，挨次出陈易新，将变价银两按年题报，以五年为限。

八年，题准五司茶价：西司每封九钱五分，庄司每封七钱五分，洮司每封七钱五分，河司每封九钱四分，甘司每封七钱二分。各司总在前议价值以上发卖，按季报部。

九年，令五司复行中马之法：上马一匹，给茶十二篦；中马一匹，给茶九篦；下马一匹，给茶七篦。至十三年以军需结束，番民以中茶为累，停止中马（《肃州志》：雍正中甘肃巡抚许容奏准，将招中番马，暂行停止）。

按：定例每引一道，办茶十篦，运至茶司，官商均分。官茶必秤量煎熬后，无轻短假伪诸弊，然后收存。以其半退回本商贸易，制至善法至公也。自商人巧为规避，分立官茶、商茶名目，遂有草根树叶，滥交司库者。茶法之弊，即马政之蠹也。故茶以日贱，马以日贵。口外番族，皆规避不前，巡有营驿择领，但就内地熟番，按额取盈，需用如果无多，尚可勉强应中。自后每岁中马，多至五六千匹，即洮州一司，亦不下千余匹。内地之马群已空，外番之规避如故，司马者之难于举措，殆已久矣。

乾隆六年，准甘肃官茶办交本色。先是，甘肃官茶，因停止招中马匹，节经该抚题明，将官茶改征折色。陈茶定价发变，俟各司销存至六十万封上下，题征本色。至是护抚徐杞，以各司销在库茶止九十二万余封，迨新茶办运到甘，陈茶接续分销，可存六十万封上下，请仍令商人办本色，从之。

八年二月辛丑，上召见夷使图尔都等谕曰："尔疏称贸易之人，不论何时，皆可前来。来京贸易者，在甘、凉等处任便。皆准贸易，并非朕之原旨。尔归告尔主知悉，贸易之人，于限定年分，或春夏或秋冬，总在一年之内，不论何时，皆准进边贸易；非不分年限，无论何年皆可来也。尔等货物皆系自备，脚力原属艰难，京师道远，力不能前，即在肃州贸易，亦属可行。肃州与尔游牧相近，尚可获利，若在甘、凉等处，实属不便，非不令留顿甘、凉也。尔等来时，并从彼处经行，其地皆属褊小，商贩无多，尔等到彼，若货卖不尽，将驮载回归耶？抑久住以待售耶？势必反至失利，与尔等何益？肃州亦属褊小，不比京师，因前既与尔国议定，先期传集商人，至彼与尔贸易。若无指定之处，商人岂能各处预备耶？如欲来京贸易，于定限年分仍来京，不然即在肃州亦可。朕此等计画，皆有尔等有益，尔明告噶尔丹策零知之。"明年正月壬寅，又奏称：曾经旨来肃州贸易之人，无论何时，乘便而来，若以京师遥远，准在甘州、凉州、西安、兰州等处，听其所便贸易。其贸易时，与通使同往街市，购买需用货物等语。上以与原旨迥异，又敕谕之。六月丁丑，命噶尔丹策妄于肃州贸易。

十一年三月，准噶尔台吉策妄多尔济那木扎勒奏请："今岁货物，于肃州随便贸易。"从之。

十三年夏四月辛未，噶尔丹台吉策妄多尔济那木扎勒请肃州贸易人数，加增一百名，每年贸易一次。上以此事议有定制，不得更张。始允所请肃州贸易人数，准作二百名，仍于两年中前赴肃州贸易一次。

十六年春二月乙未，谕曰："交易一事，乃朕优恤远方之大惠。前既定以年岁，约以章程，即当永远遵照。而近年贸易者，货物每次加增较前数倍，边疆司事之臣，屡请驳回。朕念其携货远来，若不准销售，则亏损实多，姑准量而交易。而该使该商，皆谓不知从前议定成数，又谓非能自作主张，归当告知台吉。伊等果归告与否，固未可知，然恃朕迁就加恩，因而屡增无厌，将来必至定数之外，一一驳令带回而后已。今特明切晓谕，嗣后肃州贸易，毋得过乾隆十三年货物之数，使臣前来，以尼玛上次带来货物为准，如逾此数，即由边境驳回，不准贸易。"

十八年十二月，令陕西总督永常，却回弑夺噶尔丹之达瓦齐，循例肃州贸易。

二十四年，甘肃五茶司茶封搭放各营俸饷。户部覆准甘肃巡抚吴达善奏言："甘省交库茶封日积，酌议设法销售，经前任布政司使明德酌请，每封或定价银六钱，运赴甘省变价。三年以来，仅销茶一万余封，现在各司库贮茶尚有一百四十余万封，宜极为筹画。检阅旧案，康熙三十七年，因甘司茶封，无马可中，贮库年久。经督理茶马事务内阁学士钱齐请，于五镇俸饷马干之内，银七茶三搭给。今五司存给茶封，自应照此办理。惟是甘肃满汉各营，每年需茶若干，难以悬揣。自乾隆二十五年春季起，令其按季自行酌定茶数，总以一二三成搭支银两，在于司库请领，即于附近五司处支给。"从之。

二十五年，奏定洮、河二司茶封归甘、庄二司办理。户部议覆甘肃巡抚吴达善奏言："甘省茶课，向为中马而设，故每年额引二万七千二百九十六道，内分西司九千七百一十二道，坐落西宁府；洮司三千三百道，坐落岷州；河司五千一百三十二道，坐落河州；庄司五千一百五十二道，坐落平番县；甘司四千道，坐落兰府。今中马之例久停，在甘、庄二司系各处冲衢，西、河二司附近青海，常有销售之路。惟洮司地处偏僻，土瘠民病，故该司商销茶斤，历年俱告改别司售卖。惟交官茶封，仍交洮库，往往积至数十万封，始请疏销。臣查甘、庄二司地处冲衢，拨支收用均属近便。应如该抚所请，将洮司额颁茶引，改归甘、庄两司，给商征课。俟洮司库贮茶封搭饷完日即行裁汰。"疏上如议行。嗣于乾隆二十七年，以河司虽附近青海蒙古，而一切交易，俱在西宁，从不一赴河州，其情形与洮司无异，亦行裁汰其额引五千道，是并归甘、庄二司。

二十七年，以茶斤积滞，筹画疏销。陕、甘总督杨应琚遵旨条议，甘省五司官茶疏销事宜：

一、官茶应改征折价也。按甘省库贮官茶，向例如遇存积过多，改征折色；如库贮无几，复请征本色。令五司库内，自乾隆七年至二十四年，已存积至一百五十余万封。经前抚臣吴达善，于二十四年奏准，每封作价三钱，搭放兵饷以来，当奉行之始，兵丁领护茶封，尚有余利，今行之二年有余，已搭于过茶四十余万封，现在市肆官茶日多，非十年之久不能全数疏销。且每年商人，又增配茶二十四万余封，商茶既多，官茶自必益加壅滞。莫若将商人应交二成官茶五万四千余封，暂停交纳，照例每封征折价三钱，俟陈茶销售将完，再行征收本色。

一、商茶应准其减配也。查甘省茶法，商人每引交茶五十斤，无论本折即系额课。此外尚有充公银三万九千余两，亦系按年交纳，无殊正供。至商人自卖茶封，每引止应配正茶五十斤，连附茶共配售三十余万封，该商等即以配售之茶，完纳前项应输之课。经前抚臣吴达善奏准增配，以纾商力，并无课项。第茶封既已加增，又有搭放兵饷之库贮官茶，势致愈积愈多，难免停本亏折。今酌中筹计，商人情愿每引一道，上配茶十五封，内应酌减无课茶一十五万八千三百十六封，共止配茶四十万九千四百四十封。至二成本色茶封，现既酌议改征折价，自亦无庸配运。

一、陈积茶封应召商减售也。查各司具有陈积茶封，而洮司为最多，该司地处偏僻，定议搭饷，计非数十年不能完。现在每封四钱发售，商民无利可获，裹足不前。请仍照乾隆二十六年前抚臣明德原议，每封定价三钱，召商变卖。河、西二司共存茶六十余万，为数较多，一准其一体照数售变。

一、内地新疆应一体搭放也。查乾隆二十四年，前抚臣吴达善奏准，满汉各营，以茶封搭饷。至新疆地方茶斤一项，向须取资内地，诚如圣谕，“各地济用，自属多多益善”。今官茶以沿途站车輓运，毋庸脚费。其自肃州运至各处，将脚费摊入茶本之内，较之买自商贾，价尚多减省。部议应如所请，从之。

道光初年，那彦成平定番族，复申歇家通事之禁，以严私茶出入之防，专为盘查私运军火，供给番民。乃兵略上之要策，不专为互市计。自是厥后，茶马互市，几成具文，虽簿书期会，犹复虚与委蛇，而私贩私易，官家不再干涉。观夫洪水之互市既开，未几而番酋怀阿而赖等部落，各率所部渐徙近地，交通构煽，进据定羌，甘、凉大道，遂为之梗。是由洪水开市所酿成，办理不善，故无利而有害。

……

咸丰以后，回捻作乱，中原靡烂，而西番无事，市易如故。

——（民国）刘郁芬修，张价卿、杨思等纂：《甘肃通志稿·军政六互市》，甘肃图书馆据民国二十年原稿本油印本，第4—19页。

（弘治）三十年，诏给西番诸族纳马勘合。初，洪武中，赐番族金牌，以防诈伪，私茶罪死。永乐中，禁少驰，易马少，乃命严边关茶禁，遣御史巡督。正统末，罢金牌，边民冒禁，私贩者多。及杨一清督理茶马，禁私贩，种官茶。四年间，易马九千余匹，而茶尚积四十余万斤。灵州、盐池增课五万九千，贮庆阳、固原库，以买官给边。又请专官听其提调。御史翟唐岁收茶七十八万余斤，易马九千有奇，后法复驰。嘉靖初，户部请揭榜禁私茶，凡引俱南户部印发，府、州、县不得擅印。至是诏给勘合，然初制讫不能复。

——（民国）刘郁芬修，张价卿、杨思等纂：《甘肃通志稿·军政五马政》，甘肃图书馆据民国二十年原稿本油印本，第15—16页。

旧通志载：唐德宗纳户部侍郎赵赞议，税天下茶、漆、竹、木，十取其一，以为常平本钱。谓茶之有税，始此。至关于甘肃之茶法，宋熙宁八年，提举茶场李杞奏请以熙河路提举买马，王韶兼茶务。（元丰十年，更诏以买马隶经制熙河财用司。自后二职分合不一。八年陕西卖茶为场共三百三十二。元祐二年，熙河、秦凤〔泾原〕三路茶仍官为计置，永兴、鄜延、环庆许通商。）

元置茶局于巩昌。（元世祖至元五年，用运使白赓言，榷成都茶，于京兆、巩昌置局发卖；私自采卖者，其罪与私盐法同。）

明代茶法稍备。陕西置茶马司四：河州、洮州、西宁、甘州。宏治中，茶课五万一千三百八十四斤零。系汉中府属西乡、石泉、汉阴、兴安、紫阳，分县岁办，分解各茶马司。陕、甘各设行太仆寺，领监二：长乐、灵武，置苑七：广宁、开城、黑水、安定、清平、万安、武安。甘肃苑马司设官如陕西。洪武初，令陕西河州、洮州、西宁各设茶马，每三年一次，差在京官选调边军，资（俸）〔捧〕金牌四十一面，降此三卫附近羌族，令纳马万有三千八百五十匹，收马给茶，名曰差发。先期于四川征茶一百万斤，官军转运各茶司，分贮给用。二十二年，定易马茶数：上等每匹一百二十斤，中等七十斤，下等五十斤。洪武四年，奏准汉中府金州、石泉、汉阴、平利、西乡茶十取其一，令有司收贮，与西番易马。永乐初，遣御史巡督洮、河等处茶马。正统八年，奏准金州芽茶一斤，收茶叶二斤，运西宁易马。十四年，停止金牌，每岁遣行人一员，巡查潼关以西至甘州等处私茶。成化十五年，令巡查御史招羌易马，不拘年例。宏治三年，令陕西布政司招商给引，赴产茶地方买茶，运赴茶马司，六分听其货卖，四分验收入官。十七年，令陕西每年拣宪臣驻扎临洮府，巡禁私茶，一年满日交代。又招商收买茶五六十万斤，依原提拟给银定限，听其自买自运。至各该茶司仍委官于西宁、河州二卫给卖，价银官库收候给商。十八年题准，各处行茶地方，但有兴贩私茶，在边境交易及在腹里卖与进贡远人者，不拘斤数，事发，并歇家、牙保，俱发往烟瘴卫所，永远充军；其在西宁、甘肃、河州、洮州贩卖者，一百以上，分别附近边卫充军；不及其数者，俱依律枷号摆站守哨；若军官纵容子弟、伴当与贩及守备把关巡捕，知情故纵者，事发参问，若官自出资本，贩私茶通蕃者，发边卫充军；在西宁、洮州、甘肃地方发卖者，三百斤以上，近卫充军。十八年，都御史杨一清及巡按李玑言国初金牌佥发之功，请复其制。以查检不出，事寝。嘉靖十五年题准，陕西三茶马司积茶，只留二年之用，每年易马计该正茶外，分毫不许夹带。四十三年题准，以后每年开茶，仍上五六十万斤。商人以一百五十名为止，勒限买茶报中。又定买茶中马事宜。各商自备资本。执引前去收买真细好茶，正附一例蒸晒。每篦重七斤，巩昌府查验篦数，稽考夹带。每正茶一千斤，许照散茶一千五百斤，数外若有多余，方准抽税。各照格填注，印钤截角，依限运赴洮岷参将，转洮岷茶司，照例对分贮库，取实收赴院缴销。如有夹带数多，伪造低假，正附篦斤不同，即从重问罪。夹带与斤重者入官；低假者（歇）〔砍〕焚；引过五年不销者究问。三十年，以年例马完，羌有余马，司有余茶，许其增中解牧。洮州增至一千二百五十匹，河州增至一千七百四十匹，西宁增至二千四百三十匹。隆庆五年冬，令甘州茶马司比照河州、西宁〔洮州〕三茶司例，定以六月该道会同将领，抚调羌马，堪骑征者，方许中纳。每年约以八百匹为止。万历二年，陕西苑马寺缺少种马，将该寺贮库茶课等银，岁解固原镇二千两，给军自买。于年例应解该镇二千匹内，扣留二百匹，在苑作种。

清代多沿明制。清初分西宁、庄浪、甘州、河州、洮岷为五司，每年榷茶中马，各厅员实掌其事，甘司驻兰州。康熙三十六年，茶院某以兰州无马可中，奏裁之。嗣后茶马惟四司括之。岁额茶课折色银六千二百六十六两二钱二分六厘，共引二万七千二百九十六道，茶商领赴产茶地方办运。每引征茶五篦，每篦二封，每封五斤。共征本色茶一十三万六千四百八十篦。又宁夏道额引二百七十道，纳茶价银一千零五十三两余，均系西安所属。顺治初，易马例：上马给茶一十二篦，中马给茶九篦，下马给茶七篦。凡通接西番关隘处所，拨官军巡守，遇有夹带私茶出境者，拿解治罪，其番僧夹带奸人并私茶，许沿途官司盘检，茶货入官，伴送夹带人送官治罪，若番僧所到处，该衙门官纵容私买茶货及私受馈送，增改关文者，听巡按察究。又进贡番僧应赏食茶，须给勘合，付四川布政司拨发有茶仓所，照数支放，不许于湖、广等处买私茶。甘镇以茶易马各番，许于开市处所互市，不容滥入边内。四年，差满汉巡茶御史、笔帖式各一员。五年议准茶篦，止供中马，不许开销赏番。七年题准，旧例大引篦茶，官商均分，大引采茶九千三百斤为九百三十篦，商领部引，输价买茶，交茶马司，一半入官，一半交商发卖，例不抽税。小引包茶，税分差等，每五斤为一包，每二百包为一引，发卖民用。每引汉中税银九两四钱，西安凤翔税银一十四两。今定大小引一例平分。十年覆准，茶商旧例，大引附茶六十篦，小引附茶六十七斤零。今定每茶一千斤，概准附茶一百四十斤。如有夹带私茶，严查治罪。茶篦先由潼关、汉中二处盘查，至巩昌再经通判查验，然后分赴各司交纳。官茶贮库，商茶听商人在本司贸易。延、宁二处商税，每引百斤量入官茶三十斤，折银一钱三分交库汇报，凡镇将发银市马，查核的确，准令购买；若有载茶易马者，概行禁止。各番交易茶马，量赍烟酒，以示抚绥。十三年覆准，新茶中马既足，陈茶变价充饷。如新茶不足，陈茶两篦折一中马。十四年覆准，私茶马变价及赎罪银，原留中马支用，今七监马匹蕃庶，改解充饷。康熙二年题准，茶九万篦作十分考核：欠不及半分者，罚俸六个月；欠半分以上，罚俸一年；一分以上，降一级；二分以上，降三级；三分以上，降四级调用；四分以上，革职。溢额每分以上，记录一次；至四分以上，加一级；五分以上，加一级记录一次；茶引不完者，虽多得茶斤，不准议叙。四年，裁陕西苑马各监。七年，裁茶马御史归甘肃巡抚兼理。十四年题准，茶马事宜，每年八月攒造汇报。三十二年题准，西宁五司收贮茶篦，年久难免浥烂，每篦变价银六钱。三十六年，仍差部员管理茶马事务。以兰州无马可中，将甘州司贮积茶篦，在五镇俸饷之内，银七茶三，每银一两，搭放值三钱茶一封。四十二年题准，陕西茶引共额二万七百九十六道，发西、庄、洮、河四司，通番中马。内有小引八百余道，售西、凤、汉中三府人民供食。自康熙三十三年后，被大引渐次浸更，现今止留小引一百道，西、凤、汉中三府地方人民，不足食用，以致私贩横行。今于小引原额内，颁茶引五百道给商，行茶每引征茶五笔，每笔征银四钱。四十四年，河茶马事务停止，差官仍归甘肃巡抚兼管。西宁等处所征茶篦，停止易马，将茶变价折银，每新茶一篦，折银四钱，陈茶一篦，折银六钱充饷。巡查私茶十斤以下，停其私搜，恐沿途行人分带零运，仍照旧例缉拿处分。四十五年，甘肃巡抚某令商人改折每笔纳银四钱，其陈茶仍给番族，每马一匹，折银七两二钱，收银解司，其制已变。然有中马之时，按定例每引办茶十篦，商人运至，当官以其半归公，仍秤量以防轻短，煎熬以辨真伪，然后将剩存之茶，退回本商贸易。制本周密，乃自商人巧为规避，立官茶、商茶名色，遂有以草茎树叶溢交司库者。茶法之弊，即马政所由（壤）〔坏〕矣。又昔时茶贵马贱，一岁之茶，仅足供一岁之用。迨招中停止，库藏充盈，先于康熙八年及三十一年、三十三年，发变三次。三十一年，由巡抚布哈奏请，将各司陈茶发变，每司变茶十万篦，每篦价银六钱。但商茶充斥，各土司自开中之后，有茶可领，是以数年之久，各司所变无几，虽迭（樱）〔撄〕参罚，莫可如何。况陈茶无计变完，新茶又复接踵，每岁中马之外，正多赢余，陈陈相因无已时。遂议令凡买马者，无论官民，每匹马，一匹搭茶一篦，交银六钱。更将各商官茶，每引折解银若干充饷。俟现在库茶招中将完，仍交本色。五十七年议准，陕西西宁地方为通番大路，原额茶引九千二百四十八道，不敷民番食用。今加增茶引二千道，每引照例征茶五篦，每篦折银四钱，共征银四千两。六十一年覆准，陕西西宁、庄浪、洮岷、河州，界连口外，增茶引四千道。交与总督办理，一年定例之后，仍照旧交与巡抚办理。又议准西宁等处行茶，原照例易换马、驼、牛、羊，并买粟谷。令将旧茶悉出变卖，以充兵饷。雍正三年，西河厅改为府案内，西宁厅应改府为西宁府，西司茶务，归西宁府管理。又覆准甘肃四司茶篦，自康熙六十一年为始，五年之内，总收本色，五年之后，即将旧茶挨次出陈易新。又覆准商人采运茶篦，沿途查验不得勒掯留难，及按引严查，不得夹带私茶，暗加斤两，违则治罪。如有地僻引多，壅滞不能行销者，由该司呈报甘抚，令行往别司通融发卖办课。雍正四年，诸番族按地纳粮，中马遂停，陈茶或变价，或搭饷，或折收不等。昔以茶贵马贱，每茶一篦值银一两以上，而上马一匹仅值银五六两，故远番图利群趋之。其后茶贱马贵，口外番人裹足。遇有（银）〔营〕驿需马，但就熟番于内地取盈。自复设巡茶以来，每岁中马多至五六千匹，即以洮岷一司论，每岁多或千余匹，少以六七百匹。（复）〔腹〕里之马群已空，外番之规避如故，司马政者苦之。迨雍正十三年，军需告竣，番民以中马为累，详请奉文停止。雍正八年题准，改岷厅为州，洮岷司茶务归洮道管理。又按河州厅自明以来，专司茶马。考《河州志》载，每岁奉部颁引目，散给商人赴湖、广产茶地方采办，每引茶十笔，重一百斤，外给附茶十四斤，为本商脚费。运到日，仍各半均分。乾隆三年，奉文每茶一封，改折增银五分，每封征银三钱。又奏准，以各司库茶，前因年久，恐其霉变，曾减价销出，于原定每封价银九钱五分之内，一再减少，仍销变无几。兹定分别年分，自康熙六十一年至雍正五年，每封定价银三钱；雍正六年至十年者，每封定价银四钱五分；雍正十一年至十三年者，每封定价银五钱五分。乾隆七年奏准，令商人于是年为始，停交改折，仍交本色官茶。八年奏准，将各司库茶发给各州、县、卫、所，易换粮石，以裕边仓积储。自八年起至十一年止，西司共发茶四万六千封，易储各色仓石粮二万七千一百八十二石七斗有奇。乾隆十一年，奏准部交令将乾隆七年以后征储新茶，照依雍正八年之案，每茶一封，定价九钱五分。乾隆二十五年，裁河州茶司。二十七年，河司厅员移驻循化，遂与茶政无涉。

按：以茶易马，始于唐代回纥贡马。嗣后二职屡经分合，中马亦屡经变更。雍正九年，复中马之制。十三年即停止。至乾隆中叶，因番族向化，中马之制乃废。

至乾隆十八年，茶务归兰州驿传道管理。及罢中马之制，令商纳税银于兰州道库，每引交银二两七钱（每茶一封，折征银三钱），本色茶一封。是时商领部引数目，每年无定。嘉道间，茶低篦轻，茶法日坏。及咸丰初，洪、杨军兴，两湖道梗，引滞课悬。至同治初，陕回构变，屯集泾阳候批验之茶，尽被焚掠。自是由关而陇，贼氛充斥，官茶片引不行。至同治十一年，关陇渐定，总督左宗棠奏请豁免历年积欠课银；以票代引，每票计五十引，应征课银一百五十两（仍照旧额，每引课银三两），豁免杂课归并茶厘征收。（按杂课名目为：每引征养廉银四钱三分六厘，捐助银七钱三分二厘八毫，改折银二两七钱，官礼银二钱四分。均在正课之外，且较正课为多。而向例陆运由陕州验引，由潼关厅秤盘（裁）〔截〕角，兼给由单令运巩昌；水运则由襄阳府截引角，由兴安、白河、紫阳等州、县验引，由汉中府军粮同知称盘，兼给由单。凡水陆运汇抵巩昌，由茶厅盘验截角，听赴掣定引地。载在前清户部则例，验引有费，秤盘有费，截角给单莫不有费，更属为无定，茶商苦之。故左文襄公奏明，豁免其杂课内捐助一项，系雍正初征准噶尔时，茶商捐银十二万两，分六年缴清，事平以后未（截）〔裁〕，相沿遂即成杂课。）每引厘金至多不得过二两，原定每票纳厘银七十二两。出口之茶，另于口外厘局加完一次。在陕、甘销售者，领票时预缴二成课银一百两，茶运到司再缴一成课银五十两及应完厘金。沿途无扰，茶务始渐起色。嗣后茶厘抽加二次，每票共厘银九十三两六钱，（光绪二十年于筹饷案内，加抽二成银一十四两四钱。二十七年于赔款案内，加抽一成银七两二钱，连原厘共计每票银九十三两六钱。）均由兰州道经收。至民国四年，设立筹款局，茶课划归该局管理，并创办撤茶捐。民国八年裁局，统归财政厅。茶课办法，多仍旧制。兹附各案发给茶票数目简表，以备考览。

甘肃省历案换发茶票数目比较表一

案数	发票年度	发票张数	比较
第一案	同治十二年	385	
第二案	光绪八年	402	减
第三案	光绪十二年	409	增
第四案	光绪十六年	423	增
第五案	光绪十八年	423	与上案同
第六案	光绪二十二年	457	增
第七案	光绪二十四年	449	增

——（民国）刘郁芬修，张价卿、杨思等纂：《甘肃通志稿·财赋二税捐》，甘肃图书馆据民国二十年原稿本油印本，第 37—42 页。

散茶统捐　散茶者，别于成封之官茶、副茶而言。其品类极多，如巴山、紫阳、香片、龙井、红梅、普洱等类，皆私茶也。前清户部则例，凡兴贩私茶商人及窝顿牙保，均分别照例科罪。盖以私茶侵占官引，有碍课银。同治间，整顿官引，屡经严查，获则茶概焚毁，人则治罪，而关内外私运私销，仍不能免。盖例禁愈严，则获利愈厚，而偷漏亦愈多。光绪三十二年，创办百货统捐，始将散茶列入进口百货之内，分别等第，照章收捐。原章普洱茶每肘七饼，收银二钱；紫阳茶每斤收银一分五厘；巴山茶每斤收银九厘；其余香片、珠兰、龙井等茶，品高价昂，输入尚少，皆原章所未及。巴山行销关内外，其伙而收捐无多。紫阳初仅指定准销巩、秦、阶、平、泾、固、化、狄、河、西宁等处。然各地仍有散售者，惟入口在汉中府、西乡县两处设局，地属扼要，偷漏极少。两局年收银四万余两，西乡占全数十分之八。嗣三原大布、凤翔西安百货、汉中西乡散茶，各隔省之局，概行撤回，并入百货，统捐局亦难分指其收数矣。

——（民国）刘郁芬修，张价卿、杨思等纂：《甘肃通志稿·财赋二税捐》，甘肃图书馆据民国二十年原稿本油印本，第 43—44 页。

中华民国十九年六月县长马英甲（1930 年）。

财政：连年抗旱，屡次匪祸，今又天久不下雨，催办粮款民力疲惫，今摊接济费洋二万八千元内，除已解洋一万六千元外，尚欠解洋一万二千元，均系被各地人民担负。

——《县府地方情形政务工作报告表三份》，青海省档案馆，档号：0067- 永久 -00096-008。

中华民国十九年十月马县长（1930 年）。

财政：财政令摊军用皮衣件，遵即饬警赴各地催办，惟查县自拉卜楞任安分设新县，其余各地均不产皮衣，现各地人民请求减免。

——《县府 10 月 20 日地方情形政务工作报告表》，青海省档案馆，档号：0067–永久 –00096–010。

青海省循化县地方情形政务工作报告表（1930 年 10 月）。

财政：饬警分往各区催办，奉令办理营买军粮军用皮衣以资军需。

——《县地方情形政务工作报告表》，青海省档案馆，档号：0067– 永久 –00096–002。

中华民国二十年一月县长吴（1931 年）。

饬警催收十九年分廉课暨警款并布告查令红契印税，白契以印税收。

——《二十年 1 月 16 日至 2 月底政务工作报告表》，青海省档案馆，档号：0067–永久 –00096–019。

报告元月一日起至十日循化县政府（1931 年 1 月）。

案查接管马前任卷内奉财政厅训令摊十九年份营买粮草一案，遭即由马前任任内分令各区去后，旋据仅收获粮一百余石，县长到任后因事关军需，未便长次推延，遂饬警分往各区积极催收以裕军粮。

——《县府元月一日起至十日工作报告的呈文》，青海省档案馆，档号：0067– 永久 –00095–014。

1934 年，循化县市面金融甚紊乱。循化讯：该县近日因奸商之操纵，致全县金融，愈形崩溃，每票洋一元，公然以六五折使用，易小铜元四千四五易大铜元五千，又将大铜元以小铜元八枚折用，因之市面金融，异常窘迫，贫民生计，颇受影响，县府特于前日布告民众，严禁折扣或贴水，违者定予惩办云。

——《循化县市面金融甚紊乱》，《新青海》，1934 年，第 2 卷第 8 期，第 75 页。

1934 年，循化县各机关经费征收数：党务 125，行政 6404，司法 24，教育 1220，建设 200，公安 2600，交通 220，共计 10693。

——周觉生:《青海》，青海省图书馆馆藏，1936 年版，第 22 页。

青海省循化县三月份政务工作报告（1935 年 4 月）。

财务类。通用铜币：查本省行使五枚、十枚、二十枚铜币，原为流通市面救济金融起见。自通用以来，民商两届均称便利，惟本县商民不惟将五枚、十枚铜币拒绝不用，甚至将二十枚大铜元私行折扣，县长为维持币制起见，特出布告劝令一律通用。

——《青海省循化县三月份政务工作报告》，青海省档案馆，档号：0067- 永久 -00098-019。

青海省循化县三月份政务工作报告（1935 年 4 月）。

减免营买粮石：县边都乡去岁被遭雹灾，收成欠薄，县长为体恤灾民起见，将该乡应纳尾欠营买粮石佰斗伍拾石已呈请准予豁免，以体恤民困。

——《青海省循化县三月份政务工作报告》，青海省档案馆，档号：0067- 永久 -00098-019。

1935 年，循化县金融日趋崩溃。青海省循化县金融尔来日趋崩溃，五枚十枚之铜元，均拒绝应用，市面流通者仅一枚廿枚两种，而二十枚铜元又以小铜元十八枚折用。每票洋一元易大铜元四千一百或四千二百，易小铜元三千六百或三千七百，甚而拒绝不用票洋。每现洋一元易大铜元七千一或二百，易小铜元六千，致票现异常悬殊，影响社会民生至深甚巨，伍县长特于日前布告全县民众并令县商会以后不得任意折扣或贴水，有碍金融之流通，同时派员严密调查，以杜流弊云。

——《循化县金融日趋崩溃》，《新青海》，1935 年，第 3 卷第 5 期，第 83—84 页。

1935 年，青海各县人口面积统计调查。出入山税局：循化出入山税局，全年 2500 元。

循化县县仓储青科八八六六七石。

——《青海各县人口面积统计调查》，《新青海》，1935 年，第 3 卷第 9 期，第 43—46 页。

1935 年，循化之抗租风潮：循化县草滩坝撒民韩五拉五，每年为教育局交纳租粮数小斗，近年捏词顽抗，积欠颇多，去岁教育当局，以韩一人之抗租事小，而各租户之效尤事大，特起而力争，同时引起各校罢课风潮，嗣经邵锡县长慎重处理，该民自知理屈，除将数年欠租如数交出外，并具认咎甘结，以了此案，事经一年，该韩五拉五又于日前捏词上控，省府据一方面之词，令县政府转饬豁免租粮教育当局，闻讯之余，颇为惶惧，已分呈各主管机关，维持原案，勿使行将萌芽之循化教育，受重创，苟当局处理不善，则各校罢课力争之举，势将重演矣。

——积琏：《循化之抗租风潮》，《新青海》，1935 年，第 3 卷第 1 期，第 57 页。

循化县赋税统计（1936 年）

项别	金额（元）	备考
番粮	2352	计正粮 3527418 石，每石廿元，合如上数
盈余陋规粮	100	附征盈余陋规粮计 141098 石，每石廿元，合如上数
百五经费粮	66	
营买粮	8000	征粮 400 石，计价如上数
营买草	650	征草 134600 斤，以一元二百斤计如上数
补助一师校经费	100	
油梁磨费洋	420	全县其油磨 210 产，每产每年二元
税契及税纸	540	县府设股办理 6% 税每张政费五角
验契税	420	白契每张收税二元二角，红契每张收税一元一角，全年计如上数
印花税	1500	
地方各机关学校全年经费	11748	
产销税	23900	
榷运税	500	
其他切杂捐税	3000	
差役折价	2000	每年人民应支夫夫马差捐折价如上
总计	55296	

——《循化县赋税统计》，《新青海》，1936 年，第 4 卷第 3 期，第 30 页。

边疆时事（自 1937 年一月二十六日起至二月二十五日止）。循化县歇役制度迭生流弊：青海循化县行政警察中，有所谓歇役者，因藏民语言隔阂，县政府政令宣达困难，故于征收粮款之时，特设置之，借以传达政令，代为收讨，自废清迄今，相沿日久，并未取消，县府本更官不更吏之惯例，历任县长亦多不加察，该歇役竟成世袭，父子相传，流弊层出，官府受其操纵，人民遭其鱼肉，闻本县各歇役中，竟以此兴家立业者，所在多有，本年马寿昌县长莅循后，兴利除弊，不遗余力，近有起台沟歇役马喜，因收款舞弊为马县长查觉，特于昨将该歇役拘押严办，并革除职务，地方人士称快，又闻其余五沟歇役，均有流弊，县府刻正在分别秘密调查中，总之歇役之舞弊及挟制官府，纯因世袭，又因藏民不识文字，所有公文政令，皆凭歇役之信口传说，如能由县府雇用藏文翻译，并革去歇役，由各政警轮流差遣，则积弊自可肃清云。

——《循化县歇役制度迭生流弊》，《蒙藏月报》，1937 年，第 6 卷第 5 期，第 145 页。

循化土盐准暂由原包商续办（1944 年）：西北区循化土盐计锅征税，前经呈奉部准继续试办一年，期满之后，即经令由西北局转饬改办官收，设法切实改进，以期适合专卖制度，惟该局以循化土盐产量不多，管理困难，拟予封禁，嗣又因青海情形复杂，彻底封禁，事实上万难办到，后拟恢复以前包税制度，并暂由包商韩得福照旧按全年产额五百六十四担六十斤之数，自本年四月一日起承包办理一年。常经指复照准，仍饬原包商在试办期中，临时视察当地情形，设法改进，并报部核备。

——《产制：循化土盐准听由原包商续办》，《盐务月报》，1944 年，第 3 卷第 8 期，第 27—28 页。

呈请拟取消循化地方陋规担头税可否祈（1946 年）。

核示祗遵由循化县政府呈，循丙民第二一号民国三十五年元月二十二日为呈请事由，以兴利除弊为政府早足之政策彻底奉行，乃守职应尽之义务，年来政府倡导于前各县遵行于次，本省政治得以全部刷新，惟循化地方向有担头税之征收，年可收入硬币贰佰余元，在当初原为筹集公安警察经费，固为时权宜之计及后警署裁撤此税仍存，历来相沿移作县府公费，遂失初设之义而成继起陋规，不仅有失公允且为新政之庇。县长到任伊始为完成政府设施，奉行应尽职责计决鉴核，指示祗遵谨呈青海省政府主席马。

代理循化县县长罗平

——《关于呈请拟取消循化地方陋规担头税的呈文》，青海省档案馆，档号：0026- 永久 -00172-020。

青海省循化县兵要地志调查表（1946 年）。

民以麦面为主要食品，惟循化山多川狭、田少水缺，全年所产额量只足半年之用，全赖邻近化隆等县接济，若遇天灾，民多流离他方，辣子多运销西宁、临夏等县，度用多由贷款调济维持生活，至市面流通者多为中央、中国、交通三银行之法币，商业异常萧条，日用一切物品多由临夏运来。

——《青海省循化县兵要地志调查表》，青海省档案馆，档号：0041- 永久 -00035-009。

呈赍职县三十五年度征收胜利公债数目祈请（1947 年）。

鉴核备查由循化县政府呈循丁财字第一八号中华民国三十六年二月二十四日，案奉钧厅本年二月八日贞财字第零零零零一一五号指令内开“呈表均悉：核数相符准予备查，惟胜利公债九万元并非自治税捐，乃竟混合填报殊有未合除由本厅代为更正外，仰遵照详查更正专案呈报为要此令”等因，奉此遵查募集三十五年度胜利公债九万元如数解缴公库，收讫缴款书收据聊已报查外，奉令前因理合具文呈报，钧厅电建备查实为公，便谨呈青海省政府财政厅厅长冶。

代理循化县县长罗平

——《关于 35 年征收胜利公债数目事给省财政厅的呈》，青海省档案馆，档号：0026- 永久 -00577-008。

青海各县地方机关经费征收数（1937 年）。循化：党务 125 元，行政 6440 元，司法 24 元，教育 1220 元，建设 200 元，公安 2600 元，交通 220 元，总计 10693 元。[①]

——马鹤天：《甘青藏边区考察记》，商务印书馆，1947 年版，第 170 页。

青海省循化县特别税征收办法（1948 年）

第一条　凡以营利为目的之本县处省土产品得依照本办法之规定征收特别税以充裕自治财政。

第二条　特别税不得有下列各款情形。

一、与中央或地方税课重复。

二、对人民生活必需品课税。

三、各地方之物品通过税。

① 编者注：原文如此。总计实数应为 10829。

第三条　本县特别税征收范围，不合此项标准者均予免征辣子。

第四条　前条所规定之辣子以百斤以上为征税原则，不足百斤者免征。

第五条　本办法第三条所定各种税课物品均以出省境者为限，其在省内互相买卖者不得课税。

第六条　甲县土产出省物品并未就地完税者经过乙县时得照本办法之规定补征。

第七条　本县特别税之征收由县税捐稽征处直接征收，不得招商包征，其征获之税款，应依公库法之规定由县库核收。

第八条　本县征收特别税应按各种土产物品之从价征收百分之五。征税物品之价格由管理机关每三个月公告一次并报省政府查核。

第九条　各营业人以第三条规定之物品营利者均应向当地经征机关纳税，不得短报或漏报。

第十条　纳税人向经征机关报税时应由经征机关填给缴款收据，其格式另定之。

第十一条　经征机关填给纳税人之缴款收据，纳税人应妥为保存，如有遗失等情事不再补发。

第十二条　各营业人如有违纪本办法第八条之规定者，经经征机关查明属实后，按其应纳税额处以一倍至五倍之罚款。

第十三条　经征机关所收之罚款应依公库法之规定交由县库核收并挚给被罚人罚款收据，其格式另定之。

第十四条　经征机关应将征获之罚款列入旬月报表内，呈报省政府财政厅备查。

第十五条　特别税之收支应列入县预算统筹支配，不得指定专门用途。

第十六条　经征机关征收特别税时，除正税外不得征收任何各自之附加税。

第十七条　本办法由县政府拟订，提经县参议会通过，呈请省政府核准施行。

循化县三十七年度特别税预算书

品目	全年预算数	备考
辣子	金圆五百元	
合计	金圆五百元	

——《青海省循化县特别税征收办法》，青海省档案馆，档号：0015- 永久 -00249-005。

七、资产

循化县：自二十三年十二月二十日到至月底（1934 年）。工程：县政府因年久未修，不惟周围城垣诸多倒塌即内外门窗均被破损，县长现拟春暖开工修葺；续修城垣，补修城垣虽工程浩大尚未竣工，县长到任立即登城巡视工程大小，拟春暖后重工维修。

——《县府 12 月份政务工作报告表》，青海省档案馆，档号：0067- 永久 -00098-011。

循化县造赍城垣交代清册（1946 年）。卸任循化县县长马梦鹤谨将任内经管循化县城垣会同移交委员逐一移交新任循化县长罗平接收清楚，理合造赍清册恭请鉴核备查。

一、循化土城一座，周围共长六百八十丈，东西各长二百九十丈，南北各长一百二十丈。

一、城高二丈二尺，根深二丈，收项顶一丈七尺五寸，垛墙八百八十，堵各长五尺根深二尺五寸，顶厚二尺，垛口八百二十四个。

一、城顶里面周围水道共三十六个，东西门土马道各一道，斜长八丈五尺，宽一丈五尺，东西城楼两座各三间，东西城门洞俱系砖圈，各长七丈高，各二丈五尺宽，各二丈木门两扇，高各一丈三尺，宽各七尺五寸，厚各八寸，俱系铁箍三道，东西瓮城门砖圈，进深各二丈二尺，高各一丈七尺，宽各一丈五尺，木门二扇，高一丈二尺，宽六寸，色铁叶一并俱全。

监交委员边庆祥。

新任循化县县长罗平

卸任循化县县长马梦鹤

中华民国三十五年元月四日

——《造赍城垣交代清册》，青海省档案馆，档号：0026- 永久 -00331-006。

循化县造赍文庙交代清册（1946 年）。卸任循化县县长马梦鹤谨将任内经管文庙间架数目会同监交委员逐一移交新任循化县长罗平接收清楚，理合造赉清册恭请鉴核备查。

文庙一座。

官墙一道，东西礼义门共二间，栖檽星门一座计三间，角门二道各一间，东西贤名官祠各一所共六间，大城门一座计三间，角门二道东西两庑共十间，大成殿一座计三间，崇神祠一座计三间。

监交委员边庆祥。

新任循化县县长罗平

卸任循化县县长马梦鹤

中华民国三十五年元月四日

——《造赍文庙交代清册》，青海省档案馆，档号：0026–永久–00331–008。

捐产实证（1946年）。今状到循化县瓦匠庄韩阿乙舍，水地七段共下籽贰循口五斗，果园一处共价法币伍佰捌拾万零五仟元。

中华民国三十五年五月四日

——《产实证（青海省循化县瓦匠庄韩阿乙舍）》，青海省档案馆，档号：0043–永久–01423–014。

循化县政府造赍交代背斗数目清册（建）（1948年）。卸任循化县县长罗平，新任循化县县长王敬伯，谨将职罗平任内经管背斗数目会同监交委员逐一移交，职王敬伯接收清楚理合会造清册恭请鉴核。计开：

一、接马前任移交背斗一千八百一十个民欠项下。

一、尕楞乡欠背斗九十个。

一、卑塘乡欠背斗五十个。

一、曲卜藏欠背斗五十个。查前项背斗如数保存至民前数目未再催收。

中华民国三十七年元月二十九日

——《造赍交代背斗数目清册》，青海省档案馆，档号：0021–永久–00069–004。

树株及演讲台交代清册（1948年）。中华民国三十七年元月二十九日，监交委员：赵存璞，杨继贤。

卸任循化县县长罗平，新任循化县县长王敬伯。

前任移交东教场内演讲台一座计三间；前任移交东南西城场及东教场计植白杨树大小一千六百九十三株；前任移交东教场及东西城计植柳树一千四百三十七株；前任移交西城场计植榆树三株。

新收：新植起台堡白杨树五万株；新植东教场内榆苗圃一座。

开除：除起台堡未成活白杨树计一万三千八百六十二株；除东南西城场及工教场枯死树二十一株。

保存：存东西教场内演讲台一座计三间；存东南西城场及东教场计植白杨树大小一千六百七十二株；存东南西城场及东教场计植柳树一千四百三十七株；存西城场计植榆树三株；存起台堡计植白杨树三万六千一百四十株；存东教场内榆苗圃一座。

——《造赍交代树株及讲演台清册》，青海省档案馆，档号：0021- 永久 -00069-002。

修路铁器数目交代清册（1948 年）。中华民国三十七年元月二十九日。

卸任循化县县长罗平，现任循化县县长王敬伯。

旧管：原接马前任移交板角一百一十把；原接马前任移交铁十字镐五把；原接马前任移交铁棍一十五根（内一根两截）；原接马前任移交铁铣一百九十三张（内十张已坏不能用）；原接马前任移交铁锤一十二个（内十个已坏不能用）；原接马前任移交铁条一十根。

民欠项下：边都欠交小铁棍一根；边都欠交铁十字镐一把；边都欠交铁铣三张；边都欠交板角七把；起台欠交铁铣一张；孟大欠交铁铣一把；素只欠板角一张。

新政：收边都民欠项下铁棍一根，铁十字镐一把，铁铣三张，板角七把；收起台民欠铁铣一张；收孟大民欠铁铣一张；收素只民欠板角一张；收三十六年辅修同化桥下余汉铁一百四十一斤。

保存：

名称	数目	重量	备考
板角	一百一十八把	五斤四十把，四斤半二十把，四斤三十把，三斤半二十八把	
铁镐	六把	每把四斤四两	
铁棍	十六根	三十四斤一根，九斤一根，八斤三根，三斤半一十一根	内一根两截
铁铣	一百九十八张	二斤五十张，一斤十二两八十张，一斤半二十五张，一斤四两三十三张，十二两十张	内十二两一十张损坏不能用
铁锤	十二个	六斤二个，二斤半八个，一斤半二个	内十个已坏不能用
铁条	一十根	每根二斤半	
汉铁	二十三块	一百四十一斤	

——《造赍修路铁器数目交代清册》，青海省档案馆，档号：0021- 永久 -00069-005。

八、民间借贷

1934年，青海循化县之社会概况。因商业萧条，金融枯竭，经济异常困难，农民借贷利率，最高者每月三分行息，最低者月利一分，普通者二分。凡农民如有急需时，先商定借款若干后，即将所有不动产、红契为抵押品，书立借契，注明告借银数，月利分数；若无红契，须请该村村长作保；如若借时，因系亲朋关系不愿行息，言明三月内或四月内偿还时，即书限期偿还的约据，以免失信；在承借人不能按月偿利息时，预先注明阻挡所抵不动产字据，以资管业；惟日后承借人将本利如数偿清时，得收回原业，但承借人如能将每月利息偿清时，即十年或二十年，债权人亦不得责承借人限期偿还本银。

——《青海循化县之社会概况》，《新青海》，1934年，第2卷第8期，第54—56页。

九、生态

甘肃省循化县山林调查表（1913年5月19日）。

位置—面积—山名—状况：

官受族东南西，二千亩森林，麦受山。

麦受族东南西，二千亩森林，麦受山。

下隆务寺南，五百亩森林，下隆务山。

宗务庄东南，四百亩森林，宗务山。

双朋西庄西南，四百亩森林，双朋西山。

黑错寺东，一百一十六亩森林，黑错山。

隆哇寺南，三百亩森林，隆哇山。

白土坡庄东南，一百亩森林，白土坡山。

沙沟寺西南，七百亩森林，沙沟山。

孟打工东南，四百亩森林，大拉架山。

——《申报森林材木商况表的申文》，青海省档案馆，档号：0067-永久-00236-011。

呈循化县陈泽藩呈覆筹办试验场苗圃公园各情形请备查由（1927年）。

呈为呈覆事案奉，实业厅第三四零号训令开案奉，省长公署总司令部第四七号训令，开民生问题至关重要，注重农业，提倡森林，实为讲求民生之原素。一案由除原文有案邀免重录外，尾开令即遵照上列各项要政分别已否筹办，刻速切实整顿，积极进行，仍参酌该县地方情形妥拟办法连同办理情形。

一并呈报来听以凭核转切切此令等因奉此遵查，循化地气干燥水分缺乏，知事先就署内东花厅前面有隙地一所，面积为十亩以上作为苗圃，三堂向东侧面有隙地一所，面积约廿亩以上作为农事试验场，以上二处地面平坦已种植杨柳树株、洋槐并花卉、蔬果等物以俟发芽生叶，拟于农事试验场苗圃内开辟公园，足以供多数人游玩之地，并照章令委农林讲习所毕业生马师孟为厂长，业务会副会长陈楷为苗圃主任，均尽义务不支薪水，并由该厂长连任技术事务等员，以资办理一切所有，知事遵令筹办试验场苗圃公园各办法是否有当除呈报实业厅外理合具文呈覆。

道尹鉴核备查谨呈

甘肃西宁道道尹林

代理循化县知事陈泽藩

中华民国十六年五月二十六日

——《呈建设厅本县筹办实验苗圃情况的报告》，青海省档案馆，档号：0021-永久-00224-001。

循化县民国十八年三月十二日及清明节各乡人民举行纪念栽种树株调查表（1929年）

乡名	栽种树株种类	栽种数目	成活树木数量	栽种地点
东乡工　张尕	杨柳树	六百四十株	三百五十九株	河边地边及空地处
西乡工　街子	杨柳树	四百九十二株	二百八十七株	路旁水渠两旁
临城四庄	杨柳树	七百三十二株	五百六十三株	村庄前后水渠两旁等处
本城城壕	杨柳树	三百一十株	二百零六株	四面城壕
说明：查此表各列各种树株及数目本年三月十二日并清明节前后种之数，县委派员役业已调查杨柳树共二千一百七十四株				
循化县民国十八年三月十二日举行纪念植树典礼				

中华民国十八年五月二十五日，代理循化县县长林琪。

种类	杨	柳	榆
株数	二百二十株	一百九十六株	八十四株
地点	在临城托坝泉内	同上	同上
栽种月日	本年三月十二日	同上	同上
杨柳榆各种树秧五百株择定循城西郊旁			
说明：查十八年三月十二日并清明节所栽树株共二千一百七十四株，现在只因雨旱延期风吹不息加之人力培养成活之树株共一千四百一十五株			

中华民国十八年六月四日，循化县县长马英甲。

乡别	树株种类	栽植地点	原栽数目	成活树木
东乡　起台沟　下四工	杨柳	河滩边及地边空地处	两千九百三十七株	九百八十三株
西乡　边都沟　上四工	杨柳	河滩边水渠两旁	一千一百四十二株	四百三十四株
临城四庄	杨柳榆	水渠两旁及空地处	一千零四十四株	四百九十五株
县政府	杨柳榆	本城城壕及农林试验厂	二千二百二十四株	八百零二株
说明：查十九年份四月五日举行植树典礼，所栽树株共七千三百四十七株，既因雨泽延期，又因土质砂砾，全赖人民培养，现有成活之树二千七百一十四株				

中华民国二十年二月二十七日，代理循化县县长吴正纲。

乡名	树株种别	所栽树木	所栽地点
张尕清水崖慢起台沟等处	杨柳榆	二千四百一十七株	河滩边地旁路旁
街子查加素只查行大寺等处	杨柳榆	二千三百九十七株	水渠两边地旁空地
临城四庄	杨柳榆	一千四百二十四株	水渠两边地旁路旁空地
县城壕	柳	二百零八株	县城壕
托坝庄	杨柳榆	七百八十株	农林实验场
说明：树株及数目系四月十日及植树节前所栽之树，经县派员前往各地详细调查本年共栽杨柳榆等树株七千二百二十六株			

青海省循化县 1931 年 4 月 10 日在农林实验场内举行植树运动大会植树株调查表：

种别	株数	地点	栽种日期
杨	三百零九株	农林实验场	四月十日
柳	四百五十六株	同	同
榆	一十五株	同	同
说明：县于月之十日先期谕令各地人民筹杨柳榆等树秧共七百八十株			

——《呈建设年度植树情况报告》，青海省档案馆，档号：0021- 永久 -00224-003。

省建设厅关于视察循化县状况的呈文（1929 年）。马殿元视察循化县状况由。

循化县属森林等级及亩数，视察员马殿元。

尕塄庄森林一处，周围有二百六十四亩，系松树丙等。

卑塘庄森林一处，周围有二百一十五亩，系松树丁等。

中库庄森林一处，周围有一百一十五亩，系松树戊等。

孟达工柴林一处，周围约有二百三十亩，系柴林丁等，该县民由此山取柴烧用。

以上均各公业。

同仁县属（系前循化管辖保安）森林等级及亩数。

墨受庄森林一处，周围有四百三十亩，系松树乙等。

暖柴庄森林一处，周围有二百六十五亩，系松柏树丁等。均各公业。

中华民国十八年九月二十日呈

——《省建设厅关于视察循化县状况的呈文》，青海省档案馆，档号：0021-永久-00262-008。

呈报职县五月份护林情形祈，电鉴核备由循化县政府呈（1947年）。

案兹为加强护林工作起见，特组织护林班，内设班长一人，班员六人，由时近居民内推定韩有奴四为班长，力加人青、加娘毛、多吉加、才郎多吉等六人为班员，并在附近建设房屋一处，以便护林人员随时巡守，以免牛羊牲畜等践踏，并饬每十日灌水一次以资成活，理合将本月份护林情形具文呈报。

钧府电鉴核备实为公便谨呈青海省政府主席马。

试署循化县县长罗平

——《关于呈报五月份护林情形的呈文》，青海省档案馆，档号：0021-永久-00731-006。

中华民国十九年六月县长马英甲（1930年）。

种树：今各地人民种树株约共有七千余株，因天旱不雨多被干枯，今年亦栽树株约一千余株，因天久未下雨成活者仅有五百余株。

——《县府地方情形政务工作报告表三份》，青海省档案馆，档号：0067-永久-00096-008。

青海省循化县地方情形政务工作报告表（1930年10月）。

种树：今年各区所种，前因亢旱被占，现有穷民偷枝以作燃料，县长布告并令各区，查禁以重林政。

——《县地方情形政务工作报告表》，青海省档案馆，档号：0067-永久-00096-002。

中华民国二十一年四月二日（1932 年）。

各机关及第一高校旧林约有树苗二万零一百九十二株；各机关及各级学校新植约有五千二百六十株。

代理循化县县长田宝元

中华民国二十一年四月十四日

各机关及各学校植树统计表

区别	栽植地	树株种类	栽植树木
县林区	西南城壕	杨树	五千株
	东城壕	杨树	一千株
	托坝泉	杨树	一千株
乡林区	街子乡	杨柳榆	三千株
	查加乡	杨柳榆	二千五百株
	素只乡	杨柳榆	一千五百株
	查汉大寺乡	杨柳榆	一千株
	张尕乡	杨柳榆	二千五百株
	清水乡	杨柳榆	二千一百株
	崖慢乡	杨柳榆	一千五百株
校林区	街子学校	杨柳	四百株
	张尕学校	杨柳	四百株
	查加学校	杨柳	二百五十株
	清水学校	杨柳	三百株
	素只学校	杨柳	二百株
	崖慢学校	杨柳	一百五十株
	查汗大寺学校	杨柳	一百五十株
总数	二万二千九百五十株		

乡名	树株种类	所栽树木
张尕清水崖慢各工起台沟等处	杨柳榆	一千三百一十株
街子素只查加各工边都尕塄等处	杨柳榆	一千五百二十株
临城四庄	杨柳榆	八百五十六株
南城城壕	柳	一千一百一十株
托坝泉	杨柳榆	六百株

续表

乡名	树株种类	所栽树木
城内空出	杨	四百一十八株
说明：查表列树株及数目系三月二十七八等日所栽，经县派员前往各区详细调查县政府共栽二千一百二十八株，各区人民共栽三千六百八十株，本年度共栽五千八百一十六株		

——《呈建设年度植树情况报告》，青海省档案馆，档号：0021–永久–00224–005。

青海省循化县三月份政务工作报告（1935年4月）。

垦殖类。栽数株：现值春季天气渐暖，县长清明节日在公共处所亲栽数株以资倡导外，令各区乡长特饬各户每人须载三株以重林业。

——《青海省循化县三月份政务工作报告》，青海省档案馆，档号：0067–永久–00098–019。

第一次视察循化县林区报告表（1941年）

第一次视察循化县林区报告表　视察人：郭学义		
林区名称	视察情形	指示事项
乙麻庄、苏只庄、查加	围墙坚固，养护甚佳	继续养护
拉训庄	养护甚佳	继续养护
尕塄	养护甚好，惟选择地点不佳	继续切实养护
曲卜藏庄、鼻塘庄	同上	继续切实养护
清水河东河西、下滩庄、旦麻庄	栽植甚合规定，畦子不平灌水不易	善加灌水
起台堡	护养不周，栽植欠整齐	应切实养护不得敷衍

——《第1次视察循化县护林报告表》，青海省档案馆，档号：0021–永久–00245–015。

中华民国三十一年元月十二日（1942年）。循化县林木甚多，在幅员不广之县份造林成绩亦有可见，在三十年度该县所造之林仅在东教场演讲台左右，并在县府花园空地栽植柳树，但为数甚少。该县本年度政府不命令造林，但奖励私人造林而以果树、白杨、花椒等树为相宜；车轴两根树价付清，半付法币半付白洋，运输费前发五百元，后共七百元，已分发各运之民家并询问各乡亦无因水车控告之事。

——《关于修建公路、造林方面的现况》，青海省档案馆，档号：0021–永久–00029–010。

青海省循化县兵要地志调查表（1946 年）。

林业：境内边都、尕塄二沟，向有小森林二处，系天然所产，多系松树商砍伐，由河扎筏运往甘肃出销。

——《青海省循化县兵要地志调查表》，青海省档案馆，档号：0041－永久－00035－009。

中华民国三十六年七月二十一日循化县县长罗平（1947 年）。

核各在案兹为加强护林工作起见，特饬该护林班长韩有四，班员及工役等随转巡守不得稍离岗位，以免牛羊牲畜等践踏，并饬每隔七日灌水一次，如一见不合规则树芽当即拔除以资成长，现该林树株已成活不少，仅将六月份护林情形理合具文呈报。

——《关于报 6 月份护林情形事给省政府的呈》，青海省档案馆，档号：0021－永久－00733－016。

青海省苗圃与苗木报告表（1948 年 9 月）①

苗圃所在县别	苗圃名称	面积（亩—分）	林木种类及株数					
			杨（株）	柳（株）	榆（株）	杏（株）	李（株）	合计（株）
西宁		562.9	80540	50000	2620		1340	134500
湟中		574.6	100500	15700	5847	1500	500	124047
乐都		720.6	80000		7000			8700
贵德		10.6	12000					12000
循化		30.6	38000					38000
大通		16.6	17500		625	762	350	19237
民和		217	18000		700	1150		19850
互助		84.3	5500		2375	2250		10125
湟源		165	18000		7000			25000
化隆		14	1700					1700
门源		13	2200		600	3200		6000
共和		52	13000				300	13300
都兰		11	200					200
同仁		58			700	500		1200
玉树		40	5000					5000
总计		2570.2	332140	65700	27467	9362	2490	497159

——《呈省府农业林的统计表》，青海省档案馆，档号：0021－永久－00425－005。

① 编者注：表中“总计”一栏中“面积”“杨（株）”“合计（株）”的数据统计有误，正确数据应分别为 2364.2、392140、418859。

十、教育

县府4月20日至5月10日地方情形工作报告表（1930年5月）。

循化城内高初两级学校因年久失修倒塌不堪，若不即行整顿，殊不是以进行教育。由县长现筹划木料款项以资改建，并因工程浩大，建修事繁，若招有负责人员殊不足以利进行，日臻完善，因拟先组织改建学校委员会各情形，前已呈报在兹。公推县长暨城内绅士赵应瑞、詹鲁邦为委员会常务委员，县党部常委罗凤翱组委，吴秉权为委员，教育局长马如彪、建设局长张敬铭为会员，并委该校校长传弼为会计，教员王树勷为庶务，教员陈机、王受天，绅士马维善、董学史为监工员，现已各负责人员等积极进行，以期早观阙成。

城内女子初级学校因房舍倾颓、门窗损坏，由县长筹款补修各情形前已呈报，并查该校业已修理完竣，并先委文。

中华民国十九年五月县长马。

——《县府4月20日至5月10日地方情形工作报告表》，青海省档案馆，档号：0067-永久-00096-006。

民国十九年十月马县长（1930年）。

教育：查县八工学校虽由县长提倡开办瞬逾一年，惟因语言不通，故进步甚觉困难，现同县党部创办一中山小学校以作各工模范，由县长兼任校长，县党部内已筹措木料款项修理桌凳门窗以便早日开校上课；城内高等学校由县长提倡改建，已将中院内落成教室六间学生室一十四间。

——《县府10月20日地方情形政务工作报告表》，青海省档案馆，档号：0067-永久-00096-010。

循化县：自二十三年十二月二十日至月底（1934年）。

教育：县城乡共有学校仅十余所，由于因办理缺乏督查故成绩不言而喻，县长现拟实行强迫教育推广小学校并且巡谏而资筹备经费以加普及教育。

——《县府12月份政务工作报告表》，青海省档案馆，档号：0067-永久-00098-011。

1933年，青海各县民众教育概况。循化，党特处附设第一民众学校，校长李逢春，教员5人，学生24人，每月经费二元。

——《青海各县民众教育概况》，《新青海》，1933年，第1卷第8期，第75—76页。

1933年，青海省各县教育暨经费概况。循化：完全小学三处，初级小学一十四处，学生七百二十七名，教师二十五人，每年经费共洋三千二百一十七元，小麦四十五石二斗。

——《青海省各县教育暨经费概况》，《新青海》，1933年，第1卷第11期，第62—63页。

1934年，青海省各县初等教育概况。本省各县城市及乡村之初等教育，据调查所得统计全省城市小学计五十一处，乡村小学，计四百〇五处，学生数目共二万八千七百一十名，教员共六百四十八名，教员年薪最高者为二百元，或一百〇五元，最底为八十元至六十元。教员资格，中学毕业者占十分之四，师范占十分之五，其它占十分之一。学生年龄，自七岁以至十八岁不等。至经费来源，十分之四，由各该县教育基金项下生息拨支，十分之六，由各县民众负担，共计经费数目为九万七千三百四十六元。兹将已所调查各县教育状况如下：

循化：教育行政机关，全县计有教育局一处，完全小学三处，初级小学一十四处，全县共计学生七百二十余名，教师二十五名。至教资格，中等学校毕业者十六名，高级小学毕业者四名，其它为初级小学毕业，或有相当常识者，设施教授，每周三十六小时，课本采用新学制或新时代二种。招生方法，多主强迫政策，布告劝招者占极少数，至校内附设团体，除一高及回教两级学校二处，均组织学生自治会，学生义勇军外，其它各校，尚属缺如。各校经费，来源不一，有由基金生息者，有由就地筹支，每年秋后，向民间摊收，以资维持。

——《青海省各县初等教育概况》，《新青海》，1934年，第2卷第1—2期合刊，第180—181页。

1934年，青海各县民众教育概况。青省各县对于创办民众学校，年来均切实推行，不遗余力，稗益社会，颇为不少，计全省已成立学校共二十四处，学生共九百三十六人，兹将各学校情形及经费概况，分志于次：

循化，党特处附设第一民众学校，校长一人，教员五人，学生二十四人，每月经费二元。

——《青海各县民众教育概况》,《新青海》，1934 年，第 2 卷第 1—2 期合刊，第 182—183 页。

1934 年，青海全省回族教育概况。青海电讯社讯：青海民族复杂，各族教育之发达，故成畸形，自难平均发展，查回族方面，以前尚无专门正式学校，马步芳因鉴于是，倡导不遗余力，组织回教促进会于西宁，各县分设分会，整个推进机关，因主事者颇具努力热忱，年来大有长足进展，全省计附设中等学校一处，小学校九十七处，学生已达五千六百五十名，蓬蓬勃勃，大放光彩，兹将各县详情，分述于下：

循化县分会：设完全小学二处，学生现共二百四十五名，初级小学九处，学生现共有六百名，每月经费各一百二十元。

——《青海全省回族教育概况》,《新青海》,1934 年，第 2 卷第 4 期，第 87—88 页。

1934 年，循化董学史慨解金囊。循化讯：该县绅士董学史，鉴于县城民生工厂及女校自创办以来，因经费困难，颇为简陋。日前特各捐洋三十元，以资购置器具云。

——《青海全省回族教育概况》,《新青海》，1934 年，第 2 卷第 4 期，第 89 页。

青海省循化县三月份政务工作报告（1935 年 4 月）。

筹给购书费：县各区乡学校所用书籍，既不完备又不一律，教者学者均多不便，县长特筹给购书费洋一百十元，令饬各学校校长具领以便购书而资教授。

——《青海省循化县三月份政务工作报告》，青海省档案馆，档号：0067- 永久 -00098-019。

1935 年，青海省回进会发展循化回民教育派员赴县筹办小学十九处：循化县属撒拉八工地方，风气锢蔽，民智弗开，十七年后，省回教促进会，见于回教民教育之重要，在八工各设初级小学校一处，然以经费困难，举校因陋就简，以致数年以来，收效甚微，该会近以长此以往，则该县回民教育，不惟无发展之望，且将陷于僵局，特决计于八工地方，共设立比较完善之初级小学十九处，其筹备人委，将委马成骥等数人，日内即可赴县开始着手筹备，并闻每校拨给建筑经费三千元，以便建修新式教舍，至各校教职员薪金则由总会直接发给，特别从优，似此则循化回民教育前途之光明，真未有艾也。

——《青海省回进会发展循化回民教育派员赴县筹办小学十九处》，《突崛》，1935 年，第 2 卷第 9 期，第 28 页。

1935 年，青海回教促进会发展循化县回民教育，着手筹设小学十九处，每校拨建筑费三千元。循化县属撒拉八工地方，风气未开，民智固闭，十七年后省垣回教促进总会，有见于回民教育之重要，曾各设小学数处，然因经费不裕，学校因陋就简，致数年来殊鲜成效，该会近觉于长此以往，则该县回民教育，不惟无发展希望，且将陷于僵局，特决计于八工等地设比较完善之小学十九处，刻已着手筹备，并闻每校拨给建筑费三千元，以便修建新式校舍，至各校教职员薪金，则由总会直接发给，特予从优待遇，似此则循化回民教育之发达，正未有艾也。

——《青海回教促进会发展循化县回民教育》，《中央日报》，1935 年 8 月 12 日。

循化县教育（1934 年）：循化县教育与化隆相似，近年回教促进会积极提倡回民教育，县立小学有 3 处，回教促进会设立者 10 处，因该县回、撒人民占全县人口百分之七十，故该会广设学校，意在提高回民智识也。

该县有完全小学 3 处，初级小学 10 处，教育局直辖仅为县立三学校，回教促进会附设各校，由循化回教促进分会统辖，教育局行政权颇难指挥，亦不过问。

全县教育经费有银 3550 元，小麦 45 石，各区乡小学就地筹措无定额，此项经费之来源：（一）由县教育基金 5030 元生息 900 余元，（二）学田收租 60 石，合市价约 390 元，（三）各校基金生息得洋 465 元，（四）余均由民众分担。至于经费保管，除教育局保管一部分外，有各校校董或地方人士保管者，有回教促进分会保管者，情形复杂，兹将各校情形列后。

循化县所属各校情形统计表[①]（1934年）

学校名称	地址	经费及来源	教职员	学生数
县立第一小学校	城内	660元，由基金学田息租项下拨支	5	165
县立第一女子小学校	城内	286元，同上	2	60
县立富文初级小学校	起台堡	260元，同上	1	31
回教促进会第一小学校	城外瓦家庄	2500元，基金生息	3	150
回教促进会第二初级小学校	城内	500元，同上	1	35
回教促进会第二初级小学校	街子工	150元，同上	1	30
回教促进会第二初级小学校	清水工	120元，由工摊收小麦3石	1	32
回教促进会第二初级小学校	查加工	50元，另收麦3石	1	35
回教促进会第二初级小学校	崖曼工	150元，由工摊收小麦3石	1	30
回教促进会第二初级小学校	苏只工	同上	1	32
回教促进会第二初级小学校	孟达工	同上	1	47
回教促进会第二初级小学校	张尕工	同上	1	25
回教促进会第二初级小学校	北庄	同上	1	40

——周觉生：《青海》，青海省图书馆馆藏，1936年版，第50页。

青海省循化县教育局十九年度社会教育概况调查统计表（1942年）

1942年6月3日　填报

种别 项目			教育馆	图书馆	博物馆	美术馆	体育场	讲演所	阅报处	民众识字处	民众问字处	民众茶园	公园	音乐会	新剧场或团	电影场	公共娱乐场	其他社会教育机关	共计	备考
机关数	公立	省																		
		县					1	1	2										4	
		市																		
	私立						1	1	2										4	
	总计																			
职员	公立	男					2	1	2										4	
		女																		
		合计																		
	私立	男																		
		女																		
		合计																		
	总计	男																		
		女																		
		合计					2	1	2										4	

① 此表头为编者所加。

续表

种别 项目			教育馆	图书馆	博物馆	美术馆	体育场	讲演所	阅报处	民众识字处	民众问字处	民众茶园	公园	音乐会	新剧场或团	电影场	公共娱乐场	其他社会教育机关	共计	备考
经费数	资产	公					250	100											260	
		私																		
		合计																		
		比上年度 增																		
		比上年度 减																		
	岁出	公					90	50	120										260	
		私																		
		合计																		
		比上年度 增																		
		比上年度 减																		
各种平均数	每机关	资产					250	100											350	
		岁入					90	50	120										260	
		岁出					90	50	120										260	
		职员					2	1	1										4	

——《青海省循化县教育局关于民国19年度社会教育概况调查统计表》，青海省档案馆，档号：0043-永久-02064-006。

青海省循化县教育局十九年度社会教育概况调查统计表（1942年）

1942年6月3日填报

种别 项目			教育馆	图书馆	博物馆	美术馆	体育场	讲演所	阅报处	民众识字处	民众问字处	民众茶园	公园	音乐会	新剧场或团	电影场	公共娱乐场	其他社会教育机构	共计	备考
机关数	公立	省																		
		县					1	1	2										4	
		市																		
		合计					1	1	2										4	
	私立																			
	总计						1	1	2										4	
职员数	公立	男					2	1	2										4	
		女																		
		合计																		

续表

种别 项目			教育馆	图书馆	博物馆	美术馆	体育场	讲演所	阅报处	民众识字处	民众问字处	民众茶园	公园	音乐会	新剧场或团	电影场	公共娱乐场	其他社会教育机构	共计	备考
职员数	私立	男																		
		女																		
		合计																		
	总计	男																		
		女																		
		合计					2	1	2											
经费数	资产	公					250	100											350	
		私																		
		合计																		
		比上年度 增																		
		比上年度 减																		
	岁入	公					90	50	120										260	
		私																		
		合计																		
		比上年度 增																		
		比上年度 减																		
	岁出	公					90	50	120										260	
		私																		
		合计																		
		比上年度 增																		
		比上年度 减					250	100											350	
平均数	资产						90	50	120										260	
	岁入						90	50	120										260	
	岁出						2	1	1										4	
	职员																			

青海省循化县教育局十九年度社会教育概况调查统计表二（1942 年）

1942 年 6 月 3 日填报

种别 项目			社会教育员训练所或班	民众教育员训练所或班	体育传习所或班	戏剧学校	戏词鼓书训练班或所	民众学校	民众识字处	农人补习学校	工人补习学校	商人补习学校	妇女补习学校	聋哑学校	低能学校	孤儿教育院	感化学校	属于社会教育范围之其他补习学校	共计
学校数	公立	省																	
		县						4				1							5
		市																	
		合计																	
	私立																		
	合计							4				1							5
学级数	公立	省																	
		县						4				1							5
		市																	
		合计																	
	私立																		
	合计																		
就学人数	公立	男						160				50							210
		女																	
		合计																	
	私立	男																	
		女																	
		合计																	
	总数	男																	
		女																	
		合计						160				50							210
教职员数	公立	男						8				2							
		女																	
		合计																	
	私立	男																	
		女																	
		合计																	
	总数	男																	
		女																	
		合计						8				2							10

续表

种别 项目			社会教育员训练所或班	民众教育员训练所或班	体育传习所或班	戏剧学校	戏词鼓书训练班或所	民众学校	民众识字处	农人补习学校	工人补习学校	商人补习学校	妇女补习学校	聋哑学校	低能学校	孤儿教育院	感化学校	属于社会教育范围之其他补习学校	共计
经费数	资产	公立																	
		私立																	
		合计																	
		比上年度增																	
		比上年度减																	
	岁入	公立						900元				200元							1100
		私立																	
		合计																	
		比上年度增																	
		比上年度减																	
	岁出	公立						900元				200元							1100
		私立																	
		合计																	
		比上年度增																	
		比上年度减																	
就业人数	公立	男						140				40							180
		女																	
		合计																	
	私立	男																	
		女																	
		合计																	
	总数	男																	
		女																	
		合计						140				40							180
平均数	每校级数							1				1							2
	每校人数							40				50							90
	每级人数							40				50							90
	每教员所教人数							20				25							45
	每校占费数							225						200					420

续表

种别 项目		社会教育员训练所或班	民众教育员训练所或班	体育传习所或班	戏剧学校	戏词鼓书训练班或所	民众学校	民众识字处	农人补习学校	工人补习学校	商人补习学校	妇女补习学校	聋哑学校	低能学校	孤儿教育院	感化学校	属于社会教育范围之其他补习学校	共计
平均数	每级占费数						225						200					420
	每一就学人占费数						5.602强						4元					9.602强
	每毕业生占费数						6.428强						5元					11.42强

——《县地方情形政务工作报告表》，青海省档案馆，档号：0067-永久-00095-001。

青海省循化县社会教育统计调查表（机关数）民国三十三年度（1944年）

	共计			省市立			县市立		
	计	敷设	附设	计	敷设	附设	计	敷设	敷设
总计	3		3				3		3
计民众学校	3		3				3		3

青海省循化县社会教育统计报告表（学校数）民国三十三年度（1944年）

	共计			省市立			县市立		
总计		15						15	
民众学校		15						15	

青海省循化县社会教育统计调查表（学生数）民国三十三年度（1944年）

	共计			省市立			县市立		
	计	男	女	计	男	女	计	男	女
总计	435	370	65				435	370	65
学校式社会教育机关	435	370	65				435	370	65

青海省循化县社会教育统计报告表（教职员数）民国三十三年度（1944年）

	共计			省市立			县市立		
	计	男	女	计	男	女	计	男	女
共计	15	10	5				15	10	5
学校式社会教育机关计民众学校	15	10	5				15	10	5

青海省循化县社会教育统计报告表（毕业学生）民国三十三年度（1944 年）

	共计			省市立			县市立		
	计	男	女	计	男	女	计	男	女
总计	113	99	14				113	99	14
学校社会教育机关民众学校	113	99	14				113	99	14

青海省循化县社会教育统计报告表（经费数）民国三十三年度（1944 年）

	共计	省市立	县市立	私立
总计	12500		12500	
学校式社会教育机关计民众学校	12500		12500	

青海省循化县社会教育人员训练机关概况报告表

机关名称	地址	主管姓名	学校数	学生数	毕业生数	教职员数	岁出经费数	图书册数			备考
								计	整年累计数		
									中文	西文	
总计			18	455	113	15	12500元	105	103	2	
省立市学校											
县立市　计	积石镇	马罗鹤	18	455	113	15	12500元	105	103	2	

——《青海省循化县民国三十二年学年度社会教育统计报告表（毕业生数）》，青海省档案馆，档号：0043- 永久 -01865-062。

国民政府令（三十二年六月二日）：行政院呈，据教育部蒙藏委员会会呈，以青海循化县陈杰捐助该县县立高级小学及回教教育促进会会立小学教育基金，计国币一万五千元，核与捐资兴学褒奖条例补充办法规定相符，除授予一等奖状外，转呈鉴核明令嘉奖等情。查陈杰慷慨捐资，嘉惠边疆学子，洵堪嘉尚，应予明令嘉奖，并准题颁“热心教育”匾额一方，以昭激励。此令。

——《行政院呈据教育部蒙藏委员会会呈以青海循化县陈杰捐助该县县立高级小学及回教教育促进会会立小学教育基金（褒奖令二件）》，《教育部公报》，1943 年，第 15 卷第 6 期，第 24—25 页。

国民政府令（三十三年六月十五日）：行政院呈，据教育部蒙藏委员会会呈，以青海循化县韩氏捐助青海回教教育促进会循化分会教育文化基金，达国币二十万元以上，核与捐资兴学褒奖条例相符，转请鉴核明令嘉奖并颁给匾额等情。查该韩氏慷慨输资，热心教育，洵堪嘉尚，应予明令嘉奖，并题颁“发扬文化”匾额一方，用资矜式。此令。

——蒋中正：《嘉奖青海循化县韩氏捐资兴学令》，《国民政府公报（南京 1927）渝字 684》，1944 年，第 4 页。

1937 年，回教促进会循化县分会附设学校，有查家工、清水工两级小学各一所，学生均一百五十名，教员各八九人，经费由中央补助边疆教育经费项下每年各补助三千元。又瓦匠庄两级小学一所，学生九十名，教员四人，全年经费三千六百四十元。此外各乡初级小学八所，每校学生二十人至一百八十人，教员一人至七人，经费各百数十元。

——马鹤天：《甘青藏边区考察记》，商务印书馆，1947 年版，第 162 页。

下编　中华人民共和国成立以来（1949—2010年）

第一章　社会主义经济制度的建立

一、新中国成立之初经济社会简况

解放前，循化县仅占农村人口3.44%的地主，占有总耕地面积的34.8%（且多为水地）；富农占总人口的2.3%，占有总耕地面积的9.3%；中农占总人口的54.45%，占有总耕地面积的39.03%；贫农占总人口的31.17%，占有总耕地面积的12.9%；雇农占总人口的5.59%，占有总耕地面积的3.59%；地主每人平均占地10.7亩；富农每人3.36亩；中农每人1.94亩；贫农每人0.9亩。大量耕畜、农具、水磨、油坊以及一些公有财产被地主、富农占有，这种极不合理的生产资料占有制度成为地主阶级压迫剥削农民的经济基础。

——《撒拉族简史》编写组编:《撒拉族简史》，民族出版社，2008年版，第74页。

解放初期循化的农业、牧业生产都是以一家一户为单位进行的。手工业极不发达，大都以家庭手工业为主，结合农业进行。工、农、牧业之间产品交换通过集镇贸易进行。

1949年统计，全县有耕地面积约为十万零八千亩。其中水浇地约为四万六千亩，山旱地约为五万八千余亩，干旱地约为三千七百亩。各族人民在长期的生产活动中，彼此往来，相互影响，积累了丰富的生产经验，善于掌握高寒地区气候的复杂变化，利用豆类倒茬轮种，合理恢复土壤肥力。居住在川水地区的撒拉族人民，根据川水地区的气候特点，历史上就进行复种，而且耕作比较细致，有一套拔草、施肥、浇水和交替进行的耕作方法。水地夏收作物平均亩产最高193.7斤，秋收亩产最高80斤。解放前，以当地制造的木质工具为主，有杠子（犁）、木锨、耱、耙、木叉等。铧、镰、十字镐等铁质工具，多由民和、西宁等地区输入。此外，还造小磨、绳筐和背篼，工具质差量少，效率很低。马、牛、骡、驴为主要耕畜，农业运输全靠驴驮和人背。自然灾害有冰雹、吸浆虫、黑穗病等三十余种，危害面积严重时达到30%—40%。

各族农民除农业生产外，还从事副业生产。如伐木、烧木炭、饲养家禽家畜、编背篼、制造木质农具、赶脚（跑运输）、淘金、狩猎、打柴等。在这些副业中，除饲养家禽家畜为各族人民共同进行外，藏族主要打猎、打柴，其他多为撒拉族人民的专长。撒拉族的伐木业历史很长，技术较高。解放前，撒拉族从事小商、小贩的也很普遍。

——循化撒拉族自治县概况编辑委员会：《循化撒拉族自治县概况》，民族出版社，2009 年版，第 5 页。

解放初期，循化县各阶层人口户数分布不一，贫农和中农占大多数，少数为富农和地主，共同构成了循化的人口结构。

1950 年循化县各阶层户数人口统计表

成分 类别	贫农	中农	富农	地主	其他	小计
实有户数	2175	4684	135	93	614	7701
农业户数	1850	2703	92	46	130	4821
实有人口	8617	14688	593	488	1327	25713
农业人口	8526	14331	574	422	228	24081

——《循化县土地债务及建政等材料》（1950 年 8 月 15 日），循化县档案馆藏，档号：1–1–4（永久）。

循化县解放初期各阶层情况比例表

成分类别	户口百分比	人口百分比	土地百分比	人均土地亩数
地主	1.82	2.98	6.75	8.53
工商业家	0.7	0.67	0.002	0.11
小土地出租者	0.12	0.08	0.09	4
半地主式富农	0.1	0.15	0.17	2.31
富农	2.74	2.61	3.32	5.02
中农	47.4	53.2	62.7	3.53
贫农	34.8	31.7	20.72	1.9
雇农	8.76	6.4	2.44	1.2
其他	3.4	2.6	0.77	2.9
学校	0.12		0.04	

续表

成分类别	户口百分比	人口百分比	土地百分比	人均土地亩数
清真寺	0.8	0.19	2.4	
喇嘛寺	0.25		0.63	

——《循化县减租查租反恶霸工作总结》(1951 年)，循化县档案馆藏，档号：1–1–7（永久）。

第二区（白庄、崖曼等地）各阶层土地占有情况一览表

阶级成分	户数	人口	土地占有（亩）			每人平均亩数		
			水地	旱地	合计	水地	旱地	合计
地主	3	23	61.03	53	114.03	2.65	2.21	4.86
富农	49	326	750.84	672.64	1423.48	2.33	2.06	4.39
中农	1385	8905	11155.26	9801.65	20956	1.32	1.27	2.59
贫农	1577	8574	6073.87	5123.86	11161.73	0.71	0.62	1.33
雇农	54	199						
总计	3068	18027	18041	15651.15	33656.15	7.01	6.16	13.31

——《循化县土地债务及建政等材料》(1950 年 8 月 15 日)，循化县档案馆藏，档号：1–1–4（永久）。

土改前，地主占有大量土地，以地租、雇工和高利贷等形式剥削农民。寺院、庙宇等将土地租佃给贫、雇农耕种，收取租粮。封建土地所有制的主要剥削形式有：

雇工　地主多雇用长工和短工耕种土地。民国二十一年（1932 年）长工和短工的雇用比例一般分别占 65% 和 35%。长工年工资银元最高为 24 元，普通的 11.5 元，最低 4 元；短工最高 0.4 元，普通的 0.19 元，最低 0.10 元。长工劳动繁重、生活低下、受气挨打，大部分是"气断工满"。短工多是本村贫苦农民，乘人之危以借贷引其上钩，然后迫使以短工抵债。

租佃　地主租佃土地由贫雇农耕种，以收地租进行剥削。据民国二十三年（1934 年）调查，循化地区自耕农 2072 户，占全县总农户的 47.82%；自耕农兼佃农 1507 户，占 34.78%；佃农 754 户，占 17.4%。据土改时统计，循化地区土改前各阶层租佃土地情况，出租：地主 7386 亩，占其全部耕地的 66.92%；工商业家、小土地出租者、半地主式富农、富农 792 亩，占其全部耕地的 44.92%。租入：中农 5961 亩，占其全部耕地的 19%；贫农、雇农 3569 亩，占其全部耕地的 49.11%。租佃也称定额租，形式有口约制和契约制两种。口约制，即租佃时地主与佃户口头约定租期、租额、赋税负担以及肥料、种子、牲畜之供给等，用此法者较多；契约制，租佃时凭中人说合，订立文契，由地主和佃农收存，契约中记载双方权利义务，内容大致同口约制。每年收获后，不论收成好坏，必须按租额交纳。一般每亩地租额占全部产量的 40%—50%。

伙种　土地和种子由地主提供，劳力、耕牛及其他生产工具，均由佃户自备，所收产品除去种子外，均由双方平分。其田赋由地主负责，差徭则由佃户供支。

高利贷　名目繁多，手段毒辣，比较流行的有“驴打滚”“羊羔生息”，一般借贷年息为 25%—30%，义仓粮年息为 20%。借贷人要立契约，以房屋、土地作抵押而且估价很低，如一亩地价值 30 元，只估价 10 元，被抵押的土地成为高利贷者的“活地”，使用权归高利贷者，而利息照常计算；借贷人无力偿还时，抵押的土地即被霸占。

——循化撒拉族自治县志编纂委员会：《循化撒拉族自治县志》，中华书局，2001 年版，第 164—165 页。

剥削额的形式有银租（放出白洋以收麦子为主交息）、钱息（放钱收钱息），每元平常为二分五厘至三分为最高，个别为七分至十分。

——《循化县土地债务及建政等材料》（1950 年 8 月 15 日），循化县档案馆藏，档号：1-1-4（永久）。

1949—1950 年循化经济社会状况

		年份	总户数	总人口			非农业人口		农业人口	性别比例（女 =100）
				合计	男	女	数量	%		
人口	人口总数	1949	7043	39727	18764	20963	1004	2.53	38728	
		1950	7732	40286	18473	21813	1015	2.52	39277	84.69
	分民族人口	年份	撒拉族	藏族	回族	汉族	维吾尔族	土族	保安族	
		1949	21665	11966	3604	2486	3	5	3	
		1950	21974	12126	3697	2496	3	5	3	
农业	耕地面积（市亩）	年份	总计		水浇地		潜山地		脑山地	其中：开荒
		1949	120463		46195		59743		14525	
		1950	120543		46275		59768		14500	80
	农作物播种面积和产量	年份	播种面积合计（亩）	农作物播种面积和产量					3. 蔬菜播种面积	4. 其他播种面积（亩）
				1. 粮食播种面积（亩）	产量（百斤）	亩产（斤）	2. 油料播种面积（亩）	产量（百斤）		
		1949	101140	96090	189315	197	3550	3155		1500
		1950	102760	93750	209713	223	7000	6478		2010
	大小牲畜合计	年份	一、大小牲畜合计（万头）		1. 大牲畜（万头）		2. 绵山羊（万头）		二、猪（万头）	
		1949	6.51		1.99		4.52		0.10	
		1950	6.74		2.06		4.68		0.11	
商业	社会商品零售总额（千元）		年份	总计	国营经济	合作社经济	国家资本主义及合作化经济		私营经济	农民贸易
			1949	464.68					203.24	261.44
			1950	764.05	51.04				370.58	342.43

续表

交通	交通运输	年份	公路通车里程（公里）				客货运输量			
			合计	有路面里程	其他公路		货运量（万吨）		货运周转量（万吨公里）	
		1949	63	—	63	—	—			
		1950	63	—	63		0.19		0.35	
	邮电局、所年末数			年份	邮电业务总收入（元）			报刊销售量（千册）		
				1949	400			12.93		
				1950	1200			28.61		
教育	各级各类学校	年份	合计	中等专业学校			普通中学		小学	
				小计	其中：师范					
		1949	15						15	
		1950	7						7	
	小学基本情况		年份		在校学生人数			教职工人数		
			1949		1200			45		
			1950		658			37		
	平均每万人口中有小学生数		年份		大学生	中专生	其中：中师		中学生	小学生
			1949							302.02
			1950							163.33
卫生	年份	机构数（个）		病床数（个）	医护人员					
		合计	其中：医院		合计	西医	中医	医师	护士	其他
	1949	1			2			2		
	1950	1			3			3		

——循化撒拉族自治县统计局：《青海省循化撒拉族自治县国民经济社会发展统计资料汇编（一九四九年——一九八七年）》（内部资料），1988 年 12 月，第 72—190 页。

二、政权建设

解放初期，循化县沿用保甲制度。1938 年，开始实行保甲制度，村一级共划分 65 保、660 甲。至 1945 年 12 月，调整为 27 保、373 甲。1948 年 9 月，有 29 保、346 甲。编组保甲初，一般 10 户 1 甲，甲有甲长；10 甲为保，保有保长。后整顿中保甲所属户籍比原来有所扩大。1950 年 5 月，建立新的村级政权后，废除保甲制度。

——循化撒拉族自治县志编纂委员会：《循化撒拉族自治县志》，中华书局，2001 年版，第 517 页。

1949 年 11 月 15 日，循化县委制定《循化一个月工作计划》（1949.11.16—12.15），中心议题是治安情况、征粮工作、如何建立基层民主政权问题，并决定召开循化县第一届各族各界人民代表大会，为此，成立了循化县各族各界人民代表会议筹备会。

——《循化一个月工作计划》（1949 年 11 月 25 日），循化县档案馆藏，档号：1-1-1（永久）。

循化县第一次农民代表会议于 1950 年 4 月 25 日至 27 日在县政府礼堂举行，出席会议的各族农民代表 65 人。会议主要讨论了 1950 年的生产救灾，发动群众，开展自由借贷，互助互济；运用策略，从地富手里调剂种子和发展生产；清匪肃特和建政工作必须与生产相结合，号召散兵游勇及敌对分子积极向政府登记，交出枪械物资；监督保甲人员秉公办事；改造二流子，组织懒汉、散兵参加生产；组织变工队兴修水渠；依靠贫雇农、团结中农，积极发展农会会员，建立农会组织等。

——中共循化县委组织部、中共循化县委党史研究室：《中国共产党中共青海省循化县组织史资料》（内部资料），2015 年，第 3 页。

1950 年 9 月 12—17 日，循化县召开首次三级干部会议，参加会议的县、区、乡干部 121 人。县委书记郭若珍讲话，总结 11 个月来的工作，检查执行民族政策和干部作风存在的问题。会议强调循化是多民族地区，一定要贯彻好党的民族团结平等政策，消除大民族主义思想，一切工作要照顾民族特点，耐心帮助少数民族干部，不能以自己的尺度衡量别人，提拔优秀者担任领导工作，注意对少数民族的称呼，不应称“中原回”“撒拉回”，而应称撒拉族、回族、藏族。干部作风主要检查官僚主义和命令主义。这次会议是以开会的形式教育全体干部提高在民族地区开展党的工作的能力。

——循化撒拉族自治县志编纂委员会：《循化撒拉族自治县志》，中华书局，2001年版，第456页。

1950年1月15日正式召开了循化县首届各族各界人民代表会议，选举产生了民族治安调解委员会和常设委员会。这是循化各族人民行使自治权利的最初机构和组织形式。各族各界人民代表会议从1950年1月至1953年9月，历时3年10个月，共召开了4届8次会议，为循化县民族区域自治政权的建立奠定了基础。

1953年统计，循化县全县总人口为42252人，其中撒拉族22873人，藏族12536人，回族3968人，汉族2864人，其他民族11人。全县绝大部分地区是全民信教的少数民族聚居地。在新中国成立前，循化县民族与宗教问题既频繁又复杂，民族纠纷和教派斗争连年不断，时有武装械斗，往往导致流血冲突。新中国成立后，共产党和人民政府十分重视循化县的民族问题，广泛征求各方面意见，认真开展调查研究，正确贯彻党的民族宗教政策，在民族平等团结、公平合理的原则下，先后妥善解决了历史遗留的各类民族纠纷，实现了各民族友爱、互助、团结，出现了从未有过的互借草山，互让水分，互相改修水渠，共同剿匪，团结生产，互相勉励，互相尊重的良好风尚，真正实现了各民族的大团结，建立了新型的社会主义民族关系。

1953年7月21日，根据中共青海省委《关于普遍建立与健全民族区域自治工作中几个主要问题的意见》中关于实行撒拉族区域自治的指示精神，中共循化县委提出了《中共循化县委关于循化县实行撒拉族区域自治几个问题的报告》，大张旗鼓地宣传党的民族区域自治政策及建立撒拉族区域自治政权的重大意义，在统一思想认识的前提下，组织全县各族各界人民群众酝酿讨论，广泛征求各方面的意见，为建立撒拉族区域自治政权作了深入细致的思想准备。

——王镇寰：《撒拉族区域自治政权建立前后》，见《兴旺之路——撒拉族变迁与发展史料选辑》，循化文史第四辑，1998年，第7—16页。

中共循化县委关于在循化实行撒拉族区域自治几个问题的报告

根据省委“关于普遍建立与健全民族区域自治工作中几个主要问题的意见”，规定我县实行撒拉族区域自治的指示，结合我县情况，初步提出具体执行意见。

一、情况

1. 本县实行撒拉族区域自治政府，在民族比例上看问题不大。撒拉族占全县总人口 54.21%，藏族 30.09%，回族 8.7%，汉族 7%。

2. 在民族关系和历史习惯上来看，问题则非常复杂，大概情况是这样的，撒拉、藏、回、汉四个民族之间，在历史上都有程度不同的隔阂。解放后在党的正确领导下，正确执行了党的民族政策和各项政策，目前民族之间基本上是团结的，在民族关系上确实起了根本变化，尤其是五年来各项社会民主改革的胜利完成，各族人民觉悟普遍提高，民族团结又有新的发展。但各族之间隔阂和民族偏见仍然程度不同地存在，实行撒拉族区域自治，藏族上层和群众在心理上可能发生变化，可能发生不愿意受撒拉族区域自治政府的领导，或者对党的民族政策发生怀疑偏见，其他民族也难免有所程度不同的抵触与障碍。因此，深入宣传政策，在政策思想上取得一致，就显得特别重要。否则，便会妨碍团结，对今后工作不利。

——中共循化县委：《中共循化县委关于在循化实行撒拉族区域自治几个问题的报告》（1953 年 7 月 21 日），循化县档案馆藏，档号：1–1–14（永久）。

1953 年，循化县人民政府召开了第四届第二次各族各界人民代表会议，经过充分协商，根据各民族聚居区经济、文化发展情况，讨论通过并经中央人民政府政务院批准，建立循化撒拉族自治区人民政府（县级）和文都、道帏两个藏族自治区（区级）、循阳回族自治乡。在这次各族各界人民代表会上，选举成立了区域自治筹备委员会，委员十一人，主任及副主任由撒拉族二人、藏族一人、汉族一人组成。

筹备委员会在筹备过程中，一方面结合基层普选，在各族人民中间广泛深入地宣传了党的民族平等团结政策和实行民族区域自治的重大意义；另一方面就自治县的权限划分和自治机关的组织形式等问题，与民族宗教上层人士进行了充分的协商与研究。

1954 年 2 月 24 日召开了循化第一届第一次人民代表大会，大会宣告循化撒拉族自治区人民政府成立，选出自治区政府正副主席四人，其中撒拉族二人、藏族一人、汉族一人；委员二十五人，撒拉族十三人，藏族五人、回族三人、汉族四人，组成了循化撒拉族自治区人民政府（1955 年根据宪法规定，改为循化撒拉族自治县）。

——《中国少数民族社会历史调查资料丛刊》修订编辑委员会：《青海省回族撒拉族哈萨克族社会历史调查》，民族出版社，2009 年版，第 30—35 页。

1954年2月24日—3月1日，循化县召开了第一届人民代表大会第一次会议，出席大会的应到代表120名，实到代表107名，其中妇女代表20名，撒拉族代表50名，藏族代表28名，回族代表16名。大会主席团由马米日（撒拉族）等17人组成，马兴旺（撒拉族）、马克宽（撒拉族）担任正副秘书长。大会听取审议了代理副县长李新鼎作的《关于循化县撒拉族自治区筹备委员会工作报告》和《关于循化县粮食计划收购工作总结》，审议通过代理县长李恩普作的《关于循化县半年来的工作总结及今后工作方针与任务的报告》，正式宣告成立了“循化县撒拉族自治区人民政府”，选举了首届自治区人民政府委员25名和正副主席，并向毛泽东主席、省政府发了致敬电。第一届自治区政府委员民族成分构成，撒拉族委员13人，占52%；藏族委员5名，占20%；汉族委员4名，占16%；回族委员3名，占12%，充分体现了民族区域自治地方主体民族实现民族自治权的特点。

——马成俊：《中国民族地区经济社会调查报告：循化撒拉族自治县卷》，中国社会科学出版社，2015年版，第27—28页。

循化撒拉族自治县的成立，实现了循化各族人民，在统一的祖国大家庭内的平等互助管理本民族内部事务，当家做主的权利。建立了各民族平等团结，友爱互助，共同发展的社会主义关系。它标志着以撒拉族为主体，团结撒拉、藏、回、汉各民族为共同建设社会主义新循化的里程碑。是循化各族人民政治生活中又一件大事。循化各族人民以十分兴奋的心情，庆贺自治县的成立。全县到处张灯结彩，锣鼓喧天，穿着节日盛装的人群川流不息，歌声起伏四野，积石镇沉浸在鞭炮及锣鼓声中。各族人民擎着贺旗贺幛，游行队伍从早到晚，盛况空前。一位撒拉族老人说：“这是毛主席给我们的幸福，我们各族人民一定要亲密团结，在党的领导下管好家务。”各民族劳动人民用花儿唱出了内心的激动，感谢共产党和毛主席的恩情。

千年的铁树开了花，
香万里，
各民族要做主当家；
永远要听党的话，
一条心，
建设社会主义的新循化。

民族区域自治政权建立后，进一步加强了各民族之间的团结，巩固了各民族已经取得的政治上完全平等的权利。各族人民更加热爱自己的政权，积极地参加了国家事务的管理。

——循化撒拉族自治县概况编委会：《循化撒拉族自治县概况》（内部资料），1963年，第33页。

循化撒拉族自治区第一届一次人民代表大会给毛主席的致敬电

（一九五四年三月一日）

敬爱的毛主席：

在您伟大民族政策的光辉照耀下，循化撒拉族自治区人民政府正式成立了，这是撒拉族历史上空前未有的一件大喜事。

我们以无比欢欣的心情向您报告：解放四年来，由于您的英明领导，自治区各族人民团结的日益亲密，经济和文化建设事业都有发展，各族人民坚决响应您“组织起来”的号召，目前已组织起来的农户占全区总农户百分之四十左右，今年一月间撒拉族和汉族农民又共同建立了两个农业生产合作社。农业产量逐年提高，一九五二年的总产量比一九四九年提高了百分之五十。各族人民的生活因而大有改善，去年共卖了八十余万斤余粮给国家，支援国家工业建设。文化建设事业也有相应的发展，现在全自治区共有二十四所学校，一千四百九十五名学生，特别是由于您的关怀和爱护，中共循化县各级党委和各级人民政府遵循着您的指示，为了帮助我们少数民族发展，四年来，培养各级政权中的撒拉族干部约占自治区干部总数的百分之二十三点九。并有四十名撒拉族优秀分子光荣地加入了共产党，一百六十九个青年参加了青年团。这是推动我们自治区各项建设事业不断发展的重要力量。

为了更好地贯彻总路线，我们坚决向您保证：今后，我们要在总路线的光辉照耀下，继续巩固民族团结，发挥民族区域自治政权效能，发展互助合作，争取多打粮食，支援国家工业建设，来答谢您给我们带来的幸福。

向您致崇高的敬礼，并祝您万寿无疆。

循化撒拉族自治区人民代表大会

——循化撒拉族自治县地方志编纂委员会：《循化撒拉族自治县志》，中华书局，2001年版，第899—900页。

循化县各族人民，在长期的共同相处和共同劳动中开发了循化，密切了相互之间的经济联系及文化交流。各民族之间互相学习，亲密往来，这是历史上循化民族关系的主流。

解放后，党和人民政府正确地贯彻执行了民族平等、团结政策，向各族人民不断地进行了民族政策的宣传教育。1949 年到 1952 年间，党和政府调解和解决了各民族之间及民族内部重大纠纷二十九件。……到 1952 年，历史上遗留下来的民族纠纷已基本上解决了。党中央和省委还不断地组织慰问团、民族参观团进行参观访问，派来了慢性病防治队、防痨队等，携带药物器械，为循化少数民族免费医疗病人一万人次以上。经过剿匪肃特、抗美援朝、土地改革、镇压反革命等一系列的民主改革及爱国主义、国际主义教育，提高了各族群众的阶级觉悟。各民族间出现了平等团结、友爱互助的新气象。同时，在历次运动中也锻炼了循化各族劳动人民，涌现了大批具有社会主义觉悟的积极分子。到 1953 年，民族干部已占全县干部总数的 34.7%。五个区的区长都是少数民族，五十七名乡级领导干部中，五十一名都是撒拉、回、藏族中的先进分子。各民族中还涌现出了一大批共产党员、共青团员。这些都为实现民族区域自治准备了条件。

筹备委员会在筹备过程中，一方面结合基层普选，在各族人民中间广泛深入地宣传了党的民族平等团结政策和实行民族区域自治的重大意义；另一方面就自治县的权限划分和自治机关的组织形式等问题，与民族宗数上层人士进行了充分的协商与研究。

各族劳动人民认清了实行民族区域自治的重大意义与好处以后，纷纷以积极投入生产及普选的实际行动，迎接区域自治政权的建立。全县农业区，立即掀起了一个积肥及秋翻高潮。牧业区也开展了储备冬草保膘保畜运动。普选喜讯一经传开，人们喜笑颜开，奔走相告。不少已经超过百岁的老人都兴高采烈，穿着新衣赶到会场参加选举，投了自己生平第一次当家做主的一票。参加这次普选的选民占选民总数的 96.3%。各族劳动人民称这次普选为“耳朵里从没听过，眼睛里从没见过的大喜事”。广大劳动人民以非常慎重、严肃、认真的态度，对每一个代表进行了充分的挑选。

——循化撒拉族自治县概况编委会:《循化撒拉族自治县概况》(内部资料)，1963 年，第 32 页。

1949 年 10 月 17 日，循化县始建各级人民政权。

全县分城东、城西建立两个区公所，城西为第一人民区公所，城东为第二人民区公所，为县人民政府的派出机构。是年 11 月，从第一区划出苏只、查汗大寺、赞卜乎、尕楞、曲卜藏、宗吾地区成立第三人民区公所。区以下暂时沿用解放前 1 镇 6 乡的建制和称谓。

积石镇，县人民政府直接领导。

第一区，辖新芳乡、街子乡、查加乡。

第二区，辖河关乡、多乙乡。

第三区，辖边都乡，尕楞、曲卜藏、宗吾、苏只、查汗大寺、赞卜乎地区。

纯牧业区有岗察、卡素、苏化 3 个部落。

1950 年 6 月，改积石镇为循化市。是年，撤新芳乡分设循阳、苏只、和平乡；撤河关乡分设崖曼、白庄乡；撤边都乡分设尕楞、团结、文都、解放（即中库地区）乡。

1951 年，撤多乙乡分设新泰、解放乡；白庄乡分设清水、孟达、人民、胜利乡。

1952 年 7 月 27 日，全县设 5 个区公所，辖 1 市 18 乡和岗察游牧特别行政区。

第一区辖 1 市 3 乡：循化市、循阳乡、清水乡、孟达乡。

第二区辖 4 乡：白庄乡、崖曼乡、胜利乡、人民乡。

第三区辖 4 乡 1 区：文都乡、中库乡、尕楞乡、团结乡、岗察游牧特别行政区。

第四区辖 4 乡：街子乡、查加乡、和平乡、苏只乡。

第五区辖 3 乡：新泰乡、解放乡、夕昌乡。

1953 年 10 月，循化市改名城关镇；成立岗察牧业乡。

1954 年 1 月 19 日，遵照民族区域自治政权实施纲要精神，将第三、第五区人民区公所和循阳乡改名“文都藏族自治区人民政府”、“道帏藏族自治区人民政府”和“循阳回族自治区人民政府（乡级）”。

1955 年 8 月 10 日，除文都、道帏两个藏族自治区外，其余三个区改地名称谓，第一区改称城关区，第二区改称白庄区，第四区改称街子区，同时将乡镇人民政府改称人民委员会。

1956 年 8 月进行撤区并乡，撤销城关、白庄、街子 3 个区公所，文都、道帏 2 个藏族自治区人民政府改称为区公所。全县原有的 5 个区、1 镇、19 个乡，保留文都、道帏 2 个区公所，合并为 1 镇 10 乡，即积石镇人民委员会、道帏藏族乡人民委员会、白庄乡人民委员会、科哇乡人民委员会、清水乡人民委员会、街子乡人民委员会、循阳回族乡人民委员会、苏只乡人民委员会、文都藏族乡人民委员会、尕楞藏族乡人民委员会、岗察藏族乡人民委员会。

1958 年 1 月 17 日，撤销道帏、文都两个区公所。

1958 年 7 月，岗察乡改名国营红旗牧场（乡级）。

1958 年 7 月，全县合并为 6 个乡镇：积石镇（含循阳乡、街子乡下半部）、联合乡（含文都乡、国营红旗牧场、尕楞乡比塘沟、尕楞沟、街子乡查加沟）、团结乡（含苏只乡、尕楞乡曲卜藏沟）、清水乡、白庄乡（含科哇地区）、道帏乡。

1958 年 9 月 1 日，全县实现“人民公社化”，按照“一大二公”的要求，全县除国营红旗牧场外，合并为政社合一的 4 个人民公社。

道帏、白庄、科哇、清水 4 乡合并成立东风人民公社。

积石镇、循阳乡合并成立黄河人民公社。

苏只、尕楞两乡合并成立红旗人民公社。

文都、街子两乡合并成立永丰人民公社。

1959 年 3 月，永丰公社的街子、查加两管区并入黄河公社；文都地区除拉代村外，其余各村群众全部迁出，由河南省支边青年到文都地区居住，称青海省循化县青年建设兵团。同年 5 月 30 日易名为“青海省循化县文都青年农场”，随即撤销永丰公社。全县为 3 社 2 场，即东风公社、黄河公社、红旗公社、文都青年农场、岗察国营红旗牧场。是年 7 月 20 日，撤销国营红旗牧场，成立岗察牧业人民公社。

1960 年 6 月 25 日，黄河公社分设为两个公社：积石镇人民公社和黄河人民公社。

1961 年 9 月，划小公社规模，撤销东风公社，成立道帏、白庄、清水、孟达 4 个公社。撤销红旗公社，成立查汗大寺、尕楞、建设堂 3 个公社，将黄河公社改名街子公社，积石镇公社改名城镇公社，河南省青年返回原籍，撤销青年农场，文都地区群众重返家园，成立文都公社，至此全县设 11 个人民公社管理委员会。

1963 年 6 月 4 日，将道帏、白庄、文都、街子 4 个公社调整为 8 个公社。

道帏公社分设古雷公社、白庄公社分设科哇公社、文都公社分设中库公社、街子公社分设查加公社，全县共设 15 个公社。

1966 年 4 月，将 15 个公社合并为 9 个公社。古雷和道帏公社合并为道帏公社、白庄和科哇公社合并为白庄公社、清水和孟达两公社合并为清水公社、街子和查加两公社合并为街子公社、文都和中库两公社合并为文都公社、尕楞和建设堂两公社合并为尕楞公社。1968 年 1—3 月，各公社先后成立革命委员会。

1981 年 3—4 月，各公社革命委员会相继撤销，恢复人民公社管理委员会，是年 6 月 11 日，清水公社分设为清水、孟达两个公社，全县共设 10 个公社。

1984 年 6 月，实行政社分设，改人民公社管理委员会为乡、镇人民政府，生产大队为行政村，生产队为农、牧业生产合作社。设 1 镇 9 乡，积石镇、白庄乡、清水乡、孟达乡、街子乡、查汗都斯乡（原查汗大寺改名为查汗都斯）。重新确定道帏、文都、尕楞、岗察 4 乡为藏族乡。

1990 年底全县设 1 镇 9 乡，154 个村民委员会，674 个生产合作社。

——循化撒拉族自治县志编纂委员会：《循化撒拉族自治县志》，中华书局，2001 年版，第 90—92 页。

三、社会主义改造

青海省人民政府公告

为活跃农村借贷，恢复与发展生产，遵照西北军政委员会第一次会议决议及关于对新区群众政策宣传工作的指示，提倡公平自由借贷，实行有借有还，特制定本省处理旧债及新的借贷办法如下：

（1）凡在人民政府建立以前，农民所欠地主、富农、高利贷者的旧债，如所付利息已超过原本 1 倍者，停息还本，付息超过原本 2 倍者，本利均停付。旧债清偿后，农民原来抵押给地主、富农、高利贷者的土地房屋连同契约，应即归还农民，已成买卖关系的不动。农民和农民间的债务纠纷，由政府会同农会与双方协商调解。

（2）凡在人民政府建立以前，农民和农民间的借贷关系及包括地主、富农所经营的工商业在内的来往货账，仍一律照常生效，其付息还本办法，依双方约定，不受干涉。

（3）今后农村及工商业者的债务关系，包括地主、富农及依靠放债为生者在内，依各地之通常利率，由双方自由议定者，均受政府法律的保护。

（4）农村义仓，由乡村人民政府会同农会切实进行清理，以做到贷给真正贫苦勤劳的农民为原则。

（5）借还债款得按当地主要农牧产品为标准，折实计算之。

（6）凡热心救灾事业，互助互济将粮款尽量贷出扶助灾民而有显著事迹者，政府不仅依法保证，有借有还，并得对其正义行为予以表扬。

（7）凡依本办法成立之借贷关系，不得因此增加债权人之负担或提高其阶级成分。

仰全体民众一体遵照。此布。

——青海省人民政府：《青字第二号布告》，《青海日报》，1950 年 3 月 10 日。

1950 年 10 月 30 日，为贯彻青海省委关于减租工作的指示，循化县政府作出决定：一是成立减租减息工作领导小组。二是实施分类指导工作。根据全县具体情况及各族人民的要求，有条件有重点有步骤有区别地进行减租。县委干部亲自领导，抽调县级机关63名干部先在循化市及循阳乡举行重点试点，以便取得经验后再争取在三区各乡展开减租工作。同时，根据循化县具体情况及各族人民的要求，有条件、有重点、有步骤、有区别地开展减租减息活动。三是依靠群众，发动群众搞好民族团结。要求干部通过各种方式深入学习宣传《减租条例》等有关政策文件，掌握服务农民减租减息的本领，提高农民觉悟，教育农民掌握斗争方法，以理以法战胜地主；严禁简单急躁与对农民强迫命令的不良作风，特别是撒拉族、回族农民若不坚决向本族地主要求减租时即暂缓减租，以便等待群众觉悟。四是结合征粮全面开展减租减息工作。

1950年11月至1952年2月间，在全县的12个乡（一区的循化市、循阳乡、清水乡、孟达乡，二区的白庄乡、崖曼乡、胜利乡、人民乡，四区的街子乡、和平乡、苏只乡、查加乡）中进行了减租，还有四个乡（三区的文都乡、尕楞乡，五区的道帏乡、刚察乡）按政策延迟民主改革而未进行减租。

——《循化县减租查租反霸工作总结》（1951年），循化县档案馆藏，档号：1-1-7（永久）。

1950年10月开始到1951年底结束。按不同地区分期分批进行减租反霸运动。根据“慎重稳进”的方针，对匪霸、恶霸、不法地主有区别的开展说理斗争，地租由原租额降低25%，简称“二五减租”，同时严禁高利贷。全县斗争恶霸29名、匪霸9名。减租涉及地主、富农等246户，共减租124587公斤，被减租的佃农2191户得到减租利益。清理地主、富农借款白洋17909.17元，使428户负债者得益。没收房屋210间、水旱地429.58亩、牲畜182头（只）、粮食16.63石（约1330公斤，每石按80公斤计）、其他财产折新币9613.90元、白洋622元，以上土地和财产等分给573户贫苦农民，平均每户分得8.27元。同时，清理寺院债务白洋5378.35元、粮食91.5石（约7320公斤），有319户得到利益。

——循化撒拉族自治县志编纂委员会：《循化撒拉族自治县志》，中华书局，2001年版，第165页。

全县土改区（一、二、四区）各阶层土地占有情况统计表

阶层	户数	占总户口 %	总人口	占总人口 %	农业人口	占有土地　租佃情况（亩）							
						水地	水旱地	山旱地	合计	占土改区总土地 %	每人平均亩数	出租地	租入地
地主	134	2.41	1075	3.77	895	4497.1	97.06	2852.18	7446.35	13.74	8.31	4199.16	17.4
工商业家	60	1.08	280	0.48	177	18.87			18.87	0.03	0.01	18.97	0.4
大土地出租者	9	0.16	32	0.11	28	102.34		11.2	113.54	0.2	4.6	80.06	1.4
半地主式富农	8	0.14	611	0.22	56	129.63			129.63	0.23	2.31	42.2	3.49
富农	95	1.71	621	2.21	598	1235.5	49.52	678.14	1963.13	3.6	3.25	267.11	26.58
中农	2652	47.8	14817	52.04	14287	15761.39	165.095	13341.35	30067.84	55.5	2.1	676.506	3466.627
贫农	1940	34.95	8982	31.22	8707	4770.323	434.9	5456.545	10661.768	19.68	1.224	145.00	2822.563
雇农	449	8.09	1701	6	1455	4231.185	64.64	522.19	1010.015	1.84	0.694	4.4	446.343
其他	201	3.62	861	3.02	157	95.83			95.83	0.17	0.5	63.388	2.05
学校	8					12.67			12.67	0.02		12.67	
清真寺	66					2401.846			2401.846	4.4		2401.846	
喇嘛寺	1					248.81			248.81	0.45		248.81	
总计	5548		28441		26354	29697.47	1611.21	22861.605	54170.285			8160.26	6786.796

说明：（1）全县总户数为 8078 户（非土改区、游牧区未统计在内），实总人口 42089 人，农业人口 38959 人，耕地面积为 12506.015 亩。（2）土改区的人口占全县人口 67.55%，土地占全县土地 44.95%。

——《1952 年县、区、乡土改计划、通知、批复、总结统计表》（1952 年 10 月 12 日），循化县档案馆藏，档号：1–1–11（永久）。

根据循化四区和平乡河北新村及街子乡撒兰巴亥村、湟源大路乡、湟中上五庄及六区维新乡等地的实地调查材料，说明了青海农村高利贷在不少地区是存在的，部分地区的活动极为猖狂。循化河北新村48户农民解放后并未摆脱高利贷的残酷剥削，五年内被高利贷剥削达575石粮食，仅1953年一年全村就被剥削了99.2石粮食，占全年总收入的13%，占总支出的35%。例如下庄韩乙卜拉1952年收入14石粮食，被高利贷剥削去了9石，占全年收入的63%，该村今年仍有24户农民借高利贷18.05石粮食。湟源大路乡庙沟村51户中有11户农民全年借高利贷，计青稞1.02石，燕麦8.5斗，炒面3.8斗，洋芋、大豆各1斗。湟中各地高利贷者亦在大量对农民进行着剥削。这些高利贷的活动，严重地妨碍着农业生产的发展和农民生活的逐步改善，促使农村阶级分化。

高利贷活动形式和特点大致有如下几类：（1）商人投机倒把，以赊货方式欺骗农民，高利盘剥，并以压价套购、抢购粮食和以放钱、放物、放粮方式对贫困农民进行残酷的剥削，从而破坏国家粮食政策。如循化县街子镇不法奸商马××、韩××（地主）在去年夏收中用以货换粮的方式，在麦场上就骗走了农民麦子22石……大通煤贩子去年春节前在农村以煤换洋芋，每百斤巴尔煤（值2元）至今年2月收洋芋130斤（价3.9元），两月利息1.9元，合月息48分。（2）富农以低价剥削农民劳动力，一般是采用借钱或借东西还工的办法进行残酷的剥削。例如互助中和乡富农×××，去年放11斤青油给两户贫农，2个工折1斤青油，油价共7.7元，换22个工……22个工共折价24.2元，被剥削16.5元。……湟中县三区林马乡加汝尔村×××因缺乏口粮，向高利贷者借粮两斗，加四的息，并给高利贷者做4个工。（3）农村中还有些富裕农民，他们是小高利贷者，贷出实物和货币，剥削同村的贫苦农民。例如循化县下庄×××贷了高利贷者15元，夏收后要还1石粮食，被剥削8元，合月息16分。四区街子乡撒兰巴亥村农民×××借××××15元，言明利息11.97元，合月息26分。……

高利贷者除部分系地主、富农和商人外，而比重较大的是富裕中农。根据化隆三区梅加村调查，放高利贷者中农约占80%以上。循化河北新村调查，放高利贷者富裕中农占72.3%。这说明农村自发的资本主义势力是在滋长和发展。由于生产技术落后的小生产者（主要是个体农民），任何天灾、歉收、人畜疾病，都会使生产上和生活上发生困难，迫不得已求助于高利贷者。另一方面由于地主、富农、商人的手段毒辣，伎俩狡猾，故使不少农民被蒙蔽、被迷惑任其剥削。加之农村信用合作尚未开展，国家银行贷款亦不能满足贫困农民需要，致有些农民虽知道高利贷剥削，但在困难无法解决时，仍去借高利贷，有些人受了剥削还不敢向工作组和政府干部说，唯恐说了“坏了良心”或以后再借不到。

——中国人民银行青海省分行：《第七次农业区支行长会议关于讨论高利贷活动的综合记录》，见青海省农牧区合作经济史料编辑委员会：《青海省农牧区合作经济史料》，青海人民出版社，1993 年版，第 528—529 页。

为贯彻省党代会为确定减租地区进行减租的会议及省委关于减租工作指示，确定如下各点建议研究执行：

1. 根据我县具体情况及各族人民的要求，首先应有条件有重点有步骤有区别地进行减租。确定县委干部亲自领导，先集中干部在循化市及循阳乡举行重点试点以便取得经验后再争取在三区各乡展开减租工作，确定三区暂不进行减租。

2. 减租工作是发动与组织农民，提高农民政治觉悟，改善农民生活，削弱封建势力，为将来土改准备条件的一个极其重要的步骤。它一方面是复杂的经济斗争，另一方面又是尖锐的政治斗争。必须清醒估计到地主阶级在这一运动的抵抗与破坏及匪特分子的造谣蛊惑是必然的，不可避免的，因此任何麻痹轻率思想和简单急躁的情绪都是不对的有害的。只有紧紧掌握民族团结的原则发动与组织群众依靠群众斗争的基本环节，才能有力地打垮地主的政治优势，树立起农民的政治优势。必须通过各种方式深入宣传为什么要减租及减租政策与办法，算细账，展示具体材料，启发其觉悟，教育农民掌握斗争方法，以理以法战胜地主；适可而止防止某些干部代替恩赐做法，严禁简单急躁与对农民强迫命令的不良作风。对各少数民族的地主，若无本民族绝大多数农民的要求，特别是撒拉族、回族农民若不坚决向本族地主要求减租时即暂缓减租，以便等待群众觉悟。

——《1950 年至 1951 年关于减租减息的指示、通知、通报、调查、统计表》，循化县档案馆藏，档号：1-1-4（永久）。

循化县减租查租反恶霸工作总结

1951 年

一、情况与成就

1. 我县于 1950 年 11 月至 1951 年 2 月间，在全县的 13 个乡中进行了减租，还有 4 个乡未进行减租。由于未放手发动群众斗争恶霸，特别是没有很好结合镇压反革命，故减租工作是不彻底的，恶霸地主的政治威胁受到了打击，但没有彻底打垮，故减租后恶霸地主还勾结反革命分子到处活动，凶恶地压迫着农民，企图反攻夺租夺佃，如崖曼乡恶霸马汝 × 与匪首马树 × 勾结起来威胁恐吓农民退租夺佃。据二区和平乡、二区崖曼乡材料的调查，其减租后不彻底程度在 25% 左右，基层政权、农会、民兵普遍不纯，一般在 30%，最不纯者为孟达乡为 100%，较纯者如循化市为 12.3%，尕楞乡为 18.4% 左右。经过去年大张旗鼓的镇压反革命运动及抗美援朝运动，农民群众的政治觉悟有了显著提高，迫切要求查租、减租、反恶霸，纯洁政权。

2. 根据上述情况及群众迫切要求确定，已减租地区 14 个乡（新增加两个乡在内），以查租反恶霸为主，未减租地区（四个乡均为藏民集聚乡）以减租反恶霸为主，密切结合征粮整顿基层组织，为我们的工作方针。从 1950 年 9 月开始展开，共集中干部 25 名，分三期进行。第一期完成了七个乡，第二期完成了六个乡，第三期完成了五个乡，历时四个半月，至 1 月 15 日全部胜利结束。关于各阶层情况比例、民族、人口、户数、行政区划等详细情况见下表。

各阶层情况比例表

成份	户口（%）	人口（%）	土地（%）	每人平均土地亩数
地主	1.82	2.98	6.75	8.53
工商业家	0.7	0.67	0.002	0.11
小土地出租者	0.22	0.08	0.09	4
半地主式富农	0.1	0.25	0.27	2.31
富农	2.74	2.61	3.32	5.02
中农	2.74	2.61	3.32	5.02
贫农	34.8	31.7	20.72	1.9
雇农	8.76	6.4	2.44	2.9
学校	0.12		0.04	
清真寺	0.8	0.19	2.4	
喇嘛寺	0.25		0.53	

行政区划统计表

	区	乡	行政村	自然村
纯农业	4	18	52	180
纯游牧			1	3

总户口及农业户口统计

<table>
<tr><td colspan="2" rowspan="2"></td><td rowspan="2">总计</td><td colspan="4">民族</td><td rowspan="2">农业户口</td></tr>
<tr><td>汉</td><td>回</td><td>藏</td><td>撒拉</td></tr>
<tr><td colspan="2">户数</td><td>8338</td><td>540</td><td>641</td><td>2577</td><td>4580</td><td>7772</td></tr>
<tr><td colspan="2">占总户数%</td><td></td><td>6.6</td><td>7.68</td><td>39.1</td><td>46.62</td><td></td></tr>
<tr><td rowspan="3">人口</td><td>男</td><td>20436</td><td>1442</td><td>1707</td><td>6263</td><td>11024</td><td>18175</td></tr>
<tr><td>女</td><td>21653</td><td>1504</td><td>1962</td><td>6384</td><td>11803</td><td>20865</td></tr>
<tr><td>合计</td><td>42.89</td><td>2946</td><td>3669</td><td>12467</td><td>22867</td><td>39040</td></tr>
<tr><td colspan="2">占总人口%</td><td></td><td>7</td><td>8.7</td><td>30.09</td><td>54.21</td><td>91.77</td></tr>
<tr><td colspan="2">备注</td><td colspan="6">工商业60人，计入总人口内，但未计入族别人口内</td></tr>
</table>

3. 恶霸是地主阶级的当权派，是农民最凶恶的敌人，在过去依仗马匪势力，杀害农民、敲诈勒索、霸占田产、强奸妇女、毒打群众，无恶不作。解放后，依然进行反动活动，梦想骑在人民头上，残酷凶恶压迫着农民，进行挑拨民族纠纷和民族内部宗教纠纷，使内部宗教矛盾超过阶级矛盾，企图逃避斗争，反抗人民政府各项政策、法令，拉拢少数落后分子，为其呐喊助威，组织抗拒我合理负担工作，抗拒交粮。以不法地主马海 × 来说，写假契约，分散土地16.37亩。尤其是其中绝大部分又参加反革命组织，在其中担任要职，到处活动，还企图颠覆我人民政权。如匪霸韩进 ×、韩子 × 二人来看，均系反共新编军的团、师长，曾以毒辣手段打死逼死韩胡塞 × 等人命十条，毒打群众四百一十余人，敲诈民财1961元（白洋），霸占土地五十八亩，庄基三院，房屋四间，贪污麦子十四石，木材修水磨三盘，分散土地8.8亩，强奸妇女一百多人。在减租查租反霸这样一场激烈的斗争中，先后召开了32次大小斗争会，每次参会者四五千男女群众，大会始终贯彻农协领导精神，结合人民法庭的判处、民兵执行。经过这一场激烈的斗争之后，地主恶霸的政治威风被打下去了，树立起了农民的政治优势。据全县统计，共斗争了匪霸9名（内有恶霸三人）、反革命分子7名、不法地主29名，处决了匪霸9名、反革命分子6名，关押5名，并有畏罪自缢者2人。

斗争后的胜利果实。据8个恶霸材料统计，为房屋210间、水旱地共492.58亩、牲畜182头、粮食16.63石、农具49件，其他衣物等折合人民币96139000元，白洋622元，分给了573户农民。其中，贫农291户、雇农183户、中农89户、手工业者10户，平均每户分得果实82716元（折合价），减回租子1716.44市石（折249174斤）。地主122户、富农60户、寺院64户，有2191名佃户得到了减租利益，每户平均得到6.843斗。清理地主、富农债务17809.17元（白洋），428户债务人得到了利益，寺院债务2378.35元（白洋），粮食91.5石，铜元500串，共得到利益的319户，每户平均41.6元。这一运动又与镇反、抗美援朝运动相比美，互相辉映。经过了这样斗争之后，农民群众的政治觉悟及组织力量更进一步提高与加强了，涌现出一大批各族群众积极分子，农民群众要求加入农会和民兵。在发动群众基础上普遍整顿了基层政权，扩大了农会，加强了民兵。去年，农会会员3202人。这次发展了3917人，现共有7119人，占总人口的16.5%，其中女会员3132人，占全体会员的44%。民兵原来2317人发展到现在的2754人，占总人口的6.55%，基层政权中初步树立了以贫雇农为领导核心，全县组长以上干部，共有197人。其中贫雇农101人，中农49人，贫雇农干部占全体干部的72.7%。

4.农民经过查租反霸纯洁政权后，迫切要求学习文化的热情很高，全县学习点由11处增加到现在的41处，参加的学员有5484名，读报组由过去的13个发展为138个，秧歌队在全县各族人民中也普遍组织起来，现已成为各族男女农民群众唯一娱乐的形式。镇压反革命也较有了深刻的认识，各民族更加紧密团结了。在分胜利果实时表现出互谦互让，积极送交爱国公粮。如二区（四种民族集居区）撒拉、藏、回、汉四个民族互相帮助畜力、人力，造成一个“民族大家庭”的热潮，各族农民购买毛主席像者日益增多。各族人民与共产党人民政府建立起了血肉相连的关系，表现在工作组干部离开的时候，各族农民都恋恋不舍地拉着我们的手，不愿我们离开，如苏只乡的群众，在临别时都感激得流出了眼泪。

5.经过减租反霸之后，查出瞒地493.86亩，黑地1301.29亩，群众踊跃集体缴纳爱国公粮，各乡均在一天内入仓完毕，有的如街子、和平、白庄、胜利等乡在4—6个小时入仓。送粮时，都是民兵护送，秧歌队欢送，整齐的送粮大队在红旗招展、锣鼓喧天中送粮。因此，群众反映说：“以前的公家是什么公家（指马匪帮）？现在才是公家。”目前已完成公粮任务的135%，超额完成了任务。

二、几点主要经验

1.深入宣传政策，使政策为群众所掌握。政策是发动群众的武器，群众掌握了就会变成无限力量。为此，必须通过各种会议交代政策，这是发动群众的首要一步，但必须结合当地的具体实际情况进行宣传。如孟达乡工作初期，坏分子、不纯干部等预先做了防范措施，当面用假积极表现，企图包庇自己逃避应得的惩罚，对群众则实行压迫、威胁、恐吓，说：“谁向工作组反映，就把谁扔进黄河。”针对此种情况，采取了大会揭发坏分子的破坏活动，指出前途，稳住他们，再做争取分化工作。事实上这样做，工作很快就展开了，群众也团结起来了。新泰乡的群众对租子要求不甚迫切，因为藏民土地多，租佃关系较少，而压在他们头上始终不能翻身的就是高利贷的剥削。因此，工作组就结合实际情况，大力宣传清债条例，进行清债为主。工作组在新泰、解放两乡共清理地、富债务 1418.1 元，粮食 16 石。

调解寺院债务纠纷 5378.35 元，麦子 91.5 石，钢元 500 串，给农民解决了实际需要与迫切要求的问题。因此，群众反映说："毛主席才是一个真佛爷，这才真翻身了。"像以上这样的情况相反背诵教条，群众是会讨厌的。开会时多叫群众讨论，这样能使政策通过他们来领会，如有问题发生也会求得解决，这是政策深入贯彻的一环。

2. 关于深入发动贫雇农，团结中农的问题。贫雇农是农村的无产阶级与半无产阶级，他们在反封建斗争中最坚决、最彻底，必须依靠贫雇农并深入发动贫雇农才能有力打倒恶霸地主的统治威风，这个问题虽然早就提出过，但并未被所有干部思想真正接受。由于我们的干部出身及来历是很复杂的，缺乏贫雇农思想感情，在运动开始的时候，普遍存在着模糊认识，思想不明确。有的认为贫雇农不会说话，办不了事，有的认为贫雇农少，不能依靠，有的认为贫雇农和中农一样，谁积极依靠谁，有了这些思想自然就不能依靠贫雇农，而是乱依靠了。于是有依靠穷人的，有依靠干部、假积极分子的，这都是脱离阶级立场与阶级观点的，也自然不能深入发动贫雇农，这是很明显的。所以要贯彻坚决依靠贫雇农的思想，深入发动贫雇农，就必须首先排除干部中思想障碍，必须反复给干部讲清道理，特别是用检查工作的好坏、典型对比的方法，来实际教育干部，摆出事实来证明真理的正确性，使其获得正确的思想观点与具体工作方法。四个月的工作，我们学到了很多好的经验，证明了要深入发动贫雇农的正确方法是以下几点。

（1）深入访贫问苦。为此干部就要深入到贫雇农的家里去，在生活上、劳动上打成一片，拉家常、谈身世，建立阶级感情，体贴他们的痛苦，针对其存在的顾虑启发、引导，解除顾虑要耐心坚决，不惜三番五次的谈，特别要有意识、有目的地去深入发动受苦最深的贫雇农，以培养积极分子。

（2）通过经过初步培养的贫雇农积极分子，让他们现身说法，就会起到非常好的作用。

（3）召开贫雇农座谈会，以典型诉苦的方法，以苦引苦进行诉苦教育，细算账挖穷根，把对地主一个人的仇恨逐渐提高到对整个地主阶级的仇恨。多开小型的，后开大型的，还可开贫雇农大会，这样的会议还须吸收贫苦些的中农积极分子参加，因为中农也是受压迫的，这样对团结中农有好处。这样的方法如韩阿不都（街子乡农会主任，与工作组一块工作，系长工出身）在发动贫雇农韩主麻时，用自己的出身、过去如何受地主的压迫、剥削去打通韩主麻的思想，互相谈难心，而后培养教育，找办法解决各种顾虑，使韩主麻勇敢坚决地揭发其地主的阴谋手段，在工作中起了不少作用。

（4）召开军属座谈会及逃难回来户座谈会。因为军属与人民政府有较深厚的感情，他们感觉是一家人，他们的痛苦易于控诉。至于逃难回来户，在藏民区特别多，他们流浪他乡，乞讨、下苦，生活也最苦。二区新泰乡、解放乡就这样做了，对发动群众工作收效很大。再用上述几种方法时，更需要说明如何教育问题，其中的方法是均必须提出问题，启发引导，通过思想提高觉悟，切忌干部长篇大讲一套，反而解决不了问题。如农民五四曼反映说："耳听十遍不如心里过一遍。"这句话给那些贫雇农会上大讲一套，或者代替贫雇农诉苦包办的工作干部一个很好教育。群众的意见是正确的，相反是不会做好教育贫雇农的。

我们工作中也发生了一些偏差与缺点，有的没有及时排除干部思想障碍。如四区第一期在清水和人民乡工作时，就是如此，走了三五天的弯路，才能从头做起，重新发动群众贫雇农。有的企图走近路，不经过艰苦的深入访贫问苦工作，只简单的翻开过去成分，不加分析与选择，按名单召集一揽子的农民会议，结果失败。如二区拉边自然村与下白庄村初期就是这样子，后在工作汇报中把干部的思想明确了（立即纠正），致使工作走了五六日的弯路，也有的盲目挨门挨户访贫问苦，没有明确目的，也有的是开一般会议多，而深入访贫问苦开贫雇农座谈会的少，因而那里的工作就很不深入。也有的是思想不坚决，缺乏耐心，一次两次谈不出成绩，就灰心丧气不谈了。这些都是我们工作中简单急躁、急于求成的工作态度，都会使我们不能深入发动贫雇农的。

（5）必须巩固团结中农及农村中一切反封建分子，才能形成更有力、更广泛的反封建力量，使斗争得到彻底胜利。因为中农也是受压迫的，他们与贫雇农一样也有反恶霸的要求。当我们发动贫雇农以后，就必须教育贫雇农认识到巩固团结中农的重要性，认识到贫雇农与中农是一家。团结中农及其他反封建分子的方法，在召开贫雇农会时吸收一些贫苦的中农积极分子参加，开好农民代表会，代表名额必须有三分之一的中农代表出席，政治上给予中农参加政治活动，参加政权，政协及农协委员中要占到三分之一左右。经济上不能侵犯中农利益，并广泛吸收中农参加农会，分配斗争果实时，必须照顾到中农及其他受害人的利益。

3. 关于整顿基层组织问题

（1）对农民进行政治教育，提高觉悟是整顿基层组织的基本环节。政权问题是革命的基本问题，是刀把子问题，民兵是枪杆子问题，农会是农民自己的组织。农民群众明白了这些道理，经过充分的思想酝酿，敌我界限划分清楚了，整顿组织的工作就一定能做好。经过这样一系列组织教育，提高了群众的认识，给纯洁组织打下了群众基础和思想基础。

（2）整顿的方法步骤应当是先解决突出的，对工作组阻力较大的问题。对于整顿政权可结合开代表会去整顿，或召开自然村群众大会进行。首先，采取报告工作、群众讨论批判揭发，再分别处理的办法。对于阶级异己分子、伪乡保长、反革命分子和突出的严重贪污腐化脱离群众的坏干部，应当坚决予以清洗和法办，对于因觉悟不高而表现不积极者，则应教育改造，在运动中加强其阶级教育，并且在具体工作中，具体帮助交给办法，培养提高其能力。对个别极落后分子，在群众觉悟提高的基础上进行降职使用或再在农会内继续改造。对农会采取先扩大后洗刷、边扩大边洗刷、多扩大少洗刷、扩大与洗刷相结合的原则和方法。如孟达乡、团结乡的做法是正确的，就是按以上这样的做法。但特殊地区应采取慎重态度，不能按一般地区工作方法生搬硬套地干，否则会出乱子的。就以查加乡而谈，曾系匪乱地区，一般均参加过匪乱，但我们要根据情况出发，因为在镇反后群众觉悟一般提高了，认识了反革命的前途，开始改邪归正，这里我们一定要有准备的，严密掌握情况，分清主谋、次要或协徒，首恶者与被骗者，区别轻重大小分别对待。对于虽参加反革命组织，但无反革命行为，而采取交清问题、赎罪立功，仍留农会。对那些有严重反革命行为者坚决予以洗刷。对解放初期被骗或被逼参加匪乱，以后并无其他活动安心生产者，一系列参加反革命组织并进行破坏活动者，也要区别对待，这样做是争取多数、孤立少数。有区别的做法是正确的，相反会造成树敌过多，也是相对危险的。

4. 充分发挥农民代表会的作用。农民代表会是大规模广泛深入发动群众的工作方法和组织形式。我们在运动中普遍用了这个方法，宣传了政策，联系了群众，各乡普遍召开了三次。经验证明，第一次应放在群众有初步发动之后、斗争大会以前召开为合适（二天左右），第二次放在动员查田评产，第三次重点放在动员组织公粮入仓修订爱国公约，健全组织，布置生产上。根据经验要开好代表会，首先选举好代表，一般确定十户左右出席一名代表为合适，但必须照顾到民族、阶级成分及妇女、青年，还要特别照顾到小村庄，在藏民区由于这样分散以行政村为单位，召开代表会，传达政策、联系群众是正确的，选区可酌情缩小。二区新泰、解放两乡是这样做了，收效很大。其次代表会议题中心必须明确，不要过多，要掌握少讲多讨论，讨论了一个再讨论一个的方法，这样讨论易于深刻，能够解决问题。第三是会后必须组织代表深入宣传，召开居民小组会、选区户会、村民大会展开讨论，作用很大，领导上有意识地掌握。要有意识及时收集各方反映，以便根据情况布置新的工作。

我们的缺点是：有些干部不深刻了解意义，把开好代表会当做任务去完成，走过场，代表来了还不知道讨论什么问题，不做充分准备或开得不及时，延误了时间或会后就认为成功了，不重视代表的传达，不收集反映，还有的对于有意识的吸收一些落后状态的群众代表参加很不够。

5. 斗争恶霸必须注意

（1）开好会的关键在于会前的充分准备工作，这就是教育苦主，教育群众。农会把群众的仇根提高到最高度，组织主席团，培养积极分子。干部要明确分工负责掌握，做到既不包办代替，又不失于领导，特别要教育农民依理依法斗争恶霸，树立人民的法治观点。

（2）必须掌握住民族团结的原则。

（3）斗争中必须放手让农民去诉苦。主席团要紧紧掌握全场情绪脉搏，要与到会群众情绪脉搏一起跳动，当诉到最气愤时，适时喊口号，壮大农民声势，领导要及时鼓动群众情绪，给农民撑腰。

（4）说理斗争必须与人民法庭的及时审判相结合，能及时批准农民处决匪霸的要求，则作用效果更大。

（5）必须及时逮捕匪霸分子。必须引导农民有领导的、有次序的逮捕，即农民向法庭控告，政府批准，民兵逮捕。

（6）必须掌握打得狠、打得稳、打得准的方针。一定要多请示、多报告，防止错斗现象发生。

（7）重视分配果实的工作。根据苦重者贫雇农多得，苦轻者中农少得，照顾中农和其他受害人利益，照顾民族团结原则。分配胜利果实前，一定教育好苦主，扭转其单纯的经济观点，强调其政治翻身，纠正单纯为分果实的认识，分配时充分发扬民主，广泛的让群众讨论，达到公平、合理，大张旗鼓予以分配。如匪霸财产的分配方法，都是充分发扬了民主，在八千人左右的全区群众大会上进行分配，撒拉、藏、回、汉互谦、互让、互送，在各族群众锣鼓喧天的秧歌队中，互送胜利果实，有的还组织庆贺团，到得胜利果实群众家中表示庆贺等，达到了民族团结，加强天下农民一家人的认识。我们还有一个很大的缺点，即分配后，不教育检查，是否把胜利果实用到生产上了，还是浪费了，今后要很好的纠正。

6. 全面发动群众问题

（1）要彻底进行反封建斗争，必须全面发动群众，必须把扩大青年、妇女发动起来，发动其参加民兵、农民协会、妇代会，来发挥其积极性。

（2）建团必须掌握以下几点：党委重视；党团员打通思想一起动手；反复宣传团，提高其阶级觉悟和组织觉悟；按团章办事，严格审查，慎重吸收。

7. 领导方法问题

（1）要有明确的工作方法与步骤。县里开始对工作方针不是明确的，确定在已减租地区以征粮为主，是不对的，工作八九天后才纠正了，但四区开始工作时工作方针不明确，工作中没有把这复杂而细致的工作，组织起来有方法、有步骤地去进行，纠正的不及时，致使工作走了三五天的弯路，到最后明确以后才纠正，使工作受到很大损失。

（2）提倡重点带动，推动全盘的领导方法。县里的缺点是各区同时在一点开展，地区没有连成一片，亦未采取重点推进的方法，是一点一点硬钻的方法，表现很分散，不集中，不便领导检查，又不便交流经验。二区的方法很好，他们每期工作都有重点，一开始搞新泰、解放两乡时，即以新泰为重点乡。在重点乡与带动乡里又有重点行政村，抓住重点深入取得经验，推动全盘。因此工作顺利，发展也较平衡，即使较为偏僻的张沙、比隆等自然村也被带动起来了。

（3）充分发扬民主，做出切实周密的工作计划。发挥积极性，强调请示报告制度与纪律。如三区工作队每搞一段工作，其工作计划是从下而上充分讨论酝酿，而后由互助组向大组写出书面计划，大组根据各互助组的计划再以大组为单位，向中队做切实周密工作计划步骤、方式方法，最后再由中队统一布置。干部对工作表示态度，自己订出爱国公约，向组织提出保证，激发了每个干部工作的积极性。这是充分民主与高度集中相结合的方法。

（4）领导要勤于检查，及时发现问题及时解决。汇报与实际检查相结合，互通情报，总结交流经验，推动工作，这在一般各区工作队之间是做到了。如二区新泰乡二个行政村初期汇报说群众起来了（表面轰轰烈烈），实际去检查工作，培养的贫雇农走捷路，叫来一个喝酒汉，根本不敢说话。表面假积极一套，民兵队长由年龄大的老汉担任，农会仅有16人，广大的劳动农民还在外面劳动，不敢说话，当面你看看我，我看看你，这些问题检查出来后及时进行了纠正。经验证明，要是领导天天听汇报，不去检查，就会使工作走了弯路，还不知其所以然，原因是干部政策思想水平认识不同，县级在深入检查这点上不够。

（5）要有预见，善于掌握环节，抓住中心，照顾周围，把各项工作结合起来，这就是说，做一步工作时要预见到下一步工作怎么做，抓住了中心，还必须与周围的工作结合起来。

（6）重视思想领导，严格掌握干部思想，及时进行思想动员，才能达到思想行动一致，进行批评与自我批评，使干部情绪始终饱满，这是工作顺利完成的保证。

三、存在的问题

1.由于工作基础不同，干部工作水平强弱高低悬殊，群众觉悟程度及农民组织力量情况不同，使我们区与区之间、乡与乡之间工作发展不平衡。就目前情况看，好的有循化市、崖曼乡、白庄乡、循阳乡、尕楞乡共五个乡，差的有查加、苏只、中库、清水、人民、胜利等六个乡，中等的新泰、街子、和平、孟达、团结、解放、文都等七个乡，行政村也有不平衡。建政后还发现民兵有不纯的，干部还有贪污的。

2.干部作风问题，此次参加查、减、反霸工作的干部大多数是积极肯干，认真负责，吃苦耐劳不讲价钱的，值得表扬，但也有少数干部存在着严重问题，大体可分下列几种。

（1）立场不坚定，观点不明确。

（2）工作不负责任，敷衍了事。

（3）包办代替，强迫命令。

（4）领导上的官僚主义作风，不深入检查，只听汇报。

（5）吃不下苦，嫌农民吃的是洋芋，自己吃不下去，向群众要吃的，如要凉面吃，存在庸俗作风和腐化蜕化倾向。

（6）小资产阶级的个人主义思想，骄傲自大，忽视领导，居功自傲。

四、结束语

在这四个半月的工作中，大张旗鼓地镇压了恶霸分子、反革命分子，农民的觉悟空前提高，给土改铺平了道路，创造有利条件打好了基础。总的来说，成绩是巨大的，成绩的由来是由于省委、省政府的正确领导，县委的正确领导，广大群众的拥护，同志们的积极努力所获得的。但缺点也不少，很多地方的群众没有很好地发动起来，特别是在掌握材料、分析情况方面做得很差，值得我们正视，正确估计，不应过高估计。干部方面经过运动的洗礼，均有进步，大部分同志进步很大，但也有一小部分进步很慢。这次总结，对发动群众的方法比较深刻全面一些，但对干部的作风问题，只做了突击解决，很不彻底。

——《循化县减租查租反恶霸工作总结》（1951 年），循化县档案馆藏，档号：1-1-（永久）。

减租反霸虽然没收了恶霸地主的土地，分给了无地或少地的农民，清算了恶霸，但是并未根本改变不合理的土地占有关系。各族农民受到反霸斗争胜利的鼓舞，积极要求土改。党和人民政府于 1952 年进一步领导群众，在撒拉、回、汉族聚居的农业区，进行了伟大的、翻天覆地的土地改革运动。

——循化撒拉族自治县概况编委会：《循化撒拉族自治县概况》（内部资料），1963 年，第 25 页。

1952 年 9 月 6 日开始，举办为期 32 天的全县土地改革干部训练班，受训干部和积极分子共 325 名。10 月 10—12 日，召开循化县各族各界人民代表会议，讨论、安排土地改革工作。10 月 30 日，循化县人民政府土地改革委员会成立，领导全县土改工作。

——循化撒拉族自治县志编纂委员会：《循化撒拉族自治县志》，中华书局，2001 年版，第 165 页。

循化县关于开展土地改革运动的计划

（1952 年 11 月 3 日）

一、基本情况与特点

我县多民族地区，包括四种民族，有人口 42089 人，有五个区十八个乡，五十个行政村，一百八十个自然村，还有一个游牧区，包括三个部落，有一百五十二户，六百二十二人，全县有土地 120506.015 亩。

根据省委在“藏族聚居乡不进行土改”的决定，全县除三、五区和一区孟达乡外，确定在一区的循化市、循阳乡、清水乡，二区的白庄乡、崖曼乡、胜利乡、人民乡，四区的街子乡、和平乡、苏只乡、查加乡共 11 个乡、市，35 个行政村，103 个自然村中进行。土改区有农户 5747 户，占全县总户数的 64.47%，有人口 28676 人，占全县总人口的68.86%，有耕地58476亩，占全县总耕地48.18%。省派土改工作干部150名，从11月4日开始至12月30日结束，历时57天。整个工作贯彻执行“依靠贫农、雇农，团结中农，中立富农，有步骤有区别地消灭封建剥削制度，发展农业生产”的土改总路线，分发动群众、进行反霸斗争、没收分配、健全政权组织四个阶段进行。

表现为下列几个特点：（1）民族杂居，少数民族占大多数。撒拉族占54.2%，藏族占30.1%，回族占8.7%，汉族占7%，民族分布情况为大聚居、小杂居。（2）宗教影响很深。（3）各族地主分布情况与各族人口比例相反。（4）社会情况复杂。（5）与游牧区毗邻接壤。（6）各族农民迫切要求进行土地改革，有信心消灭地主阶级，这是土地改革的有利条件。

二、在民族团结的基础上放手发动群众

土地改革是一场系统的激烈的阶级斗争，民族政策是各民族平等团结的政策。在各民族地区进行土地改革，必须根据民族特点，强调在民族团结的基础上贯彻放手发动群众的方针，去进行阶级斗争。（1）向群众交代政策，使政策深入人心。工作队到乡后，必须先召开乡政府委员、农协委员的联席扩大会议，说明来意，交代政策，初步了解情况。通过计划，继而召开村民大会、农会及农会小组会议，及时选举农民代表。（2）认真贯彻执行党的“依靠贫雇农，团结中农，中立富农，有步骤地、有分别地消灭封建剥削制度，发展农业生产”的土改总路线。

——《1952年县、区、乡土改计划、通知、批复、总结、统计表》，循化县档案馆藏，档号：1-1-11（永久）。

土改工作中，按政策规定全县划地主161户，占参加土改总户的2.8%；工商业者2户，占0.04%；小土地出租者43户，占0.75%；半地主式富农8户，占0.14%；富农39户，占0.68%；中农3022户，占52.58%；贫农1649户，占28.69%；雇农480户，占8.35%；其他343户，占5.97%。依法没收和征收土地10786亩，房屋5097间，耕畜453头，木轮车40辆，各种农具6449件，粮食790石（约63200公斤）；废除贫雇农债务银元54999元，粮食2817.5石（约225400公斤）。全县雇农、贫农、中农分得土地10372亩，房屋5405间，牲畜505头，粮食798.9石（约63912公斤），农具6366件。有97.14%的雇农，77.99%的贫农，还有一些缺地少屋的中农，都分得了土地、耕畜、住房等生产资料和生活资料。共计得利农民3743户，占土改区总户数的65.13%。全县各阶层土地占有量发生大的变化，每人平均占有耕地：地主由土改前的

10.75 亩下降为 1.16 亩，富农由 3.37 亩下降为 3.09 亩，中农由 1.94 亩上升为 2.14 亩，贫农由 0.94 亩上升为 1.42 亩，雇农由 0.32 亩上升为 1.49 亩。土改期间说理斗争罪大恶极的地主恶霸 11 人，判处无期徒刑者 1 人，有期徒刑者 6 人，管制的 2 人。经过土改宣布废除地主、富农、债利生活者与农民的一切债务关系，烧毁地主的土地、债务契约，颁发《房产土地所有证》。结束了封建土地所有制，实现了“耕者有其田”。

——中共循化撒拉族自治县组织史料编纂委员会：《中共青海省循化县组织史资料（1949.8——1993.4）》（内部资料），2005 年，第 8 页。

土改中没收和征收土地及其他生产资料统计表

单位：亩、间、头、匹、辆、件、市石

阶层	没收征收户	土地			房屋	耕畜					农具			粮食
		合计	水地	山地		合计	牛	马	骡	驴	合计	车	其他农具	790
地主	144	5629	3100	2529	3836	442	224	9	70	139	6276	39	6237	
外乡														
地主		3357	1884	1473	452	11	10			1	130	1	129	
半地主式富农	4	32	14	18										
富农	3	15	15		33									
小土地出租者	13	85	75	10										
学校	6	198	198		11									
祠堂														
庙宇	5	109	109											
外乡应征收户	17	91	91		18									
其他	4	1270	1270		747						83		83	
总计	196	10786	6756	4030	5097	453	234	9	70	140	6489	40	6449	790

——循化撒拉族自治县志编纂委员会：《循化撒拉族自治县志》，中华书局，2001 年，第 167 页。

1952 年循化县土改地区各阶层占有土地面积情况

阶层	户数	人口数	农业				
			人口数	占总人口比	占有耕地（亩）	占总耕地比	人均占地（亩）
地主、工商业家、半地主式富农	171	1376	1123	4.80%	11486	19.64%	10.23
富农、小土地出租户	82	511	480	1.79%	1313	2.25%	2.74
中农	3022	16480	16189	57.47%	31460	53.80%	1.94
贫农、雇工及其他（职员、小商、小手工业者等）	2472	10309	9751	35.94%	7494	12.82%	0.77
清真寺、喇嘛寺、庙宇、拱北	—	—	—	—	3993	6.83%	—
学田和其他公地	—	—	—	—	2730	4.66%	—

——《1952 年县、区、乡土改计划、通知、批复、总结、统计表》，循化县档案馆藏，档号：1-1-11（永久）。

循化县各地区 1952 年产量控制表（单位：亩　斤）

地区	农业人口		水地			山地		
	户数	人口	土地数	合计产量	产量控制数	土地数	合计产量	产量控制数
总计	8173	38971	47774.03	11753658	246.3	45926.9	3241309	70.56
街子乡	376	2153	182099	617762.5	338.5	985.20	44334	45
循阳乡	521	2854	2657.4	899530	338.5	772.83	42515	55
和平乡	433	2244	2469.19	827179	335	2013	906	45
循化市	581	2416	2090.55	694192	332.5	102.3	5610	55
清水乡	410	2009	2120.09	699600	330	620.68	32275	52
孟达乡	218	975	583.52	191110	327.5	223.67	12320	55
人民乡	343	1604	2111.47	601769	285	194.66	1014	52
苏只乡	581	2814	4157.99	1076922	259	263.03	11835	45
崖曼乡	668	3017	3644.4	794479	218	4845.98	363450	75
查加乡	634	3119	2772.715	790309	285	102.34	270800	50
胜利乡	422	2009	2482.61	682715	275	299.08	15960	40
白庄乡	441	1996	3181.97	763680	240	487.35	19480	40
文都乡	408	2446	3334.76	677005	203	5751.15	431325	75
中库乡	305	1706	2519.71	491400	195	4447.32	311290	70
团结乡	338	1647	80901	151687	187.5	5112.3	408960	80

续表

地区	农业人口		水地			山地		
	户数	人口	土地数	合计产量	产量控制数	土地数	合计产量	产量控制数
尕楞乡	291	1250	1235.67	208637	168.8	4417.15	353360	80
新太乡	546	2659	4598.89	772632	168	5170.39	413600	80
解放乡	480	2404	5179.11	813103	157	6697.32	502275	75
注：水旱地查加、苏只、街子、和平等乡由四区掌握产量，其每亩平均为 115 斤。								
说明：全县一等水地共六个乡，即街子、循阳、和平、循化、清水、孟达六乡。其总地亩 11745.7 亩，总产量 3929323.5 斤，每亩平均 331.5 斤。二等水地共人民、苏只、崖曼、查加、胜利、白庄等六乡，总产量 4709870 斤，每亩平均 256 斤。三等水地即文都、解放、新太、团结、尕楞、中库六乡，总土地 17677 亩，每亩平均 176 斤。全县山地一等地尕楞、新太、团结、崖曼、文都、解放、中库七乡，总产量 278426 斤，每亩平均 76 斤；二等山地为循阳、孟达、循化、清水、人民、查加六乡，总土地为 6820.79 亩，产量 364534 斤，每亩平均 53.4 斤；三等山地为和平、苏只、白庄、街子、胜利，总土地 215.5 亩，总产量 9417.35 斤，每亩平均 43.7 斤。								

——《1952 年县、区、乡土改计划、通知、批复、总结、统计表》，循化县档案馆藏，档号：1–1–11（永久）。

解放初期的循化，社会情况极为复杂，潜藏着少数顽固不化的伪党政军骨干分子，他们与人民为敌，勾结串通一起，密谋策划成立反革命组织，顽固地执行马步芳、马继援父子逃跑时部署部下“武器埋地下，战马作耕马，保存实力，待机而动”的反革命指令，大肆进行反革命活动。他们还利用历史上封建统治者造成的民族隔阂和教派矛盾蛊惑人心，制造混乱，勾结地富反坏造谣生事，挑拨民族关系，破坏土地改革，大肆进行反动宣传，诬蔑我党“共产共妻”“杀回灭教”。有的地主装穷，有的地主拉拢干部分散、转移财产，有的坏人造谣，胡说“今年土改不分富农，明年就要分哩”等，因而人心惶惶，社会秩序极不安定。

土地改革是一场严峻的阶级斗争，为了保证土地改革工作的顺利进行，1952 年 9 月 6 日至 10 月 6 日，循化县委在县城内举办了为期一个月的土改干部训练班，参加土改训练班的省、县、区、乡干部共 475 名，当时，我也参加了土改干部训练班的学习。我们学习了《中华人民共和国土地改革法》、中央人民政府政务院关于《划分农村阶级成份的决定》等文件，韩荣贵同志传达了在湟中县进行土改试点工作的情况和经验，统一了思想，掌握了政策，研究了土改工作的步骤和方法，从而武装了干部的思想，提高了政策水平。在此期间，我和立加当周（藏族）、韩八斤（撒拉族）同志一起参加了县委组织部举行的新党员入党宣誓，这是我一生政治生活中的大事。

1952 年 10 月 30 日，循化县人民政府成立了以郭若珍为主任、董子莪、尼卡加为副主任的县土改委员会，下设土改办公室机构，负责指导和处理有关土地改革的各项工作，为开展土改工作，在思想上、组织上做了充分准备。

1952年11月4、5两日，由省、县、区、乡四级干部组成的循化土改工作团475人（省上派往循化参加土改的干部150名），由团长赵锦峰和副团长夏隆尧、郭若珍率领，分赴各区、乡、行政村，进行轰轰烈烈的土地改革工作。

循化县进行土地改革的一、二、四区3个区（根据省委指示，五区系纯藏族地区，未进行土改）、11个乡、35个行政村、103个自然村，有撒拉、回、藏、汉四个民族，5747户，28676人（男13995人，女14681人），其中撒拉族占77.58%，回族占13.29%，藏族占0.687%，汉族占8.432%。共有耕地54502.6亩，其中水地28361.7亩，占52.5%，平旱地和旱地2614.9亩，占47.5%，而且土质差，亩产只有200斤。

在土改前，地主人均占有土地为10.7亩（水旱地混合数），富农人均占有土地为3.36亩，中农人均占有土地为1.94亩，贫农人均占有土地为0.9亩，雇农人均占有土地为0.32亩。由此充分说明了封建土地制度极不合理，这是阻碍农村生产力发展的基本原因。

在土改的几个乡中，划为地主的161户，半地主式富农8户，富农39户，工商业者2户，小土地出租者43户，中农3022户，贫农1649户，雇农480户，其他340户。土改中，对罪恶大、民愤大的地主，在全乡群众会上说理斗争的11人，土改人民法庭判处无期徒刑的1人，有期徒刑的6人，管制的2人。对一般地主，除依法没收其土地、财产外，由群众监督生产。经过土改，共没收和征收土地10372亩，有2852户农民、13519人分得了土地10372亩，得地雇农约占雇农人口的93.14%，得地贫农约占贫农人口的77.99%，有29.8%的缺地中农也补足了土地。各阶层每人平均分到土地的情况是：地主每人平均土地为1.16亩，富农每人平均土地为3.08亩，中农每人平均土地为2.14亩，贫农每人平均土地为2.44亩，雇农每人平均土地为1.49亩。这说明我们在土改中，基本上满足了贫雇农的要求，坚决保护了中农利益，执行了保存富农的经济政策。土改时，没收房屋5405间，分给839户农民，没收牲畜505头（只），分给773户农民，没收粮食47934公斤，分给1742户农民。没收农具6366件，分给2521户农民。废除地主债务粮食16860公斤，银币54999.05元。总计得利农民3743户，16154人，占总人口的57.58%。土改的胜利完成，废除了地主阶级封建剥削的土地所有制，实现了农民的土地所有制，解放了农村的生产力，极大地推动了循化的农业生产。

在土改中，循化县委、县人民政府根据循化县是一个以撒拉族为主的多民族地区、全民信教的实际，民族、宗教、社会情况特别复杂的特点和当时西北局书记习仲勋关于在少数民族地区进行土地改革，必须先做好基层工作，然后做好群众工作，不可颠倒过来的指示和省委关于“稳步前进”与“细致深入”的指示精神，在宣传政策，发动群众；划分阶级成分，进行反霸斗争；没收、征收分配土地、财产；整顿健全政权及各种组织，进行建党、建团，制订农业生产计划等四个阶段，始终把宣传党的土改总路线、总政策，民族平等团结政策，宗教信仰自由政策，尊重少数民族的风俗习惯等内容放在首位。坚持稳细方针，放手发动群众，是胜利开展土改的关键。在工作中，我们大胆依靠民族干部和当地干部，发挥他们语言通、情况熟的有利条件，通过他们做贫雇农的工作，启发贫雇农诉苦、挖穷根，同时，采取各种不同形式和方法，做团结中农的工作和民族宗教人士的统战工作，牢固地团结了中农，扩大了反封建统一战线力量。

经过宣传政策，放手发动群众，使党的政策家喻户晓，深入人心，各族农民群众提高了阶级觉悟，纷纷起来控诉地主阶级的罪行，斗争恶霸地主，从而打垮了地主阶级的威风，各族劳动人民扬眉吐气。各族劳动群众深刻地认识到，土改是一场阶级斗争，只有认真贯彻执行“依靠贫农雇农，团结中农，中立富农，有步骤、有分别地消灭封建剥削制度，发展农业生产”的土改总路线、民族平等团结政策、宗教信仰自由政策，只有消灭了地主阶级和封建的剥削制度，各族人民才能真正的平等团结，宗教信仰才能真正得到自由。如果离开了各民族的团结，就会出问题，就会犯严重的政治性错误。

由省、县、区、乡四级干部组成的循化土改工作团，认真贯彻执行党的土改工作总路线、总政策和民族宗教政策，尊重少数民族的风俗习惯，各族干部互相帮助、互相信任、互相团结，坚持与贫雇农同吃、同住、同劳动、同学习、同商量，他们有坚定的无产阶级立场，有较强的组织、纪律观念和政策观念，有积极负责的工作态度，不怕艰苦，不怕劳累，日夜奔忙，全心全意为各族人民服务，通过自己的实际行动，赢得了各族劳动人民的信任，密切了党和群众的血肉关系，提高了党的威信，把党的政策宣传到千家万户。经过 57 天的艰苦工作，1952 年 12 月 30 日，我们取得了循化县土改工作的全面胜利。

为了保卫土改工作的胜利果实，循化县于 1952 年 11 月 14 日成立了循化县土改人民法庭和一、二、四区 3 个区土改人民法庭分庭。全县处理土改案件 15 起，顺利完成土改工作。我参加了第四区街子乡的土改工作和土改人民法庭分庭工作，尽到了自己的一份责任。

土改工作的全面胜利，从政治上、经济上彻底打垮了地主阶级，使农村情况起了根本性的变化。各族劳动人民阶级觉悟空前提高，从而增强了民族团结，共产党、人民政府与各族人民建立了牢固的血肉联系。农村政权及其他各种组织，经过组织上、思想上的整顿与提高，已达到基本巩固与纯洁。农会会员 7572 人（女会员 3774 人），由过去的 17%，发展到占总人口的 26%。民兵 1867 人，由过去的 5.2%，发展到占总人口的 6.5%。培养了各族积极分子 660 人，提拔为脱产干部和基层干部的 360 人，在农村发展共产党员 30 名，发展新民主主义青年团员 148 名。他们是农村中新生的伟大力量，是巩固人民政权的有力支柱。

经过土改，各族农民生产积极性提高，积极参加农牧业生产和副业生产，要求学习文化的积极性也高涨，参加冬学、识字班的达到 3906 人，参加读报组的 2397 人。全县 1952 年粮食总产量 984000 公斤，油料总产量 397680 公斤。尽管 1953 年遭受大旱，但全县各族人民在党的领导下，奋起抗旱，挖泉、修渠、担水浇地，减少了灾害的损失，粮食总产量仍然达到 9622200 公斤，油料总产量 213000 公斤，这都是土改焕发了各族劳动农民积极性的充分表现。

——潘民善：《回忆循化县土改工作》，见《兴旺之路——撒拉族变迁与发展史料选辑》，循化文史第四辑，1998 年版，第 17—22 页。

1952 年土改运动中，对土改地区各阶层占有土地进行登记造册。据统计，土改前全县农业人口人均占有土地 2.12 亩。各阶层占有情况是：（1）地主、工商业家、半地主式富农 171 户 1376 人，其中农业人口 1123 人，占有耕地 11486 亩，分别占总人口和总耕地的 4.8% 和 19.64%，农业人口人均占地 10.23 亩；（2）富农、小土地出租 82 户，511 人，其中农业人口 480 人，占有耕地 1313 亩，分别占总人口和总耕地的 1.79% 和 2.25%，农业人口人均占地 2.74 亩；（3）中农 3022 户，16480 人，其中农业人口 16189 人，占有耕地 31460 亩，分别占总人口和总耕地的 57.47% 和 53.8%，农业人口人均占地 1.94 亩；（4）贫农、雇农及其他（职员、小商、小手工业者等）2472 户，10309 人，其中农业人口 9751 人，占有耕地 7494 亩，分别占总人口和总耕地的 35.94% 和 12.82%，农业人口人均占地 0.77 亩；（5）清真寺、喇嘛寺、庙宇、拱北占有耕地 3993 亩，占总耕地的 6.83%，学田和其他公地等占有耕地 2730

亩，占总耕地的 4.66%。

——循化撒拉族自治县志编纂委员会：《循化撒拉族自治县志》，中华书局，2001 年版，第 163—164 页。

1952 年，三兰巴海村开始进行土地改革。根据《中华人民共和国土地改革法》及相关政策规定，在循化县土地改革委员会的领导下，同时在街子乡行政机构的统一安排下，土地改革全面实施了。三兰巴海村土地改革的指导方针是，贯彻执行“依靠贫农雇农，团结中农，中立富农，有步骤、有分别地消灭封建剥削制度，发展农业生产”的土改总路线。整个村庄，土地改革主要分四步进行。第一步，发动群众。召开贫雇农代表会议，宣传学习《土地改革法》。第二步，进行反霸斗争。对匪霸、恶霸、不法地主进行有区别的说理斗争。第三步，财富再分配。依法没收地主的土地、山林、房屋、耕牛、农具及其财产，征收公田、学田、庙田，将胜利果实分配给贫农、中农和富农。实施的原则是雇农、贫农多分，烈军属优先照顾。第四步，健全政权组织。依靠农民组织起来，建立或改造乡村政权体制，健全农民团体。三兰巴海村的土地改革顺利进行，完成了预定任务。

——王天津：《三兰巴海村调查：撒拉族》，中国经济出版社，2015 年版，第 41 页。

1952 年，清水乡瓦匠庄村进行了土地改革。当时瓦匠庄村的地主有 5 户，分别是白巴加（马步芳的生意人），一位国民党的团长，一位本村地主，一位国民党马资元的结拜弟兄，一位西北五省副长官和白巴加的生意人等，平均每个地主 40 余亩地。90% 的人没有土地，有地的农民是极个别的，且土地非常有限。很多农民为了生存，不得不到地主家或者跑到临夏做长工，甚至有的农民跑到附近的达日加（地名）开荒种地。在土地改革中，地主的财产被没收，平均每人分到 5 分地，实现了耕者有其田。经过土改宣布废除地主、富农、债利生活者与农民的一切债务关系，烧毁地主的土地、债务契约，颁发《房产土地所有证》。

——祁永寿、王建军、李双元：《瓦匠庄村调查（撒拉族）》，中国经济出版社，2014 年版，第 18 页。

土地改革的胜利，彻底地废除了封建的土地所有制，解放了生产力。土改后，循化土改地区土地占有情况发生了很大的变化。地主平均每人占有耕地 1.16 亩，富农每人占有耕地 3.08 亩，中农每人占有耕地 2.14 亩，贫农每人占有耕地 1.44 亩，雇农每人占有耕地 1.49 亩。土改中雇农占本阶层人口的 97.14%，贫农占本阶层人口的 77.99%，还有缺地少地的中农都分得了土地、住房、耕畜等生产资料。

土地改革的胜利，农民的政治觉悟空前提高，更加热爱共产党，热爱毛主席。人民政权更加巩固，农村中以贫雇农为核心的政治优势已经绝对地建立了起来。农会会员猛增数十倍，民兵也有很大的发展。

封建的生产关系被彻底打破，解放了农村生产力，农村出现了一片新气象。广大农民组织了秧歌队，庆贺土地回老家。农民第一次在自己的土地上劳动，这就激发了广大农民从来没有过的劳动热情。1952 年，一个以烧灰、积肥、开荒、挖渠为中心的生产抗旱运动立即形成。1953 年，循化战胜了历史上少有的天旱，取得了粮食的丰收。

土地改革的胜利，为发展农业生产开辟了道路。同时为迎接即将到来的民族区域自治创造了有利条件。

——循化撒拉族自治县概况编委会：《循化撒拉族自治县概况》（内部资料），1963 年，第 28—29 页。

土地改革后，循化农村经济还是以一家一户为生产单位。分散的、个体的小私有经济，使贫农和下中农在生产上仍然存在着许多困难。他们缺乏劳力、畜力，生产工具也不足。例如河北新村四十六户撒拉族农民中，只有十一户能单独进行生产。一部分农民因原来家底薄，遇到天灾无法抵抗，渐渐贫困下来，少数富裕农民由于占有土地及其他生产资料较好，更加富裕了。城关东街十户农民土改后不到一年，一户中农变成了贫农，一户贫农出卖了土改中分给他的全部土地，变成了雇农。相反的一户富裕中农由于从事商业活动，投机倒把，变成了富农。各族农民认识到只有组织起来走互助合作的道路，才是彻底摆脱贫困、走向共同富裕的正确道路。

早在 1951 年，循化逐渐出现了一些临时、季节性的互助组，开始进行变工生产。如河北新村互助组，由于初步发挥了组织起来的力量，解决了农民缺乏耕畜、农具的困难。1952 年秋收中，劳动力得到了较合理的使用，互助组十二天做到了场光地净，结束了收割打碾工作。同时抢种秋田十三亩，比单干户提前半月完成了秋收、复种任务。

——循化撒拉族自治县概况编委会：《循化撒拉族自治县概况》（内部资料），1963 年，第 37 页。

循化县街子乡六十七个互助组在1951年8月5日写信给全省兄弟互助组，报告他们十几天来抢收、选种的情况。

信一开头说，自从我们向西宁李得祥等八个互助组应战，并向循化全县互助组挑战以来，先后接到和平乡韩而草等四个互助组、循化市全部互助组、清水乡四十一个互助组和素只乡三个互助组的应战书。我们讨论了几次，干活也就更起劲了。

接着，他们报告了十几天来的夏收情况。信上说："我们已经选出青稞、红麦、洋麦、扁豆等四十五市石多，再有五六天，白麦和黑芒白麦也就能选了。早熟的红麦子也就收了有十分之九，碾了十分之六，天晴后再有两天就能收完。至于白麦、黑芒白麦还没有熟。熟了我们更应快收快打。天刚下过雨，没晴的时候，我们就放水灌地，天阴时我们就犁地，现在已有十分之一的水旱地犁过了，我们保证今年翻三遍。秋田方面，我们已经种上了五十亩番麦。

我们这十几天来，加紧巡查放哨，保证不发生什么问题。

我们在增产捐献上，已经捐出小麦一万一千八百一十八斤，人民币二百多万元。我们将继续加强宣传，决定完成'将今年增产的粮食捐出一半，搞副业赚的钱捐出三分之一'的计划。在优抚军属上，前后共帮助军属人工二百五十八个，牲工一百二十一个，十九户军属的青稞、红麦已全部收完。'八一'建军节以后，我们并向军属送礼、慰问等等。"

最后，他们"希望大家能相互批评，交流经验，积极地抢收、选种，并开展爱国生产竞赛运动。"

——循化讯：《循化县街子乡六十七个互助组向全省报告抢收选种情况》，《青海日报》，1951年8月16日。

1952年8月27日，循化县韩乪山互助组丰产田，平均亩产535市斤。省农林厅厅长赵锦峰、副厅长郝仲升、马兴泰联名写信祝贺。

——《青海农牧区合作经济史料》编委会：《青海省农牧区合作经济史料》，青海人民出版社，1993年版，第629页。

循化县政府在互助合作进程中，把着重了解当地农民互助形式和农民的习惯作为开展工作的抓手，多次召开积极分子、劳模、互助组长、干部等会议，宣传互助组的好处，说明组织起来不但提高劳动生产效率，省工省时，而且做工细致，在防旱抗旱、合作造林等方面作用很大。通过培养典型、树立旗帜进行宣传教育，更好地推进工作。同时，县委及时组织召开会议帮助互助组进行总结，交流经验，互相检查，组织观摩，特别是用当地的真人真事，教育参加会议的代表，并能发现问题，及时纠正，对互助组的发展起到了一定的指导作用。如白庄乡张四喜互助组 25 亩小麦，每亩平均单产 252.5 公斤，高于一般产量 36.9%，其中丰产地 12.5 亩，亩产 323.5 公斤，高于一般产量 38 公斤。

——循化撒拉族自治县志编纂委员会：《循化撒拉族自治县志》，中华书局，2001 年版，第 169 页。

和平乡河北新村马六十一互助组在生产中发挥组织起来的力量，春耕中解决组员缺乏耕畜、劳力、农具的困难。秋收时又合理组织使用劳动力，缩短收割打碾时间，并抢种秋田 30 亩，比单干户提前半个月完成秋收、夏种。

——《农林厅循化工作组：循化互助合作报告》（1953 年 5 月 13 日），循化县档案馆藏，档号：1–1–15（永久）。

从发展情况来看，循化互助组表现出二个特点：

一是互助组发展速度快，数量多。截止到 1952 年底，循化县互助组发展到 1796 个，农户 6465 户，占总农户的 77.16%，建成常年组 30 个。

二是互助组发展形式单一，主要是临时季节性互助组和长期互助组。临时季节性互助组 1766 个，占互助组总数的 98.33%，长期互助组 30 个，占互助组总数的 1.67%。成立的互助组在开展爱国丰产运动和农业技术推广方面，起到积极的推动作用，影响和带动了周围群众，得到了上级的肯定和鼓励。如街子马虎赛（撒拉族）互助组成为全县发展互助合作的旗帜，在 1953 年 1 月 31 日—2 月 8 日召开的青海省首届农业劳动模范大会上，被评为“模范互助组”，受到大会表彰，在群众中起到很好的榜样作用，给今后逐步地吸引个体农民走向合作化，打下了良好的基础。

1952 年 2 月 24—28 日，循化县召开了全县互助组长会议，在肯定成绩的同时，解决在发展互助组过程中存在的问题。从数字上看，循化县互助组发展的成绩很大，从思想认识、内容、发展方向等方面来看，存在着一些值得总结的经验教训。这些问题归纳起来表现在：

一是互助组数量多、质量差。在实践中大部分采取换工或者畜力与人力互相调剂和单独从事副业互助，农副业结合常年互助的很少。因此需要领导干部通过宣传、教育、示范等办法成立互助组，充分发挥“穷帮穷”的互助合作效能，对增加生产起到示范作用，得到群众的拥护。但是也存在着思想认识不到位，组织领导成立互助组的有些干部政策水平低，生产知识少，加之缺乏经验和周密的工作计划，存在着盲目冒进、强迫命令的形式主义现象，对互助组一般不是采取由小到大、由少到多、逐步推广的方法，而是从普遍号召，越多越好的单纯任务观点出发，其结果不但无益反而有害。如有的互助组有名无实，名义上组织起来了，实际上没有进行互助合作，仍然以单干为主。如苏只在统耕工作中，找不到互助组，干部不知道季节性互助组等。

二是存在着“春组织、夏垮台，明年重新来”的现象。互助组不同组员之间经常存在耕作先后顺序，拔草、浇地先后不同顺序的矛盾，存在农副业经营上的矛盾，还有公共财产的合理配置，这些都不同程度上影响着互助组的发展壮大，如果领导自身实力不强，工作安排不好，互助组解散的较多。如苏只乡有一个互助组，1952 年冬成立，1953 年春天建立公共财产，结果牲口死了，互助组也散了。

三是违反等价互利原则，侵犯中农利益。存在“中农应当吃亏，才能搞好互助组，记工干啥”不正确思想，存在不计工不决算，记工不评分，有的记工评分不算账，有的人畜工不等价，畜工高人工低等问题。如胜利乡一中农参加互助组后，在春耕时做工多没人还，气愤退组。崖曼乡生产抗旱时，领导贩粮，银行给贷款，造成不好的影响。因此需要在民主管理、记工算账方面，要做到一天一碰头、三天一评工、十天一清账，在会上结合批评表扬，使大家认真做到按时生产、清工还工、爱护牲畜和农具，解决组内不团结和自私自利等问题。

——《农林厅循化工作组：循化互助合作报告》（1953 年 5 月 13 日），循化县档案馆藏，档号：1-1-15（永久）。

循化县撒拉族自治区清水乡韩国栋、韩阿乙下姑两个互助组，最近召开全组男女组员会议，贯彻互利原则，初步改进评分记工的方法，大大地刺激了组员的生产积极性。

该两组在过去，组长、组员对于巩固和提高互助组的重要关键之一——互利原则，在思想上是不够重视的。因而对于评分记工、清工结账，只是马马虎虎的。组长韩阿乙下姑说：“记工算账，要大体算一下就行了，再说互助组就是要互相帮助，倘若结账就要支付工资，这又咋能叫互助组？”由于组长等对互助原则有不正确的理解，所以春耕生产的工账，根本就没有注意清理。如组员韩乙布应该给韩哈米等补偿 16 个工，结果才给了四个半工。有人占便宜，有人吃亏。另外在拔草问题上，计分的方法也有些不合理。副组长韩洒的和韩麦热木两人说："过去组里拔草，规定拔二斗地为一个工，这是很不妥当的。因为有的地草很少，有的地草很多，如果不定质定量，必然使有些人占便宜，有些人又吃亏，对于妇女生产积极性是大有影响的。事实上，目前妇女对拔草评分已经有意见了，今年我们一定要马上纠正过来。"

针对上面的问题，在会上展开了讨论，组员韩哈三说："咱组里清工还账不能兑现，就会影响互利原则的贯彻，这样发展下去，对互助组巩固提高，是大有妨害的。"副组长韩洒的也说："对啊，为了搞好我们的互助组，互利问题一定要好好研究。"最后，经过大家讨论决定，把拔草的地分成两类，草多的地，拔一斗二合为一工，草少的地，拔一斗六合为一工。拔得细致的就适当加分，拔得粗糙的适当减分，借以激发每个妇女组员的生产热情。

经过这样适当的调整，全体组员特别是妇女组员的生产积极性，果然得到进一步的提高。像拔草在过去五个人一天才拔六斗左右，现在只五个人半天的时间就要拔将近五斗地的草。副组长韩麦热木说："那天的会议实话开好了，你看，现在拔起草来，一个比一个劲大。"

在会上订夏季生产计划时，对于地里上追肥，思想上有阻力。组员韩哈三用五分地因为上追肥，使庄稼得到丰产的具体事实给大家说："1952 年同样的五分地，因为没上追肥，打的粮食很少（180 斤），1953 年追施了二十驮家粪，产量增加到 280 斤，比原来要多打 100 斤。大家可以根据这件事实想一想，上追肥的好处究竟大不大？"经他这样一说，对上追肥一般都有了信心，在会上每户都提出上追肥的亩数。韩国栋互助组决定在五亩小麦地里，亩平均上追肥 20 驮及化学肥料 20 斤。韩阿乙下姑互助组也决定要在五亩五分的小麦地上，亩施追肥 19 驮及化学肥料 10 斤，以便给今年的爱国增产打好基础。

——循化讯：《循化清水乡韩国栋等互助组改进评分办法贯彻互利原则》，《青海日报》，1953 年 4 月 16 日。

从 1953 年开始，循化县和全国人民一道，转入了大规模的经济建设时期，农业互助合作运动蓬勃发展，基本完成了社会主义三大改造任务，截止到 1954 年底，完成了对手工业的社会主义改造，组织起来的手工业户从业人员占总手工业户的 96%，建有铁工、木工、缝纫、制鞋等生产合作社 4 个，积累公共资金 8043.71 元，总产值达

52941.85 元；对私营工商业进行了社会主义改造，城关镇共有私营商业、饮食业 51 户、57 人，已纳入改造形式的 46 户、52 人，分别占 90.2% 和 91.2%，其中：公私合营 26 户、30 人，合作商店 14 户、14 人，代销店 2 户、4 人，经销 4 户、4 人，尚未组织起来的 5 户、5 人。农村尚有纯商业者 45 户、45 人，纳入各种改造形式的 40 户、40 人，占 88.8%，其中合营 28 户，过渡为供销企业者 11 户，代购代销者 1 户，尚未组织起来的 5 户。

——中共循化撒拉族自治县组织史资料编纂委员会：《中共循化撒拉族自治县组织史资料（1993.4—2015.12）》（内部资料），2018 年，第 7 页。

小农经济是分散的落后的，一家一户为一个生产单位，土地是分成若干小块进行经营的，使用着古老的生产农具，生产技术非常低，要想在这样的基础上达到高额的增产是困难的，同时小农经济又是不稳固的，随时随地向两极分化，有的人因受灾害而贫困破产，有的人投机买卖剥削别人，这就千真万确地告诉我们，小农经济如不实行社会主义改造势必形成少数人变成富农或者是高利贷剥削者，而多数人不得不忍受贫穷破产的威胁，尤其是当前农村土地变化很大必须按总路线所规定的来逐步对农业实行社会主义改造，使落后的分散的小农经济逐步走向先进的合作化集体化道路，这是农村实行社会主义改造必经之道，也是过渡时期党在农村最根本的任务，根据这精神来检查我们工作，我县互助合作是有了一定的发展，这些组织在经济恢复阶段起了很大作用，并有很多新的创造，如清水乡孟达乡的两季施肥等，这都是很好的，我们应该相信与依靠，但是里边的问题也很多，需要我们认真研究加以解决，将运动推向前进。

互助合作运动情况，目前全县组织起来的农户已占总农户 60.75%，其中常年占 2.1%，估计有 1/3 的组是形式主义的组织，季节性组织为绝大多数，常年次之。农业生产合作社刚成立起来，整个形成了一个锥子形的局势，大体上可分为三类：

第一，领导骨干强，方向对办法也好。一切为了发展生产多打粮食，基本上做到了互利与民主管理，这是好的一面，今后应继续巩固与提高，争取其中一部分条件成熟的组秋后转社。

第二，方向对骨干不强，办法不好。虽然他们热心发展农业生产，也是为多打粮食，但因人力、畜力、农具换工方法有毛病，实际上不是等价交换，因此这些组不巩固，今后要帮助他们整顿解决具体问题，从中培养出领导骨干来，只要有了真正公道能干的领导骨干，互助合作政策才能贯彻，互助组就能巩固。

第三，少部分互助组方向不对，办法不好。他们不是热心发展生产多打粮食，而是依投机商业为主，轻农重商，有的利用互助组进行变相剥削，有的组员吃亏太大，组内意见很多，互相埋怨，组内不团结，其结果必然形成垮台，各干各的。这种组织应普遍对其进行教育，互助合作政策发现选择与培养领导干部才会办好，否则就是有了明确的方向，没有领导骨干也不能贯彻。

第四，对单干农民也应满腔热情地、没有隔阂地去照顾帮助和耐心地教育，加强领导。我县情况是在农村找不到一个单干农民，都是组织起来的农民，这里边就有问题，应该检查我们在贯彻互助合作政策不够和错误方面，必须教育互助组，农业生产合作社应成为团结单干农民的核心，任何歧视和打击单干农民的思想都是破坏工农联盟和互助合作的不当行为，农业互助合作的组社、供销合作社、信用合作社组群众都要求我们办好。如果说办不好或者是不积极去办那就是社会主义给资本主义退出了阵地，就会影响生产力提高与发展和对农业、手工业社会主义改造事业的进展。

1954 年按照党在过渡时期总路线和农村合作化的三种形势，结合我县具体情况在以往工作的基础上大力领导各族人民组织起来开展爱国增产节约运动，多打粮食支援国家建设为前提，本着“积极领导，稳步前进”的方针，县委集中力量办好清水两个农业生产合作社，取得经验教育培养干部，秋后明春再办八个社，一区二个、二区二个、三区一个、四区三个，共计十个，互助组要求全县组织起来的农户占总农户 55%，其中常年的占 20%，要求各区组织起来的农户是：一区 1234 户，其中常年的 249 户；二区 1041 户，其中常年 209 户；三区 601 户，其中常年 90 户；四区 1410 户，其中常年 282 户；五区 611 户，其中常年 122 户。全县组织起来的共 4912 户占总农户 54.1%，其中常年 952 户，占总组数 19.3%。在这里需要说明的是 1953 年全县组织起来的农户已占 60.75%，而为什么 1954 年才要求组织起来 54.1% 呢？这是因为在 1953 年 60.75% 内有 1/3 是形式的，那么只能算是 40%，故在此基础上增加 15%，手工业办一个社，五个组。供销合作社办一个社，四个分销店。信贷办一个社，四个组。

——李恩普：《“关于开展五四年农业生产互助合作问题报告”摘要》，中共循化县委党史研究室：《中国共产党循化撒拉族自治县历次党代表大会》（内部资料），2008 年，第 6—10 页。

互助组蓬勃发展的同时，循化遇到了历史上少有的旱灾。由于党领导农民向干旱做了坚决的斗争，互助组发挥了组织起来的优越性，全县共修整了大小水渠十三条，挖泉三百七十八眼，挖吊井一百二十七个，装水车八部，扩大灌溉面积一千零八十亩。1953 年秋收，互助组亩产量比单干农民普遍高出 49.6%。在这场与自然灾害的斗争中，互助组在农民心中扎下了根，有力地教育了农民，为进一步发展互助合作运动准备了条件。不过应当看到，互助组才是社会主义经济的萌芽，还没有改变所有制。土地私有，无法统一经营，经济力量薄弱，无法进行较大的农田水利建设等等，这些矛盾都是互助组不能解决的。因此，农民纷纷要求成立高一级的农业生产组织——农业生产合作社。

——循化撒拉族自治县概况编委会：《循化撒拉族自治县概况》（内部资料），1963 年，第 38 页。

1954 年清水乡下滩村初级农业生产合作社实行办法一览表

制度类别	下滩村初级农业生产合作社实行办法
土地制度	采用集体讨论的方式决定社内大事，规定每户社员均留自留地 0.3 亩，作为菜地，共 2.1 亩，占耕地的 3.8%，其余土地全部入社，入社土地需要重新丈量
评分记工办法	劳力实行评工计分、按件计工和死分活评相结合的办法
分配制度	所有农副业收入参加统一分红，入社土地采取分等级按亩定酬的办法，统一用粮食付酬，规定一等地 35 公斤、二等地 25 公斤、三等地 20 公斤； 男女同工同酬，因病误工予以照顾，妇女产前产后给予 7—10 个标准劳动日照顾； 牲畜分配，每年提取农业收入的 15%，按牲畜出工数分配； 农业税分户计算，按户负担，由社统一扣交； 公积金、公益金在年终实际收入中提取 1%—3%
农具、肥料使用办法	实行大农具折价归社、小农具自带伙用的制度； 牲畜私有私养，统一调配使用； 肥料分等级定价由社收买，规定一等每驮（约 30 公斤）0.07 元，二等 0.06 元； 籽种，第一年由社员春借秋还，第二年由社从当年的粮食总收入中留足

——《循化撒拉族自治县县委有关清水田盖、下滩农业合作社建社情况技术革新分配方案总结以及发言》（1954 年），循化县档案馆藏，档号：1-1-18（永久）。

1955年五个初级农业生产合作社收益分配情况表

社名	一、基本情况										二、粮食分配情况（公斤）					三、收入（元）				四、支出（元）										
	参加社的户数	公用耕地（亩）			公用役畜（头）		公用基金（元）	参加分红的劳动日数（个）			总产量	缴纳农业税	出售给国家	预留籽种	分配给社员	总收入	农业收入	副业收入	其他收入	总支出	社内负担的国家税收	农业生产费用	副业生产费用	管理费用	提取公积金	提取公益金	劳动报酬	土地报酬	租入土地地租	役畜农具报酬
		合计	入股取酬的	租入的	总头数	私有公用的	积累的公积金	合计	男	女																				
多哇社	52	864	841	23	208	208	944	11002	5029	5973	106901	13848	14000	24176	54877	32702	30832	1870		32692		6480	295	85	634	310	14869	6684	28	3307
下滩社	41	197	197		61	61	625	7514	3541	3973	52132.5	393		7453	44286.5	16997	15092	1905		16977		5495		125	469	156	6785	1321		2626
城内社	34	171	149	22	30	30	578	4985	2588	2397	44710.5	1508.5		3253	39949	11436	10168	1266	2	11387	62	1551	200	44	463	116	5184	935	111	2721
塘坊二社	29	252	252		36	36	288	4457	2410	2047	36092.5	512	700	3027.5	31853	9616	8127	1489		9583		1577	302	45	192	96	5160	864		1347
苏只二社	26	301	301		47	47	644	6897	3511	3386	54584.5	446	4250	3612.5	46276	14021	12066	1955		14000		2241		1287	515	129	6318	1843		1667
合计	182	1785	1740	45	382	382	3079	34855	17079	17776	294421	16707.5	18950	41522	217241.5	84772	76285	8485	2	84639	62	17344	797	1586	2273	807	38316	11647	139	11668

——循化撒拉族自治县志编纂委员会：《循化撒拉族自治县志》，中华书局，2001年版，第170页。

参加互助组活动，这是三兰巴海村农民在新中国成立后经历的第二次经济活动，而这个活动是在中国共产党循化县委员会提出的撒拉族民族区域自治的指导思想下进行的。1953 年 7 月 21 日，中国共产党青海省委员会颁布了《关于普遍建立与健全民族区域自治工作中几个主要问题的意见》。依据这项文件中关于实行撒拉族区域自治的指示精神，结合循化县实际，中国共产党循化县委员会提出了《关于循化县实行撒拉族区域自治几个问题的报告》，向省委做了详细具体的实施报告。与此同时，结合全国性普选，大张旗鼓地宣传党的民族区域自治政策及建立撒拉族区域自治政权的重大意义。三兰巴海村选出了代表积极参加这项体现民族自治权利的活动，同时也由于历史上具有民族发源地的特殊地位，该村的代表人数从比例上来说是大于其他一些村庄。该村代表提出的意见也得到了上级领导机构的充分肯定。为发展农村经济，中共循化县委和县人民政府根据党在过渡时期的总路线和对农业、手工业、私营工商业进行社会主义改造的具体政策精神，于 1953 年广泛地进行了农村农业生产互助组运动，当年底入组农户占农户总数的 79%。

三兰巴海村同样在 1953 年按照上级党组织的计划开展了农业生产互助组活动，这是建立在个体经济基础上的集体劳动组织，实行劳动互助和经济互助。最初，村庄里的多数人对参加互助组都比较热心，大家都积极踊跃参加这场带有所有制改造性质的初期生产关系变革。最重要的原因是，新中国成立初期，村庄总体的社会生产力比较低下，耕地用的是二牛抬杠的方式，播种采用的是用手漫地撒播的方式。这种传统落后的耕作方式使得麦种发芽、生长效果不好，麦子在生长期间经常出现大面积的倒伏。耕地灌溉采用老式的分配“水份子”的方式进行，遇到天旱缺水季节，村民之间经常为分到多少“水份子”而产生矛盾，甚至为此打架的事情也发生过。麦子的亩产也不高，好年景也只有四五百斤，干旱或者其他灾害年景，亩产更少。为了摆脱困难，村庄的农民按照自己的意愿，分别组成了一些互助组，相互帮扶，从事农业生产。集体劳动克服了生产劳动力、生产资料缺乏的困难，使入组的人们在劳力、耕畜、农具方面可以取长补短、互相帮助。1954 年，各种季节性和常年性的互助组实行简单的评工记分，推广了一些先进技术。互助组发挥了集体的智慧和力量，修沟渠、筑塘库，战胜了旱灾的威胁，农业获得连续增产。

但是，互助组的建设并不顺利，在其推进过程中也出现了一些情况。主要是，村庄里比如较富裕的人和相对贫困的人分别成立不同的互助组。较为富裕的农户组成一个互助组，较为贫困的农户组成另外一个互助组。富裕农户不愿参加贫困农户组成的互助组，贫困农户只能自己互相愿意组合起来，一个村庄的经济形式明显地分为两种类型的利益群体。由于互助组实行的是“入组自愿、退组自由”的原则，所以还有一些家底殷实的农户早期不愿意参加互助组，自己单干。

三兰巴海村不仅在经济上出现了新的经济组织、新的所有制改革的初级成果，同时，村庄产生出来相对其他村庄比例更高、人数更多的人民代表参加了上级举行的县域人民代表大会。1954 年 2 月 24 日至 3 月 1 日，循化县召开了第一届人民代表大会第一次会议，出席会议的正式代表 107 人，其中撒拉族代表 50 人。三兰巴海村推选了几位自己的正式代表，参加新历史阶段中的首次行使人民权利的最重要的会议。

——王天津：《三兰巴海村调查：撒拉族》，中国经济出版社，2015 年版，第 41—43 页。

青海省首届农业劳动模范大会，于 1953 年 1 月 31 日在省人民礼堂隆重开幕。出席这次大会的劳动模范，都是三年多来在恢复和发展农业生产中，积极响应政府号召，充分发挥积极性和创造性，并带动广大群众前进的人物。他们当中有：荣获 1951 年度全国春小麦个人丰产模范，并在此基础上领导互助组获 1952 年度全组大面积丰产模范的史春奎；有 1951 年创造全国青稞每亩丰产 633 斤新纪录的丰产模范谢发林；有积极领导组织互助合作的青海省劳动模范吴万选和西宁市劳动模范李得祥；有积极领导群众封山育林 20 多万亩、出席西北区农业、畜牧、水利大会的护林模范仓卓麻（藏族）；有大力领导群众防旱抗旱的西北区水利劳动模范刘成荣；有大通县著名畜牧劳动模范赵秉祥；有贵德县女劳动模范陈凤英（回族）；有循化县模范互助组马虎赛（撒拉族）等。

——青海日报通讯：《省首届农业劳动模范大会开幕》，《青海日报》，1953 年 2 月 1 日。

循化县委试办韩老三和韩哈三农业生产合作社建社工作总结

一九五四年九月六日

我县本年试办清水乡下滩村韩老三田盖村韩哈三两个农业生产合作社，共有 16 户，其中撒拉族 11 户，汉族 5 户，中农 8 户，佃中农 4 户，贫农 4 户，共有农业人口 79 人，社员 34 人，耕畜 26 头，羊 112 只，耕地有水地 117.96 亩，山地 61 亩，共有 178.96 亩。从比重和组织形式来看，数量是相当微小的，仅占全县总农户和耕地的千分之一多，从建社的基础和酝酿过程来看，两社均系我县较好的互助组转社的，尤其是马乙草和韩老三互助组于 1953 年荣获本县丰产组和模范组的光荣称号，他们由去冬粮食统购工作中结合冬季生产来解决组内存在问题酝酿转社的。元月份韩老三和马乙草又去省参加了本年省委举办的农业社干训练班，这都给转社做好了可靠的思想和物质准备，经过了短期的具体深入教育学习政策，本年二月一日和二月十七日先后成立了韩老三和韩哈三两个农业社。

（一）建社的具体做法和步骤

在整个建社过程中，是不断克服小生产者狭隘、自私、保守等思想和树立社会主义集体思想的优势而进行尖锐剧烈的斗争的一个过程，其具体步骤大体可分为三个步骤。

第一步：思想教育和准备阶段。广泛宣传动员，深入思想教育，解除顾虑，打通思想，把群众建社要求变为实际行动。

首先，以大会打开局面，使广大群众普遍受到总路线和建社教育，特别是在发展社员的过程中，反复进行两条道路的对比教育，用社会主义的光明远景鼓舞农民，用旧社会农民的悲惨命运，严格批判农村自发的资本主义倾向，帮助农民确定自己前进的方向与道路。其具体教育的内容，主要是讲明什么是农业生产合作社，农业生产合作社的优越性。同时，重点地介绍了魏崇德和李得祥农业社产量逐年提高的事实及马廷海互助组是怎样转社的等经验，又选送韩老三、马乙草等去省委学习，回来后在各种会议上，尤其是他们二人的联组中，反复传达了各地建社经验，进一步教育了群众。但在思想上仍表现有以下几种情况：

（1）积极主张建社的，这些多是贫农或佃中农，和较好的互助组长村干部，自始至终是建社的骨干，如秦才黄等说："总路线把我的心照亮了，说啥农业社参加的要哩。"

（2）跟上走的，被大家带起来的。如胡存兰说："共产党人民政府几年说的话，办的事都对，参加社是好事，不会饿肚子，大家能参加，我也要参加。"

（3）思想顾虑多，怀疑又大的多是老年人和妇女。主要存在以下"五怕"：老年人怕做不了劳动饿肚子、怕零花钱不方便、妇女怕苦大不能随便去娘家、怕不参加社有麻烦躲到外面去了、怕自已走到头哩别人说闲话。

（4）未入社的大部分群众都抱着边走边看的态度。

对此，加强对群众的思想教育，采取会议发动与个别发动相结合的方法，召开了积极分子和户长、家庭等会议，经过积极分子分片包干，个别沟通以一把钥匙开一把锁的办法，具体交代政策打通思想等，经过这样的深入宣传教育后，巩固了已报名入社的群众，并减少了社会阻力。随即召开村民大会，自动报名入社。在这段工作中，我们的体验应做好以下几点：

一是采取大会打开局面，使广大群众普遍受到建社教育，减少建社中的社会阻力。虽然个别工作需要精雕细刻地发现问题、解决问题，并介绍各地农业社土地入股可分红办法等，结合当地具体情况，酝酿出轮廓意见，使农民首先明确认识到农业社是建筑在私有财产基础上的统一经营和集体劳动的自愿联合组织，说明社员、土地、牲畜、农具、肥料等，都可得到一定的合理报酬，并注意防止盲目“跟上走”的倾向，给办社打好基础。

二是克服主观的乐观情绪，多做些深入的思想教育工作，积极工作。改社办社干部未去前，群众要求很迫切，办社干部到达后，一时情绪低落，这种情况的变化是很自然的，群众由口头上的要求，转变为进一步的实际行动，把小经济变为集体经济不是一种普通的改革，而是巨大的生产关系的变革，这种生产关系的变革，不能不同时反映巨大的思想、心理的波动，因之在思想观念上的反复也是势所难免的，必须根据群众觉悟基础深入思想发动，克服一切松动思想和遇难而退的打算。

三是教育入社群众开好家庭会，统一思想认识，是建社中不可忽视的一环，必须达到“个人自愿，全家自愿”，克服父愿儿不愿、夫愿妻不愿等相互拉后腿的现象。如胡存芝（女）、秦才黄等都是在家庭会上，说服了父母统一了入社意愿。

总之，这一段是农民思想斗争最激烈的又一次革命紧要关头，实质是两条道路的斗争，因而必须明确城乡资本主义思想会随时侵蚀入社群众的思想情绪低落，因而必须加强领导教育，正如毛主席所教导我们：“农村阵地社会主义不去占领，资本主义必去占领。”因之首要在于依靠农村底层党、团行政组织摸透群众的思想底子，随时掌握社会阶层动态，注视思想的不断变化，尤其是中农的变化，采取一切有效方法具体宣传政策，对症下药教育群众，发动群众，克服一切满足一般热情而忽视政治思想教育工作的不良倾向。

第二步：正式报名入社，组织建社领导核心，交由党支部和驻社干部更进一步的反复交代政策，充分讨论做出各项规定，认真做好生产资料入社评议工作。

正式报名入社后，在原来互助组长的领导下，从有利于民族团结、有利于生产的方针出发，组织系统学习，根据实际情况和社员觉悟反复讨论生产投资入社的具体问题。这段关系着农民个人利益，斗争形式更加激烈更加明显，其斗争的主要焦点表现在土地和劳力的分红比例上。总之，这一段突出地表现在土地和劳力，农民分寸必争的私有制观念，以不同的经济基础所持的立场而进行的激烈斗争更显得尖锐。为了做好建社工作，必须做到以下几点：

（1）坚决依靠贫农及缺地的中农与骨干分子，积极联系掌握思想，进行教育采取“边读边讨论，边联系实际”的方法，学习西北区农业社社章草案，按精神为主，对照当地具体情况，研究确定各项规定，尽量做到大家欢喜，彻底解决问题。

（2）一切问题的解决必须根据农业社的性质和方向出发，坚持自愿互利原则，树立社会主义的集体思想，严厉批判资本主义和个人主义思想，如在土地入股和自留地上大体有三种思想情况：一是入远地留近地，好地自己种，坏地入进去；二是少入点多留点，活动力大些；三是全部入进去。最严重的是一、二两种思想，经过反复研究指出问题症结，依靠骨干批判两条心，问题得到了根本扭转。

（3）加强民族团结和社级教育，消除社员间以往彼此成见，发扬团结互助友爱精神。在农村中某些群众有相互不团结的事实是存在的，加之在入社具体问题的干预也是难免的，因之必须加强团结教育，有意识的启发骨干，主动地作必要的检讨，达到相互谅解、团结生产。

（4）生产资料入社是一个极其复杂而细微的工作，表现农民几千年的自私观念是特别严重，土地多的中农要提高土地等级产量，主张肥料价高，牲畜力多分红，而少地缺牲口的贫农和中农主张压低土地、肥料价，不按畜力分红，极力提高劳力分红，因之必须首先通过细算账，达到互利原则，再由社干以身作则做出样子，然后逐户投件评议入社，否则会造成界限不清的混乱状态。进行评议前必须掌握土地等级产量及投资大小等材料，使心中有数，这是解决土地、劳力、畜力等分行比例的主要关键。

第三步：民主选举成立社务管理委员会，建立组织机构和必要可行的制度，召开成立大会，体现党支部领导，通过社章和生产计划迎接春耕。

各项规定已经制定，正式选举社务委员，等召开成立大会，举行必要的仪式，吸收附近较好互助组群众参加，扩大影响，同时通过社章和生产计划，开展生产竞赛，在选举前酝酿比对社干条件，充分发扬民主，加强思想教育，防止某些社员争权夺利和相互歧视的心理，并在选举中有适当比例，照顾民族和妇女去参加社务委员会。下滩村社干韩老三社七户中有两户是撒拉族，有一人担任副社长，两社中均有一名妇女担任了社务管理委员。

（二）采取一切有效措施巩固农业社

1. 依靠社的自身力量，解决全体社员困难，显示合作经济的优越性。在社内开展了互助互借，在有利于农业生产的原则下，抽去剩余劳动力，从事副业生产。两社驮运、榨油等收入共 467.6 元，解决了部分籽种和个别社员的口粮困难，从而巩固了社。

2. 大力进行土地利用，有条件的扩大耕地面积，精耕细作，不断挖掘农业潜在力，打好增产基础。两社增施基肥10%—35%，下滩村韩老三社改撒播为条播，田盖村韩哈三社计算浮籽浪费，提倡细耕打土块，减少浮籽。在浇水前，两社都积极挖掘肥源，积攒土炕灰2400驮，采取了按时追上基肥，每亩10—30驮，适时供给了作物养分，尤其是田盖村韩哈三社开种荒地62亩，给增加收入打下了可靠的基础，诸如其他生产技术也都有不同程度的改进。

3. 社群关系。社的生产代表着进步力量，不但我们党和所有的农村干部关心它，所有的农户，有拥护的有支持的，也有怀疑的、反对的。韩哈三社是建成后发现浮籽，教育农民参观仿效，在全县起了极大作用，并帮助带动互助组适期早播了10天左右，按时打磨子，并以实际行动在全社内帮助韩西拉治、韩哈弟、韩哈三等缺人畜力户，打了15亩地的磨子，种了10亩山地，正如韩胡赛所说："合作社就等于我们阿达一个话，他们一动我们就跟上来了。"同时推动了附近各村互相帮助，积极生产。该社个别条播地起初出苗较稀，群众称曰"秀才脑袋"，加之该村有人到处造谣，挑拨社群关系，形成了社的孤立。发现后经召开乡政府委员会研究，全乡对不良村民的造谣事实展开广泛的讨论，撤销了不良村民的乡政府委员和人民代表后，下滩村社群关系有了新的变化，该社带动了7个互助组，追肥百余驮，施肥1200驮、选种等，并帮助教会了群众30多户使用步犁的技术，另外由于几次参观事实，教育了群众"只有跟上社行动，才能多打粮食"。组织观摩座谈两社的庄稼和办社经验，先后共五次。参加的互助组长、群众、干部共七百余人，鼓舞了全县各地群众要求建立农业社的勇气和信心，同时更提高了社的生产劲头。

4. 及时总结，肯定成绩，鼓励情绪推动生产。由于社的建成在生产中是会不断的发生问题，也必然有成功和失败的事实出现，如不加以系统的总结是难以发现问题和看出成绩的，而社在每次总结中对社员生产情绪更进一步的提高起来有很大作用，如总结春耕追肥及分配等都很显著。

5. 加强政治思想教育，培养集体主义和树立人人为社、社为人人的思想，逐步开展批评与自我批评，反对自私自利的个人主义。在社的初建成阶段，大部分社员抢分做活，必须注意克服，如挣分叫放羊的尕娃参加劳动，羊关了一天，有的牲口一天没喂。韩麦稍的、韩老三等给自己的地多驮粪，驮好粪。总之各种各样的自私自利事实都会出现的，因之就必须注意采取一切办法教育改变农民的自私性，就成为一项经常的政治工作了。

（三）主要的几点经验教训

1. 领导重视，分工负责，坚持到底，始终如一，是试办成功的首要关键。派县委委员李玉春同志经常负责、县委书记屡次深入检查，研究解决问题，并经常派干部去社帮助工作，执行上级的指示，派专职干部长期驻社负责到底。因之两社得到逐步提高和巩固发展。

2. 加强政治思想教育，开展社内建党工作。在政治思想和社会主义觉悟不断提高的基础上，任何问题是容易得到解决的。由于重视培养骨干，讲授党课，在办社的思想斗争中，两社已发展党员七名。

3. 加强经营管理，逐步改进计分办法，提高劳动积极性。两社在开始时多采用“按件计分”和“按时计分”的积分评估办法。在夏收中采取临时“小包工”和“按件计分”的办法，生产情绪大大提高了一步。如收割中，割捆子最多的马亥米斗每日可割140个，也有不少的只割70到80个捆子。

4. 只有多打粮食一切问题就容易解决，如预分前，韩麦稍的主要怕分粮少了，思想上没有很好地解决问题，在分配中增加了2700斤左右粮食，思想问题彻底解决了。其他马拉在、马乙草、彭七哥、胡存芝、白克等思想情况大致相同。因之我们对党中央指示的检查一个社的好坏成绩，主要从是否增加产量增加收入来看，这点体验得更深刻。这两个社所以得到巩固和发展，由16户发展到83户，主要是本年增加了粮食，约18000斤以上，每户平均增加1100斤的事实教育了社员和广大群众，带动了该乡又新成立3个社144户，全县各区普遍要求建社的1100多户。

5. 具体周密的制订生产计划，安排生产、预计产量、核算投资成本、人、畜力劳动工分，在人、畜力的具体条件下，通过社员制定可行的劳动指标，达到心中有数，提高了劳动积极性。

6. 农业技术的改进必须是根据地区情况和自己有的技术基础出发，逐步改进提高，任何搬套的经验主义和盲目做法是会受到严重的损失的。韩老三社春小麦全部采用步犁条播，由于不懂技术和对土质（黏土地）研究得不够，全社只有三个人会使用步犁，而指导技术的干部还不能操作步犁播种，因而造成部分地块出苗过稀，影响产量提高。总的来说，技术的改进是新思想斗争的过程，我们必须明确支持什么、反对什么，在改进的步骤上应采取先试后行，任何冒失会造成不可弥补的损失。

7. 在民族地区，两种民族组成的社，必须注意相互尊重，有利于团结、有利于生产。在韩老三社中，有两户撒拉族，从组织上来看，马乙草担任副社长，从经济上又有意识地照顾了马拉在的五个劳动日，在目前来说，基本没有问题，这不等于根本没有问题，因之我们对民族的特点都做了充分的了解。

（四）问题及改进意见

1. 劳动计分和农副业统一分红上存在着一定不合理现象。两社本年春夏秋三季的劳动日，没有分清一般和特殊工日，统一按一个劳动日十分计算，是有不合理的地方。如互助组中拔草、浇水每个工日一般工价 8000 元，而夏收中多为 1000—2000 元，但在社内没有适当降低或增加劳动日标准，应改进提高，按“标准劳动日”办法实行。另外，农副业统一分红方面，人力劳动多，畜力驮运少，或者人力劳动少，畜力劳动多，如按统一记账，固定比例分红是不够合理的。我们建议可按农业人畜力比例分红后，再分别加入人畜力副业收入（指劳动收入所记的工分），按劳动日统一分红较为合理。

2. 关于调配劳动力。某些同志错误的提出控制劳动力，而不从积极方面找寻劳动出路，增加社员收入，只在社内劳动的适当调配是一种消极态度，不是彻底解决问题的办法，某些地方还造成了社员的错觉，如下滩韩老三社马乙草对控制劳动力意见很大。

3. 副业出路和会计人员是组织建社后的主要两个问题。如两社共有水地和山地 178 亩五分六，共有劳力 39 个，耕畜 26 头，每人负责的耕作面积 4 亩多，每头耕畜负担近 7 亩。本年 9 个月中，一般农副业畜力劳动日 50 到 60 个，人力劳动日 60 个的事实，可以看出高工和剩余劳动力数字是很大的，应该从各方面积极解决。另外两社至今还没培养出可以使用的会计，从全县来说，会计短缺成为问题。

总之，农业社的建立巩固是一个极其艰苦、复杂的思想教育工作与组织工作，必须认清它是在不断的斗争中生长壮大，因之就必须继续深入，始终如一地培养它，任何忽视或放松具体领导都是错误的。一个农民的入社，并不等于思想上真正的巩固，一个农业社的建成，距离基本完成社会主义农业的改造，尚有一个相当长的艰苦过程。合作社内还不断地出现着新的矛盾，必须发挥基层党团力量，及时加以解决，使农业社的经济不断地发展壮大和提高，逐步由半社会主义性质发展到完全的社会主义性质。

中共循化县委员会

一九五四年九月六日

——《循化撒拉族自治县县委有关清水田盖、下滩农业合作社建社情况技术革新分配方案总结以及发言》（1954 年），循化县档案馆藏，档号：1-1-18（永久）。

从本年大面积农田丰收来谈一谈
我县农业增产的关键所在

农业合作化运动的蓬勃发展，在农村生产关系上引起了一系列的变化，耕地、劳畜力和资金的集中使用，统一经营，克服了个体农民和互助组分散经营的弱点，为改进农业技术开阔了广阔的前途。生产关系的改变，必然会促进生产力的提高，而具体表现，就是生产工具的变革，生产技术的改进。我们必须认识这个规律，而积极帮助农民采取新式农具和先进的科学生产技术，从而带动农业技术各方面的改进，以充分发挥农业合作经济的优越性，增加生产，增加收入，为农业合作化运动的进一步发展做好示范，也就是说搞好互助组必须首先使社员组员能够比单干农民生产得多，收入得多，生活过得更好，这同时也就能够为国家多供给商品粮食和原料。这一原则——生产的好与坏——就是衡量农业生产合作社互助组好坏的标准，也是互助合作运动能否发展巩固和提高的最重要物质基础。而为了达到这一更好的生产目的，就必须不断地充实互助合作的内容，从各方面找寻提高生产率的门路，并不断提高它的组织形式。因此，在农业生产合作社、互助组内不断提倡改进技术，改进生产工具等以期提高劳动生产率，发展生产就是非常重要的了。党中央的决议曾特别强调了这一发展生产的意义，指出“一切事情，需要能够真正做到提高生产率，落实到多产粮食或其他作物增加收入这一目的”。也只有真正做到这一点，农业互助组和农业生产合作社才是真正为农民服务，而为群众所欢迎，因而可能巩固下来，并影响四周围的农民逐步组织起来。

根据上面所述，随着农业合作化运动的蓬勃发展，如何做好改进技术与改变生产工具等的重要意义就可想而知了。现就本年大面积农田丰收来谈一谈我县农业增产的关键所在，以供社干及同志们在生产和领导生产过程中参考。

我县 1954 年除部分地区庄稼受灾外，普遍获得丰收。水地平均每亩产量 365.8 斤，高于 1953 年 15.9%，其中二区全部水地 10900 余亩，粮食作物平均每亩产量 417.5 斤，高于 1953 年 16% 多，山旱地每亩平均产量 172.4 斤，高于 1953 年 39.4%（因 1953 年受灾减产），其中文都藏族自治区全部山旱地 17000 余亩平均每亩产量 177.5 斤，高于 1952 年 36.5%。全县总产量高于 1953 年 41.5%，比之较高的 1952 年产量还高出 12.3%。秋田在内完成计划产量 101.4%，比 1949 年解放时产量提高 68.4%，油料作物总产量高于 1953 年 279.5%，高于 1952 年 48.6%，虽因部分地区受灾减产，尚完成了计划产量的 85.7%。此外，在水地小麦中还出现了 1.39 亩平均每亩 1030 斤的高额丰产。

今年大面积农田丰收，是在继续深入以总路线为主体的宣传教育，正确贯彻过渡时期的各项政策，各族农民及全体干部社会主义觉悟显著提高，互助合作的飞跃发展，及完全适应了土地歇好、犁好、墒好的特点，各级党政领导抓住了以互助合作为中心的农业增产运动，抽派得力干部深入区乡重点，加强具体领导，采取以点带面和抓住了每一个增产的重要环节，组织群众改进耕作技术和各种自然灾害作斗争而获得的。以上这些成绩是很大的，它对巩固发展互助合作，支援国家建设，改善人民生活将会起到很大作用。但存在的问题呢，仍然不少，特别是耕作技术上还存在着很多问题。从增产潜力来看还相差太远，各地产量高低悬殊，又极不稳定。就以今年产量较高的二区来说，只要在整地和消减浮籽上有所改进，单位面积产量还可大大提高，其他各地也同样存在着各种不同程度的雄厚潜在力量。现谨就所体验到的增产关键，提供同志们参考，以争取 1955 年更大的丰收。

（一）防旱抗旱发展农田水利，保持水土是农田丰收的唯一保证

春夏缺雨，秋季连绵，冬季少雪是我县自然情况的特点，对农作物生育上是一个最大的威胁，一直年年遭受到程度不同的旱灾。如 1953 年受旱减量 600 余万斤，1954 年又减产 120 余万斤。如不予以适当解决，还要延续下去，产量既得不到稳定又难得到提高。因此，如何克服旱象的威胁就成为我县农业生产上一个主要关键了。

第一，其解决的办法，根据我县具体情况，首先应从完善耕作方法上来防止。因为我县占有总耕地一半以上的山旱地，过去主要是靠天来收获，有 15000 余亩水地仅靠两三坝口泉水来维持。在目前山旱地不能引水灌田，水地水源尚未开闸。从耕作方法上来防止，是具有极大价值的，近几年来的体验就充分证明了这一点。如 1953 年城关镇草滩坝马六十一掌握了秋季深耕，适当地多耕，整地冬灌，早春耙耱，采用耐旱品种，一斗地一水都没有浇还收了 5 分田；本年韩四十三和王万女只浇了一遍水就来了 10 分田。孟达乡汗平及大庄，采取冬灌结合窝肥，保持了土壤水分，增加地温，获得了平均每亩 494 斤的丰产；国营农产用新式步犁深耕，墒大抗旱，虽没浇水，洋芋每亩收获 2500 余斤，豌豆每亩 150 余斤。四区孟达山浅山防旱播种，边种边打（土块）边耱的方法，获得大面积麦田每亩将近 200 斤的产量。以上只不过是我县点滴例子，各地的防旱抗旱耕作经验还很多，只要我们注意研究提高，普遍推行，旱灾的威胁不是没办法解决的。

第二，发展农田水利是防旱抗旱最有效的办法。完善的耕作方法可以节省土壤水分，改善作物吸收水分的条件，但不能保证作物在干旱时期不发生缺水困难，要用灌溉的方法补充土壤水分，才能保证作物收获量的稳定和提高，这是一个治本的办法。

几年来兴修水利，挖掘水源，给旱象以有力的回击，扩大与充足了不少灌溉面积。如道帏山地变成水地，苏只、西沟的水库，毛雨渠的改修等都发挥了作用或将要发挥作用，其他如掏泉打井充足水量同样起了作用，循阳乡的车水庄稼，菜蔬连续两年的丰收，但目前仍未解决问题。特别是一、四区15000余亩大面积水地灌溉问题还得不到保障，因此发展农田水利在我县农业增产上已成为最重要的任务了，我县今冬明春将用最大精力投放在水利建设上，以求逐步彻底改变干循化的面貌。

第三，植树造林对防旱有很大的作用。森林能够含蓄水源，调节气候，对防旱抗涝有重大作用。大规模的植造防护林，可使气候改善，个别的护田林，则能把田地上小面积的气候逐渐变好，特别是我县山多不毛，更应根据各地条件，在山坡、山上、河边、田边植造小型护田林，这可以减轻风速，加强空气中的湿度，使气候条件对作物更为有利。

（二）改进与提高栽培技术

第一，早耕深耕，适当多耕，整好田地是增产的关键，又是耕作中的重要环节。早耕减茬和深耕翻土，都可以改善土壤结构，提高土地肥力，消减杂草，消减病虫害，创造土壤保存和吸收秋冬季降雨的优良条件，使作物根系获得良好的发育，植株生长健壮。因此，条件许可情况下，应尽量争取做到早耕深耕。关于耕地时间次数，根据我县各地具体情况，约有以下四种：

1. 黄河沿岸一、四区及二区两个乡适于翻三遍，因气温高雨量少收割早，但实际翻三遍还未达到普遍，特别早耕减茬实行的很少，往往收割毕拖延二十几天，甚至一个月才翻头遍地，这对消减杂草、风化土壤、蓄积水分都是不利的。较为完善的清水下滩农业合作社，小麦收毕不过六七天即浅耕减茬，深约三寸，隔半月左右深翻二遍，五寸到六寸，经一月到四十天的充分风化，再翻三遍约深四寸左右。由于这样的耕作方法，年年获得稳定的产量和不断的提高，是一个比较成熟的经验，应大力推行。

2. 文都、道帏两区及二区白庄、崖曼适于翻二遍。因气温低、雨水较多，收割较迟，多为腐殖质黑壤土，保水力强，多翻会拖延收割期，易遭灾害。时间仍是越早越好，这一点文都、道帏夙有习惯，应继续坚持和不断提高。

3. 浅山地区适于三遍到四遍。因浅山干旱多为白沙土壤，保墒力弱，往往遇到干旱就不能播种，因此翻好歇地，大量积蓄雨水，最为关紧。以孟达山作的较好，歇地一般都翻到四遍，有的还到五遍、六遍，每逢雨后必须重翻一次，耕作的田地一般都能翻到两遍，并边收边犁。但文都、道帏两区除歇地能及时翻到二至三遍外，大面积的耕作地只翻一遍，原因是土地多，人力畜力调配不开，这是值得今后注意解决的。

4. 脑山地区，脑山面积不及山地面积五分之一，多系草原黑钙土，雨水广、气温最低，收获亦最迟，翻一遍为适宜，多翻则不成熟，歇地尚可翻两遍左右。

为达到上述目的，则必须采取新式农具耕作，二牛抬杠是达不到技术要求的，因此推广双轮双铧犁和双轮单铧犁、各种步犁、播种机等又成为改进耕作技术中的一个关键问题了，同时相适应的改进牲畜品种，繁殖大役畜，代替尕毛驴也是逐步必须求得解决的。

第二，增施肥料，合理追肥。增施肥料是改良土壤、增进地力、争取丰收的有效办法之一，而肥料不足在我县农业生产上还是一个亟待解决的问题，大多山旱地不施肥料或很少施肥，小麦得不到良好发育，但从肥源上来看，还是很浓厚的，就是很好的没有被利用，白白地糟蹋浪费了，如把农民烧粪习惯摸一摸就很惊人了，平均每户每天烧半背头粪，一年就是 182.5 背头，每亩上 80 背头，就把 2.4 亩多地的肥料烧过了。以全县来计，每天烧粪 4257 背头，就可上地 53 亩，全年烧粪 1553850 背头，就可上地 17425 亩。其次，在肥料保存上也有问题，灰肥家粪混合堆积和任其风吹雨淋，肥效流失很大。藏族地区不修厕所，猪不上圈，肥料的浪费更不知有多少。其他肥源不摸，就从上述几项来挖掘就可大大增加施肥量。

在施肥方面也同样存在问题，一般春季施基肥一次，浮撒地面，往往肥料腐熟不透幼苗汲取不上，虽经浇水易于溶化，但作物后期生长就感肥料不足。比较科学的方法是施足基肥和后期合理追肥，如下滩农业生产合作社，除施足基肥外追肥一到二次，这样在小麦生长发育各个不同阶段，都可以在土壤中获得足够的养分，因此，他们的产量年年获得丰收。其次是春秋两季重施肥法。一区孟达乡汗平、大庄两村农民已有多年的经验，具体办法有两种：一种是韩五四曼等，在立冬前六七天浇冬水，待放黄后撒粪 70—80 驮，翻入土中，随着细耱，到春耕时再撒浮粪 20—30 驮，每亩产量打 812 斤；第二种是马主麻等，只施秋肥（办法与韩五四曼同）不施春肥，每亩产量打 629 斤，其他农民因肥料上的关系，平均每亩 494 斤，比孟达乡其他各村施春肥每亩上增产近 100 斤（施春肥的平均每亩 400 斤左右）。这种科学的施肥方法不仅适于干旱的一、四区水地，更适于广大的山旱地区，因为它能够增加蓄水保墒的能力，又能增加地温和保持与发挥肥效，值得今后大力推行。

第三，减少浮籽，消减压苗，保证全苗。它是我县增产上一个最大潜力，在改进播种技术中发现的一个新问题，根据今年春耕在白庄的调查，一般浮籽每亩占 20% 左右，最严重的如韩鲁善保每平方公尺有浮籽261粒，占播种量的39%，清水乡田盖村韩新庄每平方公尺有浮籽189粒，占播种量28.4%，这个问题是在我县普遍存在的，特别是山旱地区文都、道帏水地地温较低，以致出苗不全，浪费了籽种，又减少了收成，其主要原因不外耕作粗糙，绝大多数撒播，如行距宽的浮籽多，行距密的浮籽少，手播、条播就更少了。

如前进农业生产合作社缩短行距，每公尺宽犁6—7犁，浮籽只有4粒，而韩新庄每公尺宽犁4犁有浮籽18—24粒；下滩农业生产合作社手溜步犁播种很少见到浮籽。关于压苗问题，在二、四临川水地区程度不同地存在着，文都、道帏也有，根据在二区的调查，个别出苗率最低的每平方公尺60株（每亩合42000株），一般的230—250株（每亩合165000—166700余株），较高的230—250株（每亩合245400余株），压苗倦黄的每平方公尺一般在135株，个别如陈五子等每平方公尺360余株，其原因是播种前后碎土块土壤黏重，浇水后地皮板结，播种深浅不一等所致。

关于解决办法应从以下几点着手。

1. 整地冬灌，细耙细耱，做好保墒工作。整地工作除秋翻外还应做好平整地面及碎土等工作，地不平漫水不均，渗透不一致，幼苗不易出土，胡盖土容易压苗，尤其在撒播地里因覆土不均深浅不一，缺苗现象更见普遍而严重。因此，在播种前必须做好整地工作，使土壤松软、平整。旱地更应做好整地保墒工作，翻松土壤，扩大蓄水量，封冻前后注意细耙细耱保墒，适当冬灌。这时冬灌，可补充雨水的不足，保持土壤适当水分，增加地温，增加土壤风化，土质松软，使小麦易于扎根深、抗旱力强，并可冻死虫卵，减轻杂草发生及霜害，并给条播打好基础。

2. 密植均播，改撒播为条播。密植是在单位面积上增加小麦株数，充分利用地力，抑制无效分叉，减少杂草，使麦粒增加，饱满充实，是保证增产的有效办法。均播是把麦种均匀地分布在土壤中，使土壤和空间都得到充分的利用，既不致植株相距太宽造成缺苗现象，也不致过分拥挤，使麦苗生长发育遭受到严重的影响，因此一切播种方法，均须在均播原则下进行。但是我县则与此相反，绝大多数都是撒播，稀稠不均，种子用量大而植株少，不是浮籽就是压苗。如水地每亩平均播种量35市斤，约525000余粒（最多的45市斤多约676000余粒），而出苗株数平均不及270000株，山旱地每亩平均播籽量20市斤，约40万粒，出苗株数尚不到18万株，籽种浪费之巨可想而知。因此，均播密植保持一定株数，30万到35万，甚至要求达到40万到45万株，就必须改撒播为条播，方能解决上述问题。如1953年小麦丰产模范马乙四夫，采用手溜条播平均每公尺 710 株，每亩合 472860 株，获得 864 斤的高额丰产，本年下滩农业生产合作社，用步犁手溜播种一般每平方公尺有 420 余株，每亩合 28 万余株，获得全部麦田每亩 503 市斤的产量。从这些事实都可以证明它是增产中的一个主要关键，其次如这时播种深浅一致等也是必须应该注意的。

3. 松土救苗，补种缺苗。压苗的发生除胡盖大，即是黏重土壤浇水和大雨后地皮板结所致，因此采取松土办法是可以把幼苗解救出土的。如二区白庄、道帏多哇以及国营农场等用铁耙、手锄松土，浅山靶耱（按土质不同进行）等，大部分压苗都出土了，文都藏族自治区、团结、北塘一带浅山、脑山播种时用榔头边打土块边覆土，既减少了压苗，又可保墒，这种办法也同样适于水地干旱地区，可避免推广头缺苗现象，对缺苗严重无法挽救者和漏种的地方，可采取补种的办法争取全苗，今春大凡这样做的都收到良好效果。

4. 消减地下害虫。地下害虫也是造成小麦缺苗原因之一，一区孟达乡专唐村受地老虎啃断麦苗，一般达 12.5%，最重者竟达 33.9%，其他和平、苏只一带蛴螬、蝼蛄危害亦很大，除结合翻地、拔草、捉拿外，还可逐步推行 6% 六六六拌种，制造毒饵播种等消减之。如国营农场试验的毒饵播种就避免减轻了金针虫的危害。关于有效的土法防治还可采纳，如有的用大黄末撒在粪土中等。

第四，选用良种，建立留种地。选种是提高小麦单位面积产量最有效最经济的办法，选用增产潜力大，耐肥不倒伏，成长整齐，成熟一致，穗大粒多，抗逆力强，而又能适应当地环境的优良品种。结合合理的栽培技术，逐年留种，建立留种地，就能使小麦增产。如丰产模范马一四夫选用当地一支麦良种，逐年培养，建立留种地，他的产量年年得到提高，高于当地产量 50% 左右，高额丰产 864 斤，高于当地一倍以上。道帏夕昌韩伟令选用碧玉麦良种，逐年培育，1953 年产量 700 余斤，1954 年获得 1030 斤的高额丰产。下滩农业生产合作社，选用一支麦，产量比当地农民高出 33.4%，由此可见选种对增产是何等重要了。但我县大多数农民无选种习惯，品种混杂，竟有十几种之多，加之逐年调换外地品种，逐年退化变劣现象颇为严重，特别二区道帏等花粒混种还大量存在着，这对增产阻碍极大。因此，选用良种，建立留种地，逐步实行良种区域化，也是我县增产上一个主要关键问题。究竟选用啥品种好呢，根据几年的体验以一支麦为最好，适应全县各地，因为它产量高能耐旱且成熟早、品质佳，缺点亦染黑穗病和倒伏，但从栽培技术上可以防止的。其次是碧玉麦，适于雨水较广的二区、文都、道帏，习性耐肥熬水，不倒伏不易染病，且成熟早，品质佳，产量高，缺点是不耐旱。再次是黑芒白麦、山地小红麦了，但都不及上述两品种，至于外来品种，96 号、60 号、乌克兰冬麦，尚待继续培育试验，现在不能肯定其好坏。

第五，合理倒茬。庄稼轮作的好处是能适当的利用土壤中水分与养分，能保持田间清洁，减轻病虫害与杂草，能改进土壤结构增进地力。在我县水地因土地及肥料多少而不同，一、二、四区多为禾本科与禾本科轮作，如小麦—青稞—荞麦或青稞—白麦子（洋麦子）——支麦。文都、道帏两区一般是豆科与禾本科轮作，如豌豆—麦子—青禾，后者比前者为佳，但前者在土地条件限制下也有一定的作用，如马一四夫体验，小麦连作病虫害多，产量低，洋芋连作徒长枝叶，所以提倡轮作是十分重要的，特别山旱地更为重要，因土地面积广，肥料不足，歇地多，采取轮作可显著增产，如孟达山一般都实行五年四作的轮作法，即第一年豌豆，第二年小麦，第三年休闲，第四年菜子、胡麻或洋芋，第五年青禾。这样不但能恢复土壤肥沃性，且能充分利用地力，还能稳定产量，如果再进一步提高到草田轮作上，估计效益比现在还要大，同时给山区农民向农林牧全面发展也创造了有利条件，值得今后重点研究。在易遭灾地区注意选择轮作抗灾力强的作物，如洋芋等。

第六，防治病虫害，保证丰收。病虫害对小麦产量的影响很大，我县每年因病虫害造成小麦减产的数量，虽无正确的统计，但从病虫害发生的情况来看，如小麦黑穗病年年有，到处有，以损失率 5% 来计算，全县就要减产 80 余万斤，最严重的一区城关镇尹子明小麦发病率达 20%，每亩减产 88 斤，马文轩小麦发病率达 50%，每亩减产 200 斤。在虫害方面，如黏虫、地老虎、蛴螬、蝼蛄、金针虫等也程度不同地发生在各地。1953 年黏虫发生蔓延三个区，面积达 5000 余亩，1954 年各种虫害的发生估计亦达数千亩之多，以一般减产一成来算，全县损失也就不少了，所以防治病虫害是保证小麦丰收的主要关键。防治病虫害应贯彻防重于治的方针，以农业防治为主，必要时结合药剂防治，并要全面进行防治，从选用抗病虫害的品种，改善栽培技术，消除田间杂草，注意种子消毒等方面着手预防，如仍有病虫害发生，就要及早治、普遍治、连续治、彻底治，和人工防治结合施用药剂的办法，以防蔓延，减轻危害。

——《一九五四年农业互助社干部训练班报告总结、发言材料》（1954 年），循化县档案馆藏，档号：1–1–19（永久）。

我县于 1954 年 10 月在未经土改的文都、道帏两个藏族自治区试办了特联、多哇、洒藏 3 个农业生产合作社。这 3 个社在建社前均有较好的互助组作基础，1954 年夏收中增了产，带动了周围的互助组分别成立了联组。3 个社在建社前有互助组长 30 余人，组内有贫农 54 户，占总户数的 56.9%，给办社创造了有利条件。

建社中各阶层群众的思想动态：1. 大部分中农及土地较多的贫农有顾虑，抱着“跟上走”的态度，贫农虽积极拥护，但由于社会阻力较大，不敢出头露面。2. 老年人尤其是老年妇女对建社顾虑多。3. 牛羊较多的农民，怕入社后自用羊毛和喝牛奶不方便。4. 一般喇嘛怕家中入了社不给自己送口粮；部分有土地的喇嘛怕入了社，自己不能参加劳动又分不到粮食。5. 喇嘛寺怕农民入了社，没人种寺院土地，化不成布施，念不成经。6. 部分群众怕入社后粮食全部统购，没有零用钱，不自由。7. 藏民因语言不通，宣传贯彻党的政策有困难，要么发动不起来，要么一哄而起，大部分没有真正自觉自愿的思想基础。8. 建社后暗藏的反革命分子披上宗教外衣，假装疯癫进行破坏活动，有的还企图谋杀区乡领导和带头建社的积极分子。

办社的做法：1. 县区党委慎重考虑审查试办地区条件。2. 注意不提阶级限制口号，坚决贯彻上下一起发动方针。3. 注意发挥民族干部的作用，配备熟悉情况和懂得政策的本民族干部或会藏语的本地干部住社。4. 贯彻互利政策，达到合理分配，使社员普遍增加收入。5. 改进耕作技术，有条件的开展多种经营。6. 3 个社暂由区乡干部兼任会计，加速培养社内会计人才。……

——中共循化县委：《在未土改区试办农业生产合作社的点滴经验》，《青海政讯》，1955 年第 19 期。

清水乡成立的下滩、前进两个初级农业生产合作社入社农民 16 户，79 人，其中下滩农业社 7 户，39 人，14 个劳动力，入社耕地 55.23 亩，牲畜 13 头。特点是以土地入股、统一经营、合理分配；社内事宜由全体入社社员通过民主讨论制定出具体规章制度进行管理。

清水乡下滩、前进两个初级社统一经营土地，统一支配劳力，农业生产合作社积极组织社员生产、挖掘肥料、购买化肥，进行了平整土地、开渠、拆塄坎、开荒等基本建设。无论是春耕时的选种、早播，还是夏秋时节的拔草、除草、漫水等田间管理，凝聚了组织起来的农民在生产中学习、改进农业生产技术，提高生产效率，增加粮食产量的喜悦，表现出极大的生产积极性。此外，农闲时间还可以组织起来进行副业生产，这些是小农经济办不到的。下滩、前进两个社当年就获得粮食丰收，平均每亩比当地个体农民高出 34%，较一般互助组高出 11.1%。16 户社员都比上年增加了收入，粮食收入最多的 1 户增收 575 公斤，最少的 1 户增收 166.5 公斤。初级社充分显示出组织起来可以人尽其才、地尽其力的优势，统一安排生产有助于提高生产效率，组织起来有利于中国共产党向群众进行社会主义改造和民族政策教育，起到有利于农业生产又有利于民族团结的效果，起到典型示范的作用。对此，中共循化县委在 1954 年夏收结束后，执行“书记负责、亲自动手、全党办社”工作方针，坚持“只许办好、不许办坏”的原则，从思想指导、工作总结、培训教育、工作安排等方面进行一系列的具体的布置，正确领导循化县合作社发展。

截止到 1954 年底，全县有高级农业生产合作社 76 个，入社农民 6679 户，初级社 30 个，入社农民 1027 户，占总农户的 90.5%，完成了对农业的社会主义改造。1955 年青海省第一次农业生产合作社代表会议对模范合作社、模范工作进行了表彰，大会公布的《授奖模范合作社及模范工作者名单》中，循化撒拉族自治县前进社、下滩社（汉、撒拉、回民族联合社）荣获“模范农业生产合作社”称号，韩哈三（撒拉族，前进社主任）荣获“农业生产合作社模范工作者”称号。

——循化县组织部党史办：《循化县组织史》（内部资料），1998 年，第 2 页。

贯彻执行党在民族地区关于“稳步前进”的方针，各民族团结生产，团结建社，逐步建立起互助、友爱、平等的社会主义新型民族关系。

狠抓农业生产，有计划的开垦荒地，兴修水利，改进和推广农业技术，大力开展了农业增产运动，尽管连年遭受旱灾，仍逐年增产，获得丰收。全县粮食总产量由 1954 年的 1192.5 万公斤提高到 1955 年的 1277 万公斤，1956 年达 1301.12 万公斤，较 1954 年增产 9.11%。

但也存在一些问题，在三大改造运动中存在着急躁冒进情绪，对手工业和工商业的改造形式过快，合营和联营面过宽；对农业合作化求之过急，出现了强迫命令、违反自愿互利原则和农业生产合作社组织过于集中等现象。

——中共循化撒拉族自治县组织史资料编纂委员会：《中共循化撒拉族自治县组织史资料（1949.8—1993.4）》（内部资料），2018 年，第 135 页。

此间，对农业、手工业和资本主义工商业的社会主义改造胜利完成，农村出现了空前未有的生产和兴修水利高潮，截止到 1958 年初，水地面积占全县耕地面积的 85%。1957 年全县粮食产量为 1249.41 万公斤，1958 年达到 1342.27 万公斤，增长 7.43%。

——中共循化撒拉族自治县组织史资料编纂委员会：《中共循化撒拉族自治县组织史资料（1949.8—1993.4）》（内部资料），2018 年，第 137 页。

农业合作化情况

	单位	1950 年	1951 年	1952 年	1953 年	1954 年	1955 年	1956 年	1957 年
农业总户数	户	7312	8328	8379	8486	8514	8514	8844	8877
已组织起来农业户占农业总户数的比重	%		6.97	34.18	58.90	78.00	98.00	99.00	99.70
农业总人口	人	39466	39828	40541	41071	41457	41516	41840	40220
已组织起来的农业人口占农业总人口的比重	%		5.80	21.17	44.07	75.00	99.00	98.00	98.40
农业互助数	个		124	715	1376	1306	291	92	17
参加农业互助组户数	户		577	2918	4979	5275	1706	524	143
参加农业互助组人数	人		2314	8317	17827	24265	9530	2471	679
初级农业合作社数	个				2	31	31	25	9
参加初级农业合作社的户数	户				16	1419	1155	1054	308
参加初级农业合作社的人口数	人				79	9279	4467	4697	1597
高级农业合作社数	个						75	82	105
参加高级农业合作社的户数	户						6525	7194	8405
参加高级农业合作社的人口	人						27347	32810	38191

——循化撒拉族自治县统计局:《青海省循化撒拉族自治县国民经济社会发展统计资料汇编（一九四九年——一九八七年）》（内部资料），1988 年 12 月，第 85—86 页。

授奖模范合作社及模范工作者

模范农业生产合作社：

湟源县　　星火农业社

大通县　　新添堡第一社

湟中县　　石沟沿社（汉、回民族联合社）

民和县　　官亭社（土、汉、回民族联合社）

（奖给以上 4 个单位各锦旗 1 面，马拉播种机 1 台、山地犁 1 架）

湟源县　　曙光社（汉、回民族联合社）

民和县　　下川口社（汉、回民族联合社）

乐都县　　建设社（汉、回民族联合社）

西宁市　　红星社（汉、回民族联合社）

互助土族自治县　　团结社

门源回族自治县　　峰峰社（汉、藏民族联合社）

循化撒拉族自治县	前进社
湟中县	先锋社
贵德县	九五社
化隆回族自治县	红旗社（汉、回、藏民族联合社）
大通县	解放社

（奖给以上 11 个单位各双轮双锋犁 2 架，山地犁 1 架）

西宁市	博家寨社（汉、回民族联合社）
湟源县	胜利社
化隆回族自治县	新生社（汉、藏民族联合社）
民和县	下垣坡社
循化撒拉族自治县	下滩社（汉、撒拉、回民族联合社）
	多哇社（汉、撒拉、回、藏民族联合社）
大通县	哈州第一社（汉、土、藏民族联合社）
乐都县	那能口社
	八里桥社
互助土族自治县	明星第一社
	新庄社
贵德县	锦光社（汉、回民族联合社）
门源回族自治县	团结社（回、汉民族联合社）
湟中县	前进社
	红星社（汉、回民族联合社）

（奖给以上 15 个单位各双轮双铧犁 1 架、山地犁 1 架）

农业生产合作社模范工作者

西宁市	李得祥（杨家寨社主任）
门源回族自治县	薛生梅（女，下东山社务委员）
民和县	吕文良（土，官亭社生产队长）
	李银锡（李家社会计员）
贵德县	孟安邦（锦光社主任）
互助土族自治县	王秀兰（女，双树乡一社副主任）

	祁成梅（土，拉哇沟社主任）
湟源县	李永良（胜利社副主任）
	赵维义（星光杜副主任）
	梁连祥（曙光社会计员）
	马保存（胜利社饲养员）
化隆回族自治县	隆周（藏，拉曲滩社主任）
	杨廷财（谢家滩社主任）
循化撒拉族自治县	韩哈三（撒拉，前进社主任）
湟中县	乔占福（藏，新华社主任）
	李得福（石沟沿社饲养员）
	李生敏（女，绿荫社副主任）
乐都县	郭爱荣（那能口社生产队长）
	余义邦（建设社技术员）
	李承仁（前锋杜生产队长）
	刘登堂（高店社保管员）
	赵以谦（丰坪杜主任）
大通县	樊乙不拉（回，上和众村社主任）
	王永才（藏，永丰社副主任）

（以上共 24 个个人模范，分别奖给笔记本、书籍、水笔、围巾等用品；并且给合作社女模范工作者各奖头巾 1 条）。

——《青海省第一次农业生产合作社代表会议〈授奖模范合作社及模范工作者名单〉》（1956 年 2 月），见《青海农牧区合作经济史料》编委会：《青海农牧区合作经济史料》，青海人民出版社，1993 年版，第 48—50 页。

韩哈三同志 1902 年出生在循化撒拉族自治县清水乡田盖村一个撒拉族农民家庭。解放后，在党的培养教育下，他参加了农会，1952 年，积极参加土改工作，组织过季节性常年互助组。1954 年初，光荣地加入了中国共产党。他积极响应党和毛主席“组织起来，走共同富裕道路”的号召，在建立农业生产合作社中发挥了一个共产党员的模范带头作用。前进农业社是循化县委的重点社，在韩哈三的带领下，1954 年 2 月 17 日，撒拉族聚居区由田盖村 9 户农民参加的循化县第一个初级农业生产合作社成立了，他被选为社长。

1956 年，他组织全村社员和个体农民成立了高级农业生产合作社，由于全村社员积极参加生产劳动，粮食连年丰收，前进农业社和他个人先后被评为县、省、全国的模范单位和劳动模范，为撒拉族人民争得了荣誉。

韩哈三加入中国共产党后，牢记党的教导，在酝酿建立前进初级农业社时，他走家串户，积极宣传中共中央关于《建立农业生产合作社的决议》精神，打通社员思想，解决父愿子不愿、夫愿妻不愿入社的问题，宣传互助合作的好处和自愿互利政策，帮助社员逐户开家庭会，消除了社员中存在的各种思想顾虑，真正做到了个人自愿入社，全家自愿入社。前进初级农业社成立后，他遵照党组织建立农业社"只许办好，不许办坏"的要求，千方百计发展农副业生产，增加社员收入。

1954 年春播中，他宣传教育社员，进行了一系列耕作制度和技术的改革，如选育良种药剂拌种，改撒播为条播，合理密植，在田间管理期间，适时松土、拔草，适时适量浇水，对二、三类苗增施农家肥，适时适量使用化肥，防止了成熟期庄稼倒伏。同时，还开种熟荒地 4 亩。夏收后，扩大了复种面积，这一年社内粮食产量创造了历史最高水平，平均亩产由原来的 300 斤猛增到 423 斤，9 户社员户产增收。这一事实不但鼓舞了全体社员，更重要的是吸引了广大村内外农民，秋收后，韩哈三根据村内许多农民的要求，经党组织同意后进行了扩社，社员增加到 46 户。到年底，前进农业社被评为全省一等模范合作社，韩哈三个人也被评为县、省两级劳动模范。

——马全德、潘民善：《缅怀韩哈三》，见《兴旺之路——撒拉族变迁与发展史料选辑》，循化文史第四辑，1998 年，第 93—98 页。

1954 年 10 月，中共青海省委向全省批转了省委农村工作部《关于召开第一次农业生产合作部长扩大会议情况给省委和中央农村工作部的报告》，对初级农业合作社存在的问题进行整顿，目的是巩固初级社。1955 年 6 月，中共青海省委农村工作部派工作人员深入调研循化清水下滩农业生产合作社，发现一度在执行政策方面存在着较为严重的依靠中农办社、排斥贫农的现象，对此经过深入调查后写出了《改变贫农和中农的不正常关系，有步骤地做到使贫农和新下中农在领导上占优势》的材料。毛泽东同志对此材料写了批语：

"凡是存在着青海循化县这样一种情况的地方（这种情况是很多的）都要经过对于干部和群众的教育，有步骤地改变这种情况"。

——循化撒拉族自治县志编纂委员会：《循化撒拉族自治县志》，中华书局，2001 年版，第 900 页。

中共循化县委认真贯彻“积极领导，稳步前进”的方针，建立农业生产合作社健康、迅速的展开，到现在为止，除两个老社扩大以外，又建立起二十四个新社，十一月底，可完成今年建立二十二个社的计划；参加农业生产合作社的农户达一千五六百户，占全县总农户的百分之十八左右。这样，不但区区有社，而且出现了一个合作化的乡和十一个合作化的村。各建成社正积极进行生产，给明年更大增产准备条件。

办好两个老社，使农民亲眼看到农业生产合作社的优越性，是循化建社迅速开展的主要原因之一。今春县委在清水乡试办两个社，派县委委员李玉春同志长期住社领导，县委书记并多次前往帮助解决问题。在领导中，不光经常向社员进行政治思想教育，并帮助社在生产上想了好多办法。春耕后，发现社里有的土块大，浮籽多，影响出苗率，及时动员社员打土块、平地，保证了全苗；随后又发现由于新式步犁播种技术没掌握好，籽下的深，出苗不旺，曾在县委会上研究解决的办法，经过动员社员加施追肥，苗很快就旺起来，而且比老犁种的长的好得多。为用事实教育群众，在夏收前，县委两次组织四五百农民到社参观，由社里干部介绍他们庄稼好和组织农业社的关系。经过参观，有一百多个互助组提出“搞好夏收、夏选，争取秋后转社”。夏收后，以前进农业生产合作社九户增产粮食八千多斤的事实，在全县开展了广泛的宣传。在社分配时，又组织群众参观；好多人看到社员每户几乎都增加粮食近千斤的事实后，马上就要求入社。当时，光清水乡要求办社或入老社的就有二百七十多户。四区互助组长马虎赛参观后自己检讨说：“我们是全县最早的一个互助组，因为我的思想不对头，落后了一步。我要赶上去，秋后一定领导我们组转社。”由于群众亲眼看到了农业生产合作社的好处，掀起了办社的高潮，好几个社在夏收以后就办起来了。

在建社过程中，县委不断同保守思想和盲目冒进情绪作斗争。原先，有些干部以至部分领导同志，由于对农业实行社会主义改造的意义认识不足，对农民的社会主义觉悟估计不足，因此，怕社办多了领导不好受批评，抱着“慢慢来”的态度。各区订建社计划，都存在着宁少勿多的思想，所以，五月间全县订办社计划时，只准备办九个社。四区查加乡塘房村四个互助组向乡干部海里禄提出要办社，海里禄怕办起来要他领导，不敢向工作组反映，这种情况引起了群众的不满，他们说：“社会主义偏过我们去了。”县委为纠正这种保守情绪，专门召开了一次县委会和一次有区委书记参加的县委扩大会，根据全国二次互助合作会议的精神和省委关于今冬明春建立农业生产合作社的指示，检查了领导思想，对保守情绪进行了严格的批评。各区委也根据这个精神，组织党内外干部进行了讨论，提高了干部办社的热情。在普遍深入了解群众对建社的情绪和各方面的条件后，订出了比较切合实际的建设计划。但在纠正保守情绪后，紧接着又有一些地区发生盲目冒进的倾向。有的不顾本地具体条件，硬要和清水乡比，为了多办社，对不愿入社的人，竟采取了“软磨”的办法。如二区胜利乡拉边村个别农民不愿入社，干部天天去动员，并说：“你阿个时候不入社，我就天天来。”有的积极分子对不入社的人竟错误的说：“我入社是为走社会主义，你不入社是走资本主义。”四区和平乡河北新村还想试办集体农庄。冒进的现象，曾一度引起群众思想的混乱，这种偏向，县委在及时纠正后并专门召开了一次县委会，深刻批判了河北新村的问题，对有关人员进行了批评。由于县委及时地纠正了这两种不健康倾向，保证了建社工作的顺利开展。

循化建社准备工作动手早，注意了办社骨干的培养。为迎接建社高潮，县委在夏收前，就分别开办了三十多人的建社干部和一百多人的互助组长训练班，给建社准备了干部和骨干。

——青海日报通讯：《注意与保守思想和急躁情绪作斗争　循化建社工作健康前进　秋后到现在已新建二十四个农业生产合作社》，《青海日报》，1954年11月20日。

下滩农业生产合作社是循化撒拉族自治县的重点社之一。1954年扩社时由于对阶级政策贯彻执行得不够，社务管理委员会的13个委员和3个生产队长中，没有1个贫农。那时候，社里办一切事情多从富裕中农的立场出发……春耕后虽进行了一次整顿，增选了4个贫农社务委员和2个生产队长，但是缺乏对他们的具体培养和帮助，实际工作中不去积极支持他们，因而未能发挥出贫农领导骨干的积极作用，实际上没有树立起贫农的优势。

收益分配后，中共循化县委派工作组到下滩农业社，帮助该社党支部和社务管理委员会进行了一次具体的整顿。整顿是从该社存在的没有贯彻执行党的阶级政策这一问题入手。先通过党支部会讨论批判，纠正了某些党员的阶级观点不明确的错误，使大家懂得了为啥要整顿的意义和如何整顿的方法。然后在社内通过各种会议形式，宣传党的互助合作政策，特别是阶级政策。……充分进行思想交流的基础上，通过社员大会民主选举了社的领导机构，适当地调整了社的领导成分，选拔了贫农和下中农中的积极分子，担任了社内的领导职务。现在全社7个社务委员中，贫农和下中农有6个，社长由下中农韩老三担任，副社长由贫农秦才黄担任，另1个副社长由上中农劳动模范马乙扫担任；由5人组成的监察委员会中，全是贫农和下中农；6个生产队长中有贫农 4 人。对被选掉的前任社干部进行了说服教育，妥善地做了安排，使他们继续为办好社发挥积极作用。

经过这次整顿，对所有社员进行了一次社会主义思想教育。许多中农社员都认识到贫农在社会主义建设中的高度积极性。社长韩老三说："这次整顿中心服口服地认识到了贫农的作用。"有些贫农社干部也主动地克服自卑心理，表示要努力做好领导工作。现在，贫、中农社员的关系比以前融洽多了，相互之间的接触和经济上的互助关系也越来越密切了。

——中共循化县委生产合作部：《下滩农业社整顿中树立了贫农优势》，《青海日报》，1955 年 12 月 18 日。

1955 年 11 月 8 日，中共循化县委召开乡党总支书记和工作组长会议，以中共七届六中全会《关于农业合作化问题的决议》，检查批判领导合作化运动中进展过慢的右倾保守思想，根据全县农业合作化运动的新形势，重新制定发展农业生产合作社计划。会后分两次培养训练办社积极分子 500 多名，利用他们宣传农业社会主义改造的方针、政策和办农业社的具体办法。随之全县掀起建社、转社、扩社的合作化运动高潮。至 1956 年 2 月，近 4 个月时间，全县实现农业合作化，共办农业生产合作社 107 个，入社农户 8157 户，占全县总农户的 95.8%，其中初级社 28 个，入社农户 1191 户，高级社 79 个，入社农户 6966 户。农业社规模 30 户以下的 18 个；31—50 户的 23 个；51—100 户的 41 个；101—200 户的 22 个；201—300 户的 2 个；301—500 户的 1 个。是年底，入社农户达到 8361 户，占全县总农户的 98.2%。

高级农业生产合作社，简称高级社，是社会主义性质的集体经济组织。参加或转入高级社，按人和劳力比例分摊公有化股份基金，以社员入社的土地、牲畜、农具等折价抵交，分户立账，规定超交户或补交户的长、短款 3—5 年内由高级社负责结清；取消土地、役畜、农具等报酬，收入均实行"按劳取酬，多劳多得"的分配政策，即依各社劳动工分值和每个劳动力全年挣得的工分计算劳动所得；贯彻"少扣多分"和"保证 90% 以上社员增加收入"的精神，制订分配方案。高级社分设管理和监察两个委员会，由社长、副社长、监察主任分别管理全社的生产计划、劳动组织、民主理财、收益分配等工作，重大问题交社员大会讨论决定。高级社下设若干生产队，由正、副队长具体组织劳动生产。劳动生产的管理形式各异。1956 年 107 个农业社中实行包工包产的 2 个，常年包工的 29 个，季节包工的 46 个，小段包工的 15 个，临时分工的 15

个。是年，绝大多数农业社生产获得特大丰收，增产幅度 10% 以下的 38 个，10%—20% 的 22 个，20%—30% 的 14 个，30% 以上的 29 个；减产社 4 个。增产社 103 个，占 96.26%。

农业合作化运动使生产资料的私有制转变为集体所有制，完成了对农业的社会主义改造，要使其真正发挥“合作社是无产阶级专政，拿来改造小农经济和以社会主义精神教化农民基本群众的最伟大的工具”。但是，1955 年底起农业合作化发展过快，有的从互助组或是分散的单干一步跨入高级社，超越农民的思想实际，违背入社自愿的原则，出现管理工作跟不上、拉牲畜退社等问题。据 1957 年 6 月初统计，全县 8 个乡、26 个高级社中先后发生社员拉牲畜退社现象，共拉走牲畜 1506 头（只），其中牛 357 头，骡子 134 头，驴 577 头，羊 438 只。1957 年 9、10 月间，根据中共中央《关于整顿农业生产合作社的指示》精神，一面整顿合作社干部的作风，健全完善牲畜饲养管理制度，实行“包工到组”“田间零活到户”的办法；一面开展群众性的大辩论，发动群众批判富裕中农的退社思想，使高级社普遍得到巩固和提高。

——循化撒拉族自治县志编纂委员会：《循化撒拉族自治县志》，中华书局，2001 年版，第 171—172 页。

循化县互助合作发展轮廓计划

年度	农业总户	组织合作社总农户	占总农户 %	农业社		占全县组个数 %	中级组户数	占乡县个数 %	初级组户数 %	占县组数 %
				社数	户数					
五四	8514	4683	55%	2	17	0.04%	937	20%	3679	79.96%
五五	8514	5534	65%	10	179	3%	1937	35%	3418	62%
五六	8514	6385	75%	38	766	12%	3193	50%	2426	38%
五七	8514	7237	85%	60	1809	25%	4342	60%	1086	15%

——《循化县互助合作五年发展轮廓计划》，循化县档案馆藏，档号：1-1-18（永久）。

循化县清水乡前进农业社共有耕畜 29 头，从 1955 年 11 月到 1956 年 7 月的 9 个来月中，除去在草山放牧因降雨溜坡摔死 4 头外，全社役畜未发生其他死亡现象，并且还都长了膘。据最近检查发现该社在饲养管理方面有几点做得比较好。

1. 分工领导，具体负责。该社由 1 个副主任、3 个副队长负责耕畜饲养管理。每隔一周向社管委会汇报一次，遇有重大问题和特殊情况随时汇报。

2. 选配劳动力较强，政治上可靠和有一定饲养经验的社员担任饲养管理工作。该社开始转为高级社时有饲养员 19 人，经过一个时期考验之后，调换了历史上有问题和工作上不负责任的 4 人，并选出 3 个共产党员担任了各队饲养组长之后，又于夏收前对饲养情况进行了一次普查。发现只有极少数饲养员能按社内规定每天下午放青两三个钟头外，大部分饲养员均未执行放青的规定。为此曾召开了 5 次社员大会，做出了共同遵守与执行的决议，并以物质奖励了 6 个模范饲养员，规定了每次评选模范时都要把饲养员列为评选对象之一，纠正了某些社员认为管理牲口没出息的看法。全体饲养人员在加强工作责任心和提高放牧饲养效率情况下，提出减少 4 人和每季评比一次膘情的建议，均被社采纳。

3. 及时解决饲养人员的困难。因长期上山放牧，有时遇雨，饲养员多费鞋袜，社里决定每人预借 10 元钱购买鞋袜，并给 9 个比较困难的人员及时解决了口粮，从而鼓舞了饲养人员的工作积极性。

4. 实行“五定”。一定工。喂养 1 头骡、马每月记工 20 分，1 头驴 12 分，1 头牛 8 分。每产骡、马驹 1 头记 100 分，产驴或牛犊 1 头记 50 分。这样按工作量记工分就使得饲养员的收入高于社内一般的劳动力。二定料。骡马每天喂麦麸和硬料各 1.5 斤，毛驴 0.75 斤，牛喂麸料 1 斤，不能多喂或少喂。三定膘。凡长膘的每头给加 1 至 3 分，掉膘的扣 1 至 3 分。若因使役过度而掉膘的扣使役人员的工分。四定肥料。按照不同季节采取自报公议的办法确定积肥数量和质量。由 6 月初至 7 月底共要求积肥 5500 驮，分别包干完成任务。五定使役限额。骡马每头负重不超过 200 斤，毛驴不超过 150 斤。在耕地方面也定了限额，超过限额使役者不给记分，还要受批评。

5. 建立“四勤”（添草、垫圈、饮水、检查）、“四净”（圈、槽、草料、畜体）、“四到”（手、嘴、脚、操心）的制度，使全体饲养人员共同遵守。同时还和兽医订立了包治疗畜病的合同，其内容大致是，轻病随到随治，重病一请就到，每周普查一次畜情，每季在圈内消毒一次；饲养员要听兽医的话；合同期内每年给兽医 80 个工日作为报酬。

——高儒轩：《应该重视前进社饲养管理耕畜的经验》，《农村工作参考资料》（第 26 期），1956 年 9 月 1 日。

1956 年高级农业生产合作社收益分配统计表

社名	社数	户数	参加分配的劳动力（人）			总收入（元）						总支出（元）									社员已交纳的股份基金（元）
			合计	男	女	合计	农作物	果树林业	畜牧业	副业	其他	合计	农业税	生产费用	管理费用	公积金	公益金	劳动报酬	生产资料报酬	其他	
高级社	81	7180	16711	7034	9677	2231472	2036218	1116	46861	143930	3347	2231472	146831	626820	11604	54225	14058	1338883	11827	27224	1306800

——循化撒拉族自治县志编纂委员会：《循化撒拉族自治县志》，中华书局，2001 年版，第 172 页。

循化撒拉族自治县共有107个高级社，同1955年相比，增产100%以上的2个社，70%以上的2个社，50%以上的14个社，30%以上的25个社，20%以上的28个社，10%以上的16个社，5%以上的11个社，1%以上的3个社。增产社共101个，占总社数的95%。全县粮食作物单产比1955年提高3.77%，总产增加300多万斤。全县入社农户8195户，增加收入的有7242户，占89.5%。

——李思学、马全德:《循化县95%的农业社增产》,《青海日报》，1957年2月6日。

循化县白庄乡五一高级农业社是1956年1月在3个初级社和一部分个体户的基础上建立起来的。全社225户（撒拉201、汉23、回1），经过一年的辛勤劳动，农副业总产量却比1955年减少了5.69%，有34.7%的社员减少了收入。主要原因是社干部缺乏经验，经营管理和财务制度很混乱，生产队编的太大，社员爱社思想也很薄弱，偷盗社内粮食现象很严重，甚至少数富裕农民把牲口拉回去要求退社。去年11月间曾结合决算进行了一次整顿，但由于无计划，零敲碎打，没有从思想上充分发动群众，使整社工作走了过场。根据这个情况，在该社又重张旗鼓，有计划有步骤地进行了一次比较全面彻底的整顿。时间20天，经验有6条。

第一，依靠社干部的积极性。经过党员、社干、生产队长等会议以及个别谈话教育，主要说明领导合作社是千百年来没见过的事，有些缺点难免，而有些缺点还主要应由县、区领导负责。打消他们的换班思想，鼓舞他们办好社的信心。然后由他们主持社员大会，发动整社。

第二，从总结全年生产入手，开展民主大检查。区、乡领导首先检讨了盲目号召种包谷招致减产的教训；许多社员都检查了翻地粗糙的错误；妇女们也检查了积肥不如过去劲头大的缺点。有21户社员自动交出偷盗的粮食800余斤。对民主检查所提意见经过归纳整理共50余条，都落实了处理。

第三，必须大力宣传合作化的优越性。由于社没办好有少数社员把一切都归罪于合作社。有些较富裕的农民开始想拉牲口退社，经过教育后不退社了，但又总想多留一点自留地。有此种要求的18户中就有1户上中农。他们对合作社表现了很大的动摇。我们采取：（1）组织干部、党员上门说服教育；（2）召开老年人座谈会；（3）组织社员算对比账，现身说法；（4）表扬爱社的模范事例；（5）大会宣讲，小会讨论，深入宣传。用这些方法做了工作以后收到了应有的效果，动摇的表示不动摇了，退社的没有了。

第四，民主检查与解决问题紧密结合。社员最大的意见是社干有事不与社员商量，例如私自用贷款 1139 元买回 4 匹骡马，每匹每日 5 斤麸皮 3 斤料，养了半年多没有 1 个驹。对此，立即做了卖出的决定。其他如组织固定运输小组，出租水磨等也都做了适当处理。

第五，健全社务管理委员会。原第二生产队没有代表人物参加社管委会，整社中补选了进来。最后调整了管委和监委，使贫农和下中农占 60% 左右，保证了贫农的领导优势。

第六，整社始终结合冬季生产，对积肥驮粪、打土块、搞副业等都提出具体要求。整社中有 70% 的土地送上了粪，有 1300 多亩地的坷垃打完了。整社既要推动生产，又要安排好生活，目前社员正在解决冬季烧柴问题。

——郭若珍：《一个农业合作社工作中的若干体会》，《青海日报》，1957 年 1 月 15 日。

1957 年 6 月初，循化县 8 个乡 2 个高级社内，先后发生了社员拉牲口的现象。26 个社共 2415 户，有 19.5% 的社员，共拉走各类牲畜 1506 头（只），其中牛 357 头，骡子 134 头，驴 577 头，羊 438 只。

为什么会在这一时期发生社员大批拉牲畜的现象呢？据分析：一是部分上中农入社后减少了收入，对合作社不满。五一社有 21 户社员拉牲口或要求抽养老地。这 21 户中有老上中农 14 户，新上中农 1 户，老下中农 4 户，新下中农 3 户，他们入社前人均年收入 45 元，入社后人均年收入 30 元，减少 33%。二是公有化股份基金未按期清理，上中农对互利政策产生了怀疑。宁巴社有 18 户上中农社员拉走了牛，他们说："牲口折了价，钱从哪里来？光靠向贫农收钱给我们，那是编谎，干脆各家牲口各家拉上走。"三是有的社对社员关心不够，有一户社员一年内死了 4 口人，把家什都卖了，还欠 18 元的账，社里不管，社员赌气把尕驴拉走了。四是社内对牲畜饲养管理没搞好，造成了牲畜瘦弱死亡，在改为分散饲养时又有偏差，把牲口分给了原畜主。五是也有反坏分子利用整社机会造谣破坏的，煽动社员拉牲口，闹单干。

——中共循化县委生产合作部：《我们是如何解决社员拉走入社牲口问题的？》，《青海日报》，1957 年 8 月 3 日。

在农业生产方面，由于我们坚持和贯彻了党对农业实行社会主义改造的正确方针，积极开展了以合作化为中心的农业增产运动。

县委加强了对两个试办老社的重点领导，因而增了产，对合作化运动的开展起了很大的推动作用，而更重要的也是最根本的原因还在于学习了毛主席关于《农业合作化问题的报告》和党的七届六中全会精神，及时正确地统一了全党的思想，坚定了战斗意志，明确了事物的本质和主流，进行了广泛深入的宣传，提高了各族人民群众的社会主义觉悟，热烈地响应了党的号召，在全县范围内开展了一场轰轰烈烈、声势浩大的合作化运动，在很短时期内完成了对农业的社会主义改造的伟大历史任务。全县现有完全社会主义性质的农业生产合作社 76 个 6679 户，占全县总农户 8514 户的 79.65%，再加上 30 个半社会主义性质的农业生产合作社 1027 户。两者合计初、高级社的农户已占全县总农户的 90.51%，由于农业合作化运动的发展，由少到多，由低级到高级，由量变到质变，进而由旧质变到新质变。尤其是去冬以来合作运动的大发展，使农村整个面貌起了一个根本的变化。因此引起生产关系由逐步变革到根本变革，为生产的发展开创了道路。

——霍殿永：《关于循化县二年来的工作基本总结与今后任务的报告》（1956 年 4 月 20 日），中共循化县委党史研究室：《中国共产党循化撒拉族自治县历次党代表大会（1954 年 3 月至 2006 年 9 月）》（内部资料），2008 年，第 14—15 页。

取缔土盐生产，转产农业。1949 年解放以后，认真贯彻执行《青海省工商业登记暂行办法》和《青海省军政委员会工作报告》的精神，中共循化县委关心人民健康，加强盐业管理，本着减产限产、逐步裁废的政策，辅之以茶盐供应，使土盐生产规模萎缩。循化县土盐生产主要集中在积石镇的丁匠、石头坡、乙麻木、大别列、尕别列村。1951 年，大别列等村的盐民马乙布拉、马五十八、马歇日夫等响应政府号召转产农业。当年产土盐 0.62 公斤；1952 年产 0.46 公斤，1953 年 1 月，封禁土盐，到 12 月收购盐锅 36 个，转产务农 43 户，政府发放救济款 500 元，停止土盐生产。

——循化撒拉族自治县志编纂委员会：《循化撒拉族自治县志》，中华书局，2001 年版，第 297—298 页。

农业合作化运动的同时，手工业和私营工商业的社会主义改造也迅速取得了胜利。1956 年，手工业者和小商小贩纷纷要求社会主义改造。自治县党委和人民政府接受了广大手工业者的正当要求，按照手工业者自愿互利的原则，分别组织起手工业生产合作社和附属于农业社的手工业生产小组。同时，小商小贩组成了合作商店，一户私营砖瓦厂也申请成为公私合营。这样，循化全面完成了个体手工业者及小商小贩、私营工商业的社会主义改造。

手工业者组织起来之后，很快显示了它的优越性。手工业生产合作社产品的品种花样增多了，质量也有很大提高。由于劳动生产力的提高，经营作风的改进，价格普遍降低了 20%—30%。社员收入也普遍增加 25% 左右，合作社的积累也较 1955 年增加了十倍。合作商店经营额也有了很大发展。合作化后，商店能够认真执行国家政策，紧密地为生产、为群众服务。上山下乡，送货上门，受到了广大群众的热烈欢迎。

——循化撒拉族自治县概况编委会：《循化撒拉族自治县概况》（内部资料），1963 年，第 41 页。

1950 年，手工业生产由建设科领导。1952 年 10 月，成立工商科，主管全县手工业和商业。1955 年 7 月，成立手工业管理科，从工商科接管全县手工业工作。同年，组建循化县手工业生产合作联社，与手工业管理科合署办公。1956 年 9 月，成立工业科，撤销手工业管理科。

——循化撒拉族自治县志编纂委员会：《循化撒拉族自治县志》，中华书局，2001 年版，第 297—317 页。

完成了对手工业的社会主义改造，组织起来的手工业户从业人员占总手工业户的 96%，建有铁工、木工、缝纫、制鞋等生产合作社 4 个，积累公共资金 8043.71 元，总产值达 52941.85 元。这就充分说明了我县手工业正沿着合作化的道路在迅速前进发展着。

——霍殿永：《关于循化县二年来的工作基本总结与今后任务的报告》（1956 年 4 月 20 日），中共循化县委党史研究室：《中国共产党循化撒拉族自治县历次党代表大会（1954 年 3 月至 2006 年 9 月）》（内部资料），2008 年，第 16 页。

1953 年，组织城关地区的铁匠成立城关铁工生产小组，锻造日用金属制品。1955 年，在合作化运动中，城关铁工生产小组改称循化县铁工生产合作社（简称铁工社）。社址在县城西门口，隶属手工业联社，时有职工 13 人，入股资金 1124 元，铁匠炉 4 组。1956 年，生产铁锨 1344 张，斧头 824 个，镰刀 1206 把，牲口铁掌 2566 副（每副两个），产值0.29万元，工资410元，利润200元。1958年4月，在大办工业中，铁工社与家具木器社合并，接纳白庄、街子铁工组有技能的生产工人，组建循化县农牧机械修配厂，6月5日列入地方国营企业，投资5.2万元（县2.3万元、贷款2.9万元），建厂房，购0.2立方米熔铁炉及设备、工具等；厂部下设机工、钳工、电工、铸工、木工、五金修配6个工种，有职工42人，其中干部3人、勤杂工4人、工人35人，年末增加到84人。年内生产深翻锨595张，鼓风机69台，木质小轮车22辆，日用金属制品2.18万件。是年，东风、黄河、红旗、永丰4个人民公社建办农牧机械修配厂17个。主要产品有：十字镐、拉杆机、滚播器、六行密植播种机、七寸步犁尖及木质手推车等40多种。1959年下半年，唯黄河公社农牧机械修配厂继续生产外，其余社办农牧机械修配相继下马。1962年6月，贯彻中共中央城乡《手工业三十五条》，循化县农牧机械修配厂由国营企业改制为集体企业。唯电（力）工（业）车间8人，改设循化县电厂，为国营企业。

——循化撒拉族自治县志编纂委员会：《循化撒拉族自治县志》，中华书局，2001年版，第312—315页。

1950年循化县建立了国营贸易公司和银行等机构。不久，农村的供销社和信用社也相继出现。几年来，国营和合作社商业得到了迅速的发展，在商品销售额上，到1954年第一季度即占88.66%，居于绝对的领导地位。几年来，银行给信用社和农民的贷款达十一万二千七百元，有力地打击了农村的高利贷活动。1953年实行了粮食、棉、油统购统销政策。使得撒拉族一度严重起来的粮食投机买卖得以制止。这一政策有力地限制了农村资本主义自发倾向的发展，受到广大群众的热烈拥护和支持。这些社会主义因素的逐步发展，为改造非社会主义经济成分创造了有利的条件。

——中国科学院民族研究所：《撒拉族简史简志合编》（内部资料），1963年，第68页。

新中国成立初，贯彻“内外交流，城乡互助，公私兼顾，劳资两利”的经济政策，私营商业发展较快。1953年9月，全县私营商业发展到141户，从业人员184人，资金32293元，其中县城79户，从业人员112人，资金20837元。是年，国营、合作、私营商业销售总额10.48万元，其中私营32.5万元，占29.4%。

1951年1月，城关供销社动员当地农民375人入股，每股人民币2元，股金750

元。1952 年，5 个区级供销社发展社员 2383 人，股金 4766 元。1953 年，新建乡级供销社 4 个，发展社员 2922 人，股金 5844 元。1954 年，发展社员 5647 人，股金 21649 元。到 1957 年末，累计入社社员 10436 人，股金 3249 元。

1952 年 7 月，县供销合作社联合社（简称供销联社）成立，在县城西街租用民房 27 间，有职工 1 人。1953 年，组建 7 个基层供销合作社（简称供销社）。1954 年初，各基层社先后召开第一届社员代表会议，新设中库、崖曼 2 个供销社。是年 4 月，召开供销联社首届一次代表大会，会议选举产生理事会委员 9 人、监事委员 5 人，正式成立县供销联社。下设工业品采购站、农村产品推销站、人事秘书科、基层指导科、物价科、业务科、财会科，下属 11 个基层供销合作社、3 个零售站，有职工 38 人。1955 年 2 月，将管理、经营机构调整为干部、供销、财会、组织检查 4 股和供应商品批发、农副产品经营管理两站。1956 年 3 月，将农副产品经营管理站改称农牧产品采购站。是年，在县城东门外征地 17201 平方米，建筑面积 567.5 平方米，建有门市部、仓库、办公室、宿舍。1957 年，全系统有职工 170 人，其中供销联社 40 人、基层供销合作社 69 人、供销网点 61 人。1958 年 4 月 1 日，供销联社和商业局合并，11 个基层供销合作社中东风（白庄供销社）、黄河（街子供销社）、红旗（查汗都斯供销社）、永丰（文都供销社）改为国营综合商店，其余均改为零售商店。1962 年 8 月 13 日，与商业局分设，恢复供销联社，实行政企分开，设立人秘股、财会计统股、基层业务指导股、办公室；将原有两站合并为购销站，增设购销门市部、附设饭馆，辖 9 个基层供销合作社和 8 个基层社门市部，有职工 84 人。

1955 年 1 月，遵照中央“统筹兼顾、全面安排、积极改造”的政策，对私营商业进行社会主义改造。在农村合作化高潮推动下，部分私营商业者转入农业，纳入改造范围的私营商业 70 户、93 人，组织成立公私合营、合作商店和合作社以及经（代）销店。1956 年底，全面实现私营商业的社会主义改造，成立合作商店 1 个、13 户、从业者 13 人；公私合营商业 4 个、23 户、从业人员 27 人；公私合营饮食业 3 户、从业人员 5 人；经（代）销店 5 户、从业人员 16 人。有 26 户、32 人过渡到国营商业。

1955 年，私营商业社会主义改造中，采取宣传动员和自愿申请、政府批准的方式个人入股、集体管理、按股分利原则，组织个体小商、贩成立公私合营店铺、合作商店和经（代）销店。是年 10 月，白庄集 4 户百货商业者成立第一个合作商店，主要经营百杂货。1957 年，有统一核算、自负盈亏的合作店、饮食、服务业 6 个，各设经理、会计 1 人，从业人员 34 人，设门市部 8 个，资金 20746 元。另有分散经营、自负盈亏合作小组 2 个，12 户、12 人，资金 1301 元。全年商品销售收入 25.23 万元，社会商品零售额 32.77 万元。

1958 年 4 月，将积石镇 6 个合作商店、8 个门市部、38 人合并精简为 3 个合作商店、5 个门市部、26 人。是年 7 月，将城乡合作、公私合营商业、食品、服务业全部过渡为国营商业。县商业局接收公私合营商业基金 1.34 万元，合作商店股金 0.071 万元，过渡人员 39 人。对过渡人员投资、股金，凡留在国营的职工，仍按规定按期拿定息；对下放务农人员，资金在 200 元以下的退还本人，200 元以上者动员投资，支援国家工农业建设；对无法维持生活者，给予适当补助。

1960 年 12 月，开放集贸市场，私营商业相继开业，商贩、摊点陆续上市交易农副产品。1963 年 3 月，县委给集市贸易小商、小贩发放营业证，全县私营小商贩有三大行业、118 户、从业人员 137 人，其中商业 70 户、从业 75 人（日杂货 28 户 33 人，粮油 13 户 13 人，蔬菜 15 户 15 人，牲畜柴草 14 户 14 人）；饮食业 34 户、从业 43 人（饭馆 10 户 19 人，馍馍小吃 24 户 24 人）；服务业 14 户、从业 19 人（钉鞋 4 户 4 人，理发 2 户 2 人，旅店 4 户 6 人，修理钟表 3 户 5 人，制蒸笼 1 户 2 人）。1964—1967 年，开展反对投机倒把、投机商贩活动。取缔小商小贩把持市场阵地，不许倒贩粮油、票证、耕畜、皮张等，计划分配物资。

1961 年，国合分家，抽调原并入商业局职工 5 人，恢复合作商店 1 个，经营日用杂货，同时抽出并入国营商业的资金 0.21 万元，随同本人投入合作商店。实行独立核算、自负盈亏，采取“控制营业额，限制经营范围”等不合理办法，致使合作商店商品陈旧，资金不足，只有杂货 4 种，经营很不景气。

购销　1952 年，供销联社成立初期，经营的工业品主要从西宁进货，农副土特产品从农村收购。当年收购值 8000 万元（折新币 8000 元），有绵羊毛 3000 公斤，绵羊皮 200 张。1953 年，省拨“万国牌”载重汽车 1 辆，专司货运。经营范围有食品、纺织品、百货 3 类 100 余种商品。1954 年，设立循化县供销联社驻西宁采购站，设临时采购员 1 人。主营的生产资料、土产杂品、干菜及调味品等由省二级批发站进货。1962 年，私营工商业者在社会主义改造中被接收入社，大部分安排在各生产队设立的代购代销店内。至此，农村市场被供销合作商业占领。1962 年，国民经济调整，供销合作社经营业务到 1964 年调整为：县以上社收购、分配、调拨，供应的有棉花、烟、麻、土产、日用杂品、废品、干鲜果品、干鲜菜、调味品、农业生产资料等 10 大类商品，代购畜产品；县以下农村供销合作社均为零售企业，除主营本系统经营商品外，兼营纺织品、针棉织品、百货、文化用品、五金器材、交电器材、煤油、肉食禽蛋、烟酒、糖果糕点等 2 类商品。

商品销售分为农业生产资料与生活资料两大类。生产资料主要有化肥、农药、中小农具等。化肥供应品种从 50 年代的硝酸铁、骨粉增加到 80 年代的氨水、碳酸氢铵、普通过磷酸钙、重过磷酸钙、尿素、复合肥、二铵 7 种。销售量：1951 年 1.5 标准吨，1962 年 432 吨，1978 年 5531 标准吨，1980—1990 年，累计销售 28641 标准吨。农药供应：品种从 50 年代的赛力散、1059 粉等 6 种增加到 80 年代的杀菌剂、杀虫剂、除草剂、火鼠剂、拌种剂 5 类 20 多个品神。销售量：1951 年 0.2 吨，1962 年 34 吨，1978 年 25 吨，1980—1990 年累计销售 178 吨。

1954 年，供销联社设立农副产品采购站。基层供销合作社设专（兼）职收购员 1 名。收购绵羊毛 2.7 万公斤、绵羊皮 446 张、牛皮 36 张、旱獭皮 362 张、羊肠衣 400 根、杂铜铁 2.46 万公斤、大黄 526.5 公斤，农副土特产品收购总值达 10.58 万元。1956 年后，农副土特产品统由各基层供销合作社按分配计划任务收购。收购的主要品种有：1. 农副产品类：包括粮食、油料、活牛、活羊、家禽、鲜蛋等；2. 干鲜瓜果类：包括苹果、梨、杏、桃、核桃、西瓜、甜瓜等；3. 调味品类有花椒、辣椒等；4. 中药材类：有大黄、姜活、秦艽、黄芪、党参、冬花、甘草等；5. 畜产品类：有绵羊毛、山羊毛、羊绒、绵羊皮、山羊皮、牛皮、羔皮、羊肠衣等；6. 野生动物类：有旱獭皮、狼皮、扫雪皮、狐狸皮、雕翎等。同时，国家加强收购产品的管理，一类粮、油产品，二类肉、禽、蛋产品的收购业务，于 1958 年分别移交粮食商业，国营商业按照计划由农村直接收购，其余三类农副产品由供销合作社独家经营；除一、二类农副产品不准进入市场交易外，其他农副产品不受限制，都可自由买卖，协商议价，相互交流，促进城乡、工农之间经济联合，增加城镇市场供应；实行以工业品对农副土特产品的贸易和收购奖励措施。农副产品收购主要有：绵羊毛、绵羊皮、牛皮、羔皮、羊肠衣、旱獭皮等。用于奖励农副产品收购的有：粮票、鞋票、卷烟、茯茶、青盐、白酒、布票。

1950 年，成立国营贸易支公司，5 月，设立循化盐务缉私卡，派驻缉私部队。1952 年初，改名青海省盐务管理局循化支局。同年 10 月，成立工商科，主管全县商业。1954 年，国营贸易公司花纱布公司成立，年末职工 15 人。1955 年，撤销国营贸易公司，成立 5 个专业公司，即纺织品公司、食品公司、百货公司、烟酒专卖公司、盐务公司。1956 年 9 月 1 日，工商科改称商业局。1958 年 1 月 7 日，撤销盐务管理支局，业务并入商业局。同年 4 月 1 日，商业局与供销联社合并统称商业局，设 5 股、二厂（场）、4个门市部，即业务一股、业务二股、外贸股、财会计统股、人事秘书股，食品加工厂、家禽饲养场，针纺百货五金、食品、生产资料门市部和饮食服务经理部。1959年7月，医药公司成立，有职工5人。1959年底，商业局有职工158人，设5科室和9个门市部，即办公室、财会科、业务科、采购科、副食水产科，百货商店、食品商店、杂货商店、生产资料门市部、三八商店、蔬菜水果门市部、循化饭店、清真饭馆、照相修理门市部。

民贸商店1958年筹建，1959年建成二层楼。饮食服务公司1958年，兴建二层营业楼1幢，称循化饭店，有营业用地1802.83平方米，职工宿舍725平方米。设饭店、理发、照相服务部。

——循化撒拉族自治县志编纂委员会：《循化撒拉族自治县志》，中华书局，2001年版，第362—377页。

粮食“统购”“统销”政策，是农村四大经济工作之一，是党对农业实行社会主义改造任务中一项重要措施。这次粮食“统购”“统销”工作，由于全党重视，上下动员，全力以赴，因而获得了良好的成绩，超额完成任务十五万六千斤，大大提高了广大农民群众的爱国主义与社会主义的觉悟……农村出现了增产节约支援国家建设和互助合作走向社会主义道路的两种高潮，同时对其他一切工作也向前推进了一步，其主要经验有三条：

第一条，总路线的宣传动员，是否深入广泛？百分之百的农民群众是否真心的自觉起来，拥护总路线和粮食的“统购”“统销”政策，这是完成任务好坏的主要关键，政策深入了，群众自觉了，完成任务也就没问题了。否则势必形成各种各样的强迫命令，其后果是不堪设想的。

第二条，是否依靠了当地干部和积极分子带头卖出自己应该卖的粮食。这个问题有的地方做得好，工作展开的也较快且好，有的地方就不同，有的同志是经得起这个考验，有的同志就被攻垮了。

第三条，领导上对全县粮食情况基本是掌握了，摸清了底子，做到心中有数，决定卖粮任务。否则会过右过“左”，弄得不好就要犯错误，这是执行政策的物质基础。

上述三条经验作的好坏，能否正确掌握执行，关键在于教育好县区乡三级干，在这段工作中我们检查起来，还存在着以下几个问题：

1. 对“统购”“统销”这一完整政策，缺乏全面交代，因之农村部分人对“统销”

有怀疑，或多或少地影响了“统购”工作。

2. 粮食市场由国家管理，同时允许互通有无政策的开展交待得不够，很多同志错误地认为我们把农村余粮卖完了，农村再没有余粮了，因之互通有无政策至今还未很好地展开，其主要思想障碍有三：（1）怕露富，（2）怕吃亏，（3）备荒等思想。

3. 对劳动最光荣宣传不够，特别是对劳动所得和剥削所获的界限缺乏明确划分，有某些混淆。因此产生“怕露富”“穷光荣”这种颠倒思想还阻碍着生产力的提高发展和政策的执行，起着破坏作用，这种形势如不很快转变，它将会影响国家建设和生产的发展，造成阶级分化，同时会影响到党和人民群众的联系。

因此，这次党代会，三级干部都要重视起来，抓好以下几点工作：

1. 宣传好总路线和“统购”“统销”政策，依靠广大人民群众的自觉，开展互助合作和爱国增产运动，结合春耕准备工作，彻底纠正“怕露富”“穷光荣”等思想来办好“统销”。

2. 摸清农村缺粮底子，过去摸得还不够正确，一般都偏高，对产量估计低了，目前应从以下几种类型去了解，（1）非农业户，（2）失掉劳力的孤寡，（3）因受天灾病祸而缺粮者，（4）一般的缺粮户，（5）不好劳动的二流子，以上各类均要以重点摸出户数、人数、缺粮的天数。

3. 建立与健全机构，二、四区建立合作社代销，三、五区成立两个供销点。干部问题由粮食部门协组织部门解决。

供应的方针只要不是投机倒把，不要弄得太紧了，但应摸清底子，同时要教育群众有什么吃什么，保证吃饱。一、二、四区做得不好的地方要补课。希望同志们首先要学习好，并根据以上两个问题，检查县委领导，提出批评意见。

——李恩普：《关于总路线的宣传和粮食“统购”“统销”工作总结的报告摘要》，中共循化县委党史研究室：《中国共产党循化撒拉族自治县历次党代表大会（1954 年 3 月至 2006 年 9 月）》（内部资料），2008 年，第 4—5 页。

第二章　人口变迁

撒拉族是我国人口较少的一个少数民族，主要聚居在循化撒拉族自治县和化隆回族自治县黄河谷地，以及甘肃省积石山保安族东乡族撒拉族自治县大河家乡一带。青海省的西宁市及黄南、海北、海西等州和甘肃省夏河县、新疆维吾尔自治区乌鲁木齐市、伊宁县等地亦有一定数量的撒拉族聚居。循化是撒拉族的发祥地，是撒拉族的主要聚居地。散居在各地的撒拉族都是由于历史上的种种原因，从循化县陆续迁去的，他们的生活习俗和语言服饰虽有不同程度的变化，但还没有失去自己的民族特性。

——青海省民族宗教事务委员会，http://www.qhsmzw.gov.cn/mzzjgk/qsmzfb/。

一、人口空间布局

新中国成立后，撒拉族人口大幅度增长。根据《青海省人口统计资料汇编》，1953年第一次人口普查，全国撒拉族人口为30658人，其中27760人分布在青海；1964年第二次人口普查，全国撒拉族人口为34664人，其中青海29796人；1982年第三次人口普查，全国有撒拉族人口69135人，其中青海有60981人。到1990年第四次人口普查时，撒拉族人口已经达到87546人，其中青海省有76818人，占全国撒拉族人口的87.75%。撒拉族成为中国人口在10万以下的22个民族中人口最多的民族。目前，撒拉族主要聚居在青海省循化撒拉族自治县和化隆回族自治县的黄河谷地，以及甘肃省积石山保安族东乡族撒拉族自治县大河家乡一带。青海省的西宁市及黄南、海西等州和新疆维吾尔自治区伊宁县、乌鲁木齐市等地亦有一定数量的分布（见下表）。

全国撒拉族人口主要分布地区一览表 单位：人

青海省	撒拉族总人数	其中：循化撒拉族自治县	化隆回族自治县	西宁市	海西蒙古族藏族自治州	黄南藏族自治州
人数	76818	60418	9653	1445	1547	1328
甘肃省	撒拉族总人数	其中：积石山保安族东乡族撒拉族自治县				
人数	6740	539				
新疆维吾尔自治区	撒拉族总人数	其中：伊宁县	霍城县	阿勒泰地区	乌鲁木齐市	
人数	3706	1447	504	431	200	

——国家统计局人口统计司、国家民族事务委员会经济司编：《中国民族人口资料（1990 年人口普查数据）》，中国统计出版社，1994 年版，第 939—944 页。

1964 年《循化县关于人口普查工作的总结报告》

省人口普查会议后，我县立即成立了人口普查领导机构，研究部署了这一中心工作，并在省人口普查办公室同志的协同下，在城镇公社托坝大队进行了试点。随即经过动员和挑选组成了一支 848 名（县、公社两级脱产干部 324 名，不脱产干部 524 名）的人口普查队伍。经县、社两级分批地进行了训练，武装了参加普查人员的头脑，基本上学懂了普查的意义、原则和登记办法。在正式登记以前有九个公社还进行了试点，及时地研究总结了试点的经验，指导了工作。这次人口普查，80% 以上的社员、干部职工、家属居民，都听到了宣传，受到了教育，给普查登记打下了极为有利的基础。据不完全统计农村还有 850 多名积极分子参加了宣传讲解活动，有力地推动了人口普查工作。

通过这次人口普查：全县 15 个公社，114 个生产大队，473 个生产队和居民户、机关、场（厂）共有 10990 户，43943 人，其中男 20744 人，女 23199 人。非农业人口为 2074 人。今年上半年出生小孩为 1010 人，出生率为 2.29%；死亡为 629 人，死亡率为 1.24%。以民族分：撒拉族 23762 人，藏族 12155 人，回族 4000 人，汉族 4013 人，哈萨克、保安、蒙古族、满族 13 人。从年龄上讲：不满 1 周岁至 15 岁的有 17433 人，16 岁至 54 岁的有 22428 人，55 岁至 100 岁的 4067 人，100 岁以上的 6 人，年龄不详的 9 人。文化程度情况是：不识字 22677 人，初识字 1166 人，初小 4924 人，高小 1155 人，初中 1097 人，高中 273 人，大学 61 人。

这次人口普查完全是按照省委、省人委关于人口普查工作的指示进行的，从学习到汇总和统计，历时26天。大体经过训练队伍、宣传动员、登记统计、检查验收汇总四个步骤。普查最关紧张的几天也注意结合了生产，其他工作都为人口普查让了路。力量是集中的，登记、统计是准确的，工作中没走大的弯路。

第一，领导重视，及时抽调干部，训练普查队伍。不论县、社在训练队伍时，都很认真，以县委常委、副县长李思学同志为主的人口普查领导干部，都是原原本本地向干部宣传讲解中央和省委、省人委关于人口普查工作的指示，使党的指示不走样地和干部群众见面。通过学习大家认为，现在在全国进行第二次人口普查是适时的、正确的、必要的。训练中，开始有人感到“登记简单，登记容易，没啥学头”，深入钻研文件，学了办法后，认为“普查工作复杂、细致，马虎不得”。为了使大家学深学透，还采取了互相问答、出题测验的办法，促进学习，巩固成绩。经过学习，提高了参加学习人员的认识，下去的同志大部分积极努力工作。公社在组织干部学习时，特别注意了基层干部学懂、学通。对提出的各种具体问题，都做了认真的研究，统一了口径。为了按时保质保量完成任务，县上还统一组织了五个检查验收小组，并拟定了人口普查人员的六十条纪律。在普查中，发现少数队伍有忽视宣传、赶登记的急躁情绪和登记中的差错问题，及时召开了电话会议，进行纠正。

第二，深入地进行宣传，充分动员群众，打通思想，解决群众的模糊认识和思想疙瘩。人口普查也是一场尖锐复杂的阶级斗争，各阶层有各种各样的反映和动态。主要是：（1）“这次来的人多，是不是要搞社会主义教育”。（2）“和1958年一样，可能要抓一些参加过叛乱的人”。有人怀疑是抓外国来的搞修正主义的人。（3）“清理结婚手续的人来了，不够年龄结婚的要叫离婚”。登记后按人口分配布证、红糖、茯茶。有的群众还说：“7月1日以后出生的小孩，算不算中国人，布票从哪一国去领。”（4）反坏分子也趁机造谣说：“我们离印度近，要抓兵打仗去哩，人口多的小心些！”各公社和生产大队对群众的反映，召集了党团员会、干部会、妇女会、老年会和四类分子训话会进行了宣传教育。对疑难的提问，做了综合的研究，采取了统一口径进行解释。解答的问题大都达到了详细、通俗，使群众进一步明白了这次人口普查的重大意义。对有破坏行为的四类分子也进行了驳斥。通过教育、说服收到了良好的效果；有小孩母亲报实人口的；有妻子说服丈夫报准年龄的；有和多报年龄、想早结婚的人争辩的；有批驳坏人造谣生事的。如建设堂公社贫农角巴说：“马步芳的人查户口，就是抓兵要款；共产党啥都为我们，如今登记人口是为了更好的安排我们的生产生活。”他先报准了自己家的人口情况，然后，带头向群众做宣传。有些青年人说：“现在毛主席的兵条件高，我们去当还当不上。”有力地戳穿了坏人的造谣。清水公社社员韩尕石榴（团员），见人就宣传，她和妇女在一起拔草，就讲人口普查对国家对生产队的好处。各地还利用黑板报、土喇叭进行了宣传活动。

第三，细致地进行登记，认真地进行核对，是人口普查最主要的一环，否则就会影响全局。我们采取了以上门登记为主，和设站等级相结合的办法。绝大部分社队做得较好，没有返工，合乎要求。中库公社拉龙哇大队，是在公社统一领导下，通过边试点边训练教育队伍。他们将 39 名普查干部，编成了 7 个组，分户包人地进行宣传教育。要求工作同志通过实践联系自己学到的政策、登记办法，然后总结工作指导总结。他们是大会讲，小会讨论，上门解除群众顾虑、疑问，直到群众懂得了才进行登记。登记时，一人问情况，一人翻译，一人查表，一人填写，查表的和登记的人互相监督，写完后又和本人核对。出于工作细致，群众发动的充分，登记就没有出差错。反之，有的个别大队，如城镇公社石头坡大队，未很好地进行宣传，不按中央规定办事，把登记表交给生产队的会计，工作人员在大街，结果把年龄算错，把男写成女，儿童填为老人，活人登为死人，死人登为活人；把与户主关系（如妻子填为“爱人”“老婆”“媳妇子”）和不按土改时成分填写的，以及不论年龄大小填为和户主一样成分等不合乎规定的，都及时做了改正。

登记，是一项复杂细致的工作，关键在于对革命有高度的责任心，否则，再有知识，再有工作能力仍然搞不好这件事。查加公社果什摊是个 126 户 516 人的大队，负责普查人员有计统局长、公社秘书、记者等若干人，但由于马虎，年龄差错悬殊的有 36 人，不登出生年月日的占 60%，其他差错 50 处，这些都是工作中的深刻教训。

汇总统计工作是人口普查的结晶。设计的表格都是非常科学的，互相具有制约的作用，稍微一马虎，就会添乱。我们在这方面调整组织了人力，加强了审核工作。各公社、机关、居民搞统计的人员在未汇总前，对登记表格逐项进行审查，核对了迁出迁入的人数。

第四，在这次人口普查中，我们注意了民族地区民族特点，如撒拉族有早婚的习气，怕不准结婚虚报年龄，部分人（特别是妇女）不知自己的年龄、属相，藏、撒拉社员文化水平低，大部分不懂汉语，再加上宗教迷信思想的影响，对普查工作带来了困难。在克服这些困难中，我们注意了各生产队民族干部的搭配和充分发挥基层干部的积极性，同时采取正面宣传（如讲婚姻法、早结婚的害处等）。

——《循化县关于人口普查工作的总结报告》，循化县档案馆藏，档号：1-1-104（永久）。

根据1990年第四次人口普查统计，循化县撒拉族人口占全国撒拉族人口总数的69%，占本县人口总数的60.73%。散居在各地的撒拉族都是历史上由于种种原因从循化县陆续迁去的。到1999年年底，全县共有人口112716人，其中非农业人口9363人，撒拉族人口68128人，撒拉族占全县总人口的60.44%。循化县全县辖九乡一镇，撒拉族主要分布在积石镇、孟达乡、清水乡、街子乡、白庄乡、查汗都斯乡等五乡一镇，五乡一镇的撒拉族人口为58559人，占五乡一镇人口总数的78.2%，占全县撒拉族人口总数的69.86%（见下表）。

1990年循化县撒拉族人口主要分布地区一览表　　单位：人

项目	白庄乡	清水乡	孟达乡	街子乡	查汗都斯乡	积石镇	合计
总人口	16825	7975	2443	14377	10803	22458	74881
撒拉族人口	14912	7192	2002	14193	9297	10963	58559

——循化撒拉族自治县第四次人口普查办公室：《循化撒拉族自治县第四次人口普查手工汇总资料汇编》，1990年12月。

根据国家民委对我国人口在10万以下的少数民族的经济和社会发展状况进行综合调查研究的要求，青海调查组在课题组负责人马戎教授的带领下，于2000年8月在青海省对撒拉族经济和社会发展状况进行了调研。

因为全国撒拉族人口主要聚居在青海省循化撒拉族自治县（以下简称循化县），因此本次关于撒拉族经济和社会发展状况的调查主要在循化县进行。本次调查采取点面结合的方法，在对省、地区、县等各级政府机关部门进行咨询并搜集材料的同时，主要对循化县的孟达乡、街子乡的塔沙坡村、木场村、大庄村、洋苦浪村、三兰巴海村、团结村、吾土百那亥村等七个村的农户进行了一百多户的户访。

根据1990年第四次人口普查统计，该县撒拉族人口占全国撒拉族人口总数的69%，占该县人口总数的60.73%。散居在各地的撒拉族都是历史上由于种种原因从循化县陆续迁去的。到1999年年底，全县共有人口112716人，其中非农业人口9363

人，撒拉族人口68128人，撒拉族占全县总人口的60.45%。循化县全县辖九乡一镇，撒拉族主要分布在积石镇、孟达乡、清水乡、街子乡、白庄乡、查汗都斯乡等五乡一镇，五乡一镇的撒拉族人口为58559人，占五乡一镇人口总数的78.2%，占全县撒拉族人口总数的69.86%。

在22个人口少于10万人的小民族中，撒拉族是一个文盲比例很高的民族，文盲比例为68.69%，仅次于门巴族（77.75%）、珞巴族（72.71%）和保安族（68.81%）。教育问题，特别是农村地区的撒拉族教育问题，成为该民族发展的主要问题之一。

——中国人口较少民族发展研究丛书编委会：《中国人口较少民族经济和社会发展调查报告》，民族出版社，2007年版，第340—367页。

撒拉族人口增长呈现以下特点：

第一，人口增长速度快，持续时间长，年轻型显著，是第一个特点。

解放后的三十多年中，全省人口年递增30.1‰，比全国高11%；高自然增长持续的时间也长，以1963—1979年为例，全省年增率一般在30‰上下，1965年高达39.6‰。近几年来，青海省人口的自增率有所下降，但依然较高。如1980和1981年，分别为15.53‰和19.19‰，大大高于全国平均水平。这种情况，在近期内难以根本改变。由于青海人口增长过快和平均寿命较低，全省人口年轻型更为突出。目前，全省15岁以下的人口共150万，占总人口的39.80%，比全国同类比例高4.8%。29岁以下的人口共243.3万，占全省人口64.56%。

人口质量有所提高，但依然停留在极不平衡的低水平上。

解放后，青海省人民的健康水平和智力程度有所提高。在身体素质上，大多数人口的体质有所增强，大部分地区人口死亡率大为降低，平均寿命明显提高；在智力水平上，社会劳动已由简单的农牧二元结构向多元结构转化，从业者的水平发生了变化。同时，文化程度也有所提高。1982年与1964年相比，每十万人中具有各种文化程度的人数和文盲人数呈反向运动。

——青海省人口学会：《青海民族人口问题探讨》，青海人民出版社，1984年版，第29页。

化隆县是除循化县外全国撒拉族人口集聚最多的地区，现居甘都镇阿河滩村的撒拉族是最先迁入化隆的撒拉族之一。在明初洪武至永乐年间（1368—1424年），迄今约有600年历史。撒拉族迁入化隆境内以来，人口增长迅速，在全县总人口中所占比例呈上升趋势。

新中国成立后，化隆县境内撒拉族有两次大的迁移。一次是60年代初，由于生活困难，有十几户撒拉族迁往新疆伊犁、喀什、阿勒泰、阿克苏、石河子等地，投亲靠友，在新疆定居。第二次是70年代末到80年代初，一小部分撒拉族迁往青海省柴达木盆地、青海民和县、共和县，甘肃窑街等地区定居。

——化隆回族自治县人民政府：《化隆境内撒拉族从何而来》，http://www.qh.gov.cn/.2015-5-29。

化隆县有撒拉族1万多人，主要分布在甘都、阿什努、初麻、谢家滩、德恒隆等地。历史上，有"循化八工外五工"的说法，"外五工"指的就是化隆的撒拉族聚居区，为这些地方属于历史的"外五工"，即甘都工（今甘都镇），卡力岗工（辖今阿什努、德恒隆、沙连堡三乡），上水地工（亦称群科工），黑城子工（今扎巴乡），十五会工（辖今巴燕、谢家滩、初麻等地区）。据化隆县政协材料，1997年底统计，化隆县撒拉族人口有10920人，占全县总人口的4.9%，甘都镇有撒拉族人口6973人，初麻乡1757人，阿什努乡1274人，谢家滩乡411人，巴燕镇250人，德恒隆乡138人，另外沙连堡、石大仓、昂思多、扎巴、加合等地散居113人。

据《化隆县志》记载，甘都镇阿河滩村撒拉族最先迁入化隆，《循化志》记载："乾隆四年（1739年），有奉文：苏只工之苏胡子（今甘都苏合加村）、阿合旦（即阿河滩村）二庄，别列工之阿路一庄，在河北者，归碾伯县管理。"

唐寺岗撒拉族村是化隆县甘都镇的一个大村落，2012年6月至7月调查，该村现有11个社，600户，2900人，除极个别人外都为撒拉族。全村80%的人姓马，其余为韩姓，还有少数高姓人家，全村有3个孔木散。唐寺岗村的撒拉族约是在明代从循化县白庄乡张尕庄迁来，以后陆续有循化街子、清水、查加、孟达和化隆县境内的德恒隆、阿什努、列仁、卡索等地的撒拉族迁入。

甘都苏合加村撒拉族是循化查汗都斯苏志村马姓孔木散中迁来的，苏合加村原是藏族居住地，"苏合加"是藏语，意为撒拉人与中原人混合杂居的地方，此地的藏族迁到海南共和县。苏合加村修建清真寺时，是苏志村伐黄河南岸森林中的木料帮助修建的。至今两村庄仍有亲戚来往，保持着联系。

甘都四合生村撒拉族是清朝时期从循化、甘都阿河滩、关巴、苏合加等撒拉族村迁人，迁入原因多为原村庄人多地少，人口外迁。四合生村土地宽广，水利便利，有油坊、水磨、草山等优越条件，其先人迁居后扎根此处，以后人口繁衍成为四合生村。甘都镇关巴村撒拉族最早是从循化大别列村迁来的马姓人家，后来循化苏只、甘都河滩村撒拉族也陆续迁入。

卡索撒拉族有七个村子，尕加、纳哈隆、言木、克家、尕全吉五个村子相连，卡索地区的撒拉族都姓马。据 2005 年 1 月调查，卡索撒拉族共有 260 户，2000 多人。当地山大沟深，居住分散，交通不便，水资源匮乏，人畜饮水困难，因此，当地人曾不断外迁。仅列仁村在 1958 年往新疆伊犁、乌鲁木齐及兵团等地就迁移了四五十户，往青海民和和兰州窑街迁了六七户，往青海兴海迁了七八户，往化隆群科迁了六七户，往循化赞卜乎村迁了七八户，往格尔木迁了四五户。这些农户有一定的经济能力，迁到那些地方后在那儿买地种田生活，留下的大多是无经济条件往外搬迁的家庭。

卡索撒拉族是明代期间从循化街子三兰巴亥村迁来。他们先在拉木峡藏托定居，当时该地区为藏族居住之地，马姓撒拉族给藏族放牧为生，后逐渐买地耕种。经 100 余年以后，随着人口增加，藏托地方狭小，土地少，便买了纳哈龙村藏族土地，前往纳哈龙落户，以农为主，兼营畜牧。

纳哈龙村有 72 户，422 人，全部为撒拉族，主要以农业为主，在外开饭馆经商的较少。1997 年村里才通电。全村人均土地 3.3 亩，小麦亩产 250 斤左右。除小麦外，还种植豆子、胡麻、土豆等。当地属浅山地区，靠天吃饭，一遇旱灾就没有收成。由于干旱，村民饮水非常困难，附近有几眼小泉水，但由于资金问题，无法修筑蓄水池。60% 左右的人家各修了两个水窖，人畜饮水分开。

列仁村全村 48 户人家，247 人，990 多亩地，其中退耕还林 750 亩。退耕还林项目是 2001 年至 2003 年实行的，每亩补偿村民 200 斤粮食和 20 元钱。

初麻村撒拉族约 380 户，他们的祖先是从清水阿什匠村、大庄、红庄，孟达村，甘都阿河滩和苏合加村，街子等地迁来的，闵姓人家是从洮州一带迁来的。全村撒拉族 60% 的人姓马，韩姓和闵姓人家各占 20% 左右，还有冶姓和高姓人家各一两户。当地经济农作物 80% 是小麦，还有土豆、油菜。虽然当地可以种植白菜、葱、蒜、韭菜、萝卜、甘兰等蔬菜，但由于经营不善，日常生活中的蔬菜基本上需要从外边买进。初麻乡塔么村撒拉族是由伊麻目村迁入，原为韩姓两兄弟到此放牧定居，后马姓撒拉族也从甘都镇列卜加村尕拉仓、石大仓乡台力盖村逐渐迁入。村里还有部分冶姓撒拉族，是从民和李二堡乡冶家堡子迁入的。

德恒隆的撒拉族是光绪二十一年从循化托隆都等地逃难而来，目前不说撒拉语，而是以藏语和汉语为交流工具。

谢家滩的撒拉族有120户左右，除了两三家姓冶外全部姓马，其祖先是从孟达迁来的。

——马伟：《化隆县的撒拉人》，见全国政协文史和学习委员会、青海省政协文史和学习委员会：《撒拉族百年实录》，中国文史出版社，2015年版，第124—130页。

海西蒙古族藏族自治州撒拉族是20世纪20—30年代垦荒乌兰县希里沟开始，主要集中在海西州乌兰县希里沟镇河东村、乌兰县柯柯镇兴化村、格尔木市郭勒木德乡新华村、诺木洪综加镇、都兰县香日德镇中庄村等地。

乌兰县希里沟河东村和香日德中庄村都是撒拉族早期自愿移民，20世纪30年代初，急于改变生存状况的33名贫苦的撒拉族农民从循化波立及、波拉海、果什滩、细沟等村，牵着毛驴，带着一些简单的生活用品，和家人经过艰难的长途跋涉来到希里沟垦荒，定居在河东村，形成典型的“撒拉村”。

河东村位于乌兰县城以东4公里处，是一个以农业为主体的人口较少民族——撒拉族集聚的村子，历史上又称“一棵树”。全村共有183户（只有一户汉族）732人，耕地面积495亩，退耕还林地653.9亩，草场面积29885亩，土地流转499亩。2010年，农业收入37.44万元，牧业收入197.17万元，劳务输出158.63万元，在外地开饭馆的有44户，农民人均收入3782.81元。是一个通电、通水、通话、通网的小村，硬化道路4.67公里，农民畜用暖棚28座。1999年被“中国农村社区发展促进工程”评为“中国特色经济村”。

——马维胜、黄军成、杨有柏：海南州海西州撒拉族经济实地调查，2012年8月23日。

垦荒希里沟

对开荒希里沟的过程95岁的撒拉族老人韩智有一段生动的描述：“希里沟是蒙古语，意思是马莲滩。20世纪30年代，希里沟遍地是芨芨草和马莲，新来户必须一镐一锄开辟荒地。当时来到河东村的只有9户撒拉族，分别是：

加及保	波立及人，4人
尕鲁保	波拉海人，5人

海机制	波拉海人，6—7 人
特有保	果什滩人，5—6 人
二十六保	细沟人，4 人
尕佳古	细沟人，3 人
四十古	细沟人，3 人（父母和老人）
胡才尼	波拉海桥头人，3 人（两口子和孩子）
哈克木	波拉海人，3 人（两口子和女孩）

当时主要种庄稼，有些牛羊，前人已开耕地几十亩，后撒拉开荒。撒拉尕娃韩哈三用镢头挖芨芨草，一口气挖了 300 镢头，受到当时政府官员的表扬，经常在众人面前讲：'这才是当家的男子汉，人人这样吃苦耐劳，几年天气，我们这个地区家家户户可以不愁吃穿。'开荒以后，地需要浇水，可是河东村没有水，河东村后面山上有水，把后山的水引到河东村困难非常大，在荒原上引水，水还没到就已经全部渗到沙子里。没有水庄稼很难成活，我们的日子没办法过。于是不信邪的撒拉人巧妙地想到一个好法子：用铁锹将草皮铲下来，驴驮草皮，地下铺一层，两面垒砌成水渠，引水到河东村。对此，周围的老百姓由衷地赞叹'撒拉的办法大，撒拉的手段高'。"

都兰县香日德镇中庄撒拉族是 20 世纪 30 年代中后期，韩福祥等 3 户撒拉族和 3 户回族从乌兰来到都兰夏日哈地区，三年后来到香日德，这 6 户人家是最早到香日德地区居住的撒拉族和回族，他们打庄廓、开荒种地，逐渐定居下来。20 世纪 40 年代第二批撒拉人迁来，撒拉族人口不断增加，2010 年，香日德中庄村共有撒拉族 65 户，287 人。河东村和中庄撒拉族移民的典型特征是从低海拔地区向高海拔地区迁移，主要以自发形式向西纵深迁移。

——马维胜、黄军成、杨有柏：海南州海西州撒拉族经济实地调查，2012 年 8 月 23 日。

新中国成立以后，特别是改革开放后，青海海东地区作为青海农业发展的重心，人口与资源的矛盾日益突出，如何更好地解决贫困地区人口的脱贫致富问题成了政府关注的热点，海东地区贫困人口向海西等地人口稀少地区迁移，成为政府解决贫困问题的良策，提出"东民西移"的解决思路。20 世纪 80 年代初，一些撒拉族群众开始以投靠亲友形式，自发地、有规模地迁移到海西乌兰、都兰一带从事农业并定居下来。1986 年，青海省政府制定了"兴海西之利，济海东之贫"的跨区域开发扶贫移民的策略，把调庄移民当做解决东部干旱山区贫困人口脱贫的一项战略举措，开始实施大规模的移民工程。

格尔木市郭勒木德乡新华村是1993年从循化县孟达锁通村迁来的27户80名撒拉族组成，主要是响应青海省政府号召，生态移民到格尔木市，成为又一个海西州的"撒拉村"。当时由于吃水困难、蚊子多、庄稼收成不好，第二年又回去了22户，留下的5户人住了3年，他们是：韩阿力（残疾人）、韩麻乃、韩贵、韩进忠、韩乙四夫。1997年，由于亲戚朋友相互带动影响，原来回去的人又回来了，也有新来的，截止到2010年共有38户，170人，300多亩土地。其中200亩种小麦，100亩种油菜，小麦亩产最多700斤，平均500—600斤。

乌兰县柯柯镇兴化村的撒拉族是由2000年循化县孟达塔撒坡村38户、白庄3户、清水大庄4户迁来的共45户组成，其中撒拉族42户，回族3户，迁移到海西州乌兰县柯柯镇兴化村，形成"撒拉村"，撒拉族人口占总人口的96%。由于当地气候条件恶劣，搬迁至此之后，80%的住户又回迁到孟达塔撒坡。2010年共有42户，165人。

——马维胜、黄军成、杨有柏：海南州海西州撒拉族经济实地调查，2012年8月25日。

积石山保安族东乡族撒拉族自治县内的撒拉族是在清乾隆、同治、光绪年间反清斗争失败后，因逃难和婚姻关系从青海循化撒拉族自治县的街子、崖曼、细沟、白庄、清水、孟达、草滩坝、塔撒坡等地迁入的。亦有在民国十七年（1928年）因反抗国民军压迫斗争失败后逃难迁入的。主要居住在四堡子、大河家、刘集乡，石塬、柳沟、吹麻滩、癿藏、小关、中咀岭等乡镇亦有零星散居。经统计，1981年全县有撒拉族3896人，1988年增加到4429人，占全县总人口的2.27%。

居住在大河家、四堡子乡的撒拉族群众有经营园艺业的习惯。家畜家禽有牛、羊、骡、驴、鸡、鸭、兔等，部分群众还养蜂。畜产品有羊毛、皮张、牛奶、肠衣、肉及蜂蜜。生产工具与周围回、汉民族相同。居住在积石山东麓的撒拉族群众依靠得天独厚的自然条件，"靠山吃山，靠水吃水"，他们善做伐木斧头和用于狩猎的火枪、夹挠及马尾撒扣。撒拉族素重有福同享，故将猎物平分，从不获为己有。他们用青杠、楣子、缠条等质地坚硬的藤条或荆条缠绕编织的各种背篼、筐子、耙耱经久耐用，结实牢靠，20世纪初至70年代远销青海循化、化隆、民和、同仁、尖扎和甘肃永靖、临夏等地，甚或顺黄河而下，销往兰州。撒拉族人民擅长擀毡、织褐、打铁、凿石、制鞋，其工艺考究，式样繁多。

——积石山保安族东乡族撒拉族自治县志编纂委员会：《积石山保安族东乡族撒拉族自治县志》，甘肃文化出版社，1998 年版，401—403 页。

据积石山县统计局 2008 年 4 月的“积石山县国民经济统计资料”显示，全县总人口 235387 人，其中撒拉族 8679 人，约占 3.69%。全县 17 个乡镇除了安集乡外皆有撒拉族居住，分布较多的是大河家镇、刘集乡、吹麻滩镇。整体居住分散，基本上呈点状分布，形成了与保安族东乡族回族等民族杂居的撒拉族小聚居区域。

方家村地处积石山保安族东乡族撒拉族自治县县城的西北角，属于城乡结合部，与县政府隔街而望。截止到 2008 年 9 月 30 日，全村八个社，人口合计 299 户 1445 人，耕地面积 1137 亩，人均 0.77 亩。有保安族、东乡族、撒拉族、回族、藏族、土族、汉族等 7 个民族，其中撒拉族 71 户 341 人，男性为 191 人，女性为 150 人（2009 年积石山县吹麻滩镇政府统计资料）。少数民族家庭共计 184 户，占全村家庭 61.5%。村中撒拉族人口在各社的分布中，以三社和四社为最多，分别为 148 人和 98 人，占全村撒拉族总人口数的 43% 和 29%。撒拉族人口在村中各社的分布是不均衡的，呈现出大杂居小聚居的特点。村子里冬天在家的人多些，夏天人少，年轻人出门打工，中老年人在家务农，孩子一般都交给老人看管。

方家村四社撒拉族所做的统计显示，除了务农以外，外出打工、开面馆、跑运输、开出租、在行政事业单位上班的已占到四社撒拉族人口的 15.3%，若除去老幼和在读学生，这已是一个不小的比重。这和撒拉族人初到甘肃一直到改革开放前只是单纯务农为主相比，如今的撒拉族人的职业和生计方式已呈现出多元化的态势。

——左庆瑞：《多民族杂居村落中的撒拉族文化变迁研究——以积石山县方家村为例》（硕士论文），青海民族大学，2010 年 5 月 10 日。

2010 年第六次人口普查数据显示，新疆撒拉族为 3728 人，主要分布在伊犁地区的伊宁县、阿勒泰哈巴河县、乌鲁木齐市等地。

最早定居新疆的撒拉人是魏家堡，本姓马，原籍青海，撒拉族，经名穆罕默德·伊斯玛仪·西里甫。根据《循化志》记载，1769 年，在循化撒拉族哲赫忍耶和虎夫耶信众当中发生第二次教争，后官府将哲赫忍耶一派贺麻路乎被发至乌鲁木齐给兵丁为奴，虎夫耶一派尕最韩哈济弟弟韩伍被流放三千里。

整个乌鲁木齐市撒拉族约有300人，原来都集中生活在撒拉巷，但随着城市改造，许多人迁到不同的地方，联系明显减少，只有星期五聚礼或节日礼拜时，大家还能集中在撒拉寺中见一次面。据介绍，在乌鲁木齐所有撒拉人中只有马耐斯、卢明仁等三个老人会说撒拉语，其他人都已丢失了母语。

撒拉族到达伊犁至少有140—150年的历史。这些人先在伊犁县城南边居住，后来到了现在的伊宁县喀什乡一带，然后才迁居至现在的萨木于孜乡撒拉村。光绪二十一年（1895年），循化撒拉族反清斗争失败后，有一部分撒拉逃难至新疆各地，这些人有些在乌鲁木齐生活，有些到了阿勒泰哈巴河，有些向伊犁撒拉族投奔。新中国成立后，也有部分撒拉族因生活困难从青海来到了新疆。

撒拉村是全新疆撒拉族最为集中的一个地方，位于伊犁州伊宁县萨木于孜乡。2003年伊宁县总人口为405051人，其中撒拉族1709人，其中吉里于孜镇59人，愉群翁乡69人，吐鲁番于孜乡7人，阿热吾斯塘乡14人，巴依托海乡69人，维吾尔玉其温乡5人，萨木于孜乡1097人，喀什乡383人，麻扎乡6人。

撒拉村是全疆唯一的以撒拉族为主要构成民族的村庄，始建于1850年，位于伊宁县东部78公里处，南滨伊犁河，西靠喀什河，北临218国道。辖5个村民小组，耕地7315亩，人均2.5亩。2010年撒拉村村委会统计，该村495户2600人，主要构成民族是撒拉族、维吾尔族、哈萨克族、回族、乌孜别克族、保安族、东乡族、汉族等，其中撒拉族371户1950人，占全村总人口的75%。

撒拉村的撒拉族来自循化不同村子，有孟达、大寺古、白庄、科哇、瓦匠庄、细沟、红庄、街子、果什滩、古及莱、波立吉、塘坊、果哈拉、伊麻目、托隆都、查汗都斯、昌克尔、立伦、俄家、吾土波那亥、石头坡、丁江、山根、田盖等，还有来自化隆县甘都、唐寺岗、苏合加、尕日仓、卡力岗、德恒隆、拉木等地的人。在撒拉村虽然有“孔木散”（撒拉族的一种社会组织）的概念，但已经不同于循化撒拉族地方传统的社会组织。他们的孔木散更多以直接的血缘和姻亲为纽带组成。

撒拉村主要种植作物是玉米、小麦和黄豆等，玉米单产约为800公斤/亩，2010年，每公斤约1.5元，小麦单产约为350公斤/亩，每公斤约2元，黄豆单产约为250公斤，每公斤约4元。同时，撒拉村群众还积极利用伊犁河滩和大山草场资源发展畜牧业。一般人家都有几头牛和几十只羊，有些专业户拥有50头牛、100只羊等。2010年，牛肉价格为30元/公斤，羊肉为35元/公斤，牛奶为2元/公斤。

国家发改委实施“人口较少民族扶持发展项目”给撒拉村带来很大变化，2006年，投资 20 万元建设“文化活动中心”，2008 年由循化县人民政府、企业及相关人士共同捐资 40 余万元，在活动中心建立了“撒拉民族文化展厅”。这个展厅对当地撒拉族的宣传和认识起到了非常大的作用。《伊犁晚报》《伊犁日报》《新疆日报》等相关报纸及广播电台对撒拉村进行了多次报道。由于成绩突出，该展厅被列为伊宁县民族团结教育、爱国主义教育基地之一。

除文化建设外，2006 年到 2010 年间，国家还在庭院供水、畜牧养殖及品种改良、育肥羊、奶牛繁殖等“人口较少民族扶持发展项目”方面先后拨款 200 多万元。

撒拉村文化受维吾尔族、哈萨克族等民族的影响较大，如在饮食方面，抓饭、馕、拉条子、那仁等为主要食物，而这些在循化撒拉族生活中是没有的。服饰方面，除了极个别妇女戴盖头外，撒拉村妇女多头戴包巾，身穿长裙，脚穿靴子。在庭院建筑方面，撒拉村完全受维吾尔族影响，房子和附近维吾尔族没有什么差别，房子墙壁很厚，冬暖夏凉，炕比循化的低很多，且很宽大，许多人家都种植葡萄。

——马伟：《新疆的撒拉人》，全国政协文史和学习委员会、青海省政协文史和学习委员会：《撒拉族百年实录》，中国文史出版社，2015 年版，第 141—145 页。

马耐斯老人（新疆维吾尔自治区邮电管理处原处长），撒拉族，生于伊犁，任职期间，曾代表中国政府成功地与中亚五国、伊朗、土耳其、德国等十几个国家签订了亚欧光缆铺设合同。为此老人几十次来往于这些国家之间，为中国和这些国家的电信合作作出了杰出的贡献。尤其是，老人与土库曼官员的接触中，双方发现撒拉语和土库曼语之间很相似，双方对此都很惊奇。当马耐斯被隆重接待并邀请出席在土库曼斯坦的土库曼人的婚礼时，他被请求作了婚礼祝词。他在用撒拉语祝福新人时，向他们介绍了撒拉族七百多年来的简单情况。在场的老人们听完之后，主要意思还听得懂，他们都老泪纵横，泣不成声。

…………

撒拉族文化促进会筹备小组，给循化撒拉族自治县政府写了一封信：

青海省循化撒拉族自治县人民政府：

我们新疆伊宁县萨木于孜乡撒拉村的全体撒拉人，在遥远的西域通过这封信寄去我们对家乡的深深思念之情和对循化县以及周围的撒拉族父老乡亲们的最诚恳、最亲切的问候——安赛俩目外安来孔！愿你们生活愉快，一生平安！

我们新疆撒拉族人民从青海迁徙到此已有120多年的历史，在这发展过程中，尽管我们与其他民族接触和交往，但是我们还是保留了本民族语言文化传统，我们为了本民族的发展、民族教育的振兴做了不懈的努力，但是收效甚微。这次通过撒拉村委会、撒拉学校、撒拉清真寺等组织的有关人员协商讨论后，给你们寄去这封信，希望你们能理解我们这些游离在外的赤子之心，希望你们也能关心我们的命运，关心我们民族的发展前途和未来。

我们新疆撒拉族人口已增至4000—5000人，其中，最密集聚居的是我们撒拉村，现共有人口2300多人，撒拉族占83%，村里有以汉语为主的维、汉合校（小学）一所，在校学生462人，班级18个，教职工28名，其中专任教师14名，代课教师14名，个别代课教师工作已达到11年之久。学校占地面积31亩，校舍面积854平方米，有砖混结构的教室3幢共15间，有土木结构的教室3间，有砖混结构的办公室1幢3间，校园硬化路面共2800平方米，绿化面积3000平方米。

村里有老教清真寺、新教清真寺各一座，都是花园式砖混结构，撒拉村的宗教事务在党的宗教政策下得以顺利开展，两寺人员也能和睦相处；村里有卫生所一个，基本能满足村民的一般医疗需求。

我们新疆撒拉族人民迫切需要你们的帮助和扶持，首先是在教育上，这里的教师素质差、水平低，28名教职工（其中专任教师14人）中有大专学历的5人，中专学历的2人，中师学历的7人，高中学历的14人，代课教师14人。教学条件极差，教学设备也严重不足，缺少实验室、图书室、广播室、微机等，大大影响了我们教育教学质量的提高，希望你们在提高师资水平、教师业务培训、完善教育教学设施等方面，给我们提供一些力所能及的援助！

其次，在文化艺术方面我们认为一个民族的文化艺术是保持他的特色并向外界展示自己的窗口，我们要发展、要提高，首先要让全社会认识我们，所以我们必须要有自己的文化艺术，这方面我们这里的撒拉人是一片空白，甚至撒拉人传统服装是什么都无人知晓，因此，希望你们把现存的撒拉族文化艺术方面的有关材料寄给我们，比如撒拉族特色的民族风情、庭院文化、音乐文化、风景名胜、人文景观等方面的材料。

再次，就是经济发展方面，我们这里地广人少，主要以农牧业为主；商业、企业几乎是零，人才紧缺，我们想能否两地联合，互进互补，结合两地专长，发挥优势，共同为民族经济的发展作一些努力！

我们新疆撒拉族迫切希望能与青海撒拉人民进一步加深了解，进一步密切联系！

最后祝愿你们全体父老乡亲们身体健康，事事顺心！

新疆伊宁县萨木于孜乡

撒拉村委会

撒拉村学校

撒拉村清真寺

二〇〇四年七月十日

新疆伊宁县萨木于孜乡撒拉村人口构成一览表

民族	总人口（人）	男（人）	女（人）	比重（%）
撒拉族	2036	1030	1006	88
回族	130	69	61	
东乡族	80	43	37	
维吾尔族	42	25	17	
汉族	6	3	3	
哈萨克族	11	6	5	
乌孜别克族	5	2	3	
保安族	5	2	3	
总计	2315	1180	1135	

——马伟：《在新疆撒拉族地区的三次调查日志》，见全国政协文史和学习委员会、青海省政协文史和学习委员会：《撒拉族百年实录》，中国文史出版社，2015 年版，第 146—153 页。

现代化过程中，通常也是社会劳动力逐步从农业向制造业、再向服务业转移的过程，从社会地位、经济收入来说，在发展中国家，农民收入往往最低，生产工人收入一般高于农民，城市里从事服务业的就业人员较高。所以分析各民族在各个产业领域的分布情况，可以反映出各民族介入现代化进程的程度和民族间的经济平等状况。根据全国对各民族的行业构成统计，循化四大主体民族仍以第一产业农业为主，其他产业为辅，而且其他产业所占的比例也很低；但是根据笔者的调查和观察，就循化县而言，循化各民族与全国总体调查统计情况稍有不同。因为人手不足，加上政府也没有按民族对各行业人口分布情况做出统计，只能从宏观上在全国总体框架下，对各民族的行业状况做出分析。

——循化撒拉族自治县统计局：《青海省循化撒拉族自治县国民经济社会发展统计资料汇编（一九四九年—一九八七年）》（内部资料），1988 年 12 月，第 136 页。

1999 年五个纯撒拉族乡或撒拉族占绝大多数的乡的撒拉族家庭收入构成（%）

	清水	街子	查汗都斯	白庄	孟达	合计
农业	62.34	39.12	54.2	52.53	65.35	49.33
林业	0.65	0.19	0.70	—	2.00	0.37
牧业	4.03	1.04	0.39	26.84	14.02	7.56
工业	15.07	31.32	3.87	5.35	—	15.83
建筑业	5.06	0.66	16.2	3.34	10.92	5.88
运输业	9.35	26.09	18.9	4.63	4.20	16.79
商饮业	2.41	1.45	5.63	3.34	0.93	3.03
服务业	0.45	0.19	0.11	0.52	1.90	0.31
其他	0.64	—	—	3.45	0.68	0.90

资料来源：根据五个乡的《一九九九年度青海省农村牧区经济收益分配精况统计》整理。

从上表中可以看到，在撒拉族农村地区家庭经营收入状况中，农业虽然仍占主要地位，占到家庭经营收入的 49.33%，但尚未占到收入的一半，工业和运输业的收入比重分别为 15.83% 和 16.79%，已经基本形成了以农为主、多种经营的格局。在不同的撒拉族地区，撒拉族的产业结构还体现出地区性特点，如街子乡的农业收入只占 39.12%，工业收入和运输业收入已分别占 31.32% 和 26.09%，后者之和已远超过了农业收入；而其他几个乡的农业收入仍是撒拉族农民的主要收入来源。

——马伟：《撒拉族人口的行业及职业结构分析》，《青海民族研究》，2004 年第 2 期。

二、人口结构

1964 年 6 月 24 日，循化县开展第二次人口普查工作。普查结果：全县共有 10990 户，43943 人，其中：男 20744 人，女 23199 人；非农业人口 2074 人；撒拉族 23762 人，藏族12155人，回族4000人，汉族4013人，其他民族13人；年龄结构：0—15岁的17433人，16—54岁的22421人，55—100岁的4067人，100岁以上的6人，年龄不详的9人；文化程度：文盲22677人，初小6080人，小学1155人，初中1097人，高中273人，大学61人。

——中共循化撒拉族自治县党史研究室：《中共循化撒拉族自治县党史大事记》（内部资料），2014年7月，第28页。

1982年6月24日，根据国务院颁发的人口普查办法及要求，循化县人民政府抽调普查工作人员820名开展了一个多月的第三次人口普查工作。经普查全县共有15330户，有9个民族。总人口为83614人。其中：撒拉族48400人，藏族21072人，回族7587人，汉族6461，其他民族94人。

——中共循化撒拉族自治县党史研究室：《中共循化撒拉族自治县党史大事记》（内部资料），2014年7月，第51页。

1982年，第三次人口普查时，全县具有小学以上文化程度人口为20369人，占全县总人口的24.36%。其中：大学文化程度220人，占总人口的0.26%；高中（含中专）文化程度2077人，占2.48%；初中文化程度5096人，占6.09%；小学文化程度12976人，占15.51%。文盲人数（12岁以上不识字或识字很少）为35588人，占总人口的42.56%，比全国高出19.06%。应入学而未入学的学龄儿童（6—11岁）8915人，占学龄儿童14767人的60.37%，而入学儿童5852人，仅占39.63%。1990年第四次人口普查时，具有小学以上文化程度人口为30103人，占全县总人口的30.26%。其中，大学（含专科）文化程度的人口457人，比1982年增长1倍多；高中文化程度3396人，增长63.5%；初中文化程度7192人，增加了2096人，增长41.1%；小学文化程度19058人，增加6082人，增长46.87%。以上4种文化程度的人口每1000人拥有量分别为4.6人、31.14人、72.3人、191.9人。比1982年分别增加1.97人、9.3人、11.35人、36.4人。从数据上表明，循化各族人民的文化程度在不断提高，全县12周岁以上不识字或识字很少的人口有45061人，与1982年相比，占总人口的比例由42.56%上升到45.3%，增加2.74个百分点。

——循化撒拉族自治县地方志编纂委员会：《循化撒拉族自治县志》，中华书局，2001年版，第154页。

1990年7月1日，第四次人口普查，循化全县有17859户，其中家庭户17564户，共99471人。其中男49747人，女49724人。撒拉族60813人，藏族23958人，回族8399人，汉族6951人，维吾尔族5人，土族91人，满族7人，保安族19人，东乡族44人，其他少数民族12人。在1982年第三次人口普查后的八年时间人口增加15857人。即增长率约为18.90%，年增加约为1982.1人。

——中共循化撒拉族自治县党史研究室：《中共循化撒拉族自治县党史大事记》（内部资料），2014年7月，第80页。

撒拉族人口文化教育水平总体偏低。根据1990年中国各民族文化教育水平综合均值表数据，撒拉族合计值为2.10，低于全国平均水平5.64，在56个民族中居倒数第7位，只比傈僳、德昂、东乡、门巴、拉祜、珞巴、藏族高。其中，男性均值为3.28，到全国倒数13位，女性均值为0.89，列倒数第2位，只比东乡族高。族内男性均值与女性均值比较，男性值高出女性均值268.54%，二者之差异显著为全国第一。

据2000年11月1日第五次人口普查资料，全县人口年龄构成为：0—4岁人口8927人，其中男4722人，女4205人；5—9岁人口12181人，其中男6226人，女5955人；10—14岁人口14006人，其中男7191人，女6875人；15—19岁人口12632人，其中男6387人，女5245人；20—24岁人口12472人，其中男6078人，女6394人；25—29岁人口10727人，其中男5425人，女5302人；30—34岁人口9048人，其中男4504人，女4544人；35—39岁人口6874人，其中男3474人，女3400人；40—44岁人口4431人，其中男2161人，女2270人；45—49岁人口5131人，其中男2539人，女2592人；50—54岁人口4543人，其中男2257人，女2286人；55—59岁人口3306人，其中男1805人，女1801人；60—64岁人口3085人，其中男1516人，女1569人；65—69岁人口2293人，其中男1181人，女1212人；70—74岁人口1813人，其中男832人，女981人；75—79岁人口1113人，其中男500人，女613人；80岁以上高龄老人1009人，男425人，女584人，其中百岁及以上老人男女各1人。

据2010年第六次人口普查资料，全县人口年龄构成为：0—4岁人口12926人，其中男6887人，女6039人；5—9岁人口10706人，其中男5565人，女5141人；10—14岁人口9871人，其中男5052人，女4819人；15—19岁人口11788人，其中男5914人，女5874人；20—24岁人口11392人，其中男5562人，女5830人；25—29岁人口10567人，其中男5208人，女5359人；30—34岁人口10511人，其中男5260

人，女 5251 人；35—39 岁人口 9715 人，其中男 4948 人，女 4767 人；40—44 岁人口 8760 人，其中男 4369 人，女 4391 人；45—49 岁人口 6571 人，其中男 3346 人，女 3225 人；50—54 岁人口 4449 人，其中男 2213 人，女 2236 人；55—59 岁人口 4595 人，其中男 2331 人，女 2264 人；60—64 岁人口 4013 人，其中男 1949 人，女 2064 人；65—69 岁人口 3075 人，其中男 1514 人，女 1561 人；70—74 岁人口 2284 人，其中男 1103 人，女 1181 人；75—79 岁人口 1417 人，其中男 679 人，女 738 人；80 岁以上高龄老人 1174 人，其中男 485 人，女 689 人。

——循化撒拉族自治县地方志编纂委员会：《循化撒拉族自治县志》，三秦出版社，2017 年，第 81—82 页。

三、人口变迁部分统计数据

1. 人口空间布局

1949—1990 年循化撒拉族自治县总户数、总人口（单位：户、人）

年份	总户数	总人口			非农人口		农业人口	性别比例（女 =100）
		合计	男	女	数量	%		
1949	7043	39727	18764	20963	1004	2.53	38728	
1950	7732	40286	18473	21813	1015	2.52	39277	84.69
1951	8627	40910	18996	21914	1082	2.64	39828	86.63
1952	8914	41641	19717	21924	1100	2.64	40541	89.93
1953	9226	42050	19915	22135	980	2.33	41070	89.97
1954	9381	42873	20344	22529	1416	3.30	41457	90.30
1955	9341	43562	20650	22912	2046	4.70	41516	90.13
1956	9370	43975	20401	23574	2135	4.86	41840	104.67
1957	9639	44955	21381	23574	4735	10.53	40220	90.70
1958	9975	43813	20268	23545	3892	8.88	39921	86.06
1959	10609	48605	21741	26864	3610	7.40	44995	80.94
1960	10473	50284	22423	27861	5539	11.02	44745	80.48
1961	10947	43806	19613	24193	2907	6.64	40899	81.07
1962	10897	43832	19469	24363	2356	5.40	41467	79.91
1963	11019	44184	20391	23793	2063	4.67	42121	85.70
1964	11107	45206	21417	23789	2231	4.94	42975	90.03

续表

年份	总户数	总人口			非农人口		农业人口	性别比例（女 =100）
		合计	男	女	数量	%		
1965	11266	47300	22547	22753	2521	5.33	44779	99.09
1966	11611	49311	23495	25816	2874	5.83	46437	91.01
1967	11804	51644	24755	26889	3315	6.42	48329	92.06
1968	11971	54059	25071	28088	2890	5.35	51169	89.26
1969	12492	57340	27708	29632	2876	5.02	54464	93.23
1970	12429	59265	28978	30287	2904	4.9	56361	95.68
1971	12618	60933	29862	31107	2814	4.62	58119	85.88
1972	12874	61706	30042	31664	2436	3.95	59270	94.88
1973	13162	64059	31338	32721	2317	3.62	61742	95.77
1974	13315	66334	32407	33927	2272	3.43	64062	95.52
1975	13550	68766	33670	35096	2884	4.19	65882	95.93
1976	13912	70920	35000	35920	3218	4.54	67702	97.44
1977	13983	73664	36372	37292	3340	4.55	70324	97.53
1978	14416	75678	37554	38124	3653	4.7	72125	98.50
1979	14677	77573	38506	39067	4052	5.22	73521	98.56
1980	14836	80192	39812	40380	4349	5.42	75843	98.59
1981	15242	82569	41209	41360	4803	5.82	77766	99.63
1982	15330	85047	42244	42803	4962	5.83	80085	98.69
1983	15456	86933	43243	43690	5435	6.25	81498	98.68
1984	15711	88532	44027	44505	5608	6.33	82924	98.93
1985	15784	89445	44636	44809	7359	8.23	82086	99.61
1986	15929	91051	45382	45669	8188	8.99	82863	99.37
1987	16573	92521	46233	46288	8312	8.98	84209	99.88
1988①	16706	93467	46620	46847	8310	8.89	85157	99.52
1989	16874	96010	47946	48064	8362	8.71	87648	99.75
1990	17564	100299	50020	50279	8418	8.39	91881	99.48

——循化撒拉族自治县统计局：《青海省循化撒拉族自治县国民经济社会发展统计资料汇编（一九四九年—一九八七年）》（内部资料），1988 年 12 月，第 129—131 页。

编者按：原材料数字有误的地方，已全部订正。

① 1988—1990 年数据来源于《循化撒拉族自治县志》，130 页，中华书局，2001。

1991—2010 年循化撒拉族自治县总户数、总人口及其变动情况一览表（单位：户、人）

年份	总户数	总人口			非农人口		出生率‰	死亡率‰
		合计	男	女	人口	占总人口的 %		
1991	17127	101484	50690	50794	8582	8.46	21.84	7.13
1992	17299	102460	51152	51308	8525	8.32	14.24	3.34
1993	18400	103998	51806	52192	8822	8.48	19.22	4.32
1994	18466	105202	52453	52749	8968	8.52	15.32	3.80
1995	18531	106653	53233	53420	9979	9.36	19.86	6.16
1996	19076	108999	54313	54686	11959	10.97	21.25	6.42
1997	19940	110324	54968	55356	12103	10.97	17.66	5.96
1998	20536	111537	55729	55808	11607	10.41	17.16	5.76
1999	21149	112716	56338	56378	9363	8.31	17.31	6.23
2000	22988	113100	56973	56127	9699	8.58	16.86	4.88
2001	23835	114537	57678	56859	9791	8.55	18.18	5.19
2002	24347	115467	58054	57413	10003	8.66	16.68	5.33
2003	24531	116332	58508	57824	10224	8.79	16.16	5.46
2004	24683	117055	58810	58245	10649	9.10	16.92	5.59
2005	26919	118514	59571	58943	10818	9.13	16.53	5.30
2006	30058	121745	61198	60547	11730	9.63	16.47	4.84
2007	32361	125155	63106	62049	12799	10.23	16.34	4.85
2008	33587	126927	64000	62927	13588	10.71	16.41	5.78
2009	25574	129626	65332	64294	15752	12.15	26.83	4.35
2010	26782	123814	62385	61429	12440	10.05	19.45	4.45

——循化撒拉族自治县地方志编纂委员会：《循化撒拉族自治县志》，三秦出版社，2017 年，第 88 页。

2001 年循化撒拉族自治县分乡人口统计表

乡名	总户数	农业人口	总人口	男	女
合计	23835	104746	114537	57678	56859
积石镇	6500	18713	27161	13968	13193
道帏乡	2720	12447	12667	6287	6380
清水乡	2033	8989	9116	4523	4593
白庄乡	4216	19266	19527	9871	9656
孟达乡	597	2613	2644	1353	1261

续表

乡名	总户数	农业人口	总人口	男	女
街子乡	2807	16176	16391	8262	8129
查汗都斯乡	2384	12106	12250	6093	6157
文都乡	1350	7592	7798	3864	3934
尕楞乡	913	5181	5281	2610	2671
岗察乡	315	1662	1702	847	855

——循化撒拉族自治县统计局：《循化县 2001 年度主要经济指标》。

2002 年循化撒拉族自治县分乡人口统计表

乡名	总户数	农业人口	总人口	男	女
合计	24347	105464	115467	58054	57413
积石镇	6500	18713	27161	13968	13193
道帏乡	2740	12454	12697	6316	6381
清水乡	2033	9011	9140	4538	4602
白庄乡	4343	19503	19790	9996	9794
孟达乡	597	2649	2679	1368	1311
街子乡	2845	16306	16518	8350	8213
查汗都斯乡	2482	12265	12406	6175	6231
文都乡	1361	7068	7825	3880	3945
尕楞乡	914	5206	5313	2632	2681
岗察乡	316	1676	1717	853	864

——循化撒拉族自治县统计局：《循化县 2002 年度主要经济指标》。

2003 年循化撒拉族自治县分乡人口统计表

乡名	总户数	农业人口	总人口	男	女
合计	24531	106108	116332	58508	57824
积石镇	6780	18875	27642	14123	13519
清水乡	2066	9148	9287	4618	4669
白庄乡	4382	15290	19967	10085	9882
街子乡	2866	6282	27642	14123	13519
查汗都斯乡	2509	12397	12543	6248	6295
文都乡	1367	634	7855	3895	3960
尕楞乡	916	5205	5316	2638	2678

续表

乡名	总户数	农业人口	总人口	男	女
岗察乡	318	1689	1730	863	867
道帏乡	2744	12474	116332	58508	57824

——循化撒拉族自治县统计局:《循化县2003年度主要经济指标》。

2004年循化撒拉族自治县分乡人口统计表

乡名	总户数	农业人口	总人口	男	女
合计	24683	106406	117055	58810	58245
积石镇	6848	18838	27932	14265	13667
清水乡	2081	9170	9356	4646	4710
白庄乡	4413	19843	20136	10173	9963
街子乡	2877	16491	16724	8402	8322
查汗都斯乡	2535	12527	12675	6314	6361
文都乡	1372	7654	7887	3904	3983
尕楞乡	892	5062	5177	2541	2636
岗察乡	321	1707	1750	870	880
道帏乡	2759	12543	12800	6364	6436

——循化撒拉族自治县统计局:《循化县2004年度主要经济指标》。

2005年循化撒拉族自治县分乡人口统计表

乡名	总户数	农业人口	总人口	男	女
合计	26919	107696	118514	59571	58943
积石镇	7371	19637	28792	14703	14089
清水乡	2284	9332	9524	4730	4794
白庄乡	4984	19980	20286	10249	10037
街子乡	3189	16604	16855	8484	8371
查汗都斯乡	2802	12556	12710	6338	6372
文都乡	1392	7632	7889	3917	3972
尕楞乡	916	5046	5170	2533	2637
岗察乡	335	1727	1770	879	891
道帏乡	2891	12554	12843	6378	6466

——循化撒拉族自治县统计局:《循化县2005年度主要经济指标》。

2006 年循化撒拉族自治县分乡人口统计表

乡名	总户数	农业人口	总人口	男	女
合计	30058	110015	121745	61198	60547
积石镇	8120	19799	29557	15093	14464
清水乡	3454	12319	12609	6296	6313
白庄乡	5240	20349	20681	10449	10232
街子乡	4024	17556	17894	9007	8887
查汗都斯乡	3060	12671	12831	6399	6432
文都乡	1609	7756	8077	4010	4067
尕楞乡	1165	5085	5241	2568	2673
岗察乡	368	1801	1850	918	932
道帏乡	3018	12679	13005	6458	6547

——循化撒拉族自治县统计局:《循化县 2006 年度主要经济指标》。

2007 年循化撒拉族自治县分乡人口统计表

乡名	总户数	农业人口	总人口	男	女
合计	32361	112356	125155	63106	62049
积石镇	8648	19887	30481	15631	14850
清水乡	3730	12718	13049	6533	6516
白庄乡	5919	20925	21317	10805	10512
街子乡	4414	18740	19140	9724	9416
查汗都斯乡	3160	12775	12937	6446	6491
文都乡	1641	7811	8158	4055	4103
尕楞乡	1181	4945	5117	2498	2619
岗察乡	376	1781	1820	898	922
道帏乡	3292	12774	13136	6516	6620

——循化撒拉族自治县统计局:《循化县 2007 年度主要经济指标》。

2008 年循化撒拉族自治县分乡人口统计表

乡名	总户数	农业人口	总人口	男	女
合计	33587	113339	126927	64000	62927
积石镇	8953	19855	30984	15889	15095
清水乡	3934	12935	13295	6656	6639
白庄镇	6051	21221	21676	10987	10689

续表

乡名	总户数	农业人口	总人口	男	女
街子镇	4705	18804	19313	9812	9501
查汗都斯乡	3230	12955	13126	6540	6586
文都乡	1757	7844	8214	4083	4131
尕楞乡	1184	5058	5233	2555	2678
岗察乡	418	1814	1859	917	942
道帏乡	3355	12853	13227	6561	6666

——循化撒拉族自治县统计局:《循化县 2008 年度主要经济指标》。

2009 年循化撒拉族自治县分乡人口统计表

乡名	总户数	农业人口	总人口	男	女
合计	35574	113874	129626	65332	64294
积石镇	9626	18581	31473	15868	15605
清水乡	4076	13067	13415	6751	6664
白庄乡	6179	21798	22290	11234	11056
街子镇	5002	18876	19541	9849	9692
查汗都斯乡	3839	13531	13926	7019	6907
文都乡	1931	8046	8410	4239	4171
尕楞乡	1197	5096	5278	2663	2615
岗察乡	414	1849	1885	952	933
道帏乡	3310	13030	13408	6758	6650

——循化撒拉族自治县统计局:《循化县 2009 年度主要经济指标》。

循化撒拉族自治县第二次人口普查各民族人口统计表（1961 年 8 月 2 日）

乡镇	合计	汉族	藏族	回族	撒拉族	哈萨克族	保安族	蒙古族	满族
总计	38538	2790	11487	3363	20851	1	8	1	2
积石镇公社	6963	956	64	2738	3205				
清水公社	3819	368	107	33	3310		1		
白庄公社	4587	355	2	52	4176		2		
科哇公社	3426	22	686	175	2543				
道帏公社	3036	60	2248	13	679				
古雷公社	3239	610	2265	156	208				
孟达公社	1057	2	84	8	958		5		

续表

乡镇	合计	汉族	藏族	回族	撒拉族	哈萨克族	保安族	蒙古族	满族
街子公社	2540	64		91	2383				2
查加公社	3385	14		23	3348				
文都公社	2143	143	1910	67	23				
中库公社	1657	75	1581		1				
尕楞公社	1203	90	1107		5			1	
建设堂公社	1483	31	1433	7	12				
查汗大寺公社	2995	22		325	2647	1			
岗察牧业公社	636	14	610	6	6				
县级机关	398	216	14	71	97				
城镇居民	1133	934	2	116	80				1
查汗大寺繁殖场	124	16		85	23				
赞卜后园艺场	90	21		34	35				
机关牧场	29		6		23				

——《循化撒拉族自治县第二次人口普查统计表》，循化县档案馆藏，档号：1-1-104（永久）。

编者按：为了保持原始数据的真实性，表中的数据没有进行再修改。

循化撒拉族自治县第二次人口普查统计表人口变动情况普查统计表（1964年8月2日）

地区	1964年6月30日					1964年1月1日至6月30日的人口变动							
	总户数	总人口			非农人口	出生			死亡			迁入	迁出
		合计	男	女		合计	男	女	合计	男	女		
总计	10990	43943	20744	23199	2074	1010	516	494	629	300	329	112	67
积石镇公社	1709	6963	3333	3630	19	184	102	82	102	47	55	11	7
清水公社	928	3819	1822	1997	38	63	28	35	68	32	36	3	1
白庄公社	1147	4587	2196	2391	99	109	59	50	104	48	56	2	2
科哇公社	911	3426	1605	1821	14	73	36	37	51	25	26	4	2
道帏公社	762	3036	1363	1673	14	78	41	37	51	26	25	4	2
古雷公社	738	3239	1540	1699	27	76	31	45	53	26	27		
孟达公社	260	1057	509	548	11	30	16	14	20	11	9	1	3
街子公社	642	2540	1236	1304	93	61	33	28	27	14	13	13	7
查加公社	837	3385	1574	1811	23	72	40	32	51	32	19	2	
文都公社	566	2143	955	1188	85	46	20	26	26	12	14	1	1
中库公社	443	1657	716	941	14	32	23	9	10	2	8	5	3

续表

地区	1964 年 6 月 30 日					1964 年 1 月 1 日至 6 月 30 日的人口变动							
	总户数	总人口			非农人口	出生			死亡			迁入	迁出
		合计	男	女		合计	男	女	合计	男	女		
尕楞公社	333	1203	526	677	17	30	14	16	9	3	6		
建设堂公社	420	1483	643	840	26	33	13	20	19	5	14		
查汗大寺公社	730	2995	1409	1586	40	72	32	40	28	10	18	9	3
刚察牧业公社	177	636	281	355	22	11	7	4	2	2		4	2
县级机关	27	398	339	59	398							23	32
城镇居民	299	1133	571	562	1133	34	20	14	5	2	3	28	2
查汗大寺繁殖场	32	124	63	61		1		1	3	3			
赞卜后园艺场	19	90	50	40		4	1	3				2	
机关牧场	10	29	13	16	1	1		1					

——《循化撒拉族自治县第二次人口普查统计表》，循化县档案馆藏，档号：1-1-104（永久）。

1949—2010 年部分年份循化撒拉族人口数量表（单位：人）

年份	总人口	撒拉族	撒拉族占循化县总人口的 %
1949	39732	21665	54.5
1950	40286	21974	54.5
1954	42873	23444	54.7
1956	43975	23999	54.6
1959	48605	24321	50.0
1961	43806	23770	54.2
1964	45206	24390	53.9
1974	66334	36997	55.8
1978	75678	42885	56.7
1980	80192	45768	57.1
1984	88532	51536	58.2
1990	100299	60813	60.6
1991	101484	61304	60.41
1992	102460	61678	60.2
1993	103998	62574	60.17
1994	105202	63529	60.39
1995	106653	64456	60.44
1996	108999	65746	60.32

续表

年份	总人口	撒拉族	撒拉族占循化县总人口的 %
1997	110324	66534	60.31
1998	111537	67256	60.30
1999	112716	68128	60.44
2000	113100	70235	62.10
2001	114537	71126	62.10
2002	115467	71679	62.08
2003	116332	72253	62.11
2004	117055	72717	62.12
2005	118514	73667	62.16
2006	121745	75690	62.17
2007	125155	77809	62.17
2008	126927	78911	62.17
2009	129628	80630	62.20
2010	123814	77906	62.97

——循化撒拉族自治县志编纂委员会:《循化撒拉族自治县志》，中华书局，2001 年版；循化撒拉族自治县地方志编纂委员会:《循化撒拉族自治县志》，三秦出版社，2017 年版（1990 年之前的撒拉族占循化总人口的比重根据有关资料整理）。

1990—2010 年青海省撒拉族人口分布及变动（单位：人、%）

	1990		2000		2010	
	数量	比例	数量	比例	数量	比例
全省	76818	100.00	87043	100.00	96547	100.00
西宁	1445	1.88	3727	4.28	7672	7.95
海东地区	70422	91.67	75048	86.22	80897	83.79
其中循化	60418	78.65	63859	73.36	70274	72.79
化隆	9653	12.56	11100	12.75	10187	10.55
海北州	824	1.07	901	1.04	798	0.83
海南州	1328	1.73	1530	1.76	1533	1.59
果洛州	341	0.44	329	0.38	222	0.23
玉树州	74	0.09	348	0.40	283	0.29
海西州	1547	2.01	3569	4.10	4215	4.36

——刘成明:《土族撒拉族人口发展与问题研究》，甘肃民族出版社，2011 年版，第 113 页。

1974 年循化县分乡民族人口统计表

乡镇	总人口			撒拉族	藏族	回族	汉族	保安族	满族	其他民族
	合计	男	女							
合计	66334	32407	33927	36997	17146	6134	6037	1	1	18
道帏乡	8825	4159	4666	1298	6420	138	968			1
白庄乡	11959	5857	6102	10488	819	147	502			3
清水乡	6962	3390	3572	6252	262	—	448			
积石镇	13712	6981	6731	5251	159	4914	3379	1	1	7
街子乡	8869	4365	4504	8757	—	84	27			1
查汗都斯乡	5955	2993	2962	4913	—	774	268			
文都乡	5526	2598	2928	34	5106	64	322			
尕楞乡	3630	1648	1982	3	3492	12	117			6
岗察乡	896	416	480	1	888	1	6			

——循化撒拉族自治县统计局：《青海省循化撒拉族自治县国民经济社会发展统计资料汇编（一九四九年—一九八七年）》，1988 年 12 月，第 149 页。

1975 年循化县分乡民族人口统计表

乡镇	总人口			撒拉族	藏族	回族	汉族	保安族	满族	其他民族
	合计	男	女							
合计	68766	33670	35096	38084	17994	6364	6304	1	1	18
道帏乡	9116	4324	4792	1322	6673	142	978			1
白庄乡	12321	6061	6260	10601	1048	154	515			3
清水乡	7157	3478	3679	6428	268	—	461			
积石镇	14316	7278	7038	5544	172	5040	3551	1	1	7
街子乡	9188	4550	4638	9057	—	98	32			1
查汗都斯乡	6219	3138	3081	5088	—	841	290			
文都乡	5785	2701	3084	38	5328	71	348			
尕楞乡	3721	1706	2015	5	3571	17	122			6
岗察乡	943	434	509	1	934	1	7			

——循化撒拉族自治县统计局：《青海省循化撒拉族自治县国民经济社会发展统计资料汇编（一九四九年—一九八七年）》，1988 年 12 月，第 148 页。

1976 年循化县分乡民族人口统计表

乡镇	总人口			撒拉族	藏族	回族	汉族	保安族	满族	其他民族
	合计	男	女							
合计	70920	35000	35920	39639	18355	6579	6327	1	1	18
道帏乡	9323	4447	4876	1403	6772	157	990			1
白庄乡	12693	6257	6436	10867	1071	161	591			3
清水乡	7402	3621	3781	6530	285		587			
积石镇	14864	8041	6823	6137	183	5180	3349	1	1	13
街子乡	9456	4683	4773	9295		124	37			13
查汗都斯乡	6493	3252	3241	5361		852	280			
文都乡	5931	2850	3081	40	5453	74	364			
尕楞乡	3805	1755	2050	5	3647	19	133			1
岗察乡	953	458	495	1	944	1	7			

——循化撒拉族自治县统计局：《青海省循化撒拉族自治县国民经济社会发展统计资料汇编（一九四九年—一九八七年）》，1988 年 12 月，第 147 页。

1977 年循化县分乡民族人口统计表

乡镇	总人口			撒拉族	藏族	回族	汉族	保安族	满族	其他民族
	合计	男	女							
合计	78664	36421	37243	41184	18916	6822	6724	1	1	18
道帏乡	9555	4568	4987	1346	7032	237	940			
白庄乡	13123	6463	6660	11264	1087	157	612			3
清水乡	7682	3785	3897	6780	298	18	586			
积石镇	15663	8085	7578	6510	199	5301	3636	1	1	15
街子乡	9828	4934	4894	9683		103	42			
查汗都斯乡	6832	3386	3446	5561	1	967	303			
文都乡	6144	2914	3230	34	5573	77	460			
尕楞乡	3855	1811	2044	4	3749	16	86			
岗察乡	982	475	507	2	977	1	2			

——循化撒拉族自治县统计局：《青海省循化撒拉族自治县国民经济社会发展统计资料汇编（一九四九年—一九八七年）》，1988 年 12 月，第 146 页。

1978 年循化县分乡民族人口统计表

乡镇	总人口			撒拉族	藏族	回族	汉族	保安族	满族	其他民族
	合计	男	女							
合计	75678	37554	38124	42885	19282	6923	6563	1	8	22
道帏乡	9710	4747	4963	1552	7055	136	967			
白庄乡	13436	6564	6872	11567	1112	159	595			3
清水乡	7928	3870	4058	7015	301	22	584			6
积石镇	16264	8478	7786	6809	221	5469	3743	1	8	13
街子乡	10245	5127	5118	10113		107	25			
查汗都斯乡	6934	3487	3447	5782	2	937	213			
文都乡	6201	2948	3253	40	5752	76	333			
尕楞乡	3935	1835	2100	6	3812	16	101			
岗察乡	1025	498	527	1	1021	1	2			

土族：清水乡 6 人、积石镇 7 人。

——循化撒拉族自治县统计局：《青海省循化撒拉族自治县国民经济社会发展统计资料汇编（一九四九年—一九八七年）》，1988 年 12 月，第 145 页。

1979 年循化县分乡民族人口统计表

乡镇	总人口			撒拉族	藏族	回族	汉族	保安族	满族	其他民族
	合计	男	女							
合计	77573	38506	39067	44462	19663	7076	6339	4	8	21
道帏乡	9843	4833	5010	1580	7211	139	913			
白庄乡	13831	6734	7097	11969	1115	157	587			3
清水乡	8172	4037	4135	7272	311	23	566			
积石镇	16865	8737	8128	7164	251	5600	3820	4	8	18
街子乡	10546	5267	5279	10415		115	16			
查汗都斯乡	7109	3570	3539	6013	2	949	145			
文都乡	6157	2964	3193	45	5842	83	187			
尕楞乡	4000	1854	2146	3	3885	9	103			
岗察乡	1046	510	536	1	1042	1	2			

积石镇有土族 18 人。

——循化撒拉族自治县统计局：《青海省循化撒拉族自治县国民经济社会发展统计资料汇编（一九四九年—一九八七年）》，1988 年 12 月，第 144 页。

1980 年循化县分乡民族人口统计表

乡镇	总人口			撒拉族	藏族	回族	汉族	保安族	满族	其他民族
	合计	男	女							
合计	80192	39812	40380	45768	20850	7196	6339	4	8	27
道帏乡	10167	14986	5181	1010	8036	205	916			
白庄乡	14254	7003	7251	12293	1160	194	603			4
清水乡	8333	4101	4232	7424	322	16	571			
积石镇	17592	9119	8473	7552	259	5821	3925	4	8	23
街子乡	11059	5460	5599	10958		82	19			
查汗都斯乡	7341	3697	3644	6474		806	61			
文都乡	6275	3014	3261	53	5985	71	166			
尕楞乡	4086	1906	2180	3	4006		77			
岗察乡	1085	530	555	1	1082	1	1			

积石镇有土族 23 人。

——循化撒拉族自治县统计局：《青海省循化撒拉族自治县国民经济社会发展统计资料汇编（一九四九年—一九八七年）》，1988 年 12 月，第 143 页。

1981 年循化县分乡民族人口统计表

乡镇	总人口			撒拉族	藏族	回族	汉族	保安族	满族	其他民族
	合计	男	女							
合计	82569	41209	41360	48383	20801	7950	6288	6	10	31
道帏乡	10387	5089	5298	1546	7603	316	919			3
白庄乡	14840	7364	7476	12973	1261	77	525			4
清水乡	8572	4319	4253	7675	336	8	553			
积石镇	18078	9363	8715	7926	266	5958	3890	6	10	22
街子乡	11410	5637	5773	11234		101	74			1
查汗都斯乡	7583	3815	3768	6973		518	92			
文都乡	6377	3100	3277	49	6099	72	156			1
尕楞乡	4219	1994	2225	5	4136		78			
岗察乡	1103	528	575	2	1100		1			

——循化撒拉族自治县统计局：《青海省循化撒拉族自治县国民经济社会发展统计资料汇编（一九四九年—一九八七年）》，1988 年 12 月，第 142 页。

1982 年循化县分乡民族人口统计表

乡镇	总人口			撒拉族	藏族	回族	汉族	保安族	满族	其他民族
	合计	男	女							
合计	85041	42244	42803	49257	21312	7886	6500	20	10	56
道帏乡	10584	5166	5418	1609	7766	312	892	4		1
白庄乡	15217	7459	7758	13264	1264	136	549	3		1
孟达乡	1892	963	929	1693	169	25	1	4		
清水乡	6941	3478	3463	6144	191	28	550	3		25
积石镇	18791	9680	9111	8265	296	6108	4088	6	10	18
街子乡	11762	5796	5966	11481	2	150	121			8
查汗都斯乡	7891	3962	3929	6736		1054	100			1
文都乡	6489	3167	3322	60	6228	72	128			1
尕楞乡	4346	2025	2321	4	4272	1	68			1
岗察乡	1134	549	585	1	1130		3			

（注：孟达乡成立于 1982 年）

——循化撒拉族自治县统计局：《青海省循化撒拉族自治县国民经济社会发展统计资料汇编（一九四九年—一九八七年）》，1988 年 12 月，第 141 页。

1983 年循化县分乡民族人口统计表

乡镇	总人口			撒拉族	藏族	回族	汉族	保安族	满族	其他民族
	合计	男	女							
合计	86932	43243	43690	50667	21681	8081	6455	13	9	26
道帏乡	10702	5211	5492	1465	7867	460	910			
白庄乡	15477	7638	7839	13623	1297	45	512			
孟达乡	1956	983	973	1763	173	15	4	1		
清水乡	7027	3496	3531	6276	192	25	529			5
积石镇	19330	10028	9302	8585	300	6228	4175	12	9	21
街子乡	12141	5966	6175	12006		112	23			
查汗都斯乡	8108	4059	4049	6900		112	96			
文都乡	6564	3199	3365	42	6319	84	119			
尕楞乡	4460	2090	2370	7	4366		87			
岗察乡	1167	573	594		1167					

——循化撒拉族自治县统计局：《青海省循化撒拉族自治县国民经济社会发展统计资料汇编（一九四九年—一九八七年）》，1988 年 12 月，第 140 页。

1984 年循化县分乡民族人口统计表

乡镇	总人口			撒拉族	藏族	回族	汉族	保安族	满族	其他民族
	合计	男	女							
合计	88532	44027	44505	51536	21961	8008	6946	20	10	51
道帏乡	10835	15326	5509	1697	7951	271	916			
白庄乡	15603	7729	7874	13767	1286	42	508			
孟达乡	1997	979	1018	1788	183	18	2	6		
清水乡	7059	3441	3618	6299	204	28	504			24
积石镇	20355	10529	9826	8897	342	6337	4728	14	10	27
街子乡	12203	6003	6200	12069	1	116	17			
查汗都斯乡	8172	4104	4068	6976		1115	81			
文都乡	6624	3218	3406	37	6401	81	105			
尕楞乡	4489	2117	2372	6	4398		85			
岗察乡	1195	581	614		1195					

——循化撒拉族自治县统计局：《青海省循化撒拉族自治县国民经济社会发展统计资料汇编（一九四九年—一九八七年）》，1988 年 12 月，第 139 页。

1985 年循化县分乡民族人口统计表

乡镇	总人口			撒拉族	藏族	回族	汉族	保安族	满族	其他民族
	合计	男	女							
合计	89445	44636	44809	52267	22176	8046	6878	20	10	48
道帏乡	10916	5398	5518	1719	8052	277	868			
白庄乡	15711	7782	7929	13894	1299	45	473			
孟达乡	2049	1005	1044	1825	185	32	2	5		
清水乡	7105	3537	3568	6425	200	13	455			12
积石镇	20873	10804	10069	9251	370	6373	4819	14	10	36
街子乡	12293	6057	6236	12161		117	15			
查汗都斯乡	8150	4092	4058	6951		1115	84			
文都乡	6628	3231	3397	35	6432	74	86	1		
尕楞乡	4509	2136	2373	6	4425		78			
岗察乡	1213	594	619		1213					

——循化撒拉族自治县统计局：《青海省循化撒拉族自治县国民经济社会发展统计资料汇编（一九四九年—一九八七年）》，1988 年 12 月，第 138 页。

1986 年循化县分乡民族人口统计表

乡镇	总人口			撒拉族	藏族	回族	汉族	保安族	满族	其他民族
	合计	男	女							
合计	91051	45382	45669	53455	22405	8156	6932	24	12	67
道帏乡	10978	5446	5532	1770	8066	290	852			
白庄乡	15944	7887	8057	14102	1315	66	461			
孟达乡	2087	1025	1062	1855	188	34	4	6		
清水乡	7284	3576	3708	6593	205	12	460			14
积石镇	21364	11019	10345	9522	409	6437	4917	16	12	51
街子乡	12545	6189	6356	12420		107	18			
查汗都斯乡	8363	4195	4168	7147		1129	87			
文都乡	6678	3258	3420	40	6498	80	58	2		
尕楞乡	4583	2186	2397	6	4502		75			
岗察乡	1225	601	624		1222	1	2			

注：土族 57 人、东乡族 3 人、土家族 4 人、蒙古族 3 人。

——循化撒拉族自治县统计局：《青海省循化撒拉族自治县国民经济社会发展统计资料汇编（一九四九年——一九八七年）》，1988 年 12 月，第 137 页。

1987 年循化县分乡民族人口统计表

乡镇	总人口			撒拉族	藏族	回族	汉族	保安族	满族	其他民族
	合计	男	女							
合计	92521	46233	46288	54690	22675	8298	6774	19	10	55
道帏乡	10991	5395	5596	1702	3164	313	810			2
白庄乡	16120	8016	8104	14257	1317	90	456	6		
孟达乡	2127	1034	1093	1894	188	34	5			
清水乡	7399	3697	3702	6708	207	36	443			
积石镇	21789	11240	10549	9910	388	6555	4865	13	10	48
街子乡	13000	6452	6548	12880		104	16			
查汗都斯乡	8536	4309	4227	7325		1161	50			
文都乡	6686	3267	3419	9	6615	5	57			
尕楞乡	4634	2216	2418	5	4559		70			
岗察乡	1239	607	632		1237		2			

——循化撒拉族自治县统计局：《青海省循化撒拉族自治县国民经济社会发展统计资料汇编（一九四九年——一九八七年）》，1988 年 12 月，第 138 页。

1991—2010 年循化县各乡镇人口情况一览表（单位：人）

乡镇	1991			1995			2000			2005			2010		
	总人口	男	女	总人口	男	女	总人口	男	女	总人口	男	女	总人口	男	女
积石镇	22378	11316	11062	23582	11788	11794	26524	13636	12888	28792	14703	14089	33022	16884	16138
白庄镇	17373	8672	8701	18197	9071	9126	19285	9743	9542	20286	10249	10037	20919	10516	10403
街子镇	14705	7300	7405	15371	7698	7673	16215	8183	8032	16855	8484	8371	17256	8707	8549
道帏藏族乡	11555	5664	5891	12182	6057	6125	12600	6254	6346	12843	6378	6465	11635	5774	5861
清水乡	8295	4116	4179	8710	4369	4341	9050	4495	1555	9524	4730	4794	13545	6656	6889
孟达乡	2542	1328	1214	2648	1321	1327	2611	1343	1268	2675	1362	1313	—	—	—
岗察藏族乡	1400	687	713	1552	767	785	1678	835	843	1770	879	891	1912	999	913
查汗都斯乡	10997	5635	5362	11510	5783	5727	12107	6024	6083	12710	6338	6372	11679	5787	5892
文都藏族乡	7481	3689	3792	7819	3925	3894	7757	3851	3906	7889	3917	3972	8677	4463	4214
尕楞藏族乡	4758	2283	2475	5802	2454	2628	5273	2609	2664	5170	2533	2637	5169	2599	2570

——循化撒拉族自治县地方志编纂委员会：《循化撒拉族自治县志》，三秦出版社，2017 年，第 90 页。

循化县 2010 年分乡镇户数、常住人口数和性别比例（单位：户、人）

乡镇	户数			人口数			
				合计			
	合计	家庭户	集体户	合计	男	女	性别比（女 =100）
循化县	26782	26062	720	123814	62385	61429	101.56
积石镇	8069	7692	377	33022	16884	16138	104.62
白庄镇	4317	4276	41	20919	10516	10403	101.09
街子镇	3211	3170	41	17256	8707	8549	101.85
道帏藏族乡	2690	2672	18	11635	5774	5861	98.52
清水乡	2582	2550	32	13545	6656	6889	96.62
岗察藏族乡	378	372	6	1912	999	913	109.42
查汗都斯乡	2341	2313	28	11679	5787	5892	98.22
文都藏族乡	2075	1905	170	8677	4463	4214	105.91
尕楞藏族乡	1119	1112	7	5169	2599	2570	101.13

——循化县统计局：《循化县第六次人口普查数据汇总资料》（内部资料），2012 年 8 月 9 日。

2010 年循化县户籍人口状况

乡镇	户籍人口（人）			外出半年以上人口（人）			外出半年以上人口占总人口比重（%）		
	合计	男	女	小计	男	女	小计	男	女
循化县	139615	70520	69095	25804	13830	11974	18.48	19.61	17.33
积石镇	31547	15843	15704	5932	3085	2847	18.8	19.47	18.13
白庄镇	25476	12947	12529	4768	2604	2164	18.72	20.11	17.27
街子镇	22075	11404	10671	5149	2899	2250	23.33	25.42	21.09
道帏藏族乡	13825	6914	6911	2136	1114	1022	15.45	16.11	14.79
清水乡	15697	7699	7998	2729	1394	1335	17.39	18.11	16.69
岗察藏族乡	1894	949	945	82	36	46	4.33	3.79	4.87
查汗都斯乡	15199	7719	7480	4092	2207	1885	26.92	28.59	25.2
文都藏族乡	8366	4264	4102	484	271	213	5.79	6.36	5.19
尕楞藏族乡	5536	2781	2755	432	220	212	7.8	7.91	7.7

——循化县统计局：《循化县第六次人口普查数据汇总资料》（内部资料），2012 年 8 月 9 日。

2010 年循化县与海东地区六县比较（户数、人口数和性别比）

地区	户数（户）			人口数（人）				平均家庭户规模（人/户）
				合计				
	合计	家庭户	集体户	合计	男	女	性别比（女+100）	
海东地区	352450	346533	5917	1396845	717019	679826	105.47	3.89
平安县	32483	31476	1007	102975	52454	50521	103.83	3.12
民和县	81615	80683	932	350118	181138	168980	107.19	4.23
乐都县	72562	71374	1188	260184	133142	127042	104.8	3.49
互助县	90618	89219	1399	356437	185777	170660	108.86	3.81
化隆县	48390	47719	671	203317	102123	101194	100.92	4.17
循化县	26782	26062	720	123814	62385	61429	101.56	4.55

——循化县统计局：《循化县第六次人口普查数据汇总资料》（内部资料），2012 年 8 月 9 日。

2010 年积石镇行政村基本情况（单位：人、个）

序号	行政村	劳动力总数	劳动力文盲、半文盲人数	劳务输出人数	自然村	通公路的自然村	通电的自然村	通电话的自然村	能接收广播电视节目的自然村	有安全饮用水的自然村
合计		12950	5180	4930	27	17	17	17	17	14
1	加入	270	108	160	2	1	1	1	1	0
2	东街	300	120	190	1	1	1	1	1	1
3	西街	300	120	190	2	1	1	1	1	1
4	上草	850	340	280	1	1	1	1	1	1
5	下草	600	240	310	1	1	1	1	1	1
6	瓦匠庄	890	356	340	2	1	1	1	1	1
7	托坝	1900	760	880	2	1	1	1	1	1
8	线尕拉	540	216	210	1	1	1	1	1	1
9	沙坝塘	500	200	190	1	1	1	1	1	1
10	西沟	1830	732	490	4	1	1	1	1	1
11	石头坡	600	240	190	1	1	1	1	1	1
12	丁江	750	300	120	1	1	1	1	1	1
13	大别列	750	300	290	3	1	1	1	1	0
14	尕别列	800	320	290	2	1	1	1	1	0

续表

序号	行政村	劳动力总数	劳动力文盲、半文盲人数	劳务输出人数	自然村	通公路的自然村	通电的自然村	通电话的自然村	能接收广播电视节目的自然村	有安全饮用水的自然村
15	乙麻木	1430	572	510	1	1	1	1	1	1
16	河北	330	132	190	1	1	1	1	1	1
17	新建	310	124	100	1	1	1	1	1	1

——数据资料由积石镇政府 2012 年 7 月提供。

2010 年清水乡行政村基本情况（单位：人、个）

序号	行政村	劳动力总数	劳动力文盲、半文盲人数	劳务输出人数	自然村	通公路的自然村	通电的自然村	通电话的自然村	能接收广播电视节目的自然村	有安全饮用水的自然村
合计		6585	3292	5103	26	17	17	16	16	14
1	下滩	269	134	209	1	1	1	1	1	1
2	石巷	159	79	123	1	1	1	1	1	1
3	田盖	268	134	208	1	1	1	1	1	1
4	阿什匠	502	251	389	1	1	1	1	1	1
5	乙麻亥	512	256	396	1	1	1	1	1	1
6	上庄	861	430	668	4	1	1	1	1	1
7	下庄	669	334	519	2	1	1	1	1	1
8	阿麻查	123	61	96	1	1	1	0	1	1
9	红庄	427	213	331	2	1	1	1	1	1
10	大寺古	724	362	567	3	1	1	1	1	1
11	瓦匠庄	635	317	493	1	1	1	1	1	1
12	塘才	115	57	89	1	1	1	1	0	0
13	大庄	719	359	551	2	1	1	1	1	1
14	专堂	143	71	110	1	1	1	1	1	1
15	索同	78	39	60	2	1	1	1	1	0
16	木场	203	101	157	1	1	1	1	1	0
17	塔沙坡	178	89	137	1	1	1	1	1	1

——数据资料由清水乡政府 2012 年 7 月提供。

2010 年街子乡行政村基本情况（单位：人、个、户）

序号	行政村	是否贫困村（是 1 否 0）	年末总人口	少数民族人口	主要民族	总户数	贫困人口	当年因灾因病返贫人口
合计		8	18296	18296		3047	1300	33
1	牙门曲乎	0	301	301	撒拉族	45		
2	托龙都	0	929	929	撒拉族	178		
3	团结	0	1772	1772	撒拉族	314		
4	三兰巴海	0	1221	1221	撒拉族	219		
5	三立方	0	996	996	撒拉族	158		
6	沈家	0	563	563	撒拉族	70		
7	上坊	0	666	666	撒拉族	110		
8	马家	0	744	744	撒拉族	143		
9	苏哇什	1	570	570	撒拉族	99	47	
10	羊八扎	0	536	536	撒拉族	89		
11	波拉海	1	1048	1048	撒拉族	182	220	
12	五土白那海	1	323	323	撒拉族	58	50	
13	羊苦浪	0	683	683	撒拉族	111		
14	波立及	1	757	757	撒拉族	113	69	
15	塘坊	1	1778	1778	撒拉族	271	312	
16	古及来	0	1143	1143	撒拉族	186		
17	果河拉	1	493	493	撒拉族	78	64	33
18	果什滩	1	1820	1820	撒拉族	273	353	
19	孟达山	1	1953	1953	撒拉族	350	185	

——数据资料由街子乡政府 2012 年 7 月提供。

2010 年查汗都斯乡行政村基本情况（单位：人、个、户）

序号	行政村	是否贫困村（是 1 否 0）	年末总人口	少数民族人口	主要民族	总户数	贫困人口	当年因灾因病返贫人口
合计		3	14439	14439		3193	340	109
1	赞上	0	598	598	撒拉族	129		
2	赞中	0	533	533	撒拉族	115		
3	赞下	1	1268	1268	撒拉族	252	86	
4	古十群	0	399	399	撒拉族	87		
5	团结	0	536	536	撒拉族	121		
6	新建	0	526	526	撒拉族	138		
7	大庄	1	2090	2090	撒拉族	452	190	75

续表

序号	行政村	是否贫困村（是 1 否 0）	年末总人口	少数民族人口	主要民族	总户数	贫困人口	当年因灾因病返贫人口
8	中庄	0	733	733	撒拉族	162		
9	繁殖场	0	334	334	撒拉族	91		
10	下庄	0	1108	1108	撒拉族	230		
11	新村	0	1113	1113	撒拉族	226		
12	乙么海	0	735	735	撒拉族	145		
13	苏只	0	1986	1986	撒拉族	412		
14	哈大海	0	726	726	撒拉族	142		
15	牙藏	0	421	421	撒拉族	139		
16	阿河滩	0	870	870	撒拉族	234		
17	白庄	1	463	463	撒拉族	118	64	34

——数据资料由查汗都斯乡政府 2012 年 7 月提供。

2010 年白庄镇行政村基本情况（单位：人、个、户）

序号	行政村	是否贫困村（是 1 否 0）	年末总人口	少数民族人口	主要民族	总户数	贫困人口	当年因灾因病返贫人口
合计			20711	20381		4460	2427	110
1	来塘	1	236	236	撒拉族	46	40	
2	上白庄	1	1081	1081	撒拉族	200	85	
3	塘落尕	1	330			76	129	
4	民主	1	226	226	撒拉族	356	153	
5	下白庄	1	1333	1333	撒拉族	283	143	
6	上张尕	1	1145	1145	撒拉族	220	152	
7	下张尕	1	960	960	撒拉族	199	114	
8	立庄	1	1704	1704	撒拉族	301	110	
9	乙日亥	1	998	998	撒拉族	198	35	
10	上拉边	1	690	690	撒拉族	135	60	
11	下拉边	1	1213	1213	撒拉族	236	85	
12	扎木	1	719	719	撒拉族	135	170	
13	昌克	1	594	594	撒拉族	102	139	
14	团结	1	631	631	撒拉族	132	147	
15	山根	1	660	660	撒拉族	117	181	
16	米牙亥	1	361	361	撒拉族	72	62	28
17	朱格	1	1149	1149	撒拉族	225	76	

续表

序号	行政村	是否贫困村（是1否0）	年末总人口	少数民族人口	主要民族	总户数	贫困人口	当年因灾因病返贫人口
18	江不日	1	310	310	撒拉族	55	44	
19	条井	1	793	793	撒拉族	191	62	
20	下科哇	1	1144	1144	撒拉族	258	266	
21	上科哇	0	1734	1734	撒拉族	395		
22	苏呼沙	1	1206	1206	撒拉族	230	108	38
23	麻日	0	423	423	藏族	79		
24	牙日	0	410	410	藏族	82		
25	格达	0	278	278	藏族	56		
26	吾科	1	237	237	藏族	49	66	44
27	强宁	0	146	146	藏族	32		

——数据资料由白庄镇政府2012年7月提供。

编者注：根据原始资料整理，原始资料中没有相关数据。

2. 人口结构

部分年份循化县各民族人口情况表（单位：人）

年份	撒拉族	藏族	回族	汉族	维吾尔族	土族	满族	保安族	东乡族	其他少数民族
1949	21665	11966	3604	2486	3	5		3		
1950	21974	12126	3679	2496	3	5		3		
1954	23444	12647	4052	2718	3	5		3		1
1956	23999	12987	4093	2885	3	5		3		
1959	24321	11935	4697	7640	3	5	1	3		
1961	23770	12060	3667	4295	3	5	3	3		
1964	24390	12520	4150	4132		3	3		8	
1974	36997	17146	6134	6037		15	1	1	3	
1978	42885	19282	6923	6563		13	8	1	3	
1980	45768	20850	7196	6339		23	8	1	3	
1984	51536	21961	8008	6946		43	10	20	2	6
1990	60813	23958	8399	6951	5	91	7	19	44	12

——循化撒拉族自治县志编纂委员会：《循化撒拉族自治县志》，中华书局，2001年版，第151页。

1991—2010 年循化县民族构成情况一览表（单位：户、人）

年份	总人口	撒拉族	占总人口的 %	藏族	占总人口的 %	回族	占总人口的 %	汉族	占总人口的 %	其他少数民族	占总人口的 %
1991	101484	61304	60.40	24292	23.94	8849	8.72	6929	6.83	110	0.11
1992	102460	61678	60.31	24616	24.02	8969	8.75	7080	6.91	117	0.11
1993	103998	62574	60.17	24854	23.90	9109	8.76	7337	7.05	124	0.12
1994	105202	63529	60.39	24927	23.69	9110	8.66	7439	7.07	197	0.19
1995	106653	64456	60.44	25095	23.53	9287	8.71	7671	7.19	144	0.13
1996	108999	65746	60.32	25348	23.26	9473	8.69	8288	7.60	144	0.13
1997	110324	66534	60.31	25653	23.25	9586	8.69	8398	7.61	153	0.14
1998	111537	67256	60.29	25919	23.24	9695	8.69	8494	7.62	173	0.16
1999	112716	68128	60.44	26042	23.11	9798	8.69	8587	7.62	161	0.14
2000	113100	70235	62.10	26499	23.43	9466	8.37	6684	5.91	216	0.19
2001	114537	71126	62.10	26834	23.43	9584	8.37	6780	5.92	213	0.18
2002	115467	71679	62.08	26962	23.35	9703	8.41	6887	5.96	236	0.20
2003	116332	72253	62.10	27173	23.36	9759	8.39	6920	5.95	227	0.20
2004	117055	72717	62.12	27350	23.37	9821	8.39	6953	5.94	214	0.18
2005	118514	73667	62.16	27685	23.36	9931	8.38	7040	5.94	191	0.16
2006	121745	75690	62.17	28441	23.36	10190	8.37	7233	5.94	191	0.16
2007	125155	77809	62.17	29236	23.36	10475	8.37	7540	5.94	201	0.16
2008	126927	78911	62.17	29662	23.37	10612	8.36	7540	5.94	202	0.16
2009	129626	80630	62.20	30234	23.32	10820	8.35	7690	5.93	252	0.20
2010	123814	77960	62.97	28268	22.83	9337	7.54	7930	6.40	319	0.26

——循化撒拉族自治县地方志编纂委员会：《循化撒拉族自治县志》，三秦出版社，2017 年版，第 89 页。

编者按：表中数字按《循化撒拉族自治县志》原始资料录入。

部分年份循化县人口增长情况及各民族所占比例（人）

族别	2004 年普查人口数	2000 年普查人口数	1990 年普查人口数	1982 年普查人口数	1964 年普查人口数	占总人口 %				人口平均每年增长 %
						2004 年	1990 年	1982 年	1964 年	
全县人口合计	117055	113100	99471	83614	43943	100	100	100	100	2.37
撒拉族	72714	70235	60405	48400	23762	62.12	60.72	57.88	54.07	3.1
藏族	27350	26499	23758	21072	12155	23.37	23.88	25.20	27.66	1.59

续表

族别	2004年普查人口数	2000年普查人口数	1990年普查人口数	1982年普查人口数	1964年普查人口数	占总人口%				人口平均每年增长%
						2004年	1990年	1982年	1964年	
回族	9821	9466	8279	7587	4000	8.39	8.32	9.07	9.1	1.14
汉族	6953	6684	6851	6461	4013	5.94	6.89	7.73	9.13	0.76
其他少数民族	217	216	178	94	13	0.18	0.19	0.12	0.04	11.17

——循化撒拉族自治县志编纂委员会：《循化撒拉族自治县志》，中华书局，2001年版，第152页。

编者按：表中数字按《循化撒拉族自治县志》原始资料录入。

循化第二次人口普查与第三次人口普查各民族人口比较（单位：人）

年份	撒拉族	藏族	回族	汉族	维吾尔族	土族	满族	保安族	东乡族
1949	21665	11966	3604	2486	3	5		3	
1950	21974	12126	3697	2496	3	5		3	
1951	22176	12226	3761	2736	3	5		3	
1952	22417	12343	3874	2996	3	5		3	
1953	22873	12536	3966	2664	3	5		3	
1954	23444	12647	4052	2718	3	5		3	
1955	23883	12768	4072	2828	3	5		3	
1956	23999	12987	4093	2885	3	5		3	
1957	24392	13299	3933	3320	3	5		3	
1958	22941	11606	4007	3709	3	5	1	3	
1659	24321	11935	4697	7640	3	5	1	3	
1960	24771	11973	4788	8740	3	5	1	3	
1961	23770	12060	3667	4025	3	5	3	3	
1962	23782	12091	3674	4271	3	5	3	3	
1963	24523	12180	3574	3900	3	6	4	3	
1964	24390	12520	4150	4132	3	3	8		
1965	24945	12914	4684	4743		3	3		8
1966									
1967									
1968									
1969									

续表

年份	撒拉族	藏族	回族	汉族	维吾尔族	土族	满族	保安族	东乡族
1970									
1971									
1972									
1973	35719	14622	5724	7982		11	1		
1974	36997	17146	6134	6037		15	1	1	3
1975	38084	17994	6364	6304		15	1	1	3
1976	39639	18355	6579	6327		15	1	1	3
1977	41184	18916	6822	6724		13	1	1	3
1978	42885	19282	6923	6563		13	8	1	3
1979	44462	19663	7076	6339		18	8	4	3
1980	45768	20350	7196	6339		23	8	4	4
1981	48383	20801	7050	6288		25	10	6	6
1982	49257	21312	7886	6500		50	10	20	12
1983	50667	21681	8081	6455		26	9	13	1
1984	51536	21961	8008	6946		46	10	20	2
1985	52267	22176	8046	6432		46	10	20	2
1986	53455	22405	8156	6932		61	12	24	3
1987	54690	22675	8298	6774		46	10	19	2

——循化撒拉族自治县统计局:《青海省循化撒拉族自治县国民经济社会发展统计资料汇编（一九四九年——一九八七年）》，1988年12月，第133—135页。

循化第二次人口普查与第三次人口普查各民族人口比较（单位：人、%）

民族	1982年第三次人口普查数	1964年第二次人口普查数	占总人口的百分比		人口增长百分比	
			1982年	1964年	1982年比1964年	平均每年增长
总计	83614	43943	100	100	52.55	3.6
撒拉族	48400	23762	57.90	59.07	49.10	3.6
藏族	21072	12155	25.20	73.36	57.68	3.1
回族	7587	4000	9.07	9.10	52.72	3.6
汉族	6461	4013	7.73	9.13	62.11	2.6
保安族	24	8	0.028	0.06	33.33	4.1
土族	46		0.055		100	2.55
东乡族	13		0.016		100	0.73
满族	10	3	0.012	0.007	30	4.1

续表

民族	1982 年第三次人口普查数	1964 年第二次人口普查数	占总人口的百分比		人口增长百分比	
			1982 年	1964 年	1982 年比 1964 年	平均每年增长
蒙古族	1	1	0.001	0.002	100	
哈萨克族		1		0.002	-100	

1982 年和 1964 年 7 月 1 日人口普查人数。

——循化撒拉族自治县统计局：《青海省循化撒拉族自治县国民经济社会发展统计资料汇编（一九四九年—一九八七年）》（内部资料），1988 年 12 月，第 132 页。

2010 年循化县分乡镇主要民族构成

乡镇	常住人口（人）						
	合计	汉族	回族	藏族	土族	撒拉族	其他
全县	123814	7930	9337	28268	151	77960	168
积石镇	33022	5818	7974	1725	97	17314	94
白庄镇	20919	612	122	1553	1	18622	9
街子镇	17256	79	130	21	7	17007	12
道帏藏族乡	11635	388	209	8908	0	2123	7
清水乡	13545	658	67	544	13	12245	18
岗察藏族乡	1912	87	8	1816	0	0	1
查汗都斯乡	11679	227	811	3	2	10629	7
文都藏族乡	8677	55	16	8538	31	19	18
尕楞藏族乡	5169	6	0	5160	0	1	2

——循化县统计局：《循化县第六次人口普查数据汇总资料》（内部资料），2012 年 8 月 9 日。

2000 年循化县各年龄阶段人口情况一览表（单位：人）

年龄	合计	其中		性别比（女 =100）	年龄组占总人口的 %
		男	女		
合计	114051	57223	56828	100.70	100.00
0—4	8927	4722	4205	112.29	7.83
5—9	12181	6226	5955	104.55	10.68
10—14	14066	7191	6875	104.60	12.33
15—19	12632	6387	6245	102.27	11.08

续表

年龄	合计	其中		性别比（女 =100）	年龄组占总人口的 %
		男	女		
20—24	12472	6078	6394	95.06	10.94
25—29	10727	5425	5302	102.32	9.41
30—34	9048	4504	4544	99.12	7.93
35—39	6874	3474	3400	102.18	6.03
40—44	4431	2161	2270	95.20	3.89
45—49	5131	2539	2592	97.96	4.50
50—54	4543	2257	2286	98.73	3.98
55—59	3606	1805	1801	100.22	3.16
60—64	3085	1516	1569	96.62	2.70
65—69	2393	1181	1212	97.44	2.10
70—74	1813	832	981	84.81	1.59
75—79	1113	500	613	81.57	0.98
80—84	664	277	387	71.58	0.58
85—89	245	97	148	65.54	0.21
90—94	71	34	37	91.89	0.06
95—99	27	16	11	145.45	0.02
100 岁以上	2	1	1	100.00	0.00

——循化撒拉族自治县地方志编纂委员会：《循化撒拉族自治县志》，三秦出版社，2017 年，第 91 页。

2010 年循化县各年龄阶段人口情况一览表（单位：人）

年龄	合计	其中		性别比（女 =100）	年龄组占总人口的 %
		男	女		
合计	123814	62385	61429	101.56	100.00
0—4	12926	6887	6039	114.04	10.44
5—9	10706	5565	5141	108.25	8.65
10—14	9871	5052	4819	104.84	7.97
15—19	11788	5914	5874	100.68	9.52
20—24	11392	5562	5830	95.40	9.20
25—29	10567	5208	5359	97.18	8.53
30—34	10511	5260	5251	100.17	8.49
35—39	9715	4948	4767	103.80	7.85

续表

年龄	合计	其中		性别比（女=100）	年龄组占总人口的%
		男	女		
40—44	8760	4369	4391	99.50	7.08
45—49	6571	3346	3225	103.75	5.31
50—54	4449	2213	2236	98.97	3.59
55—59	4595	2331	2264	102.96	3.71
60—64	4013	1949	2064	94.43	3.24
65—69	3075	1514	1561	96.99	2.48
70—74	2284	1103	1181	93.40	1.84
75—79	1417	679	738	92.01	1.14
80—84	736	306	430	71.16	0.59
85—89	312	126	186	67.74	0.25
90—94	101	44	57	77.19	0.08
95—99	25	9	16	56.25	0.02
100岁以上	0	0	0	0	0

——循化撒拉族自治县地方志编纂委员会：《循化撒拉族自治县志》，三秦出版社，2017年，第91—92页。

1990年撒拉族6岁及6岁以上人口文化程度状况

性别	扫盲班	小学	初中	高中	中专	大学专科	大学本科	研究生
合计	2854	34189	10362	2552	1961	950	529	14
男	899	11297	7898	1780	1205	649	403	8
女	1955	11792	2464	772	756	301	126	6

——文忠祥、辛海明：《撒拉族教育文化与人口现代化》，《西北人口》，2004年第5期。

1990年撒拉族分年龄文化程度状况

年龄段	合计	大学本科	大学专科	中专	高中	初中	小学
	26029	288	384	931	1419	5593	16493
6—9	2790						2790
10—14	5838			1		355	5482
15—19	4689	11	3	143	402	1683	2447

续表

年龄段	合计	大学本科	大学专科	中专	高中	初中	小学
20—24	4803	112	40	231	402	1683	2447
25—29	2507	87	58	169	278	956	959
30—34	1139	29	53	110	116	364	467
35—39	994	11	51	54	36	207	635
40—44	832	5	23	41	33	168	562
45—49	804	12	14	36	44	223	475
50—54	540	8	13	19	35	146	319
55—59	485	6	19	14	28	133	285
60—64	321	4	6	5	21	87	198
65 岁以上	287	3	14	8	28	81	153

——文忠祥、辛海明：《撒拉族教育文化与人口现代化》，《西北人口》，2004 年第 5 期。

2000 年循化县各乡镇受教育程度人口情况一览表（单位：人）

乡镇	小学	初中	高中	中专	大学专科	大学本科	研究生
总计	36318	11415	3577	2122	1238	206	5
积石镇	8804	4571	1924	1497	832	145	3
道帏藏族乡	3967	1169	270	91	90	11	0
白庄乡	5628	1193	170	132	44	10	0
清水乡	2698	745	148	73	22	1	0
孟达乡	756	100	24	40	14	0	0
街子乡	6207	1512	238	67	31	11	0
查汗都斯乡	4082	1173	178	114	35	7	0
文都藏族乡	2111	586	544	55	107	15	1
尕楞藏族乡	1712	334	70	41	52	5	1
岗察藏族乡	353	32	11	12	11	1	0

——循化撒拉族自治县地方志编纂委员会：《循化撒拉族自治县志》，三秦出版社，2017 年，第 93 页。

2010 年循化县各乡镇受教育程度人口情况一览表（单位：人）

乡镇	小学	初中	高中	大学专科	大学本科	研究生
总计	55203	16524	6268	3800	1213	29
积石镇	13141	6150	3457	2864	929	21
白庄乡	10278	2207	330	127	44	2
街子乡	7442	2085	397	101	48	1
道帏藏族乡	5986	1421	360	103	23	0
清水乡	7020	1659	346	196	49	1
岗察藏族乡	619	89	27	17	7	0
查汗都斯乡	4515	1613	375	128	24	0
文都藏族乡	4327	935	857	210	56	3
尕楞藏族乡	1875	365	119	54	33	1

——循化撒拉族自治县地方志编纂委员会：《循化撒拉族自治县志》，三秦出版社，2017 年，第 94 页。

2010 年循化县 6 岁以上人口受教育程度

乡镇	常住人口（人）											
	6 岁及以上人口			未上过学			小学			初中		
	合计	男	女	小计	男	女	小计	男	女	小计	男	女
循化县	108637	54281	54356	25600	7938	17662	55203	28388	26815	16524	10868	5656
积石镇	29485	15011	14474	2923	644	2279	13141	6235	6906	6150	3750	2400
白庄镇	18027	8938	9089	5039	1662	3377	10278	5370	4908	2207	1552	655
街子镇	15059	7464	7595	4985	1620	3365	7442	4004	3438	2085	1439	646
道帏藏族乡	10322	5068	5254	2429	710	1719	5986	3111	2875	1421	943	478
清水乡	11640	5677	5963	2369	735	1634	7020	3452	3568	1659	1095	564
岗察藏族乡	1659	855	804	900	316	584	619	417	202	89	77	12
查汗都斯乡	9899	4857	5042	3244	913	2331	4515	2424	2091	1613	1104	509
文都藏族乡	7868	4043	3825	1480	537	943	4327	2225	2102	935	637	298
尕楞藏族乡	4678	2368	2310	2231	801	1430	1875	1150	725	365	271	94

——循化县统计局：《循化县第六次人口普查数据汇总资料》，2012 年 8 月 9 日。

2010 年循化县 6 岁以上人口受教育程度（续表）

乡镇	常住人口（人）											
	高中			大学专科			大学本科			研究生		
	小计	男	女	小计	男	女	小计	男	女	小计	男	女
循化县	6268	3973	2295	3800	2305	1495	1213	788	425	29	21	8
积石镇	3457	2113	1344	2864	1658	1206	929	594	335	21	17	4
白庄镇	330	236	94	127	90	37	44	27	17	2	1	1
街子镇	397	291	106	101	76	25	48	34	14	1		1
道帏藏族乡	360	219	141	103	73	30	23	12	11			
清水乡	346	233	113	196	124	72	49	37	12	1	1	
岗察藏族乡	27	23	4	17	16	1	7	6	1			
查汗都斯乡	375	314	61	128	86	42	24	16	8			
文都藏族乡	857	455	402	210	147	63	56	40	16	3	2	1
尕楞藏族乡	119	89	30	54	35	19	33	22	11	1		1

——循化县统计局：《循化县第六次人口普查数据汇总资料》，2012 年 8 月 9 日。

2010 年循化县分性别的 15 岁及以上文盲人口（单位：人、%）

乡镇	常住人口								
	15 岁及以上人口			文盲人口			文盲人口占 15 岁及以上人口比重		
	合计	男	女	合计	男	女	合计	男	女
循化县	90311	44881	45430	23820	7162	16658	26.38	15.96	36.67
积石镇	24719	12525	12194	2576	531	2045	10.42	4.24	16.77
白庄镇	14861	7358	7503	4698	1498	3200	31.61	20.36	42.65
街子镇	12224	5988	6236	4841	1567	3274	39.6	26.17	52.5
道帏藏族乡	8767	4300	4467	2358	672	1686	26.9	15.63	37.74
清水乡	9723	4663	5060	2115	613	1502	21.75	13.15	29.68
岗察藏族乡	1407	739	668	840	292	548	59.7	39.51	82.04
查汗都斯乡	7992	3916	4076	3077	833	2244	38.5	21.27	55.05
文都藏族乡	6764	3442	3322	1245	425	820	18.41	12.35	24.68
尕楞藏族乡	3854	1950	1904	2070	731	1339	53.71	37.49	70.33

——循化县统计局：《循化县第六次人口普查数据汇总资料》，2012 年 8 月 9 日。

1990 年撒拉族人口的婚姻状况及比较（单位：%）

民族	未婚			有配偶			丧偶			离婚		
	合	男	女	合	男	女	合	男	女	合	男	女
撒拉族	22.91	25.61	18.03	70.67	70.41	70.95	5.07	2.33	7.93	2.35	1.64	3.07
全国	25.12	28.95	21.10	68.18	66.42	70.03	6.10	3.80	8.52	0.59	0.83	0.34
汉族	24.95	28.77	20.94	68.38	66.63	70.22	6.11	3.79	8.55	0.56	0.80	0.30
少数民族	27.31	31.27	23.14	65.65	63.69	67.69	6.01	3.88	8.24	1.03	1.14	0.92

——刘成明：《撒拉族人口状况分析》，《青海民族研究》，2000 年第 3 期。

2010 年循化县 15 岁以上人口婚姻状况（抽样）（单位：人）

乡镇	常住人口（人）														
	15 岁及以上人口			未婚			有配偶			离婚			丧偶		
	合计	男	女	小计	男	女	小计	男	女	小计	男	女	小计	男	女
循化县	8872	4291	4581	1923	1080	843	6131	3007	3124	285	82	203	533	122	411
积石镇	2491	1256	1235	480	290	190	1828	917	911	71	23	48	112	26	86
白庄镇	1449	704	745	318	174	144	1000	493	507	40	13	27	91	24	67
街子镇	1158	555	603	238	135	103	822	392	430	31	12	19	67	16	51
道帏藏族乡	932	439	493	221	116	105	616	309	307	17	2	15	78	12	66
清水乡	977	464	513	193	110	83	662	318	344	58	19	39	64	17	47
岗察藏族乡	120	55	65	42	27	15	49	22	27	17	3	14	12	3	9
查汗都斯乡	697	319	378	107	57	50	534	253	281	24	2	22	32	7	25
文都藏族乡	646	304	342	215	110	105	372	183	189	12	2	10	47	9	38
尕楞藏族乡	402	195	207	109	61	48	248	120	128	15	6	9	30	8	22

——循化县统计局：《循化县第六次人口普查数据汇总资料》，2012 年 8 月 9 日。

2010 年循化县育龄妇女分年龄阶段生育率（抽样）（单位：人、‰）

乡镇	15—19 岁		20—24 岁		25—29 岁		30—34 岁	
	平均育龄妇女	生育率	平均育龄妇女	生育率	平均育龄妇女	生育率	平均育龄妇女	生育率
循化县	578	22.49	576	133.7	552	99.64	496	60.48
积石镇	125	24	151	112.6	160	93.75	139	79.14
白庄镇	93	32.26	119	42.02	85	94.12	67	59.7
街子镇	83	12.05	94	148.9	81	61.73	71	84.51
道帏藏族乡	58	0	45	111.1	51	78.43	50	40

续表

乡镇	15—19岁		20—24岁		25—29岁		30—34岁	
	平均育龄妇女	生育率	平均育龄妇女	生育率	平均育龄妇女	生育率	平均育龄妇女	生育率
清水乡	67	29.85	73	287.7	65	200	61	16.39
岗察藏族乡	13	76.92	6	0	9	111.1	9	0
查汗都斯乡	49	61.22	47	212.8	60	83.33	45	88.89
文都藏族乡	71	0	31	161.3	28	107.1	38	0
尕楞藏族乡	28	0	22	0	25	40	23	86.96

——循化县统计局:《循化县第六次人口普查数据汇总资料》，2012年8月9日。

2010年循化县育龄妇女分年龄阶段生育率（续表）

乡镇	35—39岁		40—44岁		45—49岁		总和生育率
	平均育龄妇女	生育率	平均育龄妇女	生育率	平均育龄妇女	生育率	
循化县	463	19.44	431	13.92	315	25.4	1875.25
积石镇	149	40.27	136	22.06	103	48.54	2101.7
白庄镇	70	14.29	70	0	51	0	1211.9
街子镇	49	20.41	58	17.24	26	0	1724.35
道帏藏族乡	46	0	49	0	44	0	1147.71
清水乡	54	18.52	40	50	33	90.91	3466.72
岗察藏族乡	5	0	9	0	7	0	940.17
查汗都斯乡	41	0	32	0	17	0	2231.06
文都藏族乡	33	0	27	0	30	0	1342.17
尕楞藏族乡	25	0	20	0	13	0	634.78

——循化县统计局:《循化县第六次人口普查数据汇总资料》，2012年8月9日。

部分年份人口职业构成概况表（单位：人）

职业	1949	1953	1956	1959	1961	1965	1969	1972	1976	1980	1985	1990
合计	15594	16964	20413	21571	21079	22782	24925	27865	27366	30117	35797	39928
农林牧水	15312	16304	19555	20215	20029	21919	23978	26619	25744	27712	32433	36305
工业				299	88	4	77	157	307	472	304	364
基建				74						183	69	59
交通邮电	1	12	33	94	76		58	124	89	89	75	50

续表

职业	1949	1953	1956	1959	1961	1965	1969	1972	1976	1980	1985	1990
商粮物资	8	106	259	228	218	238	211	264	312	383	382	668
文、卫、广播	8	119	163	233	229	235	264	323	459	710	1273	1283
金融		69	69	44	32	45	51	32	36	5	133	143
公用事业										13	33	102
国家机关	265	354	334	384	407	341	286	346	419	550	1034	906
科技											61	48

——循化撒拉族自治县志编纂委员会:《循化撒拉族自治县志》，中华书局，2001年版，第 155 页。

撒拉族人口的行业分布及其变化（单位：%）

行业	1982 年	1990 年
合计	100	100
农林牧渔水利业	91.72	89.39
地质普查勘探业	0.03	0.007
房产公用咨询业	0.03	0.24
工业	1.08	1.45
交通邮电业	1.11	1.04
餐饮物资仓储业	1.21	2.05
卫生体育福利业	0.43	0.36
教育文艺广电业	2.19	2.33
建筑	0.23	0.99
科技服务业	—	0.01
金融保险业	0.01	0.22
国家党政机关和社会团体	1.70	1.89
其他	0.16	0.01

——马伟:《撒拉族人口的行业及职业结构分析》,《青海民族研究》，2004 年第2 期。

2000年循化县主要从业人口构成情况一览表

序号	行业	在业总人口	男	女	备注
1	农、林、牧、渔、水利	5060	2382	2678	注：此表数据为2000年人口普查抽样结果
2	采矿业	2	2	0	
3	制造业	134	77	57	
4	电力煤气和水的供应业	37	33	4	
5	建筑业	25	25	0	
6	交通运输、仓储邮政业	125	118	7	
7	信息传输、计算机服务和软件业	2	1	1	
8	批发零售业	66	37	29	
9	住宿餐饮业	60	31	29	
10	金融业	5	4	1	
11	居民服务和其他服务业	35	18	17	
12	教育	180	118	62	
13	卫生、社会保障和社会福利业	47	23	24	
14	文化、体育和娱乐业	5	3	2	
15	公共管理和社会组织	147	110	37	
	合计	5927	2982	2945	

——循化撒拉族自治县地方志编纂委员会：《循化撒拉族自治县志》，三秦出版社，2017年，第92页。

2010年循化县主要从业人口构成情况一览表

序号	行业	在业总人口	男	女	备注
1	农、林、牧、渔、水利	3955	1935	2020	注：此表数据为2010年人口普查抽样结果
2	采矿业	4	3	1	
3	制造业	97	73	24	
4	电力煤气和水的供应业	19	15	4	
5	建筑业	102	85	17	
6	交通运输、仓储邮政业	130	123	7	
7	信息传输、计算机服务和软件业	17	15	2	
8	批发零售业	137	70	67	
9	住宿餐饮业	344	210	134	
10	金融业	10	8	2	
11	居民服务和其他服务业	50	28	22	
12	教育	148	62	86	

续表

序号	行业	在业总人口	男	女	备注
13	卫生、社会保障和社会福利业	45	18	27	注：此表数据为2010年人口普查抽样结果
14	文化、体育和娱乐业	7	3	4	
15	公共管理和社会组织	206	164	42	
	合计	5271	2812	2459	

——循化撒拉族自治县地方志编纂委员会：《循化撒拉族自治县志》，三秦出版社，2017年，第93页。

2010年循化县主要民族分性别、行业的人口（抽样）（单位：人）

民族	合计			农、林、牧、渔业			采矿业			制造业		
	合计	男	女	小计	男	女	小计	男	女	小计	男	女
合计	5271	2812	2459	3955	1935	2020	4	3	1	97	73	24
汉族	368	214	154	76	36	40	2	1	1	51	41	10
回族	342	197	145	173	85	88				5	4	1
藏族	1454	758	696	1290	638	652	1	1		5	4	1
土族	10	7	3	3	3					1	1	
撒拉族	3083	1630	1453	2410	1173	1237	1	1		35	23	12

注："合计"行数据为所有民族合计，即除表中列举的主要民族外还包括"其他"民族数据。

——循化县统计局：《循化县第六次人口普查数据汇总资料》，2012年8月9日。

2010年循化县主要民族分性别、行业的人口（续表1）（单位：人）

民族	电力、燃气及水的生产和供应业			建筑业			交通运输、仓储和邮政业			信息传输、计算机服务和软件业		
	小计	男	女	小计	男	女	小计	男	女	小计	男	女
合计	19	15	4	102	85	17	130	123	7	17	15	2
汉族	4	2	2	31	26	5	13	12	1	7	7	
回族	2	1	1	13	12	1	12	12		2	2	
藏族	3	2	1	22	14	8	10	6	4			
土族	1	1										
撒拉族	9	9		36	33	3	93	91	2	8	6	2

注："合计"行数据为所有民族合计，即除表中列举的主要民族外还包括"其他"民族数据。

——循化县统计局：《循化县第六次人口普查数据汇总资料》，2012年8月9日。

2010 年循化县主要民族分性别、行业的人口（续表 2）（单位：人）

民族	批发和零售业			住宿和餐饮业			金融业			租赁和商务服务业			科学研究、技术服务和地质勘查业		
	小计	男	女	小计	男	女	小计	男	女	小计	男	女	小计	男	女
合计	137	70	67	344	210	134	10	8	2	6	4	2	4	3	1
汉族	32	15	17	20	9	11	3	3		4	4		3	2	1
回族	22	9	13	37	27	10	2	2					1	1	
藏族	12	5	7	12	7	5	1	1							
土族				1	1										
撒拉族	70	40	30	271	164	107	4	2	2	2		2			

注："合计"行数据为所有民族合计，即除表中列举的主要民族外还包括"其他"民族数据。

——循化县统计局：《循化县第六次人口普查数据汇总资料》，2012 年 8 月 9 日。

2010 年循化县主要民族分性别、行业的人口（续表 3）（单位：人）

民族	水利、环境和公共设施管理业			居民服务和其他服务业			教育			卫生、社会保障和社会福利业			文化、体育和娱乐业			公共管理和社会组织		
	小计	男	女	小计	男	女	小计	男	女	小计	男	女	小计	男	女	小计	男	女
合计	3	3		37	18	19	148	62	86	45	18	27	7	3	4	206	164	42
汉族				10	5	5	48	14	34	16	6	10	2	1	1	46	30	16
回族				4	2	2	33	16	17	7	4	3	1		1	28	20	8
藏族				1		1	28	17	11	4	2	2	2	2		63	59	4
土族							1		1	2		2				1	1	
撒拉族	3	3		20	11	9	36	15	21	16	6	10	2		2	67	53	14

注："合计"行数据为所有民族合计，即除表中列举的主要民族外还包括"其他"民族数据。

——循化县统计局：《循化县第六次人口普查数据汇总资料》，2012 年 8 月 9 日。

第三章　农　业

一、种植业

20 世纪 50 年代，循化县大搞开荒，扩大耕地。1950—1959 年，全县累计开荒 2.05 万亩，耕地比 1949 年增长 17%，随之人均（纯农业区人口，下同）耕地增加到 3.17 亩。1960 年，脱离实际，盲目地大搞开荒种地 4.65 万亩，使全县耕地猛增到 18.75 万亩。1961 年后，纠正农业生产上的瞎指挥错误，退耕还牧，耕地面积又恢复到 1959 年的水平。1970 年开始，大搞农田基本建设，修建水地园田、山地梯田和治河造田，扩大水浇地。1976 年全县水浇地达到 7.5 万亩，占总耕地的 49.7%，每个农业人口平均有水浇地 1.12 亩。此后，20 世纪 80 年代调整农业内部结构，又对陡坡地、宜林地进行退耕还牧和还林。加之国家和农民建房占地和人口增加等因素，耕地面积及人均耕地略有减少。1990 年底，全县耕地面积为 13.69 万亩，其中水浇地 7.01 万亩，人均耕地由 1949 年的 3.15 亩下降到 1.51 亩。

1949—1990 年耕地面积统计表（单位：亩）

年份	总耕地面积	其中			农业人口人均耕地
		水浇地	浅山地	脑山地	
1949	120463	46195	59743	14525	3.15
1950	120543	46275	59768	14500	3.11
1951	120543	46275	59768	14500	3.07
1952	121379	46394	60435	14550	3.03
1953	121379	46394	60435	14550	3.00
1954	125203	50259	60244	14700	3.06
1955	126071	50389	60982	14700	3.08
1956	131110	54247	61863	15000	3.18
1957	134472	56084	63388	15000	3.40

续表

年份	总耕地面积	其中			农业人口人均耕地
		水浇地	浅山地	脑山地	
1958	140648	56084	66235	18329	3.57
1959	140965	56104	66497	18364	3.17
1960	187532	56104	83327	48101	4.23
1961	152547	56104	56262	40181	3.78
1962	141295	56196	55005	30094	3.45
1963	141650	56286	59462	25902	3.41
1964	145522	57248	66274	22000	3.44
1965	150904	61451	67453	22000	3.42
1966	145729	56810	68098	20821	3.18
1967	146542	58360	67995	20187	3.04
1968	146458	58738	68017	19703	2.91
1969	147000	59000	68000	20000	2.74
1970	147000	59000	68000	20000	2.63
1971	148082	60926	68534	18622	2.59
1972	148187	61071	68508	18608	2.55
1973	148500	65133	64760	18607	2.45
1974	150667	70000	69902	10765	2.41
1975	150667	75000	64902	10765	2.33
1976	150667	75000	64899	10768	2.26
1977	143291	66792	65731	10768	2.07
1978	143730	67384	66134	10212	2.02
1979	143492	67157	66123	10212	1.98
1980	142917	67681	65024	10212	1.91
1981	141542	67826	63504	10212	1.85
1982	141018	67300	63510	10208	1.79
1983	140522	67275	63505	9742	1.75
1984	138560	67123	62235	9202	1.71
1985	133407	66397	58303	8707	1.65
1986	131722	65984	58303	7435	1.61
1987	129300	64000	57900	7400	1.56
1988	130800	65000	58400	7400	1.56
1989	134251	68500	58378	7373	1.55
1990	136895	70149	59373	7373	1.51

——循化撒拉族自治县志编纂委员会：《循化撒拉族自治县志》，中华书局，2001年版，第 180—181 页。

农作物播种面积和产量

年份	播种面积合计	农作物播种面积和产量						
		1. 粮食播种面积	产量	亩产	2. 油料播种面积	产量	3. 蔬菜播种面积	4. 其他播种面积
1949	101140	96090	189315	197	3550	3155		1500
1950	102760	93750	209713	223	7000	6478		2010
1951	101572	92640	225987	244	8400	7536		532
1952	101100	91800	239683	261	8600	7953		700
1953	99950	91000	192443	211	8300	4260		650
1954	98845	88377	238551	270	9129	9445		1339
1955	105601	92800	255404	243	12212	9785		589
1956	118311	101980	260224	255	14718	7730		1613
1957	109735	98609	249882	253	7448	5686		3678
1958	113615	99858	268454	269	7808	6768		5949
1959	11049	96546	262674	272	12149	6562		2354
1960	162507	146979	241433	153	13057	1032		2471
1961	150437	138764	146700	101	6704	1100		4969
1962	123903	116771	150000	120	4958	1758		2174
1963	112798	106155	250960	236	5551	4264		1092
1964	116828	107896	253739	234	8304	6892	628	
1965	124513	112944	290945	254	10915	7902	654	
1966	125575	115690	224013	194	9026	3028	836	23
1967	132609	119042	297354	250	11973	7969	1568	26
1968	122126	113255	248337	219	7244	4315	1619	8
1969	118135	107915	207039	192	8987	6243	1215	18
1970	120400	110200	256208	232	8700	6827	1500	
1971	121404	113486	314775	277	6172	7613	1623	123
1972	117956	109977	388263	353	6924	11810	1021	34
1973	119100	108800	392838	361	8700	15676	1400	200
1974	120781	111223	423689	381	7278	8105	3996	884
1975	120208	110317	503885	457	7481	11839	1636	774
1976	121915	112271	544552	485	7833	11107	1049	762
1977	121864	112253	529247	471	8205	12335	824	582
1978	122203	111905	497952	445	8421	8917	1421	456
1979	120954	110742	486519	439	9090	11843	944	178
1980	122494	111938	552685	494	9760	16797	721	75

续表

年份	播种面积合计	农作物播种面积和产量						
		1. 粮食播种面积	产量	亩产	2. 油料播种面积	产量	3. 蔬菜播种面积	4. 其他播种面积
1981	117963	107749	439309	408	8796	14328	952	466
1982	118589	103247	521839	505	12711	20312	1010	1621
1983	115246	104789	537393	513	9042	24029	953	462
1984	118794	106263	404765	381	10428	20347	1230	873
1985	124365	104925	401049	382	15012	25159	1347	4081
1986	126338	104674	431774	413	15297	24555	1299	4968
1987	124500	103200	519077	503	17500	25942	2500	1300

——循化撒拉族自治县统计局：《青海省循化撒拉族自治县国民经济社会发展统计资料汇编（一九四九年——一九八七年）》，1988 年 12 月，第 82—84 页。

循化县撒拉族自治区清水乡各族妇女积极参加整修渠道保护禾苗

循化县撒拉族自治区清水乡撒拉族妇女，接受去年的生产抗旱经验，积极整修渠道。清水乡是撒、藏、汉三个民族的杂居区。全乡有两条各长十里左右的水渠，可灌溉两千亩土地，水源较远，渠身又经过很多山坡和高崖。再加上过去管理制度不合适，整修时各村修各村，互不理睬，致使渠道宽窄深浅不一致，影响了当地农业生产。春耕中，该乡的人民代表大会决定，不分民族，不分村庄，互相帮助修渠道（将原有渠道加深加宽），这个决定得到各族农民的拥护。4 月 18 日，全乡 128 个男工和 254 个女工齐集工地，用两天时间按计划修好了渠道，比往年提前两天完工。在修渠中，因为男子们大多外出搞伐木等副业生产去了，所以妇女是主要力量。正如青年团员韩在乃拜（撒拉族妇女）说："挖渠道、防旱保苗、多产粮食，支援国家建设谁都有责任，男人们虽然出去拉木头，可是大石头我们妇女也能挖也能干，能顶住个男子汉。"她们在参加整修渠道的同时，把家里的活也安排得很好，什么活都做得很细致。在修渠道中她们还组织了抱娃组，解决了妇女们有孩子的拖累，提高了修渠的情绪。如农民黑加姑的两个小孩，一个三岁，一个只有五个月，男人出门拉木头，女人只怕自己不能参加修渠工作。但是渠边抱娃娃组成立后，解决了她的困难，使她愉快地和别人一道参加了修渠工作。

——本报循化讯：《循化县撒拉族自治区清水乡各族妇女积极参加整修渠道保护禾苗》，《青海日报》，1954 年 5 月 28 日。

循化苏只乡农民和中库桑热互助组积极割储野草准备牲畜过冬

循化撒拉族自治县苏只乡农民，打草备冬工作获得一定成绩。苏只乡共有608户农民，每年所收集的庄稼草都只够牲畜吃几个月，其余全靠割草或买草解决。今年该乡吸取以往教训，很重视打草备冬。在乡人民代表大会会议上讨论这个问题时，全体代表情绪很高，并作出决议，贯彻执行。于是，全乡干部在工作组的协助下分头向群众宣传动员，通过当地活人活事，教育群众。如该乡一行政村农民韩沙板卜去年打了许多草，解决了两头驴和一头牛的冬春吃草困难，牲口健壮，顺利进行春耕生产。用这事例宣传的结果大大教育了群众。全乡的农业生产合作社、互助组大都具体订立了割草计划，全乡有95%以上的农民，在有利民族团结的原则下，都割了草。从八月中旬到九月底，全乡共割储草887400斤，把牲畜在冬天和春天吃的草都准备够了，为明年春耕生产打好了基础。

循化县撒拉族自治区文都藏族自治区中库乡桑热互助组，由22户组成，全组共有骡、驴、牛、羊等牲畜299只。为了储够今冬明春牲畜饲料，该组抽出男、女组员20多个，在有利民族团结的原则下，上山打草。据统计，已打回野草1950捆，每捆以斤计算共打草11700斤。并订计划，还要继续打草四千多斤。互助组桑热（共产党员）高兴地说："现在把草打好，冬天把牲口喂好，开春才能把田种好。"

——本报循化讯：《循化苏只乡农民和中库桑热互助组积极割储野草准备牲畜过冬》，《青海日报》，1954年10月28日。

循化撒拉族自治县人民委员会，确定开展增产节约运动的方法

根据中共青海省委、省人民委员会关于开展增产节约运动的指示精神，循化撒拉族自治县人民委员会于元月三日召开行政会议进行了讨论，并且决定成立县的增产节约委员会。

会议认为：从循化的具体情况来看，在上级党政的正确领导下，1956年中，粮食增产21%，手工业劳动生产率亦有所提高，财政预算执行较好，但是也存在着不少浪费现象。为了加速社会主义建设，树立简朴作风，应当在各族群众及全体干部中，进行一次深入广泛的增产节约教育，进一步开展增产节约运动。会议决定，这次运动从现在开始至3月10日前的70天左右基本结束，然后再建立必要的制度，转为经常化。

会议最后指出：在这一运动中，要求领导负责，亲自动手，充分发扬民主，教育群众和干部，树立克勤克俭、艰苦朴素的工作作风，与一切浪费国家资产的行为作斗争。同时要求大家实事求是地去对待问题，把开展增产节约运动与反对主观主义和官僚主义结合起来进行，严格防止一阵风的想法与做法，使增产节约运动保持经常化。

——本报循化讯：《循化撒拉族自治县人民委员会，确定开展增产节约运动的方法》，《青海日报》，1957年7月13日。

挖掘潜力变缺粮乡为余粮乡

（一）

积石镇位于黄河沿岸，南北高山，气候温和，土地较少。多系黑沙土和白沙土，一般适应种植小麦、青稞、洋芋、蔬菜和复种两茬庄稼，人口2148人，现有耕地面积286.25亩，按农业人口仅可平均0.81亩，按劳力计算仅可每人平均2.9亩左右，这样无疑形成了缺粮乡。旧社会反动政府的长期统治导致生产未能得到发展，吃粮没有保证。因而虽然境内地势平坦，土质肥沃，经营方便，但大量荒地未能利用。

解放八年来，由于党政的正确领导，干部的积极工作，各族人民群众的积极拥护，各项工作进展顺利。在生产战线上取得了巨大的成就，各族群众的生活水平有了改善，生活上有了保证。1956年全乡范围内全面实现农业合作化，生产资料所有制根本改变，充分实现了农业合作化的优越性，社员的生产积极性大大地提高。因而农业合作化第一年取得全面的丰收，社员生活有了显著提高。1949年全乡总产量为588800斤，1956年总产量提高到1008864斤，增产420064斤。

总之，几年来，生产迅速发展，生活迅速提高，特别是农业合作化的第一年。但我们领导工作未能完全适应新的变化，因而工作中存在着较严重的错误和缺点。主要是：在农村中的思想政治工作没有紧紧地跟上去，农村中的资本主义和社会主义两条道路的思想斗争仍然很激烈。存在着高级社不如初级社，初级社不如互助组，互助组不如单干户的思想。

产生上述问题的主要原因是：我们的领导工作完全未能适应新的变化，缺乏对农村情况的正确认识，产生了各种思想，认为合作化了，生产关系改变了，农村的阶级斗争基本结束。因而应该及时处理的没有处理，应该严肃批判的没有严肃批判，生产工作有了一定的影响。1957年有条件开垦的荒地400余亩，而实际开垦170余亩。

（二）

为了根本上改变缺粮乡的面貌，加强思想教育，在严肃批判右倾思想的基础上，全面发动群众，大力开垦荒地，扩大耕地面积，提高单位面积产量，提高土地利用率，扩大复种面积，坚持先易后难、先近后远的原则。

1956 年全乡总产量从 1008864 斤的基础上到 1958 年达到了 1209574 斤，单产提高 8%。

（三）

完成上述任务，根据我们乡的具体情况，实事求是地采取以下工作措施：

第一，加强思想教育，严肃批判右倾保守思想的基础上，全力发动群众，大力开垦荒地，扩大耕地面积（1000 亩），争取 60% 的土地有收益，预计粮食为 120 万斤左右。

第二，大力新修小型水利，扩大灌溉面积，整修渠道三条，新修渠道二条（14000 公尺），水库一个，整修解放水车三部，挖井 16 眼，积冰 50000 公方，加固两站抽水机的坝方工程，预计灌溉面积 1000 余亩，改善面积 300 余亩。

第三，想尽一切办法，增加农家肥料，适当使用商品肥料保证质量的基础上，驮粪（6000 驮），开展群众性的卫生运动（600 驮）。加之全乡分别养牛、羊、兔、鸡。抽出专人负责管理机关厕所，这样就可积肥 80000 驮，加之家肥计以每亩可达 70 驮至 80 驮，比去年多 10 驮。

第四，大力平整土地占耕地面积的 12%，取削地塄 100 余条，预计扩大面积 3 亩左右。

第五，提高土地利用率，扩大复种面积，在现有 45.6% 的基础上扩大至 50%。

第六，因地制宜地改进耕作方法，合理轮作和密植。

第七，推广新式农具，建立试验土地（每社 1—2 亩），社长和驻社干部做出各种优良品种的示范。

第八，做好水土保持工作，今年排江四条，造林 60 亩。

完成上述任务是有一定困难的，但是我们坚信，在省委和县委的正确领导下，一定能完成。

以上发言有不妥之处请批评指正。

——韩尚德：《挖掘潜力变缺粮乡为余粮乡》（1957 年 11 月 4 日），循化县档案馆藏，档号：1-1-31（永久）。

循化县 1958 年—1963 年关于恢复和发展农牧业各项生产的规划

（一）

1958 年以来，我县在中央和毛主席的英明领导下，在总路线、“大跃进”、人民公社三面红旗的光辉照耀下，全党广大干部和各族人民，辛勤努力，忘我劳动，各项社会主义建设事业取得了伟大成绩。农业方面，进行了一些基本建设，兴修水利，扩大了灌溉面积。所有这些不仅减轻了由于三年来遭灾所造成的损失，而且对今后农业增产提供了有利条件。工业生产从无到有，由少到多，有了一个新的发展；其他如财贸、交通运输等事业也取得了显著成绩。但是，几年来，由于我们没有坚决地、认真地贯彻执行中央的方针政策和毛主席的指示，因而，在取得伟大成绩的同时，在我们的工作中产生了一些缺点和错误，生产力遭到了严重破坏，致使粮食产量减产。1957 年，全县粮食作物播种面积为 97771 亩，总产量为 25099865 斤，平均每亩单产 256.7 斤；1960 年粮食作物播种面积为 155505 亩，总产量为 24349171 斤，平均每亩单产 174 斤。粮食总产量 1960 年比 1957 年减少了 3%，单位面积产量比 1957 年减少 32.3%。1961 年粮食播种面积为 152547 亩，预计总产量为 1800 万斤，比 1957 年减少 7099865 斤，即减少 27.5%；平均每亩单产为 128.8 斤，比 1957 年减少 57.5%。

今年粮食产量急剧下降，1957 年全县各类牲畜总头数为 103176 头（只），其中耕畜 14045 头（匹），到 1960 年底，各类牲畜总数为 70990 头（只），比 1957 年减少 31.2%，其中耕畜 9221 头（匹），比 1957 年减少 34.6%。1957 年全县各类家禽实有 16017 只，到 1960 年底实际存栏数仅为 5088 只，比 1957 年减少 68.3%。生产工具和生活用具与 1957 年比也大量减少。几年来，林业生产不但没有发展，而且也有较大的损失，全县除去天然森林以外，损失大约在 60%。农村中房屋也有较大的损失。全县农村原有房屋 110774 间，据不完全统计，近年来损失 17623 间，占房屋总数的 16%。在积肥运动和集中居民点等工作中，也不适当地拆毁了一些社员的住房，有两个村子全被拆毁。几年来人口、劳动力也有所减少。1954 年全县总人口 44995 人，其中农业人口 40595 人，到 1960 年底，实有总人口 44762 人，减少 233 人，即减少 0.5%，其中农业人口 38527 人，比 1957 年减少 1988 人，即减少 4.9%；到 1960 年底实有劳力 1739 人，比 1957 年减少 1150 人，即减少 3.1%。

在全县范围内，分别不同地区看，存在着不平衡性。道帏公社几年来损失不大，粮食产量仍然是上升的，情况总的是好的。白庄、清水、尕楞、岗察等五个公社，几年来，农牧业减产较为严重，损失也较大。文都、街子、查汗大寺、城镇四个公社，粮食逐年减产，牲畜连年减少。其中文都公社最为突出，粮食产量1957年为3180873斤，1961年估计粮食总产量约为1040511斤，比1957年减产2140362斤，即减少69%，1957年全社各类牲畜总头数为12201头（只），其中耕畜为2362头（匹），而现在各类牲畜总头数仅为3070头（只），比1957年减少9131头（只），即减少74.8%，其中耕畜1030头（匹），比1957年减少1332头（匹），即减少56.3%；1957年全社总人口为3757人，其中劳力1985人，而现在总人口3639人，比1957年减少118人，占2.9%，劳动力1805人，比1957年减少9.8%；房屋破坏更为突出，据初步了解，公社原有农民811户，房屋13960间，其中已被全部拆毁的162户，4828间（其中草房1803间），占总农户18.5%，占房屋总数34.7%。部分被损坏的221户房屋411间，占总农户25%，占房屋总数的4.57%；原有水磨66盘，已被拆毁到56盘，占水磨总数的73.1%；油房35座，被拆毁31座，占油房总数的88.5%。近年来，生产力遭到严重破坏，主要原因是：

第一，一平二调的共产风，一刮再刮。违背等价交换的原则，大量抽调公社各级集体和社员个人的各种生产资料和生活资料，毫不尊重公社各级的集体所有权和社员个人所有权，是使公社的干部和社员感到自己的东西不由自己支配，于是不爱惜自己的财产，不关心集体利益。1959年不研究条件，不顾政策，无视群众利益，在文都地区安置青年农场，迫使当地群众搬家，形成了最大的平调，造成了极其痛心的损失。违背按劳分配的原则。不适当地合并有穷富差别的生产大队和生产队，社队规模经常不断地变动，工商内部的生产关系长期得不到稳定，人与人之间由于平调分配而产生了依赖思想，也没有得到很快的克服。一平二调的共产风，直接侵犯了人民公社以队为基础的三级集体所有制和社员个人所有制，打乱了我们许多工作中的正常秩序，大大打击了人民群众的生产积极性。

第二，工作中不认真进行调查研究，不从实际出发，任凭主观愿望办事。特别是近两年来，不问客观自然条件，不算劳畜力账，盲目大量开荒，造成的损失极大。由于开荒正常的生产秩序被打乱，当地群众多年行之有效的轮歇地、农作物合理倒插，秋施肥等多项生产措施被取消，开了荒地，结果浪费了种子，拖垮了劳力和牲畜，这是几年来农业减产的重要原因。1960年粮食产量比1957年减少3%，而征购任务却比1957年增长78%，征购任务占总产量的比例由1957年的26.7%上升到1960年的49.2%，结果农村留粮紧张，群众生活困难，损伤了群众的元气。

第三，在平反运动中，没有严格掌握党的区别对待的政策，混淆了敌我和人民内部两类不同性质的矛盾，错抓了一些无罪群众，这是几年来农村劳动力减少的一个因素，现在部分社队劳力严重不足，农业生产达到极大困难。

（二）

面对着当前的形势，我们今后的主要任务就是一切从实际出发，轻重缓急，通盘考虑分期实现，逐步地恢复和发展农牧业生产。我们的方针是：正确贯彻执行党的各项政策，充分调动积极因素，以粮带动恢复。1962 年计划播种粮食作物 120000 亩（包括自留地 5000 亩），计划总产量 2280 万斤（包括自留地产量 150 万斤），单产 190 斤；1963 年计划播种粮食作物 125000 亩（其中自留地 5000 亩），单产 204 斤；1964 年计划播种粮食作物 125000 亩（自留地 8000 亩），计划总产量 2700 万斤（包括自留地产量 180 万斤），单产 216 斤。二年恢复粮食总产量，三年恢复地力。根据以上逐年粮食生产情况，粮食的社会分配计划是：1962 年国家征购 500 万斤，籽种需要 450 万斤，牲畜饲料 80 万斤，农村每人全年口粮可达 268 斤（自留地产量未计入，下同）；1963 年国家征购 600 万斤，籽种需要 450 万斤，饲料 100 万斤，农村每人全年口粮可达到 300 斤。人畜体力，1964 年将会完全恢复。在现有基础上，逐步恢复畜牧业生产。现有各类牲畜中，有适龄母畜 30521 头（只），按一年一产，繁殖成活率 80% 计算，今年预计毛增 34.4%，净增 24.5%，1962 年预计毛增 29.8%，这样 1963 年就可以恢复，但是大牲畜特别是耕畜的恢复需要较长时间，大牲畜中现有适龄母畜 7010 头（匹），每年繁殖成活率以 75% 计算，今年预计毛增 30.4%，1966 年可以基本恢复。家禽家畜预计最迟到 1963 年可以全部恢复并有所发展。农村房屋的恢复要求在今年内将所有损坏应该补修的全部补修完毕，已经被拆毁，需要重新修建的房屋，要求今年内完成 20%—30%，明年达到 60%—70%，最迟到 1963 年全部恢复起来。人口的恢复是很重要的，预料从 1963 年开始可以停止因粮食紧张、生活困难而发生的不正常死亡和各种营养不良症，人口的增长和死亡率可以按照我县的一般增长率，逐步发展。根据我县历史资料，在正常年间，人口平均每年增殖率为 2%，以此推算，预计全县总人口到 1962 年就可以恢复农村人口，最迟在 1963 年达到和超过 1957 年人口总数。林木是多年生植物，恢复要慢一些，林木株数上的恢复预计从 1962 年起到 1964 年可以基本恢复，木材生产量要达到 1957 年的水平，最少需要 10 年。

全县总的全面恢复和要求就是如上所述，但在地区之间由于情况不同，恢复的任务要求和速度也应该有所不同，有的需要全面恢复，任务十分繁重，需要较长的时间，有的只需要部分恢复，只要努力，有一年，最多两年就可以恢复。各公社应该根据自己的具体情况，提出切实可行的恢复计划。

——《循化县1958年—1963年关于恢复和发展农牧业各项生产的规划》，循化县档案馆藏，档号：22-1-25（永久）。

在此期间，循化县的社会主义建设事业发展较快，农业方面，1956年粮食产量为1301.12万公斤，较解放初和1953年分别增长37.35%和35.22%，党的三大改造政策得到了进一步贯彻落实；1958年竣工并受益的引黄灌溉工程——黄丰渠，从根本上结束了“水在黄河流，人在岸上愁”的干旱历史，还组织全县农民修建了多什则渠、孟达山渠、永丰渠等引水上山工程（这些工程因种种原因没有成功，实属劳民伤财的无效劳动）。

——中共循化撒拉族自治县组织史资料编纂委员会：《中共循化撒拉族自治县组织史资料（1949.8—1993.4）》（内部资料），2018年，第9页。

从1958年7月起，在“左倾”思想继续升级的情况下，开展了“大跃进”和人民公社化运动，将114个农业生产合作社（除岗察外）改组成4个人民公社，提出了人民公社化给我们指出了一条农村逐步实现工业化的道路；由集体所有制过渡到全民所有制的道路；由社会主义按劳分配过渡到共产主义按需分配的道路。“‘大跃进’是马克思列宁主义的胜利”等错误理论，还提出过一些脱离群众、脱离实际的口号，如“人有多大胆，地有多大产”“闯过八道关，深翻五尺五，每亩施肥五十万斤，产粮万斤”。高指标、浮夸风更加泛滥起来。1959年提出“总产四亿五，亩产五千六”的浮夸指标，实际粮食产量为2620万市斤，亩产272市斤。

——中共循化撒拉族自治县组织史资料编纂委员会：《中共循化撒拉族自治县组织史资料（1949.8—1993.4）》（内部资料），2018年，第10页。

1959年1月循化县归属青海省黄南州代管。其间，贯彻执行了农业“八字”宪法和一系列增产措施，连续两年获得丰收，1959年全县粮食总产量为1313.37万公斤，平均亩产136公斤。1958年11月，创办了循化撒拉族自治县第一所中学（称循化中学），配备教职员工18名，开设四个班，学生总数174名，从此结束了循化无中学的历史。

1958年秋末，掀起了“大跃进”和人民公社化运动，将114个农业生产合作社改组成人民公社；此后，批判了所谓的“右倾保守思想”，进而提出了“大反右倾，大鼓干劲，艰苦奋战，促进各项事业更大更好更全面地持续跃进”的奋斗目标，在“比、学、赶、帮”的口号下，高指标、瞎指挥等风泛滥，如：三届二次会议提出，1960 年全县粮食总产量达到 3250 万公斤，实际总产量为 1207.17 万公斤，比 1959 年减产 106.2 万公斤；在“以开荒为纲”的错误方针指导下，开展“大兴水利，大闹深翻积肥，大量开荒”运动，贪多求快，劳民伤财，脱离实际，乱调集体生产资料，实行一平二调，打乱了农业生产的正常秩序，违背了经济规律，挫伤了社员群众的积极性，再加上自然灾害，导致 1960 年以来连续三年粮食大减产和生态大破坏及人畜消瘦死亡的恶果，群众生活发生了困难，特别是 1959 年春，在文都地区兴办数千人的青年农场，迫使当地近 4000 名藏族群众离乡搬迁，在农业生产和经济上都造成了严重损失和破坏。

——中共循化撒拉族自治县组织史资料编纂委员会：《中共循化撒拉族自治县组织史资料（1949.8—1993.4）》（内部资料），2018 年，第 139—140 页。

循化昼夜兼程急起直追

循化各族人民快马加鞭，迅速掀起了一个学民和、赶民和、超民和的竞赛高潮，决心打好春耕生产这一仗，为胜利实现农牧业群英会所提出的十大倡议而奋斗。

循化县今年播种速度很快。到三月一日，全县已播种麦类作物八万五千亩，占计划播种面积的 57.4%。为了战胜干旱，胜利完成春播任务，县委于三月一日上午召开了紧急电话会议，和各公社、管理区领导干部进行了研究，大家对省农牧业群英会提出的十大倡议和县委提出的“苦战五昼夜，三月十日全面结束麦类作物播种任务”的号召坚决响应。他们的战斗口号是：加强领导第一线，日夜猛攻春播关，立志追赶民和县，三月十日定夺大田播种关。

实现上述计划的具体措施是：

（1）进一步加强党的领导，坚持政治挂帅。为了抓住主要方面和关键性的环节，各级党委书记进一步加强第一线领导，特别是要加强任务大、进度慢的队和薄弱环节的领导，并广泛向群众进行社会主义、共产主义思想教育，进一步提高思想，明确当前形势和任务。

（2）充分发挥群众的主观能动作用，继续大搞群众运动，抽调 80% 以上的劳力突击春耕，并进一步加强劳动管理，广泛开展山川大协作，不断进行工具改革，实行条播，提高播种质量，保证更多的劳力投入春播。

（3）全县以学、赶、超民和县为目标，广泛开展社与社、队与队、组与组、个人与个人之间的红旗竞赛，广树红旗，大立标兵，并大抓日进度，做到层层有任务，日进度落实到小组，全县日进度保证达到八千亩，实现春播日日红。

（4）全面、妥善地安排好社员生活，进一步办好公共食堂，保证春播的胜利进行。与此同时，并对开荒作了安排，计划到夏收前，完成十五万亩开荒任务。

——本报循化讯：《循化昼夜兼程急起直追》，《青海日报》，1960 年 3 月 4 日。

循化清水管理区苦战六天争得全苗

循化县东风公社清水管理区的各族社员，在播完大田作物之后，结合突击播种晚田和开荒，早抓、狠抓、巧抓田间管理，苦战六昼夜，争得了全苗。

东风公社清水管理区，为了争取更大丰收，紧紧抓住了田间管理第一个环节。以党总支委员会为核心，吸收小队长以上干部和有经验的老农、妇女参加，成立检查团，将全管理区水地麦田逐块进行观摩评比，分类排队。全管理区抽出五百三十九个劳力，分工分业，分片包干，以生产小队为单位，由一百八十人组织了二十一个补苗小组，一百二十五人编篱笆。二百三十四人和二十六辆大车运肥，实行了定领导、定人员、定地段、定任务、定时间、定质量的六定责任制，建立了一查苗、二催芽、三补种、四铺砂、五浇水。目前，该管理区全体社员，根据县委指示，乘胜追击，运用去年三抓（水、肥、草）、两防（倒伏、病虫自然灾害）、一保（丰产）的成功田间管理经验，正在锄草、追肥、灌苗水，决心把三类苗消灭在幼苗期。

——本报讯：《循化清水管理区苦战六天争得全苗》，《青海日报》，1960 年 5 月 17 日。

循化县 1960 年农业生产计划表（单位：市亩、市斤）

作物	播种面积	平均亩产	总产量
合计	200000		
一、粮食作物	160000	410	65600
小麦	85000	455	38689
青稞	30000	326	9782
洋芋	20000	501	10012
蚕豆	6000	460	2757
豌豆	8000	269	2150
玉米	2000	575	1150

续表

作物	播种面积	平均亩产	总产量
其他	9000	118	1060
二、经济作物	30000		
油料	20060	135	2781
蔬菜	2730		
其他	7210		
三、其他作物（自留地）	10000		

——《循化县一九六〇年农业生产计划表》，循化县档案馆藏，档号：20-1-22（永久）。

编者注：原稿中没有相关的资料内容，按原稿数字整理。

循化县各公社、场1960年农作物播种面积统计表（单位：市亩）

社名	项目	总计	一、粮食作物							
			合计	小麦	青稞	蚕豆	豌豆	玉米	谷子	荞麦
全县合计	合计	258618.44	217027.56	89552.16	69706.69	12529.9	4836.58	1122.32	21181.08	3933.83
	水浇地	65241.38	58682.9	43221.48	7841.87	464.31	3561.56	913.12	499.18	302
	浅山地	13681.89	116557.76	4254.06	37531.53	9935.62	1274.86	200.2	18207.90	3488.98
	脑山地	58255.24	41786.9	3786.62	24333.29	2129.97			2474	142.85
东风公社	合计	110947.06	95697.42	29511.48	37361.68	4996.34	2740.91	843.39	9006.08	1065.87
	水浇地	28471.82	26841.68	19054.85	3371.71	263.85	2523.16	634.19	94.18	
	浅山地	62214.81	51970.29	10316.11	2275.89	3542.49	217.75	209.2	6437.9	983.02
	脑山地	20260.37	16885.37	140.44	11187.08	1190			2474	142.85
黄河公社	合计	55131	45142.64	25717.68	7251.68	2835.81		206.43	6324.94	1483
	水浇地	16215.39	13440.32	10325.64	2254.76	16.38		206.43		
	浅山地	29804.93	25378.49	15391.79	4996.3	2819.43			6324.94	1483
	脑山地	9110.68	6324.94							
红旗公社	合计	50035.09	43288.7	16791.75	15141.94	2851.6	501.84	7.5	5375.06	727.6
	水浇地	8466.75	7534.35	5703.55	1354.65	37.6	245.54	7.5		
	浅山地	22618.8	20012.61	7442.35	3241.7	1875	256.3		5375.06	727.6
	脑山地	18949.34	15741.74	3645.85	10545.59	939	1593.78			3
文都农场	合计	40588.98	30705.82	17131.25	8879.39	1846.15	1593.78	65	75	357.36
	水浇地	9785.73	9164.55	7737.44	268.75	146.48	792.86	65	5	2
	浅山地	21458.25	19196.27	9393.81	6535.64	1698.7	800.91		70	355.36
	脑山地	9345	9345		9345					

续表

社名	项目	总计	一、粮食作物							
			合计	小麦	青稞	蚕豆	豌豆	玉米	谷子	荞麦
岗察公社	合计	600	500		480					
	水浇地									
	脑山地	600	500		480					
机关团体企业	1692	1692	400	592				400	300	

——《循化县一九六〇年畜牧业生产计划》，循化县档案馆藏，档号：20–1–22（永久）。

循化县 1961 年农业生产计划（单位：市亩、市斤）

社名	总播种面积合计	粮食作物	单产	总产量	油料作物	单产	总产	其他经济作物
合计	190000	165500	205	34000000	13900	57	793000	10600
东风公社	95600	83000	205	17000000	7100	60	426000	5500
城镇公社	4375	4000	380	1520000				375
黄河公社	33000	29000	201	5829000	2000	60	100000	2000
红旗公社	31000	27000	200	5400000	2700	60	162000	1300
文都农场	25500	22100	190	4199000	2100	50	105000	1300
岗察公社	525	400	150	60000				125

说明：（1）本表是 1961 年 2 月 2 日县委会议上初步定案的；

（2）全县现有耕地 156900 亩，其中已翻地 134394 亩，根据本计划今春尚需开荒 33100 亩，翻地 22506 亩。

——《循化撒拉族自治县一九六四年—一九七〇年农牧业生产发展规划》，循化县档案馆藏，档号：22–1–25（永久）。

循化县 1958 年—1961 年农业生产初步总结

1958 年以来，我县农业生产在三面红旗的光辉照耀下，在党中央和毛主席的英明领导下，全县各族人民和广大干部艰苦奋斗，积极努力，做了许多工作，取得了很大的成绩，几年来，开垦了一些用于耕种的荒地，扩大了耕地面积三万余亩。全县有效灌溉面积扩大 8200 多亩，水浇地面积达到 58432 亩。拖拉机和其他牧业机械也有所增加，拖拉机从无到有，从少到多，已发展到七台。几年来，全县机耕面积累计已达到一万多亩，新式农具改良推广数量达 2493 件，安装耕种机械达 130 匹马力，化学肥料推广和使用了 100 多万斤，良种培育和推广也获得了一定的成绩，所有这些都为农业生产制造了良好条件，全县粮食产量在 1957 年 24988203 斤的基础上，连续两年稳定增产，到 1959 年总产达 26267487 斤，即增加 15%，但是由于 1959 年以后，在贯彻执行党在农业生产的方针政策方面发生了严重的错误，也违背了党中央在现阶段人民公社的方针政策，一平二调的“共产风”一刮再刮，在指挥农业生产上，不顾循化的实际情况，破坏了农业生产的客观规律，打乱了农业生产的正常秩序，加之部分地区遭受自然灾害，致使农业生产力遭受了极大的破坏，生产水平急剧下降，粮食严重减产，“人瘦、地瘦、牲口瘦”的三瘦局面尤为突出，全县总产量 1959 年 2626 万斤，下降到 1960 年的 2414 万斤，即下降 9.1%，到 1961 年又下降为 1600 万斤，比 1959 年下降 39%。单位面积产量由 1959 年的 272 斤下降到 1960 年的 174 斤，即降低 36%，到 1961 年，又下降为 113 斤，即降低 58.8%。在全县范围内分别地区来看，存在着不平衡性，道帏公社近年来损失不大，粮食产量仍然是上升的情况，总的是好的。白庄、清水、尕楞、建设堂、岗察等五个公社几年来农业生产减产较为严重，损失也较大，街子、查汗大寺、城镇、文都四个公社十四个生产队粮食逐年减产，牲畜逐年减少，尤以文都公社最为突出，粮食产量 1957 年为 3180873 斤，1961 年估计粮食总产量为 1040511 斤，比 1957 年减少 2140362 斤，即减少 48.6%，1957 年全社各类牲畜总头数为 12201 头（只），其中耕畜为 3262 头（匹），而现在各类牲畜总头数仅为 3070 头（只），比 1957 年减少 9131 头（只），即减少 33.6%。再从生产队情况来看，也存在着一定的不平衡性，全县 93 个生产队（即原来的生产大队），其中 31 个生产队，占总队数 33.3% 是连年增产的，有 19 个生产队，占总队数 20.4%，产量基本是稳定或约减产在 15% 以下，尚有 43 个生产队粮食严重减产，牲畜大量死亡。

1961 年以来，由于在全县范围内宣传贯彻了党中央十二条紧急指示和农村人民公社（修正草案）六十多条，开展了正风正社，反了“五风”，处理了“一平二调”，进行了退赔，给社员留了自留畜、自留地，特别是省委三干会议以后，广大干部提高了认识，明确了方向，领导作风、干部作风开始转变，农村政治经济形势开始好转，情况越来越明，经验越来越丰富。在此基础上，变生产队为核算单位，进一步调整了生产关系，基本上兑现了按劳分配、多劳多得政策，更大地调动了社员的生产积极性。

近年来，经验证明：贯彻执行“国民经济以农业为基础，粮食是基础的基础”的方针，不仅必须在思想上深刻地认识这个方针的重大意义，而且在劳力、资金、物资以及机构、人员等各方面，必须给予充分保证。农村劳动力的安排，必须以农业生产为主，兼顾农、林、牧、副各业和农村工业、商业及文化教育卫生事业的共同发展，在农业生产中，又要兼顾粮食作物、经济作物和其他作物，而以粮食作物为主，坚决贯彻“三主”的方针，把主要劳动力集中到田间，集中到粮食生产上，并且加以合理组织与使用，提高劳动生产率，确保农业生产的不断发展。

全面贯彻执行“多种多收，高产多收同时进行”的方针，和农业生产要以粮为纲，全面发展多种经营的方针。

几年来的实践证明：党中央提出“多种多收，高产多收同时进行”的方针是正确的，是符合我县实际情况的。1957 年至 1959 年我县其所以粮食稳定增产，首先是农业播种面积连续两年稳定，而又比 1957 年略有增加，这与我县当时的劳力、畜力和生产工具是相适应的，因此单位面积产量连年提高，总产不断增加。但是在执行过程中一度左右摇摆，特别是 1959 年冬和 1960 年，走了弯路，犯了错误。1958 年冬曾一度片面强调少种高产多收，企图在短时期内急剧提高单位面积产量，迅速实现“三三制”，以后又错误地提出弃耕山地，企图重点靠水地增产粮食。但发现后就及时纠正了，没有造成严重损失，但由于备耕工作未赶上，生产也受了一些影响。1959 年冬季开始，又走向另一个错误，片面地强调多种。盲目地执行“以开荒为纲”的错误方针，不顾循化的具体条件，结果开了荒地，丢了熟地，开了山荒地，丢了部分水地，放松了田间管理，不仅当年粮食减产，还给来年争取高产带来了困难，群众批判我们说：“没了儿子盼孙子。”由于大开荒地，还拖垮了劳畜力体质，造成严重的“三瘦”。原东风公社，花费劳力 18 万个，畜力 10 万个，籽种 16 万斤，籽种运输费 1 万余元，最后只收半成熟的粮食 9 万斤，同时人员生命受到了严重的损失。文都青年农场和原红旗公社，到尕楞口开荒，结果，不仅造成“三瘦”，而且大大地破坏了岗察牧业公社的冬春草场，牲畜牧草不够用，严重地阻碍了岗察畜牧业生产的发展。

多种是多收的基础，特别是我县劳多地少，根据各社队的自然条件和劳畜力的具体情况，加之自然灾害多，争取多种，对增产会起到积极的作用。但是必须在搞好现有耕地的前提下去进行，而绝不能丢掉熟地，盲目地去扩大耕地面积，舍近求远的做法是错误的。

社员贯彻执行以粮为纲、全面发展多种经营的方针方面，几年来大抓了粮食生产，首先解决了人民的吃饭问题，是完全正确和必要的，今后仍然必须这样做。但是在以粮为纲的同时，却忽视了多种经营，特别是 1956 年以来，对油料作物的加工务劳粗放，产量低，1957 年全县共播种油料 7448 亩，亩产 36.34 斤，总产 588635 斤，1960

年全县油料 13052 亩，亩产仅有 8 斤，总产 103272 斤，单产降低 68 斤，总产下降 465363 斤，即下降 81%，因而影响群众食油。辣子、瓜类是循化的有名特产，近几年面积虽有增加，但产量减少，自己食量少，减少了城市供应。

承认差别，坚决贯彻执行按劳分配的政策，克服平均主义。

我县由于地区的不同，生产条件不一，因而生产队与生产队之间，社员与社员之间存在着实际差别，因此在分配上就必须承认这种差别。但是 1960 年以来，却忽视和违背了这个差别。在工作中发生了一平二调的共产风错误，否定了生产队与生产队之间和人与人之间的合理差别，砍掉了定额管理、评工记分和一整套的生产责任制和检查验收制度，违背了“按劳分配，多劳多得”的社会主义分配原则，国家征购了一些粮食，队与队之间一拉平，富队拉穷了，助长了穷队的依赖思想，正如群众所说：“有钱大家花，有饭大家吃，口粮标准一样，不劳动也能吃饭。”因此，严重地打击了人们的生产积极性，劳力外流，弃农经商，仅有的劳力出勤减少，劳动工效降低。特别是小村并大村迁移人口的错误行动，平调极为严重，问题更大，青年农场无偿地占了文都农民的全部土地、树木、房屋、农具、水磨、油坊、部分耕畜、生活用具，排斥了文都农民搬家，又平调了道帏、尕楞等地社员的土地、房屋等生产、生活资料，在往返搬家过程中造成了极其惨痛的损失，严重地打击了社员的积极性。

——《循化县 1958 年—1961 年农业生产初步总结》，循化县档案馆藏，档号：20-0-19（永久）。

1962 年循化县农牧业工作会议总结

近五年来，我县在党中央和毛主席的英明领导下，全体干部和广大群众高举三面红旗，艰苦奋斗，积极努力在农牧业生产上做了许多工作，取得了很大成绩。在全县范围内开垦了宜于耕种的荒地 3 万余亩；兴修了黄丰渠水利工程 13 处，扩大有效灌溉面积 8200 余亩，农业机具也有很大发展。拖拉机从无到有，从少到多，现已增加到 7 台，累计的机耕面积达 1 万余亩，安装排灌机械 130 匹马力；改良和推广新式农具 1873 件，推广和使用化学肥料 100 余万斤；国家直接对农牧业生产的投资额达 953253 元，农牧业贷款累计达 111 万元；增添耕畜 1800 余头。所有这些都为农牧业生产的发展创造了良好条件，全县粮食产量在 1957 年 24988203 斤的基础上，连续两年稳定增产，到 1959 年总产达到 26267487 斤，即增长 5.1%。全队原有的 93 个生产大队中有 31 个生产大队四年来连续增产，有 19 个生产大队基本上丰收或略有减产。

但是，在贯彻执行党在农牧业生产的各项方针政策方面，发生了严重的错误，同时也违背了党中央在现阶段人民公社的方针政策，一平二调的“共产风”一刮再刮。两个平均主义相当严重；在领导农牧业生产中不从循化的实际情况出发，以行政命令、盲目蛮干的办法瞎指挥生产：特别是不适当的大开荒地、大兴水利、大搞协作，违背了农业生产的客观规律，打乱了生产上的正常秩序；再加上旱、雹、洪、虫等自然灾害的严重侵袭，致使农业生产遭到了极大的破坏，严重地打击了农（牧）民群众的生产积极性。粮食产量从1960年以后严重减产，牲畜从1959年以来连年减少，特别是耕畜的急剧下降更为突出，故而在一部分地区造成了严重的三瘦（即人瘦、地瘦、牲畜瘦）。这使我们全县各族人民面临着暂时的严重困难。

自宣传贯彻党中央二条政策和农村人民公社工作条例六十条以来，农村（牧区）经过深入细致的整风整社，使党在人民公社的各项方针、政策逐步地深入人心，一平二调的“共产风”和两个平均主义的错误已纠正或正在纠正；给社员留了自留地、自留畜，特别是调整体制变生产队为基本核算单位工作的进行和1961年收益分配政策的兑现，比较彻底地克服了队与队之间和人与人之间的平均主义，承认了差别。维护了“按劳分配，多劳多得”的社会主义分配原则。从而，大大地调动了生产队和群众集体生产的积极性，农村（牧区）政治经济形势开始好转，三瘦局面开始好转，农牧业生产也开始恢复和发展。正如在讨论中大家所提到的“政策兑现了，心情舒畅了；生产走上正轨了，农牧业丰收有把握了”。其具体来说：1. 经过整风整社，政策深入人心，干部作风大改，干群关系融洽，群众热爱集体，全面调动了社员的劳动积极性，劳力出勤大大增加，劳动工效显著提高。2. 粮食分配合理，蔬菜大大增加，家畜家禽发展，生活安排扎实，人心舒畅了，小孩活泼了，修房、结婚、探亲的新气象增多了。3. 备耕抓得早，速度快，步子稳，质量好，截至目前全县已秋翻12920亩，估计是1962年总播种面积的98.4%；翻歇地11287亩，施肥2.7亿斤，占需肥量的58%，已送肥25000亩，占粮食作物播种面积的22%，每亩平均5000余斤。冬灌17421亩，整修大小水渠3741条，准备和检修农具8053件，耕畜死亡少，畜膘比较好。4. 去年秋冬以来雨雪多，地墒足，河水大，这使农牧业生产有了一个良好的自然条件。但是，还有一些地区或生产队贯彻政策还不深透，个别干部作风不民主，干群关系还有一定距离，群众的积极性还未充分调动起来；备耕进度慢、质量差，特别是耕畜少、畜膘弱、籽种混，流失现象严重；在生活安排方面，有些生产队和社员单纯依靠国家的思想严重，用粮没计划，超吃口粮的现象仍然存在，我们认为这是一个最大的危险；要求各地作为一项重大的政治任务去解决。

1962 年摆在我们面前的任务是：继续深入地宣传贯彻农村人民公社六十条（修正草案），全党动手，全民动手，调动一切积极因素，全面贯彻农业八字宪法和畜牧业八项增产措施，千方百计争取农牧业丰收，特别是粮食的丰收。

1962 年全县计划播种面积 125300 亩，其中粮食作物 115100 亩，总产 2160 万斤，较上年增加 35%，单产 187.6 斤；油料作物 7000 亩，总产 338250 斤，较上年增加 2 倍多，单产 44.3 斤；蔬菜和其他作物 3200 亩，总产 800 万斤。全县大小牲畜由 1981 年的 70059 头（只），年终发展到 75998 头（只），净增 8.4%，其中集体的净增 6.52%，社员个人的净增 17.6%，从畜种来说，大家畜发展到 17778 头，净增 3.86%，小家畜发展到 58220 只，净增 0.14%。

——《1962 年循化县农牧业工作会议总结》，循化县档案馆藏，档号：1-1-86（永久）。

此间，循化县十分重视农田水利建设，1958 年兴修的黄丰渠工程经过不断维修加固，已收到显著效益。1962 年在省的大力支持下，兴建了查汗大寺水库，从而进一步改善了黄河沿岸干旱缺水的面貌，至 1963 年扩大灌溉面积已达 1300 余亩。1959 年全县粮食总产量 1313.37 万公斤，基本与 1958 年持平。1960 年以后，由于"五风"（共产风、浮夸风、瞎指挥风、特殊化和强迫命令）的出现和泛滥，加上 1961 年和 1962 年连续两年旱、雹、虫等自然灾害的侵袭，粮食产量逐年下降，1961 年全县粮食产量较 1957 年下降 41.3%，牲畜减少 48.5%，农村的房屋、树木毁坏严重，人畜死亡，生产力遭到了严重破坏，主要表现在：

一、破坏和违背了社会主义经济规律。"一平二调""共产风"的兴盛，严重掠夺了农民群众的利益。循化县从 1958 年大修水利开始，特别是 1959 年在文都地区兴办青年农场，平调了当地群众的生产资料和生活资料，迫使 31 个自然村、965 户、3639 人离乡搬迁。人民公社将大队（管区）的牲畜无偿大集中，无偿平衡分配等。

二、盲目推行高指标，实行瞎指挥，违背客观规律办事。大搞深翻、密植、乱开荒等，打乱了正常的生产秩序，浪费大批的人力、畜力、物力、财力，使农业生产遭到了严重破坏。其他各行各业的"五风"也很严重，认为指标越高越先进，制定计划脱离实际，思想方法主观而片面。

三、征购过头粮。1960 年全县粮食征购占总产量的 49.7%，农村出现了"三瘦"

（人瘦、地瘦、牲畜瘦），以及人畜消瘦、水肿和死亡现象；生活安排出现了严重问题。

——中共循化撒拉族自治县组织史资料编纂委员会：《中共循化撒拉族自治县组织史资料（1949.8—1993.4）》（内部资料），2018 年，第 13 页。

为明年增产创造条件
循化川水地区适时耕翻茬地

循化撒拉族自治县，采取有效措施，抓紧耕翻茬地。到八月上旬，白庄、清水、查加、孟大、建设堂等八个公社的川水地已翻茬地一万多亩，占收割面积的 82.6%。其中白庄、孟大、查加、中库四个公社占 90% 以上。

对于今年的翻茬工作，各公社、生产队都很重视。夏收一开始，一面狠抓夏收，一面安排一定的劳力、畜力，成立秋翻小组，实行“六定”（定人员、定耕畜、定土地、定时间、定质量、定工分）责任制。收割基本结束后，各公社及时将中心工作转向秋翻和打碾，社员们抢时间、争季节，力争多翻、早翻。清水公社为了加快翻茬，动员社员捆子多用架子车拉，牲口主要去翻茬地。下滩、乙麻亥、田盖、河东等大队，加强对社员的集体主义思想教育，讲明搞好秋翻工作对明年获得更好收成的作用。因而翻茬很快，有的生产队已全部翻完。中库公社一些生产队，前几年有下雨后才翻地的习惯，今年他们采取先漫水后翻地的方法，使秋翻时间大大缩短。翻茬中，各公社对翻地质量也比较重视，许多生产队在大田茬子翻完后，还组织劳力平整土地，对地角、地边翻得不细的地方进行补翻。有的公社总结以往经验，大量使用新式步犁翻地，结合翻地除虫灭草。以除虫为例，光中库一个公社，组织辅助劳力，跟随翻茬就拾去了很多蛴螬等害虫。各级干部能经常深入生产队，发现问题，及时解决，是秋翻较快的一个重要原因。清水公社乙麻亥大队，在翻荐前一阶段，一度把劳力集中在打碾上，而使秋翻基本停顿，公社干部发现后，及时加以扭转。到八月十三日，这个队头遍茬子已全部翻完。

——本报循化讯：《循化川水地区适时耕翻茬地》，《青海日报》，1963 年 8 月 22 日。

下滩大队麦苗一片油绿

播种较早的清水公社下滩大队的田野里，麦苗已经是一片油绿。社员们开始准备田间管理。下滩大队今年播种麦类作物 300 多亩，其中有种子田 45 亩。二月下旬播种，在三月底，冬水地麦苗已经出齐，春水地麦苗也露出了地面。今年出苗的特点是苗全、苗壮、苗旺。种子田每亩出苗 31 万多株，一般麦田每亩出苗 24 万株左右。春风吹动绿油油的麦苗，干部和社员心里乐滋滋，他们开始准备田间管理了。各生产队已经安排劳力突击清淤排洪沟，整修田间支毛渠；准备了 4000 斤的硫酸铵，在浇苗水时给种子田追肥。现在，全队正在制定妇女除草的劳动定额和小段包工的办法。

——本报循化讯：《下滩大队麦苗一片油绿》，《青海日报》，1963 年 4 月 10 日。

1963 年循化县农牧业工作会议总结发言提纲

一、农村形势日益好转，农业生产高涨的新阶段将要到来。

目前，我县农村形势日益好转，农牧业生产高涨的新阶段将要到来。形势日益好转主要表现在：

（1）党的关于农村人民公社的各项政策越来越完善，并且越来越深入人心，调动了广大社员的生产积极性，农业生产关系经过调整，更加适合当前生产力的发展，人民公社已经走上了健康发展的道路。人的精神面貌大大改变，广大社员对依靠集体经济恢复、发展农业生产的信心更加坚定，农业生产和农村生活正在好转。

（2）粮食略有增长，其他农产品有了较大的增长，1962 年全县粮食作物在遭受严重的自然灾害，产量仍达到了 1600 万斤，比 1961 年增加了 133 万斤即 0.06%。家禽家畜有了迅速的发展，羊、猪、鸡、兔有了成倍地增加。

（3）农业生产力有了恢复。农村劳动力基本达到了 1957 年的水平，在一些公社或者生产队现在不是劳动力不足的问题，而是如何充分利用劳动力的问题。耕畜除清水公社外，其他公社都开始回升；土壤肥力也开始提高，顺种面积一般已占 40% 左右，再过一两年就可以全部倒种，施肥量增加了，选种留籽工作也比前两年做得好。

（4）渠道失修状况基本改变。农田基本建设有了很大发展，一些主要渠道经过调整、配套，将日益发挥作用。

（5）农村生活安排比较落实。除重灾区外，农民的实际吃粮水平均有提高。耕畜饲料留量也增加了。这更有利于调动社员集体生产的积极性。

（6）几年来，广大干部从正反面积累了领导社会主义大农业的宝贵经验，工作作风和工作方法有很大改进，干群关系更加密切。

（7）各族人民和广大干部对以农业为基础的认识更加明确、深刻，各方面的工作都在逐步转到以农业为基础的干道上来，在人力、物力、财力上对农业的支援将越来越多。

（8）今年备耕工作抓得早，抓得好，抓得实，为春耕生产创造了有利条件，这是争取1963年农业丰收的良好开端。县上确定道帏、白庄、建设堂、文都公社为商品粮油集中产区。1963年这四个公社计划播种粮食作物61700亩，占全县人民公社集体经营部分粮食作物播种面积的61.3%，粮食总产9820500斤，占全县人民公社集体经营部分的60.3%；油料播种面积3361亩，占67.2%；油料总产161370斤，占67.5%。因此，切实搞好这些地区的农业生产，对于保证全县农业丰收，增加商品粮油，促进全县国民经济的全面发展，具有十分重要的意义。这些地区的干部和社员，应该认识，这是一项光荣的任务，动员群众力量，采取有效措施，充分挖掘潜力，较大幅度地增加生产，为国家提供商品粮油，支援国家建设。为了帮助这些地区迅速恢复和发展生产，工业、农业、财贸、计划等部门要从各方面给予重点支持。

形势好，有利条件多，但也还有困难和问题：粮食恢复速度较慢，总产量比1957年还差40%左右；水利工程还有艰巨的配套工作；大部地区草荒严重；农家肥料数量少、质量差；地力大部还没有恢复；种子混杂的状况还没有完全改变；农民的口粮和耕畜的饲料水平还不足；黄河沿岸几个公社，群众生活非常困难，大部牲畜没有饲料。还有150多个困难生产队，等等。但是，困难不是比前两年更大，而是少了，有利条件不是减少而是更多了。现在的问题是，一部分人认不清日益好转的形势，信心不大，对农业生产恢复和发展的速度估计不足。他们认为："破坏严重，农业生产的恢复速度不会比正常发展的速度快，只能慢慢来"，"耕畜少，生产恢复慢"。事实证明，这些看法是不全面的。去年就有不少破坏严重的生产队产量增长了百分之二十几甚至一倍以上。耕畜对恢复和发展农业生产的作用很大，但是由于其他条件变了，农业产量的恢复有可能也比正常的速度快，当然比耕畜的恢复速度肯定会快的。去年全县10个农业公社已经有18个生产队粮食产量达到或超过了1957年的水平，在这些队就不是恢复的问题，而是进一步发展农业生产的问题。

当前，全县各族人民和农业战线上的干部压倒一切的中心任务，就是争取两到三年恢复我县农业生产，首先是争取1963年农业大丰收，完成粮食增产1900万斤、油料总产23万斤的光荣任务。争取1963年农业大丰收，是党的八届十中全会的伟大号召，是实现二到三年恢复我县农业生产的关键，也是全县各族人民的迫切愿望。必须千方百计，力争全面完成。1963年全省农业生产的方针是："在大体保持1962年播种面积的基础上，精耕细作，提高单位面积产量。在优先发展粮食生产的同时，努力发展油料等经济作物，开展多种经营，实现农业全面增产。"这个方针是符合我县实际情况的，必须坚持贯彻执行，没有达到县上建设播种面积的公社，请再考虑，实事求是地落实下去。

——《1963 年循化县农牧业工作会议总结发言提纲》，循化县档案馆藏，档号：22-1-25（永久）。

我们推行了基本投肥制

循化撒拉族自治县清水公社下滩第二队，共有二十一户、一百零五人；耕种土地一百七十二亩，有各类耕畜十六头（匹）。近两年来，由于认真贯彻执行了党关于农村人民公社的各项政策，生产发展较快。今年粮食总产量比去年提高了 38%。为了取得经验，最近公社派了一个工作组，到这个生产队帮助总结了今年的生产工作。并在这个基础上，制订了一九六四年的生产计划。如何实现计划呢？在社员群众中展开了讨论。大家说："买卖人奔市口，庄稼人靠粪土"，要得明年增产，除了加强其他方面的措施外，必须多施肥料。明年计划粮食作物亩施九十驮肥料，经济作物施二百驮肥料，共需肥料 13000 多驮。但是，从目前积肥的情况看，积肥还存在一些问题：①部分社员对积肥不够重视，不取土垫圈，有些社员家里没厕所；②肥料质量差，个别社员垫圈用湿土，给集体投交的肥料少。

针对上述情况，我们又先后召开了几次社员大会，在进一步学习政策、提高思想认知的基础上，发动群众提具体办法。经过讨论研究，根据以往的经验和当前的实际情况，实行基本投肥制比较好。这样做的好处是：户户任务明确，能坚持常年积肥；价格报酬合理，能提高肥料质量；正确处理了集体、个人的用肥关系。投肥的具体办法是：

（一）根据全队明年总需肥量，按户、按人、按畜合理定了积肥任务。即每口人五十驮，每头牛一百五十驮，每头驴一百二十驮，每口猪一百驮，每只羊五十驮（在各户落实任务的时候，充分考虑各户具体情况和积肥条件）。这样计划下来，只能完成一万二千七百驮，尚缺一千驮。这些肥料由队里设法解决。

（二）正确处理集体用肥和社员家庭用肥的关系。在这方面，具体规定了社员的集体投肥和自留地用肥的比例。为了保证队里各个季节用肥，规定了社员分期投肥的时间，每年春天交 90%，秋天交 10%。

（三）严格检查制度，提高肥料质量。

——中共清水公社委员会：《我们推行了基本投肥制》，《青海日报》，1963 年 11 月 18 日。

循化撒拉族自治县抓紧时机翻歇地

循化撒拉族自治县各公社生产队，结合田间管理工作，合理组织劳力，适时保质保量地赶翻歇地，为明年农业增产创造条件。据十四个公社的统计，到六月二十日，已翻歇地九千九百多亩。清水、科哇、孟达、街子、文都等公社，头遍歇地翻完以后，又抓紧时间赶翻第二遍。

这个县多数公社的大队耕地面积较大，留翻歇地被当地群众认为是增产的关键性措施之一，各社队领导对犁翻歇地工作都比较重视。清水公社各大队，耕地少、劳力多，近年来，他们很重视从各个环节上细致耕作山地。夏至以前，清水公社党委就向各大队布置了翻歇地工作。各队在大力投入除草工作的同时，安排的二百多个劳力和一百多对牲畜，一面播种油菜等晚田作物，一面赶翻歇地，目前全社五百五十多亩歇地的头遍已经翻完，瓦匠庄、前进等大队还翻了第二遍。歇地面积达二千亩的科哇公社各生产队，由于合理安排领导力量，大队和生产队正队长负责领导除草工作，副队长负责领导翻歇地等工作，不但水地和山地除草进度快，而且两千亩歇地的头遍全都翻过，现在正赶翻二茬。根据耕畜膘情较好的情况，这个公社各大队都计划在立秋以前翻过三遍。去年没有翻完歇地，产量受到影响的街子公社一些大队，总结吸取这个教训，今年都重视了这项工作，除头遍歇地已经翻过以外，60% 以上的还翻过了第二遍。

为了适时保质保量完成翻歇地任务，各社队都实行了定任务、定劳力、定牲畜、定质量、定工分的责任制，而且头、二、三遍一包到底。文都公社还提出了具体的质量要求。据各地反映，已翻过的歇地，质量一般较好，清水、查加、科哇等公社的生产队，在翻歇地时，每对牲畜后头配一名半劳力社员，拣拾翻起的杂草根，除治杂草。

——本报循化讯：《循化撒拉族自治县抓紧时机翻歇地》，《青海日报》，1964 年 6 月 29 日。

1962 年 6 月，县委根据党中央郑州会议（中央工作会议和政治局扩大会议均在郑州召开，其重点是纠正人民公社的错误）和上海会议（即八届七中全会上通过的《关于人民公社的十八个问题》也称上海会议纪要）精神，召开专门会议，初步检查了循化县 1958 年以来的农村工作，认真贯彻执行《关于农村人民公社当前政策问题的紧急指示信》（简称十二条）和《农村人民公社工作条例》（简称农业六十条）等农村政策，决定纠正“五风”，纠正“左倾”错误，纠正“一平二调”，并根据省委三干会精神调整了社队规模，将全县 5 个人民公社（东风、黄河、红旗、岗察、积石城镇人民公社）调整为 15 个公社，全县 322 个生产队调整为 486 个，变生产队为基本核算单位，实行了评记分制度，贯彻以基本劳动日为主的按劳分配原则，克服平均主义。允许社员有大集体下的“小自由”，即落实自留地、自留畜，开展少量的家庭副业生产。这次会议对于纠正错误、扭转局面，无疑起到了积极作用。是年冬季，县委根据中共中央《关于农村整风整社和若干政策问题的讨论纪要》和中共青海省委指示，在全县农村牧区开展了整风整社运动，并在文都、中库等部分社队进行了社会主义教育的试点工作。

——中共循化撒拉族自治县组织史资料编纂委员会：《中共循化撒拉族自治县组织史资料（1949.8—1993.4）》（内部资料），2018年，第14页。

与此同时，落实社员自留地、自留畜，还允许社员经营少量的家庭副业。通过精简机构，减少城镇人口，合理调整征购粮指标，减轻了农民的一些不合理负担，调动了社员的生产积极性，促进了生产的发展，全县粮食产量逐步回升。1963年粮食总产量为1254.8万公斤，亩产118公斤，比1962年增产504.8万公斤，即增长40.2%，油料作物总产量为21.32万公斤，比1962年增产12.03万公斤，大小牲畜总头数达到7.75万头（只），比1962年增长4.8%，接近1954年水平。这次会议对于纠正错误、扭转局面，无疑起到了积极作用，存在的问题是“大跃进”和“反右倾”错误的影响，加之农业连续几年的灾害，粮食仍然紧张，市场商品供应不足，群众生活仍有一定困难。其次是对党的政策贯彻得不深不透，退赔工作不彻底，干部群众在农副产品收购中存在多留少卖思想等。1962年冬季，根据中共中央《关于农村整风整社和若干政策问题的讨论纪要》和中共青海省委指示，在全县农村牧区开展了整风整社运动，并在文都、中库等部分社队进行了社会主义教育的试点工作。

——中共循化撒拉族自治县组织史资料编纂委员会：《中共循化撒拉族自治县组织史资料（1949.8—1993.4）》（内部资料），2018年，第142页。

中国共产党循化县第四次代表大会于1963年10月25日至31日在循化县城召开。……大会总结检查了上次党代会四年来的工作，研究确定以社会主义教育为纲的整风整社和今后农业创丰收的目标计划，继续深入贯彻农村“十二条”和农业六十条，进一步纠正各种“左”的错误，纠正“一平二调”调整社队规模和核算单位，“正确”开展阶级斗争等问题。研究分析了造成全县农业连年减产、粮食紧张、耕畜减少、群众干部思想混乱的原因和指导思想上的“根源”，从而增强了政策观念。与此同时，认真执行国民经济“调整、巩固、充实、提高”的方针，坚决地把工交财贸和整个经济部门的工作转移到以农业为基础的轨道上来，积极支援农业生产。会议选举产生了中国共产党循化县第四届委员会，选出委员 13 人，候补委员 2 人，出席省党代会代表 8 人，候补代表 1 人。四届一次全委会选举产生本届常委会委员 7 人和正、副书记。

此间，县委提出循化县的建设方针是：以农为主，农林牧结合，开展多种经营，积极发展林业和经济作物，着重抓好种植苹果，到 1970 年苹果总产量达到 12 万市斤。但是，这次代表大会之后长达七年半之久，在意识形态领域里“左”的思潮盛行，将工作重点转移到大抓阶级斗争方面，“阶级斗争，一抓就灵”已成为县委工作的主导思想，用这个观点观察和处理问题，当时的主要任务是：农村分期分批进行整风、整社和社会主义教育运动，城镇和机关“五反”运动（反对贪污盗窃、反对投机倒把、反对铺张浪费、反对分散主义、反对官僚主义，亦称城市的社会主义革命运动），全县范围内的“四清”运动（清政治、清经济、清组织、清思想）最后进入了“文化大革命”。

——中共循化撒拉族自治县组织史资料编纂委员会：《中共循化撒拉族自治县组织史资料（1949.8—1993.4）》（内部资料），2018 年，第 17—18 页。

循化县 1969—1971 年粮食征购一定三年不变计划

公社	头一个“一定三年”征购任务		一九六九年至一九七一年每年征购计划				备注
	任务数（斤）	每人平均负担（斤）	任务数（斤）	增减数（斤）	增减数（%）	每人平均负担（斤）	
全县合计	480 万	98	500 万	+20 万	+4.1	102	
解放公社	192 万	273	182 万	−10 万	−5.2	260	
东风公社	56 万	60	56 万			60	
清水公社	22 万	38	20 万	−2 万	−9.9	34	
城镇公社	11 万	13	17 万	+6 万	+54.5	20	
跃进公社	24 万	36	26 万	+2 万	+8.3	38	
红旗公社	25 万	65	30 万	+5 万	+20	67	
建设公社	67 万	230	74 万	+7 万	+10	254	
永红公社	83 万	196	95 万	+12 万	+14.4	225	

——《循化县 1969—1971 年粮食征购一定三年不变计划》，循化县档案馆藏，档号：1-1-198（永久）。

青海省在 1967 年 12 月 26 日—1968 年 1 月 21 日，召开了一个多月“农业学大寨”会议，中共青海省委第一书记张江霖同志在全省农业学大寨会议上作题为“全省各族人民动员起来，以阶级斗争为纲，坚持党的基本路线，奋发图强，大干苦干，为普及大寨县而奋斗”的工作报告，系统总结学大寨情况，对深入学大寨作出具体部署。1968 年 2 月 16 日，循化撒拉族自治县革命委员会召开会议，通过“关于坚决贯彻毛主席‘农业学大寨’的伟大指示的决定”，开始全面部署循化县“农业学大寨”具体工作，提出了“学大寨，赶昔阳，重新安排循化河山”的战斗口号，拉开了循化县“农业学大寨”的序幕。而后，县革委会组织县、社、队等一批干部赴大寨大队参观学习，以大寨精神教育鼓舞广大干部推动循化县“农业学大寨”工作。

——中共循化撒拉族自治县党史研究室：《中共循化撒拉族自治县党史大事记》，2014 年，第 33 页。

各公社大队、生产队汇总表（一九六八年元月二十日）

公社	大队	生产队（包括直属队）合计		
		直属队	生产队	小计
解放公社	14	2	47	49
东风公社	18	1	77	78
清水公社	9	3	40	43
城镇公社	9	2	46	48
跃进公社	11		51	51
红旗公社	9	1	31	32
永红公社	10		31	31
建设公社	9		25	25
星火公社	2		7	7
合计	91	9	355	364

各公社直属队名称

大队（直属队）名称	队数	原来名称及村名
一、解放公社		
上游大队	5	铁及楞（牙木）大队
永红大队	4	五曼（五曼道、都拉）大队
向阳大队	4	旦麻（沙枪、王家）大队
兴无大队	4	加仓（木洪）大队
团结大队	5	拉木龙哇（得曼、雄哇）大队
星火大队	5	俄家（立伦）大队
东风大队	3	多什则大队
红星大队	2	夕冲（克麻）大队

续表

大队（直属队）名称	队数	原来名称及村名
解放大队	3	上下古雷（贺庄）大队
前进大队	3	宁巴大队
红旗大队	2	贺隆堡塘大队
先锋大队	2	贺隆堡（比隆）大队
红卫大队	3	起台堡大队
红光大队	2	多哇大队
东方红（直属队）		张沙直属队
民主生产队		古雷寺院（直属队）
二、东风公社		
先锋（直属队）		来塘直属队
反修大队	3	上白庄大队
红旗大队	2	白庄塘（上络尕）大队
民主大队	6	民主（和平、下络尕）大队
卫东大队	3	下白庄大队
立新大队	7	上下张尕（包括山队）
革命大队	5	立庄大队
五星大队	6	上下拉边大队
红星大队	3	昌克（扎木）大队
团结大队	3	团结（铁木石旦、山根）大队
红光大队	3	乙日海大队
解放大队	5	朱盖（米牙海）大队
红卫大队	4	条井大队
前进大队	4	下科哇大队
上游大队	9	上科哇大队
跃进大队	4	苏乎沙大队
向阳大队	4	麻日（强宁）大队
向东大队	3	牙日大队
向前大队	3	格海大（五科、都日）大队
三、清水公社		
跃进大队	5	河东下庄大队
向阳大队	5	河东上庄（尕庄、马儿坡）大队
工农兵大队	4	下雍（石巷、田盖）大队
胜利大队	6	阿什匠（乙麻海）大队
红星大队	3	红庄（登尕）大队
红旗大队	5	大寺古大队

续表

大队（直属队）名称	队数	原来名称及村名
红光大队	4	瓦匠庄大队
东风大队	5	孟达大庄大队
东方红大队	3	塔沙（木厂、索通）大队
永胜大队（直属队）		专堂直属队
永红大队（直属队）		阿麻查直属队
红卫大队（直属队）		唐才直属队
四、城镇公社		
反修大队	7	城关大队
向阳大队	7	草滩坝（上、中、大庄）
永红大队	4	瓦匠庄大队
红星大队	6	托填大队
光明大队	5	光明（沙沙坝塘、线尕拉）大队
红旗大队	5	西沟（平庄、大庄、上庄、高志）大队
建国大队	6	联合（丁江、石头坡、大别列）大队
先锋大队	2	尕别列大队
星光大队	4	乙麻木大队
上游直属队		河北直属队
团结直属队		加入直属队
五、跃进公社		
红光大队	3	托龙都大队
解放大队	5	团结（黑大门、汉八）大队
前进大队	3	三立方大队
红旗大队	3	三兰巴海大队
跃进大队	5	街子（沈家、马家、上房）大队
前锋大队	6	羊巴扎、苏哇石、波拉海大队
红星大队	6	羊苦浪、波立吉、五土别乃海
永红大队	5	塘坊大队
胜利大队	4	古吉来、果哈拉大队
红卫大队	5	果什滩大队
永丰大队	6	孟达山大队
六、红旗公社		
先锋直属队		阿河滩直属队
前进大队	2	哈大海
红星大队	6	苏只
胜利大队	2	乙麻海

续表

大队（直属队）名称	队数	原来名称及村名
新村大队	3	新村
红旗大队	3	查汗大寺下庄
永红大队	3	中庄
红卫大队	7	大庄
长征大队	3	占布乎、阿拉先
上游大队	2	古什群
七、永红公社		
先锋大队	2	王仓麻大队
跃进大队	3	拉龙哇、修藏、扎沙口、尕麻大队
东方红大队	3	毛玉（牙日、麻日、拉毛起）大队
革命大队	3	拉训、拉木大队
红旗大队	5	相玉（三五拉卡、日麻相、阿德、白草毛）大队
解放大队	2	拉代、旦麻大队
向阳大队	2	公麻、娘藏
兴无大队	3	江家（牙训、训哇、才子）大队
东风大队	5	日忙、哇库、登尕、尼才
工农兵大队	3	和哇、抽子、前牛
八、建设公社		
反帝大队	2	牙尕大队
反修大队	2	麻尕大队
红星大队	3	相沙（加门）大队
永红大队	2	络哇、沙麻力
四新大队	2	哇龙大队
上游大队	4	比塘、宁巴、和然大队
前进大队	3	建设堂（拉龙卡、修热）大队
革命大队	3	占军（宗五、仍务）大队
红旗大队	4	曲不藏、东寺古大队
九、星火公社		
灯塔大队	4	伟加（卡索、索化）大队
红旗大队	3	岗察大队

——《循化撒拉族自治县一九六〇、六八、七三、七五、七八年各公社、大队、直属队新旧名称册、产数、人口统计表及专政对象、正建党、现有干部、工人医疗机构、四好总评结果统计表》，循化县档案馆藏，档号：1-1-186（永久）。

1970 年各公社根据自己土地的实际情况，对耕种土地进行了秋翻、歇地、土壤处理，见下表。

1970 年秋翻、土地处理及良种情况统计表（单位：亩）

公社名称	秋翻情况						打歇地	土壤处理
	应翻面积	已翻			其中			
		一遍	二遍	三遍	机翻	铁铣翻		
道帏	24581	17552	1078	184	500	1	7181	5447
东风	11530	11333	3502	34			2623	2203
清水	7000	7000	6500	30		79	600	1000
城镇	9688	9688	9688	621	105	360	884	320
街子	12626	10655	5054	1319	3114	240	6618	479
红旗	6550	6550	6550	1169	15	460	293	4155
文都	14421	14421	7020		450		1799	58
尕楞	12191	12191	1704		218		2200	509
岗察	—	—	—	—	—	—	—	—
总计	98587	89390	41096	3358	4402	1140	22198	14171

——《1965—1966 年、1971—1978 年各公社组织情况、春耕、农业生产、大检查大评比、自然灾害等统计表》，循化县档案馆藏，档号：1–1–256（永久）。

1970 年 10 月 19 日至 21 日，循化县革命委员会召开全县农业学大寨经验交流会，参加会议的有各公社、大队、县直各单位负责人 275 人。会议主要传达北方地区农业会议精神和省革命委员会关于开展农业学大寨运动的指示。会议期间，省核心小组张文芳到会做了形势报告；道帏公社等单位介绍了“农业学大寨”的情况和经验；并参观了道帏公社俄家、清水公社下滩等四个大队学大寨情况。会议还讨论全县“农业学大寨”的具体安排意见。要求全县迅速掀起一个学大寨的高潮。

——中共循化撒拉族自治县党史研究室:《中共循化撒拉族自治县党史大事记》(内部资料)，2014 年，第 35 页。

备耕生产情况统计（1970 年 12 月 22 日）

公社	拾野粪（万驮）	羊板粪（万驮）	踏灰（万驮）	应送累积（亩）	已送累积（亩）	应灌（亩）	已灌（亩）	耙耕（亩）	平整土地		新开荒地				决算单位	已决算队
									园（梯）田（亩）	治河造田（亩）	水地（亩）	山地（亩）				
道帏	15	5	200	21000	7000	6500	4800	4200	/	/	/	/	/	53	49	31
东风	/	4.5	70	8600	7000	2000	1200	1200	/	5	/	250	22	/	78	78

续表

公社	拾野粪（万驮）	羊板粪（万驮）	踏灰（万驮）	应送累积（亩）	已送累积（亩）	应灌（亩）	已灌（亩）	耙耕（亩）	平整土地		新开荒地				决算单位	已决算队
									园（梯）田（亩）	治河造田（亩）	水地（亩）	山地（亩）				
清水	10	40	2.7	7100	300	4100	2700	2700	/	7	/	/	25	15	43	32
城镇	15	40	/	7500	/	7500	5700	4000	250	/	400	/	37.5	3	50	48
街子	1.4	2	23	4700	/	4700	4050	4050	/	/	29	/	/	/	51	22
红旗	15	5	3	6600	/	6600	3300	3000	/	/	/	/	38.5	26	33	30
文都	3	5	15	14000	11200	500	500	500	/	/	/	/	35	7	31	12
尕楞	7.5	6	10	12000	4000	2500	400	400	/	/	/	/	25	19	23	17
岗查															6	3
总计	66.9万	107.5万	323.7万	81500	29500	38900	22650	20050	250	12	429	250	183	123	364	273

——《1970年备耕生产情况统计》，循化县档案馆藏，档号：1–1–255（永久）。

循化县1971年春耕生产统计表（表一）（单位：市亩）

公社	实播总面积	其中								
		粮食作物			油料作物			经济作物		
		合计	水地	山地	合计	水地	山地	合计	甜菜	其他
全县	110002	104004	51054	52950	5312	586	4726	686	177	509
道帏	26020	24554	7857	16697	1397	219	1178	69	26	43
东风	14900	14150	8564	5586	680	23	657	70	24	46
清水	7019	6817	4179	2638	150	12	138	52	28	24
城镇	11272	10975	9560	1415	55	15	40	242	14	228
街子	15330	14512	4700	9812	750		750	68	25	43
红旗	7307	6932	6662	270	272	206	66	103	34	69
文都	15775	14394	7054	7340	1316	88	1228	65	20	45
尕楞	12379	11670	2478	9192	692	23	669	17	6	11

注：1. 粮食作物中包括洋芋等晚田作物。
2. 在统计时，正是油料播种期，因此，油料的统计不完全。

——《一九七一年备耕生产统计表》，循化县档案馆藏，档号：1–1–255（永久）。

循化县 1971 年春耕生产统计表（表二）（单位：个、人、市亩、%）

公社	“三田”情况					麦类作物播种方法				良种	
	实验田			种子田	丰产田	面积	其中			面积	良种率
	小组	人数	面积				机播	手溜	乱撒		
道帏	48	165	77	2705	1136	17028	4116	12370	542	10930	64.3
东风	32	92	45	1264	1832	11945	1291	7876	2778	8634	72
清水	26	83	37	520	729	6185	2072	2865	1248	5013	81
城镇	31	126	43	794	1161	9174	3763	5411		7402	80.4
街子	19	61	35	1423	977	14508	8567	5581	360	9486	65.4
红旗	19	55	10	773	1334	6660	2476	4144	40	5982	90
文都	31	93	57	941	274	9295	1585	5459	2251	6906	74.2
尕楞	24	88	46	1092	546	8186	794	6497	895	6860	83.6

——《一九七一年春耕生产统计表》，循化县档案馆藏，档号：1-1-255（永久）。

循化县 1971 年春季造林统计表（表三）（单位：人、市亩、株）

公社	人口	固定林业人数	造林					经济林		育苗
			底片林		零星植树	合计				
			面积	株数		株数	每人平均	面积	株数	
全县	55434	427	4708	952917	60393	1013810	18	582	29640	122
道帏	7881	89	1170	305469	17027	322496	41	15	4270	43
东风	10652	78	296	61891	7995	69886	6.6	146	9936	14
清水	5669	45	131	4544	7158	52592	9	58	3356	10
城镇	9796	48	186	62350	14210	76560	7.8	13	2735	5
街子	7369	40	101	37661	2800	40461	5	152	3362	4
红旗	4446	49	252	58770	7197	65967	15	159	3655	22
文都	4789	47	168	41031	3113	44144	9	22	630	10
尕楞	3222	31	74	27311	593	27904	8.7	9	1446	2
国营更新		2300	402000		402000					12
机关	1100		30	11000	800	11800	10.7	3	250	

——《一九七一年春耕生产统计表》，循化县档案馆藏，档号：1-1-255（永久）。

编者按：在原始档案中有国营更新和机关造林的统计数据，因此保留原来的统计口径。

循化县 1971 年春耕生产统计表（表四）（单位：市亩）

大队	水地施肥			山地施肥			购施化肥				拌种		土壤		土壤改良
	应施面积	施肥面积	每亩平均驮数	应施面积	施肥面积	每亩平均驮数	去年		今年		斤数	亩数	处理亩数	面积	驮数
							面积	斤数	面积	斤数					
道帏	7840.18	784018		17609.71	17609.71		4379.6	86527	8598.5	158320	570503	16557.94	3974	0	0
东风	9092.47	9092.47		5936.48	5936.48		3500	70000	8000	160000	268544	6714	1434.4	0	0
清水	4294.4	4294.4		2225	2129		2421	86800	3494.4	109920	103767	4223.4	743	130	9600
城镇	9560.4	9410.4		490	490		4350	192000	6820	251000	274867	5690	487	276	16560
街子	4623	4623		9602	6642		2383	32180	4440	60080	195875	5434.7	2080	1033	6370
红旗	6688	6595		280	150		5128	110100	5426	161620	238094	6045	4702	609	83750
文都	7076.05	7054.35		6945.3	6313.6		324	5380	1815	51759	440369	11141.43	186	0	0
尕楞	2491.6	2491.6		9635	9110.3		886.6	18900	2225	51670	420582	8956	1108	0	0
合计	51666	51401		52723	48384		23372	601887	40819	1004369	2512601	64762	14714	2048	116280

注：1. 水、山地施肥包括积拾的人畜粪和野灰在内。
2. 施肥化肥系列指播种中作底肥数，苗期追肥不计在内。
3. 土壤改良系指拉垫白土、荒滩表土。

——《一九七一年春耕生产统计表》，循化县档案馆藏，档号：1-1-255（永久）。

清水公社几个数字统计（1971.9.8）

大队	平整土地（亩）				种籽（斤）							条播机（台）		化肥（斤）			
	计划数	其中			明年所需数	计划留选数	需县调配数	其中				现有数	需够数	需要数	其中		
		水地园田化	治河造田	山地水平梯田				小麦	洋芋	保加利亚豌豆	肚里黄				碳酸氢铵	过磷酸钙	尿素
瓦匠庄	200	180		20	29250	29250			10000		300	3		36000		30000	6000
大寺古	200	180		20	28000	20000	8000		10000		1000	3	1	25000		10000	15000
红庄	80	70		10	20000				9000		100	2		20000		10000	10000
河东上庄	200	160	10	30	24500	24500			20000	200	200	5		25000		10000	15000
河东下庄	200	170		30	25000	25000			15000		100	4		25000		10000	15000
阿什江	200	150	10	40	32000	32000			20000	200	500	4	2	25000		10000	15000
前进	80	80			20000	20000			10000		200	3		16000		10000	6000
下滩	150	150			25000	25000			25000		500	2	1	30000		10000	20000
孟达	140	130		10					10000		200	3		15000		10000	5000
专唐	50	50			6500	6500			4000		200	1		2000			2000
下三庄	110	40		70	24000	10000	14000	14000	10000		1000			2000			2000
阿么查	50	10		40					1000		50	1		2000			2000
唐塞	50			50	10000	10000			8000			2		7000		7000	
河北	130	130							8000					10000		7000	3000
合计	1840	1500	20	320				14000	1600000	400	4350	33	4	240000		124000	116000

注：你社今冬动工的水利工程项目：1. 河东大庄乙沙开新渠一条，8 华里长；2. 木厂新开渠一条长 2 华里；3. 专唐涝池一个，改水渠一条。

——《一九七一年春耕生产统计表》，循化县档案馆藏，档号：1-1-255（永久）。

1971 年红旗公社几个数字统计（1971.9.8）

大队	平整土地（亩）				种子（斤）							条播机（台）		化肥（斤）				麻渣（斤）
	计划数	其中			明年所需数	计划留选数	需县调配数	其中				现有数	需够数	需要数	其中			
		水地园田化	治河造田	山地水平梯田				小麦	洋芋	保加利亚豌豆	肚里黄				碳酸氢铵	过磷酸钙	尿素	
阿河滩	130	13			18600	18400	200		3000		200	2	1			20000	10000	10000
哈大海	120	120			17000	17000			2200			2	2			16000	8000	
苏只	335	320	15		40000	40000			7000			6	0			40000	10000	5000
乙麻亥	120	120			16000	12000	4000	4000	2500			2	1			20000	6000	10000
新村	120	120			16400	16200	200		4000		200	3	0			20000	6000	
下庄	180	180			36000	36000			6000			3	1			30000	10000	5000
中庄	160	160			25000	24800	200		3000		200	3	3			30000	6000	2000
大庄	330	320		10	52000	51500	1000		10000		1000	5	5			50000	15000	5000
赞卜乎	270	270			32000	32000			8000			3	2			40000	10000	
古什群	80	80			15000	15000			6000				2			10000	4000	
机动																	15000	
合计	1845	1703	15	10	268000	262900	5600	4000	51500		1600	29	17			276000	100000	37000

——《一九七一年春耕生产统计表》，循化县档案馆藏，档号：1-1-255（永久）。

1971年街子公社几个数字统计（1971.9.8）

大队	平整土地（亩）				种子（斤）				条播机（台）		化肥（斤）			
	计划数	其中			其中				现有数	需够数	需要数	其中		
		水地园田化	治河造田	山地水平梯田	小麦	洋芋	保加利亚豌豆	肚里黄				碳酸氢铵	过磷酸钙	尿素
孟大山		300				50000		1000	7		60000		60000	
果石滩		50	25			20000	250	5000	5		15000		10000	5000
古及来		250			4000	10000	1200	400	4		30000		22000	8000
塘坊		40	50	40	4000	10000	300	500	5		25000		25000	
羊八扎		300			5000	20000		500		5	40000		25000	15000
羊古让		50	60		4000	15000	500	500	4	1	17500		15000	2500
街子		开荒 150			2000	10000		500	5		35000		30000	5000
三立房		130				4500	1000	1000	3		24500		20000	4500
三兰巴海		50	60		2000	10000	600	600	3		31500		30000	1500
团结		130	20		2000	22500	1500	500	5		35000		30000	5000
托隆都		100				4500	300	300	3		15000		12000	3000
合计	1955	1550	215	40	23000	176500	5650	10800	44	6	328500		254000	49500

——《一九七一年春耕生产统计表》，循化县档案馆藏，档号：1-1-255（永久）。

1971 年东风公社几个数字统计（1971.9.8）

大队	平整土地（亩）				种籽（斤）					条播机（台）		化肥（斤		
	计划数	其中			明年所需数	计划留选数	需县调配数	其中		现有数	需够数	需要数	其中	
		水地园田化	治河造田	山地水平梯田				小麦	洋芋（万）				碳酸氢铵	过磷酸钙（万）
罗尕	100	100							0.6	1	1			1
上白庄	150	150							1	0	3			1.5
下白庄	150	150							0.3	1	2			1.2
民主	300	260	20	20					1.5	3	3			2
张尕	330	280	30	20					2.3	3	3			3.0
理庄	220	180	10	30					1.0	2	2			2.5
拉边	280	250	10	20					3.0	1	5			2.5
昌克	150	130	20						1.4	2				1.5
乙日亥	150	130		20					1	1	2			1
朱街	250	250							1	3	2			2
条进	170	120		50					0.8	0	3			1
上科哇	300	200		100					1	2	4			2
团结	130	130							1	2	1			1.5
下科哇	170	120		50					1	1	2			1.5
麻日	130	110		20					0.5	1	3			0.4
牙日	100	100							0.5	2	1			0.5
格达	100	60		40					0.5	2	1			0.3
苏乎沙	160	120		40					0.8	1	2			1
雷塘	30			30					0.6	1				1
合计	3370	2840	90	440	59.7 万	59.7 万			19.8	29	40			27.4

——《一九七一年春耕生产统计表》，循化县档案馆藏，档号：1-1-255（永久）。

1971年农业生产情况统计表（一）（单位：亩、万斤）（1971.10.10）

公社	七零年粮食产量	七一年粮食产量	估计产量	实打	平均亩产	选种	其中			已串换种籽数
							坊选	块选	穗选	
城镇公社	323	9931.4	370.3	392.9	395.6	36.2	15.6360	11.3	6.9	
清水公社	209.3	6817.5	243.8	204.8		24	9.7155	10.7	1.8	0.33
东风公社	367	14266	488.5	491	342	59	9	32	18	
道伟公社	508	24100	650	250	260	35.5		33.3	2.2	2.78
红旗公社	351.3	6969	247.8	256.5	368	29.1		21.5	7.6	1.7
街子公社	194	15215	243.8	235.7	141.8	27.3	18.4	8.3	0.63	1.97
文都公社	238.2	14538	331.4	282.9	195	42.5	31.1		11.5	3.3
尕楞公社	228.8	11855	179.5	184.1	150.5	19.5	4.3	11.1	4.1	
合计	2419.6	103673.9	2705	2015.3		273.1	88.15	128.2	52.73	10.08

——《一九七一年春耕生产统计表》，循化县档案馆藏，档号：1-1-255（永久）。

编者注：此处数据原稿有误，应是合计部分，已一一订正修改。

循化县1971年抓革命促生产情况统计（一）（1971.12.20）

公社	政治夜校		集体粮食产量（万斤）				平整土地（亩）				冬灌（亩）	
	个数	人数	71年产量	70年产量	对比		园田化	水平梯田	治河造田	合计	应灌面积	已灌面积
					增减	%						
道帏	49	2930	703	508	+195	38.3	719	910	87	1716	7800	9565
东风			516.2	367	+149.2	40.6	1711	400	100	2211	8600	4403
清水	4	120	259.6	209.3	+50.3	24	904	50		954	4200	3000
城镇			392.9	323.2	+69.7	21.5	1468	140	28	1636	8281	6243
尕楞	9	384	186.4	222.8	−36.4	16.4	809	100		909	2500	1050

续表

公社	政治夜校		集体粮食产量（万斤）				平整土地（亩）				冬灌（亩）	
	个数	人数	71年产量	70年产量	对比		园田化	水平梯田	治河造田	合计	应灌面积	已灌面积
					增减	%						
红旗			262	251.2	+10.8	4.3	1782	7		1789	5200	4520
文都	31	1640	326	238.2	+87.8	37	1455	248	24	1727	7040	2245
街子	11	800	237.5	194	+43.5	22.4	1437	40	25	1502	4700	5930
岗察												
总计	104	5874	2883.6	2313.7	+569.9	24.6	10285	1895	264	12444	48321	36956

——《一九七一年春耕生产统计表》，循化县档案馆藏，档号：1-1-255（永久）。

1972年实播面积统计表（单位：亩）

公社	1972年实播各类作物总面积	其中：粮食作物			经济作物面积	油料面积	种植各种药材面积	其他
		水地面积	浅山面积	脑山面积				
道帏公社	25905	7800	12066	3880	51	1302	786	11
白庄公社	15120	8620	5034	559	101	734	98	
清水公社	7145	4121	2314	475	36	186	10	
城镇公社	10205	8492	1390		336	73		20
街子公社	18079	5147	9244	556	134	2992	5	
红旗公社	7480	6705	315		179	274	1	5
文都公社	15275	7027	4962	2077	41	1123	43	
尕楞公社	12687	2464	6377	2931	86	6845	142	
总计	111896	50386	41702	10478	964	13529	1085	36

——《一九七二年实播面积统计表》，循化县档案馆藏，档号：1-1-255（永久）。

编者注：此处合计数有误，对照原始档案一一进行修改。

1971—1972年农业八字宪法对比统计表（单位：驮、亩）

公社	肥（驮）						条播						
	家肥		化肥		五四〇六		条播机台数	条播面积	占%	其中			
										水地		山地	
	1971年总施肥量	1972年总施肥量	1971年购用数	1972年购用数	制作生产队	施肥面积				面积	占%	面积	占%
道帏公社	1488477	1813324	187512	510117	29	448	138	14547	76	5675	90	8872	60
白庄公社	1194521	1300517	152300	332156	38	200	78	9189	68	7240	88	1949	49
清水公社	721819	875880	171740	223625	1	3	39	3570	60	2872	90	698	29
城镇公社	777592	925872	259200	34845	11	375	56	7130	77	5005	74	1270	92
街子公社	679611	760195	68000	190387			50	11848	81	3468	75	8379	85
红旗公社	675938	764401	215217	298140	31	458	41	4083	67	4083	67		
文都公社	965941	1128718	101366	217324	6	584	68	7589	56	5765	72	1823	23
尕楞公社	446528	634050	50300	101644	1	120	51	6823	68	2079	83	4643	50
总计	6950427	8202957	1205635	1908238	117	2188	521	64779	70	36187	80	27634	56

——《一九七一年春耕生产统计表》，循化县档案馆藏，档号：1-1-255（永久）。

1972 年良种面积统计表（粮食作物）（单位：亩）

公社	实播良种面积	占 %	其中								
			小麦	占 %	青稞	占 %	蚕豆	占 %	洋芋	占 %	其他
道帏公社	19473		10596		3837		988		104		948
白庄公社	11541	67	8919	100	169	0.45	57	11	153	39	
清水公社	5364		4485		220		66		176		416
城镇公社	7733		7476		160		318		106		59
街子公社	10698		9439		18		549		223		482
红旗公社	60068	91	5383		19		195		76		164
文都公社	10482	74	8306		1382		566		225		
尕楞公社	7526	71	5976	80	1032	12	373	3	269	3	
总计	132885	79	60580		6837		3112		1432		1121

——《1972 年良种面积统计表（粮食作物）》，循化县档案馆藏，档号：1-1-255（永久）。

长期以来，循化县农民依据“母肥儿壮”的传统观念选种，具体方法是在长势优良的田里，挑选秸秆粗壮、穗大籽饱的作物单独收藏，作为家用种子。在北方农业工作会议后，循化县仅在 1971 年社队自选良种的基础上，组织串换优良品种七十多万斤，加上群众自行串换良种，大大压缩了小红麦等低产作物的品种。全县良种面积由 1970 年的 34%，增加到 1971 年的 70% 以上，水地麦类作物基本实现了良种化。阿勃，内乡，欧柔，青春四、五、六号，“一九七”麦子等优良品种，成为最受群众喜欢的良种，特别是阿勃、高原 506、肚里黄青稞、“一九七”小麦等新式品种表现更为突出，为循化县进一步实现良种多样化、良种纯种化打下了良好的基础。

——《1965—1966 年、1971—1978 年各公社组织情况、春耕、农业生产、大检查大评比、自然灾害等统计表》，循化县档案馆藏，档号：1-1-256（永久）。

循化县农业学大寨汇报提纲

在党的“九大”和九届二中全会“团结起来，争取更大的胜利”的路线指引下，在毛主席亲自批示“照发”的北方地区农业会议报告的鼓舞下，我们认真贯彻执行北方农业会议精神和省革委会关于学大寨的“决定”以来，我县农业学大寨群众运动蓬勃开展，掀起了新高潮，涌现出一批农业学大寨的先进社队。广大贫下中农、社员群众和干部加深了对农业学大寨伟大意义的认识，学大寨的自觉性大大提高。……认真总结了历史经验，深入基层，调查研究，狠抓政策落实，认真贯彻农业“八字宪法”，把学大寨和推广当地的先进经验结合起来，使大寨精神进一步深入人心。在今年全县局部社队遭受旱雹等自然灾害、气候不够正常的情况下，广大贫下中农、社员群众和革命干部以大寨人为榜样，自力更生，艰苦奋斗，夺得了农业生产的较好收成。预计今年全县粮食社会总产量比 1970 年增长 14%，基本上达到历史的最高水平。目前，不论山区和川地，到处呈现出后进赶先进、先进更先进的朝气蓬勃的生动局面，打碾基本结束的黄河沿岸地区，一个群众性的农田基本建设新高潮正在展开。

去年十月以来，在北方农业会议精神和《人民日报》社论《农业学大寨》等重要文章精神鼓舞下，县革委会召开了县社队领导骨干千人的深入开展农业学大寨群众运动誓师动员大会，认真总结了以往学大寨运动的经验教训，提出了“学大寨，赶昔阳，重新安排循化河山”的战斗口号，为广泛深入地开展农业学大寨，夺取今年农业生产新丰收，从政治上、思想上、组织上作了准备。大会以后，全县层层召开传达贯彻北方农业会议精神会议，接着普遍举办落实毛主席“农业学大寨”伟大号召的各种类型学习班一千零一十二期，有五万二千余人参加。成立学哲学小组六百三十五个，有一万三千余人参加，县、社、队三级召开活学活用毛泽东思想讲用会一百三十五次，有六千七百五十多人次参加讲用。

红旗公社阿河滩大队今年要修一座电灌站，当时有人提出“我们是先进队，国家应该支援机器，我们出劳力修”。党支部针对这种错误思想，向干部群众进行自力更生、艰苦创业的思想教育，自筹资金 3000 多元，没有向国家要钱，修起了一座电灌站，使 140 亩不能保浇的土地变成了旱涝保收、稳产高产的好水地。

街子公社果什滩大队一向是副业单干成风的大队，经过路线教育后，扭转了方向，今年用集体收入的 14000 余元买回了 1 台拖拉机，群众非常满意。街子公社孟达山大队，1966 年修水平梯田，修 1 亩国家给 8 元，结果只求数量不顾质量，修了 80 亩，第二年就返了工。去冬开展学大寨运动中，通过革命大批判，向广大革命群众进行两条路线斗争教育，充分发动和依靠群众，整修渠道，使 900 亩浅山地浇上了冬水，并修了 280 亩水平梯田。

认真贯彻农业“八字宪法”，实行科学种田。伟大领袖毛主席提出的农业“八字宪法”，是多快好省地发展社会主义农业生产的根本大法，是指引广大社员群众改天换地、向农业“生产的深度和广度进军”的伟大纲领。

农业生产有严格的季节性，违误农时就会给农业生产带来难以弥补的损失，如何正确理解和全面贯彻农业“八字宪法”，根据我县多年来的耕作经验，我们把全年分作备耕、春耕、田管、夏收（征购入库在内）、农田基本建设等五个战役。在贯彻农业“八字宪法”方面我们着重狠抓一化带五化，即人的思想革命化，带动土地园田化、水利化、良种化、条播化、机械化，大搞科学种田，全县队队搞三田（即科学实验田、种子田、大面积丰产田）建设。同时，采取现场会、学习班、经验交流会、参观学习、培训农民技术员等形式，树立解放思想、勇于创新的精神，激发广大群众社会主义建设的积极性和创造性，全县建立科学实验小组 230 个，一个群众性的科学实验运动初步形成。

一年来，我们本着抓准（调查研究、结合实际）、抓狠（抓住不放，一抓到底）、抓实（落实到队，落实到地）的精神，突出地抓以下几个方面的过硬措施：

（1）大搞农田基本建设。去年秋冬以来，全县 14000 劳力苦战两个月，投工 50 余万个，挖土石 50 多万立方，修成园田和水平梯田 9839 亩，治河造田、开垦荒滩新增水浇地 1700 亩，改良土壤 2000 余亩。各地建成的大寨田，普遍比去年增产。清水公社下滩大队的园田，今年亩产达 800 斤左右，比去年增长近 1 倍，群众反映园田化就是好，土地增加了，耕种方便又省工，产量大幅度增长。

（2）兴修水利。去冬今春全县兴修水利工程 16 项，改善和扩大灌溉面积 3800 亩。

（3）推广优良品种。在去秋社队自选良种的基础上，组织串换优良品种 70 多万斤，加上群众串换良种，大大压缩了红小麦等低产作物的品种。全县良种面积由去年的 34%，增加到今年的 70% 以上，水地麦类作物基本上实现了良种化，阿勃，内乡，欧柔，青春四、五、六号，“一九七”麦子等新式品种，已成为最受群众喜欢的良种，特别是阿勃、肚里黄青稞、“一九七”小麦等新式品种表现更为突出，为我县进一步实现良种多样化、良种纯种化打下了良好基础。今年推广了下滩地边套种油料的办法，提高了土地利用率，仅此一项估计可收油料 20 万—30 万斤，增加了社员收入。

（4）增施肥料。去秋以来，大搞群众性的积肥、造肥运动，共积造有机肥 725 万驮，比去年总施肥量约增加 200 万驮，每亩平均施肥：水地百驮左右，山地四十驮左右，基本上消灭了白杠地。施用化肥由去年的 362 吨增加到今年的 870 吨。

（5）推广冬灌条播。全县机播面积达 30%，加上手溜面积，共占麦类作物的 90% 多。一年来的实践证明，条播的好处是省种子，苗齐苗全苗旺，捆子多，产量高。据典型调查，条播小麦每亩地（水地）比手溜要提高单产 100 多斤（指在条件相同的土地上）。

全县冬灌面积由去年 10000 余亩增加到 24200 多亩。据调查，春水地条播的出苗率比各水地条播每亩少苗 10 万至 20 万株，春水地撒播的出苗就更差，个别地只有几万苗。

（6）机械化。农业的根本出路在于机械化，全县条播机由去年的 70 多台增加到 287 台，现有大型拖拉机 15 台，手扶拖拉机 31 台，脱粒机 95 台，柴油机 80 台，磨粉机 29 台。特别是条播、脱粒和手扶拖拉机很受群众欢迎，这些机具已供不应求。凡是实现了脱粒机械化的生产队，一般的一台机子一天可打粮食 1 万斤左右，比原始的碌碡、连枷打场工效增长了几倍，大大减轻了社员的体力劳动，彻底改变了收一秋、打一冬的旧习惯，大大地减少了粮食浪费，为大搞农田基本建设带来了很有利的条件。这些地区今年农田基本建设都比往年提前一个多月就开始了。

——《关于农业、宣传、政法工作的报告、汇报、提纲、总结发言、批复》（1971 年 3 月—1971 年 12 月），循化县档案馆藏，档号：1-1-144（永久）。

关于高举毛泽东思想伟大红旗，深入开展“农业学大寨”的群众运动，以收割、打碾、农田基本建设为中心内容的大检查、大评比、大总结的通知主要内容：检查学习毛泽东思想情况，开展创四好单位和五好个人运动的主要经验和问题。全面检查、评比、总结第四个战役中如何贯彻“抓革命，促生产”伟大方针的。包括收割、打碾、选留夏种、征购入库、积造肥料、秋翻地、土壤处理以及林业管理等情况。规定了检查批次、检查时间：分两批进行。第一批检查地区：城镇、清水、东风、街子、红旗等公社，时间定于九月九日报到，十日开始检查。第二批检查地区是道帏、尕楞、文都等公社，时间定于九月二十日开始检查。

检查方法：全县组成百人检查团，分成若干小组，深入到各公社、大队、生产队进行全面检查。采取重点介绍和全面了解相结合，听、问、访、看、帮相结合的办法进行检查。

参加人员：县级机关：县委办公室、政治组、农牧、商业、工业、交通、粮食、卫生、修配厂等单位各派一位负责人参加；公社负责干部一人、生产干事一人参加；各有关大队负责干部参加一人。这些文件精神和具体的工作安排，从制度方面保证了循化县“农业学大寨”顺利进行。

组织召开了农业先进单位表彰大会、忆苦思甜大会进行动员。平时还有专门的毛泽东思想学习班、政治夜校、党章党纲学习班、农业学大寨学习班等等。从制度上为进一步开展“农业学大寨”运动展开打下很好的基础，也涌现出“农业学大寨”的积极分子和先进典型。如尕楞公社香沙大队老贫农旦巴（藏族）领导的五十五至七十岁的老人学习小组，经过学习“老三篇”，立下“为革命出力，为后代造福”的雄心壮志，不仅为集体稳选了几千斤良种，还远走尕楞山区，苦战了一个冬春，为生产队拾肥七千八百多驮，在备耕中做出了新贡献，群众称赞他们是“学哲学人老心红，学大寨年老志坚”。清水公社红庄大队五号社员马四十六在积肥战役中，一个夜晚在高山险路上往返两次（有一百二十里路）背回羊板粪二百一十多斤，第二天又战斗在农田基本建设工地上，有人问他：一夜背两次羊板粪，白天不累吗？马四十六回答：愚公能把两座山移掉，我为集体背两次羊板粪算不了什么。

——《关于农业、宣传、政法工作的报告、汇报、提纲、总结发言、批复》（1971年3月—1971年12月），循化县档案馆藏，档号：1-1-144（永久）。

要走大寨路　先做大寨人

循化县红旗公社下庄大队革委会在开展农业学大寨群众运动中，坚持用毛泽东思想教育人，不断加强领导班子的思想建设和组织建设，用精神建设带动物质建设，迅速掀起农田基本建设高潮。

学根本　用毛泽东思想教育人

大寨的经验千万条从何学起？大队革委会带着这个问题，总结了过去开展农业学大寨的经验教训，反复学习毛主席关于“世间一切事物中，人是第一可宝贵的。在共产党领导下，只要有了人，什么人间奇迹也可以创造出来”的伟大教导，认识到：要走大寨路，先做大寨人。用毛泽东思想教育人，这是学大寨的根本。他们在开展农业学大寨群众运动中，首先组织干部、社员举办学习班，成立毛主席著作学习辅导小组，明确为革命种田的思想。

抓关键　加强领导班子建设

“政治路线确定之后，干部就是决定的因素。”学大寨，学好学不好，关键在领导，这是下庄大队革委会和贫下中农、社员群众从几年来学大寨运动中得到的经验。大队革委会一成立，贫下中农就语重心长地对他们说：“龙头怎么摆，龙尾怎么甩。你们可不能穿新鞋走老路啊！”革委会认识到：加强领导班子的思想建设，使领导权牢牢掌握在忠于毛主席、突出无产阶级政治、有革命干劲的人手中，这是开展农业学大寨群众运动的根本保证。由于狠抓领导班子建设，这个大队干部以大寨干部为榜样，在农业学大寨群众运动中起了骨干带头作用。

找差距　大搞农田基本建设

由于大队革委会坚持抓根本，这个大队农业学大寨运动不断深入发展，今年在遭受旱灾和雹灾的情况下，仍然获得了较好收成，粮食总产量比去年增长46%。全大队超额完成了国家征购任务，还多卖了余粮。各生产队都有了储备粮，由缺粮队变为余粮队，跨入了先进的行列。

在成绩面前，是故步自封，还是力争上游？有些人说：“下庄能打这么多粮食，这就差不多了。”大部分人说，大寨大队的土地、劳力和我们差不多，我们的自然条件比大寨好多了，可是大寨每年给国家的贡献是下庄的八倍多。不是“差不多”，而是“差得多”，这是两种思想、两种世界观、两条路线斗争的反映。就组织大家反复学习毛主席关于“备战、备荒、为人民”和“中国应当对于人类有较大的贡献”的教导，批判“生产到顶论”和无所作为的懦夫懒汉世界观。干部、社员认真总结经验，找差距，制定了农田基本建设规划，决心重新安排下庄河山。在打碾入库的同时，大队抽出四十八名强劳力投入农田基本建设，打碾入库工作一结束，全大队抽出一百八十多名劳力，全力以赴，大搞农田基本建设。

大队革委会在大搞农田基本建设过程中，坚持用精神建设统率物质建设，实行定领导、定劳力、定地块、定任务、定质量，开展“四好”“五好”评比检查活动。不到一个月的时间，就使一百七十多亩地实现园田化。在大抓农田基本建设的同时，他们还大抓积肥工作，为明年农业丰收打下了物质基础。

——青海日报通讯:《要走大寨路　先做大寨人》,《青海日报》，1970年11月21日。

1972年12月25日通过的“循化撒拉族自治县1972年‘农业学大寨’先进社、队光荣榜”，公布1972年循化县“农业学大寨”先进公社、先进大队，名单如下：

先进公社：道帏公社、东风公社。

先进大队：

道帏公社：多哇大队、宁巴大队、俄家大队、吾曼大队、立仑大队、吾曼道大队、贺隆堡大队、起台堡大队；

东风公社：张尕大队、拉边大队、民主大队、上科哇大队、朱盖大队、格达大队、立庄大队；

清水公社：大寺古大队、瓦匠庄大队、下滩大队、孟达大队、阿么岔大队；

城镇公社：瓦匠庄大队、托坝大队、石头坡大队、尕别列大队、乙麻木大队；

街子公社：孟达山大队、街子大队、托隆都大队、塘坊大队；

红旗公社：阿河滩大队、哈大海大队、中庄大队、赞卜乎大队、古什群大队；

文都公社：拉兄大队、毛玉大队、拉龙哇大队、中库大队、白草毛大队；

尕楞公社：洛哇大队、香沙大队、曲卜藏大队、建设堂大队、宗吾占群大队；

岗察公社：第四生产队、第六生产队。

——《1970—1974年大队、生产队统计表、人均千斤粮社队名单、先进社及光荣榜样》（1972年12月25日），循化县档案馆藏，档号：1-1-172（永久）。

北方农业会议以来，在狠抓粮食生产的同时，积极开展多种经营，取得了较好的成绩。两年来，循化县全县集体骨干副业基地有3838亩，其中果树园艺面积2338亩，药材面积1500亩，苹果29000株，花椒27000株，梨、核桃14000株，已有39个生产队建立了果树园艺基地。

——马志科:《发展大好形势，夺取新的胜利》(1972年10月25日),《青海农牧区合作经济史料》编委会:《青海农牧区合作经济史料》，青海人民出版社，1993年，第358页。

1970年秋冬以来，循化县一万四千劳力苦战两个月，投工五十余万个，挖土石五十多万立方，修成园田和水平梯田九千八百三十九亩，治河造田、开垦荒滩新增水浇地一千七百亩，改良土壤两千余亩。各地建成的大寨田，普遍比去年增产。清水公社下滩大队的园田，今年亩产八百斤左右，比去年增产近一倍，群众反映园田化就是好，土地增加了，耕种方便又省工，产量大幅增长。

东风公社过去是个比较落后的单位，1970年以前，也说要学大寨，但他们不明确“学大寨学什么”“怎么个学法?”有的人错误地认为东风公社“山高坡陡，面貌难变”，对农业学大寨缺乏信心。1968年这个公社也有人到大寨参观学习过，但没有学到大寨的根本经验。1970年，北方农业会议传达了毛主席党中央的指示，指明了大寨经验的精神实质。端正了农业学大寨的方向，使公社党委成员受到了极大鼓舞。他们结合北方农业会议的文件学习。为了贯彻落实北方农业会议精神，会议回答提出的问题。“昔阳能办到，我们为什么办不到? 一年不行，两年不行，三年行不行? 四年、五年总可以了吧!”公社党委立即组织了生产队长以上的三级干部学习班。发动群众，开门整风。认真总结七年学大寨的经验教训，重新学习大寨的经验。对照大寨找差距。公社党委在各大队连续举办了三十多期路线教育学习班。放手发动群众，通过讲村史、家史，开展忆苦思甜、新旧社会对比活动，经过一系列的教育和斗争，党的基本路线更加深入人心，干部群众的“三大”觉悟极大提高，社会主义积极性迸发出来了。原来认为“山高坡陡，面貌难变”“人多地少，外出有理”的干部转过来了，外出搞副业的劳力回来了，学大寨迅速出现了新局面。朱格大队原来是全社有名的落后队，北方农业会议精神贯彻后，大队党支部抓大事、学大寨，坚定不移地走社会主义道路，集中劳力大搞农田基本建设，努力改变生产条件，1971年以来，集体农粮亩产一年上《纲要》，二年过“黄河”。去年粮食总产量达到六十三万斤，比1970年翻了一番，进入了全社农业学大寨的先进大队的行列，朱格大队由后进变先进的事实再一次表明，路线对了头，就能一步一层楼。东风公社按照省委大上快上农业的要求，就彻底改变了生产条件。公社党委学习大寨大队改造七沟八梁一面坡的经验，以冲天的革命干劲和求实的科学精神，在 1973 年制定了一个七年远景规划，决心率领群众，彻底治理好全社一百八十平方里山、川、河、沟，从根本上改变东风公社的落后状况。

为了实现这个规划，公社党委主要成员选择了拉边、民主、张尕、朱格、上科哇、麻日六个千人以上的大队蹲点（这六个大队，人口占全社 50% 以上，土地占全社的 44%），深入基层调查研究。首先抓好重大影响的大村大队，从中取得经验，指导全面。经过两年的努力，这六个大队已经有五个改变了落后面貌，被评为先进单位，公社党委及时总结了他们的经验，树立了四个样板，号召全社干部群众，把农业学大寨的群众运动推向了新的高潮。

就这样，在毛主席革命路线的指引下，在北方农业会议精神的鼓舞下，东风公社农业连年大丰收，农村面貌大变化。四年多来，全社积极投入农田基本建设，挖运土石方四百五十八万五千多方，造出水地园田六千多亩，占全社水地面积的 70%，平整山地水平梯田两千三百多亩，“三治”造田三千亩。

通过大搞农田基本建设，把水土保持和治山、治坡、治河、治滩紧密结合起来，使千年荒芜的万亩黄河滩得到了开发利用，结束了黄河滩上“鸟不落，草不生”的荒凉历史。认真贯彻“以粮为纲，全面发展”的方针，动员民众向荒山、荒坡、荒沟进军，治山治水治田，按宜牧放牧、宜农种田、宜林种树的原则，县、社、大队、生产队大搞苗圃基地，自力更生植树造林二万四千亩，相当于北方地区农业会议前造林面积的二倍多，特别是利用荒山、荒沟、荒坡、荒滩积极发展多种经营生产，使集体骨干副业从无到有，从少到多，到 1975 年发展了六千五百余亩，其中经济林木面积五千五百亩，种植苹果、梨、花椒、核桃等三十万株，比 1970 年翻了四番多，全县每人有集体果树五棵，许多生产队已有收益，全县多种经营收入较 1970 年增长了二倍多，繁荣了农村市场，为农业机械化提供了资金，支援了城市建设。

截止到 1975 年 9 月，循化县大搞农田水利基本建设，共五百多万个工时，修成了园田、梯田及治河造田共五万三千亩，使近 50% 的土地基本变成了保土、保水、保肥的三保田和基本适合农业机械化的大地块，兴建了小型水利工程一百四十九项，中小型涝池二十四个，电灌站十五处，共扩大水浇地一万五千亩，并使三万七千余亩“挂名”水地得到了保浇。全县一百二十五个农业大队中除了八个大队外，都有了水浇地，改变了过去靠天下雨丰收的落后面貌。

——《1965—1966 年、1971—1978 年各公社组织情况、春耕、农业生产、大检查大评比、自然灾害等统计表》，循化县档案馆藏，档号：1-1-256（永久）。

循化县1965年—1973年基本情况表

公社	年度	基本核算单位（个）	户数（户）	农业人口（人）		总播种面积（亩）			机耕面积（亩）	稳产高产田面积（亩）	役畜头数（头）	总耕地面积（亩）			
				人口数	其中：劳动力	总数	每人平均	总数中自由地数				合计	水地	浅地	脑山
红旗公社	1965	42	399	3356	1564	3905	2.36	603	1225		613	8417	3146	1032	239
	1971	33	963	4696	1884	3306	1.66	480	1000	3050	394	8187.93	3013.46	934.47	
	1972	33	955	366	1893	3681	1.61	480	540	4000	419	2188	3213	934	
	1973	39	1093	5466	2113	8392	1.6	537	815	5000	431	8695	8158	537	
街子公社	1965	32	1480	6214	2638	13346	2.85	626	3714		867	13141.13	5664.01	16143.62	333.5
	1971	51	1641	3884	3203	13033	2.13	808	3525	2800	1233	24054.39	5119.65	17498.69	1436.45
	1972	53	1633	8251	3226	16315	2.03	808	11525	3000	1226	24661	5333	17452	1436
	1973	51	1661	8304	3307	13689	2.1	1000	8432	4000	1030	24464	5575	17453	1436
文都公社	1965	41	999	4008	2097	18338	4.57	1229	733		1144	20549.17	6615.56	10251.61	3682
	1971	31	1144	4893	2422	16635	3.41	861		1364	1662	19578.37	7275.35	9080.46	3222.56
	1972	35	1148	5060	5060	16149	3.19	852	696	3061	1487	19363	7290	8850	3223
	1973	35	1161	5131	2360	16231	3.13	861	900	5300	1301	19339	8040	8073	3222
尕楞公社	1965	28	341	2719	1439	13014	4.8	1006			860	12249	1438	7019	3712
	1971	24	383	3298	1481	13303	4.03	694	188	1092	1033	13634	2243	7725	3666
	1972	23	389	3329	1635	13278	3.98	721	673	2100	1117	13679	2489	3538	3652
	1973	23	390	3440	1666	13144	3.82	721	150	1500	1200	13631	2615	3304	3652

——《县革委一九七四年农业税负担调查报告、调查表》，循化县档案馆藏，档号：1-1-170（永久）。

循化县1965年—1973年基本情况表

公社	年度	基本核算单位（个）	户数（户）	农业人口（人）		总播种面积（亩）			机耕面积（亩）	稳产高产田面积（亩）	役畜头数（头）	总耕地面积（亩）			
				人口数	其中：劳动力	总数	每人平均	总数中自由地数				合计	水地	浅地	脑山
全县合计	1965	464	10720	44015	21453	124489	2.82	8692	5777		8841	127207.44	50067.74	60902.67	16337.03
	1971	362	12216	57013	24506	118341	2.8	3314	10963	22256	10632	138384.51	52326.58	67440.82	18622.11
	1972	370	12341	57314	24349	116315	2.02	3457	15354	39561	10246	139569	54339	66622	18608
	1973	378	12552	59299	24890	118375	1.99	3656	17007	43200	10916	139613	58173	62834	18606
道帏公社	1965	58	1551	6576	3149	30075	4.6	2386			2138	33804.48	7477.3	19517.94	6809.24
	1971	49	1692	8049	3544	27345	3.45	1905	100	4450	2980	33606	8594	17342	7670
	1972	49	1308	8262	3752	27315	3.39	2019	450	9000	2971	33433	8700	17103	7670
	1973	53	1727	9340	3691	26999	3.2	1962		8000	2581	33531	12219	13642	7630
东风公社	1965	119	2116	8419	4146	13543	2.08	1504			1567	16448.6	8839.95	6419.36	1150.49
	1971	79	2401	11078	4495	16029	1.45	1202	1000	3000	1495	18737.28	8507.68	8481.7	1725.9
	1972	78	2438	10933	4716	15833	1.44	1202		6000	14000	18.724	8439	8520	1726
	1973	78	2497	11211	4667	16414	1.4	1202		6000	1896	18.713	8949	8049	1715
清水公社	1965	49	1278	5214	2339	7989	1.54	609			805	3447.58	4117.44	3119.34	310.8
	1971	45	1436	6581	3641	8338	1.27	654		4000	717	7828.14	4199.64	3193.5	435
	1972	44	1408	6490	2292	7945	1.22	654		4000	618	7924	4119	3040	435
	1973	44	1408	6633	2658	7778	1.1	652		4000	1028	8166	3690	4041	435
城镇公社	1965	55	1756	3554	3381	11879	1.57	739	105		847	11150.48	8810.65	2329.8	
	1971	59	2156	10581	3836	11832	1.11	710	1150	2500	1138	12760	9148.8	3145	466.2
	1972	55	2222	10633	4494	11852	1.11	731	1430	8400	1054	13557	9946	3145	466
	1973	55	2215	10654	4428	11228	1.05	731	6310	8400	1001	13067	8887	3711	466

——《县革委一九七四年农业税负担调查报告、调查表》，循化县档案馆藏，档号：1-1-170（永久）。

循化县1965—1973年农业产量计算（面积：亩　产量：市斤）

公社	年度	一、粮食作物				二、经济作物			三、其他作物			合计								
		播种面积	单产	总产量	每人平均	播种面积	单产	总产量	播种面积	单产	总产量	总耕地面积	粮食折细粮		经济作物食折细粮		其他作物食折细粮	细粮合计		
													单产	总产量	单产	总产量		单产	总产量	其中：薯类折细粮
红旗公社	1965	6602	320	2114216	630	646	101	65138	54			7302	301	1985552	163	105607		286	209159	34041
	1971	6928	338	2620277	564	184	336	61952	114			7226	366	2533154	693	127544	56029	377	232717	16040
	1972	6885	432	296400	622	160	362	121900	186			3201	414	2836497	1573	256710	781113	537	3869320	16000
	1973	7877	445	3507401	642	210	805	169135	168			8255	427	3367293	1883	349247	24505	465	3841045	34617
街子公社	1965	13802	183	2532145	407	3239	45	144995	80			13120	165	2274438	74	241004		147	255442	85727
	1971	14995	158	2375106	301	1235	23	28613	35			16265	145	2168595	48	58904	2503	137	223006	16259
	1972	14483	252	3644896	442	1348	118	159624	112			15943	232	3357485	245	329609	52005	234	3779099	85200
	1973	13432	248	3341301	402	3318	85	268228	119			16689	249	3343861	76	553864	60971	227	3957698	13266
文都公社	1965	15026	2702	4054848	1012	2083	81	168619				17109	241	3618602	149	311232		230	2929834	162935
	1971	14538	224	3260331	666	1254	86	107611	22			15814	193	2870342	177	221669	22088	197	3114499	64529
	1972	14145	314	4440539	878	1133	190	216494	15			15297	283	4004129	393	447035	3141	291	1454305	61494
	1973	13849	308	4265032	834	1494	154	229458	27			15370	281	3898355	317	473805	19859	285	1393019	146932
尕楞公社	1965	11437	239	2736711	1009	571	109	62238				12008	221	2525913	185	105918		219	2631835	118132
	1971	11915	153	1871990	568	663	107	30345	31			12609	141	1678882	220	145654	3691	145	1828227	52435
	1972	11782	278	3278613	984	775	162	125724				12557	255	3001165	335	259609		259	3260774	35074
	1973	11547	213	2463242	716	836	121	106447				12423	195	2254048	251	219815		199	3433864	313020

——《县革委一九七四年农业税负担调查报告、调查表》，循化县档案馆藏，档号：1-1-170（永久）。

循化县 1965 年—1973 年农业产量计算（面积：亩　产量：市斤）

公社	年度	一、粮食作物				二、经济作物			三、其他作物			合计								
		播种面积	单产	总产量	每人平均	播种面积	单产	总产量	播种面积	单产	总产量	总耕地面积	粮食折细粮		经济作物食折细粮		其他作物食折细粮	细粮合计		
													单产	总产量	单产	总产量		单产	总产量	其中：薯类折细粮
全县合计	1965	104789	251	26301189	598	10535	34	339940	473			115397	226	23644169	226	1386352		216	25030501	1369754
	1971	10477	277	28997718	509	6129	123	353446	528			111427	244	25557292	253	1551322	289565	246	27398179	708556
	1972	102539	356	36527292	633	6008	194	1163.794	671			109258	326	33452533	401	2410335	1277644	339.9	37140512	731984
	1973	100737	363	36948311	623	8930	135	1564246	952			110619	342	34463850	373	33333636	8656896	349	38667422	1482683
道帏公社	1965	26003	199	5138152	792	1686	64	108040				27707	174	4514749	118	198218		130	4312967	315358
	1971	24277	294	3132599	886	1563	150	234066				25840	248	6028353	308	481893		252	6510250	300188
	1972	23772	354	8405025	1017	1424	134	190491				25196	310	7368679	276	393340		308	7760019	233044
	1973	23328	366	8538413	1024	1522	195	293530	187			25037	317	7403879	403	614365	222485	329	8240779	514617
东风公社	1965	15158	284	4301.635	511	871	162	140676	10			16039	254	3843488	304	265196		256	4108684	324267
	1971	14252	363	5172436	467	550	276	152035	25			14827	327	4659522	569	313015	27632	337	5000169	53189
	1972	14123	434	5990722	548	501	329	165021	11			14635	389	5504542	680	340352	28038	401	5873332	106094
	1973	14236	443	6308276	563	866	296	256599	110			15212	419	5967278	612	529852	123451	435	6620581	167488
清水公社	1965	6985	322	2248242	431	355	75	26689	39			7380	290	2025807	140	49534		281	2075341	135879
	1971	3523	346	2600000	395	150	328	49514	51			7724	248	1866387	680	101941	1897235	255	1930	134750
	1972	3030	410	2900000	443	188	341	64015	36			7294	376	2660125	703	132182	24019	386	2816326	123741
	1973	6846	480	3290590	493	273	361	98585				7126	453	3101364	1125	307227	1157	478	3409348	112949

续表

公社	年度	一、粮食作物				二、经济作物			三、其他作物			合计								
		播种面积	单产	总产量	每人平均	播种面积	单产	总产量	播种面积	单产	总产量	总耕地面积	粮食折细粮		经济作物食折细粮		其他作物食折细粮	细粮合计		
													单产	总产量	单产	总产量		单产	总产量	其中：薯类折细粮
城镇公社	1965	9775	321	3135241	415	1085	59	63545	290			11150	292	2855616	101	109643		266	2965259	123415
	1971	10342	383	3964939	375	530	92	48910	250			11122	362	3747647	190	100698	175701	362	4024066	71166
	1972	10345	434	4903493	461	475	261	124035	311			11131	456	4719911	539	256098	389328	482	5365337	31337
	1973	9662	544	5233656	491	551	250	138264	334			10507	533	5132772	518	285501	313466	545	5731779	96794

——《县革委一九七四年农业税负担调查报告、调查表》，循化县档案馆藏，档号：1-1-170（永久）。

敢教日月换新天——东风公社农业学大寨运动情况调查

东风公社位于大李加山下，清水河两岸，依山傍水，气候温和。全社共有22个大队，78个生产队，2500多户，11500余人，是一个以撒拉族为主的多民族公社，共有耕地14200亩。其中，水地8600亩，山地5600亩。

……以前，这个公社没有抓住党的基本路线这个纲，学大寨没有学在根本上，全社处于农业低产落后状态。在北方农业会议精神传达后，公社党委和全体干部、社员对照大寨，联系实际，认真总结农业学大寨的经验教训，迈开了学大寨的步伐，不断破除无所作为的懒汉懦夫思想，发扬艰苦创业的革命精神。开展以治山治坡、治滩造田和园田化为中心的农田基本建设运动，促进了社会主义农业的迅速发展。1973年全社粮食总产达到七百一十六万斤，比1970年翻了近一番，成为循化撒拉族自治县农业学大寨的先进单位。社员群众高兴地说："毛主席革命路线指航向，人换思想地增粮；荒坡变成花果园，东风公社变了样。"

迈开学大寨的步伐

东风公社过去是个比较落后的单位。1970年以前，也说要学大寨。但是他们不明白"学大寨学什么""怎样学大寨？"有的人错误地认为东风公社"山高坡陡，面貌难变"，对农业学大寨缺乏信心。1968年，这个公社也有人到大寨参观学习过，但没有学到大寨的根本经验。基本情况是社员外出搞单干副业，走个人发财的邪路，劳力大量外流，削弱了集体经济，使生产连年下降。从1964年开始，学大寨七年，全社没有治一条沟，造一亩田，落后面貌依然如故。

1970年，北方农业会议传达了毛主席党中央的指示，指明了大寨经验的精神实质，端正了农业学大寨的方向，使公社党委成员受到极大鼓舞。……为了贯彻落实北方农业会议精神，回答会议提出的问题："昔阳能办到，我们为什么办不到？一年不行，两年不行，三年行不行？四年、五年总可以了吧！"公社党委立即召开了生产队长以上的三级干部学习班。发动群众，认真总结七年学大寨的经验教训。重新学习大寨的经验，对照大寨找差距。他们认识到：学大寨，首先要政治挂帅，思想领先。是集中劳力大办农业，还是丢粮抓钱，弃农经商，弃农轻副，这是真学大寨、假学大寨的问题，是执行什么路线、走什么道路的大是大非问题。于是，公社党委在各大队连续举办了三十多期路线教育学习班。放手发动群众，向农民群众不断地灌输社会主义思想。通过讲村史、家史，开展忆苦思甜、新旧社会对比活动，提高广大干部和社员的社会主义觉悟。通过学习，原来认为"山高坡陡，面貌难变""人多地少，外出有理"的干部转过来了，外出搞单干副业的劳力回来了，学大寨迅速出现了新局面。朱格大队原来是全社有名的落后队，北方农业会议精神贯彻后，大队党支部抓大事，学大寨，坚定不移地走社会主义道路，集中劳力大搞农田基本建设，努力改变生产条件。

奋发图强树雄心　狠抓典型创新业

张尕大队，人多地少，过去是全公社有名的“老大难”大队。当时不少人认为，这个村子是“三升的皮袋装不下四升面，地少人多难改变”。在北方农业会议的精神鼓舞下，张尕大队的干部和群众，树雄心，立壮志，狠批地少人多“面貌难改”的懒汉懒惰思想，充分利用劳力多这个条件，大搞农田基本建设，向荒滩荒坡进军。经过三个秋冬的大干苦干，全队建成园田五百亩，在乱石滚滚的河滩造田 120 亩，建成了拥有 6000 株花椒的一座园艺场。张尕大队由后进变先进的事实，对全社震动很大。公社党委抓住这一典型，组织全社干部和社员参观学习，很快在全社掀起了以平整土地为中心的农田基本建设高潮。

拉边大队为了适应农业大发展的需要，1973 年春，党支部组织干部和社员认真学习毛主席著作，决心以“愚公移山”的精神，自力更生，大办水利事业。他们用三个木匠，一把尺子，爬上三丈多高的石崖，测量定线修水渠。全体社员男女老少一齐上阵，仅用九天时间，就修成一条 1900 多米长的环山水渠，使 100 多亩山旱地变成了水浇地，这些山地当年就获得了丰收。公社党委用这个典型带路，又在全社掀起了轰轰烈烈的兴修水利的群众运动，在两个月内完成土石工程七万多方，超过了解放以来的任何一年。

上科哇是个地少人多、三面临山的大队。在北方农业会议后，党支部从本队实际出发，提出向荒山进军的口号。六十二岁的党支部书记马西木，带领群众冒风雪、战严寒，开展了劈山石、垒石埂、搬土填坑造梯田的战斗，硬是在“春天不长草，夏天不落鸟”的沙石坡上，开出梯田 120 亩，建立了骨干副业——花椒园。这个大队的革命精神一经介绍，全社治山治坡新建果园的运动立即全面铺开。目前，全公社除气候条件不宜发展果园的大队外，队队都在荒滩坡上建造了园艺场。

为了进一步调动群众学大寨的积极性，公社党委以民主大队为典型，狠抓了政策兑现问题。这个大队，过去年终决算时，对社员的工分报酬，只是“记在账上，贴在墙上，没有分到手上”。从 1973 年开始，大队实行民主理财，经济公开，对社员工分、生产队收支情况，日清月结，按月公布，年终决算分配，召开群众大会，当场把现金、实物分给社员，得到了群众热烈拥护。社员们高兴地说“现在是看在眼里，拿在手里，喜在心里，老实劳动亏不下”，表示要以更大干劲，搞好农田基本建设，夺取农业更大丰收。公社党委推广了民主大队的经验后，全社 22 个大队也都仿行照办，大大激发了群众进行社会主义革命和社会主义建设的热情，使整个公社农田基本建设的群众运动由小到大，由低到高，持续深入地向前发展。

群众运动威力无穷　全社盛开大寨之花

榜样的力量是无限的。公社党委把四个大队的典型经验及时推广到面上，因势利导，组织清水河两岸各个大队的贫下中农，自力更生，奋发图强，打响了“向沙石滩要地，要清水河献粮”的人民战争。广大干部社员，团结一心，你追我赶，为革命多干活，为学大寨添力量，垒石筑坝，开出了大片良田。今日的清水河两岸，已经是麦浪滚滚、绿树成荫、苹果累累、花椒飘香的米粮川了。

在改造清水河乱石滩取得巨大胜利的基础上，公社党委打破了生产队和大队的界限，运用集中优势兵力打歼灭战的方法，进而组织了四个到二十二个大队联合起来，建设稳产高产田和治滩造田的三次大会战，建设规模一次比一次大，成果一次比一次显著，充分显示了社会主义制度的优越性，把农业学大寨的群众运动推进到一个新的高度。

第一次战斗是由上科哇、下科哇、朱格、条井四个大队十四个生产队大战科哇滩。他们根据“三级所有，队为基础”的原则，在 1973 年 8 月底，四个大队十四个生产队的七百多社员进入工地，开荒造田。他们吃在工地，住在田头，完不成任务不下火线，工地上到处展开了热火朝天的劳动竞赛。下科哇大队，共青团员马黑姐（女）带领十二个女青年组成的突击队，每天每人挖运土石方十方，比男社员平均高 40%。人们第一、二天手上磨出血泡，第三、四天跑肿了腿，第五、六天累得晚上睡觉翻不了身。就这样，她们一不怕苦，二不怕累，一干就是六十天。这一年，科哇滩上出现了 250 亩平展展的大园田。这些地 1974 年每亩平均单产 800 多斤，比过去增产 60%。人们看到园田化的成果以后，劲头更大，麦子刚刚收完，社员们就急着催干部快进工地。七百多名社员经过两个秋冬的大干，科哇滩的面貌大变。822 块的“三跑地”，已改造成了 212 块的稳产高产田，改造后的土地面积比原来多出 100 亩；51 条支、毛小渠，已合并为 12 条大干渠；16 条田间羊肠小道，也改建成了 3 条能通汽车、拖拉机的大马路。两次投工十二万个，完成土石工程六十多万方，平均每亩地投工一百八十个，挖运土石一千二百一十方。修建这种园田，以一个劳力计算，要走一千里路，拉一万次架子车土。所以，人们称为“千里万车一亩田”。

1974 年 11 月，公社党委又组织了黄拉滩大会战。这个滩有大小沟壑 11 条，沟长 200 米，沟底最深的有 30 米。全公社二十二个大队的一千名民兵，组成了二十二个民兵连参加的大会战。民兵们拉着帐篷，背着锅灶，在工地上安营扎寨，在数九寒天、地冻三尺的艰苦条件下，展开了造田斗争。铁锨铲不动，用镐挖，镐挖不动，用钢钎砸。小伙子们拿起 30 多磅重的铁锤一连就砸一百多下。许多人手上虎口震裂了坚持干，地冻三尺坚持干，肩上磨肿了还是坚持干。钢钎断了，换钎不换人。铁镐坏了，修理好后再上阵。就这样，一连干了十八天。一千民兵几乎把黄拉滩翻了个身，他们用黄拉滩的石头填满了 11 条沟，筑成了几千米长的一条条大田埂，然后再把石头缝里掏出来的土，铺成一块块的水平田。经过十八天的艰苦战斗，他们终于在黄拉滩上建起了有 60 亩地的苗圃。

在这两次大会战的带动下，今年三月底，夕昌、苏和沙、条井、朱格、达格、麻日、上下科哇八个大队联合起来组织了麻日河滩大会战，这是三次大会战的攻坚战。当广大群众听到大战麻日河滩的消息后，顿时群情激奋，一片欢腾。参加大会战的一千多名社员，用十八天时间，把一个乱石河滩改造成一百多亩的大梯田。马日大队有个七十岁的藏族老人，原来不相信麻日滩能修好。他和别人打赌说，麻日滩能修好，我这一把胡子就不要了。从开工的那天起，他天天拄着拐杖到工地上看，一直看到第十八天。他亲眼看到人们把房子大的石头填到沟里去，看到总长 1500 米的乱石河滩变成 180 块宽 8 米、长 80 米的一块块大梯田，亲眼看到人们把 46000 多方土从 1 里多路拉回来，然后在修好的梯田里铺上了一尺五厚的土层。他还亲眼看到群众在新修的 113 亩土地上，用石砌成了 1 米宽、4 米高的大围墙。当老人看到第十八天工程全部完成时，他满含热泪，激动得逢人便说："干部们发码（能干的意思），社员群众发码，学大寨运动发码！"

在三个大会战的胜利鼓舞下，东风公社农业学大寨群众运动一浪高过一浪，形势越来越好。上白庄大队从今年 4 月开始，抽调全大队 50% 的劳动力，以大会战的形式，把一座名叫"跑哲岛"的金瓶山，一举拦腰截断，开出来耕地 12 亩，使几千年的荒山变成了良田。

就这样，在毛主席革命路线指引下，在北方农业会议精神鼓舞下，东风公社农业连年大丰收，农村面貌大变化。四年多来，全社共投入农田基本建设和"三治"造田 3000 亩。

在国家的大力支援下，农业机械化程度有了很大提高。1974 年，全社各种大、中型农业机械达到 163 台，初步实现了翻地、播种、脱粒和农副产品加工的机械化和半机械化，公社还办起了小型水电站，有 8 个大队通了电。全社基本实现籽种良种化，各种化肥使用量不断增加。此外，农、林、牧、副业也有了很大发展。1974 年，全社各类牲畜达到 11650 头（只），比 1970 年增长了 2 倍。以种植业为主的骨干副业，从无到有，从少到多。四年来共种植苹果、核桃、花椒、枸杞等经济果树 12 万多株，平均每人 11 株。同时，还种植药材 185 亩，植树造林、绿化山坡 2400 亩，建立苗圃 600 亩。随着集体经济发展，社员生活逐步改善，平均口粮由 1970 年的 240 斤，提高到 420 斤，1972 年实现了粮食自给，1974 年全社交售征购粮 101 万斤，超额完成了国家任务。

——省委办公厅调查组：《道帏、东风公社 1970—1974 年调查报告、典型材料》，循化县档案馆藏，档号：1–1–172（永久）。

中共循化县委对大干快上农业的安排意见

我们于元月三日到六日召开了县委工作会议。这次会议的主要议题是传达、贯彻省委农业生产座谈会的精神。……根据大家的讨论和常委的意见，安排如下：

一、对我县四年来农业学大寨的回顾

四年来，全县广大干部和群众认真贯彻北方地区农业会议精神，深入开展“农业学大寨”的群众运动，使人的精神面貌、山河面貌和农业生产比四年前都发生了显著的变化。

1. 四年来，广大干部和群众精神面貌的变化是显著的。各族人民更加团结，大寨精神更加深入人心。干部和群众以党的基本路线为纲，坚持社会主义方向，学大寨的自觉性不断提高，“学大寨，赶昔阳，重新安排循化河山”已成为各社队的行动口号。

2. 在人的精神面貌大变化的基础上，山河面貌和农业生产条件有了不同程度的改变，抗灾能力有所提高。经过四年奋战，全县修建水地园田、山地梯田和治河治滩田共五万多亩，占总播种面积的近 50%；完成水利工程 156 项，扩大水地 11600 亩，改善灌溉面积 3 万余亩，使全县水地面积达到 72000 多亩，平均每人 1 亩多。各行各业支援农业作出了一定贡献，全县基本上实现了籽种良种化，已经有 50% 的大队通了电，各种农机具由 1970 年的 270 多台发展到 1975 年的 1400 多台，初步实现了运输、播种、打碾和农副产品加工的机械化和半机械化，各种化肥施用量不断增加。这些生产条件的改变，有效地抗御了自然灾害，保证了农业生产连年丰收。

3. 农业连年丰收，林、牧、副业都有新的发展，集体经济不断壮大。全县粮食总产量在1970年2560万斤的基础上，1971年突破三千万大关（3147万斤），创造了历史最高水平，1974年闯过了四千万大关（达到4200万斤），比1970年增长66%。1974年牲畜存栏数达到125000头（只），比1970年增长30%。造林面积累计达13000多亩，大大超过1970年以前的面积，初步建成县、社、大队、生产队四级苗圃。骨干副业从无到有、由少到多，建立以经济林木、药材为主的骨干副业基地114处，5600多亩，比1970年增加10倍。农林牧副的发展，使得集体经济不断发展壮大，社员分配收入有了增加，对国家贡献逐年增多。

4. 全县涌现出一批学大寨比较好的先进社队。经过四年来学大寨，许多先进社队大步前进，持续增产，贡献越来越多。原来一些后进大队，奋发图强，奋起直追，迅速赶了上来，农业生产面貌已经发生或正在起着深刻的变化。

我县四年来农业学大寨取得了一定的成绩，这是应该肯定的。但是，我们必须看到存在的问题。按照中央、省委对我们的要求，对照全国农业生产连续十三年丰收的大好形势，与昔阳、贵德等先进县相比，我们差距很大，四年来总产没有翻一番，年年还要吃一些回销粮，农业学大寨运动在社与社、队与队之间发展不平衡。这就不能不使我们感到问心有愧，值得我们深思猛醒。北方地区农业会议提出：“昔阳能办到的，我们为什么办不到？一年不行，两年不行，三年行不行？四年、五年总可以了吧！”本来我们有着许多有利条件，省委对我们支持、帮助很大，理应迅速把农业搞上去。然而，现在四年过去了，我们对这个问题回答得不好，没有为全省争气，没有为全县各族人民争气，为什么我们农业上的不快？责任在县委，主要原因是县委的路线斗争觉悟不高，对毛主席“农业学大寨”的伟大号召理解不深，大干快上农业步子不大，改造旧山河决心不大，有满足现状、“唯条件论”的右倾保守思想，缺乏敢想、敢干、想大的、干大的雄心壮志，缺乏大干苦干实干的革命精神。在贯彻农业“八字宪法”大搞科学种田上限于一般化，没有充分发挥土地的潜力。反映在领导作风方面不深入、不扎实，一般号召多，具体措施少，特别是现在还有15%的后进社队，仍然处于单产不高、总产不稳的状态。

今年是第四个五年计划的最后一年，也是回答“四年、五年总可以了吧”的最后一年。我们县委有决心绝不辜负党中央、省委对我们的要求和期望，绝不辜负全县各族人民对我们的希望，认真贯彻这次省委农业生产座谈会精神，豁出脱一层皮，掉几斤膘，拿出拼命干的勇气，也要把农业生产迅速搞上去，使今年农业生产有一个大踏步前进，对“四年、五年总可以了吧”的问题作出响亮的、肯定的回答。

二、认清形势，明确任务，夺取今年农业生产的新胜利

经过四年来的农田基本建设，农业生产条件有了初步改变，全县有近 6 万亩稳产高产田，平均每人有一亩多的水地，农业生产连年增产，集体经济不断巩固壮大，社员群众的生活水平有了提高，人强马壮，农业机械化水平有了新的发展等等。所有这些，都为我们进一步发展农业创造了思想基础和物质基础，只要我们充分认识和发挥这些有利条件，有一个很大的决心，有一个很大的革命干劲，奋发图强，大干苦干，实现今年的任务是完全可能的。

认真执行“以粮为纲，全面发展”的方针。切实抓好大上快上农业的各项增产措施。

要实现今年农业大上快上，必须在增产措施上大挖潜力，狠下工夫。在继续认真执行“以粮为纲，全面发展”的方针和农业“八字宪法”的基础上，重点打好肥料、科学种田、农田基本建设三场硬仗。

1. 大打一场积肥、造肥、送肥的硬仗

肥料是增产的关键性措施。当前，我县黄河沿岸离春播仅有一个月左右、上半部还只有两个月时间，但是，许多社队的肥料还不够，这是农业生产中当务之急的大事。如果肥料这一仗打不好，就会阻碍今年粮食产量的大幅度提高，直接影响农业大上快上。机不可失，时不再来，一定要抓好积肥料这一关。我们必须以“只争朝夕”的革命精神，来一个全党全民总动员，男女老少齐上阵，进一步掀起一个积肥造肥的新高潮，力争完成和超额完成今年施肥计划，在打肥料的硬仗中，要把积、造、烧、拉、送结合起来，具体是：

积肥：要千方百计地充分挖掘农家肥潜力，达到水地施肥每亩 5 方、山地 3 方。

造肥：大搞腐殖酸类肥料。全县 1975 年要搞 8000 吨，春播中使用 2000 吨。当前，一定要组织一部分劳力和全部车辆突击拉运杂发。全县要搞“5406”菌肥 3000 万斤，要求水地每亩使用 300 斤。

烧：山地要大烧草皮灰，在现施农家肥基础上，要求每亩地增施野灰 100 驮，彻底消灭白扛地。

拉：全县要拉样板粪 2000 万斤。

送：要边积、边造、边送肥，特别是黄河沿岸和边远山区一定要抓紧送肥，做到不误农时。

机关、工厂、学校都要动员起来，要求在春节前，每两人为生产队积肥、送肥 1 方。

2. 大打一场全面贯彻农业“八字宪法”、实行科学种田的硬仗

今年要大面积提高单产，确保总产 5000 万斤，我们一定要在贯彻农业“八字宪法”，大搞耕作技术改革、大搞科学种田上大做文章。充分利用和发挥现有土地的潜力，社、队要建立和健全科学研究组织，落实科研项目。任何新生事物总是在斗争中成长、发展起来的。实行耕作技术改革也同样充满着创新与守旧的两种思想斗争，我们必须革新，特别对于行之有效的技术革新，要大力推广增产新经验，新办法要一抓到底，抓出成效来，我们要求今年水地亩产普遍要达到 600、700、800 斤，已达到 800 斤的要闯 1000 斤关，浅山地单产要达到 250 斤至 300 斤，脑山地单产要达到 400 斤。要达到这个要求，在增施肥料的基础上，科学种田重点抓六件事：

一是要全部实现良种化。进一步提高良种化的纯度，并积极试种引进的墨西哥等优良品种。

二是黄河沿岸社队小麦地里要套种黄豆 25000 亩，同时在地边点种玉米（每亩 200 颗），所有经济作物、复种洋芋地边都要点种玉米。

三是黄河沿岸每个生产队试种间作套种 10 亩。

四是复种洋芋 5000 亩（城镇 2000、清水 1000、街子 1000、红旗 1000）。每个生产队在复种洋芋地试种昆仑青稞 5 亩。

五是黄河沿岸每个生产队复种箭筈豌豆 10 亩。

六是上半部山地要积极试种洋芋地里套大豆或保加利亚豌豆。山地一定要实现良种、密植、条播，消灭草荒。要克服重水地轻山地的思想，做到山水地统筹兼顾，全面安排。

3. 大打一场高标准、高质量的农田水利基本建设的硬仗

大上快上农业，不坚持走社会主义道路，不下苦功，大搞农田基本建设是不行的。近几年来，我县粮食生产逐年上升，大搞农田基本建设，不断增强抗灾能力，是个重要原因。我们要把农田基本建设当作一项造福子孙后代的伟大事业来办。每个公社、每个大队要按东风公社那样，进行调查研究，因地制宜，确定主攻方向，有长远规划、明确奋斗目标和具体措施，做到田、路、渠、林全面配套。要贯彻长远建设和当年受益相结合，以当年受益为主的方针。要实行专业队常年施工和大搞群众运动相结合，每个大队要抽调 15% 的劳力组织常年农田基本建设专业队，要坚持集中优势兵力打歼灭战的原则。一项工程一项工程地搞，一个战役一个战役地打。今年春播结束后，就

要把重点放在农田基本建设上来，劳力除按国家计划统一抽调外，一律不准外出搞副业，集中精力搞农田建设，黄河沿岸地区要扩大面积不低于 3300 亩（城镇 1000、街子 1000、红旗 1000、清水 300）。能种旱田种旱田，种不上的要种晚田作物。今年农田基本建设具体要求是：

县上重点抓好东湾寺、孟达山水库的续建工程，必须在 6 月 1 日前完成。各公社要从全局出发，首先保证这两个水库所需劳力。

城镇公社：重点放在大战河北滩，一面抓电灌站的配套，一面抓治滩造地，力争种上晚田作物。沙巴塘、线尕拉、西沟要主攻西沟滩；上、下草滩坝，东、西街大队要主攻南滩、重新统一规划，加入大队要主攻加入滩。

红旗公社：重点要大战山根荒滩和黄河边荒滩。一部分劳力开荒地，一部分劳力搞修建电灌站。

街子公社：重点要放在彻底根治街子河滩，大搞治河造田，同时，要搞小涝池和截流工程，力量许可，要把果什滩、果哈拉两个滩进行规划，分期拿下来。

清水公社：重点要放在彻底根治清水河滩，大搞治河造田。下滩大队要集中力量在东滩开荒造田，孟达地区要治理东山、引水上山，开发黑格滩，下三庄大队要搞好防渗工程，唐赛山、加木滩、拉春沟、瓦匠庄大队要大修山地梯田。

东风公社：重点要放在山区建设，大修山地梯田。

道帏、文都公社：重点放在平整梯田，特别是已通水而尚未平整的土地要首先平整。可以少留些歇地，同时，搞好小型水利配套工程。

尕楞公社：重点以蓄水为主，抓好涝池的防渗配套工程，同时，要大搞山地平整梯田，特别是已通水而尚未平整的土地要首先平整。

县级机关干部要继续大战波浪滩，平整造林基地。

在打好三场硬仗的前提下，要继续抓好以经济林木、药材为主的种植业，以养鸡、养兔、养蜂等为主的饲养业。落实县委提出的要求，使今年多种经营有一个大发展。

中共循化县委

1975 年 1 月 8 日

——中共循化县委：《关于农业安排、学大寨、情况汇报、会议通知》（1975 年 1 月 8 日），循化县档案馆藏，档号：1-1-182（永久）。

循化县 1978 年肥料、化肥统计表

公社	家肥（方）	杂肥（方）	烧灰（方）	羊板粪（方）	腐肥（斤）	五四零六（斤）	化肥（斤）
道帏	108525	10	26308	10000	141160	3613384	94500
东风	70866	8034	17521	——	218274	3330000	330000
清水	33736	849	2500	600	——	330000	437200
城镇	50521	2104	440	350	130000	1495200	555200
街子	42980	314	455	388	16000	3799025	644250
红旗	45325	3046	1378	556	61000	2714009	30300
文都	47473	1065	4715	3431	991700	636046	594282
尕楞	41433	——	4578	4406	15300	319500	37200
合计	440864	10422	59399	24731	494506	1733505	5235932

补充：全县有机肥料合计 535907 方。

——《循化县农水办相关资料》（1978 年 4 月 30 日），循化县档案馆藏，档号：1-1-15（永久）。

1978 年循化县农业生产统计表（单位：亩）

公社	三田建设（亩）				科研队伍		种带田			种药材	
	试验田	种子田	丰产田	尖子田	组数	人员数	带田面积	套种洋芋	专业人数	新种面积	累计面积
道帏	84.15	2300	2000	6	31	96				102.21	312.4
东风		1471	2155		45	155					20
清水	50	700	1582	6	29	88	892	220	86	10	10
城镇	68	1000	3508	29.79	52	191	1408.3	249	240		
街子	23.15	1238	1738		7	23	1077	229	143		3.9
红旗	38.6	1598	1415		44	133	975	33	69		1.3
文都	39	1325	798		27	82				20	28
尕楞	35	1235	300		11	33				120	250
其他	57.1	89			1	21					
合计	395	10956	13496	41.79	247	822	4352.3	731	538	252.21	625.6

——《1965—1966 年、1971—1978 年各公社组织情况、春耕、农业生产、大检查大评比、自然灾害等统计表》，循化县档案馆藏，档号：1-1-256（永久）。

实行分组作业、定工定产、超产奖励是一项新的工作，必然会出现一些新情况和新问题，需要认真研究解决。化隆县已有75%的生产队划分作业组2400个；循化县也已有14%的生产队划分作业组178个。作业组的规模一般是10—15户，20来个劳动力。由于对划分作业组宣传不够，组织工作较差，有的队一哄而起，个别队甚至采用抽签办法，因而在一部分基层干部和社员中产生了某些错觉，有的说：今年划分作业组，明年就分田到户。有些作业组偏小，二塘公社有78个作业组都是4—6户，8—12个劳动力；加合公社上吾坝二队只有16户，划成4个作业组，每组4户，8个劳力，其中有个组1人生小孩，2人生病，1人在县修水库，只有4人参加农业生产。

——马万里：《在循化、化隆调查的汇报材料》（1979年2月12日），见《青海农牧区合作经济史料》编委会：《青海农牧区合作经济史料》，青海人民出版社，1993年版，第169—170页。

1978年3月22日，农林部要我省上报1978至1980年建设大寨县（场）的三年规划数字与县名。我们与各州、县委及省畜牧局、劳动局进行了联系，征求了他们关于普及大寨县（场）进度规划的意见，各州、县委和省畜牧局、劳改局根据省委关于在1980年以前三分之一的县要建成大寨县的指示精神，对去年的规划，重新做了研究调整。

我省共有38个县（区），21处省直属国营农牧场（不包括州属农场）。在1975年和1976年已分别宣布为大寨县的有7个，这些县是：贵德县、泽库县、曲麻莱县、循化县、贵南县、乌兰县、海晏县。没有大寨场。1977年原计划建成的大寨县有祁连玛多、杂多、互助、共和及西宁郊区等6个县（区）。1977年，按照省委领导同志指示，我们先后两次组织了13个工作组，对上述已宣布为大寨县的和计划在当年建成大寨县的13个县，普遍进行了检查验收，其中贵德县、曲麻莱县已基本达到了六条标准，经省委批准，已在全省第二次农业学大寨会议上正式命名为大寨县；原已宣布为大寨县的循化、泽库、乌兰、海晏、贵南5个县，在学大寨方面，做了很多工作，成绩显著，但按六条标准衡量，还程度不同地存在差距，称为学大寨先进县。1977年计划建成大寨县的祁连、玛多、杂多、互助、共和、西宁郊区等6个县（区），面貌有很大变化，但没有达到六条标准，不够大寨县，也不再给予学大寨先进县的称号。这样，我省38个县（区），除贵德县、曲麻莱县两个大寨县以外，还有36个县（区）、21处国营农牧场应列入今后建设大寨县的进度规划中。各州、县建设大寨县的进度规划，以及建设大寨场的规划，就是在这个基础上制定的。今后三年内建成大寨县、场的年度和名称是：

1978 年有 2 个：杂多县、玛多县。

1979 年有 3 个：乌兰县、玛沁县、西宁郊区。

1980 年有 12 个：互助县、民和县、湟中县、循化县、格尔木县、大通县、甘德县、尖扎县、泽库县、贵南县、祁连县、治多县。

1978 年有 3 个场：诺木洪农场、塘格木农场、三角城种羊场。

1979 年有 5 个场：香日德农场、甘都农场、河卡种羊场、门源种马场、贵南牧场。

1980 年有 2 个场：浩门农场、英德尔种羊场。

根据上述规划，到 1980 年，我省大寨县将达到 19 个，占总数的 50%。其中农业县 7 个，占 10 个农业县（区）的 2/3，牧业县 12 个，占 28 个牧业县的 42%。大寨场将达到 10 个，将近总数的 1/2。其中农场 5 个，超过了农牧场总数的 2/3。

在 1980 年以前，按六条标准把 50% 左右的县、场建成大寨式单位，任务是艰巨的，是自粉碎“四人帮”以来，我省在党中央抓纲治国战略决策指引下，拨乱反正，排除干扰，端正了学大寨的方向，各地大干快上，做了大量工作，创造了一定的条件。只要进一步加强普及大寨县的领导，贯彻党的十一大路线，按照五届人大会议精神，深入开展“一批两打”为中心的党的基本路线教育，落实党在农村牧区的各项方针政策，开展比学赶帮超的群众运动，充分调动广大社员和职工群众的社会主义积极性，上述规划还是可能实现的。

——《青海农牧区合作经济史料》编委会：《青海农牧区合作经济史料》，青海人民出版社，1993 年版，第 169—170 页。

1981 年 5 月 11 日至 15 日，循化县委、县政府召开各公社党委书记、管委会主任和县级各单位负责同志参加的两级农村工作会议，传达省委农村工作会议精神，介绍河南开封等地实行“统一经营，联产到劳”责任制的经验，总结全县实行生产责任制后的经验，分析农村工作中出现的一些新问题。会后，由县委、县政府领导和 25 名干部组成工作组，分赴各公社宣传贯彻省委农村工作会议精神，认真贯彻十一届三中全会以来所制定的路线、方针、政策，解放思想放开手脚，清除“左”的影响，落实农村经济政策，推行生产责任制，实行包产到户，调动群众生产积极性，促进了农村各项事业的大发展。

——中共循化县党史研究室：《中共循化撒拉族自治县大事记》，2014 年，第 49 页。

中共十一届三中全会后，破除禁锢，允许生产队在统一核算分配的前提下，实行分组作业、定工定产、超产奖励等各种形式的生产责任制。1979年2月，有14%的生产队划分作业组178个。1980年2月，有234个生产队，占生产队总数的42.39%，划分大包干、全奖全赔、提奖分成、以产计工的作业组627个。同年12月，中共循化县委召开三级干部会议，传达贯彻中共中央（1980）75号文件关于进一步加强和完善农业生产责任制的精神，使各级干部更加坚定实行各种生产责任制，改进劳动计酬办法，使农民更加明确自己的权、责、利，有效地克服分配中的平均主义、吃“大锅饭”弊病的信念。会后总结办作业组经验，加大推行生产责任制工作力度。1981年6月，县委召开农村工作会议，统一认识，坚持和巩固集体经济的基础上，根据循化地区实际，认为宜于实行专业承包、联产计酬，统一经营、联产到劳，包产、包干到户，小段包工、定额计酬4种责任制形式，要求在具体工作中分不同地区、不同社队实施。1981年11月，贯彻《中共中央关于农村工作几个问题的通知》精神，全县679个生产队均落实不同形式的联产承包责任制，即统一经营联产到劳的生产队118个，占17.38%；包产到户统一分配的22个，占3.24%；包干到户的539个，占79.38%。后于1982年底，全部改为包干到户，坚持该统则统、该包则包的原则，土地下放到户，收入自负盈亏。其做法，按人劳比例划分土地的有422个生产队，占生产队总数的62.15%；按人划分土地的257个生产队，占37.85%；果园、队办企业、集体成片林实行专业承包，收入统一分配；牲畜、小农具等折价按人、按劳或按人劳比例分到户。群众称这种生产责任制形式是“上缴国家的（征购粮），留足集体的（集体提留），剩下都是自己的”。家庭联产承包责任制的落实，顺应民意，也迎来了经济发展的好势头，农民经济收入逐年增加，粮食自足有余，全县涌现出率先致富的种植业、养殖业、运输业、农副产品加工业等各类专业户，还出现向国家年交售万斤粮的卖粮大户。农民心情喜悦舒畅，生活逐年提高，也使整年困扰在春种秋收生产中的县、社、队干部得到解脱。

自1982年全县实行家庭联产承包责任制后，由县、乡经营管理站负责，每年初与农户签订农业生产承包合同，加强对农村合作经济组织的管理。承包合同内容包括农户承包的土地面积、计划产量、上缴的国家征购粮、集体提留、参加集体义务劳动工日等，便于农户“一年早知道”。年终合作经济组织对农户完成的各项生产指标进行兑现，实行奖赔制度，完成好的受奖，完成差的受罚。

循化县679个生产队中，包干到户的538个，包产到户的23个，统一经营联产到劳的118个，实行包干到户的占到了生产队总数的77%。

实行责任制后，农村出现了一些新情况：（1）购买手扶拖拉机的社员，由于自己只有五六亩承包地，用不了一台机械，于是就变成专业拖拉机手，给其他社员运输、种地，收取运费。（2）有技术的社员出现了自己经营专业，雇人经营承包土地的现象。（3）去年有的小学教员拿了补贴又要了一份承包地，今年政策弄通了又要求退回承包地。（4）出现了新的联合苗头。循化县红旗公社新村生产队有 24 户社员联合雇推土机治理河滩地，还搞了联合经营的果园。

——许林枫：《循化、化隆农村情况调查》，1982 年 3 月，《青海农牧区合作经济史料》编委会：《青海农牧区合作经济史料》，青海人民出版社，1993 年版，第 189 页。

1982 年，石头坡村开始实行包产到户。当时，石头坡村按 1982 年划分土地的数量为准，确定人口数量，再按人口数额均分土地。土地被划分为四类，主要是：饲草地、自留地、开发地和承包地。饲草地，这类地在全村范围内划分，据村里人讲，是为饲养牲畜而专辟的土地，每户可分地 0.2 亩。自留地，这类地也是在全村范围内划分，只要在 1982 年的人口册内，则每人可分得 0.1 亩。开发地，这类地也是在全村范围内划分，主要是指在（黄）河北新开发的一些荒地。曾经在 1990 年前任过村干部的韩尕主麻，在其笔记本上记录，截至 1990 年，石头坡村在河北有新荒地 150 亩，按 1982 年的人口划分，每人分到的荒地有 0.14 亩。最后是承包地，这类地在小队范围内按人口划分，它的划分数量最多，并且在各队之间也有较大的差异，因此也就成为很多家庭之间土地数量差异的重要原因之一。

需要指出的是，1998 年的《土地承包经营权证书》，只是对 1982 年旧的土地承包书的更新，在耕地占有面积上没有作任何实质性的变动，平均每人占有的土地达 0.4—0.6 亩，在这之后土地再也没有变动过。总的来说，随着人口的不断增加，石头坡村的人均土地占有情况呈现出越来越少的趋势。

1982 年的包产到户，对石头坡村每个家庭都有着特殊的意义。根据 1998 年新换发的《土地承包经营权证书》，石头坡四个队的承包地数额为：一队人均承包地 0.42 亩，二队人均承包地 0.41 亩，三队人均承包地 0.56 亩，四队人均承包地 0.66 亩。

——朱和双、谢佐、马伟：《撒拉族：青海循化县石头坡村调查》，云南大学出版社，2004 年版，第 112—113 页。

清水乡瓦匠庄村从 1982 年实行家庭承包责任制开始，在政府政策的指导下，村里成立了土地承包工作小组。在村主任的带领下，首先对土地进行等级划分，即将土地按质量划分为一等、二等、三等和等外（主要指四荒地）等四种形式，然后按平均每个劳动力 9 分地和平均每个人口 6 分地两个标准进行分配。

为了保证分配过程的公平和合理，在分地的过程中采取两个人丈量土地，两个人记录丈量结果，两个人进行监督的办法，并在分配完每一块土地之后，在村主任的监督之下，利用在边界栽石头的办法将土地边界直接划分清楚，保证了土地分配的顺利实施。

同样，在进行集体林木分配的过程中，按照树木的大小对树木进行编号，编号为 1 号树、2 号树和 3 号树三个等级，然后根据每家人口和劳动力数量对各类树木进行依次分配。村集体牛、羊、驴和骡等家畜和生产队农用生产工具（手扶拖拉机、脱谷机等），采取折价按人和劳动力统一分配。群众称这种生产责任制形式是“交够国家的（征购粮），留足集体的（集体提留），剩下都是自己的”。家庭联产承包责任制的落实，顺应民意，也迎来了经济发展的好势头，农民经济收入逐年增加，粮食自足有余，并涌现出率先致富的采掘业、运输业、餐饮业等各类专业户。

——祁永寿、王建军、李双元：《瓦匠庄村调查（撒拉族）》，中国经济出版社，2014 年版，第 22 页。

循化撒拉族自治县在实行农业生产责任制中，切实加强对集体果园的管理，全县九十一处（四千一百七十亩）果园，除不便统一管理的三处（四十五亩）果园外，其余全部实行了专业承包或兼包的生产责任制，坚持统一管理，维护了集体财产。

去年秋季以来，循化县 85% 的生产队实行了“双包”生产责任制。实行这种责任制的地方，农田都承包到户，对于适宜于统一经营的集体果园仍然坚持由集体管理。他们采取的具体办法是：一、凡原来由大队统一经营的果园，仍由所属生产队投劳力，建立果园专业队，下设专业组（以生产队为单位），签订合同，包投资，包管理，包产值，实行果树联产到组、生产责任到劳的责任制。二、凡属于生产队所有并有收益的果园，采取生产队投标，联户包纯收入的办法。三、面积不大、收益不多的果园，采取包到专业户或由一户承包、自愿联合、包纯收入的办法，加强管理。

红旗公社苏只大队的果园是全县最大的果园，实行承包责任制后，各承包组把园内的一百四十九亩地全部深翻了一遍，并及时给果树浇了冬水。清水公社瓦匠庄大队将一处五十三亩的果园承包给专业户后，三户社员联合投资买化肥、拉家肥，还给所有果树压冬肥、浇冬水，管得又细又好。

——钟建华、朱公甲：《实行责任制，维护集体财产，循化县集体果园管得好》，《青海日报》，1982 年 2 月 1 日。

联产承包责任制调动了群众的积极性
循化春耕出现“六多一热”新气象

普遍实行联产承包责任制的循化撒拉族自治县农村，今年的备耕和春播生产出现了“六多一热”的新气象。

“六多”是：一、买化肥的多。元月至二月中旬，全县购买化肥两千一百多吨，街子公社比去年同期增加二十二吨，还有一些社员手里有钱，为想买肥效好、价格高的化肥而买不到发愁。二、买小型农机具的多。加工购置各种小农具六万九千多件，条播机增加到八百八十多台。最近，县农机公司调来一批价格低、性能好、适宜一家或联户使用的小型条播机，被社员抢购一空。三、买耕畜的多。全县耕畜增加了两千多头。东风公社科哇地区社员个人饲养的骡子发展到三百多头，道帏公社加仓大队六十户社员中五十户有了骡子。四、买手扶拖拉机的多。全县社员购置的手扶拖拉机已有四百二十台，其中有一部分是联户集资购买的。五、串换良种的多。社员串换良种四十三万斤，城镇附近的社员还拉上自繁自育的种子，到县种子公司进行机械精选。六、学科学的多。县农科站组织了两个宣讲组到各社传授科学种田知识，听讲的干部和社员很多，连七十多岁的老人也前来听讲。清水公社瓦匠庄大队有些承包户听讲后，修改种植计划，将低产的油料品种改为高产的“奥罗”油菜品种。

“一热”是：掀起了互助协作搞春耕的热潮。全县大多数社队实行了统一播种，发挥了机械和畜力的作用，户与户之间协作搞生产的多了，一家有困难，四方来支援，不少困难户种地再不发愁，保证了春耕生产的顺利开展。

目前，循化撒拉族自治县黄河沿岸的春耕生产已全面展开。截至二月底，街子、红旗、清水等三个公社的春播面积已达到 50% 以上，而且种得比哪一年都细。

——马富荣、韩秉仁：《联产承包责任制调动了群众的积极性　循化春耕出现“六多一热”新气象》，《青海日报》，1982 年 3 月 9 日。

多种经营千条路　抓住一项就能富
——农村多种经营工作札记之四

当前，我省农村最适宜发展什么，搞什么见效快？收益大？这是开展多种经营工作中值得注意的一个问题。

循化撒拉族自治县道帏公社克麻大队，从实际出发，把发展畜牧业当作富裕起来的突破口，采取两条腿走路的方法。公养私养并重，以私养为主，牲畜发展很快。经过一年的努力，集体牲畜增加到七百九十五头，增长20.82%，牧业收入由三千九百多元增加到五千元，社员养畜由一百四十头增加到一百八十七头，户均五点一头。湟中县西堡公社发动群众献计献策，总结过去生产传统名牌农副产品、开展多种经营的经验，归纳为这样几句话："花园的韭菜寺尔寨的葱，羊圈的挂面有名声，丰台沟的粉条新平的酒，张李窑的蛋卷很可口，前跃的猪葛家的油，东堡的副业是头把头。"他们通过恢复和发展传统名牌农副产品，多种经营门路增多，收入水平不断提高，去年全社多种经营门路由过去的十多种增加到二十多种，收入由一百一十万元增加到一百五十万元，增长26.6%。群众说："多种经营千条路，抓住一项就能富。"

上述典型社队的实践证明，只要发动群众，大走群众路线，认真分析研究本地实际情况，弄清当地自然资源和各种人才情况，因地制宜，发挥优势，多种经营就能够得到较快的发展，哪怕是一个项目，只要瞅准了，真正抓起来了，就能很快见到经济效益。

我省自然资源比较丰富，多种经营门路不少，发展潜力很大，不论川、浅、脑都可以在种植业、饲养业上大做文章。在当前和今后一段时间里，应该把发展畜牧业和林业作为搞好多种经营的突破口，大力发展养猪、养牛、养羊、养兔、养鸡、养蜂等饲养业，狠抓用材林、薪炭林、经济林的建设，积极发展品质好的油菜、蔬菜、药材等经济作物的种植业，主攻洋芋、牛奶、药材、水果贮存和加工等农副产品加工业，有条件的地方搞好建筑材料、轻化采矿、运输、商业服务、农机具修造和传统的手工工艺等工副业生产，促使多种经营从非常年性、不稳定性逐步转入常年性、稳定性发展的轨道上来。

——简顺生：《多种经营千条路　抓住一项就能富——农村多种经营工作札记之四》，《青海日报》，1982年6月7日。

循化撒拉族自治县红旗公社地处黄河岸边，气候和土壤适宜于发展果树园艺。十多年来，全社先后建立果园十九处，面积达一千七百亩，栽培苹果、梨树等五万三千株，现在已有四分之一挂果。1981年果园收入达十万余元。

去冬以来，随着农业生产责任制的建立和完善，广大基层干部和社员纷纷要求对果园的经营方式也加以改进，经过认真学习政策和反复酝酿讨论，在十九处果园中，已有十七处实行了生产大队统一经营的联产承包责任制。其具体做法是：抽调劳力，组成果园专业队，下分若干专业组；生产大队对果园专业队定生产投资，定上交果品收入，一定两年不变，超收全奖，减收全赔；专业队又将果园划分成若干作业区，分别固定到组，生产投资和上交收入也随之下达到组，并将果树管理责任落实到人。年终以组为单位具体兑现奖赔。

尽管这种责任制实行的时间还不长，但是许多干部、社员反映，已经见到了好效果。首先是承包果园的社员生产积极性提高了。今年大多数果园水浇得足，肥施得饱，行带处理抓得早，大家对实现果品丰收充满信心，其次是增收节支普遍搞得好。从各大队的承包合同来看，今年果园的总收入虽然同去年不相上下，但是纯收益将会增加。

红旗公社的果园联产承包责任制，需要从以下方面进一步完善：

一、配备得力的果园专业队、组长。目前少数队的果园专业队、组长还没有配齐，使果园生产受到了一定影响。事实充分说明，光有好的责任制不行，还必须有好的队长组长、果园专业队。组长一定要由那些具有高度责任感、懂得果树栽培技术和管理的人担任，并且要使他们保持相对稳定，不要轻易调换。

二、对干部、社员进行“两个不变”的宣传教育。目前，干部、社员中，对于果园实行联产承包责任制，思想认识并不一致，少数人总觉得只有把集体果树分到自己家中才放心。因此要坚持进行“两个不变”的宣传教育，以提高认识，统一思想，稳定和完善果园联产承包责任制。

三、从长远着眼，加强果园管理，是一件非常重要的事情。现在一些大队的果园，对大树管理得很好，而小树却大量地干死；苗圃中野草丛生，乔化及矮化试验也不再进行；剪枝有意搞轻剪，根本不考虑整个树形的发展，等等。这些现象说明，有的果园管理人员脑子里只想着自己在承包期内怎样多收益，而根本不考虑果园的长远发展。对于这个问题，必须及时加以解决。

四、切实把果园生产中统与包的关系处理好。果园生产的季节性强，技术要求高，各种活路该统的要尽量统一起来。有些果园人员错误地认为，既然果树管理责任落实到了人，什么时间出工、干什么活、怎样干等，就得全由自己了。这对搞好果园生产不利。所以，果园专业队、组对一些关键性活路还是要坚持统一组织安排，定出时间、数量和质量要求，并要进行严格的检查验收。这样，果园的丰收才会有保证。

——海东地委农工部：《果园联产承包好——循化县红旗公社的调查》，《青海日报》，1982 年 6 月 13 日。

循化撒拉族自治县最近在全县普遍展开了农产量的预测估产工作。为了搞好这项工作，循化撒拉族自治县人民政府提出三项要求：一是不管实行哪种形式的责任制，必须以生产队为单位在夏收前进行农产量估产预测工作；二是在全县 50% 的公社开展农产量抽样调查工作；三是将全县一百四十八户签订有合同的农科户（每个大队一户）确定为典型调查户，提倡过秤计产。

——钟建华：《循化撒拉族自治县对农产量进行预测估产》，《青海日报》，1982 年 8 月 8 日。

循化撒拉族自治县各族农民舍得花力气，舍得下本钱，开创了精细备耕的新局面。目前全县已经深翻、平整水地合五万亩，冬灌四万多亩，积肥购肥、串换良种也做出了成绩。

党的十二大以来，循化县各族干部群众学习十二大文件，受到很大的鼓舞，特别是县委、县人民政府明确宣布关于农业生产责任制长期坚持的决定以后，更是情绪振奋，家家想增产，事事为增产。

有些细心的社员在夏天浇水时就在浇不好水的地方打上记号，收罢庄稼立即平整。许多社员一边深翻、平地，一边挖塄坎、拣冰草、堵鼠洞、拾蛴螬幼虫，进行了土壤药剂处理，多年来弃耕的边边角角全部开出来了。社员们高兴地说：过去吃大锅饭，方地种成了圆地，现在实行责任制，圆地又修成方地了！往年冬灌是大水串灌，跑肥跑土，今年都改成了逐块灌溉，小水细灌。往年积肥中的黄土搬家现象不见了，家肥数量、绿肥翻压面积都增加了。过去不到春耕不买化肥，现在，有些社员已经提前买好了化肥。良种也备受重视，县种子公司加强了选种、供种工作。今年秋季雨多、小麦发芽的山区社队，出现了群众性的换种热。媳妇回娘家，老汉走亲戚，都要议论换种子的事。

——马富荣、孙其专：《循化开创精细备耕新局面——舍得花气力下本钱　为的是明年再增产》，《青海日报》，1982 年 11 月 21 日。

发挥集体统一经营和劳动者自主经营两个积极性
循化县“双包”队有包有统统包结合

循化撒拉族自治县实行“双包”责任制的生产队，注意做到宜统则统，宜包则包，使集体统一经营和劳动者自主经营两个积极性同时得到发挥，各项生产搞得生气勃勃。

根据群众要求和发展经济的需要，去年秋季以来，循化县农村82.7%的生产队实行了“双包”责任制。“双包”队把大田和一些小的生产项目包给农民分户经营，克服了平均主义和“吃大锅饭”的现象，调动了社员的积极性。

与此同时，“双包”队还积极引导社员对应该“统”的生产项目实行统一经营和管理。他们首先对集体成片果园实行了统一经营。发挥了有园艺技术社员的作用，使这个大宗经济项目得到保护，效益得到正常发挥，还避免了分户经营可能造成的人力浪费和纠纷。此后，县委又引导“双包”社队把其他宜统的项目也统了起来。例如，统一管理使用水利设施和进行农田水利基本建设，统一使用大中型农机具，统一深翻，统一打磙，统一条播，统一管护成片林木，统一经营大片草山上的畜牧业，统一经营规模较大的副业和社队企业等。县、社还帮助生产队把统一经营的项目合理地承包到组、到户、到人，承包到组的也将责任落实到人，并且制定了合理的收益分配方案，签订与落实了合同，有效地克服了“吃二锅饭”的现象。

循化县实行的“双包”生产责任制，受到了农民的欢迎，也收到了较好的效果。今年，全县集体果园已经签订在合同上的净收入达九万二千多元，比去年增加一点一五倍，并且新建果园二百五十多亩，新栽、补栽果树六万三千余株。全县一百多台大中型拖拉机和五百多台手扶拖拉机保养维修完好，在农、林、牧、工、副各业中发挥着积极作用。与去年同期相比，全县集体造林、农田水利基本建设、畜牧业、工副业等，都有很大发展。今年庄稼长势之好，是历史上没有过的。

——西宁讯：《发挥集体统一经营和劳动者自主经营两个积极性　循化县“双包”队有包有统统包结合》，《青海日报》，1982年7月4日。

循化县下庄大队户户种辣椒。“循化辣椒”具有角长、色艳、肉厚、味正、产量高等特点，是我省的名牌传统特产。近两年来，河东公社上、下庄几个大队，户户种辣椒，经济收入猛增。播种面积已达总播种面积的19%。

循化县苏只大队，组织82名劳力，建立了果园专业队，分5个作业组，联产承包集体果园324亩，共有果树8718株，其中进入结果期的6400多株。年包产鲜果54

万斤，产值 91800 元。果园中隙地 143 亩，定为专业队口粮补助田。全大队今年仅果园收入人均 112 元，比 1981 年的 51 元增长 1.2 倍。专业队劳力不算超产奖，规定全年报酬为 250 元，比其他社员高 1 倍多。1983 年，他们又开辟果园 280 亩，定植果树 8074 株。在专业队的带动下，今年又有 14 家果树重点户新建果园 180 多亩，果木苗圃 40 亩。

——中共青海省委政策研究室农牧处：《我省农村“两户”发展的新趋向——专业村、专业队》，《调查研究》（第 11 期），1983 年 11 月 10 日。

1983 年人民公社基本情况统计表

项目		单位	全县合计	道帏	东风	清水	孟达	城镇	红旗	街子	文都	尕楞	岗察
生产大队数		个	144	24	26	12	5	17	15	19	15	11	
生产队数		个	673	91	142	58	16	105	69	93	53	40	6
人民公社户数		户	14064	1861	2785	1221	333	2520	1310	1894	1164	762	214
人民公社人口数		人	79787	10486	15066	6862	1896	14289	7758	11665	6334	4277	1154
人民公社劳动力数		个	30464	4513	5894	2507	677	4799	2716	4052	2719	1997	590
耕地面积	合计	亩	140078	35605	17239	5838	1730	13150	9587	23893	18231	14805	
	水浇地	亩	66831	13640	8829	4861	752	9984	9527	6959	8442	3837	
	浅山地	亩	63505	16419	8410	977	978	3166	60	16934	7079	9482	
	脑山地	亩	9742	5546							2710	1486	
牲畜	合计	头（只）	164117	28495	26127	14121	4669	11101	8899	12142	18084	17120	23359
	大家畜总数	头	49427	10877	6684	1832	613	2998	3133	3464	6918	3982	8926
	绵山羊总数	只	114690	17618	19443	12289	4056	8103	5766	8678	11166	13138	14433
农牧机械总动力		马力	36297	5370	4527	3791	204	6752	6850	5778	1661	1211	153
耕作机械	大中型拖拉机	台	65	7	3	2		12	14	19	5	2	1
	手扶拖拉机	台	538	55	60	45		99	147	98	25	9	
排灌机械	柴油机	台	5				4		1				
	电动机	台	80	4	8	13		22	26	6		1	
机动脱粒机		台	713	194	122	57	16	96	53	67	58	50	
载重汽车		辆	57	3	12	13		6	6	14	1	1	1
粮食加工机械		台	429	185	51	25	9	53	32	12	33	28	1
推土机		台	24	5	2	3		3		6	4	1	

——循化撒拉族自治县志编纂委员会：《循化撒拉族自治县志》，中华书局，2001 年版，第 176—177 页。

几年来，我们在稳定、完善生产责任制方面，主要抓了以下几项工作。

1. 生产队实行“统”的内容有了新发展，解决了一些一家一户需要解决而无力解决的困难。目前有的队实行“三统”，有的队实行“四统”。许多队“统”的内容逐步有所增加，如黄河沿岸的城镇、清水、街子、红旗公社许多生产队统一规划经济作物种植区，使经济作物播种面积成倍增长，全县绝大多数生产队坚持了统一播种，解决了一些农户在春耕中缺技术、缺耕畜、缺劳力的困难，红旗等公社分片成立水管委员会，实行统一管水、浇水和收费，解决了争水矛盾，节省了提灌费用；街子公社 60 多个生产队，实行统一机械脱粒，脱千斤小麦只收费 6 角，加快了脱粒速度，杜绝了发芽霉烂；道帏、文都等公社部分生产队，用集体资金统一给社员买化肥，到年终结算，解决了部分社员生产资金不足的困难。总之，生产队“统”的方面，实质上是给各农户提供管理上的方便和某些环节上的服务，做好这方面的工作是完善家庭联产承包责任制的主要内容之一。

2. 联产承包责任制已向林牧、工、副及各种开发性生产领域发展，并日趋完善。我县有集体果园 80 多处，总面积 5200 亩。由于果园的经济效益高，群众中普遍存在着“肉肥大家平均吃”的思想，在推行责任制中，许多生产队倾向于户均包一份的办法，经过两年的实践对比，广大农民认为苏只大队实行的“统一经营，专业承包到队”的办法好，这个大队实行了这种经营形式后的第一年（1982 年），果园总收入达到 12.8 万元，1983 年总收入为 11.4 万元，比承包前 1981 年的总收入 55048 元翻了一番；与此相反，赞卜乎中庄大队，采取了果树跟地走、户均包一份的经营形式，结果管理赶不上，虫害严重，10% 的果树枯死，连续两年减收。目前一些队接受分户平均承包的教训，已转向“统一经营，专业承包”。红旗公社 231 处集体果园中有 11 处果园实行了“统一经营，专业承包”到队、组；有 3 处果园实行了 1 户或联户承包，在 5 处果园实行了“四包”（即包成活、技术管理、产值、上交国家果品和提留）、“四统”（统一追肥、修剪、浇水、防病虫害）包干到户责任制；有两处果园因目前受益甚小或近期不能受益，折价归重点户经营。

林业责任制，大体上有三种形式：一是面积较大、经营管理较好的 27 个大队，11000 亩成片林，实行了专业承包到组或人，收益分成的办法；二是面积较小、管理不善的成片林和集体零散林木，采取了作价归户、分期还本、统一更新，乱伐加倍罚款的办法；三是近几年发展起来的浅山直播薪炭林，由于条件差，管理难度大，采取管理到组或到人，定成活、定报酬，年终评比兑现的办法，并且及时处理了一些毁林案件，毁林现象有所减少，林木成活率显著提高。

牲畜方面，除8个大队的牦牛群继续实行集体所有、专人承包的办法外，其他的都根据群众的意愿，作价归户或作价归重点户经营，分期收回价款。

农机，绝大部分实行折价归户，近两年有了新发展，到1983年底，全县农户自愿联合集资经营的汽车有60辆，大拖拉机104台，手扶拖拉机600余台，推土机26台。加工机械有的是折价归户经营，有的是承包到户，定上交收入。

3. 狠抓了承包合同的签订和兑现。从1982年起，我们首先把签订经济合同作为完善包干到户责任制的基础来抓，其次是通过各业合同的汇总，检查合同中存在的问题，逐步加以完善，再次是把兑现承包合同作为每年收益分配的中心环节来抓。这年年初，县上统一印制了合同登记证，与14120户社员、51处果园、85处成片林，都签订了合同。在收益分配中，各公社组成了公社领导、干部、农经员、专业会计四结合的工作组，逐队逐户地进行了兑现工作。1983年的合同签订和兑现更为顺利，全县673个生产队中，除54个队因灾需报请县政府予以减免外，其余的都已经兑现完毕。

4. 减轻农民不合理的负担。1983年，我们根据本县的实际，采取了几项措施。（1）明确规定了落实责任制中摊平到户的集体财产款暂缓收回；（2）公积金、公益金由1982年每亩按3元提留改为按实际需要，先算后留，专款专用；（3）对烈军属、民办教师、民兵训练经费由队筹集改为全公社统筹解决；（4）对基层干部进行了精简，大队只留2至3个干部，有的地区设置队长，多数大队减少了1/3以上干部；（5）有些社队对赤脚医生实行了治病收费，保本自营，集体不再付给报酬；（6）明确规定了年度合同之外，任何单位不得增列摊派项目，使全县农民负担比去年有较大的减轻。据1983年收益分配统计，全县农民负担为62.5万余元，人均负担7.85元，户均负担44.48元。

5. 社队财务整顿工作全面结束。我县于1982年开始，曾在红旗公社进行了试点工作，先后分四批展开。到1983年7月上旬，全县9个农业公社、1个牧业公社、144个大队、679个生产队和所有的大队企业、5个公社的社办企业全面进行了整顿，取得了显著成绩，获得了群众的好评。这次整顿主要解决了六个方面的问题。（1）摸清了社队集体家底，初步解决了多年来账物不符的问题。经清查落实，全县10个公社共有固定资产总值703万余元，其中集体统一经营的有270.8万余元，已折价到户的432.4万余元，发现有账无物，有物无账，损坏、丢失的农具1411件，金额18.5万余元，都作了账物处理和赔偿。对落实责任制中被平分的6.7万余元公积金，进行了纠正并予以收回。(2)通过清理库存现金，清查出贪污、挪用的144人，金额达33069元，借款89805元，白条顶库427笔，46059元，不合理支出1507笔，27442元，错漏记278笔，13068元，各种短款247笔，22416元，都按政策追回或补办了手续。(3)彻底清理了历年的债权债务。整顿、清理出社员欠集体的各种现款121.6万余元，占应收款的64.71%，其中收回超支欠款52.6万余元，占历年超支欠款总额的71%，整顿中没有交清的欠款，都订了还款计划，填入合同登记证，并用收回的欠款兑现了历年518户的长期欠款69131元，归还了国家贷款225560元。(4)清理了储备粮424.7万余斤，其中队管的有30.9万余斤，户管的有393.8万余斤，投资给承包户的籽种有540万斤，饲料有126.8万余斤。(5)落实填发了1983年经济承包合同。(6)普遍建立了会计档案和财务管理制度。

——中共循化县委农工部:《循化县稳定完善农业生产责任制情况和今后意见》(1984 : 3),《青海农牧区合作经济史料》编委会:《青海农牧区合作经济史料》，青海人民出版社，1993年版，第193—195页。

1958年8月，在全国“大跃进”形势下，中共中央发布《关于在农村建立人民公社问题的决议》，掀起建立人民公社的运动，要求把规模较小的农业生产合作社合并和改造为规模较大的工、农、商、学、兵，农、林、牧、副、渔统管的政社合一、集体化程度更高的人民公社。认为人民公社，是建成社会主义和逐步向共产主义过渡的最好的组织形式。9月1日，全县10个乡、镇，114个农业社一举合并为四个人民公社。参加公社的农户9071户，39315人，分别占总农户和农牧业总人口的98.45%和98.48%。

人民公社设管理委员会和社长、副社长，并设有办公室、农业、工交财贸、武装等部，下属93个生产队，307个生产小队。公社成立初，土地、耕畜、树木、果园、油坊、水磨等一切生产资料都归人民公社所有，实行统一计划、统一经营、统一核算、统一分配。全部实行工资制和供给制相结合的分配制度。全县成立352个公共食堂，推行“吃饭不要钱”，提倡人民公社实现“组织军事化、生产战斗化、生活集体化”。1959年，中央第二次郑州会议和青海省六级干部会议后公社权力下放到生产队，采取公社、生产大队、生产队三级管理，实行公社、生产队两级核算的体制，生产队(原来的初级农业社)为最基本的核算单位。是年3月，公社下设16个管理区，作为公社派出机构，负责管理若干个生产队。由于低水平的供给制代替按劳分配原则，用行政手段管理集体经济，不经社员选举的公社干部，却掌握着指挥生产、收益分配、财务管理大权，加之“左”的思想指导，不断提出脱离实际的高指标，逐步形成严重的“共产风”、浮夸风、强迫命令、瞎指挥、干部特殊化，一直持续到 1961 年上半年。破坏了正常的工作、生产秩序，造成非常困难的局面，使人民公社集体经济和社员、群众的利益遭到极大损害。1960 年，全县 96 个生产队，社员全年每人平均口粮不满 75 公斤的 2 个，占 2.1%；75—90 公斤的 28 个，占 29.2%；90—105 公斤的 58 个，占 60.4%；105—120 公斤的 8 个，占 8.3%。全县出现地瘦、人瘦、牲畜瘦的局面。

1961—1966 年 5 月，贯彻中共中央《关于农村人民公社当前政策问题的紧急指示信》（简称“十二条”）和《农村人民公社工作条例（草案）》（简称“六十条”）及《关于改变农村人民公社基本核算单位问题的指示》后，纠正“共产风”，处理“一平二调”，本着谁调谁退赔的原则，县、社、队三级认真地进行退赔和补偿；解散难以为继的集体食堂，重新给社员划分自留地、自留畜、自留树；健全评工记分制度，认真“实行各尽所能，按劳分配，多劳多得，不劳动者不得食的原则”；大队核算变生产队（原来的生产小队）为基本核算单位，实行“三级所有，队为基础”的体制，给生产队以经营自主权，落实生产队土地、牲畜、劳力、农具四固定责任制，深得广大基层干部和社员群众的满意。其间，人民公社规模进行过三次大的调整：第一次，1961 年 7、9 两月，大公社划小，全县设 11 个公社，下属 86 个大队，347 个生产队。第二次，1963 年 6 月，继续划小公社，将道帏等 4 个公社调整为 8 个公社，全县设 15 个公社，下属 111 个大队 486 个生产队。第三次，1966 年 4 月，“四清”运动后期，将 15 个公社合并为 9 个公社，下属 96 个大队，359 个生产队。

“文化大革命”时期，人民公社大批“资本主义”，割资本主义尾巴，收缴社员自留畜、自留树，限制在自留地种植经济作物，批判社员自留地与集体争水、争肥、争劳力的资本主义思想。提出三级所有制向两级所有制过渡。1977 年，道帏乡农业学大寨先进单位多哇大队率先由生产队核算过渡到大队核算，翌年全县过渡到大队核算的有 16 个大队。农业学大寨过程中，组织农民不断批判“三自一包”（自留地、自留畜、自留山包括树草，包产到户）、“四大自由”（自由种植、自由经营、自由市场、自由买卖）“工分挂帅”“物质刺激”等所谓资本主义倾向，取消生产队定额管理和评工记分，推行自报公议的评分办法。社员口粮分配实行基本口粮加按劳分配，出现新的平均主义。粮食分配上，对国家、集体、个人三者兼顾不够，1973—1976 年全县粮食总产平均每年只增长 9%，而缴售的征购粮平均每年却增长 29%，严重挫伤社员生产积极性。

70年代，人民公社生产虽然受“左”的思想干扰，但全县各族人民在中共循化县委的领导下，学习大寨自力更生、艰苦创业的精神，兴修水利，大搞农田基本建设，治河造田，开发荒滩，努力改变生产条件，使全县农林牧副业生产都有很大发展。1975年，循化被评为全省农业学大寨先进县。1976—1978年，在“路线是个纲，纲举目张”这个“左”的思想指导下，强调农村的主要矛盾仍然是无产阶级同资产阶级两个阶级、社会主义同资本主义两条道路的斗争。县、社抽调干部，组成工作组，先后在街子、尕楞、文都、白庄4个公社的77个大队246个生产队进行党的基本路线教育。批斗有破坏活动的阶级敌人，查处有贪污、盗窃、投机倒把行为的人，批判纠正群众中的资本主义自发倾向，整顿大队、生产队领导班子和经营管理，以推动学大寨群众运动。

1979、1980两年，根据生产力发展水平、社员的觉悟程度和干部管理水平，对部分规模过大的生产大队和生产队进行调整，大队由原来的132个调整到148个，生产队由原来的371个调整到679个。粮食分配取消基本口粮，实行按劳分配加照顾的办法。给社员划分饲料地3920亩，荒山造林地1600亩，推行、创建各种形式的生产责任制。这些政策措施的落实，有效地激发社员劳动积极性，农村开始出现全面发展的兴旺景象。1984年6月，实行政社分开，建立乡政府。全县撤销10个人民公社，设立1镇9乡，158个大队改为村民委员会，679个生产队改为671个农业生产合作社。从此，结束了很不适应生产力发展的农村政社合一的人民公社体制。

1959年人民公社收益分配情况统计表（单位：个、户、人、元）

社名	一、基本情况				二、总收入					
	参加分配的基本核算单位	参加分配的户数	参加分配的人数	参加分配的劳力	合计	农业	牧业	副业	工业	其他
东风公社	62	4901	20384	10088	1650795	1238824	49517	190884	98704	72866
黄河公社	27	3078	13171	5208	702498	533066	7681	113779	39309	8663
红旗公社	24	2042	7962	3734	580723	378149	21704	79477	39375	62018
岗察牧业公社	2	131	422	213	77193	2141	72775	1881		396
全县合计	115	10152	41939	19243	3011209	2152180	151677	386021	177388	143943

社名	三、扣留部分											
	合计	占总收入%	生产费	占总收入%	税金	占总收入%	管理费	占总收入%	其他	占总收入%	公共积累	
											金额	占总收入%

续表

东风公社	770775	46.7	306345	18.6	106299	6.4	11002	0.7	70741	4.3	276428	16.7
黄河公社	317323	45.2	135306	19.3	47022	6.7	4938	0.7	23973	3.4	106085	15.1
红旗公社	269736	46.4	124004	21.5	40000	6.9	3391	0.6	13319	2.3	88022	15.2
岗察牧业公社	36457	47.2	9296	12	9790	12.7	209	0.3	3374	4.4	13788	17.9
全县合计	1394291	46.3	575950	19.1	203071	6.7	19540	0.7	111407	3.7	484323	16.1

社名	四、社员分配部分			五、本年社员实际收入									六、本年社员增加收入情况	
	金额	占总收入%	人均分配	合计		工资分配		供给分配		家肥价款	超产奖励	家庭副业	比上年增加户数	占总户数%
				金额	人均收入	金额	占工资供给%	金额	占工资供给%					
东风公社	880000	53.3	43	1265408	62	542393	71.8	213502	28.2	116640	7485	385388	4628	94.2
黄河公社	385175	54.8	29	647506	49	218422	76.3	67954	23.7	94381	4417	262331	2826	93.4
红旗公社	310947	53.6	39	436720	55	199719	74.8	67255	25.2	42507	1506	125733	1781	87.2
岗察牧业公社	40735	52.8	97	52885	125	28408	70	12147	30		180	12150	127	96.3
全县合计	11616917	53.7	39	2402518	57	988942	73.3	360858	36.7	253528	13588	785602	9402	92.4

——循化撒拉族自治县志编纂委员会：《循化撒拉族自治县志》，中华书局，2001年版，第175—176页。

中共循化县委　循化县人民政府
关于加强土地管理问题的决定
（一九八五年十二月二十日）

耕地是农业生产不可代替的生产资料。赵紫阳同志在全国五届人大四次会议上的报告中指出："十分珍惜每寸土地，合理利用每寸土地，应该是我们的国策。"对于这个问题，我们必须高度重视。

近两年来，国家三令五申，严禁城乡滥占耕地建房，但去年以来，特别是最近一个时期，滥占耕地建房的现象仍在继续发生，一些地方出现了政策和法律不能允许的情况，街子、积石镇、白庄、清水四个乡镇统计已发生乱打庄廓195处。一是有的农民不经批准，擅自在承包地和自留地上乱打庄廓、乱建房屋、乱占公路、巷道；二是以圈果园为名，行打庄廓之实，乱占好地；三是虽有批准手续，却少报多打；四是有的地方乱占耕地，修清真寺、喇嘛寺、嘛呢房；五是有的以买卖房屋、转让为名，高价出卖庄廓地基；六是个别村社干部高价出卖土地和原有集体的仓库、办公室、院落地基；七是个别农民出卖自己的承包耕地；八是个别国家职工也乘机买卖庄廓。上述这些问题，如果任其继续发展下去，必将破坏农业生产，贻害子孙后代，是一个事关人民长远利益和全局性的重大问题。国发〔1981〕57 号关于制止农村建房侵占耕地的紧急通知中明确指出："有些人把责任田、包产田误以为个人所有，随意占用，这是不对的。"国务院发布的《村镇建房用地管理条例》又重申："一切土地均属集体所有。农民对宅基地、自留地、饲料地和承包的土地，只有按照规定用途的使用权，没有所有权，不得在自留地、饲料地和承包的土地上建房、葬坟、开矿和毁田打坯烧砖瓦等。""严禁买卖、出租、违法转让建房用地。"应广泛向农民宣传土地经营权与所有权的区别，讲明土地归集体所有，由村委会和乡、镇政府管理。凡是违背上述精神的，都要采取果断措施，坚决纠正。一九八四年以后属于上述情况的，或者虽是八四年以前的，但性质严重、群众意见较大的要逐户清理，区别情况，严肃处理，决不迁就姑息，为此，作出十条决定：

一、未经批准，擅自乱打庄廓的，必须将庄廓收归集体，并处以罚款。转卖庄廓，或以买卖房屋为名卖庄廓基地的，要没收全部款项，并处以罚款。个别农民人口多、住房紧，确实需要庄廓并作过申请，只是因其他原因而未经批准打了庄廓的，可在罚款后，允许补办手续。但必须明确指出，今后任何个人打庄廓，要占集体土地的，必须个人提出申请，经群众大会讨论通过，村委会审核，报乡政府同意，经县土地管理办公室批准，否则从严处罚。

二、对以圈果园为名占用耕地打庄廓、建房的，必须坚决制止，对已打了庄廓盖了房屋的限期拆除房屋，其庄廓按村社发村社统一建果园规划处理。农户已圈地确实建果园的，应予以认可，今后必须按村社统一规划圈地建园。

三、虽报经批准，但少报多打的，应将多打的庄廓坚决收回集体；打了庄廓未盖房屋转卖给他人的，其庄廓地收归集体；打庄廓盖房后以卖房屋为名变卖庄廓基地的，按规定的地皮费，限期如数缴归集体。

四、私自买卖、租赁、转让土地是违法活动，要坚决如数收回其承包的土地和没收其所得的全部款项；凡由于买卖房屋而转移宅基地使用权的，一律按照第一条有关规定，办理申请、审查、批准手续，否则集体有权收回宅基地或者责令缴纳规定的地皮费。

五、国家职工家属凡解决了城镇户口关系的，不论住在农村或城镇，应将其自留地、承包地如数限期交回集体；部分转的，收回转居民部分的承包地，拒不交回者，公安部门应当注销其城镇户口。

六、农村建坟一律不准占用耕地。联户或者个体办厂建窑，应充分利用不宜种植的荒坡荒滩，占用土地的要报经乡镇土地管理委员会审批，已经占用的要补办审批手续。

七、国家单位征用土地，必须遵照国家建设征用土地的程序和权限办理，不得和承包户打交道。国家单位征用土地的土地费，原则上归非集体所有，作为集体扩大再生产和兴办企业资金。征用集体承包到户的土地，其征用土地费可按二、八（农民二、集体八）比例分成，最高不能超过三、七分成，作为农民的土地投资、投工补偿费、青苗补偿费归承包户；八四年以来，凡超过三、七比例已分掉的征用土地集体部分款项，要认真清理，限期收回，数额较大，一时收回有困难的，要分期收清。

八、乱占公路、巷道影响交通和市容的，应劝其限期拆除，不听劝阻的，应予推倒并处以适当罚款。

九、对个别村社干部以买卖集体土地，作为生财之道，不听劝阻者，要严肃处理，直至依法追究刑事责任。

十、依法管理土地是各级政府的职责，要求国家职工和乡村干部带头遵守，带头纠正。在农牧局内成立土地管理办公室，各乡镇建立土地管理委员会，层层有机构，有人管，加强土地管理，严格检查监督。对违反上述条例的现象，应及时制止，否则，除对违反者本人严肃处理外，同时要追究有关单位领导的责任。

——循化撒拉族自治县志编纂委员会：《循化撒拉族自治县志》，中华书局，2001 年版，第 914—916 页。

循化县扎扎实实完成家庭承包责任制

循化撒拉族自治县进一步深化农村改革，自今年年初开始，实行了以分等定产、超奖减罚、提取公积金和其他劳动积累为主要内容的完善家庭经营联产承包责任制，从而调动了广大农民的生产积极性。

为了把农村改革引向深入，从去年 12 月份开始，这个县结合本地情况，在查汗都斯乡中庄村进行完善家庭经营联产承包责任制的试点工作。今年初，在总结经验的基础上，把这项工作在全县铺开。他们针对群众怕变的思想，对广大农民明确宣传家庭经营联产承包制不变，原承包土地不变，原粮油征购任务不变等措施，从而让农民在进行完善家庭经营联产承包制时，吃了“定心丸”。

完善家庭经营联产承包责任制的具体内容是：清理土地、合理定产。近几年，由于承包土地面积变动较为频繁，因此，对转包的农户，进行户与户之间协商调整；对用自家土地打庄廓建房的农户，不减其承包任务；农民开垦荒地，不以承包地对待，不作联产；对农户转成城镇居民的，将承包地全部收回，重新发包。建立健全劳动积累和提取土地承包费制度。他们对一贯重视粮油生产，并连续几年增产显著，完成承包合同的各项任务的农民，给予奖励，并授予"种田能手"的称号；对减产幅度较大，土地肥力明显下降的农民，通过思想教育，限期恢复地力；对将土地荒芜者，按当年的平均粮食产量收取荒芜费。大地承包费的提取按亩或承包人口的多少来定。逐户签订农业承包合同，加强合同管理。今年，全县统一印制了合同书，向群众讲明合同的内容以及各项生产、提留指标，使户户心中有数，为农户年终合同的兑现打下基础。为了搞好完善家庭经营承包责任制工作，对部分村干部进行了改选和补选。县、乡、村干部实行任期目标管理责任制，层层签订了合同，落实了为农民服务的具体措施。经过半年多的实践，今年全县的农业发展出现了好形势。农民种粮的积极性得到提高，对土地的投入增加。今年，全县共购买化肥5574吨，比去年增加1500吨，农民用于粮食生产的资金也比去年增加。

——王萍、翟荔洋：《循化县扎扎实实完成家庭承包责任制》，《青海日报》，1988年9月14日。

农村基层组织情况

年份	乡村（社）个数（个）	村民居委会（生产大队）个数（个）	农村生产合作社（生产队）个数（个）	农村总户口（户）	农村总人口（人）	农村劳动力（人）
1958	4	93	307	8821	39196	16997
1959	5	96	310	10026	39212	17065
1960	5	96	310	10450	39246	17201
1961	10	99	317	10450	40757	18744
1962	11	103	486	10550	41467	19256
1963	15	111	486	10526	41661	20028
1964	15	111	496	10531	42476	—
1965	15	105	494	10897	44655	—
1966	9	96	359	11345	46559	—
1967	9	91	364	11446	48886	22324
1968	9	91	362	11676	51033	23035

续表

年份	乡村（社）个数（个）	村民居委会（生产大队）个数（个）	农村生产合作社（生产队）个数（个）	农村总户口（户）	农村总人口（人）	农村劳动力（人）
1969	9	94	364	12081	54450	23865
1970	9	105	366	12226	56197	25887
1971	9	106	364	12400	57787	25805
1972	9	111	372	12532	58840	26405
1973	9	108	383	12737	59988	25288
1974	9	131	370	12834	62693	25417
1975	9	131	377	13142	64885	25392
1976	9	131	373	13254	66879	25513
1977	9	131	373	13628	69763	25418
1978	9	132	371	13780	71826	25191
1979	9	133	379	13847	73406	25383
1980	9	148	556	14132	74592	27324
1981	10	154	670	14218	76882	29533
1982	10	144	679	14178	79057	29996
1983	10	144	673	14064	79787	30464
1984	10	150	673	14233	81792	31499
1985	10	151	674	14350	82659	31913
1986	10	154	674	14453	82863	32258
1987	10	154	674	14603	84873	33301

——循化撒拉族自治县统计局：《青海省循化撒拉族自治县国民经济社会发展统计资料汇编（一九四九年—一九八七年）》（内部资料），1988 年 12 月，第 87—89 页。

1952 年，土地改革后，全县有农牧业人口 40541 人，从事农业生产的劳动力 16139 人，占农牧业人口的 39.8%，每劳平均负担耕地 7.52 亩。1963 年，调整时期，有劳力 21351 人，劳均负担耕地 6.63 亩。1975 年，有劳力 25392 人，劳均负担耕地 5.93 亩。1982 年，实行家庭联产承包责任制时有劳力 29996 人，劳均负担耕地 4.7 亩。1990 年底，有农牧业人口 91881 人，农业劳动力 35871 人，占农业人口的 39%，劳均负担耕地 3.81 亩。

1952 年，土改结束后，循化地区每个农业劳动力平均生产粮食 742.5 公斤，油料 24.6 公斤。1956 年，实现合作化，全县受旱，当年劳均生产粮食 667.5 公斤，油料

19.8 公斤。1963 年，调整时期劳均生产粮食 587.7 公斤，油料 9.9 公斤。1990 年，劳均生产粮食 856 公斤，油料 34.74 公斤，劳均收入 1168.87 元。

1971—1990 年农业劳动生产率情况表

年份	农牧业人口	农业劳力	劳力占农牧业人口 %	劳均生产粮食（公斤）	劳均生产油料（公斤）	劳均收入（元）
1971	58055	25805	44.4	610	14.76	191.2
1972	58840	26405	44.8	735	22.38	192.22
1973	61344	25288	41.2	777	31	282.07
1974	63411	25417	40.1	833	15.9	306.53
1975	65624	25392	38.7	992	23.3	364.14
1976	67702	25513	37.7	1067	21.75	390.86
1977	70265	25418	36.2	1041	24.27	402.03
1978	72120	25191	34.9	988	17.7	364.32
1979	73521	25383	34.5	958	23.32	388.59
1980	75843	27324	36	1011	30.74	371.69
1981	77766	29533	37.9	744	24.24	282.28
1982	80085	29996	37.4	870	33.87	399.63
1983	81498	30464	37.4	882	39.42	492.41
1984	82024	31499	38.4	643	32.29	467.38
1985	82086	31913	38.9	628	39.42	645.82
1986	82863	32258	38.9	669	38.1	840.44
1987	84209	33301	39.5	779	38.95	967.40
1988	85157	34020	39.9	844	39.68	1045.81
1989	87648	34553	39.4	858	39.59	1185.33
1990	91881	35871	39	856	34.74	1168.87

——循化撒拉族自治县志编纂委员会：《循化撒拉族自治县志》，中华书局，2001 年版，第 182—183 页。

循化撒拉族地区传统农业生产工具十分简陋，主要有：

犁　俗称杠子，犁头用梨、榆、柳、桦木做成。犁头装三角形铁铧用以播种和翻地。

铁铧　呈三角形，由生铁铸成，套在犁头，翻松田土。

格子　多用桦木制作，横搭在两牲畜脖上，两头用格尺固定拴牢，架犁在格子中心，用以拉犁耕地。

铁耱　春水地浇水（俗称土块水）后用于耙耱。一般由榆、柳木制作，两根方木并排，中隔约 40 公分，上钉铁齿若干，由畜力牵引，人站其上，耙松土地。

木耱　呈长方形，用既坚硬又柔软的木条编成，畜力牵引，有平土保墒作用。

耙　长 40 公分、直径 10 公分的圆木上钉约 15 公分长的铁齿若干个，安把使用于松土、碎土、平土。

榔头　头长 40 公分、直径 10 公分左右的硬杂木制成，安长把用以打土块、打粪。

铁锨　原来用手工打制的长方形铁锨，比较笨重，1956 年，引进机制铁锹后淘汰。用于挖渠、浇水、铲土等。

木锨　用榆木薄板制成，安把用以推土、撒肥、扬场。

踩锨　铁打制成的三角形锨，把与锨头间套置脚踏板，用以开荒、踩草皮。

镢头　铁头长约 30 公分，安木把长约 1 米，用于挖土、挖渠、开荒等。

镰刀　铁制，月牙状，安木把，分柴镰、田镰。柴镰重，用于割柴，田镰轻，用于割麦。

铲子　铁质，俗称手铲，安木把，用于锄草、松土。

碌碡　花岗岩石凿成的长圆滚子，圆而有六棱形或八棱形两种，两端凿孔安木轴，用畜力套拉碾麦秆取粮食。

梿枷　用长约 1 米、直径 2 公分的硬杂木条 3 根，再用皮绳联扎而成。有单条或三条、四条，安把甩打麦穗脱粒。

杈扬　木质，分两股杈和五股杈，打碾粮食时用于挑翻麦草。

1956 年，合作化后，随着农具技术改进，农村撒拉族陆续推广使用铁质农具，并逐步实现半机械化和机械化，减轻劳动强度，提高生产效率，主要有：

双轮双铧犁　铁质，有两轮两铧，1955 年，首次推广 21 部。1956 年，推广 182 部，一面翻土，下土深，犁地平，牵引重，今已不用。

步犁　犁头为铁，犁柄为木，有五寸、七寸两种，一面翻土。1951 年首次推广 37 部。1956 年推广七寸步犁 327 部，自使用山地步犁后停用。

山地步犁　1956 年，首次推广 333 部，铁质，犁头可左右转动，底平直，两面翻土，山水地均可使用。

马拉条播机　1955 年，首次推广 4 部，由拉杆、种子箱、下籽管、开沟器、驱动铁轮等组成，能控制下籽量，开沟、下种、埋种同时进行。有五行、七行等型号。

架子车　木制，装橡胶轮胎，车轮置有轴承，人畜力都能拉用。约60年代推广，70年代普及，是农家使用轻便的运输工具。

喷雾器　分单管气压和手摇式，用气压喷出乳化药液，用于植物保护。

牛奶分离器　手摇式，牧业区使用。

黄油搅拌器　手摇式，牧业区用于搅拌酥油。

1956年，农业生产合作社成立，至1981年，大型农机具归人民公社的生产大队、生产队所有，集体保管，统一使用。翻地、锄草、收割、打碾等农活使用的小型农具均归社员个人所有和使用。1982年，实行家庭联产承包责任制后，大型农机具都折价归农户使用。

1958年，首次引进捷克斯洛伐克产热托25型、28型、35型拖拉机4台，机引三铧犁3部。次年，省人民政府调拨给罗马尼亚产尤特45型拖拉机2台、国产铁牛45型拖拉机2台、机引圆盘耙4架、五铧犁5部、16行条播机4台、镇压器2台。组建成立循化县农业拖拉机站，为农民提供机耕、机播、耙耱等生产服务。70年代以来，农业机械化程度不断提高，从机播动力机具发展到机械脱粒、电力排灌、农副产品加工。拖拉机主要型号有东方红60/75型、铁牛55型、东方红28型、东风12型手扶拖拉机，粮油加工机械主要有北京125和本溪150磨粉机，LY80型和LY95型榨油机。

1965年，全县农机总动力为770千瓦特，其中拖拉机256千瓦/7台，柴油机514千瓦/7台。机耕面积4530亩，占总耕地面积的3%；机播面积12072亩，占总播种面积的9.5%。1990年，全县农业机械总动力为44863千瓦特，有大中型拖拉机38台，小型拖拉机及手扶拖拉机1563台，大、中、小型拖拉机配套机引农机具2269部（其中犁970部、播种机375部、耙8部、旋耕机916部），排灌电动机111台、水泵101台，种子精选机7台，机动脱粒机578台，扬场机25台，机动喷雾器57台，载重汽车165辆，磨面机333台，榨油机174台。是年，全县机耕面积49700亩，占总耕地面积的36.3%，占可机耕面积的63%；机播面积52900亩，占总播面积的36.4%；机收面积1500亩。粮油产品加工全部实现机械化，农业生产综合作业中动力机具作业占75%。

——循化撒拉族自治县志编纂委员会：《循化撒拉族自治县志》，中华书局，2001年版，第184—186页。

部分年份主要农机具拥有量（单位：台、辆）

年份	农机总动力（千瓦特）	大中型拖拉机	小型拖拉机	各种机引农具	排灌机具			脱粒机	农用汽车	磨面机	榨油机	机耕面积（万亩）	机播面积（万亩）
					柴油机	电动机	水泵						
1970	2665	9	8	29	20	11	2	84		80	8	1.06	1.8
1975	8940	40	202	360	42	78	17	372	4	182	19	2.94	6.23
1980	19156	78	546	818	19	77	78	586	26	282	82	5.75	2.55
1985	36511	65	744	944	2	84	89	494	142	316	153	3.4	5.42
1990	44863	38	1563	2269		111	101	578	165	333	174	4.97	5.29

——循化撒拉族自治县志编纂委员会：《循化撒拉族自治县志》，中华书局，2001 年版，第 186 页。

1974—1990 年农业总产值统计表（单位：万元）

年份		农业总产值	种植业	林业	牧业	副业	渔业
按一九七〇年不变价格计算	1974	870.8	629.38	24.42	186.79	30.21	
	1975	1267.72	797.94	15.89	149.70	304.19	
	1976	1202.27	853.95	31.27	121.49	195.56	
	1977	1232.65	814.49	25.84	145.38	246.94	
	1978	1155.85	762.11	24.51	149.48	219.75	
	1979	1323.43	732.86	9.37	155.93	425.27	
	1980	1646.28	1159.61	13.36	303.98	169.33	
按一九八〇年不变价格计算	1981	1472.94	960.92	26.85	242.87	242.30	
	1982	1735.55	1192.41	36.43	243.85	262.86	
	1983	1807.20	1195.98	68.79	256.21	286.22	
	1984	1687.03	981.39	90.96	319.65	295.03	
	1985	1689.25	997.30	88.67	383.23	219.87	0.18
	1986	1790.74	1127.16	77.53	426.44	159.37	0.24
	1987	1933.91	1236.72	85.34	478.91	130.35	2.59
	1988	2006.53	1358.34	112.89	459.97	73	2.33
	1989	2139.31	1407.52	122.36	502.73	106.48	0.22
	1990	2270.32	1470.36	115.16	560.49	124.03	0.28

——循化撒拉族自治县志编纂委员会：《循化撒拉族自治县志》，中华书局，2001 年版，第 178—179 页。

1990年各乡、镇耕地面积统计表（单位：亩）

乡镇	总耕地面积	其中			农业人口人均耕地
		水浇地	浅山地	脑山地	
全县合计	136895	70149	59373	7373	1.51
道帏	30654	13054	15100	2500	2.73
白庄	17131	10379	5752	1000	1.01
孟达	1724	808	916		0.7
清水	5550	4867	683		0.69
积石镇	14493	11327	3166		0.96
街子	23995	7495	16500		1.66
查汗都斯	12442	10490	1952		1.16
文都	16811	8287	7124	1400	2.33
尕楞	13925	3272	8180	2473	2.95
全民	170	170			

——循化撒拉族自治县志编纂委员会：《循化撒拉族自治县志》，中华书局，2001年版，第181—182页。

1990年时，撒拉族地区种植的农作物有：

一、粮食作物

主要有春小麦、青稞、豌豆、马铃薯。

民国二十三年（1934年），循化县各类作物播种面积为10.17万亩，其中粮食作物品种有小麦、大麦、青稞、莜麦、燕麦、荞麦、粟、糜子、豌豆、蚕豆、马铃薯。播种小麦7.04万亩，占总播种面积的69.2%，产量45939.2石；青稞1.91万亩，占18.8%，产量15159.7石；豌豆0.85万亩，占8.3%，产量6882.1石；马铃薯0.11万亩，占1.1%，产量2748.3石。

1949年，播种（含薯类，下同）9.6万亩，占总播种面积的95%，亩产98.5公斤，总产946.57万公斤。

1956年，合作化的第一年播种10.19万亩，亩产127.5公斤，总产1301.12万公斤。第一次创历史最高水平。

1960年，种粮食最多的一年，面积有15.35万亩，亩产78.5公斤，总产1207.16万公斤。亩产和总产都低于上年和1956年。

1965年，粮食生产经过三年多的恢复，调整种植11.43万亩，亩产127公斤，总产 1454.71 万公斤。继 1956 年之后第二次创历史最高水平。

1971—1975 年，粮食总产连上 5 个台阶，由 1971 年的 1500 余万公斤上升到 1975 年的 2500 余万公斤。

1976 年，全县农民以平整土地为中心，经过几年的大干苦干，大搞农田基本建设，推广良种，使用化肥，讲究科学种田，种粮食 11.22 万亩，亩产 244 公斤，总产 2722.76 万公斤。第八次创历史最高水平。

1980 年，中共十一届三中全会后的第二年种粮食 11.19 万亩，占总播种面积的 91.3%，亩产 247 公斤，总产 2763.42 万公斤，第九次创历史最高水平。

1988、1989 年，粮食总产连创第十次、第十一次历史最高水平。

1990 年，种粮食 12.01 万亩，占全县总播种面积的 82.7%，亩产 255 公斤，总产 3069.2 万公斤。第十二次创历史最高水平，比 1949 年面积增长 25%，亩产增长 1.58 倍，总产增长 2.24 倍。从 1987 年以来粮食连年丰收，至 1991 年循化县连续五年获青海省人民政府“粮食丰收杯”奖。

（一）小麦

属禾本作物小麦类，县境栽培的都是春小麦，1950 年后，种植的主要品种有 48 个。栽培技术适时深翻，精细整地，增加作物根群发育。播种，黄河沿岸干土地在民间时令“七九”左右，冬灌地稍后，全县山、水地至迟清明左右播种完毕。实行乱撒、手溜、条播。下籽量水地每亩 22.5—25 公斤，保苗 40 万—50 万株，山地每亩 17.5—20 公斤，保苗 35 万株左右。产量因地域、品种不同，各有差异，70—80 年代河谷地一般亩产 500 公斤以上。生长期 150—180 天，黄河沿岸 7 月 15—20 日开镰收割。每亩施农家肥 2000—3200 公斤，化肥施氮磷肥，70 年代后，每亩用尿素 2.5—5 公斤做种肥、10—15 公斤做追肥，改撒施、浅施为沟施、深施。浇水根据植株生长、天气、土壤、肥料、品种等情况而定，一般生育全期灌水 3—7 次，重视适时浇灌浆水、麦黄水，注意防止倒伏。锄草一般 3 次，主要消灭杂草和除危害极大的燕麦草。70 年代，高产田推行早除草、早浇水、早追肥的“三早”管理。

1956 年前，多种植在川水地带，浅山高位地区因不成熟而种植面积极少。后随着集体生产规模扩大，气候变暖，良种更新和栽培技术的提高，浅山地区的种植面积和产量逐年增多。1949 年，种植 3.34 万亩，亩产 102.7 公斤，总产 342.96 万公斤。1980 年，种植 7.87 万亩，亩产 304.6 公斤，总产 2397 万公斤。1990 年，种植 8.6 万亩，占粮食播种面积的 71.6%，亩产 301.3 公斤，总产 2591.4 万公斤，占全县粮食总产量的

84.4%。比1949年播种面积增长1.57倍，亩产增长1.93倍，总产增长6.56倍。

1956年，试种冬小麦44亩，亩产170.2公斤，总产1.5万公斤。1957年又种64亩，因产量比上年下降而停种。

（二）青稞

属禾本科大麦类，按结实不同分六、四、三棱3类，县境栽培的有蓝、红、白3种，主要有10个品种，川水、浅、脑山苦种，特别是脑山地区产量一般高于小麦。尤其红六枝，口紧、基粗、秆硬，亩产200—280公斤；循化瓦蓝，属中、早熟品种，抗逆性强，亩产170—225公斤，高产田可达275公斤。

栽培技术同小麦，生长期130—160天，出粉率95%—98%。具有生长期短，耐低温、成熟早的特性，由于产量相对较低，70年代后川水地基本不种，多种植在浅、脑山地区。1949年种植3.21万亩，亩产106.5公斤，总产342.02万公斤。1980年种植1.24万亩，亩产144.4公斤，总产179.05万公斤。1990年，种植1.37万亩，占粮食播种面积的11.4%，亩产132.7公斤，总产181.8万公斤，占全县粮食总产量的5.9%。比1949年播种面积减少57.3%，亩产增长24.6%，总产减少46.8%。

（三）豌豆

栽培面积仅次于青稞、洋芋，是其他作物的良好前茬，能保持地力，多种于浅山地。县境种植的有9个品种，主栽品种为红花白豆，年种植面积3000亩以上，占豌豆播种面积的三分之一，还有麻豌豆、大壳豌豆、西藏豌豆，生长期均在110—120天，每亩下籽量14—17.5公斤，亩产75—150公斤，高产田达200公斤。与麦类作物同时播种，采用撒播、手溜或条播。多施厩肥、草木灰作基肥，山地个别地区因缺肥而不施肥，苗出二、三叶时松土锄草1次，生蔓前锄完二草，生蔓和开花结荚期间不锄草。秋复豌豆（六十豆）生长期约60天，亩产100公斤左右。箭筈豌豆种子田，3月中、下旬播种，下籽量每亩3.5—4公斤；压青田4月中、下旬播种，下籽量每亩6—7公斤，6月底—9月初压青，也可晒储青草。豌豆系倒茬肥田作物。1949年，种植1.92万亩，亩产65公斤，总产124.93万公斤。1980年，种植0.71万亩，亩产112.4公斤，总产79.77万公斤。1990年，种植0.86万亩，占粮食播种面积的7.2%，亩产126.7公斤，总产108.92万公斤，占全县粮食总产量的3.5%，比1949年播种面积减少55.2%，亩产增长94.9%，总产减少12.8%。

（四）蚕豆

俗称大豆，县境种植的主要有马牙蚕豆、小蚕豆。种植蚕豆能提高土壤肥力，亩产

200—250 公斤，生长期 120—130 天，植株高而直立，耐肥耐旱，不易倒伏，子叶肥厚，幼苗出土较难，整地须精细、疏松。多施草木灰、厩肥等。一般在清明前后下种，播种量每亩 30—38 公斤，开犁点种，行距约 13 公分、株距约 10 公分。锄草 3 次，第一次苗高 10—13 公分时进行，结合锄草移苗补种，苗高 30 公分左右时锄二草，盛花期锄三草。浇水苗高 10—30 公分一次，盛花、灌浆期各一次。1954 年，种植 35.86 亩，亩产 195.2 公斤，总产 0.7 万公斤。1954—1960 年全县累计种植 4435 亩，种植面积 1960 年最多为 2583 亩，亩产 1958 最高为 231.5 公斤。1960 年后种植面积逐年减少。1984—1986 年调整种植业结构，有少量种植，遂停种，后群众为尝青在川水地边有零星点种。

（五）玉米

亦称玉蜀黍，俗称苞谷。1956 年首次推广，共种植 1822 亩，其中水地 1612 亩，山地 210 亩，亩产 188.9 公斤，总产 34.43 万公斤。1956—1960 年全县累计种 3415 亩，其中 1958 年种 655 亩，亩产比其他年份最高为 220 公斤。1956 年后种植面积逐年减少，至 1961 年放弃种植。1975—1978 年，全县推广小麦、玉米带状田，4 年共种 1.44 万亩，其中 1975 年种植面积最多 7337 亩，两季混合单产最高达 858 公斤，一般为 761.5 公斤。1979 年后，因销路不畅，农民自食有限，又放弃种植。

（六）荞麦

多为川水地秋季复种作物。1949 年，种植 2030 亩，亩产 52.5 公斤，总产 10.65 万公斤。1949—1960 年全县累计种植 55140 亩，年均种植 4595 亩，种植最多的 1956 年共种 13621 亩，其中山地春播 1226 亩，亩产 20.2 公斤，水地秋播复种 12395 亩，亩产 33.1 公斤。复种亩产最高的 1953 年为 76 公斤。1960 年后，种植面积逐年减少，至 1990 年，种植者极少。

（七）谷子

为复种作物。1949 年，种植 1120 亩，亩产 35 公斤，总产 3.92 万公斤。1949—1960 年全县累计共种 29350 亩，年均种植 2445 亩。种植最多的 1957 年为 6324 亩，其中春播 531 亩、秋播 5793 亩，水浇地 876 亩、山地 5448 亩。复种亩产最高的 1954 年为 76 公斤。1960 年，大搞开荒种地时因成熟期早，在新开荒地中大量种植，其后再不多种。

（八）糜子

1957 年，山地春播 20 亩，亩产 25 公斤，总产 500 公斤，其后停种。

二、薯类作物

马铃薯　俗称洋芋，是县境山区主要粮食作物之一，产量高而稳定，食味好，淀粉含量高，抗旱力强，耐储藏。为使根系纵深发展，须深耕35公分左右。多施厩肥和草木灰。选无病虫、无冻坏、芽眼浅、出苗好的薯块纵切，拌草木灰下种。播期在谷雨前后（即4月中旬），跟犁溜种。70年代，为便于用土，实行种一杠，留一杠，株行距一般20—40公分，每亩密植6000—10000株。锄草齐苗至盛花期共进行3次，结合锄草进行培土。浇水2—3次，现蕾、开花、盛花期各1次，开花末期以后除过于干旱外，不再浇水，也不锄草、培土、摘花。秋季待茎秆中、下部叶子变黄，块茎表皮易脱时或遇霜即收。川、浅、脑各类地区均宜种植。浅山种植面积大，一般亩产1500—2000公斤，有的则高达2500公斤以上。70年代后，川水地极少整块种植，多作套种和秋季复种，亩产一般在1000—1500公斤左右。1949年，种植0.41万亩，亩产195.6公斤，总产80.2万公斤（4公斤折1公斤主粮）。1980年，种植0.29万亩，亩产222.8公斤，总产64.64万公斤（5公斤折1公斤主粮，下同）。1990年，种植1.02万亩，占粮食播种面积的8.5%，亩产175.4公斤，总产178.94万公斤，占全县粮食总产量的5.8%，比1949年播种面积增长1.48倍，亩产减少10.3%，总产增长1.23倍。

三、油料作物

（一）油菜

县境种植的有小油菜、大油菜（辣芥）、甘蓝型油菜。油菜主根入土深，种子细小，整地一般要做到耕层深厚，土壤细碎、疏松、平整。需肥较多，家肥施厩肥，化肥施氮素，肥料作基肥或追肥效果最好。3—6月间（春分至芒种）用撒播和条播方法播种，每亩播籽量1—3公斤，播后耙耱覆土。生长期锄草两次，结合间苗，并注意防治土蛇蚤和蚜虫。小油菜，当地品种，适宜于土壤肥沃的川水地区及浅、脑山地区，脑山地区产量最高，生长期100天左右，植株矮，耐寒涝，亩产60公斤左右，出油率40%以上。白菜型门源小油菜、青油9号等在山旱地亩产100公斤左右，比当地小油菜产量高60%。大油菜，当地品种，适宜于沟岔水地种植，植株高约2米，结荚多，耐肥耐水，不倒伏，出油率高，生长期100—110天，亩产50—60公斤。甘蓝型类的低芥酸品种奥罗、托尔等，水地亩产150—200公斤。

（二）胡麻

有红、黄两种，均系当地品种。栽培技术同油菜，亩产50—60公斤，生长期100天左右。宜于气候温暖土壤肥沃的河谷地区及浅山地区种植，植株低矮，抗旱性强，产量高，品质好，出油率高，耐肥水，不倒伏。

油料作物，川水地种植面积小，浅山地种植面积大。1949年，全县种植0.35万亩，亩产45公斤，总产15.78万公斤。1956年，种1.47万亩（内水地0.06万亩，山地1.41万亩），其中油菜籽0.64万亩，占油料作物的43.5%，亩产32.7公斤，总产20.95万公斤；胡麻0.83万亩，占油料作物播种面积的56.5%，亩产21.3公斤，总产17.7万公斤。1980年，种油料作物0.97万亩，亩产86.6公斤，总产83.98万公斤。1990年，种植1.66万亩，占全县总播种面积的11.5%，亩产75公斤，总产量124.6万公斤，比1949年种植面积增长3.74倍，亩产增长66.6%，总产量增长6.89倍。

四、蔬菜作物

蔬菜　1949年种植455亩，至1960年全县累计种植8050亩，年均种植670亩。1981—1990年，全县累计种植20228亩，年均种植2022亩。1990年种植4187亩，比1949年增长8.2倍。蔬菜品种有：大叶白菜、包心白菜、油白菜、大白菜、牛腿棒、雪里蕻、大头菜、甘蓝型大头菜、菠菜、芹菜、葱、洋葱、韭菜、蒜苗、芫荽、冬萝卜、绿头萝卜、胡萝卜、花英萝卜（俗称水萝卜）、茄莲、蔓菁（俗称圆根）、甜菜（俗称糖萝卜）、菜瓜、黄瓜、瓠瓜、南瓜、茄子、莴笋、线辣、牛角辣子、大蒜、洋姜、百合、黄豆、豆角（俗称刀豆）、西红柿、黄花、菜花等。特产有红辣椒、瓠瓜。

红辣椒　其状细长，俗称“线辣”，具有色红、肉厚、味香和耐储存等特点，驰名省内外。种植历史悠久，区域在黄河沿岸一带，正常年景全县可产鲜辣椒50余万公斤，一般亩产鲜辣椒在1000公斤以上。干辣椒加工的辣椒面也很畅销。

瓠瓜　省内唯循化沿黄河一带栽培，属瓜类，个体长、肉质细嫩、味道香美，种植面积不大，市场销路好。

五、瓜类

有西瓜、甜瓜两种。西瓜品种繁多。麻皮甜瓜早熟、味香、瓤沙、汁甜，驰名远近。1949—1960年累计种瓜1163亩，年均种植96.9亩。种植最多的1956年为176亩，亩产1505公斤，总产26.5万公斤。1961—1990年种植面积虽时增时减，但每年都有种植。

六、饲料作物

历来，撒拉族农民喜种苜蓿、燕麦、青燕麦作饲草饲料。据1956年统计，春播燕麦412亩，亩产55.3公斤，总产2.28万公斤；秋播青燕麦230亩，苜蓿93亩。1990年种4202亩，占全县总播种面积的2.9%。

——循化撒拉族自治县志编纂委员会：《循化撒拉族自治县志》，中华书局，2001年版，第189—194页。

历年各种作物高产典

年份	培植单位	地区	类别	品种	面积（亩）	总产（万公斤）	亩产（公斤）
1959	东风公社河东生产队	水地	小麦	一支麦	2.4	0.1375	572.9
1959	东风公社拉边生产队	水地	小麦	蓝麦	163.19	6.3358	388.25
1959	东风公社木厂生产队	水地	小麦	碧玉麦	20	0.856	428
1965	清水公社下滩大队	水地	小麦	内乡 5 号	12.52	0.472	377
1968	清水公社下滩大队	水地	小麦	阿勃	4.8	0.2449	510.2
1971	城镇公社托坝大队第三队	水地	小麦	青春 4 号	3.2	0.1538	480.6
1973	道帏公社多哇大队	水地	小麦	青春 6 号	141	6.4056	454.3
1975	清水公社下滩大队	水地	小麦	高原 506	104	5.642	542.5
1982	城镇公社尕别列大队	水地	小麦	高原 506	378.14	21.0567	556.85
1982	循化县良种场	水地	小麦	晋麦 2148	33.6	1.386	412.5
1982	城镇公社尕别列三队马明道	水地	小麦	M47	1.44	0.08815	612.2
1990	查汗都斯乡阿河滩村	水地	小麦	青春 533	38	2.1166	557
1958	道帏乡贺庄农业社	水地	青稞	蓝青稞	11	0.5555	505
1958	道帏乡吾曼农业社	浅山	青稞	白青稞	13.78	0.7555	548.26
1959	东风公社加仓生产队	浅山	青稞	六棱青稞	10.5	0.4822	459.24
1958	道帏乡贺隆堡塘农业社	脑山	油菜	本地小油菜	29.6	0.5492	185.5
1981	道帏公社雄哇大队	水地	油菜	奥罗油菜	30	0.7088	236.27
1959	东风公社前进生产队	荒滩	谷子		35	0.6665	190.4
1959	东风公社克麻生产小队	浅山	豌豆	白豌豆	152.5	2.6932	176.6
1960	东风公社贺庄生产队	水地	豌豆	红蚕豆	70	1.9817	283.1

——循化撒拉族自治县志编纂委员会：《循化撒拉族自治县志》，中华书局，2001 年版，第 194—195 页。

部分年份农作物种植结构情况表（单位：亩）

品种	1949		1963		1972		1978		1985		1990	
	面积	占%	面积	占%	面积	占%	面积	占%	面积	占%	面积	占%
总播种面积	101140	100	112798	100	117956	100	22203	100	124365	100	145288	100
一、粮食作物	96090	95	106155	94.1	109977	93.2	111905	91.6	104925	84.4	120177	82.7
1. 小麦	33460	33.1	51276	45.4	70687	59.9	89095	72.9	77384	62.2	85965	59.2
2. 杂粮	58580	57.9	49329	43.8	35651	30.2	19809	16.2	24638	19.8	23990	16.5
青稞	32115	31.7	38210	33.9	24956	21.2	13004	10.7	13611	10.9	13691	9.4
豌豆	19220	19	9355	8.3	8913	7.5	6520	5.3	10116	8.2	8592	5.9
蚕豆			540	0.5	357	0.3	254	0.2				
其他	7245	7.2	1224	1.1	1425	1.2	31		911	0.7	1707	1.2
3. 洋芋	4050	4	5550	4.9	3639	3.1	3001	2.5	2903	2.4	10222	7
二、油料作物	3550	3.5	5551	4.9	6924	5.9	8421	6.9	15012	12.1	16667	11.5
油菜	1980	1.9	3053	2.7	3732	3.2	4631	3.8	8256	6.6	9166	6.3
胡麻	1570	1.6	2498	2.2	3192	2.7	3790	3.1	6756	5.5	7501	5.2
三、经济作物	500	0.5	1061	1	1008	0.9	1523	1.2	1385	1.1	4242	2.9
蔬菜	455	0.4	986		861	0.7	1429	1.1	1347	1.1	4187	2.9
西瓜	45	0.1	75		147	0.2	94	0.1	38		55	
四、饲料作物	1000	1	31		47		354	0.3	3043	2.4	4202	2.9

——循化撒拉族自治县志编纂委员会：《循化撒拉族自治县志》，中华书局，2001年版，第195—196页。

1949—1990 年农作物播种面积及产量统计表（单位：亩、公斤、万公斤）

年份	总播种面积	粮食作物			油料作物			其他作物播种面积
		面积	亩产	总产量	面积	亩产	总产量	
1949	101140	96090	98.5	946.6	3550	44.5	15.8	1500
1950	102760	93750	111.85	1048.6	7000	46.3	32.4	2010
1951	101572	92640	122	1129.9	8400	44.9	37.7	532
1952	101100	91800	130.5	1198.4	8600	46.3	39.8	700
1953	99950	91000	105.7	962.2	8300	25.7	21.3	650
1954	98845	88377	135	1192.8	9129	51.7	47.2	1339
1955	105601	92800	137.6	1277	12212	40	48.9	589
1956	118311	101980	127.6	1301.1	14718	26.3	38.7	1613
1957	109735	98609	126.7	1249.4	7448	38.1	28.4	3678
1958	113615	99858	134.4	1342.3	7808	43.3	33.8	5949
1959	111048	96546	136	1313.4	12148	27	32.8	2354
1960	169035	153507	78.6	1207.2	13057	4	5.2	2471
1961	150437	138764	52.9	733.5	6704	8.2	5.5	4969
1962	123903	116771	64.2	750	4958	17.7	8.8	2174
1963	112798	106155	118.2	1254.8	5551	38.4	21.3	1092
1964	117130	108200	117.2	1268.7	8304	41.5	34.5	626
1965	125944	114376	127.2	1454.7	10914	36.2	39.5	654
1966	125575	115690	96.8	1120	9026	16.7	15.1	859
1967	132609	119042	124.9	1486.8	11973	33.2	39.8	1594
1968	122126	113255	109.6	1241.7	7244	29.8	21.6	1627
1969	118135	107915	95.9	1035.2	8987	34.7	31.2	1233
1970	120400	110200	116.2	1281	8700	39.2	34.1	1500

续表

年份	总播种面积	粮食作物			油料作物			其他作物播种面积
		面积	亩产	总产量	面积	亩产	总产量	
1971	121404	113486	138.7	1573.9	6172	61.7	38.1	1746
1972	117956	109977	176.5	1941.3	6924	85.4	59.1	1055
1973	119100	108800	180.5	1964.2	8700	90.1	78.4	1600
1974	120781	111223	190.5	2118.4	7278	55.6	40.5	2280
1975	120208	110317	228.4	2519.4	7481	79.1	59.2	2410
1976	121915	112271	242.5	2722.8	7833	70.8	55.5	1811
1977	121864	112253	234	2626.2	8205	75.2	61.7	1406
1978	122203	111905	222.5	2489.8	8421	53	44.6	1877
1979	120954	110742	219.7	2432.6	9090	65.1	59.2	1122
1980	122496	111938	246.9	2763.4	9760	86.1	84	798
1981	117963	107749	203.8	2196.5	8796	81.4	71.6	1418
1982	118589	103247	252.7	2609.2	12711	79.9	101.6	2631
1983	115246	104789	256.4	2686.9	9042	132.8	120.1	1415
1984	118794	106263	190.4	2023.8	10428	97.5	101.7	2103
1985	124365	104925	191.1	2005.2	15012	83.8	125.8	4428
1986	126238	104674	206.2	2158.9	15297	80.3	122.8	6267
1987	124500	103200	251.5	2595.4	17500	74.1	129.7	3800
1988	130400	111400	257.8	2871.6	16500	81.8	135	2500
1989	140604	116069	255.5	2965.3	17619	77.6	136.8	6916
1990	145288	120177	255.4	3069.2	16667	74.8	124.6	8444

——循化撒拉族自治县志编纂委员会：《循化撒拉族自治县志》，中华书局，2001 年版，第 196—197 页。

循化县粮食生产各社七五年达到指标

单位名称	总耕地面积	新开荒地	播种面积	单产	总产	说明
全县总计	15.50	0.8	11.99	350	4200.00	面积：万亩 单产：斤 总产：万斤 1. 林业生产在1971至1975年内要求各社集体植树每人平均达到100株；黄河沿岸四个公社及其他公社有条件的地区集体种植果树每人平均10株（包括各种水果、花椒等） 2. 因部分数字有变动，原表作废，各公社在讨论时按此表为准
道帏公社	3.55		2.65	290	768.50	
东风公社	1.99		1.50	330	495.00	
清水公社	0.87	0.06	0.72	410	295.20	
城镇公社	1.73	0.40	1.55	470	728.50	
街子公社	2.70	0.18	1.75	310	551.40	
红旗公社	0.96	0.12	0.90	490	441.00	
尕楞公社	1.43		1.20	300	360.00	
文都公社	2.13	0.02	1.58	320	505.60	
岗察公社	0.05		0.05	300	15.00	
园艺场	0.04		0.04	370	14.80	
机关及其他	0.05	0.02	0.05	500	25.00	

——《循化县粮食生产各社七五年达到指标》，循化县档案馆藏，档号：1-1-198永久。

部分年份粮食、小麦成本核算表（单位：亩、公斤、元、个）

项目			1979 年全县粮食成本	1985 年观察点小麦成本			1989 年观察点小麦成本				
				查汗都斯乡苏只二社	清水乡下庄二社	尕楞乡哇龙一社	道帏乡起台堡五社	清水乡下庄二社	积石镇瓦匠庄六社	街子乡沈家二社	查汗都斯乡苏只二社
面积			102291	25.1	11.5	15	13.9	13.1	13.1	16	25.1
平均亩产			220	319	434	169	207.5	512	456.5	378	370.5
总费用			2992811	2737	1055	1435	1182	1616	2101	1202	2705
平均每亩	物质费用	合计	29.18	61.73	50.81	19.71	47.43	67.55	70.34	51.84	65.21
		种子	9.36	9.49	8.25	8.36	12.65	13.11	15.63	16.66	14.51
		肥料	10.92	32.83	36.68	7.22	17.15	33.04	31.80	25.96	33.13
		植保	0.14	0.16			1.91		2.60		1.42
		电费	1.49								
		机械作业费	0.39	3.13	0.29		2.54	0.42	19.49	5.35	10.36
		畜力作业费		9.37	1.37	3.40	10.95	17.80			
		排灌作业费	0.25	1.5						3.27	2.40
		其他直接费						0.86			
		农业共同费					1.49				1
		管理费及其他支出	6.63	5.25	4.22	0.73	0.74	1.72	0.82	0.60	2.39
	人工费用	合计	34.32	47.33	40.90	19.08	31.37	48.68	90.07	23.29	42.54
		用工数量	66	20.055	19.023	10.258	15.3	13.3	21.6	14.2	16.3
		工值	0.52	2.36	2.15	1.86	2.05	3.66	4.17	1.64	2.61
每公斤成本	物质	0.133	0.194	0.118	0.116	0.228	0.132	0.154	0.137	0.176	
	人工	0.156	0.148	0.094	0.112	0.151	0.095	0.197	0.062	0.115	
	合计	0.289	0.342	0.212	0.228	0.379	0.227	0.351	0.199	0.291	

——循化撒拉族自治县志编纂委员会：《循化撒拉族自治县志》，中华书局，2001 年版，第 198 页。

1991—2010年循化县农作物播种面积及产量统计表（单位：亩、斤、万斤）

年份	农作物总播种面积	粮播面积			油播面积			其他播种面积		
		粮食面积	总产	单产	油料面积	总产	单产	蔬菜类	瓜果类	中药材
1991	147522	125258	31420	251	16822	1390	83	4475	—	—
1992	148329	124009	26830	271	18629	861	46	5078	—	—
1993	153852	125284	29125	348.8	18301	1534	84	7932	—	—
1994	153458	123359	29797	249	20430	1834	81	7425	—	—
1995	155704	121845	27884	229	22938	1722	75	9228	—	—
1996	149374	121456	32601	268	20625	1774	86	6063	—	—
1997	155883	123470	33590.5	272	20690	1903.5	92	9082	—	—
1998	156525	124935	34532	276.4	19950	2008	100.5	8655	—	—
1999	167895	127785	34598.1	270.7	25860	2744	106.1	11955	—	—
2000	158355	101865	23994	235.5	33540	881	26.3	20025	—	—
2001	163305	99810	26213	262.6	34035	2389	70.2	26925	—	1110
2002	157125	94200	26484	281.1	32625	3185	97.6	23370	—	5310
2003	144660	83370	25409	304.8	31245	3663	117.2	26115	—	2325
2004	161235	87090	30036	379.7	44040	5105	115.9	27720	—	1545
2005	158936	87560	30786	385	36804	5187	140	30229	—	1303
2006	157179	80653	24802	307	39967	2845	71	35863	—	35
2007	157036	83566	27382	328	38309	4028	105	34881	280	0
2008	221619	110220	31955	361	68827	7336	107	42083	489	0
2009	245768	118914	31571	267	72909	8119	1111	52635	317	0
2010	240437	114283	31965	280	70377	6874	98	54989	538	0

——循化撒拉族自治县地方志编纂委员会：《循化撒拉族自治县志》，三秦出版社，2017年版，第116—117页。

1959 年—1967 年青海省循化县基本农田规划表（单位：亩）

公社	1958 年耕地面积	1959				1960				1962				1967			
		基本农田			弃耕面积	基本农田			弃耕面积	基本农田			弃耕面积	基本农田			弃耕面积
		计	实播面积	休耕面积		计	实播面积	休耕面积		计	实播面积	休耕面积		计	实播面积	休耕面积	
总计	130613	120822	107368	13454	9791	118700	105147	13553	2122	106693	101140	5553	12007	100319	94766	5553	6374
东风	63653	63553	50099	13454	100	63553	50000	13553		55553	50000	553	8000	55553	50000	5553	
红旗	20517	17000	17000		3512	15488	15488		1512	12000	12000		3488	12000	12000		
永丰	32377	30644	30644		4733	30505	30505		139	30388	30388		117	25000	25000		5388
黄河	11071	9625	9625		1446	9154	9154		471	8752	8752		402	7766	7766		986

——《循化撒拉族自治县一九六四年——一九七〇年农牧业生产发展规划》，循化县档案馆藏，档号：22-1-25（永久）。

1960—1962 年青海省循化县农作物生产表（单位：面积：亩　亩产：斤　总产：万斤）

公社	1960 年								1962 年							
	面积总计	粮食作物			油料作物			经济作物面积	面积合计	粮食作物			油料作物			经济作物面积
		面积	亩产	总产	面积	亩产	总产			面积	亩产	总产	面积	亩产	总产	
总计	105045	82694	3755	310513549	12272	720	8838550	10180	101140	73656	6547	482256820	13150	1013	13323625	14334
东风	50000	40500	3362	137374500	6000	929	5577600	3500	50000	40000	6871	274830000	6000	1276	7656000	4000
黄河	9154	6744	4842	32652256	572	600	343200	1838	8752	4821	8139	39241678	500	1020	510000	3431
永丰	30503	23262	3098	71656793	4400	404	1777750	2841	30388	21835	4960	108304342	5150	594	3057625	3403
红旗	15388	12088	5520	68830000	1300	877	1140000	2000	12000	7000	8897	59880800	1500	1400	2100000	3500

——《循化撒拉族自治县一九六四年—一九七〇年农牧业生产发展规划》，循化县档案馆藏，档号：22-1-25（永久）。

循化县正在改变缺水面貌

有“渴死人的黄河边”之称的青海省循化撒拉族自治县，近几年修建起一批蓄水和引水工程，使这里原来极为缺水的撒拉族田园有了较充足的水源。

黄河南岸的循化是撒拉族的主要聚居区。这里雨量稀少，黄河又因河床过低，河水从来没有被利用过，因此一向被称为“渴死人的黄河边”和“干循化”。

目前，这里已经建成了黄河上游第一条引黄灌溉渠道，修筑了一座目前全省容量最大的水库，以及四十八条由钢管连接起来的水渠。这些水利工程的修成，使撒拉族聚居的平川地区的稳产高产田，已扩大到全部农田的 70% 以上。

过去最缺水的撒拉族聚居区西半部，解放前的八十年中曾为抢水发生过四十多次械斗。现在，由于引水干渠黄丰渠的各项配套工程已在去年完成，这里成了水源充足的黄河灌区。这里的人们还在一九六一年底比塘河沟一次山崩后，利用倒塌的山体作为堤坝，修建水闸和隧洞，将山谷改建成水库，成倍地扩大了原来比塘河的灌溉面积。

撒拉族聚居区的东半部悬崖和沟壑多，修渠引水很困难。一九六二年开始，撒拉族人民用架设钢管来把水引过悬崖沟壑。两年多来，这个地区建设了八十九座钢管渡槽，安装了八座倒虹吸钢管。这些新建和改建的用钢管连接起来的渠道，水流畅通，管理方便。

撒拉族人民在兴修水利中村寨合作，远近相帮。浇水时，村寨之间更是互相照顾。许多撒拉族老人想到过去因为封建公爷和地主唆使而经常发生抢水械斗的情景，看到今天这种新风尚，都非常感动。

——新华社西宁电:《循化县正在改变缺水面貌》,《青海日报》, 1964 年 8 月 3 日。

农作物实际产量（1966 年 1 月 30 日）

一、全社会				
农作物名称	播种面积（亩）	收获面积（亩）	按播种面积计算的每亩产量（市斤）	总产量（市斤）
甲	1	2	3	4
农作物总计	125944.06	122199.99	×	×
一、粮食作物	114375.74	111199.37	254	29094466
1. 小麦	54387.37	53506.57	263	14341174
2. 杂粮	55294.61	52999.04	246	13297725
3. 洋芋	4693.76	4693.76	310	1455567
二、工业原料作物	10965.04	10428.54	×	×
1. 油料作物	10915.54	10379.04	72	790220
油菜籽	5097.45	4811.95	87	447893

续表

一、全社会				
农作物名称	播种面积（亩）	收获面积（亩）	按播种面积计算的每亩产量（市斤）	总产量（市斤）
胡麻籽	5818.09	5567.09	58	342327
2. 甜菜				
3. 烟叶				
4. 麻类	49.5	49.5	55	275
5. 其他			×	×
三、其他作物	603.28	572.08	×	×

——《1964 年和 1965 年各单位畜牧生产主要数字统计表》，循化县档案馆藏，档号：1–1–255（永久）。

农作物实际产量（1966 年 1 月 30 日）

二、国营和公社集体经营部分								
农作物名称	国营				公社集体经营			
	播种面积（亩）	收获面积（亩）	按播种面积计算的每亩产量（市斤）	总产量（市斤）	播种面积（亩）	收获面积（亩）	按播种面积计算的每亩产量（市斤）	总产量（市斤）
甲	1	2	3	4	5	6	7	8
农作物总计	307.98	307.98			115809.08	112404.12		
一、粮食作物	250.34	250.34	356	89217	104793.4	101793.4	250	26301849
1. 小麦	197.38	197.38	348	68586	48858.99	48078.19	261	12772588
2. 杂粮	41.89	41.89	368	15476	51442.72	49170.25	236	12158849
青稞	21.89	21.89	456	10000	36257.55	34194.98	252	9166846
蚕豆					727.85	727.85	305	222384
豌豆	20	20	273	5476	13889.37	13685.77	181	2522364
燕麦					23	12.7	233	536
其他杂粮					548.95	548.95	450	246719
3. 洋芋	11.07	11.07	468	5155	4491.69	4491.69	305	1370412
二、工业原料作物	6.84	6.84			10542.2	10221.7		
1. 油料作物	6.84	6.84	261	1780	10492.7	10172.2	74	780440
油菜籽	6.84	6.84	261	1780	8417.61	4605.11	90	438113
胡麻籽					5675.09	5567.06	60	342327
2. 甜菜								

续表

农作物名称	二、国营和公社集体经营部分							
	国营				公社集体经营			
	播种面积（亩）	收获面积（亩）	按播种面积计算的每亩产量（市斤）	总产量（市斤）	播种面积（亩）	收获面积（亩）	按播种面积计算的每亩产量（市斤）	总产量（市斤）
3. 烟叶								
4. 麻类					49.5	49.5	55	275
5. 其他								
三、其他作物	50.8	50.8			473.48	473.48		
1. 蔬菜（包括菜瓜）	48.63	48.63	3054	148531	348.54	338.34	1497	522000
2. 瓜类（西瓜、甜瓜）	2.17	2.17	4608	10000	94.94	94.04	1601	152000
3. 饲料								
4. 其他					30	9		

——《1964 年和 1965 年各单位畜牧生产主要数字统计表》，循化县档案馆藏，档号：1–1–255（永久）。

循化川水地区各社队大搞复种

循化撒拉族自治县川水地区各社队广大干部和社员，高举毛泽东思想伟大旗帜，在搞好夏收的同时，大搞复种。目前，黄河沿岸的查汗大寺、街子、城关、清水等公社已复种粮食作物近四千亩，早播的复种作物已经破土出苗，社员们正采取措施，加强田间管理，力争复种作物获得丰收。

夏收开始前后，中共循化县委曾几次召开会议，进一步落实突出政治工作，提出要更好地发动和依靠广大群众，为革命搞好夏收、复种和生产自救，千方百计弥补因遭受严重干旱而造成的损失。各公社也普遍召开了大队、生产队干部会议，从学习毛主席著作入手，层层进行动员。城关公社今年庄稼生长良好，一部分社员产生了不愿多搞复种的思想。社党委针对这种情况，组织社员学习了毛主席的《为人民服务》《愚公移山》等文章和有关树立全局观点的语录，提高了社员的思想认识，落实了扩大复种的计划。街子乡今年受旱严重，一部分社员产生了悲观失望情绪，认为“麦田晒死啦，复种顶啥用”“浇不上水，种了也不顶事”。针对这种情况，公社党委组织社员反复学习了毛主席的《愚公移山》和毛主席关于“我们的同志在困难的时候，要看到成绩，要看到光明，要提高我们的勇气”的教导，提出了越是困难，越要发扬自力更生、艰苦奋斗的革命精神的战斗号召。社员们在毛泽东思想鼓舞下，日夜奋战，争分夺秒大搞复种，目前已复种粮食作物五百多亩。清水公社广大干部、社员通过学习毛主席著作，在严重干旱面前不气馁、不松劲，决心自力更生克服困难，全公社已复种一千多亩。过去没有复种习惯的文都、白庄等公社一些生产队，在力争多打一些粮食的口号鼓舞下，也试种了一部分二茬作物。各地在复种粮食作物的同时，还因地制宜地积极复种蔬菜、饲草、饲料。目前，各地复种的燕麦等饲草、饲料已达两千多亩。各行各业大力支援复种。县粮食部门先后调进复种籽种近十一万斤；供销部门将一批复种用的化肥及时运送到各基层社；县上还派出工作组，深入生产第一线，参加劳动，具体领导夏收和复种工作。

目前，部分复种作物已经陆续出苗，各地正组织劳力加强田间管理。清水等公社各生产队已购买了一批化肥，准备给复种作物追施。八月二日，这里下了一场好雨，广大干部、社员继续抓紧雨后有利时机，趁机抢种复种作物。

——循化讯：《循化川水地区各社队大搞复种》，《青海日报》，1966 年 8 月 7 日。

1967 年青海省循化县农作物生产规划表（单位：亩、斤、万斤）

公社	1967 年							
	面积合计	粮食作物			油料作物			经济作物面积
		面积	亩产	总产	面积	亩产	总产	
总计	94766	68622	10536	723029648	11213	1751	19642800	14931
东风	50000	39000	9919	386851000	6500	57527	12392800	4500
黄河	7766	4122	10796	44502648	213	2500	532500	3431
永丰	25000	18500	10381	192062000	2500	967	2417500	4000
红旗	12000	7000	14231	99614000	2000	2150	4300000	3000

——《1967 年青海省循化县农作物生产规划表》，循化县档案馆藏，档号：1-1-255（永久）。

循化县 1949—1968 年逐年水地增长统计表（单位：亩）

年度	水地面积		备注
	累计数	增长数	
1949	46195		
1950	46275	80	

续表

年度	水地面积		备注
	累计数	增长数	
1951	46275		
1952	46394	119	
1953	46394		
1954	50259	3865	
1955	50389	130	
1956	54247	3858	
1957	55117	870	
1958	56507	1390	
1959	56632	125	
1960	56632		
1961	56632		
1962	56632		
1963	57132	500	
1964	57495	363	
1965	60935	1889	
1966	62824	1889	
1967	83077	20253	
1968	83167	90	

——《1964 年和 1965 年各单位畜牧生产主要数字统计表》，循化县档案馆藏，档号：1-1-255（永久）。

循化县一九七零年浅山旱灾情况统计表（单位：市斤、市亩）

一九七零年七月二十一日

公社名称	受灾面积			受灾面积										减产数	
	小计	粮食	油料	一成	二成	三成	四成	五成	六成	七成	八成	九成	十成	粮食	油料
道帏	13000	13000							5200	3800		4000		1500000	
东风	4495	4218	277	96	44	64	169	521	289	658	834	919	899	562629	21388
清水	2949	2760	189					464	891	507	859	18	210	225405	1095
城镇	1504	1038	466					25	1013				466	47614	37280
街子	237	217	20	60		31	6	40		50			50	31500	2000
红旗	5368	4752	616	3625	132	167		83	125		386	850		237618	40196
文都	10750	10046	704	573	1040	1446	2180	1674	1722	1500	400	200	15	900200	34900
尕楞	13673	10526	3147							10526		3147		602536	138502
合计	51976	46557	5419	4354	1216	1708	2355	2807	9240	17041	2479	9134	1640	4107502	275461

——《循化县一九七零年浅山旱灾情况统计表》，循化县档案馆藏，档号：10–1–128（永久）。

循化县一九七零年七月受灾情况统计表（单位：百斤、市亩）

一九七零年七月二十一日

公社名称	受灾情况								受灾成数										减产数	
	大队数	生产队	户数	人口	受灾面积				一成	二成	三成	四成	五成	六成	七成	八成	九成	十成	粮食	油料
					小计	粮食	油料	经济												
道帏	2	5	152	670	2530	2530			542	470	138		392		322	306		306	210000	
东风	8	35	1021	4063	1873	1863	10		541	296	170	169	253	212	191	31		10	231525	900
清水	12	23	597	3008	1617	1473	144				1617								88370	1996
城镇	13	50	2059	9324	4665	4339		326	4339	326									165115	
街子	11	51	1617	7562	17069	13842	3147	80	1302	1932	1233	1224	2647	2390	1046	877	3659	759	258561	59351

续表

公社名称	受灾情况								受灾成数										减产数	
	大队数	生产队	户数	人口	受灾面积				一成	二成	三成	四成	五成	六成	七成	八成	九成	十成	粮食	油料
					小计	粮食	油料	经济												
红旗	3	8	240	1128	1144	1100		44	244	700	300								43000	
文都	9	25	935	3900	9465	8699	766		1650	4810	1654		766					585	602429	49790
尕楞																				
合计	58	197	6621	28655	38363	33846	4067	450	8618	8534	5012	1393	4058	2602	1559	1214	3659	1714	1599000	111144

——《循化县一九七零年七月受灾情况统计表》，循化县档案馆藏，档号：10–1–128（永久）。

一九七〇年农业生产计划表（1970年2月9日）

公社名称	一九七〇年粮食生产计划			一九六七年粮食生产情况			七〇年油料计划		其他作物
	粮播面积（亩）	平均亩产（斤）	总产（万斤）	粮播面积（亩）	平均亩产（斤）	总产（万斤）	播种面积（亩）	总产（万斤）	面积（亩）
合计	112900	256.5	2900	110633	242.4	2677.74	10020	74.1	2000
解放	25500	227.5	580	25143	220	553.5	1800	12.6	各公社在落实粮食、油料播种面积后，再安排占据播种面积百分之二左右的其他作物。
东风	15500	265	410	14970	254	380	1060	8	
清水	7000	328	230	6711	326	220	232	2	
城镇	11700	334	390	11349	331	375.6	728	6.5	
跃进	18000	194	350	18245	181	330.08	3000	21	
红旗	7200	333	240	7114	350	220.38	800	6	
永红	16000	250	400	15137	240	318.77	1500	11	
建设	12000	250	300	11964	233	279.41	900	7	

说明：（一）以上计划，自留地均未计算在内。（二）“五七”干校、机关农场另行安排。未计在内。（三）其他作物面积内，红旗公社包括种植甜菜20亩。城镇公社10亩。

——《一九七〇年农业生产计划表》，循化县档案馆藏，档号：10–1–128（永久）。

1972 年农牧科关于改造我县水利工作工程大检查统计表（循化县农牧科）

项目	单位	七二年基数	七三年达到	备注
总人口	万人	6.1706	6.2704	
其中：农业人口	万人	5.884	5.9988	
农业劳动力	万人	2.6405	2.5288	
土地总面积	平方公里			七三年扩大面积 7254 亩，其中当年受益 3719 亩
耕地面积	万亩	14.81	14.85	
其中：川水地	万亩	6.544	6.914	
浅山	万亩	0.6456	0.6076	
脑山	万亩	1.86	1.86	

——《一九七〇年农业生产计划表》，循化县档案馆藏，档号：10–1–128（永久）。

1970 年秋翻、土地处理及良种情况统计表（单位：亩）

公社名称	秋翻情况						打歇地	土壤处理
	应翻面积	已翻			其中			
		一遍	二遍	三遍	机翻	铁铣翻		
道帏	24581	17552	1078	184	500	1	7181	5447
东风	11530	11333	3502	34			2623	2203
清水	7000	7000	6500	30		79	600	1000
城镇	9688	9688	9688	621	105	360	884	320
街子	12626	10655	5054	1319	3114	240	6618	479
红旗	6550	6550	6550	1169	15	460	293	4155
文都	14421	14421	7020		450		1799	58
尕楞	12191	12191	1704		218		2200	509
岗察	—	—	—	—	—	—	—	—
总计	98587	89390	41096	3357	4402	1140	22198	14171

——《1970 年秋翻、土地处理及良种情况统计表》，循化县档案馆藏，档号：1–1–255（永久）。

循化狠抓田间管理工作

循化撒拉族自治县各级党组织和革委会，在开展思想和政治路线方面的教育中，认真落实党在农村的经济政策，有效地调动了广大社员的社会主义积极性，促进了全县田间管理工作。目前，气候较暖的红旗、城镇、清水等公社已锄完了头遍草，浇完了头遍水，麦田一片葱绿，庄稼长势喜人。

为了搞好田间管理，夺取今年农业新丰收，进一步巩固和发展集体经济，循化各级党组织和革委会结合路线教育，狠抓党的经济政策的落实工作。过去一段时间，有些干部、社员对落实党的经济政策的重大意义认识不足，有的把路线和政策对立起来，说什么“只要路线对头，不怕政策过头”；有的怕字当头，不敢大胆抓落实政策的工作。针对这些问题，各社队都举办学习班，召开各种会议，反复学习毛主席关于“政策和策略是党的生命，各级领导同志务必充分注意，万万不可粗心大意”等教导……使大家明确认识路线和政策的关系，增强了政策观念，提高了执行党的政策的自觉性。与此同时，县、社的许多主要负责同志深入群众，调查研究，根据党的政策，对与当前田间管理有密切联系的定额管理、评工记分等问题，做了进一步的研究、改进，使之更加合理和简便易行。红旗公社阿河滩大队，曾经一度忽视党的政策，在劳动计酬上出现了平均主义现象。大队党支部立即举办了政策学习班，一方面进行为革命种田的思想教育，一方面大讲“各尽所能，按劳分配”的社会主义原则，发动群众针对存在问题开展讨论，重新修订了劳动定额，进一步建立健全了生产责任制。同时，遵照毛主席关于“要发动妇女参加劳动，必须实行男女同工同酬的原则”的教导，破除轻视妇女的思想，将妇女参加除草等农活的工分适当调高，缩小了同男子浇水、出零工之间的工分差数，做到男女同工同酬，所以今年妇女的出勤率和劳动效率普遍提高，每个劳动力负担水地除草面积八亩多，比去年更快更好地完成了除草任务。

——本报讯：《循化狠抓田间管理工作》，《青海日报》，1972 年 5 月 19 日。

循化县大力开展抗旱斗争

循化撒拉族自治县各级党组织和革委会，带领广大干部和社员，发扬大寨人“天大旱，人大干”的精神，狠抓水利等各项措施，大力抗旱，取得了显著成绩。

今年五月份以来，循化地区雨水缺少，出现了严重旱象。在干旱面前，广大干部和群众，表现出了人定胜天的英雄气概，坚决进行抗旱斗争。道帏公社旱情较重，但是广大干部、社员不怕困难，积极采取措施，战天斗地。他们进一步总结了深入学大寨，大力改变生产条件，增强抗灾能力的经验，抗旱等丰收的信心更足，积极打主动仗。夕冲大队党支部发动群众，认真学习毛主席的著作《人的正确思想是从哪里来的？》批判懒汉懦夫世界观，使大家受到了深刻的教育，树立了人定胜天的思想。他们组成了水渠勘察组，成立了突击队，由干部亲自带领，进行定线勘察，设计施工，自力更生，三个月时间，在深沟陡石崖上修成了一条长三千多米的新渠道。现在这条渠道已经通水浇地，使三百多亩旱地变成了水地。社员们说，前年国家给了水泥修不成小渠，今年不花一分钱修成了大渠，这是深入学大寨的结果。街子公社羊苦浪大队历来是靠文都沟水浇地，今年上游用水，下游紧张，在坏人挑唆下，一些社员与上游争水，公社党委发现后帮助这个大队党支部，提高了群众的觉悟，激发了干劲，把与别人争水的思想，变为自己找水的行动，在街子河滩上寻挖清流。很快挖出了一股清泉水，一昼夜就能浇灌十亩，保证了旱苗及时灌溉。

在与干旱斗争的实践中，全县许多社队都积累了丰富的经验，都能因地制宜地采取各种措施。山区社队的社员除修渠抓水外，还打破常规，大力搞追肥。道帏公社贺隆堡、起台堡等许多大队，在干旱严重的六月中旬，全力以赴，搞追肥漫水，使能浇水的浅山地和少数墒好的脑山地每亩追家肥半方左右，还适当增追了一些化肥。黄河沿岸川水地区，积极准备复种种子、肥料，力争多复种一些。各类地区都树立了全局观点，协同作战，提出了“山地旱了水地补，夏田旱了秋田补”的口号，千方百计抗旱夺丰收。

在抗旱斗争中，循化县各级领导干部纷纷深入抗旱第一线，同广大社员一起战斗，保证灌溉需要，大力支援了抗旱斗争。

——循化讯：《循化县大力开展抗旱斗争》，《青海日报》，1972 年 5 月 19 日。

循化门源等地抓紧时机进行秋翻

循化撒拉族自治县各级党组织和革委会，在夏收作物收割陆续结束后，发扬连续作战的革命精神，发动社员群众，妥善安排劳力，在做好打碾和粮油入库工作的同时，抓紧进行深翻和土壤处理，积极为明年农业生产进行准备。

为了搞好今年的夏收和明年的生产准备工作，早在夏收开始前县委就召开了“四干会”。根据往年的经验和今年的情况，对夏收和秋翻等工作进行了具体安排，从七月下旬开始，地处黄河沿岸的清水、城镇、街子、红旗以及文都、东风等公社地处川水的下半部地区，在夏田粮食作物收割陆续结束后，根据县委“四干会”的部署，重新妥善安排劳力，在做好打碾和粮油入库工作的同时，积极进行深翻和土壤处理。为了促进这些工作又快又好地进行，各公社深入进行路线教育，认真落实党的政第。东风公社由于认真贯彻了按劳分配和男女同工同酬的政策，调整了各项农活的定额，在秋翻中实行了“五定”和检查验收的责任制，进一步提高了广大社员的社会主义劳动积极性，秋翻工作开展得很好。目前全公社水地已翻茬五千亩，其中铁锨翻地一千多亩。同时，在进行秋翻等项工作中，各公社、大队的干部，都深入第一线，参加劳动，指挥生产。文都公社干部到第一线后，深入群众，调查研究，注意抓先进典型，用先进典型的经验指导面上的工作，保证了随收割、随翻茬，秋翻速度比往年大大加快。街子公社各级干部由于深入第一线，加强了具体领导，所以秋翻不但进度快，质量好，而且对二千五百多亩秋翻地进行了土壤处理。截至八月下旬，全县翻茬面积已达三万三千多亩。结合翻茬灭虫，土壤处理一万一千五百八十多亩。收割季节早的红旗、城镇、清水公社的川水地区的翻茬和土壤处理，已经基本完成。

——循化讯：《循化门源等地抓紧时机进行秋翻》，《青海日报》，1972 年 9 月 16 日。

把防旱抗旱作为备耕的重要内容

循化撒拉族自治县的广大贫下中农和社员群众，在胜利完成冬季农田基本建设任务之后，从去年十二月上旬起把大战一百天的重心陆续转入以防旱抗旱、积肥送肥为重点的备耕生产方面。去年年底，省委召开部署备耕的电话会议以后，县委又进行了紧急动员，全县很快掀起了备耕生产新高潮。目前，全县有两万多名社员（占总劳力的 80%）投入备耕，做出了新的成绩。

干旱是循化农业生产的主要矛盾，特别是去秋以来一百五十多天没下透雨（雪），当前旱象继续发展，直接威胁着适时春播。县委从立足于当前抗旱、着眼于长远防旱出发，树立“天大旱，人大干，天不旱，照样干”的决心，把防旱抗旱作为备耕战役的重要内容，组织了三千多名劳动力，继续大搞水利建设。目前，全县已有二十八条水渠、六处机电站、六座涝池基本竣工，扩大灌溉面积两千九百多亩，改善灌溉面积五千九百多亩。同时，大力推广冬灌，全县冬灌面积由去年的三万四千亩扩大到三万九千亩，占水浇地面积的 65%，并已全部进行了耙耱。浅山耕地大部分进行了打土保墒和耙耱。

在积肥方面，各社队采取了以积有机肥为主，积（家肥）、拾（野肥）、拉（运羊板粪）、烧（草皮灰）结合，大力制造“五四〇六”菌肥，积极推广化肥等办法。目前，全县已积累各种有机肥料五百七十多万驮，占今年总需肥量的 81%，比去年同期增加百分之十左右。送肥面积达到一万八千亩，占水地麦类作物播种面积的 36%，据检查，施肥量一般都达到了计划要求。

去年夏收以来，各社队认真总结良种增产的经验，狠抓了良种选留、串换和提纯复壮工作。据统计，全县精选、串换良种三百一十多万斤，春播所需良种已经准备就绪。最近，各社队根据省委部署备耕的电话会议精神，提出良种要“精益求精”的要求，又普遍进行检查落实，大搞筛、晒、拣、簸和赛力散药剂拌种。

备耕战役开始后，在省农牧机械修理组的帮助下，县上组织农机修配部门和农村“五匠”，逐社逐队地检修农机具，发动群众积极准备春播所需的各种小农具，目前90% 以上的手扶拖拉机和人力车投入送肥。

备耕生产的主要做法是：

一、深入进行路线教育，加强思想政治工作。备耕战役开始后，县、社、队三级普遍继续举办学习班，认真学习有关文件，结合实际，对一些干部和社员存在的骄傲自满、盲目乐观、增产到顶的情绪，以及在旱象面前消极畏难、靠天吃饭思想进行了教育，进一步激发了大上快上农业的革命精神。同时，狠抓政策兑现，到去年年底，全县95% 以上的生产队召开了分配兑现大会，进一步调动了群众社会主义积极性。

二、早计划，早安排，早行动，争取主动。循化县从去年夏收开始就狠抓了水、肥、土、种等关键性增产措施，大战一百天开始后，在集中优势兵力大搞农业基本建设同时，安排适当的劳动力搞积肥送肥，掌握了农业生产的主动权。

三、深入基层，调查研究，实行面对面的领导。备耕战役打响后，县委八名领导深入备耕一线，同各公社党委成员一起调查研究，抓典型，抓面上的工作。大战一百天中，县委三名主要负责同志深入浅山地区的尕楞公社，同公社党委同志一道狠抓水利建设。

四、总结经验，表彰先进。去年十二月下旬，县委召开了有七百多人参加的农业学大寨经验交流会，认真总结交流了一九七二年学大寨的经验，表彰了两个先进公社和四十六个先进大队，讨论落实了一九七三年农林牧副各业生产计划和措施。会后，各社队广泛发动群众，举办学习班，认真总结学大寨的正反两面的经验。

——本报循化讯：《把防旱抗旱作为备耕的重要内容》，《青海日报》，1973 年 1 月 23 日。

防旱抗旱适时早播　精耕细作提高质量　循化黄河两岸社队普遍开犁下种

循化撒拉族自治县的广大社员群众和干部，在抗旱备耕取得很大成绩之后，满怀胜利豪情，迎来了一九七三年的春播季节。目前，气候较暖的黄河两岸社队已普遍开犁下种，速度快，质量好。

循化今年春播的特点是：继续抓紧抓好批修整风，各级领导深入第一线，狠抓防旱抗旱，适时早播，努力提高春播质量，并且进一步落实了党在农村的经济政策。

循化县各级党组织在备耕、春播中，为革命种田的干劲大大增加。街子公社党委在批修整风推动下，带领社员群众大搞抗旱备耕、适时早播。他们从当地缺水干旱的实际情况出发，狠抓冬灌，细致打土保墒，并且打破常规，破冰灌溉，对未能及时冬灌的土地，利用消冰水进行早期春灌。

为了不失时机地掌握生产环节，春播即将开始时，县委常委分头下到各公社，深入春耕第一线。各公社的领导和干部也下到生产队，采取一竿子插到底的方法，减少会议和文件报表，加强了具体领导。在瓦匠庄大队蹲点的城镇公社领导成员，总结了这个大队全部实行条播，精耕细作，保证播种质量的经验，适时地召开了全公社的现场观摩会。参加会议的干部们说："嘴说十遍，不如眼见。瓦匠庄大队种地如绣花，值得学习。"他们还在地头开展了革命大批判，进行了春播誓师动员。现场会后，全公社很快掀起了春播高潮。

循化县各社队在春播中进一步落实了党在农村的各项经济政策。气候、水利条件好的黄河沿岸各社队，土地较少，如何安排种植计划是个大问题。今年，各社队反复学习毛主席提出的"以粮为纲，全面发展"的方针，在制订种植计划时，首先保证粮食生产的发展，同时适当安排林、果和其他经济作物。发展经济林木，采取"果木进滩，花椒上山，造林靠边（河、渠、路、沟、村边），治沟造田"等措施，不占用耕地。各社队还进一步落实了按劳分配、男女同工同酬等政策，更好地调动了社员群众的积极性。清水公社进一步推广了下滩大队科学种田的经验，全公社普遍推行了五组（检查组、条播组、撒粪组、补种组、耙耱组）、五定（定领导、定劳力、定任务、定时间、定质量）、一验收的一条龙作业法，把冲天的革命干劲和科学态度结合了起来，加快了春播速度，保证了播种质量。

——循化撒拉族自治县革委会中心通讯组：《防旱抗旱适时早播　精耕细作提高质量　循化黄河两岸社队普遍开犁下种》，《青海日报》，1973 年 2 月 25 日。

关于备耕工作的安排意见

在党的"九大"团结胜利路线指引下，我县各族贫下中农、社员群众和革命干部，高举"农业学大寨"的旗帜，在夺得一九七一年农业生产大丰收的凯歌声中，满怀信心地跨进了战斗的一九七二年。

当前我县农业战线形势一片大好，一个波澜壮阔的“农业学大寨”群众运动新高潮正在兴起，这个运动来势迅猛，规模空前。县委提出的学大寨赶昔阳，重新安排循化河山的战斗号召，已成为广大干部群众的实际行动。各级党组织和革委会，正乘县委和县革委会召开的“农业学大寨”四干会的东风，掀起一个以备耕为中心的冬季生产高潮。广大贫下中农以大寨人为榜样，发扬“一不怕苦，二不怕死”的大无畏革命精神，冒着风雪严寒，继续战斗，大搞积肥送肥、积极换良种等备耕工作，到处呈现一派热气腾腾的革命景象。

伟大领袖毛主席指示我们：“希望一切解放区的领导同志，工作人员，人民群众，不失时机地掌握生产环节，取得比去年更大的成绩。”我们要充分地认识到农业生产是一个连续性的生产，农业生产有严格的季节性，千万不可错过农耕季节。一年之计在于春，打响春耕这一炮，对全年生产有直接意义。因此我们一定要组织群众反复深入地学习元旦社论，加强路线教育，提高执行毛主席革命路线和政策的自觉性，用毛泽东思想统率备耕。从农时季节来讲，目前必须不失时机地全力以赴地抓好备耕生产中积送肥料、整修农机具、耙磨土地、打土保墒、整修水渠和精选良种等工作，为夺取一九七二年农业生产的全面丰收，完成和超额完成一九七二年三千二百万斤粮食的总产任务打好基础。

认真看书学习，深入进行思想和政治路线方面的教育。毛主席指出：“路线是个纲，纲举目张。”路线问题是革命成败的关键，执行正确的路线，就有了一切，路线错了，就会丧失一切。在农业战线上，一直存在着激烈的两条路线的斗争。一条是毛主席提出的彻底完成农业战线的社会主义革命，巩固无产阶级专政，防止资本主义复辟，建设社会主义新农村的马克思列宁主义路线。一条是疯狂地破坏农业走社会主义道路，实行资产阶级专政，瓦解社会主义经济，妄图复辟资本主义的反革命修正主义路线。目前，在怎样学大寨的问题上，仍然存在着两种思想、两条路线的斗争。有些同志只从生产条件上强调本地区的特殊性，不从方向、路线上去认识大寨经验的普遍性，这样就有可能重犯方向路线的错误，我们必须反复认真学习中央两报一刊《总结加强党的领导的经验》和《团结起来，争取更大的胜利》两篇重要社论。遵照毛主席认真看书学习，弄通马克思主义的教导，认真读马列的书，读毛主席的书，搞好革命大批判，清除修正主义路线的流毒，进一步分清什么是毛主席的马克思列宁主义路线和政策，什么是唯物论的反映论，什么是唯心论的先验论，什么是社会主义道路，什么是资本主义道路，什么是有利于巩固党的领导，什么是摆脱或削弱党的领导。进行思想和政治路线方面的教育，要和斗、批、改任务结合起来。必须实行男女同工同酬的原则，毛主席亲自主持制定的人民公社的各项政策，如人民公社现阶段的“三级所有，队为基础”“按劳分配”等各项基本政策，必须继续贯彻执行。我们一定要加强党的政策观念，增强执行党的政策的自觉性，加强党的纪律才能防止来自“左”的和右的干扰，防止一种倾向掩盖着另一种倾向，特别是涉及所有制的问题，要谨慎对待，请示报告，千万不可粗心大意。

历史的经验值得注意，一个路线、一种观点，要经常讲，反复讲。只给少数人讲不行，要使广大革命群众都知道。我们要做农业学大寨的促进派，就是要做突出路线教育，狠抓路线斗争的促进派，从而激发起搞好备耕生产的积极性，进而为搞好春耕生产奠定思想基础。

加强党的一元化领导，用毛泽东思想统率春耕，中央二报一刊重要社论《总结加强党的领导的经验》指出：“工、农、民、学、兵、政、党”这七个方面，党是领导一切的。要加强各级党组织的思想建设和组织建设，加强领导班子的团结。特别要注意对后进队的领导和整顿。遵照毛主席把群众组织起来，把一切老百姓的力量，一切机关学校的力量，一切男女老少的全劳动力和半劳动力，只要是可能的，就要毫无例外地动员起来，组织起来，成为一支劳动大军，投入春耕战役，在春耕播种前，各地都要注意加强对劳动力的组织和安排工作，根据春播中的农事程序建立起各种农活临时作业小组，落实生产责任制，防止浪费，特别要严格控制春播期间的劳力外流。要正确处理好国家、集体、个人三者之间的关系，县上下达给各公社的粮食、油料计划播种面积要不折不扣地完成，有条件的社队在完成计划任务的基础上，力争多种一些粮食和油料。

毛主席教导我们：“一定要抓好典型”，“面上的工作要先抓好三分之一”。这是毛主席一贯倡导的马克思列宁主义的科学领导方法。在冬耕期间各级领导要亲自蹲点，既要充分发挥先进单位的作用，又要深入后进队进行工作，促使其赶上先进单位。培养先进典型，以典型引路，指导全面。同时在蹲点的过程中，要注意抓苗头，积极支持新生事物，组织现场参观，交流经验，互相学习，互相促进。

深入开展农村两个阶级、两条道路、两条路线的斗争。在农业学大寨群众运动深入开展的大好形势下，必须清楚地看到，阶级敌人的破坏活动并没有停止，要进一步放手发动群众开展革命大批判，打击反革命分子的破坏活动。在批判中要把理论和实际结合起来，把历史的斗争和现实的斗争结合起来，具体地深批“重副轻农”“重钱轻粮”和在安排种植计划上只顾小集体利益，不顾国家计划的需要，以及在自留地上与集体争水肥、争劳力等资本主义倾向，同时还要批判阻碍农业生产力发展的各种右倾保守、靠天吃饭的懒汉懦夫思想，发扬敢想敢干人定胜天的革命精神。实践证明：做农业学大寨的促进派，就是要继续认真搞好斗、批、改，深入开展革命大批判，抓紧“一打三反”运动，认真地完成整党建党工作，做巩固无产阶级领导权的促进派。

落实各项增产措施，狠抓技术改造。毛主席指示我们：“不失时机地掌握生产环节”。春播以前的各项耕种措施都是为春播创造条件和服务的，黄河沿岸离春耕大忙季节仅有一个月了，时间十分紧迫，要求各地不失时机地加速春耕的进程，各地在传达贯彻落实县四干会议精神时，要根据本地区的实际情况，进行全面安排，分清主次，抓主要矛盾，在元月份和二月上旬，各地一定要组织足够的力量搞好积送肥料，按要求完成施肥任务，并将今年所需的化肥准备齐全；维修好农机具，特别是实现条播所需的条播机一定要准备齐全；健全和建立水利管理制度，整修好灌区的渠道和坝口，确保适时合理灌溉，杜绝为水争执和浪费水的不良现象；种子问题一定要切实检查落实，要求麦类作物、油料和其他作物都要实行良种化，并要把科学试验田、种子田和高额丰产田所需良种和地块都要准备就绪，立即进行麦类种子的拌种处理；抓紧多灌地的保湿工作等等。所有这些都必须妥善安排，指定专人负责，要求按时、按质、按量地完成任务。对各春耕生产的每一环节都要高标准、严要求，不能草率行事。

各行各业大力支援春耕。毛主席教导我们：“我国有五亿多农业人口，农民的情况如何，对于我国经济的发展和政权的巩固，关系极大。”今年我县农业生产能否持续跃进，夺得三千二百万斤粮食的历史新纪录，春耕生产是全年生产中各战役中关键性的一个战役，为了赢得春耕生产的胜利，要求各行各业大力支援春耕，做支援农业的促进派，农业技术部门要组织人力，下乡进行技术指导，水利站应做好小型农田水利的勘察定线及备料工作。黄丰电站应协助城镇公社做好黄丰渠的清淤工作，农机修造厂和农机供应站应组织技工下乡修理农机具和做好农机具的供应工作，各社队应尽快地在春播前把农机修理站（组）建立起来，商业供销部门应积极组织货源，适时供应春耕中的化肥、农药以及生活资料，银行要筹集资金和贷款，支援困难队资金不足的问题，粮食部门也应抽调专人协助公社安排好灾区群众的生活，县、社医疗卫生部门应组织春耕巡视医疗组，下到生产队协助“赤脚医生”搞好医疗工作。总之，要求各行各业都要转轨定向，立即行动起来，尽快地做出支援春耕生产的安排。

为了尽快使春耕工作取得更大的成就，希望各地在元月下旬都要以公社为单位，分片由负责同志带领，深入地组织一次全面大检查，县上也要进行重点检查，以便推广先进经验，促进春耕生产向纵深发展。在新的一年里，我们要高举起农业学大寨的旗帜，狠抓革命，猛促生产，打响春耕生产第一炮，迎接实现我县一九七二年农业生产的开门红，迎接四届人大的召开。

——《关于备耕工作的安排意见》，循化县档案馆藏，档号：1-1-155（永久）。

循化撒拉族自治县革委会关于加强田间管理的通知

今年春耕生产中，由于认真贯彻执行了省农业学大寨经验交流会议的精神，狠狠抓住路线教育这个纲，进一步开展了农业学大寨群众运动，进一步落实了党的各项政策，胜利地完成了春耕生产任务。今年川水地庄稼已普遍出苗，苗齐苗壮，长势喜人。为夺取今年农业新丰收奠定了良好的基础。目前，正值黄河沿岸的城镇、清水、红旗、街子等公社的一些生产队已先后进入田间管理阶段，搞好田间管理是贯彻农业八字宪法的一个重要内容，对此各地应引起足够的重视，立即组织人力投入田间管理战役，不失时机地把以拔草、追肥、浇水为中心的田间管理工作抓早、抓细、抓深、抓好。伟大领袖毛主席教导我们："锄草的作用不但在于去草助苗，而且在于蓄水防旱。如多锄一二次，即使施肥不多，亦可增加收获量。"为了切实打好田间管理这一硬仗，特做如下安排：

一、以路线教育为纲，搞好田间管理。遵照伟大领袖毛主席关于"进行一次思想和政治路线方面的教育"的教导，认真学习毛主席著作。在斗争中提高广大干部和社员的阶级斗争、路线斗争、继续革命的觉悟。要把革命大批判和当前农村各项生产紧密结合起来，田间地头就是大批判的战场，摆正革命和生产的关系。把在大批判中激发出来的革命热情充分调动和发挥起来，进一步落实"抓革命、促生产"的方针，进一步落实党的各项经济政策，来推动当前的田间管理工作，促进农业学大寨群众运动向纵深发展。始终如一地坚持无产阶级政治挂帅，要把大批判和田间管理紧密结合起来，用毛泽东思想教育群众，狠抓阶级斗争，提高为革命种田的自觉性。用搞好拔草、追肥、浇水等一系列的田间管理工作的实际行动来批判空头政治和精神万能的谬论。

二、按照作物的特性，实行精耕细作，科学管理。"管"在科学种田上占有重要的地位。同样的情况和条件，管得不好，结果就大不一样。据下滩等先进单位多年来实行科学种田连年获得高产的实践证明，在田间管理中，一定要狠抓一个"早"字。早管理穗大、粒多、籽纯、产量高。在田间管理上，要种下就管，不失时机地环环紧扣，切实打好五个硬仗。一是早拔草，坚决消灭杂草。黄河沿岸的水地要普遍除草三遍，上半部地区山地也要普遍除净杂草，消灭草荒，个别草荒比较严重的生产队要积极开展化学除草工作。二是积极地、分期合理地根据作物生长不同的阶段追施化肥和草木灰。上半部地区气温比较寒冷，要把追肥集中在头二水，以利发挥肥效，促进作物生长。三是早浇水。有条件地区可以试行先浇水再拔头草。根据下滩的管理方法，头水可早在一片半叶就灌，四片叶子浇二水，拔节末期浇三水，抽穗浇四水，扬花灌浆浇五水，乳熟期浇六水。上半部地区浇水以四水左右为宜。总之，究竟浇几次水合适，要根据气候和庄稼的生长情况，从有利于增产的实际出发因地制宜。四是要贯彻“防重于治”的方针，防治病虫害，一旦发生，要组织力量立即扑灭。五是要加强护青工作。各队要抽调专人护青，制定一些有效的护青制度，采取必要的护青措施，严防人畜糟蹋青苗。

三、对田间管理的各项工作，都应明确分工，专人负责。只要我们充分发挥人的主观能动作用，按照各种作物的特点，密切注意自然条件对作物的影响，精心培育，细致管理，就能化不利因素为有利因素，促使庄稼健壮生长。对“三田”管理一定要偏水、偏肥，全面贯彻八字宪法，实验田要按农时季节，做好一系列的观察记录工作，目前要组织劳力，尽快做好查苗补苗工作，确保全苗。认真落实党在农村中的经济政策，实行男女同工同酬，是调动广大妇女参加社会主义革命和建设的积极性的关键。要批判“妇女落后论”，充分发挥妇女在田间管理中的巨大作用，要实行分组拔草，每个组要有作业组长，提高劳动效率。合理调整妇女拔草的劳动定额，实行五定（定地块、定工分、定质量、定人员、定领导）一验收（由生产队检查验收）的责任制度。要认真贯彻“以粮为纲，全面发展”的方针，在抓好田间管理的同时，要积极种好油料和晚田作物。在以粮为纲的前提下，上半部地区的药材生产，下半部地区蔬菜生产和经济林木任务都必须按计划保证完成。同时落实管理措施。

四、加强对田间管理工作领导。当前部分社队同志有“今年播种细、墒情好、出苗旺、丰收有把握”的盲目乐观情绪，也有一部分干部认为“春播大劲已过，可以松口气了”，这两种思想都影响着当前田间管理的进展，必须立即纠正。虽然今年夺取丰收有许多有利因素，但是，事物是“一分为二”的，我们也应当看到墒情好容易助长杂草生长和密植容易发生病虫害倒伏等不利因素。为此，要求各级领导深入到田间管理第一线去，按片分工负责，认真地做好调查研究，发现问题，解决问题，抓先进典型，抓薄弱环节，推动全局。各公社都要有自己的典型，通过召开现场会议，不断改进田间管理方法，提高科学种田水平，出色地完成田间管理任务。

——《循化撒拉族自治县革委会关于加强田间管理的通知》，循化县档案馆藏，档号：1-1-155（永久）。

文都公社革委会关于当前种子工作情况的汇报

两年来，我社在毛主席革命路线指引下，认真贯彻执行毛主席亲自制定的农业“八字宪法”，狠抓农作物良种选留和推广工作，农业生产得到迅速发展。全社集体粮食总产量去年比前年增长41%，今年估产又比去年增长39%，两年增长93%，超过历史最高年产量20%。

但是，我社的种子工作与先进社队相比，从发展的眼光看，尚存在不少问题，主要表现在：第一，领导上没有重视搞好良种增产的经验总结工作，对种子工作的重要性还认识不足，因此，缺乏抓种子的自觉性；第二，在推广良种和搞好种子提纯复壮的问题上，一些人存在着各种各样的右倾保守思想和怕苦、怕累、怕烦的畏难情绪，因此，决心不大，干劲不足；第三，由于上述原因，到今年为止全社杂粮面积仍然占粮食作物播种面积的39.8%。在青禾、豌豆作物中低产品种占88%。在小麦品种中大面积的混杂现象十分严重。有些如阿勃等高产新品种，由于未搞提纯复壮工作，良种退化现象也很明显。这些问题的存在，仍然影响着我社粮食产量的进一步提高。

省委召开的“农业学大寨”观摩会议和县委扩大会议精神传达后，公社党委和革委会反复学习毛主席关于“推广优良品种，有了优良品种，不增加劳动力、肥料，也可获较多的收成”的指示，发动群众认真总结种子工作和良种增产的经验，根据本社实际情况提出了今后种子工作的方向和一九七三年良种推广计划：

我社今后种子工作的方向是：要认真执行“自选、自繁、自留、自用，辅以必要的调剂”的种子工作方针，明年（一九七三年）基本实现各类作物良种化，在此基础上逐年提纯复壮，提高良种纯度的程度。然而良种化、纯种化不是绝对的，良与劣、纯与杂都是辩证的统一，都以一定的条件而转化。因此，必须树立一个年年提纯复壮的思想，立足于本社本队，不断地搞好种子革命。从明年全社都要形成一个“年年三搞的”的制度：年年搞品种试验田，不断培育适应本地区自然条件的高产良种；年年搞12%—14%的精选（麦穗剪两头和豆类粒选，下同）良种，搞好种子田，培养好大田良种；年年搞20%左右的穗选良种，种好高额丰产田，探索本地区高产稳产的经验。

一九七三年作物安排计划是：全社播种粮食作物面积一万四千亩，占 77%，比一九七二年增加一千九百亩。青禾、豌豆二千五百亩，占 25%，比一九七二年减少二千零八十九亩，要求水地控制在百分之二十以内，山地在百分之三十左右，洋芋五百亩，占 3.5%，比一九七二年增加二百九十四亩。播种油料作物 1300 亩，要求水地小麦地边全都套种油菜，提倡胡麻上山。

一九七三年推广良种计划是：1. 小麦：推广十个品种，即大面积推广阿勃、青春四号、青春五号、青春六号四个品种；小面积繁殖青春一号、青春十八号、阿夫、龙丁、甘麦十二号、一九七等六个品种。消灭一支麦、小红麦。压缩南六 2419、欧柔、内乡五号。坚决反对品种混杂。2. 青禾推广两个品种，即肚里黄和瓦兰。消灭红、鼎、黄三种青禾。坚决反对品种混杂。3. 豌豆推广两个品种，即保加利亚豌豆和西藏豌豆。消灭当地麻豌豆。坚决反对品种混杂。4. 洋芋推广两个品种，即 552 和 175。消灭当地深眼窝。坚决反对品种混杂。5. 油料推广两个品种，即云油三号和大辣芥。压缩胡麻面积。消灭本地小红芥。坚决反对品种混杂。

为了实现上述计划，当前是抓好种子工作的大好时机。因此，公社党委和革委会把种子留选工作作为夏收夏选的重要内容，当作争取明年继续丰收的关键性指标，在搞好夏收的同时，领导带头，动员群众，大抓狠抓此项工作。我们的一些做法是：

一、深入开展革命大批判，进行种子问题上的两条路线教育。伟大领袖毛主席教导我们："路线是个纲，纲举目张。""思想上政治上的路线正确与否是决定一切的。"因此，我们认真贯彻省、县会议精神，在狠批"精神万能论""爬行主义"等修正主义路线的同时，结合本社实际，深入开展四个批判和四个树立：一是批判一些人错误地认为"一支麦、小红麦面好"，"混杂麦能增产"，"农民需要吃青稞，牲口饲料需要青稞，肥料不是种青稞"等迷信老品种的旧思想，树立科学种田，大搞种子品种的新思想；二是批判有些人认为"夏收太忙，劳力紧张，选种太费工，实在顾不上"。等只顾眼前利益，不问明年丰收和怕苦、怕累、怕费的懒汉懦夫世界观，树立走上步、看下步和为革命种田，不怕苦、不怕累的彻底革命精神；三是批判一些人认为的"自己选种太慢，选种不如换种"以及伸手向国家要种子等两眼向上、两手向外的依赖思想，树立自选、自繁、自留、自用的自力更生精神；四是批判"去年选了种，今年不用选"的一劳永逸地形而上学观点，树立年年精选提纯复壮的辩证唯物主义观点。结合革命大批判采取算良种增产的办法，提高干部、教育群众。文都公社一九七〇年低产品种占粮食作物的 79.3%，这一年集体粮食总产才有二百三十万斤；一九七一年抓种子见成效，一年增产粮食九十六万斤；今年良种面积提高到百分之六十四，粮食总产又比去年增产一百一十八万斤，比一九七〇年增长近一倍。王仓麻一、二两个队浅山地面积占60%以上，去年因天旱加之又是低产品种占优势，故总产量只有十六万斤，今年在浅山大量推广了维如芬小麦，在脑山推广了青春五、六号小麦良种，结果大幅度增产，预计今年总产可达到二十九万斤。通过革命大批判和算账对比，使干部、群众认识到：种子问题，绝不是什么单纯性的问题，而是一个贯彻不贯彻毛主席制定的农业“八字宪法”，执行不执行毛主席革命路线，走不走社会主义道路，搞不搞马克思主义的两条路线斗争的大问题。从而，加深了对种子工作的认识，提高了路线斗争觉悟。原来不备选种的队积极选种了，原来准备到外面换种的，首先立足本队自选自留。拉弄哇大队原来不重视选种工作，经过路线教育，在全大队范围立即掀起一个群众性的选种高湖，突击精选良种一千九百斤，穗选良种一万一千三百斤，声势大，进度快，质量好，公社党委向全社推广了他们的经验。据了解全社明年所需良种的80%以上各队都做自力更生解决，外换数量大大减少。

二、只有领导监视，才能抓好种子。为了抓好今年的选种工作，七月份以来公社党委和革委会先后召开各种种子专题会议十次，组织参观，汇报情况，交流经验。夏收开始后，公社负责同志亲自深入基层，调查研究，逐队落实选种计划。夏收基本结束后，社队领导重心和夏收生产的中心立即转到选种方面来，领导亲自蹲点，以点带面。拉兄大队是我社过去播种低产品种面积大、产量很低的一个典型，去年以来，在全面贯彻农业“八字宪法”中大搞种子革命，两年总产增加93%，公社党委帮助该队认真总结经验，两次召开全社三级干部、农业技术员、贫下中农代表参加的良种田间观摩会议，推广拉兄大队推广良种增产的经验。全社麦收开始前，公社领导亲自带领干部分头到各队采集九十多种良种实物标本，举办实物展览，多次组织干部、群众参观，并专题召开种子评选会议。选种普遍开始后，公社领导亲自深入到毛玉、拉兄、拉弄哇三个大队调查研究，总结经验，召开全社工作经验交流广播会。从而，大大促进了今年选种群众运动的开展。目前，全社已有六百余名劳动力投入选种，形成了搞选种的人民战争。毛玉大队革委会副主任乔成同志亲自负责种子工作，亲自参加精选良种，带动了群众，保证了毛玉生产队的精选良种的快速度、高质量，受到了群众的好评和公社的表扬。

三、落实政策明确责任，保证质量。选种工作是一项非常耐心而细致的工作，因此，全社选种工作一开始，社队领导即抓选种的进度，更重要的是严把种子的质量关，各队都认真地制订和修订了选种的劳动定额，凡是选种的劳力都实行五定（定领导、定劳力、定任务、定质量、定工分）一验收的生产责任制，队队举办选种学习班，学习毛主席有关“推广优良品种”的指示，学习选种技术。从而调动了社员的积极性。拉兄大队为了做到选种顺利进行，干群劲头十足，他们白天选种，晴天组织小组选种，阴雨天动员群众突击。修藏主产队和廊日生产队严格把守质量关，在检查验收质量中发现有个别社员选种质量不高的问题后，组织现场观摩，开展批评教育。尕麻生产队和娘藏生产队为了提高互相串换的种子质量，双方主动协助。抽本队的劳力给对方搞精选良种。牙循生产队不仅狠抓小麦、青禾品种的选种质量，同时，还进行豌豆种子的粒选。从目前我社选种质量看，各队一般都采取了“三级选种，由低到高”的办法，即先进行块选，再搞稳选，在穗选基础上搞精选，按计划安排落实精选、穗选、块选三级良种。不少队对选好的种子还组织劳力进行了筛、簸、捡、晒，提高了种子的质量和纯度。

目前全社有三分之一的劳动力投入选种，群众的选种热情日趋高涨。截至八月三十日，全社已精选良种一万余斤，穗选良种三万余斤，已打块选种子二十余万斤。我们计划九月初在毛玉、拉兄、拉弄哇三个大队召开选种工作现场会议，做进一步的动员，计划大战多个月，选足留够明年所需的三级良种。

——《文都公社革委会关于当前种子工作情况的汇报》，循化县档案馆藏，档号：1–1–155（永久）。

循化县各社队加紧备耕

播种季节较早的循化撒拉族自治县，在农田基本建设取得显著成绩的基础上，已于去年十二月中旬，把“大战一百天”的重点逐步转向备耕方面，积极开展积肥送肥等各项备耕工作。

在“大战一百天”的战斗中，中共循化县委反复强调了妥善处理农田基本建设与备耕的关系。由于抓得早、抓得紧、抓得扎实，全县在搞好农田基本建设的同时，各项备耕措施已经取得了较好的成绩。据去年十二月初的统计，全县积攒的家肥已达五百四十三万七千多驮，比去年增加了 10%。在垫圈和沤肥中，很多生产队使用了烧过的熟土，改变了过去“生土搬家”的做法。此外，各公社大都把拉运羊板粪作为广辟肥源的重要措施，已拉回一千二百多万斤，为去年三百六十多万斤的两倍多。城关公社用水渠中清除出的多年淤泥，施肥四百多亩，增加了肥力，对改良土壤也有好处。

在种籽方面，良种化和多样化的程度更高了。全县在去年夏收前后精选良种的基础上，为了克服良种单一化的倾向，根据抗旱、抗锈、抗倒伏的要求，已从本地和外县串换良种三十三万多斤。大多数生产队准备了“阿勃”“青春五号”“青春六号”等四五个高产品种。目前，全县准备的良种已达三百五十三万多斤。土壤处理也超过去年两倍多。往年，一些公社对这项措施不大重视，今年通过总结正反两方面的经验，大都认真地开展了防治虫害工作。全县已对二万五千亩水地进行了土壤处理。同时，冬灌亩数多，耙耱次数也多。目前，已冬灌四万亩，占水地的三分之二。冬灌后的地一般都耙耱了两遍，有的还耙耱三遍。浅山地较多的尕楞、道帏等公社，还采用了雪后打土保墒和扫雪归田的办法，预防春旱。

为了进一步搞好备耕工作，中共循化县委不久前召开的县委扩大会议，对全县的备耕工作做了具体布置。会议号召全县，一、继续抓好批修整风。在批修整风中要紧密结合实际，克服一些人的自满和松劲情绪。二、加强各级党组织对冬季备耕工作的领导，各级领导要继续深入第一线，特别要抓好后进队，帮助他们赶上来。三、做好可能继续旱下去的精神准备，发动群众增强防旱抗旱措施，力争大旱之下也要丰收。此外，要充分爱护群众的积极性，安排好群众生活，坚持劳逸结合。

目前，各公社的备耕活动都大规模地铺开了。他们普遍集中了优势兵力，动用手扶拖拉机、大车、架子车等运输工具，并以牲口驮和人背，加紧往地里送肥。有的兵分两路，另外组织了专业队，专门突击烧灰，或是继续拉运羊板粪，为今年的早田作物和晚田作物增加肥料。有的为了继续提高良种化纯度和良种多样化的程度，不但在本地串换，还到外地串换，不但串换优良麦种，还串换菜籽、洋芋和豆类的良种。一些社队，因地制宜地抽调部分劳力，继续治水治土，抓好水、土配套，争取今年受益。县农业技术推广站，开始在各社、队举办“五四〇六”培训组，边传授，边生产这种增产效能好的菌肥。县农机修配站进一步开展了修配业务。商业、运输、卫生等部门的支农工作都得到了加强。全县各族干部和社员群众，在县委的领导下，指导思想明确，重点抓得准，步子迈得快，紧张而有秩序地掀起了冬季备耕的热潮。

——本报循化讯：《循化县各社队加紧备耕》，《青海日报》，1973 年 4 月 2 日。

西沟大队发动群众挖泉浇地

循化撒拉族自治县城镇公社西沟大队党支部发动群众寻找水源，挖泉浇地，推动了抗旱春播。西沟大队有八百多亩水地，因为去年冬天干旱缺雨，水量不足，只有一百多亩地灌了冬水。春播开始后，社员们积极利用消冰水浇地，但是，消冰水一个昼夜只能浇七八亩地。这样慢腾腾地浇下去，就要耽误春播季节。为了不失时机地搞好抗旱春播，党支部及时召开党员、干部会议，讲明当前旱象的严重性，号召党员、干部和社员群众以大寨贫下中农为榜样，发扬“天大旱，人大干”的革命精神，积极寻找水源，搞好春灌，能种一分是一分，能种一亩是一亩。会后，各生产队立即发动群众进行勘察，寻找水源。第一、第二、第五三个生产队用了一千多个劳动日，挖泉三处，水量合计大约一坝口。他们用泉水浇了四百多亩地，加上冬灌地，已经播种五百多亩。第一生产队发扬“龙江”风格，推迟经济作物播种时间，把泉水让给下游的光明大队，支援他们搞好抗旱春播。

在抗旱斗争取得初步胜利的时候，大队党支部及时提出了新的战斗任务，号召党员、干部和社员群众进一步树立长期抗旱思想，继续努力抓水抗旱，在最短时间内把剩下的三百亩水地浇完种完；同时，决定组织一批社员在五队上游河滩挖泉截流，以便适时浇上青苗水，努力实现抗旱夺丰收。

——城镇公社通讯组：《西沟大队发动群众挖泉浇地》，《青海日报》，1973 年 4 月 17 日。

学大寨　赶昔阳　重新安排循化河山

一九七〇年秋季以来，在中央北方地区农业会议精神鼓舞下，我县坚持以批修整风为纲，认真落实党在农村的各项无产阶级政策，动员全党全民鼓足干学大劲，力争上游，掀起了“学大寨，赶昔阳，重新安排循化河山”的群众运动。经过两年多的艰苦奋斗，大寨精神、昔阳经验在我县由点到面逐步推开，农业生产条件有了较大的改变。全县粮食总产量在一九七〇年两千五百万斤的基础上，一九七一年增加到三千一百四十七万斤，一年增长了 25.9%，超过历史上最高水平。一九七二年在一九七一年的基础上，又增长了 23.4%，总产达到三千八百八十二万斤。一九七二年全县上《纲要》、过“黄河”的大队、生产队达到二分之一，道帏公社粮食产量平均每人超过千斤。全县继一九七一年超额完成国家征购任务后，去年入库粮食超过任务数的 17%。同时，集体储备粮和社员口粮、收入也有显著增加。粮食生产的迅速发展，带动了多种经营的开展。两年来，全县植树造林近六千亩，育苗五百多亩，很多生产队都有了自己的苗圃基地和成片造林地。藏、汉族地区的养猪头数两年增长 60%。大小牲畜增长 17%。以经济林木和中药材生产为主的集体骨干副业两年增长五倍。

一九七二年全县多种经营收入达到一百二十三万元，比一九七一年增长 80%。

两年来的实践，使我们深刻体会到，伟大领袖毛主席提出的“以农业为基础、工业为主导”的发展国民经济总方针和农、轻、重的安排顺序，反映了社会主义经济发展的客观规律。按照这个规律搞社会主义建设，国民经济就会出现全面跃进；违背这个规律，就会给社会主义建设带来损害，影响国民经济的发展速度。回顾两年来的工作，我们就是遵循着这一规律从以下五个方面下工夫的：

一、以批修整风为纲，不断向农民灌输社会主义思想

我县过去农业上不去的一个重要原因，就是受“重副轻农”“副业单干”“一平二调”等反革命修正主义路线的干扰和破坏，使毛主席的“以粮为纲，全面发展”的方针没有得到很好的贯彻落实。中央北方地区农业会议后，我们坚持以批修整风为纲，深入进行社会主义教育，弄清了农村社会主义发展前景同党在农村工作中的现行政策的关系，什么是社会主义道路，什么是资本主义道路的界限，进一步懂得了“只有社会主义才能够救中国”的道理，明确了大寨道路就是多快好省地建设社会主义农业的道路，提高了“农业学大寨”的自觉性。

实践证明，批修整风一经深入，社会主义思想就大大发扬。凡是抓住这个根本的，农业生产面貌就变得早，变得大，变得快。道帏公社俄家大队在中央北方地区农业会议后，狠抓了路线教育这个根本，依靠群众，艰苦奋斗，两年来连年增产，成为全县后进变先进的典型，对全县学大寨运动的深入开展起了带头示范作用。清水公社孟达大庄大队前几年一度出现了“妇女种庄稼，男人搞副业，吃粮靠集体，花钱靠自己”的不正常现象，在七百人耕种六百亩土地的情况下，亩产量一直徘徊在三百斤左右，集体副业收入也不过五千元。去年，大队党支部远学大寨，近赶俄家，深入进行路线教育，调动了社员群众的社会主义积极性，认真贯彻“以粮为纲，全面发展”的方针，全面合理地安排了农、副业生产，奋战一年，粮食平均亩产过“黄河”，达到五百三十斤，集体副业收入比一九七一年增长 60%，完成了国家粮食征购任务，集体积累和社员个人收入都有增加，一跃进入了先进行列。

二、全面落实党的政策，充分调动干部、群众学大寨的积极性

政策是执行路线的保证。全面落实党的农村经济政策，不单是个经济问题，首先是贯彻执行毛主席的革命路线，坚持社会主义方向的大问题。同时，也只有使党在农村的各项经济政策全面落实，才能激发起农村干部、社员大干苦干的十足劲头。

中央北方地区农业会议后，我们认真学习党的干部政策和现阶段农村人民公社的

基本政策，深入批判分裂党、分裂干部队伍、大搞宗派主义的反革命修正主义路线，认真贯彻执行团结干部大多数的政策，鼓励和支持好的和比较好的干部站出来积极工作；对于犯过错误的干部，在他们提高认识并决心改正后，一般也都安排了适当工作，从而团结了干部的大多数，调动了他们的积极性。两年来，全县的基层干部基本上是稳定的，他们为重新安排循化河山出了不少力。与此同时，我们还深入社队发动群众狠批妄图改变党的基本路线和政策的罪行，揭露其所谓“割私有制尾巴”，改变基本核算单位等形“左”实右的实质。坚决贯彻党在农村现阶段的各项经济政策，坚持“各尽所能，按劳分配”的社会主义分配原则，加强社队的各项经营管理制度，普遍推行生产责任制，为调动社员群众的社会主义积极性、推动学大寨运动的深入开展创造了有利条件。

东风公社是两年来贯彻落实党的政策比较扎实的一个公社。这个公社在两年前，有 50% 的大队是后进队，有人曾认为这里是“三升的皮袋装不下四升粮”，没法学大寨。在全面认真地落实党的各项政策后，生产面貌发生了显著变化。全社粮食产量一九七一年比一九七〇年增加 40.8%，超过历史最高水平。一九七二年更上一层楼，在浅山地占现有耕地 40% 的条件下，粮食平均亩产上了《纲要》，达到四百二十四斤，其中八千亩水浇地亩产过了“黄河”，达到五百四十三斤，成为全县农业学大寨的先进公社之一。

三、伟大领袖毛主席亲自制定的“鼓足干劲，力争上游，多快好省地建设社会主义”的总路线，是照耀我们各项经济建设事业前进的灯塔

毛主席亲自树立的大寨红旗，是总路线精神的生动体现。中央北方地区农业会议后，我们把学不学大寨、是真学还是假学的问题，提到是不是贯彻总路线、走不走社会主义道路的高度来认识，引起各级干部的重视。各级干部在区分是真学还是假学大寨的“真”“假”问题上，认识到关键在于有没有一个很大的干劲。要真学大寨，就要在“鼓足干劲”的“足”字上下工夫，舒舒服服，鼓六分七分劲不行，修修补补，鼓八分九分劲不够，一定要鼓得干劲十足，敢于大干，肯于大干，吃大苦，耐大劳，硬是要有改天换地的雄心壮志。我们首先带领群众打了一场以修建“大寨田”为中心、改变农业生产条件的硬仗。经过两年多的大干苦干，全县已建成“大寨田”三万三千多亩，旱地变水地三千九百亩，水地冬灌制已全面推开。播种基本上实现机械条播化，麦类作物全部实现良种化。农业机械和化肥成倍增加。特别是农田水利基本建设的群众运动，由过去的秋季搞，发展到常年搞，由搞水地园田化发展到山、水地一起搞，

由搞耕地的平整发展到治山、治坡、治沟、治滩。历史上“干循化”的面貌正在改变。

四、大干大改观，苦干出成果

道帏公社多哇大队，从一九七〇年开始，在地形比较复杂的情况下，以大寨贫下中农战天斗地的革命精神为榜样，冒风雪，战严寒，劈崖填沟，以每亩投工一百多，最多每亩投工四百个的硬功夫，修成大块梯田二百五十亩，并积极推广优良品种，增施肥料，实行条播，合理密植，加强田间管理，在海拔二千五百米的高寒地区，一九七一年八百亩水地粮食平均亩产上《纲要》，一九七二年跨过“黄河”，达到六百二十三斤，其中二百多亩新修梯田平均亩产在八百斤以上，八十多亩高额丰产田平均亩产千斤以上。全大队每人平均生产粮食一千五百斤。尕楞公社三麻力生产队十九户人家，大搞浅山水利建设，一年水浇地面积扩大一半，平均亩产上《纲要》，创造了粮食产量每人平均双千斤的新水平。事实说明，在学大寨运动中，只要肯于苦干，功夫下得深，步子就跨得大、跨得快。

五、以粮为纲，全面安排，积极发展多种经营

在深入开展学大寨运动中，我们通过深入实际调查研究，根据全县三类不同地区的自然特点、历史传统和群众愿望，因地制宜地提出了“上半部沿山多沟，气候较冷，开展多种经营以发展畜牧业、药材生产为主；中部地处沟道浅山，荒山荒坡多，开展多种经营以发展花椒、核桃等干果为主；黄河沿岸地势平坦，气候温暖，开展多种经营以发展苹果、梨为主建立水果基地”的规划，总结推广了上科哇大队治山引水大搞花椒山的“愚公移山”精神、苏只大队开发三百亩乱石滩建立苹果园的干劲、沈家生产队科学管树的办法、起台堡大队当年种植药材当年受益和宁巴大队农牧结合，以牧促农，努力实现农业机械化的经验等。县上每年召开两次多种经营会议，训练技术员，组织检查评比，农牧、商业和国营园艺场等部门、单位从技术、资金、种苗上大力支援集体骨干副业，促进了多种经营生产的迅速发展。

——中共循化撒拉族自治县委员会：《学大寨　赶昔阳　重新安排循化河山》，《青海日报》，1973年5月26日。

遵照毛主席关于“必须把粮食抓紧”的教导　循化县积极做好夏收准备

循化撒拉族自治县各级党组织和革委会，以批修整风为纲，积极带领社员群众，鼓足干劲，在抓好后期田管的同时，抓紧进行夏收准备。

循化县黄河沿岸气候较暖，麦类作物新品种成熟期集中，加之今年冰雹频繁出现，

所以收割打碾是全年最紧张的季节。各级党组织充分认识这种情况，早动手，早准备。县委最近召开了黄河沿岸四个公社的夏收誓师动员大会，总结交流了上半年抗旱保苗斗争的经验，讨论安排了夏秋收期间的各项任务。红旗公社中庄大队、清水公社下滩大队等许多大队还举办学习班、召开各种会议，认真传达落实县誓师大会精神。他们针对一些人存在的“麦子黄了就割，有啥准备头”“年年喊夏收准备，老一套”等错误认识，学习了毛主席关于“必须把粮食抓紧”等教导，总结本队往年夏收中的经验教训，使大家提高了认识，统一了思想，决心及早动手，做好准备，保证不违农时。下滩大队三个生产队只有两台脱粒机，他们及早筹集资金，很快买回一台，并积极准备复种需要的籽种、肥料。中庄大队积极进行劳力编组，落实各项制度，特别是按照夏收特点重新健全了“五定”责任制，并抽出一定劳力，购置、修理、制作各种农机具一千多件。

为了搞好夏收，县工交、财贸、农机等部门的职工，积极开展支援活动。农机修造厂今年以来制造脱粒机三十多台，已陆续运往农村；同时，他们还组织力量，为生产队修理夏收农具。商业部门和农机站广开门路，组织货源，调剂余缺，准备农机具万余件。

——循化县革委会通讯中心组：《遵照毛主席关于“必须把粮食抓紧”的教导 循化县积极做好夏收准备》，《青海日报》，1973年6月12日。

以粮为纲 全面发展 孟达山大队发展耕畜取得成绩

循化撒拉族自治县街子公社孟达山大队，加强领导，落实政策，狠抓耕畜繁殖饲养，取得了显著成绩。

孟达山大队地处山区，原来有一定数量的耕畜，但前几年由于受到反革命修正主义路线的破坏和干扰，耕畜从数量到质量都有所下降，影响了农业生产。一九七〇年在中央召开的北方地区农业会议精神鼓舞下，大队党支部决心认真贯彻落实党的“以粮为纲，全面发展”的方针，在发展粮食生产的基础上，要把畜牧业生产促上去。为此，大队党支部和革委会切实加强了对畜牧业生产的领导，大队分工由一名支委、革委会副主任专管畜牧业生产，各生产队由生产队长亲自抓。党支部每半年对畜牧业生产进行一次检查、总结和安排，发现问题及时解决。加强对饲养员的思想教育，组织学习毛主席著作，学习党的方针、政策，树立为革命养畜的思想；发现好的典型和先进经验，及时召开现场会议，认真总结推广。同时，认真落实党在农村的经济政策，建立和健全发展牲畜的各项规章制度，实行“五定”（即定人员、定繁殖、定成活、定膘情、定报酬）责任制，还购买了优良种公畜，指定专人负责，认真进行配种繁殖工作，从而有效地调动了社员群众发展牲畜、爱护牲畜的积极性，促进了全队耕畜的发展。三年来，全队集体繁殖发展骡、马、犏牛等大牲畜共一百零三头（匹）。牲畜发展以后，扩大了肥源，比如去年全队总施肥量比一九六九年增加一倍多，促进了粮食生产。另外，牲畜发展以后，为农业提供资金一万余元，扩大了公共积累，加速了农业机械化和半机械化事业的发展。目前，全大队有拖拉机一台、脱谷机三台、柴油机三台、小钢磨一台、条播机八台、架子车五十二辆。集体经济不断得到巩固和发展，社员收入逐步增加。

——循化县农牧科：《以粮为纲　全面发展　孟达山大队发展耕畜取得成绩》，《青海日报》，1973 年 6 月 24 日。

循化黄河沿岸各族干部和社员鼓足干劲　全力投入夏收

循化撒拉族自治县黄河沿岸川水地区麦类作物黄熟，各族干部和社员怀着喜悦的心情，乘大好形势，抓紧时机，全力以赴地投入夏收战斗，同时积极扩大复种面积，夺取今年农业丰收。

夏收前，循化县各级党组织抓紧批修整风，深入进行党的基本路线教育，宣传国内外大好形势，提高了广大干部社员对搞好夏收、复种，夺取农业新丰收的认识。许多社队为了搞好夏收复种，抽回了搞副业的劳力，积极购买、修理农机具，停建或缓建了一些影响夏收的工程，减少了会议，妥善安排社员生活，做到了劳力、领导、农机具、耕畜、时间五集中。夏收中，社员们干劲很大，积极出主意，想办法，抓晴天，抢阴天，防雹防洪。当前天气多变，一天下几次雷阵雨，社员们顶风冒雨，毫不退缩，坚持抢收抢种。目前，黄河沿岸的红旗、城镇、清水、街子等公社已经收割近万亩，做到了随黄随割、随运捆子。

大搞复种，管好秋田，弥补灾害造成的损失，这是广大基层干部和社员群众的决心。今年，黄河沿岸气候较暖地区复种面积将比去年增加三倍多。为了完成复种任务，县农林部门配合有关生产队搞秋豌豆种子七千多斤，调剂解决了两千多亩地的小油菜籽种，并且发动社队串换、调剂洋芋、荞麦籽种，基本上可以满足复种的需要。

循化县的广大干部和社员遵照毛主席关于采用良种的教导，结合夏收认真进行选种工作。他们在搞好穗选的同时，对种子田普遍进行除杂去劣，力争明年实现良种纯种化。红旗公社党委根据当地收割期集中、夏收任务大的实际情况，采取群众突击选种和专业队选种相结合的办法，收割前就基本搞完了选种工作。各生产队还设了籽种专用场面，做到单收、单垛、单打、单仓保管，防止混杂。

为了加强对夏收复种工作的领导，循化县各级领导深入夏收第一线，蹲点跑面，分片包队，帮助基层搞好批修整风、进行基本路线教育，进一步贯彻落实党的各项经济政策。清水公社各级干部在夏收第一线参加劳动，指挥生产，在抓好思想教育的前提下，进一步落实政策，推行“五定一验收”的责任制，推动了夏收。这个公社在河东地区三个大队蹲点的同志，帮助基层抓批修整风、路线教育，抓政策学习……使这三个大队克服了只注意抓制度、搞定额，忽视思想教育的倾向，同时，认真解决了落实政策中存在的问题，从而大大调动了社员群众的积极性，加快了夏收复种的进度。

——循化县革委会通讯组县农牧科钟建华：《循化黄河沿岸各组干部和社员鼓足干劲　全力投入夏收》，《青海日报》，1973年7月26日。

撒拉族人民在前进

积石山下，黄河河谷的青海省循化撒拉族自治县，是我国撒拉族人民主要聚居的地方。不久以前，我们访问了这个县，看到撒拉族人民的家乡呈现繁荣兴旺的景象。

在流经循化撒拉族自治县的黄河岸边，有一方方整齐、平展的园田，撒拉族妇女们戴着色彩夺目的盖头，正在田间劳动。一些荒山坡上，红旗招展，男女社员们在整修渠道，开荒造田。抽水机送来哗哗的流水声，拖拉机、汽车传来阵阵马达声，在河谷里交相回荡。看到这一切，谁会想到，解放前的循化会是一个荒凉的地方？

传说在很早以前，撒拉族的祖先为了寻找乐土，跨荒漠，涉激流，历尽千辛万苦，来到积石山下的黄河岸边，在循化这个地方定居了下来。他们同汉、藏、回各族兄弟共同开发了黄河岸边的土地，在这里繁衍生息。但是，在黑暗的旧社会，撒拉族兄弟受尽了苦难。国民党反动派统治的时期，强加在撒拉族人民头上的苛捐杂税有四十多种，劳动人民过着“缴不完的款，纳不尽的粮，拔兵差役没个止，年年月月愁断肠”的悲惨生活。他们辛勤开垦的耕地，修筑的渠道，绝大部分被地主、宗教寺院霸占去了。国民党反动派、反动的民族头人和宗教上层狼狈为奸，不断在民族和宗教派别之间制造纠纷，挑动仇杀。在解放前近四十年的时间里，循化就发生了一百三十多起大规模的武装械斗，不知有多少撒拉族兄弟流离失所，家破人亡。

自从来了共产党，撒拉族人民才摆脱了苦难，迎来了光明。解放初期，党和国家在撒拉族地区迅速发放了四十多万元救济款和一百万元的贷款，帮助恢复生产，重建家园。在社会主义革命和社会主义建设中，勤劳勇敢的撒拉族人民艰苦奋斗，阔步前进。近两年来，他们同汉、藏、回各族兄弟一起，高举“农业学大寨”的旗帜，大干、苦干。县里还办起了农机厂、发电厂、建材厂、面粉厂等小型企业，试制生产了脱粒机、播种机等农机产品。在国家的大力支援下，循化建设了一个一千瓩的“黄丰”电站，社队自办的小水电也不断发展。现在，撒拉族社员家里有了电灯，生产队有了广播，许多队用电力脱谷、扬场。这种变化是撒拉族人民过去不敢想象的。

“黄河边，渴死人”是解放前循化地区流传的一句话。黄河从境内奔腾而过，但河床太低，不能引水浇地。许多耕地是靠山里流来的小溪灌溉，就连这一点点水，也被地主把持着。解放以后，撒拉族人民在党的领导下，决心征服自然。一九五七年冬天，全县人民冒着凛冽的寒风，刨开冻土，劈断山崖，修筑了长达四十里的“黄丰”水渠和孟达山、多什则等水利工程。撒拉族人民有史以来第一次用黄河水灌溉农田。一九七〇年以来，在“农业学大寨”群众运动中，全县人民提出了“重新安排循化河山”的战斗口号，在县委和县革委会的统一部署下，大搞水利建设，取得了全县平均每人有一亩水浇地的成绩，“干循化”的面貌初步得到改变。接着，他们又大力修筑梯田，平整土地，光是去年秋收以来，全县就修大寨田一万多亩，造田两千多亩，有五十五项水利工程动工，其中有十四项已经完工。

循化有青海高原“花果之乡”的美称。撒拉族人民在粮食产量大幅度增长的同时，积极发展多种经营。有的大队在荒山坡上开垦果园。春天，果园里百花争艳，秋天，果香四溢。苏只大队苹果园负责人、大队党支部副书记告诉我们，他们在荒坡上建立的果园，是一九六六年冬天开创的，几年来共用了十万多个工，挖了四万多土石方，在乱石坡上建成了一个有六千六百多株果树的大果园，还栽了有三千多株树的防风林。东风公社上科哇大队的社员艰苦奋斗，把一个陡石山坡变成了“花椒坡”，在层层的梯田里种上了大片花椒、核桃树。撒拉族人民用自己勤劳的双手，努力改变着循化的面貌。最近两年，全县共建立了二千九百多亩果园和药材基地，各种经济林木比一九七〇年增长了五倍。所以，全县一九七二年多种经营的收入比一九七一年增加了80%。由于多种经营的发展，增强了人民公社集体经济的力量。一九六七年以前，全县只有六台拖拉机、一台脱谷机。现在，全县各种农业机械已经有了九百多台。

——新华社西宁电：《撒拉族人民在前进》，《青海日报》，1973年8月28日。

循化县农田基本建设规划好动手早

循化撒拉族自治县广大干部和社员群众，在党的十大精神鼓舞下，以批林整风为纲，抓大事，促大干，在认真搞好打碾入库工作的同时，一个队队有规划、男女老少齐上阵的农田基本建设群众运动已在全县蓬勃兴起。

一九七〇年以来，全县各族人民高举“农业学大寨”的旗帜，连续三年开展了大搞农田基本建设的群众运动，全县已有 60% 的水地实现了园田化，增强了抗旱能力。去冬今春九个多月没有下透雨，水地仍普遍增产，全县粮食总产量超过了丰收的一九七二年，据红旗公社大庄大队第五生产队的对比试验结果，园田化地块比一般地块亩产增长近 40%。抗旱斗争的实践，进一步提高了广大干部和各族社员大搞以治水改土为中心的农田基本建设的自觉性。为了迅速改变生产条件，加速建设社会主义新农村的步伐，循化县委决心以批林整风为纲，带领全县各族人民大干一场，力争尽快实现全县水地园田化。在六月底召开的全县夏收、夏选四干会上，县委就同时安排了农田基本建设工作。夏收开始后，各社队一面抓打碾入库，一面抓农田基本建设规划。群众普遍反映，今年的农田基本建设思想明确，动手早，规划好，行动快。黄河沿岸打碾基本结束的红旗、城镇、街子、清水、东风五个公社已将 70% 以上的劳力投入农田基本建设；地处山区的道帏、文都、尕楞公社，也都兵分两路，一面抓紧打碾入库，一面进行农田基本建设。省委召开的农田基本建设汇报会议以来，全县已有 60% 的劳力和二千余辆架子车投入农田基本建设，目前已兴修园田化面积和水平梯田七千余亩，完成小型水利工程四十五项，扩大水浇地三千余亩，改善灌溉面积一万一千余亩。

循化县各级党组织在十大精神鼓舞下，抓大事，促大干，把批林整风作为搞好当前农田基本建设的强大动力。许多社队在田间地头，利用劳动休息时间召开批判会，充分利用林彪反党集团这个反面教员，向广大群众进行阶级斗争和路线斗争的教育。东风公社社员群众在十大精神鼓舞下，战天斗地大搞农田基本建设。城镇公社继续深入批判了“重钱轻粮”的资本主义倾向，大大鼓舞了社员群众学大寨的干劲，最近，投入农田基本建设的劳力由过去不到一千人，猛增到近三千人。

大搞农田基本建设，是发展社会主义农业的百年大计，必须有一个切合实际的规划。今年，各社队根据县上关于搞好农田基本建设规划的意见，从总结经验入手，深入批判了修修补补、小脚小手没有远大理想的小农经济思想，坚定了大干、大变的决心，普遍成立了由干部、老农、技术员结合的规划小组。进行实地勘察，根据先易后难、集中连片、当年受益和长远受益相结合的原则，从高产稳产出发，对山、水、林、田、道进行全面规划，综合治理。东风公社今年在党委书记带领下，全公社组织了一百一十人，成立了十八个规划小组，对每一个大队都进行了逐山、逐沟、逐块规划。这个公社的拉边大队，八月上旬打碾入库基本结束后就成立了规划小组，他们既有长远打算，又有逐年安排，今年进行基本建设的上渠一片土地，沟岔多，地块小，经过规划，将原来二百四十八块合并为一百三十四块，原有大小渠道三十二条改建为六条；原有道路八条改建为三条，对生产很有利。公社党委及时在这个队召开了现场会议。县上也组织社队干部现场参观，带动全县普遍做到了先规划，后行动，大大提高了农田基本建设的质量。

——马全德、钟建华：《循化县农田基本建设规划好动手早》，《青海日报》，1973年10月23日。

抓大事　促大干　搞水利　防春旱——循化县加紧备耕迎接春播

循化撒拉族自治县的广大干部和社员群众，认真学习元旦社论，深入贯彻十大精神，以大战一九七四年夺取新胜利的决心，抓紧时机，大搞备耕生产。

这个县备耕生产的一个显著特点是，干部和社员有长期抗旱的思想。为了预防春旱，在去年完成了五十二项水利工程、扩大和改善灌溉面积一万四千亩的基础上，继续大搞水利建设。目前投入小水利整修配套、河滩截流、新工程备料、治河造田的劳力达三千多人。黄丰电站为了不影响春灌，及早动手，领导亲自上阵，组织劳力，加紧进行黄丰渠鱼嘴进水工程复修，力争提前完工，加大进水量；牙门去乎与加入两个抽水机站的整修和清淤工程，也正在加紧进行。文都公社合哇大队总结了过去水地受旱的经验教训，目前正在破冰撬石，大搞河滩截流，把渗入地下的河水引出来，保证春天能浇水。尕楞公社山地面积大，连续两年受旱，他们发扬“天大旱，人大干”的精神，两年搞成小型水利工程二十六项，并且从去秋以来，狠抓七座小涝池的配套蓄水，积极发挥水利设施的效益，现在已经蓄水近二十万方。

循化各级党组织和革委会在领导备耕生产中，坚持抓大事，促大干。去冬以来，各社、队普遍举办学习班，认真总结经验，加强基本路线教育。街子公社波拉亥大队，过去资本主义自发倾向比较严重，一些社员出外搞副业，抓现钱，“半年副业，半年闲”，不重视农业。往年冬季备耕生产无人管。今年通过学习元旦社论，狠批林彪的修正主义路线，批判“重副轻农”的资本主义倾向，使干部和社员的路线觉悟不断提高，纠正了“过冬闲，备耕慢慢干”的错误思想，备耕生产安排得好。他们在胜利完成去秋农田基本建设任务后，立即大搞备耕，成绩显著。今年所需良种全部备够，水地冬灌耙耱适时完成，已从邻近牧区拉回羊板粪三万五千斤，比去年增加两倍半，家肥比去年增加10%左右，还购买化肥三万多斤，水地送肥任务已基本完成，为实现今年新丰收创造了良好条件。道帏公社党委自觉抓大事，全公社组成贫下中农工作队六个，由主要负责同志带领，深入后进队，组织群众学习元旦社论，贯彻十大精神，推广农业学大寨经验，备耕生产搞得扎扎实实。这个公社今年除家肥比上年增加外，已经烧野灰一万多方，购买化肥四百吨，比去年大大增加，种子工作和破冰冬灌也比往年搞得好。

目前，全县正继续抓紧备耕，迎接即将到来的春耕播种季节。

——循化县革委会中心通讯组：《抓大事　促大干　搞水利　防春旱——循化县加紧备耕迎接春播》，《青海日报》，1974年2月2日。

在反倒退反复辟斗争中奋勇前进

新旧社会两重天。解放前的循化，是一座人间地狱，撒拉族和其他各族人民，生活在水深火热之中，当牛做马，受尽压迫和剥削，喝尽了苦水，吃尽了苦头。那时，循化流传着控诉黑暗的旧社会的民谣说：黄河水向东流，黄河两岸出虎狼，血汗穷人流，地主黑心肠，偌大个循化没有穷人走的路啊，整日挣扎在死亡线上。解放以后，循化各族人民在伟大领袖毛主席和共产党的领导下，大搞社会主义革命和社会主义建设，使社会主义的新循化发生了翻天覆地的变化，无产阶级专政不断巩固，撒拉族和各族人民日子越过越美好，他们齐声唱道：春雷一声响，东山出太阳，来了救星毛主席，来了共产党。推倒了三座山，撒拉把身翻，毛主席铺下的五彩路啊，越走越心欢。

几年来，只有一百六十多个劳动力的俄家大队，整修了大寨田一百五十多亩，治河造田一百三十多亩，造林一百六十多亩，粮食产量逐年增加，一九七三年粮食总产达到三十万零四千二百二十二斤，比一九七〇年的十六万八千斤增长81%，由后进队变成先进队。俄家大队的党支部书记韩有录同志，代表撒拉族党员和人民群众出席了党的十大，和各族人民的伟大领袖毛主席一起共商国家大是。这是党和毛主席对撒拉族人民的无限关怀，也是撒拉族人民的无上荣光。

撒拉族人民热爱毛主席，毛主席关怀撒拉族人民。在一九五六年农业合作化高潮中，毛主席亲自为我们循化撒拉族自治县下滩农业社写了光辉按语：“凡是存在着青海循化县这样一种情况的地方（这种情况是很多的），都要经过对于干部和群众的教育，有步骤地改变这种情况。”下滩大队的干部和群众，听毛主席的话，坚持前进，反对倒退，坚持走社会主义道路，反对复辟资本主义，努力发展生产，巩固集体经济，一九七三年粮食平均亩产达到八百六十四斤，胜利地跨过了“长江”。全县各族干部和人民群众，就像俄家、下滩大队的干部和群众一样，大干苦干。现在全县已经建设水地园田、山地梯田、治河造田四万五千多亩，占总播种面积的40%多；兴修大小水利工程一百八十五项，扩大和改善灌溉面积六万二千多亩，平均每人有水地一亩。近三年来，农业机械迅速发展，全县已有大小拖拉机一百三十一台，还有条播、脱粒、粉碎、扬场、农副产品加工等机械一千多台。生产条件的不断改善和农业机械化程度的不断提高，带来了农业生产的连年丰收。一九七三年全县粮食总产量比一九七〇年增产53%，比自治县成立前的一九五三年翻了一番。全县有一半以上的社、队，粮食亩产上《纲要》，过“黄河”，跨“长江”。粮食征购任务连年完成和超额完成，集体和社员储备粮逐年增加，生活水平日益提高。

“五小”工业从无到有，蓬勃发展。循化撒拉族自治县成立以前，只有零散的手工业作坊。现在有了国营农机修造、水泥、砖瓦、木材加工、水力发电等工厂，工业年产总值达到九十二万多元。文化、教育、卫生、体育、广播、电影等事业也蓬勃向上，不断发展。

我县二十年来所以能够取得这些成就，是毛主席革命路线和党的民族政策的伟大胜利。在各级党委的重视和关怀下，我县大力培养和发展了少数民族党员、少数民族干部、少数民族工人和妇女干部。现在全县少数民族党员占党员总数的79%，少数民族干部占干部总数的33%，少数民族工人占工人总数的56%。根据毛主席关于培养无产阶级革命事业接班人的五项条件和老、中、青三结合的原则，我县选拔一批经过锻炼和考验的少数民族干部担任了各级领导工作，县委常委以上的领导干部中，就有六名撒拉族等少数民族同志。在党的培养教育和汉族干部的热情帮助下，少数民族干部茁壮成长，成为我县社会主义革命和社会主义建设事业中的一支坚强的骨干力量。

——马成龙:《在反倒退反复辟斗争中奋勇前进》,《青海日报》，1974年3月9日。

干部深入第一线加强领导　带领群众大干苦干
——循化县农田基本建设蓬勃发展

今春以来，中共循化县委遵照毛主席和党中央的指示，带领全县各族人民，坚定了走社会主义道路的决心，焕发出极大的社会主义积极性，使干部群众提高了社会主义觉悟，树立了“人定胜天”的信念，决心以大寨为榜样，坚持社会主义方向，迎着困难上，条件越差越要干，彻底改变落后面貌。秋收一结束，这两个公社就集中了多数劳力，开展了轰轰烈烈的农田基本建设。清水公社的河东下庄和上庄两个大队，联合治理了一条洪水沟，把昔日洪水横溢的沟壑改造成四十多亩平展展的园田。城镇公社在今春治滩大会战取得开荒一千亩的成绩的基础上，秋后又连续大战荒滩，决心把三个千亩以上的荒滩变成良田。

全县大规模的农田基本建设开展起来以后，县委进一步加强领导。县委一名常委带领八十多名县级机关干部深入基层，抓两头，带中间，推动全县农田基本建设蓬勃地向前发展。在农田基本建设中，各级党组织和革委会还狠抓了农田基本建设的远景规划。全县推广了东风公社大搞山、水、林、田、路综合治理十年规划的经验，同时各社、队都普遍建立了老农、技术员、干部三结合的规划小组。在搞规划过程中，各社、队党组织和革委会，都对干部群众进行了社会主义教育和共产主义远大理想的教育，鼓舞了群众的斗志，增强了搞好农田基本建设的决心。红旗公社党委在农田基本建设中，狠抓思想政治工作，抓全面规划，大搞群众运动，连续大干四年，今年干群团结一致，艰苦奋斗，实现了全社水地园田化。县委和县革委会及时抓住这一先进典型，在这里召开了农田基本建设现场经验交流会，对全县农田基本建设推动很大。现场会后，道帏、文都等公社也都积极行动起来。他们根据本地气候条件，合理安排劳力，一面抓紧抢收打碾，一面大搞农田基本建设。今年这些公社农田基本建设比往年动手早、速度快、质量好。

今年，循化县农田基本建设还采取了队与队联合作战的办法，实行劳力、机械协作，统一领导，加速了农田基本建设的速度。东风公社四个大队、十四个生产队一千名劳力联合大战科哇滩，并且统一成立了联合指挥部，公社一名副书记担任总指挥。各级干部日夜坚持在工地上，和群众同劳动、同学习、同批判，呈现一派热气腾腾的革命景象。会战在科哇滩的干部、群众敢想敢干，经过两个月的战斗，把科哇滩上原有的六百四十亩纵横交错的小块地，改变成平坦的大块良田，还重新整修扩大了田间渠道，并且增加土地面积一百亩，为机耕创造了良好条件。

——循化县委中心通讯组：《干部深入第一线加强领导　带领群众大干苦干——循化县农田基本建设蓬勃发展》，《青海日报》，1974 年 10 月 29 日。

在狠抓粮食的同时　积极开展多种经营
——循化县农林牧副互相促进全面发展

中共循化撒拉族自治县委和县革委会在农业学大寨群众运动中，认真贯彻执行“以粮为纲，全面发展”的方针，带领广大干部和群众，在狠抓粮食生产的同时，积极开展多种经营，养畜植树，种果种药，全县农村、山区到处呈现一派农林牧副互相促进、全面发展的繁荣兴旺景象。

中央北方地区农业会议以来，循化县各级党组织和革委会，带领干部群众，以大寨为榜样，战天斗地，大上农业，促使农业生产连年增产，上《纲要》、过“黄河”、跨“长江”的社队不断增加。与此同时，各级党组织和革委会认真贯彻执行“以粮为纲，全面发展”的方针，发动群众积极开展多种经营。他们以党的基本路线为纲，狠批林彪反革命的修正主义路线，大刹重副轻农、重钱轻粮、副业单干等资本主义妖风，进行社会主义教育，使干部群众提高了路线斗争觉悟，坚持社会主义方向，积极开展集体骨干副业。

路线正，方向明，干劲大。各社队把副业生产纳入集体骨干副业的轨道以后，极大地调动了干部群众的社会主义积极性。街子公社过去副业生产中资本主义倾向比较严重，开展路线教育后，干部群众把心放在农业生产上，把劲鼓在集体经济上，一面狠抓当年农业增产，一面大搞农田基本建设。他们以“走千里路，拉千车土，造一亩田”的硬功夫，大搞治河造田、治滩造田，在新开荒地上植树造林六百五十亩，建立苹果园五百六十五亩，发展了种植业。现在，建立较早的一些果园已经结果受益。东风公社队队建立花椒生产基地，积极发展骨干副业。四年来，全公社新建花椒基地二十四处，栽植花椒等经济林木六万四千多株，平均每人六株。一九七一年栽植的四千多株花椒，今年普遍结果受益。全县在开展多种经营、发展集体骨干副业的过程中，还涌现了一批根据当地特点开展多种经营的典型。苏只大队从人多地少的具体情况出发，发动群众改造乱石滩，大搞苹果园。上科哇大队劈山造田，建设花椒山。起台堡大队地处山区，适宜种药材，首先引种党参成功。宁巴大队草山较多，就实行农牧结合，发展养畜业。尕别列大队风沙大，气候干燥，就大搞沙滩造林，实行农林结合。这些社队在发展多种经营方面的实践，为全县发展多种经营做出了榜样。

循化县委和县革委会的领导同志，在农业学大寨运动中，深入社队，深入基层，调查研究，总结、推广先进社队开展多种经营的经验，同时，制定了因地制宜发展多种经营的全面规划，提出了各类不同地区的发展重点。规划订出后，他们像抓粮食一样狠抓多种经营，领导分工负责公社包干，抓点带面，分类指导，并且通过召开现场会、经验交流会、技术人员训练班，树立样板，推广先进经验，培训专业人员。因而，进一步推动了多种经营的发展，全县出现了大搞群众运动，治山治沟，治河治滩，建设苹果园、花椒沟、药材山，大搞植树造林，大办畜牧场的大好局面。

近几年来，全县多种经营生产获得了显著发展。以种植经济林木和中草药为主的骨干副业，已经发展到五千六百二十亩，比一九七〇年增加了五千亩，栽植成活苹果、花椒、核桃、梨等果树二十万株，党参、大黄等中草药生产，从无到有，由点到面，发展到八百二十亩，东北人参也已试种成功。全县有二十四处经济林木基地陆续结果受益，四百多亩中草药开始有了收入。由于山区社队积极发展养畜业，目前全县大小牲畜总头数，比一九七〇年净增二成多。林业生产发展也很快，全县四年造林一万四千多亩，四旁植树三十二万株，县、社、大队、生产队的四级苗圃基地已经形成。

多种经营的发展，大大增加了集体收入，促进了农业机械化。去年全县的多种经营收入占到集体总收入的26%，比一九七〇年翻了一番。全县农业机械由一九七〇年的二百七十二台增加到一千四百多台，人力车由一千五百多辆增加到五千四百多辆，播种、脱粒、磨面、运输基本实现机械化或半机械化，八个公社社社有电，有一半大队通了电。开展多种经营的先进单位多哇大队，四年来，粮食总产量翻了一番，对国家的贡献由七八万斤增加到二十五万斤，造林面积翻了一番，平均每人有树三百三十株；养猪超《纲要》，平均每户有猪四头半；社员分配现金比一九七〇年增加了二点六倍；全大队没有贷款，没有超支户。七十三户社员中，有五十九户存款一万一千多元。循化县广大干部社员从开展多种经营、发展骨干副业中尝到了甜头，他们说：“集体骨干副业是长流水、摇钱树，越搞心越热，越干劲越足！”

——循化县革委会中心通讯组：《在狠抓粮食的同时　积极开展多种经营——循化县农林牧副互相促进全面发展》，《青海日报》，1974年11月20日。

循化撒拉族自治县委领导成员认真贯彻毛主席、党中央的重要指示，带领一百二十多名县级机关干部奔赴农业生产第一线，参加劳动，帮助工作，大大加快了农田基本建设的步伐。目前，全县已经修成高标准园田近八千亩，治河造田二千多亩，兴修水利三十多项，为夺取明年农业生产更大丰收打下了基础。

立冬前后，循化县各族贫下中农和社员群众满怀革命豪情，冒着风雪严寒，挥舞镐锨，移山填沟，平整土地，炸石开渠，兴修水利，摆开了大搞农田基本建设的战场。

为了切实加强对农田基本建设的领导，不断发展革命和生产的大好形势，中共循化县委立即动员，从县级机关单位抽调了大批干部，分别由县委领导成员带领，带着工具，横渡黄河，奔赴农村，帮助社队开展农田基本建设。这个县的尕楞公社麻尕大队工作比较后进，阶级斗争比较复杂，农田基本建设投的劳力少，进度缓慢。县委书记马志科同志带领干部来到这个大队后，白天和贫下中农、社员群众一起顶风冒雪，挖土推车，平整土地，晚上和干部、社员群众一起学习毛主席、党中央……重要指示……调动起社会主义积极性，参加农田基本建设的劳动力由原来30%增加到80%，并组织了青年、妇女突击队，干群团结战斗，苦战四十天，平整土地三百多亩。县委常委马良善同志来到东风公社参加劳动、帮助工作后，带领干部和社员群众艰苦奋斗，大家发扬天太冷人大干的革命精神，冒着风雪，夜以继日，移山填沟，平整土地，建设高标准园田。他们经过一个多月的苦战，挖土石方十多万方，填深沟一百多处，修成六百多亩新园田。

目前，这个县的广大干部和社员群众，为了夺取农田基本建设的更大胜利，把帐篷扎到工地上，决心大战一冬春，加速改变循化面貌。

——循化县委中心通讯组：《加快农田基本建设步伐》，《青海日报》，1974年11月20日。

循化红辣椒又获丰收

今年循化撒拉族自治县红辣椒又获丰收，比一九七三年增产近两成，广大社员踊跃向国家交售，目前已收购四十余万斤，超额完成了收购计划。

——韦新：《循化红辣椒又获丰收》，《青海日报》，1974年11月24日。

抓好基本路线教育　农业生产连年发展

循化撒拉族自治县文都公社拉训大队坐落在相玉山下，周围峰峦起伏，群山环抱。全大队共有八十九户，四百一十二人，一百八十个劳动力，一千零九十五亩耕地大部分是水浇地，是一个自然条件较好的大队。过去，由于路线不端正，成了有名的后进队。北方地区农业会议以来，大队党支部狠抓党的基本路线教育，深入开展农业学大寨群众运动，面貌发生了深刻的变化。

一九七〇年以前，拉训大队粮食亩产一直徘徊在二三百斤左右，为什么好条件得不到发挥，旧面貌不能改变？一九七一年春，在公社党委帮助下，新任党支部书记尕周同志同干部、社员群众一道认真总结了前几年学大寨的经验教训，广大社员群众在斗争中更加坚定了走社会主义道路的信心，学大寨运动就在拉训大队蓬勃开展起来了。一九七一年夺得了粮食大丰收，总产比一九七〇年翻了一番。

一九七一年冬开始，拉训大队的干部和社员群众把平整土地作为农田基本建设的重点，经过四个冬天的努力，现在已经平整出园田四百零八亩，平均亩产都在六百斤以上，有的地块还出现了亩产八百二十六斤的高产纪录。

今年夏季，正当小麦抽穗的时候，这里遇到了干旱，交堂山的六十多亩庄稼和两千多棵花椒树及其他树苗有枯死的危险。是干还是等？干！一支由二十多人组成的抗旱突击队，不顾山大坡陡，从拉木河滩背来了三百五十方石头，又从五华里远的毛玉沟背来一百五十多方沙子，经过十多天的艰苦战斗，修复了一条一千六百多米长的水渠，久旱的庄稼终于及时得到了灌溉，大干夺得了高产。由于拉训大队坚持用党的基本路线统率生产，干旱、冰雹被战胜了。今年粮食亩产过了“黄河”，比大丰收的去年增长 26%。今年一年向国家提供的商品粮，就比一九七〇年的粮食总产还要多。全大队还储备粮食十二万五千多斤。在这种大好形势下，个别人产生了松劲情绪，说什么：“现在产量高了，生活好了，该歇一口气了。”大队党支部发现这种苗头后，认识到这是继续革命觉悟不高的表现，于是组织大家重温党的基本路线，学习毛主席关于无产阶级专政下继续革命的论述。通过学习，提高了认识，又提出了“大战交堂山，誓把荒滩变良田”的战斗口号。最近，他们肩扛铁锹，手推架子车，顶风冒雪上工地，挖山填沟，到处是你追我赶、热火朝天的战斗景象。不到一个月，就在千年沉睡的荒滩上开出七十亩园田。

——本报通讯员：《抓好基本路线教育　农业生产连年发展——记循化县拉训大队深入开展农业学大寨运动改变面貌的事迹》，《青海日报》，1974 年 12 月 29 日。

坚持党的基本路线　大干社会主义农业

——循化县去年农业获得全面丰收，粮食总产和单产都创造了历史最高水平，林、牧、副各业也有很大发展

循化撒拉族自治县广大干部和各族人民，坚持了党的基本路线，战胜了旱、雹等自然灾害；一九七四年夺得了农业全面丰收。全县粮食总产和单产都创造了历史最高水平，比一九七三年增产 8%，比一九七零年增长 66%。林、牧、副各业也有很大发展，辣椒、花椒、药材也获得丰收，超额完成了国家收购任务。

循化在连续两年遭到旱、涝、雹等自然灾害以后，去年“夏至”前后又遭到多次冰雹袭击和“卡脖子”旱，受灾面积达三分之一。面对自然灾害，循化县各级党组织和革委会带领干部、群众，坚持党的基本路线，以“人定胜天”的顽强意志，开展抗灾斗争，大搞以水、土为重点的农田基本建设。全县 70% 的劳力投入农田基本建设，春天抓治河造田，夏天抓水利建设，秋冬集中全力整修园田。一年中共投工一百零七万多个，建成各种水利工程三十五项，扩大和改善灌溉面积一万一千多亩，整修老园田一万二千亩，新建园田、梯田八千五百亩。文都公社水利条件比较好，过去没有抓好水利建设。阶级敌人又利用孔孟之道“天命观”在群众中的影响，散布这里是“神山福地”，那里是“龙眼仙水”，动不得，挖不得，说不得，束缚了人们的手脚。结果山河依旧，地在坡上挂，水在山下流，农业上不去，人们白发愁。大家起来用自己的双手改造大自然。三年来投工二十多万，大搞农田基本建设，完成各种水利工程三十多项，干旱面貌大改变，去年粮食总产比一九七〇年翻了一番。

在抗灾夺丰收的斗争中，干部看到了群众的力量，群众认识了自己的力量。他们说：要用大批大干对付自然灾害，做到“人定胜天”。各公社领导带头组织大会战，统一领导，统一规划，统一行动，集中力量打歼灭战，治一山成一山，治一滩成一滩，当年工程当年增产。城镇公社批判资本主义倾向，把搞副业的劳力减少了一半，一千人大干两个月，开发荒滩一千多亩。街子公社总动员，打坝治河，防洪挖潜流，保证了五百亩新开垦的河滩地夺得高产。

循化县去年农业丰收的又一个显著特点是，老先进焕发青春，迈出新步子，高产更高产；一大批后进队加快步子往前赶，创造了高产；上《纲要》，过“黄河”，跨“长江”的公社、大队、生产队占到总数的一半。被大家誉为山区大寨花的道帏公社多哇大队，坚持基本路线，狠抓阶级斗争、路线斗争，治水改土、科学种田，战胜连年灾害，粮食亩产在连续两年过“黄河”之后，去年又跨过了“长江”，平均每人给国家贡献八百多斤。文都公社拉兄大队党支部，加强一元化领导，端正方向、路线，发动群众，批判资本主义，打击阶级敌人的破坏活动，大干社会主义，大上快上农业。去年粮食总产比丰收的一九七三年增长二成半，比一九七〇年翻了两番，卖给国家的余粮等于一九七〇年的总产量。

去年，循化县各级领导干部纷纷深入第一线，蹲点劳动，带领群众抗灾夺丰收。县委十名常委中，有八名长期深入社队，既当指挥员，又当战斗员。在旱情严重的关键时刻，县委书记和两名副书记都战斗在各个水利工程工地上，抓水抗旱，追肥保苗，战胜了灾害。街子公社的领导深入旱情严重的羊苦浪等大队，把上、下游之间的群众组织起来，一起批判“天命论”，批判林彪破坏民族团结的罪行，把争水变成找水挖水，经过几个昼夜的苦战，羊苦浪大队挖出了一坝口潜流，保住了旱苗。

最近，在四届人大精神的鼓舞下，循化县召开了八百多人的农业学大寨经验交流会，表彰了一批学大寨大上快上农业的先进单位和积极分子。参加会议的各级干部、贫协代表和各条战线上的先进人物，交流了一九七四年抓革命、促生产、学大寨、夺丰收的经验。

——循化讯：《坚持党的基本路线　大干社会主义农业——循化县去年农业获得全面丰收，粮食总产和单产都创造了历史最高水平，林、牧、副各业也有很大发展》，《青海日报》，1975 年 2 月 27 日。

路线对头方向明　荒山坡上树成荫

——循化撒拉族自治县清水公社大寺古大队坚持十年大搞荒山造林

循化撒拉族自治县清水公社大寺古大队的各族社员群众，在大队党支部领导下，坚决响应毛主席关于“绿化祖国”的伟大号召，以党的基本路线为纲，从一九六五年以来，坚持大搞荒山造林，造出成片林三百四十亩，育成杨树、柳树等五万七千余株，平均每人百株树，还建立了苗圃十八亩，育苗八万余株。这个大队的荒山造林，是在两条路线、两种思想的激烈斗争中进行的。开始，党支部提出荒山造林的口号时阻力很大，有些人认为，荒山坡上造林，水缺、土质差，是“瞎子点灯白费蜡”。针对这种情况，大队党支部充分发动群众，开展热烈的讨论，认真总结过去造林的经验教训。最后大家得出了这样两条结论：一是荒山造林要成功，关键在于抓路线、抓方向；二是要大搞引水、改土，为荒山造林积极创造条件。在大队党支部的领导下，大家坚决贯彻毛主席提出的“以粮为纲，全面发展”的方针，坚持为巩固人民公社集体经济，创社会主义大业而积极植树造林。为了给荒山造林创造条件，广大干部和群众艰苦奋战，劈山开渠，挖了一条八百多米长的盘山渠道，把水引上了山，短短两三年内，造林就获得了初步成效。接着，新的问题又出现了，林木的成活率不够高。这时有的人思想又开始动摇，说：这样造林不合算，不如外出搞副业挣钱多、来得快。大队党支部一方面组织群众批判了这种资本主义倾向，另一方面同大家一起总结经验教训。为了确保林木的成活，他们注意搞好两个结合，一是造林与治山治沟工程措施相结合，搞好水平沟、台阶地，修好拦洪坝、落水口，做到沟坡平整，存水保墒；二是造林与改良土壤的措施相结合，林间种植两年生苜蓿草，移植黑刺等，这样既防止了水土流失，又增加了土壤中的腐殖质。在抓好两项措施的同时，每年还坚持树苗的冬灌。这样一来，树苗的存活率提高到70%—80%。这个大队还建立了林业专业队，加强了看护管理工作。

最近，大寺古大队党支部认真组织干部群众进一步激发了干部群众为巩固无产阶级专政而大干社会主义的积极性。这个大队的社员有培育花椒树苗的经验，过去由于只从现金收入着眼，育成的花椒树苗全部出售，自己不栽，结果大寺古大队培育的花椒树苗在邻近社队开花结果，而本大队却没有一个像样的花椒园。通过学习和批判，大家认识到这是一种错误倾向。今年，在大队党支部领导下，社员们在一个多月的时间里，共投工五千一百多个，挖垫土方三万两千多立方，填沟三条，终于在荒山坡上平整出四十多亩高标准的花椒园基地。现在，这个大队已完成了花椒树的栽培任务。其他林木的种植工作，也比往年搞得好。

——马华明：《路线对头方向明　荒山坡上树成荫——循化撒拉族自治县清水公社大寺古大队坚持十年大搞荒山造林》，《青海日报》，1975年4月3日。

循化撒拉族自治县县级机关干部，学习昔阳建成大寨县的经验，积极参加集体生产劳动，决心在改造山河的同时改造自己的世界观，促进思想革命化。

循化县级机关干部认真学习毛主席关于干部参加集体生产劳动的指示，加深了对参加劳动重大意义的理解。在全国农业学大寨会议召开的日子里，中共循化县委组织县级机关干部认真学习会议精神，号召大家学习昔阳经验，坚持参加集体生产劳动，促进思想革命化。广大机关干部热烈响应县委号召，除已经下基层蹲点劳动的同志外，在机关的大部分同志，纷纷走出办公室，奔赴波浪滩，投入治滩造田的战斗。为了给干部参加劳动创造条件，各单位妥善安排工作，有的一人兼做几个人的工作；有的白天参加劳动，早晚处理工作；有的轮流值班，轮流参加劳动，保证了劳动时间，使干部参加劳动进一步制度化。

会战波浪滩第一期工程，要在“草不生、鸟不落”的沙石滩上填平一条大沟、两条支沟，造地三十亩，工程量大，任务艰巨。参加会战的机关干部，在这场向荒滩要地，大上农业的战斗中，不怕苦，不怕累，坚持连续作战。

——循化撒拉族自治县农田基本建设指挥部：《循化撒拉族自治县县级机关干部，学习昔阳建成大寨县的经验，促进思想革命化》，《青海日报》，1975年11月14日。

这次党代会经历了“文化大革命”和社会主义现代化建设“两个时期”，长达九年四个月，本届县委成立以来，用毛泽东思想统一全党和全县的一切工作，主要成绩有：（一）认真而深入地贯彻中央“北方地区农业工作会议”精神，深入开展了“农业学大寨”运动，县委提出“学大寨，赶昔阳，重新安排循化河山”的号召，全县齐心协力，大搞农田基本建设，开垦荒地，治河造田，新增水浇地 1700 余亩，使农业生产得到了较快的发展，全县城乡呈现一派干劲高涨、思想活跃、和睦团结的景象。1971 年粮食产量达到 1573.88 万公斤，较“文化大革命”初期增长 40.52%，1972 年又增加到 1941.32 万公斤，增长 23.35%，九年来，粮食产量年平均比 1971 年增长 11.39%。油料产量也从“文化大革命”初期的 15.14 万公斤一跃上升到 1980 年的 83.98 万公斤，九年共净增油料 68.85 万公斤，平均每年增长 32.04%。社员人均口粮较 1972 年的 398 市斤增加 94 斤。1975 年，循化县被列为“学大寨先进县”。（二）交通事业有了新的发展，横穿省内外的临（夏）平（安）公路和各族人民梦寐以求的黄河大桥建成通车，极大地促进了循化经济的发展。（三）在落实党的各项政策，平反冤、假、错案方面开始形成了规模，尤其是对遭受林彪、“四人帮”严重破坏的知识分子政策、民族政策、宗教政策以及对原工商业者的政策和原国民党起义投诚人员的政策，等等，都一一着手落实。

——中共循化撒拉族自治县组织史资料编纂委员会：《中共循化撒拉族自治县组织史资料（1949.8—1993.4）》（内部资料），2018 年，第 73 页。

一九七六年国民经济计划安排意见

1976 年 3 月 11 日

在毛主席为首的党中央领导下，在县委、县革委会的直接领导下，我县各族人民认真贯彻执行了毛主席、党中央一系列重要指示，社会主义革命和社会主义建设都取得了新的胜利，形势一片大好。

（一）一九七五年我县农业战线，广大干部和群众，广泛深入地开展了农牧业学大寨的群众运动。我县农业在连续几年丰收的基础上，去年粮食又获得了大丰收，粮食产量达到五千零三十八万三千斤，比一九七四年增长 18.9%。实现了粮食自给自足，油料总产量达到一百一十七万斤，比一九七四年增长 44.3%。牲畜总头数达到十一万七千头，生猪达到四千三百三十七头。农牧业生产的发展，进一步巩固和壮大了人民公社集体经济，全国和全省农业学大寨会议精神的传达贯彻进一步激发了广大干部和社员群众的积极性，一个农业学大寨的群众运动正在蓬勃发展。

1975 年农业生产情况

指标（单位）	数量
粮食产量（斤）	50383000
较 1974 年增长（%）	18.9%
油料总产量（斤）	1170000
较 1974 年增长（%）	44.3%
牲畜总头数（头）	117000
生猪（头）	4337

——《一九七六年国民经济计划安排意见》，循化县档案馆藏，档号：1-1-195（永久）。

（二）农业生产，继续贯彻执行“以粮为纲，全面发展”的方针，农、林、牧、副、渔五业并举，粮、油、菜、果、药统筹安排。一九七六年粮食播种面积计划十一万亩，粮食总产计划达到六千二百零九万斤，比一九七五年实际总产增长 7.1%。蔬菜播种面积计划一千八百亩，其中复种面积计划一千亩；计划造林一万亩，育苗一千五百亩，四旁植树二十万株，经济林木一十六万一千株，都比七五年有所增长。

畜牧业生产一九七六年计划牲畜总头数达到一十三万头，比七五年增长 10.2%；生猪计划年末存栏数达到八千三百头，比七五年实际增长百分之九十一点三。

要想把农业生产搞上去，根本在路线，关键在领导，坚决贯彻全国全省农业学大寨会议精神，以阶级斗争为纲，深入进行党的基本路线教育，要发动群众，大搞农田基本建设，努力改变生产条件、增强抗御自然灾害的能力。充分发挥人民公社一大二公的优越性，依靠集体力量，调动广大人民群众的社会主义积极性，自力更生，艰苦奋斗，大干苦干。农田基本建设要以改土治水为中心，坚持长远建设和当年生产相结合，专业队常年搞和群众突击相结合，大搞农田建设，水利建设要继续贯彻。

——《一九七六年国民经济计划安排意见》，循化县档案馆藏，档号：1-1-195（永久）。

循化县十年远景规划试点工作总结

1976 年 4 月 8 日

一、规划后的前景

耕地实现园田化，水地保灌保丰收，农业实现机械化。农林牧副齐发展。“五五”计划总量翻一番，“六五”计划总产加一半。基本路线指航向，人换思想的变样。

土地旧貌变新颜。中库沟上半部三个大队。现有水地 1883 亩，旧地 3365 块，平均每块五分六厘。到 1980 年，经过狠抓改土、治水增产关键措施，水浇地面积从现有基础上增加到 4250 亩（包括旱变水，治河造田，开荒，地边地角，零星散地等扩大面积），即新增 2367 亩，增长 1.2 倍，建成新地 841 块，平均每块五亩一分。孟达山地区农业增产潜力很大，在大力解决水源的条件下，渠系控制地段，将有净面积 15467 亩浅山地变成水浇地（包括孟达山近期不能旱变水的浅山净面积 1545 亩，和第六队在西沟的旱变水地 761 亩）。同时这里农田平整工程不大，土地量共为 4030000 立方，亩平均 224 立方。现水利化后，孟达山将彻底改变广种薄收局面。建立新村迁移人口，每年总产可达 1000 万斤，较现有产量增加十倍。街子公社十三水地大队，规划前原报水地为 5750 亩，规划后包括开荒、治河造田等，水地将扩大到 12082 亩，净增 6332 亩，即增 1.1 倍。试点大队到五五期末水地全部建成园田，将历史上封建土地所有制和小家经济遗留下来的地制破碎、渠系紊乱、没有崭新道路的旧貌，逐步变成好园田、好渠道、好道路、好林带四配套，适于机耕、便于灌溉的高产稳产农田。六五期间进一步提高配套质量，充分发挥效益，并将全部山地建成水平梯田。

农业机械化发展。用机械装备农业是农林牧三结合大发展的决定条件，经过五年的艰苦奋斗，到 1980 年在主要农活方面，机械化水平达到 70% 以上，化肥施用量每亩达到百斤，科学种田水平进入一个新的阶段，大队企业经济逐步壮大，产值达到大队、生产队两级经济的 20% 左右，为逐步过渡到大队核算准备条件，为农业机械化提供充分资金。到 1985 年用现代化技术进一步装备机械，人们将从繁重的体力劳动中解放出来。

粮食产量大增长。试点的 17 个大队到 1980 年努力提高单产，粮食总产比丰收的 1974 年和 1975 年翻一番，人均占有粮食 1600 斤以上，对国家的贡献增加一倍以上，孟达山大队将增长四倍，在大力发展粮食生产的同时，林业、牧业和副业生产将有相应发展。到那时，大队和生产大队两级收入成倍增加，公共积累增多，集体储备粮食可满足社员吃一年以上，集体经济将更加壮大巩固，在发展生产的基础上，社员收入逐年增加，物质文化生活不断改善。

二、规划的主要内容

1. 农田建设

根据中库和街子地区的试点，并参照近几年我县农田建设的经验，仅就现有认识，本着如下原则进行了规划：

农田建设规划主要包括三个方面的内容，一是水地平整园田，山地近期能旱变水的按实现水利化的要求进行了规划，目前没有条件实现水利化的，按三保田要求进行了梯田规划。二是因地制宜，分别做出了深翻改土，加厚活土层，搬运客土，加厚土层，采取真实有机肥料等措施，改造低劣农田的规划。三是挖掘水利资源，开荒造田，扩大水地面积。

农田建设设置的原则：①地块的大小，以当地近期生产能力和自然地形为依据，以1980年全县建成10万亩高标准稳产高产园田和2万亩梯田为目标，按等高线规定。②连片成方，适应机耕，投工少，见效早，既有利于水利设施的布局和灌溉效益的发挥，又能便于田间管理。总之，要因地制宜做到田渠路林配套，达到稳产高产的目的。

农田建设规划在实际工作中的确是个比较复杂的问题，我们在试点中根据上述原则，按照不同地区类型，采取了如下做法：中库沟和查加地区均系川道沟峦山地，一般来讲，具有坡度较大，土层较薄，地块小，分布走向凌乱。结合治河造田，土地潜力大等特点，这类水地我们采取了按等高线"人"字形排列法，因地制宜，不强求按等间距设置，每块地一般宽度在20—30米，长度150—200米，面积5—10亩。类似这样的川道沟峦山地，还有清水、东风、道帏、尕楞、文都等地区。在这类地区规划既要批判因循守旧、修修补补的小家经济思想，又要注意脱离当地地形实际和当前产品生产水平，单纯追求大地块的倾向。

孟达山地区地势比较平坦，南高北低，土层厚，地块走向大体一致。农田规划为东西走向，一般按等间距排列每块地宽40米，长250米，面积15亩。每条斗渠为一小方。控制面积一般在200亩左右，每条支渠为一大方，控制面积千亩以上。我县黄河沿岸川水地区和五司土山、加仓山、娘藏山等，虽与孟达山地形有所差异，但都属于地形较为平坦，宜采用孟达山土地规划的基本做法。

坡度较大的山地在这次规划中分别采取了：坡度在25度以上的划为草场，20—25度的平整耕地后，土地利用率仅50%，所以规划为造林基地，20度以下的，一般规划为耕地。能旱变水的山地，鉴于目前多系耕地，在规划时因地制宜按等高线设置，但不按等间距排列。不能旱变水的山地采用沿等高线拉长条，大弯随弯、小弯裁宜、分层排列的办法，按三保田要求，做了梯田规划。

对于插花地本着小动大不动、自愿互利、等质等量的原则，经有关社队反复协商，对于孟达山地区做了部分调整。调整时远的服从近的，少的服从多的。社员自留地和住宅服从整体规划，在这次试点中大部分插花地尚未调整，待今年后平整土地过程中，由有关社队根据上述原则协商解决。

2. 道路问题

道路建设是实现机械化的基本条件之一。中库三个大队近几年农田基本建设中，由于忽视了道路建设，田路不配套，致使现有农业机械不能进地发挥效能。在运输方面依然没有摆脱人背牲口驮的被动局面。在这次试点中，重视了社队公路和田间道路的规划。道路的设置。根据机械能到村、能上山、能进地、少弯路、少占地的要求，合理利用地形地势。降低投资，不增大工程量的情况下，认真进行选线测定。根据上述精神，各试点大队，社队公路路面宽七米半，连同两侧边沟和林带共宽十米五。田间主干道路面包括边沟和林带共宽七米半。田间道宽四米。村庄道宽十米。孟达山地区的田间道，采取与支渠垂直交叉，和斗渠平行，按等间距设置。对中库沟日忙大队坡陡埂高的浅山地，群众提出了“地套路”四办法，使农机能到每块地，占耕地也少，我们认为是可取的。

渠、路是农田基本建设的组成部分，是农田配套的架子，它是为农田服务的。规划农田时，必须参照土地布局，安排好渠、路，先搭起于支、斗和田间道路的骨架，并依照渠路走向排好地块。否则，在地形复杂的地区容易把地块割碎，或形成渠路田脱节，使渠路不能充分发挥其效能。

3. 机械化

依据全国农业学大寨会议提出的在 1980 年基本实现农业机械化的战斗号召，试点各大队根据需求与可能，做出了在耕地、耙、播种、收割、打碾、运输、农田建设、农副产品加工等方面机械化水平达到 70% 以上的计划。

在实现机械化的过程中，遇到的突出问题是资金问题。各队本着自力更生、艰苦奋斗精神，因地制宜，做出了积极发展大队企业、开展多种经营规划，为实现机械化提供较多的资金。

4. 各项主要生产计划指标和完成计划指标措施

根据以粮为纲、全面发展方针，本着前五年搞细，后五年搞粗的要求，采取由下而上，由上而下，充分发动群众，反复酝酿讨论的做法，试点各大队提出了粮食、油料、林业、牧业、骨干副业和大队企业等，在“五五”期间的分年计划指标的各项措施，试点各大队，这次还计算了砂石土方量，研究了改土治水主攻方向，落实了近期分年实施计划。

——循化县规划队：《循化县十年远景规划试点工作总结》（1976年4月8日），循化县档案馆藏：档号：1-1-195（永久）。

此间，主要是集中力量发展生产，抓好经济工作，推动整个经济的发展。据统计，1983年工业总产值达到258.3万元，比1980年增加64.6万元，增长33.36%；农业总收入达到1500万元，比1980年增加485万元，增长47.78%；大小牲畜总头数达到16.4万头（只），比1980年增加1.2万头（只），增长8.2%。加强思想政治工作，推动了社会主义精神文明建设，加强党的思想建设和组织建设，党风有了好转。

存在的问题主要是：继续肃清“左”的影响，完成拨乱反正的历史任务，端正党风方面虽有好转，但抓得不够得力，尚未引起全党重视，缺乏勇于创新的胆识，改革的步伐迈得不大等。

——中共循化撒拉族自治县组织史资料编纂委员会：《中共循化撒拉族自治县组织史资料（1949.8—1993.4）》（内部资料），2018年，第94页。

经济体制改革取得了重大进展，农村第一步改革已经基本完成，以放宽政策、调整产业结构、发展商品生产为主要内容的第二步改革正在顺利进行，摆脱旧的传统观念，发展“一专四小”生产（即专业户、家庭式的小果园、小苗圃、小林园、小牧场），允许土地向种田能手集中，发展“三红”苹果，允许在承包期内自愿协商转包，把调整农村产业结构必须建立在粮食稳定生产的基础上。从农业内部看，果、林、畜三业所占比重逐年增大，1986年已占到农业总收入的56.3%，“三红”为主的果园面积达到9637亩，43万株，果品产量突破250万公斤。

——中共循化撒拉族自治县组织史资料编纂委员会：《中共循化撒拉族自治县组织史资料（1949.8—1993.4）》（内部资料），2018年，第97页。

（州地市）循化县农村人民公社生产队征收农业税范围内农作物实际播种面积、产品、产量、产值、净产值和生产费用的构成情况调查表（一）

调查单位：全县汇总　　地类：川地、浅山、脑山　　经济类型：较好、一般、较差

项目		一、粮食作物合计（包括洋芋折粮）														
		计税面积	实产原粮	折细粮		产值		生产费用			净产值		每人平均			
				数量	占总产	金额	占总值	金额	占总费	亩均	金额	占总净值	原粮	细粮	产值	净产值
计算单位		亩	斤	千斤	%	千元	%	千元	%	元	千元	%	斤	斤	元	元
一、调查年度	1957 年	100252	26378	24733	93.58	4081	93.58	694	92.16	6.92	3387	93.87	647	607	100.1	83.08
	1965 年	104212	36054	24248	93.44	4001	93.44	773	94.38	7.42	3228	93.21	593	551	90.96	73.42
	1978 年	104203	45239	44745	95.86	7383	95.86	2786	96.63	26.74	4597	95.39	639	632	104.23	64.90
	1982 年	89941	45035	44582	96.93	7356	96.93	2092	96.23	23.26	5264	97.21	576	570	94.09	67.34
	合计	398608	142706	138308	379.81	22821	379.81	6345	379.40	64.34	16476	379.68	2455	2360	289.38	288.74
	年平均	99652	35676	34577	94.95	5705	94.95	1586	94.85	16.09	4119	94.92	611	590	72.35	72.18
二、以 1957 年为基数比较（+）（-）%	1965 年	+3.95	-1.23	-1.96	-0.15	-1.96	-0.15	+11.38	+2.41	+7.23	-4.69	-0.71	-8.35	-9.23	-9.23	-11.37
	1978 年	+3.94	+71.5	+80.91	+2.44	+80.9	+2.44	+301.44	+4.55	+286.42	+35.72	+1.62	-1.24	+4.12	+4.12	-21.88
	1982 年	-10.29	+70.29	+80.25	+3.58	+80.25	+3.58	+201.44	+4.42	+236.13	+55.42	+3.56	-10.87	-6.1	-6.1	-18.95
	三年平均	-0.8	+46.85	+53.07	+1.97	+53.07	+1.97	+171.42	+3.89	+176.59	+28.72	+1.49	-6.82	-3.74	-3.74	-17.4
三、附：计算单价		×	×	0.165	×	×	×	×	×	×	×	×	×	×	×	×

——《（州地市）循化县农村人民公社生产队征收农业税范围内农作物实际播种面积、产品、产量、产值、净产值和生产费用的构成情况调查表（一）》，循化县档案馆藏，档号：10-1-128（永久）。

（州地市）循化县农村人民公社生产队征收农业税范围内农作物实际播种面积、产品、产量、产值、净产值和生产费用的构成情况调查表（二）

被调查单位：全县汇总　　地类：川地、浅山、脑山　　经济类型：较好、一般、较差

项目		1. 小麦			2. 青稞			3. 蚕豆			4. 豌豆			7. 洋芋		
		计税面积	实产	产值	计税面积	实产	产值	计税面积	实产	产值	计税面积	实产	产值	计税面积	实产	产值
计算单位		亩	千斤	千元	亩	千斤	千元	亩	千斤	千元	亩	千斤	千元	亩	千斤	千元
一、调查年度	1957 年	49006	13368	2206	29639	8361	1145	337	108	16	15995	2358	354	5275	2183	360
	1965 年	48859	12773	2108	362258	9167	1256	718	222	33	13885	2522	378	4492	1370	226
	1978 年	81589	40633	9704	12880	2406	330	190	68	10	6520	874	131	2754	1258	208
	1982 年	69479	41261	6808	10410	1969	270	71	41	6	8018	1273	191	1963	491	81
	合计	248933	108035	17826	89187	21903	3001	1316	439	65	444418	7027	1054	14484	5302	875
	年平均	62233	27009	4456	22297	5476	750	329	110	16	11105	1757	264	3621	1326	218.75
二、以 1957 年为基数比较（+）（-）%	1965 年	-0.3	-4.45	-4.45	+22.33	+9.64	+9.64	+113.06	+105.56	+105.56	-13.92	+6.96	+6.96	-14.84	-37.24	-37.24
	1978 年	+67.04	+203.96	+203.96	-56.55	-71.22	-71.22	-43.62	-37.04	-37.04	-59.24	-62.93	-62.93	-47.78	-42.37	-42.37
	1982 年	+41.78	+208.65	+208.65	-64.88	-76.45	-76.45	-88.94	-62.04	-62.04	-49.87	-46.02	-46.02	-62.79	-77.51	-77.51
	三年平均	+36.17	+137.54	+137.54	-33.03	-46.01	-46.01	-6.5	-2.16	-2.16	-41.01	-33.17	-33.17	-41.8	-52.37	-52.37
三、附：计算单价		×	0.165	×	×	0.137	×	×	0.15	×	×	0.15	×	×	0.165	×

——《（州地市）循化县农村人民公社生产队征收农业税范围内农作物实际播种面积、产品、产量、产值、净产值和生产费用的构成情况调查表（二）》，循化县档案馆藏，档号：10-1-128（永久）。

（州地市）循化县农村人民公社生产队征收农业税范围内农作物实际播种面积、产品、产量、产值、净产值和生产费用的构成情况调查表（三）

被调查单位：全县汇总　　地类：川地、浅山、脑山　　经济类型：较好、一般、较差

项目		（一）油料作物小计									1. 油菜料			2. 胡麻		
		计税面积	实产折细粮		产值		生产费		净产值		计税面积	实产	产值	计税面积	实产	产值
			数量	占合计	金额	占合计	金额	占合计	金额	占合计						
计算单位		亩	千斤	%	千元	%	千元	%	千元	%	亩	千斤	千元	亩	千斤	千元
一、调查年度	1957 年	13680	1697	100	280	100	59	100	221	100	5539	372	134	8141	406	146
	1965 年	10493	1703	100	281	100	46	100	235	100	4818	438	158	5675	342	123
	1978 年	8389	1933	100	319	100	97	100	222	100	3709	420	151	4680	466	168
	1982 年	8267	1412	100	233	100	82	100	151	100	3137	288	104	5130	357	129
	合计	40829	6745	400	1113	400	284	400	829	400	17203	1518	547	23626	1571	566
	年平均	10207	1686	100	278	100	71	100	207	100	4301	360	137	5907	393	142
二、以 1957 年为基数比较（+）（-）%	1965 年	-23.3	+0.35	100	+0.35	100	-22.03	100	+6.33	100	-13.02	+17.74	+17.74	-30.29	-15.76	-15.76
	1978 年	-38.68	+13.91	100	+13.91	100	+64.41	100	+0.45	100	-33.04	+12.99	+12.99	-42.51	+14.78	+14.78
	1982 年	-39.57	-16.79	100	-16.79	100	+38.98	100	-31.68	100	-43.37	-22.58	-22.58	-36.99	-12.07	-12.07
	三年平均	-33.85	-0.84	100	-0.84	100	+27.12	100	-8.3	100	-29.81	-2.72	-2.72	-36.6	-4.35	-4.35
三、附：计算单价		×	0.165	×	×	×	×	×	×	×	×	0.36	×	×	0.36	×

——《（州地市）循化县农村人民公社生产队征收农业税范围内农作物实际播种面积、产品、产量、产值、净产值和生产费用的构成情况调查表（三）》，循化县档案馆藏，档号：10–1–128（永久）。

（州地市）循化县农村人民公社生产队征收农业税范围内农作物实际播种面积、产品、产量、产值、净产值和生产费用的构成情况调查表（四）

被调查单位：全县汇总　　　　地类：川地、浅山、脑山　　　　经济类型：较好、一般、较差

项目		计税面积	二、经济作物合计											
			实产折细粮		产值		生产费用			净产值		人均		
			数量	占总产	金额	占总值	金额	占总费	亩均	金额	占总净值	细粮	产值	净产值
计算单位		亩	千斤	%	千元	%	千元	%	元	千元	%	斤	元	元
一、调查年度	1957 年	13680	1697	4.62	280	4.62	59	7.84	4.81	221	100	42	6.93	5.42
	1965 年	10493	1703	6.56	281	6.56	46	5.62	4.38	235	100	39	6.39	5.34
	1978 年	8389	1933	4.14	319	4.14	97	3.37	11.56	222	100	27	4.5	3.13
	1982 年	8267	1412	3.07	233	3.07	82	3.77	9.92	151	100	18	2.98	1.93
	合计	40829	6745	18.39	1113	18.39	284	20.60	30.17	829	400	126	20.8	15.82
	年平均	10207	1686	4.6	278	4.6	71	5.15	754	207	100	36	5.2	3.96
二、以 1957 年为基数比较（+）（-）%	1965 年	-23.3	+0.35	+41.99	+0.35	+41.99	-22.03	-28.32	+1.62	+6.33	100	-7.15	-7.15	-1.48
	1978 年	-38.68	+13.91	-33.55	+13.91	-33.55	+64.41	-57.02	+168.21	+0.45	100	-35.71	-35.71	-42.25
	1982 年	-39.57	-16.79	100	-16.79	100	+38.98	-51.91	+130.16	-31.68	100	-57.14	-57.14	-64.39
	三年平均	-33.85	-0.84	-0.65	-0.84	-0.65	+27.12	-45.75	+99.99	-8.3	100	-33.33	-33.33	-36.04
三、附：计算单价		×	0.65	×	×	×	×	×	×	×	×	×	×	×

——《（州地市）循化县农村人民公社生产队征收农业税范围内农作物实际播种面积、产品、产量、产值、净产值和生产费用的构成情况调查表（四）》，循化县档案馆藏，档号：10-1-128（永久）。

（州地市）循化县农村人民公社农林牧副渔总收入的构成及收益（分配）

被调查单位：全县汇总　地类：川地、浅山、脑山　经济类型：较好、一般、较差

项目		参加分配人口	参加分配劳日	一、总收入	1. 农业收入		2. 牧业收入		3. 工副业收入		二、各项费用		三、净收入	
					金额	占总收入数	金额	占总收入数	金额	占总收入数	金额	占总收入数	金额	占总收入数
计算单位		人	个	千元	千元	%	千元	%	千元	%	千元	%	千元	%
一、调查年度	1957 年	40768	6549800	4663	4361	93.52	31	0.66	271	5.82	804	17.24	3859	82.76
	1965 年	43968	7886100	4773	4282	89.71	57	1.19	434	9.1	868	18.19	3905	81.81
	1978 年	70833	11419200	9933	7702	77.54	385	3.88	1846	18.58	3091	31.12	6842	68.88
	1982 年	78175	11533100	9858	7589	76.98	303	3.07	1966	19.95	2181	22.12	7677	77.88
	合计	233744	37388200	29227	23934	3337.75	776	8.8	4517	53.45	6944	88.67	22283	311.33
	三年平均	58436	9347050	7307	5984	84.44	194	2.2	1129	13.36	1736	22.17	5571	77.83
二、以 1957 年为基数比较（+）（-）%	1965 年	+7.85	+20.33	+2.36	-1.81	-4.07	+83.87	+80.3	+60.14	+56.35	+7.96	+5.51	+1.19	-1.15
	1978 年	+73.75	+74.34	+113.02	+76.61	-17.09	+1141.94	+487.87	+581.18	+219.24	+284.45	+80.51	+77.29	-17.77
	1982 年	+91.76	+76.08	+111.40	+74.02	-17.69	+877.42	+365.15	+625.46	+242.78	+171.27	+28.31	+98.93	-5.9
	三年平均	+57.79	+56.92	+75.59	+49.61	-12.95	+701.08	+277.77	+422.26	+172.79	+154.56	+38.11	+59.14	-8.27

——《（州地市）循化县农村人民公社农林牧副渔总收入的构成及收益（分配）》，循化县档案馆藏，档号：10-1-128（永久）。

（州地市）循化县农村人民公社生产队集体（包括实行大包干责任制的队）粮食产量分配情况调查表

被调查单位：全县汇总　　地类：川地、浅山、脑山　　经济类型：较好、一般、较差

项目		粮食总产量	一、征购粮				二、集体提留（包括承包户自留）						三、社员分配			
			合计		征粮（农税）	购粮	合计		种子	饲料	储备粮	其他留粮	合计		参加分配人口	每人平均
			数量	占总产			数量	占总产					数量	占总产		
计算单位		千斤	千斤	%	千斤	千斤	千斤	%	千斤	千斤	千斤	千斤	千斤	%	人	斤
一、调查年度	1957	26378	6800	25.78	2362	4438	4907	18.6	3418	1357		132	14671	55.62	40768	360
	1965	26054	7000	26.87	1681	5319	6153	23.62	3821	1101	1046	185	12901	49.52	43968	293
	1978	25239	3800	8.4	1760	2305	9635	21.3	6227	1935	288	1185	31804	70.3	70833	449
	1982	45035	4600	10.21	1758	2842	6989	15.52	5119	1725		145	33446	74.27	78175	428
	合计	142706	22200	71.26	7561	14904	27684	79.04	18585	6118	1334	1647	92822	249.71	233744	1530
	三年平均	35676	5550	17.82	1890	3926	6921	19.76	4646	1530	334	414	23205	62.43	58436	383
二、以1957年为基数比较（+）（-）%	1965	+7.85	+2.94	+4.22	-28.32	+19.85	+25.39	+26.99	+0.08	-18.86		+40.15	-12.05	-10.87	-17.85	-18.61
	1978	+73.75	-44.12	-67.42	-25.49	-48.06	+96.35	+14.52	+82.18	-142.59		+797.27	+116.78	+26.39	+73.76	+24.72
	1982	+91.71	-32.35	-60.41	-25.58	-35.96	+42.43	-16.56	+49.71	-27.12		+9.85	+127.97	+33.53	+91.71	+18.89
	三年平均	+57.77	-24.51	-41.2	-26.46	-21.48	+54.72	+8.32	+44.01	+16.95		+282.42	+77.57	-16.35	+57.77	+8.33

——《（州地市）循化县农村人民公社生产队集体（包括实行大包干责任制的队）粮食产量分配情况调查表》，循化县档案馆藏，档号：10-1-128（永久）。

（州地市）循化县农村人民公社生产队征收农业税范围内农作物实际播种面积、产品、产量、产值、净产值和生产费用的构成情况调查表

被调查单位：全县汇总　　地类：川地、浅山、脑山　　经济类型：较好、一般、较差

项目		负担农税人口	各类农作物总计											
			计税面积	农业总产		农业总产值		生产费用		农业净产值		每人平均		
				折细粮	亩均	金额	亩均	金额	亩均	金额	亩均	细粮	产值	净值
计算单位		人	亩	千斤	斤	千元	元	千元	元	千元	元	斤	元	元
一、调查年度	1957 年	40768	113932	26430	232	4361	38.28	753	6.61	3608	31.67	648	106.92	88.50
	1965 年	43968	114705	25951	226	4282	37.33	819	7.14	3463	30.19	590	97.37	78.76
	1978 年	70833	112592	46678	415	7702	68.41	2883	25.61	4819	42.50	659	108.73	68.03
	1982 年	78175	98208	45994	468	7589	77.27	2174	22.14	5415	55.13	588	97.07	69.27
	合计	233744	439437	145053	1341	23944	221.29	6629	61.5	17305	159.79	2485	410.09	304.56
	年平均	58436	109859	36263	335	5986	55.32	1657	15.38	4326	39.95	621	102.52	96.14
二、以 1957 年为基数比较（+）（-）%	1965 年	+7.85	+6.78	-1.81	-2.59	-1.81	-2.59	+11.43	+8.02	-4.02	-4.67	-8.95	-8.95	-11.01
	1978 年	+73.75	-1.18	+76.61	+78.88	+76.61	+78.88	+282.87	+287.44	+33.56	+35.14	+1.7	+1.7	-23.13
	1982 年	+91.71	-13.81	+74.62	+101.72	+74.02	+101.72	+188.71	+234.95	+50.08	+74.08	-9.26	-9.26	-21.73
	三年平均	+57.77	-2.74	+49.61	+59.34	+49.61	+59.34	+161	+176.8	+26.54	+34.85	-5.5	-5.5	-18.62
三、附：计算单价		×	×	0.165	×	×	×	×	×	×	×	×	×	×

——《（州地市）循化县农村人民公社生产队征收农业税范围内农作物实际播种面积、产品、产量、产值、净产值和生产费用的构成情况调查表》，循化县档案馆藏，档号：10-1-128（永久）。

循化县 1978 年农业生产统计表（一）1978.4.30（单位：亩）

公社	实播粮食		条播面积	先翻后种面积	耕种面积	
	面积	其中：扩种面积			亩数	其中：高原面积
道帏	23282		18636	23000	11598	11598
东风	14357		10109	13000	9248	8431
清水	7074	50	6500	4400	5136	5136
城镇	10531.9	600	10200	10531.9	8820	7715.2
街子	15166	231.5	13000	7443	14000	6982
红旗	8781	238	8781	8781	7227	6523
文都	13838	176	9144.6	1702	10810	5797
尕楞	11958		9000	9000	7650	5750
其他	455					
合计	105542.9	1277.5	85360.6	77857.9	74489	57932.2

补充：1. 黄河沿岸种植经济作物面积 1084.5 亩，其中集体 847 亩，国营 12 亩；2. 今年计划落实油料种植面积 7813 亩，其中国营 25 亩。

——《循化县 1978 年农业生产统计表（一）》，循化县档案馆藏，档号：1-1-255（永久）。

循化县 1978 年农业生产统计表（二）1978.4.30

公社	家肥（方）	杂肥（方）	烧灰（方）	芋板粪（方）	腐肥（方）	五四〇六（方）[①]	化肥（方）
道帏	108525	10	28308	10000	1411600	3613384	945000
东风	70666	3034	17521		2182760	3330000	330000
清水	32786	549	2500	600		330000	437200
城镇	50621	2104	440	350	130000	1495200	555200
街子	42980	314	455	388	16000	3799025	644250
红旗	46325	3046	1373	556	61000	2714000	808000
文都	47473	1065	4715	8431	991700	686945	594282
尕楞	41488		4578	4406	153000	319500	372000
合计	440864	10422	59390	24731	4946060	17335054	5235932

注：全县有机肥料合计 535907 方。

——《循化县 1978 年农业生产统计表（二）》，循化县档案馆藏，档号：1-1-255（永久）。

① 20 世纪 70 年代，在循化地区广泛使用的一种肥料，是一种土法制作的肥料，春播前均匀撒到地里。

循化县 1978 年农业生产统计表（三）1978.4.30（单位：亩、个、人）

公社	三田建设				科研队伍		种带田			种药材	
	试验田	种子田	丰产田	尖子田	组数	人员数	带田面积	套种洋芋	专业人数	新种面积	累计面积
道帏	34.15	2300	2000	6	31	96				102.2	312.4
东风		1471	2155		45	155					20
清水	50	700	1582	6	29	86	892	220	86	10	10
城镇	68	1000	3506	29.79	52	91	1408.8	249	240		
街子	23.15	1268	1738		7	23	1077	229	143		3.9
红旗	38.6	1598	1415		44	133	975	33	69		1.3
文都	30	1325	796		27	32				20	28
尕楞	35	1235	300		11	35				120	250
其他	67.1	80			1	21					
合计	426	10917	14486	41.79	247	832	4352.8	731	538	252.2	625.6

——《循化县 1978 年农业生产统计表（三）》，循化县档案馆藏，档号：1–1–255（永久）。

循化县 1978 年春农业生产统计表（四）1978.4.30（单位：亩、株）

公社	造成片林	封山育林	四旁植树		育苗		经济林		现有经济林木	
			总株数	其中：集体	新育面积	累计面积	新发展面积	累计面积	新植株数	累计株数
道帏	1755		62974	10000	131.2	650		10		1335
东风	1300		106409	69312	29.6	400.1		2000	300	200000
清水	1164		47260	8340	16	52.5	232	756.6	7628	33401
城镇	1572		50000	10000	103	392.5	27	1002	4335	46600
街子	1200		51935	16513	92.13	353.3	60	1670	6980	87945
红旗	1580		162900	100600	208	586	165	1941	9018	50000
文都	1027	10	25810	12850	9.4	201.4		50	50	8602
尕楞	1651		30000	10000	30	140	10	33	900	6604
其他						21		485.35		4146
合计	11249	10	537288	237615	619.33	2801.8	494	7997.95	29211	438693

说明：经济林木加药材基地，集体骨干副业面积为 8623.55。

——《循化县 1978 年春农业生产统计表（四）》，循化县档案馆藏，档号：1–1–255（永久）。

循化县 1978 年春农业生产统计表（五）1978.4.30（单位：亩、方、人）

公社	水地园田	山地梯田	治河造田	开垦荒地	完成石方	目前农田水利投入劳力	备注
道帏					150000	600	
东风					120000		
清水			2.5	47.5	70440	1913	
城镇					50000	100	
街子	19.6		23	175.5	197285	600	
红旗				405	160760	931	
文都			8	141	22443	1411	
尕楞	50				40000	300	
其他						2000	
合计	69.6		33.5	769	815928	7955	

说明：农田建设完成土石方包括农田、水利、公路建设和植树造林动土石在内。

——《循化县 1978 年春农业生产统计表（五）》，循化县档案馆藏，档号：1-1-255（永久）。

“三田”建设统计表（单位：亩、个、人）

公社	一九七二年建立“三田”总面积	其中			其中			有科学实验小组		计划开展化学除草面积
		丰产田	种子田	试验田	水地面积	浅山面积	脑山面积	小组	参加人员	
道帏公社	7380	4589	2665	126	2391	2862	355	48	154	5000
白庄公社	3869	2643	1143	83	1134	167	8	76	226	
清水公社	1868	1219	598	50	622	56		29	91	
城镇公社	2666	1683	927	56	1800	2		32	84	
街子公社	2716	1690	1008	20	296	85		41	116	
红旗公社	243	1353	835	84	253	3		21	66	6
文都公社	4230	2483	1682	639	892	1080	387	24	104	478
尕楞公社	3067	1489	1524	53	1373	216	113	23	70	330
总计	28189	17149	10382	1111	8761	4471	863	294	911	5814

——《一九七一年春耕生产统计表》，循化县档案馆藏，档号：1-1-255（永久）。

一九七二年粮油产量统计表（一）1972.12.22

公社	参加分配人口	粮食产量					油料产量（斤）					落实冬灌面积
		集体产量				自留地产量	耕地播种			地边地角套种	合计	
		面积	单产	总产	人均		面积	单产	总产			
				36488579		279万			593257	475614	1068871	37692
道帏	8097	23581	356	839万		50万	1401		110000	11000	121000	8800
东风	10900	14123	424	5990719		60万	707		100334	63000	163334	7000
清水	6700	6854	423	290万		25万	250	100	25000	35000	6万斤	3567
城镇	10500	10425	469	4891920		30万	380		8300	115614	123914	7000
街子	8023	14487	251	3644896		38万	1348		113623	46000	159623	2800
红旗	4750	6902	426	294万		20万	165		12000	105000	117000	3500
文都	4987	14000	316	4440294		35万	1500	80	120000	80000	200000	4025
尕楞	3090	11850	277	3290750		21万	723		104000	20000	124000	1000
总计				36488579		558万			593257	475614	1068871	37692

——《一九七二年粮油产量统计表（一）》，循化县档案馆藏，档号：1-1-255（永久）。

一九七二年储备粮农田建设及兴修水利情况统计表（二）1972.12.22

公社	储备粮情况（市斤）				农田建设（亩）				兴修水利			
	累计提存数	其中：今年提取数	动用及扣还		园田	梯田	治河造田	合计	计划项目	完成项目	可扩大面积	可改善面积
			历年借出数	今年扣还数								
					9842	1070	799	11711				
道帏	120万	33万	39万	38万	1010	820	80	1910	17	7	212	600
东风	615428	194223	42万	40万	1598	820	232	1912	11			

续表

公社	储备粮情况（市斤）				农田建设（亩）				兴修水利			
	累计提存数	其中：今年提取数	动用及扣还		园田	梯田	治河造田	合计	计划项目	完成项目	可扩大面积	可改善面积
			历年借出数	今年扣还数								
清水	25	3万	22	20.5万	830	35	139	1004	9	4	150	1200
城镇	448349	101353			1906	20	20	1946				
街子	192928	86572	106356	43985	1381		328	1709	3			
红旗	49万	7万			1630			1630	5			
文都	50万	17万	33万	26.4万	1078	42		1120	9	9	614	
尕楞	52万	7万	35万	28万	409	71		480	19	11	280	490
岗察												
总计					9842	1070	799	11711				

——《一九七二年储备粮农田建设及兴修水利情况统计表（二）》，循化县档案馆藏，档号：1-1-255（永久）。

尕楞公社各种情况统计

1. 1973年播种面积12406亩，单产194.5斤，总产2412203斤，其中自留地721.1亩，产量142000斤。

2. 1970年征耕任务65万斤，实完成560059斤。

1970年全社储备粮积累数438860斤（账面数，实有18.4万斤），1973年储备粮18500斤，1973年完成征耕粮336944斤。

1970年全社社员平均口粮324斤，1973年预计平均口粮360斤。

1970年全社现金收入95952.97元，公共积累13259.13元，社员分配40299.57元。

3. 严整土地情况：（1969—1973年）

1969年：

园田化：103亩，土方261900方，石方150方，劳力72350个；

修梯田：30亩，土方33060方，劳力1100个；

合计：133亩，土方294960方，石方150方，劳力73450个。

1970年：

园田化：309亩，土方128400方，石方383方，劳力28330个；

梯田：63亩，土方6980方，石方130方，劳力3050个；

治河造田：5亩，土方1050方，石方50方，劳力150个；

合计：377亩，土方136430方，石方563方，劳力31530个。

1971年：

园田化：487亩，土方156700方，石方2537方，劳力34110个；

梯田：63亩，土方6980方，石方130方，劳力3050个；

治河造田：5亩，土方200方，石方30方，劳力500个；

合计：555亩，土方163880方，石方2697方，劳力37660个。

1972年：

园田化：392亩，土方191800方，石方4033方，劳力28120个；

梯田：169亩，土方32890方，劳力8350个；

合计：561亩，土方224690方，石方4033方，劳力36470个。

1973年：

治河造田：5亩，土方650方，石方300方，劳力500个。

4. 农业机械情况

1970年：大拖拉机：1台，手扶1台，脱谷机8个，磨面机一台，条播机13部，柴油机7台，人力车70辆；

1973年：大拖拉机4台，手扶8台，脱谷机21个，磨面机7台，条播机66部，柴油机18台，人力车188辆。

5. 条播情况

应条播面积：8054亩。

实条播：1970年1819亩，1971年3214亩，1972年6641亩，1973年7763亩。

6. 良种情况

1970年良种面积2989亩，串换良种29800斤；

1971年良种面积5631亩，串换良种59020斤；

1972年良种面积9207亩，串换良种79745斤；

1973年良种面积11212亩，串换良种29779斤。

7. 肥料情况

1970年：施家肥511111驮，每亩平均43驮，化肥32840斤；

1971年：施家肥570746驮，每亩平均48驮，化肥120400斤；

1972年：施家肥633296驮，每亩平均53驮，化肥120400斤，“五四〇六”为100975斤；

1973年：施家肥700944驮，每亩平均60驮，化肥337900斤，“五四〇六”为220505斤。

8. 土壤处理情况

1970年280亩，1971年499亩，1972年663亩，1973年772亩。

9. 防治病虫害

1970年40亩，1971年50亩，1972年40亩，1973年50亩。

10. 经济林木

共有三个地点，50亩地（其中治坡23亩，治河27亩）。

其中：水果20亩，240株，花椒30亩，800株。育苗：7亩（花椒），私人有经济树200株。

11. 药材

1971年45亩，1972年102亩，1973年受益7.5亩，171.25元。

12. 畜牧业情况

1970—1972 年集体办的猪场 21 个，202 头猪；

1973 年集体猪场 8 个，87 头猪，私人养猪 764 头；

1973 年大家畜：2173 头（匹），其中私人自留 130 头；

小家畜 12687 只，其中私人自留 1380 头；

合计 15149 头（只），其中：私人自留 1510 头。

13. 按今年估产亩产上《纲要》的大队一个，生产队 2 个。

14. 林业生产情况

1970 年造林 267.5 亩，育苗 8.5 亩，四旁栽树 370 亩；

1971 年造林 132.3 亩，育苗 6.7 亩，四旁栽树 1331 亩；

1972 年造林 187 亩，育苗 31.4 亩，四旁栽树 4430 亩（18500 株）；

1973 年造林 159 亩，育苗 24 亩，四旁栽树 2818 亩。

15. 调整大队、生产队情况

1970 年大队 9 个（其中 1 个直属队）23 个生产队；

1973 年大队 11 个（其中 3 个直属队），23 个生产队。

16. 三年来举办各种类型学习班 674 期，4735 人（次），其中：1971 年 341 期 2728 人次，1972 年 241 期 1287 人次，1973 年 92 期 720 人（次）。

17. 全社共有 13 个科学实验小组，40 人，59.4 亩。

18. 三年来发展新党员 47 名，团员 94 名。

19. 改造后进队情况

1970 年有后进大队 4 个，生产队 9 个，三年来改造了 2 个大队，3 个生产队，2 个大队、6 个生产队正在搞。后进变先进的生产队 1 个，有转变的大队 1 个，生产队 2 个。

20. 干部情况

全社大队干部共 19 名，其中：连选连任的 11 人，重新担任职务的 5 名，新提拔 3 名。妇女 1 人，被清洗的 2 人。

生产队干部 43 人，连选连任的 28 名，重新任职的 7 名，新提拔的 8 名。妇女 2 人，三年来被清洗的 2 人。

尕楞公社

一九七三年九月二十九日

——《尕楞公社各种情况统计》，循化县档案馆藏，档号：1-1-255（永久）。

全县几个数字的统计：一九七四年播种面积统计表 1974.5.31（单位：亩）

公社	七四年总播种合计	粮食作物播种面积									经济作物面积			油料		药材			药材累计
		按地区分			按作物分														
		水地	浅山	脑山	小麦	青禾	洋芋	豆类	其他	粮食作物合计	蔬菜	瓜类	其他	芥子	胡麻	党参	当归	其他	
全县合计	213655.8	56397	36403	9628	69945.9	18591	3351.9	9883	651	204846	335.9	288.8	383.4	4694	4507.8	589.6		98.4	687.6
道帏公社	25869	11517	8926	3526	11703	7234	1412	3125	496	23970	3.5			1174	222	499.6			499.6
东风公社	15462	8577	4519	1232	9778	3222	548	780		14328	38.5			643	402	33		17.8	170.6
清水公社	7378	4041	2518	225	4943	1014	387	291	142	7000	14	10	74	214	65	0.5			0.5
城镇公社	10453	8628	1377	30	9486	194	76	266	13	10035	149.4	158.7	77.9	32		0.5			0.5
街子公社	16236	4961	8519	251	9833	1550	109	2239		14200	129.5	3.1	43	50	1809				
文都公社	15502	8174	4166	1680	9522	2860	366	1272		14020	9			225	1207	41			41
尕楞公社	12829	2668	6268	2684	7589.9	2237	289.9	1504		11800				1848	795.8	15		73.8	96.5
红旗公社	8720	7831	110		7091	280	164	406		7941	12	57	188.5	508	7			6.8	10.9

——《全县几个数字的统计：一九七四年播种面积统计表》，循化县档案馆藏，档号：1-1-255（永久）。

全县几个数字的统计：科学种田情况统计 1974.5.31

公社	良种面积（亩）					施用“五四〇六”		三田建设（亩）			科学组织（人）		条播面积（亩）		土壤处理（亩）	地边套油料（亩）	大豆套油料（亩）
	合计	小麦	青禾	豆类	洋芋	施用总数（万斤）	面积（亩）	试验田	种子田	丰产田	个数	参加人数	水地	山地			
合计	76902	58120	12847	3208	2727.1	670.9	31073	396	9643	16009	133	377	47934	25850	3621	38977.8	640
道帏	20683	11702	7234	335	1412	288	8286	71	2364	4019	24	66	9332	6891	630	2861	640
东风	12019	9607	1532	373	507	344	9671	99	1160	2024	40	111	8044	2888	612	7794	

续表

公社	良种面积（亩）					施用“五四〇六”		三田建设（亩）			科学组织（人）		条播面积（亩）		土壤处理（亩）	地边套油料（亩）	大豆套油料（亩）
	合计	小麦	青禾	豆类	洋芋	施用总数（万斤）	面积（亩）	试验田	种子田	丰产田	个数	参加人数	水地	山地			
清水	3122	3037	71		14	7.2	2056	9	666	787	2	7	3525	1095	164	3192	
城镇	5048	5006		30	12	2.87	837	109	936	2539	19	53	6527	1377	595	5958	
街子	6370.5	6301	22	40	7.5	1.23	502	12	986	1455	3	7	4654	7289	595	4021	
文都	12898.7	9528	1939	1064	367.7	12.2	4014	30	1571	2800	12	33	6523	2165	80	6338	
尕楞	9128.9	5883	2005	998	242.9	3.3	2946	12	1196	1639	4	12	2253	4145	410	1482.8	
红旗	7632	7056	44	368	164	12.1	2761	54	764	746	29	88	7076		535	7331	

——《全县几个数字的统计：科学种田情况统计》，循化县档案馆藏，档号：1–1–255（永久）。

大检查、大评比统计表之三 1974年11月25日（单位：亩、斤、个）

公社	粮食作物			粮食作物分项单产			油料作物			跨长江		过黄河		上纲要		丰产田	
	播种面积	总产量	单产	山地	水地	小麦	面积	总产	单产	大队	生产队	大队	生产队	大队	生产队	八百斤	千斤
道帏	23978.21	8303612	346	202	501	464	1344.89	114410	85	1	2	8	17	2	6	958.79	165
东风	14285.7	7153693	500.6				689	105179		1	4	14	45	1	9	1972	335
清水	6873.8	3275315.5	476.5				140	1560		1	6	6	22	1	3	1393	
城镇	10129	5603274	555	77	632	555		32665		2	8	11	36	3	5	1361	283
红旗	7961	3951907	496				540	104871				6	23	4	9	230	
街子	13894.5	3486265	258				2410	48664									
文都	13960	5021347	358.6				1270	130000				2	4	2	11	600	

续表

公社	粮食作物			粮食作物分项单产			油料作物			跨长江		过黄河		上纲要		丰产田	
	播种面积	总产量	单产	山地	水地	小麦	面积	总产	单产	大队	生产队	大队	生产队	大队	生产队	八百斤	千斤
尕楞	11563	3386346	293	210	499	355	945	144011						2	4		
合计	102645.21	40181758.5	410.46				7338.89	681360	85	5	20	47	147	15	47	6514.79	783

——《大检查、大评比统计表之三》，循化县档案馆藏，档号：1–1–255（永久）。

编者注：此表原稿中个别数字有误，现已修改。

大检查、大评比统计表之四 1974 年 11 月 25 日

公社	已完成面积（亩）					一般平整	投入农田基本建设（人、个、方）				秋翻（亩）			灌冬水（亩）
	水地园田化	山地梯田	治河造田	新开水荒地	合计		劳力	架子车	总土方量	总投工数	秋翻面积	其中		
												机翻	深翻	
道帏	344.2	512.8	76.4	5	938.4	938.4	1303	370	197020	69191	19948	435	19513.2	9450.5
东风	1097	164	30		1291	407	3500	820	781698	225000	12262.9	105	12157.9	2750
清水	528	135	50	55	768	2711	1928	320	368030	96410	6666.25	45	6405	1351
城镇	954		112	262	1328	4015	2981	693	294800	112482	9508	1670	704	2385
红旗	1431	7		155	1593	2957	1307	467	396100	93820	7961	3481	893	1830
街子	660	63	241.6	453	1417.6	999	2394	539	351882	75901	1333309	6775		3535
文都	589.5	87	28		704.5	200	1485	335	320322	46690	13532	25	179.9	2081
尕楞	279	238.5			517.5	29	946	218	127797	27395	12012	60		1118
合计	5882.7	1207.3	538	930	8558	12256.4	15844	3762	2837649	746589	95223.95	12596	39853	29500

——《大检查、大评比统计表之四》，循化县档案馆藏，档号：1–1–255（永久）。

编者注：此表原稿没有单位，修改中由编者添加。

大检查、大评比统计表之五 1974 年 11 月 25 日

公社	水利建设项目（个）			受益情况（亩）		整修田间支毛渠（条、米、个）			总工程量（方）	总投工量（方）
	计划项目	开工项目	已完项目	改善面积	已扩大面积	条数	长度	坝口个数		
道帏	16	15	10	1170	530	22	12240	22	39122	17101
东风	5	4	3	2000		147	24761	458		5537
清水	3	3	1		20	47	22700	96		
城镇	9	7	6	450	274	153	40707	1106		23570
红旗	3	5	6	70		67	15090	1346	12383	9970
街子	12	12	12		565	69	32557	370	29	7161
文都	5	6	2	440		4	2500	400	22288	11994
尕楞	9	7	5	560	160	7	7150	44	69700	11500
合计	62	59	45	4690	1549	516	157705	3842		

——《大检查、大评比统计表之五》，循化县档案馆藏，档号：1–1–255（永久）。

编者注：此表原稿没有单位，修改中由编者添加。

大检查、大评比统计表之六 1974 年 11 月 25 日

公社	选种情况（亩）					复种情况（亩、斤）			
	精选	穗选	块选	串换	合计	复种粮食面积	产量	复种油料面积	产量
道帏		4400	564990	19181	588571				
东风	70328	248817	190142	34258	543545			2	150
清水	17750	42690	232533		292973	703	50776	336	200
城镇	5661	69571	374829	36917	486978	577	79286	199	
红旗	19456	100637	211059	21710	352862	516	45361	100	
街子		51070	300281	32074	383425	97	85680	586	210

续表

公社	选种情况（亩）					复种情况（亩、斤）			
	精选	穗选	块选	串换	合计	复种粮食面积	产量	复种油料面积	产量
文都	2787	53940	384546	23078	464351				
尕楞		13660	286834	34180	334674	203	32591		
合计	115982	584785	2545214	201398	3447379	2096	293694	1223	560

——《大检查、大评比统计表之六》，循化县档案馆藏，档号：1-1-255（永久）。

编者注：此表原稿没有单位，修改中由编者添加。

田管几项数字统计
统计于洋古浪公社书记会议 1975 年 5 月 23 日

公社	水地（亩）			山地亩			复间套面积		浇头水	成立三个专业情况及劳力		
	应拔草面积	已拔头草面积	已拔二草面积	应拔面积	草荒面积	已拔头草面积	间套黄豆苞谷面积	计划复种面积	追肥面积	农水建设	肥料	林业
道帏	13100	11500	150	10500	600	4500			16100	561	394	333
东风	8600	8600	1000	5600		300		500	3600	400		328
清水	4100	4100	2200	2600	280	1200	1320	680	4300			103
城镇	8500	8500	3000	1500		150	2627	1000	8500			120
街子	5000	5000	2850	7630	1500	1112	1790	500	5000	450		149
红旗	8400	8400	7500	80		40	1500	500	8000	300	50	200
文都	7000	7000	2000	14000	250	4000			7000	400	200	120
尕楞	2700	2700	1000	9500	400	7200	100	300	2000	350	250	50
合计	57400	57240	18550	51510	3030	18502	7337	3480	59500	2461	894	1403

——《田管几项数字统计，统计于洋古浪公社书记会议》，循化县档案馆藏，档号：1-1-255（永久）。

循化县大检查统计表 1976 年 6 月

公社	实播粮食作物			实播油料（亩）	实播蔬菜（亩）	条播		共串换夏种（斤）
	面积（亩）	其中：小麦（亩）	高原墨麦（亩）			面积（亩）	占比（%）	
道帏	23924.31	16426.19	2264.33	1500	21.89	19160	95	172500
东风	14200	13200	8000	700	145	13900	97.80	462859
清水	6920.1	5847	2834.4	31	60	5368.5	77	34805
城镇	9815.5	8445.5	5835.5	135	396.8	9740.5	99.3	21300
街子	14814.5	11586.5	2654	2500	121.5	14570.5	99	85907
红旗	8586	8410	3574	93	145.1	8502	100	142940
文都	13882.4	11039.9	3348.5	1300	11.8	9817	75	74974
尕楞	11867.1	8525	1775.7	928	36	7982	92	107480
岗察								
全县	104009.91	83480.09	30286.4	7187	938.09	89140.05	90	1102765

——《循化县大检查统计表》，循化县档案馆藏，档号：1–1–255（永久）。

循化县大检查统计表 1976 年 6 月（单位：亩、头、人）

公社	收回社员多占土地				交售国家集体		牲畜集体喂养的生产队	社办企业							
	自留地	零星地	其他	合计	自留大畜	自留小畜		农场		林场		牧场		修配厂人	缝纫组人
								人数	亩数	人数	亩数	人数	牲畜		
道帏	47	13		60	25						16	751		7	4
东风								36	70	86	180	5	350	34	
清水	0.3				10		4					2	91	11	
城镇	12	89.05		101.05			17							12	11

续表

公社	收回社员多占土地				交售国家集体		牲畜集体喂养的生产队	社办企业						修配厂人	缝纫组人
								农场		林场		牧场			
	自留地	零星地	其他	合计	自留大畜	自留小畜		人数	亩数	人数	亩数	人数	牲畜		
街子	228.3			228.3						48	760			8	
红旗		0.8	1.24	2.04	28		3	30	200	34	166	6	145	7	5
文都	0.3		4.9	5.2	21		14			4	100			4	3
尕楞	6.5		0.7	7.2	25	6	8	20	300			3	150	2	
岗察					60							15	500		1
全县	294.4	102.85	6.84	403.79	169	6	46	86	570	172	1222	782	1236	85	24

——《循化县大检查统计表》，循化县档案馆藏，档号：1–1–255（永久）。

编者注：此表原稿中的合计数有误，修改中由编者订正。

循化县大检查统计表 1976 年 6 月

公社	肥料				
	共施有机肥（方）	腐植酸肥（万斤）	5406（万斤）	羊板肥（方）	烧灰（方）
道帏	98238	200	231.3	5020	32534
东风	14200	431.16	372.726	735	11360
清水	32002.2	103.2	135.2	1335.2	1666
城镇	47744	100	86.182	2138	230
街子	43355	222.53	96.41	2192	16909
红旗	44099	118	140	1260.5	863
文都	46386	99.38	89	9223	6006
尕楞	38339.1	49.21	79.66	1227	4060

续表

公社	肥料				
	共施有机肥（方）	腐植酸肥（万斤）	5406（万斤）	羊板肥（方）	烧灰（方）
岗察					
全县	429490.3	1323.48	1230.47	24020.7	73628

注：1976年共拉回杂发（方言，即羊皮）1610万斤，表内1323.48万斤为堆制使用量。

——《循化县大检查统计表（四）》，循化县档案馆藏，档号：1–1–255（永久）。

循化县大检查统计表 1976年6月

公社	成片造林		育苗		四旁植树（株）	新植经济林				药材（亩）		猪场		鸡场		兔场	
	亩数	栎数	亩数	其中：经济林		亩数	总株数	其中：苹果	花椒（株）	今年新种	累计	场数	有猪	场数	有鸡	场数	有兔
道帏	1600	32万	203		7011					516	516	36	533	1	30		
东风	1800	36万	200	20	85000	1000	106437	10080	94710	150	464	4	50	2	35	22	1200
清水	703	78020	3	2	7140	50.5	102651	1628	8637	0.7	0.7						
城镇	1006	72050	1645		26020	85.5	14200	2110	12090	0.5	1	1	4				
街子	2195	29060	1174	31.7	11930	875	42585	3775	37360	9.5						1	
红旗	720	186600	1.24	2.04	58526	320	10600	6400	700	3	3	1	5	1	11		
文都	860	26400	1586		7244		2400		2400		121.3	33	201				
尕楞	493	5198700	632			123		1000	5200	49.5	133.52	23	176			1	4
全县	9377	1508420	5444.24	55.74	182871	2454	278873	24993	160697	809.8		98	969	4	76	24	1204

——《循化县大检查统计表（五）》，循化县档案馆藏，档号：1–1–255（永久）。

循化县 1978 年农业生产统计表（一）

公社	实播粮食（亩）		条播面积（亩）	先翻后种面积（亩）	夏种面积（亩）	
	面积	其中：扩种面积			亩数	其中：高原面积
道帏	23282		18600	28000	11598	11598
东风	14357		10109	13000	9248	8431
清水	7074	50	6500	4400	5136	5136
城镇	10531.9	600	10200	10581.9	8820	7715.2
街子	15166	231.5	18000	7443	14000	6982
红旗	8781	238	8781	8781	7227	6523
文都	13838	176	9144.6	1702	10810	5797
尕楞	11958		9000	9000	7650	5750
其他	455					
合计	105542.9	1277.5	90334.6	82907.9	74489	57932.2

——《循化县 1978 年农业生产统计表（一）》，循化县档案馆藏，档号：1-1-255（永久）。

1978 年农业生产统计表（二）

公社	家肥（方）	杂肥（方）	烧灰（方）	羊板粪（方）	腐肥（斤）	五四〇六（斤）	化肥（斤）
道帏	108525	10	28303	10000	1411600	3613384	945000
东风	70366	3034	17521		2132760	3830000	880000
清水	32786	849	2500	600		380000	437200
城镇	50621	2140	440	350	130000	1495200	555200
街子	42980	314	455	385	16000	3799025	644250
红旗	46325	3046	1376	556	61000	2714000	203000

续表

公社	家肥（方）	杂肥（方）	烧灰（方）	羊板粪（方）	腐肥（斤）	五四〇六（斤）	化肥（斤）
文都	47473	1065	4715	3431	991700	636945	594282
尕楞	41488		4578	4406	153000	319500	372000
合计	440364	10458	59888	19728	4946060	17338054	5235932

注：全县有机肥料合计535907方。

——《循化县1978年农业生产统计表（二）》，循化县档案馆藏，档号：1–1–255（永久）。

循化县1978年农业生产统计表（三）（单位：亩、组、人）

公社	三田建设				科研队伍		种带田			种药材	
	试验田	种子田	丰产田	尖子田	组数	人员数	带田面积	套种洋芋	专业人数	新种面积	累计面积
道帏	85.15	2300	2000	6	31	90				102.2	312.4
东风		1471	2155		45	155					20
清水	50	700	1582	6	29	85	892	220	86	10	10
城镇	68	1000	3500	2979	52	191	1408.3	249	240		
街子	23.15	1208	1738		7	23	1077	229	143		3.9
红旗	38.6	1598	1416		44	133	975	33	69	20	1.3
文都	30	1325	796		27	82				120	28
尕楞	35	1235	300		11	35					250
其他	67.1	80			1	21				25221	
合计	426	10917	13487	2991	247	815	4352.3				625.6

——《循化县1978年农业生产统计表（三）》，循化县档案馆藏，档号：1–1–255（永久）。

循化县 1978 年农业生产统计表（四）（单位：亩，株）

公社	水造成片林	封山育林	四旁植树		育苗		经济林		现有经济林木	
			总株数	其中：集体	新育面积	累计面积	新发展面积	累计面积	新植株数	累计株树
道帏	1755		62947	10000	131.2	650		10		1335
东风	1300		106409	69312	29.6	400.1		2000	300	200000
清水	1164		7260	8340	16	52.5	232	756.6	7628	33401
城镇	1572		50000	10000	103	392.5	27	1002	4335	46600
街子	1200		51935	16513	92.13	358.3	60	1670	6980	87945
红旗	1580		162900	100600	208	586	156	1941	9018	50000
文都	1027	10	25810	12850	9.4	201.4		50	50	8662
尕楞	1651		300000	10000	30	140	10	83	900	6664
其他						21		485.35		4146
合计	11249	10	767261	237615	619.33	2801.8	495	7997.95	29211	433693

——《循化县 1978 年农业生产统计表（四）》，循化县档案馆藏，档号：1-1-255（永久）。

循化县 1978 年农业生产统计表（五）（单位：亩、方、个）

公社	水地园田	山地梯田	治河造田	开垦荒地	完成石方	目前农田水利投入劳力
道帏					1150000	600
东风					120000	
清水			2.5	47.5	70440	1913
城镇					50000	100
街子	19.6		23	175.5	197285	600
红旗				405	160760	931

续表

公社	水地园田	山地梯田	治河造田	开垦荒地	完成石方	目前农田水利投入劳力
文都			8	141	22445	1411
尕楞	50				40000	300
其他						2000
合计	69.6		33.5	769	1810930	7855

说明：农田建设完成土石方包括农田、水利、公路建设和植树造林动土石在内。

——《循化县1978年农业生产统计表（五）》，循化县档案馆藏，档号：1-1-255（永久）。

循化黄河沿岸抓紧抗旱春播

干抄地已经种完　冬水地正抢墒下种

循化撒拉族自治县黄河沿岸的田野上，人欢马叫，机声隆隆，干部社员们抓紧时机抗旱春播。目前，干抄地播种已经结束，开始利用消冰水灌溉，冬水地正在抢墒下种。

循化黄河沿岸各社队，历来水源不足，在长期生产实践中，各族群众树立了抗旱夺丰收的思想，并且积累了行之有效的抗旱经验。去秋以来，当地虽有几场雨雪，但是，干部社员仍然及早动手，大搞抗旱备耕。各社队普遍抓紧冬灌，打土保墒，兴修水利，为抗旱春播打下了良好基础。

春回大地，播种季节也从黄河沿岸的干抄地开始了。红旗公社的苏志、哈大亥、赞卜乎、古什群等七个大队，到二月二十日就种完了三千多亩干抄地，紧接着利用苏志沟、曲卜藏沟的消冰水进行灌溉。清水、城镇、街子等公社的冬水地，从二月十五日起陆续开犁下种。为了立足抗旱搞好春播，各生产队普遍注意精耕细作，坚持先翻后耙再播种，墒情好的地实行浅种，墒情差的地适当深种，力求接上底墒，保证出苗。

在抗旱春播中，许多社队努力提高科学种田水平，普遍采取了三项关键性的增产措施：一是科学施肥，推广精肥沟施；二是合理密植，推广宽窄行条播；三是建立高额丰产方。各公社农业技术人员和丰产方重点大队已经组织了丰产方领导小组，按照高产要求，增施肥料，精细播种。

——循化县委中心通讯组：《循化黄河沿岸抓紧抗旱春播》，《青海日报》，1981 年 2 月 27 日。

农业总产值

按一九七零年不变价格计算（单位：百元）

年份	农业总产值	1. 农业（种植业）	2. 林业	3. 牧业	4. 副业	5. 渔业
1974 年	87080	62938	2442	18679	3021	
1975 年	126772	79794	1589	14970	30419	
1976 年	120227	85395	3127	12149	19556	
1977 年	123265	81449	2584	14538	24694	
1978 年	115585	76211	2451	14948	21975	
1979 年	132343	73286	937	15593	42527	
1980 年	164628	115961	1336	30398	16933	

——循化撒拉族自治县统计局：《青海省循化撒拉族自治县国民经济社会发展统计资料汇编（一九四九年—一九八七年）》（内部资料），1988 年 12 月，第 90 页。

坚定地执行毛主席的革命路线促进农村经济全面发展
——循化县农村集体骨干副业生产情况的汇报

在伟大领袖毛主席的英明领导下，在党的“九大”团结、胜利路线的指引下，全国人民进一步掀起“认真看书学习，弄通马克思主义”，广泛深入开展思想和政治路线方面教育的新高潮中，青海省农村集体骨干副业生产及农副产品收购工作会议在我县召开，这对我们是一个很大的鼓舞，很大的鞭策，很大的促进，我们表示热烈欢迎和衷心感谢。这次会议非常适时必要，我们坚信通过这次会议，将对我县进一步开展“农业学大寨”群众运动，全面贯彻执行毛主席提出的“以粮为纲，全面发展”的伟大方针，大力发展农村集体骨干副业生产一定会起到很大的推动作用。现在，我将循化县发展农村骨干副业生产情况，向首长和代表同志们作以下汇报，不妥之处，请批评指导。

我县地处黄河河谷，海拔较低，气候温暖，既有利于各种农作物的生长，又适宜栽培各种经济林木，发展集体骨干副业生产有着较好的自然条件，当地群众历来也有栽植经济林木的传统。但是，过去由于……在农村散布“重副轻农、重钱轻粮”以及把粮食生产与多种经营对立起来的修正主义路线的毒害，严重地破坏了粮食生产和多种经营，集体骨干副业的基础十分薄弱，直到1965年我县还只有一处国营园艺场……我县广大干部和群众，在毛主席“农业学大寨”的伟大号召鼓舞下，深入开展了思想和政治路线方面的教育，狠抓思想上政治上的路线斗争，认真落实“以粮为纲，全面发展”的农业生产方针，使粮食生产和骨干副业有了新的发展。特别是贯彻北方农业会议和省农业学大寨经验交流会议精神以后，各级干部与广大群众，进一步认识到发展社会主义大农业必须有计划地发展多种经营的重要性和必要性，进一步认识到了在确保发展粮食生产的同时，切实抓好发展多种经营与支援农业机械化、扩大再生产的辩证关系。从而，认真总结和汲取了以往开展多种经营的正、反两个方面的经验，把多种经营开展得好坏与否提到纲和线上去认识，并把开展多种经营列入县委抓农村工作的重要议事日程之内。在调查研究的基础上，县委和县革委会根据全县各地区的自然特点，作出了全面规划，因地制宜地提出了“上半部沿山多沟，气候较冷的道帏、文都、尕楞等公社大部分生产队的骨干副业应以发展药材生产为主，中部地处浅山的东风、清水公社的大部分生产队的骨干副业，应以发展花椒、核桃等干果为主，黄河沿岸地势平坦、交通方便的红旗、城镇、街子等地区的骨干副业，应以苹果为主建立果园基地”的号召，按此要求，各社队都进行了全面规划，加强领导，艰苦创业，在确保粮食生产的同时，大搞治山、治水、治坡、治沟，向荒山进军，向河滩要地，目前有部分生产队已经初步建立了自己的骨干副业基地。有的队果树已经开始结果，药材已经有收益。多种经营已引起各级领导和广大社员的重视，特别是近两年来发展得很快，目前，全县已建立集体骨干副业基地3738亩，其中：果树园艺面积2238亩，种药材1500亩（去年全县仅试种60亩）。栽植各种经济林木72100株，其中苹果29970株，花椒27200株，梨、核桃等14930株，黄河沿岸有条件种植经济林木的45个大队，已有39个大队建立了果树园艺基地。今年新建的面积达1171亩，比解放后20多年的总和还多，为今后进一步开展多种经营奠定了基础。

我们在发展集体骨干副业生产中，主要做法和体会是：

一、发展集体骨干副业，必须狠抓以路线教育为纲，过去我县集体骨干副业发展缓慢的一个主要原因，就是……反革命修正主义路线的干扰和破坏。另一方面是我们的路线斗争觉悟不高，对毛主席的“以粮为纲，全面发展”的伟大方针学习领会和贯彻执行得很差，在思想认识上，对农林牧副渔五业和农业中各种作物的相互关系缺乏辩证的了解，只抓粮食单打一，不了解粮食和多种经营的关系，不懂得纲和目的关系。没有把开展多种经营提高到贯彻毛主席革命路线、巩固无产阶级专政的高度去认识，为了彻底改变这种状况，各级党组织和革委会，遵照毛主席“路线是个纲，纲举目张”的教导，从抓路线斗争和阶级斗争入手，在“农业学大寨”群众运动中，举办了各种类型的毛泽东思想学习班，深入开展了革命大批判，提高路线斗争觉悟，在搞得比较好的社队都有针对性地解决了这样几个带关键性的问题：一是批判了认为“发展骨干副业生产，与发展粮食生产有矛盾”的错误思想，正确地认识到了增产粮食与开展多种经营互相促进的辩证关系。二是批评了认为“发展骨干副业是远水不解近渴，不如外出搞副业能抓大钱”的错误倾向，划清了什么是资本主义的多种经营，什么是社会主义的多种经营的界限。三是批判了“一无土地，二无经验，三无资金和一等二靠三要”的懦夫懒汉思想，树立了“自力更生、艰苦创业，为革命开展多种经营”的世界观。在“三破三立”中，各社、队都以本地区的具体事实深入开展思想和政治路线方面的教育……进一步认识到“以粮为纲，全面发展”的方针，是毛主席的革命路线在农业生产上的具体体现，进一步提高了路线斗争觉悟，坚定了各族人民为建设社会主义新农村积极开展多种经营的决心。红旗公社苏志大队批判了懦夫懒汉的世界观，发扬了自力更生、艰苦奋斗的精神，把一片近324亩的“缺水草不生，无树鸟不落”的乱石滩，建成了苹果园。栽植苹果、梨等经济林木6889株。为了引水灌溉果园，花工1万多，完成土石方48000方，劈山盘坡，修了一条长近7华里的水渠，确保了果园的灌水。街子公社沈家大队已经建起的22亩苹果园，1970年开始向国家交售了第一批苹果。他们两个大队为全县发展果树园艺树立了榜样。

二、政策是路线的体现，是调动群众积极性的法宝，在发展经济林木中，要认真贯彻党的政策，在所有制的问题上，我们坚持队为基础，三级所有，栽植果树坚持以集体为主，队为基础，队栽队有的政策，调动了广大社员的积极性。在管理上一般由各生产队固定专人，由大队统一领导，建立了专业队。实行定领导，定人员（长期固定），定报酬，定管理（修枝、浇水、除草、追肥等）；定成活的“五定”责任制。这样既加强管理，又能合理使用劳力。果园专业人员的报酬一般都略高于农业同等劳动力的报酬，有的队在果树管理中还制定了适当的奖赔制度，例如东风公社拉边大队在加强思想工作的同时，确定新栽花椒树当年成活率为90%，多活一株奖6分，少活一株扣3分。其他大队也有类似办法，很受群众欢迎，效果也比较好。县农牧部门和红旗园艺场，为了大力支援社、队发展经济林木，建立了近20亩的经济林木苗圃，并对本县生产的果苗进行了降价，商业部门每年向确有困难的社、队投放扶助副业贷款，今年还先后从外地调入药材种子3655斤，有力地支援社、队发展药材生产。在积极发展集体经济林木的同时，我们还适当地给社员群众供应了一部分果苗，据不完全统计，近几年来，社员利用院内空地共栽植苹果等各种果树约2万株。

三、正确处理人与物的关系，用穷棒子精神发展骨干副业生产。发展骨干副业中有很多矛盾，最突出的是土地与资金不足的问题。宜经济林木的黄河沿岸地区，地少人多，粮食生产水平不高，土地是个最突出的问题。县委、县革委会和各级领导遵照毛主席“社会主义不仅从旧社会解放了劳动者和生产资料，也解放了旧社会所无法利用的广大的自然界，人民群众有无限的创造力，他们可以组织起来，向一切可以发挥自己力量的地方和部门进军，向生产的深度和广度进军，替自己创造日益增多的福利事业”。充分发动群众，大走群众路线，发扬自力更生、艰苦奋斗的精神，带领广大社员坚定不移地走大寨人艰苦创业的道路，提出了“上山下滩，治河造田，不与粮油争地”的要求，深受广大贫下中农的欢迎和支持，经过与天斗，与地斗，与阶级敌人斗，与各种右倾保守思想斗，在草不生的荒地上，新建起一处又一处的骨干副业基地。东风公社张尕大队，原来是个比较后进的生产队，在“农业学大寨”群众运动中，奋起直追。去冬今春利用农闲休息时间，冒风雪，战严寒，在乱石滚滚的河滩上，建成了五十亩花椒园。这个公社的上科哇大队，在北方农业会议精神贯彻中，总结了以往种植花椒失败的教训，用大寨人三战“狼窝掌”的愚公移山精神，1971年在一面很陡的沙石坡上建成花椒坡。这面坡，沙石各半，每栽一株花椒都要付出很大的劳动代价，年近六十的支部书记撒拉族马西木同志，在数九寒天，亲自带领社员，劈石山，挖窝担土，终于在石头坡上修成25亩梯田，栽上了1229株花椒。街子公社团结大队，今年在省“农业学大寨”经验交流会后，找出了自己在贯彻“以粮为纲，全面发展”方针上的差距，春耕播种一结束后，就集中劳力，用了六十天半的时间，打起了1213米围墙，建起了113亩果园，目前已整滩造田60余亩，栽上了果树。全县近两年来发展的2238亩果园，有1566亩是河滩、荒坡，并普遍实行了果粮、果菜间作，不但做到了地尽其利，而且当年有收益，为巩固和发展骨干副业提供了部分资金。

“力量的来源是人民群众”。只要充分依靠群众，发挥人的积极因素，一切矛盾可以转化。道帏公社起台堡大队去年发展药材生产资金不足，党支部把这个问题交给群众讨论，社员主动为发展集体药材生产借给资金900多元，当年在7亩薄地上种上党参就收入2000多元。今年已由去年的19亩扩种到61亩，加上粉房、养猪等收入预计可达2万元。清水公社孟达大庄等生产队，为了解决花椒苗不足的问题，发扬一不怕苦、二不怕死的革命精神，翻山越岭，往返60华里，从山林里挖回野花椒6000多株，不失时机的发展骨干副业。

四、加强党的领导，是发展骨干副业的关键。过去我县由于对粮食生产与骨干副业之间相互促进的辩证关系认识不清，在发展骨干副业上决心不大，步子不快。通过北方农业会议精神的贯彻，“农业学大寨”群众运动在我县有了新的发展，实行科学种田和农业机械化的发展，资金不足的矛盾日渐十分突出，在“以粮为纲，全面发展”的方针指引下，县委、县革委会，把发展骨干副业列入农业生产的重要议事日程，作为“农业学大寨”的主要内容之一。党组织的主要负责干部亲自抓这项工作，并注意“五个”结合，即：落实粮食生产计划与落实骨干副业生产计划相结合；建立骨干副业基地与开荒发展粮食生产相结合；发展骨干副业与治沟、治坡、治河造田、水土保持相结合；抓春季植树造林与抓栽植果树生产相结合；抓用材林育苗与抓经济林木育苗相结合。春季造林中克服了过去单打一的做法，抓用材林与发展经济林木同时并举，进行统一部署，同时开展。各级党委和革委会都重视了多种经营。今年结合春季造林运动，县委一把手亲自深入到宜经济林木的公社进行检查落实，总结和推广先进经验。红旗公社党委，在今年春季造林运动中，把发展经济林木作为完成生产计划的一个主要内容，采取分片负责、一抓到底的领导方法，新建果园519亩，栽植各种经济林木11339株，相当于历年的总和，全公社已有1040亩，各种果树累计2万余株。平均每个大队有百亩以上的果园，每人有集体果树四株半。我们还采取了抓点带面的工作方法，全县树立了一批发展骨干副业的典型生产队，每年全县性组织社队干部、群众几次参观学习。街子公社的街子大队与团结大队，两队毗邻，1966 年同时建立果园，街子大队由于干部群众重视，对果树管理好，1970 年开始受益，用苹果收入给队里添了耕牛，而团结大队管理不好，两次搞果园，两次失败，没有收益，公社党委抓住这个事例，组织群众现场参观，认真总结了正反两方面的经验，使大家受到了教育，促进了果树生产的发展。县农牧、商业部门每年按照果树管理季节，协同举办技术训练班和经验交流会，为社、队培养农民果树技术员 35 名，从而加强了果树管理工作。

我们的工作做得很不够，在发展骨干副业生产上，尽管有了一个较好的开端，但是，全县发展不均衡，苹果增多后，病虫害防治等许多问题的解决还存在着很多缺点，同先进单位相比，还有很大的差距。今后，我们决心在毛主席亲自提出的“以粮为纲，全面发展”的方针指引下，大借这次会议的东风，深入开展思想和政治路线方面的教育，继续深入地开展“农业学大寨”群众运动，力争在“四五”期间实现队队有骨干副业基地，每人五棵果，全县有各种经济林木三十万株，为进一步壮大集体经济力量，促进农业生产全面发展，支援国家社会主义建设，支援世界革命作出贡献。

——循化撒拉族自治县革命委员会：《循化县农村集体骨干副业生产情况的汇报》，循化县档案馆藏，档号：1-1-155（永久）。

自 1970 年开始，循化县农牧科在循化县委的领导下，在黄河沿岸的红旗、街子、城镇、清水四个公社进行了耕作制度的创新试验，采用套种的方法，改粮食作物一年一熟为一年两熟。如：1972 年，清水公社下滩大队在 9.5 亩小麦地中复种豌豆，两季混合亩产 615.5 公斤。1974 年，全县小麦套种玉米亩产达 761.5 公斤。1976 年，在城镇公社石头坡大队进行豌豆复种洋芋试验，前茬“秋复一号”豌豆亩产 357 公斤，后茬洋芋产量（折主粮）326 公斤，两项合计亩产 683 公斤。1977 年，小麦套种玉米亩产最高达 857.95 公斤，有 4 个大队 15 个生产队平均亩产超 500 公斤，全县 500 公斤田面积达 4000 余亩。小麦套种黄豆，适合于缺肥的低产田。1980 年，城镇公社托坝大队第二、三队小麦复种洋芋面积 31.20 亩，前茬小麦总产 17961.9 公斤，平均亩产 575.2 公斤，后茬洋芋总产（折主粮）8855 公斤，平均亩产 283.8 公斤，两茬平均亩产 859.5 公斤。为黄河沿岸拓宽了复种道路，提高了亩产水平，因此，1980 年该项成果在海东科技大会上荣获科技成果推广一等奖。

——《循化县一九八二年主要畜产品收购计划》，循化县档案馆藏，档号：20-1-122（永久）。

循化县一九八一年经济作物生产计划

公社	经济作物					经济林木	
	蔬菜				辣子（万斤）	1980 年末累计（亩）	1981 年计划新栽（亩）
	1980 年面积（亩）	实际产量（万斤）	1981 年面积（亩）	计划产量（万斤）			
合计	723	148	1010	200	52	162	300
道帏公社							
东风公社							
清水公社	28	4.8	60	10	14	38	50
城镇公社	445	133.5	600	120	16		100
街子公社	190	0.4	250	50	14		50
红旗公社			50	10	8	124	100
文都公社							
尕楞公社							
国营农牧场	60	9.3	50	10			

——《循化县一九八一年经济作物生产计划》，循化县档案馆藏，档号：20-1-111（永久）。

循化撒拉族自治县一九八二年国民经济计划

循化县一九八二年农业生产计划（单位：亩、万斤）

公社	粮食计划					比 1980 年实际增减 %	比 1981 年实际增减 %
	1981 年实际			1982 年计划			
	面积	1980 年实际产量	1981 年实际产量	面积	总产量		
合计	107749	5526.84	4393	108000	5400	−2.3	22.9
道帏公社	23741	1064.52	735	23820	1050	−1.4	42.86
东风公社	15729	924.89	803.4	15750	900	−2.7	12
清水公社	5232	447.19	322.1	5250	360	−19.5	11.77
孟达公社	1448		55.91	1471	60		7.32
城镇公社	10889	815.61	715.34	10900	800	−2	11.83
街子公社	14473	546.81	440.34	14500	526	−3.8	19.45
红旗公社	8560	654.37	586.65	8591	654.7	−0.05	11.6
文都公社	15227	673.69	451.35	15250	665	−1.3	47.34

续表

公社	粮食计划					比 1980 年实际增减 %	比 1981 年实际增减 %
	1981 年实际			1982 年计划			
	面积	1980 年实际产量	1981 年实际产量	面积	总产量		
尕楞公社	12233	379.35	268.46	12250	370	–2.5	37.82
国营农场	217	20.41	14.45	218	14.3	–30	–1

注：国营农场指标内，园艺场 2.7 万斤，良种场 10 万斤，河北苗圃 1.6 万斤。

——《循化县一九八二年农业生产计划（总表一）》，循化县档案馆藏，档号：20–1–122（永久）。

循化县一九八二年农业生产计划

公社	单位	油料		比 1981 年实际增减 %	备注
		1981 年实际产量	1982 年计划		
合计	万斤	143.28	150	4.7	
道帏公社	万斤	28.6	31	8.4	
东风公社	万斤	12.6	15	19	
清水公社	万斤	7.3	7	–4.1	
孟达公社	万斤		1		
城镇公社	万斤	9.45	9	–4.8	
街子公社	万斤	25.9	26	0.4	
红旗公社	万斤	27.1	25.5	–6	
文都公社	万斤	18.6	22	18.3	
尕楞公社	万斤	11.5	13.5	17.4	
国营农场	万斤	2.23			

——《循化县一九八二年农业生产计划（总表二）》，循化县档案馆藏，档号：20–1–122（永久）。

循化县一九八二年经济作物生产计划（单位：亩、万斤）

公社	经济作物								
	蔬菜				瓜类				辣子
	1981 年面积	实际产量	1982 年面积	计划产量	1981 年面积	实际产量	1982 年面积	计划产量	
合计	952	278.95	961	300	112	46.28	120	52	100
清水公社	181	34.71	180	35	39	6.63	40	8	23

续表

公社	经济作物								
	蔬菜				瓜类				辣子
	1981年面积	实际产量	1982年面积	计划产量	1981年面积	实际产量	1982年面积	计划产量	
城镇公社	457	156.5	460	177	63	34.65	60	34	26
街子公社	72	14.4	70	14	10	5	10	5	26
红旗公社	228	68.4	236	70			10	5	25
园艺场	10	3	10	3					
良种场	3	0.97	5	1					
农校	1	0.97							

——《循化县一九八二年农业生产计划（总表四）》，循化县档案馆藏，档号：20-1-122（永久）。

实行责任制　维护集体财产
循化县集体果园管得好

循化撒拉族自治县在实行农业生产责任制中，切实加强对集体果园的管理，全县九十一处（四千一百七十亩）果园，除不便统一管理的三处（四十五亩）果园外，其余全部实行了专业承包或兼包的生产责任制，坚持统一管理，维护了集体财产。

去年秋季以来，循化县80%的生产队实行了“双包”生产责任制。实行这种责任制的地方，农田都承包到户，对于适宜统一经营的集体果园仍然坚持由集体管理。他们采取的具体办法是：一、凡原来由大队统一经营的果园，仍由所属生产队投劳力，建立果园专业队，下设专业组（以生产队为单位），签订合同，包投资，包管理，包产值，实行果树联产到组、生产责任到劳的责任制。二、凡属于生产队所有并有收益的果园，采取生产队投标、联户包纯收入的办法。三、面积不大、收益不多的果园，采取包到专业户或由一户承包、自愿联合、包纯收入的办法，加强管理。

红旗公社苏志大队的果园是全县最大的果园，实行承包责任制后，各承包组把园内的一百四十九亩地全部深翻了一遍，并及时给果树浇了冬水。清水公社瓦匠庄大队将一处五十三亩的果园承包给专业户后，三户社员联合投资买化肥、拉家肥，还给所有果树压冬肥、浇冬水，管得又细又好。

——钟建华、朱公甲：《实行责任制　维护集体财产　循化县集体果园管得好》，《青海日报》，1982年2月1日。

循化红旗公社积极建设果园　秋季梨果飘香

循化撒拉族自治县红旗公社调整农业内部结构，改变单一的农业经济，走农、林、牧结合的道路，开展植树造林，把昔日的乱石滩建成果园，使荒凉的河滩沟壑披上了绿装，农村出现林茂粮丰的新景象。红旗公社地处黄河沿岸，发展农、林、牧业生产具有得天独厚的条件。过去，由于受“左”的思想影响，林权不稳，林业发展缓慢，果园经多次折腾，挖的挖，死的死，损失极为严重。三中全会以后，这个公社纠正了重粮轻林的错误思想，实行因地制宜，分类指导，宜农则农，宜林则林，有条件的队发展以苹果、梨为主的经济林木。认真贯彻党的林业政策，落实林权，组织专业队、专业组、专业户，实行专人管理，定成活、定报酬、定奖赔的生产责任制，激发了社员群众植树造林的积极性，全社成片造林五千一百六十亩，四旁植树八十六万六千株。昔日的乱石滩如今果园连片，每到秋季，梨果飘香，景色宜人。去年产果八十一万三千斤，仅林业和果品两项收入就达十三万元，占总收入的10%。

——红旗公社管委会:《循化红旗公社积极建设果园　秋季梨果飘香》,《青海日报》，1982年4月5日。

循化撒拉族自治县对农产量进行预测估产

循化撒拉族自治县最近在全县普遍展开了农产量的预测估产工作。为了搞好这项工作，循化撒拉族自治县人民政府提出三项要求：一是不管实行哪种形式的责任制，必须以生产队为单位在夏收前进行农产量估产预测工作；二是在全县50%的公社开展农产量抽样调查工作；三是将全县一百四十八户签订有合同的农科户（每个大队一户）确定为典型调查户，提倡过秤计产。

——钟建华:《循化撒拉族自治县对农产量进行预测估产》,《青海日报》，1982年8月8日。

舍得花气力下本钱　为的是明年再增产

循化开创精细备耕新局面

循化撒拉族自治县各族农民舍得花力气，舍得下本钱，开创了精细备耕的新局面。目前全县已经深翻、平整水地合五万亩，冬灌四万多亩，积肥购肥、串换良种也做出了成绩。

党的十二大以来，循化县各族干部社员学习十二大文件，受到很大的鼓舞，特别是县委、县人民政府明确宣布关于农业生产责任制长期坚持的决定以后，更是情绪振奋，家家想增产，事事为增产。

有些细心的社员在夏天浇水时就在浇不好水的地方打上记号，收罢庄稼立即平整。许多社员一边深翻、平地，一边挖塄坎，拣冰草，堵鼠洞，拾蛴螬幼虫，进行了土壤药剂处理，多年来弃耕的边边角角全部开出来了。社员们高兴地说：过去吃大锅饭，方地种成了圆地，现在实行责任制，圆地又修成方地了！往年冬灌是大水串灌，跑肥跑土，今年都改成了逐块灌溉，小水细灌。往年积肥中的黄土搬家现象不见了，家肥数量、绿肥翻压面积都增加了。过去不到春耕不买化肥，现在，有些社员已经提前买好了化肥。良种也备受重视，县种子公司加强了选种、供种工作。今年秋季雨多、小麦发芽的山区社队，出现了群众性的换种热。媳妇回娘家，老汉走亲戚，都要议论换种子的事。

——马富荣、孙其专：《舍得花气力下本钱　为的是明年再增产　循化开创精细备耕新局面》，《青海日报》，1982 年 11 月 21 日。

1978 年 6 月（起——编者加），县委……认真贯彻执行第五届全国人大第一次会议精神和党的十一届三中全会以来的路线、方针、政策，揭批林彪“四人帮”，肃清极“左”流毒，拨乱反正，把工作着重点转移到经济建设上来，全县各项事业都有了一定程度的恢复和发展。在农业方面，调整了大队和生产队两级体制，生产队的规模由原来的平均 34.7 户调整到 1980 年的 20.3 户。在群众自愿的基础上实行包工、包产、联产计酬的有 174 个队；大包干的 43 个队；包产到组、以产计工的 25 个队，以上三种占生产队总数的 43%，其余的生产队均实行定额计工和季节、小段包工。从记工、联产、奖赔、分配方面体现按劳分配和男女同工同酬的原则。全县给社员划分饲料地 3920 亩，造林地 1600 亩，促进了林、牧各业的发展。减轻农民负担，1980 年对近百个穷队免去粮食征购任务 380 多万斤及当年和历年农业税 4.06 万余元，缓交农业贷款 60 余万元，向穷队和灾区发放救济款（物）36 万余元，回销粮食 242 万斤，使这些穷队得以休养生息。农田水电基本建设，三年来国家投资 275 万元兴修各种水利设施 123 项，扩大灌溉面积 7615 亩，改善面积 8555 亩，农电线路延长 104 公里，85% 的大队和生产队通了电，三年埋设地下管道 9.5 公里，解决了山区 5607 人、1 万余头（只）牲畜饮水问题。调整农业内部结构，明确提出了“以粮为主，狠抓牧业，搞好林业，积极开展多种经营”的方针，改变过去单一抓粮食生产的倾向，重视了林牧工副业生产的全面发展，1980年粮食播种面积比1979年减少5200亩，而全县粮食总产量获得2763.44万公斤的大丰收，比上年增加330.84万公斤，增长13.6%，鲜红辣椒收购由过去年均3万公斤左右增加到1980年的7.5万公斤，果品产量突破50万公斤。

——循化县委组织部党史办：《循化县组织史（1949.8—1993.4）》，2018年，第207页。

农业得到全面发展，农村经济结构发生了深刻而可喜的变化，1983年，全县粮食播种面积较1982年减少3343亩，而粮食总产量比1982年增加3%（实际总产为2687万公斤）。在农业总收入中，农业收入由1980年的70.46%下降到66.13%，林业收入由0.81%上升到3.82%，工副牧业和其他收入由28.74%上升到31.06%，农村人均收入149元，较1980年增加绝对金额73元，增长95.9%，步入了“农林牧工副，多种经营全面发展”的路子。在农业上普遍推行和完善了包产到组、包产到户、包干到户的家庭联产承包责任制，使农民获得生产和分配的自主权，把农民的责、权、利紧密地结合起来，狠抓了各项合同的签订和兑现，正确处理了国家、集体、个人三者利益。把发展商品生产作为农村治穷致富的突破口，并逐步把家庭联产承包责任制推广到林牧工副各业，充分调动农民的积极性，并在资金上扶持，技术上指导，使一批有见识、懂技术、会经营的农民专门从事自己得心应手的商品生产劳动，成为代表农村先进生产力的“专业户”“重点户”。1983年底，各种专业户、重点户发展到1650户，占全县总农户的11.2%，其中种粮大户（生产万斤粮）233户，林业专业户546户，多种经营收入610万元，较1982年增长45.4%。放宽各项政策，允许社员在自留地和承包地边植树，绿化造林，稳定林权，坚持“谁种谁有，长期不变，允许继承”的政策，集体不易管理的近万亩零星树木和小片林木作价处理给社员，并将水土条件较好的1.5万亩沟滩荒地和2.1万亩荒山荒坡划分给农户。同时国家在资金上扶持，农户每造林1亩补助7元，育苗1亩补助25元，每年还提供良种树苗近百万株，以及提灌引水设施工程的投资。一系列优惠政策，调动了农民的生产积极性，三年共植树造林12614亩，四旁植树89万株，平均每年植树4168亩，与此同时，将大部分牛羊作价归户经营，近年来养殖专业户的涌现，给农区畜牧业的发展带来了生机，全县牲畜商品率从1980年的4%提高到1984年的11%，黄河沿岸的黄牛改良工作稳重扎实，成绩突出，充分发挥了杂交优势，三年共冷配育活良种牛2354头，受配率由1980年的50%提高到1983年的82%。工业生产在调整和改革中稳步增长，经济效益有了明显提高，出现了产值、利税同步增长的好势头。1983 年，全县工业总产值 258.3 万元，超年计划的 12%，比 1982 年增长 25.31%；利润平均增长 15.4%；职工工资平均增长 7.68%；基本建设投资总额 141 万元，建成项目 6 个，竣工面积 7764 平方米。

——循化县委组织部党史办：《循化县组织史（1949.8—1993.4）》，2018 年，第 210 页。

农业生产在稳定粮食生产的基础上，正确处理粮食生产与多种经营的关系，调整产业结构，增加农业投入，加强了病虫害的防治。1986 年，全县遭受雹灾损失粮食 400 万公斤的情况下，总产量仍升到 2159 万公斤，比 1985 年增产 153.7 万公斤，增长 7.8%；油料产量 122.78 万公斤，比 1983 年增长 2.19%。在农业总收入中，农业收入由 1983 年的 66.13% 下降到 62.93%，林业收入由 3.81% 上升到 4.33%，牧业收入由 14.17% 上升到 23.8%。园艺生产方面，1986 年，全县果园面积 9637 亩（43 万多株），比 1983 年增加 5476.6 亩，增长 75.8%，果品产量已突破 250 万公斤。查汗都斯乡果品生产人均收入 74 元，相当于该乡 1979 年的人均总收入。畜牧业生产在农业中的比重不断增大，牲畜出栏率由 1984 年的 11% 提高到 14.2%，三年为社会提供商品牲畜近 6 万头（只）。利用背靠牧区的优势，组织 240 户贩运及屠宰户发展牛羊育肥贩运，三年共贩运牛羊 15 万头（只），共为社会提供商品肉食 300 多万公斤。1986 年底，乡镇企业发展到 914 个，其中乡村 44 个，联户 870 个。乡镇企业总产值达 918.41 万元，比 1983 年增加 4.07 倍。劳务收入达到 516 万元，比 1983 年增长 36.9%。

——循化县委组织部党史办：《循化县组织史（1949.8—1993.4）》，2018 年，第 213—215 页。

会议对过去三年的工作作了总结，对今后的经济建设提出了新的要求，计划到 1990 年全县工农业总产值达到 3237 万元，年递增 12.8%，其中农业总产值 2637 万元，年递增 9.3%，工业总产值 600 万元，年递增 12.9%；粮食总产量达到 3000 万公斤，油料产量达到 165 万公斤，全县户均三头牛，人均二只羊，人均经济林木百株，人均收入达 350 元。

坚持了以农业为主体，畜牧业、乡镇企业为支柱，流通经商为两翼，项目开发作龙头的发展战略，经济落后的状况正在发生变化。三年来共扩大耕地面积 1 万余亩，复种增加到 1 万亩，大力改造低产田，推行大面积丰产田科技承包，猛攻单产，连续三年获得丰收。1989 年粮食产量 2963.28 万公斤，比 1986 年增加 801.9 万公斤，总增长 37%，人均口粮 503 市斤，较 1986 年每人净增 135 市斤，连续三年获得省政府颁发的丰收杯奖。

——循化县委组织部党史办：《循化县组织史（1949.8—1993.4）》，2018 年，第 324—325 页。

1988 年工作的指导思想和奋斗目标。指导思想：加快改革，维护安定团结，努力发展生产，实现脱贫致富，开创经济工作的新局面。奋斗目标：社会生产总值达到 3990 万元；工农业总产值达到 2640 万元，其中农业产值 2160 万元，工业产值 480 万元；全县粮食总产量达到 2750 万公斤；油料总产量达到 150 万公斤；果品产量达到 325 万公斤；完成四旁植树 40 万株，育苗 200 亩；牲畜饲养量达到 21 万头（只），年末存栏数达到 17.2 万头（只），商品畜达到 3.15 万头（只）；乡镇企业产值达到 1100 万元；全县农村社会总收入达到 3522 万元。

——循化县委组织部党史办：《循化县组织史（1949.8—1993.4）》，2018 年，第 327 页。

1989 年全县工作的指导思想和奋斗目标。指导思想：认真贯彻治理、整顿经济秩序的方针，深化城乡改革，继续强化农业基础，大力发展个体经济，维护安定团结，努力脱贫致富。奋斗目标：1989 年计划粮食总产达到 2930 万公斤，比 1988 年增长 2.1%；油料总产计划达到 160 万公斤，增长 26.7%；果品产量达到 350 万公斤；新建果园 1000 亩，完成造林 1 万亩；牲畜饲养量达到 22 万头（只），年底存栏数达到 17 万头（只）；乡镇企业总产值达到 1600 万元；农业产值达到 2410 万元；工业产值达到 590 万元；人均收入达到 325 元。

——循化县委组织部党史办：《循化县组织史（1949.8—1993.4）》，2018 年，第 328 页。

通过努力，全县农业有了大发展，两次获得省政府颁发的“丰收杯”奖。1989 年粮食总产量增加了 801.91 万公斤，与 1986 年相比增长了 37%；牲畜存栏数为 18 万头（只），与 1986 年相比增长 10.5%；果园面积发展到 6186 亩，与 1986 年相比，增长 68.6%。80% 以上的农民基本解决了温饱问题。

——循化县委组织部党史办：《循化县组织史（1949.8—1993.4）》，2018 年，第 330 页。

奋斗目标：工农业总产值计划达到 3235 万元，比 1989 年增长 7.15%，其中工业产值 965 万元，农业产值 2270 万元，分别增长 9.65% 和 6.12%；粮食产量计划达到 3050 万公斤，比“七五”计划增长 1.6%，比 1989 年增长 3.04%；乡镇企业总产值计划达到 2000 万元，比 1989 年增长 6%；财政收入计划达到 240 万元，比 1989 年增长 9%；牲畜存栏数达到 18.07 万头（只），饲养量达到 24.7 万头（只），商品率达到 20%。与会代表一致认为以上指导思想、奋斗目标和各项措施符合循化实际，只要我们抓住机遇、深化改革，就一定能够实现。

会议还提出了 1990 年的指导思想和奋斗目标。指导思想：以十三届五中全会《关于治理整顿和深化改革的决定》和江泽民总书记国庆讲话为指针，狠抓治理整顿和深化改革，稳定各项政策，加强科技进步，提高经济效益，保持经济持续、稳定、协调发展，确保“七五”计划指标的实现。

——循化县委组织部党史办：《循化县组织史（1949.8—1993.4）》，2018 年，第 331 页。

三年来，用于农业生产的资金 286 万元，占地方财政预算的 30%。黄河沿岸充分发挥地热条件，扩大复种面积，提高土地利用率，1989 年复种 10723 亩，占可复种面积的三分之一，较 1986 年增加 1.6 倍。与乡（镇）签订科技承包合同，1989 年科技承包田占粮食播种面积的 56%。科技承包产量占粮食总产量的 70%。三年来，用于支援广度开发的资金 467.5 万元（其中群众投资 189 万元），新增土地 1.4 万亩，农村人均达 0.15 亩，1989 年粮食总产量达到 2910.78 万公斤，比 1986 年增产 801.5 万公斤，增长 37%，是本县历史上的第六个丰收年，连续三年获得省政府颁发的丰收杯奖励。

园艺、畜牧两个区域性基地建设已具规模。在“三保证”（即保证粮食播种面积、粮食稳定增长、完成粮油征购任务）的前提下，1989 年全县果园面积为 1.52 万亩，挂果树 30 万株，比 1986 年增长 57.8%。畜牧业走适度规模经营的路子，积极组织畜牧业商品经济“大合唱”，使畜牧业总产值达 965.61 万元，占农业总产值的 23.3%，1989 年全县户养 10 头牛、10 只羊以上的有 4077 户，占全县农业总户数的 26%。

扶贫工作以富民富县为目标，从生活救济型向经济开发型转变，强化“造血”功能，扶贫地区出现了粮食、园艺、畜牧等支柱型产业，进而辐射和加快了千家万户的脱贫致富步伐，逐步缩小贫困面。1986 年底核定的全县贫困户为 8584 户 48817 人，1989 年贫困户为 929 户 4908 人。

——循化县委组织部党史办：《循化县组织史（1949.8—1993.4）》，2018 年，第 349 页。

农业生产获得全面丰收。1987 年，全县粮食总产达到 2595 万公斤，油料产量达到 129.7 万公斤。在狠抓粮食生产的同时，对全县果园面积采取“统一规划、统一围墙、集中连片、分户经营”的办法，推动了全县果园生产的发展。到 1988 年，全县新建果园面积 5022 亩，累计果园面积达到 13784 亩，果品产量达到 229.7 万公斤。全年牲畜饲养量超过 20 万头（只），全县农业人均饲养牲畜 2.24 头（只），当年育成仔畜 36421 头（只）。

财政收入逐年增加，人民生活进一步提高。财政收入达到 160.7 万元，比 1986 年增长 9.3%，完成税收 130.6 万元，农村人均纯收入达到 256 元，城乡居民年内储蓄余额达到 902 万元，全县人均储蓄存款 97 元；并根据国家有关规定给 1504 名职工调整了工资。

扶贫工作初见成效。国家给全县投放扶贫专项贴息贷款 170 万元。其中投放种植业资金 42 万元、养殖业 111.96 万元、农产品加工 12.95 万元、运输业 2.25 万元、其他 0.84 万元。通过抓扶贫工作，贫困人口由 1996 年的 3.8 万人下降到 2.3 万人。

会议提出了今后工作的指导思想和奋斗目标：

指导思想：坚持党在社会主义初级阶段的基本路线，坚持两个文明一起抓，深化改革，进一步放宽政策，以发展生产力为中心，依靠科技进步，实现脱贫致富。

奋斗目标：1989 年全县社会生产总产值达到 4060 万元；工农业总产值达到 2680 万元，其中，农业产值 2200 万元，工业产值 480 万元；全县粮食播种面积 10.5 万亩，复种 1 万亩，粮食总产量达到 2750 万公斤；油料播种 1.5 万亩，总产量达到 150 万公斤；果品产量达到 350 万公斤。新造林 1000 亩，四旁植树 42.3 万株，农田林网 10.7 万株，育苗 200 亩；牲畜饲养量达到 21.18 万头（只），年末存栏数达到 17 万头（只），乡镇企业产值达到 1180 万元，财政收入达到 161 万元。全县农村社会总收入达到 3522 万元，农民人均纯收入达到 290 元，比上年增加 34 元。

——循化县委组织部党史办：《循化县组织史（1949.8—1993.4）》，2018 年，第 350—351 页。

农业生产获得全面丰收。1988 年，全县农业投入比 1987 年增长 30% 以上，化肥施用量比 1987 年增加 1500 吨。全县扩大水浇地面积 1000 多亩，山地 3000 多亩。复种面积达到 8170 亩。粮食产量达到 2871.6 万公斤，比 1987 年增长 10.6%，比 1980 年最高年产增长 3.85%；油料总产达到 134.96 万公斤，增长 4.05%；新建果园面积 1407 亩，新栽果树 6.1 万余株，果园面积累计达到 15192 亩、73 万株，果品收入已达 152 万元。完成造林面积 15445 亩。年末牲畜存栏数达到 17.63 万头（只），比 1987 年增长 6.4%。全年牲畜饲养总量达到 23.7 万头（只），商品率为 16.4%，比 1987 年增长 3.6%，畜牧业总收入达到 351.54 万元。

财政收入连年增加。通过采取“双增双节”层层包干等措施，使全县支出控制在预算指标以内。收入完成 178 万元，超额完成年度计划 18 万元，比 1987 年增长 10.8%。税务部门加强税收征管工作，完成各项税收 144.7 万元，超额完成年度计划 8%，比 1987 年增长 9%。

会议制定了今后工作的奋斗目标：社会总产值达到 4500 万元，比 1988 年增长 9.6%；工农业总产值达到 2950 万元，增长 11.5%，其中农业产值达到 2150 万元，增长 7.1%，工业产值达到 800 万元，增长 25.4%；粮食产量达 3000 万公斤，提前一年实现“七五”规划；油料产量达到 160 万公斤，增长 18.5%；牲畜总饲养量达到 24.07 万头（只）；造林任务 16000 亩；财政收入达到 183 万元，力争突破 200 万元；农牧民人均纯收入达到 326 元，比上年增加 30 元。

——循化县委组织部党史办：《循化县组织史（1949.8—1993.4）》，2018 年，第 352—353 页。

组织宗教界人士积极开展种草种树工作。认真贯彻“以林为主、多种经营、以短养长、长短结合”的林业方针，据初步统计，几年来各宗教界人员造林面积达 1056 亩 84500 株，并涌现出了一批先进集体和个人。古雷寺寺管会主任亲自带领二十多名喇嘛开荒造林 40 余亩，植树 8000 多株，育苗 2 亩；河北清真寺寺管会投资 300 余元，开荒造地 7 亩，栽植苹果树 260 余株，其他树木 100 余株，被评为全省宗教界植树造林先进集体；全国政协常委公保才旦同志投资 13100 余元，治河造田 40 亩，栽植松苗 170 余亩，共计造林 6 万余株。这些先进典型和广大宗教界人士为全县种草种树、脱贫致富、改善生态环境，做出了积极的贡献。

——循化县委组织部党史办：《循化县组织史（1949.8—1993.4）》，2018 年，第 276 页。

会议确定了今后三年的奋斗目标：到 1993 年全县工农业总产值达到 3573 万元，年递增 5.7%，其中农业 2438 万元，递增 4.5%，工业 1135 万元，递增 10.4%；粮食总产量达到 3150 万公斤，油料 160 万公斤，果品 500 万公斤，牲畜存量达到 26 万头

（只），财政年收入达到250万元，年递增4.4%，人口自然增长率控制在12‰以下，农牧民人均纯收入达到380元。

——循化县委组织部党史办：《循化县组织史（1949.8—1993.4）》，2018年，第398页。

宋瑞祥考察民和、循化、化隆后提出
河湟谷地应成为海东地区农业生产的重点

6月23日至29日，宋瑞祥省长对民和、循化、化隆3县的经济发展情况进行了考察，同县、乡干部和部分群众进行了座谈、讨论，提出了海东地区深化改革、发展经济的设想和要求，特别对河湟谷地的深度开发以及发展农区畜牧业、发展县办工业和乡、镇企业提出了具体意见。

宋瑞祥说，河湟谷地水热条件好，无霜期相对较长，大片的荒滩、台地、沟岔尚未充分利用，有着广阔的开发前景，应成为近期海东地区农业生产开发的重点。当前，河湟谷地的深度开发可分3个层次进行。一是两岸荒滩的开发。以黄河谷地为例，龙羊峡水电站建成后，黄河河道在我省境内的相对稳定，形成了开发利用两岸荒滩地的有利条件。据初步统计，黄河在这3县境内250多公里的沿岸有3万多亩荒滩。如重点修筑主航道的冲刷堤岸，沿河造地，可以开出一批高产、稳产的良田。二是对河湟两岸的台地进行改造。这些台地当前大多数仍处在“黄河流水岸上旱”的状况，粮食产量不稳定，可以有计划地兴修电灌站、渠道、渡槽等水利设施，把旱地变成水浇地。三是两岸沟岔、荒坡地开发。像化隆县甘都镇牙路乎村农民马国财那样，搞好河湟谷地的多层次开发，将会扩大我省东部农区的耕地面积，改善生产条件，同时也会带动浅山的治理。浅山治理好了，不仅可以大幅度地提高浅山的农业生产能力，还能保护植被，防止水土流失，减少山洪对川水地区的危害。他着重强调，河湟谷地的多层次开发和两河流域浅山的治理，要根据我省的财力情况，量力而行，逐步展开；要制定合理的政策，把国家投资和群众集资结合起来，以群众集资为主。

在谈到农牧结合，大力发展农区畜牧业时，宋瑞祥指出：河湟流域从自然地理位置上处于我国的青藏高原与黄土高原的结合部，历史上就是一个种养结合的地区，发展畜牧业有许多有利条件，许多耕地适合复种、套种，发展草业和饲料生产。民和、循化、化隆等县虽然有了一定规模的畜牧业，但畜牧业生产水平还是大农业经济中的一条短腿。要扭转这种局面，就必须增强干部群众对畜牧业在整个农村经济中的重要地位的认识；坚持走牛羊改良的道路，努力提高牲畜质量；把草场放牧与舍饲圈养结合起来，走季节性畜牧业生产的路子；搞好对畜牧业生产的技术服务工作；同时，还可以把牧区淘汰的半细毛羊调运一部分到农业区，扶持农业区发展畜牧业。

宋瑞祥看到民和、循化、化隆3个县的县办工业和乡镇企业发展速度较快，在治穷致富、振兴经济中发挥了重大作用，热情地予以肯定。他希望各县要统一规划，实行宏观指导，加强经营管理，搞好技术改造和人才培训工作，提高产品质量，增强竞争能力，在有条件的地方可以搞产品的深加工；同时要把传统的技艺和现代化的生产技术结合起来，拿出自己的绝招，发展具有地方特色和民族特色的适销对路的产品。

宋瑞祥在民和县川口镇山城村考察时听到农民说，这里的塑料大棚由十一届三中全会前的三四个现在发展到三百多个，并且收到了很好的经济效益，十分高兴。但他认为，目前我们的科技服务工作还不能满足生产发展的需要，一些地区群众反映牲畜病了无兽医看，缺良种、缺畜种、缺技术，对这些问题要引起足够重视，尽快帮助农民解决。如乡、村要逐步建立健全农村服务体系，开展有偿服务；县上的农技推广服务中心要把推广技术与经营良种、农药等农用物资结合起来，根据农作物生长的不同季节，组织科技人员深入农村宣传科技知识，培训农民技术员；畜牧兽医部门要加强畜病防治、畜种改良工作；各行各业都要支援农牧业生产，为群众排忧解难。

——张志道：《宋瑞祥考察民和、循化、化隆后提出河湟谷地应成为海东地区农业生产的重点》，《青海日报》，1987年6月29日。

分乡（镇）粮食播种面积（单位：亩）

年份	全县合计	道帏	白庄	清水	孟达	积石	街子	查汗都斯	文都	尕楞	岗察	全民单位
1978年	111905	25250	16349	7567		10426	15356	9340	14666	12484		467
1979年	110442	25118	16192	6738		19040	15064	9318	14665	12312		395
1980年	111938	25189	16192	7023		10998	15191	9633	14976	12422		314
1981年	107749	23741	15729	5232	1448	10889	14473	8560	15227	12233		217
1982年	103247	22666	15451	4746	1622	9585	13732	8211	14669	12362		203
1983年	104789	24029	16070	4695	1583	9793	13221	8451	14212	12532		203
1984年	106263	23948	16129	4699	1593	9592	13847	8487	15222	12542		204
1985年	104925	23682	15947	4699	1515	10266	14055	8112	14463	11996		190
1986年	126238	26868	18283	5166	1689	12727	22663	9616	16131	12905		190
1987年	103200	23700	15500	4600	1500	11000	13600	7600	14100	11400		200

——循化撒拉族自治县统计局：《青海省循化撒拉族自治县国民经济社会发展统计资料汇编（一九四九年—一九八七年）》，1988年12月，第98页。

分乡（镇）农村经济总收入（单位：百元）

年份	全县合计	道帏	白庄	清水	孟达	积石	街子	查汗都斯	文都	尕楞	岗察	全民单位
1978 年	88800	13568	12201	10349		16349	10769	9284	9131	5328	1821	
1979 年	96438	14817	14516	7938		17616	11924	11618	10177	5590	2242	
1980 年	101560	17328	15747	7560		17397	11200	12820	11107	6405	1996	
1981 年	75225	11223	11477	5331	683	13462	7596	12270	7183	4073	1927	
1982 年	106542	13351	17181	8157	984	18035	14282	14929	11047	6309	2267	
1983 年	150008	18548	25237	12286	2224	26301	24320	17029	13444	8387	2232	
1984 年	147220	19387	30360	11054	1560	26367	21400	14956	13161	6683	2292	
1985 年	206159	21877	30405	12429	1784	41143	27719	20351	14156	8197	2568	
1986 年	271109	28272	33230	20534	4225	74596	43644	25912	23660	14153	2883	
1987 年	322153	39795	45446	24914	5190	75728	47875	34383	27525	18171	3126	

——循化撒拉族自治县统计局：《青海省循化撒拉族自治县国民经济社会发展统计资料汇编（一九四九年—一九八七年）》，1988 年 12 月，第 99 页。

分乡（镇）油料作物总产量（单位：百斤）

年份	全县合计	道帏	白庄	清水	孟达	积石	街子	查汗都斯	文都	尕楞	岗察	全民单位
1978 年	8917	1075	750	484		823	2386	865	1378	1098		58
1979 年	11843	2504	1363	391		774	2779	1616	1444	869		103
1980 年	16797	4139	2132	790		1112	2382	2114	2755	1265		108
1981 年	14328	2855	1257	726		945	2587	2705	1857	1152		244
1982 年	20312	3808	2932	1107	28	774	3948	3663	2376	1553		123
1983 年	24029	3294	3846	1778	306	1402	4907	3500	3264	1609		123
1984 年	20347	2949	3875	1378	137	1396	5274	2272	1737	1289		40
1985 年	25159	2930	2374	1585	183	1940	7400	4790	2108	1801		48
1986 年	24555	2176	1432	1556	250	1953	7540	4847	2784	1991		26
1987 年	25940	3500	2620	1640	280	2060	5920	4980	2820	2100		20

——循化撒拉族自治县统计局：《青海省循化撒拉族自治县国民经济社会发展统计资料汇编（一九四九年—一九八七年）》，1988 年 12 月，第 105 页。

农业总产值（单位：百元）

年份	农业总产值	1. 农业（种植业）	2. 林业	3. 牧业	4. 副业	5. 渔业
1974 年	87080	62938	2442	18679	3021	
1975 年	126772	79794	1589	14970	30419	
1976 年	120227	85395	3127	12149	19556	
1977 年	132265	81449	2584	14538	24694	
1978 年	115585	76211	2541	14948	21975	
1979 年	132343	73286	937	15593	42527	
1980 年	164628	115961	1336	30398	16933	
1981 年	147294	96092	2685	24287	24230	
1982 年	178555	119241	3643	24385	26286	
1983 年	180720	119598	6879	25621	28622	
1984 年	168703	98139	9096	31965	29503	
1985 年	168925	99730	8867	38323	21987	18
1986 年	179074	112716	7753	42644	15937	24
1987 年	193391	123672	8534	47891	13035	259

注：按一九八〇年不变价格计算。

——循化撒拉族自治县统计局：《青海省循化撒拉族自治县国民经济社会发展统计资料汇编（一九四九年—一九八七年）》，1988 年 12 月，第 91 页。

循化已收割的 95% 耕地已经翻茬

截止至 9 月 10 日循化撒拉族自治县秋翻茬面积已达 4.6 万多亩，占已收割面积的 95%。为了鼓励农民进行机械深翻，这个县农牧局农机站将三季度柴油与机翻面积挂钩，并拨出 11.5 吨平价柴油作为机翻奖励。目前，全县机械深翻面积已达 2 万亩，占翻茬面积的 43.5%。同时，县农技推广中心还结合秋季翻茬推广土壤处理虫害面积 1.86 万多亩。

——王小农：《循化已收割的百分之九十五耕地已经翻茬》，《青海日报》，1989 年 9 月 24 日。

循化狠抓种子建设促进粮油生产

循化县种子公司把宣传、技术指导和管理结合起来，着重治理种子的杂、乱、差现象，促进全县种子建设工作的顺利开展，为粮油增产做出了贡献。

这个县从 1980 年粮产量创纪录后，由于忽视科技种田，地力下降，粮油连年减产。从 1985 年以来，他们全力以赴抓了种子工作，采取调进、自繁、培育相结合的办法，仅 1985、1986 两年就调进高原 602、青春 533、脱毒洋芋等优良品种 47 万公斤，淘汰老化、劣质品种，使粮油生产逐步回升。1987 年，县种子公司在川水地区的乡、村、户推广种植良种，面积达 4600 多亩，并且提供良种、化肥。去年全县粮食总产量达到 2871 万公斤，今年比去年将增产 100 多万公斤。

——韩学武：《循化狠抓种子建设促进粮油生产》，《青海日报》，1989 年 10 月 19 日。

文都藏族乡粮食总产创纪录

循化撒拉族自治县文都藏族乡，在省、县农业技术部门的指导下，大面积地运用改造中低产田和小麦丰产栽培模式，尽管遭到严重夏旱以及秋季的连阴雨，仍然获得显著的增产效果。全乡粮食总产量比去年增长 3.4%，净增 11.5 万公斤，创历史最高纪录。

——多吉仁青：《文都藏族乡粮食总产创纪录》，《青海日报》，1989 年 10 月 5 日。

1974—1990 年农业总产值统计表（单位：万元）

年份		农业总产值	种植业	林业	牧业	副业	渔业
按一九七〇年不变价格计算	1974	870.8	629.38	24.42	186.79	30.21	
	1975	1267.72	797.94	15.89	149.70	304.19	
	1976	1202.27	853.95	31.27	121.49	195.56	
	1977	1232.65	814.49	25.84	145.38	246.94	
	1978	1155.85	762.11	24.51	149.48	219.75	
	1979	1323.43	732.86	9.37	155.93	425.27	
	1980	1646.28	1159.61	13.36	303.98	169.33	
按一九八〇年不变价格计算	1981	1472.94	960.92	26.85	242.87	242.30	
	1982	1735.55	1192.41	36.43	243.85	262.86	
	1983	1807.20	1195.98	68.79	256.21	286.22	
	1984	1687.03	981.39	90.96	319.65	295.03	
	1985	1689.25	997.30	88.67	383.23	219.87	0.18
	1986	1790.74	1127.16	77.53	426.44	159.37	0.24
	1987	1933.91	1236.72	85.34	478.91	130.35	2.59

续表

年份		农业总产值	种植业	林业	牧业	副业	渔业
按一九八〇年不变价格计算	1988	2006.53	1358.34	112.89	459.97	73	2.33
	1989	2139.31	1407.52	122.36	502.73	106.48	0.22
	1990	2270.32	1470.36	115.16	560.49	124.03	0.28

——循化撒拉族自治县志编纂委员会:《循化撒拉族自治县志》，中华书局，2001年版，第178—179页。

循化田管全面展开

自4月初以来，循化撒拉族自治县狠抓春小麦田间管理工作，截至4月20日，全县已完成追肥8.8万亩，锄草松土8.8万亩，苗灌3万余亩。

去年粮油生产喜获丰收之后，这个县的各级政府始终没有放松对农业生产的组织领导，针对今年春季普降喜雨，土地墒情足，春小麦出苗整齐，苗全苗壮的良好势头，进一步加强了田管工作。为确保春灌工作顺利进行，县水电局对黄河沿岸40座电灌站进行了全面的检查维修；各乡镇积极组织4500名群众维修田间、乡村公路60余公里，清理渠道139条25公里。

各涉农部门积极支农，调进化肥1764吨，农药781公斤，检修农机931台。种子站为农户精选种子35万公斤，供应良种5万公斤，使良种化程度明显提高。农业局组织开展了以农业、园艺、药剂拌种等科技培训班4期，发放科普资料1000余份，受训人数约2000人（次）。

——马文林:《循化田管全面展开》,《青海日报》，1998年5月2日。

循化沿黄麦田开镰

自进入7月上旬以来，循化撒拉族自治县沿黄地区的3万余亩春小麦泛黄成熟，农民已投入紧张的收割。

今年，循化县为夺取粮油丰收，始终不放松对农业生产的组织领导，在全县上下形成了一种重视农业生产、夯实农业基础地位的良好氛围。春耕生产开始后，县上及时抽调科技人员到生产第一线开展科技承包，各乡镇、各涉农部门采取多种有效措施，狠抓肥料建设，调整种植结构，推广科技项目，使各项农业增产措施得以落实；全县粮食作物面积比上年增加近1000亩，完成配方施肥61203亩，预防地下虫害24279.05

亩，化学除草44700亩，机械条播79020亩，施用良种135.8316万公斤。与此同时，开展了各种形式的科技培训320场次，培训人数达39360人次，发放科技资料5727份，咨询7421人次。全县完成6大项、12小项的科技承包工作，承包面积达14.1万亩。虫害出现后，各乡镇及时成立防虫领导小组，组织农民群众集中连片治理，针对虫口密度大、分布面积广的实际，早行动、早防治，随时掌握虫情动态，为准确防治和提高防虫效率提供了可靠的依据，全县共完成防虫面积达51110亩。7月初收割开始后，各乡镇组织农户及时清挖防洪渠、防渗渠，检查麦场电路，保证打碾工作的顺利进行，消除各种火灾隐患。农民群众还采取了亲友相帮、山川互助的办法，做到了黄一块、收一块、打碾一块，加快了收割打碾进度，确保颗粒归仓。

——马文林:《循化沿黄麦田开镰》,《青海日报》，1998年7月19日。

会议总结了“七五”期间所取得的成就：不断深化改革是发展的关键。五年间，在农村以稳定和完善家庭联产承包责任制为重点，全面推行“两定一奖罚”制度，不断完善双层经营体制，壮大集体经济实力，全县村级经济实体达到54个。同时，鼓励农民发展适度规模经营，支持种粮大户发展粮食生产。全县涌现出水地种植30亩以上、山地种植50亩以上的农户达153户，形成了家庭经营为基础、村社集体服务为手段的统分结合的双层经营体制。工业企业遵循“调整、改革、整顿、提高”的八字方针，以搞活企业为中心环节，全面推行了承包责任制，完善企业内部经营机制，增强了企业活力。到1990年底，乡以上工业企业发展到24户，为全县工业生产发展奠定了基础。

突出抓好农田水利基本建设和间套复种为中心环节的增产措施，是农业生产稳定发展的有效办法。灌溉农业和旱作农业双轮驱动，大力发展中低产田改造，通过上蓄、下提、中调的办法，五年共建水利工程50项，维修各类水利设施200项，共扩大改善灌溉面积2.5万亩。山地低产田的改造主要狠抓了以秋翻蓄水、打土保墒、秋施肥为主的旱作农业技术推广，并坚持种草种树和小流域的综合治理，大大改善了生产条件。

农、林、牧、副、工共同发展是加速经济发展的重要途径。“七五”期间，注意克服单纯抓农业、单一抓粮食生产的倾向，实行农林牧副渔、工商运建服一齐上，使经济结构发生了较大变化。全县工农业总产值中，工业产值比重由1987年的20.9%上升到1990年的30.6%，提高了近10个百分点，成为循化县国民经济发展的重要支柱。同时，大力发展畜牧业生产。全县养牛、养羊的饲养大户达到6000多户，占全县总户数的41.3%。积极引导先富裕起来的农牧民把手中闲散资金投入到发展商品生产和兴办乡镇企业上。几年来，群众投入开发性生产的资金达550多万元，其中用于乡镇企业的投入300多万元，占全县乡镇企业总投资的38%以上；土地开发兴修水利等投入800余万元（包括劳动工日折合）。发展畜牧业的投入50余万元。这些资金的投入，为搞活流通、促进生产发展、安排剩余劳力、繁荣经济、增加财政收入起了重要作用。

狠抓科技进步，是振兴循化经济的根本。"七五"计划期间，在农业生产上认真落实了粮油丰产技术、集团承包、推广科技兴农等八项措施。从1987年起，全县配备了科技乡长和科技村长。在9个乡镇建立了农机推广站等主要服务组织，人员达83名，初步形成了"以县站为龙头，乡为纽带，村为基础，户为补充"的农技推广服务网络。千方百计抓技术培训，引进人才和科技成果。通过抓"科技兴工"，挖掘企业内部潜力，狠抓产品质量，提高了企业经济效益。"七五"期间循化县共实施省级"星火计划"项目两项，地区星火项目一项，县级星火项目九项，有力地推进了工农业生产的发展。

——循化县委组织部党史办：《循化县组织史（1949.8—1993.4）》，2018年，第399页。

会议指出，"八五"时期和今后十年循化县国民经济和社会发展总的指导思想是：保持稳定，增强团结，改革开放，强农兴工，调整结构，开发资源，提高效益，脱贫致富。奋斗目标是：2000年国民生产总值达到5950万元，年平均递增6.53%，其中"八五"末达到4240万元，年平均递增6.05%；国民收入达到9260万元，总增101.47%，年均增长7.25%，其中"八五"末达到6450万元，年均增长7%；工农业总产值2000年达到5980万元，年均增长6.22%，其中，农业总产值达到3850万元，年均增长5.42%，其中"八五"末达到2950万元，年均增长5.38%，工业总产值达到2130万元，年均增长7.86%，"八五"末达到4440万元，年均增长6.12%；乡镇企业总产值2000年达到4000万元，年均增长6.31%，其中"八五"末达到3000万元，年均增长6.1%；农牧民人均纯收入2000年达到600元，年均增长6.62%，其中"八五"末达到450元，年均增长7.32%；财政收入2000年达到600万元，年均增长9.13%，其中"八五"末达到400万元，年均增长10%；全县人口自然增长率控制在年均14%。以下，"八五"末总人口控制在107520人以内。

——循化县委组织部党史办：《循化县组织史（1949.8—1993.4）》，2018年，第400页。

会议还对过去一年的工作进行了总结：经济建设保持了持续、稳定、协调发展的势头。1991 年，全县农业总产值达到 4862 万元，较去年增长 3%；工业总产值达到 1540 万元，增长 10.3%；财政收入增长 2.5%；粮食总产值达到 3142 万公斤，增长 3.02%；油料产量达到 139 万公斤，增长 11.6%；牲畜存栏数达到 19.8 万头（只），产值达 1339 万元，增长 8.9%；农村经济总收入达到 4401 万元，增长 5%；造林 1.5 万亩；乡镇企业总产值达到 2310 万元，增长 6.6%；人均纯收入 333 元，增长 5.4%；全县 6442 户 36296 人解决了温饱问题，占贫困户总数的 75%。

——循化县委组织部党史办：《循化县组织史（1949.8—1993.4）》，2018 年，第 401 页。

会议对十届政府三年来所做的主要工作进行了回顾：国民经济有了稳定发展。1989 年全县工农业总产值达到 2983.6 万元，比三年前增长 36.4%。其中：农业产值达到 2139.3 万元，增加 19.4%，工业产值达到 844.3 万元，增长 1.1 倍；乡镇企业产值达 1885 万元，增长 1.05 倍；牲畜存栏数达到 18.6 万头（只），增长 14.3%。主要表现在：1. 粮食产量连续三年获得丰收。三年来由于加大农业投入，扩耕开发，恢复撂荒地及病虫害防治等，保证了播种面积，增加了农民收入。三年来国家用于开发性的水利投资 273.5 万元，占总投资的 59.6%。到 1989 年底，粮食总产达 2960.78 万公斤，连续三年获得省财政颁发的丰收杯奖。2. 园艺、畜牧两个区域性基地建设初具规模。截至 1989 年底，全县果园面积达到 1.52 万亩，造林 4.9 万亩，四旁植树 120 万株；杂交绒山羊一代发展到 800 只，引进新疆细毛羊 834 只，山东小尾寒羊 2000 只，贩育户达到 143 户，贩运牛羊 3.5 万头（只），建成了街子孟达山、文都中库两个奶粉加工厂。3. 乡镇企业有了较大的发展。三年中乡镇企业累计投入资金 783.7 万元，兴办个体、联办、乡（村）办、村办等企业 29 个。果品加工能力达到 600 吨，皮张加工能力 70000 张，三绒加工能力达到 24 吨。

扶贫工作取得了一定的成绩。三年中投入扶贫资金 464.97 万元，其中用于种、养殖业方面的资金 307.87 万元，占总投资的 66%；用于培植财源，兴办经济实体的资金 157.1 万元，占总投资的 34%。三年累计上缴国家税金 136 万元，安排劳力 2478 人，占农村总劳力的 7.2%，人均增加收入 92 元，人均口粮增加 131 斤。逐步实现了由生活救济型向经济开发的转型。

教育、文化、卫生事业有了新的发展。三年中向省内外输送大中专学生 429 名。完成集资 15 万元，改造危房 6354.4 平方米。通过函授、短训、业余自修等途径提高了教师队伍的教学水平；文化系统先后完成了《撒拉族民间故事》和《撒拉族民间歌谣》

的出版；完成了部分县级文物保护点的立碑工作；广播电视业先后投资 28.3 万元，建成了南山、孟达两个卫星地面接收台和加仓电视差转台，解决了道帏、孟达、白庄等地群众看电视难的问题。

会议确定了今后三年的指导思想和奋斗目标。指导思想：以十三届四中、五中、六中全会精神为指针，以农业为依托，发挥优势，立足开发，狠抓科技，发展支柱性产业，启动内部活力，进一步加强思想政治工作，稳定社会，确保民族经济持续稳定的发展。

奋斗目标：到 1992 年全县工农业总产值达到 3573 万元，年递增 6.2%，其中：农业产值 2438 万元，年递增 4.5%，工业产值 1135 万元，年递增 10.4%；农村经济总收入达到 4800 万元，年递增 5.4%；农民人均纯收入达到 380 元，年递增 7%；粮食总产值达到 3150 万斤；乡镇企业总产值达到 2350 万元，年递增 7.6%；财政收入达到 250 万元，年递增 4.4%；大小牲畜饲养量达到 26 万头（只），存栏数达到 20 万头（只），分别递增 4.6% 和 24%。

——循化县委组织部党史办：《循化县组织史（1949.8—1993.4）》，2018 年，第 421—423 页。

会议还对“七五”计划工作进行了回顾：农村经济全面发展。1990 年农业总产值达到 2270.32 万元，比 1985 年增长 34.39%，五年平均增长 6.09%；粮食生产连续四年获得丰收，1990 年总产量达到 3050 万公斤，比 1985 年增长 52.1%，五年平均增长 8.6%，人均占有粮食 306 公斤；五年扩大耕地面积 10000 亩，旱变水地 2160 亩，新修梯田 2 万亩，治理水土流失面积 18.64 平方公里，解决 6243 人、4008 头牲畜的饮水问题；畜牧业总产值 1990 年达到 560.49 万元，比 1985 年增长 46.25%，五年平均增长 7.9%；年末各类牲畜存栏数达到 19.23 万头（只），比 1985 年增长 17.04%，五年平均增长 3.35%；林业生产 1990 年完成造林 18190 亩，五年累计完成造林面积 73892 亩；果品产量达到 271.5 万公斤，比 1985 年增长 38.2%，年均增长 6.68%；乡镇企业 1990 年总产值达到 2168 万元，比 1985 年增长 180.5%，年均增长 22.9%；安排农村劳动力 3323 人，促进了商品经济的发展。

工业交通有了进一步发展。1990 年工业总产值达到 999.03 万元，比 1985 年增长 159.87%，年均增长 21.04%。交通等部门五年共投资 392.5 万元，新建和改造公路 68.66 公里。

人民生活明显改善。1990 年全县农牧民人均纯收入达到 316 元，比 1985 年增长 72.68%，年均增长 11.54%。贫困人口逐年减少，已有 5694 户 31509 人解决了温饱问题，分别占贫困户和贫困人口的 66.33% 和 64.55%。城镇职工年均工资收入达到 2051 元，比 1985 年增加 364 元，增长 72.4%。全县城乡居民人均储蓄存款余额由 1985 年的 44 元，增加到 1990 年的 223.15 元。

县域经济实力增强。1990 年国民生产总值达到 3160.13 万元，比 1985 年增长 34.69%，年均增长 6.13%；国民收入由 1985 年的 2088.36 万元，增加到 1990 年的 4596.13 万元，按不变价计算增长 120.08%，年均增长 17.08%；地方财政收入逐年增长，1990 年达到 250.3 万元，比 1985 年增长 81.50%。全社会固定资产投资完成 17176.14 万元，其中投入更新改造资金 758.94 万元。

——循化县委组织部党史办：《循化县组织史（1949.8—1993.4）》，2018 年，第 424—425 页。

会议总结了一年来本届政府的主要工作：农业生产获得了丰收。全县 1991 年投入到发展粮食生产的专项资金 28.7 万元，贷款 621 万元，投入化肥 6570 吨。完成粮食播种面积 11.61 万亩，其中完成粮食承包面积 64777 亩。推广新品种 6.9 万亩，使用各类植物生长调节剂 9.74 万亩。全县粮食总产量达到 3165.47 万公斤，连续五年获得了“丰收杯”。

农业综合开发好于往年，基础设施建设有了新进展。投资 180 万元的河北滩开发项目和投资 140 万元的黄丰渠扩建工程已基本竣工。完成了 4000 亩的农田基本建设任务。投资 43 万元解决 5100 人、67000 头（只）牲畜的人畜饮水工程；新建电灌站、涝池、防洪坝各一处。在抓好项目的同时，投资 7.5 万元，完成了 95 项水利设施的维修和更新工程，为夺取农业生产的全面丰收起了极大的作用。

林业生产在提高质量的前提下，全县共完成各类造林 1.5 万亩，植树 392.1 万株，超额完成了地区下达的造林任务。乡、村集体林场累计达到 21 个，面积达到 1200 亩。义务植树、苗木栽培、封山育林也都较好地完成了下达的任务。通过努力，循化县被评为全国造林绿化先进县。畜牧业生产创造了十年最好水平。畜牧业基地建设不断发展壮大，扶持贩育户 88 户，向社会提供商品肉 22.6 万公斤，产值达 150 万元，其中农民获利 25 万元。全县畜牧业生产稳定增长。各类牲畜存栏数达 19.83 万头（只），畜牧业产值达到 1423.82 万元，获得了青海省畜牧业丰收一等奖。

财政金融工作取得较好成绩。全县地方财政收入达258.5万元；金融部门认真贯彻信贷适度从紧的政策，银行储蓄存款年末余额达3827万元，比上年末增加404万元，其中城乡储蓄余额2708万元。依靠科技进步，推动农业生产。积石镇河北新村种植玉米带状田已形成规模，达到113.7亩，比上年增长了一倍以上。同时加强科技培训，提高科学种田水平。全年受培训人数达5602人（次），发放科普资料2475份。坚持狠抓普及初等教育工作。

会议认为，全县面临的困难和存在的问题是：农业基础仍然薄弱，抗灾能力低，农业后备资源短缺，资金投入不足。工业企业整体素质普遍不高，自我发展和竞争能力弱。财政困难，建设资金紧缺，严重制约着国民经济和社会事业的发展。会议还确定了今后工作的指导思想和奋斗目标。指导思想：解放思想，加快改革开放步伐，进一步加强农业和农村工作，努力搞活国营和集体企业，突出科技进步，增强民族团结，大力发展全县民族经济和社会各项事业。奋斗目标：到1992年底，全县工农业总产值达到6864万元，比上年增长5.4%；农业总产值5200万元，比上年增长4.6%；工业总产值1664万元，比上年增长8%；农村经济总收入4925万元，比上年增长11.8%；人均纯收入360元，比上年增长8%；粮食总产达到3282万公斤，比上年增长4.4%；乡镇企业产值达到2530万元，比上年增长9.5%；财政收入280万元，比上年增长8.3%；牲畜存栏数达到19.82万头（只）。

——循化县委组织部党史办：《循化县组织史（1949.8—1993.4）》，2018年，第426—428页。

我县一九八一年国民经济计划的说明

去年12月党中央召开了工作会议，同时又召开了全国计划会议。中央决定，今年在经济上实行进一步调整，在政治上实现进一步安定。这是党中央在对当前形势作了全面估量的基础上，作出的重大决策。我们正是学习了中央工作会议精神以后才认识到了问题的严重性，认识到了进一步调整的重要性，认识到没有进一步调整，就不会有经济的进一步发展，经济上的进一步调整关系到政治上的进一步安定，关系到我国四化建设的前途。去年12月15日县计委向八届人大一次会议提出的关于1981年国民经济计划安排的报告中，对国民经济调整中存在的问题和潜伏的危险缺乏认识，研究分析不够。因此，当时提出的计划任务和主要指标，有些是不切合实际的。经过全县计划会议的认真讨论，对原来的计划草案作了修改。这一次的计划是根据中央所确定的方针和全省计划会议精神，紧密结合我县实际情况，在积极稳妥、量力而行的思想指导下制定的。

一、一九八〇年我县国民经济计划执行情况

1980 年我县由于继续贯彻执行调整、改革、整顿、提高的方针，进一步解放思想，放宽政策，因地制宜地采取各种有效措施，使国民经济调整工作取得了新的成绩。经过两年的初步调整，经济结构已发生了变化，城乡经济趋向活跃，全县经济形势是好的。农牧业经过两年调整，内部结构渐趋合理，多种经营、副业生产有所发展。由于进一步放宽政策，调整生产队规模，建立健全生产责任制，坚持按劳分配的原则，较大幅度地提高农牧产品收购价格，实行使农牧民休养生息的方针，减轻农牧民负担，调动了社员群众的生产积极性。全县粮食社会总产量达到 5526.8 万斤，比 1979 年增长 13.6%，超过了历史最高水平，油料总产量 167.9 万斤，比 1979 年增长 41.7%，植树造林 3916 亩。牲畜总增数 33277 头（只），总增率为 25.9%，全县大牲畜和羊年末存栏 151547 头（只），比上年存栏增加 21347 头（只），集体总收入达 1015.6 万元，比上年增长 5.3%。全县人均分配达到 85 元，比上年增加 7 元。人均分配口粮 492 斤，比上年增加 89 斤。其他农牧副产品也有增加，以往社员缺吃、少穿的困难局面有所改变。在农村是解放以来少有的一个好年成。

财政工作，试行“划分收支，分级包干”的新体制，改“吃大锅饭”为“分灶吃饭”，调动了各单位增收节支的积极性，收入超计划完成，支出比计划减少。1980 年收入完成 91.7 万元，为年度预算的 113.64%，支出 773.8 万元，为年度预算的 90.34%。

科学、文化、教育、卫生事业也有新的发展。

我县经济形势很好，但也存在一些问题，主要是：我县农牧业生产的发展速度还很缓慢，生产不够稳定。特别是粮油和畜产品等主要农牧业产品还远远不能适应国民经济发展和人民生活改善的需要。工业由于部分主要产品在调整期间社会需求量大大减少，一部分产品因质次价高缺乏在市场上竞争的能力。公路运输车多货少，部分车辆一直闲置，不少企业管理水平、技术水平不高，产品质量差，能源和原材料消耗多，浪费大，效果差，造价高，质量不好。科学文化水平低，农村学龄儿童入学率低，在校学生逐年下降。计划生育工作也很差。

二、一九八一年国民经济计划的主要任务和措施

1981 年对国民经济实行进一步的调整，在政治上实现进一步安定。我县调整国民经济的主要任务是：

1. 集中主要力量把农牧业生产和工业生产搞上去，千方百计做到增产增收，这是消灭财政赤字、稳定市场物价的最根本的措施。

2. 努力增加财政收入，节约支出，坚决压缩基本建设规模，压缩行政管理费、各项事业费等开支，教育经费适当增加。做到收大于支，不给下年留赤字。

3. 积极发展科学教育文化卫生事业，特别是要切实加强民族教育事业。

4. 把物价基本稳定下来，特别是把城乡居民基本生活必需品的销售价格稳定。

主要指标和主要措施是：

（一）农牧业生产

1981 年粮食总产量计划 5300 万斤，比原计划增加 200 万斤，油料 120 万斤，比原计划增加 10 万斤。粮食、油料产量比原计划增加的原因是，当时我们对 1980 年的实产估计过低，在过低的基础上定了一个持平的计划，显得保守了一些。还有一个原因是想扩大经济、油料、歇地面积，忽视了抓粮食这个重要方面。粮食和油料计划略低于 80 年实际，是因为 1980 年是少有的丰收年，是历史最高产量；另外还考虑到当前旱象严重和今后一旦气候不正常等因素。粮食播种面积全县控制在 11 万亩，要求各社队的粮食播种面积原则上不能少于去年。

畜牧业生产，计划大牲畜和羊总增 19200 头（只），总增率达到 12.6%，出栏率占 7.4%，其中大牲畜占 3%，羊占 9.1%。商品率：牛占 8%，羊占 14.1%。猪计划总增 4820 头，总增率 92.8%；出栏 4400 头，出栏率占 43.9%，商品率占 5%。

造林 3000 亩，四旁植树 30 万株，育苗 150 亩，水果产量 150 万斤，副业总收入 450 万元。造林计划比去年有所减少，比原计划下降幅度较大，是考虑到宜林地逐年减少和集体造林的条件限制这个实际困难，计划要适度，能保证成活率。

主要措施是：

1. 继续调整农业内部关系，抓科学种田，促进农林牧副业全面发展。合理调整农作物布局，采取科学的增产措施，努力提高单位面积产量和总产量，增加经济收益。在农业生产中要实行以粮为主、狠抓牧业、搞好林业、积极开展多种经营的方针。要根据我县各地区的气候、土壤、自然资源等不同条件，逐步实现农业生产的区域化和专业化。鉴于今年春旱严重，首先应抓好抗旱春播，有条件的地区特别是川水地区采取垦种措施，尽量多扩大一些粮食作物，争取增产多收。农业生产一定要抓好关键性的增产措施，要从现有耕地着眼，从提高单位面积产量着手，扎扎实实地搞好常规生产。有条件的要积极推广间、套、复种和秋季施肥种植绿肥的成功经验，把用地和养地结合起来。要广辟肥源，以农家肥为主，增施化肥，保持氮、磷、钾合理的比例。要切实抓好种子工作，改变品种单一、种子混杂、退化现象，提高种子质量。重视防病灭虫和化学除草工作，提高科学种田水平。要搞好水利建设，特别要抓好当年收益的小型水利建设，保质保量完成各项水利建设任务。

2. 畜牧业生产着手调整畜牧结构，扩大牛的比重，实行牛羊并举。逐步提高母畜比重，做好牛羊品种的选育和改良工作。缩短饲养期，降低成本，加速畜群周转，提高畜产品的产量和商品率。当前要抓好防冻保畜工作，减少牲畜死亡现象。

3. 切实搞好造林和水土保持工作。认真贯彻国务院《关于坚决制止乱砍滥伐森林的紧急通知》，管护好国有林和集体林，严禁乱砍滥伐，切实做好护林防火工作。充分发挥集体和社员个人造林积极性。搞好“三北”防护林带的营造工作。要坚持贯彻谁种谁有的政策，以集体造林为主，鼓励私人植树，积极发展国营造林。山区造林要同水土保持结合起来，全面规划，综合治理。

4. 积极发展副业生产，立足当地资源，广开生产门路，扶助发展社队企业，鼓励社员发展家庭副业，努力增加收入。

5. 要继续认真落实党在农业方面的各项经济政策，深入贯彻中央75号文件精神，搞好以生产责任制为中心的经营管理工作，用政策调动群众的生产积极性。要认真总结经验，继续积极推行和不断完善巩固包工包产、联产计酬的责任制，大包干责任制，逐步向专业承包联产计酬方向发展。

6. 管好用好支援农牧业资金，加强社队经营管理，注意经济核算，讲求经济效果。

（二）工业生产

1981年工业总产值计划175.95万元，比上年实际减少17.5万元，比上年实际减少10%，比原计划减少16%；发电量650万度，比1980年增加21万度，比原计划减少50万度；水泥3000吨，比80年减少181吨；砖瓦305万片，比1980年增加10万片，比原计划增加5万片；标准面粉1000吨，比1980年减少422吨，比原计划略有减少；日用木器制品1800件。工业产量、产值比原计划减少的原因是要进行部分调整，压缩合同工，同时好多企业吃不饱、亏损局面不能按期扭转。

主要措施：

鉴于我县工业资源缺乏、底子薄、基础差、比重低，为此，应以整顿、提高现有企业为主，要重点抓好建材和电力工业，加强轻工产品和农牧产品加工业，做好农机修理和配件的生产，要按照国家的统一部署，进行经济体制改革，要继续抓紧进行企业整顿。通过整顿，建立明确的责任制度和良好的生产秩序、工作秩序，提高经营管理水平，增加盈利，减少亏损。要搞好职工队伍的调整，根据生产、工作任务，合理安排人力，对多余职工进行适当调整，或集中学习和远送外地培训。兴办社队企业一定要根据本地资源，讲求经济效果。对现有社队企业要加强管理和指导，进行必要的整顿和调整，凡是好的或比较好的企业，通过整顿使其进一步提高，继续办下去，对那些缺乏资源或长期亏损而扭转亏损确有困难的企业，要停办。

（三）交通运输

1981年计划客运量12万人次，客运周转量23万人公里，货运量500吨，货运周转量80万吨公里。与去年比，客运增加，货运持平，与原计划相符，差异不大。要继续封存部分车辆，今年不再增加新车。要适当增加客运线路，进一步加强路政管理，改善公路客运状况。对企业进行彻底整顿，采取切实有效的措施，千方百计减少和压缩企业亏损。做好社会车辆管理，加强交通安全，认真做好现有公路养护管理工作。

（四）基本建设

压缩基本建设战线，是当前国民经济的首要的部分，今年我县的基本建设规模已大大缩减，1981年全县基本建设总投资为103.8万元，比1980年计划数267.4万元减少163.6万元，即减少61.2%，比原计划实际减少314.2万元。压缩基建投资，我们是下了很大决心，才控制到省上下达的数字。

在总投资中，国家预算内45.8万元，国家支援经济不发达地区资金用于基本建设20万元（待省批准后执行），地方财政自筹30.1万元，单位自筹7.9万元。基建投资总的安排是：农牧业22.8万元，占总投资的22%；文教卫生61万元，占58.7%；商业供销3.2万元，占3.1%；行政和其他建设16.8万元，占16.2%。

以上投资用于人民生活方面建设的约40万元，占总投资的38.5%。

主要措施：

1. 严格控制基本建设规模。各部门、各单位的投资额一律不准突破。凡属基本建设，不论其资金来源如何，统一由县计划部门综合平衡，统筹安排，建设银行基本建设小部分资金要经过国家核定纳入计划。

2. 用各种资金和贷款安排的挖改措施，原则上不能搞基本建设；个别确实需要搞的，也要纳入核定的自筹基建计划之内，并一律按基本建设程序办事。

3. 整顿基本建设取费标准。今年国家有关部门将颁发新的取费标准，要按照国家规定，清理从基建投资中提取的各项费用。任何部门和单位都无权不按规定从基建投资中提取任何费用，或变相向建设单位摊派。从今年元月一日起，至国家新的规定下达前，除上年已竣工程按上年取费规定结算外，其他工程费用暂不结算。

4. 要努力提高投资效果，加强计划管理和施工管理，缩短建设周期。提高工程质量，提高固定资产交付使用的比例。要按照国家计委、国家建委、财政部《关于基本建设程序的若干规定》办事。所有建设单位，都必须做好基本建设前期工作，即：①做好勘察测量，总平面规划；②征地、拆迁“三通一平”等工作；③搞好设计、概算和预算；④开工前各种建筑材料准备工作；⑤落实施工力量；⑥建立强有力的基建领导班子和施工管理人员。凡是不具备以上六个条件的都不能施工。要进一步加强施工管理，杜绝施工中的各种混乱现象，对于严重不负责任，造成无效投资，或者在建设中造成重大损失浪费的要追究经济责任。今年的施工力量，除去年未完工程仍由原承包单位继续完工外，其他新建项目的施工力量，均由本县解决。

（五）财政信贷

1981 年财政收入预算 80 万元，比 1980 年减少 14.6%，安排财政支出 676.3 万元，比 1980 年下降 12.5%。

信贷收支计划：各类存款 577 万元，比 1980 年增加 27.8 万元，各类贷款 163.4 万元，比 1980 年增加 10.3 万元。现金收支计划：各项收入 953 万元，比 1980 年增长 8.81%；各项支出 1043 万元，比 1980 年减少 0.72%；货币投放 90 万元，比 1980 年减少 68.4 万元，即下降 43.19%。

主要措施：

1. 狠抓增严节约、增收节支，保证财政收支计划的实现。生产是财政的基础，只有生产发展了，财政收入才能稳步上升。因此，要广开生产门路，充分发挥现有企业的潜力，想办法，开路子，加强企业管理，加强经济核算，进一步降低成本，增加盈利，扭转亏损，实现增产增收。要坚决把住亏损补贴、价格补贴、发放贷款和归还贷款、企业基金和利润留成、发放奖金和减免税收等六个口子，按国家有关规定坚决制止滥发奖金，违者要追究责任。

2. 抓好公用经费的预算包干，大力节约非生产性开支，坚决压缩社会集团购买力。

3. 加强财政监督，严格财经纪律，做好财监工作，是维护党纪国法的重要方面，各级党政干部和财税业务人员，都应当以身作则，树立全局观点，遵纪守法，模范执行各项财会制度和财经纪律，努力提高对人民高度负责的责任心。

4. 加强现金管理，严格控制货币投放，增加货币回笼，积极开展城乡储蓄，吸收存款，控制贷款，稳定市场。

（六）商业市场和物价

1981 年计划纯购进 163.5 万元，比 1980 年减少 22.1 万元，比原计划减少 4.5 万元；社会商品零售额 907 万元，比 1980 年减少 23.64 万元，比原计划减少 31.36 万元。

粮食征购保持 460 万斤，油料收购 14.2 万斤。

主要措施：

1. 积极组织货源，尽可能使商品供应量同社会购买力基本适应，进一步贯彻“发展经济，保障供给”的方针，搞好两个服务（为工农业生产服务和人民生活服务），加强三大观点（生产观点、群众观点、政治观点），进一步改进经营作风，改善经营管理，采取多种形式把购销工作搞好，减少流转环节，降低流通费用。

2. 扶助和发展集体商业，办好贸易货栈和城镇农副产品市场，搞好农村集市贸易，扩大市场经济，增加商品流通渠道，尽量把运输困难的农牧区分散生产的土特产品多收购一些。

3. 搞好民族贸易，增加少数民族特需商品的供应。

4. 坚决贯彻国务院《关于严格控制物价、整顿议价的通知》和省政府确定的八项措施，加强物价管理工作，认真进行检查监督，坚决制止随意提价和变相涨价现象，保持物价基本稳定。

5. 根据国务院指示精神，加强市场管理，打击投机倒把和走私活动，取缔非法交易。

（七）教育事业

1981 年计划小学招生 1914 人，初中招生 670 人，高中招生 250 人，师范学校招生 50 人，使全县各类学校在校学生总数达到 10785 人，各项指数与原计划相同，在校学生比 1980 年增加 1200 多人。要认真贯彻《中共中央、国务院关于普及小学教育若干问题的决定》，加强对民族教育工作的领导，狠抓思想教育，搞好普及小学教育，尤其是撒拉族地区，应采取有力措施，提高学龄儿童的入学率。要继续搞好校舍建设，改善学校设备条件，妥善解决教师的生活待遇和实际困难问题。

（八）劳动管理和人口问题

1981 年省安排我县计划内临时工 100 人（全年平均人数），计划外临时工 250 人，比去年大大减少。根据各单位生产和工作需要，全县计划压缩 50 人，在用工问题上，要充分挖掘现有劳动潜力，加强劳动力的使用管理，彻底改变过去那种“把正式工闲置，光依赖临时工干活”的现象，对现有的临时工，根据县上下达的计划，各单位要认真进行一次清理整顿，凡合同期满这次又无下达计划的，应一律辞退；下达的指标，各单位均不得突破，凡今年有增加固定工指标的，应相应削减临时工指标。

人口计划，1980 年全县人口年末数为 80192 人，自然增长率为 31.8‰，比全省的增长率高 14.8‰。1981 年计划自然增长率 29‰，比 1980 年下降 2.8‰，比全省计划增长率 16‰高 13‰。要大力宣传国务院的公开信，大造舆论，积极开展计划生育工作，健全机构，采取群众能接受的灵活办法，逐步降低人口自然增长率。今年用于计划生育方面的事业经费，必须切实管好、用好做出成效，总之，对计划生育工作绝不能放松。

这次调整任务很艰巨，在许多方面变动比较大，必然会出现思想认识上的问题和一些新的情况，甚至在某些方面会出现阻力。为此，我们必须加强领导，加强思想政治工作，做好思想疏导，首先统一思想认识，然后组织各部门协同一致，统一计划，统一行动，齐心协力，努力完成 1981 年的各项计划，取得进一步调整国民经济的胜利。

——韩克仁：《关于下达一九八一年国民经济计划的通知》，循化撒拉族自治县人民政府文件（循政〔1982〕09 号），1981 年 3 月 6 日。

循化撒拉族自治县人民政府工作报告

——在循化撒拉族自治县第九届人民代表大会第一次会议上的讲话

三年来的主要成就

从第八届人民代表大会到现在已经三年多了。三年来，我们在省委、省政府的领导下，认真贯彻党的十一届三中全会以来的各项方针、政策，在各行各业、广大农村进行拨乱反正，清除“左”的影响，把一切工作的着重点转到经济建设上来，因地制宜地制定了各项措施，实行了各种形式的生产责任制、岗位责任制，在农业上，认真贯彻中央连续三年关于农业的三个一号文件，全面推行和进一步稳定、完善了农业生产责任制，积极开展多种经营，使得长期以来禁锢在土地上“吃大锅饭”搞平均主义的农民逐步从自给、半自给的自然经济向商品经济迈进；工交财贸战线遵照八字方针，以提高经济效益为中心，实行各种经济责任制和岗位责任制，调动了广大职工的劳动积极性，使得工业生产扭亏增盈，有了明显的回升；商业系统进行多渠道经营，流通渠道进一步疏通，市场活跃繁荣；财政收入逐年增加；科学文化教育事业方面，经过着重智力投资、落实知识分子政策、大力培养技术人才，推广科学技术成果等有了很大的发展；由于加强以共产主义思想为核心的精神文明建设，加强社会主义民主与法制教育，进行综合治理，严厉打击各种刑事犯罪分子，社会治安有了明显好转。广大人民群众的物质文化生活进一步提高。总之，我们靠党的政策、靠科学技术、靠全县各族人民的努力，完成了第八届人代会提出的各项经济指标和任务。尤其可喜的是，在经济结构调整、发展商品生产、改善人民生活方面，我们抓紧不放，扎实工作，三年迈了三大步，成绩显著。如多种经营项目和收入、县财政收入、农民的收入水平和生活水平、集市贸易的繁荣程度、各项事业的基本建设速度和质量等都超过了第八届人民代表大会提出的要求，归纳起来有十个标志，以 1983 年的主要成就为依据，结合汇报三年和 1984 年上半年的主要数据，前后加以对照，使代表们便于审议。

（一）农业摆脱了长期徘徊不前的困境，粮食生产稳步增长。几年来，我们在农村认真贯彻“绝不放松粮食生产，积极开展多种经营”的方针，因地制宜地全面推行联产承包责任制，保证粮食总产逐年增长的前提下发展经济作物。开展多种经营，把发展粮食生产作为解决农民温饱问题的首要条件。在恢复常规生产的同时，大力推广新的农业技术。狠抓药剂拌种、串换优良品种，精耕细作，科学施肥，提高土地利用率，在提高单位面积产量上下工夫，使得粮食总产逐年增长。1983 年，在遭受阴雨、低温、冰雹、病虫害等自然灾害的情况下，粮食生产在连续三年获得丰收的基础上又有了新的增长，总产量达到 5374 万斤，比 1982 年增长 3%，生产万斤粮的农户由 81 年的空白发展到 1983 年 238 户；油料总产 240 万斤，三年增长 43.7%。在黄河沿岸川水地区三年改善灌溉 2 万亩，扩大水浇地 2000 亩，开发“三荒地”3000 亩，改造瘠薄地 1 万亩，粮食产量全面增长。据调查分析，大部分村子三年实际增产约在 20% 以上，像查汗都斯乡的新村、牙藏村，积石镇的甘草滩迁移村总产都翻了番，在历来的粮食产区出现了千户粮食翻番户，加工培育出了万亩千斤丰产田、五万亩稳产保收田。在浅山、脑山区恢复常规生产和推广新技术同时并举，每年轮歇地 2.5 万亩（每年这样丈量），轮作倒茬 5 万亩，全部实行秋深翻，有条件的村灌秋水近 1 万亩，按土壤性质合理搭配化肥家肥比例，有机肥料增加 25%，普遍采用化学灭草，达 4 万亩，使靠天吃饭的尕楞、文都、道帏、白庄乡的大部分村粮食始终保持稳定的情况下年年有所增加，改变了过去马鞍形的生产状况，灾年不至于大减产，丰年也不造成浪费。这些地区实际增产也在 10% 以上，在很大程度上适应了天时地利，改造了自然，改变了生产条件，再不能说是靠天吃饭了。最有力地说明就是一些迁移村、长期处于低产的村经过努力，粮食成倍增加，虽然经济上仍比较困难，但温饱问题基本解决。

（二）种草种树，恢复植被，是发展我县经济的治本之道。我们一贯认真贯彻植树造林、绿化祖国号召，加强宣传教育，大念“草木经”，因地制宜，制订规划，明确奋斗目标，大力种草种树，努力恢复生态平衡。我们放宽了林业政策，稳定了林权。给农民发了林权证，坚持“谁种谁有，长期不变，允许继承”，将原有的近万亩集体树林承包到户或折价归户，前两年把水土条件较好的 1.5 万亩沟滩地划给了农民，1983 年以来又将 2.1 万亩“三荒地”划到农户；国家在资金上积极扶持，造一亩林补助 1 元，育苗一亩补助 25 元。每年提供良种苗木 10 万株。每年连补助加提灌引水、电灌补助及其他工程措施投资共达 11 万元。政策调动了农民种草种树的积极性，使农民治山有权、管山有责、养山有利，放心大胆地干下去。三年共植树造林 12504 亩，平均每年 4168 亩，其中 1983 年成片造林 5724 亩，比上年增加 18.5%，四旁植树 40.8 万株，年年都完成了造林计划。林业重点户发展到 177 户，实际造林和育苗分别占全县的 21% 和 46%。对 57 万亩天然林、4 万亩人工林的管护加强了，因为严厉打击处罚乱砍滥伐事件，毁林案件大大减少。黄河沿岸的种草养畜发展很快。种草累计达到 1000 多亩；上半部地区的过牧退化草场 18 万亩逐步得到改造和保护。植被恢复很快，几年来林区边缘弃耕还林 5000 亩左右，又对山区、林区周围的天然灌木林加以保护或封山育林在 3 万亩以上，使我县复被率不断提高。这充分说明我们在封（山）、造（林）、种（草）并举，乔、灌、草结合，保（护）、禁（止）、育（林）为重点方面作出了可喜的成绩。应当肯定，广大干部和群众为绿化祖国付出了艰巨的劳动，涌现出一批先进典型。最突出的有：坚持不懈，年年造林，已经实现农田林网，拥有大面积苹果园艺基地的阿河滩村、苏志村、牙藏村；坚持治理荒山荒坡沟岔，已基本绿化宜林地的大寺古村，瓦匠庄村；有林有草不满足，坚持植树造林、封山育林的宁巴村、比塘村；坚持治滩造林、防风固沙的尕别列村、下滩村、阿西合村。他们是一面旗帜，带动着全县种草种树的不断发展。

（三）“两户”的大量涌现，促进了商品生产的迅速发展。自从农村实行生产责任制后，我们大胆改革农业单一的生产结构，把发展商品生产作为农村治穷致富的突破口。积极引导农民生产经济价值高的社会所需要的农副产品，并在资金上进行扶持，技术上指导，从而使一批有见识、懂技术、会经营的农牧民专门从事自己得心应手的农副产品的生产和活动，成为代表目前农村先进生产力的“专业户”“重点户”，多种经营向纵横方向发展。1983年“两户”发展到1650户，今年上半年增加602户，累计2252户，占总户的16%，比1982年增加十倍。其中养殖业占22.3%，种植业占21.3%，加工修理业占8%，商业、饮食服务业占37.2%，运输业占10%，建筑业和其他占0.7%。多种经营总收入达到610万元，比1982年的332万元增加83.7%，占农业总收入的比例由1982年的31.2%提高到41%，“两户”1983年提供商品鸡1800只、牛奶5.4万斤、牛羊肉7.8万斤、石灰50吨。

这些“两户”生产的一个特点是：经济效益高，商品率高，治穷致富快。他们带头勤劳致富，带头改进生产技术，带头发展商品生产，对广大农民产生了极大的吸引力。1983年是“两户”大发展、全面发展的一年。开始由单一经营向多业经营发展。如查汗都斯乡的苹果园艺转向发展“三红苹果”拳头产品，发展梨园；清水乡瓦匠庄村避人多地少之短，扬有文化有技术会经营之长，努力发展运输经销业，现在拥有汽车9辆，手扶拖拉机12台；加工业方面突破了粮油加工的局限，个体、联办的生产、砖瓦石灰生产、辣子加工不断出现，街子乡韩文林等筹资联办的砖瓦厂规模可观，今年上半年已生产红砖32万片，收入达2.3万元，县城街道王民生生产“三无”辣面提高了循化辣子的声誉，为循化年产六七十万斤辣子提供了销路方面的经验，尕楞乡曲卜藏村的三户农民土法上马，就地取材，用柴烧砖，这不仅能增加收入，又能就近解决山区农民建房用材。商品生产的多业经营促进了专业分工，积石镇广大农民从人多地少的实际出发，充分发挥懂技术会经营的长处，向专业化生产迈进，开始出现了奶牛村、蔬菜村、建筑业村、商业服务业村。如瓦匠庄村、托坝村的蔬菜生产，由于地膜覆盖、塑料大棚技术的推广应用，品种增多、细菜增多、产量增多，上市提早、营运远销。文都乡的哇库、日忙村、清水乡的阿麻岔村、白庄乡的科哇、夕昌地区利用广阔草山，改变以粮为主为大力发展养牛养羊，商品率大大提高，比经营粮食为主收入增加好多倍，收入的增加又促进了粮食生产。如阿麻岔村是有名的养羊村，28户农民养羊2560只，户均91只，年提供商品羊300多只，净收入1.2万元，人均66.6元，专业经营的能量很大，发展很快，街子乡牙门去乎村育肥专业户韩阿乙扫，1983年提供商品肉4万多斤，其商品率之高、收入之多是显而易见的。

具有一定规模的开发性生产是1983年开始的。我们根据胡耀邦同志关于种草种树、勤劳致富的指示，从实际出发，调整生产方针，已初步制定了全面开发规划，现正在落实措施，筹集资金，发动农民向5万亩三荒地进军。全县开发性专业户已发展到 304 户，占“两户”的 18.5%，去冬今春已开发荒滩 2000 亩，建果园 1100 亩，商品粮基地 900 亩，今年已种树 7894 亩，种草 3858 亩。

（四）工业生产在调整和改革中发展，扭亏增盈，利税年年增加。工业生产上遵照“调整、改革、整顿、提高”的八字方针，以提高经济效益为前提，不断进行调整、改革，积极推行和完善了各种形式的经济责任制，狠抓企业整顿，加强经营管理，努力提高产品的质量，因此，经济效益有了明显的提高，出现了产值、利税同步增长的好局面。1983 年全县完成工业总产值 258.3 万元，完成年计划的 111.99%，比 1982 年增长 25.31，创历史最高纪录。主要产品水泥、砖瓦、发电、水泥预制件的产量均比往年较大幅度的增加，超额完成计划，质量提高，消耗降低，产品适销对路。扭转了过去那种只追求产值速度，不重视经济效益的做法。实现工业利润 33 万元，比 1982 年的 26 万元增长 26.9%，厂子普遍成本降低，积压减少，销售收入增加，资金周转加快，共 9 个国营企业、3 个大集体企业、2 个亏损企业摘掉了亏损帽子，变亏损为盈，除 1 个企业持平外，都有盈利，整个工业面貌有了新的起色。

（五）财政收入增加、商品流通加快，农贸市场日益繁荣。财政方面，我们狠抓增收节支、扭亏增盈工作，开展财务大检查和财务监督，发放国库券，实行利改税，征集交通、能源建设基金。1983 年财政收入达到 108.8 万元，超年计划的 25%，比 1982 年增长 9%，创历史最高水平。商业、供销积极发挥主渠道作用，灵活开展购销业务，进行多渠道经营、搞活商品流通、繁荣经济、活跃市场。民族贸易以提高经济效益为中心，不同程度地进行经营管理方面的改革，制定了行之有效的各种形式的经济责任制和岗位责任制，改善服务态度、提高服务质量，改变过去吃大锅饭的做法，使得一度服务质量差、流通渠道堵塞的商业经济一下子活起来了。供销社系统经过体制改革，真正恢复了集体性质、建立了社员代表大会制度，选举产生了基层供销社理事会、联社理事会、监事会；在管理上与国营脱钩，松绑放权，灵活经营，自负盈亏。使得长期服务质量差、经营死板、阻碍流通渠道的商业经济初步活跃起来了。他们坚持大量工业品下乡，主动为集体、个体户供货批发，给予扶持；想方设法组织生产、生活资料的购销，日用小商品灵活经营，增加了品种，满足了市场，生产资料、农药化肥拆整卖零，供货到基层，方便了群众；扶持专业户发展商品生产，做到购销两利。整个商业系统购销量增大，全年完成国内纯购进 265.18 万元，其中农副产品购进 167.84 万元；国内纯销 116.46 万元；社会商品零售总额完成 119.86 万元。同时在原有基础上开辟了一些中、小型集市贸易中心。1983年个体工商业户达到499户，其中，饮食服务业95户。这样在一定程度上缓和了农民“买难”“卖难”的矛盾，搞活了流通渠道，扩大了农贸市场的范围，促进了城乡物资交流。

（六）国家大力支援，基本建设加快，各项事业发展，城镇容貌改善，生产条件改变。国家每年从各个渠道给我县各种投资和补助达2000万元左右。我们在安排使用这些资金时，认真贯彻中央集中财力物力保证重点建设的方针，根据我县实际，重点放到科学教育事业和农村多种经营、发展商品生产上，相继修建了师范学校教学大楼、女子中学教学楼、伊麻目中心小学；扩建了部分学校的教室、宿舍，修缮了大部分危险校舍，改善了教学条件。为发展农业科技事业，正在兴建三结合推广中心，为利用发展能源，节柴改灶，三年来共投资补助7.76万元；还在农村集镇建起了两个文化中心，县城修建了影剧院、图书馆，改善了人民文化生活。根据我县气候干旱缺水和目前农村大规模的开发性生产的需要，加大水利基本建设投资、改善生产条件。1983年实际水利投资达到65.43万元，完成大小水利工程30项，建成小涝池10座，蓄水36.3万立方米，建成人畜饮水工程6项，新建电灌站3座，增加有效灌溉面积400亩，超年计划的62.5%；发展县城的基本建设，修建民贸楼，维修和扩建工人俱乐部，抓紧街道维修，使得县城面貌有了改观。

（七）智力投资增加较大，民族教育发展，科学技术普及应用。经过对十二大文件的学习，根据我县科学文化教育事业落后的这一实际，把教育事业作为三十六计中的根本大计，真正列入重要议事日程。近三年来，县财政预算安排中，教育经费增加了50%，发展民族教育有了资金上的保证。适当提高了中学生助学金，对撒拉族女中实行全免费的特殊照顾，对农村小学实行免除学杂费，努力改善教学条件和教师生活条件，提高了民办教师待遇，在整个学校中逐步扩大公办比例，所有这些都是发展教育事业的必要措施。抓紧普及小学教育，提高学生“三率”，1983年中小学在校学生达到10087人，比1982年增加1473人，学龄儿童入学率达到65%，比1982年提高10%，今年6月底统计，入学率又提高到75%，进展很快。办了两个职业班。教师实行了三定责任制，加强了师资力量的培训，1983年培训藏文教师90多名、培训理化教师15天，师范开设了一年制的教师进修班，45所藏族小学用藏文教学，使得民族教育有了很大发展。广大群众学知识、学科学的积极性很高，1983年共培训农技人员1884人（次），使广大农民和技术干部理论知识有了提高。科学技术作为生产力对发展生产起了巨大作用，地膜覆盖种植经过 1982 年试验成功，由 4.4 亩发展到 1983 年的 151 亩，今年订合同 208 户，254 亩，创亩产值 1561 元，引起了广大农民的极大兴趣，发展势头很好；良种牛冷精配种、果树病虫害联防、小麦大面积丰产栽培等 20 项科技成果获得地、县上的奖励后，又取得新的进展，用倒茬轮作防治小麦吸浆虫、化学灭草、药物土壤处理、深翻秋施肥等都比过去作得好；今年大面积发生小麦吸浆虫后，省上大力支持，县上总动员，采取机械化药物防治 4 万亩，大大减轻了危害。发展农村能源建设取得重大成绩，截至 1983 年底，已改节柴灶 3758 户，今年半年已改 3905 户，共为 7863 户，占总户数的 56.3%，推广太阳灶 1300 台，试验风力发电 3 台。

（八）计划生育作为基本国策。

（九）人民收入持续增加，物质文化生活水平提高很快。三年来，农村由于实行了生产责任制，农民从过去单一的粮食生产向多种经营发展，农村的商品经济有了很大的发展，农副产品的商品率大大增加，加之国家调整提高农副产品的收购价格，农民的收入大幅度增加。1983 年全县人均收入达到 249 元，比 1982 年增加 19.55 元，即增长 15%，比 1980 年增加 64 元，即增长 75.3%；城乡人民储蓄三年增加 1.4 倍，1985 年各项存款达到 421.8 万元，比 1982 年增长 26.8%，人均 49 元。富民政策解决了温饱问题，人民群众的购买力增强，肯出资购买生产资料，扩大再生产；添置家具、修建房屋，多数盖房户雕梁画栋。农民开始在吃上讲究营养，穿上讲究漂亮。过去农民很少问津的一些高档商品，如沙发、摩托、电视机、录音机、手表等，也成了畅销货，进入了农民家。

（十）精神文明建设初见成效，社会安全状况明显好转。我们在搞好社会主义物质文明建设的同时，加强以共产主义思想为核心的社会主义精神文明建设，把开展“五讲四美三热爱”和“文明礼貌活动”作为社会主义精神文明建设的具体表现和行动要求，反对精神污染，以教育感化为主，加强社会主义民主与法制教育，深入开展文明礼貌月活动，治理脏、乱、差的问题。各行各业出现“为您服务小组”“文明门市部”“文明班级”“文明车间”“文明宿舍”，开展了“六好职工”“六好企业”活动。公安部门采取“六包”“四防”措施，治安分片到组，责任到人。县级机关团委组织一千多名青少年走上街头，为民服务，理发、小修理、宣传文明礼貌、宣传计划生育，出现了许多好人好事。各方面的先进人物大量涌现，全县年终表扬奖励的人数近千人，树立了 342 个“五好家庭”，21 个文明礼貌先进单位。与此同时，遵照全国人大常委会的决定，公检法司紧密配合，从重、从快惩罚了一批各类刑事犯罪分子，全县共收捕 62 名各类犯罪分子，还破获了两起较大经济贪污案，惩办了少数坏人，教育挽救了一批人。经过“双打”活动，各类犯罪事件大为减少，打击了邪气，扶持了正气，形成了文明礼貌光荣的风气。经过各方面的努力，维护了法制尊严，保护了各族人民的利益和安全，促进了社会风气和社会秩序的好转。

三年来，我们取得了很大的成绩，这是肯定的。但是要大力发展商品生产，促进国民收入翻番，还存在不少问题和困难。在发展商品生产上仍然存在缺资金、缺技术、缺少远见的问题，也缺少领导大规模商品生产的胆量、经验和作风，所以在这方面继续清除“左”的影响，落实政策、搞好服务还要做大量细致工作；我县工交企业少，规模小，素质差，增长速度慢，财政收入少，供销社虽经改革，但未迈开新的步子，民贸系统也搞过整顿，变化不太大，这几方面的改革和整顿，只是修修补补未能彻底解决问题；文化教育落后，科学技术水平低是我县的突出问题，还得需要一个比较长的时间才能解决。由于我们思想不够解放，对中央的政策贯彻执行慢，加上工作作风不扎实，有些能办到的事情没有办好。希望各位代表对县政府的工作提出批评和建议。我们一定要正视这些问题，使自己的思想、工作和作风适应不断发展的新形势。

——韩克仁：《循化撒拉族自治县人民政府工作报告——在循化撒拉族自治县第九届人民代表大会第一次会议上》，《循化县政府办关于政府工作报告、征用土地、启用印章等方面的批复、通知》，循化县档案馆藏，档号：20–1–26（永久）。

1983年人民公社基本情况统计表

项目		单位	全县合计	道帏	东风	清水	孟达	城镇	红旗	街子	文都	尕楞	岗察
生产大队数		个	144	24	26	12	5	17	15	19	15	11	
生产队数		个	673	91	142	58	16	105	69	93	53	40	6
人民公社户数		户	14064	1861	2785	1221	333	2520	1310	1894	1164	762	214
人民公社人口数		人	79787	10486	15066	6862	1896	14289	7758	11665	6334	4277	1154
人民公社劳动力数		个	30464	4513	5894	2507	677	4799	2716	4052	2719	1997	590
耕地面积	合计	亩	140078	35605	17239	5838	1730	13150	9587	23893	18231	14805	
	水浇地	亩	66831	13640	8829	4861	752	9984	9527	6959	8442	3837	
	浅山地	亩	63505	16419	8410	977	978	3166	60	16934	7079	9482	
	脑山地	亩	9742	5546							2710	1486	
牲畜	合计	头（只）	164117	28495	26127	14121	4669	11101	8899	12142	18084	17120	23359
	大家畜总数	头	49427	10877	6684	1832	613	2998	3133	3464	6918	3982	8926
	绵山羊总数	只	114690	17618	19443	12289	4056	8103	5766	8678	11166	13138	14433
农牧机械总动力		马力	36297	5370	4527	3791	204	6752	6850	5778	1661	1211	153
耕作机械	大中型拖拉机	台	65	7	3	2		12	14	19	5	2	1
	手扶拖拉机	台	538	55	60	45		99	147	98	25	9	
排灌机械	柴油机	台	5				4		1				
	电动机	台	80	4	8	13		22	26	6		1	
机动脱粒机		台	713	194	122	57	16	96	53	67	58	50	
载重汽车		辆	57	3	12	13		6	6	14	1	1	1
粮食加工机械		台	429	185	51	25	9	53	32	12	33	28	1
推土机		台	24	5	2	3		3		6	4	1	

——韩克仁：《循化县政府办关于政府工作报告、征用土地、启用印章等方面的批复、通知》，循化县档案馆藏，档号：20-1-26（永久）。

近期五年内计划开发利用土地面积 24468 亩，46 个工程项目（需投资量，包括三材 934.7 万元）。其中 1988 年开发利用面积 6973 亩，19 个工程项目；1989 年开发利用面积 5646 亩，16 个工程项目；1990 年开发利用面积 2300 亩，5 个工程项目；1991 年开发利用面积 8049 亩，4 个工程项目；1992 年开发利用面积 1500 亩，2 个工程项目。

——韩克仁：《循化县政府办一九八八年韩克仁在中共循化县委八届三次扩大会议，十届人大三次会议，农业会议上的讲话，政府工作报告》，循化档案馆藏，档号：20-1-48（永久）。

循化县“十五”计划主要经济指标完成情况

指标名称	计算单位	十五预期	2000年	2001年				2002年				2003年				2004年				2005年				年均增长率（%）
		年增长率	完成数	计划数	完成数	完成率（%）	增长率（%）	计划数	完成数	完成率（%）	增长率（%）	计划数	完成数	完成率（%）	增长率（%）	计划数	完成数	完成率（%）	增长率（%）	计划数	完成数	完成率（%）	增长率（%）	
一、国内生产总值	万元	13	30095	34109	33544	98.3	13.3	38174	37910	100	13.1	43200	43844	101.5	14.1	44069	52502	105.6	19.2	55900	61914	111	18.5	15.5
其中：第一产业	万元	5	8742	9180	7940	86.4	4	8337	8272	99.2	4.2	8700	9200	100	5.6	9221	11556	125	25.6	10856	11731	108	2.6	6.1
第二产业	万元	16	12278	14303	14020	98	18.9	16515	17140	103.7	22.3	19900	20586	100	19	20727	22276	107	8	28710	29801	104	33.3	19.4
第三产业	万元	16.3	9075	10626	11584	109	13.5	13321	12498	93.8	7.7	14600	14058	100	12.7	14121	18670	132	32.8	16334	20382	109	10.7	17.6
二、农业总产值	万元	8.9	11367.68	12380	11427	92.3	9.3	12340	12347	100	8	13335	13440.5	100.8	8.9	14100	16454	116.7	22.4	15800	17286	109	5	8.7
三、工业总产值	万元	20	23157	24580	29998	120	25.3	35700	35716	100	19.1	42125	42621	101.2	19.3	50300	34667	68.9	–22.3	57828	41438	71.6	19.5	12.3
四、工业增加值	万元		6947		8999		29.5		10715		19.1		12786		19.3		12173		–5		14650		20.3	16.1
五、财政收入	万元	15	6741		8929		32.5		8480		–5.3		10467		23.4		11061		5.7		14782		33.6	17
其中：地方财政收入	万元	16	1467	1800	1763	98	20.2	1966	2395	121.8	35.8	2741	3052	111.3	27.4	3357	3372	110.4	10.5	3540	3041	85.9	–10.9	15.7

续表

指标名称	计算单位	十五预期	2000年	2001年				2002年				2003年				2004年				2005年				年均增长率（%）
		年增长率	完成数	计划数	完成数	完成率（%）	增长率（%）	计划数	完成数	完成率（%）	增长率（%）	计划数	完成数	完成率（%）	增长率（%）	计划数	完成数	完成率（%）	增长率（%）	计划数	完成数	完成率（%）	增长率（%）	
六、固定资产投资	万元	24	17051	22000	22638	102.9	32.8	1382	29026	100	28.2	34800	34883	100	20.2	42000	42505	101.2	21.8	46000	46550	101.2	9.5	22.2
七、农牧民人均收入	元	18	930	1070	1255	117.3	34.9	5502	1399	101.2	11.5	1553	1561	100.5	11.6	1761	1768	100.4	13.3	2017	2014	99.9	13.9	16.7
八、城镇居民人均可支配收入	元	12	4448	4982	4957	99.5	11.4	10920	5536	100.6	11.7	5805	5812	100.1	5	6450	6453	0.5	11.02	7106	7106	100	10.1	9.8
九、商品零售额	万元	10	7008	7730	8112	104.9	15.74	10920	9726	89.1	19.9	1170	11060	94.5	13.7		12770		15.4	14685	14223	96.9	11.4	15.2
十、年末总人口	万人	12	11.31		11.45				11.55				11.63				11.71				11.85			9
自然增长率	0/00	14	14		12.38				9				7				7			9				9
十一、粮食总产量	万公斤	2.4	2399.4	3000	2621.3	87	9.2		2648.4		1		2540.9		-4.2		3004		18.2		3078		2.5	5.1

续表

指标名称	计算单位	十五预期	2000年	2001年				2002年				2003年				2004年				2005年				年均增长率（%）
		年增长率	完成数	计划数	完成数	完成率（%）	增长率（%）	计划数	完成数	完成率（%）	增长率（%）	计划数	完成数	完成率（%）	增长率（%）	计划数	完成数	完成率（%）	增长率（%）	计划数	完成数	完成率（%）	增长率（%）	
十二、油料总产量	万公斤	16.7	88.1	305	238.9	78	271		318.5		33.3		366.3		15		510.5		39.4		518		1.5	42.5
十三、乡镇企业总产值	万元	20	31318	37580	39025	103.8		45000	45039	100.1	15.4	52800	52814	100	17.3		62864		19		74810		19	19
其中：工业	万元	25	21831	27280	27745	101.7	27.1		33070		19.2		40119.5		21.3		50300		25.4		58035		15.4	21.6
十四、草食牲畜年末存栏	万头只	0.5	21.63		21.91		1.3		22.69		3.6		23.82		5		25.78		8.2		26.7		3.6	4.3
饲养量	万头只	5.8	31.31		31.66		1.1		32.62		3		34.07		4.4		39.4		15.6		41.5		5.3	5.8

——循化县发改委：《循化县“十五”计划主要经济指标完成情况》，循化县发改委规划办公室提供，2012年7月。

——农业结构进一步优化，农村经济得到全面发展。一是特色种植业得到较快发展。到2005年，全县特色作物种植面积达到12.75万亩，比2002年增加5.4万亩。其中线辣椒种植面积和产量分别达到1.86万亩和2232万公斤，分别比2002年增加0.78万亩和929万公斤。二是畜牧业发展势头良好。通过实施草原“四配套”、“西繁东育”和农业综合开发及国家生态工程等项目，全县畜牧业保持了平稳较快的发展势头。到2005年，草食畜年末存栏达到26.7万头（只），全社会饲养量达41.5万头（只），年均分别增长3.7%和7.5%。畜牧业产值达到8149万元，占农业总产值的51.5%，比2002年提高9.5个百分点。三是生态环境建设力度不断加大。实施了天然林保护、“三北”防护林和退耕还林三大林业工程，三年累计完成退耕还林（草）面积3.95万亩，生态环境治理与保护取得了明显成效，全县森林覆盖率达到22.5%。2005年全县农业总产值达到1.73亿元，比2002年增长39.5%。

——韩永东：《在循化撒拉族自治县第十五届人民代表大会第一次会议上政府工作报告》，县十五届人大一次会议文件（九），2006年9月9日。

循化县二〇〇七年度经济社会运行情况通报材料

2007年，是实施“十一五”规划和扎实推进社会主义新农村建设的关键之年，全县上下以邓小平理论和“三个代表”重要思想为指导，以科学发展观为统领，认真贯彻落实党的十六届五中、六中全会及十七大和省第十一次党代会精神，不断解放思想，抢抓机遇，深入实施“生态立县、农业稳县、工业强县、旅游活县、科教兴县”战略，全县经济社会发展取得了较好的成绩。全县完成生产总值7.8亿元，比上年增长12.5%，其中工业增加值1.53亿元，增长27.5%；完成地方财政一般预算收入3750万元，增长13.3%；完成县属固定资产投资4.9亿元，增长26%，其中工业固定资产投资8131万元；农牧民人均纯收入达到2730元，增长17.67%；城镇居民人均可支配收入达到9224元，增长14.87%。

（一）狠抓特色农业，不断拓宽农牧民增收渠道。坚持以农业增效、农民增收为目标，围绕发展现代特色农业，进一步加快种植业结构调整步伐，使全县特色作物种植面积占总播种面积的81.2%。其中种植线辣椒1.82万亩，冬小麦3.7万亩，杂交油菜3.8万亩，优质马铃薯2.2万亩，胡萝卜套种1.04万亩，以薄皮核桃为主的优质杂果1010亩。以“西繁东育”“自繁自育”为重点，狠抓农区畜牧业发展。牲畜社会饲养量达45万头（只），增长5%；全县牛羊贩运育肥户达到3285户，贩运育肥牛羊38.21

万头（只）；适度规模养殖户发展到 5038 户，饲养牛羊 14.38 万头（只）。全县畜牧业产值达到 1.2 亿元，畜牧业人均纯收入 1037.4 元，占农牧民人均纯收入的 38%。以保护和建设并举的方针，认真实施了以退耕还林（草）、“三北”四期重点防护林和天然林资源保护工程为重点的林业工程。狠抓园林绿化、通道绿化，新增核桃经济林 1000 亩、花椒经济林 1500 亩。紧紧围绕“阳光工程”、进城农民工培训等项目，加大对农民工的培训和输出力度。全年共开展各类培训班 116 期，培训农村劳动力 5792 人，培训就业率达 95%。共输出劳务 41720 人 / 次，实现劳务收入 1.485 亿元。

（二）加大项目实施力度，大力改善基础设施条件。2007 年，全县实施各类建设项目共 54 项，总投资达 9.0255 亿元。全年共完成县属固定资产投资 4.9 亿元，比上年增长 26%。重点实施了以下项目：农林牧水方面，分别投资 300 万元的循化县农畜产品质量检测中心和旱作节水农业项目已编报国家农业部，公益林、经济林、病险水库除险加固工程、土地开发整理、中低产田改造、小型水利工程等一大批关系群众生产生活的重点项目已开工建设或投入使用，沿黄 2 乡 35 村人饮工程也已开工建设。肉牛养殖基地、查汗都斯乡苏只、街子镇牙门曲乎、积石镇托坝和新建等村奶牛养殖基地以及岗察草原建设、农区小型畜用暖棚建设等项目已发挥效益，全年全社会畜牧业累计投入达 1.4862 亿元。扶贫开发方面，实施了白庄乡朱格、文都乡拉代、清水乡大庄、岗察乡岗察四个绝对贫困村扶贫整村推进项目；国家专项投资达 950 万元的全省唯一扶贫连片开发项目在白庄镇 10 个村正式启动实施；交通建设方面，实施了 34 个行政村的道路硬化工程，在全省率先基本实现村村通硬化道路的目标，完成了 14 座便民小桥，开工建设了尕公、尕苏、积江、白道、白谢等 5 条农村公路；城镇建设方面，完成了黄河极限挑战赛南看台工程和县城人行道铺装工程，开工建设了城北新区道路与排水一期工程和朝阳路、西出口综合整治等一批城镇建设重点项目；社会建设方面，完成了民族中学搬迁续建项目、中德大寺古和道帏铁尕楞外援项目、明德孟达山学校扩建以及农村中小学危房改造等项目，有效改善了农村办学条件；57 个村级卫生室建设项目、中藏医院招商引资项目、县医院门诊综合楼改造项目以及六个乡镇卫生院业务用房建设项目也顺利完成，群众就医环境明显改善。

——循化县人民政府：《循化县二〇〇七年度经济社会运行情况通报材料》，循化县人民政府文件，2008 年 1 月 21 日。

以推进社会主义新农村建设为重点，大力发展农村经济。一是特色种植业初具规模。全县特色优势作物种植结构更趋合理，种植线辣椒1.82万亩，冬小麦3.7万亩，杂交油菜2.5万亩，以薄皮核桃为主的优质杂果10100亩，新增核桃经济林1000亩。二是农区畜牧业发展势头强劲。继续实施“西繁东育”和“自繁自育”工程，牛羊贩运育肥户达到3285户，贩运育肥牛羊38.21万头（只）；全县牲畜社会饲养量达45万头（只），草食畜年末存栏28.12万头（只），适度规模养殖户达到5038户；畜牧业总产值达到1.2亿元，畜牧业收入在农牧民人均纯收入中的比重达到38%。三是劳务经济效益进一步显现。全年共培训农村劳动力5792人，培训就业率达95%，农民工技能水平显著提高，输出领域有所拓宽，劳务收入明显增加。全年共输出劳务41720人（次），实现劳务收入1.485亿元，劳务收入在农牧民人均纯收入中的比重进一步提高。四是生态建设不断加强。全面实施林业四大工程的同时，通道绿化、农田林网、四旁植树、城镇街道绿化以及种植草坪等任务全面完成，全县森林覆盖率达到24.5%，城镇绿化覆盖率达到26%。五是新农村建设初见成效。积极整合资金1180.2万元，在示范村新建村实施了线辣椒、核桃、蔬菜等优势作物种植项目，绵羊、奶牛养殖项目和青年创业项目。开展了声势浩大的整治工作，村容村貌“脏、乱、差”的问题得到较好解决，以示范村、试点村为重点的新农村建设初见成效。

突出农业增效和农民增收，强化农业基础地位，大力发展特色经济。大力发展特色农牧业。一是继续扩大线辣椒、花椒、核桃种植规模。重点实施“123工程”，即：强力打造核桃经济林带，使核桃经济林突破1万亩；拓宽线辣椒种植区域，使线辣椒种植总面积突破2万亩；集中打造百亩以上花椒基地，力争年内新增花椒种植面积3000亩，进一步调优种植业结构。二是着力加快农区畜牧业示范县建设进程。立足做大做强农区畜牧业和建设全省农区畜牧业示范县的目标，继续加大对“西繁东育”“自繁自育”为主的农区牛羊贩运育肥和奶牛养殖产业的引导和扶持力度，加快牛羊育肥和奶牛集中连片养殖区建设步伐，年内力争培植20个规模养殖示范基地。继续加大良种引进改良、示范点建设和改良技术培训工作力度，安排财政专项扶持资金，建设畜禽改良点，引进优良畜禽品种，推动科技兴牧，提高畜牧业效益。积极引导和鼓励发展多种特色养殖，丰富和壮大养殖规模。继续实施草原建设项目，不断提升草原畜牧业发展水平。通过努力，年内在畜牧业发展方面实现各类投资1.8亿元，力争提前两年实现“十一五”目标。三是加快园区建设步伐。按照地委、行署关于“走以园区建设引领产业发展，以土地流转促进规模经营，以规模经营实现农业产业化的路子”和年内各县8%的耕地面积必须实现流转的要求，县上将设立100万元的土地流转奖励基金，并通过出台税费减免政策、项目扶持，以及研究制定鼓励农口事业单位技术人员带头领办等一系列措施，积极鼓励能人带头、企业介入、部门参与，支持群众按照依法、自愿、有偿的原则，以转包、租赁、入股等形式灵活参与流转，努力在稳定和完善农村土地承包关系的前提下，使零散的耕地集中到种田能手、专业大户和产业化龙头企业的原料基地中，优化土地、资金、技术、劳动力等生产要素的配置，实现集约管理、规模经营，积极推进园区建设。

进一步加快农牧业产业化进程。以发展壮大龙头企业，带动农产品精深加工，促进农业资源综合利用，拓宽农产品转化领域，不断提高农产品附加值为目标，积极培育知名品牌，大力调整优化产业结构，培育县域内农牧业优势。重点是培植好“循化红线辣椒”“忠华薄皮核桃”“循化红花椒”“绿色保健牛羊肉”等具有地方特色的名优品牌。围绕优势农产品和特色主导产业，通过提供融资平台，强化项目、政策支持和服务指导等措施，加大对龙头企业的扶持力度，做大做强农牧业生产基地，加快发展农产品加工业，支持龙头企业走“公司 + 基地 + 农户”的发展路子。积极引导企业通过招商引资、加强交流、寻求合作、研发新产品，不断拓展新领域，拓宽发展空间和提效增利，提升企业发展水平。并以贯彻落实《农民专业合作社法》为契机，加快培育和发展专业经济合作组织、中介组织以及专业市场建设，提高农牧民进入市场的组织化程度，促进农产品流通。

加大农牧区基础设施建设力度。继续加大对农村水利、能源、土地整理、公共服务等基础设施的投入力度，今年重点实施好吾土斯山 3000 亩土地开发项目；积极争取积石、街子两镇 5500 亩土地开发整理项目；完成尕楞节水灌溉工程和沿黄 35 村人饮工程；争取开工建设道帏东湾寺病险水库工程，力争实施农畜产品质量检测站和草原建设、水产养殖、畜牧业信息网络建设、集镇屠宰场等项目。

努力实现劳务经济保量提质。一是积极获取国内外劳务信息，在巩固好省内外输出成果的基础上，扩大订单培训和输出数量，努力在拓展国外劳务市场方面求得新突破。二是继续把开展好有针对性的农民工技能培训作为延伸劳务经济产业链的基础，着力实施好“阳光工程”和“新型农牧民科技培训工程”，培养一批具备一定专业技能和文化素质的生产能手、能工巧匠、经营能人和乡村科技人员，加快农村富余劳动力向非农产业和省内外转移就业。三是继续把宁巴石匠、汽车运输、刺绣、民族工艺品加工等品牌做大做响，并根据“拉面经济”“撒拉人家”在全国不同区域的发展状况，采取重点扶持、重点打造的方法，统一对外品牌，提升品牌形象。四是强化驻外劳务机构与当地政府和工会、司法等部门的协调联系，实行信息反馈、转移、就业、维权一条龙服务，进一步增强综合管理和服务能力。今年，力争劳务输出人员达到4万人（次）以上，劳务收入达到1.5亿元。

——韩永东：《在循化撒拉族自治县第十五届人民代表大会第四次会议上政府工作报告》，县十五届人大四次会议文件（九），2008年4月1日。

关于推进循化县农业结构战略性调整的措施及建议

2008年，我县农业工作在县委、县政府和上级有关部门的大力支持下，认真贯彻落实中央一号文件精神及省、地、县农业农村工作会议精神，紧紧围绕经济发展战略和社会主义新农村建设的目标任务，立足特色优势，突出“一核两椒”特色，坚持以市场为导向，优化种植区域布局，积极改善农村基础设施和生产条件，以推进农业产业结构调整、大力发展农业产业化经营，积极拓展农民增收空间，在特色种植业发展等方面取得了明显成效，农业生产形势较好。

一、基本情况

循化县辖9个乡镇，154个行政村，农业户2.24万户，总人口13万人，其中农业人口11.3万人，占总人口的86.9%。县域总面积2100平方公里，耕地总面积21.68万亩，其中水浇地8.32万亩，浅山13.36万亩。

二、2008年农业结构调整的现状

2008年的农业结构调整工作可以用四句话来概述：一是粮食播种面积基本稳定；二是油料播种面积大幅度增加；三是特色作物种植形势良好；四是核桃产业发展迅猛。我县2008年特色作物种植面积完成181927亩，占农作物播种面积的82.42%。具体表现在：

（一）农作物生产形势较好。种植业结构布局继续趋向合理。在继续稳定粮食综合生产能力的前提下，进一步推进种植业结构调整，充分发挥区域比较优势，大力发展特色农业，加大优良新品种推广力度，重点狠抓优质油菜（含杂交油菜）、马铃薯、蚕豆、辣椒、胡萝卜套种等无公害优质农产品基地建设，初步形成了川、浅、脑区域化种植和产业带。种植业结构逐步向区域化、优质化、特色化方向迈进，种植布局趋于合理。

1. 粮食产量。据初步统计，2008年全县粮食作物播种面积达到11.36万亩，预计粮食总产量达到3894.21万公斤，比上年增加1155.71万公斤，增长42.2%。预计粮食作物综合单产达到 342.8 公斤，比上年增加 15 公斤，增长 4.6%。

2. 油料产量。全县油料作物播种面积 70519.7 亩，比上年增加 32211.1 亩，增幅 84%，预计油料总产达到 846.24 万公斤，较上年增加 443.44 万公斤，增长 110%。主要原因是今年我县大力组织实施优质油菜生产基地建设项目，优质油菜种植面积达到 7.06 万亩，其中杂交油菜推广面积达到 42259 亩，加大了杂交油菜品种丰产栽培技术的推广力度，产量明显提高。

3. 蔬菜产量。全县完成线辣椒种植 20010 亩，较上年增加 178.2 亩，预计总产量达 2613 万公斤，比上年增加 100 万公斤，增加 3.9%。

（二）特色优势作物发展势头强劲

全县共完成特色优势作物 18.2 万亩，其中线辣椒种植面积达到 2.0 万亩；优质油菜种植 7.06 万亩；冬小麦种植 3.65 万亩；胡萝卜套种 1.02 万亩；优质马铃薯 4.15 万亩；核桃 0.32 万亩。以核桃为主的优质杂果种植面积达到 11500 亩，65 万株，其中核桃 57 万株。

（三）农产品基地建设情况

全县共有各类试验、示范性基地 60 个，其中：杂交油菜基地 29 个，13678 亩，占杂交油菜总播种面积的 49.2%；线辣椒基地 17 个，7230 亩，占线辣椒种植面积的 39.1%；大蒜基地 1 个，35 亩；以薄皮核桃为主的优质杂果基地 13 个，栽植面积达到 3000 亩，7 万株。

三、取得的成绩和存在的主要问题

（一）取得的成绩

1. 截至目前，我县建设了将近 100 栋温棚，其中第四代温棚有 10 栋。

2. 为确保农民增收，我县积极引导农民加大种植业结构调整工作的同时，狠抓良种工程建设并兑现了优惠政策。一是投入资金 7 万元，对被列入的 5 个冬小麦种子村（种植面积 500 亩），5 个春小麦种子村（种植面积 500 亩），3 个线辣椒种子村（150 亩），无偿解决良种（上述基地预计可向市场提供良种 50 余万公斤，基本能够满足群众的生产需要）；二是为做大做强核桃产业，向薄皮核桃基地投入 41 余万元，无偿提供了 5 万株核桃苗木；三是补助杂交油菜种子款 9 万元；四是为线辣椒、杂交油菜等特色产业基地的种植户无偿提供磁性复合肥 19 吨，促进了种植户生产积极性的提高。

3. 我县土地流转发展势头强劲。由于我县劳动力转移数量和规模较大，土地的集约经营效益不高。为了进一步发挥地理和资源优势，我县投入百余万元资金扶持大户、能人进一步加大土地流转工作，争做全省的排头兵，这也成为我县种植业发展工作的一个亮点。到目前，全县累计土地流转面积达到15267.49亩，占总耕地面积的7.07%，其中2008年的流转农户达到23户，流转面积11414.19亩，占总耕地面积的5.28%。在流转面积中，千亩以上3个，百亩以上31个，百亩以下1个。返租倒包时间最长的20年，最短的5年，租金最高的每年一亩地粮食1200斤，最低的200斤。

4.我们把做大做强“两椒一核”产业作为种植业结构调整的主攻方向，加大科技承包力度，发挥专业技术人员的工作能动性和积极性，投入科技承包经费115万元，由农业技术推广中心承包了全县11150亩的核桃栽培技术；由农业站承包了全县1万亩的胡萝卜种栽培技术和4万亩的杂交油菜栽培技术；由园艺站承包了全县2万亩的线辣椒栽培技术；植保站承包了全县4.15万亩的地膜洋芋栽培技术。科技人员承包的特色作物长势喜人，真正突出了科技对农业生产的支撑作用，使农业结构调整与基地建设、科技承包有机结合起来，达到了以基地促调整、以科技促增收的目的。

5.经过许多年的努力，我县现已培育了“循化红”辣椒、薄皮核桃、“大红袍”花椒等系列农产品品牌，其种植面积基本稳定在4万亩左右（辣椒2万亩，薄皮核桃1万亩，花椒0.8万亩），我们计划明年进一步扩大种植的范围和面积，将其推广到适宜的化隆、民和等相关乡镇种植，以此来提高特色产品的知名度。

（二）存在的主要问题

1.由于群众的思想和观念的影响，导致以温棚为主的设施农业项目建设工作滞后，在一定程度上影响了该产业发展的进程和群众收入的提高。

2.由于经费困难，现有技术人员的知识老化、更新缓慢，无法适应群众开展种植业结构调整的需要。

3.由于群众的传统思想影响，科技人员的技术服务工作还未能真正被群众所接受。

4.部分乡镇领导对土地流转工作没有引起高度的重视，工作热情不高，从真正意义上没有把它作为提高土地产出率和利用率、互惠互利、农民增收的主要措施来抓。在实际工作中形成了农户协商转出的土地较多，而政府引导指导下流转的土地较少的局面。

四、今后加快推进农业战略性结构调整步伐的对策措施及建议

根据循化“一川两山三沟”的县情，应紧扣发展现代农业的主题，提出“建基地、抓示范、促推广、引良种、优服务、转作风”为今后一个时期全县发展现代农业的总体思路。通过多年的努力，集中培养“一核两椒”、杂交油菜、马铃薯、冬小麦、蔬菜

等主导产业，大力发展油桃、樱桃、葡萄等新型产业，实现县委、县政府提出的农业工作目标。

（一）总体思路与目标

总体思路：认真贯彻党的十七大精神，全面落实以人为本的科学发展观，继续解放思想，紧紧围绕社会主义新农村建设，坚持“多予少取放活”的方针，以提高农业生产结构，挖掘内部增收潜力，全面推进现代农业的发展。

1. 思路

根据循化“一川两沟三山”的县情，以“建基地、抓示范、促推广、优服务、转作风”的思路，做大椒（线椒）核（桃）主业，做优花椒产业，做兴麦类油类蔬菜业，做好大蒜、胡萝卜等新兴产业。

2. 目标

（1）2009年特色作物或优势作物的种植面积达到12.47万亩，占计划总播面积15万亩的83.1%，其中：

①线辣椒20000亩；

②冬小麦36000亩；

③核桃2000亩；

④优质油料35000亩，其中杂交油菜达25000亩；

⑤优质马铃薯21700亩，其中脱毒洋芋16700亩；

⑥胡萝卜等套种10000亩，其中百亩基地5个。

（2）良种繁育基地1150亩，其中：

①冬小麦种子繁育基地500亩，其中基地5个；

②春小麦种子繁育基地500亩，其中基地5个；

③投资3万元建设线辣椒种子繁育基地150亩；

④投资10万元建设线辣椒示范基地500亩，其中清水乡、积石镇各建2个200亩，查汗都斯建1个100亩。

3. 优惠政策

（1）线辣椒产业

目标：2009年线辣椒集中连片种植的面积必须达到8000亩以上，加上零星种植，必须完成15000亩的种植规模。其中：

①仙红辣椒开发有限公司、天香两椒开发有限公司、金椒开发有限公司各完成

1000 亩的种植规模，合计 3000 亩。

②农林局完成 1000 亩的种植规模。

③清水乡、积石镇、查汗都斯乡各完成 1000 亩，街子乡完成 500 亩的种植规模。

措施：

①沿黄乡镇组织动员种植能手、大户，返租倒包，实行土地集约经营的线辣椒种植户由县政府每亩补助化肥 30 斤。

②鼓励国家公职人员脱岗进行土地返租倒包种植线辣椒，凡是租赁或倒包百亩以上的其租赁费由县政府承担。

③对线辣椒集中连片种植在 100 亩以上的村，其灌溉水费由县政府补贴。

④对线辣椒集中连片种植在 200 亩以上的种植大户或能人，由县政府给予 10000 元的奖励。

⑤毕业于农业院校的大中专毕业生，每年与他人承包百亩以上的辣子基地承包时间在三年以上的，每年由农林局考核，考核结果备案，三年优秀者可免试录取为专业技术人员或择优录用，并由县人事局给予相应的技术职称。

⑥全县建立 3 个线辣椒种子村，线辣椒种子款由县政府补贴。

⑦从今年开始各乡镇线辣椒种植任务进行单项考核。

⑧凡种植线辣椒 10 亩以上的，每亩奖励 20 元。

（2）核桃产业

目标：完成 3000 亩、120000 株的种植任务。

措施：

①核桃种植应从川水向沟岔延伸，核桃苗木款由县政府补贴。

②各乡镇要鼓励能人和种植大户，通过土地返租倒包的形式进一步扩大种植面积和规模。凡返租或倒包面积百亩以上的其苗木由县政府无偿提供。

③从 2009 年起各乡镇核桃项目的考核，应从种植面积转移到定植株数为主。

（3）马铃薯产业

目标：2009 年全县共完成马铃薯种植面积优质 54400 亩，其中建立 5000 亩的优质脱毒洋芋生产基地。

措施：

①查汗都斯、街子、积石镇、文都、尕楞、清水、白庄、道帏 8 个乡镇分别完成 200 亩集中连片优质马铃薯生产基地，县政府每亩补助 100 元。

②从 2009 年开始其种植任务单向考核。

（4）大蒜产业

目标：2009 年在尕楞、道帏两乡建立 50 亩一个种植基地。

措施：

①由县政府无偿提供给大蒜种植户种子。

②由县政府每亩补助磁性复合肥 100 斤。

（5）杂交油菜

目标：2009 年共完成油料种植面积 3.6 万亩，其中杂交油菜 2.5 万亩。

措施：

①凡建立百亩以上的生产基地，县政府无偿提供种子，补助磁性复合肥 30 斤。

②零星种植的县政府补助亩种子款的 50%。

③从今年开始其种植任务单向考核。

（6）胡萝卜套种

目标：2009 年完成 1 万亩的种植任务。

措施：

①由浓缩果汁厂无偿供应胡萝卜种子。

②实行订单农业，保护价收购。

③每亩补助磁性复合肥 50 斤。

（二）立足我县实际，争取在以下 8 个方面实现突破

1. 以示范点建设为重点，在提质扩大以薄皮核桃为主的优质杂果基地上求突破。力争在沿黄乡镇建设 2 万亩的薄皮核桃种植基地，种植品种主要是中林 3 号，星光 534，辽核 1 号；800 亩的大樱桃、油桃、葡萄和黑宝石梨基地，采用政府补一点、群众筹一点的方式，按照进沟、上山、占边的方式扩大种植。

2. 以基地建设为重点，在做强做大线辣椒产业上求突破。循化线辣椒产业要做强做大，必须走基地化、标准化、产业化的路子，要形成品牌意识；必须抓示范基地建设，进一步提高线辣椒良种化纯度，让典型引路。首先，要抓好线辣椒种子田建设，舍得投入，将每年的优质线辣椒实行统购。其次，规范种植技术，按照我们已颁布的线辣椒种植、栽培等四个技术规程，提高椒农的种植水平。尽可能地实现集中连片，规模化种植和生产。最后，将线辣椒种植面积逐步扩大延伸到适宜种植的民和、化隆等县，力争种植面积达到 2 万亩以上。

3. 优化提质麦类产业，在新品种引进、试验、示范上求突破。继续把优质冬小麦京农411、京农437，优质春小麦高原448、临麦30、青春38以及黑小麦78等作为全县冬（春）小麦的主栽和当家品种进行推广。与此同时，为了发展壮大优质麦类产业，想方设法再从北京、河南等地引进适合我县种植的冬（春）优质黑小麦品种进行试验种植，为全县农业生产提供良种。创新精量半精量播种等先进的农机化技术并在示范上下大气力，给现代农业的农机化发展树立样板。

4. 做优油薯产业，关键在扩大面积和提纯品质上求突破。在中位山旱地选择早熟甘蓝型优质油菜杂交种，青杂1号、青杂2号、垦油1号、互丰010以及马铃薯黑美人、青薯2号等；高位山旱地选择特早熟甘蓝型优质油菜杂交种青杂3号。计划建设总规模13万亩，其中优质油菜7.1万亩，优质马铃薯5.4万亩。通过对优油薯产业的建设，将使生产区良种扩繁体系、农田基础设施等得到改善和提高，加大先进耕作栽培技术和新型农业生物技术以及环保技术的推广应用，进一步提高油菜和马铃薯的质量档次和品质以及市场竞争力，加快农村经济的发展和群众收入的提高。

5. 做强做大花椒产业，千方百计在扩大花椒种植面积上求突破。鼓励能人承包荒山、荒坡、荒滩，采用政府补一点、群众筹一点的方式，做到花椒产业进沟、上山、占边，充分利用一切闲置土地，努力增加种植面积，力争“大红袍”花椒种植面积达到10000亩。

6. 以示范带动为主线，在增加胡萝卜套种面积上求突破。首先，采取生产加工企业无偿提供种子和技术服务的办法，主要引进品种为日本黑五寸人参胡萝卜，建立较高标准的示范点10—15个，示范基地面积达到5000亩，力争年实现胡萝卜套种面积1.5万亩。其次，鼓励和引导群众增加复种面积，提高复种指数，通过订单等方式，增加群众收入，有效带动胡萝卜套种产业的发展。

7. 多方增加投入，以点带面全面推进设施农业建设上求突破。循化的设施农业建设起步早，目前由于国家对温棚投资少，加之循化地处偏远，信息不畅，群众的文化程度不高，接受新鲜事物的能力有限，对温棚的关注不够，参与程度低，认识不到位，造成设施农业建设难度大，发展的步伐缓慢。目前县境内约有百余栋温棚，但仍有部分闲置，未能发挥其效益。鉴于此，我们要进一步加强对循化县情的再认识，工作思路上再调整，工作措施上再优化，采取“政府补一点、群众筹一点、银行贷一点”的办法，首先在适宜发展设施农业的乡镇，建立一定规模的示范棚、样板村。采取“政府抓规划和项目资金，部门抓技术和生产营销，乡镇抓宣传动员和实施，农民为设施农业的主体和经营者，合作组织和中介、经纪人抓营销”的理念谋划现代农业，舍得花钱抓样板，多方投入树典型，动员让一部分能人建温棚，搞农业。

8. 爱岗敬业，恪尽职守，在干部工作作风上求突破。

（三）由于我县气候独特，加之年初的冰冻雨雪天气，急需在特色农作物政策保险基础上出台补贴措施，确保农业生产有序进行。

（四）我县属于国家扶贫开发工作重点县，群众的文化水平普遍不高，农业信息服务工作滞后，需要加强农业标准化和农产品质量安全工作，特别是要做好信息化服务的延伸工作。我们争取扩大实施线椒、花椒、核桃、冬春小麦标准化种植技术的普及和推广的同时，严格指导农户禁用剧毒、高残留农药，控制农业品的投入和使用量，确保群众食用安全的农产品，为此，我们已经争取 2009 年实施“三电合一”信息化服务试点工作，以此来促进科学、信息对农民增收的作用。

（五）在农产品销售方面，应建立直销补助资金，在销售前期给予适当优惠，以帮助经纪人和大户做好销售工作。

（六）良种工作 2009 年继续在道帏、查汗都斯、文都等乡镇建立 10 个 1000 亩的冬（春）小麦种子村。主要措施有：

1. 由县政府无偿提供给冬（春）小麦种子。

2. 由县政府每亩无偿补助粮食 100 斤。

（七）在农产品基地建设方面，应该设立特色农产品种植保护区，全力打造黄河谷地特色产业带和区的示范点，突出线椒、花椒、薄皮核桃等的特色，全力促进农牧业产业化经营步伐，重点支持和培育以仙红、天香、雪驰、忠华为主的龙头企业建设，延伸产业链条，使特色农产品加工增值，带动农民增收致富。

（八）应该进一步加强农业科技服务体系建设，强化乡镇农业科技力量，尤其是在村一级建立稳固的科技明白人队伍和特色示范点，逐步提高科技在农业生产中的贡献率。

——王晓东、韩建庆、马宝、郭菊芳：《关于推进循化县农业结构战略性调整的措施及建议》，循化县农林局，1988 年 11 月 2 日。

一、2008 年工作的回顾

——认真落实强农惠农政策，努力促进农牧业增产增收

全面落实粮食直补、良种补贴、农资补贴等强农惠农政策，全年累计落实强农惠

农资金4418万元。积极整合资金556.9万元，完成了41个村的新农村建设规划编制，并重点开展五配套改造和“三清、六乱”治理，全县范围内开展的村容村貌综合整治取得了实实在在的效果，示范村基础设施改善明显，主导产业粗具规模。投资2878万元实施了扶贫整村推进，白庄镇10村扶贫连片开发，文都乡白草帽村、道帏乡夕冲村和尕楞乡仁吾村易地搬迁等项目，有效改善了贫困村的生产生活条件，全年7600余人实现稳定脱贫，贫困人口人均收入增长11.3%。

——大力发展特色产业，努力转变发展方式

积极发展特色农牧业。以核桃为主的优质杂果、线辣椒和花椒等特色农作物种植面积均比上年有所增加，特色种植业在农业总产值和农村经济中的比重明显提高。土地流转渐趋规模，全年完成土地流转11414亩，累计达15267亩，占全县耕地面积的7%。全县贩运育肥户和规模养殖户比上年明显增加，农区畜牧业促农增收的拉动作用进一步增强。

着力培育民族特色工业。本着优化资产，助企业轻装上阵这一发展思路，积极盘活三岔工业集中区闲置资产，使工业闲置资产得到了有效利用。并先后争取1532万元贴息资金扶持发展了一批以清真食品加工、农畜产品加工、旅游纪念品加工和民族用品加工为主的民族特色工业企业，新上项目呈现出“小、特、精”的特点和较大市场潜力。同时，伊佳、仙红、天香等县域支柱型工业企业得到进一步发展壮大，使县域工业经济在总量和特色上有了可喜的突破。全年完成工业固定资产投资1.07亿元，实现工业总产值4.62亿元，产品销售率达96%。

深入推进“旅游活县”战略。全年积极争取旅游发展基金515万元，重点景区建设步伐进一步加快。通过参加、举办节庆赛事和开展积极有效的旅游宣传推介活动，使循化的知名度进一步提高。以黄河石画、撒拉族刺绣等为主的旅游纪念品开发逐步形成规模，全县旅游业保持了较好的发展态势，全年共接待国内外游客51.75万人（次），实现旅游收入1.09亿元。

不断提高劳务经济发展质量。全年共投入农村劳动力技能培训经费197.2万元，开展拉面、烹饪等技能培训99期，培训4987人，培训就业率达95%，有效提高了劳务人员技能，提升了劳务输出质量；实施了青年创业贷款项目，为33户群众解决了264万元扶持资金。全年实现劳动力转移就业42510人/次，创收17135万元。

——加强基础设施和生态建设，努力增强发展后劲全年共建设 18 类 170 个项目，完成县属固定资产投资 5.59 亿元，比上年增长 14%。农业水利方面，投资 3964 万元，实施了以沿黄 35 村为主的 32 项人畜饮水、农田水利、节水改造、防汛抗旱等水利工程，解决了 4.8 万余人、6.5 万头（只）牲畜的饮水困难，改善农田灌溉面积 10649 亩；投资 3000 万元，实施了畜禽良种、畜棚建设、“西繁东育”、草原建设、“菜篮子”工程肉牛养殖等项目。城镇建设方面，县城西出口综合整治、朝阳路建设、城北给水管网、县城给水管网扩建、县城集中供热一期、廉租住房和滨河南路道路与排水等 12 个项目完成投资 4900 多万元，部分项目已投入使用。房地产开发总投资达 4021 万元，建设面积达 4.51 万平方米。交通建设方面，全面完成了总投资 7321 万元的积江等五条农村公路项目，总投资 3283 万元的 104 个村道硬化完善、补充工程及投资 331 万元的拉石公路和投资 677 万元的张尕河滩桥等 12 座农村公路配套小桥；投资 6204 万元的岗夏公路、白道南路相继开工建设，全县公路条件得到进一步改善。社会事业方面，投资 584 万元，实施了“农村寄宿制二期”、明德援建和危房改造等 9 个项目，部分项目已完工；投资 885 万元实施了 90 个村卫生室、5 个乡镇卫生院和中藏医院、县医院门诊综合楼等项目；投资 260 万元的灯光球场封顶项目已竣工并投入使用；投资 160 万元建成了《古兰经》展览馆，并完成了布展工作。扶持人口较少民族方面，投资 1513 万元实施了 31 个撒拉族村扶持人口较少民族发展项目，撒拉族聚居区生产生活条件得到显著改善，群众生活水平和质量明显提高。政权建设方面，完成投资 822 万元，实施了县档案馆和街子镇、道帏乡政府迁建等项目。电力通信方面，投资 400 余万元实施了电力户户通工程、河北城区电力线路、街子工业集中区线路及部分输电线路改造项目。投资 921 万元在道帏、白庄、尕楞、文都等乡镇实施了 14 个移动、联通基站项目，全县电力通信条件进一步改善。生态建设方面，共投资 1375 万元，完成公益林、天保、“三北”防护林和退耕还林等重点工程人工造林 1.96 万亩，封山育林 8500 亩，天保、公益林工程管护面积达到 50.5 万亩。完成通道绿化 95 公里、农田林网 12 万株、四旁植树 14 万株、义务植树 30 万株；城镇绿化栽植各类花灌木 6.62 万株，县城绿化覆盖率达到 30%，率先成为全省“省级园林城镇”和“中国绿色名县”。同时，不断加强协调配合，努力推进积石峡、黄丰电站、清关公路等重点工程建设，县域经济发展后劲进一步增强。

二、2009 年政府工作的总体要求和主要任务

1. 巩固和强化农业基础地位，着力推进农村经济发展。以“农业增效、农民增收、

农村发展”为目标，不折不扣地落实好中央各项强农惠农政策，加大农业投入力度，不断强化农业基础地位，促进农村经济发展，推进新农村建设。

加强农牧区民生工程和基础设施建设。积极推进农牧区基础设施和公共服务设施建设，加快公共服务向农牧区延伸。实施好以沿黄35村人饮、尕楞乡东片灌区续建配套与节水改造工程等为主的续建项目进度，加大基础水利工程维修资金和抗旱资金的争取力度。积极争取建（设堂）宗（务）公路、河北公路及南滨河路东西延伸段、8座便民小桥、客运站点以及公伯峡航运等项目，进一步优化县域交通网络，方便群众出行。在认真实施好扶持人口较少民族现场会特色种养殖项目和其他特色基地、设施农牧业、草原建设等项目的同时，积极争取一批农牧业良种、示范基地和社会化服务体系项目，加快科技成果的转化和推广应用。

不断拓展农牧业发展新领域。进一步规范土地流转程序，引导群众在依法、自愿、有偿的原则下，进行土地使用权的合理流转，扩大土地流转面积，使土地资源向种养大户、优势产业集中，年内完成土地流转1万亩。依托现代农业园区建设，积极引进和推广樱桃、油桃、葡萄、枣和李子等新品种，进一步扩大优质杂果种植面积；大力实施温棚蔬菜项目，在巩固现有蔬菜生产基地的同时，年内再重点扶持1—2个群众积极性高的村，鼓励扶持蔬菜生产大户，努力扩大蔬菜种植面积，不断丰富群众的“菜篮子”；利用公伯峡和苏只水电站建成后的水域资源，积极引导群众发展水产养殖，并扶持发展一批养鸡、养兔等养殖基地和畜禽加工企业；在继续扶持现有农畜产品加工企业上档升级的同时，年内再培植1—2个农畜产品精深加工企业，延长农畜产品产业链，提高附加值。

加强生态环境保护和建设。深入贯彻“生态立县”发展战略，巩固退耕还林工程成果，积极争取国家天保、三北四期、生态公益林建设工程项目资金，年内完成人工造林3.38万亩，封山育林2.05万亩。结合农业结构调整，加大特色经济林建设，力争全年新增花椒1000亩。同时，积极争取四项绿化工程和干旱山区绿化工程项目。

2. 加强服务引导，着力推动特色产业发展。按照特色是优势、特色是竞争力、特色是效益的发展理念，狠抓特色经济发展。

发挥资源优势，壮大特色农牧业。继续采取多种激励性的政策措施和农牧业产业化“龙头”企业带动的方式，加快特色优势种养业的发展。加快核桃种植规模化步伐，积极引导群众在流转土地和宜林地大力发展优质薄皮核桃经济林，力争年内新增核桃面积 6000 亩。出台对线辣椒集中连片规模种植户的扶持政策，继续做大做强辣椒产业。加大设施农业建设力度，力争年内建成 250 栋高标准蔬菜温棚、300 栋农区小型畜用暖棚和 10 万亩草场围栏，增强农牧业防御自然灾害的能力。在稳固草原畜牧业发展的同时，进一步加大对“西繁东育”“自繁自育”工程等农区畜牧业的资金支持和技术指导力度，依托资源和群众养殖基础好的优势，进一步壮大农区畜牧业特别是奶牛养殖规模，年内在尕楞和查汗都斯两乡，选择村级班子强、群众基础好的村示范性地重点扶持发展养牛产业。通过建基地、给贴息、立项目、部门帮等多项措施，加快畜牧业规模化发展步伐，使畜牧业收入在农民增收中的比重进一步加大。力争全年完成牛羊贩运育肥实现百万头（只）的目标，草食畜社会饲养总量和年末存栏分别达到 48 万和 31 万头（只），使农区畜牧业得到稳步发展。同时，积极实施科技富民强县项目，加快新品种、新技术引进推广步伐。

——韩永东:《在循化撒拉族自治县第十五届人民代表大会第五次会议上政府工作报告》，县十五届人大五次会议文件（九），2009 年 4 月 25 日。

1991 年，农村土地承包开始第二轮三期合同签订。1992 年底，县委、县政府抽调 300 多名干部，组成工作组，进村入户，在全县农村开展社会主义思想教育和第二轮土地承包合同签约工作，按规定对土地承包费、集体统筹提留、农村义务工和劳动积累工等进行完善和量化，并向农民颁发“农村土地承包使用证”，稳定人心，确保土地承包政策的连续性。

1998 年 10 月，中共中央、国务院印发《关于 1998 年农业和农村工作的意见》，明确提出“第一轮承包到期的地方，都要无条件地延长 30 年不变”的政策，县委、县政府及时安排部署，落实这一政策。与全县 151 个行政村、649 个合作社、17327 户农户签订土地承包经营权证书，签证率为 100%。

2006 年，县委、县政府抽调精干力量，开展土地承包经营权证换发补发工作，根据承包经营权证换发补发工作实施方案，印制合同书 42626 份，调查基础表 21323 份，机动地调查表 4000 份，领证表 3000 份，汇总表 4000 份，深入全县 151 个行政村，完成 19984 户农户的农村土地承包经营权证书的换补发工作，使农户吃上“定心丸”。

1991 年至 1996 年，私人开始承包村集体的荒山荒坡，栽植白杨、柳树、榆树等用材林和薪炭林，规模经营。1997 年，县委、县政府出台承包开发四荒地的优惠政策，清水乡下滩村村民韩伟承包本村南台滩荒坡300多亩，除栽植白杨外，先后引进梨枣、凯特杏、美国大雪梨、优质核桃等10多个品种，发展林果业。2001年，积石镇石头坡村村民韩忠华租赁积石镇沙坝塘村耕地200亩，租赁费每亩600—800元，建成优质核桃基地，发展核桃产业。2004年，街子镇干部鲁振荣承包查汗都斯乡苏志村荒滩1000亩，从山西、新疆等地引进优良核桃苗，建成千亩优质核桃基地，创立振荣核桃开发有限公司。2006年，清水乡瓦匠庄村民韩得祥承包本村荒滩498亩，每亩每年400斤粮食，栽种核桃花椒，并种春小麦。2007年，为加快土地流转步伐，推动产业化经营，提高农业综合效益，县委、县政府制定和完善土地流转机制，对凡以出租、入股等形式，根据流转规模，对流转面积在50—100亩的一次性补助30元/亩，100—300亩的一次性补助40元/亩，300—500亩的一次性补助50元/亩，1000亩以上的一次性补助60元/亩。同时，县政府每年还列支100万元的土地流转激励基金，对流转经营大户无偿解决种子、地膜、化肥等生产资料。在政策激励下，承包经营户不断涌现，土地流转步伐加快，规模进一步扩大。2009年，街子镇果什滩村村民韩进武、韩牙古拜等5人联合租赁本村在乌土斯山脚下的撂荒地673亩，租赁费每亩500元，种植花椒、核桃、油菜和马铃薯。清水乡韩光明租赁积石镇线尕拉村荒地500亩，租赁费每亩800元，发展设施农业。文都乡抽子山村村民且盼租赁本村山地108亩，租赁费每亩50元，种植油菜、马铃薯。截至2010年底，通过转包、租赁等形式土地流转面积达到4.08万亩，其中1000亩以上的7个，100亩以上的55个。全县土地流转机制基本建立，很大程度上解放了农村生产力，实现土地的规模化、集约化经营。

——循化撒拉族自治县地方志编纂委员会：《循化撒拉族自治县志》，三秦出版社，2017年版，第111—112页。

为进一步摸清全县农村土地流转情况，切实维护农民的合法权益，经上级部门的安排，农业局经管站和农业站在四月份抽调专人对全县农村土地流转情况进行全面调查，现将调查结果报告如下：

一、土地承包经营权流转的现状及特点

循化县涉农乡镇9个，辖154个行政村，2.24万户，13万人。二轮土地承包面积共21.6万亩，农业人口人均耕地1.66亩。截至2008年4月30日，全县农村土地承包经营权流转15267亩，占耕地总面积的7%。这些土地的流转，主要发生在1998年二轮土地承包到户以后，随着农业和农村经济结构调整步伐的加快，农村土地流转也出现了一些新变化，主要呈现出五个特点：

一是流转的速度加快，规模迅速扩大。据统计，2001 年积石镇石头坡村的韩忠华流转 200 亩开始，短短几年时间目前达到 15267 亩，7 年间增长了几百倍。全县 9 个涉农乡镇中，除尕愣岗察两个乡外其余 7 个均不同程度地发生了土地流转。涉及 49 个村，占全区总村数的 31.8%，有 11189 户流转土地，占农户数的 49.9%。从流转的规模看，已从零星、小规模的农户间的自发流转，演化为有规模、有组织地统一流转。如清水乡塘赛村药山养鸡基地一次性流转面积达 1000 余亩等。

二是流转主要发生在耕作条件较好的地带。从土地流转发生的地域来看，目前主要分布在川水、交通、水利等农业基础设施较好的地带。去年以来，由于线椒、核桃的发展，部分土地面积较大、水源水质较好的地方发生了土地流转，而县城附近由于城市规划土地面积较少，很少发生流转，山区因退耕还林和耕作条件差，也基本上没有发生土地流转现象。

三是流转的形式多样化。从组织形式看，农户之间的自我流转仍然存在。在已经流转的土地中，农户间自我流转的面积达 2735 亩，占流转总面积的 28.8%，由乡村出面反租倒包的面积为 1533 亩，占流转面积的 16.1%。从权属变化的关系来看，主要形式有转包和租赁两种方式。其中转包面积为 10631.49 亩，占流转面积的 71%；互换面积不大，不足百亩。

四是参与土地流转的主体呈多元化。目前除农户间自发流转外，专业大户不断涌现，占地的规模也不断扩大。同时，不少工商企业、私企老板也到农村发展种养业，参与土地流转。他们一般通过乡村组织大面积、长时间地租赁农户的承包地，或发展规模化、专业化的种养业。统计表明，全县目前以出租和“反租倒包”形式流转的 12164.49 亩土地中，主要以私企老板、专业大户为主，流入私人老板的面积 7354 亩，占总流转面积的 49%，流入专业大户的面积 3277.49 亩，占总流转面积的 21%。

五是流转土地的用途呈多样化。目前流转土地面积中有种植粮食的也有种植蔬菜、核桃等经济作物，用于种粮的面积为 7121.9 亩，种植蔬菜、核桃等经济作物的面积为 6124.6 亩，畜牧业方面的 1653 亩。

二、农村土地流转合同制实施情况

早在 1997 年就有农村土地承包经营权流转，当时主要是农户与农户之间为便于耕种进行的土地经营权转包、互换，属自发行为，随着国家对“三农”优惠政策的出台，农村土地越来越俏。加之以前土地流转运行极为不规范，引发了一些土地流转的矛盾纠纷。因此县上建立土地流转服务组织，农业局实行土地流转委托服务，使用省级提供的统一流转合同文本，2006 年未签订合同，2007 年共签订合同 56 份，在乡、村两级还未建立流转服务组织。

三、农村土地流转中存在的问题

随着惠农政策的实施和两峡库区建设新情况的出现，在完善第二轮农村土地承包关系工作期间，由于部分基层干部对农村土地承包政策理解不透，执行时走样，对农户承包的地块弄得不实，存在一些问题，使农户土地承包经营权属不清，给土地流转工作带来了许多困难，影响了农村土地的正常流转。

（一）部分乡镇对农户实际耕种的面积和地块与农户经营权证书的面积和地块错填、漏填和重复填。要流转该宗地块产生矛盾，发生经营权属纠纷。

（二）部分乡镇对外出打工的承包农户和暂时下落不明的承包农户，没有按渝北区农业局的要求签订农村土地流转合同，外出打工农户和暂时下落不明的农户回到村组后引发矛盾，发生纠纷。

——循化县农业局：《循化县 2008 年农村土地流转情况的调查报告》，2008 年 5 月 5 日，2012 年 7 月由循化县农业局提供。

2008 年截至 5 月 10 日全县农村土地流转情况统计表

填报单位：循化县农业局　　　　单位：亩

流转面积范围	乡镇名	村名	转入方姓名	流转合同号	流转面积	经营行业			涉及农户数	合同签订日期	备注
						种植业	畜牧业	林业			
50 亩—100 亩	查汗都斯乡	新建村	韩国良		76	76					无合同
	查汗都斯乡	大庄村	马牙海牙		100	100					无合同
	小计				176	176					
101 亩—500 亩	积石镇	沙坝塘村	韩忠华		431.6			431.6	50	2000.1.1	有合同
	积石镇	石头坡村	韩忠华		392.4			392.4	80	2007.12.1	有合同
	积石镇	托坝村	马永森		150	150			集体	2008.3.12	有合同
	积石镇	托坝村	马牙古		150			150	38	2008.3.1	有合同
	积石镇	托坝村	马尕虎		400			400	95	2008.3.1	有合同
	积石镇	大别列村	马明德		370			370	172	2008.2.28	有合同
	道帏乡	循哇村	当增杰		112	112			48	2007.1.30	有合同
	白庄乡	立庄村	着么录		400	400					无合同
	清水乡	红庄村	马有仁		239.8	239.8			143	2008.3.8	有合同
	清水乡	瓦匠庄村	马占林		405.2			405.2	71	2008.3.12	有合同
	清水乡	上庄村	韩建辉		500			500		2008.1.1	有合同
	清水乡	下滩村	韩德录		150	150					无合同
	街子乡	洋苦浪村	韩牙亥牙		375	375				2008.4.10	有合同
	街子乡	团结村	韩国志		200	200					无合同
	街子乡	三立方村	韩乙布拉		150			150	54	2007.12.28	有合同
	街子乡	上访村	韩明选		134.6	134.6			83	2007.12.25	有合同
	街子乡	托龙都	马国忠		120		120		29	2007.8.15	有合同

续表

流转面积范围	乡镇名	村名	转入方姓名	流转合同号	流转面积	经营行业			涉及农户数	合同签订日期	备注
						种植业	畜牧业	林业			
101 亩—500 亩	街子乡	果什滩村	韩乙的日		117	117			8	2008.3.20	有合同
	街子乡	果什滩村	马胡才		236	236			23	2008.4.10	有合同
	街子乡	果什滩村	韩应清		210	210			19	2008.3.20	有合同
	查汗都斯乡	团结村	乙四么		200	200					无合同
	查汗都斯乡	新建村	韩有忠		158	158			67	2008.2.22	有合同
	查汗都斯乡	新村	马国忠		281.5	281.5			48	2007.9.20	有合同
	查汗都斯乡	赞上村	喇尕三		400	400			60	2008.3.8	有合同
	道帏乡	铁尕愣村	桑吉东智		368	368			60		有合同
	小计				6651.1	3731.9	120	2799.2			
501 亩—1000 亩	积石镇	沙坝塘村	高乙地日		507.19			507.19	45	2008.3.10	有合同
	积石镇	尕别列村	马二布		580	580			36	2008.4.20	有合同
	清水乡	瓦匠庄村	韩德祥		698.2			698.2	254	2007.3.7	有合同
	街子乡	果什滩村	韩亥比		502	502			29	2008.3.15	有合同
	查汗都斯乡	赞下村	苏万云		800			800	94	2008.3.10	有合同
	小计				3087.39	1082	0	2005.39			
1000 亩以上	清水乡	塘赛村	马永强		1533		1533		80	2007.9.21	有合同
	街子乡	马家村	马胡才		2500	2500				2008.4.10	有合同
	文都乡	拉循村	拉郎才让		1320			1320			无合同
	小计				5353	2500	1533	1320			
	总计				15267.59	7490	1653	6124.59			

——循化县农业局：《2008 年循化县土地流转情况调查及统计表》，2012 年 7 月由循化县农业局提供。

街子镇 2009 年度工作总结

——农村经济保持了持续增长。2009 年全镇农村经济总收入达到 9415.5 万元，比上年增长 16.1%；农民人均纯收入达到 3780 元，比上年净增 570 元，增长率为 17.5%。

一是农业结构调整力度进一步加大，特色优质作物种植面积进一步扩大。今年全镇优质特色作物种植面积达到 41787 亩，占总播种面积的 92%，其中：冬小麦 7529 亩，优质油料 21950 亩，优质洋芋 6000 亩，线辣椒 4308 亩。在巩固孟达山 3 个千亩杂交油菜基地的基础上，在吾土斯山新建 1 个千亩杂交油菜基地和 2000 亩全膜洋芋种植基地。

二是农区畜牧业发展较快。全镇从事牛羊贩运育肥的农户达到 340 户，全年牲畜饲养量为 15486 头（只），牧业人均收入达到 1225 元，占人均纯收入的 32.4%。引进优良牛 650 头，优良羊 7800 只。金路万吨科技饲料加工厂和畜产品加工厂入驻工业园区。

——对 2010 年农业工作的几点意见：打造特色农业区，促进科学发展。

一是抓好农业科技示范园区建设。2009 年，占地面积达 1200 亩的农业科技示范园区落户本镇，投资 4075 万元，园内有育苗区、特色杂果展示区、设施农业区、露天蔬菜展示区，标准化线辣种植区、核桃种植区、养殖区等。要充分发挥农业科技示范园区的辐射带动作用，促进全镇特色农业发展。

二是依托“两山”土地资源，做好“靠山吃山”的文章。本镇孟达山和吾土斯山位于浅山区，耕地面积达 4 万亩。要加大种植结构调整力度，优化品种品质，实现从广种薄收、粗放经营向精细化经营、提高单位产量和效益转变。继续做大做强千亩杂交油菜基地和全膜洋芋种植基地。同时，发挥种植优势，延伸产业链条。目前两山菜籽生产、加工、购销在全县市场占有相当的份额，下一步要在以菜籽油、马铃薯为主原料的食品深加工上做文章，提高农业产品附加值。

三是在“高、精、特、优”上做文章，大力发展以“两椒一核”为主的特色种植业。川水区要立足光热条件好、人均耕地少的实际，培育和做大做强以果什滩、果河拉为主的花椒种植基地，以苏哇什、洋巴扎为主的大葱种植基地，以波拉亥、上坊为主的良种繁育基地，以托龙都、牙门曲乎等下部村为主的线辣椒、核桃、杂果种植基地，近期圆满完成 2000 亩冬小麦新品种推广种植任务。力争在 3 年内使我镇“两椒一核”为主的特色种植面积达到 3000 亩以上。

四是大力发展设施农业。我镇下半部地区群众经济条件较好，投资能力较强。要发挥这一优势，一方面要抓住政策扶持机遇，加大项目争取力度，另一方面要做好宣传引导和提供服务，以上坊村温棚基地为基础，发展果蔬、花卉等为主的设施农业。

五是发展农区畜牧业。依托三岔和县城两大市场，以牧旺、白驼、捷达、金路等养殖基地和科技饲料加工基地为带动，发挥我镇退耕还林饲草优势和果什滩、孟达山、古及来、塘坊等村有传统牛羊育肥和一定设施基础的优势，大力发展牛羊贩运、繁育、畜产品加工。

六是发展特色劳务经济。本镇劳务相对全县而言具有资本和素质上的明显优势，要发挥这一优势，大力发展以拉面经济、交通运输、市场营销等为主的劳务经济。

七是抓特色旅游业。要充分发挥本镇民俗和宗教等方面的资源优势，继续抓好骆驼泉、街子清真大寺、民俗展览馆等景点建设，以旅游带动撒拉族农家院和旅游纪念品加工企业的发展。

八是加快土地流转。以集约化经营降成本提高效益，将解放出来的富余劳动力转向二、三产业，形成多业并举。2009 年全镇土地流转面积达到 4000 亩，继续加大政策扶持力度，完善激励机制，要通过转包、租赁、入股、招商合作等方式，加快土地流转步伐。尤其要协助县招商局做好吾土斯山万亩茶树基地的土地流转工作。

九是以退耕还林（草）为重点，加强生态经济建设。树立“绿水青山就是金山银山，绿水青山能够创造金山银山”的发展理念，做好退耕还林的管理和后续产业的谋划工作，开办好“绿色银行”。

——街子镇人民政府:《街子镇 2009 年度工作总结》，2009 年 12 月 26 日。

一、2009 年工作回顾

（一）抓特色、调结构，农村经济建设取得丰硕成果。一是着眼于促进农业增效、农民增收，大力调整种植结构，核桃、线辣椒、花椒、优质油料、脱毒马铃薯等特色优势作物种植都比上年有了较大幅度增加，其中核桃面积达到 1.75 万亩，线辣椒达 2.5 万亩，花椒达 0.6 万亩。现代特色农业示范园区完成了水、电、路等基础设施建设和 210 亩原种繁育、特色作物育苗基地建设，园区基本框架初步形成。二是着眼于特色农牧业产业化、规模化、集约化发展，加快推进土地流转经营步伐，新增流转面积 1.25 万亩，累计达 2.78 万亩，占全县总耕地面积的 14%。三是着眼于打造全省农区畜牧业示范基地，加大对“西繁东育”“自繁自育”和牛羊贩运育肥的扶持力度，全县适度规模养殖户发展到 4200 户，牛羊贩运育肥户达到 2235 户，牲畜社会饲养量达到 41.76 万头（只），实现畜牧业产值 1.57 亿元，畜牧业收入在农牧民人均收入中的比重明显提高。四是着眼于推进农牧民创业增收致富，继续加强劳务经济，全年共争取劳动力就业培训经费 266.6 万元，发放就业担保贷款 2112 万元，转移输出农村劳动力 44140 人/次，实现劳务收入 2.12 亿元。五是着眼于城乡统筹发展，重视新农村建设，全年共整合各类资金 1342.7 万元，全面实施示范村建设，完成了 22 个村的规划编制、30 个村的村容村貌整治和 2 个村的改土改危。

（二）抓培育、重扶持，民营经济发展势头良好。坚持把发展工业经济作为实施强县战略的重要任务，通过厂房租赁、入股等形式，盘活集中区内 13 家关停企业闲置资产 1.6 亿元。认真落实扶持企业发展的各项政策措施，一企一策，积极帮助企业解决困难，共争取专项补助资金 2254 万元，协调解决企业发展贷款 3447 万元，落实县级扶持资金 200 万元。新建化青等 7 家特色民营企业。伊光、圣驼等企业规模进一步扩大。全年完成工业产值 5.5 亿元，比上年增长 24.3%。高度重视品牌建设，线辣椒、薄皮核桃获国家地理标志证明商标，全县注册商标 88 件，占全区注册商标总量的 29.1%。全力推进民族工业集中区建设，以道路、水电为主的基础设施建设正在实施，总投资 3366.74 万元的雪驰公司年产 4000 吨冷冻牛羊肉制品生产加工项目、金路公司年养殖 15000 只肉羊基地建设项目和博艺公司年产 91000 件黄河石画项目已入驻园区，并开工建设。

（三）抓宣传、促效益，旅游业呈强劲发展态势。狠抓旅游基础设施建设，相继完成了骆驼泉、孟达天池、十世班禅大师故居等景区建设、周边整治及 50 户“撒拉人家”维修扩建等工程，新发展 22 家“撒拉人家”。加强与省内各大旅行社的合作，强化宣传推介，“撒拉族绿色家园”知名度得到了进一步提高。加强旅游行业管理和队伍建设，旅游服务水平进一步提升。全年旅游投入达到 5300 多万元，接待国内外游客 70.08 万人次，实现旅游收入 1.66 亿元，比上年增长 52.3%。

（四）抓项目、夯基础，城乡固定资产投资快速增长。抢抓国家扩大内需和召开全国扶持人口较少民族发展现场会的机遇，加大固定资产投资，全年共建设 18 类 170 个项目，进一步夯实了发展基础。交通方面，完成了白文、白谢、河北等 5 条公路和 9 座便民小桥建设以及 80 公里的道路硬化，开工实施了岗察、白庄朱格至道帏比隆等 14 条乡村公路，全年交通投资达 8875.94 万元。水利方面，投入 4081 万元，实施了 35 村人饮、街子河三岔段防洪项目等 68 项水利工程。农牧方面，投入 8161 万元，完成了农业园区基础设施和核桃、线辣椒标准化基地建设以及农区畜用棚圈建设等项目。生态建设方面，投入 2331.5 万元，完成周边荒山造林、封山育林、三北防护林和“天保”工程人工造林共 4.53 万亩，农田林网、四旁植树、街道绿化栽植各类苗木 62.5 万株，通道绿化新增76.07公里，公共绿地种植草坪1050平方米，完成经济林建设8000亩。孟达自然保护区生态管护能力进一步增强，综合效应进一步显现。社会事业方面，投入5700多万元，完成了县医院综合楼、乡镇卫生院建设等项目，科技富民强县等8个科技项目，广播电视基建项目、档案馆建设项目、9个乡镇政权建设和农村“五项”文化体育工程，并开工实施了高级中学新建、职业中学新建和9所学校校舍改扩建等工程。

二、今年政府工作的总体思路和奋斗目标

（一）立足优势，突出特色，大力发展农村经济

大力发展特色种植业。抢抓省委、省政府实施河湟特色农牧业发展规划和现代农业“百里长廊”建设的机遇，努力在巩固扩大特色产业、优化结构上取得新突破。一是加快推进农业园区建设步伐。按照省级示范园区建设要求，加大各类资金整合力度，继续加强园区基础设施建设，完善园区功能。健全园区管理运转机制，通过招商引资，吸引更多的产业化龙头企业入驻园区，努力形成产业集聚效应。积极尝试科技人员承包等模式，加大农业科研推广力度，并力争在探索特色农业观光旅游和休闲旅游的园区经营模式上实现突破。二是加大现代农牧业技术推广力度。把设施农业和全膜覆盖栽培作为发展现代农业的主攻方向和浅脑山地区农业增效、农民增收的重要举措，确定重点，稳步推进，全面完成全膜覆盖栽培、胡萝卜套种、线辣椒种植、核桃种植、杂交油菜种植任务。今年以上部分地区种植结构调整为重点，加大扶持力度，优化种植结构。大力实施“菜篮子”工程建设，年内争取新建2000栋节能温棚，并通过“政府引导、巩固扶持、连片开发、集中建设”的模式，扎实实施好“双十百户千人”工程。稳步实施冬小麦和优质油料高产品种的引进、推广，重点做好线辣椒原种培育，枸杞、梨、枣等优质杂果的引进、试验。积极实施本地稀有树种育苗、珍稀花木培育工程，努力在本土绿化苗木培育方面取得新成效。三是提高土地集约经营程度。结合新技术的推广，把吾土斯山、孟达山“两山”作为今年土地流转的重点去推动。通过能人带动、灵活经营方式，加快土地规模化、集约化经营步伐，确保今年土地流转面积新增1.3万亩以上。四是抢抓实施“黄河谷地百万亩土地整理”项目机遇，加快农业基础设施建设步伐，夯实农业发展基础。

（二）积极发展现代畜牧业

按照打造全省农区畜牧业示范基地的思路，不断推动畜牧业向区域化、规模化、产业化和标准化方向发展。今年争取投资3000万元以上，在继续加大对“八个示范基地”的扶持力度，使其规模进一步扩大，辐射带动能力进一步增强的基础上，力争

在畜用暖棚、畜禽良种改良等方面取得新进展。加强动物疫病防控工作，积极推进科学饲养。结合省级现代特色农业示范园区的建设，重点支持牧旺、白驼、化青等产业化龙头企业，帮助其扩大生产经营规模，提高辐射带动能力。加快岗察草原建设步伐，积极探索以草定畜、牲畜入股、草场流转、舍饲圈养等发展模式，促进畜牧业的产业化发展。确保全年牛羊“西繁东育”“自繁自育”数量达到67.5万头（只），畜牧业产值达到1.6亿元。认真实施肉牛羊、奶牛为主的畜种改良，提高畜种良种化程度，年内完成畜种改良7万头（只）以上。同时，加大水产养殖项目的协调争取力度，优化服务，年内力争在库区水产养殖上实现新突破。

（三）加强专业合作组织建设

今年要重点加强线辣椒协会、核桃协会、牛羊育肥协会等特色优势产业专业合作组织的建设，支持专业组织向农村经济各个领域延伸，通过提高组织化程度和实现规范化管理，切实发挥好专业合作组织在降低农产品风险和提高农产品附加值方面的作用。

（四）稳步推进新农村建设

继续巩固积石镇新建、查汗都斯乡新建、清水乡木场3个示范村建设成果。扎实做好文都乡麻日村新农村示范村建设。大力实施“四改一清”工程，对全县80%的行政村实施清理垃圾为主的村容村貌整治。以“以奖代补”村为重点，完成30个村的规划编制。全力实施好临平公路沿线伊麻目大桥至清水河桥段12个村的综合整治。

（五）加快发展劳务经济

采取以奖代补等措施，鼓励拉面经营户按“四统一”要求，扩大经营规模，规范经营管理，提升服务质量和水平，积极推进“撒拉人家”品牌战略。年内在内地和东部沿海大中城市至少打造30家有一定规模和市场竞争优势的“撒拉人家”，不断提高“撒拉人家”餐饮品牌影响力。进一步加强外派劳务机构建设，调整配强劳务站长，强化对劳务输出人员的管理和服务，促使劳务输出人员文明务工、诚信经营，确保劳务经济稳步健康快速发展。结合“阳光工程”“雨露计划”，大力开展以拉面技能、藏式建筑石匠、撒拉族刺绣、民族服饰及工艺品加工为主的农民工实用技术培训，夯实打造特色劳务品牌的基础。积极协调金融部门，加大对“拉面经济”的贷款扶持力度。制定出台优惠政策，支持我县境外经商人员以注册贸易公司等形式发展国际商贸业，并以此为依托，鼓励大中专毕业生和年轻劳动力向国际劳务市场有序流动，逐步加大国外劳务输出力度。年内力争劳务输出保持在4万人（次）以上，其中省外输出人数和劳均收入较上年增长15%左右。

（六）继续加强生态建设

改善生态环境是实现绿色发展的关键。今年在继续争取和实施林业重点工程项目的基础上，稳步实施“沿河沿路”绿色长廊工程，突出抓好县城周边造林绿化、重点地区大苗造林、通道造林绿化等为主的“播绿”工程。力争年内完成人工造林 2.75 万亩（其中沙棘林基地建设 5000 亩），封山育林 3.8 万亩，核桃经济林建设 3000 亩，花椒经济林建设 1000 亩，周边荒山造林 8000 亩，城镇、四旁植树 16 万株，县城周边、通道造林绿化 76 公里，完成河北东台子、工农业园区、道帏河滩为重点的大苗造林绿化 1800 亩。积极推进林权制度改革，切实加强森林病虫害防控工作，积极争取退耕还林项目。进一步加强孟达自然保护区能力建设，坚持保护与开发相结合的路子，不断提高保护区综合效益。

——韩永东：《在循化撒拉族自治县第十五届人民代表大会第六次会议上政府工作报告》，县十五届人大六次会议文件（九），2010 年 2 月 25 日。

街子镇 2010 年度工作总结

2010 年在县委、县政府的正确领导和县有关部门的大力支持下，团结带领全镇干部群众，深入贯彻落实科学发展观，积极应对各种困难和挑战，以优化发展环境，改善群众的生产生活为目标，振奋精神，攻坚克难，全面完成了镇十六届人大会议确定的各项任务，实现农村经济总收入 10410 万元，年均增长 11.2%，农民人均纯收入达到 4423 元，年均增长 17%，全镇呈现社会稳定和谐、经济持续发展的良好势头。

（一）农业结构优化，农业发展后劲增强。协调农户流转土地 13500 多亩，建立了果什滩村规模近 1000 亩的农牧业综合开发园区，“两山”（孟达山和吾土斯山）建立了万亩杂交油菜基地和全膜洋芋基地，协助建立了全县农牧业综合开发园区，先后改造上坊、沈家、波拉亥等 6 个村的老果园 1200 亩，种植薄皮核桃和花椒各 1200 亩，种植冬小麦 7200 亩，设施农业达到 750 栋。尤其是土地流转工作和全膜洋芋推广工作，走在了全县前列，起到了示范带动作用。农业结构调整面从 2005 年的 65% 提高到 2010 年的 95%，极大地增强了农业发展后劲。

（二）基础设施完善，农业抗旱能力增强。实施了投资 920 万元的农业综合开发低产田灌区改造项目工程，先后争取水利设施维修资金 810 万元，维修了 19 个村的提灌站、涝池、截流、渠道等水利设施，投入 270 万元，实施了孟达山防洪坝治理工程，先后修筑街子河滩防洪坝 5400 多米。

（三）交通道路四通八达，发展潜力增强。累计争取交通道路建设资金 1450 万元，在街子河修建了 5 座河滩桥，拓宽了驼泉路，改造了三岔集镇西出口，修建了团结村滨河路，维修了孟达山公路和吾土斯山公路，实施村道硬化 8900 多米。投入 1450 万元修通了工业园区主干道道路。

（四）加大帮扶力度，努力改善民生。投入 1639 万元（其中政府补助 531 万，群众自筹 1108 万），改造完成了 277 户低收入户的危房，改善了居住条件，11 个村实施了整村推进项目工程，落实资金 1900 万元，改善了农村基础设施和群众的生产生活条件。农村低保对象确定坚持“三级审定，三榜一核”，资金发放及时足额，仅 2010 年发放了 127 户五保户的生活补助金 206248 元，落实 8 名现役军人优待金 15246 元。落实了全镇 279 户 1079 人的低保金 75.55 万元，使我镇五保户、低保户和住房困难户的居住条件得到了很大的改善。

（五）搞活乡村旅游，农村经济发展潜力增强。按照县委提出的“旅游活县”发展战略目标，我镇大力挖掘旅游资源，协调多方力量，投入 1539 万元开发了骆驼泉景区，投入 145 万元改造了民俗馆，围绕景区投资近 900 万元，创办了三兰巴亥村为主的“撒拉农家院”，景区年接待游客 12300 人以上，综合收入在 750 万元以上，有力地刺激了农村经济发展，促进了全县的旅游发展。

（六）深入推进新农村建设，群众居住环境得到改善。完成 12 个村的新农村建设规划，重点打造了牙门曲乎村新农村建设示范村，投入 325 万元（其中政府补助 95 元，群众自筹 230 万元），实施了房屋、围墙、大门、厨房、厕所等改造项目，每一户安装了太阳能热水器，公共区域配置了垃圾箱、专用垃圾车，安装了路灯。其余规划村，组织人员，定期整治环境卫生，尤其是对景区周围的三兰巴亥等村庄和公路沿线的村庄，投入一定的财力、物力、人力进行了整治，不但改善了群众的生产生活环境，而且对外展示了街子良好的形象。

另外，我们在这里值得一提的是，在全镇干部群众的共同努力下，及时完成了县上交给的四项重点工作：一是骆驼泉景区开发征地工作任务。骆驼泉景区开发工作已计划多年，由于征地工作难度大，迟迟没有实现开发目标。2008 年，为了搞活旅游经济，突破街子镇经济发展瓶颈，我们强化措施，通过大量艰苦细致的工作，历时两个月，完成了骆驼泉景区开发征地工作任务，为全镇乃至全县的旅游经济发展创造了条件。二是全国较少民族发展现场观摩会筹备工作。2009 年在我县召开全国较少民族发展现场观摩会，我镇的工作量大，任务重，时间紧，这是对我们领导班子的执政能力和全镇干部队伍工作能力、工作作风大考验和大检阅。我们全镇经过四个多月的艰苦奋战，按时间、高质量地完成了现场会的各项筹备工作，为现场观摩会的成功召开作出了重要贡献，得到了省、地、县领导的肯定。三是民族集中工业园区征地工作。2010年，县委把全县民族集中工业园区的征地工作任务交给了街子镇政府，还要求限期完成。街子地区本身人多地少，人地矛盾突出，尤其街子下部地区征地更难。我们为了按时完成任务，精心组织，多措并举，利用各方关系，不分昼夜，深入农户，听取意见，了解掌握思想动态，尽力维护群众利益，最终按期完成了工业园区核心区120亩的征地工作任务，确保民族集中工业园区的顺利实施。四是流转土地，优化农业结构。为改善我镇用地紧张的现状，开发整理了牙门曲乎滩近1000亩的土地，新增耕地面积673亩，缓解了人地矛盾。2009年，为响应县政府的土地流转动员工作，我镇在全县首次动员种植大户流转土地1200亩，集中规模发展特色种养业，并取得了成效，打开了全县土地流转工作局面，赢得了县领导的好评。

——街子镇人民政府:《街子镇2010年度工作总结》，2010年12月21日。

2006年按折价计算各乡镇农业总产值

单位：万元

项目	全县合计	道帏	白庄	清水	积石镇	街子	查汗都斯	文都	尕楞	岗察	全民
农林牧总产值	17512	3444	2416	1706	1979	1764	1741	1841	1540	961	120
其中：林业	631	29	84	94	104	84	53	107	76		
种植业	7757	1285	1040	751	1291	1127	1038	787	438		
畜牧业	9004	2130	1292	861	584	553	650	947	1026	961	
农林牧服务业	120										120

——循化县统计局:《循化撒拉族自治县国民经济和社会发展统计资料汇编2006年—2010年》，2011年10月，第101页。

按现价计算各乡镇农业总产值

单位：万元

项目	全县合计	道帏	白庄	清水	积石镇	街子	查汗都斯	文都	尕楞	岗察	全民
农林牧总产值	29207	5699	4008	2830	3323	2959	2915	3050	2533	1560	330
其中：种植业	13307	2204	1784	1289	2215	1933	1780	1350	752		
林业	980	45	131	146	161	130	82	166	119		

续表

项目	全县合计	道帏	白庄	清水	积石镇	街子	查汗都斯	文都	尕楞	岗察	全民
畜牧业	14590	3450	2093	1395	947	896	1053	1534	1662	1560	
农林牧服务业	330										330

2007年按折价计算各乡镇农业总产值

单位：万元

项目	全县合计	道帏	白庄	清水	积石镇	街子	查汗都斯	文都	尕楞	岗察	全民
农林牧总产值	22379	4278	3030	2152	2520	2242	2198	2322	1925	1172	540
其中：林业	966	44	129	144	159	129	81	164	116		
种植业	9913	1642	1329	960	1650	1440	1326	1006	560		
畜牧业	10960	2592	1572	1048	711	673	791	1152	1249	1172	
农林牧服务业	540										540

——循化县统计局：《循化撒拉族自治县国民经济和社会发展统计资料汇编2006年—2010年》，2011年10月，第101页。

2008年按折价计算各乡镇农业总产值

单位：万元

项目	全县合计	道帏	白庄	清水	积石镇	街子	查汗都斯	文都	尕楞	岗察	全民
农林牧总产值	29307	9133	20074	31.27	68.73						
其中：林业	13407	5624	7683	42.26	57.74						
种植业	1080	318	662	32.45	67.55						
畜牧业	14690	3059	11531	20.97	79.03						
农林牧服务业	430	132	198	40.00	60.00						

——循化县统计局：《循化撒拉族自治县国民经济和社会发展统计资料汇编2006年—2010年》，2011年10月，第101页。

2006年农村基层组织及耕地面积及情况统计表

单位：个、户、人、亩

项目	全县合计	道帏	白庄	清水	积石镇	街子	查汗都斯	文都	尕楞	岗察	全民
全县村委会个数	154	27	27	17	17	19	17	16	11	3	
全县合作社个数	673	91	139	74	105	93	73	52	40	6	

续表

项目	全县合计	道帏	白庄	清水	积石镇	街子	查汗都斯	文都	尕楞	岗察	全民
全县农村总户数	19938	2217	4014	2450	3325	2669	2385	1639	875	364	
全县劳动力资源总数	52441	6099	12863	5560	8885	7687	3714	3839	2879	915	
年末耕地总资源	121927	22771	12750	7158	14875	23229	12398	15811	12935		
其中：水浇地	66454	10314	9726	5692	11685	7595	10465	7960	3017		
浅山地	51111	10411	3024	1446	3190	15634	1933	7851	7602		
脑山地	4362	2046							2316		

——循化县统计局：《循化撒拉族自治县国民经济和社会发展统计资料汇编 2006 年—2010 年》，2011 年 10 月，第 79 页。

2007 年农村基层组织及耕地面积及情况统计表

单位：个、户、人、亩

项目	全县合计	道帏	白庄	清水	积石镇	街子	查汗都斯	文都	尕楞	岗察	全民
全县村委会个数	154	27	27	17	17	19	17	16	11	3	
全县合作社个数	674	91	139	74	106	93	73	52	39	7	
全县农村总户数	20132	2375	5156	2093	3023	2537	2370	1302	925	351	
全县劳动力资源总数	52585	6388	12563	5657	8725	7887	3807	3942	2792	824	
年末耕地总资源	126603	22927	14036	8324	14704	24595	12398	16684	12935		
其中：水浇地	58879	10314	10000	6839	11554	7595	10465	8095	3017		
浅山地	56408	12613	4036	1485	3150	17000	1933	8589	7602		
脑山地	3518	1202							2316		

——循化县统计局：《循化撒拉族自治县国民经济和社会发展统计资料汇编 2006 年—2010 年》，2011 年 10 月，第 79 页。

2008 年农村基层组织及耕地面积及情况统计表

单位：个、户、人、亩

项目	全县合计	道帏	白庄	清水	积石镇	街子	查汗都斯	文都	尕楞	岗察	全民
全县村委会个数	154	27	27	17	17	19	17	16	11	3	
全县合作社个数	674	91	139	74	106	93	73	52	39	7	

续表

项目	全县合计	道帏	白庄	清水	积石镇	街子	查汗都斯	文都	尕楞	岗察	全民
全县农村总户数	23412	2736	5656	2482	3443	3029	3088	1657	961	360	
全县劳动力资源总数	60132	7680	12750	6180	96925	7890	8345	3992	2836	834	
年末耕地总资源	178635	31898	23549	11430	15826	28275	26508	23723	17426		
其中：水浇地	80032	12756	11758	10127	9932	8338	16250	7792	3079		
浅山地	96287	I9142	11791	1303	5894	19937	10258	15931	12031		
脑山地	2316							2316			

——循化县统计局：《循化撒拉族自治县国民经济和社会发展统计资料汇编 2006 年—2010 年》，2011 年 10 月，第 79 页。

2009 年农村基层组织及耕地面积及情况统计表

单位：个、户、人、亩

项目	全县合计	道帏	白庄	清水	积石镇	街子	查汗都斯	文都	尕楞	岗察	全民
全县村委会个数	154	27	27	17	17	19	17	16	11	3	
全县合作社个数	674	91	139	74	106	93	73	52	39	7	
全县农村总户数	24198	2765	5656	2540	4000	3047	3193	1670	972	355	
全县劳动力资源总数	61732	7880	13000	6280	9925	8140	8545	4142	2936	884	
年末耕地总资源	197067	39443	33175	11431	18420	26175	26509	23723	18191		
其中：水浇地	79199	12756	11735	10127	9932	7528	16250	7792	3079		
浅山地	104605	19142	21440	1304	5894	17800	10259	15931	12835		
脑山地	13263	7545			2594	847			2277		

——循化县统计局：《循化撒拉族自治县国民经济和社会发展统计资料汇编 2006 年—2010 年》，2011 年 10 月，第 80 页。

2010 年农村基层组织及耕地面积及情况统计表

单位：个、户、人、亩

项目	全县合计	道帏	白庄	清水	积石镇	街子	查汗都斯	文都	尕楞	岗察	全民
全县村委会个数	154	27	27	17	17	19	17	16	11	3	
全县合作社个数	674	91	139	74	106	93	73	52	39	7	

续表

项目	全县合计	道帏	白庄	清水	积石镇	街子	查汗都斯	文都	尕楞	岗察	全民
全县农村总户数	25325	2774	5656	2540	4729	3265	3324	1686	986	365	
全县劳动力资源总数	62642	7980	13150	6380	10075	8290	8645	4242	2946	934	62642
年末耕地总资源	198756	39439	33199	11818	19856	26025	26508	23723	18191	0	198759
其中：水浇地	79148	12756	11759	10202	9932	7378	16250	7792	3079	0	79148
浅山地	112458	26683	21440	1616	5898	17800	10258	15931	12832	0	112458
脑山地	7150	0	0	0	4026	847	0	0	2277	0	7150

——循化县统计局：《循化撒拉族自治县国民经济和社会发展统计资料汇编 2006 年—2010 年》，2011 年 10 月，第 80 页。

2006 年农作物播种面积及产量

单位：亩、公斤/亩、吨

项目	全县合计	道帏	白庄	清水	积石镇	街子	查汗都斯	文都	尕楞	岗察
农作物总播种面积	157179	22927	13050	10773	28537	28774	23533	16650	12935	
1. 粮播面积	80653	14313	10250	5391	11158	11404	12421	10550	5166	
总产	24802	2582	3865	1929	4144	3774	5494	2070	944	
单产	307	180	377	357	371	331	442	193	183	
2. 油播面积	39967	8614	2800	446	3190	9750	1743	6100	7324	
总产	2845	1144	424	17	323	25	369	543		
单产	71	133	151	38	34	14	61	74		
3. 其他播种面积	36559	4936	14189	7620	9369	445				
其中：蔬菜	35863	4900	13782	7620	9116	445				
中药材	35			35						
农用化肥使用量	1725	157	200	224	345	206	463	88	42	
农用柴油使用量	1550	250	275	105	320	160	175	155	60	50

——循化县统计局：《循化撒拉族自治县国民经济和社会发展统计资料汇编 2006 年—2010 年》，2011 年 10 月，第 81 页。

2007 年农作物播种面积及产量

单位：公斤 / 亩、亩、吨

项目	全县合计	道帏	白庄	清水	积石镇	街子	查汗都斯	文都	尕楞	岗察
农作物总播种面积	157036	22927	15432	11701	24732	28894	23445	16970	12935	
1. 粮播面积	83566	14317	11432	4725	11137	12074	14350	10350	5181	
总产	27382	2806	4281	2188	4374	4354	6172	2209	998	
单产	328	196	374	463	393	360	430	213	193	
2. 油播面积	38309	8610	2800	671	2800	9500	304	6300	7324	
总产	4028	1229	448	65	384	691	51	552	608	
单产	105	143	160	97	137	73	168	88	83	
3. 其他播种面积	35161		1200	6305	10795	7320	8791	320	430	
其中：蔬菜	34881		1200	6305	10698	7320	8608	320	430	
瓜果类	280				97		183			
农用化肥使用量	1900	180	324	118	599	212	308	101	58	
农用柴油使用量	1690	500	450	250	860	490	560	370	210	

——循化县统计局：《循化撒拉族自治县国民经济和社会发展统计资料汇编 2006 年—2010 年》，2011 年 10 月，第 81 页。

2008 年农作物播种面积及产量

单位：公斤 / 亩、亩、吨

项目	全县合计	道帏	白庄	清水	积石镇	街子	查汗都斯	文都	尕楞	岗察
农作物总播种面积	221619	31898	27172	14725	26101	49498	30676	24123	17426	
1. 粮播面积	110220	13819	18072	6646	9289	19568	19167	13223	10436	
总产	31955	4117	6496	2143	2813	5505	6967	2355	1559	
单产	361	339	425	402	369	354	394	240	157	
2. 油播面积	68827	18079	7500	638	3200	21000	1350	10500	6560	
总产	7336	2062	961	69	459	2151	201	787	646	
单产	107	114	128	108	143	102	149	75	98	
3. 其他播种面积	42572		1600	7441	13612	8930	10159	400	430	
其中：蔬菜	42083		1600	7406	13461	8930	9856	400	430	
瓜果类	489			35	151		303			
农用化肥使用量	2088	266	358	102	337	411	314	157	143	
农用柴油使用量	1775	210	200	100	470	250	280	180	85	

——循化县统计局：《循化撒拉族自治县国民经济和社会发展统计资料汇编 2006 年—2010 年》，2011 年 10 月，第 82 页。

2009 年农作物播种面积及产量

单位：公斤 / 亩、亩、吨

项目	全县合计	道帏	白庄	清水	积石镇	街子	查汗都斯	文都	尕楞	岗察
农作物总播种面积	245768	39453	37251	15868	27704	51208	31971	24123	18190	
1. 粮播面积	118914	20414	26091	6337	7812	17695	18062	12213	10290	
总产	31571	3064	7792	2802	3118	4973	6991	1034	1797	
单产	267	143	425	298	399	281	387	85	175	
2. 油播面积	72909	19029	7550	800	3500	21950	1580	11000	7500	
总产	8119	2667	773	87	499	2303	190	892	708	
单产	111	140	102	108	143	105	120	81	94	
3. 其他播种面积	53945	10	3610	8731	16392	11563	12329	910	400	
其中：蔬菜	52635	10	3410	8731	15541	11563	12070	910	400	
瓜果类	317			0	58		259			
农用化肥使用量	2904	495	332	234	334	520	553	254	182	
农用柴油使用量	1850	220	210	110	480	260	290	190	90	

——循化县统计局：《循化撒拉族自治县国民经济和社会发展统计资料汇编 2006 年—2010 年》，2011 年 10 月，第 82 页。

2010 年农作物播种面积及产量

单位：公斤 / 亩、亩、吨

项目	全县合计	道帏	白庄	清水	积石镇	街子	查汗都斯	文都	尕楞	岗察
农作物总播种面积	240437	39464	36710	13029	27660	49070	32590	23723	18191	
1. 粮播面积	114283	20337	25600	4400	11500	15740	13192	13523	9991	
总产	31965	3247	7870	1956	4395	5076	5254	2394	1773	
单产	280	160	307	445	382	322	398	177	177	
2. 油播面积	70377	19127	7500	1000	3000	21050	1000	10200	7500	
总产	6874	2655	268	110	411	1691	150	812	777	
单产	98	139	36	110	137	80	150	80	104	
3. 其他播种面积	55777		3610	7629	13160	12280	18398	0	700	
其中：蔬菜	54989		3410	7629	13009	12180	18061	0	700	
瓜果类	538			0	151	50	337			
农用化肥使用量	2907	480	338	234	314	545	550	255	191	
农用柴油使用量	2000	250	400	200	400	250	150	100	50	

——循化县统计局：《循化撒拉族自治县国民经济和社会发展统计资料汇编 2006 年—2010 年》，2011 年 10 月，第 83 页。

2006 年主要农业机械年末拥有量

单位：千瓦、台、辆、公顷

项目	全县合计	道帏	白庄	清水	积石镇	街子	查汗都斯	文都	尕楞	岗察	全民
农业机械总动力	67566	9371	7943	4367	13794	10506	14520	5443	1611	11	
1. 耕作机械	5494	885	636	320	930	812	1178	564	167	1	1
大中型拖拉机	1										1
小型手扶拖拉机	5493	885	636	320	930	812	1178	564	167	1	
2. 排灌机械	108		3	12	33	19	40	1			
柴油机											
电动机	108		3	12	33	19	40	1			
3. 自动脱粒机	1144	192	174	36	139	119	275	209			
4. 运输机械	213	32	35	20	84	16	16	6	4		
农用运输车	213	32	35	20	84	16	16	6	4		
5. 当年机耕面积	75020	12150	11300	6600	11900	12570	12320	5760	2420		
6. 当年机播面积	75618	13300	8090	6360	13950	13947	12566	4765	2640		

——循化县统计局：《循化撒拉族自治县国民经济和社会发展统计资料汇编 2006 年—2010 年》，2011 年 10 月，第 83 页。

2007 年主要农业机械年末拥有量

单位：千瓦、台、辆、公顷

项目	全县合计	道帏	白庄	清水	积石镇	街子	查汗都斯	文都	尕楞	岗察	全民
农业机械总动力	69876	9614	7578	4661	14158	10183	14784	5898	1831	11	1158
1. 耕作机械	6918	1300	704	382	1033	982	1640	559	318		
大中型拖拉机	1										
小型手扶拖拉机	5681	905	656	344	950	822	1202	604	187	1	10
2. 排灌机械	108		3	12	33	19	40	1			
柴油机											
电动机	108		3	12	33	19	40	1			
3. 自动脱粒机	1231	202	184	36	155	119	286	229	20		
4. 运输机械	220	32	35	20	87	16	16	6	4		4
农用运输车	220	32	35	20	87	16	16	6	4		4
5. 当年机耕面积	81545	12900	11370	7935	13515	12945	13355	9465	45	15	
6. 当年机播面积	66618	12300	7090	5360	12450	12447	11566	3765	1640		

——循化县统计局：《循化撒拉族自治县国民经济和社会发展统计资料汇编 2006 年—2010 年》，2011 年 10 月，第 84 页。

编者注：此处原稿统计数字计算有误，已修改。

2008 年主要农业机械年末拥有量

单位：千瓦、台、辆、公顷

项目	全县合计	道帏	白庄	清水	积石镇	街子	查汗都斯	文都	尕楞	岗察	全民
农业机械总动力	77478	11197	8793	4957	15356	10378	16479	6531	2457	11	1319
1. 耕作机械	6918	1300	704	382	1033	982	1640	559	318		
大中型拖拉机	4	1	1					2			
小型手扶拖拉机	6322	1052	757	372	1044	838	1356	659	243	1	
2. 排灌机械	108		3	12	33	19	40	1			
柴油机											
电动机	108	3	12	33	19	40	1				
3. 自动脱粒机	1337	229	200	41	181	123	296	241	26		
4. 运输机械	232	32	35	20	97	16	17	7	4	4	
农用运输车	231	32	35	20	97	16	16	7	4	4	
5. 当年机耕面积	86800	12360	11070	8010	14550	12600	13420	9600	5190		
6. 当年机播面积	76620	11850	8950	6540	10245	12360	13290	8580	4800		

——循化县统计局：《循化撒拉族自治县国民经济和社会发展统计资料汇编 2006 年—2010 年》，2011 年 10 月，第 84 页。

2009 年主要农业机械年末拥有量

单位：千瓦、台、辆、公顷

项目	全县合计	道帏	白庄	清水	积石镇	街子	查汗都斯	文都	尕楞	岗察	全民
农业机械总动力	80079	12746	8969	5106	14515	9786	16141	8231	4374	11	0
1. 耕作机械	6880	1205	775	381	1055	854	1366	808	435	1	
大中型拖拉机	12	1	2	1	1	2	5				
小型手扶拖拉机	6868	1204	773	380	1054	852	1361	808	435	1	
2. 排灌机械	108	3	12	33	19	40	1				
柴油机											
电动机	108	3	12	33	19	40	1				
3. 自动脱粒机	1693	310	235	68	192	158	314	310	106		
4. 运输机械	236	33	36	21	99	17	17	9	4	0	0
5. 当年机耕面积	87410	12380	11090	8110	14560	12750	13520	9800	5200		

——循化县统计局：《循化撒拉族自治县国民经济和社会发展统计资料汇编 2006 年—2010 年》，2011 年 10 月，第 85 页。

2010 年主要农业机械年末拥有量

单位：千瓦、台、辆、公顷

项目	全县合计	道帏	白庄	清水	积石镇	街子	查汗都斯	文都	尕楞	岗察	全民
农业机械总动力	84243	13094	9119	5060	15317	10210	16821	9072	5539	11	
1. 耕作机械	6937	1236	785	191	1079	864	1380	880	521	1	
大中型拖拉机	23	2	2	1	5	2	9	2	0	0	
小型手扶拖拉机	6923	1234	783	190	1074	862	1371	878	521	10	
2. 排灌机械	108	0	3	12	33	19	40	1	0	0	
柴油机	0	0	0	0	0	0	0	0	0	0	
电动机	108	0	3	12	33	19	40	1	0	0	
3. 自动脱粒机	1884	340	250	74	222	178	334	330	156	0	
4. 运输机械	244	33	36	23	108	19	17	4	4	0	
农用运输车	244	33	36	23	108	19	17	4	4	0	
5. 当年机耕面积	81615	8250	9270	5250	10500	28350	14700	5295	0	0	
6. 当年机播面积	77145	8205	8430	4965	9540	26970	14310	4725	0	0	

——统计局：《循化撒拉族自治县国民经济和社会发展统计资料汇编 2006 年—2010 年》，2011 年 10 月，第 85 页。

循化着力改善农村基础设施

循化撒拉族自治县统筹城乡发展，立足农村水、电、路、通信等基础设施建设，增加投入，改善物质条件，推进新农村建设。

在农业基础设施方面，街子灌区工程、农业有害预警监测站、岗察草原建设等农业综合开发项目正在加紧进行。查汗都斯病险水库加固处理、8 个村的人畜饮水、孟达天池环保示范点建设、畜牧业标准化养殖、冷链体系等建设项目，已开工建设。在 43 个村中，实施中德财政扶贫合作项目。积极争取筹划建设堂水库、旱作农业开发、吾土斯山渠系配套、积石灌区、奶牛基地建设等项目，力争农业基础设施投资达到 6000 万元，确保全县农业基础设施条件有明显改善。

交通方面，力争投资达到 1 个亿，重点实施河北公路、积石至文都公路、白庄至道帏公路、行政村道路硬化、乡镇汽车站建设等项目，同时做好公伯峡港泊项目的前期工作。

电力通信方面，投资 3500 万元，完成电力综合楼、移动公司综合楼、三期农网改造、5 个乡 10 个村固定电话线路延伸和 7 个移动基站建设工程，进一步改善边远地区的电力通讯条件。

在生态建设方面，扎实推进退耕还林、天然林保护、三北防护林等重点工程，大力实施绿色通道工程，打造乙麻目黄河大桥到白庄集镇的绿色长廊。把实施少数民族发展规划与社会主义新农村建设有机结合起来，改善农村发展的物质条件，推动新农村建设。

——馨平：《循化着力改善农村基础设施》，《青海日报》，2006 年 6 月 13 日。

三万亩核桃林对循化将意味着什么？

循化撒拉族自治县在今年初发布的“十一五”发展规划中响亮地提出，到“十一五”末，循化要建成 3 万亩的核桃林，种植 150 万株核桃树，人均 10 株以上，使“核桃经济”成为支撑循化新农村建设的新兴产业。这个消息一传出，全县上下一片欢欣鼓舞，在省内也引起了不小的轰动。人们疑惑的是：循化什么时候又悄然兴起了一个核桃产业？

很多人都知道，循化有个孟达天池。很多人还知道，孟达是个自然保护区，它以植物种类繁多而著称于世。也有很多人去过孟达，他们都无一例外地注意到了山上的那些植物，但是，孟达山下的那个小村庄有几十棵高大的植物却很少引起人们的关注。它不像山上的那些珍稀树种，纯粹是大自然选择演化的结果。依照生物进化论的观点，它们是人类选择演化的结果。那几十棵高大的植物就是核桃树，据说，这些核桃树上的核桃皮薄如羽，每当果实成熟之时，果仁就会自行裸露，人称“露仁核桃”。虽然产量有限，但名气却不小。这些核桃树至少有 300 年的树龄，几百年来，它上面的核桃从来没有论斤出售过，每年，无论产下多少核桃，都是论个定价。

孟达山下的那个小村庄叫塔沙坡。核桃和花椒是这里的人们最早种植的经济林木，至今已有 600 多年的历史，有文字记载的历史也超过 300 年。后来，他们还种植过辣椒等经济作物和苹果等经济林木。再后来，循化的花椒、辣椒和苹果的种植规模都有过长足的发展，成为撒拉族人民勤劳致富的有力支撑。只有核桃种植业曾长期荒废，直到 20 世纪末，全县的核桃树也屈指可数。

1998 年 3 月的一天，有个叫韩忠华的撒拉族年轻人来找时任积石镇镇长的马永福，说他想从新疆引进几株薄皮核桃树苗，不知道能不能行？而这时，马永福也正在考虑一个问题：循化虽然是一个人口小县，但是，就人均占有土地资源量而言，最突出的问题还是人多地少，尤其是积石镇，要想让农民靠传统的种植业过上好日子很难。

不过，从气候、地理等区位条件而言，循化又有着得天独厚的优势，如果，在如何提高土地的产出效益上做文章，使有限的土地能够实现最佳的经济效益，也许就是一条根本的出路。韩忠华的想法与他不谋而合，在那一刻里，他仿佛看到撒拉之乡已经长满了无边的核桃林。他当即表示，让韩忠华马上着手引进种苗，有任何困难镇上都会倾力支持。

就在那一年的清明前夕，韩忠华从新疆引进了 7 株薄皮核桃树苗，抱着试一试的态度，种在了自己的承包地里，竟然有 6 株成活。但是，他们还是担心它能不能活过那个冬天。到 10 月底。马永福就和韩忠华把那几株核桃树苗的树枝子小心地拉弯了，再用土掩埋保护。第二年，一开春，又小心地将土扒开，没过多久，它们就开始抽枝吐叶了。这是一个不小的成功，它意味着循化可以大面积引种薄皮核桃。

1999 年，他们又从新疆大胆引进了 2000 株核桃树苗，就在那 6 株核桃树旁边，承包了 87 亩土地，建起了一座核桃园。为了表扬韩忠华的创举，马永福提议将这个核桃园命名为“中华核桃科技示范园”，取的是韩忠华名字的谐音。这种核桃品种不仅皮薄，而且见效快，两年生的树苗，第三年就能挂果。有道是：“桃三年，杏五年，想吃核桃十八年。”薄皮核桃的引种成功，打破了当地核桃要等 18 年才能见到果实的定数。到 2001 年时，这些核桃树都开始挂果。

2001 年，积石镇又承包了 170 亩土地，新建了一座核桃园。也就在这一年的夏天，循化县举行了一次农业观摩会，会议最后的议程是观摩积石镇的百亩核桃园。当全县掌管农业的与会代表走进这个很少有人提及的果园时，所有人的眼睛都为之一亮，很多人走出那个园子时都在议论这样一个话题：也许这正是未来循化农业的又一条出路。在现场，县上的有关领导对积石镇的这一做法给予高度赞扬。之后，县上只要研究农业问题，就一定会谈到核桃，好像没有了核桃，循化的农业就会黯然失色。

这对马永福和韩忠华他们来说，无疑是一种极大的鼓励。

也许正是因为这些核桃树，2002 年，马永福被组织上任命为县农林局局长，马永福自己也意识到，从此他就要与核桃结下不解之缘了，他不能辜负组织上的信任，更不能辜负的是全县父老乡亲的期望。

这一年，循化新建了 2000 亩的核桃园。之后，循化的核桃园规模每年都以 2000 亩的速度在扩大。循化的土地资源有限，那么，这么大规模的核桃园要建在哪里呢？他们把目光首先盯在了那些老果园的改造上。循化是青海主要的瓜果生产基地，自 20 世纪六七十年代以来，已建有 7000 多亩的果园，这些果园的看家品种是三红苹果，曾红极一时。但是，随着其品种的退化和果树的老化，到20世纪80年代后期时，这些果园其实已经没有任何收益，虽然果树亦然，但其果实却总是冷落成泥，无人问津。到2006年的春天，这些老果园中的6800多亩已经变成了核桃园，已种植核桃树43万株，已建起24个百亩以上的核桃基地，循化也已列入第五批国家级核桃标准化示范基地。继辣椒和花椒之后，循化的核桃也大有成为一个特色产业的势头。5月底，在循化采访时，有几件事给我留下了深刻印象。一件事，一开始，几乎所有的人对种核桃都没有兴趣，是那些农科技术人员自己动手将无偿提供的核桃树苗木种到果园里的。后来，先栽种的树苗开始挂果有了收益，其他的果农才有了种核桃的积极性，但是，县上为了推广扩大种植面积，至今依然无偿提供苗木，无偿提供技术服务。一件事，到现在为止，大部分苗木都是县农业部门从山西核桃苗木基地赊欠来的，一直有数十万的苗木款无法清付。另一件事，去年产下的核桃每公斤卖到了25元左右，在西宁举行的青海省农产品展示会上曾卖出每公斤60元的天价。这几件事情所包含的意义，人们不难想象。

据马永福介绍，循化之所以看好核桃产业，除了投入少和它很高的经济收益之外，它还会有相当持久的生命力，可谓是一个一劳永逸的长寿产业。虽然，薄皮核桃树的寿命要比其他核桃品种要短一些，但是它的有效收益周期或者经济寿命至少也要50年，这是其他种植业所无法可比的优势。据说，循化已有人开始准备与核桃有关的加工业项目，如果有150万株核桃树进入盛果期，那确实会带动一些相关产业的发展。而且，只有这样，循化大兴核桃产业的梦想也才不会重蹈三红苹果的覆辙。因为，一棵核桃树的寿命毕竟不能等同于一个产业的寿命，种下一片核桃树只是一个产业的开始，把一片核桃树打造成一个有持久生命力的产业需要走的路还很长。

——古岳：《三万亩核桃林对循化将意味着什么？》，《青海日报》，2006年6月14日。

循化精心组织备耕生产

新年伊始，循化撒拉族自治县抢抓备耕生产有利时机，狠抓各项常规备耕措施的落实工作，以确保春耕生产顺利推进，为实现农业丰收打好基础。

到目前，水利部门对全县各项水利设施进行了一次全面检查。共投入资金80余万元，完成渠道清淤57.3公里，维修老化涝池、提灌站10座，全县大小水库、涝池蓄水200万方，完成冬灌3.39万亩。供销部门根据市场需求制订了农资供应计划，今年准备购进各种大小化肥2300吨。目前，已组织调运各类化肥218吨、农药25吨、地膜 12 吨。农业部门根据农业结构调整和农民需求，积极开展良种调运、供应、民间良种串换等工作，确保良种供应充足。县种子公司已准备种子 18.9 万公斤。信用联社千方百计筹措资金 200 万元，为春耕生产提供信贷支持。农林科技部门提前着手线辣椒、核桃、花椒基地及良种化基地建设，继续实行农业科技项目承包责任制，加大农业科技知识的宣传培训力度。截至目前，共组织举办各类科技培训 53 场次，参加人数 9355 人次，现场咨询解答 600 人，发放宣传材料 258 份。

——孙世成、交巴杰:《循化精心组织备耕生产》,《青海日报》, 2007 年 3 月 5 日。

循化 2 万亩线辣椒产值突破亿元

日前，从循化撒拉族自治县传来喜讯，今年，循化 2.1 万亩线辣椒产量 2626 万公斤，创收 1.313 亿元，产值首次突破亿元。

近年来，循化县把“循化红”线辣椒作为农业增效、农民增收的重头戏来抓，引导农民扩大种植规模，制定优惠政策，加快土地流转，建设标准化基地，实行无公害化生产，推行科技承包，组建辣椒协会，为辣农们提供产前、产中、产后技术服务，使“循化红”线辣椒一路走红。如今，线辣椒已成为循化县部分地区群众的主要收入来源。

——王颖:《循化 2 万亩线辣椒产值突破亿元》,《青海日报》, 2008 年 11 月 19 日。

循化 3.9 万亩冬小麦陆续返青

伴着和煦的春风，循化撒拉族自治县沿黄乡镇及白庄、文都等中上部乡镇种植的 3.9 万亩冬小麦陆续返青，基本苗返青率普遍高于往年，长势喜人。由于冬小麦种植具有抗旱、抗寒、抗病等优势，广受农民欢迎，已成为循化县农业增收的支柱产业之一。为确保冬小麦种植工作有力有序进行，去年，循化县农业部门及时组织技术人员，深入查汗都斯、积石、清水、街子等乡镇开展冬小麦种植技术指导，向农户传授冬小麦品种选择、下籽量、田间管理等生产技术要领，现场指导群众开展播种、施肥作业。供销部门从去年 8 月下旬组织调运各类化肥、农药，做到提前介入，提前准备，为今年农业丰产增收奠定了基础。

——王颖:《循化 3.9 万亩冬小麦陆续返青》,《青海日报》, 2009 年 2 月 25 日。

循化培植龙头企业推动农业产业化

位于我省东部农业地区黄河岸边的循化撒拉族自治县立足特色农业、畜牧业、旅游开发等资源优势，围绕农牧业增效和农牧民增收，通过重点扶持培育农牧业产业化龙头企业，发挥产业化龙头企业带动作用，促农增收。截至目前，循化县农牧业产业化龙头企业资产总额达1.5亿元，总产值1.31亿元，年设计加工能力1.1万吨，销售收入1.36亿元。

近年来，循化县依托当地资源优势，大力扶持培植“龙头”企业，继续在政策、资金、信息等方面扶持做大做强天香、仙红两家线辣椒加工公司、雪驰肉食品公司、阿丽玛乳业公司等农业产业化龙头企业，先后协调金融部门发放信贷资金6000余万元，落实贴息资金400余万元，有力地扶持了龙头企业的发展和壮大，使群众在农副产品由零星分散经营逐步向规模集约化经营转变，有效提高农副产品的附加值。同时，加强农牧业基地建设，扩大生产规模、提高规模效益。加强线辣椒种植基地、核桃种植基地、羔羊繁育基地、牛羊育肥基地等为主的各类农畜产品基地的建设。建成了以道帏藏族乡、尕楞藏族乡、街子乡为主的油菜、马铃薯生产基地；以白庄、文都乡为主的冬小麦生产基地；以查汗都斯乡、积石镇为主的黄河沿岸杂果生产及种植优质核桃生产基地；以积石镇大别列等村为主的牛羊育肥基地；以清水等乡镇为主的黄河沿岸“循化红”线辣椒生产加工基地；以示范种植特色农作物为主的线辣椒制种、工厂化育苗、核桃新品种引进、观光农业等科技示范种植基地。其中线辣椒生产加工基地被农业部评为全国农产品加工创业基地。

——王颖：《循化培植龙头企业推动农业产业化》，《青海日报》，2009年8月18日。

循化采取四项措施支持订单农业

今年以来，循化撒拉族自治县工商局从采取四项措施入手，强化对订单农业的扶持和服务力度，订单合同真正起到引导农业结构调整，规避市场风险，解决农产品销售难的问题。截至9月中旬，该县共签订农产品供销合同15份，金额达400万元，农户达1220户，农产品销售合同8份，合同金额达910万元。

今年，该县工商部门进一步强化合同法律法规的普及教育，充分利用“3·15”宣传日、“农资防假知识宣传周”、《食品安全法》宣传活动等有利时机，加大对农民、涉农企业及农村经纪人的宣传教育及培训力度，提高了合同当事人的守法意识和维权意识，培养了一批涉农合同“明白人”；进一步规范涉农合同文本，对凡是企业自制的格式合同全部进行备案和行政指导，并对企业提供的涉农格式文本进行认真修订，增补相关内容，确保了订单合同的规范化、标准化；着力培育诚信守约、规范运作的市场主体，帮助涉农企业建立健全合同管理的规章制度，指导企业签订合同，并强化《合同法》的学习和培训，增强了企业的履约意识。

——苏建平：《循化采取四项措施支持订单农业》，《青海日报》，2010年10月17日。

循化全力帮扶农民专业合作社增产增收

日前，循化撒拉族自治县工商局企业注册科工作人员为街子镇雪莲花卉基地送去了营业执照，专业合作社负责人连声感谢：“工商干部的办事效率高、服务好，昨天才申请登记注册，今天就把营业执照送到家门口，谢谢，谢谢你们！”

近年来，循化县农民专业合作社发展势头迅猛，工商局把扶持农民专业合作社发展作为服务新农村建设的着力点，全程帮扶，支持农民专业合作社步入健康发展快车道。截至9月中旬，全县累计新登记农民专业合作社68户，成员人数381人，注册资金总额3010万元。其中养殖专业合作社26户，养牛、羊等总数为9000头（只），平均每年增长比例28%，成员收入25000元，带动农户1300户，农户人均收入7800元，比原来收入增加3200元；种植专业合作社37户，种植马铃薯850亩、线辣椒11540亩、大蒜270亩、大葱300亩、花卉120亩、菊芋380亩，占全县耕地面积的18%，成员收入2000元，带动农户1.8万户，农户平均收入7500元，比原来增收3100元。农村闲置地利用率提高相当快，截至目前，农民专业合作社土地流转68户，总面积为3650亩，成员收入2000元，带动农户800户，农户平均收入7500元，比原来增加3000元。

——苏建平：《循化全力帮扶农民专业合作社增产增收》，《青海日报》，2010年11月3日。

循化：小核桃成为大产业
1730户核桃种植户户均年增收4200多元

近年来，循化撒拉族自治县把发展核桃产业作为带动农民增收、促进经济发展的重点来抓，通过“公司＋农户＋基地”的模式，大力发展核桃产业。目前，全县的核桃种植面积达2.95万亩，薄皮核桃种植户达1730多户，今年总收入达3125万元，平均每户种植 1.82 亩，每亩年实现收入 2.36 万元，户均年收入 4200 多元。

循化县农民种植核桃的历史悠久，所产的核桃皮薄、仁厚、油脂多、且富有多种维生素。近年来，县委、县政府为了促进农业增效、农民增收，积极引导农民种植核桃，通过鲁振荣、韩忠华等经济能人的带动作用，先后投资 800 万元，把查汗都斯乡苏志村的 1000 亩荒滩沙地进行整治，并改造了查汗都斯乡原有的苹果园和苏志村 800 多亩耕地，建成了循化县最大的薄皮核桃综合开发基地。为了使薄皮核桃生产向标准化、规模化、产业化迈进，该县还成立了循化县薄皮核桃协会，目前会员达 2300 多人，并免费为农户提供资金、技术、培训、销售、信息、咨询等一条龙服务。该县还建成了 1 万多亩的核桃种植基地和 100 多亩的优质核桃育苗基地。目前，该县的核桃种植辐射到了 5 个乡镇和 27 个村，还辐射到了周边的化隆回族自治县甘都、群科，尖扎县马克堂村以及民和回族土族自治县的官亭、中川等乡镇，种植规模面积已达到 5 万余亩。薄皮核桃的大规模种植，为群众开辟了一条致富渠道。

——苏建平：《循化：小核桃成为大产业 1730 户核桃种植户户均年增收 4200 多元》，《青海日报》，2010 年 12 月 1 日。

二、畜牧业

循化县境内草山面积广阔，有海东唯一的纯牧业乡——岗察藏族乡，发展畜牧业具有得天独厚的自然优势，长期以来人民群众有从事养殖业的传统习惯。县政府把发展畜牧业作为增加农牧民收入的重要举措，坚持“立草为主、调整结构、提高总量、增加商品”的方针，大力发展“两高一优”（高产量、高效率、优质品种）畜牧业，相继实施了岗察乡的“四配套”“菜篮子”工程、全省百万只细毛羊养殖、农业综合开发（草地建设）、农区秸秆养殖示范、草地生态建设治理、西繁东育、整村推进、标准化养殖基地、农区小型畜用暖棚、游牧民定居工程、扶持人口较少民族发展、畜禽良种工程等切合实际的项目，基地建设进一步加快，规模养殖不断壮大，畜牧业科技含量和整体效益逐年提高，在大农业中的比重显著增加。2010 年，全县农村经济总收入为 58838 万元，其中畜牧业收入 21813 万元，占农村经济总收入的 37.07%；全县农业总产值 43442 万元，其中畜牧业产值 13797 万元，占农业总产值的 31.76%。

——循化撒拉族自治县地方志编纂委员会：《循化撒拉族自治县志》，三秦出版社，2017 年版，第 142 页。

1. 体制

（1）牧业私有制

有史以来，今循化属牧业地区，畜牧业占主导地位，后在周围农业经济的影响和促进下，逐渐地由牧变农。到雍正四年（1726 年），清廷“查田定赋”，标志着这种变化过程的结束。封建社会牲畜归私人所有，地主、牧主、头人占有大量的牲畜。

岗察牧业区民主改革前共 3 个部落，全系藏族游牧民，主要从事畜牧业生产。据调查：1949 年 7 户牧主与封建主共 31 人，占有牲畜折合绵羊 7753 只，人均占有 250 只；贫苦牧民 30 户、68 人，占有牲畜折合绵羊 1785 只，人均占有 26.2 只。牲畜作为生产和生活资料牧主比牧民多占有 8.5 倍。1952 年，土改时占总牧户 7.04% 的牧主、封建主占有大量牲畜，平均每户占有 1100 多只以上；占总牧户的 92.96% 的牧民，每户只占有很少牲畜或根本没有牲畜。牧主、头人依占有的牲畜残酷剥削牧民，牧民有的靠打临工和长工来维持生活。有的租放牲畜，向牧主交畜租和实物租，受尽其剥削。而牧主的剥削量，最高者达 62.6%，最低的也占 52.2%。

1949 年，岗察牧区得到解放后，贯彻“慎重稳进”“保护与发展畜牧业经济”的方针，和“不斗不分，不划阶级”的政策。并结合一系列爱国主义和加强民族团结的教育，在发展生产中采取各种有效措施，及时地开展牧区医疗、防疫、救灾、贸易等工作，提高了牧民群众的觉悟和发展畜牧业生产的积极性，使生产逐步得到恢复和发展。如有的牧民解放前仅有 15 匹马，1955 年发展到 48 匹，增加 2.2 倍；有的解放前仅有 20 只羊，1955 年发展到 200 多只，增加 9 倍；有位老牧民则精心管理，加强饲养放牧，凭经验择草地，避风雪，战胜自然灾害，使 40 只膘肥体壮的母羊，每年繁殖成活两次，很少空胎。到 50 年代中期，岗察牧业区呈现出一派和衷共济、人畜兴旺的景象。

（2）国营牧场

岗察牧区以岗察部落为主，系 1958 年的全叛区。乱后没收参叛首要分子的牲畜为国有，成立地方国营牧场；同时，卡素（卡素、苏化为一个牧业社）、岗察两个牧业生产合作社成立。10 月，两社合并于国营牧场，把私有牲畜折价归国家所有，从根本上改变了所有制，由集体所有制一步登天上升为全民所有制。国营牧场有 169 户，509 人，实际参加劳动生产的牧工 363 人，有各类牲畜 28586 头（只），其中马 404 匹，牦牛 4425 头，犏牛 367 头，绵羊 22737 只，山羊 653 只。牧场分畜种组成 8 个生产队（1 个马队、3 个牛队、4 个羊队），队以下分组分群管理。国营牧场初期分配遵照“将一切人员全部包下来”的精神，实行供给制加发少量工资的办法，除粮食、肉、奶供给外，每人每月发工资 5 元。1959 年 7 月，撤销国营牧场。

（3）集体所有制

农业区　1955 年，合作化时私有大小牲畜全部折价归社，固定给生产队使用，生产队实行合槽饲养，由于干部缺乏管理喂养经验，出现缺草、缺料、缺棚圈、饲养管理不善等问题。1958 年，积极推广牲畜分户喂养，实行定草、定料、定畜膘、定报酬、定肥料、定使役、定繁殖的饲养管理制度。1961 年，核算单位下放后，牲畜由原来的归大队所有一律划归生产队所有，统一所有权和使用权。同时，因地制宜，改变饲养方式，川水地区的生产队采取分户包养的办法；山区草山条件好，有饲养管理经验，牲畜损失不大的生产队采用集体饲养的办法。1962 年，据全县 452 个核算单位统计，实行“分户包养”的有 407 个队，占 90%；实行“集体饲养”的 45 个队，占 10%。后在实践中不断完善，有的队把能繁殖的母畜、役畜分户喂养，非役畜和小家畜实行分群统一放牧，由队管理。集体生产时，农业区这些行之有效的牲畜饲养管理办法一直沿用到 1981 年实行联产承包责任制为止。

牧业区　1959 年 7 月 20 日，为解决违背等价、自愿原则的平调和所有制问题，国营牧场停办，改变为岗察牧业公社。参加公社的牧户 165 户、582 人。公社成立初下设 4 个生产队，其中牧业队 3 个、农业队 1 个，由公社统一核算，共有马、牛、羊 96 群，实行包工、包产、包投资、超产奖励的“三包一奖”责任制，推行小群放牧的饲养方法。1961 年，变生产队为核算单位时，调整为 8 个生产队（即原岗察部落分 6 个队、卡素部落为 1 个队、苏化部落为 1 个队）。从此以生产队为基本核算单位，牲畜归生产队所有，分群固定到户。

1963 年，贯彻牧业“四十条”，生产队实行“定工、定产、超额奖励”的生产责任制。定工，每年阴历 10 月份一个牲畜年度完结后，根据各生产牲畜及男女的劳力多少合理调整畜群，作为每个生产者历年的生产任务到人，每个标准畜群年定为 360 个基本工日；定产，即定各类牲畜的繁殖成活数及羊毛、牛毛、马鬃尾、酥油、曲拉、羔皮的上缴任务或成畜死亡控制数，实行“超啥奖啥”“全奖全赔”的办法。是年，对超产者奖励现金 2743 元、肉羊 117 只、马驹 11 匹、牛犊 7 头、羊羔 61 只、酥油 347 斤、曲拉 207 斤、羊毛 614 斤。1965 年，贯彻“多奖少赔”的原则，不奖母畜、仔畜、大畜，酌情奖肉畜、实物和现金。规定凡超产者奖超产部分的 60%，赔产者赔减产部分的 40%。社员分配一般占年总收入的 70% 左右，菜羊（俗称冬肉）、酥油、曲拉作为牧民的主食每年按人平均分配，每人菜羊两只，酥油、曲拉各 22 斤。1978 年规定，菜羊分配以生产队计算，当年牲畜净增达到 8% 以上者每人可分两只菜羊，凡达不到者，每人平均分 1.5 只菜羊。分配办法：菜羊、酥油、曲拉的 70% 按人分配，30% 按工分分配。此分配办法延续实行到 1981 年。

——循化撒拉族自治县志编纂委员会：《循化撒拉族自治县志》，中华书局，2001 年版，第 213—215 页。

（4）畜牧业包干到户责任制

畜牧业包干到户责任制。1982 年 7 月，岗察公社实行包干到户责任制，各类牲畜 75% 按人头分，25% 按劳力分。实行包牲畜数量、包畜产品上交任务、包集体提留的三包办法。落实包干到户责任制时全公社有 6 个生产队，206 户、1078 人，519 个劳力；包干到户的牲畜有牛 5681 头（其中适龄母牛 1840 头），羊 13578 只（其中适龄母羊 7754 只），马 194 匹（其中适龄母马 132 匹），共计承包给社员的牲畜总数为 19453（只），适龄母畜 9726 头（只）；各项畜产品上交任务均落实到队和户；包干到户的年总收入为 200363 元，牧业税 6614 元，公积金 496 元，干部补贴 4800 元。

——循化撒拉族自治县志编纂委员会：《循化撒拉族自治县志》，中华书局，2001 年版，第 215 页。

（5）管理机构

1990 年 7 月前，循化县农牧局分管全县畜牧兽医工作，7 月，农牧分设，设立循化县畜牧局。

1991 年，畜牧局下设办公室、畜牧兽医站、种畜场、草原工作站和 10 个乡镇畜牧兽医站。

1992 年 6 月，设立县草原监理站。

1997 年 5 月，设立县兽医卫生监督检验所。

2002 年 7 月，设立畜牧局综合办公室和项目办公室。

2008 年 6 月，畜牧兽医站更名为动物疫病预防中心。

2010 年，县畜牧局内设机构有综合办公室、项目办、动物疫病预防控制中心、动物卫生监督所、动物疫病预防控制中心、草原监理站、草原管理工作站、种畜场和 9 个乡镇畜牧兽医工作站，现有干部职工 74 名，其中高级职称 7 名，中级职称 32 名。

——循化撒拉族自治县地方志编纂委员会：《循化撒拉族自治县志》，三秦出版社，2017 年版，第 142 页。

2. 草山

全县天然草地面积 213.55 万亩，占全县土地总面积的 67.8%，其中可利用草地面积 203.55 万亩，占全县草地面积的 95.3%。另有种植业区的零星草滩草坡与田间地埂等附带草地面积 37.39 万亩，其中可利用面积 35.52 万亩。境内天然草地植被，由于受地貌和气候影响，呈明显的垂直地带性分布：海拔 1900—2100 米的黄河南北两岸冲击台地和山前坡陆地带分布着盐爪爪、红砂草、沙蒿为优势种的山地荒漠草地；海拔 2500—3500 米的山地分布着云杉、白桦、华山松为优势种的森林类草地和以高山柳、金露梅为优势种的高寒草地类的灌丛亚类草地；海拔 3500—4200 米的高寒山地阴坡、阳坡分布着以沙草科植物蒿草为优势种的高山亚甸亚类草地。

境内草山类型根据地势特点和光热水条件的不同，分 5 个草地类型。

山地干草原草地　该草地主要分布在黄河两岸的积石镇、清水、白庄、街子、查汗都斯等乡，在清水河、西沟、街子河、三干沟、东四古沟、拉龙哇沟、加各罗滩沟、麻海浪沟等河沟的东西向两侧坡上。此类草地面积共 74.12 万亩，占全县草地（含附带草地 37.39 万亩，下同）总面积的 34.71%，其中可利用草地面积 70.42 万亩，占全县可利用草地面积的 34.6%。海拔 2100—3400 米。气候温暖干旱，年均气温 8.6℃，年降水量 269 毫米，无霜期 200 天左右。牧草生长期虽长，但因缺水生长不良。土壤为草原土、荒漠土，有机质含量低。牧草种类少，多为旱生、中旱生植物，其优势种有大针茅、大籽蒿、小白蒿、艾草、狗哇花等，伴生种有整蛇蒂、茶比菜、因沙草、高原早熟禾、赖草等。不食草和毒草有镰形棘豆、兰花棘豆、独狼、鳞叶龙胆、黄花铁线莲等，个别地方生长有白刺、川青锦鸡儿等。草原植被稀疏，总覆盖度 20%—50%，平均亩产可食鲜草 51.32 公斤，28.45 亩草场可养 1 只羊。

山地荒漠草地　该草地主要分布在街子乡的托隆都、积石镇的波浪滩冲积扇以及土门子坡附近的台地上。面积为 8.89 亩，占全县草地面积的 4.16%；可利用草地面积 5.33 万亩，占全县可利用草地面积的 2.62%。此类草地海拔一般在 2000—2500 米，气候温暖干燥，年降水量 270 多毫米，牧草生长期长。土壤为红壤和粗砾质沙壤，地表有风蚀和水蚀的痕迹。牧草种类单调，草群层次分布不明显，草高 5—31 厘米，植被覆盖度 20%—36%，植物优势种为细枝盐爪爪、沙蒿等，伴生种有猪毛菜、骆驼蓬、黄花野葱等。毒草有黄花棘豆。平均亩产可食鲜草 112.76 公斤，12.98 亩草场可养羊 1 只。

高寒草甸草地　此类草地主要分布在县境南部的高寒山区，位于岗察乡境内及道帏、孟达、文都、尕楞等乡的黑大山、当蕊山、五台山、雷积山、拉毛喀山、郭毛喀山、恰金山、岗察寺附近等地的阴坡、半阳坡、阳坡和梁峁地带。草地面积 130.54 万亩，占全县草地总面积的 61.13%；可利用草地面积 127.8 万亩，占全县可利用草地面积的 62.78%。此类草地面积最大，居全县首位。海拔一般 3500—4200 米，气候寒冷而湿润，牧草生长期短，一般 90—150 天。土壤以高山草甸土、高山灌丛草甸土、亚高山草甸土为主。植物种类丰富，优势种主要是莎草科的高山蒿草、矮生蒿草以及珠芽蓼、圆穗萝、美丽风毛菊、多裂萎陵草、蒲公英、乳白香青、金露梅、黄芪、酸模等。植被总覆盖度为 80%—95%，平均亩产可食鲜草 1893 公斤，8.3 亩草地可养活 1 只羊。

附带草地　该类草地主要分布在黄河沿岸沟谷连接地带的田间地埂及零星草坡上。面积为 37.39 万亩。这类草场分布地区海拔较低，气候温暖，光热水条件好，牧草生长旺盛，草质好，产量高，适口性强，各类牲畜都喜食。田间地埂草主要用于舍饲补饲，或庄稼收割后在麦茬地一同放牧，为农区牲畜的主要牧地。牧草优势种主要是赖草和垂穗披碱草，其生长高度为 44—80 厘米，营养枝高度 8—41 厘米，伴生种有鹅绒萎陵菜、蒲公英及铁秆蒿等。平均亩产可食鲜草 244.67 公斤，5.98 亩草地可以养活 1 只羊。

森林及灌丛草地　境内林地面积（含人造林）有 68.57 万亩，其中灌丛面积 41.08 万亩。主要分布在尕楞、文都、夕昌沟、三干沟、卧龙沟、宁巴、多什则的阴坡和孟达林区，海拔 2500—2800 米。林内乔灌木与草本植物茂密混生，形成良好的林、灌、草相结合的植物群落，部分被放牧利用。

正常年景，全县现有草地资源的产量、质量与草地载畜量基本适应，天然草地理论载畜量为 284896 个羊单位，目前尚无严重的超载现象。一般草地平均亩产可食鲜草 147.41 公斤，每 9.77 亩草地可养 1 只羊。

依据重点牧区草地资源调查技术规程的要求标准衡量，全县天然草地等级质量：一、二等草地占全县草地面积的 73.12%，主要分布在岗察、道帏两乡的脑山地区；三、四、五等草地占 26.88%，主要分布在其他各乡的浅山地区。产草量来看，全县天然草地产草量都很低，几乎没有一、二、三级草地；四级草地 45.64 万亩，占全县草地总面积的 21.37；五级草地面积最大，为 66.12 万亩，占 30.96%；六、七、八级草地占 47.67%。

境内天然草地常见的植物有 39 科、114 属、150 个种，其中优良牧草植物有 4 科，30 个种以上。

禾本科　溚草、芨芨草、针茅、早熟禾、固沙草、白羊草、赖草、垂穗披碱草、双叉细柄茅、短柄草、异燕麦等。

莎草科　高山蒿草、矮生蒿草、线叶蒿草、甘肃蒿草、细叶苔草、黑褐苔草、薰草等。

豆科　黄芪、花苜蓿、异叶米口袋、锦鸡儿等。

杂类草　紫菀、凤毛菊、萎陵菜属的几个种、珠芽蓼、圆穗蓼、绒草、乳白香青、冷蒿、莎蒿、骆驼蓬等。

以上大部分牧草的适口性属喜食、特别喜食和可以采食之类。按适口性分，属优、良、中等牧草。这些牧草种类约占天然牧草的30%，由优势种组成的草地面积约占草地总面积的80%以上，为全县天然草地的主体。也有一些适口性比较差的牧草，如骆驼蓬、铁秆蒿等，由这些牧草为优势种组成的草地面积不大，仅占全县天然草地的20%。境内天然草地毒草和不食草种类极少，多分布在退化草地。

天然草地的大部分牧草营养价值比较高，具有粗蛋白、粗脂肪、无氮浸出物含量高、粗纤维含量低。尤其莎草科的高山蒿草、矮生蒿草、线叶蒿草和杂草类中的珠芽蓼、圆穗蓼等牧草，粗蛋白含量都在10%以上，是各类牲畜都喜欢采食的优质牧草。

长期以来，循化地区畜牧业经营基本上处于靠天养畜的状况，加之连年纠纷和对鼠害防治不力，造成大面积草地退化和沙化，产草量不断下降，严重影响畜牧业的发展和经济效益。农业区草山按归属由一个地区或村直接管理。岗察牧区的草山属“部落公有”，长约50多公里，宽约15公里，与同仁县浪加、双朋、阿哇铁吾和甘肃省夏河县甘加接壤。地形如带，由西向东延伸，绕于县境南部，地势西北高，东南低。全乡有草地面积54.69万亩，占全县草地面积的25.61%，其中可利用面积53.45万亩，平均亩产鲜草196.5公斤。草地主要以高寒带草甸类为主，约占全部可利用草地面积的80%。草场现状是冬春歉，夏秋丰。1957年前由牧主、头人管理，组成民间管理草山组织“秋得合”（藏语），即每年由部落牧民轮流担任，一轮15人，专门负责草山管理、轮牧及防止外部落牲畜侵入等。1958年后，由公社、大队、乡政府、村民委员会负责管理，实行统一领导、统一管理、统一安排草山、统一轮牧时间，做到统筹安排，合理解决；调解草山纠纷，消除不利团结的隐患，保护草山。到1990年，逐步做到冬季草场固定到户，基本改变游牧习惯，实行定居走放。

——循化撒拉族自治县志编纂委员会：《循化撒拉族自治县志》，中华书局，2001年版，第215—219页。

全县天然草地面积 213.55 万亩，占全县土地面积的 67.8%，其中可利用草地面积 203.55 万亩，占全县草地面积的 95.3%。另有农业区的零星草滩草坡与田间地埂等附带草地 37.39 万亩，其中可利用面积 35.52 万亩。境内天然草地植被，由于受地貌和气候条件影响，呈明显的垂直地带性分布：海拔 1900—2100 米的黄河南北两岸冲积台地和山前坡麓地带分布生长朝盐爪爪、细枝盐爪爪、红砂草、沙蒿为优势种的山地荒漠草地：海拔 2100—3400 米的丘陵与山地阳坡分布生长着以大针茅、芨芨草、小白蒿、骆驼蓬为优势种的山地干草原草地：海拔 2500—3500 米的山地阳坡分布生长着云杉、白桦、华山松为优势种的森林类草地和以高山柳、金露梅为优势种的高寒草甸草地类以及灌丛草甸亚类草地：海拔 3500—4200 米的高寒山地阴坡、阳坡分布着以莎草科植物蒿草为优势种的高山甸亚类草地。

境内草山类型根据地势特点和光热条件不同，分为 5 种草地类型：

山地干草原草地　主要分布在黄河两岸河沟东西两侧山坡上，面积共 74.12 万亩，可利用草场面积 70.42 万亩。干旱缺水、植被稀疏，总覆盖度 20%—25%，平均亩产可食鲜草 52.32 公斤，28.45 亩草场可养羊 1 只。

山地荒漠草地　主要分布在街子、积石镇附近的台地上，面积为 8.89 万亩，可利用草场面积 5.33 万亩，平均亩产可食鲜草 112.76 公斤，12.98 亩草场可养羊 1 只。

高寒草甸草地　主要分布在县境南部的高寒山区附近的阴坡、半阳坡、阳坡地带，草地面积 130.54 万亩，可利用草地面积 127.8 万亩，居全县首位，植被总覆盖度高，植物种类丰富，平均亩产可食鲜草 189.3 公斤，8.3 亩草地可养羊 1 只。

附带草地　主要分布在沟谷连接地带的田间地埂及零星草坡上，面积为 37.39 万亩，气候温暖，光热充足，牧草旺盛。平均亩产可食鲜草 244.67 公斤，5.98 亩草地可养羊 1 只。

森林及灌丛草地　主要分布在各林区内，其中灌丛面积 41.08 万亩，林区内各灌木与草本植物茂密混生，形成良好的林、灌、草相结合的植物群落，部分被牧业利用。

正常年景，全县草地资源的产量、质量与草地载畜量基本适应，天然草地理论载畜量为 28.49 万个羊单位，尚无严重的超载现象。一般草地平均亩产可食鲜草 147.41 公斤，每 9.77 亩草地可养羊 1 只。

——循化撒拉族自治县地方志编纂委员会：《循化撒拉族自治县志》，三秦出版社，2017 年版，第 143 页。

3. 牲畜种类与分布

1953年，全县有各类牲畜73642头（只），至1990年各类牲畜存栏187641头（只），比1953年增加113999头（只），增长1.55倍，其中马增长1.05倍，骡增长1.68倍，驴增长15%，牛增长2.34倍，绵羊增长1.45倍，山羊增长1.7倍。

各类牲畜中母畜的比例随着畜牧业生产的发展而不断增长，母畜比例仅占总头数的36.2%，1960年达到53.21%，1982年，牲畜折价归个人饲养后母畜所占比例有所下降，至1990年有所回升，为38.68%。

历年来，全县牲畜总数中最多的是绵羊和山羊，其次是牛、驴。1990年，牲畜总数中绵羊占44.5%，山羊占24.2%，牛占24.1%，驴占4.2%，骡占2.2%，马占0.8%。

——循化撒拉族自治县志编纂委员会：《循化撒拉族自治县志》，中华书局，2001年版，第220页。

循化县牲畜品种主要有牛（本地黄牛、牦牛、犏牛、本地改良乳牛、改良黑白花牛、西门塔尔杂种牛、皮尔蒙特杂种牛等），羊（本地山羊、条种改良绒山羊、本地绵羊、小尾寒羊、欧拉型藏羊、陶赛特杂种羊、半细毛羊等），马（大通马、浩门马），驴，骡，猪（土种猪、长白猪、约克夏猪、杜洛克猪等）。家禽主要以鸡为主，鸡的品种有三黄鸡、罗斯福鸡等，另有少量兔，以獭兔为主。

1991年至1993年，畜牧业经济“大合唱”的形势推动下，群众商品经济意识明显增强，从过去养羊擀毡、养牛种田、养猪过年向早出栏、快周转、高效益方向转变，畜禽饲养量不断增加。政府安排财政贴息贷款68.3万元，在坚持抓好6个基地建设的同时，扶持发展规模养畜和育肥户，适度规模养畜户达到6043户，占农牧总户数的38.47%，饲养牛羊13.35万头只，占牛羊总数的65.73%。养牛50头以上的96户，养牛0.29万头；养羊100只以上的299户，养羊1.72万只。牲畜存栏达到20.74万头只（匹），饲养量为28.7万头只（匹），草食畜存栏20.31万头只（匹），占全县牲畜总数的97.93%，牲畜出栏6.42万头只，出栏率31%，商品畜4.74万头只，商品率达到22.91%，生猪存栏0.43万头，实现畜牧业生产值1525.89万元。

1994年至1997年，畜牧业投入逐年增加，商品基地建设步伐加快。建立以黄河沿岸地区为主的农区牛羊基地专业村11个1523户，饲养量达2.63万头只；建立以中上部地区为主草食畜生产基地养牛专业村8个，养羊专业村14个；建立以清水乡下滩村为主的生猪生产基地专业村4个406户；建立以孟达乡专堂村为主的绒山羊养殖基地3个。全县适度规模养殖户发展到6100户，饲养牛羊14.5万头只，占全县牲畜总数的71.7%，牲畜社会饲养量达到29万头只。草食畜存栏20.22万头只（匹），生猪存栏0.26万头，鸡存栏4.36万只。肉类总产量达到3560.53吨，牛奶产量3270.81吨，实现畜牧业产值3352.53万元，比1994年增长112.73%。

1998年以后，政府明确提出大力发展农区畜牧业，以养羊、养奶牛、养猪为重点，扶持发展规模养殖大户和贩运育肥户，加速牲畜改良，培养畜牧业在农业中的支柱地位。畜禽饲养也走出以节粮型畜禽为主体、多种畜禽全面发展的道路。到2005年，牲畜社会饲养量达到41.53万头只，比1997年增加12.53万头只（匹），草食畜存栏26.66万头只（匹），比1997年增加6.44万头（只），牛存栏6.26万头，其中良改乳牛存栏1.11万头，马属动物存栏1.1万头匹，羊存栏19.3万只，其中山羊7.35万只，绒山羊1.21万只，绵羊11.95万只，猪存栏0.49万头，禽类存栏4.23万只。提供肉类5644.46吨，其中牛肉3123.36吨，羊肉1964.46吨，猪肉502.25吨，禽肉54.39吨。禽蛋产量370.73吨，牛奶产量6098.3吨，实现畜牧业产值8149.42万元，比1997年增长143.08%。

2006年至2010年，按照政府产业规划要求，充分利用“西繁东育”、整村推进、岗察四配套建设、“菜篮子”工程等项目建设机遇，投入不断加大，畜牧业发展活力进一步激发，养殖规模不断扩大。川水地区建立牛羊养殖小区15个，饲养规模15万头只；清水等乡建立养猪基地5个，饲养规模2000头；积石镇建立奶牛养殖小区3个，饲养奶牛1000头，建立肉牛、肉羊养殖小区1个，饲养肉牛400头，肉羊2000只；查汗都斯乡、积石镇建立水产养殖基地2个。全县社会饲养量达到42.06万头只，草食畜年末存栏28.37万头只；生猪饲养量达到153万头；禽类存栏2.47万只，肉类总产量5904.04吨，牛奶总产量8249吨，禽蛋总产量228吨。实现畜牧业产值1.76亿元，占农业总产值的44.13%。

——循化撒拉族自治县地方志编纂委员会：《循化撒拉族自治县志》，三秦出版社，2017年版，第145—146页。

畜牧业生产牲畜是目前农业生产上的主要动力，今后要大力发展畜牧业，保护和繁殖牛、马、驴、骡、猪、羊，特别注意保护母畜和幼畜，改良畜种，发展国营牧场，加强饲养管理与防治各种疫病发生，因此计划在1955年全县大小牲畜合计127049头匹的基础上（其中牛20832头，马1150匹，骡209头，驴8923只，羊92385只，猪1169只），发展至大小牲畜合计147205头匹，其中牛22915头，提高10%，马1242匹，提高8%，骡2174头，提高4%，驴9369头，提高5%，绵羊74320只，提高18%，山羊3518只，提高10%，猪1903头，提高62%。1957年大小家畜发展为170434头，如到第二个五年计划末，1962年发展到大家畜364503头，小家畜合计为305956只，到1962年发展到364505头匹，提高了186.88%。

——霍殿永：《关于循化县二年来的工作基本总结与今后任务的报告——在循化县第二次党代表大会上的报告》，中共循化县委党史研究室：《中国共产党循化撒拉族自治县历次党代表大会（第一至第十三次1954.4—2006.9）》，2008年，第21页。

大小牲畜年末存栏头数（单位：万头、万只）

年份	一、大牲畜羊合计	1. 大牲畜	2. 绵山羊	二、猪
1949	6.51	1.99	4.52	0.10
1950	6.74	2.06	4.68	0.11
1951	6.93	2.17	4.76	0.12
1952	7.04	2.22	4.82	0.14
1953	7.37	2.27	5.10	0.15
1954	7.97	2.49	5.48	0.18
1955	8.63	2.59	6.04	0.23
1956	9.61	2.63	6.98	0.34
1957	9.35	2.52	6.83	0.40
1958	10.60	2.55	8.05	0.34
1959	9.17	2.58	6.59	0.24
1960	6.85	1.69	5.16	0.15
1961	6.49	1.54	4.95	0.12
1962	7.39	1.73	5.66	0.28
1963	7.75	1.95	5.8	0.33
1964	9.68	2.42	7.26	0.35
1965	10.87	2.66	8.21	0.35
1966	11.36	2.90	8.46	0.38
1967	11.12	2.77	8.35	0.32
1968	11.09	2.94	8.15	0.37
1969	9.70	3.00	6.70	0.48
1970	9.90	3.06	6.84	0.51
1971	11.02	3.19	7.83	0.54

续表

年份	一、大牲畜羊合计	1. 大牲畜	2. 绵山羊	二、猪
1972	10.81	3.03	7.78	0.50
1973	11.84	3.45	8.39	0.50
1974	12.70	3.57	9.13	0.48
1975	11.89	3.4	8.49	0.45
1976	12.71	3.48	9.23	0.66
1977	13.03	3.49	9.54	0.74
1978	12.54	3.62	8.92	0.6
1979	13.02	3.86	9.16	0.5
1980	15.17	4.55	10.62	0.49
1981	15.42	4.68	10.74	0.46
1982	17.24	4.99	12.25	0.73
1983	16.41	4.94	11.47	0.49
1984	14.74	4.71	10.03	0.40
1985	15.96	5.46	10.50	0.47
1986	16.28	5.46	10.82	0.36
1987	16.12	5.36	10.76	0.44

——循化撒拉族自治县统计局：《青海省循化撒拉族自治县国民经济社会发展统计资料汇编（一九四九年——一九八七年）》（内部资料），1988年12月，第92—94页。

1949—1990年牲畜数量统计表（单位：头、匹、只）

年份	牲畜总数	其中						生猪
		牛	马	骡	驴	绵羊	山羊	
1949	65094	11500	775	989	6630	31150	14050	950
1950	67370	12050	760	1050	6710	31260	15540	1100
1951	69320	12900	710	1330	6770	31750	15860	1200
1952	70350	13200	740	1410	6850	32100	16050	1400
1953	75181	13536	753	1520	6879	34173	16782	1538
1954	79638	15293	769	1604	7218	37620	17134	1838
1955	86350	15582	887	1809	7630	41928	18514	2287
1956	96119	15495	998	1562	8287	44344	25433	3440
1957	99444	15713	1027	1348	6801	50358	24197	4883
1958	102077	15310	887	1334	7377	49990	27179	3444
1959	89863	15530	1115	1006	7828	42334	22050	2400

续表

年份	牲畜总数	其中						生猪
		牛	马	骡	驴	绵羊	山羊	
1960	69023	11476	669	736	3004	35720	17418	1482
1961	70059	12817	813	727	2751	35217	17734	1696
1962	73894	13048	785	661	2825	40742	15833	2819
1963	78569	14942	814	642	3219	41556	17396	3334
1964	96818	18699	989	634	3877	50352	22267	3511
1965	108723	20205	1139	643	4628	56876	25241	3500
1966	113621	22126	1386	575	4940	58256	26338	3806
1967	110917	20771	1219	542	5125	54736	28524	3234
1968	110914	21930	1358	548	5549	55295	26234	3669
1969	97679	22094	1325	528	6068	45891	21773	4785
1970	98840	22122	1198	558	6615	44614	23733	5100
1971	110453	23639	1332	525	6583	51159	27215	5453
1972	108203	22522	1139	485	6336	50733	26988	4939
1973	118441	24674	1354	526	7844	52339	31704	4996
1974	127075	26754	1408	600	7049	57372	33892	4791
1975	118804	24474	1554	603	7247	52131	32795	4476
1976	127020	25470	1539	735	7053	56610	35613	6577
1977	130233	25096	1576	804	7349	58565	36843	7473
1978	125676	26589	1593	860	7203	54896	34535	6044
1979	130303	29170	1430	899	7138	55289	36377	4982
1980	151547	35402	1430	856	7800	63970	42089	4907
1981	154278	35917	1028	1629	8269	64800	42635	4609
1982	172564	38621	929	2187	8342	73878	48607	7332
1983	164122	37840	1174	2448	7970	70870	43820	4983
1984	147317	34983	1171	2723	8212	65278	34950	4024
1985	159711	41689	1382	2844	8732	70031	35033	4656
1986	162794	41257	1438	2859	9047	71629	36564	3589
1987	161299	40271	1536	3639	8296	69601	37956	4406
1988	172632	42354	1412	3562	7871	74638	42795	3725
1989	181076	43852	1457	3768	7960	78025	46014	5004
1990	187641	45191	1544	4081	7911	83606	45308	4723

——循化撒拉族自治县志编纂委员会：《循化撒拉族自治县志》，中华书局，2001年版，第221—222页。

1991—2010 年循化县主要畜禽出栏统计表（单位：头、只）

年份	出栏肉用畜禽	出栏情况											
		牛			羊			猪			鸡		
		出栏肉用畜	出售	自宰自食	出栏肉用畜	出售	自宰自食	出栏肉用畜	出售	自宰自食	出栏肉用畜	出售	自宰自食
1991	57985	8419	6444	1975	45541	31854	13687	4025	417	3608	0		
1992	64002	8817	7111	1706	53677	45365	8312	1508	1257	251	0		
1993	54966	8769	7078	1691	42431	30402	12029	3766	625	3141	0		
1994	59400	10100	8500	1600	46300	35900	10400	3000	400	2600	0		
1995	116949	13973	11197	2776	53362	40150	13212	6914	3028	3886	42700	21600	21100
1996	95123	14271	11545	2726	42065	31744	10321	4787	859	3928	34000	18900	15100
1997	89189	16140	11367	4773	39857	28826	11031	4320	321	3999	28872	10182	18690
1998	88150	13982	11160	2822	38497	30858	7639	5330	1222	4108	30341	111011957	18384
1999	93252	17458	16538	920	44726	41790	2936	4769	941	3828	26299	15471	10828
2000	99325	18770	16867	1903	48544	43034	5510	6323	1583	4740	25688	16399	9289
2001	103124	17427	16045	1382	51388	47492	3896	6169	1941	4228	28140	18462	9678
2002	108613	18316	16798	1518	53743	49137	4606	6369	2600	3769	30185	20546	9639
2003	117555	19481	18392	1089	57906	54213	3693	7066	2974	4092	33102	22326	10776
2004	170697	21084	15707	5377	101063	79095	21968	7268	2962	4306	41282	17626	23656
2005	186076	23136	17210	5926	112255	81520	30735	7175	2287	4888	43510	13783	29727
2006	206838	31620	25801	5819	112995	82672	30323	7380	2134	5246	54843	14097	40746
2007	212760	30134	26086	4048	118227	91674	26553	7828	1579	6249	56571	7234	49337
2008	195819	31899	27506	4393	121020	94653	26367	5955	1260	4695	36945	3994	32951
2009	170955	28885	24950	3935	93549	77354	16195	5593	1073	4520	42928	14273	28655
2010	186554	26601	23113	3488	97029	80852	16177	8417	1513	6904	54507	21226	33281

——循化撒拉族自治县地方志编纂委员会：《循化撒拉族自治县志》，三秦出版社，2017 年版，第 152 页。

1991—2010 年循化县畜禽产品产量统计表（单位：吨、张）

年份	牛肉	羊肉	猪肉	禽肉	鸡蛋	牛奶	牛皮	羊皮	绵羊毛	山羊毛	牛绒	山羊绒
1991	842	510	262		101	2313			106.15	19.88		
1992	886	684	270		107.2	2449			109	21		
1993	891	689	262		107.7	2065			108	24		
1994	1020	764	213		110	2130			109	25	6.6	5.42
1995	1677	801	518.3	53.38	222.9	2416	14000	50300	132.28	29.95		1.25
1996	1712	946	359	42.51	110	2291	14271	42065	110	25		1.52

续表

年份	牛肉	羊肉	猪肉	禽肉	鸡蛋	牛奶	牛皮	羊皮	绵羊毛	山羊毛	牛绒	山羊绒
1997	2335	853	327	45.7	331	3270.81	16140	39857	95	25		9.78
1998	2353.53	743.26	428	45.87	317.5	3995.12	13982	38497	129.21	25.69	12.89	10.27
1999	2356.83	782.71	357.68	39.45	269.82	4160.37	17458	44726	132.04	25.78	13.8	10.32
2000	2533.98	849.54	505.84	32.12	318.79	3738.1	18770	48544	139.03	27.93	14.35	11.19
2001	2352.67	899.3	493.52	42.2	328.82	3755.3	17427	51388	140.79	28.64	14.17	11.46
2002	2472.66	940.5	509.52	45.28	352.74	4073.16	18316	53743	148.34	32.08	15.29	12.83
2003	2532.56	1013.26	529.95	49.65	371.8	4168.16	19451	57906	146.9	34.15	15.76	13.35
2004	2846.37	1768.61	581.44	51.62	388.12	4213.31	21084	101063	168.24	32.38	15.76	16.19
2005	3123.36	1964.46	502.25	54.39	370.73	6098.3	23136	112255	174.83	34.64	16.15	17.32
2006	3794.4	1986.17	480.87	68.55	380.84	7176.39	31620	112995	179.17	36.75	15.76	18.38
2007	3766.75	2232.86	538.9	70.72	326.06	7453.77	30134	118227	182.35	36.68	15.97	18.56
2008	3987.38	2307.11	387.07	46.18	129.81	7011.47	31899	121020	197.69	38.01	15.6	19.26
2009	3787.94	1619.32	363.55	53.66	114.19	7850.95	28885	93549	208.3	39.45	15.99	19.98
2010	3308.04	1707.95	547.11	88.91	228	8429	26601	97029	200.19	38.49	16	19.49

——循化撒拉族自治县地方志编纂委员会:《循化撒拉族自治县志》，三秦出版社，2017 年版，第 153 页。

畜牧业生产必须继续加强饲养管理，使牲畜体强力壮，保证母畜，大力繁殖幼畜，提高幼畜成活率，严格防止宰杀母畜。今年计划大小家畜增加 13.7%。1960 年计划在 1959 年基础上，再净增 15.9%，必须贯彻公养私养并重的方式，大力繁殖小家畜家禽。

——《关于中共循化县第三次代表大会关于县委工作报告的决议》，中共循化县委党史研究室:《中国共产党循化撒拉族自治县历次党代表大会（第一至第十三次 1954.4—2006.9）》，2008 年，第 44 页。

循化县一九六〇年畜牧业生产计划（单位：头、匹、只）

项目		一九五九年基数		毛增数	出卖宰杀数	净增数	年末达到数	净增
		合计	其中适龄母畜					
合计		103887	42257	28101	11084	17017	120904	16.38
牧畜	大小畜合计	26854	9418	9398	4028	5370	32224	20
	大畜小计（牛、马、骡、驴）	5031	1701	1056	453	603	5634	12
	小畜小计（绵羊、山羊）	21823	7717	8342	3575	4767	26590	21.8

续表

项目		一九五九年基数		毛增数	出卖宰杀数	净增数	年末达到数	净增
		合计	其中适龄母畜					
农业牧畜	大小畜合计	77033	32839	18703	7056	11647	88680	15
	大畜小计（牛、马、骡、驴）	18367	4566	2048	697	1351	19718	7.5
	小畜小计（绵羊、山羊）	58666	28273	16655	6359	10296	68962	11.46

——《一九五九年农牧畜牧，水利工程的计划规划通知、指示、批复、总结、报告》，循化县档案馆藏，档号：1-1-55（永久）。

一九六二年畜牧业生产总结

一九六二年初，全县大小牲畜为 64955 头（只），其中大家畜为 15429 头（匹），小家畜为 49526 只；今年大小家畜已达到 70746 头（只），递增 5791 头（只），即 8%，其中大家畜达 16448 头（匹），净增 1019 头（匹），即 6.4%，小家畜已达到 54298 只，净增 4772 只，即 9.1%。全县十一个公社 452 个核算单位，牲畜总头数都已有所回升、发展，其中：九个公社 378 个核算单位，大家畜也有了发展，街子、城关、孟达三个公社的 74 个核算单位，由于母畜少，未能很好繁殖因而略微减少，岗察、文都、道帏公社发展更为显著，如岗察牧业公社今年年初大小家畜为 22214 头（只），今年共育成仔畜 5635 头（只），八月份统计全社已达到 26326 头（只），预计除去到年终死亡、收购外可以净增 6%—7%。文都公社年初大小家畜为 3863 头（只），发展到 4941 头（只），比年初净增 1078 头（只），即净增 27.9%（包括社员自留畜），其中大家畜由年初的 1745 头（只）发展为 1950 头（只），净增 205 头（匹），即净增了 11.7%。自留畜、家畜、家禽的发展更为显著，六二年初，全县共有自留畜、家畜 564 头（匹），而现在已发展到 1364 头（匹），即增加了 800 头（匹），年初自留羊为 11780 只，而现在有 15872 只，即增加了 4092 只，生猪由年初的 1240 头发展到了现在的 3900 头，道帏、文都等民族地区发展到每户平均至少有一头猪，已恢复到了五七年水平，鸡由年初的 1782 只发展到了现在的 4721 只，兔子由年初的 1721 只发展到 3751 只，都有了成倍的增长。

总之，今年我县的畜牧业生产是良好的：死亡少，育成仔畜多，墒情好，牲畜疾病少，增长显著。我们能取得这些成绩，主要是：

（一）认真贯彻执行了有关发展牲畜的几项政策。切实地处理了牲畜所有制，随着核算单位的下放，将原来的牲畜归大队所有一律划分归生产队所有，统一了所有权和使用权，调动了生产队一级干部与社员保护牲畜、发展牲畜的积极性。宣传了允许社员在不影响集体生产的原则下饲养大家畜，并允许他们自由买卖，部分生产队还将队内余草借给社员，解决了当时春草不足的困难。查汗大寺生产队还帮助解决了种畜及繁殖问题，从而使群众进一步地了解了党的政策，调动了积极性。

（二）因地因畜制宜地改变了饲养方式。根据各地不同情况，经过社员讨论，采用多种多样适宜的方法。一般山水地区，这几年牲畜破坏严重，加之草山又不宽，即多采取了“分户饲养”的方法，在山区草山集体饲养管理较好，牲畜也损失不大的生产队，仍采用集体饲养的方法。据全县 4502 个核算单位统计，实行分产到户的有 4079 人，占 90%，实行集体饲养的有 45 人，占 10%。集体饲养的队，饲养员均由社员推举；在生产责任制上，实行了定畜的责任制，规定了饲养员应有的权利，并从中严格执行交接制度。由于队干部的支持，不但进一步增加了饲养员的责任性，而且也使社员普遍地重视和遵守了使役制度。在分散饲养的队，则普遍实行了到户按畜定肥，肥料带粮，以肥作酬；对役畜实行分使用年限、牲畜数；母畜养殖无故死亡赔偿的办法。分散饲养的队，在使用上实行“养用合一”，谁养谁用，非经队长批准不得拉用。外出副业时也基本上做到谁养谁跟，另外，还普遍依据牲畜的年龄性别、体质驮、拉、运等不同的劳动定额，规定了按使役定额予以记分，对那些超过使役定额的、情节严重的酌情扣其工分，这样，就大大地减少了牲畜的劳症鞍伤，甚至因劳役不当而引起死亡事故的发生。分散饲养的队，在管理上均采取小槽饲养，清洁、喂饮适时适量，并妥善地安排了四季草场，一般在秋收之后，正值使役时机，牲畜宜放在附近，此时的边地角的牧草又正是结实时期，牲畜吃了易长油酥，羊只还可以拾吃一些零星粮食；在秋翻结束后，将役牛灌油上山圈养，以利越冬。恢复了当地过去群众历史上的经验。今年目前牲畜大约是一类 76%，二类 18%，三类 6%，基本上达到了膘肥体壮的要求。

——《一九六三年农林牧业生产的安排意见、总结、规定、发言、提纲、简报》，循化县档案馆藏，档号：23-1-25（永久）。

1963 年循化县农牧业工作会议总结发言提纲

1962 年，我县在上级党政的正确领导下，认真全面贯彻了党在发展畜牧业生产上的方针政策。使畜牧业生产彻底扭转了连年急剧下降的局面，获得显著的回升。已由年初的大小家畜 64955 头（只）发展到 73894 头（只），净增了 13.6%。耕畜也由去年的6705头发展到了7055头，净增了5.2%。

1963年，计划全县大小家畜由年初的73894头只发展到78228头只，净增5.8%，其中大家畜由17319头匹的基础上发展到17844头匹，净增453头匹，小家畜在56575只基础上发展到60384只，净增3809只，争取10年左右把大牲畜恢复到1957年水平。

为此各农业公社要坚决贯彻“农牧结合”的方针，本着自繁自养自用的精神，自力更生发展牛、马、驴、骡，纠正光依靠外援的错误思想。岗察牧业公社要坚决继续贯彻“以牧为主”的方针，千方百计保证人畜两旺，并且适当繁殖一部分犏牛，支援农业生产。

（一）生产队必须认真做好保护和繁殖大牲畜的工作，这是巩固集体经济的重要环节之一。必须把大牲畜（包括散畜）全部下放给生产队所有，并三十年不变。生产队都要根据本县的土地面积和适合母畜做出牲畜发展规划。采取有效措施，积极改进饲养管理，加强繁殖工作，推行奖惩责任制度，民主评选有经验的饲养、使役人员。切实建立饲养、使役、繁殖的责任制度。奖赔一定要保证兑现。对饲养母畜、种畜和繁殖幼畜的人员，奖励要优厚一些。耕畜特别缺少的地区，对母畜繁殖奖励应高一些。

（二）充分发挥我县民间兽医在畜牧业生产上积极作用，认真贯彻“团结、使用、教育和提高”的政策，合理解决他们的报酬。计划全县恢复脱产民间兽医37名，长期固定专门从事畜牧业生产，各公社都应把他们组织起来，成立站或所（诊疗所）室（兽医室）。县上计划在1963年的3月、11月召开两次民间兽医训练班，提高他们的技术水平。在1963年中切实防治炭疽、牛肺疫、羊痘、猪瘟、内外寄生虫等主要疾病，保证防治任务12.5万头（次）数完成，促使牲畜健壮发展。

（三）积极做好配种繁殖工作。在积极做好土种选育和开展群众性的配种工作的前提下，充分发挥我县良种公畜的积极作用。县上计划在道帏、查汗大寺建立两个配种中心点外，计划培训民间配种员20名，将一部分优良种畜，采取三包（包草料、包投资、包畜膘）一定（定配种任务）年终评奖的办法交给他们饲养、配种。计划1963年改良牛100头，新疆羊300只，苏联马15匹，提倡繁殖驴骡，在积极发展数量的同时，提高社牲畜质量。

（四）要全面安排饲草、饲料。（1）庄稼草必须首先满足耕畜饲草的需要。（2）在打草季节要组织社员打贮青草。（3）生产队在保证完成粮油计划播种面积的前提下，一定要安排好大牲畜的精饲料，要像保证人的最起码的口粮一样，保证牲畜最起码的精料。千方百计，保证发展大牲畜有一个较好的物质基础。

（五）掀起新的养猪高潮。继续坚持“私养为主”的方针。社员养的猪，吃卖自愿，不要干涉。为了稳定猪源，帮助困难户养猪，增加集体收入，也要积极支持有条件的生产队集体养猪，可以饲养种公猪和母猪，解决猪源，也可以饲养商品猪，但是，不能放松对社员家庭养猪的支持，更不能搞平调。

——《一九六三年农林牧业生产的安排意见、总结、规定、发言、提纲、简报》，循化县档案馆藏，档号：23–1–25（永久）。

几年来，特别是1960年以后，农业连续减产，死人死牲畜，生产力遭到了惊人的破坏。人民群众吃了很大苦头，1961年的粮食产量较1957年下降了41.3%，牲畜减少了48.5%，房屋、树木的损失数量也相当大，党在群众中的威信受到了影响，党群关系、干群关系、民族关系曾一度比较紧张，一些群众对三面红旗产生了怀疑。这一切都挫伤了人民群众的积极性，严重影响了我县社会主义建设事业的顺利进行。

——刘永民：《中国共产党循化撒拉族自治县第三届委员会向第四届代表大会的工作报告》，中共循化县委党史研究室：《中国共产党循化撒拉族自治县历次党代表大会（第一至第十三次1954.4—2006.9）》，2008年，第50页。

1964年和1965年各单位畜牧生产主要数字统计表（单位：头、匹、只）

畜类	合计		其中							
			国营农牧场		公社集体所有		社员私有		机关团体及其他	
	1964年	1965年	1964年	1965年	1964年	1965年	1964年	1965年	1964年	1965年
一、大牲畜合计	24199	26606	49	43	21040	23645	2865	2825	245	93
其中：耕畜	9976	10006		26		8841		1139		
牛	18699	20205	29	25	16076	17877	2437	2296	157	7
马	989	1139	8	6	898	1030	42	62	41	41
骡	634	634	12	11	585	591	1	4	36	28
驴	3877	4628		1	3481	4147	385	463	11	17
二、羊	72619	82117	872	804	53723	63206	17447	18002	577	105
其中：山羊	22267	25241	371	290	12501	14584	9395	10293		74
绵羊	50352	56876	501	514	41222	48622	8052	7709	577	31
三、生猪	3511	3500	7	11	48	41	3360	3401	96	47

——《1964年和1965年各单位畜牧生产主要数字统计表》，循化县档案馆藏，档号：1–1–255（永久）。

牲畜头数

1965 年 12 月 10 日

畜类	年末实有头数					年末实有头数合计其中：	
	合计	国营	公社集体所有	社员私有	机关团体及其他	能繁殖的母畜	仔畜
甲	1	2	3	4	5	6	7
一、大牲畜合计	26606	43	23645	2825	93	7145	3722
其中：从事农事劳役的	10006	26	8841	1139			
牛	20205	25	17877	2296	7	5610	3016
其中：良种及改良种乳牛							
马	1139	6	1030	62	41	437	231
驴	4628	1	4147	463	17	1098	471
骡	634	11	591	4	28	×	4
骆驼							
二、羊	135566	804	63206	18002	105	35875	17574
山羊	42310	290	14548	10293	74	12378	4727
绵羊	93256	514	48658	7709	31	23497	12847
其中：细毛羊及半细毛羊（包括杂交改良）							
三、猪	3738	11	41	3401	47	238	×

补充资料：年内大牲畜繁殖成活头数 3750 头，成畜死亡头数 622 头。年内羊繁殖成活只数 20911，成畜死亡只数 5065 只。

——《1964 年和 1965 年各单位畜牧生产主要数字统计表》，循化县档案馆藏，档号：1-1-255（永久）。

1964 年和 1965 年农牧业生产主要数字统计表

项目	单位	1964 年	1965 年
人民公社数	个	15	15
生产大队数	个	111	105
生产队数	个	496	494
社员户数	户	10531	10897
人数	人	42426	44655
劳动力	人	20984	21794
公社耕地面积	亩	144851	149014

续表

项目	单位	1964 年	1965 年
集体经营	亩	134509	140310
社员自留地	亩	10342	8704
每个劳动力负担耕地	亩	6.92	6.92
大牲畜合计	头	21040	26470
其中：役畜	头	9927	9980
集体所有部分	头		8841
羊	只		81208
其中：集体经营	只		63206
猪	头		3442
其中：集体经营	头	48	41
每头耕畜负担耕地	亩	14.65	15.08

——《循化县粮食生产各社七五年达到指标》，循化县档案馆藏，档号：1-1-198（永久）。

1964 年和 1965 年农牧业生产主要数字统计表

<table>
<tr><th colspan="2" rowspan="2">项目</th><th rowspan="2">1964 年</th><th rowspan="2">1965 年</th><th colspan="2">其中：公社集体经营部分</th><th rowspan="2">备注</th></tr>
<tr><th>1964 年</th><th>1965 年</th></tr>
<tr><td colspan="2">总播种面积</td><td>116828</td><td>124513</td><td>106486</td><td>115809</td><td></td></tr>
<tr><td rowspan="3">粮食作物</td><td>播种面积</td><td>107896</td><td>112944</td><td>98391</td><td>104793</td><td></td></tr>
<tr><td>亩产</td><td>234</td><td>254</td><td>228</td><td>250</td><td></td></tr>
<tr><td>总产量</td><td>25373900</td><td>29094466</td><td>22474700</td><td>26301849</td><td></td></tr>
<tr><td rowspan="3">油料作物</td><td>播种面积</td><td>8304</td><td>10915</td><td>7723</td><td>10492</td><td></td></tr>
<tr><td>亩产</td><td>82</td><td>72</td><td>81</td><td>74</td><td></td></tr>
<tr><td>总产量</td><td>689200</td><td>790200</td><td>626600</td><td>780440</td><td></td></tr>
<tr><td colspan="2">其他作物播种面积</td><td>628</td><td>654</td><td>372</td><td>524</td><td></td></tr>
</table>

——《1964 年和 1965 年各单位畜牧生产主要数字统计表》，循化县档案馆藏，档号：1-1-255（永久）。

1957—1982 年青海省循化县畜牧业规划表（单位：头、只、匹）

项目		1958 年	1959 年			1960 年			1962 年			1967 年			1962 年为 58 年的 %	1959—1982 年平均每年增长 %
			增加	年增 %	年终	增加	年增 %	年终	增加	年增 %	年终	增加	年增 %	年终		
1		2	3	4	5	6	7	8	9	10	11	12	13	14	15	16
大家畜	总计	25621	3991	65.3	29612	4840	60.4	7520	47.8	87.2	41000	19000	136.7	60000	643	61
	马	849	271	31.9	1120	300	26.7	1420	31.5	31.5	1868	1000	53.5	2868	222	30
	骡	7321	880	12	8201	1000	12	1500	16.3	16.3	10701	3000	28	13701	146	12
	驴	1148	51	4.4	1199	40	3.4				1239			1239	108	2
	牛（犏牛、牦牛）	16303	2789	17	19092	3500	18.3	4600	20.4	20.4	27192	15000	55.2	42192	167	17
小家畜	合计	80748	36864	281.1	117612	60000	328.2	177612	86000	175	253612	213000	300.6	466612	3093	723
	羊（绵羊、山羊）	78555	31568	40.1	110123	38000	34.5	148123	43000	29	191123	93000	48.6	284123	243	36
	猪	2193	5296	241	7489	22000	293.7	29489	43000	146	62489	120000	252	182489	2850	687

——《一九六三年农林牧业生产的安排意见、总结、规定、发言、提纲、简报》，循化县档案馆藏，档号：23-1-25（永久）。

认真贯彻政策　因地制宜采取措施
白庄公社三个大队耕畜繁殖多

循化撒拉族自治县白庄公社夕昌地区三个生产大队，认真贯彻执行发展耕畜的政策，采取有效措施，积极发展耕畜，为农业生产提供强壮的畜力。

夕昌地区的三个大队，是白庄公社缺少耕畜的大队。1962年，他们为了改变这个情况，认真贯彻执行发展耕畜政策，采取了以下几项有效措施：①各大队把牲畜的所有权和使用权全部交给生产队支配，使牲畜的饲养和使用统一起来。②各生产队根据实际情况，采取不同的养殖方法。强牛生产队牲畜少、草山好，群众愿意集体喂养，因此他们一直采用集体喂养的形式；其余各队适合个人包养，因此他们采取了“分散包养，鞍具包户，养用合一”的喂养形式。不论采取哪种喂养形式，他们都实行了定人、定畜、定工分、定使役、定积肥和包草料、包使役年限、包繁殖、母畜繁殖有奖的“五定三包一奖”责任制度。③按照牲畜类别、公母、年龄、体质，分别规定了牲畜在驮、拉、运方面的劳动定额，使耕畜除每天有足够的休息时间外，每月还有5—7天的轮休时间，保证牲畜休息好、劳动好。④坚持自繁、自养、自用的方针，积极保护母畜、繁殖仔畜。规定母畜在劳动时，干轻活、不干重活，干近活、不干远活，母畜在发情和怀孕期间停止使役，保证母畜休息好，适时配种，避免发生流产现象。⑤定期进行检查对比，对于保护、喂养、繁殖、使用耕畜和防治耕畜疫病成绩良好的社员，及时予以表扬或奖励，并加强教育，提高为集体饲养耕畜的光荣感。

这三个大队在认真贯彻政策、采取积极措施以后，牲畜有了新的发展。1961年年初有牲畜367头（匹），到年底发展为415头（匹），净增率达到16.5%。

——钟建华：《白庄公社三个大队耕畜繁殖多——崖根大队加强耕畜饲草管理》，《青海日报》，1963年1月7日。

循化撒拉族自治县各社队的牲畜上山放牧后，已收到显著增膘的效果

位于我省东部、黄河南岸的循化，由于气候较暖，牧草返青早，从今年四月底开始，春播结束的社队就陆续组织专人赶牲畜上山放牧。由于各地准备工作做得较充分，对上山放牧的组织工作安排得比较细致，放牧人员认真负责，因而牲畜上山后增膘快。经过一个多月的放牧，现在全县优等膘牲畜达到60%左右。目前各社队正继续采取措

施，加强放牧，促使牲畜在夏收开始前进一步增膘。

——循化县人委资料：《循化撒拉族自治县各社队的牲畜上山放牧后，已收到显著增膘的效果》，《青海日报》，1964 年 6 月 28 日。

循化县一九七〇年农牧业生产安排意见

农、林、牧、副业全面发展的任务是：

粮食作物播种 112900 亩，单产 256.5 斤，总产量达到 2900 万斤，比 1967 年增产 222.26 万斤，即增长 8.3%。社会总产量达到 3100 万斤。油料作物播种 1 万亩，单产 70 斤，总产 70 万斤。经济作物及其他作物播种面积 2000 亩，占粮食面积的 1.8%。

畜牧业生产，1969 年底大小家畜初步统计约为 98586 头（匹），其中大牲畜 29227 头（匹），小家畜为 69359 只，生猪 4183 头。1970 年计划达到 110218 头（匹），其中大牲畜 31800 头（匹），小家畜 78418 只，大小家畜平均净增 12%，生猪达到 5500 头。

林业生产上，狠抓植树造林。集体造林 1000 余亩，平均每个大队 10 亩，四旁零星植树 8 万株，育苗 150 余亩，其中国营林场育苗 50 亩，要求每个大队育苗 1 亩。黄河沿岸以及其他有条件的地区大量种植苹果、花椒、核桃等经济林木。做好森林管护，计划幼林抚育 2000 亩，次生林改造 1000 亩，树种更替 1000 亩。

副业生产，贯彻“以农为主，以副养农，综合经营”和“长短结合，以短养长，立足于长远”的方针。大抓骨干副业。凡出外搞副业的必须经县上批准，统一安排，不准私自出外乱跑乱找副业。

——《关于农业的报告、指示纪要通知、简报、财贸工作报告》，循化县档案馆藏，档号：1–1–139（永久）。

1970 年畜牧业生产计划表（单位：头、只）

公社	1969 年底牲畜存栏数（初步统计）				1970 年牲畜发展和家畜改良计划						
									改良		
	大小牲畜	大家畜	绵山羊	生猪	大小牲畜	大家畜	绵山羊	猪	牛	驴	绵羊
合计	96254	29210	69044	3901	109888	31785	78103	5299	50	100	3000
解放	20839	6379	14460	1480	23293	6953	16340	1750		50	800
东风	9563	2845	6718	200	10692	3101	7591	300			
清水	4947	1445	3502	132	5519	1562	3957	123			

续表

公社	1969年底牲畜存栏数（初步统计）				1970年牲畜发展和家畜改良计划						
	大小牲畜	大家畜	绵山羊	生猪	大小牲畜	大家畜	绵山羊	猪	改良		
									牛	驴	绵羊
城镇	4073	1550	2573	272	4573	1620	2953	272	50		
跃进	2355	1296	1059	4	2584	1387	1197	4			
红旗	2940	1297	3643		5603	1414	4189				
永红	11540	3477	8063	1119	12901	3790	9111	1500		50	
建设	10789	2074	8715	694	12109	2261	9848	1350			200
星火	29208	8897	20311		32614	9697	22917				2000

说明：（一）各公社社员自留畜已列入计算，没有分开。（二）“五七”干校大小牲畜、居民养猪、机关牲畜列入计划总数内，但未列入本表。（三）星火公社为支援农业生产，七〇年计划配犏牛120头，同时给农业区提供适当数量的牦牛、种马。

——《关于农业的报告、指示纪要通知、简报、财贸工作报告》，循化县档案馆藏，档号：1–1–139（永久）。

循化县1971年春季大小牲畜统计表（单位：头、个）

公社	生猪			集体牲畜			备注
	总头数	其中：集体		合计	其中		
		场数	头数		大牲畜	小牲畜	
全县	5624	69	534	98599	28449	70150	牲畜的统计不包括社员自留牲畜
道帏	3086	34	286	22330	6852	15478	
东风	350	3	20	9697	3341	6356	
清水	183	2	28	6961	1682	5279	
城镇	317	2	12	2895	1021	1874	
街子				1299	903	396	
红旗				5091	1112	3979	
文都	890	5	80	11859	3705	8154	
尕楞	798	23	108	10465	1937	8528	
岗察				28002	7896	20106	

——《一九七一年春耕生产统计表》，循化县档案馆藏，档号：1–1–255（永久）。

1971年牧业生产统计表（单位：头、匹、只）

项目	社会牲畜总头数			1971年产成活数	1971年现有社员自留畜	备注
	1970年基数	1971年现有总头数	比1970年增长			
一、生猪	5100	6242	22.4%		5138	
二、大小牲畜	98840	113605	14.9%	25920	20419	
三、大牲畜	30493	32828		4273	5451	
牛	22122	24310		3453	3342	
马	1198	1301		216	110	
驴	6615	6697		569	2032	
骡	558	521		35	12	
四、小牲畜	68347	80777		21647	14968	
绵羊	44614	53548		14130	7970	
山羊	23733	27229		7517	6508	

——《一九七一年春耕生产统计表》，循化县档案馆藏，档号：1-1-255（永久）。

循化县1971年抓革命促生产情况统计 1971.12.20（单位：个、头、匹、只）

公社	集体畜牧业情况										自留畜		
	猪		大家畜					小家畜			大畜	小畜	猪
	场数	头数	合计	其中				合计	绵羊	山羊			
				牛	驴	骡	马						
道帏	34	506	6070	2300	1336	934	1500	15523	14323	1200	1450	1108	3000
东风	10	25	2704	1742	851	42	69	3926	2915	1011	794	2730	349
清水	2	33	1104	693	354	20	37	3843	896	2947	464	1568	132
城镇	3	17	1133	800	296	15	22	2739	1216	1523	376	3250	450
尕楞	21	224	2013	1360	477	121	55	9121	3448	5673	20	1150	850
红旗			1115	746	317	33	19	3313	1212	2101	291	1568	
文都	25	133	3440	2526	746	107	61	9169	4292	4877	168	986	1099
街子			1250	952	238	24	36	396	396		1000	1500	
岗察			7850	7198			652	17842	17842		707	430	
合计	95	938	26679	18317	4615	1296	2451	65872	46540	19332	5270	14290	5880

——《一九七一年春耕生产统计表》，循化县档案馆藏，档号：1-1-255（永久）。

1972 年春季牧业生产统计表（单位：头、匹、只）

项目	现有集体牲畜总头数	其中				社员自留畜	生猪生产情况
		适龄母畜	耕畜	已产羔成活数	1971 年羊羔成活率 %		
一、大小牲畜合计	92841	27228	8961	13977		16736	1. 现有生猪头数 5312 头
二、大牲畜合计	25465	7620	8961	114		4381	2. 有集体养猪坊 87 个生猪 836 头
牛	19283	5819	5661	98		2989	3. 超过百头以上猪坊 1 个
马	1199	455	289	2		263	4. 有饲料粉碎机 5 台
驴	4545	1346	2636	14		1125	5. 建立养猪饲料基地 32 亩
骡	438		375			4	6. 没有建立集体养猪坊大队 17 个生产队 59 个
三、小牲畜	67376	29608		13863		12355	
山羊	21897	10390		4204		5780	
绵羊	45485	19218		9659		6575	

——《一九七二年春季牧业生产统计表》，循化县档案馆藏，档号：1-1-255（永久）。

全县几个数字的统计：畜牧业情况统计表 1974.5.31（单位：头）

公社	去年年底存栏数	现得成畜数	实有适龄母畜	今年成活幼畜	成畜死亡	自留畜	集体猪场	集体养猪	社员养猪
总计	89833	83122	36406	20785	4305	31794	79	496	4069
道帏	20958	18817	9153	5040	873	3736	45	273	1575
东风	9931	7892	3030	1790	454	5360	2	27	294
清水	4294	4239	2034	1181	310	3664			132
城镇	3002	2659	1208	678	0	3686			200
街子	1343	1252	210	125	16	3719			
文都	9413	9866	4120	2226	124	3584	29	117	1074
尕楞	10431	9690	5275	2720	596	2191	3	79	769
岗察	26148	24591	9570	5848	1345	1383			
红旗	4313	4116	1806	1197	97	4471			25

——《全县几个数字的统计：畜牧业情况统计表》，循化县档案馆藏，档号：1-1-255（永久）。

编者注：实有适龄母畜的合计数、社员养猪的合计数有误，分别修改为 36406 头、4069 头。

循化县（1976—1980）畜牧业生产规划

1974 年 8 月 20 日

年份		牲畜发展			家畜改良				草原建设			兽医防治	
		大牲畜（万头）	绵山羊（万只）	猪（万头）	绵羊（百只）	山羊（百只）	马（百匹）	牛（百匹）	种植饲料（百亩）	草原灭鼠（百亩）	草原水利（百亩）	预防注射（万头次）	兽医机构（个）
1974 年预计		3.55	8.95	0.58	80	8	1.7		10	50		24	6
1975 年计划		3.6	9.4	0.7	100	10	3		20	50	5	25	7
五五规划	1976	3.64	9.6	1	120	20	3		30	80	15	26	8
	1977	3.68	9.9	1.3	150	40	3	0.6	40	120	20	27	10
	1978	3.27	10.5	1.5	180	50	4	1	60	150	20	28	10
	1979	3.76	10.8	1.8	200	80	4	1.2	90	180	20	29	10
	1980	3.80	11.2	2.1	250	100	4	2	120	200	20	30	10
1980 年比 1975 年增加		0.2	1.8	1.4	1.5 倍	9 倍	0.3 倍						
增长 %		5.6	19	200									
1985 年设想		4.1	13.4	3	300	120		3					
1985 年较 1980 年增长 %		7.8	19.7	45	20	20		50					

——《一九七八年农水办有关农村工作的通知、意见、报告、批复》，循化县档案馆藏，档号：20–1–23（永久）。

循化县一九八一年牧业生产计划（一）（单位：头、只）

公社	1980 年存栏数				1981 年总增计划					
	合计	其中			合计	总增率 %	一、大牲畜		二、绵山羊	
		大牲畜	其中：牛	绵山羊			头数	总增率 %	头数	总增率 %
合计	151547	45488	35402	108059	19200	12.6	2500	5.3	16740	14.5
道帏公社	28934	11301	9419	17633	4800	16.6	900	6.9	3900	14.7
东风公社	26790	6940	4439	19850	3200	11.9	150	2.1	3050	15.3
清水公社	12942	2028	1019	10914	700	5.5	60	2.9	660	6
城镇公社	8185	2117	1600	6068	700	8.1	50	2.3	620	10.6
街子公社	6527	2022	1049	4505	500	8.4	120	5.9	430	9.5
红旗公社	9666	2548	2167	7117	600	6.1	100	3.9	490	6.8
文都公社	14378	5644	4531	8734	1700	12	420	7.4	1310	14.9

续表

公社	1980年存栏数				1981年总增计划					
	合计	其中			合计	总增率%	一、大牲畜		二、绵山羊	
		大牲畜	其中：牛	绵山羊			头数	总增率%	头数	总增率%
尕楞公社	15986	3962	2866	12024	2100	13	300	7.5	1780	14.8
岗察公社	27551	8883	8279	18668	4900	17.7	400	44.5	4500	24.1
国营农牧区	622	43	33	546						

——《循化县一九八一年牧业生产计划（一）》，循化县档案馆藏，档号：20-1-111（永久）。

循化县一九八一年牧业生产计划（二）（单位：头、只）

公社	1981年出栏计划						1981年商品率			
	合计	总出栏率%	一、大牲畜		二、绵山羊		牛		羊	
			头数	总增率%	头数	总增率%	头数	%	只数	%
合计	14485	7.4	1500	3	11165	9	120	3	1700	14.1
道帏公社	2916	7.9	700	5	1966	9.2	20	2.3	200	7
东风公社	2400	8	100	1.4	2300	10	5	5	100	4.3
清水公社	330	2.4	30	1.4	300	2.6				
城镇公社	420	4.7	20	0.9	400	5.9				
街子公社	350	4.9	50	2.3	300	6				
红旗公社	300	2.9			300	3.9				
文都公社	1300	8	200	3.2	1100	10.9	10	5	50	4.5
尕楞公社	1600	8.8	100	2.3	1500	10.8	10	5	5	3.3
岗察公社	3300	10.1	300	3.3	3000	12.9	80	6.6	1300	43

——《循化县一九八一年牧业生产计划（二）》，循化县档案馆藏，档号：20-1-111（永久）。

编者注：原稿中合计数和道帏公社合计数有误，已修改。

一九八二年畜牧业生产计划（一）（单位：头、只）

公社	1981 年末存栏数			1982 年计划								1982 年末存栏数		
	总数	其中		总增率				出栏数				总数	其中	
		大牲畜	绵山羊	合计	总增%	其中：大牲畜	绵山羊	合计	出栏%	其中：大牲畜	绵山羊		大牲畜	绵山羊
合计	154278	46843	107435	18510	12	2680	15830	10000	6.5	970	9030	160000	48380	111620
道帏公社	27174	10344	16830	3260		780	2480	1650		300	1350	28630	10800	17830
东风公社	27481	6531	20950	3300		400	2900	1500		100	1400	28780	6800	21980
清水公社	9706	1554	8152	1100		100	1000	280		20	260	10230	1620	8610
孟达公社	3215	549	2666	450		50	400	100		10	90	3270	580	2690
城镇公社	11282	3175	8107	1350		160	1190	340		20	320	11800	3310	8490
街子公社	9390	2943	6447	1120		140	980	390		50	340	9790	3020	6770
红旗公社	8731	2580	6151	1050		130	920	350		20	330	9280	260	6600
文都公社	15882	6173	9709	1910		370	1540	1100		100	1000	16600	6430	10170
尕楞公社	15954	4093	11861	1910		250	1660	1280		100	1180	16600	4240	12360
岗察公社	24948	8867	16081	3000		300	2700	3010		250	2760	25020	8900	16120
国营农牧场	515	34	481	60			60							

——《一九八二年畜牧业生产计划（一）》，循化县档案馆藏，档号：20–1–122（永久）。

循化县一九八二年畜牧业生产计划（二）（单位：头）

公社	1981 年实际			1982 年计划		1982 年末存栏数
	年末存栏数	出栏数	商品数	当年出栏数	商品数	
合计	4609	3034	250	5000	200	5000
道帏公社	1975		150	2200	110	2100
东风公社	228			250		300
清水公社	190			210		200
城镇公社	235			260		300
红旗公社				20		30
文都公社	1147		50	1250	50	1200
尕楞公社	800		50	800	40	850
国营猪场	34			10		20

——《一九八二年畜牧业生产计划（二）》，循化县档案馆藏，档号：20–1–122（永久）。

循化县一九八二年畜牧业生产计划（三）（单位：吨、头、只）

公社	总产肉量	猪		牛		羊	
		当年出栏	产肉量	当年出栏	产肉量	当年出栏	产肉量
合计	503.35	5000	300	970	67.9	9030	135.45
道帏公社	173.25	2200	132	300	21	1350	20.25
东风公社	43	250	15	100	7	1400	21
清水公社	17.9	210	12.6	20	1.4	260	3.9
孟达公社	2.05			10	0.7	90	1.35
城镇公社	21.8	260	15.6	20	1.4	320	4.8
街子公社	8.6			50	3.5	340	5.1
红旗公社	7.55	20	1.2	20	1.4	330	4.95
文都公社	97	1250	75	100	7	1000	15
尕楞公社	72.7	800	48	100	7	1180	17.7
岗察公社	58.9			250	17.5	2760	41.4
国营猪场	0.6	10	0.6				

——《一九八二年畜牧业生产计划（三）》，循化县档案馆藏，档号：20–1–122（永久）。

各类牲畜年末存栏数（单位：万头、只）

年份	一、大牲畜、羊合计	1. 大牲畜	牛	其中：		马	驴	骡	2. 羊合计	山羊	绵羊	其中：	二、猪
				黄牛	良种及改良种乳牛							细毛羊半细毛羊	
1978 年	12.54	3.62	2.65	0.65	0.07	0.16	0.72	0.09	8.92	3.47	5.45	1.39	0.6
1979 年	13.02	3.86	2.92	0.67	0.07	0.14	0.71	0.09	9.16	3.63	5.53	0.29	0.5
1980 年	15.27	4.55	3.54	0.69	0.05	0.15	0.78	0.08	10.62	4.22	6.4	0.07	0.49
1981 年	15.42	4.68	3.59	1.07	0.05	0.1	0.83	0.16	10.74	4.17	6.57	0.08	0.46
1982 年	17.24	4.99	3.86	1.48	0.05	0.09	0.83	0.21	12.25	4.21	8.04	0.16	0.73
1983 年	16.41	4.94	3.78	1.23	0.12	0.12	0.80	0.24	11.47	4.38	7.09	0.57	0.49
1984 年	14.74	4.71	3.50	1.30	0.14	0.12	0.82	0.27	10.03	3.50	6.53	0.58	0.40
1985 年	15.96	5.46	4.17	1.52	0.22	0.14	0.87	0.28	10.50	3.50	7.00	0.73	0.47
1986 年	16.28	5.46	4.13	1.57	0.26	0.14	0.90	0.29	10.82	3.66	7.16	0.66	0.36
1987 年	16.12	5.36	4.03	1.36	0.31	0.15	0.82	0.36	10.76	3.80	6.96	0.85	0.44

——循化撒拉族自治县统计局：《青海省循化撒拉族自治县国民经济社会发展统计资料汇编（一九四九年—一九八七年）》（内部资料），1988 年 12 月，第 95 页。

分乡（镇）绵山羊存栏头数（单位：只）

年份	全县合计	道帏	白庄	清水	孟达	积石	街子	查汗都斯	文都	尕楞	岗察	全民单位
1978 年	89431	14733	11994	7118		14941	3903	6826	7914	8786	22398	868
1979 年	91666	14499	11278	9657		5658	3998	6916	8588	9965	20476	631
1980 年	106062	17633	19850	10914		6068	4505	7118	8734	12024	18668	548
1981 年	107435	16830	20950	8390	2428	8107	6447	6151	9709	11861	16081	481
1982 年	122485	18402	25245	8524	3046	8482	6998	5849	12226	14312	18920	481
1983 年	114685	17618	19443	12289	4056	8103	8678	5766	11166	13133	14433	
1984 年	100228	18427	20565	6551	3051	3741	6213	5196	9552	1183	15049	
1985 年	105064	19993	21495	7888	3164	4707	6516	5725	9082	11078	15416	
1986 年	108193	14549	23515	3243	9419	4637	6946	6251	9230	14381	15950	72
1987 年	107557	16639	22661	8901	3426	3885	5971	5932	9918	15605	14619	

——循化撒拉族自治县统计局：《青海省循化撒拉族自治县国民经济社会发展统计资料汇编（一九四九年—一九八七年）》（内部资料），1988 年 12 月，第 101 页。

编者注：1980 年全县合计数字有误，应是 106062，1983 年合计数字有误，应是 114685。

分乡（镇）大牲畜存栏头数（单位：头、匹）

年份	全县合计	道帏	白庄	清水	孟达	积石	街子	查汗都斯	文都	尕楞	岗察	全民单位
1978 年	36245	7909	4145	1987		1483	1943	2146	4536	3170	8833	93
1979 年	38637	7882	5609	1678		1703	2023	2237	5015	3456	8798	36
1980 年	45488	11301	6940	2028		2117	2022	2548	5644	3962	8883	43
1981 年	46843	10344	6531	1580	523	3175	2943	2580	6173	4093	8867	34
1982 年	50079	10517	7577	1896	547	3284	2870	2724	6846	4577	9207	34
1983 年	49432	10877	6684	1832	613	2998	3464	3133	6918	3982	8926	5
1984 年	47089	12125	7240	1538	650	3087	3262	3514	6369	3946	5350	8
1985 年	54647	12880	7860	1580	749	4167	3653	4119	6234	4171	9217	17
1986 年	54601	11967	8329	1671	844	3966	4050	4008	6469	4707	8560	30
1987 年	53742	12432	9217	1666	905	2594	2505	3873	6848	4895	8784	23

——循化撒拉族自治县统计局：《青海省循化撒拉族自治县国民经济社会发展统计资料汇编（一九四九年—一九八七年）》（内部资料），1988 年 12 月，第 97 页。

各类能繁殖的母畜头数（单位：头、匹、只）

年份	一、大牲畜羊合计	1. 大牲畜	牛	其中：		马	驴	骡	2. 羊合计	山羊	绵羊	其中：	二、猪
				黄牛	良种及改良种乳牛							细毛羊半细毛羊	
1978 年	5.64	1.09	0.89	0.29		0.06	0.14		4.55	2.01	2.54	0.32	0.05
1979 年	5.16	1.26	1.02	0.24		0.04	0.20		3.90	1.67	2.23	0.02	0.04
1980 年	6.71	1.45	1.22	0.27		0.03	0.20		5.26	2.41	2.85		0.07
1981 年	6.63	1.78	1.39	1.08	0.03	0.04	0.35		4.85	1.94	2.91	0.04	0.16
1982 年	7.67	1.90	1.59	0.31	0.04	0.02	0.29		5.77	1.94	3.83	0.08	
1983 年	7.81	1.85	1.58	0.73	0.06	0.03	0.24		5.96	2.68	3.28	0.25	0.01
1984 年	6.32	1.76	1.45	0.44	0.07	0.03	0.28		4.56	1.68	2.88	0.13	0.01
1985 年	6.39	1.61	1.40	0.32	0.11	0.03	0.18		4.78	1.88	2.90	0.42	0.01
1986 年	6.51	1.95	1.70	0.46	0.10	0.03	0.22		4.56	1.70	2.86	0.30	0.02
1987 年	6.45	1.89	1.61	0.50	0.13	0.05	0.23		4.56	1.45	3.11	0.39	0.01

——循化撒拉族自治县统计局：《青海省循化撒拉族自治县国民经济社会发展统计资料汇编（一九四九年—一九八七年）》（内部资料），1988 年 12 月，第 96 页。

岗察乡（人民公社）部分年份牲畜数量统计表（单位：头、匹、只）

项目	1957 年	1960 年	1965 年	1975 年	1978 年	1980 年	1982 年	1984 年	1990 年
大小牲畜合计	23573	32056	33827	28142	28878	27551	28127	20399	22814
马	534	304	619	745	626	687	284	349	548
牛	4453	4548	5910	7267	6652	8196	8923	5001	7980
绵羊	18098	26618	27291	20130	21600	18668	18920	15049	14286
山羊	488	586	7						

——循化撒拉族自治县志编纂委员会：《循化撒拉族自治县志》，中华书局，2001 年版，第 222 页。

部分年份母畜比重表（单位：头、匹、只）

畜类	1953 年		1960 年		1972 年		1983 年		1990 年	
	数量	占总数 %	数量	占总数 %	数量	占总数 %	数量	占总数 %	数量	占总数 %
牛	4099	30.28	4763	41.5	7795	34.61	15827	41.83	18459	40.85
马	313	41.57	337	50.37	516	45.3	273	23.25	409	26.49
驴	1395	20.28	1451	48.3	1552	24.49	2389	29.97	2480	31.35

续表

畜类	1953年		1960年		1972年		1983年		1990年	
	数量	占总数%	数量	占总数%	数量	占总数%	数量	占总数%	数量	占总数%
绵羊	11942	34.95	19297	54.02	24929	49.14	32804	46.29	27640	33.06
山羊	8358	49.80	10488	60.21	14252	52.81	26759	61.07	22015	49.59
合计	26107	36.20	36336	53.21	49044	45.33	78052	48.28	71003	38.68

注：牲畜总数中减去骡子数，计算全县母畜所占比重。

——循化撒拉族自治县志编纂委员会：《循化撒拉族自治县志》，中华书局，2001年版，第222页。

部分年份仔畜繁殖成活情况表（单位：头、匹、只）

畜类	1953年		1960年		1972年		1983年		1990年	
	仔畜成活	成活率	仔畜成活	成活率	仔畜成活	成活率	仔畜成活	成活率	仔畜成活	成活率
牛	2410	82.53	1744	53.83	3164	42.73	4808	31.98	7236	41.26
马	41	100	73	84.88	107	55.44	73	53.68	113	55.12
骡	207	92.41	64	82.05	43	97.73	189	97.93	81	97.59
驴	296	33.64	225	39.96	272	33.09	537	44.94	658	53.06
绵羊	6522	45.65	9111	55.37	11062	46.71	14716	47.22	19518	74.33
山羊	3451	37.07	3405	59.52	6204	45.82	11538	53.39	11534	55.15
合计	12927		14622		20852		31861		39140	

——循化撒拉族自治县志编纂委员会：《循化撒拉族自治县志》，中华书局，2001年，第223页。

循化县实施河湟谷地特色农牧业百里长廊建设情况的报告（2009）

循化县地处黄河谷地，气候温和、光热条件较好，发展农区畜牧业具有得天独厚的优势。过去因经营分散、资金短缺、科技服务滞后等影响，循化县畜牧业产业化水平低、规模效益不高。近年来，循化县委、县政府认真贯彻落实省委、省政府“四区两带一线”的经济发展战略和关于河湟现代特色农牧业百里长廊建设部署，继续强力实施“西繁东育”“自繁自育”工程，把千家万户贩运育肥和集中规模养殖结合起来，把传统养殖业和农区暖棚养殖结合起来，通过“公司＋基地＋农户”及股份合作等形式，扶持发展养殖小区和养殖示范点，不断扩大养殖户和规模化经营水平，发展现代畜牧业，繁荣农村经济。截至 2009 年 8 月底，全县牲畜社会饲养总量达到 35.9 万头只；草食畜存栏达到 30.3 万头只；全县贩运育肥户达到 1560 户，贩育牛羊 42.14 万头只，其中：贩运牛 1.09 万头，羊 14.82 万只，育肥出栏牛 0.69 万头，羊 25.54 万只。全县规模养殖户达到 5609 户，饲养牲畜总数 16.96 万头只，其中：养羊户 4294 户，饲养羊 14.53 万只；养牛户 1220 户，饲养牛 2.15 万头；规模饲养奶牛 83 户，饲养奶牛 315 头；养猪户 12 户，饲养生猪 2485 头。从 2007 年开始，狠抓规模养殖基地建设，基本形成了以规模养殖户及规模养殖基地村为基础，具有区域特色的绒山羊、牦牛、藏系羊、奶牛、牛羊贩运育肥、生猪繁育和饲草料生产基地。已建成初具规模的养殖小区 51 个。同时，积极引导养殖小区建立统一的防疫制度、经营管理制度，推进养殖小区农户进行联合经营，壮大规模养殖水平，产生规模效益，推进产业化进程。

一、建设进展情况

循化县在抢抓各项政策机遇、多元投资、发展壮大牧旺万头肉牛养殖基地的同时，组建培育了年育肥 500 头牛、10000 只羊的民生牛羊养殖基地；年育肥 5000 头牛、100000 只羊的甲秀畜产品开发有限公司牛羊养殖基地等四大基地，已逐步形成了传统养殖和农区集中规模养殖互补、“自繁自育”和“西繁东育”互补的畜牧良性发展格局，走出了一条具有循化特色的畜牧业科学发展之路。总结循化现代畜牧业发展的成功经验，主要有四个重要转变：

一是实现了传统畜牧业向效益畜牧业发展的转变。按照“突出重点、择优扶持”的原则，大力引导发展特色养殖，在做大做强做特上下工夫，累计投入 5120 万元专项资金，确定 6 个乡 17 个村 700 户作为重点扶持对象，促进农户脱贫致富。2009 年 7 月底，全县牲畜社会饲养量达 35.9 万头（只），牲畜商品率达 47%，出栏率达 58.2%，畜牧业产值达 1.64 亿元，占农业总产值的 53%，畜牧业人均收入达 1216 元。

二是实现了由分散经营模式向规模养殖经营模式转变。从过去粗放、零散的经营方式向现在的规模化、一村一品方式发展，全县规模养殖户达 5609 户，占总农户的 42%，饲养牲畜 16.96 万头（只），牛羊贩运育肥户达 1560 户，年贩运牛羊 35.94 万头（只），户均纯收入达到 6246 元。

三是实现了传统养殖向科学养殖转变。逐步建立了种畜繁殖和纯种绒山羊为主的养殖基地，引进、示范和推广了一大批优质畜产品，使畜牧良种化率达到 25%，同时加大畜牧实用技术的引进和推广力度，仔畜成活率不断提高，肉类总产量达 6767 万吨。

四是实现了规模养殖向基地化建设和形成养殖小区的转变。不断加大规模养殖基地建设力度，基本形成了具有区域特色的绒山羊、牦牛、藏羊系、奶牛等牛羊贩运育肥基地。目前，全县已建成各类畜禽饲养小区（场）51处、专业村29个，年饲养能力达52万头。

二、存在的主要问题和困难

1. 人员问题。畜牧业的快速发展对畜牧专业人员的技术水平要求越来越高，从总体来看，我县乡镇畜牧兽医技术人员及动检执法人员相当缺乏，技术力量薄弱，产地检疫工作相当困难，草原监理、动检市场监督工作难度大，对现有的养殖基地、养殖小区很难监管；在职人员水平也跟不上现代畜牧业生产的需要。

2. 对畜牧业方面的投入不足，金融部门融资困难。目前，我县广大农牧民群众对奶牛、肉牛和肉羊的养殖愿望非常迫切，已有养殖场的还想再扩大规模，但苦于资金短缺。近几年来，我县虽然建设了一大批项目，但从总体来说，对畜牧业的投入还严重不足，畜牧业抵御风险的能力还很薄弱。另外，由于金融部门将我县列为高风险区，畜牧业生产融资有一定困难，尤其是上半部地区畜禽养殖资金严重缺乏，制约着我县畜牧业建设的发展步伐。

3. 缺乏具有一定生产能力的龙头企业，市场运作的中介组织带动力不强。我县目前牛羊集中、规模饲养和小区建设逐年加大，逐步走上了集约化经营的发展道路，但养殖户抵御市场、疫病的能力较弱，而现有的中介组织没有真正发挥作用，带动力不强；同时，缺乏相应的畜牧业龙头企业带动，也是制约我县畜牧业向规模化方向发展的主要原因之一；一是在项目申报时难度极大，二是群众生产出的畜产品无法得到加工和增值，挫伤了群众对畜禽养殖的积极性。

4. 产业化水平低，科学饲养水平有待提高。主要表现为畜牧业工业化、工厂化、规模化水平低。特别是能形成一定规模和带动效应的加工龙头企业数量少，畜产品生产、精深加工的产业链条还没有形成，企业与农户利益连接不紧密，不能有效形成“企业＋基地＋农户”的利益均沾、风险共担的利益共同体，造成市场竞争乏力，产销衔接不畅，直接影响了畜产品的附加值和综合效益，制约了畜牧业的快速长远发展。在农村，沿用传统习惯饲养畜禽的现象还很普遍。饲养各阶段，不是根据畜禽需要什么喂什么，而是有什么就喂什么，运用科学技术来降低成本、提高质量的还很少。粗放经营、品种更新换代不及时，都影响了养殖户的经济效益。

三、今后工作的思路和实施意见

加快基地建设，壮大规模养殖，依靠科技进步，优化畜种结构推动养殖业发展，尽快形成基地布局区域化、经营集约化、生产专业化，提高畜牧业生产能力，加快实施河湟谷地特色农牧业百里长廊建设，为实现把我县建成全省农区畜牧业示范县而努力。

1. 加快养殖小区建设，提高规模养殖水平。进一步推进养殖小区建设，充分利用"西繁东育"、整村推进、畜棚建设、科技推广及培训、畜种改良等资金，统一规划，不断扩大养殖小区规模，逐步实现"人畜分离""场村分离"，引导养殖小区建立统一的防疫制度、经营管理制度，推进养殖小区内农户进行联合经营，壮大规模养殖水平，产生规模效益，推进产业化进程。

2. 优化畜禽结构，提高良种化率。积极争取项目资金，加快人工授精和良种畜的引进推广工作，充分发挥乡镇畜牧兽医站职能，开展畜种改良，鼓励和支持个体畜种改良户建立个体私营畜种人工授精点，扩大改良面，再推广高产奶牛，优质肉牛、肉羊，提高良种率，年内完成牛改 8000 头，猪改 500 头，羊改 7 万只，全面贯彻《种畜禽管理条例》，依法开展畜禽管理工作。

3. 加快发展饲草料基地建设。把发展畜牧业与种植业结构调整结合起来，推广高产燕麦等优良饲草料品种及箭谷豌豆混播复收技术，扩大农田复种面积，加快饲草商品化和产业化步伐，扩大人工种草面积，实行大面积种草和农户分散种草相结合，一年生和多年生种草相结合，大力开展人工饲草料基地建设和大储草工作。提高畜牧业抵御自然灾害的能力，努力推进草业产业化进程，增加农民收入，年内种草 3 万亩。同时加强草原保护和建设力度，认真开展草原鼠虫害的防治工作，年内完成 30 万亩草山灭鼠工作，切实做好鼠虫害预警监测和防火工作。

4. 加大对畜牧业的投入。紧紧抓住国家扶持畜牧业发展的良好机遇，顺应市场和民意，整合各类资金，捆绑政府、金融、农牧民和个人投资的建设项目，形成发展合力，进一步调动农牧民和个体老板的积极性，力争全社会每年对畜牧业生产投入达到 2 亿元以上。大力发展设施畜牧业，引导养殖业向规模化、产业化方向发展。

5. 强力推进畜牧业产业化进程。大力培养和推广"龙头企业 + 专业合作组织（协会）+ 农户 + 基地"产业化经营模式，逐步实现产加销一体化。要把畜牧业产业化作为当前和今后一段时间的工作重点和发展方向，进一步加大工作力度，在市场、基地、科技、利益机制等环节上下工夫，不断提高产业开发能力，壮大产业规模。一是提高现有牛羊规模经营户的饲养水平，扩大饲养规模，提高经济效益，发挥带头示范作用。结合项目建设，继续扶持一批有发展潜力的养殖大户 1000 户，培养一批专业村 40 个，发展一批企业化管理的养殖小区 20 个，形成区域化的养殖基地，建成标准化饲养小区，走小规模、大群体的畜牧发展路子。同时，积极扶持成立养殖业专业协会，培养一支善经营、懂管理的经纪人队伍，鼓励和支持基层畜牧兽医站以及畜牧技术人员参与中介领域，逐步与农户结成购销和技术、信息服务的利益共同体。

——《循化县实施河湟谷地特色农牧业百里长廊建设情况的报告（2009）》（内部资料），农牧局办公室提供，2012年7月。

2006年分乡镇年末牲畜存栏情况（单位：头、匹、只）

项目	全县合计	道帏	白庄	清水	积石镇	街子	查汗都斯	文都	尕楞	岗察
一、大牲畜合计	72851	14258	13589	2477	4727	4530	7957	9392	7718	9203
1. 牛	63086	10170	11659	1660	4567	4086	7952	7463	6376	9153
2. 马	1133	606	79	6		4		258	130	50
3. 驴	6572	2792	981	440	93	398	4	1004	860	
4. 骡	3060	690	870	371	67	42	1	667	352	
二、羊合计	194926	27642	34223	26560	11589	13002	17772	22212	20082	21844
1. 山羊	73360	5243	10730	18028	3355	5851	7856	11463	10834	
2. 绵羊	121566	22399	23493	8532	8234	7151	9916	10749	9248	21844
三、猪	4940	2235	755	356	579		13	485	517	

——循化县统计局：《循化撒拉族自治县国民经济和社会发展统计资料汇编2006年—2010年》（内部资料），2011年10月，第87页。

2007年分乡镇年末牲畜存栏情况（单位：头、匹、只）

项目	全县合计	道帏	白庄	清水	积石镇	街子	查汗都斯	文都	尕楞	岗察
一、大牲畜合计	73436	14098	13746	2481	4987	4504	7919	9302	7314	9085
1. 牛	62820	10096	11723	1668	4894	4073	7914	7368	6042	9042
2. 马	1096	590	86	3		3		250	121	43
3. 驴	6527	2733	1062	442	56	388	4	1035	807	
4. 骡	2993	679	875	368	37	40	1	649	344	
二、羊合计	207814	29536	35105	28346	12116	14050	19010	23657	21530	24464
1. 山羊	76019	6018	11506	18182	3211	5857	8547	11547	11151	
2. 绵羊	131795	23518	23599	10164	8905	8193	10463	12110	10379	24464
三、猪	4788	2179	792	391	416		6	533	471	

——循化县统计局：《循化撒拉族自治县国民经济和社会发展统计资料汇编2006年—2010年》（内部资料），2011年10月，第88页。

2008 年分乡镇年末牲畜存栏情况（单位：头、匹、只）

项目	全县合计	道帏	白庄	清水	积石镇	街子	查汗都斯	文都	尕楞	岗察
一、大牲畜合计	73203	13522	13987	2322	5248	4504	8014	8801	7192	9613
1. 牛	63607	10143	12021	1595	5154	4073	8014	7086	5951	9570
2. 马	956	522	76	2		3		192	118	43
3. 驴	5854	2296	1032	381	54	388		911	792	
4. 骡	2786	561	858	344	40	40		612	331	
二、羊合计	217772	31454	35514	29520	13217	14250	20456	24273	22408	26680
1. 山羊	78904	6144	11840	19220	3210	5957	8255	12653	11625	
2. 绵羊	138868	25310	23674	10300	10007	8293	12201	11620	10783	26680
三、猪	4659	2167	727	386	392			519	468	

——循化县统计局：《循化撒拉族自治县国民经济和社会发展统计资料汇编 2006 年—2010 年》（内部资料），2011 年 10 月，第 88 页。

2009 年分乡镇年末牲畜存栏情况（单位：头、匹、只）

项目	全县合计	道帏	白庄	清水	积石镇	街子	查汗都斯	文都	尕楞	岗察
一、大牲畜合计	72246	13254	13657	2166	5317	4611	7998	8590	6970	9683
1. 牛	63191	10012	11787	1517	5229	4196	7998	6916	5893	9643
2. 马	925	517	67	2		3		190	106	40
3. 驴	5507	2182	987	351	50	377		881	679	
4. 骡	2623	543	816	296	38	35		603	292	
二、羊合计	210435	30105	34089	29041	13132	13501	19761	23422	22039	25345
1. 山羊	76972	5719	11727	19372	3259	5360	7738	12350	11447	
2. 绵羊	133463	24386	22362	9669	9873	8141	12023	11072	10592	25345
三、猪	4630	2159	712	323	341			681	414	

——循化县统计局：《循化撒拉族自治县国民经济和社会发展统计资料汇编 2006 年—2010 年》（内部资料），2011 年 10 月，第 88 页。

2010 年分乡镇年末牲畜存栏情况（单位：头、匹、只）

项目	全县合计	道帏	白庄	清水	积石镇	街子	查汗都斯	文都	尕楞	岗察
一、大牲畜合计	72107	13027	13658	2216	5371	4643	8026	8546	6908	9712
1. 牛	63597	10042	11909	1577	5294	4238	8026	6932	5906	9673

续表

项目	全县合计	道帏	白庄	清水	积石镇	街子	查汗都斯	文都	尕楞	岗察
2. 马	864	484	62	3		3		180	93	39
3. 驴	5124	1963	910	348	41	370		841	651	
4. 骡	2522	538	777	288	36	32		593	258	
二、羊合计	211633	30422	34123	29089	13157	13683	19781	23518	22139	25721
1. 山羊	77267	5745	11704	19615	3234	5355	7797	12310	11507	
2. 绵羊	134366	24677	22419	9474	9923	8328	11984	11208	10632	25721
三、猪	4397	1979	705	313	344			630	426	

——循化县统计局：《循化撒拉族自治县国民经济和社会发展统计资料汇编 2006 年—2010 年》（内部资料），2011 年 10 月，第 89 页。

西繁东育工程

1991 年至 1992 年，在道帏、白庄两乡试验推广牛羊育肥，育肥羊达到 2.5 万只。1993 年以后，根据省委、省政府《关于加快畜牧业发展的决定》，在海东畜牧业经济大合唱的推动下，群众对畜牧业的投入逐年增加，从事牛羊育肥的积极性不断高涨，至 1995 年，协同银行、财政等部门给予资金支持，扶持牛羊育肥户 128 户，群众自筹资金 205 万元，在查汗都斯乡阿河滩村建立集体牛羊育肥场，年育肥牛 900 头、羊 1500 只，饲养奶牛 150 头，全县牛羊育肥户达到 649 户，贩运育肥牛 6078 头，羊 10.09 万只。1997 年，在浅山和川水地区选择有发展潜力的养殖大户 12 户，扶植发展规模养殖，其示范带动作用明显，适度规模养殖户逐年增加，贩运育肥收入达到 254 万元，户均 5226 元。2001 年，“西繁东育”项目全面启动，循化县积石镇大别列村确定为全省“西繁东育”项目试点村，争取项目贷款 948 万元，大别列村落实贷款 300 万元，修建保温处棚 60 座、2.16 万平方米，当年育肥牛 1800 头、羊 1.5 万只。2002 年，按照突出重点、择优扶持的原则，投资贴息贷款 1972 万元，扶持 6 个乡 13 个行政村 524 户牛羊育肥户，“西繁东育”示范户扩大到 798 户。修建畜棚 6.94 万平方米，贩运育肥牛羊 14.83 万头只，实现纯收入 527.68 万元。

2003 年至 2005 年，贷款贴息、群众自筹等投入 25253 万元，建立牛羊育肥贩运基地 330 个，畜棚建设 8.04 万平方米，“西繁东育”牛羊育肥户增加到 960 户，累计贩运育肥出栏牛羊 66.32 万头（只），其中贩运牛 2.62 万头，育肥出栏牛 0.87 万头，贩运羊 37.4 万只，育肥出栏羊 23.68 万只。2006 年至 2008 年，争取贷款 5427 万元，贴息 155.5 万元，群众自筹 400 万元，发展牛羊育肥贩运户 1667 户，其中大户 308 户，贩运育肥出栏牛羊 122.75 万头只，纯收入 9209.55 万元。

2009 年至 2010 年，以打造全省农区畜牧业示范基地为着眼点，加大对“西繁东育”自贩自育和牛羊育肥户的扶持力度，贷款额达 4550 万元，重点扶持八大基地和养殖区建设，贩运育肥出栏牛羊 115.74 万头只，其中贩运牛 2.97 万头，贩运羊 52.58 万只，育肥出栏牛 2.01 万头，育肥出栏羊 49.39 万只，纯收入 7814.25 万元。

——循化撒拉族自治县志编纂委员会：《循化撒拉族自治县志》，中华书局，2017 年，第 148—149 页。

2002—2010 年循化县牛羊贩运育肥情况一览表（单位：头、只、万元）

年份	贩运合计	牛	羊	育肥合计	牛	羊	实际纯收入
2002	85300	7900	77400	63000	46000	58400	527.68
2003	84400	8400	76000	67400	5500	61900	972.93
2004	146800	9600	137200	103700	5000	98700	995.3
2005	169074	8233	160841	91891	3372	88519	891.93
2006	180900	9700	171200	87600	3700	83900	1077.23
2007	212700	6500	206200	169400	6100	163300	1772.3
2008	230900	15100	215800	262400	17800	244600	3049
2009	275100	15200	259900	282100	12100	270000	3426
2010	280400	14500	265900	319800	12900	306900	4388.25

——循化撒拉族自治县志编纂委员会：《循化撒拉族自治县志》，中华书局，2017 年版，第 148—149 页。

2006 年畜牧工作总结及 2007 年工作要点

一、畜牧业生产主要经济技术指标及项目工作完成情况

（一）畜牧业生产主要经济技术指标完成情况

1. 全县草食畜年末存栏 26.6563 万头只，同比增加 0.22 万头只；成活仔畜 12.0534 万头只，成活率达到 95.85%，同比提高 1.45 个百分点；成幼畜死亡率 2.61%，同比下降 0.86 个百分点；母畜比例达到 52.37%，牲畜出栏率、商品率和总增率分别达到 57.18%、43.62% 和 45.33%，同比分别提高 4.65、2.75 和 0.62 个百分点。牲畜社会饲养

量达到42.8642万头只，同比增加1.3353万头只；生猪存栏0.49万头。肉类总产量达到6329.99吨（其中猪肉502.25吨，牛肉3123.36吨，羊肉1964.46吨，其他54.39吨）；牛奶总产量7176.39吨；毛类总产量215.92吨（其中山羊毛34.64吨，绵羊毛174.83吨，改良毛37.93吨）；各类绒产量34.14吨（其中山羊绒17.32吨，牛绒16.15吨）；皮张总产量13.5391万张（其中牛皮2.3136万张，羊皮11.2255万张）；禽蛋总产量380.84吨。畜牧业产值达到8981万元，占农业总产值的51.3%；畜牧业人均收入862元，占人均收入的36.74%。

2. 改良绵羊年末存栏5.003万只，占绵羊年末存栏数的41.86%，同比提高15.84个百分点。绒山羊存栏1.34万只，占山羊年末存栏数的16.41%，同比提高2.36个百分点。改良牛存栏1.1145万头，占牛年末存栏数的17.78%，同比提高2.06个百分点。完成黄牛改良4586头，其中：冷配1110头，本交3476头；猪改265头。

3. 全县春秋两季共注射各类疫苗683532头只（次），其中注射鸡新城疫Ⅰ、Ⅱ系苗38822只（羽），注射HVN-1型禽流感疫苗3.88万只羽；注射猪三联苗6707头，猪“O”型W苗3841头只（次），挂置耳标3840枚，防疫密度和耳标佩戴率分别达到99.26%、99.29%、99.65%；注射羊四联苗28889只（次），羊痘苗16971只（次），羊“O”型W苗322968只（次），挂置耳标312489个，防疫密度和耳标挂置率平均达到8.94%、5.25%、99.95%和96.71%；注射牛出败苗1262头，牛“O”型W苗48425头，“O-Asia1”型双价苗176428头，挂置耳标95465个，防疫密度和耳标挂置率分别达到2.54%、99.76%、99.99%和96.93%。完成春秋两季常规消毒5万多平方米。驱除绵山羊内外寄生虫41万只（次）。

4. 全年检疫牛羊胴体41289头（只）（其中检疫牛胴体1221头，羊胴体3.6405万只），鸡胴体9113条，检疫活畜禽3.9733万头（只）匹羽，检疫消毒各类车辆1047车（次），皮张4.7171万张，毛类1072公斤，杂骨77.3吨，脏器193.5吨，检疫肉类413.9815吨。

5. “西繁东育”和自繁自育生产稳步发展，全县适度规模养殖户发展到6633户，饲养牛羊18.38万头只，占全县牲畜总数的68.94%。牛羊贩运育肥户达到1458户（贩运户795户，育肥户663户），贩运育肥牛羊26.09万头（只）（其中贩运羊16.08万只，牛0.82万头，育肥牛0.34万头，羊8.85万只；尚存栏育肥羊1.08万只，牛0.03万头），贩运育肥收入达到891.93万元，户均0.61万元。自繁自育牛羊出栏13.54万头只（其中出栏牛2.31万头，出栏羊11.23万只）。

6. 全年共完成种草面积 2.6 万亩（其中：种植多年生牧草 0.25 万亩，当年生 2.35 万亩）；打贮青干草 750 万公斤，青贮 6 万公斤。岗察打贮草生产基地种植牧草 1000 亩，向社会提供鲜草 30 万公斤。

（二）项目实施完成情况

2006 年共实施完成畜牧业项目 11 个，项目总投资 4100 万元，其中：国家投资 1600 万元，项目贷款 2500 万元。

1. 完成项目：共 11 项，总投资 3186.201 万元。

（1）肉牛、肉羊标准化养殖基地建设项目：今年投资 150 万元，建立肉牛标准化养殖基地村 1 个，示范户 150 户，培训群众 500 人次，项目已通过省级验收。

（2）“西繁东育”工程：争取贷款 1100 万元，贴息 44 万元，群众自筹资金 400 万元。年内全县牛羊贩运育肥户达到 1513 户，贩运育肥牛羊 24.03 万头（只）；其中：贩运户达到 480 户，贩运牛羊 12.83 万头（只）；育肥户达到 1033 户，育肥牛羊 11.2 万头（只）。

（3）草地鼠害灭治项目：项目总投资 10 万元，完成防治高原鼢鼠 20 万亩，其中岗察乡 15 万亩、道帏乡 3 万亩、白庄乡 2 万亩，完成任务的 100%，防治效率平均为 96.36%；灭鼠弓箭在省上配置 1740 副的基础上，群众自制 1260 副。在项目实施过程中，我们考虑到项目区群众的实际情况，在发动当地群众参与防治工作的基础上，雇用外县有经验的捕捉能手和组织项目区群众 198 人，每捕捉 1 只鼢鼠补助 1.5 元的形式进行防治，实行科学规划、合理布局，从而保证了项目的顺利完成。目前，项目已通过省级验收。

（4）10 个村扶贫整村推进项目：总投资 860 万元，我局积极协助县扶贫部门，开展畜棚建设和牛羊引进。项目已全面完成。

（5）动物防疫冷链体系建设项目：总投资 60 万元，新建化验室 120 平方米，购置仪器设备 30 台（套）。

（6）县级动物检疫监督基础设施建设项目：总投资 100 万元，配置仪器设备 187 台（件），该项目已通过省级验收。

（7）畜禽良种工程建设项目：总投资 20 万元，购入黑白花、西门塔尔杂一、杂二代种公牛 24 头，良种欧拉型藏羊种公羊 130 只，分别投放到中上半部地区的 154 户农户中开展牛羊改良；完成地级专业技术人员培训，参训人数 12 人次，完成县级畜禽改良技术人员培训，参训人数 62 人次；建立牛羊人工授精改良点一个，配置器械一套。

（8）畜牧业科技培训项目：总投资 10 万元，全年完成畜牧科技培训 250 期 5 万人次。

（9）2006 年岗察乡草原建设项目：投资 136.261 万元，在岗察乡建设 120 平方米畜棚 90 幢，为任务的 100%，已全部建设完成，并通过省级验收。

（10）畜禽良种建设配套项目：总投资 40 万元，引进纯种绒山羊 45 只，良种长白猪 10 头，建立良种绒山羊养殖基地 2 个，良种猪繁殖基地 1 个；购入肉牛细管冻精 2000 支，奶牛细管冻精 2000 支，在积石、查汗都斯、白庄三乡镇开展人工授精。

（11）循化县积石镇新建村新农村建设项目：建立新农村建设示范村一个，项目总投资 150 万元，建设畜用暖棚 92 座，当年购入育肥羊 4500 多只。

2. 在建项目

（1）2003 年岗察草原建设项目：计划投资 170 万元，在岗察乡建设 60 平方米畜棚 90 幢 5400 平方米。

（2）2004 年岗察草原建设项目：计划投资 365 万元，在岗察乡建设 60 平方米生产用房 110 幢 6600 平方米，80 平方米畜棚 223 幢 17840 平方米。

以上两个项目由于各方面原因，项目于今年 5 月份开工建设，到目前建设完成生产用房 25 幢，畜棚 180 座，争取明年全部完成所有建设任务。

3. 未建项目

黑白花奶牛养殖基地建设项目：计划争取项目资金 550 万元，实际争取资金 250 万元，其中国家投资 170 万元，群众自筹 80 万元，项目拟于 2007 年在积石镇托坝五村、新建村和查汗都斯乡苏只村实施。

二、主要做法

1. 狠抓畜禽疫病防治和疫病监测工作。为有效防控动物疫病发生，切实保障畜牧业健康发展，积极开展动物防疫工作。加大工作督促、检查力度。同时，进行了马传贫、马鼻疽、奶牛结核、禽流感、鸡新城疫监测及各类疫情报告工作。共进行马属动物传染性贫血病监测 100 例、马鼻疽监测 100 例、奶牛结核病监测 200 例、高致病性禽流感监测 100 例、鸡新城疫监测 100 例。监测结果表明，除发现 3 例奶牛结核病感染阳性外，我县其他监测对象感染阳性率均为零，达到了国家相关标准。同时，狠抓动物疫情报告工作，通过动物疫情网络共上报无疫情月报 12 次，疫情月报 4 次。手工填报逐级上报 W 病旬报 36 次，并按省、地要求完成了 W 病、禽流感的零报告制。

2. 强化动物检疫工作。一是狠抓屠宰检疫工作。将积石镇、街子等乡镇屠宰的牛羊全部集中到三岔牛羊定点屠宰场实施集中屠宰。并在街子乡三岔地区建成了我县第一家

“家禽定点屠宰场”，制定了循化县禽类产品市场准入制，认真实施宰前检疫和宰后的检疫工作。严把“入场关”，严格查证验物，同时，对全县10个乡镇全面开展产地检疫，设立报检点12处，从源头上杜绝了病害肉流入市场。二是市场监管常抓不懈。加大对节假日期间食品安全专项整治工作。对从事动物及动物产品经营、加工、销售的业主办理了“动物防疫合格证”18份，并对83家经营户进行了年度审核，与之签订了动物防疫目标责任书。安排人员24小时值班，从而确保了我县肉食品的安全销售和质量保证。三是加强了清水公路动物防疫监督检查站的执法工作，坚持24小时值班，认真履行职责，实施严格的补检措施，狠抓消毒工作，从而保障了我县养殖业的健康发展。

3. 草原保护、监理和防火工作得到进一步加强。一是根据农业部、省政府《关于禁止采集和销售发菜制止滥挖甘草和麻黄草等野生药用植物的通知》精神及我县草地生态环境现状，组织人员深入全县154个行政村开展宣传工作。二是组织草原监理人员深入纯牧业岗察乡和半牧业区宣讲农业部《关于严禁开垦和非法征用草原的紧急通知》，对市场上非法收购野生药用药材收购点依法进行了查处。三是加大宣传力度，共出动宣传车5次，对全县10个乡镇开展了为期5天的《草原法》及相关法律法规的宣传活动，发放材料500余份。四是狠抓防火工作，对十个乡镇及重点村社签订草原防火责任书达21份。五是加强预测预报工作，对全县天然草地鼠虫害情况进行了详细的调查。调查结果显示：我县草地上的主要鼠虫害为高原鼢鼠和草原蝗虫，分布在道帏、白庄、文都、岗察等乡草地上，发生面积41万亩，危害面积32万亩，平均每公顷拥有鼢鼠新土丘238个，蝗虫每平方米43头。为防治鼠虫害工作提供了科学的依据。六是积极防治草原鼠害。在岗察、道帏、白庄三乡五个区，完成20万亩，其中岗察村9万亩、苏化村2万亩、卡索村4万亩、道帏乡浪尖考3万亩、白庄乡阿尔及考2万亩，防治效率平均为96.36%。

4. 开展科技培训，提高科学养畜水平。结合春秋两季防疫工作和正在开展的第三批保持共产党员先进性教育活动，组织畜牧科技人员深入基层开展农牧民科技培训，帮助农牧民解决防疫和生产中存在的实际问题，引导农牧民群众转变养殖方式。一是从年初起即在局与县站、县站与乡站、乡站与技术人员层层签订了科技承包责任书，明确任务，落实责任；二是结合项目建设、防疫、检疫、监督、草原建设工作，共培训301期7.2万人（次）（其中业务培训42期，2457人次；农牧民培训217期，67403人次；法律培训42期，2140人次），发放宣传资料12100份，悬挂横幅12次。上街咨询宣传5次，咨询3.6万人（次）。培训采取集中受训、分散培训、播放电视录像、上街宣传等方式。培训的主要内容是家禽饲养管理、疫病防治、牛羊快速育肥、畜种改良、暖棚养畜、牧草种植、草原四配套、禽流感防治等 14 项实用技术。

5. 深入开展了扶贫联系点工作。一是结合开展的第三批保持共产党员先进性教育活动和《学习党章、寻找差距、增强党性》主题实践活动，局党总支号召广大党员职工积极投身到“立足岗位做贡献，我为党旗增光彩”的活动当中，纷纷献出一片爱心，捐款捐物，共为尕楞乡捐款捐物 5000 元，全部送到贫困群众手中。二是积极响应妇联、县总工会、残联等单位的倡议，动员职工积极捐款捐物，共捐款 4310 元，体现了“一方有难，八方支援”的中华民族传统美德。三是积极开展“联姻”结对帮扶活动，加强基层组织建设，局党总支给尕楞乡比塘村解决了 1000 元经费，从上级部门争取了 73.8 万元的整村推进项目。同时，每季度组织结对村的党支部和村委会成员组织召开座谈会，积极为他们出谋划策厘清发展思路。从而使该村的畜牧业有了长足的发展。同时，给街子乡团结村、查汗都斯乡团结村计划生育联点村举办科技培训班 10 期，培训人员 320 人（次），散发宣传资料 200 份。

6. 加强法制建设，提高依法行政水平。结合“四五”普法，组织干部职工反复学习了宪法、民事诉讼法、行政诉讼法、草原法、循化县草山管护条例和综治委的有关文件，并利用青海法制报和其他报纸杂志上的有关法律法规，广泛学习，统一思想，提高认识，配合社会治安综合治理工作，办了 4 期黑板报。单位内部违法乱纪的人少了，讲团结、讲集体的人多了。大家说话办事心里都有一个显著的变化，就是学习法律知识的风气一天比一天浓厚起来。同时根据县委、县政府的安排，配合有关部门成功的调处解决了 4 起草山纠纷，为民族团结、社会稳定、经济发展做出了贡献。

三、存在问题

1.“西繁东育”工程的实施，极大地激发了广大农牧民群众搞牛羊贩运育肥和自繁自育的热情，但由于项目贷款协调难度大，部分项目示范村的养殖户资金短缺，发展后劲不足。

2. 科技推广经费少，使本来尽快产生效益的实用技术成果难以推广，畜牧业生产科技含量不高。

3. 基层专业技术人员缺少，一人一站、二人一站的乡镇较多，工作量大、服务范围广，影响了基层工作的正常开展。

4. 缺乏市场运作的中介组织。我县目前牛羊饲养规模仍然较小，牛羊育肥生产仍呈现分户经营的格局，群众抵御市场能力较弱，解决的途径就是建立中介组织，走集约化经营的道路。

5. 畜种改良点建设投入不足。牛改点投入经费少，缺乏绵羊、绒山羊人工改良点建设，导致牛改服务面窄，良种牛养殖形不成规模；绵山羊改良完全依赖本交繁育，近亲繁殖问题突出，生产性能逐步退化。

6. 依法管理尚未形成社会化风气。群众的法制意识薄弱，动物防检疫、监督和草原监理执法难度大。

四、2007 年畜牧工作思路

1. 发展思路：发展设施畜牧业，优化畜种结构，提高科学养畜水平，强化动物防检疫工作，建立健全动物及产品安全卫生保障机制，着力解决畜牧业发展中突出存在的良种畜禽、保温畜棚、饲草料问题，不断提高畜牧业综合效益，加快产业化进程。

2. 主要目标：牲畜社会饲养量比上年增长 3%，达到 44 万头只；草食畜年末比上年增加 3%，达到 28 万头只；贩运育肥牛羊 30 万头只；自繁自育牛羊 15 万头只；畜牧业产值达到 9000 万；人均牧业收入达到 950 元。

3. 围绕以上发展思路和目标，突出抓好以下几项工作。

（1）优化畜禽结构，提高良种化率。积极争取项目资金，加快人工授精和良种畜的引进、技术推广工作，充分发挥乡镇畜牧兽医站职能，开展畜种改良，鼓励和支持个体畜种改良户建立个体私营畜种人工授精点，扩大改良面，年内完成畜种改良 6.03 万头（只）。其中：牛改 5000 头，猪改 300 头，羊改 55000 只，全面贯彻《种畜禽管理条例》，依法开展畜禽管理工作。

（2）抓好“西繁东育”和“自繁自育”工程。积极争取贩运育肥和“自繁自育”项目贷款贴息，年内重点扶持贩运育肥村 10 个，贩运育肥牛羊计划达到 28 万头（只），自繁自育村 20 个，自繁自育牛羊达到 13 万头（只）。积极推广牛羊保温暖棚，提高仔畜成活率。积极推广育肥技术，缩短饲养周期，加快畜群周转，发挥农区饲养优势。做到畜牧工作与扶贫工作的结合，将整村推进项目作为加快农区畜牧业发展、增加农牧民收入的主要途径，争取更多的扶贫资金用于畜牧业项目建设。年内在 8 个村中实施整村推进项目。

（3）加强动物及产品安全卫生工作，确保畜牧业健康发展。认真落实动物防疫责任制，层层签订目标责任书。坚持不懈地做好牲畜 W 病等重大疫病防治工作，做到防检结合，提高防疫密度，保障动物安全。加强疫情报告制度。切实做好技术服务、科学宣传等工作。认真开展市场及流通环节和产地检疫工作。认真按照种畜禽引进调运技术操作规程的要求，加强在调运种畜禽当中的防疫、检疫、监督、检查工作。严格依法开展工作，确保畜牧业生产健康发展。

（4）加快发展饲草料基地建设。把发展畜牧业与种植业结构调整结合起来，推广高产燕麦等优良饲草料品种及箭谷豌豆混播复收技术，扩大农田复种面积，加快饲草商品化和产业化步伐，增加农民收入，年内种草2.5万亩。加大草原保护和建设力度，认真开展草原鼠虫害的防治工作。年内完成30万亩草山灭鼠工作。切实做好鼠虫害预警监测和防火工作。

（5）转变工作作风，强化服务职能。按照十六届五中全会的要求，强化服务职能，加强畜牧兽医、检疫队伍的建设，提高防疫、检疫、监督、检查及草原执法水平。各站、所要充分调动基层技术人员的工作积极性，实行科技承包，鼓励科技人员承包到村到户，全体干部职工要加强学习，更新知识结构，提高实际操作能力。年内要在10个乡镇培训农牧民群众7万人（次），其中：畜牧站完成培训3万人（次），动检所完成培训2万人（次），草原站完成培训1万人（次），草监站完成培训1万人（次），重点培训内容为保温畜棚、畜种改良、疫病防治、配制饲料、种草等14项实用技术。加大《动物防疫法》《草原法》《种畜禽管理条例》《兽药管理条例》等法律法规的宣传和贯彻执行工作。提高广大干部职工的法制水平和业务素质。同时，结合先进性教育，在本系统内开展民主评议横向排序工作，全面整顿组织纪律、工作作风、服务水平、工作能力等方面存在的突出问题，提高办事效率和服务水平。

——《2006年畜牧工作总结及2007年工作要点》（内部资料），农牧局办公室提供，2012年7月。

循化县畜牧局2007年工作总结及2008年工作要点

一、2007年畜牧业生产形势

（一）牲畜饲养总量稳步发展。全县草食畜年末存栏28.12万头只，同比增加1.24万头只；成活仔畜12.94万头只，成活率达到95.56%，成幼畜死亡率2.86%，同比下降0.06个百分点；母畜比例达到49.51%。牲畜社会饲养量达到45万头只，同比增加2.1358万头只；生猪存栏0.48万头。

（二）出栏率和商品率不断增加。牲畜出栏率、商品率和总增率分别达到57.9%、46.51%和46.11%，同比分别提高0.72、2.88和0.78个百分点。

（三）主要畜产品产量持续增长。肉类总产量达到6609.23吨（其中猪肉538.9吨，牛肉 3766.75 吨，羊肉 2232.86 吨，禽肉 70.72 吨）；牛奶总产量 7453.77 吨；毛类总产量 219.03 吨（其中山羊毛 36.68 吨，绵羊毛 182.35 吨，改良毛 94.30 吨）；各类绒产量 34.53 吨（山羊绒 18.56 吨，牛绒 15.97 吨）；皮张总产量 14.84 万张（牛皮 3.01 万张，羊皮 11.83 万张）；禽蛋总产量 326.06 吨。

（四）畜牧业产值和农牧民人均收入明显增长。畜牧业产值达到 1.2024 亿元，占农业总产值的 50%；畜牧业人均收入 1037.4 元，占人均纯收入的 38%。

（五）畜种结构进一步优化。改良绵羊年末存栏 6.2 万只，占绵羊年末存栏数的 47.05%，绒山羊存栏 1.4 万只，占山羊年末存栏数的 18.3%。改良牛存栏 1.21 万头，占牛年末存栏数的 19.25%，同比提高 0.87 个百分点。完成黄牛改良 5800 头，其中：冷配 2085 头，本交 3715 头。猪改 325 头。

（六）动物防疫工作取得显著成效。全县春秋两季共注射各类疫苗 75.5940 万头只（次），其中注射鸡新城疫—禽流感双价疫苗 23.434 万只羽次；注射猪三联苗 7943 头（次）；猪、鸡防疫密度分别达到 100% 和 100%。牛羊猪 W 苗 47.5022 万头只（次）；注射羊四联苗 14.8019 万只（次），羊痘苗 7.0688 万只（次）；注射牛出败苗 5400 头（次），完成春秋两季常规消毒 5.05 万多平方米。驱除绵山羊内外寄生虫 44.4959 万头只（次）。

（七）动物检疫工作扎实推进。全年检疫牛羊 11.6824 万头只，禽 9.4073 万羽，猪 1.5435 万头，马属动物 340 匹（公路检查站检疫牛 3713 头，羊 8004 只，马属动物 340 匹，猪 10252 头，鸡 55683 只；产地检疫牛 23015 头，羊 82092 只，猪 5178 头，家禽 38390 只）；检疫牛羊胴体 18.9435 头只；检疫消毒各类车辆 6537 车（次），皮张 19.25 万张，毛类 6.8915 万公斤，杂骨 123 吨，蜜蜂 4427 箱。

（八）“西繁东育”和自繁自育生产势头强劲。全县适度规模养殖户发展到 5038 户，饲养牛羊 14.12 万头只（羊 12.0152 只，牛 2.104 万头），占全县牲畜总数的 45.68%。牛羊贩运育肥户达到 3285 户（贩运户 1794 户，育肥户 1491 户），贩运育肥牛羊 38.21 万头只（贩运羊 20.62 万只，牛 0.65 万头，育肥牛 0.61 万头，羊 16.33 万只）；贩运育肥收入达到 1772.3 万元，户均纯收入 5803.21 元。

（九）饲草料种植面积不断扩大。全年共完成种草面积 2.43 万亩，其中：种植多年生牧草 0.28 万亩，当年生 2.15 万亩；打贮青干草 750 万公斤，青贮 6 万公斤。

二、项目实施完成情况

2007 年全社会畜牧业投入累计达 1.4862 亿元，其中：国家投资 3357.5 万元、群众投资 9711.5 万元。全年共实施畜牧业项目 8 个，项目总投资达 3784.968 万元，其中：国家投资 686 万元，项目贷款 2277 万元，群众自筹 821.968 万元。

1.“西繁东育”工程：争取贷款贴息 80 万元，共发放牛羊贩运育肥贷款 2277 万元；全县牛羊贩运育肥户达到 3285 户，贩运育肥牛羊 38.21 万头只。

2. 良种工程建设项目：投资 20 万元，完成地、县级专业技术人员培训，参训人数 200 人次；购入黑白花种公牛 10 头，良种绒山羊种公羊 100 只，分别投放到上半部地区的 110 户农户中开展牛羊改良；维修牛羊人工授精改良点 3 个，配置更新器械。

3. 肉牛养殖基地建设项目：投资 150 万元，其中：国家投资 48 万元，业主自筹资金 102 万元，建成了 1 个肉牛养殖小区，新建肉牛饲养暖棚 12 栋，共 3600 平方米，占地面积 20 亩，围墙 680 米，大门一座，检疫室、值班室及职工宿舍 6 间 120 平方米。

4. 奶牛养殖基地建设项目：总投资 480 万元，在我县查汗都斯乡苏只村，街子乡牙门曲呼村，积石镇托坝村、新建村实施。建成了三个奶牛养殖基地，培训群众 300 人次。

（1）查汗都斯乡苏只村：建成牛羊暖棚 50 座，占地面积 5 亩，围墙 650 米，大门一座，检疫室、值班室及职工宿舍 5 间 120 平方米，饲养奶牛 70 头。

（2）积石镇托坝村：建成牛羊暖棚 30 座，占地面积 15.6 亩，围墙 600 米；饲料房 100 平方米，氨化池 240 立方米，水窖 45 立方米，购置铡草机、饲草粉碎机各 1 台套。挤奶机 1 台；饲养奶牛 113 头。

（3）积石镇新建村：建成牛羊暖棚 20 座，占地面积 5.5 亩，围墙 1250 米，大门 1 座，检疫室、值班室及职工宿舍 10 间 350 平方米；购置饲草粉碎机 1 台；饲养奶牛 80 头。

5. 草地鼠害灭治项目：投资 10 万元，完成防治高原鼢鼠 20 万亩，完成率为计划任务的 100%，防治效率平均为 96.36%；在项目实施过程中，我们考虑到项目区群众的实际情况，在发动当地群众参与防治工作的基础上，雇用外县有经验的捕捉能手和组织项目区群众 198 人，实行科学规划、合理布局，灭鼠弓箭在省上配置 1740 副的基础上，群众自制 1260 副，从而保证了项目的顺利完成。

6. 岗察草原建设项目：总投资 412.968 万元，其中：国家投资 213 万元，群众自筹 199.968 万元，该项目在我县岗察乡岗察村实施，新建的牛羊暖棚和牧户生产用房彻底改变了该地区部分群众的生产生活方式，该项目已通过县级验收。

7. 循化县 2007 年农区小型畜用暖棚建设项目：总投资 250 万元，其中：国家投资

30万元，群众自筹220万元，在街子乡牙门曲呼村，白庄乡条井村，积石镇新建村、托坝村，查汗都斯乡苏只村五个村200户农户中实施。新建畜棚200栋，每栋30多平方米，计6000平方米。其中：查汗都斯乡苏只村扶持项目户30户，街子乡牙门曲呼村扶持项目户60户，积石镇托坝村扶持项目户20户、新建村扶持项目户30户，白庄乡条进村扶持项目户60户。在项目的建设形式上，坚持统一设计，统一标准，统一建设，统一验收；在饲养方式上采取集中饲养，形成规模经营。查汗都斯乡苏只村养殖小区饲养奶牛65头，街子乡牙门曲呼村养殖小区饲养绵羊3000只，积石镇托坝村养殖小区饲养奶牛113头，新建村养殖小区饲养奶牛60头，白庄乡条进村养殖小区饲养绵羊2800只，该项目已通过县级验收。

8. 尕楞乡宗占村绒山羊养殖协会建设项目：投资10万元，培训人员100人次，配置办公设备5套，科普宣传设备2套。

9. 循化县畜棚养殖项目：投资175万元，分别在我县街子、积石镇、白庄三乡镇8个牛羊养殖小区中实施。

10. 投资80万元的乡镇畜牧兽医站改造项目，投资150万元的循化县水产养殖项目，投资60万元的动检所建设项目已完成前期可研报告。

三、强化措施、突出重点、落实责任，全面推进规模养殖业的发展

（一）加强畜禽疫病防治和疫病监测工作。为有效防控动物疫病发生，切实保障畜牧业健康发展，积极开展动物防疫工作。一是加强了化验室检验、疫病监测和报告工作。动物疫病监测主要进行了马鼻疽、马传贫、奶牛结核、高致病性禽流感、鸡新城疫、狂犬病、牛羊畜间布病及家畜炭疽病的疫情监测工作，年内共完成马属动物传染性贫血病监测100例、马鼻疽监测100例、奶牛结核监测200例、高致病性禽流感监测110例（其中抗体检测60例，拭子和野鸟粪便抗原检测50例）、鸡新城疫监测80例（其中抗体检测和拭子抗原检测各40例）、狂犬病抗原监测20例、牛羊畜间布氏杆菌病监测各50例，结果均为阴性。二是年内共进行高致病性猪蓝耳病、高致病性禽流感疫情普查4次，抽调人员450多人次，普查禽类5204羽，生猪3580头，均未发现疫情。三是狠抓动物疫情报告工作。年内共上报无疫情月报12次，上报W病旬报36次，并按省、地要求完成了W病、高致病性猪蓝耳病的零报告和各类疫苗的订购、免疫注射进展等情况的报告。

（二）强化动物检疫工作。一是加大动物防疫法律法规的宣传力度。通过电视播放、发放宣传材料、黑板展示、悬挂横幅、张贴标语、解答群众疑问咨询等多种宣传

形式，宣传了科学防范高致病性禽流感、高致病性猪蓝耳病、小反刍兽疫等重大动物疫病的知识，共发放各类宣传材料18672份，展板15块，悬挂横幅6面，张贴标语915张，解答群众疑问咨询6138人次，从而消除了人们的恐慌心理，维护了动物产品市场的有序流通和正常消费。二是加强动物防疫条件审核。对全县肉类销售摊点、肉食品加工和畜禽屠宰场等肉食品生产、加工、经营场所，深入现场监督检查防疫条件，审验核发了“动物防疫合格证”158份，其中核发126份、年审32份。三是牛羊屠宰检疫有序展开。严格执行《畜禽屠宰卫生检疫规范》和《动物检疫管理办法》，规范检疫行为，把好“入场关”，严格查证验物，认真实施宰前检疫和宰后检疫的程序和项目。四是市场监管常抓不懈。狠抓节假日期间食品安全专项整治工作，与县卫生、公安、工商、林业、药品食品安监、经贸等部门联手出动，重点检查餐饮业的合法经营情况，检查其防疫条件是否合格、检查动物产品的来源、查验检疫证明和检疫标识，并制定了相应的措施和要求，安排人员24小时值班，从而确保了我县肉食品的安全销售和质量保证。对县境内流通的动物凭疫苗注射卡、耳标佩戴情况到报检点报检，从源头上杜绝了病害肉流入市场。在市场监管工作中处理案件6起，无害化处理牛2头、羊6只、肉1240斤。五是加强产地检疫工作。不断加大产地检疫工作的宣传力度，提高思想认识，制定产地检疫工作目标，依法开展产地检疫工作，不断完善产地检疫工作队伍网络，充实工作第一线人员，把工作责任落实到人。并结合我县实际情况，借鉴外州县经验，积极推行检疫申报制度，探索检疫委托、检疫派驻、设立报检等开展产地检疫的工作方法，提高产地检疫率。

（三）进一步加强草原保护、监理和防火工作。一是加强预测预报工作，提高鼠虫害监测水平。对全县天然草地鼠虫害情况进行了详细的调查。调查结果显示：我县草地上的主要鼠虫害为高原鼢鼠和草原蝗虫，分布在道帏、白庄、文都、岗察等乡草地上，发生面积41万亩，危害面积32万亩，平均每公顷拥有鼢鼠新土丘238个，蝗虫每平方米43头。根据高原鼢鼠和草原蝗虫的生活史，经过现场调查分析，我县境内鼠虫害的发生具有进一步发展、蔓延的趋势。这项工作的开展，为防治鼠虫害工作提供了科学的依据。二是根据农业部、省政府印发《关于禁止采集和销售发菜制止滥挖甘草和麻黄草等野生药用植物的通知》精神及我县草地生态环境现状，继续在全县范围内宣传《关于全面禁止采挖野生药用植物》的通告和《草原法》宣传材料，深入全县154个行政村进行张贴宣传。三是认真开展了普法宣传月活动。以《中华人民共和国草原法》《草原防火条例》《关于加强草原保护与建设的若干意见》《青海省实施〈中华人民共和国草原法〉细则》《循化县关于全面禁止采挖野生药用植物的通告》等法律法规为重点，深入9个乡镇认真开展宣传教育活动，尤其把草原面积广、草原执法难度大的岗察、尕楞、文都、道帏等乡作为重点，走村串户，耐心细致地讲解草原法律法规知识，在循化广播电视上自办栏目，播放《草原法》知识问答10次，出动宣传车5次，发放草原防火宣传图片1500份，草原法律法规知识问答手册90本，张贴普法宣传标语300份，悬挂横幅2条，开展咨询活动5次。四是加强防火工作。同9个乡镇政府和重点村社签订了草原防火责任书17份，从而形成了县、乡、村三级联动的草原防火体系，真正做到了分工明确、责任到人。

（四）开展科技培训，提高科学养畜水平。结合春秋两季防疫工作和正在开展的作风建设年活动，组织畜牧科技人员深入基层开展农牧民科技培训，帮助农牧民解决防疫和生产中存在的实际问题，引导农牧民群众转变养殖方式。一是从年初起即在局与县站、县站与乡站、乡站与技术人员层层签订了科技承包责任书，明确任务，落实责任；二是结合项目建设、防疫、检疫、监督、草原建设工作，共培训282期6.41万人（次）（业务培训32期，1980人次；农牧民培训204期，5.41万人次；法律培训46期，8020人次），发放宣传资料3.41万份，悬挂横幅15条，上街咨询宣传4次，咨询4.2万人（次）。以畜禽饲养管理、疫病防治、牛羊快速育肥、畜种改良、暖棚养畜、牧草种植、草原四配套、禽流感防治实用技术等为重点内容，采取集中受训、分散培训、播放电视录像、上街宣传等方式开展了培训。

四、2008年畜牧工作思路

（一）发展思路

以十七大精神和科学发展观为统领，加快发展现代畜牧业，推进新农村建设，加强基地建设，优化畜种结构，壮大规模养殖，确保动物及其产品安全，提高畜牧业综合效益，加快产业化进程。

（二）主要目标

牲畜社会饲养量达到46万头只，草食畜年末存栏达到29万头只；贩运育肥牛羊40万头只，自繁自育牛羊23万头只；畜牧业产值达到1.5亿元，人均牧业收入达到1100元。

（三）工作重点

1.加快养殖小区建设，提高规模养殖水平。要进一步推进养殖小区建设，充分利用“西繁东育”、整村推进、畜棚建设、科技推广及培训、畜种改良等资金，统一规划，不断扩大养殖小区规模，逐步实现“人畜分离”“场村分离”，引导养殖小区建立统一的防疫制度、经营管理制度，推进养殖小区内农户进行联合经营，壮大规模养殖水平，产生规模效益，推进产业化进程。

2. 优化畜禽结构，提高良种化率。积极争取项目资金，加快人工授精和良种畜的引进、技术推广工作，充分发挥乡镇畜牧兽医站职能，开展畜种改良，鼓励和支持个体畜种改良户建立个体私营畜种人工授精点，扩大改良面，再推广高产奶牛，优质肉牛、肉羊，提高良种率，年内完成牛改 6000 头，猪改 400 头，羊改 6.5 万只，全面贯彻《种畜禽管理条例》，依法开展畜禽管理工作。

3. 抓好“西繁东育”和自繁自育工程。积极争取贩运育肥和“自繁自育”项目贷款贴息，年内重点扶持贩运育肥村 30 个，贩运育肥牛羊计划达到 40 万头只，自繁自育村 30 个，自繁自育牛羊达到 23 万头只。积极推广牛羊保温暖棚，提高仔畜成活率。积极推广育肥技术，缩短饲养周期，加快畜群周转，发挥农区饲养优势。做到畜牧工作与扶贫工作结合，将整村推进项目、较少民族项目、中德财政项目作为加快农区畜牧业发展，增加农牧民收入的主要途径，争取更多的资金用于畜牧业项目建设。

4. 加大动物疫病的防控力度，确保畜牧业安全。始终把重大动物疫病防控工作放在重中之重，按照“政府保密度”、业务部门保质量的动物防疫工作要求，认真落实动物防疫责任制，层层签订目标责任书，确保春秋两季重大动物疫病防疫密度达到 100%，确保免疫抗体效果，加强饲料兽药市场监管力度，确保畜产品安全。加强疫情报告制度，切实做好技术服务、科技宣传等工作。同时，认真开展市场及流通环节和产地检疫工作。认真按照种畜禽引进调运技术操作规程的要求，加强在调运种畜禽当中的防疫、检疫、监督、检查工作，确保畜牧业生产健康发展。

5. 加强动物卫生监督和兽药管理。进一步完善动物卫生监督执法体系建设，加强对动物及动物产品生产、运输、加工、储存、销售等环节的监管，切实规范产地检疫和屠宰检疫工作，严厉查处逃避检疫等违法行为。开展证章标志清理整顿工作，抓好重大疫病疫苗等兽用生物药品的监管。对兽药经营环节加大监督检查力度，规范和整顿兽药经营秩序，坚决把非法兽药产品彻底清出兽药市场，加大兽药使用环节监督管理力度，逐步建立养殖小区和农牧户用药记录制度，与养殖档案制度配合，建立兽药使用档案，扩大兽药残留抽检范围。

6. 加快发展饲草料基地建设。把发展畜牧业与种植业结构调整结合起来，推广高产燕麦等优良饲草料品种及箭谷豌豆混播复收技术，扩大农田复种面积，加快饲草商品化和产业化步伐，扩大人工种草面积，实行大面积种草和农户分散种草相结合，一年生和多年生种草相结合，大力开展人工饲草料基地建设和大储草工作。提高畜牧业抵御自然灾害的能力，努力推进草业产业化进程。增加农民收入，年内种草3万亩。同时加强草原保护和建设力度，认真开展草原鼠虫害的防治工作。年内完成30万亩草山灭鼠工作。切实做好鼠虫害预警监测和防火工作。

7. 以推广先进适用技术为重点，着力提高现代畜牧业质量效益，加大实用技术推广力度，努力做到科技指导到村、到户，良种良法直接到户，技术要领直接到人，进一步加大疫病防治、生态高效、畜禽水产养殖等使用技术的推广力度，年内要在9个乡镇培训农牧民群众8万人（次），其中：畜牧站完成培训4万人（次），动检所完成培训3万人（次），草原站完成培训1万人（次），加大对农牧民技术骨干和农牧民群众的培训，实现每户都有科技明白人，积极培育科技示范户，发挥其对农牧民的示范带动作用，进一步提高畜牧业科技成果转化能力。

8. 加强职工队伍建设，转变工作作风，强化服务职能，提高依法行政水平。认真学习十七大精神，全面贯彻落实科学发展观，树立全新的现代畜牧业发展理念，加强畜牧兽医、检疫队伍的建设，提高防疫、检疫、监督、检查及草原执法水平。加大《动物防疫法》《草原法》《种畜禽管理条例》《兽药管理条例》等法律法规的宣传和贯彻执行工作，提高广大干部职工的法制水平和业务素质。同时，结合先进性教育，在本系统内开展民主评议横向排序工作，全面整顿组织纪律、工作作风、服务水平、工作能力等方面存在的突出问题，提高办事效率和服务水平。以高昂的斗志，创新的精神，良好的作风，扎实的工作，努力实现畜牧业增产，农牧民增收，努力促进现代畜牧业发展进程。

——《2007年畜牧工作总结及2008年工作要点》（内部资料），农牧局办公室提供，2012年7月。

循化县畜牧局2008年工作总结及2009年工作要点

一、2008年畜牧业生产形势

（一）牲畜饲养总量稳步发展。全县草食畜年末存栏29.0975万头只，同比增加0.9725万头只；成活仔畜13.66万头只，成活率达到95.70%，成幼畜死亡率3.10%；母畜比例达到52.04。牲畜社会饲养量达到46.7518万头只，同比增加1.7518万头只；生猪存栏0.47万头。

（二）出栏率和商品率不断增加。牲畜出栏率、商品率和总增率分别达到58.02%、47.09%和46.9%，同比分别提高0.12、0.58和0.79个百分点。

（三）主要畜产品产量持续增长。肉类总产量达到6767.74吨（其中猪肉387.07吨，牛肉3987.38吨，羊肉2307.11吨，禽肉86.18吨）；牛奶总产量7011.47吨；毛类总产量334.91吨（其中山羊毛38.01吨，绵羊毛197.69吨，改良毛99.21吨）；各类绒产量34.86吨（山羊绒19.26吨，牛绒15.60吨）；皮张总产量15.29万张（牛皮3.19万张，羊皮12.10万张）；禽蛋总产量129.81吨。

（四）畜牧业产值和农牧民人均收入明显增长。畜牧业产值达到1.64亿元，占农业总产值的53%；畜牧业人均收入1261元，占人均纯收入的38.8%。

（五）畜种结构进一步优化。改良绵羊年末存栏6.824万只，占绵羊年末存栏数的50.96%，绒山羊存栏1.46万只，占山羊年末存栏数的18.50%。改良牛存栏1.2万头，占牛年末存栏数的18.89%。完成黄牛改良6130头，其中：冷配2261头，本交3869头。猪改412头。

（六）动物防疫工作取得显著成效。全县春秋两季共注射各类疫苗76.2万头只次，完成春秋两季常规消毒8.25万多平方米。驱除绵山羊内外寄生虫46.54万头只次。（其中：内寄生虫37.51万头只次，外寄生虫9.03万头只次）。

（七）动物检疫工作扎实推进。全年共检疫各类牲畜10.8231万头只，动物产品115.57吨，消毒车辆2253车次。产地检疫牛5942头，羊9.9875万只；检疫牛羊胴体19.8439万头只。

（八）“西繁东育”和自繁自育生产势头强劲。全县适度规模养殖户发展到5550户，饲养牛羊17.18万头只（羊14.31万只，牛2.87万头），占全县牲畜总数的53.52%。牛羊贩运育肥户达到3125户（贩运户1425户，育肥户1700户），贩运育肥牛羊49.33万头只（贩运羊21.58万只，牛1.51万头，育肥牛1.78万头，羊24.46万只）；贩运育肥收入达到3049万元，户均纯收入9756.8元。

（九）饲草料种植面积不断扩大。全年共完成种草面积3.05万亩，其中：种植多年生牧草0.25万亩，当年生2.8万亩；打贮青干草750万公斤，青贮6万公斤。岗察打贮草生产基地维修围栏1000亩，种草1000亩。

二、项目实施完成情况

2008年全年共实施畜牧业项目10个，项目总投资达3000.9万元，其中：国家投资300.9万元，项目贷款2050万元，群众自筹650万元。

1. 投资20万元的畜禽良种工程已完成。完成技术人员培训20人次和三个改良点建设，购置仪器设备10台套，引进良种畜禽120头只。

2. 投资245万元的农区小型畜棚建设项目已完成。在全县3个乡镇和6个项目村建成小型畜棚12000平方米。

3. 投资95万元的农区养殖肉羊项目已完成，完成棚圈建设600平方米，养殖肉羊2000只。

4. 投资2080万元的“西繁东育”工程项目，已争取贴息资金31.5万元，落实贷款2050万元，完成贩运育肥牛羊53万头只。

5. 投资100万元的岗察草原建设项目已完成，在岗察乡建成畜棚15座1800平方米。

6. 投资10万元的草地鼠害灭治项目已完成，完成防治高原鼢鼠20万亩，完成任务的100%，防治效率平均为96.36%，已通过省级验收。

7. 投资320万元的“菜篮子”工程肉牛养殖基地项目已完成，在街子乡托龙都村实施，已完成土地租赁、场地平整和棚圈建设任务，目前，饲养肉牛300头。

8. 投资30万元的循化县新型农牧民科技培训工程已完成，在8个乡镇20个村实施，已完成农牧民科技培训800人。

9. 投资8.4万元的养殖专业户和村级防疫员专业人员培训项目资金已到位。

10. 投资92.5万元的乡镇兽医站改造项目资金已到位。

三、采取的主要措施

（一）坚持依法兴牧，加强法制建设，提升了畜牧业依法管理水平。一是结合“五五”普法，组织干部职工反复学习了宪法、民事诉讼法、行政诉讼法、草原法、循化县草山管护条例、动物防疫法、畜牧法和综治委的有关文件，并利用青海法制报和其他报纸杂志上的有关法律法规，广泛学习，统一思想，提高认识。二是配合社会治安综合治理工作，办了六期黑板报，并从单位拿出700元制作了平安建设宣传牌。同时根据县委、县政府的安排，配合有关部门成功地调处解决了3起草山纠纷，为民族团结、社会稳定、经济发展做出了贡献。三是认真贯彻落实《动物防疫法》《兽药管理条例》《饲料及饲料添加剂管理条例》及《种畜禽管理条例》等有关法律法规，进一步规范执法行为，切实加强执法队伍建设，努力提高执法水平。紧紧围绕防疫工作的严峻形势和畜产品不安全因素上升等问题，依法加强了动物防疫检疫工作，在重点市场、重点区域、重点生产企业集中开展专项治理活动，严肃查处兽药、饲料违法案件，规范生产经营行为，依法保障畜禽产品质量安全和市场经济秩序。

（二）加强防疫工作，不断提高畜禽疫病防治和疾病监测水平。根据省、地文件精神，县委、县政府高度重视动物防疫工作，及时下发了《循化撒拉族自治县人民政府办公室关于认真做好 2008 年春秋季动物防疫工作的通知》，分别召开了动物防疫工作会议，全面动员、部署动物防疫工作。按照政府负责免疫密度，业务人员负责免疫质量和效果的要求，层层签订了目标责任书，实行防疫承包制，任务到人，责任到人，为动物防疫工作的全面顺利开展提供了良好的组织保证。二是加强了防疫督查工作。根据全县动物防疫工作会议精神要求，抽调人员组成防疫督查工作小组，对防疫目标管理责任制的执行、防治任务的完成、各项措施的落实等情况实行分级督查制，从而有力地促进了防疫工作的快速、有效开展。三是加大宣传力度。为促进全县动物防疫工作的顺利开展，提高群众依法防疫水平，充分利用“科教卫生三下乡活动”，组织专业人员开展了以“控制重大动物疫病，保障畜牧业健康发展”“发展畜牧业，防疫是关键”和奶牛结核、布病监测、高致病性猪蓝耳病防控为主题的宣传活动，共发放《动物防疫法》，猪瘟、奶牛结核、狂犬病、高致病性禽流感、W 病等人畜共患病发病机理、危害及防治，饲料加工技术、添加剂使用技术等宣传资料 5000 份，咨询群众 2.34 万多人（次），有力地推动了群众参与动物防疫的自觉性，为全面、顺利完成春防工作奠定了良好基础。四是加强业务培训和防疫员管理，努力提高防疫质量。为全面提高业务干部和村级防疫员的业务技术水平，从单位抽出理论功底深、实践操作经验丰富的 6 名同志，组织举办了 10 期业务技术培训班，受训面 100%。全面讲解业务知识，提高实际操作能力。

（三）强化动物检疫监督工作。一是加大公路动物防疫监督检查站执法力度。按照青海省公路动物防疫监督检查站整顿办法“十二个统一”的要求，实行 24 小时值班，对出证、验物、登记、收费进行严密的审核、审查，坚决杜绝无证动物、动物产品和未佩戴二维码耳标的牲畜过关，坚决杜绝病死动物流通，确保动物产品消费安全。二是加强产地检疫工作。为切实搞好产地检疫工作，制定出台了《循化县产地检疫报检点实施方案》《产地检疫报检点工作计划》和《关于合理设置动物检疫报检网点进一步规范产地检疫工作的通知》等文件。实行了设立产地检疫报检点、乡站检疫员包点等办法，努力提高产地检疫率，全县设立了 8 个产地检疫报检点，每个报检点都建立了产地检疫报检点档案（包括工作宣传记录本、报检记录本、检疫登记簿等），确定了检疫监督员，悬挂了报检点牌子，并通过出诊、注射疫苗等时机随时对产地养殖户和贩运户、屠宰场进行动物产地检疫工作的重要意义、检疫要求等内容进行宣传，让每个饲养者和经营者明白，没有检疫合格证明、运输工具消毒证明及二维码耳标不能进行运输和屠宰。同时在9个乡镇宣传了《动物防疫法》《畜禽产地检疫规范》《重大动物疫情应急条例》和《高致病性禽流感防控措施》等法律法规。发放各类宣传材料3450份、黑板展示10块、悬挂横幅6面、张贴标语350张、解答群众疑问咨询2.67万人次。并对县境内流通的动物凭疫苗注射卡、耳标佩戴情况到报检点报检，经检疫员检疫后作出是否准予出售、流通的决定，从源头上杜绝了病害肉流入市场。三是严格开展屠宰检疫工作。在屠宰检疫工作中严格按照屠宰检疫的有关规定进行屠宰检疫及病害（死）动物及动物产品的无害化处理，使屠宰动物的受检率达到100%，上市肉类的检疫率、合格率和持证率均达到100%，病害动物及产品无害化处理率达到100%，并加大对养殖场档案管理、牲畜耳标佩戴等的监督检查力度，严厉打击畜禽养殖、销售、收购、屠宰等环节违反动物标识使用和养殖档案管理有关规定的各类违法行为。四是加强市场监管工作，确保广大群众吃上“放心肉”。其一是积极与县卫生、公安、工商、林业、药品食品安监、经贸等部门协作，联合开展了“放心肉”工程专项监督检查工作，重点检查餐饮业的合法经营情况，检查其防疫条件是否合格，检查动物产品的来源，查验检疫证明和检疫标识。共出动检查车辆93台（次），人员452人次。共检查牛羊（猪）肉摊位368个次，检查牛羊胴体2012头（只），猪胴体61头，白条鸡7896只，禽蛋3746公斤。其二是加强动物防疫条件审核。对全县肉类销售摊点、肉食品加工和畜禽屠宰场等肉食品生产、加工、经营场所，深入现场监督检查防疫条件，审验核发了“动物防疫合格证”158份，其中核发126份、年审32份。

（四）进一步加强草原保护、监理和防火工作。一是加强预测预报工作，提高鼠虫害监测水平。对全县天然草地鼠虫害情况进行了详细的调查。二是根据农业部、省政府印发《关于禁止采集和销售发菜制止滥挖甘草和麻黄草等野生药用植物的通知》精神及我县草地生态环境现状，继续在全县范围内宣传《关于全面禁止采挖野生药用植物》的通告和《草原法》宣传材料，深入全县154个行政村进行张贴宣传。三是认真开展了普法宣传月活动。从三月底开始，以《中华人民共和国草原法》《青海实施〈中华人民共和国草原法〉办法》《关于加强草原保护和建设的若干意见》《青海省草原使用权流转办法》和《循化县关于全面禁止采挖野生药用植物的通告》等法律法规为重点，深入9个乡镇认真开展宣传活动，尤其以岗察、尕楞、文都、道帏为重点，走村串户，细致地讲解草原法律法规的知识，对广大农牧民提出的问题逐一进行解答和说明，在整个宣传过程中，在循化广播电视台自办栏目中播放《草原法实施细则》3次，共出动宣传车10次，发放草原防火宣传图片850份，草原法律法规知识问答60本，《实施细则》200本，制作横幅2条，参宣人数达2.5万人次，收集整理了8条意见建议。四是加强草原防火工作，建立了草原防火指挥部，下设草原防火办公室，防火区部分乡镇相继成立了草原防火领导小组，基本上做到了领导、组织、思想、人员和措施五到位，使我县的草原监理工作逐步趋于规范化管理。

（五）狠抓科技投入，开展培训工作，提高科学养畜水平。结合正在开展的“抓作风建设，促工作落实”活动和“继续解放思想，科学发展”活动，组织畜牧科技人员深入基层开展农牧民科技培训，帮助农牧民解决防疫和生产中存在的实际问题，引导农牧民群众转变养殖方式。一是局与县站、县站与乡站、乡站与技术人员层层签订了科技承包责任书，明确任务，落实责任；二是结合项目建设、防疫、检疫、监督、草原建设工作，采取集中受训、分散培训、播放电视录像、上街宣传等方式开展了培训，共培训320期9.24万人次（业务培训20期，1980人次；农牧民培训258期，7.702万人次；法律培训42期，1.34万人次），发放宣传资料30000万份，悬挂横幅6条，上街咨询宣传3次，咨询3.72万人次。以畜禽饲养管理、疫病防治、牛羊快速育肥、畜种改良、暖棚养畜、牧草种植、草原四配套、禽流感防治实用技术等为重点内容，积极培育科技示范户，发挥其对农牧民的示范带动作用，实现了每户都有科技明白人的目标，从而有力地推动了畜牧业的健康、快速发展。

（六）加强项目建设，推动畜牧业健康、快速发展。项目工作是投资、建设、发展的基础性工作，是各项工作的重中之重。因此，不断加大项目建设力度，加强畜牧业基础设施建设，争取并实施了岗察草原建设项目、“菜篮子”工程肉牛养殖基地项目、新型农牧民科技培训工程等十个项目，总投资达3000.9万元，通过项目建设，进一步调动了农牧民发展畜牧业的积极性，想方设法筹措资金，投入发展畜牧业，全年累计社会总投资达1.8亿元以上，建设棚圈，壮大规模，从而推动了畜牧业适用技术的应用，加快了畜种改良的步伐，建立了一批科学养畜及规模养殖示范村、户，推动了我县畜牧业的健康、快速发展。同时，认真实施扶贫整村推进养殖业项目，与扶贫部门配合培训，指导修建棚圈和农户饲养管理，修建畜棚1321座31840平方米。

（七）狠抓规模养殖和小区建设。根据县政府产业规划要求，进一步推进养殖小区建设，充分利用西繁东育、整村推进、畜棚建设、科技推广及培训、畜种改良等资金，统一规划，不断扩大养殖小区规模，年内建立初具规模的养殖小区30个，其中：一是在清水、白庄、积石镇、街子、查汗都斯乡建立牛羊养殖小区15个，饲养规模达15

万头只以上。二是在道帏、清水、积石镇、文都、尕楞乡建立养猪基地5个，饲养规模达2000头以上。三是在查汗都斯、积石镇建立水产养殖基地2个。四是在积石镇、街子、查汗都斯乡建立奶牛养殖小区3个，饲养奶牛1000头以上，肉牛、肉羊养殖小区1个，饲养肉牛400头以上。同时，积极扶持和培育了几大基地建设：一是建立以清水乡专堂村、阿么岔村，尕楞乡宗村为主的绒山羊基地；二是建立以街子、道帏、岗察等乡为主的牦牛和藏系羊生产基地；三是建立以街子、查汗都斯、积石镇为主的奶牛和肉牛养殖生产基地；四是建立以白庄、文都、道帏乡为主的牛羊自繁自育生产基地；五是建立以尕楞、文都乡为主的犏雌牛生产基地；六是建立以清水乡下滩、上半部四个藏族乡为主的生猪生产基地；七是建立以沿黄乡镇为主的水产养殖基地。在基地建设和养殖小区建设中，我们采取四种办法。一是用科学规划指导小区建设，坚持规模化、标准化、生态化，由乡、村、统一规划用地，政府引导、部门指导，按小区标准统一设计。二是用优惠政策扶持小区建设，从资金扶持、环境优化入手，加大养殖小区建设力度，加快小区建设步伐。三是用优质服务推动小区建设，搞好良种服务，指导小区实行标准化生产；搞好防疫服务，确保小区安全生产。四是多种模式加强小区建设，采取能人带动、承包饲养、国家个人投资、合资合作、技术合作等形式，发展各类养殖小区。

（八）狠抓服务体系建设，促进畜牧业健康发展。一是加强良种繁育体系建设，在整顿、规范现有改良、配种站点的基础上，引进120头只良种畜，从而有效提高了全县良种畜存栏。二是加强疫病防治体系建设，定期开展动物疫病监测和计划免疫，保证了全县畜牧业的稳定发展。三是加强社会服务体系建设，成立了养牛、养羊、水产养殖等各类养殖协会，引导农户互通信息，协调解决产、加、销各环节存在的问题，帮助养殖户规避市场风险，提高市场竞争力。

四、存在的主要问题

（一）缺少龙头企业的带动。由于我县现有的畜产品加工企业能力有限，受资金短缺、设备老化的影响，产品加工仍处在初级加工阶段，无法适应日益发展的农区畜牧业发展形势。加之我县地处偏远，产品流通受阻，这一切严重制约着我县牛羊贩运育肥这一强势产业的进一步发展。

（二）缺少中介组织牵头，市场信息不灵。由于我县尚无正规的养殖业中介组织，市场信息不够灵通，缺乏各地及时的市场供求信息，无法及时有效地引导养殖户。

（三）产业化水平低。主要表现为畜牧业工业化、工厂化、规模化水平低。特别是能形成一定规模和带动效应的加工龙头企业数量少，畜产品生产、精深加工的产业链条还没有形成，企业与农户利益联结不紧密，不能有效形成“企业 + 基地 + 农户”的利益均沾、风险共担的利益共同体，造成市场竞争乏力，产销衔接不畅，直接影响了畜产品的附加值和综合效益，制约了畜牧业的快速长远发展。

（四）资金严重缺乏。从调查的情况得知，很多农民对奶牛、肉牛和肉羊的养殖愿望非常迫切，已有养殖场地还想再扩大规模，但苦于资金短缺。

（五）科学饲养水平有待提高。在农村，沿用传统习惯饲养畜禽的现象还很普遍。饲养各阶段，不是根据畜禽需要什么喂什么，而是有什么就喂什么，运用生物技术来降低成本、提高质量的还很少。粗放经营、品种更新换代不及时，都影响了养殖户的经济效益。

五、二〇〇九年畜牧业发展思路、目标及主要措施

（一）发展思路

加快基地建设、壮大规模养殖，依靠科技进步，优化畜种结构推动养殖业发展，尽快形成基地布局区域化、经营集约化、生产专业化，提高畜牧业生产能力，为实现把我县建成全省农区畜牧业示范县而努力。

（二）主要目标

牲畜社会饲养量达到 48 万头只，草食畜年末存栏达到 31 万头只；贩运育肥牛羊 60 万头只，自繁自育牛羊 30 万头只；畜牧业产值达到 2 亿元，人均牧业收入达到 1350 元。

（三）主要措施

1. 加快养殖小区建设、提高规模养殖水平。进一步推进养殖小区建设，充分利用“西繁东育”、整村推进、畜棚建设、科技推广及培训、畜种改良等资金，统一规划，不断扩大养殖小区规模，逐步实现“人畜分离”“场村分离”，引导养殖小区建立统一的防疫制度、经营管理制度，推进养殖小区内农户进行联合经营，壮大规模养殖水平，产生规模效益，推进产业化进程。

2. 优化畜禽结构，提高良种化率。积极争取项目资金，加快人工授精和良种畜的引进、技术推广工作，充分发挥乡镇畜牧兽医站职能，开展畜种改良，鼓励和支持个体畜种改良户建立个体私营畜种人工授精点，扩大改良面，推广高产奶牛、优质肉牛、肉羊，提高良种率，年内完成牛改 8000 头，猪改 500 头，羊改 7 万只，全面贯彻《种畜禽管理条例》，依法开展畜禽管理工作。

3. 抓好“西繁东育”和“自繁自育”工程。积极争取贩运育肥和“自繁自育”项目贷款贴息，年内重点扶持贩运育肥村 40 个，贩运育肥牛羊计划达到 60 万头只，自繁自育村 40 个，自繁自育牛羊达到 38 万头只。积极推广育肥技术，缩短饲养周期，加快畜群周转，发挥农区饲养优势。做到畜牧工作与扶贫工作相结合，将整村推进项目、较少民族项目、中德财政项目作为加快农区畜牧业发展，增加农牧民收入的主要途径，争取更多的资金用于畜牧业项目建设。

4. 加大动物疫病的防控力度，确保畜牧业安全。始终把重大动物疫病防控工作放在重中之重，按照“政府保密度”“业务部门保质量”的动物防疫工作要求，认真落实动物防疫责任制，层层签订目标责任书，确保春秋两季重大动物疫病防疫密度达到 100%，确保免疫抗体效价，加强饲料兽药市场监管力度，确保畜产品安全。加强疫情报告制度。切实做好技术服务、科技宣传等工作。同时，认真开展市场及流通环节和产地检疫工作。认真按照种畜禽引进调运技术操作规程的要求，加强在调运种畜禽当中的防疫、检疫、监督、检查工作。确保畜牧业生产健康发展。

5. 加强动物卫生监督和兽药管理。进一步完善动物卫生监督执法体系建设，加强对动物及动物产品生产、运输、加工、储存、销售等环节的监管，切实规范产地检疫和屠宰检疫工作，严厉查处逃避检疫等违法行为。开展证章标志清理整顿工作，抓好重大疫病疫苗等兽用生物药品的监管。对兽药经营环节加大监督检查力度，规范和整顿兽药经营秩序，坚决把非法兽药产品彻底清出兽药市场，加大兽药使用环节监督管理力度，逐步建立养殖小区和农牧户用药记录制度，与养殖档案制度配合，建立兽药使用档案。扩大兽药残留抽检范围。

6. 加快发展饲草料基地建设。把发展畜牧业与种植业结构调整结合起来，推广高产燕麦等优良饲草料品种及箭谷豌豆混播复收技术，扩大农田复种面积，加快饲草商品化和产业化步伐，扩大人工种草面积，实行大面积种草和农户分散种草相结合，一年生和多年生种草相结合，大力开展人工饲草料基地建设和大储草工作。提高畜牧业抵御自然灾害的能力，努力推进草业产业化进程。增加农民收入，年内种草 3 万亩。同时加强草原保护和建设力度，认真开展草原鼠虫害的防治工作。年内完成 30 万亩草山灭鼠工作。切实做好鼠虫害预警监测和防火工作。

7. 以推广先进适用技术为重点。着力提高现代畜牧业质量效益，加大实用技术推广力度，努力做到科技指导到村、到户，良种良法直接到户，技术要领直接到人，进一步加大疫病防治、生态高效、畜禽水产养殖等使用技术的推广力度，年内要在九个乡镇培训农牧民群众 8 万人（次），其中：畜牧站完成培训 4 万人（次），动检所完成培训 3 万人（次），草原站完成培训 1 万人（次）。加大对农牧民技术骨干和农牧民群众的培训，实现每户都有科技明白人，积极培育科技示范户，发挥其对农牧民的示范带动作用，进一步提高畜牧业科技成果的转化能力。

8. 加大对畜牧业的投入。紧紧抓住国家扶持畜牧业发展的良好机遇，顺应市场和民意，整合各类资金，捆绑政府、金融、农牧民和个人投资的建设项目，形成发展合力，进一步调动农牧民和个体老板的积极性，力争全社会对畜牧业生产投入 2 亿元以上。大力发展设施畜牧业，引导养殖业向规模化、产业化方向发展。

9. 强力推进畜牧业产业化进程。大力培养和推广“龙头企业 + 专业合作组织（协会）+ 农户 + 基地”产业化经营模式，逐步实现产加销一体化。要把畜牧业产业化作为当前和今后一段时间的工作重点和发展方向，进一步加大工作力度，在市场、基地、科技、利益机制等环节上下工夫，不断提高产业开发能力，壮大产业规模。一是提高现有牛羊规模经营户的饲养水平，扩大饲养规模，提高经济效益，发挥带头示范作用。结合项目建设，继续扶持一批有发展潜力的养殖大户 1000 户，培养一批专业村 40 个，发展一批企业化管理的养殖小区 20 个，形成区域化的养殖基地，建成标准化饲养小区，走小规模、大群体的畜牧发展路子。同时，积极扶持成立养殖业专业协会，培养一支善经营、懂管理的经纪人队伍，鼓励和支持基层畜牧兽医站以及畜牧技术人员参与中介领域，逐步与农户结成购销和技术、信息服务的利益共同体。

10. 加强职工队伍建设，转变工作作风，强化服务职能，提高依法行政水平。认真学习十七届三中全会精神，全面贯彻落实科学发展观，树立全新的现代畜牧业发展理念，加强畜牧兽医、检疫队伍的建设，提高防疫、检疫、监督、检查及草原执法水平。加大《动物防疫法》《草原法》《种畜禽管理条例》《兽药管理条例》等法律法规的宣传和贯彻执行工作，提高广大干部职工的法制水平和业务素质。同时，结合“抓作风建设、促工作落实”“继续解放思想，科学发展”活动，进一步解放思想，创新工作思路，扎实工作，切实解决组织纪律、工作作风、服务水平、工作能力等方面存在的突出问题，不断提高办事效率和服务水平。以高昂的斗志，创新的精神，良好的作风，扎实工作，努力实现畜牧业增产，农牧民增收，努力促进现代畜牧业发展进程。

——《二〇〇八年畜牧工作总结及二〇〇九年工作要点》（内部资料），农牧局办公室提供，2012 年 7 月。

循化县畜牧局2009年度工作总结及2010年工作计划

一、2009年畜牧业生产形势

（一）牲畜饲养总量稳步发展

全县草食畜社会饲养量达到41.76万头只；草食畜年末存栏28.27万头只；生猪饲养量达到1.21万头；良改乳牛年末存栏1.36万头。牲畜出栏率、商品率和总增率分别为43.83%、36.91%和40.52%。

（二）主要畜禽产品产量持续增长

肉类总产量达到5824.47吨（其中猪肉363.55吨，牛肉3787.94吨，羊肉1619.32吨，禽肉53.66吨）；牛奶总产量7850.95吨；毛类总产量247.75吨（其中山羊毛39.45吨，绵羊毛208.3吨）；各类绒产量35.97吨（山羊绒19.98吨，牛绒15.99吨）；皮张总产量12.24万张（牛皮2.89万张，羊皮9.35万张）；禽蛋总产量114.19吨。

（三）牧业产值和农牧民人均收入稳定

畜牧业产值达到1.57亿元，占农业总产值的46%；畜牧业人均收入1216.7元，占人均纯收入的31.5%。

（四）畜种结构进一步优化

全年完成畜种改良69549头只，其中：改良牛5736头（冷配1826头，本交3910头），改良羊63501只，改良猪312头；改良绵羊年末存栏6.38万只，占绵羊年末存栏数的47.79%，绒山羊存栏1.44万只，占山羊年末存栏数的21.52%，改良牛存栏1.36万头，占牛年末存栏数的19.69%。

（五）动物防疫工作成效显著

全县春秋两季防疫共免疫各类牲畜66.2万头只次，其中：牲畜口蹄疫、猪瘟、鸡新城疫免疫密度达到100%；春秋两季防疫期间完成常规消毒8.69万平方米。全年驱除各类牲畜内外寄生虫45.21万头只次（其中：内寄生虫35.93万头只次，外寄生虫9.28万头只次）。

（六）动物检疫工作扎实推进

全年共检疫各类畜禽18.27万头只，动物产品0.321万吨，消毒车辆2230车次。产地检疫牛5942头，羊9.99万只；检疫牛羊胴体18.07万头只。

（七）“西繁东育”和自繁自育生产势头强劲

全县适度规模养殖户发展到4200多户，饲养畜禽19.64万头只（猪0.04万头，羊14.95万只，牛2.51万头，禽类1.98万羽，兔0.16万只），占全县牲畜总数的

61.79%。牛羊贩运育肥户达到2235户（贩运户1211户，育肥户1024户），贩运育肥牛羊55.69万头只（贩运羊25.99万只，牛1.52万头，育肥出栏牛0.85万头，出栏羊22.35万只，牛存栏0.36万头，羊存栏4.62万只）；“自繁自育”出栏12.56万头只（其中：出栏羊9.64万只，出栏牛2.92万头）；贩运育肥收入达到3426万元，户均纯收入25472元。

（八）饲草料种植面积不断扩大

全年共完成种草面积3.06万亩，其中种植多年生牧草0.24万亩，当年生2.82万亩；打贮青干草750万公斤，青贮6万公斤。

（九）畜产品质量安全工作开展有序

年内对全县兽药经营点、各类养殖场、牛羊育肥大户及饲料销售门市部进行不定期检查32次，出动执法人员122人，共检查饲料273吨（抽检6份），均未发现使用违禁添加药物。

二、项目实施完成情况

2009年全年共实施畜牧业项目17个，项目总投资达4630.6万元，其中：国家投资828.8万元，项目贷款2100万元，群众自筹1701.8万元。

1.“西繁东育”工程：投资2080万元的“西繁东育”工程项目，协调银行贷款2100万元，全年完成贩运育肥牛羊41.23万头只。

2.投资720万元的农区小型畜用暖棚建设项目：已完成自筹资金630万元，国家补助资金90万元，新建暖棚300座，共1.8万平方米。在积石镇大别列村扶持养殖户50户、西沟村扶持50户；街子镇托龙都村扶持50户，孟达山村扶持100户；清水乡瓦匠庄村扶持50户，共建成五个标准化养殖小区。

3.循化牧旺公司肉牛养殖项目：累计完成国家投资315万元，自筹674万元，在青海牧旺良种肉牛繁育有限公司实施，修建暖棚50座，目前饲养肉牛328头。

4.畜产品质量检测站项目：经县政府调整，由农业局实施。

5.投资277.8万元的岗察乡2009年畜用暖棚建设项目：其中国家投资80万元，计划在岗察乡苏化、卡索、岗察三村修建120平方米的畜用暖棚100座，实际建成100座，该项目已通过县级、省级验收。

6.白庄地区定点屠宰场项目：完成可研报告，转交经贸局上报。

7.投资360万元的禽类舍饲圈养基地及加工项目，自筹180万元，目前项目已完成50%的建设内容，在循化县化青养殖有限公司实施。

8. 投资20万元的畜禽良种工程：引进良种欧拉羊220只，在全县九个乡镇建成220个人工绵羊改良点。

9. 投资15万元的草地鼠害灭治项目：防治高原鼢鼠30万亩，完成计划任务的100%，灭效为96.75%。

10. 投资42.5万元的新增乡镇兽医站基础设施建设项目：购置识读器等仪器设备193件，土建100平方米，在街子、清水、道帏、积石、白庄站实施，已完成；投资53万元的乡镇兽医站基础设施建设项目：购置识读器等仪器设备160台套，土建540平方米，在孟达、查汗都斯、文都、尕楞、岗察站实施，已完成。

11. 投资20万元的清水公路动物防疫监督检查站基础设施扩建项目：资金已到位，正在实施。

12. 投资35万元的积石峡非淹没区贫困户联户牛羊育肥项目：新建畜棚1800平方米，购置牛150头，羊1000只，正在实施。

13. 投资50万元的德民牛羊养殖基地建设项目：资金已到位，正在实施。

14. 投资20万元的县畜禽养殖基地建设项目：购置基础母羊1500只，修建消毒池2座及污水处理池，正在实施。

15. 投资41.3万元的循化县黄河冷淡水养鱼示范基地建设项目：国家民委人口较少民族发展资金投资已到位，正在实施。

16. 投资60万元的大别列养殖小区沼气池建设项目：其中国家投资50万元，群众自筹10万元，建设150立方米，供50户用气，目前项目已完成95%。

17. 投资60万元的孟达山养殖小区沼气池建设项目：其中国家投资50万元，群众自筹10万元，建设150立方米，供50户用气，目前项目已完成95%。

三、采取的主要措施

（一）坚持依法兴牧，加强法制建设，提升了畜牧业依法管理水平

结合“五五”普法，组织干部职工反复学习了《宪法》《民事诉讼法》《行政诉讼法》《草原法》《草原防火条例》《循化县草山管护条例》《动物防疫法》《畜牧法》和综治委的有关文件，以及对青海法制报和其他报纸杂志上的有关法律知识进行广泛学习，统一了思想，提高了认识。配合社会治安综合治理工作，举办黑板报六期，制作了平安建设宣传牌。同时根据县委、县政府的安排，配合有关部门成功地调处解决了3起草山纠纷，为民族团结、社会稳定、经济发展做出了贡献。认真贯彻落实《动物防疫法》《兽药管理条例》《饲料及饲料添加剂管理条例》及《种畜禽管理条例》等有关法

律法规，进一步规范执法行为，切实加强执法队伍建设，努力提高执法水平。紧紧围绕防疫工作的严峻形势和畜产品不安全因素上升等问题，依法加强了动物防检工作和畜产品质量安全执法力度，在重点市场、重点区域、重点生产企业集中开展专项整治活动，严肃查处兽药、饲料违法案件，规范生产经营行为，依法保障畜禽产品质量安全和市场经济秩序。

（二）加强防疫工作，不断提高畜禽疫病防治和疾病监测水平

根据省、地文件精神，县委、县政府高度重视动物防疫工作，及时下发了防疫工作通知，召开了动物防疫工作会议，全面动员、部署动物防疫工作。一是加强组织领导，强化责任。按照政府负责免疫密度，业务人员负责免疫质量和效果的要求，层层签订了目标责任书，实行防疫承包制，任务到人，责任到人，为动物防疫工作的全面顺利开展提供了良好的组织保证。二是加强了防疫督查工作。根据全县动物防疫工作会议精神要求，抽调人员组成防疫督查工作小组，对防疫目标管理责任制的执行、防治任务的完成、各项措施的落实等情况实行分级督查制，从而有力地促进了防疫工作的快速、有效开展。三是加大宣传力度。为促进全县动物防疫工作的顺利开展，提高群众依法防疫水平，充分利用“科教卫生三下乡”“法制宣传月”等活动，组织人员开展了以“控制重大动物疫病，保障畜牧业健康发展”“发展畜牧业，防疫是关键”和高致病性猪蓝耳病防控为主题的宣传活动，共发放《动物防疫法》、疫病防控、饲料加工技术、添加剂使用技术等宣传资料 5500 份，解答咨询 3.5 万多人（次），有力地推动了群众参与动物防疫的自觉性，为全面、顺利完成动物防疫工作奠定了良好基础。四是加强业务培训和防疫员管理，努力提高防疫质量。为全面提高业务干部和村级防疫员的业务水平，保障防疫质量，从单位抽出理论功底深、实践操作经验丰富的同志，组织举办了 10 余期业务技术培训班，受训面 100%，提高了实际操作能力。

（三）强化动物检疫监督工作

一是加大公路动物防疫监督检查站执法力度。按照青海省公路动物防疫监督检查站整顿办法“十二个统一”的要求，实行 24 小时值班，对出证、验物、登记、收费进行严密的审核、审查，坚决杜绝无证动物、动物产品和未佩戴二维码耳标的牲畜出境、入境，坚决杜绝病死动物流通，确保动物产品消费安全。二是加强产地检疫工作。为切实搞好产地检疫工作，各报检点实行了检疫员信息公示制度、建立了产地检疫报检档案（包括工作宣传记录本、报检记录本、检疫登记簿等），并通过出诊、注射疫苗等时机，随时对产地养殖户和贩运户、屠宰场进行动物产地检疫工作的重要意义、检

疫要求等内容进行宣传，检疫员包片、点等办法，努力保证产地检疫率达到100%，从源头上杜绝病害肉流入市场。三是严格开展屠宰检疫工作。在屠宰检疫工作中严格按照屠宰检疫的有关规定进行屠宰检疫及病害（死）动物及动物产品的无害化处理，使屠宰动物的受检率达到100%，上市肉类的检疫率、合格率和持证率均达到100%，病害动物及产品无害化处理率达到100%，并加大对养殖场档案管理、牲畜耳标佩戴等的监督检查力度，严厉打击畜禽养殖、销售、收购、屠宰等环节中违反动物标识使用和养殖档案管理有关规定的各类违法行为。四是加强市场监管工作，确保广大群众吃上“放心肉”。积极与县卫生、公安、工商、林业、药监、经贸等部门协作，联合开展了“放心肉”工程专项整治工作，重点检查餐饮业的合法经营情况，检查其防疫条件是否合格、检查动物产品的来源、查验检疫证明和检疫标识。五是加强动物防疫条件审核。深入全县肉食品生产、加工、经营场所，现场监督检查防疫条件，审验核发了“动物防疫合格证”172份，其中核发14份、年审158份。

（四）进一步加强草原保护、监理和防火工作

加强预测预报工作，提高草原鼠虫害监测水平。根据农业部、省政府印发《关于禁止采集和销售发菜、制止滥挖甘草和麻黄草等野生药用植物的通知》精神及我县草地生态环境现状，继续在全县范围内宣传《关于全面禁止采挖野生药用植物》的通告和《草原法》宣传材料，深入全县154个行政村进行张贴宣传。加强草原防火工作，建立了草原防火指挥部，下设草原防火办公室，防火区部分乡镇相继成立了草原防火领导小组，基本上做到了领导、组织、思想、人员和措施五到位，使我县的草原监理工作逐步趋于规范化管理。

（五）狠抓科技投入，开展培训工作，提高科学养畜水平

结合正在开展的“抓作风建设，促工作落实”活动和“继续解放思想，科学发展”活动，组织畜牧科技人员深入基层开展农牧民科技培训，帮助农牧民解决防疫和生产中存在的实际问题，引导农牧民群众转变养殖方式。局与县站、县站与乡站、乡站与技术人员层层签订了科技承包责任书，明确任务，落实责任；结合项目建设、防疫、检疫、监督、草原建设等工作，采取集中受训、分散培训、播放电视录像、上街宣传等方式开展了培训。以畜禽饲养管理、疫病防治、牛羊快速育肥、畜种改良、暖棚养畜、牧草种植、草原四配套、禽流感防治实用技术等为重点内容，积极培育科技示范户，发挥其对农牧民的示范带动作用，实现了每户都有科技明白人的目标，从而有力地推动了畜牧业的健康、快速发展。

（六）加强项目建设，推动畜牧业健康、快速发展

项目工作是投资、建设、发展的基础性工作，是各项工作的重中之重。因此，不断加大项目建设力度，加强畜牧业基础设施建设，争取并实施了岗察草原建设项目、肉牛养殖基地项目等 17 个项目，总投资达 4630.6 万元，通过项目建设，进一步调动了农牧民发展畜牧业的积极性，养殖户想方设法筹措资金，投入发展畜牧业，全年累计社会总投资达 2 亿元以上，群众自筹修建棚圈面积不断扩大，养殖规模不断壮大，群众应用畜牧业科技适用技术的面越来越广，特别是在上半部地区逐步建立了一批科学养畜及规模养殖示范村、户，有力地推动了我县农区畜牧业的发展。

（七）狠抓规模养殖和小区建设

根据县政府产业规划要求，进一步推进养殖小区建设，充分利用“西繁东育”、整村推进、畜棚建设、科技推广及培训、畜种改良等资金，统一规划，不断扩大养殖小区规模，年内建立粗具规模的养殖小区 30 个，其中：一是在清水、白庄、积石镇、街子、查汗都斯乡建立牛羊养殖小区 15 个，饲养规模达 15 万头只以上；二是在道帏、清水、积石镇、文都、尕楞乡建立养猪基地 5 个，饲养规模达 2000 头以上；三是在查汗都斯、积石镇建立水产养殖基地 2 个；四是在积石镇、街子、查汗都斯乡建立奶牛养殖小区 3 个，饲养奶牛 1000 头以上，肉牛养殖小区 1 个，饲养肉牛 400 头以上。在基地和养殖小区建设中，我们采取四种办法：一是用科学规划指导小区建设，坚持规模化、标准化、生态化，由乡、村统一规划用地，政府引导，部门指导，按小区标准统一设计；二是用优惠政策扶持小区建设，从资金扶持、环境优化入手，加大养殖小区建设力度，加快小区建设步伐；三是用优质服务推动小区建设，搞好良种服务，指导小区实行标准化生产，搞好防疫服务，确保小区安全生产；四是多种模式加强小区建设，采取能人带动、承包饲养、国家和个人投资、合资合作等技术合作形式，发展各类养殖小区。

（八）狠抓服务体系建设，促进畜牧业健康发展

一是加强良种繁育体系建设，在整顿、规范现有改良、配种站点的基础上，引进 230 头只良种畜，建成 120 个良种个体改良点，从而有效提高了全县良种改良工作。二是加强疫病防治体系建设，定期开展动物疫病监测和计划免疫，保证了全县畜牧业的稳定发展。三是加强社会服务体系建设，成立了养牛、养羊、水产养殖等各类养殖专业合作社，引导农户互通信息，协调解决生产、加工、销售各环节存在的问题，帮助养殖户规避市场风险，提高市场竞争力。

四、畜牧业发展中存在的问题

1. 专业技术力量薄弱。畜牧业快速发展对畜牧业专业人员的技术要求越来越高，我县畜牧兽医、草原专业技术人员相当缺乏，技术力量薄弱，产地检疫工作开展相当困难，草原监理、动检市场监督工作很难开展，在职人员的水平跟不上现代畜牧业生产的需要。

2. 缺乏具有一定生产能力的龙头企业。我县目前牛羊饲养规模仍然较小，牛羊育肥生产仍呈现分户经营的格局，群众抵御市场风险的能力较弱，解决的途径就是建立龙头企业，走集约化经营的发展道路。而缺乏相应的龙头企业，是制约我县畜牧业向规模化方向发展的主要原因之一。项目申报难度极大，群众生产出的产品无法得到加工和增值，挫伤了群众对畜禽养殖的积极性。

3. 资金严重缺乏。从调查的情况得知，很多农民对奶牛、肉牛和肉羊的养殖愿望非常迫切，已有养殖场地还想再扩大规模，但苦于资金短缺，每年信用社发放的支农贷款期仅为 6—10 个月。另外，县、乡畜牧部门服务经费不足，村级防疫员报酬偏低，导致技术服务不到位，也在一定程度上影响到畜牧技术在群众生产中的推广应用。

4. 科学饲养水平有待提高。在农村，沿用传统习惯饲养畜禽的现象还很普遍。饲养各阶段，不是根据畜禽需要什么喂什么，而是有什么就喂什么，运用生物技术来降低成本、提高质量的还很少。粗放经营、品种更新换代不及时，都影响着畜牧业生产的经济效益。

五、2010 年畜牧业发展的预期目标及主要措施

（一）预期目标

1. 牛羊“西繁东育”“自繁自育”数量达到 61.5 万头只；

2. 牲畜社会饲养量达到 42 万头只；

3. 畜牧业产值达到 1.6 亿元；

4. 2010 年计划新建黄河上游（循化）现代农业示范园禽类舍饲圈养基地建设项目及清真禽肉加工项目等 11 个项目，总投资达到 4070 万元；

5. 草食畜年末存栏 29 万头只。

（二）主要措施

1. 狠抓规模养殖，加快养殖小区建设。采取能人带动、承包饲养、国家和个人投资、合资合作等技术合作形式，发展各类养殖小区 10 个以上。同时，加大中上部地区规模养殖的扶持力度。

2. 培育畜牧业龙头企业，带动全县畜牧业的快速发展。发挥畜产品加工企业的龙头作用，带动农户发展养殖业，并通过入股或联合等形式将这些小规模养殖户联合起来，成为专业化、规模化的经济实体。大力扶持现有畜产品加工企业的技术改造和新产品开发，提高加工增值水平，打造名优品牌，使企业的实力强起来，把农户带起来。同时，通过外引内联和招商引资，新建一批技术起点高、经营集约化的龙头企业，培育新的增长点。同时加强市场体系建设，畅通畜产品流通渠道。以乡镇集市为基础、专业市场为骨架、大型综合市场为枢纽，形成纵横畅通的流通网络。积极发展“订单”畜牧业，降低养殖户风险，提高养殖效益，加快农区畜牧业发展和农民增收步伐。

3. 多渠道筹措资金，切实抓好重点项目建设，加大跑上力度。在资金筹措上，坚持国家投资和个人自筹相结合，在资金使用上，坚持统一、效能的原则，集中用于经济效益高、有发展潜力的项目。同时，要切实加强项目管理，发挥好项目整体效益。

——《二〇〇九年畜牧工作总结及二〇一〇年工作计划》（内部资料），农牧局办公室提供，2012年7月。

循化县畜牧局2010年度工作总结及2011年工作计划

一、基本业务

（一）2010年畜牧业生产发展情况

1. 牲畜饲养总量稳步发展。全县草食畜社会饲养量达到42.06万头只，同比增长0.69%；草食畜年末存栏28.37万头只；生猪饲养量达到1.53万头，同比增长6.99%；良改乳牛年末存栏1.52万头，同比增长11.76%；新增奶牛0.16万头。牲畜出栏率、商品率和总增率分别为45.91%、38.95%和40.69%，同比增长2.08、2.04和0.17个百分点。

2. 主要畜禽产品产量持续增长。肉类总产量达到5904.04吨（其中猪肉547.11吨，牛肉3308.04吨，羊肉1707.95吨，禽肉88.91吨，马肉29.85吨，驴肉166.41吨，骡肉55.77吨），牛奶总产量8429吨，毛类总产量238.68吨（其中：山羊毛38.49吨，绵羊毛200.19吨）；各类绒产量35.49吨（其中：山羊绒19.49吨，牛绒16吨）；皮张总产量12.36万张（其中：牛皮2.66万张，羊皮9.7万张）；禽蛋总产量228吨。

3. 牧业产值和农牧民人均收入稳步增长。畜牧业产值达到1.758亿元，占农业总产值的44.13%；畜牧业人均收入1320元，占人均纯收入的38.7%。

4. 畜种结构进一步优化。全年完成畜种改良71656头只。其中：改良牛6550头

（冷配 1902 头，本交 4648 头），改良羊 64570 只，改良猪 536 头；改良绵羊年末存栏 6.44 万只，占绵羊年末存栏数的 47.93%，绒山羊存栏 1.45 万只，占山羊年末存栏数的 18.77%，改良牛存栏 1.52 万头，占牛年末存栏数的 23.96%。

5. 动物防疫工作成效显著。全县春秋两季防疫共免疫各类牲畜 103.3428 万头只次，其中：牲畜口蹄疫、猪瘟、鸡新城疫免疫密度达到 100%；春秋两季防疫期间完成常规消毒 20.6196 万平方米。全年驱除各类牲畜内外寄生虫 26.3157 万头只次（其中：内寄生虫 14.2604 万头只次，外寄生虫 12.0553 万头只次）。

6. 动物检疫工作扎实推进。开展动物产地检疫面达到 80% 以上，全年完成产地检疫 18.3986 万头只；定点屠宰检疫率达到 100%，共检疫牛羊胴体 18.221 万头只（其中：牛胴体 5549 头，羊胴体 17.6661 万只）；上市动物及动物产品检疫持证率和免疫耳标佩戴率达到 100%。

7. “西繁东育”和“自繁自育”生产势头强劲。全县适度规模养殖户发展到 4228 户，饲养畜禽 18.19 万头只（猪 0.02 万头，羊 12.93 万只，牛 2.49 万头，禽类 2.67 万羽，兔 0.08 万只），占全县牲畜总数的 55.53%。牛羊贩运育肥户达到 2231 户（其中：贩运户 965 户，育肥户 1266 户），贩运育肥牛羊 60.02 万头只（其中：贩运羊 26.59 万只，牛 1.45 万头，育肥出栏牛 1.16 万头，出栏羊 27.04 万只，牛存栏 0.13 万头，羊存栏 3.65 万只）；“自繁自育”出栏牛羊 12.73 万头只（其中：出栏羊 10 万只，出栏牛 2.73 万头）；贩运育肥收入达到 4388.25 万元，户均纯收入 2.37 万元。

8. 饲草料种植面积不断扩大。全年共完成种草面积 3.06 万亩，其中：种植多年生牧草 0.16 万亩，当年生 2.9 万亩；打贮青干草 750 万公斤，青贮 6 万公斤。

9. 动物产品质量安全及兽药安全工作开展有序。年内对全县兽药经营点、各类养殖场、牛羊育肥大户及饲料销售点进行不定期检查 42 次，出动执法人员 183 人次，共检查饲料 373 吨（抽检 8 份），均未发现使用违禁添加药物。在“青海省 2010 年引进仔猪、雏鸡专项整治行动”中，循化县清水公路动物监督检查站获得了全省“仔猪、雏鸡”专项整治先进集体称号和先进个人 1 名。

（二）2010 年项目实施情况

1. 新建项目实施情况

2010 年全年共实施新建畜牧业项目 28 个，项目总投资达 6733.18 万元，其中：国家投资 1520.5 万元，群众（基地）自筹 1951.38 万元，银行贷款 3261.3 万元。

（1）循化县肉羊养殖基地建设项目：在甲秀畜产品开发有限公司实施，总投资 185

万元，其中国家投资50万元。

（2）2009年“西繁东育”工程：协调银行贷款3261.3万元，发放贴息贷款29万元，全年完成贩运育肥牛羊41.23万头只。已完成。2010年协调贴息贷款2450万元。

（3）2010年农区小型畜用暖棚建设项目：总投资315万元（其中国家补助资金105万元，自筹210万元），新建暖棚300座，共1.8万平方米，共建设七个标准化养殖小区。9月底全面完成项目建设任务。

（4）岗察乡2010年畜用暖棚建设项目：总投资298万元（其中国家投资80万元，自筹218万元），在岗察乡修建120平方米的畜用暖棚100座，已完工通过省级验收。

（5）“一村一品”项目：投资200万元（其中国家20万元，自筹180万元）在循化县化青养殖有限公司实施，修建鸡舍2400平方米，引进自动化喂料设备1台套，饲养蛋鸡25000只，日产鲜蛋2000斤。

（6）农牧民科技培训工程：投资19.5万元（全部为国家投资）培训390名农民，举办肉牛养殖、生猪养殖、肉羊养殖、草原保护等8期培训班，每期7天。该项目已完成。

（7）投资20万元的畜禽良种工程：全部为县财政配套资金。已引进大通牦牛40头，引进良种绒山羊80只，生猪20头。

（8）黄河上游（循化）现代农业示范园禽类圈养基地建设项目及清真禽肉加工项目：已上报可研，但尚未批复。

（9）积石镇小尾寒羊基地项目：总投资150万元（国家30万元），建成小尾寒羊养殖基地一处，修建暖棚2000平方米，饲草房等250平方米，其他100平方米，饲养小尾寒羊300只。

（10）总投资397.46万元的肉牛养殖基地项目：在循化县福兴畜产品开发有限公司良种奶牛繁育基地实施，其中国家投资75万元，修建畜棚4500平方米，购置必备的仪器设备，饲养能繁母牛500头，该项目已完成。

（11）总投资397.46万元的肉牛养殖基地项目：在循化县白驼良种奶牛繁育基地实施，其中国家投资75万元，修建畜棚4500平方米，购置必备的仪器设备，饲养能繁母牛500头，该项目已完成。

（12）总投资397.46万元的肉牛养殖基地项目：在循化县甲秀畜产品开发有限公司乳牛繁育基地实施，其中国家投资75万元，修建畜棚4500平方米，购置必备的仪器设备，饲养能繁母牛500头，该项目已完成。

（13）国家投资43万元在循化县白庄镇上拉边村实施的扶持人口较少民族发展项目（养殖项目）：新建畜用暖棚600平方米，育肥羊800只，该项目已完成。

（14）国家投资35万元在循化县积石镇西沟村实施的扶持人口较少民族发展项目（养殖项目）：新建畜用暖棚600平方米，育肥羊500只，该项目已完成。

（15）国家投资20万元在循化县清水乡瑞华养殖场实施的扶持人口较少民族发展项目（养殖项目）：新建畜用暖棚200平方米，育肥羊300只，该项目已完成。

（16）国家投资20万元在循化县积石镇大别列村实施的扶持人口较少民族发展项目（养殖项目）：购置饲料加工设备1套，育肥羊800只，该项目已完成。

（17）国家投资42万元在循化县街子镇化青公司实施的扶持人口较少民族发展项目（清真肉食品深加工项目）：建设清真家禽屠宰车间500平方米，硬化场地1200平方米，该项目已完成。

（18）国家投资42万元在循化县白驼公司实施的扶持人口较少民族发展项目（清真肉食品加工项目）：建设畜棚500平方米、厂区供水管网540米，硬化场地3500平方米，改造氨化池1座，该项目已完成。

（19）国家投资20万元在循化县白庄镇白庄村实施的扶持人口较少民族发展项目（牛羊育肥项目）：修建畜棚300平方米，购置粉碎机1套，该项目已完成。

（20）国家投资20万元在循化县街子镇古及来村实施的扶持人口较少民族发展项目（牛羊育肥项目）：扩建畜棚300平方米，购置饲料加工设备1套，该项目已完成。

（21）国家草原灭鼠项目：投资15万元在岗察、白庄、道帏三乡完成30万亩灭鼠任务。

（22）投资10万元的专业合作社项目：在大别列牛羊繁育专业合作社实施，修建饲料库房，扩大市场营销网点等，该项目已完成。

（23）投资10万元的专业合作社项目：在循化县圣河渔业养殖农民专业合作社实施，修建饲料库房，扩大市场营销网点等，该项目已完成。

（24）投资50万元的中央财政支持农业科技推广示范项目：在文清肉牛养殖有限公司实施，基础设施建设和技术推广等，该项目已完成。

（25）游牧民定居工程项目：总投资675万元（其中国家投资525万元，自筹150万元），计划在岗察乡岗察村新建60平方米的定居房150座。目前已经开工建设150户，其中乡镇集中建设110户（伟加62户，伟加草库伦48户），村集中建设32户（公干塘32户），分散建设8户；今年已竣工121户，完成基础29户，完成工程量的

85.82%，力争2011年8月底以前工程全部竣工并交付牧户使用。

（26）投资30万元在圣河水产养殖基地实施的财政扶贫资金项目：基础设施建设，该项目已完成。

（27）投资30万元在文祥养殖基地实施的财政扶贫资金项目：基础设施建设，该项目已完成。

（28）投资30万元在黎明养殖公司牛羊基地实施的财政扶贫资金项目：基础设施建设，该项目已完成。

2. 续建项目实施情况

2009年续建项目5个，国家投资达166.3万元。

（1）国家投资20万元的清水公路动物防疫监督检查站基础设施扩建项目，修建值班室45平方米，维修化验室35平方米，修建病畜隔离圈150平方米，购置电脑等设施10件套，该项目已完成；

（2）国家投资35万元的积石峡非淹没区贫困户联户牛羊育肥项目，新建畜棚1800平方米，购置牛150头，羊1000只，该项目已完成；

（3）国家投资50万元的德民牛羊养殖基地建设项目，新建畜棚1500平方米，购置牛50头，羊800只，该项目已完成；

（4）国家投资20万元的县畜禽养殖基地建设项目，购置基础母羊1500只，修建消毒池2座及污水处理池，该项目已完成；

（5）国家投资41.3万元的循化县黄河冷淡水养鱼示范基地建设项目，建设鱼塘1座，日光温室1栋，水泵房1座，该项目已完成。

3. 招商引资

完成招商引资160万元。投资项目：循化化青蛋鸡养殖基地扩建项目；建设内容：新建鸡舍2栋2400平方米，购置笼架等100台、鸡蛋3万只；投资方：新疆阿可逃矿产开发有限公司；总投资：210万元（其中：基地自筹50万元，新疆阿可逃矿产开发有限公司投资160万元）；完成情况：已修建鸡舍2栋2400平方米，购置笼架120台套，鸡苗正在引进当中，完成项目的80%，预计12月初可全部完工。

4. 新农村建设

（1）示范村圈棚改造：在文都乡麻日村改建60平方米的畜用暖棚10个，已规划完成，2010年开工建设。整合财政资金，为积石镇丁江村丰盛水产养殖基地发放贷款贴息资金15.64万元。

（2）引进优良畜品种："良种改良工程"在清水乡下滩村生猪养殖基地引进种公猪10头。

（三）采取的主要措施

1. 坚持依法兴牧，加强法制建设，提升了畜牧业依法管理水平。组织干部职工认真学习《宪法》《行政许可法》《行政诉讼法》《草原法》《草原防火条例》《循化县草山管护条例》《动物防疫法》《畜牧法》等法律法规和综治委的有关文件，以及对青海法制报和其他报纸杂志上的有关法律知识进行广泛学习，提高了干部职工的法律意识，提升了畜牧业依法管理水平，并积极配合社会治安综合治理工作，举办黑板报6期，制作了平安建设宣传牌。同时根据县委、县政府的安排，配合有关部门成功的调处解决了3起草山纠纷，为民族团结、社会稳定、经济发展做出了贡献。认真贯彻落实《动物防疫法》《兽药管理条例》《饲料及饲料添加剂管理条例》及《种畜禽管理条例》等有关法律法规，进一步规范执法行为，切实加强执法队伍建设，努力提高执法水平。紧紧围绕防疫工作的严峻形势和畜产品不安全因素上升等问题，依法加强了动物防检工作和畜产品质量安全执法力度，在重点市场、重点区域、重点生产企业集中开展专项整治活动，严肃查处兽药、饲料违法案件，规范生产经营行为，依法保障畜禽产品质量安全和市场经济秩序。

2. 加强防疫工作，不断提高畜禽疫病防治和疾病监测水平。根据省、地文件精神，县委、县政府高度重视动物防疫工作，及时下发了防疫工作通知，召开了动物防疫工作会议，全面动员和部署动物防疫工作。一是加强组织领导，强化责任。认真贯彻《动物防疫法》，坚持"加强领导、密切配合、依靠科学、依法防疫、群防群控、果断处理"的方针和"突出重点，兼顾全面"的原则，建立"政府保密度，业务保质量"的工作机制，强化免疫、监测、检疫监督等综合性防控措施，逐级成立防疫领导小组，层层签订了目标责任书，实行防疫领导负责制，任务到人，责任到人，为动物防疫工作的全面顺利开展提供了良好的组织保证。二是加强了防疫督查工作。根据全县动物防疫工作会议精神要求，防疫工作督查组对防疫目标管理责任制的执行，防疫任务的完成和各项措施的落实等情况实行分级督查，从而有力地促进了防疫工作的有效开展和顺利完成。三是加大宣传力度。为促进全县动物防疫工作的顺利开展，提高群众依法防疫意识，充分利用"科教卫生三下乡""法制宣传月"等活动，组织人员开展了以"控制重大动物疫病，保障畜牧业健康发展"和"发展畜牧业，防疫是关键"等动物疫病防控知识为主题的宣传活动，共发放《动物防疫法》《重大动物疫病防控应急条例》

等宣传资料 6500 份，解答咨询 2.5 万多人（次），有力地推动了群众参与动物防疫的自觉性，为全面、顺利完成动物防疫工作奠定了良好的基础。四是加强业务培训和防疫员管理，努力提高防疫质量。为全面提高业务干部和村级防疫员的业务水平，从单位抽出理论功底深、实践操作经验丰富的同志，组织举办了 8 期业务技术培训班，技术人员受训面达到 100%，切实提高了实际操作能力，并进一步加强乡镇兽医站和村级防疫员的管理，打造了一支技术过关、服从安排、人员稳定的防疫队伍，有力地保障了防疫质量。

3. 强化动物检疫监督工作。一是全面提升清水公路动物防疫监督检查站执法能力。根据全国动物卫生监督检查站标准化建设要求，配备和更新了部分设备，并以规范执法为基础，强化监督为保障，多举措提高执法人员素质和执法水平，逐步实现动物卫生监督检查站规范化、制度化、标准化要求。二是加强产地检疫工作。全县九个乡镇均设置了产地检疫报检点，各报检点实行了检疫员信息公示制度，建立了产地检疫报检档案（包括工作宣传记录本、报检记录本、检疫登记簿等），并通过各种形式的宣传、检疫员包片、点等办法，努力保证产地检疫开展面达到 80% 以上，产地检疫率达到 100%。三是严格开展屠宰检疫工作。在屠宰检疫工作中严格按照屠宰检疫的有关规定进行屠宰检疫及病害（死）动物及动物产品的无害化处理，使屠宰动物的受检率达到 100%，上市肉类的检疫率、合格率和持证率均达到 100%，病害动物及产品无害化处理率达到 100%。四是加强市场监管工作，坚持每周 2 次以上的畜产品销售市场监督检查，每月 1 次以上的产地检疫报检点、畜禽规模养殖场的督查指导，确保产地检疫顺利开展，规模养殖场和畜产品销售市场规范安全。五是加强动物防疫条件审查和监督管理工作。深入全县各类动物养殖场、肉食品生产、加工、经营场所，严格按《动物防疫条件审查办法》进行审查和监督管理，实现了有效预防控制动物疫病、维护公共卫生安全的目标。

4. 进一步加强草原保护、监理和防火工作。加强预测预报工作，提高草原鼠虫害监测水平。根据农业部、省政府印发《关于禁止采集和销售发菜、制止滥挖甘草和麻黄草等野生药用植物的通知》精神及我县草地生态环境现状，继续在全县范围内宣传《关于全面禁止采挖野生药用植物》的通告和《草原法》宣传材料，深入全县 154 个行政村进行张贴宣传。加强草原防火工作，建立了草原防火指挥部，下设草原防火办公室，防火区部分乡镇相继成立了草原防火领导小组，做到了领导、组织、思想、人员和措施五到位，使我县的草原监理工作逐步趋于规范化管理。

5. 狠抓科技投入，开展培训工作，提高科学养畜水平。结合正在开展的“抓作风建设，促工作落实”活动，组织畜牧科技人员深入基层开展农牧民科技培训，帮助农牧民解决防疫和生产中存在的实际问题，引导农牧民群众转变养殖方式。局与县站、县站与乡站、乡站与技术人员层层签订了科技承包责任书，明确任务，落实责任；结合项目、防疫、检疫、监督、草原等建设工作，采取集中受训、分散培训、实地观摩、播放电视录像、上街宣传等方式开展了培训。以畜禽饲养管理、疫病防治、牛羊快速育肥、畜种改良、暖棚养畜、牧草种植、草原四配套等实用技术为重点内容，积极培育科技示范户，共培训科技明白人 760 名，发挥其对农牧民的示范带头作用，实现了每户都有科技明白人的目标。

6. 加强项目建设，推动畜牧业健康、快速发展。项目工作是投资、建设、发展的基础性工作，是各项工作的重中之重。因此，不断加大项目建设力度，加强畜牧业基础设施建设，争取并实施了岗察乡游牧民定居工程项目、肉（奶）牛标准化养殖基地建设项目和农区小型畜用暖棚建设项目等 28 个项目，总投资达 6733.18 万元，通过项目建设，进一步调动了农牧民发展畜牧业的积极性，养殖户想方设法筹措资金，投入发展畜牧业，全年累计社会总投资达 1.8 亿元以上，群众自筹修建棚圈面积不断扩大，养殖规模不断壮大，群众应用畜牧业科技适用技术的面越来越广，特别是在上半部地区逐步建立了一批科学养畜及规模养殖示范村、户。

7. 狠抓服务体系建设，促进畜牧业健康发展。一是加强良种繁育体系建设，在整顿、规范现有改良、配种站点的基础上，引进 130 头只良种畜，建成 138 个良种个体改良点，从而有效提高了全县良种改良工作；二是加强疫病防治体系建设，定期开展动物疫病监测和计划免疫，保证了全县畜牧业的稳定发展；三是加强社会服务体系建设，成立了养牛、养羊、水产养殖等各类养殖专业合作社，引导农户互通信息，协调解决生产、加工、销售各环节存在的问题，帮助养殖户规避市场风险，提高市场竞争力。

8. 狠抓民生工程，改善游牧民居住条件。积极争取项目资金，改善居住地信息闭塞、交通不便、自然条件恶劣、基础设施薄弱的现状。岗察乡游牧民定居工程项目，今明两年计划在岗察乡三个行政村新建 450 户 2.7 万平方米游牧民定居房，今年计划投资 675 万元新建 150 幢 0.9 万平方米游牧民定居房，目前已竣工 121 户，29 户已完成基础建设，完成工程量的 85.82%，2011 年 8 月底以前工程全部竣工并交付牧户使用。该工程的建设，标志着我县 450 户 2200 余名游牧民群众将要告别逐水草而居的游牧生活，住上宽敞明亮、设施齐全、稳定舒适的定居房。

9. 采取有效措施，为民办好十件实事。一是发放了养殖业小额贷款贴息资金 30 万元，进一步激发养殖户的积极性；二是在全县培育了 8 个重点养殖示范基地，使其上档次、上规模，打造亮点；三是畜牧系统 48 名科技人员与 48 个规模养殖场实行了科技承包服务，服务和指导养殖户科学养殖；四是充分发挥民间兽医的积极性，在 6 个乡镇、13 个行政村设立了兽医门诊服务点，方便群众；五是出台了《养殖场管理办法》等措施，规范我县养殖业健康发展；六是在 10 个养殖场（小区）投资 1500 万元，建设 3 万平方米农区畜用暖棚，扩大养殖规模，发展标准化养殖；七是培训农牧民科技明白人 390 人，大力推广畜牧业科学养殖技术；八是投资 675 万元，在岗察乡实施了 150 户游牧民定居工程，改善游牧民居住条件；九是强化 9 个乡镇兽医站门诊的服务水平，更好地为广大农牧民群众服务；十是在县城设立畜牧兽医服务中心与专家咨询门诊，方便群众就诊和答疑解难。

二、存在的主要困难和问题

1. 专业技术力量薄弱。畜牧业快速发展对畜牧业专业人员的技术要求越来越高，我县畜牧兽医、草原专业技术人员严重缺乏，技术力量薄弱，严重制约产地检疫、草原监理、动物卫生监督等工作的有效开展。

2. 缺乏具有市场竞争力的龙头企业。我县目前牛羊饲养规模仍然较小，牛羊育肥生产仍呈现分户经营的格局，抵御市场风险的能力较弱，解决的途径就是建立龙头企业，走集约化经营的发展道路。而缺乏相应的龙头企业，是制约我县畜牧业向规模化方向发展的主要原因之一，项目申报难度大，群众生产出的产品无法得到加工和增值，挫伤了群众对畜禽养殖的积极性。

3. 畜牧业的资金投入严重不足。一是在农区小型畜用棚圈建设由于配套资金投入不足，难以保证项目的顺利实施；二是在牛羊贩运育肥上信贷力度不足，政府有待出台相关的贴息补助资金优惠政策；三是对养殖小区或基地建设方面补助标准不高，养殖户实施标准化和规模化生产的积极性不高。

4. 科学饲养水平有待提高。在农村沿用传统习惯饲养畜禽的现象还很普遍，饲养各阶段，不是根据畜禽需要什么喂什么，而是有什么就喂什么，运用生物技术来降低成本、提高质量的还很少。粗放经营、品种更新换代不及时，都影响着畜牧业生产的经济效益。

5. 对水产养殖方面的投入不足。对水产养殖业发展方面的资金投入不足，目前，我县虽然有几个小规模的水产养殖区，但很难发展以网箱养鱼蟹、池塘养鱼虾、水域养鸭鹅等为主的规模养殖区。

6. 游牧民定居工程方面的资金投入不足。循化县岗察乡是海东地区唯一的纯牧业乡，首次实施游牧民定居工程，项目实施经验不足，加之属地气候恶劣、交通不便等不利因素，势必会影响工程施工进度。配套设施与有关资金的整合方面有待加大力度。游牧民定居工程建设的主要对象为贫困户、无房户和危房户，“三户”群众自筹能力低，建房资金紧缺，建设难度较大。

三、2011 年工作计划

（一）预期目标

1. 牛羊“贩运育肥”数量达到 61.8 万头只；

2. 牲畜社会饲养量达到 43.32 万头只；

3. 畜牧业产值达到 1.63 亿元；

4. 2011 年计划实施新建岗察乡牧区畜用暖棚建设项目、水产养殖基地建设项目和农牧民科技培训项目等 10 个项目，总投资达到 3855 万元，其中国家投资 1250 万元。

（二）采取的主要措施

加快基地建设，壮大规模养殖，依靠科技进步，优化畜种结构来推动养殖业的发展，全力推进“畜禽良种化、养殖规模化、经营产业化、生产标准化、饲养生态化、设施现代化”的“六化”进程，提高畜牧业生产能力，加快实施河湟谷地特色农牧业百里长廊建设和发展“四区两带一线”战略，努力打造全省农区畜牧业示范县。

1. 狠抓规模养殖，加快养殖小区建设。采取能人带动、承包饲养、国家和个人投资、合资合作等技术合作形式，努力提高现有养殖小区建设力度和饲养水平，扩大饲养规模，提高经济效益，发挥带头示范作用。同时，加大中上部地区规模养殖的扶持力度。

2. 培育畜牧业龙头企业，带动全县畜牧业的快速发展。发挥畜产品深加工企业的龙头作用，带动农户发展养殖业，并通过入股或联合等形式将这些小规模养殖户联合起来，成为专业化、规模化的经济实体。大力扶持现有畜产品加工企业的技术改造和新产品开发，提高加工增值水平，打造名优品牌，使企业的实力强起来，把农户带起来。同时，通过外引内联和招商引资，新建一批技术起点高、经营集约化的龙头企业，培育新的增长点。同时加强市场体系建设，畅通畜产品流通渠道。以乡镇集市为基础、专业市场为骨架、大型综合市场为枢纽，形成纵横畅通的流通网络。积极发展“订单”畜牧业，降低养殖户风险，提高养殖效益，加快农区畜牧业发展和农民增收步伐。

3. 加大新型农牧民科技培训力度，加快新农村建设步伐。大力推进“科技兴农，科技兴牧”战略，加快农牧业科技进步，推广先进的科学养殖等技术，提高农牧民科技文化素质，加快社会主义新农村建设步伐，促进农牧业增长方式转变和构建新型农牧业推广模式。

4. 多渠道筹措资金，切实抓好重点项目建设，加大跑上力度。在资金筹措上，坚持国家投资和个人自筹相结合，在资金使用上，坚持统一、效能的原则，集中用于经济效益高、有发展潜力的项目。同时，要切实加强项目管理，发挥好项目整体效益。

——《二〇一〇年畜牧工作总结及二〇一一年工作计划》（内部资料），农牧局办公室提供，2012 年 7 月。

循化县发展农区畜牧业的实践与启示

加快发展农区畜牧业，在建设社会主义新农村的实践中，是一条可行的发展道路，对于促进我县畜牧业产业结构战略性调整，着力发展特色经济，推进生态环境建设、畜牧业产业化，实现农牧业增产、农牧民增收，都具有十分重要的意义。

1. 农区畜牧业发展形势及其特点

近年来，随着青海省畜牧业的发展以农区畜牧业为突破口的战略性结构调整力度的不断加大，循化县重新调整发展思路，确立畜牧业在农村经济中的支柱地位，大力发展畜牧业经济，使畜牧业生产有了长足发展，整体规模和效益不断提高。特别是近年来“西繁东育”“自繁自育”等工程的全面实施，农区畜牧业发展迅速，各类养殖场（小区）蓬勃兴起，涌现出了一批牛羊贩育大户以及富有特色的贩运育肥专业村、专业合作组织，并粗具产业化经营模式。群众参与热情高涨，方式灵活，经营规模不断扩大，大多数农民转变了“出门挣钱”的传统观念，把目光开始盯在“稳中求利”的经营项目上，其中牛羊贩运育肥就是农民们普遍看准了的一个项目。实现畜牧业产值 1.57 亿元（不变价），占农牧业总产值的 38%，畜牧业人均纯收入 1216.7 元，占人均纯收入的 31.5%；2009 年，全县牲畜社会饲养量达 41.76 万头只，草食畜年末存栏 28.27 万头只，生猪饲养量达到 1.21 万头；良改乳牛年末存栏 1.36 万头，牲畜出栏率、商品率和总增率分别为 43.83%、36.91% 和 40.52%；肉类、牛奶、禽蛋、羊毛总产量分别达到 5824.47 吨、7850.95 吨、114.19 吨、247.75 吨；牛羊贩运育肥户 2235 户，牛羊贩运育肥达 55.69 万头只，牛羊贩运育肥收入达 3426 万元，户均纯收入 15329 元。畜牧业已成为农牧业经济中增长最快、最具有活力的产业之一。随着肉牛、肉羊育肥技术、配合饲料、杂交改良等一大批科技成果的推广应用，畜产品产量不断增长，经济效益得到明显提高。

从这次调研的情况来看，目前我县畜牧业发展势头很猛，群众呼声强烈，实际效益开始显现，以农促牧、以牧补农的立体农业开始形成。概括起来，有以下六个方面的突出特点：

1.1 思想认识到位，群众呼声强烈

为进一步加快我县农区畜牧业发展步伐，县委、县政府确立了“努力打造全省农区畜牧业示范县”的发展目标。从政策、资金、技术、服务以及市场建设等方面提出了一系列优惠条件，与此同时，农牧民通过发展养殖业来调整农业经济结构、增加经济收入的愿望十分强烈，而且村级组织根据群众的要求，自发调整种植业和养殖业结构，加大养殖业比重，其势头非常强劲。2009 年，全县已建成不同规模的各类畜禽养殖场（小区）51 家，“一村一品”专业养殖村 6 个，专业合作社 3 家，牛羊贩育充分利用了农村闲散劳力和大量的秸秆等农产品资源，增加了群众收入，是一项容易掌握、风险不大、投资不多、效益明显的致富门路。

1.2 形式灵活多样，规模不断扩大

根据传统的养殖习惯和市场优势，立足当地，采取灵活多样的经营形式和方法。目前主要有以下五种类型：

1.2.1 分散型——以家庭式饲养为主，饲养量少，科技含量低，饲养难度较小，对劳动力的素质要求也不高，灵活性强，市场风险低，特别是对饲草饲料的要求不高，农家日常残留食物、各种农副产品，均可作为饲料充分利用。饲养的畜禽品种主要是牛、羊、猪、鸡。目前，几乎所有农户都从事不同畜禽、不同数量的此类经营，其数量一般牛 3—5 头、羊 10—50 只或猪 2—5 头、鸡 10—50 只不等，成为补充家庭经济收入的一个方面，具有很大的广泛性和普遍性。

1.2.2 专业养殖型——以养殖大户为主，饲养集中，数量较大，一般都有雇员，有一定的经济实力和多年的养殖经验，经营头脑灵活，市场信息活跃，销售渠道畅通，占有一定份额的市场空间，对农村致富具有较强的带动作用。

1.2.3 集中规模养殖型——以自然村或行政村为单位，以牛羊规模化贩运育肥为主，建立集中养殖小区，成为肉类、毛类及皮张集中生产基地。

1.2.4 协会养殖型——这是我县养殖业一种新的组织形式，尽管运行机制尚不够完善，但已经具有相当的活力和良好的发展前景。

1.2.5 企业化养殖型——如青海牧旺良种牛羊繁育有限公司，占地 76 亩，建有标准化畜棚 78 栋计 6400 平方米，已具备同期饲养 4500 头肉牛的生产能力，年可出栏肉牛 8000 头，可安置贫困劳动力 80 人。

1.3 良种需求增大，饲养效益显著

随着我县农区畜牧业的不断发展及其专业化水平的不断提高，养殖户对品种结构按市场需求进行调整，把发展的目光锁定在良种的引进、培育及推广应用上，尤其通过饲养优良品种来追求经济效益的最大化，已成为大多数农民群众的普遍共识，目前群众渴望饲养良种畜的呼声非常强烈。

1.4 利用本地资源，降低饲养成本

依靠当地丰富的农作物资源来发展养殖业，是推动农区畜牧业快速发展的主要物质基础。据调查，我县农区畜牧业以舍饲圈养为主，以农作物秸秆为主要饲草料资源。在饲喂方法上，将秸秆经过氨化、微贮等技术处理后直接饲喂，或进行粉碎、加工后与麻渣、小麦、玉米等饲料和添加剂进行配合，降低精料饲喂量，一般一只羊每天补饲精料在 0.25 公斤左右、牛 1 公斤左右，节约了饲料成本。目前，我县年产农作物秸秆近 5600 万吨，实施“西繁东育”之后，农作物秸秆成为抢手货，特别是示范村和重点村镇，从周边大量收购秸秆，从而有效地拉动了种植业生产，发挥了互补效应，提高了经济收入。

1.5 依靠科技手段，提高饲养水平

从我县畜牧业的发展情况看，养殖户科技意识逐步增强，已开始由原始、简易的圈养转向科学饲养育肥，并充分利用暖棚饲养、配合饲料、补饲育肥、秸秆青贮（或氨化）、优质牧草种植、杂交改良、疫病防治等一系列实用技术，提高了农区畜牧业的科技含量和整体效益。据调查，90% 以上的农户都掌握了科学养畜、疫病防治、快速育肥、饲料配合及加工等一系列实用技术，并运用到生产实践中，特别是秸秆的调制加工技术，使其利用率提高了近 60%，产生了良好的饲喂效果。

1.6 市场意识增强，自繁自育开始兴起

大部分养殖户熟悉市场行情，而且驾驭市场的能力也明显增强。如牛羊贩运育肥户，紧紧抓住牧业生产规律和市场动态，采取夏秋贩运、冬春育肥的办法。每年 6—9 月份以后到牧区收购架子牛羊进行贩运，在周边地区及县城定点屠宰场进行屠宰销售或交易；10 月份以后留下体格大、品种优良的牛羊进行育肥，边育肥、边出栏，在生产淡季和牛羊肉价高量少时投入市场，实行均衡生产销售，获得最佳经济效益，到翌年6月份以后重新开始贩运屠宰。与此同时，养殖户开始注意到今年以来牧区牛羊价格普遍上扬、牛羊贩运育肥的纯利较上年有所下降的市场动态，把求利发展的目光又开始盯在自繁自育上，通过引进优良品种进行经济杂交，扩大繁殖规模，追求经济利益最大化。

2. 存在的突出问题

一是专业技术力量薄弱。畜牧业快速发展对畜牧业专业人员的技术要求越来越高，我县畜牧兽医、草原专业技术人员相当缺乏，技术力量薄弱，产地检疫工作开展相当困难，草原监理、动检市场监督工作很难开展，在职人员的水平跟不上现代畜牧业生产的需要。二是我县畜牧业生产一体化程度较低。牛羊育肥生产还处于初级的分户经营的格局，群众抵御市场风险的能力较弱，解决的途径就是建立龙头企业，走集约化经营的发展道路，而缺乏相应的龙头企业，是制约我县畜牧业向规模化方向发展的主要原因之一，有些企业尽管“龙头”雏形开始形成，但竞争力和辐射力弱，带动作用不强，产品质量不高，很难与农牧民结成利益共同体，难以担负起牵动产业化迅速发展的重任。三是科学饲养水平有待提高。在农村，沿用传统习惯饲养畜禽的现象还很普遍，饲养各阶段，不是根据畜禽需要什么喂什么，而是有什么就喂什么，运用生物技术来降低成本、提高质量的还很少，粗放经营、品种更新换代不及时，都影响着畜牧业生产的经济效益。四是社会化服务滞后。基层畜牧兽医站服务手段落后，不能适应农区畜牧业快速发展的需要。五是畜种改良力度不大，良种化进程缓慢，品种引进比较混乱，缺乏统一规划。六是随着牛羊贩运育肥规模的不断扩大，将适龄母畜作为育肥对象并屠宰上市的现象较为普遍，保护母畜亟待解决。

3. 发展我县农区畜牧业的启示

启示之一，依托农作物秸秆和退耕还草的资源优势，大力发展畜牧业是促进产业升级和农村经济发展的重要途径。因此，我们必须正确认识养殖业和种植业在农村经济结构调整中的互补作用，大力提倡和发展立体农业，实现种养结合、优势互补，从而加快现阶段农村经济结构调整步伐，为发展农村经济构筑新的亮点。

启示之二，畜牧业生产必须加快从数量型向质量型的转变。随着人民群众生活水平的提高，人们对畜产品的需求已不仅仅是数量上的满足，而是更加注重产品的质量。

启示之三，生产者必须从被动适应市场尽快向主动适应市场转变。用市场信息的变化来及时指导、组织生产，为市场提供适销对路的产品，而且重视产品的规模与档次，只有这样才能够比较稳定地占领市场空间，增加农民收入，促进农村经济持续稳定健康发展。

4. 今后采取的对策措施

加快基地建设，壮大规模养殖，依靠科技进步，优化畜种结构来推动养殖业的发展，全力推进“畜禽良种化、养殖规模化、经营产业化、生产标准化、饲养生态化、设施现代化”的“六化”进程，提高畜牧业生产能力，加快实施河湟谷地特色农牧业百里长廊建设和发展“四区两带一线”战略，努力打造全省农区畜牧业示范县。

4.1 通过能人带动，建立中介组织，提高经营水平，带动农户增收。大力发展一批专业合作组织，培养一支经纪人队伍，逐步与农户结成购销和技术、信息服务的利益共同体，带动农户发展生产。

4.2 通过龙头企业的带动，形成产业链，带动农户增收。通过企业带动，采取“公司 + 基地 + 农户”的合作形式，积极发展“订单”畜牧业，降低养殖户风险，提高养殖效益，加快农区畜牧业发展和农牧民增收步伐。

4.3 通过区域优势，建设一批畜牧业优势主产区，带动农户增收。重点培育和扶持八大基地建设，建立绒山羊、牦牛、藏系羊、犏雌牛、生猪、水产、牛羊贩运育肥和自繁自育基地。通过建立八大基地，使我县的畜牧业生产向区域化布局、专业化方向发展。

4.4 通过养殖小区建设，产生规模效益，带动农户增收。努力提高现有养殖小区建设力度和饲养水平，扩大饲养规模，提高经济效益，发挥带头示范作用。

4.5 通过资源优势，引导群众发展“自繁自育”，带动农户增收。重点推进“自繁自育”及舍饲圈养畜牧业。积极推广肉牛、肉羊人工授精繁育技术，引导农牧民开展牦牛、藏系羊的繁育生产，调整畜群结构，提高母畜比例、仔畜成活率，发挥农区饲养优势。

4.6 通过“一村一品”养殖业专业村的培育和发展，带动农户增收。结合项目建设，继续扶持一批有发展潜力的养殖村，培养一批专业乡、村，形成区域化的养殖专业村，带动农户增收。

4.7 通过畜禽改良工程，提升畜禽品质，带动农户增收。一是优化畜种结构，加大草食畜良种改良力度。二是优化畜群结构，逐步提高母畜比例，增强发展后劲。三是优化畜禽品种结构，进一步提高良种畜禽比例和个体生产性能。四是优化布局结构，坚持因地制宜、分类指导、科学规划、优势互补的原则发展良种畜生产。

4.8 通过项目建设，挖掘有潜力的项目，带动农户增收。多渠道筹措资金，切实抓好重点项目建设和有发展潜力的项目。一是实施好草食牲畜贩运育肥、“自繁自育”、水产养殖、禽类养殖项目；二是认真落实建设项目，切实加强项目管理，发挥好项目整体效益。

4.9 通过养殖业的发展，带动中上部地区农业结构调整，带动农户增收。一是建立多层次的饲料加工体系，积极推广秸秆氨化、青贮等技术，提高秸秆资源的利用率。二是调整种植业结构，推广粮食、经济、饲料作物三元种植结构，推广套种复种技术。三是发挥养殖基地（小区）的带动作用，与农户签订牧草种植协议，调整种植业结构，转变群众种植观念，扩大增收渠道。

——仁增：《循化县发展农区畜牧业的实践与启示》（内部资料），农牧局办公室提供，2012 年 7 月。

三、园艺业

循化县的撒拉族、回族群众，历来擅长园艺业。据《循化志》载，早在清朝乾隆年间，撒拉族地区的园艺业已有了相当的规模。这里“果则桃、杏、苹果、樱桃、林擒、枣子、葡萄佳，核桃尤佳，出积石关者皮薄，梨名为长把梨者，味酸；有一种形尖者，名油搅团，颇甘；其至冬熟者，名冬果，形圆，味尤佳。番地出延寿果（即蕨麻）”。

1. 品种

新中国成立前，循化地区的果树多在零星的庭院或私人果园种植栽培，品种只有梨、杏、葡萄、核桃、花檎、楸子等，品质差且产量低。新中国成立后，自治县政府积极引进、繁殖、推广新品种和新技术，全县果树生产得到长足发展。至 2005 年，全县果树品种有 12 个树种，130 多个品种，果园面积 1.64 万亩，各类果树近 100 万株，其中结果 60 余万株，占总株数的 60%，社会果品总产量 687 万千克。

苹果类　1954 年，首次引进国光、青香蕉、红玉等 7 个品种。2005 年，全县苹果有早、中、晚熟各类品种共 40 多个，由红星、红冠、红元帅为主的“三红”苹果品质优良，个大、色艳、汁浓、味甜。1995 年苹果种植面积达 1.34 万亩，6282 株，产量 218.2 万千克，成为各族群众勤劳致富的主要收入。后因受内地市场的冲击和商品流通的日渐深入，对老果园，特别是苹果园进行了改造，至 2005 年，苹果改造面积 6000 余亩，种植面积 6200 亩，30 余万株，产量约 100 余万千克。

梨果类　梨树适应性强，县内栽植范围较广，品种由新中国成立初的黄果、窝窝梨、皮胎果、冬果、黄甜果等几个老品种发展到苹果梨、鸭梨、莱阴梨、香蕉梨、甜果梨、王冠、二十世纪梨、长十郎、冰糖梨、日本梨等30个品种。2005年，各种梨树栽培面积4300多亩，共10万株，产量约500多万千克。

杏 有大红杏、胭脂红、大毛杏、油杏、红太阳、克特、水蜜杏、李子杏、羊粪杏、新疆库东杏（包核杏）、甘肃桃河杏、山杏等17个品种。大红杏个儿大味香，深受消费者欢迎。甜杏仁脂肪含量高，营养丰富，既能入药，又可制作饮料。2005年，全县有杏树约2万株，产量30余万千克。

桃 有六月黄、大久保、上海水蜜桃、杭州水蜜桃、麦香桃等10余种。2005年，全县共有桃树5000余株，产量3.6万千克。

葡萄 有玫瑰香、龙眼、马奶、白鸡心、巨峰、加利酿、红大粒、长地瓦等十多个品种，其中种植面积较多的主要有玫瑰香、龙眼、马奶、巨峰4个品种。2005年，全县共种植200余亩，30万余株，产量约2万千克。

李子 有小红李、大红李、小黄李、大黄李、黑李子5个品种。2005年全县共种植300多株，产量0.5万千克。

其他品种 樱桃有毛樱桃、酸樱桃2种，枣有沙枣、大红枣2种，桑葚有红、白2种。种植较少，全县共种植350多株。

果树栽植，主要分布于黄河河谷地区的积石镇、街子、查汗都斯、清水、孟达5个乡镇的77个行政村。

2. 园艺业经营

新中国成立前，果园由个人经营。1949年后，人民政府把发展园艺业为主的多种经营作为治穷致富的主要措施之一，发动群众，大力发展园艺业。1956年，合作化运动中，私有果园果树作价归公，由社统一经营。1961年，贯彻中央“六十条”下放到农户。1966年，“四清”运动中除留给社员少量自留果树外，其余收回集体。1982年后，集体果园实行承包责任制，归户经营。20世纪80年代中后期，随着农村经济体制改革的深入和继续，放宽农村经济政策，提倡建立小果园，允许农民在承包地种植果树，果园建设和果品生产得到迅速发展，进入一个创新的规模阶段。随着果树新品种的广泛引进、嫁接繁殖与推广普及，栽植面积逐年扩大，果品质量显著提高，产量稳步增长。尤其是建立健全和进一步稳定完善果树生产的各项经营承包责任制后，业务部门不断加强对果农的技术培训和指导，因地制宜，积极稳妥地引导群众大力发展开发性果园和以“三红”优质苹果为主的果品基地建设。经营形式有：

集体果园　自1966年起，红旗公社苏只大队组织干部群众经过一年多的艰苦努力，终于在一片干旱、缺水的乱石滩上建成324亩成片集体果园，共栽植苹果苗木6500株，由生产大队统一经营，实行果粮、果菜间作，至1971年部分果树已开始挂果逐渐发挥经济效益。1979年，全县集体果园共75处，面积3840亩，栽植果树6.1万株，其中有结果树2万株，果品总产量达41.5万千克。至1982年，集体果园达93处，面积4422亩，栽植果树17万株，有结果树3.5万株，果品总产量69万千克，集体园艺收入28万元。到1990年，较有名的苹果园有苏只苹果园、沈家苹果园、阿河滩苹果园、托坝苹果园，年末实有果园1.575万亩，其中集体果园面积15172亩。并不断兴修果园水利配套工程，改普灌溉条件，使苹果产量逐年增加，增加了社员收入，壮大了集体经济。随着农村联产承包责任制的建立和不断完善，农村集体果园经营形式也随之发生变化。1982年，将全县93处集体果园采取4种经营形式。一是由生产大队统一经营的联产承包责任制。这是一种主要形式，占全县集体果园面积的近50%。二是凡属生产队所有并已有收益的果园，由队统一经营，采取社员民主讨论投标承包、联户包交纯收入的办法，收入统一参加年终社员分配。三是对于面积不大、收益不多的果园，采取专业户或专人承包、自愿联合、包交纯收入的办法。四是对尚未受益的新建果园或经营管理不善的果园，采取队有户管的办法，将果园按承包地面积分到各户管理，果树实行折价保本归户管理，树随地走，由承包户耕作管理，以树定产，收益按比例分成。至1995年底，全县实有果园面积16623亩，其中苹果园13410亩，628212株，梨树面积1738.8亩，47262株，各种水果产量3042万千克。至2005年底，改造老果园6000余亩，种植以核桃为主的优质杂果4300余亩，33万株，果品产量687万千克。实有果园面积1.64万亩，全部由农户个人经营和承包给私人经营。

国营果园　1965年，赞卜乎地方国营园艺场在老果园基础上建成467亩果园，栽植果树5379株（其中苹果树5000株，梨树379株），栽培品种达23个，至1974年，全部进入产果期。1980年，全场产品34.35万千克，当年盈利5万余元。1982年实行小段包工、定额计酬的劳动、管理责任制，使职工利益同劳动成果直接挂钩。全场职工对果树不断加强种耕除草、追肥、浇水、修剪整形，特别是采取科学管理和药物防治并重的综合措施，使果树长势旺盛，产量和效益稳步增长，同时进行新品种“三红”、金帅、富士等新品种栽培，产量和效益稳步增长。1988年，全场生产果品53.3万千克，比1980年增长55.75%，总产值41.24万元。1995年，全场果园面积638亩，苹果 88500 株，苹果产量 44.3 万千克。

——本书编写组：《循化撒拉族自治县概况》，民族出版社，2009 年版，第 118—121 页。

撒拉族园艺业的发展，主要在解放以后，从良种引进、栽培技术，到经济效益和发展规模，都有了长足的发展，经 40 多年的不断努力，形成了规模，曾经一度成为农业的半壁江山，使种植业结构、农业的经济结构发生了很大变化。

解放初，赞卜乎园艺场总面积为 60 亩，约有果树 4000 株，主要果品有软儿、冬果、苏梅梨、苹果、花檎、大接杏。1952 年土改时，其面积扩建到 500 亩，成为全县面积最大的果园，并引进苹果良种，培养园艺技术干部，为自治县的园艺业发展起到了很好的示范作用，也为以后的发展摸索出了经验。1958 年苹果品种有 6 个，即国光、倭锦、青香蕉、红玉、黄帅、黄魁。到 1966 年底，国营和集体果园面积发展到 900 亩，这时，查汗都斯乡的苏志村开发荒滩新建果园 324 亩，街子乡沈家村治河造田新建果园。他们从山东、辽宁省等地聘请技术员进行技术指导，并引进果苗接穗，现场育苗嫁接，因而使撒拉族技术员掌握了从苹果的育苗、嫁接到病虫害防治、肥水管理、整形修剪的全部管理技术。这两处苹果园成了全县学习技术的示范园、经济创收的样板园和开发建园的新模式。截至 1980 年，撒拉族地区有果园 92 处，4179 亩，各类果树达 11 万余株，水果总产量达到 150 万公斤，分布在查汗都斯乡、街子乡、积石镇和清水乡的黄河谷地的温暖地带。除了集体果园以外，农民个体的小果园也如雨后春笋般涌现，掀起了一股果树热。农民个体所有果树达 43821 株，年产各类水果 170 余万斤。此间，苹果、梨、核桃等新品种也不断引进，品种丰富多彩，有早、中、晚熟的各类水果。到 1978 年底，核桃、花椒种植也达到了前所未有的规模，总面积 2668 亩，其中集体核桃树有 4740 株，花椒树 23 万株，社员个体所有核桃树 2300 余株，花椒树 14000 株。

20 世纪 80 年代是循化果树业发展的鼎盛时期。据统计，果树种类有 11 大类，共 117 个品种，仅苹果就有 43 个品种。其中苹果占总面积的 83.5%，株数占 77.1%，产量占 71.3%。但其品种结构不太合理，优质果品比重较小，树种结构中杂果类比重过小。种植形式普遍采用粮果兼作，立体种植，出现了前所未有的粮丰果茂的繁荣景象。

1986 年，全县果园总面积发展到 8726.4 亩，各类果树 365618 株，水果总产量 242.24 万公斤，经济效益显著。据县农业站 1985 至 1987 年 3 年农产品定点调查显示，进入果盛期的苹果亩利润是春小麦亩利润的20倍。这种经济效益在循化种植业中是从未有过的，因而，使果树的栽培势头更加高涨。果树业的发展，首先是政府从资金、技术上给予了大力扶持，其次是市场需求和经济效益的巨大拉动。政策上的开放，形成了村村有果园、户户有果树，不少农户依靠果树走上了致富路，户均年销售在万元以上的出现了10多户，使生产和生活条件大为改观。

1996年，果园面积达到1.6万亩，共76万余株，年产果品3042吨。果树经营，从20世纪50年代至1981年，主要有国营（园艺场、水电苗圃等）和集体果园两种。集体果园由村、社经营，也有过专业队（组）承包。1982年，农村实行家庭联产承包责任制以后，绝大多数的集体果园也随之出现了折价归户、分户经营的责任制形式，至此，以家庭经营为主体的果园经营成为普遍经营方式。

果树事业的发展，使撒拉族聚居区的园艺业成为农业的重要组成部分。查汗都斯乡成为果品收入占农业总产50%以上的收益区。“要想富，栽果树”成为撒拉族农民的共识，由原来只能“上山、下滩、进沟占边”逐步发展到允许农民自由选择种植作物，使黄河沿岸的撒拉族群众对果树有了特别的关注，出现了育苗专业户、果园大户等，也使传统的耕作模式发生了变化，生态效益、社会效益、经济效益显著提高，还出现了与之相适应的果品贮藏、加工、保鲜等配套设施，成为种植业中的支柱型产业。

进入20世纪90年代，出现了普遍的“卖果难”现象，由于缺少果品加工的骨干龙头企业，不能就地加工增值，果树业面临改进品种、加强技术管理的紧迫任务。现实告诉人们，不能只追求面积和数量，更应注重品质，树种结构也须有适当的调整和优化。要引进国内外优质新品种、新技术，促进现有果树上档次、上品位，这样才能使果树业健康发展。

撒拉族不仅擅长经营果树类，而且也善于经营蔬菜瓜类。据初步统计，目前已有11大类，80多个品种，除了水生蔬菜类外均有生产。

20世纪50年代，主要是露地栽培，喜温作物如瓜类、辣椒栽培采用地面铺砂，以增强地面保温和保湿功能，多以零星种植，也有集体村、社种植专供出售。进入20世纪80年代，地膜覆盖栽培及塑料大棚温室的逐步引进推广，使蔬菜生产的技术得到了根本性改善，也使得蔬菜生产的传统模式有了转变，种植的时期、地区都有了明显的变化，蔬菜的供应期延长，经济效益显著提高，蔬菜生产有了历史性的跨越和进步。蔬菜生产是一项高投入、高产出、技术性强的种植业，亩产值一般是粮食作物的2—3倍。撒拉族地区的蔬菜种植业普遍采用交叉立体种植，如一地多收、多茬种植、间作套种、育苗移栽等。常年种植蔬菜面积 1500—2000 亩，其中辣椒年均 500—800 亩。1995 年蔬菜种植面积 618.20 公顷（含 455.27 公顷秋季复种），其中日光能温室有 21 亩，蔬菜年总产量 1206.77 万公斤，总产值 893 万元，人均产值近百元。主要分布在黄河沿岸的四个乡镇，其中以积石镇最为突出。

撒拉族经营的园艺业产品中，三红苹果、花椒、线辣椒、露仁核桃，成为名优土特产品。

“三红苹果”是指三个苹果品种，即红冠、红星、红元帅。特殊的自然环境使这里的苹果以品质优良、色泽鲜艳、香味浓郁、含糖量高、甜脆可口、耐贮运而著称。据《中国农业科学》专刊 1980 年第一期报道：“青海循化元帅无论在色泽、固形物和全糖含量等方面均高于美国红星和加拿大红星。”优质果品与此地的自然环境密切相关，这里海拔较高，普遍为 1850 米，昼夜温差大、紫外线强，有利于干物质积累，使青海高原形成了新的果品生产基地，在青海能产出这么优质的果品，使很多人感到惊讶。

循化花椒以色泽鲜艳、香味浓郁、颗粒饱满而驰名省内外，不仅是烹调牛羊肉的必备调料，而且还具有多种药用功能，曾代表青海省的名优土特产品在北京等地多次参展，得到好评。过去主要在房前屋后零星种植，自 20 世纪 60 年代出现了成片的花椒园，在 1978 年花椒树有 24.4 万株，年总产 6250 公斤，较 1949 年增长 31 倍。1993 年花椒种植面积 1150 亩，116150 株，年总产花椒 7100 公斤，按现行价格计算，年产值 28.4 万元。种植较多的赞上村、下滩村等有花椒园的农户，仅花椒一项年收入为 3000 元，成为家庭经济收入的主要来源。

辣椒原产于热带的南美洲，16 世纪由“丝绸之路”传入我国。目前全国都有种植，成为人们喜食的鲜菜、调味、医疗食品。循化线辣椒以味香、肉厚、油性大、色红、香辣适中而深受人们的喜爱，属地方名优品种。20 世纪 60 年代循化县辣椒总产量达到 50 万公斤以上，仅县供销社年收购量最高达到 35 万公斤。1993 年辣椒种植面积 12827 亩，年总产 1252 吨，按市场价格折算，年总产值 243 万元。1995 年辣椒面积 850 亩，年总产 91.4 万公斤，产值 137.1 万元。地膜栽培技术和日光能温室的推广，使辣椒生产有了大幅度发展的基础条件。清水地区的线辣椒，品质优良，在全国农产品博览会上获得了银奖。随着辣椒生产的稳步发展，辣椒加工厂也随之诞生，把这一传统名优产品加工成辣椒面、辣椒酱、辣椒油，逐步推上了更为广阔的市场。

——韩文良：《我所知道的撒拉族园艺业》，见《兴旺之路——撒拉族变迁与发展史料选辑》，循化文史第四辑，1998 年，第 206—211 页。

循化县一九八二年园艺生产计划

地区	现有情况			1982 年计划				
	面积（亩）	株数（株）	1981 年产量（万斤）	产量（万斤）	其中：收购	其中：出口	新建（亩）	扩建（亩）
合计	4170	109995	138.9	22.4	111	7	300	340
东风公社	68	833	0.3	0.5				
清水公社	390	8873	2	3			100	
城镇公社	652	29570	15.4	25	10		150	70
街子公社	509	15544	7.7	15	8			100
红旗公社	2000	48365	81.3	120	60		50	170
文都公社	16	400	0.2	0.4				
农校	10	200	1	1.5				
园艺场	500	5660	30	55	33	7		
农林局	20	400	1	2				
机关	5	150						

注：收购、出口数均由供销部门安排。

——《循化县一九八二年园艺生产计划》，循化县档案馆藏，档号：20-1-122（永久）。

近日，“循化薄皮核桃”被国家商标局注册为地理标志证明商标。这是继“互助马铃薯”“循化线辣椒”“乐都紫皮大蒜”“互助八眉猪”后海东地区第 5 件获国家商标局注册的地理标志证明商标。

“循化薄皮核桃”地理标志证明商标的成功注册，为循化撒拉族自治县种植面积达 6700 亩的 600 户薄皮核桃种植户实现增收目标，注入了新的活力，也为促进产业结构调整步伐，实现循化薄皮核桃争创农产品品牌，增强市场竞争力奠定了基础。

——起翔：《黑土地　金土地　循化县积石镇实行农业产业化经营的启示》，《青海日报》，2001 年 4 月 15 日。

在社会主义市场经济体制逐步建立以后，依靠土地吃饭的一些农民遇到的一大难题就是不适应市场环境，不知道如何组织农业生产，不知道怎样才能尽快踏上致富路子。面对这些困惑，乡镇党委、政府围绕市场如何组织经营农业生产？怎样引导农民早日脱贫致富奔小康？

循化县积石镇采取的“特色服务、调整结构、市场化经营”的做法和思路，也许会给我们许多启示。

农民依靠土地到底能不能从贫穷走向小康？黑土地的潜力究竟在哪里？

巍巍积石山下的循化县积石镇农民的回答是肯定的：靠黑土地能致富，但必须改变传统的生产经营方式，实行特色种植，走“基地 + 市场”“农户 + 龙头企业”的产业化经营路子。

几年这样成功的摸索种植，积石镇的农民们确实尝到了农业产业化经营的甜头。目前，记者在黄河沿岸的田间地头看到，围绕市场，村民种“市场田”“订单田”的积极性颇高，比起上年，种植户数、面积都有成倍增加。村民们说：“就看你怎么个种法，种好了，地里一样能刨金，实现富裕。”

去年，全镇粮食播种面积虽然下浮 21%，但农业经济总收入达到 3524 万元，人均收入达 1021 元，比去年分别增长 15.2% 和 6%，贫困人口由 2245 人减到 1591 人。

积石镇究竟怎样实行农业产业化经营的，不妨和记者一道去瞧一瞧，也许对“敢问路在何方”的乡镇及农民们将会是个有益的启示。

需要特色服务

进入市场经济以后，农民普遍遇到市场不适应症！

应该怎样为农民破解这道难题？积石镇党委书记马永福说，从市场和农民的“需要”出发，及时转变党委、政府的工作思路和方法，提供市场信息，做好特色服务，引导农民实行市场化经营，尽快走脱贫致富的路子。

他们所谓的“特色服务”，又叫“市场服务。”近年来一到产前，镇干部就走向市场、进入地头，大量搜集市场信息，进行分析研究，然后对农民进行引导，市场需要什么，就让农民种什么，市场需要多少，就让农民种多少，降低盲目生产带来的市场风险。因此，在农民的心目中干部就是他们看市场的“晴雨表”，是为他们带来增产增收的“财神爷”。

原来作物结构单一的河北新建村，由镇领导担保银行贷款 8 万元，线辣椒的种植面积由过去 40 余亩扩大到去年的 670 亩，收入从 10 多万元增加到 134 万元，亩收入是小麦的 8 倍到 10 倍，户均收入达 5000 元以上。

针对人多地少的丁江村的实际，镇上经过引导，采取了“土地转包”法，从土地上分流出去一部分有经济条件、有经营头脑的人，到外从事运输、办企业等非农生产，由村里的“种田能手”承包其耕地，搞具有规模的反季节蔬菜生产经营。到去年全村已分流出去13户，节能温室发展到60余亩。正在温棚内忙着侍弄蔬菜的乙四夫的妻子说，他家承包了本村4户人家3.6亩地，搭了4亩温室，年纯收入有4万元。

高产高效农业必须有高技术保驾。因此，在产前服务中，科技培训是积石镇的重头戏。几年来，年接受培训的人数近8000余人（次），目前全镇有160多家科技示范户，家家都有科技明白人，如今农民种田，从耕作模式到农用新技术的使用都发生了深刻的变化，农民越来越感到科技种田越种越甜。

丁江村蘑菇种植户马大吾说，1999年他和妻子到湟源学习蘑菇种植技术，交80元学费学来的技术，而今带来了成倍的收入。去年家中院子内搭的一分地蘑菇棚里收入6000多元。他说："今年准备搞一亩蘑菇温棚，预计收入至少有4万元。"

基地连着市场

土地的潜力一旦释放出来，带来的产出是巨大的。

但是，前几年积石镇人跟其他地区一样，由于受传统耕作模式的制约，耕地利用率不高，产出率低，效益差。

农民辛辛苦苦干了一年，到头来不仅没有收入，有时还倒赔，他们觉得这地越种越没啥奔头了。于是，他们提出了这样的质疑：农民依靠土地究竟有没有脱贫致富的希望?

显然，农民致富的潜力仍在土地上，而发挥潜力的关键，就是合理调整作物结构。近年来，积石镇党委以这一思想为指导，提出了"59413"基地工程，其生产与市场联手，实现专业化、基地化经营，充分发挥土地、气候、水利、区位等优势，提高耕地产出率，以实现增产增收。

短短三四年间，全镇就涌现出了10余个典型的"辣子村""核桃村""温棚村""西瓜村""育肥村""蔬菜村""油菜村"，种植面积达9353亩，占总耕地面积的60.6%，其供应的蔬菜占到积石镇三岔口、白庄等市场的80%以上，极大地丰富了居民的"菜篮子"。

同时，9000亩耕地依靠黄丰渠自流灌溉的有利条件，大力实施秋季作物种植，使黄河沿岸逐步实现了秋季"绿色经济走廊"。到去年秋季作物面积达7900亩，占总播种面积51.2%；种植模式由过去单一的一年一茬或果粮间作，扩展到现在的小麦套蒜苗、辣子套萝卜、小麦套向日葵等，实行立体、复合式耕作。

同样的地，同样的亩数，一经调整种植结构，带来的却是高产出、高效益。据介绍，由于实行市场化生产经营，去年亩效益比单一的小麦作物高出4至5倍，有的甚至高出 6 至 8 倍，从而全镇累计增收 420 万元。

尝到甜头的东街村党支部书记徐杰说，新的农业市场化生产经营给村民带来了致富的希望。去年全村围绕市场，调整结构，60% 的耕地种西瓜、瓠子、辣子等作物，收益 122.4 万元，是一茬小麦收入 15.4 万元的 7.95 倍。近年来，全镇各村涌现出了不少“一亩地上奔小康”的农户。

“龙头”带动农户

推进农业产业化经营过程中，重点是培育发展龙头企业，实行农产品深加工，延长产业链条，带动一家一户的小生产与大市场接轨，确保农业增产增收。

近年来，有 5 家有规模的辣子、蔬菜、果品、油菜加工厂，先后从积石山下黄河沿岸的这片土地上崛起，带动了 8000 多家辣椒、蔬菜、果品、油菜等特色种植户，带来了较好的经济效益。

去年全县 800 多家辣子种植户依靠清水、仙红、蔬菜 3 家辣子加工厂的带动，种植面积达 2600 多亩，一部分种植户因此脱贫致富。

循化县蔬菜开发公司经理肖绍忠说，近年来不光他的公司承包了河北、加入村的 300 亩耕地，大面积种植辣子，还带动了河北村、加入村、新建村等 3 个村近百家辣子种植户，种植面积 1720 亩，效益达 400 多万元，其中新建村辣子一项收入为 134 万元。

生产能力为 5000 吨的浓缩果汁厂，带动农户规模更大，其中带动了本镇的 300 户果农，解决了果品销售难、增产不增收的问题。

今年县政府又安排 1400 多万元扶贫技改资金，经过扩能改造和改善收购条件，使 3 家辣子加工厂的生产能力从原来的 600 万公斤提高到 1400 多万公斤。据主管农业的副县长马成文介绍，目前已落实种植辣子 8000 亩，种植户达 4000 家，一部分农户与辣子加工厂签订了购销订单。

此外，积石镇在产业结构调整中，从农业内部种植结构的平面式调整，向立体式、复合式调整转变，鼓励非农产业的发展，从而先后涌现出了一些“运输村”“育肥村”“建筑承建村”。目前，大别列村的育肥已形成相当规模，本村县内外 27 家肉食经营店，带动了全村 150 多家育肥户，占全村户数的 88%，年上市各类牛羊肉 60 多万公斤，不仅丰富了市场，而且给农民带来了显著的经济效益。

——馨平：《海东又一件地理标志证明商标获国家注册》，《青海日报》，2009 年 6 月 1 日。

四、林业

1. 育苗

1951 年，始建国营苗圃 3 处（即县城东门、赞卜乎、文都），至 1955 年，有育苗地 67.28 亩，育苗留床面积 53.36 亩，留床育苗木株数达 73.34 万株，品种有榆、杨、杏、核桃、洋槐、臭椿、侧柏、黑刺、柠条、沙枣等。随之动员群众育苗共 34 处，18.97 亩，育苗株数为 16.96 万株，由于缺乏管理经验，苗木数量和质量均达不到要求。

1959 年，全县育苗留床面积 148.72 亩，其中国营苗圃育苗 68 亩，占 45.72%。1965 年，文都国营苗圃根据社、队需要培育杨、榆、洋槐等 10 个树种，翌年提供苗木 6 万余株。1974 年，重点抓育苗，提倡县、社、大队、生产队办苗圃，全县共育苗 1383 亩，其中县办国营苗圃育苗 65 亩，社办苗圃育苗 195 亩，大队和生产队 1383 亩，大队和生产队建立河北波浪滩苗圃，总管理面积为 1101.64 亩，至 1982 年建成苗圃基地 221.4 亩，种植的苗木有青杨、北京杨、泡桐、白腊、刺槐、海棠、臭椿、沙枣、榆树等。1983 年，出圃苗木 28.28 万株，其中柠条 7.41 万株，榆、沙枣、刺槐 13.57 万株，杨、柳苗 7.3 万株。至 1990 年，波浪滩苗圃累计出圈良种树苗 96 万余株；全县育苗留床 1425 亩。

2. 造林

解放前，循化地区林业生产十分低下，1949 年全县仅有人工林面积 1509 亩，绝大部分树木被地主、官僚阶级所霸占，民用木材和燃料极缺。

解放后，积极贯彻执行林业建设的方针、政策，从 1953 年始，开展有规模的植树造林活动，使全县林业生产得到大的发展。1958 年春，道帏乡以苦干、实干加巧干的精神，组织农业社、乡机关、学校、寺院的 2300 余名劳力，经过 21 天的苦战，在沙石河滩上造林 7450 亩，成活率达 90% 以上，为全县发动群众造林树立了好的榜样。是年下半年起，金县开展大炼钢铁，办食堂，搞运输车子化、本轨化群众运动，山林、树木遭到严重地乱砍滥伐。后贯彻“六十条”执行“国造国有，社造社有，队造队有，社员个人种植的零星树木归社员个人所有”的政策，1962 年，划给社员零星树木 60881 株，占全县树木总数的 7.94%，以鼓励社员造林、管林的积极性，使造林工作又出现大发展的局面。“文化大革命”初，推行“穷过渡”，片面强调“以粮为纲”，毁林开荒 5000 多亩。70 年代，贯彻全国北方地区农业会议精神，造林工作又上一个新台阶，引进速生、优质、高产的北京杨、大冠杨、新疆杨、青杨和河南洛阳泡桐等优良树种，替代老品种小叶杨，发挥集体力量植树，取得一定成效。

党的十一届三中全会后，循化县列为全国“三北”防护林体系建设重点县之一，全面规划，实行承包，鼓励国营、集体、个人一起上。从 1979 年，实行育苗、造林补助，每亩补助费当年育苗 25 元、历年留床苗 15 元、造林 5 元、提前整地造林 2.5 元，是年共付补助费 4.34 万元。据 1980 年 4 月统计，划给社员造林地 1642 亩。1981 年 4 月，本着“造林的政策要宽，砍树的政策要严”的原则，循化县人民政府发布《关于保护森林树木发展林业生产》的布告。是年 12 月，9 个农业公社完成稳定山林权属、划定宜林荒山荒地、确定林业生产责任制的“三定”工作，根据“谁造谁有、合造共有”的政策，颁发“林权证”，进一步解决林业生产的权、责、利问题。以上措施有效地促进造林工作，荣获全国林业先进县光荣称号。20 世纪 80 年代，在白庄乡山根、街子乡吾土司山进行提前整地，雨季直播柠条、沙棘、榆树混交林的试验成功，向全县推广，取得绿化治理水土流失的好经验；营造农田防护林带 82 条，总长 3.99 米，栽植树木 410 万株；组织县机关、学校职工和学生坚持每年植树造林治理沙石滩约 2000 亩。至 1990 年，全县累计人工造林面积共 19.81 万亩，保存面 5.99 万亩，保存率为 30.24%，占全县实有林木保存面积的 11.73%；据调查测算，全县人工林更新采伐木材累计达 1.2 亿立方米。积石镇乙麻目、尕别列，清水乡下滩、瓦匠庄，查汗都斯乡阿河滩、乙麻亥村是全县造林面积大、生产效益好的先进典型。

——循化撒拉族自治县志编纂委员会：《循化撒拉族自治县志》，中华书局，2001 年版，第 240—241 页。

1963 年循化县农牧业工作会议总结发言提纲

根据全省农牧业工作会议精神，结合我县情况，我县 1963 年的林业工作的主要任务是：进一步全面深入地贯彻林业政策，切实管理和护好现有森林，坚决制止破坏林木，继续开展造林、育苗工作，迅速恢复和发展林业生产。今年计划造林 50 亩，育苗 26 亩，社员零星植树 3 万株，采收林木种子 1300 斤，生产木材 250 立方米，封山育林 15000 亩，生产木质小农具 4 万件。为此，着重做好以下几项工作：

（1）各级领导必须重视林木破坏的严重性和林业在国民经济中的重要作用，大声疾呼，加强领导，把林业生产恢复和发展的问题提到议事日程上来。

（2）进一步全面深入的贯彻执行林业政策。在党委统一领导下，结合整风整社运动，严肃贯彻“农村人民公社工作条例草案”，中央“林业十八条”和省委“林业十六条”等有关规定，要求于三月底以前，把上述两个文件原原本本地向干部和社员宣讲。

宣讲一至两遍，订出贯彻计划。争取在今年上半年前把林权划分明确，经营管理责任落实。林木退赔款应迅速结算清楚，讲定偿还办法和期限，发给凭证，定期付款，逐年还清，争取在三五年内还清。

（3）切实管理好、保护好现有森林。在坚持“谁种谁有”的造林政策的同时，必须经常向广大干部和社员群众进行爱林、护林的社会主义教育，提高他们爱林、护林、造林的积极性，认真解决群众的烧柴困难，坚决贯彻“护林有功者奖，毁林者罚”的政策，严肃处理毁林案件，发动群众制定护林公约，并坚决执行。过去没有处理的，应按原定公约分别处理。县上已同意农牧科关于解决城镇、街子两公社烧柴问题的意见。严格控制水源，加强入山管理，充分发挥护林员、民兵的积极性，做好巡山检查时，严格防止森林（草山）火灾的发生。

（4）在保护好现有森林的基础上，积极开展造林育苗工作。今年，群众造林应以四旁零星植树为主。集体造林以生产队造林为主，公社、大队一般不造林。

——《一九六三年农林牧业生产的安排意见、总结、规定、发言、提纲、简报》，循化县档案馆藏，档号：23-1-25（永久）。

1964 年和 1965 年林业生产主要数字统计表（单位：亩、万株、斤）

项目	年度	
	1964 年	1965 年
造林面积	319	2213.4
零星植树	6.1	7.1
封山育林		5600
抚育面积	4000	5000
育苗面积	29.5	135
播种数量	2068	3000

——《1964 年和 1965 年林业生产主要数字统计表》，循化县档案馆藏，档号：1-1-255（永久）。

1965 年秋季造林检查报告

一、取得成绩

我县今秋造林工作是在各项工作“大跃进”的声浪中进行的，由于各级党政领导重视，广大社员的热情劳动，各公社于 1 月 13 日至 15 日先后开始，截至 11 月 21 日，全县造林工作基本结束，据初步检查丈量，全县共造林 24036 亩，占秋季任务 80000 亩的 30.05%，已育苗（公社）亩 62.37 亩，占秋季任务 1000 亩的 0.062%。

今秋造林工作的主要特点是：领导重视、组织严密、行动迅速、林地集中，同时造林质量也大大有了提高，24000 余亩造林面积中，约 90% 是大坑和水平沟整地造林，所挖的坑、沟约 40%，基本达到要求标准。这就为水土保持和来年种子发芽出土创造了良好条件。

二、存在问题

今秋造林工作成绩很大，但也有一些美中不足之处，主要表现有以下几个方面：

（一）面积悬殊。全县造林基本结束后，据各公社初步统计汇报，全县共完成造林 87366 亩，但据这次检查丈量，全县造林面积仅只有 24036 亩，占原面积的 27.5% 强，造成严重的虚假现象的主要原因据我们了解有以下两个方面：

（1）部分工作干部责任心不强，工作中不用脑子分析问题。如丈量造林面积时，为了丈量而丈量等现象严重。

（2）丈量方法不对头。其次是否还有故意多报因素存在呢？以我们之见，也有这个可能。由于有上述问题的存在，因而造成造林面积严重不实的现象。最突出的如沈培明同志将永丰公社一片只有 327.7 亩造林面积，竟错算为 5900 余亩。全公社原报 22000 余亩，经过丈量只有 3952.9 亩，占原报面积的 17.97%。原该公社领导对秋季造林决心很大，准备全公社人力出动突击完成造林任务，但由于结算已经超额，公社党委又下紧急通知停止出动，致使该公社秋季只完成原任务 16300 亩的 25.512%。东风公社原报 59000 余亩，经再次丈量实有 17000 余亩，占原报面积 28.8% 强，类似情况从目前来看，我们认为是导致我县今秋少完成造林任务的主要原因。再次也有一些公社对金秋造林、育苗工作重视不够，抓得不紧。例如黄河人民公社 10000 多亩任务指出动 2421 人次，实际造林 1320 余亩。红旗公社将 200 个核桃种子驮去至 11 月 30 日还未播种育苗。这也应该算是今秋完成任务少的重要原因之一。

（二）造林质量差。今秋造林工作从全县总的情况来看，质量是大大提高了一步，但就具体事实来说，质量还是相当低劣的，个别地方还有严重的应付差事现象存在，例如黄河公社山根一带，东风公社部分地方，造林的坑距一般在 2 丈左右，个别还有 3 丈宽的，即使将来树苗成活率达到 100%，也难达到预期，就水土保持意义来说，坑与坑间距太大，又没有引水沟，也控制不了水土流失。

再如一般坑都挖得浅小，坑底未垫表土，甚至坑底没有土，像东风公社孟达隧挖的坑子只有 1 尺深，1 尺宽，坑底仅翻起 1 寸左右松土，张尕隧部分坑子底一点松土也没有，将种子放到死板土上，上面只盖了一铁铣土。由于坑底土少，种子覆土浅，再加上鼠、鸟害之故，不少种子都在外面裸露，若不很快设法覆盖挽救，种子很难发芽出土，将会造成人力、物力的浪费损失。

根据全县情况，今秋造林质量最差的是红旗公社，该公社尕楞点今秋所造 890 余亩林子全系小坑，同时将无根杨树苗也搬到尕楞后干山坡上去栽植。像这类地区，采取这种造林方法，根本就没有成活希望，严重地表现了应付差事现象。

三、检查评比情况

（一）数量。东风：完成 17850.15 亩，占原分配任务 40000 亩的 44.63%，永丰完成 3952.9 亩，占原分配任务 16300 亩的 24.25%，红旗完成 1603 亩，占原分配任务 12500 亩的 12.82%，黄河完成 629.4 亩，占原分配任务 11200 亩的 5.62%。

育苗：永丰完成 46.81 亩，占原分配任务 220 亩的 21.277%。东风完成 8.75 亩，占原分配任务 430 亩的 0.02% 强。黄河完成 7 亩，占原分配任务数 0.417%。红旗原分配任务 200 亩，未育。

（二）质量：根据检查。永丰：造林坑子一般长 3 尺，宽 2.5 尺左右，深 2 尺，坑内虚土一般 2—3 寸，坑子排列多为品字形，间距 6—10 市尺，两侧一般有引水沟。东风：坑子大小基本达到要求，排列较乱，坑内虚土少。黄河与东风相似。红旗：全系小坑。

根据以上数量和质量，我们认为：

造林数量：东风公社第一，永丰公社第二，红旗公社第三，黄河公社第四。

造林质量：永丰公社第一，东风公社第二，黄河公社第三，红旗公社第四。

育苗：永丰公社第一，东风公社第二，黄河公社第三。

四、今后意见

（一）秋季造林应早一些动手，今秋动手太迟，不少所造林的阴山土地结冻造不成，影响了造林质量和任务的完成。

（二）加强管理工作，今秋造林多系直播，要禁牛羊牲畜进入造林区，并及时组织扫雪归坑，以达到巩固现有造林成果。

（三）今后多组织全面性的检查评比，以达到互相学习，互相推动工作。

——《1965 年秋季造林检查报告》，循化县档案馆藏，档号：1-1-112。

循化县 1968 年春耕生产及春季造林情况统计表（单位：亩）

社名	项目										
	粮食作物					油料作物		经济作物		春季造林育苗	
	计划面积	实体耕种面积				计划面积	实际面积	计划面积	实际面积	造林	育苗
		总面积	水地	浅山	脑山						
全县	112000	109981.51	51377.06	44942.84	13661.61	10000	7943	640	763.5	1633	35
解放	25500	25209.5	8962.2	8000	8247.3	1800	2033	50	60	291	6.8
乘风	15700	15250	8500	5750	1000	1000	500	/	15	260	/
清水	7100	6867	3953	2914	/	400	50	100	92.5	312	5
城镇	12200	11861	9789.5	2071.5	/	800	245	210	378	99	/
跃进	16000	16602	4500	12102	/	3000	3075	15	43	95	4.7
红旗	7300	7200	6257	943	/	700	425	150	150	238	12
永红	16000	14982.01	7030.36	5167.34	2784.31	1600	1000	100	10	168	3
建设	12200	12010	2385	7995	1630	700	615	15	15	170	3.5

——《循化县 1968 年春耕生产及春季造林情况统计表》，循化县档案馆藏，档号：1-1-255（永久）。

循化县 1971 年春季造林统计表（单位：亩、株、人）

公社	人口	原有林木					今年造林				经济林		今年育苗	固定林业人数
		人造林	株数	经济林	株数	育苗	成片林亩数	株数	零星植树	合计株数	亩数	株数		
道帏	7881	1777.8	416610	0	0	8.7	1169.72	305.469	17027	322.496	15	4270	42.9	89
东风	10652	423.57	83494	2.9	1712	8	296.17	618.91	7995	69886	145.74	9936	14.2	78
清水	5669	332	70800	66	4580	6.2	131.2	45434	7158	52592	58	3356	9.6	45
城镇	9796	248	174000	36.2	1310	1.1	186	62350	14210	76560	18	2735	4.5	48
街子	7869	544	107892	105	3975	0	101	37661	2800	40461	152	3362	22	49
红旗	4446	235	72597	369	10354	7.5	252	58770	7197	65967	159	3655	22	49
文都	4789	519.4	168792	0	45	15.7	167.5	41031	3113	44144	22	630	10.3	47
尕楞	3222	53	15885	10.8	1705	2.6	74	27311	593	27904	9.1	1446	2	31
国营更新造林	0	0	0	0	0	18	2300	402.000	0	402.000	0	0	12	0
机关	1100	0	0	0	0	0	30	11000	800	11800	3	250	0	0
合计	55424	4132.77	110070	589.9	23681	67.8	4707.59	284883.379	60893	390038.496	518.84	29640	139.5	436

注：1. 社有林应和大队一样专统计一项；2. 固定专业人数包括经济林木管护人数在内。

——《一九七一年春耕生产统计表》，循化县档案馆藏，档号：1-1-255（永久）。

编者注：原稿中合计部分数字有误，已修改。

循化县 1971 年抓革命促生产情况统计（二）1971.12.20

公社	造林情况			骨干副业			集体副业收入（万元）
	造林		育苗（亩）	药材（亩）	果树		
	面积（亩）	株数			面积（亩）	株数	
道帏	170	322496	43	61	15	4270	5
东风	616	69886	14	10	14.5	9936	15
清水	300	100000	20		58	3356	4
城镇	186	76560	5		18	2735	20
尕楞	60	28900	3		9	1446	1.5
红旗	252	63200	21		159	3655	9.9
文都	47	44144	10		22	630	1.4
街子	101	40461	4		152	3362	15
岗察							
合计	1732	745647	120	71	447.5	29390	71.8

——《一九七一年春耕生产统计表》，循化县档案馆藏，档号：1–1–255（永久）。

编者注：原稿中合计部分数字有误，已修改。

循化大力发展果树等经济作物

循化撒拉族自治县各级党组织和革委会积极带领各族群众，认真落实“以粮为纲，全面发展”的方针，在抓紧粮食生产的同时，大力发展果树等经济林木，取得了新的成绩。全县现在已有果园和经济林木约两千亩，栽培的苹果、梨、核桃、花椒等达六万多株，有的社、队已开始有了收益。

循化县大部分社队海拔低、气候暖，发展果树等经济林木有较好的自然条件。可是，过去由于受反革命修正主义路线的影响，阶级敌人也乘机破坏，使这个县的果树等经济林木发展十分缓慢，甚至有些发展起来的中途又遭破坏。针对这种情况，循化县各级党组织和革委会，从狠抓阶级斗争和路线斗争入手，结合“一打三反”和农业学大寨运动，坚决打击了阶级敌人的破坏活动，同时深入开展革命大批判，用具体事实教育干部和社员认识发展果树等经济林木的重要意义，使大家从思想上引起重视。街子公社的街子大队和团结大队两队毗邻，六年前同时建的果园。街子大队由于干部、群众重视，对果木管理得好，结果一九七〇年就开始收益，用卖苹果的收入给队里添了耕牛，而团结大队的果树管理不好，至今无收益。街子公社党委抓住这一事例，组织干部、群众现场参观，和大家一起总结正反两方面的经验，使大家受到了教育，促进了果树等经济林木的发展。

在发展果树等经济林木中，循化县各级党组织和革委会注意管理抓典型，树样板，用典型推动一般。红旗公社苏只大队在大队党支部的领导下，批判懦夫懒汉思想，发扬艰苦奋斗、自力更生的精神，在五六年的时间里，把一片三百七十多亩的乱石滩建成了果木园，为全县发展果树等经济林木做出了样子。县委和县革委会及时发现和培养了这个典型，几次组织全县干部、群众参观，大力宣传推广了他们的经验。在苏只大队等先进典型的带动下，广大贫下中农、社员群众纷纷向荒野、荒坡进军，提出了“改造乱石滩，建立果木园”的口号，并把大搞农田基本建设和发展果树等经济林木结合起来，一面造田，一面建果园，有效地解决了林粮争地矛盾。东风公社是循化花椒的主要产地。这个公社的上科哇大队在荒山坡上种青花椒，收到了显著成效。公社党委和革委会认真总结和推广了这个大队的经验，在全公社范围内开展了队队育花椒的活动，目前这个公社育成的花椒已达九千余株。

在发展果树等经济林木中，这个县的农林、商业部门及国营园艺场，热情地给生产队解决果木苗，还根据各社队的土壤气候情况，从外地引进了许多新的果木品种。为了切实加强对果木的管护工作，他们还多次举办社队专业人员训练班，帮助大家掌握嫁接、修剪、防治病虫害、超冬保护等各种技术，为尽快地发展果树等经济林木做出了贡献。

——循化讯：《循化大力发展果树等经济作物》，《青海日报》，1972 年 9 月 16 日。

一九七二年春季造林统计表（单位：亩、株）

项目	公社									总计
		道帏公社	白庄公社	清水公社	城镇公社	街子公社	红旗公社	文都公社	尕楞公社	
造林	任务数	800	500	400	300	300	300	400	400	3400
	完成数	1200	537	344	234	89	175	880	235	3694
	占 %	162	107				117	89	75	
育苗	任务数	107	150	107	70	84	56	60	61	695
	完成数	94	99	35	42	56	50	48	26	450
	占 %						94	70	43	
	其中经林育苗		13	6		0	1		1	21
四旁植树	任务数		2060			3500	41040	4530	36000	
	完成数	4609	2060	7713	12800	3889	25850	245	3580	60746
	占 %						63		10	

续表

项目	公社										总计
			道帏公社	白庄公社	清水公社	城镇公社	街子公社	红旗公社	文都公社	尕楞公社	
经济林木	历年建立果园	面积	2	108	87	79	141	521	29	73	1040
		栽数	470		5423	1610	4974	9161	1012	2349	24999
	七二年新建果园	面积	1	33	71	214	226	519	99	8	1171
		栽数	350	4000	10662	2746	3010	11339	2003	1412	35522
累计现有经济林木	苹果				3573	3947	4798	12279	2180	645	27422
	梨树				1250	400	311	2270	710	46	4987
	海棠				220		1705	3284	710		5919
	花椒		740	100		330	940	1787	881	3113	
	核桃				1406	15	3	549	368	7	2348
	其他				193		655	331	22		1201

——《一九七二年春季造林统计表》，循化县档案馆藏，档号：1-1-255（永久）。

编者注：原稿中合计数有误，已修改。

改变山河面貌，循化春季植树造林成绩大

循化撒拉族自治县广大干部和各组社员群众，在春耕播种基本结束以后，立即掀起了一个植树造林高潮。目前已凭证造林地两千多亩，修建苗圃基地近一千亩，已植树造林三十多万株。广大社员群众豪迈地说："积石山，黄河滩，昔日风沙起满天；今日绿化巧安排，誓叫沙滩变良田。"

今春以来，循化县各级党组织和革委会带领群众认真学习马列和毛主席著作，全县培养了理论骨干队伍一千多人，搞社会调查，编写村史、家史近千份。红旗公社赞卜乎大队，过去是马步芳匪帮的公馆所在地，大部分贫下中农是马匪的奴隶，他们用血汗浇灌马匪的果园、庄田，自己却一无所有。现在队里的集体经济不断发展，社员生活日益改善，而且有了自己的果园、树林、苗圃。通过新旧社会对比，贫下中农更加懂得了"只有社会主义能够救中国"，建设社会主义新农村的积极性更加高涨。在植树造林季节里，全队男女老少齐上阵，奋战半个月，在乱石滩上又建起一座七十亩的花椒园，栽植幼苗四千多株，红旗公社阿河滩大队植树造林二百亩，平均每个劳力一亩七。东风公社今春植树造林、育苗都大大超过了原计划。县级机关干部、工人、学

生，在黄河北面的沙滩上栽植成片林两万一千多株。

循化县各组社员在植树造林活动中，坚持科学造林，因地制宜地搞好“三个结合”，即造林与治山治水相结合，造林与发展骨干副业相结合，造林与扩大粮油播种面积相结合。全县各社队结合造林大搞治山、治坡、治河、治滩，使五千亩园林基地实行了粮果、林粮、林药、林油菜间作套种，扩大了粮食和经济作物播种面积。城镇公社尕别列大队在黄河北面大沙滩上营造防风固沙林，引洪灌溉，淤泥压沙，去年改造沙地五十亩，收获蚕豆一万多斤。今年，社员们总结经验，继续奋战，进一步扩大了改沙造地面积。

——循化撒拉族自治县革委会中心通讯组：《改变山河面貌，循化春季植树造林成绩大》，《青海日报》，1974 年 4 月 6 日。

全县几个数字的统计：林业、经济林木生产情况统计表 1974.5.31（单位：亩、株）

单位	成片造林		育苗				四旁植树		新建扩建经济林木				经济林木分种类累计株数				
	新建	累计	面积		其中：经济林木		新栽	累计	面积		株数		苹果	梨	花椒	核桃	其他
			新育	累计	新育	累计			新建	累计	新栽	累计					
合计	1193.5	13589	1382.7	1757.7	33.3	61.5	125732	327688	1460.9	4800.4	105004	199518	55043	12355	121573	8741	6489
国营、机关			65	110			20000			500		6000					
道帏	91.8	6597.5	280	405			9981	23549			1270	1270			1270		
东风	12.5	1606	314	440	9.6	22.6	14658	29256	166	907	38881	64082	2381	85	85552	5535	529
清水	140	906.5	66.4	61.8	10	12	2250	8718	168.5	383.5		23341	6925	894	13252	1415	855
城镇	198	820	176	160	0.6	0.6	8635	80080	577	665.5	16755	19302	16306	2946	3433	108	50
街子	1	202	110	99.3	0.5	2.5	15375	22391	76.5	565.5	8885	15229	7524	1300	6855	472	220
文都	281.2	1652	114	136	4.4	4.9	15812	20712	142.9	178.9	14891	17150	1194		15676	280	
尕楞	26	469	51.3	75.8	8.2	8.2	11198	60010				7361	278	25	7056	2	
红旗	443	1336	206	269.8		10.7	27823	82972	330	1600	24322	51783	20435	7105	18479	929	4835

——《全县几个数字的统计：林业、经济林木生产情况统计表》，循化县档案馆藏，档号：1-1-255（永久）。

编者注：原稿中育苗中的新育、累计、经济林木中的累计、新建扩建经济林木中的新建、累计、新栽等合计数字有误，已修正。

路线对头方向明　荒山坡上树成荫

循化撒拉族自治县清水公社大寺古大队坚持十年大搞荒山造林

循化撒拉族自治县清水公社大寺古大队的各族社员群众，在大队党支部领导下，坚决响应毛主席关于“绿化祖国”的伟大号召，以党的基本路线为纲，从一九六五年以来，坚持大搞荒山造林，造出成片林三百四十亩，育成杨树、柳树等五万七千余株，平均每人百株树，还建立了苗圃十八亩，育苗八万余株。这个大队的荒山造林，是在两条路线、两种思想的激烈斗争中进行的。开始，党支部提出荒山造林的口号时阻力很大，有些人认为，荒山坡上造林，水缺、土质差，是“瞎子点灯白费蜡”。针对这种情况，大队党支部充分发动群众，开展热烈的讨论，认真总结过去造林的经验教训，最后大家得出了这样两条结论：一是荒山造林要成功，关键在于抓路线、抓方向。二是要大搞引水、改土，为荒山造林积极创造条件。在大队党支部的领导下，广大干部、群众一边造林，一边开展革命大批判。大家狠批了林彪一类反革命的修正主义路线，坚决贯彻毛主席提出的“以粮为纲，全面发展”的方针，坚持为巩固人民公社集体经济、创社会主义大业而积极植树造林。为了给荒山造林创造条件，广大干部和群众艰苦奋战，劈山开渠，挖了一条八百多米长的盘山渠道，把水引上了山，短短两三年内，造林就获得了初步成绩。接着，新的问题又出现了，林木的成活率不够高。这时有的人思想又开始动摇，说：“这样造林不合算，不如外出搞副业挣钱多，来得快。”大队党支部一方面组织群众批判了这种资本主义倾向，另一方面同大家一起总结经验教训。为了确保林木的成活，他们注意搞好两个结合，一是造林与治山治沟工程措施相结合，搞好水平沟，台阶地，修好拦洪坝、落水口，做到沟坡平整，存水保墒；二是造林与改良土壤的措施相结合，林间种植两年生苜蓿草，移植黑刺等，这样既防止了水土流失，又增加了土壤中的腐殖质。在抓好两项措施的同时，每年还坚持树苗的冬灌。这样一来，树苗的存活率提高到百分之七十到八十。这个大队还建立了林业专业队，加强了看护管理工作。

最近，大寺古大队党支部认真组织干部群众学习无产阶级专政的理论，进一步激发了干部群众为巩固无产阶级专政而大干社会主义的积极性。这个大队的社员有培育花椒树苗的经验，过去由于只从现金收入着眼，育成的花椒树苗全部出售，自己不栽，结果大寺古大队培育的花椒树苗在邻近社队开花结果，而本大队却没有一个像样的花椒园。通过学习和批判，大家认识到这是一种错误倾向，今年，在大队党支部领导下，社员们在一个多月的时间里，共投工五千一百多个，挖垫土方三万两千多立方，填沟三条，终于在荒山坡上平整出四十多亩高标准的花椒园基地，现在，这个大队已完成了花椒树的栽培任务。其他林木的种植工作，也比以往年搞得好。

——马华明：《路线对头方向明　荒山坡上树成荫　循化撒拉族自治县清水公社大寺古大队坚持十年大搞荒山造林》，《青海日报》，1975年4月3日。

循化县一九八一年林业生产计划

地区	宜林面积（亩）	造林亩			四旁植树万株		育苗亩			次生林抚育（万亩）	更新造林（亩）
		1980年实际	1981年计划	封山育林	1980年实际	1981年计划	1980年末留床苗	1981年留床苗	其中：1981年新育苗		
甲	1	2	3	4	5	6	7	8	9	10	11
合计	51114	3906	3000		33	30	1676	1529	150.1		
道帏公社	9428	376	300		1	1	185	185	20		
东风公社	4717	277	250		4	4	227	200	15		
清水公社	1644	652	200		2.5	2.5	19	19	5		
城镇公社	7255	459	400		2.8	2.5	133	130	10		
街子公社	5902	567	300		2.7	2.5	149	150	5		
红旗公社	7180	680	400		12	10.5	500	500	30		
文都公社	11423	135	600		2	2	105	100	10		
尕楞公社	3565	650	250		6	5	70	65	5		
文都林场							34	30	20		
尕楞林场									0.1	500	
孟达林场											
农林局		110	300				254	150	30		

——《循化县一九八一年林业生产计划》，循化县档案馆藏，档号：20-1-111（永久）。

循化县一九八二年林业生产计划

地区	项目								
	造林（亩）		四旁植树（万株）		育苗（亩）			次生林抚育（亩）	更新造林（亩）
	1981年实际	1982年计划	1981年实际	1982年计划	1981年末留床苗	1982年末留床苗	其中：1982年新育苗		
合计	3316.5	3000	31.2	30	1119.7	1000	150	700	500
道帏公社	154.4	400	3.59	4.4	93.7	100	30		

续表

地区	项目								
	造林（亩）		四旁植树（万株）		育苗（亩）			次生林扶育（亩）	更新造林（亩）
	1981年实际	1982年计划	1981年实际	1982年计划	1981年末留床苗	1982年末留床苗	其中：1982年新育苗		
东风公社	949	600	6.6	6	131	120	30		
清水公社	685.3	300	5.4	3	8	18	10		
城镇公社	104.3	500	3	5	74	64	10		
街子公社	344	200	3.52	4	114	100	10		
红旗公社	263	500	8.11	4.7	414	380	20		
文都公社	118.5	150	0.86	1.5	58	48	5		
尕楞公社	285	100	0.12	0.5	18	18	5		
孟达公社				0.4					
河北苗圃	163	250			194	137	20		
机关				0.5					
孟达林场								200	
文都林场					10	10	5	200	200
尕楞林场	250				5	5	5	300	300

——《循化县一九八二年农业生产计划（总表四）》，循化县档案馆藏，档号：20-1-122（永久）。

编者注：原稿中造林合计、育苗合计统计数字有误，现已修改。

我省城乡义务植树迈出新步伐

循化撒拉族自治县县级机关各单位于三月十三日以前就搞好了街道、庭院、城镇的绿化。接着，县委和县政府召开了全县植树造林广播动员大会，让公社、县林业部门确定人员，进行植树现场技术指导和检查验收工作。三月十六日，县党政军领导同志，率领县级机关干部、学校师生、厂矿工人、解放军指战员，来到黄河岸边的波浪滩整地造林。循化中学和积石小学的青少年，营造了“青年林”和“少年林”。经过大家的共同努力，已造林二百二十亩，植树二万四千多株，人均四株。修花园、花池、花栏二十九处，栽种梨、杏、松、柳等一千八百多株，胜利完成了义务植树任务。

——袁锡、钟建华、朱广震：《我省城乡义务植树迈出新步伐》，《青海日报》，1982年4月9日。

循化红旗公社积极建设果园　秋季梨果飘香

循化撒拉族自治县红旗公社调整农业内部结构，改变单一的农业经济，走农、林、牧结合的道路，开展植树造林，把昔日的乱石滩建成果园，使荒凉的沟壑披上了绿装，农村出现林茂粮丰的新景象。红旗公社地处黄河沿岸，发展农、林、牧业生产具有得天独厚的条件。过去，由于受“左”的思想影响，林权不稳，林业发展缓慢，果园经多次折腾，挖的挖，死的死，损失极为严重。党的三中全会以后，这个公社纠正了重粮轻林的错误思想，实行因地制宜，分类指导，宜农则农，宜林则林，有条件的队发展以苹果、梨为主的经济林木。认真贯彻党的林业政策，落实林权，组织专业队、专业组、专业户，实行专人管理，定成活、定报酬、定奖赔的生产责任制，激发了社员群众植树造林的积极性，全社成片造林五千一百六十亩，四旁植树八十六万六千株。昔日的乱石滩如今果园连片，每到秋季梨果飘香，景色宜人。去年产果八十一万三千斤，仅林业和果品两项收入就达十三万元，占总收入的10%。

——红旗公社管委会：《循化红旗公社积极建设果园　秋季梨果飘香》，《青海日报》，1982年4月5日。

果园联产承包好——循化县红旗公社的调查

循化撒拉族自治县红旗公社地处黄河岸边，气候和土壤适宜于发展果树园艺。十多年来，全社先后建立果园十九处，面积达一千七百亩，栽培苹果、梨树等五万三千株，现在已有四分之一挂果。一九八一年果园收入达十万余元。

去冬以来，随着农业生产责任制的建立和完善，广大基层干部和社员纷纷要求对果园的经营方式也加以改进，经过认真学习政策和反复酝酿讨论，在十九处果园中，已有十七处实行了生产大队统一经营的联产承包责任制。其具体做法是：抽调劳力，组成果园专业队，下分若干专业组；生产大队对果园专业队定生产投资，定上交果品收入，一定两年不变，超收全奖，减收全赔；专业队又将果园划分成若干作业区，分别固定到组，生产投资和上交收入也随之下达到组，并将果树管理责任落实到人。年终以组为单位具体兑现奖赔。

尽管这种责任制实行的时间还不长，但是许多干部、社员反映，已经见到了好效果。首先是承包果园的社员生产积极性提高了。今年大多数果园水浇得足，肥施得饱，行带处理抓得早，大家对实现果品丰收充满信心。其次是增收节支普遍搞得好。从各大队的承包合同来看，今年果园的总收入虽然同去年不相上下，但是纯收益将会增加。

红旗公社的果园联产承包责任制，需要从以下方面进一步完善：

一、配备得力的果园专业队、组长。目前少数队的果园专业队、组长还没有配齐，使果园生产受到了一定影响。事实充分说明，光有好的责任制不行，还必须有好的队、组长、果园专业队。组长一定要由那些具有高度责任感、懂得果树栽培技术和管理的人担任，并且要使他们保持相对稳定，不要轻易调换。

二、对干部、社员进行“两个不变”的宣传教育。目前，干部、社员中，对于果园实行联产承包责任制，思想认识并不一致，少数人总觉得只有把集体果树分到自己家中才放心。因此要坚持进行“两个不”的宣传教育，以提高认识，统一思想，稳定和完善果园联产承包责任制。

三、从长远着眼，加强果园管理，是一件非常重要的事情。现在一些大队的果园，对大树管理得很好，而小树却大量地干死；苗圃中野草丛生，乔化及矮化试验也不再进行；剪枝有意搞轻剪，根本不考虑整个树形的发展，等等。这些现象说明，有的果园管理人员脑子里只想着自己在承包期内怎样多收益，而根本不考虑果园的长远发展。对于这个问题，必须及时加以解决。

四、切实把果园生产中统与包的关系处理好。果园生产的季节性强，技术要求高，各种活路该统的要尽量统一起来。有些果园人员错误地认为，既然果树管理责任落实到了人，什么时间出工、干什么活、怎样干等，就得全由自己了。这对搞好果园生产不利。所以，果园专业队、组对一些关键性活路还是要坚持统一组织安排，定出时间、数量和质量要求，并要进行严格的检查验收。这样，果园的丰收才会有保证。

——海东地委农工部：《果园联产承包好——循化县红旗公社的调查》，《青海日报》，1982 年 6 月 13 日。

发挥集体统一经营和劳动者自主经营两个积极性
循化县“双包”队有包有统统包结合

循化撒拉族自治县实行“双包”责任制的生产队，注意做到宜统则统，宜包则包，使集体统一经营和劳动者自主经营两个积极性同时得到发挥，各项生产搞得生气勃勃。

根据群众要求和发展经济的需要，去年秋季以来，循化县农村 82.7% 的生产队实行了“双包”责任制。“双包”队把大田和一些小的生产项目包给农民分户经营，克服了平均主义和“吃大锅饭”的现象，调动了社员的积极性。

与此同时，“双包”队还积极引导社员对应该“统”的生产项目实行统一经营和管理。他们首先对集体成片果园实行了统一经营。发挥了有园艺技术社员的作用，使这个大宗经济项目得到保护，效益得到正常发挥，还避免了分户经营可能造成的人力浪费和纠纷。此后，县委又引导“双包”社队把其他宜统的项目也统了起来。例如，统一管理使用水利设施和进行农田水利基本建设，统一使用大中型农机，统一深翻，统一打磙，统一条播，统一管护成片林木，统一经营大片草山上的畜牧业，统一经营规模较大的副业和社队企业等。县、社还帮助生产队把统一经营的项目合理地承包到组、到户、到人，承包到组的也将责任落实到人，并且制定了合理的收益分配方案，签订与落实了合同，有效地克服了“吃二锅饭”的现象。

循化县实行的“双包”生产责任制，受到了农民的欢迎，也收到了较好的效果。今年，全县集体果园已经签订在合同上的净收入达九万二千多元，比去年增加一点一五倍，并且新建果园二百五十多亩，新栽、补栽果树六万三千余株。全县一百多台大中型拖拉机和五百多台手扶拖拉机保养维修完好，在农、林、牧、工、副各业中发挥着积极作用。与去年同期相比，全县集体造林、农田水利基本建设、畜牧业、工副业等，都有很大发展。今年庄稼长势之好，是历史上没有过的。

——新青：《发挥集体统一经营和劳动者自主经营两个积极性　循化县“双包”队有包有统统包结合》，《青海日报》，1982 年 7 月 4 日。

联产承包责任制已向林、牧、工、副及各种开发性生产领域发展，并日趋完善。我县有集体果园 80 多处，总面积 5200 亩。由于果园的经济效益高，群众中普遍存在着“肉肥大家平均吃”的思想，在推行责任制中，许多生产队倾向于户均包一份的办法，经过两年的实践对比，广大农民认为苏志大队实行的“统一经营，专业承包到队”的办法好，这个大队实行了这种经营形式后的第一年（1982 年），果园总收入达到 12.8 万元，1983 年（小年）总收入为 11.4 万元，比承包前 1981 年的总收入 55048 元翻了一番；与此相反，赞卜户中庄大队，采取了果树跟地走、户均包一份的经营形式，结果管理赶不上，虫害严重，10% 的果树枯死，连续两年减收。目前一些队接受分户平均承包的教训，已转向“统一经营，专业承包”。红旗公社 231 处集体果园中有 11 处果园实行了“统一经营，专业承包”到队、组；有 3 处果园实行了 1 户或联户承包；在 5 处果园实行了“四包”（成活、技术管理、产值、上交国家果品和提留）、“四统”（统一追肥、修剪、浇水、防病虫害）包干到户责任制；有两处果园因目前受益甚小或近期不能受益，折价归重点户经营。

林业责任制，大体上有三种形式：一是面积较大、经营管理较好的 27 个大队，11000 亩成片林，实行了专业承包到组或人、收益分成的办法：二是面积较小、管理不善的成片林和集体零散林木，采取了作价归户、分期还本、统一更新、乱伐加倍罚款的办法；三是近几年发展起来的浅山直播薪炭林，由于条件差，管理难度大，采取管理到组或到人，定成活、定报酬，年终评比兑现的办法，并且及时处理了一些毁林案件，毁林现象有所减少，林木成活率显著提高。

牲畜方面，除 8 个大队的牦牛群继续实行集体所有、专人承包的办法外，其他的都根据群众的意愿，作价归户或作价归重点户经营，分期收回价款。

农机，绝大部分实行折价归户，近两年有了新发展，到 1983 年底，全县农户自愿联合集资经营的汽车有 60 辆，大拖拉机 104 台，手扶拖拉机 600 余台，推土机 26 台。加工机械有的是折价归户经营，有的是承包到户，定上交收入。

——中共循化县委农工部：《循化县稳定完善农业生产责任制情况和今后意见》（1984 年 3 月），《青海农牧区经济合作史料》编辑委员会：《青海农牧区经济合作史料》，青海人民出版社，1993 年，194—195 页。

关于开展秋季造林的安排意见

随着“农业学大寨”的群众运动不断深入和发展，毛主席“绿化祖国”“实行大地园林化”的伟大指示逐步深入人心。我县的林业生产也和其他工作一样得到了进一步的发展，特别是近两年来，各地认真贯彻了“以粮为纲，全面发展”的伟大方针，取得了显著的成绩。今年春季造林面积达 3340 余亩，育苗 511 亩，四旁植树 60700 株，经济林木也得到相应的发展，今年共新建果园 1170 余亩，栽植各类果树 32302 株，相当于解放后二十多年发展的总和。但是，我们用一分为二的观点来看我们的工作，与党和毛主席对我们的要求、与社会主义建设对我们的要求，还差距很大，且发展也很不平衡，为了加速实现《全国农业发展纲要》对林业的要求，逐步改变我县的自然面貌，减少自然灾害，解决工、农、牧业生产和群众生活对木材、燃料日益增多的要求，我们必须遵照毛主席“凡能四季种树的地方，四季都种，能种三季的种三季，能种两季的种两季”的教导，在管护好现有林木的同时，认真开展今年的秋季造林工作，根据九月份省农林局在湟源召开的秋季造林现场会议精神和我县自然条件等情况，今年全县计划秋季造林 500 亩（内包括植树、插干造林 200 亩，沙枣、黑茨等直播造林 300 亩）育苗 200 亩（其中花椒育苗 100 亩、杨柳等插条育苗 100 亩）。各公社一定要把今年的秋季造林任务很快地落实到生产队并确保按时按量完成任务。

为了完成上述计划任务，必须抓好以下几项工作：

以路线教育为纲，做好思想工作。秋季造林在我县还没有很好展开，缺乏经验，感到比较突然。但是革命工作，往往不是先学好再干，而是干起来再学习，干就是学习。林业是农业的重要组成部分，木材是社会主义建设的重要物质。发展林业，关系到“备战、备荒、为人民”和“以粮为纲，全面发展”伟大战略方针的落实。我县气候干旱、少林缺材，民用烧柴更是困难，迅速发展林业生产具有重要的意义。因此我们应吸取先进地区的有益经验来加快我县的绿化速度，决不能把发展林业生产简单只看成种几棵树、砍几捆柴的问题，而应当把它提高到路线高度来认识。

林业是一项长期建设，我们一定要瞻前顾后，长远打算，为子孙后代谋幸福，教育群众克服各种错误思想。充分发动和依靠群众，开展革命大批判，揭露和批判……反革命修正主义路线的干扰和破坏，树立为革命造林、为战备绿化的好思想。破常规，改一季造林为春、秋两季造林，统筹兼顾，合理安排好劳动力，认真开展今年的秋季造林工作。

抓好政策落实和林业专业队伍建设。历史的经验值得注意。凡认真贯彻、落实毛主席的无产阶级革命路线和政策的地区，林业事业就发展。凡不执行或破坏这个路线和政策的地区，林业事业就受到损失。为此，各地应结合秋季造林工作，对党的林业政策进行一次检查，进一步认真落实党的各项林业政策，调动广大群众秋季造林的积极性。同时各地还应本着“三分栽、七分管”的精神，结合秋季造林对现有林木的管护进行一次检查。对林业专业人员进行一次思想整顿，加强思想建设和组织建设，对专业人员要做到相对稳定，不要随便乱调、乱换，提高专业人员为革命护好林的自觉性，同时合理解决专业人员的劳动报酬。

抓好秋季造林一切准备工作。秋季造林必须像春季造林一样，纳入计划、坚持年年搞，关键是头一年，今年要求有条件的社队力争多搞，条件差的队要积极做好典型试验，创造条件，为明年全面推广秋季造林打好基础。国营林场要积极开展秋季更新的试验，国营苗圃要搞好秋季育苗示范工作，从现在起各地就要结合农田基本建设搞好造林地选择和平整，打好围墙，林木种子的采集和收购等一系列造林前的准备工作。以便在树木开始落叶到大地封冻以前的有利时机适时下种和栽植。要求上半部地区在十一月初开始，黄河沿岸地区十一月十号左右进行突击。

冬春季管护问题是秋季造林成败的关键。造林重要，护林更重要，各地要坚决克服那种“只种不管，造林一阵风，过后没人问”的不良倾向。

全面规划，加强领导。各地应认真总结林业方面的经验教训，做好规划，加强对秋季造林工作的领导。原则上应本着有先有后，先易后难，逐步发展，做好统筹安排。做到专业队造林和群众性的突击造林相结合。在大力开展植播和插干造林的同时更应重视育苗工作。大力抓好今年秋季的林木种子采集、收购等工作，为自力更生解决树苗打好基础。为了搞好上述工作，要求各社队抽出专人负责，召开专业会议，做好思想工作，深入一点，取得经验，指导全面，扎扎实实地做好今年的秋季造林工作，加速实现我县绿化，为祖国社会主义建设作出贡献。

各公社秋季造林任务分配

地区	项目	
	造林	育苗
道帏公社	80 亩	40 亩
东风公社	80 亩	35 亩
清水公社	60 亩	25 亩
城镇公社	60 亩	25 亩
街子公社	60 亩	25 亩
文都公社	60 亩	20 亩
尕楞公社	50 亩	15 亩
红旗公社	50 亩	15 亩
合计	500 亩	200 亩

——中共循化县委：《县革委会一九七二年农业、林业、畜牧业、副业安排意见通知、报告》（1972 年 10 月 3 日），循化县档案馆藏，档号：1–1–155（永久）。

1949—1990 年林业生产情况统计表（单位：亩、株）

年份	造林面积	四旁植树	育苗面积
1949		10000	
1950		12000	
1951	100	15000	
1952	150	20000	
1953	976	20000	
1954	1066	25000	
1955	691	25000	18

续表

年份	造林面积	四旁植树	育苗面积
1956	3747	20000	35
1957	3745	40000	101
1958	15400	35000	303
1959	3670	45000	204
1960	1039	50000	21.7
1961		5200	21
1962	10	11000	8
1963	63	34000	14.5
1964	319	61000	29
1965	2218	71000	135
1966	2966	70000	282
1967	2178	54000	177
1968	1800	50000	95
1969	2500	50000	20
1970	50	20000	5
1971	3345	60893	511
1972	3343	188300	490
1973	2220	113200	401
1974	1368	116300	1272
1975	1509	75500	693
1976	9079	163800	1024
1977	6785	118300	827
1978	6074	434200	593
1979	2977	181000	219
1980	3936	330800	184
1981	3116	312000	128
1982	4126	304600	156
1983	7111	408000	625
1984	10199	422200	1269
1985	16358	436000	478
1986	9689	443800	259
1987	12314	549500	256
1988	17099	420000	138

续表

年份	造林面积	四旁植树	育苗面积
1989	16600	428000	105
1990	18190	525200	94

——循化撒拉族自治县志编纂委员会:《循化撒拉族自治县志》，中华书局，2001年版，第241—242页。

1991—2010年循化县林业生产情况统计表

年份	项目									
	营林情况									
	当年造林面积（亩）	造林面积按用途分				封山育林面积（亩）	零星植树（万株）	育苗面积（亩）	其中：本年新育	当年苗木产量（万株）
		用材林（亩）	经济林（亩）	防护林（亩）	薪炭林（亩）					
合计	825753			380400		296135	992.2	8350	3935	1414.5
1991	11620	1900	500		720		48.9	20	10	20
1992	13452			800	680		44.2	30	10	18
1993	15305			1200	4500		40	40	20	21
1994	12990	2150	300	5000	9200	6000	51.1	60	20	20
1995	12987			1100	6780		51.2	80	15	23
1996	15614	703	409	1400	8251		47	120	20	26
1997	16065	3731	608	1700	11193	6000	51.2	140	20	35
1998	17115			2000	4500	50000	52	200	60	30
1999	15320	5142		2500		15000	51.2	250	50	32
2000	35160	3194	5342	34590		50000	51.3	1230	410	31
2001	37920	2121	3071	29010		80000	52	1230	555	50
2002	22485			38325		30015	56.3	1650	420	123
2003	22975			28425		22755	50	675	420	156
2004	446785			49410		16395	24	630	420	124
2005	23340			23355		39000	15	420	200	130
2006	2025		2500	525	1200		71	300	195	120
2007	29040		1000	37000		8500	66.5	300	195	120
2008	18000		3500	24000		8000	59.3	315	195	98
2009	33045		7000	58860		23500	56	330	300	110
2010	24510		6000	44300		18000	54	330	300	127.5

——循化撒拉族自治县志编纂委员会:《循化撒拉族自治县志》，中华书局，2001年版，第241—242页。

五、水利建设

关于四区街子乡漫水事件处理的报告①

（一）问题发生经过

街子乡系撒拉族聚居乡，区政府所在地，共2488户，水地1504.27亩，是循化县的重要乡。因1952年冬天和1953年春天干旱缺雨，水量不足，区乡领导为了使该乡所有土地能漫上头遍水，曾组织农民到循阳乡参观漫水方法。当时，县领导发现循阳乡自下而上按序排队的漫水方法很好，进行了通报表扬，要求各乡参观推广。但街子乡领导不顾当地的具体情况，群众能否接受，盲目搬用循阳乡漫水经验，打乱旧的漫水制度，盲目地将全乡土地、水量、时间用算盘计算，得出的结论是“能漫完，且有余”。于是，召开乡的水利委员会，强迫群众执行主观主义的漫水计划。街子乡多年来漫水的基本情况是，在漫水中间，上游的藏民就要取水，过去一般情况下地漫不完，要剩地。今年干旱缺水和往年不同，更漫不完。同时，有的群众提议由上而下漫，剩下的地可用泉水辅漫，理由是该乡下游有一泉水，不同意实行新制度，尤其是马家村长马某某反对新制度更甚，因该村在上游怕漫不上水。这些意见本来是很好的，但未引起工作组的重视，反而用思想不对头、捣乱、保守分子等进行责备，结果水利委员看见再三提意见不顶事，只好表面答应。工作组长张志宏同志为实现主观计划的顺利执行，提出少数服从多数，做了决议，并要求各委员在决议书上签名按手印，形式上是民主，实质上是强迫、命令主义的工作方法。工作组虽然如此，但该乡村干部和代表仍然积极负责，总想把工作做好。于1953年5月5日开始漫水，干部们不分昼夜地领导群众检查漫水，到第三天，上游的藏民果然取了水，水量从三坝口变为一坝口，群众感到水不够用，产生争水的情形，一行政村干部群众更加着急，就不断地去二行政村检查，提议经济用水，引起二行政村不满，告到区政府，民政助理员韩士英同志，毫不调查，将行政村主任六十一（共产党员）叫到区政府责备说：“你捣乱，破坏制度，送你到班房押起来”，毫无理由地把村主任吓唬了一顿。到第七天漫水期满，结果第一行政村剩下了290亩地没漫上水。其中30户农民根本未漫到一点水，60户人家只漫到一部分，这些农民就心急如焚，饭也吃不进去，有的睡倒了（急火攻心，生病了），有的成夜啼哭，听候政府的办法。阿乙的老汉（老公）说：“我们又过着有天无日头，有

① 为了使文中语言顺畅，编者对个别习惯用语或是倒装句进行了调整。

糊无舌头的日子了”。水利委员和村干部除自己的地未漫水外，还担心群众找麻烦，有的闭门不出或躲在野外，有的要求区乡政府实地检查一次，等了一二天区乡政府既不检查又不解释，结果群众感到区乡政府无望，于 5 月 14 日早晨没漫水的男女农民 90 人，集合起来找村干部要水说：“你们把我们一年的馍馍送到哪里去了？”拉着乡长要到县上诉苦，控告工作组。该区乡领导发现此问题，示意按照县领导指示执行，先安慰群众，解决实际问题，使反革命分子完全在群众中孤立，再进行实际打击。区委副书记刘鹤鸣同志，采取了单刀直入的办法，首先把一个伪军官拉出来，进行指责，并计划进行分化，打击反革命的冒险活动。县委立即进行了纠正，令其先安抚群众，并让群众派代表继续来县。可是该区乡领导未将县委意见对工作组同志交代清楚，结果适得其反，干部到群众中不是访问安慰群众，而是追查组织者和反革命，引起群众既不满又害怕。不满的是漫水不合理，害怕的是扣大帽子。导致该乡工作干部与乡村干部、行政村与行政村、干部与群众发生不团结，各方关系都很坏。有些群众说：“现在觉悟提高了，旧社会的话，几条人命早打死了”等。

（二）县委处理此问题的措施

1. 我们对此问题的认识是：该问题的发生主要是我们干部在工作中未采取群众的意见，使农民土地未合理漫上水，农民生活受到威胁，形成群众情绪不安。对此，我们采取了先安定群众情绪，弄清问题，孤立反革命，再严厉打击。

5 月 14 日，县委书记李普思同志与青海省卫生处副处长郭若珍同志亲赴该乡一行政村，召集村干部六人座谈会，征求意见进行安慰。讲明此次未能合理漫水的原因，表明政府一定会积极寻求辅助办法，并要求他们首先要团结，设法进行补救漫水，战胜旱灾，使群众情绪安定下来。当时干部们一致表示，只要县上知道我们的冤枉，大家就安心了。并要求他们继续与工作组团结起来，对所有未漫水的农民，分别召开座谈会，将我们的意见传达到。

5 月 15 日召开全乡座谈会，县委派常务委员会副主任马米日教长，分别进行了解释说明，从此，群众情绪稳定开始转入生产。

5 月 16 日，黎五十六领导的互助组在河滩挖泉漫地了。

2. 5 月 16 日召开了工作组会议，总结检查此次漫水教训。首先由区委副书记刘鹤鸣同志和工作组长张志宏同志进行了深刻检讨，大家对区乡领导工作做了批评，同时也检讨了自己，一致认为，主要错误是不倾听群众意见，主观主义地生搬硬套的工作作风，批判了认为群众“落后”“自私”的错误说法，并研究了扭转此种局势的具体办法和步骤。随后召开了村长以上干部会议，由张志宏、韩士英二同志做了检讨，并让大家对工作组提了意见，村干部对张、韩进行了批评，如水利委员七十五发言说："我们当干部的对上边说不上话，下面埋怨，未漫水的农民饿死了，我们叫区上检查一下都不管，我们干部是咋当的？工作组大帽子戴上了，群众不答应，未漫上水的群众整天在哭。"妇联主任沈扎姑说："我们未漫水心里急着呢？工作组连问也不问，我们急了就要到县上去。"马毛草批评工作组说："张志宏实行的命令主义，韩士英犯了官僚主义"等。我们将群众这种大胆批评，进行了支持表扬，张、韩最后又表示了态度，干部们的情绪稳定下来，如，马乙四夫说："共产党真法码，一点也不亏人，谁犯了法，从自己身上找问题，自我检讨。"同时，大家都表示会后要加强团结，积极工作。

5月18日召开了一至四区五个乡的水利委员会议，将街子乡一行政村的具体情况做了介绍，交给委员们进行讨论，想出解决问题的办法。各乡委员们都认为未漫水的农民需要解决。最后在团结抗旱的基础上，一致同意给该行政村调剂二十二小时的水，这样问题才得到较为彻底的解决，农民情绪也高了，更加强了民族团结。如，韩胡才说："这次我们漫的水本来是循化市的份子，但他们对我们这样好，真是天下农民一家人。"经过这样一系列的工作，该乡工作组、村干部、农民群众又结成了一个集体，全部转入了生产抗旱运动中。黎五十六水利委员解决漫水问题后，组织群众在河滩挖了一个尕泉（即小泉），每天可漫2亩地以上。用5天工夫，现已将未漫水的十几亩地漫完了。

5月21日晚，水渠被压塌了，全乡总动员，晚上十点动工，至半夜两点就修复了，三点开始漫水，现在群众已转入生产抗旱的正常情绪。

（三）主要的经验教训

1. 我们对今年旱象延续、严重威胁群众生产和生活这样错综复杂的特殊情况，必然会引起群众在思想上不安的紧张局势，在思想认识上是不够的，还未引起所有干部的重视，因而采取的工作办法还是老一套的、一般化的，这是发生这件事件的一个主要原因，也是我们应立即引起注意的。

2. 事实证明，任何盲目的、主观的、操之过急的工作作风都是错误的，哪怕是一个细小的事情，都必须充分发扬民主，倾听群众意见，在当前此种情况下显得更为重要了，否则，将会把好事办成了坏事，闹出很大的乱子来，如街子乡漫水工作本来是一件好事，都办坏了，引起了群众的不满。

3. 要想做好生产抗旱工作，民族统战工作是不可缺少的一环，要知道当群众科学思想还未提高，遇到了非人能为的自然灾害，这在一个很长时期内我们是没法办到的。

群众落后的思想是会滋长起来的，那么我们对于落后一方面的工作就必须做好，绝不能做坏。如，这次马米日教长起了他一定的作用，这是我们今后还应继续做好的。

——《1950年—1962年报告、指示、通知、通报、简报、总结、意见、批复、统计表》，循化县档案馆藏，档号：1-1-11（永久）。

1956年4月20日，党的第二次循化县代表大会开幕，这次会议将要总结这一时期党的各项主要工作，提出今后的任务，特别是对完成1956年的农业生产任务至关重要，与当前正在进行的开展一个规模宏大的群众性的在川水地区与浅脑山地区有条件地采取多种多样的兴修小型水利的生产防旱运动被列为这次会议的中心问题。两年来，在社组的带动下，展开了一系列的改革运动，兴修了水利，扩大了面积，共开生熟荒地6000多亩，安装抽水机两处，可灌溉面积2370多亩，以上这些具体措施，对农业增产起了很大保证与推动作用。循化县1956年的任务与要求是：一、五区川水地带主要是大力兴修小型农田水利，使原耕地灌溉全部得到保障外，适当地扩大面积，包括旱地变浅水地。二、五区应着重改造浇水制度与提高灌溉技术和大量地开发水田，争取有条件的旱地都变为水浇地，充分利用水源，浅山旱地区着重做好水土保持工作，大力推进修梯田、稔田、象涝池防水窖种植牧草林木，以逐步消灭旱灾和控制山洪危害，全县计划扩大灌溉面积17020亩，积冰雪浇地5270亩，总计42690亩，除此而外还要着手动工勘察我县已掌握的几个大型的水利资源，已开垦水荒9370亩，旱改水7750亩，改善面积20400亩，彻底解决循化历史上的旱象对发展农业生产的威胁。要完成以上的防旱水利措施还应注意：1. 各区乡党支部要制订出全面的切实可行规划，以便发动群众做到心中有数。2. 解决干部、群众中思想上的四个不愿意（1）不愿意搞小型水利；（2）不愿搞困难的水利工程；（3）不愿搞改旱地为水地；（4）不愿意在浅山地区兴修水利。要做到“不让一条河白流，一滴水隐藏”］。3. 要加强整体灌溉，提倡上游爱护下游，下游要爱护上游，反对与防止不以整体利益着眼的本位主义现象发生。1959年，电力工业根据现有设备加以合理分布，使现有发电机都很快地被利用起来，兴修水利，扩大面积，共开生熟荒地6000多亩，安装抽水机两处，可灌溉面积2370多亩。

——霍殿永：《关于循化县二年来的工作基本总结与今后任务的报告》，中共循化县委党史研究室：《中国共产党循化撒拉族自治县历次党代表大会》（内部资料），2008年，第14—23页。

1958年，在农业方面的生产高潮，是从水利运动开始的，1958年水利运动的特点是："决心大、规模大、行动快、收效好"。1957年的冬季和1958年的春季，全党动员，全民动手，全力以赴，经过五个多月的苦战，在水利战线上取得了辉煌的成就，截至1958年12月底，全县共动工兴修的大小渠道36条，其中已完成渠道工程的有31条，当年投入生产的有20条，全长117.8公里，挖填土石方205.38万公方（内石方7.23万方），投入劳动力共136.2万个工作日，动工的水库有6个，已完工的4个，容水量为36万公方，填土20万公方，投入劳力5万个，以上两项共挖填土石方225万公方。全县只有两万个劳力，每天有12000个劳动力投入水利化战斗，每个劳力全年平均挖填土石方112公方。另外整修大小渠道115条，建立抽水机站一处，安装水车两部，上述工程，按完成工程计算，共可扩大灌溉面积42000亩，实受益面积为16000亩，加上原有水地59042亩，全县水土面积为75047亩，占实际耕地127000亩的70%以上，全县的干旱面貌基本上得到了改变。许多水利工程，在过去是不敢想或不敢干的，可是由于英雄的劳动人民的移山填海的决心，叫高山低头，河水让路，不仅仅是鼓舞人心的口号，而且的的确确办到了，这一年，我们不但打开了黄河口，引河水上了岸，还把河水引上了2400公尺的高山上，这是循化历史上的奇迹，也是前人不敢为的壮举。财政工作必须力争国家收入计划，节约开支，为国家积累更多的建设资金。1958年夏季，在水利化运动中提出了"与黄河争水，向自然索粮，改变循化干旱面貌"的战斗口号，群众明确前进方向，情绪高涨，推动生产。几年以来，在改变生产关系方面，由初级合作化到高级合作化，直到今天的人民公社，水利方面由沟泉改道，节约用水，到"黄河水上滩，深沟水上山"，也就是说由利用自然到改造自然。1959年工业方面的中心任务是对现有工业、企业进行整顿，电力工业根据现有设备加以合理分布，使现有发电机都能很快地被利用起来。1960年，修好中库沟水库、永丰水库、加仓水库，扩大水利受益面积。

——李新鼎：《在中国共产党循化撒拉族自治县第三次代表大会上的工作报告》，中共循化县委党史研究室：《中国共产党循化撒拉族自治县历次党代表大会》（内部资料），2008年，第25—42页。

循化县供水工程始建于1964年，原供水工程日供水能力400吨。1984年循化县自来水公司成立，1992年，转换经营管理体制，工人工资与财政脱钩，实行事业单位自收自支，制定《自来水公司岗位责任制实施办法》，全年完成供水总量约 30 万吨。

——循化撒拉族自治县志编纂委员会：《循化撒拉族自治县志》，陕西新华出版传媒集团、三秦出版社，2017 年，第 190—191 页。

四年来，循化撒拉族自治县的社会主义建设事业进一步取得了成就，在农业方面，农田水利建设的成绩十分显著。1958 年兴修的黄丰渠，经过不断维修加固，已经有了受益。1962 年，在省的大力支援下，建成了查汗大寺水库，受到了群众的欢迎。黄丰渠和查汗水库全部完工后，黄河沿岸的干旱面貌将得到改变。去年冬季，各社队普遍动手整修渠道、兴修小型水利。今年春季已经形成热潮。到目前为止，全县扩大和改善灌溉面积。循化县撒拉族自治县采取有效措施，狠抓水利，使该县的五万多亩水地保证充足的灌溉，并尽可能地再扩大一些水利覆盖面积。今年冬季必须抓紧时间整修渠道，并兴修一些力所能及的小型水利工程。黄丰渠的清淤工程，今年内必须按期完成。在水利工作中，汲取过去脱离实际、贪多求快的经验教训，真正做到修一条渠顶一条渠，扩大一亩地就保证一亩地灌溉。……五年（来——编者加）高举“农业学大寨”的旗帜，发扬不怕苦、不怕累的革命精神，大打农田基本建设的人民战争，两个多月内，修成大寨田 9839 亩，治河造田、开垦荒滩新增水地 1700 亩，涌现了许多农业学大寨的先进社队。

——刘永民：《中国共产党循化撒拉族自治县第三届委员会向第四届代表大会的工作报告》，中共循化县委党史研究室：《中国共产党循化撒拉族自治县历次党代表大会》（内部资料），2008 年，第 48—62 页。

有“渴死人的黄河边”之称的青海省循化撒拉族自治县，近几年修建起一批蓄水和引水工程，使这里原来极为缺水的撒拉族田园有了较充足的水源。

黄河南岸的循化是撒拉族的主要聚居区，这里雨量稀少，黄河又因河床过低，河水从来没有被利用过，因此一向被称为“渴死人的黄河边”和“干循化”。

目前，这里已经建成了黄河上游第一条引黄灌溉渠道，修筑了一座目前全省容量最大的水库，以及四十八条由钢管连接起来的水渠。这些水利工程的修成，使撒拉族聚居的平川地区的稳产高产田，已扩大到全部农田的 70% 以上。

过去最缺水的撒拉族聚居区西半部，解放前的八十年中曾为抢水发生过四十多次械斗。现在，由于引水干渠黄丰渠的各项配套工程已在去年完成，这里成了水源充足的黄河灌区。这里的人们还在 1961 年底比塘河沟一次山崩后，利用倒塌的山体作为堤坝，修建水闸和隧洞，将山谷改建成水库，成倍地扩大了原来比塘河的灌溉面积。

撒拉族聚居区的东半部悬崖和沟壑多，修渠引水很困难。1962 年开始，撒拉族人民用架设钢管来把水引过悬崖沟壑。两年多来，这个地区建设了 89 座钢管渡槽，安装了八座倒虹吸钢管。这些新建和改建的用钢管连接起来的渠道，水流畅通，管理方便。

撒拉族人民在兴修水利中村寨合作，远近相帮。浇水时，村寨之间更是互相照顾。许多撒拉族老人想到过去因为封建贵族和地主唆使而经常发生抢水械斗的情景，看到今天这种新风气，都非常感动。

——循化讯：《循化县正在改变缺水面貌》，《青海日报》，1964 年 8 月 3 日。

1965—1975 年循化县兴建的渠道一览表

序号	工程名称	地点	水源	建成时间	流量（立方米 / 秒）	渠长（公里）	灌溉效益（亩）	
							设计	实灌
1	鲁吉渠	克麻	古雷沟	1965 年	0.04	0.27	150	70
2	栅子沟	起台堡	栅子沟	1971 年	0.03	5.1	200	121
3	大河渠	贺庄	贺庄泉	1972 年	0.03	1.0	25	20
4	浪干渠	宁巴	宁巴沟	1971 年	0.03	3.7	81	51
5	要郎渠	木洪	卡让塘	1965 年	0.04	5.1	320	290
6	噶木切渠	三木仓	立伦	1965 年	0.03	2.5	280	225
7	漏地山渠	宁巴沟	宁巴沟	1972 年	0.07	7.3	500	449
8	哇滩渠	雄哇	桑斗河	1972 年	0.025	3.5	130	90
9	泽协水浪	雄哇	古雷	1972 年	0.1	3.1	630	581
10	下河滩渠	俄加	古雷沟	1971 年	0.025	1	70	47
11	五一渠	吾曼道	道帏河	1972 年	0.03	3	130	110
12	待曼渠	待曼	拉木龙哇	1975 年	0.03	2	100	60
13	吾曼道渠	吾曼道	道帏河	1973 年	0.04	4	100	60
14	乙塞渠	河东	阿玛岔沟	1973 年	0.09	3	60	60
15	毛玉沟渠	毛玉沟	柴沟河	1972 年	0.07	7	130	100
16	公麻干勒	公麻	公麻沟	1972 年	0.03	1	45	32
17	塘毛渠		登尕渠	1971 年	0.03	2	100	76
18	古扔扎渠		中库沟	1972 年	0.025	2.4	45	45
19	登尕渠	登尕	中库沟	1973 年	0.04	0.5	140	140
20	地斗渠	中库	中库沟	1972 年	0.025	4	50	45

——循化撒拉族自治县志编纂委员会：《循化撒拉族自治县志》，中华书局，2001 年版，第 256—265 页。

1967—1980年循化县修建的涝池一览表（单位：米、万立方米、亩、万元）

乡镇	工程名称	建成时间	水源	坝高	有效库容	灌溉效益		工程投资
						设计	实灌	
道帏	下拉木龙	1980	拉木龙哇沟水	3	1.2	150	150	4
	加仓	1974	木洪沟水	5	0.4	50	50	0.8
	多什则	1967	多什则沟水	3	0.7	100	100	0.8
	铁尕楞	1972	铁尕楞沟水	8	0.25	160	160	0.5
	夕冲	1972	泉水	2	0.1	50	50	0.5
	上拉木龙	1980	拉木龙哇沟水	3	0.12	30	30	0.8
	雄哇	1972	拉木龙哇沟水	4	3	300	300	4
白庄	洛尕	1972	木洪沟水	6	2	50	80	5
	白庄	1973	道帏河水	9.8	4	380	380	1.71
孟达	专塘	1975	泉水	6	0.2	178	178	0.8
街子	古吉来	1980	街子河水	6	3.3	210	210	8
	孟达山	1980	西沟河水	5	1.3	500	500	5
文都	公麻	1980	公麻沟水	8	3	308	308	5
	娘藏	1979	娘藏沟水	5	1.8	130	130	3
	拉龙哇	1979	河道水	5	0.3	140	140	0.8
	日麻相	1974	泉水	2.5	0.05	50	50	1
	雄哇	1972	中库沟水	2	0.1	100	70	0.5
尕楞	曲卜藏	1973	建设堂沟水	10	5	360	360	10.1
	曲卜藏	1973	建设堂沟水	7	1	250	250	3.1
	格让	1972	格让沟水	7	2.5	430	430	4.8
	相沙	1979	格让沟水	6	0.3	70	70	0.8
	德合日	1973	河道水	4	0.6	38	38	0.6
	占群	1971	泉水	2.5	0.2	30	30	0.5
	阿麻	1972	河道水	4	0.01	30	30	0.3
	保安河	1967	保安河水	2	0.2	50	40	0.4
	干果	1967	泉水	2	0.05	39	35	0.26
	斗合	1972	泉水	4	0.6	89	50	0.6
	撒麻力	1972	格让沟水	3	0.1	40	35	0.27
	路巷	1972	格让沟水	4	0.8	109	74	0.96

——循化撒拉族自治县志编纂委员会：《循化撒拉族自治县志》，中华书局，2001年版，第267—269页。

1966—1980 年循化县电灌站一览表

序号	工程名称	地点	水源	建成时间	扬程	水量	机电功率	工程投资	灌溉效益（亩）	
									设计	实灌
1	园艺场一级站	园艺场	黄河	1978 年	28.5	180	1/75	5.79	500	500
2	牙藏一级站	牙藏	黄丰渠	1978 年	22	310	1/55	5.64	230	230
3	苏只一级站	苏只	黄丰渠	1971 年	25	210	2/75	4.24	1258	1258
4	苗圃三级站	苗圃	黄河	1976 年	20	310	1/75	0.53	50	50
5	赞卜乎三级站	赞卜乎	黄河	1973 年	20	135	1/30	0.35	240	150
6	阿西亥一级站	阿西亥	黄河	1973 年	28	310	1/75	0.8	310	310
7	古石群一级站	古石群	黄河	1977 年	64	44	1/55	1.37	250	250
8	赞卜乎一级站	赞卜乎	黄河	1970 年	38	135	3/75	11.1	552	200
9	赞卜乎二级站	赞卜乎	黄河	1970 年	30	135	3/55	9.78	3000	604
10	阿河滩一级站	阿河滩	黄丰渠	1971 年	7.6	135	1/28	0.45	260	260
11	扎木一级站	扎木	道帏河	1979 年	24	100	1/40	0.92	80	40
12	洛尕一级站	洛尕	道帏河	1978 年	45	100	1/40	1.78	85	70
13	黄拉滩一级站	黄拉滩	道帏河	1977 年	35	150	1/75	2.47	215	150
14	河东河北一级站	河北	黄河	1972 年	35	160	1/40	7.8	230	200
15	河东一级站	河东	黄河	1979 年	46	485	2/225	10	1000	1000
16	下滩一级站	下滩	黄河	1980 年	27	485	1/55	9	400	320
17	阿石匠河北一级站	河北	黄河	1972 年	43	47	1/40	1.45	176	176
18	石巷一级站	石巷	黄河	1972 年	38.5	419	1/75	12	814	729
19	石巷二级站	石巷	黄河	1972 年	30.5	419	1/55	8.21	1230	1230
20	加入一级站	加入	黄河	1966 年	38.5	485	1/75	2.54	337	337
21	加入二级站	加入	黄河	1974 年	29.1	134	1/75	3.83	500	400
22	河北一级站	河北	黄河	1967 年	38.5	130	2/150	13.8	2600	461
23	甘草滩一级站	甘草滩	黄河	1971 年	13.8	130	2/110	4.83	1260	304
24	甘草滩二级站	甘草滩	黄河	1973 年	25	110	1/40	3.45	324	231
25	波浪滩一级站	水电局	黄河	1971 年	23.5	351	1/55	5.95	500	300
26	线尕拉一级站	线尕拉	黄丰渠	1974 年	29.1	130	1/75	7.34	700	500
27	线尕拉二级站	线尕拉	黄丰渠	1976 年	38	485	1/75	2.77	100	100
28	丁匠一级站	丁匠	黄丰渠	1975 年	29	130	1/75	1.96	450	150
29	乙麻目一级站	乙麻目	黄丰渠	1979 年	24	130	1/75	3.66	50	50
30	尕别列一级站	尕别列	黄丰渠	1978 年	10	40	1/17	1.02	150	150
31	尕别列二级站	尕别列	黄河	1979 年	10	80	1/10	0.91	65	65
32	胜利湾一级站	尕别列	黄河	1979 年	8	100	1/30	3.92	600	350
33	托坝一级站	托坝	黄河	1980 年	69	204	1/155	18.4	1800	840

续表

序号	工程名称	地点	水源	建成时间	扬程	水量	机电功率	工程投资	灌溉效益（亩）	
									设计	实灌
34	托坝二级站	托坝	黄河	1980年	49	200	1/155	18.4	1500	1500
35	沙坝塘一级站	黄丰渠	黄河	1966年	38	485	1/75	7.32	944	940
36	牙门曲乎一级站	牙门曲乎	黄丰渠	1967年	39	260	2/150	13.9	1400	1327
37	牙门曲乎二级站	牙门曲乎	黄丰渠	1975年	26	150	1/55	5.29	650	550
38	波立吉1#	波立吉	大口井	1976年	52	310	1/55	8.3	400	240
39	波立吉2#	波立吉	大口井	1980年	41.3	486	1/40	4.4	60	60
40	塘坊一级站	塘坊	大口井	1977年	45	215	1/55	7.1	200	100
41	羊苦浪一级站	羊苦浪	大口井	1974年	42.1	312	1/55	5.4	350	250
42	波拉海一级站	波拉海	大口井	1976年	52	320	1/55	3.8	400	200
43	上房一级站	上房	大口井	1976年	45	432	1/75	6.7	200	200

——循化撒拉族自治县志编纂委员会：《循化撒拉族自治县志》，中华书局，2001年版，第270—273页。

1971—1980年建成的机井一览表

地点	井别	建成时间	井深（米）	出水量（公升/秒）	灌溉面积（亩）
白庄村1#	机井	1980	40	4.2	100
白庄村2#	机井	1980	39.9	3.5	100
下滩村	机井	1973	1.5	3	50
西沟村1#	机井	1980	52.3	3.6	100
西沟村2#	机井	1980	46.2	3.6	120
波立吉村	大口井	1980	41.3	3	60
吾土贝那亥村	大口井	1980	35	3.1	40
羊苦浪村	大口井	1974	42.1	2.8	350
塘坊村	大口井	1977	50	3	200
古吉来村	大口井	1975	43	3	200
波拉海村	大口井	1976	52	2.8	200
毛玉村1#	机井	1973	42.5	2.4	60
毛玉村2#	机井	1975	37.1	2.4	60
毛玉村3#	机井	1971	33	2.5	30

——循化撒拉族自治县志编纂委员会：《循化撒拉族自治县志》，中华书局，2001年版，第274页。

1972年灌溉面积分类统计表

类别	单位	1972年基数			1973年达到			备注
		设计灌溉面积	实际灌溉面积	旱涝保收面积	设计灌溉面积	实际灌溉面积	旱涝保收面积	
灌溉面积	万亩	7.9385	6.5447	4.30	8.4784	6.8265	4.3	
其中：渠道工程	处　万亩	1836.1065	1835.488	3.2	1906.4888	1905.6433	3.2	
其中：万亩以上	处　万亩	11.2489	10.982	0.9	11.2813	11.0144	0.9	
水库工程	座　万亩	10.3146	10.1846	0.1	10.3146	10.1846	0.1	
其中：百万方以上	座　万亩	10.3146	10.1846	0.1	10.3146	10.1846	0.1	
提灌工程	站　万亩	191.445	190.8347	0.8	251.515	250.8637	0.8	
其中：电灌站					221.49	220.8517		
机灌站					21.017	20.012		中庄三队、阿河滩、苏只、牙门曲乎、丁江等电灌站面积。统计在黄丰灌区内
水泵站		10.008	10.005		10.008	10.005		
井灌工程	眼　万亩							
其中：机井								
电井								
土井								
涝池（十万亩以上）	座　万亩	90.0724	90.0374		170.1033	170.0674		
治河造田	处　万亩				50.0567	50.0625		
其他								

——《1972年灌溉面积分类统计表》，循化县档案馆藏，档号：1-1-255（永久）。

1972年渠道工程统计汇总表

类别	单位	1972年基数					1973年达到				
		合计	万亩以上灌区	五万亩至一万亩灌区	一千亩至至五千亩灌区	一千亩以下	合计	万亩以上	5000—10000亩	1000—5000亩	1000亩以下
灌区处数	处	183	1		7	175	190	1		8	181
设计灌溉面积	万亩	6.1065	1.2489		1.0545	3.8031	6.4888	1.2489		1.2945	3.3454
实际灌溉面积	万亩	5.488	0.982		1.0049	3.5011	5.6433	0.982		1.1049	3.5554
旱涝保收面积	万亩	3.2	0.9		1.0	1.3	3.2	0.9		1.0	1.3

——《1972年渠道工程统计汇总表》，循化县档案馆藏，档号：1-1-255（永久）。

大检查、大评比统计表（一）（1974.11.25）（单位：个、亩、米、条、方）

社别	水利建设项目			受益情况		整修田间支毛渠			总工程量	总投工量
	计划项目	开工项目	已完项目	改善面积	已扩大面积	长度	坝口个数	条数		
道帏	16	15	10	1170	530	12240	22	22	39122	17101
东风	5	4	3	2000		24761	458	147		5537
清水	3	3	1		20	22766	96	47		
城镇	9	7	6	450	274	40707	1106	153		22570
红旗	3	5	6	70		15090	1346	67	12383	9970
街子	12	12	12		565	32557	370	69	29	7161
尕楞	9	7	5	560	160	7150	44	7	22288	11994
文都	5	6	2	440		2500	400	4	69700	11500
总计	62	59	45	4690	1549	157771	3842	516		

——《大检查、大评比统计表之五（1）》，循化县档案馆藏，档号：1–1–255（永久）。

编者注：原稿中缺单位，水利建设项目中的开工项目总计有误，整修田间支毛渠中的长度有误，已修改。

1970—1972年以来水利，水电逐年完成情况

1972.10.10

1970年共完成6项（其中兴修和整修电供站5处，渠道1处），扩大灌溉面积1940平，改善4300平。该6项水渠共长：10公里。

1971年共完成44项（其中：兴修和整修）

电供站6处

渠道防渗4处　共长7700米

水渠18条　共长31.5公里

涝池7处

治河造田8处

小水电站1处

以上共扩大灌溉面积1987平，改善6045平。

1972年情况：全年计划小型水利水电工程共47项，现已开工45项（其中：灌水工程13项，渠道工程共19项，提水工程7项，防洪造田4项，小水电2处）

截至目前已完成19项，可扩大1300平，改善3500平，同时漏水严重涝池2项，被冲涝池1处，暂时停工3项。

目前上工7项，参加人数约600人（未计入治河造田和平整土地人数），今年开工的水渠总长20公里。

党的基本路线教育有关数字统计表

公社名称	农田基本建设					草原基本建设				
	平整土地（亩）	修梯田（亩）	兴修水利渠道（亩）	旱变水（亩）	建设稳产高产田（亩）	围建草库伦（亩）	兴修草原渠道（条）	打井（眼）	人工种牧草（亩）	灌溉草原（亩）
合计	2004	50	1476	620	2387	5000			596.5	
城镇公社	1331		750	55	1315					
文都公社	579	50	414	250	479					
其他公社	94		312	315	593	5000			596.5	
备注										

——《党的基本路线教育有关数字统计表之八》，循化县档案馆藏，档号：1-1-255（永久）。

编者注：原稿中合计数字有误，已修改。

1965—1975年循化县兴建的渠道工程简表

序号	工程名称	地点	水源	建成时间	流量（m^3/秒）	渠长（公里）	灌溉效益（亩）	
							设计	实灌
1	鲁吉渠	克麻	古雷沟	1965年	0.04	0.27	150	70
2	栅子沟	起台堡	栅子沟	1971年	0.03	5.1	200	121
3	大河渠	贺庄	贺庄泉	1972年	0.03	1.0	25	20
4	浪干渠	宁巴	宁巴沟	1971年	0.03	3.7	81	51
5	要郎渠	木洪	卡让塘	1965年	0.04	5.1	320	290
6	噶木切渠	三木仓	立伦	1965年	0.03	2.5	280	225
7	漏地山渠	宁巴沟	宁巴沟	1972年	0.07	7.3	500	449
8	哇滩渠	雄哇	桑斗河	1972年	0.025	3.5	130	90
9	泽协水浪	雄哇	古雷	1972年	0.1	3.1	630	581
10	下河滩渠	俄加	古雷沟	1971年	0.025	1	70	47
11	五一渠	吾曼道	道帏河	1972年	0.03	3	130	110
12	待曼渠	待曼	拉木龙哇	1975年	0.03	2	100	60
13	吾曼道渠	吾曼道	道帏河	1973年	0.04	4	100	60
14	乙塞渠	河东	阿玛岔沟	1973年	0.09	3	60	60
15	毛玉沟渠	毛玉沟	柴沟河	1972年	0.07	7	130	100

续表

序号	工程名称	地点	水源	建成时间	流量（m^3/秒）	渠长（公里）	灌溉效益（亩）	
							设计	实灌
16	公麻干勒	公麻	公麻沟	1972 年	0.03	1	45	32
17	塘毛渠		登尕渠	1971 年	0.03	2	100	76
18	古扔扎渠		中库沟	1972 年	0.025	2.4	45	45
19	登尕渠	登尕	中库沟	1973 年	0.04	0.5	140	140
20	地斗渠	中库	中库沟	1972 年	0.025	4	50	45

——循化撒拉族自治县志编纂委员会：《循化撒拉族自治县志》，中华书局，2001 年版，第 258—265 页。

1965—1975 年，循化县共完成渠道工程 20 项，兴建的渠道工程几乎涉及 9 个公社，如鲁吉渠、栅子沟、大河渠、浪干渠、要郎渠、噶木切渠、漏地山渠、哇滩渠、泽协水浪、下河滩渠、五一渠、待曼渠、吾曼道渠、乙塞渠、毛玉沟渠、公麻干勒、塘毛渠、古扔扎渠、登尕渠、地斗渠等。这些渠道工程中 1965 年建成的是道帏公社的鲁吉渠、要郎渠、噶木切渠等，绝大部分是 1970 年之后兴建的，1975 年建成待曼渠。

——循化撒拉族自治县志编纂委员会：《循化撒拉族自治县志》，中华书局，2001 年版，第 256—258 页。

一九七二年储备粮、农田建设及兴修水利情况统计表（二）72.12.22

社名	储备粮情况（市斤）				农田建设（亩）				兴修水利				个队	直层	生产队
	累计提存数	其中：今年提存数	动用及扣还		园田	梯田	治河造田	合计	计划项目	完成项目	可扩大面积（平）	可改善面积（平）			
			历年借出数	今年扣还数											
合计					9842	1070	799	11711							
道帏	120 万	33 万	39 万	38 万	1010	820	80	1910	17	7	212	600	20	2	51
东风	615428	194223	42 万	40 万	1598	82	232	1912	11				19	3	75
清水	25	3 万	22	20.5 万	830	35	139	1004	9	4	150	1200	11	3	41
城镇	448349	101353			1906	20	20	1946					150 个大队		56 个队
街子	192928	86572	106356	43985	1381		328	1709	3				14		53
红旗	49 万	7 万			1630			1630	5				10		34
文都	50 万	17 万	33 万	26.4 万	1078	42		1120	9	9	614		10	1	33
尕楞	52 万	7 万	35 万	28 万	409	71		480	19	11	280	490	8	3	20
岗察															

——《一九七二年储备粮、农田建设及兴修水利情况统计表》，循化县档案馆藏，档号：1-1-255（永久）。

1972 年农田水利建设统计表（单位：个、条、方、亩）

公社	前动工项目					已搞土方工程量	已搞石方工程量	收益情况		农田基本建设		农田水利建设已投劳动日
	合计	水库	涝池	电站	渠道			扩大	改善	治河造田	新开荒地	
道帏公社	9	2	1		6	12250	1500	2	80	84		26900
白庄公社	5		2	1	2	70000		130		25		
清水公社	7		1	2	4	5587	3953	32		5	100	30687
城镇公社	8				8					6	100	11630
街子公社	3	1			2						95	500
红旗公社	4			1	3	24766	315	48	810	3		129646
文都公社	1				1	2000	300	50				8000
尕楞公社	13		5		8	34880	1641	692	576		13	21810
总计	50	3	9	4	34	150633	7709	904	1466	123	308	229173

——《1972 年农田水利建设统计表》，循化县档案馆藏，档号：1–1–255（永久）。

编者注：原稿中合计数字有误，已修改。

充分发挥现有水利工程的作用，城镇公社积极进行黄丰渠清淤工作

循化撒拉族自治县城镇公社石头坡、托坝、草滩坝等八个大队，为了充分发挥现有水利工程的效能，对境内黄丰渠的支、干渠中历年淤积的泥沙，进行了彻底地清理，并结合清淤进行园田化建设等工作，顺利地完成了冬灌任务。

城镇公社的八千多亩水地，有四千多亩是由黄丰渠灌溉的。过去对这条渠也年年清淤，但由于一些队只看到水量大，对清淤马马虎虎，从来没有清理干净过，淤泥越来越多，使得一万三千多米长的干渠和支渠，普遍淤泥一二尺左右。有个一米多高的涵洞，只剩下不到一尺的空隙。因而水量减少，水流不畅，再加上耕地不够平整，年年总有一千三四百亩没法冬灌。有的坡度较大的地虽然灌上了，也大致是“跑马水”。城镇公社党委在省农村工作会议精神的鼓舞下，为了充分发挥现有水利工程的作用，力争今年无旱要丰收、有旱也要丰收，针对“修渠不养渠”和“治水不治土”的倾向，在去年十月中旬的大队干部会议上，进行了思想和政治路线方面的教育，批判了粮食产量上了《纲要》以后，一些人的“缓一口气”思想和以为“黄河水干不了”的麻痹情绪，强调了渠道上下各队同心协力彻底清淤的重要性，以及治水与治土相结合的好处。

关键在于党的领导。城镇公社党委下了彻底清淤的决心，广大干部、群众清淤的劲头起来了。去年十月下旬，由公社负责人带头，八个大队出动了一千六百多人，对支、干渠中的淤泥进行清理。由于思想工作和组织工作抓得较好，社员们艰苦奋斗的精神得到了发挥。有的渠段淤泥二尺左右，穿上长筒雨靴也不成，很多撒拉族女社员，连鞋也不脱，抢着跳下去挖泥。大多数队都起早贪黑，表现了不怕苦、不怕累、不怕冻的战斗风格。当清淤进度一天比一天快的时候，公社党委立即召开了现场会，表扬和推广了一些大队认真清淤的成绩和经验，指出了另一些队只图快、不顾质量的缺点，确定了清淤见底的标准和先大队后公社的两级验收制度，使清淤工作沿着正确的方向出现了新高潮。经过十来天的奋战，一万三千多米干渠和支渠中沉积的淤泥，全部被清理了出来，水量比以前增加了一倍以上。

为革命种田，为革命抗旱防旱，越干越有劲。这八个大队的撒拉族贫下中农和社员群众一起，结合清淤，为了保证浇好浇透，对一千多亩坡度较大的耕地，进行了园田化要求的平整，并新建和整修了三百一十七个坝口，改善了灌溉系统。为了使平整后地里的生土和一些红胶土的地得到肥料和改良，他们还用清除的淤泥开发了四百多亩地。

不久前，这八个大队进行了冬灌，由于水量大，渠道畅通，园田化的多，所以浇

得又快又好。应浇的四千亩已浇了三千八百多亩，只有一二百亩由于整修还没浇上。现在，他们在社、队党组织的领导下，又抓紧时机对这些地进行耙耱保墒。

——本报讯：《充分发挥现有水利工程的作用，城镇公社积极进行黄丰渠清淤工作》，《青海日报》，1973 年 6 月 15 日。

1967—1980 年循化县修建的涝池一览表（单位：米、万立方米、亩、万元）

乡镇	工程名称	建成时间	水源	坝高	有效库容	灌溉效益		工程投资
						设计	实灌	
道帏	下拉木龙	1980 年	拉木龙哇沟水	3	1.2	150	150	4
	加仓	1974 年	木洪沟水	5	0.4	50	50	0.8
	多什则	1967 年	多什则沟水	3	0.7	100	100	0.8
	铁尕楞	1972 年	铁尕楞沟水	8	0.25	160	160	0.5
	夕冲	1972 年	泉水	2	0.1	50	50	0.5
	上拉木龙	1980 年	拉木龙哇沟水	3	0.12	30	30	0.8
	雄哇	1972 年	拉木龙哇沟水	4	3	300	300	4
白庄	洛尕	1972 年	木洪沟水	6	2	50	80	5
	白庄	1973 年	道帏河水	9.8	4	380	380	1.71
孟达	专塘	1975 年	泉水	6	0.2	178	178	0.8
街子	古吉来	1980 年	街子河水	6	3.3	210	210	8
	孟达山	1980 年	西沟河水	5	1.3	500	500	5
文都	公麻	1980 年	公麻沟水	8	3	308	308	5
	娘藏	1979 年	娘藏沟水	5	1.8	130	130	3
	拉龙哇	1979 年	河道水	5	0.3	140	140	0.8
	日麻相	1974 年	泉水	2.5	0.05	50	50	1
	雄哇	1972 年	中库沟水	2	0.1	100	70	0.5
尕楞	曲卜藏 1#	1973 年	建设堂沟水	10	5	360	360	10.1
	曲卜藏 2#	1973 年	建设堂沟水	7	1	250	250	3.1
	格让	1972 年	格让沟水	7	2.5	430	430	4.8
	相沙	1979 年	格让沟水	6	0.3	70	70	0.8
	德合日	1973 年	河道水	4	0.6	38	38	0.6
	占群	1971 年	泉水	2.5	0.2	30	30	0.5
	阿麻	1972 年	河道水	4	0.01	30	30	0.3
	保安河	1967 年	保安河水	2	0.2	50	40	0.4
	干果	1967 年	泉水	2	0.05	39	35	0.26
	斗合	1972 年	泉水	4	0.6	89	50	0.6

续表

乡镇	工程名称	建成时间	水源	坝高	有效库容	灌溉效益		工程投资
						设计	实灌	
尕楞	撒麻力	1972年	格让沟水	3	0.1	40	35	0.27
	路巷	1972年	格让沟水	4	0.8	109	74	0.96

——循化撒拉族自治县志编纂委员会：《循化撒拉族自治县志》，中华书局，2001年版，第267—269页。

1971—1980年建成的机井一览表

地点	井别	建成时间	井深（米）	出水量（公升/秒）	灌溉面积（亩）
白庄村1#	机井	1980	40	4.2	100
白庄村2#	机井	1980	39.9	3.5	100
下滩村	机井	1973	1.5	3	50
西沟村1#	机井	1980	52.3	3.6	100
西沟村2#	机井	1980	46.2	3.6	120
波立吉村	大口井	1980	41.3	3	60
吾土贝那亥村	大口井	1980	35	3.1	40
羊苦浪村	大口井	1974	42.1	2.8	350
塘坊村	大口井	1977	50	3	200
古吉来村	大口井	1975	43	3	200
波拉海村	大口井	1976	52	2.8	200
毛玉村1#	机井	1973	42.5	2.4	60
毛玉村2#	机井	1975	37.1	2.4	60
毛玉村3#	机井	1971	33	2.5	30

——循化撒拉族自治县志编纂委员会：《循化撒拉族自治县志》，中华书局，2001年版，第274页。

黄丰渠一期工程修建经过

水是一切生物赖以生存的资源，水利是农业之命脉。撒拉之乡黄河南岸地区，以其海拔低、地势平缓、气候温暖、麦椒果菜物产丰富、舒适宜居而著称。从其气候条件上讲，它是全省首屈一指的佼佼者。然而，该地区又是干旱缺水的典型。据气象资料记载："黄河沿岸地区年降雨量259.4—622.5毫米，年均蒸发量2206.4毫米。"因降雨量少，蒸发量多，黄河虽从境内流过，但河床低，眼睁睁地望着黄河资源白白向东流去，祖祖辈辈过着“水在河里流，人在岸上愁”的无可奈何的日子，历史上素有“干循化”之称。为改变这种情况，解决干旱缺水问题，发挥地区资源优势，很早以前各族人民就有修凿沟渠、灌溉良田之例。至清乾隆时，已有街子工渠、查加工渠、清水工渠、张尕工渠、草滩坝渠等。因沟岔泉水流量小、渗漏多，加之垦荒逐年增加，各渠水量不能满足农作物生长成熟之需要，基本处于十年九旱之状。因此，各渠都定有极为严格的浇水制度，其中点香漫水是上层阶级制定的主要浸水制度。以草滩坝渠为例，它规定每柱香水要农民交出 100 两白银，随着时间的推移，后改为法币，按白银折算。但大多数贫苦农民无力可交，即使将水改流剑河翠，也不能浇地。浇水时，划分了不同的等级，按等级分配地块。头等户可浇地 8 块，二等户 6 块，三等户 4 块，四等户只能浇 2 块。浇二水时，头等户可浇 6 块，四等户连一块也浇不上。当局还利用浇水之机，勾结水霸乡绅及有钱有势的大户，有意挑唆上下游农民的关系，制造种种矛盾，酿成纠纷，以达到他们乘机搜刮民脂民膏的目的。所以，每年春夏两季，在各条水渠上经常发生因争水而械斗造成伤亡的严重事故。据历史记载，在解放前的 80 年当中，先后发生过较大的争水械斗达 40 余次，总共死伤 80 余人，最为严重的一次是街子、查加、草滩坝的争水械斗，使查加沟 26 户农民断了粮，导致了家破人亡的悲剧。伤亡事故发生后，又要出钱打官司，真谓“雪上加霜”。经过官府勘察走访，利用双方矛盾，敲诈民财，最后才能得到一点使人痛心的“人头水”“补血水”，即渠道通水期间，各有关地段用石头凿一小孔，流出一点可怜的“长流水”。

循化解放后，县委、县人民政府以及各族群众决心改变“干循化”的面貌，积蓄农业发展后劲，把兴修水利、改变干旱作为农业生产中的头等大事来抓，各级领导干部会同技术人员走遍全县山川沟壑，现场调查勘探，掌握和摸清水资源资料，然后发动群众反复讨论，献计献策，层层制定水利建设规划，特别是从 1953 年防旱抗旱以来，在全县范围内掀起了大办水利的高潮。截至 1957 年，全县共新建渠道 13 条，总长 137 公里，改造和完善旧渠道 53 条，总长 126 公里，新建柴油抽水机站 3 座，街子地下截水坝 1 处，水车 1 架，累计完成大小水利工程 122 项，共计扩大和改善水浇地面积 11000 余亩。随着农业生产条件的改善，取得了粮食总产和单产的双提高，粮食产量达到 1301.12 万公斤，较 1949 年增长 37.35%。

根据县委、县人民政府的决心和各族人民群众长期盼望着引黄河水浇灌良田的夙愿，县领导决心大，群众信心足，业务部门全力配合，于是，一场“与黄河争水，向自然索粮”的战斗开始了。1957 年 10 月，先期成立水利局，负责黄丰渠工程的前期工作（1958 年 1 月 30 日县人委二届八次会议补办了批准手续），引黄灌溉工程——黄丰渠第一期修建施工蓝图在天寒地冻的季节拉开了序幕。

开工前的勘测选线

黄河南岸的积石镇、循阳乡、苏志乡当时有水地 12000 余亩，灌溉水量每年不足。周期高达 33 天，按照作物生长所需水量，灌溉周期应以 18 天左右为宜。循化解放后虽兴修了一些水利工程，废除了旧的不合理的浇水制度，缓解了循化的干旱面貌，但是，随着农业合作化运动的发展和耕种面积的逐年增加，尽管搞了一定的水利工程，还是没有从根本上解决黄河沿岸地区的灌溉问题。据此，根据县委和县人民政府的指示与安排，水利部门对全县水源做了详尽调查，勘探了瓜什则水源分布，重点勘测了引用黄河水浇地的地段，勘定了引水口两处，一处为古什群公伯峡，一处为苏志乡汗查都斯黄河南岸，前者在宗吾口引水，总长 12000 米，可有水头 37 米多，其全线均为石卵山，施工难度和支付人力、物力、财力都很大；后者渠线虽长，与前者相比，施工较为方便，工程选点理想，对这个点已勘察四五次，前三次初测全线地形地貌、渠道走向，后一次为正式测量定线。根据工程总量及工程概算，其主要数据是：

一、工程

黄丰渠从查汗都斯开口，全线总长 20000 米，到街子河滩高差 27.18 米，共计挖填方 48.5 万立方米，大小洪水沟 13 条，初步确定其中有 5 处架设渡槽 125 米外，其余均可用涵洞，共需闸门 1 处，退水设施 2 处，工程共需劳力 40 余万个。

二、受益

该渠建成后，从根本上可以解决黄河沿岸地区的干旱问题，它为积蓄农业后劲，提高粮食单产和总产，实现农业发展纲要奠定良好的物质基础。设计能力为：可引水 2 个流量，除去输水损耗 0.5 个左右，尚有 1.5 个可利用流量，计划用一个水流量在 10 米水头处修建 65 千瓦电站一处，用 0.5 个水流量专用于农田灌溉。

1. 直接灌溉：7205 亩，其中水地 6505 亩，按乡镇计算，循阳乡 3705 亩，积石镇 2150 亩，苏志乡 700 亩。扩大荒地 700 亩，按乡镇计算，循阳乡 150 亩，积石镇 250 亩，苏志乡 300 亩。

2. 调剂扩大：主要以抽水机提灌，移积石镇抽水站至石头坡，可浇地 900 亩（城关 270 亩、沙坝塘 400 亩、联合社 200 亩）。提高苏志二站抽水高程 5 米，除浇灌现有水耕地外，直接和间接（节省出沟岔水）扩大 500 亩。街子沟水除节省出 6500 亩水量外，在上游灌区还可扩大 4500 亩水量。其中可补充 2000 亩原不足之水量（牙门曲乎扩大水地 500 亩、坡拉亥 150 亩、塘坊 60 亩、过哈拉 150 亩、相玉毛玉 400 亩、中库 240 亩、孟达山 3000 亩）。以上共计扩大灌溉面积 5900 亩，改善灌溉面积 7175 亩，合计总面积为 13075 亩。

百天完成一期工程

黄丰渠第一期工程在循化撒拉之乡实属一项惊天动地的伟大业绩。它是在 1957 年整风“反右”斗争“取得伟大胜利”，党的八届十一中全会提出“鼓足干劲，力争上游，多快好省地建设社会主义”总路线的光辉照耀下，依靠本县已组织起来的农业合作化的优越性和全国《农业发展纲要修正草案》的适时公布及省委第五、六次扩大会议精神鼓舞下进行的。第一期黄丰渠修建工程的方针是：“依靠农业生产合作社本身的力量，社办为主，社办公助。”因此，整个渠道的过水、排洪设施等建筑物全部简易、临时为主。开工前，根据前期勘察选线情况，县委书记李新鼎邀请受益乡社的老农代表 30 多人，从渠首到渠尾反复进行了 3 次勘察，在多方征求群众意见的基础上，在全县范围内广泛发动群众，统一思想认识。城西地区的农民明确提出“与黄河争水，向自然索粮”的行动口号，全县响应，全力以赴，同心同德，立志一定要打开黄河缺口，造福子孙后代。同时，在全县非受益地区的乡、社，适时提倡“一方有难、八方支援”精神，发扬共产主义大协作的风格，组织全县劳力齐上阵。开工之际，县上确定抽调县直机关 30 余名骨干（含技术干部），指定副县长韩荣贵为总指挥，10 个乡镇（岗察牧业乡除外）100 多个农业生产合作社及其生产队共抽派 420 人，其中乡镇领导 20 人，社长 118 人，队长 282 人，共同组成黄丰渠修建工程指挥部，下设秘书宣传股、施工生产股、技术指导股、财务后勤股，分别由县人委办公室、宣传部、各乡镇人委、水利局、农牧局等单位组成。指挥部帐篷前竖立着代表县党政领导机关及全县各族人民共同心愿的醒目的木质标牌，书写着掷地有声的豪迈誓言：“让黄河开口倒流，浇灌万亩良田，完成前人没有想到的，为子孙万代谋幸福而奋斗！”在严寒已临，大地结冻的季节，大打一场前人没有办到的、惊天动地业绩的人民战争。第一期工程从 1957 年 1 月 27 日开工，至 1958 年 4 月 15 日结束，历时 148 天，除投入修建临时设施的时间，实际投入渠道开挖工程的时间只有 100 余天，其间共完成 20 公里长的崭新渠道一条，流量为每秒 4 个立方米，完成挖填土方 958949 立方米，投入 675415 个工日，架设长 125 米简易渡槽 2 座，涵洞 4 处，石笼 1 处，进水闸、控制闸符 1 处，还完成了开挖排洪沟数处等工程。1958 年 5 月先经试水后，正式通水浇地，从而使千年受旱的黄河沿岸受益地区的 7200 多亩成为水地，适时浇上了黄河水。当年全灌区农作物普遍获得了增产丰收，年均增长幅度为15.6%，当年粮食增产28万余斤，经济效益明显提高。

施工中的几个特点

一、各级领导统一思想认识，心往一处想，劲往一处使

所有参加工地施工的各级干部，大家都与社员同吃同住同劳动，既参加生产，又领导生产，自觉制定了“先于群众上工，后于群众下工”的制度，如积石镇党委书记张学荣同志，与社员一起到了工地，他走到哪里，就劳动到哪里，放下镢头背起背斗，与社员一样背沙子又背土，天天如此忙碌着；东街农业社社长刘秉义，积极参加劳动，自己患了病，坚持不下“火线”，激发了社员的劳动热情；指挥部干部林山同志，初到工地时，不愿接触群众，群众也不接近他，经过几天的坚持“三同”后，他主动帮助黄河农业社炸开了山崖，工程进度速度加快，大家也很快解除了误解，有事愿意找他，对群众带动和教育很大。

领导作风和领导艺术的改变给广大群众树立了良好的形象，起到了难以估量的推动作用，其结果必然是：工程进度快、质量好，能够按期或提前完成任务，各种困难也会迎刃而解。

二、充分发动群众，最大限度地调动每个社员的劳动积极性

第一期工程挖填最大，渠道地形复杂，天寒地冻日子短，施工难度确实艰巨，但大家心里只有一个决心：“黄丰渠一定能够修成，也能够很快完成！”大家克服种种困难，同大自然顽强地斗争着。托坝农业社战斗在12米的山崖上，肩负着挖掉山崖的任务，他们凭着自己钢铁般的意志，用双手和简陋的工具，终于使高崖低下了头。副社长马木日说：“开始的几天，山崖很顽固，镇住了我们，几天后，我们便镇住了山崖，叫它听我们的话，一块一块地滚到了山沟。前两天，活拿住了人，这两天，人拿住了活。”每当大块的山崖崩溃下落时，小伙子们唱了起来：“又背沙子又背土，拿起了尕镢头，几丈高的山崖低下了头，黄河水要随人心者转了。”阿河滩农业社由13人组成的青年突击队，鸡没叫就起床上山挖土，改变了以往人等土的局面，提高工效1倍多；河北农业社为了加快修渠进度，4个人抬起2个夯、1个人背起2个背斗，在坚强勇敢的劳动者面前，严冬好像避开了工地，寒风失去了威力，许多社员一上工地，就光着膀子干活。贺隆堡塘农业社的社员，光着膀子背土，每小时达50背斗，打破了工地的最高纪录，整个工地呈现出一派你追我赶、欣欣向荣的热烈场面。群众以唱花儿表达豪迈的信心和决心：

白天在工地上加油干，

夜晚间睡了个帐篷；

理想的循化早实现，
三九天不怕那寒冬的困难。
黄河水要漫庄稼哩，
大别列修电站哩；
四十条《纲要》（哈）实现哩，
生活的条件（么）变哩。
共产党领导得好，
天下各族人民是一家；
撒、藏、回、汉心一条，
齐心（者）建设（个）循化。

三、坚持自力更生精神，把重点放在自己力量的基础上

第一期工程从开始入手，不论是受益地区的社队，还是非受益地区的社队，一律坚持了“三自”，即自带口粮、烧柴，自带帐房、炊具，自带铁锨、背斗、镢头。同时，在工地上所付出的劳动报酬，同样由社队自行解决，国家不予补助，在一些关键性工程及主要工具上，国家给予适当援助。因而在劳务调配方面，各乡社根据自己功绩的大小、劳力需量，都是统一安排、统一筹划、统一记分。为了便于掌握控制，指挥部规定：全工地挖方每 1.8 立方米为一个劳动日，填方 1.2 立方米为一个劳动日，以促进社员的劳动积极性。全工地在第一期工程中，社员的劳动工具损坏很多，用坏背斗近万个，人均用钝铁锨、镢头 1.2 把（次）以上，指挥部研究决定，给予适当补充配备，但是，各农业社在这方面表现了高尚风格和主人翁精神。黄河农业社到工地后新置铁锨 15 把、背斗 12 个，当指挥部分配给他们铁锨、镢头时，他们婉言谢绝，并且说：“修渠引水是我们自己的事，一定要靠自己的力量，怎能伸手给国家添麻烦？应该让国家节省一些开支，用到其他方面去。”积石镇在修渠工地上设立了工具修配站，及时修理老、坏工具，保证了工程进度，全工地为国家节省工具投资 26 万余元。总之，黄丰渠第一期工程，是在设备简陋、生产条件落后的情况下，土法上马修建完成的，它全凭各族人民踏实认真的劳动态度，依靠最简单的工具——铁锨、背斗及镢头，一锨一锨，一背斗一背斗挖掘背运而成的，这是一个多么伟大而轰轰烈烈的壮举啊！渠道至今完好无损，有目共睹，这种“愚公移山”的精神，应该载入史册，存史育人。

首战告捷继续奋斗

第一期工程的完工，迈出了至关重要的第一步，为黄丰渠以后的建设奠定了基础，

也得到了上级领导机关和业务部门的高度重视与关注，在以后的岁月里，被逐步纳入全省水利建设计划。从此，黄丰渠由原来“社办为主，社办公助”变为国家投资管理。至1972年，黄丰渠经历了多次修建，逐步趋于完善，在这期间，省、县联合成立“青海省水利局黄丰渠工程处”。1963年3月11日至12月15日实施黄丰渠第二期工程，将原来简易设施改为永久性设施，完成土方167463立方米，付出劳力14.3万工日，砌石6050.47立方米，砼244.2立方米，完成固定性建筑物52座，总投资达61.65万元，干渠延长到21.51公里。第三期工程的修建以大别列水电站及提水灌溉为重点，时间从1965年9月至1967年3月。还有像抢救苏志老虎嘴险段工程等，总计完成土方198万立方米，投入劳力24.6万个，投资354万元，建成上宽7.1米（不包括2米人行道），下宽2米，高1.7米，边坡1∶1.5，全长23.2公里干渠一条，流量为每秒6.5立方米；斗渠上百条，水电站1座，电力提灌站15处，大小建筑物54处，平整园田地10600亩，有效灌溉面积达到17738亩。开灌前，全灌区单产仅100公斤，开灌后至1972年，粮食平均单产为175公斤，最高的达到582公斤，出现了大面积千斤丰产田，灌区总产量由建成前的177万公斤提高到327.5万公斤，增产90%。

——王镇寰：《黄丰渠一期工程修建经过》，《兴旺之路——撒拉族变迁与发展史料选辑》，循化文史第四辑（内部资料），1998年，第217—225页。

我所了解的黄丰渠修建始末

处于黄河沿岸的循化撒拉族自治县尤其干旱。黄河两岸山色赤红，土石裸露，草木不生。黄河虽贯穿县境东西，但因水低地高，只能望水兴叹，任其东流而去，难得其利。“干循化”名副其实。

过去沿岸土地，仅靠南山几条沟水灌溉，遇有旱年常为浇水发生争执甚至械斗，“岸下黄河滚滚流，岸上干旱代代愁，为水出血又出钱，吃饭穿衣闹饥寒”就是当年循化的真实写照，也反映了人民群众对水的迫切需求。新中国成立以后，虽屡次协商订立水规，轮次浇灌，但因水源有限，水至下游已所剩无几，甚至无水可灌，极大地影响了农业的增产和发展，人民生活水平提高缓慢。

循化县委和政府深切地认识到，要想彻底改变循化的面貌，必须从兴修水利抓起。决心克服困难，开凿渠道，向黄河要水，遂于1957年春开始测量筹划开凿黄丰渠。干渠长度21.4公里，设计流最6立方米/秒（实际未达到），以民办公助，因陋就简，争取先通水后配套的办法，投入675455个工日，从11月份起动工开渠，大干一冬春，于 1958 年 4 月 15 日完工。渠道一段由于地高水低，引水渠槽深达十几米，是土方较多工程艰巨的地方。总计挖掘土石方 958949 立方米。初步改变了黄河沿岸查汗都斯、街子、积石三乡镇 5600 亩土地的干旱面貌。这也是我省第一条从黄河引水的自流灌溉工程。

参加黄丰渠测量施工和组织筹划的有县水利科副科长陈显福、姚振龙以及省水利局派来的祁万新、杨占山、庞德润、王进邦等同志，县委书记李新鼎、副书记韩应选同志亲自领导了这一工程的进行。

1959 年，杨占山、庞德润（此时已属县水利科编制）等同志受县政府的指派，在黄丰渠首修建抽水机站一座（抽黄丰渠水）灌溉查汗都寺乡的部分土地。除当地群众参加劳动外，驻该地的解放军也参加了开挖渠道的劳动。

大约是 1960 年秋天，黄河暴涨，洪水直灌黄丰渠，冲毁了一些临时建筑物，泥沙大量淤积渠道，严酷的现实促使各有关领导思考，改建黄丰渠的问题已在酝酿之中。

此后不久，循化县查汗都斯公社南侧的比塘沟内，发生了一件和水利直接有关的事：1961 年 11 月 4 日，比塘沟内山体突然坍塌，在长约 1300 米、宽 900 米范围内，约 8000 万立方米的山体滑下，横堵比塘沟中，截断了沟中流水，形成了一处堰塞湖，使该沟下游 1087 人和不少牲畜的饮水造成困难，2139 亩田地不能灌溉。省水利局闻讯后立即选派得力技术人员赶赴塌山现场，会同循化县领导研究处理。派去的人员有工程师汪福祥（后任省水利厅长、省政协副主席）、李在钤（后任水利厅设计院长）、盛惠君（后任水利厅计划处长）、陈炳良等。经过实地查看研究，决定在自然塌方形成的大坝上加固增加放水建筑物——输水洞。自然形成的坝高为 150 米，可蓄水 718 万立方米，开挖总长度为 9 公里的干支渠。当时正值经济困难调整时期，人民生活尚不富裕，职工生活亦相当艰苦，仅靠定量供应的粮油维持，他们克服了种种困难，于 1962 年元月动工，4 月 20 日完成了补救和改建任务，使原有水地得到了灌溉，还扩大了灌溉面积 5000 亩，由于水库的形成，可提供养鱼水面 540 亩。

汪福祥等同志完成水库（后起名为红旗水库）的有关设计和施工任务后，立即投入黄丰渠的改建设计和施工，当时的工程处设在伊麻目村。

鉴于最初黄丰渠无坝无闸引水以及洪水倒灌渠内的问题，在渠首引水口增设控制闸一座，在距渠首 500 米处修建进水闸和退水闸。考虑到以后修建电站的需要，整修并加宽了原来的渠道，以保证能达到设计流量，还修建了渠首至大别列 18 公里内的桥、涵洞、渡槽等工程，上述这些工程截至 1963 年底基本完成，有关技术人员亦因工作需要返回西宁。

1964年，省水利局又派沈万辉工程师等接着实施从大别列至渠尾城关东的渠道改建工程。至1965年，长20公里的黄丰渠改建工程全部完成，灌溉面积达到1.73万亩。在改建黄丰渠的过程中，县委、县政府十分重视，县委副书记李思学、县水利局庞德润、李进邦等常驻工地领导改建工作。

黄丰渠的改建工程，不但完善了渠道设施、扩大了灌溉面积，也为以后建立水电站创造了条件，应该说这是循化水利建设的关键一项，其意义非常重大。也就在黄丰渠改建工程完工的这一年，省水利局设计院派人到现场勘测，做出了修建第一座水电站的设计方案，随即调遣原在乐都县高庙镇修建水电站的第一工程队，赴循化负责施工安装事宜。该队队长为牛宏，副队长李葆定，队部仍驻伊麻目。电站的位置在大别列，黄丰渠水流至此为16.7公里，流量为6.5立方米/秒，设计水头为23米，装机容量为500千瓦的两台发电机，共1000千瓦，年发电量为609.8万度，电站引水渠长0.94公里，架设线路总长144.3公里。水电站从1965年9月动工，至1967年3月完工，历时一年半时间，国家投资174.8万元。

1984年，黄河又一次暴涨，但始终未漫过渠首控制闸，黄丰渠改建工程经历了一次严峻考验，从而也证实了原设计之正确和施工的高质量，然而由于黄河洪水的到来，对渠首至哈大亥一带的河岸冲刷甚烈，有些地段已冲至渠根，严重威胁渠道的安全。为此，当时任省水利厅水管局局长的徐克敬和循化县副县长韩永荣（撒拉族，1968年毕业于清华大学水利系）等同志，急赴北京向水利部汇报，还拜访了班禅副委员长面陈有关洪水危害情况，此后水利部拨专款100多万元，由韩永荣同志负责防洪工程的施工，经过1984年至1985年一年多的时间，完成了黄丰渠沿线黄河边主要是渠首至哈大亥一段的防洪工程，为确保黄丰渠的长久安全完成了一件大事。

1989年5月，循化县黄丰水电站被水利部评为1988年度全国小水电站优秀电站。

1996年，在黄丰渠上又新建了一座设计水头11米，装机容量1250千瓦发电机三台共3750千瓦，年发电量为129万度的哈大亥水电站。加上大别列的水电站，装机容量已达4750千瓦。

循化县各族人民在党和政府的大力支持下，同许多技术人员一道经过近40年的艰苦奋斗，修建了引黄工程——黄丰渠，并从简陋到不断改建完善，水电站从无到有，完成了一项对循化的现在和将来发展起着举足轻重作用的骨干水利工程。水利是农业的命脉在循化明显地体现出来。不仅如此，由于水电站的建立，结束了循化县自己不能发电的历史，电力灌溉、照明、加工业用电得到了保证，从而为循化县经济发展起到了先行作用。

——庞琳:《我所了解的黄丰渠修建始末》,《兴旺之路——撒拉族变迁与发展史料选辑》，循化文史第四辑（内部资料），2018 年，第 226—229 页。

循化县人大常委会视察组认为县水电局去年工作成绩显著

循化撒拉族自治县人大常委会视察组三月下旬视察了县水电局的工作。视察组认为，县水电局一九八一年的工作成效是比较显著的，全年共搞了维修配套工程七项，蓄水工程十项，电力提灌八项，人畜饮水工程十二项，打机井二眼，除七项工程需要今年续建外，全部按期完成并投产使用。同时还平整沟壑及洪水冲毁耕地九百八十七亩，建筑防洪坝四百一十米，农电线路二点二五公里。从经济效益检查，成绩确实显著。取得以上成绩，是由于从指导思想上做到了三个方面的改变，一是从下提灌黄河沿岸的死框框里跳出来，改变为因地制宜，可提则提，可蓄则蓄；二是改变了以往重建轻管，把工作重点转移到挖潜配套，加强管理上；三是改变了忽视自流水灌溉效益的思想，凡能利用自流水灌溉的耕地，即全部利用自流水。

——马如兰、半农:《循化县人大常委会视察组认为县水电局去年工作成绩显著》,《青海日报》，1982 年 4 月 27 日。

从生产需要出发　坚持小型为主农田水利建设全面展开

大部分生产队实行 4 双包生产责任制的循化撒拉族自治县，广大社员坚持改变生产条件，农田水利基本建设已经全面展开。

去年以来，循化县纠正了农田水利基本建设中“不切实际，以大为主”的指导思想，停建、缓建了一些周期长、投资多、见效慢、浪费大的项目；同时，根据实行农业生产责任制以后的新情况和实际需要，把农田水利基本建设转移到以小型为主、以大队和生产队为单位、力求当年见效益上来。去年，全县兴建和整修的三十四处水利工程，都是规模较小的涝池、大口井、人畜饮水设施、机井和渠道防渗等。

循化县由于在农田水利建设中注意研究实行生产责任制以后出现的新情况和新问题，坚持从实际出发，同时又在资金上适当加以资助，施工技术上加强指导，因而受到了广大群众的欢迎，效果也较为显著。去年，全县安排的农田水利建设计划到年底基本上都已完成，特别是新建的涝池和大口井等，绝大部分都已投入使用。街子公社古吉来大队去年兴建的两座涝池，到年底全部竣工蓄水。今年五六月份干旱缺水时两次放水，及时浇灌了四百多亩庄稼。今年，全县安排的三十四处水利工程，目前已全部动工，平整土地、修梯田等农田建设项目也在加紧进行。

——海声：《从生产需要出发　坚持小型为主农田水利建设全面展开》，《青海日报》，1982年8月2日。

1991年至2010年，循化县认真贯彻落实“水利立县”战略，围绕农业增效、农民增收这一目标，发挥水利项目建设龙头作用，相继实施灌区改造及续建配套、水土保持治理、病险水库加固、人畜饮水安全、防汛抗旱等一大批惠及民生的工程，加快水利设施建设，为全县经济发展、社会进步、生态环境改善创造条件，水利事业取得显著成效。

第一节　机构设置

1991年，循化县水利电力局下属水利工作队、黄丰渠管理所、水土保持工作站、水利电力管理站、黄丰电站、查汗都斯水库管理所、后勤站、局办公室等8个股级单位，共有职工133名，其中干部31名、工人102名、技术员7名、助理工程师5名、工程师3名。后相继撤并后勤站、黄丰电站、查汗都斯水库管理所、水利电力管理站，成立水政水资源办公室、水利工程管理站、项目规划设计室、财务室、永丰水库管理局等机构。利用外资发展水利项目领导小组办公室也设在水利局。

2002年2月，县水电局更名为水务局。

2010年8月，水务局更名为水利局，下设办公室、水政水资源办公室、财务室、水利工程管理站、水利工作队、水土保持与预防监督工作站、项目规划设计室、黄丰渠管理所、永丰水库管理局。现有干部职工84名，专业技术人员76名，其中副高职称3名，中级职称35名。

第二节　水利设施

一、水库

（一）查汗都斯水库

位于查汗都斯乡西南5公里的比塘沟内。1966年完工投入运行，受益人口7155人，农田12000亩。运行30年后，大坝、输水管、隧洞等主要建筑及设施存在安全隐患，无法正常运行。2003年，主管部门联合南京水利科学研究院、省水库大坝安全管理中心完成水库实地勘测、鉴定等工作，同年12月出具《循化县查汗都斯水库大坝安全论证的报告》，2004 年 4 月上报省水利厅。5 月，省水利厅组织专家进行会审，得出坝坡漏水和散浸，坝体变形严重，输水管老化失修，闸阀启闭失灵，出口消力池设施损坏，安全监测设施不健全，防汛公路不畅，属病险水库，需加固处理的结论。2006 年 8 月 22 日，投资 1270.63 万元的查汗都斯水库除险加固工程动工，2007 年 10 月竣工。对该水库实施了引水变更卧管、输水渠道，坝面整修、上坝公路、水土保持等工程，完成土石方 53113.62 立方米，混凝土和钢筋混凝土 3658.56 立方米。主要水源是天然径流水和曲卜藏沟内的部分调用水，引水渠长 2.7 公里。坝址以上集水面积 45 平方公里，设计总库容 689 × 104 立方米。大坝主体为自然滑坡堆积体，坝高 67—150 米，坝顶总长 420 米，坝宽 600—1300 米。水库为Ⅳ等小（1）型水库。

该工程建成后保灌 12000 亩农田及林地，解决水库下游 11 个自然村 977 户、7155 人及 2184 头（只）牲畜的饮水困难问题，已成为防洪、蓄水、灌溉、养殖的综合性水库。

（二）永丰水库

位于距离县城约 30 公里的文都乡境内。该工程于 1998 年 6 月开工建设，2003 年 6 月竣工投入运行。水库设计库容 250.32 万立方米。工程由大坝、溢洪道、放水洞等部分组成。

大坝为壤土心墙砂壳坝，最大坝高 55.45 米，坝顶长 138.5 米，坝顶宽度 7 米。上游坝坡分别为 1∶2、1∶2.5、1∶2.75，下游坝坡分别为 1∶2、1∶2.25、1∶2.5。坝坡变坡处设 2.0 米宽的马道。壤土心墙顶宽 4 米，两侧边坡为 1∶0.2，截水槽底宽 12 米。

放水洞位于水库左岸，与溢洪道基本平行。隧洞全长 235 米，断面为圆形，洞径 1.8 米，纵坡 1/250，隧洞在施工期兼做导流洞。为防止泥沙进入隧洞，在隧洞入口设置叠梁式进水塔，进水塔后在洞内设 Φ600 钢管放水，钢管前段设检修阀门，后段设工作阀门。

溢洪道位于左坝肩，为开敞式明流洪道，设计洪水标准为 50 年一遇，校核洪水标准为 1000 年一遇，Q 设 =8.6 立方米 / 秒，Q 校 =19.4 立方米 / 秒。溢洪道堰型为驼峰堰，堰顶高程 2974.5 米，堰宽 4 米，堰长 2.6 米。堰后接陡槽段由宽 4 米缩小为 3 米，陡坡段全长 167.5 米，比降 1=0.338，末端采用挑流消能形式。

2008 年以后，县“5717”外资办从事永丰水库除险加固项目的编制申报及建设工作。2008 年 12 月 10 日，省水利厅印发《关于循化县永丰水库除险加固工程初步设计报告的批复》（青水〔2008〕583 号）及《循化县永丰水库除险加固工程初步设计报告》

的审查意见，主要加固内容为左坝肩补充帷幕灌浆防渗，放水洞顶部边坡防护，放水洞出口增设镇墩和更换蝶阀止水，增设坝顶坝坡排水沟。工程总投资216万元，工期为1年。

2009年3月完成主要项目招投标工作，4月10日，实施永丰水库除险加固工程项目，总投资216万元，8月31日全部完工。该水库主要解决堰上（吾土司山）灌溉面积1.25万亩，扩大塬下灌溉面积2179亩，改善塬下灌溉面积3411亩。同时解决塬上王仓么、抽子及新开发灌区，塬下河哇、恰牛、毛玉、牙日、麻日5个行政村的人畜饮水。

（三）孟达山水库

位于积石镇西沟脑东坡阶地。工程设计坝高15米，总库容60万立方米，建成后可浇灌孟达山0.3万余亩土地。第一期工程1971年5月动工至1972年8月完成，筑坝高10米，可蓄水60余万立方米，因系塑料薄膜防渗试验性水库，有许多疑难技术问题未得到解决，竣工蓄水后发生塑料薄膜撕裂渗漏和地基严重塌陷，不能蓄水。1974年至1975年，进行第二期整修工程，未获成功。该水库经5年多的反复建设，共投资93万余元，耗用塑料布11.8万余平方米，投工55.3万余个，动用土砂石48万立方米。工程未发挥效益，于1976年停建。

（四）东湾寺水库

位于循化县道帏乡贺隆堡大峡沟口东侧的湾寺附近。库址为一天线洼地，海拔在2960至3000米之间，原设计坝高35米、灌溉面积3000亩，1972年4月动工，1975年8月竣工，蓄水后区出现裂痕渗漏现象，黏土进行防渗处理，成效甚微。1982年投资60万元，用玻璃丝布与框架防渗处理。该水库先后共投资138.3万元，投工31.2万个。2007年1月，循化县水务科学研究院进行水库大坝安全评估，省水利厅组织完成了东湾寺水库大坝安全鉴定报告书的论证，报告书指出存在的主要问题有:（1）坝基无防渗措施，渗流量过大，易产生坝基渗透破坏。（2）大坝库盘坝基渗漏严重，左坝肩结合部及下游存在渗漏，右坝肩渗流异常。（3）输水廊道存在漏水现象，输水管锈蚀严重，闸阀损毁严重。（4）水库淤积严重。（5）引水渠引水设施损毁严重，大坝无安全监测设施等。2008年8月，水电设计单位完成《青海省循化县东湾寺水库除险加固工程初步设计报告》。2008年12月，省水利厅向海东地区水务局下达《关于循化县东湾寺水库除险加固工程初步设计报告的批复》（青水〔2008〕553号）。2009年3月，该工程动工，2010年底竣工。累计完成土石方8.96万立方米，铺填砂石4.7万立方米，浆砌石438.84立方米，干砌石1.62万立方米，混凝土与钢筋混凝土 322.12 立方米，钢筋 12.4 吨，钢管 29.1 吨，水泥 157 吨，河光石 1.37 万立方米，砂 740 立方米，砾石 632 立方米。工程总投资 1044.26 万元，解决 1.2 万亩农田灌溉。

（五）建设堂水库

位于循化县城西南尕楞乡曲卜藏沟建设堂村，系调节拦河式水库，由大坝、输水洞、溢洪道三部分组成。原设计红土心墙坝，坝高 34 米，长 215 米，总库容 230 万立方米，以闸阀控制，总概算投资 337.7 万元。建成后可解决尕楞山区万亩浅山地的水源问题。1976 年由省水电局农水处勘测设计。1978 年 5 月开工，1978 年底，导流工程、坝基处理等基本完工，完成投资 70 万元。上坝土方 1.22 万立方米，完成土石方 20.12 万立方米，投工投劳 14.05 万个。后因坝基地质条件差和设计输水渠道线过长，不符合实际等原因停建。

二、灌区

（一）黄丰渠灌区

引水口在查汗都斯乡大庄村北黄河边，是循化县唯一的万亩水利枢纽工程，灌区覆盖查汗都斯乡、街子镇、积石镇，总灌溉面积为 1.9 万亩，担负着下游黄丰水电站的发电供水任务。灌区设计流量 10 立方米／秒，干渠长度为 21.7 公里。无坝，引黄河水灌溉、发电。

1989 年 7 月 20 日、8 月 15 日和 23 日，在黄丰渠进水口处连发洪水 3 次，冲毁防洪工程，鱼嘴引水口部分钢筋裸露。1990 年和 1991 年，省水利厅青水（1990）151 号文和青水计（1991）247 号文批准计划投资 140 万元（省投资 132 万元，地方自筹 8 万元），实际完成投资 132 万元。整修加固渠首工程、冲沙闸、泄水渠及老虎嘴、哈达亥防洪工程三角坎 3 个、丁字坎 15 个，同时灌区工程配套，整修改建大小建筑物 51 座、集道 6.83 公里。2002 年，投资 316.91 万元，实施黄丰渠引水口扩建和苏志涵洞工程，累计完成土石方 3.21 万立方米，浆砌石 564.6 立方米，钢筋混凝土 1874.61 立方米，扩大灌溉面积 100 亩，改善灌溉面积 2042 亩。

（二）尕赛灌区

位于道帏乡大峡沟，工程总投资 243 万元，是循化农业综合开发项目之一。于 2002 年 11 月正式开工建设，2003 年 11 月竣工。该灌区建成后，有效缓解道帏乡贺隆堡、贺隆堡塘、比隆、贺庄、古雷、夕冲 6 个行政村 600 户 4000 余人、10235 亩农田、1765 亩林地的缺水问题，对加快项目区群众脱贫致富发挥重要作用。

渠道

循化县共有渠道203条（包括灌溉面积10亩以上），总长约661.12公里，灌溉面积4.98万亩左右。其中干渠28条，支渠175条，大部分都建在60年代，运行半个世纪，老化失修严重，对农田灌溉造成较大影响，特别是洪灾发生后，支渠毁坏程度严重。1991年至2000年，仅维修支渠经费投入607.4万元，水泥6847吨，砂石料12300方，维修渠道总长接近200公里。2004年，投资320万元，完成文都中库灌区工程，新建渠道1095米。2005年，投资420万元的清水灌区工程全面完工，改善耕地7358亩，扩大林地500亩。2006年以后，灌区及节水改造、渠系配套等完成投资1664万元，实施工程118项，基本保证渠道正常运行。

涝池

1991年至2010年，循化县累计投资169.5万元，共建涝池10座，总库容约26万立方米，控制灌溉面积3010亩左右。

提灌工程

1991年至2010年，循化县共建设提灌站21座，总装机容量约为3040KW，控制灌溉面积约为1.27万亩。

——循化撒拉族自治县地方志编纂委员会：《循化撒拉族自治县志》，三秦出版社，2017年版，第155—157页。

1991—2010年循化县涝池工程建设一览表

工程名称	建成时间	有效库容（万立方米）	灌溉面积（亩）	工程投资（万元）
街子乡古及来村涝池	1991	2	200	4.85
街子乡吾士贝那亥涝池	1991	3	300	21
积石镇西沟平涝池（上庄）	1994	3	100	13.9
白庄镇上白庄涝池	1998	3.5	250	24.3
白庄镇扎木村涝池	1999	2	120	18
白庄镇苏乎撒涝池	1999	2.5	120	20
道帏乡王家涝池	2000	2.5	150	15
积石镇西沟平涝池（下庄）	2000	2	150	4.5
道帏乡比隆涝池	2000	2	220	13
街子乡果什滩涝池	2008	3.5	320	35

——循化撒拉族自治县地方志编纂委员会：《循化撒拉族自治县志》，三秦出版社，2017年版，第157页。

1991—2010 年循化县提灌工程建设一览表

工程名称	建成时间	装机容量（千瓦）	流量（立方米 / 秒）	输水管道（米）	实际灌溉面积（亩）
道帏乡古雷一级站	1992	55	0.045	40	200
白庄镇下张尕一级站	1998	75	0.08	700	500
白庄镇立庄二级站	2004	55	0.04	294	200
白庄镇昌克村一级站	2002	75	0.047	200	60
清水河东河北一级站	1991	55	0.03	180	100
清水下滩二级站	1991	55	0.02	389	180
清水马儿坡一级站	2000	75	0.13	331	300
清水瓦匠庄一级站	2000	55	0.08	105	400
清水下滩一级站	2005	75	0.13	294	350
清水河东下庄一级站	2003	110	0.05	350	720
街子镇三立方二级站	1992	75	0.135	100	150
查汗都斯苏志一级站	1994	115	0.13	830	400
查汗都斯哈达亥一级站	1997	75	0.13	590	500
查汗都斯下庄一级站	1997	75	0.16	1300	700
查汗都斯赞中一级站	2000	135	0.13	250	500
查汗都斯赞中二级站	2000	110	0.13	150	400
查汗都斯新建村一级站	2002	110	0.04	790	450
查汗都斯赞中二级站	2002	55	0.075	780	200
查汗都斯牙藏一级站	2003	75	0.135	450	200
查汗都斯牙藏二级站	2002	75	0.135	150	220
查汗都斯哈达亥二级站	2002	75	0.08	124	170

——循化撒拉族自治县地方志编纂委员会：《循化撒拉族自治县志》，三秦出版社，2017 年版，第 158 页。

六、农业统计资料

1. 种植业

1949—1987 年年末耕地面积（单位：市亩）

年份	总计	水浇地	浅山地	脑山地	其中：开荒
1949 年	120463	46195	59743	14525	
1950 年	120543	46275	59768	14500	80

续表

年份	总计	水浇地	浅山地	脑山地	其中：开荒
1951 年	120543	46275	59768	14500	
1952 年	121379	46394	60435	14550	836
1953 年	121379	46394	60435	14550	
1954 年	125203	50259	60244	14700	3824
1955 年	126071	50389	60982	14700	888
1956 年	131110	54247	61863	15000	5040
1957 年	134472	56084	63388	15000	3361
1958 年	140648	56084	66235	18329	6176
1959 年	140965	65104	66497	18364	317
1960 年	187532	56104	83327	48101	48567
1961 年	152547	56104	56262	40181	
1962 年	141295	56196	55005	30094	
1963 年	141650	56286	59462	25902	353
1964 年	145522	57248	66274	22000	
1965 年	150904	61451	67453	22000	
1966 年	145729	56810	68098	20821	
1967 年	146542	58360	67995	20187	
1968 年	146458	58738	68017	19703	
1969 年	14700	59000	68000	20000	
1970 年	14700	59000	68000	20000	
1971 年	148082	60926	68534	18622	
1972 年	148187	61071	68508	18608	
1973 年	148500	65133	64760	18607	
1974 年	150667	70000	69902	10765	
1975 年	150667	75000	64902	10765	
1976 年	150667	75000	64899	10768	
1977 年	143291	66792	65731	10768	
1978 年	143730	67384	66134	10212	
1979 年	143492	67157	66123	10212	
1980 年	142917	67681	65024	10212	
1981 年	141542	67826	63504	10212	
1982 年	141018	67300	63510	10208	
1983 年	140522	67275	63505	9742	
1984 年	138580	67123	62235	9202	

续表

年份	总计	水浇地	浅山地	脑山地	其中：开荒
1985年	133407	66397	58303	8707	8707
1986年	131722	65984	58303	7435	
1987年	129300	64000	57900	7400	

——《海东市循化县国民经济社会发展统计资料汇编（1949—1987）》，第80—81页。

分乡（镇）粮食播种面积（单位：亩）

年份	全县合计	道帏	白庄	清水	孟达	积石	街子	查汗都斯	文都	尕楞	岗察	全民单位
1978年	111905	25250	16349	7567		10426	15356	9340	14666	12484		467
1979年	110442	25118	16192	6738		19040	15064	9318	14665	12312		395
1980年	111938	25189	16192	7023		10998	15191	9633	14976	12422		314
1981年	107749	23741	15729	5232	1448	10889	14473	8560	15227	12233		217
1982年	103245	22666	15451	4746	1622	9585	13732	8211	14669	12362		201
1983年	104787	24029	16070	4695	1583	9793	13221	8451	14212	12532		201
1984年	106263	23948	16129	4699	1593	9592	13847	8487	15222	12542		204
1985年	104925	23682	15947	4699	1515	10266	14055	8112	14463	11996		190
1986年	126238	26868	18283	5166	1689	12727	22663	9616	16131	12905		190
1987年	103200	23700	15500	4600	1500	11000	13600	7600	14100	11400		200

——《海东市循化县国民经济社会发展统计资料汇编（1949—1987）》，第98页。

分乡（镇）耕地面积（单位：亩）

年份	全县合计	道帏	白庄	清水	孟达	积石	街子	查汗都斯	文都	尕楞	岗察	全民单位
1978年	143728	35640	17393	8579		14095	23875	9990	18240	14819		1097
1979年	143492	35640	17377	8579		14076	23955	9990	18242	14819		814
1980年	142917	35640	17377	8573		14076	23923	9633	18242	14819		634
1981年	141542	35640	17299	5888	1690	13971	23893	9620	18242	14819		480
1982年	141018	35615	17239	5858	1730	13616	23893	9576	18242	14805		444
1983年	140522	35605	17239	5838	1370	13150	23893	9587	18231	14805		444
1984年	138560	33789	17319	5800	1726	12969	23893	9587	18231	14805		441
1985年	133407	30085	16984	5800	1689	12969	23893	9614	18216	13758		399
1986年	131258	30085	16953	5800	1689	12969	23343	9640	16712	13758		309
1987年	129300	30100	17000	5200	1700	12300	22800	9600	16700	13700		200

——《海东市循化县国民经济社会发展统计资料汇编（1949—1987）》，第103页。

农村经济收入分配和效益（单位：万元）

项目	合计			乡（镇）村办企业			集体统一经营		
	1985 年	1986 年	1987 年	1985 年	1986 年	1987 年	1985 年	1986 年	1987 年
一、农村经济总收入	2061.59	2711.09	3221.53	255.29	435.14	520.70	1.65	92.48	0.64
其中：出售产品收入	354.56	573.85	834.88	36.00	104.00	97.70	1.40	8.05	0.47
1. 农业	1312.63	1630.46	1996.22		3.00	19.00	1.65	92.48	
其中：出售产品收入	285.85	434.55	689.81		2.00	12.00	1.40	8.05	
种植业	938.12	1248.33	1525.44		3.00	19.00		92.48	
其中粮食	708.57	993.11	1113.11					81.80	
林业	26.73	15.65	14.17				1.65		
牧业	153.15	203.32	251.37						
副业	194.45	162.80	195.34						
渔业	0.18	0.36	9.90						
2. 工业	77.42	168.58	228.19	39.28	124.58	100.00			0.64
其中：出售产品收入	68.71	137.30	145.07	36.00	102.00	85.70			0.47
3. 交通运输业	206.25	189.58	694.60	91.16	0.10	400.00			
4. 建筑业	371.04	624.74	179.60	91.62	306.28				
5. 商业饮食业	60.24	61.88	66.41	33.23	1.18	1.70			
6. 服务业	6.04	4.75	8.68						
7. 其他	27.97	31.10	47.83						
二、农村经济总费用	495.23	761.56	942.22	173.34	305.46	366.95		9.33	0.51
三、农村经济纯收入	1566.36	1949.53	2279.31	81.95	129.68	153.75	1.65	83.15	0.13
1. 国家税收	47.51	55.54	62.88	3.48	12.25	18.95		1.08	
2. 集体提留	7.94	42.86	43.49		32.06	30.80	0.06	0.45	0.04
3. 农村居民纯收入	1510.91	1851.13	2172.94	78.47	85.37	104.00	1.59	81.62	0.09
四、农村经济内部生产性积累	176.08	113.06	132.46	0.47	22.00	26.90	0.08	2.74	

——《海东市循化县国民经济社会发展统计资料汇编（1949—1987）》，第 110 页。

农村基层组织情况

年份	乡镇（社）个数（个）	村民委员会（生产大队）个数（个）	农业生产合作社（生产队）个数（个）	农村总户数（户）	农村总人口（人）	农村劳动力（人）
1958 年	4	93	307	8821	39196	16997
1959 年	5	96	310	10026	39212	17065
1960 年	5	96	310	10026	39246	17201

续表

年份	乡镇（社）个数（个）	村民委员会（生产大队）个数（个）	农业生产合作社（生产队）个数（个）	农村总户数（户）	农村总人口（人）	农村劳动力（人）
1961年	10	99	317	10450	40757	18744
1962年	11	103	486	10550	41467	19256
1963年	15	111	486	10526	41661	20028
1964年	15	111	496	10531	42476	
1965年	15	105	494	10897	44655	
1966年	9	96	359	11345	46559	
1967年	9	91	364	11446	48886	22324
1968年	9	91	362	11676	51033	23035
1969年	9	94	364	12081	54450	23865
1970年	9	105	366	12226	56197	25889
1971年	9	106	364	12400	57787	25805
1972年	9	11	372	12532	58840	26405
1973年	9	108	383	12737	59988	25288
1974年	9	131	370	12834	62693	25417
1975年	9	131	377	13142	64885	25892
1976年	9	131	373	13254	66879	25513
1977年	9	131	373	13628	69763	25418
1978年	9	132	371	13780	71826	25191
1979年	9	133	379	13847	73406	25383
1980年	9	148	556	14132	74592	27324
1981年	10	154	670	14218	76882	29533
1982年	10	144	679	14178	79057	29996
1983年	10	144	673	14064	79787	30464
1984年	10	150	673	14233	81792	31499
1985年	10	151	674	14350	82659	31913
1986年	10	154	674	14453	82863	32258
1987年	10	154	674	14604	84873	33301

——《海东市循化县国民经济社会发展统计资料汇编（1949—1987）》，第87页。

农业合作化情况

项目	单位	1950年	1951年	1952年	1953年	1954年	1955年	1956年	1957年
一、农业总户数	户	7312	8328	8379	8486	8514	8514	8844	8877
已组织起来农业户占农业总户数的比重	%		6.97	34.18	58.90	78.00	98.00	99.00	99.70

续表

项目	单位	1950年	1951年	1952年	1953年	1954年	1955年	1956年	1957年
二、农业总人口	人	39466	39828	40541	41071	41457	41516	41840	40220
已组织起来的农业人口占农业总人口的比重	%		5.80	21.17	44.07	75.00	99.00	98.00	98.40
三、农业互助数	个		124	715	1376	1306	291	92	17
参加农业互助组户数	户		577	2918	4979	5275	1706	524	143
参加农业互助组人数	人		2314	8317	17827	24265	9530	2471	679
四、初级农业合作社数	个				2	31	31	25	9
参加初级农业合作社的户数	户				16	1419	1155	1054	308
参加初级农业合作社的人口数	人				79	9279	4467	4697	1597
五、高级农业合作社数	个						75	82	105
参加高级农业合作社的户数	户						6525	7194	8405
参加高级农业合作社的人口数	人						27347	32810	38191

——《海东市循化县国民经济社会发展统计资料汇编（1949—1987）》，第85—86页。

农作物播种面积和产量（单位：亩、斤、百斤）

年份	播种面积合计	农作物播种面积产量					3. 蔬菜播种面积	4. 其他播种面积
		1. 粮食播种面积	产量	亩产	2. 油料播种面积	产量		
1949年	101140	96090	189315	197	3550	3155		1500
1950年	102760	93750	209713	223	7000	6478		2010
1951年	101572	92640	225987	244	8400	7536		532
1952年	101100	91800	239683	261	8600	7953		700
1953年	99950	91000	192443	211	8300	4260		650
1954年	98845	88377	238551	270	9129	9445		1339
1955年	105601	92800	255404	243	12212	9785		589
1956年	118311	101980	260224	255	14718	7730		1613
1957年	109735	98609	249882	253	7448	5686		3678
1958年	113615	99858	268454	269	7808	6768		5949
1959年	111049	96546	262674	272	12149	6562		2354
1960年	162507	146979	241433	153	13057	1032		2471
1961年	150437	138764	146700	101	6704	1100		4969

续表

年份	播种面积合计	农作物播种面积产量					3. 蔬菜播种面积	4. 其他播种面积
		1. 粮食播种面积	产量	亩产	2. 油料播种面积	产量		
1962 年	123903	116771	150000	120	4958	1758		2174
1963 年	112798	106155	250960	236	5551	4264		1092
1964 年	116828	107896	253739	234	8304	6892	628	
1965 年	124513	112944	290945	254	10915	7902	654	
1966 年	125575	115690	224013	194	9026	3028	836	23
1967 年	132609	119042	297354	250	11973	7969	1568	26
1968 年	122126	113255	248337	219	7244	4315	1619	8
1969 年	118135	107915	207039	192	8987	6243	1215	18
1970 年	120400	110200	256208	232	8700	6827	1500	
1971 年	121404	113486	314775	277	6172	7613	1623	123
1972 年	117956	109977	388263	353	6924	11810	1021	34
1973 年	119100	108800	392838	361	8700	15676	1400	200
1974 年	120781	111223	423689	381	7278	8105	3996	884
1975 年	120208	110317	503885	457	7481	11839	1636	774
1976 年	121915	112271	544552	485	7833	11107	1049	762
1977 年	121864	112253	529247	471	8205	12335	824	582
1978 年	122203	111905	497952	445	8421	8917	1421	456
1979 年	120954	110742	486519	439	9090	11843	944	178
1980 年	122494	111938	552685	494	9760	16797	721	75
1981 年	117963	107749	439309	408	8796	14328	952	466
1982 年	118589	103247	521839	505	12711	20312	1010	1621
1983 年	115246	104789	537393	513	9042	24029	953	462
1984 年	118794	106263	404765	381	10428	20347	1230	873
1985 年	124365	104925	401049	382	15012	25159	1347	4081
1986 年	126338	104674	431774	413	15297	24555	1299	4968
1987 年	124500	103200	519077	503	17500	25942	2500	1300

——《海东市循化县国民经济社会发展统计资料汇编（1949—1987）》，第 82—84 页。

分乡（镇）粮食总产量（单位：百斤）

年份	全县合计	道帏	白庄	清水	孟达	积石	街子	查汗都斯	文都	尕楞	岗察	全民单位
1978 年	497952	91239	67849	49357		77010	52591	60783	60166	36071		2886
1979 年	486519	91759	83550	40210		68483	46254	57318	61706	35071		2168

续表

年份	全县合计	道帏	白庄	清水	孟达	积石	街子	查汗都斯	文都	尕楞	岗察	全民单位
1980 年	552684	106452	92489	44719		81561	54681	65437	67369	37935		2041
1981 年	439309	73506	80342	32211	5591	71534	44034	58665	45135	26846		1445
1982 年	521839	75584	89331	38636	6948	82176	64790	66436	61699	42811		1428
1983 年	537393	85118	81171	42331	8286	83323	71515	63280	61967	39021		1381
1984 年	404765	79718	64783	28296	4343	46663	47799	43192	56092	32752		1127
1985 年	401049	77051	62642	28578	4495	43625	51540	40607	58462	33050		999
1986 年	431774	75779	43718	34646	5809	60319	57656	50147	63054	39699		947
1987 年	519080	91420	83460	39580	6200	70100	66160	57580	62540	41060		980

——《海东市循化县国民经济社会发展统计资料汇编（1949—1987）》，第 97 页。

分乡（镇）农村居民纯收入（单位：百元）

年份	全县合计	道帏	白庄	清水	孟达	积石	街子	查汗都斯	文都	尕楞	岗察	全民单位
1978 年	53741	8135	7509	6432		9808	6403	5770	5328	2974	1382	
1979 年	56183	8344	9253	4402		10645	6367	6134	5993	3342	1703	
1980 年	62189	10794	10292	4164		10781	5947	7485	6910	4122	1694	
1981 年	40996	6083	6917	2492	326	7822	3411	6719	3451	1987	1788	
1982 年	78896	9229	14129	4933	712	13633	11188	11107	7282	4575	2108	
1983 年	119393	13908	21163	9897	1849	21616	20128	12967	9606	6212	2047	
1984 年	112901	14545	24364	8508	948	21239	16544	11146	9199	4266	2142	
1985 年	143244	16351	24389	1288	10142	35092	22200	16279	9638	5525	2340	
1986 年	185113	21130	24329	17673	3441	36547	32871	21579	15258	9758	2527	
1987 年	217294	26702	35786	20462	3935	42258	34898	23815	16225	10579	2634	

——《海东市循化县国民经济社会发展统计资料汇编（1949—1987）》，第 100 页。

分乡（镇）油料作物播种面积（单位：亩）

年份	全县合计	道帏	白庄	清水	孟达	积石	街子	查汗都斯	文都	尕楞	岗察	全民单位
1978 年	8421	1459	497	448		565	3170		1293	957		32
1979 年	9090	1615	717	111		545	3898		1237	933		34
1980 年	9760	2346	780	194		508	3125		1649	1123		35
1981 年	8796	2059	500	126		70	2723	491	1506	1200		121

续表

年份	全县合计	道帏	白庄	清水	孟达	积石	街子	查汗都斯	文都	尕楞	岗察	全民单位
1982 年	12711	2952	1253	115	108		3755	816	2184	1468		60
1983 年	9042	2220	850	89	123	380	1237	685	2142	1262		54
1984 年	10428	1929	602	89	96	636	3994	666	1172	1213		31
1985 年	15012	2029	846	180	174	1205	5850	1101	1834	1763		30
1986 年	15297	2056	1162	150	156	1248	6217	917	1861	1514		16
1987 年	17500	2000	1300	500	200	1400	6300	2200	2100	1500		

——《海东市循化县国民经济社会发展统计资料汇编（1949—1987）》，第 104 页。

分乡（镇）油料作物总产量（单位：百斤）

年份	全县合计	道帏	白庄	清水	孟达	积石	街子	查汗都斯	文都	尕楞	岗察	全民单位
1978 年	8917	1075	750	484		823	2386	865	1378	1098		58
1979 年	11843	2504	1363	391		774	2779	1616	1444	869		103
1980 年	16797	4139	2132	790		1112	2382	2114	2755	1265		108
1981 年	14328	2855	1257	726		945	2587	2705	1857	1152		244
1982 年	20312	3808	2932	1107	28	774	3948	3663	2376	1553		123
1983 年	24029	3294	3846	1778	306	1402	4907	3500	3264	1609		123
1984 年	20347	2949	3875	1378	137	1396	5274	2272	1737	1289		40
1985 年	25159	2930	2374	1585	183	1940	7400	4790	2108	1801		48
1986 年	24555	2176	1432	1556	250	1953	7540	4847	2784	1991		26
1987 年	25940	3500	2620	1640	280	2060	5920	4980	2820	2100		20

——《海东市循化县国民经济社会发展统计资料汇编（1949—1987）》，第 105 页。

粮食分配情况（单位：百斤）

年份	一、粮食分配总计	1. 家庭经营生产	2. 国家统销	3. 集体经营生产及其他	二、交售给国家粮食	三、提留粮食	1. 集体提留	2. 社员生产留粮	四、分配给社员	每人平均（每斤）
1972 年	365273			365273	53289	77548	77548		234436	398
1973 年	369483			369483	60795	74348	74348		234340	391
1974 年	401246			401246	68813	81996	81996		250437	408
1975 年	472885			472885	105769	95638	95638		271478	429
1976 年	508700			508700	141981	98512	98512		268207	410
1977 年	489332			489332	130055	96506	96506		262771	388

续表

年份	一、粮食分配总计	1. 家庭经营生产	2. 国家统销	3. 集体经营生产及其他	二、交售给国家粮食	三、提留粮食	1. 集体提留	2. 社员生产留粮	四、分配给社员	每人平均（每斤）
1978 年	462096			462096	96013	96075	96075		270008	387
1979 年	450342			450342	70413	95276	95276		284653	403
1980 年	498911			498911	49027	93847	93847		356037	492
1981 年	377145			377145	34264	80356	80356		262525	349
1982 年	455476			455476	41918	70712	69260	1452	342846	445
1983 年	538539	71247	2497	464795	57245	82307	3321	78986	398988	507
1984 年	407587	55842	3949	347796	34123	80625	4488	76137	292840	358
1985 年	400625	400050	545	30	37680	78806	3472	75334	284139	344
1986 年	431027	430827	200		42020	81539	3221	78318	307468	369
1987 年	526288	518088	8200		59951	81538	3700	77838	383999	452

——《海东市循化县国民经济社会发展统计资料汇编（1949—1987）》，第 108—109 页。

农业总产值

按 1970 年不变价格计算　　（单位：百元）

年份	农业总产值	1. 农业（种植业）	2. 林业	3. 牧业	4. 副业	5. 渔业
1974 年	87080	62938	2442	18679	3021	
1975 年	126772	79794	1589	14970	30419	
1976 年	120227	85395	3127	12149	19556	
1977 年	123265	81449	2584	14538	24694	
1978 年	115585	76211	2451	14948	21975	
1979 年	132343	73286	937	15593	42527	
1980 年	164628	115961	1336	30398	16933	

——《海东市循化县国民经济社会发展统计资料汇编（1949—1987）》，第 90 页。

农业总产值

按 1980 年不变价格计算　　（单位：百元）

年份	农业总产值	1. 农业（种植业）	2. 林业	3. 牧业	4. 副业	5. 渔业
1981 年	147294	96092	2685	24287	24230	
1982 年	178555	119241	3643	24385	26286	
1983 年	180720	119598	6879	25621	28622	
1984 年	168703	98139	9096	31965	29503	
1985 年	168925	99730	8867	38323	21987	18

续表

年份	农业总产值	1. 农业（种植业）	2. 林业	3. 牧业	4. 副业	5. 渔业
1986 年	179074	112716	7753	42644	15937	24
1987 年	193391	123672	8534	47891	13035	259

——《海东市循化县国民经济社会发展统计资料汇编（1949—1987）》，第 91 页。

分乡（镇）农村经济总收入（单位：百元）

年份	全县合计	道帏	白庄	清水	孟达	积石	街子	查汗都斯	文都	尕楞	岗察	全民单位
1978 年	88800	13568	12201	10349		16349	10769	9284	9131	5328	1821	
1979 年	96438	14817	14516	7938		17616	11924	11618	10177	5590	2242	
1980 年	101560	17328	15747	7560		17397	11200	12820	11107	6405	1996	
1981 年	75225	11223	11477	5331	683	13462	7596	12270	7183	4073	1927	
1982 年	106542	13351	17181	8157	984	18035	14282	14929	11047	6309	2267	
1983 年	150008	18548	25237	12286	2224	26301	24320	17029	13444	8387	2232	
1984 年	147220	19387	30360	11054	1560	26367	21400	14956	13161	6683	2292	
1985 年	206159	21877	30405	12429	1784	41143	27719	20351	14156	8197	2568	
1986 年	271109	28272	33230	20534	4225	74596	43644	25912	23660	14153	2883	
1987 年	322153	39795	45446	24914	5190	75728	47875	34383	27525	18171	3126	

——《海东市循化县国民经济社会发展统计资料汇编（1949—1987）》，第 99 页。

农业现代化和林业情况

项目	单位	1978 年	1979 年	1980 年	1981 年	1982 年	1983 年	1984 年	1985 年	1986 年	1987 年
一、当年能机耕地面积	万亩	7.94	8.03	8.03	8.11	8.79	8.13	8.52	8.51	8.26	8.24
二、当年实际机耕地面积	万亩	4.75	5.34	5.75	4.16	2.83	2.18	3.78	3.40	4.12	4.30
三、当年机械播种面积	万亩	2.96	1.16	2.55	4.34	4.21	4.24	3.68	5.42	5.79	5.51
四、乡村办水电站数	个	10	9	9	9	9	9	8	7	5	4
发电能力	瓩	462	421	421	421	421	421	381	341	317	305
五、当年造林面积	亩	6074	2977	3936	3116	4126	7111	10199	16358	9689.40	12314
六、当年零星植树	万株	44	18.10	33	31.20	30.46	40.80	42.22	43.60	44.38	54.95
七、年末实有育苗面积	亩	2836	2241	1676	1120	908	1387	2284	1629	1381.34	1859
其中：当年新育	亩	593	219	184	128	166	625	1269	478	259.40	256
八、当年幼林抚育面积	亩		5000	450	1300	4800	3000	6500	8860	40200	
九、花椒产量	市斤	12500	5254	1460	7658	10839	10600	3025	3870	2784	4460

续表

项目	单位	1978年	1979年	1980年	1981年	1982年	1983年	1984年	1985年	1986年	1987年
十、核桃产量	市斤	6550	6400	17500	16290	17950	19500	9499	26900	20090	17720
十一、各种水果产量	万斤	85.70	53.27	191	151.61	239.64	158.50	405.22	392.89	423.05	459.40
其中：苹果产量	万斤	66.70	48.87	166	136.38	208.72	137	315.97	329.34	348.41	389.60
十二、年末实有果园面积	亩	4706	4099	3984	3708	3781	4494	6140	8452	9595	13975

——《海东市循化县国民经济社会发展统计资料汇编（1949—1987）》，第 106 页。

2001 年分乡镇农村经济收入分配和效益（单位：万元）

项目	全县合计	道帏	白庄	清水	孟达	积石镇	街子	查汗都斯	文都	尕楞	岗察
一、农村经济总收入	19905.85	2975.23	2370.16	1626.69	320.24	4101.79	3909.23	2608.09	984.6	706.27	303.56
1. 农业收入	10249.24	2225.74	1469.65	577.45	188	3367.93	1006.85	1007.51	610.17	511.9	283.7
（1）种植业收入	6416.16	1070.9	604.55	496.32	132.76	1677.89	706.53	964.4	537.69	225.12	
（2）林业收入	110.48	5.2		18.67		34.1	12.71	28	7	4.8	
（3）畜牧业收入	3722.6	1149.64	865.1	62.46	55.24	655.94	287.61	15.11	65.48	281.98	283.7
2. 工业收入	1114.23	50.6	102.4	594.45		83.01	133.37	125	17	8.4	
3. 建筑业收入	1796.56	157.4	134.84	94.8	84.44	419.28	353.2	400	127	25.6	
4. 交通运输业收入	3261.81	177.7	98.05	96.73	8.8	394.93	1719	692.6	60.8	13.2	
5. 商业餐饮业收入	800.23	58.8	60.77	23.42	2.1	204.12	133.42	270	40.5	7.1	
6. 服务业收入	1953.74	154.92	421.47	187.18	21.18	501.43	448.32	81.17	76.11	61.96	
7. 其他收入	730.38	150.07	82.98	52.66	15.72	131.08	115.07	31.81	53.02	78.11	19.86
二、农村经济总费用	6648.73	1313.42	390.95	382.52	77.23	1382.42	1615.4	1013.91	150	209.6	113.28
三、农村经济净收入总额	13257.13	1661.81	1979.21	1244.17	243.01	2719.37	2293.83	1594.18	834.6	496.67	190.28
1. 国家税收	286.01	30.13	47.77	13.63	1.48	119.33	10.01	31.81	13	11.36	7.49
2. 集体提留	63.62	8.83	11.9	5.69	1.51	11.6	5.42	7.21	5.63	3.77	2.06
3. 农村居民所得总额	12907.5	1622.85	1919.54	1224.85	240.02	2588.44	2278.4	1555.16	815.97	481.54	180.73
全县人均纯收入	1255	1374	1005	1322	951	1410	1464	1304	1069	978	1065
全县人均口粮（公斤）	210	275	146	236	136	181	191	260	300	267	

——《海东市循化县统计局统计资料汇编 2001》，第 14 页。

2002 年分乡镇农村经济收入分配和效益（单位：万元）

项目	全县合计	道帏	白庄	清水	孟达	积石镇	街子	查汗都斯	文都	尕楞	岗察
一、农村经济总收入	25949.2	4335.3	3079.7	1890.1	459	5618	4677.8	3110.1	1058.1	1023.1	698
1. 农业收入	10286	2060	1256	633	223	2447	1066	1169	635	448	349
2. 林业收入	218.9	17.3	2.7	23.6	3.6	95	12.8	35	10.7	18.2	
3. 畜牧业收入	3127.2	877	612	41.5	61.7	784	171	15	49	167	349
4. 工业收入	890.2		43	357		132	233	80	22.5	22.7	
5. 建筑业收入	2335.5	285	244	178	109	425	386	507	141	60.5	
6. 运输业收入	3924.2	316	153	217	25	377	1892	850	53.7	40.5	
7. 商饮业收入	1501	192	101	160	3	434	186	350	44.3	30.7	
8. 服务业收入	1778.7	214	205	175	20	544	486	55.5	44.7	34.5	
9. 其他收入	1887.5	374	463	105	13.7	380	245	48.6	57.2	201	
二、农村经济总费用	7723.2	1614	286	350	105	1727	1970	1235	47.2	275	114
三、农村经济净收入总额	23449	1827	2178	1476	289	3013	2526	1825	9518	563	234
四、劳务收入及其他											
五、可分配净收入总额											
1. 国家税收	302.27	34.31	33.34	14.84	2.75	132.2	18.17	23.72	19.8	15.3	7.84
2. 上交国家、乡集体总额											
3. 农村居民所得总额	14581	1793	2144	1462	286	2881	2507	1801	932	548	227
全县人均纯收入	1399	1488	1106	1562	1116	1553	1588	1487	1206	1101	1320
全县人均口粮（公斤）	218	287	188	214	138	184	170	241	382	266	

——《海东市循化县统计局统计资料汇编 2002》，第 14 页。

2003 年分乡镇农村经济收入分配和效益（单位：万元）

项目	全县合计	道帏	白庄	清水	孟达	积石镇	街子	查汗都斯	文都	尕楞	岗察
一、农村经济总收入	26024	3890	2858	2272	467	5357	5195	3488	1112	983	402
1. 农业收入	13845	2431	1850	1050	277	3206	1754	1477	875	549	376
（1）种植业收入	8374	1281	711	968	167	1598	1427	1409	497	316	
（2）林业收入	424	24	3	22	23	108	15	47	175	7	
（3）畜牧业收入	5047	1126	1136	60	87	1500	312	21	203	226	376
2. 工业收入	1175		310	311		148	270	96	13	27	
3. 建筑业收入	1762	282	135	111	124	236	175	550	43	99	7
4. 交通运输业收入	5044	328	153	346	37	663	2548	893	37	39	
5. 商业餐饮业收入	1808	226	173	171	3	573	226	384	13	34	5

续表

项目	全县合计	道帏	白庄	清水	孟达	积石镇	街子	查汗都斯	文都	尕楞	岗察
6. 服务业收入	943	195	35	14	22	477	112	36	11	35	6
7. 其他收入	1447	428	202	269	4	54	110	52	120	200	8
二、农村经济总费用	9370	1847	396	595	140	1963	2374	1436	135	350	134
三、农村经济净收入总额	16654	2043	2462	1677	327	3394	2821	2052	977	633	268
1. 国家税收	354	41	59	15	3	148	19	25	20	16	8
2. 农村居民所得总额	16300	2002	2403	1662	324	3246	2802	2027	857	617	260
全县人均纯收入	1561	1643	1227	1754	1254	1731	1751	1628	1238	1239	1510
全县人均口粮（公斤）	198	321	142	135	112	175	189	103	295	299	

——《海东市循化县统计局统计资料汇编 2003》，第 14 页。

2004 年分乡镇农村经济收入分配和效益（单位：万元）

项目	全县合计	道帏	白庄	清水	孟达	积石镇	街子	查汗都斯	文都	尕楞	岗察
一、农村经济总收入	30098	4410	3447	2704	561	6107	5934	4046	1314	1105	470
1. 农业收入	9334	1509	810	1108	240	1650	1427	1724	518	334	14
2. 林业收入	540	26	2	28	26	184	16	53	197	8	
3. 畜牧业收入	5640	1176	1350	60	91	1541	450	26	250	253	443
4. 工业收入	1094		98	376		202	270	101	17	30	
5. 建筑业收入	2281	334	213	246	145	354	185	610	50	135	9
6. 运输业收入	5654	380	232	455	29	751	2696	1027	43	41	
7. 商饮业收入	2501	263	312	310	5	683	467	404	16	39	2
8. 服务业收入	1125	221	48	73	18	548	120	42	17	36	2
9. 其他收入	1929	501	382	48	7	194	303	59	206	229	
二、农村经济总费用	12557	2496	649	945	211	2973	2607	1679	317	505	175
三、农村经济净收入总额	17541	1914	2798	1759	350	3134	3327	2367	997	600	295
四、劳务收入及其他	2211	409	304	172	8	788	118	49	223	128	12
五、可分配净收入总额	19752	2323	3102	1931	358	3922	3445	2416	1220	728	307
1. 国家税收	376	29	42	23	2	171	58	17	17	12	5
2. 上交国家、乡集体总额	264	6	147	6	1	3	91	3	3	3	1
3. 农村居民所得总额	19112	2288	2913	1902	355	3748	3296	2396	1200	713	301
全县人均纯收入	1768	1845	1457	1990	1435	1942	1953	1838	1538	1440	1728
全县人均口粮（公斤）	235	259	197	172	112	221	216	373	267	307	

——《海东市循化县统计局统计资料汇编 2004》，第 14 页。

2005 年分乡镇农村经济收入分配和效益（单位：万元）

项目	全县合计	道帏	白庄	清水	孟达	积石镇	街子	查汗都斯	文都	尕楞	岗察
一、农村经济总收入	30418	4560	3239	2704	580	6216	6070	4169	1327	1069	484
1. 农业收入	10059	1730	791	1088	250	1712	1522	1807	634	492	33
2. 林业收入	559	27	2	29	27	190	17	55	204	8	
3. 畜牧业收入	5818	1217	1398	64	94	1595	465	27	259	262	437
4. 工业收入	1131		101	389		208	279	105	18	31	
5. 建筑业收入	2360	345	220	254	152	367	191	632	51	140	8
6. 运输业收入	5841	393	240	460	31	776	2790	1062	46	43	
7. 商饮业收入	2575	272	322	309	5	707	482	418	17	40	3
8. 服务业收入	1163	228	50	75	19	566	124	43	18	37	3
9. 其他收入	912	348	115	36	2	95	200	20	80	16	
二、农村经济总费用	11148	2337	544	758	178	2602	2495	1350	229	479	176
三、农村经济净收入总额	20004	2227	3024	2041	403	3719	3647	2838	1132	665	308
四、劳务收入及其他	2527	417	421	181	19	792	192	54	274	151	26
五、可分配净收入总额	22381	2654	3154	2223	421	4530	3938	2894	1411	820	336
1. 国家税收	261			14		201	46				
2. 上交国家、乡集体总额	15	6		4	1				3		1
3. 农村居民所得总额	22105	2648	3154	2205	420	4329	3892	2894	1408	820	335
全县人均纯收入	2014	2117	1549	2271	1668	2234	2231	2200	1788	1639	1861
全县人均口粮（公斤）	243	331	177	172	109	247	250	349	268	219	

——《海东市循化县统计局统计资料汇编 2005》，第 14 页。

2006 年分乡镇农村经济收入分配和效益（单位：万元）

项目	全县合计	道帏	白庄	清水	积石镇	街子	查汗都斯	文都	尕楞	岗察
一、农村经济总收入	35559	5023	4468	3742	7330	6700	4632	1776	1355	533
1. 农业收入	10239	1089	1428	1604	1615	1601	2043	499	360	
2. 林业收入	631	35	2	81	242	19	68	184		
3. 畜牧业收入	9053	1443	1139	233	2297	1448	964	534	482	513
4. 工业收入	934	24	158	326	190	181	32	21	2	
5. 建筑业收入	1965	235	221	400	300	195	141	53	414	6
6. 运输业收入	5659	689	742	555	459	2521	465	210	18	
7. 商饮业收入	3226	458	583	366	1038	502	209	22	44	4
8. 服务业收入	1778	400	56	128	631	120	386	27	30	

续表

项目	全县合计	道帏	白庄	清水	积石镇	街子	查汗都斯	文都	尕楞	岗察
9. 其他收入	2074	650	139	49	558	113	324	226	5	10
二、农村经济总费用	12854	2318	689	825	3115	3003	2085	122	520	177
三、农村经济净收入总额	22710	2705	3780	2917	4215	3700	2547	1654	836	356
四、劳务收入及其他	3580	318	181	116	1104	871	757	30	161	42
五、可分配净收入总额	26287	3021	3960	3034	5319	4569	3304	1685	997	398
1. 国家税收										
2. 上交国家、乡集体总额	72			6	19	47				
3. 农村居民所得总额	26215	3021	3960	3028	5300	4522	3304	1685	997	398
全县人均纯收入	2320	2406	1827	2265	2547	2469	2475	2311	2062	2173
全县人均口粮（公斤）	196	192	176	149	196	194	376	194	95	

——《海东市循化县统计局统计资料汇编 2006》，第 14 页。

2007 年分乡镇农村经济收入分配和效益（单位：万元）

项目	全县合计	道帏	白庄	清水	积石镇	街子	查汗都斯	文都	尕楞	岗察
一、农村经济总收入	40850	5676	5297	4262	8501	7730	5207	1895	1579	603
1. 农业收入	10623	1125	1301	1720	1718	1691	2239	550	279	
2. 林业收入	716	33	2	89	254	29	102	207		
3. 畜牧业收入	11749	1554	1934	254	2837	1952	1404	720	551	543
4. 工业收入	935	22	381	89	200	181	36	23	3	
5. 建筑业收入	2474	347	250	438	315	271	155	57	630	11
6. 运输业收入	5529	797	251	627	482	2771	512	67	22	
7. 商饮业收入	3850	560	788	466	1100	602	230	38	52	14
8. 服务业收入	2438	502	112	523	662	120	436	48	35	
9. 其他收入	2436	736	278	56	933	113	93	185	7	35
二、农村经济总费用	17119	3533	824	2423	3221	2833	2775	720	613	177
三、农村经济净收入总额	23605	2139	4465	1839	5269	4898	2430	1175	966	426
四、劳务收入及其他	7702	1320	610	1719	1126	320	1512	948	204	43
五、可分配净收入总额	27838	3463	4607	3500	3406	5248	3942	2029	1173	470
1. 国家税收	292				292					
2. 上交国家、乡集体总额										
3. 农村居民所得总额	27546	3463	4607	3500	3114	5248	3942	2029	1173	470

续表

项目	全县合计	道帏	白庄	清水	积石镇	街子	查汗都斯	文都	尕楞	岗察
全县人均纯收入	2730	2708	2080	2785	2911	2892	2796	2529	2422	2530
全县人均口粮（公斤）	212	191	169	152	182	227	402	234	177	

——《海东市循化县统计局统计资料汇编 2007》，第 14 页。

2008 年分乡镇农村经济收入分配和效益（单位：万元）

项目	全县合计	道帏	白庄	清水	积石镇	街子	查汗都斯	文都	尕楞	岗察
一、农村经济总收入	46068	6219	6501	4768	9740	8170	5694	2347	1867	658
1. 农业收入	11457	1194	1306	1802	1720	1691	2470	954	320	
2. 林业收入	687	30	2	99	255	90		155	56	
3. 畜牧业收入	14162	1560	2535	292	3691	2241	1741	862	632	608
4. 工业收入	1001	29	423	199	200	181	27	38	4	
5. 建筑业收入	2969	649	260	495	320	271	173	67	724	10
6. 运输业收入	5642	800	267	702	486	2771	535	57	24	
7. 商饮业收入	4773	596	1229	614	1100	602	538	23	56	15
8. 服务业收入	2364	589	195	602	670	120	108	43	37	
9. 其他收入	2909	772	284	63	1298	203	102	148	14	25
二、农村经济总费用	19317	3886	1632	2187	3943	2833	2859	1060	754	163
三、农村经济净收入总额	26751	2333	4868	2582	5794	5276	2944	1404	1056	494
四、可分配净收入总额	36110	3943	5807	4235	7205	6001	4519	2455	1402	543
1. 国家税收	350				350					
2. 农村居民所得总额	35760	3943	5807	4235	6855	6001	4519	2455	1402	543
全县人均纯收入	3250	3286	2616	3107	3304	3216	3165	3038	2848	2898
全县人均口粮（公斤）	258	206	316	181	154	270	480	244	215	

——《海东市循化县统计局统计资料汇编 2008》，第 14 页。

2009 年分乡镇农村经济收入分配和效益（单位：万元）

项目	全县合计	道帏	白庄	清水	积石镇	街子	查汗都斯	文都	尕楞	岗察
一、农村经济总收入	54168	7374	8100	5571	11788	8786	6735	2909	2153	752
1. 农业收入	12420	1208	1356	1928	1806	1701	2955	1130	336	
2. 林业收入	982	31	12	118	335	34	128	323	1	

续表

项目	全县合计	道帏	白庄	清水	积石镇	街子	查汗都斯	文都	尕楞	岗察
3. 畜牧业收入	15392	1566	3042	365	3756	2241	2117	1017	635	653
4. 工业收入	1152	52	460	104	259	181	47	45	4	
5. 建筑业收入	4050	994	301	618	416	401	195	79	1007	39
6. 运输业收入	4590	802	357	598	631	1700	424	63	15	
7. 商饮业收入	6718	811	1408	589	1430	1742	611	28	71	28
8. 服务业收入	2758	694	278	618	871	120	117	50	10	
9. 其他收入	6106	1216	886	633	2284	666	141	174	74	32
二、农村经济总费用	22764	4165	1724	3492	4919	2549	3501	1219	1048	147
三、农村经济净收入总额	31404	3210	6376	2080	6870	6236	3232	1689	1106	605
四、可分配净收入总额	43724	5265	7377	4977	8578	6916	5300	2949	1707	655
1. 国家税收	350				350					
2. 农村居民所得总额	43374	5265	7377	4977	8228	6916	5300	2949	1707	655
全县人均纯收入	3862	4050	3250	3632	4093	3779	3655	3597	3413	3446

——《海东市循化县统计局统计资料汇编 2009》，第 14 页。

2010 年分乡镇农村经济收入分配和效益（单位：万元）

项目	全县合计	道帏	白庄	清水	积石镇	街子	查汗都斯	文都	尕楞	岗察
一、农村经济总收入	58838	8339	9126	6520	13442	6710	7878	3419	2522	882
1. 农业收入	12068	1210	1356	2231	1986	416	3457	996	416	
2. 林业收入	1023	33	12	144	368	8	150	307	1	
3. 畜牧业收入	21814	1990	4290	395	5910	3763	2479	1573	642	772
4. 工业收入	1123	53	500	144	259	53	58	51	5	
5. 建筑业收入	3892	1225	352	768	416	78	219	85	706	43
6. 运输业收入	3688	828	415	849	631	237	596	110	22	
7. 商饮业收入	6010	886	1647	976	1430	328	589	35	89	30
8. 服务业收入	3090	795	325	765	871	120	144	58	12	
9. 其他收入	4842	1320	229	248	1570	418	187	205	628	37
二、农村经济总费用	27475	4593	2248	3206	7419	2309	4336	1922	1233	209
三、农村经济净收入总额	31366	3745	6878	3314	6023	4401	3542	1498	1289	676
四、可分配净收入总额	49618	5905	8628	5606	9960	7956	5808	3170	1850	735
1. 国家税收	350				350					
2. 农村居民所得总额	49268	5905	8628	5606	9610	7956	5808	3170	1850	735

续表

项目	全县合计	道帏	白庄	清水	积石镇	街子	查汗都斯	文都	尕楞	岗察
全县人均纯收入	4650	4542	3772	3993	4420	4237	3961	3849	3732	3813
全县人均口粮（公斤）	233.7	196.7	295	142.3	159.3	243	320.9	251	237.1	

——《海东市循化县统计局统计资料汇编2010》，第14页。

2001年农业总产值及增加值（单位：万元）

项目	总产值（90价）	总产值（现价）	现价计算中间消耗	现价计算增加值	占总产值比重%	
					中间消耗	增加值
合计	7444.52	11427.22	3754.5	7672.72	32.8	67.2
1. 农业	4317.83	6026.03	2451.11	3574.92	35	65
（1）种植业	3743.93	4529.53	2330.61	2198.92	40	60
（2）其他农业	613.9	636.5	120.5	516	18.9	81.1
2. 林业	401.7	574.91	122.81	452.1	21.4	78.6
3. 牧业	2724.99	4826.28	1180.58	3645.7	25	75

——《海东市循化县统计局统计资料汇编2001》，第16页。

2002年农业总产值及增加值（单位：万元）

项目	总产值（90价）	总产值（现价）	现价计算中间消耗	现价计算增加值	占总产值比重%	
					中间消耗	增加值
合计	8132.51	12347.09	4079.48	8268.07	33	67
1. 农业	4785.78	6511.68	2698.53	3813.61	41.4	58.6
2. 林业	398.12	647.46	154.67	492.79	23.9	76.1
3. 牧业	2948.61	5187.95	1226.28	3961.67	23.6	76.4
4. 农林牧服务业						

——《海东市循化县统计局统计资料汇编2002》，第16页。

2003年农业总产值及增加值（单位：万元）

项目	总产值（90价）	总产值（现价）	现价计算中间消耗	现价计算增加值	占总产值比重%	
					中间消耗	增加值
合计	7566.84	13440.48	4239.67	9200.81	31.5	68.5
1. 农业	4108.83	5981.75	2673.56	3308.19	33	67
（1）种植业	3524.08	5294.25	2568.56	2725.69	38	62

续表

项目	总产值（90价）	总产值（现价）	现价计算中间消耗	现价计算增加值	占总产值比重%	
					中间消耗	增加值
（2）其他农业	584.75	687.5	105	582.5	15.3	84.7
2. 林业	438.84	723.82	162.19	561.63	22.4	77.6
3. 牧业	3004.17	6719.91	1403.92	5315.99	20.9	79.1

——《海东市循化县统计局统计资料汇编 2003》，第 16 页。

2004 年农业总产值及增加值（单位：万元）

项目	总产值（90价）	总产值（现价）	现价计算中间消耗	现价计算增加值	占总产值比重%	
					中间消耗	增加值
合计	8418.24	14694.56	4643.32	10051.24	31.2	68.8
1. 农业	4142.63	6202.89	2866.07	3336.82	46.2	53.8
2. 林业	515.7	818.47	231.25	587.22	28.3	71.7
3. 牧业	3594.91	7273.2	1546	5727.2	21.3	78.7
4. 农林牧服务业	165	400		400		100

——《海东市循化县统计局统计资料汇编 2004》，第 16 页。

2005 年农业总产值及增加值（单位：万元）

项目	总产值（90价）	现价计算中间消耗	现价计算增加值	占总产值比重%	
				中间消耗	增加值
合计	17286	5555	11731	32.14	67.86
1. 农业	7881	2661	5220	33.76	66.24
2. 林业	949	269	680	28.35	71.65
3. 牧业	7956	2425	5531	30.48	69.52
4. 农林牧服务业	500	200	300	40.00	60.00

——《海东市循化县统计局统计资料汇编 2005》，第 16 页。

2006 年农业总产值及增加值（单位：万元）

项目	总产值（90价）	现价计算中间消耗	现价计算增加值	占总产值比重%	
				中间消耗	增加值
合计	17512	5495	12017	31.38	68.62
1. 农业	7757	3396	4361	43.78	56.22
2. 林业	631	382	249	60.54	39.46

续表

项目	总产值（90 价）	现价计算中间消耗	现价计算增加值	占总产值比重 %	
				中间消耗	增加值
3. 牧业	9004	1717	7287	19.07	80.93
4. 农林牧服务业	120		120	0.00	100.00

——《海东市循化县统计局统计资料汇编 2006》，第 16 页。

2007 年农业总产值及增加值（单位：万元）

项目	总产值（90 价）	现价计算中间消耗	现价计算增加值	占总产值比重 %	
				中间消耗	增加值
合计	22379	7110	15269	31.77	68.23
1. 农业	9913	4307	5606	43.45	56.55
2. 林业	966	368	598	38.10	61.90
3. 牧业	10960	2219	8741	20.25	79.75
4. 农林牧服务业	540	216	324	40.00	60.00

——《海东市循化县统计局统计资料汇编 2007》，第 16 页。

2008 年农业总产值及增加值（单位：万元）

项目	总产值（90 价）	现价计算中间消耗	现价计算增加值	占总产值比重 %	
				中间消耗	增加值
合计	29207	9133	20074	31.27	68.73
1. 农业	13307	5624	7683	42.26	57.74
2. 林业	980	318	662	32.45	67.55
3. 牧业	14590	3059	11531	20.97	79.03
4. 农林牧服务业	330	132	198	40.00	60.00

——《海东市循化县统计局统计资料汇编 2008》，第 16 页。

2009 年农业总产值及增加值（单位：万元）

项目	总产值（90 价）	现价计算中间消耗	现价计算增加值	占总产值比重 %	
				中间消耗	增加值
合计	30587	10152	20435	33.19	66.81
1. 农业	16336	7255	9381	44.41	57.43
2. 林业	1194	392	802	32.83	67.17

续表

项目	总产值（90 价）	现价计算中间消耗	现价计算增加值	占总产值比重 %	
				中间消耗	增加值
3. 牧业	12698	2661	10037	20.96	79.04
4. 农林牧服务业	359	144	215	40.11	59.89

——《海东市循化县统计局统计资料汇编 2009》，第 16 页。

2010 年农业总产值及增加值（单位：万元）

项目	总产值（90 价）	现价计算中间消耗	现价计算增加值	占总产值比重 %	
				中间消耗	增加值
合计	43442	15356	28086	35.35	64.65
1. 农业	28530	12148	16382	42.58	57.42
2. 林业	735	79	656	10.75	89.25
3. 牧业	13797	2977	10820	21.58	78.42
4. 农林牧服务业	380	152	228	40.00	60.00

——海东市循化县统计局统计资料汇编 2009，第 16 页。

2001 年按现价计算各乡镇农业总产值（单位：万元）

项目	全县合计	道帏	白庄	清水	孟达	积石镇	街子	查汗都斯	文都	尕楞	岗察	全民
农林牧总产值	11427.22	2192.2	1584.12	856.56	279.91	1333.67	1216.13	1204.62	1228.73	948.25	550.5	32.53
其中：林业	574.91	25.58	76.3	67.37	17.58	95.27	77.22	48.59	96.29	38.18		32.53
种植业	6026.03	998.62	808.26	481.71	101.55	1003.07	875.47	806.19	611.23	339.93		
畜牧业	4826.28	1168	699.56	307.48	160.78	235.33	263.44	349.84	521.21	570.14	550.5	

——《海东市循化县统计局统计资料汇编 2001》，第 18 页。

2002 年按现价计算各乡镇农业总产值（单位：万元）

项目	全县合计	道帏	白庄	清水	孟达	积石镇	街子	查汗都斯	文都	尕楞	岗察	全民
农林牧总产值	12347.09	2363.31	1711.27	926.91	302.34	1444.16	1316.16	1301.92	1329.17	1023.16	591.9	36.66
其中：林业	647.46	28.81	85.92	75.87	19.79	107.29	86.96	54.72	108.44	43		36.66
种植业	6511.68	1079	873.4	520.53	109.73	1083.92	946.03	871.16	660.49	367.32		
畜牧业	5187.92	1255.5	751.95	330.51	172.82	252.95	283.17	376.04	560.24	612.84	591.9	
农林牧服务业												

——《海东市循化县统计局统计资料汇编 2002》，第 18 页。

2003 年按现价计算各乡镇农业总产值（单位：万元）

项目	全县合计	道帏	白庄	清水	孟达	积石镇	街子	查汗都斯	文都	尕楞	岗察	全民
农林牧总产值	13440.48	2650.76	1872.45	991.09	346.77	1495.54	1333.03	1346.2	1453.63	1179.3	716.7	40.01
其中：林业	723.82	33.21	969.05	84.82	22.12	119.94	97.21	61.17	121.23	48.06		40.01
种植业	5981.75	991.3	802.4	478.16	100.8	995.69	869.03	800.21	606.73	337.43		
畜牧业	6719.91	1626.25	974	428.11	223.85	379.91	366.79	484.82	725.67	793.81	716.7	
农林牧服务业	15											

——《海东市循化县统计局统计资料汇编 2003》，第 18 页。

2004 年按现价计算各乡镇农业总产值（单位：万元）

项目	全县合计	道帏	白庄	清水	孟达	积石镇	街子	查汗都斯	文都	尕楞	岗察	全民
农林牧总产值	14694.56	2785.62	1985.75	1044.95	371.8	1639	1457.98	1423.65	1531.59	1233.33	775.68	445.21
其中：林业	818.47	37.53	109.51	95.85	25	135.13	109.85	69.12	136.96	54.31		45.21
种植业	6202.89	1028	832.08	495.76	104.53	1032.54	901.15	829.81	629.14	349.88		
畜牧业	7273.2	1720.09	1044.16	453.34	242.27	471.33	446.98	524.72	765.49	829.14	775.68	
农林牧服务业	400											400

——《海东市循化县统计局统计资料汇编 2004》，第 18 页。

2005 年按现价计算各乡镇农业总产值（单位：万元）

项目	全县合计	道帏	白庄	清水	孟达	积石镇	街子	查汗都斯	文都	尕楞	岗察	全民
农林牧总产值	17286	3232	2326	1237	427	1985	1761	1708	1795	1415	848	552
其中：林业	949	44	127	111	29	157	127	80	159	63		52
种植业	7881	1306	1057	630	133	1312	1145	1054	799	445		
畜牧业	7956	1882	1142	496	265	516	489	574	837	907	848	
农林牧服务业	500											500

——《海东市循化县统计局统计资料汇编 2005》，第 17 页。

2006 年按现价计算各乡镇农业总产值（单位：万元）

项目	全县合计	道帏	白庄	清水	积石镇	街子	查汗都斯	文都	尕楞	岗察	全民
农林牧总产值	17512	3444	2416	1706	1979	1764	1741	1841	1540	961	120
其中：种植业	631	29	84	94	104	84	53	107	76		

续表

项目	全县合计	道帏	白庄	清水	积石镇	街子	查汗都斯	文都	尕楞	岗察	全民
林业	7757	1285	1040	751	1291	1127	1038	787	438		
畜牧业	9004	2130	1292	861	584	553	650	947	1026	961	
农林牧服务业	120										120

——《海东市循化县统计局统计资料汇编 2006》，第 17 页。

2007 年按现价计算各乡镇农业总产值（单位：万元）

项目	全县合计	道帏	白庄	清水	积石镇	街子	查汗都斯	文都	尕楞	岗察	全民
农林牧总产值	22379	4278	3030	2152	2520	2242	2198	2322	1925	1172	540
其中：种植业	966	44	129	144	159	129	81	164	116		
林业	9913	1642	1329	960	1650	1440	1326	1006	560		
畜牧业	10960	2592	1572	1048	711	673	791	1152	1249	1172	
农林牧服务业	540										540

——《海东市循化县统计局统计资料汇编 2007》，第 17 页。

2008 年按现价计算各乡镇农业总产值（单位：万元）

项目	全县合计	道帏	白庄	清水	积石镇	街子	查汗都斯	文都	尕楞	岗察	全民
农林牧总产值	29207	5699	4008	2830	3323	2959	2915	3050	2533	1560	330
其中：种植业	13307	2204	1784	1289	2215	1933	1780	1350	752		
林业	980	45	131	146	161	130	82	166	119		
畜牧业	14590	3450	2093	1395	947	896	1053	1534	1662	1560	
农林牧服务业	330										330

——《海东市循化县统计局统计资料汇编 2008》，第 17 页。

2009 年按现价计算各乡镇农业总产值（单位：万元）

项目	全县合计	道帏	白庄	清水	积石镇	街子	查汗都斯	文都	尕楞	岗察	全民
农林牧总产值	30620	5739	4143	2974	3773	3340	3223	3193	2525	1280	430
其中：种植业	16691	2764	2212	1616	2776	2424	2232	1693	974		
林业	1194	55	160	178	196	158	100	202	145		

续表

项目	全县合计	道帏	白庄	清水	积石镇	街子	查汗都斯	文都	尕楞	岗察	全民
畜牧业	12305	2920	1771	1180	801	758	891	1298	1406	1280	
农林牧服务业	430										430

——《海东市循化县统计局统计资料汇编 2009》，第 17 页。

2010 年按现价计算各乡镇农业总产值（单位：万元）

项目	全县合计	道帏	白庄	清水	积石镇	街子	查汗都斯	文都	尕楞	岗察	全民
农林牧总产值	29207	5699	4008	2830	3323	2959	2915	3050	2533	1560	330
其中：种植业	13307	2204	1784	1289	2215	1933	1780	1350	752		
林业	980	45	131	146	161	130	82	166	119		
畜牧业	14590	3450	2093	1395	947	896	1053	1534	1662	1560	
农林牧服务业	330										330

——《海东市循化县统计局统计资料汇编 2010》，第 17 页。

1991—2018 农业主要数据

年度	农业产值（亿元）	粮食产量（万吨）	油料产量（万吨）	农牧民人均纯收入（元）
1991 年	0.53	3.14	0.14	333
1992 年	0.54	2.68	0.09	360
1993 年	0.66	2.91	0.15	379
1994 年	0.82	2.32	0.16	469
1995 年	0.93	2.79	0.17	480
1996 年	0.92	3.26	0.18	530
1997 年	0.98	3.36	0.19	620
1998 年	1.12	3.45	0.2	720
1999 年	1.19	3.46	0.27	818
2000 年	1.13	2.4	0.09	930
2001 年	1.14	2.62	0.24	1255
2002 年	1.24	2.65	0.32	1399
2003 年	1.34	2.54	0.37	1561
2004 年	1.47	3	0.51	1768
2005 年	1.73	3.08	0.52	2014
2006 年	1.75	2.48	0.28	2320

续表

年度	农业产值（亿元）	粮食产量（万吨）	油料产量（万吨）	农牧民人均纯收入（元）
2007 年	2.24	2.74	0.4	2730
2008 年	2.92	3.2	0.73	3250
2009 年	3.06	3.16	0.81	3862
2010 年	4.34	3.2	0.69	4650
2011 年	4.89	3.21	0.71	4038
2012 年	5.35	3.61	0.81	4664
2013 年	6.28	3.75	0.72	5403
2014 年	6.37	4.04	0.83	7450
2015 年	6.48	3.98	0.68	8158
2016 年	6.71	4.39	0.82	8919
2017 年	7.04	3.85	0.59	9733
2018 年	7.68	4.36	0.57	10662

——《海东市循化县统计局统计年鉴 2001—2018》中 1991 至 2018 主要数据。

2001 年农村基层组织及耕地面积情况统计表（单位：个、户、人、亩）

项目	全县合计	道帏	白庄	清水	积石镇	街子	查汗都斯	文都	尕楞	岗察	全民
全县村委会个数	154	27	27	12	5	17	19	17	16	11	3
全县合作社个数	674	91	139	58	16	105	93	73	52	41	6
全县农村总户数	18045	2460	3733	1621	501	2846	2319	1876	1438	951	300
全县劳动力资源总数	51679	5568	9675	4725	1386	11028	6493	5347	3645	2854	958
年末耕地总资源	9153	2025	1075	389	124	979	1693	817	1115	936	
其中：水浇地	4559	823	649	344	63	715	506	710	543	206	
浅山地	4220	1035	360	45	61	264	1187	107	572	589	
脑山地	374	167	66							141	

——《海东市循化县统计局统计资料汇编 2001》，第 6 页。

2002 年农村基层组织及耕地面积情况统计表（单位：个、户、人、亩）

项目	全县合计	道帏	白庄	清水	积石镇	街子	查汗都斯	文都	尕楞	岗察	全民
全县村委会个数	154	27	27	12	5	17	19	17	16	11	3
全县合作社个数	674	91	139	58	16	105	93	73	52	41	6

续表

项目	全县合计	道帏	白庄	清水	积石镇	街子	查汗都斯	文都	尕楞	岗察	全民
全县农村总户数	19172	2488	3733	1839	501	3375	2602	1920	1455	954	305
全县劳动力资源总数	51907	5595	9828	4833	1371	11030	6466	5351	3641	2827	965
年末耕地总资源	8804	1928	1045	365	122	935	1686	731	1084	908	
其中：水浇地	4430	820	616	342	63	723	500	624	541	201	
浅山地	3901	948	367	23	59	212	1186		543	563	
脑山地	473	160	62					107		144	

——《海东市循化县统计局统计资料汇编 2002》，第 6 页。

2003 年农村基层组织及耕地面积情况统计表（单位：个、户、人、亩）

项目	全县合计	道帏	白庄	清水	积石镇	街子	查汗都斯	文都	尕楞	岗察	全民
全县村委会个数	154	27	27	12	5	17	19	17	16	11	3
全县合作社个数	674	91	139	58	16	105	93	73	52	41	6
全县农村总户数	19715	2512	3762	1843	520	3383	2690	2283	1455	958	309
全县劳动力资源总数	53407	5805	10028	4953	1451	11230	6646	5521	3791	2967	1015
年末耕地总资源	8250	1808	882	394	119	839	1456	785	1049	918	
其中：水浇地	4391	819	649	348	60	628	496	652	538	201	
浅山地	3615	899	233	46	59	211	960	133	511	563	
脑山地	244	90	0							154	

——《海东市循化县统计局统计资料汇编 2003》，第 6 页。

2004 年农村基层组织及耕地面积情况统计表（单位：个、户、人、亩）

项目	全县合计	道帏	白庄	清水	积石镇	街子	查汗都斯	文都	尕楞	岗察	全民
全县村委会个数	154	27	27	12	5	17	19	17	16	11	3
全县合作社个数	674	91	139	58	16	105	93	73	52	41	6
全县农村总户数	20097	2501	4056	1843	483	3388	2811	2261	1455	963	336
全县劳动力资源总数	54173	6359	13183	4870	1112	8910	8211	4235	3610	2786	897
年末耕地总资源	8042	1518	850	395	83	873	1607	743	1055	918	
其中：水浇地	4442	688	648	348	30	818	478	700	531	201	

续表

项目	全县合计	道帏	白庄	清水	积石镇	街子	查汗都斯	文都	尕楞	岗察	全民
浅山地	3310	694	202	47	53	55	1129	43	524	563	
脑山地	290	136								154	

——《海东市循化县统计局统计资料汇编 2004》，第 6 页。

2005 年农村基层组织及耕地面积情况统计表（单位：个、户、人、亩）

项目	全县合计	道帏	白庄	清水	积石镇	街子	查汗都斯	文都	尕楞	岗察	全民
全县村委会个数	154	27	27	12	5	17	19	17	16	11	3
全县合作社个数	673	91	139	58	16	105	93	73	52	40	6
全县农村总户数	21378	2504	4251	2171	591	3540	2877	2630	1455	980	379
全县劳动力资源总数	55285	6402	13297	4898	1339	9025	8398	4385	3758	2878	905
年末耕地总资源	121854	22771	12750	5924	1234	15460	24117	10852	15811	12935	
其中：水浇地	65498	10314	9726	5255	437	12270	7164	9354	7961	3017	
浅山地	51994	10411	3024	669	797	3190	16953	1498	7850	7602	
脑山地	4362	2046								2316	

——《海东市循化县统计局统计资料汇编 2005》，第 6 页。

2006 年农村基层组织及耕地面积情况统计表（单位：个、户、人、亩）

项目	全县合计	道帏	白庄	清水	积石镇	街子	查汗都斯	文都	尕楞	岗察	全民
全县村委会个数	154	27	27	17	17	19	17	16	11	3	
全县合作社个数	673	91	139	74	105	93	73	52	40	6	
全县农村总户数	19938	2217	4014	2450	3325	2669	2385	1639	875	364	
全县劳动力资源总数	52441	6099	12863	5560	8885	7687	3714	3839	2879	915	
年末耕地总资源	121927	22771	12750	7158	14875	23229	12398	15811	12935		
其中：水浇地	66454	10314	9726	5692	11685	7595	10465	7960	3017		
浅山地	51111	10411	3024	1446	3190	15634	1933	7851	7602		
脑山地	4362	2046							2316		

——《海东市循化县统计局统计资料汇编 2006》，第 6 页。

2007 年农村基层组织及耕地面积情况统计表（单位：个、户、人、亩）

项目	全县合计	道帏	白庄	清水	积石镇	街子	查汗都斯	文都	尕楞	岗察	全民
全县村委会个数	154	27	27	17	17	19	17	16	11	3	
全县合作社个数	674	91	139	74	106	93	73	52	39	7	
全县农村总户数	20132	2375	5156	2093	3023	2537	2370	1302	925	351	
全县劳动力资源总数	52585	6388	12563	5657	8725	7887	3807	3942	2792	824	
年末耕地总资源	126603	22927	14036	8324	14704	24595	12398	16684	12935		
其中：水浇地	67879	10314	10000	6839	11554	7595	10465	8095	3017		
浅山地	56408	12613	4036	1485	3150	17000	1933	8589	7602		
脑山地	3518	1202							2316		

——《海东市循化县统计局统计资料汇编 2007》，第 6 页。

2008 年农村基层组织及耕地面积情况统计表（单位：个、户、人、亩）

项目	全县合计	道帏	白庄	清水	积石镇	街子	查汗都斯	文都	尕楞	岗察	全民
全县村委会个数	154	27	27	17	17	19	17	16	11	3	
全县合作社个数	674	91	139	74	106	93	73	52	39	7	
全县农村总户数	23412	2736	5656	2482	3443	3029	3088	1657	961	360	
全县劳动力资源总数	60132	7680	12750	6180	96925	7890	8345	3992	2836	834	
年末耕地总资源	178635	31898	23549	11430	15826	28275	26508	23723	17426		
其中：水浇地	80032	12756	11758	10127	9932	8338	16250	7792	3079		
浅山地	96287	19142	11791	1303	5894	19937	10258	15931	12031		
脑山地	2316								2316		

——《海东市循化县统计局统计资料汇编 2008》，第 6 页。

2009 年农村基层组织及耕地面积情况统计表（单位：个、户、人、亩）

项目	全县合计	道帏	白庄	清水	积石镇	街子	查汗都斯	文都	尕楞	岗察	全民
全县村委会个数	154	27	27	17	17	19	17	16	11	3	
全县合作社个数	674	91	139	74	106	93	73	52	39	7	
全县农村总户数	24198	2765	5656	2540	4000	3047	3193	1670	972	355	
全县劳动力资源总数	61732	7880	13000	6280	9925	8140	8545	4142	2936	884	

续表

项目	全县合计	道帏	白庄	清水	积石镇	街子	查汗都斯	文都	尕楞	岗察	全民
年末耕地总资源	197067	39443	33175	11431	18420	26175	26509	23723	18191		
其中：水浇地	79199	12756	11735	10127	9932	7528	16250	7792	3079		
浅山地	104605	19142	21440	1304	5894	17800	10259	15931	12835		
脑山地	13263	7545			2594	847			2277		

——《海东市循化县统计局统计资料汇编2009》，第6页。

2010年农村基层组织及耕地面积情况统计表（单位：个、户、人、亩）

项目	全县合计	道帏	白庄	清水	积石镇	街子	查汗都斯	文都	尕楞	岗察	全民
全县村委会个数	154	27	27	17	17	19	17	16	11	3	
全县合作社个数	674	91	139	74	106	93	73	52	39	7	
全县农村总户数	25325	2774	5656	2540	4729	3265	3324	1686	986	365	
全县劳动力资源总数	62642	7980	13150	6380	10075	8290	8645	4242	2946	934	
年末耕地总资源	198759	39439	33199	11818	19856	26025	26508	23723	18191	0	
其中：水浇地	79148	12756	11759	10202	9932	7378	16250	7792	3079	0	
浅山地	112458	26683	21440	1616	5898	17800	10258	15931	12832	0	
脑山地	7150	0	0	0	4026	847	0	0	2277	0	

——《海东市循化县统计局统计资料汇编2010》，第6页。

2001年农作物播种面积及产量［单位：亩、吨（总产）、公斤/亩（单产）］

项目	全县合计	道帏	白庄	清水	孟达	积石镇	街子	查汗都斯	文都	尕楞	岗察	全民
农作物总播种面积	10887	1919	1076	528	252	1576	2208	1226	1114	977		11
其中：1. 粮播面积	6654	1493	991	342	151	667	754	730	705	810		11
总产	26213	4136	3623	2389	457	3570	3233	4011	2919	1817		58
单产	3939	2770	3656	6985	3026	5352	4288	5495	4140	2243		5273
2. 油播面积	2269	379	75	20	64	222	831	133	378	167		
总产	2389	529	59	150	73	181	199	261	749	188		
单产	1053	1396	787	7500	1141	815	239	1962	1981	1126		
3. 其他播种面积	1964	47	10	166	37	687	623	363	31			
其中：蔬菜	1795			166	36	647	608	338				
中药材	74	47	10						17			

续表

项目	全县合计	道帏	白庄	清水	孟达	积石镇	街子	查汗都斯	文都	尕楞	岗察	全民
农用化肥使用量	2650	322	363	335	92	766	229	315	99	119		10
农用柴油使用量	1611	131	201	141	29	391	311	194	71	66	11	65

——《海东市循化县统计局统计资料汇编 2001》，第 7 页。

2002 年农作物播种面积及产量 [单位：亩、吨（总产）、公斤 / 亩（单产）]

项目	全县合计	道帏	白庄	清水	孟达	积石镇	街子	查汗都斯	文都	尕楞	岗察	全民
农作物总播种面积	10473	1885	1147	632	148	1480	1829	1287	1115	950		
1. 粮播面积	6280	1392	933	306	85	665	834	607	708	750		
总产	26484	4461	4384	2234	459	3609	2737	3288	3477	1835		
单产	4217	3205	4699	7301	5400	5427	3282	5417	4911	2477		
2. 油播面积	2175	310	83	53	19	199	788	147	393	183		
总产	3185	485	126	97	23	123	941	286	878	226		
单产	1464	1565	1518	1830	1211	618	1194	1946	2234	1235		
3. 其他播种面积	2020	183	131	273	44	616	207	533	14	17		2
其中：蔬菜	1558		25	258	44	607	125	497				2
中药材	398	177	53	13	44		80		14	17		
农用化肥使用量	3101	382	367	250	55	712	429	522	193	191		
农用柴油使用量	1577	121	200	132	20	385	350	240	62	65	2	

——《海东市循化县统计局统计资料汇编 2002》，第 7 页

2003 年农作物播种面积及产量 [单位：亩、吨（总产）、公斤 / 亩（单产）]

项目	全县合计	道帏	白庄	清水	孟达	积石镇	街子	查汗都斯	文都	尕楞	岗察	全民
农作物总播种面积	9643	1680	767	667	161	1449	1814	1093	1073	934		5
1. 粮播面积	5556	1357	671	319	96	530	782	403	696	701		1
总产	25409	5040	3306	1510	376	3521	3467	2887	2763	2534		5
单产	45575	3714	4927	4734	3876	6643	4434	7164	3969	3614		2500
2. 油播面积	6249	305	96	28	15	228	736	142	300	233	4166	
总产	3663	576	183	56	57	373	1153	274	588	403		
单产	1224	125	127	133	253	109	104	128	130	115		
3. 其他播种面积	2000	18	0	320	50	691	296	548	77			

续表

项目	全县合计	道帏	白庄	清水	孟达	积石镇	街子	查汗都斯	文都	尕楞	岗察	全民
其中：蔬菜	1841			317	50	629	296	528	21			
中药材	155	86	0						69			
农用化肥使用量	3579	311	352	508	55	957	360	531	255	250		0
农用柴油使用量	1608	123	203	133	21	391	357	246	65	67	2	0

——《海东市循化县统计局统计资料汇编 2003》，第 7 页。

2004 年农作物播种面积及产量［单位：亩（面积）、吨（总产）、公斤 / 亩（单产）］

项目	全县合计	道帏	白庄	清水	孟达	积石镇	街子	查汗都斯	文都	尕楞	岗察	全民
农作物总播种面积	10749	1677	1151	657	138	1623	2019	1512	1038	934		
1. 粮播面积	5806	1029	758	294	61	713	676	936	638	701		
总产	30035	4200	3944	1426	358	4569	4146	6123	2677	2592		
单产	48938	4456	5205	7468	3026	6695	6786	7232	4613	3457		
2. 油播面积	2936	561	393	46	27	237	971	68	400	233		
总产	5105	877	649	84	61	399	1618	215	788	414		
单产	16557	1562	1651	1826	1259	1684	1666	3162	1970	1777		
3. 其他播种面积	2007	87		317	50	673	372	508				
其中：蔬菜	1848			313	50	639	361	485				
中药材	103	87		3		13						
农用化肥使用量	2769	465	262	197	55	442	471	337	289	241		10
农用柴油使用量	1680	141	211	151	39	401	321	203	71	66	11	65

——海东市循化县统计局统计资料汇编 2004，第 7 页。

2005 年农作物播种面积及产量［单位：亩、吨（总产）、公斤 / 亩（单产）］

项目	全县合计	道帏	白庄	清水	孟达	积石镇	街子	查汗都斯	文都	尕楞	岗察	全民
农作物总播种面积	158936	22771	14752	9866	1918	26534	28543	24127	17261	13164		
1. 粮播面积	87560	16014	10952	4493	1120	12202	11887	11408	10720	8764		
总产	30786	4450	3878	1852	373	5226	4873	5100	2858	2176		
单产	385	302	388	465	474	449	453	484	279	256		
2. 油播面积	36804	6757	3200	586	506	2829	10170	2715	6541	3500		
总产	5187	1051	520	96	73	431	1172	333	847	664		

续表

项目	全县合计	道帏	白庄	清水	孟达	积石镇	街子	查汗都斯	文都	尕楞	岗察	全民
单产	140	156	162	164	144	153	115	123	130	190		
3. 其他播种面积	34572		600	4787	292	11503	6486	10004		900		
其中：蔬菜	30229			4659	292	10060	6296	8622		300		
中药材	1303		600	30		68	5			600		
农用化肥使用量	2581	318	335	328	69	442	349	439	170	131		
农用柴油使用量	1750	250	270	80	20	300	150	170	150	60	80	220

——《海东市循化县统计局统计资料汇编 2005》，第 7 页。

2006 年农作物播种面积及产量［单位：亩、吨（总产）、公斤 / 亩（单产）］

项目	全县合计	道帏	白庄	清水	积石镇	街子	查汗都斯	文都	尕楞	岗察	全民
农作物总播种面积	157179	22927	13050	10773	28537	28774	23533	16650	12935		
1. 粮播面积	80653	14313	10250	5391	11158	11404	12421	10550	5166		
总产	24802	2582	3865	1929	4144	3774	5494	2070	944		
单产	307	180	377	357	371	331	442	193	183		
2. 油播面积	39967	8614	2800	446	3190	9750	1743	6100	7324		
总产	2845	1144	424	17		323	25	369	543		
单产	71	133	151	38		34	14	61	74		
3. 其他播种面积	36559			4936	14189	7620	9369		445		
其中：蔬菜	35863			4900	13782	7620	9116		445		
中药材	35			35							
农用化肥使用量	1725	157	200	224	345	206	463	88	42		
农用柴油使用量	1550	250	275	105	320	160	175	155	60	50	

——《海东市循化县统计局统计资料汇编 2006》，第 7 页。

2007 年农作物播种面积及产量［单位：亩、吨（总产）、公斤 / 亩（单产）］

项目	全县合计	道帏	白庄镇	清水	积石镇	街子镇	查汗都斯	文都	尕楞	岗察
农作物总播种面积	157036	22927	15432	11701	24732	28894	23445	16970	12935	
1. 粮播面积	83566	14317	11432	4725	11137	12074	14350	10350	5181	
总产	27382	2806	4281	2188	4374	4354	6172	2209	998	
单产	328	196	374	463	393	360	430	213	193	

续表

项目	全县合计	道帏	白庄镇	清水	积石镇	街子镇	查汗都斯	文都	尕楞	岗察
2. 油播面积	38309	8610	2800	671	2800	9500	304	6300	7324	
总产	4028	1229	448	65	384	691	51	552	608	
单产	105	143	160	97	137	73	168	88	83	
3. 其他播种面积	35161		1200	6305	10795	7320	8791	320	430	
其中：蔬菜	34881		1200	6305	10698	7320	8608	320	430	
瓜果类	280				97		183			
农用化肥使用量（折纯量）	1900	180	324	118	599	212	308	101	58	
农用柴油使用量	1690	500	450	250	860	490	560	370	210	

——《海东市循化县统计局统计资料汇编 2007》，第 7 页。

2008 年农作物播种面积及产量［单位：亩、吨（总产）、公斤 / 亩（单产）］

项目	全县合计	道帏	白庄镇	清水	积石镇	街子镇	查汗都斯	文都	尕楞	岗察
农作物总播种面积	221619	31898	27172	14725	26101	49498	30676	24123	17426	
1. 粮播面积	110220	13819	18072	6646	9289	19568	19167	13223	10436	
总产	31955	4117	6496	2143	2813	5505	6967	2355	1559	
单产	361	339	425	402	369	354	394	240	157	
2. 油播面积	68827	18079	7500	638	3200	21000	1350	10500	6560	
总产	7336	2062	961	69	459	2151	201	787	646	
单产	107	114	128	108	143	102	149	75	98	
3. 其他播种面积	42572		1600	7441	13612	8930	10159	400	430	
其中：蔬菜	42083		1600	7406	13461	8930	9856	400	430	
瓜果类	489			35	151		303			
农用化肥使用量（折纯量）	2088	266	358	102	337	411	314	157	143	
农用柴油使用量	1775	210	200	100	470	250	280	180	85	

——《海东市循化县统计局统计资料汇编 2008》，第 7 页。

2009 年农作物播种面积及产量［单位：亩、吨（总产）、公斤 / 亩（单产）］

项目	全县合计	道帏	白庄镇	清水	积石镇	街子镇	查汗都斯	文都	尕楞	岗察
农作物总播种面积	245768	39453	37251	15868	27704	51208	31971	24123	18190	
1. 粮播面积	118914	20414	26091	6337	7812	17695	18062	12213	10290	

续表

项目	全县合计	道帏	白庄镇	清水	积石镇	街子镇	查汗都斯	文都	尕楞	岗察
总产	31571	3064	7792	2802	3118	4973	6991	1034	1797	
单产	267	143	425	298	399	281	387	85	175	
2. 油播面积	72909	19029	7550	800	3500	21950	1580	11000	7500	
总产	8119	2667	773	87	499	2303	190	892	708	
单产	111	140	102	108	143	105	120	81	94	
3. 其他播种面积	53945	10	3610	8731	16392	11563	12329	910	400	
其中：蔬菜	52635	10	3410	8731	15541	11563	12070	910	400	
瓜果类	317			0	58		259			
农用化肥使用量（折纯量）	2904	495	332	234	334	520	553	254	182	
农用柴油使用量	1850	220	210	110	480	260	290	190	90	

——《海东市循化县统计局统计资料汇编 2009》，第 7 页。

2010 年农作物播种面积及产量［单位：亩、吨（总产）、公斤 / 亩（单产）］

项目	全县合计	道帏	白庄镇	清水	积石镇	街子镇	查汗都斯	文都	尕楞	岗察
农作物总播种面积	240437	39464	36710	13029	27660	49070	32590	23723	18191	
1. 粮播面积	114283	20337	25600	4400	11500	15740	13192	13523	9991	
总产	31965	3247	7870	1956	4395	5076	5254	2394	1773	
单产	296	160	307	445	382	322	398	177	177	
2. 油播面积	70377	19127	7500	1000	3000	21050	1000	10200	7500	
总产	6874	2655	268	110	411	1691	150	812	777	
单产	98	139	36	110	137	80	150	80	104	
3. 其他播种面积	55777		3610	7629	13160	12280	18398	0	700	
其中：蔬菜	54989		3410	7629	13009	12180	18061	0	700	
瓜果类	538			0	151	50	337			
农用化肥使用量（折纯量）	2907	480	338	234	314	545	550	255	191	
农用柴油使用量	1800	250	400	200	400	250	150	100	50	

——《海东市循化县统计局统计资料汇编 2010》，第 7 页。

2001 年主要农业机械年末拥有量（单位：千瓦、混合台、辆、公顷）

项目	全县合计	道帏	白庄	清水	孟达	积石镇	街子	查汗都斯	文都	尕楞	岗察	全民
农业机械总动力	71865	7483	9746	7487	795	15217	10778	12858	3783	2005	9	1704
1. 耕作机械	5311	505	849	603	61	1087	870	930	245	105	1	55
大中型拖拉机	14					1	6	1				6
小型手扶拖拉机	5297	505	849	603	61	1086	864	929	245	105	1	49
2. 排灌机械	145	2	8	17	3	36	20	46	3	4		6
柴油机	20	2		2		5	2	5	3	1		
电动机	125		8	15	3	31	18	41		3		6
3. 自动脱粒机	954	165	146	91	4	133	105	110	140	60		
4. 运输机械	180	18	16	22		76	40	3	4	1		
农用运输车	180	18	16	22		76	40	3	4	1		
5. 当年机耕面积	5006	823	700	355	37	795	828	728	470	265		5
6. 当年机播面积	4782	800	650	320	37	750	815	705	450	250		5

——《海东市循化县统计局统计资料汇编 2001》，第 8 页。

2002 年主要农业机械年末拥有量（单位：千瓦、混合台、辆、公顷）

项目	全县合计	道帏	白庄	清水	孟达	积石镇	街子	查汗都斯	文都	尕楞	岗察	全民
农业机械总动力	75185	7664	10505	7718	928	16030	11047	13148	4083	2242	20	1800
1. 耕作机械	5584	566	905	617	66	1159	883	941	272	119	1	55
大中型拖拉机	14					1	6	1				6
小型手扶拖拉机	5570	566	905	617	66	1158	877	940	272	119	1	49
2. 排灌机械	147	2	8	17	3	36	20	48	3	4		6
柴油机	17	2		2		3	2	4	3	1		
电动机	130		8	15	3	33	18	44		3		6
3. 自动脱粒机	973	168	151	94	4	135	107	112	141	61		
4. 运输机械	228	22	27	25	3	90	41	8	4	2	1	5
农用运输车	228	22	27	25	3	90	41	8	4	2	1	5
5. 当年机耕面积	5735	902	760	392	38	908	1008	908	536	278		5
6. 当年机播面积	5467	925	769	430	35	951	1002	974	353	28		

——《海东市循化县统计局统计资料汇编 2002》，第 8 页。

2003 年主要农业机械年末拥有量（单位：千瓦、混合台、辆、公顷）

项目	全县合计	道帏	白庄	清水	孟达	积石镇	街子	查汗都斯	文都	尕楞	岗察	全民
农业机械总动力	77870	8034	11185	7938	1078	16360	11307	13479	4283	2342	40	1824
1. 耕作机械	5832	616	945	632	71	1199	907	970	312	128	2	50
大中型拖拉机	2					1	0	0				1
小型手扶拖拉机	5830	616	945	632	71	1198	907	970	312	128	2	49
2. 排灌机械	150	2	8	18	3	37	20	49	3	4		6
柴油机	20	2		3		4	2	5	3	1		
电动机	130		8	15	3	33	18	44		3		6
3. 自动脱粒机	1013	176	156	99	5	143	112	115	146	61		
4. 运输机械	264	23	34	30	3	99	47	14	6	2	1	5
农用运输车	264	23	34	30	3	99	47	14	6	2	1	5
5. 当年机耕面积	5200	822	677	319	21	800	908	839	536	278		0
6. 当年机播面积	5413	925	769	417	35	938	988	961	353	27		0

——《海东市循化县统计局统计资料汇编 2003》，第 8 页。

2004 年主要农业机械年末拥有量（单位：千瓦、混合台、辆、公顷）

项目	全县合计	道帏	白庄	清水	孟达	积石镇	街子	查汗都斯	文都	尕楞	岗察	全民
农业机械总动力	69516	7732	9126	4867	920	12841	10868	14982	4956	1784	10	1430
1. 耕作机械	5399	734	756	224	67	728	935	1217	519	200	1	18
大中型拖拉机	4						1	2				1
小型手扶拖拉机	5395	734	756	224	67	728	934	1215	519	200	1	17
2. 排灌机械	108		3	9	3	33	19	40	1			
柴油机												
电动机	108		3	9	3	33	19	40	1			
3. 自动脱粒机	1144	192	174	23	13	139	119	275	209			
4. 运输机械	139	26	35		4	44	2	22	4			2
农用运输车	139	26	35		4	44	2	22	4			2
5. 当年机耕面积	5007	816	708	295	37	828	833	748	490	247		5
6. 当年机播面积	5071	887	554	400	29	921	933	840	319	183		5

——《海东市循化县统计局统计资料汇编 2004》，第 8 页。

2005 年主要农业机械年末拥有量（单位：千瓦、混合台、辆、公顷）

项目	全县合计	道帏	白庄	清水	孟达	积石镇	街子	查汗都斯	文都	尕楞	岗察	全民
农业机械总动力	70340	9942	7560	3161	1017	14364	10778	15451	5234	1545		1288
1. 耕作机械	5301	845	568	226	75	905	790	1171	545	161		15
大中型拖拉机	1											1
小型手扶拖拉机	5300	845	568	226	75	905	790	1171	545	161		14
2. 排灌机械	108		3	9	3	33	19	40	1			
柴油机												
电动机	108		3	9	3	33	19	40	1			
3. 自动脱粒机	1144	192	174	23	13	139	119	275	209			
4. 运输机械	210	32	35	14	5	76	15	16	6	4		7
农用运输车	210	32	35	14	5	76	15	16	6	4		7
5. 当年机耕面积	60000	11250	9300	1950	450	10050	9840	9720	5400	2040		
6. 当年机播面积	75000	13125	8190	5850	345	13980	13920	12465	4665	2460		

——《海东市循化县统计局统计资料汇编 2005》，第 8 页。

2006 年主要农业机械年末拥有量（单位：千瓦、混合台、辆、公顷）

项目	全县合计	道帏	白庄	清水	积石镇	街子	查汗都斯	文都	尕楞	岗察	全民
农业机械总动力	67566	9371	7943	4367	13794	10506	14520	5443	1611	11	
1. 耕作机械	5494	885	636	320	930	812	1178	564	167	1	1
大中型拖拉机	1										1
小型手扶拖拉机	5493	885	636	320	930	812	1178	564	167	1	
2. 排灌机械	108		3	12	33	19	40	1			
柴油机											
电动机	105		3	9	33	19	40	1			
3. 自动脱粒机	1144	192	174	36	139	119	275	209			
4. 运输机械	213	32	35	20	84	16	16	6	4		
农用运输车	213	32	35	20	84	16	16	6	4		
5. 当年机耕面积	75020	12150	11300	6600	11900	12570	12320	5760	2420		
6. 当年机播面积	75618	13300	8090	6360	13950	13947	12566	4765	2640		

——《海东市循化县统计局统计资料汇编 2006》，第 8 页。

2007 年主要农业机械年末拥有量（单位：千瓦、混合台、辆、公顷）

项目	全县合计	道帏	白庄	清水	积石镇	街子	查汗都斯	文都	尕楞	岗察	全民
农业机械总动力	69876	9614	7578	4661	14158	10183	14784	5898	1831	11	1158
1. 耕作机械	6918	1300	704	382	1033	982	1640	559	318		
大中型拖拉机	1										1
小型手扶拖拉机	5682	905	656	344	950	822	1202	604	187	1	11
2. 排灌机械	108		3	12	33	19	40	1			
柴油机											
电动机	108		3	12	33	19	40	1			
3. 自动脱粒机	1231	202	184	36	155	119	286	229	20		
4. 运输机械	220	32	35	20	87	16	16	6	4		4
农用运输车	220	32	35	20	87	16	16	6	4		4
5. 当年机耕面积	86000	12900	11370	7935	13515	12945	13355	9465	4515		
6. 当年机播面积	66618	12300	7090	5360	12450	12447	11566	3765	1640		

——《海东市循化县统计局统计资料汇编 2007》，第 8 页。

2008 年主要农业机械年末拥有量（单位：千瓦、混合台、辆、公顷）

项目	全县合计	道帏	白庄	清水	积石镇	街子	查汗都斯	文都	尕楞	岗察	全民
农业机械总动力	77748	11197	8793	4957	15356	10378	16479	6531	2457	11	1319
1. 耕作机械	6326	1053	758	372	1044	838	1358	659	243	1	
大中型拖拉机	4	1	1				2				
小型手扶拖拉机	6322	1052	757	372	1044	838	1356	659	243	1	
2. 排灌机械	108		3	12	33	19	40	1			
柴油机											
电动机	108		3	12	33	19	40	1			
3. 自动脱粒机	1337	229	200	41	181	123	296	241	26		
4. 运输机械	232	32	35	20	97	16	17	7	4		4
农用运输车	232	32	35	20	97	16	16	7	4		4
5. 当年机耕面积	86800	12360	11070	8010	14550	12600	13420	9600	5190		
6. 当年机播面积	76615	11850	8950	6540	10245	12360	13290	8580	4800		

——《海东市循化县统计局统计资料汇编 2008》，第 8 页。

2009 年主要农业机械年末拥有量（单位：千瓦、混合台、辆、公顷）

项目	全县合计	道帏	白庄	清水	积石镇	街子	查汗都斯	文都	尕楞	岗察	全民
农业机械总动力	80079	12746	8969	5106	14515	9786	16141	8231	4574	11	0
1. 耕作机械	6880	1205	775	381	1055	854	1366	808	435	1	
大中型拖拉机	12	1	2	1	1	2	5				
小型手扶拖拉机	6868	1204	773	380	1054	852	1361	808	435	1	
2. 排灌机械	108		3	12	33	19	40	1			
柴油机											
电动机	108		3	12	33	19	40	1			
3. 自动脱粒机	1693	310	235	68	192	158	314	310	106		
4. 运输机械	236	33	36	21	99	17	17	9	4		0
农用运输车	232	33	36	21	99	17	17	9	4		0
5. 当年机耕面积	87410	12380	11090	8110	14560	12750	13520	9800	5200		
6. 当年机播面积	78375	11860	8970	6580	10255	12390	14500	8720	5100		

——《海东市循化县统计局统计资料汇编 2009》，第 8 页。

2010 年主要农业机械年末拥有量（单位：千瓦、混合台、辆、公顷）

项目	全县合计	道帏	白庄	清水	积石镇	街子	查汗都斯	文都	尕楞	岗察	全民
农业机械总动力	84243	13094	9119	5060	15317	10210	16821	9072	5539	11	
1. 耕作机械	6937	1236	785	191	1079	864	1380	880	521	1	
大中型拖拉机	23	2	2	1	5	2	9	2	0	0	
小型手扶拖拉机	6924	1234	783	190	1074	862	1371	878	521	1	
2. 排灌机械	108	0	3	12	33	19	40	1	0	0	
柴油机	0	0	0	0	0	0	0	0	0	0	
电动机	108	0	3	12	33	19	40	1	0	0	
3. 自动脱粒机	1884	340	250	74	222	178	334	330	156	0	
4. 运输机械	244	33	36	23	108	19	17	4	4	0	
农用运输车	244	33	36	23	108	19	17	4	4	0	
5. 当年机耕面积	81615	8250	9270	5250	10500	28350	14700	5295	0	0	
6. 当年机播面积	77145	8205	8430	4965	9540	26970	14310	4725	0	0	

——《海东市循化县统计局统计资料汇编 2010》，第 8 页。

2. 畜牧业

分乡（镇）绵山羊存栏头数（单位：只）

年份	全县合计	道帏	白庄	清水	孟达	积石	街子	查汗都斯	文都	尕楞	岗察	全民
1978 年	89481	14733	11994	7118		4941	3903	6826	7914	8786	22398	868
1979 年	91666	14499	11278	9657		5658	3998	6916	8588	9965	20476	631
1980 年	106062	17633	19850	10914		6068	4505	7118	8734	12024	18668	548
1981 年	107435	16830	20950	8390	2428	8107	6447	6151	9709	11861	16081	481
1982 年	122485	18402	25245	8524	3046	8482	6998	5849	12226	14312	18920	481
1983 年	114685	17618	19443	12289	4056	8103	8678	5766	11166	13133	14433	
1984 年	100228	18427	20565	6551	3051	3741	6213	5196	9552	1183	15049	
1985 年	105064	19993	21495	7888	3164	4707	6516	5725	9082	11078	15416	
1986 年	108193	14549	23515	3243	9419	4637	6946	6251	9230	14381	15950	72
1987 年	107557	16639	22661	8901	3426	3885	5971	5932	9918	15605	14619	

——《海东市循化县国民经济社会发展统计资料汇编（1949—1987）》，第 102 页。

分乡（镇）大牲畜存栏头数（单位：头、匹）

年份	全县合计	道帏	白庄	清水	孟达	积石	街子	查汗都斯	文都	尕楞	岗察	全民单位
1978 年	36245	7909	4145	1987		1483	1943	2146	4536	3170	8833	93
1979 年	38637	7882	5609	1678		1703	2023	2237	5015	3456	8798	36
1980 年	45488	11301	6940	2028		2117	2022	2548	5644	3962	8883	43
1981 年	46843	10344	6531	1580	523	3175	2943	2580	6173	4093	8867	34
1982 年	50079	10517	7577	1896	547	3284	2870	2724	6846	4577	9207	34
1983 年	49432	10877	6684	1832	613	2998	3464	3133	6918	3982	8926	5
1984 年	47089	12125	7240	1538	650	3087	3262	3514	6369	3946	5350	8
1985 年	54647	12880	7860	1580	749	4167	3653	4119	6234	4171	9217	17
1986 年	54601	11967	8329	1671	844	3966	4050	4008	6469	4707	8560	30
1987 年	53742	12432	9217	1666	905	2594	2505	3873	6848	4895	8784	23

——《海东市循化县国民经济社会发展统计资料汇编（1949—1987）》，第 101 页。

大小牲畜年末存栏头数（单位：万头）

年份	一、大牲畜羊合计	1. 大牲畜	2. 绵山羊	二、猪
1949 年	6.51	1.99	4.52	0.10
1950 年	6.74	2.06	4.68	0.11
1951 年	6.93	2.17	4.76	0.12
1952 年	7.04	2.22	4.82	0.14
1953 年	7.37	2.27	5.10	0.15
1954 年	7.97	2.49	5.48	0.18
1955 年	8.63	2.59	6.04	0.23
1956 年	9.61	2.63	6.98	0.34
1957 年	9.35	2.52	6.83	0.40
1958 年	10.60	2.55	8.05	0.34
1959 年	9.17	2.58	6.59	0.24
1960 年	6.85	1.69	5.16	0.15
1961 年	6.49	1.54	4.95	0.12
1962 年	7.39	1.73	5.66	0.28
1963 年	7.75	1.95	5.80	0.33
1964 年	9.68	2.42	7.26	0.35
1965 年	10.87	2.66	8.21	0.35
1966 年	11.36	2.90	8.46	0.38
1967 年	11.12	2.77	8.35	0.32
1968 年	11.09	2.94	8.15	0.37
1969 年	9.70	3.00	6.70	0.48
1970 年	9.90	3.06	6.84	0.51
1971 年	11.02	3.19	7.83	0.54
1972 年	10.81	3.03	7.78	0.50
1973 年	11.84	3.45	8.39	0.50
1974 年	12.70	3.57	9.13	0.48
1975 年	11.89	3.40	8.49	0.45
1976 年	12.71	3.48	9.23	0.66
1977 年	13.03	3.49	9.54	0.74
1978 年	12.54	3.62	8.92	0.60
1979 年	13.02	3.86	9.16	0.50
1980 年	15.17	4.55	10.62	0.49
1981 年	15.42	4.68	10.74	0.46
1982 年	17.24	4.99	12.25	0.73

续表

年份	一、大牲畜羊合计	1. 大牲畜	2. 绵山羊	二、猪
1983 年	16.41	4.94	11.47	0.49
1984 年	14.74	4.71	10.03	0.40
1985 年	15.96	5.46	10.50	0.47
1986 年	16.28	5.46	10.82	0.36
1987 年	16.12	5.36	10.76	0.44

——《海东市循化县国民经济社会发展统计资料汇编（1949—1987）》，第 92—94 页。

各类牲畜牧年末存栏数（单位：万头、只）

年份	一、大牲畜羊合计	1. 大牲畜	牛	其中：		马	驴	骡	2. 羊合计	山羊	绵羊	其中：	二、猪
				黄牛	良种及改良种乳牛							细毛羊半细毛羊	
1978 年	12.54	3.62	2.65	0.65	0.07	0.16	0.72	0.09	8.92	3.47	5.45	1.39	0.6
1979 年	13.02	3.86	2.92	0.67	0.07	0.14	0.71	0.09	9.16	3.63	5.53	0.29	0.5
1980 年	15.27	4.55	3.54	0.69	0.05	0.15	0.78	0.08	10.62	4.22	6.4	0.07	0.49
1981 年	15.42	4.68	3.59	1.07	0.05	0.1	0.83	0.16	10.74	4.17	6.57	0.08	0.46
1982 年	17.24	4.99	3.86	1.48	0.05	0.09	0.83	0.21	12.25	4.21	8.04	0.16	0.73
1983 年	16.41	4.94	3.78	1.23	0.12	0.12	0.80	0.24	11.47	4.38	7.09	0.57	0.49
1984 年	14.74	4.71	3.50	1.30	0.14	0.12	0.82	0.27	10.03	3.50	6.53	0.58	0.40
1985 年	15.96	5.46	4.17	1.52	0.22	0.14	0.87	0.28	10.50	3.50	7.00	0.73	0.47
1986 年	16.28	5.46	4.13	1.57	0.26	0.14	0.90	0.29	10.82	3.66	7.16	0.66	0.36
1987 年	16.12	5.36	4.03	1.36	0.31	0.15	0.82	0.36	10.76	3.80	6.96	0.85	0.44

——《海东市循化县国民经济社会发展统计资料汇编（1949—1987）》，第 95 页。

2001 年畜牧业部分指标完成情况［单位：头（只）、%］

项目	全县合计	道帏	白庄	清水	孟达	积石镇	街子	查汗都斯	文都	尕楞	岗察
社会饲养量	282510	57223	51637	19968	12932	20827	19796	20775	26520	24632	28200
出栏率 %	34.23	35.46	32.76	32.67	35.66	35.76	34.27	34.99	32.64	33.5	35.75
商品率 %	31.97	33.71	30	31.58	32.85	32.8	31.43	32.04	29.89	31.64	32.76
总增率 %	33.13	33.18	32.33	30.48	35.24	33.29	32.46	34.63	34.11	31.96	34.33
年末存栏	219115	37412	36388	13904	9065	14130	14134	14730	26520	24632	28200

——《海东市循化县统计局统计资料汇编 2001》，第 10 页。

2002 年畜牧业部分指标完成情况［单位：头（只）、%］

项目	全县合计	道帏	白庄	清水	孟达	积石镇	街子	查汗都斯	文都	尕楞	岗察
社会饲养量	326252	58539	55886	20652	13212	21204	20028	21661	38384	36562	40124
出栏率 %	35.84	36.26	35.62	35.65	37.4	35.82	36.73	36.58	33.96	35.66	36.29
商品率 %	33.05	33.62	32.83	32.79	34.57	32.87	33.87	33.96	31.21	32.86	33.29
总增率 %	34.19	35	34.98	33.7	32.87	34.54	33.69	35.06	32.65	33.02	34.88
年末存栏	226866	38713	40088	14275	9278	14450	14151	15548	26700	25194	28469

——《海东市循化县统计局统计资料汇编 2002》，第 10 页。

2003 年畜牧业部分指标完成情况［单位：头（只）、%］

项目	全县合计	道帏	白庄	清水	孟达	积石镇	街子	查汗都斯	文都	尕楞	岗察
社会饲养量	340668	59936	58921	21532	12763	21815	20885	24571	40557	38506	41182
出栏率 %	36.52	36.16	36.16	37.82	37.02	36.61	36.73	37.26	35.27	36.5	36.88
商品率 %	34.41	33.72	34.29	35.88	35.09	34.64	34.82	34.97	32.72	34.62	34.88
总增率 %	35.22	35.8	35.32	34.79	29.05	35.57	35.28	35.71	34.68	35.63	36.22
年末存栏	238191	39978	41691	14862	8910	14974	15161	18293	28569	26213	29540

——《海东市循化县统计局统计资料汇编 2003》，第 10 页。

2004 年畜牧业部分指标完成情况［单位：头（只）、%］

项目	全县合计	道帏	白庄	清水	孟达	积石镇	街子	查汗都斯	文都	尕楞	岗察
社会饲养量	394004	63333	66951	24937	15357	24754	24765	33127	46395	41807	52578
出栏率 %	51.28	50.84	49.54	52.69	50.17	52.78	51.49	54.1	51.33	50.41	52.08
商品率 %	39.8	38.66	38.39	40.14	41.43	40.74	37.65	39.81	39.28	38.08	42.51
总增率 %	43.11	46.33	47.32	42.71	44.95	48.26	41.92	42.14	42.75	40.46	33.76
年末存栏	257759	41256	44975	16727	10426	16098	16171	22389	30442	27425	31850

——《海东市循化县统计局统计资料汇编 2004》，第 10 页。

2005 年畜牧业部分指标完成情况［单位：头（只）、%］

项目	全县合计	道帏	白庄	清水	孟达	积石镇	街子	查汗都斯	文都	尕楞	岗察
社会饲养量	415289	66216	73399	28446	17137	25945	26024	38685	48001	42528	48908
出栏率 %	52.53	54.33	52.03	53.26	51.41	52.22	53.67	52.84	51.48	49.44	53.87

续表

项目	全县合计	道帏	白庄	清水	孟达	积石镇	街子	查汗都斯	文都	尕楞	岗察
商品率 %	40.87	40.68	40.66	40.01	42.39	40.3	43.11	39.31	40.04	38.07	44.78
总增率 %	44.71	45.31	44.37	43.98	44.15	43.4	45.83	51.17	41.51	43.99	44.18
年末存栏	266563	41676	47628	18479	10508	16299	16371	25630	31268	27774	30930

——《海东市循化县统计局统计资料汇编 2005》，第 10 页。

2006 年畜牧业部分指标完成情况［单位：头（只）、%］

项目	全县合计	道帏	白庄	清水	积石镇	街子	查汗都斯	文都	尕楞	岗察
社会饲养量	428642	65345	77986	45781	26693	28722	43203	48721	42998	49193
出栏率 %	57.18	53.03	60.32	55.28	61	65.56	65.5	52.36	52.51	55.77
商品率 %	43.62	39.87	46.29	39.32	45.9	53.96	48.18	39.8	40.74	44.59
总增率 %	45.33	44.42	45.06	46.05	46.38	44.88	45.21	45.46	44.15	46.85
年末存栏	268777	41900	47812	29037	16316	17532	25729	31604	27800	31047

——《海东市循化县统计局统计资料汇编 2006》，第 10 页。

2007 年畜牧业部分指标完成情况［单位：头（只）、%］

项目	全县合计	道帏	白庄	清水	积石镇	街子	查汗都斯	文都	尕楞	岗察
社会饲养量	450026	69672	80402	48790	27148	29506	42809	52490	46332	52877
出栏率 %	57.9	57.26	60.68	56.94	57.5	57	57.33	57.39	57.42	57.49
商品率 %	46.51	45.64	50.85	45.88	44.52	45.03	45.34	45.73	45.45	46.21
总增率 %	46.11	46.15	46026	45.94	45.92	45.97	46.18	46.27	45.98	46.1
年末存栏	281250	43634	48851	30827	17103	18554	26929	32959	28844	33549

——《海东市循化县统计局统计资料汇编 2007》，第 10 页。

2008 年畜牧业部分指标完成情况［单位：头（只）、%］

项目	全县合计	道帏	白庄	清水	积石镇	街子	查汗都斯	文都	尕楞	岗察
社会饲养量	467518	72360	79964	51427	29489	30362	45344	53651	47647	57274
出栏率 %	58.02	58.01	58	58.2	580.8	58.05	58.17	57.88	58	57.87
商品率 %	47.09	47	47.02	46.9	47.11	47.38	47.12	47.04	47.1	47.02

续表

项目	全县合计	道帏	白庄	清水	积石镇	街子	查汗都斯	文都	尕楞	岗察
总增率 %	46.9	46.61	46.91	45.93	46.75	47.29	46.74	46.82	46.73	48.38
年末存栏	290975	44976	49501	31842	18465	18754	28470	33074	29600	36293

——《海东市循化县统计局统计资料汇编 2008》，第 10 页。

2009 年畜牧业部分指标完成情况［单位：头（只）、%］

项目	全县合计	道帏	白庄	清水	积石镇	街子	查汗都斯	文都	尕楞	岗察
社会饲养量	417648	64461	70778	45573	27098	27209	41410	47155	42191	51773
出栏率 %	43.83	44.15	44.28	42.55	44.51	45.77	45.16	43.03	42.17	43.63
商品率 %	36.91	36.9	37.85	36.38	36.12	37.91	37.57	37.27	32.95	38.38
总增率 %	40.52	40.65	40.17	40.5	41.17	40.68	41.15	39.86	40.32	40.72
年末存栏	282681	43359	47746	31207	18449	18112	27759	32012	29009	35028

——《海东市循化县统计局统计资料汇编 2009》，第 10 页。

2010 年畜牧业部分指标完成情况［单位：头（只）、%］

项目	全县合计	道帏	白庄	清水	积石镇	街子	查汗都斯	文都	尕楞	岗察
社会饲养量	420561	63845	70183	46203	27205	27059	40928	47216	42878	55044
出栏率 %	45.91	44.65	44.75	44.82	44.91	45.88	44.8	44.64	44.9	53.45
商品率 %	38.95	37.75	37.6	37.83	37.48	38.56	37.61	37.87	37.72	47.35
总增率 %	40.69	40.56	40.64	40.57	40.61	40.61	41.56	40.57	40.61	40.56
年末存栏	283740	43449	47781	31305	18528	18326	27807	32064	29047	35433

——《海东市循化县统计局统计资料汇编 2010》，第 10 页。

2001 年分乡镇牧业主要产品产量（单位：吨）

项目	全县合计	道帏	白庄	清水	孟达	积石镇	街子	查汗都斯	文都	尕楞	岗察
一、牛奶产量	3756	684	541	42	37	295	288	364	428	452	625
二、肉类产量	3746	760	543	140	68	281	240	286	462	430	536
其中：猪肉	495	225	50	34	3	34		1	90	58	
牛肉	2352	387	340	38	19	190	185	229	265	273	426
羊肉	899	148	153	68	46	57	55	56	107	99	110

续表

项目	全县合计	道帏	白庄	清水	孟达	积石镇	街子	查汗都斯	文都	尕楞	岗察
三、羊毛产量	169.43	32.57	29.94	11.27	4.32	10.9	9.63	9.38	18.35	15.46	27.61
其中：山羊毛	28.64	1.79	4.33	3.45	3.83	1.75	2.14	2.32	4.25	4.78	
绵羊毛	140.79	30.78	25.61	7.82	0.49	9.15	7.49	7.06	14.1	10.68	27.61
四、禽蛋产量	349	5	125	46	2	64	25	73	1	8	
五、蜂蜜产量	5.8	2.5	0.2	0.1	0.1	1.2	0.2	1.1	0.2	0.1	0.1

——《海东市循化县统计局统计资料汇编 2001》，第 11 页。

编者注：原稿中合计部分有误，已修改。

2002 年分乡镇牧业主要产品产量（单位：吨）

项目	全县合计	道帏	白庄	清水	孟达	积石镇	街子	查汗都斯	文都	尕楞	岗察
一、牛奶产量	4075	669	587	71	37	324	320	400	457	483	727
二、肉类产量	3921	788	573	151	74	303	251	301	470	455	555
其中：猪肉	509	237	44	37	3	47		1	80	60	
牛肉	2472	402	369	38	22	196	194	242	277	292	440
羊肉	940	149	160	76	49	60	57	58	113	103	115
三、羊毛产量	180	33	33	12	5	11	10	11	19	17	29
其中：山羊毛	33	3	5	4	4	2	2	3	5	5	
绵羊毛	147	30	28	8	1	9	8	8	14	12	29
四、禽蛋产量	353	8	136	52	4	42	33	67	3	8	
五、蜂蜜产量	8.7	2.6	0.5	0.1	0.1	1.2	1.1	0.7	1.2	1.1	0.1

——《海东市循化县统计局统计资料汇编 2002》，第 11 页。

编者注：原稿中合计数与肉类产量合计数字有误，已修改。

2003 年分乡镇牧业主要产品产量（单位：吨）

项目	全县合计	道帏	白庄	清水	孟达	积石镇	街子	查汗都斯	文都	尕楞	岗察
一、牛奶产量	4168	702	664	62	41	302	295	414	491	469	728
二、肉类产量	4079	833	645	156	79	304	234	306	486	476	560
其中：猪肉	532	246	45	35	3	46		1	89	67	
牛肉	2534	423	420	39	24	196	172	243	276	301	440
羊肉	1013	164	180	82	52	62	62	62	121	108	120

续表

项目	全县合计	道帏	白庄	清水	孟达	积石镇	街子	查汗都斯	文都	尕楞	岗察
三、羊毛产量	191	35.71	35.4	12.98	4.95	11.64	10.99	11.27	20.27	17.45	30.34
其中：山羊毛	34	2.55	5.38	4.05	4.34	2.28	2.3	2.64	5.09	5.37	
绵羊毛	157	33.16	30.02	8.93	0.61	9.36	8.69	8.63	15.18	12.08	30.34
四、禽蛋产量	372	8	144	55	5	44	34	71	3	8	
五、蜂蜜产量	9	2	1	1	1	1	1	1	1	0	0

——《海东市循化县统计局统计资料汇编 2003》，第 11 页。

2004 年分乡镇牧业主要产品产量（单位：吨）

项目	全县合计	道帏	白庄	清水	孟达	积石镇	街子	查汗都斯	文都	尕楞	岗察
一、牛奶产量	4214	768	663	71	36	281	245	413	445	482	810
二、肉类产量	5196	1104	806	210	114	377	294	405	608	594	684
其中：猪肉	581	259	48	29	4	54		3	107	77	
牛肉	2846	562	456	50	37	212	180	263	281	328	477
羊肉	1769	283	302	131	73	111	114	139	220	189	207
三、羊毛产量	201	37	37	13	5	12	12	14	21	18	32
其中：山羊毛	33	3	5	4	4	2	2	3	5	5	
绵羊毛	168	34	32	9	1	10	10	11	16	13	32
四、禽蛋产量	388	8	148	54	5	49	35	78	3	8	
五、蜂蜜产量	10	2	2	0.5		1	1	1	1	1	0.5

——《海东市循化县统计局统计资料汇编 2004》，第 11 页。

2005 年分乡镇牧业主要产品产量（单位：吨）

项目	全县合计	道帏	白庄	清水	孟达	积石镇	街子	查汗都斯	文都	尕楞	岗察
一、牛奶产量	6098	702	1136	122	62	960	798	757	560	388	613
二、肉类产量	5597	893	826	218	121	409	394	517	720	645	854
其中：猪肉	505	112	71	34	4	69		4	98	113	
牛肉	3127	446	397	32	26	221	279	351	399	339	637
羊肉	1965	335	358	152	91	119	115	162	223	193	217
三、羊毛产量	209	36	38	15	6	12	12	17	22	18	33
其中：山羊毛	35	3	5	4	4	2	3	3	6	5	
绵羊毛	174	33	33	11	2	10	9	14	16	13	33

续表

项目	全县合计	道帏	白庄	清水	孟达	积石镇	街子	查汗都斯	文都	尕楞	岗察
四、禽蛋产量	371	27	107	43	4	60	52	61	6	11	
五、蜂蜜产量	10	2	2	0.5		1	1	1	1	1	0.5

——《海东市循化县统计局统计资料汇编2005》，第11页。

2006年分乡镇牧业主要产品产量（单位：吨）

项目	全县合计	道帏	白庄	清水	积石镇	街子	查汗都斯	文都	尕楞	岗察
一、牛奶产量	7178	905	1334	178	1392	732	899	596	462	680
二、肉类产量	6262	959	1341	332	463	309	654	647	733	824
其中：猪肉	482	127	95	52	48		1	83	76	
牛肉	3794	543	874	62	295	161	432	362	488	577
羊肉	1986	289	372	218	120	148	221	202	169	247
三、羊毛产量	214	36	40	22	14	14	21	21	13	33
其中：山羊毛	37	3	5	9	3	4	6	5		
绵羊毛	179	33	35	13	11	10	15	16	13	33
四、禽蛋产量	383	25	157	48	51	39	52	4	7	
五、蜂蜜产量	11	5	2		1			1	1	1

——《海东市循化县统计局统计资料汇编2006》，第11页。

2007年分乡镇牧业主要产品产量（单位：吨）

项目	全县合计	道帏	白庄	清水	积石镇	街子	查汗都斯	文都	尕楞	岗察
一、牛奶产量	7454	876	1388	216	1399	785	952	691	463	684
二、肉类产量	6612	1100	1228	399	474	366	686	800	741	818
其中：猪肉	540	128	103	55	77		1	83	93	
牛肉	3768	613	660	86	262	213	487	476	432	539
羊肉	2233	351	446	247	123	142	190	240	215	279
三、羊毛产量	220	37	40	22	14	14	19	22	19	33
其中：山羊毛	37	3	5	9	2	3	4	6	5	
绵羊毛	183	34	35	13	12	11	15	16	14	33
四、禽蛋产量	326	22	132	39	32	50	39	4	8	
五、蜂蜜产量	12	5	2					1	4	

——《海东市循化县统计局统计资料汇编2007》，第11页。

2008 年分乡镇牧业主要产品产量（单位：吨）

项目	全县合计	道帏	白庄	清水	积石镇	街子	查汗都斯	文都	尕楞	岗察
一、牛奶产量	7013	618	1378	232	1698	992	972	513	289	321
二、肉类产量	6684	1108	1245	421	510	446	715	784	642	813
其中：猪肉	388	166	68	41	34		1	46	32	
牛肉	3989	568	797	106	368	306	509	473	372	490
羊肉	2307	374	380	274	108	140	205	265	238	323
三、羊毛产量	235	38	41	24	15	15	20	24	21	37
其中：山羊毛	39	3	6	9	2	3	4	6	6	
绵羊毛	193	35	35	15	13	12	16	18	15	34
四、禽蛋产量	131	11	53	20	5	19	20	1	2	
五、蜂蜜产量	12	3	2			2	1	2	2	

——《海东市循化县统计局统计资料汇编 2008》，第 11 页。

2009 年分乡镇牧业主要产品产量（单位：吨）

项目	全县合计	道帏	白庄	清水	积石镇	街子	查汗都斯	文都	尕楞	岗察
一、牛奶产量	7850	904	1567	203	1739	1004	826	578	371	658
二、肉类产量	5773	998	1025	310	461	358	677	639	537	768
其中：猪肉	365	131	66	37	39		0	48	44	
牛肉	3788	619	684	89	319	248	526	421	343	539
羊肉	1620	248	275	184	103	110	151	170	150	229
三、羊毛产量	247	41	42	25	16	15	22	24	22	40
其中：山羊毛	39	3	6	9	2	3	4	6	6	
绵羊毛	208	38	36	16	14	12	18	18	16	40
四、禽蛋产量	114	11	52	18	9	11	11	1	1	
五、蜂蜜产量	13	4	2			2	1	2	2	

——《海东市循化县统计局统计资料汇编 2009》，第 11 页。

2010 年分乡镇牧业主要产品产量（单位：吨）

项目	全县合计	道帏	白庄	清水	积石镇	街子	查汗都斯	文都	尕楞	岗察
一、牛奶产量	8431	952	1645	258	1550	1041	1194	670	446	675
二、肉类产量	5564	958	1001	331	390	316	573	652	536	807

续表

项目	全县合计	道帏	白庄	清水	积石镇	街子	查汗都斯	文都	尕楞	岗察
其中：猪肉	548	161	116	50	59	0	0	104	58	0
牛肉	3309	545	611	82	223	212	417	375	317	527
羊肉	1707	252	274	199	108	104	156	173	161	280
三、羊毛产量	438	238	40	24	16	15	22	23	22	38
其中：山羊毛	73	38	6	9	1	3	4	6	6	0
绵羊毛	365	200	34	15	15	12	18	17	16	38
四、禽蛋产量	120	12	53	19	10	12	12	1	1	0
五、蜂蜜产量	20	3	1	2	3	2	2	3	2	2

——《海东市循化县统计局统计资料汇编2010》，第11页。

2001年分乡镇年末牲畜存栏情况（单位：头、匹、只）

项目	全县合计	道帏	白庄	清水	孟达	积石镇	街子	查汗都斯	文都	尕楞	岗察
一、大牲畜合计	65564	13067	10340	1463	998	4345	4786	5295	8105	7750	9415
1. 牛	52332	8508	7806	805	469	4157	4104	5126	5858	6182	9317
2. 马	1424	644	104	17			1	30	357	173	98
3. 驴	7924	3140	1306	483	92	106	589	106	1150	952	
4. 骡	3884	775	1124	158	437	82	92	33	740	443	
二、羊合计	153551	24345	26048	12441	8067	9785	9348	9435	18415	16882	18785
1. 山羊	59696	4215	8787	7259	7737	4021	4288	4672	9093	9624	
2. 绵羊	93855	20130	17261	5182	330	5764	5060	4763	9322	7258	18785
三、猪	3443	1317	601	239	33	366		7	340	540	

——《海东市循化县统计局统计资料汇编2001》，第12页。

2002年分乡镇年末牲畜存栏情况（单位：头、匹、只）

项目	全县合计	道帏	白庄	清水	孟达	积石镇	街子	查汗都斯	文都	尕楞	岗察
一、大牲畜合计	66610	13349	11540	1317	1012	4478	4255	5355	7955	7876	9473
1. 牛	54354	9031	8969	821	526	4303	3784	5196	5898	6428	9398
2. 马	1295	598	109		12		5	28	303	165	75
3. 驴	7410	3012	1323	364	82	103	492	106	1036	892	
4. 骡	3651	708	1139	132	392	72	74	25	718	391	

续表

项目	全县合计	道帏	白庄	清水	孟达	积石镇	街子	查汗都斯	文都	尕楞	岗察
二、羊合计	160155	25364	28548	12946	8278	9972	9796	10193	18745	17318	18995
1. 山羊	62094	4637	9787	7372	7896	4120	4456	4802	9256	9768	
2. 绵羊	98061	20727	18761	5574	382	5852	5340	5391	9489	7550	18995
三、猪	3687	1422	618	246	28	376		11	412	574	

——《海东市循化县统计局统计资料汇编 2002》，第 12 页。

2003 年分乡镇年末牲畜存栏情况（单位：头、匹、只）

项目	全县合计	道帏	白庄	清水	孟达	积石镇	街子	查汗都斯	文都	尕楞	岗察
一、大牲畜合计	68287	13452	12002	1213	848	4508	4288	5981	8568	7916	9511
1. 牛	57114	9386	9683	740	508	4333	3824	5957	6613	6634	9436
2. 马	1186	564	98	8			3	3	289	146	75
3. 驴	6688	2818	1194	351	54	104	413	16	974	764	
4. 骡	3299	684	1027	114	286	71	48	5	692	372	
二、羊合计	169904	26526	29689	13649	8062	10466	10873	12312	20001	18297	20029
1. 山羊	64752	4982	9884	7954	7732	4124	4872	5348	9874	9982	
2. 绵羊	105152	21544	19805	5695	330	6342	6001	6964	10127	8315	20029
三、猪	3748	1369	642	257	32	488		46	396	518	

——《海东市循化县统计局统计资料汇编 2003》，第 12 页。

2004 年分乡镇年末牲畜存栏情况（单位：头、匹、只）

项目	全县合计	道帏	白庄	清水	孟达	积石镇	街子	查汗都斯	文都	尕楞	岗察
一、大牲畜合计	71928	13917	12876	1259	892	4719	4328	6893	9074	8270	9700
1. 牛	60848	9875	10631	791	538	4538	3864	6877	7144	6960	9630
2. 马	1138	559	93	6			3	2	265	140	70
3. 驴	6701	2809	1165	349	71	105	413	10	994	785	
4. 骡	3241	674	987	113	283	76	48	4	671	385	
二、羊合计	185831	27339	32099	15468	9534	11379	11843	15496	21368	19155	22150
1. 山羊	69282	5145	10028	8093	8059	4781	5765	6523	10475	10413	
2. 绵羊	116459	22194	22071	7375	1475	6598	6078	8973	10893	8742	22150
三、猪	4690	2138	681	292	49	591		43	403	493	

——《海东市循化县统计局统计资料汇编 2004》，第 12 页。

2005 年分乡镇年末牲畜存栏情况（单位：头、匹、只）

项目	全县合计	道帏	白庄	清水	孟达	积石镇	街子	查汗都斯	文都	尕楞	岗察
一、大牲畜合计	73609	14037	13631	1378	1063	4732	4028	7880	9102	8491	9267
1. 牛	62672	9895	11599	900	694	4561	3564	7874	7178	7190	9217
2. 马	1151	609	89	6			3		260	134	50
3. 驴	6626	2839	1026	362	89	102	413	5	993	797	
4. 骡	3160	694	917	110	280	69	48	1	671	370	
二、羊合计	192954	27639	33997	17101	9445	11567	12343	17750	22166	19283	21663
1. 山羊	73507	5295	10619	9467	8496	4238	5865	7736	11275	10516	
2. 绵羊	119447	22344	23378	7634	949	7329	6478	10014	10891	8767	21663
三、猪	4930	2238	693	357	65	593			475	509	

——《海东市循化县统计局统计资料汇编 2005》，第 12 页。

2006 年分乡镇年末牲畜存栏情况（单位：头、匹、只）

项目	全县合计	道帏	白庄	清水	积石镇	街子	查汗都斯	文都	尕楞	岗察
一、大牲畜合计	73851	14258	13589	2477	4727	4530	7957	9392	7718	9203
1. 牛	63086	10170	11659	1660	4567	4086	7952	7463	6376	9153
2. 马	1133	606	79	6		4		258	130	50
3. 驴	6572	2792	981	440	93	398	4	1004	860	
4. 骡	3060	690	870	371	67	42	1	667	352	
二、羊合计	194926	27642	34223	26560	11589	13002	17772	22212	20082	21844
1. 山羊	73360	5243	10730	18028	3355	5851	7856	11463	10834	
2. 绵羊	121566	22399	23493	8532	8234	7151	9916	10749	9248	21844
三、猪	4940	2235	755	356	579		13	485	517	

——《海东市循化县统计局统计资料汇编 2006》，第 12 页。

2007 年分乡镇年末牲畜存栏情况（单位：头、匹、只）

项目	全县合计	道帏	白庄	清水	积石镇	街子	查汗都斯	文都	尕楞	岗察
一、大牲畜合计	73436	14098	13746	2481	4987	4504	7919	9302	7314	9085
1. 牛	62820	10096	11723	1668	4894	4073	7914	7368	6042	9042
2. 马	1096	590	86	3		3		250	121	43
3. 驴	6527	2733	1062	442	56	388	4	1035	807	
4. 骡	2993	679	875	368	37	40	1	649	344	

续表

项目	全县合计	道帏	白庄	清水	积石镇	街子	查汗都斯	文都	尕楞	岗察
二、羊合计	207814	29536	35105	28346	12116	14050	19010	23657	21530	24464
1. 山羊	76019	6018	11506	18182	3211	5857	8547	11547	11151	
2. 绵羊	131795	23518	23599	10164	8905	8193	10463	12110	10379	24464
三、猪	4788	2179	792	391	416		6	533	471	

——《海东市循化县统计局统计资料汇编 2007》，第 12 页。

2008 年分乡镇年末牲畜存栏情况（单位：头、匹、只）

项目	全县合计	道帏	白庄	清水	积石镇	街子	查汗都斯	文都	尕楞	岗察
一、大牲畜合计	73203	13522	13987	2322	5248	4504	8014	8801	7192	9613
1. 牛	63607	10143	12021	1595	5154	4073	8014	7086	5951	9570
2. 马	956	522	76	2		3		192	118	43
3. 驴	5854	2296	1032	381	54	388		911	792	
4. 骡	2786	561	858	344	40	40		612	331	
二、羊合计	217772	31454	35514	29520	13217	14250	20456	24273	22408	26680
1. 山羊	78904	6144	11840	19220	3210	5957	8255	12653	11625	
2. 绵羊	138868	25310	23674	10300	10007	8293	12201	11620	10783	26680
三、猪	4659	2167	727	386	392			519	468	

——《海东市循化县统计局统计资料汇编 2008》，第 12 页。

2009 年分乡镇年末牲畜存栏情况（单位：头、匹、只）

项目	全县合计	道帏	白庄	清水	积石镇	街子	查汗都斯	文都	尕楞	岗察
一、大牲畜合计	72246	13254	13657	2166	5317	4611	7998	8590	6970	9683
1. 牛	63191	10012	11787	1517	5229	4196	7998	6916	5893	9643
2. 马	925	517	67	2		3		190	106	40
3. 驴	5507	2182	987	351	50	377		881	679	
4. 骡	2623	543	816	296	38	35		603	292	
二、羊合计	210435	30105	34089	29041	13132	13501	19761	23422	22039	25345
1. 山羊	76972	5719	11727	19372	3259	5360	7738	12350	11447	
2. 绵羊	133463	24386	22362	9669	9873	8141	12023	11072	10592	25345
三、猪	4630	2159	712	323	341			681	414	

——《海东市循化县统计局统计资料汇编 2009》，第 12 页。

2010 年分乡镇年末牲畜存栏情况（单位：头、匹、只）

项目	全县合计	道帏	白庄	清水	积石镇	街子	查汗都斯	文都	尕楞	岗察
一、大牲畜合计	72107	13027	13658	2216	5371	4643	8026	8546	6908	9712
1. 牛	63597	10042	11909	1577	5294	4238	8026	6932	5906	9673
2. 马	864	484	62	3		3		180	93	39
3. 驴	5124	1963	910	348	41	370		841	651	
4. 骡	2522	538	777	288	36	32		593	258	
二、羊合计	211633	30422	34123	29089	13157	13683	19781	23518	22139	25721
1. 山羊	77267	5745	11704	19615	3234	5355	7797	12310	11507	
2. 绵羊	134366	24677	22419	9474	9923	8328	11984	11208	10632	25721
三、猪	4397	1979	705	313	344			630	426	

——《海东市循化县统计局统计资料汇编 2010》，第 12 页。

2001 年全县牲畜头数变动情况表［单位：万头（只）］

项目	年初存栏头数	年内增加			年内减少					年末存栏头数	在年末存栏头数中		
		合计	繁殖牲畜	年内购入	合计	年内死亡	出栏肉用畜	非肉用畜出售	其他减少		能繁殖母畜	从事农事劳役牲畜	当年生仔畜
一、合计	21.64	9.25	8.53	0.72	8.99	1.38	6.88	0.53	0.2	21.9	10.26	1.6	7.6
（一）大牲畜	6.53	2.48	2.27	0.21	2.46	0.32	1.74	0.31	0.09	6.55	2.89	1.6	2.08
1. 牛	5.1	2.28	2.09	0.19	2.16	0.21	1.74	0.16	0.05	5.22	2.51	0.86	1.95
2. 马	0.16	0.03	0.03		0.05	0.01		0.03	0.01	0.14	0.06	0.11	0.03
3. 驴	0.85	0.13	0.12	0.01	0.18	0.08		0.08	0.02	0.8	0.32	0.63	0.08
4. 骡	0.42	0.04	0.03	0.01	0.07	0.02		0.04	0.01	0.39		0	0.02
（二）羊合计	15.11	6.77	6.26	0.51	6.53	1.06	5.14	0.22	0.11	15.35		7.37	5.52
1. 山羊	5.73	2.72	2.46	0.26	2.47	0.4	1.94	0.09	0.04	5.98		2.87	2.18
2. 绵羊	9.38	4.05	3.8	0.25	4.06	0.66	3.2	0.13	0.07	9.37		4.5	3.34
二、猪	0.37	0.61	0.15	0.46	0.64	0.02	0.62			0.34		0.01	0.14

——《海东市循化县统计局统计资料汇编 2001》，第 13 页。

2002年全县牲畜头数变动情况表［单位：万头（只）］

项目	年初存栏头数	年内增加			年内减少					年末存栏头数	在年末存栏头数中		
		合计	繁殖牲畜	年内购入	合计	年内死亡	出栏肉用畜	非肉用畜出售	其他减少		能繁殖母畜	从事农事劳役牲畜	当年生仔畜
一、合计	21.6	10	8.5	1.5	9.18	1.06	7.22	0.64	0.26	22.68	11.31	1.88	7.84
（一）大牲畜	6.62	2.9	2.2	0.5	2.6	0.29	1.83	0.39	0.09	6.67	3.3	1.88	2.06
1. 牛	5.2	2.6	2.1	0.5	2.35	0.23	1.83	0.24	0.05	5.43	2.87	0.89	1.93
2. 马	0.2	0	0		0.04	0.01		0.02	0.01	0.13	0.06	0.1	0.02
3. 驴	0.8	0.1	0.1	0	0.16	0.04		0.1	0.02	0.74	0.37	0.59	0.1
4. 骡	0.42	0	0	0	0.05	0.01		0.03	0.01	0.37		0.3	0.01
（二）羊合计	15.38	7.3	6.3	1	6.58	0.77	5.39	0.25	0.17	16.01	8.01		5.78
1. 山羊	6	2.9	2.4	0.5	2.62	0.3	2.09	0.13	0.1	6.21	3.1		2.19
2. 绵羊	9.38	4.4	3.9	0.5	3.96	0.47	3.3	0.12	0.07	9.8	4.91		3.59
二、猪	0.3	0.7	0.2	0.5	0.66	0.02	0.64			0.36	0.01		0.15

——《海东市循化县统计局统计资料汇编 2002》，第 13 页。

2003年全县牲畜头数变动情况表［单位：万头（只）］

项目	年初存栏头数	年内增加			年内减少					年末存栏头数	在年末存栏头数中		
		合计	繁殖牲畜	年内购入	合计	年内死亡	出栏肉用畜	非肉用畜出售	其他减少		能繁殖母畜	从事农事劳役牲畜	当年生仔畜
一、合计	22.86	10.67	8.95	1.7	9.31	0.78	8.45	0.54	0.24	24.31	11.75	4.24	8.31
（一）大牲畜	6.66	2.97	2.45	0.52	2.63	0.24	1.95	0.35	0.09	6.83	3.24	1.37	2.19
1. 牛	5.4	2.7	2.2	0.5	2.38	0.18	1.95	0.2	0.05	5.71	2.86	0.95	2.03
2. 马	0.16	0.1	0.1		0.04	0.01		0.03	0.01	0.12	0.05	0.08	0.03
3. 驴	0.7	0.13	0.12	0.01	0.13	0.03		0.08	0.02	0.67	0.33	0.33	0.1
4. 骡	0.4	0.04	0.03	0.01	0.07	0.02		0.04	0.01	0.33		0.01	0.03
（二）羊合计	16.2	7.7	6.5	1.2	6.68	0.55	6.5	0.19	0.15	17.48	8.5	2.87	6.12
1. 山羊	6.2	2.9	2.5	0.4	2.6	0.2	2.24	0.08	0.08	6.48	3.24	2.87	2.32
2. 绵羊	10	4.8	4	0.8	4.08	0.35	3.55	0.11	0.07	11	5.26	0	3.8
二、猪	0.37	0.61	0.15	0.46	0.73	0.02	0.71			0.37	0.02	0	0.19

——《海东市循化县统计局统计资料汇编 2003》，第 13 页。

2004 年全县牲畜头数变动情况表［单位：万头（只）］

项目	年初存栏头数	年内增加			年内减少					年末存栏头数	在年末存栏头数中		
		合计	繁殖牲畜	年内购入	合计	年内死亡	出栏肉用畜	非肉用畜出售	其他减少		能繁殖母畜	从事农事劳役牲畜	当年生仔畜
一、合计	24.3	15.93	11.52	4.4	13.98	0.97	12.21	0.47	0.33	25.73	13.47	2.09	9.56
（一）大牲畜	6.8	3.03	2.72	0.3	2.72	0.21	2.1	0.24	0.17	7.2	3.62	2.09	2.39
1. 牛	5.7	2.9	2.6	0.3	2.47	0.18	2.1	0.14	0.05	6.08	3.22	1.19	2.33
2. 马	0.1				0.14	0.01		0.03	0.1	0.1	0.06	0.09	0.01
3. 驴	0.7	0.13	0.12		0.07	0.01		0.04	0.02	0.7	0.34	0.54	0.04
4. 骡	0.3				0.04	0.01		0.03		0.32		0.27	0.01
（二）羊合计	17.5	12.9	8.8	4.11	11.26	0.76	10.11	0.23	0.16	18.53	9.85		7.17
1. 山羊	6.5	3.9	3.1	0.8	3.43	0.2	3.03	0.1	0.1	6.93	3.67		2.64
2. 绵羊	11	9	5.7	3.3	7.83	0.56	7.08	0.13	0.06	11.6	6.18		4.53
二、猪	0.37	0.8	0.15	0.7	0.75	0.01	0.74			0.46	0.03		0.16

——《海东市循化县统计局统计资料汇编 2004》，第 13 页。

2005 年全县牲畜头数变动情况表［单位：万头（只）］

项目	年初存栏头数	年内增加			年内减少					年末存栏头数	在年末存栏头数中		
		合计	繁殖牲畜	年内购入	合计	年内死亡	出栏肉用畜	非肉用畜出售	其他减少		能繁殖母畜	从事农事劳役牲畜	当年生仔畜
一、合计	25.77	16.14	12.58	3.56	15.26	0.68	13.54	0.66	0.38	26.66	13.96	2.13	12.05
（一）大牲畜	7.19	2.96	2.63	0.33	2.79	0.12	2.31	0.25	0.11	7.37	3.73	2.13	2.54
1. 牛	6.08	2.83	2.52	0.31	2.64	0.1	2.31	0.14	0.09	6.27	3.32	1.25	2.44
2. 马	0.11	0.02	0.02		0.03	0.01		0.02		0.11	0.06	0.09	0.01
3. 驴	0.68	0.1	0.08	0.02	0.1	0.01		0.08	0.01	0.68	0.35	0.54	0.07
4. 骡	0.32	0.01	0.01		0.02			0.01	0.01	0.31		0.25	0.02
（二）羊合计	18.58	13.18	9.95	3.23	12.47	0.56	11.23	0.41	0.27	19.29	10.23		9.51
1. 山羊	6.93	4.55	3.59	0.96	4.13	0.25	3.6	0.17	0.11	7.35	3.89		3.39
2. 绵羊	11.65	8.63	6.36	2.27	8.34	0.31	7.63	0.24	0.16	11.94	6.34		6.12
二、猪	0.46	0.76	0.16	0.6	0.73	0.01	0.72			0.49	0.03		0.15

——《海东市循化县统计局统计资料汇编 2005》，第 13 页。

2006 年全县牲畜头数变动情况表［单位：万头（只）］

项目	年初存栏头数	年内增加			年内减少					年末存栏头数	在年末存栏头数中		
		合计	繁殖牲畜	年内购入	合计	年内死亡	出栏肉用畜	非肉用畜出售	其他减少		能繁殖母畜	从事农事劳役牲畜	当年生仔畜
一、合计	26.66	16.43	13.08	3.53	16.39	0.74	14.46	0.78	0.41	26.88	14.01	2.06	11.12
（一）大牲畜	7.37	3.54	3.19	0.53	3.7	0.12	3.16	0.35	0.07	7.39	3.62	2.06	2.81
1. 牛	6.27	3.48	2.96	0.52	3.44	0.1	3.16	0.13	0.05	6.31	3.32	1.25	2.59
2. 马	0.11	0.02	0.02		0.02			0.02		0.11	0.04	0.08	0.02
3. 驴	0.68	0.02	0.19	0.01	0.21	0.02		0.17	0.02	0.67	0.26	0.48	0.18
4. 骡	0.31	0.02	0.02		0.03			0.03		0.3		0.25	0.02
（二）羊合计	19.29	12.89	9.89	3	12.69	0.62	11.3	0.43	0.34	19.49	10.39		8.31
1. 山羊	7.35	4.22	3.79	0.43	4.23	0.28	3.65	0.17	0.13	7.34	3.88		3.17
2. 绵羊	11.94	8.67	6.1	2.57	8.46	0.34	7.65	0.26	0.21	12.15	6.51		5.14
二、猪	0.49	0.77	0.16	0.61	0.77	0.02	0.74	0.01		0.49	0.11		0.09

——《海东市循化县统计局统计资料汇编 2006》，第 13 页。

2007 年全县牲畜头数变动情况表［单位：万头（只）］

项目	年初存栏头数	年内增加			年内减少					年末存栏头数	在年末存栏头数中		
		合计	繁殖牲畜	年内购入	合计	年内死亡	出栏肉用畜	非肉用畜出售	其他减少		能繁殖母畜	从事农事劳役牲畜	当年生仔畜
一、合计	26.88	18.12	13.52	4.6	16.9	0.77	14.85	0.73	0.55	28.1	13.93	2.18	12.61
（一）大牲畜	7.39	3.52	3.26	0.26	3.58	0.15	3.02	0.32	0.09	7.33	3.46	2.18	3.17
1. 牛	6.31	3.3	3.07	0.23	3.34	0.14	3.02	0.1	0.08	6.27	3.19	1.25	2.97
2. 马	0.11	0.01	0.01		0.01			0.01		0.11	0.04	0.09	0.01
3. 驴	0.67	0.19	0.18	0.01	0.2	0.01		0.18	0.01	0.66	0.23	0.58	0.17
4. 骡	0.3	0.02		0.02	0.03			0.03		0.29		0.26	0.02
（二）羊合计	19.49	14.6	10.26	4.34	13.32	0.62	11.83	0.41	0.46	20.77	10.47		9.44
1. 山羊	7.34	4.84	3.69	1.15	4.58	0.25	4.06	0.08	0.19	7.6	3.95		3.48
2. 绵羊	12.15	9.76	6.57	3.19	8.74	0.37	7.77	0.33	0.27	13.17	6.52		5.96
二、猪	0.49	0.79	0.14	0.65	0.81	0.02	0.79			0.47	0.07		0.13

——《海东市循化县统计局统计资料汇编 2007》，第 13 页。

2008 年全县牲畜头数变动情况表 [单位：万头（只）]

项目	年初存栏头数	年内增加			年内减少					年末存栏头数	在年末存栏头数中		
		合计	繁殖牲畜	年内购入	合计	年内死亡	出栏肉用畜	非肉用畜出售	其他减少		能繁殖母畜	从事农事劳役牲畜	当年生仔畜
一、合计	28.1	18.62	14.27	4.35	17.66	0.87	15.29	1.03	0.47	29.06	15.14	1.81	13.45
（一）大牲畜	7.33	3.86	3.18	0.68	3.89	0.14	3.19	0.5	0.06	7.3	3.59	1.81	3.09
1. 牛	6.27	3.65	2.99	0.66	3.57	0.12	3.19	0.21	0.05	6.35	3.37	1.07	2.91
2. 马	0.11	0.02	0.02		0.04			0.04		0.09	0.03	0.07	0.02
3. 驴	0.66	0.18	0.17	0.01	0.21	0.01		0.2		0.63	0.19	0.44	0.13
4. 骡	0.29	0.01		0.01	0.07	0.01		0.05	0.01	0.23		0.23	0.03
（二）羊合计	20.77	14.76	11.09	3.67	13.77	0.73	12.1	0.53	0.41	21.76	11.55		10.36
1. 山羊	7.6	4.4	3.95	0.45	4.12	0.3	3.48	0.18	0.16	7.88	4.22		3.73
2. 绵羊	13.17	10.36	7.14	3.22	9.65	0.43	8.62	0.35	0.25	13.88	7.33		6.63
二、猪	0.47	0.61	0.11	0.5	0.64	0.02	0.6	0.02		0.44	0.03		0.1

——《海东市循化县统计局统计资料汇编 2008》，第 13 页。

2009 年全县牲畜头数变动情况表 [单位：万头（只）]

项目	年初存栏头数	年内增加			年内减少					年末存栏头数	在年末存栏头数中		
		合计	繁殖牲畜	年内购入	合计	年内死亡	出栏肉用畜	非肉用畜出售	其他减少		能繁殖母畜	从事农事劳役牲畜	当年生仔畜
一、合计	29.06	13.44	12.6	0.4	13.83	0.74	12.24	0.52	0.33	28.23	13.48	1.94	11.87
（一）大牲畜	7.3	3.6	2.92	0.24	3.26	0.09	2.89	0.02	0.06	7.2	3.24	1.94	2.86
1. 牛	6.35	3.01	2.77	0.24	3.06	0.08	2.89	0.04	0.05	6.3	3.05	1.22	2.72
2. 马	0.09	0.02	0.02		0.02			0.02	0	0.09	0.03	0.07	0.02
3. 驴	0.63	0.1	0.1	0.01	0.14	0.01		0.13	0	0.59	0.16	0.44	0.1
4. 骡	0.23	0.03	0.03	0.01	0.04	0		0.03	0.01	0.22		0.21	0.02
（二）羊合计	21.76	9.84	9.68	0.16	10.57	0.65	9.35	0.3	0.27	21.03	10.24		9.01
1. 山羊	7.88	3.58	3.52	0.06	3.78	0.25	3.36	0.08	0.06	7.68	3.73		3.36
2. 绵羊	13.88	6.26	6.16	0.1	6.79	0.4	5.99	0.22	0.18	13.35	6.51		5.65
二、猪	0.44	0.74	0.7	0.04	0.75	0.05	0.56	0.14		0.43	0.05		0.66

——《海东市循化县统计局统计资料汇编 2009》，第 13 页。

2010 年全县牲畜头数变动情况表［单位：万头（只）］

项目	年初存栏头数	年内增加			年内减少					年末存栏头数	在年末存栏头数中		
		合计	繁殖牲畜	年内购入	合计	年内死亡	出栏肉用畜	非肉用畜出售	其他减少		能繁殖母畜	从事农事劳役牲畜	当年生仔畜
一、合计	28.23	13.78	11.95	1.83	13.68	0.7	12.36	0.62	0	28.33	13.45	1.72	11.16
（一）大牲畜	7.2	3.06	2.96	0.1	3.08	0.1	2.66	0.32	0	7.18	3.28	1.72	2.87
1. 牛	6.3	2.87	2.77	0.1	2.82	0.1	2.66	0.06	0	6.35	3.05	1.06	2.69
2. 马	0.09	0.01	0.01	0	0.02	0	0	0.02	0	0.08	0.03	0.07	0.01
3. 驴	0.59	0.15	0.15	0	0.19	0	0	0.19	0	0.55	0.2	0.38	0.14
4. 骡	0.22	0.03	0.03	0	0.05	0	0	0.05	0	0.2	0	0.21	0.03
（二）羊合计	21.03	10.72	8.99	1.73	10.6	0.6	9.7	0.3	0	21.15	10.17	0	8.29
1. 山羊	7.68	3.46	3.28	0.18	3.43	0.24	3.1	0.09	0	7.71	3.65	0	3.14
2. 绵羊	13.35	7.26	5.71	1.55	7.17	0.36	6.6	0.21	0	13.44	6.52	0	5.15
二、猪	0.43	1.07	0.72	0.35	1.09	0.04	0.84	0.21	0	0.41	0.05	0	0.32

——《海东市循化县统计局统计资料汇编 2010》，第 13 页。

3. 林业

农业现代化和林业情况

项目	单位	1978 年	1979 年	1980 年	1981 年	1982 年	1983 年	1984 年	1985 年	1986 年	1987 年
一、当年能机耕地面积	万亩	7.94	8.03	8.03	8.11	8.79	8.13	8.52	8.51	8.26	8.24
二、当年实际机耕地面积	/	4.75	5.34	5.75	4.16	2.83	2.18	3.78	3.40	4.12	4.30
三、当年机械播种面积	万亩	2.96	1.16	2.55	4.34	4.21	4.24	3.68	5.42	5.79	5.51
四、乡村办水电站数	个	10	9	9	9	9	9	8	7	5	4
发电能力	千瓦	462	421	421	421	421	421	381	341	317	305
五、当年造林面积	亩	6074	2977	3936	3116	4126	7111	10199	16358	9689.40	12314
六、当年零星植树	万株	44	18.10	33	31.20	30.46	40.80	42.22	43.60	44.38	54.95
七、年末实有育苗面积	亩	2836	2241	1676	1120	908	1387	2284	1629	1381.34	1859
其中：当年新育	/	593	219	184	128	166	625	1269	478	259.40	256
八、当年幼林抚育面积	/		5000	450	1300	4800	3000	6500	8860	40200	

续表

项目	单位	1978 年	1979 年	1980 年	1981 年	1982 年	1983 年	1984 年	1985 年	1986 年	1987 年
九、花椒产量	市斤	12500	5254	1460	7658	10839	10600	3025	3870	2784	4460
十、核桃产量	/	6550	6400	17500	16290	17950	19500	9499	26900	20090	17720
十一、各种水果产量	万斤	85.70	53.27	191	151.61	239.64	158.50	405.22	392.89	423.05	459.40
其中：苹果产量	/	66.70	48.87	166	136.38	208.72	137	315.97	329.34	348.41	389.60
十二、年末实有果园面积	亩	4706	4099	3984	3708	3781	4494	6140	8452	9595	13975

——《海东市循化县国民经济社会发展统计资料汇编（1949—1987）》，第 106 页。

2001 年林业生产情况（单位：百株、吨、公顷）

项目	全县合计	道帏	白庄	清水	孟达	积石镇	街子	查汗都斯	文都	尕楞	岗察	全民
当年造林面积	2528	175	150	190	21	371	407	300	431	187		296
当年四旁植树	5200	45	650	550		1250	75	800	450	300		
当年育苗面积	40		1	4	2	13	3	10	3			4
各种水果产量	957		25	234	7	184	113	183				211
封山育林面积	15333	2465										12868
幼林抚育作业面积	3200	305	358	159	20	667	333	533	133	33		659
成林抚育面积	349		69	70		70	70	70				

——《海东市循化县统计局统计资料汇编 2001》，第 9 页。

2002 年林业生产情况（单位：百株、吨、公顷）

项目	全县合计	道帏	白庄	清水	孟达	积石镇	街子	查汗都斯	文都	尕楞	岗察	全民
当年造林面积	1449	104	89	113	13	220	241	178	256	111		174
当年四旁植树	8000	969	1000	846	164	1923	715	1230	692	461		
当年育苗面积	123		4	15	7	36	10	26	10			15
各种水果产量	1717		27	240	11	420	340	490	37	52		100
封山育林面积	15800	2540										13260
幼林抚育作业面积	4700	448	530	234	29	980	489	783	195	49		963
成林抚育面积	2500		494	501		512	536	457				

——《海东市循化县统计局统计资料汇编 2002》，第 9 页。

2003 年林业生产情况（单位：百株、吨、公顷）

项目	全县合计	道帏	白庄	清水	孟达	积石镇	街子	查汗都斯	文都	尕楞	岗察	全民
当年造林面积	1894	455	334	180	27	33	430	6	156	205		68
当年四旁植树	5000	200	500	100	100	900	1000	1000	100	100		1000
当年育苗面积	28		0	4	0	5	1	5	3	3		7
各种水果产量	1797		15	260	12	450	370	510	40	20		120
封山育林面积	121316	0										12316
幼林抚育作业面积	5667	305	358	159	20	667	333	533	133	33		3126
成林抚育面积	2500		69	70		70	70	70				2151

——《海东市循化县统计局统计资料汇编 2003》，第 9 页。

2004 年林业生产情况（单位：百株、吨、公顷）

项目	全县合计	道帏	白庄	清水	孟达	积石镇	街子	查汗都斯	文都	尕楞	岗察	全民
当年造林面积	2978	401	438	25	10	309	1039	340	162	185		69
当年四旁植树	3500	50	150	340	50	1500	1000	370	30	10		
当年育苗面积	24		2	4		5	1	5	1	3		3
各种水果产量	1113		38	210	30	224	114	286				211
封山育林面积	16426	2465										13961
幼林抚育作业面积	8867	805	858	621	520	1167	833	1033	633	533		1864
成林抚育面积												

——《海东市循化县统计局统计资料汇编 2004》，第 9 页。

2005 年林业生产情况（单位：百株、吨、公顷）

项目	全县合计	道帏	白庄	清水	孟达	积石镇	街子	查汗都斯	文都	尕楞	岗察	全民
当年造林面积	1556	17	320	27	1	75	330		246	391		149
当年四旁植树	1500	40	80	150	30	400	200	350	150	100		
当年育苗面积	14			2				4	1			7
各种水果产量	687	31	17	192	111	284	52					
封山育林面积	2467											2467
幼林抚育作业面积	10333											10333
成林抚育面积												

——《海东市循化县统计局统计资料汇编 2005》，第 9 页。

2006 年林业生产情况（单位：百株、吨、公顷）

项目	全县合计	道帏	白庄	清水	积石镇	街子	查汗都斯	文都	尕楞	岗察	全民
当年造林面积	135					107		28			
当年四旁植树	7140	200	710	920	1890	1490	1290	540	100		
当年育苗面积	13			1	7	1	3	1			
各种水果产量	841		4	113	389	146	189				
封山育林面积											
幼林抚育作业面积	10461										10461
成林抚育面积											

——《海东市循化县统计局统计资料汇编 2006》，第 9 页。

2007 年林业生产情况（单位：百株、吨、公顷）

项目	全县合计	道帏	白庄	清水	积石镇	街子	查汗都斯	文都	尕楞	岗察	全民
当年造林面积	1936	87	261	15	1	139	449	253	528		203
当年四旁植树	6640	200	670	960	1090	1050	1540	430	700		
当年育苗面积	13			2	2	1	3	1	1		3
各种水果产量	880		6	125	390	146	213				
封山育林面积	14910										14910
幼林抚育作业面积	10461										10461
成林抚育面积											

——《海东市循化县统计局统计资料汇编 2007》，第 9 页。

2008 年林业生产情况（单位：百株、吨、公顷）

项目	全县合计	道帏	白庄	清水	积石镇	街子	查汗都斯	文都	尕楞	岗察	全民
当年造林面积	1200							446	488		266
当年四旁植树	5970	200		960	1090	1050	1540	430	700		
当年育苗面积	13			2	2	1	3	1	1		3
各种水果产量	900		12	133	409	152	194				
封山育林面积	15443										15443
幼林抚育作业面积	10461										10461
成林抚育面积											

——《海东市循化县统计局统计资料汇编 2008》，第 9 页。

2009 年林业生产情况（单位：百株、吨、公顷）

项目	全县合计	道帏	白庄	清水	积石镇	街子	查汗都斯	文都	尕楞	岗察	全民
当年造林面积	2203	749	101	81	100		233	361	578		0
当年四旁植树	5600	200	400	1700	1400	400	1200	200	100		
当年育苗面积	20			3	3	4	4	3	3		0
各种水果产量	940		10	135	420	152	223				
封山育林面积	17010										17010
幼林抚育作业面积	10461										10461
成林抚育面积											

——《海东市循化县统计局统计资料汇编 2009》，第 9 页。

2010 年林业生产情况（单位：百株、吨、公顷）

项目	全县合计	道帏	白庄	清水	积石镇	街子	查汗都斯	文都	尕楞	岗察	全民
当年造林面积	1634	260	320	185	90	80	200	103	396		0
当年四旁植树	5400	200	400	1500	1400	400	1200	200	100		
当年育苗面积	20	3		3	3	4	4	3	0		0
各种水果产量	609		2	119	208	61	211	8			
封山育林面积	26087	577	2000	1500				2500	2500		17010
幼林抚育作业面积	10461										10461
成林抚育面积											

——《海东市循化县统计局统计资料汇编 2010》，第 9 页。

循化区域经济史料汇编

主　编：马维胜

副主编：马成俊　黄军成　张　明

成　员：杨有柏　张迎春　韩学俊　马　涵

马　伟　张　科　姚　鹏　刘子平

本书由青海民族学院民族学文库（2009）
青海民族大学民族学博士点建设文库（2013）
青海民族大学青藏高原民族与社会研究丛书（2018）经费资助

循化区域经济史料汇编

XUNHUAQUYU JINGJI SHILIAO HUIBIAN

马维胜　主编

民族出版社

第四章　工　业

关于循化地区的工业发展史料，由于本区域工业发展起步晚，新中国成立前的相关资料相对较少，从文献记载看，也只是几家手工作坊而已。新中国成立后，在全国和全省工业发展的大背景下，尽管不同时期工业发展的思路有所不同，但大力推进工业发展是区域经济发展的重要举措。本章从所有制结构、工业类型、工业园区、乡镇企业、综合发展等方面，对县域工业发展史料进行梳理。

一、所有制结构

1. 国有经济

1949 年工业及手工业基本情况表（金额单位：元）

按经济类型分组	户数	从业人数	总产值
总计	380	580	140302
其中：粮油加工值			139800
工业生产总值			502
一、个体手工业	380	580	135364
二、农民兼营商品性手工业			4938

1950 年工业及手工业基本情况表（金额单位：元）

按经济类型分组	户数	从业人数	总产值
总计	380	580	231778
其中：粮油加工值			230607
工业生产总值			1171
一、个体手工业	380	580	225606
二、农民兼营商品性手工业			6172

1952年度工业及手工业户数、人数及产值（金额单位：元）

按经济类型分组	户数	从业人数	总产值
总计	488	680	430388
其中：粮油加工值			397290
工业生产总值			33098
一、手工业合作社			
（1）手工业生产合作社			
（2）手工业供销生产社			
（3）手工业供销生产小组			
二、私营十人以下小型工业	80	88	8030
三、个体手工业	408	592	413288
四、农民兼营商品性手工业			9070

1952年度主要产品产量统计

产品名称	计量单位	合计	其中		
			个体手工业	手工业生产合作组织	私营
金属制品	件	8500	8500		
其中：农具	件	8500	8500		
木制农具	件	82000	82000		
木制家具	件	600	600		
其中：办公桌	张	80	80		
椅子	把				
床	张				
档案柜	个				
蒸笼	个	480	480		
面箩	个	350	350		
皮鞋	双	3000	3000		
皮	张	700	700		
车马驾具	件	1300	1300		
皮统子	件	70	70		
砖	千块	95			95
瓦	千片	38			38
石灰	吨	30			30
小麦面	吨				
食用植物油	吨				
油饼	吨				

续表

产品名称	计量单位	合计	其中		
			个体手工业	手工业生产合作组织	私营
服装	件	3500	3500		
布鞋	双	1200	1200		
毛毡	条	1000	1000		

1953 年度工业及手工业户数、人数及产值（金额单位：元）

按经济类型分组	户数	从业人数	总产值
总计	508	730	578329
其中：粮油加工值			486075
工业生产总值			92254
一、手工业合作社			
（1）手工业生产合作社			
（2）手工业供销生产社			
（3）手工业供销生产小组			
二、私营十人以下小型工业	80	88	10958
三、个体手工业	428	642	558405
四、农民兼营商品性手工业			8966

1953 年度主要产品产量统计

产品名称	计量单位	合计	其中		
			个体手工业	手工业生产合作组织	私营
金属制品	件	9450	5150	4300	
其中：农具	件	9450	5150	4300	
木质农具	件	97400	97000	400	
椅子	把	185	35	150	
床	张	85		15	
档案柜	个	4		4	
蒸笼	个	580	580		
面箩	个	400	400		
皮鞋	双	3500	3500		
皮	张	1000	1000		
木质家具	件	890	890		
办公桌	张	30	30		
车马驾具	件	1500	1500		

续表

产品名称	计量单位	合计	其中		
			个体手工业	手工业生产合作组织	私营
皮统子	件	120	120		
砖	吨	135			135
瓦	吨	45			45
石灰	吨	40			40
小麦面	吨	775	775		
杂面	吨	935.5	935.5		
食用植物油	吨	850	850		
油饼	吨	1000	1000		
服装	件	4800	4800		
布鞋	双	15000	15000		
毛毡	条	1500	1500		

1954 年度工业及手工业户数、人数及产值（金额单位：元）

按经济类型分组	户数	从业人数	总产值
总计	487	772	657259
其中：粮油加工值			465231
工业生产总值			192028
一、手工业合作社	3	35	50083
（1）手工业生产合作社	2	22	29033
（2）手工业供销生产社			
（3）手工业供销生产小组	1	13	21050
二、私营十人以下小型工业	3	18	17754
三、个体手工业	312	521	407428
四、个体手工业组织	2	10	4394
五、农民兼营商品性手工业	130	131	10805
六、农业生产合作社兼营手工业	37	57	166795

1954 年度主要产品产量统计

产品名称	计量单位	合计	其中		
			个体手工业	手工业生产合作组织	私营
金属制品	件	11545	6105	5440	
其中：农具	件	11545	6105	5440	
木质农具	件	124972	124457	515	

续表

产品名称	计量单位	合计	其中		
			个体手工业	手工业生产合作组织	私营
木制家具	件	1223	49	1174	
其中：办公桌	张	27	4	23	
椅子	把	98	20	78	
床	张	25	25		
档案柜	个	6		6	
蒸笼	个	720		720	
面箩	个	354		354	
皮鞋	双	5400	5400		
皮	张	1400	1400		
车马驾具	件	1798	1798		
皮统子	件	140	140		
砖	千块	197.2			197.2
瓦	千片	50			50
石灰	吨	62.6			62.6
小麦面	吨	935.68	935.68		
食用植物油	吨	324	324		
油饼	吨	1128	1128		
服装	件	5780	1100	4680	
布鞋	双	23406	22806	600	
毛毡	条	2220	2220		
杂面	吨	473.31	473.31		

1955 年度工业及手工业户数、人数及产值（金额单位：元）

按经济类型分组	户数	从业人数	总产值
总计	487	786	776828
其中：粮油加工值			500000
工业生产总值			276826
一、全部手工业	444	666	296626
（1）个体手工业	312	521	155200
（2）个体手工业组织	2	14	10100
（3）手工业供销生产小组	103	131	131320
二、农业生产合作社兼营手工业	37	67	389040
三、手工业合作组织	3	35	70146

续表

按经济类型分组	户数	从业人数	总产值
1. 手工业生产合作社	2	22	41260
2. 农民兼营商品性手工业	1	18	28880
四、私营十人以下小型工业	3	18	20416

1955 年度主要产品产量统计

产品名称	计量单位	合计	其中		
			个体手工业	手工业生产合作组织	私营
金属制品	件	15922	4950	10972	
其中：农具	件	15922	4950	10972	
木质农具	件	297674	293360	4314	
大车	辆	10		10	
木质家具	件	1300	410	890	
其中：办公桌	张	88	44	44	
椅子	把	64	44	20	
床	张	95	25	70	
档案柜	个	34	30	4	
蒸笼	个	386	252	134	
面箩	个	668	40	628	
皮鞋	双	1500	1500		

1956 年度工业及手工业户数、人数及产值（金额单位：元）

按经济类型分组	户数	从业人数		总产值
		合计	其中：工人	现行价格
总计	6	98	90	180000
地方公私合营	1	10	6	23300
手工业生产合作社	5	88	84	138340
其中：生产资料	1	23	22	46030
消费资料	4	65	62	92310
个体手工业				18360
按工业部门分				
建筑材料工业	1	10	6	23300
农业用金属品加工制造	1	23	22	46030
木材加工	1	22	21	20890
缝纫部门	1	17	16	49870
其他工业生产	1	26	25	21550

1956 年度主要产品产量统计

产品名称	计量单位	数量
青砖	千块	268.24
瓦	千片	136.39
石灰	吨	28.36
金属品手工农具	件	4994
木质家具	件	1988
木质容器	件	57
木质农具	件	79
服装	件	2088
布鞋	双	1708
粉条	斤	3544
醋	斤	35955
豆腐	斤	8966

1957 年度工业及手工业户数、人数及产值（金额单位：元）

按经济类型分组	户数	从业人数		总产值
		合计	其中：工人	现行价格
总计	6	94	80	170000
地方公私合营	1	11	6	33860
手工业生产合作社	5	83	72	125505
其中：生产资料	1	21	20	20060
消费资料	4	62	52	105445
个体手工业				10635
按工业部门分				
建筑材料工业	1	11	6	33860
铁工社	1	21	20	20060
缝纫部门	1	16	12	44085
粉醋生产合作社	1	18	17	31734
木工社	1	18	13	21528
制鞋社	1	10	10	8098

1957 年度主要产品产量统计

产品名称	计量单位	数量
青砖	千块	268.28
瓦	千片	289.52

续表

产品名称	计量单位	数量
石灰	吨	79.27
马掌、驴掌	件	3887
锅槎	件	184
烟筒	件	181
拐子	件	98
斧头	把	121
水罐	件	462
皮钉	斤	419
面钉	斤	519
切刀	把	121
镰刀	把	154
草铲	把	1021
服装	件	4868
帽子	顶	585
粉条面条	斤	29764
醋	斤	54865
豆腐	斤	14100
簪	斤	3229
木质家具	件	1340
人力车	辆	6
棺材	副	70
布鞋	双	1021
皮鞋	双	17

1958 年度工业企业单位数、职工人数、总产值（1）（单位：万元）

项目	企业单位数	职工人数	总产值		全部企业生产用固定资产
			按 1957 年不变价格计算	按 1958 年现行价格计算	
一、总计	144	1344		75	11.45
地方国营	13	331	20.74	36.32	11.45
社办工业	131	1013		12.07	
粮油加工值				20.61	
二、在总计中县营企业					
其中：生产资料	5	157	9.34	14.71	9.93

续表

项目	企业单位数	职工人数	总产值		全部企业生产用固定资产
			按 1957 年不变价格计算	按 1958 年现行价格计算	
消费资料	8	174	11.4	28.6	1.52
三、在总计中县营企业					
现代工业	2	104	5.7	6.14	2.93
工场手工业	11	227	15.04	30.18	8.52
四、在总计中县营企业					
16 人或 31 人至 99 人	5	237	11.34	17.18	10.72
16 人或 31 人以下	8	94	9.4	19.14	0.73
五、在总计中县营企业					
1. 电力工业	1	17	0.18	0.15	2.81
2. 黑色金属工业	2	46	2.98	7.98	7
3. 金属加工工业	1	87	5.52	5.99	0.62
4. 化学工业	2	6	0.02	0.02	
5. 建筑材料工业	2	72	2.97	11.25	0.96
6. 缝纫工业	1	32	3.3	3.3	0.3
7. 皮革工业	1	7	0.66	0.66	
8. 食品工业	1	28	3.5	4.37	0.15
9. 文教艺术用品工业	1	18	1.44	2.5	0.08
10. 其他工业	1	28	0.17	0.17	0.03

编者注：表中数据系原稿记录，未加调整。

1958 年度主要产品产量统计

产品名称	计量单位	数量
发电量	万度	0.567
生铁	吨	0.819
石灰	吨	290
淀粉	吨	20
铁	吨	526
镰刀	把	300
手锄	把	150
砖	千块	58
瓦	千片	49

续表

产品名称	计量单位	数量
皮鞋	双	50
服装	件	1663
棉鞋	双	310
布鞋	双	428
酒	吨	1.08
大车和小车	辆	31
禾粒肥料机	台	7
鼓风机	台	69
矿石	吨	4.877
糕点	吨	2.2
采伐木材	立方米	250

1958 年度社办工业企业人数、产值（单位：万元）

项目	企业单位数	职工人数	总产值	备注
一、总计	131	1013	12.07	
生产资料产值	101	928	11.36	
消费资料产值	30	85	0.71	
二、按工业部门分类				
金属加工工业	8	268	8.02	
建筑材料工业	20	227	2.28	
化学工业	73	428	1.07	
食品工业	2	5	0.04	
缝纫工业	27	75	0.67	
其他工业	1	10	5 元	人造棉厂

1958 年工业及手工业基本情况表（金额单位：元）

按经济类型分组	户数	从业人数	总产值
总计	380	580	355620
其中：粮油加工值			344353
工业生产总值			10759
一、个体手工业	380	580	347905
二、农民兼营商品性手工业			7715

1949—1958年工业及手工业基本情况表（金额单位：元）

按经济类型分组	户数	从业人数	总产值
甲	1	2	3
总计	380	580	355620
其中：粮油加工值			344353
工业生产总值			10759
一、个体手工业	380	580	347905
二、农民兼营商品性手工业			7715

1949—1950年工业及手工业基本情况表（金额单位：元）

按经济类型分组	户数	从业人数	总产值
甲	1	2	3
总计	380	580	231778
其中：粮油加工值			230607
工业生产总值			1171
一、个体手工业	380	580	225606
二、农民兼营商品性手工业			6172

1949—1951年工业及手工业基本情况表（金额单位：元）

产品名称	计量单位	1951年合计	1950年合计	1949年合计
金属制品	件	6500	5100	3200
其中：农具	件	6500	5100	3200
木制农具	件	10000	7000	5000
木制家具	件	400	250	105
其中：办公桌	张	85	20	
椅子	把	40	100	
床	副			
档案柜	个	4	18	
蒸笼	个	350	200	130
面箩	个	230		
皮鞋	双	8000	600	100
皮	张	250	130	35
车马驾具	件	8000	650	230
皮统子	件	30		
砖	千块			
瓦	千片			

续表

产品名称	计量单位	1951 年合计	1950 年合计	1949 年合计
石灰	吨			
小麦面	吨			
食用植物油	吨			
油饼	吨			
服装	件	8000	600	350
布鞋	双	800	400	150
毛毡	条	700	450	200

——《1960 年关于粮食、生活安排、工业交通工作的安排意见、通知、指示、报告、总结、统计表（1959.10—1960.12）》，循化县档案馆藏，档号：1–1–65（永久）。

1958 年 3 月，将粉醋生产合作社改为地方国营食品加工厂，厂址设在县城北河源庙内，职工 25 人，其中干部 2 人、工人 23 人，因陋就简，手工生产。主要产品有：糕点、豆腐、粉条、醋、酱油等 43 个品种。年销售收入 4.08 万元，实现利润 1352 元。1962 年，食品加工厂原料缺乏、产量少、开支大、质量差、价格高、长期亏损，于同年 7 月 31 日撤销。1975 年 3 月办“五小”工业中，商业科重建地方国营食品加工厂，征用城镇公社东街二队东门外靠黄河边土地 5000 平方米，价款 3245 元，另给尿素 4 吨，柴油 500 公斤，作垦荒补偿。建厂初投资 6.81 万元，修酿酒车间、仓库、办公室和宿舍共 620 平方米，扩建粉条、豆腐生产车间 303 平方米，年产值 12.4 万元。产品及产量：白酒 4.5 吨，醋 120 吨，糕点 49 吨，粉条 11 吨，豆腐 185 吨。年销售收入 13.4 万元。职工 34 人，其中正式工 15 人、合同工 15 人、临时工 4 人。1977 年，投资 54 万元，续建糕点车间 4 间，酱油生产车间 4 间，职工宿舍 3 间，共 369 平方米。1980 年，职工 40 人，企业推行“利润定额上交，超利润分成”的经营责任制，调动职工生产积极性，加强经营管理，生产积石大曲酒 40 吨、糕点 35 吨、醋 210 吨、酱油 8 吨、豆腐 25 吨。产值 19 万元，上缴利润 2 万元。年末拥有固定资产 23.61 万元，固定资产净值 19.03 万元。其时，积石大曲因其醇酿质厚，走俏甘肃临夏、青海黄南等市场。1983 年，积石大曲在县内外享有盛名之时扩大生产规模。1984 年，积石大曲销售疲软，库存积压，企业亏损 0.13 万元。1985 年，调整领导班子，厂长易人。1986 年 5 月，县民贸局将所属食品加工厂移交给县计划经济委员会管理。是年 9 月，副食品加工厂分设清真食品厂、酒厂，企业实行“定额计酬”经济责任制，年产值 24 万元，实现利润 1.42 万元。1987 年，向县财政借款 34 万元，扩建果品加工生产车间。1987 年，建成果品加工车间及果窖共 885 平方米，安装 4 吨蒸汽锅炉 1 台及果品加工设备 4 台。1989 年，果品加工投入生产，当年生产水果罐头 261768 听。1990 年，有职工 68 人，其中干部 2 人、固定工 35 人、合同工 1 人、临时工 30 人，厂部下设办公室，生产车间有酿酒、罐头、酱油、酿醋、糕点、豆腐、粉条、干炒 8 个，固定资产净值 73.39 万元，年产值 31.97 万元，比 1980 年、1986 年分别增长 68.26%、33.21%。产品销售收入 63.81 万元，实现利润 1.14 万元，税金 6.62 万元，全员劳动生产率 4502 元，年人均工资 899 元。

——循化撒拉族自治县志编纂委员会:《循化撒拉族自治县志》，中华书局，2001 年版，第 308—309 页。

1966 年后，在大办“五小”工业号召下，先后建立砖瓦石灰厂、农牧机械修造厂、水泥厂、水泥预制件厂、酒厂、副食品加工厂、粮油加工厂、印刷厂 8 个国营企业。填补了循化县水泥、脱粒机等农机具制造、水泥预制构件、白酒、糕点等工业空白。国营工业总产值由 1966 年的 5 万元增加到 1978 年的 184 万元，占全县工业总产值的比重，由 1966 年的 36% 提高到 1978 年的 72%。

——循化撒拉族自治县志编纂委员会:《循化撒拉族自治县志》，中华书局，2001 年版，第 300 页。

1986 年后，技术改造资金投入有所增加，开发新的产品。同年，副食品加工厂分设为清真食品厂和酒厂。1989 年 10 月，循化县皮革厂（1991 年改为毛革预制件厂）成立。1990 年，全县共有地方国营工业企业 8 个，即县计经委下属农机制品厂、水泥厂、砖瓦厂、水泥预制件厂、清真食品厂，水电局下属黄丰电厂，粮食局下属粮油加工厂，文化局下属印刷厂。共有固定资产原值 591.72 万元（净值 437.54 万元），职工 285 人，其中固定职工 135 人。地方国营工业企业总产值 313.2 万元，占全县工业总产值 31.35%，比 1980 年增长 88.67%，平均每年增长 8.87%。实现利润 33.58 万元，税金 30.89 万元。人均利税 2262 元。

——循化撒拉族自治县志编纂委员会:《循化撒拉族自治县志》，中华书局，2001 年版，第 300—302 页。

循化撒拉族自治县面粉厂

今年第一季度超额百分之八点一六完成了生产计划，截至五月底，已完成全年生产计划的百分之五十点四七，产值二十二万六千元，比去年同期增长三点二倍。每个工人平均产值由去年同期的八千四百九十八元提高到一万九千一百七十元，每吨面粉生产成本由去年的二十四元四角降低到十五元二角三分，下降了百分之三十七点五八。五个月共完成利润七千三百四十元。

——循化撒拉族自治县革委会中心通讯社：《循化撒拉族自治县面粉厂》，《青海日报》，1975年7月9日。

循化县五金厂

1962年6月国营农牧机械修配厂改制时，除电工车间改设循化县电厂外，其余工种统改为由手工业联社管理的铁木生产合作社，下分木工、铁工、翻砂、五金修配4个小组，实行统一领导，各小组独立核算，自负盈亏，社址在县城西门口。其国有资产40235元由县财政局清算接收。1963年9月13日，由财政局退赔给铁木生产合作社资金7334元。1964年，铁木生产合作社被调整划分为铁工社、木工社。是年，铁工社有职工9人，固定资产1200元，生产小农具1485件，铁皮制品4吨，年产值9900元，利润2200元，税金1200元，生产比较稳定。1972年，在省、县手工业联社扶持下，厂址由西门口移迁上草滩村北（原县委旧址）。有房屋2幢，职工26人，固定资产2.84万元。生产小农具2299件，铁皮制品12吨，产值4.25万元。1976年，有职工46人，固定资产16.58万元，生产小农具2182件，铁皮制品68吨，产值18.41万元，实现利润4200元，税金7300元。1980年，铁工生产合作社改称循化县五金厂。1981、1982年实行厂长承包经营责任制，原材料不足、产品成本上升、效益下滑，两年累计亏损223万元。1983年，有职工40人，固定资产24.81万元，生产规模扩大，生产能力增强。企业内部实行分组承包，面向市场，加工钢材制品30吨、铁皮制品26吨，产值35.74万元，利润1.27万元，税金1.75万元。1988年，在市场调查的基础上，开发罐头瓶盖产品。1989年，乡镇企业相继兴建罐头厂，罐头瓶盖产品畅销。1990年，有职工36人，固定资产原值37.5万元，固定资产净值25.93万元。厂部下设办公室、罐头瓶盖生产车间、金属制品承包小组5个，生产钢材制品128吨、铁皮制品144吨，产值42万元，实现利润1.7万元，税金0.97万元，是年循化县五金厂被省手工业联社授予“先进企业”称号。

——循化撒拉族自治县志编纂委员会:《循化撒拉族自治县志》，中华书局，2001年版，第314页。

1983年，加快改革步伐。主管部门开始对企业“松绑、放权、让利”，扩大企业自主权，企业内部从解决“吃大锅饭”入手，实行利润包干责任制，使职工利益与企业经济效益挂钩，激发职工生产积极性，企业经济效益有了较大提高。1985年，地方国营工业企业总产值209万元，比1978年增长13.6%。

——循化撒拉族自治县志编纂委员会:《循化撒拉族自治县志》，中华书局，2001年版，第299—300页。

1983年，工业生产在调整和改革中稳步增长，经济效益有了明显提高，出现了产值、利税同步增长的好势头。1983年全县工业总产值258.3万元，超年计划的12%，比1982年增长25.31%，利润平均增长15.4%；职工工资平均增长7.68%，基本建设投资总额141万元，建成项目6个，竣工面积7764平方米。

——中共循化撒拉族自治县组织史资料编纂委员会编:《中共循化撒拉族自治县组织史资料（1949.8—1993.4）》（内部资料），2018年，第210页。

工农业生产稳步增长。1986年全县社会总产值完成3311万元，比1983年增长24.3%，年递增7.5%。其中工农业总产值完成2186.44万元，比1983年增长5.85%。加强和改善了经济体制运行机制，调整工业内部结构，改善企业管理，先后扩建了水泥厂、砖瓦厂，预制厂增设了预应引力电杆车间，工业产值逐年上升。1986年全县工业总产值达到325万元，销售收入249万元，分别比1983年增长25.96%和6.87%，年末固定资产净值517万元，较1983年增加226万元，增长77.66%；全员劳动生产率也有新的提高。

——中共循化撒拉族自治县组织史资料编纂委员会编:《中共循化撒拉族自治县组织史资料（1949.8—1993.4）》（内部资料），2018年，第213页。

1987年全县工业生产稳步发展。积极推行各项经济承包责任制，开展“双增双节”活动，全年完成工业总产值372.13万元，其中全民所有制工业产值完成236.06万元，乡镇工业完成产值136.07万元。并鼓励群众集资兴办多种形式的合作企业。1988

年，全县乡镇企业发展到1060个，从业人员2440人，完成总产值1052万元。产品质量不断提高，部分产品开始走向省外市场。

——中共循化撒拉族自治县组织史资料编纂委员会:《中共循化撒拉族自治县组织史资料（1949.8—1993.4）》（内部资料），2018年，第350—351页。

循化县小型国营企业生产、销售、利润同步增长

循化讯（韩学峰） 循化撒拉族自治县在深化改革中，把竞争机制引入国营企业，公开招聘企业承包人，促进了企业生产的发展，使一度濒临倒闭的几家企业起死回生。目前，已实行承包经营的六家小型国营企业，出现了生产、销售、利润同步增长的可喜局面。

循化县的八家小型国营企业，基础、技术力量脆弱，加之有的企业经营管理不善，近几年经济效益大滑坡，职工纷纷不辞而别。为了促进企业的发展，去年下半年以来，县委、县政府组织职能部门在充分调查研究的基础上，决定引入竞争机制，择优选聘企业承包人。在推行承包过程中，他们采取利润定额包干和利润递增包干的办法，一定三年不变，由厂长实行优化组合，给厂长较大的人事安排和生产经营权力。推行承包经营给企业注入了生机，生产、销售、利润呈现出同步增长的趋势，到6月底国营企业完成的任务占年计划的68.67%，与去年同期相比增长47%；实现利润16.5万元，比去年全年利润15万元还多1.5万元，销售收入增长50%。县水泥厂是只有35名职工的小厂，1985年创利11万元，1986年下降到5000元，去年亏损多达6.7万元，职工纷纷外出谋生，企业陷入混乱。今年年初公开向社会招标，县税务局司机赵建林中标入厂后，加强企业整顿，减少行政人员充实生产第一线，实行定额管理和岗位工资包干。同时挖潜改造。提高机械化程度，降低生产消耗，到九月初已生产半成品水泥400吨，成品水泥38吨，质量明显提高，经送西宁、陕西等地化验，标号已达到600#。这个厂还生产出150吨白灰，预计到年底可以完成承包任务。县黄丰电厂实行承包后，加强岗位管理，节省生产、行政费用，增加发电量，上半年发电316.6万度，实现产值2025万元，已提前超额完成了全年的计划。

——《循化县小型国营企业生产、销售、利润同步增长》，《青海日报》，1988年9月23日。

截至2004年底，全县14家国有、集体工业企业全部完成转换经营机制、产权流

动重组的改革目标。其中改制为股份合作制的 5 家（黄丰电厂、水泥厂、五金厂、粮油加工厂、印刷厂），被兼并 2 家（农机厂、哈达亥电站），破产重组 5 家（毛革厂、砖瓦厂、清真食品厂、酒厂、建材综合开发公司），联营 1 家（夕坑铜金冶炼厂），整体出售 1 家（被服厂）。

——循化撒拉族自治县地方志编纂委员会：《循化撒拉族自治县志》，三秦出版社，2017 年版，第 182 页。

循化县抓紧实施“工业富县”的战略

本报讯（记者魏兴国） 循化县抓紧实施“工业富县”的战略，不断加大投入，新建骨干项目，推进地方工业发展。

近年来，这个县根据县情，确立强农重工促进经济振兴的指导思想，理顺了农业是国民经济的基础、工业是国民经济的主导的关系。针对全县地方工业起步晚、速度慢、规模小、效益低的实际，坚持国家、集体、个人一齐上，多渠道筹集资金，加大对地方工业的投入。仅去年一年他们共立 26 个项目，总投资 10083.5 万元，在省地金融、计委、财政等有关部门的大力支持下，新建、扩建县毛革梳绒、夕昌铜金矿、石业公司等一批骨干工业企业。部分项目当年投产见效益。1994 年工业产值比 1993 年增长了 57%。

今年他们大力实施骨干工业项目，年初投资 13300 万元，确定新建、扩建工业项目 24 个。一批新建和扩改千万元以上的骨干工业项目相继开工。装机容量为 3750 千瓦的哈达亥电站，年产 2 万吨的县水泥厂，年产牦牛绒 65 吨、编织牛绒衫 10 万件的县毛革厂等续建和技改项目已完成，县花岗岩板材厂、县碳化硅、夕昌铜矿、万吨铝厂等新建项目正在加紧建设。地方工业的大投入，带来了大产出和高效益。全县今年主要工业产品产量有了明显增加，截至 9 月份，全县已加工牛绒 120 吨，生产牛绒衫 3 万件，编织袋 50 万条，生产兰湿革 1.5 万张，奶粉 50 吨。随着企业科技进步的发展，产品质量不断上水平、上档次，牛绒、发菜、兰湿革等产品在北京 95 全国第三届企业出口商品展览会上，均获得金银奖。

——《循化县抓紧实施“工业富县”的战略》，《青海日报》，1995 年 11 月 28 日。

1996 年循化县第一次全国基本单位普查工业企业一览表

企业名称	地址	主要活动（产品）	成立时间	从业人数（人）	其中女性（人）	实收资本（万元）	固定资产（万元）	营业收入（万元）	年生产能力
谢坑铜金矿	岗察乡岗察村	铜矿采掘	1996.2	65	2	178	50	0	7000 吨原矿
县粮油加工厂	积石镇东门北街	面粉加工	1966.7	13	4	85	107	38	3750 吨面粉
县第二清真肉联	积石镇大别列村	冷冻牛羊肉	1995.3	90	10	175	175	20	100 吨牛羊肉
清水辣子加工	清水乡田盖村	辣椒面	1995.11	20	15	35	15	17	20 吨辣椒面
发菜加工厂	积石镇上草村	发菜加工	1994.3	20	15	65	25	90	2 吨发菜
县清真食品厂	积石镇东门北街	糕点食醋酱油	1978.7	31	18	25	53	32	20 吨糕点、200 吨食酯、35 吨酱油
查汗都斯乳品厂	查汗都斯乡阿河滩村	奶粉加工	1995.1	5	2	17	13	2	25 吨奶粉
积石清真食品厂	积石镇托坝村	食醋、罐头	1986.5	20	15	53	33	25	100 吨食醋、25 吨水果罐头
县酒厂	积石镇东门北街	白酒	1976.6	19	9	30	89	12	400 吨白酒
县毛革厂	积石镇伊麻木村	牛绒衫	1989.6	250	215	14	393	238	10 万件牛绒衫
县第六毛革厂	街子乡团结村	牛绒衫	1995	80	60	180	180	60	牛绒衫 3000 件
全智畜产品开发总公司	查汗都斯乡下庄村	牛绒衫	1989.1	120	90	550	430	100	5000 件牛绒衫、10 吨牛绒
循化县毛纺厂	街子乡三兰巴海村	牛绒衫	1992.7	58	40	215	7	180	2 万件牛绒衫
天池毛革厂	孟达乡大庄村	牛绒衫、牛绒	1994.12	30	25	12	54	125	9 吨牛绒、2000 件牛绒衫
县绒毛综合加工厂（三绒集团前身）	街子乡团结村	牛绒衫、牛绒	1989.7	950	700	1800	1800	5000	170 吨牛绒、11.7 万件牛绒衫
齐美针织厂	积石镇东门南街	牛绒衫	1996.5	100	80	200	70	400	2.5 万件牛绒衫
循化县洗毛厂	街子乡三兰巴海村	牛绒衫、洗毛	1993.7	240	180	540	540	500	牛绒衫 6 万件、洗毛 1400 吨
第一绒毛针织厂	街子乡牙门曲乎村	牛绒衫	1996.8	80	70	200	100	90	4500 件牛绒衫
江海皮革厂	街子乡团结村	皮革服装	1994.3	25	5	100	50	100	180 件服装

续表

企业名称	地址	主要活动（产品）	成立时间	从业人数（人）	其中女性（人）	实收资本（万元）	固定资产（万元）	营业收入（万元）	年生产能力
县皮革绒毛厂	清水乡田盖村	牛绒衫、牛绒	1988.6	100	70	200	320	500	牛绒衫1万件、皮革服装600件
华联毛革厂	街子乡托龙都村	牛绒、牛绒衫	1996.9	50	30	90	35	45	10吨牛绒、3万件牛绒衫
畜产品综合加工厂	街子乡三立方村	牛绒、牛绒衫	1994.5	40	16	110	95	90	牛绒7吨、牛绒衫2000件
成林畜产品公司	街子乡团结村	牛绒	1995.4	30	20	150	110	70	牛绒9吨
建英毛革厂	积石镇石头坡村	牛绒、牛羊毛加工	1996.8	8	0	10	10	30	5吨牛绒、10吨牛羊毛
积石畜产品加工	积石镇伊麻木村	牛绒	1995.3	40	19	130	70	120	9吨牛绒
街子绒业股份公司	街子乡团结村	牛绒	1995.3	20	6	167	57	125	12吨牛绒
循化县第四毛革	查汗都斯乡阿河滩村	牛绒	1994，8	65	35	133	75	180	5吨牛绒
白庄乡福利毛革	白庄乡塘洛尕村	牛绒衫、牛绒	1994.7	38	30	200	108	170	20000件牛绒衫、14吨牛绒
清水福利毛革厂	清水乡红庄村	牛绒衫、牛绒	1994.4	50	41	140	10	130	10吨牛绒、2万件牛绒衫
福利畜产品总公司	清水乡田盖村	牛绒衫、洗毛	1994.6	30	11	180	110	130	牛绒衫2万件、绒毛6吨
县畜产品综合开发公司	街子乡团结村	牛绒、牛绒衫	1995.4	40	13	125	65	120	牛绒衫1万件、绒毛5吨
毛纺公司	街子乡团结村	牛绒纱	1996.1	100	80	1580	1590	153	130吨牛绒纱
县第三畜产品加工厂	街子乡团结村	牛绒衫	1993.4	80	74	185	100	178	15000件牛绒衫、18吨牛绒
县毛革综合加工	街子乡团结村	牛绒衫	1994.8	110	90	900	124	300	牛绒衫2万件、10吨牛绒
县第三毛革厂	街子乡团结村	牛绒衫、牛绒	1993.3	110	90	260	260	200	8000件牛绒衫、8吨牛绒
县印刷厂	积石镇上草村	印刷	1976.6	12	6	18	30	28	5万本册
县水泥厂	积石镇环城路南	水泥制造	1971.6	105	20	134	615	73	5000吨水泥
县预制厂	积石镇东门北街	水泥电杆	1976.6	43	27	35	148	50	247根电杆、123立方米多孔板、776节下水管
桥头建材预制厂	积石镇伊麻木村	水泥预制块	1994.5	17	0	45	20	20	7200块预制块

续表

企业名称	地址	主要活动（产品）	成立时间	从业人数（人）	其中女性（人）	实收资本（万元）	固定资产（万元）	营业收入（万元）	年生产能力
街子预制厂	街子乡团结村	预制块	1992.7	15	0	60	20	150	100 立方米预制板
县砖瓦厂	查汗都斯乡乙麻亥村	砖制造	1980.7	31	9	196	304	40	600 万块烧结砖
白庄张尕砖厂	白庄乡张尕村	砖制造	1995.1	40	5	65	45	20	200 万块砖
县建筑建材开发有限公司	积石镇沙巴糖村	砖制造	1996.4	80	15	234	117	52	红砖 400 万块
黄河建材厂	街子乡牙门曲乎村	砖制造	1996.5	50	0	82	80	40	红砖 500 万块
土门子砖瓦厂	积石镇上草村	砖制造	1993.7	10	0	30	10	4	50 万块砖
街子石灰厂	街子乡团结村	石灰制造	1994.6	10	0	20	10	2	100 吨石灰
县五金厂	积石镇上草村	罐头瓶盖	1954.7	25	6	34	45	25	300 万只瓶盖
县钢窗厂	积石镇上草村	金属钢门窗	1987.7	13	6	30	19	120	500 吨钢门窗
县农机厂	积石镇生产街	烤箱、脱粒机	1971.9	35	11	98	94	22	40 台烤箱、100 台脱粒机
县工业供销公司	积石镇南环路	烤箱	1993.3	12	2	23	3	77	150 台烤箱
积石镇修造厂	积石镇前进街	太阳灶、烤箱	1975.11	15	1	38	25	20	太阳灶 100 个、烤箱 150 台
文都地毯厂	文都乡拉兄村	地毯	1996.3	20	17	16	4	20	4500 平方米地毯
县黄丰电厂	积石镇大别列村	水力发电	1963.5	120	45	91	174	78	800 千万时

——循化撒拉族自治县地方志编纂委员会：《循化撒拉族自治县志》，三秦出版社，2017 年版，第 178—180 页。

2003年循化县第一次全国经济普查工业企业一览表

法人单位名称	开业（成立）时间	主要产品	从业人数	工业总产值（万元）	资产总计（万元）
循化县甲秀畜产品开发有限公司	2007	牛羊肉加工	65	1340	1870
循化县西河滩农业开发有限公司	2006	蔬菜保鲜加工	20	240	305
循化县白庄乡张尕砖厂	1989	砖	56	242	250
循化县白庄兴农砖厂	2006	砖	35	96	95
循化黄河魂绿色农产品开发有限公司	2008	食用油加工	50	1500	750
循化博艺旅游文化有限责任公司	2007	石制工艺品	65	1200	720
循化县雪驰清真肉食品开发有限公司	1999	牛羊肉加工	196	1580	4160
循化县积石建材厂	2006	砂石料	20	150	122
循化县哈三民生用具厂（循化县三江源农机修造厂）	1999	脱粒机	30	776	462
循化县波拉亥砖厂	2007	砖	42	192	200
循化县白庄乡立庄建材厂	2006	砖瓦	45	185	85
循化县清水砖瓦厂	1998	砖瓦	50	230	160
循化白驼清真肉食品开发有限公司	2006	牛羊肉	34	400	1480
循化县文都藏族服饰开发有限责任公司	2007	民族服饰	42	179	307
循化县骆驼泉醋业开发有限公司	1992	食醋	13	210	180
循化县阿丽玛乳业有限公司	1995	乳品	15	140	439
循化县春林建材有限责任公司	2001	砖瓦	48	195	100
循化县街子工业区兴隆醋厂	1995	食醋	8	38	32
循化县金椒食品开发有限公司	2004	辣酱	15	210	250
循化县文都粮油综合开发有限公司（文都面粉厂）	2001	面粉	20	523	269
循化县春光建材开发有限公司	1991	水泥预制块	9	12	65
循化县塑钢门窗厂	1998	铝合金门窗	18	45	43
海东地区循化县道帏砖厂	2007	砖	55	240	145
循化县圣驼民族工艺品有限公司	2007	刺绣工艺品	50	450	350
循化县黄丰水力发电有限责任公司	1967	水电	66	119	449
循化县街子上坊砖厂	1999	砖瓦	55	120	70
伊纯食品开发有限公司	2007	糕点	30	800	530
循化县文都藏族用品综合开发有限公司	1999	民族服饰	15	120	157
循化县胜利建材厂	2001	水泥预制块	46	168	130
循化县街子砖厂	2001	砖瓦	45	147	145
青海省循化县水泥厂	1971	水泥	84	416	1500
青海省循化县五金焊接股份合作公司	1998	烤箱	6	23	76

续表

法人单位名称	开业（成立）时间	主要产品	从业人数	工业总产值（万元）	资产总计（万元）
青海省循化县黄丰水电厂	1963	水电	38	99	565
青海省循化县工业供销公司	1993	钢管	4	49	168
青海省循化县谢坑铜金矿	1996	铜金矿	110	484	1313
青海省循化县天香两椒有限公司	1997	辣酱	50	1011	533
青海省兴旺集团黄河 999 水电站	1998	水电	38	262	3232
青海省循化县伊佳民族工艺品厂	1998	缝制帽	700	4745	2461
青海省循化县联谊预制厂	1986	水泥电杆	50	195	398
青海省循化县仙红有限责任公司	1997	辣酱	45	1111	677
青海省循化县自来水公司	1987	自来水	26	90	28
青海省循化县浓缩果汁厂	1999	浓缩果汁	20	938	1347
青海省循化县毛纺织公司	1996	牛绒纱	30	560	4435
青海省循化县三绒集团有限公司	1995	牛绒纱	1050	12996	14000

——循化撒拉族自治县地方志编纂委员会：《循化撒拉族自治县志》，三秦出版社，2017 年版，第 180—181 页。

2. 个体私营经济

缝纫业　1954 年，组织城关地区的裁缝、制鞋个体手工业者，分别成立缝纫生产合作社、制鞋生产合作社。搞来料加工服装与制鞋。厂址位于城内西街，隶属县手工业联社。1955 年，有社员 20 人，其中管理干部 1 人。入股资金 770 元，缝纫机 10 台，年产服装 6054 件、布鞋 1082 双，修鞋 54 双，产值 4.23 万元。1958 年，缝纫、制鞋生产合作社合并，改称地方国营服装鞋帽联合加工厂，职工 31 人。是年，东风、黄河、永丰 3 个人民公社也在白庄、文都、伊麻目、瓦匠庄、草滩坝、城关建成 6 个缝纫鞋帽厂。当年除白庄、文都 2 厂未投产外，全县共生产各式服装 74 件，鞋 40 双，产值 3.51 万元。1959 年，社办缝纫鞋帽厂全部关停。县办地方国营服装鞋帽联合加工厂，改称地方国营被服厂。1962 年，根据手工业“三十五条”精神，地方国营被服厂改为集体所有制的合作组织，并分设缝纫社、皮革组、制鞋组，实行自负盈亏。是年 9 月，缝纫社转制后，国家退赔资产 2420 元，年末资产总额 8171 元。

木材加工业　1953 年冬，组织城关地区的木匠、蒸笼匠、箩匠、油漆匠、画匠等，成立城关木工生产组。订做加工木质家具、用具等。1955 年，城关木工组在合作化运动中改称循化县木器家具生产合作社，有职工6人，生产蒸笼395副，面箩473个，桌、凳、柜等87件，年产值4320元。分散在农村的手工业个体木匠95户、112人，年产值39.64万元。1958年4月，木器家具生产合作社并入地方国营农牧机械修配厂，为一个生产车间。

——循化撒拉族自治县志编纂委员会：《循化撒拉族自治县志》，中华书局，2001年版，第312—315页。

1956年完成了对手工业的社会主义改造，组织起来的手工业户从业人员占总手工业户的96%，建有铁工、木工、缝纫、制鞋等生产合作社4个，积累公共资金8043.71元，总产值达52941.85元。这就充分说明了我县手工业正沿着合作化的道路在迅速前进发展着。

——霍殿永：《关于循化县二年来的工作基本总结与今后任务的报告——在循化县第二次党代表大会上的报告》，中共循化县委党史研究室：《中国共产党循化撒拉族自治县历次党代表大会（第一至第十三次1954.4—2006.9）》（内部资料），2008年，第16页。

手工业生产方面，1956年初，已组织起了社4个，组10个。社组股金237.41元，积累公共资金843.31元。到现在为止，总产值已达5941.85元。

——霍殿永：《关于循化县二年来的工作基本总结与今后任务的报告——在循化县第二次党代表大会上的报告》，《循化组织史料》（内部资料），1956年4月20日。

1956年，在农业社会主义改造高潮的推动下，手工业的社会主义改造也迅速取得了胜利。1956年2月，90%以上的手工业者按照自愿互利的原则分别组织起手工业生产合作社和附属于农业社的手工业小组。1956年底，纳入公私合营等改造形式的私营商店占总商户的88.7%，撒拉族地区统一的社会主义市场已基本形成。

——中国科学院民族研究所：《撒拉族简史简志合编》（内部资料），1963年，第68页。

根据党的七届六中全会决议和国家在过渡时期的总路线和总任务，循化县农业、手工业、资本主义工商业的社会主义改造已经基本完成。截至1956年10月，全县城镇手工业者共72人，分别加入铁工、木器、缝纫、制鞋、粉醋等行业的5个生产合作社71人，占从业人员总数的98.6%，对城镇私营工商业者纳入各种形式改造的共51人，占从业者总数的86.4%，其中私营直接过渡为国营的占3.4%，联合组织合作商店的占72.5%，替国营商业经代销的占23.5%。1958年，全县手工业合作社5个。

——李新鼎：《中共循化县委员会工作总结——在中国共产党循化撒拉族自治县第三次代表大会上的工作报告》，《循化组织史料》（内部资料），1959年6月26日。

1960年12月，开放集贸市场，私营商业相继开业，商贩、摊点陆续上市交易农副产品。1963年3月，县人委给集市贸易小商、小贩发放营业证，全县私营小商贩有三大行业、118户、从业人员137人，其中商业70户、从业75人（百杂货28户33人，粮油13户13人，蔬菜15户15人，牲畜柴草14户14人）；饮食业34户、从业43人（饭馆10户19人，馍馍小吃24户24人）；服务业14户、从业19人（钉鞋4户4人，理发2户2人，旅店4户6人，修理钟表3户5人，制蒸笼1户2人）。1964—1967年，开展反对投机倒把、投机商贩活动。取缔小商小贩霸持市场阵地，不许倒贩粮油、票证、耕畜、皮张等计划分配物资。

中共十一届三中全会后，经济上开放搞活，恢复和新建传统集贸市场，私营工商业不断发展，1982年，全县私营工商户201户、从业人员323人，全年商品营业额308万元。1990年，有私营商业463户，占私营工商户总数的58.4%。全年营业额861万元，比1982年增长26.9倍。

——循化撒拉族自治县志编纂委员会：《循化撒拉族自治县志》，中华书局，2001年版，第359—360页。

1986年全县国家集资6000余万元，兴建和扩大了积石镇、街子、白庄三个集贸市场，个体工商业从业人数1832人，自有资金273.13万元，营业额达到759万元。三年上缴利税74.7万元。

——中共循化撒拉族自治县组织史资料编纂委员会：《中共循化撒拉族自治县组织史资料（1949.8—1993.4）》（内部资料），2018年，第213—215页。

流通体制的进一步改革，促进了商品流通，繁荣了市场。八七年社会商品零售总额达到2125.8万元，比八六年增长7.7%，民贸系统去年除民贸大楼外，对副食一、二门市部和四个自然门店全部实行租赁经营，完成总销售1186.8万元，比八六年增长

4.5%，利润完成21.89万元，比八六年增长21.18%。供销系统完成总销售797.3万元，比八六年增长7.24%，利润完成9.8万元，比八六年增长1.03%，税收完成14.9万元，比八六年增长13.74%，实现了销售、利润、税收的同步增长。全县个体工商户发展较快，八七年达到1292户，从业人员2035人，营业额达到809万元，其中零售额586万元。集贸市场建设有了起步，我们根据市场的现状，作出了建设街子三岔口市场的决定，采取群众集资、国家适当补助的办法，建成三岔口北面市场营业房17间340平方米，南面一座700平方米民族商场已建成第一层。同时，加强市场监督和管理，共查处各种违法违章案子32起，金额13.7万元，罚没款16810.01元，收回税金4000余元，稳定了市场秩序，维护了消费者的利益。

——韩克仁：《循化撒拉族自治县第十届人民代表大会第三次会议上的政府工作报告》，循化撒拉族自治县人民政府办公室提供，1988年6月11日。

改革开放中涌现出的个体户，为繁荣城乡经济发挥着积极的作用。大多数个体户能够遵纪守法、勤劳致富、按时完税。这里介绍一位饮食个体户和一位农民企业家积极缴纳税款的事迹。

纳税先进个体户——刘昶

在熙熙攘攘的循化县城街道上，县委大门斜对面有一家清真茶饭馆，它以色味俱佳、干净卫生和有民族风味赢得美食家和顾客的青睐，在县城内小有名气。这家饭馆的主人便是纳税先进个体户刘昶。刘昶是积石镇西街村人。他量力而行，先以卖粉汤起家，通过几年工夫逐步发展到了面食、茶饭、菜、肉食一应俱全、小有规模的茶饭馆。平时重视饭菜质量，注意干净卫生，并用高薪从毗邻的临夏请来厨师，在本地区民族饮食特点的基础上掺进临夏风味，特别受顾客欢迎。随着服务项目扩大、营业额上升，利润递增快。收入多了，他首先想到的是应向有关部门如实上报营业额，主动到税务部门缴纳税款，去年他共缴纳了840余元，被评为纳税先进个人。

农民企业家韩英贵积极缴纳税款

街子乡团结村韩英贵所办的街子砖瓦厂年生产砖600多万块，除了满足本县需求外，还远销黄南、化隆等地，在市场上一直供不应求。在收入不断增加的情况下，他说我当初办砖瓦厂时国家没少支持，有了钱先还清国家的贷款、缴纳税款、改善工人待遇。他是这么说也是这么做的，去年除了偿还贷款外主动缴纳1.04万元的税款。今年从5月开工以来，提高工人工资，调动了工人的积极性，每月出窑100万块砖，到7

月底已出窑300万块砖，大部分销往黄南和化隆。开工两个来月，他已向税务部门缴3000元税款，得到了税务部门的好评。

——寒玉德:《循化县两个个体户积极缴纳税款》,《青海日报》,1988年9月5日。

改革开放以后，土地实行承包到户，撒拉族的经济活力得到释放，撒拉人根据特长开始搞多种经营，涉足到汽车运输业、建筑业、商业等等，其经济结构的总体特征趋于多元化，并不单纯依靠农业。传统的粮食种植业虽然继续存在，但商业在20世纪80年代以来有了较大发展，很多人做起虫草生意和牛羊肉生意。运输业在撒拉人的经济发展中起着举足轻重的作用，公路的修通刺激了运输业的发展，促使了经济交流的增加。以青海循化县为例：1988年全县个体工商户发展到1489户，从业人员2449人，经营资金达到496万元，营业额达到908万元。截至1999年，循化县“全县个体私营企业已发展到1260家，其中个体工商户1193户，从业人员2561人，注册资金1378万元；私营企业67家，从业人员3160人。年产值达30万元以上的有60家，百万元以上的企业有47家，千万元以上的企业有4家”。在众多的循化县个体经济经营者中，撒拉族所占比例达67.4%。近年来，撒拉族居住最集中的循化地区的乡镇企业和私营经济发展异常迅猛，为改善当地人的就业结构创造了良好的条件。乡镇企业的高速发展，使全县经济初步摆脱了单纯依靠农业缓慢发展的状态，经济结构调整速度加快，工业化进程开始启动，同时还增加了农民收入，吸引了大量剩余劳动力。撒拉族擅长牛羊育肥贩运，有世代经营畜牧业的经验和“善耕善畜”的特点。牛羊育肥贩运行业作为撒拉族脱贫致富的一条最有效的途径，已成为循化县的一大支柱产业。1982年全县有17户，1988年发展到200户，1997年底，全县具有一定规模的以产仔畜、产奶、育肥贩运的大军，每年从甘南、黄南、海南、海北、果洛、玉树、四川阿坝等牧区贩运育肥牛羊达18万头（只），向社会提供新鲜牛羊肉500万斤，其中400万斤贩运到本省各地和临夏、兰州。循化积石镇大别列村马富贵，从事牛羊育肥贩运屠宰行业，十多年苦心经营，积累了一定的资金，于1992年创办了第一家由农民兴办的循化县第二清真肉联厂，年贮存冷冻牛羊肉120吨，年上缴税金10万元。产品销往各大城市，经济效益和社会效益显著。循化县的撒拉族群众还成立了个体联运公司，从事长途货运和西宁至拉萨、西宁至循化的客运，新疆乌鲁木齐至伊犁也活跃着一支青海的撒拉族客运队伍。

——马伟:《循化撒拉族自治县个体私营经济发展状况》,《青海民族研究》，2000年第3期。

1978年以前，循化县无肉类加工工厂，依靠商业系统从本省外地统一调入和销售。2010年底，循化县存栏牛6.46万头，出栏牛2.77万头，肉产量3767.2吨，存栏羊21.21万只，出栏羊9.97万只，肉产量1894.3吨，以上肉类基本供应本县的自食和销售。从省内外购入育肥牛0.85万头，牛肉产量1173吨，育肥羊30.34万只，羊肉产量6068吨，肉产品小部分供应本县和省内外其他地方，大部分以活畜形式销往新疆等外省地区。

目前有雪驰、白驼、甲秀三家肉类加工企业，三家企业主要靠从外地购入牛羊进行育肥后屠宰和活畜销售，共有冷库5个（可冷冻肉产品2600吨左右），设计年可加工牛1.9万头、羊12.9万只，肉产量牛2800吨、羊3424吨，实际加工量为牛1.35万头、羊1.92万只，牛肉产量0.2万吨、羊肉产量0.05万吨。三家共有资产6400万元，销售收入5585.82万元，税后利润为525.82万元，上缴税金7.9万元，农产品交易年交易量0.17万吨，共有从业人员120人。

随着近年来牛羊的贩运育肥利润的增加，以积石镇、街子镇、白庄镇为主的乡镇分布着养殖规模大小不同的育肥养殖场和育肥户，目前大约有70家养殖场和近600多户的育肥户，2010年全县牛羊贩运育肥收入达到4300万元，户均收入达到2.5万元。由于肉产品加工企业采取自行繁育和自行屠宰、冷冻销售，养殖户则以活畜形式销售给各地客商或本地屠宰，所以订单形式生产模式在循化县没有得到集中体现。循化县牛羊肉以定点屠宰场为中心，面向全县肉类市场提供批发肉产品，肉类集中销售分布在白庄镇、街子镇两个市场，而积石镇（县城）市场和其他乡镇则由经营户分散各处经营。

——《牛羊肉加工调研》，循化撒拉族自治县人民政府办公室提供（内部资料），2010年12月15日。

兴旺之路

作为青海兴旺集团公司董事长，在事业上，我可以说是一个幸运的成功者。诚如诗人艾青所说："光荣的桂冠是由荆棘组成的。"提起创业与成功之路，不论苦涩的往事，还是甜美的回忆，无论是体验辉煌的今天，还是憧憬美好的未来，其情韵都同样是浓郁和深沉的。回忆经历过的生活磨砺和取得的成就，畅想今后的发展愿景，是鼓舞人不断开拓奋进的力量。

勇闯辉煌

创业使我们尝到了甜头，也打下了兴旺发展的根基。我想，要实实在在干一番宏伟的事业，就得不断创新，就得打破常规，就得超前思维，就得敢冒风险，就得敢出“风头”。任何不求进取、因循守旧、优柔寡断，都会坐失良机。发展是百年大计，是硬道理。要发展，企业就得上规模，上档次。

回顾三十多年走过的足迹，我感慨良多。如果说当初我带领十几个民工“南征北战、四面出击”仅仅是一种不自觉的行动的话，以兴海县作为基地辐射八方，却是非常明智的抉择。如果没有这种思路，而是囿于“撒拉八工”，以“八工”为天下的话，就注定不可能有我省著名的兴旺集团公司的诞生，我这个农民的儿子也不可能成为具有现代管理思想的企业家，更不可能到新、马、泰等几十个国家和地区参观考察、越洋赴美与加利福尼亚州伯克莱大学道格雷斯先生探讨企业经营管理。这些在过去即使做梦都不可能的事，眼下却变成了实实在在的事情，我不由感慨万分。七百年前，我们的祖先忍痛抛弃故土，向东寻找乐土，在循化奥土斯山下安家，我从循化县到乌兰县、天峻县到兴海县，以兴海县为基地辐射到海南全州各县、海西、玉树、果洛、海北、黄南诸州，再转向西宁、海东。当时虽然人过天命之年，沧海桑田，都是为了追寻自己理想中的乐园。

1996 年元月，在有关部门的大力支持下，按照建立现代企业制度的要求和有关规定，我在西宁注册成立了青海兴旺建工贸有限责任公司。经过两年多的运行，我进一步意识到，随着社会主义市场经济体制的建立和对外开放的进一步扩大，市场竞争将进一步激烈。企业只有改变自我封闭的生产经营状态，在人才、技术、资金、设备、管理诸多方面进行分工协作、联合和合作，扩大经济规模，才能立于不败之地。于是，我又开始策划成立企业集团。

1998 年 5 月 8 日，经省经贸委批准，用 2000 万元的注册资金，成立了以青海兴旺建工贸有限责任公司为核心企业，由本公司投资修建的平安柳湾水电站、循化县建筑建材开发总公司、循化县水利水电设计室、湟中县建筑水电安装公司、玉树州市政建设工程有限责任公司为骨干企业，以青海安纳经济开发实业总公司、海南州兴海县建筑工程公司、兴海县手工业联社为协作单位的集建、工、贸为一体的青海兴旺集团公司。

集团公司的成立，使公司总资产达到 4200 多万元，拥有机械设备 170 台（辆），占地 90 亩，办公、仓储等房屋建筑面积达 9600 平方米，从业人员达 2000 多人，各类专业技术人员 126 名。到 1997 年底，核心企业完成产值 3300 多万元，实现利税 180

多万元，发放工资 480 多万元。从此，我的创业生涯又掀开了新的一页。

成立集团公司后，一边继续从事以前承接的各项工程项目，并在更广泛的领域内承揽新的施工项目；一边根据《公司法》的要求，完善集团的基础管理工作，加强内部管理，制定各项规章制度。1998 年兼并了 3×1250 千瓦的循化 999 水电站和玉树州市政工程公司，自行投资、施工、安装、调试建设了 3×500 千瓦的柳湾水电站。1998 年承建了地处海拔 4300 米的“黄河第一座水电站”之称的果洛州玛多县黄河源水电站。1998 年 12 月承建了青海省玉树州境内最大的水电站——禅古水电站。2001 年在西宁开始投资房地产开发项目，先后完成“撒拉族民俗风情园住宅小区”和“海北州干部住宅小区”。2003 年启动了波浪滩生态旅游观光园项目，2006 年开始进入实质性建设阶段。2003 年新建了兴旺集团综合办公大楼，2004 年承建了青海省海北州过境市政道路，2005 年赞助承建了循化县街子清真大寺手抄本《古兰经》珍藏馆。2006 年启动了西宁市大十字兴旺大厦的建设项目，2009 年投入使用试运营。通过以上工程项目的建设、施工、运行和管理，使兴旺集团公司的整体实力上了一个新的台阶。特别是在玉树禅古水电站的建设中，我们组建了强有力的领导班子，投入了大量的机械设备。玉树地区海拔高，适宜施工期限短，利用不长的夏季施工季节，集中人力施工建设，在现场人员最多时达到 500 人以上。在施工过程中，加强施工组织管理，紧抓安全防范工作，严格质量控制，尽心安排工程进度，工程技术人员和全体施工人员日夜奋战，克服了气候寒冷、技术要求高、施工难度大、进度要求快等困难，经过一年多的艰苦努力，使得这座装机容量 4800（3×1600）kw 的水电站比合同工期提前半年建成发电，并于 1998 年 12 月 26 日试机、发电一次性成功，在设施质量、设备安装、系统调试等方面都达到了设计要求，不仅证实了我公司在承建较大规模水电站工程项目方面的实力，也标志着公司的施工水平迈上了一个新的台阶，公司在玉树地区再一次赢得了很好的信誉和赞扬。在 2010 年 4 月 14 日玉树发生 7.1 级地震时，该电站是唯一安然无恙的建筑物。在灾后重建时，仍能够为施工正常提供动力电源，解决了灾后重建和灾后居民生活的用电问题，树立了兴旺工程的质量形象。

2010 启动了青海省政协写字、商住综合楼建设项目，在西宁市五四西路 1 号省政协办公楼原址上开发建设，项目总占地面积 1.1 万平方米，总建筑面积为 10.2 万平方米，总高 99.76 米，层数 31 层，是集商业、办公、住宅为一体的开发项目，总投资为 3.98 亿元。该项目使我公司拥有了 4.2 万平方米的商业用房租赁给北京王府井百货公司经营，效益十分可观。在多年的实践中，我深切地感觉到，一个民营企业要想保持声誉，市场决胜已越来越依赖于名优工程和科学管理。我曾对公司员工们说过，我的一些话你们可以不听，但有一点必须坚决落实，不得打丝毫折扣。这就是“无论在哪个工地，哪个工程项目上，都必须实现承接一项工程，创建一个优良，留下一片赞扬，开拓一方市场，树立一座丰碑，培养一支队伍”。这是我的信念，也是我兴旺公司的座右铭。

也就是在这个座右铭的坚持下，我们赢得了一项接一项的胜利，取得了一个接一个的成果，使公司发展壮大到目前的以青海兴旺建工贸（集团）有限责任公司为母公司，联合下属青海兴旺建设工程有限公司、青海兴旺水电路桥工程建设有限公司、青海兴旺房地产开发有限公司、云南青峰房地产开发有限公司、云南兴旺建设工程有限公司、青海兴旺国际饭店有限公司、青海兴旺贸易有限公司、青海兴旺建筑劳务有限公司、青海鑫隆物业管理有限公司、青海兴旺爱心救助会、循化县职业学校街子分校、循化县波浪滩生态旅游观光园有限公司、循化县兴旺生态养殖有限公司、上海丁泉国际贸易有限公司、平安兴旺水力发电有限公司及999水电站等16个子公司组建而成的，集工业与民用建筑工程建设管理与施工、公路桥梁工程施工、水利水电工程设计及施工、水力发电、装饰装潢、建筑劳务输出、房地产开发、物业管理、住宿餐饮服务、职业培训、旅游项目开发等涉及多个领域的大型集团型民营企业。集团公司在2000年全省同行业中率先取得了ISO9002国际质量体系认证，系全省民营企业中唯一荣获档案管理“国家二级证书”的单位，2009年以来连续取得银行“AAA”信用等级证书，连续取得一、二、三届全省最具有影响力的十大诚信企业，也是全省唯一获得此殊荣的民营企业，2014年获得了中国驰名商标，是全省唯一在建筑行业取得的国家级驰名商标。目前集团公司总资产超过人民币100亿元，员工达2000多人，其中各类专业技术人员850多人，中高级专业人员159人。集团公司及旗下子公司拥有的各类资质在青海省范围内属于等级最高、资质最齐全的。

多少年来，党和政府给予了我和我的公司一个又一个荣誉。从1991年起我连续被循化县委、县政府评为“先进工作者”；海东地委、行署授予我“科技突出贡献者”和“先进个人”称号；1993年，授予我“全国少数民族优秀厂长（经理）”“省乡镇企业家”“省级劳动模范”称号。1996年当选为七届省政协委员，八届省总工会委员，省乡镇企业协会副会长；1997年当选为省工商联常委、副主席、全国工商联执委，八、九、十届省政协常委；1998年当选为海东地区乡镇企业协会会长，2009年被选举为青海省海东市工商联主席。1997年11月在全国工商联八届常委会和光彩事业促进会上，我作为唯一的撒拉族企业家代表，受到了中共中央政治局常委、全国政协主席李瑞环，政治局委员、北京市委书记、市长贾庆林，全国人大常委会副委员长王光英的亲切接见。1998年，我又当选为全国工会十三大代表，与江泽民、朱镕基等党和国家领导人共商国是。从2003年起到现在，在连续接任全国政协第十、第十一和第十二届委员期间，先后得到时任国家主席胡锦涛和习近平等中央领导的亲切接见。

近几年来，集团公司先后荣获“青海省文明诚信民营企业”“青海省先进企业”“青海省最具影响力十大诚信单位”“青海省抗震救灾，奉献爱心先进单位”“青海省捐资助学先进单位”“青海省先进民营企业”“青海省共建示范村活动先进单位”“全国工商联重质量、守信誉先进会员企业”“全国先进社会组织”，以及“全省五十强企业”（第34位）、“全国500强民营企业”（第347位）等称号。我个人先后获得了“青海省优秀民营企业家”“全国少数民族优秀经理”“全国劳动模范”“全国关爱员工优秀民营企业家”“全国民族团结进步模范个人”“全国优秀中国特色社会主义事业建设者”等荣誉称号，连续三届当选为青海省政协常委，第十、十一、十二届全国政协委员，连续三届青海省工商联副主席，全国工商联执委，现任全国政协十二届委员、省工商联（商会）副会长、海东市工商联主席和商会会长、循化撒拉族企业家协会会长，连续三届推选为青海省篮球协会主席。

人才梦

在挑战与成绩面前，我始终保持着清醒的头脑，要发展自己，迎接新的市场挑战，就必须提高自身的素质。谁拥有高素质的人才，谁就将赢得市场。我们这些民营企业家大多数是农民出身，创业之初，凭着经验、胆识和吃苦耐劳的精神，能应付一阵子，当企业发展到一定规模，困难接踵而来之际，先天不足的劣势必将毫不留情地显露出来。怎么办？唯一的诀窍就是学习，学习，再学习，不断地“充电”，不断地充实自己，提高自己，否则，兴旺之路只能变成“死亡之路”。要提高企业家的素质，首先要提高政治素质，一个政治上昏昏庸庸、对国家大事漠不关心的人，是不可能在企业经营管理上有所作为的。为此，从1994年以来，我多次到中央党校、中央社会主义学院和省委党校，比较系统地学习了邓小平特色理论、改革开放以来党的一系列方针政策、法律法规，聆听了党和国家领导人的重要讲话以及权威学者、专家的报告，进一步解放了思想，开阔了视野，活跃了思路，为进一步率领公司领导开拓奋进打下了深厚的思想、理论基础。我先后应邀在循化县全县党支部书记培训班、青海师专九八届应届毕业生报告会，以及在由玉树州委、州政府召集的六县书记县长与部分厂长经理座谈会等场合，结合本人的创业经历和公司的发展历程，做过“人才与就业”“企业必须注意的六个问题”“成功企业家必备的九个条件”等专题报告，因具有一定的借鉴和指导意义，受到了一致好评。

为了提高自己的业务知识和管理水平，十几年来，我先后参加了海东地区组织的各类培训班，参加了四期各半年由省建工建材学校组织的培训班，比较系统地学习了工程设计及施工等专业课程，取得了相应的合格证书。除此之外，每年订阅几十份报纸杂志经常阅读，使得自己的文化水平、专业技术知识以及理论素养有了较大的提高。1991年，经考核，我取得了建筑工程师资格。1998年，经上级主管部门批准，向省职称评定委员会申请并获得了“高级工程师”资格。2000年起参加青海民族大学举办的在职研究生班，于2002年完成硕士研究生的全部课程的学习，进一步拓宽了知识面，扩大了理论视野，使自己的知识层次上了一个台阶，全面提升了自己的综合素养。

我十分注意培养提高公司员工的素质。近几年，总共花费近50万元选送有文化、懂技术、有培养前途的98名职工到北京、深圳、兰州及省内有关专业院校培训学习。从有关部门高薪聘请高中级工程师等专业技术人才30名，这些人才在公司发挥了巨大的作用。我在办企业的实践中，充分认识到，靠经验和家族式的管理办法已经不能适应公司的发展，必须要永远地抛弃。传说曹操50多岁时为完成统一大业，天天梦中迎接那些具有文韬武略的帅才。从90年代初起，我一直渴望拥有一批专业技术人才，为公司施展才华。1996年我正式向有关部门提出接受大中专应届毕业生的要求，但未能如愿。1998年机会终于来临，4月12日，兴旺集团正式参加了1998年大中专毕业生供需双向见面洽谈会，料想不到我那个摊位最红，当时有400多应届毕业生报名。此后，还有人不断找上门来。根据公司专业人才所需情况，我们与52名大中专毕业生签了约。专业涉及工业与民用建筑、水利水电安装、水电运行、会计电算、文秘、经济秘书、法律、市场营销等。1998年7月9日，召开了应聘大中专毕业生欢迎仪式，青海省委、省政府、省人大、省政协以及海东行署、循化县政府相关部门的领导参加欢迎仪式，时任副省长白玛亲自讲话，并对我公司给予了极大的鼓励，评价我公司是远见卓识的民营企业。这是兴旺公司迄今为止，在人力资源管理方面最具远见和胆识，也是最值得我光荣与自豪的一大举措。

这些大中专毕业生，有的已经升任到集团公司副总经理岗位，有的是子公司的经理，大都在集团公司的主要而关键的岗位上，是目前集团公司的中坚力量，也是当前推动集团公司持续健康向前发展的依靠力量。

当今时代，企业的竞争是技术的竞争，而技术的竞争是人才的竞争。公司本着

“面向社会，公开招聘，择优录用”的原则，在企业中树立“能者上，平者让，庸者下”的新思想，不分民族，无论性别，唯素质高、能力强的人才是用。兴旺公司的经验表明，拥有了一流的人才，才拥有了一流的市场，也才能获得一流的效益。兴旺公司之所以兴旺，首先得益于人才的兴旺。我常说，一棵枝繁叶茂的参天大树，可以少几根枝枝杈杈，但不能没有根。兴旺集团可以没有一切，但不能没有人才，人才是企业之根。这是经验，更是我终生恪守的信念。

当今社会已处在信息时代，也是处于知识经济时代，市场竞争越来越激烈。改革开放初期是大鱼吃小鱼的时代，而今是“快鱼吃慢鱼”的时代。企业经营管理要求信息化，组织管理结构要求扁平化，对企业管理方面的要求越来越高，事情往往细节决定成败，我可以算得上是一位比较有名的企业家，按理应该满足现状，但因我的企业的业务正在快速发展，规模在急剧扩大，涉足领域也在增加，社会给兴旺集团公司带来的机遇也越来越多。无论是企业员工还是家乡各族民众，对兴旺集团的期望值也越来越高，这对我而言既是动力也是压力。这些压力和动力，促使我不断学习，需要不断进步。我不得不每天晚上坚持学习到深夜，多少年来这已经成了我的习惯，我的生物钟也早已适应了这种生活规律。我的身份和事业，我对事业执着和企业对社会应该承担的责任，催促我广泛学习了解国际经济形势，分析、研究国内经济政策，掌握青海的经济发展趋势，结合自己公司的实际，随时思考公司的发展战略问题和管理问题。

的确，兴旺集团公司在健康成长，但对我这个董事长的要求也越来越高。它要求我成为“细心的观察家”，要我眼观六路、耳听八方、明察秋毫，善于了解与把握竞争对手的策略动向，协作伙伴的诚意条件，党和国家的政策法规与其变化趋势，同时，对本企业的情况也要进行经常的分析研究，做到了如指掌；它要求我成为“非凡的战略家”，对战略性的问题，由于事关重大，影响深远，要我认真分析利弊，反复权衡得失，务必达到决策正确、方案最佳的要求；她要求我成为“勇敢的冒险家”，对于变化无常的市场和捉摸不定的环境，必须要深知机不可失、时不再来的道理，决不允许举棋不定，不允许在风险面前退缩，不允许在困难面前让步，要我善于背水一战，逆水而行，且能随机应变、见机行事，在风险中赢得成功；它要求我成为“积极的思想家”，要求我必须思路开阔、思绪清晰，且勤于思考、善于分析，而且能举一反三、触类旁通，有时要我在转瞬之间想出新道道，拿出新主张，为开创企业的新局面做出重大决策；它要求我成为“模范的实干家”，碰到困难不能绕道回避，而是必须一马当先、以身作则，争挑重担，做领导班子的领头雁，当员工的引路人，要当模范的实干家；它要求我成为“出色的外交家”，与外界打交道，对于集团性的公司是一个十分重要的内容，打好交道，搞好公关，才能为企业效益的不断提高、实力的不断增强，创造有利的外部条件，这就要求我不得不神通广大，好客善交，主动发展横向联系，积极扩大友好往来。

你说，我不坚持学习能行吗？于是我不断学习，以弥补文化知识的不足。我学习历史知识，以便从历史人物身上借鉴获取成功、防范失败的经验，了解决策的一般方法；我每天广泛浏览《大公报》《环球日报》《人民日报》《经济日报》《参考消息》《青海日报》，还要收听收看电视新闻等。此外，我还要学习现代企业管理知识，学习有关法律法规等。我的确累、的确忙，的的确确到了呕心沥血的程度。

我体会到了学习是件苦差事，我知道了成才不易，我也知道人才难得。所以，我喜欢人才，珍惜人才，使用人才，于是，我常常做人才之梦，也梦想自己成为人才，成为名副其实的掌握现代企业管理知识，具备观察家、战略家、冒险家、思想家、实干家、外交家特点的企业家，希望不要辜负每位员工、父老乡亲以及社会各界对我的期待、对我公司的厚望。

感恩

万分庆幸的是，我赶上了改革开放这个千载难逢的机遇。我常常想，一个当年受成分所累被耽误了学业的苦孩子，怎样成了一名知识面较广、掌握多种技能的管理型人才？一个十几元钱当路费、背着干粮出门谋生的穷孩子，怎样变成了拥有百亿元资产的企业家？是党的富民政策，是改革开放的好机遇。我感谢给我施展才能提供了机会的省、州、县各级领导，是他们的信任和支持，才使我和我的公司走到了今天；我感谢我的父母，在我单身出外卖力挣钱或是带领大家走南闯北艰苦创业的日子里，不管家中发生什么困难、受到什么委屈，父母都默默地承受了，给我的却是全力的支持和暖暖融融的慈爱。我更感谢家乡的父老乡亲们，即使在以“阶级斗争为纲”的年代里，是他们给了我做人的尊严，在我创业陷入困境时，他们给了我创业的勇气，在我取得成功之时，他们和我一同享受成功的喜悦和幸福。每当一项工程竣工，他们不管远近，总要赶到工地为我披红戴花。可以说，家乡的父老乡亲为有我这样的后人高兴，我也因自己是撒拉人的儿子而自豪。我常想，作为儿子，孝顺父母是天职，作为企业家，回报社会更是我的义务。道理很简单，父母养育我成人，社会培养我成才。说实话，追求安逸和舒适是人的天性。但是，个人享受的感觉是无法与回报社会所带来的幸福感、成就感、满足感和愉悦感相比拟的。

二十多年前的夏季，循化地区遭受旱灾，街子河断流，700亩土地无法浇灌，县政府决定在黄丰渠流经大别列村的一段，修座电灌站引水上南岸。但政府拨的经费有限，不足部分需要村人摊派集资。当时的街子还未摆脱贫困。我知道这种情况后即表态承诺，除了政府拨的经费以外，缺少部分全部由兴旺公司和我本人承担，当这座小型电灌站修起来时，我们前前后后共投资了18.9万多元，其中我自己投了2万元。工程竣工的那一天，村里快90岁高龄的马哈三老人激动得老泪纵横，当他走到渠边，捧一把水“咕咚咕咚”喝下去时，已经泣不成声了。全村的父老乡亲们抬着“为民造福”的金匾，到我家里表示感谢，老人们感激的神情和扶老携幼的场面，感动得我真想大哭一场。1996年，街子地区农村电网需要改造，我捐助现金5.6万元。自1988年开始，我每年拿出一定的资金扶助贫困户，1997年“尔德节”和春节期间，为使贫困家庭过好“两节”，我给街子地区140户贫困户每户发放2袋面粉，合计2.13万元；给集团公司90多名贫困职工每人发放50斤大米30斤青油，计1.8万元；仅1998年，我们用于扶贫、教育、公益事业、文体活动、捐助抗洪救灾等的资金就高达80多万元。当我的回报得到家乡父老乡亲们的肯定和赞许时，我真正感受到了什么叫“幸福”，什么叫“荣耀”，什么叫“撒拉族的儿子”了。

循化县的教育状况和民族文化的滞后不容乐观，有些地区连九年义务教育的落实都不全面，这有多方面的原因，但家庭贫困供不起学是主要原因。撒拉族企业家中大部分没有文化，在经营管理中因此遇到的尴尬和难堪以至于企业发展受到的影响，并未引起人们足够的警觉，好多青少年还认为没有文化照样能办企业，能当企业家，照样能赚钱，致使许多孩子辍学经商。我想这种情况再也不能继续下去了。于是，我从自己做起，带头积极支持光彩事业，1988年我捐资助学2万元，得到了海东地委、行署颁发的“为民造福”的锦旗。到1998年底，我先后资助了103名失学儿童复学，并承诺供他（她）一直上完六年级。1998年初，当孟达乡的一位老奶奶从我手里接到给她孙女的书包及一点小礼物时，老眼里挂满了泪花，她老人家说：“我从来没见过这么漂亮的书包。你对我的孙女这么关心，我一定督促她好好上学……”面对老人感激的神情，我也哽咽了，我心想，如果我们撒拉族的青少年都能接受到中高等教育，那该有多好啊！青海民族大学是我省培养民族专业人才的摇篮，1997年教师节期间我捐助2万元支持民族教育事业。为筹办循化撒拉族自治县四十周年庆祝活动和首届撒拉族艺术节，我捐资5.5万元。1998年的夏天，我组织了近100人的“兴旺之声”文艺演出团和篮球队，赴青南地区慰问演出，花费资金多达100万元，在我省的企业效益普遍不好的情况下，为企业的文化活动投入这么多的资金，这在我省民营企业中是不多见的。演出团所到之处受到当地政府的热烈欢迎，各族群众宰牛宰羊前来慰问。州、县领导甚至到几十公里处敬献哈达迎接我们。当地群众说：“多少年来，我们很少看过这么精彩的演出和篮球比赛。”

多年来，我总是坚持回报青南地区党政领导和各族人民对我公司的大力支持和厚爱。在 1989 年海南州兴海县洪水暴发、1991 年和 1993 年海南州相继发生地震及沟后水库垮坝事件时，我们公司无偿调动劳力 3000 多人次帮助救灾，自己出资 4.6 万元，无偿支援价值 3.18 万元的钢材等建筑材料以及现金 2.1 万元，合计近 10 万元，捐助数额在全省各类企业中是最高的，受到海南州委、州政府的通报表扬。

1997 年玉树州发生百年罕见的特大雪灾，灾后的牧民群众又被雪盲、痢疾、败血等病魔侵扰，危及健康与生命。玉树州立即成立了地方病研究所，无奈由于经费紧张不能有效地开展工作。我们公司知道后，于 1998 年 7 月一次性资助地方病研究所经费 10 万元，有力地支援了地方病的防治工作，为受灾的藏族同胞奉献了一片爱心，此举在 1998 年玉树州赛马会开幕式上得到了州委、州政府的通报表扬。

兴旺集团公司坚持“效益第一，富裕员工，贡献社会，百年兴旺”的宗旨，在努力追求生产经营效益、近 10 年逐年提高员工薪酬水平的前提下，不遗余力地贡献社会，义不容辞地承担社会责任。特别是 2006 年，兴旺集团率先在青海省民营企业中成立了兴旺爱心救助会，并从当年开始，董事会决定每年拿出 10% 以上的利润放到爱心救助会来感恩社会，支持社会公益事业。公司已累计为社会各项公益事业捐款近人民币 2.8 亿元，赢得了社会的广泛赞誉，树立了良好的企业形象。

1999 年以来，我公司先后为循化县旱灾、南方洪涝灾害、汶川地震、玉树地震等灾区和农村贫困群众捐款捐物累计达人民币 2000 多万元。

在持续扶助小学生、中学生十多年之后，2010 年开始给家乡修了一座学校、幼儿园、文化广场，投资近 5000 万元，全体学生、儿童免费提供住宿，仅此一笔每年开支近 500 万元。从 2006 年起，兴旺集团公司参与“金秋助学”活动，每年保持资助在读大学生 350 名，每人每年人民币 5000 元的学费，直到大学毕业。积极捐助贫困地区学校，购置电脑、补充桌凳，努力改善办学条件，近几年已累计捐助达人民币 834 万元，为促进教育事业发展做出了积极贡献。

2002 年以来，为循化、化隆两县帮助修建提灌站、实施退耕还林还草等共捐助人民币 250 余万元。集团公司先后无偿捐助资金近人民币 4300 多万元，帮助全省 68 个村维修或新建了清真寺，全循化县129座清真寺中113座均先后得到兴旺集团公司的资助，既改善了宗教活动场所，又减轻了广大信教群众的负担。

我的公司为2个乡13个自然村1700多名60岁以上老人提供年均人民币400元到800元不等的营养早餐费，承担6名青海民族大学来自苏丹的留学生的生活费用；以每年1万元赞助24名撒拉族学生到土耳其留学；正在筹划通过正常渠道赞助撒拉族学生前往土库曼斯坦国留学，为打通和建设新丝绸之路经济带，为促进中土经贸发展和文化交流做些实质性的准备工作。

为兴建循化县职业学校街子分校、撒拉族敬老院和循化县兴旺民族幼儿园、搬迁新区（兴旺小区7栋300套住宅）打通进校、进村道路，构成一条旅游、文化、商业一条街，公司总投资近人民币1.94亿元，仅2012—2013年已投资人民币1.3亿多元，2014—2015年两年还将陆续投资6000万元，并全面竣工，以彻底改善家乡——撒拉族的发祥地的生活、学习和商业环境，为美丽乡村建设做出自己的贡献。

我能走到今天，集团公司能发展到今天，从最初十几个人的施工队发展成今日规模庞大的兴旺集团，从最初“游击队”式的小打小闹到今天的集团军的全面出击，每走一步都得到了社会各界的帮助和大力支持。我最初闯荡天涯主要是为了生存的需要，为了家人吃饱穿暖；接着主要是为了展示自己的能力，考验自己的胆识，也为了帮助亲朋好友和乡亲们日子过得好一点。我现在已到耳顺之年，按常理说应该歇下脚来，享受上有老、下有小五世同堂的天伦之乐，安度晚年。但是，我的事业不允许我歇脚停步，公司经营管理的现状和发展前景更需要我，促使我奋斗不止。目前的兴旺集团虽然在兴旺家族的名下，实际早已超出了家族的范畴，它早已属于撒拉这个民族，属于循化各族人民，属于整个社会。滴水之恩，当涌泉相报，是中华民族的传统美德。我和公司对社会所做的一点贡献，只不过是一点点回报而已。今后，随着公司的壮大，我将更多地支持我省的社会公益事业发展。

乘风破浪

每当夜深人静之时，我喜欢走出办公室，仰望楼顶上“青海兴旺集团公司”和“兴旺大厦”的巨型霓虹灯字幕，在高原古城的夜空闪烁出斑斓的光彩，顿觉神清气爽，一股豪情油然而生。回首创业之路，是一条拼搏之路，奋进之路，成功之路，更是一条兴旺之路。兴旺之路正在继续向前延伸，2007年以来西宁大十字兴旺大厦的施工建设进入紧张的施工阶段，2009年投入运营，以其庄重典雅、线条明晰流畅的外立面，豪华、做工精细的内装饰、先进耐用的进口设备，体现了现代建筑的和谐美。该项目获得青海省最高建筑奖项“江河源杯”。青海兴旺国际饭店位于西宁市最繁华的中心地段——大十字，其地段具有得天独厚的优势，交通极为方便，是集住宿、办公、商场、餐饮、休闲、娱乐、观光为一体的多功能准五星级饭店，系西宁市地标性建筑。建筑总高 26 层 99.9 米，属西宁市最高建筑，总建筑面积达 42000 平方米，价值人民币 6.6 亿元。2011 年 2 月 28 日正式自主经营，目前经营状况很好。

2010 年开始承建了青海省政协办公楼及其干部职工住宅共三幢高层建筑，2011 年 11 月均封顶，2013 年全面竣工。该项目使我公司拥有了 4.3 万平方米的商业经营用设施。

通过以上标志性建筑项目的施工建设和投入运营，成功展示了兴旺集团公司的卓尔不凡的施工能力，极大地提高了企业的知名度和美誉度。特别是大十字兴旺大厦的竣工，标志着兴旺集团实现了辉煌，但我和我的企业不会就此止步，而是渴望更加辉煌。

2008 年 11 月开始运作，并于 2009 年 10 月成功注册了云南青峰房地产开发公司，初期注册资金为 800 万元（目前已增至 8900 万元），成功实现了跨省经营。青峰公司跨省经营的第一个项目是云青花园项目，也是兴旺集团公司跨出省门的标志性项目。该项目是由兴旺集团属下全资子公司云南青峰房地产公司开发建设的项目，2012 年开工建设，计划 2016 年竣工。地址在云南省昆明市中心黄金地段。项目总投资约人民币 46 亿元，总占地面积为 436 亩，建筑面积 110 万平方米，其中用于自主经营的商用建筑面积 35 万平方米，将建一座 200 米高、具备综合服务功能的云南兴旺国际饭店，计划于 2014 年 5 月份开工，2016 年 5 月竣工。这个项目在云南省委、省政府，特别是昆明市委、市政府的直接关心和大力支持下，项目各项工作稳步推进。

循化撒拉族自治县波浪滩生态旅游观光园项目，于 2003 年正式启动，2011 年破土动工，2015 年全面竣工。预算总投资近人民币 16 亿元，项目已征地约 1 万亩，按目前的市场价计算价值约人民币 30 亿元。建设项目含十大内容：特色农业开发、生态旅游观光、农家风情展示、休闲娱乐活动、儿童乐园、商务会所经营、民族体育赛事、水上乐园、休闲度假服务、水产养殖。据初步估算，项目全面竣工后年产值将达人民币 40 亿元。

青海兴旺民和物流园享堂商贸区建设项目，地址在青海省海东东部市场，紧邻甘肃省兰西经济特区，已达成项目开发协议，目前正在进行开工前的准备工作。项目初步预算总投资人民币 65 亿元，建设规模为用地面积 1300 亩，总建筑面积 188 万平方米。计划建设期限从 2014 年开始，为期 5 年，力争 2018 年建成。

西宁市城南新区兴旺花园项目占净用地 48 亩，总投资人民币 6.2 亿元，商住房建筑面积 14.5 万平方米，目前征地和规划手续已经办毕，计划 2014 年开工建设，2016 年竣工。

攀登者和创业者的足迹是永远向上的。在我的脚下，永远没有最高的目标，只有更高的目标。我总觉得，一个有眼光、有胆识的现代企业家，应该有大“胃口”和大“野心”，应该有锲而不舍的韧劲和执着，应该始终保持一种敢为人先的进取精神和未雨绸缪的忧患意识，才能领导企业不断走向辉煌。我要在党和政府的关怀和各界朋友的帮助和支持下，继续发扬勤俭节约、艰苦创业的精神，强化管理，提高质量，拓宽市场，以实现现代企业制度为契机，朝着企业集团化、资本股份化、管理科学化、市场多元化的方向和目标前进。

我们的公司 1995 年在西宁注册登记了青海兴旺建工贸有限责任公司，以此为起点，制定了第一个十年发展战略（1996—2005 年，这是我们的“一五”“二五”计划），提出了一个发展战略，就是“在稳健中求发展”。制定了第一个十年的奋斗目标，也就是十年达到“111”工程，即“二五”期末年产值达 1 个亿、实收资本金 1 亿元、利润达 1000 万元的目标，并制定了每年在经营方面必须考核的八大指标（产值、税金、利润、注册资金、固定资产、员工收入、安排农民工就业、社会公益事业），明确了八大指标在每五年要翻一番的中期计划、10 年翻两番规划。经过 1996 年到 2005 年 10 年的努力，我们超额完成了所制定的目标。

我们借鉴第一个十年发展经验，结合集团公司的实际情况，制定了第二个十年发展战略目标（2006—2015 年，是我们的“三五”“四五”计划），提出了“在稳健中寻求跳跃式发展”的新的理念，具体目标是实现“339”工程，即“四五”期末年产值达 3 亿元、年利润达 3000 万元、实收资本金 9 亿元，八大指标均要在 2005 年基础上再翻两番。从 2013 年全年经营情况看，实现总产值 5.24 亿元，年利润和实收资本都超过“四五”目标，提前两年实现了第二个十年的发展战略目标。

我们的企业已经在研究分析发展前景的基础上，确定了第三个十年发展战略（2016—2025 年，是我们“五五”“六五”计划），我们在这个阶段的发展理念是“在稳健中追求超越式发展”，目标是要实现“20360”工程，即“六五”期末产值达 20 亿元、年利润达 3 亿元、实收资本金 60 亿元。

在此，我举一个循化波浪滩生态旅游观光园项目的例子，以说明我们确定第三个十年战略实现的客观依据：波浪滩旅游生态观光园项目是全省唯一的、全国少有的特色旅游项目，项目部外围井桩及蓄水工程、人行栈桥、景观台及南北甬道、会议中心、热水井等工程正在按计划顺利进行。其主要功能之一是利用黄河积石峡水库水域开发建设航运、水产养殖。同时，循化境内开工建设多条公路和航运通道，如隆务峡到大力架山的高速公路、县城到公伯峡的二级公路、循化十里经济带市镇道路、河北二级公路等已经开工或今年即将开工，积石峡水库水域的航运有关设施建设也即将启动。我们可以想象，以后的循化将成为一个公路四通八达、航运繁忙的枢纽型县城。更可喜的是，与波浪滩直接相关的交通设施建设也即将实施，交通厅将投资 2—3 个亿的资金建设波浪滩周边的交通设施，将直接带动波浪滩项目各项功能的实现，我们将紧紧抓住这个难得的机遇，尽早抓紧各类项目建设并竣工经营，使全县人民和公司早日受益。经初步估算，波浪滩水域面积 1000 多亩，能够养殖 1 亿尾冷水鱼，年产量可达 7500 万公斤，按目前市场价 70 元 / 公斤基础上，保守的数据 50 元 / 公斤估算，年产值可达 38 亿元，如按 10% 的利润率计算，年净收益可达 3.8 亿元。我们可力争在 5 年内达到这个产值。如果考虑进一步深加工和附加值因素，效益将更加可观。我们满怀信心地预期，波浪滩水产养鱼项目在不久的将来，将会成为兴旺集团公司新的经济增长点，成为公司具有核心竞争力的拳头产品。波浪滩水域也将成为黄河上游青海段水产养殖地基地、水产深加工基地、饲料加工基地。为此，我们专门聘请了国家级水产养殖专家工程院院士麦康森教授，并在波浪滩水产养殖基地为其设立院士工作站。波浪滩项目将成为公司盈利水平再上一个新台阶的有力支撑，为实现集团公司第三个十年计划目标将起到积极的支撑作用。

目前，集团公司前所未有的最大的两个综合性项目即云南房地产开发项目和循化波浪滩生态旅游观光园项目，正处在如火如荼地施工阶段，集团上下正全力以赴，随着这两个项目的投产运营，将迎来集团公司的收获期。从而，兴旺集团公司由目前建筑施工和房地产开发为主业的公司，逐步转变为建筑施工、房地产开发、生态旅游、冷水养殖、宾馆服务、物业管理、会展服务、职业教育、国际贸易等跨领域、跨行业的综合性现代化的集团公司，兴旺集团公司将进入更加辉煌的阶段。

风正一帆悬

在 16 岁花季少年时，我独自一人走向风雪弥漫的草原和大山深处，不知道瘦弱的身板能承受多大的重量，不知道立足之地在何处；在 60 岁花甲暮年的今天，青海广袤的戈壁草原和深山川地到处留下了我心血化作的成果，我能够承受很沉的重量，而且我已经承载了常人无法承受的重量。

我出身地主家庭，可小时的我家穷得叮当响，也感受了“吃光了树叶吃树皮”的体验；而现在的我同样是“地主”，仅波浪滩几千亩土地由我来支配，足以说明我现在是名副其实的“地主”。

在 45 年前，我第一次走出家门时，怀揣的是十几元的盘缠和母亲亲手烙的几块馍馍；45 年后的今天，我拥有的是百亿元的资产和几栋高楼大厦。

在 45 年前，经过二十几天的艰苦奔波和四处央求，我才能找到一份小工活儿；45 年后的今天，许多大型项目的业主主动找上门来，希望由我的公司实施项目的建设。

在 45 年前，我因调皮出名而乡亲们称我是“加佬”，甚至引起某些人的讨厌；45 年后的今天，我已经取得了一定成绩，作为民营企业家的代表多次受到中央领导的亲切接见。

变化，的确发生了变化。这个变化除了我个人的不懈努力之外，得益于党和政府改革开放的好政策，得益于一届一届兴旺公司员工的持续奋斗，得益于家乡父老乡亲的长期支持和鼓励。

在 16 岁时，我不满足于挣生产队的四五个工分，毅然走出家乡，为的是仅仅能够生存，或者说比较体面地生存，为家乡做点有意义的事；在 60 岁的今天，我同样不满足于现状，因为我对家乡和父老乡亲的回报还不够，对社会、对民族的感恩还不够，对建设祖国的贡献还不够，发挥大家共同搭建起来的兴旺集团这个舞台的作用还不够。潮平两岸阔，风正一帆悬。当国家领导人提出“丝绸之路经济带建设”的战略规划时，我又看到一条宽广的道路出现在眼前。于是，我又一次毅然做出决定，我要走出国门，我的公司要走出国界，沿着撒拉尔的祖先 700 多年前踏过的东迁之路，把公司的业务发展到国外，实现胸怀祖国、放眼世界的梦想，走出一条真正的兴旺之路。

——马海福：《兴旺之路》，全国政协文史和学习委员会、青海省政协学习和文史委员会：《撒拉族百年实录》，中国文史出版社，2015 年版，第 229—253 页。

诚信无价，勤奋创业铸辉煌——记韩有文

我叫韩有文，循化县清水乡阿什江人，今年 49 岁，家里有四口人，媳妇、2 个男孩，1 个女孩。1980 年初中毕业后，我在张嘎清真寺跟随易卜拉黑麦阿訇学习《古兰经》，7 年后自己在循化县阿什江开学，1995 年开学到期后辞学。

艰辛创业，一人扛起家庭重担

当时的阿什江村非常贫困，我家里生活也特别困难，种地收入微薄，看到村里有人外出打工，自己也想碰碰运气，1995 年我带着媳妇和女儿从循化来到格尔木。那时

的格尔木很荒凉，大批怀揣淘金梦的创业者来到这里，寻找机会。我初到格尔木时，撒拉族在当地较少，能帮忙的人更少，很长时间找不到合适的工作，在家待业半年多。当时生活极其艰辛，有时连吃饭都成了问题。但我们撒拉人历史上就以勤奋、能吃苦著称，我们遇到困难会迎难而上，轻易不会后退。为了让家人生活过得好一些，在没有工作的那段时间里，我四处奔波，只要能解决吃饭问题，我不计报酬，什么样的苦活儿、累活儿都干过，现在回想起来真的非常辛苦，一家老小的生活全靠自己。半年后生活开始有了转机，我在河东市场以 4700 元的价格盘下了一个压面铺（包括压面设备），生活才算逐步稳定下来。当时每斤面条成本 0.15 元，每天赚 50—60 元，尽管赚的钱不多，但我的铺子干净整洁，又不缺斤少两，回头客人比较多，经营稳定，心里也比较踏实。这样下来，除了生活外，慢慢还有了点积蓄。两年后，我以原价 4700 元将清真压面铺转让，1997 年下半年，我拿出两年积攒的 2 万元，自己在河东市场租到两间铺面开始经营粮油生意。

坚守诚信，勤奋创业

对撒拉族来说，伊斯兰教是一种信仰，也是一种生活方式。伊斯兰教提倡生产经营活动利人利己、平等交易、诚实守信、依法经营，反对损人利己、投机取巧、欺诈瞒骗、牟取暴利。我是阿訇，我深知诚信做人是遵从伊斯兰教的根本。做生意跟做人是一样的，我总结出今天生意较好的原因是以诚信为本。“信誉是靠人做起来的。打开市场，关键靠信誉。”1997 年刚做面粉生意时手上没有多余的现金，只能从销售商手中赊面销售，我销售面粉时跟早期经营压面铺一样，随时检查每袋销售的成品面粉是否足斤，从不失信于买面粉的人，就凭这一点很快我有了较为稳定的客户。来我粮油店买面的客户常说的一句话是“到你店买面粉我们放心”，面粉销售比预期的要好很多。还没到赊销还款的时间，面粉就销售一空，当面粉卖完以后又及时给赊销人还款，凭诚信经营，一点一点把面粉生意做起来。做面粉生意一年多，在当地的生意圈里就有了很好的信誉，和我合作的人开始多起来。

1999 年是我人生的一个转折点，甘肃武威延年有限责任公司老总韩延年主动找到我，希望由我为甘肃武威延年有限责任公司代销面粉。当时我们双方见面时，韩延年从别人口中已经知道我的为人，生意一拍即合，我只提出一个要求，格尔木气候干燥，甘肃武威足斤的每袋面粉到当地未必是足斤的，必须保证面粉的斤两，韩延年满口答应，从那时开始我们合作到现在。韩延年把首次用汽车运输来的 20 吨面粉赊销给我，由于面粉质量好，斤两足，销路一下打开，很短的时间销售一空。随后电话联系由火车发来一车皮共 2400 袋面粉，但也是赊销。我及时给韩延年汇去第一批面粉赊销款，韩总就说是第二批发的面粉款，自始至终韩总没收第一次赊销的 20 万元面粉款，得到这笔资金的支持，2002 年时有了自己的本钱。2004 年拿出一部分积蓄，开始扩大经营规模，以面粉经营为主业，兼营油料。这一年我又主动到河南洛阳永丰面粉厂考察，洽谈合作事宜，3 天后现钱现货交易，双方诚实守信，也一直合作到现在。

苦尽甘来，诚信收获幸福果

2005 年是我人生的又一个转折点，这一年格尔木河东市场改造，我在金峰路买下了一个门面房并把铺面搬到此地，楼下铺面加楼上共 110 平方米，买门面房首付 6 万元，其余是 10 年按揭，贷款现已还清。2010 年我的经营规模进一步扩大，我将金峰路门面房租给别人，把铺面搬到现在买的金南三巷 108 平方米的格尔木韩记粮油批发部。为了方便粮油运输、仓储和配送，在格尔木火车站租了一个仓库铺面。如今韩记粮油铺由我和小儿子一起经营，火车站仓库铺面由大儿子经营。两个儿子没有分家单过，一起生活，收入由我统一核算。2010 年以来，考虑到成本因素，我自己出资 9 万元购置了两辆运货车和一辆摩托车，节省了不少的费用。另外打算老了以后落叶归根，在循化县购买了 150 平方米铺面和 145 平方米商品房一套，老家购买了 2 院庄廓，并购置 5 亩地种植核桃……

我能把生意做成今天这样，一方面是党和国家的政策好，另一方面是诚信经营。我深深地明白，无论做人还是做事，都要诚实，讲信用。所以，从创业到现在，我始终坚持以客户满意为服务标准，以优质的产品，热情、真诚的服务赢得客户的信任。可以说诚信是我坚守做人、经商的原则和底线，也是我成功的根本……

——杨有柏：《撒拉族海西创业实录》，全国政协文史和学习委员会、青海省政协学习和文史委员会：《撒拉族百年实录》，中国文史出版社，2015 年版，第 210—212 页。

善于捕捉商机的撒拉人韩哈尼

我今年 60 岁。早年在海东、黄南等地打短工，做小买卖，后来开始搞建筑，也跑过运输，辛苦积攒了一些钱，买了一辆客车，开始跑客运。1991 年，我怀揣梦想，从循化来到格尔木市寻找商机。最初将自有客车入股到格尔木客车联营公司，跑格尔木—西宁段客运。跑客运两年的时间里，起早贪黑，每天来往于格尔木和西宁之间。到了 1993 年跑客运的人增多，竞争变得空前激烈，利润下降特别明显。我是个善于捕捉商业机会的人，我觉得随着货运和客运人员的增加，由此催生的汽车油料市场必然会繁荣，于是我果断退出客运市场，筹资 40 万元在格尔木南出口兴建了加油站。当时格尔木加油站较少，我选建加油站的地段非常好，南北往来于格尔木的车辆都经过那里，加油站建成后生意相当兴隆。一年后我找了三个合伙人将加油站规模进一步扩大，1994—1996 年间相继新建了 4 个加油站。1996 年 7 月青藏铁路建成通车，来格尔木旅游和寻找商机的人逐年增多，发展宾馆服务业商机无限。我和几个合伙人商议后共同出资 2600 万元注册成立了东方工贸有限责任公司，公司的主业是宾馆服务业。公司成立后在格尔木市繁华地段买下了一块地皮，投资建起了装修豪华、服务一流、建筑面积达 7800 平方米的东方宾馆，以及 3000 平方米的东方商场、2500 平方米的商业综合楼和大型停车场。公司经营的头两年顺风顺水，利润可观。到了 1999 年底各合伙人在合作上意见有了分歧，一个股东退出。我和另外两个合伙人重新商讨公司经营的模式，最后决定东方宾馆由三大股东以内部承包的方式，一人经营一年，合约规定每年上缴公司的基本支出，剩余部分是自己当年的盈利。重新确定了公司运转方式之后，公司经营步入良性发展的轨道。2000 年原先的 4 个股东以抓阄的方式每人分得一个加油站独立经营，这是公司成立后我和合伙人第一次“分家”。东方宾馆按合约各合伙人经营一轮之后到了 2004 年，我和两个合伙人再次商议，最终东方宾馆经营权归我，东方商场、商业综合楼和大型停车场由另外的合伙人经营，通过和合伙人的第二次“分家”，格尔木东方工贸有限责任公司最终由我接管。2000 年我到西宁发展，格尔木的生意无人管理，我儿子韩明才从原单位办理了病退，子承父业，开始管理东方宾馆。

如果说创立格尔木东方工贸有限责任公司是我人生一个新的起点，那么到省会西宁寻求商机是我人生的又一个转折点。2000 年我到西宁谋求发展，当时西宁有一批国有资产破产转让，我抓住机会，在 2001 年收购了原省二建三处位于西宁市长江路的破产资产，在西宁注册成立了青海长江工贸有限责任公司，在此基础上，经过两年多艰辛的基本建设，2004 年 7 月，建筑面积 6000 平方米、有 110 多套客房、达到三星级标准的长江宾馆正式开业。在此期间又和弟弟韩胡塞收购了西宁酱菜厂，注册成立了青海长江源房地产有限公司，开始涉足当地房地产市场。经过多年发展，我管理的公司实现了经济和社会效益双丰收，目前格尔木东方工贸有限责任公司缴纳税金近 37 万元，历年累计纳税近 407 万元；青海长江工贸有限责任公司累计缴纳税金 270 万元，并安排两地 600 多人就业，其中下岗职工 107 人。

我是一个知恩图报的人，自己富了、企业发展壮大了，却始终没有忘记家乡和支持社会公益事业。1994 年，我为街子乡等捐资，发展文体事业，并资助贫困学生及家庭；1998年，为洋苦浪村出资，实施水利设施大口井开挖截流，到省上跑资金并个人捐资共20万元，彻底解决了村里的饮用水及农田灌溉的难题；2002年，我到省上争取资金并个人捐款30万元，在洋苦浪村修建了近2000米的防洪坝；2005年，出资60万元，在洋苦浪村修建了群众活动场所；2006年，捐资20.7万元并争取省上资金35万元，修建了660平方米的教学楼和50平方米的学前班教室，还有50米的校园围墙及大门，解决了500多名学生的教室及20名老师的办公、住宿等问题；2008年、2010年，先后通过各种渠道给汶川和玉树地震灾区捐款7.8万元。我还担任政协西宁市第十三届委员会委员。近20年来，我为捐资办学、修路搭桥、兴修水利等公益事业，个人累计出资达198万元，我帮助过的人更是不胜枚举。

——杨有柏:《撒拉族海西创业实录》，全国政协文史和学习委员会、青海省政协学习和文史委员会:《撒拉族百年实录》，中国文史出版社，2015年版，第217—219页。

成功的路就在脚下

我是农民的儿子，1955年出生在青海省循化县街子镇古吉来村。小时候，我的家境并不好，兄弟姐妹多，再加上老人需要赡养，父母常常为吃饭穿衣发愁，由于条件所限，上了两年小学我便辍学回家务农。人多地少，不管付出怎样的努力，生活依然很艰难。困难的日子给我小小的心里留下深深的烙印：必须走出去寻求致富之路。

稚嫩的双脚迈出创业的第一步。

1978年，23岁的我由于生活所迫，怀揣东拼西凑的500元出门闯世界。最初的想法是四处贩运商品，做先辈们习惯了的被人们称作“脚户哥”的传统营生。可是收购什么货物能赚钱，老人们的想法是贩运粮食，周围的人给的建议是搞副业。那时候，一些家境好的人家，羊肉炖虫草成为老人们补身体的一道好菜，在撒拉族中有一定的市场，所以我决定去挖虫草、做虫草生意，最后老人们终于拗不过我的执着，同意我出门挖虫草、做虫草生意。当时1斤虫草150元，和现在几十万元的价格相比简直是天壤之别。但是挖虫草并不是一件容易的事，把虫草从土里挖出来并不困难，但要找到它们犹如大海捞针。虫草一般生长在海拔3000米至5000米雪线附近的草坡上，“夏草”刚出土时，只有一两厘米高，呈棕褐色，人们要做的就是把这些不起眼的、状如枯草的东西从草丛里找出来。挖虫草时，很多人或蹲或侧卧在近60度的山坡上，脸贴着地面，一点一点地挪动着身子找虫草。饿了，就着山风吃一两口硬邦邦的烧馍；渴了，喝几口冰冷刺骨的茶水；累了，斜靠在草地上打几秒钟的盹。一天下来，两眼干涩，头昏脑涨，大腿、膝盖和臀部火辣辣地疼。有些时候，我也去挖虫草，但更多的是走山串户，跟在挖虫草的人后面，一座山一座山地转，一根一根地收，走遍了果洛、玉树、西藏出虫草的地方，穿烂了一双又一双母亲千针万线纳的布鞋，胶底的解放鞋也禁不住我的折腾，老是和我说再见。就这样，当年成功地用500元收购了10斤虫草，卖掉虫草净赚1000元钱，回报率达到200%。之后，我带着本钱和赚来的1500元钱再一次来到藏区，再到果洛、玉树、西藏做虫草、麝香、药材生意。经过6年长期不懈的努力，终于赚到了我人生的第一桶金，当时赚的钱可以买下2辆东风汽车、1辆北京吉普车。

在阿尔金山淘金，奠定了成功的基础。

1985年，我用做虫草生意赚的钱，组织了60人到新疆阿尔金山挖金。阿尔金山在新疆的东南部，与青海交界，我们从循化出发，乘坐两辆东风车，一辆车拉的是工人（雇工每人每天15元），另一辆车坐的是自己人和工具、粮食。那时候，去阿尔金山的路很不好走，平均海拔5000米左右，到处都是乱石滩，地面铺满篮球大的石块，汽车一路不知疲倦地“跳舞”，一会儿侧身30度从滑坡的山体通过，一会儿从60度左右的山坡直冲而下，五脏六腑都要被颠了出来。一次，我竟被车座弹起，头部直撞车顶，扭伤的脖子足足一个星期才恢复。老乡们开玩笑：“所有的器官都挤到一起了！”韩五十八常常瞪着累得血红的眼睛，忿忿地诅咒：“这路就像那万恶的旧社会，怎么总也没个头！”在荒原上，其实最脆弱的不是人，而是车。进入腹地，没有外界的救援，两辆车动不动就出现故障，意味着我们的生命不断受到威胁，路上的石块尖利的像钉子一样，一不小心就会爆胎，车外时不时出现不知死了多久、只剩下一副空壳子的牦牛，一路上没有人烟，看见的就是雪山、冰川、沙漠、沼泽、草原、湖泊，还有藏野驴、藏羚羊、野牦牛……饥饿的狼群在晚上远远地望着我们，一片绿荧荧的光点，闪烁着。那是贪婪的嗜血的光，随时准备着对我们发起攻击。这些都不是最可怕的，最让我担心的是疾病，在高原上，感冒是可怕的，极易引发肺水肿，若不能马上救治，致命率很高。因此，一路上仔细看、慢慢行，既要和恶劣的天气、路况作斗争，又要防止大家生病，20天的行程我几乎不敢合眼睡一觉。

阿尔金山处处是冰川，河道众多，采金古已有之，新中国成立前这里就出现过不少为了生计冒险的淘金客。在当地政府的同意下，办理了采金手续，用最原始的办法，一镐一镐地挖开冻土层，一铁锹一铁锹铲出沙子，和着水银一起加入水中，倒掉水和矿渣，收集水银与金子的混合物，再将这种混合物加热烧制，水银挥发后剩余的就是金子了。淘金其实是件极容易的事，技术含量不高。可对沙金富集点的判断，是一项技术含量很高的工作。带领乡亲们出来，就是让他们的腰包能鼓起来。刚开始挖金的时候，挖了很长时间，一分钱也挖不上，寻找沙金富集区就成为我必须跨越的鸿沟。虽然我没有多少文化，可是我有一颗善于寻找的眼睛和渴望学习的大脑。于是到处看以前留下的淘金洞，寻思为什么他们在这里挖金，而不是在别的地方？有的淘金洞有几十米深，说明这一带肯定是有黄金的，而且相当富集，不然不会有那么多人，花那么大的本钱去折腾。就这样，我从一个不懂沙金分布规律的门外汉，变成逐渐寻找到一些沙金分布的蛛丝马迹的金把头。经过5年的努力，乡亲的腰包鼓起来了，我的淘金梦也实现了，我赚到了事业起步的一大桶金。

以沉稳的脚步开拓格尔木市场。

1990—1992年，我从事西宁—格尔木客运。客运工作的日子，是一趟一趟翻着山过的，刚刚还在享受着春天的暖阳，转眼间就进入了白雪皑皑的冬季。年复一年，收获了希望，收获了信息，也收获了思考。越来越感觉到要做大做强，必须要有自己的实体。

在从事客运的几年里，最头痛的不是客源，因为格尔木地处青海、西藏、新疆、甘肃交通要冲，有“四省通衢”之称，每年85%以上的进藏物资和95%以上的出藏物资由格尔木运转，全国各地到青海、西藏旅游的、创业发展的人很多，格尔木钾肥厂、格尔木炼油厂等大型企业每天过往车辆数以千计，有“汽车城”的美誉。格尔木又是一个移民城市，往来人员非常多。繁忙的运输线上，加油站很少，要加油要跑很远的地方，一路上听得最多的是过往司机抱怨汽车加油难的声音，看到这种情况，我果断放弃了客运，于1992年在格尔木开了河坝加油站。本着诚信经营的理念，坚持技术创新、质量至上、注重环保，经过多年的发展现已成为集研发、生产、销售于一体的知名企业。我经常给员工讲：撒拉人开企业不容易，让用户满意，就得有过硬的本事，产品的质量是我们的生命。创业之初，为了上项目，谈生意，协调各方面的关系，每年穿烂3双皮鞋，既当董事长又当总经理还当业务员。经过20多年的艰苦创业，企业由小到大，从一家加油站发展到现在的多家加油站，从单纯的加油化工行业发展到现在涉及粮油加工、枸杞种植、房地产开发、商场商贸、油气运输等多行业并举、共同发展的格局，形成了自己的集团公司。经营的资产有：江河龙粮油市场、江河龙宾馆、马撒拉商场、江河龙液化气站、河坝加油站、江河龙加油站、西藏安多顺达加油站，格尔木500亩枸杞林、200亩储备土地，运输车15辆、油罐车10辆、液化汽车5辆。集团公司所占资源发展空间很大，资产大部分在格尔木繁华地段，其中建筑面积1.8万平方米马撒拉商场在格尔木河东市场的核心区。我也成为格尔木穆斯林群众中资产最多，也是格尔木撒拉老板中影响最大的企业家。企业员工 105 人，其中，宾馆管理、市场管理、液化气管理 35 人，汽车司机 40 人，施工机械 30 人，由于员工工资、福利较好，员工队伍比较稳定。

企业的经营管理采取家族经营模式，主要管理人员由我和 2 个儿子马庆、马龙负责。为了更好地经营企业，从全国聘请 4 名职业经理人担任公司的高层管理人员，其中 2 名职业经理人协助马庆管理加油站、客货运输，另 2 名职业经理人协助马龙管理宾馆、液化气站，我担任董事长负责全盘管理、对外协调沟通。2013 年准备开发 3 万平方米的房地产，开发投资全部用自有资金。长期经营打拼的经验告诉我，干自己熟悉的事，不碰自己不懂的事，在投融资方面，自己有稳定的流动资金，没有从银行贷款，修马撒拉商场时，银行主动上门表示想给贷款，需要以房屋、土地作抵押，对这个行业我不熟悉，因此拒绝了银行的美意。

热心公益事业。

经过多年的艰苦创业，我取得了一定的成绩。在事业成功的同时，政府和群众也给了我很高的荣誉。我现担任青海省伊协常委、海西州伊协副会长、格尔木政协常委、格尔木河西清真寺管委会主任。

任河西清真寺管委会主任 11 年来，化解民族矛盾、解决民族纠纷，在穆斯林群众中有一定的影响力，为维护社会稳定做出了自己应有的贡献，也为格尔木河西清真寺建设做出了贡献。河西清真寺原来占地 10 亩，通过不懈的努力增加了 50 亩，现占地 60 亩，修建了 3 层礼拜殿，可以容纳 1.3 万人进行宗教活动。河西清真寺总资产由原来的 5000 万元增加到现在的 1.5 亿元。

积极捐赠，奉献爱心。企业在发展经济的同时，积极履行慈善捐赠义务，回报社会。2008 年四川汶川大地震发生，“一方有难，八方支援”，我公司捐款 50 万元，大力支持抗震救灾，帮助灾区克服困难。2010 年玉树地震发生后，又捐款 50 万元。为河西清真寺建设捐款 200 万元。每年给循化家乡古吉来村捐款 5 万元。全村的水电费开支、宗教活动开支等由我们弟兄四人来承担。

几十年来，我由一名农民成长为企业的董事长兼总经理、格尔木政协常委，从创业之初的 500 元蝶变为现在的集团公司。展望未来，任重而道远，我满怀信心，以更大的热情和信心投入到我的工作中，把江河龙集团公司做得更好。

——黄军成:《成功的路就在脚下》，全国政协文史和学习委员会、青海省政协学习和文史委员会:《撒拉族百年实录》，中国文史出版社，2015 年版，第 238—242 页。

坚持与创新，凭借独特经营理念实现梦想

我叫韩克力，1955 年 1 月生于循化县街子镇托隆都村，我有 6 个子女，大儿子和二儿子帮我打理生意，三儿子在天津商业大学读英语专业，大女儿现已出嫁，二女儿大学毕业后在海西州大柴旦行委上班，小女儿在西北民族大学就读。现在我儿孙满堂，孩子们个个事业有成，我自己也有能力为老家循化做些实事，回馈家乡。但回想起自己刚来海西创业时的经历，酸甜苦辣各种滋味真是一言难尽。

我永远忘不了 1992 年 4 月 28 日这一天，我拿着全家凑来的 1 万元钱只身来到格尔木开始创业。当时来格尔木创业的人并不多，自己也是刚刚起步，如何用有限的资金在市场上站稳脚跟，我费尽了心血。起先只能承包别人的小旅馆做小本经营，承包小旅馆的期限为 5 年，虽然本小利薄，但我全力以赴，认真对待每一个顾客。

我不安于平静安逸的小本生意，我不断地在市场上寻找各种商机。1993 年 4 月我开始跑格尔木到拉萨的货运，虽然辛苦，但货运盈利较好。

1995 年我果断地用赚来的第一桶金买了地皮，投资建成青藏加油站，稳定可靠的收入增添了我大胆创业的信心和勇气。当时的海西发展机会很多，只要你吃得下苦，就一定能挣到钱。在跑货运的时候，我经过尕海时看到很多人在捞卤虫，虽然辛苦，但当时卤虫在市场上的价格非常可观，那次货运回来后我开始尝试卤虫的收购与销售，这是我人生最重大的决定。那时候到海西捞卤虫的人很多，收购的量很大，过度的捕捞使卤虫的产量越来越不稳定，天然生长的卤虫非常有限，不能持续供应市场，我的卤虫生意第一次出现了瓶颈。我听说过有人搞卤虫卵加工，通过反复考察和多方求证，我终于决定自己开办公司加工卤虫卵。1998 年 12 月，我注册成立润泽生物制品有限公司，我的投资创业之路开始步入有序的轨道。

公司注册后，我高薪聘请大连师范大学退休教授作为技术指导加工卤虫。这期间我同时兼顾跑客运和油罐车运输的生意。2000 年，来格尔木旅游和创业的人逐步增多，但宾馆较少，当时地皮价格较低，我看到宾馆生意未来发展前景乐观，2001 年在黄河西路购地 7 亩投资建成金都宾馆。宾馆生意刚刚起步，但卤虫经营却出现了危机。由于市场上卤虫严重过剩，当年我的卤虫加工亏损 2000 多万元，辛苦多年的成果付之东流。我静下心来仔细思考，生意的失利，有市场的问题也有自己的原因。卤虫卵加工是一门技术含量很高的工程，加强技术创新，争创技术制高点是未来发展的关键。虽然海西当地野生的卤虫质量很好，但人工加工技术相对落后，这是我加工卤虫的软肋。痛定思痛之后，决定以用户需求为导向，不断加强技术创新，努力争创技术制高点，做好现已开

发和待开发的市场，全面打造企业高技术形象。由于公司亏损严重，自己没有那么多的资金投入搞卤虫加工研发，最好的办法是转换思路，“借鸡生蛋”，和搞科研的大学联合走技术合作的道路。2002 年我与天津科技大学合作，重新开始了卤虫卵加工。为了系统掌握卤虫卵加工技术，我先后在南方跑了将近 13 年，经过不断地摸索和学习，我掌握了卤虫卵加工的关键技术。2010 年开始自己负责进行卤虫的精深加工，科学控制卤虫孵化周期，在卤虫需求较好的时候供应到日本和东南亚市场。公司的技术优势不仅拓展了市场空间，也赢得了亚洲最大的饲料公司——泰国正大集团和国际上最大的卤虫卵生产企业——比利时英伟集团的业务。海外市场对产品的质量要求更为严格，而我们生产和加工的卤虫质量过关，赚取的外汇比以前大幅度增加。为了满足日本和欧美市场的需求，我们扩大了卤虫卵加工规模，600 吨精加工卤虫卵加工项目在 2011 年立项获批，把公司注册变更为格尔木润泽生物科技开发有限责任公司，注册资金 1000 万元。新企业厂房和设备已投入 2000 万元，2012 年 10 月 1 日开始正式投产。

除了卤虫卵加工主业外，我又拓展房地产业，在格尔木市中心地段购买 20 多亩土地，投资 1000 万元注册成立明丽房地产开发公司，开始做房地产开发业务。通过市场调查，我发现海西牛羊肉冷冻储藏规模小，市场调运成本高，牛羊肉价格持续上涨，于是我又投资兴建了 5000 吨储量的清真牛羊肉冷冻储藏冷库。2011 年承包草场 5000 亩，作为冷库屠宰牛羊暂时养殖的地方。在草场未启用之前，我雇人采摘草场上的野生枸杞，那也是一笔不小的收入。

经营规模扩大之后，自己负责经营格尔木润泽生物科技开发有限责任公司，由大儿子负责经营明丽房地产开发公司，二儿子负责经营金都宾馆。在外奔波了这么多年，也想给老家循化做些实事，回馈家乡，2010 年在循化花 160 万元收购了肌醇厂，购地 8 亩和 3000 平方米的建筑，现在承包给他人，以后打算在肌醇厂加工卤虫，解决当地的一部分人就业。

“不会看是沙子，会看全是金子。”多年在商场的摸爬滚打，使我养成了考察了解市场的好习惯。生意是不断地捉摸和苦干出来的，只要练就一双慧眼，遍地都是黄金。

——杨有柏：《撒拉族海西创业实录》，全国政协文史和学习委员会、青海省政协学习和文史委员会：《撒拉族百年实录》，中国文史出版社，2015 年版，第 212—214 页。

善于学习才能寻觅商机

1971 年 5 月，我出生在循化县街子镇果什滩村一个撒拉族家庭，小学二年级文化。1985 年，14 岁开始到驾校学习驾驶技术，非常喜欢学习汽车发动机拆装与调整、底盘拆装与调整、电器的拆装与调整和汽车整车维护的技能知识，课后经常问老师和同学。因此，拿到驾照的同时，也练就了一手过硬的修车技术，开始跟哥哥跑车，想从事四处贩运商品、运送客人的撒拉族传统营生，被人们称作“脚户哥”的运输生意。只是现代“脚户哥”和传统的“脚户哥”早已不可同日而语，以前的交通工具是骡马，现在的交通工具则是汽车。学会了开车后，就跟着哥哥开着一辆破旧的解放牌卡车在青藏线上跑运输。

西藏阿里觅商机——小荷才露尖尖角

1988 年，我 17 岁，承包了一辆东风 140 卡车进入西藏从事货物运输。在货物运输过程中，仔细观察、热心助人，学习各商户的生意经，和四面八方的人交朋友，了解经商的信息，弥补经验不足、知识不够的缺陷，并全方位考察，寻觅商机。阿里地区与印度、尼泊尔和印控克什米尔等国家和地区相邻，边民互市贸易市场众多，有的边贸市场有 500 年的商贸历史，边境贸易极有特点，人口仅 6 万，是世界上人口密度最小的地区，交通不便，自然条件艰苦，和外界联系非常困难。阿里地区有丰富的矿产资源，已探明的矿产资源主要有沙金、硼砂、盐、铁、铅、金、水晶石等，农业方面以牧业为主、牧农并举，土特产品主要有酥油、皮张、羊毛、牛羊绒等，民族手工业仅为少量家庭作坊，主要生产氆氇①、木碗②等。

由于特殊的环境和交通状况，使阿里地区丰富的矿产品和农牧业产品以及土特产品很难运出去，群众生产生活所需要的货物也难以运进去，货物奇缺。可奇怪的是，愿意到阿里地区从事货物运输的外地商人很少，经过仔细了解，到阿里最近的交通线是新藏线，新藏公路北起新疆叶城，南到阿里狮泉河，全长 1455 公里，是继川藏、青藏公路之后进入西藏的第三条公路，穿越昆仑山、冈底斯山，内地的进藏者大多望山却步、闻沟兴叹，不少进藏者在这条天路上停住了脚步，永远停留在 6700 米海拔的界山大阪或者因缺氧而长眠于死人沟。新藏线也成为世界上海拔最高的公路，被人们称为“天路”，是几条进藏线中最危险也是里程最短的路线。途中的界山达坂和死人沟，往往和死亡联系在一起，道路状况很差，整条道路几乎全是搓板路。而且往返叶城—阿里需要 6 天时间，如果遇上雪灾需要的时间就更长，经过的大部分地段为“无人

① 氆氇是藏族人民手工生产的一种毛织品，也叫藏毛呢，是加工藏装、藏靴、金花帽的主要材料，相传有 2000 多年的历史，以西宁羊毛为主要原料。

② 木碗是藏族、门巴族、珞巴族群众随身携带的物品。人们把木碗比作自己的爱人，形影不离地带在身边。藏族群众上山砍柴、下地劳动，都把木碗揣在怀里，随时用来喝茶、抓糌粑。

区”。有一首顺口溜道出了新藏线的艰难：行车新藏线，不亚蜀道难；库地达坂险，犹如鬼门关；麻扎达坂尖，陡升五千三；黑卡达坂旋，九十九道弯；界山达坂弯，伸手可摸天。这就是新藏线的真实写照。新藏线经过的地区海拔落差很大，从叶城海拔 900 米，界山达坂的 6700 米，最后到阿里 4500 米，高原反应加上复杂多变的气候，已经超过了很多人身体正常承受的程度，其风险可想而知。可我也知道，风险往往和巨大的商机是紧密联系在一起的，有风险才会有更多的挣钱机会。当时叶城到阿里每吨货物的运输费是 1200 元，阿里到叶城的运输费是每吨 300 元，叶城到阿里的货物主要是煤、百货，阿里到叶城的货物主要是硼砂和一些土特产品。面对这种情况，是迎着困难上，还是从事平稳、公路状况相对较好且风险不大的生意？想来想去，一首熟悉的花儿在头脑中久久回荡：“黄河上度过了半辈子，浪尖上要了个花子，撒拉尔是时代的人梢子，走到哪里都是汉子。”别人能干的事，我们能干，不稀奇。别人干不了的事，我们能干，才能显示我们儿子娃娃的本事，于是果断选择西藏阿里—新疆叶城之间往返进行货物运输。

新藏线至整个阿里地区风光景色壮丽迷人，在坡顶行驶，似乎伸手就可以摸到蓝天。一路上难得见到一个行人或者一辆车，只有我们的车在慢慢行驶，有时藏野驴、藏羚羊、藏野牛等成群结队地掠过我们的视线，只剩下空壳子的动物骨架时不时出现在我们眼前，晚上闪烁着绿荧荧的光点的狼群远远地望着我们，白天老鹰在我们头顶盘旋着，再看看沿路的白骨，不禁让人毛骨悚然。记得刚开始跑新藏线时，驾驶室太热，自带的食物容易变坏，只好在车顶上焊上铁架子，权当是我们天然的冷藏储物箱，把自带的干粮、肉食放到上面，用绳子固定住，就上路了，等我们休息想吃饭的时候，车上的储物箱空无一物，很纳闷儿，但也没办法，只好向沿途路过的车辆司机讨要食物，如果看不见车辆只有忍饥挨饿。这样的事发生几次以后，意识到是老鹰叼走了我们的食物，于是用铁皮把铁架子焊牢实了，外加一把锁，来保护我们的食物不再让老鹰吃了。这些还不是最让我害怕的，最让我恐惧的是高原反应，每次路过界山达坂时，高原反应使我头疼欲裂，两个太阳穴跳动的不由自己，天灵盖似乎就要裂开了，强打精神紧紧握住我的方向盘，哪怕是深夜，也在慢慢行驶，一路走一路暗暗地对自己说：“撒拉是世间的人尖子，不死是这种活法！”一路走来，遇见抛锚维修的汽车或是搭车的司机，毫不犹豫地停车帮忙，交了好多朋友。快到叶城时找一条小河刷车，车身已经看不到本色，不知用了多少桶水才将车刷干净。就这样早出晚归、披星戴月，把阿里商人急需的货物运进去，又把阿里的矿产品运出来，一路上挥洒着辛勤的汗水和辛酸的泪水，这种艰苦的货物运输持续了一年，也得到了丰厚的回报，掘得了事业启动的第一桶金。

在叶城—阿里艰苦的货物运输过程中，一直在思考这样一个问题：我的下一站在哪里？哪里是我新的机会？于是仔细观察、了解，觉得有一个新的投资机会。经多次实地考察，准备南下四川。

南下四川——商机永远只给有准备的人

1989—1991年，经多次考察，发现有新的商机。青稞，是化隆县重要粮食作物之一，常年种植面积4666.6公顷左右，占脑山地区耕地面积的42.2%，随着市场需求量的增加，青稞种植面积逐年扩大。青稞有早熟、耐寒、耐阴等特性，化隆县脑山地区气候寒冷、土壤肥沃，适宜种植青稞。农民种植的青稞，需要把它变成收入，就需要把本地生产的青稞积极投放到全国市场，寻找商家，当时化隆县的青稞价格比较便宜，每斤的收购价为0.21元，大量的青稞急待出售。

四川省甘孜藏族自治州德格县，地处金沙江、雅砻江上游，7万多人，其中，藏族约占97%，汉族、彝族、土家族、苗族等约占3%。藏族群众喜欢以“糌粑”为主食，特别是在牧区，除糌粑外，很少食用其他粮食制品，食用糌粑时，要拌上浓茶或奶茶、酥油、奶渣、糖等一起食用，糌粑既便于储藏又便于携带，食用时也很方便，在德格县随时可见身上带有羊皮糌粑口袋的人，饿了随时食用，而且德格县喝青稞酒成为一种习俗，几乎男女老少都能喝青稞酒。但是，德格县是一个牧业为主的地区，自产的青稞远远满足不了本地的需求，每年需要从青海、西藏、甘肃等地调运大量青稞，德格县青稞价格为每斤0.63元。把化隆的青稞拉到德格县市场前景很好，有300%的差价，除去成本有不错的利润。同时德格县森林覆盖率较高，活立木蓄积量极为丰富，树种以杉木为主，间以柏树、白桦，把木材运到成都是不错的选择，德格县每方木材的价格是330元，拉到西宁每方木头可以卖到1060元，成都的木头价格为每方600元。况且，成都是中国重要的商贸城市之一，有春熙路、骡马市、天府广场、新南天地等大型商圈，货源充足，便于运输。西藏拉萨非常急需成都的百货，从成都到拉萨一车的运费为9300元，而阿里地区又缺乏汽油、煤炭，阿里的硼砂需要运出去。于是一个大胆的想法在头脑中产生，那就是从青海省化隆县收购青稞，拉到德格县出售，从德格县买木料运到成都出售，从成都拉百货到西藏拉萨出售，从拉萨拉汽油到阿里出售，从阿里拉硼砂到格尔木、西宁。再到化隆拉青稞，进行第二轮的运输。一次运输过程结束，至少需要1个月时间，一次纯利润1.2万元，持续了3年时间。

长途货物运输，其间的辛苦难以用语言来描述。不管遇到多少艰难的事，心中遵守的目标没变，那就是一定要出人头地，遵循着“你们当追求前世的幸福如永生一样”的圣训，以坚强的信念在各地奔走。从青海化隆县到金沙江畔的四川德格县，再到成都或是西宁、西藏拉萨，从拉萨到阿里。川藏线山川崎岖，道路难行，每到危险地段，提心吊胆慢慢行驶，全神贯注地注意前面甚至是头顶的落石。到德格县必须要经过两座美丽又惊险的大山：海子山和雀儿山。海子山以“稻城古冰帽”著称于世，这里砾石及湖泊（即海子）密布，海拔 3600—5020 米。泥泞的山路曲曲弯弯，水坑、深深的烂泥车辙和“弹坑”一样搓板路使我万分小心紧紧握住方向盘，战战兢兢地通过海子山。雀儿山位于德格县内，海拔 6168 米，是我们行走川藏线翻越的最高垭口，也是所有垭口中，最为惊险、最为刺激、最为苍凉、最让我难以忘怀的地方！道路泥泞不堪、坑洼不平、不足三四米宽的土石路，车轮离悬崖边缘不足半尺，从上往下看：万丈深渊，一不小心随时都可能成为肉饼，对面山骨瘦嶙峋似魔鬼，随时准备吞噬一切。当地有歌谣称“提起雀儿山，自古无人烟，苍鹰也难过山巅，终年雪不断”。每次通过时，不管多冷的天，由于高度紧张全身大汗淋漓。尽管如此，由于车祸，我弟弟年轻的生命在德格县金沙江边戛然而止，这也成为我永远的伤痛。我们一年四季或青海、或四川、或甘肃、或西藏，至于走西宁去格尔木更是平常小事。值得欣慰的是，看到用我们自己辛勤的汗水为不同民族的商品交换提供了便利，带去了信息，促进了各民族之间的团结，便有一种成就感，觉得再苦再累也值。

站稳脚跟——明天会更好

1992—1994 年，我开始进入客运市场，从事西宁—拉萨的往返客运。1994 年由于青藏线竞争非常激烈，歇业在家。准备从西宁拉羊肉到武汉，羊肉在武汉非常有市场，当地人也喜欢吃青藏高原绿色无污染的青海羊肉，遗憾的是，青海到武汉温差过大，我们又没有冷藏车，要经过 30 多个小时，普通的车拉的羊肉到武汉已经不新鲜了，由于条件所限，从青海拉羊肉到武汉，没有成功。

1996 年底买了一辆 8 吨的康明斯，到格尔木做了 2 个月的货物运输，经济效益一般。1997 年把康明斯改成油罐车，在青海格尔木、平安县、甘肃柳园、敦煌买油，拉到拉萨、阿里各加油站上门服务，持续了 1 年 4 个月，把康明斯的钱赚回来了。最难忘的是，1997 年冬天，唐古拉山大雪灾，大雪封山，我们被迫在唐古拉山等了三天，零下 43℃的严寒，使藏羚羊在厚达一米的大雪中无法挪动它矫健的身躯，白茫茫的戈壁上见到一些由于寒冷冻死的藏羚羊，就连麻雀也不时飞到车厢，只要你稍微打开车玻璃，麻雀不要命的会飞到驾驶室来取暖。等到可以上路时，阿里地区运输公司的车由于寒冷无法启动，于是我下去帮忙修理，经过一番努力，车修好了，可以慢慢前行。运输公司经理感动地对我说："谢谢你，小伙子！你帮了我们的大忙。"他告诉我，阿里地区 1 斤酥油 16 元，而且缺货，如果赶春节前拉点酥油肯定赚钱。回到西宁后，就急忙到玉树用每斤 10.5 元的价格收购了 1.1 万斤酥油，装上车出发到了阿里，到阿里刚好是春节除夕的下午，卸完货，准备取钱，物资公司的领导让我写领条，可我不会写，大街上找人写，很多商店早已经关门了，很多人回家过春节去了，人很少。最后的结果是：找到的人不会写字，等找到会写字的人，物资公司已经下班了，于是我在阿里苦等了 15 天，一直等到春节后上班。当晚上睡觉冻得进不去被窝，用喷灯加热时，我欲哭无泪，深深体会到"有知识是光亮，无知识是黑暗"的道理，发誓一定要培养孩子们上学。功夫不负有心人，我的四个儿子，老大很早出来和我创业，老二、老三先后考上大学，在济南大学和太原理工大学学习深造，最小的儿子正在读小学。

1999 年至 2010 年搞格尔木—拉萨的货运。先后买了 4 辆车，跑运输。青藏线通车后，对货运市场冲击很大，惨淡经营了几年。

2007 年和几个朋友相约到诺木洪种枸杞，到诺木洪大队部看地，每亩地的承包费用 50 元，1 年签一次合同，5 个人承包了 980 亩地。但是发现，车开过来后，没地方加油，只能到私人家里去加油，私人要价太高。当时朋友们去看地，我在诺木洪宗加镇路口顶着烈日和飞扬的尘土数着过往的车辆，一辆一辆地数，早上数晚上数，看看卡车有多少？小轿车有多少？拖拉机有多少？凡是通过的各种类型的机动车，一辆也不放过，当很晚回到旅馆，尽管变成了一个土人，人也晒黑了，可心中充满着希望。就这样一个人傻呆呆地站在宗加镇路口，整整数了 5 天的机动车，越数越兴奋，越数车越觉得是个好的商机，决定在诺木洪宗加镇开一家加油站。说干就干，尽快办完了各种手续，投资 1.2 万元建了两间房子，建立一个简易的油库，从油罐车中帮别人加油。一分耕耘一分收获，第一天卖了 300 元，第六天卖了 6000 元，纯利润 300 元。随着诺木洪枸杞品牌效应逐渐显现，油库已经满足不了诺木洪经济发展的要求。于是，2011 年 7 月投资 117 万元，建成诺木洪宗加镇农机加油站。一开始，我强调一个信念，就是真诚做事、真心对人。加油站所有汽油来源都是从正规渠道——格尔木炼油厂进货。和私人送上门的汽油相比较，格尔木炼油厂的汽油价格高，质量好，而私人送上门的油价格便宜，质量不能保证。在这种情况下，坚决杜绝有问题的汽油，所有的汽油一律从格尔木炼油厂进货，讲求诚信为本和质量取胜。因此，加油站在诺木洪口碑很好，夏天每天的营业额 8 万—9 万元，纯利润每天 5000 元，冬天每天营业额 2 万元，纯利润 1000 元。2011 年承包建成循化文都加油站，承包期 8 年，朋友来经营，每天营业额 1.4 万—1.6 万元，纯利润 1000 多元。

在经营诺木洪宗加镇加油站的过程中发现，有一些人拿小桶来买汽油，刚开始不知道干什么？以为车在地里，需要加油，就没在意，给加了油。可调查发现，很多人是用汽油来做饭，极不安全，影响生态环境，于是坚决不卖用汽油做饭的人。但是，每年 8 月份采摘枸杞的时候，有 6 万人来到诺木洪采摘枸杞，他们的吃饭、用水成了很大的问题，诺木洪农场容纳不了大量的人口，许多人不得不住在戈壁荒原上，又不能烧柴做饭，因此吃饭用的燃料非常短缺。很多的燃料中，从诺木洪的实际情况来看，只有天然气是最清洁、污染最小的能源，在诺木洪开一家加气站成为我心中越来越清楚的想法，我也为此努力着。2013 年，我在诺木洪宗加镇成功地修建了一家液化气站，原来想每天平均能卖出 5000 元，现在平均每天能卖 1.2 万元，远远超过我的想象。

在抢抓机遇做好买卖的同时，我始终不忘回馈社会，不忘自己应该承担的社会责任。按时缴纳国家税收，积极参与社会公益活动，每年给老家果什滩村清真寺捐款 1 万元，格尔木八一路清真寺 3000 元，修理诺木洪清真寺地坪捐资 6000 元，老家果什滩村修自来水捐款 1.2 万元，每年给诺木洪采摘枸杞老乡免费提供饮用水。我想以后多为诺木洪小学的孩子们捐赠一些电脑等教学用具，不要让我的悲剧在孩子们身上重演。

——黄军成：《善于学习才能抓住商机》，全国政协文史和学习委员会、青海省政协学习和文史委员会：《撒拉族百年实录》，中国文史出版社，2015 年版，第 228—234 页。

火红的枸杞人生

我于 1964 年出生在青海省循化县街子镇果什摊村，高一文化程度，辍学后干过很多工作，跟人一起开大车跑过运输，到新疆淘过金，到西藏做过生意，也在西宁、循化打过短工、搞过副业，可是我怎么也没有想到，多年后竟然在茫茫戈壁的诺木洪种开枸杞，并且以种植面积大成为撒拉族枸杞种植大户，枸杞红也成为我喜欢的颜色，种枸杞成为我喜欢的职业。

2008 年，40 多岁的我和几个朋友来到诺木洪农场。诺木洪农场海拔 2790 米，南临戈壁、北接沼泽，东西长 30 公里，南北宽 5 公里，总面积近 150 平方公里。地表及地下水资源相对丰富，光、热、水、电资源充足，夏无酷暑，冬无严寒，属典型的高原大陆性气候，非常适宜种植枸杞，成熟的枸杞果实鲜红、粒大饱满、皮薄肉厚、含糖丰富，品质好，市场前景非常广阔。我们几人打算种植枸杞，看能不能带来致富的机会。我们先是实地考察，从土地的肥沃程度、距离公路的远近、灌溉渠道的情况，到土地价格等，观察了好几天，我又和周围种枸杞的人反复交流，觉得在诺木洪种枸杞会带来丰厚的回报。于是，以每亩50元的价格承包了150亩地。

承包土地后，我就着手种植枸杞。撒拉族在历史上以园艺种植出名，但是先辈们没有接触过枸杞，诺木洪种枸杞也是近几年的事，没有现成的经验让我借鉴，没有成功的样板供我学习，我只能在摸索中前行。于是我多次在海西州、甘肃、宁夏等地考察学习，学习别人是如何进行田间管理、如何施肥、如何销售枸杞、产品如何保存等许多我从没接触过的知识，学到了不少关于枸杞种植的知识。就这样，一边实践一边学习。为了让枸杞长势更好、挂果更多、品质更好，保持绿色的特点，我想尽办法从羊圈拉来“羊板粪”，同时还用了一些麻渣，这使我的枸杞不仅是健康的还是绿色有机的。经过一段时间的努力，枸杞长势旺盛，成活率高，挂果也不错。2008年秋天，每亩地收获枸杞320斤，150亩枸杞林收获枸杞4.8万斤，晒干后的干枸杞接近1万斤，净收入20多万元，终于在枸杞地里刨出了“真金”。我也从一个土生土长的庄稼汉成为种植枸杞150亩的种植大户。

在种植枸杞的日子里，看着自己地里的枸杞，在春天开满紫红的、乳白的、淡紫的小花，把整个田地点缀得像童话般旖旎，心中为之陶醉。看到枸杞花开得密集而热闹，洋洋洒洒，微笑着迎风摇曳，是对我最大的安慰。我静静地聆听花开的喜悦，细心地照顾它们，让它们在这个火红的日子里跳跃着生命的乐章，吸引陶醉更多的游人怦然而动的心扉，心里就像喝了枸杞蜜一样甜。到了七八月份，是枸杞成熟的季节，也是我最为繁忙的季节。这时，宗加镇变得像个大集市一样，全国很多地方的人都聚集到了这里，大都是来这里采摘枸杞和收购枸杞的，随处可以看到各式的帐篷，各种车辆川流不息地拉运枸杞。我带领家人和雇来的民工整天忙碌采摘枸杞。收获是让人喜欢的事，枸杞要比任何庄稼都难收，每一粒都是自己亲手采摘下来，枸杞树上有很多刺，头顶上照有高原上毒辣的太阳，还有蚊虫叮咬。我们一颗一颗地收进筐子里，采摘下来的枸杞要拉到晒场上去晾晒，五斤新鲜枸杞才能晒出一斤干枸杞。

2011年感到人手紧，就转让了50亩枸杞林，转让费每亩1.2万元，自己种植100亩。现在每亩纯利润7000元，年收入70万元，是在诺木洪十几家种枸杞的撒拉人中规模最大的一家。每年的10月至次年4月我参加各种培训学习，总结一年种植枸杞的经验教训，弥补种植过程中栽植、灌溉、修剪、施肥等方面存在的缺陷和销售中存在的问题。目前种植有了一定的规模，产量也不错，也熟练掌握了种植枸杞的技术，但对市场的开拓主要依赖客户上门收购，没有订单，对枸杞的深加工、精细加工还不够，没有完全形成自己的品牌。

从几年的种植情况来看，枸杞市场价格对生产有很大影响。尽管诺木洪枸杞一颗的营养元素等于1.5颗宁夏枸杞，名气却不如宁夏枸杞。诺木洪的高品质枸杞被宁夏人收购，冒充宁夏枸杞卖到全国各地。每年8月份，有很多宁夏老板来收购我的枸杞，据他们说，包装后贴上宁夏枸杞的牌子可以销往全国。既然我种的枸杞深得宁夏企业家的喜欢，每年的枸杞几乎抢购一空，说明我们的宣传力度还不够，在枸杞深加工方面还有文章可做，如生产枸杞油、果汁等。所以，做“让人喝的枸杞”就是我今后的发展路子，开办一个属于自己的枸杞加工公司，扩大种植规模，让诺木洪的有机枸杞创造出更多的价值，走向全国，走向世界。

——黄军成：《火红的枸杞人生》，全国政协文史和学习委员会、青海省政协学习和文史委员会：《撒拉族百年实录》，中国文史出版社，2015年版，第235—237页。

湟源小高陵伊隆餐厅老板韩麦草，循化县街子苏哇什村人，48岁，受生活条件限制，没上过学。联产承包责任制时，全家人分了1.2亩地，家里人口多，生活难以为继，于是把土地转让给同村的经济条件差的人耕种，不要任何租金，自己出门创业。1985年靠借来的4000元钱前往海南州兴海县温泉开小饭馆，一直到1997年。1997年在海南州共和县开饭馆，一直到2008年。2009年至今在湟源县小高陵开伊隆餐厅。目前饭馆由韩麦草夫妻、韩麦草的大儿子两口子经营。饭馆面积70多平方米，9张桌子，在小高陵周边饭馆中卖得较好，早餐主要是羊肉汤，中午和晚上主要经营手抓、面片、炒菜等。一天营业额2000—3000元，纯利润1000多元。收入状况比农村老家好很多，家庭成员分别经营，所有收入由韩麦草统一核算，都是自己家里人经营，没有工资支出。

海南州共和县恰卜恰镇循化大丰收羊脖子饭馆老板韩舍日夫，循化县街子洋巴扎村人，40岁，由于家里人口多，土地少，生活贫困。1987年15岁时在亲戚们的支持帮助下，投资600元，和姐姐一起在黄南州泽库县开小饭馆，开了一年后由于经营管理不善饭馆倒闭。1988年在泽库县一饭馆打工，月工资150元，打工5年。1992年到乌图美仁挖金，保本。1993年拿着4000元钱到海南州兴海县温泉乡开小饭馆，名为“循化天池饭馆”，每天营业额1500元左右，好的时候有2500元，一直开到2002年。当时，条件非常艰苦，几把粉条、几袋面、一些煤就搭起了最初的饭馆架子。由于舍得花力气、下本钱，饭菜味美价廉，声誉特别好。此后，找温泉乡农村信用社贷款 2 万元，带着几个人从兴海县往西宁贩羊，结果没赚到钱，其他人没亏本，自己亏了 1.5 万元。2002 年 4 月 27 日，在海南州共和县恰卜恰镇开饭馆，店名为“循化大丰收羊脖子饭馆”。自己投资买下总店地盘，由哥哥和两个弟弟经营。2010 年 4 月在原来的基础上投资 83 万元开了分店，由韩舍日夫夫妻经营。目前总的经营情况是：总店 80 平方米，分店 400 平方米，上下两层，可以接纳婚宴、会议包餐等，羊脖子为本店的招牌菜。两个饭馆一年收入 100 多万元。资产规模包括：海南州有两个饭馆，循化县有一家 51 间房的宾馆和一套 140 平方米的楼房；西宁市周家泉有一个 51.6 平方米的铺面。

——马维胜、黄军成、杨有柏：《海南州海西州撒拉族经济实地调研》（内部资料），2012 年 8 月。

格尔木东方工贸有限责任公司创始人韩哈尼。1991 年，韩哈尼在改革开放的大潮中抢抓机遇，用打工、搞建筑、跑运输积累的第一桶金，走出循化撒拉族自治县街子乡洋苦浪村，怀揣梦想，来到格尔木市寻找商机。他瞅准国家修建青藏铁路的契机，注册 2600 万元成立了东方工贸有限责任公司，并在格尔木市繁华地段建起了装修豪华、服务一流、建筑面积达 7800 平方米的东方宾馆，以及 3000 平方米的东方商场、2500 平方米的商业综合楼、大型停车场等，经过几年努力，固定资产达 9000 多万元。目前，韩明才子承父业，管理东方宾馆。东方宾馆有 80 间客房，150 张床位，夏天旅游的人员较多，标间和套间入住率较高，冬季生意较淡，每年营业额大约 370 万元；铺面建筑面积 5000 平方米，营业额 150 万元。纯利润 400 多万元。

——马维胜、黄军成、杨有柏：《海南州海西州撒拉族经济实地调研》（内部资料），2012 年 8 月。

格尔木伊贸大厦有限公司的创始人韩忠兴，是最早到格尔木创业的撒拉人，由他带动循化的撒拉人到格尔木发展，成为撒拉族企业家的元老，在格尔木撒拉族企业家中非常有威信，在格尔木撒拉族企业家中有相当大的号召力。1982 年韩忠兴从循化带领二十几个人到察尔汗盐田挖盐，一直到 1984 年，当时每人每年有 1 万元的收入。1985 年从西藏运木头到格尔木，开始做木料买卖和货物运输。刚开始自己开车经营西藏—格尔木的货物运输，一直到 1987 年。1987 年和别人合伙在格尔木河西清真寺附近开了一个饭馆，经营了半年左右。在河西清真寺附近买了7亩的一块地，建设高原饭店。1993年和一甘肃东乡人合伙买了中山路和金凤路交汇处的16亩地，每亩3000元。后两人协商解决，高原饭店归东乡人，16亩地归韩忠兴。1995年建成3000平方米的伊贸大厦。伊贸大厦有宾馆36间，铺面37间，西楼有包房。主要经营住宿、出租、停车。2002年开始搞汽车销售，2011年韩忠兴老人去世，家族业务由四个孩子来做。经公证后，按投资比例、通过正常手续重新入股，四个弟兄都是公司股东，老大、老二经营伊贸大厦，老三、老四在西宁从事汽车销售。

——马维胜、黄军成、杨有柏:《海南州海西州撒拉族经济实地调研》(内部资料)，2012年8月。

1991—2010年，循化县坚定不移地实施“工业强县”战略，按照“大项目强县，小项目富民”的发展思路，深化改革，扩大开放，调整结构，构建特色，加大投入，扩张规模，经济总量不断增加，产业结构日趋合理，企业活力明显增强，年均保持了20%以上的发展速度。2010年，处于正常生产的工业企业69家，工业个体户450个，国有及年销售收入500万元以上的非国有工业企业（即规模以上企业）7家，年销售收入500万元以下的非国有工业企业（即规模以下企业）62家。从业人数4854人，其中企业从业人数3590人，个体户从业人数1264人。工业总产值达到6.23亿元，比1991年的1511万元增长40.25倍，工业增加值达到2.21亿元，工业企业利税总额7340万元，全县初步形成冶炼、建材、轻纺、电力、矿业、食品、服饰等28个行业，其中民族用品加工、特色农副产品加工、清真牛羊肉及食品加工、旅游工艺品加工已具有一定的知名度和影响力。

——循化撒拉族自治县地方志编纂委员会:《循化撒拉族自治县志》，三秦出版社，2017年版，第177页。

以增强县域经济综合实力为关键，努力加快民营经济发展。扎实推进“两大工程”，加大工业项目建设力度，狠抓招商引资和服务，工业经济特别是以民营企业为主的小工业呈现出新的发展态势。伊佳、天香公司等企业共完成投资6800多万元，并争取442万元贴息资金，积极扶持伊佳公司、仙红和天香两椒开发公司等龙头企业以及种养业发展。三岔工业集中区前期工作全面启动。全年实现工业增加值1.53亿元，同比增长27.5%，完成工业固定资产投资8131万元，实现工业总产值4.22亿元，同比增长 31.6%，产品销售率达 98%。

——韩永东：《循化撒拉族自治县第十五届人民代表大会第四次会议上的讲话》，循化撒拉族自治县人民政府办公室提供，2008 年 4 月 1 日。

变废为宝，盘活关停企业闲置资产，有效整合资源。据统计，园区闲置资产达 1.6 亿元，近两年，先后盘活了伊光、圣驼、雪舟三绒等 13 家企业。在此基础上，通过转产、租赁、入股、合作等方式尽快盘活所有规模以上闲置资产。抓工业园区建设，促进科学发展。街子镇工业经济在全县走在前列，占全县工业经济的“半壁江山”。街子民族工业园区是全县唯一的工业园区，规划面积 6.5 万平方米。核心区面积达 2000 亩，建成后年产值将达到 16 亿元。

——《街子镇 2009 年度工作总结》，循化撒拉族自治县人民政府办公室提供，2010 年 2 月 10 日。

二、工业类型

1. 制造业

1956 年推广各种新式农具 413 件，供应双轮双铧犁 250 台，山地犁 400 台，播种机 20 台，收割机 2 台，磨刀机 2 台，圆盘耙 1 件，选种机 1 台，赛力散六六六粉农药 14650 公斤。1957 年供应：双轮双铧犁 180 台，山地犁 822 台，圆盘耙 60 件，播种机 80 台，收割机 30 台，磨刀机 10 台，脱谷机 20 台，选种机 10 台，赛力散六六六粉等农药 4200 公斤。到 1962 年将要推广新式步犁与山地犁 1942 台和相应数量的播种机、中耕地机、收割机、脱粒机、铡草机等，并有 10 台拖拉机在内的各种新式农具共计 2895 件，并且要做好新式农具的修配工作，农药 2358227 公斤，随着国家工业的发展，逐步地实行农业机械化。

拟于今明两年筹建地方国营联合工厂（包括电厂、面粉厂、榨油厂）、循化煤矿、铁工厂、公私合营砖瓦厂，1956 年生产砖 25 万块，瓦 10 万块，石灰 40 吨，产值共计 23.6 万元，手工业产值 9.8 万元。1957 年为 4 个工厂投资 1.74 万元，1957 年正式动工开始。

——霍殿永：《关于循化县二年来的工作基本总结与今后任务的报告——在循化县第二次党代表大会上的报告》，中共循化县委党史研究室：《中国共产党循化撒拉族自治县历次党代表大会（第一至第十三次 1954.4—2006.9）》（内部资料），2008 年版，第 21 页。

1958年的地方工业出现了飞跃的发展局面，从无到有，从小到大，从低到高。1958年初，全县仅有手工业合作社5个，公私合营砖瓦厂1个，全系手工劳动。经过1958年的发展，全县共建立了各种厂矿97个，职工人数共968名，工业产值75万元，全县地质普查面积约1000平方公里，占全县总面积的50%以上，发现了铁、铜、铝、铀、雷母等27个矿74个矿点。从前，循化是一个没炼过半寸铁的地方，而在1958年，在全国大炼钢铁的形势下，经过了刻苦钻研，也炼出了7892公斤铁，这是循化49000多人智慧的结晶，表明了循化工业水平已经进入了一个新的阶段，不但炼了铁，同时也炼了人，在地方工业中，农牧机械工业有了很大发展，对促进农业生产起了积极作用。1957年全县只有4个铁木工社，职工41人，总产值53511元。1958年厂（组）数增至24个，职工达410人，总产值14万余元，县、社、队都有了机械制造修配厂（组）。这些厂、组在制造、修改农具上做出了显著的成就。据统计，创造改制工具、仿制的工具，如滚珠轴承、马拉鼓风机等50多种，推广的工具29种。群众性的工具改革运动已经形成，制造大小车3676辆。由于工具改革，大大提高了劳动效率，推动了生产。

——李新鼎：《在中国共产党循化撒拉族自治县第三次代表大会上的工作报告》（1959年6月26日），中共循化县委党史研究室：《中国共产党循化撒拉族自治县历次党代表大会（第一至第十三次1954.4—2006.9）》（内部资料），2008年版，第26—28页。

循化撒拉族自治县地方工业1960—1962年发展规划（草案）（单位：万元）

第一方案

项目	厂数				产值（万元）				产值增长比例（1959年为100%）				职工人数				1960年计划投资额	备注
	1959年实有	1960年达到	1961年达到	1962年达到	1959年预计完成	1960年计划达到	1961年计划达到	1962年计划达到	1959年	1960年	1961年	1962年	1959年实有	1960年达到	1961年达到	1962年达到		
合计	20	48	53	53	202	327	448	598	100%	162%	222%	296%	543	970	1100	1220		
县营工业	10	14	19	19	53	102	168	238	100%	192%	317%	449%	283	450	580	700	18	
公社工业	10	34	34	34	109	165	210	280	100%	151%	193%	257%	260	520	520	520		
土法粮油加工					40	60	70	80	100%									

说明：1. 以上数字都不包括建筑工业及劳改手工业。投资额不包括厂房基本建设投资。2. 1960年新建项目有：木材加工厂、水泥厂、制糖厂、采矿队四个。

——《一九六〇年关于粮食、生活安排、工业交通工作的安排意见、通知、指示、报告、总结、统计表》，循化县档案馆藏，档号：1-1-65（永久）。

第二方案（1959.10.8）（单位：万元）

项目	厂数				产值（万元）				产值增长比例（1959年为100%）				职工人数				1960年计划投资额	备注
	1959年实有	1960年达到	1961年达到	1962年达到	1959年预计完成	1960年计划达到	1961年计划达到	1962年计划达到	1959年	1960年	1961年	1962年	1959年实有	1960年达到	1961年达到	1962年达到		
合计	20	53	67	73	202	388	603	837	100	192	299	414	543	1126	1520	2124		
县营工业	10	19	23	23	53	138	253	407	100	260	477	768	283	606	850	1214	23	
公社工业	10	34	44	50	109	190	280	350	100	174	257	321	260	520	670	910		

续表

项目	厂数				产值（万元）				产值增长比例（1959年为100%）				职工人数				1960年计划投资额	备注
	1959年实有	1960年达到	1961年达到	1962年达到	1959年预计完成	1960年计划达到	1961年计划达到	1962年计划达到	1959年	1960年	1961年	1962年	1959年实有	1960年达到	1961年达到	1962年达到		
土法粮油加工					40	60	70	80										

说明：1. 以上数字都不包括建筑工业及劳改手工业。投资额不包括基本建设投资。2. 机械修配厂改建为三个厂，农具厂、铁工厂（日用五金生产）、车辆制配厂。食品加工厂扩建为分出酿造厂（酒、醋）、制糖厂、新建水泥厂、木材加工厂、麻袋厂、造纸厂、陶瓷厂、采矿队等。

——《一九六〇年关于粮食、生活安排、工业交通工作的安排意见、通知、指示、报告、总结、统计表》，循化县档案馆藏，档号：1-1-65（永久）。

循化县1960—1962年地方工业规划草稿（第一方案）（单位：万元）

项目	厂数				职工人数				产值				投资额			
	1959年实有	1960年达到	1961年达到	1962年达到	1959年实有	1960年达到	1961年达到	1962年达到	1959年预计完成	1960年达到	1961年达到	1962年达到	合计	1960年	1961年	1962年
总计	20	48	53	53	543	970	1100	1220	202	328	448	598				
县营工业	10	14	19	19	283	450	580	700	53	103	168	238	70	18	35	17
机械工业	1	1	2	2	95	100	120	150	14	20	30	40	16	5	6	5
冶金工业		1	2	2		30	60	80		4	8	43	8	1	5	2
化学工业	1	1	2	2	16	20	35	45	3	4	8	10	4		3	1
电力工业	1	1	1	1	17	24	30	35	2	5	12	5	13	8	5	
鞋工业	6	7	9	9	120	182	225	260	27	48	60	70	24	2	15	7

续表

项目	厂数				职工人数				产值				投资额			
	1959年实有	1960年达到	1961年达到	1962年达到	1959年实有	1960年达到	1961年达到	1962年达到	1959年预计完成	1960年达到	1961年达到	1962年达到	合计	1960年	1961年	1962年
建筑材料工业	1	3	3	3	35	94	110	130	7	22	50	60	5	2	1	2
公社工业	10	34	34	34	260	520	520	520	120	165	210	280				
东风公社	4	12	12	12	129	250	250	250	56	70	80	100				
黄河公社	2	5	5	5	46	70	70	70	28	25	35	50				
红旗公社	1	8	8	8	35	80	80	80	17	30	40	55				
青年农场	3	9	9	9	50	120	120	120	19	40	55	75				
土法粮油加工									40	60	70	80				

——《一九六〇年关于粮食、生活安排、工业交通工作的安排意见、通知、指示、报告、总结、统计表》，循化县档案馆藏，档号：1-1-65（永久）。

循化县1960—1962年地方工业发展规划初稿（第一方案）（单位：人、万元）

厂矿名称	建设性质	建设时间	投入生产时间	1959年预计职工数	规划职工达到			1959年预计完成产值	规划总产值达到			投资额		
					1960年	1961年	1962年		1960年	1961年	1962年	1960年	1961年	1962年
合计				283	450	580	700	53	103	168	238	18		
机械修配厂	改建	1961年	1961年	95	100			14.4	20			5		
五金铁工厂	新建					50	60			12	18			
农具制造厂						70	90			18	22			
砖瓦厂	扩建			35	40	50	50	6.5	9	16	18			

续表

厂矿名称	建设性质	建设时间	投入生产时间	1959年预计职工数	规划职工达到			1959年预计完成产值	规划总产值达到			投资额		
					1960年	1961年	1962年		1960年	1961年	1962年	1960年	1961年	1962年
水电站				16	24	30	35	2.4	4.8	12	15	8		
细菌肥料厂				17	20	25	25	2.5	4	8	10			
粮油加工厂				10	15			2.9	8			0.2		
木器厂				24	30	30	32	2.5	5	6	7			
食品加工厂	改建	1960年	1960年	32	40	40	45	9.5	12	14	16			
制糖厂	新建				20	25	30		4	8	10	1		
皮草厂	扩建			10	12	12	12	2	3	4	4			
印刷厂				10	15	15	16	2.5	4	5	6			
被服厂				34	50	50	57	7.1	12	14	16	0.3		
水泥厂	新建	1960年	1960年		24	30	40		3	7	12	1.5		
木材加工厂					30	30	40		10	20	20	1		
采矿场					30	40	40		4	8	10	1		
综合冶炼厂		1961年	1962年			20	40				20			
						10	220				10			
造纸厂		1961年	1961年			23	30			4	6			
面粉厂		1961年	1961年			20	25			4	8			
榨油厂	改建	1961年	1961年			10	13			8	10			

——《一九六〇年关于粮食、生活安排、工业交通工作的安排意见、通知、指示、报告、总结、统计表》，循化县档案馆藏，档号：1-1-65（永久）。

循化县 1960—1962 年地方工业规划初稿（第二方案）（单位：个、人、万元）

工业项目	1959 年共有厂矿数	厂矿企业达到			1959 年共有职工	职工人数达到			1959 年预计完成总产值	计划总产值			投资额		
		1960 年	1961 年	1962 年		1960 年	1961 年	1962 年		1960 年	1961 年	1962 年	1960 年	1961 年	1962 年
总计	20	53	67	73	543	1126	1520	2124	202	388	603	837			
县营工业	10	19	23	23	283	606	850	1214	53	138	253	407	23		
机械工业	1	3	3	3	95	150	200	300	14.4	30	59	90	8		
冶金工业		1	2	2		30	70	170		4	8	60	1		
化学工业	1	1	2	2	17	25	45	70	2.5	5	8	24			
电力工业	1	1	1	1	16	24	30	36	2.4	4.8	12	15	8		
轻工业	5	6	7	7	88	175	225	278	15	48.2	73	92	2.8		
食品工业	1	4	5	5	32	97	165	205	12	22	52	74	1.2		
建筑材料工业	1	3	3	3	35	105	115	150	6.5	26	41	52	2		
人民公社工业	10	34	44	50	260	520	670	910	109	190	280	350			
东风公社	4	12	16	18	129	250	300	400	56	90	120	150			
黄河公社	2	5	6	6	46	70	100	150	17.6	30	40	50			
红旗公社	1	8	10	12	35	80	120	160	16.7	30	50	60			
青年农场	3	9	12	14	50	120	150	200	19.2	40	70	90			
土法粮油加工									40	60	70	80			

——《一九六〇年关于粮食、生活安排、工业交通工作的安排意见、通知、指示、报告、总结、统计表》，循化县档案馆藏，档号：1-1-65（永久）。

循化县 1960—1962 年地方工业规划初稿（第二方案）（单位：人、万元）

厂矿名称	建设性质	建设时间	投入生产时间	1959 年实有职工数				1959 年预计完成产值	规划总产值			投资额		
					1960 年	1961 年	1962 年		1960 年	1961 年	1962 年	1960 年	1961 年	1962 年
合计				283	606	850	1214	53	138	253	407	23		
机械厂	改造	1960 年	1960 年	95				14.4						
农具厂	新造	—	—		60	80	100		10	20	30	4		
铁工厂	—	—	—		50	60	120		12	24	36	2		
车辆制造厂	—	—	—		40	60	80		8	15	24	2		
矿石厂	扩造			35	45	50	60	6.5	12	18	20			
水电厂	—			16	24	30	36	2.4	4.8	12	15	8		
化肥厂	—			17	25	30	30	2.5	5	8	12			
粮油加工厂	改造	1961 年	1961 年	10	15			2.9	10			0.2		
木器厂	—			24	35	40	50	2.58	6	10	12			
食品加工厂	改造	1960 年	1960 年	32	32	45	50	9.5	12	16	20			
制糖厂	新造	—	—		30	40	45		6	10	12	1		
酿造厂	—	—	—		20	30	40		4	6	10			
皮革厂	扩造			10	15	15	18	2	4	5	6			
印刷厂	—			10	15	20	25	2.5	5	8	10			
被服厂	—			34	50	50	60	7.1	12	20	24	0.2		
水泥厂	新造	1960 年	1960 年		30	35	40		4	8	12	1		
木材加工厂	—	—	—		30	30	50		10	15	20	1		
麻袋厂	—	—	—		25	30	40		4.2	12	15	0.6		
采矿队	—	—	—		30	40	50		4	8	10	1		
造纸厂	—	—	—		35	40	50		5	12	15	2		

续表

厂矿名称	建设性质	建设时间	投入生产时间	1959年实有职工数				1959年预计完成产值	规划总产值			投资额		
					1960年	1961年	1962年		1960年	1961年	1962年	1960年	1961年	1962年
陶瓷厂	—	1961年	1961年			30	40			6	10			
综合冶炼厂	—	—	1962年			30	120				50			
制碱厂	—	—	—			15	40				12			
面粉厂	—	1961年	1961年			30	40				20			
榨油厂	改造	1961年	1961年			20	30				12			

——《一九六〇年关于粮食、生活安排、工业交通工作的安排意见、通知、指示、报告、总结、统计表》，循化县档案馆藏，档号：1-1-65（永久）。

1960—1962年地方工业发展规划

编制单位：循化工交局　　　　（单位：人、万元）

项目	厂数				工人				总产值				三年共计投资	其中		
	1959年实有	1960年达到	1961年达到	1962年达到	1959年实有	1960年达到	1961年达到	1962年达到	1959年共计完成	1960年达到	1961年达到	1962年达到		1960年	1961年	1962年
总计	20	44	58	66	688	1246	1609	1880	204	320	429	572				
经营工业	10	19	27	27	428	723	965	1160	55	113	185	282	226.6	43.6	133	50
机械工业	1	1	2	2	150	200	250	300	14	24	35	50	30	15		7
冶金工业		1	2	2		30	60	80		4	8	43	21.5			
化学工业	1	2	3	3	17	40	60	80	3	6	10	14	20.5			
电力工业	1	1	1	1	20	30	35	40	2	5	12	15	35	13		5

续表

项目	厂数				工人				总产值				三年共计投资	其中		
	1959年实有	1960年达到	1961年达到	1962年达到	1959年实有	1960年达到	1961年达到	1962年达到	1959年共计完成	1960年达到	1961年达到	1962年达到		1960年	1961年	1962年
轻工业	4	9	11	11	156	257	300	360	19	39	60	80	21.8	3.8		10
食品工业	2	3	6	6	45	86	140	160	10	20	30	40	90.8			
建筑材料工业	1	2	2	2	40	80	120	140	7	15	30	40	7	2		
人民公社工业	10	25	31	39	260	323	644	720	109	157	184	220				
东风公社	4	7	9	11	129	177	210	240	56	65	70	80				
黄河公社	2	5	6	8	46	700	120	140	18	22	24	30				
红旗公社	1	6	7	9	35	92	124	140	16	27	30	40				
青年农坊	3	7	9	11	50	154	190	200	19	43	60	70				
土法粮油加工									40	50	60	70				

——《一九六〇年关于粮食、生活安排、工业交通工作的安排意见、通知、指示、报告、总结、统计表》，循化县档案馆藏：档号：1-1-65（永久）。

1960 年全国地方工业分企业的职工人数及产值计划表（草案）

编制单位：循化县工交局　　　　（单位：人、万元）

厂名	性质	建设性质	建设时间	投入生产时间	1959年职工		1960年职工达到		1959年预计完成产值	1960年计划产值	1960年投资额			说明
					总数	其中技工	总数	其中技工			共计	其中省拨	其中地方财政	
总计					714	234	1241	474	204	320				
县营工业合计					454	122	723	235	55	113	43.6	23	20.6	

续表

厂名	性质	建设性质	建设时间	投入生产时间	1959年职工		1960年职工达到		1959年预计完成产值	1960年计划产值	1960年投资额			说明
					总数	其中技工	总数	其中技工			共计	其中省拨	其中地方财政	
机械厂	地方国营	扩建	1960年	1960年	150	30	200	50	14.4	24	15	10	5	增设机床10台，房屋进行基建
砖瓦厂	地方国营	扩建	1960年	1960年	40	26	50	35	6.5	10	1		1	购置设备及搬家
水电站	地方国营	扩建	1960年	1961年	20	4	30	8	2.4	4.8	12	8	4	320瓦电站工程用工，1961年建成
菌肥厂	地方国营	扩建	1960年	1960年	17	2	20	4	2.5	4	5.5	5	0.5	增设冰箱及其他设备
水器厂	地方国营	改建	1960年	1960年	50	15	60	30	2.5	10	0.5		0.5	增添设备
食品厂	地方国营	扩建	1960年	1960年	45	7	40	12	9.5	12	1		1	增添设备和工具
皮革厂	地方国营	扩建	1960年	1960年	12	4	20	10	2	3	0.2		0.2	增添设备工具
印刷厂	地方国营	扩建	1960年	1960年	12	6	20	12	2.5	5	0.6		0.6	增添平台机、裁纸机、铸字炉各1部
被服厂	地方国营	扩建	1960年	1960年	45	24	60	40	7.1	12	1.5		1.5	缝纫机20台，并修缮房屋
粮油加工厂	地方国营	扩建	1960年	1960年	10	2	16	3	2.9	4	0.3		0.3	榨油机1台
制酿酒厂	地方国营	新建	1960年	1960年			30	4		4	1.5		1.5	将食品厂制糖造酒车间分出新建
木材加工厂	地方国营	新建	1960年	1960年			30			5	1		1	农业局负责建厂。生产成材500方
综合化工厂	地方国营	新建	1960年	1960年	–10		20	4	–0.2	2	1		1	在1959年底化工生产组的基础上扩充改建
麻袋厂	地方国营	新建	1960年	1960年			24	5		2	1		1	1960年生产麻袋5000条，袜子100打
采矿队	地方国营	新建	1960年	1960年			30			4	1.5		1.5	开采云母10吨

续表

厂名	性质	建设性质	建设时间	投入生产时间	1959 年职工		1960 年职工达到		1959 年预计完成产值	1960 年计划产值	1960 年投资额			说明
					总数	其中技工	总数	其中技工			共计	其中省拨	其中地方财政	
新生被服厂	地方国营	扩建	1960 年	1960 年	16		25	10	2	4				
造纸生产小组	合作	新建	1960 年	1960 年			10	2		1				组织家属生产，11110 吨纸
日用杂品生产小组	合作	扩建	1960 年	1960 年	15		20	4	0.4	1.4				组织家属生产，11110 吨日用杂货
洗染生产小组	合作	扩建	1960 年	1960 年	12		18	2	0.2	0.8				组织家属生产，11110 吨洗染缝铺

——《一九六〇年关于粮食、生活安排、工业交通工作的安排意见、通知、指示、报告、总结、统计表》，循化县档案馆藏，档号：1–1–65（永久）。

1960 年全国地方工业分企业的职工人数及产值计划表

编制单位：循化县工交局　　（单位：人、万元）

人民公社工业	建设性质	建设时间	投入生产时间	1959 年实有职工		1960 年计划达到		1959 年预计完成产值	1960 年计划产值	说明
				总数	其中技工	总数	其中技工			
合计				260	112	523	239	109	157	人民公社的食品加工厂、缝纫制鞋厂
东风人民公社				129	43	177	74	56	65	基层供销商店领导
农具修配厂	扩建	1960 年	1960 年			80	40		12	
砖瓦石灰厂	新建	1960 年	1960 年			20	10		5	
缝纫制鞋厂	扩建	1960 年	1960 年			12	8		2	
水电站	扩建	1960 年	1960 年			10	4		1	

续表

人民公社工业	建设性质	建设时间	投入生产时间	1959 年实有职工		1960 年计划达到		1959 年预计完成产值	1960 年计划产值	说明
				总数	其中技工	总数	其中技工			
食品加工厂	新建	1960 年	1960 年			10	2		2	
山货加工厂	扩建	1960 年	1960 年			30	10		2	
细菌肥料厂	扩建	1960 年	1960 年			15			4	
其他									37	
红旗人民公社				35	13	92	42	16.7	27	
农具修配厂	扩建	1960 年	1960 年			40	20		6	
细菌肥料厂	新建	1960 年	1960 年			10			3	
水电站	新建	1960 年	1960 年			4	2		0.5	
缝纫制鞋厂	扩建	1960 年	1960 年			10	8		1.5	
食品加工厂	新建	1960 年	1960 年			8	2		0.8	
砖瓦石灰厂	扩建	1960 年	1960 年			20	10		4	
其地									11.2	
黄河人民公社				46	26	100	48	17.6	22	
农具修配厂	扩建	1960 年	1960 年			50	30		8	
缝纫制鞋厂	扩建	1960 年	1960 年			10	8		2	
细菌肥料厂	新建	1960 年	1960 年			12			2	
食品加工厂	新建	1960 年	1960 年			12	2		1	
砖瓦石灰厂	扩建	1960 年	1960 年			16	8		4	
其他									5	

续表

厂名	建设性质	建设时间	投入生产时间	1959 年实有职工		1960 年计划达到		1959 年预计完成产值	1960 年计划产值	说明
				总数	其中技工	总数	其中技工			
青年农场				50	30	154	75	19.2	43	
农具修配厂	扩建	1960 年	1960 年			50	30		10	
砖瓦石灰厂	扩建	1960 年	1960 年			50	14		6	
缝纫制鞋厂	扩建	1960 年	1960 年			30	16		2	
细菌肥料厂	新建	1960 年	1960 年			15			22	
山货加工厂	新建	1960 年	1960 年			23	10		0.5	
水电站	新建	1960 年	1960 年			4	1			
食品加工厂	新建	1960 年	1960 年			12	4		1	
其他										
全县土法粮油加工								40	50	

——《一九六〇年关于粮食、生活安排、工业交通工作的安排意见、通知、指示、报告、总结、统计表》，循化县档案馆藏，档号：1–1–65（永久）。

注：1959 年预计值合计系原文数字。

1960—1962 年地方工业产出品种发展规划表（单位：万元）

	合计	机械工业	电力工业	化学工业	轻工业	食品工业	建筑材料业	冶金工业	其他工业	备改
1959 年预计达到	160	60	1	2	50	16	4		27	
1960 年计划	300	107	1	5	101	21	5	1	59	
1961 年计划	600									
1962 年计划	800									

——《一九六〇年关于粮食、生活安排、工业交通工作的安排意见、通知、指示、报告、总结、统计表》，循化县档案馆藏，档号：1–1–65（永久）。

1960 年全县地方工业产品产量计划表

类别	产品名称	单位	数量	类别	产品名称	单位	数量
家具及小五金类	7 寸步犁	具	200	家具及小五金类	谷种螺丝帽	吨	500
	5 寸步犁	具	100		瓦刀	把	300
	山地步犁	具	300		泥抹	把	300
	马拉收割机	部	10		木锉	把	500
	马拉播种机	台	10		木大斧头	把	200
	脱粒机	台	8		斧头	把	600
	切丝切片机	台	10		钵头	把	50
	压麻机	台	20		小镢头	把	5000
	水轮机	台	5		铆钉	公斤	200
	压面机	台	10		马掌	副	3000
	手摇钻	台	200		皮钉	公斤	2000
	手摇台钻床	台	2		马黄钉	公斤	30000
	丁卤耙	个	40		账房角子	公斤	500
	镇压器	个	10		铁耙	个	500
	铁锹	把	5000		刨刀	个	300
	十字镐	把	2000		锄刀	个	20
	大镢头	把	10000		锄镰	个	20
	手锄	把	10000		改锥	打	100
	小铲子	把	1000		步犁零件	件	4000
	镰刀	把	6000		大车零件	件	2000
	手摇喷粉器	个	150		铁皮火炉	个	300
	压缩式喷雾器	个	100		烟筒	节	2400
	滚珠轴承	套	40		烟筒拐子	个	1600
	老铧	个	5000		铁皮水桶	个	300
	大板车	辆	300		铁皮茶炉	个	20
	驴拉车	辆	500		铁皮囊	个	200
	手推车	辆	3000		铁簸箕	个	300
	各种螺丝	吨	100		铁皮油提子	个	300
	各种圆钉	吨	2		铁皮漏末	个	50
	各种合页	副	1500		铁皮抽油机	个	10
	各种插筒	个	3000		铁皮水罐	个	100
	气筒	个	100		铁皮乩子	个	200
	窗勾	个	1400		铸铁烧馍锅	个	2000
	开口肖	吨	200		车串	公斤	1

续表

类别	产品名称	单位	数量
家具及小五金类	铁丝爪篱	把	1000
	菜刀	把	2020
	铁勺	把	500
	炒勺	把	20
	漏勺	把	200
	饭铲	把	1000
	尖铲	把	500
	火钩	把	2000
	火筷	副	2000
	火钳	把	100
	铁锅	口	200
	拌种器	个	30
	炉齿	个	1000
	炉茶	公斤	1000
	生铁马蹬	副	200
	篮球圈	副	2
	捕鼠夹	个	1000
	水担勾	副	50
	铁篦子	个	500
	车马轮具零件	件	2000
	铁绿帽	个	30
	窗帘环	幅	100
	人力车辐条	根	10000
	人力车轴帽	个	300
	人力车轴头	个	500
	人力车轴当	个	500
	打狼夹子	个	10
	羊毛剪子	把	50
	锯条	打	10
	各种钩子	个	500
	门扣	个	50
	小铁环	个	50
	铁皮油灯	个	50
	滑轮	个	20
家具及小五金类	卤轮	个	30
	皮带轮	个	10
	铁垫板	个	1000
	铁榔头	个	50
	活动板手	把	100
	单头呆板手	把	100
	双头呆板手	把	100
	铁砧子	个	20
	各种锥子	个	100
	人力车零件	件	100
	门拉手	个	50
	抽屉拉手	个	100
	台兜钳	部	10
	选种器	部	20
陶瓷瓦器类	瓦缸	个	1500
	瓦盆	个	5000
	花盆	个	500
	瓦罐	个	1000
服装类	单衣	套	18000
	棉衣	套	8000
	单帽	顶	7000
	棉帽	顶	1000
	各种布鞋	双	12000
	皮鞋	双	150
木器类	各种办公桌	张	200
	桌子	张	300
	各种柜子	个	50
	各种椅子	个	1000
	各种凳子	个	500
	床板	张	800
	木桶	只	100
	水箱	只	20
	蒸笼	套	100
	面箩	个	100

续表

类别	产品名称	单位	数量
木器类	黑板	个	20
	炕桌	个	50
	搓板	个	40
	脸盆架子	个	20
	其他木器	件	2000
日用百货类	口罩	打	300
	蝇拍	个	1000
	背底	张	8000
	晒衣架	个	500
	鞋垫	付	1000
	网篮	个	500
	袜底	双	500
	地板擦	个	20
	旅行袋	个	120
	领钩	合	100
	刷子	个	200
	纸夹子	打	10
	挂衣架	个	1000
	纽扣	罗	100
	萝卜丝擦	个	20
文化用品类	信纸	张	40000
	信封	个	12000
	卷宗	个	500
	万能表	本	500
	精袋日记本	本	500
	稿纸	张	150000
	抄本	本	1000
	作业本	本	2000
	印刷品	元	50000
	墨水	打	100
	糨糊	合	1000
	粉笔	合	500
	黑板擦	个	200
日用杂品类	报夹子	个	100
	报架子	个	100
	草提篮	个	100

类别	产品名称	单位	数量
日用杂品类	草帽	顶	2000
	笤帚	把	5000
	草帘	个	500
	抬筐	个	20000
	背斗	个	20000
	扁担	条	5000
	磨子	个	500
	铣把	根	10000
	镐把	根	10000
	镰刀把	根	10000
	锥把	根	2000
	斧头把	根	5000
	抬杠	根	10000
	木叉	把	3000
	五叉	把	1000
	榔头	个	5000
	草绳	条	4000
	牛鞍子	付	200
	驴鞍子	付	500
	骡鞍子	付	200
	马鞍子	付	100
	骑鞍	付	50
	拥脖	个	200
日用杂品类	鞭杆	个	1000
	擀面杖	根	200
	车辐条	个	10000
	车辋子	个	10000
	车头	个	500
	车轴	个	500
	车辕条	个	1000
	磨刀石	块	1000
	筷篓子	个	2000
	风匣	个	100
	粪叉	个	1000
	簸箕	个	500
	铺篮	个	200

续表

类别	产品名称	单位	数量	类别	产品名称	单位	数量
日用杂品类	笼子（克劳）	个	200	日用杂品类	木掌盘	个	100
	锅刷	个	1000	食品类	水磨面粉	吨	1800
	木碗	个	1000		机榨植物油	吨	100
	棋子	套	200		大榨植物油	吨	100
	木旋头	套	200		挂面	吨	20
	袜板子	个	500		甜菜糖	吨	40

1960 年全县地方工业产品产量计划表编制单位：循化县工交局。

——《一九六〇年关于粮食、生活安排、工业交通工作的安排意见、通知、指示、报告、总结、统计表》，循化县档案馆藏，档号：1–1–65（永久）。

1970 年全县工业总产值比 1969 年增长了 72%。县农牧机械修造厂的工人群众，积极制造土火箭、犁铧、播种机等，支援了农业生产。财贸战线在促进生产发展和改善人民生活方面作出了显著成绩，商品丰富，物价稳定。

进一步办好农机修造厂、黄丰电站、砖瓦厂，积极地、逐步地发展为农业服务的小型水泥厂、化肥厂、木质农具厂等地方“五小”工业。

——魏家麟：《中共循化县委员会第五次代表大会上的工作报告》，《循化组织史》（内部资料），1971 年 5 月 20 日。

基本建设项目完成情况一览表（1974.1—1974.7）

建设项目及主要单项工程名称	本年实际开工日期	建设性质	本年计划投资额（万元）	自年初累计完成投资额（万元）				本月实际完成投资额	自年初累计新增固定资产	自年初累计房屋建筑面积（平方米）		本月底实际达到的形象进度	备注
				合计	其中：国家投资	在合计中				施工面积	竣工面积		
						建筑安装工程	设备购置						
全县合计			71.03	46.03	16.99	37.06	8.97						
育苗			1.5	1.5		1.5							
环城公路			4.3	4.3		4.3							
拉兄桥			4.25	2.1		2.1							
购汽车 3 辆			5.5	5.5			5.5						
副食门市追加			1	1.0		1							
扩建粮油厂			5.6	1.67			1.67						
建县物资厂			9	4.57		4.57							

续表

建设项目及主要单项工程名称	本年实际开工日期	建设性质	本年计划投资额（万元）	自年初累计完成投资额（万元）				本月实际完成投资额	自年初累计新增固定资产	自年初累计房屋建筑面积（平方米）		本月底实际达到的形象进度	备注
				合计	其中：国家投资	在合计中				施工面积	竣工面积		
						建筑安装工程	设备购置						
中学教室宿舍			4.4	0.72		0.72							
红新大庄小学			3	1.87		1.87							
西滩小学			0.152	0.152		0.152							
东方红小学			0.028	0.028		0.028							
文化工作站			5	1.5		1.5							
县防疫站			2.4	1.95	1.95	1.95							
医院家属院			3.5	3.5	3.5	3.5							
武装部家属院			3	1.54	1.54	1.54							
公安局家属院			5	5	5	5							
县宴会客房			8.5	5	5	5							
五七学校			4.9	4.13		2.33	1.8						

——《1978年关于粮食、生活安排、工业交通工作的安排意见、通知、指示、报告、总结、统计表》，循化县档案馆藏，档号：1-1-69（永久）。

本月产量基本情况（1974年7月）

项目	计算单位	计划			实际			
		本年	本季	本月	本月	本季	本月止累计	去年同月止累计
总产值（按1970年不变价格计算）	万元				8.98		43.6	
主要产品产量：								
发电量	万度				43.6		289.7	
水泥	吨				40		232	
石粉	吨				53.6		242.2	
脱粒机	台				10		10	
拖拉机	台				8		8	

——《1978年关于粮食、生活安排、工业交通工作的安排意见、通知、指示、报告、总结、统计表》，循化县档案馆藏，档号：1-1-69（永久）。

工业生产完成统计表（1974.12.10）

项目	计算单位	全年计划	6月至11月实际完成	其中：11月份完成情况	占年计划%	目前已采取措施
合计	万元	104.95	91.66	14.33	87.33	
一、黄丰电站	万元	30	31.6	3.61	105.33	
发电量	万度	460	486.23	55.6	105.7	
二、面粉厂	万元	30.45	23.86	6.35	77.67	本月增加一班。共两班生产
标准面粉	万斤	184.96	143.64	38.67	77.66	
三、农机厂	万元	9	8.76	0.99	97.53	
四、建材厂	万元	9.1	7.58	0.24	83.29	
水泥	吨	1000	761	80	76.1	无烟煤供应不上，中间停产
砖	万块	100	8.27	11	89.27	
瓦	万片	10	9.39	1.7	9.9	
五、食品厂	万元	5	4	0.3	80	
六、手工业联社	万元	20	15.35	2.07	76.75	包活追加产值5万元。按20万元检查
七、菌肥厂	万元	1.4	0.71	0.07	50.71	

——《1978年关于粮食、生活安排、工业交通工作的安排意见、通知、指示、报告、总结、统计表》，循化县档案馆藏，档号：1-1-69（永久）。

各厂1976年工业生产计划

单位	1976年计划			一季度完成实际	占计划%		
					县下达		省下达计划
	全年	其中省下达指标	一季度		全年	一季度	
全县工业总产值（万元）	300	200	61.9	50.9654	16.98	82.3	25.4
黄丰电站	36.2		7	3.4085	9.4	48.5	
农机厂	31		7	5.5834	18	79.7	
建材厂	36		5	3.3256	12.4	64.5	
面粉厂	63.6		16	19.758	31	123.4	
食品加工厂	15		3.5	3.3633	21.7	93.3	
水泥预制厂	15						
辣子加工厂	29.6		5	6.1239	31	122.4	
手工业联社	41		8	7.2897	17.7	91.1	

续表

单位	1976 年计划			一季度完成实际	占计划 %		
	全年	其中省下达指标	一季度		县下达		省下达计划
					全年	一季度	
东风农机修配站	12.5		3	0.6933	5	23	
城镇	10.5		3	1.122	10.6	37.4	
道帏	2.8		0.8	0.1713	6	21.4	
清水	2.8		0.8	0.3301	11.7	41.3	
红旗	4.5		0.8				
街子	3		0.5				
文都	4.5		1				
尕楞	2		5				

——《1978 年关于粮食、生活安排、工业交通工作的安排意见、通知、指示、报告、总结、统计表》，循化县档案馆藏，档号：1–1–69（永久）。

循化县 1976 年一季度工业产品完成情况表

单位	计算单位	1976 年计划		一季度完成实际	占计划 %		二季度计划
		全年	其中一季度		占年计划 %	占季计划 %	
发电量	万度	653	122	60.6	9.28	49	214
黄丰电站	万度	550	100	52.4	9.5	52.4	190
道帏电站	万度	30	6	2.7	9	45	6
东风电站	万度	60	13	5.5	9	42	15
文都电站	万度	13	3				3
建材厂							
青砖	万片	150	30				40
木瓦	万片	15	3				2
水泥	吨	4000	1000	672	44789	67.2	1300
农机厂							
脱谷机	台	50	25				50
扬场机	台	65	30				65
小型收割机	台	30	10				20
手扶拖车	辆	100	26	38	38	152	30
60 内外挡	万个	20	1				1

——《1978 年关于粮食、生活安排、工业交通工作的安排意见、通知、指示、报告、总结、统计表》，循化县档案馆藏，档号：1–1–69（永久）。

各厂 1976 年工业生产季度计划

单位	计算单位	1976 年计划		一季度完成实际	占计划 %		二季度计划
		全年	其中一季度		占年计划 %	占季计划 %	
加工面粉	万斤	380	80	120	31.5	150	120
辣子面	万斤	23	5	47107	20.4	94.2	6.2
农牧机械配件	万件	20.47	0.305	0.2675	8.1	8.76	1.17
农机厂	万件	20	0.2	0.2	1	100	1
东风农机修配站	万件	0.1	0.03	0.0375	37.5	125	0.04
城镇	万件	0.1	0.03	0.03	33	100	0.04
道帏	万件	0.08	0.01				0.03
清水	万件	0.05	0.01				0.02
红旗	万件	0.03	0.005				0.01
街子	万件	0.05	0.01				0.01
文都	万件	0.03	0.005				0.01
尕楞	万件	0.03	0.005				0.01
手工业联社							
日用木制品	万件	0.2	0.05	0.0124	63	24.8	0.05
铁皮制品	吨	40	10	12	15	120	15

——《1978 年关于粮食、生活安排、工业交通工作的安排意见、通知、指示、报告、总结、统计表》，循化县档案馆藏，档号：1–1–69（永久）。

循化县 1976 年一季度工业产品完成情况表

单位	计算单位	1976 年计划		一季度完成实际	占计划 %		二季度计划
		全年	其中一季度		占年计划 %	占季计划 %	
卷钢管	米	500	150	212.36	42.5	141.5	250
汤瓶	千个	5	1	0.404			2
手工业联社	千个	2					1
城镇农机修配站	千个	3	1	0.404	13.4	40.4	1
藏刀	把	500					100
手工业联社	把	250	50	31	12.4	62	50
街子农机修配站	把	250	10				50
食品加工厂							
糕点	吨	40	7	14895	37.2	212.78	10
醋	吨	100	20	19519	19.5	97.5	25

——《1978 年关于粮食、生活安排、工业交通工作的安排意见、通知、指示、报告、总结、统计表》，循化县档案馆藏，档号：1–1–69（永久）。

循化县1977年上半年工业产品完成情况表

单位	1977年计划数	截至6月底完成额		占年计划%	与上年比较		备注
		本月	累计		同期数	增（+）减（-）%	
全县总产值（万元）	300	19.58	68.25	22.8	99.37	-31.3	同期数内不包括1976年辣子厂18.2
黄丰电厂	35.75	4.56	17.62	49.3	12.75	38.2	
水泥厂	21.6	2.06	2.82	13	7.94	-64.5	
砖瓦厂	6.2	0.36	0.58	8.5	0.84	-36.9	
农机厂	26	0.94	7.26	27.9	10.84	-33	
面粉厂	93.08	/			40.47	-100	
食品厂	22	1.39	8.33	37.9	6.45	29.1	
预制厂	18	1.5	6.09	33.8		100	
印刷厂	2	0.16	0.16	8			
手工业联社	44	4.42	15.56	35.4	15.76	-1.3	
道帏修理站	2	0.51	0.99	49.5			产值内包括发电8万度产值
东风	8	0.52	2.94	36.7	2.2	33.6	总产值内包括发电11万度产值
清水	2	0.09	0.8	40			
城镇	9	1.41	2.57	28.5	2.12	21.2	
街子	5	0.53	1.42	28.4			
红旗	3	0.28	0.81	27			
文都	2	0.35	0.35	17.51			
尕楞	0.37						产值内包括发电量7000度的产值

——《1978年关于粮食、生活安排、工业交通工作的安排意见、通知、指示、报告、总结、统计表》，循化县档案馆藏，档号：1-1-69（永久）。

1977年6月底主要产品产量完成情况统计表（一）

单位	1977年计划数	截至6月底完成额		占年计划%	与上年比较		备注
		本月	累计		同期数	增（+）减（-）%	
发电量	万度	675	76.8	290.9	43.1	203.6	40.3
黄丰电厂	万度	560	70.1	271.2	48.4	196.9	37.7
道帏公社	万度	30	4.5	8	26.7		
东风公社	万度	35	1.5	11	31.4	9.5	15.3

续表

单位	1977年计划数	截至6月底完成额		占年计划%	与上年比较		备注
		本月	累计		同期数	增（+）减（-）%	
文都公社	万度	10	0.7	0.7	7	0.2	250
农机厂	万度						
脱粒机	台	80				50	-1
扬场机	台	100					
手扶翻斗拖车	辆	100		33	33		
农牧机械配件	件	200000	3164	19105	9.6		
农机厂	件	153000	984	6584	4.3		
道帏修配站	件	200					缺报
东风修配站	件	17000	1550	3650	21.5		
清水修配站	件	1000	107	656	656		
城镇修配站	件	20000	282	5600	23		农业机械配件估计数字
街子修配站	件	3000		990			
红旗修配站	件	2000	177	969	43.4		

——《1978年关于粮食、生活安排、工业交通工作的安排意见、通知、指示、报告、总结、统计表》，循化县档案馆藏，档号：1-1-69（永久）。

1977年6月底主要产品产量完成情况统计表（二）

项目	计算单位	1977年计划	截至6月底完成情况			与上年比较	
			本月	累计	占年计划	同期数	增（+）减（-）%
文都修配站	件	1500	64	656	43.7		
㭞榜	件	500					
水泥	吨	4000	430	590	14.7	1654	-64.3
砖	万块	150	7.9	13	3.6	15	-13.3
木瓦	万块	20	0.8	0.8	4	2.77	-71.1
普通面粉	万斤	550				245.35	
油品	万斤	3					
酒	吨	35	2.23	11.38	32.5	0.73	1459
醋	公斤	150000	19340	52252	34.8	61183	-14.6
酱油	公斤	25000	20	149	0.6	4229	-96.5
糕点	公斤	60000	4142	29657	43.4	26447	12.1
豆腐	公斤	35000	1800	10431	29.3	1297d	-19.6

续表

项目	计算单位	1977 年计划	截至 6 月底完成情况			与上年比较	
			本月	累计	占年计划	同期数	增（+）减（-）%
粉条	公斤	15000	1180	4963	33.1	4606	7.7
铁皮制品	吨	50	10	21.8	43.6	26.5	-17.7
铁质小农具	件	5000	355	2132	42.6	1710	+24.7
日用木制品	件	1000	133	1077	107.7	435	147.6

——《1978 年关于粮食、生活安排、工业交通工作的安排意见、通知、指示、报告、总结、统计表》，循化县档案馆藏，档号：1-1-69（永久）。

1977 年主要技术经济指标考核表（一）

项目	计算单位	1977 年计划	截至 6 月底平均实际	备注
黄丰电站				
厂用电率	%	1.8	1.3	
输电线路损耗		5	6	
水泥厂				
水泥耗煤量	吨公斤	850		没有考核
水泥耗电量	吨度	80		
砖瓦厂				
砖耗煤量	万块吨	3	3.5	
瓦	万块吨	3.5	6	
预制厂				
成品品种合格率	%	90	100	
农机厂				
成品品种合格率	%	90		没有考核
铸铁件合格率	%	9		目前停产

——《1978 年关于粮食、生活安排、工业交通工作的安排意见、通知、指示、报告、总结、统计表》，循化县档案馆藏，档号：1-1-69（永久）。

1977 年主要技术经济指标考核表（二）

项目	计算单位	1977 年计划	截至 6 月底平均实际	备注
面粉厂				
小麦出粉率	%	36		
耗电量	吨度	40		

续表

项目	计算单位	1977年计划	截至6月底平均实际	备注
木材利用率				
木工社成材	%	45	40	
维修队成材		70	60	
汽车完好率				
汽车队完好率	%	75	66.6	客车69.2%，卡车63%
千吨公里耗油量	公斤	110	121.7	客车149.7，卡车119.7，平均121.7公斤
商运组完好率	%	85		
千吨公社耗油量	公斤	110		
食品加工厂				
豆腐	公斤	2.5	2.7	
粉条出粉率	%	29	26—27	

——《1978年关于粮食、生活安排、工业交通工作的安排意见、通知、指示、报告、总结、统计表》，循化县档案馆藏，档号：1-1-69（永久）。

党的基本路线教育有关数字统计表之十一（单位：个、元）

循化县（社队企业发展）

一九七七年十一月十日

社队企业	合计		公社企业				大队企业			
			小计		其中：当年新建企业		小计		其中：当年新建企业	
	企业数	资金额	企业数	资金额	企业数	资金额	企业数	资金额	企业数	资金额
甲	1	2	3	4	5	6	7	8	9	10
合计	80	497241.6	6	325000	2	30000	74	1722416	41	34640.5
城镇	26	2024562	2	180000			24	22456	8	4000
文都	36	200847.6	4	145000	2	300001	32	55847.6	26	2102.5
其他	18	93938					18	93938	7	28538
备注										

——《1965—1966年、1971—1978年各公社组织情况、春耕、农业生产，大检查、大评比、抓革命、基本路线教育、自然灾害统计表（1965.02—1978.04）》，循化县档案馆藏，档号：1-1-255（永久）。

循化县 1978 年 3 月底工业产品完成情况表 78.4.11

单位	1978 年计划	截至 6 月底完成情况			去年同期数	对比		备注
		本月	累计	占计划 %		增（+）减（-）%	%	
二、集体所有制工业	94.3	4.33	14.74	15.6	9.34	5.4	57.3	
轻工科	50	2.88	9.46	18.9	5.86	3.6	61.4	
铁工社	27	1.29	4.37	16.2				
服装社	13	0.99	3.55	27.8				
木工社	10	0.6	1.54	15.4				
道帏修配站	3	0.16	0.46	15.3	0.48	-0.02	4.2	
东风修配站	10.2	0.5	1.70	16.7	1.38	0.32	23.2	
清水修配站	2.5	0.09	0.33	13.2	0.35	-0.02	5.7	
城镇修配站	10.5	0.19	0.79	7.5	0.67	0.12	17.9	
街子修配站	3.5	0.15	0.66	18.8	0.37	0.29	78.4	
红旗修配站	11.7	0.17	1.00	8.5	0.23	0.77	334.3	
文都修配站	2.3	0.19	0.34	14.8		0.34		
尕楞修配站	0.6							

——《1965—1966 年、1971—1978 年各公社组织情况、春耕、农业生产，大检查、大评比、抓革命、基本路线教育、自然灾害统计表（1965.02—1978.04）》，循化县档案馆藏，档号：1-1-255（永久）。

循化县 1978 年 6 月底工业产品完成情况表

单位	1978 年计划	截至 6 月底完成情况			去年同期数	对比		备注
		本月	累计	占计划 %		增（+）减（-）%	%	
发电量	万度	700	67.9	9.7	69.02	-2.12	3.1	
水泥	吨	4000	843	21.1		845		
普通面粉	吨	3400	738.33	21.5		733.33		
酒	吨	50	12.44	24.9	6.36	5.58	31.3	
糕点	吨	60	15.35	25.6	15.1	0.24	1.9	
醋	吨	200	15.42	7.7	21.13	-5.56	27.3	
粉条	吨	16	3	18.75	1.62	1.33	35.2	
豆腐	吨	35	7.64	21	5.39	2.26	41.7	
铁皮制品	吨	100	9.5	9.5	8.5	1	11.8	
日用木制品	件	30	167	5.6	457	-290	63.5	

续表

单位	1978年计划	截至6月底完成情况			去年同期数	对比		备注
		本月	累计	占计划%		增（+）减（-）%	%	
网套	床	3000	605	20.2	409	196	43	
服装	件	9000	2015	22.4	1144	871	76.1	

——《1965—1966年、1971—1978年各公社组织情况、春耕、农业生产，大检查、大评比、抓革命、基本路线教育、自然灾害统计表（1965.02—1978.04）》，循化县档案馆藏，档号：1-1-255（永久）。

1953—1967年粮食部门委托水磨加工粮食统计表（单位：万公斤）

项目		1953年	1954年	1955年	1956年	1957年	1958年	1959年	1960年	1961年	1962年	1963年	1964年	1965年	1966年	1967年	历年累计
合计		126	148	101	37	124	145	217	220	47	44	44	31	50	69	35	1438
小麦	原粮	104	112	61	35	112	114	171	213	38	32	41	22	36	56	22	1169
	面粉	77	90	49	28	90	96	147	192	34	29	37	20	33	50	19	991
杂面		22	36	40	2	12	31	46	7	9	12	3	9	14	13	13	269

——循化撒拉族自治县志编纂委员会：《循化撒拉族自治县志》，中华书局，2001年版，第311页。

粮油加工1968—1990年各项经济指标统计表

年份	产量（吨）							产值（万元）	利润（万元）	全员劳动生产率（元）	职工人数（人）
	面粉		食油		饲料		产品合格率（%）				
	产量	出品率（%）	产量	出品率（%）	产量	出品率（%）					
1968	371.49	85.75					99	15.63	0.17	12023	13
1969	241.47	85.71					99	7.95	0.12	6115	13
1970	612.83	91.88					98	18.33	0.33	13521	13
1971	194	85.76					99	6.39	0.1	4260	15
1972	454.86	87.08					99	14.87	0.34	9350	16
1973	924.79	87.85					99	30.45	0.8	23423	13
1974	813.33	86.77					99	26.38	0.34	20600	13
1975	547.05	86.3					98	52.57	1.22	20219	26
1976	1381.28	85.89					98	45.47	1.61	16840	27
1977	2806.78	84.25					99	92.4	0.13	22537	41

续表

年份	产量（吨）							产值（万元）	利润（万元）	全员劳动生产率（元）	职工人数（人）
	面粉		食油		饲料		产品合格率（%）				
	产量	出品率（%）	产量	出品率（%）	产量	出品率（%）					
1978	2291.82	86.41	6.86	29.33			99	76.82	0.6	19692	39
1979	2268.56	86.74	10.57	32.95			98	76.74	0.59	21319	36
1980	865.17	81.87	7.2	29.13			99	48.21	0.02	20161	24
1981	984.03						99	32.39	–0.16		
1982	738.76	80.56	50.02				99	27.45	0.95		
1983	929.25	81.3	51.84				99	40.66	1.46		
1984	1120.48	78.49	15.3		46.69	98	99	41.26	1.44	31738	13
1985	1068.63	77.51	81.46	36.31	98.08	98	99	50.3	2.48	31435	10
1986	1044.04	77.37	10.53	33.67	120.14	98	99	48.85	1.2	22204	10
1987	1120.81	74.05	38.92	37.52	541.37	98	99	61.76	4.04	20843	13
1988	1006.21	84.65			804.06	98	99	61.6	6.29	21332	14
1989	1308.81	74.47			1456.28	98	100	101.77	11.63		14
1990	1556.52	77.1	46.8	36.92	902.21	98	100	102.91	11.81	38115	27

——循化撒拉族自治县志编纂委员会:《循化撒拉族自治县志》，中华书局，2001 年版，第 311—312 页。

工业经过调整，总产值实际完成 193.6 万元，比上年减少 20.39 万元。主要产品完成情况为：发电量 629 万度，比上年增长 24.8%；生产水泥 3181 吨，比上年减少 12.2%；砖 295 万片；标准面粉 1422 吨。

1981 年工业总产值计划 175.95 万元，比上年实际减少 10%，比原计划减少 16%，发电量 650 万度，比上年增加 21 万度，比原计划减少 50 万度；水泥 3000 吨，比上年的 3181 吨减少 181 吨；砖瓦 305 万片，比上年增加 10 万片，比计划增加 5 万片；标准面粉 1000 吨，比上年减少 422 吨，比原计划略有减少；日用木器制品 1800 件。工业产量、产值比原计划减少的原因是要进行部分调整，压缩合同工，同时好多企业吃不饱，亏损局面短期内不能扭转。

——《关于下达一九八一年国民经济计划的通知》，循化撒拉族自治县人民政府办公室提供（循政〔1981〕048 号），1981 年 6 月。

循化县 1980 年企业盈亏计划（草案）（单位：千元）

单位名称	1979 年实际完成数	1980 年计划	1980 年比 1979 年增减额（+－）	增减 %	简要
商业企业	365	313	−52		
民货公司	167	146	−21		
副食品公司	30	16	−14		
石油化总公司	53	36	−17		
饮食服务公司	4	5	+1		
食品加工厂	20	20			
农副公司	91	90	−1		
工业企业	−29	75	+104		
电厂	20	80	+60		
农机厂					
水泥厂	−59	−15	−44		
砖瓦厂	5	5			
预制厂	5	5			
交通企业（车队）	−86	−50	−36		
文教卫生企业	4	3	−1		
电业卫生	1	3	+2		
电业管理站	−2	−3	+1		
印刷厂	5	3	−2		
电机供应站		−18	+18		
物资供应站	32	30	−2		
合计	286	353	+67		

——《关于下达一九八一年国民经济计划的通知》，循化撒拉族自治县人民政府办公室提供（循政〔1981〕048 号），1981 年 6 月。

循化县 1981 年工业生产计划（单位：公斤）

地区	油料计划		
	1980 年实际	1981 年计划	1981 年比 1980 年实际增长（%）
甲	1	2	3
合计	167.93	120	−47.93
道帏公社	41.39	25	−16.39
东风公社	21.32	13	−8.32
清水公社	7.9	5	−2.9
城镇公社	11.11	6	−5.11

续表

地区	油料计划		
	1980 年实际	1981 年计划	1981 年比 1980 年实际增长（%）
街子公社	23.81	23	-0.81
红旗公社	21.13	16	-5.13
文都公社	27.55	20	-7.55
尕楞公社	12.64	12	-0.64
国营农牧场	1.08		-1.08

——《关于下达一九八一年国民经济计划的通知》，循化撒拉族自治县人民政府办公室提供（循政〔1981〕048 号），1981 年 6 月。

1981 年工业总产值基本完成计划。工业总产值按 1980 年不变价计算，全民和轻工集体单位完成 171.14 万元，占 1981 年计划的 98.8%。加上未下达计划的社办工业总产值 23.63 万元，实际完成工业总产值 194.77 万元。其中全民单位四个企业超额完成年计划，两个企业超 1980 年工业总产值，两个企业因洪水停产和任务不足没完成年计划。轻工集体系统，超年计划的 23% 完成任务。其中五金厂因实行经济责任制，超额 30.25% 完成计划。

1982 年计划工业总产值 207.69 万元，比 1981 年增长 6.63%；全民所有制工业总产值 152.69 万元，比 1981 年增长 13.74%；轻工集体所有制总产值 35 万元，比 1981 年减 5.15%；社办企业总产值 20 万元，比 1981 年下降 3.63 万元。主要产品产量：发电量 655 万度，增 27.88%；水泥 2700 吨，增 47.8%；红砖 300 万块，增 14.4%，标准面粉 1000 吨，增 1.62%；食用油品 5 吨，白酒 50 吨，增 2.59%；醋 200 吨，增 15.18%；酱油 35 吨，增 20.1%；服装 1 万件，增 43.1%；木器制品 2000 件，增 48.15%。

1982 年工业生产计划

项目	计算单位	1981 年实际	1982 年计划	比 1981 年实际增减 %	备注
一、工业总产值合计	万元	194.77	207.69	6.63	
1. 全民所有制工业	万元	134.24	152.69	13.74	
农机厂	万元	16.39	16.40	0.06	
水泥厂	万元	9.32	13.77	47.75	
电厂	万元	31.23	40.95	31.12	
预制厂	万元	8.38	8.40	0.24	

续表

项目	计算单位	1981年实际	1982年计划	比1981年实际增减%	备注
砖瓦厂	万元	11.41	13.05	14.37	
食品厂	万元	21.5	22.74	5.77	
面粉厂	万元	32.39	33.77	4.26	
印刷厂	万元	3.62	3.61	–0.25	
2. 集体所有制工业	万元	36.9	35	–5.15	
五金厂	万元	16.2	14.25	–12.04	
服装厂	万元	14.63	14.25	–2.60	
木器厂	万元	6.07	6.50	7.08	
3. 社办工业（修配站）	万元	23.63	20	–15.37	由社队企业局安排
二、工业主要产品产量					
发电量	万度	512.2	655	27.88	
其中：水电	万度	512.2	655	27.88	
黄丰电站	万度	480.42	630	31.14	
公社电站	万度	31.78	25	–21.3	由社队企业局安排
水泥	吨	1.827	2.700	47.78	
红砖	万块	262.2	300	14.42	
标准面粉	吨	984.03	1000	1.62	
食用植物油	吨	/	5	/	
白酒	吨	48.74	50	2.59	
食醋	吨	173.64	200	15.18	
酱油	吨	29.14	35	20.11	
豆腐	吨		35		
饼干	吨		10		
各种糕点	吨	35.74	25		
服装	件	6988	10000	43.1	
网套	床	2467	2500	1.34	
铁皮制品	吨	36.6	37	1.09	
木器制品	件	1350	2000	48.15	

注：工业总产值均按1980年不变价计算。

——韩克仁：《循化撒拉族自治县一九八二年经济和社会发展计划的报告》，循化撒拉族自治县人民政府办公室提供，1982年4月。

1982年交通运输计划

项目	计算单位	1981年实际	1982年计划	比1981年实际增减%	备注
汽车队					
货运量	吨	4720	4800	1.69	
货运周转量	吨、公里	683.889	700.000	2.36	
客运量	人次	96279	120000	24.64	
客运周转量	人、公里	2163.877	2300.000	6.29	

——韩克仁：《循化撒拉族自治县一九八二年经济和社会发展计划的报告》，循化撒拉族自治县人民政府办公室提供，1982年4月。

1983年全县完成工业总产值258.3万元。完成年计划的111.99%，比1982年增长25.31%，创历史最高纪录。主要产品水泥、砖瓦、发电、水泥制件的产量均比往年较大幅度的增加，超额完成计划，质量提高，消耗降低，产品适销对路，扭转了过去那种只追求产值速度，不重视经济效益的做法。实现工业利润33万元，比1982年的26万元增长26.9%，各厂子普遍成本降低。积压减少，销售收入增加，资金周转加快，共9个国营企业、3个大集体企业，两个亏损企业摘掉了亏损帽子，变亏损为盈，除一个企业持平外，都有盈利，整个工业面貌有了新的起色。

——韩克仁：《在循化撒拉族自治县第九届人民代表大会第一次会议上——循化撒拉族自治县人民政府工作报告（1983.2）》，循化撒拉族自治县人民政府办公室提供，2022年4月。

1987年完成工业总产值372.13万元（按1980年不变价计算），比1986年增长14.5%，其中全民所有制工业产值完成207万元，比1986年增长16.3%；乡镇办工业完成产值107万元，比1986年增长20.2%。特别是乡镇企业积极鼓励群众集资，特别是行办户办、联户办等多种形式的合作企业出现持续发展的好势头，去年乡镇企业发展到1060个，从业人员2440人，占全县农业劳动力总数的7.3%，完成总产值1052万元，比1986年增长14.52%，产品质量不断提高，乡镇企业的部分产品开始打入省外市场。

——韩克仁：《解放思想　集中力量　努力把循化的经济工作搞上去——循化撒拉族自治县人民政府工作报告（1988.6.11）》，循化撒拉族自治县人民政府办公室提供，2022年4月。

2005年全县生产总值达到6.19亿元（现价），比上年增长18.5%，其中第一产业达到11731万元，增长2.6%；第二产业达到29801万元，增长33.3%；第三产业达到20382万元，增长10.7%。人均生产总值达到5226元。地方一般预算收入达到3041万元。完成工业增加值1.46亿元，增长20.3%。

工业方面，雪舟、伊佳、天香、仙红等重点企业生产规模不断扩大，谢坑铜金矿日处理600吨选矿厂项目启动实施。全年共完成工业固定资产投资1.49亿元，比上年增长51%。其中技改投资9250万元，增长14.3%。大中型水电站建设进展顺利，苏只水电站第一台机组开始运行发电，黄丰电站正式开工建设，积石峡电站前期工作全面展开。

——韩永东：《循化撒拉族自治县第十四届人民代表大会第四次会议上的讲话（2006.3.21）》，循化撒拉族自治县人民政府办公室提供，2022年4月。

2008年，我们千方百计化解各种不利因素对县域经济发展造成的影响，通过全县各级党政组织和各族干部群众的扎实工作，全县经济社会发展依然保持了持续平稳较快的发展态势。2008年，全县GDP中第一产业完成20074万元，第二产业完成26266万元，第三产业完成36872万元，增速分别为5.9%、13.8%和14.3%，产业配置更加符合我县经济发展的特点。特别是劳务经济收入、旅游收入在农牧民收入中的比重得到增长。完成地方一般预算收入4241万元，增长13%；城乡居民各项存款余额达82022万元，比上年增长22.7%；社会消费品零售总额达到2.41亿元，增长22.3%，消费拉动经济增长的作用不断增强。

——韩永东：《循化撒拉族自治县第十五届人民代表大会第五次会议上的讲话（2009.4.25）》，循化撒拉族自治县人民政府办公室提供，2022年4月。

截至2010年9月底，我县工业企业达55家，其中，规模以上企业8家。工业企业累计完成工业总产值4.95亿元，同比增长21%，完成目标任务的75%。工业固定资产投资完成10480万元，完成年目标任务的100%。完成工业增加值1.84亿元，同比增长75%，完成目标任务的75%；其中，规模以上企业完成产值2.95亿元，完成增加值1.09万元；实现销售收入4.85亿元，销售率达98%。按照节能减排要求，及时关停了靖化冶炼厂高耗能污染企业，规模以上工业单位增加值能耗下降10.5%。主要生产的产品有：生产民族帽2655万顶、辣面803吨、辣酱956吨、水泥6.9万吨、铜金粉

960吨、红砖12000万块。

狠抓工业项目建设。把工业项目建设作为推动工业经济持续快速发展的基础性工作抓紧抓实。截至9月底，全县工业固定资产投资完成10480万元，比年度目标任务多480万元。其中：博艺公司黄河石艺画加工项目完成投资520万元，建黄河石加工车间及展厅等2500平方米；谢坑铜金矿上建日处理600吨生产线，已完成投资1900万元；化青公司年养殖50万只鸡及深加工项目完成投资1400万元，扩建高标准鸡舍、屠宰车间及加工车间等；甲秀公司年产4000吨清真牛羊肉生产线项目完成投资700万元；雪驰公司牛羊定点屠宰项目完成投资350万元；白驼公司牛羊养殖及清真牛羊肉加工项目完成投资800万元；金农公司清真牛羊肉加工项目完成投资380万元；农丰公司年产2800吨蔬菜保鲜加工生产线项目完成投资300万元，建保鲜车间、库房等；天烨公司节能太阳灶开发项目完成投资360万元。

加强集中区建设。把集中区建设作为发挥工业企业集聚功能、增强工业企业辐射带动能力的重要举措，成立了由政府主要领导任组长、县政府分管领导任副组长，由街子集镇办、经商局、发改局、财政局、国土资源局、住建局、电力局、交通局、水务局、林业局等部门为成员的循化县民族工业集中区建设领导小组，并按照“大工业强县、小工业富民”的方针，大力实施“工业强县”战略，加快民族工业集中区建设步伐。截至9月底，民族工业集中区建设共完成集中区投资7300万元，实施了集中区1.7公里主道路建设、供排水管网埋设及2座200吨蓄水池建设项目、一期电网架设及临时用电设施建设等，协调落实园区建设贷款2000万元。同时，加快入驻企业建设，已入驻工业集中区的4家企业已全部开工，正在建设之中，年内可实现5家企业入驻园区，预计可完成固定资产投资1亿元以上。在此基础上，采取有效措施，通过土地租赁、流转等形式，完成集中区土地储备370亩，占今年地区下达的目标任务的74%，预计本月底全面完成土地储备任务。

——韩永福：《第三季度工业经济运行分析会议汇报材料（2010.10.13）》，循化撒拉族自治县人民政府办公室提供，2022年4月。

2007年，圣驼民族工艺品有限公司和博艺旅游文化有限公司相继成立，循化黄河石艺和刺绣工艺品引入企业化生产经营模式。2008年，圣驼民族工艺品有限公司刺绣工艺品工业产值超过600万元，生产的“福娃”刺绣产品作为在北京举办的第二十九届奥运会纪念品，由国家奥组委收藏，博艺旅游文化有限公司从事黄河奇石、石雕、石艺画和玉雕石艺等旅游文化产品开发。主要产品有：石艺画系列、玉雕系列、彩绘系列、刺绣系列、驼绒系列、沙画系列等七个系列。2010年底生产加工石艺画6.5万件，实现产值2000万元。

——循化撒拉族自治县地方志编纂委员会：《循化撒拉族自治县志》，三秦出版社，2017年版，第189—190页。

1954—1990年工业总产值表

年份		单位数（个）	其中		工业总产值（万元）	其中		总产值比重%	
			全民	集体		全民	集体	全民	集体
一九五二年不变价	1954	3		3	5		5		100
	1955	3		3	7		7		100
	1956	5		5	13		13		100
	1957	6		6	13		13		100
一九五七年不变价	1958	26	13	13	48	36	12	75	25
	1959	22	10	12	91	60	31	66	34
	1960	18	10	8	134	92	42	69	31
	1961	13	3	10	43	36	7	84	16
	1962	7	1	6	10	6	4	60	40
	1963	4	1	3	5	2	3	40	60
	1964	5	1	4	7	1	6	14	86
	1965	4		4	6		6		100
一九五七年不变价	1966	5	1	4	14	5	9	36	64
	1967	6	2	4	16	7	9	44	56
	1968	8	4	4	29	22	7	76	24
	1969	8	4	4	28	21	7	75	25
	1970	8	4	4	47	40	7	85	15
一九七〇年不变价	1971	9	5	4	50	41	9	82	18
	1972	9	5	4	70	58	12	83	17
	1973	9	5	4	96	80	16	83	17
	1974	10	6	4	101	84	17	83	17
	1975	10	5	5	156	119	37	76	24
	1976	16	7	9	218	164	54	75	25
	1977	19	8	11	285	208	77	73	27
	1978	19	8	11	254	184	70	72	28
	1979	11	8	3	214	183	31	86	14

续表

年份		单位数（个）	其中		工业总产值（万元）	其中		总产值比重 %	
			全民	集体		全民	集体	全民	集体
一九八〇年不变价	1980	11	8	3	199	166	33	83	17
	1981	11	8	3	171	134	37	78	22
	1982	11	8	3	206	164	42	80	20
	1983	15	8	7	258	178	80	69	31
	1984	23	8	15	266	173	93	65	35
	1985	16	8	8	289	209	80	72	28
	1986	22	8	14	325	178	147	55	45
	1987	23	8	15	372	207	165	56	44
	1988	20	8	12	514	340	174	66	34
	1989	24	8	16	581	300	281	52	48
	1990	544	8	536	999	313	686	31	69

——循化撒拉族自治县志编纂委员会：《循化撒拉族自治县志》，中华书局，2001 年版，第 301—302 页。

1991—2010 年循化县主要工业产品产量统计表

年份	发电量（万千瓦时）	无毛绒（吨）	牛绒衫（万件）	铜金属含量（吨）	浓缩果汁（吨）	辣面（吨）	辣酱（吨）	缝制帽（万顶）	自来水（吨）	硅铁（吨）
1991	72.39	—	—	—	—	—	—	—	—	—
1992	704.87	10	—	—	—	—	—	—	—	—
1993	727.25	45	5	—	—	—	—	—	—	—
1994	617.1	163	5	—	—	—	—	—	—	—
1995	421.9	234	11.5	—	—	—	—	—	—	—
1996	801.7	250	37.55	—	—	—	—	—	—	—
1997	1194	300	46.94	57	—	—	—	—	—	—
1998	1791	290	57	43	—	—	—	—	—	—
1999	2293	288	41	—	562	—	—	—	—	—
2000	2314	402	—	—	350	112	—	—	—	—
2001	2117	325	20	—	315	275	125	210	—	—
2002	1717	342	20	—	280	530	152	310	—	—
2003	1431	184	24	—	1130	610	336	997	—	—
2004	1862	700	40	—	1360	282	1631	1500	68	—
2005	2471	725	27	—	653	620	736	2130	68	—

续表

年份	发电量（万千瓦时）	无毛绒（吨）	牛绒衫（万件）	铜金属含量（吨）	浓缩果汁（吨）	辣面（吨）	辣酱（吨）	缝制帽（万顶）	自来水（吨）	硅铁（吨）
2006	750	500	—	—	2730	—	2700	2100	68	3150
2007	380	305	—	440	3300	—	4720	1310	63	2150
2008	738	—	—	510	3600	—	3330	2270	60	1500
2009	781	—	—	480	3650	—	3497	3305	45	3300
2010	559	—	—	1250	—	—	3297	1495	60	—

——循化撒拉族自治县地方志编纂委员会：《循化撒拉族自治县志》，三秦出版社，2017年版，第185页。

1991—2010年循化县主要工业产品产量统计表（续表）

年份	面粉（吨）	食用植物油（吨）	罐头（吨）	糕点（吨）	乳制品（吨）	白酒（吨）	水泥（吨）	水泥电杆（根）	砖（万块）
1991	21300	630.4	583.8	3.22	84.5	1.05	4608	1793	1021
1992	20900	483.1	643.44	3.06	123	16.1	2937.3	2793	970
1993	2110	455	109.1	29.93	90	84.72	3428	2402	1050
1994	2500	400	117	—	115	43	4135	930	1360
1995	28800	450	75	—	120	—	2376	1177	1150
1996	20800	244	80	25.5	80	—	3598	963	1570
1997	20300	250	20	—	74	2	12200	350	1800
1998	278	—	—	—	60	—	10871	0	1500
1999	249	—	—	—	—	—	15001	—	2910
2000	—	—	—	—	—	—	16616	—	3250
2001	—	—	—	—	25	—	15977	—	3250
2002	—	—	—	—	35	—	14900	5400	3450
2003	—	—	—	—	20	—	82000	4800	4020
2004	—	—	—	—	—	—	58000	—	4250
2005	—	—	—	—	—	—	67000	—	3500
2006	—	—	—	—	—	—	66000	—	4300
2007	—	—	—	—	—	—	68000	—	5200
2008	7850	120	—	—	60	—	90500	—	8065
2009	—	—	—	—	—	—	91300	—	8740
2010	—	—	—	—	—	—	85600	—	8050

——循化撒拉族自治县地方志编纂委员会：《循化撒拉族自治县志》，三秦出版社，2017年版，第186页。

1990—2010 年循化县主要年份工业行业产值统计表（单位：万元）

项目	1990 年	1995 年	2000 年	2005 年	2010 年	备注
全县合计	1343.18	9113	23157.4	41437.6	62329	
1. 采矿业	0	0	250	980	3268	铜金矿采选、砂石料场等
2. 农副产品加工及食品制造业	154	210	1539	5196	17140	面粉、辣酱辣面、饲料、乳制品、植物油
3. 轻纺织业	0	6300	8859	29010	21032	牛绒衫、牛绒、服装、帽等
4. 建材制造业	293	710	1510	3316	5590	水泥、砖、预制块、钢门窗等
5. 民族工艺品制造业	0	20	30	30	1650	地毯、刺绣、绘画、雕刻、石艺等
6. 水利发电业	35	46	398	359	119	
7. 自来水生产和供应业	3	3	40	120	130	
8. 其他	482	1824	10531.4	2426.6	13400	

——循化撒拉族自治县地方志编纂委员会:《循化撒拉族自治县志》，三秦出版社，2017 年版，第 177 页。

1991—2010 年循化县工业总产值、企业个数统计表（单位：万元、个）

年度	合计		国有企业		集体企业		私营企业		工业个体户	
	工业总产值	企业个数	产值	企业个数	产值	企业个数	产值	企业个数	产值	个数
1991	1510.8	23	477	8	84.8	3	250	12	699	564
1992	1864	29	517.5	9	80.5	3	285	17	981	587
1993	2541	49	670	10	547	13	484	26	840	531
1994	4179	48	519.1	10	368	6	617	32	2674.9	556
1995	9160	47	2063	13	47	1	5079	33	1971	537
1996	15071.8	54	1862	14	42.8	1	10420	39	2747	540
1997	16017.2	78	1184.2	13	25	1	11958	64	2850	464
1998	17395.1	78	1021.6	10	29.5	1	15880	67	464	135
1999	18919.4	79	1008.5	8	23.9	1	17427	70	460	233
2000	23131.7	78	618.1	5	682.6	3	21545	70	286	460
2001	29036.2	83	1291.2	8	0	0	27417	75	328	461
2002	34581	49	1511	7	0	0	32680	42	390	562
2003	41476.5	49	1356.5	7	0	0	38922	42	1198	562
2004	48975	43	88	1	0	0	47547	42	1340	562
2005	41438	43	120	1	0	0	38818	42	2500	618

续表

年度	合计		国有企业		集体企业		私营企业		工业个体户	
	工业总产值	企业个数	产值	企业个数	产值	企业个数	产值	企业个数	产值	个数
2006	32260	40	120	1	0	0	29140	39	3000	618
2007	42240	41	84	1	0	0	37076	40	5080	618
2008	46203.6	66	130	1	0	0	41845	65	4228.6	411
2009	53707.2	67	130	1	0	0	48629	66	4948.2	411
2010	62326	69	135	1	0	0	56771	68	5420	450

——循化撒拉族自治县地方志编纂委员会:《循化撒拉族自治县志》，三秦出版社，2017年版，第182—183页。

编者注：第二栏所有数据系原文数据。

传统的粮油加工是水磨制粉和油坊油料加工。水磨制粉，根据水转涡轮原理，以水为动力，冲击木质旋转轮而带动石磨旋转，是粮食加工面粉的作坊。水磨有立轮磨、平轮磨、船磨3种，每盘昼夜加工粮食500—750公斤。油料加工，是用水磨将油菜籽、胡麻籽磨碎后，送入油坊，入屉蒸热，用麻莲和铁箍包成圆饼置榨油台上，以二丈余巨木两根，用杠杆原理，固定置油饼一端，另一端放置石头，施加压力，油出盘进入容器。50年代初至60年代中期，供给干部、城镇居民的面粉、食油全靠水磨、油坊加工。1952—1960年，粮食部门在全县107盘水磨、48座油坊中，选用48盘水磨、14座油坊，与其签订合同，委托加工、付加工费的办法，累计加工粮食14380吨，平均出粉率87.62%。1958年，技术革命兴起，实行“土洋并举，两条腿走路”的方针，购置90型榨油机2台，组建循化县榨油厂。同年，进行水磨加工技术革新。街子公产水磨增加水磨旋转轮页扇片，加快转速，产量显著提高；街子、白庄和清水部分水磨安装接面槽、制作水打箩，小圈薄饼榨油等革新措施，取得成功；1960年，县榨油厂试制立式3层电动石磨，获得成功。1962年，精简机构中，县榨油厂下马停业。1967年，粮食局设粮油加工厂，购置65型制粉机两台及筛麦机、比重去石机等投入生产，班产量1250公斤，职工由4人增加到11人，其中管理干部3人。1973年，淘汰65型磨粉机，安装150型制粉机1台，200型制粉机4台，800型筛麦机2台，400型留筛机1台，350型去石机1台，建成联合制粉生产线。班产量4500公斤，职工13名，产值30.45万元，全员劳动生产率23423元。1980年，设化验室，对加工原粮和成品粮进行常规化验，制定不合格产品不准出厂的规定。1984年，加工拓展、业务延伸，增加饲料加工。利用原有简易房屋安装CBG-350型饲料粉碎机和41千瓦电动机各1台，投资1万元，按国家牛、羊、鸡、猪饲料配方标准生产，当年生产饲料46.49吨。1986年，推行经济责任制，改委托加工制为价拨加工制。同年，淘汰95型榨油机，投资20万元，添置安装200型榨油机1台及回旋清理筛、蒸胚机、提升机、油泵和输油管等，同时修建锅炉房和精炼油车间，安装0.75吨立式锅炉和40吨立式储油罐，建成清理、蒸胚、榨油、精炼和储存一条龙生产线，日产精炼油3000公斤。经省、地鉴定达到国家二级精炼油标准，食用油又增加一个新的品位。是年，粮油加工厂改称循化县粮油加工厂。同年7月，根据制粉设备老化，零配件奇缺，吨粮耗指数高出全省标准1倍，出粉率低，质量不稳定等因素，着手技术改造制粉工艺流程。1988年6月，省商业厅（88）青商粮财字087号文件，同意列入1988年技术改造项目，拨简易建筑费35万元，县财政拨款1万元，完成车间改造149平方米，安装无锡LF24型制粉联合设备。成套设备为单机传动，集中控制，既能生产单一产品，又能优、标联产，操作维修方便安全。另配有MLY·50液压拉丝机1台。1989年5月投产，主要产有：特一粉、特二粉和标准粉，班产6250公斤。1990年，有职工27人，其中管理干部4人、固定工13人、合同工1人、临时工9人。加工面粉155吨，食油46吨，饲料902吨，产值102.91万元（1980年不变价），销售收入146.22万元，利润11.81万元，税金7.48万元，全员劳动生产率38115元，人均创利税7144元，年末固定资产净值83.05万元。

——循化撒拉族自治县志编纂委员会：《循化撒拉族自治县志》，中华书局，2001年版，第309—310页。

1991年面粉年产量2.1万吨左右，食用油年产量630.4吨。1992年至1997年，面粉年产量一直维持在2万吨以上，最高时达到1995年的2.88万吨，最低时达到1997年的2.03万吨。1992年至1995年食用油年产量400吨以上。1996年至1997年，食用油年产量下降到250吨左右。1998年至1999年，面粉年产量减少到2000余吨，以后粮食市场放开，县外粮油大量进入，县粮油加工厂改制，农村个体油坊和榨油坊兴起，分布广，数量多。2008年前后，农村个体油坊和榨油坊逐渐被企业化集中生产方式取代，2008年面粉加工量7850吨，2010年超过8000吨；食用油加工企业1家，即黄河魂绿色农产品开发有限公司，位于街子工北园区，2010年食用油产量120余吨。

——循化撒拉族自治县地方志编纂委员会：《循化撒拉族自治县志》，三秦出版社，2017年版，第187页。

循化县农牧机械修配厂

1953年，组织城关地区的铁匠成立城关铁工生产小组，锻造日用金属制品。1955年，在合作化运动中，城关铁工组改称循化县铁工生产合作社（简称铁工社）。社址在县城西门口，隶属手工业联社时有职工13人，入股资金1124元，铁匠炉4组。1956年，生产铁锨1344张，斧头824个，镰刀1206把，牲口铁掌2566副（每副两个），产值0.29万元，工资410元，利润200元。1958年4月，在大办工业中，铁工社与家具木器社合并，接纳白庄、街子铁工组有技能的生产工人，组建循化县农牧机械修配厂，6月5日列入地方国营企业，投资4.3万元（县2.3万元，贷款2万元），建厂房，购0.2立方米熔铁炉及设备、工具等；厂部下设机工、钳工、电工、铸工、木工、五金修配6个工种，有职工42人，其中干部3人、勤杂工4人、工人35人，年末增加到84人。年内生产深翻锨595张，鼓风机69台，木质小轮车22辆，日用金属制品2.18万件。是年，东风、黄河、红旗、永丰4个人民公社建办农牧机械修配厂17个。主要产品有：十字镐、拉杆机、滚播器、六行密植播种机、七寸步犁尖及木质手推车等40多种。1959年下半年，黄河公社农牧机械修配厂继续生产外，其余社办农牧机械修配厂相继下马。1962年6月，贯彻中共中央城乡《手工业三十五条》，循化县农牧机械修配厂由国营企业改制为集体企业。唯电（力）工业车间8人，改设循化县电厂，为国营企业。

循化县农牧机械修造厂1966年9月至1967年12月，省手工业联社投资无息贷款7.5万元，自筹0.6万元，在县手工业铁木生产合作社和县拖拉机站的基础上成立循化县农牧机械修造厂，为集体所有制企业。1969年12月县革委会派员，对循化县农牧机械修造厂进行改制工作，即由集体所有制企业改为全民所有制企业。留用有技能职工5人，接收资产11.66万元，主要有：普通车床4台，皮带车床3台，牛头刨床1台，铣床2台，50千瓦发电机2台，柴油机2台，电动机17台，油罐4个，54—28马力拖拉机2台，手扶拖拉机1台。1970年，投资15万元（省8万元，县7万元），在旧址基础上扩征荒地，占地面积达到25万平方米。1971年3月续建投资12.5万元。9月修理、金工、锻工、铸工4座车间及仓库、办公室、宿舍，共计2012平方米，安装铣床、刨床、车床、钻床及镗缸机、冲压机、水压试验机等12台，具有铸造、锻造、机械加工和机械修理等生产能力。是年，有职工51人，修理车间投入生产，研制农用脱粒机、五行播种机，产值6.8万元，亏损0.8万元。1972年，试产脱粒机30台，五行播种机20台，经推广使用，获得成功。是年，为驱云防雹，筹建“土火箭”生产车间。1973年，有职工62人，生产脱粒机50台、“土火箭”3000支。1974年，土火箭车间发生火灾，随之停止生产。1978年，有职工91人，固定资产原值增至57万元，生产扬场机33台、手扶拖车50部，年产值16万元，亏损2.2万元。是年，农牧机械修造厂改称农机厂。1979年，建厂房、宿舍761平方米，购车床2台、曲轴磨床、万能工具磨床、刨床、金刚石镗床、平面磨床、插床、研磨机、16吨压力机、立铣汽锤以及剪板机、电动葫芦、电焊机、摇臂钻、电动机、载重汽车等，形成能够大修各种机动车辆的生产能力。是年，产值25万元，实现利润1万元，税金0.7万元。1981年，技术骨干相继调离本厂，有职工44人，以零修机械为主。1983年，金工车间地基下陷，房屋濒临倒塌，自筹资金9万元，原址更新重建。是年，有职工35人，产值19万元。1984年，贯彻国营企业“全民所有，集体承包，照章纳税，自负盈亏”的精神，企业内部实行车间、班（组）、个人与厂长签订“确保上交，上不封顶，下不保底，盈亏自负”的承包经营责任制合同。1985年，有职工24人，增加民用产品生产，年产值23万元，实现利润1.7万元，税金0.8万元。1986—1990年生产民用烤箱1559台。1988年研制农用脱粒机14台。1990年，有职工25人，其中管理人员4人，固定资产原值63.48万元（净值48.19万元），年产值42.17万元，销售收入52.48万元，实现利润1.9万元，税金2.8万元，全员劳动生产率16868元。

——循化撒拉族自治县志编纂委员会：《循化撒拉族自治县志》，中华书局，2001年版，第312—313页。

2. 纺织业

1965年初将皮革组改称皮革、弹花生产合作社。年内，又将缝纫社、皮革弹花社、制车组合并，改称循化县被服社。有职工10人，缝纫机6台，加工服装1544件、麻绳704公斤，产值12054元。1976年，省手工业联社扶持少数民族工业，投资28万元更新机器设备，修建缝纫生产车间56平方米。1978年11月，被服社改称循化县服装厂，隶属县轻工科。1981年，有职工20人，实行四定（定人员、定职责、定任务、定额计酬）一奖（超产奖励）责任制。加工服装6988件，产值12.12万元，超产10%。1982年，省手工业联社投资1.18万元，建成钢砖木结构车间63平方米。1990年，有职工7人，固定资产46万元（净值27万元），加工服装3267件，产值15万元，实现利润0.1万元、税金0.13万元。

——循化撒拉族自治县志编纂委员会：《循化撒拉族自治县志》，中华书局，2001

年版，第 314—315 页。

街子绒毛加工厂到 1992 年底固定资产和流动资金分别达到 100 多万元和 120 万元，累计产值 300 多万元，目前该厂固定资产已超过 200 万元；还有被评为青海甲级企业的循化县建筑材料总公司。

——马维胜：《循化撒拉族自治县乡镇企业现状分析》，《青海民族研究》，1993 年第 4 期。

1997 年，（雪舟三绒——编者加）组建为集团公司，股份制企业，是国内最大的牛绒分梳、牛绒服装设计生产基地，形成了牛绒、羊绒、驼绒“三绒”及羊毛原料采购、粗精加工、内外贸易销售为一体的多层次、跨行业、跨地区经营的集团经济组织。2002 年，通过 ISO9001—2000 国际质量管理体系认证，2002 年，“雪舟”牌商标被国家工商总局商标局认定为“中国驰名商标”，填补了青海无全国驰名商标的空白。2003 年，“雪舟”牦牛绒衫系列产品被国家质检总局认定为“国家免检产品”。2002 年底，集团收购原青海毛纺织工业总公司，组建青海雪舟三绒集团毛纺织品有限公司。2006 年前后，公司迁往西宁，总资产 3 亿多元，公司员工 1000 余人。主要产品设计年生产能力为：针织服装 40 万件、毛毯 20 万条、洗净毛 3000 吨、碳化毛 250 吨、制条 1800 吨、纺纱 1300 吨。

——循化撒拉族自治县地方志编纂委员会：《循化撒拉族自治县志》，三秦出版社，2017 年版，第 189 页。

贫困农户家里飘出“创汇”歌

在黄河岸边积石山下，有一家全球最大的穆斯林用品生产企业青海伊佳民族用品有限公司。这是办在贫困农户家里的“创汇厂房”，是撒拉族青年回乡创业实现梦想的成功典范，是撒拉族妇女足不出户增收致富的企业。

伊佳创立之时，恰逢国家出台扶持人口较少民族发展政策和省委、省政府打造民族企业品牌的重要机遇。公司牢牢把握这一难得良机，确立“生产科技化、管理现代化、市场国际化、规模集团化”的发展目标，以市场为导向，以高科技为依托，以开发特色产品为主线，在县委、县政府的引导下，大力实施“村企共建”项目，即把企业建在农村、车间设在农户，村民成为“股东”的经营模式。这种模式不仅使企业资金短缺、厂房紧张等问题得到解决，降低了生产成本，提高了经济效益，而且极大地调动了撒拉族妇女解放思想、转变观念、争创收入的积极性。村民足不出户成了伊佳公司的“员工”或“股东”，实现了农业生产和打工赚钱两不误，企业和农户的利益关系紧紧连在一起，成为利益共同体。在广大农户的大力支持下，短短 10 年间，伊佳从一个名不见经传的家庭作坊式加工厂发展成为一个集开发、设计、生产、销售为一体，拥有资产 3.2 亿元，员工 5300 多名，日生产帽子 8 万顶的外向出口型龙头企业。公司生产的孟加拉帽、沙特帽、女士纱巾、拜毯、阿拉伯挂毯等独具民族特色的产品逐步走出县门，迈向世界。公司凭借产品成本低、款式新、技术含量高等优势，不但在国内同类产品市场上独占鳌头，还出口到沙特、阿联酋、巴基斯坦等 20 多个伊斯兰国家，市场占有率居国际同类产品前列，赢得了广大穆斯林消费者的信赖，成为引领国际穆斯林服饰市场新潮流的前导品牌。

伊佳的成功为循化县乃至周边县扩大劳动力转移再就业开辟了新途径，为企业参与新农村建设提供了新的途径和模式，走出了一条因地制宜、脱贫致富的新路子，走出了一条知名品牌闯市场的新路子，走出了一条企村共建的新路子，走出了一条吸纳农村妇女就业共同致富的新路子。

——西宁讯：《沐浴在党和国家扶持人口较少民族发展政策的阳光下——党和国家扶持人口较少民族撒拉族发展纪实》，《青海日报》，2009 年 7 月 9 日。

成长中的绒业集团

我是青海绒业（集团）有限公司董事长兼总经理韩志明，提起这个名字，大家可能比较陌生，我的经名叫亚海雅，就是在 20 世纪 80 年代全省第一个买扬子江牌大型客运班车，在西宁—循化之间搞客运的那位撒拉人。

我从当公社邮递员开始，艰苦创业于农村、牧区、城市近四十余年。现在，我拥有一家集羊绒加工、房地产开发、进出口贸易、生态林木种苗培育、餐饮服务、采矿为一体的跨行业、跨领域的资产几十亿的多元型集团公司，已名副其实地成为撒拉族民营企业家。为了与大家共享我在创业过程中感受到的酸、甜、苦、辣，现将我的个人经历和企业的发展过程讲述给读者。

一、临工起步

1955 年 3 月 2 日，我出生于循化县街子乡团结村一个普通的农民家庭里。童年时代，在我的记忆中，最不易忘记的是：有一天不知什么原因，没去上学，从而没能领到学校食堂发放的份饭，于是老父亲把我狠狠地教训了一顿。当时的情况是生产队所有劳动力集体劳动，吃集体食堂，在生产队开的食堂打份饭；上学的孩子在学校开的食堂，打份饭；学龄前儿童在生产队随同大人领取饭食，各自带回家里一同食用。由于我未领到当天的份饭，在本来就定量供应而且数量又少的情况下，少一份供应自然弄得全家人更加饥饿。一个学生的份饭仅仅是两个小小馒头而已，但是在当时困境下对一个家庭是非常的重要，惹得父亲生气也是情理之中的事。根据历史年代的推算，那应该是我国经历三年困难时期发生的事。

由于父亲长期患有慢性疾病，不能参加生产队的强体力劳动，我作为长子，上有两个姐姐，下有弟弟和妹妹，需要挣工分争取口粮养家糊口，14 岁就参加生产队劳动，故未能完整地上完当时的五年制小学。那时把我算半个劳动力，成人一天劳动记 10 个工分，给我记 5 个工分，家庭的重担就这样过早地落到了我的肩上。

我家离原街子人民公社所在地很近，与公社的干部们经常见面。平时都互相打招呼，都比较熟悉，他们对我的评价是勤奋又懂事。在当时，学校老师经常教育我们，要做共产主义的接班人。在这样的口号影响下，我从小就有做一名威武的解放军的理想，也特别喜欢绿色，因为解放军都穿草绿色的衣服。1973 年我整 18 岁，公社副书记兼武装干事在团结村下乡，我从他那里得到了征兵的消息，就悄悄报了名。经体检和政审，我完全符合条件。但因父母不同意，理由是弟弟还小（比我小 8 岁），我走了家里就没有劳动力，只好放弃了当一名解放军、穿绿色军衣的愿望。

虽然当解放军的理想未实现，但是通过政审，公社的干部们对我有了更多的了解，认为我不仅人勤奋、懂事，而且思想很好。当街子公社需要补充一名邮递员时，就优先考虑到了我，并征求我和父亲的意见。这次父亲没有反对，要我自己做主，而我也羡慕着这个能够穿绿色衣服、骑绿色自行车的工作。在那时，邮递员通常都骑着一辆漆成墨绿颜色，并印有邮电字样的自行车，自行车的前车梁上固定着一个用来装信件的墨绿褡裢，后车架上则搭挂着一个装报纸和包裹的白色帆布邮袋。在当时自行车是非常稀缺的家庭财产，全循化县没有几个家庭拥有自行车。因此，我痛快地答应当邮递员，是很自然的事，当解放军的理想没实现，但穿绿色衣服的愿望算是实现了。

在那种物质条件下，邮递员的装备要算是高标准了，当我全副武装骑着自行车一阵风似的穿行在乡间路上的时候，经常是显得神气十足。我非常喜欢这份工作，常常把自行车擦得亮亮的，骑得飞快，那种神气劲和自豪感现在想起来还记忆犹新。那时，邮递员都是把邮件直接送到收件人的家门口，无论是邮寄的现金还是包裹，邮递员都直接带到村里，收件人签字或盖章后就可以领取了。我投递报纸、信件和包裹的范围是原街子公社所属各单位、街子片区各村、查家沟东侧各村、细沟各村以及孟达山村。无论是刮风下雨，每天上午完成各单位和街子片区的投递，下午完成其余各村的投递，偶尔有电报时还要连夜及时送达。一天时间内要以自行车骑行约30公里路程，那时路况又很差，特别是去孟达山村一路上坡，骑行很困难，从果哈拉村到孟达山村的路段大都需要推行才能前进。

当时，村里经常有邮件的人家都是家里有人在外面“搞副业”（民工的俗称）的或工作（企事业单位职工的俗称）的，大多是儿女写信问候父母平安，以及过年过节或家里有什么事情的时候寄来些钱。也有丈夫捎信给妻子打问家里事情的，并把自己节省下来的工作服等物品寄回来给孩子穿。当时，由于全民经济水平很低，工作人员的收入和积蓄也都很微薄，一般寄钱也就是十块、二十块的，很少有邮寄上百元钱或更多一点的。收到信件或寄来的东西是件高兴的事情，左邻右舍也都会投来无比羡慕的眼光，我常常得到乡亲们高兴之余表示的鼓励和赞扬。虽然邮递员的工作很累，不过每当以我的辛苦为乡亲们带来高兴时，我就忘却了所有的辛劳。

我记得公社领导和父亲一再吩咐，要我将信件等投递物亲自送到收件人手里，不得偷懒或图方便，特别是信件和包裹。我在四年的邮递员工作期间，没有发生过邮件丢失等现象。现在回忆起当时与众不同的经历，对培养我的责任心起到了极大的作用，体会了为别人服务所带来的乐趣，切身体会到了“车”这个交通工具为人们的生活能够带来的快捷和效率。

这种责任意识、服务乐趣以及利用工具提高效率的意识一直影响了我的一生，注定了我与“车”结下了不解之缘，从自行车开始，到后来的手扶拖拉机、大型拖拉机、运输车、客运车、纺纱车，无不与“车”有关。

党的十一届三中全会，把改革开放的春风吹到了撒拉家乡，街子人民公社开始兴办乡镇企业，其中一项是要兴办石灰窑厂，为了拉运原材料和产品，街子公社决定要买一辆手扶拖拉机。在当时，手扶拖拉机在乡下是最先进的运输工具，大家都十分好奇，也不懂得其原理和正确使用。公社干部考虑到我几年的邮递员工作干得出色，对自行车这个小机械设备又爱惜又熟悉，工作又勤奋、肯干，就推选我去学习手扶拖拉机的驾驶技术，这样我就在街子乡成为第一位拖拉机手。在石灰窑厂我开手扶拖拉机的同时，在没有拉运任务的时间里，主动帮助其他同事做烧白灰的工作。烧白灰是与高温打交道的，特别需要注意安全，一不小心就容易造成烧伤，是体力活儿，也是一项非常艰苦的工种。

后来，街子公社买了大型拖拉机，又选拔我去学习驾驶技术，于是我有了一段驾驶大型拖拉机的经历。之后，街子公社买了第一辆卡车，决定让我开这个青海湖牌的卡车，也是比较自然的事。我驾驶卡车主要往返于西宁和循化之间，运的最多的是从西宁拉煤到循化。

驾驶手扶拖拉机、大型拖拉机、青海湖牌卡车的经历，使我学会了许多相关知识和技能，在一般人只知道油门和刹车，而不懂得什么是离合器、变速箱、活塞、连杆、曲轴等最基本的器件的时代，我却掌握了拖拉机和汽车整体机械的工作原理、驾驶技术、道路运输常识、交通规则等，还能处理一般故障的维修技能和保养技术。与农村的同龄人相比，这是我的一大优势，使我受用了多年。

从 18 岁到 28 岁，我经历了多个岗位，积累了很多经验，学习了许多知识，掌握了多项技能，使我的思想理念、服务意识、工作责任心都超越了同龄人，不仅作为长子承担了养家糊口的义务，还为后来创业打下良好的基础。

二、自主经营

如果说，1983 年初春以前是我在人民公社从事邮递、烧灰、驾驶拖拉机和汽车等临时性工作，那么，1983 年初春以后，我的人生就进入了自主创业的阶段。

1983 年，全国撤销了人民公社，建立了乡镇政府，撤销了生产大队，建立了村民委员会。农村家庭联产承包责任制在全国范围内全面推广。

也就是这一年初春的一天，循化县委何家亮书记到街子乡政府召开动员大会，号召村民各自发挥才能，从事个体经营，鼓励农民兴办私营企业，提倡发挥撒拉族善于经营的传统优势，动员村民积极投身到搞商业、建筑业、运输业等上去。这次动员大会，有效地推动了街子地区乡镇企业的发展。

动员会之后不久，父亲得到消息，说是青海汽车三场有二手卡车出售，价格是 6500 元。经家庭会议充分商议后，我们东借西凑，备足款项，赶到西宁直奔青海汽车三场，买了一辆使用了七八年之久的解放牌的大卡车。

这在当时来说是一件了不起的事，在全循化县属于第一辆农民自己拥有的大卡车，父子俩激动的心情不言而喻。第一次开着自己的卡车，从西宁回循化时拉了一车煤，那时西宁至循化的路况特别不好。在初春的季节，化隆区域的路段经常下雪。一路上，父亲坐在副驾驶座，暗中为我担心，我在小心驾驶。当开到扎巴滩的某个转弯处时，因冰雪道路车子后部明显滑移了一下，这可紧张坏了父亲，一遍遍提醒我小心驾驶。我说不要紧，别紧张，这样宽慰了父亲几句。但其实我比父亲更加紧张，热血直往头上涌，心怦怦直跳。毕竟第一次开着自己的卡车，激动的心情和对路况风险的害怕交织在一起，到现在还记忆犹新。

之后的两年里，为了发挥好卡车的作用，我与弟弟韩有文开着心爱的卡车，到海西州的天峻县从事煤炭运输业务，把木里煤矿的煤炭运送到天峻县城的各企事业单位挣运费。

我弟弟经名麦赛都，出生于 1963 年 7 月，初中毕业后在家从事生产队劳动。要开着卡车到遥远的海西州搞运输，父母对我一个人独自出行不太放心，为了相互有个照应，他们建议带弟弟一同前往。从此开始我们兄弟俩走上了同甘共苦、共同创业的道路。

在这一段运煤期间，因天峻海拔高，天气寒冷，遇到的雪天、冰河等危险行路环境不计其数，加上驾驶的毕竟是已经使用多年的旧车，需要克服的困难可想而知。多亏当时军队的运输车队，每当遇到因车子故障抛锚、天气异常导致道路阻碍难行或因缺油停行等艰难处境时，都能得到部队官兵的支援。如果没有当时部队官兵的无私帮助，仅靠个人的能力，许多困难是无法克服的，一直到现在我都不能忘怀部队官兵给予的无私帮助。

通过这一段艰苦创业的阶段，我对部队官兵有了深厚的感情，更是磨炼了我坚韧不拔、克服困难的毅力，也深深体会到车队这个集体力量的强大。在遇到同样困难的情况下，车队和个体车辆能够克服的困难是完全不一样的。后来成立的“格尔木市联运公司”，就是基于只有依靠集体力量才能办成大事的思想理念组建的。

在海西拉运煤炭的确困难重重，危险防不胜防，加上车也越用越旧，机械故障越趋频繁。到了 1985 年，除收回车辆投入的本钱以外，还积累了可观的资金，经考虑再三，毅然出售了心爱的卡车。

当时，改革开放已经多年，人员和商品的流通量在明显增加，西宁和循化之间的客流量也在明显增长，于是就有了买一辆客运班车，在西宁和循化之间从事客运作业的想法。

当年，我买了一辆扬子江牌 48 座的高档客运班车，这也是循化县第一辆私人拥有的大型客运班车。我和弟弟轮换开车，人可以休息，但车连续运行。如预期一样，客运的效果非常理想，西宁与循化之间经常双向客满，甚至出现了提前一到两天预约留座位的情况，仅仅运行一年时间就收回了投资成本，大型客运班车就这样持续运营了五年时间。

1987 年，为了满足不同层次的客户需求，我买了一辆“伏尔加”牌小轿车，用于客运。我自己驾驶小轿车，大车扬子江由弟弟驾驶。农民开上小轿车，是全循化县第一例，也是全青海省第一例。顺便说说，“伏尔加”（Volga）是俄罗斯高尔基汽车厂的一款著名汽车品牌，曾被广泛地用于社会主义国家的公务用车，常见于东欧、中国、朝鲜等国。配备一辆伏尔加汽车，在当时是一种身份与地位的标志。苏联与当今俄国的领导人都对它寄予厚爱，伏尔加汽车被认为是苏联工业的象征和骄傲。

当时还发生了这样一件有趣的事。有一天我开着“伏尔加”轿车，在西宁的街道上行驶，被一位交警拦住，查验我和车辆的各种证件，他问我是哪个单位的车，我说是自己的车。当时而言青海省厅局级领导才配备小轿车，他想不通一个农民怎么会拥有这种车，就把我带到西宁市“三整顿”办公室，进一步细查，并报告了省政府和时任省长宋瑞祥。还把我带到省长办公室，省长仔细问了我的情况，我如实汇报了车的来历和经营客运情况。宋省长听后非常高兴，鼓励我继续努力经营，给我讲了许多政策方面的事，并问我有什么困难需要他帮助，当时的我似懂非懂，我提前没有思想准备，再加上紧张，说不出有什么困难。后宋省长派了一名记者到循化专程采访我，并以“农民开上了伏尔加”为题，在《青海日报》做了专题报道。

到了1990年底时，循化的交通运输业有了长足的发展，部分农民纷纷效仿我的做法，西宁至循化的客运班车数量增加，成都至西宁、西宁至格尔木、格尔木至拉萨的客运都有我们撒拉族车主经营的班车。据估计，总共预计有30多辆客运班车，其中也有未经客运管理部门授权私自经营的情况，总体情况是盲目经营，互相抢客拉客，车主之间矛盾时常发生，属于不正常经营现象，而且效益不能够保证。

为了改变这种无序经营而不能保证长期效益的局面，我经与三兰巴海村的马德荣协商，在格尔木市着手策划组建“格尔木市联运公司”，分别组织团结村和三兰巴海村的个体客运车主，并允许所有愿意参加的循化籍的客运车主参与进来。

这个举措得到了循化县政府和格尔木交通管理部门的支持，但因这种私营车主联合组建客运公司在全省是首例，各项手续办起来相当烦琐。我和马德荣一起，从1991年初开始，在格尔木、德令哈、西宁和循化之间来回奔波，协调各方面的关系，同时按要求制定运营管理制度和办法，费了许多精力和口舌。功夫不负有心人，我们终于在1992年5月成立了“格尔木市联运公司”，我出任总经理，马德荣任副总经理，公司成立之初便拥有30余辆客车。

如果没有一份对家乡人民做点实事的愿望，没有对成立公司后经营效益的准确判断，没有锲而不舍的意志，成立公司的手续是难以办下来的。凭我多年从事客运的经验，我对联运公司的前景非常乐观，所以，在公司成立前期和运营期间，便将自己拥有的北京吉普车拿出来无偿为公司跑业务，在时间、精力、财力、人力上都做了最大的付出。

公司成立后的前两年内，各车主都能遵循各项管理制度，运营基本正常，经运营一年多时间后，班车数量就增加到 110 余辆，而且经营效果很好。如拉萨至格尔木之间一辆车来回一趟可以挣到 2 万元的纯收入，一周一个来回，每月可行驶 4 个来回，也就是说，在正常情况下，每月每个车主能够挣到 8 万元的利润。这在当时来说，特别是对一个农民来说，是了不起的效益。

由于效益非常可观，在全省特别是在循化产生了轰动效应，在格尔木跑班车能挣大钱的事，在循化乃至海东地区人人皆知，家喻户晓。善于效仿的撒拉族个体车主纷纷要求加入客运公司，使车辆数量急剧增加，为了保证已经加入公司的车主的效益，公司不得不采取了一些限制车辆数量的措施。越是限制，要求参加的私营车主就越多，他们参与进来想分一杯羹的愿望非常强烈。再加上管理措施不够完善，起初制定的制度不够细致和规范，没有经营客运公司的经验，管理水平没有跟上公司的发展速度。在车主与车主之间、村与村之间为局部利益而产生了错综复杂的矛盾，加上有的车主不遵守管理制度，使公司的整个管理秩序受到冲击，甚至团结村和三兰巴海村之间发生了群体性斗殴事件，更严重的是，为了本村的利益，有的年轻人为此付出了生命的代价。

付出了惨重的代价之后，大家的情绪开始冷静，公司也努力地细化管理秩序，就这样一直平静地运行了若干年。

格尔木市联运公司的成立和经营，为家乡人民带来了经济效益。总体而言，的确为他们做了一件好事，但也付出了沉重的代价。特别值得一提的是，为了眼前利益，有一批年轻人放弃了中学阶段的学习，参与了联合客运公司在循化、西宁、格尔木、拉萨、成都各地的拉客、运客的事务中，放弃了学习基本知识的机会和时光，耽误了这部分人的前程。这对后人也是一个教训。

三、回乡发展

20 世纪 90 年代初，青海毛纺企业依据资源优势，研制生产以牦牛绒为原料的牛绒衫，投放市场后深受消费者的喜爱。

1994 年的夏季，为了加快循化县经济发展，循化县委和县政府采取了一系列措施，其中一项措施是动员县域外的各私营企业主回到本县发展，并给予各项优惠政策。循化县政府领导亲自到格尔木动员，让我们回乡办企业，希望私营企业主为促进本县经济发展多做贡献。

于是，我响应县政府的号召，于 1994 年 2 月起，在循化县街子镇（三岔口）先后成立了“青海树豹绒业有限公司”和“循化三江源羊绒有限公司”，以“西海豹”为商标，从事牛绒纺纱和牛绒衫生产经营。开始时我一边负责“格尔木市联运公司”，一边在循化筹备和组建新的公司。到了 1995 年，我彻底离开了“格尔木市联运公司”。

从事牛绒衫业务之初，牛绒衫加工、销售都非常红火。以高原牦牛绒为原料的牛绒衫，投放市场后深受消费者的喜爱。1997 年至 1998 年是青海牛绒衫行业的鼎盛时期，一件牛绒衫的市场价格从一百多元快速上涨到了二三百元。当时，在京、津、沪等地市场更是高达 500 元以上，并创下了“奔羊”“白唇鹿”“三鹿”等全国知名品牌。三家品牌所属企业更是从原来的困难企业一跃成为青海省的利税大户，牛绒衫在市场不断旺销，高峰时段每年销售量达到了 100 多万件，同时也救活了青海原本陷入绝境的毛纺行业。

可是好景不长，由于生产牛绒的科技含量较低、生产成本低、利润空间大，在本地市场上突然出现一大批“杂牌军”。据当时统计，在青海牛绒衫产业发展高峰时，全省仅西宁市和周边 8 个县就有一定规模的生产厂家 100 多家。此外还有难以计数的家庭生产作坊。同时在外地市场，尤其是江苏、浙江一带，许多不法商人也以染色的羊毛衫冒充牛绒衫，以杂牌冒充名牌，牟取暴利，破坏了青海牛绒衫在外地消费者心中的声誉。大量的假冒伪劣牛绒衫充斥市场，他们以低廉的价格吸引消费者。从 1998 年之后，牛绒衫市场销量竟以令人瞠目的速度逐年滑落，从最高时的年销售 100 万件到 80 万件、50 万件，再到 20 万件，最后不到 10 万件，青海牛绒衫企业效益整体迅速下滑、萎缩，直至一蹶不振。牛绒衫加工企业纷纷倒闭，关门歇业或转产其他产品，继续从事纺织品加工业务的撒拉族民营企业只剩下“雪舟”和我的“西海豹”了。

我的“西海豹”也没能完全幸免，也经历了从产销两旺到经营萧条的过程，但生产经营一直没有停止，一直延续到 2006 年搬迁至西宁市城南工业园区为止。

我公司的纺织品加工业务没有被完全停止，主要原因是我们的业务与一般纯加工牛绒衫的企业不同，我公司生产牛绒衫加工的业务量所占比例相对较小，而大部分是纺纱业务，也就是把牛绒清洗、分梳后加工成生产牛绒衫用的纱锭，出售给加工纯牛绒衫的企业，处于生产成品环节的上游，没有造成纱锭库存，所以相对而言，我的企业受到的损失远远小于其他同类企业。

从牛绒衫加工经营的一起一落，我吸取了许多经验：大范围、大规模的制假售假活动，损害了社会和经济的健康发展，它不仅浪费了宝贵的社会资源，破坏了诚实守信的市场氛围，而且最终将对一个国家和地区的经济发展产生长期的负面效应。作为企业必须树立产品质量责任意识，适时制定和修改产品质量标准，建立完备的产品质量标准体系，务必及时获取与产品质量标准化管理配套的生产许可证、产品质量安全认证、产品质量检验证等。这些经验对我持续在纺织业立足、发展起到了积极的借鉴作用。

四、西宁创业

1998年，青海省政府开始实施“抓大放小”战略，国有企业改革力度明显加大。积极贯彻落实党的十五大和中央经济工作会议精神，提出了以纺织行业为突破口，推进特困行业的解困扭亏工作，力争国有企业改革和发展工作有新突破，结构调整有新进展，市场开拓有新举措，经济效益有新提高。认真贯彻《国务院关于纺织工业深化改革调整结构解困扭亏工作有关问题的通知》（国发〔1998〕2号），全面贯彻落实鼓励兼并、规范破产、下岗分流、减员增效和再就业工程的方针，妥善分流安置下岗职工，坚定不移地走“压锭、减员、调整、增效”的路子，切实抓好纺织工业深化改革、调整结构、解困扭亏工作。

乘着深化国有企业和集体企业改革的机遇，以“青海树豹绒业有限公司”的名义，在西宁市先后收购了两家破产企业，它们分别是位于西宁市城东区八一路的西宁呢绒时装厂，位于西宁市小峡口的小峡煤矿；以“青海三源房地产有限公司”的名义，收购了位于共和路的西宁市二轻工业局办公楼，从此走上了在西宁办企业的路子，公司发展走入了快车道。通过以上几个项目的收购、整合、开发等举措，使公司资产快速增长，公司总资产很快达到了6000万元以上。

在收购西宁市呢绒服装厂时，收购价为920万元，我公司承诺并安置职工480人，总资产全部归我公司所有，包括八一路的生产场地、长江路西门口的门市部。

同时，创办“青海三源房地产开发有限公司”，以八一路原呢绒时装厂的有利地势，开始涉足房地产开发业务。该项目于2000年4月开工，2002年12月竣工，开发面积18亩，建设商品住宅250套，从委托设计、建设、施工、销售等全方位自主经营，在保证质量的前提下，精打细算，严格控制成本，单位面积成本为600元，平均单位面积利润达到600元，取得了很好的经济效益，开始尝到了房地产开发的“甜头”。

在原呢绒时装厂开发商品住宅后剩余的部分用地，开发了面积6000平方米的宾馆，这是进入房地产开发业务后第二个项目，于2007年因资金运作的需要，建设后以比较低廉的价格出售予泰宁花园。

呢绒时装厂西门口的门市部经过改造、装修后，目前租赁经营，其建筑面积600平方米，因地处西宁市繁华区黄金地段，每年的租金收入非常可观，这是收购呢绒时装厂的实物利润。

我公司房地产开发的第三个项目在共和路原二轻局所在地，也属于自主开发项目，总开发面积为1万平方米，其中一至二层按商铺建设，面积2500平方米，三层以上按住房建设，面积7500平方米。目前住房已全部售出，一至二层现作为越州房地产开发公司的办公用房，说来也巧，办公用房部分也就是该项目利润部分，也正好是收购、开发该项目带来的实物利润。

收购的小峡煤矿，地域面积4200亩，目前已全面实现封闭和绿化，已建成为休闲、旅游、餐饮一体化的服务园区，成立了"撒拉尔风情园"，已投入的资金超过1亿元。目前各子项业务运营正常，尽管近年来西宁地区餐饮不太景气，但风情园的效益还处在比较满意的水平，实属难能可贵。2001年以园区为基地，成立了"青海三源生态经济林木种苗开发有限公司"，我弟弟韩有文任公司总经理，由他全面负责经营。

正当公司房地产开发业务在西宁的发展正在顺利进行之时，省政府办公厅于2005年下发了《关于调整西宁（国家级）经济技术开发区管理体制有关问题的通知》，要求全省范围内的畜产品加工集中到南川工业园区。通知明确指出：打造"青海国际藏毯城"为核心任务，发展以藏毯为龙头的牛羊毛绒产业集群，推进国际性藏毯生产经营集散基地建设，做大做强毛纺织产业。省、市政府推行以最优惠的政策，最灵活便捷的办事机制，有关部门、金融机构给予大力支持，为畜产品加工企业到城南工业园区营造良好的投资环境。对我公司而言，具体优惠政策有：政府先出资1000多万元代建厂房，包括土地征用费、厂房建设费、设备购置费等，允许在投产经营5年后陆续归还。在当时这种优惠政策的鼓励下，公司的纺织业务从循化于2006年整体搬迁至西宁（国家级）经济技术开发区南川工业园区，于2007年2月在原"青海树豹绒业有限公司"的基础上成立了"青海绒业集团公司"。考虑到羊绒产品加工业务与牛绒加工业务相比，在青海地区乃至世界范围内更具有原材料来源优势，在产品销售方面也有更加广阔的发展空间，从原来的以牛绒为原材料改为以羊绒为原材料的纺织企业，将公司定位于集羊绒分梳、绒条、精纺、羊绒毯、制衫等为一体的大型羊绒制品进出口贸易深加工企业。

公司迁到西宁后，在物流、信息、交通等方面的便利，为公司的发展起到积极的作用，加上各方面的优惠政策，公司发展很快。绒业公司搬迁西宁近 7 年以来，根据自己产品的特色、定位和产量，构建了自己的营销网络，覆盖国内 20 多个省、自治区、直辖市及香港特别行政区，在国内设立了 25 家专卖店或店中店，签约了 46 家长期业务经销商。目前营销体系在高效运行，几年来都能够做到生产多少就能够销售多少，凭订单生产，以销定产，不形成库存，及时收回销售款项，实现了产销两旺的局面。2009 年至 2013 年分别完成产值 1.1 亿元、1.17 亿元、1.2 亿元、3.6 亿元，连续三年平均增幅在 50% 左右。

同时，采取了一系列积极的行之有效的管理措施，归纳起来有以下几个方面。

一是充分利用青藏高原山羊绒的特点，开发高质特色产品。我们认识到毛绒产业，是青海农牧畜产品加工十大产业之一，也是青海省“十二五”规划期间农牧业重点发展产业。青海的羊绒原材料有其独有的特点，产地海拔在 3000 米至 5000 米以上，产自原生态天然高山草甸上的山羊，其羊绒细腻，细度在 13.8 微米至 15 微米之间，手感、光泽度、保暖性和弹性均优于其他地区同类动物纤维，用它制作的产品轻、软、柔、滑，有一种特别的手感。产自高原的山羊绒是上等的山羊无毛绒，被誉为来自世界屋脊的“纤维钻石”“软黄金”，可以与最珍贵的藏羚羊绒媲美。我们系列化开发产品，主要有羊绒衫、羊绒披肩、羊绒大衣、阿拉伯长袍等。在生产中坚决杜绝添加任何化学制剂，旨在充分展示天然有机原生态低碳产品的特质，产品深受国内外客商的青睐，产品远销意大利、日本、美国、英国以及阿拉伯地区和国内西安、广州、北京、上海等 26 个大中城市。

二是创新合作形式，与农牧民共同发展。我们在青海玉树藏族自治州称多县、杂多县、囊谦县、玉树县，果洛藏族自治州玛沁县、久治县，海南藏族自治州共和县、贵南县、兴海县、同德县，黄南藏族自治州尖扎县、同仁县，海西蒙古族藏族自治州都兰县、天峻县等州县羊绒产区分别设立了原料收购基地 126 个，以保证原材料的长期稳定供应。我们采取“公司 + 基地 + 农牧户”的形式，与农牧民直接签订山羊绒购销订单，每年设定羊绒收购最低价，确保农牧民利益不随市场的剧烈波动受到损害，以产业链为纽带将农牧民的利益与公司的发展战略连接在一起，使农牧民与企业形成经济和生态利益共同体。据我们近几年来的统计，原材料 85% 直接来自于农牧民，收益并致富的农牧民达 2500 余户，每户年均增收达 2 万元以上。培训和安置周边地区农村劳动力 2000 余人，安排工业园区失地农民和下岗失业人员实现再就业 300 余人。

三是坚持舍得投入，推动技术升级。羊绒产品的加工要求工艺精密，技术含量高，特别是分梳设备和分梳工艺流程是保证山羊无毛绒质量、增加提取率、降低成本的关键环节，必须舍得投入，及时提升工艺技术。我们于 2009 年 7 月投资 350 万元对山羊绒分梳工艺及设备进行技术改造和研发，2011 年公司投资 2000 多万元，从意大利 OCTIR（奥蒂尔）公司和 Gaudino（葛庭诺）公司引进了一套世界上最先进的纤维精纺梳毛机、环锭细纱机，同时引进国际先进的羊绒纺纱生产技术。新设备、新工艺、新技术的推行，使我们在羊绒分梳、纺纱方面取得了新的研究成果和技术经验，生产出的产品达到了国际先进水平。

四是视质量为生命，推行全面质量管理。我认为在激烈的市场竞争中，以质量取胜是最有效的途径，也是保证企业长期发展的根本保障。我们于 2010 年投资 500 多万元建立了产品研发检验中心，新增了 26 套检验设备，产品检测、试验基础条件在全国同行业达到了领先水平。我们还加强质量的过程管理，于 2008 年通过了 ISO9001：2008 质量管理体系认证，建立了从原料、设计、生产、包装到售后服务全过程的质量保证体系，形成了 30 多道检验工序、40 多个检测点，配备了专职原料、半成品、成品检验人员，确保产品质量长期稳定地保持在优良水准之上，达到国际和国家行业优等品标准，极大地满足了顾客多方位的需求。

五是打造特色民族品牌，树立“三江源”品牌形象。“三江源”商标注册于 2002 年，其创意来自青藏高原是长江、黄河、澜沧江发源地。它们像三条巨龙，在民族文化心理上具有不可替代的象征意义，成为中华大文化的精魂血脉。三江源是中华文明的源头，是华夏历史的源头，是生命延续的源头，世界上只有一座青藏高原，中国只有一个三江之源。“三江源”更像商海中的一股激流，敢于冲击、敢于突破、敢于跨越，勇敢面对市场挑战。我们一直秉持着“唯实创新、追求卓越、诚信立业”的经营理念。为了汲取 90 年代牛绒衫行业兴衰的经验教训，为打造“三江源”品牌，设立了商标管理领导小组，并指派专人对“三江源”品牌进行系统化、专业化的管理。先后投入 1100 万元的资金，利用电视、报刊、网络、境外广告、宣传册、户外大型广告、国内外展销会、推介会、青洽会、自行车“环湖赛”等各种形式进行广泛宣传，提升了企业形象和“三江源”产品知名度。为强化“三江源”品牌宣传，开拓国际市场，公司积极组织人员参加相关国际、国内展会。如每年两届的中国进出口商品交易会（广交会）、青海省绿色贸易洽谈会、2011 年青海省人民政府在成都举办的品牌商品（成都）推荐会、中国（厦门）国际贸易博览会、2011 年中国国际（北京）羊绒交易会、2011 年底国家商务部和上海市人民政府组织的中东（迪拜）中国纺织产业博览会、沙特阿拉伯 2011（沙特）中国商品展洽会、商务部和土耳其政府举办的（土耳其）投资贸易洽谈会等，都积极主动地参与，通过参与这些活动，以提升“三江源”牌系列产品在国内外的知名度，在产品质量和销售服务方面都赢得了客户的一致好评，“三江源”品牌已成为国内外羊绒界知名的品牌，享有较高的知名度和美誉度。

五、公司现状

青海省绒业（集团）于 2007 年 2 月在西宁（国家级）经济技术开发区南川工业园区成立，总资产超过 20 亿元。集团公司现有员工 1700 人，其中管理人员和专业技术人员 160 人。名下企业有青海省绒业（集团）有限公司（羊绒制品实体企业）、青海越州房地产开发有限公司、青海三源生态经济林木种苗开发有限公司、青海孚达矿业有限公司和青海丝路伊光进出口贸易有限公司，是集山羊绒制品和产品研发、房地产开发、生态林木种苗、矿业开采、进出口贸易，跨行业、多元化经营为一体的民营企业。2011 年被青海省政府确定为“双百企业”和“十二五规划重点扶持企业”。由于公司对我省羊绒产业发展做出的积极贡献，2009 年度被青海省消费者协会评为青海“诚信服务企业”；被青海海东行署确定为“海东地区农牧业龙头企业”；2010 年度被中共青海省委宣传部、青海省企业劳动用工信用监督指导工作委员会、青海省慈善总会、青海省企业信用监察大队评为青海“社会责任先进单位”；被青海省工商行政管理局南川工业园区分局评为“文明诚信私营企业”；2011 年度被国家开发银行评为“国开行系统黄金客户”；2011 年被西宁（国家级）经济技术开发区评为“社会管理综合治理先进单位”；2011 年被中国商务部贸易黄页编委会评定为商务信用等级“AAA”级企业；2011 年 11 月，公司“三江源”商标被青海省人民政府认定为“青海省著名商标”；2013 年被西宁市人民政府认定为“西宁市农牧龙头企业”和“西宁市科技型企业”。我个人被中国少数民族用品协会推选为协会常务理事、四届三次理事会副理事长。

青海省绒业（集团）有限公司系集团公司的母公司。公司注册资金 6888 万元，占地 280 亩（其中：老厂 60 亩、新厂 220 亩），建有 11 万平方米标准化厂房，总资产达 34000 万元，具有自营进出口经营权。

为了优先发展好集团公司的龙头——羊绒产品加工业，公司投资5.28亿元，于2013年开始动工实施“羊绒针织衫扩能改造项目”二期扩能工程，企业自筹2.28亿元，银行贷款3亿元，占地219亩，总建筑面积达14万平方米。该项目被青海省政府确定为“双百项目”和“青海省五十个重大技术进步项目”。

二期项目的建成和运营，力争实现打造一流的企业、一流的产品为目标，继续走“生产规模化、产品高端化、经营国际化”的发展之路，进一步深化“市场运营、资源运营、品牌运营”机制，加强技术研发创新能力，开发高端羊绒产品，提升产品档次，深化品牌发展战略，做好市场开拓，提高集团管理水平，精心培育“三江源”品牌，努力打造“三江源”驰名商标。

青海越州房地产开发有限公司于2007年8月24日成立，注册资金为4000万元，是青海绒业（集团）有限公司全资控股公司，法人独资，房地产开发二级资质企业。目前实施开发的项目有城东区建国路危房改造项目、海山轴承厂家属院片区危房改造项目。

正在开发建设青海省西宁市城东区建国南路A片区危旧房改造项目——越州国际广场。该项目西至共和路、东至建国南路、北至大众街、南至果洛路，位于四条主干道所围的区域内，靠近新建的西宁火车站。开发区域内已建好的设施有：东关清真大寺、青海省儿童医院、五三六医院、西宁市第六中学、西宁大百有限公司等宗教活动场所、社会公共服务和商业超市等。城东区是西宁市穆斯林集聚区，越州国际广场处于交通便利、街市繁华、经济发达、穆斯林群众人口密集的中心位置，民族特色显著，地理位置优越。项目的开发建设不仅能够改善周边居民的居住环境，也将进一步改变该区域的市容市貌，昔日破旧不堪的富强巷居民区将成为西宁市最具特色的风情旅游步行街，同时具备特色餐饮、民族文化、商业旅游、酒店、商场、居家及办公为一体的大型功能社区。

值得一提的是，城东区建国南路A片区危旧房改造项目，西宁市早在2003年2月就列为危房改造项目，可是由于地处民族地区，拆迁工作难做，地形复杂，成本偏高等多种原因，几经招商拟开发以改善环境，但都未能付诸实施，已成为省、市领导关注的老大难问题。2007年，我在南川工业园区成立绒业（集团）公司后，省领导到公司调研时，问我有没有做房地产开发的经验，并了解到我们的“三源房地产开发公司”已积累了多项房地产开发的经验后，省领导主动提议让我的公司开发城东区挖窑沟片区的危房改造项目，我受到极大的鼓舞。在实施过程中，省、市领导亲临现场指导，帮我克服困难，增长信心。在拆迁动员过程中，考虑到当地居民的民族性及构成特点，我们请求玉带桥等有关清真寺管委会出面，让亲朋好友向居民介绍我们以更优惠的条件予以补偿的想法，以配合城东区政府和我们公司做好居民的说服工作。在给居民补偿时，凡是修建或搭设的建筑物，我们都按面积以 1∶1 的比例给予补偿，凡正规建设的住宅按面积 1∶1.2 的比例补偿，取得了拆迁户普遍满意。在正式拆迁开始的第一天，时任省委书记强卫亲临现场，做工作指导，这对我的工作也是莫大的支持和鼓励。挖窑沟危房改造工程目前正在如火如荼地顺利进行当中，将实现政府、拆迁户和我开发公司几方面多赢的局面，也创下了西宁市危房改造工程“零上访”的先例。

海山轴承厂家属院危房改造项目，起初收购时占地面积为 28 亩，投资 350 万元。后按西宁市政府要带动周围棚户区统一同时改造的要求，于是现占地面积扩大至 72 亩，与政府合作开发，按西宁市政府的要求将安置 400 户住房改善居民，每户居民在原有面积的基础上，新增照顾面积 15 平方米，得到政府和住户的共同认可，项目于 2013 年 12 月已经开工，目前正在实施中。

青海三源生态经济林木种苗开发有限公司于 2001 年在互助县高寨乡西湾村马营台成立，并投资建设了撒拉尔绿色山庄，临近青海海东市临空开发区，机场高速景观大道从门前穿越而过，地理位置和区域经济优势非常显著，是最有潜力、投资收益预期值较高的一块不可多得的宝地。为了利用和发挥该地域的优势，以取得最大的经济效益，目前公司正在研究探索，将在科学规划的基础上，逐步开发生态旅游、生态园林、观光农业、规模化养殖和种植等项目。

青海孚达矿业有限公司于 2008 年在位于循化县黄河上游民族经济开发区成立，已启动“青海省循化县夕昌沟铜金矿预查”项目，系政府招商引资和社会性风险勘查地质项目，交通、地理、地质、施工条件均良好。在我公司拥有的探矿权范围内已经发现有大、小金矿（化）体 16 条，初步估算，金属量为 1.5 吨，潜在经济价值约 4.5 亿元，还有铝矿、铜矿等。此外，尚有多处化探异常尚未检查或检查不到位之处，找矿靶区还有一定的拓展空间。

青海丝路伊光进出口贸易有限公司于 2014 年在青海省西宁市南川工业园区成立，注册资金为 5000 万元，自然人投资或控股。随着我国丝绸之路经济带和海上丝绸之路“一带一路”开拓建设，青海省将在土库曼斯坦建立国际商务中心，已开始与土库曼斯坦签订毛纺原料、机械设备等方面的进出口合同，开始共同建立营销网络和体系，并与塔吉克斯坦、吉尔吉斯斯坦启动“精品之窗”营销网络建设等。青海绒业集团丝路伊光进出口贸易有限公司在政府部门的推动下，已经与土库曼斯坦等国家的企业签订了商品合作战略协议，双方互访多次，商业贸易前期工作正在进行中。近期土库曼斯坦齐纳尔大使亲自到青海、循化访问，对进一步推进撒拉族企业与土库曼斯坦的经济合作与来往，具有重要的里程碑意义，我们对丝路伊光进出口贸易公司的未来更加充满信心。

说起公司人力资源方面的现状，最值得一提的是我弟弟韩有文，他虽小我8岁，但一直把我当长辈看待，在工作上尊重我，在生活上关心我，与我同甘共苦，有意见直言不讳。我们俩性格上有差异，工作作风各具特色，但是当牵涉到公司的利益、公司的发展大事时，能够毫无保留地各抒己见，求大同存小异，在我的主导和主持下能够达成一致，并按既定方针贯彻到底，的确难能可贵。他一直是我的左膀右臂，也是我的坚强后盾。兄弟俩的团结合作，共同奋斗，同甘共苦，都不遗余力地为公司的发展着想，这是保持公司持续发展的又一个理由。虽然我平时嘴上不说，但是在我的内心里始终感激有这么一位忠实、可信的弟弟。

在公司的职务安排上我是董事长兼总经理，我弟弟是副董事长兼副总经理，在股份比例方面我和弟弟各占一半，没有其他人员参与的股份，投资构成清晰明了。早期有关人员以不同形式参与过公司投资，后经协商均一一得到妥善解决。我的公司就目前资产负债率而言属于保守型企业，具备继续做强做大的潜力，也符合按事物发展的正常要求以追求质量、数量和期限的优先选择的原则。公司发展稳健，我内心很踏实，对今后公司的未来满怀希望。更让我增长信心的是，公司在人力资源方面后继有人。目前，我的三个儿子和弟弟的四个儿子，共七位作为下一代接班人，都好学上进，都在努力工作或学习，在公司相关中层岗位上作为中坚力量发挥重要作用，随着公司的进一步发展，他们将发挥越来越重要的作用。

六、感恩回报

个人财富不均，有穷有富，是人类生活中的自然现象，每个人的自身条件和社会条件不同，必然会导致贫富差距的出现。在当今社会，我们应该算是比较富裕的，但是我清楚地知道企业应该承担的社会责任，财富来自社会，人类的财富应由全社会共享，富者不能因富而骄奢淫逸，穷者也不能因贫而消极懈怠。

为进一步规范企业文化及行为理念，并将其贯穿到企业的管理和员工的行为当中，切实体现青海绒业人及企业家的精神风貌、做人的态度与做事的风格，公司在取得良好经济效益的同时，时刻不忘履行企业的社会责任，积极参与社会公益和慈善事业，积极开展献爱心送温暖活动，努力为促进社会和谐文明发展做贡献。2008 年 5 月，四川汶川发生 8 级强烈地震，公司第一时间捐款 20 万元，积极支持四川人民抗震救灾；2010 年青海玉树发生 7 级大地震，公司捐款 104 万元，并派人派车到灾区将衣物送到农牧民手中，公司全体员工为灾区人民送去了真诚的祈祷和祝福；2010 年以来先后为帮助西宁市城东区和循化民族文化设施建设资助 436 万元；2011 年，为青海循化贫困地区学校捐赠助学基金 10 万元，帮助贫困地区孩子克服就学经费困难，支持循化撒拉族自治县农村小学教育。2009 年 6 月为循化县街子镇团结村扶贫修路，捐资 75 万元，修建 3 级公路 15 公里，解决了村民出行难的问题，赞助 110 万元于 2014 年 6 月 14 日至 15 日在青海省循化撒拉族自治县波浪滩成功举行了以青海绒业集团冠名的第十届“青海绒业三江源杯”中国·青海国际强渡黄河极限挑战赛。据不完全统计，累计价值人民币 800 多万元。这些公益慈善行动得到了很好的社会反响，树立了良好的企业形象。

每当夜深人静之时，回想起自己一路走来的历程，回忆公司一步一步发展到现在的历史，规模从小到大，业务从单项经营到多元发展，从被动找项目到主动选择项目，不断上台阶上层次，从东拼西凑的 6500 元起步，到现在几十亿资产的掌控，我在扪心自问：是我韩志明一个人的辛苦和功劳吗？我真有这么大的本事吗？不是，我回忆我这一生中遇到了诸多特别地帮助和支持我的人，经历了一些让我获益良多的事。比如，时任街子公社副书记兼武装干事，是相助我的第一个贵人，是他坚持推荐并做我父母的工作，让我当邮递员的。当邮递员是改变我的人生道路的起点，当同龄人在生产队大搞“农业学大寨”，一天挖 8 立方米的土方才能完成当天的任务，靠挣工分维持生活时，我就骑着心爱的自行车，做自己热心的邮递员工作。从那时候起，我的生活、我的思想、我的行动都在同龄人之前。我弟兄俩开着破卡车奔波于平均海拔 4000 米以上的天峻煤矿和县城之间，时常因车辆故障而风餐露宿，无奈、无助甚至生命受到威胁时，是部队官兵的车队及时赶到，给予了无偿的救援，帮我们解困；在格尔木市成立青海第一家个体车主联合组建的客运公司时，格尔木、西宁、循化、德令哈各地主管部门的领导和当地上班的撒拉族干部给予了热情的支持，帮助我们出谋划策，使我们办妥了一个个手续，终于组建了“格尔木市客运公司”；在循化成立牛绒衫加工企业时，时任循化县长、乡镇企业局局长、计划委员会主任等给予了正确引导和支持，使我明白了党的改革开放政策，走了自办羊绒、牛绒加工企业这条路；在南川工业园区成立绒业集团公司、收购西宁市呢绒服装厂、小峡煤矿等破产企业时，省政府、西宁市政府相关领导给予了政策引导和工作指导，并以极大的鼓励，使我最终下定决心，付诸实施。如果没有这些特定的时刻，没有特定人的帮助、支持、鼓励和引导，我的公司也不会走到今天，其中的一切只有我弟兄俩是一清二楚的。

在公司的起步和成长初期阶段，虽有为社会做贡献的思想和愿望，但总是心有余而力不足，尽管做了一些力所能及的善事，不过只限于家族成员、亲朋好友以及本村本乡的范畴。近几年来，随着公司的发展壮大，力所能及地为社会承担了一些责任，为社会公益事业、慈善事业做了一些付出，但我个人觉得还不够，今后需要加强这方面的工作。

近来，有的朋友在劝我说，年纪大了该歇歇了，多少是个够呀？子孙后代几辈人花不完用不完，没有必要还这么辛劳，该享受享受了，等等。可我在想，公司发展到现在，不是我一个人的功劳，也不仅仅是我兄弟俩的功劳，而是享受党和国家改革开放的政策、各方领导和朋友的支持、家乡群众的支持的结果。我在平时的思想当中，时时都在默默地祈祷：希望我的公司继续顺利地发展壮大，继续取得好的经济效益，继续为社会承担更多的责任，创造为地方和家乡民族多做贡献的机会。

这个平台可以说是多年辛勤耕耘的结果，也是社会资源。公司已经走过了孕育期，正在奋进成长之中，正在走向成熟期。如果我不能利用好这个资源，不能更多地回馈社会，不能回馈家乡和自己的民族，将对不起众人的期望，也将辜负党和政府以及社会对我和公司的期待，到了后世我就无法向后人交代。

七、结束语

我从 18 岁承担养家糊口的重任，后当公社邮递员起，我的身上经历了许多个第一。例如，我是在街子地区第一个骑绿色邮政自行车的人，也是第一个开手扶拖拉机、第一个开大型拖拉机、第一个驾驶大卡车的人，也是在循化地区第一个购置了青海湖牌汽车搞运输、第一个购置大型客运班车搞客运的人，也是在全省第一个拥有小轿车的农民。目前，我的公司在撒拉族民营公司中是第一个生产经营羊绒产品的企业，随着“羊绒针织衫扩能改造项目”二期扩能工程的竣工投产，我公司在全省纺织行业中生产经营规模和能力上也将跃居第一。

回想个人的成长过程和公司的发展历程，如果说我的人生有所成功，如果说我的企业是成功的，我认为“天时、地利、人和”是我个人或企业成功的关键因素。没有“天时、地利、人和”就不会有我的这么多“第一”，企业也不会发展到今天。我个人的一步步成熟，企业的一步步发展，都是因为善于利用和把握了遇到的每一个机遇，具备了利用各种环境之有利因素的强烈的进取心，以及冒险家、实干家的精神。特别是“人和”因素在企业成长过程中，是取得成功的必要因素，没有“人和”就无法实现持续健康发展。管理学者说，在市场竞争的环境下，“天时、地利”往往不能被一家企业所独享，而“人和”则成为保持竞争力的关键因素，我深感的确如此。

我公司的羊绒加工业务正向成熟期迈进，处在“不惑”之年，房地产开发正在快速成长，尚处在“而立”之年，生态园林苗木业务正如生长旺盛的苗木，餐饮服务业务正在摸索中前进，采矿业务尚处在孕育阶段。总之，集团公司整体尚处在成长期，与我自己的成熟期不相匹配。可见，我任重而道远，没有更多懈怠的时机，必须尽快引入现代企业管理制度，实现管理规范化、运行制度化、操作标准化，按企业发展规律要求处理好企业管理、经营的各个业务环节，要继续营造发挥“天时、地利、人和”之因素的协同作用机制，处理好企业家和职业经理人的关系，按职业化管理的要求，更多地依靠程序和规则来管理企业，努力克服家族企业固有的管理缺陷。在发展策略上做到优先发展好集团公司的龙头——羊绒产品加工业务，巩固好快速发展中的房地产开发业务，精心培育好茁壮成长的生态园林苗木，用心呵护好孕育中的采矿项目。在这个基础上，利用国家加紧规划建设新丝绸之路经济带的“天时”之机，撒拉族在土库曼斯坦享受特殊待遇的“地利”优势，将羊绒产品加工业务延伸到国外，积极营造撒拉人和土库曼人的“人和”氛围，为青海绒业（集团）公司打开持续奋进的广阔空间。

——马海福：《兴旺之路》，全国政协文史和学习委员会、青海省政协学习和文史委员会：《撒拉族百年实录》，中国文史出版社，2015 年版，第 271—290 页。

3. 建筑建材业

1956 年生产砖瓦 25 万块，瓦 10 万块，石灰 40 吨，产值共计 23.6 万元，手工业产值 9.8 万元，1957 年为 4 个工厂投资 17.4 万元，1957 年正式动工开始。

——霍殿永：《关于循化县二年来的工作基本总结与今后任务的报告——在循化县第二次党代表大会上的报告》，《循化组织史料》（内部资料），1956 年 4 月 20 日。

公私合营砖瓦厂1个，全系手工劳动，经过1958年的发展，全县共建立了各种厂矿97个，职工人数共968名，工业产值75万元。

——李新鼎：《中共循化县委员会工作总结——在中国共产党循化撒拉族自治县第三次代表大会上的工作报告》，《循化组织史料》，1959年6月26日。

循化县于1958年在“大跃进”时期，组织农村木工、瓦工等成立建筑工程队，有职工69人，当年建成粮食仓库、住宅、循化中学教室、医院等建筑面积6770平方米，产值32万元。1962年，在经济调整中机构被撤销，人员回村务农。1965年1月，成立循化县土木维修合作社，职工35人，其中管理干部3人，工人32人，实行统一管理，统一核算，自负盈亏。1966年9月，从西宁调入瓦工2人，木工1人，配备干部2人（队长、会计）充实力量，改土木维修合作社为循化县基建工程队，为集体所有制企业。1967年1月改组改造、整顿基建工程队，由农村吸收固定工10人，亦工亦农40人，共52人。1975年，改名为循化县建筑维修队，1976年，完成产值24万元，竣工面积2298平方米。1977年，为充实技术力量，从河北省保定等地招聘技工4名。是年，添置卷扬机、混凝土搅拌机、平板、棒式振动器，实现半机械化施工。产值35.51万元，竣工面积3256平方米，全员劳动生产率5637元。1978年，改名循化县建筑工程队（后又改名第一建筑公司），下设办公室、生产组、第一施工分队（有泥工一、二班，水暖班、电机修理班）、木工车间。1979年，有职工74人，施工土（砖）木结构住宅4862平方米，年末竣工2832.5平方米，产值40.5万元。

1984年，乡、村先后建立第二、三建筑公司，积石镇、街子、清水、文都、查汗都斯、孟达6乡镇成立17个建筑施工队，从业人员626人，有些走出县门赴外地承揽工程。1989年1月，主管部门举办建筑材料及建筑施工技术培训班，有20人参加培训，为期40天，结业合格率达100%。1990年，全县共有建筑企业10个，其中地方国营第一建筑公司1个，乡镇办第二、三建筑公司2个，个体联办建筑施工队7个；从业1130人，其中地方国营第一建筑公司50人、乡镇建筑公司295人、个体联办建筑施工队785人；总收入698万元，其中地方国营第一建筑公司275万元、乡镇建筑公司355.2万元、个体联办建筑施工队67.8万元。竣工面积8298平方米，平均每平方米造价275元。

——循化撒拉族自治县志编纂委员会：《循化撒拉族自治县志》，中华书局，2001年版，第303—304页。

砖瓦石灰厂

1965 年 6 月，县人民委员会拨资金 2.95 万元，建土窑 3 座，购置工具设备，因陋就简，手工生产，当年产砖 40.98 万块，小瓦 18.57 万片，石灰 32 吨。1967 年 2 月，由文都迁至循化县城南（现体育场），征地 22.5 亩，边建设边生产。到 1970 年，先后建成土窑 3 座，大瓦车间 238 平方米，办公室 60 平方米，购制瓦机 1 台，制砖机 1 台，人力车 5 辆，大瓦架 3380 个，完成投资 2.73 万元。1966—1970 年，砖瓦石灰厂累计生产砖 211.79 万块，大平瓦 46.98 万片，石灰 876.3 吨。到 1980 年，共投资 60 万元，聘用西宁市西川砖瓦厂技术人员，建成 24 门轮窑 1 座，水塔 1 座，生产车间 288 平方米，仓库 442 平方米，办公室、会议室及职工宿舍 855 平方米，辅助用房 237 平方米，共 1822 平方米。购置制砖机、制瓦机、推土机各 2 台，筛土机 1 台（组），变压器 2 台等。是年 5 月，开工生产，年末有职工 60 人，其中管理干部 6 人、固定工 6 人、合同工 8 人、临时工 40 人，生产砖 296 万块，产值 12.90 万元，实现利润 3.4 万元，税金 1.27 万元。1981 年，试制生产大平瓦 14 万片。1984 年，投资 5.45 万元，改造制砖车间 68 平方米，添置 35 型制砖机 1 台，修建民工宿舍 183 平方米和街子三岔销售网点一处。1985 年，有职工 71 人，生产砖 580 万块，达设计生产能力 96.7%，实现利润 9.4 万元，税金 4 万元，成为循化县预算内骨干生产企业之一。

——循化撒拉族自治县志编纂委员会:《循化撒拉族自治县志》，中华书局，2001 年版，第 304 页。

1986 年，生产普通硅酸盐水泥 437 吨，其中 325#1259 吨，425#2483 吨，525#625 吨，总产值 25.47 万元，比 1984 年最高年份增长 3.6%。实现利润 5.12 万元，税金 12 万元。年末固定资产原值 76.38 万元，固定资产净值 45.73 万元。

——循化撒拉族自治县志编纂委员会:《循化撒拉族自治县志》，中华书局，2001 年版，第 306 页。

1991 年至 1994 年，对所有新建工程项目在工程施工前都制定质量监督计划，累计处理质量事故 87 起，工程质量合格率显著提高。1995 年至 2000 年，对在建工程全程继续实行跟踪监督检查，先后监督建筑工程项目 129 项，建筑面积 10.14 万平方米，累计纠正处理不符合工程质量的问题 79 件，下发整改通知书 18 份，质量监督覆盖率 98% 左右，验收合格率均在 95% 以上，优良率达到 33%。2001 年至 2002 年，全县建设工程一次校验率达到95%。6项工程获海东“河湟杯”优质工程。

——循化撒拉族自治县地方志编纂委员会:《循化撒拉族自治县志》，三秦出版社，2017年版，第194页。

2000年，新开工项目17项，报建率100%，招投标率100%，监理率100%，质监率100%。

——循化撒拉族自治县地方志编纂委员会:《循化撒拉族自治县志》，三秦出版社，2017年版，第194页。

1991年，全县有建筑企业11家，从业人员1644人，实现建筑业产值1151万元，房屋施工面积1.2万平方米，竣工面积3438平方米。2000年，全县建筑企业发展到16家，从业人员4718人，工程技术人员329人，拥有各类工程施工机械设备450台，房屋施工面积8.31万平方米，竣工面积3.82万平方米，实现建筑业产值7671万元。2010年，全县有建筑企业5家，个体户230个，拥有各类工程机械设备476台，从业人员6800人，房屋施工面积2.44万平方米，竣工面积1.83万平方米，实现建筑业总产值1.17亿元。

1991—2010循化县建筑业情况统计表

年份	企业个数（个）	从业人员（人）	工程技术人员（人）	建筑业总产值（万元）	当年施工房屋面积（平方米）	当年竣工房屋面积（平方米）	工程机械拥有（台）
1991	11	1644	—	1151	11993	3438	—
1992	16	1869	—	1398	13824	8855	—
1993	16	1960	—	1564	15471	6859	—
1994	16	1965	—	1764	9082	7484	53
1995	16	2365	—	1950	12400	4500	53
1996	16	2450	—	1376	20563	12090	292
1997	16	2002	—	2420	40261	16978	384
1998	16	3089	—	3368	47574	30199	421
1999	16	2673	—	5238	66862	33172	238
2000	16	4718	329	7671	83139	38217	450
2001	16	4718	329	8961	83139	38217	450
2002	16	2015	213	14821	83500	47067	304
2003	16	2987	258	18972	83682	38477	213

续表

年份	企业个数（个）	从业人员（人）	工程技术人员（人）	建筑业总产值（万元）	当年施工房屋面积（平方米）	当年竣工房屋面积（平方米）	工程机械拥有（台）
2004	16	1850	94	9049	36758	6941	206
2005	16	1487	131	9707	19192	10024	242
2006	11	2792	215	6411	35728	27605	1173
2007	4	1750	123	4834	24763	21368	464
2008	4	7059	37	9827	24382	18291	476
2009	4	7059	54	10050	30047	21882	476
2010	5	6800	37	11710	24382	18291	476

——循化撒拉族自治县地方志编纂委员会：《循化撒拉族自治县志》，三秦出版社，2017 年版，第 192—193 页。

循化建材工业主要是水泥、红砖、水泥预制件和金属门窗等产品生产。2000 年有 16 家企业，2008 年发展到 24 家，其中水泥厂 1 家，砖厂 14 家，预制厂 5 家，金属门窗厂 4 家。2008 年水泥产量 9.05 万吨，砖 8065 万块，金属门窗 84 吨，水泥混凝土预制构件 2.4 万立方米。建材工业企业规模都比较小。2003 年，规模最大的振荣水泥有限公司建成投产，企业资产总额 1800 万元，设计生产能力年产 10 万吨水泥成品，实际年产量 7 万—9 万吨。砖厂生产规模一般在年产量 400 万至 600 万块成品砖，规模较大的张尕砖厂、道畅砖厂等部分企业年产量 700 万至 800 万块。水泥预制件生产企业中积石建材有限公司、新型建材厂、胜利湾预制厂等年生产水混预制块 5000 至 6000 立方米。2010 年，生产水泥 85600 吨，成品砖 8050 万块。

——循化撒拉族自治县地方志编纂委员会：《循化撒拉族自治县志》，三秦出版社，2017 年版，第 190 页。

2009 年至 2010 年，协助和配合地区建设局对全县建筑市场先后进行规模较大的 3 次专项检查，在建工程受检率达 93%，共下发整改通知书 4 份，停工整改通知书 1 份。监督工程项目 32 项，建筑面积 12.68 万平方米，验收工程 18 项，建筑面积 7.4 万平方米，合格率 100%。“六个百分之百”基本落实到位。

——循化撒拉族自治县地方志编纂委员会：《循化撒拉族自治县志》，三秦出版社，2017 年版，第 194 页。

石头坡村建筑业调查

在石头坡村所处的地区，主要有公路和水电站这两类工程，有一些大的承建商，把工程化成小块，转包给较小的工程承包商，以此类推。许多石头坡村的撒拉族也做过工程承包商，不过规模往往很小。例如韩仁民在刚刚承包到户以后，曾于1984—1986年这三年做过工程承包商，其中在1984—1985共两年时间，在当地不远的一个水电站承包工程，这个水电站当时将工程分包给20多个包工队，他当时就是其中之一。1986年水电站的工程结束之后，他又到县城搞过建筑包工。

承包工程的利润相当大，特别是公路和水电站这一类的工程，也就是在承包水电站工程之后，1985年韩仁民盖了新房子，并且在1988年又盖了西厢房，房屋的椽子用的都是比较贵的松木，非常结实，花了很大一笔积蓄。后来石头坡村很多撒拉人也都做过工程包工，但是大多数人由于起步较晚，包工市场竞争激烈，况且资金额不大，因此都没有赚到什么钱。不过也有人常年做些小型建筑包工的情况，马阿布都即是其中之一。其实马阿布都算是一个老包工头了，在20世纪70年代，他就是村里集体所有的唯一一个建筑队队长，这个建筑队的全称是“循化积石镇经联社第五建筑队”，在1982年土地承包到户以后，他和村里的一个建筑木工马德明承包了这个建筑队，作为一个等外三级专业建筑施工队，在县城里面曾经承包过一些工程。不过，在20世纪80年代末，他们就解散了这个工程队，而改行做虫草生意了。

——朱和双、马伟主编:《撒拉族－青海循化县石头坡村调查》，云南大学出版社，2004年版，第141—142页。

青海伊达建设有限公司成立于1994年，是一家专门从事工程承包的二级企业。企业资质为房屋建筑工程施工总承包二级，市级公用工程施工总承包二级，建筑装修装饰工程专业承包三级。公司为二级管理体系，设三个工程处。四部一室及若干工程项目部，下设房地产开发有限公司、旅游开发有限公司两个分支机构。注册资金2100万元，固定资产净值1760万元，现有各类大型机械150余台，有高级工程师、工程师、专业技术人员136名、国家注册建造师26名；通过ISO9001（2001）质量体系认证，具备各专业配套施工的综合生产能力。2010年被确定为玉树援建企业。

青海高氏建筑建材开发有限公司。成立于1995年3月，前身为循化县建筑建材开发有限公司，属股份制三级企业，房屋建筑工程施工总承包二级资质，可承担单项建安合同额不超过企业注册资本金5倍的房屋建筑工程的施工。公司下设“三科一室”，

企业”，2009 年，被海东地区建设局评为“先进建筑企业”。

——循化撒拉族自治县地方志编纂委员会：《循化撒拉族自治县志》，三秦出版社，2017 年版，第 195—196 页。

4. 矿业

1956 年，随着农业合作化运动的迅速发展，要求地方工业也应立即赶上去，坚决本着“地方工业为农牧业经济服务并与农牧业经济密切结合的方针”和“投资少，收效快”的原则，拟于两年筹建地方国营联合工厂（包括电厂、面粉厂、榨油厂）、循化煤矿、铁工厂、公私合营砖瓦厂，1956 年生产砖 25 万块，瓦 10 万块，石灰 40 吨，产值共计 23.6 万元，手工业产值 9.8 万元。1957 年为 4 个工厂投资 17.4 万元，1957 年正式动工开始，并且还要对我县古什群、宗五、西沟、中库沟等地已经发现的矿苗再深入调查，立即动手挖掘，以便报省化验鉴定，对未发现的矿藏在年末结合中心工作，配合勘察技术人员做好全县普查工作，同时广泛发动群众，就矿报矿使其形成爱国报矿热潮。

——霍殿永：《关于循化县二年来的工作基本总结与今后任务的报告——在循化县第二次党代表大会上的报告》，《循化组织史料》（内部资料），1956 年 4 月 20 日。

采掘业生产活动主要从事铜金矿采选、用于水泥原料的石灰石开采、建筑用砂石料开采。1990 年以前，水泥生产企业生产规模小，用于原料的石灰石开采量很小，建筑工程少，砂石料用量小，只有少量开采，还没有出现企业化生产。1996 年后，随着城乡建设步伐加快，水泥生产企业加强扩能改造，谢坑铜金矿建成，采矿业规模迅速扩大。谢坑铜金矿始建于 1996 年，是循化县第一家招商引资企业，位于清水乡下滩村，矿点位于岗察村。设计生产能力年处理原矿 7000 吨，主要产品是铜和金。日处理选矿能力 100 吨左右，年销售收入 600 万元。实现税金 80 万元，企业总资产 2100 万元。2006 年投资 4286 万元，日处理 600 吨选矿生产线项目上马，分两期实施，2008 年建成投产。产量逐年提高，2010 年日处理原矿能力 200 吨，当年产量（铜金属含量）达到 1250 吨，产值超过 3000 万元。2010 年后再次进行扩能改造，日处理原矿达到 600 吨，矿产品主要是铁和金，当年产值 3.3 亿元，从业人数 350 人，成为循化县第三个产值上亿元的工业企业。1991 年，全县水泥产量 4800 多吨，作为其主要原料的石灰石开采数量不大。1996 年，县水泥厂扩能改造后，年生产能力增加到 2 万吨，石灰石开采量也成倍增加。2003 年，县水泥厂关闭。同年振荣水泥有限公司成立，一直到 2010 年，石灰石开采量一直保持在 8 万吨左右。2000 年以后，随着西部大开发战略的实施，城乡住房建设、道路等基础设施建设迎来千载难逢的发展机遇，也带动了建材业的发展。沿黄河砂石料开采迅速升温。2010 年，专门从事砂石料开采的大型砂料场有红旗砂料场、积石建材厂、石头坡砂料厂等 5 处。年开采砂石料近 20 万立方米。以砂石料为主要原材料的水泥预制块制造企业 8 家，年产预制件 2.4 万立方米。砂石料开采超过 1.5 万立方米。

——循化撒拉族自治县地方志编纂委员会：《循化撒拉族自治县志》，三秦出版社，2017 年版，第 186 页。

石头坡村采矿业调查

20 世纪 90 年代初，在循化县曾掀起一股外出挖黄金的热潮，特别是在 1992—1995 年期间，这股风气逐渐刮到了石头坡村。石头坡村也有人开始走上挖金之路。韩五十九的大儿子是石头坡村第一个挖金人，但是他本人不愿意提起这些事情，可能是外出挖金所受的苦太多了吧，不愿再重新提起。据说在 20 世纪 90 年代初，他和别村的人搭伙坐手扶拖拉机多次到达挖金的地方，用镐头刨出了金子，在回来的路上，他从乌图美仁一直走到格尔木，这是一块连公路都没有修通的地方，行程大约有 1000 公里。这一年，他赚到了 1 万多元钱。第二年，村里开始有更多的人出去了，他们合伙买手扶拖拉机，四五人一伙，在车上带着行李、工具和口粮，从循化出发，赶往产金区。沿途经过西宁、格尔木，再到乌图美仁，最终赶往产金最丰富的新疆若羌县一带，这至少需要花费半个月的时间。由于过了格尔木，很多地方都没有公路，只能靠走一些小路，遇到河流，还要把车拉过河去。这些采金人也没有地图，经常会迷路，因此又额外耽误了一些时间，经过这样艰难的跋涉，才来到采金地点。首先要向当地的“蛇头”缴纳采金费，取得一块划定的地盘之后才能开采，然后用自带的镐一点一点地刨。其实真正采金的时间并不多，甚至有些时候只有几天的时间，但往往意味着几万元的收入。采金更多的时间是花费在了路上，因为回来的路同样艰难，由于携带黄金或现金，更加增添了风险程度。就在十多年以前，石头坡村有一个年轻人就是在回来的路上，因为实在是疲劳过度而睡过去，结果从手扶拖拉机上掉下来被碾死了。当时，村里二十多岁的年轻人几乎都去了，但赚的钱都不多，据说是挖到金子后，沉不住气，没有继续挖下去，都急切地回家了。而一些年龄大的撒拉族村民由于能够沉住气，往往赚的钱比较多，那拨挖金的人中，据说村民马国良赚得最多，大约有 5 万元人民币。

这股挖金的浪潮直到 1998 年还没有彻底过去，石头坡村仍有几个年轻人想去，但后来因为各种原因搁浅。后来，国家开始禁止私人开采金矿。到现在，已经没有人再去想挖金子的事了，一方面是因为国家禁止，更主要的原因是由于 20 世纪 90 年代的过度开采，很多地方已没有金子可挖了。但是，去挖金子的村民现在的经济状况并不是很好，因为去挖金子的家庭当时基本上是经济上本来就不富裕的家庭，底子薄，挖金赚的钱也不是很多。他们将赚来的钱都用来做些盖房子之类的事情了，缺乏资金的原始积累，没有了资金去做其他生意。如今，石头坡村撒拉族挖金子的浪潮已经过去，剩下的是大约 40 辆手扶拖拉机作为这段历史的见证。现在村民们用手扶拖拉机来干农活儿，也在村子周围一些地方跑跑运输，例如村民马光华，现在就在村边上的砂石场给村民们拉沙子。村民自己盖房子需用的砂石不多，就会找他来运。一车沙子自装自卸，从砂石场到村里，大约有 1 公里路，包括运费一共 6.5 元，马光华和他的儿子、妻子一天可以拉 20 趟。如果是拉石头，因为还要挑选，也不好装车，包括运费就要 15 元。韩乙的日家的手扶拖拉机，有时则用来给别人耕地，耕一亩地 20 元；有时也跑运输，在本村拉一趟收 6 块钱，拉到街子则要收 10 块钱。由于手扶拖拉机没有办营运手续，少交了很多费用，因此，收入还算可以。但更多的村民是自用，例如，陈俊家里有一辆手扶拖拉机，是他的二哥在 20 世纪 90 年代淘金时买的，在跟二哥分家时，这辆手扶拖拉机留给了陈俊，陈俊一般只是自己用一用。

——朱和双、马伟主编：《撒拉族－青海循化县石头坡村调查》，云南大学出版社，2004 年版，第 136—138 页。

5. 电力工程

县属国有电力工业。1958 年 9 月，成立循化县电厂。电厂位于县城西街寺门巷，北邻被服厂。购置 8 千瓦柴油发电机 1 台，修水池 1 个，架设供电线路，进行发电，供部分机关办公照明。年末职工 17 人。1959 年，添购 2 台 5 千瓦柴油发电机组，供照明。1960 年 4 月，循化县人民委员会组织县级机关干部在东风公社清水管区阿石匠村河边义务投工，奋战一月，利用清水河水力资源，建成一座小型水力发电厂。安装木质水轮机，带 100 千瓦发电机 1 台，变压器 4 台 /210 千伏安，由于木质水轮转速不足，发电功率仅为 50%，只供县城机关、清水地区基层行政企事业单位及阿石匠、乙麻亥、河东大队的照明用电。1961 年，国民经济调整，县水力发电厂并入县农牧机械修配厂，设电工车间，为时不长，停止发电。1962 年 7 月，循化县水力发电厂从农牧机械修配厂分设，成立循化县地方国营发电厂。仍用柴油发电机发电，有职工 13 人，其中干部 4 人、工人 9 人。县投资 0.78 万元，农牧机械厂转入资产 1.79 万元，固定资产 1.69 万元，流动资金 0.1 万元，投入生产，10 月 21 日正式发电，供 34 个机关单位、居民 116 户照明。1963 年，职工 13 人，年发电量 29957 度，产值 2.25 万元，利润 105 元，年末固定资产 7.58 万元，流动资金 1.65 万元。1964 年 9 月，撤销电厂，停止生产。1965 年 9 月，省水利局第一工程队勘测、设计黄丰发电站。黄丰电站位于积石镇大别列村北，街子河入黄河三角处，距县城 5 公里。是年开工建设，翌年安装 500 千瓦的水力发电机 2 台，建水泥压力管 2 道，每个直径 1.2 米、坡度 23 度、垂直高度 21 米，供水渠全长 14.7 公里，设计流量每秒 6.5 立方米。1967 年 3 月 25 日、30 日，2 台机组先后运行发电。年末累计发电 157 万度，产值 10.21 万元。有职工 31 人，其中正式工 16 人、合同工 10 人、临时工 5 人。1971—1978 年，为开发利用境内水力资源，解决边远山区对电力的需求，先后兴建 10 座小型水电站，装机 526 千瓦。1975 年，投资 24.63 万元，建设甘都至黄丰电站 12 公里，甘都至红旗公社 5.5 公里，共 17.5 公里 10 千伏的输电线路，栽电杆 252 根，导线 21.3 吨，金属件 13 吨，瓷瓶 940 只。1976 年，黄丰电厂电网并入西宁大电网。除查汗都斯乡 10 千伏输电线路由甘都变电所供电外，其余地区由黄丰电站直供的有四条线路：东路，从黄丰电厂开关站出线，经县城清水、白庄到道帏乡的张沙村，主干线约长 73.638 公里，导线 LGT-55-70，配变压器 128 台，容量 7520 千伏安。南路，从黄丰电厂开关站出线，经街子、文都到尕楞乡，主干线路长 54.725 公里，导线 LGT-50，配变压器 69 台，容量 3440 千伏安。孟达路，从清水乡架设一条通往孟达天池的 10 千伏配电线路，后又延伸至青海省民和县官亭。北路从孟达 10 千伏线末端接线，通往积石峡黄河北岸的地勘三队，线路长 7.05 公里，变压器 3 台，容量 380 千伏安。

——循化撒拉族自治县志编纂委员会：《循化撒拉族自治县志》，中华书局，2001 年版，第 307 页。

本报讯　11 月 17 日，《循化县农村电气化建设规划》在西宁通过审查。至此，循化撒拉族自治县将成为我省在本世纪末建成的 9 个农村电气化县之一。改革开放以来，循化县国民经济有了长足的发展，贫困面下降到 46.8%，工农业总产值中工业产值比重提高到 54%。尤其地方乡镇、私营工业发展迅猛，总产值在短短 10 余年间达 1.38 亿元。但由于循化县原有 2 个水电厂设计出力小，原电网供电能力不足，加之电网设备陈旧老化，结构不合理，供电半径超长，导致线路损耗过高，电压合格率极低，严重影响了县办工业进一步发展和困扰农村电灌工作，一些乡村的生活用电也失去应有的保障。经济要发展，电力要先行。循化县地处黄河上游南岸，黄河流经县境 90 公里，水电资源丰富。根据省上《电力扶贫共富工程》实施意见，《循化县农村电气化建设规划》将在 1998 至 2005 年，依据青海电网 110 千伏已扩展到循化县境内、110 千伏公伯峡施工用电变电所即将动工和境内苏只、黄丰、波浪滩 3 座中小型水电站等电源建设，投资 3170.6 万元，对该县原有的 10 千伏配电网、35 千伏输变电工程、农村低压电网等进行建设改造。

——《循化农电化建设加快》，《青海日报》，1998 年 12 月 23 日。

黄丰电厂是循化县较早的国有水力发电企业。位于积石镇大别列村北，街子河入黄河三角处，距县城 5 公里。1965 年开工建设，1966 年安装 500 千瓦的水力发电机 2 台，建直径 1.2 米的水泥压力管道 2 道。1967 年 2 台机组先后运行发电，年发电量 157 万千瓦时，实现产值 10.2 万元。职工 31 人（正式职工 16 人，合同工 10 人，临时工 5 人）。1976 年后，黄丰电厂电网并入西宁大电网。1991 年，发电量 736.37 万千瓦时，1996 年，投入农业技术改造贷款 150 万元，对黄丰电厂实行技术改造，安装 1 台 800 千瓦的新机组，年发电量达到 1300 万千瓦时，截至 1998 年，在册职工 64 名。1999 年 5 月，黄丰电厂改制为股份制企业。

哈达亥电站是循化县投资规模最大的国有企业。位于查汗都斯乡哈达亥村北，距县城 10 公里。1994 年动工兴建，1996 年试运行。工程总投资 3320 万元，装机容量为 3750 千瓦，年设计发电量 3114 万千瓦时。运行以来，由于工程设计、管理体制等方面的原因，1998 年实际发电量仅有 1452.3 万度，为设计发电量的 46.6%，在册职工 74 人，企业包袱沉重。1999 年元月，哈达亥电站被青海兴旺集团公司兼并。2005 年，全县发电量达 2471 万千瓦时。2010 年减少到 559 万千瓦时。

2000 年以后，国家加大对黄河上游水电资源开发力度，至 2010 年，黄河上游段循化境内建有 4 座水电站，其中大型 2 座（公伯峡水电站、积石峡水电站），中型 2 座（苏只电站、黄丰电站）。

公伯峡水电站位于循化县查汗都斯乡和化隆县甘都镇交界处，距县城 25 公里，是黄河上游水电开发有限责任公司组建后梯级开发黄河上游水电资源的一座大型水电站。上游与康阳水电工程梯级相接。下游尾水接苏只水电工程。2001 年 8 月正式开工兴建，总投资116亿元。其枢纽建筑由大坝、引水发电系统和栅水建筑物三部分组成。大坝为砼板堆石坝，坝顶长423米，大坝高139米，坝顶高程为2010米，上游坝坡为1∶1.4，下游局部坝坡1∶1.5，大坝总填筑量478.6万立方米；引水发电系统位于右岸，进水口形式为砼重力坝，进口底板高程为1975米，最大坝高为58米；发电量33.63亿千瓦时。2007年3月完成截流。2010年10月成功下闸蓄水。2010年11月9日一号机组投产发电，2010年底3台机组全部投产发电。

苏只电站位于循化县与化隆县交界处。距循化县城13公里，距上游公伯峡水电站12公里，2003年3月开工建设。工程动态总投资13.63亿元。其枢纽工程由电站厂房、泄洪闸、土石坝、泵站及开关站等建筑物组成。工程以发电为主，兼顾灌溉及供水。总装机容量22.5万千瓦，最大坝高47米，最大水头20.8米，最大引用流量1570米/秒，设计正常蓄水位1900米，总库容4550万立方米。2005年12月首台机组发电，2006年12月20日3台机组全部并网发电。多年平均发电量8.79亿千瓦时。

黄丰电站位于循化县积石镇大别列村和河北村，距县城5公里，是黄河干流上游龙羊峡—青铜峡河段第十个梯级水电站。其工程主体由发电厂房、泄洪闸、土石坝及开关站等建筑物组成，工程以发电为主，兼有防洪、灌溉、航运、供水等综合利用效益，电站正常蓄水位1880.5米，总库容5900万立方米，总装机容量22.5万千瓦，总投资16.3亿元。2005年，青海省三江水电开发股份有限公司在黄丰电厂原厂址开发中型水电站，工程于当年12月正式动工，工期36个月，2010年11月顺利实现一期截流。

——循化撒拉族自治县地方志编纂委员会：《循化撒拉族自治县志》，三秦出版社，2017年版，第183页。

公伯峡水电站建设征地移民安置规划设计工作过程

工程概况

公伯峡水电站建设征地移民安置规划设计（水库淹没及工程占地处理规划设计）工作，在1993年电站原初步设计期间，曾编制完成了《水库淹没处理规划》篇章报告和《水库移民安置规划专题报告》。1999年，黄河上游水电开发有限责任公司（简称黄河公司）依据有关规范要求，委托国家电力公司西北勘测设计研究院（简称西北院）重新开展公伯峡水库移民安置规划设计工作，西北院于2000年提出了《黄河公伯峡水电站工程（补充可研）水库淹没处理及工程占地规划设计综合报告》（简称《补充可研报告》）及相应专题报告。该报告于2001年1月12日通过中国水电顾问有限公司的审查，审查意见上报国家经贸委后，经贸委电力司原则同意了该审查意见。

公伯峡水电站已于 2001 年 8 月 8 日开工兴建，西北院受青海省人民政府支援黄河上游水电工程建设办公室（简称省支黄办）的委托，负责公伯峡水电站工程水库淹没处理实施规划的设计（简称实施规划设计）工作。按照有关要求，2002 年 8 月，西北院编制了《黄河公伯峡水电站工程水库淹没处理实施规划设计大纲》。大纲提出了实施规划设计工作的原则、依据、内容、程序以及组织分工和进度计划，同月，中国水利水电建设工程咨询公司对大纲进行了咨询。

随后在省支黄办的组织领导下，西北院与地方移民机构以及相关职能部门深入库区展开了详细的实施规划设计现场工作，其间分别于 2003 年 2 月 28 日和 7 月 22 日召开了两次实施规划设计工作协调会，2003 年 8 月 15 日和 2004 年 3 月，中国水利水电建设工程咨询公司又对实施规划设计中间成果及相关问题进行了两次咨询。2004 年 3 月，西北院完成了水库淹没实物指标核查核定、农村移民安置方案优化、移民安置环境容量复核分析、生产安置工程项目初步设计、居民点建设规划、安置区专项设施初步设计、企事业单位迁建实施规划、库区专业项目复建初步设计、库区防护工程初步设计以及库底清理实施规划等工作，并编制了有关实施规划设计专题报告和工程项目初步设计报告。

在此基础上，黄河公司又分别于 2004 年 3 月、5 月、7 月组织青海省支黄办、西北院以及相关部门，召开了四次公伯峡水库移民协调会，并对水库淹没个人实物指标及需补偿果园地面积进行了专项抽样复查。2004 年 7 月 9 日，青海省支黄办以青支黄发〔2004〕62 号文《关于公伯峡水电站征地补偿标准的函》明确了公伯峡实施规划设计应采用的补偿标准，西北院随即编制完成了《黄河公伯峡水电站工程水库淹没处理实施规划设计综合报告》（以下简称《实施规划设计报告》）提交青海省人民政府审批。

2004 年 8 月 11 日至 13 日，水电水利规划设计总院受青海省人民政府委托，在青海省西宁市主持召开了青海省公伯峡水电站库区移民安置实施规划设计审查会。根据会议形成的审查意见，西北院对实施规划设计做了进一步的补充和完善，青海省支黄办和黄河公司也就有争议的问题进行了充分的协商和讨论，西北院依此完成了《实施规划设计报告》并于 2005 年 11 月 2 日获得青海省人民政府批复。

公伯峡水电工程是黄河干流上游龙羊峡至青铜峡河段中第四座大型梯级电站。上游与康扬水电工程梯级相接，下游尾水接苏只水电工程梯级。坝址位于青海省循化撒拉族自治县查汗都斯乡和化隆回族自治县甘都镇交界处，距循化县城 25 公里，距西宁市 153 公里。水库正常蓄水位 2005 米，设计及校核洪水位分别为 2005 米及 2008.28 米。水库回水至尖扎县城上游扬家、河滩村附近，全长 61 公里。水库总库容 6.3 亿立方米，调节库容 0.75 亿立方米，为日调节水库。电站装机容量 1500MW（5 台单机容量 300MW 机组），保证出力 492MW，多年平均发电量 51.4 亿 kW · h。电站以 330kV 一级电压出线，联入西北电网。工程于 2001 年 8 月正式开工兴建，于 2004 年 8 月 8 日下闸蓄水，8 月 24 日首台机组发电，2006 年 6 月 5 台机组全部并网发电。公伯峡水电站建设征地涉及 3 个县（尖扎县、化隆县、循化县），黄河纵贯尖扎县县境东西，境内流程达 96 公里，沿化隆县县境南缘自西向东流过，流程达 168 公里，黄河干流横贯循化县县境，流程达 90 公里。

移民安置概况

公伯峡水电站水库淹没影响涉及 3 个县、10 个乡镇、27 个行政村、62 个村民小组及 9 个企事业单位。防护后水库淹没处理主要实物指标为：总搬迁安置人口 5465 人，其中化隆县 3200 人，尖扎县 2131 人，循化县 134 人；房屋总面积为 28.0 万平方米；总耕地 7501.5 亩、园地 719.95 亩、林地 1230.4 亩；主要专项设施有等级公路 12.9 公里，黄河大桥 2 座，10kV 以上输电线路 50.0 公里，电灌站 41 座（总装机容量 4422kW），通讯线路 41.2 公里，文物古迹 27 处；企事业单位 11 家，对其中 5 家进行防护，剩余 6 家进行搬迁或补偿处理。

公伯峡水电站水库淹没处理涉及生产安置人口 6019 人，其中化隆县 3553 人，尖扎县 2332 人，循化县 134 人。化隆县群科、团二村为后靠调剂土地安置；群科镇的舍仁、安达其哈、日兰村，德恒隆乡的若索、哇家滩、牙曲滩村以及群科园艺场规划搬迁至甘都农场集中安置；雪什藏和则塘村进行防护；先口村淹没涉及的个人开发地按一次性补偿予以货币安置。尖扎县措加、东加、牙那东、河东、解放、烂泥滩等七村的移民则全部外迁至夏藏滩安置区开发滩地集中安置；马克堂镇的解放新村、坎布拉乡的古日羊马村采取防护措施进行防护，保护耕地 772.0 亩，减少迁移人口 444 人；马克堂镇麦什扎村、娘毛村，康扬镇格曲村，昂拉乡拉毛村和当顺乡的东当村采用村内开发滩地、荒地或调剂耕地的方式进行生产安置。循化县均在本村内后靠安置，采用村内开发滩地、荒地或调剂耕地的方式进行生产安置。

公伯峡水电站水库淹没处理涉及搬迁安置移民 5465 人（化隆县 3200 人，尖扎县 2131 人，循化县 134 人），其中集中安置 5267 人（化隆县 3188 人，尖扎县 2079 人），后靠安置 198 人（化隆县 12 人，尖扎县 52 人，循化县 134 人）。化隆县农村移民总搬迁人口为 3200 人，其中 12 人为后靠搬迁安置，其他 3188 人则全部是搬迁安置到甘都农场安置区，另外化隆县群科园艺场 114 人也同时规划搬迁安置到甘都农场安置区。尖扎县农村移民总搬迁人口为 2079 人，全部为外迁安置人口，其中：夏藏滩安置区 1917 人，河东安置区 162 人。循化县农村移民搬迁人口为 134 人，全部为后靠分散安置人口。

根据《转发青海省移民安置局关于上报大中型水库后期扶持人口资料的通知》的精神和要求，依照《青海省大中型水库移民后期扶持人后分解落实登记办法》，循化县对公伯峡、苏只水库移民后期扶持人口信息汇总，自 2007 年起补助，每年涉及资金 97.38 万元。

——黄军成、张迎春、杨有柏：《循化移民局调查》，2022 年 4 月。

三、工业园区

根据地委行署提出的“园区引领，产业集中，县域有别，培育主体，提高增效”的县域经济发展方针，我县按照县委、县政府的部署，采取有力措施，认真抓好我县街子民族工业集中区建设，目前各项工作正稳步推进。

1. 循化县民族工业集中区规划进展情况

循化县民族工业集中区地处循化县城以西，是以街子集镇为中心，东起循化县金椒公司、南至街子苏瓦什桥、西至托隆都石灰厂、北至黄河边。集中区总体规划面积为 6.5 平方公里，核心区面积约 2000 亩，临平公路横贯东西，循同公路纵穿南北，整个工业集中区沿临平公路和循同公路呈 T 字形摆布。

循化县民族工业集中区的前身是早在 1982 年被省政府批准的街子工业区，1998 年行署批准为黄河上游经济开发区，街子集镇又是我县仅次于县城的次中心集镇，区内基础设施相对完善。街子工业集中区经过十几年的发展，现有各类工业企业达 38 家，其中，规模以上工业企业 4 家，从业人员达 1500 人左右，区内年工业总产值近 1 亿元。初步形成了以轻纺产品加工、农畜产品加工、建筑材料加工以及旅游纪念品加工等为主的特色产业和品牌产品。同时，街子工业区作为我县民营经济发展的发祥地、集聚区，在市场经济优胜劣汰竞争机制下，以往破产、关停企业土地、厂房、设备等闲置资产较多，为街子民族特色工业园区建设提供了大量可盘活利用的资源。

按照“高起点规划、高标准建设、高效率管理、高速度发展”的集中区建设标准，我们委托陕西建丽城市规划设计研究院，认真编制了循化县民族工业集中区建设总体规划。其间，县上多次召开专题会议，对规划进行广泛的讨论，征求意见，及时采纳合理意见，不断对规划进行修改、补充、完善，并于今年元月中旬完成了循化民族工业集中区总体规划评审稿，上报了地区经贸委，海东经贸委已下达规划批复。规划园区分行政、商贸、旅游、现代特色农牧、工业五个区。园区建成后，第一阶段（2001—2010 年）紧紧围绕重点项目及标志工程进行规划建设，形成产业聚集，进行基础设施配套，实现 GDP 翻一番，达到 4 亿元；第二阶段（2011—2020 年）产业进行横向拓宽和纵向延伸，增强集中区的服务功能，将民族工业园区建设成为功能齐全、高度外向、经济高效、环境优美并具有强大竞争力的现代民族工业园，实现 GDP 翻两番，达到 16 亿元左右；第三阶段（2020 年以后）发展空间进一步向外拓展，并形成多组团式的高效、多元化工业园。年实现产值达到 16 亿元左右。

2. 目前园区工作进展情况

2.1 设置机构，建立健全集中区管理的长效机制。自去年下半年行署领导对我县工业集中区进行实地调研指导以来，我县把工业集中区建设作为转变经济增长方式，加快产业结构调整，实现“工业强县”战略，增强县域综合经济实力的重要举措，纳入了工业经济发展的重点工作，并确立了以工业发展促进城镇化进程，城镇化助推工业发展的工作理念，着手安排部署了工业集中区建设相关工作，特别是对集中区总体规划予以了高度重视。为使集中区建设顺利有序推进，成立由县人民政府县长任组长，县委副书记、主管县长任副组长，积石镇政府、街子镇政府、县政府办、经贸局、发展计划局、财政局、国土局、城建局、交通局、税务局、林业局、招商局、地税局、供电公司等单位为成员的循化县街子民族工业集中区建设协调领导小组。同时，成立循化县街子民族工业集中区管委会，由管委会具体负责实施工业集中区建设。为了加快我县民族集中区建设，县上结合我县民族工业集中区特点，出台了《循化县街子民族集中区管理办法》，管理办法从编制集中区发展规划、园区基础设施建设、审核拟进入集中区的企业和项目、组织集中区的信息发布和对外招商交流活动、协调有关部门在集中区设立办事窗口、贯彻实施有关招商引资等制定了切实可行易操作的优惠政策。

2.2 依据规划和年度建设计划，对今年建设任务进行了分解落实。目前，集中区（核心区）的地质勘探工作正在进行；园区土地利用规划调整正在编制当中，征地方案今年 10 月前可以完成，完成后按程序上报申批；园区道路前期工作已委托省公路设计院，今年 10 月份前可完成设计，力争今年开工建设；园区电网建设已完成项目前期工作，已列入明年建设计划；园区南山防洪及给水管网项目前期工作已委托省水电勘察设计院，今年 10 月前可完成初设，力争今年开工建设；集中区排水、供热及环卫设施建设项目，目前正在选址和可行性研究；园区环评目前已委托省环境研究所正在做前期工作；园区南山绿化目前县林业部门正在做项目前期工作，前期工作完成后，纳入 2009 年我县绿化建设计划中，园区景点建设已委托相关部门正在做前期工作。

2.3 对原工业区已关停民营企业闲置资产联合金融部门进行了摸底调查，为下一步盘活闲置资产打下了基础。20 世纪八九十年代在工业区建有毛纺、建材加工企业 41 家，除现正常运转的 2 家企业外，其余 39 家已关停，初步调查，闲置资产约 1.5 亿元。为了盘活闲置资产，县上成立了租赁公司，今年通过租赁公司盘活了 2 家企业。

2.4 为了加快园区投融资平台建设，县上成立了担保公司，为企业融资创造了一个良好条件。今年通过担保公司担保，有一家企业从省开发行贷了款。

2.5 全力招商引资进集中区，把招商引资作为推进集中区发展的根本任务，坚持“高起点、高标准、突出特色”的原则，以形成产业链和特色产业群为目标，以“农”字产品深加工、牛羊绒资源开发、轻工纺织产品加工产业、清真食品及民族用品和旅游纪念品等为主，采取“边规划边招商、边建设边招商”的办法，有针对性地进行招商引资，着力引进一些科技含量高、成长前景好、有利于提升本地企业素质的大项目，同时，积极做好符合条件的企业入驻集中区工作。

2.6 为了促进街子民族工业集中区建设，结合园区规划，将今年园区建设各项工作任务分解到相关部门。目前，各部门采取多种措施，加大工作力度，有力推进园区建设。园区地质勘探现已委托有关部门，今年 8 月底完成；园区道路已委托省公路设计院，今年 10 月份完成规划；园区电网建设已列入 2009 年的建设计划，明年可开工建设；园区南山防洪及给水管网建设规划已委托省设计院，年底可开工建设；园区集中供热及三岔集镇的污水处理已进入选址阶段；第一批入驻工业园区的四家企业正在筹措资金做前期准备工作。

——《循化县街子民族工业集中区建设情况（2008.8.19）》，循化撒拉族自治县人民政府办公室提供，2022 年 4 月。

循化县民族工业集中区已纳入全省十个重点“扶大育小”中小企业集聚集中区之一，集中区东西长 4.8 公里，南北宽 4.5 公里，规划面积 6.5 平方公里，核心区面积 2000 亩，集中区依托我县旅游和农畜产品加工两大主导产业，拟建成集旅游产品加工、清真食品加工及轻纺织品加工为主的现代民族特色集中区。集中区建设计划到2020年全面完成，建成后年产值达16亿元。民族工业集中区建设工作进展情况：

（一）基础设施建设情况。自2009年10月园区核心区各项基础设施建设全面启动以来，总体进展比较顺利。一是总投资1568.93万元、总长1.65公里的集中区主干道路项目，已完成主道的路基开挖回填、下水管网埋设及垫层混凝土等工作，预计本月底可基本完成主道建设任务；同时，完成了2条支线的征地补偿工作，近期可动工建设。二是投资1484万元的集中区给水管网建设项目，现已完成总长15公里主管道管网的铺设及取水口井等建设工作。目前，正在进行与35个村民饮水工程取水口的衔接工作。三是总投资500万元的集中区10千伏电网建设项目，现已完成一期工程的杆线架设工作，近期可动工建设二期工程。四是通过流转、租赁等形式，完成集中区土地储备170亩，预计10月底可完成500亩土地的储备工作。五是集中区防洪工程项目和集中区配套生产性服务平台项目，现已完成可研编制工作，并已上报省发改委审批。六是根据集中区建设投融资工作的需要，集中区管委会成立了循化县宏达投资开发有限公司。

（二）园区企业入住情况。目前，雪驰公司、金路精饲料加工项目已入驻园区，正在建设之中。计划今年入驻企业还有伊佳民族用品有限公司、化青养殖有限公司、黄河魂绿色农产品开发有限公司、振荣核桃有限开发公司、伊光民族服饰有限公司、甲秀畜产品开发有限公司、金农特色农产品开发有限公司、好地民族用品有限公司等8家企业。目前，8家企业正在进行建设图纸设计、设备考察预定、项目选址及征地工作，预计年底前可顺利入驻。

——韩永福：《循化县民族工业集中区建设进展情况（2010.7.15）》，循化撒拉族自治县人民政府办公室提供，2022年4月。

加强集中区建设。把集中区建设作为发挥工业企业集聚功能、增强工业企业辐射带动能力的重要举措，成立了由政府主要领导任组长、县政府分管领导任副组长，由街子集镇办、经商局、发改局、财政局、国土资源局、住建局、电力局、交通局、水务局、林业局等部门为成员的循化县民族工业集中区建设领导小组，并按照“大工业强县、小工业富民”的方针，大力实施“工业强县”战略，加快民族工业集中区建设步伐。截至9月底，民族工业集中区建设共完成集中区投资7300万元，实施了集中区1.7公里主道路建设、供排水管网埋设及2座200吨蓄水池建设项目、一期电网架设及临时用电设施建设等，协调落实园区建设贷款2000万元。同时，加快入驻企业建设，已入驻工业集中区的4家企业已全部开工，正在建设之中，年内可实现5家企业入驻园区，预计可完成固定资产投资1亿元以上。在此基础上，采取有效措施，通过土地租赁、流转等形式，完成集中区土地储备370亩，占今年地区下达的目标任务的74%，预计本月底全面完成土地储备任务。

——韩永福：《第三季度工业经济运行分析会议汇报材料》，《循化撒拉族自治县人民政府文件》，2010年10月13日。

2010年，工业经济发展步伐加快。工业固定资产投资3.03亿元，伊佳、雪驰、化青等6个工业项目入驻工业集中区，盘活集中区内闲置资产5920万元。

——中共循化撒拉族自治县组织史资料编纂委员会：《中共循化撒拉族自治县组织史资料（1993.4—2015.12）》（内部资料），2018年，第828页。

四、乡镇企业

1962年，贯彻中共中央《关于城乡手工业若干政策问题规定》（简称手工业35条），调整归队，把铁工、木工、皮革、制鞋、粉醋、缝纫、修配6个工业企业，由国营企业又改制为集体所有制企业，从业人员43人。恢复手工业联社，专管集体工业。1965年，县办集体所有制工业企业6个被调整为4个。其经济效益最好年份为1986年，有职工69人，产品销售收入122万元，利润15万元，拥有固定资产150万元。到1990年，县办集体工业企业有手工业联社下属的五金厂、木器厂、服装厂3个，共有职工55人。产品销售收入101.36万元，总产值80.26万元，拥有固定资产57.7万元，实现利润4.21万元。

——循化撒拉族自治县志编纂委员会：《循化撒拉族自治县志》，中华书局，2001年版，第298—299页。

1956年，农村合作化运动中，农业生产合作社组织手工业生产合作社2个，年收入0.21万元。1958年"大跃进"时期，根据土法上马，小型为主，各类工业企业1003个。到年末，大部分企业设立，除县4个人民公社办起各类企业，产品质次价高，无销路而停产下马，如土化肥厂141个，金属加工厂8个，建材厂20个，缝纫厂27个，细菌肥和颗粒肥料厂 73 个，食品加工厂 2 个等，剩余 131 个维持生产，从业人员 1013 人，总产值 12.07 万元。1961 年贯彻中央“六十”条，一些不具备条件的社办工业企业停办，人员返村务农，唯留有农机修配企业 6 个，从业人员 80 人，年产值 6.15 万元。到 1966 年，社办工业处于停滞状态。

1970 年后，强调农业必须全面发展，各社队先后办起机械修造厂 10 个、113 人，食品加工 81 个、244 人，缝纫 23 个、72 人，小水电 10 个、29 人，木器加工 5 个、17 人，石灰厂 2 个、5 人，维修队 1 个、40 人等。共有社办工业企业 279 个、从业人员 2512 人，占农村劳动力的 9.88%，总收入 117 万元，占公社三级总收入的 11.4%。

中共十一届三中全会以后，社队企业工业开始有新的起步。1982 年，随着家庭联产承包责任制的建立，部分农户开展多种经营，以农副产品加工为龙头的制粉、榨油、木材加工等专业户、重点户脱颖而出。1984 年，在农村贯彻改革开放的宽松政策，砖瓦厂、石灰厂、奶粉厂、饲料加工厂应运而生。

从乡镇企业发展进程来看。循化地区乡村办企业始终未能得到较充分的发展，近几年其所占比重又趋缩小。例如，1984 年乡村办企业占当年全县乡镇企业的个数、从业人数和总产值的比重分别为 13.5%、72.3% 和 95.2%，到 1992 年，上述比重下降为 9.1%、56.1% 和 46.5%。同期个体私营企业产值由 21 万元提高到 1608.9 万元，增长 76 倍多，而乡村办企业产值由 419 万元提高到 1100.5 万元，只增长 2.6 倍。目前个体私营企业占全县乡镇企业个数、从业人数和产值的比重分别已达到 90.9%、43.3% 和 53.5%，而且这种势头还在继续。我们并不是说个体私营经济必然意味着落后，相反，从各地发展情况看，它的经济效益及应变能力明显好于乡村办企业。

——循化撒拉族自治县志编纂委员会：《循化撒拉族自治县志》，中华书局，2001 年版，第 350 页。

1958—1992 乡镇企业基本情况一览

年份	企业数（个）	从业人数		产值		利润（万元）	固定资产（万元）
		绝对数（人）	占当年农业人口的比重（%）	绝对数（万元）	占工农业总产值的比重（%）		
1958	131	1013	2.54	12.07	——	——	——
1959	12	——		31.66	——	——	——
1961	6	80	0.19	6.15	——	——	——

续表

年份	企业数（个）	从业人数		产值		利润（万元）	固定资产（万元）
		绝对数（人）	占当年农业人口的比重（%）	绝对数（万元）	占工农业总产值的比重（%）		
1979	139	1050	1.43	109.2	7.11	11.2	303.2
1980	116	883	1.16	99.5	5.25	8.94	333.3
1984	533	1807	2.18	430	22.02	29	248
1985	832	1973	2.40	773	38.32	148	317
1992	1274	4272	——	3010	46.77	392	1644.3

——马维胜:《循化撒拉族自治县乡镇企业现状分析》，马成俊、马伟主编:《百年撒拉族研究文集》，青海人民出版社，2004 年版，第 349 页。

行业分布状况（1992 年数据）

项目	农业企业	工业企业	建筑企业	交通运输业	商业饮食业	合计
企业数（个）	74	546	14	204	436	1274
人数（人）	268	1376	1548	445	635	4272
产值（万元）	33	1100	1050	590	237	3010

——马维胜:《循化撒拉族自治县乡镇企业现状分析》，马成俊、马伟主编:《百年撒拉族研究文集》，青海人民出版社，2004 年版，第 350 页。

循化县与海东地区乡镇企业相关指标对比分析表

年份	企业数		从业人数		产值							
					绝对数		年均增长率		占当年工农业总产值比重		人均乡镇企业产值	
	海东（个）	其中循化所占比重（%）	海东（人）	其中循化所占比重（%）	海东（万元）	其中循化所占比重（%）	海东（%）	循化（%）	海东（%）	循化（%）	海东（元）	循化（元）
1980	2279	5.09	21369	4.13	6987	1.42			7.6	5.25	42.23	12.41
1985	2022	41.15	63231	3.12	23693	3.26	47.82	135.38	16.9	38.32	133.23	86.42
1900	26015	4.6	98436	3.38	57754	3.75	28.75	36.09	29.41		300.55	230.31
1995	28572	4.53	117941	4.34	123570	8.1	22.79	72.7		80.92	601.49	942.31

注：本资料是根据《青海省海东地区国民经济统计资料 1995 年》整理。

1981 年社队企业收入分地区完成情况表

地区	1980 年	1981 年	1980 年比 1981 年增（+）减（-）	备注
合计	7915.4	7518	-5%	缺果洛州
西宁市	2056.4	2363	14.9%	1981 资料
其中：郊区	1326.2	1594	20.2	
大通县	730.2	769	5.3	
海东地区	4218.1	3874	-8.2	
其中：民和县	804.4	860	6.9	
乐都县	556.6	469	-15.8	
湟中县	1200	1085	-9.6	
平安县	296.9	237	-20.2	
互助县	654.3	555	-15.1	
湟源县	434.9	372	-14.5	
化隆县	171.5	184	7.3	
循化县	99.5	112	12.5	
海南州	343.8	266	-22.7	
海西州	347.4	333	-4.1	
海北州	654.4	439	-32.9	
黄南州	117	94	-19.7	
玉树州	127.9	149	16.4	
果洛州	50.4			

——青海省社队企业管理局计财处：《从 1981 年社队企业统计资料的初步分析看我省社队企业发展情况》，《青海社队企业》，1982 年第 45 期。

循化县乡镇企业发展情况表

年份	企业数（个）	从业人数		产值				利润（万元）	固定资产（万元）	税金（元）
		绝对人数（人）	占当年农业人口的比重（%）	绝对数（万元）	比上期资料增长（%）	资料期内年均增长（%）	占当年工农业总产值的比重（%）			
1958	131	1030	2.54	12.07						
1961	6	80	0.19	6.15	-49.05	-16.35				
1979	139	1050	1.43	109.2	1675.61	93.09	7.11	11.2	303.2	
1980	116	883	1.16	99.5	-8.88	-8.88	5.25	8.94	333.3	
1985	832	1973	2.04	773	676.88	135.38	38.32	148	317	
1990	1205	3323		2168	180.47	36.09		282		89
1991	1253	3845		2310	6.55	6.55		295		89

续表

年份	企业数（个）	从业人数		产值				利润（万元）	固定资产（万元）	税金（元）
		绝对人数（人）	占当年农业人口的比重（%）	绝对数（万元）	比上期资料增长（%）	资料期内年均增长（%）	占当年工农业总产值的比重（%）			
1992	1274	4272		3010	30.30	30.30		392		107
1993	1284	4572		4020	33.56	33.56		502		135
1994	1287	4872		7010	74.38	74.38		783		324
1995	1295	5122	4.8	10050	43.37	43.37	80.92	795		410
1996	1299	5501		13800	37.31	37.31		1458		804
1997	1257	5521		14890	7.9	7.9		1485		666.2
1998				19315	29.72	29.72	89.6			

说明：（1）1960 年、1965 年、1970 年、1975 年、1978 年的资料未能查到，故选用了与这些年份相近的资料予以补充。（2）1958—1980 年年均产值增长率 32.93%，但年均绝对值只增加 3.97 万元。（3）“六五”“七五”和“八五”期间产值年均增长率为 135.4%、36.9% 和 72.7%，其间年均绝对值增长分别为 134.7 万元、279 万元和 1576.4 万元。

——马成俊：《循化县社会经济可持续发展研究》，青海人民出版社，1999 年版，第 99 页。

表中所列年均增长率是指以该年度为结束的五年计划期间各年的平均增长率，如 1985 年后所注 47.82% 的年均增长率，是指以 1981—1985 年为期的“六五”期间的乡镇企业产值年平均增长率。

——马成俊：《循化县社会经济可持续发展研究》，青海人民出版社，1999 年，第 98 页。

发展乡镇企业是振兴我县农村经济希望所在，今年春耕生产基本结束后，县委、县政府就把主要精力集中在探讨如何发展乡镇企业上，加强了对乡镇企业的领导，充实了乡镇企业局的领导，主要领导同志多次深入乡镇进行考察，根据本地资源优势，派工作组对发展项目进行可行性考察，对各乡镇原定的 33 个新发展项目，经过反复讨论和筛选，现选定项目的有八项，安排扶贫款 68.9 万元，已开始新建的有六项，其中皮革加工两项，民族刺绣缝纫、皮鞋、工艺品各一项，罐头技术更新一项。清水皮革厂建厂工作已全部就绪，从西藏购进牛皮 5000 张，5 月 25 日开始投产，如果年内完成上述项目，并投产，预计产值为 330 万元，安排农村贫困户劳力 120

人，从而使我现在发展乡镇企业项目上有了新的突破。同时县上抽调专人对生产不景气的积石镇食品加工厂进行了重点整顿，进一步完善了承包责任制，建立和健全财务制度，调整了部分生产计划，并解决了20万元贴息流动资金贷款，确保了该厂的正常生产。

——韩克仁：《循化撒拉族自治县第十届人民代表大会第三次会议上的政府工作报告》，循化撒拉族自治县人民政府办公室提供，1988年6月11日。

1988年，在市场调查的基础上，开发罐头瓶盖产品。1989年，乡镇企业相继兴建罐头厂，罐头瓶盖产品畅销。1990年，有职工36人，固定资产原值37.5万元，固定资产净值25.93万元。厂部下设办公室、罐头瓶盖生产车间、金属制品承包小组5个，生产钢材制品128吨、铁皮制品144吨，产值42万元，实现利润1.7万元，税金0.97万元，是年循化县五金厂被省手工业联社授予“先进企业”称号。

——循化撒拉族自治县志编纂委员会：《循化撒拉族自治县志》，中华书局，2001年版，第314页。

1988年，乡镇企业在要有一个大发展的政策鼓励下，县委、县人民政府制定《关于发展乡镇企业的若干规定》，采取扶持措施，农村先后建办制革厂、塑料编织袋厂、罐头厂、钢窗厂、绒毛加工厂等。到1990年，全县共有乡镇企业工业533个，从业人员1341人，总产值605.57万元，占全县工业总产值的60.62%。主要工业产品产量有：发电量30万千瓦时，黏土砖545万块，水泥预制件200立方米，石灰700吨，钢窗1.3万平方米，铁质农具3万件，皮革制品3.2万件，服装2.8万件，水果罐头825吨，奶粉26吨，纸箱107万个，牛绒16.5吨，机制面粉1.9万吨，食油164吨，产品销售收入728万元，占农村经济总收入的17.36%。实现利润76万元，税金27万元。但乡镇工业发展不够平衡，部分企业设备简陋，信息闭塞，技术落后，人才缺乏，经营管理不善，经济效益不高。

——循化撒拉族自治县志编纂委员会：《循化撒拉族自治县志》，中华书局，2001年版，第300—301页。

乡镇企业已粗具规模。1991年新办和更新改造项目6项，开发新产品6个。投资75万元，兴办了乡村集体牧场48个，年牲畜增加1840头（只），乡村集体纯收入增加7.3万元。乡镇企业达1253个，比上年增加109个，从业人员达到3845人，总产值达2310万元。其中，工业产值完成952万元。

——中共循化撒拉族自治县组织史资料编纂委员会：《中共循化撒拉族自治县组织史资料（1949.8—1993.4）》，2018年，第426—428页。

1993年循化县国民生产总值达到9982万元，比上年增长10%；工农业总产值达到7792万元，比上年增长21.1%，其中工业总产值达到2563万元，比上年增长51.9%；乡镇企业总产值4020万元，比上年增长33.6%；农牧民人均纯收入为379元，比上年增长4.7%；地方财政收入为281万元，比上年增长10%。

——中共循化撒拉族自治县组织史资料编纂委员会：《中共循化撒拉族自治县组织史资料（1993.4—2015.12）》，2018年，第473页。

1994年工业生产开始走出低谷。全县工业总产值达到1139万元，完成销售收入538.2万元；发电量、白酒、水泥、预引力电杆等主要产品产量和质量稳步提高；国有企业技术改造步伐加快，完成了县食品厂、酒厂车间、毛革厂梳绒车间的技术改造；夕昌铜金矿详察工作进度加快。这些工作的开展使全县工业企业开始走上了正常的发展轨道。

——中共循化撒拉族自治县组织史资料编纂委员会：《中共循化撒拉族自治县组织史资料（1993.4—2015.12）》，2018年，第560页。

1995年工业生产快速发展。全县突出抓了两个方面的工作。一方面抓现有企业技术改造。先后投资916万元改造和扩建了县毛革厂、酒厂、水泥厂、砖瓦厂。另一方面抓哈达亥电站建设，完成投资1000多万元。年初审定了31个国有、个体及私营企业项目，其中16个项目当年建成投产。全年用于项目建设和社会各项事业的资金投入高达9252万元，其中县办工业2339万元，乡镇个体、私营企业2773万元，基本建设投资547.3万元，以工代赈投资1034.3万元，其他各类贷款2558.4万元。在项目建设中，投资千万元以上的项目达到4个，百万元以上的项目20个，这对增加全县经济总量、推动经济发展起到十分重要的作用。

——中共循化撒拉族自治县组织史资料编纂委员会：《中共循化撒拉族自治县组织史资料（1993.4—2015.12）》，2018年，第508页。

改革开放步伐进一步加快。对外开放范围和规模不断扩大，外向型经济势头发展强劲。1996 年，全县在西宁、格尔木、拉萨等地所办的经济实体达 100 多家，从业人员 1000 多人。其中工业企业 20 家，建筑业 15 家，从事商业饮食服务 50 多家。牧区定点育肥已达 10 户。特别是以街子团结、三兰巴亥村为主的客运队伍迅速扩大，常年活跃在西宁—格尔木—拉萨、兰州—乌鲁木齐、拉萨—成都等线上，已形成了 200 多辆客车、400 多人的运输队伍，每年为家乡增收 800 万元以上，推动了全县经济的进一步发展，城乡人民生活继续改善。

——中共循化撒拉族自治县组织史资料编纂委员会:《中共循化撒拉族自治县组织史资料（1993.4—2015.12）》，2018 年，第 511 页。

1996 年乡镇企业发展势头强劲，产值首次突破亿元大关，年均增长 35.9%。

——中共循化撒拉族自治县组织史资料编纂委员会:《中共循化撒拉族自治县组织史资料（1993.4—2015.12）》，2018 年，第 510 页。

1996 年县办项目建设取得新进展。全县固定资产投入达到 5788 万元，其中县办工业投入达 1388 万元，县水泥厂技改扩建、哈达亥电站建设相继完成，为县办工业发展注入了活力，并提出了投资规模超亿元的波浪滩电站建设计划。乡镇企业保持了快速发展的好势头。全县乡镇企业个数发展到 1299 个，从业人员达到 5501 人，总产值达到 1.38 亿元。其中工业产值达到 1.042 亿元，上缴税金 804 万元，四个投资千万元以上的项目相继建成并投入生产。

——中共循化撒拉族自治县组织史资料编纂委员会:《中共循化撒拉族自治县组织史资料（1993.4—2015.12）》，2018 年，第 513 页。

乡镇企业总产值由 1992 年的 3010 万元，增加到 1997 年的 1.49 亿元（现价），比 1992 年增长 3.9 倍，年均增长 37.6%。乡镇企业工业产值 9676 万元，年均增长 53%。县乡工业固定资产投资累计达到 2.2 亿元，其中国有企业固定资产投资 4840.7 万元，乡镇企业投入 1.72 亿元。资源开发步伐明显加快。1997 年全社会固定资产投资 8896 万元，是 1992 年的 25.5 倍，五年全社会固定资产累计投资达 3.09 亿元。完成了哈达亥电站、黄丰电站扩机增容及胜利湾水电站可行性论证等为主体的水电资源开发项目。同时发挥了主导产业的优势，全县绒毛企业发展到 38 家，1997 年完成产值 1.1 亿元，占乡镇企业总产值的74%。

——中共循化撒拉族自治县组织史资料编纂委员会：《中共循化撒拉族自治县组织史资料（1993.4—2015.12）》，2018年，第602页。

1999年国民经济持续稳定增长。全县国民生产总值达到27912万元；工农业总产值达21564.86万元，其中工业总产值达14450万元，农业总产值达7114.86万元；乡镇企业总产值达19315万元；财政收入1316万元，其中地方财政收入869.2万元；农牧民人均纯收入达到720元；全社会固定资产投入1.2亿元，其中县乡工业投资6088万元。

——中共循化撒拉族自治县组织史资料编纂委员会：《中共循化撒拉族自治县组织史资料（1993.4—2015.12）》，2018年，第572页。

2001年乡镇企业稳步发展，工业化进程明显加快。全县乡镇企业完成总产值39025万元，比上年增长24.6%，其中工业企业完成产值27745万元，比上年增长27.1%。三绒集团投资250万元，引进洗毛、染色、分梳生产线，从鄂尔多斯、青海一毛引进资金800万元，为企业的进一步发展壮大注入了新的活力，雪舟产品已被国家工商总局评为全国驰名商标。伊佳民族工艺品厂投资620万元，引进日本电脑刺绣机、缝纫机，进一步扩大了企业的生产规模。仙红、天香两椒公司先后投资580万元，积极扩大生产规模。投资4300万元的10万吨水泥厂已完成前期工作，为今年的开工建设打下了良好的基础。

——中共循化撒拉族自治县组织史资料编纂委员会：《中共循化撒拉族自治县组织史资料（1993.4—2015.12）》，2018年，第612页。

瓦匠庄工业企业发展调研

十一届三中全会以后，循化地区社队企业开始有新的起步。1982年，随着家庭联产承包责任制的实施，部分农户开展多种经营，其中以农副产品加工为龙头的制粉、榨油、木材加工等专业户、重点户脱颖而出。1984年，在农村贯彻改革开放的宽松政策下，砖瓦厂、石灰厂、奶粉厂、饲料加工厂应运而生。1988年，在要有一个大发展的政策鼓励下，中共循化县委、县人民政府制定《关于发展乡镇企业的若干规定》，并对乡镇企业采取扶持措施，使乡镇企业获得了较快发展。但是，乡镇工业发展不够均衡，部分企业设备简陋、信息闭塞、技术落后、人才缺乏、经营管理不善，经济效益不高。

（一）工业企业发展现状

瓦匠庄村的工业企业的发展起步较晚，但发展的速度较快，现有永强砖瓦厂 1 个，雪山面粉厂 1 个。

1. 永强砖瓦厂

永强砖瓦厂，现有砖窑 8 个，年生产量 700 万块砖，生产时间为 7 个月。2009 年销售收入 169 万元，净利润 35 万元。常年有员工 45 名。永强砖瓦厂，是村民马永强 2001 年投资 100 万元兴建的，也是瓦匠庄村第一家工业企业。企业法人代表马永强，1966 年出生，小学文化程度，但在其身上具有明显的撒拉族人的性格特点，吃苦、拼搏、坚持的优秀品质贯穿于其成长的全过程。自 2001 年建厂以来，砖厂的发展并不是一帆风顺的。当初建立时，由于考虑不周，对建厂面临的困难估计不足，使原以为 40 万元能够将砖厂建成的计划落空，最终建成砖厂的经费达到 100 万元。2005 年以前，是砖厂发展的起步阶段。虽然经济效益不佳，但是每年可解决本村富余劳动力 20—30 名，提高了村民的收入水平。2006 年以后，是砖瓦厂快速发展阶段。在此阶段，砖厂紧紧抓住国家促进新农村建设的发展机遇，生产的产品供不应求，既拓展了销售市场，又提高了经济效益。

在管理模式上采用承包制，有严格的利益分配制度。自 2002 年生产以来，先后与 3 位承包人进行了生产合作。承包制的具体做法是：第一，企业法人与承包人签订生产承包合同，2010 年签订生产量为 700 万块砖。企业法人将生产量发包给承包人，承包人组织员工生产，承包人负责生产出符合国家标准的产品，发包人负责销售。第二，发包人负责给承包人提供生产所需的一切设备，承包人在生产过程中所发生的一切流动资本由自己承担。第三，根据合同规定，承包人每生产 100 万块标准砖之后，发包人同承包人进行账务结算，结算标准为 0.19 元 / 砖。第四，超额完成 100 万块砖，奖励 2 万元；完不成 100 万块砖，罚款 2 万元。

2. 雪山面粉厂

该厂始建于 2004 年 7 月，是村民马进忠同他人合伙建立的，总投资 32.5 万元，是清水乡规模较大的面粉厂，日加工面粉 7 万斤，年纯收益 8 万余元，每年生产时间 4 个月。

面粉厂主要经营：粮食收购、面粉加工、磨面服务等业务。粮食收购价格根据质量进行登记划定，分为一等、二等和三等，价格分别为每斤 0.95 元、0.90 元和 0.85 元。面粉按 70 元 / 袋出售。磨面服务标准为 0.40 元 / 袋。面粉厂因采用自动化生产设备，所需人员较少，目前主要由家庭成员经营。

（二）工业企业发展存在的问题

（1）工业企业负责人素质较低，无法及时了解行业发展趋势，使企业难以做大做强。砖瓦厂负责人马永强所受的教育程度为小学五年级，面粉厂负责人马进忠所受的教育程度为小学三年级。通过对两位负责人的访谈，笔者明显地感觉到对国家有关方针政策和行业发展趋势了解不多，有“走一步，看一步”的思想，对企业未来的发展没有前瞻性的战略规划，致使企业发展不确定因素增多，很难将企业做大做强。

（2）融资难，限制了企业规模的扩张。砖瓦厂自建厂以来，全部靠自己投资经营，面粉厂亦是如此。特别是面粉厂，在经营初期借了很多民间高利贷。为什么融资这么困难呢？究其原因，其一，由于金融机构贷款供给制度门槛太高，致使工业企业负责人自身条件相对于金融机构的贷款制度相去甚远。例如，要在农业银行或农村信用合作社贷款，须有 1 名国家行政事业单位工作人员担保，并负连带责任。对于这两个负责人的家庭来讲，因为亲戚朋友中没有符合条件的人员，使贷款变得遥不可及。其二，贷款软环境不佳。由于当地贷款人同信用机构之间的诚信存在一定问题，致使金融机构在经营中呆账过高，因而不愿给农户进行大额贷款。

（三）几点启示

（1）吃苦耐劳、坚韧不拔是工业企业负责人的共同特点。马永强、马进忠在自身的成长过程中均有在条件极其严酷的青海南部地区修路、搞建筑和淘金的经历。“面对困难，从不退缩”，这是两位负责人进行原始资本积累的关键要素。目前，在企业经营发展中始终保持着这种精神，实属难能可贵。（2）家庭成员之间的团结协作是工业企业持续发展的又一法宝。从两个工业企业的发展历程来看，企业的发展均离不开家庭成员之间的团结协作。砖瓦厂负责人兄弟七人，始终一心，从不计较个人得失。为了企业的发展，各兄弟勇于承担责任，时时为企业着想。面粉厂虽然是夫妻俩经营，但团结协作、各司其职的理念始终贯穿企业经营的始终。

——祁永寿：《瓦匠庄村调查》，中国经济出版社，2014 年版，第 30—32 页。

自 1980 年大规模推行家庭联产承包责任制后，循化地区长期被集体化所掩盖的人口与耕地紧张关系突出地表现出来，为大量剩余劳动者走向非农产业提供了可能。从

1981年起，以劳务输出为主要特征的乡镇企业开始起步，从1987年起，循化乡镇企业进入了一个较快发展时期，以年均30%以上的速度向前发展。到1992年，全县乡镇企业达到1274家，完成产值3010万元，所从事的产业涉及农业、工业、建筑业、交通运输业、商业、饮食业及其他服务行业。

乡镇企业的发展不仅增强了地方经济实力，增加了农民收入，而且对循化地区经济结构的重塑起到了决定性作用。它正有力地改变着传统的农村经济结构模式和劳动力就业结构。到1992年，全县乡镇企业产值占工农业总产值的46.7%，从业人员达4272人，占当年全县劳动力总数的11.43%，如果加上大量零散外出人员，全县非农产业人数远不止此数，人们普遍看到的情景是：经营土地的主要是妇女和老人，而绝大多数青壮年男子在外从事非农性质的经营。这不仅使循化得到“不尽财源滚滚来”的经济效益，大大促进了地区商品经济的发展，有效解决了大量剩余劳动力的就业问题，加速了脱贫致富的步伐，而且更重要的是使循化的经济结构得到调整，长期形成的依靠土地惨淡经营的经济状况有了改观。乡镇企业已经成为循化经济的“半壁江山”。循化乡镇企业的发展已形成了自己的特点，主要表现在以下几个方面：

组织结构特征方面——个体、私营企业比重增大。循化地区原有社队企业基础薄弱，再发展的制约因素较多。改革开放后主要采取了个体私营经济的方式。1992年个体私营企业数、从业人员和产值分别占全县乡镇企业总数的90.8%、52.6%和53.5%。其中分布于交通运输等部门的企业完全属个体私营性质。

产业结构特征方面——第三产业比重大。循化地区由于市场条件差，信息不灵，工业投资领域狭小，加之地方财力不足，集体经济实力微弱，农民资金规模有限，因此，不容易将资金投向规模要求相对高的农业和工业领域。相比之下，第三产业对市场信息及资金规模等要求较低，在这一领域里，劳动力对资金、技术的替代弹性大，而且循化地区乃至整个青海原有农村社区功能不足，因此使循化地区的大量剩余劳动力和资金流向交通运输业、商业及其他服务业。1992年，分布于第三产业的企业占全县乡镇企业总数的50.24%、其比重在全省相对较高。

空间结构特征方面——向外延伸性强。循化地区人多地少，市场规模狭小，为了克服由此造成的困难，循化县委、县政府鼓励农民拓展活动空间，通过异地建厂、异地生产、异地销售和异地施工等方法，使大量企业和劳动者走出县门，向外延伸开发市场，取得了良好的效益。1992年，县外企业完成产值1000多万元，约占全县乡镇企业总产值的1/3。同时还通过采金、饮食服务等多种渠道，大搞劳务输出，使乡镇企业初步形成立足本地、积极向外的格局，而且这种格局大有进一步强化的态势。

——马维胜：《循化县乡镇企业发展的分析研究》，《青海民族研究》，1993 年第 3 期，第 15—16 页。

改革开放后，撒拉族乡镇企业获得了前所未有的大发展。以撒拉族聚居的循化县为例（下同），1994 年全县乡镇企业达 1287 家，从业人员共 4873 人，完成产值 7010 万元，分别比 1980 年增长 1010%、452% 和 6945%。

到 1980 年时，乡镇企业数量、从业人数、产值分别只有 116 家、883 人和 99.5 万元，当年利润只有 8.94 万元。在此后的发展中，个体私营经济的比重急剧增大，乡办、村办企业发展缓慢。例如，1984 年，乡、村办企业占当年全县乡镇企业的数量、从业人数和总产值的比重分别为 13.5%、72.3% 和 95.2%，到 1992 年底，上述比重下降为 9.1%、56.1% 和 46.5%。而同期个体私营企业产值却由 21 万元提高到 1608.3 万元，增长 79 倍多，乡办村办企业产值仅增长 2.6 倍。这一态势还将继续延续。

——马维胜：《撒拉族乡镇企业中的家族化现象及其改造》，《青海民族学院学报》，1995 年第 4 期，第 69—70 页。

五、综合发展

1987 年 6 月 23 日至 29 日，宋瑞祥省长对民和、循化、化隆 3 县的经济发展情况进行了考察，同县、乡干部和部分群众进行了座谈、讨论，提出了海东地区深化改革、发展经济的设想和要求，特别对河湟谷地的深度开发以及发展农区畜牧业、发展县办工业和乡、镇企业提出了具体意见。

宋瑞祥说，河湟谷地水热条件好，无霜期相对较长，大片的荒滩、台地、沟岔尚未充分利用，有着广阔的开发前景，应成为近期海东地区农业生产开发的重点。当前，河湟谷地的深度开发可分三个层次进行：一是两岸荒滩的开发。以黄河谷地为例，龙羊峡水电站建成后，黄河河道在我省境内的相对稳定，形成了开发利用两岸荒滩地的有利条件。据初步统计，黄河在这 3 县境内约 250 多公里的沿岸有 3 万多亩荒滩。如重点修筑主航道的冲刷堤岸，沿河造地，可以开出一批高产、稳产的良田。二是对河湟两岸的台地进行改造。这些台地当前大多数仍处在“黄河流水岸上旱”的状况，粮食产量不稳定，可以有计划地兴修电灌站、渠道、渡槽等水利设施，把旱地变成水浇地。三是两岸沟岔、荒坡的开发，像化隆县甘都镇牙路乎村农民马国财那样。搞好河湟谷地的多层次开发，将会扩大我省东部农区的耕地面积，改善生产条件，同时也会带动浅山的治理。浅山治理好了，不仅可以大幅度地提高浅山的农业生产能力，还能保护植被，防止水土流失，减少山洪对川水地区的危害。他着重强调，河湟谷地的多层次开发和两河流域浅山的治理，要根据我省的财力情况，量力而行，逐步展开；要制定合理的政策，把国家投资和群众集资结合起来，以群众集资为主。

在谈到农牧结合，大力发展农区畜牧业时，宋瑞祥指出：河湟流域从自然地理位置上处于我国的青藏高原与黄土高原的结合部，历史上就是一个种养结合的地区，发展畜牧业有许多有利条件，许多耕地适合复种、套种，发展草业和饲料生产。民和、循化、化隆等县虽然有了一定规模的畜牧业，但畜牧业生产水平还是大农业经济中的一条短腿。要扭转这种局面，就必须增强干部群众对畜牧业在整个农村经济中的重要地位的认识；坚持走牛羊改良的道路，努力提高牲畜质量；把草场放牧与舍饲圈养结合起来，走季节性畜牧业生产的路子；搞好对畜牧业生产的技术服务工作；同时，还可以把牧区淘汰的半细毛羊调运一部分到农业区，扶持农业区发展畜牧业。

宋瑞祥看到民和、循化、化隆 3 个县的县办工业和乡镇企业发展速度较快，在治穷致富、振兴经济中发挥了重大作用，热情地予以肯定。他希望各县要统一规划，实行宏观指导，加强经营管理，搞好技术改造和人才培训工作，提高产品质量，增强竞争能力，在有条件的地方可以搞产品的深加工；同时要把传统的技艺和现代化的生产技术结合起来，拿出自己的绝招，发展具有地方特色和民族特色的适销对路的产品。

——张志道：《宋瑞祥考察民和、循化、化隆后提出河湟谷地应成为海东地区农业生产的重点》，《青海日报》，1987 年 7 月 11 日。

1988 年全县工业生产有了一定的发展。1988 年完成工业总产值 414.2 万元，比 1987 年增长 11.3%；全民工业企业完成产值 240.4 万元，比 1987 年增长 16.1%，实现利润 24.55 万元，比 1987 年增长 74%。乡镇企业有了新的突破。1988 年底乡镇企业总数已达到 1116 家，从业人员 3126 人，乡镇企业完成产值 1332 万元，比 1987 年增长 34%，全年实现利润 306 万元，比 1987 年增长 11%。

——中共循化撒拉族自治县组织史资料编纂委员会：《中共循化撒拉族自治县组织史资料（1949.8—1993.4）》（内部资料），2018 年，第 352—353 页。

1989 年，全县认真贯彻治理、整顿经济秩序的方针，深化城乡改革，继续强化农业基础，大力发展个体经济，维护安定团结，努力脱贫致富。奋斗目标：乡镇企业总产值达到 1600 万元；农业产值达到 2410 万元；工业产值达到 590 万元；人均收入达到 325 元。

——中共循化撒拉族自治县组织史资料编纂委员会：《中共循化撒拉族自治县组织史资料（1949.8—1993.4）》（内部资料），2018 年，第 328 页。

1989 年搞活流通领域，大力发展多种经济成分。把致富与脱贫、富民与富县结合起来，把发展资源与开发资源结合起来，进行多形式筹资；大力发展商品生产和兴办乡镇企业。1989 年工业总产值达到 880 万元，其中国营工业产值 298.94 万元，集体联产个体工业产值 581.05 万元，分别比 1986 年增长 67.94%和 167.77%；商品销售额达 2313 万元，其中国营县联社集体商业 1790 万元，个体 523 万元，分别增长 29.43%和 92.5%；财政收入由 1986 年的 141.6 万元增长到 220 万元，增长 55.36%。多种经济成分的迅速发展，为推动全县经济的发展起到了重要作用。

——中共循化撒拉族自治县组织史资料编纂委员会：《中共循化撒拉族自治县组织史资料（1949.8—1993.4）》（内部资料），2018 年，第 330 页。

1989 年全县工农业总产值达到 2983.6 万元，比三年前增长 36.4%。其中：工业产值达到 844.3 万元，增长 1.1 倍；乡镇企业产值达 1885 万元，增长 1.05 倍。乡镇企业有了较大的发展。三年中乡镇企业累计投入资金 783.7 万元，兴办个体、联办、乡（村）办、村办等企业 29 个。果品加工能力达到 600 吨，皮张加工能力 70000 张，三绒加工能力达到 24 吨。

——中共循化撒拉族自治县组织史资料编纂委员会：《中共循化撒拉族自治县组织史资料（1949.8—1993.4）》（内部资料），2018 年，第 422 页。

（1990 年——编者加）奋斗目标：工农业总产值计划达到 3235 万元，比 1989 年增长 7.15%，其中工业产值为 965 万元，农业产值 2270 万元，分别增长 9.65%和 6.12%；乡镇企业总产值计划达到 2000 万元，比 1989 年增长 6%。

——中共循化撒拉族自治县组织史资料编纂委员会：《中共循化撒拉族自治县组织史资料（1949.8—1993.4）》（内部资料），2018 年，第 331 页。

1990年全县工农业总产值达到3237万元，年递增12.8%，其中农业总产值2637万元，年递增9.3%；工业总产值600万元，年递增12.9%。经济建设稳定增长，同三年前相比，工农业总产值达到2983.6万元，增长36%，其中工业总产值844.3万元，增长62.5%；乡镇企业总产值达到1885万元；商品销售总额2463万元。

——中共循化撒拉族自治县组织史资料编纂委员会：《中共循化撒拉族自治县组织史资料（1949.8—1993.4）》（内部资料），2018年，第324页。

1990年工业有了进一步发展。1990年工业总产值达到999.03万元，比1985年增长159.87%，年均增长21.04%。乡镇企业总产值达到2168万元，比1985年增长180.5%，年均增长22.9%；安排农村劳动力3323人，促进了商品经济的发展。

——中共循化撒拉族自治县组织史资料编纂委员会：《中共循化撒拉族自治县组织史资料（1949.8—1993.4）》（内部资料），2018年，第424页。

1991年工业总产值达到1540万元，增长10.3%；乡镇企业总产值达到2310万元，增长6.6%。

——中共循化撒拉族自治县组织史资料编纂委员会：《中共循化撒拉族自治县组织史资料（1949.8—1993.4）》（内部资料），2018年，第401页。

“八五”时期和今后十年循化县国民经济和社会发展总的指导思想是：保持稳定，增强团结，改革开放，强农兴工，调整结构，开发资源，提高效益，脱贫致富。奋斗目标是：2000年国民生产总值达到5950万元，年平均递增6.53%。工农业总产值2000年达到5980万元，年均增长6.22%。乡镇企业总产值2000年达到4000万元，年均增长6.31%。其中“八五”末达到3000万元，年均增长6.1%。

——中共循化撒拉族自治县组织史资料编纂委员会：《中共循化撒拉族自治县组织史资料（1949.8—1993.4）》（内部资料），2018年，第400页。

1992年全县国民生产总值达到6037万元，比1989年增长15.87%，年均增长5.03%；国民收入达到4541.02万元，增长13.3%，年均增长4.24%；工农业总产值达到6435.9万元，增长10.95%，年均增长3.53%。工业生产有了明显增长。到1992年全县工业总产值达到1687万元，比1989年增长24.5%，相继完成了县冷库、酒厂的技改项目。县水泥厂、铜金矿厂的改造正处在争取资金实施之中。

——中共循化撒拉族自治县组织史资料编纂委员会:《中共循化撒拉族自治县组织史资料（1993.4—2015.12）》（内部资料），2018 年，第 504 页。

国民经济发展较快。1993 年循化县国民生产总值达到 9982 万元，比上年增长 10%；工农业总产值达到 7792 万元，比上年增长 21.1%，其中工业总产值达到 2563 万元，比上年增长 51.9%；粮食在遭受多次严重雹灾的情况下仍达到 2912.25 万公斤，比上年增长 8.6%；油料总产 153.3 万公斤，比上年增长 8%；乡镇企业总产值 4020 万元，比上年增长 33.6%；农牧民人均纯收入为 379 元，比上年增长 4.7%；地方财政收入为 281 万元，比上年增长 10%。

——中共循化撒拉族自治县组织史资料编纂委员会:《中共循化撒拉族自治县组织史资料（1993.4—2015.12）》（内部资料），2018 年，第 473 页。

五年来全县国内生产总值由 1993 年的 6037 万元增加到 1997 年的 10783.4 万元，年均增长 12.3%；工业总产值由 1993 年的 6435.9 万元增加到现在的 17359.68 万元，年均增长 21.9%。

——中共循化撒拉族自治县组织史资料编纂委员会:《中共循化撒拉族自治县组织史资料（1993.4—2015.12）》（内部资料），2018 年，第 570 页。

国民经济发展较快。1997 年全县国内生产总值达到 2236.5 万元，比上年增长 10.51%；工农业总产值达到 17359.68 万元，农业总产值达到 6702.4 万元，比上年分别增长 28.14% 和 14.4%；粮食总产量达到 3359.05 万公斤，油料产量达到 190.35 万公斤，分别增长 3.04% 和 7.24%；牲畜饲养量达 29.02 万头（只）；乡镇企业总产值达 14890 万元，比上年增长 40.5%；年内又有 3000 户、1.5 万贫困农牧民解决了温饱；完成财税总收入 1146.4 万元，比上年增长 39.9%，其中地方财政收入 613.8 万元（不包括基数返还），增长 28.9%；农牧民人均纯收入达到 620 元，比上年增长 17%；年内全县完成固定资产 8896 万元，其中县乡工业投入 6032 万元。

——中共循化撒拉族自治县组织史资料编纂委员会:《中共循化撒拉族自治县组织史资料（1993.4—2015.12）》（内部资料），2018 年，第 476 页。

1999 年国民经济较快增长，人民生活得到改善。全县国内生产总值达到 13532 万元，比上年增长 11.5%。其中第一产业增加值 4938 万元，增长 1.2%；第二产业增加值 4632 万元，增长 24%；第三产业增加值 3962 万元，增长 19%。全县工农业总产值达到 22978.3 万元，增长 6.5%，其中工业总产值达 15712.5 万元，增长 8.7%；农业总产值达 7265.8 万元，增长 2.1%。

——中共循化撒拉族自治县组织史资料编纂委员会:《中共循化撒拉族自治县组织史资料（1993.4—2015.12）》(内部资料)，2018 年，第 606 页。

国民经济快速发展，经济实力不断增强。2000 年全县国内生产总值达到 14953 万元，比上年增长 10.5%，“九五”年均增长 11.7%，工农业总产值达到 26288 万元，比上年增长 14.4%，“九五”年均增长 16.29%。农业总产值达到 6810 万元，比上年下降 6.2%，“九五”年均增长 4.6%，工业总产值达到 19478 万元，比上年增长 24%，“九五”年均增长 22.7%。

——中共循化撒拉族自治县组织史资料编纂委员会:《中共循化撒拉族自治县组织史资料（1993.4—2015.12）》(内部资料)，2018 年，第 609 页。

国民经济快速健康发展，经济实力不断增强。2001 年全县国内生产总值（1990 年不变价）达到 19043 万元，比上年增长 12.7%。其中，第一产业 5137 万元，增长 3.7%；第二产业 7595 万元，增长 18.9%；第三产业 6311 万元，增长 13.5%。完成工农业总产值 31864 万元，增长 21.3%。其中工业总产值 24419 万元，增长 25.6%；农业总产值 7445 万元，增长 9.3%。

——中共循化撒拉族自治县组织史资料编纂委员会:《中共循化撒拉族自治县组织史资料（1993.4—2015.12）》(内部资料)，2018 年，第 611 页。

1998—2002 年，五年共完成水利建设投资 3100 万。水利设施 54 项，人饮工程 31 项，有效解决了 12000 人和 40000 头（只）牲畜的饮水问题。公伯峡南北干渠、建设堂水库前期工作基本完成。五年共完成公路建设投资 2.58 亿元，为 1978—1997 年总和的 6.9 倍，新改建公路 9 条，建设里程达 210 公里，全县道路总里程达到 42 公里。五年共完成城镇建设投资 2.19 亿元，是 1978—1997 年投资总和的 2.8 倍。

——中共循化撒拉族自治县组织史资料编纂委员会:《中共循化撒拉族自治县组织史资料（1993.4—2015.12）》(内部资料)，2018 年，第 706 页。

产业结构调整取得明显成效。通过种植业和养殖业结构调整，线辣、油菜、中药材、胡萝卜等特色农产品种植面积不断扩大，种植业结构调整面积达 51% 以上。培育了以积石镇大别列村为重点的规模养殖村 20 个。全县经济结构进一步优化，一、二、三产业比例日趋合理，构成由 1997 年的 48：29：23 发展到 2002 年的 22：45：33。以个体私营为主的非公有制经济快速发展，在全县国民经济中所占比例由 1997 年的 55% 提高到 2002 年的 90%，成为推动全县经济发展的主导力量。

——中共循化撒拉族自治县组织史资料编纂委员会:《中共循化撒拉族自治县组织史资料（1993.4—2015.12）》(内部资料)，2018 年，第 706 页。

2003 年国民经济继续保持较快增长势头。全县 GDP 总量达到 4.38 亿元，比上年增长 14.1%，农业总产值达到 1.33 亿元，增长 8%，工业总产值达到 4.27 亿元，增长 19.4%。

——中共循化撒拉族自治县组织史资料编纂委员会:《中共循化撒拉族自治县组织史资料（1993.4—2015.12）》(内部资料)，2018 年，第 708 页。

2004 年国民经济持续协调健康发展。全县生产总值达到 4.97 亿元（现价），比上年增长 13.1%。其中第一产业达到 10051 万元，增长 9%；第二产业达到 24458 万元，增长 18%；第三产业达到 15251 万元，增长 8%。人均生产总值达到 4235 元。完成工业增加值 15108 万元，增长 18.1%。

——中共循化撒拉族自治县组织史资料编纂委员会:《中共循化撒拉族自治县组织史资料（1993.4—2015.12）》(内部资料)，2018 年，第 712 页。

2004 年工业生产势头良好，完成工业总产值 5.03 亿元，增长 15.8%。

——中共循化撒拉族自治县组织史资料编纂委员会:《中共循化撒拉族自治县组织史资料（1993.4—2015.12）》(内部资料)，2018 年，第 680 页。

国民经济持续快速增长，县域经济实力明显增强。到 2005 年底，全县生产总值达到 6.19 亿元，比 2002 年净增 2.4 亿元，年均增长 17.8%，其中：第一产业达到 11731 万元，年均增长 12.3%；第二产业达到 29802 万元，年均增长 20.2%；第三产业达到 20382 万元，年均增长 17.7%。人均生产总值达到 5226 元。工业增加值达到 1.46 亿元，年均增长 18.9%。地方一般预算收入达到 3041 万元，比 2002 年增加 646 万元，年均增长 7.7%。

——中共循化撒拉族自治县组织史资料编纂委员会:《中共循化撒拉族自治县组织史资料（1993.4—2015.12）》（内部资料），2018 年，第 816 页。

2007 年中共循化县第十三届二次全委（扩大）会议总结了国民经济实现新增长，完成全县生产总值 7.11 亿元，比上年增长 13.2%；完成工业增加值 1.81 亿元，增长 22.2%；完成地方一般预算收入 3310 万元，增长 8.8%；完成固定资产投资 5.24 亿元，增长 12.75%。

——中共循化撒拉族自治县组织史资料编纂委员会:《中共循化撒拉族自治县组织史资料（1993.4—2015.12）》（内部资料），2018 年，第 778 页。

2008 年工业经济迈出新步伐。我们坚持以项目为载体，以民营企业为主体，以招商引资为手段，加快重点工业企业升级改造步伐。去年全县完成工业增加值 1.53 亿元，同比增长 27.6%，完成工业固定资产投资 8131 万元。实施开发伊佳公司产品扩展项目、天香公司蔬菜脱水项目等。争取 5527 万元贴息资金，扶持了伊佳公司、仙红和天香两椒开发公司、中华核桃、振荣核桃等龙头企业以及一批新型种养业、运输业的发展。

——中共循化撒拉族自治县组织史资料编纂委员会:《中共循化撒拉族自治县组织史资料（1993.4—2015.12）》（内部资料），2018 年，第 781 页。

2008 年，全县完成生产总值 9.18 亿元，比上年增长 12.5%；实现工业增加值 1.67 亿元，比上年增长 25.2%，完成工业资产投资 1.07 亿元，实现工业总产值 3.84 亿元，同比增长 31.4%，产品销售率达 96%。

——中共循化撒拉族自治县组织史资料编纂委员会:《中共循化撒拉族自治县组织史资料（1993.4—2015.12）》（内部资料），2018 年，第 785 页。

2009 年县域生产总值突破 8 亿元，达到 8.32 亿元，比上年增长 12.5%；工业增加值达到 1.71 亿元，比上年增长 25.2%；完成全社会固定资产投资 5.62 亿元，比上年增长 11.2%，建成了一批事关民生及可持续发展的项目。

——中共循化撒拉族自治县组织史资料编纂委员会:《中共循化撒拉族自治县组织史资料（1993.4—2015.12）》（内部资料），2018 年，第 821 页。

六、工业统计资料

主要产品产量

年份	发电量（万度）	脱粒机（台）	扬场机（台）	手扶拖车（台）	水泥（吨）	砖（万块）	瓦（万片）
1964年	1						
1965年							
1966年						31	26
1967年	62					52	13
1968年	118					41	19
1969年	145					42	5
1970年	236					37	6
1971年	393					55	10
1972年	422	30				103	
1973年	454	70	10		200	98	8
1974年	518	40	8		1008	101	10
1975年	453	80	85		2816	113	15

——循化撒拉族自治县统计局：《青海省循化撒拉族自治县国民经济社会发展统计资料汇编（一九四九年—一九八七年）》（内部资料），1988年12月，第124页。

主要产品产量

年份	标准粉（吨）	食用植物油（吨）	奶粉（吨）	白酒（吨）	木器家具（件）	服装（件）
1964年						866
1965年					24	1544
1966年					826	2282
1967年					528	2914
1968年	393				454	
1969年	287					
1970年	613				104	1880
1971年	194				637	
1972年	455				1028	
1973年	924				966	

续表

年份	标准粉（吨）	食用植物油（吨）	奶粉（吨）	白酒（吨）	木器家具（件）	服装（件）
1974年	813				1625	5144
1975年	1626				969	9059

——循化撒拉族自治县统计局：《青海省循化撒拉族自治县国民经济社会发展统计资料汇编（一九四九年—一九八七年）》（内部资料），1988年12月，第125页。

主要产品产量

年份	发电量（万度）	脱粒机（台）	扬场机（台）	手扶拖车（台）	水泥（吨）	砖（万块）	瓦（万片）
1976年	415	80	47	41	3910	95	13
1977年	666	80	67	74	2824	136	10
1978年	702		33	50	3521	104	6
1979年	504		20	78	3625	111	13
1980年	629	44		30	3181	296	
1981年	512				1827	262	14
1982年	602				2917	480	
1983年	640				3000	400	
1984年	602				4823	615	
1985年	619				5403	580	
1986年	477				2950	341	
1987年	671				901	611	

——循化撒拉族自治县统计局：《青海省循化撒拉族自治县国民经济社会发展统计资料汇编（一九四九年—一九八七年）》（内部资料），1988年12月，第126页。

主要产品产量

年份	标准粉（吨）	食用植物油（吨）	奶粉（吨）	白酒（吨）	木器家具（件）	服装（件）
1976年	1381			4	582	7141
1977年	2807			36	8298	8512
1978年	2292			40	1015	8152
1979年	2269			39	1612	7281
1980年	1422			50	1834	9123
1981年	984			49	1350	6988

续表

年份	标准粉（吨）	食用植物油（吨）	奶粉（吨）	白酒（吨）	木器家具（件）	服装（件）
1982 年	824	52		44	2343	7773
1983 年	1290	26	11	50	802	10000
1984 年	1114	56	14	46	1156	2050
1985 年	1408	40	16	33	859	3948
1986 年	1311	11	22	36	1071	6040
1987 年	1120	39	25		493	8310

——循化撒拉族自治县统计局：《青海省循化撒拉族自治县国民经济社会发展统计资料汇编（一九四九年—一九八七年）》（内部资料），1988 年 12 月，第 127 页。

全民所有制生产单位物资消费情况

年份	煤炭（吨）	重油（吨）	汽油（吨）	柴油（吨）	水泥（吨）	原木（立方米）	锯材（立方米）	钢材（吨）	电力（万度）
1977 年	1630				153		5		
1978 年	1605				107	58	89		
1979 年	1511				225	2	2		
1980 年	1680		42	14	152		3	63	
1981 年	1600				2625			106	
1982 年	1658		114	48	193			73	
1983 年	1998		128	37	196			85	
1984 年	2184	4	96		280			96	
1985 年	2194	5	14		353			147	123
1986 年	1416	2	96	1	254			163	61
1987 年	688	5	68		328			245	30

——循化撒拉族自治县统计局：《青海省循化撒拉族自治县国民经济社会发展统计资料汇编（一九四九年—一九八七年）》（内部资料），1988 年 12 月，第 213 页。

全民所有制基建单位物资消费情况

年份	水泥（吨）	原木（立方米）	锯材（立方米）	钢材（吨）	电力（万度）	汽油（吨）	柴油（吨）
1971 年	904		318	55			
1972 年	1164	73	207	55			
1973 年	1837	309		203			

续表

年份	水泥（吨）	原木（立方米）	锯材（立方米）	钢材（吨）	电力（万度）	汽油（吨）	柴油（吨）
1974 年	1704	589	64	134			
1975 年	2651	387	329	223			
1976 年	2240	609	615	193			
1977 年	5103	540	602	207			
1978 年	6135	137	853	381			
1979 年	3232	739	325	434			
1980 年	3422	416	193	462			
1981 年	3588	320	289	314		19	
1982 年	2119	123	358	397		5	16
1983 年	3528	80	594	339		17	3
1984 年	2456	125	600	317			3
1985 年	2633	27	580	257		9	2
1986 年	2098	113	756	368	3		
1987 年	2410	245	362	327	3		

——循化撒拉族自治县统计局:《青海省循化撒拉族自治县国民经济社会发展统计资料汇编（一九四九年—一九八七年）》（内部资料），1988 年 12 月，第 214 页。

集体所有制单位物资消费情况

年份	钢材（吨）	生铁（吨）	电力（万度）	水泥（吨）	原木（立方米）	锯材（立方米）	煤炭（吨）
1972 年	12				20	100	11
1973 年	19				93		12
1974 年	11				201		4
1975 年	33				112		48
1976 年	34	1			188	28	28
1977 年	170	48			135	2	30
1978 年	23	1			58		18
1979 年	9	18			40	56	11
1980 年	28	2				172	2
1981 年	71					118	
1982 年	180	2			70		
1983 年	133	8				50	
1984 年	134	8			90	90	

续表

年份	钢材（吨）	生铁（吨）	电力（万度）	水泥（吨）	原木（立方米）	锯材（立方米）	煤炭（吨）
1985 年	111		8	396		197	10
1986 年	204		3		81		
1987 年	214		3		70		3

——循化撒拉族自治县统计局：《青海省循化撒拉族自治县国民经济社会发展统计资料汇编（一九四九年—一九八七年）》（内部资料），1988 年 12 月，第 215 页。

全部工业总产值

年份	单位数（个）	其中		全部工业总产值（万元）	其中		总产值比重 %	
		全民	集体		全民	集体	全民	集体
按 1952 年不变价								
1954 年	3		3	5		5		100
1955 年	3		3	7		7		100
1956 年	5		5	13		13		100
1957 年	6		6	13		13		100
按 1957 年不变价								
1958 年	26	13	13	48	36	12	75	25
1959 年	22	10	12	91	60	31	66	34
1960 年	18	10	8	134	92	42	69	31
1961 年	13	3	10	43	36	7	84	16
1962 年	7	1	6	10	6	4	60	40
1963 年	4	1	3	5	2	3	40	60
1964 年	5	1	4	7	1	6	14	86
1965 年	4		4	6		6		100
1966 年	5	1	4	14	5	9	36	64
1967 年	6	2	4	16	7	9	44	56
1968 年	8	4	4	29	22	7	76	24
1969 年	8	4	4	28	21	7	75	25
1970 年	9	5	4	47	40	7	85	15
按 1970 年不变价								
1971 年	9	5	4	50	41	9	82	18
1972 年	9	5	4	70	58	12	83	17

续表

年份	单位数（个）	其中		全部工业总产值（万元）	其中		总产值比重 %	
		全民	集体		全民	集体	全民	集体
1973 年	9	5	4	96	80	16	83	17
1974 年	10	6	4	101	84	17	83	17
1975 年	10	5	5	156	119	37	76	24
1976 年	16	7	9	218	164	54	75	25
1977 年	19	8	11	285	208	77	73	27
1978 年	19	8	11	254	184	70	72	28
1979 年	11	8	3	214	183	31	86	14
按 1980 年不变价								
1980 年	11	8	3	199	166	33	83	17
1981 年	11	8	3	171	134	37	78	22
1982 年	11	8	3	206	164	42	80	20
1983 年	15	8	7	258	178	80	69	31
1984 年	23	8	15	266	173	93	65	35
1985 年	16	8	8	289	209	80	72	28
1986 年	22	8	14	325	178	147	55	45
1987 年	23	8	15	372	207	165	56	44

——循化撒拉族自治县统计局：《青海省循化撒拉族自治县国民经济社会发展统计资料汇编（一九四九年—一九八七年）》（内部资料），1988 年 12 月，第 115—117 页。

工业总产值增长速度（比上年增长 %）

年份	全部工业总产值	全民所有制	集体所有制	附：工业总产值（按现价格）	
				全民所有制	集体所有制
1980 年不变价格					
1978 年	-10.6	-11.1	-8.9	207	70
1979 年	-16	-1.1	-55.6	211	31
1980 年	-9.5	-11.7	3.1	182	24
1981 年	-14	-19.3	12.1	154	37
1982 年	24.1	26.1	16.7	194	44
1983 年	25.2	8.5	90.5	213	80
1984 年	3.1	-2.8	16.2	219	96
1985 年	7.1	20.8	-14	258	81

续表

年份	全部工业总产值	全民所有制	集体所有制	附：工业总产值（按现价格）	
				全民所有制	集体所有制
1986年	12.4	–14.8	83.7	218	70
1987年	14.5	16.3	12.2	213	169

——循化撒拉族自治县统计局:《青海省循化撒拉族自治县国民经济社会发展统计资料汇编（一九四九年—一九八七年）》（内部资料），1988年12月，第118页。

房屋建筑面积投资情况

年份	建设单位（个）	投资额（万元）	建筑面积（平方米）
1949年			
1950年			
1951年	1	3.36	600
1952年	3	2.61	467
1953年	1	5.38	960
1954年	1	9.07	1620
1955年	2	1.34	240
1956年	5	20.37	3637
1957年	4	11.26	2010
1958年	9	30.68	5693
1959年	7	23.34	4167
1960年	6	18.19	3248
1961年	1	1.18	210
1962年			
1963年	4	4.7	840

——循化撒拉族自治县统计局:《青海省循化撒拉族自治县国民经济社会发展统计资料汇编（一九四九年—一九八七年）》（内部资料），1988年12月，第208页。

基本建设投资额完成情况（单位：万元）

年份	本年施工项目（个）	本年竣工项目（个）	本年实际完成投资额	其中		按用途分		本年新增固定资产投资
				预算内投资	预算外投资	生产性建设	非生产性建设	
1964年			9.94					
1965年			53.40	1.42				52.10

续表

年份	本年施工项目（个）	本年竣工项目（个）	本年实际完成投资额	其中		按用途分		本年新增固定资产投资
				预算内投资	预算外投资	生产性建设	非生产性建设	
1966 年			20.78	19.36				
1967 年			9.73	9.73				
1968 年								
1969 年								
1970 年			65.20	65.20				
1971 年			115.92	50.50				112.72
1972 年			102.97	32.30	70.67	73.63	29.34	41.70
1973 年			74.10	19.92	54.18	58.61	15.55	64.63
1974 年	21.00	17.00	88.73	22.82	65.91	46.67	42.06	84.58
1975 年	16.00	14.00	137.84	58.89	78.95	112.92	24.92	37.87
1976 年	11.00	10.00	89.58	42.69	46.89	66.08	23.50	87.08
1977 年	8.00	6.00	80.29	61.74	18.55	55.21	25.08	57.89

——循化撒拉族自治县统计局：《青海省循化撒拉族自治县国民经济社会发展统计资料汇编（一九四九年—一九八七年）》（内部资料），1988 年 12 月，第 209 页。

基本建设投资额完成情况（单位：万元）

项目	1978 年	1979 年	1980 年	1981 年	1982 年	1983 年	1984 年	1985 年	1986 年	1987 年
本年施工项目（个）	30	19	13	24	14	11	16	10	6	12
本年竣工项目（个）	21	11	9	21	12	9	13	6	5	11
本年计划投资			267.40	175.53	270.06	112.00	171.00	222.00	141.00	121.00
本年实际完成投资	205.81	207.53	191.60	171.66	153.89	146.00	162.00	192.00	136.00	106.00
其中：国家投资					36.50	34.00	81.00	28.00	54.00	96.00
自筹投资和其他					117.39	112.00	81.00	94.00	82.00	10.00
按构成分：										
建筑安装工程			169.54	134.95	143.03	144.00	160.00	192.00	136.00	102.00
按用途分：										
生产性建设	143.28	174.72	63.44	63.09	67.85	50.00	40.00		41.00	

——循化撒拉族自治县统计局：《青海省循化撒拉族自治县国民经济社会发展统计资料汇编（一九四九年—一九八七年）》（内部资料），1988 年 12 月，第 210 页。

基本建设投资额完成情况（单位：万元）

项目	1978 年	1979 年	1980 年	1981 年	1982 年	1983 年	1984 年	1985 年	1986 年	1987 年
非生产性建设	62.53	32.81	128.16	108.57	86.04	96.00	122.00	192.00	95.00	106.00
本年新增固定资产	94.71	133.54	85.56	156.92	199.78	94.00	162.00	135.00	112.00	139.00
施工房屋面积（平方米）			14229	9644	14000	10150	8842	9778	9572	9141
竣工房屋面积（平方米）			9345	6497	10674	5133	8842	6208	7764	7333
竣工房屋价值			142.15	95.28	196.78	94.00	163.00	128.00	157.00	121.50
竣工房屋造价（元 / 平方米）			152.00	146.00	184.34	183.00	184.00	206.00	202.20	170.00
其中：住宅			115.00	112.00	151.35	189.00	186.00		233.80	214.00
文化教育			76.00	92.00	267.83	193.00	192.00	159.00	167.50	147.00
办工室				173.00	167.29		169.00	183.00		
仓库			104.00	85.00	134.91	100.00	147.00		158.20	189.00
商业			196.00							

——循化撒拉族自治县统计局：《青海省循化撒拉族自治县国民经济社会发展统计资料汇编（一九四九年—一九八七年）》（内部资料），1988 年 12 月，第 211 页。

分部门工业企业总产值（单位：万元）

年份	轻重工业总产值		食品制造业	电力工业	建筑材料工业	机械金属工业	其他工业
	轻工业	重工业					
1978 年	168	86	96	42	28	16	72
1979 年	128	86	93	31	30	25	35
1980 年	107	92	67	40	33	17	42
1981 年	95	76	58	31	29	22	31
1982 年	102	104	55	39	51	32	29
1983 年	141	117	56	40	58	55	49
1984 年	147	119	68	39	66	75	18
1985 年	150	138	70	40	75	80	23
1986 年	214	111	122	30	46	99	28
1987 年	224	148	155	43	50	94	30

——循化撒拉族自治县统计局：《青海省循化撒拉族自治县国民经济社会发展统计资料汇编（一九四九年—一九八七年）》（内部资料），1988 年 12 月，第 119 页。

独立核算工业企业净产值

年份	工业净产值（现行价格）万元						净产值占总产值的 %
	总计	应得产品销售利润和应交纳产品销售税金	工资	职工福利基金	利息支出	其他	
1978 年	59	17	28	4		10	21
1979 年	45	12	28	2		3	19
1980 年	69	22	34	3		10	33
1981 年	81	23	31	4		23	42
1982 年	82	30	39	4	1	8	34
1983 年	99	51	42	3		3	34
1984 年	111	54	53	2	1	1	35
1985 年	121	57	50	3	6	5	36
1986 年	114	45	49	5	6	9	40
1987 年	139	56	60	4	6	13	37

——循化撒拉族自治县统计局：《青海省循化撒拉族自治县国民经济社会发展统计资料汇编（一九四九年—一九八七年）》（内部资料），1988 年 12 月，第 120 页。

分部门工业企业净产值（单位：万元）

年份	轻重工业净产值		食品制造业	电力工业	建筑材料工业	机械金属工业	其他工业
	轻工业	重工业					
1978 年	19	40	8	20	15	6	10
1979 年	23	22	12	10	10	5	8
1980 年	28	31	17	10	24	7	11
1981 年	38	43	22	10	25	15	9
1982 年	27	55	12	12	41	10	7
1983 年	38	61	17	12	45	18	7
1984 年	46	65	14	14	51	26	6
1985 年	38	83	8	15	64	27	7
1986 年	50	64	20	21	37	30	6
1987 年	59	80	23	16	33	56	11

——循化撒拉族自治县统计局：《青海省循化撒拉族自治县国民经济社会发展统计资料汇编（一九四九年—一九八七年）》（内部资料），1988 年 12 月，第 121 页。

全民所有制独立核算工业企业主要财务指标（单位：万元）

年份	产品销售收入	利润总额	企业留利	应交利税费	年末固定资产原值	年末固定资产净值	定额流动资金全年平均余额
1978 年	168	15			411	349	66
1979 年	116	12			464	399	74
1980 年	116	13		8	480	399	78
1981 年	124	15		6	532	387	68
1982 年	147	26		9	359	267	78
1983 年	189	30	17	15	370	270	77
1984 年	211	30	15	15	395	303	72
1985 年	195	41	22	13	418	312	71
1986 年	127	15	10	2	455	367	78
1987 年	217	14	9	10	420	353	130

——循化撒拉族自治县统计局:《青海省循化撒拉族自治县国民经济社会发展统计资料汇编（一九四九年—一九八七年）》（内部资料），1988 年 12 月，第 122 页。

集体所有制独立核算工业企业主要财务指标（单位：万元）

年份	产品销售收入	利润总额	年末固定资产原值	年末固定资产净值	本年提取的折旧基金	定额流动资金全年平均余额
1978 年	23	1	28			
1979 年	17	0.6	32	21		19
1980 年	22	1	37	20	2	22
1981 年	24	−0.3	29	21	1	23
1982 年	29	−1	32	21	2	17
1983 年	44	1	36	21	1	18
1984 年	79	4	211	181	2	43
1985 年	59	4	121	89	4	31
1986 年	122	15	181	150	3	47
1987 年	119	6	114	44	7	23

——循化撒拉族自治县统计局:《青海省循化撒拉族自治县国民经济社会发展统计资料汇编（一九四九年—一九八七年）》（内部资料），1988 年 12 月，第 123 页。

全民所有制单位职工人数与工资

年份	年末全部职工人数	其中：固定职工人数	工业部门	农林水利部门	交通运输邮电部门	商业供销物资部门	科学文教卫生部门	金融部门	国家机关及人民团体	全部职工全年工资（万元）
1965 年	988	930	4	125		238	235	45	341	75
1966 年	950	861	22	151	9	201	228	38	301	71
1967 年	966	883	13	161	9	210	240	36	297	72
1968 年	975	892	14	178	9	203	238	34	299	73
1969 年	1060	1027	77	113	58	211	264	51	286	81
1970 年	1297	1148	141	148	154	243	278	46	287	84
1971 年	1277	1168	117	186	127	260	286	29	272	88
1972 年	1460	1354	157	214	124	264	323	32	346	101
1973 年	1434	1343	152	232	99	277	324	30	320	109
1974 年	1515	1392	186	218	51	283	397	34	346	108
1975 年	1612	1497	225	180	53	295	418	34	407	120
1976 年	1853	1611	307	231	89	312	459	36	419	129
1977 年	1762	1665	266	193	82	307	470	34	410	129
1978 年	2116	1768	371	279	92	367	561	35	411	156
1979 年	2543	2252	358	332	96	441	696	68	552	179

——循化撒拉族自治县统计局：《青海省循化撒拉族自治县国民经济社会发展统计资料汇编（一九四九年—一九八七年）》（内部资料），1988 年 12 月，第 202 页。

全民所有制单位职工年末人数（单位：人）

年份	总计	其中：固定职工	工业部门	农林水利部门	交通运输邮电部门	商业供销物资部门	城市公用事业	文教卫生部门	科学研究综合服务业	金融部门	国家党政机关人民团体
1978 年	2116	1768	371	279	92	367		561		35	411
1979 年	2543	2252	358	332	96	441		696		68	552
1980 年	2514	2226	376	388	89	383	13	710		5	550
1981 年	2645	2417	261	406	75	408	14	833		26	622
1982 年	2855	2533	272	488	108	433	17	893		6	638
1983 年	2995	2605	245	624	106	424	21	952		6	617
1984 年	3059	2612	254	673	106	230	22	1052			722
1985 年	3464	2894	234	520	75	234	33	1273	61		1034

续表

年份	总计	其中：固定职工	工业部门	农林水利部门	交通运输邮电部门	商业供销物资部门	城市公用事业	文教卫生部门	科学研究综合服务业	金融部门	国家党政机关人民团体
1986 年	3326	2987	262	444	72	237	29	1208	57		1017
1987 年	3274	2953	276	431	71	235	33	1178	56		994

——循化撒拉族自治县统计局：《青海省循化撒拉族自治县国民经济社会发展统计资料汇编（一九四九年—一九八七年）》（内部资料），1988 年 12 月，第 203 页。

全民所有制单位职工年末平均人数（单位：人）

年份	总计	其中：固定职工	工业部门	农林水利部门	交通运输邮电部门	商业供销物资部门	城市公用事业	文教卫生部门	科学研究综合服务业	金融部门	国家党政机关人民团体
1978 年	2010	1710	386	247	90	339		514		34	400
1979 年	2241	1914	357	294	93	385		606		43	463
1980 年	2411	2163	341	356	92	379	6	700		5	532
1981 年	2606	2314	281	429	109	379	13	794		16	585
1982 年	2756	2428	297	464	92	413	16	858		15	601
1983 年	2968	2528	288	615	108	418	21	919		6	593
1984 年	2980	2530	288	616	107	219	22	1055			673
1985 年	3111	2533	231	503	81	227	28	1307	60		674
1986 年	3160	2902	234	405	73	225	31	1123	56		1013
1987 年	3324	2994	275	435	71	237	33	1202	56		1015

——循化撒拉族自治县统计局：《青海省循化撒拉族自治县国民经济社会发展统计资料汇编（一九四九年—一九八七年）》（内部资料），1988 年 12 月，第 204 页。

全民所有制单位职工年末工资总额（单位：万元）

年份	总计	其中：固定职工	工业部门	农林水利部门	交通运输邮电部门	商业供销物资部门	城市公用事业	文教卫生部门	科学研究综合服务业	金融部门	国家党政机关人民团体
1978 年	156	138	28	19	7	27		37		3	35
1979 年	179	157	27	23	8	32		45		4	40
1980 年	204	188	28	28	8	33	0.4	59		0.5	47
1981 年	221	203	23	38	8	32	1	74		1	44

续表

年份	总计	其中：固定职工	工业部门	农林水利部门	交通运输邮电部门	商业供销物资部门	城市公用事业	文教卫生部门	科学研究综合服务业	金融部门	国家党政机关人民团体
1982 年	240	216	28	40	8	33	1	82		1	47
1983 年	283	256	29	51	10	43	2	82		0.6	65
1984 年	342	312	32	61	12	29	3	128			77
1985 年	413	370	34	55	13	34	4	173	6		94
1986 年	486	467	36	62	12	33	4	176	7		156
1987 年	542	515	32	67	14	40	5	201	8		175

——循化撒拉族自治县统计局:《青海省循化撒拉族自治县国民经济社会发展统计资料汇编（一九四九年—一九八七年）》（内部资料），1988 年 12 月，第 205 页。

集体所有制单位职工人数与工资（单位：万元）

项目	1978 年	1979 年	1980 年	1981 年	1982 年	1983 年	1984 年	1985 年	1986 年	1987 年
一、年末职工人数	173	218	279	165	169	151	300	287	278	340
1. 工业部门	97	94	96	93	94	76	73	70	69	68
2. 建筑业	76	93	183	72	75	75	75	69	66	134
3. 商业供销部门							153	148	143	138
4. 其他部门		31								
二、年末职工工资总额	12	17	18	13	30	24	46	53	52	51
1. 工业部门	6	6	8	7	12	13	13	11	9	10
2. 建筑业	6	8	10	6	18	11	15	24	23	21
3. 商业供销部门							18	18	20	20
4. 其他部门		3								

——循化撒拉族自治县统计局:《青海省循化撒拉族自治县国民经济社会发展统计资料汇编（一九四九年—一九八七年）》（内部资料），1988 年 12 月，第 206 页。

2006 年循化县民营经济情况（单位：万元）

项目	现价总产值	个数		从业人数	营业收入	利税总额
		企业	个体			
民营经济总产值	56321	59	2965	11337	53841	10935
其中：工业	32260	38	618	4010	30356	3986

续表

项目	现价总产值	个数		从业人数	营业收入	利税总额
		企业	个体			
建筑业	2974	11		1341	2398	309
交通运输业	3740		543	2900	3740	1230
批发零售业	10120	17	1160	1567	10120	3030
住宿业	2248	10	12	97	2248	740
餐饮业	3179	2	244	830	3179	1050
社会服务业	1800		348	592	1800	590

——循化撒拉族自治县统计局：《青海省循化撒拉族自治县国民经济社会发展统计资料汇编（2006 年—2010 年）》（内部资料），2011 年 10 月，第 105 页。

2008 年循化县民营经济情况（单位：万元）

项目	现价总产值	个数		从业人数	营业收入	利税总额
		企业	个体			
民营经济总产值	88094	97	3421	17151	84856	17889
其中：工业	46074	65	411	4383	43033	6902
建筑业	9827	4	230	7059	9630	970
交通运输业	5850		808	1036	5850	1760
批发零售业	16420	15	1368	2622	16420	4911
住宿业	850	11	12	206	850	356
餐饮业	6513	2	244	1200	6513	2150
社会服务业	2560		348	645	2560	840

——循化撒拉族自治县统计局：《青海省循化撒拉族自治县国民经济社会发展统计资料汇编（2006 年—2010 年）》（内部资料），2011 年 10 月，第 105 页。

2010 年循化县民营经济情况（单位：万元）

项目	现价总产值	个数		从业人数	营业收入	利税总额
		企业	个体			
民营经济总产值	120079	109	3548	17955	112430	25190
其中：工业	62199	68	450	4830	55590	9590
建筑业	11710	5	230	6800	10670	1260
交通运输业	7076		880	1250	7060	2170
批发零售业	25330	24	1380	2850	25330	7540

续表

项目	现价总产值	个数		从业人数	营业收入	利税总额
		企业	个体			
住宿业	1280	10	12	240	1280	520
餐饮业	9550	2	248	1245	9550	3150
社会服务业	2950		348	740	2950	960

——循化撒拉族自治县统计局：《青海省循化撒拉族自治县国民经济社会发展统计资料汇编（2006 年—2010 年）》（内部资料），2011 年 10 月，第 106 页。

2002 年主要工业产品产量

产品名称	单位	本年实际	产品名称	单位	本年实际
发电量	万千瓦时	1717	浓缩果汁	吨	280
水泥	万吨	1.49	盂加拉帽	万顶	35
牛绒衫	万件	20	水泥电杆	根	310
砖	万块	3450	奶粉	吨	5
辣面	吨	530	钢窗	万平方米	5400
辣酱	万瓶	152			
无毛绒	吨	342			

——循化撒拉族自治县统计局：《青海省循化撒拉族自治县国民经济社会发展统计资料汇编》（内部资料），2002 年，第 21 页。

2003 年循化县乡镇企业情况（单位：万元）

项目	现价总产值	企业个数	从业人数	营业收入	国家税金	纯利润
乡镇企业总产值	50281.5	1260	5854	51535	1012	4225
其中：农业						
工业	40119.5	604	3415	41346	685	3410
建筑业	5012	14	1205	5012	135	325
交通运输业	4641	204	519	4641	148	425
商业	241	347	410	241	21	30
饮食业	189	91	306	189	17	24
其他	106			106	6	11

——循化撒拉族自治县统计局：《青海省循化撒拉族自治县国民经济社会发展统计资料汇编》（内部资料），2003 年，第 19 页。

2003 年全县工业企业单位以及工业总产值（单位：万元）

项目	企业单位	工业总产值		工业销售产值按当年价计算
		九〇年不变价	现价	
全县工业企业	667		42621	41059.3
其中：一、县办工业企业	7	948.5	1356.5	1223.7
1. 工业供销公司	1	49	49	49
2. 自来水公司	1	90.1	90.1	90.1
3. 水泥厂	1	224.5	416.2	404.3
4. 五金公司	1	23	23	23
5. 联谊预制厂	1	158.4	194.8	134.3
6. 谢坑铜金矿	1	371.2	484	424
7. 黄丰公司	1	32.3	99.4	99
二、乡镇工业企业	604		40119.5	38690.6
其中：1. 集体				
2. 私营	42		38921.5	37492.6
3. 个体	562		1198	1198
三、城镇个体	56		1145	1145

——循化撒拉族自治县统计局：《青海省循化撒拉族自治县国民经济社会发展统计资料汇编》（内部资料），2003 年，第 20 页。

2003 年主要工业产品产量

产品名称	单位	本年实际	产品名称	单位	本年实际
发电量	万千瓦时	1431	浓缩果汁	吨	1130
水泥	万吨	8.2	奶粉	吨	20
牛绒衫	万件	24	孟加拉帽	万顶	997
砖	万块	4020	钢窗	万吨	5
辣面	吨	610	水泥电杆	根	4800
辣酱	吨	336			
无毛绒	吨	184			

——循化撒拉族自治县统计局：《青海省循化撒拉族自治县国民经济社会发展统计资料汇编》（内部资料），2003 年，第 22 页。

2003 年全县工业企业利润税金统计表（单位：万元）

指标名称	销售收入	利润总额	税金
全县合计	34079	3403.8	717.2
一、国有企业	1028	-6.7	32.1
二、集体企业	15	0.5	0.1
三、乡镇企业	33036	3410	685

——循化撒拉族自治县统计局：《青海省循化撒拉族自治县国民经济社会发展统计资料汇编》（内部资料），2003 年，第 23 页。

2003 年县办工业企业主要经济指标（单位：千元、个）

指标名称	总计	国有企业	集体企业	重工业
企业单位及个数	7	6	1	6
其中：亏损企业个数	3	3	0	2
产品销售收入	10433	10283	150	9891
其中：产品销售成本	8120	8037	83	7728
产品销售费用	7	6	1	6
产品销售税金及附加	203	203	0	191
管理费用	764	758	6	596
财务费用	600	599	1	599
其中：利息支出	600	599	1	599
盈亏相抵后的利润总额	-62	-67	5	-52
亏损企业亏损额	351	351	0	361
资产总计	40475	39717	758	40199
流动资产平均余额	13072	12661	411	12907
应收账款净额	2172	2139	33	2172
产成品	2470	2210	260	2470
固定资产净值平均余额	26385	26188	197	26295

——循化撒拉族自治县统计局：《青海省循化撒拉族自治县国民经济社会发展统计资料汇编》（内部资料），2003 年，第 24 页。

2003 年县办工业企业主要经济指标（单位：千元、个）

指标名称	总计	国有企业	集体企业	重工业
负债合计	25105	24893	212	24602

续表

指标名称	总计	国有企业	集体企业	重工业
流动负债平均余额	16354	16142	212	15851
应交增值税	322	321	1	321
销项税额	322	321	1	321
工业中间投入合计	9786	9616	170	9156
工业总产值（现价）	13565	13335	230	12664
工业总产值（不变价）	9485	9255	230	8584
工业增加值（现价）	4101	4040	61	3829
全部职工平均人数	318	312	6	292
全部职工工资总额	1390	1340	50	1260
产品销售产值	12237	12007	230	11336

——循化撒拉族自治县统计局：《青海省循化撒拉族自治县国民经济社会发展统计资料汇编》（内部资料），2003 年，第 25 页。

2004 年主要工业产品产量

产品名称	单位	本年实际	产品名称	单位	本年实际
发电量	万千瓦时	1862	浓缩果汁	吨	1360
水泥	万吨	5.8	孟加拉帽	万顶	1500
牛绒衫	万件	40	水泥电杆	根	0
砖	万块	4250	自来水	万吨	68
辣面	吨	282			
辣酱	吨	1631			
无毛绒	吨	700			

——循化撒拉族自治县统计局：《青海省循化撒拉族自治县国民经济社会发展统计资料汇编》（内部资料），2004 年，第 21 页。

2005 年全县工业企业单位以及工业总产值（单位：万元）

项目	企业单位数	工业总产值（现价）	不变价比上年增减（%）	工业销售产值按当年计算
全县合计	661	41437.6	18.8	40293.8
1. 国有企业	1	120	2.5	120
2. 民营企业	42	38817.6	18.8	37723.8

续表

项目	企业单位数	工业总产值（现价）	不变价比上年增减（%）	工业销售产值按当年计算
3. 个体	618	2500	2.9	2450

注：工业总产值为经济普查调整后数据。

——循化撒拉族自治县统计局:《青海省循化撒拉族自治县国民经济社会发展统计资料汇编》(内部资料)，2005 年，第 19 页。

2006 年主要工业产品产量

产品名称	单位	本年实际	产品名称	单位	本年实际
发电量	万千瓦时	750	无毛绒	吨	500
水泥	万吨	6.6	浓缩果汁	吨	2730
砖	万块	4300	盂加拉帽	万顶	2100
硅铁	吨	3150	自来水	万吨	68
辣酱	吨	2700			

——循化撒拉族自治县统计局:《青海省循化撒拉族自治县国民经济社会发展统计资料汇编（2006 年—2010 年）》(内部资料)，2011 年 10 月，第 108 页。

2008 年工业增加值及价格指数表（单位：万元）

项目	本年累计	上年同期	可比价增长速度（%）
全县工业增加值	17080.9	12767.4	25.2
其中：规模以上	8747.9	6676.7	26.2
规模以下	8333	6090.7	24.2
工业产品综合价格指数			
其中：规模以上			103.8
规模以下			110.2

注：上年同期（2007 年）数据中不含已外迁的原三绒集团相关数据。

——循化撒拉族自治县统计局:《青海省循化撒拉族自治县国民经济社会发展统计资料汇编（2006 年—2010 年）》(内部资料)，2011 年 10 月，第 111 页。

2009 年全县工业企业利润税金统计表（单位：万元）

指标名称	销售收入	利润总额	税金
全县合计	45579	5624	599.6
1. 国有企业	110	-100	7.6
2. 民营企业	45469	5724	592

——循化撒拉族自治县统计局：《青海省循化撒拉族自治县国民经济社会发展统计资料汇编（2006 年—2010 年）》（内部资料），2011 年 10 月，第 110 页。

2006 年全县工业企业单位以及工业总产值（单位：万元）①

项目	企业单位数	工业总产值（现价）	不变价比上年增减（%）	工业销售产值按当年计算
全县合计		32260.4	34	30988.9
1. 国有企业	1	120	0	120
2. 民营企业	39	29140.4	35.2	27989
3. 个体户	618	3000	20	2880

——循化撒拉族自治县统计局：《青海省循化撒拉族自治县国民经济社会发展统计资料汇编（2006 年—2010 年）》（内部资料），2011 年 10 月，第 107 页。

2007 年全县工业企业单位以及工业总产值（单位：万元）

项目	企业单位数	工业总产值（现价）	不变价比上年增减（%）	工业销售产值按当年计算
全县合计		42240.3	35.3	40924.5
1. 国有企业	1	84	0	84
2. 民营企业	40	37076.3	27.2	35970.5
3. 个体户	618	5080	38.9	4870

——循化撒拉族自治县统计局：《青海省循化撒拉族自治县国民经济社会发展统计资料汇编（2006 年—2010 年）》（内部资料），2011 年 10 月，第 107 页。

2008 年全县工业企业单位以及工业总产值（单位：万元）

项目	企业单位数	工业总产值（现价）	不变价比上年增减（%）	工业销售产值按当年计算
全县合计		46204	33.4	44780

① 编者注：本表数据系原文数据，此处未调整。

续表

项目	企业单位数	工业总产值（现价）	不变价比上年增减（%）	工业销售产值按当年计算
1. 国有企业	1	130	54.7	130
2. 民营企业	65	41845.4	41.9	40590
3. 个体户	411	4228.6	-16.8	4060

——循化撒拉族自治县统计局：《青海省循化撒拉族自治县国民经济社会发展统计资料汇编（2006 年—2010 年）》（内部资料），2011 年 10 月，第 107 页。

2009 年全县工业企业单位以及工业总产值（单位：万元）

项目	企业单位数	工业总产值（现价）	不变价比上年增减（%）	工业销售产值按当年计算
全县合计		53707	16.6	52086.5
1. 国有企业	1	130	0	110
2. 民营企业	66	48628.8	16.2	47176.5
3. 个体户	411	4948.2	17	4800

——循化撒拉族自治县统计局：《青海省循化撒拉族自治县国民经济社会发展统计资料汇编（2006 年—2010 年）》（内部资料），2011 年 10 月，第 107 页。

2010 年全县工业企业单位以及工业总产值（单位：万元）

项目	企业单位数	工业总产值（现价）	不变价比上年增减（%）	工业销售产值按当年计算
全县合计		62329	16.1	60995
1. 国有企业	1	135	0	110
2. 民营企业	68	56774	16.8	55575
3. 个体户	450	5420	9.5	5310

——循化撒拉族自治县统计局：《青海省循化撒拉族自治县国民经济社会发展统计资料汇编（2006 年—2010 年）》（内部资料），2011 年 10 月，第 107 页。

2008 年循化县能源消耗情况表

	2008 年	2007 年	同比下降 %
一、2008 年规模以上工业增加值能耗			
综合能源消费量（吨标准煤）	6683.86	5683.7	
规上工业增加值（不变价、万元）	7643	6056	
规上工业万元增加值能耗（吨标准煤 / 万元）	0.8746	0.9386	6.83

续表

	2008 年	2007 年	同比下降 %
二、2008 年单位 GDP 能耗			
全县综合能源消费量（吨标准煤）	138297	139400	
GDP（万元）	73605	70500	
单位 GDP 能耗（吨标准煤 / 万元）	1.8789	1.9778	5

——循化撒拉族自治县统计局:《青海省循化撒拉族自治县国民经济社会发展统计资料汇编（2006 年—2010 年）》(内部资料)，2011 年 10 月，第 158 页。

2009 年循化县能源消耗情况表

		2008 年	2007 年	同比 +%
一、2009 年规模以上工业增加值能耗				
综合能源消费量（吨标准煤）	消费量	6603.98	7199.06	—
	（+%）	+17.56	+9.01	–8.55
规上工业增加值速度（+%）		+26.2	+19.3	–6.9
规上工业万元增加值能耗（吨标准煤 / 万元）		0.8893	0.8126	—
二、2009 年单位 GDP 能耗				
全县综合能源消费量（万吨标准煤）		8.76	9.41	0.65
GDP（亿元）		7.33	8.25	0.92
单位 GDP 能耗（万吨标准煤 / 亿元）		1.1951	1.1406	–4.53

备注：2008 年同期数根据能源平衡表调整。

——循化撒拉族自治县统计局:《青海省循化撒拉族自治县国民经济社会发展统计资料汇编（2006 年—2010 年）》(内部资料)，2011 年 10 月，第 158 页。

2010 年循化县能源消耗情况表

一、2010 年规模以上工业增加值能耗		2008 年	2007 年	同比 +%
综合能源消费量（吨标准煤）	消费量	7199.06	8010.92	11.27
	（+%）	+9.01	11.28	
规上工业增加值速度（+%）		+19.3	26.2	
规上工业万元增加值能耗（吨标准煤 / 万元）		0.8126	–11.28	
二、2010 年单位 GDP 能耗				
全县综合能源消费量（万吨标准煤）		9.41	9.96	5，83
GDP（亿元）		8.25	8.89	11.99
单位 GDP 能耗（万吨标准煤 / 亿元）		1.1406	1.1205	–4.65

——循化撒拉族自治县统计局:《青海省循化撒拉族自治县国民经济社会发展统计资料汇编（2006 年—2010 年）》(内部资料)，2011 年 10 月，第 158 页。

2001 年国有经济单位全部职工人数及工资总额

劳资表一

（单位：人、万元）

项目	年末人数				平均人数	工资总额
	合计	长期职工	临时职工	其他从业人员		
金融、保险业	92	71	15	6	92	136.9
房地产业	3	3			3	3.5
社会服务业	30	30			30	36.4
卫生体育和社会福利业	358	283		75	358	393.8
教育文化艺术和广播电视	1289	1156	133		1289	1754.8
科学研究和综合技术服务	54	54			54	68.9
国家机关	1188	1186	2		1186	1590.7
其他行业	8	8			8	10.7

——循化撒拉族自治县统计局:《海东市循化县统计局统计资料汇编》(内部资料)，2001 年，第 35 页。

2001 年城镇集体单位从业人员及劳动报酬

劳资表二

（单位：人、万元）

项目	年末人数	平均人数	劳动报酬
总计	175	175	108.8
二、采掘业	20	20	9.6
三、制造业	34	34	16.3
八、批发零售贸易餐饮业	85	85	60.1
九、金融、保险业	34	34	18.4
十五、国家机关	2	2	3.5

——循化撒拉族自治县统计局:《海东市循化县统计局统计资料汇编(2001)》(内部资料)，第 37 页。

2002 年国有经济单位全部职工人数及工资总额

劳资表一

（单位：人、千元）

项目	年末人数			平均人数	工资总额
	合计	长期职工	其他从业人员		
总计	3950	3879	71	3900	55301
农、林、牧、渔	316	316		290	4637

续表

项目	年末人数			平均人数	工资总额
	合计	长期职工	其他从业人员		
制造业	110	100	10	110	761
电力、煤气及水的生产供应	21	21		21	315
建筑业	69	69		67	608
地质勘查业、水利管理业	92	92		0	1380
交通运输、仓储和邮政业	95	95		92	1595
批发、零售业	199	199		199	2223
金融、保险业	112	112		112	2040
租赁和商务服务业	12	12		8	136
社会服务业	35	35		33	405
卫生、体育和社会福利业	353	349	4	354	5079
教育、文化及艺术广播电影	1315	1270	45	1301	18571
科学研究和综合技术服务业	55	55		54	765
国家机关、政党机关和社会团体	1158	1146	12	1158	16671
其他行业	8	8		8	115

——循化撒拉族自治县统计局：《海东市循化县统计局统计资料汇编（2002）》（内部资料），第 32 页。

2002 年城镇集体单位从业人员及劳动报酬

劳资表二　　（单位：人、千元）

项目	年末人数	平均人数	劳动报酬
城镇集体单位合计	181	180	1617
采矿业	26	23	124
制造业	29	31	182
批发零售业	85	85	667
金融、保险业	39	39	609
机关	2	2	35

——循化撒拉族自治县统计局：《海东市循化县统计局统计资料汇编（2002）》（内部资料），第 33 页。

2002年单位从业人员变动情况

劳资表三　　　　　　　　　　　　　　　　　　　　（单位：人）

项目	本年增加人数						本年减少人数			
	合计	从农村招收	从城镇招收	录用大中专学校毕业生退伍	调入	其他	合计	离休退休退职	调出	其他
总计	240	20	11	47	99	63	180	53	48	79
国有单位	229	17	11	47	99	55	175	53	47	75
按企业事业机关分组										
农、林、牧、渔	51			2	41	8				
采矿业	6	3				3				
制造业	10	10					47			47
电力、煤气及水的生产供应										
建筑业	4		3			1				
地质勘查业、水利管理业	5				5					
交通运输、仓储和邮政业	4				4		13		1	12
批发、零售业	9					9				
金融、保险业	31			4		27	6		6	
租赁和商务服务业	9				6	3				
社会服务业	5			5						
卫生、体育和社会福利业	8	3		2	3		13	2	5	6
教育、文化及艺术广播电影	41	4		29	8		15	4		11
科学研究和综合技术服务业	2				2		1			1
国家机关、政党机关和社会团体	55		8	5	30	12	85	47	36	2

——循化撒拉族自治县统计局：《海东市循化县统计局统计资料汇编（2002）》（内部资料），第34页。

2002 年总产值（单位：万元）

项目	按当年价格计算		按可比价格计算	
	2002 年	2001 年	2002 年	2001 年
总产值	82437	70594	81921	70193
第一产业	12347	11427	12261	11347
第二产业	46686	39140	46361	38867
其中：工业产值	35716	29998	35358	29698
建筑业产值	10970	9142	11003	9169
第三产业	23404	20027	23299	19979
其中：交通仓储邮电通信业	4869	3549	4810	3540
金融保险业	872	816	872	816
批发零售贸易餐饮业	9726	8112	9680	8073
房地产业	820	960	820	960
其他行业	7117	6590	7117	6590

——循化撒拉族自治县统计局：《海东市循化县统计局统计资料汇编（2002）》（内部资料），第 5 页。

2003 年国有经济单位全部职工人数及工资总额

劳资表一　　（单位：人、千元）

项目	年末人数			平均人数	工资总额
	合计	长期职工	其他从业人员		
总计	4152	3952	200	4115	57410
农、林、牧、渔	316	316		290	4637
采矿业	259	259		235	3847
制造业	110	100	10	110	761
电力、煤气及水的生产供应	78	75	3	78	931
建筑业	169	169		169	1074
交通运输、仓储和邮政业	92	79	13	92	1044
信息传输、计算机服务和软件业	31	21	10	31	250
批发、零售业	170	170		170	2008
金融、保险业	112	112		112	1575
房地产业	12	12		12	136
租赁和商务服务业	10	10		10	121
科学研究、技术服务和地质勘查业	26	26		26	355
水利、环境和公共设施管理业	99	99		95	1406

续表

项目	年末人数			平均人数	工资总额
	合计	长期职工	其他从业人员		
教育	1379	1229	150	1372	18660
卫生、社会保障和社会福利业	339	335	4	339	4819
文化、体育和娱乐业	82	82		81	1154
公共管理和社会组织	1131	1121	10	1131	18479

——循化撒拉族自治县统计局:《海东市循化县统计局统计资料汇编(2003)》(内部资料),第35页。

2003年城镇集体单位从业人员及劳动报酬

劳资表二　　（单位：人、千元）

项目	年末人数	平均人数	劳动报酬
总计	211	213	1741
采掘业	60	60	324
制造业	29	31	182
批发零售业	77	77	621
金融、保险业	45	45	614

——循化撒拉族自治县统计局:《海东市循化县统计局统计资料汇编(2003)》(内部资料),第36页。

2003年单位从业人员变动情况

劳资表三　　（单位：人）

项目	本年增加人数						本年减少人数			
	合计	从农村招收	从城镇招收	录用大中专学校毕业生退伍	调入	其他	合计	离休退休退职	调出	其他
总计	294	21	36	198	39		58	7	41	10
国有单位	291	18	36	198	39		47	7	40	
按企业事业机关分组										
农、林、牧、渔	18			2	16					
采矿业	3	3					10			10
制造业	10	10								
电力、煤气及水的生产供应	3	3								

续表

项目	本年增加人数						本年减少人数			
	合计	从农村招收	从城镇招收	录用大中专学校毕业生退伍	调入	其他	合计	离休 退休 退职	调出	其他
建筑业	27		27							
信息传输、计算机服务和软件业	1			1			3		3	
批发、零售业	1		1							
金融、保险业	4			4			6		6	
水利、环境和公共设施管理业	5				5					
教育	194	2		186	6		22		22	
卫生、社会保障和社会福利业	6	3			3		1		1	
文化、体育和娱乐业	2				2					
公共管理和社会组织	20		8	5	7		16	7	9	

——循化撒拉族自治县统计局：《海东市循化县统计局统计资料汇编（2003）》（内部资料），第 37 页。

2003 年总产值

综合表二　（单位：万元）

项目	按当年价格计算		按可比价格计算	
	2003 年	2002 年	2003 年	2002 年
总产值	96051	82437	95653	81921
第一产业	13440	12347	13447	12261
第二产业	55628	46686	55240	46361
其中：工业产值	42621	35716	42194	35358
建筑业产值	13007	10970	13046	11003
第三产业	26983	23404	26966	23299
其中：交通仓储邮电通信业	5906	4869	5834	4810
金融保险业	931	872	931	872
批发零售贸易餐饮业	11700	9726	11755	9680
房地产业	615	820	615	820
其他服务业	7831	7117	7831	7117

——循化撒拉族自治县统计局：《海东市循化县统计局统计资料汇编（2003）》（内部资料），第 5 页。

2004 年国有经济单位全部职工人数及工资总额

劳资表一 （单位：人、千元）

项目	年末人数			平均人数	工资总额
	合计	长期职工	其他从业人员		
总计	4392	3680	712	4528	64222
农、林、牧、渔	347	244	103	347	4008
制造业	18	18		18	196
电力、煤气及水的生产供应	146	143	3	112	1603
建筑业	217	67	150	413	1894
交通运输、仓储和邮政业	116	82	34	115	1038
信息传输、计算机服务和软件业	31	21	10	31	250
批发、零售业	165	165		160	2044
金融、保险业	120	100	20	120	2079
租赁和商务服务业	10	10		10	70
科学研究、技术服务和地质勘查业	8	8		8	124
水利、环境和公共设施管理业	130	130		129	3285
教育	1501	1218	283	1500	23198
卫生、社会保障和社会福利业	290	270	20	271	4108
文化、体育和娱乐业	62	44	18	61	788
公共管理和社会组织	1231	1160	71	1233	19537

——循化撒拉族自治县统计局：《海东市循化县统计局统计资料汇编（2004）》（内部资料），第 32 页。

2004 年城镇集体单位从业人员及劳动报酬

劳资表二 （单位：人、千元）

项目	年末人数	平均人数	劳动报酬
城镇集体单位合计	287	478	3370
企业	279	470	3214
机关	8	8	156
采矿业	60	60	324
制造业	29	30	201
建筑业	110	300	1941
批发零售业	48	48	380
金融、保险业	40	40	524

——循化撒拉族自治县统计局：《海东市循化县统计局统计资料汇编（2005）》（内部资料），第 33 页。

2004 年单位从业人员变动情况

劳资表三 （单位：人）

项目	本年增加人数						本年减少人数						
	合计	从农村招收	从城镇招收	录用大中专学校毕业生退伍	调入	其他	合计	离休退休退职	开除除名辞退	终止、解除合同	死亡	调出	其他
总计	512	45	168	14	194	71	147	40	3	3	2	92	7
国有单位	356	39	58	14	180	45	131	37		3	2	89	
城镇集体单位	156	6	110		14	26	9	3	3			3	
按企业事业机关分组													
农、林、牧、渔	1				1		33	2			1	30	
采矿业							7						7
制造业	6	6					6	3	3				
电力、煤气及水的生产供应	39	34				5							
建筑业	158		158										
交通运输业							2					2	
信息传输、计算机服务和软件业	5		2	1		2	5			2		3	
批发、零售业	40		7		7	26	4	1				3	
金融、保险业	10		1	1	8		8			1		7	
科学研究技术服务和地质勘查	2			1	1								
水利、环境和公共设施管理业	25	4		13	3	5	4					4	
教育	133			16	102	15	24	19				5	
卫生、社会保障和社会福利业	40				25	15	17	11				6	
文化、体育和娱乐业	2				2								
公共管理和社会组织	47			1	44	2	40	4			1	35	

——循化撒拉族自治县统计局：《海东市循化县统计局统计资料汇编（2005）》（内部资料），第 34 页。

2004 年总产值

综合表二 （单位：万元）

项目	按当年价格计算		按可比价格计算	
	2004 年	2003 年	2004 年	2003 年
总产值	108998	96051	107570	95653
第一产业	14694	13440	14221	13447

续表

项目	按当年价格计算		按可比价格计算	
	2004 年	2003 年	2004 年	2003 年
第二产业	65244	55628	64568	55240
其中：工业产值	50284	42621	49756	42194
建筑业产值	14960	13007	14812	13046
第三产业	29060	26983	28781	26966
其中：交通仓储邮电通信业	6497	5906	6425	5834
金融保险业	978	931	978	931
批发零售贸易餐饮业	12770	11700	12694	11755
房地产业		615		615
其他行业	8815	7831	8684	7831

——循化撒拉族自治县统计局：《海东市循化县统计局统计资料汇编（2004）》（内部资料），第 5 页。

2005 年国有经济单位全部职工人数及工资总额

劳资表一　　　　（单位：人、千元）

项目	年末人数			平均人数	工资总额
	合计	长期职工	其他从业人员		
总计	4487	3887	600	4431	72623
农、林、牧、渔	344	254	90	344	4668
制造业	13	13		13	120
电力、煤气及水的生产供应	146	143	3	112	1687
建筑业	234	61	173	234	1964
交通运输、仓储和邮政业	111	88	23	111	1255
信息传输、计算机服务和软件业	38	35	3	31	263
批发、零售业	167	167		163	2041
金融、保险业	120	116	4	120	2236
租赁和商务服务业	6	6		6	76
科学研究、技术服务和地质勘查业	8	8		8	125
水利、环境和公共设施管理业	127	127		127	1968
教育	1464	1259	205	1463	27671
卫生、社会保障和社会福利业	280	278	2	270	3766
文化、体育和娱乐业	119	101	18	119	1777
公共管理和社会组织	1310	1231	79	1310	23006

——循化撒拉族自治县统计局：《海东市循化县统计局统计资料汇编（2005）》（内部资料），第 31 页。

2005 年城镇集体单位从业人员及劳动报酬

劳资表二　　　　（单位：人、千元）

项目	年末人数	平均人数	劳动报酬
城镇集体单位合计	440	440	2456
企业	432	432	2296
机关	8	8	160
采矿业	200	200	391
制造业	29	29	203
建筑业	110	110	770
批发零售业	60	60	400
金融、保险业	41	41	692

——循化撒拉族自治县统计局：《海东市循化县统计局统计资料汇编（2005）》（内部资料），第 32 页。

2005 年单位从业人员变动情况

劳资表三　　　　（单位：人）

项目	本年增加人数						本年减少人数						
	合计	从农村招收	从城镇招收	录用大中专学校毕业生退伍	调入	其他	合计	离休退休退职	开除除名辞退	终止、解除合同	死亡	调出	其他
总计	283	162	3	69	49		74	8		8	1	57	
国有单位	130	22	3	59	46		73	8		8	1	56	
城镇集体单位	153	140		10	3		1					1	
按企业事业机关分组													
农、林、牧、渔	4				4		4					4	
采矿业	140	140											
制造业													
电力、煤气及水的生产供应	5	5					5			5			
建筑业	27	17		10									
交通运输业	2		2				1			1			
信息传输、计算机服务和软件业	2				2		2			2			
批发、零售业	1				1		2	1				1	
金融、保险业	3		1		2		4	1				3	
科学研究技术服务和地质勘查													

续表

项目	本年增加人数						本年减少人数						
	合计	从农村招收	从城镇招收	录用大中专学校毕业生退伍	调入	其他	合计	离休退休退职	开除除名辞退	终止、解除合同	死亡	调出	其他
水利、环境和公共设施管理业	2				2		3					3	
教育	66			59	7		16	4			1	11	
卫生、社会保障和社会福利业	2				2		8	1				7	
文化、体育和娱乐业													
公共管理和社会组织	29				29		29	1				28	

——循化撒拉族自治县统计局:《海东市循化县统计局统计资料汇编（2005）》(内部资料)，第33页。

2005年总产值

综合表二 （单位：万元）

项目	按当年价格计算		按可比价格计算	
	2005年	2004年	2005年	2004年
总产值	154388	127249	135491	111048
第一产业	17286	16454	14435	13740
第二产业	107836	83521	96980	74069
其中：工业产值	41438	34667	41184	33016
建筑业产值	66398	48854	55796	41053
第三产业	29266	27274	24076	23239
其中：交通仓储邮电通信业	4963	4295	4316	3735
金融保险业	622	596	576	552
批发零售贸易餐饮业	2719	1773	2251	1468
房地产业	3790	3633	3203	3070
其他行业	17172	16977	13730	14414

——循化撒拉族自治县统计局:《海东市循化县统计局统计资料汇编（2005）》(内部资料)，第5页。

2006 年国有经济单位全部职工人数及工资总额

劳资表一　（单位：人、千元）

项目	年末人数			平均人数	工资总额
	合计	长期职工	其他从业人员		
总计	4585	3949	636	4581	93414
农、林、牧、渔	107	45	62	107	1126
制造业					
电力、煤气及水的生产供应	146	63	83	146	1840
建筑业	333	60	273	333	2758
交通运输、仓储和邮政业	112	77	35	112	1346
信息传输、计算机服务和软件业	40	20	20	40	612
批发、零售业	95	95		91	979
金融、保险业	105	92	13	105	2157
租赁和商务服务业	6	3	3	6	87
科学研究、技术服务和地质勘查业	9	9		9	160
水利、环境和公共设施管理业	101	101		101	2382
教育	1430	1361	69	1430	33648
卫生、社会保障和社会福利业	236	236		236	4980
文化、体育和娱乐业	57	57		57	1334
公共管理和社会组织	1808	1730	78	1808	40003

——循化撒拉族自治县统计局：《青海省循化撒拉族自治县国民经济社会发展统计资料汇编（2006 年—2010 年）》（内部资料），2011 年 10 月，第 151 页。

2006 年城镇集体单位从业人员及劳动报酬

劳资表二　（单位：人、千元）

项目	年末人数	平均人数	劳动报酬
城镇集体单位合计	435	435	2963
企业	435	435	2963
机关			
采矿业	230	230	1150
制造业	15	15	100
建筑业	110	110	770
批发零售业	39	39	231
金融、保险业	41	41	712

——循化撒拉族自治县统计局：《青海省循化撒拉族自治县国民经济社会发展统计资料汇编（2006 年—2010 年）》（内部资料），2011 年 10 月，第 152 页。

2006 年单位从业人员变动情况

劳资表三　　　　　　　　　　（单位：人）

项目	本年增加人数						本年减少人数						
	合计	从农村招收	从城镇招收	录用大中专学校毕业生退伍	调入	其他	合计	离休退休退职	开除除名辞退	终止、解除合同	死亡	调出	其他
总计	481	135	12	277	57		87	6		4	1	76	
国有单位	436	100	2	277	57		87	6		4	1	76	
城镇集体单位	45	35	10										
按企业事业机关分组													
农、林、牧、渔	1				1							1	
采矿业	30	30											
制造业													
电力、煤气及水的生产供应													
建筑业	116	105	10		1		1					1	
交通运输业													
信息传输、计算机服务和软件业													
批发、零售业							4			4			
金融、保险业													
科学研究技术服务和地质勘查	2				2								
水利、环境和公共设施管理业	1				1		1					1	
教育	95		2	85	8		15	1				14	
卫生、社会保障和社会福利业	54			54			1	1					
文化、体育和娱乐业	2			2									
公共管理和社会组织	180			136	44		64	4			1	59	

——循化撒拉族自治县统计局：《青海省循化撒拉族自治县国民经济社会发展统计资料汇编（2006 年—2010 年）》（内部资料），2011 年 10 月，第 155 页。

2006 年循化生产总值

综合表一　　（单位：万元）

项目	2006 年		2005 年		增减 %
	可比价	现行价	可比价	现行价	
循化生产总值	70087	71512	61933	61915	13.2
第一产业	11899	12017	11731	11731	1.4
第二产业	32620	33192	29802	29802	9.5
其中：工业	17910	18100	14650	14650	22.3
建筑业	14710	15092	15152	15152	-3.0
第三产业	25568	26303	20382	20382	25.4
当年平均人口	12.17	12.17	11.85	11.85	
人均循化生产总值	5759	5876	4409	5225	12.5
城镇居民可支配收入	7956	7106	11.96		

——循化撒拉族自治县统计局：《青海省循化撒拉族自治县国民经济社会发展统计资料汇编（2006 年—2010 年）》（内部资料），2011 年 10 月，第 66 页。

2006 年总产值

综合表二　　（单位：万元）

项目	按当年价格计算		按可比价格计算	
	2005 年	2006 年	2005 年	2006 年
总产值	154388	181545	135491	158944
第一产业	17286	17512	14435	17340
第二产业	107836	117895	96980	106770
其中：工业产值	41438	51760	41184	51195
建筑业产值	66398	66135	55796	55575
第三产业	29266	46138	24076	34834
其中：交通仓储邮电通信业	4963	7736	4316	6087
金融保险业	622	649	576	601
批发零售贸易餐饮业	2719	4869	2251	4066
房地产业	3790	3960	3203	3642
其他行业	17172	28924	13730	20438

——循化撒拉族自治县统计局：《青海省循化撒拉族自治县国民经济社会发展统计资料汇编（2006 年—2010 年）》（内部资料），2011 年 10 月，第 63 页。

2007年国有经济单位全部职工人数及工资总额

劳资表一 （单位：人、千元）

项目	年末人数				平均人数	工资总额
	合计	长期职工	临时职工	其他从业人员		
总计	4710	3909	151	650	4655	112944
农、林、牧、渔	8	8			8	216
制造业						
电力、煤气及水的生产供应	147	64	83		147	
建筑业	333	60		273	333	2784
交通运输、仓储和邮政业	112	77	15	20	112	1528
信息传输、计算机服务和软件业	41	20	21		41	680
批发、零售业	68	68			68	699
金融、保险业	101	91	7	3	101	2337
租赁和商务服务业	6	3	3		6	123
科学研究、技术服务和地质勘查业	9	9			9	180
水利、环境和公共设施管理业	56	47	9		56	3000
教育	1470	1425		45	1470	37526
卫生、社会保障和社会福利业	293	293			293	6823
文化、体育和娱乐业	72	47		25	72	2132
公共管理和社会组织	1994	1697	13	284	1939	52303

——循化撒拉族自治县统计局：《青海省循化撒拉族自治县国民经济社会发展统计资料汇编（2006年—2010年）》（内部资料），2011年10月，第151页。

2007年城镇集体单位从业人员及劳动报酬

劳资表二 （单位：人、千元）

项目	年末人数	平均人数	劳动报酬
城镇集体单位合计	444	444	2977
企业	444	444	2977
机关			
二、采矿业	230	230	1170
三、制造业	15	15	101
五、建筑业	110	110	770
八、批发零售业	39	39	236
十、金融、保险业	50	50	700

——循化撒拉族自治县统计局：《青海省循化撒拉族自治县国民经济社会发展统计资料汇编（2006年—2010年）》（内部资料），2011年10月，第154页。

2007 年单位从业人员变动情况

劳资表三　　　　（单位：人）

项目	本年增加人数						本年减少人数						
	合计	从农村招收	从城镇招收	录用大中专学校毕业生退伍	调入	其他	合计	离休退休退职	开除除名辞退	终止、解除合同	死亡	调出	其他
总计	428	135	10	156	127		293	14		72	1	206	
国有单位	383	100		156	127		274	14		53	1	206	
城镇集体单位	45	35	10				19			19			
按企业事业机关分组													
农、林、牧、渔													
采矿业	30	30					15			15			
制造业													
电力、煤气及水的生产供应							1			1			
建筑业	116	105	10		1		53			52		1	
交通运输业	1				1		1					1	
信息传输、计算机服务和软件业													
批发、零售业							4			4			
金融、保险业													
科学研究技术服务和地质勘查	2				2								
水利、环境和公共设施管理业													
教育	33			3	30		36	1				35	
卫生、社会保障和社会福利业	43			38	5		10	1				9	
文化、体育和娱乐业	2			2			2	2					
公共管理和社会组织	201			113	88		171	10			1	160	

——循化撒拉族自治县统计局：《青海省循化撒拉族自治县国民经济社会发展统计资料汇编（2006 年—2010 年）》（内部资料），2011 年 10 月，第 156 页。

2007 年循化生产总值

综合表一　　　　（单位：万元）

项目	2007 年		2006 年		增减 %
	可比价	现行价	可比价	现行价	
循化生产总值	71469	78233	63527	64990	12.5
第一产业	12483	15269	11899	12107	4.9
第二产业	29071	30938	26060	26563	11.6
其中：工业	14483	15338	11350	11471	27.6
建筑业	14588	15600	14710	15092	–0.8
第三产业	29915	32026	25568	26320	17.0
当年平均人口	12.52	12.52	12.17	12.17	
人均循化生产总值	5710	6251	5759	5876	
城镇居民可支配收入	9224	7956	15.90		

——循化撒拉族自治县统计局：《青海省循化撒拉族自治县国民经济社会发展统计资料汇编（2006 年—2010 年）》（内部资料），2011 年 10 月，第 66 页。

2007 年总产值

综合表二　　　　（单位：万元）

项目	按当年价格计算		按可比价格计算	
	2007 年	2006 年	2007 年	2006 年
总产值	184081	181545	159060	158944
第一产业	22379	17512	21518	17340
第二产业	107826	117895	96934	106770
其中：工业产值	42240	51760	41821	51195
建筑业产值	65586	66135	55113	55575
第三产业	53876	46138	40608	34834
其中：交通仓储邮电通信业	9120	7736	7176	6087
金融保险业	689	649	638	601
批发零售贸易餐饮业	5745	4869	4797	4066
房地产业	4308	3960	3962	3642
其他行业	34014	28924	24035	20438

——循化撒拉族自治县统计局：《青海省循化撒拉族自治县国民经济社会发展统计资料汇编（2006 年—2010 年）》（内部资料），2011 年 10 月，第 64 页。

2008 年国有经济单位全部职工人数及工资总额

劳资表一　　　　（单位：人、千元）

项目	年末人数			平均人数	工资总额
	合计	长期职工	其他从业人员		
总计	4825	3707	1118	4749	141388
农、林、牧、渔	397	231	166	397	12339
制造业					
电力、煤气及水的生产供应	140	62	78	140	2789
建筑业	315	45	270	240	2447
交通运输、仓储和邮政业	61	56	5	61	716
信息传输、计算机服务和软件业					
批发、零售业	103	103		103	1411
金融、保险业	118	89	29	118	3186
租赁和商务服务业	8	7	1	7	210
科学研究、技术服务和地质勘查业	11	10	1	11	229
水利、环境和公共设施管理业	261	184	77	261	6778
教育	1467	1251	216	1467	50032
卫生、社会保障和社会福利业	268	268		268	8742
文化、体育和娱乐业	146	101	45	146	3974
公共管理和社会组织	1530	1300	230	1530	48535

——循化撒拉族自治县统计局:《青海省循化撒拉族自治县国民经济社会发展统计资料汇编（2006 年—2010 年）》（内部资料），2011 年 10 月，第 152 页。

2008 年城镇集体单位从业人员及劳动报酬

劳资表二　　　　（单位：人、千元）

项目	年末人数	平均人数	劳动报酬
城镇集体单位合计	578	578	5809
企业	578	578	5809
机关			
采矿业	235	235	1480
制造业			
建筑业	260	260	2308
批发零售业	33	33	249
金融、保险业	50	50	1772

——循化撒拉族自治县统计局:《青海省循化撒拉族自治县国民经济社会发展统计资料汇编（2006 年—2010 年）》（内部资料），2011 年 10 月，第 154 页。

2008年单位从业人员变动情况

劳资表三

（单位：人）

项目	本年增加人数						本年减少人数						
	合计	从农村招收	从城镇招收	录用大中专学校毕业生退伍	调入	其他	合计	离休退休退职	开除除名辞退	终止、解除合同	死亡	调出	其他
总计	335	200		55	80		86	5			1	80	
国有单位	135			55	80		86	5			1	80	
城镇集体单位	200	200											
按企业事业机关分组													
农、林、牧、渔	3			2	1		6	2			1	3	
采矿业													
制造业	1				1		2					2	
电力、煤气及水的生产供应	200	200											
建筑业	5			5			1			1			
交通运输业													
信息传输、计算机服务和软件业							1	1					
批发、零售业							2					2	
金融、保险业	1				1								
科学研究技术服务和地质勘查	2				2								
水利、环境和公共设施管理业	20			5	15		8	2				6	
教育	42				42	.	57					57	
卫生、社会保障和社会福利业													
文化、体育和娱乐业	20			20									
公共管理和社会组织	41			23	18		10					10	

——循化撒拉族自治县统计局：《青海省循化撒拉族自治县国民经济社会发展统计资料汇编（2006年—2010年）》（内部资料），2011年10月，第156页。

2008 年循化生产总值

综合表一

（单位：万元）

项目	2008 年		2007 年		增减 %
	可比价	现行价	可比价	现行价	
生产总值	73604	83212	65425	71076	12.5
第一产业	13218	20074	12483	15229	5.9
第二产业	27268	26266	23963	25006	13.8
其中：工业	18133	17081	14483	15338	25.2
建筑业	9135	9185	9480	9668	–3.6
第三产业	33118	36872	28979	30841	14.3
人均生产总值	5800	6557	5710	6251	4.9
城镇居民可支配收入	10930	9224	18.50		

——循化撒拉族自治县统计局：《青海省循化撒拉族自治县国民经济社会发展统计资料汇编（2006 年—2010 年）》（内部资料），2011 年 10 月，第 67 页。

2008 年总产值

综合表二

（单位：万元）

项目	按当年价格计算		按可比价格计算	
	2008 年	2007 年	2008 年	2007 年
总产值	198746	184081	175024	159060
第一产业	29207	22379	28053	21518
第二产业	109429	107826	98746	96934
其中：工业产值	46204	42240	45165	41821
建筑业产值	63225	65586	53581	55113
第三产业	60110	53876	48225	40608
其中：交通仓储邮电通信业	9996	9120	7987	7176
金融保险业	690	689	642	638
批发零售贸易餐饮业	6245	5745	5178	4797
房地产业	4549	4308	4219	3962
其他行业	38630	34014	30199	24035

——循化撒拉族自治县统计局：《青海省循化撒拉族自治县国民经济社会发展统计资料汇编（2006 年—2010 年）》（内部资料），2011 年 10 月，第 64 页。

2008 年循化县（市）社会经济基本情况表

指标	计量单位	代码	数量	指标	计量单位	代码	数量
一、乡村基本情况				三、综合经济			
乡（镇）个数	个	1	9	（一）地区生产总值	万元	24	83212
其中：建制镇个数	个	2	3	第一产业增加值	万元	25	20074
镇区占地面积	公顷	3	299	农业	万元	26	7683
镇区总人口	人	4	6768	林业	万元	27	662
村民委员会个数	个	5	154	牧业	万元	28	11531
其中：自来水受益村	个	6	136	渔业	万元	29	
通电话的村	个	7	132	农林牧渔服务业	万元	30	189
通有线电视的村	个	8	11	第二产业增加值	万元	31	26266
二、人口与就业				其中：工业	万元	32	17081
年末总人口	万人	9	126927	第三产业增加值	万元	33	36872
其中：女	万人	10	62927	（二）财政、金融			
当年出生人口	人	11	2086	财政总收入	万元	34	43381
当年死亡人口	人	12	729	其中：地方财政一般预算收入	万元	35	4241
常住人口	万人	13		各项税收	万元	36	3732
乡村人口	万人	14	11.53	地方财政一般预算支出	万元	37	44078
年末总户数	户	15	33587	其中：农林水事务	万元	38	
其中：乡村户数	户	16	23412	科学技术	万元	39	317
年末单位从业人员数	人	17	5981	医疗卫生	万元	40	
其中：女	人	18	1747	教育	万元	41	8371
其中：第二产业	人	19	1073	年末金融机构各项存款余额	万元	42	82022
第三产业	人	20	4643	其中：城乡居民储蓄存款余额	万元	43	
乡村从业人员数	人	21	397	年末金融机构各项贷款余额	万元	44	19762
其中：农林牧渔业	人	22	397	其中：农业贷款	万元	45	
城镇登记失业人员数	人	23	1584				

——循化撒拉族自治县统计局：《海东市循化县统计局县卡 2008》（内部资料）。

2008 年循化县（市）社会经济基本情况表（续表二）

指标	计量单位	代码	数量	指标	计量单位	代码	数量
四、农业				工业企业数	个	75	7
（一）生产条件				工业总产值（现价）	万元	76	28474

续表

指标	计量单位	代码	数量	指标	计量单位	代码	数量
农业机械总动力	万千瓦特	46	77748	内资企业	万元	77	28474
化肥使用量（折纯量）	吨	47	2088	港、澳、台商投资企业	万元	78	
农药使用量	吨	48	102	外商投资企业	万元	79	
地膜使用量	吨	49	111	从业人员年平均数	人	80	1754
有效灌溉面积	公顷	50	5006	流动资产年平均余额	万元	81	9999.5
（二）农作物总播种面积	公顷	51	14775	固定资产净值年平均余额	万元	82	14240.8
粮食作物播种面积	公顷	52	7348	产品销售收入	万元	83	26169.4
其中：稻谷	公顷	53		其中：产品销售税金及附加	万元	84	2.6
小麦	公顷	54	4310	本年应交增值税	万元	85	380.5
玉米	公顷	55		利润总额	万元	86	2315.2
大豆	公顷	56		建筑业：			
油料播种面积	公顷	57	4589	建筑业企业个数	个	87	5
棉花播种面积	公顷	58		期末从业人员数	人	88	553
糖料播种面积	公顷	59		建筑业总产值	万元	89	
蔬菜播种面积	公顷	60		六、交通运输、邮电通信、能源			
粮食总产量	吨	61	31955	境内公路里程	公里	90	731
其中：稻谷	吨	62		其中：高等级公路	公里	91	
小麦	吨	63	23314	境内铁路营业里程	公里	92	
玉米	吨	64		境内火车站个数	个	93	
大豆	吨	65		民用汽车拥有量	辆	94	856
油料产量	吨	66	7336	其中：个人汽车	辆	95	698
棉花产量	吨	67		邮政业务总量	万元	96	329.03
糖料产量	吨	68		电信业务总量	万元	97	812.8
水果产量	吨	69	900	本地电话年末用户	户	98	15061
肉类总产量	吨	70	6729	住宅电话年末用户	户	99	12861
奶类产量	吨	71	7013	其中：乡村电话用户	户	100	8560
禽蛋产量	吨	72	131	移动电话年末用户数	户	101	30992
蔬菜产量	吨	73	68609	国际互联网用户	户	102	1155
水产品产量	吨	74		全年用电量	万千瓦时	103	4085.34

续表

指标	计量单位	代码	数量	指标	计量单位	代码	数量
五、工业及建筑业				其中：工业用电量	万千瓦时	104	1260.68
规模以上工业企业：				其中：农村用电量	万千瓦时	105	1137.99

——循化撒拉族自治县统计局：《海东市循化县统计局县卡2008》(内部资料)。

编者注：表中数据系原文。

2008年循化县(市)社会经济基本情况表(续表三)

指标	计量单位	代码	数量	指标	计量单位	代码	数量
七、贸易、外经、旅游				高技术产业企业个数	个	132	—
社会消费品零售总额	万元	106	24110	高技术产业总产值(当年价格)	万元	133	—
限额以上批发和零售业商品销售总额	万元	107		专业技术人员数	人	134	2921
出口总额	万美元	108		其中：农业技术人员	人	135	65
当年合同外资金额	万美元	109		农业科技与服务单位个数	个	136	7
当年实际使用外资金额	万美元	110		全年专利申请数	件	137	
境内外来资本实际投资额	万元	111	—	体育场馆数	个	138	1
星级饭店个数	个	112	7	剧场、影剧院数	个	139	
星级饭店客房总数	间	113	671	公共图书馆图书总藏量	千册	140	62.7
名胜风景区和文物保护区个数	个	114	52	医院、卫生院数	所	141	11
八、固定资产投资				医院、卫生院床位数	床	142	108
城镇固定资产投资完成额	万元	115	42609	医院、卫生院卫生技术人员数	人	143	270
城镇新增固定资产	万元	116	33563	其中：医生	人	144	128
城镇固定资产投资项目个数	个	117	117	卫生防疫人员数	人	145	37
房地产开发投资完成额	万元	118		5岁以下儿童死亡率	‰	146	12.79
其中：住宅	万元	119		婴儿死亡率	‰	147	12.3
九、教育、科技、文化、卫生				产妇住院分娩比例	%	148	88.1
普通中学数	所	120	11	十、人民生活			
小学数	所	121	86	城镇在岗职工年平均人数	人	149	5905
普通中学专任教师数	人	122	449	城镇在岗职工工资总额	万元	150	13921.1
小学专任教师数	人	123	721	农村居民人均纯收入	元	151	3250

续表

指标	计量单位	代码	数量	指标	计量单位	代码	数量
普通中学在校学生数	人	124	6627	农民人均住房面积	平方米	152	16.04
其中：女生	人	125	2786	农民文化娱乐消费比重	%	153	5.81
小学在校学生数	人	126	14823	农村彩电普及率	%	154	65
其中：女生	人	127	7157	农村电脑普及率	%	155	1
学龄儿童入学率	%	128	99.8	农村恩格尔系数	%	156	
其中：女童入学率	%	129	99.8	成人文盲率	%	157	—
初中升学率	%	130	88.96	人均预期寿命	岁	158	—
高中升学率	%	131	66.97	农村贫困人口	万人	159	—

——循化撒拉族自治县统计局：《海东市循化县统计局县卡 2008》（内部资料）。

2008 年循化县（市）社会经济基本情况表（续表四）

指标	计量单位	代码	数量	指标	计量单位	代码	数量
十一、社会保障				森林面积	公顷	177	49549.7
各种社会福利收养性单位数	个	160	4	当年造林面积	公顷	178	1200
各种社会福利收养性单位床位数	床	161	79	其中：退耕造林面积	公顷	179	
参加基本养老保险职工数	人	162	2122	年末耕地总资源	公顷	180	11909
参加基本医疗保险职工数	人	163	5121	其中：常用耕地面积	公顷	181	11755
参加失业保险人数	人	164	3050	其中：水田	公顷	182	
城镇居民最低生活保障人数	人	165	3135	水浇地	公顷	183	5335
农村居民最低生活保障人数	人	166	7300	年内减少耕地面积	公顷	184	
农村传统救济人数	人	167	757	其中：基建占地	公顷	185	
参加农村新型合作医疗人数	人	168	103698	退耕还林还草占地	公顷	186	
参加农村社会养老保险人数	人	169		自然保护区个数	个	187	1
十二、社会治安				自然保护区面积	公顷	188	17290
交通事故件数	件	170	10	环境污染治理本年完成投资总额	万元	189	
刑事案件立案数	件	171	23	工业二氧化硫排放量	吨	190	
犯罪人数	人	172	32	工业废水排放量达标率	%	191	
民事案件发案数	件	173	115	工业烟尘排放量达标率	%	192	
十三、资源、环境与可持续发展				城镇生活污水处理率	%	193	

续表

指标	计量单位	代码	数量	指标	计量单位	代码	数量
行政区域土地面积	平方公里	174	2100	污水处理厂数	座	194	
其中：建成区面积	平方公里	175	3.4	垃圾处理站数	个	195	1
其中：建成区绿化覆盖面积	平方公里	176	1.14				

——循化撒拉族自治县统计局：《海东市循化县统计局县卡2008》（内部资料）。

2009年国有经济单位全部职工人数及工资总额

劳资表一 （单位：人、千元）

项目	年末人数			平均人数	工资总额
	合计	长期职工	其他从业人员		
总计	5043	3884	1159	5019	174116
一、农、林、牧、渔	411	237	174	411	10271
三、制造业					
四、电力、煤气及水的生产供应	146	61	85	146	2940
五、建筑业	210	60	150	210	3120
六、交通运输、仓储和邮政业	59	54	5	59	985
七、信息传输、计算机服务和软件业					
八、批发、零售业	144	94	50	144	3398
十、金融、保险业	122	91	31	124	3659
十二、租赁和商务服务业	7	6	1	7	250
十三、科学研究、技术服务和地质勘查业	20	19	1	20	481
十四、水利、环境和公共设施管理业	339	210	129	339	8439
十六、教育	1503	1300	203	1478	58766
十七、卫生、社会保障和社会福利业	328	288	40	328	10257
十八、文化、体育和娱乐业	140	100	40	140	5345
十九、公共管理和社会组织	1614	1364	250	1613	66205

——循化撒拉族自治县统计局：《青海省循化撒拉族自治县国民经济社会发展统计资料汇编（2006年—2010年）》（内部资料），2011年10月，第152页。

2009 年城镇集体单位从业人员及劳动报酬

劳资表二　　（单位：人、千元）

项目	年末人数	平均人数	劳动报酬
城镇集体单位合计	930	705	11431
企业	930	705	11431
机关			
采矿业	210	210	2023
制造业			
建筑业	603	378	7085
批发零售业	67	67	864
金融、保险业	50	50	1459

——循化撒拉族自治县统计局：《青海省循化撒拉族自治县国民经济社会发展统计资料汇编（2006 年—2010 年）》（内部资料），2011 年 10 月，第 154 页。

2009 年单位从业人员变动情况

劳资表三　　（单位：人）

项目	本年增加人数						本年减少人数						
	合计	从农村招收	从城镇招收	录用大中专学校毕业生退伍	调入	其他	合计	离休退休退职	开除除名辞退	终止、解除合同	死亡	调出	其他
总计	36	10		17	8	1	28	13				15	
国有单位	18			9	8	1	28	13				15	
城镇集体单位	18	10		8									
按企业事业机关分组				8									
农、林、牧、渔													
采矿业													
制造业													
电力、煤气及水的生产供应	18	10											
建筑业													
交通运输业													
信息传输、计算机服务和软件业													
批发、零售业													
金融、保险业													
科学研究技术服务和地质勘查													

续表

项目	本年增加人数						本年减少人数						
	合计	从农村招收	从城镇招收	录用大中专学校毕业生退伍	调入	其他	合计	离休退休退职	开除除名辞退	终止、解除合同	死亡	调出	其他
水利、环境和公共设施管理业													
教育													
卫生、社会保障和社会福利业							1	1					
文化、体育和娱乐业							4	3				1	
公共管理和社会组织	18			9	8	1	23	9				14	

——循化撒拉族自治县统计局：《青海省循化撒拉族自治县国民经济社会发展统计资料汇编（2006年—2010年）》（内部资料），2011年10月，第157页。

编者注：表中电力、煤气及水的生产供应数据系原文统计数据。

2009年循化生产总值

综合表一

（单位：万元）

项目	2009年		2008年		增减%
	可比价	现行价	可比价	现行价	
生产总值	80121	90492	71351	83212	12.0
第一产业	14025	20442	13218	20074	6.1
第二产业	28279	26730	24933	24822	13.4
其中：工业	18933	17229	15725	15522	20.4
建筑业	9346	9501	9208	9300	1.5
第三产业	37817	43321	33200	37610	13.9
人均生产总值	6182	6982	5622	6503	10.0
城镇居民可支配收入	12132		10930		10.99

——循化撒拉族自治县统计局：《青海省循化撒拉族自治县国民经济社会发展统计资料汇编（2006年—2010年）》（内部资料），2011年10月，第67页。

2009 年总产值

综合表二　（单位：万元）

项目	按当年价格计算		按可比价格计算	
	2009 年	2008 年	2009 年	2008 年
总产值	197633	180448	182019	162142
第一产业	30040	29206	30269	28053
第二产业	75077	70125	75441	65815
其中：工业产值	50640	46204	54865	45543
建筑业产值	24437	23921	20576	20272
第三产业	92515	81117	76309	68273
其中：交通仓储邮电通信业	13569	10922	9584	8734
信息传输、计算机服务和软件业	2280	5670	6709	5389
金融保险业	772	690	718	642
批发零售贸易餐饮业	11450	8605	9114	7553
房地产业	4640	4549	4227	4219
其他行业	59804	50681	45957	41436

——循化撒拉族自治县统计局：《青海省循化撒拉族自治县国民经济社会发展统计资料汇编（2006 年—2010 年）》（内部资料），2011 年 10 月，第 65 页。

编者注：数据系文原数据。

2009 年循化县（市）社会经济基本情况表

指标	计量单位	代码	数量	指标	计量单位	代码	数量
一、乡村基本情况				三、综合经济			
乡（镇）个数	个	1	9	（一）地区生产总值	万元	24	90492
其中：建制镇个数	个	2	3	第一产业增加值	万元	25	20442
镇区占地面积	公顷	3	32826	农业	万元	26	8225
镇区总人口	人	4	43842	林业	万元	27	848
村民委员会个数	个	5	154	牧业	万元	28	10980
其中：自来水受益村	个	6	140	渔业	万元	29	
通电话的村	个	7	136	农林牧渔服务业	万元	30	388
通有线电视的村	个	8	10	第二产业增加值	万元	31	26730
二、人口与就业				其中：工业	万元	32	17229
年末总人口	万人	9	12.96	第三产业增加值	万元	33	43321
其中：女	万人	10	6143	（二）财政、金融			

续表

指标	计量单位	代码	数量	指标	计量单位	代码	数量
当年出生人口	人	11	3442	财政总收入	万元	34	53063
当年死亡人口	人	12	558	其中：地方财政一般预算收入	万元	35	4672
常住人口	万人	13		各项税收	万元	36	
乡村人口	万人	14	11.39	地方财政一般预算支出	万元	37	54678
年末总户数	户	15	35574	其中：农林水事务	万元	38	12080
其中：乡村户数	户	16	23412	科学技术	万元	39	186
年末单位从业人员数	人	17	5973	医疗卫生	万元	40	4362
其中：女	人	18	1596	教育	万元	41	9824
其中：第二产业	人	19	210	年末金融机构各项存款余额	万元	42	114559
第三产业	人	20	5172	其中：城乡居民储蓄存款余额	万元	43	78118
乡村从业人员数	人	21	53750	年末金融机构各项贷款余额	万元	44	28984
其中：农林牧渔业	人	22	24889	其中：农业贷款	万元	45	13755
城镇登记失业人员数	人	23	736				

——循化撒拉族自治县统计局：《海东市循化县统计局县卡2009》（内部资料）。

编者注：数据系文原数据。

2009年循化县（市）社会经济基本情况表（续表二）

指标	计量单位	代码	数量	指标	计量单位	代码	数量
四、农业				工业企业数	个	75	7
（一）生产条件				工业总产值（现价）	万元	76	32960
农业机械总动力	万千瓦特	46	8.08	内资企业	万元	77	32960
化肥使用量（折纯量）	吨	47	2904	港、澳、台商投资企业	万元	78	
农药使用量	吨	48	101.83	外商投资企业	万元	79	
地膜使用量	吨	49	37	从业人员年平均数	人	80	1820
有效灌溉面积	公顷	50	1952	流动资产年平均余额	万元	81	13359.7
（二）农作物总播种面积	公顷	51	1092.3	固定资产净值年平均余额	万元	82	16627.6
粮食作物播种面积	公顷	52	7927.6	产品销售收入	万元	83	30071
其中：稻谷	公顷	53		其中：产品销售税金及附加	万元	84	6
小麦	公顷	54	4338.8	本年应交增值税	万元	85	421
玉米	公顷	55	10.4	利润总额	万元	86	3548

续表

指标	计量单位	代码	数量	指标	计量单位	代码	数量
大豆	公顷	56		建筑业：			
油料播种面积	公顷	57	4860.6	建筑业企业个数	个	87	5
棉花播种面积	公顷	58		期末从业人员数	人	88	641
糖料播种面积	公顷	59		建筑业总产值	万元	89	25327
蔬菜播种面积	公顷	60	3509	六、交通运输、邮电通讯、能源			
粮食总产量	吨	61	2104.73	境内公路里程	公里	90	
其中：稻谷	吨	62		其中：高等级公路	公里	91	
小麦	吨	63	22146	境内铁路营业里程	公里	92	758
玉米	吨	64	126	境内火车站个数	个	93	
大豆	吨	65		民用汽车拥有量	辆	94	1027
油料产量	吨	66	8119	其中：个人汽车	辆	95	840
棉花产量	吨	67		邮政业务总量	万元	96	399
糖料产量	吨	68		电信业务总量	万元	97	979
水果产量	吨	69	940	本地电话年末用户	户	98	15779
肉类总产量	吨	70	5821	住宅电话年末用户	户	99	11560
奶类产量	吨	71	7850	其中：乡村电话用户	户	100	8499
禽蛋产量	吨	72	114	移动电话年末用户数	户	101	53370
蔬菜产量	吨	73	87350	国际互联网用户	户	102	2100
水产品产量	吨	74		全年用电量	万千瓦时	103	4634.5
五、工业及建筑业				其中：工业用电量	万千瓦时	104	1759.04
规模以上工业企业：				其中：农村用电量	万千瓦时	105	1016.4

——循化撒拉族自治县统计局：《海东市循化县统计局县卡 2009》（内部资料）。

编者注：数据系原文数据。

2009 年循化县（市）社会经济基本情况表（续表三）

指标	计量单位	代码	数量	指标	计量单位	代码	数量
七、贸易、外经、旅游				高技术产业企业个数	个	132	—
社会消费品零售总额	万元	106	30015	高技术产业总产值（当年价格）	万元	133	—
限额以上批发和零售业商品销售总额	万元	107		专业技术人员数	人	134	3570

续表

指标	计量单位	代码	数量	指标	计量单位	代码	数量
出口总额	万美元	108		其中：农业技术人员	人	135	536
当年合同外资金额	万美元	109		农业科技与服务单位个数	个	136	7
当年实际使用外资金额	万美元	110		全年专利申请数	件	137	
境内外来资本实际投资额	万元	111	—	体育场馆数	个	138	2
星级饭店个数	个	112	7	剧场、影剧院数	个	139	
星级饭店客房总数	间	113	671	公共图书馆图书总藏量	千册	140	63
名胜风景区和文物保护区个数	个	114	52	医院、卫生院数	所	141	15
八、固定资产投资				医院、卫生院床位数	床	142	163
城镇固定资产投资完成额	万元	115	60140	医院、卫生院卫生技术人员数	人	143	303
城镇新增固定资产	万元	116	53727	其中：医生	人	144	111
城镇固定资产投资项目个数	个	117	124	卫生防疫人员数	人	145	159
房地产开发投资完成额	万元	118		5岁以下儿童死亡率	‰	146	13.2
其中：住宅	万元	119		婴儿死亡率	‰	147	11.69
九、教育、科技、文化、卫生				产妇住院分娩比例	%	148	96.69
普通中学数	所	120	10	十、人民生活			
小学数	所	121	75	城镇在岗职工年平均人数	人	149	4081
普通中学专任教师数	人	122	393	城镇在岗职工工资总额	万元	150	164863
小学专任教师数	人	123	711	农村居民人均纯收入	元	151	3862
普通中学在校学生数	人	124	6804	农民人均住房面积	平方米	152	
其中：女生	人	125	3005	农民文化娱乐消费比重	%	153	5.81
小学在校学生数	人	126	14621	农村彩电普及率	%	154	65
其中：女生	人	127	7019	农村电脑普及率	%	155	1
学龄儿童入学率	%	128	99.8	农村恩格尔系数	%	156	
其中：女童入学率	%	129	99.8	成人文盲率	%	157	—
初中升学率	%	130	80	人均预期寿命	岁	158	—
高中升学率	%	131	75	农村贫困人口	万人	159	—

——循化撒拉族自治县统计局：《海东市循化县统计局县卡2009》（内部资料）。

2009年循化县（市）社会经济基本情况表（续表四）

指标	计量单位	代码	数量	指标	计量单位	代码	数量
十一、社会保障				森林面积	公顷	177	49550
各种社会福利收养性单位数	个	160		当年造林面积	公顷	178	253

续表

指标	计量单位	代码	数量	指标	计量单位	代码	数量
各种社会福利收养性单位床位数	床	161		其中：退耕造林面积	公顷	179	
参加基本养老保险职工数	人	162	2305	年末耕地总资源	公顷	180	13138
参加基本医疗保险职工数	人	163	5359	其中：常用耕地面积	公顷	181	12578
参加失业保险人数	人	164	3027	其中：水田	公顷	182	
城镇居民最低生活保障人数	人	165	3873	水浇地	公顷	183	5280
农村居民最低生活保障人数	人	166	8550	年内减少耕地面积	公顷	184	16
农村传统救济人数	人	167		其中：基建占地	公顷	185	16
参加农村新型合作医疗人数	人	168	103340	退耕还林还草占地	公顷	186	
参加农村社会养老保险人数	人	169		自然保护区个数	个	187	1
十二、社会治安				自然保护区面积	公顷	188	17290
交通事故件数	件	170	82	环境污染治理本年完成投资总额	万元	189	
刑事案件立案数	件	171	100	工业二氧化硫排放量	吨	190	
犯罪人数	人	172	69	工业废水排放量达标率	%	191	
民事案件发案数	件	173	96	工业烟尘排放量达标率	%	192	
十三、资源、环境与可持续发展				城镇生活污水处理率	%	193	
行政区域土地面积	平方公里	174	2100	污水处理厂数	座	194	
其中：建成区面积	平方公里	175	7	垃圾处理站数	个	195	1
其中：建成区绿化覆盖面积	平方公里	176	2.1				

——循化撒拉族自治县统计局：《海东市循化县统计局县卡 2009》（内部资料）。

2010 年国有经济单位全部职工人数及工资总额

劳资表一

（单位：人、千元）

项目	年末人数			平均人数	工资总额
	合计	长期职工	其他从业人员		
总计	5136	4044	1092	5144	197428
一、农、林、牧、渔	322	231	91	322	8591
三、制造业					
四、电力、煤气及水的生产供应	147	62	85	147	3295
五、建筑业	212	60	152	212	3016
六、交通运输、仓储和邮政业	42	37	5	42	1073

续表

项目	年末人数			平均人数	工资总额
	合计	长期职工	其他从业人员		
七、信息传输、计算机服务和软件业					
八、批发、零售业	143	84	59	143	3424
十、金融、保险业	127	102	25	137	4469
十二、租赁和商务服务业	7	6	1	7	282
十三、科学研究、技术服务和地质勘查业	20	19	1	20	529
十四、水利、环境和公共设施管理业	335	217	118	335	9496
十六、教育	1502	1299	203	1496	67980
十七、卫生、社会保障和社会福利业	366	332	34	366	13465
十八、文化、体育和娱乐业	179	160	19	179	7434
十九、公共管理和社会组织	1734	1435	299	1738	74374

——循化撒拉族自治县统计局:《青海省循化撒拉族自治县国民经济社会发展统计资料汇编(2006年—2010年)》(内部资料),2011年10月,第153页。

2010年城镇集体单位从业人员及劳动报酬

劳资表二　　　　（单位：人、千元）

项目	年末人数	平均人数	劳动报酬
城镇集体单位合计	934	934	16679
企业	934	934	16679
机关			
二、采矿业	212	212	2265
三、制造业			
五、建筑业	603	603	11704
八、批发零售业	69	69	1058
十、金融、保险业	50	50	1652

——循化撒拉族自治县统计局:《青海省循化撒拉族自治县国民经济社会发展统计资料汇编(2006年—2010年)》(内部资料),2011年10月,第155页。

2010年单位从业人员变动情况

劳资表三 （单位：人）

项目	本年增加人数						本年减少人数						
	合计	从农村招收	从城镇招收	录用大中专学校毕业生退伍	调入	其他	合计	离休退休退职	开除除名辞退	终止、解除合同	死亡	调出	其他
总计	4			2	2		13	13					
国有单位							13	13					
城镇集体单位													
按企业事业机关分组													
一、农、林、牧、渔													
二、采矿业													
三、制造业													
四、电力、煤气及水的生产供应													
五、建筑业													
六、交通运输业													
七、信息传输、计算机服务和软件业													
八、批发、零售业													
十、金融、保险业													
十三、科学研究技术服务和地质勘查													
十四、水利、环境和公共设施管理业													
十六、教育													
十七、卫生、社会保障和社会福利业							2	2					
十八、文化、体育和娱乐业							1	1					
十九、公共管理和社会组织	4			2	2		10	10					

——循化撒拉族自治县统计局：《青海省循化撒拉族自治县国民经济社会发展统计资料汇编（2006年—2010年）》（内部资料），2011年10月，第157页。

2010年循化生产总值

综合表一

（单位：万元）

项目	2010年		2009年		增减%（不变价）
	不变价	现行价	不变价	现行价	
生产总值	88962	112267	80121	90493	11.0
第一产业	14798	28086	14025	20442	5.5
第二产业	33241	32714	28279	26730	17.5
其中：工业	23106	22135	18933	17229	22.0
建筑业	10135	10579	9346	9501	8.4
第三产业	40923	51467	37817	43321	8.2
人均生产总值	6638	8378	6182	6982	7.4
城镇居民可支配收入	13406		12132		10.50

——循化撒拉族自治县统计局：《青海省循化撒拉族自治县国民经济社会发展统计资料汇编（2006年—2010年）》（内部资料），2011年10月，第68页。

2010年总产值

综合表二

（单位：万元）

项目	按当年价格计算		按可比价格计算	
	2010年	2009年	2010年	2009年
总产值	235743	197633	201517	182019
第一产业	43441	30040	32359	30269
第二产业	89538	75077	86002	75441
其中：工业产值	62329	50640	63698	54865
建筑业产值	27209	24437	22304	20576
第三产业	102764	92515	83156	76309
其中：交通仓储邮电通信业	15070	13569	10633	9584
信息传输、计算机服务和软件业	2344	2280	6897	6709
金融保险业	4236	3224	3231	2459
批发零售贸易餐饮业	7684	11450	4724	3882
房地产业	29991	29403	23995	23524
其他行业	43439	32589	33676	30151

——循化撒拉族自治县统计局：《青海省循化撒拉族自治县国民经济社会发展统计资料汇编（2006年—2010年）》（内部资料），2011年10月，第65页。

2009循化县（市）社会经济基本情况表

指标	计量单位	代码	数量	指标	计量单位	代码	数量
一、乡村基本情况				三、综合经济			
乡（镇）个数	个	1	9	（一）地区生产总值	万元	24	90492
其中：建制镇个数	个	2	3	第一产业增加值	万元	25	20441
镇区占地面积	公顷	3	32826	农业	万元	26	8225
镇区总人口	人	4	43842	林业	万元	27	848
村民委员会个数	个	5	154	牧业	万元	28	10980
其中：自来水受益村	个	6	140	渔业	万元	29	
通电话的村	个	7	136	农林牧渔服务业	万元	30	388
通有线电视的村	个	8	10	第二产业增加值	万元	31	26730
二、人口与就业				其中：工业	万元	32	17229
年末总人口	万人	9	12.96	第三产业增加值	万元	33	43321
其中：女	万人	10	6.143	（二）财政、金融			
当年出生人口	人	11	3442	财政总收入	万元	34	53063
当年死亡人口	人	12	558	其中：地方财政一般预算收入	万元	35	4672
常住人口	万人	13		各项税收	万元	36	
乡村人口	万人	14	11.39	地方财政一般预算支出	万元	37	54678
年末总户数	户	15	35574	其中：农林水事务	万元	38	12080
其中：乡村户数	户	16	23412	科学技术	万元	39	186
年末单位从业人员数	人	17	5973	医疗卫生	万元	40	4362
其中：女	人	18	1596	教育	万元	41	9824
其中：第二产业	人	19	210	年末金融机构各项存款余额	万元	42	114559
第三产业	人	20	5172	其中：城乡居民储蓄存款余额	万元	43	78118
乡村从业人员数	人	21	53750	年末金融机构各项贷款余额	万元	44	28984
其中：农林牧渔业	人	22	24889	其中：农业贷款	万元	45	13755
城镇登记失业人员数	人	23	736				

——循化撒拉族自治县统计局：《海东市循化县统计局县卡2009》（内部资料）。

2010年循化县（市）社会经济基本情况表

指标	计量单位	代码	数量	指标	计量单位	代码	数量
一、乡村基本情况				三、综合经济			
乡（镇）个数	个	1	9	（一）地区生产总值	万元	24	83212

续表

指标	计量单位	代码	数量	指标	计量单位	代码	数量
其中：建制镇个数	个	2	3	第一产业增加值	万元	25	20074
镇区占地面积	公顷	3	299	农业	万元	26	7683
镇区总人口	人	4	6768	林业	万元	27	662
村民委员会个数	个	5	154	牧业	万元	28	11531
其中：自来水受益村	个	6	136	渔业	万元	29	
通电话的村	个	7	132	农林牧渔服务业	万元	30	189
通有线电视的村	个	8	11	第二产业增加值	万元	31	26266
二、人口与就业				其中：工业	万元	32	17081
年末总人口	人	9	126927	第三产业增加值	万元	33	36872
其中：女	人	10	62927	（二）财政、金融			
当年出生人口	人	11	2086	财政总收入	万元	34	43381
当年死亡人口	人	12	729	其中：地方财政一般预算收入	万元	35	4241
常住人口	万人	13		各项税收	万元	36	3732
乡村人口	万人	14	11.53	地方财政一般预算支出	万元	37	44078
年末总户数	户	15	33587	其中：农林水事务	万元	38	
其中：乡村户数	户	16	23412	科学技术	万元	39	317
年末单位从业人员数	人	17	5981	医疗卫生	万元	40	
其中：女	人	18	1747	教育	万元	41	8371
其中：第二产业	人	19	1073	年末金融机构各项存款余额	万元	42	82022
第三产业	人	20	4643	其中：城乡居民储蓄存款余额	万元	43	
乡村从业人员数	人	21	397	年末金融机构各项贷款余额	万元	44	19762
其中：农林牧渔业	人	22	397	其中：农业贷款	万元	45	
城镇登记失业人员数	人	23	1584				

——循化撒拉族自治县统计局：《海东市循化县统计局县卡2010》（内部资料）。

2010年循化县（市）社会经济基本情况表（续表二）

指标	计量单位	代码	数量	指标	计量单位	代码	数量
四、农业				工业企业数	个	75	7
（一）生产条件				工业总产值（现价）	万元	76	28474

续表

指标	计量单位	代码	数量	指标	计量单位	代码	数量
农业机械总动力	万千瓦特	46	77748	内资企业	万元	77	28474
化肥使用量（折纯量）	吨	47	2088	港、澳、台商投资企业	万元	78	
农药使用量	吨	48	102	外商投资企业	万元	79	
地膜使用量	吨	49	111	从业人员年平均数	人	80	1754
有效灌溉面积	公顷	50	5006	流动资产年平均余额	万元	81	9999.5
（二）农作物总播种面积	公顷	51	14775	固定资产净值年平均余额	万元	82	14240.8
粮食作物播种面积	公顷	52	7348	产品销售收入	万元	83	26169.4
其中：稻谷	公顷	53		其中：产品销售税金及附加	万元	84	2.6
小麦	公顷	54	4310	本年应交增值税	万元	85	380.5
玉米	公顷	55		利润总额	万元	86	2315.2
大豆	公顷	56		建筑业：			
油料播种面积	公顷	57	4589	建筑业企业个数	个	87	5
棉花播种面积	公顷	58		期末从业人员数	人	88	553
糖料播种面积	公顷	59		建筑业总产值	万元	89	
蔬菜播种面积	公顷	60		六、交通运输、邮电通信、能源			
粮食总产量	吨	61	31955	境内公路里程	公里	90	731
其中：稻谷	吨	62		其中：高等级公路	公里	91	
小麦	吨	63	23314	境内铁路营业里程	公里	92	
玉米	吨	64		境内火车站个数	个	93	
大豆	吨	65		民用汽车拥有量	辆	94	856
油料产量	吨	66	7336	其中：个人汽车	辆	95	698
棉花产量	吨	67		邮政业务总量	万元	96	329.03
糖料产量	吨	68		电信业务总量	万元	97	812.8
水果产量	吨	69	900	本地电话年末用户	户	98	15061
肉类总产量	吨	70	6729	住宅电话年末用户	户	99	12861
奶类产量	吨	71	7013	其中：乡村电话用户	户	100	8560
禽蛋产量	吨	72	131	移动电话年末用户	户	101	30992
蔬菜产量	吨	73	68609	国际互联网用户	户	102	1155
水产品产量	吨	74		全年用电量	万千瓦时	103	4085.34

续表

指标	计量单位	代码	数量	指标	计量单位	代码	数量
五、工业及建筑业				其中：工业用电量	万千瓦时	104	1260.68
规模以上工业企业：				其中：农村用电量	万千瓦时	105	1137.99

——循化撒拉族自治县统计局：《海东市循化县统计局县卡2010》(内部资料)。

2010年循化县（市）社会经济基本情况表（续表三）

指标	计量单位	代码	数量	指标	计量单位	代码	数量
七、贸易、外经、旅游				高技术产业企业个数	个	132	—
社会消费品零售总额	万元	106	24110	高技术产业总产值（当年价格）	万元	133	—
限额以上批发和零售业商品销售总额	万元	107		专业技术人员数	人	134	2921
出口总额	万美元	108		其中：农业技术人员	人	135	65
当年合同外资金额	万美元	109		农业科技与服务单位个数	个	136	7
当年实际使用外资金额	万美元	110		全年专利申请数	件	137	
境内外来资本实际投资额	万元	111	—	体育场馆数	个	138	1
星级饭店个数	个	112	7	剧场、影剧院数	个	139	
星级饭店客房总数	间	113	671	公共图书馆图书总藏量	千册	140	62.7
名胜风景区和文物保护区个数	个	114	52	医院、卫生院数	所	141	11
八、固定资产投资				医院、卫生院床位数	床	142	108
城镇固定资产投资完成额	万元	115	42609	医院、卫生院卫生技术人员数	人	143	270
城镇新增固定资产	万元	116	33563	其中：医生	人	144	128
城镇固定资产投资项目个数	个	117	117	卫生防疫人员数	人	145	37
房地产开发投资完成额	万元	118		5岁以下儿童死亡率	‰	146	12.79
其中：住宅	万元	119		婴儿死亡率	‰	147	12.3
九、教育、科技、文化、卫生				产妇住院分娩比例	%	148	88.1
普通中学数	所	120	11	十、人民生活			
小学数	所	121	86	城镇在岗职工年平均人数	人	149	5905
普通中学专任教师数	人	122	449	城镇在岗职工工资总额	万元	150	13921.1
小学专任教师数	人	123	721	农村居民人均纯收入	元	151	3250
普通中学在校学生数	人	124	6627	农民人均住房面积	平方米	152	16.04

续表

指标	计量单位	代码	数量	指标	计量单位	代码	数量
其中：女生	人	125	2786	农民文化娱乐消费比重	%	153	5.81
小学在校学生数	人	126	14823	农村彩电普及率	%	154	65
其中：女生	人	127	7157	农村电脑普及率	%	155	1
学龄儿童入学率	%	128	99.8	农村恩格尔系数	%	156	
其中：女童入学率	%	129	99.8	成人文盲率	%	157	—
初中升学率	%	130	88.96	人均预期寿命	岁	158	—
高中升学率	%	131	66.97	农村贫困人口	万人	159	—

——循化撒拉族自治县统计局：《海东市循化县统计局县卡2010》（内部资料）。

2010年循化县（市）社会经济基本情况表（续表四）

指标	计量单位	代码	数量	指标	计量单位	代码	数量
十一、社会保障				森林面积	公顷	177	49549.7
各种社会福利收养性单位数	个	160	4	当年造林面积	公顷	178	1200
各种社会福利收养性单位床位数	床	161	79	其中：退耕造林面积	公顷	179	
参加基本养老保险职工数	人	162	2122	年末耕地总资源	公顷	180	11909
参加基本医疗保险职工数	人	163	5121	其中：常用耕地面积	公顷	181	11755
参加失业保险人数	人	164	3050	其中：水田	公顷	182	
城镇居民最低生活保障人数	人	165	3135	水浇地	公顷	183	5335
农村居民最低生活保障人数	人	166	7300	年内减少耕地面积	公顷	184	
农村传统救济人数	人	167	757	其中：基建占地	公顷	185	
参加农村新型合作医疗人数	人	168	103698	退耕还林还草占地	公顷	186	
参加农村社会养老保险人数	人	169		自然保护区个数	个	187	1
十二、社会治安				自然保护区面积	公顷	188	17290
交通事故件数	件	170	10	环境污染治理本年完成投资总额	万元	189	
刑事案件立案数	件	171	23	工业二氧化硫排放量	吨	190	
犯罪人数	人	172	32	工业废水排放量达标率	%	191	
民事案件发案数	件	173	115	工业烟尘排放量达标率	%	192	
十三、资源、环境与可持续发展				城镇生活污水处理率	%	193	
行政区域土地面积	平方公里	174	2100	污水处理厂数	座	194	

续表

指标	计量单位	代码	数量	指标	计量单位	代码	数量
其中：建成区面积	平方公里	175	3.4	垃圾处理站数	个	195	1
其中：建成区绿化覆盖面积	平方公里	176	1.14				

——循化撒拉族自治县统计局：《海东市循化县统计局县卡 2010》(内部资料)。

1991—2010 循化县综合经济数据

年度	人口（万人）	生产总值（亿元）	农业产值（亿元）	工业产值（亿元）	粮食产量（万吨）	油料产量（万吨）	固定资产投资（亿元）	社会商品零售额（亿元）	地方财政一般收入（万元）	城镇居民人均可支配收入（元）	农牧民人均纯收入（元）
1984 年	8.85	0.2	0.17	0.03	2.02	0.1	0.01	0.12	111.2		136
1991 年	9.85	0.59	0.53	0.15	3.14	0.14	0.01	0.32	229.4		333
1992 年	10.27	0.7	0.54	0.19	2.68	0.09	0.02	0.34	214.4		360
1993 年	10.4	0.82	0.66	0.26	2.91	0.15	0.05	0.24	252.4		379
1994 年	10.52	1.01	0.82	0.42	2.32	0.16	0.29	0.34	271		469
1995 年	10.67	1.26	0.93	0.91	2.79	0.17	0.21	0.42	322.5		480
1996 年	10.9	1.33	0.92	1.23	3.26	0.18	0.56	0.45	476		530
1997 年	11.03	1.44	0.98	1.33	3.36	0.19	0.89	0.51	613.8		620
1998 年	11.15	1.69	1.12	1.71	3.45	0.2	1.2	0.57	860.2		720
1999 年	11.27	1.89	1.19	1.86	3.46	0.27	1.53	0.63	1112	3875	818
2000 年	11.31	3.01	1.13	2.05	2.4	0.09	1.89	0.7	1467	4448	930
2001 年	11.45	3.35	1.14	3	2.62	0.24	2.71	0.81	1763	4975	1255
2002 年	11.55	3.79	1.24	3.57	2.65	0.32	2.9	0.97	2395	5536	1399
2003 年	11.63	4.38	1.34	4.26	2.54	0.37	3.49	1.11	3052	5812	1561
2004 年	11.71	5.25	1.47	5.02	3	0.51	4.25	1.28	3372	6453	1768
2005 年	11.85	6.19	1.73	4.14	3.08	0.52	4.66	1.42	3041	7106	2014
2006 年	12.17	7.15	1.75	3.23	2.48	0.28	5.24	1.68	3310	7956	2320
2007 年	12.52	7.82	2.24	4.22	2.74	0.4	4.9	1.97	3750	9224	2730
2008 年	12.69	8.32	2.92	4.62	3.2	0.73	5.59	2.41	4241	10930	3250
2009 年	12.96	9.05	3.06	5.37	3.16	0.81	7.02	3	4672	12132	3862
2010 年	12.38	11.23	4.34	6.23	3.2	0.69	8.8	3.7	3564	13406	4650

——循化撒拉族自治县统计局：《青海省循化撒拉族自治县国民经济社会发展统计资料汇编（2006 年—2010 年）》(内部资料)，2011 年 10 月，第 64—68 页。

第五章　商贸、旅游、运输及其他

一、商业贸易

明洪武七年（1374年），河州设茶马司，以茶易马，循化撒拉族为中马十九族之一。清康熙四十二年（1703年），河州同知郭朝佐3年中易马3000匹。后中马虽然停止，但河州茶马司仍存，茶虽不易马，或变卖、搭饷、折收，必须销通官茶后方能交易。循化城垣建成后，随着人口增加，商人、小贩相继入城经商，至乾隆年间开始有街市，出现坐商和当铺10余户，油、盐、茶、布等日常生活用品具从临夏、兰州等地用马、骡、驴驮运。

民国二十九年（1940年），循化城内有店铺、商号25家，其中小百货11户，布绸店4户，食品小杂货4户，缝纫、制鞋、铁匠手工业者3户，医药、旅店3户。资金最多的“全兴号”1万元，最少的100元以下。解放前夕县城有私营商业户51家，其中百货23户，布绸店8户，肉食、农副产品7户，缝纫、制鞋、铁木手工业9户，医药2户，旅店、照相、理发、磨面2户。最有名的商号有“福顺舒”“吉福祥”“全兴号”“和生祥”“协成兴”。全县私营商业手工业75户，有资本14631元；小贩8人，有资金1545元，主要分布在县城、街子和白庄。

——循化撒拉族自治县志编纂委员会：《循化撒拉族自治县志》，中华书局，2001年版，第359—361页。

清宣统二年（1910年），马麒任循化营参将时，开设几个商号，取名“德义恒”“德顺昌”“德源水”“德盛厚”（德字源于其“公德堂”堂号），经营布匹、杂货、茶叶、收购土特产品，还贩卖鸦片。辛亥革命后，“德义恒”“德顺昌”将收购之羊毛，运往天津，转售外商，并从天津购回布匹、百货和枪支弹药，与西宁、循化两地的外商洋行争衡。民国四年（1915年），“德顺昌”号由循化迁至西宁。民国十八年（1929

年），马步芳在循化开设“义源祥”分号。民国二十四年（1935 年），马步芳主政，对其家族之商业资本进行调整：循化设“统盛商栈”，专事收购皮毛、药材、砂金等业。民国二十八年（1939 年）后，“义源祥”改名为“德兴海”，循化继续设立分号。民国三十四年（1945 年）后，“德兴海”发展为“湟中实业公司”，循化之“统盛商栈”和“德兴海分号”为其分支机构。德兴海除在县城设立分支机构，还将触角伸向白庄，租用尕乙素和集夫群房屋开业经营。

——循化撒拉族自治县志编纂委员会：《循化撒拉族自治县志》，中华书局，2001 年版，第 361 页。

循化地区的“德兴海”商号，以其地方军阀政府的政费、军费为其资本，控制农牧副土特产品收购，统制日用百货、杂品批发、零售及其价格。粮食压价收购，然后比收购价高 2—3 倍价格销售；垄断菜籽油加工，菜籽每石收购价为 3 元，是市价的三分之一；茯茶每封市价 3 元，“德兴海”要换羊毛 30 公斤，值 13 元，换青稞两石；羊毛每 100 公斤收购价 6—12 元，转手以 40—80 元出售；毛兰布每个（小匹）市价约 3 元，要换羊毛 50 公斤，值 20 元；土布（兴平布）一匹，以购销价差 6 元赊销，订立合同，届期以价值数倍于此的土特产品清偿。群众谑称“德兴海”为“百姓害”。由于“德兴海”在循化实行购、销及其价格垄断，许多商号无法经营，纷纷倒闭，仅白庄地区倒闭 22 户。

——循化撒拉族自治县志编纂委员会：《循化撒拉族自治县志》，中华书局，2001 年版，第 362 页。

到了近现代，撒拉族的商业活动有了更大的发展，除了与周围民族的交流进一步加强外，还与外商进行贸易。19 世纪中叶后，外商到甘青地区的商业活动日渐增多，撒拉人凭借良好的商业意识为他们充当“歇家”（居间商人），不仅推销各种土特产品，还为洋人提供商品驮运和水上运输等服务。另外，在马步芳先后开设的“德义恒”“步云祥”“义源祥”和“德兴海”等商号及“协和”商栈（统制全省皮毛、药材等产品的经营）中，均起用了不少撒拉族商人。

从上可以看出，解放前撒拉族商业已经有了一定发展，新中国成立前夕“街子白庄就有 40% 以上的农户做小生意”，商业已经成为民族经济的一部分。然而，由于社会生产力发展水平低下，社会分工不发达，解放前的撒拉族商业还是依附于农业，尚未形成一个独立的部门。撒拉族商业得到大发展是在解放以后，尤其是党的十一届三中全会以后。解放初，县人民政府着手建立国营商业贸易机构，1950年成立了循化县国营贸易公司和盐务局，到1954年时国营商业的销售额占全行业销售总额的68.15%，合作商业占20.5%。至1978年全县社会商品零售额达970万元，比1950年增长1270%，其中国营商业部门的零售额占当年商业零售额的54.1%。解放初期，政府还大力扶助私营工商业的发展，到1953年私营工商业发展到109户，从业人员200多人，资金达3.33万元，1954年私营商业的销售额占全行业的11.34%。然而，由于众所周知的原因，从1956年起，个体私营商业的发展受到多方限制，形成了国营商业一统天下而个体私营经济全面崩溃的局面，从而抑制了撒拉族人民善于经商这一优势的发挥，民族经济的发展受到极大影响。直到党的十一届三中全会后，撒拉族商业方又进入了一个健康发展的时期，主要表现在地方商品销售额的增加和以个体商业为主体的区外商业的发展。

首先是区内国营商业得到了较快发展，到1987年，全县社会商品零售额达1976万元，比1978年增长220%，同年在商业零售额中，国营商业部门的零售额达1103.26万元，比1978年增长2.2倍，到1992年全县社会商品零售额达2543万元。其次，区内个体私营商业发展迅猛。到1987年，全县个体有证商业户达861家，从业人数达1094人，零售额达302万元，占当年商业部门零售额的27.4%，同年个体饮食业的零售额达94万元，为当年全县饮食业零售额的100%。再次，以长途贩运为主的异地经营性商户增加很快，在包括青海、西藏、新疆、四川、甘肃及部分沿海城市在内的地区开展商业活动，其商户的状况难以准确统计，但可以肯定，其资金规模、从业人数、所得收入等远远大于县内个体商户，从发展角度看，这种商业形式将成为撒拉族商业的核心。

——马维胜：《撒拉族商业述略》，《青海民族学院学报》，1994年3月，第40—41页。

以经商为荣已成为一种民族的共同心理。在撒拉族社会，一个人是否会经商也成为衡量这个人有没有本事的一个标准，很多姑娘以嫁给商人而感到自豪。这样一种全民心理和社会价值观，诱使更多的人去从事商业。据有人调查，在撒拉族当中，经商者的比例高出周边许多民族（如土族、汉族、蒙古族、藏族等）。《1988年青海社会经济统计年鉴》表明，撒拉族中从事商业的人占总劳力的43.2%，其中有些村庄占总劳力的58%；而同为一个省的土族、汉族、蒙古族、藏族，从事商业的人分别只占总劳力的 6%、11%、0.7%、1.2%。从经济结构看，撒拉族自治县的农村工、商、建筑、运输业的产值占农村社会总产值的比例大大高于其它民族自治县。1987 年，循化撒拉族自治县农村工商运输、建筑业产值占农村社会总产值的 25%，而互助土族自治县占 17%，河南蒙古族自治县占 2.4%，泽库藏族自治县占 0.5%。这是改革开放以后出现的情况。即便是改革开放以前，在“左”的路线占统治地位的年代，还是有一些撒拉人不顾被戴上“资本主义”的帽子，大胆地走出农村小天地，到外面闯世界、做买卖。在新中国成立前夕，“街子、白庄就有 40% 以上的农户做小生意”。

——马明良:《撒拉族商业观念与商业活动》,《青海民族学院学报》, 1995 年 1 月, 第 103 页。

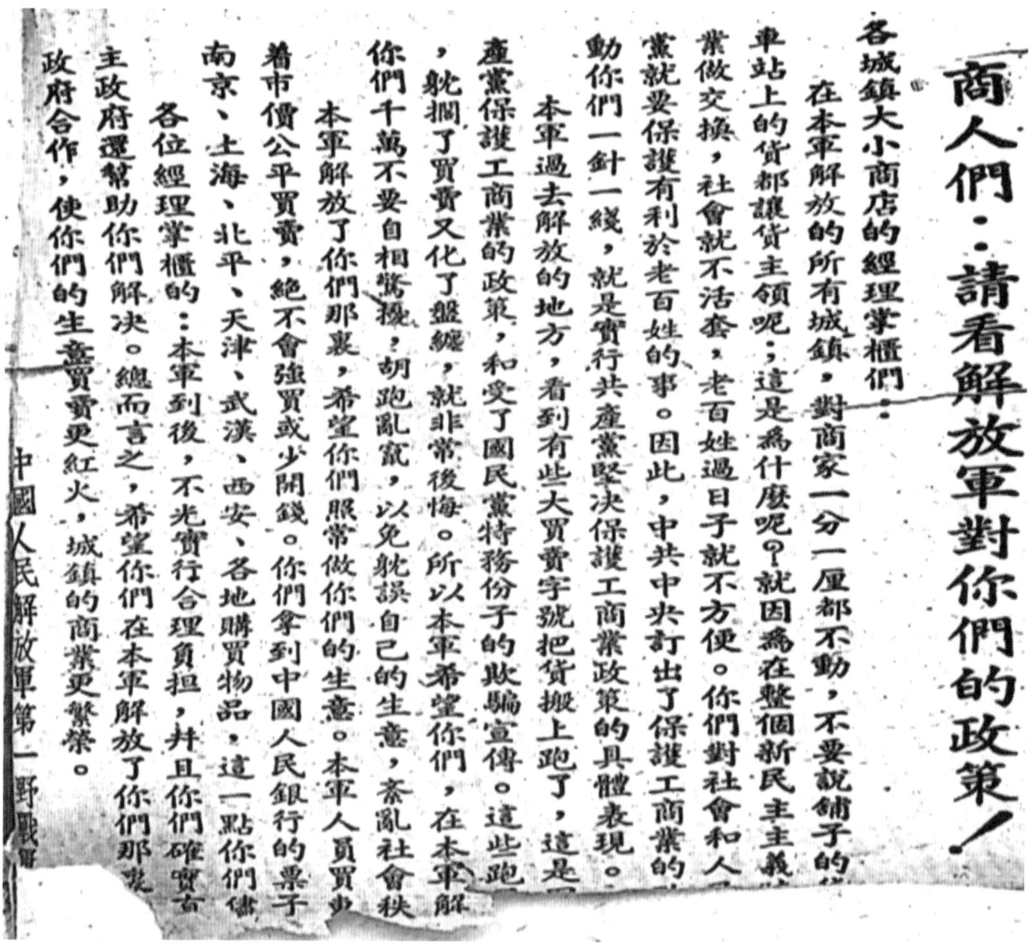

商人們：請看解放軍對你們的政策！

各城鎮大小商店的經理掌櫃們：
在本軍解放的所有城鎮，對商家一分一厘都不動，不要說舖子的
車站上的貨都讓貨主領呢；這是為什麼呢？就因為在整個新民主主義
業做交換，社會就不活套，老百姓過日子就不方便。你們對社會和人
黨就要保護有利於老百姓的事。因此，中共中央訂出了保護工商業的
動你們一針一綫，就是實行共產黨堅決保護工商業政策的具體表現。
本軍過去解放的地方，看到有些大買賣字號把貨搬上跑了，這是
產黨保護工商業的政策，和受了國民黨特務份子的欺騙宣傳。這些跑
，就擱了買賣又化了盤纏，就非常後悔。所以本軍希望你們，在本軍解
你們千萬不要自相驚擾，胡跑亂竄，以免躭誤自己的生意，紊亂社會秩
本軍解放了你們那裏，希望你們照常做你們的生意。本軍人員買
着市價公平買賣，絕不會強買或少開錢。你們拿到中國人民銀行的票子
南京、上海、北平、天津、武漢、西安、各地購買物品，這一點你們儘
各位經理掌櫃的：本軍到後，不光實行合理負担，并且你們確實
主政府還幫助你們解決。總而言之，希望你們在本軍解放了你們那
政府合作，使你們的生意買賣更紅火，城鎮的商業更繁榮。
中國人民解放軍第一野戰軍

解放军对商业的政策

各城镇大小商店的经理掌柜们：

在本军解放的所有城镇，对商家一分一厘都不动，不要说铺子的货物，车站上的货都让货主领呢；这是为什么呢？就因为在整个新民主主义没有工商业做交换，社会就不活套，老百姓过日子就不方便。你们对社会和人民的党就要保护有利于百姓的事。因此，中共中央订出了保护工商业的政策，不动你们一针一线，就是实行共产党坚决保护工商业政策的具体表现。

本军过去解放的地方，看到有些大买卖字号把货搬上跑了，这是不了解共产党保护工商业的政策，和受了国民党特务分子的欺骗宣传。这些跑了，耽搁了买卖又化了盘缠，就非常后悔。所以本军希望你们，在本军解放你们千万不要自相惊扰，胡跑乱窜，以免耽误自己的生意，扰乱社会秩序。

本军解放了你们那里，希望你们照常做你们的生意。本军人员买卖着市价公平买卖，绝不会强买或少开钱。你们拿到中国人民银行的票子，到南京、上海、北平、天津、武汉、西安、各地购买物品，这一点你们放心。

各位经理掌柜的：本军到后，不光实行合理负担，并且你们确实需要民主政府帮助你们解决。总而言之，希望你们在本军解放了你们那里和政府合作，使你们生意买卖更红火，城镇的商业更繁荣。

中国人民解放军第一野战军

——《循化县 1949—1950 年第一届各族人民代表会议通告、报告、总结等材料》，（1949 年 11 月 20 日），循化县档案馆藏，档号：1-1-1（永久）。

商品销售分为农业生产资料与生活资料两大类。生产资料主要有化肥、农药、中小农具等。化肥供应品种从 50 年代的硝酸铵、骨粉增加到 80 年代的氨水、碳酸氢铵、普通过磷酸钙、重过磷酸钙、尿素、复合肥、二铵 7 种。销售量：1951 年 1.5 标准吨，1962 年 432 吨，1978 年 533 吨，1980—1990 年累计销售 28641 标准吨。农药供应品种从 50 年代的赛力散、1059 粉等 6 种增加到 80 年代的杀菌剂、杀虫剂、除草剂、灭鼠剂、拌种剂 5 类 20 多个品种。销售量：1951 年 0.2 吨，1962 年 34 吨，1978 年 25 吨，1980—1990 年累计销售 178 吨。

——循化撒拉族自治县志编纂委员会：《循化撒拉族自治县志》，中华书局，2001 年版，第 366 页。

1956 年后，农副土特产品统由各基层供销合作社按分配计划任务收购。收购的主要品种有：1. 农副产品类：包括粮食、油料、活猪、活牛、活羊、家禽、鲜蛋等；2. 干鲜瓜果类：包括苹果、梨、杏、桃、核桃、西瓜、甜瓜等；3. 调味品类：有花椒、辣椒等；4. 中药材类：有大黄、姜活、秦艽、黄芪、党参、冬花、甘草等；5. 畜产品类：有绵羊毛、山羊毛、羊绒、绵羊皮、山羊皮、牛皮、羔皮、羊肠衣等；6. 野生动物类：有旱獭皮、狼皮、狐狸皮、狟猪皮、雕翎等。同时，国家加强收购产品的管理，一类粮、油产品，二类肉、禽、蛋产品的收购业务，于 1958 年分别移交粮食商业，国营商业按照计划由农村直接收购，其余三类农副产品由供销合作社独家经营；除一、二类农副产品不准进入市场交易外，其他农副产品不受限制，都可自由买卖，协商议价，相互交流，促进城乡、工农之间经济联合，增加城镇市场供应；实行以工业品对流农副土特产品的贸易和收购农副产品奖励措施。农副产品收购主要有：绵羊毛、绵羊皮、牛皮、羔皮、羊肠衣、旱獭皮等。用于奖励农副产品收购的有粮票、鞋票、卷烟、茯茶、青盐、白酒、布票。1967 年，农副产品奖售范围缩小，标准降低，奖售用粮停止，奖售化肥改由供销社统一分配。奖售以布票、茶叶为主，辅之以化肥。1977—1990 年，供销联社系统累计农副产品收购总值 2415 万元，1990 年，收购总值 261 万元，比 1954 年增长 23.6 倍。

——循化撒拉族自治县志编纂委员会：《循化撒拉族自治县志》，中华书局，2001 年版，第 369 页。

1955 年，私营商业社会主义改造中，采取宣传动员和自愿申请、政府批准的方式个人入股，集体管理，按股分利原则，组织个体小商、贩成立公私合营店铺、合作商店和经（代）销店。是年 10 月，白庄集 4 户百货商业者成立第一个合作商店，主要经营百杂货。1957 年，有统一核算、自负盈亏的合作店、饮食、服务业 6 个，各设经理、会计 1 人，从业人员 34 人，设门市部 8 个，资金 20746 元。另有分散经营、自负盈亏合作小组 2 个，12 户、12 人，资金 1301 元。全年商品销售收入 25.23 万元，社会商品零售额 32.77 万元。

——循化撒拉族自治县志编纂委员会：《循化撒拉族自治县志》，中华书局，2001 年版，第 362 页。

1954—1966 年，供销联社设采购站，负责全县废旧物资收购工作；基层供销合作社普遍设有专、兼职收购员。1967 年 1 月，农副产品公司成立，兼管废旧物资回收业务。废旧物资回收品种金属类包括废钢铁、杂铜、废铝、废铅锡等；橡胶制品类包括废橡胶、废轮胎等；废棉及棉制品类包括破布、破布鞋、废棉，以及废纸、废塑料、酒瓶、杂骨等 20 余种。其中收购量较大的有废钢铁、杂铜、废橡胶、杂骨。1978—1990 年，供销合作联社系统废旧物资购进总值 27.17 万元。

——循化撒拉族自治县志编纂委员会：《循化撒拉族自治县志》，中华书局，2001 年版，第 337 页。

在农业合作化运动迅速发展的同时，两年来，粮食统筹统销，保证了市场的稳定与军需民食，从而稳定了购销价格与刺激了农民的生产情绪。对私营工商业的社会主义改造也进入了一个新的高潮。城关镇有纯商业与饮食业 51 户、57 人，已纳入各种改造形式的有 46 户、52 人，占总户数的 90.2%，占从业人员的 91.2%，其中公私合营 26 户，占从业人员 56.1%，合作商店 14 户 14 人，占从业人员的 24.5%，代销店 2 户 4 人，占从业人员 3.4%，经销 4 户 4 人，占从业人员 6.8% 人。

农村共有纯商业 68 户，除在农村改造外，尚有 45 户 45 人；通过各种形式改造者 40 户、40 人占 88.9%。其中合营 28 户 28 人，过渡为供销社企业者 11 户 11 人，代购代销者 1 户 1 人。

——霍殿永：《关于循化县二年来的工作基本总结与今后任务的报告——在循化县第二次党代表大会上的报告》，《循化组织史料》（内部资料），1956 年 4 月 20 日。

1956 年，在循化县境内通往各乡村道路规划中，补修简易公路 75 公里，修大车道 30 公里，绿化公路 20 公里。1957 年，计划修建人民早已盼望的黄河大桥以便利循宁交通。邮电运输方面：（1）邮政方面，该县原有二条乡路线，共长 78 公里，通过 5 个区 14 个乡，60 个行政村的 75%，200 个自然村的 85% 的基础上，本年增长 85 公里，要建立街子、白庄、文都、道帏四处邮电所。（2）电信方面，1956 年拟安装乡社军机电话 25 部，共长 250 公里。（3）建立乡运员与接转站，拟本年建立高级社乡运员 10 个，今后逐年适当增加。（4）各种报纸、杂志发行工作亦相应地增加。

——霍殿永：《关于循化县二年来的工作基本总结与今后任务的报告——在循化县第二次党代表大会上的报告》，《循化组织史料》（内部资料），1956 年 4 月 20 日。

财贸工作由于贯彻面向群众为农业生产服务，商业上销售总额逐年提高，1958年零售总额1965000元，比1955年提高了96%，收购土特产398540元。

商业工作方面的今后任务是做好商品的购、销、调、存工作，安排好市场，大力支持农、林、牧、副、渔的全面发展，促使工业的跃进，为实现任务而贡献力量。

——李新鼎：《中共循化县委员会工作总结——在中国共产党循化撒拉族自治县第三次代表大会上的工作报告》，《循化组织史料》，1959年6月26日。

1966年始，供销联社系统扶持社队发展多种经营，培育农副产品生产基地。扶持引进的项目有：向黄河沿岸6个公社提供从河南、山东、辽宁等地引进的优良苹果、梨、枣等种苗55750株；购入海棠、核桃、白腊、紫穗槐、大黄、人参、党参、黑瓜籽、软枣等籽种2814公斤；引进梅花鹿、貂、青山羊，良种鸡、兔，兴办养殖场。1976年，社、队基地提供商品苹果94.5吨、各种梨21吨、花椒1800公斤、党参3.1万公斤、蓁艽2.5吨。至1984年，累计投放农村开展多种经营资金40.68万元。1985年后，扶持项目转向牛羊贩运和育肥，至1990年，投放资金60余万元，育肥、贩运牛羊近1000头（只）。

——循化撒拉族自治县志编纂委员会：《循化撒拉族自治县志》，中华书局，2001年版，第371页。

循化县 1973—1974 年度油料收购任务表（1973 年 05 月 16 日）

公社	1972 年油料生产		1973—1974 年度收购任务		购后每人占有油料（市斤）	参照数据						按负担题量 23 万计算
	产量（市斤）	每人平均生产（市斤）	任务（万斤）	每人平均负担（市斤）		原收购任务（万斤）	按原任务负担约 133.3%	按播种面积负担（每 45.7 万）	按每一劳力负担（每 10.8 万）	播种胡麻面积		
										面积（亩）	产量（万斤）	
全县	1181.485	20.3	28	4.8	15.5	12	28	28	28.3	2000	20	28 万
道帏	191.478	23	7.2	8.7	14.3	3.1	7.2	6.5	4.1	500	5	4.5
东风	165.357	14.8	2.8	2.5	12.3	1.2	2.8	2.5	5.1	200	2	3.9
清水	64.015	9.8	0.8	1.2	8.6	0.4	0.9	0.9	4.1	100	1	1.5
城镇	124.025	11.5	1	0.93	10.6	0.5	1.2	2.2	4.9	100	1	2.9
街子	170.986	25.6	5.4	8.6	17	1.5	3.5	6.2	3.5	500	5	4.1
红旗	121.944	19.3	0.8	1.7	17.6	0.3	0.7	0.8	2.1			2.9
文都	217.954	42.7	6	11.8	30.9	2.9	6.8	5.3	2.7	400	4	5.2
尕楞	125.726	37.5	4	11.9	25.6	2.1	4.9	3.6	1.8	200	2	3

——《循化县 1973—1974 年度油料收购任务表》，循化县档案馆藏，档号：1-1-198（永久）。

社会农副产品收购总额（量）

项目	计算单位	1979 年	1980 年	1981 年	1982 年	1983 年	1984 年	1985 年	1986 年	1987 年
总计	万元	20.70	21.78	16.22	45.00	25.95	15.10	35.72	85.32	12.15
一、畜产品类	万元	18.00	21.60	16.22		19.52	8.92	33.76	85.02	10.41
绵羊毛	吨	50.50	48.57	42.85	45.00	41.25	20.85	18.20	91.07	13.81
其中：改良毛	吨	9.05	9.91		18.35	18.60	7.45	4.10	5.18	1.65
绵羊皮	百张	18.00	10.30	7.75			1.10		0.93	0.03
山羊毛	吨	3.33	2.78	2.36	22.24	3.40			1.03	

续表

项目	计算单位	1979年	1980年	1981年	1982年	1983年	1984年	1985年	1986年	1987年
山羊皮	百张	12.00	5.00	4.23			1.68		1.03	0.40
牛皮	百张	21.00	9.80	4.20	18.00	26.66	7.24	8.30	15.75	0.44
二、中药材	万元	2.70	0.18			6.43	6.18	1.96	0.30	1.74

——循化撒拉族自治县统计局：《青海省循化撒拉族自治县国民经济社会发展统计资料汇编（一九四九年—一九八七年）》（内部资料），1988年12月，第162页。

1978—1990供销联社系统废弃物资收购统计表

项目	单位	1978	1979	1980	1981	1982	1983	1984	1985	1986	1987	1988	1989	1990	合计
购进总额	万元	1.2361	4.0921	4.51	2.01	2.03	1.94	1.6	2.39	2.07	1.29	1.23	1.77	1	27.1682
废钢铁	吨	42.126	36.862	18.196	0.227	49.623	47.857	44.479	46	51.696	16.809	10.032	21.507	10.644	396.058
杂铜	吨	1.324	7.116	10.878	3.745	1.811	2.405	1.99	2.1	1.485	0.427	0.569	0.586	1.238	35.674
废铝	吨	0.111	0.639	0.295	0.333	1.526	1.289	0.633	0.945	0.258	0.143	0.517	0.49	0.303	7.482
废铝锡	吨	0.333	0.306	1.117	0.505	1.057	1.504	0.69	1.1		0.004	0.064	0.88	1.289	8.849
废橡胶	吨	5.212	6.799	2.297		3.349	2.465	3.101		0.0099	1.076	0.138	0.08		24.5269
废轮胎	吨	0.863				0.275	0.1	0.028		0.145	2.715	1.21	0.067	0.369	5.772
破布鞋	吨	2.066	2.983	0.948		0.015	0.045	0.004					0.2		6.261
破布	吨	0.469	0.624												1.093
废麻及制品	吨	0.490	0.047												0.537
废纸	吨	1.482	1.347	1.097									0.203	0.164	4.293
杂骨	吨	60.501	56.332	49.145	45.349	71.143	6.67	59.338	32	28.942	25.211	6.021	1.078	0.575	442.305

——循化撒拉族自治县志编纂委员会：《循化撒拉族自治县志》，中华书局，2001年版，第370页。

循化县一九八一年产肉量计划（单位：公斤、头）

公社	一九八一年计划					
	猪（35）		牛（65）		羊（15）	
	头数	产量	头数	产量	只数	产量
合计	4400	154000	1500	97500	11165	167475
道帏公社	1500	52500	700	45500	1965	29475
东风公社	350	12250	100	6500	2300	34500
清水公社	100	3500	30	1950	300	4500
城镇公社	250	8750	20	1300	400	6000
街子公社			50	3250	300	4500
红旗公社					300	4500
文都公社	1200	42000	200	16000	1100	16500
尕楞公社	1000	35000	100	6500	1500	22500
岗察公社			300	19500	3000	45000
国营农牧场						

——《循化县一九八一年产肉量计划》，循化县档案馆藏，档号：20–1–111（永久）。

循化县一九八一年生猪生产计划（单位：头）

公社	1980 年实际						1981 年计划					
	年末存栏	总增数	出栏数		商品率		总栏数		出栏数		商品率	
			头数	出栏率 %	头数	出栏率 %	头数	出栏率 %	头数	出栏率 %	头数	商品率 %
甲	1	2	3	4	5	6	7	8	9	10	11	12
合计	4907	4909	4676	47	105	2.2	4820	92.8	4400	43.9	250	19
道帏公社	1518	2374	2049	53.2	93	4.5	1300	100	1500	41.8	150	10
东风公社	565	135	311	35.5			100	17.6	350	52.6		
清水公社	196	66	104	34.5			70	35.7	100	37.5		
城镇公社	242	97	110	31.2	12	10.9	150	61.5	250	53.7		
街子公社												
红旗公社	20	2	2	9								
文都公社	1210	1741	1150	48.7			1700	140.4	1200	41.2	50	4
尕楞公社	1121	493	950	45.8			1000	89.2	1000	47.1	50	5
岗察公社												
国营农牧场	35											

——《循化县一九八一年生猪生产计划》，循化县档案馆藏，档号：20–1–111（永久）。

循化县一九八一年畜产品收购计划

名称	单位	合计	道帏	东风	清水	城镇	街子	红旗	文都	尕楞	岗察	综合门市部
山羊毛	百斤	80	2.5	5	15.5	12	3.5	6	2.5	22		11
山羊皮	张	2000	100	500	400	100	100	300	200	200		100
牛绒	市斤	500	200								250	
羊绒	市斤	100	5	20	15	10	5	10	20	20		5
牛尾	市斤	3300	300	100							2800	
羔皮	张	350									350	
猾子皮	张	6000	100	4000	500	200	200	250	300	300		150
家兔皮	张	250		20	10	140	10	40				30
杂皮	张	400	60	30	10	10	10	10	20	20	200	10
旱獭皮	张	1500	200	100					150	150	900	
猪皮	张	20		3	3	4	2	3				5
马鬃尾	市斤	160	20						10	10	120	

——《循化县一九八一年畜产品收购计划》，循化县档案馆藏，档号：20–1–111（永久）。

循化化县一九八一年畜产品收购计划

项目	单位	合计	道帏	东风	清水	城镇	街子	红旗	文都	尕楞	岗察	综合门市部	农副公司
雕翎	套	10	2	2					2	2	2		
牛尾	市斤	100	10								90		
羊肠衣	根	1000											1000
猪肠衣	根	100											100
野禽	对	350	130	100					90	30			

——《循化县一九八一年畜产品收购计划》，循化县档案馆藏，档号：20–1–111（永久）。

随着合作化运动与农牧业生产的发展，我县1956年国营与供销社商业主要商品计划采购总值为641000元，比1955年增长90%，1957年计划采购总值为850000元，较1956年增长32.6%。社会商品零售总额，1956年，计划为2578000元，较1955年增长53.3%，1957年计划为2835000元，较1956年增长10%，同时随着党对私营工商业社会主义改造的加速进行，对公私批发也相应下降，1956年对公私批发计划总额为

270000 元，1957 年计划为 87000 元，较 1956 年下降 61.8%。

主要农产品收购；按合作化运动与农业生产发展情况计划后 1957 年粮食采购 3800000 斤至 1962 年为 11000000 斤，较 1957 年提高了 189.47%，油料作物从 1957 年采购 800000 斤至 1962 年采购到 1000000 斤，较 1957 年提高了 100%。

——霍殿永：《关于循化县二年来的工作基本总结与今后任务的报告——在循化县第二次党代表大会上的报告》，《循化组织史料》（内部资料），1956 年 4 月 20 日。

财贸工作要坚决贯彻“发展经济，保障供给”的方针，逐步提高服务质量，努力做好购、销、调、存、贷工作，合理布局农村商业网点，实行贫下中农管理农村财贸；加强对集市贸易的管理，巩固社会主义市场阵地；加强财政管理，增加财政收入。

——魏家麟：《中共循化县委员会第五次代表大会上的工作报告（草稿）》，《循化组织史料》（内部资料），1971 年 5 月 20 日。

循化讯，循化撒拉族自治县商业、供销部门改进批发业务，疏通流通渠道，扩大工业品下乡，取得了显著成效。今年上半年，商业部门供给农村供销社货源总额达 142.7 万元，比去年同期增长 34.8%，供销社日用工业品零售额达到 196.8 万元，比去年同期增 17.9%，其中自行车增长 150%、收音机增长 260%、缝纫机增长 90%、化纤布增长 270%。批发商业是组织城乡之间商品流通的枢纽，在流通领域居于重要地位。循化县商业部门针对当前工业品下乡渠道不够畅通的实际，采取如下措施改进批发业务：（1）县批发企业与县城零售商店分开核算。过去，两者统一核算，经济利益相互联系，因此，批发企业对县城零售商店在畅销商品的供应上经常给予照顾；现在，批发企业与零售商店分开核算，使批发企业集中精力搞好批发业务，有利于扩大对基层供销社的货源供应。（2）批发企业每月带有样品、账本下各基层供销社访问推销一次，并直接向消费者推销一些滞销积压商品。（3）县商业、供销部门每年举办商品展销会两次，邀请基层供销社主任、采购员、营业员前来看样选购。今年上半年举办了一次为期七天的展销会，摆出各种商品样品一千多种。通过看样选购，各基层供销社进货二十多万元，有的社增加经营品种一百六十多个。（4）批发企业敞开商品库存，降低批发起点，让基层供销社自由选购。例如，袜子的批发起点由箱改为沓，香皂由箱改为包，纸烟由箱改为条，棉布拆包付零等。

近年来，循化县集体和个体商业发展较快，目前农村有个体商贩三百多户。县商业部门按照他们的经营范围和要求，积极供应货源，今年上半年供货总额三十六万元，比去年同期增长百分之五十四点五。

为了活跃城乡物资交流，循化县商业、供销部门还在今年端阳节前举办了一次群众性的物资交流会。交流会期间，商业、供销部门销售额二十多万元，工业企业和集体、个体商业销售额二十多万元，这对疏通商品流通渠道也起了积极作用。

——张致义：《贯彻国务院〈决定〉精神　搞好工业品下乡　循化、湟中县商业和供销部门采取措施疏通工业品下乡渠道》，《青海日报》，1982 年 7 月 17 日。

1962 年，购进商品 3 万元，销售额 3.92 万元。1969 年 4 月，商业科革命领导小组，将合作商店 3 人，退还股金，下放务农。1974 年，因合作商店职工请求，商业局抽出基金 3 万元，恢复合作商店，是年社会商品零售额 5.2 万元，有职工 2 人。1980 年后，私营商业不断发展，合作商店因经营不善，连年亏损，资金减少到 0.5 万元。1983 年有 4 人，年销售额 4.68 万元，至 1984 年底，在市场竞争中解散，门市部承包给私人经营。

——循化撒拉族自治县志编纂委员会：《循化撒拉族自治县志》，中华书局，2001 年版，第 363 页。

循化撒拉族自治县三岔口，集市不大可买卖兴隆。看那围住整整一个街角的牛羊肉铺，看那肉铺掌柜坐等“鱼儿上钩”四平八稳的悠闲样儿，不用问，这肉铺买卖红火着呢。

一溜儿 8 个铺，个个牛羊倒挂，肉鲜色艳，好不气派。街子乡撒拉族农民韩志明是这儿挑头的。一是因他生意最好，最保守地说他一年为市场提供牛羊肉 2 万余公斤；二是他在这里摆摊最早，至今已整 7 个年头。这么多的牛羊肉从哪来呢？韩志明同他的两个儿子一起经营肉铺，儿子们卖肉，他到泽库、河南等牧区去买“肉”，把牧区的牛羊成群买下赶回家里，经过短期补饲育肥后，屠宰上市。这一买一卖，一方面为牧民群众变牛羊为商品和满足市场需求提供了方便，促进了商品流通，另一方面自己也增加了收入。

把牛羊从牧区买来育肥后出售，价值增值，经济界人士把这种现象定名为“西贩东育”。现在像韩志明这样的农民已经不少了，紧挨三岔口的积石镇大别列村有 70 多户人家，他们中 40% 的农户都搞“西贩东育”，去年就有 1 万多头只牛羊通过他们的手进入市场。

——李实：《三岔口的贩运户》，《青海日报》，1987 年 10 月 16 日。

随着改革开放的不断深入，个体私营商业获得前所未有的发展。1991 年，全县私营商业及饮食服务业 430 户，从业人员 556 人，全年营业额 214 万元，社会消费品零售总额 2596 万元，其中个体私营 599 万元，占 23.07%。1995 年，全县私营商饮服务业发展至 437 个，从业人员 615 人，实现产值 280 万元，收入 283.33 万元，占全县农村经济总收入的 4.3%，全年社会消费品零售总额 4229 万元，其中个体经济 1056 万元，占 24.97%。1996 年以后，国家宏观调控力度加大，实行适度从紧的货币政策，国有商业企业流动资金严重不足，企业经营受到很大影响，个体私营商业因投资少、规模小、灵活性大，在市场经济活动中的份额逐年增加，加上县城、街子、白庄等集贸市场建设步伐加快，规模扩大，给个体和私营商业发展注入活力。2000 年，全县私营商饮服务达到 438 户，从业人员 1254 人，营业额 434 万元，比 1991 年增加一倍多，全年社会消费品零售总额 7008 万元，其中个体经济 4050 万元，占 57.79%，比 1995 年提高 32.82 个百分点。2005 年，个体私营商业个数 826 户，从业人员 1741 人，营业收入 968 万元，全年社会消费品零售总额 14223 万元，其中个体经济 9169 万元，占 15.17%。

2010 年，全县私营商饮服务业 1658 户，从业人员 4300 人，批发零售总额达到 27159 万元，其中餐饮业消费总额 9562 万元。

——循化撒拉族自治县地方志编纂委员会：《循化撒拉族自治县志》，三秦出版社，2017 年版，第 204 页。

1965 年，机构调整，精减人员，合并为东风、清水、跃进、永红 4 个供销社，有职工人 66 人。1966 年 5 月 5 日与工商科、商业科分设，恢复供销联社，设企业管理机构 1 个。1980 年 4 月 16 日，职工 10 人；经营机构 18 个，职工 128 人，其中零售门市部 16 个，职工 99 人；最大代销店 8 个。1984 年，有供销商业机构 54 个，其中批发零售门市部 3 个、基层供销社 9 个、零售门市部 21 个、代购代销店 21 个，共有职工 152 人。1986 年，撤销农村代购代销店或转为个人经营。1990 年，供销联社有职工 12 人，设人事秘书、业务指导、财务计统、检查审计 4 个股，辖农副产品、生产资料、综合贸易3个公司和综合门市部，有7个基层供销合作社、22个零售网点。经营范围扩展到23大类。全系统有资产66.6万元，其中，固定资产净值132.07万元，流动资金534.56万元。流动资金中有社员股金15.85万元。有职工125人，其中助理经济师12人、助理会计师5人、经济师1人。

——循化撒拉族自治县志编纂委员会：《循化撒拉族自治县志》，中华书局，2001年版，第363—364页。

农副产品公司。成立于1967年1月，供销联社并入商业科，其经营机构购销站改称农副产品公司。经营范围、方式均未改变。是年，有职工21人。购进总值17.56万元，销售143.19万元，库存41.95万元。1974年，省供销合作社投资11万元，于南环路石煤公司东侧征地10240平方米，建辣椒加工厂，1975年建成仓库192平方米，加工车间60平方米，办公室及宿舍100平方米，砼晒场3500平方米。1978年10月，开工建设营业综合楼，砖混结构，3层，面积1893.35平方米，1980年5月竣工，投资36.5万元。是年3月，投资11万元，新建2层砖混结构住宅楼1幢、10户，600平方米，年末竣工。同年4月，供销联社与国营商业分开办公，公司机构不变，经营范围有农业生产资料、日用杂品、干鲜果品、干菜及调味品、土产、畜产品、中药材、蜂产品及废旧物资9大类的调拨、批发、收购、零售业务。1984年，投放3.6万元，扶持农村养牛32头、养羊80只、养鸡500只，当年受益，收回资金6126元。年销售80万元，年末有职工11人。1990年底，有职工11人，仓储面积520平方米，街面门市部1处，固定资产净值8.8万元（原值35.12万元）。自有流动资金69.1万元，包括社员股金3607元。年销售额50.37万元，平均流动资金周转1.26次。载重汽车2辆。生产资料日用杂品公司1980年4月16日设立，有职工14人。三级批发兼营零售。经营生产资料、日用杂品、建筑材料、家具等4大类80余种商品。有仓储面积2125平方米，零售门市部80平方米、办公室及宿舍25平方米。

——循化撒拉族自治县志编纂委员会：《循化撒拉族自治县志》，中华书局，2001年版，第364页。

1980年4月，与国营商业分开办公，全县计有社员股份21450股，股金42899元。1984年，供销联社恢复集体商业性质，全民变集体，“官办”变“民办”。恢复社员代表大会制度，扩股591股。1987年，取消入股限额，股金实行税前保息、税后分红，按月息千分之五支付利息。到1990年，扩股57224股，股金11448元。年末，有持股社员79266人，占全县农牧业人口的86.3%；计有股金158533元，占全系统自有流动资金的3%。

——循化撒拉族自治县志编纂委员会：《循化撒拉族自治县志》，中华书局，2001年版，第365—366页。

1983年，（供销合作社——编者加）有职工14人。实行承包责任制，即公司经理向供销合作社承包销售、利润两个主要经济指标。企业内部实行联销联利计酬办法。年内，国家对化肥调高售价，企业销售、利润两大承包指标大增，年末按承包办法进行兑现。1980—1990年累计销售化肥28641标准吨，按肥种计，氮肥占38.4%，年均增长4.5%；磷肥占27.04%，年均负增长13.30%；复合肥占34.56%，年均增长6.65%。1990年底，自有流动资金72.43万元，包括股金4.9万元，固定资产净值12.49万元（原值49.39万元）。销售额226.44万元，其中批发占88%，零售占12%。平均流动资金周转2.74次，百元销售占用流动资金36.48元。有职工12人，5吨位载重运输汽车1辆。

综合贸易公司　1984年4月，贸易货栈成立，供销联社拨流动资金5万元，经营副食品、百货、针纺、鞋帽、五金交电及进口商品。1985年，贸易货栈并入综合门市部。1987年，综合贸易公司成立，批零兼营，有职工7人。供销联社拨入流动资金22.49万元。到1989年末职工入股资金为2.15万元。1990年1月，退还职工全部股金。有职工6人。固定资产净值4.39万元。

——循化撒拉族自治县志编纂委员会：《循化撒拉族自治县志》，中华书局，2001年版，第365页。

为进一步贯彻落实刚刚结束的海东地区与临夏回族自治州建立民族经济开发协作区的会议精神，促进河湟地区的横向物资经济联合，甘肃和青海两省的临夏、甘南、海东、黄南地区在1986年西宁会议的基础上，最近又在临夏举行第二次横向物资经济联合协调会议。

经过一年来的协作实践，两省毗邻地区物资交流和物资协作取得了一定的成绩。据不完全统计，协作总额达300万元左右，就地就近地解决了一些当地生产建设中的“少、小、急、难”问题。在这次会议上，仅海东地区物资公司与临夏州物资公司签订的协议，从现在起到明年6月，双方协作金额预计即达100万元。临夏向海东协作供给小径圆木2000立方米，水泥1000吨，小型钢材300吨；海东向临夏协作供给板材300吨，汽车30辆，胶合板20立方米，纤维板20吨，以及部分化工产品。

经过协商，各方代表一致同意继续在平等、自愿的基础上，按照“扬长避短、形式多样、互惠互利、共同发展”的原则，大力开展物资调剂与协作串换，采取记账贸易、联购联销、代购代销、代储代运、相互提供交易场所等手段，努力搞活两省边境地区的物资流通。对市场解决不了而又急需的计划内物资，可继续采取先实物借垫再指标划转的办法；计划外物资应优先保证供应。两省毗邻地区可共同投资开发物资资源基地，所得资源按投资比例分成；对地方优势资源的外销和协作，在同等条件下，要优先满足本协作地区需要。同时，开展地方外汇融通业务，用双方地方外汇和社会零星外汇拼船进口紧缺物资，用地方优势资源为对方解决外汇进口物资，节约外汇按另一方需求代理进口。

为了适应发展的形势需要，成立甘青两省毗邻地区物资部门横向经济联合协调小组，同时建立联络员制度。

——午萍：《促进河湟地区横向物资经济联合在临夏举行第二次协调会》，《青海日报》，1987年9月11日。

解放初期，国营企业基础薄弱，商品多由省调拨。棉布、百货、盐、茶、糖、烟、酒从贸易公司、花纱布公司、烟酒专卖公司进货，组织供销。1950年，国营商业商品零售总额5.1万元，占全县零售总额的6.68%。是年，销售食盐2万公斤、食糖0.1万公斤、烟9.6箱、茶叶0.3万公斤、棉布3.07万米、毛巾30沓、袜子40沓、肥皂8.7箱、火柴27.6件、煤油5.3吨、铁锨45张。1954年国营商业社会商品零售总额突破87.7万元，占全县零售总额42.9%，至1960年，社会商品零售总额达43.55万元，占90.75%。国营商业在市场占绝对主导地位。

1954年9月，国家对棉布实行统销，棉布、棉织品凭票供应。农民、居民、职工人均25尺，结婚用布，回族、撒拉族补助16尺，藏族补助20尺；生育用布，头胎补助12尺，二胎补助8尺；死亡用布，藏族补助20尺，回族、撒拉族男子补助33尺，女子补助36尺。后上述标准除死亡用布外，其余各年标准随国家经济和棉花生产情况，多有变动。至1983年底，国家取消布票及棉布、棉织品限量供应，实行敞开供应。1959—1961年，3年经济困难时期，物资短缺，供应紧张，主要生活消费品，如火柴、糖、茶、碱面、烟、棉线、肥皂等，实行计划分配凭证定量供应。1961年下半年，改革商业流通体制，恢复原购销渠道，采取系列平抑物价的经济措施，对糖果、糕点、名酒、名烟、自行车、缝纫机等商品实行高价、议价销售。至1965年底，经济形势好转，商品数量增多，高价商品逐步转为平价。是年，全社会商品零售额为268.09万元，其中国营商业零售额121.27万元，占45.23%。

中共十一届三中全会以后，实行搞活经济政策，工农牧业生产有新的发展，商品逐渐充足，逐步取消凭证供应办法，到1990年，全部放开价格，实行自由购销。为适应城乡购买力不断增长的需要，国营商业部门加强内部经营管理，落实各种经营责任制，商品零售总额逐年增长。1990年，商品零售总额达1307.6万元，比1950年增加255倍，比1980年增长63.5%。

——循化撒拉族自治县志编纂委员会：《循化撒拉族自治县志》，中华书局，2001年版，第374—375页。

1991年，县供销联社在认真总结第一轮承包经营的基础上，认真调查研究，本着大稳定小调整的原则，以完善、补充、提高、深化为主，按照自负盈亏、照章纳税的原则，同县人民政府签订了商品总销售870万元、利润2万元、农副产品收购40万元的任期目标责任制，同时把各项任务分解到各单位，认真兑现了三年承包经营政策。商品销售总额912.8万元，比1990年同期增长8.86%；生产资料销售275.57万元，比1990年增长39.2%；利润3.16万元，亏损单位3个，亏损金额1.64万元，亏损金额比1990年减亏1.36万元。1993年，根据省、地、县“四放开”（经营放开、分配放开、价格放开、用工放开）改革工作会议精神和《海东地区国营商业供销社企业“四放开”改革试行意见》，确定生产资料公司、积石供销社、街子供销社等供销社企业为试点单位，全面推行“四放开”改革。在经营上，突出主营，综合经营，拓宽经营范围和服务领域；在用工上，推行“竞岗”“试岗”“待岗”的“三岗制”办法；门店、柜组继续推行“大包干”经营。同年，积极推行“社有民营大包干”。1994年，县供销联社对“大包干”门店推行定额管理。

1998年，供销联社成立企业改革领导小组。按照地委行署提出的“三买（卖）、四变、两个承担，一步改制”的改革措施，根据各单位的实际情况，选择不同的改制形式。白庄供销社、清水供销社、街子供销社、查汗都斯供销社、文都供销社等11个门店，除继续巩固强化农资供应外，对日用工业品全部实行抽资经营，辅底资金95万元，按“四、四、二”“四、三、三”不等的比例分三年抽回本金。对长期亏损难以搞活的多种经营公司和综合贸易公司，利用地理优势，把适销商品集中到一个门店实行切割经营，其他门店实行改窗换门、间间相隔的办法，对内对外租赁。对边小门店和闲置的固定资产实行租赁、拍卖等形式，变死资产为活资产。县供销联社综合楼会议室、农副产品公司辣子厂租赁给私营业主经营，道帏供销社王家门店对外拍卖，盘活了资产。全系统改制面达60%，改制后的企业基本实现了资产的优化配置，企业负担减轻，呈现出新的生机和活力。当年完成商品纯销售额540.3万元，上缴税金5万元，同比减亏23.7%。2003年，根据中央五号文件精神和总社《关于供销合作社企业改革和发展若干重大问题的意见》，县供销联社从实际出发，积极探索体制改革的新路子，对整体难以搞活、局部有望盘活的多种经营公司，在明晰产权、合理承担债权债务的前提下，从中剥离，组建循化县综合门市，合并多种经营公司、综合贸易公司和农副产品公司，成立循化县农副产品公司，该公司于当年9月因无法偿还债务依法实施破产还债。同时以公司为龙头，巩固和完善生产资料经营体系，实施规模经营，逐步理顺生产资料经营体系，对化肥等重要农资商品实行一条龙经营，封闭管理，加速资金周转，减少流通环节。

——循化撒拉族自治县地方志编纂委员会：《循化撒拉族自治县志》，三秦出版社，2017年版，第202页。

1961年，改革商业流通体制，商业局设办公室、计划财务科，下属百货公司、生产资料公司、民族贸易公司、医药公司、饮食服务业经理部。1962年8月13日，商业局和工交局合并称工商科。

同时分设供销联社。同年，将民族贸易公司、百货公司、生产资料公司合并称民族贸易公司，公司设3股2个门市部：业务股、财会计统股、秘书股，百货门市都、生产资料门市部。1964年，撤销医药公司，业务并入民贸公司，设立中西医药专柜。同年，成立煤建公司（亦称煤建供应站）。1966年5月5日，粮食科、工商科、供销联社合并为商业科。1967年1月，民族贸易公司、煤建公司并入商业科。1968年3月22日，商业科革命领导小组成立，1971年7月18日撤销。1972年，商业科下辖民族贸易公司、副食品公司、农副产品公司、饮食服务公司和1个汽车运输组。1975年，从农副公司分设石油煤炭贸易公司。1980年4月16日，商业科和供销社分设。商业科下辖民族贸易公司、副食品公司、石油煤炭贸易公司、饮食服务公司、副食品加工厂，增设医药公司。1981 年 1 月科改局。1982 年 10 月 20 日，商业局改为民族贸易局。1990 年底，全系统有职工 124 人，经营机构 6 个，零售网点 21 个，局设办公室、财会计统股、业务股。

——循化撒拉族自治县志编纂委员会：《循化撒拉族自治县志》，中华书局，2001 年版，第 372—373 页。

1980 年，向湖南长沙组织购进针、纺织品 30 余万元。1979—1990 年，商品纯购进总值 969.39 万元。1982—1990 年，供应农用塑料薄膜 5462 公斤，中小农具 190639 件；1979—1990 年生产资料供应总值 1604.11 万元。供应方式敞开，唯化肥，由 1967 年的奖售改为按耕地面积统一分配。80 年代实行粮食、柴油、化肥供应与粮食定购合同挂钩，农户每完成合同定购粮食 100 公斤，供应平价化肥 60 公斤，仪价化肥以农户播种面积供应。生活资料，主要有土产、日杂、果品、干鲜调味品、百货、纺织品、针织品、烟酒、食品、文化用品、鞋帽、五金交电等 18 大类。1990 年，经营品种 4000 余种，商品销售额 274 万元。1979—1990 年，商品纯销售总额 6343.09 万元。1984 年后，经营业务拓宽，打破行业界限，经营民用建材及粮、油、肉、禽、蛋等一、二类农副产品，到 1990 年，销售木材 151 立方米，各式木质衣柜 60 余件，玻璃 1.12 万平方米，粮食 76 吨，食用植物油 8 吨，牛 468 头、140 吨，羊 104 只、1842 公斤，鲜蛋 1942 公斤。

——循化撒拉族自治县志编纂委员会：《循化撒拉族自治县志》，中华书局，2001 年版，第 366—367 页。

1979—1990 年供销联社系统经营情况统计表

年度	国内纯购进	国内纯销售	实现利润	上缴利税
1979	43.18	481.92		
1980	64.52	495.28	18.8	12.1
1981	77.26	498.66	17.2	12.2
1982	111.48	501.82	17.4	13.1
1983	81.14	532.61	16.3	13
1984	70.63	580.55	15.7	12.8

续表

年度	国内纯购进	国内纯销售	实现利润	上缴利税
1985	75.5	537.94	15.1	12.3
1986	61.86	489.35	2.6	4.2
1987	114.43	480.13	7.2	12.9
1988	101.16	610.76	12.2	12.8
1989	105.56	602.85	8.5	12.1
1990	62.67	531.22	9.6	12.7
合计	969.39	6343.09	140.6	130.2

——循化撒拉族自治县志编纂委员会：《循化撒拉族自治县志》，中华书局，2001年版，第 371 页。

1980—1990 年供销联社系统主要商品销售额统计表

品名	单位	1980	1981	1982	1983	1984	1985	1986	1987	1988	1989	1990	合计
化肥	吨	3336	3447	2041	2448	2739	2112	2112	2261	3082	2244	2779	28641
农药	吨		38.11	20.05	10.2	24.6	9.81	12.88	16.47	14.09	20.65	11.53	178.39
塑料薄膜	公斤			575	40	111	132	194	513	1392	800	1705	5462
中小农具	件		18694	26288	26576	29864	14187	16612	21636	19328	7513	9941	190639
煤油	吨	30.422	27.874	31.32	32.21	41.18	25.54	24	20.22	22.83	12.34	4.72	472.656
柴油	吨	82.05	76.333	65.36	70.17	58.6	48.56	38.05	47.57	87.05	136.6	137.7	848.043
圆钉	吨	5.429	6.76	6.7	7.8	7.49	7.13	6.58	5.85	3.73	2.98	4.07	64.519
铁丝	吨	1.82	2.25	1.52	9.9	2.96	9.37	4.78	3.74	2.83	2.54	2.6	44.31
自行车	辆	352	414	915	855	681	619	451	480	343	201	88	5399
电视机	台			69	52	44	70	72	60	50	22	17	456
半导体收音机	台	10	52	71	144	143	136	77	35	32	20	13	733
录音机	台						48	93	83	52	40	37	353
洗衣机	台							41	20	35	9	3	108
纯碱	吨	38.03	41.8	32.18	26.24	26.36	20.6	17.61	29.36	17.62	24.52	15.6	289.92
食糖	吨	174.82	199.71	149.34	152.55	114.84	122.82	93.48	84.57	82.67	88.55	56.9	1320.25
糖果	吨	56.8	60.44	36.34	45.77	40.56	45	45.38	50.84	46.41	30.72	12.2	470.46
白酒	吨	22.33	29.06	36.77	22.73	32.23	36.84	52.81	50.4	40.73	41.65	16.5	382.05
卷烟	万条	5.63	4.87	3.89	4.45	3.61	2.64	2.815	2.4	1.58	1.26	1.0484	34.1934
食盐	吨	181.1	134	146	118.33	137.57	111.5	115.05	106.17	157.72	148	90	1445.4

续表

品名	单位	1980	1981	1982	1983	1984	1985	1986	1987	1988	1989	1990	合计
棉布	万米	42.47	34.01	38.92	24.74	42.85	14.84	13.77	8.65	11.64	7.84	6.82	246.55
棉纤布	万米	1.5	1.91	2.22	3.18	6.71	2.96	2.68	1.86	1.65	1.33	0.94	26.94
化纤布	万米	0.39	0.78	1.69	1.56	2.38	2.58	1.27	0.99	1.14	1.34	0.73	14.85
呢绒	米					673	82	620	453	751	52	216	414
绸缎	米					7958	9281	8617	4715	5384	2174	4332	42461
毛巾	万条	1.53	1.76	1.3	0.99	1.16		1.69	0.97	1.44	1.37	1.1	13.31
棉毛衫裤	万条	1.18	1.25	1.58	1.94	1.31	0.89	0.89	0.75	0.8	0.6	0.389	11.579
卫生衫裤	万条	0.5	0.53	0.81	0.58	0.57	0.46	0.57	0.42	0.44	0.46	0.4146	5.7546
服装	万件	1.0.	1.8	2.21	2.83	1.57	1.47	0.75	0.67	0.6	0.54	0.5132	14.0232
絮棉	吨	24.624	21.783	23.2	2.487	51.913	12.871	14.228	13.035	7.671	4.524	2.798	205.134
皮鞋	双	334	4490	3890	5513	4302		509	452	3127	1978	1612	37857
胶鞋	双	22978	32977	31725	31223	23557	25604	27113	24746	32182	35333	37961	325399
肥皂	条	11011	9154	11854	7757	11847	6046	6261	7260	9806	6772	3470	91238
洗衣粉	吨	21.98	14.23	13.86	16.83	26.75	30.13	27.83	33.21	46.7	31.33	14.55	277.4
缝纫机	架	284	449	428	306	222	132	102	222	275	131	103	2654
手表	只	20	65	30	5	3		44	3	31	9	15	225
茶叶	吨	120.028	91.451	75.843	66.595	92.851	75.448	72.171	46.356	48.233	91.881	14.461	795.318
铁锅	口	2333	201	2144	2309	2473	1476	67	1101	1534	1422	1482	18982
陶瓷品	万件	10.77	7.61	10.58	7.71	10.49	8.03	5.43	7.81	4.16	3.5	5.26	81.35
大麻	公斤	2217	1227					137.5	111.5	155.5	7.5		3856
玻璃	平方米			1415	778	1130		636	2474	1385	1808	1595	11221

——循化撒拉族自治县志编纂委员会：《循化撒拉族自治县志》，中华书局，2001年版，第 368 页。

进货渠道　国营商业先后实行分层次归口进货和多渠道进货，分一、二、三级批发站。一级站按国家计划从厂家直接进货。二级站为省级各专业公司，从一级站进货，向三级站以供应价批发。三级站为县各专业公司，由二级站进货向零售商店以批发价批发。零售商店根据销售状况编制进货计划逐级上报，批发部门按计划下达商品分配指标。1983 年后，随着经济体制改革的逐步深入，打破 33 年一贯制的分层次归口进货的传统做法，实行多渠道进货，打破地域界限、行业界限，可直接与厂家、产地组织货源。

——循化撒拉族自治县志编纂委员会:《循化撒拉族自治县志》，中华书局，2001年版，第374页。

受通货膨胀、全民经商等大环境的影响，市场疲软不景气，国营商业经营遇到不少困难。为应对日益激烈的市场竞争，促使企业走出低谷，焕发活力，自1991年开始，各企业开始以转换经营机制、提高效益为目标的内部改革，采取柜组门店承包、国有民营、法人代表目标考核责任制等一系列行之有效的措施，不断完善联销联利、以销计酬等多种形式的经营机制，把企业经营效益同职工利益联系起来，充分调动企业职工的积极性。企业开始呈现复苏的迹象，1992年，完成销售额1398万元，实现利润20.4万元，上缴国家税收41.8万元。1993年，围绕“抓管理促服务，抓销售求效益，调结构增规模”，深入开展“双百日”竞赛、“三化一增两提高”等活动，在进货销售中打破传统习惯，积极开辟市场，在保证商品质量的前提下，直接到生产厂家、批发市场等，购进适销对路、质量好的产品，开展节日优惠直销、保本让利经营、清仓减价处理等多种促销活动。1995年，完成销售额2311万元，比1991年增加116万元。1996年，在国营商业中开展“百城万店无假货”及“货真、价实、诚信、满意”的文明经商活动，同时，针对全县经济相对滞后、社会购买力弱的实际，加强横向联系，扩大业务，招商引资，借船过河，鼓励企业内部职工集资，解决流动资金不足的问题，完成社会商品销售总额2526万元，比上年增加215万元。1997年至1999年，在抓好企业改制改革的同时，按照“转变、适应、增强”的工作思路，积极主动延伸经营网点，抢占市场份额，加强市场分析。采购名、优、特、新商品，并对大件商品实行“四包”(包送、包退、包换、包修)服务制，产品质量实行承诺制，建立费用等管理制度。开展“巾帼建功”“公司振兴我光荣，我为公司争光荣”等活动，社会消费品零售总额达到7091万元，年均2362.67万元，国营商业全部完成产权制度改革，商业经营活动中的比重逐渐被发展起来的零售业所替代。2005年，社会消费品零售总额14223万元，其中私营商业9740万元，国营商业4023万元，集体商业460万元，国营商业占总额的28.29%，私营商业占68.48%。2010年，社会消费品零售总额达到37034.8万元，其中县的零售额22221万元，县以下零售额14813.8万元。

——循化撒拉族自治县志编纂委员会:《循化撒拉族自治县志》，中华书局，2001年版，第375页。

1978—1990 年民族贸易局系统商品购、销、存总额（单位：万元）

年度	国内纯购进	国内纯销售	期末商品库存
1978	35.51	361.5	225.89
1979	30.51	367.49	226.98
1980	35.91	385.2	228.23
1981	34.1	432.37	227.44
1982	30.48	401.83	238.73
1983	38.58	466.69	259.52
1984	47.23	469.33	376.54
1985	26.77	606.04	358.57
1986	34.11	737.76	415.52
1987	48.79	947.28	426.45
1988	13.27	960.58	435.99
1989	10.79	1351.2	507.7
1990	5.11	1207.3	526.42
合计	391.16	8694.57	4453.98

——循化撒拉族自治县志编纂委员会:《循化撒拉族自治县志》，中华书局，2001 年版，第 377 页。

1978—1990 年民族贸易系统主要经济指标完成情况表（单位：万元）

年度	商品销售总额	利润总额	上缴利税总额	毛利率 %	费用率 %	流动资金利润率 %	平均周转次数（次）
1978	607.2	22.9	7.7	14.86	9.82	7.92	2.38
1979	679.4	34.2	8.8	14.05	7.72	8.11	2.96
1980	799.7	26.4	8.3	14.7	7.13	9.32	2.42
1981	835.5	23.5	8.5	10.32	5.69	10.69	2.4
1982	818.9	11.3	9.6	9.29	7.48	4.56	2.6
1983	840.9	16.99	9.3	12.7	8.89	6	2.29
1984	897.8	14	10.2	14.45	10.17	4.15	2.37
1985	1128.5	17.4	15.1	11.47	8.08	4.23	2.63
1986	1135.3	18.7	20.2	11.77	7.98	3.97	2.9
1987	1186.9	21.9	22.4	14.19	9.77	4.12	2.76
1988	1486.4	39.99	27.4	14.2	8.54	6.7	3.26
1989	1525.4	24.3	29.8	14	9.3	3.89	2.76

续表

年度	商品销售总额	利润总额	上缴利税总额	毛利率 %	费用率 %	流动资金利润率 %	平均周转次数（次）
1990	1307.6	13.4	42.3	17.77	13.66	2.04	2.49
合计	13249.5	284.98	219.6				

——循化撒拉族自治县志编纂委员会：《循化撒拉族自治县志》，中华书局，2001年版，第 378 页。

1980—1990 年民族贸易局系统主要商品销售统计表

品名	单位	1980	1981	1982	1983	1984	1985	1986	1987	1988	1989	1990	合计
食糖	公斤	165782	151103	263389	233464	1S0211	76307	63395	78124	99791	135916	107125	1524607
食盐	公斤	176338	191184	286654	258713	315628	34635	425840	422170	46535	384050	546813	3088560
烟	条	80672	117259	101901	133234	107524	163508	91593	147051	60244	55911	78942	1137839
茶叶	公斤	104901	102061	240587	428394	316712	111087	132899	67963	82924	62357	43615	1693500
酒	公斤	33330	29831	26818	52289	41418	59700	49307	51464	59883	50484	6654	461178
棉布	米	437019	521383	572347	423665	340747	269129	390310	351187	373542	267511	178314	4125154
呢绒	米	12047	11926	9488	13857	14456	11890	12190	13635	9481	8279	2856	120105
绸缎	米	35078	44928	42148	59185	34889	75300	84749	47896	34316	19874	10501	48864
棉毛衫裤	件	15933	21509	31345	26757	31592	21506	24964	24937	26481	26542	25752	277318
卫生衫裤	件	7024	8980	9888	9748	3384	9012	13485	11965	7911	5365	3886	90638
毛巾	条	25101	27878	4287	21058	17094	28560	29437	64489	106040	39217	33626	435377
胶鞋	双	27626	55276	34290	34524	3683	24648	39558	26828	26020	30145	28491	361089
火柴	件	1322	1969	1626	1769	1875	1419	765	665	1311	1085	884	14690
缝纫机	架	641	774	756	891	786	608	1174	778	655	228	223	7514
自行车	辆	768	964	1337	1662	1691	1022	1567	1877	1709	1630	484	14711
收录机	台	321	361	248	145	287	811	742	419	356	382	207	4279
电视机	台	47	54	267	235	337	545	620	220	261	247	151	2984
洗衣机	台					7	95	287	138	311	231	147	1216
手表	只	392	523	617	401	428	945	558	1051	879	381	374	6549
絮棉	公斤	24371	17466	27763	17623	21876	30170	28357	28289	34449	75416	78472	384252
圆钉	公斤	9972	5114	9132	4719	12453	33815	15900	81563	12692	18655	14744	218579
普通灯泡	个	50508	55431	52080	30478	45799	48310	52983	52087	95872	55756	71586	610890
小苏打	公斤		9840	17700	31400	25044	17140	10350	13700	21250	41529	24492	212445
纯碱	公斤	37829	11045	47934	11690	30228	18510	26202	14448	33012	35206	37900	304004
煤油	公斤	38194	42272	47975		45510	55507	55508	50829	48386	83303	70395	537879

续表

品名	单位	1980	1981	1982	1983	1984	1985	1986	1987	1988	1989	1990	合计
汽油	公斤	744436	638045	611948	748259	76530	927885	895291	801171	777630	1349734	1111540	8682469
柴油	公斤	584774	532542	591645	639132	614616	767393	703818	771447	697075	134726	553153	7805321
润滑油	公斤	50398	46703	42912		41602	48768	43944	43540	43345	39183	54080	454475
煤炭	吨	5338	4314	3091	5743	7294	8447	7532	9286	10804	11536	15105	88490

——循化撒拉族自治县志编纂委员会：《循化撒拉族自治县志》，中华书局，2001年版，第375页。

1991年至2010年，随着改革开放的不断深入和社会主义市场经济体制逐步完善，流通市场全面放开，个体私营商业迅速发展，国营商业慢慢退出市场竞争。各类专卖店、超市应运而生，商品市场网店由城市向农村延伸，商品琳琅满目，市场供应充裕。2010年，全县私营餐饮服务业1658户，从业人员4300人，全县消费品零售总额达3034.8万元，其中批发零售总额达到27159万元，其中餐饮业消费总额9562万元。

——循化撒拉族自治县地方志编纂委员会：《循化撒拉族自治县志》，三秦出版社，2017年版，第204页。

1991—2000年循化县国营商业销售情况统计表（单位：万元）

项目	1991	1992	1993	1994	1995	1996	1997	1998	1999	2000
销售额	1195	1398	1680	1899	2311	2526	2811	2885	1595	2021
利润	17	20.4	14.8	2.46	3.12	—	-27.5	5.2	0.2	-6.8
税金	36.3	41.8	47.2	32.3	34.88	32.3	52.5	40.5	20	21

——循化撒拉族自治县地方志编纂委员会：《循化撒拉族自治县志》，三秦出版社，2017年版，第201页。

1991—2010年循化县社会消费品零售总额情况统计表（单位：万元）

社会消费品零售总额									
年份	合计	按县城乡村分		按行业及经济类型分				其中：批发零售业	其中：餐饮业
		县以上	县以下	全民所有制	集体	私营	其中：个体		
1991	2596	2072	524	1195	556	845	599	215	129
1992	2543	2031	512	1398	493	652	432	2387	105
1993	2396	1846	550	1680	516	200	194	2085	170

续表

社会消费品零售总额									
年份	合计	按县城乡村分		按行业及经济类型分				其中：批发零售业	其中：餐饮业
		县以上	县以下	全民所有制	集体	私营	其中：个体		
1994	3355	2035	1320	1899	404	1052	1052	2997	297
1995	4229	2846	1383	2311	412	1506	1056	3423	414
1996	4528	2985	1543	2526	425	1577	1577	3583	530
1997	5145	3461	1684	2811	502	1773	1773	4039	649
1998	5654	3762	1892	2685	413	2343	2343	4320	714
1999	6251	4985	1266	1595	4191	465	2669	2855	1997
2000	7008	5471	1537	2021	482	4505	4050	4139	2463
2001	8112	6144	1968	1699	491	5922	5440	4696	2714
2002	9726	7386	2340	3535	506	5685	5039	5070	2994
2003	11060	8970	2090	4092	684	6284	5221	5981	1814
2004	12770	9207	3563	4158	473	8139	6874	7350	1860
2005	14223	9539	4684	4023	460	9740	9169	8381	2158
2006	16790	10707	6083	—	—	—	6295	10120	3179
2007	19718	11642	8076	—	—	—	10074	13741	5182
2008	24110	13923	10187	—	—	—	10673	16420	7363
2009	30015	17261	12754	—	—	—	12978	20814	8750
2010	37034.8	22221	14813.8	—	—	—	22312	27159	9562

——循化撒拉族自治县地方志编纂委员会：《循化撒拉族自治县志》，三秦出版社，2017 年版，第 205 页。

民族贸易公司　批零兼营以经营工业品为主的综合性企业。占地 3000 平方米，其中营业用房 377 平方米，职工宿舍 640 平方米，仓库 1427 平方米。经营范围：纺织品、百货、文化用品、五交化商品、副食品共 5 大类，商品 2500 余种。下设 1 个零售门市部。1990 年，拥有固定资产 38.85 万元，流动资金 419.39 万元。其中自有流动资金 24.92 万元。年销售总额 548.24 万元。有职工 26 人，汽车 1 辆。

副食品公司　经营糖、酒、茶叶、烟、食品为主的批零兼营企业。1985 年，成立烟草专卖所，由公司兼管。下设两个零售门市部。占地 1602.2 平方米，其中营业用地 525 平方米，仓库 652 平方米，职工宿舍 324 平方米。1990 年，拥有固定资产 37.69 万元，流动资金 17.81 万元，其中自有流动资金 10 万元。年销售总额 209 万元。有职工

12 人，汽车 1 辆。

石油煤建公司 以经营汽油、煤油、柴油、润滑油、煤炭为主的批零兼营企业，有加油站、成型煤加工场各 1 处和 10 个储油罐。1985 年，对外挂石油分公司和煤炭贸易公司两个牌子。占地 45651 平方米，其中仓库 1480 平方米，营业用房 510 平方米，职工宿舍 446 平方米。1990 年，拥有固定资产 8.95 万元，流动资金 54.74 万元，其中自有流动资金 21 万元。年销售总额 347.78 万元。有职工 28 人，汽车 4 辆。

医药公司 经营西药、中成药、中草药、医疗器械为主的批零兼营企业。经营药品 3200 余种，设有两个零售门市部。1987 年，建营业楼 1 幢、4 层，建筑面积 2575 平方米，其中营业门市部用地 87.48 平方米，仓库 503.15 平方米。1990 年，有固定资产 23.62 万元，流动资金 28.38 万元，其中自有流动资金 8.70 万元。年销售总额 67.28 万元。有职工 10 人。

民贸商店 1958 年筹建，1959 年建成二层楼。1982 年 11 月，被火灾焚毁，于 1984 年完成重建，为四层砖混结构楼房，其中营业楼面积 1752 平方米。原称百货大楼，是综合性零售商场，经营百货、食品、五金交电、土产杂品、家具等 2800 余种商品。1983 年，改名为民贸商店。1990 年，有固定资产 68.97 万元，流动资金 68.85 万元，其中自有流动资金 1.24 万元。年销售额 131.83 万元。有职工 30 人，汽车 1 辆。

饮食服务公司 1958 年，兴建二层营业楼 1 幢，称循化饭店，有营业用地 1802.83 平方米，职工宿舍 725 平方米。设饭店、理发、照相服务部。1972 年，改为饮食服务公司。1988 年，在原址重建迎宾大楼，为四层。1990 年，有固定资产 108.5 万元，年营业额 3.47 万元，流动资金 5.46 万元，其中自有流动资金 1.84 万元。设有旅店部、照相部、餐厅和两个零售商店。旅店有床位 100 余张，有职工 9 人。

民贸商店原称百货大楼 位于积石大街中端，是循化县最大的国营商业企业，经营百货食品、五金交电、土杂产品等 2800 余种商品，1990 年固定资产 68.97 万元，流动资金 68.85 万元，其中自有流动资金 1.24 万元，年销售额均保持在 150 万元左右。1995 年销售额首次突破 200 万元大关。1999 年 12 月，改制为股份合作制企业。

——循化撒拉族自治县志编纂委员会：《循化撒拉族自治县志》，中华书局，2001 年版，第 374 页。

万达股份合作公司 资产总额 267.78 万元，其中流动资金 151.35 万元，固定资产 97.12 万元，无形资产 19.31 万元，占地面积 1106.6 平方米，负债总额 163.06 万元，职工 31 人。

副食品公司　位于积石大街中段，主要经营烟酒、糖果、食品、茶叶等批零业务，拥有固定资产 837.69 万元，流动资金 17.81 万元，其中自有流动资金 10 万元，年销售总额 208 万元。1998 年 2 月在国营商业企业改制中，抽资个人经营，是年职工 25 人，资产总额 424.8 万元，其中流动资金 345.1 万元，固定资金 4.7 万元。

医药公司　位于积石大街中段，是一家经营西药、中成药、中草药、医疗器械为主的批零兼营企业。占地面积 504.9 平方米，经营药品大约 3200 种，在街子三岔、县城南环路等设零售门市部。1990 年，固定资金 23.62 万元，流动资金 870 万元，年销售总额 67.28 万元，职工 10 人。1991 年以后，不断转换企业经营体制，推行“四放开”等改革，抓管理，企业不断发展。1995 年，销售总额达到 221 万元。1998 年 7 月，在国营商业企业改革中，改制为股份合作制企业——康达医药药材有限责任公司，职工 21 人，资产总额 159.38 万元，其中流动资金 109.32 万元，固定资产 49.7 万元，无形资产 4.4 万元，负债总额 105.32 万元。年销售总额 202.84 万元，上缴税金 10.22 万元，实现利润 1.3 万元。

饮食服务公司　位于积石大街西端，原称循化饭店，后改为饮食服务公司。1989 年，在原址修建迎宾大楼，是一家集餐饮、住宿、照相、理发为一体的国营服务企业。1990 年，固定资产 108.5 万元，流动资金 5.46 万元，其中自有流动资金 1.84 万元，年营业额 3.47 万元，职工 9 人。1991 年以后，实行内部承包经营，县医院整体租赁，与省饮食服务公司联营。2000 年，总资产 205.17 万元，固定资金 161.29 万元，无形资产 43.88 万元，占地面积 2438.03 平方米，职工 12 人。同年 12 月，在国营商业企业改制中，其中以 150 万元整体出售给私人，开发房地产。

民族贸易公司　位于积石大街东端，是一家批零兼营以工业品为主的综合性企业。1990 年，拥有固定资产 38.85 万元，流动资金 419.39 万元，其中自有流动资金 24.92 万元，年销售额 548.85 万元。2001 年 9 月 26 日，民贸公司亏损严重，资不抵债，宣告破产，职工个人投资，在剩余土地上修建二层商铺，个人经营和承包租赁经营。

清真肉联厂　位于黄河东路，1992 年在畜牧业商品经济“大合唱”推动下，县政府争取老少边穷贴息贷款 90 万元，建成清真冷库工程，后改名为清真肉联厂，有职工 5 人，建筑面积 216.8 平方米。1993 年开始运营，当年从黄南、泽库、临夏等牛羊肉产区收购牛羊肉 145 吨，次年完成销售 258 万元，实现利税 84 万元，1997 年，因变价销售库存的牛羊肉 90 余吨，亏损 85.4 万元。1998 年 9 月，在国营商业企业改革中，以 255.5 万元整体拍卖出售给私营业主，成立雪驰清真肉食品有限公司。

石油煤建公司　位于县城环城南路东端，占地面积 45651.37 平方米，主要经营汽油、煤油、柴油、润滑油、民用燃煤，设加油站和煤砖加工厂。1990 年，拥有固定资产 85.95 万元，流动资金 54.74 万元，其中自有流动资金 21 万元，年销售总额 347.78 万元。1998 年 5 月上划给省石油公司，有职工 26 人，资产总额 419.76 万元，其中流动资金 178.29 万元，固定资产 64.53 万元，负债额 192.55 万元，2000 年后承包给个人经营。

——循化撒拉族自治县地方志编纂委员会：《循化撒拉族自治县志》，三秦出版社，2017 年版，第 201 页。

1979 年，国营商业企业实行定销售、定费用、定品种、定资金周转、定利润的“五定”经营形式，根据指标完成情况提取企业奖励基金。各零售门市情况计发奖金。1981 年后，逐步实行各种形式的经营责任制，改革商业体制，经营形式有 3 种：批发企业实行“定额管理百分计奖”，全面完成各项经济指标，可发 1 个半月至 2 个月标准工资的奖金；民贸公司第一、二门市部、副食品公司第一门市部实行“定额利润、浮动工资加奖金”的经营责任制，即固定工资中每人每月扣 20%，年终按任务完成情况超奖赔罚；饮食服务公司、食品加工厂、副食品第二门市部实行“利润包干、自负盈亏”的大包干形式，即核定销售任务、利润指标、费用率、资金周转等各项经济指标，做到正确处理权、责、利三者关系，进行奖罚兑现。1987 年，根据国家商业部《关于国营商业、饮食服务业小型企业放开经营若干规定的报告》精神，采用租赁经营和集体经营方式，扩大企业自主权（包括企业计划权、业务经营权、财务支配权、价格作价权、用人权、收入分配权）。副食品公司两个门市部承包给个人，实行租赁经营；民贸商店实行“集体经营、照章纳税、自负盈亏”的经营形式。1988 年，国营商业企业全面推行承包经营责任制，称第一轮承包。经营权与所有权分离，明确企业同主管局、承包人，承包人与职工的关系，扩大企业自主权，增强企业活力。承包经营形式为“目标考核、利润递增包干、超收全留、欠收自补”。承包期 3 年，从 1988 年开始到 1990 年。承包人与企业主管局、财政局签订承包合同，并经司法公证。承包企业有石煤公司、民贸公司、医药公司、食品公司、副食商店。1990 年末，第一轮承包到期，把个人承包改为全员风险抵押承包。

——循化撒拉族自治县志编纂委员会：《循化撒拉族自治县志》，中华书局，2001 年版，第 376—377 页。

1991年至1992年，国营商业实行第一轮承包，经营权与所有权分离，承包经营形式为；“目标考核、利润递增包干、超收全留、歉收自补”。根据省、地“四放开”（经营放开、分配放开、价格放开、用工放开）改革工作会议精神和《海东地区关于国营商业供销社企业“四放开”改革试行意见》，率先在民贸公司、民贸商店进行“四放开”改革试点，1993年国营商业全面推行“四放开”改革。在经营方式上既突出主营，又综合经营，拓宽经营范围和服务领域；在利益分配上，实行以销计酬，工效挂钩，拉开分配档次，上不封顶，下不包底；在商品价格上允许企业自行调节，薄利多销；在企业用工上推行“三岗一制”（上岗、待岗、试岗和聘用制）。同年又在边小微亏企业实行“以引入个体经营机制为重点，以抽国有资金为核心，以作价转卖商品所有权和上交承包金为基本内容”的“国有民营”，实行大包干。至2000年底，实行大包干制的门店、柜组达到15个。1996年，民贸公司与森达绒毛厂签订联营合同，民贸商场与亚西达家具城合作联营，两家企业出租闲置的仓库及营业室，盘活国有资产，发挥国有资产的最佳效益。1997年，县委下发关于在全县积极推进产权制度改革的意见，各商业企业结合各自的特点和实际，酝酿制订改革方案。1998年，医药公司改制为股份合作制企业——康达医药药材有限责任公司，副食品公司抽资租赁给个人经营，清真肉联厂整体拍卖出售给私营业主，成立雪驰清真肉食品有限公司，石油煤建公司上划给省石油公司。1999年，民贸商场改制为股份合作制企业。同年12月，民贸公司改制为股份合作制企业——万达股份合作公司。2000年，饮食服务公司整体出售给私人，开发房地产。2001年，民贸公司因亏损严重，资不抵债，宣告破产。国营商业企业改革全面完成，标志着计划体制下的国营商业逐步退出经济舞台，取而代之的是市场经济为主体的个体私营商业。

——循化撒拉族自治县地方志编纂委员会：《循化撒拉族自治县志》，三秦出版社，2017年版，第199—200页。

循化县外贸局成立于1984年1月，下设外贸公司，主要负责出口产品收购、组织工作。从事活牛、蕨菜、辣椒、花椒、牛皮、羊皮、兔毛、苹果、发菜等购销业务。1991年，随着个体私营商业的进一步发展，外贸公司购销额急剧下降，1994年购销额只有42万元，比1990年减少79.95万元。1998年，外贸局总资产112.12万元，其中流动资金50.4万元，固定资产50.57万元，无形资产11.15万元，占地面积222平方米，负债总额49.25万元，公司经营处于亏损状态。国有商业实行体制改革时，改制为股份合作制企业。2002 年 2 月，党政机构改革，撤销外贸局，其业务并入发展计划和经济贸易局。

2004 年，青海伊佳民族用品公司获国家开发银行青海省分行等一批中小企业贷款 2000 万元，扩大生产规模，针对国际市场对产品供不应求的局面和大量的外来订单，不断开发新产品，引进新技术，实现了从传统的手工式刺绣技术向现代化高科技电脑刺绣技术的转变，生产工艺技术在国内外处于领先水平，赢得了广阔的市场，产品远销多个中东国家和国内 10 多个大中城市，在西宁、临夏、乌鲁木齐、广州、浙江义乌等地设立总经销部。生产的孟加拉帽等产品在国内市场占 90% 的份额，在沙特市场占 30% 的份额，在阿联酋市场占 10% 的份额，在巴基斯坦、叙利亚市场占 5% 的份额，并在沙特、阿联酋设立经销办事处。年产值达到 2 亿元左右，出口额约 400 万美元。2005 年至 2010 年，累计争取外经贸区城协调发展专项资金 1188 万元，扶持打造“布哈拉”“撒拉黄河石艺”“岗拉”等一批具有影响力的民族用品商标品牌，培育民营外贸企业，出口商品种类由单一的民族帽增加到挂毯、唐卡、刺绣、黄河石艺系列等 8 大类 50 多种产品。年进出口额达到 500 万美元左右。

——循化撒拉族自治县地方志编纂委员会：《循化撒拉族自治县志》，三秦出版社，2017 年版，第 204 页。

1991 年，全县批发零售业经营户 338 户，从业人员 556 人，年营业收入 2463 万元。1995 年，全具经营户发展到 370 户，从业人数 626 人，营业收入 3491 万元。2000 年，全县经营户 680 户，从业人数 780 人，营业收入 422 万元。2005 年，全县经营户 1107 户，从业人数 1380 人，营业收入 8549 万元。到 2010 年，全县经营户增加到 1401 户，从业人数 2850 人，营业收入 27702 万元。

2004 年第一次经济普查批发零售业基本情况一览表

按行业分	单位数（个）	从业人员（人）	全年营业收入（千元）
批发和零售业	17	204	20799
批发业	3	46	6170
农需产品批发	1	33	2570
食品、饮料及烟草制品批发	1	6	0
机械设备、五金交电及电子产品批发	1	7	2600
零售业	14	158	15629

续表

按行业分	单位数（个）	从业人员（人）	全年营业收入（千元）
综合零售	11	105	6995
文化、体育用品及器材专门零售	1	11	1797
医疗及医疗器材专门零售	1	21	477
汽车、摩托车、燃料及零配件专门零售	1	21	6360
批发和零售业个体户			
批发业	28	49	—
零售业	1132	1518	—

——循化撒拉族自治县地方志编纂委员会：《循化撒拉族自治县志》，三秦出版社，2017 年版，第 215 页。

二、旅游业

2000 年以前，全县旅游工作由计划委员会和孟达自然保护局代管，2000 年 3 月，循化县旅游局成立，负责全县旅游工作。循化县把旅游业作为发展第三产业的龙头和县域经济发展的支柱产业进行培育，先后提出“旅游富县”和“旅游活县”发展战略，加大宣传促销、项目推介和商品开发力度，加快景区景点和旅游队伍建设，重点打造孟达天池为主的生态品牌，以骆驼泉、班禅故居、喜饶嘉措大师纪念馆为主的人文品牌，以清水湾、黄河丹霞地貌为主的黄河品牌，以街子清真大寺、撒拉族农家院为主的民俗品牌，全县旅游业稳步健康发展。2010 年，全县接待国内外游客 84 万人次，实现旅游总收入 2.16 亿元。

循化县充分利用电视、广播、网络、报刊等主流媒体，特别是借助《中国自驾游》《东方之旅》《假日自助游》《自游自在》《自游天下》等国内名牌杂志，刊登循化县旅游景点，在北京多辆公交车上集中展示“撒拉家园 · 多情循化”为主的旅游景点，设置广告牌，积极参与省内外旅游企业交易会及旅游博览会，赴周边重点旅游地区开展旅游推介，参加省、地（区）旅游局组织的大美青海主题系列推介会，开通兰州至循化旅游直通车，召开循化旅游推介会，编制旅游宣传画册等方式对循化县旅游资源及路线进行全方位的宣传推介。2001 年 8 月，配合中央电视台《青海风光》摄制组完成循化景区的拍摄。2002 年开始，在省文化新闻出版厅、省旅游局、省文联、省电视台的协助下，先后举办以“高原江南 · 春来早”为主题的 4 届中国撒拉族旅游文化节。

从 2005 年开始，连续举办 6 届国际抢渡黄河极限挑战赛。2008 年，举办了全国扶持人口较少民族经验交流现场观摩会。通过这些重大赛事、节日、重要会议及活动提升了宣传效应，知名度和影响力有了显著提高。2004 年，循化县被列为全国农业观光旅游示范县。2006 年，“撒拉族绿色家园”被列为国家 AAAA 级旅游景区。2007 年，循化县被评为“中国县域旅游品牌百强县”和“中国县域品牌景区百强县”。2008 年，循化县获得“省级园林县城”称号。2009 年，循化县获得“中国绿色名县”称号。2010 年，循化县被评为“中国最佳民族生态旅游休闲胜地”。

循化是中国撒拉族的发祥地，位于青藏高原的青海省东部，地处甘青交界，距省会西宁 150 余公里，距甘肃兰州 235 公里，距热贡艺术之乡黄南州 86 公里，是青海的东大门之一。据统计，循化县各种可开发利用的旅游景点有 92 个，其中一级景点 26 个，二级景点 18 个，三级景点 48 个，国家级重点文物保护单位 2 个，省级重点文物保护单位 14 个，县级重点文物保护单位 25 个。历史悠久，名胜众多，山川秀丽，环境优美。已形成孟达天池为重点的生态游，以骆驼泉、班禅大师故居、喜饶嘉措大师纪念馆为重点的人文宗教游，黄河资源、丹霞地貌为重点的黄河景观游，以撒拉人家、民俗风情餐饮娱乐为重点的民俗休闲游五大旅游品牌，有青藏高原“微缩景区”之美誉。

高起点编制完成了“十二五旅游发展规划”，旅游行业管理进一步加强，“撒拉人家”等旅游服务实体经营水平得到提升，景区管理、旅游市场等工作健康有序。2010 年共接待国内外游客 84 万人次，旅游业直接和间接收入达 2.16 亿元，比上年同期增长 35%，旅游收入总量较大（旅游收入占全区收入的 38%），实现较大幅度的增长。

——循化撒拉族自治县地方志编纂委员会：《循化撒拉族自治县志》，三秦出版社，2017 年版，第 211 页。

总投资 9310 万元分五年实施的孟达国家级自然保护区旅游资源开发项目已正式下达批复，其中投资 1170 万元的一期项目已开始实施，以天池为中心的“一区四景”旅游项目建设步伐加快。五年内金融部门累计发放各类贷款 8.4 亿元，金融部门贷款余额达到 5.7 亿元，比 1997 年净增 4.8 亿元。

——中共循化撒拉族自治县组织史资料编纂委员会：《中共循化撒拉族自治县组织史资料（1993.4—2015.12）》（内部资料），2018 年，第 760 页。

旅游资源开发步伐得到加快，旅游服务条件明显改善，游客人数不断增加，2005

年我县游客人数达35万人（次），旅游收入达4200万元，分别比2002年增加10.9万人（次）和1300万元，增长45.2%和44.8%。

——韩永东：《循化撒拉族自治县第十五届人民代表大会第一次会议上的讲话》，循化撒拉族自治县人民政府办公室提供，2006年9月9日。

随着循化县旅游宣传工作的深入，尤其是旅游文化节、辣子节等富有民族特色节日的举办，抢渡黄河极限挑战赛等国际体育赛事的承办，知名度显著提高。1997年循化被列为全省旅游扶贫示范县之后，县委、县政府审时度势，把发展旅游业摆上重要的议事日程，举全县之力，加大电力、交通、通信、餐饮、住宿等基础设施建设力度。努力打造黄河上游流动的风情走廊。加快景区景观的改造升级，使旅游业成为拉动经济发展的一架马车。旅游从业人员从1991年的74人增加到2010年的3347人；农家乐从无到有，逐步发展壮大，2010年已发展到90家；旅游企业从2000年的3家发展到2010年的55家；宾馆从2000年的3家发展到14家；旅游收入从1991年的20余万元增加到2010年的2.16亿元，人均1744.6元。

截至2010年底，全县共有宾馆23家，其中星级宾馆7家（三星级宾馆2家，二星级宾馆5家），农家乐53户，生态休闲风情园10家，住宿接待能力达到4000人（其中农家接待能力1600人）。旅游纪念品加工企业5家，旅游纪念品商店2家，黄河奇石展销点3处，旅游服务公司2家，专职导游13名。交通、餐饮、娱乐等服务基本满足游客的需求。

2000—2010年循化县旅游业发展情况一览表

年份	接待人数		旅游企业（家）	从业人员（人）	生产总值中的比例（%）	收入（万元）
	国内（万人）	国外（万人）				
2000	2	—	3	118	0.6	185
2001	7	—	5	200	1.5	500
2002	24.1	160	8	400	7.6	2900
2003	19	220	11	800	5.2	2280
2004	23.6	1400	19	1200	4.6	2400
2005	40.7	1500	26	1600	10.5	6512
2006	46.1	1600	33	2000	11.6	8298
2007	62.1	900	48	2500	13.86	10857

续表

年份	接待人数		旅游企业（家）	从业人员（人）	生产总值中的比例（%）	收入（万元）
	国内（万人）	国外（万人）				
2008	52.3	1000	50	3100	13.1	11400
2009	85.6	2000	53	3251	18.34	16300
2010	84	2400	55	3347	19.5	21600

——循化撒拉族自治县地方志编纂委员会：《循化撒拉族自治县志》，三秦出版社，2017 年版，第 212 页。

2008 年深入推进“旅游活县”战略。全年积极争取旅游发展基金 515 万元，重点景区建设步伐进一步加快。通过参加、举办节庆赛事和开展积极有效的旅游宣传推介活动，使循化的知名度进一步提高。以黄河石画、撒拉族刺绣等为主的旅游纪念品开发逐步形成规模，全县旅游业保持了较好的发展态势，全年共接待国内外游客 51.75 万人（次），实现旅游收入 1.09 亿元。

——韩永东：《循化撒拉族自治县第十五届人民代表大会第一次会议上的讲话》，循化撒拉族自治县人民政府办公室提供，2009 年 4 月 25 日。

以资源优势为依托，大力发展特色旅游业。通过组织召开旅游工作大会，制定出台一系列鼓励扶持发展旅游业的优惠政策和措施，积极参与“大篷车”“中国青海民间艺术游”等主题活动，举办“高原江南春来早”旅游文化节和 2007 年中国·循化国际抢渡黄河极限挑战赛等大型节庆赛事活动，使全县旅游的知名度和影响力明显提升。孟达天池、骆驼泉、文都大寺三大景区顺利入围“青海十大景观”。相继完成了波浪滩、孟达天池、骆驼泉等景区的招商工作，部分项目已开工建设。全县旅游经济实现了两大突破：全年接待国内外游客首次突破 60 万人（次），达到 62.1 万人（次），比上年增长 34.7%；旅游业直接和间接收入突破 1 亿元大关，达到 1.08 亿元，比上年增长 30.7%。提前两年实现“到‘十一五’末年接待游客 60 万人（次）”的目标。

——韩永东：《循化撒拉族自治县第十五届人民代表大会第一次会议上的讲话》，循化撒拉族自治县人民政府办公室提供，2008 年 4 月 1 日。

2009 年狠抓旅游基础设施建设，相继完成了骆驼泉、孟达天池、十世班禅大师故居等景区建设、周边整治及 50 户“撒拉人家”维修扩建等工程，新发展 22 家“撒拉人家”。加强与省内各大旅行社的合作，强化宣传推介，“撒拉族绿色家园”知名度得到了进一步提高。加强旅游行业管理和队伍建设，旅游服务水平进一步提升。全年旅游投入达到5300多万元，接待国内外游客70.08万人次，实现旅游收入1.66亿元，比上年增长52.3%。

——韩永东：《循化撒拉族自治县第十五届人民代表大会第一次会议上的讲话》，《中共循化县委党史研究室》，2010年2月25日。

搞活乡村旅游，农村经济发展发展潜力增强。按照县委提出的“旅游活县”发展战略目标，我镇大力挖掘旅游资源，协调多方力量，投入1539万元开发了骆驼泉景区，投入145万元改造了民俗馆，围绕景区投资近900万元，创办了三兰巴亥村为主的“撒拉农家院”，景区年接待游客12300人以上，综合收入在750万元以上，有力地刺激了农村经济发展，促进了全县的旅游发展。

——《街子镇2010年度工作总结》（内部资料），循化撒拉族自治县人民政府办公室提供。

2010年旅游业继续保持强劲发展势头，接待国内外游客84万人/次，增长20%；旅游收入达2.16亿元，增长32.5%。

——中共循化撒拉族自治县组织史资料编纂委员会：《中共循化撒拉族自治县组织史资料（1993.4—2015.12）》（内部资料），2018年，第829页。

三、服务业

1991年以后，改革开放进程加快，市场经济日趋繁荣，为服务业发展搭建有效平台，全县服务业发展步入快车道，由原来单纯住宿餐饮、批发零售等向多行当、深服务、广角度发展，电子游戏、美容美发、打字文印、广告装潢、家电维修等新型服务行业迅速兴起，特别是住宿餐饮服务发展势头强劲，成为循化县服务业的龙头，从事服务业的户数和人数大幅度增加，住宿餐饮业档次提高，经营规模扩大。

饮食服务公司，1958年，兴建二层营业楼1幢，称循化饭店，有营业用地1802.83平方米，职工宿舍72平方米。设饭店、理发、照相服务部。1972年，改为饮食服务公司。1988年，在原址重建迎宾大楼，为四层。1990年，有固定资产108.5万元，年营业额 3.47 万元，流动资金 5.46 万元，其中自有流动资金 1.84 万元。设有旅店部、照相部、餐厅和两个零售商店。旅店有床位 100 余张，有职工 9 人。

——循化撒拉族自治县志编纂委员会：《循化撒拉族自治县志》，中华书局，2001 年版，第 374 页。

1991 年，全县餐饮业有 65 户，从业人员 180 人，主要集中在县城、街子三岔，在其他集镇及乡政府所在地也有少量的饭馆，年营业收入 129 万元。1995 年，全县经营户达到 105 户，从业人员 286 人，营业收入 414 万元。2000 年开始，在县城各主要街道饭馆数量增多，各种小吃、小炒店大量出现，一些规模较大、装饰豪华的大餐厅陆陆续续开业，经营户达到 155 户，从业人数 306 人，营业收入 2463 万元。2002 年以后，随着旅游产业的兴起，循化县着力打造“撒拉人家”餐饮品牌，以街子乡三兰巴亥村为代表的农家乐不断涌现，在保留传统美食品种和食材的基础上，进一步挖掘民族美食特色的潜力，丰富制作手段，增加花色品种，餐饮业呈现快速发展的势头。2005 年，全县经营户 27 户，从业人数 759 人，营业收入 2158 万元。2010 年，全县经营户 254 户，从业人数增加到 1223 人，营业收入 9562 万元。县城内规模较大的餐馆有四和生态园、阿不都食府、阿吾农家院、伊佳食府、天年阁食府等 10 多家，街子三岔集镇也有中华美食城、黄河生态园、伊隆生态园等，营业面积均在 300 平方米以上，可以容纳 200 人左右同时用餐。全县餐饮业经营户分布在全国 60 多个大中城市，总数接近 4000 家。从事餐饮人员达到 1.5 万人。

2006 年餐饮业情况（单位：万元）

项目	户数	从业人员	营业总收入	营业支出	增加值	增加值率
总计	233	830	3179	2178	1462	46%
1. 限额以上企业						
2. 限额以下企业						
3. 个体户	233	830	3179	2178	1462	46%

2007 年餐饮业情况（单位：万元）

项目	户数	从业人员	营业总收入	营业支出	增加值	增加值率
总计	243	862	5182	3658	2159	41.76
1. 限额以上企业						

续表

项目	户数	从业人员	营业总收入	营业支出	增加值	增加值率
2. 限额以下企业						
3. 个体户	243	862	5182	3658	2159	41.76

2008 年餐饮业情况（单位：万元）

项目	户数	从业人员	营业总收入	营业支出	增加值	增加值率
总计	246	1200	6513	4432	3058	44.93
1. 限额以上企业						
2. 限额以下企业	2	22	54	37	25	45.95
3. 个体户	244	1178	6549	4395	3033	46.96

2009 年餐饮业情况（单位：万元）

项目	户数	从业人员	营业总收入	营业支出	增加值	增加值率
总计	251	1220	7346	4994	3416	46.45
1. 限额以上企业						
2. 限额以下企业	3	32	72	43	32	44.45
3. 个体户	248	1188	7242	4951	3384	46.52

2010 年餐饮业情况（单位：万元）

项目	户数	从业人员	营业总收入	营业支出	增加值	增加值率
总计	254	1223	9562	5099	4463	46.47
1. 限额以上企业						
2. 限额以下企业	2	45	314	171	143	45.54
3. 个体户	252	1178	9248	4928	4320	46.71

——循化撒拉族自治县统计局：《青海省循化撒拉族自治县国民经济社会发展统计资料汇编（2006—2010 年）》（内部资料），第 116—117 页。

1991 年，全县住宿业经营的只有 9 家，设备简陋，空间狭小，条件较差，接待能力弱，从业人员仅有 30 人，年营业收入 10 万元。1995 年以后，循化宾馆、交通宾馆相继建成，档次提高，接待能力增强，功能齐全，集住宿、会议、餐饮、娱乐为一体。全县经营户 10 户，从业人数 40 人，营业收入 130 万元。2000 年后，个体宾馆不断涌现，尤其是循化连续承办国际黄河极限挑战赛等有影响的大型活动以来，私人投资兴办旅店、宾馆的积极性不断提高，相继建成园林宾馆、秀水宾馆、建贸大厦、明亮宾馆等。2005 年，全县经营户达到 18 户，从业人数 90 人，营业收入首次突破千万元大关，达到 1050 万元。至 2010 年，全县经营户增加到 22 户，从业人数 240 人，营业收入 1280 万元。档次较高的星级宾馆有循化宾馆、天年阁宾馆、伊佳商务大厦等，这些宾馆设备齐全，服务周到，高、中、低档房间兼顾，配有空调、彩电、电话、卫生间、宽带等，营业面积都在 4000 平方米以上，床位 150 张左右，可接待重要活动及国内外来客。

2004 年第一次经济普查和餐饮业基本情况一览表

指标名称	法人企业（个）	从业人数（人）	营业额（千元）
住宿餐饮企业	10	151	3710
住宿业	8	120	2837
按住宿行业分组			
一般旅馆	8	120	2837
按星级分组			
二星	8	120	2837
一星	2	0	1107
其他	5	0	1496
餐饮业	2	31	873
按餐饮行业种类分组			
正餐服务	1	10	198
其他餐饮服务	1	21	675
住宿餐饮个体户			
住宿业	16	37	537
餐饮业	222	748	18602

——循化撒拉族自治县地方志编纂委员会:《循化撒拉族自治县志》，三秦出版社，2017 年版，第 213—214 页。

1991 年，居民服务业主要以理发、摄影及小家电维修为主。1995 年后，随着居民收入的增长，现代家电用量大幅度增加，刺激了家电修理业发展。

2000 年，家电维修业发展到 20 户。2002 年，劳务经济迅速发展壮大，人民生活水平不断提高，购买私家车的家庭越来越多，拉动了汽车修理及洗车业的发展。

2010 年，全县社会服务业经营户有 242 户，从业人员 454 人。其中理发业 29 户，从业人员42人，服务项目越来越多，理发、刮脸、修胡须、干洗、焗油、洗面、文眉、修眉、面膜、新娘化妆、新娘盘头等。男的特别是年轻人除光头、平头、分头外，还有毛寸、板寸、桃形、报喜鸟、子弹头、大背、金三角等。照相业7家，其中县城3家，从业人员6人，摄影技术逐步提高，照相设备发展较快，服务项目不断更新，数码相机、专业道具、彩色冲印等先后使用。汽车修理和家电等生活用品修理业65户，从业人员125人；县城个人住宅大多使用了太阳能热水器，快速向农村发展。淋浴业发展缓慢，县城仅有15户，从业人员5人。洗脚修面、保健按摩等服务的只有2至3家。洗车、干洗等18户，从业人员42人。

——循化撒拉族自治县地方志编纂委员会：《循化撒拉族自治县志》，三秦出版社，2017年版，第215—216页。

青海虽然不是我国的少数民族自治区，但是聚集着多样的民族和多元文化，身处在循化的撒拉族正处在多元文化的交界互动地带，特别是在伊斯兰与藏文化之间。撒拉族基本属于全民信仰伊斯兰教，而生活在藏区的他们又熟练掌握藏语，撒拉族商人与商业是沟通周边藏区与外界社会的重要纽带。90年代后期，大部分的年轻人开始进入内地打工，开始逐渐形成今天声名显赫的撒拉族“拉面经济”。

撒拉族在2000年左右开始转向开展内地的拉面经营除了受到化隆拉面的影响之外，另一个重要原因是90年代末青藏铁路的全线竣工。在青藏铁路竣工之前，撒拉族是青海与西藏之间最主要的物流中介，循化县的撒拉族的经济收入一度依赖于青藏线上的运输工作。因为常年在藏区做生意，包括藏区运输、牛羊肉的屠宰，以及小商品经营等，很多撒拉族特别是上年纪的人可以讲流利的藏语（安多藏语）。随着青藏铁路的竣工，撒拉族的传统物流路线丧失了其重要性地位，同时，随着藏区藏族商业经济的兴起，撒拉族在藏区的经济优势地位逐渐减弱。因此，自2000年左右，撒拉族依托拉面经济开始尝试开发内地市场。

——丁玫：《从藏区到上海：撒拉族的“拉面经济”与反思》，《跨界民族研究：第三辑》，辽宁民族出版社，2017年版。

循化县拉面经济基本情况：以“撒拉人家”为餐饮业领军品牌的拉面经济作为我县最具特色的劳务品牌，从20世纪的90年代开始起步，通过以撒拉族为主的穆斯林群众的艰苦创业、政府的积极引导和服务，从无到有，从少到多，得到了快速发展。

特别是 2003 年“两化”专题工作会议以后，按照市委、市政府对拉面经济的总体部署和要求，结合循化的实际，适时调整发展思路，并制定做好拉面经济升级版的发展规划，因势利导，强化服务，使我县的拉面经济进入了一个规模不断增加、质量不断提升的快速健康顺利发展的新阶段，并形成了以拉面为主的“撒拉人家”餐饮四大系列：

一是拉面系列。在全国范围内经营的拉面馆到目前为止已达到 6200 家，从业人员 2.9 万人。主要在省外的上海、深圳、北京、杭州等大城市为主的全国各个地区。

二是特色民族餐系列。基本上都在循化和西宁地区。主要经营撒拉族的传统民族餐，过去叫宴席饭，又叫家宴。经营环境优美，饮食品种丰富，民族特色风味很浓，深受外面客人的喜爱。目前经营此类项目的有 130 多家，从业人员 1010 人，而且继续保持着很强的发展势头。

三是农家小吃系列。这类饭馆经营的都是家常便饭，主要讲究的是健康与环保，所用的食材全都是纯天然的，做出来的饭菜味道可口、价格不高，也很受顾客们的欢迎，经营点多半是些农家小院，目前约有 400 家，从业人员 1940 人。主要以循化和西宁地区为主。

四是以茶餐为主的简中餐系列。既有装修风格别致，环境卫生整洁，香茶美味佳肴，且有一定规模的茶餐厅，又有主要以普通群众为服务对象的中小饭馆，在西宁循化为主的全省各个地方都有。目前经营此类项目的有 700 多家，从业人员 4050 人。

以上四大系列形成了我县以拉面经济为主的“撒拉人家”特色餐饮产业，全县共有 7430 家，从业人员 3.6 万人。餐饮业的崛起，不仅带动了城乡劳动力的有效转移就业，更为重要的是，它是循化县农村经济的重要收入来源。餐饮业已完全成为循化县农村经济的一个非常重要的支柱产业，这个产业不论从带动就业方面，还是给当地群众带来的经济收入和产生的社会效益方面讲，其他任何一个产业都是无法比拟的，它让群众增长了见识，提高了文明程度，拓宽了发展思路，提高了对孩子的教育意识，使他们的生活方式、生活质量都发生了很大的改变。

——循化就业局：《循化县拉面经济发展的基本状况》（内部资料），循化就业局办公室提供，2022 年 4 月。

2004 年循化撒拉族自治县旅游局和西源民族旅行服务有限公司就有关“撒拉人家”餐饮的协议书对餐饮的价格、服务内容有清楚的记载：

甲方：循化县旅游局

乙方：县西源民族旅行服务有限公司——撒拉人家

甲、乙双方本着诚实信用、互惠互利的原则，就甲方游客入住乙方撒拉人家或就餐事宜，达成如下协议：

1. 凡从省内外前来循化县旅游观光的甲方游客均由甲方介绍入住乙方撒拉人家或就餐。

2. 入住乙方撒拉人家或就餐的甲方游客必须全力维护乙方撒拉人家的形象，无条件服从乙方管理制度，若出现不遵守管理制度、损坏财产等不良行为，由乙方通知甲方给予处理。

3. 社会各界来客登记入住或就餐的同等条件下，乙方对甲方游客给予优先接待。

4. 乙方对甲方游客服务要热情周到，否则因服务质量引起的游客投诉事件，由乙方负责处理。

5. 乙方住宿收费标准 20 元 / 人；乙方就餐收费标准：早餐系列：（1）45 元 / 桌，（2）50 元 / 桌；午餐系列：（1）137 元 / 桌，（2）190 元 / 桌，（3）310 元 / 桌；晚餐系列：（1）93 元 / 桌，（2）45 元 / 桌。（详细菜单附后）

6. 本协议生效期为一年，即 2004 年 4 月 1 日至 2005 年 4 月 1 日，期满后若甲、乙双方同意，可续签。

7. 本协议一式两份，甲、乙双方各执一份，自签订之日起生效。

8. 老人、学生住宿标准 15 元 / 人。

二〇〇年四月一日

附：撒拉族餐饮系列

早餐系列

一

麦奶茶	5 元 / 壶
菜包	10 元 / 盘（2 种各 10 个）
油香	5 元（3 个 / 盘）
碗菜、杂碎、肚丝汤、牛羊头肉	2 元 / 碗 ×10 人 =20 元
花卷	5 元 / 盘（10 个 / 每盘）

合计：45 元

二

麦奶茶	5 元 / 壶

菜包	10 元 / 盘（2 种各 10 个）
糖包	10 元 / 盘（2 种各 10 个）
碗菜或杂碎等	2 元 / 碗 ×10 人 =20 元
杂面馍	5 元 / 盘（10 个 / 盘）

合计：50 元

午餐系列

一

碗子	2 元 ×10=20 元
馓子	10 元
油枣	8 元 / 盘
伯则来	5 元 / 盘
糖包	10 元 / 盘（2 种各 10 个）
菜包	10 元 / 盘（2 种各 10 个）
手抓羊肉	16 元 / 斤 ×1.5=24 元
肉汤煮土豆或胡萝卜等	10 元 / 盘
素炒油菜	5 元 / 盘
土鸡或兔肉	30 元 / 盘
花卷	5 元 / 盘（10 个 / 盘）

合计：137 元

二

碗子	2 元 ×10=20 元
馓子	10 元
花果果	5 元 / 盘
糖包	10 元 / 盘（2 种各 10 个）
菜包	10 元 / 盘（2 种各 10 个）
海力哇	5 元 / 盘
杂面馍	5 元 / 盘（10 个 / 盘）
肉汤煮土豆、胡萝卜等	10 元 / 盘
手抓羊肉	16 元 / 斤 ×1.5 斤 =24 元

面肠	5 元 / 盘
肥肠	5 元 / 盘
土鸡	30 元 / 盘
兔肉	30 元 / 盘
酿皮、甜醅、凉粉等	3 元 / 盘
素炒油菜	5 元 / 盘
素炒瓠子	8 元 / 盘
凉拌豆角	5 元 / 盘

合计：190 元

三

碗子	2 元 ×10=20 元
馓子	10 元
干果	6 盘 ×7=42 元
油枣	8 元
油骨都	5 元
花果果	5 元 / 盘
糖包	5 元 / 盘（10 个 / 盘）
蜂窝糖包	5 元 / 盘（10 个 / 盘）
菜包	5 元 / 盘（10 个 / 盘）
死面菜包	5 元 / 盘（10 个 / 盘）
油香	5 元（3 个 / 盘）
库享	10 元
手抓羊肉	16 元 / 斤 ×1.5 斤 =24 元
面肠	5 元
肥肠	5 元
海力哇	5 元
杂面馍	5 元 / 盘（10 个 / 盘）
茄子炒肉	12 元
素炒菜瓜	6 元
素炒油菜	5 元
素炒土豆	5 元

素炒白菜	5 元
素炒瓠子	8 元
凉拌豆角	5 元
土鸡	30 元 / 盘
兔肉	30 元 / 盘
肉汤煮土豆或胡萝卜等	10 元
凉面	2.5 元 ×10 人 =25 元

合计：310 元

晚餐系列

一

海力哇	5 元
伯则来	5 元
凉拌油菜	5 元
凉拌豆角	5 元
凉拌土豆	5 元
素炒瓠子	8 元
土鸡或兔肉	30 元 / 盘
面食（可根据客人口味自选）	3 元 / 碗 ×10=30 元

合计：93 元

二

油香	5 元（3 个 / 盘）
油枣	8 元
海力哇	5 元
伯则来	5 元 / 盘
凉拌油菜	5 元
凉拌豆角	5 元
素炒菜瓜	8 元
手抓羊肉	16 元 / 斤 ×1.5 斤 =24 元
土鸡或兔肉	30 元 / 盘
火锅	30 元

面食（根据客人口味自选）　　　　　　3 元 / 碗 ×10 人 =30 元

合计：155 元

——循化县旅游局：《2004 年循化县旅游局与县西源民族旅行服务有限公司、天池宾馆协议书》（内部资料），由循化县人事局干部黄军龙提供，2022 年 4 月。

北京撒拉族餐饮经济发展调查

1989 年，循化县查汗都斯乡新建村的韩孝德一家人，在北京西城区白塔寺开了第一家循化撒拉人的餐厅，从此，北京像一块巨大的“磁铁石”，牢牢地吸引了那些勇于走出家门和开创新天地的循化撒拉人，拉开了循化撒拉族在北京创业的序幕。

循化撒拉人在北京的创业，也并非一帆风顺，他们历尽艰辛，从无到有，逐渐形成今天的发展规模，在北京市的各个区域和主要街道都有撒拉人的餐厅。撒拉人之所以把餐饮业作为外出创业的第一选择，也是看中餐饮投资周期短、见效快、风险小，既可独立经营，也可联营、加盟，可大可小，投资进出门槛低，简单便利，便于及时转轨。据统计，目前在北京有 682 家撒拉人餐厅，约 4000 名务工人员，每年纯收入有 3000 多万元，形成了以北京为中心，辐射到天津、河南、河北等地的“循化县撒拉人餐饮经济圈”。

2000 年以来，循化县委、县政府非常重视撒拉人在北京创业发展情况，为及时做好务工人员在北京的服务工作，加强务工人员信息沟通和联系，2003 年初，循化县政府在北京成立了“循化县在京联络处”，专门协调工商、税务等工作。2004 年底，又在北京成立了以循化人为主体的“青海省在京务工人员工会联合会”，进一步做好在京务工人员服务和维权工作，有会员联系机构 552 家，会员达 3500 余人。近 2 年多时间里调解劳动争议 82 件，调处民事纠纷 27 件，协助当地执法部门参与处理对循化籍务工人员的侵权及赔偿案件 23 件，支持驻外劳务人员诉讼和诉讼代理参与庭审 4 件，避免和挽回经济损失 97 万余元，有效地维护了在京务工人员的合法权益。2005 年，循化县政府及时推出“中国撒拉人家”品牌，推广撒拉族餐饮在北京的影响力，统一制作了以反映本县旅游风光和撒拉族风土人情为背景，印有“中国撒拉人家”字样的标志牌，分发到撒拉族各餐馆经营者手中，将餐馆名称统一更名为“中国撒拉人家”。同时，引导省外循化餐馆业主经营具有撒拉族饮食文化特征的烤羊肉、肋条手抓、指甲面片、中式面点、油炸食品等，提高“中国撒拉人家”品牌的知名度。2006 年初，青海省委书记赵乐际等领导人看望了循化县在京务工人员，了解循化县撒拉人在京餐饮业的发展情况，并给予充分的肯定，希望发挥“青藏高原”精神，打出“中国撒拉人家”品牌，展现撒拉人勤劳致富的民族风采。

——马明忠、韩明春：《北京撒拉族餐饮经济发展调查》，《中国撒拉族》，2008年第2期。

作为“企业”的“家户”——海东回族、撒拉族的“拉面经济”。来自青海海东市的回族、撒拉族外出经商和务工人员是在继承了传统经商文化，以“家户”为流动和成本核算单位，利用清真饮食技艺创造出了“拉面经济”。海东市的化隆回族自治县和循化撒拉族自治县均属国家级贫困县，境内多高山深壑，自然环境相对恶劣，传统农业的产出难以满足当地相对“富余”的劳动力人口。在20世纪80年代之后，整体性社会结构和管理制度逐渐松动和愈加宽松，受东部经济发达地区经济快速增长的影响，本地的回族和撒拉族群众大量外出务工经商。本地相对落后的生产方式与相对“富余”的劳动力人口之间的矛盾，通过当地少数民族群众的流动和迁移得到了一定程度的纾缓。值得指出的是，经商在回族、撒拉族的民族文化中占据了重要地位。早在近代以来，当地少数民族就一直有出门打工的传统，比如在当地被称为“大拿事”的领工，经常在各村招募青壮年男子在春夏时节外出务工。即使是在对人口流动严格限制的20世纪50年代，当地村民仍然集体外出打工“搞副业”。“搞副业”的范围包括了：淘金、修路、挖渠、挖地等体力劳动。回族、撒拉族的“搞副业”活动。似乎可以类比于同时期东部地区同样具有深厚外出务工经商传统并敢于突破社会体制限制的温州人群体。

——盘小梅：《关于少数民族人口流动模式多样性的思考——基于对彝族、回族、撒拉族和壮族的调查》，《黑龙江民族丛刊》（双月刊），2014年第3期。

1991年以后，随着电视、网络技术的快速发展，人们文化娱乐的方式也发生明显变化，录像室迅速被网吧取代，图书、音像等被大量的网络和电子信息取代。20年间，群众文化娱乐先后经历了电影和录像放映室、KTV歌厅、电子游戏室、网吧和棋牌室等不同的形式。

2000年以后，电影、录像放映室及电子游戏室慢慢绝迹，网吧开始兴起，县城网吧达到15家。

2010年，全县平均每百家拥有电脑40余台，从业人员约100人。此外，家政、信息服务10户，从业人员105人，广告装饰等服务44户，从业人员123人。

——循化撒拉族自治县地方志编纂委员会：《循化撒拉族自治县志》，三秦出版社，2017年版，第223页。

四、运输

改革开放以来，家庭联产承包责任制的顺利推广和实施，极大地调动了农民从事农业生产的积极性，多种经营遍地开花，农村经济稳步发展，农业综合生产力逐步提高，人民生活水平日益改善。瓦匠庄村在这样的大背景下，村庄经济社会发展取得了实质性突破，特别是服务业得到了快速发展。

瓦匠庄村服务业发展，可以划分为三个阶段。

第一阶段为起步阶段（1978—1992 年）。在这一阶段，主要是部分具有较高文化素质的农民，利用自身的一技之长从事劳务输出。劳务输出的不断发展，一方面，使农民接受了市场经济的洗礼，传统观念得到更新，市场竞争意识逐步增强，增长了知识，开阔了视野，为农民进一步融入市场经济奠定了基础；另一方面，增加了农民的收入，加快了资本积累的步伐，家庭生活条件逐步改善。村民韩谦和马启贤是这一时期的典型代表。

第二阶段为稳步发展阶段（1993—2000 年）。在这一阶段，服务业发展的重点集中于村级商业、运输业和餐饮业。村级商业的出现，为村民提供了生活上的便利，商业意识逐步增强；运输业的发展，进一步加快了货物贸易，活跃了商品流通市场；餐饮业的发展，进一步拓展了劳务输出的地域空间。上述领域的发展，从整体上提高了村民的文化素质和市场意识，积累了资本，改善了生活，并加大了农村产业结构的进一步优化。韩谦、马启贤、马国栋、韩德祥和韩德义是这一时期的典型代表。

第三阶段为快速发展阶段（1993 年至今）。在这一阶段，服务业发展的重点集中于餐饮业、商业和生产性服务。餐饮业的发展，进一步拓展了“拉面经济”服务范围和品牌效应，餐饮业发展到了中国最发达的上海、广州、深圳和杭州等地区，不仅磨炼了撒拉族农民的意志，而且深深转变了撒拉族农民的观念。长期从事餐饮业的农民深深感受到了知识的重要性，这不仅对自身素质的提高，而且对子女乃至整个村庄的教育，都是一次脱胎换骨的革命。商业的经营范围也进一步得到扩大。生产性服务的出现，特别是循化县金农特色农产品开发有限公司所创办两个合作社的正式运营，极大地提高了服务业带动地方经济发展的能力，这对于瓦匠庄村整体推进新农村建设具有非常重要的现实意义。

——祁永寿：《瓦匠庄村调查》，中国经济出版社，2004 年版，第 35—36 页。

1960—1962 年交通运输规划表

编制单位：循化工商局　　　　一、公路运输规划

项目	运力发展								（万吨 / 公里）				产值（万元）				职工人数				投资额				备注
	1959 年实际		1960 年达到		1961 年达到		1962 年达到																		
	辆	吨位	辆	吨位	辆	吨位	辆	吨位	1959 年	1960 年	1961 年	1962 年	1959 年	1960 年	1961 年	1962 年	1950 年	1960 年	1961 年	1962 年	合计	1960 年	1961 年	1962 年	
合计	33	58	68	170	137	216	180	295	62	174	357	536	28	82	169	257	47	48	222	295	88	37	25	26	
汽车运输	5	18	16	60	25	90	35	130	54	150	310	450	17	60	124	180	11	38	62	85	69	28	20	21	
民间运输	27	20	50	60	110	126	145	165	8	24	47	86	7	22	43	77	25	100	150	210	19	9	5	5	不包括群运及机关投资
其中马车队	7	10	22	31	35	50	45	65	4	12	25	36	4	11	22	32	18	40	50	70	19	9	5	5	
渡口站	1	20	2	50	2	50							4	31	2		11	10	10						

注：投资额主要包括购置车辆、汽车队 60 年并期建房屋、修建油库一座。运力发展计划的车辆数、吨位数都是全年平均数。

二、运力运量平衡表

项目	1960 年预计		1960 年计划		1961 年计划		1962 年计划	
计划运量	150		250		400		580	
县内运力可运量	62		174		357		536	
不衡差额	-88	59%	-76.1	30%	-43	11%	-44	8%

公路建设规划

年度	公路（公里）		新建桥梁长度	投资额（万元）				按投资表三元分的二大程量				当年公路建设要求	干道绿化里程
	新建	整修改建		合计	省拨	州拨	地方财政	省	州	县	民工建勤		
1960	39	20	268/4	165.8	160		5.8	黄河大桥		路 16 桥 18/3	路 49	50% 居民点通大车	30 公里

续表

年度	公路（公里）		新建桥梁长度	投资额（万元）				按投资表三元分的二大程量				当年公路建设要求	干道绿化里程
	新建	整修改建		合计	省拨	州拨	地方财政	省	州	县	民工建勤		
1961		108.5		47	25	20	2	路 50	路 43.5	路 15		70%	303
1962												85%	34

说明：1. 1960 年建设项目有：新建西沟乡道，红旗尕楞乡道，渡口加吾乡道，街子四土司山乡道，整修改东苏只简易公路，守焰路白庄张沙段。查加河道，白庄河道，中库沟乡道。新建沙巴唐桥，科哇桥，查汗大寺桥。黄河大桥 1960 年备料，1961 年完工。2. 1960 年新建公路工程队，10 人，投资 2000 元，设置群运管理站，2 人。基建款 3000 元。

——《一九六〇年关于粮食、生活安排、工业交通工作的安排意见、通知、指示、报告、总结、统计表》，循化县档案馆藏，档号：1-1-65（永久）。

在工业交通方面，循化撒拉族自治县兴办了一些为农牧业生产和人民生活服务的工业和手工业，维修了公路。建立了全县性的邮电网。

——刘永民：《中共循化县委员会工作总结——在中国共产党循化撒拉族自治县第三届委员会向第四届代表大会的工作报告》，《循化组织史料》，1963 年 10 月 26 日。

黄河大桥和循临公路已于 1970 年建成和通车，各族人民盼望已久的愿望实现了。重视发展交通运输，在加强循临国防公路养护的同时，依靠群众自力更生整修县社和社队简易公路，以适应战备和经济发展的需要。

——魏家麟：《中共循化县委员会第五次代表大会上的工作报告（草稿）》，《循化组织史料》（内部资料），1971 年 5 月 20 日。

1978 年，中国共产党第十一届三中全会启动了中国改革开放的航船，一个历史上从没有的伟大变革时代由此开始。三兰巴海村在改革中实现了新的发展，为整个循化撒拉族自治县树立了改革开放、探索发展的典范。

三兰巴海村拥有的土地是山坡地多、川水田少，农业生产力水平相对较低。在较长的历史时期内，单一的农业生产不足以维持基本的生活。所以，迫于生活的需要，人们就逐渐开始在农牧业之外寻求谋生的手段，这样，商业就开始成为人们思考和实施的重要抉择。三兰巴海村一些较早解放思想的村民将目光从土地转向商场，几户勇于探索的乡村青年大胆走向广阔的商品交换市场。在撒拉人使用的突厥语中，把善于经商的人叫作“布哈拉”，而撒拉人就被称为“布哈拉”。过去几百年间，很多撒拉人赶着骡马四处贩运商品、运送客人，以此谋利为生，人们称为“脚户哥”。改革开放带来的宽松环境使得撒拉族人想起了昔日的运输经营，尝试做个现代“脚户哥”，成为一个新的探索方向。

三兰巴海村农户马海明，他第一个将现代“脚户哥”的念头变为行动。1985 年，马海明开着一辆转手购来的破旧的解放牌卡车，大胆地在青藏公路线上跑运输。两年后，他和几个有胆识、很能干的伙伴从亲朋好友那里借了些钱，凑足 5 万元买了一辆客运轿车，开始了心目中建公司、发展运输的大事业。在经营过程中，几度面临危机，但最终还是生存了下来。马海明以创始人的身份在西藏自治区拉萨市注册成立了雪域客货运输公司，逐步引进了股份制、董事会等现代企业的经营模式，并且担任了雪域公司董事长。雪域公司在业务经营高潮时期共有豪华客运轿车 108 辆，经营有成都、南充、拉萨、兰州等地的客货运输线路，公司资产和年利润都达到了千万元以上。依靠运输业，三兰巴海村三分之一的农民摆脱了土地，仅在雪域公司一家，就有300多名从业人员。

三兰巴海村农户马胡赛，在运输业最鼎盛时期，他本人担任西藏雪域客货运输有限责任公司格尔木分公司的总经理，3个儿子也都加入了运输业经营，而运输业也给这户人家带来了丰厚的经营利润。公司最兴盛的时期，共有5辆价值40多万元的豪华客车，营业收入使马胡赛在循化县、西宁市和格尔木市都购买了房产。马胡赛表示，他的父亲马艾布以前就是“脚户哥”，赶着牲口走南闯北辛苦挣钱，养活了一家人。一家三代的“脚户哥”，唯有当代最风光。是啊，马胡赛在改革开放中发展起来的运输业收入，和以往的“脚户哥”父亲相比，可谓是“天上地下”。

商业性的青藏高原客货运输，是三兰巴海村改革中最先开启的商业经营。在运输业鼎盛时期，三兰巴海村从事客货运输的车辆有200多辆，成立了几家客运公司，全村几乎所有的青壮年劳动力都参加到这个产业中。三兰巴海村运输业兴盛了，也为全县其他村庄树立了典范。兴盛时期，在青藏线公路运输线上，循化籍人员经营的运输业务中的豪华卧铺客运车辆总量达到了108辆，大型货车327辆；从事相关服务的公司1368家，从业人员16840人。在青藏线公路运输上，循化客货运输量所占比例达到80%。在这个时期，全县拥有各类运输车辆达2000多辆，从业人员4000多人，年收入1.2亿元。青藏铁路正式开通后，公路运输客货量随之大幅下降，三兰巴海村的运输业也大量裁减人员和投入。一个运输业的历史表面上看似乎终结了，然而，三兰巴海人探索改革的步伐没有停止。

——王天津：《三兰巴海村调查（撒拉族）》，中国经济出版社，2015年版，第47—48页。

三兰巴海村运输业

改革开放初期，三兰巴海村的撒拉人继承先祖们的宏大志向，迅速发展了汽车运输业，成为远近闻名的小康村。这段时期是速度最快、经济结构调整成效最显著、人民生活水平提高最明显的一段时期。

在改革开放的第一个30年期间，三兰巴海村曾经有80%的农户参与汽车运输业，经济总收入的90%来源于汽车运输业。该村以雪域和高原客运公司为代表的公路汽车运输队伍驰骋在青藏线上20余年，运送了大量的来往祖国内地和位于边疆的西藏自治区的旅客与货物。

1. 汽车运输业的起源

改革开放之初，三兰巴海村一个头脑灵活、充满创业精神的撒拉族青年人离开了生他养他的村庄，勇敢地从农业跨越到汽车运输业。他西去青海省海西蒙古族藏族自治州格尔木市，开辟了川青—青藏客运路线，引领了三兰巴海村的外出创业先锋。韩阿吾，一位迄今为止依然被十里八乡撒拉族兄妹们赞誉的改革先锋。韩阿吾凭着自己的聪明才智和敢于吃苦的精神，进牧区，下广州，积累了一定的资金。1980 年，他看到客货运输的发展潜力，便以 3500 元购买了一辆青海湖货车决定开始搞个体运输，这辆车是当时青海运输公司在青海汽车市场处理的二手车。当他开着车回到家乡的时候，家里人都害怕地劝他把车给退了，因为家里的成分不好，这样会闯祸的。而韩阿吾却笑着说："改革开放了，没有关系。"他开始到处接活儿，运输木料、煤、百货等，后来又拉酥油进西藏，在物资极度匮乏的年代，韩阿吾跑货运的生意特别好。思想开放、乐观敢闯的韩阿吾就这样开始了汽车运输业，成为三兰巴海村第一个买车从事汽车运输业的村民。之后他又带领其他村民投入到该行业，从此开启了本村运输业的辉煌篇章。

2. 汽车运输业发展的不同阶段

市场经济是个充满变数的经济形态，兴盛与衰退，这是必定要出现的事物。三兰巴海村的汽车运输业发展就是如此，经历了不同的发展阶段，给人们留下了很多的思考。

（1）发展阶段（1984—1995 年）

三兰巴海村的客运业能发展起来的一个重要前提条件就是青藏公路运输需求的强大吸引力。1984 年，韩阿吾开始逐步在青藏公路从事货运业务。韩阿吾在从事货运业的几年里，含辛茹苦，饱尝了路程达四千多公里的青藏公路运输的艰辛，同时他也深深体会到了客货运输在西藏经济发展中的巨大潜力，于是萌生了购买客车搞个体客运的想法。韩阿吾多次往返于拉萨、成都，进行详细的市场调查，随之首先购买了一辆西海牌客车开始试运行，几个月下来，就有了可观的收入。

韩阿吾回到家乡，义务给乡亲们分析在青藏线上从事客运的市场潜力，并毫无保留地传授了自己跑运输的经验。在他的积极动员下，在青藏线汽车运输业丰厚利润的吸引下，韩胡才、马一布等几个村民开始主动跟他合伙，开发这个巨大的运输市场。于是，同村村民陆续加入到汽车运输业，从起初的 1 辆车慢慢发展到 5 辆、10 辆、50 辆、100 辆，这个过程是三兰巴海村汽车运输业的发展阶段。

1992 年，三兰巴海村和邻村团结村的运输户们联合起来在青海省格尔木市成立了客运公司——格尔木联运公司。公司成立的时候，人员规模接近 50 人，韩阿吾和最先从事运输的同村的村民是其中的主要负责人。格尔木联运公司为股份制公司，有十几万元的注册资金。但是公司没有完善的管理制度，内部组织十分松散，运输户们仍跟从前一样，各自揽各自的活儿，公司的规章制度形同虚设。同时，由于规则不明，公司内部两个村的村民之间出现了意见分歧，由此形成的矛盾也越来越深，结果，公司在成立不久后就注销了，人员也随之分流。

韩阿吾带领着本村的村民又回到了原来的运输轨道上，这时运输人员还在急剧增加，他所带领的队伍还在壮大，一度达到接近 60 名运输人员，120 辆客车。这些客车曾经短时间内挂靠在西藏旅游局和当地的旅游公司，后由于拉萨实行地方保护而不再允许该村村民们的车辆挂靠当地，韩阿吾和他的同伴们只能转而挂靠在格尔木市的相关单位里，其中也有部分车辆处于无挂靠状态。在三兰巴海村客运业逐渐发展的同时，货运业也开始产生，但是未形成规模，只是少量村民参与货运。

发展阶段的路线及客源情况。在这一阶段，三兰巴海村的运输户们主要跑格尔木—拉萨这条线，但是也不固定，据该村从事过客运业的村民说："去哪儿的人多就往哪儿跑，过年的时候甚至连北京、上海、广州等东部发达城市都跑过。"不过他们的根据地还是在格尔木，因为格尔木有着先天的运输优势，作为青海省的经济、社会和文化中心城市，格尔木是连接青海、西藏、新疆、甘肃四省区的交通要塞和我国西部重要的交通枢纽。从格尔木到拉萨的车程为 1100 多公里，跑一趟正常情况下需要两天两夜的时间。在当时交通运输业极其不发达的年代，客源可谓是不用发愁，三兰巴海村的运输户们一般把车停在格尔木市的火车站载客，车站内有专门的拉客者给他们招揽乘客，几乎每次发车都是满载，车少人多，供不应求，用三兰巴海村运输户们自己的话说，就是"生意好得很"。

发展阶段的收入及利润情况。三兰巴海村运输户们开的客车载客量为 40 人，从格尔木到拉萨的单程票价为每人 400 元，这样一趟下来毛收入为 16000 元，一般一个星期在格尔木和拉萨间往返一次，一个月往返四趟，平均毛收入 64000 元，除去给拉客者的佣金、油费、挂靠费、工商税等各种税费后，一个月平均纯收入超过 20000 元。这条客运线路有明显的淡旺季之分，3 月到 6 月是淡季，因为雨水多路难走，淡季月平均纯收入在 7000 元左右；11 月、12 月、1 月、2 月是旺季，因为春节期间人流量大，旺季月平均纯收入可达 30000 元，三兰巴海村的一个运输户平均年纯收入可达 20 万—30 万元。

（2）成熟阶段（1996—2002 年）

运输业成熟的条件。首先，三兰巴海村的运输户们经过几年的打拼，积累了不少资金，这为他们更新车辆扩大经营提供了前提条件。其次，这些常年在外跑运输的村民对运输市场已经非常熟悉，特别是拉萨地方的人文、地理、习俗等各个方面，并在当地建立了一些关系网，与当地政府等各部门取得了联系并得到了相应的支持，这使得他们的经营走上了正轨，同时也更有能力充分利用有利条件，在扩大的市场中寻求更大的发展机会。再次，青藏线的路况有了很大改善，大大提高了公路的运输能力、效率和安全系数。青藏公路年年修路，公路等级不断提高，消除了冻土等隐患，经过整治后公路实现了全线大提速，最高行车时速可达 130 公里，比整治前提高了 30%，路况好的情况下一般 20 小时内就能到达。

成熟阶段的人员、车辆规模及组织、运营模式等情况。1996 年 10 月，以韩阿吾等循化县街子三兰巴海村的人为主要群体，分享利润、分担风险的有机企业组织形式——西藏雪域客货运输有限公司正式成立了。公司注册地在拉萨，负责人有 8 名，其中，韩阿吾任董事长，马海明任总经理，韩胡才、韩海米、伊拉克任副经理，韩海路任会计，马如飞任出纳。公司刚成立的时候人员达 160 多人，车辆规模为 80 辆。这家公司的成立是一个标志，说明三兰巴海村的农民参与市场竞争胜利了、成熟了。

新生事物的发展总是十分坎坷与曲折。由于规章制度存在缺陷等原因，西藏雪域客货运输有限公司运行不到一年的时间，公司内部马姓村民就脱离了出来，另外在格尔木市组建了一个家族客运公司——高原客运公司。这个公司的法人为马白克，另外还有 4 名负责人，注册资金为 50 万元，人员为 20 人左右，车辆 10 多辆。之后，两家公司的规模都在逐年扩大，在高峰时期，西藏雪域公司的人员规模达到接近 1000 多人。其中，驾驶员 200 多名，辅助人员、管理人员及从事第三产业的人员千余人，其车辆规模为拥有豪华卧铺车 100 多辆，普通大客车 100 多辆，小轿车 5 辆，实现总资产达 2000 多万元的较大型企业。同时，高原公司也在自己家族内发展，豪华卧铺车达 30 多辆，人员接近 80 人。这时三兰巴海村的每个运输户不再仅仅拥有 1 辆客车，个人拥有车辆数从 2 辆、3 辆到 10 辆不等，司机配备也随之增多，一辆车一般配备 2 名司机。这时的车辆配置也越来越高级，豪华卧铺车成为运输主力。大客车也实现了更新，舒适度及安全性能明显提高。因为成立了公司，线路牌的申请得到了支持，车辆经营开始朝着规范化、有序化的方向发展，客运服务质量也随之上升。相对客运而言，该村的货运发展比较晚，形成规模是在 2002 年，这一年韩阿吾把自己的分公司开到了格尔木市，专门从事货运业，车辆规模最高达到 100 多辆。

随着三兰巴海村运输业的规模化，路线也随之增加，市场也在逐步扩大。客运不再局限于格尔木市，而是以其为中心，向四周辐射，车辆的活动范围扩大到成都、兰州、西宁等，客运线路也在进一步扩宽和延伸，开辟了成都—拉萨、兰州—拉萨、甘肃省内兰州之外的其他地方到拉萨的多条线路，在原来线路的基础上增加了西宁站，即开通西宁—格尔木—拉萨线路，其中以成都—拉萨线路为核心，车辆大多挂靠到成都客运公司。该村的两大公司在成都、循化、西宁、格尔木、拉萨等地都设有客运服务站，客源中有旅游者、打工者、经商者、朝拜者、学生等，出现多样化的趋势，并且随着国内各个地方的开放及人们生活水平的普遍提高，去西藏的游客明显增加，同时从四川到西藏打工的人员也急剧增加，这些都使得客流量居高不下。比如西藏雪域有限公司每年运送旅客人数达 6 万人左右。对于货运业，主要线路是格尔木—拉萨，因为格尔木市是进出西藏自治区物资的重要集散地，每年 85% 的进藏物资和 90% 以上的出藏物资都从格尔木中转，所以货运业也呈现一片繁忙的景象。货运业主的货源部分通过其所属的西藏雪域公司联系，也有部分通过当地的公路货运中介所寻找。据该村从事过货运业的村民回忆说，运到西藏去的货物五花八门，粮食、农机、水泥、化肥、玻璃、百货、钢材、茶叶……只要是西藏需要的物资，都要拉过去。运出的物资主要有矿产、土特产和畜产品等。

成熟阶段的收入及利润情况。这段时期村庄内两个公司之间的竞争在加剧，并且出现了其他竞争者与三兰巴海村的运输户们争夺市场的局面，所以该村客运车主们只能降低票价以吸引乘客，格尔木到拉萨的票价曾经从 400 元降到了 200 元。车票价格在下降的同时客运的管理费用却在提高，比如公司所租场地的租金和日常管理费用在上涨，客车在火车站的停车费上涨至一辆车一年 1 万元，所雇用司机的工资也上涨至一个月 2000 元。虽然客运成本和费用在上升，但同时该村的客运路线也在增加，运输效率也在提高，并且三兰巴海村的汽车运输仍然占据青藏客运线路的主要市场。所以，综合考虑这些因素，汽车运输业所带来的收入依旧十分可观，一辆车能带来的年纯收入多则 25 万元左右，少则 10 万元左右。至于该村的货运业，货车每跑一趟拉萨，能获得 5000 元左右的收入，每辆货车能带来年收入 10 多万元。从三兰巴海村整体情况来看，由于全村绝大部分村民加入了汽车运输行业，汽车运输业已经成为村庄经济的支柱，对村庄经济收入的贡献率达到 90%。

（3）衰退阶段（2006—2008 年）

2006 年 7 月 1 日青藏铁路开通，由此起始，青藏公路上的客货运输日趋低迷。因为，铁路以其快捷舒适和低廉的价格给公路运输带来了前所未有的影响，公路客运量急剧萎缩，公路货运量大幅度下滑。青藏铁路通车后由于减少了在格尔木的中转环节，从格尔木中转前往西藏的客源和货源减少，使运输产业无服务对象。针对主要旅客为民工的汽车客运而言，火车的价格优势几乎是致命的，其客源绝大部分转移到火车。另外，青藏铁路物资运输成本也相对低廉，青藏铁路运输执行的运价为每吨 0.12 元 / 公里，比公路运输每吨低 0.27 元，并且铁路运输能力在逐步提升，从刚开通时的三四天一列专列到后来每天一列专列，货运市场的生存空间越来越小。

衰退阶段的人员、车辆规模及组织、运营模式等情况。据三兰巴海村两家客运公司的负责人介绍，每个公司最后只留下 52 万元的豪华大巴 10 辆参与格尔木、拉萨至各旅游景点的客运，另有 11 辆客车挂靠在拉萨、阿里、那曲等客运公司外，还有 50 多辆豪华卧铺客车等待变价处理。在青藏铁路通车一年以后，三兰巴海村大约 90% 的车辆退出了青藏线运输业，客车大部分报废，一部分低价处理，一部分挂靠在其他客运公司，货车则一部分改路线及经营方式，大部分处于停运状态。到 2008 年，三兰巴海村的两家客运公司已经到了名存实亡的境地。大部分从业人员分流，部分车辆挂靠到了云南、贵州、广州、重庆等地的客运业务，部分车辆转到东部沿海城市如北京、上海、广州、深圳等地谋求发展。

衰退阶段的路线及客货源情况。青藏铁路通车后相继有北京、上海、广州等至拉萨七对列车开行，列车每天客运力达 15680 人，使公路客运客源急剧下降。2006 年后五个月，三兰巴海村两家民营客运公司每天只能各发一班车。为了减少损失，2007 年春运期间，两家客运公司到云贵高原联系客运，加入到广州—贵阳、重庆、成都春运临客运输，春运结束后，只能又回原籍停运。2007 年 4、5 月，两家客运公司在青藏线每天还发不到一班车，使西藏雪域公司停运 33 辆客车、高原公司 40 辆客车全部停运，大部分卧铺客车只是排队等候，由于此时客源少，发车也没有规律。同时，该村近 200 辆货车中，转入日喀则、拉萨等地矿石矿粉运输的有 50 辆，转入拉萨至各地区、县物资运输的有 40 辆，回到循化、西宁从事短途货运的有 20 辆，剩余的全部停运。即使是这些转入其他地区和行业的运输车辆在维持一段时间的运营以后，也因为不熟悉当地和所在行业的市场等各种原因导致大部分停运，车辆低价处理或报废。

衰退阶段的收入及利润情况。由于市场冲击，三兰巴海村两个客运公司先后做出转让客车的尝试，使两年前以 32 万元购来的大型豪华卧铺车只能以 6—7 万元的低价转让，每辆客车直接经济损失 25 万元左右，大部分车以几千元报废掉，该村客运公司因此直接经济损失达到 1000 万元，客运收入损失更是惨重，仅 2007 年就已经达到接近 1000 万元，利润更是无从谈起，惨淡的市场情况使得客运公司不得不通过大幅降价吸引乘客来维持经营，客运业长期处于亏损的状态。对于该村在格尔木市的货运公司，用消费贷款形式购来的大型货车占 90% 以上。在修建青藏铁路时由于运输货物充足，运费可观，导致三兰巴海村村民盲目投资，缺乏对货运市场潜力足够的分析，使货车总数从 2004 年的 100 多辆猛增到 2006 年的接近 200 辆。货物运输在 2004 年、2005 年收益较为可观，但大部分收入均用作偿还贷款。2006 年初青藏铁路建成后，青藏线可运货物有限，各车主以低价运费争抢货运，造成恶性竞争。从格尔木至拉萨 1200 公里运程往返一次需行程一周，只能挣到运输收入 1000 元左右。青藏铁路通车后，内地货物直接进藏，减少了在格尔木的中转环节，原有公路货运萎缩，大量货车无货可运。造成该村有的货车报停，有的货车处理了，使原以 19 万元购来的货车仅运行两年就以 4 万元的低价变卖。该村 200 辆货车中有近 90 辆停运，低价处理上述停运货车直接经济损失达 1000 多万元，减少年运输收入 600 多万元。该村大多数货运车主已经无力还贷，因此背上了沉重的包袱。

3. 汽车运输业对三兰巴海村的影响

汽车运输业给三兰巴海村经济发展所带来的影响是深远的。该村的运输业始于 1985 年，20 年的时间迅速发展起来，其客货运输占到青藏线公路运输的 70%，村里参与运输的家庭数量达到 230 余个，占到村庄家庭总数的 80%。由于汽车运输业的影响，该村人均收入从 1984 年的 210 元增加到 2002 年的 3000 多元，其中大部分家庭收入全部来自运输业，村庄运输业的收入占到经济总收入的 90%。运输业发展的同时也带动了相关产业的发展，促进了劳务输出。在青藏线上，伴随公路运输而形成的有餐饮、住宿、加油、汽车修理等一条龙服务产业。在青藏公路运输红火的那几年，该村的村民所经营的餐饮店、旅馆、加油站、汽车修理厂（部）、日用百货店、食品店、货运信息部、货物装卸部等随处可见。随着两大民营运输公司的发展，该村的村民在拉萨的贡桑尕吉统建社区聚居，因为该社区大部分是循化县村民，所以被当地人形象地称为“撒拉村”，同时，被拉萨人称为“循化路”的纳金路也是每天熙熙攘攘，非常繁华，该村的很多村民在此从事各种生意。

运输业为该村的村民开辟了一条脱贫致富的道路，原来的贫困村发展成为小康示范村。运输业红火的那几年，整个村庄的面貌焕然一新，家家户户纷纷盖新房买家电，村庄道路实现了硬化，村民的生活水平发生了质的飞跃，这都归功于运输业的发展所带来的丰厚利润。由于青藏铁路通车的巨大影响，三兰巴海村的运输业在短短几年之间就衰退下去，公路运输相关产业也逐渐萎缩，该村外出务工人员锐减，给村民们带来了沉重的打击，一部分村民的经营陷入困顿局面，一部分村民失去生活来源，一部分人因此而背负上无力还贷的压力，直到现在，他们仍然无法走出困境，意志消沉。所以只要谈起运输业，三兰巴海村每个村民都能说出一段故事，他们对运输业的感情是复杂的。

——王天津：《三兰巴海村（撒拉族）调查》，中国经济出版社，2015 年，第 102—114 页。

在青、藏、新、川等省区间纵横交错的公路线上，1500 多辆来自循化撒拉族自治县的客货运输车辆穿梭于其间，每年纯收入近亿元，成为促进循化农民增收的一个亮点。殊不知，这个“赚钱”的产业最初起源于仅有百余户人家的街子乡洋苦浪村。

一到洋苦浪村，只见平整的水泥路通到每户的门口。一幢幢崭新的房屋，在一片片绿色麦浪的映衬下，光彩夺目。

洋苦浪村，这个曾经有名的贫困村能有今天的面貌，得益于运输业的兴起。20 世纪 80 年代，村民韩白学热四处借钱，购买了一辆拖拉机，拉运石料。两年后，韩白学热不仅还清了借款，手头还有了盈余。于是，韩白学热心中便谋划起更大的营生，他买了一辆大卡车，最先在西宁至格尔木一线跑起了货物运输，成为村里的富裕户。

洋苦浪村的党支部和村委会，从韩白学热一天比一天好的运输生意中受到启发，抓住这一典型事例，为村民出主意、跑贷款。1989 年以后，洋苦浪村从事汽车运输业的村民迅速增加。如今洋苦浪村拥有的汽车数量已超过百辆，平均每户一辆汽车，运输户的年收入较低的也在十万元左右。

村民韩尕乙草在新疆开辟了一条运输线路，又在青藏公路上开办了三处加油站；

村民韩海米都成立了江海货运公司；

村民韩哈尼在格尔木、西宁等地开办宾馆……

他们都是靠运输业致富的佼佼者。近几年，货运路线有了新的延伸，在格尔木—拉萨、格尔木—四川、格尔木—新疆等线路上，都有洋苦浪村的货运车辆在穿梭。世代贫寒的洋苦浪村的农民，如今靠汽车运输挣了钱，过上了好生活，有的人有了上百万元甚至上千万元的资产。村委会主任韩克里木说，富裕起来的村民，时时不忘村上建设，他们主动出资铺水泥村道、维修小学、解决抽水泵老化等问题，为村上干了不少好事。

我们走进村民韩海比的家中，新建的两层小楼既富有民族特点，又包含着现代气息。女主人尕素米老人告诉我们，家中能有今天这样的变化，都是跑运输跑出来的。他们家现在有 8 口人、2 辆汽车，儿子长年在外跑车搞运输，主要跑格尔木—拉萨一线，一辆车的年收入近 10 万元。几年前他们又在格尔木市开了一处加油站，去年将加油站改为铺面出租，年收入也在 8 万元左右。

街子乡乡长韩炳仁介绍，由于洋苦浪村的辐射效应，这个乡的团结、三兰巴海村的运输业也得到了快速发展。目前，全乡有货车 600 多辆、客车 200 多辆，直接从业人员近 1700 人。高原、雪域、万里三个运输公司，都已粗具规模，从省内到西藏、四川、新疆、甘肃等地的客货运输队伍中，都有他们的身影。交通运输业已成为街子乡的主导产业之一，去年全乡劳务收入的 85% 来自汽车运输业。民营交通运输业在查汗都斯、清水、白庄等乡镇也先后兴起，强强联合，形成了规模，成为全县促进农民增收的一大亮点。现在全县有运输专业户 600 多家，拥有客货运输车辆 1500 多辆，直接从业人员 2200 多人。另外还有 500 多辆农用机动车从事临时性、季节性的运输活动。

——循化县人民政府：《小康路上看特色：循化汽车拉出个小康村》，循化县人民政府网，2005 年 5 月 19 日。

石头坡村运输业调查

运输业是石头坡村经济上很重要的一个方面，许多村民自己有汽车，也有许多村民给别人开汽车。石头坡村现有汽车数量的一个大体情况如下：载重量 15 吨的康明斯牌货车有近 20 辆，每辆价格大约要 22 万元。载重量 10 吨的翻斗车有 6 辆，每辆价格大约也要 20 万元。另外还有客车 2 辆，东风牌小面包车（出租车）5 辆，全村的手扶拖拉机大约有 40 辆。当地撒拉族村民购买汽车，有一个很有趣的现象，很多是以消费贷款的方式购买的，尽管消费贷款的对象一般是小汽车，但是在循化当地，购买货车也可以申请消费贷款，购买一辆康明斯牌货车，使用这种贷款在缴足底金六七万元后，大约要每月缴纳七八千元到一万元的贷款。石头坡村许多村民以这种方式购买了汽车，用来跑运输。也有一些比较富裕的人家，以现金方式购买，这种方式比借贷款买车要便宜一两万元钱，但这种家庭比较少。

村民们购买的汽车，按照型号的不同，其所跑的路线、经营的方式都不同。如果购买的是康明斯牌货车，往往意味着要跑藏区，长年在格尔木市开车。格尔木市地处青海省的西部，位于柴达木盆地的中南部，是青海省重要的交通枢纽，有青藏、青新、敦（煌）格（尔木）公路和将要修通的青藏铁路交会于此，是现有铁路通达青藏高原的终点，大量入藏的物资在格尔木市卸货之后，需要通过汽车经过青藏公路运往西藏。因此，有许多撒拉人买车专门在格尔木市跑运输，石头坡村的许多货车也在格尔木一带活动。在格尔木跑运输需要常年在外奔波，比如马阿乙霞一家，其大儿子就是在格尔木为别人开车，一年回不来几次，她的小儿子从 2002 年开始也在格尔木开车，直到 2003 年夏天也没有回过一次家。

村民们如果购买的是翻斗车，则意味着到公伯峡运输基建材料——沙子。公伯峡是黄河在青海上游的一处要峡，由于水位落差较大，因此，国家正在投资修建公伯峡水电站，由于工程的需要，石头坡村及其周围的许多村民购买了一种货车——当地人称之为翻斗车，为公伯峡水利工程拉沙子，据说拉一趟沙子的运费较高，因此，如果能得到公伯峡工程承建方的允许，为其运输基建材料，收益要比在格尔木市跑运输好得多，当然，这儿也存在着运输款拖欠的情况，这也是当地一些运输户不愿意涉足公伯峡运输的原因。

本村经营长途客车运输的只有陈尕胡才一家，陈尕胡才在 20 世纪 70 年代就是村里的拖拉机手。土地联产承包到户以后，他购买了生产队里的拖拉机。经过原始资金积累，他在 20 世纪 80 年代初期就买了一部客车跑运输，一直到现在，前后已更新了十多辆车。现在他家有东风牌中型面包车两辆，主要由他的两个儿子驾驶。有时跑循化到化隆的长途，有时跑循化至西宁之间的长途。在前几年，他与两个儿子还跑过到拉萨的长途，来回一趟需要八天时间，非常辛苦。从事长途运输，陈尕胡才非常有经验，特别是在 20 世纪八九十年代，运输业效益特别好，也没有出过车祸，因此陈尕胡才在本村来说经济状况属于上等。现在经营长途运输，效益虽不如 20 世纪八九十年代，但也相当不错。接受我们的调查时，他略带自豪地说："我现在每月赞助国家一万块钱呢"，实际上他指的是他每月上缴国家的两部车的养路费、运营费等等。从上缴的费用上就可以看出，他每月的收入不菲。

村民们如果购买的是微型车，则一般是用来跑出租运输的。除了有人雇车之外，这种小车经常跑的是在县城所在地积石镇到街子之间，主要拉一些散客，路程大约有 5 公里，上车每人收费 1 元，类似于这两地之间的公交车。在当地其他村也有许多微型车，因此竞争比较激烈，一天据说可以跑十几趟，去掉费用，每月的收入大约在

1000—2000 元。

最后一类常见的运输工具是手扶拖拉机。手扶拖拉机是一种农业机械设备，正如前面所述，石头坡村是一个地少人多的村子，不少村民种植着极为有限的土地，不需要这么多的手扶拖拉机，而为什么会有这么多人拥有手扶拖拉机呢？我们带着这个疑问开展调查，原来在石头坡村乃至当地，手扶拖拉机曾经有一个特殊的作用——去黄金产区挖矿。

石头坡村的撒拉族村民跟运输业有着密切的关系，跑运输已经成为他们生活收入的一个重要支柱。譬如，韩仁良的三儿子做生意没有赚到钱，就到格尔木去给别人开货车。但需要指出的是，石头坡村经营运输业，当中也存在着一些问题。首先，他们的经营方式不够科学。例如花二十几万买一辆康明斯货车，自己营运两年左右，平均每年可以赚到十一二万，然后将其卖掉，卖的价格大约是八九万元，去掉汽车成本，实际上这两年纯收入也就是八九万元。他们对这种卖车行为的解释是：这种货车在跑两年之后，再跑下去就会经常坏，修理费非常高，营运成本费用过高，不如趁早卖掉换新车或干别的生意。据我们调查，实际上石头坡村的很多车主在买回车来之后，由于文化水平不高，不懂得维护、大修，因此大大降低了汽车的使用寿命，也降低了自己的营运经济效益。其次，许多村民买汽车是为了跑藏族地区的运输，因此还贷的计划是根据现有的情况来制定的。但是在未来几年内，如果青藏铁路修通，将会大大减少对汽车的需求，从而对运输业的经济效益产生巨大的冲击，这势必也会进一步影响到他们的还贷计划，甚至会造成一些人破产，这也是他们在参与经营运输业前必须要充分考虑的问题。运输业作为现在石头坡村一些家庭的主要经济支柱，一方面说明社会发展进步了，另一方面也是对当代农民的一种考验，是否能够运用科学技术来经营运输这一现代产业是摆在他们面前的一件大事。

——朱和双、马伟主编：《撒拉族——青海循化县石头坡村调查》，云南大学出版社，2004 年版，第 133—136 页。

2006 年公路运输企业运营情况

指标名称	计量单位	本年实际	指标名称	计量单位	本年实际
一、运输工具			载货量	吨位	1560
营运汽车	辆	543	二、运输量		
其中：载客汽车	辆	348	1. 客运量	万人次	35

续表

指标名称	计量单位	本年实际	指标名称	计量单位	本年实际
载客量	客位	2700	2. 旅客周转量	万人公里	2800
其中：大型	辆	58	3. 货运量	万吨	43
载货汽车	辆	195	4. 货物周转量	万吨公里	4730

2007年公路运输企业运营情况

指标名称	计量单位	本年实际	指标名称	计量单位	本年实际
一、运输工具			载货量	吨位	1560
营运汽车	辆	543	二、运输量		
其中：载客汽车	辆	348	1. 客运量	万人次	35
载客量	客位	2700	2. 旅客周转量	万人公里	2800
其中：大型	辆	58	3. 货运量	万吨	43
载货汽车	辆	195	4. 货物周转量	万吨公里	4730

2008年公路运输企业运营情况

指标名称	计量单位	本年实际	指标名称	计量单位	本年实际
一、运输工具			载货量	吨位	1704
营运汽车	辆	711	二、运输量		
其中：载客汽车	辆	498	1. 客运量	万人次	49
载客量	客位	3450	2. 旅客周转量	万人公里	3920
其中：大型	辆	48	3. 货运量	万吨	47
载货汽车	辆	213	4. 货物周转量	万吨公里	5167

2009年公路运输企业运营情况

指标名称	计量单位	本年实际	指标名称	计量单位	本年实际
一、运输工具			载货量	吨位	1729
营运汽车	辆	721	二、运输量		
其中：载客汽车	辆	498	1. 客运量	万人次	57
载客量	客位	3450	2. 旅客周转量	万人公里	6240
其中：大型	辆	45	3. 货运量	万吨	52
载货汽车	辆	223	4. 货物周转量	万吨公里	7536

2010 年公路运输企业运营情况

指标名称	计量单位	本年实际	指标名称	计量单位	本年实际
一、运输工具			载货量	吨位	1729
营运汽车	辆	721	二、运输量		
其中：载客汽车	辆	568	1. 客运量	万人次	189
载客量	客位	5002	2. 旅客周转量	万人公里	5481
其中：大型	辆	48	3. 货运量	万吨	72.9
载货汽车	辆	492	4. 货物周转量	万吨公里	9695

——循化撒拉族自治县统计局：《青海省撒拉族自治县国民经济社会发展统计资料汇编（2006 年—2010 年）》（内部资料），2001 年 10 月，第 118—119 页。

据 2009 年循化县政府工作报告显示，从 2000 年到 2009 年，全县劳务输出规模由 18000 余人次扩大到 42700 余人次，常年在外面从事“拉面经济”的人员从 1800 户 8510 人扩大到 4191 户 16480 人，劳务总收入由 2400 万元提高到 14870 万元，九年间劳务总收入增长接近 7 倍。撒拉族劳务经济突出地域特色和民族特色，将民族文化与产业发展有效对接，同时，产业发展带动劳务培训，以劳务培训促进产业升级，大力促进劳务经济的发展。撒拉族劳务经济结合了农村产业发展实际和劳动者素质，同时考虑市场需求，实现了经济效益和社会效益的双赢。其中，“拉面经济”已成为撒拉族劳务经济的重要形式，“拉面经济”是以青海的牛羊肉资源、虫草等药材资源为主要材料，运用青海农村的富余劳动力，以独立经营为主要形式，在全国各个城市经营拉面馆的经济模式。截至 2009 年底，在全国 55 个大中城市的循化撒拉族清真餐饮业经营户达 3500 余家，从业人员达到 1.5 万人，月营业收入达到 2000 万元。

——韩永东：《循化撒拉族自治县第十五届人民代表大会第五次会议上的讲话》，《中共循化县委党史研究室》，2009 年 4 月 25 日。

改革开放以来，撒拉族经济发展的最大特征便是商业的迅速发展，商业队伍的不断壮大，商业收入已经成为许多家庭的主要经济来源，商业已经成为民族经济的重要组成部分。在撒拉族当中从事商业的人的比例高出周围的土族、汉族、蒙古族、藏族。《1988 年青海社会经济统计年鉴》表明，撒拉族中从事商业的人占总劳力的 43.3%，其中较为发达的两个村占总劳力的 58%，而土族、汉族、蒙古族、藏族从事商业的人分别占总劳力的 6%、11%、0.7%、1.2%。从经济结构看，撒拉族自治县的农村工、商、建筑、运输的产值占农村社会总产值的比例高于其他民族自治县。1987 年，循化撒拉族自治县农村工、商、运输、建筑业产值占农村社会总产值的 25%，而互助土族自治县占 17%，河南蒙古族自治县占 2.4%，泽库藏族自治县占 0.5%。

——赵恒伦：《1988 年青海社会经济统计年鉴》，中国统计出版社，1988 年版，第 210—211 页。

五、服务业统计资料

社会商品零售总额（单位：千元）

年度	总计	国营经济	合作社经济	国家资本主义及合作化经济	私营经济	农民贸易
1949 年	464.68				203.24	261.44
1950 年	764.05	51.04			370.58	342.43
1951 年	775.74	132.60			338.02	305.12
1952 年	953.26	217.70	52.80		295.36	387.40
1953 年	1328.61	529.60	88.00		324.99	386.02
1954 年	2044.00	877.00	501.00	38.00	178.00	450.00
1955 年	2088.00	571.00	769.00	112.00	230.00	406.00
1956 年	2482.00	595.68	1031.29	415.48	33.40	406.15
1957 年	2471.53	635.82	958.03	327.71	69.97	480.00
1958 年	2683.02	2188.19	68.79	83.65	22.23	320.16
1959 年	3802.98	3428.68		9.30		365.00
1960 年	4446.50	4035.50				411.00
1961 年	3212.90	3052.90				160.00
1962 年	2787.1	1355.90	1044.00	39.20		350.00
1963 年	3512.20	1110.70	1275.50		65.00	47.60
1964 年	2847.10	1314.00	1240.20	151.50		141.70

——循化撒拉族自治县统计局：《青海省循化撒拉族自治县国民经济社会发展统计资料汇编（一九四九年—一九八七年）》（内部资料），1988 年 12 月，第 151 页。

社会商品零售总额（单位：千元）

项目	1965 年	1966 年	1967 年	1968 年	1969 年	1970 年
社会商品零售额	2680.90	3310.00		2874.20	3403.80	
（一）按行业及经济类型分						
1. 商业部门零售额	2551.50			2801.70		
国营商业	1212.70			1304.70		
供销商业	1237.50			1482.30		
集体商业	101.30			14.70		
个体商业						
2. 饮食业零售额	68.10			22.00		
3. 工业部门零售额	18.60			28.60		
4. 其他行业零售额	42.70			21.90	2860.20	
（二）按销售对象分						
1. 对居民及社会集团零售额	2548.20	2900.00		2591.20		
2. 对农民生产资料零售额	132.70	410.00		283.00	543.60	
3. 农民对非农业居民零售额						

——循化撒拉族自治县统计局：《青海省循化撒拉族自治县国民经济社会发展统计资料汇编（一九四九年—一九八七年）》（内部资料），1988 年 12 月，第 152 页。

社会商品零售总额（单位：千元）

项目	1971 年	1972 年	1973 年	1974 年	1975 年	1976 年	1977 年	1978 年
社会商品零售额	3884.50	5075.50	5190.00	5088.80	7578.70	8483.60	9530.00	9700.00
（一）按行业及经济类型分								
1. 商业部门零售额	3757.60	4805.40	5051.00	4816.10	6818.40	7716.10	8620.00	9490.00
国营商业					3369.60	4184.30	4840.00	5130.00
供销商业					3396.80	3485.00	3740.00	4360.00
集体商业					52.00	46.80	40.00	
个体商业								
2. 饮食业零售额	43.30	56.00	60.00	36.00	116.00	39.40	100.00	50.00
3. 工业部门零售额	38.10	46.90	20.00	189.70	606.10	728.10	810.00	110.00
4. 其他行业零售额	45.50	167.20	59.00	47.00	38.20			50.00
（二）按销售对象分								
1. 对居民及社会集团零售额	2720.50	3219.20	3452.30	3452.40	4885.00	6328.50	6680.00	6240.00
2. 对农民生产资料零售额	1164.00	1856.30	1737.70	1636.40	2693.70	2155.10	2850.00	3460.00
3. 农民对非农业居民零售额								

——循化撒拉族自治县统计局：《青海省循化撒拉族自治县国民经济社会发展统计资料汇编（一九四九年—一九八七年）》（内部资料），1988 年 12 月，第 153 页。

社会商品零售总额（单位：千元）

项目	1979 年	1980 年	1981 年	1982 年
一、社会商品零售额	9759.60	9966.10	10287.90	11488.40
（一）按行业及经济类型分				
1. 商业部门零售领	9509.00	9425.00	9784.30	10151.10
国营商业	4836.80	4356.40	4637.40	3941.10
供销商业	4810.00	4950.00	4524.00	4558.30
集体商业		105.40	59.70	46.10
个体商业	62.20	13.20	563.20	1605.60
2. 饮食业零售额	70.00	273.00	357.70	784.90
个体饮食业	70.00	132.00	280.00	739.20
3. 工业部门零售额	180.60	197.20	78.30	270.90
4. 其他行业零售额		70.90	67.60	281.50
（二）按商品销售对象分				
1. 对居民及社会集团消费品零售额	7004.60	7833.10	8317.90	9778.20
对居民的消费品零售额	6346.70	7181.10	7686.60	8768.50
对社会集团的消费品零售额	657.90	652.00	631.30	1009.70
2. 农民的生产资料零售额	2755.00	2133.00	1970.00	1710.20
二、农民对非农业居民零售额				2070.00

——循化撒拉族自治县统计局：《青海省循化撒拉族自治县国民经济社会发展统计资料汇编（一九四九年——一九八七年）》（内部资料），1988 年 12 月，第 154—155 页。

社会商品零售总额（单位：千元）

项目	1983 年	1984 年	1985 年	1986 年	1987 年	1991 年
一、社会商品零售额	11198.60	12029.20	14063.40	17570.00	19760.60	25430
（一）按行业及经济类型分						
1. 商业部门零售额	9741.60	10394.10	12840.70	15815.00	18225.60	
国营商业	4339.70	5247.30	6546.70	9512.00	11032.60	
供销商业	4856.10	4271.20	4216.00	3960.00	3642.10	
集体商业	34.80	74.80	656.00	365.00	530.90	
个体商业	511.00	800.80	1422.00	1978.00	3020.00	
2. 饮食业零售额	950.00	1173.00	832.00	739.00	940.00	
个体饮食业	924.00'	1173.00	832.00	739.00	940.00	
3. 工业部门零售额	162.00	119.20	113.10	364.00	117.30	
4. 其他行业零售额	345.00	342.90	277.60	652.00	477.70	

续表

项目	1983 年	1984 年	1985 年	1986 年	1987 年	1991 年
（二）按商品销售对象分						
1. 对居民及社会集团消费品零售额	9119.80	10018.50	11034.70	14815.00	18715.60	
对居民的消费品零售额	8288.40			11993.00	15914.20	
对社会集团的消费品零售额	831.40			2822.00	2801.40	
2. 农民的生产资料零售额	2078.80	2010.70	3028.70	2755.00	2542.40	
二、农民对非农业居民零售额		690.60	260.80	2170.00	1497.50	

——循化撒拉族自治县统计局：《青海省循化撒拉族自治县国民经济社会发展统计资料汇编（一九四九年—一九八七年）》（内部资料），1988 年 12 月，第 155 页。

商业人员发展情况（单位：人）

项目	1979 年	1980 年	1981 年	1982 年	1983 年	1984 年	1985 年	1986 年	1987 年
总计	533	525	725	736	879	968	1261	1448	1482
一、全民所有制商业	222	275	242	245	240	244	288	281	227
其中：企业管理机构	64	39	104	99	91	88	112	110	40
企业经营机构	136	236	138	141	149	156	176	171	187
其中：零售机构	79	86	96	48	92	139	79	115	120
二、供销合作社商业	158	138	148	165	149	139	148	157	155
其中：企业管理机构	26	10	11	10	17	60	11	12	27
企业经营机构	125	128	137	155	132	79	137	145	128
其中：零售机构	103	99	108	126	114	70	114	127	110
三、集体所有制商业	6	5	4	5	4	8	30	12	6
其中：零售机构	6	5	4	5	4	4	28	10	2
四、农村代购、代销站	113	83	31	38	22		3		
五、个体有证商业		24	300	283	464	577	792	994	1094

——循化撒拉族自治县统计局：《青海省循化撒拉族自治县国民经济社会发展统计资料汇编（一九四九年—一九八七年）》（内部资料），1988 年 12 月，第 156 页。

商业机构发展情况（单位：个）

项目	1979 年	1980 年	1981 年	1982 年	1983 年	1984 年	1985 年	1986 年	1987 年
总计	204	153	371	305	526	596	788	902	917
一、全民所有制商业	37	30	26	30	26	24	39	39	27
其中：企业管理机构	7	4	8	7	6	6	8	8	4

续表

项目	1979 年	1980 年	1981 年	1982 年	1983 年	1984 年	1985 年	1986 年	1987 年
企业经营机构	28	26	18	22	20	18	31	31	23
其中：零售机构	16	15	15	9	17	15	17	23	19
二、供销合作社商业	42[①]	19	13	13	13	43	14	13	25
其中：企业管理机构	10	1	1	1	2	13	1	1	1
企业经营机构	31	18	12	12	11	30	13	12	24
其中：零售机构	15	16	10	10	10	21	11	11	22
三、集体所有制商业	2	1	1	1	1	4	8	5	4
其中：零售机构	2	1	1	1	1	2	7	4	3
四、农村代购、代销站	113	81	31	38	22		2		
五、个体有证商业		22	300	223	464	525	725	845	861

——循化撒拉族自治县统计局：《青海省循化撒拉族自治县国民经济社会发展统计资料汇编（一九四九年——一九八七年）》（内部资料），1988 年 12 月，第 157 页。

国营商业商品购、销存总额（单位：万元）

项目	1974 年	1975 年	1976 年	1977 年	1978 年	1979 年	1980 年
一、商品纯购进	189.50	241.85	284.18	219.00	234.00	212.43	268.68
1. 农副产品购进	182.07	209.85	250.50	232.00	188.00	163.41	46.20
2. 工业品购进	4.47	30.50	26.37	58.00	42.00	45.02	106.33
二、调入：省内调入		605.66	598.44	703.00	715.00	768.08	244.48
省外调入					4.00	14.00	
三、国内纯销售	632.07	710.14	775.55	886.00	954.00	960.80	1011.75
1. 对居民及社会集团消费品零售额	321.79	472.19	558.73	587.00	608.00	675.40	717.34
2. 对农民农业生产资料零售额	154.40	237.95	216.82	299.00	346.00	285.40	213.30
3. 售给集体商业							
4. 售给个体商业							
四、调出：省内		532.01	223.20	228.00	201.00	182.88	92.76
省外					9.00	35.00	34.16
五、期末商品库存	438.25	503.84	515.79	566.00	582.00	558.61	582.04

——循化撒拉族自治县统计局：《青海省循化撒拉族自治县国民经济社会发展统计资料汇编（一九四九年——一九八七年）》（内部资料），1988 年 12 月，第 158—159 页。

① 编者注：系原文数据。

国合商业商品购、销存总额（单位：万元）

项目	1981 年	1982 年	1983 年	1984 年	1985 年	1986 年	1987 年
一、商品纯购进	198.66	292.89	285.18	256.29	325.34	338.80	409.98
1. 农副产品购进	113.52	137.98	167.84	122.05	144.99	176.30	235.07
2. 工业品购进	37.11	152.88	95.40	132.63	177.96	160.40	172.07
二、调入：省内调入	210.77	453.50	684.64	1019.24	1117.31	1240.20	1096.11
省外调入		528.10	97.73	32.45	71.62	35.90	33.18
三、国内纯销售	1036.73	1026.95	1116.46	1089.33	1350.35	1527.70	1730.79
1. 对居民及社会集团消费品零售额	719.14	678.92	711.70	769.77	787.54	1104.60	1213.23
2. 对农民农业生产资料零售额	197.00	171.02	207.88	182.08	288.73	242.60	254.24
3. 售给集体商业				8.98	64.67	10.20	66.48
4. 售给个体商业				127.52	200.22	152.70	161.35
四、调出：省内	77.46	308.98	31.57	33.78	341.03	141.00	81.36
省外	2.57	6.80	52.34	52.12	94.66	87.40	102.67
五、期末商品库存	571.92	663.16	734.48	724.85	1651.39	853.70	934.71

——循化撒拉族自治县统计局：《青海省循化撒拉族自治县国民经济社会发展统计资料汇编（一九四九年—一九八七年）》（内部资料），1988 年 12 月，第 160—161 页。

邮电局、所邮路长度年末数

年度	邮电局、所总数（个）	邮路总长度（公里）	邮电业务总收入（元）	报纸杂志销售量（千册）
1949 年	—	—	400	12.93
1950 年	—	—	1200	28.61
1951 年	1	10	7300	71.52
1952 年	1	10	7500	145.8
1953 年	1	59	9200	181.57
1954 年	1	59	9400	259.97
1955 年	1	70	16000	360.93
1956 年	1	70	17920	250.06
1957 年	3	100	21800	262.17
1958 年	4	175	32201	398.62
1959 年	5	346	45689	449.3
1960 年	6	572	63710	491
1961 年	5	572	42000	403
1962 年	9	154	53210	207.4
1963 年	8	154	51000	116.7
1964 年				
1965 年				

续表

年度	邮电局、所总数（个）	邮路总长度（公里）	邮电业务总收入（元）	报纸杂志销售量（千册）
1966年				
1967年				
1968年				
1969年				
1970年				
1971年				
1972年				
1973年				
1974年				
1975年				
1976年				
1977年				
1978年				
1979年				
1980年				
1981年				
1982年				
1983年				
1984年	5	194	149210	1117
1985年	5	208	177800	1323
1986年	5		196500	1400.5
1987年	5	151	226800	1235.2

——循化撒拉族自治县统计局：《青海省循化撒拉族自治县国民经济社会发展统计资料汇编（一九四九年—一九八七年）》（内部资料），1988年12月，第172—174页。

2010年邮电综合

项目	单位	数量
四、邮电		
电信业务总收入	万元	1020（万元）
邮政业务总量	万元	429（万元）
本地固定电话机总数	部	21000（部）
农村住宅电话总数	部	8500（部）
移动联通电话数	部	54700（部）

——循化撒拉族自治县统计局：《青海省循化撒拉族自治县国民经济社会发展统计资料汇编（2006年—2010年）》（内部资料），2011年10月，第164页。

2006年社会消费品零售总额

商表一　　　　单位：万元

项目	金额		
	今年实际	上年同期	增减%
社会消费品零售总额	16790	14223	18.05
（一）按销售地区分			
（1）市的零售额			
（2）县的零售额	10707	9539	12.24
（3）县以下的零售额	6083	4684	29.87
（二）按行业分			
（1）批发零售贸易业	10120	8381	20.75
限额以下	3825	3523	8.57
个体户	6295	4858	29.58
（2）餐饮业	3179	2158	47.31
（3）其他	1243	3684	-66.26

——循化撒拉族自治县统计局：《青海省循化撒拉族自治县国民经济社会发展统计资料汇编（2006年—2010年）》（内部资料），2011年10月，第115页。

2010年社会消费品零售总额

商表一　　　　单位：万元

项目	金额		
	今年实际	上年同期	增减%
社会消费品零售总额	37034.8	30356	22.00
（一）按销售地区分			
（1）市的零售额			
（2）县的零售额	22221	17845	24.52
（3）县以下的零售额	14813.8	12511	18.41
（二）按行业分			
（1）批发零售贸易业	27159	23527.2	15.44
限额以下	4847	3914.5	23.82
个体户	22312	19612.7	13.76
（2）餐饮业	9562	6712	42.46
（3）其他	313.7	136	130.66

——循化撒拉族自治县统计局：《青海省循化撒拉族自治县国民经济社会发展统计资料汇编（2006年—2010年）》（内部资料），2011年10月，第116页。

2004 年固定资产投资完成情况表

投资表一　　单位：万元

指标名称	总计	其中：地方	基本建设	其中：地方	更新改造	农村集体	城乡私人
本年新增固定资产	31789	34009	15810	18030	8479	500	7000
本年施工房屋面积	148887	148887	75287	75287	3000	7800	62800
本年竣工房屋面积	130467	130467	59867	59867		7800	62800
本年资金来源合计	41029	40535	29016	28522	4513	500	7000
1. 上年末结余资金	21	21	21	21			
2. 本年资金来源小计	41008	40514	28995	28501	4513	500	7000
（1）国家预算内资金	6144	6144	6077	6077	67		
（2）国内贷款							
（3）利用外资							
（4）自筹资金	13179	12685	10839	10345	2340		
（5）其他资金来源	21685	21685	12079	12079	2106	500	7000
本年各项应付款合计	2031	2031	2031	2031			
其中：工程款	2031	2031	2031	2031			

——循化撒拉族自治县统计局：《青海省循化撒拉族自治县国民经济社会发展统计资料汇编》（内部资料），2004 年，第 31 页。

2006 年固定资产投资完成情况表

投资表一　　单位：万元

指标名称	总计	其中：地方	城镇 50 万元以上	其中：地方	农村非农户	城乡私人
计划总投资	65682	65182	57748	57248	456	7478
本年计划投资	60926	60426	52992	52492	456	7478
本年累计完成投资	52900	52400	45182	44682	240	7478
其中：县乡工业投资	17050	17050	17050	17050		
工业技术改造完成投资	8746	8746	8746	8746		
按构成分						
1. 建筑工程	29994	29494	22326	21826	190	7478
2. 安装工程						
3. 设备工器具购置	16721	16721	16721	16721		
4. 其他费用	6185	6185	6135	6135	50	
按投资类型分						
1. 国有及国有控股投资	29960	29460	29810	29310	150	

续表

指标名称	总计	其中：地方	城镇 50 万元以上	其中：地方	农村非农户	城乡私人
2. 民间投资	22940	22940	15372	15372	90	7478
按城乡分						
1. 城镇固定资产投资	45182	44682	45182	44682		
2. 农村固定资产投资	7718	7718			240	7478

——循化撒拉族自治县统计局:《青海省循化撒拉族自治县国民经济社会发展统计资料汇编（2006 年—2010 年）》(内部资料)，2011 年 10 月，第 133 页。

2008 年固定资产投资完成情况表

投资表一

指标名称	总计	其中：地方	城镇 50 万元以上	其中：地方	农村非农户 50 万元以上	城乡私人
建设项目计划总投资	103897	103571	87103	86777	7094	9700
本年累计完成投资	56162	55936	42609	42383	3853	9700
其中：县乡工业投资	10948	10722	10948	10722		
按构成分						
1. 建筑工程	35486	35260	24406	24180	1380	9700
2. 安装工程						
3. 设备工器具购置	2860	2860	2710	2710	150	
4. 其他费用	17816	17816	15493	15493	2323	
按投资类型分						
1. 国有及国有控股投资	32168	31942	30062	29836	2106	
2. 民间投资	23994	23994	12547	12547	1747	9700
按城乡分						
1. 城镇固定资产投资	42609	42383	42609	42383		
2. 农村固定资产投资	13553	13553			3853	9700

——循化撒拉族自治县统计局:《青海省循化撒拉族自治县国民经济社会发展统计资料汇编（2006 年—2010 年）》(内部资料)，2011 年 10 月，第 135 页。

交通运输

年度	公路通车里程（公里）			客货运输量			
	合计	有路面里程	其他公路	货运量（万吨）	货运周转量（万吨公里）	客运量（万人）	客运周转量（万人公里）
1949 年	63	—	63	—	—	—	—
1950 年	63	—	63	0.19	0.35	—	—
1951 年	63	—	63	0.19	0.35	—	—
1952 年	63	—	63	0.19	0.35	—	—
1953 年	63	—	63	0.2	0.37	—	—
1954 年	63	—	63	0.19	0.36	—	—
1955 年	63	—	63	0.29	0.53	—	—
1956 年	63	—	63	0.3	0.61	—	—
1957 年	63	—	63	0.33	0.65	—	—
1958 年	63	—	63	0.6	0.43	—	—
1959 年	63	—	63	0.6	0.4	—	—
1960 年	63	—	63	0.6	0.3	—	—
1961 年	63	—	63	0.2	0.27	—	—
1962 年	63	—	63	0.1	0.12	—	—
1963 年	97	—	97	0.1	0.17	—	—
1964 年	97	—	97	—	—	—	—
1965 年	97	—	97	—	—	—	—
1966 年	97	—	97	—	—	—	—
1967 年	97	—	97	—	—	—	—
1968 年	97	—	97	—	—	—	—
1969 年	129	—	129	—	—	—	—
1970 年	129	—	129	0.06	14	—	—
1971 年	129	—	129	0.25	41	—	—
1972 年	129	—	129	0.28	55	—	—
1973 年	129	—	129	0.57	81	—	—
1974 年	139	10	129	0.71	106	—	—
1975 年	152.7	10	142.7	1.05	118	18	273
1976 年	162.7	20	142.7	1.28	184	96	463
1977 年	162.7	20	142.7	1.26	193	146	812
1978 年	162.7	20	142.7	1.32	183	155	888
1979 年	162.7	20	142.7	0.75	124	181	925
1980 年	162.7	20	142.7	—	—	—	—

续表

年度	公路通车里程（公里）			客货运输量			
	合计	有路面里程	其他公路	货运量（万吨）	货运周转量（万吨公里）	客运量（万人）	客运周转量（万人公里）
1981年	162.7	20	142.7	0.5	80	12	23
1982年	162.7	20	142.7	0.52	78.93	80	302.03
1983年	150.7	20	130.7	0.55	80	78.93	350
1984年	216.4	20	196.4	0.44	67.8	26.7	850.7
1985年	216.4	20	196.4	0.45	89.6	12.3	738
1986年	216.4	20	196.4	0.26	473	15.4	590
1987年	220	20	200	0.5	69	12	740

——循化撒拉族自治县统计局：《青海省循化撒拉族自治县国民经济社会发展统计资料汇编（一九四九年—一九八七年）》（内部资料），1988年12月，第169—171页。

2009年公路运输企业运营情况

公路表一

指标名称	计量单位	本年实际
一、运输工具		
1. 营运汽车	辆	721
其中：载客汽车	辆	498
载客量	客位	3450
其中：大型	辆	45
载货汽车	辆	223
载货量	吨位	1729
二、运输量		
1. 客运量	万人次	57
2. 旅客周转量	万人公里	6240
3. 货运量	万吨	52
4. 货物周转量	万吨公里	7536

——循化撒拉族自治县统计局：《青海省循化撒拉族自治县国民经济社会发展统计资料汇编（2006年—2010年）》（内部资料），2011年10月，第118页。

2010 年公路运输企业运营情况

公路表一

指标名称	计量单位	本年实际
一、运输工具		
1. 营运汽车	辆	721
其中：载客汽车	辆	568
载客量	客位	5002
其中：大型	辆	48
载货汽车	辆	492
载货量	吨位	1729
二、运输量		
1. 客运量	万人次	189
2. 旅客周转量	万人公里	5481
3. 货运量	万吨	72.9
4. 货物周转量	万吨公里	9695

——循化撒拉族自治县统计局:《青海省循化撒拉族自治县国民经济社会发展统计资料汇编（2006 年—2010 年）》（内部资料），2011 年 10 月，第 119 页。

第六章　财政与金融

一、财政

1. 财政体制

统收统支　1951 年，根据中共中央《关于统一国家财政经济工作的决定》，实行高度集中的财政管理体制。地方一切财政收支纳入国家预算。即一切收入全部逐级上缴中央，一切支出均由中央逐级拨付，年终结余全部上缴中央。

分类分成　1953 年，实行中央、省、县三级管理，执行“统一领导，分级管理，收支两条线”的管理体制，发挥县财政管理国家预算的积极性。国家预算收入划分为固定收入、固定比例分成收入和调剂分成收入 3 种。1958 年，实行“下放企业，下放财权，以收定支，五年不变”的管理体制。这次改革实际只执行 1 年。

总额分成　1959 年，改革预算管理制度，实行“收支下放，计划包干，总额分成，一年一定”的财政体制。收入和支出相抵后，收入大于支出部分上缴省财政，收入小于支出部分由省补贴。

定收定支，收支包干　1971 年，简化手续，预算管理实行“定收定支，收支包干，保证上缴（或差额外补贴），一年一定”的体制。

超收定支，收支挂钩　1976 年，实行“超收定支，收支挂钩，总额分成，一年一定”的财政体制。

划分收支，分级包干　1980 年，实行“划分收支，分级包干，超收和支出结余归县，超支不补，一定五年不变”的财政管理体制。改“吃大锅饭”为“分灶吃饭”。省财政对循化县核定补助基数（以 1979 年财政收支为基础），实行“定额补助，每年递增 10%，一定五年不变”的政策。

核定收支，分级包干　1985 年，实行“划分税种，核定收支，分级包干，结余留用，超支不补，一定五年不变”的财政管理体制。继续执行定额补助每年递增 10%，

1988 年起，取消省对循化县定额补助每年递增 10% 的照顾。其后，县财政收入受到很大影响，地方总财力大幅度减少。

1991 年以后，循化县财政在国家财政政策的指导下，财政体制经过划分税种、分税制度、转移支付、政府采购等改革，管理体制逐步完善，收支结构逐步合理，财政收入平稳增长。2010 年，全县一般预算收入完成 3564 万元，较 1991 年的 229.4 万元增长 14.54 倍，平均增长 43.9%。县财政通过农业税减负政策的落实，因地制宜，不断加大以转移支付为主的财力补助，加强招商引资工作，积极培植财源，深挖潜力，围绕促进基本公共服务均等化，进一步优化支出结构，严格执行预算，财务管理、财政监督趋于规范化，理财水平明显提高，保障民生的能力不断增强，促进了经济社会的协调发展。

——循化撒拉族自治县志编纂委员会:《循化撒拉族自治县志》，中华书局，2001 年版，第 394—395 页。

（1）收支管理改革

1985 年，循化县按照国家规定实行“划分税种、核定收支、分级包干”的地方包干制，国家对循化县按照规定仍实行定额补助递增 10% 的照顾。到 1987 年后，由于国家财政困难，取消这项照顾政策，实行定额补助的包干办法。1991 年，定额补助 820.5 万元，专项补助 445.3 万元，调整收入任务增加数 29.1 万元。1994 年，实行“分税制”财政管理体制改革，确立中央和地方的收入体系。分税制财政管理体制，将各种税收按税种划分为中央税、地方税、中央和地方共享税。划分给循化县的税种包括增值税（25% 部分）、营业税、个人所得税、城市维护税、车船税、房产税、印花税、农牧业税、耕地占用税、县属国有企业所得税、其他收入。由于循化县二、三产业发展滞后，至今没有大型工业，只有几家小型企业、地方特色民族企业和旅游餐饮服务企业，实行分税制前后，地方财政每年征得的消费税、增值税和所得税税额很少，其中上划中央和省（州）的税收也不多，分税制对循化县税收的影响很小。

实行分税制体制后，在县保留原体制补助的同时，实行“上划消费税、增值税基数返还”一般性转移支付和调整工作转移支付等的补助政策，特别是随着一般性转移支付制度的建立和实施，省上对循化县的一般性转移支付补助逐年加大，对循化县财力水平的提高起到促进作用。2003 年，全县转移支付补助资金为 4246 万元，到 2010 年达到 30408 万元，7 年内增加 26162 万元。循化县从分税制体制改革中获益。

中央财政对地方财政税收返还数额以1993年为基数确定，1994年税收返还收入数为56万元，以后逐年增加，至2010年增加到450万元，比1994年增长7倍多。

1991年到2010年，上级财政下达的原体制补助逐年增加，至2010年达到865万元，比1991年增加44.5万元。1998年实施过渡期转移支付补助，当年下达转移支付补助2987.3万元，至2010年一般性转移支付补助达到30408万元（包括原体制补助865万元、均衡性转移支付10960万元、县级基本财力保障机制奖补2517万元、农村税费改革补助699万元、增加工资补助5286万元、结算补助9101万元），比1998年增加27420.7万元，是1998年的9倍多。

2007年，循化县被列为“省直管县”改革试点县。实行体制基数直接固定到县、收入计划直接下达到县、转移支付和专项资金补助直接下达到县、资金调度直接拨付到县、各项债务直接落实到县等，实现省对县直接支持的机制。“省直管县”的财政体制赋予县级人民政府更多的经济社会管理权限，县域经济实力得到增强，地方财政可支配的资金量显著增加，助推地方经济发展。

（2）农村税费改革

2005年12月29日，十届全国人大常委会第十九次会议表决通过废止《农业税条例》，循化县农村税费改革工作主要分为两个阶段：一是清费正税（2002年至2004年）。2002年5月23日，农村税费改革工作正式启动，抽调干部379名，深入154个行政村开展试点工作，2003年1月底结束。改革以“减轻、规范、稳定”为准则，根据各乡镇农牧业经济发展现状和生产条件，对计税面积、牲畜头数、计税税率、计税产量等要素，开展深入细致的调查摸底，对数据进行认真测算，制定《循化县农村牧区税费改革试点实施方案》和实施细则。循化县农业税计税常年产量以1996年至2000年5年间农作物的平均产量为据确定，核实计税土地面积为10.13万亩，其中：水浇地5.09万亩，浅山地4.51万亩，脑山地0.53万亩。农业税税率为6.5%，附加比例为正税的20%，正附合并税率为7.8%。改革前，农业税及附加、农业特产税、乡统筹村提留、屠宰税总计259.45万元，农民人均负担25.05元。改革后，两税及附加为197.34元，比改革前（2001年）减少62.11万元，人均负担19.06元，人均减负5.99元。通过税费改革，农牧业税收由改革前的259.47万元下降到197.34万元，减负62.13万元，农牧民人均负担由改革前的25.05元降到19.06元，人均减负5.99元，税费改革成绩显著。二是取消农牧业税（2004年至2005年）。2004年元月1日起，全面取消农业特产税，农牧业税税率下降1个百分点。2005年全面取消农业税。全县共免征农牧业税和附加 166.7 万元，农牧民人均减负 15.8 万元。

（3）农村综合改革

2006 年至 2007 年，全县实行农村综合改革，改革主要内容包括转变政府职能，推进乡镇机构改革；落实农村义务教育保障机制，推进农村义务教育体制改革；增强基层财政保障能力，推进县乡财政管理体制。

2007 年 3 月，全县推行以“乡财县管”为主要内容的乡镇财政管理方式改革工作。在乡镇财政利益分配关系不变的前提下，以乡镇为独立核算主体，在充分发挥乡镇理财积极性的基础上，实行“六个统一”（统一编制预算、统一设置账户、统一收付方式、统一办理采购、统一票据管理、统一管理村级资金），做到所有权、使用权与管理权、核算权相分离，由县财政部门直接管理并监督乡镇财政收支。县委办、政府办联合下发《关于批转循化县乡财县管改革实施办法的通知》（循办发〔2007〕30 号）。在乡镇财政所农村综合改革前期暂时保留，负责清产核资及债权债务清理工作。清产核资结束后，撤销了各乡镇财政所，成立了循化县会计核算中心，上划乡镇编制 19 名。在会计核算中心设立账号，统一核算乡镇会计业务，制定《循化县会计核算中心内部会计核算办法》《循化县财政局乡镇项目资金管理办法》《循化县财政局乡镇财政助理员管理办法》和《循化县财政局乡镇财政资金管理办法》等相关制度。核算中心实行窗口式服务，为各乡镇报账员提供优质的服务。各纳入核算中心的单位只设一名报账员，撤销单位所有账户，移交有关财务手续。2008 年将统计局等 15 个单位的财务纳入核算中心统一核算。

2007 年 7 月，全县推行以“一卡通”为主要内容的财政惠农补贴资金管理制度和支付方式改革，将所有对农民的补贴资金都通过一本存折发放，确保了财政惠农补贴资金安全、及时、足额发放到农户手中，到 2010 年，全县纳入一卡通发放的项目主要有粮食直补、退耕还林补助、农资综合补贴等，全县 2693 户农户通过“一卡通”存折领取各项补贴资金。

（4）国库集中支付改革

2008 年，循化县根据财政国库集中支付改革安排部署，实施国库集中支付改革，改革的主要内容是：按照“收入一个笼子、预算一个盘子、支出一个口子”的要求，建立国库单一账户体系，所有财政性资金都纳入国库单一账户体系管理，收入直接缴入国库存款账户或财政专户，支出通过国库单一账户体系支付到用款单位或商品和劳务供应者。其核心是通过国库单一账户体系对财政资金的运行进行管理，各单位只设零余额账户，确需设立特设专户的设特设专户。所有财政收入直接缴入国库纳入预算管理，实行收支两条线。据此，2008 年，县政府办公室印发《循化县财政国库管理制度改革方案（试行）的通知》，财政局制定《循化县国库集中支付会计核算暂行办法》《循化县国库集中支付银行清算办法》等一系列配套制度。根据全县实际，以议标形式确定国库集中支付业务代理银行 2 家。

2009 年 3 月，经海东编委批准成立国库支付中心。国库支付中心为财政部门审核、监督财政资金支付工作的延伸，按照统一管理、统一开户、统一核算的原则，负责办理财政专户资金的拨付业务，将全县所有的财政性资金全部纳入国库单一账户体系运行管理，各级预算单位全部实行国库集中支付制度。

2010 年 1 月，国库集中支付改革工作正式上线运行，经一年运行，财政部门、各预算单位、国家金库循化县支库及代理银行相互之间的网络运行一切正常。财政部门的预算指标录入、各业务科室审核、支付中心支出到预算单位支出与国家金库循化县支库和代理银行的清算，每个工作环节衔接都很顺利。

——循化撒拉族自治地方县志编纂委员会：《循化撒拉族自治县志》，三秦出版社，2017 年版，第 219—222 页。

2. 财政收入

1953 年起，实行分级包干，分级管理的财政体制，促进了地方财政的发展。“一五”期间（1953—1957 年），全县财政收入 165.5 万元（5 年合计数，不含上级补助，下同）。“二五”期间（1958—1962 年），全县财政收入 362.6 万元。国民经济调整时期（1963—1965 年），全县财政收入 116 万元。“三五”期间（1966—1970 年），全县财政收入 187.8 万元。“四五”期间（1971—1975 年），全县财政收入 303.3 万元。“五五”期间（1976—1980 年），全县财政收入 519 万元。“六五”期间（1981—1985 年），全县财政收入 553.1 万元。“七五”期间（1986—1990 年），全县财政收入 855.4 万元。1990 年，财政总收入达 212 万元，比 1953 年财政总收入 16.3 万元增加 12 倍。1952—1990 年的 39 年中，全县累计财政总收入为 3081.4 万元。39 年来，国家拨给循化县财政补助款累计 18387.4 万元，其中定额补助 8321.9 万元，专项补助 4395.9 万元，其他补助 5669.6 万元。

——循化撒拉族自治县志编纂委员会：《循化撒拉族自治县志》，中华书局，2001 年版，第 394—396 页。

1949 年—1987 年财政收支情况（单位：万元）

年份	地方财政收入	国家补贴	其中：定额补贴	财政支出
1949	—	—	—	—
1950	—	2.9	—	3.7
1951	—	3.6	—	18.2
1952	—	3.9	—	22.3
1953	3.7	48.4	48.4	52.1
1954	25.2	32.0	31.6	57.2
1955	51.3	19.3	14.4	70.6
1956	35.1	31.3	8.5	66.4
1957	37.1	42.5	39.1	79.6
1958	82.5	105.5	103.3	188.0
1959	84.3	121.8	103.9	206.1
1960	116.0	145.9	125.3	261.9
1961	47.5	236.2	235.0	283.7
1962	32.4	136.5	89.2	168.9
1963	33	154	122.2	187
1964	42.9	178.2	154.8	221.1
1965	40.1	192.6	155.3	232.7
1966	50.1	241.3	196.1	291.4
1967	40.9	265	153.1	305.9
1968	28.9	212.5	50	241.4
1969	35.8	347.7	162.6	383.5
1970	32	392.3	159.4	424.3
1971	58	483	247.6	541
1972	41.5	548.6	311.6	590.1
1973	56.8	635.3	393.4	962.1
1974	66.8	597.9	311.6	664.3
1975	80.6	556.2	353.9	636.9
1976	84	650.2	479.2	734.2
1977	107.7	707.3	534.3	815
1978	123.8	646.9	646.9	1054.5
1979	111.8	642.2	642.2	982.9
1980	91.7	630.9	511.5	950.9
1981	95.2	829.4	562.7	1081.7
1982	99.8	962.4	618.9	1299.5

续表

年份	地方财政收入	国家补贴	其中：定额补贴	财政支出
1983	108.9	1095	680.8	1132.3
1984	111.2	1296.1	748.9	1253.1
1985	137.9	1086.5	744.9	1273.7
1986	141.6	1327.1	819.4	1490.8
1987	160.7	1406.2	737.5	1462

——循化撒拉族自治县统计局：《青海省循化撒拉族自治县国民经济社会发展统计资料汇编（一九四九年—一九八七年）》（内部资料），1988 年 12 月，第 164—166 页。

1952—1990 年财政收入明细表（单位：万元）

年份	地方财政收入									省补助收入	兑付有价证券及其他	上年结余收入	收入统计
	工商税收类	农牧业税和耕地占用税	国营企业所得税类	国营企业上交利润类	国营企业划亏补贴类	专款收入类	其他收入类	国营企业承包收入退库类	收入合计				
1952	2.3	11.9					4.5		18.7	20.3			39
1953	1	12.5					2.8		16.3	35.9			52.2
1954	9.3	15.1					1.2		25.6	31.7			57.3
1955	30.1	19.6					1.7		51.4	14.4		5	70.8
1956	21.9	11.6					1.6		35.1	8.5		20.9	64.5
1957	15.3	17.5					4.3		37.1	39.2		1.4	77.7
1958	18.2	20.6		5.1			38.5		82.4	103.3		2.3	188
1959	20.7	20.2		31.5			11.9		84.3	103.9		0.9	189.1
1960	30.1	21.5		55			9.4		116	125.4		3.5	244.9
1961	14.5	10.9		3.2			18.9		47.5	235.1	1.2		283.8
1962	14.9	10.3		5.2			2		32.4	89.2		30.3	151.9
1963	16	12.6		2.7			1.7		33	122.2		31.8	187
1964	17.6	14.4		8.2			2.7		42.9	156.7		21.5	221.1
1965	15.6	13.3		4			7.2		40.1	158.4		34.2	232.7
1966	14	16.5		3.4			16.3		50.2	196.1		45.1	291.4
1967	12.2	21.2		0.1			7.4		40.9	153.1		111.9	305.9
1968	10.8	13.2		0.8			4.1		28.9	50	0.5	162	241.4
1969	11.6	16.3		2.5			5.4		35.8	166		181.7	383.5
1970	14.9	20.2		-4.7			1.6		32	150		232.9	414.9
1971	14.9	26.7		8.3			8.1		58	247.6		235.4	541

续表

年份	地方财政收入									省补助收入	兑付有价证券及其他	上年结余收入	收入统计
	工商税收类	农牧业税和耕地占用税	国营企业所得税类	国营企业上交利润类	国营企业划亏补贴类	专款收入类	其他收入类	国营企业承包收入退库类	收入合计				
1972	17.7	23.9		–5.9			5.8		41.5	312.6		236	590.1
1973	20	24.5		0.8			11.5		56.8	425.9		209.4	692.1
1974	24.7	24.4		15.3			2		66.4	315.7		282.2	664.3
1975	32.5	26.5		18.5			3.1		80.6	371.2		185.1	636.9
1976	38.6	25.1		17.8			2.5		84	500.2		150	734.2
1977	43.7	21.5		36.6			5.9		107.7	534.3		173	815
1978	51.1	22.5		37			13.2		123.8	646.9		244.1	1014.8
1979	50.4	25		25.9			10.5		111.8	642.2		228.9	982.9
1980	46.4	22.4	17.1				5.8		91.7	630.9		228.3	950.9
1981	44.5	15.4	14.8				20.5		95.2	829.4		157.1	1081.7
1982	55.1	22.3	14.2				8.3		99.9	962.3		217.2	1279.4
1983	64.8	24	15.3				4.8		108.9	1095		246.7	1450.6
1984	66.9	23.7	16.6				4		111.2	1296.1		202.3	1609.6
1985	103.9	28.6	1.7		–7.3		11		137.9	1086.5		242	1466.4
1986	82.8	31.7	16.3				10.8		141.6	1327.1		194.1	1662.8
1987	98.3	34.3	18.7				9.4		160.7	1406.2	3.9	168.4	1739.2
1988	109.7	36.5	17.6		–10		14.6	–0.8	167.6	1210.4	5.1	183.6	1566.7
1989	143.5	50.7	29		–47.1		10.2	–12.8	173.5	1383.3		238.4	1795.2
1990	153.7	53.7	26.1		–39.3	2.7	18.3	–3.2	212	1204.2		470.6	1886.8
总计	1554.2	862.8	187.4	271.3	–103.7	2.7	323.5	–16.8	3081.4	18387.4	10.7	5378.2	26857.7

——循化撒拉族自治县志编纂委员会：《循化撒拉族自治县志》，中华书局，2001 年版，第 396—397 页。

1991 年，县财政一般预算收入种类有工商税、农业税、耕地占用税、国营企业所得税、国营企业调节税和其他税收等，全县完成一般预算收入 229.4 万元，为预算的 108.7%。其中：工商税收类完成 168.4 万元，为预算的 104.5%；农牧业税和耕地占用税完成 46.8 万元，为预算的 131%；国营企业所得税完成 26.2 万元，为预算的 100.1%；国营企业计划补贴 283 万元，为预算的 111%；其他收入完成 22.8 万元，为预算的 114%。1998 年，开征个人所得税，当年征收 23.2 万元。1999 年，县财政部门深化财政改革，强化收支管理，积极培植财源，抓好财政监管，地方财政一般预算收入突破 1000 万元大关，达到 1112 万元，其中营业税 231 万元，占收入的 20.77%，农牧业税 273 万元，占收入的 24.55%。2002 年，地方一般预算收入突破 2000 万元大关，达到 2395 万元，其中营业税 1571 万元，占收入的 65.59%，比 1999 年提高 44.82 个百分点；农牧业税 193 万元，占收入的 8.06%，比 1999 年下降 16.49 个百分点。2003 年，地方财政一般预算收入又迈上新台阶，达到 3052 万元，其中营业税 1845 万元，占收入的 60.45%；农牧业税 211 万元，占收入的 6.91%；增值税涨幅较大，达到 174 万元，占收入的 2.29%，比 1999 年的 70 万元净增 104 万元，比 2002 年的 89 万元净增 85 万元。2009 年，地方财政一般预算收入达到顶峰，完成 4672 万元，是 1991 年的 19.37 倍，其中营业税 2220 万元，占收入的 47.52%；农牧业税 1427 万元，占收入的 31.51%；城市维护税 282 万元，占收入的 6.04%；其他收入 110 万元，占收入的 2.35%。2010 年，由于循化县财政基础薄弱，缺乏支柱型财源，海东行署核减收入任务，地方财政一般预算收入回落，降到 3564 万元，比上年减少 1108 万元，降幅达到 23.72%。

1991 年至 2010 年，全县累计完成地方财政一般预算收入 38978.9 万元，年均收入 1948.95 万元。2010 年完成一般预算收入 3564 万元，比 1991 年增长 14.54 倍。其中税收收入 3252 万元（增值税 90 万元、营业税 1557 万元、企业所得税 56 万元、个人所得税 90 万元、资源税 20 万元、城市维护建设税 312 万元、房产税 38 万元、印花税 8 万元、城镇土地使用税 30 万元、车船税 9 万元、耕地占用税 1021 万元、契税 21 万元），占一般预算收入的 91.2%；非税收入 312 万元（专项收入 154 万元、行政事业性收费 50 万元、罚没收入 23 万元、国有资产有偿使用收入 74 万元、其他收入 11 万元），占一般预算收入的 9.8%。

——循化撒拉族自治县地方志编纂委员会编：《循化撒拉族自治县志》，三秦出版社，2017 年版，第 223 页。

1991—2010 年循化县财政收入情况统计表（单位：万元）

年份	一般预算收入	税收收入	增值税	营业税	企业所得税	个人所得税	资源税	固定资产投资方向调节税	城市维护建设税	农牧业税（含特产税、耕地占用税、契税）	其他税收收入
1991	229.4	203.7	—	168.4	26.2	—	—	—	—	46.8	-37.7

续表

年份	一般预算收入	税收收入	增值税	营业税	企业所得税	个人所得税	资源税	固定资产投资方向调节税	城市维护建设税	农牧业税（含特产税、耕地占用税、契税）	其他税收收入
1992	214.4	184	—	167.8	20.7	—	—	—	—	36.6	-41.1
1993	252.4	232.5	—	185.1	22.5	—	—	—	—	55	-30.1
1994	271	236	—	118.9	45.6	—	—	—	—	77.5	-6
1995	322.5	278.6	—	186.2	25.2	—	—	—	—	77.7	-10.5
1996	476.2	422.2	—	224.5	80.2	—	—	—	—	117.5	—
1997	613.8	577.9	—	286.2	145.3	—	—	—	—	146.4	—
1998	860.2	596.1	110.3	120.4	168.3	23.2	0.6	17.4	22.9	116.5	33.9
1999	1112	736	70	231	81	28	—	17	18	273	35
2000	1467	732	65	295	64	39	5	80	23	201	40
2001	1763	1444	74	967	214	36	3	—	26	98	26
2002	2395	2000	89	1571	10	33	2	—	32	193	70
2003	3052	2383	174	1845	19	20	—	—	41	211	73
2004	3372	2356	25	1975	10	22	—	—	61	234	29
2005	3041	2612	27	1848	13	36	—	—	256	369	63
2006	3310	3238	38	1719	27	31	7	—	610	718	88
2007	3750	3034	27	1954	39	68	7	—	326	546	67
2008	4241	3732	36	2156	26	67	5	—	344	1017	107
2009	4672	4106	44	2220	22	51	4	—	282	1427	110
2010	3564	3252	90	1557	56	90	20	—	312	1042	77

——循化撒拉族自治县地方志编纂委员会编:《循化撒拉族自治县志》，三秦出版社，2017年版，第221—222页。

3. 财政支出

“一五”期间（1953—1957年）全县财政支出288.4万元（5年累计数，下同）。“二五”期间（1958—1962年）全县财政支出1003.6万元。三年调整时（1963—1965年）全县财政支出510.1万元。“三五”期间（1966—1970年）全县财政支出768.6万元。“四五”期间（1971—1975年）全县财政支出1947.1万元。“五五”期间（1976—1980年）全县财政支出3408.8万元，“六五”期间（1981—1985年）全县财政支出

5432.6 万元。“七五”期间（1986—1990 年）全县财政支出 7262.1 万元。1952—1990 年 39 年中，全县累计财政支出达 20633.8 万元。主要用于经济建设和发展民族地区的文教、科技、卫生、优抚、教济、行政管理、其他等各项事业。其中文教卫生事业费支出 5006.2 万元，占总支出的 24.26%；抚恤及社会救济事业费支出 687 万元，占 3.33%；支援农业生产支出 2006.2 万元，占 9.73%；农林水气部门事业费支出 4009.3 万元，占 19.43%；行政管理费支出 3139.2 万元，占 15.22%；公检法支出 448.5 万元，占 2.17%；其他支出 5337.4 万元，占 25.86%。

——循化撒拉族自治县志编纂委员会：《循化撒拉族自治县志》，中华书局，2001 年版，第 397—398 页。

1952—1990 年财政支出明细表（单位：万元）

年份	基本建设支出类	企业挖潜改造资金类	科技三项费用类	支援农村生产支出类	农林水利气象等部门事业费类	工业交通等部门事业费类	商业部门事业费类	城市维护费类	价格补贴支出类	文教卫生事业费类	其他部门事业费类	抚恤和社会福利救济费类	行政管理和公检法支出类	其他支出类	支出合计
1952										1.2		0.7	19.6		21.5
1953					6.5					10.7		2.8	30.3		50.3
1954					4.9	0.2				8.6		2.9	35.7		52.3
1955					6.4					8.9		3.9	27.9		47.1
1956					9.6	3.4				12.3		2.7	34.2	1	63.2
1957					13	0.7				15.4		2.1	40.1	4.2	75.5
1958					60.8	19.1		2		36.5		4.2	50.1	10.5	183.2
1959				21.3	58.9	7		0.3	36		1.5	50.7	9.9	185.6	371.2
1960				37.4	62.4	10			36.8		33.4	46.9	8.2	235.1	470.2
1961					172.7	3.1				28.7		22.5	50.9	5	282.9
1962				0.7	8.1					24.2		27.4	42.3	14.1	116.8
1963				4.2	20.9					26		22.8	49.3	32	155.2
1964				6.4	47.6	2.7				39.8		7.3	57.5	13.8	175.1
1965				0.6	23.6	6.5		1.3		37.6		10.2	53.9	46.1	179.8
1966				17.9	32	3.6		1.6		46		9	43.7	26.2	180
1967				5.4	36.5	8.5		0.5		35.6		7.8	39	11.2	144.5
1968	12				20.9	3.5		0.1		27.3		2.3	32.4	6.1	104.6
1969	56.1				17	2.2		1		30.4		1.7	33.5	8.7	150.6
1970	65.4	0.3		2.3	28.9	2.9				33.4		3.2	38.1	14.4	188.9

续表

年份	基本建设支出类	企业挖潜改造资金类	科技三项费用类	支援农村生产支出类	农林水利气象等部门事业费类	工业交通等部门事业费类	商业部门事业费类	城市维护费类	价格补贴支出类	文教卫生事业费类	其他部门事业费类	抚恤和社会福利救济费类	行政管理和公检法支出类	其他支出类	支出合计
1971	120.3	17.2			52.9	6.2		0.5		47.3		4.1	45.8	10.7	305
1972	92.5	29.8			77.6	12.1		0.7		58.8		6.7	52.2	20.5	350.9
1973	70.5	17.7	2.1	13.2	108.6	7.6				68.4		8.6	51.6	50.3	398.6
1974	98.7	16.9	2.2	17.9	100.3	11.2				93.3		11.4	53.4	35.1	440.4
1975	111.3	4	2.6	39.8	109.6	1.1				82.3		10.1	52.5	38.9	452.2
1976	104.7	22.2		64.4	112.8	34.9				87.7	0.5	7	61.1	50.9	546.2
1977	93.1	16.9		45.7	130.5	32.7				103.4	0.1	10.4	82	42	556.8
1978	213.2	11		78.4	171	29.1				129.9	3	7	77.6	60.3	780.5
1979	210	6.4	5.5	22.4	206.3	6.1		1.7		165	0.7	22.5	78.6	26.3	751.5
1980	85.6		5	57.1	198.8	23.3		6.1		167.2	2.4	18.7	99.4	110.2	773.8
1981	43.9	3	4.9	24.1	263.2	7.5		9.9		198.7		31.5	94.9	155.6	837.2
1982	65	15	4.7	151.3	159.6	12.8		3.5		234.5	14.8	27.5	133	105.6	927.3
1983	34.3	15.5	16.2	188.2	152.7	11.6	4.4	44.5		325.8	26.9	39.1	144.7	128.4	1132.3
1984	33.5	15.4	9.5	161.4	205.1	20.2	11.6	20.3		319	40.9	48.3	172.2	195.7	1253.1
1985	66.5	13	3	160.3	139.7	17.5	4.9	10.8	5	358.8	32.7	75.9	168.7	216.9	1273.7
1986	63	15	4.5	116.1	325.7	19.7		11.4	23.2	391.4	39.9	56.7	224.5	199.7	1490.8
1987	16.7	10	3.9	122.3	423.4	21.9		5.8	29	368.9	35.6	26.9	267.5	130.1	1462
1988	10	10	3.2	171.6	149.8	22.8		5	26.4	422.7	54.6	53.9	269	145.5	1344.5
1989	8.6	3	3.5	203.2	143.6	15.6		5.9	57.2	420.7	35	30.5	307.4	133.9	1368.1
1990	30.1	0.3	2.6	272.6	147.4	21.7		9.6	52.2	467	53.1	21.8	375.5	142.8	1596.7
总计	1705	242.6	73.4	2006.2	4009.3	409	20.9	142.5	265.8	4933.4	375.1	749.7	3508.2	2613.4	21054.5

——循化撒拉族自治县志编纂委员会：《循化撒拉族自治县志》，中华书局，2001 年版，第 398—399 页。

全县财政支出始终坚持量入为出、有保有压、保证重点的原则。在支出管理上，严格按预算办事，增收节支，执行“零基预算”管理办法，2004 年年前严格实行部门经费包干制度，2004 年起推行部门预算，以保吃饭、保稳定、保运转为支出重点，加大对重点项目的支持力度，在保证人员工资的前提下，保证部门运转，增加对重点项目的支出。2007 年起，进一步优化支出结构，压缩一般性支出，重点支持以民生工程为主要内容的社会建设，将新增财力向困难群众、向农村、向基层、向社会事业倾斜，在生活、医疗、教育、农村、生态、文体、政法和基层等八个方面加大保障力度，进一步改善民生，努力实现学有所教、劳有所得、病有所医、老有所养、住有所居的总体目标。2010 年，全县民生方面的投入达到 49854 万元。

1991 年至 2010 年，全县财政支出累计达到 33.28 亿元，年均 1.66 亿元。其中 2010 年财政支出 74799 万元，比 1991 年的 1819.4 万元增长 40.1 倍。支出的比重依次为：农牧业支出 75482.8 万元，占总支出的 22.68%；教育支出 64207.3 万元，占 19.29%；公检法司支出 59425.4 万元，占 17.86%；抚恤和社保支出 43708.9 万元，占 13.13%；其他部门事业费支出 41703.8 万元，占 12.53%；科技文卫等支出 30393.2 万元，占 9.13%：其他支出 16208.4 万元，占 4.87%；基本建设支出仅有 1775 万元，只占 0.53%。

从财政收支使用分配情况看，财政收支不同阶段呈现明显的差异，这种差异是与同期国家财力和国家的政策密切相关，大体可分为两个阶段：1991 年至 2000 年，全县财政收支呈平稳期，财政收支增幅较小，主要是由于取消 10% 的递增补助，实行分税制的影响。2001 年至 2010 年，全县财政支出快速增长，财政收入增幅平稳，主要是财政体制的影响造成的，国家实行转移支付和税收返还，增加了一般性转移支付和专项转移支付以及政策性增支因素。

——循化撒拉族自治县地方志编纂委员会：《循化撒拉族自治县志》，三秦出版社，2017 年版，第 221—222 页。

1991—2010 年循化县财政支出情况统计表（单位：万元）

年份	一般预算支出	基本建设支出	公检法司支出	农牧业支出	教育支出	科技文体广播支出	卫生支出	抚恤和社保支出	其他部门事业费	其他支出
1991	1819.4	61	409.1	529.4	551.5	5.1	—	41.8	177.6	43.9
1992	2051.5	75	488.7	522.7	661	5.1	—	75.5	166.4	46.1
1993	2359.2	125	566.2	553.2	709.2	4.2	—	75.7	203.5	122.2
1994	2466.6	60	774.5	446.5	1026	2.9	—	35.5	186.8	-65.6
1995	2343	—	829.7	366.7	958.3	2.9	—	49.1	113.5	22.8
1996	3471.3	—	1178	696	1002.3	6.2	310.6	60	167.9	50.3
1997	4707.4	—	942.7	1497.6	969.1	7.3	227.7	580	296.2	186.8
1998	5880.9	—	1125.5	1793.7	1041.9	160	252.2	1552.8	309.9	224.9
1999	6853	—	1367	2238	1126	195	306	936	358	327

续表

年份	一般预算支出	基本建设支出	公检法司支出	农牧业支出	教育支出	科技文体广播支出	卫生支出	抚恤和社保支出	其他部门事业费	其他支出
2000	7715	—	1509	1831	1300	324	414	1318	329	690
2001	10126	—	1908	3113	1815	326	336	1512	409	707
2002	10433	—	1818	2655	2105	381	372	3302	493	819
2003	14051	14	1901	4419	2153	536	323	1883	283	1345
2004	12587	490	2350	3118	2706	729	393	1083.5	391	1707
2005	16787	558	2650	4593	3160	653	737	1212	565	1447
2006	21052	392	3921	4653	4450	813	807	3560	850	1606
2007	34410	—	6668	5955	6601	1292	2475	4486	5591	1342
2008	44238	—	8422	9596	8371	1432	3476	5794	5396	1791
2009	54679	—	9565	12080	9824	1656	4362	7741	7161	2290
2010	74779	—	11032	14826	13677	1330	5741	8411	18256	1506

——循化撒拉族自治县地方志编纂委员会：《循化撒拉族自治县志》，三秦出版社，2017 年版，第 224 页。

1991—2010 年循化县地方财政收支情况统计表（单位：万元）

年份	地方一般预算收入	财政支出	地方总财力
1991	229.4	1819.4	1813.1
1992	214.4	2051.5	1914.6
1993	252.4	2359.2	1971.8
1994	271	2466.6	2102.8
1995	322.5	2343	1774.4
1996	476.2	3471.3	2974.8
1997	613.8	4707.4	4329
1998	860.2	5880.9	5823.9
1999	1112	6853	7025
2000	1467	7715	7140
2001	1763	10126	8929
2002	2395	10433	8480
2003	3052	14051	10467
2004	3372	12587	13487
2005	3041	16787	14782
2006	3310	21052	19720

续表

年份	地方一般预算收入	财政支出	地方总财力
2007	3750	34410	33684
2008	4241	44078	43381
2009	4672	54679	53214
2010	3564	71875	72212

——循化撒拉族自治县地方志编纂委员会：《循化撒拉族自治县志》，三秦出版社，2017 年版，第 225 页。

循化县乡镇资金管理办法

为提高社会管理和公共服务水平，加快建立行为规范、运转协调、公正透明、廉洁高效的乡镇行政管理体制和运行机制，进一步巩固农村牧区税费改革成果，确保乡镇资金规范管理，促进农村牧区经济和社会事业持续快速健康协调发展。根据循化县乡镇财政改革方案，制定本办法：

第一条　乡镇资金管理原则：乡镇资金按照“三不变”“六统一”原则，实行集中支付制度。“三不变”是单位资金的所有权和使用权不变、单位财务管理权不变、单位支出的审批权不变。“六统一”是：（1）统一核算，由县财政会计核算中心（以下简称“中心”）统一国库支付；（2）统一银行账户，取消乡镇原有银行账户，由“中心”统一开设账户；（3）统一会计科目，根据行政事业单位会计制度，统一会计收支科目、统一会计报表；（4）统一收入管理，被纳入集中核算的乡镇所有收入，包括国家专项资金、转贷资金、行政性收费和罚没款项，预算外资金及其他资金统一纳入“中心”管理；（5）统一支出管理，被纳入集中核算的乡镇工资实行县级财政通发，其他资金统一由“中心”按批准的支出预算和内部审批程序预拨乡镇报账员，并实行备用金管理制度；（6）统一收费管理，各乡镇统一使用财政部门印制的收据，实行源头控制。

第二条　乡镇纳入会计核算中心核算的资金范围包括：预算内资金、预算外资金、专项资金、上级补助资金及其他资金。

第三条　乡镇资金来源包括：税费改革补助资金、财政转移支付补助资金、县级财政安排的公用经费、实行收支两条线管理的乡镇预算外收入和其他专项资金。

第四条　县级财政安排的公用经费是指除乡镇机关工作人员工资、个人和家庭补助支出及大型设备购置外，用于乡镇正常运转所需的公用支出，包括办公费、培训费、招待费、印刷费、水电费、邮电费、取暖费、交通费、差旅费、会议费、福利费、劳务费、维修费、专用材料费以及处置突发事件所必需的费用等。

第五条 乡镇资金管理实行县会计核算中心报账制度。各乡镇须设立报账员。报账员由乡镇提名，经县会计核算中心予以确认，报账员的变动，应经“中心”审核通过。报账员要具备财务、会计专业知识，具有会计证，熟悉财经纪律、法规和制度，遵纪守法，廉洁奉公，原则性强。

第六条 报账程序：报账员要严格按报账程序实行报账，不得弄虚作假。

（一）各乡镇拨入的款项，报账员以“中心”下达预算文件及时记入备查日记账，并附相关文件以备查用。

（二）各乡镇的预算外收入，经过“中心”审核会计审核票据后，先入“中心”统一核算账户，再汇总缴入财政局预算外资金专户，返还资金直接拨入“中心”进行核算。

（三）各乡镇的日常支出，由各乡镇报账员持需报销的原始单据（每张单据必须有主管领导签字及经办人签字），通过初次审核整理后，向“中心”审核会计办理相关手续。没有正式发票的支出，必须到税务局办理有效票据方能报销，任何白条和不合规发票都不予报账。

（四）“中心”审核会计对收到的原始凭证复核无误后，由报账员填制县财政局拨款通知单（备注栏内注明分类汇总金额和所附原始凭证张数及编号），方可办理有关报销手续。

（五）报账员要按日、按月与“中心”核算会计对账，及时结清账目，不允许出现红字和超指标现象。

第七条 各乡镇资金报账前，实行核定备用金制度，备用金由乡镇报账员负责管理。

（一）各乡镇每月申请备用金，“中心”核定、批准一个月的备用金金额（5000元）。报账员在备用金限额内办理支出报销业务。

（二）备用金由报账员妥善保管，报账员要认真履行职责，遵守现金管理制度，管好用好备用金，确保资金安全。

（三）各乡镇财务负责人及县财政会计核算中心应监督备用金的安全，不定期抽查备用金使用情况，督促报账员定期盘点备用金。

（四）备用金的领取：需由乡镇财务负责人签字后方能在“中心”领取。

（五）备用金支付范围：差旅费等个人支出；发放给单位干部职工的奖金、各种津贴、补贴、加班费等；非本单位个人劳务报酬、颁发给非本单位的个人科学技术、文化艺术、体育等各种资金及津贴；向个人购买办公用品，接待费等零星支出；中国人民银行确定需要支付现金的其他款项。

第八条　乡镇资金报销审核内容

1. 原始凭证是否真实、合法，项目填写是否齐全、完整。原始凭证应具备凭证的名称、填制日期、填制单位的名称或填制人，相关领导和经办人签字，以及单位名称、经济业务的内容、数量、单价、金额等内容，须使用统一发票。

2. 原始凭证所填经济业务内容应符合财务规定核报范围。

3. 对不真实、不合法的原始凭证有权不予接受；对记载不准确、不完整的原始凭证予以退回，并要求按照国家统一的会计制度的规定更正、补充。

4. 原始凭证记载的各项内容均不得涂改，原始凭证有错误的，应当由出具单位重开，不得在原始凭证上更正。

5. 设备购置的支出是否经政府统一采购，控制商品是否办理审批手续。

第九条　各乡镇须提供以下资料在会计核算中心备案。乡镇公章及签名笔迹、报账员个人章、联系电话号码。

第十条　各乡镇的行政性收费、罚没收入、预算外收入全额上缴财政，实行“收支两条线”管理，统一使用青海省财政厅印制的收费票据。做到“限量供给、定期核销、票据同行、以票管收”的管理，对使用非法票据收费的要没收非法票据及收入，并进行严厉的经济处罚。

第十一条　各乡镇应加强对各项资金的预算编制和预算执行情况的监督检查，严格内部资金审批制度，经费审批人员应相对固定，相关人员章及签名笔迹如有更换应及时送“中心”备案。

第十二条　纳入“中心”统一管理前的会计档案资料由各乡镇按照会计档案管理规定自行妥善保管或交档案局存查。

第十三条　村级支出由村级报账员申报，乡镇审批后，交“中心”审核予以报销。

第十四条　本办法由县财政局负责解释。

二〇〇七年一月十五日

——海东地区人力资源和社会保障局编印：《全区就业工作会议材料（二）》（内部资料），2012 年，第 125—128 页。

4.机构

1949年10月17日，成立财政科。1967年1月9日，财政与税务合并，成立财政税务科。1969年9月17日，成立财税银（财政、税务、人民银行）革命领导小组，1971年7月18日，撤销革命领导小组，恢复财政税务科。1981年1月，科改局，同年7月9日，财政、税务局分设，有职工12人，设办公室，预算、农财、企财3股。1984年9月，设白庄、积石、街子3个乡、镇财政所。1987年12月，设查汗都斯、道帏、文都3个乡财政所，至此已建立6个乡、镇财政所。局增设行政文教卫生事业股。次年，成立中华会计函授学校循化指导站。

——循化撒拉族自治县志编纂委员会：《循化撒拉族自治县志》，中华书局，2001年版，第399—400页。

1991年，财政局内设办公室、预算、农财、企财、行财5个股室和积石镇、白庄、街子、道帏、查汗都斯、文都6个乡镇财政所、中华会计学校循化辅导站，全局职工43名，干部38名，工人5名，会计员24名，助理会计师10名。

1993年7月，设立尕楞、清水乡财政所及国有资产管理股、综合股、支援生产资金管理股、会计股。

1997年5月28日，设立岗察、孟达财政所；8月8日，设立财政监督股；10月7日，为深化国有资产管理体制改革，建立权责明确的国有资产管理监督和运营体系，加强国有资产管理工作，成立以政府副县长为主任，财政局、组织部等部门负责人为成员的循化县国有资产管理委员会，办公室设在财政局；11月21日，设立国有资产管理局。

1999年4月20日，设立人事教育股、基本建设财务股、社会保障财务股。

2002年3月，全县党政机构改革，财政局内设科室定为6个，即综合室、预算室、统计评价室（挂经济建设、企业财务、国有资产、外资项目牌子）、行政事业室（挂社保、会计、财监牌子）、国库室（挂政府采购牌子）、农牧室（挂农牧业税管理和农业综合开发办公室牌子）。保留白庄、积石、街子、清水、孟达、尕楞、道帏、文都、查汗都斯、岗察10个乡镇财政所。

2005年，政府采购中心投入运行。

2006年2月13日，成立财政监督检查室。

2007年，实施农村综合改革，成立循化县财政局会计核算中心，行政编制19名，撤销10个乡镇财政所，各乡镇设报账员1名，按照乡财县管改革要求，对各乡镇统一核算财务收支，审核、控制和监督经费使用情况。

2009年3月10日，成立县国库集中支付中心，与会计核算中心合署办公。

2010年底，财政局内设机构有办公室、国库室、预算室、国库支付中心、农发办、农牧室（挂外资室牌子）、经济建设室（挂政府采购中心牌子）、行政事业室（挂社保室牌子）、财监室（挂会计室牌子），全局在册职工49人，其中公务员34名，事业人员3名，临聘人员9名，工人3名。

——循化撒拉族自治县地方志编纂委员会：《循化撒拉族自治县志》，三秦出版社，2017年版，第230页。

5. 预算外资金管理

1991年，循化县财政部门组成3个工作组与税务、物价部门配合，检查预算外资金管理工作，共查出各种违纪金额67.12万元，应入库65.3万元，实际入库11.4万元。1995年，成立5个检查小组，抽调60名业务素质高、组织原则性较强的工作人员，对全县13家国有、集体企业、64户行政事业单位、226户个体工商户进行重点检查。截至1995年底，共查出各种违纪金额303.56万元，应入库303.56万元，实际入库112.32万元，入库率达到37%。

1996年7月，按照国务院下发《关于加强预算外资金管理的决定》关于“预算外资金是国家财政性资金，不是部门和单位自有资金，必须纳入财政管理”的精神，县财政部门对预算外资金的认识进一步深化，认真抓好29号文件精神的贯彻落实，预算外资金的管理方式也开始发生重大转变。预算外资金管理实行专人收缴、登记、发放管理，同时加大资金的清理、收缴力度。1997年存缴专户管理的执收单位37户，存缴资金98.45万元，拨出93.48万元。

2001年12月，国务院办公厅转发财政部《关于深化收支两条线改革进一步加强财政管理意见的通知》，将30个政府部门和系统的预算外资金全部纳入财政预算管理。循化县清理整顿全县行政事业单位银行账户288个，撤销62个，归并23个，保留158个。

2004年，财政部印发《关于加强政府非税收入管理的通知》，将国有资源和国有资产有偿使用收入、应缴财政资金产生的利息收入等都纳入非税收入管理范畴，为全面规范非税收入管理奠定坚实的政策基础。在全县推行部门预算，实行一个部门一个预算，将非税收入全部纳入预算管理。在 2001 年清理账户的基础上，进行回头看，清理面达 100%，重新确认保留账户 222 个，撤销账户 50 个。认真清理 1990 年以来的各项财政行政审批事项，对保留和改变权属关系的县级财政行政许可项目进行公示。

2005 年以后，全县按照“统一政策、强化收支、量入为出、统筹安排”的原则，继续深化收支两条线管理。围绕“单位开票、银行代收、财政统管和政府调控”的管理办法，做到“罚缴分离、票款分离”的目标，从票据、账户、支出和监管入手，加强对预算外资金和罚没收入的日常财政监督检查，杜绝乱罚、乱收和挪用、坐收坐支等现象。当年向国库上缴预算外资金 235 万元，上缴财政专户 1248.12 万元，罚没收入，上缴财政预算 106.7 万元，基金收入上缴财政预算 24 万元。

2008 年，县财政部门积极开展非税收入监督。组织人员对公安、国土、运管等单位的非税收入及资金的收缴、使用情况进行监督检查，并将个别单位历年欠缴的非税收入全部追缴入库，确保非税收入应收尽收。

——循化撒拉族自治县地方志编纂委员会：《循化撒拉族自治县志》，三秦出版社，2017 年版，第 226—227 页。

1991—2010 年循化县预算外（非税）收入情况统计表（单位：万元）

年份	非税收入	其中					
		专项收入	行政事业	罚没收入	国有资本经营收入	国有资源（资产）有偿使用收入	其他收入
1991	25.7	2.9	—	—	—	—	22.8
1992	30.4	2.9	—	—	—	—	27.5
1993	19.9	3.7	1.4	3	—	—	11.8
1994	35	6.6	5	23.4	—	—	—
1995	43.9	9.5	6	15.4	—	—	13
1996	54	14	10	20.8	—	—	9.2
1997	35.9	—	6.4	18.9	—	—	10.6
1998	246.7	10.6	11.5	29.9	—	10.4	184.3
1999	359	14	32	18	—	162	133
2000	655	20	16	27	292	—	300
2001	319	36	18	21	105	—	139

续表

年份	非税收入	其中					
		专项收入	行政事业	罚没收入	国有资本经营收入	国有资源（资产）有偿使用收入	其他收入
2002	395	44	13	63	185	—	90
2003	669	58	52	63	377	—	119
2004	1016	69	63	59	457	—	368
2005	429	63	77	56	62	—	171
2006	72	61	—	—	2	—	9
2007	716	59	41	94	15	375	132
2008	509	276	43	58	5	107	20
2009	512	79	91	29	4	256	53
2010	312	154	50	23	—	74	11
合计	6454.5	983.2	536.3	622.4	1504	984.4	1824.2

——循化撒拉族自治县地方志编纂委员会：《循化撒拉族自治县志》，三秦出版社，2017 年版，第 226—227 页。

6. 国有资产管理

1994 年，按照省上的统一部署，在全县进行国有企业清产核资工作。1997 年，为加强国有资产管理工作，成立国有资产管理局，完成对全县 70 多户行政事业单位、24 户国有企业、24 户集体企业的清产核资。全县行政事业单位资产总量为 6819 万元，其中固定资产 4618 万元；国有企业资产总量为 8984 万元，其中固定资产 3614 万元，注册资本 2423 万元，国有资产 1521 万元；集体企业资产总额为 3522.3 万元，其中固定资产 174.5 万元。

1999 年，为支持国有企业改革，配合体改办完成了黄丰电厂、新华书店、二建公司、民贸公司、农机厂等 6 家企业的改制工作，将黄丰电厂国有资产（土地以 66.39 万元）入股，入股率为 10%，年度分红时，上缴国资局。同年为盘活资产，财政、物价、审计等部门共同作价出售车辆 17 车辆，补办手续 14 车辆。应上缴财政车辆变价款 49.65 万元，实际上缴国库 32.8 万元；改制企业等上缴土地出让金 34.4 万元，应上缴国有改制企业出售款、剥离后的净资产额 411.82 万元，实际上缴 280 万元。拆除各单位基建房屋 3090 平方米。对广电局的资产进行了彻查，经清查和分类评估后，广电局应有资产 133.65 万元，比原账面多出 91.65 万元，盘活了资产，防止了国有资产的无形流失。

2003 年，开展国有资产普查工作。通过对全县 106 户法人单位的国有资产普查，摸清全县国有资产家底，全县国有资产总值达 12600 万元，其中行政事业单位资产 10500 万元，企业资产 2100 万元。在机构改革和国有资产盘活过程中部分单位存在购置资产不入账，处置国有资产不办理任何手续，相互调拨固定资产缺乏依据等问题。

2007 年，开展行政事业单位国有资产清查活动，横向联系到县直各部门、纵向贯穿各乡镇，将各类行政事业单位都纳入资产清查范围，将历年来一直游离于财政管理的账外资产全部清收入账，建立了行政事业单位国有资产数据库，为推进国有资产管理改革打下了基础。截止到资产清查基准日，全县行政事业单位固定资产账面数为 67.14 万元，其中盘亏固定资产 6 万元。

2009 年，为加强对国有资产产权登记、产权界定、资产处置等基础管理工作，出台《关于进一步加强国有资产管理工作的意见》，当年结合公务用车制度改革，清理出售公务用车 6 辆。同时启动行政事业单位资产管理信息系统，从而进一步规范行政事业单位国有资产处置程序。

2010 年，对全县 65 户行政事业单位的部门决算说明，全县行政事业单位占用的资产总量为 65241 万元，其中流动资产 26790 万元；固定资产 37296 万元（清查汽车数为 224 辆，价值为 3123 万元，其中小轿车 132 辆，价值 2240 万元。清查房屋面积 64.46 万平方米，价值 16103 万元，其中办公用房 58.60 万平方米，价值 9789 万元；业务用房 4.9644 万平方米，价值 5921 万元；其他用房 8911 平方米，价值 393 万元，单价在 20 万以上的设备 13 套，计 897.42 万元）；对外投资、有价证券 4.5 万元；其他资产 1149.78 万元。

——循化撒拉族自治县地方志编纂委员会：《循化撒拉族自治县志》，三秦出版社，2017 年版，第 227—228 页。

7. 财政管理与监督

（1）预算及执行

循化县财政预算一年一定。1991 年至 1993 年，实行“划分税种、核定收支、分级包干”财政体制，1994 年后实行分税制财政管理体制。财政预算编制，均根据全县国民经济发展和经济体制改革要求，按照确保政府职能运行，财政收入与国民经济同步增长和“一要吃饭、二要建设、量入为出、量力而行，保运转、保重点、保民生”的原则进行。财政预算编制后，经县政府常务会议、县委常务会议讨论，报县人大常委会审议，形成财政预算报告草案，并经县人民代表大会审议批准形成决议后贯彻落实。预算执行严格按照县人民代表大会批准的预算数额，部门预算由财政局以正式文件下发。在执行过程中，确需增加或减少。政府形成调整财政预算的报告，报县人大常委会批准。

（2）财政决算

年度决算按照上级财政决算安排意见运行编制。决算编制完成后，在上报上级财政的同时，县政府常务会议、县委常委会议讨论通过，提交县人大常委会审查，最后向县人大代表大会报告、审议并批准，财政报告必须说明财政收支预算执行结果等内容。

（3）财政监督

坚持定期不定期地开展各类专项资金的检查、行政事业单位资金管理使用情况检查及小金库专项检查，对检查单位提出整改意见，并要求限期整改，提高资金安全性和有效性。

1993 年，按照中央和省地的统一部署，循化县成立税收、财务、物价 3 个检查领导小组，领导小组办公室设在财政局，工作人员从财政、税各、物价 3 个部门抽调，重点围绕专项资金管理、《会计法》执行情况、财务票据监管等，行使“三大检查”职能。1997 年，开展国有、城镇集体企业和乡镇事业单位财务清理整顿活动。通过检查，纠正查处违规行为，维护财经秩序。

1999 年至 2002 年，先后开展治理“三乱”、乡镇财政财务、“农业四税”、专项资金检查、预算外资金管理、会计信息质量及《会计法》执行、政府采购、“小金库”等专项检查。

2005 年至 2006 年，重点检查 2003 年至 2005 年的各类支农专项资金管理使用情况。开展对支农扶贫、社保、农村牧区义务教育、国债项目等专项资金的监督检查，并对支农资金实行县级报账制。对部分财政扶持项目进行绩效监督检查，下发绩效监督检查结论，督促有关单位进行整改，提高财政监督管理水平。

2007 年，开展财政资金管理年活动，对 2003 年以来全县各乡镇、各部门财政资金管理使用情况进行全面检查，涉及资金 1.62 亿元，纠正和查处一批违规违纪问题。

2008 年，继续跟踪检查支农扶贫、社保、农村牧区义务教育、国债项目等专项资金。

2009 年，结合“小金库”专项治理工作，组织人员，针对财政专项资金管理中存在的薄弱环节和领域，通过查账本、查凭证、查资料与实地查看、走访农户相结合的方法，对 2008 年至 2009 年的各类专项资金进行重点检查，涉及金额 27087.4 万元，查出违纪金额 8.27 万元，督促有关单位整改。开展对 2008 年测土配方施肥项目和 2008 年国有林场造林项目进行绩效监督，涉及资金 180 万元。

2010 年，继续开展“小金库”治理工作，对全县所有有预算外收入的单位进行检查，确保财政资金的安全和及时上缴。同时还开展对县人大、运管等单位的会计信息质量检查和扶贫办整村推进项目、就业局阳光工程的绩效监督检查。

——循化撒拉族自治县地方志编纂委员会：《循化撒拉族自治县志》，三秦出版社，2017 年版，第 228—229 页。

循化县清理化解乡村债务工作实施意见

县财政局

（2007 年 3 月 12 日）

乡村债务是制约当前农村经济和社会发展，影响村级组织正常运转的重要障碍。化解乡村债务是巩固农村税费改革成果亟待解决的难题。为进一步加强乡村债务管理，制止新的债务发生，逐步有效化解乡村债务，促进社会主义新农村建设，根据《青海省关于做好清理化解乡村债务工作的意见》精神，结合我县实际，现就做好化解乡村债务工作提出如下意见：

一、明确责任，加强对清理化解乡村债务工作的领导

清理化解乡村债务是全面推进农村综合改革、建设社会主义新农村新牧区的一项重要任务。化解乡村债权债务涉及面广，政策性强，工作难度大，情况复杂，各乡镇党委、政府要充分认识解决乡村债务问题的严重性和紧迫性，切实加强对清理化解乡村债务工作的领导，县各相关部门要大力协作，积极支持和配合，各司其职，各负其责。对工作不主动，不配合，造成工作严重被动的乡镇和部门要追究主要负责人的责任。要加强检查督办，农改办要定期通报清债化债工作情况。加强工作指导，发现问题，及时纠正。对好的经验要及时总结推广，确保全县乡村化债工作顺利推进。

二、全面清理核实，锁定债务数额

根据《国务院办公厅关于做好清理化解乡村债务工作的意见》（国办发〔2006〕86 号）精神和省委、省政府的要求，组织财政、审计、农业、监察、金融、教育等相关部

门，对截至2005年12月31日以前的乡镇政府和村级组织各种债权和债务，包括以乡镇政府和村级组织等名义担保形成的债务，进行全面清理核实，锁定债务数额。在认真清理核实的基础上，按债务的来源和用途，逐笔登记造册，建立债务台账，实行动态管理。

三、完善机制，坚决制止发生新的乡村债务

（一）纠正乡镇在经济管理中的不规范行为。强调乡（镇）政府不得以任何名义向金融机构申请贷款弥补收支缺口；不得为企业贷款提供担保和抵押；不得采取由施工企业垫支等手段上项目；不得举债兴建工程；不得滞留对村级组织的补助金；不得举债发放职工工资、津贴、补贴及解决办公经费不足；不得铺张浪费或随意增加非经常性支出，不得“买税卖税”虚增或隐瞒财政收入。凡违反上述规定形成新债的，一经查实，按照“谁签字，谁负责”的原则，追究当事人的责任。

（二）加强和完善村务管理。各村委会要适应农村牧区税费改革的新形势，管理好村内公共事务，办好村内公益事业，一是结合实际精简村干部职数，压缩一切不合理开支。二是村委会不得以任何名义从金融机构贷款或为企业提供担保，严格借贷（款）垫付各种税费和用于科级支出。三是加强村级财务管理和民主监督，重点抓好民主管理和财务公开、债权债务管理、资产台账管理等制度建设。四是尽快完善“一事一议”制度，促进村内生产、公益事业的发展，不得举债兴办公益事业。

（三）切实减轻基层负担。要改革和完善乡镇财政管理体制，加大转移支付力度，切实保障乡镇机构运转和人员工资发放。要改进项目投资制度，上级部门在乡村投资兴建的项目或工程，不得要求乡镇政府和村级组织安排项目配套资金。不得开展要求乡村和农牧民出钱出物的达标升级和检查评比验收活动，不得给乡镇下达不切实际的指令性指标，不得向村级组织摊派报刊、书籍征订任务。

（四）完善干部考核任用制度。要把制止新债、化解旧债作为乡村干部政绩考核的重要内容之一，树立“减负就是增收、减债就是政绩”的观念，决不允许通过举债搞“形象工程”“政绩工程”，做表面文章，增加政府和农牧民群众的债务负担。要建立健全乡村债务责任追究和领导干部离任债务审计制度。要严肃查处因不顾实际而盲目举债的违法违纪行为。

四、采取综合措施，积极稳妥地化解乡村债务

对核实后的乡村债权债务，要积极稳妥处理，分期分批，逐步化解。具体化解方式要实事求是、灵活多样，哪种措施适合本乡镇债务化解的，就采取哪种措施；哪种办法得到基层干部和群众认可的，就采取哪种办法。各乡镇要在政策、法律法规允许

的范围内，大胆探索多种有效的途径和方法。

（一）化解金融部门的不良债务。对乡村为兴办企业向银行信用社贷款而形成的债务，要通过与金融部门积极协商，运用灵活手段，积极化解不良债务。挂靠在村集体经济组织由个人或外单位兴办的企业，要与所挂靠的村集体组织脱钩，企业所欠银行、信用社的贷款或其他债务，由该企业承担并负责偿还，如企业经营困难或已停产，可变卖其资产或直接出售企业还债，既可经评估和债权人同意后以财产抵债，也可按法定程序申请破产清偿还债。

（二）化解乡村其他借贷、担保形成的不良债务。村集体经济组织所欠个人或单位高息借款，经双方协商，并由村民大会或村民代表大会讨论通过后，采取减息、免息、停息还本等办法，把债务降到最低限度。

（三）财务清理化债。对财务清理中发现收入不记账和重报、虚报支出的要如数追回；清理过程中追回的资金全部用于偿还债务，任何部门和单位不得截留挪用。

（四）结对抵冲销债。对乡村与往来单位或个人形成的三角债，在做好工作、协商自愿的前提下，动员债权债务人自愿结对，双方协商互抵，实行对口划转，相互置换，冲销集体负债额度。对村欠农户款，农户欠村款，经当事人同意，办理债务冲抵手续，重新立据。对因给农户垫付农业税收和统筹款而发生的贷款，经银行或信用社、农户双方同意，将贷款主体向农户延伸，由农户自愿立据承贷偿还。

（五）发展集体经济化债。发展集体经济，增加集体收入是化解乡村债务的根本性措施。采取切实可行的政策措施，因地制宜，充分发挥本地资源优势，大力发展特色产业、民营经济，并通过为农牧民提供产前、产中、产后服务创收，增强村集体经济实力，提高村集体化债能力。

（六）协议还债。乡村所欠财政、金融部门的债务，暂无还债能力的，在协商一致的基础上，制定还债计划，签订还债协议。

五、完善地方财政管理体制，通过乡镇增收节支偿还政府债务

推行“乡财县管乡用”的财政管理方式，以建立一个机构、完善三个机制、整合五块资金、实现七个直达为主要措施，在预算管理权、资金所有权和使用财务审批权“三权不变”的基础上，通过组建县级财政国库支付和会计核算中心等机构，承担乡镇政府委托乡镇工作人员工资和公用经费的日常收支管理，通过完善“预算编织、预算执行、预算监督”三个机制，将乡镇财政预算纳入统一收付方式、统一办理采购、统一管理票据的财政管理范围。进一步调整财政支出结构，加大对农牧区基础设施投入。

切实落实财政对村级的补助，并逐步提高补助水平。确保村级组织正常运转，加强乡镇财政管理，严格控制不合理开支，促进乡镇增收节支偿还债务。

——中共循化撒拉族自治县委办公室文件：《循化县清理化解乡村债务工作实施意见》，循办发〔2007〕32号。

循化县化解乡村债权债务实施办法

为了巩固农村牧区综合工作取得的成绩，进一步加强乡村债务管理，积极稳妥地清理和化解乡村债权债务，确保乡（镇）政府、村委会正常运转，促进社会主义新农村建设，根据《循化县清理化解乡村债务工作实施意见》（循办发〔2007〕32号），制定本办法。

第一条　本办法所指的乡、村债务是指2005年12月31日前，各乡（镇）政府、村委会形成的、具有真实依据，并经相关部门核实认可的乡、村两级债权、债务。

第二条　对单位和个人拖欠乡（镇）政府、村委会的债权，在进一步核实的基础上，根据不同对象和性质，采取不同办法进行清收。

（一）农户所欠提留统筹等费款，按照政策规定清收。

对暂无还款能力或一次性缴清有困难的，由村委会与农户签订还款协议，分年清收。

（二）国家机关、企事业单位工作人员、村委会干部及家属的欠款，由县、乡（镇）政府负责，责成所在单位或村委会限期清收。

（三）对有还款能力而在规定时间内拒不还款的单位和国家机关、企事业单位工作人员，依照有关法律程序予以解决。

第三条　对乡（镇）政府、村委会的债务，在进一步清理、核实的基础上，重点以乡（镇）政府、村委会自行化解为主，县级相关部门，根据不同对象和性质，采取不同办法，协助进行化解。

第四条　乡村债务的化解办法和措施

（一）乡（镇）政府、村委会因兴办乡村教育、交通、水利、电力等公益项目形成的债务，若事权、财权、产权已转移，其债务随之划转。

（二）乡（镇）政府、村委会因兴办农牧业项目、兴建公共设施和公益项目形成的债务，先行挂账，省、地、县各级政府、相关部门通过各种途径，采取多种方式，逐步化解。

（三）乡（镇）政府、村委会因购置交通工具、车辆维修、购买燃料、招待支出和拖欠乡村干部工资形式的债务由乡镇政府、村委会自行化解。

（四）乡（镇）政府兴办企业和其他经济组织形成的债务，由乡镇政府会同企业和经济组织与债权部门积极协调，运用多种手段、灵活方式，积极化解。

（五）挂靠在村委会的集体经济组织由个人或外单位兴办的企业，要与挂靠的村委会脱钩，其债务由相应企业承担并负责偿还。

（六）对乡村与往来单位或个人形成的三角债，在自愿协商的前提下，债权债务人双方互抵，实行对口划转，相互置换，冲销集体债务额度。

（七）对因给农户垫付农业税收和统筹款而发生的乡（镇）债权，经债权人（乡镇）同意，放弃相应债权，将债务主体向农户延伸，由农户自愿立据负责偿还。

（八）对确因生活困难无法偿还的特困户和“五保户”的债务，报请县政府民政部门逐步核销。

第五条　化解乡、村债务争取在五年内完成（每年化解百分之二十），并实行激励机制，即对化解乡、村债务工作突出的乡镇，按照化解债务数，给予一定的资金奖励，所需资金列入县级财政预算。

（一）化解乡（镇）政府、村委会因兴办农牧业项目、兴建公共设施和公益项目形成的债务，按年化解的 10% 给予奖励。

（二）化解乡（镇）政府、村委会因购置交通工具、车辆维修、购置燃料、招待支出和拖欠乡村干部工资形成的债务，按年化解数 5% 给予奖励。

（三）化解其他债务，按年化解数的 5%—10% 给予奖励。

第六条　通过化解乡、村债务，乡（镇）政府、村委会要建立健全制止新债发生的机制，彻底杜绝举债办事，从源头上加强管理。今后乡、村两级政府不得以任何名义向金融机构申请贷款弥补收支缺口，不得采取由施工企业垫支等方式上项目搞建设，不得截留、挪用上级对村级组织的补助金，不得举债发放奖金、津贴、补贴，不得铺张浪费或随意增加非经常性支出，凡违反上级规定形成的新债，一经查实，按照“谁签字，谁负责”的原则，追究单位负责人和当事人的责任。

第七条　本办法由循化县农村牧区综合改革领导小组办公室负责解释。

第八条　本办法自下发之日起实行。

——循化县农村牧区综合改革领导小组办公室文件：《关于印发〈循化县化解乡村债权债务实施办法〉的通知》（内部资料），循农综改办〔2007〕27 号，2007 年 6 月 20 日，第 207—211 页。

街子镇化解乡村债务工作实施方案

（二〇〇七年六月）

根据循办发〔2007〕32号《循化县清理化解乡村债务工作实施意见》精神，特制定《街子镇化解乡村债务工作实施方案》。

一、指导思想

坚持以“三个代表”重要思想为指导，认真贯彻落实上级重要文件精神，按照“制止新债，摸清底数，明确责任，分类处理，逐步化解”的要求，彻底查清乡村债权债务基本情况，认真研究不良债务形成原因，积极探索化解不良债务的有效措施，总结推广化解不良债务的经验，推动我镇化解乡村债务工作深入开展，确保综合改革工作的不断巩固和深化。

二、组织领导和措施

（一）提高认识，切实加强化解乡村债务工作的领导

乡村债务债权涉及面广，数额大，形成的原因复杂。彻底清理村级不良债务，任务十分艰巨和繁重。因此要高度重视乡村债务的化解工作，要把这项工作摆上重要的议事日程。

（二）全面清理核实乡村债务，摸清债务底数

清理核实债权债务，是化解债务的前提和基础。在这次农村综合改革中，要组织力量对2005年12月31日以前形成的乡级债权、债务情况，进行一次专项清理清查。做到对乡村债权债务底数清楚，在此基础上坚决锁定债权债务数额，并按债务来源和用途，逐步登记造册，建立债务台账。

（三）强化财务管理机制，遏止新的不良债务发生

严格按照“谁举债，谁负责”的原则，加强财务管理和建立健全各项规章制度，大力推行财务公开和民主理财，完善工作机制，坚决制止发生新的乡村债务。

一是严查经济管理中的不规范行为。要切实负起责任，坚决纠正经济管理活动中各种不规范行为，从源头上防止新的乡村债务发生。

二是加强和完善农村财务管理。村级组织要适应农村税费改革的新形势，管理好村内公共事务，办好村内公益事业。要从以下方面加强和完善村务管理：①压缩开支。严格按照村级定额补贴标准控制支出，压缩一切不合理开支。②村委会不得以任何名义从金融机构贷款或为企业提供担保，严禁借（贷）款垫付各种税费和用于村级支出。③加强村级财务管理和民主监督。建立健全各项财务制度，重点抓好民主管理和财务

公开、债权债务管理等制度建设。坚持实行村务公开、民主理财制度，完善村民议事规则，重大财务开支必须经村民大会或村民代表会议讨论通过。④完善“一事一议”制度，兴办公益事业要坚持量入为出的原则，严格按规定的程序办事，不得超出控制标准，不得借债兴办公益事业。真正使农村财务管理走上规范化、法制化轨道。

三是严禁举债建设。不得擅自扩大乡村投资兴建的项目规模和投资预算。不得开展要求农民出钱出物的达标升级和检查验收活动；不得向村级组织摊派报刊、书籍征订任务。特别是在新农村建设中，要树立科学发展观和政绩观，坚决制止盲目举债搞建设，形成新一轮乡村负债。

（四）积极稳妥，因地制宜地化解乡村债务

妥善处理债务债权的核心是清收债权，归还债务。各村委会要结合实际，针对具体问题，分类处理，区别对待、逐步化解。要区别轻重缓急，优先化解与农民利益直接相关，基层矛盾比较集中的农村义务教育、基础设施建设和社会公益事业发展等方面的债务，把确因用于公益事业而造成的对个人的债务化解工作放在突出位置。

1. 农户所欠的农牧业税尾欠等，按照政策清收。对确有困难无力还款或一次性缴清有难度的，分年清收。

2. 国家机关、企事业单位工作人员，村委会干部及家属的欠款，限期清收。

3. 镇政府和村委会因弥补办公经费、招待费等形成的负债由乡村两级自行化解。

4. 村委会与个人之间的债权债务关系，办理债务冲抵并重新立据。对债权单位已核销或债权人主动放弃追债要求的负债，按法律程序办理相关核销手续。对呆账、死账，报请县政府指定部门批准核销。

5. 对集体经济组织所欠的民间或单位高息借款，经双方协商，并由村民大会或村民代表大会讨论通过后，可采取减息、免息、停息等办法，把债务降到最低程度。

6. 对确因生活困难无法偿还的低保户和“五保户”负债，报请县政府指定部门核销。对镇政府、村委会兴办公益事业形成的负债，若事权、财权、产权已转移，其债务随之划转。对有偿还能力而在规定时间内拒不还款的单位和个人，依照有关法律程序依法清收。

（五）努力发展集体经济，不断壮大集体经济实力

当前，要充分利用国家重视“三农”工作的大好机遇，在建设社会主义新农村工作中，要加快发展乡村集体经济，充分利用自身的资源优势，因地制宜地搞好资源的深度开发和综合利用。要调整优化农业结构，加快培育本地的优势主导产业，大力发

展特色农业，扶持龙头企业，加快推进农业产业化进程。要狠抓劳务输出，增加农民现金收入。要积极引进资金和项目，增加对农业的投入和保护力度，调动农民的生产积极性。要切实加强经营管理，管好用活集体资产，确保资产保值增值。要加快发展农民专业合作经济组织，培育壮大农民经纪人队伍，同时要加快农村市场、信息网络建设，及时为农民提供科技和信息服务，不断增加农民收入，通过发展农村经济，培植财源，壮大集体经济实力，提高村级还债能力，防止新的不良债务的发生。

（六）加强对农村财务的审计监督

开展农村集体经济审计监督工作是深化农村综合改革的需要，是理顺农村集体资产产权关系、维护农村集体经济组织及其成员利益的重要手段。因此，要在做好对乡村财务收支每年至少一次审计的基础上，结合财务公开工作，对当前农村存在的突出问题、转移支付、救灾救济、“一事一议”筹资筹劳等进行专项审计，并将审计结果及时向群众公布，缓解村干部与群众因此而引发的矛盾和问题，保障农民群众的合法权益。

——循化县农村牧区综合改革办公室编：《循化县农村牧区综合改革资料汇编（第三册）》（内部资料），2012年，第234—239页。

循化县积石镇政府镇村债务化解办法

为推进农村牧区乡镇综合改革工作顺利进行，积极稳妥地化解乡村债务，确保镇政府、村委会正常运转，制定本办法。

一、本办法所指债权债务是指按照农村牧区综合改革的有关规定，在2005年底前镇政府、村委会形成的债务。总额332.3万元（其中镇政府69.5万元），其中农业发展117.7万元（其中乡镇10万元）。公益事业175.5万元（其中政府35万元），村级管理费5.9万元，乡镇机构运转24.5万元，村级其他8.7万元。

二、对个人拖欠镇政府、村委会的债权，在进一步核实的基础上，根据不同对象和性质，分别采取经济、行政或法律等办法进行清收。

三、镇政府、村委会因兴办农牧业项目，兴建公共设施和公益项目形成的负债可先行挂账，分年逐步解决。

四、由镇政府、村委会因购置交通工具、车辆维修、招待支出和拖欠乡镇干部工资形成的负债由镇政府、村委会自行化解，每年从经费中抽出一部分还债。

五、镇政府、村委会与个人之间存在的三角甚至多角的债权债务关系，由县政府、镇政府协调、债权债务双方或多方自愿结合办法，通过不同债务债权人之间的转移抵账，促进债权债务相互转换顶抵等方式解决。

六、对集体拖欠的民间借款、欠款，在清理核实的基础上经双方协商，按照金融部门规定的同期同档贷款基准利率计算，由镇政府校准后按据化解。

七、对债权单位已核销或债权人主动放弃追债要求的负债原按法律程序办理相关核销手续，对呆账、死账请县政府指定部门批准核销。

八、对确因生活困难无法偿还的特困户、五保户的负债，根请县政府指定部门批准核销。对镇政府、村委会兴办教育、交通、水利、农业、电力等公益项目形成的负债，由乡镇、村委会从收入中中按比例抽出一部分，每年还一部分。

九、通过化解债权债务，县政府要帮助镇政府村委会建立健全制止新债发生的机制，从源头上切实加强管理，今后镇政府不得以经商名义向金融机构申请贷款弥补收支缺口，不得滞留上级对村级组织的补助金，不得举债发放津贴、补贴及解决办公经费不足，不得铺张浪费或随后增加非经常性支出，凡违反上述规定形成新债的，一经查实，按照“谁签字，谁负责”的原则追究当事人的责任。

——循化县农村牧区综合改革办公室编：《循化县农村牧区综合改革资料汇编（第三册）》（内部资料），2012年，第240—241页。

二、金融

解放前，循化地区流通的货币主要有康熙、乾隆、道光、宣统所铸“通宝”，还有红铜铸大铜元，其中“龙洋”铜质制钱（民间俗称麻钱）居多，同时流通的还有印有袁世凯、孙中山、蒋介石头像的银元和铸有中华民国“开国纪念”字样的铜元，国民党政府发行的纸币“维持券”“金元券”等法币也在循化流通，由于通货膨胀，国民政府发行的法币等纸币，市场购买力很差，逐渐成为废纸，金融市场较为混乱。1948年20万法币仅购0.5公斤大米，1949年法币及“金元券”一再贬值，在循化市场已失去信用，丧失货币标价、交易流通、存储职能。此时，国民政府所发行的法币、金元券等纸币都成了废纸。

1949年全国解放之初，为适应形势发展的需要，为贸易联系、物资交流的发展，迫切需要改变各解放区货币版别多、种类繁杂、比价不同、相互折算不便的状况，统一各解放区货币。1948年12月1日，中国共产党在河北省石家庄市成立了中国人民银行，开始发行人民币作为法定本位币，也完成了全国货币的统一，建立起了统一、垂直领导的国家银行体系。

为了更好地发展生产，繁荣经济，稳定物价，保障人民的利益，青海省人民政府决定，1951年1月1日，在西宁市、湟中、大通、互助、乐都、民和、化隆等县禁止银元、铜元的流通，其他各县暂不禁止，以照顾牧业区经济的特殊情况。为了保证农牧民物资交流不受两种货币的影响，同时决定，在湟源、循化、贵德三县县城设立货币交易所，兑换银元，保证人民币在农业区的流通。1949年循化解放以后，就开始逐步使用人民币，人民币成为唯一流通的货币，货币交易所也逐渐成为1951年的中国人民银行循化县支行，担负起了稳定金融、引导经济发展的重责。

——政务院颁布的《关于统一国家财政经济工作的决定》，1950年3月；《青海省人民政府布告》，1951年1月；《青海省金融管理暂行办法》，1951年1月。

1. 信贷

新中国成立后，人民政府积极着手进行旧币的清理和整顿工作。废除市面上流通的法币和金元券，逐步消除国民政府在崩溃之前发纸币所造成的恶性通货膨胀。1955年3月1日，中国人民银行发行第二套人民币，面额为壹分、贰分、伍分、壹角、贰角、伍角、壹元、贰元、叁元、伍元、拾元计11种。以人民币壹元折合旧币壹万元的兑换比率（即1∶10000）收兑旧人民币，截至当年5月31日，中国人民银行循化县支行收回旧币2.8亿元，兑出新币28万元。1957年12月，又补充发行壹分、贰分、伍分铝质金属辅助币，与纸币同时流通。1961年3月和1962年4月又分别发行黑色壹元、棕色伍元。1964年4月，停止使用苏联代印的1953年版的叁元、伍元、拾元。1962年开始发行第三套人民币，枣红色壹角票面。1980年4月，发行4种金属币即壹元镍质硬币和壹角、贰角、伍角3种铜质辅币。1987年4月，发行第四套人民币，1980年版人民币伍拾元券和1988年5月发行的1980年版人民币壹佰元券。自1948年12月1日中国人民银行成立以来，发行的所有人民币共有60种，其中第一套人民币12种已于1955年5月10日停止流通使用；第二套人民币16种，第三套人民币13种，流通纪念币人民币10种，第四套人民币9种至1990年仍流通使用。

——循化撒拉族自治县志编纂委员会：《循化撒拉族自治县志》，中华书局，2001年版，第411—412页。

中国人民银行循化县支行 1958—1990 年货币投放回笼统计表（单位：万元）

年份	投放	回笼	年份	投放	回笼
1958	303.4	298.3	1975	537.5	540.5
1959	416.5	437.1	1976	571.6	559.3
1960	490.3	530.4	1977	567.5	542.9
1961	384.2	484.3	1978	669.2	602.5
1962	258.4	294.6	1979	802	719.3
1963	278.1	290.3	1980	1050.6	892.2
1964	264.5	250.1	1981	1111.7	1040
1965	260.3	270.7	1982	1437.8	1222.4
1966	315.4	326.1	1983	1822.2	1422.1
1967	305.8	278.4	1984	2600.9	1724.3
1968	275.5	259.2	1985	2954.3	2238.2
1969	290.2	282.7	1986	3331.2	2600.5
1970	322.3	332.8	1987	4072.3	3542.8
1971	313.4	314.4	1988	6325.5	5351.6
1972	362.8	359.9	1989	6418.1	5868
1973	428.8	433.2	1990	6798.2	6005.9
1974	481.3	515.9	合计	46821.8	40830.9

——循化撒拉族自治县志编纂委员会：《循化撒拉族自治县志》，中华书局，2001 年版，第 412—413 页。注：回笼数中包括收回历年贷款。

（1）农业贷款

1951 年初，中国人民银行循化县支行成立后向循化地区逐年投放农业贷款。当时，办理的农村信贷业务主要是发放农具、籽种、农药、耕畜等生产贷款，支援农牧业生产，打击高利贷，解决农村劳动人民生产、生活所需资金困难。1954 年 1 月，试办农村信用合作社并开始发放农业贷款。1955 年 9 月 25 日，中国农业银行循化县支行成立，专门负责办理农村金融信贷、领导信用合作社、发展壮大农村经济和金融事业。1956 年，随着农业生产合作社的普遍建立，农田水利基本建设的不断发展和农村半机械化农具及良种、化肥、农药的不断推广使用，对农业贷款的需求逐渐增大，贷款对象由原来的个体农户转向集体，资金用途也由单一的解决生产、生活困难，逐步转向解决生产费用、生产设备。

农业银行、信用合作社 1980—1990 年历年贷款发放回收情况统计表（单位：万元）

年份 \ 数量 \ 项目	农业银行			信用社		
	发放贷款	收回贷款	年末贷款余额	发放贷款	收回贷款	年末贷款余额
1980	1005	983	213	102	85.5	33
1981	811	840	192	55.8	56.1	32.9
1982	903	859	231	78.9	60	49.5
1983	1171	1117	271	132.9	112.1	70.4
1984	1125	872	517	173.6	128.3	115.7
1985	879	785	555	203.8	156.1	163.4
1986	689	601	699	91.9	108.8	146.6
1987	788	646	841	139.3	129.1	156.8
1988	1567	1178	1199	171.1	164.5	179.5
1989	1520	1325	1425	148.4	124.3	187.5
1990	1509	1021	1914	140.4	126.2	201.6
合计	11967	10227		1438.1	1251	

——循化撒拉族自治县志编纂委员会：《循化撒拉族自治县志》，中华书局，2001年版，第 414 页。

（2）工商业贷款

1951 年，循化县人民银行对私营工商业始放贷款，支持其恢复生产，扩大经营品种规模，活跃市场，使经济基础相当薄弱的私营工商业在县人民银行大力支持下，较前有所发展。自 1953 年起，不断对国营工商业及供销合作社实行“积极扶持，发展壮大”的方针政策，采取“紧缩私放，扩大私存”，使国营、集体工商业的金融信贷占绝对优势。1957 年，经过公私合营改造，私营工商业基本上完全转变为国营经济和集体所有制企业。从此信贷对象完全转化为国营和集体工商企业，直至 1979 年未变。1951—1979 年县人民银行向国营、集体工商企业累计投放信贷资金达 754.5 万元，促进了全县工商业的发展。1980 年以后，随着商品经济的不断发展，执行“改革开放，搞活经济”的政策，除对国营、集体工商企业贷款外，对个体经济开展金融咨询服务和信贷支持。1980—1984 年，人民银行循化县支行向工商企业累计投放贷款 817.5 万元，其中工业贷款 82.1 万元，商业贷款 719 万元，个体工商业贷款 16.4 万元。1985 年 1 月 1 日，中国工商银行循化支行成立后，全县的工商企业金融信贷工作得到全面充实和加强，信贷投资总额不断增加，贷款项目与种类相应增多。新增贷款种类有中短期设备投资贷款、企业技术改造贷款、商业网点基础设施贷款、个人消费性贷款，还承办原人民银行委托的老少边穷专项贷款、贫困县县办工业贷款和地方开发性贷款等业务。1985—1990 年，县工商银行累计发放工商企业及专项贷款共 3086 万元，年均投放贷款 514.3 万元。其中 1985 年发放 355 万元；1990 年发放 641 万元，比 1985 年增加 286 万元，增长 80.6%。

（3）基本建设拨款与贷款

1960 年 1 月，基本建设投资款及投资项目均由县财政局建行办事处统一办理。1974 年，中国人民建设银行循化县支行成立后，建行认真贯彻《基本建设拨款条例》，坚持按程序、计划、预算、进度拨款。1979 年，根据国务院决定，改基本建设拨款为贷款，贷款分为 3 大类：一是中长期低息投资性基建贷款；二是短期周转性贷款（包括施工企业超定额贷款、地方建设单位设备贷款、施工企业大修理贷款）；三是措施性专项贷款。1979—1990 年，循化县建设银行开办各类贷款业务，累计投放额为 639 万元。

——循化撒拉族自治县志编纂委员会：《循化撒拉族自治县志》，中华书局，2001 年版，第 415 页。

中国建设银行循化县支行 1979—1990 年经办各项基本建设拨、贷款统计表（单位：万元）

项目 年份	基本建设拨款				基本建设贷款					
	合计	预算内拨款	自筹资金拨款	其他资金拨款	合计	基本建设贷款	更新改造贷款	设备储蓄贷款	流动资金贷款	其他贷款
1979	97	76	21		5			5		
1980	101	68	33		7			7		
1981	108	41	23	44	9			9		
1982	127	28	70	29	9			9		
1983	77	34	34	9	9	4			5	
1984	139	137		2	41		29		12	
1985	63	63			109		68		41	
1986	158	86	57	15	48		39		9	
1987	80	80			52		43		9	
1988	105	105			65		20		45	
1989	70	70			77		17		59	1
1990	73	73			208		21		131	56
总计	1198	861	238	99	639	4	237	30	311	57

——循化撒拉族自治县志编纂委员会：《循化撒拉族自治县志》，中华书局，2001 年版，第 416 页。

（4）信贷利率

分两种，即农业贷款利率和工商业贷款利率。

农业贷款利率　1955 年 10 月以前月息为 7.5 厘。此后农贷月息调整为 4.8 厘，个人贷款月息为 7.2 厘，信用社贷款月息为 5.1 厘。1961 年 4 月，社队集体与社员个人贷款月息调整为 6 厘。1965 年，农业贷款月息调整为 4.8 厘。1982 年 4 月 1 日，调整国营农场、农业社队种植业、养殖业、生产费用贷款月息为 4.8 厘，设备费用为 3.6 厘，社员个人为 4.8—6 厘。1985 年，集体与个人农贷月息调整为 7.92 厘，1989 年，调整月息为 11.34 厘。1990 年调整集体农贷月息为 9.24 厘，社员个人贷款月息为 10.08 厘。乡镇企业贷款利率 1984 年月息为 7.2 厘，1985 年调整为 8.64 厘，1988 年调整为 9 厘，1990 年调整为 11.4 厘。

工商业贷款利率　1950 年，个体经济的贷款月息为 2.8 厘，1953—1965 年月息为 6 厘，1966—1981 年调整为 4.2 厘，1982 年 4 月 1 日调整为 6 厘。1984 年，个体经济贷款月息调整为 7.2 厘。1985 年 4 月 1 日，调整工商贷款月息为 6.6 厘，个体经济贷款月息为 7.8—9.6 厘。1988 年 9 月 1 日，调整工商贷款月息为 7.5 厘，个体贷款月息为 9.75 厘。1989 年 2 月 1 日，调整工商贷款月息为 9.45 厘，个体贷款月息为 12.675 厘。1990 年 3 月 21 日，调整工商贷款月息为 8.4 厘，个体贷款月息为 10.8 厘。同年 8 月 21 日，调整工商贷款月息为 7.8 厘，个体贷款月息为 8.64 厘。

——循化撒拉族自治县志编纂委员会：《循化撒拉族自治县志》，中华书局，2001 年版，第 416—417 页。

2. 储蓄

储蓄业务　中国人民银行循化县支行自成立之日起，把组织存款增加储蓄作为基本业务，通过广泛宣传积极动员城乡各族人民和机关团体、企事业单位将闲散多余资金存入银行。1952 年底，全县各项存款余额为 16.53 万元，其中城镇储蓄存款为 3.35 万元，到 1955 年，各项存款余额达 38.2 万元，其中城镇储蓄存款为 3.39 万元。1958 年，全县各项存款余额为 76 万元，其中城镇储蓄存款达 12.53 万元，比 1952 年增长 2.7 倍。至 1962 年，全县各项存款大幅度上升，各项存款余额达 356.3 万元，比 1958 年增长 3.69 倍。“文化大革命”初期，全县储蓄存款额有所下降，1966 年，各项存款余额下降为 240.6 万元，比 1962 年降低 32.4%。中共十一届三中全会以后，全县金融储蓄事业得到迅速发展和全面加强，1979 年 7 月，恢复成立中国农业银行循化县支行，农业银行和建设银行相继开展吸收存款增加储蓄业务。1981 年，人民银行循化支行为加强储蓄工作，设立城镇储蓄所 1 处，配备业务人员 6 名，下达考核指标和揽储任务，至年底城镇储蓄所存款余额达 136.1 万元。1983 年，人民银行循化支行对个体经济实行以贷吸存、存贷结合的优惠办法，同时与商业部门磋商，对于开立存款户头的个体户，银行给予方便，想方设法拓宽储源，存款余额迅速上升。并且打破了人民银行在城镇储蓄存款业务上一统天下的局面，农业银行、建设银行争相建立新的营业网点，扩大外延，争取发展各自的存储对象和优势，储蓄存款业务开始出现激烈竞争的局面。各专业银行采取延长营业时间，开展"岗位技术练兵""达标优质服务竞赛活动"，改善服务设施和服务手段等一系列措施，推动全县储蓄业务。1987 年 7 月，工商银行为方便群众首先采用微机办理储蓄业务。之后，农行、建行亦相继采用微机。1988 年 9 月 1 日，开办保值储蓄，3 年以上定期存款实行保值补贴。1990 年，境内各银行开办的储蓄业务有活期、定活两便、保值储蓄、定期储蓄。定期储蓄又分为整存整取、零存整取两种。另外，还开办华侨人民币储蓄。是年底，各银行及信用社存款余额达 2748.6 万元。其中工商银行和建设银行城镇储蓄存款余额达 1439 万元，非农业人口人均储蓄存款 1709 元；农业银行和农村信用社储蓄存款余额 751.6 万元，农业人口人均储蓄存款 81 元。

储蓄种类及利率　定期一年，1952 年月息（下同）为 1.2 分。1955 年为 6.6 厘，1959 年 1 月为 4 厘，同年 4 月 1 日为 5.1 厘，1965 年 6 月 1 日为 3.3 厘，1971 年 10 月 1 日为 2.7 厘。1979 年 4 月 1 日，新增半年、三年、五年定期储蓄，月息分别为 3.2 厘、3.75 厘、4.2 厘；活期存款利率月息为 1.8 厘。1980 年 4 月 1 日，调整利率，定期半年为 3.6 厘，一年为 4.5 厘，三年为 5.1 厘，五年为 5.7 厘。1982 年 4 月 1 日，新增八年定期储蓄，月息为 7.5 厘。同时调整利率，活期月息为 2.4 厘，定期一年为 4.8 厘，三年为 5.7 厘，五年为 6.6 厘。1985 年 8 月 1 日，调整利率，活期月息为 2.4 厘，定期半年 5.1 厘，一年为 6 厘，三年为 6.9 厘，五年为 7.8 厘，八年为 8.7 厘。1990 年 8 月 1 日，重新调整利率。

一般企事业单位活期存款月息为 1.5 厘，定期存款从 1982 年起，一年月息为 3 厘，二年为 3.5 厘，三年为 4.2 厘。信用社结余资金存入银行月息为 2.7 厘。财政拨款、存款均不计利息。

——循化撒拉族自治县志编纂委员会：《循化撒拉族自治县志》，中华书局，2001 年版，第 417—418 页。

各银行及信用社 1979—1990 年存款余额统计表（单位：万元）

年份	合计		人民银行		工商银行		建设银行		农业银行年末储蓄存款余额	信用合作社年末储蓄存款余额
	各项存款余额	其中：城镇储蓄存款	各项存款余额	其中：城镇储蓄存款	各项存款余额	其中：城镇储蓄存款	各项存款余额	其中：城镇储蓄存款		
1979	912.8	75	802.8	75			110			
1980	456.6	101.6	264.6	101.6			118		5	69
1981	558.7	136.1	302.7	136.1			146		12	98
1982	635.8	171.3	324.2	171.3			161		23	127.6
1983	733.6	219	381.1	219			150		63	139.5
1984	883	250.2	503.8	250.2			145		82	152.2
1985	1185.9	351.4			715.4	351.4	187		108	175.5
1986	1234.5	465.2			732	465.2	162		148	192.5
1987	1590.9	631.2			933	631.2	198		228	231.9
1988	2000.6	927.8			1102	856.8	353	71	327	218.6
1989	2281.2	1117			1261	957	432	160	366	222.2
1990	2748.6	1439			1446	1184	551	255	483	268.6

——循化撒拉族自治县志编纂委员会：《循化撒拉族自治县志》，中华书局，2001年版，第 418—419 页。

1990 年 8 月 1 日银行存款利率表

种类	期限	利率（月息）%	百元存款到期利息（元）
整存整取	三个月	3.60	1.08
	半年	5.40	3.24
	一年	7.20	8.64
	二年	7.80	18.72
	三年	8.40	30.24
	五年	9.60	57.60
	八年	11.40	109.44
零存整取	一年	6.00（月存 10 元）	4.68
	三年	7.20	47.95
	五年	8.40	153.72
华侨人民币	一年	8.40	10.08
	三年	9.60	34.56
	五年	11.40	68.40
活期		1.80	2.16

续表

种类	期限	利率（月息）%	百元存款到期利息（元）
定活两便	存款三个月，按定期同档利率九折计算		
保值储蓄补贴率	三年以上定期存款实行保值补贴		

——循化撒拉族自治县志编纂委员会：《循化撒拉族自治县志》，中华书局，2001年版，第419页。

2010年，储蓄种类有活期储蓄存款、定活两便储蓄存款、整存整取定期储蓄、零存整取定期储蓄、个人通知存款、存本取息定期储蓄等。

活期储蓄存款　是一种不定期限，没有存取日期约束，随时可以存取的储蓄形式。储户在储蓄机构开户时，由1元起存，多存不限，由储蓄机构发给存折，凭存折存取。

定活两便储蓄存款　是一种不确定存款期限，利率随着存期长短而变动的储蓄存款种类。开户起存金额为50元，储户在存款时，不必约定存期，按照实际存期和有关规定计息，适合于款项不确定存期，但希望获得比活期更高利息的客户。

整存整取定期储蓄　开户时约定存期，一次性存入，到时一次性支取本息的个人存款方式。50元起存，多存不限，人民币存期分3个月、6个月、1年、2年、3年、5年六个档次。

零存整取定期储蓄　是一种按约定数量的款项存储，按约定时间一次提取本息的定期储蓄，一般5元起存，多存不限，存期分1年、3年、5年。储蓄机构发给存折，储户按月凭存折存储。

个人通知存款　是一种需提前通知的不定期存款，兼有定期、活期双重优势，起存金额不低于1000元，多存不限。通知存款存入时存款人自由选择通知存款品种（1天通知存款或7天通知存款），可随时支取，利率高于活期。

存本取息定期储蓄　是一种一次存入本金，分数次支取利息的储蓄，起存金额为5000元，多存不限，存期可分为1年、3年、5年三个档次，利息支取可以由储户确定，一般分1个月、3个月和6个月三个档次。适合于有整笔较大的款项收入，而短期内无计划开支的客户。

1991年至2010年，利率调整变化较大。特别是1996年以后，国家实施积极的财政政策，刺激消费，扩大内需，利率下调幅度较大。1991年，活期利息为1.8厘，2010年调整为0.36厘，先后曾调整26次，仅2007年调整6次，2008年调整5次；

1991年，定期3个月利息3.24厘，6个月5.4厘，1年7.56厘，3年8.28厘，5年9厘。2010年，定期3个月利息2.25厘，6个月2.5厘，1年2.75厘，2年3.55厘，3年4.15厘，5年4.55厘；1991年，零存整取、整存整取、存本取息存款利息1年6.12厘，3年6.84厘，5年7.56厘；2010年，1年2.16厘，3年2.5厘，5年2.85厘。

——循化撒拉族自治县地方志编纂委员会：《循化撒拉族自治县志》，三秦出版社，2017年版，第241页。

1991—2010年循化县银行存款利率表[1]

项目 利率	活期（%）	城乡居民储蓄存款									
		整存整取（%）							零存整取、整存零取、存本取息（%）		
调整日期		三个月	半年	一年	二年	三年	五年	八年	一年	三年	五年
1991.4.21	1.8	3.24	5.4	7.56	7.92	8.28	9	10.08	6.12	6.84	7.56
1993.5.15	2.16	4.86[1]	7.2	9.18	9.9	10.8	12.06	14.58	7.2	9.18	10.8
1993.7.11	3.15	6.66	9	10.9	11.7	12.24	13.86	17.1	9	10.98	12.24
1996.5.1	2.97	4.86	7.2	9.18	9.9	10.8	12.06	—	7.2	9.18	10.8
1996.8.23	1.98	3.33	5.4	7.47	7.92	8.28	9	—	5.4	7.47	8.28
1997.10.23	1.71	2.88	.14	5.67	.94	6.21	6.66	—	4.14	5.67	6.12
1998.3.25	1.71	2.88	4.14	5.22	5.58	6.21	6.66	—	4.14	5.22	6.12
1998.7.1	1.44	2.79	3.96	4.77	4.86	4.95	5.22	—	3.96	4.77	4.95
1998.12.7	1.44	2.79	3.33	3.78	3.96	4.14	4.5	—	3.33	3.78	4.14
1999.6.10	0.99	1.98	2.16	2.25	2.43	2.7	2.88	—	1.98	2.16	2.25
2002.2.21	0.72	1.71	1.89	1.98	2.25	2.52	2.79	—	1.71	1.89	1.98
2004.10.29	0.72	1.71	2.07	2.25	2.7	3.24	3.6	—	1.71	2.07	2.25
2006.8.19	0.72	1.8	2.25	2.52	3.06	3.69	4.14	—	1.8	2.25	2.52
2007.3.18	0.72	1.98	2.43	2.79	3.33	3.96	4.41	—	1.98	2.43	2.79
2007.5.19	0.72	2.07	2.61	3.06	3.69	4.41	4.95	—	2.07	2.61	3.06
2007.7.21	0.81	2.34	2.88	3.33	3.96	4.68	5.22	—	2.34	2.88	3.33
2007.8.22	0.81	2.61	3.15	3.6	4.23	4.95	5.49	—	2.61	3.15	3.6
2007.9.15	0.81	2.88	3.42	3.87	4.5	5.22	5.76	—	2.88	3.42	3.87
2007.12.21	0.72	3.33	3.78	4.14	4.68	5.4	5.85	—	3.33	3.78	4.14
2008.10.9	0.72	3.15	3.51	3.87	4.41	5.13	5.58	—	3.15	3.51	3.87
2008.10.15	0.72	3.15	3.51	3.87	4.41	5.13	5.58	—	3.15	3.51	3.87
2008.10.30	0.72	2.88	3.24	3.6	4.14	4.77	5.13	—	2.88	3.24	3.6
2008.11.27	0.36	1.98	2.25	2.52	3.06	3.6	3.87	—	1.98	2.25	2.52

① 编者注：原文中数据为4086，可能系笔误，经核应为4.86。

续表

项目 利率 调整日期	活期（%）	城乡居民储蓄存款									
		整存整取（%）							零存整取、整存零取、存本取息（%）		
		三个月	半年	一年	二年	三年	五年	八年	一年	三年	五年
2008.12.23	0.36	1.71	1.98	2.25	2.79	3.33	3.6	—	1.71	1.98	2.25
2010.10.20	0.36	1.91	2.2	2.5	3.25	3.85	4.2	—	1.91	2.2	2.5
2010.12.26	0.36	2.25	2.5	2.75	3.55	4.15	4.55	—	2.16	2.5	2.85

——循化撒拉族自治县地方志编纂委员会:《循化撒拉族自治县志》，三秦出版社，2017年版，第242—243页。

存款与贷款

存款　1991年开始，循化县各金融机构办理的储蓄存款业务有财政性存款、企业存款、农业存款、机关团体存款、个人储蓄存款等。各金融机构贯彻国务院及中国人民银行存贷款利率政策，树立存款就是经营、存款就是效益的理念，始终把储蓄存款摆在首位，广泛开展储蓄宣传，增设服务网点，增强服务意识，实行目标管理，采取多种措施，开展揽储活动，全县储蓄存款保持逐年增长。1991年，全县各项储蓄存款4417万元，其中城镇居民储蓄存款2708万元，占储蓄存款总数的60.89%。1992年，全国有些地方出现社会非法集资活动，导致城乡储蓄存款下滑，但循化因经济相对滞后，未受较大影响。1993年5月和7月，两次调高存贷款利率，利率杠杆作用开始见效，储蓄存款持续攀升。

1996年以后，国家连续几次下调存贷款利率，刺激消费，拉动内需。1999年11月开始对个人储蓄存款所得利息征收利息税。2000年4月，国务院285号令《个人存款账户实名制规定》出台，对个人存款账户实行实名制管理，全县储蓄存款2.44亿元，比1991年增长4.5倍，年均增长18.59%，其中城镇居民储蓄存款5913万元，比1991年增长32.97%，年均增长2.89%。

2010年，全县储蓄存款15.92亿元，比2000年增长5.51倍，年均增长20.6%，其中城镇居民储蓄存款9.98亿元，占储蓄存款总数的62.37%，比2000年增长15.79倍，年均增长32.59%。

贷款　1991年以后，特别是西部大开发战略实施以来，循化县金融部门着眼于循化经济发展的大局，不断优化信贷结构，创新金融理念，提升服务水平，加大信贷力度，全力支持农业、民营企业和优势产业。1991年，全县贷款余额为2716万元，其中农行贷款余额 1980 万元，占全县贷款余额总数的 72.9%；建行 506 万元，占 18.63%；信用社 23 万元，占 8.47%。

2000 年，全县各项贷款上升到 4.69 亿元，是 1991 年的 17.28 倍，年均增长 33.72%。其中农行各类贷款 4.39 亿元，占全县贷款余额总数的 93.64%，比 1991 年上升 20.74 个百分点；建行各类贷款 750 万元，占 1.6%，比 1991 年减少 17 个百分点；农发行 711 万元，占 1.51%；信用社 1536 万元，占 3.27%。

2010 年，全县各项贷款余额达到 8.59 亿元，比 2000 年增长 83.37%，年均增长 6.25%。其中农行各项贷款 4.37 亿元，占全县贷款余额总数的 50.87%，比 2000 年下降 42.77 个百分点；信用社 2.99 亿元，占 34.81%，比 2000 年增长 31.54 个百分点；农发行 1.22 亿元，占 14.2%，比 2000 年增长 12.69 个百分点；建行贷款 140 万元。

——循化撒拉族自治县地方志编纂委员会：《循化撒拉族自治县志》，三秦出版社，2017 年版，第 244 页。

1991—2010 年循化县金融机构储蓄存款余额统计表（单位：万元）

年份	合计	金融机构			
		农行	建行	信用联社	邮政储蓄
1991	4417	1174	1919	321	1003
1992	5665	1420	1969	400	1876
1993	7817	1515	2841	486	2975
1994	10047	1716	2884	636	4811
1995	11432	978	3259	871	6324
1996	14452	824	3597	1065	8966
1997	16278	765	4403	1378	9732
1998	9639	1064	5308	2246	1021
1999	11949	2273	5783	2507	1386
2000	24448	12101	7327	3083	1937
2001	27731	14085	7780	3898	1968
2002	31729	16625	8912	3933	2259
2003	37210	19151	10743	4698	2618
2004	43307	21148	13067	5467	3625
2005	52767	24367	17231	5727	5442
2006	70095	29448	22233	8764	9650
2007	76593	32728	21509	12277	10079

续表

年份	合计	金融机构			
		农行	建行	信用联社	邮政储蓄
2008	100538	41701	30387	17721	10549
2009	118461	52728	30177	23670	11886
2010	159153	75524	36945	33460	13224

——循化撒拉族自治县地方志编纂委员会:《循化撒拉族自治县志》，三秦出版社，2017年版，第244—245页。

1991—2010年循化县金融机构贷款余额统计表（单位：万元）

年份	合计	金融机构			
		农行	建行	农发行	信用联社
1991	2716	1980	506	0	230
1992	2752	2080	426	0	246
1993	2724	2150	295	0	279
1994	3877	2896	605	0	376
1995	7429	5904	800	0	725
1996	17708	7387	650	8794	877
1997	24526	9819	1025	12869	813
1998	32205	29389	1000	940	876
1999	40290	36964	1450	821	1055
2000	46935	43948	750	711	1536
2001	50954	46295	450	571	3638
2002	56433	50565	400	537	4931
2003	62312	55128	600	577	6007
2004	61703	54750	350	208	6395
2005	62124	55569	200	130	6225
2006	63704	53008	150	2830	7716
2007	57633	43316	80	3130	11107
2008	51955	29317	40	3130	19468
2009	64673	36092	280	5130	23171
2010	85934	43663	140	12230	29931

——循化撒拉族自治县地方志编纂委员会:《循化撒拉族自治县志》，三秦出版社，2017年版，第245—246页。

3. 金银管理

新中国成立后，金银由中国人民银行循化县统一收兑和管理，同时国家宣布黄金、白银、银币不准在市场上流通，严禁倒卖、贩运等黑市交易活动，违者依法惩处。金银管理正式纳入法制化轨道。1951 年，中国人民银行设立“银元兑换交易所”，规定银元 1 枚兑换人民币（旧币）1 万元。随即银元逐步停止使用。

1973 年 8 月 8 日，国家牌价规定：黄金按杂色金、一般厂矿金、高色厂矿金、包镀金 4 种分别列为 4 个户。民间储存的黄金、沙金、金饰品等，每克按人民币 3.04 元收兑，厂矿、社队生产的砂矿金，成色在 99.9% 以下，每克按人民币 8.4 元收兑，成色在 99.9% 以上，每克按 8.6 元收兑。镀金白银饰品，每克按人民币 3.04 元收兑。1983 年 8 月 30 日以前，沙金每克价人民币 16 元，9 月 1 日起，群众交售沙金实行奖励办法，标准定额为 8 克内每克奖励 3 元，超过部分每克奖励 4 元。1985 年 2 月 1 日，沙金价格调整为每克 22.4 元，停止奖励，9 月 1 日每克调为 28.8 元。1986 年调为 32 元。1988 年调为 48 元。

白银分杂银、一般厂矿银、高色厂矿银、银元 4 种，依次分别列 4 个户。白银或银饰品，每克按人民币 0.1 元收兑，厂矿生产的白银，成色在 99.9% 以下，每克按人民币 0.24 元收兑，成色在 99.9% 以上，每克按人民币 0.25 元收兑。银元凡实际毛重不低于 25.625 克，成色不低于 84% 的，不分中外与版别，每枚按人民币 2.5 元收兑。1980 年 3 月 1 日，每枚按人民币 5 元收兑。此后，两次调整分别为 12 元、20 元，至 1990 年未变。

“袁大头”银币，1907 年云南光绪元宝及其他 1 两银币，一律按实际含银量，按白银杂银收兑。

——循化撒拉族自治县志编纂委员会：《循化撒拉族自治县志》，中华书局，2001 年版，第 419—420 页。

4. 公债、国库券

（1）公债

新中国成立后，国家为尽快恢复和发展国民经济，积聚加速社会主义经济建设资金，自 1954—1958 年，由中国人民银行代理国家在全国范围内统一发行“经济建设公债”，年息 4 厘。号召国家干部、职工、农牧民群众自愿认购。5 年间共发行 5 次。1954 年，公债分 8 年还清本息，其余年份均分 10 年还本付息。1954—1958 年，全县共认购 85281 元。

（2）国库券

1981 年起，财政部委托中国人民银行代理国家统一发行“国库券”。发行对象是：县以上财政、国营企业、集体企业和企业主管部门，机关、团体、部队、事业单位、农村社队和个人，年息 4 厘。1982 年以后，发行的国库券，增大个人认购份额，年息为 8 厘，国库券自发行后第 6 年起按抽签号码每年偿还 20%。1985 年，发行的国库券调整利率，单位认购的年息由 4 厘提高到 5 厘，个人认购的年息提高为 9 厘。1986—1988 年调整利率，单位认购的年息提高为 6 厘，个人认购的年息提高为 10 厘。偿还办法，1985—1987 年的国库券期限 5 年，到期后一次还本付息。1988 年以后发行的期限 3 年。1989 年，提高国库券利率年息为 14 厘，同时发行保值公债和建设公债，年息分别为 14.14 厘、9.5 厘，期限分别为 3 年、2 年。1990 年，发行的国库券年息降为 9.5 厘。1981—1990 年，全县累计认购国库券 2004465 元。

——循化撒拉族自治县志编纂委员会：《循化撒拉族自治县志》，中华书局，2001 年版，第 420—421 页。

1954—1958 年经济建设公债认购情况统计表（单位：元）

年度	下达任务	实际完成	占任务（%）
1954	15000	15669	104.46
1955	23651	23215	98.16
1956	21230	6241	29.4
1957	24700	20816	84.28
1958	28000	19340	69.07
合计	112581	85281	75.75

——循化撒拉族自治县志编纂委员会：《循化撒拉族自治县志》，中华书局，2001 年版，第 420—421 页。

1981—1990 年国库券认购情况统计表（单位：元）

年度	下达任务	实际完成			
		合计	占任务 %	单位认购	个人认购
1981	150000	152790	101.86	138500	14290
1982	178000	186819	104.95	122700	64119
1983	166000	175035	105.44	104958	70077

续表

年度	下达任务	实际完成			
		合计	占任务 %	单位认购	个人认购
1984	165000	166236	100.75	74050	92186
1985	192000	193905	100.99	50000	143905
1986	192000	202200	105.31	63200	139000
1987	209000	209280	100.13	76500	132780
1988	274000	314200	114.67	119200	195000
1989	175000	215000	122.86	40000	175000
1990	175000	189000	108	40000	149000
合计	1876000	2004465	106.85	829108	1175357

——循化撒拉族自治县志编纂委员会：《循化撒拉族自治县志》，中华书局，2001年版，第421页。

5. 机构

（1）当铺

循化城乡原有当铺为大顺当、合顺当、泰顺当、同庆当、元吉当、定运当、隆支当、悦美当、义利当共9座，于同治三年（1864年）俱焚无存。光绪年间，在县城先后建复顺、积福合等当铺。如复顺当，设立于光绪十四年（1888年）十二月，据民国二年（1913年）12月调查，有资本金额2222元，一年中当出金额6555元，赎入金额5308元，各户存款额3240元。月息定率3分，每年11、12两月减息1分，以2分取赎。

（2）银行

中国人民银行循化县支行　1950年初，设立循化支金库，附设银元交易所，同年10月，循化支金库升格为营业所。1951年初，中国人民银行循化县支行成立，并从上海支边青年中吸收熟悉金融业务的知识分子为业务骨干。支行设秘书、信贷、会计、储蓄4股。1952—1954年，相继设立白庄、积石、街子、文都4个营业所。主要负责办理出纳、结算、计划现金、筹集社会闲散资金、工商企业信贷、调剂城市货币流通、金银收兑与管理以及农村合作经济组织金融信贷等业务。1955年9月25日，中国农业银行循化县支行成立后，将人民银行的农经业务全部移交农业银行办理。1957年5月26日，人民银行与农业银行合并。1964年2月3日与农业银行分设。1967年1月9日，再次与农业银行合并。1968年3月21日，成立中国人民银行循化县支行革命领导小组，1969年9月17日，并入财税银革命领导小组，1971年7月18日撤销，恢复中国人民银行循化县支行。1973 年 6 月，设立道帏营业所。1980 年 1 月 1 日，与农业银行再次分设，同时收归海东中心支行管辖。自成体系，独立办公，并设置与省分行处级办事机构相适应的股级业务机构，下设会计出纳、工商信贷、计划货流、人事秘书 4 股。3 月，设红旗公社营业所，8 月，设城镇储蓄所营业室，年底全行有职工 30 人。1984 年底，全行有职工 33 人。1985 年初撤销，人员和所有资产及业务均移交中国工商银行循化县支行负责办理。

中国农业银行循化县支行　1955 年 9 月 25 日，中国农业银行循化县支行成立。1957 年 5 月 26 日与人民银行合并。1964 年 2 月 3 日恢复设立，接管人民银行农经股的全部业务。1967 年 1 月 9 日撤销，再次与人民银行合并。1979 年 7 月，再次恢复。1980 年 1 月 1 日，隶属海东中心支行管辖，下设计划会计拨款、农业信贷、信用合作、会计辅导、人事秘书 5 个股和道帏、东风、城镇、街子、红旗、文都 6 个营业所。1985 年撤销会计辅导股。1987 年，增设审计稽核股。至 1990 年底，设人事教育科、信贷科、审计稽核科、存款科、计划会计科、信用合作联社、营业室及 6 个基层营业所，全行有职工 48 人。

中国人民建设银行循化县支行　1960 年 1 月，中国人民建设银行黄南州中心支行在循化设立建行办事处，办事机构设在县财政局与之合署办公，由财政局领导兼任该办事处正、副主任。统一协调办理全县的基本建设投资拨款和投资项目的计划、论证、预算和各种业务。1966 年撤销。1973 年恢复，仍隶属县财政局管理。1974 年 3 月 17 日，中国人民建设银行循化县支行成立，时有职工 5 人，机构仅有业务股和办公室。1981 年 1 月，隶属海东中心支行管辖。至 1990 年底，设有办公室、筹资科、信贷科、财务会计科、保卫科、房地产信贷部、街子储蓄所、穆斯林储蓄所、黄河储蓄所、支行储蓄专柜，全行有职工 29 人。

中国工商银行循化县支行　1985 年 1 月 1 日成立，隶属海东中心支行。设人事秘书、会计出纳、计划信贷、储蓄 4 个股，有职工 45 人。1990 年底，下设机构有 4 股（即人事秘书股、会计出纳股、计划信贷股、储蓄股），3 所（即城镇储蓄所、城西储蓄所、街子穆斯林储蓄所），1 室（即工会办公室），全行有职工 49 人。

信用合作社　1954 年 1 月试办，年底建成 6 个信用合作社、5 个信用合作组，入社、组农户 2837 户，占全县总农户的 33.3%，吸收股金 9165 元。1955 年底，全县 19 个乡均建立农村信用合作社组织，吸收入社农户 7255 户，占全县总农户的 85.2%，发展社员 10831 人，认股 13821 股，吸收股金 25673 元。1956 年 8 月撤区并乡后，并为

10个信用社。后随着行政区域的变动而撤并。其业务农行撤销时由人民银行负责。农行成立时归属农行管理。1984年，成立循化县信用合作联社，由县农行领导、主管信用合作社的各项业务工作。各信用社实行独立核算，自负盈亏，按入股金额实行比例分红，政策性亏损由国家银行补贴。至1990年底，全县有道帏、白庄、孟达、清水、积石、街子、查汗都斯、文都、尕楞、岗察10个农村信用合作社，有职工36人。

——循化撒拉族自治县志编纂委员会：《循化撒拉族自治县志》，中华书局，2001年版，第421—423页。

1991年至2010年，循化县银行业务发展迅速，资金实力不断壮大，业务新品种不断涌现。住房信贷日趋活跃，个人消费贷款持续增长，电子银行服务、差别化服务、理财服务等日益满足客户的各项服务需求。

1991年初，全县共有金融机构5家，即中国农业银行循化县支行、中国人民建设银行循化县支行、中国工商银行循化县支行、信用合作社、邮政储蓄专柜。1998年10月，中国工商银行循化县支行撤销。1996年，增设中国农业发展银行循化县支行。2010年底，金融机构仍为5家。

中国农业银行循化县支行（以下简称县农行） 1991年，县农行内设综合办公室、计划财务部、客户经理部、信贷管理部4个部门和营业部、城镇储蓄所、城西储蓄所、车站储蓄所、积石镇营业所、街子营业所、白庄营业所7个营业网点。1993至1996年，因自身经营和内部管理的需要，相继撤销白庄营业所、城西储蓄所、车站储蓄所、积石镇营业所。2007年县农行为上市做准备，剥离不良资产约4.33亿元，不良率高达99.98%，其中法人客户201户680笔，不良贷款约为2.82亿元，自然人客户19105户19737笔，不良贷款约为1.5亿元。2009年1月，农业银行整体改制为股份有限公司，县农行更名为中国农业银行股份有限公司循化撒拉族自治县支行。2010年，县农行下设综合管理部、风险管理部、财会运营部、客户经理部4个部门及支行营业部和街子分理处2个营业网点。县农行按照“致力于建设面向三农、城乡联动、融入国际、服务多元化的一流商业银行”的目标，以支农为本，积极支持农业产业化经营、农业农村基础设施建设和生态农业建设，千方百计积聚资金，稳健发放贷款。2010年，各项存款达75524万元，比1991年增长63.33倍，年均增长23.15%；各项贷款达43663万元，比1991年增长21.05倍，年均增长16.73%。

中国建设银行股份有限公司循化支行（以下简称县建行） 县建行成立于1974

年，自成立至2006年隶属中国建设银行海东地区分行，2006年至2010年直属中国建设银行青海省分行，2010年改隶中国建设银行海东地区分行管辖，下设营业部、客户部和综合管理部三个部门。建行循化支行成立之初，业务种类单一，主要承办现金出纳、银行信贷及基本建设预算等业务。1994年根据国家对金融体制和投资体制改革的要求，从专业银行转变为国有商业银行。2004年根据国家对国有商业银行改制要求，于同年9月成立股份公司。2010年根据总行要求，借鉴国外股份制银行的先进管理模式和经营机制，启动网点转型工作，设置24小时自助银行，营业网点也由原来的积石镇迎宾路1号搬迁至更为繁华和交通便利的积石大街160号，现已成为当地环境一流、设施一流的股份制商业银行。截至2010年底，各项存款余额3.69亿元，累计发放各类贷款达1.1亿元，为支持地方经济建设做出重要贡献。2004年、2007年连续两次被省委、省政府命名为省级文明单位。2008年，县委、县政府授予“平安单位”称号。

循化县农村信用合作联社（以下简称县信用社）　县信用社是经银行业监管机构批准，由循化县农民、工商个体户和各类经济组织自愿入股组成，实行社员民主管理，主要为辖区农民、农业和农村经济发展提供存贷款、结算等业务服务的地方性金融机构。经营范围主要是人民币存款、贷款、结算业务等，信用联社发展经历四个时期，自成立至1996年为农业银行代管期，1997至2001年为人民银行代管期，2001至2005年5月为银监部门代管期，2005年6月以后为省信用联社管理期。农业银行代管期间，由于农村金融机构的贷款规模和管理方式不能适应新业务的需要，农村大量的非正式金融机构应运而生，民间借贷市场日益活跃，高利贷现象比较普遍，农村金融市场一度陷入混乱状态。1996年，国务院进行新一轮农村金融体制改革，全国农村信用联社同各级农业银行脱离隶属关系，成为独立法人机构。1991年，全县共设11个营业网点，1个营业部，道帏、白庄、孟达、清水、积石镇、街子、查汗都斯、文都、岗察、尕楞10个信用社，在职正式职工20名。后相继撤并岗察、孟达、尕楞3个信用社和3个营业网点。2010年全县设8个营业网点、1个营业部、7个信用社，在职职工55名。2005年，信用社获得央行专项票据720万元，兑付期为一年，但因历史遗留及信用环境等原因，不良贷款额度比重过大，兑付期延长至2009年6月，同年第三季度顺利实现兑付目标。2006年3月，根据省银监局《关于规范向合作金融机构入股的若干意见》，信用联社清退以贷入股的股金282.85万元，存款化股金13万元。2008年，按照人民银行的要求，开展创建农村信用工程建设活动，截至2010年，创建1个信用乡、24个信用村，发放信用证书1040余份。信用联社不断发展壮大，存款由1991年的321万元增加到2010年的33460万元，增长104倍；贷款由1991年的230万元增加到2010年的29931万元，增长130倍。为地方经济发展做出了较大贡献。2007年，被省联社评为全省农村信用社先进单位、综合经营管理先进单位。2008年，被县委、县政府评为目标责任考核先进单位；被省联社评为全省农村信用社先进单位、综合经营管理先进单位。2010年，被县委、县政府评为目标责任考核先进单位。

中国农业发展银行循化县支行（以下简称县农发行）　县农发行位于循化县积石镇黄河路6号，成立于1996年10月，是国有政策性银行，主要负责循化地区粮油收购、储备、调销贷款的封闭运行、扶贫贷款、涉农贷款管理及人民银行批准的其他业务。农发行成立以后，从业务委托代理转向分设自营，业务发展经历全方位支农、收购资金封闭管理和多方位、宽领域支农三个阶段。1998年6月，向农业银行划转扶贫贷款10383万元。业务发展实现新突破，各项贷款从2005年的130万元增加到2010年的12230万元。2006年以后，累计发放粮油收购贷款797万元，确保粮油收购顺利进行。累计发放给青海伊佳民族用品有限公司产业化龙头企业流动资金贷款14700万元，优先支持纳入当地政府发展规划、对农村经济发展和农民增收有明显带动作用的“小商品、大市场、高就业”的特色民族服饰产业。重点支持县域城镇建设，发放非经营性城镇基础设施中长期贷款1500万元，县域城镇建设非经营性文化教育卫生中长期贷款2000万元，县域城镇建设非经营性环境设施中长期贷款1850万元；非经营性农村路网中长期贷款1150万元，非经营性水利建设中长期贷款850万元，非经营性城镇基础设施建设中长期贷款2000万元。大力支持循化县城镇建设、环境整治和文化教育等项目，为改善人居环境，推进县域城镇建设做出贡献。2010年，被县委、县政府评为“支持工业发展和支持地方经济发展先进单位”。

——循化撒拉族自治县地方志编纂委员会：《循化撒拉族自治县志》，三秦出版社，2017年版，第239—241页。

三、财政金融统计资料

1949—1987年财政收支情况（单位：万元）

年份	地方财政收入	国家补贴	其中：定额补贴	财政支出
1949	—	—	—	—
1950	—	2.9	—	3.7

续表

年份	地方财政收入	国家补贴	其中：定额补贴	财政支出
1951	—	3.6	—	18.2
1952	—	3.9	—	22.3
1953	3.7	48.4	48.4	52.1
1954	25.2	32.0	31.6	57.2
1955	51.3	19.3	14.4	70.6
1956	35.1	31.3	8.5	66.4
1957	37.1	42.5	39.1	79.6
1958	82.5	105.5	103.3	188.0
1959	84.3	121.8	103.9	206.1
1960	116.0	145.9	125.3	261.9
1961	47.5	236.2	235.0	283.7
1962	32.4	136.5	89.2	168.9
1963	33	154	122.2	187
1964	42.9	178.2	154.8	221.1
1965	40.1	192.6	155.3	232.7
1966	50.1	241.3	196.1	291.4
1967	40.9	265	153.1	305.9
1968	28.9	212.5	50	241.4
1969	35.8	347.7	162.6	383.5
1970	32	392.3	159.4	424.3
1971	58	483	247.8	541
1972	41.5	548.6	311.6	590.1
1973	56.8	635.3	393.4	962.1
1974	66.8	597.9	311.6	664.3
1975	80.6	556.2	353.9	638.9
1976	84	650.2	479.2	734.2
1977	107.7	707.3	534.3	815
1978	123.8	646.9	646.9	1054.5
1979	111.8	642.2	642.2	982.9
1980	91.7	630.9	511.5	950.9
1981	95.2	829.4	562.7	1081.7
1982	99.8	962.4	618.9	1299.5
1983	108.9	1095	680.8	1132.3
1984	111.2	1296.1	748.9	1253.1

续表

年份	地方财政收入	国家补贴	其中：定额补贴	财政支出
1985	137.9	1086.5	744.9	1273.7
1986	141.6	1327.1	819.4	1490.8
1987	160.7	1406.2	737.5	1462

——《海东市循化县国民经济社会发展统计资料汇编（1949—1987）》，第 164—166 页。

金融（单位：千元）

年份	银行存款				发放贷款		
	合计[①]	企业存款	城镇储蓄存款	农村存款	合计	农业	企业
1980 年	7340	1630	1016	2037	3430	2167	1263
1981 年	9170	1666	1361	2555	2927	1908	1019
1982 年	11550	1529	1713	3192	4044	2403	1641
1983 年	12407	1621	2190	4228	4747	2763	1984
1984 年	10329	2255	2783	4858	5805	2312	3493
1985 年	10598	3221	3933	3339	6567	3014	355
1986 年	13234	1742	5351	5918	6969	3108	3861
1987 年	15901	2410	6738	6569	7037	2819	4218

——循化撒拉族自治县统计局：《青海省循化撒拉族自治县国民经济社会发展统计资料汇编（一九八零年——一九八七年）》（内部资料），1988 年 12 月，第 167 页。

金融（单位：万元）

年份	银行存款				发放贷款		
	合计	企业存款	城镇储蓄存款	农村存款	合计	农业	企业
2001 年	21257				55195		
2002 年	24698				56551		
2003 年	35902				61529		
2004 年	40138				61231		
2005 年	47341				61827		
2006 年	58022				60808		
2007 年	66835				56254		
2008 年	82022				19762		

① 编者注：此栏合计数据系原资料整理。

续表

年份	银行存款				发放贷款		
	合计	企业存款	城镇储蓄存款	农村存款	合计	农业	企业
2009 年	82022				19762		
2010 年	169723				42997		
2011 年	215112				71888	63216	
2012 年	289931				81360	74278	
2013 年	317126				94057	71732	

——循化撒拉族自治县统计局：《青海省循化撒拉族自治县国民经济社会发展统计资料汇编（二零零一年—二零一三年）》（内部资料）。

2001 年财政、金融、邮电、保险

项目	单位	金额	项目	单位	金额
一、财政总收入	万元	8929	二、金融		
地方财政收入	万元	1763	1. 银行和信用社存款	万元	21257
中央补贴收入	万元	7794[①]	2. 各项贷款	万元	55195
其中：税收返还收入	万元	239	三、邮电		
原体制补助数	万元	821	电信业务总收入	万元	457
专项补助数	万元	3293	邮政业务总量	万元	100.8
各项结算补助数	万元	743	市内电话机总数	部	2775
调整收入补助数	万元	82	农村电话总数	部	2365
增加工资中央补助	万元	1385	四、保险		
转移支付收入	万元		全年保险收入	万元	120
财政支出	万元	8929	全年保险支出	万元	130

——《海东市循化县统计局统计资料汇编 2001》，第 46 页。

2002 年财政、金融、邮电、保险

项目	单位	金额	项目	单位	金额
一、财政总收入	万元	8480	财政支出	万元	8480
地方财政收入	万元	2395	二、金融		
中央补贴收入	万元	7326[②]	1. 银行和信用社存款	万元	24698
其中：税收返还收入	万元	241	2. 各项贷款	万元	56551

① 编者注：此数据系原文数据。

② 编者注：此数据系原文数据。

续表

项目	单位	金额	项目	单位	金额
原体制补助数	万元	821	三、邮电		
专项补助数	万元	2486	电信业务总收入	万元	445.7
结算补助数	万元	726	邮政业务总量	万元	123
增加工资中央补助数	万元	1872	市内电话机总数	部	3065
一般性转移支付补助	万元	15	农村电话总数	部	3280
税收转移支付	万元	437	移动电话数	部	9200
所得税返还	万元	28	四、保险		
上年结余收入	万元	-1241	全年保险收入	万元	123

——《海东市循化县统计局统计资料汇编2002》，第41页。

2003年财政、金融、邮电、保险

项目	单位	金额	项目	单位	金额
一、财政总收入	万元	10467	二、金融		
地方财政收入	万元	3052	1. 银行和信用社存款	万元	35902
中央补贴收入	万元	9378	2. 各项贷款	万元	61529
其中：税收返还收入	万元	303	三、邮电		
原体制补助数	万元	821	电信业务总收入	万元	456
专项补助数	万元	4246	邮政业务总量	万元	129
结算补助数	万元	668	市内电话机总数	部	4661
调整工资转移支付补助数	万元	2004	农村电话总数	部	3632
农村税费改革转移支付补助	万元	437	移动电话数	部	15500
一般性转移支付补助	万元	849	四、保险		
其他	万元	50	全年保险收入	万元	102
上年结余收入	万元	-1963	全年保险支出	万元	96
财政支出	万元	12857			

——《海东市循化县统计局统计资料汇编2003》，第44页。

2004年财政、金融、邮电、保险

项目	单位	金额	项目	单位	金额
一、财政总收入	万元	11061	财政支出	万元	14051
地方财政收入	万元	3372	二、金融		
中央补贴收入	万元	10115	1. 银行和信用社存款	万元	40138
其中：税收返还收入	万元	241	三、邮电		

续表

项目	单位	金额	项目	单位	金额
原体制补助数	万元	865	电信业务总收入	万元	564
专项补助数	万元	3769	邮政业务总量	万元	137
结算补助数	万元	1006	市内电话机总数	部	4785
调整工资转移支付补助数	万元	2136	农村电话总数	部	4217
农村税费改革转移支付补助	万元	437	移动电话数	部	18000
一般性转移支付补助	万元	1529	四、保险		
其他	万元	132	全年保险收入	万元	86
上年结余收入	万元	–2426	全年保险支出	万元	45
2. 各项贷款	万元	61231			

——《海东市循化县统计局统计资料汇编2004》，第41页。

2005年财政、金融、邮电

项目	单位	金额	项目	单位	金额
一、财政总收入	万元	14782	2. 各项贷款	万元	61827
地方财政收入	万元	3041	四、邮电		
中央补贴收入	万元	14567	电信业务总收入	万元	551
上年结余收入	万元	–2826	邮政业务总量	万元	173
二、财政支出	万元	16787	市内电话机总数	部	3769
三、金融			农村电话总数	部	6831
1. 银行和信用社存款	万元	47341	移动联通电话数	部	20130

——《海东市循化县统计局统计资料汇编2005》，第39页。

2006年财政、金融、邮电

项目	单位	金额	项目	单位	金额
一、财政总收入	万元	19730	2. 各项贷款	万元	60808
地方财政收入	万元	3310	四、邮电		
中央补贴收入	万元	18571	电信业务总收入	万元	617
上年结余收入	万元	–2161	邮政业务总量	万元	255
二、财政支出	万元	21052	市内电话机总数	部	3212
三、金融			农村电话总数	部	7650
1. 银行和信用社存款	万元	58022	移动联通电话数	部	22050

——《海东市循化县统计局统计资料汇编2006》，第39页。

2007 年财政、金融、邮电

项目	单位	金额	项目	单位	金额
一、财政总收入	万元	21073	2. 各项贷款	万元	56254
地方财政收入	万元	3750	四、邮电		
中央补贴收入	万元	17323	电信业务总收入	万元	760
上年结余收入	万元	–1388	邮政业务总量	万元	302
二、财政支出	万元	22461	市内电话机总数	部	4900
三、金融			农村电话总数	部	7700
1. 银行和信用社存款	万元	66835	移动联通电话数	部	23050

——《海东市循化县统计局统计资料汇编 2007》，第 39 页。

2008 年财政、金融、邮电

项目	单位	金额	项目	单位	金额
一、财政总收入	万元	43381	2. 各项贷款	万元	19762
地方财政收入	万元	4241	四、邮电		
中央补贴收入	万元	39945	电信业务总收入	万元	813
上年结余收入	万元	–805	邮政业务总量	万元	329
二、财政支出	万元	44078	市内电话机总数	部	7800
三、金融			农村电话总数	部	5200
1. 银行和信用社存款	万元	82022	移动联通电话数	部	24150

——《海东市循化县统计局统计资料汇编 2008》，第 39 页。

2009 年财政、金融、邮电

项目	单位	金额	项目	单位	金额
一、财政总收入	万元	53063	三、金融		
地方财政收入	万元	4672	1. 银行和信用社存款	万元	114559
中央补贴收入	万元	49127	2. 各项贷款	万元	28984
上年结余收入	万元	–736	四、邮电		
二、财政支出	万元	54679	电信业务总收入	万元	979
地方财政一般预算支出	万元	4672①	邮政业务总量	万元	399
其中：农林水事务	万元	12080	本地固定电话机总数	部	15779
科学技术	万元	186	农村住宅电话总数	部	8499
医疗卫生	万元	4362	移动联通电话数	部	53370
教育	万元	9824			

——《海东市循化县统计局统计资料汇编 2009》，第 39 页。

① 编者注：此数据系原文数据。

2010 年财政、金融、邮电[①]

项目	单位	金额	项目	单位	金额
一、财政总收入	万元	72546	三、金融		
地方财政收入	万元	3564	1. 银行和信用社存款	万元	169723
中央补贴收入	万元	68671	2. 各项贷款	万元	42997
上年结余收入	万元	-1689	四、邮电		
二、财政支出	万元	71875	电信业务总收入	万元	1020
地方财政一般预算支出	万元	71875	邮政业务总量	万元	429
其中：农林水事务	万元	14826	本地固定电话机总数	部	21000
科学技术	万元	146	农村住宅电话总数	部	8500
医疗卫生	万元	5741	移动联通电话数	部	54700
教育	万元	13677			

——《海东市循化县统计局统计资料汇编 2010》，第 39 页。

房屋建筑面积投资情况

年份	建设单位（个）	投资额（万元）	建筑面积（平方米）
1949 年	—	—	—
1950 年	—	—	—
1951 年	1	3.36	600
1952 年	3	2.61	467
1953 年	1	5.38	960
1954 年	1	9.07	1620
1955 年	2	1.34	240
1956 年	5	20.37	3637
1957 年	4	11.26	2010
1958 年	9	30.68	5693
1959 年	7	23.34	4167
1960 年	6	18.19	3248
1961 年	1	1.18	210
1962 年	—	—	—
1963 年	4	4.70	840

——《海东市循化县国民经济社会发展统计资料汇编（1949—1987）》，第 208 页。

① 编者注：此数据系原文数据。

基本建设投资额完成情况（单位：万元）

年份	本年施工项目（个）	本年竣工项目（个）	本年实际完成投资额	其中：		按用途分		本年新增固定资产投资
				预算内投资	预算外投资	生产性建设	非生产性建设	
1964 年			9.94					
1965 年			53.40	1.42				
1966 年			20.78	19.36				52.10
1967 年			9.73	9.73				
1968 年								
1969 年								
1970 年			65.20	65.20				
1971 年			115.92	50.50				112.72
1972 年			102.97	32.30	70.67	73.63	29.34	41.70
1973 年			74.16①	19.92	54.18	58.61	15.55	64.63
1974 年	21	17	88.73	22.82	65.91	46.67	42.06	84.58
1975 年	16	14	137.84	58.89	78.95	112.92	24.92	37.87
1976 年	11	10	89.58	42.69	46.89	66.08	23.50	87.08
1977 年	8	6	80.29	61.74	18.55	55.21	25.08	57.89

——《海东市循化县国民经济社会发展统计资料汇编（1949—1987）》，第 209 页。

基本建设投资额完成情况（单位：万元）

项目	1978 年	1979 年	1980 年	1981 年	1982 年	1983 年	1984 年	1985 年	1986 年	1987 年
本年施工项目（个）	30	19	13	24	14	11	16	10	6	12
本年竣工项目（个）	21	11	9	21	12	9	13	6	5	11
本年计划投资			267.40	175.53	270.06	112.00	171.00	222.00	141.00	121.00
本年实际完成投资	205.8②	207.53③	191.60	171.66	153.89	146.00	162.00	122.00	136.00	106.00
其中：国家投资					36.50	34.00	81.00	28.00	54.00	96.00
自筹投资和其他					117.39	112.00	81.00	94.00	82.00	10.00
按构成分：										
建筑安装工程			169.54	134.95	143.03	144.00	160.00	192.00	136.00	102.00
按用途分：										
生产性建设	143.28	174.72	63.44	63.09	67.85	50.00	40.00		41.00	
非生产性建设	62.53	32.8	128.16	108.57	86.04	96.00	122.00	192.00	95.00	106.00

①②③ 编者注：此数据系原文数据。

续表

项目	1978 年	1979 年	1980 年	1981 年	1982 年	1983 年	1984 年	1985 年	1986 年	1987 年
本年新增固定资产	94.7	133.54	85.56	156.92	199.78	94.00	162.00	135.00	112.00	139.00
施工房屋面积（平方米）			14229	9644	14000	10150	8842	9778	9572	9141
竣工房屋面积（平方米）			9345	6497	10674	5133	8842	6208	7764	7333
竣工房屋价值			142.15	95.28	196.78	94.00	163.00	128.00	157.00	121.50
竣工房屋造价（元 /m²）			152.00	146.00	184.34	183.00	184.00	206，00	202.20	170.00
其中：住宅			115.00	12.00	151.35	189.00	186.00		233.80	214.00
文化教育			76.00	92.00	267.83	193.00	192.00	159.00	167.50	147.00
办公室				173.00	167.29		169.00	183.00		
仓库			104.00	85.00	134.91	100.00	147.00		158.20	189.00
商业			196.00							

——《海东市循化县国民经济社会发展统计资料汇编（1949—1987）》，第 210—211 页。

“八五”期间循化县固定资产投资完成情况统计表（单位：万元）

指标名称	五年累计完成额	在总投资中的比重 %
合计	13242	100
按投资方向分：1. 农业	861	6.5
2. 工业	8773	66.3
3. 交通邮电	2083	15.7
4. 商业	135	1.0
5. 教育	58	0.5
6. 基础设施	56	0.4
7. 行政事业单位	866	6.6
8. 其他	0	3.0
在总投资中：1. 基本建设投资	11584	87.4
2. 更新改造投资	1658	12.6
在总投资中：1. 生产性投资	9854	74.4
2. 非生产性投资	3388	25.6

——循化撒拉族自治县地方志编纂委员会：《循化撒拉族自治县志》，三秦出版社，2017 年版，第 254—255 页。

“九五”期间循化县固定资产投资完成情况统计表（单位：万元）

指标名称	1996 年	1997 年	1998 年	1999 年	2000 年	“九五”合计
投资总额	5584	8896	11984	15316	18953	60733
其中：1. 基本建设	858	1844	4491	6892	11355	25440
2. 更新改造	1682	390	311	354	0	2737
3. 其他	663	0	60	228	0	951
其中：1. 农村集体	20	4728	5593	5746	5059	21146
2. 城乡私人	2361	1934	1529	2096	2539	10459

——循化撒拉族自治县地方志编纂委员会：《循化撒拉族自治县志》，三秦出版社，2017 年版，第 256 页。

“十五”期间循化县主要经济指标完成情况统计表（单位：万元）

指标名称	2000 年实际	2005 年实际	与 2000 年比较 +、−%	年均增长 +、−%
全县生产总值	21048	61914①	194.2	15.5
其中：第一产业	7632	11731	53.7	6.1
第二产业	7758	29802	284.1	19.4
其中：工业	6350	14650	130.7	16.1
第三产业	5658	20382	260.2	17.6
农业总产值	11367	17286	52.1	8.7
工业总产值	20484	41438	102.3	12.3
乡镇企业总产值	25315	74810	195.5	24.2
地方财政收入	1467	3041	107.3	15.7
社会商品零售总额	7008	14223	103.0	15.2
粮食产量（万吨）	2.4	3.078	28.3	5.1
油料产量（吨）	881	5180	488.0	42.5
城镇居民人均可支配收入（元）	4448	7106	59.8	9.8
农牧民人均纯收入（元）	930	2014	116.6	16.7
年末总人口（万人）	11.31	11.85	—	—
人口自然增长率（‰）	11.94	11.16	—	—

——循化撒拉族自治县地方志编纂委员会：《循化撒拉族自治县志》，三秦出版社，2017 年版，第 256 页。

① 编者注：经核实，此数据系原文数据。

“十五”期间循化县固定资产投资完成情况统计表（单位：万元）

指标名称	2001 年	2002 年	2003 年	2004 年	2005 年	“十五”合计
投资总额	27112	29026	34883	42505	46550	180076
其中：1. 基本建设	16970	22029	20877	30492	—	90368
2. 更新改造	110	3647	6754	4513	—	15024
3. 其他	0	370	0	0	—	370
其中：1. 农村集体	5432	410	1200	500	—	7542
2. 城乡私人	4600	2570	6052	7000	9090	29312
其中：工业固定资产投资	4134	3717	8097	9867	14835	40650

——循化撒拉族自治县地方志编纂委员会：《循化撒拉族自治县志》，三秦出版社，2017 年版，第 257 页。

“十一五”期间循化县固定资产投资完成情况统计表（单位：万元）

指标名称	2001 年	2002 年	2003 年	2004 年	2005 年	“十五”合计
投资总额	52900	50530	56162	70321	88101	318014
其中：1. 基本建设	29994	37050	35486	36992	31827	171349
2. 更新改造	16721	5875	2860	7699	7900	41055
3. 其他	6185	7605	17816	25630	48374	105610
其中：1. 农村集体	45182	39425	42609	60140	65810	253166
2. 城乡私人	7718	11105	13553	10181	22291	64848
其中：工业固定资产投资	17050	9651	10948	13025	13400	64074

——循化撒拉族自治县地方志编纂委员会：《循化撒拉族自治县志》，三秦出版社，2017 年版，第 258 页。

2001 年固定资产投资完成情况表（单位：万元、平方米）

指标名称	总计	基本建设	更新改造	农村集体	城乡私人
计划总投资	49778	31668	110	13400	4600
本年计划投资	33462	21352	110	7400	4600
本年累计完成投资	27112	16970	110	5432	4600
其中：县乡工业完成投资	4134		110	4024	
工业技术改造完成投资	3163			3163	
按构成分					
1. 建筑工程	16899	13599		1700	1600
2. 安装工程					

续表

指标名称	总计	基本建设	更新改造	农村集体	城乡私人
3. 设备工器具购置	8000	1158	110	3732	3000
4. 其他费用	2213	2213			
按经济类型分					
1. 国有经济	17080	16970	110		
2. 集体经济	10032			5432	4600
本年新增固定资产	19715	9573	110	5432	4600
本年施工房屋面积	130936	92936		13000	25000
本年竣工房屋面积	82485	44485		13000	25000
一、本年资金来源合计	23536	13394	110	5432	4600
1. 上年末结余资金	485	485			
2. 本年资金来源小计	23051	12909	110	5432	4600
（1）国家预算内资金	3347	3347			
（2）国内贷款	2304	985	110	1209	
（3）利用外资	367	367			
（4）自筹资金	9045	4822		4223	
（5）其他资金来源	7988	3388			4600
本年各项应付款合计	3633	3633			
其中：工程款	3633	3633			

——《海东市循化县国民经济社会发展统计资料汇编（2001）》，第 33—34 页。

2002 年固定资产投资完成情况表（单位：万元、平方米）

指标名称	总计	其中：地方	基本建设	其中：地方	更新改造	农村集体	城乡私人
计划总投资	45555	44935	35339	34719	6566	410	2570
本年计划投资	33816	33236	24200	23620	6266	410	2570
本年累计完成投资	29455	29026	22458	22029	3647	410	2570
其中：县乡工业投资	3717	3717	70	70	3647		
工业技术改造完成投资	3647	3647					
按构成分							
1. 建筑工程	24164	23735	19609	19180	1280	410	2945
2. 安装工程							
3. 设备工器具购置	2610	2610	168	168	2367		75

续表

指标名称	总计	其中：地方	基本建设	其中：地方	更新改造	农村集体	城乡私人
4. 其他费用	2681	2681	2681	2681			
按经济类型分							
1. 国有经济	23008	22579	22458	22029	180		
2. 集体经济	6447	6447			3467	410	2570
本年新增固定资产	26775	26488	20408	20121	2717	410	2570
本年施工房屋面积	232705	223229	16980	160329	4600	3000	49900
本年竣工房屋面积	197815	193495	136715	132395	2800	3000	49900
本年资金来源合计	28160	27790	21163	20793	3647	410	2570
1. 上年末结余资金	20		20				
2. 本年资金来源小计	28140	27790	21143	20793	3647	410	2570
（1）国家预算内资金	4815	4815	4815	4815			
（2）国内贷款	1884	1884	1784	1784	100		
（3）利用外资	278	278	278	278			
（4）自筹资金	7016	6856	3492	3332	2934	410	
（5）其他资金来源	14147	13957	10774	10584	613		2570
本年各项应付款合计	1618	1556	1618	1556			
其中：工程款	1618	1556	1618	1556			

——《海东市循化县国民经济社会发展统计资料汇编（2002）》，第 30—31 页。

2003 年固定资产投资完成情况表（单位：万元、平方米）

指标名称	总计	其中：地方	基本建设	其中：地方	更新改造	农村集体	城乡私人
计划总投资	56870	56537	40804	40471	8814	1200	6052
本年计划投资	43417	43266	27351	27200	8814	1200	6052
本年累计完成投资	35039	34883	21033	20877	6754	1200	6052
其中：县乡工业投资	8097	8097	1540	1540	6557		
工业技术改造完成投资	5057	5057			5057		
按构成分							
1. 建筑工程	26383	26227	19131	18975		1200	6052
2. 安装工程							
3. 设备工器具购置	5209	5209			5209		
4. 其他费用	3447	3447	1902	1902	1545		

续表

指标名称	总计	其中：地方	基本建设	其中：地方	更新改造	农村集体	城乡私人
按经济类型分							
1. 国有经济	21033	20877	21033	20877			
2. 集体经济	14006	14006			6754	1200	6052
本年新增固定资产	38352	38019	30685	30352	415	1200	6052
本年施工房屋面积	169236	164080	101236	96080		13000	55000
本年竣工房屋面积	148014	142858	80014	74858		13000	55000
一、本年资金来源合计	33579	33423	19573	19417	6754	1200	6052
1. 上年末结余资金	85	85	85	85			
2. 本年资金来源小计	33494	33338	19488	19332	6754	1200	6052
（1）国家预算内资金	2969	2969	2557	2557	412		
（2）国内贷款	2955	2955	1470	1470	1485		
（3）利用外资	70	70	70	70			
（4）自筹资金	10473	10322	5822	5671	4651		
（5）其他资金来源	17027	17022	9569	9564	206	1200	6052
本年各项应付款合计	1460	1460	1460	1460			
其中：工程款	1460	1460	1460	1460			

——《海东市循化县国民经济社会发展统计资料汇编（2003）》，第33—34页。

2004年固定资产投资完成情况表（单位：万元、平方米）

指标名称	总计	其中：地方	基本建设	其中：地方	更新改造	农村集体	城乡私人
计划总投资	56853	56373	37974	37494	11379	500	7000
本年计划投资	45172	44692	32870	32390	4802	500	7000
本年累计完成投资	42999	42505	30986	30492	4513	500	7000
其中：县乡工业投资	9867	9867	5565	5565	4302		
工业技术改造完成投资	6013	6013	1500	1500	4513		
按构成分							
1. 建筑工程	31810	31316	23640	23146	670	500	7000
2. 安装工程							
3. 设备工器具购置	8030	8030	4187	4187	3843		
4. 其他费用	3159	3159	3159	3159			
按经济类型分							

续表

指标名称	总计	其中：地方	基本建设	其中：地方	更新改造	农村集体	城乡私人
1. 国有经济	30986	30492	30986	30492			
2. 集体经济	12013	12013			4513	500	7000
本年新增固定资产	31789	34009	15810	18030	8479	500	7000
本年施工房屋面积	148887	148887	75287	75287	3000	7800	62800
本年竣工房屋面积	130467	130467	59867	59867		7800	62800
本年资金来源合计	41029	40535	29016	28522	4513	500	7000
1. 上年末结余资金	21	21	21	21			
2. 本年资金来源小计	41008	40514	28995	28501	4513	500	7000
（1）国家预算内资金	6144	6144	6077	6077	67		
（2）国内贷款							
（3）利用外资							
（4）自筹资金	13179	12685	10839	10345	2340		
（5）其他资金来源	21685	21685	12079	12079	2106	500	7000
本年各项应付款合计	2031	2031	2031	2031			
其中：工程款	2031	2031	2031	2031			

——《海东市循化县国民经济社会发展统计资料汇编（2004）》，第30—31页。

2005年固定资产投资完成情况表（单位：万元、平方米）

指标名称	总计	其中：地方	城镇50万元以上	其中：地方	城镇工矿区	城乡私人
计划总投资	58864	58470	49214	48820	560	9090
本年计划投资	51182	50788	41532	41138	560	9090
本年累计完成投资	46944	46550	37294	36900	560	9090
其中：县乡工业投资	14835	14835	14835	14835		
工业技术改造完成投资	7635	7635	7635	7635		
按构成分						
1. 建筑工程	33217	32823	23567	23173	560	9090
2. 安装工程						
3. 设备工器具购置	12344	12344	12344	12344		
4. 其他费用	1383	1383	1383	1383		
按投资类型分						
1. 国有及国有控股投资	22809	22415	22809	22415		

续表

指标名称	总计	其中：地方	城镇50万元以上	其中：地方	城镇工矿区	城乡私人
2. 民间投资	24135	24135	14485	14485	560	9090
按城乡分						
1. 城镇固定资产投资	37854	37460	37294	36900	560	
2. 农村固定资产投资	9090	9090				9090
本年新增固定资产	42037	41643	32387	31993	560	9090
本年施工房屋面积	140582	136031	69032	64481	8750	62800
本年竣工房屋面积	101756	97205	30206	25655	8750	62800
本年资金来源合计	46244	45850	36594	36200	560	9090
1. 上年末结余资金						
2. 本年资金来源小计	46244	45850	36594	36200	560	9090
（1）国家预算内资金	8649	8649	8649	8649		
（2）国内贷款						
（3）利用外资						
（4）自筹资金	23184	22790	13534	13140	560	9090
（5）其他资金来源	14411	14411	14411	14411		
本年各项应付款合计	700	700	700	700		
其中：工程款	700	700	700	700		

——《海东市循化县国民经济社会发展统计资料汇编（2005）》，第29—30页。

2006年固定资产投资完成情况表（单位：万元、平方米）

指标名称	总计	其中：地方	城镇50万元以上	其中：地方	农村非农户	城乡私人
计划总投资	65682	65182	57748	57248	456	7478
本年计划投资	60926	60426	52992	52492	456	7478
本年累计完成投资	52900	52400	45182	44682	240	7478
其中：县乡工业投资	17050	17050	17050	17050		
工业技术改造完成投资	8746	8746	8746	8746		
按构成分						
1. 建筑工程	29994	29494	22326	21826	190	7478
2. 安装工程						
3. 设备工器具购置	16721	16721	16721	16721		
4. 其他费用	6185	6185	6135	6135	50	

续表

指标名称	总计	其中：地方	城镇 50 万元以上	其中：地方	农村非农户	城乡私人
按投资类型分						
1. 国有及国有控股投资	29960	29460	29810	29310	150	
2. 民间投资	22940	22940	15372	15372	90	7478
按城乡分						
1. 城镇固定资产投资	45182	44682	45182	44682		
2. 农村固定资产投资	7718	7718			240	7478
本年新增固定资产	46058	45558	38430	37930	150	7478
本年施工房屋面积	202749	198749	137949	133949		64800
本年竣工房屋面积	145785	141785	80985	76985		64800
本年资金来源合计	53024	52524	45306	44806	240	7478
1. 上年末结余资金						
2. 本年资金来源小计	53024	52524	45306	44806	240	7478
（1）国家预算内资金	12504	12504	12504	12504		
（2）国内贷款	1200	1200	1200	1200		
（3）利用外资						
（4）自筹资金	15395	14895	15395	14895		
（5）其他资金来源	23925	23925	16207	16207	240	7478
本年各项应付款合计						
其中：工程款						

——《海东市循化县国民经济社会发展统计资料汇编（2006）》，第 29—30 页。

2007 年固定资产投资完成情况表（单位：万元、平方米）

指标名称	总计	其中：地方	城镇 50 万元以上	其中：地方	农村非农户	城乡私人
建设项目计划总投资	117331	115585	106186	104440	745	10400
本年累计完成投资	50530	49010	39425	37905	705	10400
其中：县乡工业投资	9651	8131	9651	8131		
工业技术改造完成投资						
按构成分						
1. 建筑工程	37050	35530	26490	24970	160	10400
2. 安装工程	225	225	225	225		
3. 设备工器具购置	5875	5875	5745	5745	130	

续表

指标名称	总计	其中：地方	城镇 50 万元以上	其中：地方	农村非农户	城乡私人
4. 其他费用	7380	7380	6965	6965	415	
按投资类型分						
1. 国有及国有控股投资	32711	31191	32711	31191		
2. 民间投资	17819	17819	6714	6714	705	10400
按城乡分						
1. 城镇固定资产投资	39425	37905	39425	37905		
2. 农村固定资产投资	11105	11105			705	10400
本年新增固定资产	45986	44566	34841	33421	745	10400
本年施工房屋面积	142151	142151	141651	141651	500	
本年竣工房屋面积	88853	88853	88353	88353	500	
本年资金来源合计	50530	49010	39425	37905	705	10400
1. 上年末结余资金	124	124	124	124		
2. 本年资金来源小计	50406	48886	39301	37781	705	10400
（1）国家预算内资金	15006	15006	15006	15006		
（2）国内贷款	330	330	330	330		
（3）利用外资						
（4）自筹资金	17303	15783	6903	5383		10400
（5）其他资金来源	17767	17767	17062	17062	705	
本年各项应付款合计						
其中：工程款						

——《海东市循化县国民经济社会发展统计资料汇编（2007）》，第 29—30 页。

2008 年固定资产投资完成情况表（单位：万元、平方米）

指标名称	总计	其中：地方	城镇 50 万元以上	其中：地方	农村非农户	城乡私人
建设项目计划总投资	103897	103571	87103	86777	7094	9700
本年累计完成投资	56162	55936	42609	42383	3853	9700
其中：县乡工业投资	10948	10722	10948	10722		
按构成分						
1. 建筑工程	35486	35260	24406	24180	1380	9700
2. 安装工程						
3. 设备工器具购置	2860	2860	2710	2710	150	

续表

指标名称	总计	其中：地方	城镇 50 万元以上	其中：地方	农村非农户	城乡私人
4. 其他费用	17816	17816	15493	15493	2323	
按投资类型分						
1. 国有及国有控股投资	32168	31942	30062	29836	2106	
2. 民间投资	23994	23994	12547	12547	1747	9700
按城乡分						
1. 城镇固定资产投资	42609	42383	42609	42383		
2. 农村固定资产投资	13553	13553			3853	9700
本年新增固定资产	46322	45996	33563	33237	3059	9700
本年施工房屋面积	185203	185203	157203	157203	28000	
本年竣工房屋面积	89506	89506	69506	69506	20000	
本年资金来源合计	56277	56051	42724	42498	3853	9700
1. 上年末结余资金						
2. 本年资金来源小计	56277	56051	42724	42498	3853	9700
（1）国家预算内资金	13951	13951	12333	12333	1618	
（2）国内贷款	5295	5295	5095	5095	200	
（3）利用外资						
（4）自筹资金	19360	19134	9185	8959	475	9700
（5）其他资金来源	17671	17671	16111	16111	1560	
本年各项应付款合计						
其中：工程款						

——《海东市循化县国民经济社会发展统计资料汇编（2008）》，第 29—30 页。

2009 年固定资产投资完成情况表（单位：万元、平方米）

指标名称	总计	其中：地方	城镇 50 万元以上	其中：地方	农村非农户	城乡私人
建设项目计划总投资	103897	103571	87103	86777	7094	9700
本年累计完成投资	56162	55936	42609	42383	3853	9700
其中：县乡工业投资	10948	10722	10948	10722		
按构成分						
1. 建筑工程	35486	35260	24406	24180	1380	9700
2. 安装工程						
3. 设备工器具购置	2860	2860	2710	2710	150	

续表

指标名称	总计	其中：地方	城镇 50 万元以上	其中：地方	农村非农户	城乡私人
4. 其他费用	17816	17816	15493	15493	2323	
按投资类型分						
1. 国有及国有控股投资	32168	31942	30062	29836	2106	
2. 民间投资	23994	23994	12547	12547	1747	9700
按城乡分						
1. 城镇固定资产投资	42609	42383	42609	42383		
2. 农村固定资产投资	13553	13553			3853	9700
本年新增固定资产	46322	45996	33563	33237	3059	9700
本年施工房屋面积	185203	185203	157203	157203	28000	
本年竣工房屋面积	89506	89506	69506	69506	20000	
本年资金来源合计	56277	56051	42724	42498	3853	9700
1. 上年末结余资金						
2. 本年资金来源小计	56277	56051	42724	42498	3853	9700
（1）国家预算内资金	13951	13951	12333	12333	1618	
（2）国内贷款	5295	5295	5095	5095	200	
（3）利用外资						
（4）自筹资金	19360	19134	9185	8959	475	9700
（5）其他资金来源	17671	17671	16111	16111	1560	
本年各项应付款合计						
其中：工程款						

——《海东市循化县国民经济社会发展统计资料汇编（2009）》，第 29—30 页。

2010 年固定资产投资完成情况表（单位：万元、平方米）

指标名称	总计	其中：地方	城镇 50 万元以上	其中：地方	农村非农户	城乡私人
建设项目计划总投资	109874	109514	98460	98160	2091	9585
本年累计完成投资	88101	88026	65810	65450	1700	9585
其中：县乡工业投资	13400	13400	11600	11600	1800	
按构成分						
1. 建筑工程	31827	31752	33000	32640	800	9585
2. 安装工程			969	969		
3. 设备工器具购置	500	7900	7500	7500	400	

续表

指标名称	总计	其中：地方	城镇 50 万元以上	其中：地方	农村非农户	城乡私人
4. 其他费用	7900	26141	25641	25641		
按投资类型分						
1. 国有及国有控股投资	47838	47763	47038	46678	900	
2. 民间投资	40263	40263	18772	18772	800	9585
按城乡分						
1. 城镇固定资产投资	65810	65450	65810	65450		
2. 农村固定资产投资	22291	22291			2091	9585
本年新增固定资产	64318	64197	53727	53606	3676	6915
本年施工房屋面积	206685	205652	206685	205652		
本年竣工房屋面积	59161	58128	59161	58128		
本年资金来源合计	70461	70340	60280	60159	3266	6915
1. 上年末结余资金						
2. 本年资金来源小计	70461	70340	60280	60159	3266	6915
（1）国家预算内资金	25021	24971	24546	24496	475	
（2）国内贷款	4330	4330	3700	3700	630	
（3）利用外资						
（4）自筹资金	21183	21112	12917	12846	1351	6915
（5）其他资金来源	19927	19927	19117	19117	810	
本年各项应付款合计						
其中：工程款						

——《海东市循化县国民经济社会发展统计资料汇编（2010）》，第 29—30 页。

第七章　科技与教育

一、科技

1. 机构与人员

1958年12月，循化县成立科学技术委员会（简称科委），同科协合署办公。1962年4月3日撤销，其业务并入县计划委员会。1975年8月23日恢复，设副主任及专职干部各1人。1978年9月，与科协合署办公，一套人马，两个牌子，负责全县科技工作。1981年12月，有职工6人。1982年6月4日，在科委设科技专业干部技术职称评审办公室。同年，设科技咨询服务部。1990年底，科委、科协有职工11人，干部7人，工人4人，助理工程师4人，技术员1人。

——循化撒拉族自治县志编纂委员会：《循化撒拉族自治县志》，中华书局，2001年版，第631—632页。

1991年，科学技术普及协会（以下简称科协）与科学技术委员会（以下简称科委）分开办公，科协人员由科委内部调剂解决。1993年7月，科委与科协合署办公，两块牌子、一套人马。科委下设科普站和能源办。1995年9月，机构改革中撤销科委，组建科学技术局。2001年10月，科委与科协再次合署办公。2002年2月，机构改革中科技局并入社会发展局，科协与社会发展局合署办公。2010年，科技局并入农业局，更名为农业和科技局。

——循化撒拉族自治县地方志编纂委员会：《循化撒拉族自治县志》，三秦出版社，2017年版，第597页。

1954年，有各类科技人员27人，其中撒拉族7人。1984年全县有知识分子773人，平反和纠正知识分子中的冤假错案278人，88名科技人员被吸收入党，选拔68名知识分子担任各级领导职务，解决科技干部和知识分子农转非户口 69 户，科技人员归队 43 人。对 183 名科技人员进行技术职称评定和晋升，其中，高级 1 人，中级 19 人，初级 101 人，技术员 62 人。1988 年，对全县企事业单位在岗专业人员按系列进行首次技术职称评定工作，共评定 1300 多人，聘任各类技术职称科技人员 1236 人，其中高级职称 11 人，中级职称 157 人，初级职称 1068 人。1990 年，全县评定并授予资格的在岗专业人员 1336 人，其中少数民族 659 人，占 49.3%，聘任高级职称 11 人，其中教育 6 人，卫生 5 人，撒拉族、回族各 1 人。中级职称 156 人，少数民族 78 人，农林牧水 17 人，交通建筑 2 人，经济会计 19 人，教育 83 人，卫生 27 人，文化 7 人，公证律师 1 人。初级职称 1169 人，其中教育 646 人，卫生 117 人，农林牧水 104 人，经济会计 205 人，工业、交通、建筑 42 人，文化档案 51 人，律师公证 4 人。1990 年，全县农村有一技之长的能工巧匠有 42 项工种，2667 人，占劳力 7.4%。其中乡村医生 131 人、民间兽医 47 人、农业技术员 57 人、各类机械驾驶员 1118 人、电工及农机技术员 127 人、家用电器维修技术员 43 人、照相 9 人、缝纫 272 人、其他工匠 863 人。

——循化撒拉族自治县志编纂委员会:《循化撒拉族自治县志》，中华书局，2001 年版，第 631—632 页。

1991 年至 2010 年，循化县科技事业坚持“科学技术是第一生产力”思想，逐步完善县、乡、村三级科技服务网络，制定科技发展规划，出台《关于加快科教兴县战略的决定》，加大科技投入，组织实施科技攻关、示范推广、丰收计划、星火计划，完善科技承包责任制，加快科技成果转化，全县建立科技示范园区 1 个、基地 6 个，创建科技示范乡镇 4 个，科技示范村 20 个，科技示范户 1000 户，科技先导性企业 4 个，获得省、地级科技成果奖 11 项，国家专利 1 项。科技成果应用率达 64.2%，科技对经济的贡献率达到 40%，农作物良种覆盖率达到 95%。2001 年，循化县被中国科协命名为“全国科普示范县”。

1991 年，循化县有专业技术人员 1336 人，高级职称 11 人，其中教育 6 人；中级职称 156 人，其中农林牧水 17 人，交通建筑 2 人，经济会计 19 人，教育 83 人，卫生 27 人，文化 1 人；初级职称 1169 人。2010 年，全县专业技术人员增至 3057 人，其中高级职称 222 人，中级职称 1314 人，初级职称 1521 人，文教卫生占 78.2%，农林牧水占 11.8%，其他占 10% 左右。

——循化撒拉族自治县地方志编纂委员会:《循化撒拉族自治县志》，三秦出版社，2017 年版，第 597—598 页。

1981 年，县级机关开始建立各种学会，至 1990 年先后组建农业、兽医、中华医学、水电、数理化、珠算、林业、财会、农经、积石书画、老年书画、家庭教育研究，12 个学术团体，发展会员 265 人。

——循化撒拉族自治县志编纂委员会：《循化撒拉族自治县志》，中华书局，2001 年版，第 632 页。

1991 年，循化县有农业、兽医、中华医学、水电、数理化、珠算、林业、财会、农经、积石书画、老年书画、家庭教育研究 12 个学术团体，会员 265 人。1995 年，有各类协会和学会各 20 个，专业研究会 4 个，会员 1463 人。2002 年，成立循化县线辣椒协会，协会按照“民办、民营、民受益”的原则，在积石镇新建村、查汗都斯乡新建村、清水乡田盖村、街子镇牙门曲乎村成立循化线辣椒种植分会。2006 年，成立循化县薄皮核桃种植协会。至 2010 年，循化县有各种协会和学会 35 个，会员 3056 人，科普志愿者 120 人，形成县有服务中心、乡有推广站、村有农民技术推广员的三级服务体系。

——循化撒拉族自治县地方志编纂委员会：《循化撒拉族自治县志》，三秦出版社，2017 年版，第 597 页。

1949—1996 年循化县科技人员构成与分布一览表

专业技术职称	合计	工程技术	农林	畜牧	经济	中小学教师	会计	卫生技术	统计	图书资料	文馆	中专教师	体育	新闻	播音	档案	律师公证
高级	17		2			8		6								1	
中级	231	25	12	15	11	113	7	39	1	1	2	1		1	1		2
助理	633	77	16	38	45	296	58	78	1	2	8	2	1	1		3	7
初级	609	60	12	10	5	415	29	70		3	1				2	2	
未评聘	28					25										3	
合计	1518	162	42	63	61	857	94	193	2	6	11	3	1	2	3	9	9

资料来源：根据循化县统计年鉴相关资料整理。

——马维胜、马光辉、马芳：《民族贫困地区呼唤科技——循化撒拉族自治县科技状况调查》，《青海民族研究》，1998 年第 1 期。

2. 科研项目与成果

（1）农业成果

土壤普查。1959 年 8 月，全县范围进行土壤普查。撰写《循化撒拉族自治县土壤志》，分脑山、脑山水地、浅山、浅山水地、河谷五个地区，白沙土、红土、黑土 4 个类，29 个亚类。1984 年土壤普查，全县土壤共有 8 个大类、18 个亚类、28 个土属、69 个土种。其中耕地有 5 个土类、11 个亚类、18 个土属。为科学种田提供可靠的理论依据。

培育良种。1967 年省高原生物研究所专业人员与清水乡下滩大队科研小组从西北生物研究所引进组合内乡 5 号小麦杂种第四代单株，向半矮秆、丰产、早熟方面进行选择、培育，到 1970 年基本定型。1972—1974 年，该品种经省内各类地区试种，大多数试种增产，并被定名为“高原 506”。循化地区从 1971 年开始，4 年中进行 6 次试验，产量在各品种中均居首位，平均亩产 481.9 公斤，最高亩产 581.5 公斤，1975 年后，“高原 506”成为全县山、水地当家品种。1978 年，列为青海省重要科学技术成果，并获一等奖。

春小麦复种洋芋栽培。1977 年，县农业站技术人员和清水乡下滩科研组在清水下滩大队 1.38 亩土地上进行春小麦高产栽培技术项目的研究。采用小麦复种洋芋，前茬小麦亩产 627.5 公斤，后茬洋芋亩产达 1974.75 公斤，折主粮 394.95 公斤（2.5 公斤洋芋折主粮 0.5 公斤），两项合计亩产 1022.45 公斤，创间套复种高产纪录。1978 年，列入青海省重要科技成果之一，荣获全国科学大会奖励。

耕作制度改革试验。自 1970 年始，县科委、农业技术推广站在黄河沿岸查汗都斯、街子、城镇、清水四乡镇进行耕作制度改革试验，改一年一熟为两熟。1972 年，清水乡下滩大队 9.5 亩地小麦复种豌豆，两季混合亩产 615.5 公斤。1974 年，小麦套种玉米亩产达 761.5 公斤。1976 年，在城镇石头坡大队进行豌豆复种洋芋试验，前茬“秋复一号”豌豆亩产 357 公斤，后茬洋芋亩产（折主粮）326 公斤，两项合计亩产 683 公斤。1977 年，小麦套种玉米亩产最高达 857.95 公斤，有 4 个大队 15 个生产队平均亩产超 500 公斤，全县 500 公斤田面积达 4000 余亩。小麦套种黄豆，适合于缺肥的低产田。1980 年，城镇公社托坝第二、三队小麦复种洋芋面积 31.20 亩，前茬小麦总产 17961.9 公斤，平均亩产 575.7 公斤，后茬洋芋总产（折主粮）8855 公斤，平均亩产 283.8 公斤，两茬平均亩产 859.5 公斤。为黄河沿岸拓宽复种道路提供了借鉴。在海东科技大会上荣获科技成果推广一等奖。

麦茎蜂防治研究。1980年，县农业技术推广站开始麦茎蜂防治研究。以幼虫蛀食颈部造成小麦后期白穗、籽粒干，影响产量，蔓延全县，浅山较轻、脑山及川水地区较重，一般危害率10%以上，严重地区达24%—48.6%。是年，全县虫灾面积达60000余亩，年损失粮食100万公斤左右。对此，经省有关单位协助，采用6%的666粉等农药，连防3年，效果良好，基本控制虫害蔓延。1982年，全县防治麦茎蜂50338亩，占全县粮食播种面积48.83%、每亩增产约35—50公斤。1983年3月，海东科技大会上荣获科技成果推广一等奖。

——循化撒拉族自治县志编纂委员会:《循化撒拉族自治县志》，中华书局，2001年版，第633—634页。

良种引进繁育与推广。1991年至1994年，县农业部门以提高种子自给率为目标，加强种子建设，在国营农场和6个种子村累计建立良种基地2545亩，春小麦810亩，油菜1125亩，豆类505亩，马铃薯665亩，繁育良种125.5万公斤。引进“青春415”6000公斤，试种348亩获得成功，该品具有抗旱、抗逆性强、早熟、多产等特性，于1995年在山旱地大面积推广。1996年，针对种子工作滞后，首次召开全县种子工作专题研讨会，提出“扩大基地、精心培育、适度引进、加快推广”的思路，种子基地增加到15个、3500亩，生产良种110万公斤，自给率提高到43.7%。当年引进晋麦3269、晋麦4425、民和853、乐麦5号等新品种。2002年，在积石镇东街村、线尕拉村、查汗都斯中庄村、新村等进行良种集中繁育，新建种子村14个，推广面积1450亩，京农6840、京农6808、京农441、京农437等首获丰收。2004年，查汗都斯乡苏只村、积石镇尕别列村建立冬麦7230试验基地，道帏贺隆堡村建立青杂3号油菜试验基地，尕楞乡哇龙村建立青春584春小麦试验基地。

2006年至2010年，全县投入科技经费63.8万元，粮食作物类引进陇薯3号、民薯2号、青薯9号、黑美人马铃薯、蓝天15号冬小麦，[①] 中麦175、中麦9、神麦66、小偃22、小偃216、小偃94-9-8、黑麦76号春小麦等12个新品种，果品类引进虎台8号葡萄、红提子葡萄、大结杏、软把梨、核桃、扁桃、油桃、樱桃等8个新品种，另外，油料类引进青杂5号等新品种，蔬菜类引进乐都大蒜、金凤西瓜、甜菜等新品种。开展示范试验13项：清水河东辣椒基地进行生物菌剂对线辣椒疫病的预防，通过土壤处理，发病率下降15%；清水下滩进行8个核桃新品种（江苏农科院引进6个、兰州

① 编者按：此处应为顿号，但原文为逗号，现保留原文标点符号。

农科院引进 2 个）适应性引种试验；白庄镇塘洛尕村、查汗都斯乡大庄村和下庄村进行黑麦 76 号、春小麦青春 38 号示范种植试验；尕楞乡建设堂、道帏乡多哇村开展乐都大蒜种植试验；道帏乡循哇村进行春小麦青春 40 适应性试验及藏木香引种试验；积石镇东街村进行甜菜新品种种植试验、东街村和瓦匠庄村进行胡萝卜单作和套作试验；全县 8 个乡镇 400 个土壤肥力点开展测土配方施肥试验等。

农作物丰产栽培技术推广。“丰收计划”实施及丰产栽培：1991 年，农业科技人员深入农业生产一线，承包小麦、油菜等丰产栽培，落实“丰收计划”项目，加强田间技术指导与管理，提高单位面积产量。在白庄、孟达、积石镇、街子、文都等 5 个乡镇落实小麦丰收计划 6.48 万亩，占全县夏粮播种面积的 57.27%，完成总产量 1570.16 万公斤，平均亩产 286.7 公斤，比全县平均亩产提高 6.8 公斤。

1993 年，在保证粮食稳定增长的前提下，引导农民调整和优化种植业结构，落实丰收计划项目 6.4 万亩（粮食作物 44275 亩，油菜 9380 亩，豌豆 10418 亩），增产粮食 20.92 万公斤、油料 4.73 万公斤、豌豆 46.25 万公斤。

1996 年，实施农业丰收计划项目 4 项、5 万亩。其中小麦优良品种及综合配套增产技术 2.5 万亩，总产 899.25 万公斤，增产 1.55 万公斤；脑山麦类作物良种推广技术 0.5 万亩；豌豆综合丰产技术 1 万亩；优质油菜综合丰产技术 1 万亩，总产 108.05 万公斤，增产 738 万公斤。实施旱作农业技术推广 5 万亩，种植小麦、青稞、马铃薯等，完成总产 79.9 万公斤，增产 9.36 万公斤。在全省开展的粮食生产丰收竞赛中，第六次获得“丰收杯”。

“带状田”示范推广。1991 年开始，循化县在川水地区引进高产带状田，当年带状套种 662.2 亩，其中小麦玉米带状 180 亩，小麦产量 347.5 公斤，玉米产量 312.5 公斤，合计亩产 660 公斤。较单种小麦增产 217 公斤；小麦黄豆带状 482.2 亩，小麦产量 463.2 公斤，黄豆产量 171.4 公斤，合计亩产 634.6 公斤，较单种小麦增产 191.6 公斤。1996 年，作为农业增产的有效措施，大面积推广。1998 年，全县推广玉米带状田 4582.78 亩，增产粮食 99.44 万公斤，建立吨粮田 1050 亩。2000 年以后，由于群众积极性不高，加上耕作繁杂，不再推广带状田，小麦套种洋芋现在还零星种植。

复种技术推广。1991 年，全县复种 8647 亩，其中复种洋芋 790 亩，荞麦 762 亩、谷子 95 亩，增产 67.24 万公斤。1994 年，复种作物面积增加到 21162.7 亩，其中复种粮食作物 1325 亩，亩产 173 公斤，总产 20.49 万公斤，新增产值 161.34 万元；复种油料 439.2 亩，总产 2.54 万公斤；复种蔬菜 6423 亩，总产 160 万公斤，复种蔬菜增产值20万元。1999年，遭受历史罕见的三季干旱，造成全县6.8万亩耕地受严重旱灾，5.4万亩无法按时下种，1.49万亩需拆补种。县委、县政府作出“山田损失水地补，夏粮损失秋粮补”决策，加大复种力度，复种面积达到2.87万亩，复种粮食作物1.78万亩，亩产171.3公斤，总产304.9万公斤，复种油料1073亩，亩产57.83公斤，总产6.2万公斤；复种蔬菜8462亩，总产508.57万公斤，其他1365亩。

科学施肥与植物保护。全县主要推广适用化肥深施、初级配方施肥、优化配方施肥、测土配方施肥、叶面喷肥等技术。同时还推广磷铵、普钙、青海多元素、固氨菌、丰收素、ABT生根粉、喷施宝、锌肥、锰肥、稀土微肥等技术运用。植保工作坚持“预防为主、综合防治”的方针，采取药剂拌种、土壤处理等手段，预防虫害，设立病虫害检测点，密切关注虫情发生、发展动态，专业人员深入田间地头，指导病虫害防治工作。草害主要运用白除草剂进行农作物田间喷洒，人工除草已成为辅助手段。

——循化撒拉族自治县地方志编纂委员会：《循化撒拉族自治县志》，三秦出版社，2017年版，第118—120页。

（2）畜牧业成果

编纂兽医资料。1959年10月，县农林局搜集编纂《民间兽医经验良方汇编》和《家畜流行病学》，为全县畜病防治提供实用资料。

黄牛冷精配种。1979年，县畜牧站引进黑白花和西门塔尔良种公牛冷冻精液配种新技术，改良本地黄牛。从查汗都斯公社开始，以点带面，逐步推广。1980年，产犊370头，成活353头，成活率为95.4%。1982年，配种黄雌牛1216头，受胎率一般在56.23%以上。杂种牛犊具有生长发育快，体格大的特点，出生牛犊重量比土种牛犊平均重7.39公斤，出栏快，售价高，深受广大群众欢迎。1983年3月，海东科技大会上荣获科技成果推广一等奖。

——循化撒拉族自治县志编纂委员会：《循化撒拉族自治县志》，中华书局，2001年版，第634页。

家畜改良。1991年至1995年，县畜牧局在县畜牧兽医站、种畜场、积石镇、街子、道帏等乡镇设立大家畜改良点，完成牛改4736头，其中冷配1916头，本交2820头；在种畜场、清水、尕楞、文都设立小家畜改良点，完成绵羊改良9.48万只，绒山羊改良2.79万只，改良牛7878头。2001年至2003年，完成绵羊改良5万只，牛改良 4894 头，绒山羊改良 1.84 万只。2003 年，引进种畜 2145 头，其中牛 130 头，羊 2000 只等。2004 年至 2007 年，投资 20 万元，购入黑白花种公牛 10 头、绒山羊种公羊 145 只，投放到上半部地区的 110 户农户中开展改良。购入 1/2 野牦牛血种公牛 15 头，本地牦牛 3 头，投放到全县 124 个配种点，购置配备良种器械 40 台（件）。2008 年至 2010 年，牛改良 1.84 万头，绵羊改良 13.49 万只，绒山羊年改良 1.1 万只，猪改良 1260 头。投资 60 万元，引进良种畜禽 130 头（只），建成良种个体改良点 138 个。

科技示范。1992 年，引进小尾寒羊种公羊 15 只。1995 年，为促进农区畜牧业发展，拓宽饲草来源，提高秸秆利用率，县畜牧局开始推广秸秆氨化技术。1997 年，引进纯种绒山羊 90 只，半细毛公羊 80 只。2000 年，投资 8000 元，从民和县引进良种公牛 1 头，在查汗都斯乡阿河滩村实施科技推广示范工程，重点改良黄牛。同时，畜牧局成立科技承包领导小组，同 64 名科技人员签订科技承包合同，推广暖棚养畜和玉米青贮技术，修建砖泥结构氨化池 80 座 6105 平方米。2001 年至 2003 年，制定《关于切实加强科技工作的安排意见》，出台《畜牧系统科技人员管理办法》，调动畜牧科技人员的积极性。建成科技示范乡 6 个，科技示范村 92 个，农牧民技术员达到 1000 人。在积石镇大别列村、查汗都斯乡阿河滩村、街子乡古及来村修建兽医技术服务点 1 处、氨化池 1 座、药浴池 1 座、饲草加工点 1 处。在畜群较集中的道帏、白庄、积石镇等，共举办各类科技培训班 102 期，受训人数达到 1.39 万人。从养殖大户中选派 150 名农村妇女到省高职培训学校学习，掌握一门技术，提高畜牧科技水平。2005 年至 2007 年，完成技术人员培训 3 期 62 人次。在县城设立畜牧兽医服务中心与专家咨询门诊，方便群众就诊和答疑解难。48 名项目科技人员对 48 个规模养殖场实行科技承包服务，指导科学养殖工作。在 8 个乡镇 20 个行政村实施新型农牧民科技培训工程，完成农牧民科技培训 1190 人次。2010 年，以暖棚养畜、牧草种植、畜种改良等实用技术为重点，积极培育科技示范户，培训科技明白人 760 名。

建立良种繁殖基地。1991 年至 1995 年，先后引进绒山羊 130 只，其中纯种绒山羊 60 只，在种畜场建立纯种绒山羊繁殖基地，提供绒山羊 36 只，种羊 12 只。

2002 年，投资 20 万元，购入黑白花、西门塔尔杂一、杂二代种公牛 24 头，良种欧拉型藏羊种公羊 130 只，分别投放到中上半部地区的 154 户农户中开展改良。2004 年至 2008 年，随着“西繁东育”工程的不断深入，牛羊繁殖基地增加到 10 个。

——循化撒拉族自治县地方志编纂委员会:《循化撒拉族自治县志》，三秦出版社，2017 年版，第 149—151 页。

（3）林业和园艺成果

完成《孟达自然保护区综合考察报告》。1979 年，县林业局开始对孟达自然保护区进行综合考察，至 1986 年编写成《综合考察报告》，获林业部三等奖，同时获青海省人民政府三等奖。

对果树病虫害进行联防。1981 年起，园艺站对果树特别是苹果树病虫害采取防治措施，效果显著。1983 年 3 月，海东科技大会上荣获科技成果推广一等奖。

新疆杨引种试验。1974 年，林业站从青海省农科院引种新疆杨，经 6 年多种植，在黄河沿岸生长良好，有一定推广价值。1980 年 11 月，被县评为科技成果三等奖。

——循化撒拉族自治县志编纂委员会：《循化撒拉族自治县志》，中华书局，2001 年版，第 634 页。

1991 年，县林业部门以县林业站为主，加大林业使用技术试验、示范、推广力度。组织林业技术人员进行项目承包，试验推广容器育苗 800 万株，容器袋装 12 万袋，汇集径流整地 1.8 万亩，ABT 生根粉应用推广 5600 亩，吸水剂技术应用推广 13200 亩，推广建设以核桃为主的经济林 3071 亩。

2001 年，针对全县浅山面积大、降水量少、造林难、成活率低的实际，林业部门 24 名技术人员深入一线，开展技术指导与服务，汇集径流整地 1500 亩，ABT 生根粉造林育苗 34 万株，应用吸水器育苗 30 亩，推广地膜育苗 102 亩，花椒覆膜技术造林 1000 亩。

2005 年至 2010 年，定期举办林业技术员和乡镇林业站站长培训班，学习以选育良种壮苗和优良树（草）种为重点的科技项目和以“抗旱造林技术”为重点的林业使用[①]技术推广项目。在营造措施上，提倡反坡整地、汇集径流、鱼鳞坑整地，避免因造林整地带来新的水土流失。推广汇集径流整地 1.4 万亩，ABT、CCR 推广应用 235 万株，推广保水剂造林 3500 亩，容器育苗 160 万株，地膜抗旱造林 5000 亩，抗旱树种育苗 120 万株，抗旱树种造林 360 亩。先后从陕西等地引进优质核桃苗木 100 万株及陕西林梨枣、美国肯特杏、美国大黑梨、中林美荷杨、陕西三信体毛白杨等新品种，推广薄皮核桃 3 万亩，花椒 0.6 万亩，引进 30 多个景观树种进行试验性培育。

——循化撒拉族自治县地方志编纂委员会：《循化撒拉族自治县志》，三秦出版社，2017 年版，第 139 页。

① 编者按：此处原文为“使用”，应为“实用”。

（4）能源建设

沼气试验。县科委于 1980 年 5 月，在城镇木匠滩和河北种畜场修建沼气池 2 个，1981 年获得成功。1982 年，在街子公社团结大队试办新能源村，新建沼气池 21 个，1983 年沼气池发展到 43 个，日产气 2 立方。沼气灯、沼气灶照明，沼气灶 12 分钟烧开 1 壶水，产气量达到全国同类池的先进指标。

推广太阳灶。县科委在 1982 年开始试制太阳灶，到年底生产 180 台，试制成功，并逐步推广。太阳灶 20—30 分钟烧开 22 公分的 1 壶水，既方便群众，又节约燃料。至 1988 年，全县已推广太阳灶 7064 台（户），占全县总户数的 42.3%，深受广大用户欢迎。

节柴灶。1983 年，国务院列循化县为全国 90 个改灶节柴重点县之一。同年 6 月，全县 6 个公社、89 个大队、8 个机关单位改革柴灶 3123 户，18143 人。7 月，经省农林厅、计委、科委验收为合格，至 1984 年，全县完成改灶总户 12868 户，占农业总户的 93%。并研制成功循化 I 型和循化 II 型示范灶，经热性能测试，I 型灶热效率达 48.9%，II 型灶热效率为 37%，达到中国农业工程研究设计院对省柴灶的要求，具备省时、省柴、美观大方、清洁卫生的特点，在标准气温 20℃条件下，热效能达到 25% 以上。1985 年 11 月，获农牧渔业部颁发的验收合格证和按期完成奖状。1986 年 2 月，农牧渔业部授予循化县全国农村能源建设先进集体。1989 年 11 月，县科委荣获农业部农村能源农业环境保护优秀成果三等奖。

——循化撒拉族自治县志编纂委员会：《循化撒拉族自治县志》，中华书局，2001 年版，第 635 页。

1978——1990 年科技成果获奖情况

获奖科技成果名称	获奖单位	年份	授奖单位及等级
春小麦复种洋芋栽培技术	清水乡下滩科研组	1978	全国科学大会奖励
培育良种高原“506”	清水乡下滩科研组	1978	青海省科学技术一等奖
沥青玻璃纤维布油毡防渗试验研究	水电局	1986	青海省人民政府四等奖
《孟达自然保护区综合考察报告》	林业局	1986	林业部、省政府三等奖
能源建设成果	科委	1989.11	农业部农村能源农业保护优秀成果三等奖
地震观测、地磁项目观测	县科委地震观测点	1983.8	青海地震局质量评比二等奖
春小麦大面积千斤丰产田	县科委、农业技术推广站	1983.3	海东地委、行署技术成果推广一等奖
耕作制度改革试验	县科委、农业技术推广站	1983.3	海东科技成果推广一等奖
麦茎蜂防治研究	县农业技术推广站	1983.3	海东科技成果推广一等奖

续表

获奖科技成果名称	获奖单位	年份	授奖单位及等级
黄牛冷精液人工配种	县畜牧站	1983.3	海东科技成果推广一等奖
果树病虫害联防	县园艺站	1983.3	海东科技成果推广一等奖
小麦宽窄行条播推广	县、社农业技术推广站	1983.5	县级技术成果推广二等奖
种植绿肥培肥地力	县农技站、街子农科站	1983.5.19	县级技术成果推广二等奖
地膜覆盖试种西瓜	县科委、城镇农科站	1983.5.19	县级技术成果推广一等奖
新能源技术引进、推广	县科委、农机厂、城镇修配站、街子公社	1983.5.19	县级技术成果推广一等奖
机械精选良种推广	县种子公司	1983.5.10	县级技术成果推广四等奖
奥罗油菜丰产栽培试验	县农技站、文都农科站	1983.5.10	县级技术成果推广四等奖
苹果贮藏技术试验	县农林局、供销社	1983.5.10	县级技术改进二等奖
种子室内纯度鉴定及种子生活力与发芽率相关性试验应用生产	县种子公司	1983.5.10	县级技术改进和试验成果四等奖
全县低芥酸（甘蓝型）油菜区域试验	县科委、农业技术推广站	1983.5.10	县级栽培技术和试验成果四等奖
24D 酊酯化学除草	文都农科站	1983.5.10	县级技术成果推广四等奖
杨树引种试验推广成果	县林业站	1983.5.10	县级引种试验推广成果一等奖
循化县三十年来畜禽疫病调查资料汇编	县畜牧站	1983.5.10	县级调查资料成果二等奖
牛羊布鲁氏杆菌病的调查	县畜牧局	1983.5.10	县级调查研究成果三等奖
绵山羊寄生虫病的调查	县畜牧局	1983.5.10	县级调查研究成果一等奖
涝池坝后放水管倒虹吸设计技术成果	县水电局	1983.5.10	县级设计改进技术成果三等奖
塑料管烫接革新技术成果	县水电局	1983.5.10	县级技术革新成果三等奖
黄河防洪护岸工程	县水电局、黄管所	1983.5.10	县级水利工程设计成果一等奖
开展经济分析，狠抓经济效益管理，降低生产费用	县、社经管站	1983.5.10	县级经济效益成果一等奖
对胃癌临床 X 线分析研究	县医院防射科	1983.5.10	县级研究成果三等奖
控制和消灭地甲病成果	县卫生局、防疫站、民贸局、供销社、工商局、各公社卫生院	1983.5.10	县级控制和消灭地甲病成果一等奖

——循化撒拉族自治县志编纂委员会：《循化撒拉族自治县志》，中华书局，2001 年版，第 635—636 页。

3. 科技推广

1952 年 8 月，以循化土改工作团中抽一名干部、省农林农业科技推广处在循化农业情况调查组成员中留一名干部为基础，组建成立了农业推广站。1953 年上半年，在土改积极分子中吸收农工，再从上级调派干部 15 名的基础上，设立白庄、清水、街子三个农林工作指导站，在县站计划指导下，开展全县范围农、林、牧、水技术推广工作。1954 年县站又设农校，至 1959 年正式成立循化县农业技术学校，训练培养农民技术员，此后农技机构设置几经调整，到 1971 年底，设立农机科并成立了农机科学研究所，先后还建立了农机厂、农机供应站、各公社农机修配站。1975 年成立了农业科学研究所，各公社也建立了农技站和农机站。改革开放以来，自治县农技机构也进行了改革，1984 年成立了循化撒拉族自治县农业技术推广中心，中心下设农业站、园艺站及中心办公室。同年还成立了由县中心办公室领导的农业、园艺两个技术咨询服务部。纵览 49 年农业推广体系建设，党和政府在民族地区不同时期设立不同的机构，让其肩负全县农业、园艺业的试验、示范、培训、推广及服务工作、加强和稳定农技推广队伍，发挥他们的积极性和主观能动性，为自治县的农业增产、农民增收做出了重大贡献。

——马光辉：《循化农业科技工作回忆》，政协青海省委员会学习和文史委员会、政协循化撒拉族自治县委员会：《兴旺之路——撒拉族变迁与发展史料选辑》（内部资料），1998 年，第 195—196 页。

50 年代初，农业技术干部来源主要是省农林厅调派、部队转业干部中选调和吸收农民青年积极分子。1956 年以后，从内地青年代培干部和专业院校毕业生中分配并吸收本地各民族青年派送至各专业院校以及其他培训机构进行学习培养，还就地举办各种形式的培训班，培养和提高撒拉族专业干部的业务知识。1957 年农业系统 93 名干部中撒拉族就有 22 名。70 年代中期始，大中专毕业生逐步增加，民族专业干部队伍逐步壮大，尤其女专业技术干部有所增加。1984 年，县农业技术中心有 63 名职工，其中女职工 18 名；业务干部中具有中级技术职称的 4 名，初级技术职称的 15 名，其中助理农艺师 4 名，技术员 11 名。到 1997 年农业技术推广中心 9 人获中级职称，其中 4 人为撒拉族。此外还涌现了一批农民“革新家”“发明家”“田秀才”以及种田能手、科技示范户。目前，不仅形成了具有[①]中心乡有站、村有科技示范户，而且中下部地区基本达到了每户掌握一至两门实用技术的科技明白人标准，为循化县的农技事业做出了重要贡献。

——马光辉：《循化农业科技工作回忆》，政协青海省委员会学习和文史委员会、政协循化撒拉族自治县委员会：《兴旺之路——撒拉族变迁与发展史料选辑》（内部资料），1998 年，第 196—197 页。

① 编者按：原文为“具有”，应为“县有”。

引进、培育、推广良种。循化县的种子建设工作，大体经历了三个阶段。1950—1957年为起始阶段。其间，在上级业务部门的支持和帮助下，县农业部门重点抓了评选推广农家品种，鼓励农户选种留种，要求乡、村串换使用良种工作。在原有农家粮食作物37个品种中共评选出一支麦、黑芒、小红麦、铁朴麦、红、白六棱青稞、洋棒洋芋等10余种品种，同时引进了碧玉麦、甘麦96号、南大2419、金皇后玉米、深眼窝洋芋等良种，同期种植的青稞品种有循化瓦兰、黑老鸦、白浪散，豌豆品种有大青豆、小麻豆、红花白豆，蚕豆有马牙齿、尕大豆，油菜品种有辣芥、小油菜和红、黄胡麻。

1958—1978年为发动群众建立种子田和选培育良种阶段。

1958年根据全国种子工作会议提出了“自选、自繁、自育、自用，辅之以必要调剂”的种子工作方针，先后成立了籽种繁殖场、籽种站，建立了供种大队，社队普遍建立了麦类作物种子田，从而保证了大田用种的数量和质量，促进了良种的繁育和推广。与此同时，在专业技术人员的指导下开展群众性育种，清水公社下滩大队科研小组同县农科所、省高原生物研究所，从组合为“内乡五号”的小麦杂种第四代单株，朝着“半矮秆、株型紧凑、丰产、早熟”的方向进行系统选择，通过4年3次生产试验，培育出高原506，比阿勃平均亩增20.8%，不仅在全县推广，而且推广到了东北、新疆等地区，还进行了“M47”“670–4”小麦品种（系）的培育。

1979—1997年为“四自一辅”向良种化发展阶段。

1979年以后，种子部门继续坚持“四自一辅”的种子工作方针，并逐步向品种布局区域化、种子生产专业化、种子加工机械化、种子质量标准化和有计划地组织供种方向发展。在上级业务部门的协助下，相继引进了种子加工机械，开展了种子检验和良种经营业务，建立了乡、村、社特约种子生产基地和就地、异地供种基地，全县基本实现了大田作物良种化。

其间小麦品种经过四次大的更新换代。第一次是五十年代，1951年引进了碧玉麦，经过3年的对照试验，取代了产量比其低的农家品种，中、后期又引进了南大2419和甘肃96号良种，消灭了劣种和杂种，其间小麦品种经过四次大的更新换代。到1959年新品种推广面积达7万多亩，占播种面积的75%，亩增10%以上。第二次是六十年代。这时，水利条件大有改善，农家肥料有了增加，化肥开始施用，根据这种新的条件，引进了适应性强、高产稳产的阿勃良种，代替了碧玉麦、甘肃96号、南大2419，实现了小麦品种第二次更换，累计播种面积达60多万亩，增产粮食在3500万公斤以上。第三次是七十年代。1970年基本定型、在不同类区试验、示范后被定名为“高原506”的小麦品种，在地处黄河沿岸进行大田种植，还在城镇公社的瓦匠庄、托坝、石头坡、上草滩坝等7个大队进行了“阿勃”、新引进的青春系小麦“青春5号”、墨麦系小麦“墨西哥小麦”，晋麦系小麦“晋麦2148”和“高原506”品种比较试验。结果：高原506产量居首位，平均亩产963.8斤，最高亩产1163斤。1974年，县政府决定将高原506作为当家品种使用、向川水地区推广，而且还在浅山和脑山地区落了户，形成了小麦品种的第三次更新。自七十年代中期推广以来，累计种植面积56万亩，增产粮食也有3500万公斤。1982年被授予青海省推广、引进技术三等奖。同期种植面积较大的搭配品种还有M47、670-4、晋2148等。第四次是八十年代。由于高原506品种老化抗逆性减弱，很快就由本县农作物审（评）定小组认可且普遍种植青春533。该品种抗逆性强、丰产性好、适应性广，从温暖的黄河谷地到温凉的高位水地，低、中位旱地均可种植，博得了群众的欢迎，实现了小麦品种第四次更换。种子部门不断采用新手段进行良种繁殖，青春533经久不衰，至今还是全县的主栽品种，搭配品种为临农30、甘春169。九十年代初引进的4425品系也获得初步成功。高原602等品种在浅、脑山地区发挥了一定的作用。

此外，杂粮、洋芋、油菜品种也不断推陈出新。

——马光辉：《循化农业科技工作回忆》，政协青海省委员会学习和文史委员会、政协循化撒拉族自治县委员会：《兴旺之路——撒拉族变迁与发展史料选辑》（内部资料），1998年，第197—199页。

广开肥源，大量积肥、造肥。五十年代初由于土壤养分状况还未搞清，化肥还未使用，种庄稼全靠家肥和野灰。1956年政府再次号召大搞群众性积肥活动，同时要求提高质量、增加用量，开始土壤培肥工作。二区清水乡铁木石滩村干部群众积极开展积攒家肥活动，大胆尝试堆肥、腐肥技术，且亩均施肥由原来的62驮增加到136驮，使320亩水地产量比土改前平均亩增42.3%。全县推广了该村的经验，1958年共积堆肥料500余万驮，粮食总产达1342.27万公斤，比1957年增长7.43%。五六十年代贯彻以农家肥料为主和“土洋并举”的方针，各社队建立积（造）肥专业队和肥料基地，使群众性积肥和专业队积肥相结合，常年积肥和突击积肥相结合，保证春耕生产和中心环节，提高单位面积产量。1958年在全县范围内进行了第一次土壤普查，查清了脑山、脑山水地、浅山、浅山水地，河谷五个地区，黄土、白沙土、红土、黑土4个类，

29个亚类，72个变种的土壤结果，为科学种田打下了基础。七十年代在化肥还不能足量使用的情况下，积极开展“五四〇六”菌肥的生产、应用和推广，对解决肥料不足、松散土质、抗旱保墒、促进作物生长发育等，有比较明显的增产效果。八十年代开始积极引进，推广了秋季施肥技术和种植绿肥技术，有力地促进了农业的发展。目前，川水地区绿肥种植面积随着间套复种技术的推广和不断增加，每年秋季复种种植绿肥在3000亩左右。

——马光辉：《循化农业科技工作回忆》，政协青海省委员会学习和文史委员会、政协循化撒拉族自治县委员会：《兴旺之路——撒拉族变迁与发展史料选辑》(内部资料)，1998年，第199—200页。

1956年开始引进化肥并在托坝村李清互助组开始试验，亩用硫酸铵30斤，亩增10%—20%，但农民很难接受，甚至把分配送到手的化肥倒入河里。六十年代群众认识了氮素化肥的效果，1963年推广氮素化肥40吨，1965年增加到97吨。六十年代中期以后由于化肥施用重氮轻磷等许多问题，推广部门组织科技人员进行了“化肥肥效试验”“磷肥作底肥试验”“精肥沟施试验”等，有力地促进了化肥施用面积的扩大，但重氮轻磷问题仍未能解决。因此，相关研究一直在进行，到八十年代中期以后，氮磷比例才趋于合理，累计配方施肥面积达68万亩，使农业肥料措施科学化、规范化，取得了显著的技术、经济、社会效益。

——马光辉：《循化农业科技工作回忆》，政协青海省委员会学习和文史委员会、政协循化撒拉族自治县委员会：《兴旺之路——撒拉族变迁与发展史料选辑》(内部资料)，1998年，第200页。

新中国成立后，全县各族人民为彻底改变“干循化”的面貌，把兴修水利和治理上壤侵蚀，解决干旱和水土保持作为农业生产的头等大事来抓。五六十年代，采取“上蓄，下提，中调”的水利建设方针，研究和应用引水工程技术、压力管道技术、柴油机抽水技术、电力提灌技术等，1953—1957年五年新建渠道13条，总长137公里，改造和完善旧渠道53条，总长126公里。新建柴油机抽水站3座，地下截水坝1处，完成大小水利工程122项，共计扩大和改善水浇地面积1.1万余亩，农业生产条件开始得到改善，产量迅速提高，全县粮食实现了自给有余。1957年底，为了进一步充实和完善全县的灌溉体系，解决黄河南岸川水地区的灌溉用水，动工兴建黄丰渠。1958年4月，黄丰渠第一期工程胜利竣工。1967 年 3 月，黄丰渠第二期扩建工程完成，同时黄丰电站建成并开始发电。黄丰渠的建成结束了循化“黄河流水岸上旱，祖祖辈辈遭灾难”的干旱历史。1962—1964 年间新建跨沟倒虹吸 12 处，新增浇灌面积达 2500 多亩，完善水浇地面积 1 万多亩。1962 年元旦破土动工，4 月建成并开洞放水的查汗都斯水库，进一步改善了黄河沿岸干旱缺水的面貌，至 1963 年扩大灌溉面积 1300 多亩。七十年代为“一沟、二库、三滩、四流域”加强整治、配套建设期间，研究使用了涝池建修、机井凿岩技术、风洞电力提灌技术等，新建蓄水量达 40 万立方米的东弯寺水库，建成 70 座库容 172.13 万立方米的涝池，提灌站发展到 99 座，修建大口井 7 座，建造机井 11 座，总有效灌溉面积达到了 7.05 万亩。八十年代始，水利工程技术人员又采用“沥青玻璃丝在渠道防渗中的应用”等新技术，把水利建设的重点转移到管理工作上，同时对浅山加强水利设施配套、改造和实行综合治理，加速改变浅山的干旱面貌。

——马光辉：《循化农业科技工作回忆》，政协青海省委员会学习和文史委员会、政协循化撒拉族自治县委员会：《兴旺之路——撒拉族变迁与发展史料选辑》（内部资料），1998 年，第 200—201 页。

循化县海拔低，气候暖和，农作物、瓜果蔬菜、树木种类较多，因此病虫害种类较多，发生面积较大，为害严重，曾出现过小麦黑穗病、锈病、吸浆虫、麦茎蜂、辣椒疫霉病、苹果腐烂病等病虫危害，造成局部地区和全县范围内的严重损失。

解放以后，农技推广部门根据循化县病虫害对农作物危害严重但病虫害底子不清的情况，从五十年代初开始到八十年代中期长达 34 年的时间，先后 7 次普查和 2 次大规模组织力量进行调查。五十年代查有农作物病害 50 余种，虫害 40 余种，至八十年代第二次调查有病害 72 种，虫害 105 种。1959 年，县农林局根据解放 10 年来防治工作经验，再经普查和调查编写了《循化撒拉族自治县十大病虫及其消灭措施》。全县还建立了土农药厂 51 个，制造各种土农药 260 多万斤，防治锈病 2 万余亩，虫害 2.3 万余亩，基本做到病虫发生一亩防治一亩、根据防早、治早、治小、治了的精神，从耕护到种，从种护到青，从青护到黄，从黄护到仓，一环套一环，环环不放松，对农业粮食生产增产起了很大的作用。

六十年代至七十年代中期，根据不同时期推广的农作物品种所受病虫危害情况，坚持预测预报，采用不同的农药进行分别防治试验，得出科学依据再作年初计划并下达到各乡镇，防治期间统一供药，培训人员，专业技术人员田间技术指导，按计划、有目的、有针对性的重点防治与普遍防治相结合，专业队防治与社队防治相结合，逐步转入常规防治。但到1975年以后，由于引进并推广的农作物新品种、果类苗木增多，植物检疫工作跟不上，防治工作中方法不当，喷药不细，病虫产生抗药性等种种原因，致使小麦麦茎蜂、吸浆虫、苹果小告丁虫等在个别地区回升为害，严重的危胁[①]着农业增产。1979年开始，在县委和县政府的大力支持以及社队干部、群众的积极参与下，推广部门设点试验研究和大面积调查防治。1980—1981年连续两年麦茎蜂防治取得显著的效果，据全县15个点的抽样调查，危害率都有明显的下降。苹果小告丁虫是果树毁灭性虫害，自1966年在县园艺场发现后，至1980年在查汗都斯公社上部地区开始危害，1982年遍及整个公社，其他公社也有个别发生情况。引起了县委和县政府的高度重视，根据业务部门调查提出的全县果树主要虫害报告意见，召开了220多人参加的综合联防专业会议，各公社成立联防领导小组，加强领导，广泛发动群众，在专业技术干部的指导下对90多处集体果园、6处联户和专业户果园以及私人庭园的17多万株果树，全面进行联防，1982年药物防治4次，苏只果园先后共防治38次，效果极为显著。1986年，大田辣椒生产受到病害浸染，大面积枯萎死亡，致使辣椒种植面积从正常年景的800亩急骤下降到300亩左右，年总产由50万公斤左右锐减到5万公斤左右，为此农技人员成立了探索辣椒危害防治试验攻关小组，集中人力、资金，配合省科研部门，对引致辣椒死秧的病原、流行规律及防治技术进行了6年的攻关，终于找出了病因，筛选出了有效的防治药物，给全县乃至全省菜农带来了希望。1993年，全县种植面积上升到1313亩，产量达150万公斤，产值200多万元，获得了省级科研成果奖。

1958年，白庄农林工作站在道帏乡开展化学药剂除草试验示范，证明是一项省工、省钱、效率高、杀草种类多、增产显著的好方法，开始在全县推广。60年代由于缺乏得力措施未能大面积推广应用。70年代初，推广部门第二次开展试验示范推广。1981年街子孟达山用2.4D丁脂除杂草1500亩，占麦类作物面积的38.1%，除草效率在80%—90%之间，增产20%以上，1983年全县用2.4D丁脂化学除草26488亩。90年代由于政策稳定，业务部门重视农业科技试验、示范、推广、培训工作，用化学药剂防除野燕麦、阔叶杂草，群众普遍接受而广为普及。1997年防治面积达6.6万亩。

70年代开始应用“土火箭”防雹技术和高炮作业技术为农业生产服务。经20多年的防雹工作实践，不断总结提高防雹技术水平，道帏、白庄、街子、文都四个炮点

① 编者按：此处原文为“危胁”，应为“威胁”。

22 名业务干部和民兵，坚持季节作业 4 个多月，高炮射击覆盖面积 9 万多亩，对夺取农业丰收起到了重要作用，深受各族群众的欢迎。

——马光辉：《循化农业科技工作回忆》，政协青海省委员会学习和文史委员会、政协循化撒拉族自治县委员会：《兴旺之路——撒拉族变迁与发展史料选辑》（内部资料），1998 年，第 201—203 页。

1951 年县建设科试验推广六寸步犁 3 部、五寸步犁半套计 34 部；1952 年推广使用五寸简化步犁 15 部、五寸全套步犁 50 部；1953 年县农业推广站又引进推广七寸步犁 5 部、五寸步犁 1 部，三年共推广步犁 107 部，训练使用步犁农民 37 人，开始耕作制度的改革，1953 年县农技站从陕西引进四行楼摆条播机，在清水田盖韩哈三、下滩韩老三、循阳托坝黎清等互助组共 13 户 13.4 亩上试验，结果黎清互助组试种的 0.8 亩打粮食 566 斤，亩产 707.5 斤，比政府引导农民提倡手溜播种，既减轻了劳动量，又节约了籽种，还增加了产量，很快在全县推广。第一个“五年”计划期间，还引进使用了收割机、脱粒机和运输工具架子车。1958 年农技专业干部在全县大搞工具改革，新制大小畜力车 1 万辆，积极推广滚珠轴承等工具外，还引进推广了 6 行、12 行播种机，双轮双铧犁和标准式山地步犁，从而使循化县农业工具在耕、耙、播种、深翻、平地、运输等方面提高了劳动效率，为农业生产增产奠定了基础。

1971 年成立了农机科和农机科学研究所，根据 50 年代—60 年代农业机具在农业生产上推广应用所取得的成绩基础上，进一步总结经验，制订了《循化县“四五”期间农牧业机械化发展规划（草案）》，并有计划地引进推广农业机具、以期逐步实现耕地、播种、脱粒、粮油加工、运输等机械化和半机械化。到 1975 年，引进使用拖拉机 19 台、手扶 45 台、各类机引农具 40 台，机耕面积达 2 万亩，占总耕地面积的 13.6%，占可机耕面积的 26.8%；条播机 320 台，机播面积 2.4 万亩，占可机播面积的 30%；脱粒机 90 台，脱粒机械化程度达到 14%。1976 年底，拖拉机 68 台 3767 马力，小型拖拉机 307 台 3668 马力，机引农具犁 32 台，耙 15 部，播种机 14 台，农用动力机械 692 台 9623 马力，脱粒机 426 台，扬场机 171 台。拖拉机驾驶员 606 名，机耕面积 7.4 万亩，机械播种 1.2 万亩，条播面积达 85% 以上，前后还引进适合循化地区的磨面机、榨油机等农副产品加工机械。随着科学技术的不断发展，农民群众的科学意识不断提高，经过 30 多年的农业工具改革提高，二牛抬杠被步犁、机械耕作替代；乱撒、手溜被畜力条播、机械条播替代；连枷、碌碡被机械脱粒替代；人背畜驮被架子车、动力机械运输替代，农业生产的条件不断改善，促进了农业生产力的发展和粮食产量的大幅度提高。

进入九十年代，又引进试验、示范、推广了化肥深施技术，以及分层条播机、沟播机、穴播机、点播机的引进应用，在家庭联产承包责任制的农业生产中显示了科学技术的又一巨大威力。1990年到1997年前后引进推广播种累计面积73176.2亩。据调查：分层条播化肥深施技术亩增粮食22.5公斤，增幅13.1%；少量亩增26.6公斤，增幅16.98%；旱田沟播亩增26.5公斤，增幅16.9%，浅山穴播亩增50%以上，投产比例为1∶2.37。综上可见，普及农业科技的过程，是解放思想、提高生产力的过程；农业科技的应用是农业发展、粮油增产、农民富裕、社会安定、农村繁荣、国家强盛的有力保证。

——马光辉：《循化农业科技工作回忆》，政协青海省委员会学习和文史委员会、政协循化撒拉族自治县委员会：《兴旺之路——撒拉族变迁与发展史料选辑》（内部资料），1998年，第195—205页。

早在1987年，马光辉与道帏藏族乡有关领导联手成立了由153名会员组成的科普协会，随之又大胆地尝试了27个行政村的科技村主任组建培训工作。……随后，全县10个乡镇154个行政村相继都配备了科技村主任，在开展科普服务工作中，发挥着重要作用。

……1992年，全县线辣椒种植面积上升到1313亩，产量达150多万公斤，产值达200多万元。……现在种植面积达1.8万亩，年产值达4000万元，农民人均增收300元。

——孙世成：《奉献在田野里——记循化撒拉族自治县农业科技中心主任马光辉》，《青海日报》，2006年5月18日。

1970年秋翻、土地处理及良种情况统计表（单位：亩）

公社名称	秋翻情况						打歇地	土壤处理
	应翻面积	已翻			其中			
		一遍	二遍	三遍	机翻	铁锹翻		
道帏	24581	17552	1078	184	500	1	7181	5447
东风	11530	11333	3502	34			2623	2203
清水	7000	7000	6500	30		79	600	1000
城镇	9688	9688	9688	621	105	360	884	320

续表

<table>
<tr><td rowspan="3">公社名称</td><td colspan="7">秋翻情况</td><td rowspan="3">打歇地</td><td rowspan="3">土壤处理</td></tr>
<tr><td rowspan="2">应翻面积</td><td colspan="3">已翻</td><td colspan="2">其中</td></tr>
<tr><td>一遍</td><td>二遍</td><td>三遍</td><td>机翻</td><td>铁锨翻</td></tr>
<tr><td>街子</td><td>12626</td><td>10655</td><td>5054</td><td>1319</td><td>3114</td><td>240</td><td>6618</td><td>479</td></tr>
<tr><td>红旗</td><td>6550</td><td>6550</td><td>6550</td><td>1169</td><td>15</td><td>460</td><td>293</td><td>4155</td></tr>
<tr><td>文都</td><td>14421</td><td>14421</td><td>7020</td><td></td><td>450</td><td></td><td>1799</td><td>58</td></tr>
<tr><td>尕楞</td><td>12191</td><td>12191</td><td>1704</td><td></td><td>218</td><td></td><td>2200</td><td>509</td></tr>
<tr><td>岗察</td><td>—</td><td>—</td><td>—</td><td>—</td><td>—</td><td>—</td><td>—</td><td>—</td></tr>
<tr><td>总计</td><td>98587</td><td>89390</td><td>41096</td><td>3358</td><td>4402</td><td>1140</td><td>22198</td><td>14171</td></tr>
</table>

——根据循化县档案资料（卷宗号：140）相关资料整理。

循化县 1978 年农业生产统计表

公社	家肥（方）	杂肥（方）	烧灰（方）	羊板粪（方）	腐肥（斤）	5406（斤）	化肥（斤）
道帏	108525	10	26308	10000	141160	3613384	94500
东风	70866	8034	17521	——	218274	3330000	330000
清水	33736	849	2500	600	——	330000	437200
城镇	50521	2104	440	350	130000	1495200	555200
街子	42980	314	455	388	16000	3799025	644250
红旗	45325	3046	1378	556	61000	2714009	30300
文都	47473	1065	4715	341	991700	636046	594282
尕楞	41433	——	4578	446	15300	319500	37200
合计	440864	10422	59399	24731	494506	1733505	5235932

补充：全县有机肥料合计 535907 方。

—— 1978.4.30 县农水办相关资料整理（内部资料）。

1978—1995 循化县财政科技投入情况表（单位：万元）

<table>
<tr><td rowspan="2">年份</td><td colspan="3">财政收入</td><td rowspan="2">财政支出</td><td rowspan="2">科技支出</td><td rowspan="2">科技支出占财政支出的比重</td></tr>
<tr><td>地方收入</td><td>国家补助</td><td>合计收入</td></tr>
<tr><td>1978</td><td>123.8</td><td>646.9</td><td>770.7</td><td>778.5</td><td>15.9</td><td>2.04</td></tr>
<tr><td>1980</td><td>91.7</td><td>630.9</td><td>722.6</td><td>773.3</td><td>15</td><td>1.94</td></tr>
<tr><td>1985</td><td>122.9</td><td>1086.5</td><td>1209.4</td><td>1273.7</td><td>3</td><td>0.24</td></tr>
<tr><td>1990</td><td>212</td><td>1204.2</td><td>1416.2</td><td>1596.7</td><td>2.6</td><td>0.16</td></tr>
</table>

续表

年份	财政收入			财政支出	科技支出	科技支出占财政支出的比重
	地方收入	国家补助	合计收入			
1995	322.5	1790.1	2112.6	2343	0.2	0.0085
备注	1995 年预算支出为 3.7 万元，实际支出 0.2 万元					

——马维胜、马光辉、马芳：《民族贫困地区呼唤科技——循化撒拉族自治县科技状况调查》，《青海民族研究》，1998 年第 1 期。

1953 年 8 月 1 日成立循化县邮电局，次年 8 月 1 日改称循化撒拉族自治县邮电局，设营业室、总机、会计室等。1956 年设立街子邮电所、白庄邮电所。1959 年至 1962 年相继设立了文都邮电所、道帏邮电所。1969 年底，全国邮电系统分设邮政与电信机构，循化撒拉族自治县邮电局分为邮政局和电信局。邮政局归属革委领导，电信局归县武装部接管，实行军地双重领导，并派驻军代表，设教导员 1 名，实行军事化管理。1973 年 9 月，根据国务院、中央军委联合下达的“关于调整邮电体制问题的通知”精神，邮政与电信合二为一，恢复循化撒拉族自治县邮电局，受省局和地方政府双重领导，以省局领导为主。

——韩文德：《循化邮电事业的变迁》，政协青海省委员会学习和文史委员会、政协循化撒拉族自治县委员会：《兴旺之路——撒拉族变迁与发展史料选辑》（内部资料），1998 年，第 303 页。

1960 年开通循化至西宁无线电报电路一条，配备无线报务员 3 名；1975 年底循化至西宁有线电传电报电路开通，从此结束了循化邮电局自 1953 年 8 月建局以来无线通报的历史。

1954 年架通了循化至西宁的长话线路，次年架通了循化至黄南、循化至临夏的长话线，1963 年循化县邮电局首次安装了单路载波终端机 1 部，长途线路由 1 条起步到 1975 年增加到 6 条。1953 年开通了 50 门人工磁石交换设备。建市话线路总长度为 3.42 杆程公里。1956 年架通了街子、白庄、道帏、查汗都斯、文都、清水、尕楞乡的电话，1962 年农村电话由地方政府交归邮电局管理，全县农村电话总长度为 107.79 杆程公里。

——韩文德：《循化邮电事业的变迁》，政协青海省委员会学习和文史委员会、政协循化撒拉族自治县委员会：《兴旺之路——撒拉族变迁与发展史料选辑》（内部资料），1998 年，第 303 页。

1987 年至 1997 年十年间，全县邮电固定资产投资达到 647 万元，相当于新中国成立至 1986 年近 40 年来邮电固定资产投资总和的 87 倍。直到改革开放后的 1989 年，当邮电通信业在全国呈现燎原之势，遍及城乡牧区之时，撒拉族自治县的邮电通信条件仍处于落后状态：全县没有一个公用电话亭，全县的市内电话用户只有 187 户，其中住宅电话只占 20 多部，交换机容量 500 门，长途线路 19 条，以明线载波为主。全县邮电业务收入只有 23 万元，邮电业务总量只有 26 万元。

1989 年，在循化县通信史上是个值得纪念的年份，循化邮信业在省、地局和县政府的支持关怀下，开通了 500 门纵横制自动交换机，彻底告别了“摇把子”电话的时代。1993 年 3 月开通了数式 HJD-04 型程控电话，完成了 2000 门市话设备安装调测，实现一步到位的梦想。1995 年 5 月 1 日开通了无线寻呼业务；1997 年开通了数字式移动电话。光缆线路在县内从无到有，光缆总长度现已到 6 公里，从此形成全县较大容量的传输网络。

经过 20 年的创业奋斗，全县农话线路总长度达到 182.79 杆程公里，264.66 线对公里。长途业务电路由 1988 年的 11 条路增到 1997 年的 245 条路，为 1988 年的 22 倍。市内交换容量自新中国成立到 1988 年均使用磁石交换机，局用交换机容量从 1989 年的 500 门增加 1997 年的 2000 门，实装用户从 1989 年的 187 户增加到 1997 年的 1399 部。无线寻呼、移动通信网尽管发展较慢，但潜在市场较大，已建成两个移动通信基站，移动用户现已达到 75 户，至此，全县基本形成了地下有电缆，地面有线路，天上飞信息的多元化通信格局。

——韩文德：《循化邮电事业的变迁》，政协青海省委员会学习和文史委员会、政协循化撒拉族自治县委员会：《兴旺之路——撒拉族变迁与发展史料选辑》（内部资料），1998 年，第 305—306 页。

1995 年以后，县邮电部门集中力量加快邮电建设，特别在新技术应用方面加大力度，积极推进信息化进程，从而使技术进步的作用体现在包括网络管理、运行维护与经营服务等各个环节，促进了通信网的提高。长途传输实现数字化，交换实现程控化，建成了以县局为中心的县内交换网络，电话号码升为 6 位；移动通信的覆盖面基本覆盖了县城以西大部分地域，实现了全国联网漫游；数据通信已开始发挥能力，金融、企业等系统进入数据网，形成了一个具有相当规模、技术先进的光缆传输和程控交换、移动通信、数据通信、计算机互联网等多种手段的现代通信网络。1998 年 5 月建成了电子化营业厅，通信网不仅能够向社会提供函件、包裹、汇票、电话等基本通信业务，而且开办了传真和邮储“绿卡”等多种新业务，增强了撒拉族地区的通信能力。

——韩文德:《循化邮电事业的变迁》，政协青海省委员会学习和文史委员会、政协循化撒拉族自治县委员会:《兴旺之路——撒拉族变迁与发展史料选辑》(内部资料)，1998 年，第 306 页。

“十一五”末，全县对科技的投入占财政总支出的 0.44%，科普事业费达人均 0.63 元，科技三项费投入达到财政实际预算支出的 0.5%以上。科技基础设施建设大力改善，先后培育了仙红、天香、雪舟三家国家级产业化扶贫龙头企业和伊佳、青海绒业两个轻纺工业省级扶贫龙头企业，培育并扶持壮大了阿丽玛乳业、雪驰清真肉食品有限公司、忠华核桃有限公司以及恒祥畜产品开发等县级扶贫开发龙头企业，使农牧业产业化水平显著提高、产业链不断延伸，科技在农业增加值中的贡献率达到 45%，在工业增加值中的贡献率达到 45%，对经济增长的总体贡献率达到 45%以上。

——《循化县科技工作十二五规划》(内部资料)。

二、教育

1. 扫盲运动

1956 年，我县组织动员入学的人数达 3500 人，达到计划数的 87.5%，250 人摆脱文盲。

——《循化撒拉族自治县扫除文盲协会 1957 年度扫除文盲工作计划》，循化县档案馆藏，档案号：0033。

1955 年度第一学期循化县干部业余补习学校综合报表

部门	学员数		学员级别				工人及勤付人员	其他
	总数	其中干部数	地级以上	县级	区级	一般干部		
政府部门	8	2				2	6	
党群部门	1						1	
事业部门	16	16		1		15		
企业部门	31	27				27	4	
总计	56	45		1		44	11	

——《循化撒拉族自治县文卫科基本情况调查表》，循化县档案局，档案号：0023。

2. 小学教育

1949 年 10 月份，循化县成立复学委员会，动员教师、学生返校上课，恢复 5 处中心学校，教员 47 人，学生 665 人，取缔旧课程，废除旧教学方式。至 1951 年，全县所有学校开课，有县立完小 7 所，教职员 56 人，学生 2586 人。群众自办初小 10 所，教职工 17 人，学生 696 人。各校成立董事会和学生会。

1953 年 3 月，奉省人民政府指示，全县民办初小一律改为公立初小，并在道帏、尕楞、文都藏族地区设初小 4 所。学校经费全部由县财政供给。各校分不同年级设国语、算术、图画、体育、手工、音乐、历史、地理、自然，每周授课 36 节。撒拉、回族地区完、初小增授阿文课。

1958 年，全县掀起全党全民大办教育的热潮，小学发展到 67 所，学生增加到 7040 人，占学龄儿童总数的 90.8%。学校教育贯彻“教育为无产阶级政治服务，教育与生产劳动相结合”的方针，学生中提倡“人人争五分，全班实现满堂红”。学校实行勤工俭学，建立校办工厂和农场，学生参加生产劳动。同年，实行宗教制度改革。撒拉、回族地区学校停授阿文课，24 名阿文教员下放回家。至 1959 年，学校种地 116.2 亩，生产粮食、蔬菜，饲养家畜、家禽 383 头（只），由于劳动太多，影响学生文化知识学习。3 年困难时期，学校教育受到影响，学校从 1959 年的 51 所减少到 1961 年的 45 所，学生从 1959 年的 7584 人减少到 5113 人。由于学生流动大，部分学校处于停顿或半停顿状态。

1962 年，贯彻“调整、巩固、充实、提高”的方针，实行全日制教学，延长学生在校学习时间，健全各项规章制度，严格实行考核和升留级标准，坚持国家、集体两条腿走路，3 级办学方针，采取国家、人民公社、生产大队或大队联办形式，合理布局，县办学校 14 所，社办学校 10 所，大队或大队联办 23 所。1964 年，试办耕读小学 32 所，34 个班级，学生 935 人。至 1965 年，耕读小学发展到 48 所，耕读生达到 1939 人，占在校学生总数的 31.2%。耕读小学教师由社会聘请，实行同工同酬，统一参加生产队年终分配，农忙季节学生半天上课，半天劳动，农闲全天上课。试办不久，停止推广。

1966 年 5 月，“文化大革命”开始，小学教育遭到冲击和干扰，教学秩序混乱，先是批判所谓的“教育战线的资产阶级代表人物”“反动学术权威”，后掀起“破四旧、立四新”，开展“横扫一切牛鬼蛇神”的群众运动，围攻教师中的“黑五类”“保皇派”，大部分教师遭批斗，学校成立红卫兵组织，少先队改称红小兵，学校学生“停课闹革命”，外出搞大串联，教学工作处于瘫痪状态。1967 年 12 月后，各校开始复课闹革命，军宣队、工宣队、贫管会管理学校，教材内容减少。以毛主席语录和著作《老三篇》代替政治、语文课。早请示，晚汇报，表“忠”心，忆苦思甜为重点，教学质量严重下降。1970 年后，在“学制要缩短，教育要革命”的思想指导下，农村公办小学领导权下放到大队，村村办学，初小实行 3 年制，完小实行 5 年制，各校恢复考试和升留级制度。1977 年，小学发展到 173 所，其中教育部门办 21 所，集体办 152 所，在校学生 10301 人，教职工 547 人，其中公办 168 人、民办 379 人，学龄儿童入学率达到 72.9%。

中共十一届三中全会后，纠正“左”的错误，逐步恢复和健全小学各项管理体制，教学秩序趋于正规。1979 年，藏族地区恢复藏语文教学。1980 年，合理调整学校布局，按《教学大纲》和全国统编教材分年级设置课程，中低年级主要设思想品德、语文、算术、美术、体育，高年级增设自然、史地课，贯彻《小学生守则》，教书和育人相结合，学校、家庭、社会教育互补，开展学雷锋树新风活动。县人民政府每年给各乡镇下达普及、巩固、合格、毕业升级率任务，年底考核验收。是年，街子、查汗都斯、清水、白庄中心完校设立撒拉族女生班，并在收取学杂费、课本费等方面给予优惠，调动撒拉族女生入学积极性。1985 年 3 月，实行教育体制改革，各乡镇成立教育委员会，学校实行校长负责制，下放管理权限，坚持谁办学、谁管理、谁负责的原则。加强乡镇对学校的管理和领导。各学校普遍制定教师岗位责任制，开展优质课评比、观摩、全县年级统考等活动，切磋教艺，提高教学质量，年终验收，兑现奖罚，使教师的责任感、紧迫感增强，学生入学率和学习成绩不断提高。1990 年，全县有各类小学 93 所，其中完小 51 所、初小 42 所，寄宿制学校 4 所。藏族地区 45 所完、初小实行藏汉“双语”教学。在校学生 11578 人，其中少数民族学生 10749 人，女生 3092 人，少数民族女生 2670 人，学龄儿童入学率 75.3%，巩固率 95.5%，毕业生 883 人，升学率 98%。教职工 683 人，师生比例 1∶17。

1949—1990年小学基本情况统计

年份	学校数			班级数	学生数			毕业生数	招生数	学龄儿童入学率			教职工数			
	总数	完小	初小		总计	其中				应入学儿童数	已入学儿童数	学龄儿童入学率%	总计	其中		
						女生数	少数民族学生数							公办教师	民办教师	其中专任
1949	5	5			665	60							47	47		45
1950	12	8	4		1465	128	1075						36	36		35
1951	17	7	10	56	3282	209	2423	24					73	56	17	63
1952	22	7	15	70	3005	881	2421						87	87		79
1953	24	7	17	73	2549	772	2001						100	100		93
1954	24	7	17	74	2553	710	2071	63					98	98		91
1955	24	7	17	74	2655	847	1976	72	276	3123	2086	66.8	106	106		99
1956	30	11	19	86	3705	1256	3108	92					114	114		107
1957	31	11	20	76	3623	1156	3010	130	62	5462	2913	53.3	117	112	5	110
1958	67	15	52	134	7040	2249	5114	178	2711	6500	5907	90.8	167	88	79	87
1959	51	15	36	158	7584	2645	6873	182	1388	7415	6451	87	188	122	66	128
1960	54	23	31	156	7249	2685	6460	323	1036				102	42	60	85
1961	45	20	25	153	5113	1931	4148	125	323	4888	4199	85.9	145	93	52	88
1962	47	11	36	108	3567	1294	2881	35	399	5160	3208	62.1	125	79	46	124
1963	38	17	21	145	3133	1150	2287	45	584	5160	2203	42.7	122	78	44	121
1964	63	18	45	142	4598	2491	3979	365	698	7498	4398	58.6	149	82	67	130
1965	85	22	63	166	6207	2278	4379	252	1047	6776	4141	61.1	199	101	98	168
1966	62	20	42	162	4037	1184	2774	410	1337	4900	2640	53.2	187	109	78	187
1967	64	20	44	168	3711	1024	3120	320	922	5100	2481	48.6	185	107	78	185

续表

年份	学校数			班级数	学生数			毕业生数	招生数	学龄儿童入学率			教职工数			
	总数	完小	初小		总计	其中				应入学儿童数	已入学儿童数	学龄儿童入学率%	总计	其中		
						女生数	少数民族学生数							公办教师	民办教师	其中专任
1968	57	20	37	158	3055	1082	2463	372	982	4995	2241	44.8	181	116	65	162
1969	59	19	40	166	3459	913	2549	181	1486	5426	3104	57.2	164	113	51	164
1970	83	25	58	204	4264	1033	3423	195	2101	5652	3471	61.4	217	122	95	192
1971	75	27	48	225	5190	1384	3634	260	2558	6215	4439	71.4	210	117	93	194
1972	105	40	65	238	6397	1727	5327	265	1608	7501	5521	73.6	290	128	162	254
1973	118	39	79	273	7126	2119	5903	361	1426	8177	6261	76.5	315	142	173	301
1974	127	39	88	359	7884	2397	6774	447	1787	8251	6816	82.6	392	192	200	377
1975	150	41	109	360	10185	3800	8657	519	4832	10923	10027	91.8	457	192	265	430
1976	160	73	87	398	10586	3665	9117	770	2740	9351	8495	90.8	492	177	315	476
1977	173	63	110	393	10301	3529	5624	855	1802	11435	8346	72.9	547	168	379	546
1978	155	61	94	372	9352	2698	8099	1084	2001	9998	7795	78	502	154	348	493
1979	147	64	83	465	8434	2117	7410	687	1976	9529	6916	72.5	511	146	365	497
1980	105	52	53	374	7027	1529	5947	690	1433	9711	5851	60.2	447	159	288	424
1981	93	46	47	307	6923	1462	5012	665	1491	10212	5646	55.2	459	231	228	434
1982	90	38	52	338	6750	1405	5762	590	1761	10442	5825	55.7	483	268	215	458
1983	95	37	58	334	8132	2197	6912	592	2214	12108	6729	55.5	538	321	217	504
1984	97	51	46	380	10318	2910	9141	533	3003	12385	9378	75.7	583	335	248	556
1985	95	51	44	380	10545	2906	9423	675	1914	11712	9871	84.2	582	360	222	558
1986	98	52	46	402	11293	3235	10184	378	2175	12782	9858	77.1	662	455	207	612

续表

年份	学校数			班级数	学生数			毕业生数	招生数	学龄儿童入学率			教职工数			
	总数	完小	初小		总计	其中				应入学儿童数	已入学儿童数	学龄儿童入学率 %	总计	其中		
						女生数	少数民族学生数							公办教师	民办教师	其中专任
1987	98	55	43	407	11759	3363	10886	687	1673	13063	10144	77.6	654	444	210	613
1988	98	52	46	406	11205	3655	10298	775	1835	13239	10338	78.1	645	478	167	607
1989	93	50	43	390	11270	2840	10471	855	2300	12998	9575	73.7	657	476	181	625
1990	93	51	42	395	11578	3092	10749	883	2425	12459	9387	75.3	683	517	166	643

注：学生数总计大于入学儿童数，是因包括 13 岁以上的学生。

——循化撒拉族自治县志编纂委员会：《循化撒拉族自治县志》，中华书局版，2001 年版，第 608—612 页。

2011—2014 年循化撒拉族自治县教育（小学）基本情况

年份	单位名称		道帏	白庄	循阳	民中	尕楞	藏中	循中	查汗都斯	高级中学	合计
2011	学校数	完中						1				1
		高中									1	1
		初中	1	1	1	1	1		1	1		7
	班级数	初中	10	12	13	17	6	13	30	9		110
		高中						15			21	36
	在校学生	合计	426	502	690	792	238	1630	1573	385	1037	7273
		初中	426	502	690	792	238	779	1573	385		5385
		高中						851			1037	1888
	教职工数	初高中	36	28	45	42	18	76	90	28	89	452

续表

年份	单位名称		道帏	白庄	循阳	民中	尕楞	藏中	循中	查汗都斯	高级中学	合计
2011	其中：专任教师	初中	36	28	45	42	18	32	90	28		319
		高中						44			89	133
2012	学校数	完中						1				1
		高中									1	1
		初中	1	1	1	1	1		1	1		7
	班级数	初中	9	7	8	13	6	13	17	7		80
		高中						17			20	37
	在校学生	合计	321	330	373	554	206	1494	855	241	928	5302
		初中	321	330	373	554	206	589	855	241		3469
		高中						905			928	1833
	教职工数	初高中	31	28	39	41	19	72	90	30	90	440
	其中：专任教师	初中	29	28	39	40	19	32	78	26		291
		高中						39			78	117
2013	学校数	完中						1				1
		高中									1	1
		初中	1	1	1	1	1		1	1		7
	班级数	初中	9	8	8	13	5	12	17	7		79
		高中						17			20	37
	在校学生	合计	336	378	357	576	187	1526	886	267	991	5504
		初中	336	378	357	576	187	594	886	267		3581
		高中						932			991	1923
	教职工数	初高中	31	28	39	41	18	73	90	30	89	439

续表

年份	单位名称		道帏	白庄	循阳	民中	尕楞	藏中	循中	查汗都斯	高级中学	合计
2013	其中：专任教师	初中	31	28	39	41	18	33	90	30		310
		高中						40			89	129
2014	学校数	完中						1				1
		高中									1	1
		初中	1	1	1	1	1		1	1		7
	班级数	初中	9	9	8	12	6	12	18	7		81
		高中						16			21	37
	在校学生	合计	381	457	377	570	225	1451	1006	244	967	5678
		初中	381	457	377	570	225	543	1006	244		3803
		高中						908			967	1875
	教职工数	初高中	29	28	38	41	9	73	78	21	90	407
	其中：专任教师	初中	29	28	38	40	9	30	78	21		273
		高中						42			82	124

注：2011 年有小学 59 所，不包括 13 所教学点；2012 年有小学 61 所，不包括 21 所教学点。

——青海省统计年鉴汇编。

1991年……入学率、巩固率、毕业率、普及率分别达到76.5%、96.4%、93.1%和59.7%。

1995年，县委、县政府召开全县教育工作会议，出台许多加快义务教育发展的政策措施，将普及九年义务教育列入县域经济、社会发展的总体规划之中，做出“分类规划、分类实施，2000年初全县基本实现普及九年义务教育”的决策。以实现“两基两全”（基本普及九年义务教育、基本扫除青壮年文盲和全面贯彻党的教育方针、全面提高教育教学质量）为目标，落实分级办学的教育管理体制，动员群众支持教育，全民重教的氛围逐步形成，群众捐资捐物价值10万元，加上“希望工程”、国家投资、澳大利亚新建教学楼1幢、小学1所，危房改造1920平方米，办学条件有所改善。“四率”逐年攀升，特别是少数民族适龄儿童入学率大幅度提高。全县应有学龄儿童总数13520人，已入学11263人，入学率达到83.3%。

1998年，各乡镇教委和学校组织人员，分别到全县2万多户人家逐一进行普查登记，建立普及初等教育（即小学教育）的“八表八册”和普及初等教育的“九表九册”，摸清教育对象基数，建立健全普教档案。县政府每年投入20万元专款用于教育危房改造，进一步落实“普九”工作“重中之重”的地位，将“普九”列为县、乡镇、村的“一把手”工程，实行县政府与乡政府、教育“双轨”目标责任制，各乡镇成立局与乡镇教委“义务教育执法队”，通过行政、经济手段，力促义务教育。全县适龄儿童入学率达到93.1%，比1995年提高9.8个百分点。

2000年，县人大颁布《循化撒拉族自治县义务教育条例》，县委、县政府做出《关于进一步加快教育改革和发展步伐的决定》，出台《关于“两基”工作实行对口帮扶基层学校的通知》，29名县级领导、75个县直单位与基层学校建立帮扶关系，为“两基”工作办实事，取得良好效果。经省政府验收，“普六”工作达到省颁标准。

2005年，县委、县政府出台《关于进一步加快“两基”攻坚步伐的决定》，对“两基”工作实行党政一把手负责制。落实“两免一补”政策，加大贫困学生救助面，义务教育阶段93.5%的学生享受免费提供教科书、53.3%的学生享受助学金补助政策。动员134名未按期入学的适龄少年儿童入学、546名辍学学生返校。鼓励社会各界人士关心支持“两基”攻坚，成立撒拉族教育发展基金会和文都乡教育发展基金会，筹集资金120万元，用于救助贫困生和改善办学条件。2010年，小学、初中入学率分别达到99.7%和99.3%，残疾儿童入学率达到88.9%。巩固率达到99.8%，初中达到99.3%。毕业率小学达到100%，初中达到100%；小学、初中辍学率分别控制在0.06%和0.4%。

1991—2020 年循化撒拉族自治县小学教育概况统计表

年份	学校数（所）	班数（个）	学生数（人）	教职工数（人）
1991	102	376	11485	711
1992	103	398	11975	728
1993	101	401	12011	736
1994	102	411	12113	729
1995	101	431	12789	736
1996	103	451	13007	738
1997	101	472	13405	735
1998	101	477	13605	730
1999	102	498	13931	724
2000	98	496	14212	746
2001	97	492	14278	774
2002	98	518	15111	770
2003	96	525	15221	813
2004	97	524	14979	723
2005	98	524	14911	765
2006	95	503	14894	746
2007	96	498	15407	769
2008	85	470	14823	721
2009	75	447	14621	720
2010	72	433	14459	703
2011	59	429	14858	708
2012	61	435	14575	725
2013	62	424	14776	719
2014	62	428	14609	660
2015	41	440	14816	659
2016	42	443	15520	623
2017	43	504	15364	841
2018	37	492	16454	791
2019	36	501	16611	1025
2020	37	512	16288	888

——循化撒拉族自治县地方志编纂委员会：《循化撒拉族自治县志》，三秦出版社，2017 年版，第 579—580 页。

1949年8月27日循化解放，10月，县人民政府组织复学委员会，派人下乡，动员教师、学生返校上课，当即恢复开办5所小学，到任教师47人，学生665名（其中撒拉族126名，回族112名，藏族3名）。开始正常上课。1950年元月，县上举办学校教师和青年干部培训班。3月，县政府设教育科，科长1人，科员2人。

1951年，学校恢复较快，全县有完初小16所，县立完校7所（撒拉族小学3所，回族小学2所），教职员56人，学生2586人，其中撒拉族1438人、回族361人、藏族211人，有民办和初小9所，教员17人，学生696人。当年，古雷寺创办第一所藏族小学，并在撒拉族、回族小学恢复阿文课。同年，开始选派教师去西宁新民主主义行政教育研究班离职学习一年。从这年冬起，在农村城镇成立冬学委员会，普遍开办冬学、民好、速成识字班，有农民学员5484人。

1953年3月，奉省政府指示、全县民办初小一律改为公立初小，并在道帏、文都、尕楞藏族地区设立初小4所，开设藏文课。当年有教师77人，全部实行工资制，按本地小麦市场价格折合成工资分发，学校行政费、公杂费等全部由县财政供给。各校课程设置齐全，小学教育逐步走向正规。同年7月，全县教师赴省会西宁参加思想改造学习。

1956年文教科下设视导组（1979年改为教研室）。

1957年在教师中开展反右派运动。同年教育科与卫生科合并，称文卫科（1971年恢复文教科，1978年设教育科，1981年由科改局）。

1958年“大跃进”[①]中，全县掀起大办教育的热潮，号召村村办学，队队办学，普及小学义务教育，小学发展到57所，学生猛增到7040人，占学龄儿童总数的96%，教师增至293（其中民办教师67人）人。同时在“教育为无产阶级政治服务，教育同生产劳动相结合”的方针指导下，校内大力倡导勤工俭学，学校办起了小工厂、小农场，种地116.2亩，饲养家禽家畜，学生参加劳动。当年，实行宗教制度改革，24名阿文教员下放回家，从此停授阿文课。

在小学教育发展的基础上，1958年9月，循化中学在跃进声中诞生，新建了教室、宿舍，开辟了运动场地，副县长韩应选（撒拉族）为首任校长，招新生174人（少数民族学生87名，全部享受助学金），设4个初中班，有教职工13人。循化中学的成立，从此结束了各民族小学毕业生长途跋涉去县外上中学的历史，为循化培养了大批民族干部。

① 编者注：原文“大跃进”三字无双引号，此处双引号由编者所加。

1960年，岗察牧区公社设立帐房小学，设教学点3个，在广阔的草原上有了学校，牧民们开始听到孩子们的琅琅读书声了。

三年国民经济困难时期……学校数从1958年的53所减少到1961年的45所，学生从8146人减少到5113人。由于学生流动性大，有些学校处于停顿和半停顿状态。

1962年，学校教育贯彻“调整、巩固、充实、提高”的方针，实行全日制教学，延长在校学习时间，健全各项规章制度，严格考核和升留级制度，坚持国家、集体两条腿走路，实行三级办学，调整学校布局等一系列措施后，学校在整顿中逐步发展。当年全县有县办中学1所，县办小学、社办小学10所，大队或大队联办24所，有完小11所，初小36所。在校中小学生3759人，教师145名。

1964年，全县试办耕读小学32所，有34个班级，学生935人，半日上课，半日回家劳动。次年耕读生达到1022人，占在校生总数的20.4%。1965年，全县小学由1963年的38所增加到69所、学生从3133人增至5008人，学龄儿童入学率从42.7%上升到58.6%。

1966年至1976年“文化大革命”① 期间，学校教育遭到严重冲击和干扰，学生“停课闹革命”，大部分校长和教师遭批斗，教学秩序混乱，教学质量下降，学校工作处于半瘫痪状态。1969年中学制改为五年制，课程设置简易，不注意文化知识，多学习“红小书”和“老三篇”，考试开卷。在普通中学取消了原有的考试招生制度，采取考试与推荐相结合的办法。

1970年后，在“学制要缩短，教育要革命”的口号下，农村公办小学下放到大队，初小下放到村办，完小实行五年制，初小三年制，学校开始逐步恢复了考试与升留级制度。

在“文化大革命”② 期间，根据群众要求，先后在清水、白庄、积石镇、查汗都斯、街子、道帏、文都（尕楞1978年并入文都）中心完小设戴帽初中班。

——吴绍安：《建国后循化的民族教育》，政协青海省委员会学习和文史委员会、政协循化撒拉族自治县委员会：《兴旺之路——撒拉族变迁与发展史料选辑》（内部资料），1998年，第117页。

岗察牧区开办的全日制寄宿制初小（1979年创办）招收牧民子弟，食宿及学习费用由县上补助。1980年在街子、查汗都斯、清水、白庄等中心完小设立撒拉族女生班，

① 编者注：原文“文化大革命”无双引号，此处双引号为编者所加。

② 编者注：原文“文化大革命”无双引号，此处双引号为编者所加。

并在学杂费、课本、作业本等方面给予补助，调动了撒拉族女孩子入学的积极性。对撒拉族女中和藏文中学学生也在伙食和学习用品上给予特殊照顾。1984年县机关幼儿园成立，新建教学楼，招收各民族幼儿入园。至今，幼儿园有8个班，幼儿261名，其中少数民族188名，占72%，教职工31名。1995年起，先后将三批各民族学生148人送往山东和辽宁抚顺教育对口帮扶学校学习，并从循化选派专职老师负责生活管理，还调配炊事员为撒拉族、回族学生开清真灶，伙食费上给予适当补助。

——吴绍安：《建国后循化的民族教育》，政协青海省委员会学习和文史委员会、政协循化撒拉族自治县委员会：《兴旺之路——撒拉族变迁与发展史料选辑》（内部资料），1998年，第119页。

循化民族师范，创办于1978年，开始在积石小学内设立。1980年迁往草滩坝新校址，国家投资27万元，修建了1470平方米砖混结构教学和宿舍楼。当年招收各民族学生50名，学制3年，使用全国统一师范学校教材。师范学校从成立到1993年撤并，先后12届共培养了811名毕业生（包括黄南民族师范代培的“双语”生68名），其中少数民族毕业生579名（撒拉族294名、回族200名、藏族85名），占毕业生总数的71.4%。

撒拉族女子中学创办于1981年7月，新建了教学楼和宿舍楼一幢，当年招收少数民族女生50名，粮户关系一次性转入学校，发放新被新褥，每人每月补助25元生活费，并在升学、就业方面给予特殊照顾。1984年改为完全中学，有学生184名。现女中有初、高中学生276名（初中生185名，高中生91名），教职工43名，其中撒拉族28名，占教职工总数的65%。撒拉族女中从成立到现在，先后培养了初中毕业生741名，高中毕业生451名：升入中专157名，大专32名，为民族地区各条战线输送了1192名女性人才。

——吴绍安：《建国后循化的民族教育》，政协青海省委员会学习和文史委员会、政协循化撒拉族自治县委员会：《兴旺之路——撒拉族变迁与发展史料选辑》（内部资料），1998年，第119页。

1985年在文都藏族乡成立寄宿制藏文中学。当年省上拨款23万元，新修校舍1200平方米，充实教学设备，随即招收藏族学生101名，实行汉藏“双语”教学。1988年设高中班成为完全中学。1995年，在援藏基金会和省有关单位的支持下，投资139万元，新建教学楼一幢，面积2144平方米，现有藏族学生629名，其中初中生226名，高中生405名，教职员77名，藏族教师62名，占教职工总数的80%。该校自成立后的十多年间，共培养初中毕业生 897 名，高中毕业生 784 名，向上一级学校输送新生 616 名，其中大专生 473 名，中专生 143 名，有 3 名学生攻读研究生。

——吴绍安：《建国后循化的民族教育》，政协青海省委员会学习和文史委员会、政协循化撒拉族自治县委员会：《兴旺之路——撒拉族变迁与发展史料选辑》（内部资料），1998 年，第 120 页。

全县有学龄儿童 13511 名，已入学 12176 名，入学率为 90.1%，比 1979 年提高了 17.6 个百分点。特别是撒拉族女学龄儿童入学率达到 78.7%，比 1979 年增加了 30 个百分点。小学生年巩固率达到 94%，比 1979 年增长 13 个百分点。初等教育完成率为 70.2%，初级中学教育完成率为 14.3%，均比 1979 年有了显著提高。

至 1997 年底，全县共有各级各类学校 115 所，其中完全中学 3 所，职业中学 1 所，初级中学 1 所，戴帽初中 5 所，小学 101 所，幼儿园 3 所，在校生共 16965 名，其中中学生 3560 名（撒拉族 1813 名），小学入学生 13405 名（撒拉族 9323 名），分别比 1979 年增加 1007 名和 4917 名。入学幼儿 371 名，其中少数民族 224 名，占幼儿总数的 60.3%。

——吴绍安：《建国后循化的民族教育》，政协青海省委员会学习和文史委员会、政协循化撒拉族自治县委员会：《兴旺之路——撒拉族变迁与发展史料选辑》（内部资料），1998 年，第 120 页。

1981 年举办了为期 5 个月的 50 名藏文教师参加的培训班。1982—1987 年又有 68 名藏文教师参加短期培训，学习藏文小学教材，以适应中高年级教学。1986 年有 22 名教师参加大专离职函授班、教材教法学习班。1987 年举办小学校长、教导主任 60 人参加的岗位培训班，学习学校管理和心理学，还有 11 名幼儿教师到省教育学院学习。1988 年全县 631 名小学教师进行教材教法过关考试和专业合格考试。1989 年首次对全县中小学教师实行岗位职称聘任制，共评定高、中、初级职称的教师职工 729 名，其中中学教师 100 名，中教高级 3 名，一级 27 名，初级 70 名；小学教师 629 名，其中小教高级 56 人，一级 220 名，二、三级 355 名。

——吴绍安：《建国后循化的民族教育》，政协青海省委员会学习和文史委员会、政协循化撒拉族自治县委员会：《兴旺之路——撒拉族变迁与发展史料选辑》（内部资料），1998 年，第 121 页。

从1991年至1997年，先后有299名中小学教师通过三沟通学历教育，在职函授、教育学院、党校等院校进修，取得大中专文凭。1995年后，利用“贫三教育扶贫项目”和儿童基金会资金，在省、县培训中小学师资147人。

至1997年底统计，全县有中小学教职工1136名（其中少数民族教师812名）[1]，比1978年的661名增加了475名，增长71.8%。教职工中有中学教师341名，小学教师766名，分别比1978年增加182名和264名。民办教师从1979年的365名减少到43名。

——吴绍安：《建国后循化的民族教育》，政协青海省委员会学习和文史委员会、政协循化撒拉族自治县委员会：《兴旺之路——撒拉族变迁与发展史料选辑》（内部资料），1998年，第122页。

1997年小学毕业生1332名，升入初中1073名，升学率为80.5%，比1978年的77.5%提高了3个百分点。初中毕业生704名，升入高中351名，升入中专87名，升学率为62.2%，比1978年的44.9%提高了17个百分点。高中毕业生282名，升入中专45名、大专85名。从1977年（当年设立县招生委员会）恢复招生考试制度以来，全县共培养小学毕业生17635名，初中毕业生9516名，高中毕业生3610名。向省内外各类院校共输送大中专生3316名，其中大学生935名，中专生2381名，升入大学的少数民族学生有2588名，占录取总数的78%。仅1958年建校以来的循化中学，共培养初、高中毕业生6607名，其中高中毕业生3145名，初中毕业生3462名。从1978至1998年间，该校向上一级学校输送大学生335名，中专生1376名。

——吴绍安：《建国后循化的民族教育》，政协青海省委员会学习和文史委员会、政协循化撒拉族自治县委员会：《兴旺之路——撒拉族变迁与发展史料选辑》（内部资料），1998年，第122—123页。

1980—1985年修建教学楼5幢，教师宿舍楼两幢，新建砖木结构学校3所，土木结构学校10所，扩建维修学校36所，竣工面积达19708平方米，全县17处知青点房屋移交当地办学，使全县中小学校舍总面积达到44778平方米。1988年掀起全县性捐资助学热潮，共集资76万元，完成危房改造30个项目，维修校舍6420平方米。从90年代开始，通过政府拨款、外资援助、群众集资等多种渠道，以可观的规模新建、扩建农村学校。1991年起，率先由政府补助、群众集资建起崭新的加入、托坝两所小学。1993年起，援藏基金会为藏文中学投资修建教学楼。1995年起，国家实施“贫三项

① 编者注：原文“名”字在括号外，现编者调整至括号内。

目”（国家支持第三个贫困地区基础教育发展项目），从世界银行贷款 55 万美元，争取地方配套资金 127.3 万人民币，分三年实施，已扩建贫困乡村 11 所中小学校，竣工面积 6203 平方米（含四幢教学楼）。另有中国—联合国儿童基金会投资 96 万元，配备了微机、地面卫星接收站等教学设施。

在贫困乡村引资兴修了牙木去乎、孟达、清水、文都红旗迁移户、西滩等 6 所希望小学，投资 121 万元，建筑面积 2026 平方米。尚有美国、德国等国家和我国香港地区基金会投资 148.3 万元，扩建了古雷、文都、立伦等 9 所学校，竣工面积 2689 平方米，大大改善了贫困地区的办学条件。截至 1997 年底统计，全县校舍总面积达到 63826 平方米，在 1978 年的 35000 平方米上增加了 28800 平方米，校舍危房面积从 70 年代的 45% 降至现在的 7.6%，使全县“一无两有”学校达到 102 所，占学校总数的 85%。……全县教育经费从 1978 年的 76.3 万元提高到 1997 年的 970 万元，增长了 12 倍，教育经费占县财政支出的比例从 9.78% 上升到 17.6%。城乡教育事业费附加年征收 27 万元。

——吴绍安：《建国后循化的民族教育》，政协青海省委员会学习和文史委员会、政协循化撒拉族自治县委员会：《兴旺之路——撒拉族变迁与发展史料选辑》（内部资料），1998 年，第 123—124 页。

3. 中学教育

新中国成立之前，循化小学毕业生需高一级深造，要到西宁昆仑、湟川、师范学校以及甘肃兰州、临夏等地就读。1954 年 8 月—1958 年 8 月，上甘都师范（后改为甘都中学）受中学教育。

1958 年 6 月，循化中学成立。9 月开课，有教职工 13 人，专任教师 10 人，均为大专院校毕业，招生 174 人，设 4 个教学班，设政治、语文、数学、史地、动植物、体育、音乐课程。成立语史、数理、体音美 3 个教研组，暂定学制初中 3 年，高中 3 年。是年，受“大跃进”[①] 影响，全县又创办社办中学、农业中学、工业中学、农业技术学校、业余红专大学。1960 年，除循化中学外，全部停办。是年，循化中学设高中班，招生 29 名。1962 年始，中学生享受助学金，由县财政拨款。1964 年，循化中学贯彻党的教育方针，注重课堂教学和作业质量，严格考试和升留级制度，合理安排课外活动，使教学质量逐步提高。至 1965 年，全校有教职工 25 人，专任教师 20 人，在校学生有 6 个班，181 人。

1966 年，“文化大革命”中，学校停课闹革命，组织红卫兵搞大串联，批判资产阶级反动学术权威，政治、语文、历史教材停发，政治、语文课合并，取消考试和升留级

① 编者注：“大跃进”三字原文无双引号，此处双引号为编者所加。

制度，学校教育基本瘫痪。11月，改为革命色彩的校名红卫中学。1968年，学校复课，工宣队、军宣队先后进驻学校。清水中心完校附设初中班，招生18人。课程设置简易，考试开卷。1970年，循化中学开始恢复教学秩序，改学制5年，初中3年、高中2年，设政治、语文、数学、历史、地理、工农业基础知识、革命文艺、卫生课，依据学生政治表现决定升留级。是年，全县有完全中学1所，小学附初中1所，有11个班级，其中高中2个班，初中9个班，在校学生411人，女生136人，少数民族学生86人，教职工29人，专任教师26人。1976年，古雷、白庄、循阳、街子、尕楞（1978年迁至文都）、查汗都斯中心完校先后附设初中班，称“戴帽中学”。年底，全县有完全中学1所，戴帽中学7所，42个班，其中高中5个班，初中37个班，招生832人（其中高中118人），毕业335人（其中高中59人），在校学生1783人（其中女生685人、少数民族学生1070人）。教职工106人，其中专任教师85人，每一专任教师负担学生20.97人。

1979年，贯彻《全日制十年制中小学教学计划》，恢复学校考试、升留级招生制度，加强教学管理，建立健全规章制度，保证上课时数，注重知识教育的同时，开展《中学生守则》教育，教学质量逐步回升。4月份全省中学生数学竞赛中，循化县获第7名，全省中小学普通话比赛中获奖2名。

1981年7月，创办撒拉族女子中学，择优录取少数民族女生50人，粮户关系一次性转入学校，每月每人补助15元生活费，食宿标准按中专对待，调动少数民族女生上学的积极性。

1983年9月，循化中学改学制，初中3年，高中3年。按全日制《教学大纲》和全国统编教材设置政治、语文、代数、几何、化学、物理、生物、历史、地理、英语、体育，每天9课时，其中自习3节，另增加1—2节晚自习，成绩考核分平时、期中、期末，采用百分制。1985年，在文都乡创办县藏文中学，招生110人。3月，实行校长负责制和教师聘任制，对各中学下达考核指标，从备课、教学方法、批改作业、学生考试成绩、考入大中专院校人数等进行年终综合考评，兑现奖罚。8月，女子中学设高中班。1988年9月，藏文中学设高中班。1977—1990年，考入大中专院校生1879人，其中大专大学365人，中专1514人。1990年，全县有完全中学3所，戴帽初级中学6所，共62个班（初中46人、高中16人），毕业600人（初中419人、高中181人），招生1143人（初中780人、高中363人），在校学生2729人（初中2034人、高中695人，其中女生955人，少数民族学生2189人）。教职工278人，师生比例1：9.8。

——循化撒拉族自治县志编纂委员会：《循化撒拉族自治县志》，中华书局，2001年版，第615—616页。

1958—1990年循化撒拉族自治县中学教育发展情况统计表

年份	中学总数	其中		班级数			学生总数	其中				教职工总数	专任教师			毕业生数			招生人数			升入大中专数		
		完全中学	初级中学	合计	高中	初中		高中	初中	女生	少数民族		合计	高中	初中	合计	高中	初中	合计	高中	初中	合计	大专	中专
1958	1		1	4		4	174		174	75	87	13	10						174		174			
1959	1		1	5		5	219		219	78	140	20	13		13				82		82			
1960	1	1		5	1	4	242	29	213	100	79	25	21	3	18	34		34	179	29	150			
1961	1	1		8	2	6	264	52	212	97	102	29	17	6	11	30		30	78	23	55			
1962	1	1		6	2	4	192	36	156	76	58	28	17	7	10	31		31	62	36	26			
1963	1	1		5	2	3	150	33	117	55	43	25	17	8	9	40	12	28	40	18	22			
1964	1	1		6	2	4	361	35	126	44	55	26	18	7	11	30	12	18	60	16	44			
1965	1	1		6	2	4	181	45	136	44	72	25	20	7	13	24		24	70	18	52			
1966	1	1		7	2	5	229	55	174	62	40	27	15	5	10	30		30	73		73			
1967	1	1		5	1	4	222	29	193	45	30	27	15	5	10	66	26	40	85		85			
1968	2	1	1	8	2	6	282	40	242	79	45	28	18	4	14	80	29	51	144	40	104			
1969	2	1	1	9	2	7	307	58	249	123	87	29	19	6	13	120	34	86	120	34	86			
1970	2	1	1	11	2	9	411	50	361	136	86	29	26	6	20	106	24	82	212	32	180			
1971	2	1	1	12	2	10	497	58	439	142	114	33	20	6	14	71	16	55	265	50	215			
1972	3	1	2	11	2	9	601	56	545	215	265	43	26	6	20	94	26	68	272	26	246			
1973	3	1	2	16	2	14	753	81	672	243	296	61	39	6	33	137	26	111	313	26	287			
1974	5	1	4	24	3	21	1077	115	962	292	580	72	53	9	44	194	28	166	495	67	428			
1975	7	1	6	29	4	25	1308	155	1153	379	614	84	61	9	52	268	49	219	563	89	474			
1976	8	1	7	42	5	37	1783	212	1571	685	1070	106	85	12	73	335	59	276	832	118	714			
1977	8	1	7	51	6	45	2269	326	1943	553	1099	126	96	12	84	488	95	393	1042	220	822	69	12	57

续表

年份	中学总数	其中		班级数			学生总数	其中				教职工总数	专任教师			毕业生数			招生人数			升入大中专数		
		完全中学	初级中学	合计	高中	初中		高中	初中	女生	少数民族		合计	高中	初中	合计	高中	初中	合计	高中	初中	合计	大专	中专
1958	1		1	4		4	174		174	75	87	13	10						174		174			
1978	8	1	7	58	7	51	2553	353	2200	594	1840	159	132	15	117	475	101	374	1009	168	841	144	42	102
1979	8	1	7	55	7	48	2350	381	1969	649	1627	198	134	19	115	640	173	467	817	229	588	145	37	108
1980	8	1	7	51	8	43	2212	481	1731	655	1521	195	121	21	100	596	141	455	845	250	595	124	31	93
1981	9	1	8	50	10	40	2071	499	1612	609	1271	198	136	22	114	568	198	370	842	232	610	105	13	92
1982	9	1	8	45	10	35	1864	441	1423	647	1270	208	151	30	121	528	210	318	722	200	522	133	43	90
1983	9	1	8	47	9	38	1955	415	1540	691	1329	209	152	30	122	482	187	295	692	170	522	129	16	113
1984	9	2	7	46	8	38	1959	351	1608	752	1098	214	155	32	123	487	146	341	697	190	507	188	33	155
1985	9	2	7	51	11	40	2276	481	1795	767	1614	227	160	38	122	363		363	799	177	612	115	24	91
1986	9	2	7	51	13	38	2297	565	1732	798	1554	226	167	42	125	518	118	400	609	226	383	155	24	131
1987	9	2	7	54	12	42	2357	504	1853	785	1737	240	163	43	120	552	167	385	673	141	532	153	23	130
1988	9	3	6	54	12	42	2351	543	1808	798	1804	255	171	44	127	579	135	444	749	187	562	144	21	123
1989	9	3	6	72	13	59	2458	570	1888	817	1933	274	195	53	142	654	184	470	980	250	730	137	9	128
1990	9	3	6	62	16	46	2729	695	2034	955	2189	278	203	56	147	600	181	419	1143	363	780	138	37	101

——循化撒拉族自治县志编纂委员会：《循化撒拉族自治县志》，中华书局，2001年版，第615—618页。

1991 年，全县有完全中学 3 所，在校高中生 702 名。1993 年至 1996 年，教育行政部门贯彻落实地委、行署召开的“二化”民族教育工作座谈会精神，实施“2121”教育工程，抓典型、严管理、促质量，初步实现海东提出的“一至二年恢复整顿，三至四年初见成效，五年大见成效”的奋斗目标。汉文大专考生录取率 1994 年在突破“零”的基础上，整体质量逐步提高。1996 年全县大专以上录取 73 名，录取率 20%，藏文中学录取率 1995 年创历史最好成绩。采取在职自修、函授教育、离职进修等形式，提高师资水平，高中教师学历合格率达到 28.6%。1998 年，教育部门在循化中学召开高中部教学经验交流会，围绕如何念好“紧、实、严、细、活”五字经，进行研讨，达成共识。高考上线人数达到 161 人，录取率比 1997 年增加 2.4 个百分点。2001 年，全县 51 名高中教师参加由海东教育局组织的辽宁抚顺优秀骨干教师观摩课，10 名高中教师参加省教研室组织的创新教学与课堂教改研讨会，选派 32 名教师参加国家级或省级培训、10 名教师脱产接受本科教育。为教师进修创造便利条件，在职业中学挂牌成立广播电视大学，高中教师学历合格率提高到 50%。全县 387 名学生参加高考（文科 215 名、理科 172 名），录取 236 名，高考上线率为 61%，县政府出资 1 万元，奖励高考取得优异成绩的学生 8 名，并首次举行“奖励及欢送高考状元赴大学深造”仪式，在社会上引起较大反响。2003 年，针对高中教育滞后，师资水平不高，学校管理粗放，好多家长舍近求远，付出昂贵代价，送子异地求学的状况，教育部门遵循“跨越、创新、集成”的原则和规模办学的思路，整合县直中学教育资源，创建高级中学，在全社会范围内以年薪 5 万元公开招聘高级中学校长，原《果洛报》总编辑祁发明成为第一任校长。2007 年，制定《关于全县中小学人事分配制度改革的实施方案》和《关于循化县高级中学、循阳初级中学人事分配制度改革试点工作意见》，明确编制、岗位、聘用等要求，顺利完成改革试点。印发《循化县中小学校长竞聘实施办法》和《循化县中小学教师岗位聘用办法》，并全面推行校长竞聘制和教师聘用制。这些措施激发教育活力，调动管理者和广大教师的积极性，促进教育质量的提高。高考上线人数达到 336 人，上线率 54.28%，其中一本录取 27 人，二本录取 171 人。

2010 年，全县参加高考学生总数 773 名，大专以上上线人数 608 名，上线率 78.7%，比 2005 年提高了 4.84%，连续五年保持上升趋势。其中本科录取人数 194 人，录取率为 33.51%，比 2005 年增加 12.68 个百分点。“双语”区高考学生数 307 名，上线人数 207 名，上线率达到 65.8%。参加初中毕业暨高中升学考生 857 名，成绩在 400 分以上的 100 名，成绩在 300 分以上的 223 名。

1991—2020 年循化撒拉族自治县普通中学教育概况一览表

年份	学校数（所）			班数（个）			学生数（人）			教职工数（人）
	小计	初中	完全中学	小计	初中	高中	小计	初中	高中	
1991	10	7	3	63	53	10	3089	2387	702	319
1992	10	7	3	65	54	11	3182	2491	691	338
1993	10	7	3	68	55	13	3272	2571	701	329
1994	10	7	3	71	56	15	3382	2651	731	341
1995	10	7	3	73	57	16	3571	2781	790	337
1996	10	7	3	75	57	18	3706	2896	810	339
1997	10	7	3	77	58	19	4496	3560	936	341
1998	10	7	3	79	58	21	3425	2523	890	365
1999	10	7	3	79	60	19	3483	2610	873	338
2000	10	7	3	81	60	21	3519	2629	890	344
2001	9	5	4	89	66	23	4015	3013	1002	397
2002	10	6	4	92	69	23	4268	3233	1035	381
2003	11	9	2	108	82	26	4843	3552	1291	403
2004	11	9	2	135	104	31	6468	4993	1475	403
2005	11	9	2	138	104	34	6243	4758	1485	441
2006	11	9	2	131	98	33	6215	4832	1383	452
2007	11	9	2	133	101	32	6665	5085	1580	439
2008	11	9	2	135	103	32	6627	5058	1569	449
2009	10	8	2	138	105	33	68004	5196	1608	440
2010	10	8	2	142	108	34	6979	5299	1680	439
2011	9	7	2	146	110	36	7273	5385	1888	452
2012	9	7	2	117	80	37	5302	3469	1833	440
2013	9	7	2	116	79	37	5504	3581	1923	439
2014	9	7	2	118	81	37	5678	3803	1875	407
2015	10	8	2	146	110	36	7273	5385	1888	427
2016	10	8	2	131	91	40	6105	4142	1963	569
2017	10	8	2	146	104	42	6527	4532	1995	469
2018	10	7	3	167	125	42	7980	5587	2393	549
2019	10	7	3	192	138	54	9153	6397	2756	664
2020	11	8	3	214	144	70	10164	6805	3359	720

——循化撒拉族自治县地方志编纂委员会：《循化撒拉族自治县志》，三秦出版社，2017 年版，第 581—582 页。

中华人民共和国成立后，党和人民政府十分重视民族教育，少数民族学生不断增加。1951 年，全县有公、民办学校 17 所，学生达到 3282 人，其中撒拉族、回族、藏族学生 2423 名，占学生总数的 73.8%。1953 年，道帏古雷创办第一所藏族小学。1957 年，全县有少数民族学校 29 所，少数民族学生 3010 名，占全县在校学生总数的 83%。少数民族教师 51 名，占全县教师总数的 43.6%。1960 年，在岗察牧区公社设立帐房小学，设教学点 3 个，学生 20 名，教师 3 名。1976 年，全县 8 所中学，在校学生 1783 人，其中少数民族学生 1070 人，占中学生总数的 60%。160 所小学中，在校学生 10586 人，其中少数民族学生 9117 人，占学生总数的 86.1%。少数民族教职工 290 人，占教职工总数的 58.9%。1979 年，道帏、文都、尕楞、岗察藏族乡及夕昌藏族地区，45 所完校开设藏文课，实行藏汉“双语”教学，在校藏族学生达 1625 人。1981 年，成立撒拉族女子中学，招收少数民族女生，食宿等由县财政拨款，1984 年女中改为完全中学，在校少数民族女生 153 人。1985 年，在文都藏族乡成立县藏文中学 1 所，招收藏族完小学生 100 人，试行藏汉“双语”教学。1988 年 9 月，藏中设立高中班。自恢复高考后，大中专招生录取少数民族学生，实行照顾政策，至 1990 年少数民族学生考入大中专 1182 人，占全县录取总人数 1879 人的 62.9%。

1990 年，全县有完全中学 3 所，其中民族完全中学 2 所，戴帽初中 6 所。中学在校学生 2729 人，其中少数民族学生 2189 人，占在校学生数的 80.2%。小学 93 所，其中少数民族学校 90 所，寄宿制小学 1 所。在校学生 11578 人，其中少数民族学生 10794 人，占学生总数的 93.2%；少数民族女生 2670 人（撒拉族 1499 人、藏族 658 人、回族 510 人、土族 3 人），占女生总数 3092 人的 86.3%。全县中小学在校学生总数中撒拉族学生 8290 人，占 58%，藏族 2959 人，占 20.7%，回族 1719 人，占 12%。

——循化撒拉族自治县志编纂委员会：循化撒拉族自治县志编纂委员会：《循化撒拉族自治县志》，中华书局，2001 年版，第 622 页。

中华人民共和国成立后，除动员原有教师任教外，还吸收有一定文化知识、思想进步的青年补充教师队伍，至 1950 年有教师 36 人，其中女教师 4 人，少数民族 9 人。1953 年后，国家每年分配大中专毕业生，不断壮大教师队伍，1955 年，教职工人数达到 106 人，其中女教师 16 人。1957 年，从省水源队下放 24 人来循化充实教师队伍。1958 年后，分配 12 名本、专科大学毕业生，到循化中学任教。是年，实行全民办学，群众解决师资 68 人，占教师总数的 37.7%。1961 年后，学校缩减，教师下放，精简下放22人。小学教师从1959年的188人减少到1962年的125人。1964年，农村大办耕读学校，教师不断增加，至1965年有小学教师199人，其中民办98人。1978年后，统一分配大、中专师范院校毕业生和循化师范学校毕业生及招聘中学教师到各学校任教。1978—1990年，有110多名民办教师经过考试，转为公办教师。1990年，全县有中小学教职工961人，其中专任教师846人，民办教师166人。中学教职工278人，专任教师203人，大学本科毕业29人，占专任教师的14.3%；大学专科毕业96人，占47.3%；中专高中毕业78人，占38.4%。小学教职工683人，专任教师643人，其中大专院校毕业的16人，占专任教师的2.5%；中师、高中以上毕业的456人，占70.9%；初师、初中毕业的151人，占23.5%；初中以下的20人，占3.1%。

1988年，首次对全县中小学教师实行岗位职称聘任制，聘任中学教师203名，中学高级教师3人，一级教师26人，二、三级教师和教员174人；小学教师643人，小学高级教师56人，一级教师220人，二、三级教师和教员367人。

——循化撒拉族自治县志编纂委员会：《循化撒拉族自治县志》，中华书局，2001年版，第624页。

4. 职业教育

职业技术教育更上一个台阶。1983年循化中学附设木工、糖销两个班，社会招生54人，学习期限二年，结业后走上了社会。1992年10月，县上成立了历史上的第一所职业中学。从开办之日起，到1996年4月，先后举办汽车驾驶员培训班8期，有517名社会青年（撒拉族466人）学习结业后领取了驾驶执照；举办缝纫班6期，至1995年8月有274名（撒拉族246人）学员结业，又举办三沟通学历教育函授班（大专），有214人（撒拉族131人）结业。1995年5月，在职中创办特殊教育学校一所，设三个班，有聋哑残疾儿童33人寄宿学习，每月由政府补助生活费25元，常年住校。现有教职工18人（少数民族13人）负责教学和生活管理。

——吴绍安：《建国后循化的民族教育》，政协青海省委员会学习和文史委员会、政协循化撒拉族自治县委员会：《兴旺之路——撒拉族变迁与发展史料选辑》（内部资料），1998年，第121页。

1978年8月，创办循化师范学校，初设时校址在积石小学，当年招收学生50名。开设语文、数学、物理、化学、教育学、心理学、美术、音乐、体育等科目。1980年，国家投资27万元，在积石镇草滩坝上庄新建学校，教学及宿舍楼建筑面积1470平方米。1981年首届师范生毕业，教育部门统一调配，充实小学教师队伍。教职工最多时达到31名，其中专任教师14名。1991年，在校师范生143名。1993年全部毕业，以后不再招生，循化师范学校停办，教职工并入职业中学。循化师范创办15年，累计培养中等师范专业生866名，成为循化教育事业发展的中坚力量。

——循化撒拉族自治县地方志编纂委员会：《循化撒拉族自治县志》，三秦出版社，2017年版，第583—585页。

1991年，尽管成立职业教育委员会，但职业技术教育还比较零散，大多穿插于农村实用技术的培训教育中，未形成系统教育。1992年初酝酿成立职业中学，1992年5月县职业中学正式成立，1993年8月与原县师范学校重组，校址设在原师范学校，教职工由原有的6人增加到20人。1993年至1995年期间，以汽车驾驶培训专业为重点，同时开设缝纫、餐饮、理发、建筑等多种专业，在校生400人左右，由于办学重点突出，特点鲜明，吸引了广大农村青年，3年间共培训以驾驶员为主的实用人才600余人，当时走在了全省职业教育的前列。

2002年至2005年，根据第五次全国职教会大力发展职业教育的精神，省上拨款150万元用于县级职业技术培训中心建设，循化职校名列其中。2004年3月新校建成，学校整体搬迁。新学校占地面积5000平方米，建筑面积2082平方米。办学条件得到明显改善。2004年10月，农村劳动力转移培训“阳光工程”培训基地在循化县职业技术学校挂牌。当年培训拉面技术工137名，烹饪工50名。并根据“阳光工程”办公室的统一安排，先后下乡举办三期计算机应用操作技术、中式拉面加工技术培训班，210名农村剩余劳动力参加培训。2005年7月，循化职校恢复中职招生，当年为兰州铁路技工学校和天津民族职业专科学校输送了汽车维修、计算机专业学生33名。

2006年至2010年，充分利用“雨露计划”“阳光工程”等项目，加大各级各类专业人才培养力度，共举办培训班15期，累计培训学员2214名，其中电焊专业20名，餐饮服务人员247名，旅游导游人员95名，宾馆服务员95名，电脑技术操作人员193名，驾驶员培训363名，刺绣培训320名，瓦工40名，拉面工236名，烹饪培训250名，服装加工250名。自2007年开始，学校为适应地方需求，开设商务阿拉伯语专业。当年招收三年制商务阿拉伯语专业学生50人。2009年，新招学生491名，增设园艺、护理、学前教育等专业，专业设置达7个。特别是商务阿拉伯语专业，依托县内著名企业伊佳公司，招生范围扩大到全省。是年，举行循化县首届阿拉伯语及《古兰经》诵读比赛，80余位选手参加比赛。2009年12月25日，马梅花等7位商务阿拉伯语专业学生赴埃及爱资哈尔大学留学。2010年5月，教师韩德文参加全国阿拉伯语诵读比赛，获得第三名。

——循化撒拉族自治县地方志编纂委员会:《循化撒拉族自治县志》，三秦出版社，2017年版，第583—585页。

1958年秋，在积石镇加入办农业技术学校1所，学员145名，校舍暂用民房，实验场地35.72亩，农科所技术员为教员，半天上课，半天劳动。设政治、语文、数学、物理、化学，专业课有作物栽培、良种繁育、土壤肥料、农业气象、病虫害防治、水利学，均无课本，使用讲义和参考书。1960年，迁到县农牧科，简称农校。1961年，因学员文化参差不齐，无固定校址而停办，部分学员分配到县园艺场。1972年，循化中学附设中等师范1个班，招收民办教师53人，学制1年，1973年，全部毕业分配后停办。

——循化撒拉族自治县志编纂委员会:《循化撒拉族自治县志》，中华书局，2001年版，第620页。

5. 成人教育

1989年成立县成人教育委员会，实行乡（镇）扫盲承包责任制，配备扫盲专职干部10人，经过多年努力，共扫除青壮年文盲16514名（男7193名、女9321名），全县154个行政村中已验收基本无文盲行政村36个，达到省颁标准，文盲率从70年代末的63%下降到27%。积石镇草滩巴村有83名撒拉族妇女脱盲。

——吴绍安:《建国后循化的民族教育》，政协青海省委员会学习和文史委员会、政协循化撒拉族自治县委员会:《兴旺之路——撒拉族变迁与发展史料选辑》（内部资料），1998年，第120—121页。

1949年以前，循化地区教育极为落后，全县近4万人口中，文盲占97%。1951年开始，县成立冬学委员会，指定专人负责扫盲工作。各村、农会领导成立冬学识字班，指定农村有文化的人担任冬学教师。是年，有识字班41处，学生5484人。1955年，举办民校5处，冬学55处，干部扫盲班1处，3936人参加学习，占青壮年总数的25%。1957年，全县114个农业社中有95个社建立农民业余学校，提供课本1050本，培训有一定文化程度的骨干教师 95 名，先后已有 1150 人脱盲。1958 年，“大跃进”中，全县掀起扫盲高潮，提出脱离实际的口号，开展读百本书，识万个字，突击扫盲运动。1964 年冬，开展农村业余教育，全县 11 个人民公社办起业余冬学、夜校 46 所，扫盲班 83 个，学员 2401 人，扫盲 2078 人，占全县文盲总数的 13.7%，1965 年停办。中共十一届三中全会后，全社会注重成人教育。1985 年，成立农民教育委员会，设办公室、配干部 2 人，具体指导扫盲工作。1989 年 4 月，成立循化县成人教育委员会，配备专职干部 5 人，实行各乡镇扫盲承包责任制，以学校为基础，下达扫盲指标 1350 人，开设 32 个教学点，1135 人参加学习。县妇联和团县委在积石镇、街子等地开设撒拉族妇女识字班和教学点 3 个，学员 130 人，其中撒拉族妇女识字班学员 42 人。1990 年，积石镇草滩坝首批撒拉族、回族妇女识字班结业，经考试 83 人脱盲。清水乡下滩村为第一个无文盲村。

——循化撒拉族自治县志编纂委员会：《循化撒拉族自治县志》，中华书局，2001 年版，第 622—623 页。

1989 年 4 月，循化县成立成人教育委员会，委员会下设成人教育委员会办公室，配备专门人员，作为扫盲工作的常设机构，各乡镇也成立扫盲工作领导小组，具体负责本乡镇扫盲工作。1990 年，全县 12 至 40 岁的人口有 45989 名，文盲半文盲数 22557 人，占 49.05%，其中妇女文盲率高达 70.6%。1991 年后，县人民政府和主管部门在抓好基础教育的同时，加强成人教育，采取多种措施，开设扫盲识字班。全县累计开设扫盲班（点）79 个，学员 4052 人，8 个乡镇教委对 60 个扫盲班（点）的学员进行脱盲考试，2636 人合格，合格率为 65.05%。至 1993 年基本无文盲的村达到 8 个。1996 年，成人教育坚持“一堵二扫三提高”方针，举办各种扫盲班 63 个，其中妇女班 40 个，参加扫盲的学员 4300 人，经考核基本脱盲 4027 人，其中妇女 2436 人，验收基本无文盲村 23 个，超额完成地区下达的 2500 人的任务，全县 18 至 40 周岁青年非文盲率达到 78%。1997 年至 2000 年，累计举办各种扫盲班 320 多个，其中妇女班 170 个，全县参加扫盲学员累计达到 20795 人，经考核基本脱盲 18832 人，合格率为 90.56%，其中妇女脱盲 10577 人，青壮年非文盲率达到 90%。2000 年，全县 10 个乡镇中，9 个乡镇达到基本无文盲乡标准，全县扫盲工作顺利通过省颁标准验收。是年，第五次全国人口普查，全县总人口为 102943 人，未上学人数为 44462 人，占总人口的 43.19%；经扫盲和小学以上文化程度的人口达到 58481 人，占 56.81%。2001 年至2002年，进一步加大扫除青壮年文盲工作力度，将扫盲班与实用技术培训班结合起来，参加扫盲和学习实用文化技术的学员达到23341人，4996人基本脱盲，青壮年非文盲率比2000年提高3.7个百分点。2003年以后，一方面加强脱盲人员的巩固提高教育，协调妇联、共青团、科技等部门，结合种植业结构调整、牛羊育肥、劳务输出等工作，大力举办各类实用技术与科学技术培训班；另一方面，更新完善全县各乡镇成人教育档案，投入资金1.5万元，印制表格14万张，分发到各乡镇教委办，建档立卡，要求档案资料完整齐全、准确无误。2005年，扫盲工作和脱贫致富工作相结合，配合农业、劳动就业等部门，启动农村劳动力转移培训阳光工程，培训人数5300余人，新脱盲279人，其中妇女200人，扫盲工作通过国颁标准验收。2006年9月，顺利通过“两基”监测，荣获“全省扫盲工作先进集体”。2009年，政府办下发《关于利用冬春农闲季节在全县开展扫除青壮年文盲活动的通知》，利用冬春农闲季节，主管部门配合各乡镇，采取进村办班、集中面授、现场辅导、因地制宜、分散与整村培训相结合的方式，开展扫盲和农村实用技术培训，至2010年举办中式拉面、烹饪、瓦工、焊接、驾驶等实用技术为主的技能培训54期，培训学员达3308人。同时组织462名文盲参加扫盲班学习，54名教师投入“扫盲月”活动，共投入扫盲经费16.48万元。全县脱盲后巩固提高人数累计达到20028人，15至50周岁人口非文盲率达到99.5%。

——循化撒拉族自治县地方志编纂委员会:《循化撒拉族自治县志》，三秦出版社，2017年版，第583—585页。

第八章　人民生活

促进人民生活不断改善是经济发展的重要目的。因此，人们生活改善状况几乎在所有经济指标中都能有所反映。本章主要从收入与支出、负担、生活变化，以及与人们生活改善直接相关的社会保障、扶贫、扶持人口较少民族的重大政策等方面的史料予以辑录，其中既收集了一些具体的场景化资料，也收录了相应资料。

一、收入与支出

循化县1965—1973年收益分配表（单位：元、人）

公社	年度	总收入	其中：农业收入		总费用额					公积金		公益金		生产基金	储备粮基金	国家税金				社员分配			
							其中：农业生产费用											其中：农业税					
			金额	占总收入%	金额	占总收入%	金额	占总费用%	占农业收入%	金额	占总收入%	金额	占总收入%			金额	占总收入%	金额	占农业收入%	金额	占总收入%	参加分配人口	每人平均
全县合计	1965	3318448	2815287	84.8	690814	20.8	613059	88.7	21.8	106460	3.2	499232	15.0		90919	169009	5.1	160743	5.7	2211322	66.6	43578	50.3
	1971	4758448	3836243	80.6	316475	6.7	592656	187.3	15.4	260310	5.5	36741	0.8			247000	5.2	247000	6.4	3537922	74.4	55906	63
	1972	6406297	4957626	77.4	1487329	23.2	1333019	89.6	26.9	356422	5.6	53863	0.8		136909	236387	3.7	232453	4.7	4135367	64.6	57355	72.1
	1973	6955663	5270081	75.8	1701907	24.5	1533329	90.1	29.1	446237	6.4	60749	0.9		74197	235882	3.4	234075	4.4	4436091	63.8	59988	73.9
道帏公社	1965	574421	499007	86.9	153691	26.8	136382	88.7	27.3	14937	2.6	6982	1.2		18405	43031	7.5	40777	8.2	337375	58.7	6460	52.2
	1971	995515	892100	89.6	253568	25.5	215079	84.8	24.1	53568	5.4	7004	0.7			30100	3.0	70100	7.9	611275	61.4	7994	76
	1972	1213758	1051834	86.7	336141	27.7	294166	87.5	28.0	36153	3.0	8666	0.7		44682	60562	5.0	59573	5.7	727553	59.9	8203	88.3
	1973	1284926	1123180	87.4	346011	26.9	301558	87.2	26.8	41214	3.2	8964	0.7		3153	61387	4.8	60246	5.4	820197	63.8	8362	98.1
东风公社	1965	518899	451369	87.0	88893	17.1	78786	88.6	17.5	17998	3.5	8133	1.6		14915	23607	4.5	23102	5.1	365333	70.4	8382	43.5
	1971	887625	691445	77.9	30359	3.4	60390	198.9	8.7	45012	5.1	7278	0.8			35000	3.9	35000	5.1	729576	82.2	10592	68
	1972	1103391	819510	74.3	196438	17.8	189007	96.2	23.1	35859	3.2	11425	1.0		25254	31666	2.9	31666	3.9	762749	69.1	10846	70.3
	1973	1290241	902153	69.9	260110	20.2	237967	91.5	26.4	109407	8.5	12748	1.0		32331	31480	2.4	31480	3.5	844165	65.4	1211	35.3

续表

公社	年度	总收入	其中：农业收入		总费用额					公积金		公益金		生产基金	储备粮基金	国家税金				社员分配			
			金额	占总收入%	金额	占总收入%	其中：农业生产费用			金额	占总收入%	金额	占总收入%			金额	占总收入%	其中：农业税		金额	占总收入%	参加分配人口	每人平均
							金额	占总费用%	占农业收入%									金额	占农业收入%				
清水公社	1965	344319	230607	67.0	69226	20.1	59378	85.8	25.7	14463	4.2	3412	1.0		3359	13075	3.8	9412	4.1	240784	69.9	5169	46.6
	1971	465649	357305	76.7	69594	14.9	60955	87.6	17.1	14156	3.0	5858	1.3			16800	3.6	16800	4.7	359241	77.1	6548	54
	1972	637047	401411	63.0	143324	22.5	136074	94.9	33.9	51755	8.1	4897	0.8		9045	16599	2.6	16599	4.1	411427	64.6	6448	63.8
	1973	691125	478656	69.3	178745	25.9	159114	89.0	33.2	55207	8.0	4038	0.6		9907	16825	2.4	16795	3.5	426403	61.7	6573	48.7
城镇公社	1965	472391	386600	81.8	88205	18.7	80355	91.1	20.8	13162	2.8	5902	1.2		4825	22163	4.7	21754	5.6	338130	71.6	7478	45.2
	1971	844117	601993	71.3	109600	13.0	78400	71.5	13.0	36183	4.3	7256	0.9			28300	3.4	28300	4.7	662778	78.5	10141	65
	1972	1109731	780828	70.4	235540	21.2	221604	94.1	28.4	31895	2.9	8077	0.7		13289	31143	2.8	30845	4.0	749387	67.5	10633	70.5
	1973	1223443	847783	69.3	271835	22.2	255978	94.2	30.2	86903	7.1	10123	0.8		14100	29274	2.4	29198	3.4	810308	66.2	10654	36.1

——《县革委一九七四年农业税负担调查报告、调查表》，循化县档案馆藏，档号：1-1-170（永久）。

循化县1965年—1973年收益分配表（单位：元、人）

公社	年度	总收入	其中：农业收入		总费用额					公积金		公益金		生产基金	储备粮基金	国家税金				社员分配			
							其中：农业生产费用											其中：农业税					
			金额	占总收入%	金额	占总收入%	金额	占总费用%	占农业收入%	金额	占总收入%	金额	占总收入%			金额	占总收入%	金额	占农业收入8%	金额	占总收入%	参加分配人口	每人平均
红旗公社	1965	261335	234501	89.7	44843	17.2	40518	90.4	17.3	12575	4.8	5112	2.0		9848	13055	5.0	12580	5.4	175902	67.3	3323	52.9
	1971	488073	383209	78.5	66832	13.7	54424	81.4	14.2	35569	7.3	1965	0.4			18900	3.9	18900	4.9	364807	74.7	4550	80
	1972	555581	434944	78.3	162402	29.2	118149	72.8	27.2	23172	4.2	1809	0.3		10093	21674	3.9	19085	4.4	336631	60.6	4689	71.8
	1973	762605	565836	74.2	200563	26.3	135143	67.4	23.9	52519	6.9	9497	1.2		4346	23384	3.1	22842	4.0	472296	61.9	5466	86.4
街子公社	1965	357196	306415	85.8	91484	25.6	77588	84.8	25.3	12639	3.5	4631	1.3		2016	16411	4.6	16411	5.4	229975	64.4	6105	37.5
	1971	343123	216652	63.1	56171	16.4	51200	91.2	23.6	50059	14.6	2851	0.8			21400	6.2	21400	9.9	212642	62.0	7884	27
	1972	611004	394714	64.6	84684	13.9	77471	91.5	19.6	54113	8.9	9218	1.5		11362	23622	3.9	23565	6.0	428005	70.0	8142	52.6
	1973	631786	385076	61.0	94396	14.9	88710	94.0	23.0	65646	10.4	6130	1.0			22115	3.5	22135	5.7	443079	70.1	8300	53.4
文都公社	1965	466564	422207	90.5	94636	20.3	85424	90.3	20.2	8596	1.8	10124	2.2		24620	19617	4.2	19144	4.5	308971	66.2	3885	79.5
	1971	495521	454710	91.8	55813	11.3	43113	77.2	9.5	17120	3.5	2791	0.6			33100	6.7	33100	7.3	386697	78.0	4907	79
	1972	668836	616281	92.1	186464	27.9	168537	90.4	27.3	28190	4.2	6105	0.9		14712	27190	4.1	27190	4.4	406175	60.7	5046	80.5
	1973	671728	621629	92.5	203015	30.2	184051	90.7	29.6	25967	3.9	6360	0.9		4322	28449	4.2	28449	4.6	403615	60.1	5131	78.1
尕楞公社	1965	323323	284581	88.0	59836	18.5	54228	90.6	19.1	12090	3.7	5588	1.7		12971	17563	5.4	17563	6.2	214852	66.5	2758	108.7
	1971	278825	238825	85.7	34148	12.2	28384	83.1	11.9	8643	3.1	1738	0.6			23400	8.4	23400	9.8	210906	75.6	3290	64
	1972	506949	458104	90.4	142336	28.1	128011	89.9	27.9	15285	3.0	3866	0.8		8492	23930	4.7	23930	5.2	313040	61.7	3347	93.5
	1973	399809	341768	85.5	146832	36.7	130608	89.0	38.2	9374	2.3	2389	0.6		2638	22930	5.7	22930	6.7	215628	53.9	3440	62.7

——《县革委一九七四年农业税负担调查报告、调查表》，循化县档案馆藏，档号：1-1-170（永久）。

循化县1965—1973年农业税负担调查表（单位：斤、人）

公社	年度	集体粮食总产量①	三留情况					储备粮	征财粮		其他用粮	返销粮数	年景丰歉平欠丰歉
			口粮			种子斤数	饲料斤数		总数	其中：公粮数			
			人数	每人平均	斤数②								
红旗公社	1965	2114216	3323	410	1360874	273693	104501	105023	240916	113439	25201		
	1971	2620277	4550	332	1690814	297430	164333	83936	348300	123382	35020		
	1972	2964000	4689	421	1978742	3091416	162151	33650	339168	144993	96833		
	1973	3503401	5466	425	2322998	335294	192273	34347	438060	133900	104029		
街子公社	1965	2532145	6105	288	1366968	413169	98817	18569	191436	144547	43186		
	1971	2375106	3884	201	1584150	424575	114024	33183	181139	96430	38045		
	1972	3644896	8143	325	2648464	488362	139333	87400	217548	131319	63348		
	1973	3343623	8304	298	23480631	475257	134100	33412	130106	199800	90093		
文都公社	1965	4054848	3885	606	2355238	556302	146072	266942	319090	441301	11204		
	1971	3260371	4903	328	1609932	536393	201259	25995	828434	286121	13958		
	1972	4440539	5046	438	2344815	607219	246331	112617	3001944	202103	57575		
	1973	4265032	5171	418	2161138	633913	236263	13901	1135086	205500	51331		
尕楞公社	1965	2736311	2258	512	1413284	414544	100248	126433	680202	133822			
	1971	1871990	3290	287	945485	469868	151034	1660	3002844	137953	1099		
	1972	3038613	3343	540	1807693	504603	182531	65559	693143	181468	25044		
	1973	2463242	3440	363	1249582	491900	133695	21813	490004	181100	32248		

——《县革委一九七四年农业税负担调查报告、调查表》，循化县档案馆藏：档号：1-1-170（永久）。

编者注：①② 系原始数据无误。

循化县1965—1973年农业税负担调查表（单位：斤、人）

公社	年度	集体粮食总产量①	三留情况					储备粮	征购粮		其他用粮	返销粮数	年景丰歉平欠丰歉
			口粮			种子斤数	饲料斤数		总数	其中：公粮数			
			人数	每人平均	斤数②								
全县合计	1965	26301189	43538	332	16228932	3822911	1007899	988828	4051566	1662336	201013		
	1971	28997718	55906	320	17915213	4098153	1445266	564009	4741246	1399619	233827		
	1972	36527292	57355	409	23484695	4462472	1331230	1087809	5283254	1321447	473332		
	1973	36950233	59988	390	23374618	4598538	1720355	520088	6138912	1889900	593681		
道帏公社	1965	5178152	6460	361	2334984	887263	139459	225064	1494241	333389	57137		
	1971	3132599	3994	455	3634796	9281904	346500	138942	3050460	531653	32997		
	1972	8405005	8203	539	4418989	988223	432967	335503	3053899	459846	91342		
	1973	8538413	8362	522	4365992	1025483	436836	54858	2540552	469900	114688		
东风公社	1965	4301635	8382	349	2929424	586195	193192	160316	420162	253926	223346		
	1971	5132436	10592	339	3481013	598824	221588	122596	662046	260719	86365		
	1972	5990722	10846	383	4205074	659039	249988	194223	601300	247699	81098		
	1973	6308276	11211	383	4290600	664182	257988	192999	806152	262200	96355		
清水公社	1965	2248241	5163	309	1601028	310254	92967	33622	173983	98603	36387		
	1971	2600000	6548	280	1834807	307181	101904	92618	221143	214435	223343		
	1972	2900000	6448	326	2102412	379308	117058	25331	186528	123397	38923		
	1973	3290590	6533	368	2415793	390838	103909	71188	205126	118300	83736		
城镇公社	1965	3135241	7438	330	2463132	373483	100643	52855	131536	103259	5552		
	1971	3964939	10141	309	3134212	474582	144580	65039	146486	146486			
	1972	4903493	10633	367	3908506	525403	160351	99482	190002	19129			
	1973	5233656	10654	384	4087884	542703	166291	98130	313807	280200	24393		

——《县革委一九七四年农业税负担调查报告、调查表》，循化县档案馆藏：档号：1-1-170（永久）。

编者注：①② 系原始数据无误。

1999年五个纯撒拉族乡或撒拉族占绝大多数乡的撒拉族家庭收入构成比重表

项目	清水	街子	查汗都斯	白庄	孟达
农业	62.34	39.12	54.2	52.53	65.35
林业	0.65	0.19	0.70	—	2.00
牧业	4.03	1.04	0，39	26.84	14.02
工业	15.07	31.32	3.87	5.35	—
建筑业	5.06	0.66	16.2	3.34	10.92
运输业	9.35	26.09	18.9	4.63	4.20
商饮业	2.41	1.45	5.63	3.34	0.93
服务业	0.45	0.19	0.11	0.52	1.90
其他	0.64	—	—	3.45	0.68

资料来源：根据五个乡的《一九九九年度青海省农村牧区经济收益分配情况统计》整理。

——根据五个乡的《一九九九年度青海省农村牧区经济收益分配情况统计》整理。

从上表中可以看到，在撒拉族农村地区家庭经营收入状况中，农业虽然仍占主要地位，占到家庭经营收入的49.33%，但尚未占到收入的一半，工业和运输业的收入比重分别为15.83%和16.79%，已经基本形成了以农为主、多种经营的格局。在不同的撒拉族地区，撒拉族的产业结构还体现出地区性特点，如街子乡的农业收入只占39.12%，工业收入和运输业收入已分别占31.32%和26.09%，后者之和已远超过了农业收入；而其他几个乡的农业收入仍是撒拉族农民的主要收入来源。

——马伟：《撒拉族人口的行业及职业结构分析》，《青海民族研究》，2004年第2期。

1991—2010年循化撒拉族自治县主要统计指标一览表

年度	人口（万人）	生产总值（亿元）	农业产值（亿元）	工业产值（亿元）	粮食产量（万吨）	油料产量（万吨）	固定资产投资（亿元）	社会商品零售额（亿元）	地方财政一般预算收入（万元）	城镇居民人均可支配收入（元）	农牧民人均纯收入（元）
1991	9.85	0.59	0.53	0.15	3.14	0.14	0.01	0.32	229.4	—	333
1992	10.27	0.7	0.54	0.19	2.68	0.09	0.02	0.34	214.4	—	360
1993	10.4	0.82	0.66	0.26	2.91	0.15	0.05	0.24	252.4	—	379
1994	10.52	1.01	0.82	0.42	2.32	0.16	0.29	0.34	271	—	469
1995	10.67	1.26	0.93	0.91	2.79	0.17	0.21	0.42	322.5	—	480

续表

年度	人口（万人）	生产总值（亿元）	农业产值（亿元）	工业产值（亿元）	粮食产量（万吨）	油料产量（万吨）	固定资产投资（亿元）	社会商品零售额（亿元）	地方财政一般预算收入（万元）	城镇居民人均可支配收入（元）	农牧民人均纯收入（元）
1996	10.9	1.33	0.92	1.23	3.26	0.18	0.56	0.45	476	—	530
1997	11.03	1.44	0.98	1.33	3.36	0.19	0.89	0.51	613.8	—	620
1998	11.15	1.69	1.12	1.71	3.45	0.2	1.2	0.57	860.2	—	720
1999	11.27	1.89	1.19	1.86	3.46	0.27	1.53	0.63	1112	3875	818
2000	11.31	3.01	1.13	2.05	2.4	0.09	1.89	0.7	1467	4448	930
2001	11.45	3.35	1.14	3	2.62	0.24	2.71	0.81	1763	4975	1255
2002	11.55	3.79	1.24	3.57	2.65	0.32	2.9	0.97	2395	5536	1399
2003	11.63	4.38	1.34	4.26	2.54	0.37	3.49	1.11	3052	5812	1561
2004	11.71	5.25	1.47	5.02	3	0.51	4.25	1.28	3372	6453	1768
2005	11.85	6.19	1.73	4.14	3.08	0.52	4.66	1.42	3041	7106	2014
2006	12.17	7.15	1.75	3.23	2.48	0.28	5.24	1.68	3310	7956	2320
2007	12.52	7.82	2.24	4.22	2.74	0.4	4.9	1.97	3750	9224	2730
2008	12.69	8.32	2.92	4.62	3.2	0.73	5.59	2.41	4241	10930	3250
2009	12.96	9.05	3.06	5.37	3.16	0.81	7.02	3	4672	12132	3862
2010	12.38	11.23	4.34	6.23	3.2	0.69	8.8	3.7	3564	13406	4650

——循化撒拉族自治县地方志编纂委员会：《循化撒拉族自治县志》，三秦出版社，2017 年版，第 262 页。

清水乡瓦匠庄村 1999—2009 年不同行业收入状况一览表（单位：万元）

年份	不同行业收入							
	农村经济总收入	农业收入	工业收入	建筑业收入	运输业收入	餐饮业收入	服务业收入	其他收入
1999	87.39	45.29	24.41	3.21	12.64	1.22	0.38	0.24
2000	135.31	46.09	68.99	3.93	13.99	1.5	0.49	0.32
2001	164.06	50.14	91.2	4.49	15.4	1.64	0.54	0.65
2002	180.15	51.21	46.27	25.11	34.1	20.22	2.41	0.83
2003	269.95	78.16	32.42	24.42	79.95	42.18	12.04	0.78
2004	336.18	86.13	61.29	49.42	75.95	42.18	12.04	9.17
2005	384.01	101.3	72.08	58.15	77.98	49.59	14.13	10.78
2006	390.32	103.37	71.84	57.93	86.99	47.68	14.72	7.79
2007	407.1	125.5	14.1	39.6	94.6	65.4	59.2	8.7

续表

年份	不同行业收入							
	农村经济总收入	农业收入	工业收入	建筑业收入	运输业收入	餐饮业收入	服务业收入	其他收入
2008	472.1	146.1	15.6	44.7	105.9	85.1	65.1	9.6
2009	567.3	153.4	16.4	56.3	119.7	114.2	67.1	40.2

——循化县清水乡人民政府：《青海省农村牧区集体经济统计表（1999—2009）》（内部资料），清水乡人民政府办公室提供，2022 年 4 月。

突破百万元的乡（镇）

循化县

计有 2 个乡（镇），其中：积石镇为 475 万元，街子乡为 122 万元。

海西州

计有 1 个镇，即乌兰县希里沟镇，产值为 110 万元。

——青海省乡镇企业管理局：《1985 年青海省乡镇企业统计资料》，1986 年 5 月。

街子乡户访材料（2000 年 8 月）①

三兰巴亥村 HSJ ②

全村落实门牌 230 户，人口 1400 多人，6 个社，土地面积（耕地）580 亩（水地）。旱地承包给种粮大户，此人叫 HYBL，种植了粮食、胡麻、油菜等 3000 多亩。耕作轮换，每年种 1800 亩左右。山地亩产小麦 200—250 公斤，油菜 120—150 公斤，胡麻 60—80 公斤。牛有三十几头，约有 270 只山羊和绵羊，基本形式为育肥。由于干旱，此人今年亏损 8 万元，去年收入为 15 万元。

全村每人 4 分水地，亩产 700—800 斤。但水源不足，今年苹果园只浇了一次水，因此苹果无收成。小麦最多也只浇了三次水，甚至有的小麦只浇了一次。正常浇灌次数为四五次。若水源充足，一亩地能打 1000 斤。大部分地靠黄河提灌，提灌设施老化，电费高，五个村共用一个电灌站。从四月份至八月份机子不停地运转，但仍然解决不了问题。电站在牙门曲乎，几个村有 3000 多亩地，我们村有 400 多亩。这个电站

① 此材料为 2000 年 8 月在循化的人口较少民族调查资料。调查队组长为北京大学马戎教授，组员为中央民族大学良警宇和青海民族学院马伟。此材料根据当时马伟的调查笔记整理。

② 为保护隐私，被调查对象的名字用英文大写字母代替。

是 70 年代建成的。

我们村土地撂荒现象严重，因为种地代价高。从黄河提灌的一级电站浇一次水每亩需花十六七元。二级站（50% 的地需要二级提灌）每亩每浇一次水需花 22—25 元。而产量最多只有 350 公斤（市场价 0.4 元 / 斤），所以靠农业无法发展。每亩地的开支情况：

化肥：二铵 30 斤（1.35 元 / 斤），尿素 20 斤（1.1 元 / 斤），农药 1 斤（9 元 / 斤）。

犁地：每亩 20 元（手扶拖拉机犁），一年两次。

收割：每亩 25 元（雇人收割）。

种子：每亩 60 斤（0.9 元 / 斤）。

打碾：每打 100 斤粮食费用为 5 元。

总之，收支基本平衡。

全村卧铺车 100 辆，为四达牌（每辆 18 万元）和康明斯牌（每辆 24 万元）。货车 20 辆（双桥和八吨康明斯）。从今年开始收入不太好，卧铺平均每年挣 10 万元，双桥每年挣 12 万元（若不出事故）。每辆车上有三个人，不分昼夜行走。有的一家有一辆车，有的一家有二三辆车甚至三四辆车，有的几家有一辆车，60% 的家庭根本无车。这些家庭仍困难。没有车的家庭，男子去当服务员（拉客、卖票），每月收入 300 元左右。本村有 10 多个厂（其中在本县的有 8 个），主要为绒毛加工、饮料（纯净水，使用骆驼泉水，今年销量好）、五金等。部分妇女到厂里打工，每月能挣 300 元左右。全村男劳力约 200 人，其中外出人员占 30%—40%，主要去采金、修路、挖虫草、打工、拉客等。在家务农的多为妇女和老人。

全村经济基本以副业为主。从 1992 年开始跑运输，因为本村人在藏族聚居区做买卖的多。这些人先买西海班车，后买四达班车，再买双层卧铺。一家带一家，最后形成了联营公司。1995 年成立了雪域公司（在西藏注册）。1998 年在格尔木成立了高原公司。以两个公司为龙头，在兰州、西宁、成都等地设有分公司，每个点有 20 多人拉客、搞服务等。去年，村里捐资修硬化路，共捐资 12 万元左右，条件好的家庭相对捐资较多。本村纯粹搞农业的可能有 10 多户。他们或家里无劳力，或经济条件较差。

本村 30% 的人家有电话。几乎每家都有水井，用水泵抽，深度 2—6 米。80% 的人家有电视（基本为彩电）。20%—30% 的人家有冰箱。村里有卫生所一个，有两个人。70% 的人家夏天使用煤气灶，90% 的人家冬天烧煤，其余烧柴、麦草等。冬天烧炕，燃料为麦草、煤渣等。30% 的人家有摩托车。小车有 20 辆，其中桑塔纳六七辆，奥迪 3 辆，三菱 3 辆，余为北京吉普、皮卡等。另有夏利、大发等出租汽车六七辆。出租车每天收入约 30 元。以上买车 80% 为自己的钱。企业资金的 60% 为贷款。在村里、三岔、县里开商店的有 10 多户，每户年均收入七八千元。在果洛、兴海等地开饭馆的有两三户，收入比开商店稍好，每年收入 1.5 万—2 万元。村里有金把头一名，名叫 HSL，与人合作，投资 1000 多万元买采金机械设备，去年每人挣了 100 多万元。他以前曾做生意、采金、搞育肥等。本村这两年当采金雇工的、挖虫草的人较少，合起来一年可能有二三十人。采金已变成大型的活动。

No.1 HSJ

58 岁，初三毕业。全家九口人。有妻子（同德县撒拉）、老三儿子、老四儿子、两个儿媳妇。

老大儿子在县防疫站工作，大专，30 岁。妻子为民贸公司职工，高中，27 岁。生一女儿，5 岁。

老二儿子，27 岁，高中（考上中专未上），办畜产品加工厂。厂址在西宁，资金为 50 万元，其中 30 万元为贷款。年收入 5 万—6 万元。有 20 多个工人，工人工资为 300—500 元。厂子效益好。妻子，26 岁，本村人，小学二年级。生一儿子，6 岁，在西宁上学前班。

老三，22 岁，初中毕业，在西藏跑运输。与别人合买一辆八吨康明斯货车，14 万元 / 辆。年收入 10 万元，我们分得 5 万元，纯利润 3 万元。妻子，20 岁，本乡沈家村人，小学三四年级程度。

老四，20 岁，初中毕业。从三岔到县城跑出租，每天挣 30—40 元。妻子，18 岁，初中毕业，查汗都斯乡人。老三、老四儿媳妇都在家做饭。

我管理老三、老四，实际管理人口为 6 人。承包地 4 亩（7 口人承包地），今年种了 2 亩，打了 1950 斤（我在家里，管理得好）。果园有 2 亩 6 分，30 棵树。由于干旱，今年无收成。去年摘了 3000 斤，每斤以 0.25 元卖出去。但化肥、农药等支出约 700 元，其中二铵买了 4 袋，共 500 元；麻渣 200 斤，共 100 元；农药 15 元 ×4 次＝ 60 元。

家有夏利车一辆，嘉陵 125 摩托车一辆，老二在西宁有一辆奥迪车。还有彩电 2 台，冰箱 1 个。在西宁有彩电 1 台，冰箱 1 个，老二儿子有手机 1 部。

去年贷了 3 万元款，买了夏利车。

人情费 1.5 万元（当姐夫要花 1000—1500 元，当舅舅要花 1000 元，当姑父要花

800—1000 元，给女儿看月要花 3000 元，一般恭喜 20—50 元）。

衣服每年每人 200 元。

生活费：全家每月 300 元。另买粮食需 2000 斤。

医疗费：全家 2000—3000 元（七八两个月就花了 2000 元。一般去三岔、县城看病）。

学粮：每个承包人口 10 斤。10 × 7 ＝ 70 斤。

干部粮：近两年因条件好我自愿不要。若要，为 3000 斤粮食。

农业税等所有税费每人 10 元。7 × 10 ＝ 70 元。

老四儿子 2000 年 1 月结婚。彩礼为 1.5 万元，共花 3 万元。

卫生情况：男子到清真寺洗澡（对外开放，一次 1 元）。女子在家使用吊桶。若是困难户，洗澡费、学粮等均免。

老房子 70 年代所修。现有四个庄廓，两个已盖有房子。老大已在县城集资，但家里也为其准备一座房子。给老二也准备了一座。

No.2 HYNG

48 岁，小学三年级，有八口人，父亲、妻子、六个儿子（一个分家另过）。父亲，83 岁，未上过学；妻子，44 岁，未上过学；老大儿子，18 岁，小学三年级，当司机，两家合买的一辆少林卧铺车，1998 年以 15 万元的价钱从别人手里买的；老二儿子，正念初一，17 岁；老三儿子，六年级毕业，准备上初一，15 岁；老四女儿，13 岁，未上学，自己不想上，平时去念经；大女儿嫁至积石镇伊麻目，20 岁，未上学。

七口人的承包地，有 3 亩 5 分，今年打了 3000 斤粮食。主要经济来源靠车，两家年纯利润为 3 万元。苹果园有一亩五分地，60 棵树。去年摘了 2000 斤，除了自己吃、施散给别人外，卖了四五百元。家有手扶拖拉机一辆。冬夏都烧煤。车子线路为拉萨至成都，跑车的是老大儿子，由于另一车主无人跟车，所以给老大儿子月发工资 1000 元，无执照。另雇一司机，月工资 1500 元。现有 1 万多元贷款，当时买车时贷了 3 万元。我在家伺候老人，种庄稼。两三年前修过路、采过金，一年挣七八千元。

人情费：4000 元。当姐夫至少搭六七百元，当舅舅、当姑父也一样，一般人家要搭二三十元。刚给老大女儿看了月，花了两千元（羊、衣服等）。女儿出嫁时没花自己的钱。

电费：每月 13—15 元。

生活费：月 20 斤青油 ×3 元＝ 60 元。无菜园，菜需要买。月生活费共 300 元。

煤：混煤 2 吨半（110 元 / 吨），厨房用。机砖 4 吨（220 元 / 吨），用于取暖。烧两个炉子。开水在太阳灶上烧。

旱地由种粮大户种，我们没任何收入，但免征税。从去年开始，种粮大户也被免征税。

西房三间，1993 年盖的，花了 4000 多元。

老三儿子上小学，每学期需交 160 元（书本费、杂费等），学费 40 元左右，另取暖费 15 元左右。

中等人家（驻村干部所说）。

孩子上学，初次上小学，不懂汉语。老师批评一两次不想去。三岔几个待业青年办了一个幼儿园，为撒拉幼儿园，有小班、中班、大班，计划每班收 30 人，已报学生 60 多人。大班学学前班课程，小班、中班学幼儿园课程。但目前在资金上尚有困难。管一顿午饭，月收 60 元。

No.3 MWG

38 岁，小学四年级。家有五口人，为妻子（本村人）、三个儿子。妻子，34 岁，未上过学。老大儿子，18 岁，小学毕业，现在开卧铺车。家有 2 辆车，雇两个司机，司机为本村人，月工资 1500 元。线路为拉萨—格尔木—成都。两辆车都是 1998 年买的，一辆为 17 万元，钱都是自己的。我 25 岁时当包工头，在天峻县修路、搞建筑，带四五十个人。

由衷感谢政府对撒拉族的重视。我本人吃亏吃在没文化上。不会写合同发票。有时为“给”和“还”打官司（撒拉语中“给”和“还”为同一个词——编者注）。现在必须按合同办事。

老二，16 岁，正在念初一；老三，10 岁，念小学二年级。

三口人的地，每人 4.7 分地，加上饲草地共 2 亩多。今年还种了亲戚的一些地（跟我们的地连在一起），共打了 4000 斤粮食。

家里电视机、VCD、电话都有。

烧煤气，一罐气 38 元（在三岔灌），能用 40—50 天。房顶设太阳灶，要勤俭节约。

大房盖了 10 年了（花了 2 万元），三面有房，铝合金门面（两三年前装的，花了 5500 元）。

我自己在江苏张家港，上海，河南驻马店、新乡、安阳、漯河等地租房做服装生意，每年做四五个月。主要卖循化牛绒衫。生产销售一条龙，我交原材料，让别人纺纱，织成牛绒衫，按件付钱，全电脑提花每件 28 元，半电脑提花每件 12 元。10 月至次年 3 月五个月卖 4000 件左右。牌子、纱都由循化提供。在江苏提纱，主要挣差价。在循化织一件毛衣工钱为 18 元，那儿为 13 元。2 月左右，剩下的牛绒衫卖不出去，就用自己的钱（190 元的衣服以 100 元）低价买下来，带回循化，第二年再出售。另循化 7 万元的纱在那儿可卖 8.5 万元。

人情费、生活费每年为 2 万元。每天需开支 50 元。当姐夫需要 2000 元，舅舅、姑父基本一样，较好的朋友要搭一二百，隔壁邻居普通人家要搭二三十元。老大儿子今年准备结婚，定茶为 1500 元，彩礼为 1.5 万元，共要花 2.5 万元。别人可能会搭 1.5 万元左右。

医疗费不多，因为家里都是年轻人。

江苏等地的人好多人穿皮尔卡丹、富兰克林等名牌，在这儿穿这些衣服，别人都不知道。我穿中档衣服。

办厂子的撒拉人十个人中八个没文化，主要靠苦干。我自己带 5 个撒拉人，卖真货。

上等人家（驻村干部语）。

基本控制了青藏线的 1100 多公里。村里实力很强，别村人要想入股，必须与该村人合股，由雪域、高原客运公司研究决定。公司拿管理费。高原公司有 29 辆车，七八十人，拉客一人可拿 5 元钱。每天发 2—3 辆，2 辆 90 人，能拿 450 元，10 人分，每人可得 45 元，其中还要花 10 元伙食费和 3 元房费。公司老板月工资 500 元，工作不能差一天。公司从每名乘客的车费中提成 10 元管理费，用于公司公务人员的工资支出和公司的其他开支。

No.4 AC

62 岁，小学一年级。家有七口人，为妻子、女儿、两个儿子、两个儿媳。妻子，55 岁，未上过学。

老大儿子（已分家），37 岁，未上过学。现在拉萨拉客，每天挣二三十元。拉一个客人得 2.5—5 元，已一个多月了，三四个月后回来。之前采金、在家种田。妻子，32 岁，未上过学。有三个孩子，大女儿，14 岁，未上过学；二女儿，8 岁，在读小学一年级；三儿子，1 岁。

老二（已分家），32 岁，小学毕业；妻子，28 岁，未上过学，未生育，抱养了一个女儿，7 岁，准备上小学。老二和老大的工作一样（在雪域公司）。

老三，27 岁，小学毕业；妻子，23 岁，未上过学。生一女一儿，女儿，8 岁，准备上小学。儿子，6 岁。老三也去拉客（三个儿媳妇均在家种地）。

老四，20 岁，高一后辍学，自己不想念。现开卧铺车，车为三家合买。其中一个车主为本村人，一个为外村人。一年 12 个月在外开车。车子五成新，之前买的时候为旧车，用 12 万元买的。现在每家每年挣 1 万元左右。目前由于车子太多，公司已控制车的数量，不能增加车辆数；妻子，20 岁，未上过学，生一男孩，2 岁。

老五，19 岁，小学毕业；妻子，18 岁，小学二年级。老五也去拉客，妻子在家种田。

全家有七口人承包地（其中围了三个宅基地），现种三口人的地，为 6 分地，今年打了 500 斤粮食。一年需要买 500 斤。

家有手扶一辆，自家使用。

取暖烧煤，要买 4 吨半，花 1000 元。

买车时贷了 4 万元，现已还清。

电费：月六七元。

家有彩电一台、洗衣机一台。

人情费：年 5000 元。

老五儿子三年前结婚，彩礼为 1.5 万元，共花 2.5 万元。若人去世，中等人家施散、请客要花 2 万元。最少的话，困难人家要花 1000 元，中等人家要花 5000—6000 元，富裕人家要花 1 万元。

生活费：月 300 元，用于买菜、油、肉。

医疗费：年 1500 元，到三岔、县城看病。有胆囊炎。

中等人家（驻村干部语）。

No.5 MHS

50 岁，小学一年级，八口人，为妻子、一个儿子、一个儿媳、三个女儿（其中一个已出嫁）、母亲、小儿子。

母亲，80 岁，未上过学；妻子，45 岁，未上过学。

老大儿子，24 岁，初中毕业，原来开车，车为自己的，于 1998 年和人合买，两人各出 4 万元，现以 5.3 万元的价钱刚卖掉车，这两天儿子在家，准备去卖票（在固定地点卖，从每名乘客车票中提成 2.5 元。西宁—格尔木，票价为 120 元；格尔木—拉萨，票价为 100 元；成都—拉萨 400 元）。妻子，21 岁，小学毕业。

老二儿子，12 岁，在读小学四年级；老大女儿，20 岁，未上过学，嫁至本村；老二女儿，16 岁，在县女中念初三；老三女儿，14 岁，念小学六年级。

五口人承包地，现种五口人的地，有 3 亩，今年打了 2700 斤。还有一亩苹果园，去年摘了 2000 斤，卖了 300 元（好的自己吃，小的交厂里，0.25—0.30 元 / 斤）。我是村里的电工，月工资 400 元（管理村里的用电、浇灌）。

取暖做饭烧煤。贷了扶贫贷款 2000 元。

人情费：年 5000 元。生活费：月 500 元（自己的粮食够吃，但 50% 的菜要买）。电费：月六七元（0.65 元 / 度）。医疗费：无重病人，年六七百元。服装费：年全家 4000 元，要买冬装、夏装、鞋，成年人花六七百元，小孩花二三百元。

No.6 HHC

71 岁，小学二年级。家有十口人，分两家住，统一核算。妻子，65 岁，未上过学。两个儿子，都已结婚。

老大儿子，28 岁，小学三年级。在雪域公司给别人开车，月工资 1200 元（淡季），旺季为 1600 元。妻子，28 岁，未上过学。大女儿，8 岁，上一年级。老二儿子，5 岁。小女儿，1 岁。全家在格尔木租房住，子女也在那儿上学。

老二儿子，20 岁，未上过学，在雪域公司给别人卖车票，同时自己也学开车，已两三个月了，因为学技术，工资还没定。有的人给工资，有的人不给工资。妻子，19 岁，未上过学，在家种田。

全家五口人的承包地，现种五口人的地。地由我来种，年轻人算成本觉得不划算。3 亩地，今年打了 2500 斤，亩产七八百斤。

家有洗衣机一台。

夏天烧煤气，冬天烧煤、麦草，太阳灶烧开水。

人情费：年 2000 元。

医疗费：无重病人，年 500 元左右。

菜 50% 要买，粮食够吃。生活费月 100 元。

家有脱粒机 1 台，年收入（与人共有）一家 1000 斤粮食。有一辆自行车，在近处骑。

服装费：老两口年300元左右。儿子们自己挣自己买。

无贷款，想贷也不给。

No.7 MZG

68岁，初一。家有九口人，为妻子、一个女儿、儿子一家6人。妻子，65岁，未上过学，本村人。

儿子，33岁，初中毕业。妻子，28岁，积石镇波列村人，未上过学。女儿，13岁，上六年级。女儿，11岁，上五年级。儿子，9岁，上二年级。女儿，6岁，今年内准备上学。

女儿，26岁，未上过学。离婚在家（原嫁至伊麻目村，在那儿留下一儿一女）。

儿子在高原公司开自己的车，开了七八年西海车，二三年的四达车，卧铺车二三年，共开了10多年，线路为格尔木—拉萨。收入每年为15万元（不包括每年折旧费2万元）。儿子在海东驾驶学校学过开车技术。高原公司每发一次车提成管理费250元，拉客车每人4元 ×50元＝200元。旺季时候，为支付集体开支，如拉关系、招待客人等，每年要收2000元。此外，有时还零星收一点。保险费每年为7000元，养路费为月800元。由于线路问题，在西藏界内，每车每次收1000元，所有手续齐全，只差线路牌。高原公司由格尔木市批准成立，格尔木应报青海省运管处，青海省运管处应与西藏运管处协商解决。若不交1000元，一旦抓住，受罚两三千元，并扣车一星期。这属于乱收费。

为了争乘客，高原公司与雪域公司以前有点矛盾，现在关系变好。

家里十口人的承包地，有5亩，其中1.7亩不种。因为从二级电站抽水，成本太高。现种五口人的地。2.3亩地今年打了2400斤（与老大儿子一起种，然后平分）。

做饭使用煤气和煤。一个月一罐气38元 ×12月＝456元。煤一天烧一元的。电费：月十七八元。

家有彩电一台，冰箱一个，录音机一台，洗衣机一台，太阳灶一个。

经济上与老大儿子统一核算。老大儿子，38岁，初中程度，在高原公司管理车辆，有固定工资，月500元。妻子，34岁，未上过学。生三女一男。大女儿，15岁，初一辍学，现在家。二女儿，12岁，上六年级。儿子，10岁，上三年级。小女儿，6岁，准备今年上学。平常我管理他们的家庭。

人情费：年5000元。

生活费：年 1.5 万元（包括服装、医疗费、生活费，其中医疗费年 1000 元。我的血小板减少。去年在省二医院住了三个月，花了 2.7 万元）。

No.8 ZSY　报道人：儿媳妇

全家六口人，为公公、我们两口子、三个儿子。公公，80 岁，小学文化程度。丈夫，36 岁，小学四年级，现去拉萨拉客。我，33 岁，未上过学。老大儿子，15 岁，小学三年级后辍学，现念经。老二，9 岁，上小学一年级。老三，2 岁。

承包两口人的地，现种两口人的地，有一亩 4 分。今年打了 800 斤，由于干旱，产量受了影响。做饭、取暖均烧煤，冬天烧一吨机砖，夏天烧混煤（前几天买了 400 斤，还不够）。我是清水阿什匠人，三年前结的婚，为二婚。老大、老二为前妻所生，老三为我生。

人情费：我不清楚。

No.9 MABD

77 岁，小学三年之后去当兵。当了一年被解放。家有五口人，为妻子、小女儿、女婿、孙子。妻子，57 岁，未上过学。女儿，21 岁，未上过学。女婿，26 岁，白庄人，未上过学，是个满拉，还在积石山初麻滩念经。孙子，10 个月。

我家是特困户，乡里每年上下半年各补助 135 元。我是个残疾人，有残疾证。腿有风湿病，不能走路。我们贷款 2000 元，另自筹 1000 元，开了一个小卖铺，至今四年了，月收入 180 元，本村有 11 个小卖铺。有 2 亩苹果园，经营不力，只够自家吃。自己种菜，除了吃以外，每年还可卖一二百元。承包地为三口人的，去年种地，一亩五六，打 1200 斤。今年只种六分地，打 500 斤（家中无劳力）。

家有自行车一辆、录音机一台、缝纫机一台。

贷款还没还（期限为 3—5 年）。

人情费：年 400 元（好多交往都去不了）。

做饭烧煤，一年需要 3 吨，400 元。刚买了煤气灶，但还没用。

家庭基本开支靠铺子。

我个人有风湿病、前列腺病，月花 30 元（不包括其他人）。

No.10 AHM

56 岁，小学二年级，九口人，为妻子、三个儿子、一个女儿，其中一个儿子已婚，有妻子和一个儿子和一个女儿。

妻子 50 岁，未上过学。

老大儿子，31 岁，小学毕业。妻子，31 岁，本乡马家村人，未上过学。大女儿 10 岁，未上过学。男孩 5 岁，准备上学。

老二，17 岁，小学四年级，后来在清真寺念了六年。

老三，16 岁，小学四年级，辍学。

女儿 12 岁，未上学（家中女人都在念经）。

老大儿子在三岔开摩托车修理铺（老三儿子帮忙），月收入 300—400 元，老二儿子被手扶碰伤，腿部骨折，在西宁住院二个月，花了几万元（肇事者给了两千，其他钱自己四处借，事情还未处理），现在在家休息。

七口人的承包地，现种这些地，有 5 亩。今年 2.7 亩地给别人种（自己种不划算，地级电站电费高），自己种 2.3 亩，打了 1900 斤，需要另买 1200 斤。

家有旧摩托一辆，洗衣机一台。

做饭烧煤：混煤每月 500 斤（500 斤 ×8 个月＝4000 斤，2 吨 ×110 元＝220 元），机砖年 3 吨（3 吨 ×210 元＝620 元）。

人情费：年 3000 元。

医疗费：一般年花 800 元。

生活费：月 200 元。

房屋五间，为砖木、土木混合结构，三年前盖，花了 1.5 万元。

No.11 YSML

47 岁，小学三年级。七口人，母亲 94 岁，未上过学；妻子 46 岁，未上过学；大儿子 23 岁，小学毕业，结婚三年，妻子 20 岁（果哈拉村人），未上过学；女儿 14 岁，辍学（困难），儿子 11 岁，小学二年级。户主去年去格尔木拉客，今年没去（母亲重病，自己得病）。大儿子当司机（在格尔木给别人开车），去年一年挣 1000 元（除掉自己花销），一年中至少半年在家休息（没活儿）。

八口人承包地，现只剩 3 亩，其中一亩为苹果园。由于干旱，只浇了两次水。果园也管理不善，果树枯干，无收成。今年打了 800 斤粮食。

家有洗衣机一台，电话一部（若儿子在，月话费为 95 元，儿子不在为 30 元左右）。

做饭使用烧柴（苹果树等），冬天待儿子挣了钱后再买煤。

人情费：年 1500 元（女儿生三个孩子，应该看月，每次该花 3000 元，但都没看）。

户主和母亲不能断药，所以医疗费至少为年 1000 元。

有大房三间，为六年前所盖，那时爷爷尚在，户主还健康，估计花了 2 万元。

电费月 20 元（老人用得多）。

No.12 HYBL（三立坊村）

33 岁，未上过学。三口人，妻子，27 岁，本村人，未上学；儿子，8 岁，小学一年级。

开铺子（资本为三四千元），每月收入为 300 元。

承包地为一口人的，有六分，今年打了 500 斤。

家有彩电一台。

做饭取暖烧煤、烧煤气，一年需混煤半吨，机砖 1 吨半，一年中六个月烧煤气，一个月用一罐气。

人情费：年 1500 元。

生活费：月 500 元，需买菜、肉、油等，另年买粮食 800 斤。

No.13 MDH

74 岁，小学三年级。全家十七口人，2 个妻子，3 个儿子，3 个儿媳妇，8 个孙子。

大房妻子，67 岁，未上过学，现住查汗都斯乡新村（从三兰巴亥村迁移而去），孩子们也在那儿住，都为她所生。二房妻子，40 岁，甘肃回族，结婚已两年了，但无结婚证，现和我住在三兰巴亥村。大房妻子得重病，不能活动。

老大儿子，44 岁，小学毕业，为雪域公司总经理。第一个妻子为本乡波立吉村人，已去世。第二个妻子为清水大寺古村人，已离婚，准备再娶一个。现有孩子 5 个。老大儿子，今年内考上青海民院。老二儿子，17 岁，初中毕业，今年因车祸身亡（在拉萨至甘肃的线路上开自己的双桥车）。老三儿子，13 岁，在西宁上初一（四五年前，花了 7 万元买了一套房子）。大女儿，13 岁，小学五年级。小女儿，1 岁。

这个老大儿子以前开过手扶、大拖拉机，曾与人合买一辆拖拉机在果洛修电厂干活儿，为了多挣钱，两人轮流开车，不让车子熄火，在一年中挣了一辆拖拉机。就这样苦干走上了致富路。

老二儿子，36 岁，高中毕业，工作后上了大专，县法院经济庭干部。妻子，35 岁，高中毕业，积石镇沙坝塘回族，在县农行工作。生一儿一女，女儿，8 岁，小学二年级。儿子，3 岁。

老三，25 岁，初中毕业，在拉萨至成都的线路上开自己的卧铺车。妻子，20 岁，小学二年级。一个儿子，2 岁。

刚开始，由于车少，一辆西海车一年挣 12 万元。后改为卧铺车，跑了两年后不太好。若一年跑十次，能挣 20 万元，基本收回本钱。但现在跑不了十次，一年收不回本钱，只能等到第二年。现在效益不太好，因为坐飞机的人多了。家有卧铺四辆，双桥两辆。一年收入 20 万元（前几年一个月收入四五万元，现在不太好）。成都至拉萨线路每辆车两头各上交管理费 5000 元（包括油钱、养路费、运管费等），现在一个半月跑一次，一次收入 1.5 万元（若车子不出问题），运管的人，有时罚款，每次为 1000—2000 元，有时还打人，打得厉害。

五口人承包地，全家人在查汗都斯，我自第二次结婚后两口子住在街子。自家不种地，地让别人种。家有彩电 2 台，洗衣机 3 台，录音机 2 台，冰箱 2 个，摩托 2 辆，桑塔纳 1 辆，手扶拖拉机 1 辆，电话 1 部，手机 2 部。

原来贷过十几万元的款，现已全部还清。

家里烧煤气、煤、柴、草。有 2 头牛，其中 1 头为奶牛，牛奶自家喝。

人情费：年 1 万元。

医疗费：年 5000 元，老妻子中风。

上等人家（驻村干部语）。

No.14 AB

68 岁，未上过学。十口人，有妻子、3 个儿子、6 个女儿（其中四个已出嫁）、1 个儿媳妇、2 个孙子。

妻子，67 岁，未上过学，积石镇托坝村人。

大女儿，40 岁，未上过学，嫁至积石镇河北村。二女儿，32 岁，未上过学，嫁至本乡马家村。三女儿，30 岁，未上过学，嫁至积石镇西沟。四儿子，27 岁，小学二年级，妻子，26 岁，未上过学，女儿，2 岁，儿子，1 岁。五儿子，23 岁，哑巴，可做体力劳动。六儿子，22 岁，哑巴，能体力劳动。七女儿，16 岁，念初三。另一个女儿，35 岁，哑巴，能体力劳动，嫁至本村。另一女儿，28 岁，未上过学，嫁至黄南州回族。

大儿子去拉萨拉客，另两个儿子在家务农。九口人承包地，有五亩七分，今年收 2000 斤。苹果园有 4 亩，由于缺水，今年没收成。

家有彩电 1 台。

1998 年贷了 3000 元扶贫款，3—5 年后还。

做饭取暖用煤，年需混煤 3 吨，机砖 3 吨。

人情费：年 2000 元。

医疗费：平常为年 600 元左右，今年花了 1 万元，为妻子做胆囊手术，钱是借的。

生活费：月 50 元，另年买粮食 1500 斤。

No.15 YDR　报道人：妻子

丈夫，34 岁，初一。我（吾土村人），30 岁，未上过学。大儿子，8 岁，小学二年级。小儿子，6 岁，患有小儿麻痹症，不能行走。

丈夫当雇工去四川修房子，已五六个月了，不知什么时候回来，也无法联系。去年他一直在家。前年去挖虫草，没挖上。

一口人的地，有 7 分，今年打了 400 斤。

家有小黑白电视 1 台，洗衣机 1 台。1998 年用搞副业挣的钱盖了房子。

做饭取暖用煤，年买机砖 2 吨，混煤 1 吨。

人情费：我不清楚。

二、支出

公粮是种地老百姓给国家纳的农业税，经商的缴纳营业税，这是正税的一种，是农民应尽之义务。马步芳时代向老百姓要粮，还要许多摊款，如马款、车款、慰劳品、献金等，对农民压迫得厉害，特别是对番民之民政封建立法。只纳公粮并且是一次，公粮完全由地方开支，老百姓应出十石公粮，只纳一石五斗地方公粮。有人说解放了为什么还要公粮，因为现在还要打国民党，打土匪，军队必须吃饭，所以要有公粮，负担以利建设。过去因为宣传不够，老百姓很少知道。现在我把公粮征收的办法、根据报告一下：主要是根据全年产量按人口计算，每人十四斗开始出公粮，多者多出，少者少出，无者不出。

——《循化县 1950—1951 年关于减租减息的指示、通知、通报、调查、统计表》，（1951 年 02 月 04 日），循化县档案馆藏，档号：1-1-4（永久）。

新中国成立后，彻底废除旧的苛征制度，从 1950 年起，开始征收农业税，通称“公粮”，实行“依率计征，依法减免”和“稳定负担，增产不增税”的政策，由县财政科执行办理。

1. 税制和税率

1950 年，计税率为 9.1%，应征 99.11 万公斤，实征 56.19 万公斤，完成 56.7%。1951 年，结合减租减息、查租反霸进行查田评产，实行以计税人口、土地和常年产量为基数的 30 级累进税制，人均产粮 75 公斤为起征点。体现收入多的税率高、收入少的税率低的合理负担原则。1952—1956 年计税率均在 11.46% 左右。1957 年，为保证财政收入和有利于农业社的巩固和发展，简化征收手续，以上年按社或按户计征率的基础上增加 1.5% 作为本年计税率，改累进税制为比例税制。1958 年，始征地方附加税，占实征正税的 5%。1961 年，调整常年产量，全县应征税额由 1960 年的 88.9 万公斤下调到 74.75 万公斤，年平均计税率 2.72%，执行到 1976 年。1977 年，为解决农业税负担畸轻畸重的问题，又一次调整常年产量，计税率下调到 4.35%，执行至 1990 年。是年全县计税土地面积 11.17 万亩，常年产量 2028 万公斤，实征税额主粮 79.68 万公斤，亩均负担 7.13 公斤，纳税金额 40.32 万元，占全县财政收入的 19%。

2. 征收办法

1950—1957 年农业税以征收实物为主，并以小麦作为统一计算单位。1958 年起，为鼓励交好粮支援社会主义经济建设，简化征收手续，贯彻执行“先征后购”的原则，实行缴纳粮食折人民币结算的办法。纳税责任者，1955 年以前征收结算单位为户；合作化以后为社；1959—1961 年征收结算单位为生产大队；1962—1981 年为生产队；1982—1990 年因农业实行家庭联产承包责任制，征收基数在生产合作社，分农户结算。

3. 减免

由县人民政府报请省人民政府批准，1952、1954、1955、1956、1963 年，5 个年份对纳税单位和个人因纳税后在生产、生活上确有特殊困难的给予社会减免共计 18272 公斤。1952、1953、1954、1955、1956、1959、1962、1963、1964 年 9 个年份，对遭受冰雹、干旱、洪涝等自然灾害而造成粮食减产的纳税单位和个人给予灾歉减免共计 556169 公斤。1973 年 8 月，批准减免道帏、东风、清水、城镇、红旗 5 个公社的

24个生产队，1971—1973年的农业税尾欠款共11248元。1978年，道帏、东风、清水、尕楞、文都、街子6个公社的49个生产队中的34个生产队因遭受旱、雹、涝等多种自然灾害，造成农业歉收，报请省财政厅批准从当年应缴的农业税款中给予灾情减免8476元；15个生产队因自然条件差，经济基础弱，无能力缴纳税款，准予从当年应缴的农业税款中给予社会减免13659元。1979年，贯彻中共中央和中共青海省委关于让农民休养生息的政策，对1976—1978年，3年人均收入50元以下、人均口粮150公斤以下的10个生产队农业税款共7998元，从1979年起按政策规定予以免征；3年人均收入50元以下、人均口粮150公斤以下的3个生产队农业税款共886元，从1979年起也予以免征照顾。1980年9月，遵照青海省革委会青革（1979）225号文件精神，批准减免道帏、清水、城镇、街子4个公社33个生产队农业税尾欠款共10925元。1980年10月，根据青海省人民政府青政（1980）167号文件精神，对全县农业税区8个人民公社的93个穷队，经调查核实，应负担农业税32397元，历年尾欠5692元，共计38089元，报省人民政府批准，从是年起连续3年免征所负担的农业税，并对历年尾欠予以豁免。1981年，全县农业生产遭受比较严重的旱、涝、雹等多种自然灾害，有7个公社78个生产队受灾，经县财政局报请省财政厅批准予以减免农业税款共12293元。1982年，全县4个公社57个生产队受灾，共免征农业税款16160元。1983年，对确定为穷队的93个生产队中的22个生产队给予免征照顾，共免征农业税款29689元。1986年3月，经县人民政府批准，对道帏、白庄、文都、尕楞4个乡的17个村因连年遭受自然灾害造成粮食歉收予以核定减免农业税23241元。是年底，对受雹灾比较严重的白庄、道帏、清水3个乡，县上派出专门调查组，经过详细调查核实后，报县人民政府批准将3个乡中受灾3—9成以上的25个自然村280户减免农业税46481元，并对孟达贫困乡给予扶贫减免农业税4685元。1988年，经县人民政府同意，将道帏、白庄、清水、积石镇、查汗都斯、尕楞6个乡镇，36个行政村中的105个合作社，1988年以前历年尾欠农业税17444元，给予社会减免，对岗察乡因遭受雪灾给予社会减免尾欠牧业税款7196元。

——循化撒拉族自治县志编纂委员会：《循化撒拉族自治县志》，中华书局，2001年版，第401—402页。

循化县1965—1973年农业税负担统计表（单位：斤、亩、元）

公社	年度	农业实产量		计税土地	计税产量			税率	依正税率税计主征补额	减免		应征主体税额		实征主料税额				其他负担	
		总数	每人平均		总数	占产实%	每亩平均			正料税税主额	占征计%	正税	正税、附加、合计	正税	正税、附加合计	占产实%	每人平均负担	金额	每人平均
红旗公社	1965	3091159	629	561836	883206	42.4	57.9	11.4	100884			100884	113991	103213	116636	5.6	35		
	1971	2720727	598	30539	1068847	39.3	152	11.69	125043			125043	141212	119273	134339	5	26		
	1972	3869320	824	7208	1153938	29	160	11	127885			127885	144993	128242	144914	3.3	22		
	1973	3841045	702	7968	1270800	33	159	11.4	145200			145200	164076	157400	133900	4.6	37.3		
街子公社	1965	2515442	411	1233536	1248981	49.7	93.8	9.8	122886			122886	138859	105545	119168	4.7	19.4		
	1971	2230006	283	1667811	1528126	68.5	92	9.9	151212			151212	130332	152635	132478	7.3	19		
	1972	3339099	459	16126	1545953	41	95	9.6	151520			151520	131319	144849	163681	4.3	20		
	1973	3957698	476	15341	1453400	36.3	94.7	9.9	143100			143100	161303	136800	199800	5	24.2		
文都公社	1965	3929834	1	1490831	1464301	27.3	93.3	11.7	171795			131395	194131	154395	134491	4.4	45		
	1971	3114499	635	152117	1539868	49.4	101	11.8	181351			181351	204926	253204	286121	9.2	52		
	1972	4454305	882	15111	1533832	34	101	11.6	178391			138991	202103	139531	202916	4.6	40		
	1973	4392919	849	15168	1525800	34.7	101	11.9	182200			182200	205886	182200	205500	4.2	40.5		
尕楞公社	1965	2631835	954	1306315	1017496	38.7	84.3	15.1	153825			153835	173818	88199	101557	39	37		
	1971	1828227	556	120427	1038276	56.8	86	15.2	157659			149522	158686	111921	126471	69	34		
	1972	3260334	934	12463	1057446	32	84	15.1	160504	13.236	10.900	160504	181468	197630	223323	6.8	63		
	1973	3433863	319	12500	1071400	43.3	86	15.2	162300			162300	183399	143600	181100	7.3	54.4		

——《县革委一九七四年农业税负担调查报告、调查表》，循化县档案馆藏：档号：1-1-170（永久）。

循化县 1965—1973 年农业税负担统计表（单位：斤、亩、元）

公社	年度	农业实产量		计税土地	计税产量			税率	依正税率税计主征补额	减免		应征主体税额		实征主料税额				其他负担	
		总数	每人平均		总数	占产实%	每亩平均			正料税税主额	占征计%	正税	正税、附加、合计	正税	正税、附加合计	占产实%	每人平均负担	金额	每人平均
全县合计	1965	25030521	574	10319443	11607493	46.4	112.5	12.7	1471239	20113	1.4	145113	1639752	1133742	1239415	5.1	29		
	1971	27398179	490	10667867	12145158	44.3	114	12.6	1529879	17236	1.1	1512742	1709764	1798759	203259	6.6	32		
	1972	37140512	647	108100	12427033	33	114	12.5	1555314			1555314	1758205	1727385	1956951	5.2	34		
	1973	38667422	644	106322	12281200	31.8	115.5	12.54	1521100			1541100	741445	1656100	18899	4.9	32.7		
道帏公社	1965	4712967	730	2777001	2760869	58.6	99.4	16	423031	16807	3.8	423031	478028	309134	347063	7.4	53		
	1971	6510250	814	2538466	2551114	59.2	100	15.9	406589			106589	459443	522865	590838	9.1	65		
	1972	6510250	946	25485	2561715	33	100	15.8	406947			406947	459846	456418	515344	6.6	63		
	1973	8240729	985	25013	2521100	30.6	101	16	402200			402200	154486	411400	464900	4.4	56.2		
东风公社	1965	4108684	490	1523618	1882360	45.8	123.6	11.5	217134	1686	0.8	215448	243462	185374	209359	5.1	25		
	1971	5000169	472	1429923	1833945	36.7	128	11.7	213778			213778	242136	283101	319904	6.4	27		
	1972	5873332	540	15018	1886730	32	125	11.6	219605			219605	247699	236535	267285	4.6	25		
	1973	6620581	590	14386	1832500	27.6	127	11.4	209300			209300	236509	232000	262200	4	24		
清水公社	1965	2075341	402	670516	887243	42.8	132.2	11.2	99543	1619	1.6	97924	110607	31353	39988	3.9	15		
	1971	1970235	301	699251	964919	48.9	138	11.5	110665			110665	125073	136503	154249	7.8	21		
	1972	2816326	436	6877	953963	21	139	11.4	109195			109195	123397	127625	144217	5.1	22		
	1973	3409748	518	6862	955600	28	139	11.4	109300			109300	123509	104300	118300	3.5	18.2		
城镇公社	1965	3965259	396	811382	1457637	49.2	179.7	11.5	165337			165337	186806	116521	131216	4.4	13.5		
	1971	4024066	397	901578	1620063	40.3	180	11.3	183582			183582	207516	219247	24735	6.2	22		
	1972	5365337	504	9812	1730916	32	176	11.6	200867			200867	22698	256523	289831	5.4	27		
	1973	5731739	537	9084	1650700	28.7	182	11.4	187500			187500	211875	248000	280200	4.8	26.3		

——《县革委一九七四年农业税负担调查报告、调查表》，循化县档案馆藏：档号：1-1-170（永久）。

关于浅山地区困难队农田基本建设经费补助问题的通知

道帏、文都、尕楞、东风、清水、街子公社革委会：

根据青海省革委会 1975 年 180 号批转省革委会农田基本建设领导小组办公室“关于浅山地区困难队农田基本建设经费补助问题的报告”精神，为了加快浅山地区农田基本建设，经县革委会研究，现将此款作如下分配（见附表）。

此款重点用于浅山地区困难队购置农田基本建设所需的农机具（如架子车、平地深翻机械及配件等）以及在农田基本建设中的机械耗油、台班费等项开支。各公社应加强调查，严格掌握，有计划有重点地统筹安排使用，专款专用，不得挪作他用，此款也可适当留一部分机动，由公社掌握。

循化撒拉族自治县革命委员会

一九七六年二月九日

浅山地区困难队农田基本建设经费补助款分配表

道帏公社	15000 元
文都公社	10000 元
尕楞公社	15000 元
东风公社	10000 元
清水公社	5000 元
街子公社	5000 元
总计	60000 元

——《关于浅山地区图难队农田基本建设经费补助问题的通知》，循革（1976）12 号文，循化县档案馆藏，档号：1-1-235（永久）。

减轻农民不合理的负担。1983 年，我们根据本县的实际，采取了几项措施。（1）明确规定了落实责任制中摊平到户的集体财产款暂缓收回；（2）公积金、公益金由 1982 年每亩按 3 元提留改为按实际需要，先算后留，专款专用；（3）对烈军属、民办教师、民兵训练经费由队筹集改为全公社统筹解决；（4）对基层干部进行了精简，大队只留 2 至 3 个干部，有的地区设置队长，多数大队减少了 1/3 以上干部；（5）有些社队对赤脚医生实行了治病收费，保本自营，集体不再付给报酬；（6）明确规定了年度合同之外，任何单位不得增列摊派项目，使全县农民负担比去年有较大的减轻，据 1983 年收益分配统计，全县农民负担为62.5万余元，人均负担7.85元，户均负担44.48元。

——中共循化县委农工部：《循化县稳定完善农业生产责任制情况和今后意见（1984年3月）》，《青海农牧区合作经济史料》编委会：《青海农牧区合作经济史料》，青海人民出版社，1993年版，第195页。

循化县九八年农牧民负担情况的调查

5月25日—6月5日，我们进乡入户对1998年农牧民负担及《青海省农牧民负担监督管理条例》的执行情况进行了一次专题调查。从调查情况看，我县减负工作卓有成效，农牧民负担有减无增。

一、一九九八年农牧民负担基本情况

近年来，县委、县政府始终把减轻农牧民负担作为一项全县的中心工作来抓，认真贯彻落实国家减轻农牧民负担的法规政策及《青海省农牧民负担监督管理条例》，强化监督措施，减负工作成绩良好。

1. 合同内负担合理。从我们调查的情况看，全县各乡镇农牧民合同内负担均有效控制在上年农牧民人均纯收入的5%以内。

浅山地区困难队农田基本建设经费补助款分配表

乡镇	1997年农民纯收入（元）	合同内负担总额（万元）	人均负担（元）	占上年人均纯收入的（%）	其中					
					村提留（万元）	人均负担（元）	占上年人均纯收入的（%）	乡统筹（万元）	人均负担（元）	占上年人均纯收入的（%）
道帏乡	639.18	21.9	18.06	2.83	5.79	4.78	0.78	16.11	13.29	2.08
白庄乡	476.01	16.1	8.59	1.8	8.52	4.52	0.93	7.58	4.02	0.84
清水乡	612	28.46	20.3	3.32	5.76	6.6	1.08	11.94	13.69	2.24
孟达乡	430	1.856	7.48	1.74	0.646	2.61	0.61	1.21	4.89	1.14
积石镇	824	28.61	13.76	1.67	7.54	4.4	0.58	16.07	9.87	1.14
街子乡	691.6	19	12.47	1.8	7.58	4.97	0.72	11.42	7.49	1.08
查汗都斯乡	713	15.07	18.23	1.85	4.93	4.33	0.61	10.14	8.9	1.25
文都乡	418	6.985	9.62	2.8	2.585	8.52	0.84	4.4	5.99	1.43
尕楞乡	481	5.06	10.16	2.11	1.03	2.06	0.43	4.05	8.1	1.69
岗察乡	354	1.7	10.55	2.98	0.78	4.84	1.37	0.92	5.71	1.61

1998 年全县村提留 45.16 万元，人均负担 4.52 元，占上年人均纯收入的 0.73%；乡统筹 83.95 万元，人均负担 8.4 元，占上年人均纯收入的 1.35%（其中教育附加费 68.59 万元，人均负担 6.86 元，占上年人均收入的 1.11%）；全县村提留、乡统筹两项共计 129.11 万元，人均负担 12.92 元，占上年人均纯收入的 2.08%，比 1997 年下降了 0.19 个百分点，没有超出国家规定的 5% 的比例。

2. 社会负担有所下降。据调查，我县农牧民的社会负担以宗教负担为主。宗教负担，根据各乡镇掌握的情况和我们抽样调查的情况来估算，藏族 4 乡人均为 2.65 元，占上年纯收入的 0.56%；撒拉族 5 乡 1 镇人均为 6.82 元，占上年人均纯收入的 1.09%，均比上年有所下降。

3. 没有发现“三乱”现象。由于各级党政领导把减轻农牧民负担作为密切党群干群关系的头等大事来抓，并组织人员不定期进行调查，1998 年，农村和乡镇企业“三乱”（乱收费、乱集资、乱罚款）现象基本得到杜绝。调查中我们走访了 10 个乡镇 50 多户农家，均没有发现“三乱”现象。同时，我们抽样调查了毛纺织品公司、科技扶贫开发公司、洗毛厂、清水辣子厂等四家乡镇企业，各企业主反映自 1998 年县政府下达了《关于禁止三乱切实减轻乡镇企业负担的通知》后，各企业有效杜绝了“三乱”现象，上述四家企业 1998 年未承担过任何“三乱”款项。

二、为减轻农牧民负担所做的主要工作

1. 抓领导。近年来，县上始终把减轻农牧民负担工作列入重要的议事日程，成立减负工作领导小组，由主管农村工作的县委副书记、政府副县长亲自抓。每年年初召开各乡镇及有关部门领导参加的减负工作专题会议，汇报工作，总结经验，研究问题，对减负工作安排部署。并把减负工作列入每年的领导干部任期目标考核制度中，层层落实责任制，使全县形成了主要领导亲自抓、总负责，年初有安排，年中有检查，年底看成效的大氛围，使我县的减负工作步入了依法管理的轨道。

2. 抓宣传。根据中发（1996）13 号文件精神，近几年我县各级党委、政府和农牧民负担监督管理部门认真开展了一系列减负政策法规的宣传教育。为确保宣传教育效果，1999 年“两会”期间，重点传达学习了《条例》，将《条例》转发给各乡镇及有关部门。并利用广播、电视不失时机地宣传《条例》。同时，将国家规定的一系列减负政策分年分批印在合同背面，发放到每一户农户手中。由于宣传到位，有效推动了《条例》的贯彻落实。

3. 抓制度。全县 100% 的乡、村建立了村提留、乡统筹的预决算制度。在 10 个乡镇推行了农牧民负担监督卡制度。全县发放监督卡17346份，发放率为100%，并将农牧民负担预算审查后项目填入卡片，农民凭卡交费，干部依卡收取，从而使农牧民负担得到有效监督。

4.抓管理。我县是一个少数民族县，社会负担以寺院负担为主。为此，近几年来，有关部门采取有效的措施，完善了修寺审批制度，并限制和减少寺院内人员，提倡以寺养寺。三年全县清退满拉、完德及宗教人员共400名，减轻农牧民负担80余万元，得到了信教群众的赞同。

5.抓监督。近几年，我县每年组织有关单位人员组成联合检查组，对全县农牧民负担情况进行大检查。1998年5月下旬，根据海东减负办发出的通知精神，县减负办组织人员到10个乡镇入村串户进行了一次专门的执法检查。通过执法检查，加强了宣传，完善了制度，纠正了发现的各种问题。

三、存在的问题

调查中发展的主要问题有：一是收费管理不规范。个别乡镇的村提留、乡统筹费等资金没有按中央和省上有关要求，由乡镇农经站统一管理和核算；二是各乡镇的教育附加费的收取额均在上年人均收入的1%—1.5%，应按上级有关文件规定，严格控制在1%以内；三是部分乡镇农民负担监督卡填写不规范，没有分项填写费额，而只有一个合计总数，大大降低了监督卡的监督效能。以上问题，县减负办已下文予以纠正。

——马福成：《循化县九八年农牧民负担情况的调查》，《循化调研》（第十期），1999年6月10日。

中共循化县委　循化县人民政府关于减轻农民负担的决定

（一九八五年十二月二十日）

《中共中央、国务院关于制止向农民乱摊派、乱收费的通知》是党联系群众，实现四化，农民休养生息的深根固本的大事。中央对这个问题三令五申，要我们采取措施，减轻农民负担。从最近调查来看，我县农民负担和转嫁给乡镇企业名目繁多的费用有增无减，特别是来自宗教、迷信方面给农民的摊派更是愈来愈重，有的村户均达到60元，这不能不引起我们的足够重视，为了减轻农民负担，特作出以下决定：

一、各种提留坚持“取之有度，用之得当，取之于民，用之于民”的原则，一切从人民利益着想，从实际出发，量力而行。农民负担必须严格限制在国家法律法令和政府有关规定的范围内，必须严格限制在农民承受能力的范围内。

二、当前，农民的合理负担，主要是：（1）税收，包括农业税和其他照章应纳的税金。（2）三项提留，用于村社干部的补贴和管理费；用于烈军属、五保户、贫困户、计划生育、文教、卫生等社会福利事业的公益金；用于小型水利、整修农村道路、桥梁等集体建设的公积金。（3）义务工，包括建勤工、义务植树等。

三、年初签订合同时，要坚持定项限额提留，上缴国家、集体提留应控制在社员承包纯收入的 6% 左右。

四、乡镇企业上缴乡镇的管理费，一般控制在税后利润的 5%，最高不超过 8%。

五、劳务管理费提取不得超过 2%，没有管理，不提供服务的不得提取。

六、统筹费用严格执行定项限额，由乡人民政府大会讨论，报县人民政府批准，一年核定一次，中途不得增加。

七、业务部门向农民所发票证的工本费、手续费，应由本单位核销，均不得向农民摊派。

八、国家下拨农村的民办公助事业经费，必须如数下到农村，任何单位和部门不能截留挪用扶持农村资金。

九、宗教寺院不许向农民摊派粮钱和动用集体资金。

十、坚决杜绝合同外的乱摊乱派，对违法乱纪、以权谋私、乱摊乱派、转嫁或勒索农民的要彻底退赔，严重的要给予党纪、政纪处分。

——循化撒拉族自治县志编纂委员会：《循化撒拉族自治县志》，中华书局，2001 年版，第 916—917 页。

2002 年，全县开始实行“三取消”（取消乡统筹、取消屠宰税、取消劳动积累工和义务工），“二调整”（调整农业税、调整农业特产税），“一改革”（改革村提留征收使用方法）为主要内容的农村税费改革。2004 年，全县农民负担降到 64.3 元，减负率为 27.6%。

2005 年，全国取消农业税政策实行后，全县农民人均比税改前减负 38.8 元，实现农民零税赋。

——循化撒拉族自治县地方志编纂委员会：《循化撒拉族自治县志》，三秦出版社，2017 年版，第 111 页。

白庄镇上科哇村四队 1989 年的人情记录

队别	姓名	人民币（元）	布件	鞋（双）	袜子	帽子	备注：带礼金人
上五队	DWD	10					
一队	HNF	5					
一队	YSF	4					
四队	MHS	5	1	1			
清水	ABD	15					
四队	HRN	8					
四队	MYG	4					
四队	MSS	10	1	1			
四队	NBY	5					
六队	ABD	6					
六队	AKC	15					加老
三队	HSL	5					拉吉
下科哇	LM	5					
上四队	DY	5					
上四队	SHYB	5					
五队	HMC	30					古力毛
五队	YSH	10					
五队	HYN	5					
五队	SL	5					

——《白庄镇上科哇村四队 1989 年的人情记录》，韩学俊提供，2022 年 4 月。

2005 年查汗都斯乡大庄村人情记录

赞卜乎：

YDR：100 元

YC：100 元

XR：200 元

GYG：50 元

HQM：200 元

HBB：100 元

SLMN：100 元

HLL：300 元

GS：300 元

HM：300 元

GAB：50 元

MQC：150 元

MN：200 元

AFY：50 元

MHS：200 元

MDL：100 元

AMNG：50 元

哈达海：

MRM：100 元　　YDR：300 元　　YLZH：200 元

民和：

LC：200 元　　MR：100 元

下庄：

AL：200 元　　MCH：100 元　　SBL：50 元

ELB：100 元　　MAB：50 元　　MYBL：50 元

GHC：50 元　　HMR：50 元　　YGB：50 元

ABD：100 元　　JDG：200 元

甘都：

CLM：100 元　　HQM：100 元　　HXR：50 元

SYB：50 元　　HJ：50 元　　YHY：50 元

下庄：

RHG：200 元　　MGB：200 元　　MGZ：100 元

MWX：100 元

查加：

HLM：200 元　　YSHG：500 元　　HC：100 元

AFY：100 元　　AYXG：100 元　　AY：150 元

苏只：

HWZH：100 元

新建：

HQM：30 元

——《2005 年查汗都斯乡大庄村人情记录》，韩学俊提供，2022 年 4 月。

2010 年草滩坝村村民结婚礼金情况

MQ（群科）200 元　　GRB 100 元　　DYQ 100 元

HZSH 200 元　　HP 100 元　　ZHJL 100 元

GN 100 元　　SHWX 500 元　　CHAP 200 元

YN 100 元　　LMY 100 元　　WLP 200 元

MX 100 元　　AM 100 元　　XH 100 元

XP 500 元	XF 500 元	XS 500 元
XT 600 元	SHY 200 元	YRH 300 元
MZHK 200 元	AB 300 元	GY 200 元
GYJF 200 元	MNQJ 200 元	HZHM 200 元
GSL 100 元	CHSHX 100 元	HWH 100 元
MHC 120 元	AYX 100 元	HZHY 600 元
HSHX 250+50 元	HJ 100 元	GBR 100 元
HCD 100 元	HXW 100 元	DM 100 元
HRN 100 元	MHC 200 元	HXZH 400 元
MYN 500 元	HYGB 500 元	MRG 100 元
DAG 30 元	HXY 30 元	

——《2010 年草滩坝村村民结婚礼金情况》，韩学俊提供，2022 年 4 月。

三、生活变化

循化盐务支局于 1953 年 12 月结合销盐工作，先后在循化一区清水乡、人民乡，四区苏只乡等地，向干部、代表们宣传吃硝土的害处并采用当地实例，给群众算细账，说明吃硝土并不便宜。如清水大庄村群众到十多里路外的西沟、河北新村等地去驮硝土，每驮硝土淋成盐水只顶二斤青盐。但如果到二十里路的孟达去驮两驮柴草，卖了后可买青盐十七斤多。经过这样反复宣传，群众反映说："以前我们没有明白着，现在才懂得了吃硝土对身体不好，也不便宜。"清水乡阿什匠村、人民乡的大寺古村等十几户农民都把硝土倒了改吃青盐。

——青海日报通讯：《硝土含镁量多吃了会头晕腹泻　循化清水乡等地农民改吃青盐》，《青海日报》，1954 年 12 月 22 日。

循化地处偏僻，生产相对落后。明至清初，封建王朝采取轻徭薄赋政策，若遇丰年，一般农民尚能糊口。至清乾隆、同治、光绪年间，各族农民死于战乱和饥荒者不计其数。随之，增加税赋和撒拉族土司、掌教为首的大量兼并土地，农民两极分化现象日趋严重。民国年间，农民生活更是苦不堪言。民国十七年（1928 年）马仲英作乱。民国十八年（1929 年），天大旱，颗粒无收，粮价飞涨。民国十九年（1930 年），国民党开始扩军，大批青壮年被征入伍，农村缺乏劳动力，致使生产衰退，大半土地荒芜。国民政府摊派税款名目有 40 多种，赋税日益沉重，加之封建地主、马家军阀、官僚资本、宗教寺院的压迫剥削和高利贷的盘剥，农民生活每况愈下，贫苦农民吃的是杂粮，穿的是褐褂，盖的是羊毛毡，一年中口粮只能维持半年。1949 年前夕，孟达大庄村逃难在外的有 33 户，塔撒坡村原有 40 多户，逃亡后只剩 7 户。农村中占人口总数 37.1% 的贫农、雇农挣扎在饥寒交迫的死亡线上。

1950 年后，随着社会的安定，农民生活日益得到改善。经过土地改革，实现耕者有其田，废除地主债务，使农民从经济上翻身，物质生活得到很大改善。1956 年 2 月，全县实现合作化。是年，全县粮食在大旱之年空前丰收，总产量比 1955 年增长 1.89%，农民收入普遍有大的增加，至 1958 年农民生活水平不断上升，吃穿不愁。1959—1961 年，因自然灾害和工作上的失误，广大农民群众的生活陷入非常困难时期，大多数食堂一天人均半斤粮，不足者由瓜菜代替。1960 年，全县人均口粮 94.1 公斤，人均收入 64.21 元。1962 年，贯彻中共中央《农村人民公社工作条例（修正草案）》，解散公共食堂，农民分得自留地、自留畜，作为生活补充以及政策上的调整，使困难局面得到扭转，生产开始恢复，生活开始回升。“文化大革命”10 年，由于“宁要社会主义的草，不要资本主义的苗”和“割资本主义尾巴”的干扰，限制农民开展多种经营，使农民生活徘徊不前，甚至有些地区出现不得温饱的现象。但是，有些社队得益于平整土地、兴修水利、科学种田，使集体生产收入增加，粮食产量明显提高，但农民没能彻底摆脱贫困。

中共十一届三中全会以后，拨乱反正。1982 年，农村实行家庭联产承包责任制，分土地到户耕种。共产党和人民政府鼓励农民劳动致富，多渠道扶持农民开展多种经营，种粮、养畜、造林、园艺、运输等各类专业户如雨后春笋，破土而出，绝大多数农民解决温饱，继而摆脱贫困，其中一部分已步入小康生活。据统计局对孟达乡索同村、尕楞乡曲卜藏村、积石镇丁匠村、文都乡拉雄村、街子乡孟达山村、查汗都斯乡牙藏村 110 多户农民家庭进行抽样调查，主要耐用物品的拥有量：1987 年自行车 21 辆、缝纫机 22 架、钟 36 个、手表 25 块、洗衣机 1 台、大型家具和家电 47 件（台），其中沙发 18 个、大衣柜 11 个、写字台 10 张、收音机 7 台、黑白电视机 1 台。至 1990 年，有自行车 23 辆、缝纫机 16 架、手表 51 块、大型家具和家电 65 件（台），其中沙发 24 个、大衣柜 13 个、写字台 13 张、收音机 9 台、黑白电视机 2 台、彩色电视机 1 台、收录机 3 台。1990 年，各乡、镇人均纯收入：道帏 332 元、白庄 268 元、孟达

213元、清水340元、积石镇377元、街子334元、查汗都斯337元、文都266元、尕楞271元。

——循化撒拉族自治县志编纂委员会:《循化撒拉族自治县志》,中华书局,2001年版,第838—839页。

3月13日,循化撒拉族自治县海尔电器专卖店举行该县“家电下乡”启动仪式,闻讯赶来的农民群众开心地选购需要的电器。

查汗都斯乡阿河滩村的韩艾草夫妇已经挑选了一台洗衣机,正在付款台前开票,丈夫兴奋地说:“妻子一直想要台洗衣机,听说实施家电下乡活动,我俩一大早就赶来了,这台价格869元的洗衣机可以获得112元补助,过几天,我就去乡财政所办手续,补贴款会直接打到我领粮食直补的存折上,非常方便,家电下乡政策实话好。”

据循化县海尔专卖店的工作人员马秀芳介绍,自“家电下乡”活动启动以来,每天比平时要多出售十几台,营业额也大幅提高,特别是洗衣机、冰箱、冰柜、彩电等电器颇受群众青睐,不到一周销售近100台。

为使“家电下乡”活动家喻户晓,循化县组织干部深入农村,以悬挂横幅、展板、发放宣传提纲、广播等形式向农牧民群众宣传“家电下乡”的优惠政策。同时,主管部门认真审核,确定质量过硬、群众口碑比较好的家电产品销售点11家(均为我省18家中标销售企业的直营、加盟和授权店)并及时足额发放每一笔补贴资金,让农牧民群众满意。定点销售店对每一单业务及时开具税务发票、送货、安装调试,并做好维修等售后服务功能,进一步激发了农牧民群众的消费热情。

——马兰芳:《“家电下乡”乐了循化农民》,《青海日报》,2009年3月22日。

1949年中华人民共和国诞生,循化的解放,撒拉族人民开始当家做主。据不完全统计,循化撒拉族自治县先后建立24个新农村,安置1000多农户5000多人,缓解了民居稠密的困扰。如查汗都斯乡阿西海村,系50户人家、285人,逐步实现了家家建有新房,开始走向文明富裕的小康生活。

改革开放,促使撒拉族经济、文化得到空前发展,为民居建设奠定了坚实的基础。现在的民居多用红砖、空心砖、瓷砖等砌饰庄廓内外围墙,大门以双扇铁门、木质攒尖门等样式构成,院内房屋门也趋于多样式,如钢化门、松板门、合板门等。院内房间通道门装修成圆圈门、瓶字式门、六角式门、拱形门等,十分讲求艺术观赏性。庭院整洁宽敞，院道花草铺地，形式丰富多彩，院中建造方形、圆形、六角形砖饰花坛，坛内种植垂体柳榆、松类树树种与名贵花草。花坛、廊基台边、窗台、花架有序排列秀丽的观赏类常绿、落叶花树盆景。异花秀草春夏秋季竞相开放，家家庭院成为花卉的世界，温馨怡人。

华丽庄重的厢房建筑形制超越了三五间土木混造土平顶的原始建筑格局，不断地向多样化的现代化建筑形式发展。构架用材精良，多为砖木、砖混结构，雕饰精致，高大宏伟。屋顶装修形式出现硬山式、圈棚式、单面坡、勾连式、筒瓦脊、蝶瓦脊、红瓦脊、水泥多孔板脊，屋面装修钢化门、合板门，窗饰铁质、玻璃方格状，淘汰低窗棚门。门楣、雀替、花板、边玛、垂柱、花墩等构件雕饰出十几道镂浮贴花草图纹，刀法精细，体裁丰富，构思丰满，变化多端，千姿百态，堪称一绝。特别值得一提的是，把清真寺的斗升、垂柱等殿堂建筑装雕技艺移植到民居建筑，房下还建有宽大的用作储存果菜等生活物品的地窖，成为撒拉族民居建筑发展的又一个显著标志。

家用器具亦不断向现代化迈进，室内配设电视、电话、电冰箱、洗衣机等，各类家用电器应有尽有。墙上字画多以《古兰经》堂幅、山水花卉挂屏为主。

为讲求节能、美观、清洁、便捷、互补之需，对厨房灶台实行改造，将陈旧落后的土石大灶膛改为吸风灶，安置鼓风机，有的家户购置太阳灶、液化气灶，煮炒操作电气化，厨内整洁，不见烟灰，灶具放置有序，具有田园风味。

庄廓前后周围、渠道边旁，栽植杨柳榆槐，郁郁盎清秀，其间支架铁木畜槽，养殖牛羊，鸡鸭觅食，景象生机盎然。

街子团结村韩占祥的庭院具有撒拉族民居演化变迁的主要特征，其庭院建筑构图严整，施工精巧，具有北方园林和文人园林混合造型特色。朝南高阔的双扇铁大门，进门停小车放摩托，大门内墙照壁白灰抹面草书诗文，东北西建造三合院式建筑布局，北东西方各建相似的砖木结构三间飞檐松木厢房（大房），檐面雕饰精致的13道工序花草，造型庄重奇丽。室内铺设地毯，布置均是现代高档器具，藻井垂悬豪华型荷叶珍珠簇吊灯，琳琅满目，气势显荣至尊。庭院东北角建有二层三间新式楼幢，上层为卧室住居，墙面悬挂名家书画，院中饰砌圆形假山，北房前右侧栽植葡萄，使庭院显得文气浓烈，氛围优雅，突出了现代化撒拉族民居的建筑特色。

历史的变迁决定着民居形式的变换。撒拉族民居建筑，伴随着社会经济的繁荣，新式建材的出现，与其他民族相互渗透，在建筑组合、布局、结构、艺术等方面带有明显的社会性、民族性和宗教性，既保持了自身的建筑风格，又融汇了民族的传统地方特色。今日的撒拉族民居，旧貌换新颜，现代民居楼幢，犹如雨后春笋，拔地而起，大小村庄长街短巷展现着整齐美丽的景象，庄廓庭院这古老的民居形式，远远超越了原先单纯落后的功用，以崭新的面目朝着高层性、牢固性、文化性、艺术性、娱乐性、旅游性等综合方向发展，顺应着时代的建筑潮流，显示着撒拉族人民前进的步伐。

——马永平：《撒拉族民居今谈》，政协青海省委员会学习和文史委员会、政协循化撒拉族自治县委员会：《兴旺之路——撒拉族变迁与发展史料选辑》（内部资料），1998 年，第 420—422 页。

巍巍积石山下，滔滔黄河之滨的撒拉族村落宅院浓荫遮蔽，碧水环绕，一派生机盎然。那农家特有的清新、朴实，给人带来扑面的温馨。

步入撒拉人的宅门，首先映入你眼帘的是那压弯枝头的一串串、一嘟噜、红艳艳令人垂涎欲滴的核桃、苹果、杏子、葡萄、鸭梨等累累果实，更有那庭院花圃里向阳怒放的一朵朵、一束束姹紫嫣红、千姿百态的鲜花异葩和一阵阵沁人心脾的馨香，令人心旷神怡。撒拉族人居住的房屋多为土木结构的平顶房屋。一般的房屋布局：厢房建在园子三分之一的地方，不靠后墙，左右两侧是厨房和储放家什的套间，再是草房和畜圈，房后便是果园，大门一般不正对厢房，不得已，便在门内几米处筑一堵矮墙，以遮行人之目。

撒拉人家中的摆设干净和美观。厢房正中放一张八仙桌和长面柜。上面陈列各式各样的花瓶、器皿、座钟、镜框等，墙上张挂阿拉伯文书法对子、镜框和图画，炕头的门箱和壁柜里叠放着待客的被子、毡子和枕头。

撒拉人的庄廓叫“巴孜日”，突厥语中是“城镇”之意。由于环境之变化和语音的发展，巴孜日的语义缩小了。在打巴孜日时，会有许多人赶来帮助。当围墙打到四个转角时，主人便拿着比力买亥（油搅团）、水果、核桃、糖果等食物，赶去慰劳打墙者。打墙时，人们高唱即兴编的打墙号子，精神抖擞，情趣盎然。

对修厢房，人们格外重视。上大梁时，大梁中部系一块四角形的红绸带，里面装几枚清代通宝（现在有人放人民币）、一把粮食或一张书有阿拉伯文纸张。意在祈望五谷丰登，人丁兴旺，财运亨通，吉祥如意。梁柱上雕刻各种花卉果木、几何图案，显得古色古香。

——青海日报通讯：《花园似的宅院》，《青海日报》，1988 年 10 月 20 日。

村庄民居是以砖木结构的房屋居多，一家一个院落。这样的撒拉族民居建筑一般是宫殿式风格，既有中亚西亚风情，又有汉族庭院建筑风貌。我们来到撒拉族特色十分鲜明的韩胡才、马如飞和伊拉斯等人的家中，在看到了样式不尽相同的居民住房的同时，我们也深刻地感受到，这些样式不一样的居民住房，均有着一些相同的特征。三兰巴海村的民居总体上是：青砖屋墙，“人”字形的屋脊，宽大的回廊，带花池的庭院。萨日，撒拉语称谓，即大房，坐北朝南，房檐门窗大都有精美的程式雕刻花草，外面刷一层清漆，显得细巧、素朴、美观。上房中间是堂屋，两边凸出卧室。堂屋墙面中堂位置多挂《古兰经》，山水屏条等分挂两侧。室内装备既有传统式样家具，又有新式电器。一般是堂屋中间安放一张八仙式样的方桌，两边是带有高靠背的座椅，屋外的庭院也是整洁宽敞，中间修建一个花坛，围绕花坛的矮围墙带着花边，工艺精巧细致。主人依据自己的喜爱，在花坛内种植不同的奇花异草。春夏季节，庭院鲜花盛开，姹紫嫣红一片。有的民居院落内还种有果树、桃子、杏子等。每当果实成熟时，好客的主人还会采摘树上的鲜果，招待来访的客人。丰收季节，民居窗檐下会挂着收获的谷物、火红的干辣椒。这些民居内外装饰都接近大都市商品房水平，有些三四层的小楼房则超过了都市普通市民的住宅。在三兰巴海村，改革开放初期城市居民期望的电暖、电扇、太阳能热水淋浴等，已经不再是今日村民们的“稀罕东西”。村庄老人们过去梦想的“楼上楼下，电灯电话”的生活，已经在部分先富裕起来的人群中变成现实。

——王天津：《三兰巴海村调查（撒拉族）》，中国经济出版社，2015年版，第231—232页。

街子镇行政村基本情况

序号	地（州、市）	县（旗、市）	乡（镇、苏木）	行政村（嘎查）	是否贫困村（是1否0）	年末总人口（人）	少数民族人口（人）	分布的主要少数民族（名称）	总户数（户）	贫困人口（人）	当年因灾因病返贫人口（人）
					1	2	3	4	5	6	7
合计		循化县	街子镇			18296	18296	0	3047	1300	33
35				牙门曲乎	0	301	301	撒拉族	45		
36				托龙都	0	929	929	撒拉族	178		
37				团结	0	1772	1772	撒拉族	314		
38				三兰巴海	0	1221	1221	撒拉族	219		
39				三立方	0	996	996	撒拉族	158		

续表

序号	地（州、市）	县（旗、市）	乡（镇、苏木）	行政村（嘎查）	是否贫困村（是1否0）	年末总人口（人）	少数民族人口（人）	分布的主要少数民族（名称）	总户数（户）	贫困人口（人）	当年因灾因病返贫人口（人）
					1	2	3	4	5	6	7
40				沈家	0	563	563	撒拉族	70		
41				上坊	0	666	666	撒拉族	110		
42				马家	0	744	744	撒拉族	143		
43				苏哇什	1	570	570	撒拉族	99	47	
44				羊八扎	0	536	536	撒拉族	89		
45				波拉海	1	1048	1048	撒拉族	182	220	
46				五土白那海	1	323	323	撒拉族	58	50	
47				羊苦浪	0	683	683	撒拉族	111		
48				波立及	1	757	757	撒拉族	113	69	
49				塘坊	1	1778	1778	撒拉族	271	312	
50				古及来	0	1143	1143	撒拉族	186		
51				果河拉	1	493	493	撒拉族	78	64	33
52				果什滩	1	1820	1820	撒拉族	273	353	
53				孟达山	1	1953	1953	撒拉族	350	185	

查汗都斯乡行政村基本情况

序号	地（州、市）	县（旗、市）	乡（镇、苏木）	行政村（嘎查）	是否贫困村（是1否0）	年末总人口（人）	少数民族人口（人）	分布的主要少数民族（名称）	总户数（户）	贫困人口（人）	当年因灾因病返贫人口（人）
					1	2	3	4	5	6	7
合计		循化县	查汗都斯乡			14439	14439		3193	340	109
70				赞上	0	598	598	撒拉族	129		
71				赞中	0	533	533	撒拉族	115		
72				赞下	1	1268	1268	撒拉族	252	86	
73				古什群	0	399	399	撒拉族	87		
74				团结	0	536	536	撒拉族	121		
75				新建	0	526	526	撒拉族	138		
76				大庄	1	2090	2090	撒拉族	452	190	75
77				中庄	0	733	733	撒拉族	162		
78				繁殖场	0	334	334	撒拉族	91		
79				下庄	0	1108	1108	撒拉族	230		

续表

序号	地（州、市）	县（旗、市）	乡（镇、苏木）	行政村（嘎查）	是否贫困村（是 1 否 0）	年末总人口（人）	少数民族人口（人）	分布的主要少数民族（名称）	总户数（户）	贫困人口（人）	当年因灾因病返贫人口（人）
					1	2	3	4	5	6	7
80				新村	0	1113	1113	撒拉族	226		
81				乙么海	0	735	735	撒拉族	145		
82				苏只	0	1986	1986	撒拉族	412		
83				哈大海	0	726	726	撒拉族	142		
84				牙藏	0	421	421	撒拉族	139		
85				阿河滩	0	870	870	撒拉族	234		
86				白庄	1	463	463	撒拉族	118	64	34

注：指标 6——贫困人口按本省区确定的 2009 年贫困标准计算，并在此注明本省区 2009 年贫困标准：　　元（编者注：原表无数据）。

白庄镇行政村基本情况

序号	地（州、市）	县（旗、市）	乡（镇、苏木）	行政村（嘎查）	是否贫困村（是 1 否 0）	年末总人口（人）	少数民族人口（人）	分布的主要少数民族（名称）	总户数（户）	贫困人口（人）	当年因灾因病返贫人口（人）
					1	2	3	4	5	6	7
合计		循化县	白庄镇			20711	20381		4460	2427	110
101				来塘	1	236	236	撒拉族	46	40	
102				上白庄	1	1081	1081	撒拉族	200	85	
103				塘落尕	1	330			76	129	
104				民主	1	226	226	撒拉族	356	153	
105				下白庄	1	1333	1333	撒拉族	283	143	
106				上张尕	1	1145	1145	撒拉族	220	152	
107				下张尕	1	960	960	撒拉族	199	114	
108				立庄	1	1704	1704	撒拉族	301	110	
109				乙日亥	1	998	998	撒拉族	198	35	
110				上拉边	1	690	690	撒拉族	135	60	
111				下拉边	1	1213	1213	撒拉族	236	85	
112				扎木	1	719	719	撒拉族	135	170	
113				昌克	1	594	594	撒拉族	102	139	
114				团结	1	631	631	撒拉族	132	147	
115				山根	1	660	660	撒拉族	117	181	
116				米牙亥	1	361	361	撒拉族	72	62	28

续表

序号	地（州、市）	县（旗、市）	乡（镇、苏木）	行政村（嘎查）	是否贫困村（是1否0）	年末总人口（人）	少数民族人口（人）	分布的主要少数民族（名称）	总户数（户）	贫困人口（人）	当年因灾因病返贫人口（人）
					1	2	3	4	5	6	7
117				朱格	1	1149	1149	撒拉族	225	76	
118				江不日	1	310	310	撒拉族	55	44	
119				条井	1	793	793	撒拉族	191	62	
120				下科哇	1	1144	1144	撒拉族	258	266	
121				上科哇	0	1734	1734	撒拉族	395		
122				苏呼沙	1	1206	1206	撒拉族	230	108	38
123				麻日	0	423	423	藏族	79		
124				牙日	0	410	410	藏族	82		
125				格达	0	278	278	藏族	56		
126				吾科	1	237	237	藏族	49	66	44
127				强宁	0	146	146	藏族	32		

注：指标6——贫困人口按本省区确定的2009年贫困标准计算，并在此注明本省区2009年贫困标准：　元（编者注：原表无数据）

清水乡行政村基本情况

序号	行政村（嘎查）	劳动力总数（人）	劳动力文盲、半文盲人数	劳务输出人数	自然村个数（个）	#通公路的自然村	#通电的自然村	#通电话的自然村	#能接收广播电视节目的自然村	#有安全饮用水的自然村
		8	9	10	11	12	13	14	15	16
合计		6585	3287	5103	26	17	17	16	16	14
18	下滩	269	134	209	1	1	1	1	1	1
19	石巷	159	79	123	1	1	1	1	1	1
20	田盖	268	134	208	1	1	1	1	1	1
21	阿什匠	502	251	389	1	1	1	1	1	1
22	乙麻亥	512	256	396	1	1	1	1	1	1
23	上庄	861	430	668	4	1	1	1	1	1
24	下庄	669	334	519	2	1	1	1	1	1
25	阿麻查	123	61	96	1	1	1	0	1	1
26	红庄	427	213	331	2	1	1	1	1	1
27	大寺古	724	362	567	3	1	1	1	1	1
28	瓦匠庄	635	317	493	1	1	1	1	1	1
29	塘才	115	57	89	1	1	1	1	0	0

续表

序号	行政村（嘎查）	劳动力总数（人）	劳动力文盲、半文盲人数	劳务输出人数	自然村个数（个）	# 通公路的自然村	# 通电的自然村	# 通电话的自然村	# 能接收广播电视节目的自然村	# 有安全饮用水的自然村
		8	9	10	11	12	13	14	15	16
30	大庄	719	359	551	2	1	1	1	1	1
31	专堂	143	71	110	1	1	1	1	1	1
32	索同	78	39	60	2	1	1	1	1	0
33	木场	203	101	157	1	1	1	1	1	0
34	塔沙坡	178	89	137	1	1	1	1	1	1

积石镇行政村基本情况

序号	行政村（嘎查）	劳动力总数（人）	劳动力文盲、半文盲人数	劳务输出人数	自然村个数（个）	# 通公路的自然村	# 通电的自然村	# 通电话的自然村	# 能接收广播电视节目的自然村	# 有安全饮用水的自然村
		8	9	10	11	12	13	14	15	16
合计		12950	5180	4930	27	17	17	17	17	14
1	加入	270	108	160	2	1	1	1	1	0
2	东街	300	120	190	1	1	1	1	1	1
3	西街	300	120	190	2	1	1	1	1	1
4	上草	850	340	280	1	1	1	1	1	1
5	下草	600	240	310	1	1	1	1	1	1
6	瓦匠庄	890	356	340	2	1	1	1	1	1
7	托坝	1900	760	880	2	1	1	1	1	1
8	线尕拉	540	216	210	1	1	1	1	1	1
9	沙坝塘	500	200	190	1	1	1	1	1	1
10	西沟	1830	732	490	4	1	1	1	1	1
11	石头坡	600	240	190	1	1	1	1	1	1
12	丁江	750	300	120	1	1	1	1	1	1
13	大别列	750	300	290	3	1	1	1	1	0
14	尕别列	800	320	290	2	1	1	1	1	0
15	乙麻木	1430	572	510	1	1	1	1	1	1
16	河北	330	132	190	1	1	1	1	1	1
17	新建	310	124	100	1	1	1	1	1	1

——白庄镇、街子镇、查汗都斯乡、清水乡、积石镇行政村基本情况一览表，2012 年 7 月，由街子镇、查汗都斯乡、白庄镇、清水乡、积石镇等乡镇政府提供。

四、社会保障

近期，互助土族自治县、循化撒拉族自治县分别与北京中绿中天食品技术推广中心等8家企业签订了带动当地贫困农户发展生产的正式合同12项，投资总额为31.61亿元。

最近，经国务院扶贫办外资中心牵线搭桥，北京中绿中天食品技术推广中心等8家企业负责人，在互助、循化两县分别考察了具有高原特色的互助县农业示范园区、阳光养殖场、互助北山国家森林地质公园和循化县仙红辣椒食品公司、白驼清真肉食品公司等。经过双方协商沟通，分别举行了合作项目签约仪式。与互助县政府签订了投资总额为16.55亿元的正式合同7个，与循化县政府签订了投资总额为15.06亿元的正式合同5个。两县领导均表示，政府将在土地、税收等方面，按照国家的相关优惠政策予以落实，全力配合、大力支持。同时要求要把这些项目做大做强，成为带动贫困农户致富的有力支撑。

全国扶贫协作优势产业推介暨招商引资活动自2009年下半年启动以来，得到了广大企业家的热情支持和参与。北京中绿中天食品技术推广中心等8家企业与互助、循化两县签订的这批项目是全国扶贫协作优势产业推介暨招商引资活动的延续。通过这个活动平台，我省贫困地区许多得天独厚的优势资源将得到有效开发利用，转化成现实的产业优势。

——孙世成：《北京8家企业与我省两县签订逾30亿元的扶贫开发项目》，《青海日报》，2010年12月16日。

学习贯彻省委十一届七次全体会议精神，解决好循化这样一个欠发达县经济社会发展中存在的矛盾和问题，必须加快转变经济发展方式，切实贯彻落实科学发展观和省委对经济社会发展战略的新部署新要求，必须坚持跨越发展、绿色发展、和谐发展和统筹发展，这是循化撒拉族自治县经济社会又好又快发展的必然选择。

一、大力发展现代农牧业，稳步推进农村经济。继续认真贯彻落实省委、省政府“四区两带一线”战略和地委、行署关于现代农牧业百里长廊建设的部署，大力发展现代农牧业。围绕创建省级农业示范园区的目标，整合各类项目资金5000万元，在园区露天和温室内引进2—3个高附加值的果苗和蔬菜，进行试验试种；搞活管理机制，吸引更多种植大户及能人、产业化龙头企业入驻园区，加快推进农业示范园区建设。依法推进土地流转步伐，通过建立推进现代设施农业、土地流转奖励机制等政策措施，使土地流转面积占总面积的 20% 以上。围绕创建全省农区畜牧业示范县目标，加大投入扶持“八个示范基地”建设，着力实施畜用暖棚、养殖小区、畜禽良种改良和岗察乡牧民定居工程建设，提高畜牧业规模效益；加大清真牛羊肉加工企业和水产养殖项目的扶持力度，在农畜产品精加工和库区水产养殖上实现新突破。围绕新农村建设目标，全面启动文都乡麻日村等示范村建设，深入开展公路沿线、乡镇政府所在地、旅游线路的村容村貌和道路交通整治工作。围绕创业促就业目标，大力实施“阳光工程”“雨露计划”等农村劳动力技能培训工程，切实提高农民工的劳务技能和创业就业能力。出台扶持和奖励政策，在内地和东部沿海大、中城市打造 30 家有一定规模和市场竞争力的“撒拉人家”餐饮品牌。县内积极培育撒拉族刺绣、宁巴石匠、黄河石画等劳务经济品牌；积极支持我县境外经商人员以注册贸易公司等形式发展国际商贸业，开辟中东伊斯兰国家劳务输出市场，充分发挥创业小额担保贷款融资平台作用，确保劳务输出保持在 4 万人（次）以上。

二、依托特色优势，突出发展工业经济。加大对规模企业的指导和扶持力度，积极推行县级领导和干部联系企业制度，加强投融资平台建设，设立“工业发展基金”，扶持发展甲秀、白驼、雪驰等龙头企业提升深加工能力，延伸产业链条。加快工业集中区建设，完成核心区水、电、路基础设施建设，制定出台引企入园的优惠政策，确保金路、雪驰、博艺等民族特色工业企业入驻，项目建成投产见效。千方百计再促成 3 至 4 家有规模的工业项目入驻园区，使工业集中区尽快形成规模和产生集聚引领效应。通过厂房租赁、入股等形式积极盘活闲置资产 1 亿元以上。

三、扩大品牌效应，着力发展旅游经济。高标准编制旅游发展总体规划、“撒拉人家”品牌建设等发展规划，为旅游业长远发展奠定基础。大力实施“西提东育”战略，促进西线骆驼泉、民俗展览馆、班禅故居等王牌景区提档升级的同时，精心开发包装喜饶嘉措大师纪念馆、安多天然佛塔、五山池等特色景点，培育东线特色旅游线路。依托民俗文化，吸纳民间资本，培育发展“撒拉人家”、“藏家乐”、刺绣等旅游产业。强势推介撒拉族绿色家园，扩大旅游品牌知名度，及早着手筹办环湖赛循化赛段、国际抢渡黄河极限挑战赛等节庆赛事活动，强势推介“撒拉族绿色家园”品牌。同时，做好省内外重点景区旅游线路对接工作，不断扩大旅游消费市场。

四、创新经营理念，巩固提高城建水平。抓好规划编制。修编完善县城总体规划，突出抓好县城至街子三岔“十里经济带”、沿黄景观带、重点集镇、水上娱乐码头建设等规划编制工作。抓好县城建设。投资2亿元实施县城污水管网配套，集中供热全覆盖工程及“十里经济带”沿街改造、南滨河路等扩城提位工程建设。扎实推进廉租房建设和棚户区改造，加快旧城改造步伐。强力实施“穿衣戴帽”“绿化美化”等改造工程，提升县城综合服务功能。抓好小集镇建设。进一步加强街子、白庄、文都等集镇农贸市场、商场、车站等基础设施建设；实施集镇美化亮化工程，综合整治集镇“脏、乱、差”现象。重视集镇“文化”工程建设，积极创建一批特色集镇和生态文化名村。抓好城镇管理。加强对县城规划、建设的监督，做好环境卫生、园林管护等工作。建立和完善市容市貌整治联动机制，结合县城和集镇“创卫”工作，大力开展“提高市民素质、提高县城文明”两个提高活动。依法严惩违反城镇秩序、破坏市政公共设施等行为，促进县城文明整洁、安全有序。

五、落实各项惠民政策，着力提高民生保障水平。一是全面落实义务教育经费保障机制，以控辍保学为重点，扎实做好各项基础工作，确保明年“两基”迎国检顺利验收。积极支持“一乡一个幼儿园”建设，加强农村基层学校管理和校长队伍建设，全面整治学校周边环境，确保师生安全。二是以加强村级卫生室标准化建设、村医规范化管理为重点，加快县、乡、村医疗卫生服务网络体系建设。三是完善和落实五保供养、受灾群众救助、医疗救助、教育救助等各项保障制度，切实做好政府承诺的十件实事。四是深入开展文明县城、文明村镇和文明行业三大群众性精神文明创建活动，不断提高全民思想道德和文明素质。

六、创新社会管理，不断巩固社会稳定局面。严格按照上级维稳工作部署和要求，继续深化寺院法制宣传教育，积极推进寺院民主管理规范化试点工作，推进寺院常态化管理。继续坚持开展县委书记“大接访”活动，规范信访程序，认真落实县级领导、乡镇、部门信访接待日制度，严格执行县级领导和部门负责人包案责任制，及时排查化解矛盾纠纷和信访突出案件，确保社会面的和谐稳定。继续抓好社会治安管理工作，积极开展“严打”整治斗争，重点打击“两抢一盗”和农村黑恶势力，努力提升公众安全感。高度重视社会治安综合治理，深入推进“平安循化”建设和争创“三无县”活动，不断巩固“省级平安县”成果。

——曹幼平：《不断推进循化经济社会跨越发展》，《青海日报》，2010年6月21日。

查汗大寺乡牙藏村“村规民约”及“文明户守则”

为搞好两个“文明”建设，经全村干部、群众讨论，一致通过牙藏村“村规民约”及“文明户守则”。现印发给各户，切实执行。

村规民约

一、热爱祖国、热爱中国共产党、热爱社会主义。

二、执行国家经济计划指导，种好责任田，大力开展多种经营，人人勤劳致富，坚决完成征购任务，按时上交提留。

三、尊老爱幼，邻里团结，遵纪守法。敢于同坏人坏事做斗争。

四、办好文化夜校，力争三年内扫除文盲，并积极送子女入学。

五、从简办理婚、丧事，反对铺张浪费、大操大办。

六、执行《婚姻法》。搞好计划生育，提倡晚婚、晚育，坚决杜绝三胎。

七、积极参加社会活动，认真贯彻党的民族宗教政策，不参与教派矛盾，努力完成上级交给的各项任务。

八、讲文明，不说脏话，不吵架打仗。讲卫生，坚持搞好星期五清扫巷道的卫生工作，美化好村容村貌。

文明户守则

一、热爱祖国、热爱党，坚持走社会主义道路。

二、学科学，用科学，积极开展多种经营，保证完成派购任务。

三、遵纪守法，孝敬老人，婆媳、妯娌、邻居间和睦团结。

四、踊跃参加夜校学习，积极送子女入学。

五、勤俭持家，美化庭院，搞好计划生育。

牙藏村民委员会

一九八四年五月十五日

——循化撒拉族自治县志编纂委员会：《循化撒拉族自治县志》，中华书局，2001年版，第913页。

异地扶贫工作迈出可喜步伐，孟达乡索同村迁往格尔木石灰厂的28户130人生产生活步入稳定，迁移到乌兰县赛什克乡的74户256人中，34户74人已经按照省扶贫部门和当地政府的要求迁至四大队，水电路等基础设施建设相继得到解决。2002年刚刚迁移到香日德的白庄、尕楞乡93户农民中，目前80户农户已喜迁新居，承包土地

1772亩，整个粮食产量达到107.3万斤。近几年，县政府为调庄移民户解决救济救灾、生产生活款物接近50万元，有力地支持了这部分群众的生产生活。对口帮扶、“321”定点帮扶工作进展顺利。年内共解决温饱7650人。救济救灾工作成效显著，全年共下拨救济救灾款56万元，面粉98万斤，救助灾民、特困户3.9万人次。将704名低保对象纳入了城镇居民最低保障范围，保障对象达到1350人，发放保险金91.6万元，基本实现了应保尽保；“两个确保”成果继续得到巩固，离退休人员养老金和国有企业下岗职工基本生活费发放率均达到100%。劳务输出力度加大，共转移农村剩余劳力32301人（次），劳务输出总收入达到6394.2万元。

——马丰胜：《在中共循化县委十一届六次全委扩大会议上的讲话——与时俱进 真抓实干 努力开创全县经济建设和社会各项事业新局面》（内部资料），循化县人民政府办公室提供，2003年5月。

今年我县发生了干旱、洪涝、冻霜、雹灾和雪灾等多种自然灾害，涉及全县10个乡镇137个行政村，受灾15910户89105人，受灾面积达96480亩，其中8成以上绝收21105亩，死亡大小牲畜9988头（只），其中雪灾损失9511头（只），各种自然灾害造成直接经济损失4123万元，其中农业经济损失2984万元。发生的灾情，我们及时深入现场进行了查灾，核实灾情，并于10月份以县政府文件把全县今年的定灾报告上报海东地署。去年发生的灾情及灾民户，我局按照上级民政部门的安排部署，在县委、县政府的领导和有关部门的配合下，认真制定了《循化县灾民生活救助实施方案》，灾民实行了“灾民救助卡”制度进行了救助，共救助灾民4180户22157人，灾民救助户占全县农业人口的27%，每户救助落实了面粉25公斤，共发放面粉10.45万公斤，确保了全县灾民的基本生活。

对特困户发放了“农村特困户救助证”进行了救助，从上级争取到特困户救助款12.8万元，面粉8万公斤，县财政配套了6.4万元，对全县的1207户3200人“不救不活”的农村特困户以户为单位、以人为标准进行了救助，共发放面粉12万公斤，牛绒衫1207件，使“不救不活”特困户实施了定期定量救助，确保了他们的基本生活。

全县已保五保户有359人，从税费改革转移支付中争取了供养经费35.9万元，每人每年落实了供养经费1000元。同时为深入了解税费改革后农村五保供养落实情况，全面掌握五保户实际生活状况，实现五保户应保尽保，我局今年对全县五保供养情况再次进行了调查，通过调查发现，我县还有110户125名符合五保供养条件的五保对象还未纳入供养范围，这些对象调查后已上报县政府及地区民政局，目前纳入了特困户救助范围进行救助，未保五保户得到了上级业务部门的认可，正在进行未保五保户的审核、公示和审批工作，从 2005 年元月份全部纳入五保供养范围，实现应保尽保，供养标准也有所提高。

今年 4 月份，我局开展了农村大病医疗救助排查摸底工作，全县 10 个乡镇 154 个行政村和 2 个社区居委会共有大病医疗救助对象 1030 人，年需医疗救助金 493.7 万元，其中五保户 34 人，特困户 55 人，重点优抚对象 85 人，残废人 235 人，灾民 125 人，城镇低保对象 65 人。上级已下拨了农村大病医疗救助资金 18.17 万元。目前，我局正在制定救助实施方案，以县政府文件转发执行。

全县共有 14 周岁以下的双孤儿 268 人，18 周岁以下的残疾儿童 622 人。残疾孤儿康复“明天计划”在我县正式启动。11 月 29 日，全县的 49 名孤残儿童在县人民医院通过了专家的体检筛选，最后确定了 16 名孤残儿童为我县“明天计划”的首批手术矫治和康复对象。

2004 年全县共有城镇低保对象 1614 人，发放保障金 146 万元，其中县财政预算安排了 42 万元。1—9 月份月人均补助 73 元，10 月份起保障标准由 140 元提高为 150 元，月人均补助 83 元，保障金全部实行了社会化发放，并按月足额发放。今年共核减调整低保对象 78 户 241 人，动态管理率达 15%。

循化县老年福利活动中心项目已竣工验收，省民政厅补助 120 万元，全部到位，县配套 120 万元，已到位 12 万元。道帏、尕楞、积石镇三个乡镇敬老院建设项目省民政厅已审批，已到位资金 60 万元，项目正在施工阶段，其余乡镇的敬老院建设资金正在争取。

——《关于呈报二〇〇四年工作总结的报告》（内部资料），循化县民政局办公室提供（循民〔2004〕70 号），2022 年 4 月。

灾民救助工作扎实有效。2004 年，全县共有 10 个乡镇，141 个村，1590 户，89105 人受灾，造成特重灾民 12578 人，重灾民 52160 人。全县对特重灾民坚持发放“灾民救助卡”实施救助，有效地保障了灾区群众的基本生活。今年以来前后发放救灾款 24.3 万元，救灾面粉 43 万公斤，对确定的持有灾民救助卡的救助对象 2286 户 12578 人，每户按 50—100 公斤面粉的标准救助，使这部分灾民的基本生活得到了保障。

开展了对全县特困户、灾民、五保户的危房调查工作。全县共有 314 户住房需重建，其中特困户 68 户、灾民 73 户、五保户 46 户、优抚对象 9 户、灾民搬迁户 94 户、其他 24 户，拟重建房屋 890 间，需重建资金 267 万元。今年，争取了住房重建资金 24 万元，对全县的五保户、特困户、灾民户 46 户，重建住房 132 间 2000 平方米，并全部竣工验收。

完成了查灾、核灾、报灾工作。据统计，今年全县有 10 个乡镇 129 个村 14970 户 23840 人受灾，农作物受灾面积 88035 亩，绝收面积 19050 亩，造成直接经济损失 1382 万元，其中农业经济损失 1265 万元。

开展了扶贫济困送温暖捐助活动，截至目前，全县 53 个行政事业单位的 2547 名职工捐款 81115 元。

全县对农村特困户的救助工作以户为单位、以每人 50 公斤面粉和 20 元现金的标准进行了救助，共向 1207 户 3200 名特困人口发放救助面粉 16 万公斤和 6.4 万元。特困户扩面工作顺利完成，1800 人纳入特困救助范围，发放救助面粉 4.5 万公斤。

全县符合五保供养条件的有 469 户 484 人，年人均发放五保供养金 1414 元，全年发放 68.4 万元，其中：省下达五保户补助 36.7 万元，县财政解决 31.7 万元。目前，已发放落实五保供养金 68.4 万元，每人 1414 元。对纳入到五保供养范围后生活仍有困难的五保户，还给予了必要的临时救济。今年，投资 87 万元，在道帏、街子、尕楞三乡修建了 3 所敬老院，填补了我县无敬老院的空白，改善五保户的生活条件。

今年，争取了医疗救助资金 57.5 万元。对全县的 3790 名五保户、特困户、重点优抚对象由民政局缴纳了新型合作医疗参合金 37900 元，对全县的 3684 名五保户、特困户发放了医疗门诊费 73070 元，对全县的 128 名五保户、特困户报销了住院发票 11.4 万元，农村特困群众看病难问题有所缓解。

城镇居民最低生活保障制度运行正常。（1）继续贯彻落实低保操作规程，使城镇低保工作更加规范；坚持对低保对象实行动态管理，今年共核减低保对象 154 户 327 人，纳入符合条件的低保对象 145 户 309 人，动态管理率为 16%，实现了动态管理下的应保尽保；（2）低保工作实行微机化、网络化管理；（3）加强对低保资金的监督管理，保证按时发放，今年 1—12 月份全县共向 1596 名低保对象发放保障金 154 万元；（4）通过对低保对象的排查，从 7 月份开始给符合条件的 106 户 135 名特殊困难低保对象予以分类施保，每月增加分类施保保障金 2200 元；（5）根据上级业务要求，开展了城镇低保对象医疗救助和教育救助工作。争取了医疗救助金 10.8 万元，对 23 户 24 人城镇低保“三无”对象发放了医疗门诊费 5760 元，对 12 位低保对象报销了住院发票2.2万元；对低保家庭子女接受义务教育的135名学生，其中初中生48人，小学生87人，实行了“两免一补”政策，另外今年还对671户低保家庭发放了冬季取暖费10.4万元，其中“三无”家庭每户300元，其余家庭每户150元。

——《关于呈报二〇〇五年工作总结的报告》（内部资料），循化县民政局办公室提供（循民〔2005〕110号），2022年4月。

2006年救灾救济工作。1.灾民救助工作扎实有效。2006年，全县共10个乡（镇），139个村，14833户，98224人受灾，受灾面积89010亩，造成特重灾民46985人，重灾民51239人。全县对特重灾民坚持发放“灾民救助卡”实施救助，有效地保障了灾区群众的基本生活。今年以来前后发放救灾款19.2万元，救灾面粉34万公斤，对确定的持有灾民救助卡的救助对象1118户6158人，每户按50—100公斤面粉的标准进行救助，使这部分灾民的基本生活得到了保障。2.特困户救助稳步进行。根据《青海省农村牧区特困人口救助暂行办法》，全县对农村特困户的救助工作以户为单位、以每人50公斤面粉和20元现金的标准进行了救助，共向1646户5000名特困人口发放救助面粉25万公斤和10万元现金。3.县财政今年安排落实了救灾事业费17万元和特困户补助资金6.4万元。4.农村特困群众大病医疗救助工作全面启动。出台了救助办法，明确了救助范围和运行程序。对全县的5484名五保户、特困户、重点优抚对象由民政局交纳了新型合作医疗参合金54840元，对全县的5484名五保户、特困户发放了医疗门诊费94650元，其中146名报销了住院发票13.2万元，农村特困群众看病难问题有所缓解。233名特困人员实施分类救助，争取救助金99200元。5.五保供养工作实现了应保尽保。全县符合五保供养条件的有469户484人，年人均发放五保供养金1414元，全年发放68.4万元。为了更好地实现五保供养应保尽保工作，从10月份开始对全县的“应保尽保”五保户进行了进一步的核定，核定后的273名五保户从今年11月份起纳入了五保供养范围，每人落实300元，共计81900元。至此，我县五保户将基本实现应保尽保。为了进一步保障五保户的基本生活，在农村大病医疗救助工作中给每名五保户发放了50元的医疗救助门诊费，对纳入到五保供养范围后生活仍有困难的五保户，还给予了必要的临时救济。6.贯彻落实了抗灾救灾工作方针、政策，修订和完善了循化县抗灾救灾应急预案、重大自然灾害救灾应急预案，加强了灾害管理，规范了救灾工作，增强政府对突发性自然灾害的处置能力。7.开展了对全县特困户、灾民、五保户的危房调查工作，争取了住房重建资金30万元，对全县的五保户、特困户、灾民户53户重建了住房132间2000平方米，并全部竣工验收。8.完成了查灾、核灾、报灾工作。据统计，今年全县有10个乡镇139个村14833户81581人受灾，农作物受灾面积89010亩，绝收面积43200亩，造成直接经济损失2735万元，其中农业经济损失1947万元。

城市低保工作。1.最低生活保障资金，县财政配套资金落实到位，县财政配套落实到位了42万元低保资金，落实到位率达100%。2.加强对低保资金的监督管理，做到了按时足额社会化发放。1—12月份共向2098名低保对象发放保障金197.2万元，按月足额发放率100%，社会化发放率100%。同时对低保对象实行了分类施保。3.继续落实低保操作规程，使城镇低保工作更加规范；坚持对低保对象实行动态管理，今年共核减低保对象165户467人，纳入符合条件的低保对象244户556人。同时，为了照顾特殊困难群体，将我县的110户134名农村特困户初（高）中毕业生纳入了低保，动态管理率为18%，实现了动态管理下的应保尽保。4.加强低保工作微机化管理进程。低保软件运行正常，3月份开始用低保软件上报了报表，低保对象数据运行正确，低保软件使用率100%。5.根据上级业务部门要求，开展了城镇低保对象医疗救助和教育救助工作。争取了医疗救助金7万元，对37户38人城镇低保“三无”对象全年发放了医疗门诊费8883元（城市医疗救助年内分两次报销），为20户低保对象报销了住院发票33064元，解决了民政对象看病难的问题。

社会福利和社会事务工作。1.完成了敬老院入住工作。投资92万元修建的道帏、街子、尕楞的3所敬老院，已全部竣工入住，填补了我县无敬老院的空白。实现了集中供养。2.组织实施了“明天计划”工作，自残疾孤儿康复手术启动以来，县民政局提高认识、加强领导、明确任务、周密部署，保证了“明天计划”的顺利实施。截止到目前，全县共有28名残疾孤儿成功接受手术治疗。3.加强了殡葬管理工作，规范了积石宫殡仪馆殡葬服务管理。4.认真学习贯彻了《城市生活无着的流浪乞讨人员救助管理办法》。今年共救助流浪乞讨人员16名，救助资金800元。5.加强了《收养法》的宣传力度，依法开展了收养登记工作。6.我县慈善事业发展良好。循化县慈善会自2006年6月成立以来，本着发扬人道主义精神，调动和发挥人们的善心善举，动员社会各方面的力量进行了捐款捐物，包括对贫困大学生救助和为街子乡村文化室、积石镇学区捐赠桌椅等救助方式，截止到目前已累计发放了46.9万元的物资，有效地解决了贫困大学生的上学难的问题和社会弱势群体生产生活中遇到的实际困难及问题。

——《关于上报县民政局2006年工作总结及2007年工作思路的报告》（内部资料），循化县民政局办公室提供（循民〔2006〕101号），2022年4月。

全县城镇低保工作坚持实现了动态管理下的应保尽保。目前，全县低保对象为1059户、2545人（12月份）。全年共发放低保金2386947元，其中上级补助1746000元，县级财政配套640947元，月人均补差89元。坚持社会化发放，保证了保障金的按月足额兑现。

对享受低保待遇的人员，坚持每个季度审核一次，对家庭收入和成员有变化的保障对象，及时办理保障金停发、减发或增发等手续。2007年新增低保对象92户246人，核减15户50人，动态率为15%。

为保障城市低保家庭基本生活水平不因物价上涨而降低，全县先后三次给城市低保对象发放临时生活补贴。7月份，为低保对象每人按50元的标准发放临时生活补贴11.47万元；8月份，按每人每月15元的标准，发放7—12月临时生活补贴；10月—12月，给低保对象每人每月再增发10元临时生活补贴，三次增发临时生活补贴共计33.28万元，人均增发163.6元。

今年上级给我县下拨城市医疗救助补助资金126998元。我县共救助140人次，报销126998元，“三无”人员门诊补助11100元。同时根据上级关于城镇居民基本医疗保险试点工作的通知精神，为全县947户2276名低保对象代缴统筹金217800元。低保对象参加城镇居民基本医疗保险后，医疗费用先在“医保办”报销，剩余部分再享受民政部门救助，这样低保对象将得到双重医疗保障。

上级给我县下拨农村特困对象医疗救助金67.88万元。我县共救助216人，发放救助金48.39万元，其中：门诊救助5757人，补助10.44万元，资助参合金5.76万元，报销住院治疗费用32.19万元。从10月份开始，根据省民政厅、卫生厅、财政厅有关通知精神，对农村医疗救助标准进行了调整，一是门诊费标准提高，低保对象、重点优抚对象、60年代精简下放人员门诊补助由16元提高到30元，五保对象门诊补助由60元提高到160元；二是大病救助封顶线由原来的3000元提高到了4000元；三是对五保对象和尿毒症、恶性肿瘤、重症肝炎患者实行大病救助资金垫付；四是对高血压、糖尿病患者每人每年给予100元的定额补助。

全县757名五保户，按人均1000元的标准得到供养，共发放五保供养金75.7万元。

今年，共下拨救灾面粉21.6万公斤，衣、被褥10000件，对全县持有“灾民救助卡”的1504户8275名灾民每户按100斤的标准进行了救助，确保了灾民的基本生活。同时，及时准确地完成了今年的查灾、定灾和报灾工作。2007年，全县9个乡镇、142个行政村、15837户、86322人遭受灾害，受灾面积达87360亩，其中8成以上绝收面积41235亩，受灾面积中，油料作物13810亩，八成以上绝收面积6640亩，洪水冲毁耕地面积560亩，各种自然灾害造成大小牲畜死亡1381头（只），其中大牲畜154头，小牲畜1227只，各种自然灾害造成粮食减产1220万公斤，油料减产214万公斤，各种灾害直接经济损失2853万元，其中农业直接经济损失2031万元。灾情发生后，县民政部门高度重视，积极协调相关部门，组织人员开展察看灾情、指导救灾、慰问灾民等工作。

2007年，共投入政府资助重建家园资金27万元，为全县63户（其中海东地区新农村建设试点村积石镇新建村有重建对象8户）五保户、灾民、特困户重建房屋158间。其中五保户16户，灾民15户，农村低保户31户，西路红军1户。目前已全部竣工验收，63户都已搬入新居。

——《关于呈报2007年工作总结和2008年工作思路的报告》（内部资料），循化县民政局办公室提供（循民〔2007〕112号），2022年4月。

2008年，民政局除了对全县持有“灾民救助卡”的1340户7380人实施有效救助外，还对今年的部分特困灾民进行了临时救助。特别是今年“8·20”特大洪灾发生后，针对文都、岗察、清水、街子等乡镇房屋冲毁和倒塌严重的实际，我局立即下拨救灾款、救灾帐篷、衣物及重建资金等，有效地解决了灾区群众的实际生产生活问题。据统计，年内累计发放各类救灾款92.9万元，救灾面粉20万公斤，衣物、被褥等10000余件，解决救灾帐篷13顶。

2008年，全年共对1854户7300人农村低保对象发放低保金441.72万元（其中：低保金248.52万元，提标金193.2万元）。目前，全年的低保金及提标资金已经全部落实到了低保对象手中。

目前，我县共有农村五保对象717户757人，按照年人均1648元的标准落实了全年的五保供养金124.8万元，有效保障了农村五保对象的基本生活。另外，我县农村五保户中的生活、住房等困难的特殊对象33人入住道帏、街子、尕楞三所敬老院，实行集中供养。目前，三所敬老院均运行正常。

从2008年元月份起，农村大病医疗救助封顶线由原来的4000元提高到了6000元。在实施农村大病医疗救助过程中，我们还对低保或五保对象中家庭确有困难的大病患者，经局务会研究后，可破例年内给低保户、优抚对象一次性报销门诊发票300元，给五保户一次性报销门诊发票500元。因家中困难而交不起住院押金或者因其他原因住不起院的，便采取“先支后付”的方法（即经过协调，将其“低保证”等证件抵押后，按照五保户 1000 元、低保户 600 元、优抚对象 500 元的标准给其垫付住院费，让他先住院治疗，出院后再将他住院产生的费用进行报销，并扣除垫付部分）。这样一来，既解决了他们的实际困难，又做好了农村医疗救助工作。

今年，我县共发放门诊补助 34.01 万元（其中：给 7300 名农村低保人员发放门诊补助 21.9 万元，757 名五保对象发放门诊补助 12.11 万元）。对 321 名农村大病患者实施了医疗救助，共发放大病救助金 36.4 万元。同时，给 7300 名农村低保和 757 名五保等对象缴纳 2008—2009 年度农村新型合作医疗参合金 34.5 万元。

共投入 64.8 万元重建资金，为 156 户五保户、灾民、低保户实施危房改造，现已全部竣工。目前，均已完成建设任务，并全部投入使用。

我县共为 1278 户 3135 名城镇低保对象发放各类补贴达 546.1 万元（其中：生活保障金 314.6 万元，临时补贴 174.2 万元，燃气补贴 16.2 万元，取暖补贴 41.1 万元）。并对低保对象中的 242 名四类特殊困难人员实施了分类施保。同时，加大了动态管理力度，年内动态调整低保对象 339 人，动态管理率为 16%，做到了低保资金 100% 的按月足额社会化发放。

今年，共报销医疗费 34 万元（其中：给 2796 名城镇低保对象报销医疗门诊费 18 万元；71 名大病住院的低保对象报销了住院费 16 万元）。同时，进一步加强城镇居民医疗保险与医疗救助制度的衔接，2008 年 12 月份，为我县的城市低保对象代缴城镇居民医疗保险参合金 35.8 万元。

——《关于呈报 2008 年工作总结和 2009 年工作思路的报告》（内部资料），循化县民政局办公室提供（循民〔2008〕95 号），2022 年 4 月。

今年年初，制定出台了《关于进一步加强对农村低保对象的动态管理的通知》，对原有农村低保对象实行动态管理，动态调整了 369 户 1478 人，占全县低保总户数的 19.8%。并将 2009 年的低保金 511.3 万元分两次落实到了 1854 户 7300 名农村低保对象手中，确保了我县困难群众基本生活。同时，对农村低保家庭中 2333 名四类特殊困难对象（丧失劳动能力的残疾人，患病卧床不起一年以上的人员，无劳动能力家庭成员和 60 岁以上的老年人）给予重点救助，每人增发了 100 元。

今年 1—12 月份，为我县的 3446 名城镇低保对象发放生活保障金、燃气补贴及临时补贴共 715.3 万元。并对低保对象中的 240 多名四类特殊困难人员实施了分类施保，确保了我县城镇低保对象的基本生活，做到了低保资金按月社会化发放，按月足额发放率100%，社会化发放率100%。今年共调整低保对象421人，调整率达12%。

我县于2008年投资76万元新建的循化县中心敬老院已按期竣工，这是我县继道帏、街子、尕楞3所农村敬老院以来的又一所集生活、健身、娱乐为一体的高标准公寓式县级敬老院。该院于今年6月12日举行入住仪式，首批入住23人，从而使我县的五保户集中供养人数达50人，集中供养率达到10%。同时，建立和完善了敬老院的各项制度，使敬老院工作逐步走上规范化管理轨道。

今年第一、二、三季度，共为136名低保对象报销大病医疗费43.43万元；年内给农村低保户、五保户和重点优抚对象共8776人落实大病医疗救助资金137.6万元，有效解决了弱势群体看病难的问题。

2009—2010年，我县计划对全县农村困难群众中2629户无房户、危房户房屋进行分批改造、分步实施，其中今年改造计划为700户。为使这项惠民、利民工程真正落到实处，我县切实提高思想认识，强化工作措施，加快工作进度，全力推进农村危房改造工作，确保了全县农村危房改造工作的顺利推进。

我县对9个乡（镇）68个行政村700户农村困难户实施了危房改造工程，受益贫困群众达3480人，其中低保户406户、低保残疾人家庭67户、分散供养五保对象65户、重点优抚对象35户、重灾民重建户及其他对象127户。

我县结合实际，根据对象贫困程度的不同，适当调整补偿标准，分三类标准予以补偿，使危改资金发挥出了最大效益，即一类对象户均补助2.22万元，主要对象为低保户、低保残疾户、五保户等特殊困难家庭；二类对象户均补助1.92万元，主要对象为低保一般户、优抚对象等重点家庭；三类对象户均补助1.62万元，主要对象为低保边缘户、未纳入低保的残疾户等一般家庭。在资金落实方面，原则上动工备料时落实三分之一，工程主体完工后付三分之一，工程完工验收合格后付清余款。截止到2009年10月底，我县700户危房改造户中660户已完工，共2734间37071平方米，剩余40户正在加紧实施。目前，省级补助资金1120万元和县级配套资金224万元均已全部到位，已给危改户落实资金1050万元。在资金管理上，由民政部门提供资金使用计划，县农村危房改造领导小组审定，财政部门按资金使用计划向危房改造对象划拨资金，做到了监管到位、公开透明、专款专用。

——《关于呈报2009年工作总结及2010年工作思路的报告》（内部资料），循化县民政局办公室提供（循民〔2009〕108号），2022年4月。

2008 年全县参加养老保险的单位 128 户，2122 人。其中，行政事业 65 户，347 人；国有企业 31 户，831 人；集体企业 14 户，148 人；私营企业 18 户，476 人；个人身份参保人员 320 人。领取养老保险金的离退休人员 380 名。其中，离休 6 人，退休 369 人（行政事业 15 人，各类企业 352 人，个人身份的 2 人），退职 5 人。今年全县应征缴养老金 905.46 万元，实际征缴 770.31 万元，征缴率为 85%。其中，行政事业应征缴 196.68 万元，实际征缴 196.68 万元，征缴率为 100%；各类企业应征缴 635.12 万元，实际征缴 499.97 万元，征缴率为 79%。个人身份应征缴 73.66 万元，实际征缴 73.66 万元，征缴率为 100%。全年应发放离退休养老金 380 人 533.90 万元，实际发放 380 人 533.90 万元。通过与银行、邮局签订合同，规范发放程序，保证养老金每月 20 日前按时足额发放，社会化发放率为 100%。

今年全县参加基本医疗保险的单位 148 户，5294 人。其中，行政事业 107 户，4420 人；各类企业 41 户，874 人。参加医疗保险的离休人员共 47 人。其中，行政事业 41 人，企业 6 人；享受医疗保险待遇的西路红军和革命伤残军人 3 人。全年应征缴医保金 1001.98 万元，实际征缴 976.84 万元，征缴率为 97%。其中，行政事业单位征缴 832.81 万元，征缴率为 92%；企业单位征缴 133.03 万元，征缴率为 142%。参加大病统筹 148 个单位，5244 人，统筹收入为 32.97 万元，上解 32.97 万元，上解率为 100%。

今年共支付医药费 269655 人（次），734.05 万元。支付住院医疗费 293 人（次），184.51 万元。其中，在职职工支出 115 人（次），86.39 万元；退休人员支出 178 人（次），98.12 万元。离休人员支出 1138 人（次），56.04 万元。

全县参加工伤保险的单位 132 家，职工 3195 人，征缴工伤保险费 28.61 万元，征缴率达 100%。其中，企业 43 家，职工 1140 人，征缴基金 13.22 万元；事业单位 89 个，职工 2049 人，征缴基金 15.39 万元。

——《循化县社会保险局 2008 年工作总结与 2009 年工作要点》（内部资料），循化县社保局办公室提供，2022 年 4 月。

2009 年全县参加养老保险的单位 141 户，2305 人。其中，行政事业 81 户，378 人；国有企业 34 户，619 人；集体企业 6 户，113 人；私营企业 20 户，507 人；个人身份参保 688 人。全县新办理退休人员 32 人，其中，企业 27 人，行政事业 3 人，自由职业者 2 人，新增退休人员与去年同期相比减少 11%。年末参加养老保险的离退休人员

407 名。其中，离休 6 人，退休 396 人，退职 5 人，各类企业 385 人，行政事业 18 人，自由职业 4 人。

今年全县应征缴养老金 1283.61 万元，实际征缴 1021.1 万元，征缴率为 79%。其中，行政事业征缴 197.81 万元，征缴率为 87%；各类企业征缴 490.97 万元，征缴率为 67%。个人身份征缴 332.32 万元，征缴率为 100%。基金征缴收入与去年同期相比增长 250.79 万元，增长率 32.5%。全年应发放离退休养老金 407 人，661.17 万元，实际发放 407 人，661.17 万元，发放率为 100%，比去年同期相比增长 127.27 万元。通过与银行、邮局签订合同，规范发放程序，保证养老金每月 20 日前按时足额发放，社会化发放率为 100%。

全县参加医疗保险的单位 148 户，4944 人。其中，行政事业单位 107 户，4425 人（在职 3475 人，退休 950 人）；企业 42 户，934 人（在职 648 人，退休 286 人）；离休 44 人，完成扩面 67 人，占岗位目标任务的 114%。比 2008 年同期参保人数增长了 1.25%。

全县应征缴基本医疗费 1179 万元（行政事业应征缴 1046 万元，企业应征缴 133 万元），实际征缴基本医疗费 1150 万元（行政事业征缴 1040 万元，企业征缴 130 万元），征缴率分别为 99% 和 97%；与去年同期相比增加 173 万元，增长率为 15%。应征缴大额医疗保险费 38 万元，实际征缴 38 万元，上解 38 万元，征缴率和上解率均达到 100%。全年支付个人账户医疗金 109700 人（次），1077 万元；支付统筹账户医疗金 330 人（次），143 万元；离休及二等乙级革命伤残人员统筹支付 25 人（次），18 万元。医疗金支出比去年同期增长了 489 万元，增长 34%。

全县参加工伤保险的单位 132 户，3543 人。其中：一类企业 6 户，98 人；二类企业 33 户，948 人；三类企业 4 户，98 人；事业单位 89 户，2399 人。征缴工伤保险费 49.51 万元，上解 49.51 万元，上解率为 100%。为 19 名工伤人员、4 名死亡人员及 5 名供养亲属支付工伤保险待遇 90.29 万元。其中：工伤医疗费用 20.73 万元，伤残津贴 5.67 万元，一次性伤残补助金 2.36 万元，供养亲属抚恤金 4.38 万元，一次性工亡补助金 51.44 万元，丧葬费 5.71 万元。事业单位支付 6 人 28.27 万元，企业单位支付 13 人 62.02 万元。完成扩面 354 人，占岗位目标任务的 104%。参保人数和基金征缴分别比去年同期增加 11% 和 72%。

——《循化县社会保险局 2009 年工作总结与 2010 年工作要点》（内部资料），循化县社保局办公室提供，2022 年 4 月。

2010 年全县参加养老保险的单位 185 户，2435 人。其中：行政事业 91 户，373 人；国有企业 32 户，612 人；集体企业 15 户，113 人；私营企业 47 户，535 人；个人身份参保 802 人。全县新办理退休人员 30 人，其中：企业 22 人，行政事业 8 人，新增退休人员与去年同期相比增加 7.3%。

2010 年全县应征缴养老金 1493 万元，实际征缴 1327.85 万元，征缴率为 88%。其中：行政事业征缴 323.85 万元，征缴率为 85%；各类企业征缴 612 万元，征缴率为 85%；个人身份征缴 392 万元，征缴率为 100%。全年应发放离退休养老金 437 人，763 万元，实际发放 437 人，763 万元，发放率为 100%。通过与银行、邮局签订合同，规范发放程序，保证养老金每月 20 日前按时足额发放，社会化发放率为 100%。

2010 年全县参加医疗保险的单位 149 户，5424 人。其中：行政事业单位 107 户，4490 人（在职 3540 人，退休 950 人）；企业 42 户，934 人（在职 648 人，退休 286 人）；离休 45 人，完成扩面 65 人，占岗位目标任务的 102%。比 2009 年同期参保人数增长了 3%。

全县应征缴基本医疗费 1488 万元（行政事业应征缴 1248 万元，企业应征缴 240 万元），实际征缴基本医疗费 1713 万元（行政事业征缴 1538 万元，企业征缴 175 万元），征缴率分别为 109% 和 73%；与去年同期相比增加 508 万元，增长率为 71%。应征缴大额医疗保险费 39 万元，实际征缴 31 万元，上解 23 万元，征缴率和上解率均达到 59%。全年支付个人账户医疗金 1368 万元；支付统筹账户医疗金 13.6 万人（次），630 万元；离休及二等乙级革命伤残人员统筹支付 52 万元。医疗金支出比去年同期增长了 65%。

全县参加工伤保险的单位 136 户，3549 人。其中：一类企业 6 户，99 人；二类企业 37 户，947 人；三类企业 4 户，98 人；事业单位 89 户，2399 人。征缴工伤保险费 52.17 万元，上解 52.17 万元，上解率为 100%。为 8 名供养亲属支付工伤保险待遇 51.22 万元。其中：工伤医疗费用 30.67 万元，伤残津贴 2.73 万元，一次性工亡补助金 11.9 万元，供养亲属抚恤金 4.13 万元。完成扩面 49 人。

全县参加居民医疗保险的人数达到 5000 人，征缴医保金 96.86 万元。今年共支出医疗金 100.8 万元。其中，个人门诊支出 15.6 万元，住院费支出 85.2 万元。

——《循化县社会保险局 2010 年工作总结与 2011 年工作要点》（内部资料），循化县社保局办公室提供，2022 年 4 月。

近年来，我县抓住国家出台各项救助帮扶政策的机遇，积极完善农村养老保险制度、最低生活保障制度、新型合作医疗制度，使农村社会保障覆盖面逐年扩大，有效促进了全县农村社会的和谐稳定。

（一）农村社会救助体系建设情况

1. 规范和完善农村低保制度，确保农村困难群众的基本生活。自 2007 年启动实施农村牧区居民最低生活保障制度以来，根据省、地要求，我县相继制定出台了《循化县农村牧区居民最低生活保障工作的实施意见》《循化县农村牧区居民最低生活保障提标扩面工作的实施意见》等相关文件，建立了县、乡、村三级档案制度，加强了规范化管理。并根据省政府对农村低保提标扩面的有关要求，完成了对我县农村低保对象的提标扩面工作。到 2008 年年底，全县农村低保对象由原来的 5000 人增加到 7300 人，新增低保对象 2300 人，落实低保金 441.72 万元。同时，本着“特殊对象特殊救助”的原则，对农村低保家庭中四类特殊困难对象每人增发了 100 元。今年年初，根据农村低保工作发展的形势，经过调查研究，制定出台了《关于进一步加强对农村低保对象的动态管理的意见》，对农村低保对象实行了动态管理，对低保户进行了调整，实现动态管理下的应保尽保工作。1 至 4 月份共发放上半年的低保金 255.7 万元，有效保障了困难群众基本生活。

2. 认真贯彻《操作规程》，努力实现“应保尽保”。城镇低保工作实施以来，我县严格按照《青海省城镇居民最低生活保障制度操作规程》和上级业务部门的要求，建立了低保评审制度和义务协管员制度，规范了低保操作程序，并按时足额发放低保金。同时，协同就业、人事劳动等部门建立了失业保险和城市居民最低生活保障与促进就业联动机制，加大了对低保对象的动态管理力度，提高了管理水平。2008 年，共为城镇低保对象发放各类补贴 546.1 万元，并对四类特殊困难人员实施了分类施保。今年以来，已发放保障金 152 万元。

3. 全面实施住房救助项目，改善困难群体的住房条件。采取“灾民自筹一点、政府补助一点、社会捐助一点、乡邻投劳一点”的办法，认真实施“政府资助重建家园”项目。2005 至 2008 年间，累计投入约 345 万元资金（其中政府投入项目资金 129.8 万元、农户个人自筹款累计达 213.6 万元）完成了 316 户无房户或危房户的危房改造。今年，又从上级民政部门争取了农村困难群众危房改造指标 1929 户，年内计划完成 700 户危改任务。到 2011 年可全部完成。

4. 建立健全灾害救助管理体制，努力提高救灾工作水平。近几年来，我县坚持

“政府主导、分级管理、社会互助、生产自救”的救灾工作方针，积极探索救灾工作分级管理体制，加强对救灾经费管理，规范救灾款物发放程序，努力提高救灾工作水平。全面推行了“灾民救助卡”制度，对特重灾民进行重点救助。同时，进村入户对救灾物资的落实情况进行督查，并予以公示，有效杜绝了救灾物资的截留、挪用、挤占等现象的发生，使灾民救助工作做到了公正、公平、公开。

5. 全面落实城乡医疗救助制度，缓解困难群众就医难问题。农村医疗救助工作方面，认真贯彻落实《关于农村牧区特困人口医疗救助工作的实施意见》，成立了以主管县长为组长，民政、卫生等部门主要领导为成员的循化县农村特困人口医疗救助工作领导小组，制定出台了《循化县农村特困人口医疗救助工作实施细则》。2006 年，县民政、卫生、财政部门制定出台了《关于循化县农村牧区特困人口医疗救助工作实行“一站式”服务的意见》，对农村低保户、五保对象、优抚对象等特殊困难人员的大病医疗救助实行“一站式”服务。2008 年，农村大病医疗救助封顶线由原来的 4000 元提高到了 6000 元。同时，开始实行“先支后付”，既简化了大病救助报销程序，又方便了群众。城镇医疗救助方面，对医疗救助对象实行了季度报销制，2008 年，共报销医疗费 34 万元。进一步加强城镇居民医疗保险与医疗救助制度的衔接，截至 2008 年年底，共为全县的城市低保对象代缴城镇居民医疗保险参合金 35.8 万元。

（二）农村社会保险体系建设情况

一是养老保险工作更趋规范。通过制定社会化管理实施办法，为全县 380 名企业退休人员发放了社会化管理联系卡，并开展了对企业退休人员领取养老金资格的验证工作，保证了养老金的及时准确发放。二是医疗保险制度得到有效执行。切实按照医保政策，对在职职工和退休人员实行一体化管理。严格实行医保审核、复核和审批制度，不断加强医保基金收支两条线管理，确保了医保基金的安全运行。2008 年，全县参加医疗保险的单位、职工比 2001 年分别增长了 28.6%、36.7%。全年征缴医保金 976.84 万元，比 2001 年增长约 54 倍。全年支付医药费 734.05 万元，补偿 26965 人次，比 2001 年分别增长 482 倍、48 倍。今年，县财政预算安排医保金 832.81 万元，到位率达到 100%，保证了广大参保职工医药费的按时足额报销。三是工伤保险有序推进。认真贯彻执行《保险条例》，深入宣传工伤保险法律法规，广泛动员企业职工参保。严格执行工伤保险登记、申报核定、基金征缴、财务管理、稽核监督等工作，并坚持在工伤认定、劳动能力鉴定、工伤待遇核定支付等各个环节上依法办事。2008 年，全县参加工伤保险的单位、职工分别比 2004 年增长了 207%、192.5%。今年一季度，共征缴工伤保险费 1.83 万元，上解率达 100%，支付工伤保险费 20.27 万元。

（三）农村社会福利事业发展情况

根据《青海省农村牧区五保供养工作办法》、新修订的《农村五保供养条例》等法律法规，进一步规范和完善了五保对象的管理，通过采取集中和分散供养的形式，有效解决了 717 户 757 名农村五保对象的医、食、住、葬等问题。一是积极落实五保供养政策，确保五保对象的基本生活。2008 年，五保供养标准从 1414 元提高到 1648 元，全年落实五保供养金 124.8 万元，年人均增长 234 元。今年，按照 1648 元的标准发放上半年供养金 62.4 万元（每人 824 元），有效保障了五保供养对象的基本生活。二是加大基础设施建设力度，拓展集中供养工作。近年来，共投资 166 万余元修建了道帏、街子、尕楞、县中心敬老院 4 所敬老院，建立和完善了敬老院的各项制度，使敬老院工作逐步走上了规范化管理轨道。预计五月底我县五保户集中供养人数将达 80 人，集中供养率将达 11%。

（四）失地农民生活保障情况

我县境内公伯峡、苏只、黄丰和积石峡四座电站建设共涉及移民搬迁 2161 户 8656 人。在移民搬迁安置工作中，我们采取了以“土地安置为主，以货币安置、投亲靠友分散安置和本村后靠安置为辅”的多样化方式。目前，以集中安置和后靠安置的形式完成公伯峡、苏只和积石峡水电站枢纽工程区搬迁移民 498 户 1956 人，占我县水库移民总数的 30%。积石峡水电站库区和黄丰水电站移民搬迁工作现已启动，即将实施。

（五）农村社会慈善事业发展情况

充分发挥职能部门的作用，调动社会力量的积极性，大力开展以“扶危济困、捐资助学”为主题的慈善捐助活动。2008 年以来，仅县慈善会募集和发放各类善款善物总价值达 230 余万元。同时积极引导民营企业开展“富而思源、慈善捐助建设新农村”活动。青海兴旺集团为我县慈善事业、公益事业捐款累计达 1600 万元，青海雪舟三绒集团累计为公益事业捐资达 800 多万元，循化振荣薄皮核桃开发公司累计为公益事业捐款 160 多万元。

——《循化县农村社会保障体系建设情况汇报材料（2009 年 5 月 20 日）》（内部资料），循化县人民政府办公室提供，2022 年 4 月。

初秋时节，走进循化撒拉族自治县黄河北岸的移民新村，整体规划的村，排列整齐的民宅，便捷的水、电、路三通，使 109 户先期搬迁过来的群众过上了幸福的生活。

循化县孟达乡木厂村，地处积石峡水电站的施工区，需要整体搬迁。为了确保移民群众的切身利益，县委、县政府成立了建设征地协调领导小组，专门为电站建设提供土地丈量、实物清点、征地补偿以及移民安置等方面的协调服务，并严格执行补偿标准不变通，严格执行政策不走样，坚持按照实际情况对征用土地进行合理的分级分类，对地面附着物补偿标准进行细化，使补偿程序公开、公正、公平，做到了让业主单位满意，让库区群众满意。

为了使移民村的群众实现“搬得出、稳得住、能致富”的目标，循化县政府在县城黄河北岸，征了300亩作为生产区，征了120亩作为生活区，使移民村的群众人均分得0.65亩耕地，人均土地占有面积达到了全县农民人均占有耕地面积。

为了让生活区高起点规划、高标准建设，青海省移民安置局对生活区进行统一规划，一排排整齐的住宅，一条条笔直的乡村道路使移民新村显得整洁有序。投资300万元实施了人饮工程，自来水拉到了每户的院子里。投资63万元，解决了移民新村的用电问题。投资230万元，将硬化乡村道路。投资83万元，建设防洪工程。在离村300多米，有一所占地4亩的学校，可解决该村适龄儿童就近上学的问题。县政府还将征生产用地150亩，为移民村群众发展特色产业奠定基础。

我们走进马海子珍家，见小院种植的各种花卉开得正艳，温室里种植的菜瓜、豆角硕果累累，新建的砖瓦结构的三层小楼宽敞、明亮，室内家具摆设大气、新潮，电视机、抽油烟机、洗衣机、电灶一应俱全。马海子珍脸上露出灿烂的笑容，高兴地说：“现在的生活正是：楼上楼下，电灯电话，祖辈们期盼的生活我们享受到了，感谢党、感谢政府！”

——毛翠香：《移民新村一年更比一年好》，《青海日报》，2008年10月29日。

循化县多业并举的劳务输出经济

中广网7月10日电（记者张克清　罗占祥　白祥保）　近年来，青海省循化撒拉族自治县充分利用国家扶持人口较少民族发展的优惠政策，围绕地方民族特色，逐步探索形成了以餐饮、建筑、交通运输为主，多业并举的劳务输出发展模式，成为撒拉族群众创业增收的有效途径。

为了提高劳务经济的质量和增收效益，循化县采取了四项措施，强抓劳务输出工作，实现劳务输出工作跨越式发展。

抓特色，搞活劳务经济。循化县是全国唯一的撒拉族自治县，民族特色浓郁。县上充分发挥民族特色和地方优势，培育形成了“撒拉人家”“宁巴石匠”“撒拉族刺绣”等具有地方特色和竞争优势的劳务品牌，使劳务产业不断发展壮大。

抓信息，落实就业岗位。积极发动社会各界力量，大力收集劳务用工信息，逐步建立起3条劳务用工信息网络。第一条是以就业部门为主体的劳务用工信息网络。以县劳动力市场为中心，在9个乡镇、154个行政村建立起上下贯通、覆盖全县的劳动用工信息网络。第二条是社会职能部门的劳务用工信息。重点发挥政府有关部门、工青妇、驻外办事机构以及企业的纽带作用，建立劳务用工信息互通关系，在县外建立劳务输出基地和工作站，广泛收集各种劳务信息。第三条是在每个乡镇和村社都建立起一条民间的劳务信息网络。由各乡镇村社依靠亲朋好友、老乡同学战友的人缘关系，自然建立和形成劳务用工信息渠道，通过多种途径，收集掌握用工信息，依靠投亲靠友、以老带新的方式，带动劳务输出工作全面展开。

抓劳务，确保劳务工作健康发展。认真落实各项优惠政策，利用技能培训、劳务输出宣传讲座等多种形式，加强安全生产、依法维权、守法经营等方面的宣传教育。在输出人员较为集中的城市建立劳务办事处，协调服务，帮助解决农民工生产生活中的困难和问题。

抓培训，提高就业技能。积极探索“市场引导培训，培训促进就业”为主的职业技能培训机制，把多头分散的培训力量集中起来，做到了统一使用，落实责任，发挥合力。2008年，共投入农村劳动力技能培训经费197.2万元，开展拉面、烹饪等技能培训99期，受训人数达4987人，培训就业率达95%，有效提高了劳务人员技能，提升了劳务输出质量。

由于措施有力，工作扎实，从而使该县劳务经济做到了三个增长，实现了六个转变。

三个增长：即输出人数实现持续较大幅度的增长，劳务收入实现持续较大幅度的增长，劳务收入在农牧民收入中的贡献率持续较大幅度的增长。

六个转变：劳务输出由过去自发输出向有组织、有计划的方向转变；由过去盲目无序输出向政府指导、安全有序输出转变；由小群体向大规模转变；由季节性输出向常年型输出转变；由体力型输出向专业技能型输出转变；由简单的转移就业向积累资本、回乡创业转变。

2007年至2008年，全县输出劳务8.19万人次，实现劳务收入2.89亿元。

——《循化县多业并举的劳务输出经济》，《中国广播网》，2009年7月10日。

在青、藏、新、川等省区间纵横交错的公路线上，1500 多辆来自循化撒拉族自治县的客货运输车辆穿梭于其间，每年纯收入近亿元，成为促进循化农民增收的一个亮点。殊不知，这个“赚钱”的产业最初起源于仅有百余户人家的街子乡洋苦浪村。

一到洋苦浪村，只见平整的水泥路通到每户的门口。一幢幢崭新的房屋，在一片片绿色麦浪的映衬下，光彩夺目。

洋苦浪村，这个曾经有名的贫困村能有今天的面貌，得益于运输业的兴起。20 世纪 80 年代，村民韩白学热四处借钱，购买了一辆拖拉机，拉运石料。两年后，韩白学热不仅还清了借款，手头还有了盈余。于是，韩白学热心中便谋划起更大的营生，他买了一辆大卡车，最先在西宁至格尔木一线跑起了货物运输，成为村里的富裕户。

洋苦浪村的党支部和村委会，从韩白学热一天比一天好的运输生意中受到启发，抓住这一典型事例，为村民出主意、跑贷款。1989 年以后，洋苦浪村从事汽车运输业的村民迅速增加。如今洋苦浪村拥有的汽车数量已超过百辆，平均每户一辆汽车，运输户的年收入较低的也在 10 万元左右。

村民韩尕乙草在新疆开辟了一条运输线路，又在青藏公路上开办了 3 处加油站；

村民韩海米都成立了江海货运公司；

村民韩哈尼在格尔木、西宁等地开办宾馆……

他们都是靠运输业致富的佼佼者。近几年，货运路线有了新的延伸，在格尔木—拉萨、格尔木—四川、格尔木—新疆等线路上，都有洋苦浪村的货运车辆在穿梭。世代贫寒的洋苦浪村的农民，如今靠汽车运输挣了钱，过上了好生活，有的人有了上百万元甚至上千万元的资产。村委会主任韩克里木说，富裕起来的村民，时时不忘村上建设，他们主动出资铺水泥村道、维修小学、解决抽水泵老化等问题，为村上干了不少好事。

我们走进村民韩海比的家中，新建的两层小楼既富有民族特点，又包含着现代气息。女主人尕素米老人告诉我们，家中能有今天这样的变化，都是跑运输跑出来的。他们家现在有 8 口人、两辆汽车，儿子常年在外跑车搞运输，主要跑格尔木—拉萨一线，一辆车的年收入近 10 万元。几年前他们又在格尔木市开了一处加油站，去年将加油站改为铺面出租，年收入也在 8 万元左右。

街子乡乡长韩炳仁介绍，由于洋苦浪村的辐射效应，这个乡的团结、三兰巴海村的运输业也得到了快速发展。目前，全乡有货车 600 多辆、客车 200 多辆，直接从业人员近 1700 人。高原、雪域、万里三个运输公司，都已粗具规模，从省内到西藏、四川、新疆、甘肃等地的客货运输队伍中，都有他们的身影。交通运输业已成为街子乡的主导产业之一，去年全乡劳务收入的85%来自汽车运输业。民营交通运输业在查汗都斯、清水、白庄等乡镇也先后兴起，强强联合，形成了规模，成为全县促进农民增收的一大亮点。现在全县有运输专业户600多家，拥有客货运输车辆1500多辆，直接从业人员2200多人。另外还有500多辆农用机动车从事临时性、季节性的运输活动。

编辑点评：在全省上下树立和落实科学发展观，按照城乡统筹的方针全力解决“三农”问题的今天，以洋苦浪村百余户农民为代表的循化撒拉族自治县兴起的民营运输业，有力地说明，要实现农民增收，农村发展，就必须勇于走出山门，跳出农门，跨进城门，开辟广阔的新天地。撒拉人的汽车连通了城乡，撒拉人的汽车承载了他们致富的希望。

——《小康路上看特色：循化　汽车拉出个小康村（2005.5.19）》（内部资料），循化县人民政府办公室提供，2022年4月。

五、扶贫政策

自1978年党的十一届三中全会以来，循化县各项事业步入正轨，循化县人民政府解除思想包袱，着手解放生产力，发展生产力，明确消除贫困的目标和步骤，先富带后富。……在党的领导下，循化人民铆足了劲，在各自的岗位上辛勤努力，迎难而上。从1978年到1985年，循化县人民政府坚持体制改革助力扶贫事业，积极推广家庭联产承包责任制，同时积极推动乡镇企业发展，进一步解放和发展了农村生产力。1980年，在春小麦单季高产试验中，清水公社下滩大队三队创造亩产1263.5斤的成绩。针对山区秋季阴雨多、田间通风透光差的情况，1978年实行了水地宽行条播915亩、药剂灭草470亩、叶面喷施磷肥900亩等先进耕作技术，保证了在严重的自然灾害情况下粮食亩产不下降，大大提高了人民生活水平。但是，1978年以来的改革开放仅仅是从沿海地区逐步开展的渐进式改革，国家政策对中西部地区的倾斜十分有限，加之循化县本身的自然环境劣势，人民群众思想文化素质偏低等因素的影响，扶贫成效并不明显。

——田丰韶、汪来杰等：《循化民族地区内源式扶贫的生动实践》，研究出版社，2021年版，第14—15页。

1991年至2010年的20年间，历届县委、县政府把发展区域经济，加快脱贫致富作为一把手工程，制定规划计划，分解落实任务，出台政策措施，全力以赴攻坚，坚持“扶贫”与“扶志”相结合，以“扶志”为主，“输血”与“造血”相结合，以“造血”为主的开发式扶贫方针，加强技术引进和技能培训，加快交通通信、农田水利和人畜饮水等基础设施建设，坚持特色种植业、养殖业和农副产品加工业，贫困面逐年下降，人民生活水平得到提高。

1987年，成立县扶贫办公室。1998年4月，扶贫办公室更名为扶贫开发办公室。2010年8月，扶贫开发办公室更名为扶贫开发局。内设办公室、综合室、异地搬迁室、财务室。2010年，扶贫开发局有行政编制2名，事业编制7名，实有工作人员9名。

1993年8月，县政府批转《县扶贫办关于循化县8个特困村扶贫开发方案》，确定道帏乡贺庄村，白庄乡下科哇村、下拉边村，孟达乡塔沙坡村、索同村，积石镇西沟村，文都乡麻日村，尕楞乡拉龙卡村等8个村为全县特困村，扶贫项目安排和扶贫资金发放时予以重点倾斜。1994年，县委、县政府制定印发《循化县五年扶贫攻坚规划（1994—1998）》，提出以种植业为基础、养殖业为重点、基础设施建设为突破口、开发性项目建设和乡镇企业为龙头的开发式扶贫路子。

1997年3月，根据国家“八七”扶贫攻坚规划、中央扶贫开发工作会议精神，县委、县政府召开全县扶贫动员大会，制定出台《关于在全县干部中实行“三二一”联户包扶责任制的意见》《关于实行扶贫企业带村帮户责任制的意见》，明确提出县级干部包扶3户，科级干部包扶2户，一般干部包扶1户。并且规定包扶对象、包扶时间、包扶任务、奖惩制度，做到包扶对象不脱贫，包扶任务不脱钩。受益国家扶贫资金、具有一定生产规模的38家扶贫企业承担带村帮户包扶的责任。县委、县政府调整扶贫领导小组，充实扶贫工作机构和人员。县、乡签订扶贫工作目标责任书。要求把农村牧区的绝对贫困人口和已初步解决温饱但极易返贫的人口作为帮扶的基本对象，以贫困村为单位，以贫困户为目标，做到“扶贫项目到户，扶贫资金到户，帮扶干部到户，项目效益到户”。

2001年，为推进农业结构调整，制定了优先安排信贷资金、补助化肥和粮种、解决线辣椒疫病防治经费等3条扶持贫困户的优惠政策。

2004年至2010年，全县扶贫工作根据中央和省、地扶贫开发工作新要求，继续坚持开发式扶贫方针，以稳定解决温饱和持续增加农牧民收入为核心，以消除贫困和建设小康为目标，相继实施扶贫开发整村推进、易地扶贫等项目，以项目为依托，加强贫困村基础设施建设，加大经济结构调整力度，扶持发展特色优势产业，扶贫开发工作再上一个新台阶。

——循化撒拉族自治县地方志编纂委员会：《循化撒拉族自治县志》，三秦出版社，2017年版，第168—173。

抚顺市派出园艺专家帮扶组来循化

近日，抚顺市派出的由园艺专家组成的帮扶组，开始深入循化县农村，实地调查了解并落实抚顺市对循化县的各项科技帮扶计划。

这一计划的主要内容是：在查汗都斯、积石镇、清水三个乡镇的4个村栽培从抚顺引进的红南果、红王浆等11个新品种，栽培面积为10多亩。这次帮扶组的到来，标志着抚顺市利用三年时间帮助循化县完成1000亩老果园改造，建立2万株以上红南果生产基地，实施“百户千只”养鸡示范工程等科技帮扶计划的正式启动。

——王国长：《抚顺市派出园艺专家帮扶组来循化》，《青海日报》，1998年4月6日。

“十一五”期间，按照国务院《中国农村扶贫开发纲要》的有关要求，在县委、县政府的正确领导下，在省、地扶贫部门的精心指导下，全面落实扶贫开发方针、政策，坚持以解决贫困人口温饱为中心，以贫困户为对象，以重点贫困村建设为战场，落实扶贫开发各项工作措施。

2001年编制完成了《循化县扶贫开发规划（2003—2010年）》，根据规划，全县有96个贫困村12576户贫困户62506个贫困人口，占全县行政村总数的62%，贫困人口占全县总人口的61.5%，其中：绝对贫困村18个1060户5306人，低收入村78个8756户44203人，占贫困村总数的81%。规划主要包括基础设施建设、社会公益性项目、生产性项目、科技培训、生态工程等项目，规划将96个贫困村的项目分成5大类63项，资金投入由国家投入和贫困群众自筹两部分组成，坚持以国家投入为主、贫困群众自筹为辅的原则。

——循化撒拉族自治县扶贫局：《循化县“十一五”扶贫开发工作总结》，循化县农业局提供，2012年7月。

循化县位于青海省东部黄河谷地，是全国唯一的撒拉族自治县，是国务院确定的扶贫开发工作重点县，全省旅游扶贫开发示范县，是青海省唯一被国务院确定的 22 个人口较少民族扶持发展地区，是全省农业综合开发重点扶持县，是全省 14 个小城镇建设重点县之一，也是全省小流域生态治理重点县和省政府确定的以旅游为主的风景园林化城市。其基本情况可以概括为以下几点：

一是多民族聚居地区。循化县是全国唯一的撒拉族自治县，居住着撒拉、藏、回、汉等多个民族，总人口 12.35 万人，少数民族人口占全县总人口的 94%。其中，撒拉族 7.57 万人，占总人口的 62.2%；藏族 2.95 万人，占 23.4%；回族 1.02 万人，占 8.4%；汉族 7900 人，占 5.9%；其他民族人口 191 人。

二是农牧业为主的地区。全县农业人口 11.96 万人，占总人口的 96%；耕地面积 14.28 万亩，其中水浇地 7.2 万亩，农民人均耕地面积为 1.28 亩（山水地各一半）。在青藏高原而言，发展深度农业具有得天独厚的自然条件，主要农作物有小麦、青稞、豌豆、油菜、马铃薯、蔬菜等，经济作物有辣椒、花椒、核桃、果品、瓜类等。全县有天然草场面积 213.5 万亩，其中可利用草场面积达 150 余万亩，背靠青南、甘南两大牧区，发展畜牧业具有得天独厚的优势。

三是贫困地区。循化县是国家扶贫开发重点县，也是青海省唯一被国务院重点扶持的人口较少民族地区。近年来，我县在省委、省政府及海东地委、行署的正确领导和亲切关怀下，在各级人大代表的大力支持和有效监督下，经济建设和社会各项事业有了一定的发展，但仍有较大差距，表现为经济总量小，贫困人口多，最大的县情是县穷、民不富。2010 年全县 GDP 总量为 8.5 亿元（现价），人均生产总值为 6882 元，比全省平均水平低 2381 元；农牧民人均纯收入达到 4650 元。2003 年规划全县有 96 个贫困村，占全县建制村总数的 62%，2011 年，规划 1300 元以下的贫困人口有 77919 人。

根据《循化县“十二五”扶贫开发规划》，全县有 41 个贫困村，其中 23 个新标准贫困村 10715 户 42882 个贫困人口，回头看村 17 个 7432 户 32837 个贫困人口，因灾返贫村 1 个 440 户 2200 个贫困人口。

——马少良：《循化县扶贫开发途径及政策调研报告》（内部资料），循化县扶贫开发局，2013 年 12 月 1 日。

循化县是国定贫困县，“十一五”期间，解决和巩固了 6.25 万农村贫困人口的温饱问题，稳定脱贫的人口达到 5.58 万人，贫困人口逐年减少，从 2004 年的 6.25 万人下降到 2009 年底的 0.67 万人，下降了 89.28%。贫困人口发生率由“十五”末的

62%下降为“十一五”末的37%。通过努力，全县农民人均纯收入由“十五”末的2014元增长到“十一五”末的3850元，贫困群众的收入也不断增加，人均纯收入由“十五”末的625元增长到“十一五”末的1224元，纯收入在1300元以下的贫困群众从“十五”期间的6.25万人下降到了“十一五”末的4.49万人。除少部分绝对贫困群众未脱贫外，有大部分绝对贫困群众已进入了低收入的阶段，群众生活基本有了保障。

循化县贫困村名单

名称			新定贫困村（新标准）		低收入村（回头看）		合计
州（地市）	县名	乡镇	名单	个数	名单	个数	
海东	循化县	道帏乡	宁巴村	1	贺塘村、拉龙哇村、铁尕楞村	3	4
		白庄镇	牙日村、上科哇村	2	下科哇、民主村、下白庄	3	5
		清水乡	石巷村、上庄村、大寺古村、专唐村	4	塔沙坡村	1	5
		积石镇	瓦匠庄村、沙坝塘村、托坝村、东街村、上草村、大别列村	6			6
		街子镇	托龙都村、团结村、马家村、古及来村、三兰巴海村	5	孟达山村	1	6
		查汗都斯乡	新建村、下庄村、苏只村、阿河滩村	4			4
		文都乡	毛玉村	1			1
					牙尕村、曲卜藏村	2	2
	小计			23		10	33

——循化县扶贫开发局：《循化县“十一五”扶贫工作总结》（内部资料），循化县扶贫开发局提供，2012年7月。

循化县扶贫开发整村推进规划贫困村名单及人口分布表（单位：户、人）

县名	乡（镇）	贫困村名	总户数	总人口	其中贫困户数	贫困人口	贫困类型		
							未实施贫困村	新标准贫困村	回头看贫困村
全县合计	8		19403	77622	16804	67250			
循化县	白庄镇	上科哇村	462	1848	431	1726		√	
		牙日村	256	1025	236	946		√	
		下科哇村	456	1826	357	1428			√
		民主村	696	2783	598	2394			√

续表

县名	乡（镇）	贫困村名	总户数	总人口	其中贫困户数	贫困人口	贫困类型		
							未实施贫困村	新标准贫困村	回头看贫困村
		下白庄村	794	3177	690	2761			√
	道帏乡	宁巴	722	2887	469	1875		√	
		贺塘	481	1923	312	1250			√
		拉木龙哇	345	1379	224	896			√
		铁尕楞	635	2540	413	1651			√
	清水乡	石巷村	475	1900	367	1468		√	
		上庄村	874	3499	838	3351		√	
		大寺古	772	3088	682	2728		√	
		专唐	80	319	70	282		√	
		塔沙坡	231	924	196	784			√
	积石镇	大别列村	493	1971	438	1752		√	
		瓦匠庄村	562	2248	475	1902		√	
		托坝村	603	2414	537	2148		√	
		东街村	598	2393	534	2135		√	
		沙巴塘村	499	1996	439	1759		√	
		上草村	544	2175	491	1966		√	
	街子乡	托龙都	398	1594	365	1462		√	
		团结	432	1730	408	1633		√	
		马家	544	2176	520	2080		√	
		三兰巴亥	605	2420	575	2301		√	
		古及来	718	2871	680	2721		√	
		孟达山	754	3016	670	2680			√
	文都乡	毛玉	500	2001	454	1816		√	
		哇库	731	2925	685	2742	√		
		旦麻	199	795	170	681	√		
		公麻	465	1860	449	1797	√		
	尕楞乡	牙尕	566	2263	452	1810			√
		曲卜藏	524	2097	419	1678			√
	查汗都斯乡	新建村	589	2358	548	2194		√	
		下庄村	634	2535	564	2257		√	
		苏只村	771	3086	695	2782		√	
		阿河滩村	395	1580	353	1414		√	

——循化县扶贫开发局:《循化县“十一五”扶贫工作总结》(内部资料)，循化县扶贫开发局提供，2012 年 7 月。

循化县扶贫开发贫困村名单及贫困的成因

村名	总户数	总人口	贫困户数	贫困人口	贫困成因	扶持措施
下科哇	456	1826	357	1428	缺乏产业支撑，后续资金投入不足	建设畜棚 10710m²、购进羊 3570 只，维修乡村道路 3.5 公里
民主村	696	2783	598	2394	缺乏产业支撑，后续资金投入不足	建设畜棚 17940m²、购进藏系羊 5980 只，榨油作坊一处，建设人畜饮水管道 2 公里、埋设管网
下白庄	794	3177	690	2761	缺乏产业支撑，后续资金投入不足	建设畜棚 20700m²、购进羊 6900 只，面粉加工厂、饲料加工点一处，建设人畜饮水管道 3 公里、埋设管网
贺塘	481	1923	312	1250	没有稳定的后续产业，基础设施较差，离县城较远，交通不便，文化水平低等原因	购买藏系羊 3120 只、修建畜棚 9360m²，硬化道路 20 公里
拉木龙哇	345	1379	224	896	没有稳定的后续产业，基础设施较差，离县城较远，交通不便，文化水平低等原因	种植优质马铃薯及杂交油菜，连片 1000 亩，户均 5 亩，购买手扶拖拉机 24 台，硬化道路 20 公里，维修人饮工程 20 公里
铁尕楞	635	2540	413	1651	没有稳定的后续产业，基础设施较差，离县城较远，交通不便，文化水平低等原因	种植优质马铃薯及杂交油菜，连片 2870 亩，户均 10 亩。购买手扶拖拉机 126 台，硬化道路 20 公里，维修人饮工程 20 公里
塔沙坡村	231	924	196	784	文化水平低，经营意识不强，又加上交通不便等原因	购买骡子 196 头
孟达山村	754	3016	670	2680	自然条件差，农业生产单一，基础设施薄弱	购进牛 670 头只、修建畜棚 20100m²、种植油菜 1000 亩
牙尕村	566	2263	452	1810	经济结构单一、农业效益不高	犏雌牛基地养牛 452 头、畜棚 13570m²，修建村庄道路 32.6 公里，解决人畜饮水 6.5 公里
曲卜藏	524	2097	419	1678	经济结构单一、农业效益不高	犏雌牛基地养牛 419 头、畜棚 125700m²，修建村庄道路 28.6 公里，解决人畜饮水 5.5 公里
合计	5482	21928	4331	17332		

例如，2009 年白庄乡回头看贫困村 3 个，分别是民主村、下科哇村、下白庄村，基本情况如下表所示。

民主村 2009 年基本情况表（回头看贫困村）

序号	基本情况		
一	社会经济状况		
1	村民小组个数	个	10
2	总人口	人	2783

续表

序号	基本情况		
2	其中：农业人口	人	2783
	牧业人口	人	
	妇女人口	人	1438
	少数民族人口	人	2400
3	总户数	户	696
	其中：农业户数	户	696
	牧业户数	户	
4	劳动力	人	1058
	其中：妇女劳动力	人	528
	富余劳动力	人	759
	其中：已输出劳动力	人	836
	季节性外出打工	人	89
	全年外出打工	人	133
5	贫困总人口	人	2394
6	贫困户总数	户	598
7	低保人口	人	
	低保户数	户	
8	有劳动能力的残疾人	人	
9	人均纯收入	元	2015
10	粮食总产	吨	470
11	油料总产	吨	20
12	人均粮食占有量	公斤	245
13	年末牲畜存栏数	头 / 只	6500
	牛	头	350
	羊	只	6150
	猪	头	
14	肉类产量	公斤	
	羊毛产量	公斤	
	奶产量	公斤	
二	自然状况及社会生产		
15	距乡政府距离	公里	1
16	距县城距离	公里	21
17	海拔高度	米	2290
18	年降水量	毫米	

续表

序号	基本情况		
19	无霜期	天	210
20	年均气温	℃	12
21	土地面积	亩	
22	耕地面积	亩	2003
	其中：水浇地	亩	1257
	旱地	亩	746
	25 度以上坡地	亩	554
23	草场总面积	亩	
	其中：人工草场	亩	
	可利用草场	亩	
24	“四配套”建设		
	其中：围栏草场	亩	
	牲畜暖棚	平方米	3000
	人工饲草地	亩	
	生产用房	平方米	350
25	农作物总播种面积	亩	2000
	粮食作物播种面积	亩	1250
	经济作物播种面积	亩	50
	其他作物播种面积	亩	80
三	基础设施及社会发展		
26	饮水困难人数	人	2355
27	饮水困难牲畜数	头 / 只	270
28	解决生产、生活用电	户	
29	是否通乡、村公路	是 / 否	是
30	是否通广播	是 / 否	是
31	能否收看电视	能 / 否	能
32	通电话户数	户	183
33	是否通邮	是 / 否	是
34	有无村卫生室	有 / 无	有
	医生人数	人	1
	村学校	所	1
	在校学生	人	328
	在校教师	人	
	适龄儿童人数	人	132

续表

序号	基本情况		
34	适龄儿童上学人数	人	132
	辍学人数	人	
	儿童辍学率	%	
	地方病患病人数	人	
35	丧失劳动力人数	人	

注：土地面积包括耕地、园地、林地、牧草地、居民点及工矿用地、交通用地、水域和未利用土地。

下科哇村 2009 年基本情况表（回头看贫困村）

序号	基本情况		
一	社会经济状况		
1	村民小组个数	个	6
2	总人口	人	1826
	其中：农业人口	人	1789
	牧业人口	人	37
	妇女人口	人	943
	少数民族人口	人	1826
3	总户数	户	456
	其中：农业户数	户	389
	牧业户数	户	67
4	劳动力	人	949
	其中：妇女劳动力	人	485
	富余劳动力	人	317
	其中：已输出劳动力	人	638
	季节性外出打工	人	364
	全年外出打工	人	274
5	贫困总人口	人	1428
6	贫困户总数	户	357
7	低保人口	人	
	低保户数	户	
8	有劳动能力的残疾人	人	
9	人均纯收入	元	1780
10	粮食总产	吨	225
11	油料总产	吨	15
12	人均粮食占有量	公斤	216

续表

序号	基本情况		
13	年末牲畜存栏数	头 / 只	3410
	牛	头	510
	羊	只	2900
14	肉类产量	公斤	
	羊毛产量	公斤	
	奶产量	公斤	
二	自然状况及社会生产		
15	距乡政府距离	公里	4
16	距县城距离	公里	24
17	海拔高度	米	2330
18	年降水量	毫米	
19	无霜期	天	210
20	年均气温	℃	12
21	土地面积	亩	
22	耕地面积	亩	3247
	其中：水浇地	亩	665
	旱地	亩	2582
	25 度以上坡地	亩	1935
23	草场总面积	亩	200000
	其中：人工草场	亩	
	可利用草场	亩	200000
24	“四配套”建设		
	其中：围栏草场	亩	
	牲畜暖棚	平方米	
	人工饲草地	亩	
	生产用房	平方米	
25	农作物总播种面积	亩	900
	粮食作物播种面积	亩	600
	经济作物播种面积	亩	100
	其他作物播种面积	亩	200
三	基础设施及社会发展		
26	饮水困难人数	人	
27	饮水困难牲畜数	头 / 只	
28	解决生产、生活用电	户	

续表

序号	基本情况		
29	是否通乡、村公路	是 / 否	是
30	是否通广播	是 / 否	是
31	能否收看电视	能 / 否	能
32	通电话户数	户	162
33	是否通邮	是 / 否	是
34	有无村卫生室	有 / 无	有
	医生人数	人	1
	村学校	所	1
	在校学生	人	317
	在校教师	人	15
	适龄儿童上学人数	人	154
	辍学人数	人	
	儿童辍学率	%	
	地方病患病人数	人	
35	丧失劳动力人数	人	

注：土地面积包括耕地、园地、林地、牧草地、居民点及工矿用地、交通用地、水域和未利用土地。

下白庄村 2009 年基本情况表（回头看贫困村）

序号	基本情况		
一	社会经济状况		
1	村民小组个数	个	10
2	总人口	人	3177
	其中：农业人口	人	3177
	牧业人口	人	
	妇女人口	人	
	少数民族人口	人	3177
3	总户数	户	794
	其中：农业户数	户	794
	牧业户数	户	
4	劳动力	人	1335
	其中：妇女劳动力	人	682
	富余劳动力	人	206
	其中：已输出劳动力	人	723
	季节性外出打工	人	387

续表

序号	基本情况		
4	全年外出打工	人	336
5	贫困总人口	人	2761
6	贫困户总数	户	690
7	低保人口	人	
	低保户数	户	
8	有劳动能力的残疾人	人	
9	人均纯收入	元	1955
10	粮食总产	吨	412
11	油料总产	吨	30
12	人均粮食占有量	公斤	239
13	年末牲畜存栏数	头 / 只	9550
	牛	头	530
	羊	只	9020
14	肉类产量	公斤	
	羊毛产量	公斤	
	奶产量	公斤	
二	自然状况及社会生产		
15	距乡政府距离	公里	
16	距县城距离	公里	20
17	海拔高度	米	2280
18	年降水量	毫米	
19	无霜期	天	210
20	年均气温	℃	12
21	土地面积	亩	
22	耕地面积	亩	1756
	其中：水浇地	亩	1488
	旱地	亩	268
	25 度以上坡地	亩	
23	草场总面积	亩	
	其中：人工草场	亩	
	可利用草场	亩	
24	“四配套”建设		
	其中：围栏草场	亩	
	牲畜暖棚	平方米	

续表

序号	基本情况		
24	人工饲草地	亩	
	生产用房	平方米	
25	农作物总播种面积	亩	1650
	粮食作物播种面积	亩	1350
	经济作物播种面积	亩	200
	其他作物播种面积	亩	100
三	基础设施及社会发展		
26	饮水困难人数	人	3177
27	饮水困难牲畜数	头 / 只	8000
28	解决生产、生活用电	户	
29	是否通乡、村公路	是 / 否	是
30	是否通广播	是 / 否	是
31	能否收看电视	能 / 否	能
32	通电话户数	户	179
33	是否通邮	是 / 否	是
34	有无村卫生室	有 / 无	有
	医生人数	人	1
	村学校	所	
	在校学生	人	213
	在校教师	人	
	适龄儿童上学人数	人	138
	辍学人数	人	
	儿童辍学率	%	
	地方病患病人数	人	
35	丧失劳动力人数	人	

注：土地面积包括耕地、园地、林地、牧草地、居民点及工矿用地、交通用地、水域和未利用土地。

街子乡回头看贫困村为孟达山村，具体情况如表所示。

孟达山村 2009 年基本情况表（回头看贫困村）

序号	基本情况		
一	社会经济状况		
1	村民小组个数	个	14
2	总人口	人	3016

续表

序号	基本情况		
2	其中：农业人口	人	3016
	牧业人口	人	978
	妇女人口	人	1357
	少数民族人口	人	3016
3	总户数	户	754
	其中：农业户数	户	754
	牧业户数	户	
4	劳动力	人	1615
	其中：妇女劳动力	人	720
	富余劳动力	人	286
	其中：已输出劳动力	人	1185
	季节性外出打工	人	887
	全年外出打工	人	305
5	贫困总人口	人	2815
6	贫困户总数	户	670
7	低保人口	人	203
	低保户数	户	49
8	有劳动能力的残疾人	人	
9	人均纯收入	元	1190
10	粮食总产	吨	708.76
11	油料总产	吨	63
12	人均粮食占有量	公斤	235
13	年末牲畜存栏数	头 / 只	8518
	牛	头	1850
	羊	只	6668
14	肉类产量	公斤	
	羊毛产量	公斤	
	奶产量	公斤	
二	自然状况及社会生产		
15	距乡政府距离	公里	23
16	距县城距离	公里	21
17	海拔高度	米	1925
18	年降水量	毫米	255
19	无霜期	天	145

续表

序号	基本情况		
20	年均气温	℃	
21	土地面积	亩	11350
22	耕地面积	亩	6362.09
	其中：水浇地	亩	1022.1
	旱地	亩	5339.53
	25 度以上坡地	亩	
23	草场总面积	亩	2200
	其中：人工草场	亩	
	可利用草场	亩	2200
24	“四配套”建设		
	其中：围栏草场	亩	
	牲畜暖棚	平方米	
	人工饲草地	亩	
	生产用房	平方米	
25	农作物总播种面积	亩	11827
	粮食作物播种面积	亩	5497
	经济作物播种面积	亩	6330
	其它作物播种面积	亩	2291
三	基础设施及社会发展		
26	饮水困难人数	人	
27	饮水困难牲畜数	头 / 只	
28	解决生产、生活用电	户	527
29	通乡、村公路	条	2
30	是否通广播	是 / 否	是
31	能否收看电视	能 / 否	能
32	通电话户数	户	264
33	是否通邮	是 / 否	是
34	有无村卫生室	有 / 无	有
	医生人数	人	2
	村学校	所	1
	在校学生	人	105
	在校教师	人	11
	适龄儿童上学人数	人	46
	辍学人数	人	0

续表

序号	基本情况		
34	儿童辍学率	%	0
	地方病患病人数	人	
35	丧失劳动力人数	人	53

注：土地面积包括耕地、园地、林地、牧草地、居民点及工矿用地、交通用地、水域和未利用土地。

——循化县扶贫开发局：《循化县“十一五”扶贫工作总结》（内部资料），循化县扶贫开发局提供，2012年7月。

循化县仍处在国定贫困状况，经济社会发展的总体水平还不高，人均收入水平较低，制约贫困乡村和贫困人口发展的深层次矛盾依然存在。

一是贫困人口在持续减少，但致贫因素较多且复杂、返贫压力增大。按照新的扶贫标准（每人年收入1300元），我县农村扶贫对象4.47万人，占农村总人口的44.4%，绝对量依然庞大。按国际标准（每人每日1美元），贫困人口数量更多。同时返贫问题更加突出，短期贫困人口约占贫困人口比例的三分之二。

二是贫困地区农民收入增长较快，但收入差距扩大。城乡居民收入绝对差距已经超过万元。中上部农民收入差距在扩大，各区域内部收入差距也在扩大。在贫困村庄，少数富裕大户掩盖了多数人收入不高，城镇繁荣掩盖了农村落后，相对贫困现象日益凸显。

三是贫困地区落后面貌总体改善，但发展不平衡问题十分突出。少数贫困村由于餐饮经济的崛起，超常规发展，但边远地区的交通、饮水、上学、就医、住房等问题依然困扰群众生活。公共服务均等化的薄弱环节基本在贫困地区，没有稳定解决。

四是由于第一轮扶贫开发项目的实施，部分地区已经实现整体脱贫，但是特殊类型地区和特殊群体的贫困问题仍积重难返，主要集中在藏族地区和脑山地区。2009年，岗察乡、尕楞乡、文都乡、道帏乡的贫困人口，占全县农村贫困人口的比重为78%，且呈上升趋势；贫困发生率28%。农村残疾人贫困面比较大，实现脱贫致富受到多重因素制约。

五是贫困地区生态环境恶化趋势总体得到初步遏制，但生态环境保护区的农民生计问题还没有稳定解决。面对新形势、新任务，扶贫开发工作需要改善和加强。扶贫对象瞄准和标准调整机制需要完善，重点工作区域需要适当调整，资金投入和管理需要强化。开发扶贫和救助扶贫有效衔接，行业扶贫和专项扶贫有机结合，经济社会政策与人口政策相互协调，生态、资源、社会等方面补偿政策全面落实，需要各方面积极配合。

2009 年底，循化县农民人均纯收入达到 3250 元，较 2000 年的 1258 元净增 1992 元。截止到目前，解决了近 5 万贫困人口的温饱问题，其中：低收入人口 3.75 万人，绝对贫困人口 1.25 万人，贫困人口逐年下降。表现为：

1. 社会经济发展仍然落后，农村贫困人口比例仍然偏高

2009 年，我县 GDP 总量仅占全省的 1.9%，人均 3250 元；财政总收入仅占全省的 1.6%，人均 364 元，仅为全省的 37%；农民人均纯收入为 3250 元，在全国 22 个人口较少民族中，也处于较落后的位置，城乡居民的收入差距高达 3.7∶1。目前，没有解决温饱问题的农村贫困人口还有 6.725 万人，年收入低于 1300 元的低收入人口还有 9.5 万人，分别占全县总人口的 38.8% 和 73.3%，同时每年还有大量农村人口因灾、因病等原因返贫。从贫困人口分布来看，这些人口大都集中在脑浅山区、东部干旱区和水库淹没区的少数民族聚居区，社会发育迟缓，基础设施脆弱，生存环境恶劣，农业生产条件差，生产技术和手段落后。从贫困人口个体看，这些长期未脱贫农户大多文化素质偏低，负债额度较大，贫困程度深重，而且其中一些人存在智力、体力障碍，缺乏基本的脱贫致富本领。另外，在我县已经解决温饱的贫困人口中，有大约 20% 的低收入户年均收入刚刚越过温饱线，由于家底薄，只能维持简单再生产，具有极大的不稳定性。

2. 农村基础设施仍然薄弱，农民生产生活条件仍然艰苦

农田水利方面，大部分农田水利设施严重老化、损毁，还有 15 座小Ⅱ型病险水库和大量土谷坊没有得到治理，有效灌溉率不足 40%，人均旱涝保收农田面积不足 0.5 亩，远远低于 0.8 亩的最低标准和全国、全省及周边地区的平均水平，常年易旱面积占耕地面积的 70%。交通能源方面，县内无高速公路和高等级公路，与外界连接通道基本上是三级以下公路，境内四级等外级公路占 90%，农村的公路等级、路网密度和通畅能力更低，而且还有 9% 的行政村不通公路；电力方面，全县农村电网二期改造还没有开始，农村供电不稳、电价偏高问题仍然较为突出。生态环境方面，森林覆盖率和森林蓄积量仍然低于周边地区，水土流失面积占全县国土总面积的 36.5%，“十一五”期间，我县年均发生 4.5 次大的自然灾害，大量脱贫人口因灾返贫。社会事业方面，我县 40% 的农村小学房屋属于危房，80% 的村没有标准的卫生室，98% 的行政村没有图书室或文化活动场所，5.8 万农村人口存在饮水安全问题，全县有线电视入户率仅

12%，电话入户率只有 15%。

3. 农村人口素质仍然偏低，农村全面发展后劲仍然不足

循化县人口平均受教育年限为 6.8 年，比全省低 1.3 年。全县拥有大学文化程度 1914 人；小学文化程度 80000 人；文盲人口比重为 33.6%，比全省高 20 多个百分点。从农村来看，人口素质问题更为突出，49.43% 的人只有小学文化程度，还有 33.6% 的人是文盲。同时，循化县科技人员比重太低，科研力量明显不足。全县全民所有制单位的自然科学技术人员仅 60 人，农业科技力量严重不足，全县农业科技人员数量只有 25 人。人口素质低下、科技队伍力量不足的现状，已成为制约循化县经济发展，特别是农民脱贫的一大“瓶颈”。

4. 生态环境恶化趋势未得到有效遏制

由于我县人均资源相对不足，地区差异较大，生态环境脆弱，生态环境恶化的趋势仍未得到有效遏制。我县森林面积和森林蓄积量不断增加，森林质量趋于提高，但森林资源仍存在总量不足、分布不均、质量不高、过度采伐等问题；我县天然草原面积约占全县总面积的 25%，但有 90% 的天然草原出现不同程度的退化；农业生产过程中化肥、农药、农膜等的大量使用，对农田的生产力和周围的自然生态系统造成了一定的负面影响；由于乡镇地区人口快速增长，经济发展迅速，滩涂、湿地生态破坏加剧；城市绿地面积不断扩大，但城市水资源短缺，城市绿地面积小、功效差等问题依然存在；农村“脏、乱、差”的现象仍然存在，农业源污染、畜禽养殖污染等问题比较突出。

贫困特征主要表现为以下几个方面：

1. 贫困面大，贫困人口多，贫困程度深。我县扶贫工作虽经“十一五”期间《扶贫规划》的实施和各类资金、项目扶持，但仅仅低标准地解决了 11276 户 57176 人的温饱问题，根据新的扶贫标准，目前仍有 11169 户 44698 人徘徊在温饱线以下。由于干旱、山体滑坡等自然灾害频繁，加之自然环境严酷、生产条件落后、基础设施薄弱、地理环境差等制约性因素，贫困群众在无灾年份脱贫、有灾年份又返贫的现象十分普遍，特别是农牧民群众因病返贫比较突出，致使我县返贫率一直在 15% 左右浮动。

2. 基础设施建设滞后。循化县现有黑色路面为 150 公里，县、乡公路均为简易砂石路面或土路，晴通雨阻现象突出，自然地理环境差，贫困人口素质低、居住分散，基础设施薄弱，财政扶贫资金投入力度小等因素直接影响着我县扶贫开发工作的实施和贫困群众脱贫步伐。水、电、路、通信等基础设施建设力度相对于我县实际需求还远远不够，贫困群众获取市场信息的渠道狭窄。医疗、教育、广播电视等社会各项事

业发展缓慢，从医疗卫生状况来看，乡村卫生医疗人员短缺，基本医疗设施严重不足，直接影响农牧区群众的生活质量，地方病种多、分布广，也造成了一定数量的低体质人群；从教育方面看，贫困地区群众思想观念陈旧、教育师资力量薄弱、教学设备差是制约教育事业发展的关键因素。

3. 社会发育程度低。循化县虽有丰富的水能资源、旅游资源，但由于循化县与外界的联系闭塞，交通基础差，发展缓慢，公路的连带作用发挥甚微，社会经济发育程度低，致使县域大部分资源优势未能得到充分的利用和开发，在一定程度上影响着全县扶贫工作的开展。

4. 农牧民人均纯收入水平低。2009 年，循化县贫困农牧民人均纯收入为 1088 元，但大多数贫困村的人均纯收入不足 950 元，人均占有国民生产总值率远低于其他地区的水平，同省内人均纯收入比较，我县人均纯收入偏低幅度较大，财政收入和同类地区相比，还存在很大的差距。

——循化县扶贫开发局：《循化县“十一五”扶贫工作总结等》（内部资料），循化县扶贫开发局提供，2012 年 7 月。

贫困村及贫困户的确定。根据“十二五”扶贫开发规划的要求，严格按照省扶贫局农区家庭年收入 1300 元以下、牧区家庭年收入 1500 元以下的界定条件，在全面调查全县 154 个行政村基础设施、社会公益事业、收入来源、村级产业、发展潜力、教育文化程度等的基础上，扶贫部门牵头，县政府、发改委、财政、民政、残联、教育、卫生、新农村办及乡镇政府对贫困户及贫困人口进行了逐级审核。

循化县辖 4 镇 5 乡 154 个行政村，按照贫困户界定方式，共有贫困村 36 个（新标准村 23 个、回头看村 10 个、未实施贫困村 3 个），其中道帏乡 4 个村、白庄镇 5 个村、清水乡 5 个村、积石镇 6 个村、街子镇 6 个村、查汗都斯乡 4 个村、文都乡 4 个村、尕楞乡 2 个村。

依据国家贫困标准，农区家庭年收入低于 1300 元、牧区低于 1500 元的界定条件，在全面调查我县 154 个行政村基础设施、社会公益事业、收入来源、村级产业、发展潜力、教育文化程度等的基础上，根据调查结果，截止到目前，我县人均收入低于 1300 元的贫困村有 23 个 11169 户 44692 人，其中道帏乡 469 户 1875 人、白庄镇 667 户 2672 人、清水乡 1957 户 7829 人、积石镇 2914 户 11662 人、街子镇 2548 户 10191 人、查汗都斯乡 2160 户 8647 人、文都乡 454 户 1816 人。

贫困面大、贫困程度深的状况尚未根本改变。据统计监测，按照国家2009年的贫困线划分标准，到2010年初全县未解决温饱的贫困人口还有4.47万人。而贫困户建档立卡工作统计，全县年人均纯收入1300元以下的农村贫困人口还有9.6万人，约占农村人口总数的73%。成因主要为：

（1）贫困难度大，解决贫困人口任务重。剩余贫困人口大部分是分布在浅山、脑山区的少数民族，基础设施差，交通不便，信息闭塞，科技教育落后，贫困程度相当深；一些贫困村缺乏基本的生存条件，需要进行搬迁移民扶贫。解决这些贫困人口的温饱问题还需要进行更加艰苦的努力。

（2）贫困村基础设施的扶贫资金投入不足。用于解决贫困村基础设施的扶贫资金投入严重不足，难以满足很多贫困村的实际需要。资金不足严重制约了我县的扶贫工作的开展。交通的“瓶颈”制约仍然影响着人流、物流的通达、通畅。目前我县仍有3个村未通电，60个村未解决安全饮水问题，100个村还没有卫生室，6个自然村未通公路，贫困地区水利、卫生及教育等基础设施落后，农田水利基础设施薄弱，水利化程度低，农业抵御自然灾害的能力弱。群众因病返贫、因灾返贫现象较为突出。

（3）扶贫开发合力仍然不强。社会扶贫是扶贫开发工作的重要组成部分，近年来取得了一定的成绩，但在实施整村推进等扶贫开发项目时，县一级扶贫开发领导小组专题研究、协调不够，缺乏超前谋划和部署，项目、资金整合力度不大；有些部门也存在只顾部门利益、各自为政的现象；好多帮扶单位一定程度上存在着“有钱好办事，无钱难开展”的错误观点，在帮扶方式上仍停留在“输血式”扶贫的层面上，受筹措帮扶资金困难等因素影响致使帮扶工作实效性不强，在帮助贫困地区群众厘清发展思路、利用部门优势办实事、牵线搭桥解难事等方面比较欠缺；行业部门、县定点帮扶单位、社会各界参与扶贫开发的积极性还没有充分调动起来，社会化扶贫模式和扶贫内容比较单一，“大扶贫”格局还未形成。

（4）特困人口集中于自然条件恶劣、经济落后地区，扶贫资金投入不足，扶贫开发难度加大。特困人口比重大，且主要聚居于自然条件恶劣、经济落后的道帏乡、白庄镇、文都乡、尕楞乡、岗察乡，劳动者综合素质低下，农业产业结构单一，贫困地区基础设施建设非常薄弱，农民增收难度很大，解决这些问题，必须采取特殊的政策措施，付出数倍于其他地区的人力、物力、财力，才能取得相同的效果。

——马少良：《循化县扶贫开发途径及政策调研报告》（内部资料），循化县扶贫开发局，2013年12月1日。

（1）整村推进稳步实施。2004 年至 2010 年底共实施整村推进 93 个村，项目覆盖 12000 多户 5 万多人，完成投资 13854 万元，其中财政扶贫资金 5674 万元，人口较少民族发展资金 900 万元，部门整合 5280 万元，自筹 2000 万元。通过项目实施，村容村貌发生了变化，基础设施得到了改善，培育和壮大了农村支柱产业，农民收入不断增加，生活水平逐步提高，管理民主化程度越来越高；产业扶贫成效突出，全县利用扶贫资金发展核桃 7000 亩，花椒 1500 亩，杂果 3000 亩，蔬菜基地 2000 亩，养牛 1.44 万头，养羊 144 万只。通过项目扶持，壮大了产业基地。

（2）基础设施不断改善。2001 年以来，全县利用扶贫资金新建小型水利 3.56 万亩，人畜饮水 3 万头牲畜、3.5 万人受益，乡村公路 50 公里，农电线改造 121 公里，太阳灶 1.3 万个，建设村委会及农资百货超市 3000 平方米，改造校舍 12 所。通过改善农村基础设施，使贫困地区的基本条件得到改善，进一步增强了农村发展后劲，提高了自我脱贫能力。

（3）易地扶贫移民稳步推进。2004 年以来，共移民 290 户 1657 人，完成投资 757 万元；劳务输出 3.5 万人次，并始终把移民放在扶贫工作的突出位置，拓宽易地致富的路子，把劳务当产业来培育，不断加强对务工人员的培训，共培训 4.9 万人，其中技能培训 3.8 万人。实施退耕还林为主的林业工程，完成造林 50 余万亩，森林覆盖率达到了 28%，同时，通过实施通水、通电、通路、通邮、通广播电视为主的新农村“五通工程”，农村生产生活条件得到明显改善。截止到 2009 年底，全县累计解决了 96 个行政村 6.25 万人的饮水困难问题，实现了 91% 的行政村通公路、99% 的行政村通电、90% 的行政村开通了移动电话、90% 的行政村实现通邮、60% 的行政村开通电视。到 2009 年，我县农业科技入户率达 75% 以上，每户农户掌握 1—2 门农业生产实用技术，科技对农业农村经济的贡献率比 2001 年有了较大提高。新建希望小学 6 所，改善校舍 12 所，启动农村寄宿制学校建设和中小学危房改造项目 60 个，农村中小学生全部免除了杂费，基本实现普及九年义务教育目标。新建和改造乡镇卫生院 9 所，村级卫生室 110 个，参加新型合作医疗的达到 11 万人。危房改造 1500 余栋，救助农村特困人员 3000 人次，救助贫困中小学生 2200 多人。全县城镇化水平由 2001 年的 4.2% 提高到 11.5%。

（4）社会扶贫扎实有效。近几年来，中央国家机关和我省企事业单位、人民团体、科研单位、大专院校、人民解放军和武警部队参与我县扶贫开发的单位不断增多，规模不断扩大，投入不断增加，2 家中央和 7 家省级定点对口帮扶单位直接投入帮扶资金 1536 万元、帮助引进资金 2000 万元。2009 年，省委、省政府召开定点挂钩扶贫动员大会，重新硬化了对口帮扶单位的扶贫责任和投入要求，省级挂钩扶贫单位由2家增加到7家，同时有近300名县处级、科级、副科级领导干部以不同的形式踊跃投入“一帮一，户帮户”活动，在全社会初步形成了扶贫动真情、献爱心、做实事的良好氛围。截至目前，抚顺市累计投入到农业、水利、通信网络、资助学生、救灾、新建学校等资金946万元；国家帮扶单位中国再保险公司累计投入到教育、旅游等方面投资347万元。对口帮扶单位的投入帮助我县建设了通信网络，改善了党政办公电脑；建设了十世班禅大师纪念塔旅游景点；设立了“红虹奖”和“学子奖”，培训了剩余劳动力，有力地促进了我县的扶贫开发工作。对口帮扶协作工作是一个系统工程，涉及经济、文化、人才交流等各个方面，双方在加强项目扶持的同时，按照“优势互补、互惠互利”的原则，积极创新帮扶工作思路，加强双向沟通，以交流互访为平台，只有不断拓宽对口帮扶协作领域，才能推动两地协作向纵深方向发展。

（5）整村推进。近年来，循化县扶贫开发工作深入贯彻落实科学发展观，立足县情，创新扶贫开发新机制，把资源优势和扶贫开发相结合，大力实施整村推进等扶贫开发项目，使全县93个贫困村11256户57330个贫困群众受益，走出了一条符合循化农村实际的开放式扶贫开发之路。创新了新的扶贫开发模式，即“连片开发、联户养殖”模式、“村企共建、公司+农户”模式、“贫困村互助资金”模式、“联户餐饮、互助发展”模式、“产业带动土地流转”模式、“雨露计划、配置产业”模式，增加了贫困农牧民收入，改善了贫困乡村的面貌，得到了各级各部门的一致好评。

（6）连片开发。2007年底投资950万元实施全省唯一的“县为单位、整合资金、整村推进、连片开发”项目。根据项目的要求，在白庄镇10个低收入贫困村实施，项目涉及10个行政村1754户8118名贫困人口。立足白庄镇传统的养殖优势，按照“连片开发、集中养殖、群众入股、能人经营、年底保本分红”的扶贫开发模式，利用扶贫资金建养殖小区，购置牛羊，建设村委会及农资百货超市，整合各类资金5280万元，群众自筹达1200余万元，改善乡村道路，发展特色设施农业，整合信贷资金近2000万元，重点扶持牛羊育肥、劳务输出和餐饮服务；有效改善了项目区群众的生产生活条件，提高了群众的收入，创新了扶贫资金的滚动使用的新模式。

（7）异地搬迁扶贫。2006年以来，在国家、省、地各部门的关心支持下，循化县有6个村相继实施了易地扶贫搬迁试点工程。项目涉及安居、基本农田、农田水利、人畜饮水、通电、通路、卫生室、学校、农村能源、后续产业等方面。总投资共计847.44万元，其中：财政扶贫资金672万元，地方配套103.24万元，群众自筹72.2万元。主要做法是：做好前期准备工作，根据有关移民搬迁政策，搞好宣传，严格审查确定搬迁对象、搬迁地点、搬迁规模、安置形式，坚持公开、公正、公平的原则，接受群众监督，禁止徇私舞弊现象发生。严格按照省、地计划部门批复的《实施方案》内容组织实施，做到项目不随意调整，项目资金专款专用，促使项目按计划实施完成。针对我县城镇化水平不高，小城镇建设发展空间大，安置移民空间大的现状，走以结合退耕还林政策发展小城镇建设、提高城镇化水平的路子，引导搬迁户从事二、三产业，逐步摆脱贫困。

（8）“雨露计划”。以提高贫困人口素质为重点，转移培训农村剩余劳动力为目标，为了发挥人才优势，挖掘地方特色产业，从而培植发展产业的目标。2008 年以来，循化县利用扶贫“雨露计划”培训资金，对 100 多名具有初中以上文化程度的农村青年进行了黄河石艺开发技术培训，在此基础上高薪聘请技术人员，充分发挥地方优势资源，成立了循化县博艺黄河石开发有限公司，带动了 217 名城镇失业人员及农村剩余劳动力实现就业；同时，在整村推进项目的辐射带动下，利用“雨露计划”项目资金培训了 300 多名撒拉族妇女，在此基础上组建了循化县圣驼民族刺绣工艺品有限公司，目前，该公司带动街子镇、积石镇 8 村 469 户 571 名撒拉族妇女从事民族刺绣。

（9）产业化扶贫。“十一五”以来，循化县以农民增收为目标，把扶持发展、壮大龙头企业作为推动农业产业化经营的突破口，先后培育了循化县天香两椒有限公司和仙红两椒有限开发公司 2 个国家级扶贫产业化龙头企业和恒祥畜产品开发有限公司、白驼清真肉食品开发有限公司、伊佳民族用品开发有限公司及忠华核桃有限公司 4 个省级扶贫产业化龙头企业，这些龙头企业在结构调整中发挥了积极的作用。根据循化县的特点和实际，我们坚持走开发式扶贫道路，变“输血式”扶贫为“造血式”扶贫，着力培育造血功能，激活自我发展能力。充分发挥龙头企业一头连着市场、一头连着农民的作用，通过产业发展，帮助农民增收致富，带动农村基础设施和社会事业全面发展。

（10）贫困村互助资金试点。针对贫困村缺投入、缺项目、缺技术、不会理财的实际，增强贫困农户自我积累、自我管理、互助互济和持续发展目标，2008 年底，我县利用财政扶贫资金 150 万元在 7 个乡镇 10 个贫困村实施了贫困村互助资金试点项目，涉及农户 1458 户 6840 人，入社农户达到 801 户，组成 132 个村民小组，296 个项目户受益，项目资金达到 170.08 万元。村民生产发展互助资金旨在突出民有、民用、民管、民受益、周转使用、滚动发展的目标，首先在村上召开群众大会，起草章程，经群众大会通过章程各项内容后，报县扶贫办审核。对审核通过的章程报民政局，按社会团体登记条例进行登记取得法人资格，并办理机构代码证，刻制互助社各种印章。资金的管理组织由民主选举产生，产生理事长、会计、出纳和监督员。资金只能用于本社社民生产发展，不得平均分摊发放等相关规定，让农户实行“三承诺”，确保互助资金的正常流转。借款程序为：户主申请→小组担保签名→理事会审批→公示→签订合同→发放贷款→回收贷款。初步形成了村民自主发展的“农村银行”。

——循化县扶贫开发局：《循化县“十一五”扶贫工作总结等》（内部资料），循化县扶贫局提供，2012 年 7 月。

为加快贫困群众脱贫致富步伐，拓宽贫困农民增收渠道，今年以来，循化撒拉族自治县积极实施“联户餐饮、单村推进”扶贫开发新模式，使全县 1.3 万名贫困群众受益。

循化县立足项目村、项目户实际，在群众意愿的基础上，创新实施了“联户餐饮、单村推进”两种扶贫开发模式。“联户餐饮”项目涉及 13 个贫困村 1 万名贫困群众，由 10—20 户农户组成联户项目组，集中扶贫到户资金，民主推举方式确定具有餐饮经验的农户从事餐饮服务业，并与联户项目组农户签订合同，明确责任、权利和义务，通过资产抵押和法律公证，餐饮户每年向联户成员分红 500 元至 600 元。“单村推进”项目为 669 户农户发放 1000 只藏系羊和 318 头犏雌牛，为 276 户农户发放手扶拖拉机 188 辆。

——王颖、韩生英：《循化 1.3 万群众受益扶贫开发新模式》，《青海日报》，2009 年 9 月 2 日。

联点帮扶分为国家定点帮扶、省地联点帮扶、县级机关及企业帮扶和其他帮扶。

国家定点帮扶主要有：

（1）辽宁抚顺帮扶。为加快中西部地区贫困县脱贫致富进程，根据国务院关于辽宁省对口帮扶青海省的安排，由辽宁省抚顺市对口帮扶循化县。1997 年，国务院扶贫办下发东西部对口帮扶文件，在省垣西宁签订《辽宁省抚顺市对口帮扶青海省循化撒拉族自治县协议书》，对口帮扶工作正式启动。截至 2010 年，辽宁抚顺帮扶资金及物资折价 946 万元，重点实施农业、水利、通信网络建设和资助学生、救灾、新建学校等方面的 7 大类项目，覆盖全县 8 个乡镇 100 多个村、近 8000 农户。1997 年至 1998

年，辽宁省抚顺市对循化县实施第一轮帮扶项目，援助资金300万元，兴建孟达山喷灌工程。援助老果园及良种改良款50万元，在黄河沿岸查汗都斯乡阿河滩、牙藏、苏只、赞卜乎4个村新建100亩核桃种植基地，帮助320户贫困户群众种植优质核桃1188亩4万株，同时套种线辣椒，亩均收入3000元；援助磁性复合肥120吨，价值21.6万元，落实到3500户贫困户。援助推土机3台，投资10万元，援助孟达乡专堂村建立抚顺绒山羊基地，规模达到1000只。援助粮食6万公斤，折价6万元，救济粮款10万元，解决31680户受灾户和贫困户的生活困难，捐赠衣物30万件，使600户3.2万贫困群众受益。援助办公设施款20万元，改善了部分乡镇和事业单位的办公条件。同时在抚顺百货大楼和抚顺商场免费提供两个专柜，销售循化县生产的牛绒衫。

第二轮帮扶协议于1999年底签订，援助资金120万元，修建尕楞中心学校和抚顺西滩希望小学两所，总建筑面积1210平方米，224名学龄少年儿童的上学难问题得到解决，给部分小学配置教学设备，并设立优秀教师“红烛奖”，奖励对教育教学工作做出突出贡献的一线教师。建立教育扶贫基金，先后救助贫困学生1460名。累计在抚顺五中代培循化高中生三届143名。帮助循化在抚顺市培养了10多名各类专业人才。援助140万元，累计举办劳务技能培训班28期，培训农村劳动力1400人次，援助资金90万元，帮助贫困群众建立智能温棚，发展设施农业。援助资金10万元，在文都乡中库地区修建“爱心幼儿院”1所，覆盖7个贫困村，为135名藏族幼儿接受学前教育创造便利条件。累计援助磁性复合肥1650吨，磷肥500吨，折价193.5万元，用于全县8个乡镇93个贫困村和种植业基地。援助资金40万元，修建抚顺路1条。

（2）中再公司帮扶。2002年，循化县被列为国家扶贫开发工作重点县，国务院扶贫开发领导小组确定中国再保险公司为对口帮扶单位。公司多次派员深入循化，实地调研，了解县情，掌握贫困状况，与全县有关部门共谋发展对策，并委派1名工作能力强的干部到循化县挂职担任副县长，专门协调落实帮扶工作。

2002年至2003年，为贫困地区解决救济金17.2万元，捐赠面粉2万公斤，牛绒衫200件，衣物1591件，贫困学生救助金9000元，救助185名贫困生。给教育部门捐赠电脑24台，激光打印机一台。2004年，捐助100万元，在循化高级中学修建中再教学楼，解决设施校舍不足、办学条件差的问题。2007年，捐助47万元，在文都班禅大师故居，修缮文都大寺纪念馆，并为大师塑像、立碑。2009年，捐资30万元，在街子镇果什滩村修建中再教学楼一幢，建筑面积300平方米。

省地联点帮扶。1997年，省农行、旅游局、地税局、法制局等帮扶单位积极为扶贫点牵线搭桥跑项目，争取资金办实事，落实项目 3 项，到位资金 167.5 万元，捐资 2.6 万元，无偿提供面粉 5500 公斤，良种 1000 公斤，药剂拌种 280 公斤，地膜 60 公斤，衣物 1343 件，微机 1 台，扶贫车 1 辆，有偿解决地面卫星接收器 2 台，其他物资折价 5000 元。

1998 年，省农行等 7 家省直单位和 4 家地区单位捐赠现金 3.47 万元，无偿提供网围栏 10 吨，面粉 2300 公斤，良种 4000 公斤，电视卫星接收器 1 台。其他物资折价 800 余元，争取项目 3 项，到位资金 60 万元，受益农户 120 户，救助失学儿童 84 名。

1999 年，循化县邀请省、地帮扶单位和有关部门在省垣西宁举行联席会，研究商讨帮扶措施，联点帮扶工作进一步加强。省、地 11 家帮扶单位为全县各帮扶村捐款捐物 12.6 万元（其中物资折价 9.68 万元），救助失学儿童 19 名，举办科技培训班 1 期，参训人数 196 人。2004 年，省农行等 4 家省级单位捐助面粉 2.8 万公斤，价值 1.6 万元，现金 3.73 万元。2005 年，省科协等 3 家单位解决面粉 9600 公斤，捐资 3.56 万元，捐赠衣物 100 万件。

2008 年，省旅游局积极协助文都乡拉代村制定近期发展规划，捐助面粉 5000 公斤，衣物 300 余件，化肥 10 吨，帮助培训贫困劳动力 80 人。省科协为清水乡瓦匠庄村解决 300 台太阳灶，征订《青海科技报》12 份，并组织群众抢修水毁渠道 3 公里；省农行为积石镇托坝村贫困户发放扶贫贷款 90 万元，建立奶牛养殖基地；省测绘局为街子镇果合拉村、孟达山村捐赠现金 12100 元，衣物 200 多件。

2009 年，省旅游局捐助 10 万元为文都乡哇库村维修渠道；省科协为清水乡贫困户提供价值 5000 元饲料甜菜良种、优质油菜良种和地膜，并兴建一个农民图书馆，征订《青海科技报》20 份，发放科普读物 1300 份。省农行为积石镇托坝村捐赠面粉 3525 公斤，椅子 20 把，折价 2 万元。

2010 年，省农行等五家省级单位为循化县贫困村引进资金，帮扶 11 个贫困村改善道路、人饮等基础设施。

县级机关及企业帮扶。1997 年 3 月，县委、县政府召开全县扶贫动员大会，印发《关于在全县干部中实行“三二一”联户帮扶责任制的意见》《关于实行扶贫企业带村带户责任制的意见》，全县 3018 名干部与 3343 户贫困户结成帮扶对子，其中县级干部 26 名，科级干部 273 名，一般干部 2719 名，为贫困户送温暖办实事，捐资 6.14 万元，衣物 1078 件，受益群众 1.01 万人。全县 58 家企业落实帮扶村 65 个，48 家企业安排贫困劳动力 1748 名，毛纺织品公司、孟达天池毛革厂、科技饲料厂等 6 家企业深入帮扶村慰问贫困户 182 户，捐赠现金 8000 元，物资折价 1.3 万元，救助失学儿童 85 名，为遭受灾害的岗察乡捐款捐物 1.28 万元。1998 年，全县干部加强与贫困户的联系，捐赠现金 10 万元，县政府办、水电等帮扶单位为贫困村捐助面粉、化肥、水泥、电杆等生产生活物资折价 2 万元。科技局等单位深入帮扶村开展黄叶病防治、玉米带状田、秸秆氧化等农牧民实用技术培训班 40 期，参训人数 1.73 万人次。48 家企业吸纳贫困劳动力 750 名，三绒集团公司为道帏贺塘村捐助现金 3000 元，修建自来水工程。1998 年至 2000 年，全县 23 家单位为贫困村捐助资金 14 万元，物资折价 18.3 万元，争取项目 7 个，到位资金 30 万元。农田水利项目 4 项，劳务、服务项目 2 项，文化卫生项目 2 项，商贸项目 1 项，1571 户 7551 人受益。伊佳公司为街子镇果什滩学校捐赠 10 万元。

其他帮扶。2009 年，兰州军区捐资 440 万元，在文都乡修建文都中心学校综合教学楼 874 平方米，教师宿舍 694 平方米，锅炉房等附属建筑 500 多平方米，配备锅炉等设施，文都中心学校的办学条件得到改善。北京市朝阳区为白庄中心学校捐赠 10 万元，改善学校基础设施条件。美国石氏基金会援助 24 万元，修建街子镇古及来学校。

——循化撒拉族自治县地方志编纂委员会：《循化撒拉族自治县志》，三秦出版社，2017 年版，第 168—170 页。

按照国务院《中国农村扶贫开发纲要》的有关要求，2001 年编制完成了《循化县扶贫开发规划（2003—2010 年）》，根据规划，全县有 96 个贫困村 12576 个贫困户 62506 个贫困人口，占全县行政村总数的 62%，贫困人口占全县总人口的 61.5%，其中：绝对贫困村 18 个 1060 户 5306 人，低收入村 78 个 8756 户 44203 人，占贫困村总数的 81%。规划主要包括基础设施建设、社会公益性项目、生产性项目、科技培训、生态工程等项目，规划将 96 个贫困村的项目分成 5 大类 63 项，资金投入由国家投入和贫困群众自筹两部分组成，坚持以国家投入为主、贫困群众自筹为辅的原则。“十一五”扶贫规划项目总投资 19256.99 万元，其中国家支持 14735 万元，农牧户自筹 943.89 万元，“十一五”扶贫开发工作取得了显著的成效。

（1）农村贫困人口大幅度下降

“十一五”期间，解决和巩固了 6.25 万农村贫困人口的温饱问题，稳定脱贫的人口达到 5.58 万人，贫困人口逐年减少，从 2004 年的 6.25 万人下降到 2009 年底的 0.67 万人，下降了 89.28%。贫困人口发生率由“十五”末的 62% 下降为“十一五”末的 37%。通过努力，全县农民人均纯收入由“十五”末的 2014 元增长到“十一五”末的3850元，贫困群众的收入也不断增加，人均纯收入由“十五”末的625元增长到“十一五”末的1224元，纯收入在1300元以下的贫困群众从“十五”期间的6.25万人下降到了“十一五”末的4.49万人。除少部分绝对贫困群众未脱贫外，大部分绝对贫困群众已进入了低收入的阶段，群众生活基本有了保障。

2004年至2010年底共实施整村推进93个村，项目覆盖12300户5.85万人，完成投资13854万元，其中财政扶贫资金5674万元，人口较少民族发展资金900万元，部门整合5280万元，自筹2000万元。通过项目实施，村容村貌发生了变化，基础设施得到了改善，培育和壮大了农村支柱产业，农民收入不断增加，生活水平逐步提高，管理民主化程度越来越高；产业扶贫成效突出，全县利用扶贫资金发展核桃7000亩，花椒1500亩，杂果3000亩，蔬菜基地2000亩，养牛1.44万头，养羊144万只。通过项目扶持，壮大了产业基地。

（2）贫困地区基础设施明显改善

基础设施建设进一步加强，贫困群众生产生活条件明显改善。2001年以来，全县利用扶贫资金新建小型水利3.56万亩，新建人畜饮水工程（3.5万人，3万头牲畜受益），乡村公路50公里，农电线改造121公里，太阳灶1.3万个，建设村委会及农资百货超市3000平方米；改造校舍12个。通过改善农村基础设施，使贫困地区的基本条件得到改善，进一步增加了农村发展后劲，提高了自我脱贫能力。

2004年以来，共实施易地扶贫移民工程7项，移民290户1657人，完成投资757万元；实现劳务输出3.5万人次，实施退耕还林为主的林业工程，完成造林50余万亩，使全县森林覆盖率达到了28%，同时，通过实施通水、通电、通路、通邮、通广播电视为主的新农村“五通工程”，农村生产生活条件得到明显改善。截至2009年底，全县累计解决了96个行政村6.25万人的饮水困难问题，实现了91%的行政村通公路、99%的行政村通电、90%的行政村开通了移动电话、90%的行政村实现通邮、60%的行政村开通电视，初步达到了“十一五”扶贫开发的目标。

（3）农村社会事业全面发展，社会和谐程度明显提升

到2009年底，我县农业科技入户率达75%以上，每户农户掌握1—2门农业生产实用技术，科技对农业农村经济的贡献率比2001年有了较大提高。新建希望小学6所，改善校舍12所，启动农村寄宿制学校建设和中小学危房改造项目60个，农村中小学生全部免除了杂费，基本实现普及九年义务教育目标。新建和改造乡镇卫生院9所，村级卫生室110个，参加新型合作医疗的达到11万人。危房改造1500余栋，救

助农村特困人员 3000 人次，救助贫困中小学生 2200 多人。全县城镇化水平由 2001 年的 4.2% 提高到 11.5%。

（4）国定贫困县的经济实力得到增强

循化县是国定贫困县，“十一五”期间，全县年人均纯收入 1000 元以下贫困人口由 2001 年 1.26 万户 6.25 万人，减少到 2010 年初新标准（1300 元以下）的 41 个村 18587 户 77919 人（其中新标准村 23 个 10715 户 42882 人，回头看村 17 个 7432 户 32837 人，因灾害返贫村 1 个 440 户 2200 人），贫困村由 96 个减少到 41 个。2010 年，城镇居民可支配收入达到 10930 元，比“十五”末的 7106 元增长 53.8%，年均递增 15.4%；农牧民人均纯收入达到 3850 元，比“十五”末的 2014 元增长 91.1%，年均递增 18.2%。各项主要经济指标保持了持续快速增长的势头，为今后的发展和全面建设富裕文明和谐新循化奠定了良好的基础。

（5）社会扶贫扎实有效

近几年来，中央国家机关和我省企事业单位、人民团体、科研单位、人民解放军和武警部队参与我县扶贫开发的单位不断增多，规模不断扩大，投入不断增加，“十一五”期间，2 家中央和 7 家省级定点对口帮扶单位直接投入帮扶资金 1536 万元、帮助引进资金 2000 万元。2009 年省委、省政府召开定点挂钩扶贫动员大会，重新硬化了对口帮扶单位的扶贫责任和投入要求，省级挂钩扶贫单位由 2 家增加到 7 家，同时有近 300 名县处级，科级、副科级领导干部以不同的形式踊跃投入“一帮一，户帮户”活动，在全社会初步形成了扶贫动真情、献爱心、做实事的良好氛围。

——马少良：《循化县扶贫开发途径及政策调研报告》（内部资料），循化县扶贫开发局，2013 年 12 月 1 日。

2010 年扶贫开发工作总结

2010 年，在县委、县政府的正确领导下，在省、地扶贫办及各部门的大力支持下，深入贯彻党的十七大精神，全面落实科学发展观，坚持开发式扶贫方针，以提高贫困人口生活水平与质量、增加收入稳定脱贫为中心，全县以整村推进为重点的各项扶贫开发工作取得了可喜的成绩。今年共争取各类扶贫物资及资金 2642 万元，其中财政扶贫资金 2296 万元，辽宁抚顺帮扶资金 90 万元，省、地机关单位定点帮扶筹集协调物资及资金 256 万元，有力地促进和保证了贫困乡村的经济发展和社会稳定。现将 2010 年度扶贫工作情况总结如下：

一、项目完成情况

（一）2010年扶贫开发整村推进项目实施情况

今年的整村推进项目共投资851万元（其中财政扶贫资金451万元，人口较少民族发展资金400万元），项目扶持20个贫困村、1627个贫困户和8033个贫困人口。主要建设内容为：

1. 种植业：（1）杂交油菜基地三处，共计1200亩，投资289.5万元，扶持贫困户579户、贫困人口2836人；（2）集中联户建设蔬菜温棚10栋，共计10亩，投资35.5万元，受益农户71户、348人。

2. 养殖业完成投资415.5万元，受益贫困农户756户、贫困人口3767人，购买藏系羊4476只、牦牛108头、犏雌牛310头、奶牛92头，修建畜棚7810平方米。

3. 产业带动项目，投资110.5万元，受益贫困户221户、贫困人口1082人。

（二）贫困村互助资金试点项目

2010年贫困村互助资金试点项目共投资150万元，惠及8个乡镇10个贫困村的农户1968户9840人。截至目前，8个村入会农户908户，涉及151个村民小组，入会缴纳资金12万元。累计发放8个村借款132万元，主要用于运输、餐饮、经商、种植业和养殖业发展。

（三）产业化扶贫

实施产业化扶贫加快脱贫致富步伐。产业化扶贫作为扶贫开发“一体两翼”战略中的重要一翼，在工作中始终坚持把扶贫开发的基点放在项目建设上，把项目建设的立足点放在产业培育上，今年，我县积极培育了6家省级扶贫龙头企业。围绕种养业结构调整，把扶持发展、壮大龙头企业作为推动农业产业化经营的突破口，按照“公司＋基地＋农户”的形式，为省、地、县级扶贫龙头企业协调发放贷款6000万元，争取扶贫贴息资金100万元，为国家、省、地及县扶贫龙头企业的发展奠定了资金基础。

（四）易地扶贫工作

易地扶贫工作今年组织实施了投资320万元的易地搬迁项目，其中清水乡阿么查村易地扶贫搬迁试点项目投资200万元，插花安置79户395人；完成投资120万元的积石镇尕别列五社异地搬迁项目。

（五）扶贫贷款贴息完成情况

2010年，扶贫开发局与信用联社在总结去年小额信贷工作经验的基础上，共同研究2010年信贷工作开展方案，统一制定了实施方案，2010年共发放贴息贷款400万元，贴息 20 万元，受益农户达到 56 户，涉及种植业、养殖业及其他产业等。

（六）劳动力转移培训

劳动力转移培训。以农牧民的实际需要，突出针对性和实用性为主，以培训促输出、以输出促增效为目标，在全县范围开展了培训。截至目前，共投入培训资金 29.7 万元，其中实用技术培训资金 8 万元，举办了各类培训班 8 期，培训 800 人次；投入“雨露计划”资金 21.7 万元，举办了各类培训班 4 期，其中汽车驾驶培训 1 期 50 人，黄河石贴花培训 2 期 100 人，撒拉族妇女民间刺绣 1 期 50 人，完成计划的 100%。

（七）贫困户建档立卡及两项制度的有效衔接工作

全面完成了 154 个行政村 13194 户 51745 人的摸底、选象、登记和建档立卡工作，全县共有扶贫户 10752 户 43811 人，其中五保户 518 户 570 人、低保户 1825 户 6994 人、扶贫低保户 99 户 370 人；投资 100 万元的两项制度有效衔接项目，目前正在制定项目实施方案。

（八）完成了投资 120 万元的藏区扶贫攻坚——文都乡拉兄村奶牛养殖项目实施方案，涉及农户 151 户 756 人。

（九）循化县 2010 年“县为单位、整合资金、整村推进、连片开发”扶贫试点项目投资 1200 万元，分三年实施，今年到位资金 500 万元。该项目共扶持带动农户 2452 户 12237 人发展优质核桃生产，其中贫困户 1378 户 6869 人。项目主要包括核桃生产基地建设、核桃育苗基地建设、农民技术培训、项目村基础设施建设等内容。

（十）争取其他基础设施建设资金 105.5 万元。

（十一）社会扶贫情况

1. 积极争取抚顺市及省、地机关的对口帮扶工作，截至目前争取抚顺帮扶 150 吨磷肥，争取辽宁省帮扶智能温棚建设项目资金 90 万元。

2. 今年，参与我县社会帮扶的省的单位共 10 个，共筹集或协调帮扶资金近 256 万元，援助重点村搞建设。其中省科协、省农行、省人防办、省编办、消防总队等 5 家省级单位为 6 个贫困村筹集款物、引进资金 127 万元；地区卫生局、统战部、国土局、公积金中心、旅游局等 5 家地级单位为 5 个贫困村筹集款物、引进资金 111 万元；县级单位及县级科级领导为 82 个贫困村共筹集款物 18 万元。通过帮扶活动，为帮扶村解决了实际困难，办了实事、好事，取得了一定的帮扶效果，使帮扶村的社会面貌有了明显改善，贫困户生活水平逐步提高。

二、取得的成效

一是减少了贫困人口。通过各种扶贫项目的实施，今年6915名贫困人口实现稳定脱贫。由2009年底的13313个贫困人口减少到今年的6398个贫困人口，减少了51.94%。

二是增加了贫困人口的人均纯收入。今年扶贫项目的实施，使贫困人口的人均收入由2009年的1087元增加到今年的1224元，增加了12.6%。

三是提高了农业综合生产能力，增加了农民收入。通过产业开发扶贫项目的实施，进一步调整了结构，优化了产业布局，转变了经济增长方式，培植了优势产业，发展了特色经济。

四是促进了农村精神文明建设。通过农村实用技术、精神文明建设培训，加强了对广大群众进行新技术、新知识、新观念的教育，提高了广大群众的思想政治素质，丰富了他们的业余文化生活，加强了社会主义精神文明建设。

三、存在的问题

总结今年的工作，虽然取得了一些成绩，但是仍然存在着一些问题。

（一）返贫人口多。由于贫困农牧区没有稳定的产业，农牧民收入不稳定，遇到自然灾害返贫人口多。

（二）产业化龙头企业，流动资金少，在很大程度上制约着企业的发展。

（三）“互助资金”项目，资金额度偏小，影响着农户的发展规模。

——循化县扶贫开发局：《2010年扶贫开发工作总结》（内部资料），循化撒拉族自治县扶贫开发局文件，循扶局〔2010〕18号。

“十一五”时期，循化撒拉族自治县不断创新扶贫开发模式，积极推进整村推进、劳动力培训转移和产业化扶贫“一体两翼”战略，着力改善贫困地区群众生产生活条件，全县累计投入各类扶贫资金1.92亿元，稳定解决了6.25万贫困人口的温饱问题，扶贫开发工作取得了显著成效。

“十一五”期间，共争取各类扶贫资金6575.6万元，在全县9个乡镇93个贫困村大力实施“连片开发、集中养殖、群众入股、能人经营、年底保本分红”“村企共建、联户餐饮、互助发展”等扶贫整村推进项目，使全县贫困村数、贫困户数和贫困人口数分别比2005年减少93个、1.12万户、5.7万人。全县农牧民人均纯收入从2005年的2014元增加到2010年的4727.2元，实现了翻一番；贫困人口人均收入约是2005年

625 元的 2 倍，今年底有望达到 1224 元，贫困群众整体生产生活水平得到了显著提高。

积极开办拉面、烹饪、撒拉族刺绣、瓦工和牛羊育肥等实用技术培训班。

2006 年至今，全县共投入 15.9 万元资金，培训农民 1.3 万人次，占全县农村劳动力的 22%。到去年底，全县规模养殖户达 4228 户，户均养殖规模比 2005 年扩大 52%，牲畜社会饲养量达到 42.06 万头（只），比 2005 年净增 0.53 万头（只）；全县在外餐饮经营户达 4910 家，输出劳务 46521 人 / 次，实现劳务收入 2.55 亿元，是 2005 年 1.12 亿元的 2.3 倍，劳务收入实现了翻一番，劳均收入达到 5448 元，比 2005 年增加了 2504 元，增长了 87%。

加强对贫困村群众的产业化扶贫，贴息 205 万元发放贷款 1.2 亿元，扶持发展了仙红等 12 家国家、省级产业化扶贫龙头企业，并为 600 名贫困农户贴息 150 万元发放小额担保贷款 3000 万元，直接和间接带动了 1.83 万贫困农牧民增收。

紧紧抓住国家实施扶持人口较少民族发展项目等政策机遇，整合扶贫整村推进、村道硬化、人畜饮水、“西繁东育”以及村级卫生室建设、农村中小学校舍改造等项目资金约 2.2 亿元，大力实施《扶持人口较少民族（撒拉族）发展规划（2005—2010 年）》，极大地改善了撒拉族群众的生产生活条件，使全县 90 个撒拉族行政村实现了“四通”目标、76 个村实现了“五有”目标、45 个村实现了“三达到”目标，推动了县域经济社会的跨越式发展。

——绽旭东：《循化：“十一五”扶贫开发亮点突出》，《青海日报》，2011 年 2 月 21 日。

六、扶持人口较少民族政策

8 月 16 日，循化撒拉族自治县。

上午，费孝通教授参观与撒拉族历史紧密相连的“骆驼泉”和清真寺，走访街子乡搞劳务、多种经营年收入达 5 万元的韩生寿一家。下午，他听取韩克仁县长介绍畜牧业、园艺业、劳务输出三大优势的汇报之后，很感兴趣地问：“你们的孟达天池利用得怎么样？有没有搞点像刺绣这样的民族产品？”韩县长回答：“天池旅游业搞起来需要 200 万元，刺绣还没有很大发展。”费老说：“我知道基层干部的想法，想多要点钱，你们不是有撒拉族华侨在外边吗？跟他们商量一下，看看能不能取得他们的支持。眼睛不要老盯着他。”费老笑着指了指坐在旁边的省委副书记卢声道同志。

他接着说道，撒拉族有个天池，还有个很响亮的“撒拉”的牌子，把各种有益的因素连起来就是一条龙，要向外边宣传，这儿是个好地方。现在这里已经上路了，可都是初级水平，要逐步提高档次，民族优势就是最好的财源。国家目前还不富，想办法用老百姓喜欢听的道理，把大家手里闲散的资金集中起来，用于开发新的事业，反过来造福人民。撒拉族人口素质好，是开辟青藏高原的宝贝，同时，应把和藏族的关系搞好，并服务于他们，这样和其他民族联合起来，才可能为西北的发展做出大贡献。

这天晚上，费孝通教授在循化还接受了记者一次采访。

记者问，海东—临夏民族经济协作区的建立，对实施《民族区域自治法》有什么意义？

费老凝思片刻，阐述了这个问题。他说，发展民族地区经济，同时要兼顾发展少数民族本身。过去有不少教训，经济发展的规模好像很大了，可是对少数民族地区往往照顾不够，少数民族没有得到多少的好处。结果，民族、地区之间的落差越拉越大，使他们产生了对发展民族经济信心不足的问题。对这个问题，从中央到地方的一些部门还没有引起足够的重视。现在既然看到了民族之间的差距，就要通过贯彻《民族区域自治法》逐步克服、缩短这个差距。《民族区域自治法》是国家大法，怎样才能贯彻好，也要从实际出发。我提出要搞临夏、海东协作区，是想作为一块试验田，作为如何发展少数民族地区经济的试验田，也是怎么样落实《民族区域自治泆》的试验田。让我们从实践中证明，这个法对于全面发展我们中国是很关切、很重要的一环。

费老还说，少数民族的发展在全国的地位越来越重要，越来越清楚了。但少数民族自身不能孤立、封闭、排外，特别是民族越小越要开放，改革、开放的基本政策同样适用于民族地区的发展。

最后他强调指出，“改革，才能开放；开放，促进改革”。

——初从祥：《在民族与时代发展的交叉点上——费孝通教授海东之行言谈随记》，《青海日报》，1987 年 9 月 26 日。

在我国 55 个少数民族中，有 22 个少数民族的人口在 10 万人以下，总人口 63 万人（2000 年第五次全国人口普查数），统称人口较少民族。新中国成立以来，这些民族在政治上得到翻身，经济社会持续发展，人民生活得到明显改善。但是，由于历史、自然条件等方面的原因，这些民族的经济和社会发展总体水平还比较落后，贫困问题仍较突出。根据党中央、国务院的要求，制定扶持人口较少民族发展规划，采取特殊政策措施，集中力量帮助这些民族加快发展步伐，走上共同富裕道路，对于贯彻落实科学发展观，进一步增强民族团结，维护边疆稳定，实现全面建成小康社会的奋斗目标，构建社会主义和谐社会，具有十分重要的意义。

22 个人口较少民族分别是：毛南族、撒拉族、布朗族、塔吉克族、阿昌族、普米族、鄂温克族、怒族、京族、基诺族、德昂族、保安族、俄罗斯族、裕固族、乌孜别克族、门巴族、鄂伦春族、独龙族、塔塔尔族、赫哲族、高山族、珞巴族。

——国家民委、国家发展改革委、财政部、中国人民银行、国务院扶贫办：《扶持人口较少民族发展规划（2005—2010 年）》，《中国人口较少民族发展研究丛书》编委会：《中国人口较少民族经济和社会发展调查报告》，民族出版社，2007 年版，第 653 页。

2009 年 4 月 10 日，省长宋秀岩在省人大常委会副主任、海东地委书记王小青的陪同下，前往循化撒拉族自治县，检查指导全国扶持人口较少民族发展现场观摩会筹备情况。宋秀岩强调，海东地区和循化县要把观摩会筹备工作作为政府一号工作，高度重视，落实责任，争分夺秒，全力推进。

宋秀岩先后来到以牛羊繁育为主的白驼牛羊繁育基地和牧旺公司良种肉牛养殖基地，察看产业化项目情况，详细了解企业的经营规模、品种建设、产销收入、土地集约利用等情况，鼓励经营户在企业发展中进一步树立现代观念，提高科技含量，推进规范化管理，充分展示我省人口较少民族自强不息的创业精神。随后，宋秀岩一行来到县城西门口广场建设工地、骆驼泉、街子清真大寺古兰经珍藏馆等处，全面检查指导筹备工作中民俗展示、市政建设、道路交通、村容村貌整治等各项工作。

在听取了循化县关于观摩会筹备情况汇报后，宋秀岩指出，国家确定 7 月份在我省召开全国人口较少民族发展工作现场会，并将循化县确定为现场会观摩点，这是对我省工作的肯定，是对包括撒拉族在内的我省各民族共同团结奋斗、共同繁荣进步所取得的丰硕成果的肯定。筹办好这种全国性、高水平的会议，是对各级政府领导能力、管理水平、应急能力、综合素质、整体思路的全面检验。对循化县来说，是向全国人民展示撒拉族形象的最好时机。各级政府、各相关部门务必要高度重视，特别是海东地区和循化县要从现在开始，把此事作为政府工作的头等大事和一号工作抓紧抓好。

宋秀岩强调，一个时期以来，从省到县，对会议的筹备做了大量工作。但就目前来看，筹备建设任务还十分繁重，现在已进入了倒计时间、刻不容缓的关键阶段，必须紧急动员，争分夺秒，全力推进。要充分发挥政府力量、民间力量和宗教人士的积极作用，集中力量，集中攻关，推进观摩点建设和环境卫生整治等各项工作。要认真做好民族文化展的会展工作，坚持以民族精神之魂为总领，全方位展示撒拉族的民族文化风情、地域人文特色和改革发展成果，充分展示撒拉民族的精、气、神，做到纲举目张，内容简洁、明快、大方。

宋秀岩强调，要进一步加强组织领导，组建强有力的工作班子，把责任落实到每一个领导干部，倒排工期，限定时限，责任到人。要充分发挥群众的主观能动性，推动环境整治，营造人人参与、人人动手、人人有责的氛围。要有效整合各类资金，抓住关键环节，推进观摩点建设，确保现场会圆满成功。

——洛桑才让：《宋秀岩在循化检查指导全国人口较少民族发展现场观摩会筹备情况时强调高度重视　落实责任　争分夺秒　全力推进》，《青海日报》，2009 年 4 月 13 日。

在黄河北岸、巍巍积石山下，新修的河北公路宽敞整洁，向西五公里处，循化撒拉族自治县积石镇新建村错落有致的村庄在阳光的照映下熠熠生辉。

新建村从昔日贫穷落后逐步转变为现在经济发展、设施完善、环境优美、村风和谐的新农村建设示范村，无疑是实施国家扶持人口较少民族政策取得发展成果的一个缩影。

6 月 22 日，记者走进新建村，眼前一片繁忙景象。

村民们有的在村干部的带领下栽植松柏；有的在刚刚落成的集卫生室、图书室、篮球场和休闲活动广场于一体的综合村部内做最后扫尾工作。党支部书记马奎武说，将新建村选为现场会观摩点，这是我们全村人的骄傲。为此，村民们自发组织整治村容村貌，村委会和农户签订协议，保持屋前、屋内、屋后卫生干净整齐，新修的村卫生所也将投入使用。他兴奋地说，现在除部分绿化工作外，其他工作全部准备就绪。

循化撒拉族自治县积石镇新建村是一个撒拉族移民村，劳务经济、特色种植业、养殖业和“村企共建”是该村四大主导产业。2005 年以来，循化县委、县政府牢牢抓住国家实施扶持人口较少民族发展政策的大好机遇，先后投入资金 1180 万元，实施完成了新建村村道硬化、绿化、农田林网等建设，户户通了自来水，家家有了电视、电话、热水器。学校、卫生室、多功能活动室……村民生产生活条件发生了显著变化。

先后有 240 人走出家门，从事餐饮业、汽车运输业等，足迹遍及全国 55 个大中城市。投资 85 万元实施“村企共建”项目，使 100 多名撒拉族妇女在家门口增收致富。

整合资金100万元用于牛羊养殖项目，以村民入股的方式，走出了一条家家是养殖大户、家家是股东、户户能分红的富民之路。全村113户全部种植线辣椒，去年仅线辣椒一项收入达342万元。

如今，新建村四通八达的水泥路、统一设计的围墙、整洁卫生的巷道和宽敞明亮的居室是撒拉族群众创业进取的最好证明。

——馨平：《这是我们全村人的骄傲》，《青海日报》，2009年7月8日。

全国扶持人口较少民族发展工作经验交流会即将在青海召开，循化撒拉族自治县确定为现场观摩点。本报记者于近日就现场会召开的相关情况，专访了循化县县长韩永东。

记者：此次全国扶持人口较少民族发展工作经验交流会在青海召开，循化县被确定为现场观摩点，请您介绍一下会议召开的背景。

韩永东：循化县是被国务院确定的22个人口较少民族扶持发展地区之一。自2006年实施国家扶持人口较少民族发展项目以来，循化县经济社会发展整体提速，特色产业、基础设施、城乡面貌、农民增收、旅游业发展等各方面速度加快，撒拉族群众生活质量明显提高，可以说取得了丰硕的成果。

去年10月，国务院决定今年7月在青海召开全国扶持人口较少民族发展工作经验交流会，并将循化县确定为现场观摩点，这是对青海省民族工作的充分肯定，也更加表明了国务院、国家民委、省委省政府对循化经济社会发展的极大关注与支持。

对循化县来说，现场会的召开，无疑为展示循化神奇的自然景观和独特的撒拉族民俗风情，展示撒拉族群众在市场经济条件下勇立潮头、积极创业进取的精神风貌和撒拉族自强不息、坚韧不拔的民族精神提供了一个千载难逢的历史机遇。

记者：循化县为现场会的召开做了哪些筹备工作，目前进展情况怎样？

韩永东：在会议筹备工作中，我们举全县之力进行综合治理，搞好周边环境整治，突出建设好忠华核桃科技示范园、积石镇新建村、伊佳民族用品有限公司、撒拉族民俗博物馆这四个现场会观摩点和骆驼泉景区民族建筑群建设以及文都集镇等的整治，观摩沿线道路整修、渠道清理、空闲地绿化、残垣断壁平整等环境卫生整治；抓紧实施具有显著撒拉族民族特色的县城和街子镇"穿衣戴帽"工程，推进城镇"亮化、美化、绿化"工程。同时，加强各旅游景点、餐饮点的环境卫生及食品安全整治工作。围绕会议观摩服务工作，加强对各观摩点讲解员、礼仪、导餐人员及相关工作人员的培训工作。

为了保证优质高效地完成筹备工作任务，我县及时成立了筹备工作领导小组，分解落实各项筹备工作。为了保证工作进度，严格实行“工期倒排”“项目进度一周一报”“筹备工作一周一次总结安排”等制度，采取了“白＋黑”（即白天加黑夜）、“5+2”（即5个工作日加2个休息日）等工作方法，并对政府预算安排、引导社会资金注入管理方式，加大资金授人为应务方的工作中来，在全局形成了人人关注、人人参与、人人保护现场会筹备工作的良好氛围。届时，循化县城将以崭新的面貌迎接参加现场会的八方来客。

记者：观摩点将展现循化县社会经济发展中的哪些亮点？

韩永东：四个观摩点将集中展示循化县的突出特色。忠华核桃科技示范园是特色种植业观摩点，展示撒拉族群众发展以线辣椒、花椒、核桃等为主的特色种植业，积极探索土地流转新机制，促进特色种植业规模经营，增加群众收入，推动农村经济发展的成果。

伊佳民族用品有限公司是特色民族工业的观摩点，展示改革开放以来，撒拉族群众敢闯敢干的创业精神，体现民族特色品牌企业在国家政策的扶持下，积极探索“公司＋农户”的扶贫开发模式，带动千家万户增收。

新建村是展示社会主义新农村建设的观摩点，体现实施国家扶持人口较少民族发展项目和当前新农村建设带来的成果，突出反映撒拉族群众通过发展劳务经济、庭院经济等特色产业，参与“村企共建”，建设美好家园的精神风貌。

观摩点之一的撒拉族民俗博物馆，则集中展示了撒拉族异彩纷呈的历史文化、古朴醇厚的民俗风情、富有特色的文化底蕴，展现撒拉族在党的民族宗教政策的光辉照耀下，在政治、经济、文化等方面取得的辉煌成果。

记者：循化县通过实施国家扶持人口较少民族发展项目，有哪些体会？

韩永东：我县以专项规划为龙头，根据县域经济社会发展总体需要，及时调整思路，提出了“生态立县、农业稳县、工业强县、旅游活县、科教兴县”的发展战略，在项目实施中，通过加强基础设施建设，改善了撒拉族聚居地区的生产生活条件；通过调整种植业结构，发展特色经济，促进了撒拉族群众创收；通过科教文卫等社会事业发展，提高了撒拉族群众的文化素质和健康水平。同时，为了扩大项目成果，提高项目效益，我县积极整合村道硬化、扶贫整村推进、人畜饮水、“西繁东育”以及村卫生室、文化室建设、农村中小学校舍改造等项目资金，通过使项目资金发挥整合效益，促进农村经济社会综合推进的办法，加快农村基础建设步伐，促进城乡统筹发展。项目实施过程中，我们立足于自身的特色优势，充分调动群众的积极性，不断做大做强特色产业。

——薛军、林萍：《抓住机遇乘势而上撒拉之乡展新颜——访循化撒拉族自治县县长韩永东》，《青海日报》，2009年7月10日。

撒拉族发展被列入扶持专项规划

7月11日，全国扶持人口较少民族发展工作经验交流会参会代表在青海省循化撒拉族自治县进行实地考察。4年来，在党和国家扶持人口较少民族发展政策的扶持下，撒拉族儿女走上了脱贫致富的幸福道路。

“大爷，您家主要经济来源是什么？”

“我们家有几十亩核桃，另外还加工穆斯林帽。”

“那您家一年收入大概有多少？”

“10多万元吧！”

这是参会代表与循化县新建村一位撒拉族老人的对话。

“一个很普通的农民家庭年收入能达10多万元？”多数参会代表听到这个数字后露出了惊讶的表情。是什么让循化这个黄河谷地小县的撒拉族同胞走上了致富的道路？

“国家实施扶持人口较少民族发展战略以来，我们进一步加快了循化撒拉族聚居地区经济社会发展和扶贫开发的步伐。2006年，国家把循化县12个撒拉族聚居乡列入了《扶持人口较少民族发展专项规划》。几年来，国家累计完成投资2.8亿元，实施扶持项目672个，使撒拉族聚居地区的基础设施、民生设施得到显著改善。”青海省委书记强卫说。循化的县域经济、特色产业得到长足发展，群众生活水平大幅提高，各项事业充满活力。2006年到2008年，循化县生产总值从7.15亿元增加到了8.23亿元，农民人均纯收入由2320元增加到了3250元。

“一核两椒”富了撒拉族

马永胜几年前只是循化县一名普通的乡村农业技术员，而今他的生活发生了天翻地覆的变化。

2006年，撒拉族农民韩忠华抓住国家扶持人口较少民族发展的良机，大力发展优质核桃这一农产品资源，建起了忠华核桃园。马永胜被聘请到核桃园从事技术工作，并且成为股东。几年下来，马永胜年年分红，全家不仅搬进了180平方米的大房子，而且日子过得比城里人都好。他说："今年核桃园收成不错，我差不多能分到 80 万元。"

小核桃形成了大产业。忠华核桃园渐成规模，发展成了忠华核桃有限责任公司，产业链不断延伸。目前该公司总资产达到 1950 万元，产品有精选核桃仁、核桃油、核桃粉等几大类。公司在人口较少民族发展项目的支持下，实行"公司 + 基地 + 农户"的发展模式，向合作农户每年提供每亩 600 元的土地承包补偿。几年来，累计向当地农民补偿 216 万元。

循化县素有种植核桃、线辣椒、花椒等特色农产品的传统，发展特色农业具有得天独厚的条件。2005 年以来，循化县以实施扶持人口较少民族生产发展性项目为突破口，以做大做强"一核两椒"（核桃、线辣椒、花椒）产业为重点，加大对特色优势作物的扶持力度，特色作物种植面积进一步扩大，种植业结构调整步伐加快。

目前，循化县核桃、线辣椒和花椒产业发展粗具规模，已建成 300 亩以上的核桃基地 5 个，100 亩以上的核桃基地 20 个；建成了总面积达 3517 亩的线辣椒基地 10 个；建成了 30 亩特色景观果园基地和园林花卉苗木培育基地。全县仅以"一核两椒"为"一村一品"的乡村就达到了 67 个，其他特色作物及优势作物种植规模日益扩大。

贫困农户家里飘出"创汇"歌

近年来，在全国穆斯林企业高峰论坛和各地举办的穆斯林特需商品博览会上，"青海伊佳"这个名字频频出现。青海伊佳民族用品有限公司是黄河岸边积石山下的一家全球最大的穆斯林民族用品生产企业。该公司生产的穆斯林帽占全国 90% 以上的份额，并远销全球 20 多个伊斯兰国家。

在随同参会代表一起参观青海伊佳民族用品有限公司时，记者和代表们都很惊讶，原来这个全球最大的穆斯林用品企业的大部分厂房，是分散建在循化撒拉族贫困农户家里。

伊佳公司创立之时，恰逢国家出台扶持人口较少民族发展政策和青海省委、省政府扶持打造民族企业品牌。为了帮助贫困群众脱贫致富，伊佳公司积极探索"村企共建"扶贫开发模式，采取"公司 + 农户"的运作方式，将国家扶持人口较少民族发展资金及扶贫整村推进项目资金作为农户"股本金"集中投入到公司，将公司的"生产车间"建在了贫困农户家中。

在农户的"生产车间"，伊佳公司统一购置机器设备，负责人员培训，提供样品、生产材料和技术服务，分散加工产品，统一收购产品。伊佳公司生产管理人员马鸿雄说："在这种模式下，贫困农民不仅有'股本金'年底分红，还能赚取加工劳务费。仅加工劳务费一项，每人即可增收 7000 多元。”

“村企共建”扶贫开发不仅使企业资金短缺、厂房紧张等问题得到解决，降低了生产成本，提高了经济效益，而且极大地调动了撒拉族妇女解放思想、转变观念、争创收入的积极性。

村民足不出户成了伊佳公司的“员工”或“股东”，实现了农业生产和打工赚钱两不误，企业和农户紧紧连在一起，成为利益共同体。伊佳公司也从一个名不见经传的家庭作坊式加工厂发展成为一个集开发、设计、生产、销售为一体，拥有资产 3.2 亿元，员工 5300 多名，日生产帽子 8 万顶的外向出口型龙头企业。

国家民委副主任杨健强说：“在循化县，我们亲眼看到了扶持人口较少民族发展工作的成果。扶持人口较少民族发展政策的暖阳照耀着积石山下的撒拉族儿女，照耀着我国 22 个人口较少民族，相信在不久的将来，他们会创造出更加幸福的美好生活。”

——《暖阳照耀撒拉儿女——全国扶持人口较少民族发展工作经验交流会循化参观考察见闻》，《中国民族报》，2009 年 7 月 11 日。

7 月 11 日，全国扶持人口较少民族发展工作经验交流会与会代表前往循化撒拉族自治县观摩考察。

国家民委副主任杨健强，国务院扶贫办主任范小建，青海省委副书记骆惠宁，青海省委常委、统战部部长多杰热旦，中国人民银行行长助理郭庆平，青海省副省长马顺清，内蒙古、黑龙江、上海、福建、广西、贵州、云南、西藏、甘肃、宁夏、新疆等省（市、区）政府负责人参加观摩。

“小核桃，大产业，特色种植托起贫困农民致富梦。”与会代表首先来到观摩点之一的忠华核桃园。在硕果满枝的核桃树下，与会代表详细了解了撒拉族群众积极发展特色种植业，探索土地流转新机制，促进规模经营，推动农村经济发展取得的丰硕成果。与会代表纷纷对循化县着力调整产业结构，增加群众收入，大力发展特色优势产业给予了充分肯定。

在穆斯林用品及民族服饰开发生产企业——伊佳民族用品有限公司，与会代表走进生产车间，走进产品展览厅，参观考察企业发展情况。作为循化县的特色民族工业之一，伊佳民族用品有限公司在国家扶持人口较少民族发展政策的扶持下，积极探索“村企共建”的扶贫开发模式，采取“公司 + 农户”运作的方式，带动千家万户增收，这些做法和取得的成就得到了代表们的一致肯定。

随后，与会代表来到黄河北岸的积石镇新建村。昔日的新建村土地贫瘠，经济收入低，贫困人口多。自国家扶持人口较少民族发展政策在该村实施以来，新建村逐步转变为经济发展、设施完善、环境优美、村风和谐的新农村建设示范村。与会代表在观摩考察中，纷纷赞叹新建村村民沐浴在党的民族政策的春风中，积极参与“村企共建”，发展劳务经济，建设美好家园的精神风貌。

在撒拉族民俗博物馆，与会代表通过参观民俗展、成果实物展、成果图片展和《古兰经》展，感受到了撒拉族人民古朴醇厚的民俗风情和敢闯敢拼、自强不息的民族精神。他们纷纷认为，撒拉族群众要继续发扬民族精神，把撒拉之乡建设得更加美好。

与会代表还参观了骆驼泉景区，并前往文都乡，参观了爱国主义教育基地——十世班禅大师故居。

——薛军:《全国人口工作经验交流会与会代表赴循化观摩考察》，青海新闻网，http://www.sina.com.cn.2009 年 7 月 12 日。

自 2005 年实施国家扶持人口较少民族发展项目以来，青海省循化撒拉族自治县的经济社会发展步伐明显加快。去年循化县实现生产总值 9.18 亿元，比“十五”末增长 64.2%；城镇居民可支配收入达 1.09 万元，比“十五”末增长 53.8%；农牧民人均纯收入达 3250 元，比“十五”末增长 61.4%。各项主要经济指标保持了持续快速增长的势头。

位于黄河上游的循化是被国务院确定的人口较少民族扶持发展地区之一。这个国家扶贫开发工作重点县有 90 个撒拉族聚居村，占全县建制村总数的 58.4%，撒拉族人口 7.89 万人，占全县总人口的 62.2%。按照国家扶持人口较少民族发展规划，4 年来循化县累计实施项目 541 个，完成各类投资 2.2 亿多元。

目前的循化县撒拉族聚居村，全部通电、通油路或硬化公路，73% 的村通广播电视，98% 的村通电话；73% 的村已建成卫生室、文化室，95% 的村达到安全人饮要求。撒拉族聚居村逐步改善基本口粮田，人均粮食占有量达 164 公斤。同时，撒拉族聚居区九年义务教育目标已基本实现。

此外，以薄皮核桃、花椒、红线辣椒、牛羊贩运育肥为主要内容的特色农牧业遍地开花。“一核两椒”、杂交油菜等特色作物种植面积达 17 万亩，占总耕地面积的 84%，畜牧业收入在农牧民人均纯收入中的比例达 38.8%。去年全县转移输出农村劳动力 4.25 万人次，实现劳务收入 1.7 亿元。去年循化县共接待国内外游客 51.75 万人次，实现旅游收入 1.04 亿元。

与此同时，循化县民族工业蓬勃发展。仙红、天香、忠华核桃等一批国家级、省级农业产业化龙头企业相继发展壮大，“雪舟”“布哈拉”等服装鞋帽品牌已成为国家驰名商标，以民族用品、清真食品、旅游纪念品、农畜产品加工等为主的街子镇工业集中区形成框架。

——陈沸宇、郅振璞：《受益于国家扶持人口较少民族发展政策　扶持项目带动青海循化全面发展》，《人民日报》，2009 年 7 月 10 日。

伊佳公司是青海省循化撒拉族自治县的一家民营企业，主要生产穆斯林服饰等民族用品，2005 年被评为“中国最具生命力民营企业”。

国家实施扶持人口较少民族发展工作以来，循化县紧紧围绕“工业强县”，突出“做大骨干、扶优扶强、狠抓中小”三个重点，把伊佳民族用品有限公司作为重点扶持的中小企业之一，加快区域经济发展步伐，拓宽农村妇女就业领域，促进群众增加收入，取得了良好的经济社会效益。

近年来，循化县委、县政府从循化县实际出发，紧密结合伊佳公司劳动密集型企业的特点，积极探索和大胆实践“企村共建”模式——“企业建在农村、车间设在农户”，将国家扶持人口较少民族发展资金作为农户“股本金”，集中投入到伊佳公司。该企业将生产车间建在贫困农户家里，统一购置机器设备，负责培训人员，提供产品样品、生产材料和技术服务，分散加工产品，并由公司统一验收产品。贫困群众既是企业的股东，又是企业的员工，赚取劳务费并分红，形成了“股东 + 员工”的格局，使企业和农户的利益关系紧紧连在一起，成为利益共同体。2008 年，共建立加工车间 20 个，从业人员 156 名，日产帽子 1.2 万顶，每人月均工资收入达到了 800 元，最高收入在 1000 元以上，每户农民每年可增加收入 7000 余元。

2009 年，按照“整合资金、连片开发、整村推进”的原则，政府各有关部门加大项目和资金整合力度，进一步扩大“企村共建”覆盖面，争取人口较少民族扶持资金 500 万元，在 13 个撒拉族贫困村设立加工点 100 个，2000 名撒拉族农村妇女实现就业，人均年收入将达到 6000 元以上。项目辐射将达到 5 个乡镇 2128 户 10291 人。

通过实施“企村共建”项目，村里的撒拉族妇女成为伊佳公司“股东”和足不出家门的公司员工，实现了农业生产和打工赚钱两不误。如此一来，不仅收入有了保障，妇女们的思想也得到了解放，极大地调动了加快发展的积极性。

与此同时，伊佳公司自身得到了迅速发展和壮大，目前已成为劳动密集型与科技型相结合的现代新型企业、全球最大的穆斯林用品生产企业，其产品远销中东、中亚、东南亚以及非洲等 20 多个国家和地区，并占领了国内 95% 的穆斯林民族用品市场，呈现出供不应求的良好局面。

——张克清、罗占祥、白祥保：《青海省循化县双赢的“村企共建”模式》，中国广播网，2009 年 7 月 10 日。

精美的撒拉族民间工艺品、极具民族特色的生活用具、展现发展成就的图片长廊、世界上已有的最早的三本《古兰经》手抄本之一……

位于循化撒拉族自治县街子镇三兰巴海村的撒拉族民俗博物馆，运用浮雕、场景、实物配图片、服饰模特、沙盘等方式，集中展现了撒拉族异彩纷呈的历史文化、古朴醇厚的民俗风情、富有特色的文化底蕴、坚韧不拔的创业精神和撒拉族在政治、历史、文化、经济等方面取得的辉煌成果。

走进一楼的撒拉族民俗风情展，在浮雕、场景、撒拉族曾经使用的各类生产生活工具等实物展示中，撒拉族的来历、撒拉族的特性、撒拉族民俗、撒拉族风情四个板块突出了“坚韧的撒拉尔”这个主题，表现了几百年来撒拉族在建设家园过程中坚韧不拔、乐观向上的精神风貌和独特的民俗风情，充分展示了撒拉族的历史和生产生活风貌。

“奋进的撒拉尔”是二楼展厅的主题，在这个展厅里，参观者可以通过特色农产品、民族工业、文化产品和清真食品等实物展示，感受到撒拉族人民在党的民族政策光辉照耀下，拼搏奋进、不甘人后的精神。

三楼的成果图片展，则以“崛起的撒拉尔”为主题，以《过去、现在和未来》图片长廊为主线，通过政治、经济、社会、文化四大板块，在大幅新旧图片的展示和播放的幻灯片、县城模型及规划沙盘中，充分展现循化建县及改革开放以来发生的翻天覆地的变化。

在具有伊斯兰建筑装饰风格的四楼展厅，第一部分展览以撒拉族东迁内容为主，运用装饰图文，讲述东迁历程。在展览的第二部分，参观者可以看到千年珍贵的手抄本《古兰经》，也可以看到这里收集存放的一些其他版本《古兰经》。

循化撒拉族自治县是我省唯一被国务院确定的人口较少民族扶持发展地区，近年来，在国家的关心支持和兄弟省市的帮助下，循化县的经济建设和社会各项事业得到快速发展。7 月 1 日、2 日，记者先后走进忠华核桃园、积石镇新建村等 4 个此次全国扶持人口较少民族发展工作经验交流会观摩点，了解到劳务经济、“一核两椒”特色农业极大地推动了当地经济发展。从今日起，本报将推出走进循化系列报道，敬请关注。

——薛军：《一扇展示撒拉族风貌的窗口》，《青海日报》，2009年7月11日。

进入7月，在距循化撒拉族自治县县城4公里的石头坡村，一处郁郁葱葱的核桃园格外显眼。步入园内，展现在眼前的是一派硕果累累的丰收景象。这就是鼎鼎有名，被当地农民誉为“绿色银行”的忠华核桃园。

循化县核桃种植已有数百年历史，但长期以来仅限于一家一户、房前屋后、零星分散种植，并没有形成种植规模。1998年，这种局面改变了。25岁的撒拉族青年韩忠华引进新疆薄皮核桃树后，整个循化县的核桃种植业有了转折点。

“那时就是想试试看，只引进了7株薄皮核桃苗，没想到的是，在本地嫁接改造后，成活了6株！”7月1日，这位干练的核桃园老板回忆道。如此高的成活率，让他感到兴奋。第二年，他就大胆引进了2000株优良品种苗，通过反租倒包、转包等新的土地流转形式，他从石头坡村和邻近的村民手中承包了一百多亩耕地，建起了忠华核桃园。

俗话说，“桃三年，杏四年，想吃核桃十八年”，一般情况下，循化当地核桃树要等18年才能结果，老一辈人觉得韩忠华是在冒险，都提醒他要慎重。可是，韩忠华凭借年轻人的干劲，4年时间就让周边的村民们接受了这种三年开始挂果的薄皮核桃。“你看，这棵核桃树已经七岁了，已经到了盛产期。”看着硕果累累的核桃园，韩忠华很是高兴，他说：“看到薄皮核桃皮薄肉厚的好品质，每公斤卖到60元的好价钱，人们都自发地种上这种核桃树，担心苗子活不成的老人们也都放心了。”

除了大胆尝试引进新品种，土地流转承包也是忠华核桃园日益壮大的主要原因。要扩大规模，需要大片的种植基地。2000年，韩忠华承包了500亩耕地；2008年，在政府的扶持下，韩忠华又承包建起了一个1469亩的核桃基地，带动3519户农户种植薄皮核桃。

随着忠华核桃产业的发展壮大，周边乡镇的农户都加入到了发展薄皮核桃产业的行列。除了承包农户的土地，忠华核桃园还无偿为农户提供栽培、嫁接、育苗、虫害防治等科技服务。等果子成熟核桃园再收购、加工。截至目前，忠华核桃种植区带动万余农民种植核桃。除了循化县，还有化隆、民和、乐都等地的3500多户农户，也纷纷加入到发展薄皮核桃的行列，忠华核桃园每年给农户每亩600元的补偿。

土地流转，不仅促进了土地规模化、集约化经营，还使农户从土地上获得了稳定的收益，将他们从土地上解放出来，安心外出务工增收。忠华核桃园不仅是循化特色农业发展的一个缩影，更是循化土地流转，实现规模、集约经营的成功典范。

循化县政府的统计数据显示，循化县近40%的核桃树现已开始结果，预计进入盛产期后，年产值达2.1亿元。据估算，每亩核桃林在盛果期的产值可达8000元，比1亩小麦产值高出近10倍，全县农民人均收入能提高1600元。核桃产业现已成为循化特色种植业的一个支柱产业。

——花英：《小核桃大产业——走进循化系列报道之一》，《西海都市报》，2009年7月9日。

1996年的一天，不想一辈子面朝黄土背朝天的韩建民，带着家人登上了开往北京的火车，成了循化撒拉族自治县积石镇新建村第一个出门开拉面馆的人。

7月1日，在自家新盖的约莫三百平方米的房子里，年过花甲的韩建民说起了饭馆起步时遇到的困难："刚到北京那会儿，我们连普通话都说不好，与人沟通很难，开馆子的各种手续办得相当费劲。"韩建民说，万事开头难，离开小乡村到发达的都市，很多事情都适应不了，但无论遇到多难的事，他都凭借一股干劲，硬着头皮面对，始终没有想过放弃"让循化拉面走出去"的梦想。

终于，经过一年多的努力，回头客多了起来，小饭馆的生意越来越好，韩建民结识了不少朋友，见识也越来越广。就这样，在北京坎坎坷坷地过了11年后，挣了两百多万元的韩建民，带着闯荡大城市的经历，开着小轿车回到了他日思夜想的家乡——新建村。

"一人富了不算富，得让乡亲们的日子也好起来。"韩建民赚了钱，有了经验，不忘帮助乡亲们。几年来，他不断地给乡亲们教拉面手艺、传经营经验、借启动资金，还一直强调转变和坚持创业观念的重要性，总是鼓励年轻人要敢跨出门，将眼光放长远，要不断学习才能致富。

新建村党支部书记马奎武介绍，如今，全村有一半人走出家门从事餐饮业、汽车运输业。韩建民作为"拉面经济"的示范榜样，前前后后共带动村里两百五十多人致富、发家。除了同乡之间的互相帮助，循化县政府还协调发放了520万元小额贷款，用来帮助村民从事餐饮业。目前，在全村劳务输出人员中，开拉面馆的就有60户，他们的足迹遍及北京、深圳、杭州等全国55个大中城市。可以说，新建村已成为全县赫赫有名的劳务经济大村。

而今，113 户 636 名撒拉人在新建村安居乐业，整个村庄已成为环境优美、基础设施完善的新农村。“以前我们住的是土房子，下雨出门要脱了鞋走路，看病的卫生所也只有血压计、听诊器等设备。现在，硬化路通到了每家每户，太阳能路灯亮化了村庄，小广场上还有了新的体育运动设施，村委会的大院里，也建起了新的卫生所。”韩建民高兴地说，兴建卫生所共投入了 70 多万元人口较少民族扶持发展资金，今年 6 月底卫生所建成并投入使用，医疗能力覆盖到周边 5 个自然村，在这个面积约 600 平方米的卫生所里，B 超机、心电图仪、多功能生化仪等医疗设备一应俱全。

种上了果树、线辣椒，开起了饭馆当老板，盖起了砖房住大房，在银行存点钱还能再买小轿车，现在还能在家门口看病……政府的大力扶持加上村民们自身的辛勤努力，使得新建村撒拉人的日子像蜜一样甜。

——花英：《一个人带富一个村——走进循化系列报道之二》，《西海都市报》，2009 年 7 月 10 日。

7 月 2 日晚 7 点，热了一天的循化撒拉族自治县的积石镇凉下来了，不少人领着孩子，扶着老人，来到了新修的广场。老人们坐在繁花盛开的花坛边，认真看大屏幕上播放的新闻联播；孩子们在音乐喷泉边嬉戏；卖水果、卖小玩意儿的摊贩们生意忙得不可开交。这样的场景和马路边不少具有民族特色的建筑，给人一种感受，这就是积石镇越变越美，人们的日子越过越舒坦。

自 2005 年国家出台扶持人口较少民族发展规划以来，我省加大扶持循化县经济社会发展的力度，在当地实施了道路交通、社会事业、农村经济发展、旅游市场建设等 4 大类 541 个项目。

这项政策给循化人带来了福音，循化人的居住环境、社会公共设施等条件得到了明显改善。

在介绍循化基础建设时，循化县城建局局长白洁一脸喜悦。她说，循化县县城积石镇原本只有积石大街这一条街，随着这几年国家扶持力度加大，如今，积石镇已累计投资近 6500 万元，建设了黄河路、广场路、天池路等 10 条城市主干道以及排水工程和道路装饰，形成了“三横五纵”的道路网。此外，市政大桥、极限挑战赛观礼台、人民广场、民俗一条街商业楼等配套设施，也相继在县城建起来了。现在，积石镇的绿化覆盖率达到 31%，县城荣获了“中国绿色名县”这一称号。

循化县发展计划局副局长马惠忠介绍，循化县90个撒拉族村的道路已全部完成硬化，90个撒拉族村全部通电，85个村实现广播电视村村通工程，66个村拥有卫生室，33个村达到安全人饮要求……截至目前，循化县90个撒拉族村中，共有31个村达到“四通、五有、三达到”的标准。

在加快建设县城基础设施的同时，循化县还累计筹措1.2亿元，完善了街子、白庄、道帏、文都、公伯峡等五个集镇的基础设施，风格各异、特色鲜明的小集镇已粗具规模。

——花英：《县城越变越美，日子越过越好——走进循化系列报道之三》，《西海都市报》，2009年7月10日。

7月11日，全国扶持人口较少民族发展工作经验交流会与会代表前往循化撒拉族自治县进行了观摩考察。循化撒拉族自治县在扶持人口较少民族发展工作中所取得的成绩，受到了全国代表们的赞誉。

来自甘肃省的一位代表告诉记者，在观摩考察过程中，循化撒拉族自治县种植的小核桃引起他的极大兴趣，并对此进行了详细了解，觉得循化撒拉族自治县发挥自身优势，大力发展特色种植业，在推动农村经济发展中取得丰硕成果，值得兄弟省份学习。据来自国家开发银行的一位代表介绍，循化撒拉族自治县近年来取得了一系列好的成绩，“拉面经济”、民族企业都呈现出良好的发展势头，自全国扶持人口较少民族发展专项规划实施以来，国家开发银行已为循化撒拉族自治县发放资金1.5亿元，用于支持该县基础设施建设及发展特色产业。国家民委副主任杨健强表示，循化撒拉族自治县在劳务输出方面所取得的成绩值得肯定，他考察时曾在广州见到在那里创业的循化撒拉人，不仅在当地挣了票子、买了车子和房子、教育了孩子，还把很多老乡带到广州创业，走出了一条共同富裕的道路。来自黑龙江的一位代表认为，作为欠发达地区，青海省循化撒拉族自治县所取得的成绩更显得来之不易，青海省为此所做的努力值得学习，撒拉人的创业精神令人钦佩。另外，国家民委一位负责人还对《西宁晚报》相关报道给予了高度评价。

——张扬：《“循化模式”受到全国代表称赞》，《西宁晚报》，2009年7月12日。

“以青海省循化县为例，几年来，该县的撒拉族群众人均收入每年以17%的速度增长，去年底达到3250元，已经超过当地平均水平。‘拉面经济’‘建筑铁军’正在走向全国，撒拉族群众既挣了票子、练了胆子，又换了脑子、闯了路子，他们的成就令人鼓舞，其经验值得学习借鉴。”杨健强对记者说，他在多次调研中亲身感受到，人口较少民族地区广大干部群众对扶持人口较少民族发展政策带来的实实在在的好处欢欣鼓舞、衷心拥护，精神面貌焕然一新。

——《不让一个兄弟民族掉队——专访全国政协常委、国家民委副主任杨健强》（2010 年 5 月 27 日），中华人民共和国国家民族事务委员会网站，https://www.neac.gov.cn/seac/xwzx/201005/1007964.shtml，2022 年 8 月 19 日登录。

党和国家扶持人口较少民族撒拉族发展纪实

循化撒拉族自治县地处青海省东部黄河谷地，是全国唯一的撒拉族自治县，也是我省唯一被国务院列入 22 个人口较少民族扶持发展地区的县。全县国土面积 2100 平方公里，海拔在 1760 米至 4635 米之间，平均海拔为 2300 米，年均气温 8.6 摄氏度。全县辖 3 镇 6 乡 154 个行政村，总人口 126927 人。其中，撒拉族建制村 90 个，占全县行政村总数的 58.4%；撒拉族人口 78911 人，占全县总人口的 62.2%。

自 2006 年党和国家实施扶持人口较少民族发展政策以来，在国家民委、国家发改委、财政部、中国人民银行、国务院扶贫办和省、地相关部门的大力支持下，循化县四年实施扶持项目 541 个，累计完成各类投资 22023.41 万元。其中，中央专项资金 4984 万元，省、地、县配套 13076.62 万元，群众自筹 342 万元，扶持人口较少民族发展补助资金 3620.79 万元。撒拉族群众生产生活条件得到明显改善，推动了富裕文明和谐新循化建设进程。

2008 年，全县完成生产总值 9.18 亿元，完成地方财政一般预算收入 4240 万元，全县农牧民人均纯收入 3250 元。

——发展特色农业，优化种植结构。以实施扶持人口较少民族生产发展性项目为突破口，以做大做强“一核两椒”（核桃、线辣椒、花椒）产业为重点，加大对特色优势作物的扶持力度，特色作物种植面积进一步扩大，种植业结构调整步伐进一步加快，经济效益进一步提高。全县线辣椒种植面积达 2.1 万亩，产量达 2626 万公斤，产值达 13130 万元；花椒栽种面积达 7500 亩，产量达 6.5 万公斤，产值达 273 万元；以薄皮核桃为主的优质杂果栽种面积达 1.15 万亩，产量达 5 万公斤，产值达 350 万元。

——强化政策扶持，加快畜牧发展。以打造全省农区畜牧业示范县为目标，以人口较少民族设施畜牧业发展项目为抓手，整合了“西繁东育”“自繁自育”工程项目资金和金融资金、贷款贴息以及群众自筹资金，畜牧业快速健康发展。2008年，畜牧业总产值达到了1.64亿元，畜牧业收入在农牧民人均纯收入中的比重达到了38.8%。全县牲畜社会饲养量达46.75万头（只），牛羊贩运育肥户达到3125户，贩运育肥牛羊49.33万头（只），实现牛羊贩运育肥收入3049万元。

——发展民族经济，带动地方产业。以项目强化外宣力度，催生旅游经济。以丰富的自然景观和独特的撒拉族民俗风情为载体，积极推进“党委领导、政府推动、部门参与、企业运作”的政府主导型旅游发展模式，不断转变观念，强化措施，加大宣传和投入力度，扎实推进“旅游活县”战略，全县旅游业快速发展。环青海湖国际公路自行车赛、国际黄河抢渡极限挑战赛、高原江南春来早等大型文化体育活动的相继举办，全面提升了循化的知名度和美誉度。

以建设为依托，以技术进步为动力，把握扶持人口较少民族发展的历史机遇，积极实施“工业强县”战略，重点培育有地方特色的工业体系，工业经济的主体地位更加突出，运行质量不断提高。2008年，完成工业增加值1.71亿元，比上年增长25.2%。同时，非公有制经济蓬勃兴起，逐步成为拉动工业经济持续快速健康发展的重要力量，促进了地方经济又好又快发展。

——提高劳务技能，拓展输出市场。全面实施“阳光工程”“雨露计划”等技能工程，大力举办农民工实用技术培训，提高群众劳务技能，拓展劳务输出市场，劳务经济快速发展。2008年，投入农村劳动力技能培训经费达到197.2万元，共培训农村劳动力4987人，输出4738人，培训就业率达95%。为33户群众实施了青年创业贷款项目，落实创业贷款264万元。全年实现劳动力转移就业42510人（次），劳务收入达到了17135万元。

——推动公共事业，解决民生问题。基本实现“普九”目标，校舍改造步伐加快，办学条件逐步提高，义务教育“两免一补”政策有效落实，中小学布局调整工作有序推进，高中教育和职业教育质量不断提高，学前教育得到较快发展。全县农牧民参合率达98%以上，计划生育优质服务上水平、上台阶，城乡居民最低生活保障和城镇医疗保障制度得到有效落实，社会保障体系进一步完善。

541个扶持项目助建幸福新农村

循化县积石镇新建村是撒拉族移民村，位于县城以北黄河岸边，距县城5公里，海拔1800米，年平均气温8.6摄氏度，水利、光热条件好，适宜发展特色农牧业。全村现有2个生产合作社，113户636人，1260亩耕地。劳务经济、特色种植业、养殖业和“村企共建”是新建村的四大主导产业。2008 年，全村经济总收入达 490 万元，农民人均纯收入达 4450 元，农民人均纯收入居全县前列。

——勇跨山门，好男儿志在四方。以前的新建村土地贫瘠，村民入不敷出，穷则思变，村里先后有 240 人走出家门，从事餐饮业、汽车运输业等，足迹遍及北京、深圳、杭州等全国 26 个省市的 55 个大中城市。县政府积极协调发放小额贷款 520 万元，扶持壮大村子餐饮业，提高了村民自主创业能力。如今的新建村已是全县赫赫有名的劳务经济大村。

——“村企共建”，巧艳姑大展身手。将企业加工车间建到广大农村，不仅能降低企业生产成本，还能就近解决闲散劳动力就业，促进农民增收。这也是循化加快扶贫开发进程的又一新思路。通过人口较少民族扶持发展项目，新建村投资 85 万元建立伊佳民族服饰加工点 10 个，每个点安排 5 台机械设备，共安置 100 个撒拉族妇女从事服饰加工，月收入在 600 元以上。

——结构调整，“一核两椒”处处红。为了在有限的土地上收获更高的效益，通过政策扶持引导，新建村着力培育以“一核两椒”为主的特色种植业，并逐年提高种植比重。全村 113 户全部种植线辣椒，2008 年，全村的线辣椒收入达到 342 万元，人均收入达 1945 元。

——股份合作，农民也能当股东。为了实现“村有支柱产业，户有增收项目”的目标，2006 年，该村整合 100 万元资金用于牛羊养殖项目，并成立新建村养殖业协会。按照“农户入股、联户经营、按股分红”的发展思路，每 10 户为一组联营，由协会从 10 户中选出一户养殖大户负责搞牛羊育肥，村民入股，年年分红，并建立起再发展基金滚动发展。目前，新建村已从零散圈养逐步发展成为规模养殖，户户成为养殖大户，养殖业收入已占到农业收入的 21.5%。

新建村的发展是国家扶持人口较少民族政策成果的一个缩影。四年来，循化县境内实施的 541 个人口较少民族扶持项目，涉及农田建设、饮水安全、水利设施、暖棚养殖、乡村道路、中小学校舍、村卫生室、村文化室建设等方面。这些项目推动了社会经济发展，增强了发展特色农牧业、壮大了县域经济的后劲。撒拉族作为中华民族大家庭中的一员，沐浴着国家扶持人口较少民族发展政策的阳光，正在阔步向前，建设幸福家园。

贫困农户家里飘出“创汇”歌

在黄河岸边积石山下，有一家全球最大的穆斯林民族用品生产企业——青海伊佳民族用品有限公司。这是办在贫困农户家里的“创汇厂房”，这是撒拉族青年回乡创业实现梦想的成功典范，这是撒拉族妇女足不出户增收致富的企业。伊佳创立之时，恰逢国家出台扶持人口较少民族发展政策和省委、省政府打造民族企业品牌的重要机遇。公司牢牢把握这一难得良机，确立“生产科技化、管理现代化、市场国际化、规模集团化”的发展目标，以市场为导向，以高科技为依托，以开发特色产品为主线，在县委、县政府的引导下，大力实施“村企共建”项目，即把企业建在农村、车间设在农户、农民成为“股东”的经营模式。这种模式不仅使企业资金短缺、厂房紧张等问题得到解决，降低了生产成本，提高了经济效益，而且极大地调动了撒拉族妇女解放思想、转变观念、争创收入的积极性。村民足不出户成了伊佳公司的“员工”或“股东”，实现了农业生产和打工赚钱两不误，企业和农户的利益关系紧紧连在一起，成为利益共同体。在广大农户的大力支持下，短短10年间，伊佳从一个名不见经传的家庭作坊式加工厂发展成为一个集开发、设计、生产、销售为一体，拥有资产3.2亿元，员工5300多名，日生产帽子8万顶的外向出口型龙头企业。公司生产的盂加拉帽、沙特帽、女士纱巾、拜毯、阿拉伯挂毯等独具民族特色的产品逐步走出县门，迈向世界。公司凭借产品成本低、款式新、技术含量高等优势，不但在国内同类穆斯林产品市场上独占鳌头，还出口到沙特、阿联酋、巴基斯坦等20多个伊斯兰国家，市场占有率居国际同类产品前列，赢得了广大穆斯林消费者的信赖，成为引领国际穆斯林民族服饰市场新潮流的前导品牌。

伊佳的成功为循化县乃至周边县扩大劳动力转移再就业开辟了新途径，为企业参与新农村建设提供了新的途径和模式，走出了一条因地制宜、脱贫致富的新路子，走出了一条知名品牌闯市场的新路子，走出了一条企村共建的新路子，走出了一条吸纳农村妇女就业共同致富的新路子。

撒拉尔演奏的牛羊繁育致富曲

受气候、水土等因素影响，循化县牛羊肉肉质鲜嫩，味道鲜美独特，再加上背靠黄南、甘南两大牧区，面向西宁、临夏、兰州三大市场，循化现代畜牧业占据了天时、地利、人和诸多优势，畜产品市场前景十分广阔。

循化县委、县政府紧紧抓住国家扶持人口较少民族发展项目机遇，大力发展特色养殖业，用产业兴企业，用企业带产业，不断扩规模、壮产业、铸品牌、拓市场、促增收。不断加大规模养殖基地建设力度，近年累计投入5120万元畜牧业专项贷款，确定6个乡17个村700户作为重点扶持对象，逐步形成了具有区域特色的绒山羊、牦牛、藏系羊、奶牛等牛羊贩运育肥基地，畜牧业已经成为群众增收致富的主打产业。目前，全县已建成各类畜禽饲养小区（场）33 处、专业村 27 个，年饲养能力达 40 万头只，肉类总产量达 6767 万吨。2008 年，全县牲畜社会饲养量达 46.75 万头（只），畜牧商品率达 47%，出栏率达 58.2%，畜牧业产值达 1.64 亿元，占农业总产值的 53%，畜牧业人均收入达 1216 元。

在大力发展特色养殖业的过程中，循化县积极探索推广股份养殖、养殖公司代理饲养、整村连片养殖以及“公司＋基地＋农户”和“村企共建”扶贫开发等新型产业化养殖经营模式，极大地调动了群众发展现代特色畜牧业的积极性，涌现出了一批以牧旺公司为代表的集农畜贩运、养殖、加工等为一体的现代畜产品加工企业。这些企业与周边农户签订肉牛养殖合同，实行由公司无偿为农户提供良种肉牛、饲料、技术，农户饲养成年后生产的公犊卖给公司育肥，母犊作为后备母牛扩大再生产的运作机制，实现了公司与农户的双赢。

展望未来，我们看到年育肥 500 头牛、10000 只羊的民生牛羊养殖基地，年育肥 5000 头牛、10 万只羊的甲秀畜产品开发有限公司牛羊养殖基地，年育肥 100 头牛、5000 只羊的利民牛羊养殖基地和年育肥 5000 只羊的托隆都养殖基地正在建设之中，传统养殖和农区集中规模养殖互补、自繁自育和西繁东育互补的畜牧业良性发展格局正在形成。聪明的循化人看准了公伯峡、苏只、黄丰、积石峡四座大中型水电站库区水体资源丰富、适宜水产养殖的优势，大做水产文章。2009 年“青洽会”上，外省市的水产企业已与循化县签订投资 2000 万元的水产养殖合同。我们有理由相信，水产养殖将成为循化又一个特色支柱产业。一个牛羊满山跑、鱼虾水中游的壮美景观终将展现在青藏高原上。

打造“一核两椒”品牌，建设黄河谷地特色产业带。长期以来，凭借黄河两岸相对良好的自然地理条件，循化县素有种植核桃、线辣椒、花椒、苹果、西瓜等特色农产品的传统，享有青海“瓜果之乡”之美誉，发展特色农业具有得天独厚的条件。

循化县委、县政府立足实际，发挥特色优势，以产业结构调整为主线，以“农业增效、农民增收”为核心，通过出台土地流转激励政策，引导农民发展特色农业，着力打造“一核两椒”为主的黄河谷地特色种植示范基地。目前，循化县核桃、线辣椒和花椒产业发展粗具规模，已建成 300 亩以上的核桃基地 5 个，100 亩以上的核桃基地 20 个。建成总面积达 3517 亩的线辣椒基地 10 个。建成了 30 亩特色景观果园基地和园林花卉苗木培育基地。全县仅以“一核两椒”为“一村一品”的乡村就达到了 67 个，其他特色作物及优势作物种植规模日益扩大。同时，进一步完善了集中区道路、水、电、科研基地等农业综合基础设施建设，力争打造“一核两椒”、蔬菜、花卉、水果等经济作物种植特色农业示范区，打造以农业观光、生态旅游和农产品加工为一体的农业产业化示范基地，为全面推进全县特色农业发展发挥了示范、引领作用。

特色农业的深入发展，尤其是循化线辣椒荣获国际农产品博览会金奖的喜讯，使精明的撒拉人从金灿灿的奖杯上看到了线辣椒无限的商机，萌生了兴办农产品加工企业的强烈愿望。为了做大做强特色产业，循化县以扶持、发展龙头企业作为推动农业产业化经营的突破口，按照“公司+基地+农户”的形式，先后培育出了“天香”两椒开发公司、“仙红”两椒开发公司等产、供、销为一体的农业产业化龙头企业。企业对农产品进行深加工，延长了农业产业链条，增加了农产品附加值，带动更多农户加入到特色产业当中。截至2008年年底，全县辣椒种植户发展到7500户，年产量达到2626万公斤，并通过产品深加工出口海外，产值达1.3亿元。“一核两椒”等特色农业使农民人均增收500元。目前，循化辣椒酱作为我省第一个特色农产品成为航空食品，供应国内外空运市场，使撒拉之乡的土特产带着泥土的气息飞向了蓝天，一条以特色产业促进农业增效、农民增收之路迎着初升的太阳在积石山下延伸、再延伸，一直通向和谐幸福的明天！

——中共循化县委宣传部：《沐浴在党和国家扶持人口较少民族发展政策的阳光下》，《青海日报》，2009年7月9日。

循化县扶持人口较少民族发展规划实施情况总结

（二〇一〇年十二月一日）

自2006年国家启动扶持人口较少民族发展资金以来，循化县共获得中央扶持人口较少民族（撒拉族）第一个五年专项规划项目资金6224万元，实施项目190个。其中：2006年下达投资1800万元，建设项目36个；2007年下达投资1800万元，建设项目75个；2008年下达投资1513万元，建设项目32个；2009年下达投资496万元，建设项目24个；2010年下达投资615万元，建设项目23个。五年来，实施农村经济发展项目55个，投资1390万元。其中：1.良种田改造10个项目，投资111万元，包括良种田建设6470亩、渠道防渗265.7公里、田间道路40.8公里、土地平整2433亩；2.特色种植业32个项目，投资444万元，包括特色种植6847亩、温棚种植220幢；3.养畜温棚建设4个项目，投资442万元，建设养畜温棚15360平方米；4.人畜饮水工程9个项目，投资393万元，工程包括水塔3座、提灌站5座、输水管道49.7公里；

5. 道路交通建设 39 个项目，投资 3503 万元，修建通村公路 213.5 公里；6. 社会事业项目实施 90 个，投资 991 万元，新建 90 个文化卫生室，建筑面积 11140 平方米、配备 60 套广播电视系统；7. 旅游示范村 3 个和三个集镇的综合治理及市场建设，共投资 340 万元。资金投向大致分为两类：一类是基础设施建设项目，占资金总量的 83%；另一类是群众增收项目，占资金总量的 17%。

实施的扶持人口较少民族发展专项规划，政策力度之大、投入资金之多、覆盖范围之广，在循化县民族发展史上是前所未有的。

自 2006 年党和国家实施扶持人口较少民族发展政策以来，我县少数民族和民族地区发展取得了很大成绩，基础设施建设显著加强，各族群众的生产生活条件得到很大改善；综合经济实力明显提升，增长质量和效益显著提高；社会事业发展不断加速，经济社会发展协调性进一步增强。为维护社会稳定奠定了坚实基础，为进一步促进少数民族和民族地区发展积累了宝贵经验。

循化县是一个少数民族聚居地区。循化是全国唯一的撒拉族自治县，少数民族占总人口的 94%。是一个农牧业地区。全县农业人口占总人口的 90%，耕地面积 26.8 万亩。畜牧业收入在农民人均收入中占 35%。是一个深度贫困地区。循化县是国家扶贫开发工作重点县，目前尚有 3.24 万人处于贫困线以下，占全县总人口的 24.8%。是一个水利资源丰富的地区。黄河流经我县 90 多公里，已建成和在建的大中型电站有四座。除黄河以外还有 17 条主要河流，上建水库发展农业综合开发项目潜力巨大。是一个旅游资源富集地区。循化县是全省旅游扶贫开发示范县、全国农业观光旅游示范县、国家 AAAA 级旅游景区。被评为“中国县域旅游品牌百强县”“中国县域旅游品牌景区百强县”“中国绿色名县”。

“一五”规划是扶持全省撒拉族发展建设规划，范围覆盖我县撒拉族聚居的白庄镇 21 个村、积石镇 16 个村、街子镇 19 个村、查汗都斯乡 17 个村、清水乡 14 个村、道帏乡 3 个村等三镇三乡 90 个行政村、16771 户和 79986 人口。

“一五”规划建设内容包括农村经济发展、道路交通、社会事业、旅游市场建设等四大类 190 个项目，国家专项投资计划为 6224 万元。

“一五”规划建设期限为 5 年，即 2006—2010 年。

通过五年的努力，使撒拉族群众聚居的行政村的基础设施得到明显改善，群众的生产、生活和经济发展中的突出问题得到有效解决，基本解决贫困人口的温饱问题。使撒拉族的生活水平逐步迈向小康，其人均纯收入达到海东地区农民纯收入的平均水平。可概括为“四通”“五有”“三达到”的目标。即：

——撒拉族群众聚居的行政村基础设施条件有较大改善，除个别条件极端困难的地区外，要实现“通电、通公路、通广播电视、通电话”；

——撒拉族群众聚居的行政村“有学校、有卫生室、有安全人畜饮水、有安居房、有稳定解决温饱的基本农田”；

——撒拉族群众的人均粮食占有水平、农民人均纯收入和九年义务教育普及率指标要达到国家《扶贫开发纲要》和“两基”攻坚计划的要求。

在“一五”期间，将通过规划区的种植业结构调整、扶贫攻坚重点项目建设、人畜饮水工程、交通建设、科教文卫等社会事业的发展等项目建设，改善撒拉族群众生产生活条件，发展特色经济，促进群众增收，以期实现“四通”“五有”“三达到”的目标。

青海扶持人口较少民族《规划》实施近5年，是撒拉族生存环境不断改善、经济社会发展最快的五年，是撒拉族群众收入不断增长、生活水平提高最快的五年，也是政通人和、社会安定和谐的五年。通过扶持发展，极大地激发了撒拉族群众爱党、爱国、爱家乡的热情，撒拉族群众发自肺腑地感谢党和政府，幸福指数在不断攀升。五年来，发展专项规划实施取得了瞩目的进展和骄人的成果。我县90个撒拉族群众聚居行政村已有85个村达到了考核验收标准，基本实现了规划确定的“四通”“五有”“三达到”的目标。一些昔日封闭落后的乡村，面貌焕然一新，具有了朝气和活力，生存环境得到明显改善，村容村貌、村风民风发生了较大变化，呈现出生产发展、生活改善、民族团结、社会和谐的良好局面；一些贫困的农民群众，生活水平不断提高，逐步迈向小康。主要表现在以下几个方面：

一是基础设施显著改善。全县90个撒拉族行政村实施了以村道硬化、通村公路、便民桥等项目建设，原有的村道基本实现硬化，一条条新修的水泥路通到群众的家门口，彻底告别了行路难的日子。通公路的村占100%，提升了35个百分点；安全人畜饮水工程，将清澈的纯净水“请到”了庭院和灶头，解除了祖祖辈辈背水、驮水生活的繁重负担。达到安全人饮要求的村有82个，占规划村数的91%，提升了45个百分点；村通电话工程的实施，极大地提高了村民文明的生活质量和便捷的生活方式。90个村全部通了电和电话，分别提升了12个百分点和58个百分点。

二是特色经济快速发展。依托优势资源，调整产业结构，培育发展优势产业和特色经济，实现了经济的快速发展。农村经济总收入年均增长16%，农民人均纯收入年均增长 17.2%。通过土地经营权流转，在黄河谷地建成了“两椒一核”种植基地和农业产业化示范基地，占地面积达 3500 亩；大力发展农区畜牧业，发挥传统养殖业优势，扶持养殖重点户，使全县的饲养量年均增长 11%。同时，积极培育地方特色工业产业体系，以“公司＋农户”的模式，相继扶持了农畜产品加工龙头企业和具有鲜明地方特色的民族传统手工业；探索出以餐饮、建筑、交通运输、民族用品加工业等产业结构多业并举，收入来源多点并收的良好态势，初步走出了一条生产发展、生活富裕、生态良好的发展路子。

三是社会事业稳步推进。在教育方面新增或改扩建教育用房 3450 平方米，办学条件进一步改善。全面落实“两免一补”政策，适龄儿童入学率达到 98.8% 以上，初中毛入学率达到 96.5% 以上，实现“普九”教育，上学难问题基本解决，适龄儿童入学率、初中毛入学率、青壮年非文盲率均达到青海省“两基”验收标准。在卫生方面，新增或改扩建卫生用房 3600 平方米，拥有卫生室的村达到了 100%，提高了 45 个百分点，新型农村合作医疗覆盖率达到 97.5% 以上，孕产妇住院分娩率达到 89.1%，“因病致贫、因病返贫”现象明显下降。在文化方面，新增或改扩建文化用房 7200 平方米，拥有文化活动室的村达到 100%，提高约 58 个百分点，有了固定的文化活动场所；能接收广播电视节目的村达到 98%，提高 37 个百分点。在社会保障方面，逐步建立社会保障制度。大力实施了安居房建设项目，使 325 户农牧民告别了危旧房、简易房，占撒拉族危房户数的 83%。已改善基本口粮田的有 32 个，占规划村数的 35.6%。

通过人口较少民族发展项目的实施，群众上学难、就医难、行路难、住房难、饮水难等问题得到了根本性的解决，撒拉族群众的生产生活条件及村容村貌明显改善，社会公共设施、教育卫生文化等条件得到显著增强，群众素质不断提高，思想观念不断更新，经济建设和社会事业得到较快发展。特别是撒拉族聚居区“四通五有”方面取得了丰硕成果。

2009 年 7 月，国务院在青海召开全国扶持人口较少民族发展工作经验交流会，并将我县确定为现场观摩点，迎接来自 12 个省（区、市）、25 个国家部委的领导及部门负责同志共 163 人观摩扶持人口较少民族发展成果。这是对我县乃至全省扶持人口较少民族发展工作的充分肯定、赞扬和鼓励。

——循化撒拉族自治县人口较少民族办公室：《循化县扶持人口较少民族发展规划实施情况总结》（内部资料），2010 年 12 月 1 日。

七、人民生活统计资料

2001 年循化县扶贫情况统计表

乡镇	2000 年								2001 年					
	农牧民		解决温饱		返贫		贫困		解决温饱		返贫		贫困	
	户数	人数	户数	人数	户数	人数	户数	人数	户数	人数	户数	人数	户数	人数
合计	17894	103401	1950	9750	6700	32160	13586	62500	2801	12605	1915	8808	12701	58703
道帏乡	2427	12349	278	1457	774	3710	1402	6451	324	1456	330	1520	1408	6515
白庄乡	3727	19069	591	3016	1403	6730	2212	10176	484	2179	458	2108	2186	10105
孟达乡	496	2578	68	357	234	1141	468	2151	105	474	92	421	455	2098
清水乡	1580	8927	104	551	605	2900	1301	5984	276	1240	198	912	1223	5656
积石镇	2817	18149	230	812	869	4169	1920	8832	403	1815	256	1173	1773	8190
查汗都斯乡	1885	11954	135	707	795	3810	1802	8291	367	1653	93	429	1528	7067
街子乡	2315	16011	208	1096	938	4500	1920	8831	418	1880	122	562	1624	7513
文都乡	1417	7553	168	893	522	2520	1293	5948	190	856	139	640	1242	5732
尕楞乡	943	5172	120	615	382	1830	953	4385	163	732	185	851	975	4504
岗察乡	287	1639	48	246	178	850	315	1451	71	320	42	192	286	1323

——循化撒拉族自治县统计局：《海东市循化县统计局统计资料汇编（2001）》（内部资料），第 47 页。

2002 年循化县扶贫情况统计表

乡镇	2002								2001					
	农牧民总人口		当年稳定解决温饱人口		当年返贫人口		年末实有贫困人口		解决温饱人口		当年返贫人口		年末实有贫困人口	
	户数	人数	户数	人数	户数	人数	户数	人数	户数	人数	户数	人数	户数	人数
合计	19172	104219	1500	7498	149	729	11225	55585	2801	12605	1915	8808	12700	58703
道帏乡	2488	12048	344	1966	34	174	1860	9366	324	1456	330	1520	1408	6515
白庄乡	3733	19388	411	2322	41	207	2872	14360	484	2179	458	2108	2186	10105
孟达乡	501	2560	76	280	6	30	310	1550	105	474	92	421	455	2098
清水乡	13839	9357	125	574	12	61	1100	5500	276	1240	198	912	1223	5656
积石镇	3375	18553	93	469	9	45	1141	5705	403	1815	256	1173	1773	8190
查汗都斯乡	1920	12105	118	472	15	62	1163	5815	367	1653	93	429	1528	7067
街子乡	2602	15789	76	380	9	40	899	4495	418	1880	122	562	1624	7513
文都乡	1455	7728	139	557	12	59	1032	4674	190	856	139	640	1242	5732
尕楞乡	954	4974	86	356	8	38	673	3295	163	732	185	851	975	4504
岗察乡	305	1717	32	122	3	13	175	825	71	320	42	192	286	1323

——循化撒拉族自治县统计局：《海东市循化县统计局统计资料汇编（2002）》（内部资料），第 42 页。

2003 年循化县扶贫情况统计表

乡镇	2002						2003							
	解决温饱		返贫		贫困		农牧民		解决温饱		返贫		贫困	
	户数	人数	户数	人数	户数	人数	户数	人数	户数	人数	户数	人数	户数	人数
合计	1500	7498	149	729	11225	55585	19758	106108	1877	9383	179	901	8660	43306
道帏乡	344	1966	34	174	1860	9366	2512	12474	397	1985	44	212	1507	7388

续表

乡镇	2002						2003							
	解决温饱		返贫		贫困		农牧民		解决温饱		返贫		贫困	
	户数	人数	户数	人数	户数	人数	户数	人数	户数	人数	户数	人数	户数	人数
白庄乡	411	2322	41	207	2872	14360	3794	19672	574	2868	53	298	2428	11586
孟达乡	76	280	6	30	310	1550	520	2582	50	250	11	51	321	1608
清水乡	125	574	12	61	1100	5500	1843	9148	89	445	6	32	437	1970
积石镇	93	469	9	45	1141	5705	3383	18875	176	880	11	52	858	4425
查汗都斯乡	118	472	15	62	1163	5815	2283	12397	77	385	9	40	420	2141
街子乡	76	380	9	40	899	4495	2690	16432	255	1275	16	70	967	5052
文都乡	139	557	12	59	1032	4674	1466	7634	139	695	14	63	859	4500
尕楞乡	86	356	8	38	673	3295	958	5205	91	455	10	60	656	3460
岗察乡	32	122	3	13	175	825	309	1689	29	145	5	23	207	1176

——循化撒拉族自治县统计局：《海东市循化县统计局统计资料汇编（2003）》（内部资料），第 45 页。

2004 年循化县扶贫情况统计表

乡镇	农牧民总人口		其中：贫困村人口		当年基本解决温饱人口		当年稳定解决温饱人口		当年返贫人口		年末实有贫困人口		其中：绝对贫困人口		其中：低收入人口	
	户数	人数	户数	人数	户数	人数	户数	人数	户数	人数	户数	人数	户数	人数	户数	人数
合计	20115	108180	12040	59772	437	2185	188	939	59	303	8094	40485	1175	5883	6919	34602
道帏乡	2500	12400	2083	10126	95	475	15	71			1397	6842	179	865	1218	5977
白庄乡	3860	20000	3378	15989	115	557	42	201			2271	10828	325	1545	1946	9283
清水乡	1800	9500	596	2639	25	125	16	84	16	85	396	1761	54	232	342	1529

续表

乡镇	农牧民总人口		其中：贫困村人口		当年基本解决温饱人口		当年稳定解决温饱人口		当年返贫人口		年末实有贫困人口		其中：绝对贫困人口		其中：低收入人口	
	户数	人数	户数	人数	户数	人数	户数	人数	户数	人数	户数	人数	户数	人数	户数	人数
孟达乡	530	2500	458	2283	17	85	8	42			312	1566	53	269	259	1297
积石镇	3400	19300	1173	6012	45	228	31	157			782	4040	111	575	671	3465
街子乡	2800	16900	1337	6938	47	238	25	127			895	4687	128	679	767	4008
查汗都斯乡	2300	13000	550	2792	39	195	22	108			359	1838	37	193	322	1645
文都乡	1510	7800	1224	6416	20	107	13	67	7	35	833	4361	140	728	693	3633
尕楞乡	1005	5000	932	4845	19	97	10	48	7	39	634	3354	104	552	530	2802
岗察乡	410	1780	309	1732	15	78	6	34	29	144	215	1208	44	245	171	963

——循化撒拉族自治县统计局：《海东市循化县统计局统计资料汇编（2004）》（内部资料），第 42 页。

2005 年循化县扶贫情况统计表

乡镇	农牧民总人口		当年基本解决温饱人口		当年稳定解决温饱人口		当年返贫人口				年末实有贫困人口						返贫主要原因
							绝对		低收入		合计		绝对		低收入		
	户	人	户	人	户	人	户	人	户	人	户	人	户	人	户	人	
合计	21378	109752	158	797	1022	5123	43	220	75	370	7032	35155	1060	5306	5702	29849	旱灾
道帏乡	2504	12507	35	179	82	387	7	36	12	61	1299	6373	151	722	1148	5651	旱灾
白庄乡	4251	20360	42	206	228	1097	8	41	14	69	2023	9635	291	1380	1732	8255	
清水乡	2171	9707	9	46	87	458					300	1257	45	186	255	1071	旱灾
孟达乡	591	2518	6	31	43	229	4	19	10	49	277	1374	51	257	226	1117	
积石镇	3540	19377	16	81	169	857					597	3102	95	494	502	2608	

续表

乡镇	农牧民总人口		当年基本解决温饱人口		当年稳定解决温饱人口		当年返贫人口				年末实有贫困人口						返贫主要原因
							绝对		低收入		合计		绝对		低收入		
	户	人	户	人	户	人	户	人	户	人	户	人	户	人	户	人	
街子乡	2877	17447	17	85	136	693					742	3909	111	594	361	3315	
查汗都斯乡	2630	13156	14	69	120	589					225	1180	23	124	202	1056	
文都乡	1455	7874	7	36	71	365	8	41	14	70	777	4071	141	733	636	3338	旱灾
尕楞乡	980	5001	7	37	54	262	11	58	16	78	600	3191	108	573	492	2618	旱灾
岗察乡	379	1805	5	27	32	186	5	25	9	43	192	1063	44	243	148	820	雪灾

——循化撒拉族自治县统计局：《海东市循化县统计局统计资料汇编（2005）》（内部资料），第 40 页。

2006 年循化县扶贫情况统计表

乡镇	当年基本解决温饱人口		当年稳定解决温饱人口		当年返贫人口				年末实有贫困人口						返贫主要原因
					绝对		低收入		合计		绝对		低收入		
	户	人	户	人	户	人	户	人	户	人	户	人	户	人	
合计	301	1478	163	832	178	948	255	1284	7001	35077	1080	4776	5921	30301	旱灾
道帏乡	66	306	39	185	26	132	85	413	1305	6427	182	881	1123	5546	旱灾
白庄乡	109	517	54	258	15	76	10	50	1885	8986	240	1042	1645	7944	
清水乡	23	87	14	58	18	78	19	82	300	1272	45	157	255	1115	旱灾
孟达乡	0	0	0	0	8	45	0	0	285	1419	47	154	238	1265	
积石镇	27	168	18	112	0	0	0	0	552	2822	68	177	484	2645	
街子乡	35	169	18	96	0	0	0	0	689	3644	97	448	592	3196	
查汗都斯乡	0	0	0	0	0	0	0	0	225	1180	23	124	202	1056	
文都乡	24	136	10	63	41	224	73	369	857	4465	163	811	694	3654	旱灾

续表

乡镇	当年基本解决温饱人口		当年稳定解决温饱人口		当年返贫人口				年末实有贫困人口						返贫主要原因
					绝对		低收入		合计		绝对		低收入		
	户	人	户	人	户	人	户	人	户	人	户	人	户	人	
尕楞乡	17	95	10	60	42	231	55	296	670	3563	150	804	520	2759	旱灾
岗察乡	0	0	0	0	28	162	13	74	233	1299	65	178	168	1121	旱灾

——循化撒拉族自治县统计局：《海东市循化县统计局统计资料汇编（2006）》（内部资料），第40页。

2007年循化县扶贫情况统计表

乡镇	当年基本解决温饱人口		当年稳定解决温饱人口		当年返贫人口				年末实有贫困人口						返贫主要原因
					绝对		低收入		合计		绝对		低收入		
	户	人	户	人	户	人	户	人	户	人	户	人	户	人	
合计	13856	66851	295	828	1062	5179	25	117	102	490	5771	29677	810	4065	旱灾
道帏乡	2381	11383	28	138	115	576	6	30	24	117	1192	5860	160	773	旱灾
白庄乡	3932	18253	51	146	308	1511	5	22	31	145	1562	7496	194	918	旱灾
清水乡	1215	5524	50	126	157	729	10	47	30	145	418	2028	52	232	旱灾
积石镇	1354	6746	39	51	132	647	1	4	4	20	386	2148	30	130	旱灾
查汗都斯乡	655	3222	1	5	6	29	3	14	13	63	234	1223	25	133	旱灾
街子乡	1525	7532	16	34	70	344	0	0	0	0	603	3266	81	414	旱灾
文都乡	1370	7026	48	182	113	554	0	0	0	0	696	3729	115	629	旱灾
尕楞乡	1058	5333	18	88	76	372	0	0	0	0	576	3103	132	716	旱灾
岗察乡	366	1832	44	58	85	417	0	0	0	0	104	824	21	120	旱灾

——循化撒拉族自治县统计局：《海东市循化县统计局统计资料汇编（2007）》（内部资料），第40页。

2008 年循化县扶贫情况统计表

乡镇	当年基本解决温饱人口		当年稳定解决温饱人口		当年返贫人口				年末实有贫困人口						返贫主要原因
					绝对		低收入		合计		绝对		低收入		
	户	人	户	人	户	人	户	人	户	人	户	人	户	人	
合计	13995	67593	1645	8138	158	790	1487	7348	105	532	21	106	84	426	旱灾
道帏乡	2402	11507	125	628	19	94	106	534							旱灾
白庄镇	3977	18455	737	3549	54	254	683	3295							旱灾
清水乡	1227	5584	126	593	8	40	118	553	2	12			2	12	旱灾
积石镇	1369	6822	179	861	9	35	170	826	18	90	3	15	15	75	旱灾
查汗都斯乡	664	3257	185	913	20	98	165	815							旱灾
街子镇	1539	7616	97	561	12	70	85	491							旱灾
文都乡	1382	7104	94	465	11	53	83	412	30	157	7	34	23	123	旱灾
尕楞乡	1067	5395	64	380	19	111	45	269	49	240	8	42	41	198	旱灾
岗察乡	368	1853	38	188	6	35	32	153	6	33	3	15	3	18	旱灾

——循化撒拉族自治县统计局:《海东市循化县统计局统计资料汇编(2008)》(内部资料),第 41 页。

2009 年循化县扶贫情况统计表

乡镇	当年基本解决温饱人口		当年稳定解决温饱人口		当年返贫人口				年末实有贫困人口						返贫主要原因
					绝对		低收入		合计		绝对		低收入		
	户	人	户	人	户	人	户	人	户	人	户	人	户	人	
合计	13995	67593	1645	8138	158	790	1487	7348	105	532	21	106	84	426	旱灾
道帏乡	2402	11507	125	628	19	94	106	534							旱灾
白庄镇	3977	18455	737	3549	54	254	683	3295							旱灾

续表

乡镇	当年基本解决温饱人口		当年稳定解决温饱人口		当年返贫人口				年末实有贫困人口						返贫主要原因
					绝对		低收入		合计		绝对		低收入		
	户	人	户	人	户	人	户	人	户	人	户	人	户	人	
清水乡	1227	5584	126	593	8	40	118	553	2	12			2	12	旱灾
积石镇	1369	6822	179	861	9	35	170	826	18	90	3	15	15	75	旱灾
查汗都斯乡	664	3257	185	913	20	98	165	815							旱灾
街子镇	1539	7616	97	561	12	70	85	491							旱灾
文都乡	1382	7104	94	465	11	53	83	412	30	157	7	34	23	123	旱灾
尕楞乡	1067	5395	64	380	19	111	45	269	49	240	8	42	41	198	旱灾
岗察乡	368	1853	38	188	6	35	32	153	6	33	3	15	3	18	旱灾

——循化撒拉族自治县统计局：《海东市循化县统计局统计资料汇编（2009）》（内部资料），第41页。

2010年循化县扶贫情况统计表

乡镇	农牧民总人口		上年实有贫困人口		当年稳定脱贫人口		当年返贫人口		净稳定脱贫人口		年末实有贫困人口	
	户	人	户	人	户	人	户	人	户	人	户	人
合计	14295	68934	2659	13313	1317	6552	112	540	1382	6915	1277	6398
道帏乡	2450	11738	701	3452	465	2251	12	56	486	2385	215	1067
白庄镇	4066	18812	507	2427	202	966	19	94	234	1118	273	1309
清水乡	1261	5698	162	834	83	436	29	145	54	291	108	543
积石镇	1402	6953	151	730	64	307	20	96	72	354	79	376
查汗都斯乡	681	3323	69	340	5	27	0	0	32	158	37	182
街子镇	1579	7772	262	1300	156	765	0	0	172	852	90	448

续表

乡镇	农牧民总人口		上年实有贫困人口		当年稳定脱贫人口		当年返贫人口		净稳定脱贫人口		年末实有贫困人口	
	户	人	户	人	户	人	户	人	户	人	户	人
文都乡	1398	7246	448	2361	131	689	0	0	153	795	295	1566
尕楞乡	1085	5502	319	1659	190	999	5	24	185	975	134	684
岗察乡	373	1890	40	210	21	112	27	125	-6	-13	46	223

——循化撒拉族自治县统计局：《海东市循化县统计局统计资料汇编（2010）》（内部资料），第 41 页。

2011 年循化县扶贫情况统计表

乡镇	农牧民总人口		上年实有贫困人口		当年稳定脱贫人口		当年返贫人口		净稳定脱贫人口		年末实有贫困人口	
	户	人	户	人	户	人	户	人	户	人	户	人
合计	26617	113610	10903	44697	1765	7220	41	170	1724	7050	9179	37647
道帏乡	2660	11416	1341	5410	183	726			183	726	1158	4684
白庄镇	4365	20755	2055	8435	415	1699	12	50	403	1649	1652	6786
清水乡	2564	13074	1355	5604	200	832			200	832	1155	4772
积石镇	8033	24160	1700	7004	170	698			170	698	1530	6306
查汗都斯乡	2423	11596	1203	4925	230	937			230	937	973	3988
街子镇	3164	17226	1686	6915	338	1395			338	1395	1348	5520
文都乡	1924	8458	820	3355	193	785			193	785	627	2570
尕楞乡	1106	5024	521	2133	36	148	9	35	27	113	494	2020
岗察乡	378	1901	222	916			20	85	-20	-85	242	1001

2012年循化县扶贫情况统计表

乡镇	农牧民总人口		上年实有贫困人口		当年稳定脱贫人口		当年返贫人口		净稳定脱贫人口		年末实有贫困人口	
	户	人	户	人	户	人	户	人	户	人	户	人
合计	27098	114328	9179	37647	1846	7570	29	120	1817	7450	7333	30075
道帏乡	2661	11418	1530	6306	478	1966	8	34	470	1932	1060	4374
白庄镇	4404	20945	1652	6786	208	849	0	0	208	849	1415	5815
清水乡	2588	13201	1348	5520	420	1714	0	0	420	1714	928	3806
积石镇	8296	23971	1158	4684	118	487	10	42	108	445	1050	4239
查汗都斯乡	2488	11910	1155	4772	141	587	11	44	130	543	1025	4229
街子镇	3222	17353	242	1001	74	305	0	0	74	305	168	696
文都乡	1933	8499	973	3988	24	100	0	0	24	100	949	3888
尕楞乡	1126	5116	627	2570	273	1116	0	0	273	1116	354	1454
岗察乡	380	1915	494	2020	110	446	0		110	446	384	1574

2013年循化县扶贫情况统计表

乡镇	农牧民总人口		上年实有贫困人口		当年稳定脱贫人口		当年返贫人口		净稳定脱贫人口		年末实有贫困人口	
	户	人	户	人	户	人	户	人	户	人	户	人
合计	27476	106570	7333	30075	1869	7636	34	136	1835	7500	5498	22575
道帏乡	2675	11037	1050	4239	33	131	0	0	33	131	1017	4108
白庄镇	4437	19253	1415	5816	527	2131	0	0	527	2131	888	3685
清水乡	2604	12798	1025	4229	268	1110	5	18	263	1092	762	3137
积石镇	8461	21742	1060	4374	325	1348	0	0	325	1348	735	3026
查汗都斯乡	3263	15213	949	3888	333	1356	0	0	333	1356	616	2532
街子镇	2543	10943	928	3805	278	1130	0	0	278	1130	650	2675

续表

乡镇	农牧民总人口		上年实有贫困人口		当年稳定脱贫人口		当年返贫人口		净稳定脱贫人口		年末实有贫困人口	
	户	人	户	人	户	人	户	人	户	人	户	人
文都乡	1973	8589	354	1454	55	225	0	0	55	225	299	1229
尕楞乡	1138	5069	384	1574	50	205	8	32	42	173	342	1401
岗察乡	382	1926	168	696	0	0	21	86	–21	–86	189	782

2014 年循化县扶贫情况统计表

乡镇	农牧民总人口		上年实有贫困人口		当年稳定脱贫人口		当年返贫人口		净稳定脱贫人口		年末实有贫困人口	
	户	人	户	人	户	人	户	人	户	人	户	人
合计	27804	107645	5745	22575	1986	7835	57	245	1929	7590	3816	14985
道帏乡	2698	11211	502	1932	128	517	24	102	104	415	398	1517
白庄镇	4494	19499	971	3792	327	1265	15	60	312	1205	659	2587
清水乡	2640	13064	737	2944	259	1054	5	25	254	1029	483	1915
积石镇	8559	21701	1243	4453	558	2026	0	0	558	2026	685	2427
街子镇	3318	15482	970	3912	384	1542	0	0	384	1542	586	2370
查汗都斯乡	2582	11100	802	3368	202	871	0	0	202	871	600	2497
文都乡	1991	8600	220	850	41	164	5	24	36	140	184	710
尕楞乡	1135	5039	205	912	68	306	8	34	60	272	145	640
岗察乡	387	1949	95	412	19	90	0	0	19	90	76	322

循化县 2008 年农村住户调查年报表（全年）

指标名称	单位	代码	本年	上年	比上年 ±	增幅（%）
二、总支出	元	0760	4068.77	2812.72	1256.05	44.66
（一）家庭经营费用支出	元	0761	1591.06	1343.37	247.69	18.44
1. 第一产业生产费用支出	元	0762	276.67	258.70	17.97	6.95
2. 第二产业生产费用支出	元	0792				
3. 第三产业生产费用支出	元	0807	1314.39	1084.67	229.72	21.18
（五）生活消费支出	元	0890	1964.78	1347.44	617.34	45.82
其中：服务性支出	元	0891	368.94	278.70	90.25	32.38
1. 食品消费支出	元	0892	808.28	694.32	113.96	16.41
2. 衣着消费支出	元	0908	110.63	98.68	11.95	12.11
3. 居住消费支出	元	0917	597.83	226.71	371.12	163.70
4. 家庭设备、用品消费支出	元	0931	41.15	43.25	–2.10	–4.86
5. 交通和通讯消费支出	元	0943	168.93	161.42	7.51	4.65
6. 文化教育、娱乐消费支出	元	0961	114.21	73.19	41.02	56.05
7. 医疗保健消费支出	元	0987	78.71	42.36	36.35	85.81
8. 其他商品和服务消费支出	元	1002	45.06	7.51	37.54	499.68
（六）财产性支出	元	1025				
（七）转移性支出	元	1029	153.17	47.83	105.34	220.26
一、全年纯收入	元	1041	3250.56	2730.11	520.44	19.06
（一）工资性收入	元	1042	1052.50	913.66	138.84	15.20
（二）家庭经营纯收入	元	1070	1930.35	1597.13	333.22	20.86
（三）财产性纯收入	元	1086	4.63	9.22	–4.58	–49.71
（四）转移性纯收入	元	1097	263.07	210.11	52.97	25.21

——《循化县 2008—2010 年农村住户调查年报表（全年）》，循化撒拉族自治县统计局，2013 年循化统计局调研资料。

循化县 2009 年农村住户调查年报表（全年）

指标名称	单位	代码	本年	上年	比上年 ±	增幅（%）
二、总支出	元	0760	4184.89	4068.77	116.12	2.85
（一）家庭经营费用支出	元	0761	1251.44	1591.06	−339.62	−21.35
1. 第一产业生产费用支出	元	0762	211.13	276.67	−65.54	−23.69
2. 第二产业生产费用支出	元	0792				
3. 第三产业生产费用支出	元	0807	1040.31	1314.39	−274.08	−20.85
（五）生活消费支出	元	0890	2787.21	1964.78	822.42	41.86
其中：服务性支出	元	0891	707.33	368.94	338.38	91.72
1. 食品消费支出	元	0892	876.44	808.28	68.16	8.43
2. 衣着消费支出	元	0908	105.20	110.63	−5.42	−4.90
3. 居住消费支出	元	0917	1464.70	597.83	866.87	145.00
4. 家庭设备、用品消费支出	元	0931	58.75	41.15	17.60	42.78
5. 交通和通讯消费支出	元	0943	104.96	168.93	−63.96	−37.86
6. 文化教育、娱乐消费支出	元	0961	39.41	114.21	−74.80	−65.49
7. 医疗保健消费支出	元	0987	79.51	78.71	0.80	1.02
8. 其他商品和服务消费支出	元	1002	58.23	45.06	13.18	29.24
（六）财产性支出	元	1025	7.23		7.23	
（七）转移性支出	元	1029	127.80	153.17	−25.37	−16.56
一、全年纯收入	元	1041	3862.59	3250.56	612.04	18.83
（一）工资性收入	元	1042	1447.39	1052.50	394.89	37.52
（二）家庭经营纯收入	元	1070	1871.40	1930.35	−58.95	−3.05
（三）财产性纯收入	元	1086	0.27	4.63	−4.36	−94.16
（四）转移性纯收入	元	1097	543.54	263.07	280.46	106.61

——《循化县 2008—2010 年农村住户调查年报表（全年）》，循化撒拉族自治县统计局，2013 年循化统计局调研资料。

循化县 2010 年农村住户调查年报表（全年）

指标名称	单位	代码	本年	上年	比上年 ±	增幅（%）
二、总支出	元	0760	4016.4	4184.89	–168.49	–4.03
（一）家庭经营费用支出	元	0761	1053.39	1251.44	–198.05	–15.83
1. 第一产业生产费用支出	元	0762	217.04	211.13	5.90	2.80
2. 第二产业生产费用支出	元	0792				
3. 第三产业生产费用支出	元	0807	836.35	1040.31	–203.96	–19.61
（五）生活消费支出	元	0890	2777.86	2787.21	–9.35	–0.34
其中：服务性支出	元	0891	1235.47	707.33	528.14	74.67
1. 食品消费支出	元	0892	996.93	876.44	120.50	13.75
2. 衣着消费支出	元	0908	102.92	105.20	–2.29	–2.17
3. 居住消费支出	元	0917	487.08	1464.70	–977.62	–66.75
4. 家庭设备、用品消费支出	元	0931	110.83	58.75	52.08	88.66
5. 交通和通讯消费支出	元	0943	117.53	104.96	12.56	11.97
6. 文化教育、娱乐消费支出	元	0961	614.46	39.41	575.05	1459.15
7. 医疗保健消费支出	元	0987	317.56	79.51	238.05	299.38
8. 其他商品和服务消费支出	元	1002	30.55	58.23	–27.69	–47.55
（六）财产性支出	元	1025		7.23	–7.23	–100.00
（七）转移性支出	元	1029	185.15	127.80	57.36	44.88
一、全年纯收入	元	1041	4650.53	3873.84	776.69	20.05
（一）工资性收入	元	1042	1994.90	1447.39	547.51	37.83
（二）家庭经营纯收入	元	1070	2127.51	1871.40	256.11	13.69
（三）财产性纯收入	元	1086	89.74	11.52	78.23	679.34
（四）转移性纯收入	元	1097	438.38	543.54	–105.16	–19.35

——《循化县 2008—2010 年农村住户调查年报表（全年）》，循化撒拉族自治县统计局，2013 年循化统计局调研资料。

附　录

循化县委关于一九五六年至一九六零年农业合作化规划

一九五五年十月三日

一、情况

（一）循化系多民族地区，居住着撒拉、藏、回、汉四个民族，共42837人，撒拉族23444人，占全县人口的54.6%；藏族12647人，占全县人口的29.63%；回族4056人，占全县人口的9.46%；汉族2716人，占全县人口的6.23%，另外有土族5人，保安族2人，维吾尔族3人。

共有五个区，三个土改区，两个未土改区，12个土改乡，七个未土改乡，一个牧业乡。60个行政村，200个自然村。有农牧业户8672户，其中未经土改的藏族聚居区2593户，占所有牧业户的30%，另有牧业户158户，占所有牧业户的1.8%。

全县有地主和半地主式的富农179户（未土改区10户）、富农73户（未土改区34户）、地主、富农共252户，占总农户8514户的2.9%。有清真寺67个，阿訇102名，教长16名，满拉162名。有喇嘛寺和嘛呢房124个，活佛21名，喇嘛1313名。共有水旱地4434.44亩，占全县所有土地的4%，据三个区统计租种给1459户农户耕种。

几年来，在党的总路线的光辉照耀下，由于省委的正确领导，各族农民的社会主义觉悟有力迅速提高，加之，我们坚决遵循和贯彻了中央《关于发展农业生产合作社的决议》及“积极领导，稳步前进”的总方针，因此，循化互助合作社运动已取得了很大成绩，进入了一个新的阶段。全县农业生产合作社由1954年2个社16户的基础上，发展为37个社，1422户，占全县总农户8514户的16.7%。入社土地10199.41亩，占全县所有土地的9.9%。发展较快的城关区入社农户已占该地区总农户的32.22%，发展较慢的两个未土改区，入社农户占未土改区总农户的3.7%，且全县出现了一个撒拉族聚居的合作化的乡，13个合作化的村。37个社中有纯汉族社一个，纯藏族社2个，纯撒拉族社26个，两个民族到四个民族混合社8个。百户以上的社一个，占所有社的2.7%。50户到70户的社4个，占所有社的10.8%，这些社绝大部分分布在已土改的城关、白庄、街子三个区内，同时在未土改的文都、道帏两个藏族自治区，也试办了三个社，95户，占所有社的8.01%。其次是一年来互助组已有不同程度的发展和提高，全县常年组91个，1906户，占总农户的22%，有季节组68个，2367户，占总农户的27%。

（二）现有37个社，整顿工作还尚未结束，但从发展情况看，垮台的危险是完全可以避免的。目前社员思想排查情况是：增加了收入和其他原因而减少收入不多，思想安定，愿意积极把社办好的1399户，占入社总户的91.2%，稍有减少或增加收入不多而思想动摇的有103户，占入社户的7.3%，减少收入较多，或对个别社还有意见而坚决要求退社的有22户，占入社农户的1.5%。

其次是夏田分配工作已基本结束，分配结果是：增加收入的社32个，增产4万斤以上的1个社，3万斤以上的1个社，2万斤以上的6个社，1万斤以上的12个社，1万斤以下的12个社，共增产39万多斤。不增不减的2个社，减产的3个社，减产最多的河东社16000斤，最少的团结三社为2000斤左右，在减产的5个社中，如复种作物不受意外灾害，河东、阿什匠两个社还可稍有增产，如加上副业收入，全县除上白庄1个社外，36个社均可增加收入。减少收入的农户有百户左右。

社为啥会减产呢？经我们研究有以下原因：1. 没有合理的倒茬轮作。2. 麦类成熟时，黄疸病很厉害。3. 漫水不及时，下籽稀，出苗不齐。

再次是现在社干情况：据一区12社的生产队长以上的干部排查情况看，共有131人，其中积极办社的有36人，工作表现一般的42人，不积极的39人，不纯分子4人。从全县来看，经初步检查，需要改进的生产队长以上的干部33人，其中有正副社长7人，混进农业社的刑事犯罪分子24名，刑满释放分子16名，撤销管制的17名，伪军官及行政人员95名，反动集团骨干分子4人，巫师6名，降匪12名。已经增加了贫困出身的正副社长14人，管理委员19人，生产队长16人，改选了副社长1人，生产队长3人，其他也准备好了对象，待整社第三步结束，结合生产社予以改进，引导社员制订生产计划，投入冬季生产。

二、1956—1960年合作化规划

五六年：78个社，272户，占全县总农户8514户的31.84%，并在现有314名党员的基础上，发展到750名党员，占全县人口的1.8%。

五七年：136个社，4792户，占全县总农户的56.3%，并试办一个高级社，出现三个合作化的区，发展党员累计为1050名，占全县人口2.5%。

五八年：170个社，6300户，占全县总农户的73.99%，继续试办2个高级社，发展党员累计数为1176名，占全县人口的2.8%。

五九年：195个社，7300户，占全县总农户的85.8%，到此，全县已全面合作化，并以前进社为基础，清水乡完全转入高级社。发展党员累计数为1428名，占全县人口的3.4%，开始个别吸收真正放弃剥削、老实守法参加劳动的地主、富农入社。

六零年：全面进入合作大社，并各区、乡试办高级社10个，发展党员累计数为1680名，占全县人口的4%，并着手整顿党的组织，以便加强对大社和高级社的领导。大力推广半机械化，向技术革命大进军。

提出上述任务的根据何在？我们的理由是：

1. 现有的37个农业社，虽有三个减产社，但总的来说是成功的，起了一定的示范作用，具体而形象地告诉了农民农业社的优越性和如何走社会主义道路，消除了过去不应有的重重顾虑，有的农民说："过去不知道走社会主义阿么走，原来是这样的。"有的后悔自己没入上社，街子乡马家村去年被排挤的三户贫农在大会上说："去年没吸收我，就有意见，今年阿么说也要入社呢？"丁匠村三个常年组从春耕开始就成立了联组，准备建社，这次叫学习中央农业社示范章程草案时说："老社的样子有哩，政策我们知道了，赶快建社吧！"并计划把籽种统一收集保管。查加乡羊苦浪互助组长韩亥比卜（贫）说："春耕中让我们报名挂号，现在又为什么不建社呢？"有的群众批评我们说："你们政府松一下，紧一下，究竟阿么办着哩！"未土改区农民看到试办的三个老社增产后，要求入社的情绪也很高涨，千牛村群众听到区委不在他们庄子建社后，在人代大会上，二十余户联名要求建社，干部提出该村水利条件不好，他们说："条件差，几年内又不能解决问题，难道水利条件不好，社会主义道路就不走了吗？"总之，通过现有社的实例示范，农民群众情绪是很高的，这就是我们完成任务的群众基础，也是我们工作有利的一方面。

2. 一年来，党的组织也有很大发展，全县20个乡，除一个牧业乡外，共建立起党的支部21个，有党员314名，有团支部24个，团员496名，更重要的是经过一年来的办社工作，学到了不少东西，取得了一些经验，这是完成今后任务的有力保证。

3. 除了老社的示范作用外，互助组经过一年的培养教育，也有了很大的提高，目前要求转社的互助组共有 1444 户，绝大部分准备转社的互助组都快学完了中央《关于农业生产合作社示范章程草案》，通过学习，进一步交代了党的政策，给建社打下了思想基础。

4. 尤其是这次学习了毛主席《关于农民合作化的问题》的指示，使我们思想上更加明确了，这对提升我们思想水平，领导运动健康发展，是起着决定作用的。

总之，在省委的正确领导下，我们有决心也能够完成上述任务。

妥否，请省委批示。

中国共产党循化县委员会

一九五五年十月三日

——《循化县委关于一九五六年至一九六零年农业合作化规划》，循化县档案馆藏，档号：1–1–27（永久）。

循化撒拉族自治县1958—1962年发展地方工业的初步规划

一、简况

循化县在青海省东南部，位于黄河南岸，海拔1800至3700公尺，全县总面积290万亩，其中耕地15万亩。总人口44955人，其中农业人口40827人。现有11个乡（一个牧业乡）114个农业社。1957年粮食总产量2884万斤。

本县是一个农业区，在1958年前仅有铁工、木工、粉醋、缝纫、制鞋五个手工业合作社，一个公私合营砖瓦厂，400多个手工业工人。1957年工业（手工业）产值为35万元，占当年工业总产值的6.25%。

截至目前已发现的工业资源有铁、黄金、云母、石英、水晶石、铝、甘子土、青冈木、野麻、浪麻、马莲等。但由于均未经过勘察钻探，因此产量和蕴藏量还不清楚。

二、地方工业发展的方针、原则和要求

1. 根据党的“多快好省，鼓足干劲，力争上游”的社会主义建设总路线和“大、中、小相结合，以中、小型为主，多办小厂”的工业方针，以及地方工业为农牧业生产服务，为国家大工业服务，为城乡人民生活服务，为出口服务的任务。结合本县有工业资源、无工业基础的特点，我们地方工业规划应是：加强领导，人人动手，快马加鞭，小型多样，遍地开花，主要为农业生产服务，力争四年的工业产值超过农业产值的方针。

2. 在建设步骤和方法上应是：从无到有，从小到大，边生产边建设，先生产再筹建，从手工生产到机械生产，边找资源，边勘探，边开发，充分发动群众，依靠群众的积极性、创造性。

3. 花小钱办大事，不花钱能办事，充分利用现有人力、物力、财力，投资不分散。

三、项目指标

1. 电力工业：五年中计划修建各种中、小型电站131个，电机容量1415千瓦，投资141.9万元，1962年职工达到人数386人，其中1958年81个，电机容量745千瓦，投资68.4万元，1962年职工达到人数201人。其中：

大别列水电厂1958年筹建，1959年生产，电机容量250千瓦，投资33万元，职工人数 16 人。

清水水电厂 1959 年筹建，1960 年生产，电机容量 300 千瓦，投资 40 万元，职工人数 18 人。

各村小型水电站 37 个，电机容量 435 千瓦，投资 38.9 万元，1962 年职工达到人数 105 人，其中 1958 年 18 个，电机容量 195 千瓦，投资 16.3 万元，职工人数 40 人。

风力电站 18 个，电机容量 82.5 千瓦，投资 88500 元。1962 年职工达到人数 43 人，其中 1958 年 2 个，电机容量 20 千瓦，投资 3 万元，职工人数 6 人。

沼气电站 74 个，电机容量 347.8 千瓦，投资 211500 元，1962 年职工达到人数 192 人；其中 1958 年 60 个，电机容量 280 千瓦，投资 171000 元，职工人数 155 人。

2. 机械工业：（1）1958 年新建循化农牧机械修理厂 1 个，各种车床 7 台，投资 22 万元，职工人数 1958 年 35 人，到 1960 年改为农牧机械修理厂，投资 20 万元，各种车床 13 台，1962 年职工达到人数 70 人。（2）1958 年街子、尕楞、白庄、道帏、文都、清水、苏只等 7 个乡建修配站，小车床 7 台，投资 6 万元，职工人数 41 人。（3）1961 年将苏只、白庄两个修配站改为拖拉机修配站，车床 4 台，投资 8 万元，职工人数 22 人。（4）1961 年新建循化汽车拖拉机修理厂，1962 年投入生产，投资 20 万元，职工人数 40 人。

3. 肥科工业：1958 年新建循化细菌肥料厂 1 座，1959 年投入生产，年产细菌肥料 10 吨，投资 6000 元，职工 10 人。1961 年新建循化小型石灰氮肥厂 1 座，1962 年投入生产。年产氮肥 3000 吨，投资 100 万元，职工人数 88 人。

4. 矿石开采和冶炼工业：（1）1959 年在清水新建 15 立方高炉炼铁厂 1 座，1960 年投入生产，年产铁 4500 吨，投资 48 万元，职工人数 100 人。1958 年在道帏、科哇、清水三乡设立 3 个土法炼铁厂，共计日产 300 公斤，投资 24000 元，职工人数 24 人。1958 年夕昌开采铁矿石 1500 吨，投资 2000 元，职工人数 5 人。（2）1958 年在中库新建水晶厂 1 座，年产水晶石 3 吨，1962 年年产水晶石 30 吨。投资 8000 元，职工人数 58 人。1958 年在古什群新建云母矿 1 处，年产云母 2 吨，1962 年年产云母 90 吨，投资 4000 元，职工人数 1958 年 10 人，1962 年 100 人。（3）1958 年在夕昌、尕楞新建采金矿 1 处，年产黄金 800 两，1962 年年产黄金 10000 两，投资 8000 元，职工人数 1958 年 20 人，1962 年 30 人；在循阳乡新建沙金厂 1 处，年产沙金 100 两，1962 年年产沙金 150 两，投资 2 万元，职工人数 1958 年 10 人，1962 年 15 人。

5. 野生植物加工：1958 年在文都新建中型人造棉厂 1 座，其他乡新建小型人造棉厂38个，共年产人造棉125吨，1962年年产387吨，投资109200元，其中1958年38200元，职工人数1958年186人，1962年201人。1959年在岗察新建人造棉厂3个，年产人造棉25吨，1962年年产40吨，投资15000元，职工人数15人。

6. 纺织工业：1958年在积石镇新建纺织厂一座，1960年投入生产，年产棉布5万公尺，1962年年产125万公尺，投资50万元，职工人数200人。

7. 建筑材料工业：（1）1958年将原县城公私合营砖瓦厂改建为地方国营砖瓦厂。另在文都、科哇、道帏新建三个砖瓦石灰水泥厂，四厂共计生产砖瓦90万块、石灰315吨、低标号水泥1500吨，1962年年产砖瓦187万块、石灰750吨、高标号水泥1900吨，投资23000元，其中1958年投资3000元，职工人数1958年38人，1962年59人。（2）1959年在积石镇新建木材加工厂1座，年产木材1500立方米，投资1万元，职工20人。（3）1959年在文都新建火药厂1座，年产火药2吨，投资1000元，职工5人。

8. 粮油加工工业：（1）1959、1960年分别在大别列、清水新建30接寸面粉厂1座，投资各6万元，1961年在白庄新建20接寸面粉厂1座，投资5万元，1962年三厂职工人数共55人。（2）1958年安装9接寸小钢磨24台。其中粮食局6台，共投资40860元。（3）1958、1960、1962年分别在拉训、白庄、清水新建榨油厂各1座，到1962年三厂共计年产1260吨，投资186000元，职工人数49人。

9. 轻工业：五年中计划新建陶瓷、造纸印刷、畜产品加工、果酒、淀粉酒、香料、食品、制糖、药材加工、软木、蛋粉、麻袋、服装鞋帽、玻璃厂等22个厂，其中1958年12个，投资173300元，其中1958年53000元，职工人数1958年134人，1962年301人。

四、规划实现以后的新面貌

在地方工业主要为农业服务，促进农业大跃进的基础上，实现上述规划后，本县总的经济情况会有蓬勃的发展，各族人民生活也会进一步的显著改变。

预计到1962年电每人平均75.7度；铁每人平均180.3公斤；棉布每人平均2.4公尺；人造棉每人平均8.14公斤；水泥每人平均38.1公斤；化肥每亩平均　斤。工业产值可达3823万元，比1957年工业产值提高107倍，占工业总产值的比重也将由1957年的6.23%上升为53.9%，其中到1961年工业产值即可超过农业产值。

那时候我们将是：运输工具车子化、农村电力化、农具机械化、肥料化肥化，棉花自足有余，水泥自足有余，铁自足有余，可以制造拖拉机，可以制造汽车，可以制造发电机，农业机械修配上大修不出县，小修不出乡。

五、实现规划的措施和1958年行动计划

1. 加强党委对地方工业的领导，调配一批得力干部到工业战线上来。县委和乡平均分配一个书记专管工业，县人委和乡人委分工一个副县长或副乡长专管工业，下决心调配一批得力干部充实工业部门，对1958年新办的厂、矿，领导干部在7月份前如数配足，其他干部也在7月份前，按其需要量最低配备70%，争取配足。另外为了加强具体领导，以专管工作的县委书记和副县长为首，以工交部门和工交局为主设立地方工业办公室，统一掌握全县地方工业的具体工作。

2. 为了贯彻全党办工业，各级办工业，坚决走群众路线，对规划中的项目各级、各部门、农业社分工负责组建和管理。具体分工是：（1）在电力工业方面，除大别列和清水两个水电厂由工交局直接组建掌管外，其他乡村小型水电站，在县上分工由水利局负责掌管，由各乡具体筹建和管理。风力、沼气发电除由各乡负责具体筹建和管理，在县上由工交局直接掌管。（2）肥料工业分工由农业部门负责。（3）机械工业由县上工交局直接掌管。各乡修配站由各乡具体管理。（4）野生植物加工、纺织、食品、制造、淀粉加工、果酒加工、香料加工、畜产品加工、制造加工、服装鞋帽加工等项目由县上分工均由商业部门负责掌管。属于乡以下项目，由各乡具体管理。（5）矿石开采和冶炼工业在县上均由工交局掌管。清水、夕昌、道帏三个土法炼铁厂和循阳沙金厂由各乡具体负责。（6）建筑材料工业由县上工交局直接掌管，乡以下项目由各乡具体管理。（7）药材加工分工由卫生部门负责掌管。（8）粮油加工分工由粮食部门负责掌管，乡以下小钢磨面粉加工由各乡负责管理。（9）其他如印刷均由工交局直接掌管。

3. 依靠群众对全县地上地下的所有工业资源进行具体的勘查，发动群众找矿、报矿，可以利用的东西都要利用起来，采取边勘查边生产，勘查一种生产一种的方法，在1958年首先对铁、云母、水晶石、沙金等矿产和野麻、浪麻等野生植物勘查其蕴藏量、产量。

4. 加强技术研究，大力培养技术工人和干部。在技术研究方面以专管工业的县委书记为首组织工业技术研究会，抽调一批具有科学文化水平和技术水平高的干部和工人，专门进行技术研究工作，各厂矿职工每星期必须有12小时的时间专门进行技术研究工作。在培养技术职工方面，采取开办培训班、师傅带徒弟、送外地参观学习等办法解决。另外，经常鼓励职工大胆设想、大胆创造，对于职工技术和创造的成果，除在政治上予以支持外，还必须在人力、物力上给予支持。

5. 先搭架子先开工，边生产边建厂，先手工再机械，先人力再电力，先出产品后买机器，1958 年以“土法或半土半洋”为主。

6. 因陋就简、自力更生，坚定贯彻勤俭办企业的方针。1958 年新办的厂矿一律不赔钱，厂房、办公室原则上不结，资金要全部用于直接生产，少设不设固定工人，多设半工半产。资金问题采取：（1）集资。（2）所有能利用的各类资金，如党费、团费、工会会费、救济金等都利用起来。（3）财政拨款、公债超额部分、农业合作社利润、合作商店的公共积累。（4）农业社公共积累。（5）义务劳动。（6）先订货后生产。

7. 在贯彻地方工业主要为农业服务的任务方面，应从以下几个方面着手：（1）工具的修配、装备制造，特别要抓技术要点。（2）农业建设和水利工具的修配。（3）肥料制造。（4）运输工具的制造和改造。

工农产值对比表（单位：万元）

项目	1957 年	%	1958 年	%	1959 年	%	1960 年	%	1961 年	%	1962 年	%	1962 年为 1957 年 %
合计	562	100	1113	100	2498	100	4318	100	5936	100	7092	100	1261.5
工业	35	6.23	311	27.9	800	32	1956	45.5	3048	51.3	3823	53.9	1076.5
农业	527	93.77	802	72.1	1698	68	2362	54.5	2888	48.7	3269	46.1	620.3

工业主要产品产量逐年每人平均表

项目	1957 年	%	1958 年	%	1959 年	%	1960 年	%	1961 年	%	1962 年	%	1962 年为 1957 年 %
电力			14	3.1	18.3	39.1	324	67.5	378	77.4	375	75.7	
铁			30	0.44	40	0.85	4500	64.1	9000	184.2	9000	180.3	
棉布											12	2.4	
肥料					10	0.13	10	0.13	10		10	0.12	
人造棉											40700	8.14	
水泥			1500	53.7							1900	38.1	

1. 电力计量单位：每年总产量是“万度”，每年平均数是“度”。
2. 铁的计量单位：每年总产量是“吨”，每年平均数是“公斤”。
3. 棉布的计量单位：每年总产量是“万公尺”，每年平均数是“公尺”。
4. 肥料的计量单位：每年总产量是“吨”，每年平均数是“市斤”。
5. 人造棉的计量单位：每年总产量是“市斤”，每年平均数是“公斤”。
6. 水泥的计量单位：每年总产量是“吨”，每年平均数是“公斤”。

循化撒拉族自治县地方工业五年规划

项目	建设地点	性质	建设时间	投入生产时间	设计能力单位	设计能力	其中			投资额（千元）
							1958年	1959年	1960年	
总合计										5335.78
一、电力工业										1419
二、水利电表										1119
1）循化电厂	大别列	新	58	59	KW	2×125		2×125		330
2）清水电厂	清水	新	59	60	KW	2×150			2×150	400
3）小型水电站37个										339
其中道帏9个										95.5
15KM4个	古雷、立伦、俄加	新	58.3；59.1	56.3；59.1	KW	45	45	15		48
30KM1个	古雷	新	59	60	KW	30			30	20
10KM2个	多哇、王家	新	58.1；59.1	58.1；59.1	KW	10	10	10		22.5
5KM2个	起台堡、张沙	新	58.1；59.1	58.1；59.1	KW	5	5	5		5
白庄乡7个										81.75
15KM4个	下白庄2，上白庄1，拉边1	新	59	59	KW	60		60		48
10KM2个	张尕1，上四庄1	新	58	58	KW	20	20			22.5
10KM1个	立庄、乙日亥	新	59	59	KW	10		10		11.25
科哇乡4个										54.5
30KM1个	夕昌	新	59	59	KW	30		30		20
15KM1个	夕昌	新	58	59	KW	15		15		12
10KM2个	下科哇	新	58	58	KW	20	20			22.5
尕楞乡5个										33.73
15KM1个	介石堂	新	59	59	KW	15		15		15

续表

项目	建设地点	性质	建设时间	投入生产时间	设计能力单位	设计能力	其中			投资额（千元）
							1958 年	1959 年	1960 年	
10KM1 个	尕楞大庄	新	58	58	KW	10	10			11.25
5KM3 个	宗吾占群、必堂、香沙	新	58	59	KW	10		15		7.5

循化撒拉族自治县地方工业五年规划（续表二）（单位：千元）

投资额	其中					资金来源																	
						国家	其中					合作社	其中					自营	其中				
	1958 年	1959 年	1960 年	1961 年	1962 年		1958 年	1959 年	1960 年	1961 年	1962 年		1958 年	1959 年	1960 年	1961 年	1962 年		1958 年	1959 年	1960 年	1961 年	1962 年
5335.78	1050.38	100	860	1683	129.3	1100	180	330	170	500		688.78	401.88	379.25	8.2			3547	548.25	843.75	851.8	110	
1589	684	735				200	100	100				537	315.75	221.25				852	238.25	613.75			
1119	483	636				200	100	100				261	138.75	122.25				658	344.25	413.75			
330	300	30				100	100											230	200	30			
400		400				100		100										300		300			
339	185	206										261	138.75	122.25				128	44.25	83.75			
95.5	49.75	45.75										40.25	31.75	8.5				55.25	18	37.25			
48	30	12										24	16	8				24	18	6			
20		20																20		20			
22.5	11.25	11.25										11.25	11.25					11.25		11.25			
5	2.5	2.5										5	2.5	2.5									
81.75	22.5	59.25										46.5	11.25	35.25				35.25	11.25	24			
48		48										24		24				24		24			
22.5	22.5											11.25	11.25					11.25	11.25				

续表

投资额	其中					资金来源																	
						国家	其中					合作社	其中					自营	其中				
	1958 年	1959 年	1960 年	1961 年	1962 年		1958 年	1959 年	1960 年	1961 年	1962 年		1958 年	1959 年	1960 年	1961 年	1962 年		1958 年	1959 年	1960 年	1961 年	1962 年
11.25		11.25										11.25		11.25									
54.5	34.5	20										34.5	34.5					20		20			
20		20																20		20			
12	12											12	12										
22.5	22.5											22.5	22.5										
33.73	18.75	15										33.75	18.75	15									
15		15										15		15									
11.25	11.25											11.25	11.25										
7.5	7.5											7.5	7.5										

循化撒拉族自治县地方工业五年规划（续表三）

职工人数（人）	其中					总产值（万元）	其中				
	1958 年	1959 年	1960 年	1961 年	1962 年		1958 年	1959 年	1960 年	1961 年	1962 年
7352	777	1171	1554	1827	2023	85463.736	3105.22		18657.631	30477.131	33223.754
1473	201			886	386	2272.516	23.023		678.931	783.631	786.931
522			240	151	131	2453.675	11.475	305	621.4	726.4	789.4
105		26	23	33	23	894		162	246	243	243
61			15	23	23	1064			216	324	524
755	40	200	205	205	105	948.675	11.475	444	167.4	163.4	162.4
117	14	22	27	27	27	199.8	5.4	48.6	48.6	48.6	48.6

续表

职工人数（人）	其中					总产值（万元）	其中				
	1958年	1959年	1960年	1961年	1962年		1958年	1959年	1960年	1961年	1962年
57	9	12	12	12	12						
13			5	3	5						
27	3	6	6	6	6						
18	2	4	4	4	4						
90	6	21	21	21	21	130.5	6.9	32.4	32.4	32.4	32.4
48		12	12	12	12						
30	6	6	6	6	6						
12		3	3	3	3						
62	6	14	14	14	14		1.3	17.55	25.4	23.4	23.4
18		5	5	3	5						
12		3	3	3	3						
30	6	6	6	6	6						
51	3	12	12	12	12	60.45	6.45	10.8	14.4	14.4	14.4
12		3	3	3	3						
19	3	5	3	3	5						
24		6	6	6	6						

循化撒拉族自治县地方工业五年规划（续表四）

项目	建设地点	性质	建设时间	投入使用时间	设计能力单位	设计能力	其中		投资（万元）	其中		资金来源（万元）					
							1958年	1959年		1958年	1959年	合作	其中		自营	其中	
													1958年	1959年		1958年	1959年
苏只乡2个									35	15	20	220	15	205			
15KW1个	查汗大寺	新	58	58	KW	10	10		15	10			25				
5KW1个	赞卜乎	新	59	59	KW	5		5			205			205			
文都乡7个										50		215	10	205	15	15	
15KW2个	拉顺台子	新	58	58	KW	30	30		50	50		15	15		15	15	
10KW4个		新	59	59	KW	30		30	46			40					
5KW1个	抽子山	新	59	59	KW	5		5	20			25					
街子乡2个										120		240	120	120			
10KW2个	塘坊、古及来	新	58	59	KW	30	20	10	120	120		240	120	120			
岗察乡1个															205		205
5KW1个	尕楞村	新	59	59	KW	5		5	205						205		205
2. 风力发电										30		15	15		15	15	
岗察乡3个									45	15	30	30		30	15	15	
10KW3个	尕楞村	新	58	58	KW	10	20	30	45	15	30			30	15	15	
清水乡3个									10	10	0		15	0			
10KW2个	岗察、苏只、卡素	新	58	58	KW	20	10		15	15		15	15				
20KW		新	59	59	KW	5		5	6		6	6		0			
白庄	塔沙坡	新	59	59	KW	20		20	20								
道帏乡4个	阿马叉																
5KW1个	铁尕楞	新	59	59	KW	5		5	3		3	3					

续表

项目	建设地点	性质	建设时间	投入使用时间	设计能力单位	设计能力	其中		投资（万元）	其中		资金来源（万元）					
												合作	其中		自营	其中	
							1958 年	1959 年		1958 年	1959 年		1958 年	1959 年		1958 年	1959 年
20KW5 个	夕昌、克马	新	59	59	KW	20	20	20									
科哇乡 1 个	强宁	新	59	59	KW	20	20	20									
街子乡 1 个	孟达山	新	59	59	KW	5		5	5		5						

循化撒拉族自治县地方工业五年规划（续表五）

职工人数（人）	其中					总产值（元）	其中				
	1958 年	1959 年	1960 年	1961 年	1962 年		1958 年	1959 年	1960 年	1961 年	1962 年
23	3	5	5	5	5	2714		608	702	702	702
15	3	3	3	3	3						
8		2	2	2	2						
80	0	20	20	20	20	30167	1030	20025	3704	2704	2704
12	6	0	0	0	6						
48		12	12	12	12						
8		2	2	2	2						
18	2	4	4	4	4	2808		702	702	702	702
18	2	4	4	4	4						
8		2	2	2	2						
8		2	2	2	2	324			108	108	108
178	6	43	43	43	43	422106			140702	140702	140702
39	3	9	9	9	9						

续表

职工人数（人）	其中					总产值（元）	其中				
	1958年	1959年	1960年	1961年	1962年		1958年	1959年	1960年	1961年	1962年
39	3	9	9	9	9						
31	3	7	7	7	7						
15	3	3	3	3	3						
16		4	4	4	4						
8		2	2	2	2						
30											
12		3	3	3	3						
24		6	6	6	6						
8		2	2	2	2						
22		3	3	8	8						

循化撒拉族自治县地方工业五年规划（续表六）

项目	建设地点	性质	设计时间	投入生产时间	设计能力单位	设计能力	其中		投资额（万元）	其中		资金		
												合作社	其中	
							1958年	1959年		1958年	1959年		1958年	1959年
文都乡3个									4.5		4.5	4.5		4.5
2.5KW3个	公马、拉台、三午拉哈	新	59	59	KW	7.5		7.5	4.5		4.5	4.5		4.5
尕楞乡2个									4.5		4.5	4.5		4.5
2.5KW1个	哇隆	新	59	59	KW	2.5		2.5	1.5		1.5	1.5		1.5
5KW1个	曲卜藏	新	59	59	KW	5		5	3		3	3		3
沼气发电									211.5	171	40.5	202.5	162	40.5

续表

项目	建设地点	性质	设计时间	投入生产时间	设计能力单位	设计能力	其中		投资额（万元）	其中		资金		
							1958年	1959年		1958年	1959年	合作社	其中	
													1958年	1959年
道帏乡8个	道帏	新	58	58	KW	50	50		30	30		30	30	
白庄乡6个	白庄	新	58.5；59.2	58.5；59.2	KW	25	25	5	18	15	3	18	15	3
科哇乡4个	科哇	新	58	58	KW	20	20		12	12		12	12	
清水乡8个									25.5	19.5	6	25.5	19.5	6
5KW8个	清水	新	58.6；59.2	58.6；59.2	KW	30	30	10	24	16	8	21	18	3
2.5KW1个	清水	新	58	58	KW	2.5	2.5		1.5	1.5		1.5	1.5	
积石镇7个									19.5	16.5	3	10.5	7.5	3
5KW6个	积石	新	58.5；59.1	58.5；59.1	KW	25	25	5	18	15	3	9	6	3
2.5KW1个	积石	新	58	58	KW	2.5	2.5		1.5	1.5		1.5	1.5	
循阳乡9个									27.5	19.5	8	27.5	19.5	8
5KW8个	循阳	新	58.8；59.3	58.8；59.3	KW	30	30	15	27	18	9	27	18	9
2.5KW1个	循阳	新	58	58	KW	2.5	2.5		1.5	1.5		1.5	1.5	
苏只乡6个									16.5	10.5	6	16.5	10.5	6
5KW5个	苏只	新	58.3；59.2	58.3；59.2	KW	15	15	10	15	9	6	15	9	6
2.5KW1个	苏只	新	58	58	KW	2.5	2.5		1.5	1.5		1.5	1.5	
街子乡7个												21	15	6
5KW7个	街子	新	58.5；59.2	58.5；59.2	KW	25	25	10	21	15	6	21	15	6

循化撒拉族自治县地方工业五年规划（续表七）

资金来源（万元）		职工人数（人）	其中					总产值（万元）	其中					备注
自筹	其中 58年		1958年	1959年	1960年	1961年	1962年		1958年	1959年	1960年	1961年	1962年	
		30	6	6	6	6	6							
		30	6	6	6	6	6							
		25	5	5	5	5	5							
		10	2	2	2	2	2							
		15	3	3	3	3	3							
9	9	924	155	192	192	192	193	162.467	11.151	42.829	42.829	42.829	42.829	
		100	20	20	20	20	20							
		58	10	12	12	12	12							
		30	6	6	6	6	6							
		124	20	26	26	26	26							
		112	16	24	24	24	24							
		10	2	2	2	2	2							
9	9	97	17	20	20	20	20							
9	9	87	15	18	18	18	18							
		10	2	2	2	2	2							
		100	20	20	20	20	20							
		90	18	18	18	18	18							
		10	2	2	2	2	2							
		79	11	17	17	17	17							
		69	9	15	15	15	15							

续表

资金来源（万元）		职工人数（人）	其中					总产值（万元）	其中					备注
自筹	其中 58年		1958年	1959年	1960年	1961年	1962年		1958年	1959年	1960年	1961年	1962年	
		10	2	2	2	2	2							
		99	15	21	21	21	21							
		99	15	21	21	21	21							

循化撒拉族自治县地方工业五年规划（续表八）

项目	建设地点	性质	建设时间	投入生产时间	设计能力单位	设计能力	其中					投资项（万元）	其中				
							1958年	1959年	1960年	1961年	1962年		1958年	1959年	1960年	1961年	1962年
文都乡7个	文都	新	58.6；59.1	58.6；59.1	KW	30	30	5				21	18	3			
尕楞乡8个					KW							19.5	15	4.5			
5KW5个	尕楞	新	58.4；59.1	58.4；59.1	KW	20	20	3				15	12	3			
2.5KW3个	尕楞	新	58.2；59.1	58.2；59.1	KW	5	5	3.5				4	3	1			
二、机械工业					KW							731	180	144	170	230	7
循化农牧机械修理厂	积石镇	新	58	58	KW	8	8	10				220	100	120			
循化农牧机械制造厂	积石镇	新	60	60	KW	10			10	20	24	200			120	80	
街子农具修配站	街子	新	58	58	KW	1	1					20	8		6		6
尕楞农具修配站	尕楞	新	58	58	KW	1.2	1.2					26	8	6	6		6
白庄农具修配站	白庄	新	58	58	KW	1.8	1.8					15	10	5			
道帏农具修配站	道帏	新	58	58	KW	1.5	1.5					28	10	6	6		6
文都农具修配站	文都	新	58	58	KW	1.5	1.5					28	10	6	6		6
清水农具修配站	清水	新	58	58		1	1					18	6		6		6

续表

项目	建设地点	性质	建设时间	投入生产时间	设计能力单位	设计能力	其中					投资项（万元）	其中				
							1958年	1959年	1960年	1961年	1962年		1958年	1959年	1960年	1961年	1962年
苏只农具修配站	苏只	新	58	58		0.8	0.8					11	6	5			
循化农业拖拉机修配厂	积石镇	新	62	62		15					15	150				100	50
苏只拖拉机修配站	苏只	新	60	60		1.2			1.2			16			10		6
白庄拖拉机修配站	白庄	新	60	60		1.7			1.7			10			10		
三、肥料工业												1014	8	6		1000	
循化氮气厂	积石镇	新	61	62	T/年	3000					3000	1000				1000	
循化细菌肥料厂	积石镇	新	58	59		10		10				14	6	8			
四、矿石开采和冶炼工业												785.2	35.2	130	420	200	
铁												784	34	130	420	200	
循化清水铁厂	清水	新	59	60		4500			4500			330		130	200		

循化撒拉族自治县地方工业五年规划（续表九）（单位：万元、人）

资金来源													职工人数	其中					总产值	其中					备注
国家	其中			合作社	其中		自筹	其中																	
	1959年	1960年	1961年		1958年	1959年		1958年	1959年	1960年	1961年	1962年		1958年	1959年	1960年	1961年	1962年		1958年	1959年	1960年	1961年	1962年	
				21	18	3							100	16	21	21	21	21							
				19.5	15	4.5							94	10	21	21	21	21							
				15	12	3							72	12	15	15	15	15							
				4.5	3	1.5							28	4	6	6	6	6							
							601	160	144	170	230	97	636	76	99	130	140	191	1569	165	210	290	340	564	

续表

资金来源													职工人数	其中					总产值	其中					备注
国家	其中			合作社	其中		自筹	其中																	
	1959年	1960年	1961年		1958年	1959年		1958年	1959年	1960年	1961年	1962年		1958年	1959年	1960年	1961年	1962年		1958年	1959年	1960年	1961年	1962年	
							220	100	120				80	35	45				180	80	100				
							200			120	80		200			60	70	70	600			160	200	240	
							20	8		6		6	40	5	7	9	9	10	84	10	14	16	20	24	
							24	8	4	6		6	43	5	7	10	10	11	97	12	15	20	23	27	
							15	10	5				16	7	9				33	15	18				
							30	10	6	6		8	48	7	9	10	10	12	116	15	20	24	27	30	
							30	10	6	6		8	48	7	9	10	10	12	116	15	20	24	27	30	
							20	6		6		8	40	5	7	9	9	10	75	10	13	15	17	20	
							9	6	3				11	5	6				18	8	10				
							200				150	50	40					40	150					150	
							15			10		5	32			10	10	12	45			12	15	18	
							18			10		8	38			12	12	14	62			17	20	25	
500			500				512	6	6		500		128		10	10	10	98	752		50	50	50	602	
500			500				500				500		88					88	552					552	
				0.2	0.2		12	6	6				40		10	10	10	10	200		50	50	50	50	
290	80	210					675	35	50	300	290		1167	79	109	214	370	395	67436	802	3274	13560	23000	26800	
290	80	210					664	24	50	300	290		548	24	24	100	200	200	18081	27	54	3600	7200	7200	
290	80	210					220		50	170			300			100	100	100	10800			3600	3600	3600	

循化撒拉族自治县地方工业五年规划（续表十）

项目	建设地点	性质	建设时间	投入生产时间	设计能力单位	设计能力	1958年	1959年	1960年	1961年	1962年	投资额（万元）	1958年	1959年	1960年	1961年	1962年	合作社
循化夕昌铁厂	夕昌	新	60	61	T/年	4500				4500		330			130	200		
清水土法炼铁厂	清水	新	58	58	KG/日	100	100					8	8					
道帏土法炼铁厂	道帏	新	58	58	V	100	100					8	8					
夕昌土法炼铁厂	夕昌	新	58	58	V	100	100					8	8					
2. 矿石开采												2	2					
循化铁矿	夕昌	新	58	58	T/年	1500	1500	2000				2	2					
3. 非金属矿开采												6	6					
循化水晶石	中库	新	58	58	V	3	3	5	6	20	30	2	2					
循化云母矿	古什群	新	58	58	V	2	2	13	45	70	80	4	4					
4. 块金												0.2	0.2					0.2
循化块金场	尕楞·科哇	新	58	58	T/年	800	500	3000	5000	5000	20000	5	5					
循阳炼金厂	循阳	新	58	58	V	100	100	300	120	150	100	0.2	0.2					0.2
野生植物加工												104.2	38.2	61	5			
循化人造棉厂	文都	新	58	58	T/年	40	40	50	60	70	100	30	5	20	5			
文都人造棉厂4个	文都	新	58	58	V	5	5	8	10	10	20	8	8					8
尕楞人造棉厂4个	尕楞	新	58	58	V	20	20	25	30	35	50	20	10	10				20
清水人造棉厂4个	清水	新	58	58	T/年	10	10	15	20	25	30	15	8	7				15
白庄人造棉厂2个	白庄	新	58	58	T/年	5	5	7	10	15	20	6	6					6
科哇人造棉厂4个	科哇	新	58	58	T/年	10	10	15	20	25	40	12	6	6				13
道帏人造棉厂8个	道帏	新	58	58	T/年	25	25	30	40	50	70	20	10	10				20
街子人造棉厂3个	街子	新	58	58	T/年	3	3	5	20	15	20	6	4	2				6

续表

项目	建设地点	性质	建设时间	投入生产时间	设计能力单位	设计能力	1958 年	1959 年	1960 年	1961 年	1962 年	投资额（万元）	1958 年	1959 年	1960 年	1961 年	1962 年	合作社
循阳人造棉厂 3 个	循阳	新	58	58	T/ 年	4	4	5	8	8	10	3	2	1				5
积石人造棉厂 3 个	积石镇	新	58	58	T/ 年	1	1	2	2	2	5	0.6	0.6					0.6

循化撒拉族自治县地方工业五年规划（续表十一）（单位：万元、人）

投资额	其中					资金来源									职工人数	其中					总产值	其中				
	1958 年	1959 年	1960 年	1961 年	1962 年	合作社	其中		自营	其中						1958 年	1959 年	1960 年	1961 年	1962 年		1958 年	1959 年	1960 年	1961 年	1962 年
							1958 年	1959 年		1958 年	1959 年	1960 年	1961 年	1962 年												
380			180	200					420						200				100	100	7200				3600	3600
8	8								8	8					16	8	8				25	9	16			
8	8								8	8					16	8	8				25	9	16			
8	8								8	8					16	8	8				25	9	16			
2	2								3	3					10	5	5				35	15	20			
2	2								2	2					10	5	5				35	15	20			
6	6								6	6					327	20	40	32	105	130	51920	760	3200	9960	16400	21600
2	2								2	2					107	10	10	12	25	50	8020	560	500	960	2400	3600
4	4								4	4					270	10	30	50	80	100	36000	400	2600	1000	14000	18000
3.2	3.2					0.2	0.2		8	8					252	60	40	52	50	50	846	31	97	158	250	310
5	5								3	3					190	20	30	40	50	50	804	24	90	150	240	300
0.2	0.2					0.2	0.2								68	10	10	18	15	15	42	7	7	8	10	10
104.2	38.2	61	5			104.2	58.8		20	5	10	5			992	188	201	201	201	201	1859.4	175	260.4	333.2	410.2	680.6

续表

投资额	其中					资金来源									职工人数	其中					总产值	其中				
						合作社	其中		自营	其中																
	1958年	1959年	1960年	1961年	1962年		1958年	1959年		1958年	1959年	1960年	1961年	1962年		1958年	1959年	1960年	1961年	1962年		1958年	1959年	1960年	1961年	1962年
17	2	10	5						20	5	10	5			100	20	20	20	20	20	360	30	70	84	36	140
6	6					6	6								50	10	10	10	10	10	78.2	7	11.2	14	21	25
20	10	10				20	10	10							150	30	30	30	30	30	241	25	55	42	49	70
15	8	7				15	8	7							120	24	24	24	24	24	147.2	14	18.2	38	35	42
6	6					6	6								50	10	10	10	10	10	79.8	7	0.8	14	30	28
12	6	6				22	16	6							100	20	20	20	20	20	151.2	14	18.2	28	35	56
20	10	10				26	16	10							160	32	32	32	32	32	301	35	42	56	70	98
6	4	2				6	4	2							60	12	12	12	12	12	79.2	4.2	7	14	31	23
3	2	1				3	2	1							50	10	10	10	10	10	48	4.6	7	11.2	11.2	14
0.6	0.6					0.6	0.6								30	6	6	6	6	6	14	1.4	2.8	2.8	2.8	4.2

循化撒拉族自治县地方工业五年规划（续表十二）

项目	建设地点	性质	建设时间	投入生产时间	设计能力单位	设计能力	其中					投资额（万元）	其中	
							1958年	1959年	1960年	1961年	1962年		1958年	1959年
苏只人造棉厂3个	苏只	新	58	58	T/年	2	3	3	3	3	4	1.6	0.6	1
岗察人造棉厂4个	岗察	新	58	59	T/年	25		25	25	30	40	15		15
六、纺织工业												500		350
循化纺织厂	积石镇	新	59	60	万/年	5			5	7	12	500		350
七、建筑材料工业												34.2	13.2	21

续表

项目	建设地点	性质	建设时间	投入生产时间	设计能力单位	设计能力	其中					投资额（万元）	其中	
							1958年	1959年	1960年	1961年	1962年		1958年	1959年
循化砖瓦厂	积石镇	新	58	58	万块/年			105	105	135	135	3	3	
循化石灰水泥厂	文都	新	58	58	T/年	石250 水800	石250 水800	石500 水1200	石500 水1200	石500 水1200	石500 水1200	10	5	5
科哇砖瓦石灰水泥厂	科哇	新	58	58	万块T/年	石25 水300	石35 水300	石100 水300	石100 水300	石100 水300	石100 水300	4	2	2
道帏砖瓦石灰水泥厂	道帏	新	58	58	万块T/年	石40 水400	石40 水400	石150 水400	石150 水400	石150 水400	石150 水400		3	3
积石镇土块生产厂	积石	新	58	58	万块/年	80	80	120	120	120	120	0.2	0.2	
循化木材加工厂	积石镇	新	58	58	T/年	1500		1500	1500	1500	1500	10		10
循化火柴厂	文都	新	59	59	T/年	2		2	2	2	2	1		1
八、粮油加工工业												427.08	40.88	80
循化面粉一厂	大别列	新	59	59	按时	30		30	30	30	30	60		60
循化面粉二厂	清水	新	60	60	按时	30			30	30	30	60		
循化面粉三厂	白庄	新	61	61	按时	20				20	20	50		
小钢磨24处												41.08	32.88	
其中：粮食局6台	积石镇	新	58	58	按时	34	34	34				3.7	3.2	
文都乡3台	文都	新	58	58	按时	27	27	27	54	54	54	4.1	4.1	
尕楞乡2台	尕楞	新	58	58	按时	18	18	18	45	45	45	6.8	2.7	
白庄乡2台	白庄	新	58	58	按时	18	18	18	18	18	18	2.7	2.7	
道帏乡3台	道帏	新	58	58	按时	27	27	27	27	27	27	1.4	1.4	
清水乡3台	清水	新	58	58	按时	18	18	18	18	18	18	2.7	2.7	

循化撒拉族自治县地方工业五年规划（续表十三）

其中			资金来源（万元）													职工人数（人）	其中					总产额（万元）	其中				
			国家	其中		合作社	其中			自营	其中																
1960年	1961年	1962年		1959年	1960年		1958年	1959年	1960年		1958年	1959年	1960年	1961年	1962年		1958年	1959年	1960年	1961年	1962年		1958年	1959年	1960年	1961年	1962年
						0.6	0.5									30	6	6	6	6	6	21	2.8	4.2	4.2	4.2	5.6
						15		15								60		15	15	15	15	168		35	35	42	56
150			200	150	50					300		50	250			600			200	200	200	144			30	42	72
150			200	150	50					300		50	250			600			200	200	200	144			30	42	72
						10.2	5.2	5		24	8	16				439	53	92	96	99	99	2119.9	284.3	173.4	521.4	570.4	570.4
										3	3					80	10	13	17	20	20	393	47	76	76	97	97
										10	5	5				70	10	15	15	15	15	853	95	153	201	201	203
						4	2	2								57	9	12	12	12	12	276	36	54	54	66	66
						6	3	3								57	9	12	12	12	12	386	50	76	76	92	92
						0.2	0.2									75	15	15	15	15	15	25.2	3.6	5.4	5.4	5.4	5.4
										10		10				80		20	20	20	20	420		105	105	105	105
										1		1				20		5	5	5	5	16		4	4	4	4
76.2	170	60				32.68	24.48		8.2	356.2	10.2	80	66	170	30	504	48	75	107	122	152	11981	936	1741	2327	2701	4276
										60		60				80		20	20	20	20	1302		90	404	404	404
60										60			60			60			20	20	20	898			90	404	404
	50									50				50		30				15	15	350				80	270
8.2						32.68	24.48		8.2	8.2	8.2					240	48	48	48	48	48	7116	936	1500	1560	1560	1560
										8.2	8.2					24	12	12									
4.1						8.2	4.1		4.1							48	6	6	12	12	12						

续表

其中			资金来源（万元）														职工人数（人）	其中					总产额（万元）	其中				
			国家	其中		合作社	其中			自营	其中																
1960年	1961年	1962年		1959年	1960年		1958年	1959年	1960年		1958年	1959年	1960年	1961年	1962年		1958年	1959年	1960年	1961年	1962年		1958年	1959年	1960年	1961年	1962年
4.1						6.8	2.7		4.1							38	4	4	10	10	10						
						2.7	2.7									20	4	4	4	4	4						
						4.1	4.1									30	6	6	6	6	6						
						2.7	2.7									20	4	4	4	4	4						

循化撒拉族自治县地方工业五年规划（续表十四）

项目	建设地点	性质	建设时间	投入生产时间	设计能力单位	设计能力	其中				
							1958年	1959年	1960年	1961年	1962年
科哇乡2台	科哇	新	58	58	按时	18	18	18	18	18	18
积石镇1台	积石	新	58	58	按时	9	9	9	9	9	9
循阳乡1台	循阳	新	58	58	按时	9	9	9	9	9	9
苏只乡1台	苏只	新	58	58	按时	9	9	9	9	9	9
街子乡1台	街子	新	58	58	按时	9	9	9	9	9	9
循化榨油一厂	拉训	新	58	59	T/年	70					70
循化榨油二厂	白庄	新	59	60	T/年	140					140
循化榨油三厂	清水	新	61	62	T/年	1050					1050
九、轻工业											
循化陶厂	中犀	新	58	58	件/年	1000	1000				30000
循化一厂	积石	新	58	58	T/年	5/2	5/2	7/2	10/3	15/5	15/4

续表

项目	建设地点	性质	建设时间	投入生产时间	设计能力单位	设计能力	其中				
							1958 年	1959 年	1960 年	1961 年	1962 年
循化一品加工厂	积石	新	58	58	件 / 年	1	1	3	3	3	3
循化县酒厂	积石	新	58	58	T/ 年	果干 2 果酒 10	果干 2 果酒 10	果干 4 果酒 8	果干 4 果酒 8	果干 4 果酒 8	果干 4 果酒 8
循化淀粉酒厂	白庄	新	58	58	T/ 年	淀粉 300 酒 4	淀粉 300 酒 4	淀粉 450 酒 6	淀粉 450 酒 6	淀粉 450 酒 6	淀粉 450 酒 6
文都淀粉酒厂	文都	新	58	58	T/ 年	淀粉 150 酒 2.5	淀粉 300 酒 4	淀粉 300 酒 4	淀粉 300 酒 4	淀粉 300 酒 4	淀粉 200 酒 4
尕楞淀粉酒厂	尕楞	新	58	58	T/ 年	淀粉 100 酒 1	淀粉 150 酒 1.5	淀粉 150 酒 1.5	淀粉 150 酒 1.5	淀粉 150 酒 1.5	淀粉 150 酒 1.5
街子淀粉酒厂	街子	新	59	59	T/ 年	淀粉 150 酒 1.5		淀粉 150 酒 1.5	淀粉 150 酒 1.5	淀粉 150 酒 1.5	淀粉 150 酒 1.5
清水淀粉酒厂	清水	新	59	59	T/ 年	淀粉 150 酒 2		淀粉 150 酒 2	淀粉 150 酒 2	淀粉 150 酒 2	淀粉 150 酒 2
循化香料厂	积石	新	58	58	T/ 年	0.5	0.5	1	1	1	1
循化食品加工厂	积石	新	58	58	T/ 年	100	100	100	100	100	100
白庄食品加工厂	白庄	新	59	59	T/ 年	20	20	20	20	20	20
文都食品加工厂	文都	新	60	60	T/ 年	15			15	15	15
苏只食品加工厂	苏只	新	60	60	T/ 年	10			10	10	10

循化撒拉族自治县地方工业五年规划（续表十五）（单位：万元、人）

投资额	其中					资金来源									职工人数	其中					总产额	其中				
						合作社	其中		自营	其中																
	1958 年	1959 年	1960 年	1961 年	1962 年		1958 年	1959 年		1958 年	1959 年	1960 年	1961 年	1962 年		1958 年	1959 年	1960 年	1961 年	1962 年		1958 年	1959 年	1960 年	1961 年	1962 年
2.7	2.7					2.7	2.7								20	4	4	4	4	4						
1.37	1.37					1.37	1.37								10	2	2	2	2	2						
1.37	1.37					1.37	1.37								10	2	2	2	2	2						
1.37	1.37					1.37	1.37								10	2	2	2	2	2						

续表

投资额	其中					资金来源									职工人数	其中					总产额	其中				
	1958年	1959年	1960年	1961年	1962年	合作社	其中		自营	其中						1958年	1959年	1960年	1961年	1962年		1958年	1959年	1960年	1961年	1962年
							1958年	1959年		1958年	1959年	1960年	1961年	1962年												
1.37	1.37					1.37	1.37								10	2	2	2	2	2						
12	8	4							12	8	4				28		7	7	7	7	364		91	91	91	91
24		16	8						24		16	8			36			12	12	12	546			182	182	182
140									150				120	30	30					30	1365					1365
173.3	53	76	38.8	3	2.5	4.5	2.5	2	168.3	50.5	74	38.3	3	2.5	1253	134	234	285	299	301	8232.9	774.3	1636	1867.1	1968.2	1987.3
5	5								5	5					50	10	10	10	10	10	52	4	12	12	12	12
13.5	3.5	5	2.5		2.5				15.8	5.5	5	2.5		2.8	92	12	18	20	20	22	170	20	24	35	41	50
7	5	2							7	5	2				62	10	13	13	13	13	75	15	15	15	15	15
10	10								10	10					75	15	15	15	15	15	358	22	84	84	84	84
3	3								3	3					95	15	20	20	20	20	2130	302	457	457	457	457
1.5	1.5					1.5	1.5								56	8	12	12	12	12	962	150	203	203	203	203
1	1					1	1								46	6	10	10	10	10	682	98	146	146	146	146
1		1				1		1							29		5	8	8	8	584		146	146	146	146
1						1		1							29		5	8	8	8	588		147	147	147	147
3	2	1							3	2	1				37	5	8	8	8	8	54	6	12	12	12	12
10	2	4	4						10	2	4	4			134	20	24	30	30	30	420	60	60	100	100	100
2		2							2		2				6					6	46		10	12	12	12
1									1			1			12			4	4	4	24			7.5	7.5	9
0.8			0.8						0.8			0.8			12			4	4	4	16			5	5	6

循化撒拉族自治县地方工业五年规划（续表十六）

项目	建设地点	性质	建设时间	投入生产时间	设计能力单位	设计能力	其中				
							1958年	1959年	1960年	1961年	1962年
循化制糖厂	循阳	新	58	58	T/年	5	8	15	15	15	15
苏只制糖厂	苏只	新	60	60	T/年	15		15	15	15	15
循化药材加工厂	道帏	新	58	58	T/年	20	20	50	50	50	50
循化软木加工厂	清水	新	59	59	T/年	20		20	20	20	20
循化蛋粉厂	积石镇	新	59	60	T/年	10			10	10	10
循化麻袋厂	文都	新	60	61	万条/年	2				2	2
循化服装制鞋联合加工厂	积石镇	新	58	58	件双/年	衣3000鞋1000	衣3000鞋1000	衣5000鞋3000			
循化服装鞋帽加工厂	积石镇	新	60	60	件双/年	衣6000鞋7000			衣10000鞋5000	衣10000鞋5000	衣10000鞋5000
循化玻璃厂	积石镇	新	59		万块/年	5		5	10	15	20

——《一九五八年关于财贸、工交工作的规划，规定，报告——循化撒拉族自治县1958年—1962年发展地方工业的初步规划》，循化县档案馆藏，档号：1-1-45（永久）。

循化撒拉族自治县1958—1962年地方工业规划（草案）

我县当前的地方工业情况是：纯属手工业性质，无现代工业基础，发展水平远远落后于农业，1957年地方工业产值只占工农业总产值的13.38%。但在工业资源上已发现的有云母、铁、铝、金子、石英和水晶石等，只待进一步勘探，而制造肥料颗粒所需的泥炭则是质高量大，其他如石灰石、石膏等更是遍地可见，是山就有。这就说明我们地方工业大跃进是有条件的也是急需的。而目前农业大跃进的形势在我县已经出现。它的发展是日新月异，这就要求地方工业如何急起直追，达到1962年地方工业总产值超过农业总产值，以便促进农业跃进再跃进。

规　划

一、电力工业

到1962年全县水力发电站61座、电机容量1697千瓦，投资203万元，职工187人，产值123万元。其中1958年筹建1959年投入生产的有联营水力发电站一座，道帏、白庄、科哇、清水、街子、苏只、文都、尕楞等8个乡小型水力发电站10座。共计电机容量552千瓦，投资66万元，职工30人，产值40万元。

二、肥料制造工业

1. 1958年每个农业社新建颗粒肥料厂一个，共114个，年产颗粒肥料2200吨，到1962年达到年产量10500吨。

2. 新建细菌肥料厂一座，1958年筹建，1959年生产，年产量4吨，职工10人。投资2万元。氮肥厂投资230万元，1961年建厂。到1962年达到年产量17.5吨，职工25人，投资2万元。

三、农牧机械工业

1. 县城以现有铁工、木器两个手工业为基础，1958年改建为地方国营农牧机械修配厂，各种车床5部，投资8万元，职工45人，年产值8万元，到1962年扩建为农牧机械制造厂，各种车床25部，投资37万元，职工100人，年产值25万元。

2. 1958年在尕楞、街子、白庄、道帏、文都、清水、苏只等七个乡各建小型农机修配站一个，每站小型车床一部，各投资1万元。职工人数每站3—5人，共计年产值达到 5 万元，到 1962 年扩建为车床各 3 部，投资各 2 万元，职工每站 7—10 人，年产值共 14 万元。

3. 技术产品

（1）1958 年至 1959 年能修配双轮双铧犁、山地犁、播种机、收割机、拌种器、圆器耙、挖洋芋机、洋芋播种机等九种人力或畜力农具，并制造小型兽力车、人力单轮推车 600 辆，手摇和脚踏颗粒肥料加工器 60 台，同时试制水轮机、水打颗粒肥料加工器等产品。

（2）1962 年能修配脱谷机、动力铡草机、小型万能拖拉机、水闸启闭机、电动抽水机、电动颗粒肥料加工器等机引农具和水利机械，并制造双轮双铧犁、播种机、挖洋芋机、山地犁等。

（3）1958 年添置翻沙设备，进行翻沙。

四、冶金工业和开采矿产

1. 1958 年在古什群、中库两地开采云母和水晶石，1962 年达到年产云母和水晶石 15 吨，投资 10 万元，职工 40 人，年产值 150 万元。

2. 1958 年在尕楞开采块金，1962 年达到年产金子 20 吨，投资 7 万元，职工 30 人，年产值 100 万元。

3. 1962 年在古什群建立小型炼铁厂一座，年产生铁 2000 吨，职工 45 人，投资 19 万元，产值达到 200 万元。

五、建筑材料工业

1. 1958 年在文都拉兄台子新建石灰、水泥厂一座，投资 3000 元，职工 10 人，年产石灰 150 吨，25-150 号水泥 100 吨，年产值 2 万元，1962 年达到年产石灰 1000 吨，400 号以下水泥 1000 吨，年产值 2 万元，投资 2 万元，职工 30 人。

2. 1958 年将现有公私合营砖瓦厂改为地方国营砖瓦厂，职工 10 人，年产各类砖瓦 100 万块（片），年产值 6 万元，到 1962 年扩大为职工 25 人，生产各类砖瓦 500 万块（片），年产值 30 万元，并能制造“五面八洞砖”“薄体砖”“薄形瓦”等新产品，投资 2 万元。

六、森林采伐工业

新建木材加工厂一座，1962 年达到年产各种木材 1000 立方米，产值　万元，投资 2 万元，职工 20 人。

七、造纸工业

1958年新建小型造纸厂一座，年产土纸10吨，产值1.5万元，职工　人，投资2000元，1960年建厂，1961年生产，到1962年达到年产机制纸和土纸50吨，产值6万元，职工30人，投资5万元。

八、制糖工业

新建小型制糖厂一座，1960年建厂，1961年生产，1962年达到年产食糖75吨，产值9万元，投资3000元，职工20人。

九、1962年建粉制淀粉厂一座，1960年建厂，1961年生产，投资3万元，职工10人，全年淀粉100吨，产值10万元。

十、食品加工工业

1. 1958年将现有县城粉醋社改为地方国营加工厂，投资5000元，职工20人，年产粉条、豆腐（干）、陈醋、酱油、酱菜、糕点、饼干、五加皮等100吨，产值5万元。1960年建厂，1961年生产，到1962年达到职工40人，投资1万元，年产罐头、糕点、味精等300吨，产值12万元。

2. 分别在白庄、文都、苏只三个乡各建小型食品加工厂一座，1962年到年底各类食品75吨，产值4万元，职工15人，投资1.5万元。

3. 1961年建厂，1962年生产，1962年新建果类加工厂一座，投资10万元，职工40人，年产干果100吨，果酒100吨，产值40万元。

十一、粮食加工工业

1. 1958年安装八寸钢磨24盘，1959年年产面粉2400吨，产值86万元，投资1.2万元。

2. 1960年建厂，1961年生产，1962年建机制面粉厂一座，投资20万元，职工30人，年产面粉1500吨，产值54万元。

十二、油料加工工业

1958年新建小型榨油厂一座，粤102型榨油机三台，投资4000元，职工10人，1959年年产食油100吨，产值14万元，到1962年再建一座厂，年产食油500吨，产值70万元，投资2万元，职工30人。

十三、1958年试制陶器，1959年建厂，1962年达到年产各类陶器8万件，产值4万元，投资1万元，职工20人。

十四、1958年新建印刷厂一座，印刷机三台，产值达到4万元，投资5000元，职工 8 人，到 1962 年达到印刷机 8 台，年产值 15 万元。投资 1.5 万元，职工 40 人。

十五、新建麻袋加工厂一座，到 1962 年达到年产麻袋 3 万条，产值 6 万元，投资 2 万元，职工 15 人。

十六、新建药材加工厂一座，主要加工半成品，并兼制成品，到 1962 年达到年产值 5 万元，投资 1 万元，职工 10 人。

十七、1958 年将现有县城缝纫、制鞋两社，扩建为服装、鞋帽联合加工厂，职工 15 人，年产各类服装 5000 件，布鞋 1000 双，产值 7 万元，到 1962 年达到年产各类服装 1.5 万件，布鞋 1 万双，产值 20 万元，投资 3000 元，职工 25 人。

根据以上 17 条计算，到 1962 年工业总产值占工农业总产值的比重将由 1957 年的 4.53%，上升为 50.12%，工业产值按人口平均计算，将由 1957 年每人平均 4.26 元上升为每人平均达到 200.7 元，各种主要产品量到 1962 年按人口平均计算，可达如下结果：电每人平均为 137 度，生铁每人平均 80 斤，食糖每人 3 斤，食油每人平均 200 斤。到 1962 年每亩耕地可施颗粒肥料 150 斤，细菌肥料 4 两，至 1962 年职工人数将由 1957 年的 85 人上升为 892 人。

几点主要措施

1. 小型为主，分散建设，谁办有益由谁来办。

2. 花小钱办大事，不花钱能办事，先搭架子先开工，边生产边建厂，由小到大，因陋就简，要精打细算，精益求精，反对财大气粗造成浪费。

3. 动员全民积极投资，合理使用，加速周转。

4. 充分发掘原料潜力，就地生产，综合利用，以销定产，按产分配。

5. 轮流外出参观学习技术，先简后繁，逐步提高，发挥职工钻研技术的积极性，鼓励大家大胆创造，先试制后制造。

——《一九五八年关于财贸、工交工作的规划，规定，报告——循化撒拉族自治县 1958—1962 年地方工业规划》，循化县档案馆藏，档号：1-1-45（永久）。

循化县一九六四年——九七〇年农牧业生产发展规划

一、当前经济形势

（一）农业生产恢复速度快

1963 年全县粮食总产已达到 2509.56 万斤，较 1957 年 2492.3 万斤增长 0.43%，其中：集体粮食总产为 2182.4 万斤，完成计划 128%，比 1962 年增长 67%，比原估产超过 30.3%，单产牛肉 224 斤，比 1962 年增长 86.7%。

今年粮食增产的特点是：单产高，幅度大，面积广。全县 97317 亩粮食作物平均单产 224 斤，有四个公社（查汗都斯、城镇、清水、白庄）24661 亩单产为 250 斤—322 斤，集体粮食总产除去大开支（籽种、饲料、征购）以外，人平均口粮 349 斤，比 1962 年的 260 斤增长 34%。

（二）畜牧业生产有了进一步回升发展

全县到 12 月底，牲畜总头数达到 78345 头（只），完成计划 102.8%，比上年净增 6%，其中：大牲畜为 19523 头（匹），完成计划 109%，比上年净增 12.7%，绵山羊为 58822 只，完成计划 99.1%，比上年增长 4%，生猪 3334 头，比上年净增 18.2%。新畜恢复迅速异常，已达到 8690 头（匹），比上年 7055 头（匹）增长 23%。

财政贸易、文教卫生、工业交通等方面也有了显著的好转，获得了很大成就。

但是困难也不少：农牧业生产水平仍然低；耕畜缺乏，分布不平衡，肥料不足，草荒依然严重；部分地区（城关、街子、查加）社员生活还有困难。因此，我县今后的任务还是十分艰巨的。

二、农业发展规划

（一）基本情况

我县位于青海东部黄河南岸地区，北纬 35°—36°，东经 102° 到 103° 之间，海拔平均 2300 公尺；最高气温 37℃，最低气温零下 15℃，年平均气温 8.4℃，今年降雨量为 200 公厘，水利条件较好，气候温暖，土地肥沃，易于农作物、果木生长，有青海“小江南”之称。全县总面积为 1858 平方公里，总人口 44184 人，其中：农业人口 41490 人，牧业人口 631 人，非农牧人口 2063 人。

但从自然条件上看，也有对农业发展不利的方面，主要是：（1）全年平均降雨量200公厘，多集中于七、八、九月，形成春夏干旱，秋季多雨。（2）七、八月正是庄稼成熟收获之前，常有冰雹袭击，往往形成年产不能丰收，如1962年因雹灾减产约300万斤粮食。

因地势高低不等，全县耕地分为三种类型：

1. 川水地，黄河、街子、清水河沿岸称川水地区。地势平坦，海拔1800公尺—2100公尺，年平均气温10℃，无霜期为220天，多系黏性土壤，适于农作物果类生长。平均单产为300—400斤，如果进一步加工务劳，搞好水利，增施肥料，单产可以达到350—450斤，1963年，城镇公社水地6699亩，平均单产334斤；清水公社水地3072亩，平均单产412斤，这些地区是我县的高产田。

2. 脑山地，地势较高，海拔2800公尺到3500公尺左右，年平均气温为摄氏4—5°，无霜期为90—100天，年降雨量在200公厘以上，多系黑钙土壤，宜于种植青禾、洋芋、豌豆、油料作物，平均单产200到250斤左右，如果搞好歇地、倒插，消灭草荒，单产可以达到250到300斤左右，如古雷张沙生产大队1140亩平均单产280斤，这些地区是我县的稳产田。

3. 浅山地，分布于两山之间的河谷地带，海拔2100公尺到2800公尺左右，平均气温为6℃—7℃，无霜期180天左右，年降雨量为150公厘左右，多系白沙土壤，宜于生长小麦、青禾、豌豆、洋芋等作物，平均单产为100—150斤，这些地带气候干燥，水土流失严重，地力瘠薄，产量很不稳定。今后改造浅山地的任务是非常繁重的。

（二）农业生产的方针任务和主要途径

为促进农业生产高速度的发展，本着农、林、牧、副、渔全面繁荣的精神，根据我县土壤、气候、地形、水利等自然因素，以及以往的生产习惯，农业生产必须贯彻执行“以粮为纲”，全面安排，在保证粮食生产的同时，积极发展油料、蘑类和其他经济作物，开展多种经营的方针。粮食生产争取一年有余，二年超过最高年产水平，力争五年大发展，变缺粮县为余粮县。根据我县各类耕地不同的基本特点，农业增产的主要途径是：在地多人少的脑山和浅山的山区社队，需要狠抓合理轮作、轮歇、合理密植、合理少种，并有计划的改变改造浅山地。培地边，修梯田。提高单位面积产量，力争稳产多收；在人多地少的黄河沿岸地区除了进一步精耕细作，建设好基本田，尽可能地提高单位面积产量增长的幅度，成为稳产、高产的地区外，还应充分利用土地资源。逐步扩大一些耕地。全县总耕地面积由现在的141000亩到1970年扩大到161000亩，从而解决这些地区耕地过于不足的问题。

（三）主要指标

粮食：1964年集体播种面积10万亩，单产235.7斤，总产2357万斤，较上年增长8%；1965年集体播种面积保持上年水平，单产247.5斤，总产2475万斤，比上年增长5%；1966年集体粮食面积保持原有水平，单产257.4斤，总产2574万斤，比上年增长4%；1968年集体粮食面积达到106100亩，单产267.5斤，总产2838万斤，较上年增长6%；1970年集体粮食总播种面积达到117000亩，单产278斤，总产3250万斤，较上年增长7%。

油料：1964年集体播种面积6217亩，单产75斤，总产46.63万斤，比1963年增长18.5%；1966年播种面积7000亩，单产80斤，总产56万斤，较1964年增长20%；1970年播种面积达到10000亩，单产97斤，总产97万斤，较上年增长13.5%。

提出这个指标的根据是：

从解放初期的三年恢复时期的年景来看，是一平二率，每年平均增长8%，农业合作化初期的1955年是我县搞集体经济的第一年，年景正常比平均的1954年增长7%，1956年比平均的1957年增长7.4%，1961年以前由于工作上的错误，总产逐年下降，纠正错误以来，1963年的总产又上升到2182.4万斤，比1962年增长67%。从每个历史阶段的粮食增长幅度来看，正常情况下年增长率都在6%—7%。今后七年，我们计划了年增长4%—8%的幅度是可靠的，留有余地的，也是积极的。

油料的发展速度1964年总产量计划增长18.5%，1965年增长20%，1970年油料总产达到97万斤，比1969年增长13.5%，达到历史上较高水平（1954年单产102斤，总产就是7万斤）。今后七年当中油料生产处于一个恢复时期，需采取提高单位面积产量和扩大播种面积相结合，到1970年总产97万斤的计划可以实现。

除了上述的根据以外，还有比较总量的因素是通过党的八届十中全会决议的贯彻执行，党在农村中的各项政策更加完善，广泛的调动了人们的积极性，集体经济越来越巩固，党的政策更加深入人心，特别是到1965年农村中的社会主义教育运动可以全部完成，农村的政治面貌会大大改变，阶级斗争、生产斗争、科学武装三大革命运动会进一步显示出巨大生命力，因而必须必然会出现一个声势浩大的生产建设高潮，这是无穷的政治力量，必须充分估计。

（四）增产措施

（1）积极建设基本田

在条件不同的各类地区，有计划地建设旱涝保收、稳产高产的基本田。我县现有旱涝保收的基本田 63543 亩，占总耕地面积的 45%，即 41600 亩保浇水地，和 21900 亩更少收成的脑山地。1970 年基本田要发展到 73540 亩，占耕地面积 161000 亩的 46%，粮食播种面积以 117000 亩计算，其中基本田 73000 余亩，占粮食播种面积的 63%。稳产高产田 41600 亩，其中：10000 亩单产 500 斤，总产 5000000 斤，31600 亩，单产 450 斤，总产 14220000 斤，31900 亩，单产 240 斤，总产 7656000 斤，三项合计 26876000 斤，占计划产量的 82.76%。低产田 33500 亩，平均单产 168 斤，总产 5628000 斤。共计集体总产量 32500000 斤。

（2）大抓水利建设

我县水利资源丰富，境内除黄河水流可以利用外，还有道帏、夕昌、香玉、毛玉等小河流，水利潜力巨大，尚未充分利用。

1964 年恢复、维修、配套现在 42 条渠道，改善灌溉面积 16875 亩，1965 年计划全县 138 条渠道进行加固、加宽工程，并增加水的容量，达到保浇水地 5 万余亩，同时做好查汗大寺水库第二期工程的备料和施工工作。查汗大寺水库工程（总库容量 658.4 立方米），1965 年做到完成整理坝面，加固工程，并引建设堂、尕楞两沟的水，以充足水库容量，保证查汗大寺等地 12000 亩荒地的灌溉。1965 年兴建水电站和河北新村等四个电动抽水机站的工程，并将查汗大寺水库东西两条干渠修通，争取 1967 年受益。总之，我县在 1970 年以前完成建渠工程九项，机电灌溉工程四项，扩大水地 18370 亩。

七年水利建设共需投资 2173000 元，水利建设的方针必须贯彻大中小相结合，以中小为主，长远和当前相结合，以近期收益为主，并对现有水利设施，大力进行配套，搞好平整土地等田间工程，加强管理，充分发挥效益。

（3）大力建设地瘠民贫的浅山地区

改造浅山地是一件伟大而艰巨的任务，这是对发展农业生产具有战略意义的措施，改造和建设的主要途径是：以水土保持为中心，实行田间工程和生物措施相结合，长远利益和当前生产相结合。全县水土流失总面积约为 150 万亩，全年平均水土流失量在 7000 万公方以上。在这类地区，共有浅山薄田 56720 亩，占全县现有耕地的 50% 左右，山高坡陡，植被稀少，气候干旱，雨量不足，耕地倾斜，表土疏松，地力稀薄，产量偏低，且不稳定，旱洪灾害严重威胁着农业生产的发展。为了尽快改变上述的严重面貌，必须按照全面规划、综合治理的精神，造林、种草，与解决三者结合，计划以我县五土子山为重点，以生产队为主，在统一规划下以队为单位分片治理，坚持“谁治理，谁受益，谁养护”的原则，从一面坡、一座山或者一道沟开始治理。在1965年以前搞好样板，1966年到1970年全面治理，完成巩固提高164290亩，治理20万亩（据历史资料记载，过去我县治理面积仅占总流失面积的15.13%），修梯田25000亩，搭地埂3万亩的治理工程。并且根据地势修谷坊水平均沟涝池、鱼鳞坑等防洪挡泥工程。人工种草300亩，天然育草改良牧场3000亩，造林2000亩，蓄水保土，增强地力。在耕作技术方面，合理倒插，推广豆麦混种轮作，合理轮歇。争取轮歇地在浅山区每年达到三分之一或三分之二。发展畜牧增施肥料，农牧结合，互相支援，计划1970年农业区羊只发展为65676只，平均2.1亩耕地有一只羊。有计划地在孟达山、加仓山等浅山地推广冬小麦。经过这样治理和改造以后，七年内我们力争把地瘠民贫、水土流失严重的山区，建设成为多种经营、综合发展的社会主义新山区。

（4）发展家畜家禽，增加农家肥料

增施肥料的办法是农牧结合，大力发展猪羊，根据我县的民族特点，撒拉族地区积极发展养牛、养羊，1970年做到二亩田一只羊，藏汉族地区养猪和养羊并举，1970年，猪总头数达到7357头，达到每八亩田一头猪，并且广辟肥源。做到“人有厕所，猪有圈”，大牲畜达到27688头，这样人粪、草木灰等黄河沿岸每亩施有机肥料到三吨左右。普遍施肥量达到两吨，脑山地施野灰两吨左右，消灭白杠地。

大力增加农家肥的同时，积极推广化学肥料，到1970年四万亩水地基本田，每亩平均施化肥20斤。

（5）积极推广良种

我县目前种子纯度仅占30%左右，必须贯彻“自繁、自选、自留、自用”的方针，发动群众年年选种，队队建立种子田，到1965年首先自我选种，逐步扩大新引品种“阿勃”小麦良种的种植面积，计划1966年播种面积达到80%，消灭种子混杂局面，恢复到1957年的水平。1970年以前做到良种普及。我县当前的优良品种：小麦有碧玉麦、临夏白麦、黑芒白麦。青稞良种是：六穗瓦兰、张沙黑青稞。豌豆有白豌豆、尕麻豆，洋芋深眼窝。这些良种比退化品种一般能增产15%—20%。

（6）农业机械化

根据我县的具体情况，应该贯彻机械化农具和小型农具第一、维修配套第一的方针。首先要管好现有农具，充分发挥机械效能，对原来已经推广行之有效的各种新式步犁和 12 行案播种机等，应坚持使用，1970 年以前，有条件的公社和生产队集中力量在脱粒、运输、农副产品加工、灌溉等方面推广机械化农具和改良农具。县上准备在清水等地区建立新式农具推广示范区，通过科学试验，全面推广。到 1965 年县上建立一个拖拉机站，达到有四台东方红，两台履带式。在苏志滩、孟达山搞耕、耙、填、压的综合性机械化试点，并在黄丰渠沿岸搞电力脱粒设备。

（7）改进耕作技术，开展植物保护工作

合理安排作物布局，适当播种抗虫的品种，以减少和防止自然灾害的损失，并因地制宜的认真实行合理耕作。推广粮豆制作和粮豆种植，特别是认真解决所有权问题。在方法上：要实行集体造林和群众造林相结合，造林和培育相结合，人民公社生产队要以营造薪炭林、防护林、经济林为主，多种形式造林，实行灌木和乔木混合同种，同时要有计划地封山育林和发动群众绿化“四旁”。七年内累计造林 1.2 万亩，抚育森林 3 万亩，封山育林 10 万亩，零星种树 28 万株。同时在清水、城关、街子、查汗大寺、孟达等五个公社集体营造经济林木 5000—10000 万亩，农户种植苹果树、花椒、核桃树 25000 株，逐步将我县建设成为青海的经济林木基地，为了使上述指标超额完成，要大力推广队办苗圃。

（五）开展副业生产，积极发展渔业

开展副业生产的门路：根据撒拉族清水等地区，传统习惯搞伐木生产，并养羊、养鸡鸭及其他农村产品加工等，藏族山区发展养猪，积极开展打猎，即打麝香、山羊、狼、哈拉①等，挖野生植物，主要是大黄、贝母等药材。计划 1970 年副业生产总值达到 120 万元，每个农民平均 30 元。

渔业生产在我县没有基础，计划从 1964 年开始，在新建的查汗大寺水库养鱼 5 万尾。

三、畜牧业

我县在发展畜牧业生产上有许多有利条件，全县约有 1/3 的面积，即 92.5 万亩是牧场，岗察、道帏、中库等藏族聚居地区水草丰茂，有大片宜牧草山，当地群众有着发展畜牧业生产的丰富经验，是发展畜牧业良好地区，“以农为主”的川水地区，历来就有以牧养农的习惯。

但是另一方面，我县发展畜牧业生产中还存在以下问题：

① 哈拉是循化地区群众的普遍称呼，也叫土拨鼠，俗称旱獭，属啮齿动物，成年后平均体重为 4.5 公斤，最大可长至 6.5 公斤，身长约为 56 公分。寿命可达 15—20 年，与牲畜争吃牧草，1 只成年土拨鼠每年活动季可吃 50—100 公斤优质牧草。

1. 以牧为主的岗察牧业公社，现有草山面积47万亩，放牧着大小牲畜27002头（只），以羊折算，每只羊只现占草山面积仅十亩。鼠害虽不严重但也影响占20万亩左右草山，草原无虫面积约3000亩。蝗虫面积约有2万亩。冬春草场约占15万亩，开荒面积有3000余亩，现在岗察草原显得极为紧张，局限于三季放牧，不能实行四季放牧。

2. 全县牲畜分布很不均匀，特别是黄河沿岸一带，草山缺、牲畜少、母畜少，在当地除依靠“自繁、自养、自用”以外，尚需要国家扶助、调配。

3. 饲草料条件还很差，自用饲料水平还很低，一般在60斤左右，而牲畜目前的劳役量大，不能发挥每头牲畜的最大生产效能。

4. 牲畜疾病流行还很严重，流行的牲畜传染病、寄生虫病共有26种，流行传染的是炭疽、口蹄疫、羊痘、羔羊痢疾、马鼻疽、猪瘟、鸡瘟等。据统计，每年死于上述疾病的大小牲畜有2000余头（只）。

（一）方针和任务

我县是“以农为主，农牧结合”，发展畜牧业生产主要为农业生产提供更多的牲畜、肥料，促进农业生产的精耕细作。全县十四个农业公社，发展畜牧业要坚决贯彻“自繁、自养、自用”的方针，千方百计保证耕畜的发展，牧业公社要继续贯彻“以牧为主，围绕畜牧业生产，发展多种经营”的方针，千方百计保证“人畜兴旺”，尽快地恢复和发展牲畜，使总头数在1966年恢复到1957年的水平，特别是加速大牲畜发展，积极改善牲畜饲放管理，开展草原建设，合理利用草原，提出载畜量，有重点地进行家畜改良，并有计划用黄牛杂交一些牦牛，为农业公社提供一定数量的耕畜。

（二）目标

1984年在1963年的总头数上净增12.9%，即在78345头（只）的基础上发展为88437头（只）（包括1964年调入的4650头在内），大家畜在19523头（匹）基础上发展为20616头（匹）（包括1964年调入的4500只在内），增加15.3%。

1965年在1964年的总头数上净增9.6%，即在88437头（只）的基础上发展为96908头（只），大牲畜在20616头（匹）的基础上发展为23306头（匹），即净增8%，小牲畜在67821只的基础上发展为74603只，即净增10%，并已超过1957年的74555只的最高水平。

1966年至1970年，我们做到保持牲畜每年总头数平均净增6.2%，到1966年底总头数达到104219头（只），超过1957年总头数的4.8%，超过历史最高一年1958

年 102077 头（只）的 2.1%，到 1968 年底大牲畜总头数可达到 25000 头（匹），超过 1957 年大牲畜 24887 头（匹），1970 年全县大小牲畜可以达到 130306 头（只），其中：大牲畜达到 27688 头（匹），小牲畜达到 102618 只。

耕畜：1964 年在 1963 年的基础上净增 6.2%，即在 8600 头（匹）的基础上增加到 9271 头（匹）（包括调入的 150 头在内），1965 年在 1964 年的基础上净增 5%，即由 9271 头（匹）增加到 9734 头（匹）。“三五”时期继续每年净增 3.5%，到 1970 年发展为 11567 头（匹），平均 10.2 亩土地有一头耕畜。

生猪：1964 年计划发展到 3867 头，比 1963 年净增 16%，1965 年发展到 4408 头，比 1964 年净增 14%，到 1970 年预计达到 7357 头，“三五”时期每年平均增长 10.8%。

（三）措施

（1）坚决贯彻“自繁、自养、自用”的方针，积极保护母畜和种公畜，对母畜应本着“有一头、保护一头、繁殖一头”的精神，实行“分户保养、包户养殖”的责任制度，生产队在饲草料安排上对种母畜应优先照顾，要减轻使役，保证繁殖，健全耕畜繁殖奖励制度，切实兑现执行。1965 年在牲畜多、草山好的一部分生产队试点成立母畜繁殖专业队，停止使役，专业繁殖，取得成效，全面推广。

（2）建立耕畜繁殖基地。计划在 1965 年前以现有的道帏公社牧场、岗察公社牧场、县级机关牧场三处，试建耕畜繁殖基地，1965 年以后在牲畜多、草山好的岗察、建设堂、道帏、中库、文都公社都应逐步建立大牲畜繁殖基地，每年应为支援川水地区耕畜不足，提供商品牲畜 100 头左右。

（3）加强牲畜饲养管理。根据我县耕畜少、使役重、饲养条件差等情况，现阶段饲养方式上实行“分户管理，包户饲养”是有利于保护和繁殖耕畜的，应加强饲养管理，提高饲养质量。

——《循化撒拉族自治县一九六四年—一九七〇年农牧业生产发展规划》，循化县档案馆藏，档号：22–1–25（永久）。

循化撒拉族自治县农业“五五”规划

循化县农牧科（1974 年）

为了进一步落实毛主席提出的“备战、备荒、为人民”和“深挖洞、广积粮、不称霸”的伟大战略方针，促进农业学大寨运动的发展，加快我县农村社会主义革命和建设的步伐，我们遵照毛主席“全面规划，加强领导”的指示，在发动群众检查和总结“四五”规划执行情况的基础上，制定了这个规划。

（一）认清形势　奋勇前进

自“四五”以来，在毛主席革命路线的指引下，在省委和省革委会的直接领导下，我县各族人民以党的基本路线为纲，以大寨和昔阳人民为榜样……坚持社会主义方向，持续地开展了对资本主义倾向的批判，推动了农业学大寨群众运动的蓬勃开展，发展了农业战线上革命和生产的大好形势。通过近几年来的工作，党的基本路线更加深入人心……社会主义阵地更加巩固，各级领导班子更加革命化，干部参加集体生产劳动开始形成风气，农业学大寨的自觉性越来越高。1970 年，粮食生产上《纲要》、过“黄河”的大队只占大队总数的 10%，到 1973 年，发展到有 50% 的公社、大队上了《纲要》，过了“黄河”，粮食总产量 1973 年比 1970 年增长了 53%，“四五”以来，成片造林面积翻了一番，累计达 13000 多亩，经济林木翻了四番，累计达 4800 多亩，20 万株，药材从无到有，发展到 820 亩，全县牲畜总头数今年可望达到 125000 头（只）。在改变农业生产基本条件方面也取得了较大的成绩，从 1970 年冬季以来，共建成水地原田、山地梯田 45000 亩，全县水浇地人均已超过一亩，同时，抗旱能力有了增强，农业机械化的程度也有了很大提高。全县目前拥有大小拖拉机、脱粒机、扬场机和农副产品加工机械共 511 台。

由于贯彻了“抓革命，促生产”的方针，人的精神面貌发生了很大变化，农业生产有了新的发展，对国家的贡献有了增加，人民公社集体经济更加壮大，社员生活普遍有了提高，农村社会主义阵地和工农联盟更加巩固，无产阶级专政得到了进一步加强。我县“四五”以来农业战线上的大好形势，是毛主席革命路线的伟大胜利，是……农业学大寨的丰硕成果。

但是，与大寨和昔阳相比，与其他先进单位比，用党和毛主席对我们的要求来衡量，我们的工作还有很大的差距，主要表现是：农业学大寨群众运动步伐迈的不大，发展不平衡；在改变农业生产的基本条件方面下苦功夫不够，面貌变得不快，抗灾能力还不强；对国家的贡献不多，不少社队集体经济的底子不厚，农业机械化的步子赶不上生产发展的需要。因此，今后我们一定要以党的基本路线为纲……鼓足更大干劲，进一步地发展我县革命和生产的大好形势，为支援祖国的社会主义建设和世界革命多做贡献。

（二）搞好全面规划　明确奋斗目标

我县是个以撒拉族为主，撒拉、藏、汉、回四种民族聚居县，全县共九个公社（其中一个是牧业公社），131 个大队，381 个生产队，64000 多人，共有耕地面积 15 万亩，每年播种面积为 12 万亩。县境内南高北低，沟壑纵横。海拔 1800 米至 3800 米，年降雨量 235 毫米，自然条件对我县农业很有利。因此，根据“以粮为纲，全面发展”的方针和中央关于“五五”期间农业发展总任务的精神，结合我县的具体情况，提出如下主要奋斗目标：

农业方面：在 1975 年上《纲要》的基础上，1980 年粮食总产达到 7000 万斤，亩产 600 斤，实现人均千斤粮，“五五”期间平均每年递增 7.6%、净增 440 万斤；1985 年力争全县粮食总产突破 1 亿斤大关，亩产跨“长江”。1980 年油料总产达到 300 万斤，亩产 200 斤（包括复、套种的油料产量）。

牧业方面：1980 年生猪总头数达 21000 头，藏、汉地区队队要有百头以上的集体猪场，集体养猪所占比重达 40%，实现一人一猪。各种大小牲畜的发展，要以提高质量为主。撒拉、回族地区要集体大力发展山羊。1980 年全县大小牲畜达到 15 万头（只），每人平均超过两头。其中：大牲畜 38000 头（匹），绵、山羊共 112000 只。所有适龄母羊，全部实现杂交改良。1985 年全县大小牲畜总头数达到 175000 头（只）。

副业方面：大力发展以种植业为主的骨干副业，积极开展养殖业，其中：

经济林木：1980 年发展到 1 万亩、60 万株（株数包括社员果树）、产量 700 万斤，实现人均百斤果。其中苹果 10 万株，产量 380 万斤；梨 5 万株，产量 200 万斤；花椒 40 万株，产量 20 万斤；其他 5 万株，产量 100 万斤。1985 年达到百万株，2000 万斤果。

药材：1980 年达到 3000 亩。山区社队做到人均一分药材地。

此外要积极开展养蜂、养鸡、养鱼、养鹿、养兔等养殖业。

在布局上是：黄河沿岸水果园，荒山荒坡花椒香，高寒山区种药材，家禽家畜大发展。

到1980年，全县以农业人口计算，每人平均：给国家提供商品粮300斤，累计集体储备粮300斤，口粮500斤，集体分配收入100元。

全面落实农业“八字宪法”，狠抓关键性增产措施。农业“八字宪法”是互相联系的统一整体，又各有不同的内容和要求，要实现“五五”规划指标，大上快上农业，必须以大寨为榜样。既注意统一规划，各社队又要根据自己的具体条件和增产急需，从解决主要矛盾入手，一个字一个字地狠抓，同时还要落实林业、牧业和骨干副业的各项技术措施，加快发展步伐。

（三）大鼓革命干劲　狠抓增产措施

一、大打改土的硬仗。加快农田基本建设，从根本上改变生产条件。斗争的实践使我们进一步认识到，只有发扬大寨人改天换地的革命精神，才能造出大寨田，有了大寨田，才有大寨产，我们的战斗口号是：“学大寨战自然，建园田，夺高产。”大打改土的人民战争，1975年建成水地园田人均1亩，山地梯田达到16000亩，1980年全县水地实现园田化、山地80%实现梯田化，累计达到15万亩。平整土地，要逐步达到以下四条标准：1. 水地亩产过“长江”、山地亩产上“纲要”；2. 活土层在一尺以上；3. 田、渠、路、林配套；4. 连片成方，适应机械耕作。

在改土过程中，对因土层浅薄、土质低劣而造成的低产田，要分别采取加厚土层、掺砂、增施有机肥料等办法，努力提高单产，尽快改变拖腿田的落后面貌。

抓深翻土地，加厚活土层。每年夏收开始后，除当年要搞的田园化面积外，要做到随割随翻，把深翻的重点放在已搞成的园田和梯田上，力争深翻一尺以上，积极扩大机耕面积。1980年实现翻地机械化。

根据我县自然条件，大搞山区农田基本建设是发展农业生产的又一关键。在做法上要因地制宜，综合治理，采取集中连片留歇地，建立农田基建专业队，把专业队常年搞和群众突击搞结合起来。

有条件的地方，要继续大搞四治造田和开垦荒地，不断扩大耕地面积。

二、狠抓水利建设。只有抓好水利建设，才能在改造自然，不断向生产的深度和广度进军的斗争中，争得主动权。遵照毛主席“水利是农业的命脉”的教导，必须发动群众，深入批判“重建设，轻管理；重骨干，轻配套；重工程，轻实效”的错误思想，大办水利。根据“先维修配套后新建”的原则，在切实加强现有水利工程管理，充分发挥其效益的前提下，根据需要与可能积极兴修农田水利和农村水电。认真贯彻“小型为主，配套为主，社队自办为主”的方针，发扬自力更生精神，以土为主，土洋结合，大搞小型水利，尽力扩大水浇地。1975 年预计水地达到 75000 亩；1980 年计划达到 10 万亩，保浇地面积达到 8 万亩；设想 1985 年水地面积达到 12 万亩，占耕地面积的 70% 以上，其中保浇面积达到 10 万多亩。

根据我县的情况，在“五五”期间，要将提（河水）、蓄（沟水）、截（地下水）、打（地下水）作为重点，充分挖掘水利资源，加快水利建设步伐。

1975 年全县农村用电需要 3500 瓦，到 1980 年全县需电 8400 瓦。据此，拟请省上于 1975 年将通刘家峡高压输电线路接至我县城，优先解决提灌用电，使街子公社果什滩、清水河滩瓦匠庄以下提黄河水浇地。同时加上新建农村水电权限，除 15 个大队外，都可实现脱粒、农副产品加工和照明电气化。

集中优势兵力，抓好基本建设工程。东湾寺、孟达山两座水库在 1975 年完工投产后，我们计划 1976 年动工新建柴沟水库，1978 年完工，可建成水地 4000 亩，改善 6000 亩；1978 年动工兴建马连沟水库，扩大水地 6000 亩，1980 年完工并投产受益 4000 亩。与此同时，要把新建小涝池，挖泉截流，打井、提灌等措施抓紧抓好抓出成效，要结合水土保持，全面、彻底治理清水、街子大河滩，大搞治滩、治河造田。“五五”期间，全县每年完成治滩、治河造田 1000 亩。

根据初步规划，“五五”期间共需水利投资 620 万元。其中：基本建设 370 万元，小型水利 250 万元。平均每年可扩大水地 5000 亩。

三、广辟肥源，增施肥料。“肥料是植物的粮食”，随着水土条件的改变，良种的推广和农作物复种指数的提高必须逐年增施肥料，这是一个必然的规律，我们一定要认识它，抓好它，充分发动藏、汉地区群众努力办好集体猪场，积极扶持社员养猪，每个猪场维护养猪，社员都要划给一定的饲料地，每个集体猪场都要有一部饲料粉碎机，推广糖化饲料，降低养猪成本，实行对交售肉猪的奖励政策。撒拉、回族地区每个生产队都要种五亩以上的苜蓿等饲料地，大力发展山羊和大牲畜。

1975 年化肥施用量要达到 4800 吨，每亩 80 斤；1980 年达到 8000 吨，每亩 120 斤，氮肥用量不低于三分之一。1975 年“五四〇六”菌肥施用面积要达到 500 万亩，1980 年达到 10 万亩（每亩 300 斤）。

有歇地的队要利用歇地扩种绿肥，黄河沿岸要积极推广复种绿肥。有条件的地方，积极试行高温堆肥和秸秆还田。

四、大搞种植革命，实行科学种田。要不断改革旧的耕作制度和耕作方法。在“五五”期间，要继续推广“三早”田间管理的成功经验，使之普及每个队。1975 年化学除草面积预计达到 1 万亩。“五五”期间要大力推广手锄锄草、机械中耕、化学除草，改掉尕铲子拔草的落后方式。1980 年要求化学除草面积达到 50% 以上。

要加强种子工作的提纯、复壮、选育、示范推广工作。1976 年开始，要实现各类作物复种化、纯种化（种子纯度达到 90% 以上）。克服品种单一化，健全县、社、队三级复种繁殖体系。

要建立和健全科学实验组织，县有农科所、社有农技站、大队有农科组、生产队有农技员，队队年年种三田（丰产田、种子田、试验田）。

加强植物保护工作，消灭当前在粮食作物和果树上有危险性的病虫害，加强对种子、苗木方面的植物检疫工作。

五、实现农业机械化。1980 年，要在翻地、播种、除草、打碾、晒场、农副产品加工、运输等主要农活方面，基本上实现机械化。（有关农业机械化问题，另有专题规划。）

六、大搞复、间、套，提高单位面积产量。1975 年，黄河沿岸川水地区复种指数预计达到 130%；1980 年要求达到 170%（包括复种绿肥在内）。努力改变重夏轻秋的思想。

要积极推广间作、套作，提倡带状种植，农技部门要总结和推广复、间、套方面的先进经验，要研究和解决复种的种子和肥料问题。

七、加强林业工作。林业工作是我县的一条短腿，必须在人力上加强，在财力上支持，要经常性的宣传林业工作的重要性。

每个公社、大队、生产队都要组织专业队，进一步办好苗圃、林场。

加强对林业工作的技术指导，积极引进和推广优良树种。搞好树种的合理布局，提倡多种经济价值高的林木，如紫槐、白腊条、枸杞子、文冠果等。

抓好国营森林的抚育、更新、封山育林、防火和管理工作，对破坏林木的要按中央（1971 年）305 号文件精神严肃处理。

对集体不便经营的小片荒地、荒坡，可以划分给社员作为四旁零星植树，林权归社员个人。

八、搞好家禽、家畜的防疫和改良工作，健全各公社的畜牧兽医站。畜牧、兽医要一起抓。畜种改良上重点要抓好绵、山羊的改良。1975 年预计可改良绵羊 10000 只，山羊 1000 只；1980 年，绵、山羊的适龄母羊全部杂交改良；1985 年实现全县绵、山羊的改良化。

岗察公社要大搞草原建设。优先解决人畜饮水问题。“五五”期间草原灌溉面积达到 10000 亩。抓好草原的灌溉、灭鼠、灭虫工作。逐步扩种饲草，1975 年预计达到 2000 亩，1980 年达到 12000 亩（指当年的种植数）。建立饲料基地和定居点，逐步改变游牧状态。

九、加强对多种经营的领导。县革委会成立多种经营办公室，统一领导全县的多种经营工作。农牧部门要加强技术指导。每个公社在农技站中要专设一名农民技术员搞多种经营的技术指导工作。

商业部门要继续在调种、资金等方面支援农村骨干副业的发展。组织好收购工作，严格执行党的价格政策和奖售政策。

各社、大队、生产队都要建立和稳定多种经营方面的专业队，并合理地解决报酬等问题。

十、加强农业技术指导工作。县上在农牧科、农机科下分别成立农科所、农机研究所，配备必要的干部，解决好具体问题，各公社要成立五个技术指导机构，即农技站、水利委员会、畜牧兽医站、以社办苗圃为基地的林业站、以农机修配厂为基地的农机站；在公社党委的统一领导下，贯彻执行党的有关路线、政策，进行有关方面的技术指导，每站二至三人，工资由有关单位事业费中开支，口粮由公社统一解决，每个公社由一名负责同志主管各站，统一领导。

农、林、牧、水、机等各方面的技术干部队伍要加强。转口转行的应当归队。要采取各种方式，举办农民技术员短训班，大力培养农民技术技能。

要实现我县农业“五五”规划，根本在路线，关键在领导，特别在县委、县革委会这一级领导。各级党组织，务必要加强对农业学大寨的领导，切实改进工作作风，加强调查研究，抓好典型，抓好三分之一，抓好后进队的转化工作，促进农业学大寨的群众运动一浪高过一浪地向前发展。县委、县革委会的领导，要继续以主要的精神抓好农业，三分之二以上的常委，每年以三分之二的时间，深入社队，分公社包干，培养典型，解剖麻雀，带动全盘。……

各行各业要想农业之所想，供农业之所需，订出具体的支农规划，特别是工交、农机、商业、银行等部门，要进一步地批判“与己无关，支农吃亏”等错误思想，切实加强对农业的支援。对各行各业支农情况，县委、县革委会要每年检查和总结一次。

对本规划《草案》，各公社、各行各业要发动群众，反复讨论，使规划深入人心，家喻户晓，变成群众的实际行动，每年年终再结合农业学大寨经验总结，检查一次规划执行情况，并根据实际，做出适当增补和修订。

附：农业“五五”规划指标七份

循化县（1976—1980）农田建设规划

1974 年 8 月 20 日　表一

项目	计算单位	1975 年计划达到数	“五五”规划										1980 年比 1975 年增加 %	“六五”规划		备注
			1976 年		1977 年		1978 年		1979 年		1980 年			1985 年达到	1985 年比 1980 年增长 %	
			达到	新增	达到	新增	达到	新增	达到	新增	达到	新增				
（一）总耕地面积	百亩	1500	1520	+20	1540	+20	1560	+20	1580	+20	1600	+20	6.7	1700	6.25	
其中：水浇地	百亩	750	805	+55	845	+40	885	+40	950	+65	1000	+50	33.4	1200	20	
脑山	百亩	180	180		185	+5	190	+5	195	+5	200	+5	11	200	0	
浅山	百亩	570	535	-35	510	-25	485	-25	435	-50	400	-35	-30	300	-25	
（二）总播种面积	百亩	1250	1280	+30	1310	+30	1340	+30	1370	+30	1400	+30	12	1600	14	
其中：水地	百亩	700	750	+50	800	+50	850	+50	900	+50	950	+50	36	1150	21	
脑山	百亩	150	160	+10	170	+10	170	0	170	0	160	-10	6.7	200	25	
浅山	百亩	400	370	-30	340	-30	320	-20	300	-20	290	-10	-27.5	250	-14	
（三）水地田园	百亩	600	700	+100	800	+100	870	+70	940	+70	1000	+60	67	1200	20	
（四）山地梯田	百亩	160	220	+60	280	+60	350	+70	420	+70	500	+80	213	400	-20	
（五）开荒	百亩	0	10	+10	20	+10	30	+10	40	+10	50	+10	500	60	20	
（六）四治造田	百亩	40	50	+10	60	+10	70	+10	80	+10	90	+10	125	140	55.6	
（七）骨干副业基地	百亩	70	80	+10	90	+10	10	+10	110	+10	120	+10	71.4	170	41.7	

——《循化撒拉族自治县农业“五五”规划（草案）》，循化县档案馆藏，档号：1-1-174（永久）。

1969 年下半年事业费支出计划 1969.07.15（单位：元）

项目	省下达指标	上半年预计数	下半年预计数	全年预计数	说明
一、支援农业支出	298000	124000	157000	281000	
拖拉机站支出		11000	24000	35000	拖拉机站亏损
农业支出		13000	16000	29000	农林牧水支出中包括籽种仓库、水利、仓库房屋维修费 9000 元
牧业支出		9000	12000	21000	畜牧业及林业设备购置 1200 元
林业支出		18000	18000	36000	
水利支出		73000	7000	80000	其中小型水利补助 67000 元
支援农村人民公社支出			80000	80000	安排资金支援，各公社购买拖拉机之用
二、城市人口下乡安置支出	45000	4000	41000	45000	
三、交通支出		8000	22000	30000	其中渡口经费 15000 元、水毁修复 15000 元
四、城市公用工业与城市维护费	10000	9000	1000	10000	
五、文教卫生费	402000	133000	178000	311000	
文化支出		6000	10000	16000	
教育支出		62000	78000	140000	其中包括农村学校补助费 10000 元
广播支出		8000	14000	22000	
体育支出		1000	7000	8000	
卫生支出		56000	69000	125000	
六、抚恤救济支出	221000	17000	18000	35000	
七、××××费	418000	205000	273000	478000	其中少数民族地区 xxxxxx
八、其他支出	99000	5000	54000	59000	
九、机动金	46000				
合计	1539000	505000	744000	1249000	

——《循化撒拉族自治县农业“五五”规划（草案）》，循化县档案馆藏，档号：1-1-174（永久）。

1970 年至 1972 年三年销售化肥统计表

项目	单位	1970 年销售	1971 年销售	1972 年销售（1—9 月）
合计	吨	378.7	1259	1738
氨肥	吨	242.8	460	453
尿素	吨		406	453
硝铵	吨			
碳铵	吨		54	
磷肥	吨	135.9	339	832

——《循化撒拉族自治县农业“五五”规划（草案）》，循化县档案馆藏，档号：1-1-174（永久）。

商业系统 1973 年购销总值计划执行情况统计表 1973.01

单位	国内 ×××												国内纯销售		
	合计			其中									年计划	实绩	占 %
				农副产品			×××			省内工业品					
	计划	实际	占 %	计划	实际	占 %	计划	实际	占 %	计划	实际	占 %			
合计	47	12.9255	27.5	38.4	9.5163	24.94	2	0.6751	33.76	6.6	2.8041	42.49	360	273.9	76.08
道帏	3.5	2.0973	59.9	3.2	2.0289	63.40	0.2	0.0684	34.2	0.1			40	28.2	70.5
东风	1.6	0.7885	49.3	1.3	0.6827	52.52	0.2	0.1208	60.4	0.1	0.0150	15	45.5	26.1	57.36
清水	2.5	0.4601	18.4	2.1	0.369	17.57	0.1	0.0105	10.5	0.3	0.0806	26.87	21	16.5	78.57
城镇	0.8	0.0788	9.85	0.6	0.0788	13.13	0.2						18	15.8	87.78
街子	0.6	0.1067	17.8	0.5	0.0691	13.8	0.1	0.0376	37.6				24	15.5	64.58
红旗	1	0.2108	21	0.9	0.2035	22.61	0.1	0.0073	7.3				23.5	15.7	67
文都	0.7	0.4932	70.5	0.5	0.44	88	0.1	0.0532	53.2	0.1			23	2.2	9.57

续表

单位	国内 ×××												国内纯销售		
	合计			其中									年计划	实绩	占 %
				农副产品			×××			省内工业品					
	计划	实际	占 %	计划	实际	占 %	计划	实际	占 %	计划	实际	占 %			
岗察	2.2	2	90.9	2.1	2	95.2	0.1						4	2.1	52.5
尕楞	1.5	0.8953	59.7	1.2	0.8770	73.1	0.3	0.0183	6.1				12	9.5	79
县 xxx	18.6	1.6895	9.1	17	0.8086	4.8	0.6	0.3590	59.8	1	0.6219	62.2	23	18.4	80
县 xxx	14	4.1053	29.3	9	2.0187	22.4				5	2.0866	41.7	60	43.5	72.5
县民贸公司													66	60.6	91.8

——《循化撒拉族自治县农业“五五”规划（草案）》，循化县档案馆藏，档号：1–1–174（永久）。

循化县 1977 年度各公社粮食产购、留和分配情况表 1978 年 3 月

公社											1976 年粮食征购	粮食征购任务调整后情况（万斤）				四大留粮数（万斤）						
	1976	1977	1976	1977	1976	1977	1976	1977	+	-		任务		其中				储备	其他	合计	粮食（斤）	平均（斤）
															差							
	66190	67680	104367	104294	488	470.6	5087	4908.4		178.5	1433.4	1350	1278.5		71.5	601	183.6	499	439.8	1723.4	26331438	389
	9121	9353	33793	23320	404	415	960.6	969.3	8.7		361	394.2	361.3		32.9	121	40.5	10	18.2	189.7	3928325	420
	12277	12912	14321	14357	540	511	773.7	734.4		39.3	202.9	161.5	161.5			81.1	24.3	8.4	16.7	130.5	4452064	344
	7210	7483	7026	7025	632	642	443.8	451.3	7.5		72.7	71.6	66.5		5.1	50.5	11	6.7	23.5	91.7	2960282	396
	11861	12338	10087	9864	705	727	712.1	717.7	5.6		133.9	128.5	122.5		6	78.6	19.4	6.4	13.4	117.8	4751038	385
	9211	9472	14657	15206	408	353	598.9	536.9		62	86.2	69.2	67.2		2	65	15.4	6.2	23.7	110.3	3582872	378

续表

公社											1976年粮食征购	粮食征购任务调整后情况（万斤）				四大留粮数（万斤）						
	1976	1977	1976	1977	1976	1977	1976	1977	+	-		任务		其中				储备	其他	合计	粮食（斤）	平均（斤）
															差							
	6192	6518	8848	8732	604	627	534.7	547.5	12.7		183.5	186.2	180.3		5.9	60.6	20.1	6.1	13.7	100.5	2668820	409
	5767	5882	13903	13785	423	406	588.6	560.3		28.2	228.8	198.7	188.8		9.9	81.8	32.2	0.3	19.7	134	2373397	403.5
	3650	3722	11682	12005	426	325.7	474.6	391.1		83.5	164.2	140.1	130.1		9.9	62.4	20.7	5.8	10.9	99.8	1614640	433

——《循化撒拉族自治县农业“五五”规划（草案）》，循化县档案馆藏，档号：1-1-174（永久）。

1973年10月循化县历年社会农产量统计表（一）（单位：亩、斤）

公社	1949年			1956年				1958年				1967年			
	面积	单产	总产	面积	单产	总产	其中：自留地	面积	单产	总产	其中：自留地	面积	单产	总产	其中：自留地
全县	9690	197	1908930	101980	255	26004900		99858	269	26861802		119039		29735423	2348723
道帏												27293		6084114	
东风												16160		4127000	
清水												7111		2400000	
城镇												11859		3985066	
街子												7568		2336288	
红旗												19205		3684852	
文都												16613		4008047	
尕楞												12734		2999966	
其他												496		110090	

1973年10月循化县历年社会农产量统计表（二）（单位：亩、斤）

项目 公社	七零年				七一年				七二年				七三年			
	面积	单产	总产	其中：自留地	面积	单产	总产	其中：自留地	面积	单产	总产	其中：自留地	面积	单产	总产	其中：自留地
全县	110189		25620011	2580210	114444		31226770	2479781	109974		39763443	2937124	108955		39540505	766250
道帏	26860		5533121		26182		7610599		25587		9109294		25287		910万	50万
东风	14956		4370644		15454		5588436		15324		6591722		15584		685万	60万
清水	7614		2291374		8536		2795400		7723		3196275		6389		3363302	269250
城镇	9669		3372603		10839		4150539		10844		5203493		10252		540万	30万
街子	7074		2738757		7412		2768677		7255		3164000		8437		3675000	225000
红旗	15597		2211312		15803		2597505		15283		4042896		15800		374万	40万
文都	15338		2483688		15399		3479373		14759		4662357		14800		500万	33万
尕楞	12670		2460000		12605		2007190		12503		3494379		12406		2412203	142000
其他	411		58512		2214		229051		696		299027					

——《循化撒拉族自治县农业“五五”规划（草案）》，循化县档案馆藏，档号：1-1-174（永久）。

循化县五个公社十年远景规划工作总结（初稿）

1976.7.30

在全国农业学大寨会议精神鼓舞下，遵照毛主席“全面规划，加强领导”的指示，我们县委于去年11月中旬组织县社有关人员，由县委负责同志带队到甘肃省民乐县参观学习规划，回来后，便从县、社、队选拔50多人，成立了县规划专业队。县委批复了县规划队十年远景规划工作计划（草案），选编了毛主席关于规划工作的部分论述和有关语录，编写了规划工作的宣传提纲。从去年12月中旬开始到现在的七个多月来，由试点到分批面上铺开，已完成五个公社68个大队的规划工作，占全县大队的一半。整个规划工作，以阶级斗争为纲，坚持党的基本路线，发动群众，依靠群众。以改土治水为中心的十项问答，制定了1976年到1985年的十年远景规划。目前，五个公社的规划形象是，每个大队有一张四千分之一的农田建设平面图，一份规划要点说明书，12份规划表格，部分大队有干、支渠纵横断面图，新设渠路走向图，农办技术分布示意图，彩色鸟瞰图，生产指标图和新居民点规划图。公社有万分之一的农田建设平面图，一份规划要点说明书，各种规划表格12份。

一、规划后的前景

五个公社十年远景规划奋斗目标概括起来是：学大寨赶昔阳，基本路线指航向。五五总产翻一番，六五总产加一半；五业生产大发展，人换思想地换装。经过全县各族人民战天斗地的辛勤劳动，展现在人们面前的将是“队队通公路，机声隆隆响，树荫遮村庄，村村电灯亮，政治夜校学习忙”，初步繁荣富庶的社会主义新农村。到那时，土地的旧貌变新颜，将历史上封建土地所有制和小农经济遗留下来的地块破碎、渠系紊乱、没有机耕道路的旧貌，逐渐变成田、渠、路、林配套的“四好”农田；科学种田水平进入一个新的水平，全县建成高产稳产农田十万亩；农业机械化大发展，在主要农活方面机械化水平达到70%以上；社队企业不断壮大、为逐步过渡到大队决算积极创造条件。粮食产量大幅度增长。五个公社到1980年，粮食总产将比丰收的1975年增长95.64%；人均占有粮食将达到1363斤，对国家的贡献增加1.7倍。在大力发展粮食生产的同时，林、牧、副、渔生产将有相应发展，人民公社三级集体经济增加一倍以上。集体储备粮人均 200 斤。社员人均收入增加 75.6%，文化生活也将不断得到改善，马列主义和毛泽东思想进一步深入人心，占领农村政治、经济和思想文化领域，社会主义新生事物茁壮成长，农村面貌发生深刻变化。

二、规划的主要内容和原则

毛主席教导我们："我国人民应该有一个远大的规划，要在几十年内，努力改变我国在经济上、科学文化上的落后状态，迅速达到世界上的先进水平。"这次规划，以阶级斗争为纲，遵循党的基本路线，按照目前建设大寨大能县六条标准的要求和有关方针、政策，坚持总路线精神，大走群众路线，贯彻"以粮为纲，全面发展"、农业"八字宪法"、"以土为首"、"水利是农业的命脉"和"农业的根本出路在于机械化"，等一系列精神为指导思想，突出重点，进行了全面规划，具体内容和原则是：

1. 农田建设

农田建设的规划主要包括三个方面的内容：

一是水地平整园田，山地近期能旱变水的按实现水利化的要求进行了规划。目前，没有条件实现水利化的按"三保田"要求，进行了梯田规划。

二是因地制宜，分别做出了深翻保翻改土，加厚活土层；搬运客土，加厚土层；采取增施有机肥料等措施，改造低劣农田的规划。

三是挖掘水力资源，开荒造田，扩大水地面积。

农田建设的设置，根据近几年我县农田建设正反两方面的经验，仅就现有认识，本着如下原则：①地块的大小，要充分认识广大群众改造山河的雄心壮志，并以社队近期生产能力和自然地形为依据，以 1980 年全县建成十万亩高标准高产稳产园田和两万亩梯田为目标。②按等高线定梗，连气成方适应机耕，投入少，见效早，既利于水利设施的布局和灌溉效益的发挥，又能便于田间管理。总之，要因地制宜，做到田、渠、路、林配套，达到稳产高产的目的。

农田建设规划在实际工作中确是个比较复杂的问题。五个公社在规划中，根据上述原则，按不同地区类型，采取了如下做法：

川道沟岔水地：这些地区一般来讲，具有坡度较大、地块小、分布走向零乱、土层较薄、土地面积潜力大等特点。这类地区地埂地便采取了按等高线"人"字形或与河床斜高交排列，因地制宜，不追求按等高间距设置。每块地宽一般在 20 米至 30 米，长度 50 米至 200 米，面积 5 亩至 10 亩。

黄河沿岸川水地区和较平坦的山地，一般来讲，地势较平，土层厚，经过近几年农田建设，地块方向大体一致。这类地区规划的地块长度一般为200米，宽度30—40米，面积9—12亩，地埂高1—1.5米，一般是按等间距排列的，个别地区因地形差异较大，也有少于或大于上述地块的。

山地规划：对坡度较大能旱变水的山地，按田渠路林配套的要求进行规划，又鉴于目前多系耕地，在规划时因地制宜，沿等高线设置，但不按等间距排列；不能旱变水的山地采取沿等高线拉长条，大弯随弯，小弯裁直，分层排列的办法，做了梯田规划。

五个公社规划前有水地38223亩，规划后将增加到72638亩（包括旱变水23838亩，治河造田4441亩，开荒11565亩，地边地角零星散地等扩大面积13293亩），即增加90.04%。规划前有山地25821（不包括五个公社未经规划的山地），规划后面积为26997亩，即增加12.5%。

对于插花地，本着小动大不动、自愿互利、等质等量的原则，在规划中，有的社队经过协商，对部分插花地做了调整。调整时远的服从了近的，少的服从了多的，社员自留地和住宅服从整体规划。

2. 水电建设

解放以来……我县水电建设有了很大发展。但是我县现有水地中有30%以上不能保浇，尚有五万亩浅山地，因解决不了灌溉问题，产量低而不稳。在今后五年以至十年，要大踏步地发展农业，大幅度地增产粮食，解决农业用水就是关键性的措施之一。从全县来讲，水利资源还是丰富的，仅河道年径流量为1亿—1.3亿，可是利用率仅占30%—40%，大部分水白白地流入黄河，没有充分利用。在规划中，对所有水流进行了全面踏勘，根据水利“三主”方针，因地制宜，分别做出了蓄（沟水）、截（地下水）、提（河水）、打（井水）、引（水上山、上岸）的安排。

渠道规划，为了合理用水，对各级渠道进行了总体规划，打破了行政区界、统一布局。干渠从灌溉需要出发，跨社界布置。支渠按地势走向斜交干渠，打破大队界布置，斗渠跨队界、垂直或斜交支渠，有条件的地区可按等间距设置。毛渠（地头沟）设在地块上破下边，垂直或斜交斗渠。

在规划过程中，对已建成的各级渠道逐条进行了审查。凡符合总体布局，规划标准和建设质量高的渠道，不论长短，全部利用纳入规划。对妨碍总体布局，不符合渠系配套的渠道，允许暂时输水，不列入规划，待新渠建成后予以作废；对不影响总体布局，渠线走向对头，但建设质量较差，渠道弯曲、渗漏、冲刷严重以及过水量小的做了分批改建的规划。

解决人畜饮水确是一件大事，这次也列入了水利建设规划。各社队对输电线路和用电量进行了规划，有条件的地区规划了小型发电站。

3. 道路建设

道路建设是实现机械化的基本条件之一。有些大队在近几年农田基本建设中，由于忽视了道路建设，田路不配套，致使现有的农业机械不能进地发挥效能，在运输方面仍然没有摆脱人背、牲口驮的被动局面。在这次规划中，重视了社队公路和田间道路的规划。道路的设置，根据机械能到村、能上山、能进地、少挖路、少占地的要求，合理利用地形地势，降低投资，不扩大工程量的情况下，认真进行选线测定。社队公路路面一般宽 7.5 米，连同两侧边沟和林带共宽 11.5 米，田间主干道路面包括边沟和林带共宽 7.5 米，田间道宽四米，村庄道根据居民点发展前景宽 10—15 米。

渠、路是农田基本建设的组成部分，是农田配套的架子，它是为农田服务的。规划农田时，必须参照土地布局，安排好渠、路，先搭起干、支、斗和田间道的骨架，并依照渠路走向排好地块。否则在地形复杂的地区容易把地块割碎，或形成渠、路、田脱节，使渠路不能充分发挥其效能。

4. 林带建设

关于渠路林带建设按一、二、三要求布局：有县公路每旁植树三行，县社公路每旁树植两行，社队公路、田间主干道和村庄道每旁植树一行；干渠两侧各植树两行、支渠每旁植树一行，斗渠在间距较宽、不影响机耕的条件下，每旁植树一行。黄河岸社队还规划了护岸防风林带。

5. 机械化和社队企业

根据全国农业学大寨会议提出的在 1980 年基本实现农业机械化的战斗号召，各社队根据需要与可能做出了在耕地、耙耕、播种、收割、打碾、运输、农田建设、农副产品加工等方面机械化水平达到 70% 以上的计划。五个公社农业机械从 1975 年的 927 台（件），增加到 2155 台（件）。

发展社队企业，有着重大的政治意义，有着光辉灿烂的前景。搞好社队企业发展计划，是全面规划的一项重要内容。在这次规划社队企业时，坚持了社会主义方向，主要为农业生产服务，为人民生活服务和依据本社队的具体条件，充分利用本地资源的原则。这次规划的五个公社，社队企业主要有种植业、饲养业、加工和农机修配、小水泥厂等项目。根据三个公社（红旗、清水、文都）统计，到 1980 年，大队企业总收入占社队三级总收入的 14.43%。公社企业总收入占三级的 10.79%。

6. 各项主要生产指标和完成计划指标措施

根据“以粮为纲，全面发展”方针，本着前五年搞细、后五年搞粗的要求，各社队提出了粮食、油料、林业、牧业、骨干副业等，在“五五”期间的分年计划指标和各项措施，制定了“六五”期间的轮廓设想。规划中，各社队还计算了建设农田、渠、路、林需要用的砂石土方量，总劳动工日和三材预算，研究了改土治水的主攻方向，落实了近期分年实施计划。（各项计划指标均见附表）。

7. 居民点

建设社会主义新农村，搞好农村房屋建设，对于改善社员居住条件，缩小城乡差别，限制资产阶级特权，加强无产阶级专政有着重要意义。这次规划的新居民点，经过群众讨论，将原小农经济基础上形成的零星分散、占地面积多、利用系数少、不适应机械化要求的村落，从方便生产和生活，为逐步过渡到大队核算，有利于对社员进行社会主义教育出发，参照土地分布状况和尽量不占好地，适当集中，基本上一个大队为一个居民点。为了讲究卫生，方便运肥，把养猪场和牲畜饲养圈规划在离居民点较远的耕地地段。新农村社员住房占地，除公共场所用地外，在人少地多的地区每户宅基地规划为四分，黄河沿岸川水地区占地三分六厘。新居民点的布置采用前街后巷排列法，一户一院，住房向阳。今后坚持大寨“先治坡，后治窝”的原则，在发展生产的基础上，结合平整土地，翻旧改新和新建宅基，逐步建成新村。这也就是说，今后在旧村庄地址不批庄廓基地，不乱盖房屋。关于新村住房产权，参照全国经验，讨论了两种意见：一是大队（生产队）集体投资、备料，统一规划兴建、统一分配管理，新房产权归集体所有；二是社员自筹资金、材料，集体助工，统一规划建造，产权归社员所有。哪种做法较好，有待今后试点实践再行确定。

8. 公墓

藏族地区由于习惯天葬或火葬，故未规划公墓。撒拉、回、汉地区的公墓一般都在村庄和耕地中心，严重影响农田基本建设，不利总体规划。在这次公墓规划中，我们既考虑了当前群众的觉悟水平，不能强制推行火葬和就地深埋的办法，但也不能不改变陈规旧习，永远保持旧状，致使影响社会主义大业。我们认为对多年的旧坟堆、老麦扎，在加强唯物主义教育、做好群众思想工作的基础上，要开发利用，对于现有新坟堆、新麦扎，影响整体规划的，做了搬迁规划；对不影响整体规划，符合公墓规划原则的，予以保留。新公墓一般选择在耕地边缘，土质层落或山梁坡地不能连片治理的地方，作为今后新葬和迁葬的公墓。

9. 文教卫生和计划生育

在发展生产的基础上，努力发展文教卫生事业，丰富社员文化生活，提高健康水平。各社队规划了学校、知青点、政治夜校、文化室、运动场、合作医疗以及计划生育工作。

10. 做出了对国家的贡献、集体积累和改善社员生活的规划。（详见附表）。

三、规划工作的几点做法和体会

1. 提高认识，加强党委对规划工作的领导

过去几年来，我县的规划工作，对改变我县山河面貌起了积极的作用。但是，我们的规划工作还远远不能适应把我县建造成名副其实的大寨县的要求。在我们全县还没有一个以改土治水为中心的全面规划，就社队来讲，大体有三种情况：第一种是有远景规划，并按规划分期实施，工作比较主动，效果尚好，但从形势发展来看，还是低标准；第二种是社队领导仅有轮廓设想，不具体、不落实，既没有在领导中扎根，也没有同群众商议，干部群众缺乏改造旧山河的共同奋斗目标；第三种是少数社队还没有认真考虑研究本地区的规划，现走现看，迫于形势盲目乱干、窝工浪费现象严重，挫伤了群众对于社会主义的积极性。由于没有一个切合实际的全面规划，这几年我们搞的农田、渠道有许多不配套、不合乎标准的。这些问题表现在下面，而责任在我们县委，主要是我们对毛主席“全面规划、加强领导”等一系列有关规划工作的指示学习领会不够，对运用规划指导改造旧山河、建设社会主义新农村的重要性认识不足。因此，口头上也说规划重要，但实际上总以“人少工作多，马上顾不上”，“我们没经验，看看人家怎么办”为理由，所以，规划工作排不到县委日程上，其实质是我们路线觉悟不高，缺乏向生产的深度和广度进军的雄心壮志。1975 年 11 月份贯彻落实全国农业学大寨会议精神时，县委重温了毛主席关于规划工作的论述，回顾检查了在这方面存在的问题，认识到，若不立即改变这种状况，不扭转这种被动的局面，就不能巩固和发展我县农村革命和生产的大好形势，就会违背毛主席、党中央对我们继续巩固、不断前进的殷切期望。总结我们的历史经验，愈来愈感到制定全面规划的重要性。搞好规划是革命和生产发展的急需，是贫下中农的迫切要求，是把无阶级专政的任务落实到基层的需要，是大干快上社会主义大农业的先行措施，是摆在我县各级党组织面前的一项迫切任务，非搞不行，非搞好不可。

在提高思想认识的基础上，县委把规划当作农业学大寨、建设大寨县的一项重要内容提到议事日程，下决心从县、社、队抽调人员，成立规划组织，县委主要负责同志

兼任县规划队领导，并由一名常委专抓规划工作。县委须要经常听取汇报，亲自检查督促，及时解决规划工作中的重要问题。为了搞好全县的规划工作，县上除召开多次专业会议外，县委还于四月下旬面上规划工作展开前，召开了有公社书记和大队支部书记参加的全具规划工作会议，重点解决了这两级负责同志的认识问题，部署了面上的规划工作。从三个多月的实践来看，这次会议对搞好全县规划工作起了积极作用。

面上规划分批开展后，各公社成立了规划领导班子，抽调负责同志亲自抓规划，在全社范围内选拔人员，会同县规划队，一个大队一个大队地按照县上的要求进行规划，保证了规划工作的顺利进行。大队规划在党支部领导下开展工作，在工作中我们不断纠正了部分干部中存在的“规划工作是技术工作，我们不懂”，“规划是县规划队的事”等片面认识，抓革命促生产、坚持实践第一的观点，深入调查研究，亲自率领规划队成员顶烈日，冒风雪，跋山涉水，现场踏勘，实地规划，跑遍了本社队的山山水水，积极搞好远景规划。

规划的实践一再证明，只有加强党委对规划工作的领导，才能使规划工作保质保量地胜利完成。没有社队党组织对规划工作的切实领导，没有社队领导的亲自参加，就没有既轰轰烈烈又扎扎实实的群众运动，就不可能把群众分散的积极性组织起来，这就不仅不可能搞好规划，而且也失去了规划的意义。

2. 以阶级斗争为纲，坚持党的基本路线，是搞好规划的根本保证

搞社会主义大农业，从来就存在着两个阶级、两条道路、两条路线的激烈斗争，这种斗争必然也要反映到规划工作中来。去冬以来，在全国、全省农业学大寨会议精神的鼓舞下，大大激发了广大干部和社员群众大干社会主义的积极性，迫切要求改变农业生产的基本条件，重新安排河山，发扬无产阶级彻底革命的精神，制订出一个大干大变的长远规划。广大社队干部和贫下中农，在规划中出主意、想办法，积极参加规划，决心实施规划。但是，有少数干部和社员群众，由于生产传统心理、习惯势力的影响，还存着各种糊涂认识和错误思想。概括起来有如下几种：一是对规划工作不关心，不重视。他们认为“规划不规划，照样种庄稼，你规划你的，我搞我的”。第二是怕苦怕累的懦夫懒汉思想。他们害怕搞出大干规划，要出大力、流大汗，不如守着旧摊摊。第三是水土资源整体规划，来自宗教迷信方面的斗争也是激烈的。街子地区有些人说什么“搬家拆房子啥都可以，就是麦扎动不得，在这个地方规划居民点使不得”，有的人还说“旧麦扎最好不要动，万一不行，栽上树，是符合经典规定的”。甚至一个大队的支部书记不过问规划，不参加规划，却在一次会上公开说什么“活着苦

了一辈子，死了连个好地也不给”。由于有些人的干扰，在这个地区的公墓规划遇到了较大的阻力。有的地区还有人散布什么“神山动不得，神水挖不得”。第四是本位主义思想。有些人想通过规划捞一把，多占些别人的好地，有的不顾整体规划，老打小集体的算盘。对自己有利的热心，对自己眼前无利的借口否定。第五是等靠要的依赖思想。有的认为：要想机械化，我们没办法，国家不给钱，规划就白搭。把规划当作要机械、要投资、要三材的机会。

上述错误思想，是两个阶级、两条路线、两种世界观斗争的表观。广大干部和社员群众在规划过程中，要认真学习毛主席关于规划工作的论述，学习全国、全省农业学大寨会议文件，联系规划工作的实际，批判修正主义，批判资本主义，批判懦夫懒汉世界观，批判旧习俗、旧习惯，批判两手向上等靠要思想，把规划的过程当作用毛泽东思想教育农民的过程，向农民输送社会主义思想的过程。规划工作搞得好的社队，开展了回忆对比活动：一是新旧社会对比，进行阶级教育。忆旧社会的苦，思今甜；忆毛主席和党中央对我们的无比关怀，想我们对国家的贡献。二是进行有规划和没有规划的对比。通过对比教育，许多干部和贫下中农越来越感到有规划和没规划大不一样，有的群众反映说：“过去我们平整土是一样干部一个搞法，没有规划盲目性很大，不怕苦干，就怕返工。”进一步懂得了搞好社会主义大农业，就必须有一个长远规划，并按照规划大干苦干，才能更好地引导和改造小生产，摆脱小农经济思想的束缚，逐步铲除私有制的痕迹，缩小三大差别，巩固无产阶级专政。

3. 发动群众，依靠群众搞规划

毛主席教导我们：“社会主义革命和社会主义建设，必须坚持群众路线。放手发动群众，大搞群众运动。”这次规划中，吸取以往定规划时少数人关起门来打算盘，定定指标，使规划在群众中扎不了根的经验教训，把用毛泽东思想发动群众，依靠群众搞规划，贯穿在整个工作的全过程，使群众成为规划的主人。

规划的过程中，各社队召开多种类型座谈会和举办学习班等方法，组织干部、群众学习革命理论，反复宣传规划的重要意义，规划的指导思想、原则以及规划的内容和标准要求。批判“富贵在天，生死有命”“千算万算不如胡大一算”的天命观，广泛开展“为什么要搞规划？如何搞好规划？搞什么样的规划？”的大讨论，教育群众胸怀无产阶级的远大理想，树立建设社会主义新农村的雄心壮志，为搞好规划、实施规划努力奋斗。通过宣传教育，激发广大群众坚持革命、不断前进的积极性。在规划中，许多干部和贫下中农在议规划、找差距、提措施，积极参加规划，在实际工作中真正起到了主力军作用。

群众成了规划的主人，就能把雄心壮志和科学态度结合起来，规划中遇到的许多疑难问题就能迎刃而解。如地块究竟多大为宜？有人主张越大越好，他们说："前五年干不完，还有后五年，再不完还有子孙后代，慢慢来。"还有人说："平地何必花大工，土地不平照样种庄稼。"在讨论中，大家对前一种不顾实际情况和近期生产能力，把地块搞得越大越好的做法，以及后一种修修补补凑凑合合过日子的右倾保守思想，指出都是不符合多快好省的总路线精神，都会挫伤群众的社会主义积极性。社员群众的意见，不但使农田规划更加切合实际，而且使干部受到了一次深刻的路线教育。

在规划工作中，把发动群众、依靠群众贯穿在规划的全过程。具体方法分三步：第一步，深入宣传，学习文件，讲明来意，成立规划组织，调查现状和历史，向干部、群众进行形势教育，开展回忆对比活动，总结经验教训，认识规划的重要意义，提高自觉性。第二步，组织社队干部贫下中农代表和技术人员深入现场，对本地所辖面积、地形地貌、四邻界限、水源分布进行反复踏勘，初步选择干、支渠和田间主干道大体位置以及农田、涝池水库、造林区、居民地、公墓等设置的初步意见，然后把这个搭架子方案向群众口头公布，组织讨论，征求意见。在统一认识的基础上，对田、渠、路位置进一步详细比较，确定合理位置，并逐个定线测量，按方位、长度将外测规划内容全面布置到平面图上，召开社员大会审查通过，作为正式规划方案。在这个阶段，还发动群众采取自下而上、自上而下相结合的方法，制定各项计划指标和措施，把远景规划和近期计划结合起来。第三步，绘图制表后，召开群众大会，再次宣传规划意义，讲解图纸，教育干部、群众坚定大干社会主义农业的信心和决心，真心地把纸上的东西搬到地上，为实现远景规划贡献自己的力量。

4. 加强规划队伍的思想建设，认真培训技术骨干力量

以改土治水为中心的全面规划，在我县还是一项新工作。县规划队人员是从县级机关、公社抽调的干部，大队抽调的知识青年和农村积极分子。这些同志对规划工作，在理论和实践经验上都是非常缺乏的。为了搞好规划工作，县委狠抓了队员思想革命化建设和技术培训工作。规划队员坚持认真看书学习，同广大干部和社员一起，学理论、抓路线、促规划，努力改造世界观，严格要求自己，洗刷唯心精神，不断提高三大觉悟。不少规划队员白天测量，晚上计算，有的带病坚持工作，还有的同志为了测准一个数据，不怕反复，不怕麻烦。我们体会到，没有规划队的自身革命化，要搞好规划是不可能的。

在狠抓规划队员思想革命化的同时，重视了技术力量的培训工作。县规划队组建后，在文都公社中库地区三个大队进行试点，摸索经验，培训骨干，为搞好全县规划工作提供了经验。县规划队为了培训技术力量，采取了理论和实践相结合的方法。“从战争中学习战争”，以师带徒，在现场学，在实践中学，并通过总结和专题辅导，使规划人员在理论和实践结合上有了显著提高。

在规划中，充分发挥贫下中农为主的社队技术人员的作用。专业规划队人员和社队技术人员，互相学习，取长补短，帮助他们学习规划知识，提高看图施工能力。这些来自农村的同志，在规划中是规划员，在农田基本建设中是施工员，为社队实施规划培养了一批技术力量。

前阶段我县五个公社的规划工作，虽然取得了一些成绩，但还存在着不少缺点，主要是有些社队领导对规划工作不够重视，配合较差，规划前和规划初期忽视了对技术力量骨干的培训，加之由于缺乏经验和思想认识水平所限，规划的东西有许多不尽切合实际的地方，特别是今后随着农田基本建设形势的发展，要把纸上的东西变成地上的现实，还会出现很多缺点和问题，是今后要认真改进的。

在农村社会主义革命和社会主义建设不断深入发展取得胜利的大好形势下，我县已经和正在经历着，要不要在全县搞规划，能不能抽出人力和时间搞规划，搞什么样的规划的斗争。尽管我县的规划工作正在进行中，大量的工作有待我们继续把它进行下去，但是仅从已有的情况，我们已经看到，在今后实施规划中，将会遭到比制定规划大得多的阻力和干扰，这是肯定无疑的。因此，我们循化县委，决心在毛主席无产阶级革命路线指引下，在省委的直接领导下，率领全县各族人民，紧紧抓住阶级斗争这个纲，坚持社会主义方向，坚持无产阶级专政下的继续革命，凡是已经搞完规划的社队，从今秋起，按照规划，分期实施，全面落实，为尽快把我县建成名副其实的大寨县而奋斗！

中共循化县委

1976.7.30

——《循化县五个公社十年远景规划工作总结》，循化县档案馆藏，档号：1-1-191（永久）。

循化撒拉族自治县一九八二年经济和社会发展计划的报告

一九八二年二月

副县长　韩克仁

各位委员：

我受县人民政府的委托，将我县1981年国民经济计划执行情况和1982年经济和社会事业发展计划向人大常委会报告如下，请审议：

一、1981年我县国民经济计划执行情况

1981年，我们在青海省政府和海东行署的直接领导下，认真贯彻执行中央12月工作会议所确定的在经济上实行进一步调整，在政治上实现进一步安定的方针，在执行国民经济计划上做了一些工作。全县经济发展的趋势总的来说是比较好的，是稳定的。农业尽管遭受春旱、秋涝、冰雹和洪水等多种自然灾害，减产幅度很大，但由于实行了经济责任制和调整农牧业内部比例关系，农民生活基本上得到了保证，农村形势依然很好，牧业生产好于1980年，工业生产已接近完成计划；财政收入超额完成，货币投放量比1980年有很大的减少；社会商品零售总额有所增加，市场物价基本稳定，人民生活安排落实。

（一）粮食因灾减产，林业超额完成计划，畜牧业好于1980年。由于五、六月旱象严重，八月又阴雨连绵，使农作物发芽霉烂，加之冰雹和洪水袭击，粮食损失极为严重。1981年产量4393万斤，比1980年减1133万斤，占20.5%。其中：集体产量1981年为3771万斤，比1980年减1255万斤，即24.97%；比1981年计划产量减907万斤，即17.1%。油料总产量143.2万斤，比1980年减24.7万斤，即17.25%；比1981年计划产量增23.2万斤，即19.3%。今年虽然粮食减产幅度很大，但由于去年农业丰收，大多数农民有点家底，并继续执行减轻农民负担的政策，整个农村人心安定，集市贸易活跃，粮价稳定，形势很好。

植树造林3116亩，超计划3.86%，零星植树31.2万株，比计划增4%，天然林的保护除孟达自然保护区以外，其他林区基本控制了乱砍滥伐的混乱局面，加强了抚育间伐工作，有利于森林的发展。畜牧业发展好于1980年，年末存栏15.4万头（只），其中大牲畜4.6万头。总增率为10.3%，净增1.5%。能繁殖母畜66218头（只），成活3万头（只）。繁殖成活率45.3%，好于1980年。牲畜损亡2600头（只），比1980年减少1400头（只）。肉类总产量为392吨，比去年略有增加。

社队企业，按国务院77号文件精神，结合我县实际情况，对部分企业进行了调整和整顿，先后对产品无销路、原料无保障、经营亏损、布局不合理的企业，关停11个，整顿9个，新建4个。现共有企业109个，从业人员745人。完成总收入110万元，比去年增10.5万元。

（二）工业总产值基本完成计划。工业总产值按1980年不变价计算，全民和轻工集体单位完成171.14万元，占1981年计划的98.8%。加上未下达计划的社办工业总产值23.63万元，实际完成工业总产值194.77万元。其中全民单位4个企业超额完成年计划，两个企业超1980年工业总产值，两个企业因洪水停产和任务不足没完成年计划。轻工集体系统，超年计划的23%完成任务。其中五金厂因实行经济责任制，超额30.25%完成计划。

交通运输，汽车客运量完成9.6万人次，为年计划的80%，客运周转量216万人公里，货运量4720吨，货运周转量68.4万吨公里；封存汽车48辆，节约汽油65吨，柴油47吨。

工业生产，第一季度欠产较多。由于实行利润包干和亏损包干超亏不补等经济责任制，下半年生产稳定上升，收到比较好的效果。

（三）基本建设规模有较大压缩，工程建设进度较快。基建投资接近完成计划，效果良好。1981年基本建设投资总额为175.53万元，实际完成171.66万元，占97.8%。其中完成国家投资97.2万元，自筹74.46万元。本年新增固定资产156.92万元。共24个施工项目，有21个项目已竣工交付使用。有3个项目备料完毕，已开工，或完成年计划的80%以上。完成建筑面积7157平方米，占计划的74.2%，1980年实际完成投资191.6万元，1981年投资175.53万元，比1980年减少16.07万元，缩减8.39%。缓建了建设塘水库工程，学校校舍的紧张初步得到缓和，重点工程政府大楼已提前完成计划，交付使用，影剧院、师范学校主体工程都已竣工。

1981年总投资中，由我县安排的投资年初计划为38万元，以后省、地计委给我县增加自筹资金控制指标，总计为74.46万元，比1980年地方基本建设投资总额107.6万元减少33.14万元，缩减30.8%。1981年地方投资优先安排了教育、卫生、职工住宅、城市公共事业等方面的建设。包括自筹资金在内用于非生产性建设的投资为

108.57 万元，占总投资的 61.85%。说明国家在弥补人民生活方面的欠账是尽了很大努力的。

（四）财政收入超额完成计划，银行信贷计划执行很好。1981 年省下达我县地方财政收入指标 80 万元，实际完成 95.16 万元，超额 18.95%；财政支出全年安排为 1024.57 万元，实际执行为 837.22 万元，为年计划的 81.7%。

1981 年各项存款 683 万元，比 1980 年增加 126 万元，增长 22.62%；地方财政年末存款比 1980 年增加 83 万元，增长 39.15%。其原因是 1981 年专项资金比 1980 年增长较大，加上解控结余存款，又因洪水影响应支未支的款项多。另一方面 1981 年城镇储蓄增加 34 万元，增长 33.33%，这是物价基本稳定、市场商品供需基本好转的原因。各项贷款 104 万元，比 1980 年减少 22 万元，即 17.46%；粮食贷款年末余额比 1980 年减少 30 万元，减 96.8%。主要是粮食征购进度缓慢，截至元月底征购只完成 61.4%，比去年同期减少 167 万斤。

现金收入 1040 万元，比 1980 年增加 148 万元，增长 16.59%。支出 1112 万元，比 1980 年增加 61 万元，增长 5.8%；货币投放 72 万元，比 1980 年减少 86 万元，即 54.43%。主要是轻纺工业发展快，可供商品增多，1981 年商品销售回笼比 1980 年增长 75 万元，增长 11.27%；农业因灾投放货币比 1980 年减少 57 万元，减 13.29%。

（五）社会商品零售总额有所增加。1981 年社会商品零售总额 1028.79 万元，比 1980 年增长 3.12%。主要是生活消费品供应较充足，多数商品均有不同的增加，牛、羊肉的供应也好于 1980 年。市场情况大有好转。外贸收购计划完成出口活牛 174 头，收入人民币 8.43 万元。

（六）教育、科学、文化、卫生都有发展。1981 年我县教育事业在提高教育质量、发展民族教育方面取得了新的成绩，民族师范学校完成招生 50 人，撒拉族女子中学第一次招生 50 人，并已开学。培训藏族教师 50 人。农村小学由 104 所合并到 85 所，普通初中、高中在校生 2071 人，比 1980 年减 141 人，小学在校生 6923 人，减 104 人。

文化、卫生、教育、广播、电视都有进一步的发展。1981 年用了半年的时间建成了电视差转台，并于 11 月正式交付投产，覆盖率 20%，效果良好。文艺宣传队巡回演出 28 场次。体育工作有新的进展。

计划生育也取得一定成绩。1981 年总人口 82569 人，比 1980 年增 2377 人，自然增长率 26.94‰，比 1980 年下降 5.36‰。其中农村自然增长率 27.8‰，比 1980 年减 6.5‰，城镇自然增长率为 10.9‰，比 1980 年增长 1.92‰。

科研工作也取得了新成绩，麦茎蜂防治有新的进展，农业技术重点推广项目取得成效。高海拔春小麦品种试验已经开始，园艺果树发展较快。

（七）城乡人民生活有了初步的改善。1981年社队总收入为752.2万元，比1980年减263.3万元，减25.93%，集体分配收入人均54元，比1980年减32元，即37.2%，人均口粮349斤，比1980年减133斤，即27.6%。因推行包干到户的生产责任制，半年或一季度的时间，离队副业收入未交生产队参加决算，家庭副业收入有所增加，虽然集体分配减了，但农牧民实际收入还是有所增加。

1981年安排就业人员63人，其中待业青年38人；少数民族28人，占44.4%；高中毕业生28人，大、中专毕业生111人，城镇退伍军人5人。壮大了少数民族职工队伍，提高了工人质量。

总的情况是好的，在某些方面还出现了新的问题，值得重视，主要是：

1. 耕地面积1981年比1980年减少1375亩，播种面积比1980年减少4533亩。城市基本建设用地基本控制，特别是农村打庄廓大量占用好耕地，少数地区有控制不住的趋势，情况十分严重，应引起足够重视。

2. 农牧产品收购趋向减少。1981年粮食征购任务460万斤，截至今年元月底入库282.3万斤，占任务61.4%，比去年同期减少167万斤；油料入库4.79万斤，占任务33.73%，比去年同期减少5.55万斤；菜牛收购只完成计划的45.8%，菜羊收购只完成计划的52.7%，牛皮收购只完成计划的46.66%。反映了片面强调个人眼前利益，放松了计划管理，忽视国家长远利益，影响工业生产和财政收入，影响市场供应和经济发展速度。

3. 还人民欠账的步子偏大。1981年基建投资用于文教、卫生、商业、职工住宅等非生产性建设61.85%，用于扩大再生产的资金过少，如不重视，生产将受到影响。

4. 劳动就业问题逐渐突出。1981年全县待业青年238人，安排38人，如不重视会影响安定团结。

二、1982年经济和社会事业发展计划的主要任务和目标

根据党的六中全会精神和全国五届人大第四次会议确定的1982年要巩固稳定经济成果，继续保持财政、信贷收支基本平衡和物价的基本稳定，努力提高经济效益，使国民经济发展速度比1981年要高一点的任务，中央要求速度问题要保四争五。我县应鼓足干劲，扎扎实实，端正作风，努力工作，争取1982年农牧业生产超额完成计划、工业生产开始回升，努力完成保六争七的计划，其他各项计划都有新的发展，财政状

况有所好转，努力提高生产、建设、商品流通等部门的经济效益。在发展生产的基础上使各族人民的生活继续改善。

（一）农牧业生产：粮食总产5400万斤，比1981年增1007万斤，即22.9%；油料总产量150万斤，比1981年增6.8万斤，增4.7%；牲畜繁殖成活率48%，比1981年增2.5%，总增率12%，比1981年提高1.7%，出栏率为6.5%，肉类总产量503.35吨，比1981年有所增加；造林3000亩，比1981年减3.7%，四旁植树30万株，比1981年减4%，育苗150亩；社队企业总收入110万元，与1981年持平。

（二）工业生产：计划工业总产值207.69万元，比1981年增长6.63%；全民所有制工业总产值152.69万元，比1981年增长13.74%；轻工集体所有制总产值35万元，比1981年减5.15%；社办企业总产值20万元，比1981年减3.63万元。主要产品产量：发电量655万度，增27.88%；水泥2700吨，增47.8%；红砖300万块，增14.4%；标准面粉1000吨，增1.62%；食用油品5吨，白酒50吨，增2.59%；醋200吨，增15.18%；酱油35吨，增20.1%；服装1万件，增43.1%；木器制品2000件，增48.15%。

工业生产主要以提高经济效益为中心，靠提高劳动生产率，降低能源和原材料消耗，降低成本，提高产品质量，多生产适销对路产品来求速度，国家要求能源消耗降低3%，企业成本降低2%—3%，劳动生产率要有所提高，我们一定要努力做好工作，争取实现。

交通运输：货运量4800吨，增1.69%，周转量70万吨公里；客运量12万人次，增24.6%，周转量230万吨公里。今年主要考虑增加客运，增加班次开辟循化至西宁办事处客车，计划增加客车两辆。运输车辆在现有条件下，注意改造柴油车，争取转亏为盈。

（三）基本建设：海东行署下达我县基本建设总投资为65万元，其中国家预算24万元，省财政自筹5万元，县自筹36万元。投资总额比1981年初缩减18.8万元。省分行给我县安排中短期设备贷款10万元。行政基建、林业和国家支援不发达地区资金用于基本建设指标未有下达。新成立孟达公社、撒拉族女子中学和自来水的基本建设暂不安排，企业技术改造和设备更新尚待具体研究，订出项目。

今年主要安排续建工程电影院、民族师范，争取五月底完工交付使用。新建项目政法职工宿舍楼和一号家属楼要组织基建班子做好工作。

（四）财政、信贷：1982年地区分配我县财政收入任务为80万元，比1981年实际完成数减 15.10 万元。根据实际情况，我县安排为 80.50 万元，比地区分配任务增加 0.5 万元。

支出安排：根据我县财政收入，加上省、地区财政定额补助 619 万元（包括 10% 的递增数）共收入 699 万元，扣除上缴小水补助、支援人民公社补助、造林补助共计 97 万元，我县可安排财力 602 万元，比 1981 年增加 56.3 万元。

信贷收入计划 573 万元，比 1981 年减 86.5 万元。支出计划 136 万元，比 1981 年增 32.4 万元。

现金收入计划 1031 万元，比 1981 年减 9 万元。

支出计划 1091 万元，比 1981 年减 20.7 万元。

货币投放 60 万元，比 1981 年减 11.7%。

（五）粮食征购 460 万斤，食油收购 14.2 万斤。主要畜产品收购，菜牛 110 头，菜羊 1300 只，羊毛 8 万斤，牛皮 1000 张。从我县商品购买力情况看，今年商品调入计划除部分主要商品有所增加外，多数商品持平，货源仍然不足。

（六）科学、教育、文化、卫生事业。

1982 年的科研课题，待详细研究后再定。

县民族师范学校招生问题暂不下达，待后再定。撒拉族女子中学招生 50 名，与 1981 年持平；普通中学计划招生 870 人，小学招生 1820 人。要多做工作，使更多的青少年、儿童入学。

医院病床 144 张，比 1981 年增 20 张；文化、广播、电视、体育等事业都要根据自己的情况有新的发展。

（七）计划生育和劳动就业问题：1982 年全县人口计划达到 84838 人，比 1981 年增加 2269 人。人口自然增长率计划为 27.5‰，比 1981 年增 0.56‰。应制定措施，努力抓好计划生育工作。城镇劳动就业问题，1981 年末增人 65 人。集体所有制单位 1982 年增人指标 10 人，除大中专院校、技工学校和城镇退伍军人外，1982 年不再招收新职工。主要靠发展集体经济和个体经济安排就业。望各大口、各单位都要引起重视，积极组织安排就业。

三、完成计划的主要措施

（一）农牧业要稳定和完善各种形式的生产责任制和各项经济政策，坚持集体化的道路，坚持土地等基本生产资料的集体所有；积极推广技术成果和精耕细作结合起来；抓好水利建设，加强管理，做到合理用水；严格控制耕地面积的减少，自留地和集体耕地都不准随意占用打庄廓，国家基本建设占地要严加控制。我县今后十年主要利用现有地点进行改建、扩建，不准征用土地；国营良种场努力培育、繁殖适合我县的优良品种。

畜牧业要积极调整畜群结构，增加母畜比例，提高繁殖成活率，加速畜群周转，提高出栏率、商品率，积极搞好牛改工作，加速配种站的建设。大力搞好林业建设，积极开展全民义务的植树活动，使四旁植树有一个大的发展；认真搞好森林保护，严禁乱砍滥伐，加速中、幼林的抚育间伐工作，促使森林发展。

在抓紧粮油生产的同时，积极开展多种经营，发展家庭副业，在发展畜牧业的同时，黄河沿岸要努力搞好集体果园建设。

（二）我县工业生产要想提高经济效果，应重点抓好企业整顿。先选择一批企业进行整顿，在认真总结经验的基础上，再分批全面整顿；使管理水平有一个提高，生产有新的起色。同时，要抓好改进和完善经济责任制，调动职工群众的生产积极性，认真解决吃大锅饭的做法，反对平均主义。奖金要真正起到鼓励先进的作用。

交通运输，为了认真解决年年亏损问题，除狠抓管理外，切实搞好汽油车改柴油车的工作。加强客运，适当增加班次和线路。

（三）基本建设要缩短建设周期，认真清理在建项目。对投资多的影剧院、师范学校要重新审定投资和项目，提出明确要求，限期完成。新上项目要严格按照基建程序办事，加强施工管理，反对浪费。推行合同制，实行奖惩制度，加快建设进度。降低工程造价，注意清理不合理的定额、材料价格、收费标准。

（四）商业、供销要加强农牧产品的收购工作，广泛组织代购代销店，组织好工业品下乡，凡城乡都需要的工业品，应优先供应农村牧区；继续扩大流通渠道，加强城乡物资交流，活跃市场。商品收购要严格执行计划，执行合同，控制农牧产品收购加价和议价的范围和幅度。物价要继续加强管理，对随意涨价、变相涨价的现象，要坚决制止和纠正。

（五）财政应当量入为出，做到收支平衡。在增收节支和提高经济效果方面，应定出切实有效的措施。

信贷要大力组织城乡储蓄和农村存款，开办企业单位定期存款，吸收社会资金。还要加强流动资金管理，加速资金周转，保证信贷平衡。

——韩克仁：《循化撒拉族自治县一九八二年经济和社会发展计划的报告》，循化撒拉族自治县人民政府文件（循政〔1982〕09号），1982年2月。

抓早抓实使明年的粮食生产上一个新台阶

——韩克仁同志在全县农业会议上的讲话

（一九八八年十月十九日）

一、今年我县农业生产的形势

今年以来，全县各级党政组织认真贯彻了十三大精神，端正了指导思想，把发展粮食生产作为农村深入改革的首要问题来抓，在发展农村经济中摆正了粮食的位置，县上连续三年召开了农业会议，加强了对农业生产的领导和服务，增加了对农业生产的投入，完善了土地联产承包制。虽然春播期间有一定的旱情和部分乡（镇）遭受冰雹袭击，但农民种粮积极性高于往年，粮食产量在去年增产的基础上今年又有较大幅度的增加，创造了历史最高产量，结束了粮食产量八年来徘徊不前的局面。根据测算，全县粮食产量预计达到 5739.7 万斤，比上年增产 10.58%，比最高年 1980 年的总产增加 212.85 万斤，增产率达 3.85%；油料产量预计可达到 300 万斤，比上年增产 40.8 万斤，增产率达到 14%。全县九个农业乡（镇）乡乡增产，白庄、街子、文都、尕楞四个乡创造了历史最高水平。今年农业生产获得丰收除天时因素外，主要有以下几个方面的原因：

（一）重视农业，把抓粮食生产放在农村工作的首位。为了早安排，早动手，争取主动，县委、县政府在去年的十月下旬就召开了全县农业会议，下达了任务，讨论了增产指标。各乡（镇）都相继召开了各种会议，传达了县上的农业会议精神，落实了增产措施，使备耕生产比任何一年抓的扎实。为了指导好全县生产，我们按生产环节召开了落实土地联产承包责任制，推行“两定一奖”、农田基本建设、以防治病虫害为主的田间管理、复种、夏收夏选五次专业会议。除县上五大班子实行包乡外，还抽调了一大批干部到第一线，帮助乡（镇）抓好备耕、春播、田管、复种，做到了上面有安排下面有人管，每个生产环节有人抓，赢得了全年生产的主动权。

（二）不断增加对农业的投入。据统计，本生产年度全县发放农业贷款比上年增加 55%，农民投入生产的资金据抽样调查，也比上年增加 30%，春播期间使用的良种占总需种量的 89.6%，多年存在的以粮代种的局面基本上得到解决，家肥使用量比上年增加了10%，化肥使用量比上年增加1500吨，每亩良田平均占有标准化肥53公斤，仅查汗都斯乡中庄村一社购买化肥1吨以上的就有十户。农业机械化程度也有明显提高，去年秋后到目前，农民购买手扶拖拉机就有200多台，为粮食增产打好了良好的物质基础。

（三）推广了农业的实用技术，继续开展了大面积技术承包。随着对农业的投入不断增加，促进了农业科学技术的不断推广，今年春播期间配方施肥面积达到68848亩，占粮食作物播种面积的64.1%。由于农业机械的增加，条播面积达到73796亩，占麦类作物的73.1%，药剂拌种289.7万斤，占用种量的70%以上。田管期间，全县共防治小麦吸浆虫36031亩，麦茎蜂51102亩，超额完成了防虫计划，据农牧部门测定防治效果达80%以上，仅这一项减少粮食损失300万斤。化学除草35000亩，占麦类作物面积的42.5%，使科学种田的水平有了一个新的提高。

大面积技术承包方面，今年县上与道帏、白庄、街子、文都四个乡镇签订了粮食作物丰产栽培科技承包合同，面积68849亩（道帏23734亩，白庄15000亩，街子15000亩，文都14615亩），科技承包田占全县粮食作物播种面积的64.1%，完成粮食总产3317.28万斤，亩产为481.8斤，其中水地总产2422.9万斤，亩产为651.4斤，旱地总产894.38万斤，亩产282.6斤。科技承包田粮食总产比前三年平均总产增加589.08万斤，增产21.5%，比承包指标增加308.15万斤，增产10.24%，山水地平均亩产比前三年亩产增加79.2斤，增产19.6%，科技承包田完成的粮食总产占全县夏粮总产的59.3%，为全县粮食总产突破历史最高产量、跨上一个新台阶做出了贡献。

（四）深化农村改革，完善联产承包责任制。今年年初，为了解决“联产责任不联产”的问题，在查汗都斯乡先试点的基础上与9个农业乡镇150个行政村668个合作社14491户农户签订了土地联产承包合同，实行了“两定一奖”，使农民种地有了责任感，比较合理地解决了集体与家庭关系，完善了提留制度，为强化“统”的功能、进一步完善双层经营体制创造了良好条件。最明显地调动了广大农民向土地投入的内在积极性，表现在：一是今年播种面积比去年增加3800亩，复耕了一大部分撂荒地，并出现了一大批种粮大户；二是种田舍得本钱，今年种子好于往年，化肥、家肥、农药投入比任何一年都多；三是农民对科学技术需求越来越高，使丰产栽培技术和配方施肥技术得到大面积推广应用。对今年粮食增产起了决定性的作用。

（五）积极扩大耕地面积，提高复种指数，出现了一批种粮大户。为了使粮食生产上到一个新台阶，在努力提高单位面积产量的同时，积极扩大播种面积，黄河沿岸街子、查汗都斯等乡（镇），许多农户利用荒滩、沟岔地边扩大种植面积。街子乡在牙门曲乎滩、沙子坡、果哈拉等开发水地972亩，当年种上的有282亩。查汗都斯乡零星扩大种植面积就有200多亩，全县不完全统计，水地种植面积扩大了1000多亩，浅山由于墒情好于往年，加之实行了土地联产承包责任制，调动了农民种粮积极性，复耕了部分撂荒地。仅道帏、街子两乡就扩种山地面积3000多亩，使今年全县增加播种面积4.15%。在街子乡还涌现了一批种粮大户，24户种田能手承包山地面积1530亩。三兰巴亥村韩沙力亥一家耕种浅山750亩，产量5万余斤，油料1万余斤，仅这一户可给国家提供商品粮1.7万斤，油料5000斤。今年的复种工作引起了黄河沿岸各乡（镇）的高度重视，创造了历史最好水平，全县共复种各种作物8170亩，其中粮食作物3840亩，蔬菜3035亩，饲草饲料1293.6亩，预计可产粮食147万余斤，为我县创粮食历史最高水平、发展畜牧业生产、改善人民生活做出了贡献。

（六）产前产后的配套服务，有力地支援了粮食生产。供销部门今年组织化肥农药货源动手早，多次派主要干部千方百计联系，满足了全县化肥农药的需要，在货源紧张的情况下超历史最好水平。农行发放贷款不但数量多，而且发放时间早，并打破过去不还清旧贷款不给新贷款的旧框框，从而基本满足了农民生产所需的资金。水电部门从去年十月下旬就抽调技术员50多人（次）对川水地区的63座电灌站全面检修，投入12万元，并对部分多年失修的涝池和渠道也进行维修配套，使水利设施更好地发挥了效益。农牧部门多次组织了科技宣讲团，举办农业技术宣讲70场次，6343人（次）参加学习，发放农业科技资料1230册（份），使农民科学种田的技术有了新的提高。全县配方施肥面积有了很大的增加，清水、街子、积石镇、查汗都斯配方施肥面积都在70%左右。各乡农科站已配备国家农业干部45名，农民技术员23名。县级机关30个单位还组织人力给全县各贫困村拉运城粪150方，全县配备了8名科技副乡长，72名科技副村长。县政府对今年支援农业搞得好的供销社及生产资料公司、农行、农牧、水电局五个单位进行了通报表扬。

以上几点是我们今年获得粮油丰收的基本做法，也是我们今后应该加以完善和充实的主要增产措施。

这里需要特别指出的是，今年我们的粮食产量，虽然创造了历史最高纪录，但不能过于乐观，人均占有粮食仍然处于全区的最低水平，对国家贡献几乎没有商品粮可言，是自我消耗农业。作为一个农业县来说，离上级对我们的要求还有很大的差距，我们应当看到在粮食生产上存在着不利因素。我县地处黄土高原，黄土抗冲刷性差，水土流失严重，生态环境恶劣，旱雹灾害频繁，年际间产量不稳，粮食产量波动幅度较大，1980年到今年创造历史最高水平，一共用了八年的时间，由于我县农业生产脆弱的严重性，只要我们稍有放松，仍然可能出现徘徊局面。其次，是农业资源贫乏，人均耕地剧减，解放初期，我县人均耕地占有3.34亩，而现在人均耕地只占有1.56亩，人与粮争地的矛盾十分突出。经过勘查我县虽有可开发的土地面积24482亩，但要付出很高的代价，没有较多的投资在短期内是难以得到充分利用的，加之，现有的水利设施老化年久失修，即使有新增的水利设施也难以弥补。在当前农业生产中，部分地区不同程度地存在着三个明显下降：一是地力在明显下降（特别是一些远地）；二是农业劳动力素质明显下降（多系妇女老人称“三八六〇部队”）；三是农业比较利益明显下降（生产资料价格不断上涨，生产费用不断提高，农业净产值相应减少）。总之，制约农业粮食发展的因素很多，有生产条件方面的，除耕地减少外，水利设施老化，高产稳产面积减少，化肥、农药、优良种子等主要生产资料严重缺乏，农业科技无突破性进展等等，也有从政策上的四面八方的伸手，加重了农民的负担，最主要的是实行联产承包责任制后，农民是自负盈亏，在商品生产中，他们所投入的物化劳动和活劳动，要靠他们的商品拿到市场上去获取货币。目前，由于农业内部价格关系还没有理顺，比较起来，种粮不大合算，不愿增加投入多种粮食，甚至在农村中出现了一部分人富了就不愿种粮食，想靠别人吃饭。所以说我们面临的农业生产形势是相当严峻的。

二、关于1989年任务与措施

1989年是我县完成“七五”期间粮油生产任务关键的一年。最近中共中央十三届三中全会确定了，把明后两年改革和建设的重点突出地放到治理经济环境和整顿经济秩序上来，同时又明确指出治理经济环境，必须同增加农副产品有效地结合起来。为此，把明后两年的农业搞上去，对农村深化改革、控制通货膨胀、完成十三届三中全会提出的任务同样具有十分重要的意义。1989年全县粮食计划产量5860万斤，比今年预计产量增加120.3万斤，增长2.1%；油料产量为320万斤，比今年预计产量增加20万斤，增长6.7%。从增加幅度来看是不大的。但是，这个指标是在1988年超过历史最高产量基础上制定的，所以说完成这个任务是相当艰巨的，我们绝不能掉以轻心，完成这个任务是胜利完成“七五”计划的需要，是深化改革保证我县国民经济持续发展的需要，也是我县脱贫致富、解决贫困地区群众温饱的需要。

为了保证明年粮油生产计划的完成，在“决不放松粮食生产，积极发展多种经营”的总方针指导下，结合我县的实际情况，近期的指导思想应是“提高单产，扩大面积，多种复种，增加投入，增加后劲”。要依靠农村的深入改革，依靠科学技术的进步，不断地向生产的广度和深度进军，具体来讲，要抓好以下几个方面的工作：

（一）重新认识农业问题。十三大报告指出，农业问题是关系建设和改革全局的极端重要的问题，为什么把问题提到了如此高度，这是中国社会主义初级阶段理论所决定的，几十年的实践证明，“农业不稳，百业受损”，农业一上日子好过了，农业要是一下，国家不好过，人民的日子也不好过，凡是沾“农”的东西都有点紧张，很明显农业有点风吹草动，各行各业都会有感觉的。所以，我们要牢固树立农业为基础的思想，作为一个农业县来说，重视农业，保证粮食生产的稳定增长是稳定发展经济的基础。现在一些人富了，就不想搞农业，把土地经营当做一项副业来对待，甚至于搞掠夺性经营，有的乡（镇）抓乡（镇）企业的劲头很大，这当然是对的，但也要认真研究以工补农的措施。我县许多乡（镇）都建立在农副产品加工上，如果这方面的关系处理不好，就是搞无米之炊，因此，在农业问题上要警钟长鸣，不能有丝毫大意。

（二）关于农村深化改革的问题。当前我县农村改革的重点，仍然是完善家庭联产承包责任制，完善双层经营体制。今冬明春在这方面应该抓好以下几方面的工作：

1. 认真兑现奖赔，全面落实承包合同。今年有 9 个乡（镇）、150 个行政村、668 个合作社和 14491 个农户签订了土地联产承包合同。如果兑现工作不抓好，就会失信于民，达不到应有的目的，带来不良后果，因此，各级领导要进一步提高对合同管理的认识。在县委、县政府的统一领导下，由农工部、农牧局共同负责，经管站全力以赴，协助乡党委、乡政府和村社结合收益分配，认真抓好合同的全面兑现工作，方法上要采取抓两头的办法，切实抓好四个方面的兑现：兑现定产奖罚；兑现土地承包费；兑现劳动积极工；兑现考核村社干部服务及报酬。并要认真总结经验教训，为明年各业全面推行合同制，管理合同，兑现合同，打下一个良好的基础。各乡镇都要通过今年的兑现工作，逐步建立一支懂得合同管理的队伍，使农村经济合同管理纳入制度化、法规化。

2. 要进一步完善双层经营体制。我县目前存在的问题仍然是统得不够，要加强“统”的功能，做好群众想办而办不好的事情，这方面清水乡瓦匠庄村的经验值得推广，他们发挥集体的力量，狠抓生产中的薄弱环节。加强“统”的功能的一个重要方面，就是集体要有一个经济基础。托坝村一处集体果园由村承包经营，每年收入 36000 元，不但干部、民办教师的报酬等都有力量开支，还可以把一部分资金用在发展生产和集体公益事业上，所以，我们提倡各村都要根据各自的条件办一些集体经济实体。

3. 要开展合作经济内部的资金融通，管好用活集体资金，明年要完成农村的清财工作，其中利用闲散资金和打捞沉淀资金，以支持本乡、本村合作经济组织和农户发展商品生产为目的，用信贷方式，开展合作经济内部的资金融通，这方面湟源县已经先走了一步，我们在开展工作中可以借鉴。

4. 要进一步健全农村的服务体系，更好地支持农户发展商品生产，这方面前几年我们做了一定的工作，但还远远跟不上农村发展商品生产的需要，要提倡乡镇的经营站、农技站、水保站、畜牧站等兴办经济实体，搞综合办站，可以围绕本部门的业务贷款自办，也可以采取联办的方式，逐步改无偿服务为有偿服务，经营收入可作为事业费，增加为民服务的能力，农牧部门要先搞好一两个站的试点，再全面推广。

5. 继续调整产业结构，探索适度规模经营，将小农经济改变为小规模的商品生产者。提高农业经济效益，加速农村劳动力转移是调整农村产业结构的重要目标。因此，在深化改革中，对现有的乡镇企业，我们要继续按照“积极扶持，合理规划，正确引导，加强管理”的原则，使之健康、稳步地发展。同时要根据资源、经济等具体条件，发展一批农村小城镇和小工业区、工业点，统一发展电、水、路、通信基础设施和公共服务事业，使其成为上连城市、下接农村的经济、文化中心，工业据点，逐步向与城市配套、与外地联营的企业发展。要鼓励“双轨并进”“四轮驱动”，集体、个人一起上，乡办、村办、户办和联户办一起上，个体办为主。同时围绕农业向养殖业、加工业和各种服务业延伸，继续提倡和办好家庭牧场、林场、园艺场和农牧副产品加工厂，这样，既为商品经济发展开通了渠道，也为农村劳动转移提供了条件。

（三）要不断增加对农业的投入。农业生产是一个开放的物质循环系统，必须要有一定的物质投入。当前农业面临的后劲不足的问题，实质上是个投入问题。明年除省上适当增拨农业的专项资金款，县上要大力压缩行政开支，尽量从地方财政收入中拿出部分资金用于农业。农行部门明年要多安排一些粮油生产的信贷，保证农民所需的化肥、农具、柴油、农药的贷款，供应时间也应比往年有所提前。乡村合作经济组织要根据经济发展情况，坚持地区纯收入 3%—5% 的公共积累用于扩大再生产。要建立健全劳动积累制度，在龄青壮年劳动力每年不得少于 30 个。县上经营管理部门要将上述两项积累列入承包合同，同时要进一步完善以工补农的政策，也可以从劳务管理费中提取一部分用于发展粮食生产上。各级党政组织要积极创造农民对土地投入的环境。教育农民正确处理生产与消费的关系，从增加收入中提取一部分资金用于扩大再生产。在这里我特别强调一下要增加对肥料的投入，肥料的投入对当年增产是十分显著的，现在农村有一种倾向，重视化肥的投入，忽视农家肥的投入，许多人认为农家肥肥效抵不上化肥，这种认识是片面的，它不仅本身能有效地供给作物多种养分的需要，而且还能促进土壤微生物的活动，加速土壤养分的分解，并能提高作物对化肥的利用率。所以，有机质含量高的耕地，撒一点化肥就能籽饱粒满。为此，我们要求山水地每亩增施家肥半方。化肥施用量力争突破 6000 个标准吨，配方施肥达到 7.5 万亩，小麦根外培肥 4 万亩。

（四）大力应用推广现代农业科学技术。大力推广各项农业实用技术，提高科学种田水平，是增产粮食的根本措施，明年应继续抓好以下几项技术措施：

1. 继续开展丰产栽培技术承包。去今两年的实践证明，开展丰产方栽培技术承包，是普及农业科技知识，以科技服务农业，提高农民素质，增产粮食的有效形式，明年承包面积计划扩大到 7 万亩，要求承包面积，水地每亩增产 20 公斤，山旱地每亩增产 10 公斤。

2. 要扩大良种种植面积，提高种子的纯度。经过两年的努力，我县的种子工作已经向前迈出了一大步，但从今年种子规模上看，少数村社种子纯度仍然不高，个别地块以粮代种混杂严重，明年要使粮食生产上一个新的台阶，现在就要从种子纯度上下工夫，认真抓好串换、机械精选、药剂拌种三项工作，使 1989 年三级以上的良种面积达到粮食作物总面积的 80% 以上，脱毒洋芋的种植在海东各地都获得了高产，农牧部门要组织推广。同时要狠抓种子基地建设，计划完成建立种子田 5500 亩，建立种子基地 4000 亩，其中特约基地 2000 亩，就地异地供种基地 2000 亩，为明年粮食生产丰收打下基础。

3. 要继续搞好植保工作。经过连年的防治，虽然效果明显，但麦茎蜂、吸浆虫危害的面积仍占播种面积的一半以上，明年要继续集中连片，采取综合措施，重点防好麦茎蜂、吸浆虫和上半部地区的黑穗病，要加强搞好预测预报工作，把病虫害消灭在危害之前，备耕期间要抓好药剂拌种，春播时要抓好土壤处理，防止地下害虫的危害。明年计划防治麦茎蜂 4.5 万亩，吸浆虫 3 万亩，麦穗夜蛾 0.3 万亩，油菜茎象岬 0.3 万亩，锈病 6.5 万亩。

（五）在提高单位面积产量的同时，积极扩大播种面积，提高复种指数。据掌握，我县近期内可开发的荒地有 2.4 万余亩，经过今年的努力，牙子滩、牙门曲乎滩、苏只西滩、河北滩等已完成扩大面积 2500 亩，尚有 1500 亩正在开发平整中，明年要保证 1500 亩地种上粮油作物，今年秋后多雨，街子的吾土斯、孟达山、道帏三山，以及文都、尕楞、白庄山地等，都要抓紧时间搞好浅山地耙保墒工作，明年力争扩大种植浅山面积在2000亩以上，粮食种植面积达到11万亩。推广复种提高面积产量的有效途径，今年凡是搞复种的地区都收到很高的经济效益，我们要下决心改革耕作制度，提高复种指数，今年各乡（镇）下达播种计划时，要把复种计划一次下达下去，以便农民及早安排，确保复种面积达到1万亩，其中粮食作物复种达到6000亩。

（六）在大抓灌溉农业的同时发展旱作农业。发展灌溉农业和旱作农业，两者都是同等重要的农业基本建设，是改善农业生产的基本条件、增强农业后劲的一项根本措施，必须二者兼顾，坚持不懈地搞下去。我县的川水地区要坚持走水路，切实加强对现有水利建设的管护工作，认真落实好管护责任制，今冬明春水电部门要组织力量对现有的水利设施协助各乡镇普遍进行一次检修，提高水利设施的利用率，积石镇要及早组织群众搞好黄丰渠的清淤工作，不能再干那种宁可挖金影响生产的事。明年的小水电工程，水电局有个初步安排，计划再新建九座电灌站装机十台505个千瓦，新建涝池四座，治河造田三处，灌区配套四项。以上20项工程，共扩大水浇地面积2730亩，改善灌溉面积4600亩。今后水利工程安排项目上，应本着经济效益为主的择优原则，优先开工投资少、效益大、群众要求积极性高的工程项目。当年的项目必须当年完成，当年的项目预期不能完成的，来年不安排新项目。

浅山地区要大力发展有机旱作农业。为了蓄住天上水，保住地里墒，要从“水”字着眼，“土”字着手，创造适宜当地自然特点的一整套收墒、保墒的耕作法。收墒的措施就是伏耕和秋耕，保墒的方法是中耕、镇压、耙耱等保墒措施，做到秋雨春用，春旱秋防，充分利用土壤水。今年的4500亩农田基本建设任务各乡镇必须坚决完成。同时要推广抗旱作物的品种，加强粮草轮作的示范推广工作，增施有机肥和化肥，以提高单产。明年县上计划搞两个乡五个村旱作农业技术推广点，要求各乡科技副乡长都要有自己的旱作农业建设点。

（七）尽快地建立一套为农业服务的体系。实行联产承包责任制以来，千家万户的农民迫切需要为他们提供优质服务。这就要求我们尽快地建立起一套和目前与农村生产力相适应的服务体系。要认真总结今年的“两长”（科技副乡长、科技副村长）的工作，目前尚有2个乡、37个村，还未配齐科技副乡长、副村长，要尽快配齐。1989年县上计划对“两长”进行一次科技培训。农口各局要加强对四站的建设工作，努力改善他们的住宿和开展工作的条件，本着围绕服务办实体、办好实体促服务的原则，在文都、白庄、街子、道帏四个乡试办综合站。今冬明春要抓好农业科技宣传工作，由科委、农牧局牵头，结合备耕生产组织科普宣讲团，深入到九个农业乡、村，把 1989 年的农业增产的主要科技措施传授给农民，使农民明年要打多少粮食、采取什么措施做到心中有底。农牧、民贸、供销部门要成立专门班子，对明年所需的化肥、农药、除草剂、地膜、柴油等主要生产资料，要抓早抓紧不误农时，特别是化肥要严格防止外流，严禁倒卖，一旦发现要严肃处理。化肥供应的办法要继续采取跟粮油入库、粮食总产量挂钩、发票供应的办法。根据我县现在情况，50% 与粮油入库挂钩，50% 与粮食总产量挂钩为宜。

（八）改善和强化对农业生产的领导。加快农业生产的发展，绝不只是农民的事、农业部门的事，而是全党全民共同的任务。在县委、县政府的统一领导下，各行各业都要关心农业，支援农业，服务于农业，为我县明年农业生产上一个新台阶做出贡献。1989 年县上五大班子继续做好包乡工作，保证要有三分之一的时间协助乡镇工作，全面完成县上安排的各项任务，县上计划抽调 40 名有农村工作经验的干部下去包村，抓大村、抓后进村、抓潜力大的村，来推动农村工作，各乡镇继续实行领导包片，乡干部包村，村干部包社，并把他们的工作好坏切实和年终的考评、奖励挂起钩来。对农村工作贡献大的干部，县上拿出资金实行重奖。县上计划在 12 月中、下旬召开全县农村工作总结表彰大会，对今年各行各业农村工作有贡献的干部进行表彰奖励，县上拿出 2 万元资金，和年初制定的目标管理责任制挂钩，对工作成绩十分突出的乡镇进行奖励。

（九）顾全大局、严守纪律，确保完成粮油收购任务。今年我县的粮油产量都获得了大丰收，这就为完成今年的粮油收购工作奠定了物质基础。各乡镇党委、政府要坚决贯彻执行中共中央和国务院“顾全大局、严守纪律”和粮油的合同定购任务要确保完成，在粮油增产和丰收的地区，要力争多收购一些议价粮油等精神，要切实加强领导，精心组织，确保粮油收购计划的完成。我们要把粮油收购工作作为稳定经济、稳定市场的一项重要任务，列入主要议事日程，一抓到底，决不放松。各乡镇在粮油收购工作中要加强对农民的宣传工作，克服等待观望思想。今年 4 月 1 日，国家已对粮食、油料的合同购价和“议转评”粮食收购价进行了调整，今年度内粮食、油料按此执行。

要强化市场管理。目前在粮油问题上，多方插手，抬价抢购的现象有所露头。据此，各乡镇和工商、税务、粮食、公安等部门要认真贯彻认真整顿市场、严格市场管理的指示，把粮油市场管紧、管好。严禁省内外的机关、团体、部队和个人到农村收购粮油。凡发现倒贩粮油的行为一律按“议转评”价收购。粮食部门在收购工作中，要认真执行政策，严守纪律，努力改善服务态度，提高服务质量，千方百计为交售粮油群众提供方便，确保11月底前全面完成粮油收购任务。同志们，“一年庄稼两年的苦”，明年的生产要从现在抓起，希望回去以后认真地把这次会议精神贯彻落实下去，要向群众大讲特讲抓好粮食生产的重要性，对当前的备耕生产一定要早安排、早落实、早动手，扎扎实实地抓好种子、肥料、冬灌、耙耱保墒为中心的备耕生产，为明年夺取农业全面丰收奠定基础。

——韩克仁：《抓早抓实使明年的粮食生产上一个新台阶——在全县农业会议上的讲话》（1988年），《循化县政府办一九八八年韩克仁在中共循化县委八届三次扩大会议，十届人大三次会议，农业会议上的讲话，政府工作报告》，循化县档案局馆藏，档号：20-1-48（永久）。

解放思想，集中力量，努力把循化的经济工作搞上去

在循化第十届人民代表大会第三次会议上的政府工作报告

一九八八年六月十一月

县长　韩克仁

一、1987年工作的回顾

（一）农业生产获得全面丰收

1987年，农业生产获得全面丰收，除了天时因素外，还认真贯彻了“决不放松粮食生产，积极开展多种经营”的方针，把发展粮食生产作为农村脱贫致富的首要任务来抓，抽调了大批干部在第一线指导生产，狠抓抗旱春播，增加了对农业的投入，开展了群众性的植保工作，建立了6万亩丰产方，特别是种植状况有了明显的改善，化肥比1986年增施1000吨以上，1987年我县粮食总产回升到5190万斤，比1986年增长12%；油料产量达到259.4万斤，比1986年增长5.3%。在狠抓粮食生产的同时，因地制宜，分类指导黄河沿岸各乡镇进行开发性建果园和承包地建果园，实行“统一规则，统一围墙，集中连片，分户经营”的办法。由于业务干部分片包干，规划具体，资金苗木落实，去年新建园艺面积5022亩，累计面积达到13784亩，果品产量达到459.4万斤，比1986年增长8.6%，畜牧业生产饲养量、出栏率、商品率都超过1986年水平，全年大小牲畜饲养量超过20万头（只），全县农业人口人均饲养大小牲畜2.24头（只），当年育成仔畜36421头（只）。白庄夕昌地区五个自然村，去年仅畜牧业收入一项人均达242元。发展畜牧业已成为中上部地区群众治穷致富的一条重要途径。

……

二、努力做好1988年的经济工作

根据“十三大”精神，1988年我县工作的指导思想应该是：坚持党在社会主义初级阶段的基本路线，坚持两个文明一起抓，深化改革，进一步放宽政策，以发展生产力为中心，依靠科学技术的进步，实现稳定的脱贫致富。为此，我们要用党的十三大和全国七届人大的精神统一思想指导工作，推进改革，促进经济建设的发展，使我县的各项工作沿着十三大指引的方向前进。

1988年，我县经济发展的主要指标是：社会生产总值4060万元，比上年增长11.7%。工农业总产值达到2680万元，增长9.7%。其中：农业产值2200万元，增长13.7%；工业产值为480万元（含村及村以下工业产值410万元）。全县播种粮食1.5万亩，复种1万亩，粮食总产达到5500万斤，增长6%。油料播种1.5万亩，总产达到300万斤，增长15.6%。新建园艺1000亩，果品产量达到700万斤。完成造林16630亩，四旁植树42.3万株，农田林网10.7万株，育苗200亩。牲畜饲养量达到21.18万（只），年末存栏数达到17万头（只），牲畜出栏率为20%，商品率为14%。乡镇企业产值达到1180万元，比去年增长12%。财政收入达到161万元。全县农村社会总收入达到3522万元，增长15%。人均收入达到290元，比上年增加34元。

1988年前几个月的工作情况

1988年五个月已经过去了，五个月来，县人民政府遵照省、地的部署和县上1988年的工作安排，以十三大精神为指导，紧紧围绕两个基本点，深化对县情的认识，进一步解放思想，放宽政策，狠抓农业生产，深化企业改革，积极稳妥地发展乡镇企业。因此，前几个月的经济形势良好：

（一）重视农业生产，保证粮食生产的稳定增长，是我县发展经济的基础。去冬召开农业会议以后，各级领导都十分重视农业生产，从备耕春播到田间管理，环环紧扣，认真落实了各项增产措施。目前农业生产形势，丰收在望，其主要标志是：

1. 备耕基础扎实，春播质量好，农民种粮积极性高于往年，种子、化肥、家肥、药剂拌种等主要物质投入增加。春种中共选用良种358.4万斤，占全县总需种子数的89.6%，基本上制止了“以粮代种”。家肥、化肥用量比往年大幅度增加，春播中全县共施家肥40万立方，比去年增长11%，化肥总购进量5574标准吨，比去年全年总量增加1500标准吨。全县10.5万亩粮田亩均占有量53标准公斤，在春播中供应给农民手里的化肥达到4356标准吨，增长24%，亩均施用化肥41.4标准公斤。药剂拌种抓得早，数量大。全县拌种280万斤，占用总量的70%。农业投入增加，春播中农行发放各类农业贷款154万元，比去年同期的61.4万元增加了1.5倍。去秋今春，农机部门调进的200辆扶手车也被群众抢购一空。随着投入增加，耕作技术也有了进一步改进，全县条播面积占麦类作物总播面积的90%以上。

2. 农作物种植面积扩大，青苗长势良好。据统计，1988年农作物种植面积达到127195亩，比去年增加5.56%，其中：粮食作物面积107310亩，比去年增加3890亩，油料作物1693亩，比去年增加1073亩，经济作物1283亩，绿肥1909亩，从目前的情况看，从五月上旬到中旬连降喜雨，不但滋润川水地的麦苗，而且解除了旱情，保证了浅山地的出苗，为粮食生产全面丰收奠定了基础。据田间调查，水地 62887 亩中，一、二类苗近 60000 亩，占 89.5%；三类苗 2830 亩，占 4.4%，浅山青苗也是历史上较好的一年。目前，防治病虫害的工作已在全县全面展开。

3. 各行各业支援农业生产，后勤服务工作扎实。县人民政府对支农做出贡献的单位进行了通报表扬。县水电局立足抗旱，投入抗旱资金十万元，对 60 座电站进行了检修，抢修的水利工程二十多处，为保证春灌扩种晚田做出了贡献。供销部门今年在化肥货源十分紧张的情况下调进化肥总量超历史最高水平。农行发放农业贷款不但数量多，而且时间上提早两个月，从而满足了农民春耕生产急需的资金。农业部门多次组织农业技术宣讲团，共举办技术培训 70 次，培训人数 6343 人次，发放各种农业科技资料 1230 册（份），落实科技承包面积 6.9 万亩，提高农民科学种田的水平。县级机关 30 个单位送城粪到贫困村。同时县上除五大班子外，抽调 78 名干部包乡包村，具体指导农业生产。

今年我县春季植树造林进展快、质量好。黄河沿岸春播结束后，不失时机地掀起了植树造林的热潮，截至目前完成造林 15000 亩，比去年增长 21.8%，营造农田林网 10 万株，基本完成任务。新育苗 150 亩，四旁植树 31 万株。县上为保证完成春季植树造林，成立了春季造林指挥部，其成员带任务下去包乡，县、乡签订了合同。各乡镇在造林中突出重点，集中连片，做到规划、围墙、平地、引水四配套。县级机关认真开展义务植树，每人完成植树 10 株任务。

……

今后七个月要做好的工作

为完成 1988 年的各项工作和任务，今后七个月我们要重点抓好以下几方面的工作：

（一）坚决完成农业生产的各项任务，力争全面丰收。在粮食生产上还要抓好以下几个方面的工作：

1. 全力以赴抓好病虫防治。今年从全国和我县预报情况看，又是一个病虫害大发生年。五月份，连续发生阴雨天气，又有利于虫害滋生和蔓延。为此，防治好以麦茎蜂、小麦吸浆虫为主的病虫害工作，是夺取全年农业丰收的关键所在。县上已召开了全县病害防治会议，国家已拿出 10 万元防虫经费，计划防治小麦吸浆虫 3.6 万亩，麦茎蜂 5 万亩。因此，要求各乡镇及有关部门紧密配合，把防虫工作作为粮食增产的主要措施来抓。县上各乡镇都成立了防虫机构，实行乡领导包片、乡干部包村、村干部包社的责任制，统一组织劳力，统一安排技术力量和药械，抓住重点，掌握最佳防虫时机，集中连片地进行防治，不留空白，打一个歼灭战。农业部门组织业务人员，搞好虫情预测预报工作。供销部门做好药械供应工作，民贸部门要保证柴油的供应。全县齐心协力，配合作战，把病害危害控制到最低程度。

2. 大力提高复种指数，确保农业增产。我县人多地少，黄河沿岸复种自然条件好，要使粮食生产上一个新的台阶，必须把复种搞上去。据统计黄河沿岸可复种的面积近 4 万亩，这是一个很大的增产潜力，今年全县安排复种面积 1 万亩，其中复种洋芋等粮食作物 5000 亩、饲草 5000 亩，只占可复种面积的四分之一。群众复种积极性不高的主要原因：一是管理，二是种子，三是化肥。随着粮果间作面积的扩大，这个问题已迎刃而解，供销部门已给复种留了化肥，种子问题农牧部门及时和乡镇联系协助解决。县上最近召开了复种专题会议，各乡镇要扎扎实实地抓起来，不能再放任自流，在夏收前尽早地把县上下达的 1 万亩复种任务落实到农户。

3. 认真抓好农田基本建设，保证完成海东下达的 4500 亩农田基本建设任务。农田基本建设是改变生产条件，扩大耕地面积，增强农业后劲，增加产量的一条有效途径。这几年我们没有很好地发动群众搞农田基本建设，上面下达任务，只是一般地平平地、加高塄坎算做完成任务，在一定程度上削弱了农业的后劲。对此，各级领导要有一个清醒的认知，教育群众提高对农田基本建设重要性的认识，以实例诱发、提高群众的积极性，掀起一个热潮。同时各乡镇要突出重点，统一规划，集中连片地搞。查汗都斯乡的大牙子山、苏只西滩、街子牙门曲乎上滩、积石镇河北滩、道帏北山娘藏山这些重点今明两年争取成功。力争在三年内完成 1.2 万亩水地开发任务。要建立层层承包责任制，把任务下达到乡、村、社、户，层层订合同，年底县上要组织检查评比，对验收不合乎标准的，每亩 30 元的补助不予兑现，完不成任务的，要追究主管乡领导的责任。同时，要加强对现有水利设施的管护，今年下达的各项水利建设任务，必须组织劳力，按时完成。

畜牧业生产是我县的一大优势，上半部地区要继续利用草山优势，开展季节性畜牧业生产，走农牧结合的路子。岗察乡加强草原建设，逐年扩大围栏种草面积。下半部地区要继续走种草养畜的路子，全县完成 15000 亩种草任务，要积极扶持和大力发展牛羊贩运、育肥户，上半部利用扶贫资金办好 12 个村办牧场，为市场提供肉食和乡镇企业提供畜产品加工原料。利用扶贫资金引进一批细毛种羊和绒山羊，加快绵山羊改良步伐。完成牛改 1800 头的任务。同时，要加强畜禽防治工作，保证畜牧业生产健康发展。

林业生产上要抓紧雨季造林，保证全年林业生产任务的完成。要加强管护责任制，不能重走年年造林不成林的老路。要采取措施，切实保护好天然森林资源，吸收尕楞等林区毁林事件的教训，依法严肃处理毁林事件。县上已做出决定，孟达、文都两个林业派出所交由公安局直接领导。乡镇和业务部门要紧密配合，深入林区村社宣传《森林法》，以案例教育群众，提高农民的法制观念，做到以法治林、护林。

——韩克仁:《解放思想，集中力量，努力把循化的经济工作搞上去——在循化第十届人民代表大会第三次会议上的政府工作报告》(1988 年),《循化县政府办一九八八年韩克仁在中共循化县委八届三次扩大会议，十届人大三次会议，农业会议上的讲话，政府工作报告》，循化县档案局馆藏，档号：20–1–48(永久)。

循化撒拉族自治县国民经济和社会发展“八五”计划（1991—1995）和十年规划纲要

（县委八届二次扩大会议和县委第十一届第二次人民代表大会审议通过）

一、引言

“八五”至2000年，是我县进行改革、开放和经济建设的关键时期，为了统筹规划和认真做好经济和社会发展工作，我们依据国家、省、地经济和社会发展战略、目标、任务，根据海东确定的经济发展指导思想、指导方针，认真总结“七五”期间经济建设的主要成就和经验，正确估计当前经济形势，编制了《循化撒拉族自治县国民经济和社会发展“八五”计划和十年规划纲要》。

二、“七五”计划执行情况

“七五”期间，我县县委、县政府在上级各级党政和业务主管部门的正确领导和大力支持下，团结全县各族人民群众，发挥职能部门的积极性，认真贯彻执行党的十一届三中全会以来的各项方针、政策，遵循“七五”期间我县“改革开放，扎稳基础，广辟财路，开发致富”的经济发展方针，经全县各级干部和各族人民的共同努力，五年来经济持续增长，社会发展取得了显著进步，“七五”计划执行情况总的来说是好的，主要指标达到了“七五”计划的要求，“七五”经济和社会发展目标基本实现。

1. 国民生产总值（按1980年不变价计算，下同）：国民生产总值1990年达到3160.13万元，比1985年2346.58万元增长34.69%，五年平均增长6.13%，完成“七五”计划3250万元的97.23%。

2. 国民收入：国民收入1990年达到4596.13万元，比1985年的2088.36万元增长120.08%，五年平均增长17.08%，完成“七五”计划2440万元的188.36%。

3. 社会总产值：社会总产值1990年达到4176.62万元，比1985年3252.24万元增长28.42%，五年平均增长5.13%，完成“七五”计划4689万元的89.07%。

4. 工农业总产值：1990年达到3269.35万元，比1985年2073.68万元增长57.65%，五年平均增长9.53%，完成“七五”计划3239万元的100.93%，较1980年1897万元增长72.30%，十年平均增长5.59%，十年间翻了0.86番。

（1）农业总产值：1990 年达到 2270.32 万元，比 1985 年 1689.25 万元增长 34.39%，五年平均增长 6.09%，完成“七五”计划 2639 万元的 86.02%，较 1980 年 1646 万元增长 37.92%，十年平均增长 3.27%，十年间翻了 0.69 番。

其中：

种植业：1990 年达到 1470.36 万元，比 1985 年 997.30 万元增长 47.43%，五年平均增长 8.06%，完成“七五”计划 1528 万元的 96.22%。

林业：1990 年达到 115.16 万元，比 1985 年 88.67 万元增长 29.87%，五年平均增长 5.36%，完成“七五”计划 85 万元的 135.48%。

畜牧业：1990 年达到 560.49 万元，比 1985 年 383.23 万元增长 46.25%，五年平均增长 7.89%，完成“七五”计划 782 万元的 71.67%。

副业：1990 年达到 124.03 万元，比 1985 年 219.87 万元负增长 43.59%，五年平均负增长 10.82%，完成“七五”计划 240 万元的 51.68%。

渔业：1990 年达到 0.28 万元，比 1985 年 0.18 万元增长 55.55%，五年平均增长 9.24%，完成“七五”计划 4 万元的 7%。

主要农产品产量：

粮食产量：1990 年达到 3.069 万吨，比 1985 年 2.005 万吨增长 52.46%，五年平均增长 8.8%，完成“七五”计划 3 万吨的 101.9%，比 1980 年 2.763 万吨增长 10.62%，十年平均增长 2.04%。

油料产量：1990 年达到 1246 吨，比 1985 年 1368 吨负增长 8.92%，五年平均负增长 1.85%，完成“七五”计划 5000 吨的 54.30%。

肉类产量：1990 年达到 2715 吨，比 1985 年 1964.5 吨增长 38.20%，五年平均增长 6.68%，完成“七五”计划 5000 吨的 54.30%。

奶类产量：1990 年达到 1568 吨，比 1985 年 953 吨增长 78.77%，五年平均增长 12.24%，完成“七五”计划 1350 吨的 125.77%。

绵羊毛产量：1990 年达到 91 吨，比 1985 年 46.5 吨增长 95.7%，五年平均增长 14.37%，完成“七五”计划 67.5 吨的 134.81%。

蛋类总产量：1990 年达到 28 吨，完成“七五”计划 200 吨的 14%。

林业生产：1990 年完成 18190 亩，五年累计完成造林面积 73892 亩，零星植树 236.65 万株，分别完成“七五”计划 5 万亩、200 万株的 147.78%、118.32%。造林比“六五”期间累计 4.19 万亩增加 3.2 万亩，增长 76.35%。

畜牧业生产：

1990年草食牲畜畜养总量达到23.52万头（只），比1985年18.95万头（只）增长24.12%，五年平均增长4.41%，完成“七五”计划23.23万头（只）的101.25%。其中：牛饲养量1990年达到5.53万头，比1985年4.25万头增长30.11%，五年平均增长5.4%，完成“七五”计划6.75万头的81.92%。绵山羊饲养总量1990年达到16.54万只，比1985年13.42万只增长23.25%，五年平均增长4.27%，完成“七五”计划15.8万只的104.68%。

草食牲畜出栏率1990达到17.2%，比“七五”计划25%减少了7.8个百分点。

草食牲畜商品率1990年达到11.6%，比“七五”计划17%减少5.4个百分点。

草食牲畜期末存栏1990年达到18.76万头（只），比1985年15.97万头（只）增长17.47%，五年平均增长3.27%，完成“七五”计划17.5万头（只）的107.20%。其中：牛存栏1990年达到4.52万头，完成“七五”计划5.3万头的85.28%，比1985年4.17万头增加0.35万头，增长8.39%，绵山羊1990年存栏达到12.89万只，完成“七五”计划11.7万只的110.17%，比1985年的10.51万只增加1.12万只，增长22.64%，五年平均增长4.16%。

生猪饲养总量1990年达到8600头，完成“七五”计划1万头的86%，出栏率和商品率1990年分别达到45.34%、4.65%。完成“七五”计划分别为60.45%、14.62%。存栏1990年达到4700头，比1985年4656头增加44头，完成“七五”计划2500头的188%。

种草1990年完成2.5万亩，五年累计97339亩，完成“七五”计划7.3万亩的133.34%。

（2）工业总产值：1990年工业产值完成999.03万元，比1985年384.43万元增长159.87%，五年平均增长21.04%，完成“七五”计划600万元的166.50%，较1980年199万元增长402.02%，十年平均增长17.50%，十年间翻了2.2番。其中：

全民所有制工业产值：1990年完成313.20万元，比1985年208.83万元增长49.98%，五年平均增长8.44%，完成“七五”计划270万元的116%，较1980年166万元增长88.68%，十年平均增长6.55%，十年间翻了0.94番。

县以上集体工业产值：1990年完成80.26万元，比1985年51.2万元增长56.76%，五年平均增长9.4%，完成“七五”计划86万元的93.33%。较1980年33万元增长143.21%，十年平均增长9.3%，十年间翻了1.2番。

乡镇级工业产值：1990 年完成 99.40 万元，比 1985 年 67 万元增长 48.55%，五年平均增长 8.20%，完成“七五”计划 100 万元的 99.40%。

村及村以下工业产值：1990 年完成 506.17 万元，较 1985 年 57.40 万元增长 7.81 倍，五年平均增长 54.55%；完成“七五”计划 144 万元的 355.11%。

主要工业产品产量：

发电量：“七五”期间黄丰电厂技改和新建哈达亥水电站两项目均未实现，1990 年发电量完成 736.37 万度，比 1985 年增产 116.97 万度，其中乡镇企业 25 万度。

水泥：“七五”期间水泥厂的技改计划项目未落实，1990 年水泥生产完成 4367 吨，比 1985 年减产 1036 吨。

黏土砖：1990 年完成 885 万块，比 1985 年减产 48 万块，完成“七五”计划 1200 万块的 73.75%，其中乡镇企业完成 545 万块；1990 年完成水泥预制件 958.86 立方米，比 1985 年增加 30.26 立方米，完成“七五”计划 1500 立方米的 63.93%，其中乡镇企业 1990 年完成 200 立方米。

面粉：1990 年完成 1556 吨，比 1985 年增加 336 吨，完成“七五”计划 2000 吨的 77.80%。

各种罐头：1990 年生产 893.68 吨，完成“七五”计划 1000 吨的 89.36%。其中乡镇企业 1990 年生产 825 吨。

奶粉：乡镇企业 1990 年生产 26 吨，比 1985 年增产 10 吨，完成“七五”计划 100 吨的 26%。

“七五”期间，开发了新的产品，形成了一定的生产能力，1990 年生产的有：罐头瓶盖 500 万只，羊皮革 2.7 万张，牛皮革 0.5 万张，绒毛加工 13.5 吨，塑料编织袋 57 万条，钢窗 1.3 万平方米。

5. 农村经济总收入：1990 年达到 4192.84 万元，比 1985 年 2061.59 万元增长 103.38%，五年平均增长 15.25%，比 1980 年 1015.60 万元增长 312.84%，十年平均增长 15.28%，十年间翻了 2.06 番，完成“七五”计划 3800 万元的 110.33%。

6. 乡镇企业：1990 年企业数达到 1205 个，从业人员 3323 人，产值（现价）2168 万元，比 1985 年 773 万元增长 180.46%，五年平均增长 22.90%，完成“七五”计划 1748 万元的 124.02%。

7. 人民生活：1990 年全民所有制单位职工年平均工资 2057 元，较 1985 年的 1193 元增长 72.42%，扣除因物价上涨而增发的肉食等补贴，增长 54.94%，五年平均增长

9.15%。1990 年农牧民人均纯收入达到 316 元，较 1985 年 183 元增长 72.68%，五年平均增长 11.54%，完成“七五”计划 350 元的 190.28%。

8. 财政收入：1990 年达到 250.3 万元，比 1985 年 137.9 万元增长 81.50%，五年平均增长 12.66%，完成“七五”计划 200 万元的 125.15%。

9. 固定资产投资：“七五”期间，经各主管部门的努力，列入计划的投资完成额 1716.14 万元，投资方向是：农业 496.34 万元，占总投资的 28.92%；交通邮电 464.5 万元，占总投资的 27.07%；工业 99.2 万元，占总投资的 5.78%；商业 298 万元，占总投资的 17.36%；教育 180.1 万元，占总投资的 10.49%；县镇建设 27 万元，占总投资的 1.57%；行政事业 151 万元，占总投资的 8.8%。投资资金来源构成比例为：国家 73.22%，财政 12.21%，自筹 7.11%，集资 1.51%，贷款 5.94%。在总投资中，基本建设 957.2 万元，点 55.77%，更新改造 758.94 万元，占 44.23%，生产性投资 1358.04 万元，占 79.13%，非生产性投资 358.1 万元，占 20.87%。

10. 社会商品零售总额：1990 年达到 2327 万元，比 1985 年 1432.42 万元增长 62.45%，五年平均增长 10.19%，完成“七五”计划 2150 万元的 108.23%；1990 年外贸出口总额达到 66.35 万元，比 1985 年增长 53.80%，五年平均增长 9%，五年累计出口活牛 607 头，蕨菜 292 吨；1990 年粮食收购 308.43 万公斤，比 1985 年增加收购 135.28 万公斤，完成“七五”计划万公斤的 102.46%；油料收购 1990 年完成 12.86 万公斤，比 1985 年增加收购 9.86 万公斤，完成“七五”计划 12.5 万公斤的 102.88%；绵羊毛收购 10941 公斤，完成“七五”计划 4 万公斤的 27.35%。

11. 人口：1990 年达到 100299 人，五年间人口净增 10854 人，增长 12.13%，五年平均自然增长 23.17%，完成“七五”计划 104.08%。

12. 劳动就业：“七五”期间采取多种渠道、多种形式就业措施，安排就业人员 244 人，完成“七五”计划 500 人的 48.80%。

“七五”期间，我县经济和社会发展取得了显著成绩。

1. 产业结构和产品结构有所调整

经过“七五”努力，我县产业结构开始向合理方向演变，主要表现为：三次产业之间的结构发生了变化，第一产业比重下降，二、三产业比重逐步提高，一、二、三次产业比重由 1986 年的 63.8∶10.08∶26.12 到 1990 年的 54.06∶11.94∶34。

在工农业总产值中，工业产值所占的比重由 1985 年的 18.54% 提高到 1990 年的 30.56%，农业总产值所占比重则由 1985 年的 81.46% 下降到 1990 年的 69.44%。

在工业内部：轻工业产值所占的比重由 1985 年的 48.3%，提高到 1990 年的 79.73%，重工业则由 1985 年的 51.70%，下降到 1990 年的 20.27%。

在农业内部：种植业、畜牧业所占比重 1990 年分别比 1985 年提高 5.71%、2.01%；渔业持平，林业和副业所占比重 1990 年分别比 1985 年下降 0.18%、7.54%。

2. 农业基础有了加强

“七五”期间，用于农牧业方面投资 1170 万元，旱变水地 7000 亩，农田基本建设 1.5 万亩，小流域治理 16.51 平方公里，解决人畜饮水 5745 人 /6452 头（只）牲畜，农电线路 28 公里，解决 13 村 350 户用电，网围栏 2000 亩 /1 处，一批实用技术得到推广和应用，粮食生产连续四年获得丰收，踏上 3000 万公斤台阶，人均占有粮食由 1985 年的 224.16 公斤提高到 1990 年的 306 公斤，人均标准由 1985 年的 4.28 只增加到 4.74 只，人均果品由 1985 年的 22 公斤增加到了 27 公斤。

3. 教育事业有了新的发展

“七五”期间，新建文都藏中一所，对部分中小学及危房进行了扩建和更新，教学条件得到了进一步改善；学龄儿童入学率提高到 75.3%，师范五年招生 250 人。

4. 交通和邮电基础设施有了显著改善

“七五”期间，在省、地支持下，投资 392.5 万元，新建和改造尕楞、河北、中库、孟达四条公路 48.66 公里，改造循同公路辅筑黑色油路 20 公里；社会货、客两运车分别由 1985 年 179 辆、8 辆增加到 1990 年 355 辆、54 辆，客货总量分别由 1985 年 16 万人次、6.25 万吨增加到 1990 年的 42.66 万人、15.7 万吨；邮电改造了程控自动交换机，县镇安装了拨号电话。

5. 扶贫工作取得显著成绩

“七五”期间，认真贯彻了党和国家的一系列扶贫政策和优惠措施，在各部门的大力支持下，经过贫困地区广大干部和群众的艰苦努力，已有 5694 户、31509 人解决温饱问题，占贫困户的 64.50%。五年累计投入扶贫资金（贷款）653 万元。

“七五”，我县虽然在经济和社会发展中取得了显著成就，但仍然存在着不容忽视的问题：

1）能源不足，特别是电能不足，严重制约着我县经济和社会的发展。

2）粮食生产表现为总量增加，人均占有水平仍然偏低，与海东地区平均数相差 50 多公斤。

3）工业方面“七五”虽然有了发展，但依然没有摆脱设备陈旧、技术落后、管理薄弱、产品成本高等困境，效益普遍不佳，后劲不足。

4）人口增长速度过快，“七五”末人口实际比计划净增3939人，自然增长率超过计划控制15‰的8.17个千分点。

5）农民生活改善速度缓慢，与海东地区水平相差68元。

三、“八五”计划和十年规划

第一章　指导思想、发展重点和方针

指导思想

根据党的十三届七中全会通过的《中共中央关于制定国民经济和社会发展十年规划和“八五”计划的建议》中，今后十年实现第二步战略目标，即国民生产总值实现第二个翻番，人民生活从温饱达到小康水平的要求，在《海东地区国民经济和社会发展“八五”计划和十年规划纲要》的统一安排部署下，我县经济发展的总的指导思想是保持稳定，增强团结，改革开放，强农兴工，调整结构，开发资源，提高效益，依靠科教，脱贫致富。在这个思想集中统一指导下，全面推动我县经济和社会发展，为把我县建设成为团结、繁荣、富强的现代化的“小江南”而坚持不懈地努力。

发展重点

立足资源开发，改善基础设施，调整产业结构，大力加强农业，发展工业，促进乡镇企业，完善第三产业的综合服务体系，以及科教等事业的发展。

基本方针和政策

继续坚持贯彻中央、省地制定的各项方针、政策、法规，并在我县突出地抓好以下四点：

——继续坚持治理整顿和深化改革的方针，使改革开放与治理整顿有机结合起来，并与建设相互适应，互相促进。

——坚持把提高经济效益作为全县经济工作的中心，正确处理好效益和速度、质量与数量的关系。

——坚持自力更生，艰苦创业，实事求是，量力而行，奋发图强，勤俭建设的方针。

——坚持物质文明建设和精神文明建设一起抓的方针，促进国民经济和社会共同发展。

第二章　目标和任务

第一节　战略目标

根据国家第二步发展战略部署和海东地区的发展纲要，结合我县实际情况，到本世纪末的战略目标是：国民生产总值按1990年不变价计算达到11000万元，较1985年增长88.03%，人均国民生产总值达到954元，比1990年增长63.64%。十年平均增长5%，全县各族人民的物质文化生活达到比较宽裕的水平，向小康前进。

第二节　主要任务

一、国民生产总值（按1980年不变价格计算，下同）：1995年达到4240万元，较1990年增长34.17%，五年平均增长6.05%。至2000年达到5950万元，较1990年增长88.23%，十年平均增长6.53%。

二、国民收入：1995年达到6450万元，较1990年增长40.30%，五年平均增长7%，至2000年达到9260万元，较1990年增长101.47%，十年平均增长7.25%。

三、社会总产值：1995年达到5460万元，较1990年增长34.59%，五年平均增长6.12%，至2000年达到7320万元，较1990年增长75.26%，十年平均增长5.77%。

四、工农业总产值：1995年达到4400万元，比1990年增长34.59%，五年平均增长6.12%，至2000年达到6100万元，比1980年翻1.6番。按1990年不变价计算，1995年达到8240万元，至2000年达到11270万元。

农业总产值：1995年计划达到2950万元，比1990年增长29.95%，五年平均增长5.38%，至2000年计划达到3850万元，比1990年增长69.59%，十年平均增长5.42%，按1990年不变价计算，1995年达到6135万元，至2000年达到8000万元。

工业总产值：1995年计划达到1450万元，比1990年增长45.14%，五年平均增长7.7%，至2000年计划达到2250万元，比1990年增长125.22%，十年平均增长8.45%。工业总产值占工农业总产值的比重将由1990年的30.56%提高到1995年的32.95%和2000年的36.88%，按1990年不变价计算，1995年达到2106万元，至2000年达到3270万元。

五、乡镇企业总产值（按现价计算）：1995年乡镇企业总产值计划达到3000万元，比1990年增长38.37%，五年平均增长6.71%；至2000年产值计划达到4000万元，比1990年增长84.50%，十年平均增长6.31%。

六、农牧民人均纯收入：1995年计划达到450元，比1990年增长42.40%，五年平均增长7.32%；至2000年计划达到600元，比1990年增长89.87%，十年平均增长6.62%。

七、固定资产投资："八五"期间，全县五年固定资产投资计划15500万元，其中全民所有制固定资产投资13500万元，集体固定资产投资1500万元，个体投资500

万元，在全民所有制固定资产投资中，基本建设投资12300万元，更新改造投资1200万元，在全民基本建设投资中，用于农业投资8500万元，工业投资2100万元，科、教、卫等事业投资860万元，城市建设投资2040万元，其中住宅建设1.44万平方米/240户。

八、财政收入：1995年财政收入达到400万元，比1990年增长61.1%，五年平均增长10%，至2000年计划达到600万元，比1990年增长139.71%，十年平均增长9.13%。

九、科技、教育事业

计划"八五"的五年中引进、推广、示范和应用科技新项目30项。计划"八五"的五年中，师范学校累计招生250人，职业学校累计招生750人，到2000年，职业学校在校生人数占高中阶段在校生人数的50%以上。计划学校儿童入学率由1990年的75.3%提高到1995年的85.3%，2000年达到90%以上。

十、社会事业

1995年全县人口控制在10.752万人以内，2000年人口控制在11.526万人以内，出生率控制在20.5‰，人口自然增长率控制在年均14‰以下。五年内，通过各种渠道安排就业1190人。1995年医院病床达到千人1.5张，卫生技术人员达到千人2.2人。

第三章　农村经济

"八五"期间，我县农业生产发展的基本指导思想是：继续坚持十一届三中全会以来党在农村的各项方针和政策，走以粮为主、综合经营、全面发展的路子，抓好科技投入和物化投入，同时要增加劳动投入，提高农业的整体效益，实现稳中求进，保持农村经济持续、稳定、协调发展的良好势头，努力治穷致富。

农业总产值（1980年不变价）：1995年达到2950万元，比1990年增长29.59%，五年平均增长5.38%。

第一节　种植业

"八五"期间，粮食生产要坚持深度和广度开发，灌溉农业和旱作农业、科技投入与物化投入三结合，以提高单位产量为重点，增加粮食总产。1995年种植业产值达到2040万元，比1990年增长38.77%，五年平均增长6.77%，计划到1995年粮食播种面积达到13.54万亩，比1990年增加1.52万亩；粮食总产量达到3.660万千克，比1990年净增590.8万千克，增长19.25%，五年平均增长3.58%，每年平均增加118.16万千克，较1990年增长50.20%，十年平均增长4.15%，人均占有粮食基本达到400千克；

粮食单产由1990年的254千克增加至1995年的271千克，净增17千克，年均增加3.4千克。油料生产：1995年油料播种面积保持在1.7万亩，2000年达到2万亩左右，油料总产量1995年达到200万千克，比1990年增长60.51%，五年平均增长9.92%，到2000年总产达到250万千克，较1990年增长100.64%，年平均增长7.21%。

果品生产："八五"期间，继续发展红星、红元帅和富士等优质苹果为主，加强果品基地建设，计划1995年果园面积达到2万亩，比1990年增加4250亩，年均850亩，果品总产量1995年达到700万千克，比1990年净增428.5万千克，年均增加85.7万千克，至2000年达到1150万千克。抓好菜篮子工程，计划到1995年蔬菜及瓜类种植面积保持在0.5万亩左右。

主要措施

一、稳定农村政策，继续深化农村改造，进一步稳定和完善家庭联产承包责任制，健全统分结合的双层经营体制，壮大集体经济实力。在有条件的村社，根据农民自愿，可以因地制宜，采取不同的形式办乡村工商企业，林场、牧场、集体果园等适度规模经营。

二、坚持科技兴农，建立和健全各种服务体系，特别是农业技术推广体系。"八五"期间，要进一步完善和健全科技服务网，做到县有中心，乡有站，村有小组，户有科技明白人，"八五"末发展科技示范户五千户，逐步推行"双向承包"制，积极开展大面积粮油丰产技术集团承包和单项技术承包，推广综合性丰产栽培技术措施，推广间、套、复种，推广应用先进的农机具，在分层施肥、深翻条播、除草等上全面推行机械化耕作技术，走农业机械化的发展路子。

三、继续支持农业的综合开展，把农业综合开发作为增添农业发展后劲和"八五"期间增产粮食的一项战略措施，在深度开发上要狠抓"三田"改造，提高单产，计划"八五"期间改造中低产田2万亩（每年0.4万亩）。在广度开发上，要充分开发利用新的农业资源，坚持"两条腿"走路，大力向"三地"进军，计划十年内土地资源开发利用6.15万亩，其中："八五"3.275万亩，在农业开发中，采取鼓励措施，调动农民群众开发农业的积极性，对新开发的土地实行规模经营，与此同时，要严格土地管理，控制城乡用地，保证土地资源。

四、坚持增加对农业的投入。投入既有资金的投入，又有物质投入，还有活劳动力的投入；既有国家投入，又有乡村、社集体积累及农民个人的投入。"八五"至2000年期间，计划兴修水利工程和农业综合开展项目10项，计划投资8500万元，扩大和改善水浇地面积100450亩，兴修水平梯田2万亩。一是今后五年用于发展粮食生产的专项资金和县财政支农资金、金融贷款要比“七五”有显著增长。二是要增加劳动投入，农民是农业投入总体，特别是劳动投入，这是农村劳动力资源丰富的优势。因此，要动员千家万户，为不断改善农业生产条件而投工投劳，要落实兑现农田水利建设的劳动积累制度。三是物质投入要在化肥、农药、农膜、农机用具的供应上有大幅度的增加，计划到1995年化肥施肥用量达到6400标吨，特别是要采取多种措施增加农家肥的施用量，以培肥地力。

第二节　畜牧业

一、目标和任务

畜牧业是我县农村经济的支柱产业经济，“八五”期间，我县畜牧业发展，要由物质投入主导型向物质投入科技兴牧结合型转化，由自给自足生产方式向商品生产转化，由生产速度型向效益型转化，发展效益型畜牧业生产，继续调整畜牧业内部结构，大力发展节粮型的草食牲畜和效益型的鸡兔生产。稳定存栏头数，增加牲畜饲养总量，提高总增率、出栏率和商品率，加快畜群周转，提高畜牧业总体效益。

计划1995年畜牧业产值达到660万元，比1990年增长17.86%，五年平均增长3.3%。草食牲畜饲养总量1995年达到27万头（只），比1990年净增3.48万头（只），增长14.8%，五年平均增长2.8%，年平均增加700头（只），其中牛、绵山羊饲养总量1995年分别达到6.1万头、19.5万只，比1990年分别净增0.57万头、2.96万只，增长10.31%、17.9%，五年平均增长1.98%、3.35%，草食牲畜出栏率由1990年的17.2%增加到1995年的25%，其中牛、羊出栏率分别由1990年的16.4%、18.44%提高到1995年的26%、27.9%，草食牲畜商品率由1990年的11.6%增加到1995年的16%，其中牛、羊商品率分别由1990年的11.7%、12.1%提高到1995年的14%、17%。草食牲畜存栏“八五”末达到20.25万头（只），比1990年增长7.94%，五年平均增长1.54%，年均增加3000头（只），其中牛存栏达到4.5万头，羊存栏达到14.25万只。生猪饲养总量1995年达到1.6万头，比1990年净增0.74万头，增长86%，五年平均增长13.22%，年均增加1480头，生猪出栏率、商品率分别由1990年的45.34%、4.65%提高到1995年的68%、50%。生猪“八五”末存栏达到5000头，比“七五”末增长6.38%，五年平均增长1.24%。肉类产量1995年达到2580吨，五年平均增长10.47%。奶类总产量1995年达到2730吨，五年平均增长9%。禽蛋产量1995年达到53吨，五年平均增长13.60%。

二、主要措施

1.“八五”期间，我县畜牧业要继续贯彻“千家万户为基础，商品基地为重点，规模经营为手段”，“大合唱”为动力，提高商品率为目标的畜牧业发展战略。

2.把科技兴牧、提高效益、发展商品生产作为“八五”的主要战略措施，进一步巩固和扩大畜牧业基地建设。“八五”期间，牛羊猪杂交、改良繁育要向肉、奶、毛绒、皮经济价值和商品价值较高的层次发展，继续引进优良种畜，加快杂交改良步伐，计划到1995年全县基本实现各种大小牲畜良种化，20%的村社或牲畜实现良种化；适度规模经营，饲养户达200户，鼓励农牧民积极从事养殖业，使鸡兔的饲养业得到长足的发展，在藏、汉族聚居有条件的村、社，要有计划地逐步建立生猪商品基地试验示范点，扩大商品生产。

3.合理布局，分类指导，加强管理。“八五”期间，计划黄河沿岸五乡以发展奶牛、小尾寒羊、绒山羊和鸡兔为重点，以岗察乡为主的道帏、文都和尕楞以养牛、羊、猪为重点。各地要因地制宜，各有侧重的发展。提高草业、特业、饲料工业、畜产品加工和畜产商业五大业协调发展，综合生产能力。在有条件的村社，要积极发展奶牛饲养场、鸡兔饲养场，向专业化、商品化生产发展。

4.加强畜牧业基础设施建设。“八五”期间，要健全发展畜牧业的组织机械网络，建立县畜牧业技术推广中心，加强岗察、文都、街子、道帏四乡镇的建设；种草和草场改良16万亩，建设网围栏项目5个/5500亩；加强畜病的防治和畜禽检疫工作，在道帏设立检疫站一处。要大力发展饲料草加工生产能力，计划到1995年，县饲料公司生产能力达到1100吨以上，各乡镇要采取措施，积极发展饲料、饲草生产和加工业，以适应畜牧业发展的需要。

第三节　林业

一、目标和任务

林业是保障农业稳产增产的生态屏障，是经济建设的基础产业之一。植树造林，保持水土，改善生态环境是功在一代、造福千秋的伟大事业。

今后十年间林业发展的重点是山地水土保持、河谷防护、造生产丰产，名优特产品基地四大工程体系造林，计划“八五”至2000年造林面积16万亩，封山育林40万亩，幼林抚育10万亩，农田林网防护工程175万株，其中“八五”期间，全县造林面积7万亩，其中：沙棘水土保持林3.5万亩（每年0.7万亩），速生防护林5000亩（每年1000亩），薪炭林2.5万亩（每年5000亩），黄河护岸林5000亩（每年1000亩），农田防护林 75 万株（每年 15 万株），加强花椒、山杏、核桃等经济林建设，计划十年期间，全县九个乡镇建成万亩花椒、山杏、核桃等经济林，计划十年期间，全县九个乡镇建成万亩花椒、杏、核桃干果经济林。

森林覆盖率由 1990 年的 24.61% 增加到 1995 年的 26.48%，提高到 2000 年的 28.77%。

二、主要措施

1. 继续深化林业改革，进一步落实“谁种谁有”的林业政策，把重点放到乡、村、社林业场，发展多种经营，加快更新改造，增加森林资源。

2. 实行全社会办林业、全民造绿化。要大力发展自力更生、艰苦奋斗的精神，实行群众投工投劳为主、国家补助为辅，建立和健全植树造林劳动积累工、义务工制度，开展多种形式的联合造林，使植树造林逐步走上基地化、制度化、规范化轨道，同时制定包栽保活制度。

3. 实行科技兴林。进一步完善科技推广体系和技术服务体系。大力开展技术培训和技术指导工作，完善管、护制度。加强依法治林和林政建设。

4. 加强领导，落实责任。县、乡、村、社的各级领导干部，都要高度重视植树绿化工作，实行领导干部任期造林绿化目标责任制，层层签订责任状，实行领导干部督查制度。

第四节　水利

“水利是农业的命脉”，要加强农业的综合开发，有计划地开垦宜农荒地，有步骤地建设旱涝保收、稳产高产农田。巩固和完善现有灌溉工程和水利设施，挖潜改造，加强管理，抓好配套；修复老化工程，充分发挥现有水利设施的作用。“八五”至 2000 年，我县重点水利建设项目十项，建成后可扩大和改善农田灌溉面积 10 万亩，其中：开发扩灌 6.15 万亩，旱山地变水浇地扩灌面积 2.88 万亩，改善灌溉面积 1.035 万亩。争取投资 8500 万元，其中自筹 550 万元，要求国家给予补助 7950 万元。主要工程项目有：一是土地资源综合开发 3 个子项目，计划开发五土司、孟达两山，续建建设水库；二是农电建设 14 个子项目，计划解决 1 乡 13 村通电问题；三是改造循化至甘都送电线路和建设 35KV 变电站一座；四是农业资源开发利用 65 个子项目，开发面积 6.15 万亩；五是涝池工程 28 个子项目，改善灌溉面积 0.535 万亩；六是人畜饮水 25 个子项目，解决 22947w/24350 头牲畜饮水问题；七是小流域治理 5 个子项目，治理面积 16.76 平方公里；八是电灌站改建、整修工程 28 个项目，电灌站覆盖面积 23723 亩；九是沟道防渗工程 5 个子项目，防渗长 21 公里；十是渠道改建、整修工程 37 个子项目，渠道长 34.7 公里。

第五节 乡镇企业

一、目标和任务

“八五”期间，我县乡镇企业的发展应以治理整顿、深化改革为动力，以提高经济效益为中心，以科技进步为先导，以提高产品质量和开发新产品为重点，以一创（名优产品）两保（骨干企业、拳头产品）两降（成本、原材料能源消耗）三提高（职工素质、产品质量、经济效益）为主攻方向。其重点是：立足当地资源和社会需要，发展农林牧副渔产品加工业、采矿业、建材业、手工业产品、民族用品和食品生产，走多层次增值和拾遗补缺的路子，同时积极发展劳务副业及第三产业，采取与农林互为依托、亦工亦农、离土不离乡等多种形式，吸纳农村富余劳动力。

计划乡镇企业总产值 1995 年达到 4000 万元，比 1990 年增长 84.50%，五年平均增长 13.03%，到 2000 年产值达到 70.0 万元，比 1990 年增长 22.87%，十年平均增长 14.4%。

二、主要措施

1. 进一步贯彻执行“积极扶持，合理规划，正确引导，加强管理”的总方针和“治理整顿、开放、搞活”“调整、整顿、改造、提高”等一系列方针政策，完善企业承包责任制。在企业整顿中改进和完善企业承包合同，一般以集体承包为主，加强产业、产品结构的调整。保持一定发展速度，提高企业整体素质，挖掘企业内部潜力。促进乡镇企业管理水平稳步提高。

2. 大力推进科技进步，把重点放在企业节能、降耗、提高产品质量和开发新产品上。采用先进适用技术，搞好设备更新改造，健全计量管理和监督体系，努力按标准组织生产，继续抓好投资少、见效快的技改项目，同时要大抓智力开发和岗位培训，把引进人才和培训人才结合起来，提高各类人员的素质，做好人才的使用和管理工作，使其充分发挥作用。

3. 强化产品销售，拓宽流通渠道。要重视商品经济规律的研究工作，做好市场调查和预测。增强各种信息传递，拓宽渠道。要落实省、地、县在产品销售工作上的优惠政策，搞活流通；加强供销队伍建设，设置专业销售人员，采用多种形式利用多种渠道，千方百计地大力推销地方产品，促进乡镇企业的发展。

第六节 扶贫

1986 年国家核定我县为贫困县，有 8584 户 48817 人，占全县总户数及总人口的

59.4%、58.9%。“八五”期间，在省、地、县各级党政的正确领导下，认真贯彻实施党的方针、政策，认真贯彻落实党和国家一系列扶贫政策的优惠措施，经过广大干部群众的艰苦努力，至1990年底已有5694户31509人初步越过了“温饱线”，分别占贫困户/人的66.33%、64.50%，基本实现了国务院提出的解决大多数贫困地区人民温饱问题的目标。但是，我县仍然还未从根本上改变农业生产的资源贫乏型、多灾型、传统型、自我消耗型的四型交织、靠天吃饭的被动局面，部分贫困村社往往是半年温饱、灾年返贫，这就更加加大了“八五”期间扶贫工作的难度。

一、目标和任务

到“八五”末稳定解决群众的温饱问题，全县人均纯收入达到450元，人均生产粮食340公斤，多数户过上比较宽裕的生活。

二、主要措施

1. 坚持开发式扶贫方针，继续贯彻党的扶贫政策。主要抓好以下几项政策的落实：一是对温饱问题尚未解决的贫困户，继续给予减免农业税的照顾，继续实行对贫困村社不分或少分国库券和其他债券任务的政策；二是进一步采取鼓励政策，扶持其大力发展乡镇企业；三是金融部门按国务院有关规定，适当放宽中长期开发项目的用款期限，在正常贷款的投资上对贫困的乡、村、社给予优惠待遇或特殊照顾；四是扶贫物资的分配、培训经费的使用，都要围绕开发重点配套输入，提高使用效益；五是坚持两种生产一起抓，切实搞好计划生育，控制人口增长。

2. 多方筹集资金，增加综合投入，集中使用，重点开发。继续坚持“统一规划，统筹安排，渠道不乱，性质不变，相对集中，配套使用，确保效益，各记其功”的原则，把有限的资金集中起来用在刀刃上，扶持贫困村社办好一两件大事，继续抓好贫困乡、村的基础设施建设，有效地解决路通、电通及人畜饮水问题，使贫困乡、村、社的生产、生活条件得到进一步改善。

3. 积极开展科技扶贫。大力开展对贫困户的科技培训工作，把“温饱工程”与技术培训有机结合起来。温饱工程的重点是种植业和养殖业，要提高他们的科学文化素质，增强科技意识，在科学种田、养殖方面的水平有一个显著的提高。

4. 大力兴办扶贫经济实体。积极扶持贫困户兴办家庭农、牧场和各种小型加工业、民族手工业；凡是用扶贫资金兴办的经济实体要安排贫困户劳动力、特贫困户的劳动力就业；大力提倡贫困乡村与富裕的乡村之间，利用各自的优势合办、联办企业，热诚欢迎发达地区的工商业、科研单位的科技人员到贫困地区承包办企业，同时鼓励我县机关单位和在职职工去贫困乡、村帮助农民兴办多种经济实体，成效显著者给予奖励或晋级；支持贫困乡、村、社跳出来办厂，跳出来致富。

第四章　工业与交通

第一节　工业

“八五”至2000年，我县工业发展的基本方针是：

——坚持治理整顿、深化改革，建立富有活力的企业管理体制、经营机制和自我约束机制，提高企业素质和劳动生产率。

——把发展工业提高到与发展农业同等重要的位置上来，实行工农并举，互为促进，共同发展。

——在搞好现有企业挖潜改造、填平补齐的同时，采取内涵和外延扩大再生产的“两条腿”走路的方针，有计划地新建、改建和扩建几个建设项目，增强工业发展后劲。

——以提高经济效益为中心，大力推进技术进步，上质量、上品种、上档次、上水平，力创名、优、新、特产品。

——继续开展“双增双节”运动，坚持开发与节约并重的方针。千方百计节约能源、原材料、水资源和运力，注意资源的综合利用和再生资源的利用，力争九十年代经济中有更大的部分靠降低消耗来实现。

发展的重点是：水电能源工业、建材工业、食品工业、农牧副产品加工业。

发展目标和任务：

计划1995年工业总产值达到1450万元（1980年不变价），比1990年增长45.14%，五年平均增长7.73%，至2000年达到2250万元，比1990年增长125.22%，十年平均增长8.45%。十年间工业总产值在工农业总产值中的比重将由1990年的30.55%提高到2000年的36.88%，十年平均增长8.45%，其中：

全民所有制工业企业产值1995年达到430万元，比1990年增长37.29%，五年平均增长6.54%；至2000年达到650万元，比1990年增长107.53%，十年平均增长7.57%。

县以上集体所有制企业工业产值1995年达到100万元，比1990年增长24.60%，五年平均增长4.50%；至2000年达到130万元，比1990年增长61.97%，十年平均增长4.94%。

乡镇级集体企业工业总产值1995年达到270万元，比1990年增长171.63%，五年平均增长22.12%；至2000年达到520万元，比1990年增长423.14%，十年平均增长18%。

村及村以下工业产值1995年达到650万元，比1990年增长28.41%，五年平均增长5.13%；至2000年达到950万元，比1990年增长87.68%，十年平均增长6.50%。

1. 能源工业

能源工业主要是水电电力工业。我县在地下矿产资源贫乏而水力资源丰富的条件下，要充分利用黄河等水力资源发展水电工业。“八五”期间，重点抓好开发哈大亥水电站建设，改建黄丰渠增加流量，提高黄丰电站电力，改造循化至甘都配电线路和建设35KV变电站一座，计划哈达亥电站装机3750千瓦（1250千瓦 ×3）发电量1995年达到2700万度，2000年达到3500万度以上；改造循化到甘都配电线路20公里。

“八五”期间，我们要一手抓能源开发，一手抓能源节能，搞好计划用电、安全用电，改造工业整体和供暖锅炉，对耗能高、修理又划不来的老旧车辆强制进行更新，同时加强对太阳能、沼气、风能及节柴灶的广泛利用和提高热效率。

2. 建材工业

“八五”期间，我县建材工业以调整结构为主，重点改造水泥厂蛋窑设备为机械化立窑设备，同时完善生产配套设施的建设，使产品质量由国颁标准325#提高到425#以上，1995年生产能力达到150万吨以上。对占用土地较多的实心黏土砖生产线和水泥预制件生产线，不再布新点建设，对现有生产能力以提高经济效益为中心，进行内涵挖潜改造，推进技术进步，加强企业管理，努力降低消耗，开发水泥空心砌块、轻质等新产品和扩大生产，满足城乡建设的需要。计划1995年黏土砖产量达到1200万块，基保县砖瓦厂600万块；水泥预制件达到10000立方米以上，基保国营企业达到750立方米以上。

3. 轻工业

“八五”期间，轻工业的发展应以内涵挖潜改造开发新产品为主，提高现有生产能力，在上质量、上档次上做文章，使我县生活资料消费产品的生产在全县生活资源的消费中的比重要有一个显著的提高和突破性的进展。

（1）食品工业：“八五”期间，食品工业的发展要以提高人民生活水平、改善人民群众的膳食结构为主。

粮油加工厂：要提高成品产出率，减少损失，逐步开展深加工、精加工，在以销定产的前提下，适当扩大来料加工和成品与原料兑换业务，计划1995年面粉产量达到1850吨，食油40吨，饲料加工1100吨以上，同时要增加豆制副食品的供应。

果品加工：“七五”果品加工能力已发展到4万吨左右，远远超过果品生产能力，果品加工企业普遍效益差。“八五”期间，要引进竞争机制优胜劣汰，加强挖潜改造，向深加工和综合加工方向进展，计划“八五”期间，改造和扩大县清真食品厂果脯和果丹皮生产线，生产能力达到100吨左右。

以粮食为原料的食品加工业：加强对当前生产的食品进行结构调整，在质量上上一个档次，努力开发丰富多彩的小食品、儿童食品、老年食品和保健食品。

酿酒：计划对县清真食品厂的白酒生产线进行技术改造，年生产能力达到200吨。

（2）五金厂“八五”期间，要加强民用五金产品的生产，特别要突出抓好罐头瓶盖的生产和技术改造，增加生产能力，计划1995年生产能力达到1000万只，满足省内外的需求。

（3）服装厂要加强整顿，在治理整顿中求发展，设计加工新颖款式服装和新的产品，计划“八五”期间，对现有生产能力及装备进行扩大和改造，到1995年生产能力达到10万件以上。

（4）制革：要从目前的初级加工向深加工转变，由原料输出型向产品输出型转变，走不断增值发展的路子。“八五”期间，要以挖潜改造、推进技术进步、开发新产品为重点，完善企业内部管理，面向市场，提高效益。计划牛、羊皮加工量达到10.5万平方米，其中乡镇企业10万平方米。

（5）纸箱厂要在现有的基础上进行整顿、充实、改造、扩大，使包装业发展速度有所加快，以适应我县果品工业、商业发展的需要。计划“八五”末，各类包装箱、盒产品自成系列，同时要加强配套生产，提高工艺水平和产品质量。

4. 机械工业

“八五”期间，要继续坚持整顿，通过组建改造，把注意力集中到引进技术、引进人才、开发新产品上来。强化农牧业机械制造和修配业务，利用和发展多余设备积极主动地开展横向经济联合，扩大生产能力，计划到“八五”末，粗纺生产能力达到100吨以上。

主要措施：

一、强化对工业经济的领导。增强各级部门办工业的意识，建立健全一整套抓工业的运行机制，一把手要亲自过问、亲自抓，形成组织领导，指挥协调，优质服务，权、责、利相统一的工业管理体系，适当集中人力、物力、财力扶持工业的发展。

二、继续增强企业的活力，是深化经济体制改革的中心环节，努力改善企业的外部环境，在企业内部进一步理顺党、政、工组织的相互关系，全面贯彻落实已经颁布的搞活企业的法律、法规和政策，正确处理国家、企业和职工三者之间的关系。要完善和发展企业承包经营责任制。“八五”期间，继续稳定和改进现行承包办法，合理调整承包基数和上缴比例，实行比较规范的综合指标承包制，确保国有资产的完整和增值，逐步发挥竞争机制、风险机制的作用；坚持实行政企职责分开，所有权与经营权适当分离，使企业真正成为自主经营、自负盈亏的商品生产者和经营者；进一步完善企业折旧制度和留利制度，有步骤地对固定资产价值进行重估，适当提高折旧率，以加快企业技术改造和新产品研发；继续深化企业领导体制和经营机制改革，加强管理，逐步改进企业内部的人事制度、劳动工资制度、分配制度、财务会计制度和审计制度，改变吃大锅饭和纪律松弛的现象；继续在集体企业实行租赁、股份制改革试点；加强企业内部管理，苦练“内功”，并从基础入手，强化标准、计量定员、定额、统计、设备、物资、工艺等基础管理，推行全面质量管理、全面经济核算、全员职工培训，提高企业的整体效益。

三、坚持走技术进步和勤俭节约之路。“八五”期间，要面对我县工业企业经济效益差、管理薄弱、设备陈旧、技术落后、人才缺乏、消耗高等现实，大力推进技术进步，加强现有企业的技术改造，用新技术、新工艺、新材料、新设备改造现有企业。在国家产业政策的指导下，大力调整产品结构，力创名、优、特、新产品。同时要大力提倡勤俭办企业，树立节约为荣、浪费可耻的经营道德风尚，积极开展节约一度电、一滴油、一两煤、一寸钢材等活动，列入制度，不定期考核评比。“八五”期间，计划要求，我县国营企业全员劳动生产率提高10%以上，资金产出率提高10%以上，产值利税率提高3%，资金利税率提高2.7%，万元产值能耗降低8%，原材料消耗下降5%。

四、大力开展横向经济联合，走“借梯子上楼”“借人才发财”“借舟行船”的路子，把引进技术、引进人才、吸引资金和物资作为主要措施，同时给予必要的优惠政策，采取互惠互利、利益兼顾的办法，相互促进，共同发展。

五、强化销售，扩大市场。企业要根据各自商品的不同特点，组织专业化销售队伍，面向全国统一市场，加强产品推销，同时还要采取多种形式实施工商联营，商业代销、推销等方法，并以合同形式确定下来，逐步形成制度化、规范化的销售约束机制。

六、统一规划，合理布局，建立工业小区。计划今后十年，有步骤地建立具有地方民族特色的工业小区。在发展上，以统一规划为前提，以国家产业政策为导向，以产业倾斜和政策倾斜为手段，地区倾斜的依据是该工业小区的资源和产业优势对全县经济的专业化贡献。工业小区的开发建设，都要做好项目前期调查研究、论证工作，做到有资源、有技术、有市场，严格按照基本建设程序办事。

七、进一步健全和完善劳动保护制度。对当前我县现代化生产程度差，体力、手工劳动比重较大的现象，要彻底加强安全生产、文明生产、劳动保护措施。

第二节　交通、邮电

“八五”期间，交通运输、邮电事业发挥先行作用，加快发展步伐。

公路通，百业兴。公路建设的重点是贫困乡村的公路建设，要争取省地扶持和以工代赈建设项目。“八五”期间，计划建设中库夕昌、尕楞、西沟、查汗都斯、循同等六条公路，全长 84.2 公里，对现有公路要加强养护，提高质量，保证畅通，今后十年要加强改造，提高等级，特别是省道境内干线要加快改造和扩建。

交通运输。要加强行业管理，整顿运输市场，对车况差、耗能高的老旧汽车要进行强制更新，同时要增加和调整客运班次，解决部分地区人民乘车难的问题。各运输单位要加强安全行车，增加服务项目，减少汽车空驶，提高经济效益。计划“八五”末，社会货运量达到 20 万吨和货运周转量达到 2200 万吨公里，分别比 1990 年增长 27.38%、51%；社会客运量达 65 万人和客运周转量达到 2600 万人公里，分别比 1990 年增长 52.36%、51.60%；全员劳动生产率比 1990 年提高 10%，其中：全民企业提高 19.65%，其中县运公司提高 16.07%。

邮电事业：邮电事业“八五”期间，要加快发展长途电话自动化，提高电话普及率，逐步形成方便迅速的通信网络，计划到 1995 年邮电产值达到 40 万元，比 1990 年增长 40.26%，五年平均增长 7%。

第五章　城镇建设和环境保护

第一节　城镇建设

“八五”至 2000 年，城镇建设继续贯彻“立足长远，全面规划，因地制宜，合理布局，分期建设”的方针，加强县镇基础设施建设，重点加强供水、排水、供电、供热、道路、交通的改扩建设施，同时对县委的办公危房进行改造，有步骤地解决职工住房困难问题。计划“八五”期间，县镇日供水能力增加 5000 吨，开通积石路西段 380 米，县城防洪工程 2 公里，改善县城公共卫生设施，开辟垃圾场一处，增修公厕五处，改造县城东明渠排水为地下排水 500 米，新增和改造住宅 1.44 万平方米，改造县委办公危房 2000 平方米，新建集中供热点一处，加快县南环城公路改造，铺筑黑色油路 2 公里和波浪滩公园建设。

集镇建设。集镇建设要以乡镇企业为依据，继续抓好交通方便的街子、白庄、文都、道帏四个集镇的合理布局，全面规划、建设管理工作，为开发建设我县工业小区创造条件，到 1995 年建成具有地方特色的街子镇、白庄镇，到 2000 年建成文都、道帏两镇。

村镇建设。以引导为主，以改造旧村为重点，依靠集体和个人新建农村住房 30 万平方米，同时要因地制宜地建设相应的配套的公用设施，改善居住条件，方便人民的生产生活。

第二节　环境保护

“八五”期间，环境保护工作对现有污染源进行整顿和治理，明确环境保护的责任范围，实行经济建设、城乡建设、环境建设同步规划、同步实施、同步发展的方针，严格控制新的污染，重点加强对水域、土地、固体废物等公害的监督和防治，改善环境质量，大力推行“谁污染、谁治理、谁开发、谁保护”的措施，并采取经济手段、法律手段给予保证，要求所有工交企业于 2000 年前达到“三废”达标排放，推行工业废水污染排放许可证制度。

第六章　固定资产投资

“八五”期间，固定资产投资必须在国家产业政策导向作用下和投资政策指导下，致力于我县经济和社会基础设施改善，合理调整投资结构，集中力量保证重点建设，扩大生产性投资比例。投资的方向主要是：

——稳定农牧业发展，主要是水利设施投资，扩大和开发宜农荒地的投资，果品、畜牧业等基地建设投资；

——优势资源开发和农电建设，主要是哈达亥水电站建设投资，循化至甘都配电线路改造和建设 35KV 变电站投资；

——贫困乡村的路通、电通、人畜饮水工程建设投资；

——县镇基础设施中的供水、排水、供电、供热、道路、环境卫生、园林绿化、消防等投资；

——科、教、文、卫的基础设施改扩、新建投资。

“八五”期间，固定资产投资 15500 万元，其中全民投资 13500 万元，集体投资 1500 万元，个体投资 500 万元。在全民固定资产投资中，更新改造投资 1200 万元，比重为 8.89%，基本建设投资 12300 万元，比重为 91.11%，生产性投资 10900 万元，比重为 80.74%，非生产性投资 2600 万元，比重为 19.26%。

在总投资中，按国民经济行业分，其比重是：农业比重为 54.84%，工业比重为

13.48%，交通比重为3.69%，商业比重为1.16%，县镇建设比重为13.16%，教育比重为5.82%，卫生比重为2.29%，其他社会事业比重为5.56%。

第七章 科学技术

“八五”期间，科学技术的发展要继续贯彻“经济建设必须依靠科学技术，科学技术工作必须面向经济建设”的基本方针，坚持科技面向经济建设主战场，推动科技兴农、科技振经，促进科技成果向现实生产力的转化和促进科技成果的商品化，为我县经济全面发展做出更大的贡献，以加快脱贫致富步伐。

“八五”期间，科技发展的主要任务是：

加强科技成果的推广应用，大面积推广投入少、效益好、见效快的科技成果，推动企业技术改造和设备更新，加快农业的深度开发，提高科技成果转化率。

——五年中引进科技推广新项目30项；

——搞好菜篮子工程，“八五”末塑料温室种菜达到100户/50亩，同时安排好其他品种蔬菜的种植和技术指导；

——开发改造老果园，种植美国短枝型新红星面积5000亩25万株；

——创造10个旱作农业技术应用的科技示范村；

——脑山地区推广千亩油菜丰产栽培模式田；

——大力推广优良品种，抓好后续品种选育、试验和示范，推广“青春533”、“高原602”小麦、“草原12号”豌豆、“青油241”油菜等优良品种；

——建立畜禽良种繁育基地和菜羊、肉鸡、奶牛饲养基地；

——大面积推广应用固氮菌、生根粉、增产菌等科技成果；

——支持农民搞庭院经济，规模年产值在千元以上的户发展到1500户；

——太阳能养殖发展到300户；

——加强村级科技网络建设，加强对科技村长的培训，建立村级科技小组，发展科技示范5000户，户户要有科技明白人。

深化改革，逐步建立有活力、有效率地推广和使用科技的新机制，进一步完善和健全县、乡、村、户四级科技服务网络，在加强培训、提高水平、推广规模、建立实体上狠下功夫，实行科技受尊重、人才尽其用、推广有计划、利用树目标、示范出成果，考核见奖惩的管理责任制。县科协、农业、牧业、林业技术推广中心要发挥中坚骨干作用，广泛地、多形式、多层次开展科普宣传活动，进行技术咨询和有偿服务。充分调动广大科技人员的积极性和创造性，在全县范围内逐步形成爱科技、学科技、用科技的氛围，使科学技术尽快发挥第一生产力的作用。

第八章　教育

教育事业要继续贯彻教育必须为社会主义现代化服务，必须同生产劳动相结合，培养德、智、体全面发展的建设者和接班人的方针，进一步端正办学指导思想，把坚定正确的政治方向放在首位，全面提高教育者和被教育者的思想政治水平和业务素质。

目标和任务

大力普及初等教育，基本堵住新文盲的产生，到 1997 年，基本完成普及初等教育任务，再用三年巩固提高。

积极稳妥地发展初中教育，有计划地普及九年制义务教育，到 1995 年，基本完成积石、街子、清水三个乡镇的普及九年制义务教育的任务，到 2000 年，查汗都斯、文都、白庄、道帏四个乡镇普及九年制义务教育，占全县乡镇总数的 70%。

控制普通高中规模。“八五”期间，招生计划控制在 450 人的水平，到 2000 年招生数达到 550 人。

大力发展职业高中，职业高中（含初中“3+1”、职业班和师范招生）招生数和普通高中招生数之比，1995 年达到 0.43∶1、2000 年达到 0.55∶1。

师范教育基本保持现有水平，积极发展学前一年教育，到 1995 年招生幼儿数占适龄幼儿数的 17%，到 2000 年达到 30%，有计划地开办特殊教育。

积极发展成人教育。到 1995 年，企业新增职工必须经过职前教育和岗位培训。在农村积极开展农民业务教育，到 2000 年基本扫除 12—40 周岁人口中的文盲、半文盲。同时大力开展农民技术教育，巩固扫盲成果，提高劳动者素质。

主要措施

一、继续深化教育改革。教育改革的主要内容是大力发展职业技术教育，调整中等教育结构，逐步改变脱离实际的“升学教育”模式，把县以下教育纳入为工农牧业生产服务的轨道上来。发展技术教育坚持以农为主，面向农村，多层次、多渠道、多形式。实行长、中、短相结合，要继续走联合办学的道路，落实分级办学、分级管理的体制，真正形成“地方教育地方办，自己学校自己管”的局面。九年义务教育的实施要因地制宜，初中设置一要稳妥，二要积极，要采取多种形式普及初等教育，对边远分散的山区也可以开办“微型”学校。

二、坚持把德育放在首位，保证教育的社会主义方向。百年大计，教育为本。国家强盛和民族振兴靠人才，人才培养靠教育，在现代化建设的整个时期里，各级学校担负着培养新一代有理想、有道德、有文化、有纪律的建设者和可靠接班人的任务，一定要把坚定正确的政治方向始终放在教育工作的第一位，大力开展坚持四项基本原则，反对资产阶段自由化的思想教育。要积极探索新时期思想政治工作的新路子，把思想政治教育和试行中小学校教育大纲及日常行为规范结合起来，经过几年努力，逐步形成学校、社会、家庭教育网络的制度化、规范化。

三、加强师资队伍建设。要继续提高教育队伍的政治素质，遵守“职业道德准则”，为人师表，自觉教书育人，要通过在职与离职相结合的多种进修渠道不断提高教师的专业教育能力和业务水平。

四、努力改善办学条件。提高中小学校教师的社会地位，努力改善教师的生活待遇，巩固教师队伍，增强他们教书育人的责任心和积极性。

教育是全党全民的事业，各级领导要高度重视，切实加强对教育工作的领导，各部门和社会各方面都要关心和支持教育事业，要协调各方面的力量，为教育事业多办实事，办好实事，促进教育事业的发展。

第九章　财政金融

第一节　财政

“八五”期间，财政工作要坚持“发展经济，保障供给”的方针，努力开源节流。

计划 1995 年财政收入达到 400 万元，较 1990 年增长 61.1%，五年平均增长 10%，到 2000 年财政收入计划达到 600 万元，比 1990 年增长 139.71%，十年平均增长 9.18%。

财政支出。计划 1995 年达到 1750 万元，比 1990 年增长 27.63%，五年平均增长 5%，到 2000 年，计划财政支出达到 2000 万元，比 1990 年增长 23.68%，十年平均增长 2.15%。

“八五”期间，要继续完善和稳定财政包干体制，对关系我县国民经济全局利益的大事，需要适当集中财力，强化财政预算约束，逐步理顺税制结构，强化税收管理，严格依法治税，充分发挥税收在增加财政收入上的职能作用。

第二节　金融

“八五”期间，金融系统的各专业银行，要正确执行国家产业政策，走为我县国民经济发展服务的路子。对开发性的建设，要融通资金，积极支持；发展金融市场，建立证券交易所，并形成规范性的交易制度；继续鼓励城乡居民储蓄，开办住户储蓄和住房信贷，积极搞好债券的发行。

计划五年中，各项开发性贷款需求额在 1100 万元至 1500 万元左右；五年中每年城乡居民储蓄存款净增250万元左右，五年累计净增千万元以上。

第十章　商业流通

“八五”期间，要继续深化改革、开放、搞活，进一步疏通流通渠道，以建立高效、顺畅的商品流通体系为目标，积极发展多种交易形式，促进我县国民经济和商品经济的迅速发展。

第一节　商业

商业是商品流通的主体，要有效地发挥联结生产与消费的桥梁作用，充分发挥国营物资、国营商业企业、供销社的主渠道，为工农牧业生产、为人民生活服务的功能，在发展国营商业的同时，继续深化供销社商业的体制改革，强化农村基层供销社的综合服务功能，发展多形式的农工商联合，大力发展集体商业和个体商业，逐步形成以国营商业为主导，多成分、多渠道、少环节、开放式的商业流通网络。

对个体、私营经济坚持鼓励发展、积极引导、因地制宜、合理布局、加强管理的原则，鼓励、引导他们从事拾遗补缺的服务业、修理业、饮食业，对偏僻边远、交易不便的贫困村社要适当鼓励发展商业户、服务业、修理业，解决群众买难卖难等问题，方便群众生产、生活。

计划社会商品零售总额1995年达到500万元，比1990年增长50.41%，五年平均增长8.5%；2000年达到5350万元，比1990年增长129.9%，十年平均增长8.6%。

个体商业户计划1995年发展到610户、790人，比“七五”末增加138户、233人，每年递增7.3%、7.2%；零售额达到700万元，每年递增12.41%；个体私营企业增加税收15.8万元，达到35.5万元。

第二节　粮食

“八五”期间，要进一步贯彻国家粮食政策，积极探索粮食经营问题的新途径，搞好商品流通，促进粮食生产的发展，保持人民生活和社会政治安定，重点是：稳定收购，压缩销售，保证合理库存，扩大议价经营，提高企业经济效益，逐步减少补贴。

粮油收购：到“八五”末，商品粮供应人口将达到9300人，比1990年增长10.47%，每年递增2%；1995年粮食销售达到271万公斤，在1990年包干指标254万公斤的基础上，每年递增2%，油品销售将达到6.63万公斤。

第三节　对外贸易

1995年计划供出口商品调拨总值达到110万元，较1990年的66.35万元增长65.78%，五年平均增长10.64%，至2000年达到180万元，十年平均增长10.50%。计划到1995年供出口活牛300头，蕨菜200吨，至2000年达到供出口活牛400头，蕨菜400吨。

第十一章　文化　卫生　体育

第一节　文化　广播　体育

“八五”期间，文化广播事业的发展，必须坚持社会主义方向，把社会效益放在首位，坚持四项基本原则，坚持为人民服务、为社会主义服务的方针，努力提高广播、电视精神产品质量，挖掘民族文化遗产，弘扬民族优秀文化，以满足各族人民群众的广泛需求。进一步办好图书馆、文化馆、艺术馆、科技馆、文化站（室）等各类文化活动场所，加强对书籍报刊和音像等文化市场的引导和管理，继续深入开展“扫黄”工作，加强档案馆和纪念馆（碑）的利用和管理，提高人民群众的思想修养和具有中国特色的社会主义现代的精神风貌。

“八五”期间，要继续抓好县、乡两级文化馆（站）的巩固和提高，抓紧对县、乡两级广播台（站）设备的更新工作，积极恢复乡村电影院（队）、文化室的活动，及乡、村现有广播线路功能的发挥和改扩建，开展多种形式的、健康的群众文娱体育活动。五年内，计划改造孟达、尕楞、岗察三乡信号线路206杆公里，建成卫星地面接收站两座（文都、尕楞）。1995年电视人口覆盖率达到90%，在全县10个乡镇中，力争乡乡建起广播站，60%的村建起广播室，喇叭入户率达到90%以上，入村率达到100%，50%的村、社有文化室，逐步完善乡、村两级文化设施，普及文化科学知识。

“八五”期间，要积极开展群众性的体育活动，大力发展民族传统体育，教育部门要开展达标训练，力争建成业余体校，以推动全县各族人民的体育活动，提高人民的健康水平和竞技水平，“八五”末争取进入体育先进县行列。

第二节　卫生事业

卫生事业的发展，为全面实现我国《二〇〇〇年人人享有卫生保健》的战略目标而努力。

“八五”期间，卫生工作要继续贯彻预防为主，依靠科技进步动员全社会参与，中西医协调发展，为人民健康服务的方针。按照省、地、县统一规划，巩固和发展县、乡、村三级医疗卫生网，增加医疗卫生保健设施，加强妇幼保健、卫生监督工作和传染病、地方病、职业病等严重危害健康的疾病的预防工作，有计划地增加专业技术人员，加强卫生队伍建设，要强化管理，提高医疗服务质量，为我县经济建设做出贡献。

“八五”期间，计划完善三级卫生基础网络建设，加强基础设施改造和修缮、改造，修缮面积5625平方米，同时改善职工居住条件，新建住宅1760平方米，到1995年，病床达到160张，增加6张，卫生技术人员达到235人，力争全面实现13项规划指标，全县形成初级卫生保健为基础，县、乡、村三级医疗卫生网络化，城乡人民都能就近获得最基本的医疗卫生保健服务的卫生保障新局面。

第十二章　人民生活　社会保障

人民生活的温饱向小康水平推进，是90年代经济发展的重要目标，在这关键的发展阶段里，继续执行允许和支持一部分人、一部分地区通过诚实劳动和合法经营先富起来的政策，同时也支持先富起来的农民和少数地区帮助贫困村社、贫困户走共同富裕之路。

第一节　人民生活

“八五”期间，要继续走艰苦创业、开发致富之路，到1995年全面、稳定地解决温饱总的人口或地区靠近或基本实现小康水平的目标。

农牧民生活：到1995年农牧民人均纯收入达到450元，比1990年316元增长42.40%，五年平均增长7.32%；人均占有粮食340千克，比1990年增加34千克，增长11.11%，五年平均增加6.8千克，年递增6.62%；人均占有粮食达到400千克，比1990年增加94千克，增长30.72%，十年平均增加9.4千克，年递增2.71%。

职工生活：职工生活水平的提高，必须建立在国民经济持续、稳定、协调发展的基础之上，有计划按比例增长，坚持按劳分配原则，建立健全全面反映职工劳动质量和数量的工资制度，限制和减少实物分配，加强工资管理，推行征收个人收入调节税措施，缓解社会分配不公。

计划“八五”期末，全民所有制职工人数达到3620人，比1990年增加344人，集体所有制职工人数达到400人，比1990年增加187人，职工年平均工资增长35.46%，五年平均增长6.25%。

人民消费：本世纪末，我国人民生活达到小康水平。小康水平是指在温饱的基础上，生活质量进一步提高，达到丰衣足食，安居乐业，比较富裕，居住条件有较大改善。随着人民生活水平大幅度提高，人民消费水平和消费结构也将发生显著变化。吃的方面：主食比重下降，副食、加工食品、方便食品比重上升；城镇居民生活向营养型转变，农村居民将逐步增加肉、奶、蛋及蔬菜的消费。穿用方面：更加讲究织物面料质量、花色及服装款式，部分村社将普及黑白电视机，逐步增加彩色电视机、录音机、洗衣机等高档耐用消费品，城乡居民的住房质量和数量都有显著的改善，力争基本达到一户一套住房的水平。

第二节　社会保障

人口：是关系我县经济和社会全面发展的主要问题，直接关系到温饱向小康水平推进的重要举措，坚决控制人口过快增长，堵住多胎和计划外生育，坚定不移地实行计划生育的基本国策，增强使计划生育的各项法规落到实处，广泛地以宣传教育为主，避孕为主，经常工作为主，使之经常化、科学化、规范化，大力提倡晚婚晚育，少生优生，以便更有效地控制人口超计划增长，进一步提高人口素质。

计划 1995 年：人口控制在 107520 人以内，2000 年控制在 115260 人以内，十年人口自然增长率控制在 14‰以内，人口出生率控制在 20.5‰以内，非农业人口 1995 年达到 9300 人，2000 年达到 10270 人，十年平均增长 2%。

劳动就业：合理开发利用丰富的人力资源，努力开拓城乡就业门路，增加劳动岗位，充分发挥城镇集体经济和其他各种经济成分就业途径，大力开展职业培训、职前教育，走就业前必须经过培训的路子，积极引导农村剩余劳动力向生产深度和广度进军，开展精耕细作，实行多种经营，加强农业基本建设，努力植树造林，发展乡镇企业和劳务输出。计划“八五”期间，通过各种渠道安排就业 1190 人，其中：全民所有制单位招工补员 430 人，县以上集体招工补员 250 人，个体工商业者 510 人。

社会保险：社会保险是现代化建设的重要组成部分，是适应人口老龄化和待业的一项重要措施。要努力扩大待业保障的范围，逐步建立养老保险制度，实行多层次的社会保险，在农村要采取积极引导的方针，进一步完善社会福利制度，认真做好优抚工作和社会救济工作，广泛动员各个方面积极参加社会保险。

——《循化撒拉族自治县国民经济和社会发展“八五”计划（1991—1995）和十年规划纲要》（内部资料），循化县发改委办公室提供，2022 年 4 月。

循化撒拉族自治县国民经济和社会发展“九五”计划和2010年远景目标纲要

（一九九六年五月七日第十二届人民代表大会第五次会议审议通过）

一、“八五”计划执行情况

“八五”期间，我县县委、县政府在上级各级党政和业务主管部门的正确领导和大力支持下，团结全县各族人民群众，发挥职能部门的积极性，全面贯彻落实党的十四届三中、四中全会精神，遵循“八五”期间“保持稳定，增强团结，改革开放，强农兴工，调整结构，开发资源，依靠科技，提高效益，脱贫致富”的指导方针，经过全县各级干部和各族人民的努力，五年来经济增长、政治稳定、社会进步、民族团结的良好局面持续发展，人民生活水平有了显著提高。“八五”末，计划执行情况总的来说是好的。

（一）主要指标达到了“八五”计划的要求

1. 国民生产总值（1990年不变价）1995年8610万元，比1990年的5190万元增长65.9%，五年平均增长10.65%；完成“八五”计划8360万元的102.99%。

2. 工农业总产值（1990年不变价）1995年12420.25万元，比1990年的6120.4万元，增长102.93%，即翻一番，五年平均增长15.2%；完成“八五”计划8850万元的140.34%，超“八五”计划40.34%。

（1）农业总产值1995年达到5438.16万元，比1990年的4720.7万元增长15.2%，五年平均增长2.87%；完成“八五”计划5610万元的96.94%。

（2）工业总产值1995年达6882.09万元，比1990年的1399.6万元增长3.99倍，五年平均增长37.91%；完成“八五”计划3240万元的215.49%，超“八五”计划115.49%。1995年国有工业企业综合效益指数达到63.2%。

3. 乡镇企业总产值（现价）1995年达10050万元，比1990年的2168万元增长3.6倍，五年平均增长35.9%；完成“八五”计划6500万元的154.6%。从业人员达到5122人，有了较大增加。

4. 财税收入568万元，按可比口径计算增长127.2%，五年平均增长17.83%。其中财政收入 1995 年 427 万元，比 1990 年的 250.3 万元增长 70.6%，五年平均增长 11.27%；完成“八五”计划 340 万元的 125.58%。

5. 社会商品零售总额 1995 年 4229 万元，比 1990 年 2327 万元增长 81.73%，五年平均增长 12.69%，完成“八五”计划 3500 万元的 120.8%。

6. 固定资产投资：“八五”期间，以资源开发为龙头的固定资产投资，在县委、县政府打基础、铺摊子、扩规模、高投入、增总量、奔小康的决策下，经各主管部门的努力，固定资产投资五年累计完成 13242 万元。投资方向按产业划分：农业 861 万元，占总投资的 6.5%；工业 8773 万元，占 66.2%；交通邮电 2083 万元，占 15.7%；商业 135 万元，占 1%；教育 58 万元，占 0.43%；县镇建设 56 万元，占 0.42%；行政事业 866 万元，占 6.5%。按投资来源划分为：国家 2720 万元，占 20.5%；财政 538 万元，占 4%；自筹 3505 万元，占 26.4%；贷款 6200 万元，占 46.8%；集资 60 万元，占 0.45%。在总投资中，基本建设 11584 万元，占 87.4%；更新改造 1658 万元，占 12.5%。生产性投资 9854 万元，占 74.4%；非生产性投资 3388 万元，占 25.6%。

7. 人民生活：1995 年城镇居民人均纯收入 1999.4 元，比 1990 年的 860 元增长 132.49%（含物质增长），五年平均增长 18.38%。其中：全民所有制单位职工年平均工资达 4530 元，比 1990 年的 2188 元增长 107%（含物价增长），五年平均增长 15.66%，超过了“八五”计划年均增长 6.25% 的要求；城镇居民人均住房面积 1995 年可达 5.5 平方米；农牧民人均纯收入 1995 年达 480 元，比 1990 年净增 164 元，五年平均增长 8.2%，与“八五”计划要求基本持平。

8. 粮油产量：粮食产量 1995 年可达到 2.788 万吨，比 1990 年的 3.07 万吨减产 282 万公斤，负增长 9.18%，五年平均负增长 1.9%，完成“八五”计划的 78.53%；油料产量 1995 年可达 1722.3 吨，比 1990 年的 1246 吨增长 38.22%，五年平均增长 6.68%，完成“八五”计划 1740 吨的 98.98%。

9. 社会事业发展

（1）科技：经测算 1995 年科技进步在农牧业经济增长中的贡献率可达 31%。

（2）教育：1995 年九年义务教育普及率可达 60%；适龄儿童入学率 1995 年可达 83.4%；职中在校生占高中阶段在校生比例可达 15%。

（3）广播电视：1995 年广播电视覆盖率可达 75%。

（4）人口：1995 年人口达 10.665 万人，比 1990 年末人口净增 6354 人，五年平均人口自然增长率（水平法）为 12.36‰。比“八五”计划 10.682 万人少生 127 人，人口自然增长率下降 1.4‰。

（5）劳动就业：1995 年社会青年待业率（失业率）可达 1.34%。

（二）产业结构和产品结构有所调整

经过“八五”的努力，我县产业结构向合理方向演变。主要表现为：三次产业之间的结构发生了变化，一、三产业比重逐步下降，第二产业比重稳步提高。一、二、三产业比重由 1990 年的 54∶12∶34 发展到 1995 年的 46∶23.3∶30.3。

在工农业总产值中，工业产值所占比重由 1990 年的 30.5%，提高到 1995 年的 54%，提高了 23.44%；农业产值所占比重由 1990 年的 69.4%，下降到 1995 年的 46%。

在工业内部，轻工业产值所占的比重，由 1990 年的 79.73% 提高到 1995 年 96.27%，增加了 16.54%；重工业则由 1990 年的 20.27%，下降到 1995 年的 3.73%。

（三）基础产业和基础设施有了明显加强

“八五”期间，在不断强化农业的良好氛围中，争取以工代赈投资 3286 万元。用于农业方面的投入为 1004 万元，较“七五”有大幅度增长。建成蓄水工程 4 个 /12 万立方米，输水渠道 5.2 公里，装机容量 700KW，旱变水 10600 亩，改善灌溉面积 5800 亩，治理水土流失面积 8.7 平方公里，坡改梯 6000 亩，解决了 62 村 4.22 万人 /5.82 万头（只）牲畜饮水问题，营造了水源涵养林 10000 亩。“八五”期间，我县各族人民盼望已久的哈达亥电站投入建设，完成投资 1700 万元，35 千伏变电所建成投入营运，极大地改善了供电质量；架设农田线路 45 公里，实现了全县村村通电，居全省第六位。解决了 13 村 278 户农牧民生活和农副产品加工等用电问题。

“八五”期间，交通和通信有了较快发展。以工代赈投入 938.6 万元，新建和改建县乡等级公路有：岗察、西沟、木场、查汗都斯、夕昌、拉春等六条公路 125.7 公里，更换了积石吊桥的桥面，新建桥梁 10 座 65 延米。邮电通信实现了电话容量 2000 门程控化。

（四）“八五”的主要经验

“八五”期间，我县在经济和社会发展中，创造和积累了许多宝贵的经验，概括起来，主要是：正确处理好了改革、发展与稳定的关系；进一步解放思想、更新观念、走出去“换脑筋”、取真“经”，理顺了发展思路；坚持强农重工的发展战略；坚持了抓投入、增产量、上效益的工作方针；坚持了具有民族特色的经济和支柱产业的发展；坚持走开发扶贫、加快脱贫致富目标不动摇和坚持两手抓、两手都要硬的方法。

（五）存在的主要问题

“八五”期间，我县虽然在经济、科技、社会发展中取得了成就，但仍然存在不容忽视的问题。

1. 农业基础脆弱，抗御自然灾害能力低。“八五”后四年，连续干旱，粮食生产徘徊，制约着脱贫奔小康的发展进程。

2. 工业发展滞后。虽经“八五”努力，但依然没有摆脱基础差、底子薄、规模小、设备陈旧、工艺落后、产品单一、效益不佳、后劲不足的状况。

3. 财政困难加剧，到 1995 年末，累计财政赤字高达 1670 万元，严重制约着我县经济社会的发展。

4. 能源不足，交通不畅。

5. 社会发育迟滞。文化、教育、卫生基础设施差，危房面积大。

6. 城镇建设基础配套设施差，改造任务大。

7. 物价水平居高不下。

8. 全县贫困面大，扶贫攻坚任务重。

二、“九五”计划和 2010 年远景目标

（一）指导思想

“九五”是实现第二步战略目标，即国民生产总值实现第二个翻番，人民生活从温饱达到小康的关键时期，在这个时期内，我县经济发展总的指导思想是：

以党的十四届五中全会精神和党的基本路线为指导，紧紧围绕改革、发展、稳定这一主题，以强县富民为总体目标，全面实施六项“战略”，即实现农业经济市场化、工业经济规模化、旅游经济产业化、基础设施现代化、县级地方财政收入基本自给、农牧民生活达到小康，全县综合经济实力迈上一个大台阶，人民精神面貌和全社会文明程度有显著提高。

（二）必须坚持的基本方针

“九五”期间，为实现确定的总体目标，我们必须坚持以下十条发展方针：

一、坚持国民经济持续、快速、健康发展的方针；

二、坚持强农重工、工业强县的战略方针；

三、坚持抓投入、增总量、扩规模、上效益的发展方针；

四、坚持以市场为导向，实行资源合理配置的方针；

五、坚持多种经济成分共同发展的方针；

六、坚持扶贫和开发并举，发展民族经济的方针；

七、坚持综合配套改革和进一步扩大对外开放的方针；

八、坚持“科教兴县”的战略方针；

九、坚持自力更生，艰苦创业，实事求是，勤俭建国的方针；

十、坚持两个文明一起抓、两手都要硬的方针。

（三）战略目标

根据国家第二步发展战略布置，到本世纪末，将初步建立社会主义市场经济体制，实现国民生产总值比1980年翻两番，人民生活将由温饱达到奔小康水平。我县2000年国民生产总值计划达到17220万元，人民生活将初步摆脱贫困，部分走向富裕和实现小康。到2010年，力争国民生产总值比2000年翻一番多，人民生活在全面实现小康的基础上再上一个台阶。人民精神风貌和社会主义文明程度有显著提高，全县综合经济实力迈上一个大台阶，为建成繁荣、富裕、文明的新循化而奋斗。

（四）战略部署

1. 经济发展的战略重点

以改革为先导，以速度为手段，以效益为目的，注重资源的优化配置，完善基础设施，重点发展能源、原材料工业，强化“三高”农业及其产品加工业，大力促进乡镇企业，完善第三产业综合服务体系和科教事业的发展体系。

2. 战略部署

我县经济发展在总体部署上，由于自然和区域经济发展的结果，可划分为四个经济区，即积石镇和三岔工业经济区、黄河河谷粮食经济区、中部浅山农林牧结合型经济区、岗察牧业经济区。根据各经济区不同特点和资源优势，我们将在全县实施“3568”强县富民工程。其主要内容是：努力实现国民生产总值、财政收入、农牧民纯收入三大主要规划指标，在“八五”末的基础上翻三番的战略目标；积极进行绿化食品区、水电资源开发区、高耗能工业区、电气化示范区、旅游度假区的五区建设，同时使电、路、水、暖、通信五个方面的基础设施发展，成为较完善的地区；大力抓好以绿色食品为龙头，建设优质粮油、蔬菜、林果、畜产品、禽蛋、水产品六大农产品支柱产业基础，建设和开发粮油、蔬菜、果品、肉禽蛋奶、水产、野生资源等六个产供销、贸工农一体化的产品区；加快发展水电、冶炼、建材、绒毛、皮革、针织、饮品酿造和食品加工等八大行业。振兴循化、繁荣民族经济。

3. 产业结构

（1）产业结构现状及存在的主要问题

到“八五”末，全县工农业总产值中，农业总产值占 43.7%，分别比 1978 年的 80.22% 和 1990 年的 69.45% 下降 36.44 和 25.67 个百分点；工业总产值占 56.22%，分别比 1978 年的 17.62% 和 1990 年的 30.55% 提高 38.6 和 25.67 个百分点，从国民生产总值构成看，第一产业占 47.3%，第二产业占 25.06%，第三产业占 27.23%。从 1993 年社会总产出构成看，农业占 53.98%，工业占 21.15%，建筑业占 9.91%，交通邮电占 5.41%，商业及服务业占 9.59%。

主要问题有四：一是农牧业基础薄弱，内部结构不合理，主要是受自然条件的制约，农业基础薄弱，生产条件差，干旱、冰雹等自然灾害频繁，投入产出低，商品率低，自我发展能力低；农业内部结构单一，商品经济发育滞后，乡镇企业发展相对迟缓。二是工业基础差，底子薄，起步晚。设备陈旧、效益低下。20 世纪 60 年代后期和 70 年代初，在原有手工业的基础上发展起来的电力、建材、机械、食品和农牧副产品加工等工业，由于地处偏僻和自给产品经济的影响，加之受燃料、动力的制约，产量小、成本高、微利，扩大再生产能力低。三是交通运输业滞后，公路运输是自治县唯一的运输形式。公路等级低、标准差、运输距离远，较之铁路运输耗油大，成本高，效益低下。到 1994 年末，还有 72 个行政村不通公路，占 46%。四是劳动力分布失衡，从地区分布看，北余南缺，从产业结构看，第一产业剩余，二、三产业容量少。据资料：第一产业劳动力占 78.57%，二、三产业共占 21.43%，这充分说明第一产业劳动力亟待向二、三产业转移。

（2）战略产业选择

战略产业的选择，是研究和制定经济发展战略的中心，是经济发展战略的重要组成部分。

①战略产业选择应遵循的原则：

——经济快速发展和人民生活水平提高的原则；

——用先进技术装备改造传统产业原则；

——资源、生产和统一市场的原则；

——生产力发展规律的原则。

②战略产业优化目标预测

到本世纪末和 2010 年战略产业目标是：产业结构合理，国民经济出现良性循环，各产业协调发展，各种比例关系趋向：在国民生产总值中，一、二、三次产业比重为11.53∶69.82∶18.65。

在工农业总产值中，工农两业比重2000年计划趋于80∶20，2010年计划趋于91.2∶8.8。

在工业总产值中，轻、重工业的比重，2000年计划趋于70∶30，2010年计划趋于60∶40。

生产性的投资和非生产性的投资比例，2000年计划趋于40∶30，2010年计划趋于65∶35。

财政收入占国民生产总值的比例，2000年计划趋于6.39%。

③产业重点和地区布局

——大力加强和发展农牧业。农业是解决吃饭的头等大事，是我县先导产业、主导产业和基础产业，是经济发展、社会安定、脱贫和奔小康的基础，因此在今后15年中，继续以保证粮油稳定增长为重点，大力发展高产量、高质量和高效益的“三高”农业。加强林业建设，特别是果品经济林的有效发展。进一步发展畜牧业，努力增产肉、禽、蛋、奶、毛、绒和皮等产品。大力发展乡镇企业，全面振兴农村经济。

——大力发展水电工业，我县地上、地下水资源十分丰富，特别是黄河流经县境79公里，有着丰富的水能资源。应优先发展水电工业，并带动一批高载能工业，逐步兴建一批电解铝、碳化硅、金属钠、硅铁等。

——优先发展交通运输和邮电通信，以适应国民经济发展和对外扩大开放的需要。

——切实加强地质勘查工作，为实现第二步战略目标和跨世纪经济持续、快速增长准备矿产资源和增强发展后劲。

——积极发展建筑业，推进县镇建设和农村建设。

——重视第三产业和发展。

4. 工业经济

我县水能资源、有色金属、建筑材料和畜产品资源丰富，充分开发和合理利用这些优势资源，建立符合我县特点的产业结构和彼此促进的产业部门，将对我县经济和社会的全面发展具有十分重要的意义。

——优先发展电力工业。全力支持公伯峡和积石峡两座国家电站项目建设，同时大力加快开发苏只、黄丰两座小水电项目建设，搞好文都、三岔工业小区、白庄35千伏和查汗都斯110千伏输变电工程，以满足日益扩大的生产、生活用电需要。

——充分利用水电优势，发展高耗能工业。如发展电解铝、碳化硅、铁合金、金属钠等冶金工业。

——发展和提高畜产品深加工，如皮革、毛纺、食品等系统工业网络。

——发展建材工业；调整、改造机械工业。

——加强地质资源勘探工作，合理配置产业。1989年初步探明的矿产资源不少，但没有可供近期开发利用的精查详查资料，须做进一步地质勘查工作。还要对土地、水资源和自然生态进行环境调查和普查。

——把开发优势资源同加工增值结合起来，建立劳动密集、资金密集和技术密集，有竞争能力的产业群体。

5. 农业和农村经济

农业是国民经济的基础。今后15年，继续以保证粮、油生产为重点，以奔小康总揽农村工作全局，促进农村经济全面繁荣和发展。

——加强农业基础设施建设，增强农业发展后劲。①农业方面发展的重点是要加大“五大基地”建设（粮、油、果、椒<辣椒、花椒>、菜）力度。逐步扩大粮食基地，对粮食种植面积实行警戒线保护制度。②今后水利方面发展的重点是水资源和灌溉工程、水资源综合利用等。③林业方面发展的重点是水源涵养、防风固沙、净化美化环境等生态林业工程。

——在农业发展的同时，大力发展畜牧业，走农牧结合的道路，要建立牛羊育肥、小尾寒羊、绒山羊、奶牛、生猪和家禽饲养的六大基地。

——大力发展乡镇企业，繁荣农村经济。

6. 交通和通信

公路是循化唯一的交通基础设施，要改造和提高临平（扎旱至大力加山）公路省道干线循化段的路面等级，实现路面黑色化。加快县乡道路建设，使其形成网络。

邮电通信重点在农村，要进一步加强通信网络建设，提高电话普及率。

（五）主要任务

1. 国民生产总值（1990年不变价），2000年计划达到17220万元，五年翻一番，平均每年递增14.87%。在1980年的基础上翻2.67番；2010年计划达到68880万元，15年平均增长14.87%，在1995年的基础上翻三番。

2. 工农业总产值（1990年不变价）：2000年计划达到34000万元，五年总增173.74%，平均每年递增22.31%；2010年计划达到114100万元，15年平均增长16%，在1995

年的基础上翻 3.15 番。

农业总产值：2000 年计划达到 6800 万元，五年总增 25.04%，平均递增 4.57%；2010 年计划达到 10070 万元，15 年平均增长 4.19%。

工业总产值：2000 年计划达到 27200 万元，五年总增 289.57%，平均每年递增 31.25%；2010 年计划达到 104030 万元，15 年平均增长 19.7%。

3. 财政收入：2000 年计划达到 1100 万元，五年总增 133.6%，平均每年递增 18.49%；2010 年计划达到 4200 万元，15 年平均增长 15.7%。在 1995 年的基础上翻 3.24 番。

4. 社会商品零售总额：2000 年计划达到 6820 万元，五年总增 61.27%，平均每年递增 10%；2010 年计划达到 21200 万元，15 年平均增长 11.3%。

5. 农村经济总收入：2000 年计划达到 16220 万元，五年总增 144.14%，平均每年递增 15.6%；2010 年计划达到 61900 万元，15 年平均增长 14.7%。在 1995 年的基础上翻 3.16 番。

6. 粮食总产量：2000 年计划达到 4 万吨，五年总增 43.4%，平均每年递增 7.48%；2010 年计划达到 5.22 万吨，15 年平均增长 4.26%。

7. 油料总产量：2000 年计划达到 2300 吨，五年总增 33.54%，平均每年递增 5.95%；2010 年计划达到 3900 吨，15 年平均增长 5.6%。

8. 果品总产量：2000 年计划达到 7500 吨，五年总增 146.5%，平均每年递增 19.8%；2010 年计划达到 15000 吨，15 年平均增长 11.22%。

9. 大小牲畜饲养总量：2000 年计划达到 35 万头（只），五年平均增长 2.7%；2010 年计划达到 40 万头（只），15 年平均增长 1.78%。

10. 乡镇企业总产值：2000 年计划达到 4.3 亿元，五年总增 45.57%，平均每年递增 7.8%；2010 年计划达到 12.14 亿元，15 年平均增长 18%，在 1995 年的基础上翻 3.5 番。

11. 国有企业综合效益指数：2000 年计划达到 92%，五年总增 45.57%，平均每年递增 7.8%；2010 年计划达到 95%，15 年平均增长 2.7%。

12. 科技进步因素对农牧经济增长的贡献率：2000 年计划达到 37%，比 1995 年提高 6%。

13. 社会事业

（1）九年义务教育普及率：2000 年计划达到 85%，比 1995 年提高 25%。

（2）适龄儿童入学率：2000 年计划达到 95%，比 1995 年提高 11.6%。

（3）中等职业在校学生占高中阶段在校学生比重：2000 年计划达到 50：100。

（4）病床：2000 年计划达到 275 张，即千人拥有病床位数 2.4 张，五年增加 90 张。

（5）电视覆盖率：2000 年计划达到 95%，比 1995 年提高 20%。

（6）人口：2000 年计划达到 11.45 万人，五年总增 7.35%；平均人口自然增长率 13.8‰，2010 年控制在 13.064 万人以内，人口自然增长率控制在 13.36‰以内。

14. 人民生活

（1）人均国民生产总值：2000 年计划达到 1330 元，五年总增 64.64%，平均每年增长 10.5%；2010 年计划达到 5273 元，15 年平均增长 13.32%。

（2）农牧民人均纯收入：2000 年计划达到 1000 元，五年总增 108.33%，平均每年增长 15.81%；2010 年计划达到 3850 元，15 年平均增长 14.87%；在 1995 年的基础上翻 3 番。

（3）城镇居民年均收入：2000 年计划达到 2800 元，年均增长 7%；2010 年计划达到 15000 元，15 年平均增长 14%；在城镇居民中，国有职工年工资 2000 年计划达到 5780 元，五年平均增长 5%。

（4）城镇居民人均住房面积：2000 年计划达到 10 平方米，五年增加 4.5 平方米；2010 年计划达到 20 平方米。

（5）失业率：2000 年计划控制在 5‰以下。

（六）主要措施

1. 农业

（1）加大政策投入

“九五”期间，要进一步完善健全以家庭联产承包为主的责任制，充分结合的双层经营机制，并作为一项基本制度长期稳定下来。在建立社会主义市场经济体制中，引导农民进入大市场，参与大流通。稳步推行产业化经营，对大农业的主导产品和支柱产业，实行区域布局，专业化生产，一体化经营，社会化服务，把产供销、贸工农、经科教紧密结合起来。不失时机地抓好各项政策的落实，用足用好用活各项政策。坚持深化改革的同时，扩大对外开放，积极引进资金、技术、优良品种、栽培方法和先进设备，用于农业的综合开发建设，采取不同形式，走适度规模经营的路子。

（2）坚持科教兴农

“科学技术是第一生产力”。今后 15 年间，要进一步提高资源利用的深度和广度，大力推广应用先进农业科技成果。完善县乡村三级科技成果推广体系。在种植业方面，积极培育优良品种，扩大良种播种面积，推广优良耕作制度、耕作方法和栽培技术。继续大力培育“三高”农业，向现代农业转变。积极发展科技含量高、资源利用率高、投入产出高、商品率高、综合效益高的产品和支柱产业。加强粮、油、果、菜、椒五大基地建设，特别抓好“三田”即吨粮田、双千田、千斤田示范推广，到2000年计划推广面积达到3万亩，2010年4.5万亩。各类牲畜要向肉禽、奶、毛、绒、皮经济价值高的层次发展。“九五”末牲畜杂交率达到40%。2010年牲畜杂交基本实现良种化。继续推行科技集团承包和单位技术承包，推广间、套、复种。“九五”期间套种面积达到1万亩，复种面积达到3万亩，使科技进步在农牧业总产值中的贡献份额由1995年的31%提高到2000年的37%，提高6%。

（3）综合开发，增加资金投入

农业开发，要实行农林牧综合开发，把改善基础设施和生态工程紧密结合，兴修水利与造林绿化同步发展，山、水、田、林、路综合治理，增强农业发展后劲。今后15年，抓水利，促开发，实行深度开发与广度开发相结合，“九五”期间，深度开发以科技为主要手段，计划改造中低产田6万亩、低产果园1.5万亩和提高草场产草率。在广度开发上，对宜农荒地，实行大面积开发与零星开发相结合，重点抓好永丰灌溉工程的建设。对零星开发实行鼓励政策和走适度规模经营路子。计划五年内，土地资源开发利用3.5万亩，草场围栏和人工种草20万亩。

今后15年，重点是抓“命脉”工程，巩固完善现有灌溉设施，努力扩大灌溉面积。积极建设旱涝保收、稳产高产农田11.45万亩。同时有计划地建设防洪工程31.4公里/25处，蓄水工程577万立方米/5项，引水工程27公里/3项等项目，提高抗御自然灾害的能力。在综合开发中，加强粮、油、果、菜、椒和牛羊育肥、奶牛、生猪、小尾寒羊、绒山羊十大基地建设。在投入上，农民是农业投入的主体，充分抓好资金、劳力、物质三大投入，特别是紧紧抓住以工代赈投入。“九五”至2010年争取投资2.4亿元（详见建设项目计划表）。

（4）切实加强土地管理

珍惜和合理利用土地资源，稳定现有耕地面积，实行耕地警戒线保护制度，推行土地依法租赁、合理流转制度。大力保护森林资源，严禁乱砍滥伐。森林覆盖率由“八五”末的15.9%增加到2000年的17.4%、2010年的20.6%。

（5）加快发展乡镇企业

乡镇企业要继续坚持“积极扶持、合理规划、正确引导、加强管理”的方针。

“九五”期间实施“4245”工程，即：产值达到4.3亿元；建设2个工业小区和产值超千万元以上的企业20个；产值超千万元的乡镇4个（街子、积石、查汗都斯、清水）；产值超百万元的村50个。乡镇企业是全面振兴农村经济的生长点、发展点，是农民脱贫致富奔小康的重要措施之一，应大力扶持和发展。重点抓好结构、质量、效益和速度，进一步健全和完善企业内部机制，积极发展以畜产品加工为龙头的骨干型企业，吸纳农村富余劳动力，采用先进工艺，努力生产适销产品。乡镇企业总产值在1995年的基础上翻3.5番。其中，工业总产值2000年计划达到3亿元，五年平均增长33.6%，2010年达到11亿元；乡镇企业从业人员“九五”末计划达到1万人，占农村劳动力的24.3%。

（6）扶贫

“九五”期间，扶贫工作要转移到以奔小康总揽农村工作，全面落实既定的“八七”攻坚扶贫规划，稳定解决11000户57000人的温饱问题。到2000年，农牧民人均纯收入计划达到1000元，人均生产粮食350公斤。黄河沿岸的积石、街子、查汗都斯和清水四乡镇率先进入小康行列，道帏、文都和尕楞三乡中，70%的农户过上宽裕的生活或部分达到小康。要改善生产条件，紧紧抓住省以工代赈的投资机遇，加强生产力建设，抓人才培养和智力开发，实行公司加农民，走种养加运、产供销一条龙和产业化发展的路子。采取“能人带动法”和“跳出去”致富的路子，调动千家万户脱贫、奔小康的积极性。

2. 工业与交通

“九五”至2010年15年间，工业的发展，要继续深化企业改革，建立社会主义市场经济体制下的富有活力和竞争力的现代企业制度；坚持公有制为主体，个体、私营、股份合作和外资等多种经济成分共同发展的方针；打基础、铺摊子、抓结构、高投入、增总量、上速度，坚持滚动发展的方针；加快资源开发，实行市场、规模、效益和后劲相统一的原则，坚持技术开发和技术改造，建立企业技术创新机制，大力推进技术进步；加强和改善宏观经济调控，正确处理市场机制与宏观管理的关系。

（1）加强对工业经济的领导

“九五”期间，要增强和坚定各级领导大办工业经济的思想意识及强烈的紧迫感和责任感，像抓农业那样抓好工业这个国民经济的支柱产业，建立健全县乡两级政府宏观管理工业经济的运行机制，一把手要亲自抓和定期督查，形成组织领导、指挥协调、优质服务、责权奖惩相统一的宏观管理体系，集中人力、物力和财力，扶持工业的发展。

（2）积极推进现代企业制度的建立

“九五”期间，继续深入开展“转机制、抓管理、练内功、增效益”活动。牢固树立质量、信誉、市场和自强自立的观点，切实加强国有资产基础管理，建立企业生产经营资金增补机制，加大技术改造力度，调整产业结构、企业组织结构和产品结构，依法从严治厂，健全社会保障体系，提高企业整体素质。逐步推进股份合作或公司体制的建立，使企业真正成为自主经营、自负盈亏、自我约束、自我发展的法人实体和市场竞争主体。

（3）向技术进步要效益

“九五”期间，企业要紧紧抓住国家进行经济结构调整的有利时机，积极培养一支掌握先进技术的职工队伍，搞好技术改造，推进技术进步，一丝不苟地抓质量，用新技术、新工艺、新材料、新设备改造现有企业，上规模、上水平、上档次，走自我积累、滚动发展之路。

（4）统一规划，合理布局，建立工业小区

“九五”至2010年，要加快具有民族特色的积石和三岔为小区的建设。在发展上要与市场建设、小城镇建设、小康村建设结合起来，统一规划，以产业政策为导向，走资源、技术、市场、基础设施建设和环境保护五协调的发展路子。

（5）加快发展交通和邮电事业

公路建设要发挥先行作用。重点是贫困乡村公路建设。要紧紧抓住国家2000年以前以工代赈投资的机遇，不失时机地改善我县交通滞后状况。到2010年15年间，计划建设西山、建设堂、铁尕楞、日麻香、孟达等27条公路，全长361.7公里，其中“九五”期间，修筑11条，203.5公里，实现我县境内公路网络化，消灭断头路。对现有公路加强改造，提高等级，对境内省道干线临平公路循化段建设，要加快改造和扩建。

邮电事业，“九五”期间，重点是加强农村通信建设，提高电话普及率。至2000年，农村电话扩容500门，更新杆路28公里，形成方便迅速的通信网络。

3. 重视第三产业的发展

（1）市场建设

市场建设主要是建立和健全全国统一的市场体系，包括消费资料市场、生产资料市场、资金市场、技术市场、信息市场、房地产市场和劳务市场。“九五”至2000年，要建立开放、高效、畅通、可调控的流通体系，积极发展批发、专业和综合性的市场组织和交易形式，发挥物资、商业和供销合作社的主渠道与蓄水池作用，在农村要积极营造集贸市场，扩大市场网络，改善市场设施，加强市场的组织管理，保护市场合法竞争，健全市场秩序。到2010年的15年间，先后建设积石、三岔、白庄、查汗都斯、道帏和文都等六个以农牧副土特产品及其加工制成品交易为主要内容的集贸市场，市场建设要以乡镇政府所在地为基点，与乡镇企业、小康村、旅游景点、交通要道相结合，互为依托，共同发展。

（2）加快科技事业发展

“九五”至2000年，科技发展要继续贯彻“经济建设必须依靠科学技术，科学技术工作必须面向经济建设”的基本方针，加快科技成果向现实生产力的转化，发挥科学技术是第一生产力的作用。“九五”期间，要强化科技推广示范的力度，使科技进步在经济增长中的贡献份额有较大增长。计划2000年达到37%，较“八五”末增加6%。

（3）发展教育事业，提高全民族素质

“九五”期间，教育必须坚持为社会主义现代化服务，同生产劳动相结合，培养德智体全面发展的建设者和接班人的方针。大力发展职业教育和成人教育，重点强化基础教育，在深化改革中提高教育质量和办学效益，加强师资队伍建设。计划在90%以上的乡镇普及初等教育，到2000年普及率达85%；适龄儿童入学率达到95%以上，中学小学巩固率分别达到98%；3—6岁幼儿入园率达到45%。职业在校学生人数占高中阶段在校学生人数由“八五”末的15∶100提高到2000年的50∶100；到2000年，达到无文盲县标准，即“九五”期间，每年脱盲4000人，其中妇女3000人；到2000年，县直各校和乡镇中心学校力争实现电化教育目标。

（4）加强物价监督检查

“九五”期间，完善价格管理与监督检查机制。加强对国家定价商品和非商品收费价格的监督检查和价格调整的审批；对关系国计民生的粮油以外的商品价格和劳务价格，由市场调节，但物价部门要对其经营活动进行监控。对已实行的非商品收费许可制度、商品明码标价制度，要进行定期依法检查。对那些乱收费、乱涨价的要依法查处。

（5）文化、广播电视

“九五”期间，文化、广播电视要积极宣传党的路线、方针和政策，把社会效益放在首位，提高精神产品质量，挖掘民族文化遗产，弘扬民族优秀文化，进一步发展电视、电影、音乐、舞蹈、美术、戏剧、曲艺等文学艺术。进一步办好图书馆、文化馆、文博馆、科技馆、文化站等文化活动场所，加强对报刊和音像等文化市场的引导和管理。深入开展“扫黄”工作，防止腐朽思想文化的渗透。“九五”期间继续抓好县乡两级文化馆、站的提高工作，文化室由“八五”末的42个增加到2000年的58个，图书馆藏书达到8万册。

“九五”期间，积极发展县、乡两级无线广播、有线广播、调频广播，走无线有线相结合、广播电视协调发展之路。到2000年，建成10个乡镇电视广播站，并在岗察、尕楞、白庄、清水和街子等五个乡建成五座卫星地面接收站，实现县、乡两级电视广播联网，无线广播覆盖率达到95%，有线广播覆盖率达到30%，调频广播覆盖率达到60%。

“九五”期间，大力开展群众性的体育活动，增强人民体质，提高人民健康水平和竞技水平，对中小学生进行达标训练，同时要抓紧循化县业余体校的建设工作。

（6）卫生事业

“九五”期间，卫生工作要继续为全面实现我国《二〇〇〇年人人享有卫生保健》的战略目标奋斗。巩固和发展县、乡、村三级医疗卫生网，增加医疗卫生保健设施，加强妇幼保健和卫生监督工作，有计划地增加专业技术人员，加强卫生队伍建设，五年内，千人拥有病床由“八五”末的1.75张增加到2000年的2.4张，加强对危房5678平方米的改建、扩建和修缮，改善职工的工作生活条件。

（7）人民生活

“九五”期间，认真实施“八七”攻坚扶贫计划，实行开发扶贫，到2000年稳定地解决温饱，部分进入富裕和小康行列，人均占有粮食350千克，农牧民人均纯收入达到1000元；到2010年实现小康县，农牧民人均纯收入达到3850元。职工生活：国有职工年均工资2000年计划达到5780元。五年平均增长5%。

（8）社会保障

劳动就业：“九五”期间，要努力开拓城乡就业门路，增加劳动岗位，发展乡镇企业。“九五”期间乡镇企业计划安排就业5000人，城镇失业率控制在5‰以内。

社会保障：“九五”期间，要努力发展社会保险。在城乡要完善社会养老保险制度，扩大待业保险范围，实行多层次的社会保险。在农村采取积极引导的方针，建立完善的不同形式的养老保障制度。改革医疗保障和工伤保险制度。进一步完善社会福利制度，认真做好优抚工作和社会救济工作。

（9）环境保护

环境保护是一项基本国策，也是提高人民生活水平的一个重要方面。

“九五”期间，要加强对大气、水域、土壤、固体废物和噪声等公害的监测防治，保护好江河、湖泊、水库和地下水的水质，保护森林，改善环境质量。积极植树造林，提高绿化水平，为人民创造清洁、优美的生活环境。治理环境污染，实行经济建设、城乡建设、环境建设同步发展的方针，使环境保护与国民经济和社会发展相协调。

（10）旅游业

旅游业是以旅游资源和服务设施为条件，通过提供各种服务性劳动取得经济效益的新兴产业。

今后 15 年，要大力发展旅游业，加速旅游业的产业化。在发展上坚持突出优势、合理利用、适度建设、协调发展的原则，有步骤地重点开发建设两区：

一是以孟达自然保护区为主体，以孟达天池为中心，以岗察草原、雪山合为一体，具有原始风貌的风景名胜区。区内主要项目有：风景观光、游湖、野营、气候考察、地域考察、垂钓、赛船、跑马、射箭、骑牦牛、参观水电站、采风闻俗等。

二是以民族风情和宗教文化等人文旅游资源为特色的人文景观旅游区，包括：十世班禅大师灵塔、纪念堂、文都大寺、街子清真大寺、骆驼泉、清水河东清真大寺、喜饶嘉措活佛诞生地、古雷大寺，可广泛开展寻古、访俗、宗教朝圣、观光、登山等项目。

旅游业的发展，要在管理、发展、保护上下工夫，制定必要的发展规划，同时，开发旅游用品的生产经营，加快旅游产业化进程。

4. 产业政策

党的十四届三中全会确定了关于建立社会主义市场经济体制的决定，标志着我国经济体制由有计划的商品经济向社会主义市场经济开始过渡。为适应这一历史性转变，今后 15 年（1996 年至 2010 年），应确定国民经济部门各行业发展方向，立足资源优势，实现资源优化配置和有效利用，不断促进产业结构的合理化，逐步走向现代化，以适应经济增长、消费结构变化和统一市场发展的需要。考虑到我县自然条件、地理位置不利因素较多，经济基础薄弱，与先进地区差距日益拉大，产业政策的制定更为迫切。

（1）组织政策

①放开搞活，打破地区封锁和部门分割，保护各产业平等自由竞争。首先，允许企业进入或退出某一产业领域和交叉经营、综合经营；其次，允许各种生产要素自由流动；最后，鼓励企业走向全国、国际统一市场，在竞争中锻炼和发展。

②积极建设跨部门、跨行业和跨地区企业集团、股份有限公司和有限责任公司，

使产业向专业化、联合化方向发展。

③鼓励和支持创建出口企业和生产出口产品。

（2）产业政策

①生产领域：

——重点支持的产业、产品。

A. 农牧业和农用工业，主要是粮、油料、蔬菜、花椒、辣椒、畜产品、化肥、农药、农膜、适用的农业机具及零件。

B. 轻纺工业，主要是盐、纯毛、地毯、皮革、铝制品、纸、混纺毛制品和少数民族特需用品。

C. 基础设施和基础工业，主要是公路运输、邮电通信业中的电报和农村通信，能源工业中的电力，原材料工业中的盐化学工业，矿业的采选、冶炼和加工，钢铁，基础化工，精细化工等。

D. 经济效益好的出口创汇产品，特别是加工制成品。

——严格限制生产的产品：生产方式落后，严重浪费资源和污染环境的产品；低质白酒、人造皮毛等。

——停止生产的产品：无证开采金属矿和非金属矿，国家有关部委已公布明令淘汰的产品。

②基本建设领域：

——重点支持基本建设的产业、产品。

A. 基础产业和基础设施，主要包括农牧业中的商品粮、油、蔬菜、花椒、辣椒、畜产品基地的建设，宜农荒地开发，牧业抗灾基地建设，牧民定居点建设，速生丰产林，水源涵养林，经济林；水利中的江河治理，农田水利设施改造；农用工业中的化肥、农药；交通运输中的公路干线改造与扩建，县乡、乡村道路的建设，重要客运枢纽设施；邮电通信中的长途通信，邮政、电信枢纽，县、乡、村电话通信；能源工业中的电力；原材料工业中的盐化工，有色金属采选冶炼。

B. 轻纺工业中的盐、纸，出口创汇的金属、地毯，社会公共设施中的供排水，治理污染，公共交通。

——停止或严格限制基本建设的产业、产品。

A. 凡限制和停止生产的产品建设项目，一律停止建设。

B. 原材料供应不足，不符合经济规模要求，经济效益差，污染严重的产品建设项目。

③技术改造领域：

A. 农牧业中的适用科学技术和利于良种、畜种培育，新技术推广的项目。

B. 轻纺工业中有利于开发新产品，提高产品质量和档次，适应国内外市场需求的项目。

C. 有利于更新换代，提高基础工艺、基础零部件技术水平的项目。

D. 交通运输的公路改造、邮电通信，能源、原材料项目。

E. 节约能源和综合利用能源，新材料的项目，经济效益好的出口创汇项目。

④对外贸易领域：

出口方面：积极发展创汇农牧业，大力扶持有色金属、轻纺产品、五金矿产、机械设备的发展，逐步提高制成品，特别是深加工产品的比重，加强出口创汇基地建设，发展技术和劳务出口，开展旅游事业，增加非贸易创汇。

进口方面：保证农业生产所需的化肥、农药的进口，对先进技术、设备、关键零部件的引进以及生产建设紧缺的材料和重要的市场紧缺物资进口，禁止小轿车进口，控制家用电器消费品的进口。

（3）重点支持产业的办法和措施

①实行投资倾斜政策。对农业开发性建设项目，农用工业项目，资源开发项目，出口或市场迫切需要、经济效益好的加工工业项目，关键性的技术改造项目，与省外联合建设的项目，为国家重点工程配套项目，作为重点，优先安排。

②财政要支持农、林、牧、渔业和农用工业，对资源丰富、条件较好的农牧业生产实行“支农周转基金”，扶持经济发展，对效益好的出口创汇的产品和重点支持、鼓励生产的产品，在加速固定资产折旧等方面给予优惠。

③金融部门要调整信贷结构，优先保证重点支持的产业、产品及经济效益好的企业对信贷资金的需求，在政策允许的条件下给予优惠。

④税务部门对出口创汇产品和重点支持的产业、产品，实行优惠，这些企业经营活动中遇到困难时，可在税法允许的范围内适当免税或减税。

⑤工商行政管理部门要认真进行年检登记，通过核发营业执照、核定经营范围、查处违法行为等手段，支持产业政策的实施。

⑥物价部门要改进对重要商品价格的管理办法，使之逐步适应产业发展的要求。

⑦生产企业对重点支持和鼓励生产的产品，要尽快达到设计能力，努力增加生产，

增加有效供给，缓和供需矛盾，力创出口产品。

⑧调整产业组织结构，依法组织各种经济实体、公司和联合体，形成骨干产业群。开展企业兼并，逐步地取消对落后企业的保护措施，迫使其走向协作、联合以至于被兼并或破产的道路。

⑨建立资源开发基金，增强自我积累、自我开发能力，加快资源开发，基金实行有偿增值使用，基金来源开发收入中提取和其他方法筹集为主。

⑩加强完善法制建设，认真建立和健全有关经济法规和专业法规，保证产业政策的实施。

5. 转变政府职能，增强政府宏观调节能力

“九五”期间，宏观调节的主要任务是：保持经济总量的基本平衡，促进经济结构优化，引导我县国民经济和社会持续、快速、健康发展。重点是，建立计划、金融、财政之间的紧密配合和制约机制，推进计划体制改革，根据我县经济社会发展需要和社会财力、物力的可能制定发展目标，通过实施产业政策，促进经济结构优化，要突出计划的宏观性、战略性、指导性。进一步改革投资体制，建立投资决策责任制，强化投资风险约束机制，全面建立投资项目法人责任制，提高投资效益。初步设想，“九五”期间，全社会固定资产投资规模达到五亿元。为了多渠道筹集资金，一是要认真做好项目的前期工作，争取国家资金；二是积极争取国家信贷资金和引进外资；三是推动企业资产、资金重组，“以产权换资金，以资源换技术”；四是动员集体、个体、私营等社会各方面的力量进行投资。

进一步开辟财源，振兴循化财政，发展金融事业。为了解决我县财力严重不足、宏观调节能力弱化问题，要深化财税改革，强化税收征管，充分发挥财政分配的导向作用。重点是支持资源开发及重点产业、重点企业的发展，增加财政收入，从严控制非生产性支出，实行经费包干制度，坚持依法理财、依法治税，完善新的财税体制，加强预算管理，提高财政资金的使用效益。

金融部门要继续深化改革，落实改革措施，依法维护金融秩序。提高信贷质量，改善经营服务，大力组织存款，拓宽筹资渠道，扩大可用资金总量，为循化经济建设贡献力量。

切实转变政府职能，按照政企分开的原则，政府的经济管理职能要真正转到制定政策、搞好基础设施建设、创造良好的经济发展环境上来，按照精减、统一、效能的原则，把综合部门逐步调整和建成职能统一具有权威的宏观调节部门；把专业经济管

理部门逐步改组为不具有政府职能的经济实体，有计划、有步骤地发展行业协会、同业工会、商会等行业管理组织，协助政府搞好社会经济管理。

6. 加强社会主义精神文明建设和法制建设

（1）精神文明建设

精神文明建设要紧紧围绕经济建设这个中心，努力创造和形成有利于改革和建设的社会舆论、价值观念、道德规范和文化条件，不断提高各族人民的思想道德素质和科学文化素质，培育有理想、有道德、有文化、有纪律的社会主义公民。

要坚持不懈地用邓小平建设有中国特色社会主义理论武装全体党员，引导和教育广大干部群众认识什么是社会主义、怎样建设社会主义、坚定社会主义信念，积极投身现代化建设事业，不断提高各级干部的思想理论水平和政策水平。增强党性，提高广大群众的思想觉悟，在全社会形成共同理想和精神支柱。

要大力加强思想道德建设。要引导和教育干部群众把爱祖国、爱人民、爱劳动、爱科学、爱社会主义作为规范自己的行为准则，弘扬中华民族优秀文化传统，注重社会公德、职业道德和伦理道德教育，树立正确的世界观、人生观、价值观，坚持开展自力更生、艰苦奋斗的优良传统和新时期创业精神教育，继续弘扬热爱循化、扎根山区、艰苦奋斗、开拓进取、无私奉献的精神，反对一切损人利己、损公肥私、金钱至上、以权谋私的思想行为。

要重视开展移风易俗教育，树立文明风气，引导城乡人民用现代社会的科学观念、行业准则和文明进步的生活方式，改变愚昧落后、因循守旧的陈规陋习，破除封建迷信，倡导科学、文明、健康的生活方式。搞好城乡容貌建设，维护公共秩序，美化、净化、优化环境，提倡勤俭节约、勤俭持家、勤俭建国，反对铺张浪费。

发展民族团结。民族团结始终是全县的大局。要全面认真贯彻党的民族政策，牢固树立“谁也离不开谁”的思想。巩固发展平等、团结、互助的社会主义新型民族关系。完善民族区域自治制度，落实自治权利，大力培养德才兼备的少数民族干部。

全面正确地理解和贯彻党的民族宗教政策，依法加强对宗教活动场所的管理。要加强对宗教界人员的教育和管理，巩固发展同爱国宗教团体和宗教界上层爱国人士的统一战线，宗教活动要有益于祖国统一、民族团结和各民族的繁荣与进步。任何宗教都必须坚持维护法律尊严、维护人民利益、维护民族团结、维护国家统一的基本行为准则，对利用宗教问题制造事端的，坚决揭露、果断处置。

（2）加强社会主义民主法制教育，为改革开放和现代化建设提供保障

要加快地方立法进程，使社会主义民主制度化、法律化，要加强执法力度，努力创造一个“有法可依、有法必依、执法必严、违法必究”的法律环境。坚持和完善共产党领导的多党合作和政治协商制度，进一步推进民主监督、参政议政的制度化、规范化，鼓励民主党派、工商联和无党派爱国人士在改革开放和现代化建设中贡献各自的力量。加强基层政权建设，完善村（居）民委员会制度，推进基层民主，保障人民当家做主的权利。

努力做好维护社会稳定工作。要正确处理好新形势下的各类人民内部矛盾，及时疏导化解各种消极因素。认真做好困难企业的工作，保障这些企业职工的基本生活。加强行政区划勘界工作，及时妥善调查处理土地、草山、矿山等纠纷。重视人民群众来信来访，密切政府同人民群众的联系。继续搞好社会治安综合治理，建立预防犯罪机制，积极防范和严厉打击严重经济犯罪和严重刑事犯罪活动，遏制和消除各种社会丑恶现象。加强和改善司法、行政执法和执法监督，增强依法行政意识。进一步开展全民普法教育为重点的法制教育，不断增强干部群众的法律意识和法制观念。加强国防教育，认真做好民兵工作。

——《循化撒拉族自治县国民经济和社会发展“九五”计划和2010年远景目标纲要》（内部资料），循化县发改委办公室提供，2022年4月。

循化县国民经济和社会发展“十五”计划纲要

（循化县十三届人大四次会议审议通过）

“十五”计划是进入新世纪的第一个五年计划。从跨世纪发展的战略高度紧紧抓住西部大开发的历史机遇，用科学求是的态度，制定我县国民经济和社会发展“十五”计划和2010年远景目标纲要，对于加快我县经济和社会各项事业的全面发展，顺利实现第三步战略目标，具有现实意义和深远的历史意义。

一、“九五”计划执行情况

“九五”是我县经济和社会发展史上的重要时期。经过全县各族人民的共同努力，“九五”计划实施顺利。国民经济持续、快速、健康发展，综合经济实力不断增强。国内生产总值年增长率为11.7%，2000年国内生产总值达到14900万元，工农业总产值达到26300万元，年增长16.2%。经济结构调整初见成效，一、二、三产业比例日趋合理。农村经济发展势头良好，农业总产值年增长4.6%，2000年达到6810万元。扶贫工作成绩显著，五年累计发放扶贫贷款1.8亿元，贫困人口累计减少了4.9万人，贫困面从“八五”末的60%下降到16%。工业经济保持了年增长22.7%的增速，2000年完成工业总产值19500万元，以个体私营为主的乡镇企业对县域经济的贡献额继续增加，2000年完成总产值31300万元，年增长25.5%，成为推动我县经济发展的主导力量。固定资产投资对基础设施建设及经济发展的拉动力明显增强，“九五”累计完成投资6.1亿元，年增长56%。财政收入增长较快，人民生活得到改善，财政收入2000年达到1895.9万元，年增长37.5%，财政自给水平有所提高，农牧民人均纯收入2000年达到930元，年增长14.1%，城镇居民人均可支配收入达到4448元。科技、教育、文化、卫生、体育等各项社会事业全面进步，社会主义精神文明建设取得了新的成果。

二、“十五”计划的指导思想及奋斗目标

“十五”期间乃至今后十年，是循化县经济和社会发展承前启后的新阶段。根据省委提出的在西部大开发中走在前列的精神，以“三个有利于”为标准，以“三个高于”为目标，力争在西部大开发中走在全区乃至全省的前列，实现超常规、跨越式发展。

我县“十五”期间经济和社会发展的指导思想是：全面贯彻党的十五届五中全会

和中央西部大开发战略、省委九届四次会议及海东地委委员会议精神，抢抓机遇、加快发展，调整结构、突出特色，深化改革、扩大开放，加强基础设施建设，加快市场化、集镇化、信息化步伐，坚持“水利立县、农业稳县、工业强县、旅游富县、科教兴县、依法治县”的方针，确保农民增收和财政收入增长，努力实现循化经济、社会的协调发展和伟大跨越。

“十五”国民经济和社会发展的重要奋斗目标是：经济实力增强，基础设施改观，城镇化水平提高，生态环境改善，人民安居乐业。具体指标数为：

——国民生产总值（不变价），“十五”末达到27550万元，年递增13%。2010年达到50760万元，十年翻一番半，其中第一产业“十五”末达到6150万元，年递增5%；第二产业“十五”末达到11660万元，年递增16%；第三产业“十五”末达到9740万元，年递增16.3%。

——农业总产值（不变价），“十五”末达到10430万元，年递增8.9%，2010年达到13300万元。乡镇企业总产值（现价），“十五”末达到776668万元，年递增20%。

——工业总产值（不变价），“十五”末达到48400万元，年递增20%，2010年达到101800万元，年递增18%。

——农牧民人均纯收入，“十五”末达到2130元，年递增18%，2010年达到4000元，十年内递增15.4%。城镇居民人均可支配收入，“十五”末达到7838元，年递增12%。

——财政总收入，“十五”末达到3810万元，年递增15%，2010年达到6600万元。其中：地方财政收入“十五”末达到3080万元，年递增16%，2010年达到5860万元，年递增15%。

——粮食总产量，“十五”末达到3500万元公斤，年递增2.4%，2010年达到4123万公斤，年递增16.7%，2010年达到450万公斤。

——固定资产投资达到18亿元，年递增24%。

——年末总人口，“十五”末控制在12.06万人以内，年人口自然增长率控制在14%以内。

实现“十五”期间的奋斗目标，必须坚持五条原则：一是坚持以发展为主题，加快循化实施西部大开发的步伐。加快发展是刻不容缓的艰巨任务，也是强县富民的唯一途径，努力拓展已有的良好发展基础和势头，扎扎实实地投身西部大开发，勇做西部大开发的排头兵。二是坚持在结构调整中发展特色经济。立足循化实际，突出农业结构调整，精心培育具有循化特色的优势产业，形成自己的品牌，努力提高市场占有率。三是坚持科教兴县和可持续发展战略。坚持科技是第一生产力的思想不动摇，继续实施“科教兴县”战略，努力提高科技对经济增长的贡献率。牢固树立环境就是资本的理念，把生态环境的保护和治理作为可持续发展的基础。四是坚持把提高人民生活水平放在首位。牢固树立“以人为本”的思想，千方百计采取有效措施，促进农牧民收入稳定增加。五是坚持“抓项目、增收入、扩总量、提效益”的方针，抓住项目不放松，千方百计增投入，要把精力放到抓好能影响全局、起带动作用的骨干项目上。

三、“十五”期间经济和社会发展重点

（一）加大投入，加快基础设施建设。加快基础设施建设仍然是“十五”乃至今后十年全县经济工作的中心，我县基础设施建设的重点主要有交通、水利、通信信息、城镇基础设施和文教卫生基础设施。

交通基础设施以公路建设为重点，“十五”期间，预计完成投资3.7亿元，全面完成临平公路循化段、循同公路和清关公路三条高等级公路，总里程为125公里，“十五”末力争使高级路面里程达到105公里。加快县乡道路建设，新改建公路的同时，提高行政村公路等级，“十五”末30%的行政村通等级油路。形成以县城为中心、以临平公路为主干，呈放射状的四通八达的公路网络。抓好孟达、文都大寺等旅游公路建设，为以旅游产业为重点的第三产业的大发展奠定基础。

水利建设要坚持开源节流提蓄并重，生态建设与小流域治理并举的原则，把蓄水、引水骨干工程作为水利建设的重点，抓紧前期工作，加大投入，提高水资源利用率，缓解和改善水对农业发展的瓶颈制约现状。“十五”期间预计完成投资2亿元以上，重点抓好“5717”项目、孟达山喷灌工程、南干渠、德龙水库、建设堂水库等重点工程项目建设，力争“5717”项目和孟达山喷灌工程早日建成投入运行，并认真做好东湾寺、夕昌等水库的前期工作。

城镇基础设施建设，预计完成投资1.5亿元，“十五”期间完成县城石煤路、民族北路等城区道路建设。逐步实施防洪、排水、供水、供热、污水处理、县城绿化、东门综合市场、文化广场等建设工程。加快旧城区改造，逐步向东西一线延伸，加快十里经济带建设，增强县城的辐射带动能力。

着力提高城镇通信现代化水平，下决心改善边远地区通信条件，五年内全面完成村村通程控电话。建成孟达天池、道帏、白庄、清水、文都移动通信直放站。引导和鼓励企业积极加入微机互联网系统，加快政府上网步伐，充分利用国内外信息资源，提高经济社会信息化水平。

加快农网改造及电气化县建设步伐。开工建设三岔工业小区 110 千伏枢纽变电所及 35 千伏输电线路改造，加快城网改造，启动电气化县建设项目，年内实现城乡同网同价。

抓好基础设施建设项目工作。把项目的储备、开发作为争取信贷支持，保证投资回报率，吸引银行贷款，提高项目建设质量的一项基础工作来抓。

（二）调整结构，促进国民经济快速发展。准确把握市场，充分利用资源，培育优势产业，壮大支柱产业，大搞特色产业是我县“十五”期间结构调整的基本思路，调整的重点是巩固第一产业，加强第二产业，发展第三产业。

农业结构调整，坚持依特色求效益。以市场为导向，优化区域布局，发展高效农业。优化品种质量，主攻单位产量，扩大冬小麦，提高复种指数；搞好商品粮基地建设。油料要扩大双低油菜面积，重点种植杂交优质油菜和胡麻。推广地膜洋芋和脱毒洋芋。扩大经济作物和特色农产品数量，大力发展“两椒一果”和反季节蔬菜，把主攻点放在辣椒的种植上，“十五”期间线辣椒种植面积要达到 3 万亩，扶持瓠子、大葱、蒜苗、草莓、花卉等特色农产品向规模化发展。改造和提高现有果园的品种质量，重振我县园艺业。“十五”期间，优质高产果树面积达到 1 万亩。上半部地区要积极推广种植中药材，道帏、文都、尕楞等建成万亩中草药基地。畜牧业要坚持“稳定存栏数、增加饲养量、提高商品率”的方针。积极改良畜种，优化畜种畜群结构，提高母畜和良种畜比例，大力发展农区高效畜牧业。推广淡水养殖和特种禽养殖。全面完成岗察牧区“四配套”建设，80% 的牧户实现“六配套”，建成牧业基地，扩大规模，向集约型发展。“十五”末牲畜存栏保持在 22 万头（只），出栏率、商品率分别达到 40% 和 36%。

工业结构调整要实施资源主导型的特色化战略，走资源开发、资源加工的产业化、系列化路子，使资源优势转化为经济优势。一是充分利用丰富的畜牧业资源优势，大力发展畜产品加工业，把我县建设成为全国最大的牦牛绒集散基地。继续扶持已粗具规模的三绒集团、绒源集团、绒业集团、撒拉尔集团四大畜产品加工企业，开展资本营运和资本重组，组建大型企业集团。认真开展三绒集团公司上市的各项工作，“十五”期间，争取上市，使其成为带动全县经济增长的主要支点。二是充分利用我县丰富的水能资源优势，大力发展水电工业。抓好黄丰渠的扩建改造工程，要求进水达到 80 个流量，给哈达亥、黄丰电厂满负荷运行创造条件，使这两座电站电力开发公司的力量，加快做好苏只电站的调研、论证立项和开工建设。积极支持做好积石峡电站的申报立项工作。采取股份合作的形式，实施公伯峡装机1万千瓦的小水电项目，争取在“十五”期间投入运行。同时鼓励和引导省内外企业及个体业主投资清水、夕昌、天池等小水电项目开发。促使水电工业成为拉动县域经济发展的支柱产业。三是依托我县优越的光热和地理条件，发挥“龙头”拉动效应，促使我县第一产业的持续、高效、健康发展。积极扶持清水辣子加工厂、仙红辣椒厂、浓缩果汁等农业产业化的龙头企业，大力发展以“两椒一果”为主的农产品加工业，做大规模，提高产品的科技含量，形成集资源占有、研究开发、产品生产、市场营销为一体的开发体系。四是以公伯峡工程上马和省道公路建设为依托，加快发展建筑建材企业，提高建筑队伍的等级水平和质量意识，努力打入省内外建筑市场。积极争取项目，尽快建成十万吨回转窑水泥生产线。五是紧紧围绕城乡人民生产生活，大力发展中藏药、绿色食品及民族工艺品为重点的加工业。在继续发展商贸、餐饮、运输等传统产业的同时，加快发展房地产、信息咨询、社会服务和中介服务等新型产业，改变我县三产层次低、结构不合理的状况，提高第三产业的比重，“十五”期间，第三产业产值占国内总产值的35%，形成多经济增长点。

加大对非公有制经济的投入，强化监控手段，认真落实有关政策，通过政策推动、资金催动、科技带动等多种措施鼓励和支持非公有制经济快速发展，在扩大规模、提高质量和效益上取得大突破。

（三）突出重点，大力发展具有民族特色的旅游业。紧紧抓住我县被列入全省旅游扶贫示范县的机遇，积极申报孟达国家级风景名胜区，依托循化得天独厚的自然风光和人文景观，坚持在保护中开发，在开发中利用，大力发展避暑休闲、黄河漂流、民族风情观光等旅游产业。“十五”期间，预计完成投资2亿元以上。旅游开发利用的重点是孟达天池、街子骆驼泉、文都大寺、公伯峡和积石峡谷五个主要旅游区的景点开发和基础设施建设。全面完成天池景区道路、给排水及垃圾处理、10千伏输电线路、天池电视塔等基础设施，完成珍稀植物园的建设，使孟达天池的旅游基础设施和景点建设有较大的突破，使其成为西北地区乃至全国的王牌旅游景点之一。完成骆驼泉和撒拉族展览馆的景点建设及附属设施，完成十世班禅大师纪念馆、喜饶嘉措故居、河北清真寺等一批文物的扩建修缮，发展人文旅游。挖掘民族饮食文化、服饰文化的独特内涵，发展家庭式旅游业，开发岗察牧区风情游。编制全县旅游开发的总体规划，纳入全省大旅游的范围，争取做大做强。努力搞好旅游宣传工作，面向国内外市场，加大宣传力度，提高知名度，拓展旅游开发利用的深度和广度。同时要依托旅游业的发展，加快特色旅游产品开发，带动各类服务业的发展，打破部门、地域界限，联合社会力量，调动各方面的积极性，吸引个体私营和省内外商贸投资开发我县旅游业，形成开发有序、管理科学、生动活泼的旅游产业新格局。为加快培育和发展旅游业这个新的经济增长点，必须建设一支结构合理的旅游产业队伍，有计划地对旅游从业人员进行专业化、系统化培训，培养和造就一批有现代企业管理水平的管理者和旅游服务知识的专业人才，提高旅游业整体服务水平。

（四）保护生态，坚持走可持续发展的路子。紧紧抓住我县被列入国家重点生态治理县的机遇，认真实施二期项目。生态治理要坚持保护和建设并重的方针，重点坚持封山育林和植树造林。一是实施天然林保护工程，实行封山育林。依法加大治林力度，严禁砍伐树木；严禁在封山育林区放牧，不准在林区草山采挖虫草药。推广电气、煤气等新能源，保护好现有林草资源。“十五”期间，封山育林面积达到30万亩。二是实施造林绿化工程，坚持多元投资主体并进，动员全社会力量投入生态建设，采取承包、租赁、拍卖等方式，鼓励国有、集体和个体承包开发荒山荒坡，加快“四荒地”开发造林步伐，大力扶持林业大户和林业私营企业，完成造林20万亩。坚持生态建设与旅游开发相统一的原则，把南山绿化列入重要的项目，认真编制规划，拿出设计方案，制定责任措施，分步实施，逐步建成南山旅游区。加快县城四周和旅游景点的绿化工程。荒山绿化以清水河、街子河、道帏河床等流域治理为重点，在尕楞、文都、波浪滩、清水、积石镇、查汗都斯建立苗木、良种繁育基地。三是实施万亩花椒林建设工程。“十五”要完成花椒林1.5万亩，大幅度提高花椒产量。积极发展林地药材、花卉等种植，使森林资源综合开发取得成效。森林覆盖率由现在的18.9%达到“十五”末的24%，增加5.1个百分点。

加快污水、垃圾、大气污染的综合治理，重点是抓好土门子桥垃圾、县城东门污水及街子工业小区的工业污染的综合治理，尽快整体搬迁县水泥厂，减少大气污染。新上项目必须严格把关，不能先污染后治理。加强环保宣传和城市卫生管理，支持发展环保产业。

（五）稳固基础，提高农牧民生活水平。农业持续稳定发展是社会稳定的前提，也是国民经济发展的基础。巩固农业的基础地位，要做好“水”文章。我县的水资源总量达到2.64亿立方米，但利用率极其有限。“十五”期间，要坚决打好水利翻身工程这一仗，积极组织力量，做好前期工作，确保重点水利建设工程全面顺利完成。同时要下大力气兴建小型水利，80% 的村建成小涝池、小水库，为荒山植树造林、改造浅山耕地，特别是加快山区脱贫致富创造便利条件。

继续实施开发式扶贫，全面改善农牧区生活条件。认真实施东部干旱山区综合治理工程，加快坡改梯、人畜饮水、雨水集流工程建设，改善基础设施，扶贫工作要继续落实党政一把手扶贫工作责任制，树立两个大局意识，即继续巩固沿黄川水地区的发展优势，重点扶持加工业，中上部地区加大扶贫资金投入，大力发展种养业，实现相互促进、协调发展。把吊庄移民作为异地扶贫开发的主要途径，搞好调研和规划，加大力度，“十五”期间完成异地扶贫 1500 户以上。继续抓好对口帮扶和定点扶贫成果，消除绝对贫困人口。认真落实扶贫资金到村、到户政策，扶贫资金重点投向特色经济、农产品加工及家庭养殖等项目，切实发挥扶贫资金的效益。

强化科技兴农兴牧措施。认真实施好“种子工程”“增收计划”“菜篮子工程”“沃土工程”项目，抓好旱作节水农业，脱毒间套复种洋芋、种子包衣等常规技术，大力推广综合增产技术，扩大新品种、新技术的覆盖面，提高良种化程度，努力使农业科技的贡献率提高到 45%。畜牧业坚持走科学养畜、建设养畜的路子，推广暖棚饲养、秸秆氨化、青、微等技术，使牧业产值的比重明显提高。

转变农牧业增长方式，加快剩余劳动力转移。要彻底改变农村经济发展的单一模式，努力发展多种经营，鼓励并积极组织农村剩余劳动力外出打工，有序地向二、三产业转移。大力发展乡镇企业，更多地吸纳剩余劳动力。加快市场开发，促进农畜产品的流通。

（六）培育市场，积极推进小集镇建设。促进农村人口适度集中，提高城镇化水平。县城建设规划要立足于高起点，充分把握未来发展的趋势，规模要大，功能要强，着力于提高城市的文化内涵和品位。规划与建设要注重三个结合，同民族特色相结合，形成循化独有的风格。大力改善城市路、水、电等设施条件，加快道路绿化，开辟公共绿地，抓紧城市街景建设，实现绿化、美化、净化、亮化的目标。在积极争取国家扶持资金的同时，制定优惠政策，按照“谁投资、谁受益”的原则，鼓励企业、外商到小城镇投资建设，运用建立“农民城”“农民街”等有效手段，吸引农民到小城镇务工经商、定居和投资开发建设小城镇，并逐步形成规模，收到小集镇建设和农村经济发展良性互动的成效。“十五”期间，城镇人口达到总人口的 40% 以上，城镇和小集镇面积达到 10 平方公里。

紧紧抓住建设临平公路等重点干线公路和公伯峡电站上马建设的机遇，抓好交通型经济带建设。在小集镇建设中要结合实际，扬长避短，分类指导，围绕区域经济布局、特色产业形成、支柱产业发展确定建设重点。街子集镇建设与工业小区建设相统一，力争把街子工业小区建设成为黄河上游畜产品加工贸易基地；清水集镇建设成为辣椒加工、销售基地；公伯峡集镇建设成为商贸、餐饮、旅游综合服务基地；道帏集镇、文都集镇都应有所侧重地发展成为牛羊肉、中药材、藏地毯加工基地。对土地资源的出让实行公开竞标，有偿使用，最大限度地提高土地使用效率。建立适应小城镇发展要求的新住房制度、户籍制度、劳动就业制度、教育制度、社会保障制度，以及农民进城后承包土地转让等优惠政策，解除农民进城的后顾之忧。

（七）深化改革，努力提高对外开放水平。一是进一步深化企业改革。在全面完成国有企业改制的基础上，积极推进现代企业制度建设，以企业制度创新、结构创新、技术创新为重点，加快企业优化升级步伐，推进企业改制向工商私营企业拓展，实现全县企业改革与发展的新突破。二是大力改善投资环境，不断拓宽融资渠道。在实施西部大开发进程中，切实提高服务水平和工作效率，简化办事程序，为国内外客商提供便利条件，形成“你发财、我发展”的共识，制定一系列优惠政策，开放全部投资领域，积极吸收和利用外资，热诚欢迎本县在外事业有成的企业家回乡投资，引导各类资金向基础设施、生态建设、农业综合开发、水电和旅游资源开发、特色产品精深加工等领域投入。三是积极推进和完善各项改革。积极稳妥地推进政府机构和事业单位的改革，切实提高办事效率，减轻财政压力。深化土地改革，依法保护耕地，保持耕地总量的动态平衡，提高土地资源的利用率。稳步推进现有水利设施的产权制度改革，打破独家经营水利的机制，形成投资主体多元化、全社会兴办水利的机制。坚持和完善收支两条线管理制度，逐步实行政府统一采购；加快税收征管改革，加大征管工作力度，提高财政自给水平。进一步完善社会保障体系，扩大养老、医疗、事业等社会保险的覆盖面；深入推进科技、教育、文化、卫生等管理体制改革，积极推进住房市场化进程。

实施“走出去”发展战略，发展外向型经济。进一步加强同外界的广泛交流与合作，积极参加各种商贸洽谈会、展销会，宣传循化品牌，提高知名度，扩大循化知名品牌的市场占有率。建立并规范循化驻北京、成都、新疆、拉萨、西宁、格尔木办事处，充分发挥桥梁和纽带作用，为开放、开发创造便利条件。积极引导我县有优势、有竞争力的企业集团跨出县门，与省内外的大型企业联姻，优势互补，风险共担，利益共享，共同发展。鼓励农村能人以传帮带等方式，使更多的农村剩余劳动力在大中城市找市场、学技术，从事餐饮、娱乐、运输等服务业，不断拓展劳务输出的空间，积极跨出国门，开展贸易，承包工程，兴办各种投资少、风险小、利润大的产业，争取在利用国内外“两种资源，两个市场”方面有新的作为。“十五”期间，每年劳务输出的人数要占农村剩余劳动力总数的 80% 以上。

（八）科技为先，推动社会事业的全面发展。一是突出重点，加强先进技术的引进和开发，主要引进适合循化的农作物新品种，企业的新工艺、新设备，突出科技在生产力发展中的主导作用。二是加快技术进步，促进企业发展。用高新技术改造传统产业，加快传统产业的升级换代，不断增强企业自我创新和改造能力。新上项目必须以市场为导向，以科技为支撑，坚持运用新技术，开发新产品，做到高起点、高水平。三是积极与科研单位合作开发。在保护发展已有的名牌优势基础上，围绕农畜产品、中药材加工，尤其是特色产品“两椒一果”的深度开发上，引用“技术入股”的方式引进技术和人才，给“技术投资”者更多的优惠政策。四是加快科技设施建设，尽快建立科技中心，强化科技示范带动作用，抓好农牧民的科技文化培训和各种劳动岗位技术技能培训。

科技进步，基础在教育。进一步深化教育体制改革，积极推进素质教育。积极争取列入“义教”工程二期项目，加大投入，努力改善办学条件，完成第二中学的筹建和女子中学、藏文中学的扩建。努力实现学校的优化布局和资源的合理配置。积极采用现代化的教学手段，加强师资培训，引进先进教学设备，提高教育质量。继续普及义务教育，九个乡镇基本实现“普九”，学龄儿童入学率达到 98% 以上。扩大贫困生救助面，帮助贫困生顺利完成学业。大力发展职业技术教育和成人教育，基本扫除青壮年文盲，提高劳动者素质。高度重视人才培养和人力资源的开发，全社会形成尊重知识、尊重人才的良好风尚。充分调动科研人员的积极性，创造便利条件，输送专业人才到发达地区考察学习，同时积极聘用外部优秀人才。发展经济和控制人口两手抓，采取法律、教育、经济、行政等措施综合治理人口问题，加强农村牧区和城镇流动人口的计划生育管理。发挥学校的作用，普及计生知识，促进群众生育观念的转变，提高人口素质，控制人口数量。

发展卫生事业，提高人民健康水平。加强农村卫生设施建设，全面完成乡镇卫生院危房改造，启动农村合作医疗，实施十年初级卫生保健规划目标，提高计划免疫率，降低婴儿死亡率，加强预防、妇幼保健工作。

加快发展广播电视事业。在基本实现“村村通”的基础上，不断改善节目的转发设施，完成南山台迁址和调频广播综合楼建设，完成有线电视传播设备的更新和扩容工程，建成覆盖全县、质量较高的广播电视网。“十五”末，广播电视覆盖率达到100%。

（九）坚持“两手抓”，加强精神文明和民主法治建设。要坚持以邓小平理论和“三个代表”重要思想为指导，教育广大干部群众发扬热爱循化、艰苦奋斗、开拓进取、无私奉献的精神。继续广泛深入地开展以为人民服务为核心，以爱国主义、集体主义为主要内容的社会主义思想教育。树立正确的世界观、人生观、价值观，切实加强社会主义思想道德建设和健康向上的科学文化知识教育，深入开展各种形式的精神文明创建活动，全面提高群众文明素质，推动精神文明建设迈上新台阶。大力弘扬科学精神和人文精神，广泛开展科普教育，形成反对愚昧、崇尚科学的良好风气，倡导文明健康的生活方式。

积极扶持文化产业，加强文化设施建设，促进文化事业全面发展。“十五”期间，完成县体育馆、博物馆、宣传文化中心、乡镇文化站的建设。做好县志出版发行工作，并全面完成续志的编辑，积极倡导企业文化、村镇文化、校园文化和社区文化，丰富人民群众的文化生活，创造健康向上的社会文化氛围，加强文化市场管理，净化社会环境。

全面正确地贯彻执行党的民族宗教政策，广泛深入地进行党的民族宗教政策教育，巩固和发展平等、团结、互助的社会主义新型民族关系，依法加强对民族宗教事务的管理，继续开展爱国爱教的思想教育，坚决打击利用宗教进行违法破坏活动，积极引导宗教与社会主义社会相适应。

加强社会主义民主法制建设，加快依法治县进程。继续完善村民自治制度，加强民主建设，进一步完善以职工代表大会为基本形式的企业民主管理制度，推行政务、厂务、村务公开，扩大基层民主，加大民生监督，尊重群众的首创精神，畅通反映民意的渠道，善于集中群众的智慧，推进决策的民主化、科学化。各级领导干部带头学法、用法，增强依法办事、依法行政的意识。加强企业经营管理人员的法制教育，提高依法经营、依法管理企业的能力和水平。加强对中小学生的法制教育，积极引导青少年树立法律意识和法制观念。加大法制宣传力度，积极营造全县学法、知法、用法、守法、护法的良好氛围。加强地方性法律法规的调研立法工作。推进政府工作法制化，从严治政、依法行政。

加强国防教育和民兵预备役工作。深入开展拥军优属、拥政爱民活动，巩固发展军政、军民团结。

认真研究新形势下社会稳定面临的新情况、新问题，及时提出解决问题的新办法、新措施，要正确处理好改革、发展、稳定的关系，高度警惕和坚决打击境外敌对势力的分裂活动和达赖集团的破坏活动，确保社会政治稳定，加强社会治安综合治理，进一步严厉打击各种违法犯罪活动，防范和打击农村恶势力，实现社会治安的根本好转。坚决维护群众的合法权益，及时妥善处理草地、地界、水利等各方面的纠纷，把人民内部矛盾化解在基层，把各种不稳定因素消除在萌芽状态。高度重视安全生产，消除事故隐患，坚决杜绝重大恶性事故的发生。继续落实残疾人优惠政策，多渠道争取康复扶贫贷款，提高残疾人的就业比例。

切实加强党的建设和思想作风建设，按照干部队伍“四化”方针和德才兼备的原则，大力培养选拔优秀年轻干部，加快干部人事制度改变步伐，努力营造优秀人才脱颖而出的新机制，全面推进基层组织建设，认真开展“三个代表”重要思想学习教育活动，增强农村基层组织的凝聚力和战斗力，促进机关工作作风的转变和服务水平的提高。加强乡镇“四站一所”人员的管理，为群众提供有效服务。认真搞好党风廉政建设，加大从源头上防范和治理腐败的力度，切实纠正部门和行业不正之风。牢固树立只争朝夕、自我加压、奋发进取的新时代精神，自觉主动地适应改革开放和经济全球化、一体化的新形势、新要求，不断改进工作方式方法，创造性地开展工作，确保“十五”计划落到实处，收到实效。

——《循化县国民经济和社会发展“十五”计划纲要》（内部资料），循化县发改委办公室提供，2022 年 4 月。

循化撒拉族自治县国民经济和社会发展第十一个五年规划纲要

（循化县十四届人大四次会议审议通过）

“十一五”经济社会发展规划是我国全面建设小康社会的第一个五年计划，“十一五”时期是未来社会经济发展承前启后的重要时期，制定和实施好这一计划，对于全面实施我县脱贫致富奔小康“两步走”战略，实现富民强县目标有着十分重要的意义。实现现代化建设第三步战略目标，要认真全面总结“十五”经验，在科学预测的基础上，坚持以人为本，树立新的科学发展观，运用新思路、新途径、新办法来设计未来发展目标。立足县情，着眼长远，抢抓机遇，努力转变县域经济增长方式，提高人民群众生活水平，推动我县经济和社会事业迈上新台阶。

一、“十五”计划执行情况

“十五”期间，我县以邓小平理论和“三个代表”重要思想为指导，坚持以“三个有利于”为标准，以“三个高于”为目标，立足发展县域经济，加快脱贫致富，围绕“水利立县、农业稳县、工业强县、旅游富县、科教兴县、依法治县”的发展战略，狠抓经济结构调整，加大基础设施建设力度，努力壮大特色经济，使全县国民经济得到持续、快速增长，社会各项事业全面进步，从而为“十一五”规划的顺利实施打下了较为坚实的基础。

（一）“十五”经济社会发展取得的主要成就

1. 国民经济快速增长，经济实力明显增强。2005 年，全县生产总值达到 6.19 亿元，年均增长 15.5%，比计划目标提高 2.5%，人均生产总值 5226 元。其中：第一产业年均增长 6.1%；第二产业年均增长 19.4%；第三产业年均增长 17.6%。三次产业在全县生产总值中的比重由“九五”末的 29.05%、40.8%、30.2% 分别调整为 2005 年的 18.9%、48.1%、33%。地方财政一般预算收入 3041 万元，比“九五”末增加 1574 万元，年均增长 15.7%。城镇化水平达到 20.37%，年均提高 1.87%。城镇居民人均可支配收入 7106 元，比“九五”末净增 2658 元，年均增长 9.8%，低于计划目标 2.2%。农牧民人均纯收入 2014 元，比“九五”末增加 1084 元，年均增长 16.7%，低于计划目标 1.3%。人口总规模得到有效控制，自然增长率控制在 11‰以内。

2. 农业产业结构进一步优化，农村经济全面发展。一是坚持以市场为导向，积极引导农牧民群众调整产业结构，大力发展特色种植业，促进了农业生产的稳步发展。2005 年，农业总产值达到 1.73 亿元，年均增长 8.7%，完成粮食总产量 3078 万公斤，年均增长 5.1%，油料总产量 518 万公斤，年均增长 42.5%。特色作物种植面积达到 12.75 万亩，比“九五”末增加 12.15 万亩。经济作物在农作物总播种面积中的比重由 2000 年的 21.4%提高到 78%，其中油料作物在总播种面积中的比重由 2000 年的 21.2%提高到 2005 年的 23.3%，蔬菜面积由 13.4%提高到 19%。其中线辣椒种植面积和产量分别达到 1.86 万亩和 2212 万公斤，分别比 2000 年增长 4.5 倍和 3.8 倍。二是积极发展畜牧业，通过实施草原“四配套”“西繁东育”和农业综合开发及国家生态工程等项目，全县畜牧业保持了平稳较快的发展势头。2005 年，畜牧业产值达到 7956 万元，年均增长 14%，占农业总产值的 46%。饲养量达 41.5 万头（只），草食牲畜年末存栏达到 26.7 万头（只），年均分别增长 5.8% 和 4.3%。三是加大了生态环境建设力度，实施了天然林保护、“三北”防护林和退耕还林三大林业工程项目，累计完成退耕地造林 4.3 万亩，荒山造林种草 4.7 万亩；“三北”防护林工程完成人工造林 4.3 万亩，封山育林 3.5 万亩；天然林保护工程完成人工造林 6745 亩，封山育林 6.9 万亩。全县森林覆盖率由 2000 年的 18% 提高到 2005 年的 20.5%，生态环境治理与保护取得了明显成效。

3. 工业结构调整步伐加快，以个体私营为主的民营经济发展迅速。“十五”期间，我县继续推进“工业强县”战略，坚持以市场为导向、资源为依托、科技为支撑，进一步深化企业改革，加大技改力度，积极调整产业结构，大力发展特色工业，使全县工业经济得到了长足发展。工业结构调整取得了明显成效，形成了以沙海泉果汁加工、仙红天香辣椒加工等为主的特色农产品加工体系；以雪舟三绒和伊佳民族用品加工、撒拉尔民族工艺品加工、文都藏族用品加工等为主的轻纺业加工体系；以雪驰肉食品开发公司、阿丽玛乳业公司等为主的畜产品加工体系；以黄河干流和县内支流上在建、待建的公伯峡、苏只、黄丰、三九、夕昌、积石峡等电站为主的电业开发体系；以谢坑铜金矿、靖化冶炼公司等为主的冶炼业加工体系；以预制品、水泥、红砖、塑钢门窗等加工为主的建材业加工体系。2005 年，全县工业总产值达到 4.14 亿元，年均增长 12.3%；完成工业增加值 1.46 亿元，年均增长 16.1%，在 GDP 中的比重达到 23.6%。民营经济在全县工业经济中的比重达到 95% 以上。

4. 商业贸易日趋活跃，第三产业发展迅速。“十五”期间，依托小集镇加强商业体系建设，以培育和完善市场体系为突破口，投资2096万元，建成了大别列市场、县城建材综合市场、县城东门综合市场、白庄市场和道帏、文都集贸市场，繁荣了市场，活跃了商品流通，加快了城镇化步伐。2005年，全社会商品零售总额达14223万元，“十五”期间年均增长15.2%。

5. 固定资产投资不断加大，城乡面貌得到显著改善。“十五”期间，县属固定资产投资累计完成17.56亿元，年均增长19.7%，比“九五”累计数增加11.49亿元。基础设施建设投资力度不断加大，交通、水利、电力、通信、县城和集镇设施得到显著改善。

——公路交通。“十五”期间，累计完成公路交通投资1.53亿万元。2005年，全县公路通车里程达到421.24公里，实现了县乡道路黑色化，完成里程146.5公里，全县86个村实现了村级道路硬化。

——城镇建设。实施了县城供水工程、道路与排水工程、积石黄河大桥建设和垃圾处理等工程。县城区域面积发展到3.4平方公里，自来水日供水能力达到7000吨，人均拥有道路面积10.27平方米，人均公共绿地面积5.3平方米，城镇人均居住建筑面积达到14.7平方米。

——工业方面。相继实施了雪舟集团、伊佳民族用品公司、天香、仙红两椒公司等重点企业技改扩建项目。通过内引外联，引进区外资金，建成了年产10万吨水泥的振荣水泥一期项目和年产1000吨硅铁的靖化冶炼公司一期项目，完成了谢坑铜金矿选矿线改造项目。

——农田水利基本建设。永丰水库水利枢纽工程全面建成，改造病险水库一座，实施了配套灌溉及节水改造、人畜饮水、小流域治理、农业综合开发等水利工程。“十五”期间，全县新增灌溉面积0.29万亩，改善灌溉面积3.44万亩，治理水土流失面积44平方公里，解决了1.74万人、6.1万头（只）牲畜的饮水问题，有效地改善了农牧民群众的生产生活条件。

——电力通信建设。全面完成了农网、城网改造，实现了城乡同网同价目标。新建移动、联通、小灵通机站65座，行政村程控电话通村率达86%，全县移动电话覆盖面达到90%以上。

——教育、卫生、文化、广播电视基础设施。“十五”期间，新建和改扩建各类学校82所，新建校舍面积6.22万平方米。全县教育危房面积减少到5500平方米。中小学危房比例由“九五”末的7.2%下降到现在的4.3%。全县适龄儿童毛入学率达到99.57%，初中阶段毛入学率达到96.47%；职业教育和成人教育有了较大发展。广播、电视覆盖率分别达到48%和98%，建成了文化宣传中心和文化广场，为广大群众提供了休闲活动的场所，县城的品位和内涵得到进一步的提升。

——旅游基础设施。实施了孟达自然保护区一期建设项目、奄古录清真寺文物迁建和街子撒拉族民俗展览馆等项目，旅游基础设施有了新的改善。

6. 人口与计划生育工作得到进一步加强。“十五”时期，认真贯彻落实计划生育的各项方针政策，完成了人口与计划生育目标。2005年，人口自然增长率和出生率分别控制在12.46‰和16.03‰以内，人口素质逐步得到提高。

7. 扶贫攻坚工作取得显著成效，人民生活水平进一步提高。“十五”期间，我县紧紧围绕“两个”稳定为目标，积极动员社会力量，坚持落实各项扶贫措施，大力实施“八七”扶贫攻坚计划。2005年，全县农牧民人均纯收入2014元，年均增长16.7%；城镇居民可支配收入7106元，年均增长9.8%，城乡人民生活水平有了显著提高。

（二）“十五”经济社会发展主要经验

“十五”期间，我县在认真贯彻落实地委、行署的各项决策和工作安排的同时，不断深化对县情和发展环境的认识，积极探索和实践加快发展的新路子，在实践中积累了一些宝贵经验，主要有：

一是只有紧紧围绕发展这个第一要务，以经济建设为中心，一心一意谋发展，聚精会神搞建设，才能不断缩小城乡差距，消除贫困，实现富民强县的目标。

二是只有坚持以人为本，努力把满足人民群众日益增长的物质、文化生活需要，为广大人民谋利益作为各项工作的出发点和落脚点，才能充分调动广大群众的主观能动性和积极性，激发人民群众的创造力，促进县域经济的更快发展。

三是只有抢抓国家的各项政策机遇，把基础设施建设、生态环境保护与建设、发展特色经济放在突出位置，以项目工作为动力，不断改善发展条件，才能实现经济社会的可持续发展。

四是只有立足县情，充分发挥区位优势，坚持将结构调整作为经济发展的主线，不断优化产业结构、产品结构，才能转变经济增长方式，提高农牧业效益，实现农民增收。

五是只有不断加快改革开放步伐，才能进一步解放思想，推动生产力的发展，为加快县域经济稳步健康发展提供持久的动力。

六是只有不断深化对县情的认识，才能科学地贯彻和落实党的各项路线方针政策，制定出更加适合循化实际的发展思路和措施，才能不断开创改革开放的新局面。

七是只有保持政治稳定、民族团结、社会和谐的良好局面，才能有效地落实各项工作措施，推动全县经济社会的健康协调发展。

（三）存在的主要问题

我县经济社会发展虽然达到了“十五”计划预期目标，但经济发展中也存在着不少问题和矛盾。主要体现在：一是经济发展水平低，规模小，人均水平不高。近几年较高的经济增长速度是建立在低水平基础上的。目前全省人均生产总值已达到1000美元，全区人均生产总值达到588美元，而我县人均生产总值约630美元左右，远远低于全省和全区水平。农牧民人均纯收入与全国和全省相比，也有很大差距。二是低收入群体和贫困人口比重较大，县穷民不富仍是最大的县情，全面建设小康社会任务艰巨。加之随着重点工程机械化程度的提高、国家禁采令的颁布和青藏铁路的建设，我县在劳务输出方面的传统优势受到一定削弱，给农牧民增收带来了难度。三是农牧业基础设施落后，生态环境比较脆弱，干旱缺水仍然制约着我县生态治理建设和农业结构的调整。特色经济优势不够突出，农业产业化步伐缓慢。四是在发展工业经济方面没有大项目、大企业的支撑，发展后劲不足。对外开放和招商引资工作滞后，尤其是培育财政骨干型企业方面，远远落后于海东其他各县，在新一轮加快发展的大潮中处于劣势。五是旅游资源开发步伐缓慢，实施“旅游富县”战略步履艰难。六是地方财政收支矛盾仍然较为突出，公共事业投入乏力，各项公益性支出欠账较多。收支矛盾突出，运行艰难。七是社会各项事业发展滞后，尤其是教育、卫生、计划生育等工作落后的局面没有得到根本性改观。八是就业渠道狭窄、压力较大，1000多名大中专毕业生无法就业，对社会稳定和经济发展带来一些负面影响。

二、“十一五”经济社会发展指导思想和奋斗目标

（一）指导思想

我县“十一五”国民经济和社会发展的指导思想是：高举邓小平理论和“三个代表”重要思想伟大旗帜，以落实科学发展观、构建和谐社会总揽全局，坚持“五个统筹”，认真实施“生态立县、农业稳县、工业强县、旅游活县、科教兴县”的发展战略，以提高县域经济总体实力，提高农牧民收入和地方财政收入为目标，以发展民族旅游业为突破口，以加快工业化、城镇化为重点，以产业结构调整为主线，科技进步为动力，高度重视“三农”工作，突出特色经济、基础设施建设、生态环境建设、劳

务经济、城镇化建设。大力发展循环经济，努力创造节约型社会。进一步健全社会保障体系，推进物质文明、精神文明和政治文明协调发展。大力发展各项社会事业，促进经济社会协调可持续发展。

通过强化各项措施，狠抓落实，努力使我县在城镇建设、社会主义新农村建设、旅游业、民营经济、劳务输出等方面走在全区前列，力争将我县建成全区乃至全省最具特色的风景园林城镇，最具特色的优质农产品种植园区，最具特色的民营经济聚居区，最具特色的旅游休闲度假区和独特的民族文化发源区。

（二）奋斗目标

经济发展目标

——“十一五”期间，全县生产总值年均增长13%以上，到2010年末，国内生产总值达到11.41亿元，人均9115元。努力实现经济总量翻一番的目标，人民生活水平总体上进入初步小康水平。其中，第一产业年均增长5.5%，达到1.53亿元；第二产业年均增长17%，达到6.53亿元。工业增加值年均增长20%，达到3.65亿元。第三产业年均增长10.4%，达到3.34亿元。城镇化水平提高到31%以上。

——农牧民人均纯收入3550元，年均递增12%；城镇居民人均可支配收入10441元，年均增长8%。

——社会商品零售总额29873万元，年均增长16%。

——地方财政一般预算收入4898万元，年均增长10%。

——县属固定资产投资累计完成36.1亿元，年均增长15%。

可持续发展目标

人口自然增长率保持在11‰以内，期末人口计划数12.52万人。全县森林覆盖率达到25%，提高4.5%。

社会发展目标

注重人力资源开发，增强科技创新能力，到2010年，科技对经济社会发展的贡献率达到45%以上；在进一步提高“两基”攻坚质量的基础上，着力提高高中阶段教育，初步构建素质教育体系基本框架。人均受教育年限达到8年以上；城镇登记失业率控制在4.5%以内；每年转移农村劳动力3.5万人次以上。城镇社会保障体系基本完善，从业人员失业、养老、医疗保险的覆盖率进一步提高。到2010年，全县养老保险参保人数达到1800人，比2005年增加515人，增长40%；企业离退休人员的养老金发放率达到100%；医疗保险参保人数年均增长10%。人民的健康水平不断提高，预期人均寿命达到71岁。

我县国民经济和社会发展，既面临着诸多困难和严峻挑战，同时也具备了许多有利条件，主要体现在：一是党的十六大召开以来，使全县各族人民增强了加快建设小康社会的决心和信心，广大干部群众加快发展脱贫致富的愿望十分迫切，全民搞建设、谋发展的人气很旺。二是国家继续加大对西部大开发的支持力度，出台了扶持人口较少民族地区发展等一系列优惠政策，为我们争取国家资金和项目支持创造了有利条件。三是“十五”经济持续快速发展，为实施“十一五”规划奠定了坚实的基础。同时，“十五”期间我们在经济社会发展方面积累了较为丰富的经验。四是“十五”期间兴建的一些重点建设项目，在“十一五”时期将陆续发挥效益，为我们乘势而上、加快发展提供了较为广阔的空间。五是我县人文、自然景观荟萃，资源丰富，发展旅游业具有一定的后发优势，随着道路、服务设施、城市功能的不断完善，旅游资源开发在“十一五”将有较大发展，并依此辐射带动第三产业发展和城镇化水平的进一步提高。

三、“十一五”经济社会发展的主要任务

“十一五”期间，我们要紧紧抓住国家西部大开发、扶持人口较少民族发展和加大对农业基础设施投入力度的机遇，进一步增强优患意识、机遇意识、发展意识、人均意识、赶超意识，保持国民经济持续快速健康发展的良好势头，为全面建设小康社会迈出坚实的步伐。

（一）进一步加大投入，加快基础设施建设

1.公路交通

以建设交通示范县为目标，加快农村公路建设力度，逐步提高农村公路的通达深度及标准，促进省、县、乡、村道及水运的协调发展，培育完善县、乡、村客运市场，全面提升路网整体服务水平。使全县基本形成以县、乡道为骨干，村道为支点，干支相连、布局完善、结构合理、安全可靠、服务完善的农村公路网络。“十一五”期间，一是建设白（庄）夏（河）出县公路，全方位打通与周边省州县联系的通道。二是新建来克公路、尕苏公路、宗尖等公路建设，解决断头路、行路不畅的问题。三是大力提高现有县乡道路等级和标准，建设河北、白文、王朱、岗察等公路。四是继续实施村级道路硬化工程，“十一五”期间，我县所有行政村全部实现道路硬化。五是加强站点建设，重点建设街子、查汗都斯、县城西站和河北新区等汽车站建设。六是桥梁工程，主要有街子河滩桥、托坝黄河大桥、乙日亥河滩桥、专堂吊桥等桥梁建设。七是多方筹措资金，加快积石黄河大桥至吊桥南北两岸的滨河设施建设，构筑抢渡黄河国际挑战赛平台，提高城市功能。八是加快建设积石峡、公伯峡、黄丰电站和苏只电站等19个水运港口和码头。“十一五”期间公路建设投资额达到6.48亿元，新、改建县乡公路925.8公里，新建维修桥梁58座，硬化村级道路3乡52村300公里，建成汽车站5个、停靠点182处、招呼站210个。

2. 水利设施

农田水利建设着眼于提高农牧民生产条件、生活条件和改善生态环境，狠抓骨干水利工程建设，进一步改善农业生产条件，为农业增产、农民增收奠定基础。“十一五”期间，计划投资8.44亿元。一是重点实施道帏铁尕楞、白庄山根等52项人畜饮水安全工程。二是积极争取实施公伯峡南北干渠、夕昌水库、建设堂水库和德隆水库等水资源开发与水资源配套骨干工程，使我县干旱缺水的状况得到有效缓解，同时对查汗都斯和东湾寺病险水库逐步进行改造，做好吾土斯山和孟达山灌溉工程建设，在农业开发方面取得新进展。三是抓紧一批蓄水、提水中小型水利工程的项目争取工作，包括新建札木、三兰巴亥、羊巴扎等52座提灌站、蓄水池和渠道工程。四是通过水利设施配套建设，重点对我县生态体系脆弱的道帏大峡沟、古雷、县城南山、文都丹麻沟、尕楞曲卜藏、积石镇西沟等六个小流域进行综合治理。五是加快灌区改造与节水配套工程建设，建设防渗渠160公里、输水干支渠229公里，包括夕昌沟灌区、查汗都斯灌区、积石镇灌区、白庄灌区、道帏灌区、黄丰渠、尕楞灌区和相玉沟灌区。六是河道治理及防洪工程，重点对白庄拉边、山根，道帏丹麻、比隆沟，街子河、清水河以及黄河干流循化段等九处险段进行整治，建设防洪堤坝63公里。通过水利项目的实施，解决3.5万人和8.5万头（只）牲畜饮水困难。改善农业、林业生态面积16.13万亩，新增农田1万亩，林地7500亩，草地4500亩。治理流域面积60.62平方公里，治理水土流失39平方公里。

3. 信息化建设

着力提高城镇通信现代化水平，大力改善边远地区通信条件。加快固定通信网、移动通信网的建设，提高通信网络技术层次，增强通信能力。实施政务信息工程，发展宽带传输网络，实施政府、企业和学校上网工程，逐步形成联通全县的信息网络系统，建成计算机、电信、电视“三网合一”的高速信息通道，提高网络覆盖面，促进国民经济信息化进程。“十一五”期间，加快建设移动、联通及小灵通等的通信网络机站，彻底解决边远地区的通信难问题。

4. 电力建设

“十一五”期间，电力建设以电灌站线路改造，提高供电效能为主，加快自然村通电工程和河北新区电网建设，进一步提高电网运行质量，改善服务环境，为促进县域经济和社会发展做出贡献。

（二）促进社会主义新农村建设

按照“生产发展、生活宽余、乡风文明、村容整洁、管理民主”的总体要求，坚持规划先行、循序渐进、试点引路、合理布局、集约发展的原则，稳步推进社会主义新农村建设。一是加强新农村建设规划，严格规划控制，节约和集约利用土地。同时，新农村建设与移民安置工作相结合，作为新的起点和样板，实现稳步推进。二是加大对农村公益性基础设施的投入力度。通过农村“六小”工程、实施少数民族规划等多种渠道，千方百计增加投入，努力改善农牧区基础设施条件，使农牧民享有公平的公共服务，逐步缩小城乡差距。坚持搞好农田水利、人工种草、草场围栏等农业基础设施建设，不断改善农牧业生产条件。三是加快人畜饮水工程建设，提高安全饮用水普及率。发展小水电、太阳能等能源建设，改善农牧区能源紧缺状况。四是加快乡村公路建设，提高通达深度和等级。五是提高农业综合生产能力建设，增加农牧民收入。六是提高科技、卫生、文化服务水平，提高广播电视综合覆盖率，抓好电话进村入户工程建设。七是加强素质教育，逐步提高农牧民群众科学文化素质，做到乡风文明、村容整洁。八是加强基层政权建设，促进农村民主管理进程。到 2010 年，全县耕地保有量达到 17.25 万亩，农牧区安全饮用水普及率达到 100%，自然村通电率达到 100%，行政村道路硬化率达到 100%，行政村通电话率达到 100%，农民住房砖混结构比重达到 20%以上，牧民全部实现定居。积极实施村落整洁和安居工程，树立新农村建设样板，努力建成一批带有示范性的旅游村、生态村、育肥村、商贸村和劳务村。

（三）加快城镇化步伐，促进城乡统筹协调发展

“十一五”期间，坚持因地制宜、突出重点、循序渐进的原则，加快建设围绕县城、街子集镇的城镇群落，完善城镇体系框架，逐步形成布局合理、功能完善的城镇体系。

县城建设　突出县城拓展和完善县城功能两个重点，不断推进城镇化水平。按照小而精、小而美、小而特的原则将循化县城建设成为黄河上游独具魅力、个性明显的风景园林城市。到“十一五”末，县城面积扩大到 7 平方公里，城镇人口达到 3.9 万人，其中县城人口 2.8 万人，集镇人口 1.1 万人。“十一五”期间，一是继续加强县城

基础设施建设，重点实施县城集中供热工程、供水管网扩建工程、污水处理工程、县城道路排水续建工程、广场建设、县城防洪排涝工程、绿化美化工程、市政桥梁建设、市场建设和旧城改造工程以及住宅建设等31项工程。“十一五”期间，县城基础设施建设投资累计达到9.91亿元，新增供水管网33公里，日处理污水能力达到1.3万吨，污水处理率达到31%；新建市政黄河大桥1座，新增公共绿地面积45公顷，人均公共绿地面积8.5平方米；新建住宅面积21万平方米，人均住宅面积达到19平方米，比“十五”期间增长30%；县城集中供热面积达到150万平方米，供热率达到65%。二是加快河北新区的规划和建设，进一步扩大城区规模和面积，增加城镇人口，不断提高城镇化水平。将河北新区建设成为集旅游、服务、居住、办公和文化娱乐为一体，功能齐全、风景优美的黄河岸边撒拉族绿色家园。三是转变城市经营理念，将政府指导和市场机制相结合，进一步加强城市经营管理的能力和水平，做到基础设施建设与城市管理、经营同步协调发展，努力发挥城市在辐射带动县域经济发展方面的重要作用。四是严格规划管理，增强规划透明度。做到依法规划、依法建设，改变城市建设中的随意性和盲目性。五是加快撤乡建镇步伐，转移农村剩余劳动力。

小集镇建设　按照统一规划、合理布局、因地制宜、各具特色、综合发展、配套建设的要求，努力把街子集镇建设成为畜产品加工贸易基地，白庄集镇建成农副产品、木材交易集散基地，公伯峡集镇建设成为商贸、餐饮、旅游综合服务基地，道帏、文都集镇建设成为牛羊肉、藏地毯加工基地。通过小集镇建设，进一步带动农村第三产业发展，促进农村劳动力转移。“十一五”期间，小城镇基础设施建设投资达到1.53亿元，重点实施集镇道路排水供水工程、污水处理、新村建设等工程。同时，按照“谁投资、谁经营、谁受益、谁承担风险”的原则，调动各方面的积极性，参与市场建设，重点建设县城农产品交易市场，街子、公伯峡、文都、白庄和道帏农贸市场。

（四）调整和优化农业结构，大力加强农业综合生产能力建设

“十一五”期间，继续加大农业结构调整力度，以农业增效、农民增收为中心，以特色农业为主攻方向，大力推进农业产业化，努力提高农业综合生产能力。

种植业　一是加大种植结构调整力度，“十一五”期间种植结构调整面达到90%以上。突出发展我县优势产业，扩大具有县域特色的名、优、特农产品种植面积，重点发展线辣椒种植和优质薄皮核桃、杂果、杂交油菜、中药材种植以及胡萝卜套种规模。“十一五”期间通过基地建设，全县线辣椒种植面积达到2.5万亩，核桃种植面积达到2万亩以上，胡萝卜套种面积达到1万亩，花椒种植规模达到1万亩以上。同时

结合线辣椒和冬小麦种植规模的扩大，建设线辣椒制种基地和冬小麦繁育基地。坚持走优质农作物保量、扩优、提质、增效的路子。二是推进农业产业化进程。以扩大生产规模、提高竞争力和带动力为目标，紧紧围绕特色农业主导产业，培育和扶持一批农畜产品加工、运输、营销龙头企业。做好以现有三家辣椒制品厂为主的线辣椒产业化和浓缩果汁加工等农业产业化企业。加快定单农业建设，力争到2010年，全县农业产业化经营覆盖面达到50%以上。三是实施土地整理项目，扩大耕地面积，鼓励实行土地适度规模经营，提高农业集约化程度。四是建设良种基地，大力实施良种工程，突出品种改良，加快高效种植业发展。五是加大科技投入和指导力度，进一步强化培肥地力等农业常规措施，提高农业产出率。六是引导和鼓励发展农村合作经济组织和农民经纪人等中介组织，加强农贸市场、农产品批发市场建设，开拓农产品市场，搞活产品流通。七是健全农业社会化服务体系，提高农业服务水平。积极发展线辣椒协会等各类农业协会，建立和完善农业科技推广体系，加强面向“三农”的农资、农机等服务站点建设，为农业发展提供综合配套服务。八是利用公伯峡电站、苏只电站等库区蓄水，大力发展水产养殖业。“十一五”期间，计划实施“七大体系”、12个重点建设项目，总投资1.47亿元。

畜牧业　到2010年底，全县牲畜社会饲养达到61万头（只），年均增长8%；草食牲畜存栏达到32.5万头（只），年均增长4%；肉类总产达到7730吨，年均增长5%；牛奶产量达到6177吨，年均增长5%。全县“西繁东育”项目户达到2000多户，年繁育牛羊30万头（只）。“十一五”期间畜牧业发展的重点，一是建立绒山羊基地、牦牛藏系羊基地、奶牛、特种畜养殖基地、牛羊贩运育肥自繁自育基地和小尾寒羊基地以及生猪基地等六大基地，加大基础设施建设投入，推动畜牧业产业化进程。二是加快畜禽良种化步伐，大力引进小尾寒羊、黑白花奶牛、肉用秦川牛等优良畜种，发展优质高效畜牧业。三是继续抓好“西繁东育”，推进“自繁自育”及舍饲圈养畜牧业。建设畜棚2.4万平方米。同时，抓好养殖业重点示范村、示范户建设，实现典型引路，全面发展。四是建立健全县、乡、村三级服务网络体系，加强动物防疫检疫水平及畜禽产品安全生产，提高对畜牧业产前、产中、产后的系列化服务，促进畜牧业健康发展。五是加强饲草料基地建设，提高秸秆资源利用率，调整种植结构，推广粮食、经济、饲料作物种植面积。结合退耕还林（草）工程建立种子基地，扩大牧草种植规模。搞好天然草场围栏封育，防治草原病虫（鼠）害，提高草原畜牧业生产能力。六是重点发展肉制品、乳制品等畜产品加工业，延伸畜牧产业链，提高加工增值水平。

七是加强畜牧业基础设施建设。实施畜牧业基地建设、畜禽良种工程、动物防疫体系建设和草原饲草建设以及退牧还草工程等81个项目，累计投资达到4.38亿元。

（五）加强生态环境保护和建设，不断提高可持续发展能力

生态环境建设与保护　“十一五”期间，在继续实施天然林资源保护、“三北”防护林、公益林建设和退耕还林四大林业工程的同时，坚持“全面规划、合理布局、分步实施，连片治理”的原则，抓好植被覆盖，改善生态环境，按照“多林种、多树种、多层次”的要求，大力推进经济林、水源涵养林、用材林建设，加快育苗基地建设，进一步提高林业经济效益。实施好天保工程区和退耕还林区薪炭林建设、农田林网建设及南山治理工程等建设项目。在黄河沿岸地区大力发展核桃、花椒等特色经济林种。做好林业技术推广、林业服务体系建设、种苗工程建设以及病虫（鼠）害防治、森林防火工作。认真落实生态建设与保护的各项措施，加强生态环境的治理与保护。以县城绿化和公路两边绿化为重点，实行乔、灌、草、花相结合，建设具有地方特色的园林绿化工程。努力把河北植物园建设成为具有浓郁特色的高原植物生态园。“十一五”期间，力争完成林业建设1亿元，累计完成人工造林17.3万亩，封山育林11万亩，四旁植树15万株，新增森林面积17.3万亩，到2010年末，全县森林覆盖率达到25%。

环境污染防治　坚持“预防为主、防治结合、突出重点、综合治理”的方针，重点抓好水泥、冶炼等行业的环境污染防治。认真落实项目建设环境影响评价和“三同时”制度，加强项目建设的环境监测管理，实现污染物排放总量控制和达标控制。城镇污水处理率达到30%以上。

资源再生利用　加强对矿产资源的规划、管理、利用和保护，合理有序地开发利用土地、矿产、水等重要资源，提高资源综合利用率。严格执行基本农田保护和耕地占补平衡制度，积极推进土地整理和开发工作。加大矿产资源普查和勘查力度，建立和完善资源有偿使用机制，增强资源开发的地质恢复和生态补偿能力。进一步完善土地使用权、矿产采矿权等市场体系建设，实现市场对资源的有效配置。

（六）发展壮大民营经济，努力提高工业化水平

“十一五”期间，立足县域工业经济发展实际，以资源为依托、市场为导向、科技为手段、招商为重点，进一步发展特色经济，不断壮大特色产业和优势产业，提高市场竞争力。重点抓好六个支柱产业：一是以三绒集团、伊佳公司为龙头，发展壮大轻纺工业；二是以天香、仙红、雪驰公司、浓缩果汁加工厂为龙头，发展壮大特色农产品加工业；三是以振荣水泥为龙头，发展壮大建材业；四是发展以谢坑铜金矿、硅

铁厂为主的采矿及冶炼业；五是利用境内丰富的水电资源优势，大力发展水电和高耗能工业；六是以刺绣、荷包、氆氇等手工艺品加工为主，发展旅游产品加工业。到“十一五”末，力争实施工业项目37项，计划总投资61.6亿元，使全县工业总产值达到10.31亿元，年均增长20%；工业增加值达到3.65亿元，在全县生产总值中的比重提高到40%以上，比“十五”期间提高10个百分点，年均增长20%。工业企业实现税金4500万元，实现就业6500人。

轻纺工业　以改造和提升传统产业为目标，重点实施毛纺公司、文都藏毯厂、雪舟三绒集团扩建项目，新建三绒集团产业用布、造纸毛毯BOM技改、循化绒毛交易市场、牦牛绒毛纤维拉伸细化、牦牛绒与大豆纤维混精纺高支生产线和循化牛羊驼绒交织毯生产线以及青海伊佳公司扩建工程等项目。

建材工业　“十一五”期间，以扩建和新建符合环保要求的高品质水泥生产线和民用建材用品生产为重点，实施好振荣公司二期扩建、循化砖厂空心砖改造、循化光石板材厂和循化圣驼建材厂等项目。

有色金属工业　依托丰富的水电资源，大力发展20万吨铝电联营、谢坑铜金矿选矿厂扩建等高载能和优势矿产资源利用工业项目。“十一五”期间，争取开发1至2个高载能项目，增强县域经济综合实力。

农牧产业化　重点发展以果品、肉、奶、蔬菜等特色产品为主的农畜产品加工业，不断提高农产品转化率和加工增值，增加农牧民收入。“十一五”期间实施天香仙红线辣椒精加工、浓缩果汁胡萝卜深加工、雪驰公司牛羊肉加工、阿丽玛乳业续建、查汗都斯奶粉厂技改、西河滩立体农业开发和核桃产业化工程等项目。

能源工业　大力推进黄河干支流中小型水电站建设，重点推进苏只电站、黄丰电站和夕昌电站建设，总装机容量达到44.85万千瓦。

（七）大力发展具有民族特色的旅游业

立足我县丰富的旅游资源，高度重视旅游工作，切实将旅游业作为发展第三产业的龙头和县域经济发展的支柱产业来培育。坚持“全面规划、分步建设、重点突出、整体推进”的原则，进一步放活政策，以开发孟达自然保护区生态旅游、撒拉民族文化民俗风情旅游、黄河谷地自然风光旅游、宗教名人故居旅游、农业观光旅游等为重点，大力发展具有区域和民族特色的旅游业，全力打造黄河岸边撒拉族绿色家园品牌。一是加强旅游基础设施建设。“十一五”期间计划投资5.04亿元，实施波浪滩旅游开发、撒拉族民俗旅游村、骆驼泉撒拉族民族园、文都班禅大师、故居游客接待中心、公伯峡景区开发、奄古录拱北设施改建、安多天然佛塔修缮道路建设、黄河漂流探险设施、县城环境整治美化、孟达景区排水和污水处理、孟达景区景点建设、孟达天池生态旅游开发、古雷寺及喜饶嘉措大师故居等项目建设，使我县旅游基础设施得到显著改善。二是完善旅游服务设施，健全服务功能。旅游接待设施是旅游体系建设的重要组成部分，进一步加大接待设施建设力度，“十一五”期间旅游接待住宿床位达到4500床，星级宾馆数达到10家。三是加快旅游商品开发。主要开发一批富有地方民族特色的纪念品、工艺品、民族用品、仿真文物和旅游纪念品。结合县城总体开发规划，建成旅游商品一条街或旅游商品市场。四是依托西宁、兰州两大中心城市，做好旅游线路开发。按照我县旅游资源的空间布局状况，开发孟达生态旅游、黄河风光游、农业观光生态游等旅游线路。五是加强旅游宣传和促销。通过参加省内外旅游交易会、博览会和制作宣传画册、音像制品、广播电视网络媒体等多种方式，推介我县旅游品牌，提高知名度。六是挖掘旅游景区、景点的民族文化内涵，开展红色旅游，充实撒拉族旅游文化节、藏族拉则节等节庆活动的文化底蕴和内涵，培植重大节庆活动对旅游业的支撑，提高旅游开发的层次和水平。七是抓好旅游从业人员的培训工作，采取“送出去，请进来”的方法，培养高素质的旅游从业人员，不断提高服务水平。八是做好旅游景点开发规划工作。通过不懈的努力，逐步将旅游业培育成我县重要的支柱产业，使“旅游富县”战略取得实效。到“十一五”末，力争使全县游客接待人数累计达到60万人次，旅游收入达到9000万元以上。

（八）狠抓劳务经济和扶贫攻坚工作

“十一五”期间，继续坚持城乡统筹就业的方针，按照“公平对待、合理引导、完善管理、搞好服务、规划培训、保证质量”的原则，全方位、多渠道、多形式拓宽劳务输出渠道，扩大劳务输出规模，使我县劳务经济取得新的突破。力争五年累计转移农村劳动力17.5万人次（年均输出3.5万人次），其中政府组织转移4.5万人次，省外转移6.7万人次。常年在外从事劳务的达到2万人，创劳务收入6.3亿元，年劳均收入3600元。成立驻外劳务办事处50个。同时以树立“中国撒拉人家”餐饮品牌为重点，进一步延伸劳务经济产业链，努力使县外餐饮点达到3000家。一是抓好劳动力技能培训，提高培训质量和技能。五年累计培训烹饪、汽车驾驶、建筑技术、家政服务等技能工1.75万人次。结合技能培训注重加强输出人员的法律知识培训，提高法律意识，保护合法权益。二是搞好培训基地建设，投资450万元，建筑面积4730平方米，建设多功能劳务技能培训基地。三是拓展劳务渠道，扩大输出规模。培育和发展城乡一体化的劳动力市场体系，规范劳动力市场秩序。进一步建立健全驻省外劳务管理服务机构，努力形成全方位、多渠道转移的劳务输出格局。四是强化服务，创造良好的劳务输出环境。

继续坚持开发式扶贫方针，以贫困人口为主攻方向，把整村推进工作作为扶贫开发的重点，大力调整产业结构，加强以水利为重点的农田基本建设，积极推进农业产业化经营，进一步改善贫困村的基础设施条件，努力提高贫困群众的科技文化素质。对环境恶劣地区的群众有计划地组织搬迁安置，实现异地脱贫。进一步加强与友好地区和县市的联系，加大联引结对工作力度，借助外力促进脱贫。到2010年解决《八七扶贫攻坚计划》剩余的18个绝对贫困村、1.83万贫困人口的温饱问题，解决78个低收入村、442万贫困人口低收入问题，使绝对贫困户和低收入贫困户的人均纯收入分别达到940元和1200元以上；使96个村的6.25万贫困人口人均粮食占有量由目前的235.24公斤提高到400公斤；全县贫困村实现通电、通路，人畜饮水困难得到解决；加大教育扶贫救助力度，贫困户适龄儿童入学率达到98%以上；开展科技扶贫，广泛培训农牧民，使每个贫困户都有一人掌握一至两项实用技术；贫困村实现村村有卫生室、人人享有医疗、保健、防疫条件，基本消灭地方病；建立和完善农村广播、电视网络，使90%的贫困村通广播电视和有线电视。

（九）狠抓教育、文化、计划生育、卫生等社会事业，促进经济社会持续、协调发展

教育　在全面实现“普九”目标基础上，稳步提高学生入学率。到“十一五”末，使初中阶段毛入学率达到98%以上，高中阶段毛入学率达到80%以上，青壮年人口非文盲率提高到97%以上。到2010年，小学教师大专学历、初中教师本科学历分别达到80%和60%以上。全县所有完全小学开设计算机课程，中小学普及远程教育。一是进一步发展基础教育。到2010年全面实现“普九”目标，小学在校生规模达到1.6万人，初中在校生达到7500人。二是重视发展学前教育。到2010年70%的乡镇建设中心幼儿园，20%的村建立村办幼儿园，稳步提高学前教育普及率。三是促进职业教育和特殊教育发展。争取“十一五”期间建设一座规模较大、功能较为齐全的职业学校，提高职业中学学生比例。四是继续加大投入，改善办学条件。“十一五”期间，投资9579万元，对全县17所中小学校校舍进行新改扩建，使中小学学生人均校舍面积达到国家规定标准，从而彻底消除中小学危房。五是加快教育信息化步伐。到2010年，学校信息技术覆盖率达到100%，完小以上学校计算机网络教室配齐率达到100%；100%和

70%的中、小学达到青海省电教设备配备基本标准。六是积极稳妥地推进学校布局调整，促进教育资源的整合与优化。到2010年，县城东、西各建一所完小；将白庄中学和民族中学建成完全中学，以满足“普九”后对高中教育和职业教育的需求；对学生规模不足50人的村级小学和200人的初中进行适当合并，实行寄宿制教学。七是加强教师培训，提高教学质量。争取建设教师培训中心或基地。到2010年，教师新课程改革、现代信息技术和继续教育培训面均达到100%，小学、初中和高中教学符合各类教育学历要求分别达到99%、95%和90%。八是紧紧抓住国家对少数民族发展支持的机遇，加强农牧民群众扫盲后的巩固提高工作，在功能性扫盲方面取得实效，为实现小康目标提供智力和素质保障。

卫生　充分利用、整合现有资源，建立健全疾病预防控制体系和医疗救治体系，进一步提高公共卫生服务水平和突发性公共卫生事件应急能力。扎实推进农村新型合作医疗制度，不断满足广大农牧民就医需求。进一步改善医疗卫生条件，实施好县人民医院综合楼改造、县人民医院急救中心、妇幼保健站综合楼、循化县康复疗养院、循化中藏医院、社区卫生服务站以及白庄、文都、街子中心卫生院等县、乡、村基础设施建设，新建改造业务用房和附属用房4.13万平方米，力争在卫生基础设施和设备配置方面投资1.32亿元。加强医疗卫生队伍建设，切实为群众就医提供良好的服务。深入整顿和规范医疗服务收费和药品购销秩序，切实解决群众看病就医难问题。

计划生育　坚持计划生育基本国策，做到发展经济和控制人口两手抓，采取法律、教育、经济、行政等措施综合治理人口问题，加强农村牧区和城镇流动人口的计划生育管理。发挥人口学校的作用，普及计生知识，促进群众生育观念的转变，提高人口素质，控制人口数量。不断改善基层计划生育基础设施状况，提高计生服务水平。“十一五”期间，计划投资3191万元，实施好县计生服务站整体搬迁、乡村计生服务站扩建改造等项目，进一步完善县、乡、村三级计生服务设施。同时加快计生信息化建设步伐，促进计生事业逐年上台阶。

文化、体育　“十一五”期间，力争完成体育馆扩建，建设循化县民族博物馆、沿黄体育圈和塑胶广场，建成5个乡镇文化体育活动中心，实现村村建文化室和篮球场。加强社区文体事业，搞好体育节目，做好优秀民族文化体育遗产的抢救、保护、整理工作。繁荣和丰富广大人民群众文化生活。建立具有民族和地方特色的文化体育品牌，促进经济建设和文化事业同步协调发展。

广播电视　在基本实现广播电视“村村通”的基础上，认真实施广电综合大楼建设、乡镇微波发射台、“户户通”广播电视工程和有线电视传播设备的更新和扩容等项目，开办循化电视台自办节目，力争全县基本实现广播电视“户户通”，全县广播电视人口综合覆盖率达到94%以上。

科技　继续实施“科技兴县”战略，坚持技术创新，建立健全科技创新体系，通过实施新技术与常规技术相结合，人才培养与科技成果推广相结合，使科技在经济增长的总体贡献提高到45%以上，科技三项费投入达到财政实际预算收入支出的0.5%以上。加强科技培训，力争到2010年末，使全县农村实现户均一名科技“明白人”。同时建立由科技、人事部门共同管理的科技人才库，引进和培养高级专业人才200名，中级人才300名。认真做好省级科技示范园区建设，争取建成循化县科技馆，在十个乡镇建成科技示范基础。

档案工作　一是加强档案馆库建设，按照档案库房设计要求，建设一座建筑规模2000平方米的县级档案馆，填补我县档案馆建设的空白。二是促进档案信息化建设，提高服务能力，为经济社会发展提供方便、快捷和优质的档案服务。三是加快对珍贵历史文化遗产进行抢救、保护和开发。

人才工作　树立科学的人才观，坚持德才兼备原则，紧紧抓住培养、吸引、用好人才三个重要环节，加强以党政管理人才、企业经营管理人才和专业技术人才为主的人才队伍建设，加强人才培训，努力营造尊重知识、尊重人才的良好氛围，为我县全面建设小康社会提供坚强的人才保证和广泛的智力支持。

防灾减灾　坚持预防为主、统筹规划、综合防治的原则，对重点防治点开展地质灾害的治前勘查和可行性研究工作；加强宣传、普及地质灾害防治和减灾的科学知识，推动地方性地质灾害防治管理办法等法规的出台实施，使地质灾害防治和地质环境保护逐步走向法制化轨道；初步建立地质灾害监测和群防群治体系，着手建立地质灾害预警、预报系统；结合退耕还林（草）等生态建设工程，在泥石流沟域高陡坡地带进行生物治理，提高植被恢复，使地质环境恶化的势头得以减弱，使人为诱发的地质灾害得到明显控制。做好地震监测预报工作，增强全社会抵御地震灾害的能力。重视气象工作，做好人工影响天气、气象探测、生态环境监测、森林草原火险等级预报和电视天气预报、气象地质灾害预报以及气象灾害评估等工作，加强气象基础设施建设，为保障人民的生命财产安全，保障经济社会的稳定发展做出贡献。

社会救助　进一步加大对社会弱势群体的救助力度。加强老年服务、残疾人服务工作，建立健全县、乡、村三级残疾人服务网络等社会服务设施及社会保障体系建设。

"十一五"期间，计划投资2670万元，新建县级救灾物资储备库、循化县社会福利院、循化县老年公寓、循化县中心敬老院、村委会办公用房、"两馆一院"维修、特困人口房屋建设等10个项目，不断完善社会保障体系。

（十）进一步拓展劳动力就业空间，提高人民生活质量

"十一五"期间要通过政策扶持、政府引导、社会兴办等多种方式和渠道，围绕城乡居民的物质文化需要，加快发展商贸流通和各类生活服务业，拓展服务领域，提高服务水平。因地制宜地大力发展城镇社区服务业，开展面向不同群体的社会救助和社会福利服务、便民利民服务、就业和再就业服务，促进社区服务与市场结合。大力发展农村生活服务业，加快农村水、电、路、卫生、文化、广电设施和网络建设，改善农村消费环境，健全农村卫生服务体系。

（十一）认真组织实施人口较少民族发展规划

一是根据《青海省扶持人口较少民族（撒拉族）发展专项建设规划》，坚持"让人口较少民族直接受益，以改善群众基本生产生活条件和增加收入为重点，项目直接到村"的原则，采取有力措施，认真实施项目建设规划，努力发挥项目效益。二是集中资金，注重发挥项目带动效应。加快城北新区基础设施、撒拉族民族风情游和农业观光游基础设施建设，带动和促进撒拉族聚居地区经济的发展。三是以国家扶持人口较少民族发展政策为契机，努力争取资金，使全县撒拉族聚居区达到"四通五有三达到"的目标。

四、主要政策措施

（一）推动科技进步，发挥科技对经济社会发展的支撑作用

大力实施"科技兴县"战略，加快人力资源开发，大力发展科技中介服务机构，促进高新技术和先进适用技术的引进、示范、推广，加快科技成果转化步伐。建立科学、合理的激励机制，做到人尽其才、人尽其用。

（二）扩大开放，利用外力，促进发展

围绕水电、旅游、特色农产品、畜产品加工等优势资源，顺应东南沿海和中部地区产业向西部转移的趋势，制定完善招商引资的优惠政策，进一步放宽资本、产业、人才等发展要素准入政策，积极吸引和利用外来投资，促进县域经济的发展。

（三）进一步深化改革，推进体制创新

进一步转变政府职能，提高服务水平，创造良好发展环境。认真按照十六届五中全会有关政事分开、事企分开、分类定位、分开管理的要求，积极推进事业单位改革。

认真贯彻执行《行政许可法》，全面推进依法行政。

（四）大力改善投资环境

认真清理不利于市场公平竞争的地方性法规、条例和制度。积极落实省地出台的招商引资的各项优惠政策。简化办事程序，提高办事效率。坚决查处推诿、扯皮、刁难等现象，打击地方保护和排外行为，加强法制宣传力度，提高公民法制素质，为外商投资提供公平竞争的良好环境。

（五）加强民主法制和精神文明建设

大力推进依法治县进程，加强社会治安综合治理，坚决打击和遏制民族分裂势力，着力打造“平安循化”，全力维护社会稳定。全面贯彻党的民族宗教政策，深入开展民族团结创建活动，巩固和发展平等、团结、互助的社会主义新型民族关系。广泛开展共产主义、爱国主义、集体主义和“三个代表”重要思想学习教育活动，加强思想道德建设，加强社会公德、职业道德和家庭美德教育。

——《循化县国民经济和社会发展“十一五”计划纲要》（内部资料），循化县发改委办公室提供，2022 年 4 月。

青海省扶持人口较少民族（撒拉族、土族）发展“十二五”专项建设规划

扶持人口较少民族加快发展，是党中央、国务院做出的重大决策，是新世纪新阶段我国民族工作的一项重要任务，是全面落实科学发展观，构建和谐社会，建设社会主义新农村，实现各民族共同繁荣发展的重要举措。2005 年，国务院批准实施《扶持人口较少民族发展规划（2005—2010 年）》，集中力量帮助全国总人口在 10 万以下的 22 个民族加快发展，其中青海省撒拉族被纳入规划范围，中共青海省委、青海省人民政府高度重视，指示青海省发展改革委会同青海省民族宗教事务委员会，紧紧抓住国家大力扶持人口较少民族发展的政策机遇，认真贯彻科学发展观，坚持以人为本，立足青海省情实际和撒拉族聚居区经济社会发展需要，科学编制和全力实施了《青海省扶持人口较少民族（撒拉族）发展专项建设规划（2006—2010 年）》，撒拉族聚居区涉及全省 3 县、12 乡镇、113 个行政村，在党中央、国务院的亲切关怀和高度重视下，在国务院相关部门的大力支持和青海省的有力推动下，我省各地州县扶持人口较少民族发展工作领导小组加强领导，强化管理，认真落实扶持政策，积极实施规划建设项目，根据撒拉族聚居区的自然条件、经济基础、发展现状，充分发挥撒拉族群众自立自强的优良传统，切实加强基础设施建设，着力改善民生，积极培育特色产业，大力发展劳务经济，使撒拉族地区走上了经济社会快速发展的轨道，为促进各民族共同团结进步、共同繁荣发展，构建平等、团结、互助、和谐的社会主义民族关系奠定了坚实的基础。五年来累计完成各类投资 32705 万元，撒拉族聚居区基础设施明显改善，特色产业快速发展，产业结构有所调整，群众持续增产增收，民生事业及劳动者素质不断发展提高。截至 2010 年底，撒拉族聚居的 113 个行政村中有 57 个村达到考核验收标准，基本实现了规划确定的“四通五有三达到”目标。实践证明，党中央、国务院的决策得民心、顺民意，在国内外产生了极大的反响，成为新时期促进民族团结进步的民心工程，成为推动各民族共同繁荣发展的德政工程，成为造福人口较少民族群众的幸福工程。

一、撒拉族基本情况及发展现状

按照国务院批准实施的《扶持人口较少民族发展规划（2011—2015 年）》，青海省“撒拉族”和“土族”属国家扶持的人口较少民族范畴。撒拉族分布在 3 个县，12 个乡镇，131 个行政村，人口为 97618 人。

青海省撒拉族主要分布在海东地区的循化撒拉族自治县、化隆回族自治县、海西蒙古族藏族自治州的乌兰县等 3 个县 12 个乡镇，共 131 个行政村。

循化撒拉族自治县是全国唯一的撒拉族自治县，撒拉族主要聚居在查汗都斯乡、街子镇、积石镇、清水乡、白庄镇、道帏乡等 6 个乡镇 91 个行政村。化隆回族自治县撒拉族主要聚居在初麻乡、谢家滩乡、阿什努乡、甘都镇等 4 个乡镇 38 个行政村。乌兰县撒拉族聚居在希里沟镇河东村和柯柯镇的兴化村，河东村全村人口 570 人，其中撒拉族人口 549 人。兴化村全村人口 127 人，全为撒拉族。

表 1　青海省撒拉族详细分布情况表

<table>
<tr><th>民族</th><th>地、州、市</th><th>县</th><th>乡、镇</th><th>行政村</th></tr>
<tr><td>1</td><td>2</td><td>3</td><td>12</td><td>131</td></tr>
<tr><td rowspan="8">撒拉族</td><td rowspan="8">海东地区</td><td rowspan="4">化隆回族自治县（4，38）</td><td>甘都镇（24）</td><td>拉木村、甘都街村、阿华村、水车村、工什加村、牙路乎村、西滩村、东一村、东三村、东四村、东七村、列卜加村、朱乎隆村、上四合生村、下四合生村、苏合加村、关巴村、东五村、东六村、东风村、桥头村、唐寺岗村、牙目村、阿河滩村</td></tr>
<tr><td>初麻乡（8）</td><td>滩果村、滩果台村、沙尔洞村、拉尕鲁村、初一村、初二村、沙让村、塔麻村</td></tr>
<tr><td>阿什努乡（5）</td><td>俄加村、纳哈隆村、尕加村、列仁村、阿二村</td></tr>
<tr><td>谢家滩乡（1）</td><td>要隆村</td></tr>
<tr><td rowspan="4">循化撒拉族自治县（6，91）</td><td>查汗都斯乡（17）</td><td>古什群村、赞上庄村、赞中庄村、赞下庄村、团结村、新建村、大庄村、繁殖场村、苏只村、哈达亥村、乙麻亥村、新村、白庄村、下庄村、中庄村、阿河滩村、牙藏村</td></tr>
<tr><td>街子镇（19）</td><td>吾土贝那亥村、沈家村、苏哇什村、洋巴扎村、波拉亥村、洋苦浪村、波立及村、孟达山村、三立方村、果什滩村、牙门曲乎村、托隆都村、塘坊村、古及来村、果亥拉村、团结村、三兰巴亥村、马家村、上房村</td></tr>
<tr><td>积石镇（16）</td><td>丁江村、尕别列村、乙麻目 2 村、大别列村、上草滩坝村、下草滩坝村、石头坡村、河北村、新建村、西沟村、加入村、沙坝塘村、托坝村、瓦匠庄村、西街村、线尕拉村</td></tr>
<tr><td>清水乡（14）</td><td>红庄村、乙麻亥村、下庄村、阿什匠村、田盖村、石巷村、唐塞村、瓦匠庄村、大寺古村、上庄村、塔沙坡村、木场村、索同村、大庄村</td></tr>
</table>

续表

民族	地、州、市	县	乡、镇	行政村
1	2	3	12	131
撒拉族	海东地区	循化撒拉族自治县（6，91）	白庄镇（21）	民主村、江卜日村、下白庄村、上白庄村、下张尕村、上张尕村、来塘村、立庄村、山根村、上拉边村、下拉边村、昌克村、乙日亥村、扎木村、团结村、上科哇村、下科哇村、苏乎撒村、米牙亥村、朱格村、条井村
			道帏乡（4）	贺隆堡塘村、立伦村、俄家村、多哇村
	海西蒙古族藏族自治州	乌兰县（2，2）	希里沟镇	河东村
			柯柯镇	兴化村

青海省撒拉族聚居的131个行政村总户数24199户，撒拉族总人口97618人。劳动力总数53131人，占总人口的44.72%。131个行政村有耕地116587亩，其中有效灌溉面积65008亩，占55.75%。林地4933亩，经济林1584亩，草场41741亩，养殖水域面5100亩。

青海省131个撒拉族聚居行政村中，通油路的村90个，村村实现通电；有安全饮用水的村82个，通公路的村131个，占100%；通电的村90个，通电话的村90个，能接收广播电视的村77个。

青海省131个撒拉族聚居行政村中，有文化活动室（或科技文化室）的村87个，占66.4%；有卫生室的村115个，占87.8%；有行医资格的医生的村14个，占10.7%。户通电率100%，饮用安全水的户数18964户，占78.4%；使用卫生厕所的户数2135户，占8.8%。

青海省131个撒拉族聚居行政村，2010年末牲畜饲养量达46.75万头（只），粮食总产量3276.5万公斤，农作物播种总面积24.39万亩，粮食播种面积11.33万亩，农村经济总收入5.34亿元，农业总产值30587万元，人均口粮277公斤。

二、规划目标

基本实现“五通十有”，基本实现“一减少、二达到、三提升”的目标，具体为：

“五通”为：撒拉族聚居村通油路，通电，通广播电视，通信息（电话、宽带），通沼气（清洁能源）；

“十有”为：有安全饮用水，有安居房，有卫生厕所，有高产稳产基本农田（草场、经济林地、养殖水面）或增收产业，有学前教育，有卫生室，有文化室和农家书屋，有体育健身和民族文化活动场地，有办公场所，有农家超市（便利店）和农资放心店。

“一减少、二达到、三提升”为：

人口较少民族聚居区贫困人口数量减少一半或以上。

农牧民人均纯收入达到当地平均或以上水平；1/2 左右的人口较少民族的农牧民人均纯收入达到全省平均或以上水平。

基础设施保障水平、民生保障水平、自我发展能力大幅提升。

表 2　青海省“十二五”时期扶持撒拉族发展的主要指标

目标			指标	2010 年	2015 年	属性
人口较少民族聚居行政村基本实现“五通十有”	五通	通油路	通油路的村比重（%）	66.07	100	约束性
		通电	通电的村比重（%）	100	100	约束性
		通广播电视	通广播覆盖率（%）	10	100	约束性
			通电视覆盖率（%）	10	100	约束性
		通信息	通电话的自然村比重（%）	94.85	100	约束性
			通宽带的村比重（%）	10	30	预期性
		通清洁能源	清洁能源普及率（%）	7.5	100	预期性
	十有	有安全饮用水	有安全饮用水的村比重（%）	78.97	100	约束性
		有卫生厕所	有卫生厕所的户比重（%）	12.53	80	预期性
		有安居房	有安居房的农户比重（%）	21.08	100	预期性
		有高产稳产基本农田或增收产业	人均拥有（耕地或草场、经济林地）（亩）	2.79	3.5	约束性
		有卫生室	有卫生室的村比重（%）	92.79	100	约束性
		有学前教育	有学前教育的村比重（%）	20	100	约束性
		有文化室和农家书屋	有文化室和农家书屋的村比重（%）	51.95	100	约束性
		有体育健身和民族文化活动场地,	有体育健身和民族文化活动场地的村比重（%）	23	100	约束性
		有办公场所	有办公场所的村比重（%）	40	100	约束性
		有农家超市和农资放心店	有农家超市和农资放心店的村比重（%）	30	100	预期性

表 3 青海省扶持人口较少民族（撒拉族）发展“十二五”专项建设规划项目分民族汇总表

民族	项目类别	建设规模及主要建设内容	建设年限	投资来源	总投资（万元）
撒拉族			2011—2015	合计	36612
				中央预算内	34894
				地方预算内	60
				群众折劳折资	1658
	一、桥梁建设及改造项目	新建桥长 769.2 米，改扩建危桥桥长 190.5 米	2011—2015	小计	1734
				中央预算内	1724
				群众折劳折资	10
	二、村道硬化项目	村道硬化 70 公里	2011—2015	中央预算内	11643
	三、基本农田建设项目	基本农田保护和建设 12750 亩	2011—2015	小计	827
				中央预算内	761
				群众折劳折资	66
	四、饮水安全建设项目	实施人畜饮水安全工程（包括集水池、输水管、蓄水池、提水站、渠道维修、水源维修等）	2011—2015	小计	712
				中央预算内	646
				群众折劳折资	66
	五、水利设施建设项目	衬砌主渠 69.45 公里，防洪堤 22.87 公里，配套建设涝池、渠系建筑物 197 座，排洪沟、河道清理、设备等	2011—2015	小计	3075
				中央预算内	2985
				地方预算内	60
				群众折劳折资	30
	六、农村信息进村入户项目		2011—2015	中央预算内	0
	七、农村人居环境改善项目	垃圾车 5 辆，垃圾收集箱 140 个及集镇、村容整治等	2011—2015	中央预算内	505
	八、动物防疫体系建设项目	新建村兽医室建筑面积 300 平方米，防疫检疫设备及流动车 2 辆	2011—2015	中央预算内	100

续表

民族	项目类别	建设规模及主要建设内容	建设年限	投资来源	总投资（万元）
撒拉族	九、特色果蔬种植项目	特色果蔬 189532 亩，马铃薯储存窖 15 座，油菜、豌豆 3440 亩，大葱 100 亩，苗木 150 亩，平整土地 300 亩及培训果农 3002 人次	2011—2015	小计	2918
				中央预算内	2574
				群众折劳折资	344
	十、特色畜牧养殖项目	特色养殖 9272 头，养鸡 10 万只，暖棚畜舍 57370 平方米	2011—2015	小计	5833
				中央预算内	4976
				群众折劳折资	857
	十一、种养配套设施及农村服务业建设项目	农贸市场、农家超市、农资店等	2011—2015	中央预算内	215
	十二、教育基础设施建设项目	建幼儿园教辅用房、生活用房及活动室 1250 平方米	2011—2015	中央预算内	381
	十三、医疗卫生设施建设项目	新建村卫生室 1200m^2，配备相关医疗器械设备	2011—2015	中央预算内	290
	十四、就业创业与劳动力技能培训项目	各类培训 9283 人次，建教室等 1600 平方米	2011—2015	中央预算内	681
	十五、生态保护与建设	建设厂房 3000 平方米，购置加工设备	2011—2015	小计	1921
				中央预算内	1736
				群众折劳折资	185
	十六、公共文化基层设施建设项目	村文化室建筑面积 5700 平方米，并配备相应的文化基础设施	2011—2015	中央预算内	1140
	十七、农家书屋建设项目	农家书屋建筑面积 11600 平方米，配备实用科技、文化图书等	2011—2015	中央预算内	1092
	十八、体育健身场所及器材	硬化篮球场 244 处，建室外乒乓球台 488 处。配备篮球架 244 副、4880 套健身器材等	2011—2015	中央预算内	2730
	十九、基础政权建设项目		2011—2015	中央预算内	0
	二十、小城镇建设	1 县 3 个乡镇给排水、集贸市场建设等	2011—2015	中央预算内	565
	二十一、繁荣发展民族文化工程	涉及民俗生态村、非物质文化遗产保护、文化旅游景区改扩建等	2011—2015	中央预算内	250

表 4 青海省扶持人口较少民族（撒拉族）发展“十二五”专项建设规划项目表

序号	建设地点	项目名称	建设性质	建设规模及主要建设内容	建设年限	投资来源	总投资（万元）
		一、桥梁建设及改造项目		新建桥长 769.2 米，改扩建危桥桥长 190.5 米	2011—2015	合计	2072
						中央预算内	2057
						群众投劳	15
1	循化县	街子镇孟达山村	新建	桥长 30.1 米，引道 300 米	2011	中央预算内	80
2		白庄镇下拉边村	新建	桥长 15 米，道路 1 公里	2011	中央预算内	95
3		查汗都斯乡下庄村	新建	桥梁 30.1 米，引道 40 米	2013	中央预算内	70
4		查汗都斯乡白庄村	新建	桥梁 38.1 米及道路 3.5 公里	2013	中央预算内	80
5		街子镇塘坊村桥梁与引道	新建	桥梁 8 米引道 60 米	2013	中央预算内	30
6		街子镇果亥拉村桥梁与引道	新建	桥梁 5 米引道 30 米	2013	中央预算内	20
7		积石镇西沟村河滩桥	新建	桥长 40.2 米及引道 60 米	2013	中央预算内	75
8		积石镇托坝村便桥	改建	桥长 11.4 米及引道 60 米	2013	中央预算内	30
9		白庄镇下白庄村	新建	桥长 13.06 米及引道	2014—2015	中央预算内	39
10		白庄镇乙日亥村	新建	桥长 10.06 米及引道	2014—2015	中央预算内	35
11		白庄镇团结村	新建	桥长 10.06 米及引道	2014—2015	中央预算内	35
12		白庄镇上科哇村	新建	桥长 15 米及引道	2014—2015	中央预算内	45
13		白庄镇下张尕村	新建	桥长 8 米及引道	2014—2015	中央预算内	28
14		清水乡下庄村	新建	桥长 8 米及引道	2014—2015	中央预算内	28
15		清水乡阿什匠村	新建	桥长 13.06 米及引道	2014—2015	中央预算内	41
16		道帏乡俄家村	新建	桥长 31.6 米及引道	2014—2015	中央预算内	73
17		积石镇丁江村	新建	桥长 30.1 米及引道	2014—2015	中央预算内	73
18		积石镇线尕拉村	新建	桥长 8 米及引道	2014—2015	中央预算内	28

续表

序号	建设地点	项目名称	建设性质	建设规模及主要建设内容	建设年限	投资来源	总投资（万元）
19	循化县	积石镇沙坝塘村	改建	桥长 32.4 米及引道	2014—2015	中央预算内	71
20		积石镇伊麻目村	新建	桥长 10.06 米及引道	2014—2015	中央预算内	35
21		积石镇尕别列村	新建	桥长 20.12 米及引道	2014—2015	中央预算内	58
22		积石镇大别列村	新建	桥长 39.18 米及引道	2014—2015	中央预算内	85
23		查汗都斯乡繁殖场村	新建	桥长 39.12 米及引道	2014—2015	中央预算内	85
24		查汗都斯乡大庄村	新建	桥长 6 米及引道	2014—2015	中央预算内	28
25		查汗都斯乡赞中庄村	新建	桥长 10.06 米及引道	2014—2015	中央预算内	35
26		查汗都斯乡赞上庄村	新建	桥长 8 米及引道	2014—2015	中央预算内	28
27		查汗都斯乡新建村	新建	桥长 10.06 米及引道	2014—2015	中央预算内	35
28		街子镇沈家村	新建	桥长 39.12 米及引道	2014—2015	中央预算内	85
29		街子镇波拉亥村	新建	桥长 20.12 米及引道	2014—2015	中央预算内	58
30		街子镇果什滩村	新建	桥长 8 米及引道	2014—2015	中央预算内	28
31		街子镇古及来村	改建	桥长 32.2 米及引道	2014—2015	中央预算内	76
32		街子镇波立及村	改建	桥长 30.1 米及引道	2014—2015	中央预算内	72

表 5　青海省扶持人口较少民族（撒拉族）发展“十二五”专项建设规划项目表

序号	建设地点	项目名称	建设性质	建设规模及主要建设内容	建设年限	投资来源	总投资（万元）
		二、硬化村道		硬化村道 795 公里	2011—2015	中央预算内	20466
1	循化县	积石镇新建等村	新建	硬化村道 4.5 公里	2011	中央预算内	100
2		积石镇加入村	新建	道路 1.5 公里	2011	中央预算内	75

续表

序号	建设地点	项目名称	建设性质	建设规模及主要建设内容	建设年限	投资来源	总投资（万元）
3	循化县	清水乡索同迁移村	新建	硬化村道 1 公里	2011	中央预算内	17
4		白庄镇立庄村道路硬化及桥梁	新建	道路硬化 1.5 公里，桥 1 空 8 米	2012	中央预算内	60
5		积石镇西沟村大庄村道硬化	新建	道路硬化 0.6 公里及边渠	2012	中央预算内	20
6		街子镇托龙都村环卫道路硬化及防洪项目	新建	道路硬化 1.5 公里，涵洞、防洪坝等	2012	中央预算内	65
7		白庄镇上拉边村道路硬化及桥涵	新建	道路硬化 1.3 公里及涵洞等工程	2013	中央预算内	55
8		白庄镇扎木村道路硬化及桥涵	新建	道路硬化 0.9 公里及涵洞等工程	2013	中央预算内	40
9		白庄镇米牙亥村环卫道路与硬化	新建	道路硬化 1.7 公里及涵洞等工程	2013	中央预算内	65
10		清水乡大寺古村道路硬化及桥涵	新建	道路硬化 1.7 公里及涵洞等	2013	中央预算内	50
11		街子镇上坊村	新建	村道 2.5 公里	2013	中央预算内	50
12		道帏乡贺隆堡塘村	新建	村道 2.5 公里	2013	中央预算内	50
13		白庄镇江卜日村	新建	通村道路 3.5 公里	2014—2015	中央预算内	80
14		白庄镇民主村	新建	村道 1.5 公里	2014—2015	中央预算内	30
15		清水乡大庄村	新建	村道 2 公里	2014—2015	中央预算内	45
16		街子镇吾土贝那亥村	新建	村道 2.5 公里	2014—2015	中央预算内	50
17	化隆县	初麻乡初二村	新建	村道硬化 1 公里	2011—2015	中央预算内	20
18		初麻乡初一村	新建	村道硬化 1 公里	2011—2015	中央预算内	20
19		初麻乡沙让村	新建	村道硬化 1 公里	2011—2015	中央预算内	20
20		初麻乡塔麻村	新建	村道硬化 2 公里	2011—2015	中央预算内	36
21		谢家滩乡窑隆村	新建	村道硬化 1 公里	2011—2015	中央预算内	20
22		阿什努乡俄加村	新建	村道硬化 1 公里	2011—2015	中央预算内	20
23		阿什努乡纳哈隆村	新建	村道硬化 1 公里	2011—2015	中央预算内	20

续表

序号	建设地点	项目名称	建设性质	建设规模及主要建设内容	建设年限	投资来源	总投资（万元）
24	化隆县	阿什努乡尕加村	新建	村道硬化 1 公里	2011—2015	中央预算内	20
25		阿什努乡列仁村	新建	村道硬化 1 公里	2011—2015	中央预算内	20
26		甘都镇列卜加村	新建	村道硬化 1 公里	2011—2015	中央预算内	20
27		甘都镇朱乎隆村	新建	村道硬化 1 公里	2011—2015	中央预算内	20
28		甘都镇上四合生村	新建	村道硬化 1 公里	2011—2015	中央预算内	20
29		甘都镇下四合生村	新建	村道硬化 1 公里	2011—2015	中央预算内	20
30		甘都镇苏合加村	新建	村道硬化 1 公里	2011—2015	中央预算内	20
31		甘都镇关巴村	新建	村道硬化 1 公里	2011—2015	中央预算内	20
32		甘都镇东五村	新建	村道硬化 1 公里	2011—2015	中央预算内	20
33		甘都镇东六村	新建	村道硬化 1 公里	2011—2015	中央预算内	20
34		甘都镇东风村	新建	村道硬化 1 公里	2011—2015	中央预算内	20
35		甘都镇桥头村	新建	村道硬化 1 公里	2011—2015	中央预算内	20
36		甘都镇唐寺岗村	新建	村道硬化 1 公里	2011—2015	中央预算内	20
37		甘都镇牙目村	新建	村道硬化 1 公里	2011—2015	中央预算内	20
38		甘都镇阿河滩村	新建	村道硬化 1 公里	2011—2015	中央预算内	20
39		甘都镇拉木村	新建	村道硬化 1 公里	2011—2015	中央预算内	20
40		甘都镇甘都街	新建	村道硬化 1 公里	2011—2015	中央预算内	20
41		甘都镇阿华村	新建	村道硬化 1 公里	2011—2015	中央预算内	20
42		甘都镇水车村	新建	村道硬化 1 公里	2011—2015	中央预算内	20
43		甘都镇贡什加村	新建	村道硬化 1 公里	2011—2015	中央预算内	20
44		甘都镇牙路乎村	新建	村道硬化 1 公里	2011—2015	中央预算内	20

续表

序号	建设地点	项目名称	建设性质	建设规模及主要建设内容	建设年限	投资来源	总投资（万元）
45	化隆县	甘都镇西滩村	新建	村道硬化 1 公里	2011—2015	中央预算内	20
46		甘都镇东一村	新建	村道硬化 1 公里	2011—2015	中央预算内	20
47		甘都镇东三村	新建	村道硬化 1 公里	2011—2015	中央预算内	20
48		甘都镇东四村	新建	村道硬化 1 公里	2011—2015	中央预算内	20
49		甘都镇东七村	新建	村道硬化 1 公里	2011—2015	中央预算内	20
50		初麻乡滩果村	新建	村道硬化 1 公里	2011—2015	中央预算内	20
51		初麻乡滩果台村	新建	村道硬化 1 公里	2011—2015	中央预算内	20
52		初麻乡沙尔洞村	新建	村道硬化 1 公里	2011—2015	中央预算内	20
53		初麻乡拉尕鲁村	新建	村道硬化 1 公里	2011—2015	中央预算内	20
54		阿什努乡阿二村	新建	村道硬化 1 公里	2011—2015	中央预算内	20

表 6　青海省扶持人口较少民族（撒拉族）发展“十二五”专项建设规划项目表

序号	建设地点	项目名称	建设性质	建设规模及主要建设内容	建设年限	投资来源	总投资（万元）
		三、基本农田保护与建设		基本农田保护和建设 13250 亩，改善灌溉面积 2100 亩，坡改梯 7687.5 亩	2011—2015	合计	1717
						中央预算内	1651
						群众折劳折资	66
1	循化县	白庄镇昌克村	改造	基本农田 400 亩，平整土地，渠系改造	2013—2015	小计	30
						中央预算内	28
						群众折劳折资	2
2		白庄镇朱格村	改造	基本农田 300 亩，平整土地，渠系改造	2013—2015	小计	24

续表

序号	建设地点	项目名称	建设性质	建设规模及主要建设内容	建设年限	投资来源	总投资（万元）
3	循化县	白庄镇朱格村	改造	基本农田 300 亩，平整土地，渠系改造	2013—2015	中央预算内	22
						群众折劳折资	2
4		白庄镇米牙亥村	改造	基本农田 400 亩，平整土地，渠系改造	2013—2015	小计	30
						中央预算内	28
						群众折劳折资	2
5		清水乡大寺古村	改造	基本农田 600 亩，平整土地，渠系改造	2013—2015	小计	45
						中央预算内	42
						群众折劳折资	3
7		清水乡石巷村	改造	基本农田 200 亩，平整土地，渠系改造	2013—2015	小计	29
						中央预算内	26
						群众折劳折资	3
8		道帏乡贺隆堡塘村	改造	基本农田 550 亩，平整土地，渠系改造	2013—2015	小计	44
						中央预算内	40
						群众折劳折资	4
9		道帏乡俄家村	改造	基本农田 700 亩，平整土地，渠系改造	2013—2015	小计	55
						中央预算内	50
						群众折劳折资	5
10		道帏乡立伦村	改造	基本农田 800 亩，平整土地，渠系改造	2013—2015	小计	60
						中央预算内	56
						群众折劳折资	4
11		道帏乡多哇村	改造	基本农田 900 亩，平整土地，渠系改造	2013—2015	小计	69

续表

序号	建设地点	项目名称	建设性质	建设规模及主要建设内容	建设年限	投资来源	总投资（万元）
11	循化县	道帏乡多哇村	改造	基本农田 900 亩，平整土地，渠系改造	2013—2015	中央预算内	63
						群众折劳折资	6
12		积石镇河北村	改造	基本农田 750 亩，平整土地，渠系改造	2013—2015	小计	58
						中央预算内	53
						群众折劳折资	5
13		积石镇托坝村	改造	基本农田 350 亩，平整土地，渠系改造	2013—2015	小计	27
						中央预算内	25
						群众折劳折资	2
14		查汗都斯乡团结村	改造	基本农田 550 亩，平整土地，渠系改造	2013—2015	小计	44
						中央预算内	40
						群众折劳折资	4
15		查汗都斯乡大庄村	改造	基本农田 850 亩，平整土地，渠系改造	2013—2015	小计	66
						中央预算内	60
						群众折劳折资	6
16		查汗都斯乡阿河滩村	改造	基本农田 700 亩，平整土地，渠系改造	2013—2015	小计	55
						中央预算内	50
						群众折劳折资	5
17		街子镇团结村	改造	基本农田 1000 亩，平整土地，渠系改造	2013—2015	小计	75
						中央预算内	70
						群众折劳折资	5
18		街子镇果什滩村	改造	基本农田 1000 亩，平整土地，渠系改造	2013—2015	小计	75

续表

序号	建设地点	项目名称	建设性质	建设规模及主要建设内容	建设年限	投资来源	总投资（万元）
18	循化县	街子镇果什滩村	改造	基本农田 1000 亩，平整土地，渠系改造	2013—2015	中央预算内	70
						群众折劳折资	5
19		街子镇上坊村	改造	基本农田 550 亩，平整土地，渠系改造	2013—2015	小计	44

表 7 青海省扶持人口较少民族（撒拉族）发展“十二五”专项建设规划项目表

序号	建设地点	项目名称	建设性质	建设规模及主要建设内容	建设年限	投资来源	总投资（万元）
		四、饮水安全工程		实施人畜饮水安全工程（包括集水池、输水管、蓄水池、提水站、渠道维修、水源维修等）	2011—2015	合计	3883
						中央预算内	3817
						群众折劳折资	66
1	循化县	清水乡大庄村	新建	维修管网 1500 米	2011	中央预算内	15
2		积石镇沙坝塘村	维修	维修管网 2000 米	2011	中央预算内	19
3		白庄镇上科哇村	新建	提水设施一套，泵房一间，蓄水池一座，压力管 400 米	2011	中央预算内	60
4		白庄镇下拉边村	新建	维修饮水管道 2.5 公里	2012	中央预算内	65
5		街子镇团结、托龙都、尕别列等村	维修	300T 蓄水池 1 座、闸阀井 6 座、深井泵 1 套、供水管 200 米	2013—2015	中央预算内	45
6		道帏乡立伦村	新建	维修饮水管道 4.8 公里	2013—2015	小计	55
						中央预算内	47
						群众折劳折资	8
7		道帏乡多哇村	新建	维修饮水管道 3 公里	2013—2015	小计	53
						中央预算内	45
						群众折劳折资	8

续表

序号	建设地点	项目名称	建设性质	建设规模及主要建设内容	建设年限	投资来源	总投资（万元）
8	化隆县	初麻乡滩果村	新建	建设集水窖 20 座	2011—2015	小计	40
						中央预算内	35
						群众投工投劳	5
9		初麻乡滩果台村	改建	建设集水窖 20 座	2011—2015	小计	40
						中央预算内	35
						群众投工投劳	5
10		初麻乡沙尔洞村	新建	建设集水窖 20 座	2011—2015	小计	40
						中央预算内	35
						群众投工投劳	5
11		初麻乡初一村	新建	建设人畜饮水主管道 5 公里，分户管道 3 公里，蓄水池 3 座	2011—2015	小计	40
						中央预算内	35
						群众投工投劳	5
12		初麻乡初二村	新建	建设人畜饮水主管道 5 公里，分户管道 3 公里，蓄水池 3 座	2011—2015	小计	40
						中央预算内	35
						群众投工投劳	5
13		初麻乡拉尕鲁村	新建	建设集水窖 20 座	2011—2015	小计	40
						中央预算内	35
						群众投工投劳	5
14		阿什努乡列仁村	改建	建设集水窖 20 座	2011—2015	小计	40
						中央预算内	35
						群众投工投劳	5

续表

序号	建设地点	项目名称	建设性质	建设规模及主要建设内容	建设年限	投资来源	总投资（万元）
15	化隆县	阿什努乡尕加村	新建	建设集水窖 20 座	2011—2015	小计	40
						中央预算内	35
						群众投工投劳	5
16		阿什努乡阿二村	改建	建设人畜饮水主管道 5 公里，分户管道 3 公里，蓄水池 3 座	2011—2015	小计	40
						中央预算内	35
						群众投工投劳	5
17		阿什努乡俄加村	新建	建设集水窖 20 座	2011—2015	小计	40

表 8　青海省扶持人口较少民族（撒拉族）发展“十二五”专项建设规划项目表

序号	建设地点	项目名称	建设性质	建设规模及主要建设内容	建设年限	投资来源	总投资（万元）
		五、水利设施		衬砌渠道 81.45 公里，管道 165.5 公里，防洪堤 29.37 公里，配套建设涝池、渠系建筑物 197 座、蓄水池 8 座，排洪沟、河道清理、设备等	2011—2015	合计	3999
						中央预算内	3909
						地方预算内	60
						群众折劳折资	30
1	循化县	查汗都斯乡哈达海村	新建	农业设施灌溉防渗渠 1000 米、温棚提灌设备 50 套，环境地坪 1000 平方米	2011	中央预算内	40
2		街子镇托龙都村	新建	农业设施灌溉防渗渠 800 米、温棚提灌设备 40 套，环境地坪 1000 平方米	2011	中央预算内	40
3		街子镇上坊村	新建	水库防渗渠 1500 米、温棚提灌设备 50 套，环境地坪 1500 平方米	2011	中央预算内	60
4		积石镇加入村	新建	防洪渠 350 米	2012	中央预算内	40

续表

序号	建设地点	项目名称	建设性质	建设规模及主要建设内容	建设年限	投资来源	总投资（万元）
5	循化县	积石镇西街村、上草滩	新建	防洪坝 250 米	2012	中央预算内	40
6		街子镇团结、三兰巴亥	新建	排水管网 500 米	2012	中央预算内	95
7		清水乡瓦匠庄村防洪坝	新建	防洪坝 240 米，防洪渠 120 米	2012	中央预算内	50
8		清水乡上庄村	新建	清水河新建防洪堤 1.63 公里。保护农田、村庄，防止水土流失等	2013	中央预算内	50
9		积石镇河北片防洪治	新建	修建防洪堤 600 米	2014—2015	中央预算内	60
10		街子镇牙面曲乎村	新建	250S—65 水泵两套、Φ300 钢管 460 米、闸阀一台、配电柜一面、320KAV 变压器一台及变压器附属设备	2014—2015	中央预算内	36
11		白庄镇苏呼撒村	维修改造	清淤、进水渠、溢水渠、输水设施、闸口	2014—2015	中央预算内	40
12		白庄镇上张尕村	新建	清水河新建防洪堤 1.64 公里。保护农田、村庄，防止水土流失等	2014—2015	中央预算内	45
13		白庄镇昌克村	新建	清水河新建防洪堤 1.54 公里。保护农田、村庄，防止水土流失等	2014—2015	中央预算内	50
14		白庄镇山根村	新建	清水河新建防洪堤 1.58 公里。保护农田、村庄，防止水土流失等	2014—2015	中央预算内	55
15		白庄镇下张尕村	新建	新建防洪堤 1.5 公里。保护农田、村庄，防止水土流失等	2014—2015	中央预算内	30
16		白庄镇乙日亥	新建	新建防洪堤 4 公里。保护农田、村庄，防止水土流失等	2014—2015	中央预算内	35
17		清水乡红庄村	维修改造	引水口 1 座、渠道衬砌 4 公里	2014—2015	中央预算内	45
18		清水乡石巷村	维修改造	引水口 1 座、渠道衬砌 2 公里	2014—2015	中央预算内	35
19		清水乡田盖村	维修改造	引水口 1 座、渠道衬砌 2 公里	2014—2015	中央预算内	31
20		清水乡阿什江村	维修改造	引水口 1 座、渠道衬砌 4 公里	2014—2015	中央预算内	30
21		清水乡大庄村	维修改造	引水口 1 座、渠道衬砌 2.5 公里	2014—2015	中央预算内	40
22		清水乡大寺古村	维修改造	清淤、进水渠、溢水渠、输水设施、闸室	2014—2015	中央预算内	44

续表

序号	建设地点	项目名称	建设性质	建设规模及主要建设内容	建设年限	投资来源	总投资（万元）
23	循化县	清水乡下庄村	新建	清水河新建防洪堤 1.6 公里。保护农田、村庄，防止水土流失等	2014—2015	中央预算内	50
24		清水乡乙麻亥村	维修改造	泵房、压力钢管、机电设备、进出水建筑物	2014—2015	中央预算内	49
25		积石镇新建村	改造	引水口 1 座，衬砌渠道 12.2 公里，渠系建筑物 288 座，改善灌溉面积 400 亩	2014—2015	中央预算内	45
26		积石镇大别列村	改造	引水口 1 座，衬砌渠道 8 公里，渠系建筑物 124 座，改善灌溉面积 380 亩	2014—2015	中央预算内	40
27		积石镇线尕拉村	新建	衬砌渠道 3.5 公里，渠系建筑物 45 座，改善灌溉面积 300 亩	2014—2015	中央预算内	35
28		积石镇上草滩坝村	新建	引水口、渠道衬砌、渠系建筑物	2014—2015	中央预算内	40
29		查汗都斯乡哈大海村	新建	引水口 1 座，衬砌渠道 6.3 公里，渠系建筑物 238 座，改善灌溉面积 353 亩	2014—2015	中央预算内	25
30		查汗都斯乡赞下村	新建	引水口 1 座，衬砌渠道 7.1 公里，渠系建筑物 238 座，改善灌溉面积 300 亩	2014—2015	中央预算内	30
31		查汗都斯乡苏志村	维修改造	引水口 1 座，衬砌渠道 5.8 公里，渠系建筑物 27 座，改善灌溉面积 300 亩	2014—2015	中央预算内	20
32		查汗都斯乡乙麻亥村	维修改造	引水口、渠道衬砌、渠系建筑物	2014—2015	中央预算内	20
33		查汗都斯乡下庄村	维修改造	渠道衬砌 4.3 公里，渠系建筑物	2014—2015	中央预算内	35
34		查汗都斯乡白庄村	维修改造	渠道衬砌 7.8 公里，渠系建筑物	2014—2015	中央预算内	40
35		查汗都斯乡古什群村	维修改造	渠道衬砌 1.8 公里，渠系建筑物	2014—2015	中央预算内	32
36		查汗都斯乡新建村	维修改造	渠道衬砌 3.5 公里，渠系建筑物	2014—2015	中央预算内	52
37		查汗都斯乡团结村	维修改造	团结沟防洪坝 2 公里，谷坊 5 座，渠道衬砌 1.2 公里	2014—2015	中央预算内	53
38		查汗都斯乡繁殖场村	维修改造	渠道衬砌 3.5 公里，渠系建筑物	2014—2015	中央预算内	54

续表

序号	建设地点	项目名称	建设性质	建设规模及主要建设内容	建设年限	投资来源	总投资（万元）
39	循化县	查汗都斯乡赞上村	维修改造	渠道衬砌 5.3 公里，渠系建筑物	2014—2015	中央预算内	70
40		查汗都斯乡赞中村	维修改造	泵房、压力钢管、机电设备、进出水建筑物	2014—2015	中央预算内	30
41		查汗都斯乡阿河滩村	维修改造	泵房、压力钢管、机电设备、进出水建筑物	2014—2015	中央预算内	31
42		查汗都斯乡牙藏村	维修改造	泵房、压力钢管、机电设备、进出水建筑物	2014—2015	中央预算内	45
43		查汗都斯乡新村	维修改造	泵房、压力钢管、机电设备、进出水建筑物	2014—2015	中央预算内	45
44		街子镇羊巴扎村	维修改造	引水口、渠道衬砌、渠系建筑物	2014—2015	中央预算内	42
45		街子镇羊苦浪村	维修改造	引水口、渠道衬砌、渠系建筑物	2014—2015	中央预算内	50
46		街子镇果什滩村	维修改造	引水口 1 座，衬砌渠道 8.3 公里，渠系建筑物 32 座，改善灌溉面积 500 亩	2014—2015	中央预算内	38
47		街子镇波拉亥村	维修改造	引水口 1 座、渠道衬砌 5 公里、各类建筑物 62 座	2014—2015	中央预算内	35
48		街子镇塘坊村	维修改造	清淤、进水渠、溢水渠、输水设施、闸室	2014—2015	中央预算内	38
49		街子镇上坊村	维修改造	清淤、进水渠、溢水渠、输水设施、闸室	2014—2015	中央预算内	43
50		街子镇古及来村	维修改造	清淤、进水渠、溢水渠、输水设施、闸室	2014—2015	中央预算内	40
51		街子镇马家村	维修改造	清淤、进水渠、溢水渠、输水设施、闸室	2014—2015	中央预算内	35
52		道帏乡贺塘村	维修改造	渠道衬砌 4.2 公里，渠系建筑物	2014—2015	中央预算内	32
53	化隆县	甘都镇朱乎隆村	改建	改建防渗渠道 2 公里	2011—2015	小计	65
						中央预算内	60
						群众折劳折资	5
54		甘都镇列卜加村	改建	改建防渗渠道 2 公里	2011—2015	小计	65
						中央预算内	60
						群众折劳折资	5
55		甘都镇拉木村	改建	改建防渗渠道 2 公里	2011—2015	小计	65

续表

序号	建设地点	项目名称	建设性质	建设规模及主要建设内容	建设年限	投资来源	总投资（万元）
56	化隆县	甘都镇拉木村	改建	改建防渗渠道 2 公里	2011—2015	中央预算内	60
						群众折劳折资	5
						小计	65
57		甘都镇上四村	改建	改建防渗渠道 2 公里	2011—2015	中央预算内	60
						群众折劳折资	5
						小计	65
58		初麻乡初一村	改建	改建防渗渠道 2 公里	2011—2015	中央预算内	60
						群众折劳折资	5
59		初麻乡初二村	改建	改建防渗渠道 2 公里	2011—2015	小计	65

表 9　青海省扶持人口较少民族（撒拉族）发展“十二五”专项建设规划项目表

序号	建设地点	项目名称	建设性质	建设规模及主要建设内容	建设年限	投资来源	总投资（万元）
		七、农村人居环境改善		沼气池 70 座，垃圾车 5 辆，垃圾收集箱 110 个，购置太阳灶 2342 台、生物质炉 132 台、太阳能热水器 2874 台，改厕 391 座，路灯 38 杆，渠道 8 公里及集镇、村容整治等	2011—2015	合计	1750
						中央预算内	1750
1	循化县	积石镇上、下草滩坝、西街村境整治项目	新建	购置垃圾专用车一辆和垃圾收集箱 60 个。集镇整治	2012	中央预算内	30
2		积石镇、街子镇村容村貌整治项目	新建	街子镇示范村团结、三兰巴亥文化墙及村容村貌整治；积石镇示范村伊麻木、大别列、尕别列、丁江、石头坡、瓦匠庄、线尕拉和沙坝塘等 8 村文化墙及村容村貌整治	2012	中央预算内	300

续表

序号	建设地点	项目名称	建设性质	建设规模及主要建设内容	建设年限	投资来源	总投资（万元）
3	循化县	街子镇托龙都村、牙门曲乎村、团结村和三兰巴亥村环境整治项目	新建	铺设污水管网 500 米	2012	中央预算内	55
4		街子镇托龙都、牙木曲乎村境整治项目	新建	购置垃圾专用车一辆和垃圾收集箱 20 个。集镇整治	2012	中央预算内	30
5		白庄镇民主、下白庄村境整治项目	新建	购置垃圾专用车一辆和垃圾收集箱 20 个。集镇整治	2012	中央预算内	30
6		清水乡田盖、石巷村境整治项目	新建	购置垃圾专用车一辆和垃圾收集箱 20 个。集镇整治	2012	中央预算内	30
7		查汗都斯乡下庄村境整治项目	新建	购置垃圾专用车一辆和垃圾收集箱 20 个。集镇整治	2012	中央预算内	30

表 10　青海省扶持人口较少民族（撒拉族）发展“十二五”专项建设规划项目表

序号	建设地点	项目名称	建设性质	建设规模及主要建设内容	建设年限	投资来源	总投资（万元）
		八、动物防疫体系建设		新建村兽医室建筑面积 300 平方米，防疫检疫设备及流动车 2 辆	2011—2015	合计	100
						中央预算内	100
1	循化县	白庄镇兽医站	改建	兽医室建筑面积 150 平方米，防疫检疫设备及流动车一辆	2013—2015	中央预算内	50
2		街子镇兽医站	改建	兽医室建筑面积 150 平方米，防疫检疫设备及流动车一辆	2013—2015	中央预算内	50

表 11　青海省扶持人口较少民族（撒拉族）发展“十二五”专项建设规划项目表

序号	建设地点	项目名称	建设性质	建设规模及主要建设内容	建设年限	投资来源	总投资（万元）
		九、特色种植业		杂果 2120 亩，核桃 10638 亩，马铃薯储存窖 15 座，2000 亩油菜、豌豆 5600 亩，大葱 100 亩，苗木 353 亩，平整土地 300 亩及培训果农 3002 人次，推广全膜双垄栽培技术，8100 亩，种植藏药、云杉等	2011—2015	合计	6843
						中央预算内	6499
						群众折劳折资	344

续表

序号	建设地点	项目名称	建设性质	建设规模及主要建设内容	建设年限	投资来源	总投资（万元）
1	化隆县	甘都镇朱乎隆村	新建	新建薄皮核桃200亩，引进优质薄皮核桃1万株，渠第配套建设3公里，培训果农230人次	2011—2015	小计	74
						中央预算内	64
						群众折劳折资	10
2		甘都镇东风村	新建	新建薄皮核桃310亩，引进优质薄皮核桃1.5万株，渠第配套建设3公里，培训果农230人次	2011—2015	小计	76
						中央预算内	65
						群众折劳折资	11
3		甘都镇上四合生村	新建	新建薄皮核桃300亩，引进优质薄皮核桃1万株，渠第配套建设3公里，培训果农230人次	2011—2015	小计	74
						中央预算内	64
						群众折劳折资	10
4		甘都镇东六村	新建	新建薄皮核桃350亩，引进优质薄皮核桃2.5万株，渠第配套建设3公里，培训果农235人次	2011—2015	小计	87
						中央预算内	75
						群众折劳折资	12
5		甘都镇牙目村	新建	新建薄皮核桃300亩，引进优质薄皮核桃1万株，渠第配套建设3公里，培训果农230人次	2011—2015	小计	74
						中央预算内	64
						群众折劳折资	10
6		甘都镇关巴村	新建	新建薄皮核桃300亩，引进优质薄皮核桃1万株，渠第配套建设3公里，培训果农230人次	2011—2015	小计	74
						中央预算内	64
						群众折劳折资	10
7		甘都镇下四合生村	新建	新建薄皮核桃300亩，引进优质薄皮核桃1万株，渠第配套建设3公里，培训果农232人次	2011—2015	小计	74
						中央预算内	64
						群众折劳折资	10

续表

序号	建设地点	项目名称	建设性质	建设规模及主要建设内容	建设年限	投资来源	总投资（万元）
8	化隆县	甘都镇东五村	新建	新建薄皮核桃 300 亩，引进优质薄皮核桃 1 万株，渠第配套建设 3 公里，培训果农 230 人次	2011—2015	小计	74
						中央预算内	64
						群众折劳折资	10
9		甘都镇桥头村	新建	新建薄皮核桃 320 亩，引进优质薄皮核桃 2 万株，渠第配套建设 3 公里，培训果农 230 人次	2011—2015	小计	79
						中央预算内	68
						群众折劳折资	11
10		甘都镇唐寺岗村	新建	新建薄皮核桃 320 亩，引进优质薄皮核桃 2 万株，渠第配套建设 3 公里，培训果农 235 人次	2011—2015	小计	79
						中央预算内	68
						群众折劳折资	11
11		甘都镇苏合加村	新建	新建薄皮核桃 300 亩，引进优质薄皮核桃 1.5 万株，渠第配套建设 3 公里，培训果农 230 人次	2011—2015	小计	74
						中央预算内	64
						群众折劳折资	10
12		甘都镇阿河滩村	新建	新建薄皮核桃 300 亩，引进优质薄皮核桃 1.5 万株，渠第配套建设 3 公里，培训果农 230 人次	2011—2015	小计	74
						中央预算内	64
						群众折劳折资	10
13		甘都镇列卜加村	新建	新建薄皮核桃 300 亩，引进优质薄皮核桃 1 万株，渠第配套建设 3 公里，培训果农 230 人次	2011—2015	小计	74
						中央预算内	64
						群众折劳折资	10
14		甘都镇东一村	新建	种植优质核桃 500 亩	2011—2015	小计	55
						中央预算内	50
						群众折劳折资	5

续表

序号	建设地点	项目名称	建设性质	建设规模及主要建设内容	建设年限	投资来源	总投资（万元）
15	化隆县	甘都镇甘都街村	新建	种植优质核桃 400 亩	2011—2015	小计	45
						中央预算内	40
						群众折劳折资	5
16		甘都镇东四村	新建	种植优质核桃 200 亩	2011—2015	小计	22
						中央预算内	20
						群众折劳折资	2
17		甘都镇贡什加村	新建	种植优质核桃 100 亩	2011—2015	小计	11
						中央预算内	10
						群众折劳折资	1
18		甘都镇牙路乎村	新建	种植核桃 450 亩	2011—2015	小计	50
						中央预算内	45
						群众折劳折资	5
19		甘都镇东七村	新建	种植优质核桃 500 亩	2011—2015	小计	55
						中央预算内	50
						群众折劳折资	5
20		甘都镇朱乎隆村	新建	建设杂果基地 800 亩	2011—2015	小计	75
						中央预算内	64
						群众折劳折资	11
21		甘都镇东风村	新建	建设杂果基地 120 亩	2011—2015	小计	12
						中央预算内	10
						群众折劳折资	2

续表

序号	建设地点	项目名称	建设性质	建设规模及主要建设内容	建设年限	投资来源	总投资（万元）
22	化隆县	甘都镇上四合生村	新建	建设杂果基地 300 亩	2011—2015	小计	28
						中央预算内	24
						群众折劳折资	4
23		甘都镇东六村	新建	建设杂果基地 300 亩	2011—2015	小计	28
						中央预算内	24
						群众折劳折资	4
24		甘都镇牙目村	新建	建设杂果基地 120 亩	2011—2015	小计	12
						中央预算内	10
						群众折劳折资	2
25		甘都镇关巴村	新建	建设杂果基地 120 亩	2011—2015	小计	12
						中央预算内	10
						群众折劳折资	2
26		甘都镇下四合生村	新建	建设杂果基地 120 亩	2011—2015	小计	12
						中央预算内	10
						群众折劳折资	2
27		甘都镇东五村	新建	建设杂果基地 250 亩	2011—2015	小计	24
						中央预算内	20
						群众折劳折资	4
28		甘都镇桥头村	新建	建设杂果基地 300 亩	2011—2015	小计	28
						中央预算内	24
						群众折劳折资	4

续表

序号	建设地点	项目名称	建设性质	建设规模及主要建设内容	建设年限	投资来源	总投资（万元）
29	化隆县	甘都镇唐寺岗村	新建	建设杂果基地 250 亩	2011—2015	小计	24
						中央预算内	20
						群众折劳折资	4
30		甘都镇苏合加村	新建	建设杂果基地 300 亩	2011—2015	小计	28
						中央预算内	24
						群众折劳折资	4
31		甘都镇阿河滩村	新建	建设杂果基地 300 亩	2011—2015	小计	28
						中央预算内	24
						群众折劳折资	4
32		甘都镇列卜加村	新建	建设杂果基地 120 亩	2011—2015	小计	12
						中央预算内	10
						群众折劳折资	2
33		初麻乡沙让村	新建	建设杂果种植基地 180 亩	2011—2015	小计	17
						中央预算内	14
						群众折劳折资	3
34		初麻乡初一村	新建	建设杂果种植基地 210 亩	2011—2015	小计	20
						中央预算内	17
						群众折劳折资	3
35		初麻乡初二村	新建	建设杂果种植基地 210 亩	2011—2015	小计	20
						中央预算内	17
						群众折劳折资	3

续表

序号	建设地点	项目名称	建设性质	建设规模及主要建设内容	建设年限	投资来源	总投资（万元）
36	化隆县	初麻乡滩果村	新建	种植优质油菜、豌豆 300 亩	2011—2015	小计	7
						中央预算内	6
						群众折劳折资	1
37		初麻乡滩果台村	新建	种植优质油菜、豌豆 300 亩	2011—2015	小计	7
						中央预算内	6
						群众折劳折资	1
38		初麻乡拉尕鲁村	新建	种植优质油菜、豌豆 800 亩	2011—2015	小计	18
						中央预算内	16
						群众折劳折资	2
39		初麻乡沙尔洞村	新建	种植优质油菜、豌豆 500 亩	2011—2015	小计	11
						中央预算内	10
						群众折劳折资	1
40		阿什努乡阿二村	新建	种植优质油菜、马铃薯 1000 亩	2011—2015	小计	22
						中央预算内	20
						群众折劳折资	2
41	循化县	街子镇牙门曲乎村农丰蔬菜温棚建设	新建	温棚建设 200 平方米	2011	小计	22
						中央预算内	20
						群众折劳折资	2
42		查汗都斯乡赞下村	新建	建设花椒种植基地管理房 300 平方米及引水渠	2011	小计	45
						中央预算内	40
						群众折劳折资	5

续表

序号	建设地点	项目名称	建设性质	建设规模及主要建设内容	建设年限	投资来源	总投资（万元）
43	循化县	查汗都斯乡苏只村核桃园改造项目	新建	核桃园围墙改造 1000 米	2011	小计	34
						中央预算内	31
						群众折劳折资	3
44		查汗都斯乡阿河滩村	新建	特色种植及村容整治	2011	小计	53
						中央预算内	50
						群众折劳折资	3
45		街子镇三兰巴亥等村核桃林种植项目	新建	土地整理、种植核桃树木等	2011	小计	100
						中央预算内	90
						群众折劳折资	10
46		街子镇塘坊村绿化育苗项目	新建	种植苗木 100 亩	2012	小计	20
						中央预算内	20
						群众折劳折资	0
47		积石镇石头坡村苹果种植基地	新建	种植苹果苗木 50 亩	2012	小计	10
						中央预算内	10
						群众折劳折资	0
48		查汗都斯乡哈达亥村种植项目	新建	平整土地 150 亩及渠系	2012	小计	20
						中央预算内	20
						群众折劳折资	0
49		积石镇丁江村特色种植农田改造项目	新建	平整土地 150 亩及渠系	2012	小计	70
						中央预算内	70
						群众折劳折资	0

续表

序号	建设地点	项目名称	建设性质	建设规模及主要建设内容	建设年限	投资来源	总投资（万元）
50	循化县	街子镇牙门曲乎村核桃种植项目	新建	核桃种植及渠系改造 100 亩	2012	小计	20
						中央预算内	20
						群众折劳折资	0
51		清水乡塘赛村油菜种植项目	新建	种植优质油菜 100 亩	2012	小计	35
						中央预算内	35
						群众折劳折资	0
52		白庄镇上科哇村蔬菜基地	新建	修建水池，购置卷帘机	2012	小计	20
						中央预算内	20
						群众折劳折资	0
53		积石镇西街村特色种植基地	新建	种植杂果及蔬菜等 150 亩，渠系改造	2013	小计	33
						中央预算内	30
						群众折劳折资	3
54		积石镇西沟村高志马铃薯种植基地	扩建	种植马铃薯 1000 亩，渠系改造。	2013	小计	27
						中央预算内	25
						群众折劳折资	2
55		积石镇托坝村七队特色种植基地	新建	种植杂果及蔬菜等 250 亩，渠系改造	2013	小计	33
						中央预算内	30
						群众折劳折资	3
56		白庄镇山根村花椒基地	新建	种植花椒 65 亩，渠系改造	2013	小计	14
						中央预算内	12
						群众折劳折资	2

续表

序号	建设地点	项目名称	建设性质	建设规模及主要建设内容	建设年限	投资来源	总投资（万元）
57	循化县	白庄镇下拉边村核桃种植	新建	种植核桃 200 亩，渠系改造	2013	小计	40
						中央预算内	38
						群众折劳折资	2
58		白庄镇条井村全膜玉米种植基地	新建	种植玉米 100 亩，渠系改造	2013	小计	22
						中央预算内	20
						群众折劳折资	2
59		查汗都斯乡乙么亥村	新建	平整土地 150 亩，渠系改造	2013	小计	22
						中央预算内	20
						群众折劳折资	2
60		街子镇苏哇什村核桃基地	新建	种植核桃 150 亩，渠系改造	2013	小计	22
						中央预算内	20
						群众折劳折资	2
61		街子镇马家村核桃基地	新建	种植核桃 200 亩，渠系改造	2013	小计	22
						中央预算内	20
						群众折劳折资	2
62		街子镇羊巴扎村大葱基地	新建	建设大葱基地 300 亩，渠系改造	2013	小计	22
						中央预算内	20
						群众折劳折资	2
63		清水乡下庄村辣椒基地	新建	种植线辣椒 300 亩，渠系改造	2013	小计	22
						中央预算内	20
						群众折劳折资	2

续表

序号	建设地点	项目名称	建设性质	建设规模及主要建设内容	建设年限	投资来源	总投资（万元）
64	循化县	清水乡塘赛村		种植优质油菜 150 亩，渠系改造		中央预算内	35
65		清水乡索同村		种植核桃基地 150 亩，渠系改造		小计	22
						中央预算内	20
						群众折劳折资	2
66		清水乡木场村核桃种植	新建	核桃 100 亩，渠系改造	2013	小计	18
						中央预算内	15
						群众折劳折资	3
67		道帏乡多哇村杂交油菜基地	新建	种植优质杂交油菜 500 亩，渠系改造	2013	小计	28
						中央预算内	25
						群众折劳折资	3
68		查汗都斯乡赞中村	新建	建设核桃 400 亩，道路及渠系改造	2014—2015	小计	20
						中央预算内	15
						群众折劳折资	5
69		查汗都斯乡大庄村	新建	建设核桃 400 亩，道路及渠系改造	2014—2015	小计	25
						中央预算内	20
						群众折劳折资	5
70		查汗都斯乡花椒农业专业合作社	新建	基地建设及管理房等	2014—2015	小计	33
						中央预算内	30
						群众折劳折资	3
71		查汗都斯乡苏只村核桃种植基地	新建	核桃 200 亩，渠系改造	2014—2015	小计	33
						中央预算内	30
						群众折劳折资	3

续表

序号	建设地点	项目名称	建设性质	建设规模及主要建设内容	建设年限	投资来源	总投资（万元）
72	循化县	积石镇乙麻木村	新建	建设日光节能温棚 100 栋，铺设水电路设施	2014—2015	小计	25
						中央预算内	20
						群众折劳折资	5
73		积石镇河北村	新建	种植核桃 300 亩，道路及渠系改造	2014—2015	小计	40
						中央预算内	35
						群众折劳折资	5
74		积石镇下草滩坝村	新建	种植特色蔬菜 250 亩，道路及渠系改造	2014—2015	小计	23
						中央预算内	20
						群众折劳折资	3
75		积石镇沙坝塘村	新建	温棚建设 50 栋，铺设水电路设施	2014—2015	小计	12
						中央预算内	10
						群众折劳折资	2
76		街子镇孟达山村	新建	特色花卉种植 60 亩，水电路设施建设	2014—2015	小计	19
						中央预算内	16
						群众折劳折资	3
77		街子镇羊苦浪村	新建	建设温棚 50 栋，铺设水电路设施	2014—2015	小计	13
						中央预算内	10
						群众折劳折资	3
78		街子镇吾土贝那亥村	新建	种植核桃基地 150 亩，道路及渠系改造	2014—2015	小计	15
						中央预算内	13
						群众折劳折资	2

续表

序号	建设地点	项目名称	建设性质	建设规模及主要建设内容	建设年限	投资来源	总投资（万元）
79	循化县	街子镇果亥拉村	新建	花椒 150 亩，道路及渠系改造	2014—2015	小计	12
						中央预算内	10
						群众折劳折资	2
80		街子镇托隆都村	新建	种植核桃基地 150 亩，渠系改造	2014—2015	小计	22
						中央预算内	20
						群众折劳折资	2
81		白庄镇团结村	新建	建设核桃 200 亩，道路及渠系改造	2014—2015	小计	12
						中央预算内	10
						群众折劳折资	2
82		白庄镇上拉边村	新建	建设核桃 150 亩，道路及渠系改造	2014—2015	小计	33
						中央预算内	30
						群众折劳折资	3
83		白庄镇乙日亥村	新建	建设优质油菜 300 亩，道路及渠系改造	2014—2015	小计	15
						中央预算内	12
						群众折劳折资	3
84		白庄镇扎木村	新建	建设花椒基地 100 亩，道路及渠系改造	2014—2015	小计	12
						中央预算内	10
						群众折劳折资	2
85		白庄镇上白庄村	新建	建设冬小麦 350 亩，道路及渠系改造	2014—2015	小计	12
						中央预算内	10
						群众折劳折资	2

续表

序号	建设地点	项目名称	建设性质	建设规模及主要建设内容	建设年限	投资来源	总投资（万元）
86	循化县	白庄镇来塘村	新建	种植杂交油菜 250 亩，道路及渠系改造	2014—2015	小计	12
						中央预算内	10
						群众折劳折资	2
87		清水乡红庄村	新建	核桃种植 200 亩，道路及渠系改造	2014—2015	小计	12
						中央预算内	10
						群众折劳折资	2
88		清水乡瓦匠庄村特色种植项目	新建	种植特色果蔬 200 亩，渠系改造	2014—2015	小计	22
						中央预算内	20
						群众折劳折资	2
89		道帏乡俄家村	新建	种植优质杂交油菜 350 亩，道路及渠系改造	2014—2015	小计	12
						中央预算内	10
						群众折劳折资	2
90		道帏乡贺塘村	新建	种植优质杂交油菜 350 亩，道路及渠系改造	2014—2015	小计	12
						中央预算内	10
						群众折劳折资	2
91		道帏乡立伦村	新建	种植优质杂交油菜 500 亩，道路及渠系改造	2014—2015	小计	15
						中央预算内	13
						群众折劳折资	2

表 12 青海省扶持人口较少民族（撒拉族）发展“十二五”专项建设规划项目表

序号	建设地点	项目名称	建设性质	建设规模及主要建设内容	建设年限	投资来源	总投资（万元）
		十一、种养配套设施及农村服务业		农贸市场、农家超市、农资店等	2011—2015	合计	2425
						中央预算内	1290
						群众折劳折资	1135
1	循化县	白庄镇民主村	新建	农贸市场道路 800 米，地坪 20000 平方米及围墙等	2011	中央预算内	75
2		积石镇尕别列等村	新建	市场穿衣戴帽及铺设地砖等工程	2011	中央预算内	100
3		白庄镇米牙亥	新建	村务活动室 300 平方米及围墙等	2014—2015	中央预算内	40

表 13 青海省扶持人口较少民族（撒拉族）发展“十二五”专项建设规划项目表

序号	建设地点	项目名称	建设性质	建设规模及主要建设内容	建设年限	投资来源	总投资（万元）
		十二、教育基础设施		建幼儿园教辅用房、生活用房及活动室 3850 平方米	2011—2015	合计	471
						中央预算内	471
1	循化县	积石镇瓦匠庄童星幼儿园	新建	教学及健身器材	2012	中央预算内	10
2		道帏乡俄家村幼儿教育基础设施	新建	幼儿园教学用房、辅助用房等建筑面积 300 平方米	2013	中央预算内	35
3		白庄镇下科哇村幼儿教育基础设施	新建	幼儿园教学用房、辅助用房等建筑面积 300 平方米	2013	中央预算内	35
4		清水乡石巷村幼儿教育基础设施	新建	幼儿园教学用房、辅助用房等建筑面积 250 平方米	2013	中央预算内	30
5		积石镇河北村幼儿教育基础设施	新建	幼儿园教学用房、辅助用房等建筑面积 250 平方米	2013	中央预算内	30
6		街子镇果什滩村幼儿教育基础设施	新建	幼儿园教学用房、辅助用房等建筑面积 250 平方米	2013	中央预算内	30
7		查汗都斯乡赞下村红光幼儿教育基础设施	新建	幼儿园教学用房、辅助用房等建筑面积 250 平方米	2013	中央预算内	30
8		积石镇草滩坝村幼儿教育基础设施	新建	幼儿园教学用房、辅助用房等建筑面积 250 平方米	2014—2015	中央预算内	30
9		积石镇新建村幼儿教育基础设施	新建	幼儿园教学用房、辅助用房等建筑面积 250 平方米	2014—2015	中央预算内	30

续表

序号	建设地点	项目名称	建设性质	建设规模及主要建设内容	建设年限	投资来源	总投资（万元）
10	循化县	白庄镇上拉边村	新建	幼儿园教学用房、辅助用房等建筑面积 250 平方米	2014—2015	中央预算内	32
11		道帏乡立伦村	新建	幼儿园教学用房、辅助用房等建筑面积 200 平方米	2014—2015	中央预算内	25
12		查汗都斯乡新村	新建	幼儿园教学用房、辅助用房等建筑面积 250 平方米	2014—2015	中央预算内	32
13		街子镇果亥拉村	新建	幼儿园教学用房、辅助用房等建筑面积 250 平方米	2014—2015	中央预算内	32

表 14　青海省扶持人口较少民族（撒拉族、土族）发展“十二五”专项建设规划项目表

序号	建设地点	项目名称	建设性质	建设规模及主要建设内容	建设年限	投资来源	总投资（万元）
		十三、医疗卫生服务设施		新建村卫生室 2100 平方米，配备相关医疗器械设备	2011—2015	中央预算内	450
1	循化县	街子镇卫生院附属用房	改扩建	新建宿舍、食堂、库房等附属用房 600 平方米	2013—2015	中央预算内	90
2		积石镇卫生餐具消毒配送	改扩建	清洗、消毒车间 200 平方米	2014—2015	中央预算内	20
3		道帏乡卫生院附属用房	改扩建	新建宿舍、食堂、库房等附属用房 600 平方米	2013—2015	中央预算内	90

表 15 青海省扶持人口较少民族（撒拉族）发展“十二五”专项建设规划项目表

序号	建设地点	项目名称	建设性质	建设规模及主要建设内容	建设年限	投资来源	总投资（万元）
		十五、生态保护与建设		草原生态建设 2.6 万亩，风景区拉设网围栏 2 公里，草山网围栏建设 1000 亩，建设厂房 10800 平方米，购置加工设备	2011—2015	合计	1982
						中央预算内	1797
						群众折劳折资	185
1	循化县	积石镇加入村	新建	建设厂房 100 平方米	2014—2015	小计	15
						中央预算内	10
						群众折劳折资	5

续表

序号	建设地点	项目名称	建设性质	建设规模及主要建设内容	建设年限	投资来源	总投资（万元）
2	循化县	街子镇团结村金路公司厂房改造项目	新建	金路公司厂房改造及辅助用房 600 平方米	2011	小计	36
						中央预算内	31
						群众折劳折资	5
3		街子镇团结村撒拉族刺绣被加工项目	新建	厂房租赁 200 平方米，购置加工设备等	2011	小计	22
						中央预算内	20
						群众折劳折资	2
4		街子镇三兰巴海村	新建	阿尔斯里厂房改造及辅助用房 600 平方米	2011	小计	25
						中央预算内	20
						群众折劳折资	5
5		积石镇丁江村	新建	伊纯公司改造厂房及辅助用房 1000 平方米	2011	小计	65
						中央预算内	60
						群众折劳折资	5
6		街子镇马家村好地民族服饰用品加工项目	新建	购置电脑缝纫设备 5 台（套）	2011	小计	33
						中央预算内	30
						群众折劳折资	3
7		查汗都斯乡苏只村黄河魂胡麻加工项目	新建	建设厂房 500 平方米	2011	小计	43
						中央预算内	40
						群众折劳折资	3
8		积石镇乙麻木村木雕门加工	新建	管理房 100 平方米	2012	小计	10
						中央预算内	10
						群众折劳折资	0

续表

序号	建设地点	项目名称	建设性质	建设规模及主要建设内容	建设年限	投资来源	总投资（万元）
9	循化县	街子镇三兰巴亥村圣乐食品加工	新建	购置加工设备	2012	小计	20
						中央预算内	20
						群众折劳折资	0
10		积石镇下草村撒拉族民族服饰加工	新建	购置加工设备	2012	小计	10
						中央预算内	10
						群众折劳折资	0
11		清水乡大寺古村昌源农牧业开发项目	新建	修建农产品贮藏窖 250 平方米	2012	小计	27
						中央预算内	25
						群众折劳折资	2
12		街子镇团结村丝绣被服开发项目	续建	新建厂房及附属用房 150 平方米，购置加工设备 25 台（套）	2013	小计	55
						中央预算内	50
						群众折劳折资	5
13		清水乡瓦匠庄村畜产品冷冻、冷藏项目	新建	建设冷藏车间 300 平方米，购置冷冻冷藏设备 5 台（套）	2013	小计	35
						中央预算内	30
						群众折劳折资	5
14		清真牛羊肉冷藏储运项目	新建	扶持白驼、金农、甲秀、雪驰等企业新建厂房 1500 平方米、添置冷藏设备 6 台（套）	2014—2015	小计	330
						中央预算内	300
						群众折劳折资	30
15		核桃加工项目	续建	扶持忠华、振荣等企业新建厂房 1000 平方米、购置加工设备 35 台（套）	2014—2015	小计	200
						中央预算内	180
						群众折劳折资	20

续表

序号	建设地点	项目名称	建设性质	建设规模及主要建设内容	建设年限	投资来源	总投资（万元）
16	循化县	线辣椒加工项目	续建	扶持天香、仙红等企业新建厂房 1000 平方米、购置加工设备 40 台（套）	2014—2015	小计	200
						中央预算内	180
						群众折劳折资	20
17		民族特色服饰及工艺品开发项目	续建	扶持伊佳、博艺、沙舟等企业新建厂房 1500 平方米、购置加工设备 100 台（套）	2014—2015	小计	280
						中央预算内	250
						群众折劳折资	30
18		黄河魂、伊香油菜籽加工项目	续建	扶持黄河魂、伊香等企业新建厂房 1000 平方米、购置加工设备 15 台（套）	2014—2015	小计	175
						中央预算内	160
						群众折劳折资	15
19		特色农产品协会	新建	核桃、花椒和线辣椒等组织基建投资	2014—2015	小计	220
						中央预算内	200
						群众折劳折资	20
20		街子镇塘坊村特色工艺品开发	续建	加工车间 500 平方米	2014—2015	小计	55
						中央预算内	50
						群众折劳折资	5
21		清水乡农机具开发项目	续建	建脱粒机、节能火炉等车间 500 平方米	2014—2015	小计	55

——青海省发展和改革委员会:《青海省扶持人口较少民族（撒拉族、土族）发展“十二五”专项建设规划》（内部资料），循化县扶贫开发局提供，2012 年 7 月。

后　记

收集整理循化经济史料的想法早已有之，2020年此项工作终得启动，2021年“循化区域经济史料收集整理”课题列为青海民族大学校级重点科研项目，有力支持了这一想法的实现。如今，课题组圆满完成了史料整理的任务，已交付出版社审阅，在本书即将付梓出版之际，对史料整理工作做一说明。本课题立项以后，我便组织了青海民族大学从事经济学、民族学、历史学研究的几位同事，多次讨论总体思路、史料来源、工作分工等。整个工作大体分初稿整理和汇总统稿两个阶段。

初稿整理阶段。按新中国成立之前、之后两个时段，由我总负责，分两个小组开展工作。“元、明、清及中华民国时期”的史料整理任务由张明教授牵头，马涵、韩学俊、孟小良、姚鹏、王玉峰、韩育晟为成员。初稿完成情况如下：元、明、清部分由张明、马涵、韩学俊、孟小良完成；民国时期内容由姚鹏、张明、马涵完成。硕士研究生刘伟丽、宋佳鑫、李娜、祁登菊等同学参加资料收集整理和文字处理工作。“中华人民共和国成立以来”的史料整理工作由黄军成教授牵头，杨有柏、张迎春、韩生贵为成员。初稿完成情况如下：第一章“社会主义经济制度的建立”由黄军成、韩生贵完成，第二章“人口变迁”由黄军成、杨有柏、张迎春完成，第三章“农业”由张迎春、黄军成完成，第四章“工业”、第五章“商贸、旅游、运输及其他”由杨有柏完成，第六章“财政与金融”由张迎春完成，第七章“科技与教育”由张明完成，第八章“人民生活”由杨有柏、韩学俊完成。2019级金融专硕研究生王丽娜，2021级金融专硕研究生张腾、郝春锐、孙长庚、朱星宇、邱宣彰、张赞赞、唐艳、王应虎、张晴、马竞宇、丁剑云、孔伟芳等同学参加资料收集、文字处理、图表整理等工作。

资料收集整理阶段持续了两年多时间，我们提出的原则是全面收集、整理归类。课题组成员从大量的档案资料、党委政府文件、学术研究成果、地方报纸杂志等方面进行了地毯式的收集，取得了重要进展。

汇总统稿阶段。这一阶段的主要工作内容是史料补充、资料分类、统稿校阅。新中国成立前的内容由马成俊教授牵头，元、明、清部分由张科教授和刘子平博士完成，民国部分由姚鹏博士完成。新中国成立后的内容由我牵头，具体承担任务情况如下：第一章“社会主义经济制度的建立”、第二章“人口变迁”由马伟教授完成，第三章“农业”由黄军成、张迎春完成，第四章“工业”、第五章“商贸、旅游、运输及其他”由杨有柏完成，第六章“财政与金融”由张迎春、黄军成完成，第七章“科技与教育”由张明完成，第八章“人民生活”由杨有柏完成，“附录”部分由大家共同整理完成。在这一阶段，在循化县人民政府何林县长的关心和县统计局的大力支持下，我们又补充了不少资料，使史料的系统性和权威性得到进一步提升。最终定稿由我负责。需要特别说明并致歉的是，由于聚焦和突出“经济史料”这个主题的需要，大家花费大量时间精力整理的其他史料，最终忍痛割爱未能纳入进来。

在收集整理、归类分编的过程中，根据课题进展情况，我们先后在西宁和循化等地组织了多次课题进展情况汇报和小型研讨会。大家在这些会议中讨论热烈，集思广益，使我们逐步理清了思路，极大地推进了课题完成的进度。特别是2022年暑假期间，我们集中力量攻坚克难，在循化和西宁利用近一个月假期时间进行整理编辑，终于完成了这部一百多万字的经济史料汇编，填补了循化区域经济研究资料缺失的空白。

在书稿完成之际，要特别感谢我们的团队成员。两年多来，恰逢新冠肺炎疫情肆虐，大家克服各种困难，一心一意投入到此项工作中，黄军成、张明、张迎春、杨有柏、孟小良、姚鹏、马涵、韩学俊等人几乎把教学之外的所有时间和精力投入到了本课题研究，收集整理循化经济史料甚至成了我们的日常习惯和生活常态，黄军成教授和杨有柏副教授连续十多天带领学生翻阅了自1949年至2010年的全部《青海日报》。马成俊、马伟、张科教授更是以雄厚的科研实力和扎实的史学功底，补充完善了大量珍贵史料。民族出版社对本书出版给予了高度重视和巨大支持，参与审稿、编辑的老师们的敬业精神和工作作风给我们留下了深刻印象，特别是李志荣老师以良好的政治素养、过硬的业务素质、高效的业务指导，有力地支持了本书的顺利出版，青海省档案馆和循化县档案局、统计局、农村农业局、乡村振兴局、移民局、畜牧局、经商局等部门给予了大力支持。在本书即将面世之际，谨向所有帮助我们完成课题的单位和个人一并致以诚挚的感谢。

马维胜
2022年9月9日

图书在版编目（CIP）数据

循化区域经济史料汇编 / 马维胜主编 . -- 北京 : 民族出版社 , 2023.9

ISBN 978-7-105-17084-5

①循… Ⅱ . ①马… Ⅲ . ①区域经济发展—史料—汇编—循化撒拉族自治县 Ⅳ . ① F127.444

中国国家版本馆 CIP 数据核字 (2023) 第 190166 号

循化区域经济史料汇编

策划编辑：李志荣
责任编辑：李志荣
封面设计：金　晔
出版发行：民族出版社
地　　址：北京市和平里北街 14 号
邮　　编：100013
电　　话：010-64271909（汉文编辑一室）
　　　　　010-64224782（发行部）
网　　址：http://www.mzpub.com
印　　刷：北京盛通印刷股份有限公司
经　　销：各地新华书店
版　　次：2024 年 1 月第 1 版　2024 年 1 月北京第 1 次印刷
开　　本：787 毫米 ×1092 毫米　1/16
字　　数：1961 千字
印　　张：104.25
定　　价：500.00 元
书　　号：ISBN 978-7-105-17084-5/F · 495（汉 388）